Armbrüster/Preuß/Gomille/Wentzel (Hrsg.)

BeurkG mit NotAktVV und DONot

NOTARKOMMENTAR

BeurkG mit NotAktVV und DONot

10. Auflage 2026

Herausgegeben von
Christian Armbrüster, Nicola Preuß, Christian Gomille und Jan-Herbert Wentzel

Bearbeitet von
Christian Armbrüster, Julius Forschner, Christian Gerlach, Christian Gomille, Tim Hofmann, Marius Klingler, Tobias Kruse, Anja Mayer, Nicola Preuß, Joachim Püls, Felix Schmitt, Joachim Tebben, Joachim Volpert, Jan-Herbert Wentzel

Begründet von
Dieter Huhn und
Hans Joachim von Schuckmann

DeutscherNotarVerlag

Zitiervorschlag:
Armbrüster/Preuß/Gomille/Wentzel/*Bearbeiter*, BeurkG, § 1 Rn 1

Hinweis
Die Ausführungen in diesem Werk wurden mit Sorgfalt und nach bestem Wissen erstellt. Sie stellen jedoch lediglich Arbeitshilfen und Anregungen für die Lösung typischer Fallgestaltungen dar. Die Eigenverantwortung für die Formulierung von Verträgen, Verfügungen und Schriftsätzen trägt der Benutzer. Herausgeber, Autoren und Verlag übernehmen keinerlei Haftung für die Richtigkeit und Vollständigkeit der in diesem Buch enthaltenen Ausführungen.

Anregungen und Kritik zu diesem Werk senden Sie bitte an
info@notarverlag.de
Autoren und Verlag freuen sich auf Ihre Rückmeldung.

Umschlaggestaltung: gentura, Holger Neumann, Bochum
Satz: Reemers Publishing Services GmbH, Krefeld
Druck: Hans Soldan Druck GmbH, Essen
ISBN 978-3-95646-351-8

Bibliografische Information der Deutschen Bibliothek
Die Deutsche Bibliothek verzeichnet diese Publikation in der Deutschen Nationalbibliografie; detaillierte bibliografische Daten sind im Internet über
http://dnb.d-nb.de abrufbar.

Vorwort

Die 10. Auflage bringt den Kommentar auf den Stand vom Juli 2025; einige Aktualisierungen konnten noch bis März 2026 berücksichtigt werden. Seit Erscheinen der Vorauflage im Jahr 2022 sind – personell wie inhaltlich – einige Neuerungen zu verzeichnen.

Im Herausgeber- und Autorenteam hat es mehrere Änderungen gegeben. Der Herausgeberkreis ist um die Autoren Prof. Dr. Christian Gomille und RiLG Jan-Herbert Wentzel erweitert worden. Der Autor Notar Dirk Piegsa hat sich aufgrund neuer beruflicher Herausforderungen entschieden, die Kommentierung der §§ 8–16 sowie der §§ 63–66 BeurkG abzugeben. Wir danken Herrn Piegsa für die langjährige engagierte Mitwirkung an dem Werk und freuen uns zugleich darüber, dass mit Notar Dr. Joachim Tebben ein bereits in der Vorauflage vertretener Autor die Kommentierung dieser zentralen Vorschriften übernommen hat.

Was die aktuelle Rechtsentwicklung angeht, so verdient das am 29.12.2025 in Kraft getretene Gesetz zur elektronischen Präsenzbeurkundung besondere Beachtung, das in der Kommentierung bereits Berücksichtigung finden konnte. In der Neuauflage werden erstmals auch die §§ 54–66 der Verordnung über die Führung notarieller Akten und Verzeichnisse (NotAktVV) kommentiert.

Der Kommentar verfolgt weiterhin das Ziel, derartige Entwicklungen zuverlässig wiederzugeben und der notariellen Praxis über die gebotenen Informationen hinaus auch in Streitfragen durch eine abwägende argumentative Positionierung Orientierungshilfen zu bieten. Die Mitwirkenden freuen sich über jede Rückmeldung und Anregung aus dem Nutzerkreis.

Ohne eine sorgfältige Planung und redaktionelle Begleitung wäre das Erscheinen dieses Kommentars nicht möglich gewesen. Für die umsichtige Betreuung des Werks im Deutschen Notarverlag danken wir besonders dessen Leiter Dennis Flohr sowie seiner Mitarbeiterin Birgit Rehm.

Berlin, Düsseldorf und Saarbrücken, im März 2026

Christian Armbrüster

Christian Gomille

Nicola Preuß

Jan-Herbert Wentzel

Inhaltsübersicht

Autorenverzeichnis

Professor Dr. Christian Armbrüster,
Freie Universität, Berlin

Dr. Julius Forschner, LL.M. (Cambridge),
Notar, Kitzingen

Dr. Christian Gerlach,
Notar, Leipzig

Professor Dr. Christian Gomille,
Universität des Saarlandes, Richter am Saarländischen OLG, Saarbrücken

Tim Hofmann,
Notar, Dresden

Marius Klingler,
Notar, Willich

Dr. Tobias Kruse,
Notar, Neuss

Dr. Anja Mayer, lic. en droit,
Rechtsanwältin, Geschäftsführerin Notarversicherungsfonds, Köln

Professorin Dr. Nicola Preuß,
Heinrich-Heine-Universität, Düsseldorf

Dr. Joachim Püls,
Notar, Dresden

Felix Schmitt, LL.M. (Columbia),
Notar, Moosburg a.d. Isar

Dr. Joachim Tebben, LL.M. (Michigan),
Notar, Düsseldorf

Joachim Volpert,
Dipl. Rechtspfleger, LG Düsseldorf

Jan-Herbert Wentzel,
RiLG, Düsseldorf

Bearbeiterverzeichnis

Professor Dr. Christian Armbrüster, Freie Universität, Berlin
Einleitung; BeurkG Vorb. zu § 17, § 17

Dr. Julius Forschner, LL.M. (Cambridge), Notar, Kitzingen
BeurkG §§ 18–21

Dr. Christian Gerlach, Notar, Leipzig
NotAktVV §§ 1–2, 31–38, 45–47

Professor Dr. Christian Gomille, Universität des Saarlandes, Richter am Saarländischen OLG, Saarbrücken
BeurkG §§ 1, 16a–16e, 52–54

Tim Hofmann, Notar, Dresden
NotAktVV §§ 7–22, 29–30, 55, 57–62, 65–66

Marius Klingler, Notar, Willich
NotAktVV §§ 4–6, 40–44, 48–49

Dr. Tobias Kruse, Notar, Neuss
BeurkG §§ 13a–13b, 39a, 40a–40b, 55–56a, 75; DONot § 13; Testamentsregister

Dr. Anja Mayer, lic. en droit, Rechtsanwältin, Geschäftsführerin Notarversicherungsfonds, Köln
BeurkG Vorb. zu §§ 57 ff., §§ 57–62; Bedingungen für Anderkonten und Anderdepots von Notaren

Professorin Dr. Nicola Preuß, Heinrich-Heine-Universität, Düsseldorf
Einleitung; BeurkG Vorb. zu §§ 22–26, §§ 22–26, Vorb. zu §§ 27–35, §§ 27–35, 63–74

Dr. Joachim Püls, Notar, Dresden
Einleitung; NotAktVV §§ 3, 7–8, 19–30, 39, 50–54, 56, 61, 63–64, 66

Felix Schmitt, LL.M. (Columbia), Notar, Moosburg a.d. Isar
BeurkG §§ 44–51; DONot Vorb. zu §§ 1–21, §§ 1–12, 14–14a, 19–21, Muster zur DONot

Dr. Joachim Tebben, LL.M. (Michigan), Notar, Düsseldorf
BeurkG §§ 8–13, 13c–16, 36–39, 40, 41–43

Joachim Volpert, Dipl. Rechtspfleger, LG Düsseldorf
DONot § 18

Jan-Herbert Wentzel, RiLG, Düsseldorf
BeurkG §§ 1–7; DONot Vorb. zu §§ 15–18, §§ 15–18

Verzeichnis der ausgeschiedenen Autoren seit der 9. Auflage 2023

Professor Dr. Jan Eickelberg (†), LL.M. (Cantab.), Hochschule für Wirtschaft und Recht, Berlin
BeurkG §§ 44–51, 53–54; DONot Vorb. zu §§ 1–21, §§ 1–12, 14, 19–21, Muster zur DONot

Dirk Piegsa, Notar, Mönchengladbach
BeurkG §§ 8–16, 63–66

Abkürzungsverzeichnis

2. VermRÄndG	Zweites Vermögensrechtsänderungsgesetz
3. ÄndG	Drittes Gesetz zur Änderung der Bundesnotarordnung und anderer Gesetze v. 31.8.1998 (BGBl S. 2585)
AA	Auswärtiges Amt
a.A.	anderer Ansicht
a.a.O	am angegebenen Ort
ABGB	Allgemeines Bürgerliches Gesetzbuch für Österreich
abgedr.	abgedruckt
abl.	ablehnend
ABl.	Amtsblatt
Abs.	Absatz
Abschn.	Abschnitt
Abw./abw.	abweichend
AbzG	Gesetz betr. Abzahlungsgeschäfte; ersetzt durch VerbrKrG
AcP	Archiv für die civilistische Praxis (1818–1944; 1945 ff.)
AdoptionsG	Gesetz über die Annahme als Kind u. Z. Änderung anderer Vorschriften (Adoptionsgesetz)
a.E.	am Ende
a.F.	alte Fassung
AG	1. Aktiengesellschaft, auch Ausführungsgesetz, Amtsgericht, Arbeitsgemeinschaft, 2. Die Aktiengesellschaft (Zeitschrift)
AGBBanken	Allgemeine Geschäftsbedingungen der Banken
AGBG	Gesetz zur Regelung des Rechts der Allgemeinen Geschäftsbedingungen
AGBGB	Ausführungsgesetz zum Bürgerlichen Gesetzbuch
AKostG	Auslandskostengesetz
AKostV	Auslandskostenverordnung v. 7.1.1980 (BGBl S. 21)
AktG	Aktiengesetz
Allg. Teil	Allgemeiner Teil
Allg./allg.	allgemein
Allg.M./allg.M.	allgemeine Meinung
Alt.	Alternative
a.M.	anderer Meinung
amtl. Begr.	amtliche Begründung
and.	anders
Änd.	Änderung
ÄndG	Änderungsgesetz (3. ÄndG: Drittes Gesetz zur Änderung der BNotO und anderer Gesetze v. 31.8.1998, BGBl S. 2585)
ÄndVO	Änderungsverordnung
AnfG	Anfechtungsgesetz
Anh.	Anhang
Anl.	Anlage
Anm.	Anmerkung
Ans.	Ansicht
AnwBl	Anwaltsblatt
ao	außerordentlich
AO 1977	Abgabenordnung
AöR	Archiv des öffentlichen Rechts (bis 1910: Archiv für öffentliches Recht; seit 1886)
ArbR	Arbeitsrecht
ArchBR	Archiv für bürgerliches Recht

ArchZivPr	siehe AcP
arg.	Argument
Art.	Artikel
AS	Amtliche Sammlung
AT	Allgemeiner Teil
Aufl.	Auflage
ausdr.	ausdrücklich
ausf.	ausführlich
AusfBest	Ausführungsbestimmung(en)
AusfG	Ausführungsgesetz
AuslG	Ausländergesetz
AV	Allgemeine Verfügung
AVAG	Anerkennungs- und Vollstreckungsausführungsgesetz
AVBenachNachlass	Allgemeine Verfügung über die Benachrichtigung in Nachlasssachen
AVNot	Allgemeine Verfügung über Angelegenheiten der Notare
AVO	Ausführungsverordnung
AVOGBO	Verordnung zur Ausführung der Grundbuchordnung
AWD	Außenwirtschaftsdienst des Betriebsberaters (Zeitschrift, 1958–1974, vorher u. danach: Recht d. internationalen Wirtschaft)
AWG	Außenwirtschaftsgesetz; auch: Arbeiterwohnungsbaugenossenschaften
AWV	Verordnung z. Durchführung d Außenwirtschaftsgesetzes (Außenwirtschaftsverordnung)
Az	Aktenzeichen
b.	bei
B	Bund(es)
BadNotZ	Badische Notariatszeitung
BadRPrax	Badische Rechtspraxis
BAnz	Bundesanzeiger
BAT	Bundesangestelltentarifvertrag
BauGB	Gesetz über das Baugesetzbuch
BauGBMaßnG	Maßnahmengesetz zum Baugesetzbuch
BauROG	Bau- und Raumordnungsgesetz
BayAGBGB	Bayerisches Ausführungsgesetz zum Bürgerlichen Gesetzbuch
BayAGGVG	Bayerisches Ausführungsgesetz zum Gerichtsverfassungsgesetz
BayJMBl	Bayerisches Justizministerialblatt (seit 1931, vorher seit 1863: JMBl für das Königreich Bayern, 1918/19: für den Volksstaat Bayern, dann: für den Freistaat Bayern)
BayNotG	Bayerisches Notariatsgesetz vom 9.6.1899 BayBS III 41
BayNotV	Mitteilungen des Bayerischen Notarvereins (1. 1924–10. 1933, dann: Bayerische Notarzeitschrift)
BayNotZ	Bayerische Notariats-Zeitung und Zs. für freiwillige Rechtspflege der Gerichte in Bayern (1864–1899), dann: Zs für das Notariat, für die freiwillige Gerichtsbarkeit und das Grundbuchwesen in Bayern, bis 1922) heute: Mitteilungen des Bayerischen Notarvereins, der Notarkammer und der Landesnotarkammer Bayern
BayObLG	Bayerisches Oberstes Landesgericht, auch alte amtliche Sammlung
BayObLGZ	Entscheidungen des Bayerischen Obersten Landesgerichts in Zivilsachen (N.F. seit 1950)
BB	Der Betriebsberater (Zeitschrift; 1946 ff.)
BBauG	Bundesbaugesetz; ersetzt durch BauGB
BBergG	Bundesberggesetz
BBG	BundesbeamtenG
Bd., Bde.	Band, Bände
Bearb.	Bearbeiter, Bearbeitung

Begr., begr.	Begründung, begründet
Beh.	Behörde, Behörden
Beil.	Beilage
Bek.	Bekanntmachung
Bem.	Bemerkung
ber.	berichtigt
BerlAnwBl	Berliner Anwaltsblatt (1927–1933, 1959 ff.)
bes.	besonders, besondere(r, s)
betr.	betreffend
BeurkÄndG	Gesetz zur Änderung und Ergänzung beurkundungsrechtlicher Vorschriften
BeurkG	Beurkundungsgesetz
BezG	Bezirksgericht
BFH	Bundesfinanzhof, auch Sammlung der Entscheidungen u. Gutachten des Bundesfinanzhofs
BGB	Bürgerliches Gesetzbuch
BGBl	Bundesgesetzblatt, ohne Ziff = Teil I, mit II = Teil II, mit III = Teil III
BGH	Bundesgerichtshof
BGHSt	Entscheidungen des Bundesgerichtshofes in Strafsachen (1951 ff.)
BGHWarn	Rspr des BGH in Zivilsachen
BGHZ	Entscheidungen des Bundesgerichtshofes in Zivilsachen (1951 ff.)
BilMoG	Bilanzrechtsmodernisierungsgesetz
bish.	bisher(ige)
BIGBW	Blätter für Grundstücks-, Bau- und Wohnungsrecht (1952 ff.)
BMF	Bundesministerium der Finanzen
BMI	Bundesminister des Innern
BMJ	Bundesminister der Justiz
BNatSchG	Bundesnaturschutzgesetz v. 20.12.1976 (BGBl I S. 374)
BNotK	Bundesnotarkammer
BNotO	Bundesnotarordnung
BoSoG	Gesetz über die Sonderung unvermessener und überbauter Grundstücke nach der Karte (Bodensonderungsgesetz – BoSoG)
BRAO	Bundesrechtsanwaltsordnung
BR-Drs.	Bundesrats-Drucksache
BReg	Bundesregierung
BRep	Bundesrepublik
BS	Bereinigte Sammlung
BSI	Bundesamt für Sicherheit in der Informationstechnik
Bsp.	Beispiel
BStB1	Bundessteuerblatt Teil I–III (1951 f.)
BT	Bundestag
BT-Drucks	Bundestags-Drucksache
BtG	Betreuungsgesetz (BGBl S. 2002)
BtOG	Betreuungsorganisationsgesetz
BVerfG	Bundesverfassungsgericht
BVerfGE	Entscheidungen des Bundesverfassungsgerichts (1952 ff.)
BVerwG	Bundesverwaltungsgericht
BVG	Bundesversorgungsgesetz
BWNotZ	Mitteilungen aus der Praxis, Zeitschrift für das Notariat in Baden-Württemberg (1955 ff.; früher WürttNotV)
bzgl.	bezüglich
bzw.	beziehungsweise
CC	Code Civile, Codice Civile
CR	Computer und Recht (Zeitschrift)

DAVorm	Der Amtsvormund. Rundbrief d Dt Instituts f. Vormundschaftswesen (1951/52 ff., vorher: Rundbrief d Dt Inst f. Jugendhilfe)
DB	Der Betrieb (Zeitschrift, 1948 ff.)
DBest	Durchführungsbestimmungen
DBl	Dienstblatt
DBR	Das Deutsche Bundesrecht (Gesetzessammlung)
DDR	Deutsche Demokratische Republik
DepotG	Gesetz ü. d. Verwahrung u Anschaffung v Wertpapieren – Depotgesetz –
ders.	derselbe
DFG	Deutsche Freiwillige Gerichtsbarkeit (Zeitschrift)
dgl.	dergleichen
DGVZ	Deutsche Gerichtsvollzieher-Zeitung, Zeitschrift f. Vollstreckungs-, Zustellungs- und Kostenwesen
d.h.	das heißt
dies.	dieselbe(n)
DiREG	Gesetz zur Ergänzung der Regelungen zur Umsetzung der Digitalisierungsrichtlinie
DiRUG	Gesetz zur Umsetzung der Digitalisierungsrichtlinie
Diss	Dissertation
DJ	Deutsche Justiz (1933–1945; vorher: Justiz-Ministerialblatt für die preußische Gesetzgebung und Rechtspflege)
DJZ	Deutsche Juristenzeitung (1896–1936)
DMW	Deutsche Wohnungswirtschaft (1949 ff.)
DONot	Dienstordnung für Notarinnen und Notare
DNotI-Rep	DNotI-Report, Informationsdienst des Deutschen Notarinstituts
DNotV	Zeitschrift des Deutschen Notarvereins (1901–1933; dann: DNotZ)
DNotZ	Deutsche Notar-Zeitschrift, Verkündungsblatt der Bundes(-Reichs-)notarkammer (1933–1944, 1950 ff.; vorher: DNotV)
DÖV	Die öffentliche Verwaltung (1948 ff.)
DR	Deutsches Recht (1931–1945; seit 1939: Ausgabe A = Wochenausgabe vereinigt mit Juristische Wochenschrift; Ausgabe B = Monatsausgabe vereinigt mit Deutsche Rechtspflege, Ausgabe B bis 1942)
DRiG	Deutsches Richtergesetz
DRiZ	Deutsche Richterzeitung (1909–1935, ab 1.10.1950 vereinigt mit Justiz u. Verwaltung)
DRpflZ	Deutsche Rechtspfleger-Zeitschrift
Drs.	Drucksache
DRZ	Deutsche Rechts-Zeitschrift (1946–1950, dann mit der Süddeutschen Juristenzeitung vereinigt zur Juristenzeitung)
DStB	Der Standesbeamte (Zeitschrift)
DStR	Deutsches Steuerrecht (seit 1962/63)
dtsch.	deutsch
DtZ	Deutsch-Deutsche Rechts-Zeitschrift (1990–1997)
DVBl	Deutsches Verwaltungsblatt (1950 ff.; vorher: Deutsche Verwaltung = Fortsetzung des Rechtsverwaltungsblatts)
DVO	Durchführungsverordnung
E	Entwurf, Entscheidung
ebA	elektronisch beglaubigte Abschrift
ebd.	ebenda
ed(s)	editor(s)
EDV	Elektronische Datenverarbeitung
EFG	Entscheidungen der Finanzgerichte (seit 1953)
eFU	elektronische Fassung der Urschrift

EG	Einführungsgesetz
EGBGB	EGBGB i.d.F. d. Gesetzes z. Neuregelung d. Internationalen Privatrechts
EGStGB	EG z. Strafgesetzbuch
Einf.	Einführung
Einl.	Einleitung
eNA	Elektronische Notaranderkonto
eNas	Elektronische Notariatsaktenspeicher
engl.	englisch
entspr.	entsprechend, entsprechende
Entw.	Entwurf
ErbbauRG	Gesetz über das Erbbaurecht
ErbbauVO	Verordnung ü. d. Erbbaurecht
ErbStDV	Erbschaftsteuer-Durchführungsverordnung
ErbStG	Erbschaft- u. Schenkungsteuergesetz v. 27.2.1997 (BGBl S. 378)
Erg.	Ergänzungslieferung
ErgBd.	Ergänzungsband
ErJuKoG	Gesetz über elektronische Register und Justizkosten für Telekommunikation v. 10.12.2001 (BGBl S. 3422)
Erl.	Erläuterung(en)
ES	Entscheidungssammlung
EStDV	Einkommensteuer-Durchführungsverordnung
EStG	Einkommensteuergesetz
ESÜ	Haager Übereinkommen über den internationalen Schutz von Erwachsenen v. 13.1.2000 (BGBl 2007 S. 314)
EuGVVO	Verordnung (EU) Nr. 1215/2012 Europäischen Parlaments und des Rates über die gerichtliche Zuständigkeit und die Anerkennung und Vollstreckung von Entscheidungen in Zivil- und Handelssachen (Neufassung) v. 12.12.2012 (ABl L 351 vom 20.12.2012, S. 1)
EuGVÜ	Übereinkommen v. 27.9.1968 über die gerichtliche Zuständigkeit und die Vollstreckung gerichtlicher Entscheidungen in Zivil- und Handelssachen (BGBl 72 II S. 774)
EU-Länder	Mitgliedsländer der Europäischen Union
eUSL	elektronische Urkundensammlung
e.V.	eingetragener Verein
EWGV	Vertrag z. Gründung d. Europäischen Wirtschaftsgemeinschaft v. 25.3.1957
EWiR	Entscheidungen z. Wirtschaftsrecht (seit 1985)
EWS	Europäisches Wirtschafts- und Steuerrecht (seit 1990)
f., ff.	folgend, folgende
FamFG	Gesetz über das Verfahren in Familiensachen und in den Angelegenheiten der freiwilligen Gerichtsbarkeit v. 17.12.2008 (BGBl. I S. 2586)
FamG	Familiengericht
FamNamRG	Gesetz z. Neuordnung des Familiennamensrechts v. 16 12.1993 (BGBl i S. 2054)
FamRZ	Ehe und Familie im privaten und öffentlichen Recht. Zs für das gesamte Familienrecht (1954 ff.)
FG	Freiwillige Gerichtsbarkeit
FGB	Familiengesetzbuch d. DDR v. 20.12.1965 (GBl 1966 I S. 1; Berlin (Ost): VOBl S. 117)
FGPrax	Praxis der freiwilligen Gerichtsbarkeit (Zeitschrift)
FlurbG	Flurbereinigungsgesetz i.d.F. v. 16.3.1976 (BGBl S. 546)
Fn	Fußnote
FS	Festschrift für
FStrG	Bundesfernstraßengesetz in der Fassung vom 28.07.2007 (BGBl. I S. 1206)

G	Gesetz
GBl	Gesetzblatt
GBl DDR I, II	Gesetzblatt der DDR, Teil I, Teil II
GBO	Grundbuchordnung
GBV	Verordnung zur Durchführung der GBO (Grundbuchverfügung) i.d.F. des Registerverfahrensbeschleunigungsgesetzes
GBVO	Anordnung über das Verfahren in Grundbuchsachen Grundbuchverfahrensordnung
GDO	Verordnung über die staatliche Dokumentation der Grundstücke und Grundstücksrechte in der DDR – Grundstücksdokumentationsordnung
GDolmG	Gesetz über die allgemeine Beeidigung von gerichtlichen Dolmetschern
geänd.	geändert
gem.	gemäß
GenG	Gesetz betr. die Erwerbs- und Wirtschaftsgenossenschaften in der Fassung der Bekanntmachung vom 16.10.2006 (BGBl. I S. 2230)
Ges.	Gesetz
ges.	gesetzlich
GesVollstO	Gesamtvollstreckungsordnung
GewO	Gewerbeordnung
GG	Grundgesetz für die Bundesrepublik Deutschland
ggf.	gegebenenfalls
GMB1	Gemeinsames Ministerialblatt, herausgegeben vom BMI (1950 ff.)
GmbHG	Gesetz, betr. die Gesellschaften mit beschränkter Haftung
GmbHR	Rundschau für GmbH (Zeitschrift; 1910–1944, 1950 ff.); 1946–1949: Centrale-Rundschreiben)
GNotKG	Gesetz über Kosten der freiwilligen Gerichtsbarkeit für Gerichte und Notare v. 23.7.2013 (BGBl. I 2586)
GoltdA	Goltdammer's Archiv für Strafrecht (N.F. 1954 ff.)
grds.	grundsätzlich
GrdstVG	Gesetz über Maßnahmen zur Verbesserung der Agrarstruktur und Sicherung land- und forstwirtschaftlicher Betriebe (Grundstücksverkehrsgesetz)
GrEStG	Grunderwerbsteuergesetz
Gruchot	Beiträge zur Erläuterung des Deutschen (bis 1871: des preußischen) Rechts, begründet von Gruchot (1857–1933)
GS	Gedächtnisschrift; auch: Gesetz-Sammlung für die Kgl Preußischen Staaten (seit 1907: Preußische Gesetzessammlung) (1810–1945)
GV	Gemeinsame Verfügung (mehrerer Ministerien)
GVBl	Gesetz- und Verordnungsblatt
GVG	Gerichtsverfassungsgesetz
GVO	Grundstücksverkehrsordnung
GWB	Gesetz gegen Wettbewerbsbeschränkungen
GwG	Geldwäschegesetz
H.	Heft
h.A.	herrschende Ansicht
HamFGG	Hamburgisches Gesetz über Angelegenheiten der freiwilligen Gerichtsbarkeit
HandwO	Gesetz zur Ordnung des Handwerks (Handwerksordnung)
HausratVO	Verordnung über die Behandlung der Ehewohnung und des Hausrats
Hdb.	Handbuch
HGB	Handelsgesetzbuch
Hinw	Hinweis
h.L.	herrschende Lehre
h.M.	herrschende Meinung
HöfeO	Höfeordnung

HöfeVfO	Verfahrensordnung f. Höfesachen
HRP	Handbuch der Rechtspraxis
HRR	Höchstrichterliche Rspr (1928–1942; vorher: Die Rspr = Beilage zu JR, 1925–1927)
Hrsg., hrsg.	Herausgeber, herausgegeben
HRV (HRVerf)	Handelsregisterverfügung v. 12.8.1937
Hs.	Halbsatz
HypBankG	Hypothekenbankgesetz v. 9.9.1998 (BGBl. I S. 2674)
i.d.F.	in der Fassung
i.d.R.	in der Regel
i.d.S.	in diesem Sinne
i.E.	im Ergebnis
i.e.S.	im engeren Sinne
IHK	Industrie- und Handelskammer
ILR	Interlokales Privatrecht
im Allg.	im Allgemeinen
insb.	insbesondere
insg.	insgesamt
internat	international
IPG	Gutachten zum internationalen und ausländischen Privatrecht 1965–1966, veröffentlicht im Auftrage des Deutschen Rats für internationales Privatrecht von Ferid, Kegel, Zweigert. Berlin u. Tübingen 1968 (vgl. Anh. I)
IPR	internationales Privatrecht
IPRax	Praxis des Internationalen Privat- und Verfahrensrechts (Zeitschrift; 1981 ff.)
IPRG	Gesetz zur Neuregelung des Internationalen Privatrechts v. 25.7.1986 (BGBl S. 1142)
IPRspr	Die deutsche Rspr auf dem Gebiete des internationalen Privatrechts im Jahre … (1926/27 bis 1934; 1945/49 ff.) = Sonderheft von RabelsZ
i.S.(v.)	im Sinne (von)
i.S.d.	im Sinne des
i.Ü.	im Übrigen
i.V.m.	in Verbindung mit
i.V.z.	im Verhältnis zu
i.w.S.	in weiterem Sinne
i.Z.w.	im Zweifel
JA	Juristische Arbeitsblätter (Zeitschrift)
JBl	Justizblatt
JFG	Jahrbuch für Entscheidungen in Angelegenheiten der freiwilligen Gerichtsbarkeit und des Grundbuchrechts, begründet von Ring (1924–1943)
JM (JuM)	Justizminister(ium)
JMBl	Justizministerialblatt, nach BayOblG, OLG München, Nürnberg, Bamberg immer BayJMBl
JR	Juristische Rundschau (Zeitschrift; 1925–1935, 1947 ff.)
JR Rspr	Juristische Rundschau, Rsprsbeilage (1925–1986)
JurA	Juristische Analysen (Zeitschrift, 1969–1971)
Jura	Juristische Ausbildung (Zeitschrift; 1979 ff.)
JurBüro	Das juristische Büro (Zeitschrift; 1950 ff.: Das Büro, 1956 ff.: Das juristische Büro)
JurJb	Juristenjahrbuch (1960 ff.)
JuS	Juristische Schulung. Zs für Studium und Ausbildung (1960 ff.)
Justiz	Die Justiz. Amtsblatt des Justizministeriums Baden-Württemberg (1952 ff.)
JuV	Justiz und Verwaltung, ab 1.10.1950 vereinigt mit Deutsche Richterzeitung
JVBl	Justizverwaltungsblatt (ab 1957 in neuer Folge, bis 1973, Fortsetzung mit DÖD)

JVKostO	Verordnung über Kosten im Bereich der Justizverwaltung
JW	Juristische Wochenschrift (1872–1939, dann aufgegangen in DR)
JZ	Juristenzeitung (ab 1951; Fortsetzung von DRZ und SJZ)
Kap.	Kapitel
KG	Kammergericht, Kommanditgesellschaft
KGaA	Kommanditgesellschaft auf Aktien
KGBl	Blätter für Rechtspflege im Bezirk des KG
KGJ	Jahrbuch für Entscheidungen des Kammergerichts in Sachen der freiwilligen Gerichtsbarkeit, in Kosten-, Stempel- und Strafsachen (bis 1899: in Sachen der nichtstreitigen Gerichtsbarkeit) (1881–1922) (soweit nichts anderes angegeben: Abt. A)
KJHG	Kinder- und Jugendhilfegesetz v. 26.6.1990 (BGBl I S. 1163)
Komm	Kommentar
KonsG	Gesetz ü. d. Konsularbeamten, ihre Aufgaben u Befugnisse
KrG	Kreisgericht
krit.	kritisch
KTS	Zeitschrift für Insolvenzrecht
KWG	Kreditwesengesetz in der Fassung der Bekanntmachung v. 9.9.1998 (BGBl. I S. 2776)
lfd.	laufend
LG	Landgericht
LGPräs	Präsident des Landgerichts
lit.	Buchstabe
LM	Nachschlagewerk des BGH in Zivilsachen (Loseblatt). Hrsg. Lindenmaier, Möhring u.a. (1951 ff.)
LPachtVG	Landpachtverkehrsgesetz v. 8.11.1985 (BGBl S. 2075)
LPartG	Gesetz über die eingetragene Lebenspartnerschaft
LS	Leitsatz
Lt.	laut
LV	Literaturverzeichnis, Schrifttumsverzeichnis
LwVG	LandwirtschaftsverfG
LZ	Leipziger Zeitschrift für Deutsches Recht (1907–1933: für Handels-, Konkurs- und Versicherungsrecht)
m. Hinw.	mit Hinweis(en)
m. krit. Anm.	mit kritischer Anmerkung (von)
m. zust. Anm.	mit zustimmender Anmerkung (von)
MaBV	Verordnung ü. d Pflichten d. Makler, Darlehens- u. Anlagenvermittler, Bauträger u. Baubetreuer (Makler- u. Bauträgerverordnung)
maW	mit anderen Worten
MdJ	Ministerium der Justiz
MDR	Monatsschrift für Deutsches Recht (1947 ff.)
m.E.	meines Erachtens
MinBl	Ministerialblatt
MittBayNot	Mitteilungen des Bayerischen Notarvereins, der Notarkasse Bayern und der Landesnotarkammer Bayern, s. auch BayNotV
MittBayNotV	Mitteilungen des Bayerischen Notarvereins (hervorgegangen aus BayNotZ)
MittRhNotK	Mitteilungen der Rheinischen Notarkammer (seit 1961; vorher: Niederschriften über die Notarkammersitzungen der Rheinischen Notarkammer; seit 2001: Rheinische Notar-Zeitschrift – RNotZ)
MiZi	Anordnung über Mitteilungen in Zivilsachen
MoMiG	Gesetz zur Modernisierung des GmbH-Rechts und zur Bekämpfung von Missbräuchen v. 23.10.2008 (BGBl S. 2026)
m.w.N.	mit weiteren Nachweisen

NachlG	Nachlassgericht; auch: Bayerisches Gesetz, das Nachlasswesen betreffend, v. 9.8.1962, BayBS III, 114
Nachw	Nachweis(e)
NdsRpfl	Niedersächsische Rechtspflege (1947 ff.)
n.F.	neue Fassung
N.F.	Neue Folge
NJ	Neue Justiz (1947 ff.)
NJW	Neue Juristische Wochenschrift (1947/48 ff.)
NJWE-VHR	NJW-Entscheidungsdienst Versicherungs-/Haftungsrecht (bis 1997, aufgegangen in NVersZ)
NJW-RR	NJW-Rsprs-Report Zivilrecht (1986 ff.)
NMaßnG	s. NotMaßnG
NotAktVV	Verordnung über die Führung notarieller Akten und Verzeichnisse
NotAndKont	Bedingungen für Anderkonten und Anderdepots von Notaren (letzte Fassung: Juli 2011, DNotZ 2011, 481)
Notar	Zeitschrift des Deutschen Notarvereins
NotBek	Bekanntmachung betreffend die Angelegenheiten der Notare (Notarbekanntmachung)
NotBRMoG	Gesetz zur Modernisierung des notariellen Berufsrechts und zur Änderung weiterer Vorschriften
NotBZ	Zeitschrift für die notarielle Beratungs- und Beurkundungspraxis
NotG	Gesetz (der DDR) über das Staatliche Notariat – Notariatgesetz – v. 5.2.1976 (GVBl S. 93)
NotK	Notarkammer
NotMaßnG	Gesetz über Maßnahmen auf dem Gebiete des Notarrechts vom 16.2.1961 (BGBl S. 77)
NotVPV	Verordnung über das Notarverzeichnis und die besonderen elektronischen Notarpostfächer
Nov	Novelle
Nr.	Nummer
NSW	Notariatssoftware
NVersZ	Neue Zeitschrift für Versicherung und Recht (1998 ff.)
NVO	Verordnung über die Tätigkeit von Notaren in eigener Praxis v. 20.6.1990 (GBl S. 475)
NVO-Notar	Notar im Bereich der NVO
NVwZ	Neue Zeitschrift für Verwaltungsrecht
NWB	Neue Wirtschafts-Briefe für Steuer- und Wirtschaftsrecht
o.	oben
O	Ordnung
o.a.	oben angegeben
o.Ä.	oder Ähnliches
o.g.	oben genannt
OG	Oberstes Gericht (d DDR)
OGH	Oberster Gerichtshof für die Britische Zone, auch Sammlung der Entscheidungen in Zivilsachen
OHG	Offene Handelsgesellschaft
o.J.	ohne Jahr
OLG	Oberlandesgericht
OLGPräs	Präsident d Oberlandesgerichts
OLGZ	Entscheidungen der Oberlandesgerichte in Zivilsachen einschließlich der Freiwilligen Gerichtsbarkeit. Hrsg Deisenhöfer, Jansen (seit 1965)
Onr.	Ordnungsnummer

ÖstNotZ	Österreichische Notariats-Zeitung
o.V.	ohne Verfasser
PachtKredG	Pachtkreditgesetz
PaPkG	Preisangaben- und Preisklauselgesetz
PartGG	Gesetz zur Schaffung von Partnerschaftsgesellschaften
PGH	Produktionsgenossenschaft des Handwerks
PGH-VO	Verordnung v. 8.3.1990/GBl DDR I Nr. 18 S. 164
phG	persönlich haftender Gesellschafter
PostO	Postordnung
PrAGBGB	Preußisches Ausführungsgesetz zum Bürgerlichen Gesetzbuch v. 20.9.1899, GS 177
PrAGGVG	Preußisches Ausführungsgesetz zum Gerichtsverfassungsgesetz
PrEnteigG	Preußisches Enteignungsgesetz v. 11.6.1874 (GS S. 221)
PrFGG	Preußisches Gesetz über die freiwillige Gerichtsbarkeit v. 21.9.1899, GS 249
PrKV	Preisklauselverordnung
Prot	Protokoll
PStG	Personenstandsgesetz
PStV	Verordnung z Ausf d Personenstandsgesetzes i.d.F. v. 25.2.1977 (BGBl I S. 377)
qeS	qualifizierte elektronische Signatur
RA	Rechtsanwalt
RabelsZ	Zeitschrift f. ausländisches u. internationales Privatrecht (ab 26.1.1961: Rabels Zeitschrift für …) (1927 ff.)
RAG	Gesetz (der DDR) ü. d. Anwendung des Rechts auf internationale zivil-, familien- und arbeitsrechtliche Beziehungen sowie auf internationale Wirtschaftsverträge – Rechtsanwendungsgesetz – v. 5.12.1975 (GBl S. 748; Berlin (Ost): VOBl 1976, S. 9)
RdErl	Runderlass
RdL	Recht der Landwirtschaft (1949 ff.)
Rdn	Randnummer, intern
Rdschr.	Rundschreiben
Recht	Das Recht (1897–1944; 1928–1933: Beilage zum Zentralblatt für Handelsrecht, seit 1939: Beilage zu DJ)
RefE	Referentenentwurf
Reg	Regierung
RegBegr	Regierungsbegründung
RegBl	Regierungsblatt
RegE	Regierungsentwurf
RegG	Registergericht
RegVBG	Registerverfahrensbeschleunigungsgesetz
ReinhG	Gesetz z. Wiederherstellung d. Rechtseinheit auf d. Gebiete d Gerichtsverfassung, d bürgerlichen Rechtspflege, d. Strafverfahrens und des Kostenrechts v. 12.9.1950 (BGBl S. 455)
RES	Runderlass-Sammlung des AA
RG	Reichsgericht, auch Reichsgesetz
RGBl	Reichsgesetzblatt, mit I = Teil I; mit II = Teil II
RGSt	Entscheidungen des Reichsgerichts in Strafsachen (1880–1944)
RGZ	Entscheidungen des Reichsgerichts in Zivilsachen (1880–1945)
RheimstG	Reichsheimstättengesetz
RhNotKMitt	Mitteilungen der Rheinischen Notarkammer (seit 1961) (auch: MittRhNotK)
RiA	Recht im Amt (1954 ff.)
RiLiE	Richtlinienempfehlung der Bundesnotarkammer
RIW	Recht der internationalen Wirtschaft (seit 1954 und 1975)

RJA	Entscheidungen in Angelegenheiten der freiwilligen Gerichtsbarkeit und des Grundbuchrechts, zusammengestellt vom Reichsjustizamt (1900–1922)
RL	Richtlinie
RLNot	Allgemeine Richtlinien für die Berufsausübung der Notare
RMBl	Reichsministerialblatt (1923–1945)
Rn	Randnummer (-ziffer), auf externe Werke bezogen
RNotO	Reichsnotarordnung
RNotZ	Rheinische Notar-Zeitschrift (vormals MittRhNotK)
ROHGE	Entscheidungen des Reichsoberhandelsgerichts (1871–1880)
Rpfl	Der deutsche Rechtspfleger (1948 ff.; vorher: Deutsche Rechtspflege; davor: Zs des Bundes deutscher Justizamtmänner)
RpflBl	Rechtspflegerblatt
Rpfleger	Rechtspfleger
RPflG	Rechtspflegergesetz v. 5.11.1969 (BGBl S. 2065)
RpflJb	Rechtspfleger-Jahrbuch (1936–1943/44; 1953 ff.)
RpflStud	Rechtspfleger-Studienhefte (1977 ff.)
Rspr.	Rechtsprechung
RVG	Rechtsanwaltsvergütungsgesetz
RzW	Rspr zum Wiedergutmachungsrecht (= Beilage zu NJW, 1949–1981)
S.	Seite, Satz
s.	siehe
s.a.	siehe auch
SachenRÄndG	Sachenrechtsänderungsgesetz
SachenRBerG	Sachenrechtsbereinigungsgesetz
SammelBl	Sammelblatt für Rechtsvorschriften des Bundes und der Länder
ScheckG	Scheckgesetz
SchiffsbankG	Schiffsbankgesetz
SchiffsRegO	Schiffsregisterordnung
SchiffsRG	Gesetz ü. Rechte an eingetragenen Schiffen und Schiffsbauwerken
SchlHAnz	Schleswig-Holsteinische Anzeigen. Justizministerialblatt für Schleswig-Holstein (N F seit 1837)
SchlHOLG	Schleswig-Holsteinisches Oberlandesgericht (Sitz Schleswig)
Sdh	Sonderheft
SeuffA	Seufferts Archiv für Entscheidungen der obersten Gerichte in den deutschen Staaten (1847–1944)
SeuffBl	Seufferts Blätter für Rechtsanwendung
SGB	Sozialgesetzbuch
SGB X	Sozialgesetzbuch Teil X
SGG	Sozialgerichtsgesetz
SigG	Gesetz über Rahmenbedingungen für elektronische Signaturen
SJZ	Süddeutsche Juristenzeitung (1946–1950, dann mit DRZ vereinigt zu JZ)
Slg	Sammlung
s.o.	siehe oben
sog.	sogenannt(e)
Sp.	Spalte
st.	ständige
StA	Standesamt
Städtetag	Der Städtetag (Zeitschrift, 1948 ff.)
StAnz	Staatsanzeiger
StAZ	Das Standesamt. Zs. für Standesamtswesen, Personenstandsrecht, Ehe- und Kindschaftsrecht, Staatsangehörigkeitsrecht (1948/49 ff.; vorher 1921–1944; Zs. für Standesamtswesen. Das Standesamt. Der Standesbeamte)
StBauFG	Städtebauförderungsgesetz

StGB	Strafgesetzbuch
str.	strittig, streitig
stRspr	ständige Rspr
SVG	Soldatenversorgungsgesetz
s.u.	siehe unten
TestG	Ges über die Errichtung von Testamenten und Erbverträgen
TV	Testamentsvollstrecker
Tz	Textziffer
u.	unten
u.Ä.	und Ähnliches
u.a.	unter anderem, und andere
u.a.m.	und anderes mehr
Überbl.	Überblick
Übk.	Übereinkommen
UdG	Urkundsbeamter der Geschäftsstelle
Ü.M.	überwiegende Meinung
umstr.	umstritten
UmwG	Umwandlungsgesetz v. 28.10.1994 (BGBl S. 3210)
unstr.	unstrittig
unv.	unveröffentlicht
UR	Urkundenrolle
UR-NR	Urkundenrollen-Nummer
USL	Urkundensammlung
UStG	Umsatzsteuergesetz i.d.F. v. 21.2.2005 (BGBl S. 386)
u.U.	unter Umständen
u.v.m	und verschiedenes mehr
UVZ	Urkundenverzeichnis
UVZ-NR	Urkundenverzeichnisnummer
v.	vom
VAG	Gesetz über die Beaufsichtigung d. Versicherungsunternehmen
VermBG	Drittes Gesetz zu Förderung der Vermögensbildung der Arbeitnehmer
VermG	Vermögensgesetz
Vers.	Versicherung
VerschG	Verschollenheitsgesetz
VersR	Versicherungsrecht (Zeitschrift)
Vfg.	Verfügung
VFGüG	Gesetz über ehelichen Güterstand v. Vertriebenen u. Flüchtlingen v. 4.8.1969 (BGBl S. 1067)
VG	Vormundschaftsgericht
VGH	Verwaltungsgerichtshof
vgl.	vergleiche
v.H.	vom Hundert
VHG	VertragshilfeG v. 26.3.1952 (BGBl S. 198, III 402–4)
VO	Verordnung
Voraufl.	Vorauflage
Vorb. (Vorbem.)	Vorbemerkung
VStG	Vermögenssteuergesetz
VVaG	Versicherungsverein auf Gegenseitigkeit
VVG	Versicherungsvertragsgesetz
VVZ	Verwahrungsverzeichnis
VwGO	Verwaltungsgerichtsordnung
VwV	Verwaltungsverfügung/Verwaltungsvorschrift

VwVfG	Verwaltungsverfahrensgesetz
VZOG	Vermögenszuordnungsgesetz
w. Nachw. b.	weitere Nachweise bei
Warn	Rspr des Reichsgerichts, soweit sie nicht in der amtlichen Sammlung der Entscheidungen des Reichsgerichts abgedr ist, hrg. von Warneyer (1908 bis 1941; seit 1961: Warneyer Rspr des Bundesgerichtshofes in Zivilsachen, soweit nicht in der amtlichen Sammlung abgedruckt, Gesamtredaktion: Mezger; abgekürzt auch als: BGHWarn)
WEG	Gesetz über Wohnungseigentum und Dauerwohnrecht
WEG GBVfg	Verfügung über die grundbuchmäßige Behandlung der Wohnungseigentumssachen v. 1.8.1951 (BAnz Nr. 152 v. 9.8.1951), zuletzt geändert durch Art 2 VO v. 23.7.1984 (BGBl S. 1025)
WEM	Wohnungseigentümer-Magazin (Jahr, Nr. u. S.)
WG	Wechselgesetz
WiR	Wirtschaftsrecht (seit 1972)
WM	Wertpapier-Mitteilungen, Teil IV, Wirtschafts-, Wertpapier- und Bankrecht (1947 ff.)
WoBindG	Wohnungsbindungsgesetz
WohneigFG	Gesetz zur Neuregelung der steuerrechtlichen Förderung des selbstgenutzten Wohnungseigentums – Wohnungseigentumsförderungsgesetz – v. 15.5.1986 (BGBl S. 730)
WRP	Wettbewerb in Recht u. Praxis (1955 ff.)
WStG	Wechselsteuergesetz
WuB	Entscheidungssammlung zum Wirtschafts- und Bankrecht (seit 1985)
WÜD	Wiener Übereinkommen über diplomatische Beziehungen v. 18.4.1961 (BGBl 1964 II S. 959)
WÜK	Wiener Übereinkommen über konsularische Beziehungen v. 24.4.1963 (BGBl II S. 1589)
WürttNotV	Zeitschrift des Württ Notarvereins (jetzt BWNotZ)
WürttRpflZ	Württ Zeitschrift für Rechtspflege und Verwaltung
XNP	Basisanwendung (Bundesnotarkammer)
ZAG	Gesetz über die Beaufsichtigung von Zahlungsdiensten
z.B.	zum Beispiel
ZfBR	Zeitschrift für deutsches und internationales Baurecht (1978 ff.)
ZfIR	Zeitschrift für Immobilienrecht
ZGB (DDR)	Zivilgesetzbuch der Deutschen Demokratischen Republik v. 19.6.1975 (GBl I S. 465; Berlin [Ost]: VOBl S. 77)
ZGR	Zeitschrift für Unternehmens- und Gesellschaftsrecht (1972 ff.)
ZHK (ZHW, ZHR)	Zeitschrift für das gesamte Handels- und Konkursrecht, jetzt Zeitschrift für das gesamte Handelsrecht und Wirtschaftsrecht
ZHR	Zeitschrift für das gesamte Handelsrecht (seit 1907) und Konkursrecht, begr. von Goldschmidt (1858 bis 1944; 1946 ff.)
ZIP	Zeitschrift für Wirtschaftsrecht (seit 1983, vorher: Zeitschrift für Insolvenzrecht und: Zeitschrift für Wirtschafts- und Insolvenzrecht)
zit.	zitiert
ZNotP	Zeitschrift für die Notarpraxis
ZPO	Zivilprozessordnung
ZRP	Zeitschrift für Rechtspolitik
ZS	Zivilsenat
Zs (auch Zschr, Z)	Zeitschrift
z.T.	zum Teil
ZTRV	Verordnung über das zentrale Testamentsregister (BGBl I 2012, S. 1386)

zust.	zustimmend
ZustErgG	Gesetz zur Ergänzung von Zuständigkeiten auf den Gebieten des Bürgerlichen Rechts, des Handelsrechts und des Strafrechts (Zuständigkeitsergänzungsgesetz) v. 7.8.1952 (BGBl S. 407)
ZustRG	Zustellungsreformgesetz v. 25.6.2001 (BGBl S. 1206)
zutr.	zutreffend
ZVglRWiss	Zeitschrift für vergleichende Rechtswissenschaft
ZZP	Zeitschrift für Zivilprozess (1879 bis 1943, 1950 ff.)
zzt.	zurzeit/zur Zeit

Die Abkürzungen folgen im Übrigen: Kirchner, Abkürzungsverzeichnis der Rechtssprache, 11. Aufl. Berlin 2024.

Literaturverzeichnis

Abel, Ralf Bernd (Hrsg.), Datenschutz in Anwaltschaft, Notariat und Justiz, 2. Aufl. München 2003

Amann, Hermann/Brambring, Günter/Hertel, Christian, Vertragspraxis nach neuem Schuldrecht, Handbuch für Notare und Vertragsjuristen mit Gestaltungshinweisen und Formulierungsbeispielen, 2. Aufl. München 2002 (zit.: *Ammann/Brambring/Hertel*)

Anders, Monika/Gehle, Burkhard, Kommentar zur Zivilprozessordnung, 84. Aufl. München 2026 (zit.: Anders/Gehle/*Bearb.*)

Armbruster, Franziska, Gläubigeranfechtung und Beurkundungsverfahren, Köln 2011

Arndt, Herbert/Lerch, Klaus/Sandkühler, Gerd, Kommentar zur BNotO, 8. Aufl. Köln u.a. 2016 (zit.: Arndt/Lerch/Sandkühler/*Bearb.*)

Bahrenfuss, Dirk, FamFG Verfahren in Familiensachen und in den Angelegenheiten der freiwilligen Gerichtsbarkeit, 3. Aufl. Berlin 2017 (zit.: Bahrenfuss/*Bearb.*)

Bamberger, Heinz Georg/Roth, Herbert/Hau, Wolfgang/Poseck, Roman, Kommentar zum BGB, Band 3, 5. Aufl. München 2023; Band 4: §§ 1018–1921, 5. Aufl. 2023 (zit.: Bamberger/Roth/Hau/Poseck/*Bearb.*)

Basty, Gregor, Der Bauträgervertrag, 11. Aufl. Köln 2023

Battis, Ulrich/Krautzberger, Michael/Löhr, Rolf-Peter, Baugesetzbuch, 16. Aufl. München 2025

Bauer, Hans-Joachim/Schaub, Bernhard, Grundbuchordnung, 5. Aufl. München 2023 (zit.: Bauer/Schaub/*Bearb.*)

Beck'sches Formularbuch zum Bürgerlichen, Handels- und Wirtschaftsrecht, hrsg. von *Gebele, Alexander* und *Scholz, Kai-Steffen*, 15. Aufl. München 2026 (zit.: Beck'sches Formularbuch/*Bearb.*)

Beck-online Großkommentar zum Zivilrecht, hrsg. v. *Gsell, Beate/Krüger, Wolfgang/Lorenz, Stephan/Reymann Christoph* (zit.: BeckOGK/*Bearb.*, Stand)

Beck'sches Notarhandbuch, hrsg. von *Heckschen, Heribert/Herrler, Sebastian/Münch, Christof*, 8. Aufl. München 2024 (zit.: Beck'sches Notarhdb/*Bearb.*)

Beck'scher Online Kommentar BauGB München Edition 69, Stand 1.2.2026 (zit.: BeckOK-BauGB/*Bearb.*)

Beck'scher Online-Kommentar BeurkG München Edition 12, Stand 1.9.2025 (zit.: BeckOK-BeurkG/*Bearb.*)

Beck'scher Online Kommentar BGB München Edition 77, Stand 1.2.2026 (zit.: BeckOK-BGB/*Bearb.*)

Beck'scher Online Kommentar BNotO München Edition 13, Stand 1.2.2026 (zit.: BeckOK-BNotO/*Bearb.*)

Beck'scher Online Kommentar Datenschutzrecht Edition 55, Stand 1.2.2026 (zit.: BeckOK-DatenschutzR/*Bearb.*)

Beck'scher Online Kommentar GBO München Edition 60, Stand 1.3.2026 (zit.: BeckOK-GBO/*Bearb.*)

Beck'scher Online Kommentar GwG München Edition 25, Stand 1.3.2026 (zit.: BeckOK-GwG/*Bearb.*)

Beck'scher Online Kommentar Kostenrecht München Edition 51, Stand 1.12.2025 (zit.: BeckOK-KostR/*Bearb.*)

Beck'scher Online Kommentar ZPO München Edition 59, Stand 1.12.2025 (zit.: BeckOK-ZPO/*Bearb.*)

Beisel, Wilhelm/Klumpp, Hans-Hermann, Der Unternehmenskauf, 7. Aufl. München 2016

Bettendorf, Jörg (Hrsg.), EDV und Internet in der notariellen Praxis, Köln u.a. 2002

Bettermann, Karl-August, Die freiwillige Gerichtsbarkeit im Spannungsfeld zwischen Verwaltung und Rechtsprechung, FS Lent, 1957 (zit.: *Bettermann*, in: FS Lent)

Blaeschke, Joachim, Praxishandbuch Notarprüfung, 3. Aufl. Recklinghausen 2021

Bohrer, Michael, Das Berufsrecht der Notare, München 1991

Bormann, Jens/Diehn, Thomas/Sommerfeldt, Klaus (Hrsg.), Gesetz über Kosten der freiwilligen Gerichtsbarkeit für Gerichte und Notare (GNotKG), Kommentar, 5. Aufl. München 2025 (zit.: *Bormann/Diehn/Sommerfeldt*, GNotKG)

Böttcher, Roland, Gesetz über die Zwangsversteigerung und Zwangsverwaltung, Kommentar, 7. Aufl. München 2022

Bräu, Peter, Die Verwahrungstätigkeit des Notars, Freiburg u.a. 1991 (zit.: *Bräu*, Verwahrungstätigkeit)

Bremkamp, Till/Kindler, Martin/Winnen, Armin, Beurkundungsgesetz, Kommentar, München 2023 (zit.: Bremkamp/Kindler/Winnen/*Bearb.*)

Bumiller, Ursula/Harders, Dirk/Schwamb, Werner, FamFG Freiwillige Gerichtsbarkeit, 13. Aufl. München 2022

Bunte, Hermann-Josef/Zahrte, Kai, AGB-Banken, AGB-Sparkassen, Sonderbedingungen, 6. Aufl. 2023 (zit.: *Bunte/Zahrte*, SB Ander Notar)

Burandt, Wolfgang/Rojahn, Dieter, Erbrecht, 4. Aufl. München 2022 (zit.: Burandt/Rojahn/*Bearb.*)

Demharter, Johann, Grundbuchordnung, 34. Aufl. München 2026 (zit.: *Demharter*)

Diehn, Thomas (Hrsg.), Bundesnotarordnung, 3. Aufl. Köln 2024 (zit.: Diehn/*Bearb.*)

Dornis, Tim, Kaufpreiszahlung auf Notaranderkonto, Köln 2005 (zit.: *Dornis*, Kaufpreiszahlung)

Dürig, Günter/Herzog, Roman/Scholz, Rupert, Grundgesetz, 108. Aufl. München 2025

Dutta, Anatol/Jacoby, Florian/Schwab, Dieter, FamFG Kommentar, 4. Aufl. Bielefeld 2021

Ebenroth, Karsten Thomas/Boujong, Karlheinz, Handelsgesetzbuch: HGB, Band 1, 5. Aufl. München 2024, Band 2, 5. Aufl. München 2024

Ellenberger, Jürgen/Bunte, Hermann-Josef (Hrsg.), Bankrechtshandbuch Band I, 6. Aufl. München 2022 (zit: Ellenberger/Bunte/*Bearb.*)

Erbs, Georg/Kohlhaas, Max, Strafrechtliche Nebengesetze, Beck'sche Kurzkommentare Band 17, München, 259. Erg., Stand Oktober 2025 (zit.: Erbs/Kohlhaas/*Bearb.*)

Erman, Walter, BGB, hrsg. v. *Westermann, Harm Peter/Grunewald, Barbara/Maier-Reimer, Georg*, 17. Aufl. Köln 2023 (zit.: Erman/*Bearb.*)

Ernst, Werner/Zinkahn, Willy/Bielenberg, Walter/Krautzberger, Michael, Kommentar zum BauGB, Band 1, München, 160. Erg., Stand August 2025 (zit.: Ernst/Zinkahn/Bielenberg/*Bearb.*)

Faßbender, Hermann/Grauel, Walter/Kemp, Peter/Ohmen, Werner/Peter, Wolfgang, Notariatskunde, 21. Aufl. Bonn 2025

Flume, Werner, Allgemeiner Teil des Bürgerlichen Gesetzbuches, Bd. II, Das Rechtsgeschäft 4. Aufl. Berlin 1992 (zit.: *Flume*, AT)

Frenz, Norbert (Hrsg.), Neues Berufs- und Verfahrensrecht für Notare, Berlin 1999 (zit.: Frenz/*Bearb.*)

Frenz, Norbert/Miermeister, Uwe, BNotO – Bundesnotarordnung Kommentar, 6. Aufl. München 2024 [zugl.: Fortführung des Kommentars *Eylmann, Horst/Vaasen, Hans-Dieter*, Bundesnotarordnung, Beurkundungsgesetz, 4. Aufl. München 2016] (zit.: Frenz/Miermeister/*Bearb.*)

Frey, Kaspar, Gesellschaftsrecht, 10. Aufl. München 2023 [zugl.: Fortführung des Werkes *Wiedemann, Herbert/Frey, Kaspar,* Gesellschaftsrecht, 9. Aufl. München 2016]

Ganter, Hans Gerhard/Hertel, Christian/Wöstmann, Heinz, Handbuch der Notarhaftung, 5. Aufl. Münster 2023 (zit.: Handbuch Notarhaftung/*Bearb.*)

Gaul, Hans Friedhelm/Schilken, Eberhard/Becker-Eberhard, Ekkehard, Zwangsvollstreckungsrecht, 12. Aufl. München 2010

Geimer, Reinhold/Schütze, Rolf A., Internationale Urteilsanerkennung, Bd. I 1, 1983; Bd. I 2, 1984; Bd. II, 1971 (zit.: *Geimer/Schütze*)

Gola, Peter/Heckmann, Dirk, Datenschutz-Grundverordnung, Bundesdatenschutzgesetz: DS-GVO/BDSG, 3. Aufl. München 2022

Großkommentar Aktiengesetz, hrsg. von *Hirte, Heribert/Mülbert, Peter O./Roth, Markus*, Band 7 (§§ 118–130), 5. Aufl. Berlin 2017(zit.: Großkomm AktG/*Bearb.*)

Grüneberg, Christian, BGB, Kurzkommentar, 85. Aufl. München 2026 [letzte Teilkommentierung zum BeurkG 45. Aufl. München 1986] (zit.: Grüneberg/*Bearb.*)

Grziwotz, Herbert, MaBV, 4. Aufl. Köln 2022 (zit.: Grziwotz/*Bearb.*)

Grziwotz, Herbert/Sauer, Konstantin/Heinemann, Jörn, Kommentar zum Beurkundungsgesetz, 4. Aufl. Köln 2024 [zugl.: Fortführung des Kommentars *Grziwotz, Herbert/Heinemann, Jörn*, Kommentar zum Beurkundungsgesetz, 3. Aufl. Köln 2018] (zit.: Grziwotz/Sauer/Heinemann/*Bearb.*)

Habscheid, Walther J., Freiwillige Gerichtsbarkeit, 7. Aufl. München 1983

Happ, Wilhelm/Groß, Wolfgang (Hrsg.), Aktienrecht, Bd. I, 5. Aufl. Köln, Berlin, Bonn, München 2019 (zit.: Happ/*Bearb.*)

Haug, Karl/Zimmermann, Stefan/Zimmermann, Christian, Die Amtshaftung des Notars, 4. Aufl. München 2018 (zit.: Haug/Zimmermann/*Bearb.*)

Hauschild, Armin/Kallrath, Jürgen/Wachter, Thomas, Notarhandbuch Gesellschafts- und Unternehmensrecht, 3. Aufl. München 2022

Haußleiter, Martin, FamFG Kommentar, 2. Aufl. München 2017

Hausmann, Rainer, Internationales Erbrecht, Quellensammlung mit Darstellung des materiellen Erbrechts sowie des Kollisionsrechts der wichtigsten Staaten, 133. Erg., Stand Januar 2026

Hecker, Gottfried/Müller-Chorus, Gerhard, Handbuch der konsularischen Praxis, 4. Aufl. München 2008

Heidel, Thomas (Hrsg.), Aktienrecht und Kapitalmarktrecht, 6. Aufl. Baden-Baden 2024 (zit.: Heidel/*Bearb.*)

Heinemann, Jörn/Trautrims, Christoph, Handkommentar Notarrecht, Baden-Baden 2022 (zit.: Heinemann/Trautrims/*Bearb.*)

Henrich, Dieter/Dutta, Anatol/Ebert, Hans-Georg, Internationales Ehe- und Kindschaftsrecht mit Staatsangehörigkeitsrecht, Loseblattausgabe, 7. Aufl. Frankfurt am Main 2024 [zugl.: Fortführung des Werkes *Bergmann, Alexander/Ferid, Murad/Henrich, Dieter*, Internationales Ehe- und Kindschaftsrecht mit Staatsangehörigkeitsrecht, Loseblattausgabe, Frankfurt am Main 2019]

Henssler, Martin/Strohn, Lutz, Gesellschaftsrecht, 6. Aufl. München 2024 (zit.: Henssler/Strohn/*Bearb.*)

Herfurth, Ulrich, Immobilienerwerb in Europa, Rechtliche Rahmenbedingungen, Bonn 1998

Herrler, Sebastian/Hertel, Christian/Kesseler, Christian, Aktuelles Immobilienrecht 2025, 6. Aufl. München 2025

Hoffmann, Klaus, Konsularrecht, 76. Erg., Stand März 2011, Dresden 2011

Holzapfel, Hans-Joachim/Pöllath, Reinhard, Unternehmenskauf in Recht und Praxis, 16. Aufl. Köln 2021

Huhn, Diether/von Schuckmann, Hans-Joachim, Beurkundungsgesetz und Dienstordnungen für Notarinnen und Notare, 5. Aufl. München 2009

Jaeger, Ernst, Kommentar zur Insolvenzordnung, Bd. 2, hrsg. von *Wolfram Henckel* und *Walter Gerhardt*, 2007 (zit.: Jaeger/*Bearb.*)

Jansen, Paul, Beurkundungsgesetz, Berlin 1971 (zit.: *Jansen*, BeurkG)

Jansen, Paul, Gesetz über die Angelegenheiten der Freiwilligen Gerichtsbarkeit I-III, 3. Aufl. Berlin, Band I (Einleitung, §§ 1–34 FGG) 2006, Band II (§§ 35–70n FGG) 2006, Band III (§§ 71–200 FGG) 2006 (zit.: *Jansen*)

Kawohl, Volker, Notaranderkonto Vollzugsstörungen bei der notariellen Verwahrung von Grundstückskaufverträgen, München 1995 (zit.: *Kawohl*, Notaranderkonto)

Kazele, Norbert, Interessenkollisionen und Befangenheit im Verwaltungsrecht, Diss Berlin 1990 (zit.: *Kazele*, Interessenkollisionen)

Kegel, Gerhard/Schurig, Klaus, Internationales Privatrecht, 9. Aufl. München 2004 (zit.: *Kegel/Schurig*)

Keim, Benno, Das notarielle Beurkundungsverfahren, München 1990

Keller, Ulrich/Munzig, Jörg (Hrsg.), KEHE, Grundbuchrecht, 9. Aufl. Bonn 2023 (zit.: KEHE/*Bearb.*)

Kersten, Fritz/Bühling, Selmar, Formularbuch und Praxis der Freiwilligen Gerichtsbarkeit, 27. Aufl. Köln 2023 (zit.: Kersten/Bühling/*Bearb.*)

Kierdorf, Claus, Die Legalisation von Urkunden, Köln 1975

Kilian, Matthias/Sandkühler, Christoph/vom Stein, Jürgen, Praxishandbuch Notarrecht, 3. Aufl. Bonn 2018 (zit.: Kilian/Sandkühler/vom Stein/*Bearb.*)

Kindl, Johann/Meller-Hannich, Caroline (Hrsg.), Gesamtes Recht der Zwangsvollstreckung, Handkommentar, 5. Aufl. Baden-Baden 2026

Knittel, Bernhard, Beurkundungen im Kindschaftsrecht, 9. Aufl. Köln 2021

Kölner Kommentar zum Aktiengesetz, hrsg. von *Zöllner, Wolfgang/Noack, Ulrich*, Band 3, 3. Aufl. Köln 2009 (zit. Kölner Komm./*Bearb.*)

Koch, Jens, Aktiengesetz Kommentar, 20. Aufl. München 2026

Korbion, Hermann/Locher, Horst/Sienz, Christian, AGB und Bauerrichtungsverträge, 4. Aufl. Düsseldorf 2006

Korintenberg, Werner/Bengel, Manfred/Otto, Klaus/Reimann, Wolfgang/Tiedtke, Werner, Gerichts- und Notarkostengesetz: GNotKG, Kommentar, 22. Aufl. München 2022 [zugl.: Fortführung des Kommentars *Korintenberg/Lappe/Bengel/Reimann*, Kostenordnung, 18. Aufl. 2010] (zit.: Korintenberg/*Bearb.*, GNotKG)

Krafka, Alexander, Registerrecht, 12. Aufl. München 2024

Krätzschel, Holger/Falkner, Melanie/Döbereiner, Christoph, Nachlassrecht, 12. Aufl. München 2022 [zugl.: Fortführung des Werkes *Firsching, Karl/Graf, Hans L.*, Nachlassrecht, 11. Aufl. München 2019]

Krauß, Hans-Frieder, Immobilienkaufverträge in der Praxis, 10. Aufl. Münster 2023 (zit.: *Krauß*, Immobilienkaufverträge)

Kroiß, Ludwig/Horn, Claus-Henrik/Solomon, Dennis, Kommentar zum Nachfolgerecht, 3. Aufl. Baden-Baden 2023 (zit.: NK-Nachfolgerecht/*Bearb.*)

Kühling, Jürgen/Buchner, Benedikt, Datenschutz-Grundverordnung, Bundesdatenschutzgesetz: DS-GVO/BDSG Kommentar, 4. Aufl. 2024 (Kühling/Buchner/*Bearb.*)

Lambert-Lang, Heidi/Tropf, Karl Friedrich/Frenz, Norbert (Hrsg.), Handbuch der Grundstückspraxis, Herne, 2. Aufl. Berlin 2005 (zit.: *Lambert-Lang/Tropf/Frenz*)

Lange, Heinrich/Kuchinke, Kurt, Erbrecht, 5. Aufl. München 2001

Langenfeld, Gerrit, Vertragsgestaltung, 3. Aufl. München 2004 (zit.: *Langenfeld*, Vertragsgestaltung)

Lerch, Klaus, Beurkundungsgesetz, Kommentar, 5. Aufl. Köln 2016 (zit.: *Lerch*)

Leske, Sascha, Die notarielle Unparteilichkeit und ihre Sicherung durch die Mitwirkungsverbote des § 3 Abs. 1 BeurkG, Köln 2004 (zit.: *Leske*, Mitwirkungsverbote)

Lutter, Markus/Hommelhoff, Peter, GmbH-Gesetz Handkommentar, 21. Aufl. Köln 2023 (zit.: Lutter/Hommelhoff/*Bearb.*)

Meikel, Georg, Grundbuchordnung: GBO, 12. Aufl. Köln 2020

Michalski, Lutz/Heidinger, Andreas/Leible, Stefan/Schmidt, Jessica (Hrsg.), Kommentar zum Gesetz betreffend die Gesellschaften mit beschränkter Haftung (GmbH-Gesetz), 4. Aufl. München 2023 [zugl.: Fortführung des Kommentars *Michalski, Lutz,* 2. Aufl. München 2010] (zit.: Michalski/Heidinger/Leible/Schmidt/*Bearb.*)

Müller-Engels, Gabriele/Braun, Christian, Betreuungsrecht und Vorsorgeverfügungen in der Praxis, 6. Aufl. Münster 2022

Münchener Handbuch des Gesellschaftsrechts, Band 4: Aktiengesellschaft, hrsg. v. *Hoffmann-Becking, Michael/Austmann, Andreas*, 6. Aufl. München 2024

Münchener Kommentar zum AktG, Band 2, 6. Aufl. 2023, Band 3, 6. Aufl. 2024, Band 4, 6. Aufl. 2025, Band 5, 6. Aufl. 2023 (zit.: MüKo-AktG/*Bearb.*)

Münchener Kommentar zum Bürgerlichen Gesetzbuch, Band 1 (§§ 1–240a, AllgPersönIR, StiftRG, ProstG, AGG), 10. Aufl. München 2025, Band 2 Teil I (§§ 241–310), 10. Aufl. München 2025, Band 3 Teil II (§§ 311–432), 10. Aufl. München 2025, Band 4/1 Teil I (§§ 433–480, CISG), 9. Aufl. München 2024, Band 5 Teil II (§§ 535–630h, BetrKV, HeizkostenV, WärmeLV, EFZG, TzBfG, KSchG, MiLoG), 9. Aufl. München 2023, Band 6 Teil III (§§ 631–704), 9. Aufl. München 2023, Band 8 (§§ 854–1296, WEG, ErbbauRG), 10. Aufl. München 2026, Band 10 Familienrecht II, (§§ 1589–1921, SGB VIII), 9. Aufl. München 2024, Band 11 (§§ 1922–2385, §§ 27–35 BeurkG), 10. Aufl. München 2026, Band 12 (Internationales Privatrecht, Europäisches Kollisionsrecht, Art. 1–26 EGBGB), 9. Aufl. München 2024, Band 13 (Internationales Privatrecht II, Internationales Wirtschaftsrecht, Art. 50–253 EGBGB, WBVG), 9. Aufl. München 2025 (zit.: MüKo-BGB/*Bearb.*)

Münchener Kommentar zum FamFG, Band 1, 4. Aufl. München 2025, Band 2. 4. Aufl. München 2026 (zit.: MüKo-FamFG/*Bearb.*)

Münchener Kommentar zur Insolvenzordnung, Band 1, 5. Aufl. München 2025, Band 2, 5. Aufl. München 2025 (zit.: MüKo-InsO/*Bearb.*)

Münchener Kommentar zur ZPO, Band 1, 7. Aufl. München 2025, Band 2, 7. Aufl. München 2025, Band 3, 6. Aufl. 2022 (zit.: MüKo-ZPO/*Bearb.*)

Münchener Vertragshandbuch, Band 5, Bürgerliches Recht I, 8. Aufl. München 2020 (zit.: MünchVertragsHdb/*Bearb.*, Bd. 5)

Musielak, Hans-Joachim/Voit, Wolfgang (Hrsg.), Kommentar zur Zivilprozessordnung, 22. Aufl. München 2025 (zit.: Musielak/Voit/*Bearb.*)

Neuner, Jörg, Allgemeiner Teil des Bürgerlichen Rechts, 13. Aufl. München 2023

Noack, Ulrich/Servatius, Wolfgang/Haas, Ulrich, GmbHG, 24. Aufl. München 2025 (zit.: Noack/Servatius/Haas/*Bearb.*)

Oppermann, Thomas/Classen, Claus Dieter/Nettesheim, Martin, Europarecht, 10. Aufl. München 2025

Pahlke, Armin, Grunderwerbsteuergesetz, 8. Aufl. München 2025

Pfeiffer, Thomas, AGB-Recht, Kommentar, 8. Aufl. München 2026 [zugl.: Fortführung des Kommentars *Wolf, Manfred/Lindacher, Walter/Pfeiffer, Thomas*, AGB-Recht, Kommentar, 7. Aufl. München 2020]

Prütting, Hanns/Gehrlein, Markus, ZPO Kommentar, 17. Aufl. Köln 2025 (zit.: Prütting/Gehrlein/*Bearb.*)

Prütting, Hanns/Helms, Tobias, FamFG Kommentar, 7. Aufl. Köln 2026 (zit.: Prütting/Helms/*Bearb.*)

Prütting, Hanns/Wegen, Gerhard/Weinreich, Gerd, BGB Kommentar, 20. Aufl. Köln 2025 (zit.: PWW/*Bearb.*)

Püls, Joachim/Gerlach, Christian, NotAktVV und elektronisches Urkundenarchiv, Bonn 2021 (zit.: *Püls/Gerlach*)

Reimann, Wolfgang/Bengel, Manfred/Dietz, Florian/Sammet, Sebastian, Testament und Erbvertrag, 8. Aufl. Neuwied 2023 (zit.: Reimann/Bengel/Dietz/Sammet/*Bearb.*)

Reithmann, Christoph, Allgemeines Urkundenrecht, Begriffe und Beweisregeln, 1972 Köln-Marienburg

Reithmann, Christoph/Albrecht, Andreas, Handbuch der notariellen Vertragsgestaltung, 8. Aufl. Köln 2001 (Reithmann/Albrecht/*Bearb.*)

Reithmann, Christoph/Blank, Manfred/Rinck, Klaus, Notarpraxis, 2. Aufl. Bonn 2001 (zit.: *Reithmann/Blank/Rinck*)

Reithmann, Christoph/Martiny, Dieter (Hrsg.), Internationales Vertragsrecht, 9. Aufl. 2021

Reithmann, Christoph/Meichssner, Claus/Heymann, Ekkehardt von, Kauf vom Bauträger. Bauherren-/Gewerbemodelle und Immobilienfonds, Finanzierung, rechtliche und steuerliche Gestaltung, Haftung aus Treuhandschaft, Vertrieb, Beratung und Prospekt, 7. Aufl. Köln 1995

Renner, Thomas/Otto, Dirk-Ulrich/Heinze, Volker, Leipziger Gerichts-& Notarkostenkommentar (GNotKG), 4. Aufl. Leipzig 2024

Reul, Adolf/Heckschen, Heribert/Wienberg, Rüdiger, Insolvenzrecht in der Gestaltungspraxis, 3. Aufl. München 2022

Rohs, Günther/Heinemann, Diethard, Die Geschäftsführung der Notare, 11. Aufl. Heidelberg 2002 (zit.: *Rohs/Heinemann*)

Römermann, Volker, Kommentar zur Insolvenzordnung, München, 50. Erg., Stand November 2025 (zit.: Römermann/*Bearb.*)

Saenger, Ingo (Hrsg.), Zivilprozessordnung, Handkommentar, 10. Aufl. Baden-Baden 2023 (zit.: Hk-ZPO/*Bearb.*)

Scharfenberg, Sylvia, Die Entstehungsgeschichte des Beurkundungsgesetz vom 28. August 1969, 2003 Frankfurt a.M.

Scherer, Stephan (Hrsg.), Münchener Anwalts Handbuch Erbrecht, 6. Aufl. München 2024 (Scherer/*Bearb.*)

Schippel, Helmut/Eschwey, Claudius, Bundesnotarordnung, 11. Aufl. München 2023 (zit.: BeckOK-BNotO/*Bearb.*)

Schlüter, Martin/Knippenkötter, Hermann, Die Haftung des Notars, Köln u.a. 2004 (zit.: Schlüter/Knippenkötter/*Bearb.*)

Schmidt, Karsten, Insolvenzordnung, Kommentar, 20. Aufl. München 2023

Schmidt, Karsten/Lutter, Marcus, (Hrsg), Aktiengesetz 2 Bände, 5. Aufl. Köln 2024 (zit.: Schmidt/Lutter/*Bearb.*)

Schmidt-Futterer, Mietrecht, Hrsg. von *Börstinghaus, Ulf*, 17. Aufl. München 2026

Schmidt-Kessel, Martin/Leutner, Gerd/Müther, Peter-Hendrik, Handelsregisterrecht, München 2010

Schmitt, Bertram/Köhler, Marcus, Strafprozessordnung, 68. Aufl. München 2025 [zugl.: Fortführung des Kommentars *Meyer-Goßner, Lutz/Schmitt, Bertram*, Strafprozessordnung, 65. Aufl. München 2022]

Scholz, Franz, Kommentar zum GmbHG, 13. Aufl. 2024 (zit.: Scholz/*Bearb.*)

Schöner, Hartmut/Stöber, Kurt, Grundbuchrecht, 16. Aufl. München 2020 (zit.: *Schöner/Stöber*)

Schulte-Bunert, Kai/Weinreich, Gerd, FamFG Kommentar, 8. Aufl. München 2025

Schuschke, Winfried/Walker, Wolf-Dietrich/Kessen, Martin/Thole, Christoph, Vollstreckung und vorläufiger Rechtsschutz, 8. Aufl. Köln 2024

Soergel, Hans-Theodor, (Begr.), BGB-Kommentar, Band 22, 14. Aufl. 2023 (zit.: Soergel/*Bearb.*)

Spindler, Gerald/Stilz, Eberhard, Kommentar zum Aktiengesetz Band 1 (§§ 1–149), 5. Aufl. München 2022 (zit.: Spindler/Stilz/*Bearb.*)

Staudinger, Kommentar zum BGB, §§ 90–124, §§ 130–133, Neubearb. 2021; §§ 125–129, BeurkG, Neubearb. 2023; §§ 134–138, Neubearb. 2024; §§ 139–163, Neubearb. 2025; §§ 164–240a, Neubearb. 2024; §§ 255–304, Neubearb. 2025; §§ 305–310, UKlaG, Neubearb 2025; §§ 311, 311a-c, Neubearb. 2023; 312–312m, Neubearb. 2024; §§ 315–326, Neubearb. 2026; §§ 328–345, Neubearb. 2020; §§ 346–354, Neubearb. 2022; §§ 557–580a, Neubearb. 2024; §§ 779–811, Neubearb. 2015; §§ 779–782, Neubearb. 2026; §§ 854–882, Neubearb. 2025; §§ 925–984, Neubearb. 2020; §§ 1113–1203, Neubearb. 2019; §§ 1773–1895, Neubearb. 2020; §§ 1896–1921, Neubearb. 2017; §§ 2197–2228, Neubearb. 2021; §§ 2229–2302, Neubearb. 2022; §§ 2346–2352, Neubearb. 2022, §§ 2353–2370, Neubearb. 2023, §§2371–2385, Neubearb. 2026; EGBGB Art. 1, 2, 50–218, Neubearb. 2025; EGBGB/IPR Einführungsgesetz zum Bürgerlichen Gesetzbuch/IPR, Neubearb. 2024; Art 25, 26 EGBGB (Internationales Erbrecht) Neubearb. 2007; EGBGB Art. 7–12, 47, 48, Neubearb. 2024; IntGesR, Neubearb. 2024; Berlin (zit: Staudinger/*Bearb.*)

Staudinger, Internationales Sachenrecht, 1. Aufl. Berlin 2015

Stein, Friedrich/Jonas, Martin u.a., Kommentar zur ZPO, Band 5, 23. Aufl. Tübingen 2015 (zit.: Stein/Jonas/*Bearb.*)

Sternal, Werner, Kommentar zum Gesetz über das Verfahren in Familiensachen und in den Angelegenheiten der freiwilligen Gerichtsbarkeit, 22. Aufl. München 2025 [zugl.: Fortführung des Kommentars *Keidel, Theodor*, FamFG, 20. Aufl. München 2020] (zit.: Sternal/*Bearb.*)

Thomas, Heinz/Putzo, Hans, Kommentar zur ZPO, 46. Aufl. München 2025 (zit.: Thomas/Putzo/*Bearb.*)

Tiedtke, Werner/Diehn, Thomas, Notarkosten im Grundstücksrecht, 3. Aufl. Köln 2011

Ulmer/Brandner/Hensen, AGB-Recht Kommentar, 13. Aufl. Köln 2022 (zit.: Ulmer/Brandner/Hensen/*Bearb.)*

Viskorf, Hermann-Ulrich, Grunderwerbsteuergesetz, 21. Aufl. München 2024 (zit.: Viskorf/*Bearb.*)

Wachter, Thomas (Hrsg.), Kommentar zum AktG, 4. Aufl. Köln 2022 (zit.: Wachter/*Bearb.*)

Waldner, Wolfram, Beurkundungsrecht für die notarielle Praxis, Berlin 2007 (zit.: *Waldner*, Beurkundungsrecht)

Weingärtner, Helmut, Das notarielle Verwahrungsgeschäft. Zusammenfassende Darstellung und Erläuterung der Paragraphen 54a bis e, Beurkundungsgesetz (Neufassung), 2. Aufl. Köln 2004 (zit.: *Weingärtner*, Verwahrungsgeschäft)

Weingärtner, Helmut/Ulrich, Stefan/Löffler, Sebastian, Vermeidbare Fehler im Notariat, 12. Aufl. Köln Berlin Bonn München 2024 (zit.: Weingärtner/Ulrich/Löffler/*Bearb.*, Fehler)

Weingärtner, Helmut/Ulrich, Stefan/Frohn, Matthias/Löffler, Sebastian/Sommerfeldt, Klaus/Sommerfeldt, Melanie, NotAktVV, DONot, Kommentar, 15. Aufl. Köln 2024 (zit. Weingärtner/Ulrich/Frohn/Löffler/Sommerfeldt/*Bearb.*)

Weyland, Dag, Kommentar zur Bundesrechtsanwaltsordnung, 11. Aufl. München 2024 (zit.: Weyland/*Bearb.*)

Wieczorek, Bernhard/Schütze, Rolf A., Zivilprozessordnung und Nebengesetze, Großkommentar, 4. Band, 5. Aufl. 2022; 6. Band, 5. Aufl. 2024 (zit.: Wieczorek/Schütze/*Bearb.*)

Wilhelm, Volkert, Kleines Lexikon des Mittelalters, 4. Aufl. München 2004

Winkler, Karl, Kommentar zum Beurkundungsgesetz, 21. Aufl. München 2023

Wolfsteiner, Hans, Die vollstreckbare Urkunde, 4. Aufl. München 2019 (zit.: *Wolfsteiner*, Urkunde)

Würzburger Notarhandbuch, hrsg. von *Limmer, Peter/Hertel, Christian/Frenz, Norbert*, 7. Aufl. Münster 2026 (zit.: Würzburger Notarhandbuch/*Bearb.*)

Zimmermann, Walter, Praxiskommentar Erbrechtliche Nebengesetze, Bonn 2013

Zimmermann, Walter, Vorsorgevollmacht – Betreuungsverfügung – Patientenverfügung – Ehegattennotvertretungsrecht, 4. Aufl. Berlin 2023

Zöller, Richard u.a., Zivilprozessordnung, Kommentar, 36. Aufl. Köln 2026 (zit.: Zöller/*Bearb.*)

Einleitung

Literatur *Bormann/Böttcher*, Notare und Beliehene zwischen Grundrechtsträgerschaft und staatlichem Funktionsverhältnis – Ein Beitrag zur Reichweite von Verwaltungsvorschriften, NJW 2011, 2758; *Eickelberg*, Der Notar als „Wanderer zwischen den Welten" – Generelle Betrachtungen und aktuelle Entwicklungen, in: FS 25 Jahre DNotI, S. 303; *Grziwotz*, Notar 2037 – Diener, Dienstleister, Doktor oder Detektiv?, in: FS 25 Jahre DNotI, S. 319; *Hoischen*, Notar und Verbraucherschutz. Die Rolle des Notars als „Entscheidungsarchitekt", in: FS 25 Jahre DNotI, S. 349; *Isensee*, Das Amt des Notars – Relikt aus vorgrundrechtlichen Zeiten?, notar 2009, 144; *Lerch*, Notarverfassungsrecht – Versuch einer Standortbestimmung für die Tätigkeit der Notare, ZNotP 2008, 298; *Limmer*, Standortvorteil Rechtssicherheit: Vorsorgende Rechtspflege durch Gerichte und Notare, Recht im Wandel europäischer und deutscher Rechtspolitik: Festschrift 200 Jahre Carl Heymanns Verlag, Köln 2015, S. 449; *Löwer*, 50 Jahre Bundesnotarordnung – eine verfassungsrechtliche Standortbestimmung des Notariats, DNotZ 2011, 424; *ders.*, 200 Jahre Rheinisches Notariat – Spannungsverhältnis zwischen öffentlichem Amt und freiem Beruf, MittRheinNot 2009, 310; *Preuß*, Der Notar als Außenstelle der Justiz – Erfüllung staatlicher Rechtspflegeaufgaben durch externe Funktionsträger, DNotZ 2008, 258; *Mihm*, Berufsrechtliche Kollisionsprobleme beim Anwaltsnotar, 2000; *Reithmann*, Vertrag und Vertragsurkunde, Festschrift Martiny, 2014, 515; *ders.*, Vorsorgende Rechtspflege durch Notare und Gerichte, 1989. Zur Notariatsgeschichte s. die Beiträge in DNotZ 2013, 147.

A. Die Rechtsstellung des Notars

I. Überblick

Am 1.1.2026 amtierten in Deutschland 6.205 Notarinnen und Notare.[1] Davon arbeiteten 1.706 als **hauptamtliche Notare** und 4.499 als **Anwaltsnotare** in **wirtschaftlicher Eigenverantwortung** (vgl. § 17 Abs. 1 BNotO). Im Hinblick auf den **Amtscharakter**[2] kann beim Notar nur eingeschränkt von „freiberuflicher" Tätigkeit gesprochen werden.[3] Im deutschen Rechtspflegesystem ist der Notar vielmehr als eine „Außenstelle der Justiz" eingesetzt.[4] Die Amtsträgerschaft des Notars ist die[5] organisationsrechtliche Antwort darauf, dass der Notar Aufgaben erfüllt, die – mit den Worten des Bundesverfassungsgerichts[6] – der Staat selbst durch seine Behörden erfüllen könnte und müsste, wenn er sie nicht den Notaren übertragen hätte. **Wirtschaftlicher Erfolg oder Misserfolg** treffen allerdings den freiberuflichen Notar persönlich, mit allen damit verbundenen Chancen und Risiken. Daran ändert auch die von der Solidargemeinschaft der Notare getragene Möglichkeit der Ergänzung des Berufseinkommens im Tätigkeitsbereich der Notarkasse Bayern und der Ländernotarkasse Leipzig (§ 113 Abs. 3 Nr. 1 BNotO) nichts. 1

1 Quelle: Notarstatistik der Bundesnotarkammer, abzurufen unter https://www.notar.de/der-notar/statistik.

2 Zum Amt des Notars vgl. etwa *Isensee*, notar 2009, 144, 151 ff.; *Löwer*, DNotZ 2011, 424, 431 f.

3 Vgl. BeckOK-BNotO/*Eschwey*, § 1 Rn 26; *Bohrer*, Rn 19; *Löwer*, MittRhNot 1998, 310, 312; *Mihm*, Kollisionsprobleme, S. 60 f. [strukturell und soziologisch freier Beruf, funktional-organisationsrechtlich nicht]; s. auch EuGH v. 5.9.2024 – C-109/23, NJW 2024, 3283 – Jemerak, m. zust. Anm. *Stelmaszczyk/Oebel* (notarielle Tätigkeit ist keine „Dienstleistung im Bereich der Rechtsberatung").

4 *Preuß*, DNotZ 2008, 258, 259 ff. Zum Notarverfassungsrecht instruktiv *Lerch*, ZNotP 2008, 298; s. auch Diehn/*Bormann*, § 1 BNotO Rn 13 ff., 27 ff.

5 Zur vorsorgenden Rechtspflege als adoptierter Staatsaufgabe: *Löwer*, DNotZ 2011, 424, 430.

6 BVerfG v. 5.5.1964 – 1 BvL 8/62, BVerfGE 17, 371, 379 = DNotZ 1964, 424 ff.

2 Wie andere auf dem Gebiet der Zivilrechtspflege tätige Funktionsträger führen Notare **Zivilverfahren** durch. Ein dichtes Geflecht bundes- und landesrechtlicher Regelungen und verbindlichen Kammerrechts bestimmt den Rahmen, in dem Notare ihre Tätigkeit ausüben. Diese Vorschriften betreffen teils das Notarverfahrensrecht, teils das systematisch dem GVG und dem DRiG vergleichbare Notarverfassungsrecht. Während die BNotO die Stellung des Notars beschreibt und seine Zuständigkeiten bestimmt, ist das BeurkG das Verfahrensgesetz für den Prototyp des Notarverfahrens, das Beurkundungsverfahren. Die Amtspflichten der Notare werden teilweise sehr detailliert durch die Satzungen der Notarkammern geregelt (vgl. § 78 Abs. 2 S. 1 BNotO). Soweit das durch BNotO, BeurkG und Kammersatzungen geschaffene Netz noch grobmaschig ist, wird es durch die DONot weiter verfeinert. Dazu kommen Verwaltungsvorschriften auf Länderebene.

3 Neben den in wirtschaftlicher Eigenverantwortung arbeitenden Notaren (hauptberufliche Notare und Anwaltsnotare) bestanden in Baden-Württemberg bis 2018 noch **staatliche Notariate,** die mit besoldeten Beamten besetzt waren. Für sie galt die BNotO gem. § 114 Abs. 3 S. 1 BNotO a.F. nicht.[7] Aus historischen Gründen existierten dabei in den OLG-Bezirken Karlsruhe und Stuttgart unterschiedliche Ausprägungen des Amtsnotariats. Nach der Neufassung des § 115 BNotO durch das vierte Ges. zur Änderung der Bundesnotarordnung vom 22.5.2005 (BGBl I, 2188) konnten auch im badischen Rechtsgebiet hauptberufliche Notare bestellt werden. Damit war ein Schritt zum Übergang vom Amtsnotariat zum freien Notariat getan.[8] Mit Ges. vom 28.7.2010 wurde die Notarverfassung in Baden-Württemberg sodann grundlegend reformiert; seit dem 1.1.2018 gibt es allein das (selbstständige) **Nur-Notariat**. Diese Notariatsreform zum Zweck der Rechtsvereinheitlichung ist mit Art. 33 Abs. 5 GG vereinbar.[9]

II. Das Spannungsverhältnis zwischen öffentlichem Amt und freiem Beruf

4 Der Notar ist zugleich Verkörperung einer staatlichen Rechtspflegeeinrichtung und Träger eines freien Berufs. Insofern besteht ein nicht zu übersehendes Spannungsverhältnis zwischen dem öffentlichen Amt und der grundrechtlichen Freiheit der Amtsträger oder der Bewerber.[10] So wundert es nicht, dass die berufsrechtliche Literatur die Frage, in welchem Verhältnis amtlicher und freiberuflicher Charakter zueinander stehen, durchaus unterschiedlich beantwortet.[11] Die **Rechtsstellung der selbstständigen Notare** war in der Nachkriegsentwicklung Gegenstand zahlreicher Kontroversen, deren vorläufiger Schlusspunkt vielfach erst durch ein Urteil des **BVerfG** gesetzt werden konnte.[12] In einer Reihe von Entscheidungen des BVerfG war eine Tendenz nicht zu verkennen, die **Grenzen des notariellen Berufsrechts** weiter zu stecken und die Bedeutung der Berufsfreiheit für die notarielle Amtsausübung zu betonen.[13] Genannt seien hier die Entscheidungen zur berufswidrigen Werbung,[14] zur Berufsverbindung von Anwaltsnotar und Wirtschaftsprüfer,[15] zur Beurkundung außerhalb der Geschäftsstelle,[16] zur Genehmigungsfähigkeit der Mitgliedschaft eines Notars im Aufsichtsrat eines Kreditinstituts[17] und zur Amtsenthebung wegen Vermögensverfalls.[18] Dennoch hat das BVerfG eindeutige **Grenzen zum freien Beruf** gezogen. In zwei Beschlüssen von 2002[19] hat das Gericht für den Zugang zum Beruf klargestellt, dass auf Notare als Inhaber eines öffentlichen Amtes in Anlehnung an Art. 33 GG Sonderregelungen Anwen-

7 Zu Einzelheiten Arndt/Lerch/Sandkühler/*Bracker*, § 114 Rn 5 f.

8 Arndt/Lerch/Sandkühler/*Sandkühler*, §§ 114, 115 Rn 8 ff.

9 BVerfG v. 24.2.2017 – 2 BvR 2524/16, DNotZ 2017, 706 Rn 33 ff.

10 S. *Eue*, in: FS Schippel, 1996, S. 599 ff.; *Löwer*, MittRhNotK 1998, 310 ff.

11 Exemplarisch *Kleine-Cosack*, DNotZ 2004, 327, 329 f. („freier Beruf wie jeder andere", „Bedeutungslosigkeit des Amtsaspekts"); dagegen *Limmer*, DNotZ 2004, 334, 335 („gerichtsähnliche Aufgaben", „dem öffentlichen Dienst nahe gerückt").

12 Z.B. BVerfG v. 5.5.1964 – 1 BvL 8/62, BVerfGE 17, 371 ff. = DNotZ 1964, 424 ff. [Begrenzung der Zahl der Notarstellen]; BVerfG v. 29.10.1992 – 1 BvR 1581/91, DNotZ 1993, 260. [Höchstalter].

13 Vgl. *Starke*, DNotZ 2002, 831, 832; *Jaeger*, ZNotP 2001, 2 ff.; *Wenckstern*, in: FS Geimer, 2002, S. 1465 ff.

14 BVerfG v. 24.7.1997 – 1 BvR 1863/96, DNotZ 1998, 69 ff. („Logo"); BVerfG v. 24.11.2005 – 1 BvR 1870/04, DNotZ 2006, 226 (Telefonbuch); BVerfG v. 8.3.2005 – 1 BvR 2561/03, BVerfGE 112, 255 = DNotZ 2005, 931 (Amtsbezeichnungen auf Schriftstücken, die nicht von der Geschäftsstelle versandt werden).

15 Wirtschaftsprüfer-Entscheidung; BVerfG v. 8.4.1998 – BvR 1773/96, BVerfGE 98, 49 ff. = DNotZ 1998, 754 ff.

16 BVerfG v. 9.8.2000 – 1 BvR 647/98, DNotZ 2000, 787 ff.

17 BVerfG v. 23.9.2002 – 1 BvR 1717/00, 1 BvR 1747/00, DNotZ 2003, 65 ff. m. Anm. *Vollhardt*.

18 BVerfG v. 31.8.2005 – 1 BvR 912/04, DNotZ 2007, 548.

19 BVerfG v. 1.7.2002 – 1 BvR 152/02, DNotZ 2002, 889 f.; BVerfG v. 20.9.2002 – 1 BvR 819/01, 1 BvR 826/01, DNotZ 2002, 891 ff.

dung finden, die Art. 12 Abs. 1 GG zurückdrängen können. Hinzu kommt, dass die Amtsstelle des Notars in ein striktes staatliches Organisationsrecht eingebunden ist. Auch organisationsrechtliche Belange rechtfertigen Eingriffe in die Berufsausübungsfreiheit des Notars.[20] So hat das Bundesverfassungsgericht auch bestätigt, dass ein Notar nicht ohne Genehmigung faktisch eine zweite Geschäftsstelle unterhalten und das Entstehen von Auswärtsgebühren systematisch vereiteln darf. Hintergrund ist die Überlegung, dass durch die Verpflichtung zur Erhebung der gesetzlich vorgeschriebenen Gebühren ein Verdrängungswettbewerb unter den Notaren verhindert und damit letztendlich die Funktionsfähigkeit der Rechtspflege gesichert werden soll.[21] Im Fokus stand sodann die Frage, ob die Amtsführung der Notare durch Verwaltungsvorschriften (DONot) reglementiert werden darf oder ob derartige Regelungen in unzulässiger Weise die Berufsausübungsfreiheit der Notare beeinträchtigen.[22] Das BVerfG hat den Grundrechtseingriff verneint und die Verfassungskonformität der Regelungen der DONot uneingeschränkt bejaht (vgl. dazu Vor §§ 1–21 DONot Rdn 30 ff.).[23] Verfassungs- und europarechtskonform (kein Verstoß gegen Gleichbehandlungsrahmen-RL 2000/78) sind im Übrigen auch die an das **Alter** der Person anknüpfenden Regelungen, obwohl diese durchaus eine Altersdiskriminierung beinhalten; entscheidend ist, dass die ausgewogene Altersstruktur ein maßgeblicher organisatorischer Belang ist und Beschränkungen im Hinblick auf den nötigen Generationenwechsel bzw. einer Verjüngung erforderlich sein können.[24] Ist dies nicht (mehr) der Fall, wie das BVerfG bezogen auf die Anwendung der Altersgrenze im Bereich des Anwaltsnotariats angesichts eines Bewerbermangels mit der Folge unbesetzt bleibender Notarstellen festgestellt hat, fehlt insoweit die verfassungsrechtliche Legitimation.[25]

B. Die Aufgaben des Notars im Rahmen der vorsorgenden Rechtspflege

Die Zuständigkeiten des Notars ergeben sich im Wesentlichen aus den §§ 20–24 BNotO. Im Mittelpunkt stehen dabei die **Beurkundungen**. Dies umfasst die Beurkundung von Rechtsgeschäften einschließlich letztwilliger Verfügungen und bezieht sich auch auf die Beurkundung tatsächlicher Vorgänge sowie die Beglaubigung von Unterschriften und Handzeichen. Zur Urkundstätigkeit gehören alle in §§ 20 bis 22 BNotO ausdrücklich genannten Aufgaben des Notars (§ 10a Abs. 2 BNotO). Damit sind Urkundstätigkeit auch die Vornahme von Verlosungen und Auslosungen, die Aufnahme von Vermögensverzeichnissen (vgl. § 20 BNotO), Registerbescheinigungen (§ 21 Abs. 1, 2 BNotO), Vertretungsbescheinigungen (§ 21 Abs. 3 BNotO) und die Abnahme von Eiden (§ 22 BNotO). Im Ergebnis haben die deutschen Notare – von wenigen Ausnahmen abgesehen – ein faktisches Beurkundungsmonopol. Der EuGH hat es für mit Art. 56 AEUV für vereinbar erklärt, dass Beglaubigungen der Unterschriftenechtheit auf Urkunden, die im Liegenschaftsrecht erforderlich sind, den Notaren vorbehalten sind und deshalb Beglaubigungen, die von einem in einem anderen Mitgliedstaat niedergelassenen Rechtsanwalt nach seinem Recht durchgeführt wurden, nicht anerkannt werden.[26] Damit dürfte feststehen, dass dieses faktische Beurkundungsmonopol auch mit dem Unionsrecht zu vereinbaren ist. 5

Darüber hinaus gibt es eine große Zahl **weiterer notarieller Tätigkeiten,** die zwar zum Amt des Notars gehören, nicht aber zur Urkundstätigkeit.[27] Ihre Übernahme ist grundsätzlich freiwillig; die Amtsausübungspflicht nach § 15 Abs. 1 BNotO gilt nicht.[28] Beispiele für Tätigkeiten, die Amtstätigkeiten darstellen, aber nicht zur Urkundstätigkeit gehören, sind die Verwahrung von Geld, Wertpapieren und Kostbarkeiten (§ 23 BNotO) und die Übersetzungsbescheinigung (§ 50 BeurkG). Eine wichtige Rolle spielen die 6

20 BVerfG v. 28.6.2005 – 1 BvR 1506/04, DNotZ 2005, 939 (Mindestverweildauer); BVerfG v. 1.7.2002 – 1 BvR 152/02, DNotZ 2002, 891; BVerfG v. 28.4.2005 – 1 BvR 2231/02 u.a., DNotZ 2005, 473 (Regelvorrang für Landeskinder); BVerfG v. 31.1.2008 – 1 BvR 76/08, NJW 2008, 1212, 1213 (Altersgrenze für erstmalige Bestellung zum Notar).

21 BVerfG v. 1.12.2010 – 1 BvR 1747/10, NJW-RR 2011, 855, 856.

22 Zu den Rechtsfragen, die im Zuge der Verfassungsbeschwerde aufzuwerfen sind, vgl. etwa *Bormann/Böttcher*, NJW 2011, 2758 ff.

23 BVerfG v. 19.6.2012 – 1 BvR 3017/09, DNotZ 2012, 945 ff.

24 Vgl. EuGH v. 17.10.2024 – C-408/23, NJW 2024, 495 ff. m. zust. Anm. *Wosgien*; BVerfG v. 31.1.2008 – 1 BvR 76/08, NJW 2008, 1212, 1213 (Altersgrenze für erstmalige Bestellung zum Notar); im Grundsatz auch BVerfG v. 23.9.2025 – 1 BvR 1796/23, NVwZ 2025, 1754, 1757; siehe auch BGH v. 27.5.2019 – NotZ(Brfg) 7/18, DNotZ 2020, 71, 73 ff.

25 BVerfG v. 23.9.2025 – 1 BvR 1796/23, NVwZ 2025, 1754, 1758 ff.

26 EuGH v. 9.3 2017 – C-342/15, NJW 2017, 1455 – Piringer, m. zust. Anm. *Böttcher*.

27 Vgl. etwa den Überblick bei BeckOK-BNotO/*Sander*, § 24 Rn 1 ff.

28 Vgl. BeckOK-BNotO/*Sander*, § 24 Rn 1.

Entwurfsfertigung, Vollzugs- und Treuhandtätigkeiten sowie die Beratung und ggf. Vertretung im Bereich der vorsorgenden Rechtspflege (§ 24 BNotO). Gerade im letzteren Tätigkeitsfeld weist die notarielle Arbeit gewisse Parallelen zu der eines Anwalts auf; die Abgrenzung kann bei Anwaltsnotaren schwierig sein.[29] Daneben lässt sich aus § 24 Abs. 1 BNotO auch die Zuständigkeit für Notarbestätigungen entnehmen, die in vielfältigem Kontext praktisch bedeutsam werden.[30]

7 Das BeurkG setzt die Zuständigkeiten des Notars weitgehend voraus und regelt daran anknüpfend – ohne abschließend zu sein – das zu beachtende **Verfahren.**[31] Einen Regelungsschwerpunkt des Gesetzes bildet dabei die notarielle Beurkundung (§ 20 BNotO). Daneben finden sich aber auch Verfahrensvorschriften für andere Zuständigkeiten des Notars. Die **notarielle Verwahrung** (vgl. § 23 BNotO) hat eine ausführliche gesetzliche Regelung in den §§ 57 bis 62 BeurkG gefunden. Das Verfahren bei der Abnahme von Eiden, eidlichen Vernehmungen und eidesstattlichen Versicherungen (vgl. § 22 BNotO) richtet sich gem. § 38 BeurkG nach den für die Beurkundung von Willenserklärungen geltenden Verfahrensvorschriften, also insb. den §§ 6 ff. BeurkG.

8 Die §§ 21 und 24 BNotO enthalten **notarielle Zuständigkeiten**, für die sich – von Ausnahmen wie der Bescheinigung der Richtigkeit einer Übersetzung i.S.v. § 50 BeurkG abgesehen – keine Verfahrensregelungen im BeurkG finden.[32] **Verfahrensvorschriften** lassen sich insoweit teils der BNotO unmittelbar selbst entnehmen. So darf der Notar Bescheinigungen i.S.v. § 21 Abs. 1 BNotO nur ausstellen, wenn er sich zuvor Gewissheit über den Registerinhalt verschafft hat, die auf Einsichtnahme in das Register oder in einen beglaubigten Auszug hiervon beruhen muss (§ 21 Abs. 2 S. 1 BNotO). Teilweise werden bestehende **Lücken in der gesetzlichen Regelung** durch die DONot ausgefüllt. Daneben lassen sich Lücken in manchen Fällen durch sinngemäße Anwendung der Vorschriften des BeurkG schließen.

9 Neben die zur vorsorgenden Rechtspflege gehörenden Aufgaben treten **weitere Zuständigkeiten des Notars auf dem Gebiet des Zivilprozessrechts**. Die Befugnis, vollstreckbare Ausfertigungen zu erteilen (§ 797 Abs. 2 Nr. 2 ZPO), ist eine Annexkompetenz zur Befugnis des Notars, Vollstreckungstitel zu schaffen (§ 794 Abs. 1 Nr. 5 ZPO). Bei der Erteilung vollstreckbarer Ausfertigungen tritt der Notar funktional betrachtet an die Stelle des Urkundsbeamten der Geschäftsstelle. Die Zuständigkeit des Notars zur Erteilung von Vollstreckbarerklärungen (für Anwaltsvergleiche: § 796c ZPO; für Schiedssprüche mit vereinbartem Wortlaut: § 1053 Abs. 4 ZPO) ist eine Alternative zur gerichtlichen Zuständigkeit, so dass der Notar bei der Ausübung dieser Tätigkeit funktional betrachtet originär richterliche Befugnisse wahrnimmt.

C. Bedeutung der notariellen Beurkundung

I. Zusammenhang zwischen Formzweck und Beurkundungsverfahren

10 Das BeurkG beruht ausweislich der Regierungsbegründung[33] u.a. auf dem Grundgedanken, dass diejenigen Rechtsvorschriften, welche die Einhaltung von Formerfordernissen verlangen, einer Ergänzung durch Vorschriften formeller Natur bedürfen, die den Beurkundungsvorgang näher regeln. Es besteht daher ein enger Zusammenhang zwischen den Erfordernissen des **Beurkundungsverfahrens** und den durch die notarielle Beurkundung angestrebten **Formzwecken.**[34]

11 Wenn das materielle Recht für ein Rechtsgeschäft eine bestimmte Form vorschreibt, so dient dies stets der Erreichung bestimmter Zwecke. Ohne einen legitimen Zweck wären Formzwänge vor dem Hintergrund des Art. 2 Abs. 1 GG nicht zu rechtfertigen, da die **Formfreiheit Bestandteil der Privatautonomie** ist.[35] So erfüllen Formvorschriften – mit unterschiedlicher Akzentuierung – die Zwecke Abschlussklarheit, Inhaltsklarheit, Beweissicherung, Übereilungsschutz, Erkennbarkeit für Dritte, fachkundige Beratung sowie Überwachung und Erschwerung des Vertragsschlusses.[36] Typischerweise hat der Gesetzgeber ein Beurkundungserfordernis in den Fällen angeordnet, in denen er von einer situationsbedingten Schutz-

29 Vgl. BeckOK-BNotO/*Sander*, § 24 Rn 82 ff.
30 S. den Überblick bei *Limmer*, ZNotP 2002, 261 ff.
31 Frenz/Miermeister/*Limmer*, § 1 BeurkG Rn 1; *Winkler*, § 1 Rn 1.
32 S. BeckOK-BNotO/*Sander*, § 24 Rn 52 f.
33 BT-Drucks V/3282, 23.
34 *Walz*, Festschrift Spiegelberger, 2009, S. 1552, 1555 ff.; vgl. *Kanzleiter*, DNotZ 1999, 292, 293; s. auch Diehn/*Bormann*, § 1 BNotO Rn 16 ff.
35 *Neuner*, AT § 44 Rn 3.
36 *Flume*, AT II § 15 I 1 mit Fn 4; *Heldrich*, AcP 147, 89, 91 ff.; *Neuner*, AT § 44 Rn 5 ff.

bedürftigkeit aller Beteiligten ausgeht. Mit der Durchführung eines bestimmten Regeln unterworfenen Beurkundungsverfahrens wird der Rechtsfürsorgezweck verfolgt, eine inhaltliche Überprüfung und Kontrolle des Vorgangs sicherzustellen,[37] einschließlich der Kontrolle und damit Gewährleistung, dass der Inhalt der Urkunde dem Willen der mit der rechtlichen Tragweite vertraut gemachten Beteiligten entspricht.[38]

Durch das BeurkG werden die **verfahrensrechtlichen Voraussetzungen** für die Erreichung der Formzwecke geschaffen. Dies geschieht allerdings nicht etwa dadurch, dass die Formzwecke des materiellen Rechts zu Verfahrenszielen erhoben werden, so dass bei Nichterreichen einzelner Zwecke das Beurkundungsverfahren gescheitert wäre. Vielmehr werden durch das Verfahrensrecht geschäftsneutral eigene Voraussetzungen und Anforderungen aufgestellt,[39] deren Einhaltung teils reflexartig, teils gezielt zur Erreichung der Formzwecke beiträgt, teils aber auch darüber hinausgeht. So werden **Beweis- und Warnfunktion** regelmäßig bereits durch die formalisierte Art des Zustandekommens notarieller Urkunden erreicht, ohne dass der Notar weitergehende Maßnahmen veranlassen müsste oder auch nur dürfte.[40] Das Verfahrensziel eines Beurkundungsverfahrens ist nicht in jedem Fall völlig deckungsgleich mit dem Zweck, den der Gesetzgeber mit der Anordnung des Formerfordernisses verfolgte. Die notarielle Tätigkeit ist daher grds. nicht an der Erreichung der Formzwecke zu messen, sondern stets an der **Einhaltung der verfahrensrechtlichen Anforderungen** (siehe aber Rdn 28). Dies wird besonders an dem Beurkundungserfordernis nach § 15 Abs. 4 S. 1 GmbHG für die Verpflichtungserklärung zur GmbH-Anteilsabtretung deutlich. Dieses Formerfordernis dient nach der gesetzgeberischen Zielsetzung in erster Linie der Erschwerung des Handels mit derartigen Anteilen, um im öffentlichen Interesse Spekulationsgeschäften vorzubeugen und um eine gewisse Beständigkeit der Mitgliedschaft in der GmbH zu erreichen.[41] Nicht bezweckt ist dagegen der Schutz und die Beratung von Veräußerer oder Erwerber, also auch nicht der Anlegerschutz.[42] Der (eingeschränkte) Formzweck des § 15 Abs. 4 S. 1 GmbHG bedeutet indes nicht, dass der Notar die Beurkundung besonders lange hinauszögern müsste, um dem Verzögerungsgedanken gerecht zu werden. Er darf auch nicht deshalb von der Belehrung der Beteiligten gem. § 17 BeurkG absehen, weil § 15 Abs. 4 S. 1 GmbHG Schutz und Belehrung nicht bezweckt. Der Notar muss vielmehr die sich aus dem **Verfahrensrecht ergebenden Pflichten** unabhängig vom Zweck des konkreten Formerfordernisses erfüllen. Dazu gehört eine umfassende Rechtsbelehrung (§ 17 Abs. 1 BeurkG), nicht aber die Verzögerung des Rechtsgeschäfts. Diese wird vielmehr reflexartig bereits dadurch erreicht, dass die Beteiligten den Notar aufsuchen müssen. Es überzeugt daher nicht, von dem Bestehen der Belehrungspflicht nach § 17 Abs. 1 BeurkG auf einen dementsprechenden Schutzzweck des § 15 Abs. 4 S. 1 GmbHG zu schließen.[43] 12

Richtig ist allerdings, dass das Beurkundungsverfahren **generell geeignet** sein muss, zum Erreichen der Zwecke, die der Gesetzgeber mit den Formerfordernissen des materiellen Rechts verbunden hat, zumindest reflexartig beizutragen.[44] Dies folgt schon daraus, dass sich Formzwänge gegenüber den Betroffenen als Grundrechtseingriff darstellen, der einer Rechtfertigung durch den damit verfolgten Zweck bedarf (siehe Rdn 11). Da Formzwecke, die durch das vom Notar anzuwendende Verfahren nicht erreicht werden können, keinen Formzwang rechtfertigen, würde die Beurkundung zu einer Formalie erstarren. Die Formzwecke sind daher für die **teleologische Auslegung** einzelner Verfahrensvorschriften von Bedeutung. In der jüngeren Vergangenheit hat sich gezeigt, dass dann, wenn Verfahrensvorschriften losgelöst vom Sinn und Zweck der Beurkundung ausgelegt werden, Missstände entstehen können (siehe § 17 BeurkG Rdn 161 zu den sog. Mitternachtsnotaren). Dies ist vor allem im Zusammenhang mit der Gestal- 13

37 Vgl. *Baumann*, Notarius International 1996, 20, 25; *Hellge*, notar 1/2001, 2, 3; *Kanzleiter*, DNotZ Sdh. 2001, 69, 71 („Einhaltung der Rechtsordnung gewährleistet"); *Richter*, MittBayNot 1990, 1, 4.

38 Vgl. *Ott*, DNotZ Sdh. 2001, 83, 93; *Limmer*, FS 200 Jahre Carl Heymanns Verlag, S. 449, 451 ff.; s. auch *Hoischen*, FS 25 Jahre DNotI, S. 349 ff.

39 *Bohrer*, DNotZ 2002, 579, 580.

40 Zutr. *Bohrer*, DNotZ 2002, 579, 581, Fn 6; s. hierzu auch die Glosse von *Wolfsteiner*, JZ 1977, 108 f.

41 *Armbrüster*, DNotZ 1997, 762, 768.

42 *Armbrüster*, DNotZ 1997, 762, 770 ff.

43 So aber *Frenz*, in FS Willi Weichler, 1997, S. 175, 179.

44 Diese Maxime gilt grundsätzlich auch für die Beurkundungsverfahren, die nicht mehr analog auf Papier, sondern rein digital abgewickelt werden. Hier kommt der Sicherung der Integrität und Authentizität im Rahmen des Verfahrens eine besondere Bedeutung zu, die insbesondere durch die Bereitstellung der entsprechenden technischen Voraussetzungen in einer bundesweit einheitlichen Form für alle amtierenden Notarinnen und Notare durch die Bundesnotarkammer gewahrt wird.

tung des Beurkundungsverfahrens relevant geworden und hat schließlich zur Einfügung des § 17 Abs. 2a BeurkG geführt (siehe § 17 BeurkG Rdn 158 ff.).

II. Entwicklungen und Reformbestrebungen

14 Das Beurkundungsverfahren ist in grundlegenderer Weise vor allem durch das **3. ÄndG** und das Ges. zur Änderung des Rechts der Vertretung durch Rechtsanwälte vor den Oberlandesgerichten vom 23.7.2002 (BGBl I, 2850, im Folgenden: OLGVertrÄndG) geändert worden. Der Gesetzgeber sah Reformnotwendigkeiten, die einerseits auf bestehende Missstände zurückzuführen waren, andererseits praktischen Erfordernissen Rechnung trugen. Diese teils sehr weit reichenden Änderungen mussten und müssen von der Praxis umgesetzt werden. Praktische Probleme zogen Folgeänderungen nach sich. Exemplarisch lassen sich hierfür die Einfügung des § 3 Abs. 1 S. 2 BeurkG (Vorbefassungsfrage) durch das 3. ÄndG und des § 17 Abs. 2a S. 2 und 3 BeurkG (2-Wochen-Frist für Entwürfe bei Verbrauchern) durch das OLGVertrÄndG anführen.

15 Die **Vorbefassungsfrage** erstarrt – ohne dass der Gesetzgeber dies vorher bedacht hätte – im Bereich des Nur-Notariats regelmäßig zur Formalie, da dort eine außernotarielle Vorbefassung nur äußerst selten in Frage kommt (siehe § 3 BeurkG Rdn 93). Für andere Amtshandlungen als die Beurkundungen von Willenserklärungen, allen voran die Unterschriftsbeglaubigung ohne Entwurf, ist sie, wie die Mitwirkungsverbote des § 3 BeurkG insgesamt, ebenfalls weitgehend funktionslos (siehe § 3 BeurkG Rdn 35). Um die notarielle Tätigkeit hier nicht mit sinnlosen Formalien zu behindern, die der Gesetzgeber so offenbar nicht bedacht hat, hat sich schon kurz nach Inkrafttreten des 3. ÄndG gezeigt, dass § 3 BeurkG verschiedener Einschränkungen bedarf (siehe § 3 BeurkG Rdn 35, 90 und 93).[45]

16 **§ 17 Abs. 2a S. 2, 3 BeurkG** hat ebenfalls zunächst lebhafte Diskussionen ausgelöst. Dazu hat auch der vage und missverständliche Wortlaut des § 17 Abs. 2a S. 1 BeurkG beigetragen. Durch das Ges. zur Stärkung des Verbraucherschutzes im notariellen Beurkundungsverfahren sind die Vorgaben mit Wirkung zum 1.10.2013 präzisiert und zugleich teils auch verschärft worden, ohne dass freilich damit sämtliche Unklarheiten beseitigt worden wären (siehe § 17 BeurkG Rdn 193 ff.).

17 Die **Dienstordnung für Notarinnen und Notare** (DONot) wurde in den Jahren 2000/2001 grundlegend neu gefasst (vgl. Vor §§ 1–21 DONot Rdn 8 ff.). Die Reform war regelungstechnisch auf jeden Fall ein Sprung nach vorne, auch wenn nicht alle Bestimmungen überzeugen konnten und können. Die Justizverwaltungen haben auf die Kritik mit „Reformen der Reform" reagiert. Die beiden danach umgesetzten weiteren Änderungen der DONot waren allerdings auch die Konsequenz der Einfügung der §§ 39a, 42 Abs. 4 in das BeurkG. In den letzten Jahren erfolgten weitere kleinere Änderungen der DONot. Die Regelung in § 10 Abs. 3 S. 1 DONot, wonach Eintragungen in Masse- und Verwahrungsbuch am Tage des Belegeingangs und unter dem Datum des Eingangs des Kontoauszugs vorzunehmen sind, war Gegenstand einer Verfassungsbeschwerde. In dem Beschluss bestätigte das BVerfG[46] die bestehenden Regelungen allerdings uneingeschränkt: Eine Verletzung der Berufsfreiheit liege nicht vor; § 93 BNotO stelle eine ausreichende Grundlage für allgemeine Weisungen der Dienstaufsicht dar (vgl. Vor §§ 1–21 DONot Rdn 30 ff.). Mit Wirkung vom 1.1.2022 hat das BMJV durch Verabschiedung der **Verordnung über die Führung notarieller Akten und Verzeichnisse (NotAktVV)** von seiner Befugnis nach §§ 36 BNotO und § 59 BeurkG Gebrauch gemacht, die Führung der Akten und Verzeichnisse durch die Notarinnen und Notare durch Rechtsverordnung mit Zustimmung des Bundesrates näher zu regeln. Damit wurde insbes. die **elektronische Aufbewahrung** in der elektronischen Urkundensammlung auf eine rechtssichere Grundlage gestellt. Die NotAktVV ersetzt in ihrem Anwendungsbereich frühere Regelungen der DONot.

D. Das Beurkundungsverfahren

I. Systematik

18 Das BeurkG unterscheidet zwischen der Beurkundung von Willenserklärungen (§§ 6 ff. BeurkG) einschließlich der Beurkundung von Verfügungen von Todes wegen (§§ 27 ff. BeurkG), sonstigen Beurkun-

45 Vgl. auch Mitteilungen der BNotK DNotZ 2002, 481, 485.

46 BVerfG v. 19.6.2012 – 1 BvR 3017/09, DNotZ 2012, 945 ff.

dungen (§§ 36 ff. BeurkG) und der notariellen Verwahrung (§§ 57 ff. BeurkG). Für die Abnahme von Eiden und eidesstattlichen Versicherungen bestimmt § 38 Abs. 1 BeurkG die entsprechende Geltung der Vorschriften über die Beurkundung von Willenserklärungen, also der §§ 6 ff. BeurkG. Die Vorschriften des ersten Abschnitts (§§ 1–5 BeurkG) gelten für **sämtliche Beurkundungen**. Der Notar muss die Mitwirkungsverbote somit grds. auch bei der Unterschriftsbeglaubigung, die in § 40 BeurkG, also im Abschnitt über sonstige Beurkundungen geregelt ist, beachten (zum sachlichen Geltungsbereich siehe § 3 BeurkG Rdn 11). Mit Ausnahme von § 1 Abs. 1 BeurkG, der die Geltung des BeurkG für öffentliche Beurkundungen und Verwahrungen durch den Notar klarstellt, gelten die Vorschriften des ersten Abschnitts nicht direkt für die Verwahrung. § 16 Abs. 1 BNotO ordnet freilich die Geltung des § 3 BeurkG für alle Amtshandlungen des Notars (wozu auch die Verwahrung gehört) an (siehe § 3 BeurkG Rdn 11 ff.). § 4 BeurkG, der eine Parallele in dem für alle Amtstätigkeiten geltenden § 14 Abs. 2 BNotO findet, wird in § 61 BeurkG sinngemäß aufgegriffen und zur Klarstellung ergänzt (vgl. § 61 BeurkG Rdn 4 ff.).

Das BeurkG differenziert mithin zwischen der Beurkundung von **Willenserklärungen** und allen **sonstigen Beurkundungen,** wozu vor allem die Beurkundung von tatsächlichen Vorgängen gehört (vgl. § 36 BeurkG Rdn 1). Obwohl es sich genau genommen auch bei der Beurkundung von Willenserklärungen um eine Beurkundung von Tatsachen, nämlich der Abgabe der Erklärung handelt,[47] ist es sachgerecht, dass der Gesetzgeber die vor Inkrafttreten des BeurkG bestehende Differenzierung aufgegriffen und der Beurkundung von Willenserklärungen einen eigenen Abschnitt gewidmet hat. Im Unterschied zu den sonstigen Beurkundungen erfordert die Beurkundung von Willenserklärung zwingend die Mitwirkung derjenigen Personen, deren Erklärungsabgabe beurkundet werden soll.[48] Vor allem aber beschränkt sich die Aufgabe des Notars bei der Beurkundung von Willenserklärungen nicht darauf, die abgegebenen Erklärungen möglichst getreu wiederzugeben.[49] Den Notar treffen vielmehr zahlreiche Pflichten hinsichtlich des Inhalts der abgegebenen Erklärungen (Einzelheiten siehe § 17 BeurkG Rdn 52 ff.). 19

Wie namentlich *Keim*[50] herausgearbeitet hat, regelt das BeurkG nur den äußeren, formalen Vorgang des Beurkundens und enthält daneben nur wenige und eher vage Regelungen über die **inhaltliche** Ausgestaltung des Verfahrens. Für **sonstige Beurkundungen** (§§ 36 ff. BeurkG) lässt sich hieraus folgern, dass den Notar über die formale Aufnahme einer inhaltlich wahren Niederschrift hinaus grds. keine besonderen inhaltlichen Pflichten treffen (vgl. § 36 BeurkG Rdn 14). Bei der Beurkundung von **Willenserklärungen** gibt dagegen die Generalklausel des § 17 BeurkG für die Methode des „richtigen" Beurkundens einen groben Rahmen vor und stellt zugleich inhaltliche Mindestanforderungen. Zu den technischen Anforderungen im Rahmen **elektronischer Beurkundungsverfahren** (elektronische Präsenzbeurkundung, Onlineverfahren im Gesellschaftsrecht) vgl. Rdn 50. 20

Das **Fehlen detaillierter Regelungen** kann man einerseits als Mangel an Rechtssicherheit beklagen, zumal die Rechtsprechung aus den bestehenden Vorschriften in zahlreichen Entscheidungen eine Vielzahl von Amtspflichten abgeleitet hat. Nicht selten stellen die Gerichte Anforderungen an die Amtsführung, die aus den maßgeblichen Vorschriften nur schwer abzuleiten sind und die selbst den äußerst sorgfältig arbeitenden Notar überfordern (vgl. Vor § 17 BeurkG Rdn 4).[51] Andererseits eröffnet gerade der flexible Regelungsrahmen Freiräume, die es dem Notar ermöglichen, den Erfordernissen des konkreten Beurkundungsauftrages im Interesse seiner Klienten bestmöglich zu entsprechen. Die erheblichen Gestaltungsfreiräume waren historisch betrachtet eine Grundvoraussetzung für die Entwicklung der „Ars Notariatus".[52] 21

II. Muss-, Kann-, Sollvorschriften; Hinwirkungspflichten

In der Terminologie des BeurkG sind Muss-, Kann- und Sollvorschriften sowie Hinwirkungspflichten zu unterscheiden. Gebote kennzeichnet das Gesetz durch das Wort **„muss"**, Verbote durch die Wörter **„kann nicht"**. So bringt der Gesetzgeber in beiden Fällen zum Ausdruck, dass die betreffenden Vorschriften zwingenden Charakter besitzen. Die Missachtung dieser Muss-Vorschriften hat die Nichtigkeit 22

47 Zutr. *Jansen*, § 36 BeurkG Rn 1.
48 Hierauf abhebend *Jansen*, § 36 BeurkG Rn 1.
49 Vgl. BT-Drucks V/3282, 29.
50 *Keim*, Rn A 1 ff.
51 Vgl. etwa BGH v. 23.4.1999 – V ZR 54/98, DNotZ 2000 121, 121 mit Anm. *von Campe*, DNotZ 2000, 109 ff.
52 Zum Begriff *Schippel*, ZNotP 1999, 378 ff.

des Beurkundungsaktes zur Folge. Die materiellen Folgen der Nichtigkeit des Beurkundungsaktes bestimmen sich danach, ob das Recht der Geschäftsformen die Beurkundungsform als Wirksamkeitsvoraussetzung für das Rechtsgeschäft verlangt. Ist das der Fall (z.B. § 311b Abs. 1 BGB), dann hat die Unwirksamkeit der Beurkundung die Nichtigkeit des Rechtsgeschäftes (die materielle Nichtigkeit) zur Folge. Anderenfalls kann trotz Nichtigkeit der Beurkundung das Rechtsgeschäft selbst wirksam sein (näher § 6 BeurkG Rdn 24).

23 Die Verletzung von Vorschriften des BeurkG, die sich der Wörter **„soll“** oder **„soll nicht“** bedienen, ist dagegen für die Wirksamkeit des Beurkundungsaktes unschädlich; von ihrer Beachtung hängt die Wirksamkeit der Beurkundung nicht ab. Der Beweiswert der Urkunde (§ 415 ZPO) kann aber in diesen Fällen gemindert sein. Über die eben beschriebene Wirkung hinaus (keine Nichtigkeit bei Verstoß) ist die Bedeutung der Soll-Vorschriften weniger klar, als bislang angenommen wurde. Bisher ging man allgemein davon aus, dass auch die Soll-Vorschrift den Notar strikt binde. *Kanzleiter*[53] hat jedoch zutreffend darauf hingewiesen, dass dies nur für solche Soll-Vorschriften gelten kann, die sich unmittelbar mit dem Verfahren zur Herstellung einer Urkunde befassen. Von diesem Bereich abgesehen kann es aber durchaus Fälle geben, in denen das Gebot einer Soll-Vorschrift ausnahmsweise hinter einem übergeordneten Gebot zurücktreten muss (z.B. bei §§ 11 Abs. 1 S. 2, Abs. 2, 13a Abs. 2 S. 2, 26, 28 BeurkG).[54] In jüngerer Zeit ergänzte Regelungen beschreiben Amtspflichten zum Teil, indem ein Verhalten untersagt („darf nicht“) oder beschränkt („darf nur“) wird.[55]

24 **Kann-Vorschriften** berechtigen den Notar, etwas zu tun, ohne ihn gleichzeitig dazu zu verpflichten. So kann der Notar gem. § 5 Abs. 2 S. 1 BeurkG auf Verlangen Urkunden auch in einer anderen Sprache errichten. Dazu verpflichtet ist er jedoch nicht, selbst wenn er die Fremdsprache perfekt beherrscht.

25 Mit dem durch das Ges. zur Änderung des Rechts der Vertretung durch Rechtsanwälte vor den Oberlandesgerichten vom 23.7.2002 (BGBl I, 2850) eingeführten § 17 Abs. 2a S. 2 BeurkG wurden erstmals **Hinwirkungspflichten** in das BeurkG aufgenommen. Es ist Aufgabe von Literatur und Rechtsprechung, deren Inhalt näher zu konkretisieren (vgl. § 17 BeurkG Rdn 193 ff.).[56]

III. Stellung des Notars im Beurkundungsverfahren

26 Das Beurkundungsverfahren ist ein **Verfahren der freiwilligen Gerichtsbarkeit**. Es weist daher zahlreiche Parallelen zu anderen gerichtlichen Verfahren auf, die ebenfalls diesem Bereich der staatlichen Rechtspflege zugerechnet werden.[57] Hieraus lassen sich für die Stellung des Notars im Beurkundungsverfahren indes nur allgemeine Anforderungen ableiten. Die Verfahrensrolle des Notars wird durch das **Ziel des Verfahrens** bestimmt und dieses ist bei der notariellen Beurkundung ein teilweise anderes als etwa bei Vormundschafts- oder Nachlasssachen.

27 Gemeinsam haben alle diese Verfahren, dass sie **öffentlich-rechtlich** ausgestaltet sind. Ob sich dies für die notarielle Tätigkeit aus der Natur der Sache[58] oder aufgrund der gesetzlichen Anordnung in § 1 BNotO ergibt,[59] ist ohne entscheidende Bedeutung. Das Ersuchen um Vornahme einer notariellen Amtshandlung ist kein Angebot auf Abschluss eines privatrechtlichen Vertrages, sondern das Gesuch an einen Amtsträger, eine Amtshandlung vorzunehmen.[60] Der öffentlich-rechtliche Charakter der notariellen Tätigkeit kommt deutlich durch die Pflicht zur Amtsausübung gem. § 15 Abs. 1 BNotO (Urkundsgewährung), durch die Amtshaftung (§ 19 BNotO) sowie durch die Vorschriften des Kostenrechts (§ 17 BNotO) zum Ausdruck. Der Notar ist zur Unparteilichkeit verpflichtet (§ 14 Abs. 1 S. 2 BNotO) und muss seine Amtstätigkeit verweigern, wenn sie mit seinen Amtspflichten nicht vereinbar wäre (vgl. § 4 BeurkG). Die notarielle Beurkundung ist bei formaler Betrachtung ebenso wie andere Verfahren der freiwilligen Gerichtsbarkeit auf die Errichtung einer öffentlichen Urkunde gerichtet und stellt damit eine **amtliche Entscheidung** dar.[61] Sie unterscheidet sich von anderen Verfahren allerdings dadurch, dass sie neben den

53 DNotZ 1993, 434, 437 ff.
54 Dies strikt ablehnend *Lerch*, NotBZ 2006, 6, 8 Fn 17.
55 Dazu *Volmer*, DNotZ 2025, 184 ff.
56 Vgl. *Sorge*, DNotZ 2002, 593, 594 ff.
57 *Winkler*, Einl. Rn 29.
58 BVerfG v. 5.5.1964 – 1 BvL 8/62, BVerfGE 17, 371 = DNotZ 1964, 424.
59 So wohl *Ott*, DNotZ Sdh. 2001, 83, 91 ff.
60 *Winkler*, Einl. Rn 31.
61 *Winkler*, Einl. Rn 29; a.A. Heinemann/Trautrims/*Hitzel*, Vorbem. BeurkG Rn 9 Fn 19.

Erfordernissen des Rechtsverkehrs in weit stärkerem Maße den **Individualinteressen der Beteiligten** dient. *Hoffmann-Riem*[62] bezweifelt deshalb, dass das notarielle Amt hinreichend zukunftstauglich legitimiert ist. Mit dieser Sichtweise übergeht er zwar, dass die **Verwirklichung von Privatautonomie** auch im öffentlichen Interesse liegt und das notarielle Amt hierin seine Legitimation findet. Richtig ist aber Folgendes: Je mehr die notarielle Tätigkeit durch die inhaltliche Ausgestaltung des Geschäftes geprägt ist, desto weniger lässt sich die Rolle des Notars von dem formalen Ziel der Beurkundung, der Errichtung einer öffentlichen Urkunde, her beschreiben.

Dies tritt in besonderem Maße bei der notariellen Beurkundung von Willenserklärungen hervor. Es gilt **28**
hier das **Primat des Willens** der Beteiligten. Der Notar ist anders als der Richter darauf angewiesen, die Beteiligten von seinen Argumenten zu überzeugen. Seine Macht reicht nur soweit wie seine Überzeugungskraft.[63] Die dem Notar übertragene **Urkundsgewalt**, also die Fähigkeit, öffentliche Urkunden zu erstellen, ist **keine Zwangsgewalt**. Bis zur Unterzeichnung der Niederschrift kann jeder Beteiligte willkürlich seine Mitwirkung beenden.[64] Umgekehrt ist aber zu beachten, dass die Beteiligten das angestrebte Ziel (den wirksamen Vertrag, die wirksame Verfügung, die bindende Erklärung) ohne die notarielle Mitwirkung nicht erreichen können. Indem das deutsche Rechtspflegesystem Beurkundungserfordernisse kennt, übt der Staat auch in diesem an sich der Privatautonomie unterliegenden Bereich eine spezifische Form der öffentlichen Gewalt aus (zum Begriff der öffentlichen Gewalt i.S.v. Art. 51 AEUV siehe Rdn 39). Insofern spielt es keine Rolle, ob der Bürger sich der Ausübung öffentlicher Gewalt eher unfreiwillig ausgesetzt sieht, wie es bei der Duldung von Zwangsgewalt der Fall ist, oder ob er sie für seine Zwecke in Anspruch nimmt, in dem er einen bestimmten Vorgang gewissermaßen staatlich kontrollieren und „genehmigen" lässt.[65] „Gewaltausübung" liegt vielmehr schon in dem verbindlichen Anspruch auf staatliche Rechtskontrolle über einen Lebensbereich.

Der Notar ist als Rechtspflegeorgan dazu berufen, fremde Rechtsangelegenheiten nach dem Willen und **29**
im Interesse der Beteiligten zu gestalten.[66] Der Normalfall notarieller Tätigkeit ist gerade dadurch gekennzeichnet, dass die Beteiligten zwar ein wirtschaftliches Ziel vor Augen haben, den konkreten rechtlichen Weg zu diesem Ziel aber nur vage kennen.[67] Der Notar muss den Willen der Beteiligten in eine rechtlich einwandfreie Form bringen und ihnen dabei die möglichen **Gestaltungsspielräume** aufzeigen. Hier ist viel **Erfahrung** und häufig auch ein gewisses Maß an **Kreativität** nötig.[68] Die ausgeprägte geistig-schöpferische Leistung des Notars erfordert Eigenverantwortlichkeit und Unabhängigkeit[69] und setzt vor allem das **Vertrauen der Beteiligten** voraus, die dem Notar private Umstände offenbaren müssen. Die notarielle Tätigkeit, die im funktionalen Sinn gewiss einen Dienst am Klienten darstellt,[70] wäre bei einem allzu strikten und förmlichen Verfahrensablauf nur schwer vorstellbar. Eine **übermäßige Betonung** der Amtlichkeit des notariellen Beurkundungsverfahrens, wie sie bei formaler Betrachtung nahe liegt, wird dem Charakter der notariellen Tätigkeit mithin ebenso wenig gerecht wie deren Ausblendung.[71] Die Stellung des Notars im Beurkundungsverfahren lässt sich nach alledem dahingehend charakterisieren, dass er als Hoheitsträger in einem öffentlich-rechtlich ausgestalteten Verfahren den Individualinteressen der Beteiligten zu dienen bestimmt ist, soweit nicht zwingende Vorschriften dem entgegenstehen. In einem hoheitlich ausgestalteten Verfahren ist die „Domäne des Notars die individualisierende Gerechtigkeit".[72]

IV. Stellung der Beteiligten im Beurkundungsverfahren

Die im formellen Sinn beteiligten Personen (§ 6 Abs. 2 BeurkG) erlangen ihre Verfahrensstellung durch das **30**
Beurkundungsersuchen. Ohne ein solches Ersuchen kann der Notar keine Beurkundung vornehmen.[73]

62 ZNotP 1999, 345, 351.
63 *Keim*, Rn B 31.
64 *Bohrer*, DNotZ 2002, 579, 581.
65 Vgl. auch *Jung*, S. 122 ff., 129 („letztverbindliche Gestaltungsmacht des Staates").
66 *Odersky*, DNotZ 1994, 7, 9.
67 *Keim*, Rn C 6 ff.
68 Vgl. *Bock*, MittRhNotK 1999, 293 f.
69 S. *Löwer*, MittRhNotK 1998, 310, 313; *Sandweg*, BWNotZ 1997, 1, 5 f.
70 Zutr. *Albrecht*, MittBayNot 2001, 346, 349; *K.-R. Wagner*, DNotZ Sdh. 1998, 34, 39.
71 Treffend *Lichtenberger*, in: FS BayNot, 1987, 113, 123, der die „Zwischenstellung" des Notars als systemimmanent, gewollt und von den soziologischen Wirkungen her segensreich hervorhebt.
72 So *Odersky*, DNotZ 1994, 7, 9.
73 *Bohrer*, DNotZ 2002, 579, 581.

Dies schließt nicht aus, dass der Notar eine Beurkundung anregt, wenn er diese für sachdienlich hält. Begehren die Beteiligten eine bestimmte Beurkundung, so muss der Notar diesem Ansuchen gem. § 15 Abs. 1 BNotO entsprechen, es sei denn, die ihm angetragene Amtstätigkeit widerspricht seinen Amtspflichten.[74] Mit der Verfahrensbeteiligung sind umfassende **Einwirkungsmöglichkeiten** auf den Inhalt des zu beurkundenden Rechtsgeschäfts verbunden. Für den Notar sind bei der inhaltlichen Ausgestaltung des Beurkundungsverfahrens und der Urkunde vor allem die **Individualinteressen der formell Beteiligten** maßgeblich.

31 Ob neben diesen Amtspflichten des Notars auch die **Beteiligten** Pflichten haben,[75] ist zweifelhaft. Zwar ist richtig, dass sich die Beteiligten wahrheitsgemäß und vollständig erklären, bestimmte Vermerke in der Urkunde dulden (vgl. § 17 Abs. 2 BeurkG) und sich zum Notar in gewissem Maß loyal verhalten müssen.[76] Mit diesen Verhaltensanforderungen korrespondiert aber kein Recht des Notars. Es handelt sich dabei vielmehr um **Obliegenheiten**, die den Beteiligten im eigenen Interesse oder im Interesse der Allgemeinheit auferlegt sind. Verletzen die Beteiligten die Obliegenheiten, indem sie dem Notar z.B. bewusst die Unwahrheit unterbreiten, so kann hieraus die Amtspflicht des Notars folgen, seine Tätigkeit zu versagen (vgl. § 4 BeurkG Rdn 26). Bemerkt der Notar nicht, dass ihm die Beteiligten nicht die Wahrheit sagen, so riskieren diese die Unwirksamkeit des Geschäftes und machen sich u.U. strafbar. Für den Notar, der über alle nach Lage des Falles bedeutsamen Aspekte aufgeklärt hat, bleibt dies folgenlos (zum Umfang der gebotenen Sachverhaltsaufklärung siehe § 17 BeurkG Rdn 19).

32 Weigern sich die Beteiligten, **gesetzlich vorgeschriebene Vermerke** zu dulden, so ist dies für den Notar schlicht unbeachtlich, da er von zwingenden Amtspflichten nicht abweichen darf. Nicht zu verkennen ist allerdings, dass es nicht immer gelingt, den Beteiligten dies zu vermitteln.

33 Die von *Keim*[77] vorgetragene Befürchtung, der Notar werde vielfach deshalb für die Auslassungen der Beteiligten haftbar gemacht, weil eine Loyalitätspflicht der Beteiligten nicht anerkannt sei, ist im Ergebnis freilich nicht von der Hand zu weisen. Dem ist indes durch eine **sachgerechte Begrenzung der notariellen Amtspflichten**, allen voran der Prüfungs- und Belehrungspflicht nach § 17 Abs. 1 BeurkG, zu begegnen.

V. Grenzen des Verfahrens

34 Das notarielle Beurkundungsverfahren ist auf das Erreichen bestimmter Verfahrensziele ausgerichtet, die in § 17 Abs. 1 BeurkG als Amtspflichten des Notars aufgeführt sind. Jenseits dieser Ziele hat es verfahrensrechtlich sein Bewenden.[78] Die **Grenzen des Beurkundungsverfahrens** sind vielen Rechtsuchenden unbekannt. Diese Wissenslücke haben sich in der Vergangenheit bisweilen Strukturvertriebe zu Nutze gemacht, indem sie Immobilien als „bank- und notargeprüft" angepriesen und beim rechtsuchenden Publikum damit gezielt den irrigen Eindruck erweckt haben, der Notar habe die Werthaltigkeit der Immobilie geprüft (siehe § 17 BeurkG Rdn 161). In der Praxis kann es sich deshalb auch außerhalb der nunmehr in § 17 Abs. 2a S. 2 BeurkG geregelten Fälle anbieten, die Beteiligten rechtzeitig über die Grenzen des Verfahrens aufzuklären, damit sie sich bereits im Vorfeld der Beurkundung an einen anderen Berater (z.B. Steuerberater, Wertgutachter) wenden können. Zudem hat der Gesetzgeber das Problem aufgegriffen, indem er die normativen Vorgaben verschärft hat. Insbesondere muss es bei Verbraucherverträgen über den Erwerb von Grundstücken nunmehr der Notar selbst sein, der dem Verbraucher den Entwurfstext übermittelt, und die Bedeutung der Zwei-Wochen-Frist als Überlegungsfrist ist gestärkt worden (siehe § 17 BeurkG Rdn 193 ff.).

1. Wirtschaftliche und steuerrechtliche Beratung

35 Nach einhelliger Ansicht ist der Notar weder der Wirtschaftsberater noch der Vormund der Beteiligten (zu Einzelheiten siehe § 17 BeurkG Rdn 40). Der **wirtschaftlichen** Seite des zu beurkundenden Geschäftes muss er sich nur insoweit zuwenden, als es erforderlich ist, eine rechtlich wirksame, dem wahren Willen der Beteiligten entsprechende Urkunde aufzusetzen (siehe § 4 BeurkG Rdn 14; § 17 BeurkG Rdn 73).

74 Instruktiv zum „Spannungsverhältnis zwischen Tätigkeitspflichten und Amtsverweigerung" *Winkler*, MittBayNot 1998, 141 ff.
75 So *Keim*, Rn B 44 ff.
76 *Keim*, Rn B 44.
77 *Keim*, Rn B 49 mit Fn 44.
78 Zutr. *Bohrer*, DNotZ 2002, 579, 580.

Der Notar muss grds. auch nicht über **steuerliche Auswirkungen** des Rechtsgeschäftes belehren (siehe § 17 BeurkG Rdn 39, 63 ff.). Dies gilt auch dann, wenn sich ohne eine steuerliche Belehrung eine dem Willen der Beteiligten entsprechende Urkunde nicht errichten lässt.

Die Werthaltigkeit der Kaufsache muss der Notar daher ebenso wenig untersuchen wie die erbschaftsteuerlichen Implikationen eines Unternehmertestamentes. Der Notar ist allerdings nicht daran gehindert, einen oder mehrere Beteiligten auch über die Grenzen des Beurkundungsverfahrens hinaus zu beraten (§ 24 Abs. 1 BNotO; siehe z.B. zu Steuerfragen § 17 BeurkG Rdn 66). Eine solche Beratung schuldet er aber nur, wenn er sie ausdrücklich zusagt. Die Grenzen des Beurkundungsverfahrens werden dadurch nicht verschoben. Über die sich aus § 17 BeurkG ergebenden Belehrungspflichten und eine etwa übernommene Beratung nach § 24 Abs. 1 BNotO hinaus hat der Notar die Beteiligten unter bestimmten Voraussetzungen vor wirtschaftlichen Gefahren zu warnen, die sich für sie aus der Amtstätigkeit ergeben können (**allgemeine Betreuungspflicht**; siehe dazu eingehend § 17 BeurkG Rdn 6 ff.). Da diese Warnpflicht nur ausnahmsweise besteht und vor allem voraussetzt, dass der Notar selbst die Gefahren erkannt hat, können die Beteiligten auch bei angeblich „notargeprüften" Geschäften nicht erwarten, der Notar werde sie vor jedem wirtschaftlichen Risiko warnen. **36**

2. Internationales Privatrecht und ausländisches Recht

Die fortschreitende Europäisierung und Internationalisierung bringen es mit sich, dass heute in der notariellen Praxis zahlreiche Rechtsfragen auftauchen, die einen Bezug zu einer **ausländischen Rechtsordnung** aufweisen. Diesen Fall regelt § 17 Abs. 3 BeurkG. Der Notar muss zwar darauf hinweisen, dass (möglicherweise) ausländisches Recht zur Anwendung kommt (S. 1), ist aber nicht zur Belehrung über den Inhalt der ausländischen Rechtsordnung verpflichtet (S. 2). Der Notar wird den Beteiligten in diesen Fällen daher häufig die Einholung eines Rechtsgutachtens nahe zu legen haben (siehe § 17 BeurkG Rdn 239). Das Beurkundungsverfahren stößt bei der Belehrung über ausländisches Recht mithin an seine Grenzen. **37**

E. Ausblick zur Entwicklung des Notariats

I. Europa

Literatur *Dederer*, Keine Ausübung „öffentlicher Gewalt" durch Notare – Anmerkung zum Urteil des EuGH v. 24.5.2011, Rs. C-54/08, EuR 2011, 865; *Dorsel*, Europäische Erbrechtsverordnung und Europäisches Nachlasszeugnis, ZErb 2014, 212; *Everts*, Fälle und Formulierungsbeispiele zur EU-Erbrechtsverordnung – Teil 2, NotBZ 2015, 3; *Gärditz*, Das lateinische Notariat als öffentliches Amt im Binnenmarkt, EWS 2012, 209; *Henssler/Kilian*, Zeitwende durch den EuGH oder „business as usual"?, NJW 2012, 481; *dies.*, Caveat Reformator – das deutsche Notariat im Europarecht, in: FS Brambring, 2011, S. 131; *Korte/Steiger*, Deutschennotariat abgestempelt, NVwZ 2011, 1243; *Lange*, Das geplante Europäische Nachlasszeugnis, DNotZ 2012, 168; *Lorz*, Kein Grund zur Sorge – Grund zur Entwarnung? – Anmerkungen zum Urteil des EuGH v. 24.5.2011 zur Staatsangehörigkeitsvoraussetzung für Notare, DNotZ 2011, 462; *Müller-Lukoschek*, Neues im Internationalen Erbrecht: Die neue EU-Erbrechtsverordnung – Teil 2, NotBZ 2014, 361; *Preuß*, Das Notar-Urteil des EuGH und seine Folgen, ZNotP 2011, 322; *Schmid/Pinkel*, Grundfreiheitskonforme Reformierung der nationalen Notariatsverfassung, NJW 2011, 2928; *Schmidt*, Der Erbnachweis in Deutschland ab 2015: Erbschein vs. Europäisches Nachlasszeugnis, ZEV 2014, 389; *Spickhoff*, Das deutsche Notariat in Europa – Qualität versus Niederlassungsfreiheit?, JZ 2012, 333; *Süß*, Europäisierung des Familienrechts – Handlungsempfehlungen für den Notar zum status quo, ZNotP 2011, 282; *Waldhoff*, Die Staatlichkeit der deutschen Notariatsverfassung als Grundlage des Systems vorsorgender Zivilrechtspflege, ZZP 127 (2014), 3.

Die **europäische Integration** macht auch vor dem Notariat nicht halt. Erste Fixpunkte setzte der EuGH in einem Beschluss von 2002[79] und einem Urteil von 2007.[80] Dabei stand in diesen Entscheidungen keineswegs die Organisation des staatlichen Notariats als solche auf dem Prüfstand. In der Sache ging es um die von einem Amtsnotar erhobene **Beurkundungsgebühr** für die Gründung einer Kapitalgesellschaft und für die Abtretung von GmbH-Anteilen als Einlage im Zuge einer Kapitalerhöhung. Der EuGH qualifiziert die in gesellschafterrechtlichen Angelegenheiten erhobenen Notargebühren im Anschluss an sein die Gebühren portugiesischer Staatsnotare betreffendes Urteil in der Rechtssache *Modelo*[81] als Steuer i.S.d. **38**

79 EuGH v. 21.3.2002 – C-264/00, DNotZ 2002, 389 ff. mit Anm. *Fabis*.

80 EuGH v. 28 6.2007 – C-466/03, NJW 2007, 3051.

81 EuGH v. 29 9.1999 – C-56/98, DNotZ 1999, 936 ff.

Richtlinie 69/335/EWG, wenn sie von Notaren erhoben werden, die Beamte sind, und wenn die Gebühren zumindest teilweise dem Staat zufließen. Für die Einordnung als Steuer i.S.d. Richtlinie ist zudem ausschlaggebend, dass die gegenstandwertbezogenen Notargebühren in Abgrenzung zu „Abgaben mit Gebührencharakter" sich nicht nach dem tatsächlichen Aufwand der konkreten Leistung richten.[82]

39 Ob bzw. inwieweit die mitgliedstaatlichen Notarverfassungen mit den europäischen **Grundfreiheiten** im Einklang stehen müssen, ist im Zusammenhang mit dem Vertragsverletzungsverfahren wegen des Staatsangehörigkeitsvorbehalts für Notare diskutiert worden. Im Jahr 2011 hat der **EuGH** entschieden, dass das Staatsangehörigkeitserfordernis für Notare gegen Art. 43 EG (nunmehr Art. 49 AEUV) verstößt.[83] Der EuGH wendet die Bereichsausnahme des Art. 45 EG (nunmehr Art. 51 AEUV) auf Notartätigkeiten nicht an und begründet dies damit, dass die Tätigkeiten des Notars nicht unmittelbar und spezifisch mit der Ausübung öffentlicher Gewalt verbunden seien. In den Vorbemerkungen zu den Entscheidungsgründen sah der EuGH sich aber andererseits zu Klarstellungen veranlasst: Erstens seien Gegenstand der Rüge weder der Status und die Organisation des Notariats in der deutschen Rechtsordnung noch die Voraussetzungen, die neben der Staatsangehörigkeit für den Zugang zum Beruf des Notars bestehen. Zweitens sei hervorzuheben, dass die Rüge nicht die Dienstleistungsfreiheit betreffe.

40 In einem **obiter dictum** äußerte sich der EuGH dann aber zur europarechtlichen Rechtfertigung beispielsweise der Voraussetzungen, die in einem Mitgliedstaat neben der Staatsangehörigkeit für den Zugang zum Beruf des Notars bestehen. Zur Frage der rechtlichen Auswirkungen dieser in der Begründungslinie nicht stringenten Entscheidung auf die deutsche Notariatsverfassung sowie zur rechtlichen Würdigung des Problems der Urkundenfreizügigkeit gehen die Bewertungen in der Literatur auseinander. Verbreitet wird auf das obiter dictum des EuGH Bezug genommen und darauf verwiesen, dass sich hiernach die Vorschriften des Notarverfassungsrechts auch europarechtlich rechtfertigen ließen.[84] Soweit das derzeitige Berufsbild zugrunde gelegt wird, bestand und besteht danach kein Anlass zu weitergehenden Änderungen des Notarverfassungsrechts, zumal eine europarechtliche und eine verfassungsrechtliche Überprüfung angesichts tendenziell vergleichbarer Anforderungen an die Rechtfertigung einer Regelung kaum zu unterschiedlichen Ergebnissen führen werden.[85]

41 Das **BVerfG** hat in der Entscheidung zur Verfassungsmäßigkeit der DONot festgestellt, dass der EuGH keine Aussage über die Einordnung der notariellen Berufsausübung nach den Maßstäben einer mitgliedstaatlichen Rechtsordnung und über deren Vereinbarkeit mit Unionsrecht getroffen habe.[86] In der Literatur wurde aus der Entscheidung des EuGH dagegen z.T. das Erfordernis grundlegender Änderungen des Notarverfassungsrechts sowie das Postulat der Gewährung von Dienstleistungsfreiheit im Sinne der Urkundenfreizügigkeit abgeleitet.[87] *Henssler* und *Kilian* wiesen etwa darauf hin, dass auch nach der Entscheidung des EuGH ungeklärt sei, inwieweit die Ausgestaltung der Notariatsverfassung als Teil der nationalstaatlichen Rechtspflege an den Grundfreiheiten zu messen ist und inwieweit der Territorialitätsgrundsatz eine „Dienstleistungsfreiheit für Notare" gestattet.[88]

42 Der **BGH** konnte die Frage nach einer theoretischen generellen Genehmigungsfähigkeit einer notariellen Urkundstätigkeit im EU-Ausland offenlassen (zu den durch das Territorialitätsprinzip gesetzten Beschränkungen s. aber § 2 BeurkG Rdn 28 f.).[89] Für den umgekehrten Fall der Inlandsbeurkundung durch den ausländischen Notar hat der BGH eine Vereinbarkeit des § 11a S. 3 BNotO mit europäischem Recht

82 EuGH v. 28.6.2007 – C-466/03, EuZW 2007, 477, 479.
83 EuGH v. 24.5.2011 – C-54/08, DNotZ 2011, 462 ff.
84 *Dederer*, EuR 2011, 865, 870; *Lorz*, DNotZ 2011, 491, 494 f.; *Spickhoff*, JZ 2012, 333, 337 ff.
85 Siehe *Gärditz*, EWS 2012, 209, 214 ff. (mit ausführlicher Überprüfung der einzelnen Gegenstände des Notarverfassungsrechts); *Spickhoff*, JZ 2012, 333, 337 (wenn auch unter dem Vorbehalt einer schlicht anderen Wertung durch den EuGH); *Henssler/Kilian*, NJW 2012, 481, 484 f.; *Waldhoff*, ZZP 127 (2014), 36 ff.; vgl. auch *Preuß*, ZNotP 2011, 322, 325. Beispiel für eine „doppelgleisige" Rechtmäßigkeitsprüfung: BGH v. 22.3.2010 – NotZ 16/09, BGHZ 185, 30 = NJW 2010, 3783 ff.; BGH v. 17.3.2014 – NotZ (Brfg) 21/13, DNotZ 2014, 553, 554 f. (Altersgrenze für Notare).
86 BVerfG v. 19.6.2012 – 1 BvR 3017/09, DNotZ 2012, 945 Rn 46.
87 Vgl. *Korte/Steiger*, NVwZ 2011, 1243; *Ritter*, EuZW 2011, 707, 710 ff.; *Schmid/Pinkel*, NJW 2011, 2928, 2929 ff.
88 NJW 2012, 481, 486; vgl. auch *Preuß*, ZNotP 2011, 322, 324 ff.
89 BGH v. 4.3.2013 – NotZ (Brfg) 9/12, BGHZ 196, 271 = DNotZ 2013, 630 Rn 19, 20.

bejaht und diese Würdigung damit begründet, dass ein etwaiger Eingriff in Grundfreiheiten jedenfalls durch Gemeinwohlbelange gerechtfertigt sei.[90] Im Jahr 2017 hat nunmehr auch der **EuGH** auf ein Vorabentscheidungsersuchen des österreichischen OGH in der Rechtssache *Piringer* entschieden, dass der Notarvorbehalt bei Beglaubigungen mit der Dienstleistungsfreiheit zu vereinbaren ist.[91] Dabei hat er hervorgehoben, dass die hinter einem Notarvorbehalt stehenden Ziele der Rechtssicherheit und Rechtmäßigkeit von Privatrechtsakten einen **zwingenden Grund des Allgemeininteresses** darstellen, der zur Rechtfertigung von Eingriffen in die Dienstleistungsfreiheit geeignet ist.[92] Dieses grundlegende Diktum ist zu Recht als **unionsrechtliche Billigung der lateinischen Notariatsverfassung** aufgefasst worden, sodass ihre Vereinbarkeit mit dem Unionsrecht nunmehr *acte clair* sein dürfte.[93] Dementsprechend hat auch der **BGH** die Beschränkung der Zuständigkeit für eine Auflassung nach § 925 Abs. 1 S. 1 BGB auf inländische Notare als eine durch zwingende Gründe des Allgemeininteresses gerechtfertigte Einschränkung der Dienstleistungsfreiheit beurteilt.[94] Für den Bereich des Wettbewerbsrechts (Art. 101 AEUV) hat der EuGH allerdings in einer Entscheidung zum Gebührenrecht in Litauen, die sich auf die Rechtslage in Deutschland nicht übertragen lässt,[95] die Notartätigkeit als wirtschaftliche bzw. unternehmerische Tätigkeit eingeordnet.[96] Mit der Entscheidung des EuGH zur Frage, ob ein Notar durch die Beurkundung sowie durch notarielle Vollzugstätigkeiten zur Durchführung eines Grundstückskaufvertrags gegen Russland-Sanktionen verstößt, wurde dagegen klar zum Ausdruck gebracht, dass der Notar mit der Vornahme der Beurkundung keine Rechtsberatungs-Dienstleistung erbringt, sondern als unabhängiger und unparteiischer Amtsträger agiert.[97] Die Beurteilung, ob Gleiches für die Vollzugstätigkeit gilt, wurde der Beurteilung der konkreten Aufgabe durch das mitgliedstaatliche Gericht überlassen, zugleich aber klargestellt, dass nicht ersichtlich sei, inwiefern diese Aufgaben eine Rechtsberatungs-Dienstleistung implizieren sollen.[98]

Nicht zuletzt wird auch das Aufgabenfeld des Notars durch das europäische Sekundärrecht beeinflusst. So schlägt sich etwa die Europäisierung des Familienrechts in der notariellen Praxis nieder.[99] Vor allem aber im Bereich des **Erbrechts** ist eine deutliche Tendenz zur Europäisierung festzustellen. Für grenzüberschreitende Erbfälle ist seit dem 17.8.2015 die EU-Erbrechtsverordnung (VO Nr. 650/2012) zu beachten. Hervorzuheben ist dabei die Schaffung eines europäischen Nachlasszeugnisses, das von Behörden und Gerichten anderer Mitgliedstaaten anerkannt wird und damit eine erhebliche Erleichterung bei der Abwicklung von Erbfällen mit Auslandsberührung bieten kann.[100] Dies wird flankiert von der **ApostillenVO** 2016/1191 (siehe § 1 BeurkG Rdn 46 ff.), wonach eine Vielzahl von Personenstandsurkunden im EU-grenzüberschreitenden Rechtsverkehr von der Legalisationspflicht befreit sind. Auch der Rechtswahl kommt eine erhöhte Bedeutung zu.[101] Eine materielle Regelung im Sinne eines „europäischen Erbrechts" ist freilich mangels Rechtsetzungskompetenz der Union nicht vorgesehen.[102] Auswirkungen auf die Notartätigkeit haben ebenso die Entwicklungen im Bereich des europäischen **Gesellschaftsrechts**. Zu nennen ist hier vor allem die **Digitalisierungsrichtlinie**[103] (vgl. auch Rdn 57 f.). Das deutsche Umsetzungsgesetz[104] ermöglicht seit dem 1.8.2022 eine **fakultative Online-Gründung der GmbH** sowie die **notarielle Beglaubigung von Willenserklärungen mittels Videokommunikation.**[105] Zunehmend nimmt der Notar eine immer größere Rolle bei der Bekämpfung von Geldwäsche ein. Die europäischen 43

90 BGH, Beschl. v. 20.7.2015 – NotZ (Brfg) 13/14, NJW 2015, 3030, 3033 f.; die hiergegen gerichtete Verfassungsbeschwerde blieb erfolglos, vgl. BVerfG, Beschl. v. 15.10.2015 – 1 BvR 2329/15, NJW 2016, 1010.

91 EuGH v. 9.3.2017 – C-342/15, NJW 2017, 1455 Rn 48 ff. – Piringer, m. zust. Anm. *Böttcher.*

92 EuGH v. 9.3.2017 – C-342/15, NJW 2017, 1455 Rn 59 ff. – Piringer, m. zust. Anm. *Böttcher.*

93 *Böttcher*, NJW 2017, 1459; *Waldhoff*, EuZW 2017, 382, 385 f.

94 BGH v. 13.2.2020 – V ZB 3/16, BeckRS 2020, 5578 = DNotZ 2020, 742, 749 m. insoweit zust. Anm. *Raff.*

95 *Bender/Wosgien*, EuZW 2024, 320, 321.

96 EuGH v. 18.1.2024 – C-128/21, EuZW 2024, 312, 314 ff., m. krit. Anm. *Bender/Wosgien.*

97 EuGH v. 5.9.2024 – C-109/23, NJW 2024, 3283, 3285 ff. – Jemerak, m. zust. Anm. *Stelmaszczyk/Oebel.*

98 EuGH v. 5.9.2024 – C-109/23, NJW 2024, 3283, 3286 – Jemerak, m. zust. Anm. *Stelmaszczyk/Oebel.*

99 Vgl. hierzu *Süß*, ZNotP 2011, 282 ff.

100 Vgl. hierzu *Lange*, DNotZ 2012, 168 ff.; *Dorsel*, ZErb 2014, 212 ff.; *Schmidt*, ZEV 2014, 389 ff.; *Everts*, NotBZ 2015, 1, 8 ff.; *Müller-Lukoschek*, NotBZ 2014, 361, 368 ff.; zur rechtlichen Qualifikation des Nachlasszeugnisses vgl *Dörner*, DNotZ 2018, 661, 668 ff.

101 Vgl. z.B. *Ludwig*, DNotZ 2014, 12 ff.; *Döbereiner*, DNotZ 2014, 323 ff.

102 S. zum Ganzen *Stumpf*, EuZW 2006, 587 ff.

103 RL (EU) 2019/1151, ABl L 186/80.

104 BGBl I 2021, 3338.

105 Vgl. hierzu *Bormann/Stelmaszczyk*, ZIP 2019, 353 ff.; *Teichmann*, ZIP 2018, 2451 ff.

Geldwäscherichtlinien[106] statuieren verschiedene Prüf- und Hinweispflichten im Rahmen der Beurkundung, wie etwa das zum 1.4.2023 eingeführte Barzahlungsverbot beim Erwerb von Immobilien gem. § 16a Abs. 1 GwG.[107]

44 Vor dem Hintergrund einer Europäisierung des Notarrechts und der notarrelevanten Gebiete des Sach- und Verfahrensrechts gewinnt die Zusammenarbeit der europäischen Notare immer größere Bedeutung. Das **Europäische Netz des Notariats (ENN)** hat Ende 2007 seine Tätigkeit aufgenommen. Das ENN ist durch den Rat der Notariate der Europäischen Union (CNUE) ins Leben gerufen worden mit dem Ziel, zwischen den Mitgliedsnotariaten auf europäischer Ebene eine koordinierte Zusammenarbeit bei grenzüberschreitenden Rechtsangelegenheiten zu erreichen. Langfristig soll im Interesse der Stärkung des Berufsstands der Notare auf europäischer Ebene die Integration des ENN in das seit 2001 bestehende Europäische Justizielle Netz in Zivil- und Handelssachen erfolgen, das bisher allein Gerichten und Behörden offen stand. Mit der erhöhten Mobilität der Bürger und Unternehmen im europäischen Rechtsraum steigen auch die Ansprüche an die Rechtspraxis und die Sicherstellung des Zugangs zum Recht. Notare sind in zunehmendem Maße mit grenzüberschreitenden Fällen befasst. Vor diesem Hintergrund hatte der CNUE beschlossen, die bereits bestehende Zusammenarbeit zwischen den Mitgliedsorganisationen aus 22 EU-Mitgliedstaaten durch die **Einrichtung eines Netzwerks von nationalen Kontaktstellen** zu verstärken.[108] Diese Kontaktstellen können von Notaren in Anspruch genommen werden, wenn sie technische Hilfe zur Bearbeitung eines grenzüberschreitenden Falles benötigen. Wenngleich das ENN nicht die Rechtsberatung durch den einzelnen Notar ersetzen kann, soll es doch für die Notare ein Hilfsinstrument bieten, dessen sie sich in ihrer eigenen Sprache bedienen können. Hinzu kommt das europäische Testamentsregister-Netzwerk ENWRA.

II. Elektronischer Rechtsverkehr

Literatur *Apfelbaum*, GmbH-Reform 2008 – die wichtigsten Änderungen für die notarielle Praxis, notar 2008, 160; *Bischoff*, Die notariellen Online-Verfahren im Gesellschaftsrecht des DiREG, FS Norbert Frenz, 2024, S. 41 ff.; *Bohrer*, Notarielle Form, Beurkundung und elektronischer Rechtsverkehr, DNotZ 2008, 39; *Bormann/Wosgien*, Die Digitalisierungsrichtlinie 2.0 und die Rolle des Notars im Europäischen Gesellschaftsrecht, FS Norbert Frenz, 2024, S. 60 ff.; *Büttner/Frohn/Seebach*, Elektronischer Rechtsverkehr und Informationstechnologie im Notariat, 2019; *Büttner/Frohn*, Elektronischer Rechtsverkehr in Grundbuchssachen, DNotZ-Sonderheft 2016, 157; *Büttner/Frohn*, Elektronische Antragstellung in Grundbuchsachen, NotBZ 2016, 201 ff. (Teil 1) und 241 ff. (Teil 2); *Damm*, Die Digitalisierung des Notariats, DNotZ 2017, 426; *Danninger/Stepien*, Die elektronische Ausfertigung – Chancen, Herausforderungen und Lösungsideen, DNotZ 2021, 812; *DFN – Dresdner Forum für Notarrecht*, veranstaltet von der Notarkammer Sachsen in Verbindung mit der TU Dresden, diverse Tagungsberichte, abrufbar unter: Dresdner Forum für Notarrecht – Notarkammer Sachsen (notarkammer-sachsen.de>>Veranstaltungen); *Fischer*, Das elektronische Urkundenarchiv – rechtliche Grundlagen, DNotZ-Sonderheft 2016, 130; *Gaul*, Das elektronische Urkundenarchiv – technische Grundlagen, DNotZ-Sonderheft 2016, 130; *Hähnchen*, Elektronischer Rechtsverkehr – ein praktischer Leitfaden, 2007; *Heckschen/Englich*, Der Referentenentwurf zur elektronischen Präsenzurkunde – auf dem Weg zum volldigitalen Notariat, GmbHR 2024, R133; *Kirchner*, Der Notar auf dem Weg ins digitale Zeitalter, DNotZ-Sonderheft 2016, 115; *Knaier/Wolf*, Die Blockchain-Technologie als Entwicklungsoption für das Handelsregister?, BB 2018, 2253; *Kniepert*, Elektronische Präsenzbeurkundung – praktische Umsetzung, DFN 2025; *Noack*, (Hrsg.) Das neue Gesetz über elektronische Handels- und Unternehmensregister – EHUG, 2007; *Püls*, Digitaler Quantensprung – Der Weg zum Elektronischen Urkundenarchiv, DNotZ 2021, 862; *Schmidt/Christopher*, Lemma „Notar“ in Ebers (Hrsg.), StichwortKommentar Legal Tech, 1. Auflage, 4. Edition 2024; *Siegel/Berthold*, Elektronische Nebenakten im Notariat, DNotZ 2023, 645.

45 Im Mittelpunkt notarieller Tätigkeit steht die Urkunde – *traditionell ein Schriftstück*. „Notar entstand mit Papierform“, meint *Püls*.[109] Hat der Notar noch eine Zukunft, wenn das Papier immer stärker durch die **elektronische Form** ersetzt wird bzw. der Füllfederhalter dem Mausklick weicht? Zunächst ist zu bemerken, dass das Papier zwar Medium, nicht aber Kern notarieller Tätigkeit ist. Aufgabe und Funktion des Notars erschöpfen sich nicht darin, bestimmte Vorgänge auf Papier festzuhalten. Der Wandel ist jedoch nicht zu leugnen. *Püls*[110] meint sogar, dass die Verwendung elektronischer Signaturen einen Kultur-

106 Zuletzt RL (EU) 2024/1640, ABl L 2024/1640.
107 S. hierzu *Wachter*, ZNotP 2023, 41, *Eicher*, DNotZ 2023, 165.
108 https://www.notariesofeurope.eu/.
109 *Püls*, DNotZ Sdh. 2002, 168, 169.
110 *Püls*, DNotZ Sdh. 2002, 68, 173.

umbruch darstellt, vergleichbar dem Übergang von der mündlichen zur schriftlichen Kommunikation. Auf jeden Fall haben die Veränderungen tiefe Spuren auch im Notariat hinterlassen, deren Verlauf *Bettendorf* und *Püls* seit den frühen neunziger Jahren nachgezeichnet haben.[111] Für die „digitale Spurensuche" empfiehlt sich ein Besuch auf der Seite der Notarkammer Sachsen, die seit 2005 im Rahmen des Dresdner Forums für Notarrecht schwerpunktmäßig auf aktuelle Entwicklungen und Themen im Bereich des ERV eingeht.[112]

46 Der Einsatz der EDV ist bereits seit vielen Jahren **innerhalb der Notariate** nicht mehr wegzudenken. Vorbereitung und Vollzug von Urkunden erfolgen heute fast ausschließlich EDV-gestützt. Namensverzeichnisse, Kostenregister, Urkundenrollen sowie Massen- und Verwahrungsbuch etc. waren vor Inkrafttreten der NotAktVV bereits elektronisch verfügbar, die Papierausdrucke wurden in der Regel vornehmlich für die Geschäftsprüfungen und im Interesse der Ämterkontinuität (Übergabe an den Amtsnachfolger) in Papierform vorgehalten. Bis zum Inkrafttreten der NotAktVV waren Bücher und Verzeichnisse ausschließlich in Papierform zu führen, die Elektronik durfte nur als „Hilfsmittel" zum Einsatz kommen.[113]

Mit Verabschiedung des und dem stufenweisen Inkrafttreten der Bestimmungen der NotAktVV fand ein Paradigmenwechsel statt: So ist seit dem 1.1.2020 die Führung rein elektronischer Nebenakten im Notariat zulässig, § 35 Abs. 2 BNotO i.V.m § 43 NotAktVV (wenn freilich auch die Führung in Papier und zum Teil als Hybridakte weiterhin zulässig bleibt), seit dem 1.1.2022 hat das Urkundenverzeichnis die papiergebundene Urkundenrolle abgelöst und seit dem 1.7.2022 werden notarielle Urkunden langfristig elektronisch archiviert. Die Papierurkunde ist grundsätzlich (ausgenommen sind nur Verfügungen von Todes wegen) nach Ablauf einer Frist von 30 Jahren ab dem Beurkundungsdatum zu vernichten, § 50 Abs. 1 Nr. 3 NotAktVV.

47 Die Elektronik ist nicht nur innerhalb der Notariate von Bedeutung. Sie bestimmt zunehmend auch die **Kommunikation nach außen**.[114] Einerseits wird die Suche von Quellen im Internet immer wichtiger,[115] andererseits werden Anschreiben und Vertragsentwürfe immer häufiger elektronisch – d.h. in der Regel per Mail – versandt. Neben dem Ausbau der Videokommunikation im Zusammenhang mit der online Gründung im Gesellschaftsrecht ist das Projekt der Bundesnotarkammer zur Etablierung eines Mandantenportals aktuell, befindet sich allerdings noch in der Pilotierungsphase. Hingegen hat sich das auf dem EGVP basierende sog. „besondere elektronische Notarpostfach" (beN) für die elektronische Kommunikation, insbesondere mit den Gerichten, aber auch unter Kollegen oder mit Rechtsanwälten weiter etabliert (vgl. unten Rdn 52). Die Kommunikation mit anderen öffentlichen Stellen hingegen ist durchaus ausbaufähig. Hier gibt es allerdings mit dem **Projekt eNoVA** Anzeichen für eine im Sinne der Digitalisierung dringend gebotene Beschleunigung.[116]

48 **Grundbücher** und **Handelsregister** innerhalb von Sekunden vom Schreibtisch aus einzusehen – noch vor 25 Jahren konnte man davon nur träumen – heute ist dies selbstverständlich. Die elektronische Grundbucheinsicht im Zusammenhang mit der geplanten Einführung des sog. **Datenbankgrundbuchs** sollte nun noch effizienter gestaltet werden. Das Grundbuchblatt soll künftig nicht nur als Bilddatei im herkömmlichen Format, sondern mittels verschiedene Suchfunktionen auch inhaltlich gefiltert dargestellt werden können.[117] Mit Einführung der elektronischen Grundakte, bereits abgeschlossen in einigen Bundesländern, so beispielsweise in Sachsen im Jahr 2018, wurde und wird es zudem möglich sein, den Akteninhalt sämtlicher Grundbücher auch im Wege der Fernabfrage einzusehen.[118] Bereits mit dem 2007 in

111 *Bettendorf*, DNotZ-Sonderheft 2011, 9 ff.; *Püls*, Festschrift 25 Jahre freiberufliches Notariat, 2015, 283, *ders.* DNotZ 2021, 862.
112 https://www.notarkammer-sachsen.de/veranstaltungen/dresdner-forum-fuer-notarrecht.
113 Vgl. Bettendorf/*Weichselbaumer*, S. 91.
114 Vgl. *Büttner/Frohn*, NotBZ 2016, 201 ff.; *Büttner/Frohn/Seebach*, Elektronischer Rechtsverkehr und Informationstechnologie im Notariat, passim.
115 So *Benisch*, DNotZ Sdh. 2002, 101, 103; z.B. Gutachtenbank des DNotI.
116 Nationaler Normenkontrollrat, Projektbericht „Digitale Abwicklung von Immobilienkaufverträgen", https://www.normenkontrollrat.bund.de/nkr-de/service/publikationen/projektberichte, besucht 22.8.2022; zur Gesamtentwicklung Referentenentwurf eines Gesetzes zur Digitalisierung des Vollzugs von Immobilienverträgen, der gerichtlichen Genehmigungen von notariellen Rechtsgeschäften und der steuerlichen Anzeigepflichten der Notare (‚eNoVA-Gesetz'), Bearbeitungsstand: 2.7.2025.
117 KEHE/*Püls*, vor § 126 GBO Rn 8 ff.
118 *Lehmann*, Einsicht in die E-Grundakte per SolumWEB für Notarinnen und Notare, NotBZ 2020, 281.

Kraft getretenen Gesetz über das elektronische Handelsregister und Genossenschaftsregister sowie das Unternehmensregister (EHUG)[119] ist die elektronische Registerführung für das **Handels-, Partnerschafts- und Genossenschaftsregister** eingeführt worden. § 12 Abs. 1 HGB schreibt seitdem die **elektronische Einreichung der Eintragungsanträge** vor. Auch die Einreichung von Anmeldungen zum **Vereinsregister** ist heute in vielen Bundesländern elektronisch möglich. Anders als im Bereich des Handels-, Genossenschafts- und Partnerschaftsregisters ist hier jedoch weiterhin auch die Einreichung auf dem Papierweg möglich, was vielleicht bürgerfreundlich anmutet, aber in der Umsetzung und mit Blick auf eine konsequente Digitalisierung im Bereich der vorsorgenden Rechtspflege zunehmend Probleme bereitet. Eine neue Stufe ist dadurch erreicht, dass der Inhalt der Register und damit auch die XML Strukturdaten den Rechtsanwendern zur Verfügung stehen und so aufwändige Doppeleingaben (inklusive etwaiger Übertragungsfehler) vermieden werden.

49 Die Weiterentwicklung des bidirektionalen **elektronischen Grundbuchverkehrs** seit 2012 schreitet voran, wenngleich das Projekt DaBaG ins Stocken geraten ist.[120] Bei Grundbuchämtern, die auf den elektronischen Rechtsverkehr umgestellt wurden, sind Notare zur elektronischen Einreichung verpflichtet.[121] Anders als im Bereich des Handelsregisters erfolgt die Einführung des deutschlandweiten elektronischen Grundbuchverkehrs allerdings nicht gleichzeitig. Vielmehr entscheidet jedes Land eigenständig, ob und wann es den elektronischen Grundbuchverkehr eröffnen will. In Sachsen beispielsweise funktioniert der elektronische Rechtsverkehr bereits seit geraumer Zeit bidirektional, der nächste Schritt wird – wie oben für das Handelsregister ausgeführt – die Bereitstellung der XML-Strukturdaten aus der oben angesprochenen elektronischen Grundakte mit den genannten Vorzügen für die digitale Weiterverarbeitung sein. Dabei wird im Rahmen der landesweiten Umstellung der elektronische Grundbuchverkehr in der Regel nicht gleichzeitig eingeführt; vielmehr erfolgt die Umstellung Grundbuchamt für Grundbuchamt. Es ist offensichtlich, dass die deutsche Grundbuchamtslandschaft für die Notare während der Übergangszeit dadurch sehr unübersichtlich geworden ist und die Mitarbeiter im Vollzug vor besondere Herausforderungen stellt. Dies wird für die Einholung der (öffentlich-rechtlichen) Vollzugsbehelfe im Rahmen des **Projektes eNoVA** ebenfalls eine besondere Hürde sein, die durch die unterschiedlichen föderalen Entwicklungen nicht gerade befördert wird.[122] Die Bundesnotarkammer hatte hierauf mit dem Aufbau eines **Gerichtsverzeichnisses** reagiert, welches tagesaktuell Auskunft über den Einführungsstand beim elektronischen Grundbuchverkehr gab.[123] Dieses Verzeichnis wurde zwischenzeitlich allerdings eingestellt, da dessen Führung nicht zum Kernbereich der Aufgaben der Bundesnotarkammer gehört. Seitens der Justiz sucht man ein vergleichbares Portal auf föderaler Ebene vergebens. Einen Ersatz, wenngleich nicht so komfortabel wie früher bietet die immer noch von der BNotK geführte Übersicht zum Rechtsstand der Umsetzung des ERV in den jeweiligen Bundesländern.[124] Das Programm XNP lässt nach Eingabe der entsprechenden Daten Rückschlüsse auf die Einreichungspflicht in elektronischer Form zu; nicht jede NSW (Notariatssoftware) nutzt aber diese Schnittstelle, sodass die Überprüfung für die Mitarbeiter im Vollzug umständlich bleibt.

50 Der elektronische Rechtsverkehr mit Registern und Grundbuchämtern wäre nicht möglich gewesen ohne die Einführung von § 39a BeurkG im Jahr 2005: mit der elektronisch beglaubigten Abschrift tritt eine Form der „**elektronische Urkunde**" in den Notariatsalltag ein, die man getrost als das „Arbeitspferd" im ERV (nicht nur) mit den oben beschriebenen Grundbuchämtern und Registern bezeichnen kann. Ein Quantensprung wurde erreicht mit der Verabschiedung des „Urkundenarchivgesetzes"[125] und der Einrichtung eines Elektronischen Urkundenarchivs bei der Bundesnotarkammer. Die elektronische Fassung der Urschrift, § 56 Beurkundungsgesetz, hat dieselbe Qualität wie die papiergebundene Urschrift. Noch darüber hinaus gehen die Umstellungen im Zusammenhang mit dem OVGR (Onlineverfahren im Gesellschaftsrecht),[126] das die Einführung originär und ausschließlich elektronisch existierender no-

119 BGBl I, 2553.
120 *Püls*, Auf dem Weg zum DaBaG – Kurioses und Perlen am Wegesrand des ERV, FS Oliver Vossius 2023, 205.
121 Vgl. zu den Einzelheiten des elektronischen Grundbuchverkehrs *Büttner/Frohn*, DNotZ Sdh. 2016, 157 ff. und *Büttner/Frohn*, NotBZ 2016, 201 ff.
122 Zu den damit verbundenen Problemen bei der Digitalisierung unverändert aktuell: *Schallbruch*, Schwacher Staat im Netz – wie die Digitalisierung den Staat infrage stellt, 2018.
123 Die BNotK stellte auf der Website www.notar.de eine aktuelle Suchfunktion zur Verfügung.
124 Übersicht Verordnungen | Elektronischer Rechtsverkehr (elrv.info).
125 G v. 1.6.2017 (BGBl I S. 1396).
126 Unten Rdn 58.

tarielle Urkunden bedingt. Die Einführung einer **elektronischen Präsenzbeurkundung**[127] wird die Digitalisierung im Notariat und damit die Verringerung von Medienbrüchen abermals befördern. Kernstück der Neuregelung ist die Ermöglichung der Aufnahme elektronischer Niederschriften zur Beurkundung von Willenserklärungen in Gegenwart des Notars. Auch für sonstige Beurkundungen werden die Möglichkeiten zur Errichtung elektronischer Dokumente anstelle von papierförmigen Urkunden ausgeweitet. Dies muss – schon mit Blick auf die Einmaligkeit des in diese Verfahren investierten Vertrauens durch alle Beteiligten[128] – auf hohem technischen Niveau erfolgen. So ist es naheliegend, dass die Bundesnotarkammer die dafür erforderlichen Systeme, die die Verfahrenssicherheit auch unter Datenschutzgesichtspunkten sicherstellen, bereitstellt.

Die deutschen Notare nehmen bei der Förderung und Gestaltung des elektronischen Rechtsverkehrs seit **51**
Jahren eine Vorreiterrolle ein. In dem Wissen, dass der Siegeszug der Elektronik auch vor der Justiz und dem Notariat nicht Halt machen würde, waren sie von Anfang an bemüht, den elektronischen Rechtsverkehr bestmöglich mitzugestalten. Berufsständische Institutionen wie etwa die **GNotDS**[129] stellen darüber hinaus auf einem hohen Niveau die Wahrung der Belange der Datensicherheit und des Datenschutzes sicher. Ihnen wird damit, jedenfalls für den Bereich der vorsorgenden Rechtspflege, zurecht eine Vorreiterrolle zugeschrieben.[130]

Wo immer kommerzielle Anbieter in diesem Zusammenhang keine oder nur unzureichende Angebote an **52**
die deutschen Notare machen konnten, sah sich vor allem die Bundesnotarkammer dazu berufen – entweder selbst oder über ihre hundertprozentige Tochtergesellschaft **NotarNet GmbH** – die Initiative zu ergreifen.[131] So ist sie durch den frühzeitigen Aufbau eines eigenen **Vertrauensdienstes** (vormals: **akkreditierten Zertifizierungsdienstes**)[132] in der Lage, die für den elektronischen Rechtsverkehr in immer stärkerem Maße benötigten Signaturkarten mit qualifizierten Signaturzertifikaten auszugeben und hat bei den deutschen Notaren einen Marktanteil von über 90 %. Die NotarNet GmbH war zunächst Herausgeber der Software **XNotar**, mit deren Hilfe Erstellung und Versand von elektronischen Nachrichten an Registergerichte und Grundbuchämter möglich wurde. Die ursprünglich selbstständige, dann in in XNotar integrierte Software **SigNotar** ermöglicht das qualifizierte Signieren von Dateien und Erstellen von einfachen elektronischen Zeugnissen (vgl. § 39a BeurkG). Mittlerweile wurden sämtliche Komponenten in das **System XNP** der Bundesnotarkammer integriert. Zudem hat die BNotK für jeden Notar ein **besonderes elektronisches Notarpostfach (beN)** eingerichtet, das zum Versand der Nachrichten an Registergerichte und Grundbuchämter verwendet werden kann (vgl. § 78n BNotO). Es ist ebenfalls in XNP integriert und ermöglicht den Gerichten unter anderem auch förmliche elektronische Zustellungen (vgl. § 174 Abs. 3 ZPO). Seit 1.1.2022 erfolgt der überwiegende Teil der vollzugstechnischen Abwicklung im Bereich der vorsorgenden Rechtspflege mit den Gerichten ausschließlich über dieses System, § 14b FamFG i.V.m. § 130d ZPO.

Darüber hinaus betreibt die NotarNet GmbH das sog. **Notarnetz**. Ziel war es hier den Notaren einen kos- **53**
tengünstigen Schutz gegen die aus dem Internet drohenden Gefahren zu bieten. Neben hochwirksamen Sicherheitssystemen, die Schutz gegen Viren und andere Schadsoftware bieten, beinhaltet das Notarnetzpaket unter anderem eigene Domains sowie E-Mail-Postfächer für den Notar und seine Mitarbeiter. Die wohl wichtigste Funktion des Notarnetzes bestand in der Etablierung eines **Intranets für Notare**. Erster praktischer Anwendungsfall war die Anbindung der Notariate an das Zentrale Testamentsregister, welches aus Sicherheitsgründen aus dem „normalen" Internet nicht zu erreichen ist. Auch bei der Konzeption neuer Funktionen und Systeme von Bundesnotarkammer spielt diese Anbindung eine wichtige Rolle.

127 Einführung einer elektronischen Präsenzbeurkundung, Gesetzentwurf der Bundesregierung, BT-Drucks 20/11849. (21/1505), in Kraft getreten zum 29.12.2025.

128 Zu der Komponente des Vertrauens bei umwälzenden technologischen Verfahren und den kulturellen Dimensionen vgl. *Langenbach/Ulrich*, Elektronische Signaturen – Kulturelle Rahmenbedingungen einer technischen Entwicklung, 2002, S. 10, 42 ff.

129 Gesellschaft für notariellen Datenschutz mbH, https://www.gnotds.de/

130 Die Bagatellisierung durch *Schmidt/Christopher*, Lemma „Notar" in Ebers (Hrsg.), StichwortKommentar Legal Tech, wird der aufgezeigten Entwicklung nicht gerecht.

131 Vgl. zu Projekten *Büttner/Frohn/Seebach*, Elektronischer Rechtsverkehr und Informationstechnologie im Notariat, Kapitel 6; *Danninger/Stepien*, DNotZ 2021, 812.

132 Vgl. *Püls/Gerlach*, NotBZ 2019, 81 ff.

54 Weitere Bausteine zum elektronischen Rechtsverkehr wurden mit Aufbau und Betrieb des **Zentralen Vorsorgeregisters (ZVR)**[133] im Jahr 2003 sowie dem **Zentralen Testamentsregister (ZTR)**[134] im Jahr 2012 geschaffen. Während mit dem ZVR erstmalig eine zentrale Registrierungsstelle für Vorsorgevollmachten und Betreuungsverfügungen eingeführt worden ist, wurde mit dem ZTR das tradierte papiergebundene Übermittlungssystem in Nachlasssachen modernisiert und in die elektronische Welt überführt. Aufgrund der in den Registern hinterlegten, in höchstem Maße vertraulichen Informationen stellt ihr Betrieb vor allem mit Blick auf den Datenschutz eine große und verantwortungsvolle Aufgabe dar. Auch bezüglich dieser Systemkomponenten erfolgt aktuell die Integration in die Plattform XNP.

55 Die Führung eines **Elektronischen Notaranderkontos** (ENA) ist inzwischen möglich, sowohl in den entsprechenden Verzeichnissen des Notariats, als auch in der digitalen Abwicklung mit den Banken.[135] Die Vorüberlegungen aus diesem Projekt führten zur Umsetzung beim notariellen Verwahrungsverzeichnis (VVZ) und der zwischenzeitlich durch die DONot möglichen elektronischen Führung von Anderkonten. Hierbei ist bemerkenswert, dass die NotAktVV über die Art und Weise der Führung entscheidet, die landesrechtliche Dienstordnung über das ob der Nutzung elektronischer Komponenten für die Führung.

56 Zum 1.7.2022 ist das **Elektronische Urkundenarchiv** bei der Bundesnotarkammer, in dem künftig alle notariellen Urkunden dauerhaft elektronisch archiviert werden in den Echtbetrieb gestartet.[136] Nach jahrelanger Abstimmung im Rahmen einer Bund-Länder-Arbeitsgruppe unter aktiver Beteiligung der Bundesnotarkammer[137] wurde der Aufbau des elektronischen Urkundenarchivs beschlossen. Anders als bei ZVR und ZTR geht es hier nicht nur um die Registrierung von Informationen über die Existenz einer Urkunde deren Auffindbarkeit, sondern um die Archivierung der Urkunden als solcher. Daneben sind auch die neuen notariellen Verzeichnisse (das an die Stelle der Urkundenrolle, dem Namensverzeichnis zur Urkundenrolle und dem Erbvertragsverzeichnis tretende **Urkundenverzeichnis** sowie das an die Stelle von Massen- und Verwahrungsbuch, Anderkontenliste und Namensverzeichnis zum Massenbuch tretende **Verwahrungsverzeichnis**) künftig ausschließlich elektronisch im elektronischen Urkundenarchiv zu führen. In Umsetzung der Vorgaben für Beurkundungsgesetz und Bundesnotarordnung wurde die **NotAktVV** verabschiedet, die eine neue Normenebene zwischen den Bundesgesetzen und der bislang bestehenden Dienstordnung einführt.[138]

57 Einzug von elektronischen Beurkundungsverfahren in den Alltag des ansonsten papiergebundenen Notariats brachte das sog. „Gesellschaftsrechtspaket" der Europäischen Union. Um die wirtschaftliche Aktivität in der Europäischen Union zu fördern, sollten Gesellschaften in allen Mitgliedstaaten nunmehr einfacher, schneller und kostengünstiger gegründet werden können. Die Richtlinie zum Einsatz digitaler Werkzeuge und Verfahren im Gesellschaftsrecht[139] schreibt dazu die Möglichkeit einer **Online-Gründung von Kapitalgesellschaften** sowie der **Online-Einreichung von Dokumenten zum Handelsregister** und der **Online-Registrierung von Zweigniederlassungen** in den Mitgliedstaaten vor. Ein persönliches Erscheinen vor einer staatlichen Stelle darf grundsätzlich nicht mehr verlangt werden.

58 Die Richtlinie ermöglicht es den Mitgliedstaaten aber, das **Online-Verfahren unter Mitwirkung des Notars** im gesamten Lebenszyklus des Unternehmens **sicher auszugestalten**. Gleichzeitig wird die Notwendigkeit der Sicherung der Qualität und Verlässlichkeit von erforderlichen **Nachweisdokumenten** anerkannt, die ggf. in Papierform vorzulegen sind. Die Mitgliedstaaten müssen zwar die Verwendung von **nationalen Mustern** für die Online-Gründung von Gesellschaften ermöglichen, dürfen aber auch hierfür die zwingende Mitwirkung des Notars verlangen. Art. 13c GesR-RL regelt ausdrücklich, dass die nationalen Rechtsvorschriften unberührt bleiben, „in deren Rahmen gemäß den Rechtsordnungen und -traditionen der Mitgliedstaaten Behörden oder Personen und Stellen benannt werden, die nach nationalem Recht mit der Bearbeitung von Aspekten der Online-Gründung von Gesellschaften (…) betraut sind"; Gleiches gilt für die „rechtlichen Verfahren und Anforderungen des nationalen Rechts" zur Erstel-

133 www.vorsorgeregister.de.
134 www.testamentsregister.de.
135 Vgl. Rundschreiben der Bundesnotarkammer 11/2022.
136 Zu den rechtlichen und technischen Grundlagen des Elektronischen Urkundenarchivs *Gaul*, DNotZ Sdh. 2016, 130 ff. und *Fischer*, DNotZ Sdh. 2016, 124 ff.
137 *Püls*, DNotZ 2021, 862.
138 Vgl. *Püls/Gerlach*, NotAktVV, 2020 sowie die Kommentierung im vorliegenden Werk.
139 Http://www.europarl.europa.eu/doceo/document/TA-8–2019–0428_DE.pdf?redirect. Vgl. hierzu auch *Bormann/Stelmaszczyk*, ZIP 2019, 353 ff.; *Teichmann*, ZIP 2018, 2451 ff.

lung des Errichtungsakts, sofern die Online-Gründung einer Gesellschaft möglich ist. Die Identifizierung der Beteiligten muss unter Verwendung von **elektronischen Identifizierungsmitteln** im Sinne der eIDAS-VO erfolgen, wobei diese auch mit einem **Videokonferenzverfahren mit dem Notar** kombiniert werden können.

Das Ergebnis der Verhandlungen zum Erlass der Richtlinie zeigt, dass die Europäische Kommission nunmehr die Einbindung von Notaren in den Gründungsprozess von Kapitalgesellschaften und in das Handelsregisterverfahren entsprechend der Tradition der meisten Mitgliedstaaten ausdrücklich anerkennt. Mit der Umsetzung der in der Richtlinie vorgegebenen Möglichkeiten wurde zunächst für die Gründung von Kapitalgesellschaften ein **vollständig online durchgeführtes Beurkundungsverfahren** eingeführt.[140] Das ergänzende DiREG[141] hat darüber hinaus den Anwendungsbereich der Online-Verfahren erweitert. Zum einen wurde Online-Beglaubigung auch für Anmeldungen zum Genossenschafts-, Partnerschafts- und Vereinsregister eröffnet. Zum 1.8.2023 ist die im DiRUG noch vorgesehene Beschränkung der Online-Gründung auf Bargründungen entfallen. Außerdem können ab diesem Zeitpunkt beurkundungsbedürftige satzungsändernde Gesellschafterbeschlüsse im Online-Verfahren mittels Videokommunikation beurkundet werden, sofern die Beschlüsse einstimmig gefasst werden. Mit weiteren Öffnungen des Anwendungsbereichs der Online-Beurkundung dürfte jedenfalls für den Bereich des Gesellschaftsrechts zu rechnen sein. 59

Im elektronischen Rechtsverkehr liegen Chancen, aber auch Risiken und Gefahren. Vor- und Nachteile liegen oft dicht nebeneinander. Als Vorteile werden Rationalisierung, Sicherheit, Schnelligkeit, Verfügbarkeit, Bürgernähe, Datenschutz und Schutz der Privatsphäre genannt,[142] gerade hier liegen aber auch die Gefahren.[143] Die Möglichkeit der Videokommunikation überwindet räumliche Distanz, ist der Kommunikation in Präsenz aber gerade bei kontrovers geführten Diskussionen oder bei unsicheren Beteiligten unterlegen. Insofern leuchtet es ein, dass der Gesetzgeber das notarielle Online-Verfahren vorerst noch als ungeeignet angesehen hat, um einen Mehrheitsbeschluss der GmbH-Gesellschafter zu beurkunden.[144] Gleichwohl ist unbestreitbar, dass die Bedeutung des elektronischen Rechtsverkehrs weiter zunehmen wird. Es geht schon lange nicht mehr darum, „ob" er das Beurkundungswesen verändert, sondern „wie" er dies tut. Den Wandel werden die Notare mitgestalten, indem sie agieren, nicht reagieren. Teilweise sind es alte Aufgaben im neuen Gewand, teilweise auch neue hinzukommende Aufgabenbereiche.[145] Die technischen Herausforderungen sind stets ambitioniert und müssen unter einer Vielzahl von Teilnehmern im digitalen Miteinander koordiniert werden. 60

III. Die öffentliche Urkunde: Auslauf- oder Zukunftsmodell?

Die soeben angesprochenen Punkte leiten zu einem weiteren Aspekt über. Es geht um die öffentliche Wahrnehmung des zentralen Gegenstands der notariellen Tätigkeit, nämlich der **öffentlichen Beurkundung** von Erklärungen und sonstigen Vorgängen. Betroffen ist dabei nicht so sehr das eigentliche Beurkundungsverfahren. Vielmehr wird die Bedeutung der notariellen Beurkundung für den Rechtsverkehr bisweilen insgesamt in Frage gestellt. 61

Dies geschieht rein faktisch dadurch, dass beurkundungspflichtige Rechtsgeschäfte vermehrt **im Ausland** geschlossen werden, weil die Beurkundung dort – insbesondere in der Schweiz[146] – geringere Kosten auslöst[147] und geringeren Formvorschriften unterliegt[148] oder gar gänzlich entbehrlich ist (zur Anerkennung ausländischer öffentlicher Urkunden siehe § 1 BeurkG Rdn 62 ff.). Durch solche Auslandsbeurkundungen können zwar zwei der zentralen Funktionen des Beurkundungsverfahrens, 62

140 Kritisch dazu *Kirchner*, DNotZ Sdh. 2016, 115 f.

141 Ges. zur Ergänzung der Regelungen zur Umsetzung der Digitalisierungsrichtlinie und zur Änderung weiterer Vorschriften v. 15.7.2022, BGBl I, 1146.

142 So *Püls*, DNotZ Sdh. 2002,168, 175.

143 Vgl. *Benisch*, DNotZ Sdh. 2002, 101, 104 f.

144 BT-Drucks 20/1672, S. 24; zustimmend *Heckschen/Knaier*, NZG 2022, 885, 891; *Stelmaszcyk/Strauß*, ZIP 2022, 1077, 1079; *Wicke*, GmbHR 2022, 516, 523.

145 *Püls*, DNotZ Sdh. 2002, 168, 200; vgl. zu weiteren aktuellen Entwicklungen auch *Kirchner*, DNotZ Sdh. 2016, 115 f.

146 Zur Reform des Schweizerischen Obligationenrechts im Jahr 2008 s. *Trendelenburg*, GmbHR 2008, 644.

147 *Binz/Mayer*, NJW 2002, 3054; *Reuter*, BB 1998, 116; vgl. Mitteilungen der BNotK in DNotZ 2002, 481, 487; *Böttcher*, FAZ v. 17.10.2006, S. 46; *Heinz*, Berliner Anwaltsblatt 2002, 85 ff.; *Feddersen/Preisler*, Immobilienzeitung 2008, 13.

148 *Sänger/Scheuch*, BB 2008, 65 ff.

die Prüfung des Rechtsgeschäfts und die Belehrung der Beteiligten (vgl. § 17 BeurkG Rdn 14 ff.), vielfach nicht erreicht werden. Entsprechendes gilt bei der Beurkundung von Versammlungsbeschlüssen, bei denen der deutsche Notar neben der Protokollierung weiteren Betreuungspflichten unterliegt (vgl. § 37 BeurkG Rdn 15 f.).[149] Wer die Beurkundung aber ohnehin nur als Formalie empfindet, wird sich hieran nicht stören. In der Literatur wird daher teils auch vehement für die **Abschaffung einzelner Formerfordernisse** plädiert.[150] Ein **Zuwachs an Formerfordernissen** wird dagegen derzeit kaum noch diskutiert. Vergeblich hatte sich die BNotK dafür eingesetzt, die Beurkundungsbedürftigkeit des Mietervorkaufsrechts nach § 577 BGB in das Bürgerliche Gesetzbuch aufzunehmen.[151] Erweiterte Beurkundungszuständigkeiten wurden allerdings 1994 im UmwG eingeführt; der Notar wird für den gesamten Bereich möglicher Umwandlungsmaßnahmen gebraucht.[152] Auch in anderen Bereichen wurden den deutschen Notaren immerhin neue Zuständigkeiten übertragen. Dies war beispielsweise der Fall bei Vermittlungsverfahren nach dem SachenRBerG – diese Aufgabenzuweisung erwies sich als eine einzige Erfolgsgeschichte der Justizentlastung. Seit Inkrafttreten des Transparenz- und Publizitätsgesetzes am 26.7.2002 ist der Notar gem. § 33 Abs. 3 AktG in bestimmten Fällen der Bargründung einer Aktiengesellschaft befugt, die externe Gründungsprüfung zu übernehmen.[153] Hinzuweisen ist auch auf die Erweiterung der Beurkundungspflichten aufgrund gem. § 1585c BGB. Das Ges. zur Übertragung von Aufgaben im Bereich der freiwilligen Gerichtsbarkeit auf Notare v. 26.6.2013[154] verwirklichte keine weit greifende Aufgabenverlagerung auf Notare, sondern beinhaltet vor dem Hintergrund der jahrelang diskutierten Optionen lediglich eine „kleine Lösung".[155] Zwar wurden in Art. 239 EGBGB die Ländern ermächtigt, für den Antrag auf Erteilung eines Erbscheins das Erfordernis der notariellen Beurkundung vorzusehen und die Versicherung an Eides statt nach § 2356 Abs. 2 S. 1 BGB entsprechend auf den Notar zu konzentrieren („Länderöffnungsklausel"). Von dieser Möglichkeit, die dem Notar auch auf dem Gebiet des Nachlassrechts eine verbindliche Filterfunktion zuweisen würde, wurde jedoch bislang keinen Gebrauch gemacht. Die bundesweit greifenden Regelungen beschränken sich auf die Einführung der notariellen Vertretungsbescheinigung über rechtgeschäftlich begründete Vertretungsmacht (§ 21 Abs. 3 BNotO), die Aufnahme von Nachlassverzeichnissen und Nachlassinventaren, die Vermittlung von Nachlass- und Gesamtgutsauseinandersetzungen nach dem FamFG, die durch Notare vermittelte Grundbucheinsicht sowie im Zivilprozessrecht die Erteilung weiterer vollstreckbarer Ausfertigungen vollstreckbarer Urkunden.

63 Wie kaum ein anderer Weg kann die notarielle Beurkundung dazu beitragen, in Ungleichgewichtslagen den unterlegenen Beteiligten zu schützen. Die Durchsetzung und Wahrung des Schutzes der Schwachen im Privatrecht ist eine Kernaufgabe notarieller Tätigkeit.[156] Die Aussage, der **Notar sei ein geborener Verbraucherschützer,** ist so sicherlich zu apodiktisch; sie enthält jedoch einen wichtigen und zutreffenden Kerngehalt.[157] Die in jüngerer Zeit aufgrund europäischer Vorgaben in das Zivilrecht aufgenommenen Verbraucherschutzbestimmungen verwirklichen ihr Ziel allerdings nicht durch die Einführung von Beurkundungserfordernissen, sondern durch Widerrufsrechte.[158] Der anglo-amerikanische Einfluss ist unverkennbar. Wenngleich dies natürlich auch den praktischen Erfordernissen des Massenverkehrs geschuldet ist, kann es dennoch als symptomatisch dafür gelten, dass nach einer verbreiteten Wahrnehmung, zumal im europäischen Kontext, die Nachteile der notariellen Beurkundung (Kosten, Zeitverzögerung etc.) die unbestreitbaren Vorteile[159] überwiegen.[160] Eine sachliche Einschätzung setzt voraus, dass ohne Idealisierung und Standespathos die **Bedeutung der Beurkundung** sowie **Inhalt und Grenzen** des Beurkundungsverfahrens verdeutlicht werden. Hier möchte die vorliegende Kommentierung einen Beitrag leisten.

149 Dies ausblendend lässt der BGH den ausländischen Hauptversammlungsort einer „deutschen" SE ohne weiteres zu: BGH v. 21.10.2014 – II ZR 330/13, DNotZ 2015, 207, 209 ff Rn 13 ff.
150 S. namentlich *Heidenhain*, ZIP 2001, 721 ff.; *ders.*, ZIP 2001, 2113 ff.; dagegen *Kanzleiter*, ZIP 2001, 2105 ff.
151 Vgl. dazu BGH v. 7.6.2000 – VIII ZR 268/98, DNotZ 2000, 764 ff. mit Anm. *Rieger*; Mitteilungen der BNotK in DNotZ 2002, 481, 494.
152 Vgl. *Priester*, DNotZ 2001 Sdh., 52, 55 f.
153 Vgl. dazu *Heckschen*, NotBZ 2002, 429 ff.
154 BGBl I, 1800.
155 Vgl. hierzu *Preuß*, DNotZ 2013, 740 f.
156 *Krafka*, DNotZ 2002, 677, 693.
157 S. *Schöttler*, S. 25 ff., auch zur Rechtslage im Bereich des Common Law und im nordischen Rechtskreis.
158 S. *W. Baumann*, MittRhNotK 2000, 1, 6.
159 S. nur *Jerschke*, ZNotP 2001, 89, 90 ff.; *Schwachtgen*, DNotZ 1999, 268, 268 ff.
160 Vgl. *W. Baumann*, MittRhNotK 2000, 1, 6.

Nach wie vor gilt: Zu selten wird darauf hingewiesen, dass das unabhängige Notariat ein **volkswirtschaftlich kostengünstiges System** darstellt. Eine amerikanische Studie hatte 1990 die Kosten der Rechtspflege in verschiedenen Ländern miteinander verglichen. Sie lagen in Staaten mit Notariat bei 0,4 bis 0,8 % des Bruttosozialprodukts, in den Vereinigten Staaten dagegen bei 2,6 %.[161] Eine aktuelle Länderübersicht erweist, dass im weltweiten Vergleich die durch Notariat (1,2–1,5 % des Geschäftswerts) und Register (0,8–1,2 %) entstehenden Kosten von Immobilientransaktionen in Deutschland gegenüber entsprechenden Kosten in anderen Staaten niedrig sind.[162] Zugleich gewährleistet das Beurkundungs- und Registerwesen in Deutschland eine sehr hohe „Transaktionssicherheit". Dieser Maßstab wird außerdem im Bereich der gelungenen Umsetzung der Digitalisierung in den Feldern der vorsorgenden Rechtspflege gehalten, was ebenfalls als Ausdruck für die Zukunftsfähigkeit gewertet werden kann. Zuletzt sollte nicht außer Acht gelassen bleiben, dass die Notartätigkeit häufig mit der Beurkundung nicht endet, sondern sich an die Beurkundung der bedeutsame Tätigkeitsbereich der Vollzugstätigkeiten anschließt, was für die Beteiligten eine wesentliche Erleichterung bedeutet. Mit dem elektronischen Notar-Verwaltungs-Austausch (zu eNoVA vgl. oben Rdn 47, 49) wird dabei eine Reduzierung des Verwaltungsaufwands (insbesondere durch Übermittlung strukturierter Daten) sowie insgesamt eine Vereinfachung und Beschleunigung des Ablaufs einhergehen.[163] Als **Instrument des Bürokratieabbaus** und damit der Entlastung der Bürgerinnen und Bürger dient ebenfalls der Einsatz des Notars als zentrale Ansprechperson für Unternehmensgründer. Eine entsprechende, an die Beurkundungs- oder Beglaubigungstätigkeit anknüpfende Annexkompetenz ist Gegenstand des durch das Vierte Bürokratieentlastungsgesetz[164] eingefügten § 24 Abs. 1 S. 2 BNotO, der klarstellend die Befugnis des Notars regelt, die mit der Unternehmensgründung verbundenen Mitteilungen für die verpflichteten Gründer vorzunehmen und erforderliche Anträge zu stellen.[165] Auch solche Annexkompetenzen dürften die Zukunftsfähigkeit des Notariats untermauern. 64

161 Dargestellt bei *Schwachtgen*, DNotZ 1999, 268, 270 f.

162 Siehe https://www.globalpropertyguide.com/transaction-costs (Abruf am 23.4.2026).

163 Vgl. RegE eines Gesetzes zur Digitalisierung von Immobilienverträgen, der gerichtlichen Genehmigungen von notariellen Rechtsgeschäften und der steuerlichen Anzeigen der Notare, BT-Drucks 21/3735.

164 G. v. vom 23.10.2024, BGBl I Nr. 323.

165 BT-Drucks 20/11306, S. 99.

I. Beurkundungsgesetz (BeurkG)

Vom 28. August 1969, BGBl I, 1513, BGBl III 303-13

zuletzt geändert durch Art. 3 Gesetz zur Einführung einer elektronischen Präsenzbeurkundung vom 10.12.2025, BGBl 2025 I Nr. 320

Abschnitt 1: Allgemeine Vorschriften

§ 1 Geltungsbereich

(1) Dieses Gesetz gilt für öffentliche Beurkundungen und Verwahrungen durch den Notar.

(2) Soweit für öffentliche Beurkundungen neben dem Notar auch andere Urkundspersonen oder sonstige Stellen zuständig sind, gelten die Vorschriften dieses Gesetzes, ausgenommen § 5 Abs. 2 und des Abschnitts 5, entsprechend.

Literatur *1. Zu § 1 BeurkG: Baumann*, Das Amt des Notars – Seine öffentlichen und sozialen Funktionen, MittRhNot 1996, 1; *Becker*, Neues zur Beglaubigung von Unterschriften auf Vorsorgevollmachten durch die Betreuungsbehörde, MittBayNot 2021, 549; *Böhringer*, Beglaubigungsbefugnisse von anderen Personen/Stellen als Notaren in Grundbuchsachen, NotBZ 2019, 241; *Dieterle*, Die Vertretungsbescheinigung gem. § 21 BNotO, BWNotZ 1990, 33; *Gaier*, Notarberuf und Berufsfreiheit, ZNotP 2006, 402; *Gonella*, Die notarielle Urkunde als Instrument der Gerechtigkeit, der Rechtssicherheit und des Rechtsfriedens, DNotZ 1956, 453; *Limmer*, Notarielle Bescheinigungen und Bestätigungen, ZNotP 2002, 261 f.; *Reithmann*, Zur notariellen Eigenurkunde, DNotZ 1983, 438; *Römer*, Notariatsverfassung, 1963, *Scholz*, Vorsorgende Rechtspflege im grundgesetzlichen Rechtsstaat, DNotZ 2007 (Sonderheft), 26; *Vaasen/Starke*, Zur Reform des notariellen Berufsrechts, DNotZ 1998, 661 ff.; *Weber*. Rechtseinheit im Beurkundungswesen, DRiZ 1970, 45 f.; *Winkler*, Die Zuständigkeit der Amtsgerichte zu Beurkundungen, Rpfleger 1971, 344. *2. Zu* Rdn 7 ff.: *zur Entstehungsgeschichte und Entwicklung des BeurkG* Darstellung der Entstehungsgeschichte: *Weber*, Rechtseinheit im Beurkundungswesen, DRiZ 1970, 45; *Haegele*, Beurkundungsgesetz, Rpfleger 1969, 365; grundlegend nunmehr *Scharfenberg*, Die Entstehungsgeschichte des Beurkundungsgesetzes vom 28.8.1969, 2003; zum Entwurf: *Mattern*, Über den Entwurf eines Beurkundungsgesetzes, Rpfleger 1969, 37; *Mecke*, Der Entwurf eines Beurkundungsgesetzes, DNotZ 1968, 584; zur Entstehungsgeschichte von RNotO und BNotO: Schippel/Eschwey, Überblick vor § 1 BNotO; *Schüler*, Die Entstehungsgeschichte der Bundesnotarordnung vom 24.2.1961, Frankfurt a.M. 2000, S. 31 ff.; siehe auch *Schmoeckel/Schubert* (Hrsg.), Handbuch zur Geschichte des deutschen Notariats seit der Reichsnotarordnung von 1512, 2012; zur Berufsrechtsnovelle 1998: *Frenz* (Hrsg.), Neues Berufs- und Verfahrensrecht für Notare, 1999. *3. Zu* Rdn 42 ff.: *zu Urkunden ausländischer Beurkundungspersonen* Beck'sches Notarhandbuch/*Zimmermann* (Checkliste sub G); *Stauch*, Die Geltung ausländischer notarieller Urkunden in der Bundesrepublik Deutschland, 1983. Eine umfangreiche Vorschriftensammlung findet sich unter: http://www.datenbanken.justiz.nrw.de/pls/jmi/ir_lan_bestand?v_lan=zusatz_internationaler_urkundenverkehr&v_show=n.

A. Allgemeines

1 Das BeurkG enthält die **Verfahrensvorschriften** für die öffentliche Beurkundung sowie für die notarielle Verwahrung. Bei den Vorschriften zum Beurkundungsverfahren handelt es sich z.T. um **zwingende Regelungen**, deren Nichteinhaltung zur Unwirksamkeit der Beurkundung führt (z.B. §§ 6, 7 BeurkG). Daneben hat der Notar eine Reihe von **Soll-Vorschriften** zu beachten (z.B. §§ 3, 4 BeurkG). Verletzt er eine solche Vorschrift, verstößt er damit gegen seine Amtspflicht und kann dienstrechtlich belangt werden. Die Wirksamkeit des Beurkundungsaktes wird jedoch nicht berührt. Die das Beurkundungsverfahren betreffenden Regelungen gelten unmittelbar für die öffentliche **Beurkundung durch Notare** (Abs. 1) und mittelbar für **Beurkundungsakte durch andere Urkundspersonen,** soweit sie kraft besonderer gesetzlicher Regelung neben dem Notar funktionell zuständig sind und damit originär notarielle Aufgaben wahrnehmen (Abs. 2). Daneben finden sich in anderen Gesetzen Einzelverweisungen auf Vorschriften des BeurkG (z.B. § 10 Abs. 3 KonsG, §§ 2249 Abs. 1 S. 4, 2250 Abs. 3 S. 2 BGB).

I. Verfahrensrecht und organisationsrechtliche Zuständigkeiten

2 Staatliche Zivilrechtspflege erfolgt in der Form von Zivilverfahren. Dabei werden innerhalb der Zivilverfahren traditionell die Verfahrensgruppen Zivilprozess (Erkenntnisverfahren, vorläufiger Rechtsschutz), Zwangsvollstreckung (einschließlich der Sonderform des Insolvenzverfahrens) sowie Freiwillige Gerichtsbarkeit unterschieden. Zu den klassischen Bereichen der Freiwilligen Gerichtsbarkeit gehört auch das **Beurkundungsverfahren,** das § 1 BNotO als **Verfahren der vorsorgenden Rechtspflege** definiert.[1]

3 Vom Verfahrensrecht muss das Organisationsrecht unterschieden werden. Das gilt für das Beurkundungsverfahren nicht anders als für die Verfahren der ZPO. Dass diese Trennung auch in unterschiedlichen Gesetzen Niederschlag findet, ist freilich erst mit der separaten Regelung des Beurkundungsverfahrens im BeurkG vollzogen worden (zur historischen Entwicklung vgl. Rdn 7 ff.). Wer im Rahmen der Justizorganisation für die Beurkundung sachlich zuständig ist, kann nicht dem Verfahrensrecht entnommen werden, sondern ist eine Frage der Justizverfassung. § 1 BeurkG stellt i.d.S. **keine Zuständigkeitsnorm** dar, sondern setzt die Zuständigkeit des Notars für die Durchführung eines Beurkundungsverfahrens voraus (siehe Einl. Rdn 7).[2] Das BeurkG hat die Beurkundungszuständigkeit anderer Stellen auf dem Gebiet der vorsorgenden Rechtspflege sowohl auf Bundes- als auch auf Landesebene im Wesentlichen beseitigt. Solche **Doppelzuständigkeiten** bestehen lediglich in dem Umfang, in dem das BeurkG sie anordnet oder ausdrücklich zulässt.

1 Zum Begriff der vorsorgenden Rechtspflege als Teil der staatlichen Rechtspflege vgl. *Baumann*, MittRhNot 1996, 1, 3; *Gaier*, ZNotP 2006, 402; *Gonella*, DNotZ 1956, 453, 455; *Römer*, Notariatsverfassung, S. 12; *Preuß*, DNotZ 2008, 258, 261 f.; *Scholz*, Sonderheft DNotZ 2007, 26 ff.; Schippel/*Eschwey*, § 1 BNotO Rn 8; Frenz/Miermeister/*Frenz*, § 1 BNotO Rn 11; Diehn/*Baumann*, § 1 BNotO Rn 13 ff.

2 Frenz/Miermeister/*Limmer*, § 1 BeurkG Rn 1; Soergel/*Mayer*, § 1 BeurkG Rn 1; *Winkler*, § 1 Rn 1.

Das Justizverfassungsrecht ordnet die Beurkundung als Prototyp der vorsorgenden Rechtspflege originär dem **Aufgabenbereich des Notars** zu. Dabei setzt das BeurkG die Existenz von Notaren und eines Notariatsamtsrechts voraus. Nach § 1 BNotO ist der Notar der **unabhängige Träger eines öffentlichen Amtes**. Zur Wahrnehmung ihrer Aufgaben ist den Notaren die Notarbefugnis verliehen. 4

Die Einräumung der Notarbefugnis, verstanden als Amtsgewalt des Notars, ist Voraussetzung für die Erfüllung der notariellen Rechtspflegetätigkeit und damit ein wesentliches Merkmal des Notaramtes.[3] Als Träger der Notarbefugnis handelt der Notar bei allen Notartätigkeiten, d.h. bei allen Tätigkeiten, für die er als Notar zuständig ist, amtlich.[4] Es kann und darf deshalb nicht zwischen amtlicher und privatrechtlicher Tätigkeit des Notars, sondern nur zwischen Notartätigkeit und anderer Tätigkeit (etwa Anwaltstätigkeit, vgl. § 24 Abs. 2 BNotO), unterschieden werden. Besteht zwischen dem Notar und den Beteiligten mithin ausschließlich eine öffentlich-rechtliche Rechtsbeziehung; kann sie nicht – wie beim Anwalt – Gegenstand eines privatrechtlichen Geschäftsbesorgungsvertrages sein. Der Notar haftet daher auch in diesem Tätigkeitsbereich nicht nach Vertragsrecht, sondern ausschließlich nach Amtshaftungsgrundsätzen.[5]

Die zentrale Zuweisung der Urkundstätigkeit zum Aufgabenbereich des Notars findet sich in den §§ 1, 20–24 BNotO. Die BNotO differenziert zwischen den in den §§ 20–22 BeurkG näher spezifizierten „Urkundstätigkeiten" (§ 10a Abs. 2 BNotO) und den sonstigen Betreuungstätigkeiten auf dem Gebiet der vorsorgenden Rechtspflege, zu denen auch die notarielle Verwahrung zählt. Die Unterscheidung dient dem Zweck, mit der **„Urkundstätigkeit"** den Kernbereich notarieller Amtstätigkeit zu bestimmen, der von der **„Urkundsgewährungspflicht"** (§ 15 Abs. 1 S. 1 BNotO) erfasst wird und für den das Haftungsprivileg des § 19 Abs. 1 S. 2 BNotO gilt.[6] Weder der Begriff der „Urkundstätigkeit" noch der Begriff der Beurkundung, wie er in der Aufzählung des § 20 Abs. 1 BNotO verwendet wird, deckt sich jedoch exakt mit dem verfahrensrechtlichen Begriff der Beurkundung. Umgekehrt erfasst der in den §§ 20–22 BNotO niedergelegte Katalog der „Urkundstätigkeiten" auch Amtstätigkeiten des Notars, für die sich keine Verfahrensvorschriften im BeurkG finden (z.B. § 20 Abs. 5 BNotO). 5

Auf dem Gebiet des **Vollstreckungsrechts** sind den Notaren auch einige originär richterliche Aufgaben zugewiesen. Die Erteilung vollstreckbarer Ausfertigungen notarieller Urkunden wird nicht von der Zuständigkeitszuweisung des § 1 BNotO erfasst, sondern stellt eine Maßnahme des Zivilprozessrechts dar.[7] Hierfür gelten deshalb die Vorschriften der ZPO (§ 52 BeurkG, §§ 724 ff., 797 ZPO), wobei allerdings auch Berücksichtigung findet, dass es sich bei der vollstreckbaren Urkunde um einen in einem Verfahren der Freiwilligen Gerichtsbarkeit entstandenen Titel handelt (vgl. § 52 BeurkG Rdn 1 f.). Richterliche, lediglich auf den Notar verlagerte Aufgaben sind auch die Vollstreckbarerklärungen für Schiedssprüche mit vereinbartem Wortlaut nach § 1053 Abs. 4 ZPO und für Anwaltsvergleiche nach § 796c ZPO (dazu siehe § 52 BeurkG Rdn 99 ff.).[8] Die Erledigung erfolgt ebenfalls nach Maßgabe der einschlägigen Vorschriften der ZPO und nicht des BeurkG.[9] 6

II. Entstehungsgeschichte und Entwicklung des BeurkG

Die **Gesetzgebungsgeschichte des BeurkG** beginnt im Jahr 1955. Auf dem 41. Deutschen Juristentag (Berlin, September 1955) gab der damalige Bundesjustizminister Neumayer die Bildung einer Kommission zur Vorbereitung einer **Reform der Zivilgerichtsbarkeit** bekannt.[10] Diese Kommission legte 1961 ihren Bericht vor. Darin empfahl sie u.a. die Kodifikation des Beurkundungsrechts. Sie wies ferner zutreffend darauf hin, dass es im Sinne einer zweckmäßigen Verteilung der Rechtspflegeaufgaben liege, wenn das Beurkundungswesen grundsätzlich auf das spezielle Urkundsamt, nämlich das Notariat, über- 7

3 Vgl. *Bohrer*, Berufsrecht der Notare, Rn 9; Diehn/*Bormann*, § 1 BNotO Rn 26; Frenz/Miermeister/*Frenz*, § 1 BNotO Rn 27.

4 *Baumann*, MittRhNotK 1996, 1, 3; Frenz/Miermeister/*Frenz*, § 1 BNotO Rn 18 ff.; vgl. auch Arndt/Lerch/Sandkühler/*Sandkühler*, § 20 Rn 16.

5 Vgl. BGHZ 87, 156, 163; BGH DNotZ 1990, 661, 662; BGH NJW 1993, 2317, 1994, 1403; BGH NJW 1998, 2134 f.; Arndt/Lerch/Sandkühler/*Sandkühler*, § 24 Rn 3.

6 Vgl. *Bohrer*, Rn 57.

7 Vgl. *Bohrer*, Rn 86; *Reithmann*, Allgemeines Urkundenrecht, S. 25; *Wolfsteiner*, Die vollstreckbare Urkunde, 4. Aufl. 2019, Rn 33.5 f.; a.A. LG Hildesheim NJW 1962, 1256 f.

8 *Bohrer*, Rn 86; *Geimer*, DNotZ 1991, 266, 271; Arndt/Lerch/Sandkühler/*Sandkühler*, § 24 Rn 9.

9 *Geimer*, DNotZ 1991, 266, 271; *Zimmer*, NotBZ 2000, 175.

10 Siehe hierzu: *Scharfenberg*, S. 128 ff.

tragen werde.[11] Das war keine Selbstverständlichkeit. Erst die **Reichsnotarordnung** vom 13.2.1937[12] hatte in ihrem § 22 BeurkG den Vorbehalt des Art. 141 EGBGB eingeschränkt, so dass es der Landesgesetzgebung nicht mehr freistand, die alleinige Zuständigkeit der Gerichte in Beurkundungsangelegenheiten anzuordnen, sondern nur noch umgekehrt die alleinige Zuständigkeit der Notare.[13]

8 Bevor die Ergebnisse der Kommission verwertet wurden, trat die Neufassung der BNotO in Kraft, in der zunächst auch die Prüfungs- und Belehrungspflichten des Notars, die vorher lediglich in der Dienstordnung enthalten waren, gesetzlich geregelt wurden. Der Entwurf zum BeurkG stammt von einer durch den Bundesjustizminister im Jahr 1964 eingesetzten Kommission für das Recht der Freiwilligen Gerichtsbarkeit.[14] Die Formulierung des Gesetzes wurde auf der Grundlage eines von Helmut Schippel ausgearbeiteten Entwurfs in der Formulierungskommission für das Sachgebiet „Beurkundungsverfahren" beraten und erarbeitet.[15] Der überarbeitete Entwurf ging in die abschließende Beratung der Hauptkommission ein. Der geänderte Kommissionsentwurf von 1967[16] wurde nach Erörterungen mit den Landesjustizverwaltungen, der BNotK und verschiedenen Bundesministerien von der Bundesregierung am 11.6.1968 verabschiedet, dem Bundesrat zugeleitet und von diesem als BR-Drucks 297/68 veröffentlicht. Am 25.9.1968 wurde der Entwurf in den Bundestag eingebracht, nach Anrufung des Vermittlungsausschusses am 28.8.1969 beschlossen und unter diesem Datum am 3.9.1969 verkündet.[17] Das BeurkG trat am 1.1.1970 in Kraft. In den neuen Bundesländern gilt das BeurkG seit dem 3.10.1990 (vgl. Art. 8 des Einigungsvertrages vom 31.8.1990[18]).[19]

9 Nach den eher marginalen Änderungen durch das Gesetz zur Änderung des RPflG, des BeurkG und zur Umwandlung des Offenbarungseids in eine eidesstattliche Versicherung vom 27.6.1970[20] wurde durch das Gesetz zur Änderung und Ergänzung beurkundungsrechtlicher Vorschriften vom 20.2.1980[21] der bedeutende Problemkreis der beurkundungsrechtlichen Behandlung einer Bezugnahme auf notarielle Urkunden, öffentliche Karten oder Zeichnungen neu geregelt.[22] Die erste grundlegendere Überarbeitung hat das BeurkG durch das Dritte Gesetz zur Änderung der BNotO und anderer Gesetze vom 31.8.1998[23] erfahren. Neben der Änderung der §§ 1, 3, 14, 17, 34 und 45 BeurkG wurden § 44a BeurkG sowie die §§ 54a–e BeurkG (Verwahrung) neu eingefügt.[24] Das Gesetz zur Änderung des Rechts der Vertretung durch Rechtsanwälte vor den Oberlandesgerichten vom 23.7.2002[25] brachte mit Wirkung ab 1.8.2002 die Ergänzung des § 17 Abs. 2a BeurkG um die Sätze 2 und 3 (hierzu siehe § 17 BeurkG Rdn 158 ff.). Im Zusammenhang mit der Einführung des Zentralen Vorsorgeregisters (§ 78a BNotO) durch das Gesetz zur Änderung der Vorschriften über die Anfechtung der Vaterschaft und das Umgangsrecht von Bezugspersonen des Kindes, zur Registrierung und zur Einführung von Vordrucken für die Vergütung von Berufsbetreuern vom 23.4.2004[26] wurde die Hinweispflicht nach § 20a BeurkG in das Verfahrensrecht aufgenommen. Mit dem Gesetz über die Verwendung elektronischer Kommunikationsformen in der Justiz (JKomG) vom 22.3.2005[27] erfolgten die Einfügung der § 39a und § 42 Abs. 4 BeurkG sowie Änderungen der §§ 19 und 64 S. 2 BeurkG. Durch das Gesetz zur Reform des Personenstandsrechts vom 19.2.2007[28] wurde § 34 BeurkG geändert, § 34a BeurkG eingeführt und § 58 BeurkG redaktionell angepasst. Mit dem Gesetz zur Neuregelung des Rechtsberatungsgesetzes vom 12.12.2007[29] wurde § 3 Abs. 1 S. 1 Nr. 7 BeurkG geändert.

10 Das FGG-Reformgesetz vom 17.12.2008[30] führte vordergründig lediglich zu einer redaktionellen Änderung des § 54 BeurkG, indem an die Stelle des Verweises auf das FGG-Beschwerdeverfahren der Verweis auf das FamFG-Beschwerdeverfahren getreten ist. Wegen der grundlegenden Änderung des Beschwer-

11 Vgl. *Huhn/von Schuckmann*, 3. Aufl. Einl. Rn 9, 30; zur Erörterung der Problematik innerhalb des Reformprozesses siehe *Scharfenberg*, S. 285 ff., 376.
12 RGBl I 1937, 191.
13 Zum Rechtszustand vor der Kodifizierung des Notarrechts durch die RNotO siehe *Scharfenberg*, S. 34 ff.
14 Siehe hierzu *Scharfenberg*, S. 142 ff.
15 *Scharfenberg*, S. 148 ff.
16 Hierzu *Scharfenberg*, S. 184 ff.
17 BGBl I 1969, 1513.
18 BGBl II 1990, 889.
19 Vgl. hierzu *Huhn/von Schuckmann*, 3. Aufl., Einl. Rn 17 ff.
20 BGBl I 1970, 911.
21 BGBl I 1980, 157.
22 Siehe hierzu im Einzelnen: *Brambring*, DNotZ 1980, 281 ff.; *Dietlein*, DNotZ 1980, 195 ff.
23 BGBl I 1998, 2582.
24 *Vaasen/Starke*, DNotZ 1998, 661, 669 ff.; Frenz/*Winkler*, Rn 206 ff.
25 BGBl I 2002, 2850.
26 BGBl I 2004, 598.
27 BGBl I 2005, 837.
28 BGBl I 2007, 122.
29 BGBl I 2007, 2840.
30 BGBl I 2008, 2586.

derechts in der freiwilligen Gerichtsbarkeit handelt es sich um eine durchaus weitreichende Änderung. Aufgrund des Gesetzes zur Änderung der Bundesnotarordnung und anderer Gesetze vom 15.7.2009[31] sollten zum 1.1.2018 § 61 Abs. 4 BeurkG a.F. und § 64 BeurkG entfallen, die bspw. die Grundlage für die eingeschränkte Beurkundungskompetenz der Ratschreiber nach baden-württembergischem Landesrecht boten.[32] Infolge der neuen Nummerierung der Vorschriften, die durch das Gesetz zur Neuordnung der Aufbewahrung von Notariatsunterlagen und zur Einrichtung des Elektronischen Urkundenarchivs vom 1.6.2016 angeordnet wurden (siehe Rdn 11), waren diese Änderungen nicht mehr durchführbar und wurden deshalb letztendlich durch das genannte Gesetz vom 1.6.2016 noch einmal unter der angepassten Nummerierung neu angeordnet.[33] Hintergrund des Wegfalls ist die Reform des Notariats in Baden-Württemberg mit der Strukturreform der Grundbuchämter, die die auf die frühere Rechtslage in Baden-Württemberg zugeschnittenen beurkundungsrechtlichen Sonderregeln obsolet machte. Eine Folgeänderung durch Gesetz vom 23.11.2015,[34] die den früheren § 54b BeurkG a.F. betraf, findet sich nun in § 58 Abs. 3 S. 3 BeurkG. Die zum 1.1.2012 erfolgte Einführung des Zentralen Testamentsregisters (ZTR) bei der BNotK durch das Gesetz vom 22.12.2010[35] hat zu Folgeänderungen der §§ 20a, 34a BeurkG geführt. Die dem Verbraucherschutz dienende Vorschrift des § 17 Abs. 2a BeurkG wurde durch Gesetz vom 15.7.2013[36] neu gefasst, die sog. Übermittlungspflicht konkretisiert und auf den beurkundenden Notar (oder einen mit diesem zur gemeinsamen Berufsausübung verbundenen Notar) konzentriert. § 56 Abs. 3 BeurkG a.F. mit dem Verweis auf § 2353 BGB a.F. in Satz 2 wurde durch Gesetz vom 29.6.2015[37] aufgehoben, weil sich mit der ausschließlichen Regelung des Erbscheinsverfahrens im FamFG und der Streichung des § 2353 BGB der Verweis erledigt hatte (vgl. Rdn 28). Auch die Änderungsbefehle in § 56 Abs. 3 S. 1 BeurkG hatten sich mittlerweile erledigt.[38]

Verschiedene Änderungen, die sukzessive vollzogen wurden, erfolgten durch das Gesetz zur Neuordnung der Aufbewahrung von Notariatsunterlagen und zur Einrichtung des Elektronischen Urkundenarchivs vom 1.6.2016.[39] Die Vorschriften über die Verwahrung der Urkunden wurden in den fünften Abschnitt des BeurkG eingefügt; Konsequenz dieses Einschubs ist eine Verschiebung der Vorschriften über die notarielle Verwahrung sowie der Schlussvorschriften verbunden mit einer Neuzählung der Paragraphen. Die ersten Änderungen betrafen bspw. die Identitätsfeststellung (§ 10 BeurkG) sowie die Erstellung einfacher elektronischer Zeugnisse (§ 39a BeurkG). Zum 1.1.2022 traten die Neuregelungen in Kraft, die der Umsetzung des elektronischen Urkundenarchivs dienen. Hierzu gehört etwa auch die Einführung der „elektronischen Fassung der Urschrift“. 11

Mit Inkrafttreten der eIDAS-Verordnung (VO [EU] Nr. 910/2014) waren die Regelungen anzupassen, die mit einer qualifizierten elektronischen Signatur versehene Dokumente betreffen. § 42 BeurkG wurde dementsprechend mit Gesetz vom 18.7.2017[40] geändert. Eine Folgeänderung des Gesetzes zur Einführung des Rechts auf Eheschließung für Personen gleichen Geschlechts findet sich in § 3 Abs. 1 Nr. 2a BeurkG; der Zusatz „im Sinne des Lebenspartnerschaftsgesetzes“ wurde mit Gesetz vom 18.12.2018[41] gestrichen. Hervorzuheben ist schließlich die Reform durch das Gesetz zur Umsetzung der Digitalisierungsrichtlinie vom 5.7.2021,[42] die insbesondere zur Einführung der Vorschriften über die Beurkundung mittels Videokommunikation (§§ 16a ff. BeurkG) für bestimmte gesellschaftsrechtliche Vorgänge geführt hat.

B. Geltung des BeurkG für Notare

I. Notare

„Notar“ i.S.d. Abs. 1 ist nicht der Amtsinhaber im statusrechtlichen Sinne (hauptamtlicher Notar oder Anwaltsnotar), sondern die Rechtspflegeeinrichtung, die durch einen Amtsträger verkörpert wird.[43] 12

31 BGBl I 2009, 1798.
32 Vgl. BT-Drucks 16/8696, 13.
33 Vgl. BT-Drucks 18/10607, 92.
34 BGBl I 2015, 2090.
35 BGBl I 2010, 2255.
36 BGBl I 2013, 2378.
37 BGBl I 2015, 1042.
38 Vgl. BT-Drucks 18/4201, 57.
39 BGBl I 2016, 1396.
40 BGBl I 2017, 2745.
41 BGBl I 2018, 2639.
42 BGBl I 2021, 3338.
43 Vgl. hierzu *Preuß*, Zivilrechtspflege durch externe Funktionsträger, S. 70 f.

Gemeint sind deshalb auch die im Zuständigkeitsbereich des Notars kraft des ihnen verliehenen Amtes tätigen **Notariatsverwalter** (§ 56 BNotO) und **Notarvertreter** (§§ 39 ff. BNotO).

II. Öffentliche Beurkundung

13 Die Verfahrensvorschriften des BeurkG regeln mit dem Beurkundungs- und dem Verwahrungsverfahren einen wesentlichen Ausschnitt der notariellen Amtstätigkeiten. Das Beurkundungsverfahren ist ein Verfahren der Freiwilligen Gerichtsbarkeit, das auf die **Errichtung einer Zeugnisurkunde** durch die Urkundsperson gerichtet ist.[44] Die Urkundsperson bezeugt die eigene amtliche Wahrnehmung bestimmter äußerer Vorgänge.[45] Nach dem Gegenstand der Wahrnehmung unterscheidet das BeurkG verschiedene **Beurkundungsgegenstände**, für die z.T. unterschiedliche Verfahrensregeln einzuhalten sind. Es handelt sich hierbei um die Beurkundung von Willenserklärungen (§§ 8 ff. BeurkG), von Eiden und eidesstattlichen Versicherungen (§ 38 BeurkG) sowie von anderen Erklärungen, Vorgängen oder Tatsachen (§ 36 BeurkG). Eine Sonderstellung nimmt die Beurkundung mittels Videokommunikation (§§ 16a ff. BeurkG) ein, die nur für bestimmte gesellschaftsrechtliche Vorgänge eröffnet ist.

1. Definition der öffentlichen Urkunde

14 Aufgrund der ihr zukommenden Beweisfunktion ist die **Legaldefinition** der öffentlichen Urkunde im Beweisrecht der Zivilprozessordnung in § 415 Abs. 1 ZPO geregelt, wobei dieser Definition über das Zivilprozessrecht hinaus Bedeutung zukommt.[46] Urkunde i.S.d. Zivilprozessordnung ist jede schriftlich verkörperte Gedankenerklärung.[47] Elektronisch signierte elektronische Dokumente sind in der Systematik der Zivilprozessordnung Augenscheinsobjekte, für die jedoch die Regeln über den Urkundenbeweis entsprechende Anwendung finden (§ 371a ZPO).[48] Im Kontext des Augenscheinsbeweises ist ebenso die „gescannte öffentliche Urkunde" geregelt, der nach Maßgabe des § 371b ZPO die Beweiskraft der öffentlichen Urkunde zugewiesen wird. Gegenstand der Norm ist das elektronische Dokument, in das die öffentliche Urkunde regelgerecht übertragen und das mit einem entsprechenden Transfervermerk versehen wurde.

Nach § 415 Abs. 1 ZPO sind drei Elemente für die Einordnung eines Schriftstücks als **öffentliche Urkunde** erforderlich:

1. Die spezifische öffentliche Qualifikation des Ausstellers (Behörde oder mit öffentlichem Glauben versehene Urkundsperson).
2. Das Tätigwerden der Urkundsperson innerhalb ihres Amtsbereichs.
3. Die Einhaltung der vorgeschriebenen Form für die Beurkundung.

Ein Schriftstück kann nur dann als öffentliche Urkunde qualifiziert werden, wenn es von einer Stelle herrührt, die mit der **aus der staatlichen Hoheitsgewalt abgeleiteten Urkundsgewalt** ausgestattet ist. Entscheidend ist, dass die beurkundende Stelle berufen ist, unter öffentlicher Autorität staatliche Zwecke zu verfolgen.[49] Entsprechendes gilt für öffentliche elektronische Dokumente (§ 371a Abs. 3 ZPO). § 415 ZPO enthält neben der Legaldefinition der öffentlichen Urkunde die Beweisregel für öffentliche **Urkunden über Erklärungen**, die vor der Behörde oder der Urkundsperson abgegeben wurden. Beweisregeln für **wirkende öffentliche Urkunden** und für **öffentliche Zeugnisurkunden** finden sich in den §§ 417, 418 ZPO.

2. Inhalt und Beweiswert notarieller Urkunden

15 Die notarielle Urkunde ist Prototyp der öffentlichen Urkunde i.S.v. § 415 Abs. 1 ZPO. Systematisch kann zwischen der **Beurkundung von Willenserklärungen** und **Tatsachenbeurkundungen** unterschieden werden, wobei zu letzteren auch der Beglaubigungsvermerk zählt.[50]

44 *Winkler*, § 1 Rn 2.
45 *Limmer*, ZNotP 2002, 261, 262; *Winkler*, § 1 Rn 2.
46 Z.B. Grundbuchrecht: BGHZ 25, 186, 188; andere FG-Verfahren: BayObLGZ 1994, 13 = FamRZ 1994, 530.
47 BGHZ 65, 300, 301; BGHZ 136, 357, 362.
48 Zur Bedeutung des Urkundenbeweisrechts für die an elektronische Dokumente zu stellenden formalen Anforderungen vgl. *Preuß*, ZZP 125 (2012), 135, 143 ff.
49 BGHZ 25, 186, 188 f.; Stein/Jonas/*Berger*, § 415 ZPO Rn 3, 4.
50 Vgl. Frenz/Miermeister/*Limmer*, § 1 BeurkG Rn 10.

Bei der Beurkundung von Willenserklärungen bezeugt der Notar den gesamten Vorgang der Erklärungsabgabe, einschließlich der Feststellungen zur Person des Erklärenden sowie zu Zeit und Ort der Erklärung.[51] Die über die Erklärung errichtete Niederschrift erbringt gem. § 415 Abs. 1 ZPO **vollen (formellen) Beweis** des bezeugten Vorgangs.[52] Sie beweist, dass die beurkundete Erklärung zur angegebenen Zeit, am angegebenen Ort,[53] vor der genannten Urkundsperson[54] und wie in der Urkunde niedergelegt und nicht anders abgegeben wurde.[55] Wegen der Identitätsfeststellung durch den Notar erbringt die Urkunde ferner formellen Beweis für die Identität der erklärenden Person.[56]

Die Niederschrift besagt nichts über die Entscheidungsrelevanz (materielle Beweiskraft) des Urkundeninhalts im Prozess.[57] Insbesondere beweist sie nicht die inhaltliche (materielle) Richtigkeit der Erklärung.[58] Wenn mit der Beurkundung eine Formvorschrift eingehalten werden sollte, spricht allerdings eine Vermutung für die Vollständigkeit und Richtigkeit (iS eines Entsprechens der Vereinbarung) der in der Urkunde niedergelegten Erklärungen.[59] Wer die Abgabe über den Urkundeninhalt hinausgehender Erklärungen behauptet, muss die Vermutung widerlegen und das Vorliegen außerhalb der Urkunde liegender Umstände beweisen.[60] Die Abgabe sonstiger Informationen, Hinweise usw. wird nicht von der Vermutung erfasst.[61] 16

Bei der Tatsachenbeurkundung bezeugt der Notar sonstige von ihm persönlich wahrgenommene Tatsachen. Die hierüber errichtete Urkunde erbringt vollen (formellen) Beweis gem. § 418 ZPO.

Von den Zeugnisurkunden, die Gegenstand des Beurkundungsverfahrens sind, müssen **Eigen- oder Dispositivurkunden** des Notars unterschieden werden, in denen der Notar in amtlicher Eigenschaft eine eigene Erklärung niederlegt.[62] Es handelt sich hierbei insbesondere um verfahrensrechtliche Erklärungen, die nach einer vorausgegangenen Beurkundungs- und Beglaubigungstätigkeit aufgrund einer Vollmacht der Beteiligten abgegeben werden, um entsprechende verfahrensrechtliche Erklärungen der Beteiligten zu ergänzen, zu berichtigen und sie verfahrensrechtlichen Erfordernissen anzupassen.[63] Möglich ist aber auch, eine materiell-rechtliche Erklärung der Beteiligten durch die zu deren Vollzug erforderliche Erklärung mittels einer notariellen Eigenurkunde zu ergänzen, wenn die Beteiligten dem Notar die entsprechende Aufgabe übertragen und ihm hierzu Rechtsmacht eingeräumt haben.[64] Es handelt sich jeweils um die Ausführung einer Rechtsbetreuungstätigkeit für die Beteiligten nach § 24 BNotO, so dass der Notar i.S.d. Legaldefinition des § 415 Abs. 1 ZPO innerhalb des ihm zugewiesenen Geschäftskreises tätig wird. Solche Eigenurkunden, für deren Errichtung kein bestimmtes Verfahren ausdrücklich vorgeschrieben ist,[65] sind deshalb **öffentliche Urkunden** und genügen als solche den Anforderungen des § 29 GBO.[66] 17

51 *Winkler*, § 1 Rn 13.
52 Frenz/Miermeister/*Limmer*, § 1 BeurkG Rn 11.
53 OLG Hamm NJW-RR 2000, 406, 407.
54 BGH JZ 1987, 522 (zu § 348 StGB); Zöller/*Feskorn*, § 415 Rn 5.
55 BGH NJW 1994, 320, 321 (zu § 130 AktG); BGH NJW-RR 2007, 1006, 1007 (zur Beweiskraft einer französischen Ermittlungsakte).
56 OLG Celle NJW-RR 2006, 448, 449; LG Berlin DNotZ 1963, 250, 251; offen gelassen in BGH NJW 2011, 778, 779 m.w.N. zum Streitstand.
57 Vgl. MüKo-ZPO/*Schreiber*, § 415 ZPO Rn 26.
58 BGH NJW-RR 2007, 1006, 1007; BGH JZ 1987, 522 (zu § 348 StGB); Musielak/Voit/*Huber*, § 415 ZPO Rn 3.
59 BGH DNotZ 1986, 78 f. m. Anm. *Reithmann*; BGH NJW-RR 1998, 1470; BGH NJW 2002, 3164, 3165; BGH v. 10.6.2016 – V ZR 295/14, BGH NJW 2017, 175, 176.
60 BGH NJW-RR 1998, 1470; BGH v. 10.6.2016 – V ZR 295/14, BGH NJW 2017, 175, 176 (Vorlage eines Vertragsentwurfs genügt hierfür nicht); Stein/Jonas/*Berger*, § 415 ZPO Rn 25: „gewohnheitsrechtliche Vermutung".
61 BGH DNotZ 1986, 78; BGH DNotZ 2003, 696, 697 f.; BGH NJW-RR 2003, 1432 1433 (zur fehlenden Verweisung auf andere Niederschrift nach § 13a I BeurkG).
62 OLG Frankfurt MittBayNot 2001, 225 f. mit zust. Anm. *Reithmann*; *Winkler*, § 1 Rn 6; zur notariellen Eigenurkunde vgl. *Milzer*, notar 2013, 35 ff.
63 Vgl. BGHZ 78, 36, 39 = DNotZ 1981, 118 mit zust. Anm. *Winkler*, S. 252; BayObLG DNotZ 1982, 434, 436 mit zust. Anm. *Reithmann*; BayObLG Rpfleger 1988, 60 f.
64 OLG Frankfurt MittBayNot 2001, 225 f. mit zust. Anm. *Reithmann*; *Behmer*, Rpfleger 1984, 306, 307; *Reithmann*, DNotZ 1983, 438, 439 f.
65 Vgl. Grziwotz/Sauer/Heinemann/*Grziwotz*, § 1 Rn 5 (außerhalb des Geltungsbereichs des BeurkG).
66 BGHZ 78, 36, 39; OLG Frankfurt MittBayNot 2001, 225 f.; *Behmer*, Rpfleger 1984, 306, 307; Grziwotz/Sauer/Heinemann/*Grziwotz*, § 1 Rn 5; Wieczorek/Schütze/*Ahrens*, § 415 ZPO Rn 19; *Winkler*, § 1 Rn 6; *Reithmann*, Allgemeines Urkundenrecht, S. 30; *Reithmann*, DNotZ 1983, 438, 439; a.A. *Jansen*, § 1 BeurkG Rn 37.

18 **Keine Zeugnisurkunden** im eigentlichen Sinne sind notarielle **Bescheinigungen** oder **Notarbestätigungen,** soweit sie rechtliche Wertungen oder Schlussfolgerungen enthalten (vgl. § 39 BeurkG Rdn 2, 5 ff.).[67] Es handelt sich bei diesen Bescheinigungen und Bestätigungen somit nicht um öffentliche Urkunden i.S.d. §§ 415, 418 ZPO.[68] Registerbescheinigungen nach § 21 Abs. 1 BNotO sind allerdings im Grundbuchverfahren gem. § 32 Abs. 1 S. 1 GBO taugliche Nachweismittel.[69] Gleiches gilt gem. § 34 GBO für Vertretungsbescheinigungen nach § 21 Abs. 3 BNotO.[70]

III. Notarielle Verwahrung

19 Mit der Integration der Vorschriften über die notarielle Verwahrung wurde der Regelungsgegenstand des BeurkG erweitert und auf ein weiteres Notarverfahren erstreckt (§§ 57 ff. BeurkG [bis zum 31.5.2017: §§ 54a ff. BeurkG]). Dementsprechend ist die Bestimmung des sachlichen Anwendungsbereichs des BeurkG in Abs. 1 angepasst worden. Die **Zuständigkeit** des Notars für die Durchführung von Verwahrungsverfahren ergibt sich aus den §§ 23, 24 Abs. 1 BNotO. Die Verfahrensvorschriften für die notarielle Verwahrung, und zwar die Verwahrung fremder Gelder, Wertpapiere und Kostbarkeiten, sind erst durch das 3. Gesetz zur Änderung der BNotO und anderer Gesetze vom 31.8.1998[71] eingeführt worden. Davor fanden sich Vorschriften zur Durchführung der Verwahrung allein in der DONot. Fehlende Abwicklungsregelungen, insbesondere bei Störungen des Verwahrungsverfahrens, mussten in Orientierung an den Verfahrenszielen der Verwahrung entwickelt werden.

20 Dem Verwahrungsverfahren ist der sechste Abschnitt des BeurkG (bis zum 31.5.2017: fünfter Abschnitt) gewidmet. Ob darüber hinaus die **allgemeinen Vorschriften des BeurkG**, insbesondere die Mitwirkungsverbote des § 3 BeurkG, Anwendung finden, ist den einschlägigen Vorschriften nicht eindeutig zu entnehmen. Zwar könnte aus Abs. 1, also aus der Bestimmung des sachlichen Anwendungsbereichs des BeurkG, zugleich eine Geltung der allgemeinen Vorschriften abgeleitet werden.[72] Dem Wortlaut nach betreffen die allgemeinen Vorschriften jedoch jeweils ausschließlich die Beurkundung und nicht die Verwahrung. Dass der Notar gleichwohl den Mitwirkungsverboten des § 3 BeurkG unterliegt, ergibt sich jedoch bereits aus § 16 Abs. 1 BNotO.[73] Auch ein Rückgriff auf § 4 BeurkG, um die pflichtwidrige Übernahme einer Verwahrung auszuschließen, ist im Grunde nicht erforderlich. Die Voraussetzungen für die Übernahme einer Verwahrungstätigkeit, die als Betreuungstätigkeit nicht zu den Urkundstätigkeiten i.S.d. BNotO gehört, also nicht von der Urkundsgewährungspflicht nach § 15 Abs. 1 BNotO erfasst wird, sind in § 57 Abs. 2 BeurkG geregelt. Die Verfolgung unerlaubter oder unredlicher Zwecke mit der Inanspruchnahme der notariellen Amtstätigkeit würde dem vorausgesetzten Verfahrensziel der notariellen Verwahrung widersprechen.

C. Andere Beurkundungspersonen im Geltungsbereich des BeurkG

I. Anwendungsbereich des Abs. 2

21 Die Beurkundungszuständigkeit auf dem Gebiet der vorsorgenden Rechtspflege ist auf die Notare konzentriert. Gleichwohl sehen Bundes- oder Landesrecht für bestimmte Gegenstände alternativ zur Zuständigkeit des Notars die Beurkundungszuständigkeit einer anderen Stelle vor. Abs. 2 ordnet an, dass in diesen Fällen der **alternativen Zuständigkeit** des Notars und einer anderen Stelle die Vorschriften des BeurkG bei Beurkundungen durch die andere zuständige Stelle entsprechend gelten. Die Frage nach der Anwendbarkeit des BeurkG ist hier also zunächst die Frage nach der Zuständigkeit des Notars. Es muss sich um eine **originäre Notartätigkeit** handeln. Da das BeurkG nach Abs. 1 nur die Erstellung und Behandlung von Zeugnisurkunden regelt (vgl. Rdn 13 ff.), setzt die Verweisung auf das BeurkG ferner voraus, dass es sich bei der Beurkundung durch die andere Stelle ebenfalls um eine **Zeugnisurkunde**

67 *Limmer*, ZNotP 2002, 261, 262; Soergel/*Mayer*, § 1 BeurkG Rn 3; Schippel/Eschwey/*Sander*, § 21 BNotO Rn 1; Grziwotz/Sauer/Heinemann/*Grziwotz*, § 1 Rn 5.

68 *Dieterle*, BWNotZ 1990, 33, 34; Schippel/Eschwey/*Sander*, § 21 BNotO Rn 4; *Reithmann*, MittBayNot 1990, 82, 83.

69 Reduziert ist wegen der Möglichkeit der Bezugnahme auf das elektronische Register nach § 32 Abs. 2 GBO allerdings die praktische Relevanz, siehe OLG Frankfurt DNotZ 2012, 141, 142; vor der Novellierung des § 32 GBO bereits *Koch/Rudzio*, ZZP 122 (2009), 37, 59 f.

70 Zur Prüfung im Grundbuchverfahren vgl. BGH v. 22.9.2016 – V ZB 177/15, DNotZ 2017, 303, 304 m.w.N.

71 BGBl I 1998, 2585.

72 Vgl. *Winkler*, § 1 Rn 22a.

73 Vgl. *Hertel*, ZNotP Beil 3/98, 4; *Winkler*, § 1 Rn 22a.

handelt. Für Eigenerklärungen von Behörden und Gerichten (z.B. Umlegungs- und Enteignungsbeschlüsse nach dem BauGB, Erbscheine usw.) findet das BeurkG schon aus diesem Grund keine Anwendung.[74] Das schließt jedoch nicht aus, dem Verfahrensrecht nach dem BeurkG eine gewisse „Leitbildfunktion" beizumessen.[75]

Soweit der Notar also nach den Verfahrensvorschriften des BeurkG zu beurkunden hat, gilt das gleichermaßen für die andere Stelle. Das BeurkG regelt damit ein **einheitliches Beurkundungsrecht für Notare und andere Urkundspersonen**, die der Art nach notarielle Aufgaben wahrnehmen. Von dem generellen Verweis auf die Vorschriften des BeurkG ist § 5 Abs. 2 BeurkG ausdrücklich ausgenommen. Nur Notare dürfen Urkunden in fremder Sprache errichten (wegen der Sonderregelung für Konsularbeamte vgl. § 5 BeurkG Rdn 1; zum Dreizeugentestament vgl. Rdn 25). Auch die im fünften Abschnitt geregelten über die Verwahrung von Urkunden beziehen sich ausschließlich auf notarielle Urkunden und nicht auf die Urkunden anderer Urkundspersonen. 22

II. Spezielle gesetzliche Verweisungen auf das BeurkG

Ist in einem nicht der Zuständigkeit des Notars unterliegenden Verfahren ein Beurkundungsakt vorzunehmen, liegt kein Fall des Abs. 2 vor, so dass sich die Anwendbarkeit der Vorschriften des BeurkG nur anhand sonstiger spezieller gesetzlicher Anordnung ergeben kann. Erfolgt die gegenüber dem Nachlassgericht abzugebende Erklärung über die **Erbschaftsausschlagung** zur Niederschrift des Rechtspflegers, ist die Niederschrift nach den Vorschriften des BeurkG zu errichten (§ 1945 Abs. 2 BGB). Gleiches gilt gem. §§ 9 Abs. 2 S. 1, 14 Abs. 3 S. 3 HöfeO für die Erklärung der Wahl unter mehreren Höfen sowie für die Bestimmung des **Hoferben** unter den Abkömmlingen des Eigentümers durch den überlebenden Ehegatten. 23

Bürgermeister sind zur Beurkundung von **Nottestamenten** (§ 2249 BGB) nicht neben dem Notar zuständig, weil ein Notar nicht nach diesen Sondervorschriften beurkunden darf.[76] Der Bürgermeister hat jedoch aufgrund ausdrücklicher gesetzlicher Regelung eine Vielzahl von Vorschriften des BeurkG anzuwenden. Er tritt insoweit an die Stelle des Notars (§ 2249 Abs. 1 S. 4 Hs. 2 BGB). 24

Da **Dreizeugentestamente** (§ 2250 BGB) und **Seetestamente** (§ 2251 BGB) keine öffentlichen Urkunden sind, gilt das BeurkG nicht über Abs. 2. Gleichwohl sind die einzelnen aufgezählten Vorschriften des BeurkG anzuwenden. Die drei Zeugen treten hier gewissermaßen an die Stelle der sonst tätigen Amtsperson und übernehmen somit die Beurkundungsfunktion.[77] Abweichend von § 5 Abs. 2 BeurkG kann die Niederschrift auch in einer anderen Sprache aufgenommen werden (§ 2250 Abs. 3 S. 3 BGB). 25

D. Alternative Beurkundungszuständigkeiten i.S.d. Abs. 2

I. Gerichte

§ 67 Abs. 1 Nr. 1 BeurkG (bis zum 6.6.2017: § 62 Abs. 1 Nr. 1 BeurkG) regelt die Zuständigkeit der Gerichte für die Beurkundung von Erklärungen über die **Anerkennung der Vaterschaft** sowie für die Beurkundung der zu deren Wirksamkeit erforderlichen **Zustimmungserklärungen** (§ 1597 Abs. 1 BGB; vgl. § 67 BeurkG Rdn 1). Gemäß § 67 Abs. 1 Nr. 2 und 3 BeurkG (bis zum 6.6.2017: § 62 Abs. 1 Nr. 2, 3 BeurkG) dürfen Amtsgerichte **Verpflichtungen zur Erfüllung von Unterhaltsansprüchen eines Kindes** sowie Verpflichtungen zur Erfüllung von Unterhaltsansprüchen nach § 1615l BGB beurkunden. Zu beachten ist in diesem Bereich außerdem die Beurkundungszuständigkeit des Jugendamtes (siehe Rdn 30). 26

Generelle Doppelzuständigkeiten der Notare und der Gerichte, wie sie vor Inkrafttreten des BeurkG vielfach bestanden, sind durch das BeurkG im Wesentlichen abgeschafft worden (vgl. § 63 BeurkG Rdn 1). In § 63 Abs. 1 und 2 BeurkG (bis zum 31.5.2017: 56 Abs. 1, 2 BeurkG) sind die aufgehobenen bundesrecht- 27

74 *Winkler*, § 1 Rn 25; *Lerch*, § 1 Rn 24.

75 So wohl auch *Winkler*, § 1 Rn 23 ff.; vgl. dagegen auch Grziwotz/Sauer/Heinemann/*Grziwotz*, § 1 Rn 13, der sich weitergehend für eine Beachtung der „grundlegenden Schutzvorschriften zugunsten des Verbrauchers" ausspricht; in diese Richtung wohl auch OLG Frankfurt, NJOZ 2023, 69.

76 *Winkler*, § 1 Rn 51; Reimann/Bengel/Dietz/*Limmer*, Syst. A. Rn 190.

77 BGH DNotZ 1971, 489; BayObLG NJW-RR 1996, 9; Grüneberg/*Weidlich*, § 2250 BGB Rn 4.

lichen Vorschriften, die eine Doppelzuständigkeit der Notare und Gerichte vorsahen, im Einzelnen aufgelistet. Die Generalklausel des § 63 Abs. 4 BeurkG (bis zum 31.5.2017: 56 Abs. 4 BeurkG) stellt sicher, dass solche bundesrechtlich vorgesehenen **Doppelzuständigkeiten** selbst dann entfallen, wenn die entsprechende Norm in der Enumeration der Abs. 1 und 2 nicht erfasst ist (vgl. § 63 BeurkG Rdn 4).

28 Der frühere § 56 Abs. 3 S. 2 a.F. enthielt eine Verweisung auf § 2356 Abs. 2 S. 1 BGB a.F. Mit Gesetz vom 29.6.2015[78] wurden diese Vorschriften aufgehoben. Die Zuständigkeit zur **Abnahme eidesstattlicher Versicherungen im Erbscheinsverfahren** ist seitdem in § 352 Abs. 3 FamFG geregelt. Die doppelte Zuständigkeit von Gericht und Notar wurde beibehalten.[79] Eine diesbezügliche Länderöffnungsklausel findet sich in Art. 239 EGBGB; die Länder könnten hiernach eine ausschließliche Zuständigkeit des Notars nicht nur für die Abnahme dieser eidesstattlichen Versicherung, sondern auch für die Entgegennahme von Erbscheinsanträgen regeln.

29 Sind Gerichte für selbstständige Beurkundungen neben den Notaren aufgrund des nach den §§ 66, 68 vorbehaltenen **Landesrechts** zuständig, gelten die Vorschriften des BeurkG, soweit nicht das Landesrecht zulässigerweise Abweichungen für Form und Verfahren der Beurkundung enthält (vgl. § 66 BeurkG Rdn 1).

II. Jugendamt

30 § 59 Abs. 1 SGB VIII regelt die Befugnis der Urkundsperson beim Jugendamt für die in dieser Vorschrift aufgezählten Beurkundungsakte. Soweit Urkunden über die Verpflichtung zur Leistung von Unterhalt errichtet werden dürfen (§ 59 Abs. 1 Nr. 3 und 4 SGB VIII), ist die Urkundsperson gem. § 60 SGB VIII zugleich ermächtigt, entsprechende Unterwerfungserklärungen des Schuldners zu beurkunden und damit vollstreckbare Urkunden zu schaffen. Die in § 59 Abs. 1 Nr. 1–8 SGB VIII aufgezählten Zuständigkeiten stellen eine Alternative zur Beurkundungszuständigkeit des Notars dar. Die Zuständigkeit der Urkundsperson beim Jugendamt ist allerdings begrenzt und nicht allumfassend wie die des Notars nach der BNotO.[80] Für diese Beurkundungen gelten gem. Abs. 2 die Vorschriften des BeurkG.[81]

III. Urkundsperson der Betreuungsbehörde

31 Eine weitere Zuständigkeit für die öffentliche Beglaubigung von Unterschriften und Handzeichen sieht § 6 Abs. 2 BtBG[82] für die Urkundsperson bei der Betreuungsbehörde vor. Die Befugnis beschränkt sich auf die Beglaubigung von Vorsorgevollvollmachten und Betreuungsverfügungen. Die Vorschrift ermächtigt die Urkundsperson der Betreuungsbehörde zur Beglaubigung i.S.v. § 129 BGB.[83] Die Beglaubigung der Unterschrift auf einer Vorsorgevollmacht genügt nach höchstrichterlicher Rechtsprechung insbesondere auch zum Nachweis im Grundbuchverfahren (§ 29 GBO).[84] Zum 1.1.2023 wird infolge des Gesetzes zur Reform des Vormundschafts- und Betreuungsrechts[85] das bisherige BtBG durch das neue umfassende Betreuungsorganisationsgesetz (BtOG) abgelöst. Der neue § 7 BtOG, der die Beglaubigung durch die Urkundsperson der Betreuungsbehörde regelt, enthält in Abs. 1 S. 2 die Neuregelung, dass bei einer Vollmacht die Wirkung der Beglaubigung mit dem Tod des Vollmachtgebers endet. Das hat zur Folge, dass mit der Vollmachtsurkunde der förmliche Nachweis im Grundbuchverfahren nicht mehr geführt werden kann.[86]

IV. Ratschreiber

32 Die **Ratschreiber** bei den staatlichen Grundbuchämtern in den Gemeinden Baden-Württembergs (vgl. § 68 BeurkG Rdn 8)[87] sind gem. § 35a Abs. 4 LFGG zur öffentlichen Beglaubigung von Unterschriften

78 BGBl I 2015, 1042.

79 Zum Streit, ob jedes Gericht oder nur das Nachlassgericht hierfür zuständig ist, vgl. MüKo-FamFG/*Grziwotz*, § 352 FamFG Rn 91, der gemäß dem Wortlaut von § 352 Abs. 3 S. 3 FamFG von einer Doppelzuständigkeit ausgeht.

80 Beck'sches Notarhdb/*Grziwotz*, § 15 B. Rn 2.

81 Siehe hierzu *Knittel*, Beurkundungen im Kindschaftsrecht, Rn 70 ff.

82 Eingeführt durch Art. 9 des 2. BtÄndG v. 21.4.2005 (BGBl I 2005, 1073).

83 Vgl. Grziwotz/Sauer/Heinemann/*Grziwotz*, § 1 Rn 15.

84 BGH v. 12.11.2020 – V ZB 148/19, FGPrax 2021, 49 ff. m.Anm. *Otte*.

85 G v 5.3.2021 BGBl I 2021, 882.

86 Vgl. hierzu *Becker*, MittBayNot 2021, 549, 550; *Zimmer*, NotBZ 2021, 209, 211.

87 Man kann kritisch hinterfragen, ob die landesrechtliche Regelung gegen das Rechtsstaatsprinzip verstößt. Entgegen der Vorauflage aber nunmehr wohl eher verneinend: Grziwotz/Sauer/Heinemann/*Grziwotz*, § 68 Rn 10.

und Abschriften befugt und insoweit neben dem Notar zuständig.[88] Weitergehende Zuständigkeiten sind im Zuge der Reform des Notariatswesens und der Umstrukturierung der Grundbuchämter in Baden-Württemberg zum 1.1.2018 (siehe Rdn 9) entfallen.

V. Ortsgerichtsvorsteher, Kommunalbehörden

Die hessischen Ortsgerichte (vgl. § 68 BeurkG Rdn 6)[89] sind Hilfsbehörden der Justiz (§ 2 HessOrtsGG). Der Ortsgerichtsvorsteher ist zuständig, Unterschriften sowie Abschriften öffentlicher oder privater Urkunden öffentlich zu beglaubigen (§ 13 HessOrtsGG).[90] Er ist also neben dem Notar zuständig. **33**

In Rheinland-Pfalz kommt Kommunalbehörden (Oberbürgermeister, Ortsvorsteher, Gemeindeverwaltungen der verbandsfreien Gemeinden und Verbandsgemeindeverwaltungen, Stadtverwaltungen der kreisfreien und großen kreisangehörigen Städte sowie Kreisverwaltungen gem. § 2 i.V.m. § 1 Abs. 1 S. 1 Nr. 1 bis 4 RhPfBeglG die Befugnis zur öffentlichen Beglaubigung von Unterschriften i.S.v. § 129 BGB zu. Die Regelung verstößt nicht gegen das Rechtsstaatsprinzip. Das Bundesverfassungsgericht hat eine Verfassungsbeschwerde gegen diese Vorschrift nicht zur Entscheidung angenommen.[91] Der Umfang der Beglaubigungsbefugnis ist in § 4 RhPfBeglG geregelt; hiernach soll die Unterschrift nur beglaubigt werden, wenn die Person, die die Unterschrift vollzogen hat, „im Gebiet der Gemeinde, bei Beglaubigungen durch die Verbandsgemeindeverwaltung im Gebiet der Verbandsgemeinde und bei Beglaubigungen durch die Kreisverwaltung im Gebiet des Landkreises ihren Wohnsitz, ihren ständigen Aufenthalt oder ihren ständigen Arbeitsplatz hat". Diese Einschränkung gilt nicht für Beglaubigungen, die im Zusammenhang mit einer dieselbe Sache betreffenden Beglaubigung der Unterschrift einer Person stehen, die zu dem genannten Personenkreis gehört.

E. Beurkundungen ohne Geltung des BeurkG nach Abs. 2

I. Besondere gesetzliche Regelungen

Standesbeamte sind neben dem Notar für die Beurkundung von Erklärungen gem. §§ 41 Abs. 1, 44 Abs. 1, 2, 45 PStG zuständig. Die Anwendbarkeit des BeurkG ist jedoch durch § 64 BeurkG ausgeschlossen (vgl. § 64 BeurkG Rdn 1). **34**

Urkundsbeamte der Geschäftsstelle des Gerichts sind zur Aufnahme von Erklärungen zu Protokoll der Geschäftsstelle (§ 129a ZPO, § 25 FamFG) zuständig. Es handelt sich dabei aber nicht um öffentliche Beurkundungen i.S.d. BeurkG, so dass insbesondere § 37 BeurkG hierfür keine Anwendung findet.[92] **35**

Zu **Kirchenaustrittserklärungen** (vgl. § 66 BeurkG Rdn 14); zur Zuständigkeit der Vorstände der **Vermessungsbehörden** (vgl. § 66 BeurkG Rdn 9); zur Zuständigkeit der **Ortsgerichte** (vgl. § 68 BeurkG Rdn 6 ff.). **36**

II. Beurkundung im Zusammenhang mit anderen Verfahren

Das BeurkG gilt trotz Abs. 2 nicht für diejenigen Beurkundungsakte, die untrennbare Teile eines besonderen Gerichts- oder Verwaltungsverfahrens sind (zu speziellen Verweisungen auf das BeurkG vgl Rdn 23 ff.). Es findet somit insbesondere keine Anwendung für **gerichtliche Protokolle**, also auch für gerichtliche Vergleiche und alle anderen rechtsgeschäftlichen Willenserklärungen, die vor dem Richter bzw. Rechtspfleger abgegeben oder vom Urkundsbeamten der Geschäftsstelle zu Protokoll genommen werden. **37**

88 Hierzu *Böhringer*, NotBZ 2019, 241, 245.

89 Ob die landesrechtliche Regelung gegen das Rechtsstaatsprinzip verstößt, kann hinterfragt werden; nunmehr aber zu Recht wohl verneinend: Grziwotz/Sauer/Heinemann/*Grziwotz*, § 68 Rn 9 (keine sachliche und persönliche Unabhängigkeit).

90 Hierzu *Böhringer*, NotBZ 2019, 241, 245 f.

91 BVerfG, NJW 1981, 2401; vgl. auch: Grziwotz/Sauer/Heinemann/*Grziwotz*, § 68 Rn 12.

92 BayObLGZ 1977, 219, 222; *Keidel/Sternal*, § 25 FamFG Rn 18; *Winkler*, § 1 Rn 32 m.w.N.

1. Prozessvergleich

38 Gem. § 127a BGB wird das Formerfordernis der notariellen Beurkundung bei einem gerichtlichen Vergleich durch die Aufnahme der Erklärungen in ein nach den Vorschriften der ZPO errichtetes Protokoll ersetzt.[93] § 127a BGB ist keine Vorschrift des Beurkundungsverfahrensrechts, sondern gehört zu den Regelungen über Geschäftsformen. Die Ersetzung der notariellen Beurkundung durch die Protokollierung des Prozessvergleichs gilt nicht nur für Vergleiche in bürgerlich-rechtlichen Streitigkeiten, sondern für **alle gerichtlichen Vergleiche, die nach den Vorschriften der ZPO errichtet werden**, also auch für Vergleiche im FamFG-Verfahren (§ 36 Abs. 2, Abs. 3 FamFG), gerichtliche Vergleiche vor Verwaltungs- und Sozialgerichten gem. §§ 106, 105 VwGO, § 101 SGG[94] sowie für Vergleiche vor dem Strafgericht in Privatklage- oder Adhäsionsverfahren.[95] Die jeweilige Verfahrensordnung muss lediglich die Möglichkeit eines Vergleichsabschlusses vorsehen und die Protokollierung muss tatsächlich unabhängig von den sonstigen Verfahrensvorschriften nach den §§ 159–165 ZPO erfolgt sein.[96]

39 Soweit der **Rechtspfleger** für das Verfahren funktionell zuständig ist, kann er auch einen Vergleich beurkunden, z.B. im Zwangsversteigerungsverfahren.[97]

2. Unselbstständige Beurkundungen in Verfahren der Freiwilligen Gerichtsbarkeit

40 Im Bereich der Freiwilligen Gerichtsbarkeit finden sich weitere Beurkundungszuständigkeiten, die keine Alternative zur Zuständigkeit des Notars darstellen, sondern Teil eines anderen Verfahrens sind. Das BeurkG lässt diese Zuständigkeiten unberührt (§ 65 BeurkG). Da es sich nicht um originäre Notartätigkeiten handelt, sind die Vorschriften des BeurkG jedenfalls nicht unmittelbar über Abs. 2 anwendbar. Zum Teil ist ausdrücklich angeordnet, dass eine erforderliche **Niederschrift** nach den Vorschriften des BeurkG zu errichten ist (§ 1945 Abs. 2 BGB, §§ 9 Abs. 2 S. 1, 14 Abs. 3 S. 3 HöfeO). Die Verweisung erfasst nicht nur die Vorschriften, die die Aufnahme der Niederschrift zum Gegenstand haben, sondern zugleich die auf die Niederschrift bezogenen Ausschließungsgründe der §§ 6, 7 BeurkG.

41 Eine gerichtliche Beurkundungszuständigkeit findet sich auch in § 102 Abs. 1 S. 2 GBO. Obwohl eine direkte Anwendung des Abs. 2 ausscheidet, weil keine Alternativzuständigkeit des Notars besteht, erscheint es sachgerecht, auch bei der Einigung der Beteiligten im Verfahren über die **Klarstellung der Rangverhältnisse** durch das Grundbuchamt die Beurkundung in entsprechender Anwendung der Vorschriften des BeurkG, insbesondere in Orientierung an § 13 BeurkG, vorzunehmen.[98] Neben dem Umstand, dass es sich in der Sache um eine Beurkundung handelt, spricht hierfür die Affinität zur typischen Notartätigkeit.

3. Beurkundungen in Verwaltungsverfahren

42 Auch in Verwaltungsverfahren sind z.T. Beurkundungen im Rahmen des Verfahrens zulässig, die wegen der Einbindung in das Verwaltungsverfahren ebenfalls keine Alternative zur notariellen Beurkundung darstellen, so dass Abs. 2 nicht greift.[99] So verhält es sich beispielsweise mit den Einigungen der Beteiligten in einem förmlichen **Enteignungsverfahren** nach § 110 Abs. 2 BauGB. Die in einem solchen Verfahren erzielte Einigung kann auch die Verpflichtung zur Eigentumsübertragung und die Regelung der Entschädigungshöhe enthalten. Über die Einigung ist eine den Erfordernissen eines Enteignungsbeschlusses (§ 113 Abs. 2 BauGB) entsprechende Niederschrift zu errichten, die von den Beteiligten unterschrieben werden muss.

93 Vgl. BGHZ 142, 84, 87 ff. = NJW 1999, 2806 f.; zur Problematik des Prozessvergleichs im schriftlichen Verfahren vgl. DNotI-Report 2008, 75 ff.; s.a. OLG Düsseldorf DNotZ 2007, 46 (jedenfalls keine formgerechte Auflassung, weil es an gleichzeitiger Anwesenheit der Parteien fehlt).

94 BVerwG NJW 1995, 2179; MüKo-BGB/*Einsele*, § 127a BGB Rn 4; Grüneberg/*Ellenberger*, § 127a BGB Rn 2.

95 OLG Stuttgart NJW 1964, 110; MüKo-BGB/*Einsele*, § 127a BGB Rn 4; Grüneberg/*Ellenberger*, § 127a BGB Rn 2; Staudinger/*Hertel*, § 127a BGB Rn 6.

96 MüKo-BGB/*Einsele*, § 127a BGB Rn 4; Staudinger/*Hertel*, § 127a BGB Rn 7; *Zempel*, NJW 2015, 2859, 2860.

97 OLG Nürnberg Rpfleger 1972, 305; *Bassenge*, Rpfleger 1972, 237, 241; *Böttcher*, § 180 Rn 31.

98 Meikel/*Schneider*, § 102 GBO Rn 11; BeckOK-GBO/*Hügel*, § 102 GBO Rn 6; Bauer/Schaub/*Waldner*, § 102 GBO Rn 6 (zweckgerecht); vgl. auch KEHE/*Sternal*, § 102 GBO Rn 5.

99 *Winkler*, § 1 Rn 34; weitergehend: Grziwotz/Sauer/Heinemann/*Grziwotz*, § 1 Rn 13.

F. Fälle mit Auslandsberührung

I. Urkunden ausländischer Beurkundungspersonen

1. Überblick

Das BeurkG gilt nur für deutsche Notare (Notare eines Bundeslandes). Ob **Urkunden ausländischer Urkundspersonen** in Deutschland eingesetzt werden dürfen, hängt nicht ohne weiteres von der Einhaltung der Regeln des BeurkG ab. Dabei sind zwei Fragen zu unterscheiden. Zum einen ist zu klären, unter welchen Voraussetzungen eine ausländische Urkunde einer inländischen öffentlichen Urkunde prozessrechtlich **gleichzustellen** ist; dabei geht es um das (Beurkundungs-)Verfahrensrecht (siehe Rdn 49 ff.). Zum anderen muss beurteilt werden, ob die ausländische Urkunde geeignet ist, im Inland den erstrebten **rechtsgeschäftlichen Erfolg** herbeizuführen; insoweit geht es um das materielle Recht der Geschäftsformen (siehe Rdn 62 ff.). Dies entspricht einer für das Urkundsrecht grundlegenden Unterscheidung: Das Amtsgeschäft der Beurkundungsperson ist von dem Rechtsgeschäft, das ihr Gegenstand ist, streng zu trennen.[100] Was die erste Frage angeht, so gilt Folgendes: Die Urkunde einer nach ausländischem öffentlichen Recht mit öffentlichem Glauben ausgestatteten Urkundsperson ist auch für den Gebrauch im deutschen Inland eine öffentliche Urkunde. Ihre **Echtheit** wird freilich nicht wie bei inländischen öffentlichen Urkunden vermutet; vielmehr muss sie im Einzelfall festgestellt werden. Das **Deutsche Notarinstitut** (DNotI) erfüllt auch in diesem Bereich seine satzungsgemäße Aufgabe der Unterstützung und wissenschaftlichen Beratung der Notare der beteiligten Notarkammern u.a. durch die Beantwortung schriftlicher Anfragen und die Durchführung von Recherchen (§ 17 Abs. 3 Nr. 1 der Satzung der BNotK).[101] 43

2. Ausländische Urkunden als öffentliche Urkunden

a) Bedeutung des Echtheitsnachweises

Die Echtheit einer ausländischen öffentlichen Urkunde ist im **Prozessrecht** praktisch bedeutsam. Wird eine ausländische öffentliche Urkunde als echt angesehen, kommt ihr dieselbe Beweiskraft zu, die auch einer inländischen öffentlichen Urkunde innewohnt. Es gelten mithin die §§ 415, 417, 418 ZPO.[102] Dem prozessualen Gegner steht es jedoch offen, zu beweisen, dass die Urkunde oder ihre Legalisation (§ 438 Abs. 2 ZPO) unecht ist. Hierfür bedarf es nicht des Beweises des Gegenteils; vielmehr genügt der Gegenbeweis.[103] 44

b) Entbehrlichkeit des Echtheitsnachweises

Die Feststellung der Echtheit einer ausländischen Urkunde (siehe Rdn 43) ist entbehrlich oder sogar unstatthaft, soweit vorrangige unionsrechtliche oder staatsvertragliche Regelungen eingreifen. Mittlerweile ist insoweit in erster Linie die **europäische ApostillenVO** (siehe Rdn 46) zu beachten. Über dessen Anwendungsbereich hinaus regeln einzelne Staatsverträge zwischen Deutschland und anderen EU-Mitgliedstaaten die Befreiung vom Echtheitsnachweis notarieller Urkunden (Einzelheiten siehe Rdn 50 ff.). 45

aa) Europäische ApostillenVO. Mit Wirkung seit 16.2.2019 ist die **Verordnung (EU) 2016/1191**[104] zur Förderung der Freizügigkeit von Bürgern durch die Vereinfachung der Anforderungen an die Vorlage bestimmter öffentlicher Urkunden innerhalb der Europäischen Union (ApostillenVO) unmittelbar in Deutschland und den anderen Mitgliedstaaten anwendbares Recht. Diese VO regelt die Förderung der Freizügigkeit von Bürgern durch die Vereinfachung der Anforderungen an die Vorlage bestimmter öffentlicher Urkunden. Durch die ApostillenVO **entfällt der Echtheitsnachweis** der Urkunde im Vorlagemitgliedstaat (Art. 1 Abs. 1 UAbs. 1 lit. a ApostillenVO). Voraussetzung ist, dass es sich um eine von den Behörden eines Mitgliedstaats ausgestellte **öffentliche Urkunde** handelt, die den Behörden eines anderen Mitgliedstaats vorgelegt wird. Der Begriff der öffentlichen Urkunde ist in Art. 3 Abs. 1 ApostillenVO definiert. Die Urkunde muss von einem vom Vorlagemitgliedstaat abweichenden Mitgliedstaat **ausgestellt** worden sein.[105] Zusätzlich muss die Urkunde einem der in Art. 2 Abs. 1 ApostillenVO benannten Gründe dienen oder einen in Art. 2 Abs. 2 ApostillenVO genannten Zweck verfolgen. Da sich 46

100 Näher *Höfer/Huhn*, S. 81 ff.
101 Vgl. auch Kurzübersicht Apostille und Legalisation des DNotI; abrufbar unter https://www.dnoti.de/arbeitshilfen/ipr-und-auslaendisches-recht (letzter Abruf: 12.8.2025).
102 MüKo-ZPO/*Schreiber*, § 438 Rn 5.
103 MüKo-ZPO/*Schreiber*, § 438 Rn 5.
104 VO (EU) 2016/1191, ABl 2016 L 200, 1.
105 MüKo-ZPO/*Ulrici*, EU-Urk-VO Art. 2 Rn 10.

der Anwendungsbereich hiernach mehrheitlich auf Urkunden aus dem Personenstands- und Meldewesen beschränkt, ist die Bedeutung der VO für die notarielle Praxis in der Bundesrepublik eher gering. Die Rechtsfolge, also die Legalisation, ist in Art. 4 ApostillenVO geregelt. Urkunden stehen **beglaubigte Kopien** gleich.

47 Die ApostillenVO sieht in ihrem Art. 14 **Einschränkungen des Legalitätsbeweises** vor, wenn berechtigte Zweifel an der Echtheit der Urkunde bestehen. Die Behörde trifft die Pflicht, derartige Zweifel im Rahmen der vorgesehenen Verwaltungszusammenarbeit von Amts wegen auszuräumen.[106] Sind die berechtigten Zweifel entfallen, so treten die in Art. 4 ApostillenVO vorgesehenen Rechtsfolgen ein. Davon ist auszugehen, wenn die ersuchte Behörde die Echtheit bestätigt hat. Das ergibt sich aus dem Umkehrschluss zu Art. 14 Abs. 6 ApostillenVO.

48 Neben der ApostillenVO gibt es eine Reihe von staatsvertraglichen Regelungen, wonach der Echtheitsnachweis der Urkunde entfällt. Zum **Verhältnis dieser Regelungen** zur ApostillenVO gilt Folgendes: Der Urkundsverkehr mit **Drittstaaten** ist nicht vom Anwendungsbereich der ApostillenVO umfasst (Art. 19 Abs. 4 S. 1 ApostillenVO). In diesem Bereich verbleibt es mithin bei den staatsvertraglichen Regelungen. Staatsvertragliche Regelungen zwischen **EU-Mitgliedstaaten**, von denen einer oder mehrere zum Zeitpunkt der Annahme der ApostillenVO Vertragsparteien sind, werden durch die ApostillenVO nicht berührt (Art. 19 Abs. 1 ApostillenVO). Somit kommt der ApostillenVO, soweit dieselben Bereiche geregelt sind, **keine verdrängende Wirkung** nach der lex posterior-Regel zu.[107] Allerdings sieht Art. 19 Abs. 2 ApostillenVO eine wichtige Ausnahme vor: Die VO hat **Vorrang**, soweit sie im konkreten Anwendungsfall eine weitergehende Erleichterung für den grenzüberschreitenden Urkundenverkehr bringt. Dies bedeutet umgekehrt, dass in den bi- oder multilateralen Regelungen über die ApostillenVO hinausgehende Erleichterungen des Urkundenverkehrs vorgesehen werden können.[108] Die bilateralen und multilateralen Abkommen, Übereinkünfte und Vereinbarungen sind folglich weiterhin anzuwenden mit der Besonderheit, dass bei der Regelung desselben Themenbereiches die ApostillenVO hinsichtlich weitergehender Erleichterungen Vorrang hat.

49 **bb) Staatsvertragliche Regelungen.** Die Feststellung der Echtheit einer ausländischen Urkunde (siehe Rdn 43) erübrigt oder verbietet sich gar, wenn entsprechende **staatsvertragliche Regelungen** vorliegen. Bilaterale Staatsverträge, die den besonderen Echtheitsnachweis entfallen lassen, bestehen mit den nachfolgend (siehe Rdn 50 ff.) aufgeführten Staaten;[109] hinzu kommen einige multilaterale Abkommen (siehe Rdn 58).

50 **Belgien:** Zur Anwendbarkeit siehe Rdn 46 ff. Abkommen vom 13.5.1975 zwischen der Bundesrepublik und dem Königreich Belgien über die Befreiung öffentlicher Urkunden von der Legalisation;[110] deutsches Zustimmungsgesetz vom 25.6.1980, BGBl II, 813. Öffentliche Urkunden, die in einem der beiden Staaten errichtet und mit amtlichem Siegel oder Stempel versehen sind, bedürfen zum Gebrauch in dem anderen Staat keiner Legalisation, Apostille oder ähnlichen Förmlichkeit. Zu den öffentlichen Urkunden in diesem Sinne gehören auch die Urkunden der Notare (Art. 2 Nr. 3 des Abkommens). Zur Verwendung deutscher Urkunden in Belgien wurde früher empfohlen, vorsichtshalber eine Apostille einzuholen, da das bilaterale Abkommen offenbar z.T. in Belgien nicht anerkannt wurde, weil das belgische Ratifizierungsverfahren fehlerhaft gewesen sei.[111] Zwischenzeitlich haben sich diese Schwierigkeiten jedoch erübrigt und es wird das Abkommen offenbar umfassend angewandt.[112] Zudem ist Belgien am 15.6.2016[113] dem europäischen Übereinkommen vom 7.6.1968 zur Befreiung der von diplomatischen oder konsularischen Vertretern errichteten Urkunden von der Legalisation beigetreten.[114] Dabei handelt es sich um den Entfall des Legalitätsbeweises von Urkunden, die von den diplomatischen oder konsularischen Vertretern einer Vertragspartei in ihrer amtlichen Eigenschaft und in Wahrnehmung ihrer Aufgaben in dem Hoheits-

106 MüKo-ZPO/*Ulrici*, EU-Urk-VO Art. 4 Rn 12.
107 MüKo-ZPO/*Ulrici*, EU-Urk-VO Art. 19 Rn 1.
108 MüKo-ZPO/*Ulrici*, EU-Urk-VO Art. 1 Rn 19, 20.
109 Texte der Staatsverträge abgedr. bei: *Geimer/Schütze*, Internationaler Rechtsverkehr in Zivil- und Handelssachen, 62. EL 2021, D III.
110 Abrufbar unter: https://www.personenstandsrecht.de/Webs/PERS/DE/uebereinkommen/_documents/abkommen-vereinbarungen-und-vertraege/ue10.html (letzter Abruf: 12.8.2025).
111 Beck'sches Notarhdb/*Süß*, § 28 Rn 344B.
112 Beck'sches Notarhdb/*Süß*, § 28 Rn 344B.
113 BGBI II 2016, 514.
114 BGBl II 1971, 86.

gebiet irgendeines Staates errichtet worden sind und die vorgelegt werden sollen (Art. 2 I). Dieses Übereinkommen geht dem Abkommen vom 13.6.1975 bei konsularischen Urkunden vor (Art. 5).

Dänemark: Zur Anwendbarkeit siehe Rdn 46 ff. Dänisch-deutsches Beglaubigungsabkommen vom 17.6.1936;[115] durch den 2. Weltkrieg suspendiert, findet seit dem 1.9.1952 wieder Anwendung, vgl. Nr. 7 der Bek. über die Wiederanwendung deutsch-dänischer Vorkriegsverträge vom 30.7.1953.[116] Das Abkommen befreit für den zwischenstaatlichen Verkehr zwischen der Bundesrepublik und Dänemark öffentliche Urkunden weitgehend von der Legalisation und sogar von der innerstaatlichen Zwischenbeglaubigung. Nach Art. 1 Abs. 2 des Abkommens bedürfen die von einem Notar aufgenommenen, ausgestellten oder beglaubigten und mit seinem Amtssiegel oder Amtsstempel versehenen Urkunden keiner Zwischenbeglaubigung und keiner Legalisation. Im Verhältnis von Bundesrepublik und Dänemark sind die notariellen und eine Reihe anderer öffentlicher Urkunden also freizügig. Die Urkunde eines dänischen Notars kann in Deutschland ebenso verwendet werden wie in Dänemark und umgekehrt. Das gilt auch für die notariellen Wechsel- und Scheckproteste. – Dem Haager Übereinkommen vom 5.10.1961 (siehe Rdn 60) ist Dänemark mit Wirkung vom 29.12.2006 beigetreten (ausgenommen Grönland und Färöer). Dieser Beitritt ändert für die Praxis allerdings nichts daran, dass im Urkundenverkehr zwischen der Bundesrepublik und Dänemark in erster Linie das Abkommen von 1936 anzuwenden ist, weil es zwischen diesen beiden Ländern das Verfahren stärker vereinfacht als das Haager Übereinkommen.[117] 51

Frankreich: Zur Anwendbarkeit siehe Rdn 46 ff. Deutsch-französisches Abkommen vom 13.9.1971 über die Befreiung öffentlicher Urkunden von der Legalisation;[118] in Kraft seit 1.4.1975.[119] Die in einem der beiden Vertragsstaaten aufgenommenen öffentlichen Urkunden können auch im anderen ohne Legalisation, Apostille oder sonstige Echtheitsbescheinigung als öffentliche Urkunden verwendet werden.[120] Das Abkommen geht dem Haager Übereinkommen vom 5.10.1961 (siehe Rdn 60), das beide Staaten am 24.1.1965 ratifiziert haben, vor. – Auf konsularische Urkunden bezieht sich das Abkommen von 1971 nicht, weil diese und diplomatische Urkunden unter das europäische Übereinkommen vom 7.6.1968 zur Befreiung der von diplomatischen oder konsularischen Vertretern errichteten Urkunden von der Legalisation[121] fallen, dem beide Staaten beigetreten sind. 52

Griechenland: Zur Anwendbarkeit siehe Rdn 46 ff. Für den Urkundenverkehr zwischen Deutschland und Griechenland ist das deutsch-griechische Abkommen über die gegenseitige Rechtshilfe in Angelegenheiten des bürgerlichen und Handels-Rechts vom 11.5.1938 anzuwenden.[122] Das Abkommen war durch den 2. Weltkrieg suspendiert. Es ist wieder in Kraft nach Nr. 3 der Bekanntgabe über die Wiederanwendung deutsch-griechischer Vorkriegsverträge vom 26.6.1952.[123] Nach Art. 24 Abs. 2 dieses Abkommens sind notarielle (ebenso wie amtsgerichtliche) Urkunden vom Legalisationszwang befreit; sie bedürfen lediglich der Beglaubigung durch den Landgerichtspräsidenten. Urkunden, die von einem Landgericht oder einem Gericht höherer Ordnung ausgestellt oder beglaubigt sind, bedürfen weder der Zwischenbeglaubigung noch der Legalisation. – Das Haager Übereinkommen vom 5.10.1961 (siehe Rdn 60) ist am 18.5.1985 für Griechenland in Kraft getreten.[124] Es stellt sich für notarielle (und amtsgerichtliche) Urkunden das Problem, ob die Apostille nach dem Haager Übereinkommen oder die Beglaubigung durch den Landgerichtspräsidenten nach dem deutsch-griechischen Abkommen von 1938 zu erteilen ist. Beglaubigungen nach Art. 24 Abs. 2 des deutsch-griechischen Abkommens sind grundsätzlich nicht formstrenger als die Apostille nach dem Haager Übereinkommen; letztere beansprucht nach Art. 8 des Haager Übereinkommens mithin keine Geltung. Die Praxis zieht die Apostille dennoch vor. Im Interesse internationaler Vereinheitlichung und Zweckmäßigkeit erscheint dieses Vorgehen 53

115 RGBl II, 213; abrufbar unter: https://www.personenstandsrecht.de/Webs/PERS/DE/uebereinkommen/_documents/abkommen-vereinbarungen-und-vertraege/ue07.html (letzter Abruf: 23.8.2022).
116 BGBl II, 186.
117 *Höfer/Huhn*, S. 118 Stichwort: Dänemark.
118 BGBl II, 1074, 1100; abrufbar unter: https://www.personenstandsrecht.de/Webs/PERS/DE/uebereinkommen/_documents/abkommen-vereinbarungen-und-vertraege/ue09.html (letzter Abruf: 12.8.2025).
119 Bek. vom 6.3.1975, BGBl. II, 353.
120 Zu dem Abkommen im Einzelnen vgl. *Arnold*, DNotZ 1975, 581 f.
121 BGBl II 1971, 85.
122 RGBl II 1939, 848; abrufbar unter: https://www.personenstandsrecht.de/Webs/PERS/DE/uebereinkommen/_documents/abkommen-vereinbarungen-und-vertraege/ue08.html (letzter Abruf: 12.8.2025).
123 BGBl II, 634.
124 BGBl II, 1108.

durchaus angemessen.[125] Zudem ist Griechenland am 23.5.1979[126] dem europäischen Übereinkommen vom 7.6.1968 zur Befreiung der von diplomatischen oder konsularischen Vertretern errichteten Urkunden von der Legalisation beigetreten.[127] Dieses Übereinkommen geht nach seinem Art. 5 dem Abkommen vom 11.5.1938 bei konsularischen Urkunden vor.

54 **Italien:** Zur Anwendbarkeit siehe Rdn 46 ff. Deutsch-italienischer Vertrag vom 7.6.1969 über den Verzicht auf Legalisation von Urkunden;[128] in Kraft seit 5.5.1975, Bekanntgabe vom 22.4.1975.[129] Die in einem der beiden Vertragsstaaten aufgenommenen öffentlichen Urkunden können auch im anderen ohne Legalisation, Apostille oder sonstige Echtheitsbestätigung als öffentliche Urkunden verwendet werden.[130] Der Vertrag umfasst auch diplomatische oder konsularische Urkunden. Nach Art. 1 Abs. 2 Nr. 4 des Vertrages sind notarielle Urkunden ebenfalls umfasst. – Das deutsch-italienische Abkommen vom 9.3.1936,[131] bezieht sich nur auf die Anerkennung und Vollstreckung gerichtlicher Entscheidungen, nicht auf notarielle Urkunden. In wesentlichen Bereichen ist dieses Abkommen nunmehr durch die EuGVVO ersetzt (vgl. Art. 69 EuGVVO a.F. und n.F.; zur EuGVVO insg. siehe Rdn 100 ff.). Seit dem 11.2.1978 gilt außerdem für Italien das Haager Übereinkommen vom 5.10.1961.[132] Zudem ist Italien am 19.1.1972[133] dem europäischen Übereinkommen vom 7.6.1968 zur Befreiung der von diplomatischen oder konsularischen Vertretern errichteten Urkunden von der Legalisation beigetreten.[134]

55 **Luxemburg:** Hier gilt das Abkommen zwischen der Bundesrepublik Deutschland und dem Großherzogtum Luxemburg über den Verzicht auf die Beglaubigung und über den Austausch von Personenstandsurkunden sowie über die Beschaffung von Ehefähigkeitszeugnissen vom 3.6.1982 (Zustimmungsgesetz nach Art. 59 Abs. 2 GG vom 11.11.1983, BGBl. 1983 II, S. 698).[135] Zur Anwendbarkeit neben den Bestimmungen der ApostillenVO siehe Rdn 46 ff. Das Abkommen ist seit 1.4.1984 in Kraft und gemäß seinem Art. 1 S. 1 bedürfen Urkunden, die der Standesbeamte/Zivilstandsbeamte des einen Vertragsstaats aufgenommen, ausgestellt oder beglaubigt und mit amtlichem Siegel oder Stempel versehen hat, zum Gebrauch in dem anderen Vertragsstaat keiner Beglaubigung. Damit entfällt zugleich die Notwendigkeit einer Apostille. Dass Ehefähigkeitszeugnisse außerdem keiner konsularischen Zuständigkeitsbescheinigung bedürfen, ergibt sich Art. 1 S. 2 des Abkommens. Deutschland und Luxemburg sind zudem Vertragsstaaten des Haager Übereinkommens zur Befreiung ausländischer öffentlicher Urkunden von der Legalisation vom 5.10.1961, des Londoner Europäischen Übereinkommens zur Befreiung der von diplomatischen oder konsularischen Vertretern errichteten Urkunden von der Legalisation vom 7.6.1968, des Luxemburger CIEC-Übereinkommens über die kostenlose Erteilung von Personenstandsurkunden und den Verzicht auf ihre Legalisation vom 26.9.1957 sowie des Pariser CIEC-Übereinkommens über die Erteilung gewisser für das Ausland bestimmter Auszüge aus Personenstandsbüchern vom 27.9.1956.

56 **Österreich:** Zur Anwendbarkeit siehe Rdn 46 ff. Zwischen der Bundesrepublik und Österreich gilt der deutsch-österreichische Beglaubigungsvertrag vom 21.6.1923;[136] wieder anzuwenden seit dem 1.1.1952.[137] Nach Art. 3 dieses Vertrages bedürfen u.a. die von Notaren ausgefertigten und mit ihrem amtlichen Siegel versehenen Urkunden zum Gebrauch in den Gebieten des anderen Staates keiner weiteren Beglaubigung, also weder der Zwischenbeglaubigung noch der Legalisation. Der Vertrag enthält also eine Ausnahme von dem sonst in Österreich allgemein geltenden Legalisationszwang. Nach § 187 Abs. 1 des österr. Bundesgesetzes über das gerichtliche Verfahren in Rechtsangelegenheiten außer Streitsachen (Außerstreitgesetz; Neufassung in Kraft seit 1.1.2005) kann ein österreichisches Gericht die Legalisation anordnen, wenn es die Echtheit einer Urkunde für zweifelhaft hält. Das gilt für papierne und elektronische Urkunden gleichermaßen. Im Verhältnis zur Bundesrepublik gilt diese Befugnis des öster-

125 Vgl. *Weber*, DNotZ 1967, 469, 471; Anm. 16.
126 BGBl II 1979, 338.
127 BGBl II 1971, 86.
128 BGBl II 1974, 1069; abrufbar unter: https://italien.diplo.de/it-de/service/07-KonsularinfoA-Z/-/1589654 (letzter Abruf: 12.8.2025).
129 BGBl II, 1975, 660.
130 Zu dem Abkommen im Einzelnen vgl. *Arnold*, DNotZ 1975, 581 f.
131 RGBl II, 1936, 1945, BGBl II 1952, 986.
132 BGBl II 1978, 153.
133 BGBl II 1971, 1313.
134 BGBl II 1971, 86.
135 https://www.personenstandsrecht.de/Webs/PERS/DE/uebereinkommen/_documents/abkommen-vereinbarungen-und-vertraege/ue11.html (letzter Aufruf 17.2.2026).
136 RGBl II 1924, 61; abrufbar unter: https://www.personenstandsrecht.de/Webs/PERS/DE/uebereinkommen/_documents/abkommen-vereinbarungen-und-vertraege/ue06.html (letzter Abruf: 12.8.2025).
137 BGBl II 1952, 436.

reichischen Gerichtes nicht. Seit dem 13.1.1968 gilt außerdem für Österreich das Haager Übereinkommen vom 5.10.1961 (siehe Rdn 60). Also ist – soweit nach dem deutsch-österreichischen Beglaubigungsvertrag überhaupt Legalisationszwang bestand – nunmehr die Apostille zu erteilen. Notarielle Urkunden sind hingegen schon nach dem Beglaubigungsvertrag von jedem Legalisationszwang befreit. Das gilt auch für die notariellen Beglaubigungsvermerke auf Privatkunden (Art. 4 des Vertrages). Die Urkunden österreichischer Notare, die in einem anderen Vertragsstaat des Haager Übereinkommens vom 5.10.1961 (siehe Rdn 60) außer der Bundesrepublik verwendet werden sollen, müssen mit der Apostille versehen werden. Zuständig für die Erteilung der Apostille ist in diesen Fällen der Präsident des jeweils zuständigen, mit Zivilrechtssachen befassten Gerichtshofes erster Instanz. – Der deutsch-österreichische Vertrag über den Verzicht auf die Beglaubigung und über den Austausch von Personenstandsurkunden sowie über die Beschaffung von Ehefähigkeitszeugnissen vom 18.11.1980[138] ist am 1.5.1982 in Kraft getreten.[139] Nach Art. 1 jenes Vertrages bedürfen Urkunden, die der Standesbeamte des einen Vertragsstaates aufgenommen, ausgestellt oder beglaubigt und mit Dienstsiegel oder Dienststempel versehen hat, zum Gebrauch im anderen Vertragsstaat keiner Beglaubigung (Legalisation). Ehefähigkeitszeugnisse bedürfen außerdem keiner konsularischen Zuständigkeitsbescheinigung. Der Vertrag enthält zudem Regelungen über den Austausch von Personenstandsurkunden und die Beschaffung von Ehefähigkeitszeugnissen im Verhältnis zwischen den Standesämtern der beiden Vertragsstaaten. Zudem ist Österreich am 10.7.1973[140] dem europäischen Übereinkommen vom 7.6.1968 zur Befreiung der von diplomatischen oder konsularischen Vertretern errichteten Urkunden von der Legalisation beigetreten.[141] Dieses Übereinkommen geht nach seinem Art. 5 dem Beglaubigungsvertrag vom 21.6.1923 bei konsularischen Urkunden vor.

Schweiz: Die Verordnung (EU) 2016/1191 (siehe Rdn 46) findet keine Anwendung. Im Verhältnis zwi- **57**
schen der Bundesrepublik und der Schweiz gilt der deutsch-schweizerische Vertrag über die Beglaubigung öffentlicher Urkunden vom 14.2.1907.[142] Dieser Vertrag wurde durch den 2. Weltkrieg in seinem Bestand nicht berührt.[143] Gerichtliche Urkunden bedürfen aufgrund des Vertrages überhaupt keiner Beglaubigung oder Legalisation. Die Bestimmungen sind für das Verhältnis zwischen der Bundesrepublik und der Schweiz zwingend. Beglaubigung oder Legalisation gerichtlicher Urkunden des einen Staates darf von Gerichten und Behörden des anderen nicht verlangt werden. Urkunden der Notare sind in wechselseitigem Urkundsverkehr zwischen der Bundesrepublik und der Schweiz nach dem Haager Übereinkommen vom 5.10.1961 (siehe Rdn 60) zu behandeln, dem beide Staaten beigetreten sind. Urkunden deutscher Notare sind also für den Gebrauch in der Schweiz vom LGPräs mit der Apostille zu versehen.[144] Zudem ist die Schweiz am 20.11.1970[145] dem europäischen Übereinkommen vom 7.6.1968 zur Befreiung der von diplomatischen oder konsularischen Vertretern errichteten Urkunden von der Legalisation beigetreten.[146]

Neben den bilateralen Abkommen (siehe Rdn 50–57) bestehen einige **multilaterale Abkommen,** die be- **58**
stimmte Gruppen von Urkunden von der besonderen Echtheitsbestätigung (Legalisation) befreien. Solche Abkommen bestehen insbesondere auf dem Gebiet der **Vaterschaftsanerkenntnisse** (Übereinkommen vom 14.9.1961 über die Erweiterung der Zuständigkeit der Behörden, vor denen nichteheliche Kinder anerkannt werden können)[147] und der **sozialen Sicherheit**.[148] Weitere für die Notarpraxis meist weniger bedeutsame Abkommen betreffen das Personenstandswesen, den gewerblichen Rechtsschutz sowie Zollunterlagen.[149] **Konsularische Urkunden** sind von der Legalisation befreit nach dem Europä-

138 BGBl II 1981, 1050.
139 BGBl II, 1980, 207.
140 BGBl II 1973, 746.
141 BGBl II 1971, 86.
142 RGBl 1907, 413 (abrufbar unter: https://www.fedlex.admin.ch/eli/cc/23/397_330_389/de; letzter Abruf: 12.8.2025); RGBl 1911, 907; 1912, 535; II 1928, 608; II 1943, 361; Bek. vom 20.1.1956, BGBl II, 1956, 30; Bek. vom 23.7.2020, BGBl II, 2020, 694.
143 Vgl. *Bülow*, DNotZ 1955, 9, 32 Anm. 84.
144 Vgl. DNotZ 1965, 387.
145 BGBl II 1971, 1023.
146 BGBl II 1971, 86.
147 BGBl II 1965, 17, 19, 1162. S. dazu *Höfer/Huhn*, S. 94 f.; *Reichard*, StAZ 1966, 175; *Simitis*, RabelsZ 33 (1969), 30, 38 f.; Richtlinien des BMI: StAZ 1966, 68 f.; abrufbar unter: https://www.personenstandsrecht.de/Webs/PERS/DE/uebereinkommen/_documents/ciec/ue05.html (letzter Abruf: 12.8.2025).
148 Z.B. zur sozialen Sicherheit der Rheinschiffer; s. dazu BGBl II 1983, 593; II 1990, 382; abrufbar unter https://www.ccr-zkr.org/files/cass/Accord_de.pdf (letzter Abruf: 12.8.2025).
149 Vgl. die Zusammenstellung bei *Geimer/Schütze*, Internationaler Rechtsverkehr in Zivil- und Handelssachen, 69. EL 2025, D IV.

ischen Übereinkommen vom 7.6.1968 zur Befreiung der von diplomatischen oder konsularischen Vertretern errichteten Urkunden von der Legalisation.[150]

Seit dem 17.8.2015 gelten mit Inkrafttreten der VO (EU) 650/2012 vom 4.7.2012 („**EuErbVO**")[151] auch mit Blick auf öffentliche Urkunden mit erbrechtlichem Inhalt Besonderheiten. Gem. Art. 59 Abs. 1 Unterabsatz 1 EuErbVO haben im europäischen Ausland errichtete öffentliche Urkunden in Deutschland dieselbe formelle Beweiskraft wie im Ursprungsmitgliedsstaat, sofern sie dem hiesigen *ordre public* nicht offensichtlich widersprechen. Das gilt auch für die Verwendung von in Deutschland errichteten öffentlichen Urkunden im EU-Ausland, soweit die EuErbVO dort anwendbar ist (d.h. nicht in Dänemark und Irland).[152] Eine gesonderte Legalisation ist dann entbehrlich; auch § 438 ZPO ist nicht mehr anwendbar. Erhebt ein Beteiligter **Einwände gegen die Authentizität** einer öffentlichen Urkunde, kann er diese nur bei den Gerichten des Ursprungsmitgliedsstaates vorbringen. Hinsichtlich des bestrittenen Umstandes entfaltet die Urkunde in einem solchen Fall keine Beweiskraft, solange die Sache beim Gericht des Ursprungsmitgliedsstaates anhängig ist, Art. 59 Abs. 2 S. 2 EuErbVO. Für Einwände mit Blick auf das beurkundete Rechtsgeschäft und dessen Inhalt gilt Art. 59 Abs. 3 EuErbVO. Für die **Vollstreckbarkeit notarieller Urkunden mit erbrechtlichem Inhalt** gelten seit dem 17.8.2015 einige Sonderregeln (siehe Rdn 103).

c) Erfordernis des Echtheitsnachweises

59 Fehlen bi- oder multilaterale Abkommen (zu ihnen siehe Rdn 50–56, 62) und handelt es sich um einen nicht der Europäischen Union angehörigen Staat (zur Verordnung siehe Rdn 46), so ist die Echtheit einer ausländischen öffentlichen Urkunde jeweils im **Einzelfall** festzustellen (§ 438 Abs. 1 ZPO). Zur Erbringung dieses **Echtheitsnachweises** bestimmt § 438 Abs. 2 ZPO für Urkunden, die sich als von einer ausländischen Behörde oder von einer mit öffentlichem Glauben versehenen Person des Auslands errichtet darstellen, Folgendes:

„Zum Beweis der Echtheit einer solchen Urkunde genügt die Legalisation durch einen Konsul oder Gesandten des Bundes."

Diese Regelung bedeutet nicht, dass nach deutschem Recht Legalisationszwang bestünde. Er ist dem deutschen Recht fremd.[153] Die Echtheit einer ausländischen öffentlichen Urkunde kann im Einzelfall vom Gericht auf jede geeignete Weise festgestellt werden (§ 438 Abs. 1 ZPO).[154] Der Beweis der Echtheit ist aber in jedem Fall geführt, wenn die ausländische Urkunde legalisiert ist (zu Begriff und Verfahren siehe Rdn 85 ff.).[155] Dementsprechend wird die Legalisation nach § 438 Abs. 2 ZPO auch als eine vereinfachte Möglichkeit des Echtheitsnachweises bezeichnet.[156]

60 Urkunden aus Staaten, die dem **Haager Übereinkommen** vom 5.10.1961 zur Befreiung ausländischer öffentlicher Urkunden von der Legalisation („Apostille-Übereinkommen")[157] beigetreten sind, bedürfen der Legalisation nicht; sie gelten in allen Vertragsstaaten als echt, wenn sie mit einer **Apostille** versehen sind.[158] Mit Stand vom 14.8.2025 sind 126 Staaten dem Übereinkommen beigetreten.[159] Zu den öffent-

150 BGBl II 1971, 85; abrufbar unter: https://www.personenstandsrecht.de/Webs/PERS/DE/uebereinkommen/_documents/europarat/ue02.html (letzter Abruf: 12.8.2025).

151 Überblick bei *Döbereiner*, MittBayNot 2013, 358 ff. und 437 ff.; ferner Scherer/*Pawlytta/Pfeiffer*, ErbR, § 33 Rn 12 ff.

152 Zum räumlichen Geltungsbereich: BeckOGK BGB/*J. Schmidt*, Stand: 1.6.2025, Art. 1 EuErbVO Rn 7.

153 *Bülow*, DNotZ 1955, 9, 40; *Jansen*, Einl. Rn 49.

154 Vgl. auch OLG Zweibrücken v. 22.1.1999 – 3 W 246/98, MittBayNot 1999, 480; BayObLG v. 19.11.1992 – 2 Z BR 100/92, IPRax 1994, 122; einschränkend OLG Zweibrücken v. 4.12.2001 – 5 UF 58/01, OLGR Zweibrücken 2002, 173 (mit Hinweis darauf, dass Brasilien dem Haager Übereinkommen beigetreten ist). § 438 ZPO gilt gem. § 98 VwGO auch im Verwaltungsstreitverfahren: BVerwG v. 15.7.1986 – 9 C 8/86, NJW 1987, 1159; BVerwG v. 20.4.1994 – 11 C 60/92, NVwZ-RR 1995, 172, 174.

155 Zum Beweiswert ausländischer rechtsgeschäftlicher Urkunden im Kollisionsrecht allg. vgl. *Spellenberg*, in: FS Kaissis, 2012, S. 915 ff.

156 MüKo-ZPO/*Schreiber*, § 438 Rn 3.

157 BGBl II 1965, 875.

158 Zu diesem Haager Übereinkommen: *Bindseil/Klasse*, DNotZ 1992, 275, 280 ff. (Freilich sind nunmehr vorrangige europäische Regelungen (s. Rdn 46) zu prüfen); *Weber*, DNotZ 1967, 469 ff.; *Kierdorf*, Die Legalisation von Urkunden, S. 110 ff. Aus der Rspr. s. KG. v. 26.7.2018 – 22 W 2/18, DNotZ 2019, 141 Rn 19 (betr. Schweiz) m. abl. Anm. *Diehn*; krit. dazu auch *Cziupka*, EWiR 2018, 138, 139.

159 Die Bundesrepublik Deutschland hat in 16 Fällen Einspruch gegen den Beitritt eingelegt, sodass das Übereinkommen im Verhältnis zu diesen Staaten nicht in Kraft getreten ist (Vollständige Liste abrufbar unter: https://www.personenstandsrecht.de/Webs/PERS/DE/uebereinkommen/_documents/haager-uebereinkommen/ue02.html, letzter Abruf 14.8.2025).

lichen Urkunden i.S. dieses Übereinkommens gehören die **Urkunden der Notare**. Auf Privaturkunden bezieht sich das Abkommen nicht. Öffentliche Urkunden sind aber auch die Beglaubigungsvermerke der Notare unter Privaturkunden. Ausfertigungen sind ebenso öffentliche Urkunden wie die Urschriften. Folglich findet das Übereinkommen auch auf papierne Ausfertigungen Anwendung, die von einem originären elektronischen Dokument erstellt werden, das im Urkundsstaat Urkundsfunktion hat. Das Haager Apostille-Übereinkommen bezieht sich nicht auf diplomatische und konsularische Urkunden. Für diese Urkunden gilt das Europäische Übereinkommen vom 7.6.1968 zur Befreiung der von diplomatischen oder konsularischen Vertretern errichteten Urkunden von der Legalisation.[160]

Ist für eine ausländische öffentliche Urkunde demnach der Echtheitsbeweis geführt, so gilt nach deutschem Recht der **Erfahrungssatz**, dass sie nicht fehlerhaft oder kompetenzwidrig aufgenommen ist.[161] 61

3. Ausländische Urkunden und deutsche Formvorschriften

a) Maßgebliche Formvorschriften (Formstatut)

Eine von der Echtheit zu unterscheidende Frage ist es, ob eine ausländische öffentliche Urkunde geeignet ist, die für das materielle Rechtsgeschäft **vorgeschriebene Form** zu wahren. Während die Echtheit einer Urkunde ihre prozessrechtliche Beweiskraft betrifft, geht es hier darum, ob die ausländische öffentliche Urkunde im Inland den angestrebten rechtsgeschäftlichen Erfolg herbeiführen kann. Dies ist einerseits eine Frage des **materiellen deutschen Rechts** und andererseits eine des in Deutschland anwendbaren **Internationalen Privatrechts (IPR; Kollisionsrecht)**. In einem ersten Schritt muss das Formstatut ermittelt werden, bevor in einem zweiten Schritt bestimmt werden kann, ob bei deutschem Formstatut die konkrete deutsche Formvorschrift auch dann gewahrt wird, wenn die dort angeordnete notarielle Beurkundung oder Beglaubigung nicht von einem deutschen, sondern von einem ausländischen Notar vollzogen wird (**Substitution**). Das **Formstatut** ist für einige Rechtsgeschäfte weiterhin in Art. 11 EGBGB geregelt, für andere seit dem 17.12.2009 in Art. 11 Rom I-VO.[162] Nach Art. 11 Abs. 1 EGBGB, der insbesondere für Eheschließung (die Form der Trennung und Scheidung regelt Art. 7 Rom III-VO[163]), Rechtsgeschäfte auf den Gebieten des Ehegüterrechts (bei Eheschließung vor dem 29.1.2019; ansonsten gilt Art. 25 EuGüVO[164]), Unterhalts- und Kindschaftsrechts, bestimmte erbrechtliche Geschäfte (sofern sie intertemporal nicht von der EuErbVO[165] erfasst sind), Verfügungsgeschäfte und die Form der Vollmacht maßgeblich ist, gilt Folgendes: a) Ob ein formgültiges Geschäft vorliegt, bestimmt die Rechtsordnung, die – wenn es gültig ist – seine Wirkungen bestimmt (**Wirkungsstatut**; Geschäftsrecht); b) Es genügt jedoch ebenso die Erfüllung der Formanforderungen des Ortes, an dem das Rechtsgeschäft vorgenommen wird (**Ortsstatut**; *lex loci actus*);[166] c) Geschäftsrecht und Ortsrecht gelten **alternativ**;[167] es ist stets diejenige Rechtsordnung anzuwenden, die eher zur Gültigkeit des Rechtsgeschäftes führt. Art. 11 Rom I-VO entspricht weitgehend Art. 11 EGBGB.[168] 62

Nach Art. 11 Abs. 5 Rom I-VO sind für **Schuldverträge** über dingliche Rechte an **Grundstücken** die am Belegenheitsort geltenden zwingenden Formvorschriften einzuhalten, sofern diese eine ausschließliche Geltung beanspruchen. Solche international zwingenden Formvorschriften für schuldrechtliche Verträge über inländische Grundstücke kennt das deutsche Recht i.d.R. nicht.[169] Ein in Deutschland belegenes Grundstück kann im Ausland ohne Einhaltung der Form des § 311b Abs. 1 S. 1 BGB wirksam verkauft werden.[170] Das 63

160 BGBl II 1971, 85. Dazu *Arnold*, NJW 1971, 2109.
161 OLG Zweibrücken v. 22.1.1999 – 3 W 246/98, MittBayNot 1999, 480; vgl. *Schaub*, NZG 2000, 953, 956; *Roth*, IPRax 1994, 86, 87; krit. *Langhein*, Rpfleger 1996, 45, 49; *Reithmann*, DNotZ 1995, 360, 366 ff. (es könne eine die Wahrheit der Urkunde absichernde strafrechtliche Sanktion i.S. des § 348 StGB fehlen).
162 ABl 2008 Nr. L 177, 6 v. 4.7.2008.
163 ABl 2010 Nr. L 242, 10 v. 20.12.2010; BeckOGK/*Gebauer*, Stand: 1.6.2022, Art. 11 EGBGB Rn 4.
164 BeckOGK/*Gebauer*, Stand: 1.6.2022, Art. 11 EGBGB Rn 8; ABl. 2016 Nr. L 183, 1 v. 24.6.2016.
165 ABl 2012 Nr. L 201, 107 v. 4.7.2012.
166 Vgl. auch OLG Düsseldorf v. 18.2.2014 – 24 U 59/13, BeckRS 2014, 22782 = ZfIR 2015, 42 (Ls.).
167 *Rauscher*, IPR, Rn 1146; *Landbrecht/Becker*, BB 2013, 1290.
168 *Stenzel*, GmbHR 2014, 1024; zu Einzelheiten s. Grüneberg/*Thorn*, Art. 11 Rom I-VO Rn 1 ff.
169 Vgl. auch MüKo-BGB/*Kleinschmidt*, Art. 11 Rom I-VO Rn 77: „nur wenige".
170 OLG Düsseldorf v. 18.2.2014 – 24 U 59/13, BeckRS 2014, 22782 = ZfIR 2015, 42 (Ls.); BayObLG v. 1.8.1977 – 3 Z 103/75, DNotZ 1978, 58, 60; RG v. 16.5.1928 – V 458/28, RGZ 121, 154 (zur Vorgängernorm des § 313 S. 1 BGB a.F.); *Land*, BB 2013, 2697, 2701; Beck'sches Notarhdb/*Zimmermann/Pogorzelski*, § 28 Teil E Rn 103; krit. *Döbereiner*, ZNotP 2001, 465, 466.

Gleiche gilt für Schuldverträge über die **Abtretung von Geschäftsanteilen** einer Gesellschaft,[171] wenn nicht das Ortsrecht den betr. Rechtsakt überhaupt nicht kennt und deshalb keine Form bereithält.[172]

64 Eine weitere Ausnahme besteht nach Art. 11 Abs. 4 EGBGB für **dingliche Verfügungen**. Ihre Form richtet sich gem. Art. 43 Abs. 1 EGBGB allein nach dem Recht des Belegenheitsorts (*lex rei sitae*). Die **Auflassung** eines im Inland belegenen Grundstücks ist nach zutreffender Ansicht nur in den Formen des deutschen Rechts möglich. Sie kann nicht vor einem ausländischen Notar erfolgen,[173] da aufgrund von Art. 11 Abs. 4, 43 Abs. 1 EGBGB deutsches Sachrecht das Formstatut bildet und das deutsche Recht insoweit auch nach der Rechtsprechung des BGH als substitutionsfeindlich zu verstehen ist.[174] Für die **Verfassung der Gesellschaft** betreffende Vorgänge wie Gründung oder Satzungsänderung (sog. statusrelevante Rechtsgeschäfte) wird, teils in Analogie zu Art. 11 Abs. 4 EGBGB, teils aufgrund abweichender Qualifikation zugunsten des Gesellschaftsstatuts, gleichfalls verbreitet angenommen, dass die vom Ortsrecht vorgeschriebene Form nicht genüge.[175] Dem ist im Interesse von Rechtssicherheit und Verkehrsschutz zuzustimmen. Mithin ist allein das **Wirkungsstatut** (die Geschäftsform) maßgebend. Dies schließt bei deutschem Wirkungsstatut freilich die Beurkundung durch einen ausländischen Notar nicht aus; vielmehr bleibt eine Substitution möglich (zu den Anforderungen an die Gleichwertigkeit siehe Rdn 67 ff.). Hingegen ist die Ortsform für die **Verfügung über GmbH-Geschäftsanteile** ausreichend, und zwar auch nach Inkrafttreten des MoMiG.[176] Die Anordnung der notariellen Form ist in § 15 Abs. 3 GmbHG im Wesentlichen wegen der Erschwerung eines freien Handels mit Geschäftsanteilen angeordnet worden;[177] sie betrifft nicht konstitutive Akte der Gesellschaft selbst. Nach zutreffender Ansicht hat das Inkrafttreten des MoMiG nichts daran geändert, dass § 15 Abs. 3 GmbHG als Formvorschrift zu qualifizieren ist.[178] Nach Art. 785 Abs. 1 des schweizerischen OR n.F. genügt für Geschäftsanteilsübertragungen die Schriftform als Ortsform, was nach Art. 11 Abs. 1 EGBGB auch für die Übertragung deutscher GmbH-Anteile vor einem schweizerischen Notar gelten dürfte. Dies ist freilich sehr str., und solange die Frage nicht höchstrichterlich geklärt ist, empfiehlt sich in der Praxis weiterhin eine Beurkundung.[179] Sofern die (ausländische) Ortsform unanwendbar ist und als Geschäftsform deutsches Recht gilt, ist gleichwohl die Beurkundung durch einen ausländischen Notar möglich, wenn **Gleichwertigkeit** mit einem deutschen Notar

171 *Brück*, DB 2004, 2409; *Reithmann*, NJW 2003, 385; *A. Reuter*, BB 1998, 116, 117; vgl. BGH v. 16.2.1981 – II ZB 8/80, BGHZ 80, 76, 78 = DNotZ 1981, 451; *Landbrecht/Becker*, BB 2013, 1290, 1292; Staudinger/*Renner*, Int GesR, Rn 37.

172 RG v. 22.3.1939 – II 137/38, RGZ 160, 225, 230; vgl. *S. Lorenz*, IPRax 1994, 193, 196: „Versagen des Ortsrechts".

173 BGH v. 13.2.2020 – V ZB 3/16, NJW 2020, 1670 = DNotZ 2020, 742 m. krit. Anm. *Raff* = MittBayNot 2021, 65 m. krit. Anm. *Strauß*; OLG Köln v. 29.11.1971 – 2 Wx 78/71, DNotZ 1972, 489; BayObLG v. 1.8.1977 – 3 Z 103/75, DNotZ 1978, 58, 62; KG v. 27.5.1986 – 1 W 2627/85, DNotZ 1987, 44; LG Ellwangen v. 26.11.1999 – 1 T 205/99, BWNotZ 2000, 45 f. = MittRhNot 2000, 252; vgl. auch OLG Düsseldorf v. 18.2.2014 – 24 U 59/13, BeckRS 2014, 22782 = ZfIR 2015, 42 (Ls.); ferner Staudinger/*Schäuble*, Art. 11 EGBGB Rn 327; *Döbereiner*, ZNotP 2001, 465; *Jansen*, Einl. Rn 31; *Kanzleiter*, DNotZ 2007, 222, 224 f.; *Reithmann*, DNotZ 1995, 360, 362 f.; *Schütze*, DNotZ 1992, 66, 67; *Winkler*, Einl. Rn 53; *Land*, BB 2013, 2697, 2701; a.A. *Heinz*, ZNotP 2001, 460, 464; MüKo-BGB/*Kleinschmidt*, Art. 11 EGBGB Rn 70; Staudinger/*Mansel*, Art. 43 EGBGB Rn 1114.1; krit. auch *Mäsch*, JuS 2020, 1215; dagegen spricht aber die Gesetzesgeschichte, vgl. dazu *Riedel*, DNotZ 1955, 521; *Blumenwitz*, DNotZ 1968, 712, 736.

174 BGH v. 13.2.2020 – VZB 3/16 Rn 12.

175 OLG Hamm v. 1.2.1974 – 15 Wx 6/74, NJW 1974, 1057 f. (betr. Satzungsänderung); LG Augsburg v. 4.6.1996 – 2 HK T 2093/96, NJW-RR 1997, 420 (Verschmelzung); Staudinger/*Schäuble*, Art. 11 EGBGB, Rn 258; Staudinger/*Renner*, Int GesR, Rn 22; *Goette*, MittRhNot 1997, 1, 3; *Herrler*, NJW 2018, 1787 f.; *Kindler*, Geschäftsanteilsabtretungen im Ausland, 2010, S. 34 ff.; *Kröll*, ZGR 2000, 111, 125; *Kropholler*, ZHR 140 (1976), 394, 402 ff.; *Scherwier*, NJW 1993, 593, 595; *Omlor/Sedlmeir/Urbach*, ZIP 2024, 1693, 1698; a.A. OLG Stuttgart v. 3.11.1980 – 8 W 530/79, NJW 1981, 1176; OLG Düsseldorf v. 25.1.1989 – 3 Wx 21/89, NJW 1989, 2200.

176 BGH v. 17.12.2013 – II ZB 6/13, DNotZ 2014, 457 Rn 14 ff. mit zust. Anm. *Weller*, ZGR 2014, 865; OLG Düsseldorf v. 2.3.2011 – 3 Wx 236/10, NJW 2011, 1370; so schon zur früheren Rechtslage OLG Frankfurt v. 10.4.1981 – 20 W 460/80, DNotZ 1982, 186, 188; OLG Frankfurt v. 25.1.2005 – 11 U 8/04, NZG 2005, 820 (Ls.); *Goette*, MittRhNot 1997, 1, 3 f.; *Kröll*, ZGR 2000, 111, 128; s. auch MüKo-BGB/*Kleinschmidt*, Art. 11 EGBGB Rn 178; a.A. etwa Staudinger/*Schäuble*, Art. 11 EGBGB Rn 259; Staudinger/*Renner*, Int GesR, Rn 36; *Hermanns*, RNotZ 2011, 224, 225; *Süß*, DNotZ 2011, 414, 417; *Landbrecht/Becker*, BB 2013, 1290, 1292 f.; *Land*, BB 2013, 2697, 2702; *Link*, BB 2014, 579, 582; vgl. auch *Herrler*, GmbHR 2013, 617, 628 ff.; *Omlor/Sedlmeir/Urbach*, ZIP 2024, 1693, 1698.

177 S. dazu *Armbrüster*, DNotZ 1997, 762, 767 f.

178 *Odendahl*, RIW 2014, 189, 193 m. w. Nachw.; *Stenzel*, GmbHR 2014, 1024, 1025 f.; abweichend *Bayer*, GmbHR 2013, 897, 904 ff. (auf Sicherstellung materieller Richtigkeit gerichteter „Formzweck"); instruktiv zum Begriff der Form *Spellenberg*, IPRax 2013, 545 ff.

179 In diesem Sinne auch *Odendahl*, RIW 2014, 189, 194 (sub VI); *Land*, BB 2013, 2697, 2702; vgl. auch *Weller*, ZGR 2014, 865, 874; *Link*, BB 2014, 579, 581.

besteht, was Voraussetzung einer Substitution ist (Fungibilität; siehe Rdn 67).[180] Die Anforderungen hieran dürfen nicht überspannt werden (siehe Rdn 68 ff.). – Vorschläge, das Geschäftsstatut für schuldrechtliche Verträge über Grundstücke und gesellschaftsrechtliche Rechtsgeschäfte allgemein und als einziges zu berufen,[181] haben sich nicht durchgesetzt. Für diese Kollisionsregel spricht zwar ihre Eindeutigkeit und Klarheit; sie ist aber nicht zeitgemäß: Die Tendenz geht im Gegenteil in Richtung einer Aufhebung nationaler (Rechts-)Grenzen.

Ordnet das Ortsstatut die notarielle Beurkundung an, so können die erwähnten Verträge (siehe Rdn 64) auch vor einem ausländischen Notar beurkundet werden. Umgekehrt gilt § 311b BGB nicht nur für deutsche Grundstücke; er ist vielmehr auch anzuwenden, wenn ausländische Grundstücke in Deutschland verkauft werden und deutsches Sachrecht eingreift.[182] Art. 11 Abs. 4 EGBGB gilt nicht für die **Vollmacht** zum Abschluss von Verpflichtungsgeschäften über Sachen; insoweit greift vielmehr das allgemeine Kollisionsrecht ein.[183] Die Vollmacht zum Verkauf deutscher Grundstücke kann im Ausland daher in der ausländischen Form als der über Art. 11 Abs. 1 EGBGB berufenen Ortsform erteilt werden.[184] – Eintragungen in ein deutsches Grundbuch erfordern stets die Form des § 29 GBO, weil diese Vorschrift dem Verfahrensrecht angehört und das **Grundbuchamt** kein anderes als deutsches Verfahrensrecht anwenden darf. Insoweit bedarf es deshalb der prozessrechtlichen **Echtheit** der ausländischen öffentlichen Urkunde (siehe Rdn 44).[185] Die in den USA von einem *notary public* vorgenommene Unterschriftsbeglaubigung bedarf daher im Grundbucheintragungsverfahren zum Nachweis ihrer Echtheit grundsätzlich einer Apostille (siehe Rdn 60). Liegt statt einer vom zuständigen *Secretary of State* erteilten Apostille eine gerichtliche Echtheitsbescheinigung vor (etwa des *clerk of the circuit court*), so kann das GBA auf die Vorlage einer Apostille verzichten.[186] – Die vor der **Anmeldung einer GmbH** erforderliche **Belehrung** kann seit Inkrafttreten des MoMiG am 1.11.2008 nach der ausdrücklichen Regelung in § 8 Abs. 3 S. 2 GmbHG auch durch einen ausländischen Notar vorgenommen werden[187] (zur Auslandsbeurkundung gesellschaftsrechtlicher Vorgänge siehe auch § 2 BeurkG Rdn 32). 65

b) Gleichwertigkeit ausländischer Beurkundungen bei deutschem Formstatut

Wenn nach den Regeln des IPR deutsches Recht anzuwenden ist und dieses die Wahrung einer bestimmten Form zur Wirksamkeitsvoraussetzung des Rechtsgeschäfts macht, so ist zunächst zu prüfen, ob die Formvorschrift zwingend die Beurkundung durch einen **deutschen Notar** verlangt. Dies ist keineswegs bereits dann der Fall, wenn das deutsche Recht von „Notar" spricht; insoweit lässt sich aus § 7 Abs. 3 GmbHG, wonach die Belehrung nach § 53 Abs. 2 BZRG durch „einen Notar oder einen im Ausland bestellten Notar" erfolgen kann, nichts Gegenteiliges herleiten.[188] Regelmäßig ordnet das deutsche Recht nicht an, dass die Beurkundung ausschließlich durch einen deutschen Notar erfolgen kann (Ausnahmen: Errichtung deutscher vollstreckbarer Urkunden gem. § 794 Abs. 1 Nr. 5 ZPO; Auflassung; siehe Rdn 64). Es ist mithin **im Grundsatz** 66

180 BGH v. 13.2.2020 – V ZB 3/16, NJW 2020, 1670 = DNotZ 2020, 742 m. krit. Anm. *Raff*.
181 Vgl. *BNotK*, DNotZ 1973, 324, 326.
182 BGH v. 4.7.1969 – V ZR 69/66, BGHZ 52, 239, 242 f. = NJW 1969, 1760: Verkauf spanischer Grundstücke zwischen Deutschen in Frankfurt; zur (bejahten) Eintragungsfähigkeit einer vor dt. Notar errichteten Urkunde im spanischen Grundbuch: *Dirección General de Registros y Notariado* – DGRN, Beschl. vom 3.3.2007, BOE de 4 de abril de 2007, www.notariosyregistradores.com/RESOLUCIONES/2007-ABRIL.htm; BGH v. 6.2.1970 – V ZR 158/66, BGHZ 53, 189, 194 f. = NJW 1970, 999: Verkauf einer Eigentumswohnung in den Niederlanden zwischen Deutschen in Köln; BGH v. 3.12.1971 – V ZR 126/69, BGHZ 57, 337, 339 = NJW 1972, 385: Verkauf eines italienischen Grundstücks in Italien unter Vereinbarung deutschen Rechts; BGH v. 9.3.1979 – V ZR 85/77, BGHZ 73, 391, 394 ff. = NJW 1979, 1773: Verkauf einer Eigentumswohnung in Spanien unter Vereinbarung deutschen Rechts; MüKo-BGB/*Spellenberg*, Art. 11 EGBGB Rn 86.
183 OLG Stuttgart v. 11.11.1980 – 8 W 173/80, DNotZ 1981, 746; Grüneberg/*Thorn*, Art. 11 EGBGB Rn 20; vgl. auch OLG München v. 10.3.1988 – 24 U 474/87, NJW-RR 1989, 663, 664; a.A. *Ludwig*, NJW 1983, 495 für unwiderrufliche Auflassungsvollmacht.
184 Bsp.: Die in Kalifornien durch eine *notary public* beglaubigte Vollmacht zum Verkauf deutscher Grundstücke ist gültig; KG v. 9.1.1931 – 1 X 732/29, IPRspr. 1931, Nr. 21, S. 56; *Schütze*, DNotZ 1992, 66, 73; zur Gültigkeit einer nach liechtensteinischem Recht erstellten Vollmacht s. OLG Stuttgart v. 11.11.1980 – 8 W 173/80, DNotZ 1981, 746.
185 OLG Naumburg v. 17.3.2014 – 12 Wx 33/13, BeckRS 2014, 14966.
186 BayObLG v. 19.11.1992 – 2Z BR 100/92, DNotZ 1993, 397; für die Zulässigkeit anderer Echtheitsnachweise statt der Legalisation: BayObLG v. 18.7.1989 – BReg. 2 Z 31/89274, MittBayNot 1989, 273, 275; KEHE/*Volmer* § 29 GBO Rn 164.
187 Zur früheren Rechtslage abw. z.B. LG Ulm v. 13.11.1987 – T 4/87, Rpfleger 1988, 108.
188 BGH v. 21.10.2014 – II ZR 330/13, DNotZ 2014, 457 Rn 18.

substitutionsoffen (zum Begriff der Substitution siehe Rdn 67).[189] Dies ist im Verhältnis zu den anderen EU-Mitgliedstaaten nicht zuletzt deshalb geboten, weil in einer mangelnden Substitutionsfähigkeit eine Beschränkung der **europäischen Dienstleistungsfreiheit** (Art. 56 AEUV) zu sehen wäre, die nach Art. 51 AEUV der Rechtfertigung bedarf.[190] Diesen Gesichtspunkt gilt es auch bei der Prüfung der Gleichwertigkeit (siehe Rdn 67 ff.) im Blick zu behalten. Für die grundbuchrelevante Auflassung hat der BGH eine zulässige Beschränkung der Dienstleistungsfreiheit angenommen, da das gesetzgeberische „Schutz- und Sicherungskonzept" des deutschen Grundbuchs das Erfordernis eines inländischen Notars begründe.[191]

67 Ist die Beurkundung nicht kraft objektiven Rechts allein durch einen deutschen Notar möglich (siehe Rdn 66), so kommt es für die Frage, ob eine ausländische öffentliche Urkunde der deutschen Formvorschrift genügt, auf die **Gleichwertigkeit** (Fungibilität) der Beurkundung durch die ausländische Urkundsperson an.[192] Sie ist zu bejahen, wenn für den Beurkundungsakt dieselbe Sicherheit gewährleistet wird wie bei der Beurkundung durch die nach deutschen Vorschriften im entsprechenden Fall zuständige Urkundsperson.[193] Kollisionsrechtlich wird dieser Vorgang allgemein als **Substitution** bezeichnet. Eine Substitution setzt abstrakt voraus, dass die deutsche Sachnorm für sie offen ist und das ausländische Institut dem deutschen gleichwertig ist.[194] Für die Wahrung der deutschen Formanforderungen setzt die Gleichwertigkeit nach der überzeugenden Rspr. konkret zweierlei voraus: Die ausländische Beurkundungsperson muss nach Vorbildung und Stellung im Rechtsleben einer der Tätigkeit des deutschen Notars entsprechende Funktion ausüben (**persönliche Gleichwertigkeit**), und sie muss ein dem deutschen Beurkundungsverfahren in seinen tragenden Grundsätzen vergleichbares Verfahren anwenden (**gleichwertiges Beurkundungsverfahren**).[195]

68 **Persönliche Gleichwertigkeit:** Sie setzt keine genaue Kenntnis des jeweils maßgeblichen deutschen Rechts voraus.[196] Gleichwertigkeit ist bei einem *österreichischen* Notar gegeben.[197] Dasselbe gilt grundsätzlich für das lateinische Notariat des *romanischen Rechtskreises*.[198] Auch besondere *englische* Notare (Scrivener; General Notary) sind in persönlicher Hinsicht als gleichwertig anzusehen,[199] ebenso holländische[200] und israelische Notare.[201] Hingegen erfüllt die von einem *notary public* des angelsächsischen Rechtskreises vorgenommene Beurkundung nicht die vom deutschen Formstatut vorgesehene Form der notariellen Beurkundung.[202] Gleiches gilt grundsätzlich auch für den dänischen *Notarial Kontoret*.[203] In der Schweiz ist nach Kantonen zu differenzieren (siehe auch Rdn 75).[204]

189 Im Grundsatz wie hier etwa MüKo-BGB/*Kleinschmidt*, Art. 11 EGBGB Rn 83. Im Einzelnen str.; z.B. gegen Substitutionsoffenheit von § 2 GmbHG *Cziupka*, EWiR 2018, 138, 139.

190 Näher MüKo-BGB/*Spellenberg*, 8. Aufl., Art. 11 EGBGB Rn 116 ff.

191 BGH v. 13.2.2020 – V ZB 3/16, NJW 2020, 1670, 1671, deckungsgleich zu Art. 56 AEUV in diesem Fall Art. 5 I des Anhangs I des Freizügigkeitsabkommens zwischen EG und der Schweiz vom 21.6.1999 (ABl 114, S. 6).

192 BGH v. 13.2.2020 – V ZB 3/16, NJW 2020, 1670, 1671; MüKo-BGB/*Kleinschmidt*, Art. 11 EGBGB Rn 85.

193 Vgl. *Rehm*, RabelsZ 64 (2000), 105, 106 ff.; *Brambring*, NJW 1975, 1255.

194 Vgl. MüKo-GmbHG/*Weller/Reichert*, § 15 GmbHG Rn 144.

195 BGH v. 16.2.1981 – II ZB 8/80, BGHZ 80, 76, 78 = DNotZ 1981, 451; dazu *Geimer*, DNotZ 1981, 406 ff.; BGH v. 21.10.2014 – II ZR 330/13, DNotZ 2014, 457 Rn 14; KG v. 26.7.2018 – 22 W 2/18, DNotZ 2019, 141 Rn 9 m. abl. Anm. *Diehn*; OLG Karlsruhe v. 28.2.2023 – 19 W 122/21 (Wx), FamRZ 2023, 1477, 1479; so auch *Goette*, DStR 1996, 709; MüKo-BGB/*Kleinschmidt*, Art. 11 EGBGB Rn 83; a.A. *Stelmaszczyk*, GWR 2018, 103, 104 ff. (betr. GmbH-Gründung).

196 BGH v. 21.10.2014 – II ZR 330/13, DNotZ 2014, 457 Rn 14; OLG Karlsruhe v. 28.2.2023 – 19 W 122/21 (Wx), FamRZ 2023, 1477, 1479.

197 BayObLG v. 18.10.1977 – BReg. 3 Z 68/76, NJW 1978, 500; MüKo-BGB/*Kleinschmidt*, Art. 11 EGBGB Rn 85.

198 MüKo-BGB/*Kleinschmidt*, Art. 11 EGBGB Rn 85.

199 *Langhein*, Anglo-amerikanische notarielle Beglaubigungen, Bescheinigungen und Belehrungen im deutschen Registerrecht, 1994, S. 32 ff.; MüKo-BGB/*Kleinschmidt*, Art. 11 EGBGB Rn 85; a.A. NK-BGB/*Bischoff*, Art. 11 EGBGB Rn 21; zweifelnd Staudinger/*Schäuble*, Art. 11 EGBGB Rn 315.

200 MüKo-BGB/*Kleinschmidt*, Art. 11 EGBGB Rn 85; jedenfalls dahin tendierend auch OLG Düsseldorf v. 25.1.1989 – 3 Wx 21/89, NJW 1989, 2200; a.A. NK-BGB/*Bischoff*, Art. 11 EGBGB Rn 21; *Soehring*, WuB II C § 53 GmbHG 1.89; zweifelnd Staudinger/*Schäuble*, Art. 11 EGBGB Rn 315.

201 MüKo-BGB/*Kleinschmidt*, Art. 11 EGBGB Rn 85; a.A. NK-BGB/*Bischoff*, Art. 11 EGBGB Rn 21; zweifelnd Staudinger/*Schäuble*, Art. 11 EGBGB Rn 315.

202 IPG 65/66 Nr. 68, 797 ff.; *Bieler*, NJW 2000, 1243, 1245; *Jansen*, Einl. Rn 32; Staudinger/*Schäuble*, Art. 11 EGBGB Rn 315; MüKo-BGB/*Kleinschmidt*, Art. 11 EGBGB Rn 85.

203 MüKo-BGB/*Kleinschmidt*, Art. 11 EGBGB Rn 85; Staudinger/*Schäuble*, Art. 11 EGBGB Rn 315; *Land*, BB 2013, 2697, 2702.

204 KG v. 26.7.2018 – 22 W 2/18, DNotZ 2019, 141 Rn 9 f. m. abl. Anm. *Diehn*; krit. dazu auch *Cziupka*, EWiR 2018, 138, 139. Näher MüKo-BGB/*Spellenberg*, Art. 11 EGBGB Rn 97; Staudinger/*Winkler von Mohrenfels*, Art. 11 EGBGB Rn 304 ff.

Gleichwertiges Beurkundungsverfahren: In sachlicher Hinsicht ist Gleichwertigkeit nur anzunehmen, wenn das Verfahren, nach dem die ausländische Urkundsperson die Urkunde errichtet, den tragendenden Grundsätzen des deutschen Beurkundungsrechts entspricht.[205] Streit besteht insoweit insbesondere darüber, ob die Beurkundung durch eine ausländische Beurkundungsperson nur dann der vom deutschen Recht vorgeschriebenen Form genügt, wenn deren **Belehrungspflicht** jedenfalls annähernd derjenigen eines deutschen Notars entspricht. Dafür lässt sich die grundlegende Bedeutung anführen, die § 17 BeurkG für das deutsche Beurkundungsverfahren hat. Der wesentliche Sinn der deutschen Sachvorschriften, die eine Beurkundung verlangen, ist es, den Beteiligten die Mitwirkung eines unabhängigen Rechtskundigen und damit die Prüfung und Belehrung zu sichern, die diesem zur Pflicht gemacht ist (siehe § 17 BeurkG Rdn 14 ff.). Damit wird häufig der Gedanke einer materiellen Richtigkeitsgewähr in Verbindung gebracht. Daraus lässt sich indessen *sub specie* der Formwirksamkeit insbesondere deshalb kein genereller Einwand gegen die Gleichwertigkeit herleiten,[206] weil die Erfüllung der Prüfungs- und Belehrungsfunktion des Formerfordernisses **nicht Wirksamkeitsvoraussetzung** der Beurkundung ist (siehe § 17 BeurkG Rdn 16).[207] Zudem verweist der BGH darauf, dass dann, wenn die Beteiligten einen ausländischen Notar aufsuchen, von dem sie regelmäßig keine genaue Kenntnis des deutschen Sachrechts und damit auch keine umfassende Belehrung erwarten können, auf eine solche Belehrung (faktisch; siehe § 17 BeurkG Rdn 24) **verzichten.**[208] Dieser Verzichtsgedanke spricht dafür, jedenfalls bei **unternehmerisch** handelnden Beteiligten keine allzu strengen Anforderungen an die Gleichwertigkeit des Beurkundungsverfahrens zu stellen. Das gilt umso mehr im Hinblick darauf, dass Unternehmer regelmäßig anwaltlich gut beraten ins Ausland gehen werden.[209] 69

Im Übrigen wird man zu den tragenden Grundsätzen des deutschen Beurkundungsverfahrens jedenfalls diejenigen Bestimmungen zu zählen haben, deren Nichtbeachtung zur Unwirksamkeit der Beurkundung führt.[210] In Bezug auf **Online-Beurkundungen**, die ausländische Notare oder andere Urkundspersonen nach ihrem jeweiligen Heimatrecht wirksam vornehmen dürfen, ist dabei zunächst jedenfalls § 16a Abs. 1 BeurkG der Grundsatz zu entnehmen, dass nach deutschem Recht die Präsenzbeurkundung der Regelfall und die Beurkundung mittels Videokonferenz die Ausnahme ist. Ist für einen bestimmten Beurkundungsgegenstand eine Online-Beurkundung mangels ausdrücklicher gesetzlicher Zulassung unwirksam, kann eine im Ausland nach dortigem Recht ordnungsgemäß durchgeführte Online-Beurkundung folglich nicht gleichwertig sein.[211] 70

Dort, wo die Online-Beurkundung im deutschen Recht dem Grunde nach zugelassen ist, kommt auch eine Substitution durch eine ausländische Urkundsperson durchgeführte Online-Beurkundung zwar theoretisch in Betracht. Zu berücksichtigen ist aber, dass insoweit der **hoheitliche Betrieb des für die Beurkundung eingesetzten Videokonferenzsystems** (vgl. § 78p BNotO) zu den tragenden Grundsätzen dieser Beurkundungsform gehört.[212] Online-Beurkundungen, die nach ausländischem Recht wirksam über privat betriebene Dienste wie Zoom, MS-Teams o.Ä. erfolgen, sind im Inland folglich schon aus diesem Grund als nicht gleichwertig zu betrachten. Gleiches wird man annehmen müssen, wenn die **Identifizierung der Beteiligten** in einem ausländischen Online-Beurkundungsverfahren anhand eines weniger strengen Verfahrens als dem in § 16c BeurkG beschriebenen zweistufigen System erfolgt, obwohl die Nichtbeachtung im Inland für sich betrachtet noch nicht die Unwirksamkeit der Beurkundung nach sich zieht. Insoweit ist nämlich den Gesetzgebungsmaterialien zu entnehmen, dass diese Form der sicheren Identifizierung zu den tragenden Grundsätzen der Online-Beurkundung zählen soll, von denen eine etwaige Substitution abhängt.[213] Vor diesem Hintergrund hat der BGH einer durch einen österreichischen Notar im Online-Verfahren vorgenommenen Beglaubigung die Gleichwertigkeit zu Recht versagt.[214] Das ergibt sich schon daraus, dass nach den in diesem Zusammenhang maßgeblichen § 69b Abs. 2 NO („Notariatsordnung“) i.V.m. § 3 Abs. 3 NEIV („Notar-E-Identifikations-Verordnung“) die Beteiligten im österreichischen Online-Verfahren mittels 71

205 Staudinger/*Schäuble*, Art. 11 EGBGB Rn 316.
206 MüKo-BGB/*Kleinschmidt*, Art. 11 EGBGB Rn 91; s. auch Staudinger/*Schäuble*, Art. 11 EGBGB Rn 322.
207 KG v. 26.7.2018 – 22 W 2/18, DNotZ 2019, 141 Rn 17 m. abl. Anm. *Diehn;* krit. dazu auch *Cziupka*, EWiR 2018, 138, 139.
208 BGH v. 21.10.2014 – II ZR 330/13, DNotZ 2015, 207 Rn 19; BGH v. 17.12.2013 – II ZB 6/13, DNotZ 2014, 457 Rn 14; MüKo-BGB/*Kleinschmidt*, Art. 11 EGBGB Rn 91.
209 *Kröll*, ZGR 2000, 111, 146 f.; MüKo-BGB/*Kleinschmidt*, Art. 11 EGBGB Rn 92.
210 Staudinger/*Schäuble*, Art. 11 EGBGB Rn 317.
211 BT-Drucks 20/1672, S. 13; Staudinger/*Schäuble*, Art. 11 EGBGB Rn 317.
212 Staudinger/*Schäuble*, Art. 11 EGBGB Rn 317.
213 BT-Drucks 20/1672, S. 13.
214 BGH v. 25.2.2026 – II ZB 13/24, ZIP 2026, 1194 Rn 17 ff.; Vorinstanz: KG v. 17.7.2024 – 22 W 25/24, DNotZ 2025, 389, 390 f. m. zust. Anm. *Schulte*.

des sog. Video-Ident-Verfahrens identifiziert werden, bei dem amtliche Lichtbildausweise in die Kamera gehalten werden.[215] Auch besteht keine unionsrechtliche Pflicht, die österreichische oder eine mit ihr vergleichbare Online-Beurkundung eines anderen Mitgliedstaats mit dem inländischen Verfahren der §§ 16a ff. ggf. i.V.m. § 40a BeurkG als gleichwertig zu erachten.[216]

72 Besondere Schwierigkeiten bereiten **Verbraucherverträge** (siehe § 17 BeurkG Rdn 193 ff.), und zwar im Hinblick auf die besonderen Anforderungen des § 17 Abs. 2a S. 2 BeurkG. Einerseits soll die Wartefrist ein erhöhtes Schutzniveau für Verbraucher sicherstellen;[217] sie ist daher nicht disponibel (siehe allg. § 17 BeurkG Rdn 1).[218] Andererseits gilt Letzteres auch für die Amtspflichten, die den Notar aus § 17 BeurkG jenseits von Verbraucherverträgen treffen; daher steht bei der Beurkundung durch eine ausländische Urkundsperson allein ein *faktischer* Verzicht in Rede. Man könnte nun auch bei Verbrauchern dahin argumentieren, dass derjenige, der das Geschäft von einer ausländischen Urkundsperson beurkunden lässt, nicht damit rechnen kann, dass ihm derselbe Schutz wie nach deutschem Beurkundungsrecht zuteilwird. Allerdings werden Verbraucher in anderer Hinsicht durch objektiv-rechtliche Vorgaben davor geschützt, dass sie sich selbst „sehenden Auges“ in eine fremde Rechtsordnung mit womöglich niedrigerem Schutzstandard begeben. Dies gilt insbesondere für die Rechtswahlmöglichkeit, die durch Art. 6 Rom I-VO stark eingeschränkt wird. Mithin gebietet es der Verbraucherschutz, an die Gleichwertigkeit bei Verbraucherverträgen strengere Anforderungen zu stellen. Dies bedeutet freilich nicht, dass das ausländische Beurkundungsverfahren eine dem § 17 Abs. 2a S. 2 BeurkG vergleichbare Wartefrist vorsehen müsste.

73 Nach alledem ist ein ausländisches Präsenz-Beurkundungsverfahren dem deutschen gleichwertig, wenn eine **Niederschrift** (bei Beglaubigungen – zu ihnen siehe Rdn 76 –: ein Vermerk) über den Vorgang aufgenommen wird, zudem sichergestellt ist, dass die Erklärenden vom Inhalt der Urkunde **Kenntnis** genommen haben, und die Urkundsperson die Niederschrift **unterzeichnet** hat.[219] Zudem muss gesichert sein, dass der Notar die Beteiligten über die rechtliche Tragweite des Geschäfts **belehren** und etwaige Bedenken mit ihnen erörtern soll.[220] Nachdem auch das deutsche Beurkundungsrecht in § 8 Abs. 2 S. 1 BeurkG zwischenzeitlich auch die elektronische Präsenzbeurkundung anerkennt, scheitert die Gleichwertigkeit einer ausländischen Präsenzbeurkundung nicht daran, dass die Urkunde dort womöglich als originäres elektronisches Dokument errichtet wurde. Zu verlangen ist freilich, dass die Beteiligten und die Urkundsperson jeweils mit einer qualifizierten elektronischen Signatur „unterzeichnen“. Bei Verbraucherverträgen sind diese Anforderungen strenger zu handhaben als bei sonstigen Urkundsgeschäften. Entsteht die Niederschrift nicht im Rahmen einer Präsenzbeurkundung, sondern in einem Online-Verfahren als originär elektronisches Dokument, müssen außerdem der Geschäftsgegenstand im Inland einer Online-Beurkundung zugänglich sein, das eingesetzte Videokonferenzsystem von einem Hoheitsträger betrieben sein und die Beteiligten in einem dem in § 16c BeurkG entsprechenden Verfahren identifiziert werden.

74 Eine Gleichwertigkeit des Beurkundungsverfahrens im sog. **lateinischen Notariat** (Notariat in Kontinentaleuropa und Südamerika) mit dem deutschen ist weitgehend,[221] aber nicht allgemein anzunehmen. Für die **Schweiz** ist nach Kantonen zu differenzieren (siehe Rdn 75).[222]

75 Seit einer grundlegenden Rspr. des RG[223] wird überwiegend angenommen, dass Verkauf und Abtretung von deutschen **GmbH-Anteilen** zur Niederschrift ausländischer Notare den deutschen Formvorschriften als Wirkungsstatut (Geschäftsrecht; siehe Rdn 62) genügt[224] (zum Ortsrecht siehe Rdn 64). Dies ent-

215 Vgl. KG v. 17.7.2024 – 22 W 25/24, DNotZ 2025, 389, 390 f.
216 KG v. 17.7.2024 – 22 W 25/24, DNotZ 2015, 389, 391 ff.; *Schäuble/Ruppert*, FGPrax 2024, 266, 267 f.
217 BGH v. 24.11.2014 – NotSt(Brfg) 3/14, DNotZ 2015, 314 Rn 16 = NotBZ 2015, 222 m. Anm. *Armbrüster/Böttger*.
218 BGH v. 7.2.2013 – III ZR 121/12, DNotZ 2013, 552 Rn 16 ff. = NotBZ 2013, 174 m. Anm. *Renner*.
219 Vgl. *Rauscher*, IPR, Rn 547.
220 Staudinger/*Schäuble*, Art. 11 EGBGB Rn 324.
221 Näher Grüneberg/*Thorn*, Art. 11 EGBGB Rn 9; vgl. auch *Land*, BB 2013, 2697, 2702.
222 KG v. 24.1.2018 – 22 W 25/16, NJW 2018, 1828 Rn 23; KG v. 26.7.2018 – 22 W 2/18, DNotZ 2019, 141 Rn 9, 11 m. abl. Anm. *Diehn*; krit. dazu auch *Cziupka*, EWiR 2018, 138, 139; vgl. MüKo-GmbHG/*Weller/Reichert*, § 15 GmbHG Rn 150 f.
223 RG v. 12.5.1916 – VII 90/16, RGZ 88, 227, 231; RG v. 22.3.1939 – II 137/38, RGZ 160, 225, 231.
224 BGH v. 16.2.1981 – II ZB 8/80, BGHZ 80, 76, 78 = DNotZ 1981, 451; BGH v. 17.12.2013 – II ZB 6/13, DNotZ 2014, 457 Rn 23 (Basel), m. zust. Anm. *Weller*, ZGR 2014, 865; *Geimer*, DNotZ 1981, 406; *Kröll*, ZGR 2000, 111, 151; MüKo-BGB/*Spellenberg*, Art. 11 EGBGB Rn 112; *Wiedemann*, GesR, Bd. I, 1980, S. 822; mit Modifikationen zustimmend *Wolfsteiner*, DNotZ 1978, 532; *W. Bayer*, GmbHR 2013, 897, 902 ff.; a.A. *Winkler*, Einl. Rn 89; *Brambring*, DNotZ 1976, 502; *Randenborgh*, BB 1974, 483.

spricht den Vorgaben von Art. 11 Rom I-VO für den Kaufvertrag (Schuldvertrag) und von Art. 11 EGBGB für die Abtretung (dingliche Anteilsübertragung). Die Beurkundung vor der ausländischen Beurkundungsperson erfüllt allerdings jeweils nur dann die deutsche Form, wenn **Gleichwertigkeit** nach dem oben (siehe Rdn 67 ff.) beschriebenen Maßstab besteht. Praktisch bedeutsam ist die Frage insbesondere für die **Schweiz**. Sie ist für jeden Kanton gesondert zu beurteilen, da die öffentliche Beurkundung in der Schweiz aufgrund von Art. 55 des Schlusstitels zum Schweizerischen ZGB nicht einheitlich geregelt ist.[225] Für einen Schweizer Notar bejaht die Rspr.[226] die Gleichwertigkeit jedenfalls für einzelne Kantone (Basel-Stadt, Bern, Genf, Luzern, Zürich und Zug), während sie im Schrifttum verbreitet bezweifelt wird.[227] Der gängige Einwand, bei einer Auslandsbeurkundung fehle die erforderliche Kenntnis des beurkundenden Notars vom deutschen Recht, überzeugt freilich nicht (siehe auch Rdn 68). Zum einen ist er zu pauschal;[228] zum anderen und vor allem aber übergeht er, dass die Einhaltung des § 17 BeurkG keine Voraussetzung für die Formwirksamkeit der Urkunde darstellt (siehe § 17 BeurkG Rdn 16).[229] Daher greift auch der Einwand, die Beurkundung durch ausländische Notare sei nicht gleichwertig, weil letztere weder unter einer der deutschen vergleichbaren Dienstaufsicht noch unter einem dem deutschen vergleichbaren Haftungsrecht stünden,[230] nicht durch.[231] Der Rspr. ist mithin darin zu folgen, dass die Beurkundung eines schweizerischen Notars derjenigen durch einen deutschen Notar gleichwertig ist, wenn dies für den konkreten Kanton festgestellt werden konnte.[232] Dies gilt auch, nachdem der Notar durch den im Zuge des MoMiG eingeführten § 40 Abs. 2 GmbHG verpflichtet worden ist, eine Gesellschafterliste beim Handelsregister einzureichen.[233] Einem Missbrauch im Einzelfall kann mit den Mitteln des *ordre public* (Art 6 EGBGB/Art. 21 Rom I-VO) oder dem Verbot einer *fraus legis* begegnet werden. Allerdings sind diese Korrektive nur sehr zurückhaltend anzuwenden. So kommt ein Verstoß gegen den *ordre public* nur selten in Betracht.[234] Eine Gesetzesumgehung *(fraus legis)* liegt nicht schon in der Ausnutzung der Kostenersparnis durch den Anfall geringerer Gebühren im Ausland.[235]

Unterschriftsbeglaubigungen, Beurkundungen und Beglaubigungen von Wissenserklärungen, Vaterschaftsanerkenntnissen (§§ 1592 Nr. 2, 1594, 1597 Abs. 1 BGB), Beglaubigungen von Vollmachten zum Abschluss von Adoptionsverträgen nach ausländischem Recht[236] sowie von eidesstattlichen Ver- 76

225 Überblick über die Notariatsgesetze einiger schweizerischer Kantonen mit Blick auf die Gleichwertigkeit bei Staudinger/*Winkler von Mohrenfels* (2019), Art. 11 EGBGB Rn 303 ff.; *Müller*, NJW 2014, 1994, 1996 ff.

226 BGH v. 16.2.1981 – II ZB 8/80, BGHZ 80, 76, 78 = DNotZ 1981, 451 (Zürich); BGH Urt. v. 22.5.1989 – II ZR 211/88, NJW-RR 1989, 1259, 1261 (ohne regionale Einschränkung); BGH v. 17.12.2013 – II ZB 6/13, BGHZ 199, 270 Rn 23 = NJW 2014, 2026 (Basel; „jedenfalls bis zum Inkrafttreten des MoMiG und der Reform des Schweizer Obligationenrechts von 2008", anders *Landbrecht/Becker*, BB 2013, 1290, 1291, welche die Änderung des Schweizer OR für die Frage der Zulässigkeit der Auslandsbeurkundung als irrelevant einstufen); OLG München v. 19.11.1997 – 7 U 2511/97, NJW-RR 1998, 758; OLG Frankfurt v. 25.1.2005 – 11 U 8/04, GmbHR 2005, 764, 767; LG Frankfurt v. 7.10.2009 – 3–13 O 46/09, DNotZ 2009, 949 (aber krit. unter Geltung von § 40 Abs. 2 GmbHG nF) m. Anm. *W. Bayer*, DNotZ 2009, 887; OLG Düsseldorf v. 2.3.2011 – I-3 Wx 236/10, DNotZ 2011, 447, 449 (jeweils zu Basel); KG v. 24.1.2018 – 22 W 25/16, NJW 2018, 1828 Rn 24 ff. (Bern); KG v. 26.7.2018 – 22 W 2/18, DNotZ 2019, 141 Rn 17 (Basel-Stadt) m. abl. Anm. *Diehn*; krit. dazu auch *Cziupka*, EWiR 2018, 138, 139; LG Stuttgart v. 25.2.1975 – 4 KfH T 22/74, IPRspr. 1976 Nr. 5 A (Zug); LG Koblenz v. 11.2.1970 – 1 HAT 6/69, IPRspr. 1970 Nr. 144 (Luzern); Staudinger/*Winkler von Mohrenfels* (2019), Art. 11 EGBGB Rn 307 (Genf).

227 *Reithmann*, NJW 2003, 385, 387; *Weisgerber*, DNotZ 1988, 725; *Seebach*, DNotZ 2014, 413, 420 ff. Zurecht nach Kantonen differenzierend *Abrell*, NZG 2007, 60.

228 MüKo-BGB/*Kleinschmidt*, Art. 11 EGBGB Rn 91; *Rauscher*, IPR, Rn 547.

229 KG v. 26.7.2018 – 22 W 2/18, DNotZ 2019, 141 Rn 16 f. m. abl. Anm. *Diehn*; krit. dazu auch *Cziupka*, EWiR 2018, 138, 139.

230 *Reithmann*, NJW 2003, 385, 387; wohl auch BGH v. 13.2.2020 – V ZB 3/16, NJW 2020, 1670, 1673.

231 Staudinger/*Schäuble*, Art. 11 EGBGB Rn 319; *Kröll*, ZGR 2000, 111, 149.

232 Ausführlich zur Gleichwertigkeit der Beurkundung durch einen schweizerischen Notar *Weller*, ZGR 2014, 865, 878 ff. Wie hier auch MüKo-BGB/*Kleinschmidt*, Art. 11 EGBGB Rn 85; *Stenzel*, GmbHR 2014, 1024, 1030; *Schneider/Korn*, WM 2015, 62, 63; zurückhaltender *Müller*, NJW 2014, 1994, 1996.

233 BGH v. 17.12.2013 – II ZB 6/13, DNotZ 2014, 457 Rn 23 (Basel) m. zust. Anm. *Weller*, ZGR 2014, 865; OLG Düsseldorf v. 2.3.2011 – I-3 Wx 236/10, DNotZ 2011, 447 m. krit. Anm. *Süß*, DNotZ 2011, 414 und *Hermanns*, RNotZ 2011, 224, 226 ff.; Grüneberg/*Thorn*, Art. 11 EGBGB Rn 10; a.A. LG Frankfurt v. 7.10.2009 – 3–13 O 46/09, DNotZ 2009, 949 (obiter) m. Anm. *W. Bayer*, DNotZ 2009, 887; *Kindler*, RIW 2011, 257. Erhöhte Anforderungen an die Gleichwertigkeit nach Inkrafttreten des MoMiG stellt *Bayer*, GmbHR 2013, 897, 912 ff.

234 MüKo-BGB/*Martiny*, Art. 21 Rom I-VO Rn 2; näher auch Grüneberg/*Thorn*, Art. 6 EGBGB Rn 4 ff.

235 *Rehm*, RabelsZ 64 (2000), 105, 118 f.; zum „Beurkundungstourismus" s.a. *Schütze*, DNotZ 1992, 66, 71; ferner *Landbrecht/Becker*, BB 2013, 1290, 1293.

236 Str.; wie hier LG Berlin v. 15.8.1957, DAVorm 31 (1958/1959), 108, 110.

sicherungen nach § 352 Abs. 3 S. 2 FamFG[237] genügen auch dann den entsprechenden deutschen Formvorschriften, wenn sie vor einem *notary public* oder sonst vor einer Beurkundungsperson abgegeben sind, die einem deutschen Notar nicht gleichsteht.[238] – Bei **Beglaubigungen** ist allgemein zu bedenken, dass hier gelegentlich derselbe Begriff nicht dasselbe besagt. Ein Beispiel bieten Beglaubigungsformen, die der in § 40 BeurkG vorgeschriebenen Form nicht entsprechen und daher trotz Gleichwertigkeit der Urkundsperson die deutsche Form nicht erfüllen (z.B. die sog. Beglaubigung aufgrund von Ähnlichkeit, bei der die Beglaubigung mit Hilfe einer frühen beim Notar hinterlegten Unterschriftsprobe vorgenommen wird).[239]

4. Vollstreckung aus ausländischen notariellen Urkunden im Inland

77 § 794 Abs. 1 Nr. 5 ZPO gilt ausweislich des Wortlauts nur für Urkunden deutscher Notare.[240] Urkunden **ausländischer** Notare können auch nicht gem. §§ 722, 723 ZPO für vollstreckbar erklärt werden.[241] Aus ihnen kann in Deutschland vielmehr nur dann vollstreckt werden, wenn einschlägige internationale Verträge das zulassen. Besonderes gilt, wenn es sich um ausländische öffentliche Urkunden handelt, die in einem **EU-Mitgliedstaat** aufgenommen wurden und vollstreckbar sind. Nach Art. 58 Abs. 1 S. 1 EuGVVO n.F. sind ausländische öffentliche Urkunden (Art. 2 lit. c EuGVVO), die im Ursprungsmitgliedstaat vollstreckbar sind und seit dem 1.10.2015 errichtet wurden,[242] – soweit sie der EuGVVO unterfallen (siehe insbesondere Art. 1 Abs. 2 EuGVVO) – auch in den übrigen Mitgliedstaaten vollstreckbar, ohne dass es einer inländischen Vollstreckbarerklärung bedarf. Die grenzüberschreitende Vollstreckung vollzieht sich nach Art. 58 Abs. 1 Unterabs. 2, 39 ff., 46 ff., 52 ff. EuGVVO i.V.m. §§ 1112 ff. ZPO.[243] Erforderlich ist allein, dass die ausländische öffentliche **Urkunde** in beweiskräftiger Ausfertigung (Art. 42 Abs. 1 lit. a EuGVVO), die **Bescheinigung** über die Vollstreckbarkeit der öffentlichen Urkunde unter Verwendung des Formblatts in Anhang II (Art. 60 EuGVVO) und ggf. eine **Übersetzung** beider Urkunden (Art. 42 Abs. 3 und Abs. 4 EuGVVO) unmittelbar dem nach nationalem Recht zuständigen Vollstreckungsorgan vorgelegt werden.[244] Die vollstreckbare Urkunde bedarf keiner Legalisation.[245] Vor Beginn der ersten Vollstreckungsmaßnahme muss das Vollstreckungsorgan gem. Art. 43 Abs. 1 S. 1 EuGVVO dem Vollstreckungsschuldner die Bescheinigung über die Vollstreckbarkeit zustellen.[246] Sodann wird schlicht nach nationalem Recht vollstreckt. Für die Vertragsstaaten des reformierten **Luganer Übereinkommens** vom 30.10.2007[247] (**LugÜ II**; siehe Rdn 100 ff.), bei dem es sich um das Nachfolgeabkommen des 1. Lugano-Abkommens vom 16.9.1988 handelt, gelten die Art. 57 i.V.m. Art. 38 ff. LugÜ II.[248] Im Anwendungsbereich des LugÜ II – also im Verhältnis zu Island, Norwegen und der Schweiz – wurde das Exequaturverfahren entgegen der Lage nach der EuGVVO n.F. beibehalten. Soll eine ausländische notarielle Urkunde im Anwendungsbereich des Abkommens im Inland vollstreckt werden, muss sie zunächst durch den Vorsitzenden einer Zivilkammer eines Landgerichts (Art. 39 Abs. 1 LugÜ II i.V.m. Anhang II) oder durch einen deutschen Notar (§ 55 Abs. 3 S. 1 AVAG) für vollstreckbar erklärt werden.[249] Nach § 4 Abs. 1 AVAG geschieht dies dadurch, dass der in einem anderen Staat vollstreckbare Titel auf Antrag des Vollstreckungsgläubigers mit der Vollstreckungsklausel versehen wird.

II. Grundsatz des freien Zugangs zum Notar – Internationale Zuständigkeit des deutschen Notars

78 Unter dem Stichwort der internationalen Zuständigkeit des deutschen Notars werden üblicherweise zwei unterschiedliche Problembereiche zusammengefasst: a) Um die Grenzen der **„Urkundsgewalt“** des

237 LG Mainz v. 12.6.1958 – 4 T 73/58, NJW 1958, 1496 (Ls.) = RzW 1958, 334.
238 *Rauscher*, IPR, Rn 546; *Reithmann*, NJW 2003, 385, 386.
239 Vgl. IPG 1976 Nr. 49 (betr. Brasilien).
240 *Geimer*, DNotZ 1975, 461, 463; *Bärmann*, AcP 159 (1960), 1, 16.
241 *Bindseil/Klasse*, DNotZ 1992, 275, 291; *Blumenwitz*, DNotZ 1968, 712, 736 Fn 84; a.A. *Schütze*, DNotZ 1992, 66, 81 (analoge Anwendung).
242 BeckOGK/*Regler*, Stand: 1.7.2025, § 52 BeurkG Rn 63.
243 MüKo-ZPO/*Gottwald*, Art. 58 EuGVVO Rn 13.
244 Musielak/Voit/*Stadle/Krüger*, Art. 42 EuGVVO Rn 3.
245 MüKo-ZPO/*Gottwald*, Art. 58 EuGVVO Rn 13.
246 Musielak/Voit/*Stadler/Krüger*, Art. 42 EuGVVO Rn 2; Art. 43 EuGVVO Rn 2.
247 ABl 2007 Nr. L 339, 3 v. 21.12.2007.
248 Wegen weiterer Einzelheiten zum 1. Lugano-Abkommen vgl. *Schütze*, DNotZ 1992, 66, 78; *Geimer*, DNotZ 1975, 461; *Dorsemagen*, MittRhNotK 1977, 1; *Bärmann*, AcP 159 (1960), 1, 5.
249 Vgl. *Seebach*, MittBayNot 2013, 200 (der ebenfalls eine alternative Zuständigkeit deutscher Notare bei den vergleichbaren Vorschriften Art. 57 Abs. 1, 39 Abs. 2 EuGVVO a.F. vertritt).

deutschen Notars geht es bei der Frage, ob der deutsche Notar im Ausland Beurkundungen und sonstige Amtshandlungen vornehmen darf. Der **Grundsatz** dazu lautet: An den Grenzen der Bundesrepublik endet die Zuständigkeit der bundesdeutschen Notare (dazu und zu Ausnahmen siehe § 2 BeurkG Rdn 28 ff.).[250] Genau genommen geht es hierbei nicht um die internationale Zuständigkeit.[251] – b) Davon zu unterscheiden ist die Frage nach der **Zuständigkeit** des Notars (1) bei Beteiligung von Personen mit ausländischer Staatsangehörigkeit oder ausländischem Wohnsitz, (2) in Bezug auf im Ausland belegene Gegenstände oder (3) für Amtshandlungen, die als solche dem deutschen Recht unbekannt sind.

Die meisten der zuletzt genannten Fragen (siehe Rdn 78 lit. b)) beantwortet der Grundsatz des **freien Zugangs zum Notar**. Er bedeutet, dass sich die Zuständigkeit des deutschen Notars gleichermaßen auf Inländer wie Ausländer (und Staatenlose), auf inländische wie ausländische juristische Personen und Handelsgesellschaften erstreckt. Der deutsche Notar ist Ausländern (und Staatenlosen) im selben Umfang zur Amtstätigkeit verpflichtet wie Inländern.[252] Er darf eine Amtstätigkeit nicht allein deshalb ablehnen, weil sie von Ausländern oder ausländischen juristischen Personen erbeten wird.[253] Staatsangehörigkeit und Wohnsitz der Beteiligten sind für die Zuständigkeit des Notars also ohne Bedeutung.[254] Ist der Notar örtlich zuständig, so ist er auch international zuständig.[255] Dieser Grundsatz ist allgemein anerkannt; er gilt auch in vielen anderen Staaten.[256] **79**

Die Zuständigkeit des deutschen Notars wird auch vom **„internationalen Inhalt"** des zu beurkundenden Rechtsgeschäfts nicht berührt: Seine Zuständigkeit wird auch für derartige Fälle mit Auslandsberührung von BNotO und BeurkG stillschweigend vorausgesetzt. Die Auslandsberührung eines Rechtsgeschäfts ist daher allgemein für den deutschen Notar kein ausreichender Grund zur Ablehnung der Amtstätigkeit.[257] Der deutsche Notar darf und muss ggf. also Rechtsgeschäfte beurkunden, die sich auf **ausländische Gegenstände** beziehen;[258] dasselbe gilt für dem deutschen Recht ihrer Art nach unbekannte **Rechtsgeschäfte** ausländischen Rechts. Nach deutschem Recht berührt es die Zuständigkeit des deutschen Notars grundsätzlich nicht, dass ausländisches Recht für die ausländische Beurkundungsbehörde eine ausschließliche Zuständigkeit vorsieht.[259] Der deutsche Notar ist so lange zuständig, wie die Amtshandlung, die von ihm verlangt wird, überhaupt in irgendeiner Weise als „Beurkundung" bezeichnet werden kann. Es gibt aber eine wichtige **Grenze**: Amtshandlungen, die der deutsche Notar nach **deutschem Verfahrensrecht** gegenüber Inländern und bei inländischem Charakter des Geschäftes nicht vornehmen darf, darf er Ausländern gegenüber und bei ausländischem Charakter des Geschäftes selbst dann nicht vornehmen, wenn das ausländische Recht eine Zuständigkeit der Beurkundungsbehörde dafür vorsieht. **80**

Die Frage der internationalen Zuständigkeit des deutschen Notars ist also ausschließlich eine Frage des deutschen Rechtes. Dazu gehört auch § 17 BeurkG mit der Pflicht des Notars, über die mögliche **Anwendbarkeit ausländischen Rechts** und seine etwaige diesbezügliche Unkenntnis zu belehren (siehe § 17 BeurkG Rdn 263). Es ist dagegen nicht Voraussetzung für die Zuständigkeit des Notars, dass er den **ausländischen Formvorschriften** genügen kann. Er muss also für seine Zuständigkeit nicht prüfen, ob das möglicherweise anwendbare ausländische Recht die Urkunde eines deutschen Notars als derjenigen der jeweiligen ausländischen Urkundsperson gleichwertig erachtet.[260] **81**

Der deutsche Notar hat auch in Fällen mit Auslandsberührung das **deutsche Verfahrensrecht** anzuwenden (siehe Rdn 84).[261] Es gilt deshalb auch hier der allgemeine Grundsatz des deutschen Notariatsrechts, **82**

250 *Rohs/Heinemann*, Rn 506; vgl. auch BGH v. 4.3.2013 – NotZ (Brfg) 9/12, MittBayNot 2013, 410, 412 ff. zur Reichweite des Genehmigungsvorbehalts nach § 11 Abs. 2 BNotO bei notarieller Urkundstätigkeit im EU-Ausland.
251 *Jansen*, Einl. Rn 29.
252 *Winkler*, Einl. Rn 50.
253 *Winkler*, Einl. Rn 50.
254 *Bardy*, MittRhNotK 1993, 305.
255 *Schütze*, DNotZ 1992, 66, 69.
256 S. dazu *Eder*, BWNotZ 1982, 74 ff.; *Sturm*, in: FS Ferid, 1978, S. 417, 419.
257 Vgl. auch zu Haftungsfragen *Bardy*, MittRhNotK 1993, 305.
258 Zu den hiermit aber ggf. verbundenen Schwierigkeiten am Bsp. der Veräußerung eines in Spanien belegenen Grundstücks durch einen deutschen Notar s. *Löber/Steinmetz*, ZfIR 2013, 253 ff.
259 Vgl. *Winkler*, Einl. Rn 51.
260 So aber offenbar *Eder*, BWNotZ 1982, 74, 76; auch *Winkler*, Einl. Rn 48 ff., insb. Rn 50, der jedoch unterschiedliche Sachverhalte nicht hinreichend trennt: Die Frage nach der internationalen Zuständigkeit des deutschen Notars ist nicht identisch mit derjenigen nach der Verwendbarkeit der Urkunden ausländischer Beurkundungspersonen im Inland (siehe Rdn 62 ff.), und nicht mit der an das jeweilige ausländische Recht zu richtenden Frage, wie es die Urkunden deutscher Notare bewertet, also der Auslandsverwendung deutscher Notariatsurkunden (siehe Rdn 97 ff.); wie hier *Jansen*, Einl. Rn 29 f.).
261 *Winkler*, Einl. Rn 55.

dass der deutsche Notar nicht nur für die wirksame Beurkundung, sondern für das wirksame Rechtsgeschäft verantwortlich ist. Aber auch diese Frage beantwortet sich für den deutschen Notar nach deutschem Recht.[262] Seine Zuständigkeit hängt deshalb – unbeschadet seiner Belehrungspflicht nach § 17 Abs. 3 BeurkG – nicht davon ab, ob ausländisches Recht der begehrten Urkunde Rechtswirksamkeit zubilligt. Der deutsche Notar muss allerdings das deutsche Recht kennen, und nach deutschem IPR sind gelegentlich in Folge einer Rückverweisung auf das ausländische Recht auch solche Rechtsgeschäfte unwirksam, die – läge keine Auslandsbeteiligung vor – sonst wirksam wären. Die internationale Zuständigkeit des deutschen Notars ist also auch in solchen Fällen nicht zweifelhaft. Davon zu unterscheiden ist aber die Frage, ob hier der Notar seine Amtstätigkeit nach dem allgemeinen Grundsatz verweigern muss, der seine Mitwirkung an **nichtigen Beurkundungen** (siehe § 4 BeurkG Rdn 13) verbietet. Grundsätzlich richtet sich die Frage der **Nichtigkeit** einer Beurkundung nach deutschem Recht.[263] Dem deutschen Notar ist die Beurkundung von Rechtsakten also auf jeden Fall bei Sachverhalten mit Auslandsberührung dann versagt, wenn die Beurkundung oder das Rechtsgeschäft nach deutschem Recht nichtig ist. Nichtigkeitsfolgen, die sich ausschließlich aus ausländischem Recht ergeben, berühren die Pflicht des deutschen Notars zur Ablehnung der Beurkundung (§ 4 BeurkG) nur dann, wenn das deutsche IPR auf jenes ausländische Recht verweist und der deutsche Notar das ausländische Recht sicher kennt. Der unkundige Notar muss also über seine Unkenntnis gem. § 17 Abs. 3 BeurkG belehren. Hegt er Zweifel an der Wirksamkeit des Geschäfts, so hat er dies gem. § 17 Abs. 2 BeurkG mit den Beteiligten zu erörtern. Weiß er sicher um die Unwirksamkeit des Geschäfts nach ausländischem Recht, etwa nach Einholen eines Gutachtens, so darf er gem. § 4 BeurkG die Beurkundung nicht vornehmen.

83 Das Sonderproblem von Amtshandlungen von BNotO-Notaren in der **früheren DDR** hat einen verfahrensrechtlichen und einen materiellrechtlichen Aspekt. Die Unterscheidung ist aber im Wesentlichen theoretischer Art.[264]

III. Urkunden deutscher Notare im ausländischen Rechtsverkehr

1. Anwendung des BeurkG

84 Das durch das BeurkG festgelegte deutsche Beurkundungs-**Verfahrensrecht** hat der deutsche Notar in jedem Falle, also auch in Fällen mit Auslandsberührung und dann anzuwenden, wenn die Urkunde im Ausland verwendet werden soll. Das folgt aus dem Grundsatz der Territorialität des Verfahrens und aus seiner öffentlich-rechtlichen Natur. Das BeurkG verbietet es aber nicht, dass der deutsche Notar über die Erfordernisse des deutschen Beurkundungsverfahrensrechts hinausgeht. So empfiehlt sich z.B. bei der Beurkundung eines Ehevertrages mit Irakern die Zuziehung eines islamischen Geistlichen durch den Notar,[265] bei der Errichtung des Testamentes eines englischen oder US-amerikanischen Erblassers die Hinzuziehung von zwei Zeugen,[266] für die in den USA zu benutzenden Vollmachten in Erbangelegenheiten die Benutzung gewisser Bekräftigungsformeln;[267] für eine Eintragung in das Grundbuch in Österreich muss der notarielle Beglaubigungsvermerk bei natürlichen Personen auch das Geburtsdatum enthalten (§ 31 Abs. 1 österr. GBGesetz 1955).

2. Legalisation; Zwischenbeglaubigung

85 Häufig bedürfen die Beurkundungsakte deutscher Notare zu ihrer Anerkennung im Ausland der **Legalisation**. Was man als Legalisation aufzufassen hat, ist terminologisch nicht immer ganz deutlich. Der deutsche Gesetzgeber definiert in § 13 Abs. 2 KonsG die Legalisation im engeren Sinn. Demnach bestätigt die Legalisation die Echtheit der Unterschrift, die Eigenschaft, in welcher der Unterzeichner der Urkunde gehandelt hat, und gegebenenfalls die Echtheit des Siegels, mit dem die Urkunde versehen ist (zur Legalisation im weiteren Sinne siehe Rdn 87). Auch international besteht alles in allem Einigkeit über die Bedeutung des Begriffes.[268] Danach ist Legalisation die Förmlichkeit, durch welche die diplomatische oder konsularische Vertretung des Staates, in dem die Urkunde verwendet werden soll, **feststellt**, dass

262 *Jansen*, Einl. Rn 30.
263 *Jansen*, Einl. Rn 30.
264 Vgl. dazu 3. Aufl. § 2 Rn 22 ff.
265 IPG 65/66 Nr. 14, S. 161.
266 *Höfer/Huhn*, S. 73.
267 Beispiel bei *Höfer/Huhn*, S. 83.
268 Vgl. *Kierdorf*, Die Legalisation von Urkunden, S. 14 ff.

- die Urkunde von der in ihr bezeichneten Amtsperson gefertigt ist,
- diese Amtsperson eine amtliche Eigenschaft innehat und
- die Urkunde in dieser Eigenschaft erstellt hat.

Falls ein Stempel oder Siegel beigedruckt ist, wird auch dessen Echtheit bestätigt.[269] Die Legalisation ist also die **Echtheitsbezeugung** für eine ausländische Urkunde durch eine inländische öffentliche Urkunde;[270] sie bewirkt im Ergebnis, dass die ausländische Urkunde der inländischen gleichgestellt wird (vgl. §§ 438, 415 ff. ZPO). Die österreichische ZPO (§ 293 Abs. 2 öZPO) verlangt über diesen Echtheitsnachweis hinaus noch den Nachweis der Gegenseitigkeit. Der Unterschied zwischen Legalisation und Beglaubigung (einer Privaturkunde) ist damit deutlich, wird indessen im internationalen Urkundenverkehr gelegentlich durch die Tatsache verdeckt, dass – anders als im deutschen Recht – der Begriff Legalisation für beide unterschiedlichen Bestätigungsformen verwendet wird (z.B. in Frankreich und Italien).[271]

Eine Vorstufe der Legalisation ist die sog. **Zwischenbeglaubigung.** Darunter versteht das deutsche Recht (wie *Kierdorf*[272] zutr. anmerkt: irreführenderweise) eine der Legalisation vorausgehende Prüfung der Urkundenechtheit durch Behörden des Staates, in dem die Urkunde errichtet ist. Dieser Akt ist in allen Fällen erforderlich, in denen die legalisierenden Konsularbehörden die Echtheit ihnen vorgelegter amtlicher Urkunden nicht selbst prüfen können.[273] Die Konsularbehörden mancher Staaten geben sich mit der Zwischenbeglaubigung durch den jeweiligen PräsLG zufrieden; andere verlangen außerdem eine sog. weitere Zwischenbeglaubigung bzw. Endbeglaubigung (siehe Rdn 90). 86

In der Praxis genügt die Legalisation (siehe Rdn 85) den Bedürfnissen ausländischer Behörden oft nicht. 87
Sie verlangen nicht selten auch die Bestätigung, dass die Beurkundungsperson für die fragliche Beurkundung zuständig und befugt war (**Legalisation im weiteren Sinne**), vgl. § 13 Abs. 4 KonsG.[274] Der deutsche Notar sollte daher immer auf der Legalisation i.w.S. bestehen, wenn es möglich ist, eine derartige Legalisierung zu erreichen. Das deutsche Recht lässt eine solche „erweiterte Legalisation" seit einer Entscheidung des KG aus dem Jahre 1897[275] allgemein zu. An der seitdem gefestigten Praxis sollte festgehalten werden; zu Unrecht wird im Widerspruch zu den praktischen Erfahrungen die Notwendigkeit dieses Instituts bestritten.[276]

Der deutsche Notar muss davon ausgehen, dass die von ihm aufgenommene Urkunde zum Gebrauch im 88
Ausland immer dann der Legalisation bedarf, wenn nicht

- entweder zwischen der Bundesrepublik und dem Staat, in dem die Urkunde verwendet werden soll, ein Staatsvertrag geschlossen ist, der die Legalisation ausschließt (siehe Rdn 49 ff.) oder
- der Staat, in dem die Urkunde verwendet werden soll, dem Haager Übereinkommen zur Befreiung ausländischer Urkunden von der Legalisation beigetreten ist (siehe Rdn 60). Alphabetische Aufstellung vgl. Anh. III; eine praktische Erleichterung bietet möglicherweise die Echtheitsbestätigung (siehe Rdn 93 ff.).

Innerhalb der Europäischen Union ist die Legalisation bestimmter öffentlicher Urkunden seit Geltung der ApostillenVO[277] generell entbehrlich, soweit der Anwendungsbereich der Verordnung eröffnet ist und keine Zweifel an der Echtheit bestehen (siehe Rdn 46). Dies steht der Nutzung bestehender Legalisationssysteme zwischen den Mitgliedstaaten nicht entgegen.[278] Eine genauere Beschreibung der ausländischen Praxis bietet *Kierdorf*;[279] er systematisiert diese Praxis nach den Begriffen Legalisationszwang, bedingter Legalisationszwang, Legalisationsfreiheit. Demgegenüber ist die hier vorgeschlagene Verhaltensweise an den Gesichtspunkten praktischer Handhabbarkeit und Sicherheit orientiert. – Nach Art. 5 des Übereinkommens über die Erweiterung der Zuständigkeit der Behörden, vor denen nichteheliche

269 Allg. A.; s. nur *Kierdorf*, Die Legalisation von Urkunden, S. 14.
270 Zutr. *Kierdorf*, Die Legalisation von Urkunden, S. 17.
271 Einzelheiten bei *Kierdorf*, Die Legalisation von Urkunden, S. 18 f.
272 *Kierdorf*, Die Legalisation von Urkunden, S. 21.
273 Vgl. z.B. die AV des JM Bad-Württ v. 25.5.1970, StAZ 1971, 159; Beispiel für fehlerhafte Begriffsverwendung: LG Bielefeld v. 22.7.1960 – 3a T 126/60, Rpfleger 1961, 315, wo die Zwischenbeglaubigung Legalisierung genannt wird.
274 S. dazu *Luther*, MDR 1986, 10.
275 KG v. 6.12.1897 – 570/97, KGJ 17 (1898), 116.
276 *Kierdorf*, Die Legalisation von Urkunden, S. 28.
277 VO (EU) 2016/1191, ABl 2016 L 200, 1,
278 Vgl. Erwägungsgrund 4, VO (EU) 2016/1191.
279 *Kierdorf*, Die Legalisation von Urkunden, S. 42 ff.

Kinder anerkannt werden können, vom 14.9.1961 (siehe Rdn 57) sind **Vaterschaftsanerkenntnisse** von der Legalisation befreit.

89 Die Legalisation wird von der **diplomatischen (konsularischen) Vertretung** des Verwendungsstaates vorgenommen.[280] Die Adressen der für Deutschland zuständigen Vertretungen anderer Staaten finden sich auf den Internetseiten des Auswärtigen Amtes.[281]

90 Der Ablauf des **Legalisationsverfahrens** ist in der Praxis bei den einzelnen Konsularbehörden gerade in Bezug auf notarielle Urkunden nicht immer einheitlich. Manche Konsuln legalisieren unmittelbar, also ohne Zwischenbeglaubigung (zum Begriff siehe Rdn 86) durch eine inländische Behörde. Voraussetzung ist, dass der Konsul die Unterschrift des Ausstellers oder den Aussteller selbst kennt. Die gegen dieses Verfahren unter dem Gesichtspunkt des notariellen Standesrechts geltend gemachten Bedenken[282] greifen nicht durch. – Auch **generelle Zwischenbeglaubigungen** von Unterschriftsproben von Notaren zum Zwecke der Hinterlegung bei Auslandsvertretungen durch die Landgerichtspräsidenten sind zulässig.[283] Auch aus der Stellung des PräsLG als Dienstaufsichtsbehörde der Notare lassen sich gegen dieses vereinfachende Verfahren keine durchgreifenden Bedenken ableiten.[284] Das gilt deshalb umso mehr, weil die deutschen Konsuln im Ausland mit Billigung des Auswärtigen Amtes ihrerseits unmittelbare Legalisationen vornehmen (z.B. in USA aufgrund hinterlegter Unterschriftsproben von *notaries publics*). – Verlangt die legalisierende Konsularbehörde zuvor die Zwischenbeglaubigung, so sind nach einheitlicher Regelung aller Bundesländer die PräsLG für die **erste Zwischenbeglaubigung** zuständig (außerdem für andere Justizurkunden teils auch AG-Präsidenten). Der PräsLG hat die Urkunde sodann über das Landes-Justizministerium an das Bundesministerium der Justiz und für Verbraucherschutz weiterzuleiten, das eine weitere Zwischenbeglaubigung hinzufügt. Das Bundesverwaltungsamt[285] nimmt im Auftrag und in Vertretung des Auswärtigen Amtes die **Endbeglaubigung** vor und leitet die Urkunde der jeweiligen Auslandsvertretung zum Zweck der Legalisation zu. Die Notare/die Beteiligten können die Urkunden nach Zwischenbeglaubigung durch den PräsLG unmittelbar dem Bundesverwaltungsamt einreichen. – Auch mit dieser Erleichterung bleibt das Verfahren insgesamt aufwendig. Es wird den Erfordernissen des internationalen Urkundenverkehrs nicht gerecht. Viele Auslandsvertretungen geben sich bei notariellen Urkunden daher mit der Zwischenbeglaubigung durch den PräsLG zufrieden;[286] eine Erleichterung des Verfahrens bietet im Einzelfall möglicherweise die konsularische Echtheitsbestätigung (siehe Rdn 93 ff.). – Gebühren für die Zwischenbeglaubigung werden aufgrund ihrer Qualifikation als Amtshilfe nicht erhoben. Der Notar selbst erhält für die Herstellung der Zwischenbeglaubigung und der Legalisation keine Gebühr.[287]

91 Der Legalisation zugänglich sind grundsätzlich nur **öffentliche Urkunden**.[288] Eine Ausnahme besteht für **Schiedssprüche** im Rahmen des New Yorker Übereinkommens über die Anerkennung und Vollstreckung ausländischer Schiedssprüche vom 10.6.1958 (**UNÜ**).[289] Nach Art. IV Abs. 1 lit. a UNÜ hat eine Partei, die um Anerkennung und Vollstreckung ihres Schiedsspruchs nachsucht, die gehörig legalisierte Urschrift des Schiedsspruches vorzulegen. Für ausländische Schiedssprüche, die in Deutschland vollstreckt werden sollen, hat dies freilich keine Bedeutung, weil nach § 1064 Abs. 1 i.V.m. Abs. 3 ZPO die Vorlage der Urschrift des Schiedsspruchs oder einer beglaubigten Abschrift ausreicht. Aufgrund des Meistbegünstigungsgrundsatzes gem. Art. VII Abs. 1 UNÜ geht das deutsche Recht insoweit dem Staatsvertragsrecht vor.[290] Soll ein deutscher Schiedsspruch im Ausland anerkannt und vollstreckt werden, ist zu beachten, dass überwiegend davon ausgegangen wird, dass das Recht desjenigen Staates, in

280 Einzelheiten bei *Kierdorf*, Die Legalisation von Urkunden, S. 51 f.

281 Abrufbar unter https://www.auswaertiges-amt.de/de/aamt/auslandsvertretungen-node (speziell zum Internationalen Urkundenverkehr: https://www.auswaertiges-amt.de/de/urkunden/2007718 letzter Abruf jeweils 15.8.2025).

282 *Kierdorf*, Die Legalisation von Urkunden, S. 60.

283 Ausf. dazu *Höfer/Huhn*, S. 110; vgl. auch *Rohs/Heinemann*, Rn 543.

284 So aber *Kierdorf*, Die Legalisation von Urkunden, S. 61, der der Dienstaufsichtsbefugnis in diesem Zusammenhang einen Inhalt gibt, den sie nicht hat.

285 Anschrift: Bundesverwaltungsamt, 50728 Köln; www.bva.bund.de.

286 S.a. *Bülow*, DNotZ 1955, 9, 16.

287 LG Berlin v. 17.12.1938 – 208 b T 9311/38, DNotZ 1939, 276; *Höfer/Huhn*, S. 105. Wegen des Inhalts des Zwischenbeglaubigungsvermerks vgl. *Höfer/Huhn*, S. 105; *Kierdorf*, Die Legalisation von Urkunden, S. 64.

288 *Bülow*, DNotZ 1955, 9, 40; *Höfer/Huhn*, S. 105; *Weber*, DNotZ 1967, 469, 476.

289 BGBl II 1961, 121, 122, in Kraft für die Bundesrepublik seit 28.9.1961 (BGBl II 1962, 102).

290 BGH v. 25.9.2003 – III ZB 68/02, NJW-RR 2004, 1504 f.

dem die Anerkennung und Vollstreckung geschehen soll, auch bestimmt, wie die Legalisation nach Art. IV Abs. 1 lit. a UNÜ zu geschehen hat und wer für sie zuständig ist.[291] – Bei notariellen **Unterschriftsbeglaubigungen** bezieht sich die Legalisation stets nur auf den Beglaubigungsvermerk, nicht auf den vor der beglaubigten Unterschrift stehenden privaten Text.

Die Legalisation ist **auch dann zulässig,** wenn wegen zwischenstaatlichen Verträgen an sich Legalisationsfreiheit besteht.[292] Das ergibt sich aus dem praktischen Bedürfnis; es hat sich nämlich gezeigt, dass jene Verträge (vgl. Rdn 50 ff.) oft sogar Behörden unbekannt sind. Anderes gilt im Rahmen des Haager Übereinkommens zur Befreiung ausländischer öffentlicher Urkunden von der Legalisation vom 5.10.1961 (siehe Rdn 60). Art. 9 dieses Übereinkommens schließt die Legalisation im engeren Sinne, nicht jedoch die erweiterte Legalisation (siehe Rdn 87) aus.[293] 92

3. Konsularisches Notariat: Echtheitsbestätigung

Soll eine inländische öffentliche Urkunde im Ausland verwendet werden, erfolgt die Legalisation, soweit keine Befreiung aufgrund des Haager Übereinkommens, des Europäischen Übereinkommens oder bilateraler Verträge gegeben ist, durch die zuständige Auslandsvertretung des Vorlegestaates in Deutschland (siehe Rdn 88 ff.). Das KonsG (§ 14) ermöglicht aber auch die **Bestätigung der Echtheit** inländischer öffentlicher Urkunden durch deutsche Konsularbeamte zur Verwendung in ihrem Konsularbezirk.[294] Damit sollen deutsche öffentliche Urkunden, also auch notarielle Urkunden, im Ausland leichter verwendbar gemacht werden.[295] § 14 KonsG begründet nach deutschem Recht eine Beurkundungszuständigkeit, die die Verwendung einer deutschen öffentlichen Urkunde ohne Legalisation auch in den Staaten praktisch ermöglicht, die ansonsten die Legalisation verlangen.[296] Voraussetzung ist aber, dass das ausländische Recht der Echtheitsbestätigung diese Wirkung beimisst. Der jeweilige deutsche Konsularbeamte soll deshalb über die Rechtslage bzw. die „Anerkennungspraxis" im Vorlegestaat **belehren**. 93

Sachlich zuständig ist jeder Berufskonsularbeamte. Dagegen bedürfen Honorarkonsularbeamte einer besonderen Ermächtigung (§ 24 Abs. 1 S. 2 KonsG). **Örtlich zuständig** ist nur der Konsularbeamte, in dessen Bezirk die Urkunde verwendet werden soll. Nur er kann entscheiden, ob die Echtheitsbestätigung und in welcher Form sie im Vorlegestaat rechtlich anerkannt wird. 94

Der Konsularbeamte kann die Echtheitsbestätigung nur **bei inländischen öffentlichen** Urkunden vornehmen. Da nur die Echtheit der Urkunde bestätigt werden soll, kommt es lediglich darauf an, dass die Urkunde von einer öffentlichen Behörde oder von einer mit öffentlichem Glauben versehenen Person, also z.B. von einem deutschen Notar, errichtet ist. Nur diese Urkunden haben die Vermutung der Echtheit für sich (§ 437 Abs. 1 ZPO). – Ob die Urkunde innerhalb der Grenzen der Amtsbefugnis einer öffentlichen Behörde oder innerhalb des Geschäftskreises einer mit öffentlichem Glauben versehenen Person und in der vorgeschriebenen Form aufgenommen ist (§ 415 ZPO), ist für die Frage der Echtheit (§ 437 ZPO) unerheblich. – Es darf aber keine **Privaturkunde** sein. Bei Privaturkunden mit Unterschriftsbeglaubigung wird also nicht die Privaturkunde, sondern die Echtheit des Beglaubigungsvermerkes (§ 39 BeurkG) bestätigt. – Der Konsularbeamte kann zwar die Vermutung des § 437 Abs. 1 ZPO für sich in Anspruch nehmen. Er darf aber keinen Zweifel an der Echtheit haben (§ 14 Abs. 2 KonsG). Wird ihm die Urkunde von der errichtenden Stelle zugeleitet, kann er i.d.R. von der Echtheit der Urkunde ausgehen (§ 14 Abs. 2 S. 2 KonsG). Sonst muss er – entsprechend § 437 Abs. 2 ZPO – von Amts wegen die Behörde oder die Person, von der die Urkunde errichtet sein soll, zu einer Erklärung über die Echtheit veranlassen.[297] 95

Die **Form der Echtheitsbestätigung** ist nicht vorgeschrieben, weil sie sich nach den Erfordernissen im Konsularbezirk zu richten hat, in denen die Urkunde verwendet werden soll.[298] 96

291 MüKo-ZPO/*Adolphsen*, Art. IV UNÜ Rn 11. Zur österr. Rechtslage: *Öhlberger*, SchiedsVZ 2007, 77.

292 Vgl. Erwägungsgrund 4, VO (EU) 2016/1191.

293 Ebenso *Kierdorf*, Die Legalisation von Urkunden, S. 71; *O. Weber*, DNotZ 1967, 469, 472.

294 S. allg. zum konsularischen Notariat auch *Geimer*, DNotZ 1978, 3.

295 Hecker/Müller-Chorus/*Bindseil*, Handbuch der konsularischen Praxis, § 4 C Rn 14.

296 Vgl. *Bindseil/Klasse*, DNotZ 1992, 275, 284 f.

297 Hecker/Müller-Chorus/*Bindseil*, Handbuch der konsularischen Praxis, § 4 C Rn 15.

298 Hecker/Müller-Chorus/*Bindseil*, Handbuch der konsularischen Praxis, § 4 C Rn 15.

4. Vollstreckung aus Urkunden deutscher Notare im Ausland

97 **Im Inland** kann aus Urkunden deutscher Notare nach Maßgabe des § 794 Abs. 1 Nr. 5 ZPO vollstreckt werden (zur Vollstreckung aus ausländischen notariellen Urkunden im Inland vgl. Rdn 77). Das deutsche Recht stellt danach ausländische vollstreckbare Urkunden ausländischen Gerichtsentscheidungen nicht gleich. In vielen ausländischen Rechtsordnungen ist das anders.

98 Notare nehmen an der **internationalen Rechtshilfe** teil. Sie gehören zum Kreis der zur Rechtshilfe antragsberechtigten Personen.[299] Dies gilt allerdings nicht für das Europäische Übereinkommen betr. **Auskünfte über ausländisches Recht** vom 7.6.1968.[300]

99 Die Vollstreckbarkeit aus notariellen Urkunden **im Ausland** beantwortet sich nach dem jeweiligen Auslandsrecht. Die Vollstreckung ist meist jedenfalls dann unmöglich, wenn dieses Recht auch das Institut der Vollstreckung aus inländischen notariellen Urkunden nicht kennt. Das ist im angelsächsischen Rechtskreis (USA, Kanada, Vereinigtes Königreich) der Fall; gegenüber dem Vereinigten Königreich ist freilich – jedenfalls bis zum Wirksamwerden des Austritts aus der EU – der Vorrang der EuGVVO (siehe Rdn 100 ff.) zu beachten. Im Bereich des lateinischen Notariats (Kontinentaleuropa, Südamerika, die meisten ehemaligen franz. Kolonien in Afrika und Asien) sind dagegen Notariatsurkunden grundsätzlich ohne besondere Zwangsvollstreckungsunterwerfung vollstreckbar. – Ein deutscher Notar darf die Vollstreckungsunterwerfung aber auch dann beurkunden, wenn das ausländische Recht die Unterwerfung nicht kennt oder wenn er sich nicht davon überzeugen kann, dass die Vollstreckung im Ausland möglich ist.[301]

100 Die Vollstreckung aus den Urkunden deutscher Notare im Ausland hängt in den meisten Fällen davon ab, dass eine entsprechende zwischenstaatliche Regelung besteht. Für den **innereuropäischen Urkundenverkehr**[302] am bedeutsamsten ist die **EuGVVO n.F.**[303] Dieser Rechtsakt gilt unmittelbar in den EU-Mitgliedstaaten, auch in Dänemark (zur früheren Rechtslage siehe 7. Aufl. Rn 64). Die EuGVVO n.F. hat die EuGVVO a.F.[304] und das Europäische Gerichtsstands- und Vollstreckungsübereinkommen (**EuGVÜ**) vom 27.9.1968 ersetzt.[305] Das EuGVÜ bleibt anwendbar, soweit es für diejenigen überseeischen Ländern und Hoheitsgebieten der Mitgliedstaaten gilt, die nach Art. 68 Abs. 1 EuGVVO i.V.m. Art. 355 AEUV vom Anwendungsbereich der Verordnung ausgenommen sind (z.B. Aruba).[306]

Ergänzend ist das Luganer Übereinkommen vom 30.10.2007 über die gerichtliche Zuständigkeit und die Anerkennung und Vollstreckung von Entscheidungen in Zivil- und Handelssachen zu berücksichtigen (**LugÜ II**).[307] Während es für die EU, Dänemark und Norwegen am 1.1.2010 in Kraft getreten ist, gilt es für die Schweiz seit dem 1.1.2011. Für Island ist es am 1.5.2011 in Kraft getreten.

101 **Bis zum 10.1.2015** galt für die Vollstreckbarerklärung notarieller Urkunden die EuGVVO idF. vom 22.12.2000. Nach Art. 57 i.V.m. Art. 38 ff. EuGVVO a.F. waren **vollstreckbare Urkunden** eines deutschen Notars in den anderen Mitgliedstaaten der Union auf Antrag für vollstreckbar zu erklären. Befugt waren hierzu die in Anhang II der EuGVVO[308] aufgeführten Stellen. Im EuGVÜ regeln Art. 50 i.V.m. Art. 31 ff. und im LugÜ II die Art. 57 i.V.m. Art. 38 ff. die Frage der Vollstreckbarerklärung durch die in den Art. 32 EuGVÜ und Art. 39 LugÜ II aufgeführten Stellen. Die Regelungen in der EuGVVO, dem EuGVÜ und dem LugÜ II stimmten weitgehend überein. Der **Hauptunterschied** betraf die in der EuGVVO a.F. in ein besonderes Rechtsbehelfsverfahren (Art. 45 f. EuGVVO a.F.) verlagerte Prüfung der – teilweise neu gefassten – **Versagensgründe**, die einer Anerkennung entgegenstehen können

299 *Pfennig*, Die internationale Zustellung in Zivil- und Handelssachen, S. 52; *Schütze*, DNotZ 1992, 66, 74.
300 BGBl II1974, 937; II 1975, 300; vgl. dazu *Schütze*, BWNotZ 1992, 122, 124.
301 A.A. insoweit wohl *Wolfsteiner*, Urkunde, S. 197.
302 Dazu eingehend *Leutner*, Die vollstreckbare Urkunde im europäischen Rechtsverkehr, 1997 (freilich bezogen auf die Rechtslage vor Inkrafttreten der EuGVVO und des LugÜ II).
303 ABl 2012 Nr. L 351, 1 v. 20.12.2012, ber. 2016 Nr. L 264, 43 v. 30.9.2016.
304 ABl 2001 Nr. L 12, 1 v. 16.1.2001, ber. 2001 Nr. L 307, 28 v. 24.11.2001 und 2010 Nr. L 328, 36 v. 14.12.2010.
305 BGBl II 1972, 774.
306 *Wagner*, WM 2003, 116, 117.
307 ABl 2009 Nr. L 147, 5 v. 10.6.2009, ber. 2009 Nr. L 147, 44 v. 10.6.2009, 2011 Nr. L 115, 31 v. 5.5.2011 und 2014 Nr. L 18, 70 v. 21.1.2014.
308 I.d.F. der VO 1569/2002, ABl 2002 Nr. L 225, 13 v. 22.8.2002.

(Art. 34 f. EuGVVO a.F.).[309] Dies sollte vor allem der Beschleunigung der Anerkennung im Vergleich zu den Vorgängerregelung in Art. 34 i.V.m. Art. 27 f. EuGVÜ dienen.[310]

Am **10.1.2015** ist die **EuGVVO n.F.** in Kraft getreten. Durch sie wurde die EuGVVO in weiten Teilen reformiert, um den freien Verkehr gerichtlicher Entscheidungen sowie den Zugang zum Recht innerhalb der Union weiter zu verbessern, vgl. Erwägungsgrund 1 EuGVVO n.F.[311] Wesentliche Neuerungen ergeben sich insbesondere mit Blick auf das bisher grundsätzlich erforderliche Exequaturverfahren für öffentliche Urkunden. Dieses wird durch Art. 58 Abs. 1 EuGVVO n.F. vollständig abgeschafft.[312] Nunmehr sind öffentliche Urkunden, die im Ursprungsmitgliedsstaat vollstreckbar sind, **ohne gesonderte Vollstreckbarerklärung** auch in anderen Mitgliedsstaaten vollstreckbar (Art. 58 Abs. 1 S. 1 EuGVVO n.F.). Eine inhaltliche Überprüfung des Titels durch das zuständige Gericht des Vollstreckungsstaates erfolgt ebenfalls nicht (Artt. 58, 52 EuGVVO n.F.; **Verbot der sog.** *révision au fond*). Die Zwangsvollstreckung darf nur dann versagt werden, wenn sie dem **ordre public** des Vollstreckungsstaates offensichtlich widerspricht, Art. 58 Abs. 1 S. 2 EuGVVO n.F.[313] Für die Vollstreckung von im Inland errichteten öffentlichen Urkunden im europäischen Ausland – und *vice versa* – bedarf es lediglich einer von der zuständigen Behörde oder dem zuständigen Gericht des Ursprungsmitgliedsstaates auf Antrag des Berechtigten (Vollstreckungsgläubiger) auszustellenden Bescheinigung, die eine Zusammenfassung der in der öffentlichen Urkunde beurkundeten vollstreckbaren Verpflichtung enthält, Art. 60 Fall 1 EuGVVO n.F.[314] Einer Vollstreckungsklausel nach den §§ 724 ff. ZPO bedarf es gem. § 1112 ZPO nicht.[315] Entsprechendes gilt auch für gerichtliche Vergleiche; sie sind unter denselben Voraussetzungen vollstreckbar wie öffentliche Urkunden, Artt. 59, 60 Fall 2 EuGVVO n.F. Im Übrigen gelten nach Art. 58 Abs. 1 Unterabsatz 2 EuGVVO n.F. die Vorschriften über die Vollstreckung gerichtlicher Entscheidungen (Artt. 39–44; 46–57 EuGVVO n.F.) für die Vollstreckung aus öffentlichen Urkunden entsprechend. Der Schuldner ist der inländischen Vollstreckung aus ausländischen öffentlichen Urkunden mithin nicht schutzlos ausgeliefert; vielmehr steht ihm entsprechend den Artt. 46, 45 EuGVVO n.F. gegen die Vollstreckung ein **Rechtsbehelf** zu. Er kann beim Landgericht, in dessen Bezirk der Schuldner seinen Wohnsitz hat (Art. 47 Abs. 1 EuGVVO n.F. und § 1115 Abs. 1, Abs. 2 ZPO), die Versagung der Vollstreckung unter den gleichen Voraussetzungen beantragen, wie auch die Anerkennung eines gerichtlichen Urteils gem. Artt. 36 Abs. 2, 45 EuGVVO n.F. zu versagen wäre.[316] Sofern gerichtliche Entscheidung beantragt wurde, kann das zuständige Gericht auf weiteren Antrag des Schuldners hin die Vollstreckung ganz oder teilweise aussetzen, von der Stellung von Sicherheiten durch den Vollstreckungsgläubiger abhängig machen oder die Vollstreckung auf Leistung von Sicherheiten durch den Vollstreckungsschuldner beschränken, Artt. 58 Abs. 1, 46 Abs. 1, 44 Abs. 1 EuGVVO n.F. und § 1115 Abs. 6 ZPO.[317] Ergänzend stehen dem Vollstreckungsschuldner die Rechtsbehelfe des deutschen Zwangsvollstreckungsrechts zur Seite, insbesondere §§ 767 Abs. 1, 795 S. 1, 1086, 1117 ZPO.[318] Für die Vollstreckung deutscher notarieller Urkunden im europäischen Ausland ist besonders bedeutsam, dass der inländische Notar, der die Urkunde verwahrt (vgl. § 797 Abs. 2 S. 1 ZPO), gem. § 1110 ZPO auch dafür zuständig ist, die nach Art. 60 EuGVVO n.F. i.V.m. Art. 42 Abs. 1 lit. b EuGVVO n.F. für die Vorlage bei der zuständigen ausländischen Vollstreckungsbehörde erforderliche **Bescheinigung** über die Vollstreckbarkeit auszustellen,[319] die der Sache nach die Vollstreckungsklausel ersetzt. Eine Ausfertigung dieser nach Anhang II der EuGVVO n.F. zu fertigenden Bescheinigung muss der Notar gem. § 1111 Abs. 1 S. 3 ZPO dem Vollstreckungs- 102

309 Zum *ordre public* Vorbehalt vgl. OLG Stuttgart v. 5.11.2013 – 5 W 13/13, BeckRS 2013, 21135.

310 S. dazu eingehend *Junker*, RIW 2002, 569, 575.

311 Vgl. hierzu *Reinmüller*, IHR 2015, 1 ff.; Hk-ZPO/*Dörner*, Vorbem. zur EuGVVO, Rn 1 ff.

312 Vertiefend *Fischer*, MittBayNot 2015, 184 f.

313 Zum *ordre public* Vorbehalt s. *Fischer*, NotBZ 2015, 130, 131. Ein solcher Vorbehalt existiert für die Vollstreckung ausländischer Urteile nicht. Der Einwand kann lediglich im Rechtsbehelfsverfahren nach Artt. 36 Abs. 1, 46, 45 Abs. 1 lit. a EuGVVO n.F. geltend gemacht werden.

314 Nach deutschem Recht gelten für die Zuständigkeit und das Verfahren zur Erteilung der Vollstreckungsbescheinigung die §§ 1110, 1111 ZPO. Bei notariellen Urkunden ist gem. §§ 1110, 797 Abs. 2 S. 1 ZPO somit derjenige Notar zuständig, der die zu vollstreckende Urkunde verwahrt, *Fischer*, NotBZ 2015, 130, 132.

315 BT-Drucks 18/823, 20.

316 *Reinmüller*, IHR 2015, 1, 7 f.

317 Die Rechtsbehelfe erlangen insb. dann praktische Relevanz, wenn – was grds. denkbar ist (*Fischer*, NotBZ 2015, 130, 132) – mehrere Bescheinigungen über einen Vollstreckungstitel gem. Art. 60 EuGVVO n.F. ausgestellt worden sind. Hier besteht die Gefahr der Mehrfachvollstreckung, die der Schuldner nur durch die Artt. 36 Abs. 1, 46, 45 Abs. 1 lit. a EuGVVO n.F. vermeiden kann.

318 *Reinmüller*, IHR 2015, 1, 8 f.

319 MüKo-ZPO/*Gottwald*, § 1110 ZPO Rn 6.

schuldner von Amts wegen zuzustellen; dies gilt auch bei ausländischem Wohnort.[320] Es gelten die allgemeinen Zustellungsvorschriften.[321] Die Entscheidung des Notars über die Erteilung der Bescheinigung – die grundsätzlich ohne Anhörung des Schuldners ergeht (§ 1111 Abs. 1 S. 1 ZPO) – kann gem. § 1111 Abs. 2 ZPO so angefochten werden, wie die Entscheidung über die Erteilung der Vollstreckungsklausel. Dies bedeutet, dass die **Ablehnung** der Erteilung der Bescheinigung gem. § 1111 Abs. 2 ZPO i.V.m. § 54 Abs. 1 BeurkG mit der Beschwerde nach §§ 58 ff. FamFG anzugreifen ist, die nach § 64 Abs. 1 FamFG beim Notar als *iudex a quo* einzulegen ist.[322] Wendet sich der Schuldner gegen die **Erteilung** der Bescheinigung, ist er auf die allgemeinen vollstreckungsrechtlichen Rechtsbehelfe, insbesondere die Klauselerinnerung nach §§ 797 Abs. 3 S. 1, 795 S. 1, 732 Abs. 1 ZPO, zu verweisen. Zu entscheiden hat dann das Amtsgericht, in dessen Bezirk der die Urkunde verwahrende Notar seinen Amtssitz hat. Zu diesem muss die Erinnerung auch erhoben werden.

Das **Verhältnis der EuGVVO n.F. zur EuVTVO** (Verordnung [EG] Nr. 805/2004 des Europäischen Parlaments und des Rates vom 21.4.2004 zur Einführung eines europäischen Vollstreckungstitels für unbestrittene Forderungen) bleibt unverändert; beide Regelungswerke sind grundsätzlich weiterhin nebeneinander anwendbar.[323] Alternativität besteht freilich insofern nicht (mehr), als der Vollstreckungsgläubiger bereits die Vollstreckbarkeit aufgrund einer der beiden Verordnungen erwirkt hat. Für sein Begehren, die Vollstreckung auch unter den Voraussetzungen der jeweils anderen Verordnung herbeizuführen, fehlt ihm dann das Rechtsschutzbedürfnis.[324]

In zeitlicher Hinsicht gilt es freilich zu beachten, dass die Bestimmungen der EuGVVO n.F. nur auf solche öffentlichen Urkunden Anwendung finden, die am 10.1.2015 oder danach förmlich errichtet worden sind, Art. 66 Abs. 1 EuGVVO n.F. Auf vor diesem **Stichtag** errichtete Urkunden ist die EuGVVO a.F. weiterhin anzuwenden.

103 Seit dem **17.8.2015** sind auch auf dem Gebiet des Testaments- und Erbrechts, einschließlich der Unterhaltspflichten, die mit dem Tod entstehen, Besonderheiten zu beachten. Diese Sachgebiete werden vom sachlichen Anwendungsbereich der EuGVVO n.F. (Art. 1 Abs. 2 lit. f) nicht erfasst. Mit Inkrafttreten der Verordnung (EU) Nr. 650/2012 des Europäischen Parlaments und des Rates vom 4.7.2012 über die Zuständigkeit, das anzuwendende Recht, die Anerkennung und Vollstreckung von Entscheidungen und die Annahme und Vollstreckung öffentlicher Urkunden in Erbsachen sowie zur Einführung eines Europäischen Nachlasszeugnisses („**EuErbVO**") gelten auch in diesem Zusammenhang Sonderregeln für die Vollstreckbarkeit ausländischer öffentlicher Urkunden i.S.d. Art. 3 Abs. 1 lit. i EuErbVO. Diese ist hier weiterhin von einem **Exequaturverfahren** nach dem Recht des Vollstreckungsstaates (Art. 46 Abs. 1 EuErbVO) abhängig, Art. 60 Abs. 1 i.V.m. Artt. 45–58 EuErbVO. Die EuErbVO ist zeitlich anwendbar, soweit die Urkunde erbrechtliche Ansprüche aus Todesfällen betrifft, die nach dem 16.8.2015 eingetreten sind (Art. 60 EuErbVO). Die entsprechenden verfahrensrechtlichen Vorgaben sind auf nationaler Ebene durch das IntErbRVG[325] umgesetzt worden, das am 17.8.2015 in Kraft getreten ist. Verfahrensvorschriften für die Zulassung der Zwangsvollstreckung aus ausländischen Titeln finden sich dort insbesondere in den §§ 3 ff. IntErbRVG. Gem. § 3 Abs. 4 S. 1 IntErbRVG – der § 55 Abs. 3 AVAG und § 35 Abs. 3 AUG entspricht[326] – ist die Vollstreckbarerklärung einer ausländischen notariellen Urkunde auch **durch einen deutschen Notar** möglich, wobei die Vorschriften über das gerichtliche Verfahren entsprechend gelten. Im Übrigen ist die Entscheidung über die Vollstreckbarerklärung der sachlichen Zuständigkeit der Landgerichte, in deren Bezirk der Schuldner seinen Wohnsitz hat oder in deren Bezirk die Zwangsvollstreckung durchgeführt werden soll, ausschließlich zugewiesen, § 3 Abs. 1, Abs. 2 IntErbRVG. Liegen die formellen Voraussetzungen für eine Vollstreckbarerklärung vor, so wird der Titel gem. § 7 Abs. 1 S. 1 IntErbRVG mit einer Vollstreckungsklausel versehen. Die Versagung der Vollstreckbarkeit kann – sofern die von Artt. 45 ff. EuErbVO vorgegebenen förmlichen Voraussetzungen erfüllt sind – insbesondere nicht auf die in Art. 40 EuErbVO niedergelegten Versagungsgründe gestützt werden

320 MüKo-ZPO/*Gottwald*, § 1111 ZPO Rn 3.
321 MüKo-ZPO/*Gottwald*, § 1111 ZPO Rn 3.
322 Vgl. allg. BeckOGK/*Regler*, Stand: 1.7.2025, § 54 BeurkG Rn 15.
323 Hk-ZPO/*Dörner*, Vorbem. zur EuGVVO, Rn 9; *Fischer*, MittBayNot 2015, 184.
324 BGH v. 4.2.2010 – IX ZB 57/09, NJW-RR 2010, 571 Rn 9 f.
325 Internationales Erbrechtsverfahrensgesetz (BGBl I 2015, 1042; vgl. den Gesetzesentwurf der Bundesregierung v. 4.3.2015, BT-Drucks 18/4201, 1 ff.
326 BT-Drucks 18/4201, 44.

(Art. 48 S. 1 EuErbVO). Deren Vorliegen kann der Vollstreckungsschuldner nur im Rechtsbehelfsverfahren nach Artt. 50 ff. EuErbVO geltend machen (Art. 52 S. 1 EuErbVO). In Deutschland wird insoweit die Beschwerde zum OLG statthaft sein (§ 10 Abs. 1 IntErbRVG).

Die Vollstreckbarkeit notarieller Urkunden i.S. des § 794 Abs. 1 Nr. 5 ZPO im europäischen Ausland wird nach der EuGVVO, dem EuGVÜ und dem LugÜ II nur dann erreicht, wenn die Urkunde sich inhaltlich auf eine **Zivil- oder Handelssache** bezieht (jeweils Art. 1 Abs. 1). In der Rechtsprechung des EuGH zum EuGVÜ ist die Zivil- oder Handelssache bislang als **autonom** zu qualifizierender Begriff angesehen worden, bei dessen Auslegung die Zielsetzungen und die Systematik des EuGVÜ sowie die allgemeine Rechtsgrundsätze, die sich aus der Gesamtheit der innerstaatlichen Rechtsordnungen ergeben, berücksichtigt werden müssen.[327] Dieses Begriffsverständnis ist auch der EuGVVO (a.F. und n.F.) und dem LugÜ II zugrunde zu legen. 104

Das EuGVÜ und das LugÜ II haben gem. ihren Art. 55 f. bzw. Art. 64 f. Vorrang vor bestimmten, dort aufgeführten **bilateralen Abkommen**. Dies galt auch nach Art. 69 EuGVVO a.F. für den deutsch-**österreichischen** Vertrag vom 6.6.1959 über die gegenseitige Anerkennung und Vollstreckung von gerichtlichen Entscheidungen, Vergleichen und öffentlichen Urkunden in Zivil- und Handelssachen[328] und den deutsch-**spanischen** Anerkennungs- und Vollstreckungsvertrag vom 14.11.1983.[329] Durch die Neufassung der EuGVVO zum 10.1.2015 hat sich hieran nichts geändert.[330] Während die nachrangigen bilateralen Abkommen zwischen den Mitgliedsstaaten in Art. 69 EuGVVO a.F. freilich noch im Einzelnen aufgezählt wurden, findet sich heute in Art. 69 S. 2 EuGVVO n.F. nur noch ein Verweis auf die nach Art. 76 Abs. 1 lit. c und Abs. 2 EuGVVO n.F. von der Kommission zu erstellende Notifikationsliste.[331] 105

Tunesien: Deutsch-tunesischer Vertrag vom 19.7.1966 über Rechtsschutz und Rechtshilfe, die Anerkennung und Vollstreckung gerichtlicher Entscheidungen in Zivil- und Handelssachen sowie über die Handelsschiedsgerichtsbarkeit;[332] Art. 43 dieses Vertrages lässt die Vollstreckbarerklärung der Urkunden deutscher Notare durch das tunesische Gericht zu und beschränkt dessen Prüfungsbefugnis darauf, ob die Urkunde die nach deutschem Recht „für ihre Beweiskraft erforderlichen Voraussetzungen" erfüllt und nicht gegen den *ordre public* des tunesischen Rechtes verstößt.[333] 106

IV. Ausländisches Recht (Verweisungen)

Ob in einem Sachverhalt mit Auslandsberührung deutsches oder ausländisches Recht anzuwenden ist, entscheidet für den Geltungsbereich des deutschen Rechtes das **Internationale Privatrecht** (siehe auch § 17 BeurkG Rdn 269 ff.). Inwiefern der deutsche Notar verpflichtet ist, das deutsche IPR und über dessen Verweisungen möglicherweise auch ausländisches Recht zu kennen, wird insbesondere im Kontext der Prüfungs- und Belehrungspflicht praktisch bedeutsam; insoweit ist § 17 Abs. 3 BeurkG zu beachten (siehe § 17 BeurkG Rdn 261 ff.). Die Notwendigkeit, ausländisches Recht in Rechnung zu stellen, ergibt sich für den deutschen Notar darüber hinaus auch aus der Tatsache, dass die Beteiligten ihrem Rechtsgeschäft im Ausland Wirkung verschaffen wollen (siehe aber auch Rdn 81). 107

§ 2 Überschreiten des Amtsbezirks

Eine Beurkundung ist nicht deshalb unwirksam, weil der Notar sie außerhalb seines Amtsbezirks oder außerhalb des Landes vorgenommen hat, in dem er zum Notar bestellt ist.

Literatur *Bärmann*, Die Freizügigkeit der notariellen Urkunde. Internationales Privatrecht der notariellen Urkunde, AcP 159, 1; *Bremkamp*, Der unbeabsichtigte Amtsverlust des Anwaltsnotars, NJW 2017, 1802; *ders.*, Beurkundungen außerhalb der Geschäftsstelle – Praxisfolgen der Entscheidung des Bundesgerichtshofs vom 22.3.2021 – NotSt(Brfg) 4/2020, RNotZ 2022, 62; *Döbereier*, Rechtsgeschäfte über inländische Grundstücke mit Auslandsberührung, ZNotP 2001, 465; *Lerch*, Beurkundung durch Notare außerhalb des Amtsbereichs, NJW 1992, 3139; *Schütze*, Internationales

327 EuGH v. 14.11.2002 – C-271/00, EuZW 2003, 30 Rn 28.
328 BGBl II 1960, 1245.
329 BGBl II 1987, 34.
330 Hk-ZPO/*Dörner*, Art. 70 EuGVVO Rn 1 f.
331 ABl 2015 Nr. C 4, 2 v. 9.1.2015; Hk-ZPO/*Dörner*, Art. 69 EuGVVO Rn 1.
332 BGBl II 1969, 890; in Kraft seit 13.3.1970.
333 Vgl. auch *Schütze*, DNotZ 1992, 66, 80.

Notarverfahrensrecht, DNotZ 1992, 66; *Stelmaszcyk/Kienzle*, Die Onlinegründung der GmbH nach dem DiRUG, GmbHR 2021, 849; *Vollhardt*, Richtlinien der Landesnotarkammer Bayern MittBayNot 1999, Sonderbeilage S. 7; *Wöstmann*, Die Beurkundung außerhalb des Amtsbereichs und der Geschäftsstelle unter Berücksichtigung der Richtlinienempfehlung der BNotK, ZNotP 2003, 133.

A. Örtliche Zuständigkeit

I. Notar

1. Beurkundungsverfahren

1 Das Beurkundungsrecht ist im Wesentlichen Verfahrensrecht. Wenn im Zivilprozessrecht von örtlicher Zuständigkeit die Rede ist, so steht in Frage, welches Gericht zur Entscheidung über einen bestimmten Rechtsstreit berufen ist. Die Antwort auf diese Frage geben in der Zivilprozessordnung die Regeln über den Gerichtsstand. In diesem Sinne ist der Begriff der örtlichen Zuständigkeit dem Beurkundungsverfahren fremd.[1] Weder der Wohnsitz der Beteiligten (§ 13 ZPO) noch der Ort der Erfüllung (§ 29 ZPO) des zu beurkundenden Rechtsgeschäftes usw. sind für die Zuständigkeit des Beurkundungsorgans von Bedeutung. Jeder Notar ist für jede Beurkundung örtlich zuständig, für die er auch **sachlich zuständig** ist (zur sog. **internationalen Zuständigkeit** des Notars siehe § 1 BeurkG Rdn 78; zu dienstrechtlichen Regeln siehe Rdn 7 ff.).[2] Die Fähigkeit des Notars, Urkunden mit öffentlichem Glauben aufzunehmen, erstreckt sich auf das gesamte Geltungsgebiet der Bundesnotarordnung.[3]

2 In praktischer Hinsicht unbedingt zu beachten ist allerdings, dass für das Verfahren der zum 1.8.2022 eingeführten Möglichkeit der **Online-Beurkundung** in bestimmten gesellschaftsrechtlichen Verfahren Besonderheiten gelten (siehe §§ 16a ff., 40a BeurkG). Hier regelt der durch das Gesetz zur Umsetzung der Digitalisierungsrichtlinie vom 5.7.2021[4] eingefügte § 10a Abs. 3 BNotO eine örtliche Beschränkung dieser Urkundstätigkeit, die an den räumlichen Bezug der Urkundsbeteiligten oder des Urkundsgegenstands anknüpft.[5] Den rechtlichen Rahmen geben die Regelungen über die Urkundstätigkeit innerhalb und außerhalb des Amtsbereichs und Amtsbezirks (§ 10a BNotO, § 11 BNotO, dazu Rdn 13 ff., 21 ff.).

2. Eingeschränkte örtliche Zuständigkeit in anderen Verfahren

3 Für das **notarielle Vermittlungsverfahren** nach dem SachenRBerG ist die örtliche Zuständigkeit in § 88 Abs. 1 SachenRBerG geregelt. Danach ist für die Vermittlung jeder Notar zuständig, dessen Amtsbezirk sich in dem Land befindet, in dem das zu belastende oder zu veräußernde Grundstück oder Gebäude ganz oder zum größten Teil belegen ist. Amtsbezirk ist gemäß § 11 Abs. 1 BNotO der Oberlandesgerichts-

1 Vgl. Frenz/Miermeister/*Limmer*, § 2 BeurkG Rn 4.
2 BT-Drucks V/3282, 28; *Höfer/Huhn*, S. 69, 74; Soergel/*Mayer*, § 2 BeurkG Rn 1; *Winkler*, § 2 Rn 10; vgl. auch BGH NJW 1998, 3790 f.
3 BGH NJW 1998, 3790 f.
4 BGBl I S. 3338.
5 Vgl. BReg BT-Drs 19/28177 S. 106.

bezirk, in dem sich der Amtssitz des Notars befindet.[6] Allerdings können die Beteiligten auch die Zuständigkeit eines anderen Notars für das Vermittlungsverfahren vereinbaren. Dieser wird notfalls durch das LG unanfechtbar bestimmt (§ 88 Abs. 2 SachenRBerG).

Mit der Übertragung der bundesweiten Zuständigkeit für die **Vermittlung von Nachlass- und Gesamtgutsauseinandersetzungen** (Teilungssachen nach § 342 Abs. 2 Nr. 1 FamFG) auf Notare hat sich die Notwendigkeit einer Regelung der örtlichen Zuständigkeit ergeben, die sich nunmehr in § 344 Abs. 4a FamFG findet: Örtlich zuständig ist jeder Notar, der seinen Amtssitz (§ 10 BNotO) im Bezirk des Amtsgerichts hat, in dem der Erblasser seinen letzten Wohnsitz hatte. Fehlt es an einem letzten Wohnsitz im Inland, richtet sich die örtliche Zuständigkeit danach, wo sich Nachlassgegenstände befinden. Führt die Regelung abstrakt zu einer Mehrfachzuständigkeit, ist der Notar zuständig, bei dem der Antrag zuerst eingeht. 4

II. Gericht

Ist das Gericht nicht neben dem Notar für Beurkundungen zuständig, sind die Vorschriften des BeurkG nicht aufgrund der Verweisung des § 1 Abs. 2 BeurkG anwendbar. Im Hinblick auf die örtliche Zuständigkeit gilt somit nicht § 2 BeurkG; vielmehr sind die einschlägigen Zuständigkeitsregelungen für das gerichtliche Verfahren anzuwenden. 5

III. Jugendamt

Das Jugendamt ist für die in § 59 Abs. 1 SGB VIII aufgezählten Urkundstätigkeiten neben dem Notar zuständig. Die örtliche Zuständigkeit ist jedoch im SGB VIII spezialgesetzlich geregelt. Für die Beurkundungstätigkeit der Jugendämter nach § 87e SGB VIII ist die Urkundsperson bei **jedem Jugendamt** zuständig. 6

B. Dienstrechtliche Regeln

I. Allgemeines

Verfahrensrechtlich bestehen für die Tätigkeit des Notars grds. keine Beschränkungen durch Regelungen der örtlichen Zuständigkeit (vgl. oben Rdn 1). Das Dienstrecht zieht jedoch solche Grenzen durch die Vorschriften über den **Amtssitz**, den **Amtsbezirk** und den **Amtsbereich**. § 2 BeurkG stellt klar, dass Verstöße gegen diese Vorschriften die **Wirksamkeit der notariellen Amtshandlungen** nicht beeinträchtigen, sondern allenfalls dienstrechtliche Folgen für den Notar selbst haben (allgemein zum Verhältnis von Muss- und Soll-Vorschriften vgl. Einl. Rdn 22 ff.). Die Vorschriften über Amtssitz, Amtsbereich, Amtsbezirk finden sich in den §§ 10, 10a, 11 BNotO; hinzu kommen Regelungen in den Richtlinien der Notarkammern. 7

II. Amtssitz

1. Geschäftsstelle am Amtssitz

Die Vorschriften über den Amtssitz haben zunächst organisationsrechtliche Bedeutung. Innerhalb des Amtssitzes muss der Notar seine **Geschäftsstelle** einrichten. Der Notar soll seine Geschäftsstelle während der üblichen Geschäftsstunden offenhalten (§ 10 Abs. 3 BNotO). 8

Für den **Anwaltsnotar** verlangt überdies § 10 Abs. 2 S. 3 BNotO, dass Geschäftsstelle und Kanzlei nach § 27 Abs. 1 oder Abs. 2 BRAO örtlich übereinstimmen. § 10 Abs. 2 S. 2 BNotO und § 27 Abs. 2 BRAO wurden durch das Gesetz zur Umsetzung der Berufsanerkennungsrichtlinie und zur Änderung weiterer Vorschriften im Bereich der rechtsberatenden Berufe vom 17.5.2017[7] geändert. Neben der Kanzlei am Ort der Rechtsanwaltskammer („Zulassungskanzlei") kann der Anwalt gem. § 27 Abs. 2 BRAO eine weitere Kanzlei oder eine Zweigstelle seiner Kanzlei an einem anderen Ort errichten. § 3 Abs. 2 BNotO öffnet den Zugang zum Notaramt allerdings für Rechtsanwälte, die das Notaramt neben dem Beruf des Rechts- 9

6 Schippel/Eschwey/*Regler*, § 11 BNotO Rn 1.

7 BGBl I 2017, 1121.

anwalts bekleiden, nur „für die Dauer ihrer Mitgliedschaft bei der für den Gerichtsbezirk zuständigen Rechtsanwaltskammer". Der Gesetzgeber hat lediglich § 47 Nr. 4 BNotO geändert, um den Fortbestand des Notaramtes bei einem Kammerwechsel zu gewährleisten, nicht aber die Ausgangsnorm § 3 Abs. 2 BNotO.[8] Wie *Bremkamp* überzeugend ausgeführt hat, „wird der Anwaltsnotar [nach § 3 Abs. 2] gesetzlich zwingend weiterhin lediglich für die Dauer seiner Mitgliedschaft bei der für den Gerichtsbezirk, in dem er seine notarielle Geschäftsstelle unterhält, zuständigen Rechtsanwaltskammer bestellt. Dementsprechend wird der Verwaltungsakt der Bestellung zum Notar nach der ausdrücklichen Vorgabe des § 12 Abs. 1 S. 2 Alt. 3 in der Praxis stets gemäß § 64a Abs. 1 i.V.m. § 36 Abs. 2 Nr. 2 VwVfG unter der auflösenden Bedingung des Wegfalls der Mitgliedschaft bei der für den Gerichtsbezirk zuständigen Rechtsanwaltskammer erlassen. Sobald demnach der Anwaltsnotar mit notarieller Geschäftsstelle etwa in Duisburg Mitglied der Rechtsanwaltskammer Celle wird, tritt die im Verwaltungsakt der Bestellung selbst enthaltene auflösende Bedingung ein mit der Folge, dass sein Notaramt erlischt.[9] Solange § 3 Abs. 2 BNotO einem Wechsel entgegensteht,[10] geht die Änderung des § 10 Abs. 2 BNotO folglich ins Leere.

2. Beurkundungen außerhalb der Geschäftsstelle (Auswärtsbeurkundung)

10 Ein Gebot, Urkundstätigkeiten grundsätzlich nur innerhalb der Geschäftsstelle vorzunehmen (vgl. § 5 DONot a.F.), bedürfte wegen des Eingriffs in die Berufsfreiheit des Notars (Art. 12 Abs. 1 S. 2 GG) einer gesetzlichen Grundlage.[11] Da es an einem solchen gesetzlichen Gebot fehlt, ist es dem Notar nur dann untersagt, **Beurkundungen außerhalb der Geschäftsstelle** vorzunehmen, wenn diese Vorgehensweise mit sonstigen Amtspflichten kollidieren würde,[12] insbesondere wenn die Klarheit seiner Amtsführung leiden und die Gefahr des Anscheins der Parteilichkeit oder der amtswidrigen Werbung entstehen könnte.[13] Das ist eine Frage des Einzelfalls; einen Verstoß gegen die Pflicht zur Vermeidung des Anscheins der Parteilichkeit oder Abhängigkeit sieht der BGH etwa dann als gegeben an, wenn der Notar **jedenfalls wiederholt ohne sachliche Gründe Beurkundungen in den Räumen einer Vertragspartei** vornimmt.[14] Auch die Gesichtspunkte der Erreichbarkeit des Notars für die Rechtsuchenden und der Zugriffsmöglichkeit des Notars auf seine Hilfsmittel spielen bei der Beurteilung, ob bzw. wie häufig der Notar Beurkundungen außerhalb der Geschäftsstelle im Einklang mit seinen sonstigen Amtspflichten vornehmen darf, eine Rolle (zu Beurkundungen außerhalb des Amtsbereichs unten Rdn 16 ff.; zu Beurkundungen außerhalb des Amtsbezirks unten Rdn 23 ff.).[15]

11 Das Recht des Notars, Auswärtsbeurkundungen vorzunehmen, kann nicht auf nur gelegentliche Auswärtsbeurkundungen beschränkt werden.[16] Die **Grenze zulässiger Auswärtsbeurkundungen** ist jedoch überschritten, wenn ohne Genehmigung nach § 10 Abs. 4 S. 1 BNotO anscheinend eine weitere Geschäftsstelle unterhalten wird.[17] Zu beachten sind außerdem **Konkretisierungen**, die sich aus den Richtlinien der jeweils zuständigen Notarkammer ergeben und die gegebenenfalls unterschiedlich strenge Maßstäbe anlegen können. Ausweislich der der Richtlinienempfehlung der BNotK[18] ist eine Amtstätigkeit außerhalb der Geschäftsstelle unzulässig, wenn dadurch der Anschein von amtswidriger Werbung, der Abhängigkeit oder der Parteilichkeit entsteht oder der Schutzzweck der Beurkundungserfordernisse gefährdet wird (Ziff. IX Nr. 3): im Übrigen dürfe der Notar Amtsgeschäfte außerhalb der Geschäftsstelle vornehmen, wenn sachliche Gründe vorliegen (Ziff. IX Nr. 2). Bei bestimmten Fallgruppen der Urkundstätigkeiten kann ein solcher sachlicher Grund typischerweise angenommen werden, beispielsweise bei

8 *Bremkamp*, NJW 2017, 1802, 1803.
9 *Bremkamp*, NJW 2017, 1802, 1803; Diehn/*Bormann*, § 10 BNotO Rn 23.
10 *Bremkamp*, NJW 2017, 1802, 1803; Diehn/*Bormann*, § 10 BNotO Rn 23.
11 BVerfG DNotZ 2000, 787, 789 f. Anm. *Eylmann*.
12 Hierzu *Bremkamp*, RNotZ 2022, 62, 63 f.
13 Vgl. BVerfG DNotZ 2000, 787, 789 f. Anm. *Eylmann*; Arndt/Lerch/Sandkühler/*Lerch*, § 10 Rn 26 ff.; *Vollhardt*, MittBayNotK 1999 (Sonderbeilage), 7, 18; *Wöstmann*, ZNotP 2003, 133, 138; Weingärtner/Gassen/*Weingärtner/Ulrich*, § 32 Rn 66.
14 BGH v. 22.3.2021 – NotSt(Brfg) 4/2020, RNotZ 2022, 120, 121; OLG Celle v. 29.8.2018 – Not 1/18, DNotZ 2020, 227, 229 m.w.N zur Streitfrage, ob ein Verstoß auch bei einem einmaligen Fall vorliegen kann; kritisch hierzu *Uffmann*, DNotZ 2020, 232 233 ff.
15 Vgl. Weingärtner/Gassen/*Weingärtner/Ulrich*, § 32 Rn 67.
16 OLG Köln DNotZ 2008, 149.
17 OLG Celle DNotZ 2010, 949, 951 f.; siehe hierzu auch BVerfG NJW-RR 2011, 855, 856; bzgl. Abgrenzung zur zulässigen Auswärtsbeurkundung vgl. Diehn/*Bormann*, § 10 BNotO Rn 27 ff.
18 BNotK DNotZ 1999, 258; zuletzt geändert durch Beschl. v. 2.10.2020, BNotK DNotZ 2020, 801; aktuelle Fassung abrufbar unter https://http://www.bnotk.de/Bundesnotarkammer/Aufgaben-und-Taetigkeiten/Richtlinienempfehlungen [zuletzt abgerufen am 10.3.2022].

der Protokollierung von Wechselprotesten, der Beurkundung von Versammlungsbeschlüssen, Unterschriftsbeglaubigungen für eine Vielzahl von Personen, Krankheit des Beteiligten usw.[19] Die entsprechenden Richtlinien sind verfassungskonform, also unter Berücksichtigung des Grundrechts aus Art. 12 GG, auszulegen.[20]

3. Dienstrechtliche Bedeutung des Amtssitzes

Die Bestimmung des Amtssitzes hat zudem dienstrechtliche Bedeutung. Der Notar untersteht der **Dienstaufsicht** derjenigen Behörden, die für seinen Amtssitz zuständig sind. Im Notarverfahrensrecht und im Kostenrecht richtet sich die örtliche **Zuständigkeit des Beschwerdegerichts** bzw. des Gerichts, bei dem der Antrag auf gerichtliche Entscheidung in Kostensachen nach § 127 GNotKG gestellt werden kann, nach dem Amtssitz des Notars (§ 15 Abs. 2 BNotO, § 127 Abs. 1 S. 1 GNotKG). 12

III. Amtsbereich

1. Allgemeines

Der Amtsbereich des BNotO-Notars ist der Bezirk des AG, in dem er seinen Amtssitz hat (§ 10a Abs. 1 S. 1 BNotO). Gemäß § 10a Abs. 2 BNotO soll der Notar Tätigkeiten nach den §§ 20–22 BNotO **nur innerhalb seines Amtsbereichs** ausüben (zur Online-Beurkundung Rdn 19 f.). Die Beschränkung der Urkundstätigkeit des einzelnen Notars auf seinen Amtsbereich dient der Verwirklichung eines organisationsrechtlichen Ziels.[21] Durch eine an den Erfordernissen geordneter Rechtspflege orientierte bedarfsgerechte Verteilung der Notarstellen wird gewährleistet, dass leistungsfähige Notariate vorhanden sind, sodass die Nachfrage nach notariellen Urkundstätigkeiten flächendeckend bedient werden kann. Diese organisationsrechtliche Festlegung würde unterlaufen, wenn jeder Notar beliebig außerhalb seines Amtsbereichs Urkundstätigkeiten vornehmen dürfte.[22] 13

Amtsbereichsüberschreitungen können vor diesem Hintergrund nur zugelassen werden, soweit sie die organisationsrechtliche Entscheidung als solche nicht berühren. Deshalb kommt allein das besondere berechtigte Interesse eines Rechtsuchenden als **zulässiger Grund für die Überschreitung** in Betracht (vgl. Rdn 16). Das Interesse örtlich betroffener (anderer) Notare ist für die Auslegung von § 10a Abs. 2 BNotO ohne Bedeutung.[23] Die Zulässigkeit einer Amtsbereichsüberschreitung darf aus diesem Grund nicht von der Zustimmung örtlicher Notare abhängig gemacht werden. 14

Urkundstätigkeiten außerhalb des Amtsbezirks (OLG-Bezirk, siehe § 11 Abs. 1 BNotO) dürfen nur vorgenommen werden bei Gefahr im Verzug oder wenn eine Genehmigung der Aufsichtsbehörde hierfür vorliegt (§ 11 Abs. 2 BNotO; siehe dazu auch Rdn 23 ff.). 15

2. Urkundstätigkeit außerhalb des Amtsbereichs

Urkundstätigkeiten außerhalb des Amtsbereichs, aber noch **innerhalb des Amtsbezirks** sind gem. § 10a Abs. 2 BNotO zulässig, wenn besondere berechtigte Interessen der Rechtsuchenden das Tätigwerden außerhalb des Amtsbereichs gebieten. Setzt sich die Urkundstätigkeit aus mehreren Teilakten zusammen, z.B. Vollziehung oder Anerkennung einer Unterschrift vor dem Notar und Erstellen des Beglaubigungsvermerks, so ist zu beachten, dass alle Teilakte „die Urkundstätigkeit" darstellen. Der Notar darf also sämtliche Teilakte nur innerhalb der Grenzen seines Amtsbereichs vornehmen.[24] 16

§ 10a Abs. 2 BNotO wurde durch das 3. Gesetz zur Änderung der BNotO verschärft. Es genügt nicht, dass besondere berechtigte Interessen der Rechtsuchenden die Urkundstätigkeit außerhalb des Amtsbereichs 17

19 Arndt/Lerch/Sandkühler/*Lerch*, § 10 Rn 26 f., 29; Weingärtner/Gassen/*Weingärtner/Ulrich*, § 32 Rn 69; *Wöstmann*, ZNotP 2003, 133, 138; allgemein hierzu *Bremkamp*, RNotZ 2022, 62, 64.

20 BNotK DNotZ 2001, 497; BNotK DNotZ 2002, 481, 485; vgl. hierzu Frenz/Miermeister/*Bremkamp*, §§ 10a, 11 BNotO Rn 67, 67.

21 Vgl. *Bohrer*, Rn 298 f.; Frenz/Miermeister/*Bremkamp*, §§ 10a, 11 BNotO Rn 1, 21.

22 Schippel/Eschwey/*Regler*, § 10a BNotO Rn 2; Diehn/*Bormann*, § 10a Rn 6.

23 *Bohrer*, Rn 299; *Wöstmann*, ZNotP 2003, 133, 136; *Vollhardt*, MittBayNot 1999 (Sonderbeilage), 7, 17; vgl. auch *Lerch*, NJW 1992, 3139, 3140.

24 Weingärtner/Gassen/*Weingärtner/Ulrich*, § 32 Rn 63; *Wöstmann*, ZNotP 2003, 133, 135.

rechtfertigen. Die Vornahme muss geboten sein. Damit wird der **Ausnahmecharakter** der Vorschrift hervorgehoben.[25] Die Voraussetzungen für die Vornahme einer Urkundstätigkeit außerhalb des Amtsbereichs liegen nach der Richtlinienempfehlung der BNotK[26] insbesondere vor, wenn

- Gefahr im Verzug ist,
- unvorhersehbare Gründe für die Beurkundung außerhalb des Amtsbereichs nach vorheriger angeforderter Entwurfsanfertigung vorliegen,[27]
- ein Fehler infolge unrichtiger Sachbehandlung durch den Notar behoben werden muss,
- die besondere Vertrauensbeziehung zwischen dem Notar und den Beteiligten, deren Bedeutung durch die Art der vorzunehmenden Amtstätigkeit (z.B. Beurkundung einer letztwilligen Verfügung) unterstrichen werden muss, dies im Einzelfall rechtfertigt und es den Beteiligten unzumutbar ist, den Notar in seiner Geschäftsstelle aufzusuchen.[28]

18 Der Notar muss selbst und eigenverantwortlich die Voraussetzungen für eine Amtsbereichsüberschreitung prüfen.[29] Nach § 10a Abs. 4 BNotO n.F. (Abs. 3 a.F.) hat er die Urkundstätigkeit außerhalb seines Amtsbereichs unverzüglich und unter Angabe der Gründe **der Aufsichtsbehörde oder nach deren Bestimmung der Notarkammer mitzuteilen**.

3. Urkundstätigkeit innerhalb des Amtsbereichs bei Online-Beurkundung

19 Die Erreichung der organisationsrechtlichen Ziele, denen die Beschränkung der Notartätigkeit auf den Amtsbereich dient (vgl. Rdn 13), ist nicht mehr gewährleistet, wenn die Beschränkung durch die Möglichkeit der Online-Beurkundung faktisch aufgehoben würde. Für die Online-Beurkundung nach den §§ 16a ff., 40a BeurkG gilt deshalb eine besondere Zuständigkeitsregelung,[30] die allerdings auf die Besonderheit der Urkundstätigkeit des Notars zugeschnitten ist. Der durch das Gesetz zur Umsetzung der Digitalisierungsrichtlinie v. 5.7.2021[31] eingefügte § 10a Abs. 3 BNotO regelt die „Zuständigkeit" für eine konkrete Online-Beurkundung als Beschränkung des notariellen Amtsbereichs. Dazu bestimmt die Vorschrift örtliche Anknüpfungspunkte, nach denen sich richtet, wann der Notar bei der Durchführung der Online-Beurkundung im Rechtssinne „innerhalb des Amtsbereichs" tätig wird. Die Regelung soll ausweislich der Gesetzesbegründung einen Ausgleich schaffen zwischen dem Bedürfnis nach flächendeckender Sicherstellung notarieller Leistungen und dem Interesse der Beteiligten an einer freien Notarwahl.[32]

20 Die Konzeption der Zuständigkeitsregelung als Beschränkung des Amtsbereichs hat zur Konsequenz, dass nicht zwischen Zuständigkeit und Unzuständigkeit zu differenzieren ist, sondern zwischen Amtsausübung innerhalb und außerhalb des Amtsbereichs. Liegt ein Anknüpfungspunkt für ein Handeln innerhalb des Amtsbereichs nach § 10a Abs. 3 BNotO nicht vor, gelten die Grundsätze für ein Handeln außerhalb des Amtsbereichs;[33] eine Überschreitung des Amtsbereichs ist nur unter besonderen Voraussetzungen pflichtgemäß und muss nach § 10a Abs. 4 BNotO der zuständigen Stelle unverzüglich mitgeteilt werden (vgl. oben Rdn 18).

IV. Amtsbezirk

1. Beschränkung auf den Amtsbezirk

21 Der Amtsbezirk des Notars ist der **OLG-Bezirk**, in dem er seinen Amtssitz hat (§ 11 Abs. 1 BNotO, siehe schon Rdn 3). Außerhalb seines Amtsbezirks darf der Notar **Urkundsgeschäfte** (§ 10a Abs. 2 BNotO) grundsätzlich nicht vornehmen. § 11 Abs. 2 BNotO greift auch dann ein, wenn das Urkundsgeschäft aus mehreren Teilakten besteht (z.B. bei der Tatsachenbeurkundung Wahrnehmung und Niederschrift);

25 Arndt/Lerch/Sandkühler/*Lerch*, § 10a Rn 5; Schippel/Eschwey/*Regler*, § 10a BNotO Rn 10; zur strengen dienstaufsichtlichen Behandlung vgl. *Gabler*, SchlHA 2007, 224, 226 f.

26 Vgl. hierzu *Wöstmann*, ZNotP 2003, 133 ff.

27 Z.B. plötzliche Erkrankung als objektiver Grund: Frenz/Miermeister/*Bremkamp*, §§ 10a, 11 BNotO Rn 31, 55 f.; *Lerch*, NJW 1992, 3139, 3140; Diehn/*Bormann*, § 10a BNotO Rn 12.

28 Vgl. hierzu Diehn/*Bormann*, § 10a BNotO Rn 15 ff.; Frenz/Miermeister/*Bremkamp*, §§ 10a, 11 BNotO Rn 37 ff.

29 *Wöstmann*, ZNotP 2003, 133, 135; vgl. auch Frenz/Miermeister/*Bremkamp*, §§ 10a, 11 BNotO Rn 23, 24 (Gefahr im Verzug).

30 Vgl. hierzu *Stelmaszcyk/Kienzle*, GmbHR 2021, 849, 856.

31 BGBl I S. 3338.

32 BT-Drucks 19/28177 S. 106.

33 Vgl. BT-Drucks 19/28177 S. 108.

eine Überschreitung des Amtsbezirks liegt demnach auch dann vor, wenn der Notar die erforderliche Wahrnehmung, z.B. die Entgegennahme einer Unterschrift, außerhalb des Amtsbezirks vornimmt und die Urkunde später an seinem Amtssitz erstellt.[34]

Die Beschränkung der Notartätigkeit auf den Amtsbezirk nach Maßgabe des § 11 Abs. 2 BNotO gilt im Prinzip ebenso für das Verfahren der **Online-Beurkundung** nach den §§ 16a ff., 40a BeurkG. Nach § 11 Abs. 3 BNotO n.F. liegt ein Handeln innerhalb des Amtsbezirks dann vor, wenn ein Anknüpfungspunkt für ein Handeln im Amtsbereich nach § 10a Abs. 3 BNotO n.F. gegeben ist.[35] **22**

2. Urkundstätigkeit außerhalb des Amtsbezirks

Der Amtsbezirk beschreibt nicht in allen Fällen die äußerste Grenze der örtlichen Zuständigkeit des Notars. Nach § 11 Abs. 2 BNotO darf der Notar Amtshandlungen außerhalb seines Amtsbezirks vornehmen, wenn **Gefahr im Verzug** ist oder wenn die Aufsichtsbehörde die Überschreitung des Amtsbezirks genehmigt hat. Die **Genehmigung**, die nach den meisten Allgemeinverfügungen der Länder vom **Präsidenten des Oberlandesgerichts** erteilt werden muss, muss also, wie § 11 Abs. 2 BNotO klarstellt, bereits vor der Amtshandlung vorliegen.[36] Daraus ist zu schließen, dass der Notar bei Gefahr im Verzug auch nicht berechtigt ist, seine Urkundstätigkeit allein deshalb zu verweigern, weil sie außerhalb seines Amtsbezirks von ihm verlangt wird. **23**

Der Begriff **Gefahr im Verzug** ist nach allgemeiner Ansicht **eng** auszulegen. Es müssen besondere Umstände vorliegen, aus denen sich ergibt, dass die Urkundstätigkeit nicht aufgeschoben werden kann und jedenfalls derzeit eine Erledigung durch den ortsansässigen Notar nicht in Betracht kommt.[37] Maßgeblich sind allein Sachgründe, nicht dagegen die Wünsche des Notars.[38] Die Entscheidung, ob er wegen Gefahr im Verzug ausnahmsweise außerhalb des Amtsbezirks tätig wird, hat der Notar eigenverantwortlich zu treffen. **24**

Hinsichtlich der Genehmigungsfähigkeit ist zu beachten, dass die Urkundstätigkeit außerhalb des Amtsbereichs – nicht zuletzt gemessen an § 11 Abs. 2 Alt. 1 BNotO – die Ausnahme bleiben soll.[39] Ist es nicht die besondere Dringlichkeit, sondern ein sonstiger Grund, der ausnahmsweise die Urkundstätigkeit durch den nicht ortsansässigen Notar erforderlich macht, kommt dem Notar keine eigene Entscheidungskompetenz zu, sondern die Entscheidung ist Sache der Aufsichtsbehörde (siehe schon Rdn 23).[40] Eine Ausnahmegenehmigung nach § 11 Abs. 2 BNotO wäre beispielsweise zu erteilen, wenn der Notar das zu beurkundende schwierige Vertragswerk vorbereitet hat, bei der Beurkundung die Kenntnis der Verhältnisse und das Vertrauen gerade zu diesem Notar bedeutsam sind und die Beurkundung aus unvorhergesehenen Gründen außerhalb des Amtsbezirks erfolgen muss.[41] **25**

V. Folgen des Verstoßes

Bei einem Verstoß gegen § 11 Abs. 2 BNotO sind Maßnahmen der Dienstaufsicht gerechtfertigt. Entsprechende Maßnahmen verstoßen weder gegen Art. 12 GG noch stehen sie im Widerspruch zu Vorgaben des Europarechts.[42] § 2 BeurkG stellt im Übrigen klar, dass die Beurkundung ungeachtet des Verstoßes gegen die dienstrechtliche Vorschrift wirksam ist.[43] Die Wirksamkeit des Beurkundungsaktes wird erst dann **26**

34 BGH DNotZ 1973, 174; Grziwotz/Sauer/Heinemann/*Grziwotz*, § 2 Rn 9 ff.; Schippel/Eschwey/*Regler*, § 11 BNotO Rn 3; Weingärtner/Gassen/*Weingärtner/Ulrich*, § 32 BNotO Rn 63.

35 Vgl. BT-Drucks 19/28177 S. 109.

36 Vgl. Frenz/Miermeister/*Bremkamp*, §§ 10a, 11 BNotO Rn 11; *ders.*, RNotZ 2022, 62; Arndt/Lerch/Sandkühler/*Lerch*, § 11 Rn 9; Schippel/Eschwey/*Regler*, § 11 BNotO Rn 2.

37 Vgl. BGH v. 13.3.2017 – NotSt (Brfg) 1/16, NJW-RR 2017, 829 m.w.N.; Arndt/Lerch/Sandkühler/*Lerch*, § 11 Rn 7 f.; Beck'sches Notarhdb/*Bremkamp*, § 32 Rn 76; *Wöstmann*, ZNotP 2003, 133, 135.

38 BGH v. 4.3.2012 – DNotZ 2013, 630; Grziwotz/Sauer/Heinemann/*Grziwotz*, § 2 Rn 9.

39 Vgl. BGHZ 196, 271 = DNotZ 2013, 630, 634 Rn 21 m.w.N. (zum Antrag der Genehmigung einer Beurkundung außerhalb der Bundesrepublik Deutschland); Diehn/*Bormann*, § 11 BNotO Rn 4.

40 Vgl. etwa § 31 Nr. 2 AVNot NRW.

41 BGHZ 196, 271 = DNotZ 2013, 630, 634 Rn 21 m.w.N. (zum Antrag der Genehmigung einer Beurkundung außerhalb der Bundesrepublik Deutschland); Schippel/Eschwey/*Regler*, § 11 BNotO Rn 3.

42 Ausführlich: BGH v. 13.3.2017 – NotSt (Brfg) 1/16, NJW-RR 2017, 829, 830.

43 BGHSt 44, 186 = NJW 1998, 3790; Frenz/Miermeister/*Limmer*, § 2 BeurkG Rn 3

beeinträchtigt, wenn der Notar mit den Grenzen seines Amtsbezirks auch die Grenzen der Bundesrepublik überschritten hat (vgl. dazu unten Rdn 28 f.).

C. Beurkundungen außerhalb des Bundeslandes (aber innerhalb Deutschlands)

27 § 2 BeurkG bestimmt ausdrücklich, dass eine Beurkundung nicht deshalb unwirksam ist, weil der Notar sie außerhalb des Landes vorgenommen hat, in dem er zum Notar bestellt ist. Auch dienstrechtlich bezeichnen die Grenzen des Bundeslandes, in dem der Notar bestellt ist, nicht die äußersten Grenzen für seine Tätigkeit. Die Vorschriften, unter denen der Notar außerhalb seines Amtsbezirks tätig werden darf und ggf. tätig werden muss, gelten ganz unabhängig davon, ob die Überschreitung des Amtsbezirks zugleich eine Überschreitung der Grenzen des Bundeslandes ist oder nicht.[44] Alle deutschen Notare sind Landesnotare. Die Beurkundungsbefugnis, die ihrem Amt nach der BNotO zukommt, erstreckt sich jedoch auf das gesamte Bundesgebiet.[45]

D. Beurkundungen im Ausland

I. Dienstrechtliche Beschränkung der Amtsbefugnis

28 Unter der Prämisse der **Geltung des Territorialitätsprinzips** endet die amtliche Zuständigkeit aller deutschen Notare an den Grenzen der Bundesrepublik; diese Beschränkung folgt letztlich aus dem Grundsatz der Souveränität, da der Notar seine Amtsgewalt aus der staatlichen Hoheitsgewalt ableitet.[46] Umgekehrt kann ein ausschließlich nach ausländischem Recht bestellter Notar keine Urkundstätigkeit in Deutschland erbringen, sondern lediglich nach Maßgabe des § 11a S. 3 BNotO einem deutschen Notar kollegiale Hilfe leisten.[47] Die Beschränkung der Amtsbefugnisse des deutschen Notars auf den örtlichen Bereich der deutschen Gerichtsbarkeit betrifft als eine Regel der örtlichen Zuständigkeit im Übrigen nur den **Ort der Errichtung einer notariellen Urkunde**, nicht dagegen den Gegenstand der Beurkundung und ihre Verwendung (zur internationalen Zuständigkeit des Notars vgl. § 1 BeurkG Rdn 78 ff.).[48]

29 Der Bundesgerichtshof hat eingeräumt, dass der Gesetzgeber bei der Regelung des § 11 BNotO zwar von dieser Prämisse ausgegangen ist, die Beurkundung im Ausland jedoch gleichwohl einem Genehmigungsvorbehalt unterstellt, um die Aufsicht durch die Justizbehörde sicherzustellen, „nicht zuletzt um völkerrechtliche und außenpolitische Komplikationen zu vermeiden".[49] Europarechtlich sprechen allerdings auch gute Gründe dafür, dass die Erteilung einer solchen Genehmigung nicht geboten ist (vgl. hierzu Einl. Rdn 42).[50] Vielfach wird daher vertreten, dass die Einschränkungen infolge der Regelungen zur örtlichen Zuständigkeit angesichts der Besonderheiten der notariellen Tätigkeit europarechtlich gerechtfertigt sind.[51]

30 Hiervon ist die Frage zu unterscheiden, ob mit der Unterwerfung unter § 11 BNotO auch die Rechtsfolge des § 2 BeurkG eröffnet wäre, die naturgemäß nicht Gegenstand der dienstrechtlichen Entscheidung ist (siehe unten Rdn 31). Der Notarsenat ließ in einer Entscheidung aus dem Jahr 2013 die Beurteilung der **Wirksamkeit einer Beurkundung** durch den deutschen Notar im Ausland offen, weil er bereits andere potenzielle Wirksamkeitsdefizite sah, die einer pflichtgemäßen Urkundstätigkeit entgegenstehen sollten.[52]

44 *Winkler*, § 2 Rn 11.
45 Vgl. *Winkler*, § 2 Rn 11.
46 BGHZ 138, 359, 361 = NJW 1998, 2930; Diehn/*Bormann*, § 2 BNotO Rn 6; *Eickelberg*, DNotZ 2018, 332 f.; Grziwotz/Sauer/Heinemann/*Grziwotz*, § 2 Rn 13; Arndt/Lerch/Sandkühler/*Lerch*, § 11 Rn 12; Frenz/Miermeister/*Limmer*, § 2 BeurkG Rn 8; Staudinger/*Herrler*, vor §§ 127, 127a (BeurkG) Rn 258; Schippel/Eschwey/*Regler*, § 11a BNotO Rn 1; *Schütze*, DNotZ 1992, 66; *Waldhoff*, ZZP 127 (2014), 3, 19 f.; *Winkler*, Einl. Rn 40; a.A. für den Bereich der EU: *Huhn/von Schuckmann*, § 2 Rn 29; *Schmid/Pinkel*, NJW 2011, 2928, 2930.
47 BGH v. 20.7.2015 – NotZ (Brfg) 13/14, NJW 2015, 3034, 3035 ff. m. Anm. *Waldhoff*.
48 Vgl. *Schütze*, DNotZ 1992, 66, 67; Frenz/Miermeister/*Limmer*, § 2 BeurkG Rn 10.
49 BGHZ 196, 271 = DNotZ 2013, 630, 634 Rn 15.
50 BGHZ 196, 271 = DNotZ 2013, 630, 634 Rn 29 ff.
51 Vgl. insb. EuGH v. 9.3.2017 – C-342/15, DNotZ 2017, 447, 456 m. Anm. *Raff*.
52 BGHZ 196, 271 = DNotZ 2013, 630, 634 Rn 25 ff.

II. Frage der Wirksamkeit der Beurkundung

Ein **Beurkundungsakt**, den ein deutscher Notar dennoch im Ausland vornimmt, ist nicht nur ein Dienstvergehen, sondern er ist auch als solcher **unwirksam**.[53] Richtigerweise kann der Notar seine für die Errichtung wirksamer Urkunden erforderliche notarielle Amtsgewalt nicht außerhalb der Grenzen der Bundesrepublik ausüben.[54] Der Notar ist kein Konsularbeamter.[55] Die **Wirksamkeit eines ohne Beurkundungsbefugnis beurkundeten Rechtsgeschäfts** richtet sich nach dem materiellen Recht (vgl. auch § 1 BeurkG Rdn 78 ff.);[56] eine solche Urkunde könnte als Privaturkunde wirksam sein.[57] 31

Unzulässig ist auch die **Beurkundung tatsächlicher Vorgänge**.[58] Daran ändert die Tatsache nichts, dass die Beurkundung tatsächlicher Vorgänge in zwei Akte zerfällt, die Wahrnehmung des zu beurkundenden Vorgangs oder Zustandes durch den Notar und die anschließende Niederlegung des Wahrgenommenen in einer öffentlichen Urkunde. Auch die zum Zweck der Beurkundung getroffenen Wahrnehmungen des Notars sind Teile seiner Beurkundungstätigkeit.[59] Der deutsche Notar kann daher im Ausland weder Unterschriften wirksam beglaubigen noch Niederschriften über Hauptversammlungen (§ 130 AktG) protokollieren usw.[60] Solche Amtshandlungen sind aber ungeachtet der dienstrechtlichen Folgen wirksam, wenn die Beglaubigung selbst bzw. die Niederschrift im Inland gefertigt werden.[61] Das muss für die Unterschriftsbeglaubigung schon deshalb gelten, weil eine Unterschriftsbeglaubigung sogar wirksam ist, wenn entgegen § 40 BeurkG die Unterschrift weder vor dem Notar vollzogen noch vor ihm anerkannt wurde.[62] Zur Vertretungsbescheinigung aufgrund Registereinsicht im Ausland vgl. § 12 BeurkG Rdn 35. 32

E. Schiffe, Flugzeuge, Botschaftsgebäude

Deutsche **Seeschiffe auf hoher See** sind als deutsches Staatsgebiet zu behandeln (Flaggenrecht).[63] In diesem Fall sind alle deutschen Notare für Beurkundungen zuständig, und zwar unabhängig von Amtsbereich und Amtsbezirk.[64] Eigengewässer, z.B. Häfen, und Küstengewässer unterliegen dagegen der Gebietshoheit und der Rechtsordnung des Hafen- bzw. Küstenstaates (vgl. auch Art. 2 ff. des Seerechtsübereinkommens der Vereinten Nationen).[65] Innerhalb deutscher Küstengewässer und auf deutschen Eigengewässern kann ein deutscher Notar also selbst auf ausländischen Schiffen wirksame Beurkundungen vornehmen.[66] Kriegs- und sonstige sog. Staatsschiffe gelten, wo immer sie sich befinden, als Teil ihres Heimatstaates.[67] 33

53 BGHZ 138, 359, 362 = NJW 1998, 2830; offen gelassen in der dienstrechtlichen Entscheidung zu § 11 BNotO: BGHZ 196, 271 = DNotZ 2013, 630, 634 Rn 25.

54 Diehn/*Bormann*, § 5 BNotO Rn 20; *Geimer*, NJW 2013, 2625, 2627; *Henssler/Kilian*, NJW 2012, 481, 485; *Waldhoff*, ZZP 127 (2014), 3, 19 f.; *Zimmer*, NJW 2013, 1609; a.A. *Schmid/Pinkel*, NJW 2011, 2928, 2930.

55 Vgl. *Geimer*, NJW 2013, 2625, 26627; *Zimmer*, NJW 2013, 1609; zur konsularischen Beurkundung und zur Zusammenarbeit inländischer Notare mit Konsularbeamten siehe *Eickelberg*, DNotZ 2018, 332, 333 ff.

56 Schippel/Eschwey/*Regler*, § 11a BNotO Rn 1.

57 Gziwotz/Sauer/Heinemann/*Gziwotz*, § 2 Rn 19; Würzburger Notarhandbuch/*Limmer*, Teil I Kap. 2 Rn 22.

58 *Winkler*, Einl. Rn 46; Beck'sches Notarhdb/*Zimmermann*, § 28 Rn 6.

59 Prinzip der Einheit des Beurkundungsverfahrens, vgl. *Bärmann*, AcP 159, 1, 6; Arndt/Lerch/Sandkühler/*Lerch*, § 11 Rn 14; *Winkler*, Einl. Rn 46; Frenz/Miermeister/*Limmer*, § 2 BeurkG Rn 9; Schippel/Eschwey/*Regler*, § 11a BNotO Rn 4 f.; Staudinger/*Winkler/von Mohrenfels*, Art. 11 EGBGB Rn 257; zur Begrifflichkeit: BGHZ 138, 359 = NJW 1998, 2830, 2831.

60 *Winkler*, Einl Rn 46; Frenz/Miermeister/*Limmer*, § 2 BeurkG Rn 9; Schippel/Eschwey/*Regler*, § 11a BNotO Rn 3 ff.

61 BNotK DNotZ 1998, 913, 921; *Winkler*, Einl. Rn 46; Beck'sches Notarhdb/*Zimmermann*, § 28 Rn 6; Arndt/Lerch/Sandkühler/*Lerch*, § 11 Rn 15; a.A. Staudinger/*Winkler/von Mohrenfels*, Art. 11 EGBGB Rn 257.

62 Frenz/Miermeister/*Limmer*, § 2 BeurkG Rn 9; Gziwotz/Sauer/Heinemann/*Gziwotz*, § 2 Rn 12; *Winkler*, Einl. Rn 47; Schippel/Eschwey/*Regler*, § 11a BNotO Rn 4.

63 Vgl. Maunz/Dürig/*Herdegen*, Art. 27 Rn 8 ff.; Staudinger/*Winkler/von Mohrenfels*, Art. 11 EGBGB Rn 171; Staudinger/*Herrler* vor §§ 127, 127a (BeurkG) Rn 259; *Winkler*, Einl. Rn 43, § 2 Rn 5.

64 *Höfer/Huhn*, S. 75; *Jansen*, § 2 Rn 5; *Winkler*, Einl. Rn 43; *Lerch*, § 2 Rn 6; Frenz/Miermeister/*Limmer*, § 2 BeurkG Rn 22; Schippel/Eschwey/*Regler*, § 11a BNotO Rn 8.

65 Arndt/Lerch/Sandkühler/*Lerch*, § 11a Rn 13; *Winkler*, Einl. Rn 43, § 2 Rn 5; Staudinger/*Winkler/von Mohrenfels*, Art. 11 EGBGB Rn 171.

66 *Eder*, BWNotZ 1982, 74, 75; Frenz/Miermeister/*Limmer*, § 2 BeurkG Rn 22; *Lerch*, Einl. Rn 6 (unter Hinweis auf die Grenzen des § 11 BNotO); Schippel/Eschwey/*Regler*, § 11a BNotO Rn 8 (unter Hinweis auf § 11 Abs. 2 BNotO).

67 *Eder*, BWNotZ 1978, 74, 75; Staudinger/*Winkler/von Mohrenfels*, Art. 11 EGBGB Rn 175.

34 Bei **Flugzeugen** kann zunächst danach differenziert werden, ob das Flugzeug sich im Luftraum oder auf einem Flughafen befindet. Flugzeuge auf Flughäfen sind Teile des Staatsgebiets des Flughafens.[68] Darüber hinaus liegt eine Inlandsbeurkundung jedenfalls dann vor, wenn der Notar die Beurkundung bei einem Inlandsflug (deutscher Luftraum) an Bord eines deutschen Flugzeugs vornimmt.[69] Gleiches wird für die Urkundstätigkeit während eines Inlandflugs in einem ausländischen Flugzeug angenommen.[70]

35 **Botschaftsgebäude** und die **Wohnungen exterritorialer Personen** sind nicht Hoheitsgebiet des Absende-, sondern des Empfangsstaates.[71] Ein deutscher Notar darf daher auch in den Gebäuden und Räumen deutscher Auslandsvertretungen keine Beurkundungsakte vornehmen; die Beurkundungsakte, die er dennoch dort vornimmt, sind unwirksam.[72]

§ 3 Verbot der Mitwirkung als Notar

(1) [1]Ein Notar soll an einer Beurkundung nicht mitwirken, wenn es sich handelt um

1. eigene Angelegenheiten, auch wenn der Notar nur mitberechtigt oder mitverpflichtet ist,

2. Angelegenheiten seines Ehegatten, früheren Ehegatten oder seines Verlobten,

2a. Angelegenheiten seines Lebenspartners oder früheren Lebenspartners,

3. Angelegenheiten einer Person, die mit dem Notar in gerader Linie verwandt oder verschwägert oder in der Seitenlinie bis zum dritten Grade verwandt oder bis zum zweiten Grade verschwägert ist oder war,

4. Angelegenheiten einer Person, mit der sich der Notar zur gemeinsamen Berufsausübung verbunden oder mit der er gemeinsame Geschäftsräume hat,

5. Angelegenheiten einer Person, deren gesetzlicher Vertreter der Notar oder eine Person im Sinne der Nummer 4 ist,

6. Angelegenheiten einer Person, deren vertretungsberechtigtem Organ der Notar oder eine Person im Sinne der Nummer 4 angehört,

7. Angelegenheiten einer Person, für die der Notar, eine Person im Sinn der Nummer 4 oder eine mit dieser im Sinn der Nummer 4 oder in einem verbundenen Unternehmen (§ 15 des Aktiengesetzes) verbundene Person außerhalb einer Amtstätigkeit in derselben Angelegenheit bereits tätig war oder ist, es sei denn, diese Tätigkeit wurde im Auftrag aller Personen ausgeübt, die an der Beurkundung beteiligt sein sollen,

8. Angelegenheiten einer Person, die den Notar in derselben Angelegenheit bevollmächtigt hat oder zu der der Notar oder eine Person im Sinne der Nummer 4 in einem ständigen Dienst- oder ähnlichen ständigen Geschäftsverhältnis steht, oder

9. Angelegenheiten einer Gesellschaft, an der der Notar mit mehr als fünf vom Hundert der Stimmrechte oder mit einem anteiligen Betrag des Haftkapitals von mehr als 2.500 EUR beteiligt ist.

[2]Der Notar hat vor der Beurkundung nach einer Vorbefassung im Sinne des Satzes 1 Nummer 7 zu fragen und in der Urkunde die Antwort zu vermerken.

(2) [1]Handelt es sich um eine Angelegenheit mehrerer Personen und ist der Notar früher in dieser Angelegenheit als gesetzlicher Vertreter oder Bevollmächtigter tätig gewesen oder ist er für eine dieser Personen in anderer Sache als Bevollmächtigter tätig, so soll er vor der Beurkundung darauf hinweisen und fragen, ob er die Beurkundung gleichwohl vornehmen soll. [2]In der Urkunde soll er vermerken, daß dies geschehen ist.

68 Staudinger/*Winkler/von Mohrenfels*, Art. 11 EGBGB Rn 177; *Winkler*, Einl. Rn 44, § 2 Rn 6; Frenz/Miermeister/*Limmer*, § 2 BeurkG Rn 22.

69 *Lerch*, Einl. Rn 7; Schippel/Eschwey/*Regler*, § 11a BNotO Rn 9; zur Problematik des Formstatuts während des Überfliegens eines fremden Hoheitsgebiets vgl. Staudinger/*Winkler/von Mohrenfels*, Art. 11 EGBGB Rn 177, 178.

70 Siehe *Lerch*, Einl. Rn 7; *Winkler*, Einl. Rn 44, § 2 Rn 6; wohl auch Schippel/Eschwey/*Regler*, § 11a BNotO Rn 9.

71 Schippel/Eschwey/*Regler*, § 11a BNotO Rn 3; *Winkler*, Einl. Rn 42.

72 *Eder*, BWNotZ 1982, 74, 75; *Winkler*, Einl. Rn 42; Schippel/Eschwey/*Regler*, 11a BNotO Rn 3; Arndt/Lerch/Sandkühler/*Lerch*, § 11a Rn 15.

(3) [1]Absatz 2 gilt entsprechend, wenn es sich handelt um
1. Angelegenheiten einer Person, deren nicht zur Vertretung berechtigtem Organ der Notar angehört,
2. Angelegenheiten einer Gemeinde oder eines Kreises, deren Organ der Notar angehört,
3. Angelegenheiten einer als Körperschaft des öffentlichen Rechts anerkannten Religions- oder Weltanschauungsgemeinschaft oder einer als Körperschaft des öffentlichen Rechts anerkannten Teilorganisation einer solchen Gemeinschaft, deren Organ der Notar angehört.
[2]In den Fällen des Satzes 1 Nummer 2 und 3 ist Absatz 1 Satz 1 Nummer 6 nicht anwendbar.

Literatur *Arbeitsgemeinschaft Anwaltsnotariat im DAV*, Mitwirkungsverbote gemäß der Neufassung von § 3 BeurkG. Auswertung einer Umfrage, Mitteilungsblatt der Arbeitsgemeinschaft, 59 ff.; *Armbrüster/Greis*, Mitwirkungsverbot des als Schiedsrichter vorbefassten Notars bei der Vollstreckbarerklärung eines Schiedsspruchs, DNotZ 2016, 818; *Armbrüster/Leske*, Die Mitwirkungsverbote des § 3 BeurkG – eine kritische Analyse, ZNotP 2001, 450 und 2002, 46; *Baumann/Limmer*, Das Mitwirkungsverbot des Notars in eigenen Angelegenheiten, RNotZ 2005, 356; *Baumann/Limmer*, Das Mitwirkungsverbot des Notars in eigenen Angelegenheiten, RNotZ 2005, 356; *Brücher*, Der missglückte § 3 BeurkG – notarielle Beglaubigungen, NJW 1999, 2168; *Custodis*, Zur Amtsenthebung bei Verstößen gegen Mitwirkungsverbote, RNotZ 2005, 35; *Faßbender*, Die Hauptversammlung der Aktiengesellschaft aus notarieller Sicht, RNotZ 2009, 425; *Ganter*, Aktuelle Rechtsprechung zum Notarhaftungsrecht, DNotZ 2013, 165; *Harboth/Lau*, Die Mitwirkungsverbote des § 3 BeurkG und das Instrumentarium zur Kontrolle ihrer Einhaltung – zugleich ein Beitrag zu den öffentlich-rechtlichen Grundlagen der Dienstordnung für Notarinnen und Notare, insb. des § 15 DONot, DNotZ 2002, 412; *Harder/Schmidt*, Zur Auslegung und Anwendung des neuen § 3 BeurkG, DNotZ 1999, 949; *Heller/Vollrath*, „Vorbefassung“ des hauptberuflichen Notars?, MittBayNot 1998, 322; *Henssler/Kilian*, Anwaltsnotar, Sternsozietät, Tätigkeitsverbot. Ein Beitrag zur Reichweite des Beurkundungsverbots des § 3 Abs. 1 S. 1 Nr. 7 BeurkG, in: FS Hartung, 2008, 65; *Hermanns*, Die Frage- und Vermerkpflicht des § 3 Abs. 1 BeurkG, MittRhNotK 1998, 359; *Lerch*, Amtspflichten und Amtstätigkeit des Notars unter besonderer Berücksichtigung des dritten Gesetzes zur Änderung der Bundesnotarordnung, BWNotZ 1999, 41; *ders.*, Auslegung der Gesetze durch die Justizverwaltung, ZNotP 2004, 54; *ders.*, Änderungen des Beurkundungsrechts und des Berufsrechts der Notare im Zuge des RDG, NotBZ 2008, 222; *Leske*, Die notarielle Unparteilichkeit und ihre Sicherung durch die Mitwirkungsverbote des § 3 Abs. 1 BeurkG, 2004 (zit.: Mitwirkungsverbote); *Limmer*, Der Notar und sein Amt, DNotZ 2004, 334; *Lischka*, Der Vorbefassungsvermerk gem. § 3 Absatz I S. 2 BeurkG n.F., NotBZ 1998, 208; *Litzenburger*, Verbietet das Berufsrecht dem Notar die Vertretung im Erbscheinsverfahren?, NotBZ 2005, 239; *Maaß*, Vorbefassung und Vorbefassungsvermerk. Zum Geltungsbereich von § 3 Abs. 1 Nr. 7 BeurkG und von § 3 Abs. 1 S. 2 BeurkG, ZNotP 1999, 178; *ders.*, Zur Auslegung von § 3 Abs. 1 Nr. 4 BeurkG, ZNotP 2004, 91; *Mihm*, Berufsrechtliche Kollisionsprobleme beim Anwaltsnotar, 2000; *dies.*, Die Mitwirkungsverbote gem. § 3 BeurkG nach der Novellierung des notariellen Berufsrechts, DNotZ 1999, 8; *Quack*, Anmerkungen zum „vorbefassten“ und zum „beteiligten“ Notar (§ 3 Abs. 1 S. 1 Nr. 7, 9 und S. 2 BeurkG), Festschrift Lutter, 2000, 1605; *Scholz*, Notarielle Mitwirkungsverbote nach der Neuregelung des § 3 BeurkG, AnwBl 2000, 310; *Strunz*, Auswirkungen des BGH-Beschl. v. 23.9.2002 – AnwZ (B) 67/01, zum Begriff der „Kooperation“ auf § 3 BeurkG und § 9 BNotO, ZNotP 2003, 209; *ders.*, Die Mitwirkungsverbote des § 3 BeurkG – eine kritische Analyse. Anmerkung zu ZNotP 2002, 46, ZNotP 2002, 133; *Wagner*, Überlegungen zur Auslegung des § 3 Abs. 1 Nr. 7 BeurkG n.F., AnwBl 1999, 47; *Weirich*, Gedanken zur Unabhängigkeit des Notars, DNotZ 1962, 11; *Winkler*, Zweifelsfragen bei der Auslegung der neuen beurkundungsrechtlichen Vorschriften, in: FS Geimer, 2002, 1509.

A. Normzweck und Sanktionen

1 **Normzweck:** Der Notar ist nicht Vertreter einer Partei, sondern unabhängiger und unparteiischer Betreuer der Beteiligten (§ 14 Abs. 1 S. 2 BNotO). Er soll gem. § 14 Abs. 3 S. 2 BNotO bereits den Anschein der Abhängigkeit oder Parteilichkeit vermeiden. Die **Mitwirkungsverbote** des § 3 BeurkG konkretisieren diese Gebote.[1] Sie gehören zu den zentralen Vorschriften, mit denen die Unabhängigkeit und Unparteilichkeit des Notars sichergestellt werden soll.[2] Die Mitwirkungsverbote knüpfen an **abstrakte Gefahrensituationen** an, ohne dass es auf eine konkrete Gefährdung der notariellen Unabhängigkeit und Unparteilichkeit im Einzelfall ankäme.[3] Vielmehr soll durch die Verbote bereits der **„böse Schein“**, der Notar sei nicht so unabhängig, wie man dies zu Recht von einem Amtsträger erwartet, vermieden werden.[4] Der BGH folgert daraus, dass die Verbote „im Sinne der Stärkung des Vertrauens der rechtsuchenden Bevölkerung in die Unabhängigkeit und Unparteilichkeit des Notars […] **nicht zu eng auszulegen**“[5] sind. Dieser Formulierung wird man ohne Weiteres zustimmen können; die entscheidende Frage lautet für die Praxis freilich, wann von einer „zu“ engen Auslegung auszugehen ist. Dies ist nicht zuletzt im Hinblick auf die verfassungsrechtlich geschützte Berufsausübungsfreiheit (Art. 12 GG) und die dem Notar bei Verbotsverstößen drohenden disziplinarrechtlichen Konsequenzen (siehe Rdn 3) bedeutsam. Ungeachtet der aus diesem Spannungsverhältnis erwachsenden Auslegungsfragen sind die Verbote freilich im Hinblick auf den eingeschränkten Anwendungsbereich der zwingenden Ausschließungsgründe in §§ 6 und 7 BeurkG grundsätzlich sinnvoll und im Kern auch sachlich gerechtfertigt.[6] Abs. 1 ist durch die **Novellierung** des Berufsrechts im Jahre 1998 zum Teil erheblich verschärft worden. So soll die neugefasste Nr. 4 insbesondere den gewandelten Formen beruflicher Zusammenarbeit im Bereich des Anwaltsnotariats (§ 8 Abs. 2 S. 2 BNotO) und den daraus resultierenden Gefahren für die notarielle Unabhängigkeit und Unparteilichkeit Rechnung tragen. Die bisherige Nr. 4 wurde in die Nrn. 5 und 6 aufgeteilt; die bisherige Nr. 5 ist leicht verändert zur neuen Nr. 8 geworden. Praktisch bes. bedeutsam ist die neue Nr. 7, die bei einer Vorbefassung des Notars oder einer mit ihm verbundenen Person eingreift. Durch das NotBRMoG sind mit Wirkung vom 1.8.2021 mehrere Bezugnahmen in § 17 Abs. 1 S. 2, Abs. 3 S. 2 geändert worden. Damit sollten lediglich „rechtsförmlich korrekte[r] Bezugnahmen“[7] hergestellt werden, ohne dass damit eine inhaltliche Änderung einhergeht.

2 **Sanktionen:** § 3 BeurkG enthält als Soll-Vorschrift sog. **relative Ausschließungsgründe**, die im Dienstrecht des Notars ihren Grund haben.[8] Ein Verstoß gegen sie führt nicht zur Nichtigkeit der Beurkundung;[9] allerdings räumen sie ihm auch kein Ermessen ein.[10] Davon zu unterscheiden sind die **absoluten Ausschließungsgründe** der §§ 6 und 7 BeurkG. Ein Verstoß gegen diese Vorschriften hat die Nichtigkeit der Beurkundung zur Folge. Die absoluten Ausschließungsgründe dieser Vorschriften beziehen sich jedoch nur auf die Beurkundung von Willenserklärungen. Der Geltungsbereich von § 3 BeurkG ist weiter. Treffen absolute und relative Ausschließungsgründe zusammen, so greifen die weiter reichenden Folgen der absoluten ein.

3 Unter den bei Verstößen gegen § 3 BeurkG möglichen **Disziplinarmaßnahmen** kommt eine **Amtsenthebung** gem. § 50 Abs. 1 Nr. 9 BNotO erst in Betracht, wenn bei der Abwägung der Verfassungsgrundsätze aus Art. 12 GG diese Pflichtverletzungen ein solches Gewicht erlangen, dass eine Amtsenthebung das einzige Mittel ist, um das mit den Mitwirkungsverboten des Abs. 1 verfolgte Ziel zu erreichen.[11] Die Amtsenthebung setzt **wiederholte und grobe Verstöße** voraus, wobei auch die subjektive Seite zu berücksichtigen ist.[12] Insgesamt sind die Anforderungen aufgrund der Berufsfreiheit – die hier in Gestalt

1 Grundlegend zu Zweck, Inhalt und Reichweite der Mitwirkungsverbote *Leske*, Mitwirkungsverbote, S. 13 ff.
2 BT-Drucks 13/4184, 36; BR-Drucks 890/95, 36; BGH v. 13.11.2017 – NotSt (Brfg) 3/17, NJW 2018, 1607 Rn 25 f.
3 *Limmer*, DNotZ 2004, 334, 337; *Litzenburger*, NotBZ 2005, 239, 240.
4 BT-Drucks 13/4184, 36; BGH v. 19.7.2021 – NotSt (Brfg) 1/21, ZWE 2021, 404 Rn 21, 23; Staudinger/*Herrler*, BeurkG Rn 269; Arndt/Lerch/Sandkühler/*Sandkühler*, § 16 Rn 3.
5 BGH v. 19.7.2021 – NotSt (Brfg) 1/21, ZWE 2021, 404 Rn 21.
6 Näher *Armbrüster/Leske*, ZNotP 2001, 450, 452.
7 RegE BT-Drucks 19/26828, 214.
8 *Armbrüster/Leske*, ZNotP 2001, 450.
9 Statt aller *Winkler*, § 3 Rn 10.
10 OLG Celle v. 6.1.2003 – Not 19/02, DNotZ 2004, 196; *Lerch*, § 3 Rn 3; *Winkler*, § 3 Rn 10.
11 BGH v. 22.3.2004 – NotZ 26/03, DNotZ 2004, 888 m. Anm. *Custodis*, RNotZ 2005, 35; *Lerch*, § 3 Rn 3; zu pauschal demgegenüber *Baumann/Limmer*, RNotZ 2005, 356, 357.
12 *Custodis*, RNotZ 2005, 35, 38.

einer subjektiven Berufswahlbeschränkung in Gestalt einer Zulassungsbeschränkung betroffen ist – hoch (*ultima ratio*). – Eine **generelle Verpflichtungserklärung**, die über den Inhalt von § 3 BeurkG hinausreicht, kann die Aufsichtsbehörde vom Notar nicht verlangen.[13] Streitig ist, ob die bewusst unzutreffende Beurkundung der Frage zur Vorbefassung gem. Abs. 1 S. 2 eine strafbare **Falschbeurkundung im Amt** (§ 348 Abs. 1 StGB) darstellt. Die Gesetzesbegründung legt dies nahe.[14] Überzeugender ist es indessen eine Strafbarkeit abzulehnen. Die falsche Beurkundung unter Verletzung einer Soll-Vorschrift, die sich nicht auf die Wirksamkeit der Beurkundung auswirkt, sondern lediglich aufsichts- beziehungsweise disziplinarrechtliche Konsequenzen nach sich ziehen kann, betrifft nämlich keine rechtlich erhebliche Tatsache i.S.d. § 348 Abs. 1 StGB.[15]

B. Persönlicher Geltungsbereich

I. Notare

Nach seinem persönlichen Geltungsbereich erfasst § 3 BeurkG den **Notar**, den **Notariatsverwalter** (§ 57 Abs. 1 BNotO) und den **Notarvertreter** (§ 39 Abs. 4 BNotO, siehe auch § 41 Abs. 2 BNotO). 4

Für den **zweiten Notar** enthält § 26 BeurkG zusätzliche Mitwirkungsverbote. Insoweit ist darauf hinzuweisen, dass auch der zugezogene zweite Notar als Amtsträger tätig wird und deshalb strengere Ausschlussgründe gerechtfertigt sind. Die vertrauenssichernde Wirkung der Einhaltung der Mitwirkungsverbote (vgl. zum Normzweck Rdn 1) ist bei jeder Amtstätigkeit relevant, weshalb § 16 Abs. 1 BNotO für Amtstätigkeiten außerhalb der Urkundstätigkeit die entsprechende Anwendung des § 3 BeurkG anordnet. Insofern ist § 26 BeurkG nicht spezieller (vgl. hierzu näher § 26 BeurkG Rdn 1).[16]

Für den **Notarvertreter** gilt über die Mitwirkungsverbote des § 3 BeurkG hinaus dasjenige des § 41 Abs. 2 BNotO. Der Notarvertreter darf also nicht nur dann nicht amtieren, wenn er selbst nach den §§ 3, 6, 7 BeurkG ausgeschlossen ist, sondern auch dann nicht, wenn nach diesen Vorschriften der vertretene Notar keine Amtshandlungen vornehmen dürfte.[17] Ein Verstoß gegen die Soll-Vorschrift des § 41 Abs. 2 BNotO beeinträchtigt die Wirksamkeit der Amtshandlung jedoch nicht.[18] Ungewiss ist, inwieweit § 3 BeurkG einer elektronischen Beglaubigung der **Vertreterbestellungsurkunde** entgegensteht. Die besseren Gründe sprechen dafür, dass weder der vertretene Notar noch ein mit ihm zur gemeinsamen Berufsausübung verbundener Kollege durch § 3 Nr. 1 bzw. Nr. 4 BeurkG an der Herstellung der elektronisch beglaubigten Abschrift der Vertreterbestellungsurkunde gehindert ist, da es um den Nachweis einer bestimmten Amtsfunktion und nicht um eine Angelegenheit i.S.v. § 3 BeurkG geht.[19] 5

Notar i.S.d. BeurkG war auch der nach dem ba.-wü. LFGG bestellte beamtete Notar im Landesdienst in **Baden** und der Bezirksnotar in **Württemberg**. Für sie galt § 3 BeurkG mit der Klarstellung des § 64 S. 2 a.F. BeurkG. 6

II. Andere Urkundspersonen

Wegen § 1 Abs. 2 gilt § 3 unter Ausschluss von §§ 6, 7 FGG (a.F.; heute: §§ 2 Abs. 3, 6 FamFG) auch für die **RPfleger** bei gerichtlichen Beurkundungszuständigkeiten (vgl. § 1 BeurkG Rdn 26 ff.) und für die **Urkundspersonen beim Jugendamt** im Falle des § 59 SGB VIII (vgl. § 1 BeurkG Rdn 29). 7

Nach § 59 Abs. 2 SGB VIII sollen die gem. § 55 Abs. 2 SGB VIII zur Vertretung eines Beteiligten befugten Beamten oder Angestellten der **Jugendämter** keine Beurkundungen vornehmen, wenn ihnen in der den Gegenstand des Amtsgeschäfts bildenden Angelegenheit die Vertretung eines Beteiligten obliegt. Die Vorschrift hat klarstellende Funktion; sie wiederholt, was nach § 3 ohnehin gilt. Es macht dabei keinen Unterschied, ob die Vormundschaft oder Pflegschaft im eigenen Namen oder für das 8

13 OLG Celle v. 19.12.2005 – Not 14/05, NdsRpfl 2006, 152.
14 RegE BT-Drucks 13/4184, 37; Frenz/Miermeister/*Miermeister/de Buhr*, § 3 BeurkG Rn 65 f.
15 BeckOGK/*Forschner*, Stand: 1.2.2025, § 3 BeurkG Rn 4.
16 Vgl. wie hier: BeckOGK/*Schuller*, Stand: 1.2.2025, § 26 BeurkG Rn 2; Grziwotz/Sauer/Heinemann/*Heinemann/Grziwotz*, § 26 Rn 11 mit Fn 25.
17 Staudinger/*Herrler*, BeurkG Rn 272; *Winkler*, § 3 Rn 13
18 Arndt/Lerch/Sandkühler/*Lerch*, § 41 Rn 11; BeckOK-BNotO/*Frisch*, § 41 Rn 19.
19 *Maaß*, ZNotP 2007, 82, 85 in teils krit. Auseinandersetzung mit BNotK-Rdschr. v. 7.12.2006, DNotI-Rep. 24/2006, BNotK-Intern, S. 5 f.

Jugendamt geführt wird. Nach vor allem in der Praxis verbreiteter Meinung soll § 59 Abs. 2 SGB VIII nicht für Beglaubigungen gelten. Dem kann jedoch nicht gefolgt werden. § 3 BeurkG gilt sachlich auch für Unterschriftsbeglaubigungen (vgl. Rdn 11). § 59 Abs. 2 SGB VIII ist gegenüber § 3 BeurkG nur eine klarstellende, aber keine Spezialregelung; dass § 59 Abs. 2 SGB VIII seine klarstellende Aussage nur auf Beurkundungen beschränkt, begrenzt also den Anwendungsbereich von § 3 BeurkG nicht. – § 59 Abs. 2 SGB VIII enthält ebenso wie § 3 BeurkG (siehe Rdn 2) lediglich **Soll-Vorschriften**. Der Verstoß gegen § 59 Abs. 2 SGB VIII macht daher die Beurkundung nicht unwirksam, er kann aber dienstrechtliche Folgen nach sich ziehen.[20]

9 Für das Verfahren bei der Beurkundung durch **Konsularbeamte** verweist § 10 Abs. 3 KonsularG auf das BeurkG. Infolgedessen gelten auch für die Konsularbeamten die Mitwirkungsverbote des § 3 BeurkG.

10 Wegen seiner Geltung für alle Beurkundungsorgane (§ 1 Abs. 2 BeurkG) verbietet § 3 BeurkG (vgl. Abs. 1 S. 1 Nr. 8) allen **Verwaltungsbehörden** die sog. Beurkundung in eigenen Angelegenheiten.

C. Sachlicher Geltungsbereich

11 Der sachliche Geltungsbereich des § 3 BeurkG umfasst sämtliche **Beurkundungstätigkeiten** der Notare, also auch Unterschriftsbeglaubigungen und überhaupt die Beurkundung tatsächlicher Vorgänge. Die sachliche Geltung der Vorschrift für **Unterschriftsbeglaubigungen** nach § 40 BeurkG wird bestritten.[21] Indessen überzeugt es nicht, Unterschriftsbeglaubigungen generell vom Anwendungsbereich der Mitwirkungsverbote auszunehmen.[22] Selbst wenn man in Unterschriftsbeglaubigungen entgegen ihrer systematischen Stellung im Abschnitt „Sonstige Beurkundungen" keine Beurkundung sehen würde, wäre jedenfalls § 16 Abs. 1 BNotO zu beachten, wonach § 3 BeurkG für **sonstige Amtsgeschäfte** des Notars entsprechendes gilt (siehe Rdn 12).[23] Dass es sich bei Unterschriftsbeglaubigungen um Amtshandlungen handelt, kann im Hinblick auf den eindeutigen Wortlaut des § 20 Abs. 1 S. 1 BNotO nicht bezweifelt werden.[24] Die für Unterschriftsbeglaubigungen ohne Entwurf gebotene Einschränkung einzelner Mitwirkungsverbote lässt sich durch eine sachgerechte Auslegung des Begriffs der Angelegenheit erreichen (siehe Rdn 35). Auch bei Unterschriftsbeglaubigungen ist nach derzeitiger Rechtslage ein Vorbefassungsvermerk erforderlich (siehe Rdn 90).

12 Der Notar ist auch für eine Reihe **weiterer Geschäfte** zuständig, die nicht Beurkundung sind, z.B. für die Durchführung freiwilliger Versteigerungen, die Vermittlung von Auseinandersetzungen, die Vermittlung gem. § 87 SachenRBerG, die Erteilung von Ausfertigungen und Abschriften verwahrter Urkunden, insb. die Erteilung vollstreckbarer Ausfertigungen (§ 797 Abs. 2 S. 1 ZPO). Für diese Fälle gilt § 3 BeurkG über § 16 Abs. 1 BNotO entsprechend.[25]

13 **§ 16 BNotO lautet:**

(1) Soweit es sich bei Amtstätigkeiten des Notars nicht um Beurkundungen nach dem Beurkundungsgesetz handelt, gilt § 3 des Beurkundungsgesetzes entsprechend.

(2) Der Notar kann sich der Ausübung des Amtes wegen Befangenheit enthalten.

Die Vorschrift umfasst also über § 3 BeurkG hinaus die gesamte Amtstätigkeit des Notars, insb. die Ausstellung aller **notariellen Bescheinigungen**, die nicht Zeugnisurkunden sind. Erfasst werden damit z.B. Vertretungsbescheinigungen, § 21 Abs. 1 Nr. 1 BNotO; Gesellschaftsbescheinigungen, § 21 Abs. 1 Nr. 2 BNotO,[26] auch Notarbestätigungen (vgl. dazu § 39 BeurkG Rdn 13 ff.). Darüber hinaus gilt § 16 BNotO etwa für die Durchführung von freiwilligen Versteigerungen und von Verlosungen, für die Aufnahme von Wechsel- und Scheckprotesten und von Vermögensverzeichnissen. Erfasst werden auch die Geschäfte

20 Zu diesen instruktiv BGH v. 22.3.2004 – NotZ 26/03, BGHZ 158, 310, 313 ff. = DNotZ 2004, 888.

21 *Lerch*, BWNotZ 1999, 41, 46 f.; *ders.*, § 3 Rn 8 ff.; Heinemann/Trautrims/*Hitzel*, § 3 BeurkG Rn 9 ff.

22 Grziwotz/Sauer/Heinemann/*Grziwotz*, § 3 Rn 15; *Leske*, Mitwirkungsverbote, S. 86; s.a. *Armbrüster/Leske*, ZNotP 2001, 450, 453.

23 Grziwotz/Sauer/Heinemann/*Grziwotz*, § 3 Rn 3 bezeichnet den Streit daher zu Recht als müßig.

24 *Harder/Schmidt*, DNotZ 1999, 949, 951 f.; *Mihm*, DNotZ 1999, 8, 11 f.

25 Wie hier Frenz/Miermeister/*Miermeister/de Buhr*, § 3 BeurkG Rn 5; Grziwotz/Sauer/Heinemann/*Grziwotz*, § 3 Rn 3; *Jansen*, § 3 Rn 9; BeckOK-BNotO/*Sander*, § 16 Rn 42; MüKo-ZPO/*Wolfsteiner*, § 797 Rn 9; so nunmehr auch *Winkler*, § 3 Rn 22a; s. ferner RG v. 6.10.1934 – V 168/34, RGZ 145, 199, 203 (zu § 84 PrFGG a.F.).

26 BeckOK-BNotO/*Sander*, § 16 Rn 24; *Winkler*, § 3 Rn 21.

der sog. **Urkundenverwahrung**, insbesondere die Erteilung von Ausfertigungen und von beglaubigten Abschriften nach § 42 BeurkG.[27] Für den insofern durch § 16 BNotO verhinderten Notar hat in entsprechender Anwendung von § 45 Abs. 3 BNotO das Amtsgericht einzutreten.[28] Aber auch für denjenigen Notar, der genuin **richterliche Tätigkeiten** wahrnimmt, wie es etwa bei der Vollstreckbarerklärung eines Schiedsspruchs mit vereinbartem Wortlaut gem. § 1053 Abs. 4 S. 1 ZPO der Fall ist, gelten die Mitwirkungsverbote nach § 3 BeurkG i.V.m. § 16 Abs. 1 BNotO uneingeschränkt. Hier muss allerdings beachtet werden, dass zusätzlich noch die §§ 41 ff. ZPO zur Anwendung gelangen können, wenn im Einzelfall die Voraussetzungen einer Analogie vorliegen.[29]

Auch notarielle **Betreuungs- und Verwahrungsgeschäfte** sind hoheitliche Amtsgeschäfte des Notars. Für diese Amtsgeschäfte gilt § 16 BNotO daher ebenfalls. 14

Die Erteilung von **Durchführungsvollmachten** für den Notar zur Vorbereitung und Durchführung von Amtsgeschäften fällt nach dem Sinn und Zweck von § 3 BeurkG **nicht** unter die Mitwirkungsverbote (siehe Rdn 58 f.). 15

D. Begriff der „Angelegenheit"

I. Grundregeln

Die Tatbestände des § 3 BeurkG knüpfen die Mitwirkungsverbote (die relativen Ausschließungsgründe) an das Tatbestandsmerkmal **„Angelegenheit"** an. Im Unterschied zu den §§ 6 und 7 BeurkG, welche die formelle Beteiligung an dem Beurkundungsvorgang voraussetzen (vgl. § 6 Abs. 2 BeurkG), wird der Begriff der Angelegenheit in § 3 BeurkG zur Bezeichnung der inhaltlichen, sachlichen Beteiligung (**Sachbeteiligung**) gebraucht.[30] Trotz der damit verbundenen Auslegungsschwierigkeiten hat auch der Gesetzgeber des RDG die Änderung von Abs. 1 Nr. 7 (siehe dazu Rdn 82) nicht zum Anlass genommen, sich von dem Begriff der Angelegenheit zu trennen.[31] 16

Überwiegende Ansicht/BGH: Lebenssachverhalt. Der BGH meinte bereits in einem Urteil von 1984 zu § 3 Abs. 1 Nr. 1 a.F. BeurkG., für das Vorliegen einer Angelegenheit genüge es, dass „sich die zu beurkundenden Erklärungen und Vorgänge nach ihrem materiellen Gehalt auf eine auch den Notar selbst angehende Sache beziehen".[32] Hieraus wird verbreitet abgeleitet, dass es sich immer dann um eine Angelegenheit einer Person handele, wenn ihre Rechte oder Pflichten durch das jeweilige notarielle Amtsgeschäft **faktisch unmittelbar betroffen** werden.[33] Im Ergebnis bedeutet dies, dass vom Begriff der Angelegenheit der gesamte **Lebenssachverhalt** erfasst wird, auf den sich die Amtshandlung des Notars bezieht.[34] Diese Rspr hat der BGH jüngst ausdrücklich bestätigt.[35] In einem anderen Beschluss hat er ausgeführt, es reiche aus, wenn ein „Gesamtzusammenhang innerhalb des einheitlichen Lebenssachverhalts"[36] bestehe. Dieses weite Verständnis sei durch den Schutzzweck der Vorschrift geboten, das Vertrauen in die Unparteilichkeit und Unabhängigkeit des Notars zu gewährleisten. Hingegen soll eine lediglich mittelbare rechtliche oder wirtschaftliche Betroffenheit die Anwendbarkeit von § 3 BeurkG nicht begründen.[37] 17

Einschränkende Ansicht: Rechtliche Betroffenheit. Teils wird einschränkend vertreten, dass eine unmittelbare wirtschaftliche Betroffenheit nicht genügt, sondern es sich stets um eine rechtliche handeln 18

27 Insoweit a.A. *Lerch*, § 3 Rn 8. So wohl auch Grziwotz/Sauer/Heinemann/*Grziwotz*, § 3 Rn 16.

28 Grziwotz/Sauer/Heinemann/*Grziwotz*, § 3 Rn 3; BeckOK-BNotO/*Sander*, § 16 Rn 40.

29 *Armbrüster/Greis*, DNotZ 2016, 818, 825.

30 BGH v. 25.5.1984 – V ZR 13/83, DNotZ 1985, 231, 232.

31 Krit. dazu *Lerch*, NotBZ 2008, 222, 223.

32 BGH v. 25.5.1984 – V ZR 13/83, DNotZ 1985, 231, 232; bestätigt durch BGH v. 19.7.2021 – NotSt (Brfg) 1/21, ZWE 2021, 404 Rn 21 f.

33 Arndt/Lerch/Sandkühler/*Sandkühler*, § 16 Rn 15 f.; Frenz/Miermeister/*Miermeister/de Buhr*, § 3 Rn 8; *Winkler*, § 3 Rn 24 f.

34 OLG Schleswig v. 31.5.2010 – Not 5/09, RNotZ 2010, 666, 668; Grziwotz/Sauer/Heinemann/*Grziwotz*, § 3 Rn 7; BeckOK-BNotO/*Sander*, § 16 Rn 11; Staudinger/*Herrler*, BeurkG Rn 285, 301 (einheitlicher Lebenssachverhalt).

35 BGH v. 19.7.2021 – NotSt (Brfg) 1/21, ZWE 2021, 404 Rn 21 f.

36 BGH v. 26.11.2012 – NotSt (Brfg) 2/12, DNotZ 2013, 310 Rn 12 m. Anm. *Armbrüster/Leske*.

37 BGH v. 25.5.1984 – V ZR 13/83, DNotZ 1985, 231, 232; OLG Schleswig v. 5.3.2007 – Not 4/06, DNotZ 2007, 745, 746 (zur Abgrenzung s. OLG Schleswig v. 31.5.2010 – Not 5/09, RNotZ 2010, 666, 668); Grziwotz/Sauer/Heinemann/*Grziwotz*, § 3 Rn 7 (der freilich anders als der BGH „mittelbar" mit „wirtschaftlich" gleichsetzt, s. aber auch Rn 26); *Winkler*, § 3 Rn 25.

muss.[38] Dafür spricht der Wortlaut des Abs. 1 S. 1 Nr. 1 („… auch wenn der Notar nur mitberechtigt oder mitverpflichtet ist, …"); er lässt erkennen, dass unter einer Angelegenheit ein Bündel von Rechten und Pflichten zu verstehen ist. Dieser Befund deutet darauf hin, dass Angelegenheiten ebenso wie Rechtssachen i.S.v. § 45 BRAO Lebenssachverhalte mit sich daraus ergebenden **Rechtsverhältnissen** sind (s. auch § 356 StGB[39]). Sachlich beteiligt ist demnach (nur) derjenige, der ein rechtliches Interesse an dem Amtsgeschäft zugrunde liegenden Lebenssachverhalt hat. Der Lebenssachverhalt, der zur Beurteilung heranzuziehen ist, wird dabei durch das konkrete Amtsgeschäft, also das Ersuchen der Beteiligten, begrenzt. Dies brachte § 16 BNotO a.F., eine Vorgängervorschrift des heutigen § 3 BeurkG, deutlicher zum Ausdruck. Dort wurde die Sachbeteiligung als Beteiligung „bei der den Gegenstand des Amtsgeschäfts bildenden Angelegenheit" bezeichnet.[40]

19 **Eigene Ansicht: Konkretes Rechtsverhältnis einschließlich präjudizierter Rechtsverhältnisse.**[41] Allerdings würde eine Beschränkung des Angelegenheitsbegriffs auf jenen engen, durch den Gegenstand des Amtsgeschäftes umschriebenen Kreis rechtlicher Interessen den Anwendungsbereich der Mitwirkungsverbote übermäßig reduzieren. Zum einen würden dadurch entgegen dem Gesetz (siehe Rdn 11) **Tatsachenbeurkundungen** aus dem Anwendungsbereich der Mitwirkungsverbote herausfallen. Bei ihnen ist nämlich gerade kein Rechtsverhältnis Gegenstand der Amtshandlung, so dass diese unmittelbar keine Rechte und Pflichten der Beteiligten berührt.

20 Zum anderen würden die Mitwirkungsverbote für Fallgestaltungen nicht gelten, bei denen die Amtshandlung ohne weitere Zwischenschritte – also gewissermaßen zwangsläufig – unmittelbare rechtliche Wirkungen in einem die notarielle Tätigkeit nicht betreffenden Rechtsverhältnis auslöst, also **präjudizierend** wirkt. Dies gilt etwa für einen Grundstückskaufvertrag, aus dem der vom Notar zuvor anwaltlich vertretene Makler zwar unmittelbar keine Rechte erlangt, dessen Beurkundung aber im Rechtsverhältnis des Auftraggebers zum Makler unmittelbar den Maklerlohnanspruch entstehen lässt. Der Zweck der Mitwirkungsverbote (siehe Rdn 1) gebietet es, dass auch in derartigen Fällen § 3 BeurkG eingreift.[42] Andernfalls könnten die Mitwirkungsverbote zudem durch eine geschickte Aufteilung sachlich zusammenhängender Regelungskomplexe auf verschiedene Urkunden leicht umgangen werden. Es müssen daher auch rechtliche Interessen in solchen Rechtsverhältnissen, die durch die Amtshandlung **unmittelbar präjudiziert** werden, vom Begriff der Angelegenheit erfasst sein.

21 Unter dem Begriff der Angelegenheit lässt sich somit ein durch den konkreten Beurkundungsauftrag begrenztes **Rechtsverhältnis** mit den sich hieraus ergebenen Rechten und Pflichten verstehen, einschließlich solcher Rechtsverhältnisse, die von dem Gegenstand der Beurkundung unmittelbar **präjudiziert** werden.[43] Diese Begriffsdefinition ist nach Sinn und Zweck der Mitwirkungsverbote nicht schematisch anzuwenden. Vom Begriff der Angelegenheit werden danach auch solche rechtlichen Interessen erfasst, die zwar keine Rechte und Pflichten zum Gegenstand haben, die im Hinblick auf den konkreten Gegenstand der Beurkundung gleichwohl rechtlich geschützt sind (etwa durch ein Zustimmungserfordernis; siehe Rdn 31).

II. Einzelfälle

1. Sachbeteiligung bei der Beurkundung von Willenserklärungen

22 **Einseitige Willenserklärungen** sind Angelegenheit auch des Adressaten.[44] Die Erteilung einer Vollmacht ist somit eine Angelegenheit sowohl des Bevollmächtigenden als auch des Bevollmächtigten.

23 Ob Willenserklärungen eines **Vertreters** oder gegenüber einem Vertreter stets auch Angelegenheiten des Vertreters und des Vertretenen sind, ist keineswegs unzweifelhaft. Nach dem überwiegend vertretenen

38 Grziwotz/Sauer/Heinemann/*Grziwotz*, § 3 Rn 7.
39 S. etwa Grziwotz/Sauer/Heinemann/*Grziwotz*, § 3 Rn 7; krit. dazu *Lerch*, § 3 Rn 21 mit Fn 5.
40 Hierzu eingehend *Armbrüster/Leske*, ZNotP 2001, 450, 454 f.
41 S. zum Folgenden eingehend *Leske*, Mitwirkungsverbote, S. 91 ff.
42 *Armbrüster/Leske*, ZNotP 2001, 450, 455; a.A. zum Makler *Jansen*, § 3 Rn 10.
43 *Armbrüster/Leske*, ZNotP 2001, 450, 455; s. auch *Lerch*, § 3 Rn 21.
44 Eingehend zu Einzelfällen *Leske*, Mitwirkungsverbote, S. 144 ff.; Frenz/Miermeister/*Miermeister/de Buhr*, § 3 BeurkG Rn 10 ff.; so wohl auch *Winkler*, § 3 Rn 26: Empfänger.

Angelegenheitsbegriff (siehe Rdn 17) wird man dies nicht ohne weiteres annehmen können, da der Vertreter – zumindest in den Fällen nachgewiesener Vertretungsmacht – nicht durch das der Amtstätigkeit zugrunde liegende Rechtsverhältnis berechtigt oder verpflichtet wird.[45] Legt man den hier vertretenen Angelegenheitsbegriff (siehe Rdn 19 ff.) zugrunde, lässt sich immerhin sagen, dass das Innenverhältnis zwischen Vertreter und Vertretenem durch die Ausübung der Vollmacht in gewisser Weise präjudiziert wird. Zu nennen sind etwa Ersatzansprüche im Fall des Abweichens von Weisungen im Innenverhältnis. Regelmäßig ist daher auch der Vertreter an einem von ihm namens des Vertretenen vorgenommenen Rechtsgeschäft sachlich beteiligt.[46] Dies gilt hingegen nicht für **Erklärungs- oder Empfangsboten**, da diese nur zur Übermittlung einer fremden Willenserklärung eingesetzt werden.

Ein **Verwalter kraft Amtes** (Testamentsvollstrecker, Insolvenzverwalter, Zwangsverwalter) ist nicht Vertreter der Erben, des Gemeinschuldners, des Eigentümers. Der Verwalter handelt vielmehr in eigener Angelegenheit.[47] **Persönliche Geschäfte** der Erben, des Gemeinschuldners, des Eigentümers darf der Notar, der Verwalter kraft Amtes ist, daher beurkunden.[48] Darunter fallen bei einem Erben auch Erbscheinsantrag und Erbausschlagung.[49] Für Geschäfte, die die verwaltete **Vermögensmasse** betreffen, ist der Notar hingegen wegen Eigenbeteiligung nach Abs. 1 S. 1 Nr. 1 ausgeschlossen.[50] Die Löschungsbewilligung für eine auf einem Massegrundstück ruhende Hypothek darf ein Notar, der zugleich Insolvenzverwalter ist, also nicht beurkunden oder beglaubigen.[51] 24

Rechtsgeschäfte einer **Personengesellschaft** oder eines **nichtrechtsfähigen Vereins** sind die Angelegenheit der Gesellschaft selbst und ihrer Mitglieder (zu Versammlungsbeschlüssen siehe Rdn 38 ff.).[52] Entsprechendes gilt für Rechtsgeschäfte einer **Wohnungseigentümergemeinschaft** (z.B. Erwerb einer Wohnung durch die Gemeinschaft); die durch das WeMoG gesetzlich kodifizierte Rechtsfähigkeit[53] hindert die Zurechnung zu den Mitgliedern ebenso wenig wie bei den Personengesellschaften. Für die BGB-Gesellschaft, die durch Einführung des MoPeG vom 10.8.2021 seit dem 1.1.2024 rechtsfähig ist, hat sich trotz Aufgabe des Gesamthandsprinzips daran nichts geändert. Dies ist zwar angesichts der damit verbundenen Aufgabe der Rechtsträgerschaft des einzelnen Gesellschafters diskussionswürdig. Gleichwohl besteht die enge Verbundenheit und Haftung der Gesellschafter auch nach dem MoPeG fort. Dies unterscheidet die BGB-Gesellschaft nach wie vor von den Kapitalgesellschaften, so dass insoweit auch weiterhin davon auszugehen ist, dass es sich bei Angelegenheiten der Gesellschaft materiell um eine eigene „Angelegenheit" des Gesellschafters im Sinne von § 3 BeurkG handelt (vgl. aber aufgrund des bei § 6 BeurkG geltenden formellen Beteiligtenbegriffs dort unter Rdn 8).[54] Davon zu unterscheiden sind Rechtsgeschäfte eines einzelnen Wohnungs- oder Bruchteilseigentümers; sie kann der Notar auch dann beurkunden, wenn er derselben Gemeinschaft angehört.[55] Durch **Rechtsgeschäfte einer juristischen Person** mit Dritten werden allein für diese Rechte und Pflichten begründet. Die Mitglieder und Organe der Gesellschaft sind daher grds. sachlich nicht beteiligt.[56] Eine Ausnahme ist nach Sinn und Zweck der Verbote für den **wirtschaftlichen Inhaber** der Gesellschaft zu machen.[57] Darunter fällt nicht nur die Stellung als Alleingesellschafter, sondern auch eine qualifizierte Mehrheitsbeteiligung, die das Geschäft bei wirtschaftlicher Betrachtung als ein solches des Gesellschafters erscheinen lässt.[58] 25

Gehört der Notar selbst oder eine Person i.S.v. Nr. 4 dem **vertretungsberechtigten Organ einer juristischen Person** an, ist er gem. Nr. 6 an der Beurkundung gehindert. Kein vertretungsberechtigtes Organ 26

45 *Armbrüster/Leske*, ZNotP 2001, 450, 456. Krit. dazu, aber im Erg. wie hier Frenz/Miermeister/*Miermeister/de Buhr*, § 3 BeurkG Rn 11 Fn 16.
46 BGH v. 19.7.2021 – NotSt (Brfg) 1/21, ZWE 2021, 404 Rn 22; OLG Celle v. 12.9.2003 – Not 24/03, DNotZ 2004, 716, 717 m. Anm. *Maaß*, ZNotP 2004, 91 ff.; OLG Köln v. 20.4.2004 – 2 X (Not) 17/03, NJW 2005, 2092, 2093; Frenz/Miermeister/*Miermeister/de Buhr*, § 3 BeurkG Rn 11; *Winkler*, § 3 Rn 30.
47 *Winkler*, § 3 Rn 31.
48 BeckOK-BeurkG/*Litzenburger*, § 3 Rn 12.
49 *Winkler*, § 3 Rn 31.
50 *Jansen*, § 3 Rn 34; BeckOK-BNotO/*Sander*, § 16 Rn 15; Soergel/*J. Mayer*, § 3 BeurkG Rn 11; Staudinger/*Herrler*, 2017, BeurkG Rn 287.
51 BeckOK-BNotO/*Sander*, § 16 Rn 15.
52 Allg. Meinung, s. nur Arndt/Lerch/Sandkühler/*Sandkühler*, § 16 Rn 28; *Winkler*, § 3 Rn 34.
53 Zuvor hatte der BGH bereits die Teilrechtsfähigkeit der WEG anerkannt, vgl. BGH v. 2.6.2005 – V ZB 32/05, BGHZ 163, 154, 158 ff. = DNotZ 2005, 776.
54 *Winkler*, § 3 Rn 34a; Frenz/Miermeister/*Miermeister/de Buhr*, § 6 Rn 8; aA wohl Schippel/Eschwey/*Sander*, § 16 BNotO Rn 16.
55 Grziwotz/Sauer/Heinemann/*Grziwotz*, § 3 Rn 14; *Winkler*, § 3 Rn 36.
56 *Winkler*, § 3 Rn 32.
57 Frenz/Miermeister/*Miermeister/de Buhr*, § 3 BeurkG Rn 16; *Winkler*, § 3 Rn 33.
58 Staudinger/*Herrler*, BeurkG Rn 289.

i.d.S. ist der **Aufsichtsrat einer AG** oder KGaA (siehe hierzu Rdn 76). Ist der Notar selbst Aufsichtsratsmitglied, so unterliegt er daher grds. lediglich einer Hinweispflicht gem. Abs. 3 S. 1 Nr. 1 i.V.m. Abs. 2. Weitergehend löst die Mitgliedschaft des Notars oder einer Person i.S.v. Nr. 4 im Aufsichtsrat ein Mitwirkungsverbot aus, wenn der Aufsichtsrat ausnahmsweise zur Vertretung der Gesellschaft berechtigt ist oder Rechtsgeschäfte der Gesellschaft seiner Zustimmung bedürfen (vgl. § 111 Abs. 4 S. 2 AktG). Der Aufsichtsrat fungiert dann nicht als aufsichts-, sondern als vertretungsberechtigtes Organ, so dass der Notar von der Beurkundung der betreffenden Geschäfte gem. Abs. 1 S. 1 Nr. 6 ausgeschlossen ist.[59]

27 Ist eine **Person i.S.v. Nrn. 2, 2a oder 3** Mitglied des vertretungs- oder aufsichtsberechtigten Organs, so ergibt sich mithin grundsätzlich weder ein Mitwirkungsverbot i.S.v. Abs. 1 noch eine Hinweispflicht i.S.v. Abs. 2 und 3. Der Notar kann hier jedoch gem. §§ 6 und 7 BeurkG ausgeschlossen sein.[60] Außerdem besteht ein Mitwirkungsverbot dann, wenn Personen i.S.v. Nrn. 2, 3 und 4 beherrschenden Einfluss auf die Gesellschaft ausüben, da Rechtsgeschäfte der Gesellschaft zugleich Rechtsgeschäfte der sie beherrschenden Mitglieder sind.

28 Ist der **Notar Mitglied einer Kapitalgesellschaft,** besteht ein Mitwirkungsverbot unter der Voraussetzung der Nr. 9 (siehe hierzu Rdn 105 ff.). Die Vorschrift ist auf Personen i.S.v. Nrn. 2, 2a, 3 und 4 nicht anwendbar. Ein Mitwirkungsverbot im Fall der Beteiligung der dort genannten Personen kann daher erst dann angenommen werden, wenn ihr Einfluss auf die Kapitalgesellschaft so groß ist, dass sie wirtschaftlich als deren Inhaber erscheinen. In diesem Fall handelt es sich bei dem Rechtsgeschäft um eine eigene Angelegenheit der beherrschenden Mitglieder.[61]

29 An einem **Schuldanerkenntnis** sind sowohl Gläubiger als auch Schuldner sachlich beteiligt. Gleiches gilt für die **Unterwerfung unter die sofortige Zwangsvollstreckung** (vgl. §§ 794 Abs. 1 Nr. 5, 800 ZPO). Der Anwaltsnotar darf in seiner Eigenschaft als Rechtsanwalt des Gläubigers einen Schuldner nicht auffordern, sich zur Vermeidung eines Zivilprozesses oder der Strafverfolgung bei ihm als Notar in einer vollstreckbaren Urkunde der sofortigen Zwangsvollstreckung zu unterwerfen (vgl. auch Rdn 87 f. zu Abs. 1 S. 1 Nr. 7).[62] Hingegen kann er auch dann, wenn er ein Mandat standeswidrig übernommen hat, die vollstreckbare Ausfertigung seiner eigenen Urkunde erteilen. Bei der Bewilligung der Eintragung von Grundpfandrechten ist auch der Gläubiger, bei der Löschungsbewilligung auch der Eigentümer sachlich beteiligt.[63] Ist der Sicherungsgeber nicht zugleich der Schuldner, so ist bei der Bestellung der Sicherheit auch der Schuldner sachlich beteiligt.

30 Rechtsgeschäfte mit unmittelbarer Wirkung für und gegen **Dritte** sind auch deren Angelegenheit. Dies gilt etwa für die Schuldübernahme. Demgegenüber hat eine **Abtretung** für den Schuldner nur mittelbare Wirkung; sie ist daher **nicht** dessen Angelegenheit.[64] Dasselbe gilt für die Erfüllungsübernahme zwischen Schuldner und Übernehmer; der Gläubiger erlangt aus ihr nämlich regelmäßig keine Rechte (§ 329 BGB).[65]

31 Willenserklärungen bei **Treuhandverhältnissen** sind Angelegenheiten des Treuhänders und des Treugebers.[66] Entsprechendes muss auch für die berechtigte Geschäftsführung ohne Auftrag gelten,[67] deren Wirkungen sich gem. §§ 681, 683 BGB weitgehend nach Auftragsrecht richten. Hängt die Wirksamkeit eines Geschäftes von der **Zustimmung eines Dritten** ab, so ist dieser materiell beteiligt.

32 **Sorgerechts- oder Unterhaltsvereinbarungen,** die von Eheleuten für den Fall der rechtskräftigen Scheidung getroffen werden, stehen als vereinbarte Scheidungsfolgen mit der Scheidung in einem so engen Zusammenhang, dass sie als dieselbe Angelegenheit angesehen werden müssen (zu Abs. 1 S. 1 Nr. 7 siehe auch Rdn 87 f.).

33 Die **Verfügung von Todes wegen** ist eine Angelegenheit sowohl des Erblassers als auch der Erben,[68] nicht aber des durch eine Auflage Begünstigten. Der Anwaltsnotar, der in einer Erbstreitigkeit einen Mit-

59 *Mihm*, DNotZ 1999, 8, 15.
60 Vgl. auch Frenz/Miermeister/*Miermeister/de Buhr*, § 3 BeurkG Rn 38 f.
61 *Leske*, Mitwirkungsverbote, S. 158 ff.
62 *Winkler*, § 3 Rn 152.
63 *Lerch*, § 3 Rn 18; s. auch Grziwotz/Heinemann/*Grziwotz*, § 3 Rn 9.
64 *Jansen*, § 3 Rn 14; BeckOK-BNotO/*Sander*, § 16 Rn 14; Staudinger/*Herrler*, BeurkG Rn 291; *Winkler*, § 3 Rn 29.
65 S. dazu etwa BGH v. 3.3.2005 – IX ZR 441/00, NJW 2005, 1867, 1868.
66 Grziwotz/Sauer/Heinemann/*Grziwotz*, § 3 Rn 9; *Winkler*, § 3 Rn 35.
67 *Lerch*, § 3 Rn 15.
68 Reimann/Bengel/Dietz/*Limmer*, Syst. A Rn 202 ff.; a.A. *Thiel*, ZNotP 2003, 244, 246.

erben vertritt, darf einen daraufhin zustande gekommenen außergerichtlichen Vergleich über die Erbauseinandersetzung nicht beurkunden; insoweit handelt es sich um dieselbe Angelegenheit i.S.v. Abs. 1 S. 1 Nr. 7 (siehe Rdn 88). Eine Verfügung von Todes wegen ist auch Angelegenheit derjenigen Personen, die in ihr zum **Testamentsvollstrecker** ernannt werden[69] (siehe § 7 BeurkG Rdn 4 und § 27 BeurkG Rdn 9). An dem Antrag auf Erteilung eines gemeinschaftlichen Erbscheins gem. § 2357 BGB sowie an der **eidesstattlichen Versicherung** in einem solchen Erbscheinsantrag sind der Antragsteller und alle Personen sachlich beteiligt, die in dem Antrag aufgeführt werden, zu deren Gunsten also die §§ 2365 ff. BGB eingreifen, nicht jedoch die Erbprätendenten.[70] Zwar beeinträchtigt der Erbschein die Interessen der übergangenen Erben, wenn er zu ihrem Nachteil unrichtig ist. Diese Beeinträchtigung, die darin liegt, dass die Scheinerben leichter über den Nachlass verfügen können, ist jedoch nicht rechtlicher, sondern allein faktischer Natur. Die **Erbausschlagung** ist auch Angelegenheit derer, die dadurch in die Erbenstellung einrücken, nicht aber der Pflichtteilsberechtigten, Vermächtnisnehmer oder Nachlassgläubiger.[71]

2. Sachbeteiligung bei sonstigen Amtshandlungen

§ 3 BeurkG gilt im Gegensatz zu den §§ 6, 7 BeurkG auch dann, wenn die Amtshandlung des Notars lediglich in einer **Unterschriftsbeglaubigung** besteht (siehe Rdn 11). Der Notar hat also auch in diesem Fall zu prüfen, ob ihm nach § 3 BeurkG die Amtstätigkeit versagt ist (vgl. § 40 Abs. 2 BeurkG und siehe dazu § 40 BeurkG Rdn 27). Dabei ist allerdings zu differenzieren. Die **Unterschriftsbeglaubigung mit Entwurfsfertigung** ist Angelegenheit der Unterzeichnenden und darüber hinaus aller an der Urkunde materiell Beteiligter.[72] Der Notar darf sich also nicht darauf beschränken, zu prüfen, ob die Mitwirkungsverbote des § 3 BeurkG in Bezug auf die Person gegeben sind, deren Unterschrift er beglaubigen soll. Er muss zu diesem Zweck den Text der Urkunde, unter die er den Beglaubigungsvermerk setzen soll, prüfen. 34

Für **Unterschriftsbeglaubigungen ohne Entwurf** wird die Ansicht vertreten, der maßgebliche Lebenssachverhalt beschränke sich auf die Unterschriftsleistung.[73] Die überwiegende Ansicht will dagegen alle Unterschriftsbeglaubigungen gleich behandeln.[74] Vorzugswürdig ist es, bei Unterschriftsbeglaubigungen ohne Entwurf den Lebenssachverhalt auf die Unterschriftsleistung zu beschränken. Dies entspricht dem hier generell vertretenen Angelegenheitsbegriff (siehe Rdn 19 ff.). Geht man vom Beurkundungsauftrag aus, dann beschränkt dieser sich auf die Vornahme der Unterschriftsbeglaubigung. Nur die vor dem Notar vollzogene Unterschrift ist Bestandteil der öffentlichen Urkunde, nicht auch der privatschriftliche Text über der Unterschrift. Zwar muss der Notar auch im Fall der Unterschriftsbeglaubigung ohne Entwurf gem. § 40 Abs. 2 BeurkG prüfen, ob Gründe bestehen, die Amtstätigkeit zu verweigern. Diese Prüfung ist jedoch nicht Gegenstand der Unterschriftsbeglaubigung, sondern deren verfahrensrechtliche Voraussetzung.[75] 35

Die **Beglaubigung einer Abschrift** (§ 42 BeurkG) ist lediglich Angelegenheit des Antragstellers; der Inhalt des Schriftstückes ist für die Frage der Beteiligung ohne Bedeutung.[76] Unerheblich ist auch, wer die Hauptschrift unterzeichnet hat.[77] 36

Wechselproteste sind Angelegenheiten aller Wechselverpflichteten und aller Personen, für die oder gegen die Protest erhoben wird.[78] Bei den vom Notar lediglich protokollierten **Verlosungen und Auslosun-** 37

69 Zu Mitwirkungsverboten und Ausschlussgründen im Zusammenhang mit der Ernennung von beruflich verbundenen Personen zum Testamentsvollstrecker s. *Armbrüster/Leske*, ZNotP 2002, 46, 47.

70 Zust. *Litzenburger*, NotBZ 2005, 239, 241; a.A. *Lerch*, § 3 Rn 34; Staudinger/*Herrler*, BeurkG Rn 292; *Winkler*, § 3 Rn 53 (Angelegenheit sämtlicher Personen, die ein Erbrecht für sich in Anspruch nehmen); *Jansen*, § 3 Rn 20 (auch Testamentsvollstrecker); offen lassend OLG Köln v. 26.8.1992 – 2 X (Not) 1/92, NJW-RR 1993, 698, 699.

71 *Lerch*, § 3 Rn 28; Grziwotz/Sauer/Heinemann/*Grziwotz*, § 3 Rn 9.

72 Frenz/Miermeister/*Miermeister/de Buhr*, § 3 BeurkG Rn 17 (die dieser Meinung allerdings auch bei der Beglaubigung ohne Entwurfsfertigung sind).

73 Vgl. *Maaß*, ZNotP 1999, 178, 182 f., der für eine teleologische Reduktion plädiert.

74 Frenz/Miermeister/*Miermeister/de Buhr*, § 3 BeurkG Rn 17; *Winkler*, § 3 Rn 17 (freilich ohne ausdr. auf die Streitfrage einzugehen).

75 *Armbrüster/Leske*, ZNotP 2001, 450, 455 f.

76 *Lerch*, § 3 Rn 14; *Winkler*, § 3 Rn 59; a.A. Staudinger/*Herrler*, BeurkG Rn 296.

77 BeckOK-BNotO/*Sander*, § 16 Rn 40; a.A. *Jansen*, § 3 Rn 18, der ein Mitwirkungsverbot bei der Abschriftsbeglaubigung schon dann annimmt, wenn der Notar die Urkunde nach ihrem Inhalt und der Person des Ausstellers nicht hätte aufnehmen dürfen.

78 Grziwotz/Sauer/Heinemann/*Grziwotz*, § 3 Rn 22; *Lerch*, § 3 Rn 37; *Winkler*, § 3 Rn 56.

gen sind nicht die Inhaber der Lose beteiligt, sondern allein der Auftraggeber (Veranstalter).[79] Mithin kann der Notar auch dann die Aufsicht übernehmen, wenn er oder ein Angehöriger ein Los erworben hat.[80] (Zum Notar als **Makler** siehe § 4 BeurkG Rdn 12).

38 Bei der Beurkundung von **Versammlungsbeschlüssen** (zu Rechtsgeschäften siehe Rdn 25 ff.) ist zu unterscheiden:

Gesellschafterbeschlüsse von **Personengesellschaften** (GbR, OHG, KG) sind Angelegenheiten aller Gesellschafter, da diese für Verbindlichkeiten der Gesellschaft akzessorisch haften und damit sämtliche Beschlüsse geeignet sind, ihre Rechtsstellung unmittelbar zu beeinflussen.[81]

39 Beschlüsse der Mitglieder (Gesellschafter) **juristischer Personen** (GmbH, AG, Verein, Genossenschaft, KGaA) sind zunächst Angelegenheit der juristischen Person (Gesellschaft, Verein). Gehört der Notar dem vertretungsberechtigten Organ einer Kapitalgesellschaft an, so ist er von der Beurkundung von Versammlungsbeschlüssen gem. Abs. 1 S. 1 Nr. 6 ausgeschlossen (siehe unten Rdn 41).

40 Daneben kann die Beurkundung des Beschlusses auch eine **eigene Angelegenheit der Organe und Gesellschafter** darstellen. Versammlungsbeschlüsse sind stets auch Angelegenheiten der **aufsichts- und vertretungsberechtigten Organe** der Gesellschaft. So binden etwa Hauptversammlungsbeschlüsse einer AG sowohl den Vorstand als auch den Aufsichtsrat unmittelbar und haben daher Einfluss auf deren Rechtsstellung.[82]

41 Ist der Notar selbst oder eine Person i.S.d. Nr. 4 **Mitglied eines vertretungsberechtigten Organs** (Vorstand, Geschäftsführung), kommt es allerdings wegen Nr. 6 nicht darauf an, ob der Beschluss zugleich eine eigene Angelegenheit des Notars oder einer Person i.S.d. Nr. 4 darstellt. Bedeutsam ist das Vorliegen einer eigenen Angelegenheit aber dann, wenn der Ehegatte, der Lebenspartner oder ein naher Angehöriger des Notars Mitglied eines vertretungsberechtigten Organs ist. Ein Mitwirkungsverbot folgt dann nicht aus Nr. 6 (siehe hierzu Rdn 75) wohl aber – da es sich insoweit um eine eigene Angelegenheit des Ehegatten oder Angehörigen handelt – aus Nr. 2, 2a oder Nr. 3.[83]

42 Für die **Mitgliedschaft in einem aufsichtsberechtigten Organ** ist zu differenzieren: Der Notar ist nicht nur dann ausgeschlossen, wenn er selbst Mitglied des Aufsichtsrats ist (Nr. 1), sondern auch dann, wenn eine Person i.S.d. Nrn. 2, 2a, 3 und 4 Mitglied des Aufsichtsrats und durch den Beschluss in ihrer persönlichen Rechtsstellung betroffen ist. Dies ist insb. bei Beschlüssen der Fall, die die Organmitgliedschaft oder eine Vergütung betreffen. Anderenfalls besteht kein Mitwirkungsverbot.[84]

43 Gesellschafterbeschlüsse sind i.d.R. nur dann Angelegenheiten der **Vorstands- und Aufsichtsratsmitglieder**, wenn sie deren Rechtsstellung unmittelbar betreffen.[85] Hingegen sind sie stets die Angelegenheit jedenfalls der an der Versammlung teilnehmenden und **mitstimmenden Gesellschafter**. Der Notar darf Versammlungsbeschlüsse daher gem. Abs. 1 S. 1 Nr. 1 nicht beurkunden, wenn er selbst oder durch einen Vertreter als Gesellschafter an der Gesellschafterversammlung teilnimmt.[86] Dasselbe gilt hinsichtlich Personen i.S.v. Nrn. 2 bis 4.[87]

44 Allein die **Gesellschafterstellung** genügt hingegen nach verbreiteter Ansicht nicht, um jeden Beschluss zur Angelegenheit jedes, also auch des **nicht mitstimmenden**, Gesellschafters werden zu lassen;[88] die

79 Arndt/Lerch/Sandkühler/*Sandkühler*, § 16 Rn 41; *Winkler*, § 3 Rn 57; zu den verschiedenen notariellen Tätigkeiten bei Verlosungen s. Kersten/Bühling/*Terner*, § 18 Rn 20 ff.

80 Grziwotz/Sauer/Heinemann/*Grziwotz*, § 3 Rn 21.

81 Frenz/Miermeister/*Miermeister/de Buhr*, § 3 BeurkG Rn 16; vgl. auch BT-Drucks 13/10589, 39.

82 *Winkler*, § 3 Rn 41.

83 So i.E. *Winkler*, § 3 Rn 42; BeckOK-BNotO/*Sander*, § 16 Rn 18; a.A. Großkomm AktG/*Mülbert*, § 130 Rn 40; MüKo-AktG/*Kubis*, § 130 Rn 18; *Koch*, § 130 Rn 9 empfiehlt eine Ablehnung der Beurkundung wegen Interessenkollision.

84 Generell für ein Verbot *Winkler*, § 3 Rn 42; generell dagegen *Koch*, § 130 Rn 9; *Wilhelmi*, BB 1987, 1331, 1332 und Kölner Komm./*Noack*/*Zetzsche*, § 130 Rn 60.

85 Abw. *Lerch*, § 3 Rn 14 (unmittelbare Betroffenheit sei nicht zu fordern).

86 Großkomm AktG/*Mülbert*, § 130 Rn 40; strenger BeckOK-BeurkG/*Litzenburger*, § 3 Rn 13 (Mitwirkungsverbot bereits aufgrund der GmbH-Gesellschafterstellung des Notars); großzügiger Frenz/Miermeister/*Miermeister/de Buhr*, § 3 BeurkG Rn 19 (Notar darf mitstimmen); unentschieden BeckOK-BNotO/*Sander*, § 16 Rn 19. Nach Bedeutung der Beschlussfassung differenzierend *Lerch*, § 3 Rn 14, 32, was freilich Rechtsunsicherheit brächte.

87 Insoweit auf Beteiligung der nahestehenden Person i.S.d. § 3 Abs. 1 Nr. 9 abstellend Großkomm AktG/*Mülbert*, § 130 Rn 40.

88 *Koch*, § 130 Rn 9; BeckOK-BNotO/*Sander*, § 16 Rn 18; *Wilhelmi*, BB 1987, 1331, 1332.

bloße **Stimmenthaltung** bei Anwesenheit soll das Mitwirkungsverbot dagegen nicht entfallen lassen.[89] Dafür lässt sich vorbringen, dass dies insbesondere mit den Gegebenheiten großer Publikumsgesellschaften nicht in Einklang zu bringen wäre. Ein Mitwirkungsverbot ist in solchen Fällen auch vom Zweck – Sicherung der Unparteilichkeit – her oft nicht geboten. Allerdings wird man entgegen der zitierten Ansicht kaum davon ausgehen können, es handele sich bei der Beschlussfassung nicht um eine **Angelegenheit** jedes Gesellschafters. Dagegen spricht, dass die Beschlussgegenstände ihn regelmäßig in eigenen rechtlichen Interessen betreffen, und zwar unabhängig von seiner Teilnahme an der Beschlussfassung.[90] Dies betrifft keineswegs nur Beschlüsse, die einzelne Gesellschafter besonders berühren, etwa indem sie ihnen Sonderrechte gewähren oder entziehen, oder solche über die Geltendmachung von Ansprüchen gegen den Sozius oder die Wahl in ein Organ.[91] Vielmehr sind bereits Gewinnverwendungs- oder Entlastungsbeschlüsse stets eine Angelegenheit jedes Gesellschafters.

Allerdings gebieten die soeben angeführten Gründe eine **teleologische Reduktion** des Mitwirkungsverbots. Fraglich ist deren Grenze. Gelten muss das Mitwirkungsverbot jedenfalls dann, wenn der betreffende Gesellschafter eine **Mehrheitsbeteiligung** besitzt.[92] Halten die in Nrn. 2 bis 4 genannten Personen eine Mehrheitsbeteiligung, so ist der Notar daher an der Beurkundung des Versammlungsbeschlusses auch dann gehindert, wenn die Mehrheitsbeteiligung in der Versammlung nicht vertreten ist. Die Anknüpfung an die Mehrheitsbeteiligung überzeugt freilich insofern nicht, als oft bereits eine qualifizierte Minderheitsbeteiligung erheblichen Einfluss verschafft. Eine niedrigere Schwelle genügt zudem, um unbedenkliche Beteiligungen vom Mitwirkungsverbot freizustellen. *Leske*[93] schlägt vor, in gewisser Anlehnung an die für die Beteiligung des Notars selbst nach Nr. 9 geltenden Schwellen von einer **fixen betragsmäßigen Grenze** auszugehen. Diese soll sich aus zwei Faktoren errechnen: dem jeweiligen gesetzlichen Mindestkapital der Gesellschaft sowie der in § 20 Abs. 1 S. 1 AktG genannten Beteiligungsquote von 25 %. Konkret bedeutet dies, dass der Notar die Hauptversammlung einer AG dann nicht beurkunden darf, wenn eine der in Nrn. 2 bis 4 genannten Personen eine Beteiligung von nominal mindestens **12.500 EUR** hält. Diese Konkretisierung hat den Vorzug einer klaren, von den konkreten Verhältnissen der jeweiligen Gesellschaft losgelösten Abgrenzung; zugleich wird damit die Masse der unbedenklichen kleineren Beteiligungen vom Mitwirkungsverbot ausgenommen, ohne letzteres auszuhöhlen. Der Vorschlag von *Leske* verdient daher Zustimmung. Eine Differenzierung zwischen **personalistisch und kapitalistisch strukturierten Gesellschaften** ist hingegen abzulehnen.[94] Sie berücksichtigt nicht die gesetzgeberische Wertung der Nr. 9, wonach unterhalb der dort genannten Geringfügigkeitsgrenze auch bei personalistisch strukturierten Kapitalgesellschaften gerade keine Gefahren für die notarielle Unparteilichkeit anzunehmen sind.[95] 45

Eidesstattliche Versicherungen sind Angelegenheit aller, deren Rechte und Pflichten hierdurch berührt werden. Bei einem **Erbscheinsantrag** sind das die darin als Erben aufgeführten Personen, nicht aber die Erbprätendenten (str.; siehe Rdn 33). Nicht dazu gehören Testamentsvollstrecker, Nachlasspfleger oder -verwalter, Vermächtnisnehmer, Auflagenbegünstigte und Pflichtteilsberechtigte.[96] 46

Vermögensverzeichnisse (§ 20 Abs. 1 S. 2 BNotO) sind Angelegenheit der Antragsteller, der Eigentümer sowie derjenigen Personen, die daraus berechtigt oder verpflichtet werden, insbesondere Erben, Pflichtteilsberechtigte und Nießbraucher.[97] 47

Freiwillige **Versteigerungen** (§ 20 Abs. 3 BNotO) sind Angelegenheit des Veräußerers sowie des Erstehers und aller weiteren Bieter, ferner der am Versteigerungsobjekt dinglich Berechtigten[98] Die Beschränkung der formellen Beteiligung in § 15 BeurkG hat keinen Einfluss auf den Kreis der materiell Beteiligten.[99] 48

89 So bereits zum früheren Recht *Lamers*, DNotZ 1962, 287, 302.
90 Insoweit zutr. Grziwotz/Sauer/Heinemann/*Grziwotz*, § 3 Rn 17 (freilich ohne auf die in Rn 39 angesprochene teleologische Reduktion einzugehen).
91 Staudinger/*Herrler*, BeurkG Rn 293; *Winkler*, § 3 Rn 45.
92 Großkomm AktG/*Mülbert*, § 130 Rn 40 a.E.
93 *Leske*, Mitwirkungsverbote, S. 178 ff.
94 So wohl auch Frenz/Miermeister/*Miermeister/de Buhr*, § 3 BeurkG Rn 19 Fn 41; Arndt/Lerch/Sandkühler/*Sandkühler*, § 16 Rn 35 zur AG, anders dagegen Rn 39 zur GmbH; kritisch dagegen wohl *Winkler*, § 3 Rn 50.
95 Vgl. BT-Drucks 13/10589, 39.
96 Vgl. *Winkler*, § 3 Rn 53 (zu Testamentsvollstrecker, Nachlassverwalter und -pfleger).
97 Weitergehend Grziwotz/Sauer/Heinemann/*Grziwotz*, § 3 Rn 19; BeckOK-BNotO/*Sander*, § 16 Rn 31; *Winkler* § 3 Rn 58: auch Taxatoren.
98 Grziwotz/Sauer/Heinemann/*Grziwotz*, § 3 Rn 21.
99 Frenz/Miermeister/*Miermeister/de Buhr*, § 3 BeurkG Rn 23; *Lerch*, § 3 Rn 39.

Notarbestätigungen betreffen neben dem Antragsteller alle Personen, deren Rechtsverhältnisse darin behandelt werden.[100] **Siegelungen** sind Angelegenheit aller Personen, für oder gegen welche die Siegelung erfolgt.[101]

49 Die **Zustellung** einer Erklärung ist eine Angelegenheit sowohl des Erklärenden als auch des Erklärungsempfängers sowie aller Personen, deren Rechte oder Pflichten durch die Erklärung berührt werden.[102]

50 Die Vermittlung der **Auseinandersetzung von Nachlass oder Gesamtgut** betrifft Angelegenheiten der in § 363 Abs. 2 FamFG (§ 86 Abs. 2 FGG a.F.) bezeichneten Antragsberechtigten sowie der vom Antragsteller gem. § 363 Abs. 3 FamFG (§ 87 Abs. 1 FGG a.F.) genannten Beteiligten. Die Nachlassgläubiger sind hingegen nicht beteiligt.[103]

51 **Vertretungsbescheinigungen** (§ 21 Abs. 1 S. 1 Nr. 1 BNotO) sind Angelegenheit des Vertreters, des Vertretenen und aller, in deren Interesse die Bescheinigung verwendet werden soll.[104]

52 **Eigene Kostenrechnungen** des Notars sind nicht von der in Abs. 1 geregelten Interessenkollision umfasst.[105] Förmliche Rechnungen i.S.v. § 19 Abs. 1 GNotKG sind nämlich nach § 89 GNotKG zwangsweise beizutreiben. Die Erteilung der Vollstreckungsklausel für seine eigene Kostenrechnung stellt eine hoheitliche Amtshandlung und keine private Angelegenheit des Notars dar. Dasselbe gilt für eine zugunsten des Notars eingetragene **Zwangssicherungshypothek** zur dinglichen Absicherung seines öffentlichen Gebührenanspruches. Die Beurkundung eines Kaufvertrages über ein Grundstück, das zu seinen Gunsten mit einer derartigen Sicherungshypothek belastet ist, darf der Notar daher nicht mit der Begründung verweigern, er sei durch ein Mitwirkungsverbot gehindert.[106]

E. Notar; persönlich verbundene Personen (Nrn. 1–3)

I. Anwendungsbereich

53 Nach Abs. 1 S. 1 Nrn. 1–3 ist dem Notar dienstrechtlich die Mitwirkung verboten, wenn die Amtshandlung eigene Angelegenheiten (Nr. 1), Angelegenheiten des Ehegatten oder seines Verlobten (Nr. 2), des Lebenspartners (Nr. 2a) oder eines nahen Verwandten i.S.v. Nr. 3 betrifft. Das Mitwirkungsverbot bezieht sich also insbesondere auf alle Amtshandlungen, die vermögensrechtliche Vorteile für den Notar oder seine nahen Angehörigen sichern, den Kreis ihrer Rechte erweitern, ihre Pflichten einschränken, mag der **Begünstigung** auch andererseits eine Verpflichtung gegenüberstehen.[107]

54 Der Notar ist gem. Abs. 1 S. 1 Nr. 1 an der Mitwirkung in eigenen Angelegenheiten gehindert. Als **Verwalter kraft Amtes** ist er somit an allen Amtsgeschäften gehindert, welche die verwaltete Masse betreffen (siehe Rdn 24). Ebenso wenig darf er Amtsgeschäfte vornehmen, die eine **Personengesellschaft oder einen nichtrechtsfähigen Verein** betreffen, deren Mitglied er ist (siehe Rdn 25).[108] An der Beurkundung von Rechtsgeschäften, an deren Erlös der Notar beteiligt ist, darf er gem. Abs. 1 S. 1 Nr. 1 ebenfalls nicht mitwirken.[109] Angelegenheiten **juristischer Personen** können ebenfalls eigene Angelegenheiten des Notars darstellen (siehe Rdn 25, 43 ff.).

55 Gem. Abs. 1 S. 1 Nr. 2 darf der Notar in Angelegenheiten seines **jetzigen oder früheren Ehegatten** nicht tätig werden. Gleiches gilt für Angelegenheiten des oder der jetzigen **Verlobten** (§§ 1297 ff. BGB). Angelegenheiten früherer Verlobter werden dagegen nicht erfasst; freilich kann hier eine Ablehnung wegen eigener Befangenheit nach § 16 Abs. 2 BNotO ratsam sein.[110] Gem. Nr. 2a ist der Notar auch ausgeschlossen in Angelegenheiten seines derzeitigen, früheren oder künftigen Lebenspartners i.S.v. § 1 LPartG.

100 Grziwotz/Sauer/Heinemann/*Grziwotz*, § 3 Rn 23.
101 Grziwotz/Sauer/Heinemann/*Grziwotz*, § 3 Rn 24; BeckOK-BNotO/*Sander*, § 16 Rn 33.
102 Frenz/Miermeister/*Miermeister/de Buhr*, § 3 BeurkG Rn 26.
103 Arndt/Lerch/Sandkühler/*Sandkühler*, § 16 Rn 48; Grziwotz/Sauer/Heinemann/*Grziwotz*, § 3 Rn 20.
104 Frenz/Miermeister/*Miermeister/de Buhr*, § 3 Rn 28.
105 *Baumann/Limmer*, RNotZ 2005, 356, 359.
106 *Baumann/Limmer*, RNotZ 2005, 356, 360; BeckOGK/*Forschner*, Stand: 1.2.2025, § 3 BeurkG Rn 42.
107 KG v. 17.2.1902, OLGRspr 5, 192; zust. *Baumann/Limmer*, RNotZ 2005, 356, 358.
108 Zust. *Baumann/Limmer*, RNotZ 2005, 356, 358.
109 Vgl. hierzu BGH v. 25.5.1984 – V ZR 13/83, DNotZ 1985, 231, 232 f. (Maklerprovision).
110 Grziwotz/Sauer/Heinemann/*Grziwotz*, § 3 Rn 27 Fn 26.

Nr. 2 ist nicht entsprechend auf den **nichtehelichen Lebenspartner** anwendbar.[111] Dies folgt zwar nicht bereits aus dem Sinn und Zweck der Mitwirkungsverbote, die notarielle Unparteilichkeit zu sichern. Indessen kann angesichts dessen, dass nichteheliche Lebenspartner weder anlässlich der Berufsrechtsnovelle noch im Zuge des LPartG in den Katalog des § 3 aufgenommen wurden, nicht von der für eine Analogie erforderlichen planwidrigen Regelungslücke ausgegangen werden. In der Sache mag diese gesetzgeberische Entscheidung durch die bei nichtehelichen Lebensgemeinschaften bisweilen auftretenden Abgrenzungsschwierigkeiten gerechtfertigt sein. Um auch bei nichtehelichen Lebensgefährten den drohenden Anschein parteilichen Verhaltens zu vermeiden, sollte der Notar seine Mitwirkung allerdings gem. § 16 Abs. 2 BNotO verweigern.[112] 56

Angelegenheiten von **Verwandten** (§ 1589 BGB) und **Verschwägerten** (§ 1590 Abs. 1 BGB) lösen nach Maßgabe von Abs. 1 S. 1 Nr. 3 ein Mitwirkungsverbot aus. Die Verwandten eines Lebenspartners gelten als mit dem anderen Lebenspartner verschwägert (§ 11 Abs. 2 S. 1 LPartG). Das Mitwirkungsverbot bleibt auch bei **Erlöschen der familiären Beziehungen** bestehen; dies folgt bereits aus dem Wortlaut („ist oder war"). Für die Schwägerschaft ergibt sich dies auch aus § 1590 Abs. 2 BGB, wonach diese nach Beendigung der Ehe fortdauert. Für Lebenspartnerschaften gilt dies gem. § 11 Abs. 2 S. 3 LPartG. 57

II. Ausnahme bei Durchführungsvollmachten

Da **Vollmachten** sowohl Angelegenheiten des Vollmachtgebers als auch solche des Bevollmächtigten darstellen, darf der Notar grds. keine Vollmacht auf sich selbst oder auf eine der in Nrn. 2–4 genannten Personen beurkunden. 58

Eine **Ausnahme** gilt für Vollmachten, die dem Notar für die Durchführung eines Notariatsgeschäfts erteilt werden (teleologische Reduktion von § 3 BeurkG).[113] Solche **Durchführungs-, Vollzugs- oder Abwicklungshandlungen** sind nämlich originäre Amtsgeschäfte des Notars. Die Vollmacht ist in diesen Fällen nur der äußere Ausdruck für das Ersuchen um ein solches Amtsgeschäft. Aus der Sicht eines objektiven Beobachters scheidet insoweit bereits der Anschein mangelnder Unparteilichkeit aus. Der Notar darf also wirksam eine Vollmacht beurkunden, durch die er z.B. ersucht wird, die Genehmigung des Vormundschaftsgerichtes einzuholen, die Mitteilung dieser Genehmigung entgegenzunehmen und sie dem Vertragspartner seinerseits mitzuteilen.[114] Entsprechendes gilt für Handelsregisteranmeldungen.[115] 59

Der Notar darf trotz § 3 BeurkG bei Beurkundung einer zur Grundbucheintragung erforderlichen Erklärung auch eine **Vollmacht auf sich selbst** zur formellen Änderung und Ergänzung der von den Parteien gestellten Grundbuchanträge beurkunden.[116] – Gibt der Notar aufgrund einer solchen (Durchführungs-)Vollmacht auf sich selbst Erklärungen für die Beteiligten ab, dann bedarf – falls materiell-rechtlich keine bes. Form vorgeschrieben ist (z.B. § 925 BGB für die Auflassung) – die Unterschrift des Notars auch im Falle des § 29 GBO nicht der Beglaubigung durch einen anderen Notar. Denn der Form des § 29 GBO genügt jede amtl. Urkunde, die nach § 437 ZPO die Vermutung der Echtheit für sich hat. 60

F. Beruflich verbundene Personen (Nr. 4)

Durch Nr. 4 werden die dort genannten, dem Notar **beruflich verbundenen Personen** ihm selbst (Nr. 1) und den ihm bei typisierender Betrachtung persönlich nahe stehenden, in den Nrn. 2, 2 a und 3 aufgeführten Personen gleichgestellt.[117] Dieses Mitwirkungsverbot ist praktisch sehr bedeutsam. Mit ihm hat der Gesetzgeber des 3. ÄndG auf die geänderten Formen beruflicher Zusammenarbeit reagiert. Die Bestimmung wurde für erforderlich gehalten, um aus diesen Entwicklungen resultierenden Gefahren für das Ver- 61

111 Staudinger/*Herrler*, BeurkG Rn 275; *Winkler*, § 3 Rn 65; für Analogie hingegen Grziwotz/Sauer/Heinemann/*Grziwotz*, § 3 Rn 27.

112 BeckOGK/*Forschner*, Stand: 1.2.2025, § 3 BeurkG Rn 43; *Winkler*, § 3 Rn 65.

113 OLG Köln v. 20.4.2004 – 2 X (Not) 17/03, NJW 2005, 2092, 2093; Arndt/Lerch/Sandkühler/*Sandkühler*, § 16 BNotO Rn 95; Frenz/Miermeister/*Miermeister/de Buhr*, § 3 BeurkG Rn 4; *Winkler*, § 3 Rn 156.

114 *Hieber*, DNotZ 1957, 544 f.; *Reithmann*, DNotZ 1975, 324, 338; *Winkler*, § 3 Rn 155.

115 OLG Köln v. 20.4.2004 – 2 X (Not) 17/03, NJW 2005, 2092, 2093.

116 BayObLG v. 12.7.1955 – BReg. 2 Z 16, 20 und 21/55, DNotZ 1956, 209, 213; OLG Zweibrücken v. 3.12.1987 – 3 W 104/87, DNotZ 1988, 589 f.; *Reithmann*, DNotZ 1975, 324, 338; BeckOK-BNotO/*Sander*, § 16 Rn 12; *Winkler*, § 3 Rn 155.

117 *Winkler*, § 3 Rn 78.

trauen auf die Unparteilichkeit des Notars zu begegnen.[118] Jene Gefahren rühren von der nach außen dokumentierten **wirtschaftlichen Interessenverflechtung** und von der Zugriffsmöglichkeit auf **vertrauliche Informationen** her.[119] Durch das Mitwirkungsverbot soll bereits der **Anschein** verhindert werden, dass mit dem Notar beruflich verbundene Personen sich aufgrund der Verbindung offen oder verdeckt Vorteile verschaffen könnten.[120]

I. Persönlicher Anwendungsbereich

62 Das Mitwirkungsverbot erfasst alle Angelegenheiten von Personen, mit denen sich der Notar **„zur gemeinsamen Berufsausübung verbunden"** (Nr. 4 Fall 1) oder mit denen er **„gemeinsame Geschäftsräume"** (Nr. 4 Fall 2) hat.

63 a) **„Zur gemeinsamen Berufsausübung verbunden" (Fall 1)**. Dieses Tatbestandsmerkmal erfasst ebenso wie die §§ 45 Abs. 3, 46 Abs. 3 BRAO alle Formen zulässiger beruflicher Kooperation (siehe Rdn 64–67). Das Verbot gilt mithin für folgende Verbindungen:

64 **Sozietäten**, gleich welcher Rechtsform (BGB-Gesellschaft, Partnerschaftsgesellschaft, GmbH), auch überörtliche Sternsozietäten oder internationale Sozietäten.[121] Ein mit dem Notar in Sozietät verbundener Rechtsanwalt und Notar, der als **vollmachtloser Vertreter** auftritt, ist nicht nur formell, sondern auch materiell an der Beurkundung beteiligt (siehe auch Rdn 23).[122] Nach dem Gesetzeszweck werden auch **Scheinsozien** erfasst.[123]

65 **Bürogemeinschaften;** erforderlich ist über die verabredete **gemeinsame Raumnutzung** hinaus die gemeinsame Nutzung von Arbeitskräften oder Bürogegenständen. Dafür kann die Verwendung einer gemeinsamen Telefonanlage und eines gemeinsamen Faxanschlusses genügen.[124] Die bloße gemeinsame Raumnutzung wird hingegen durch das Merkmal „gemeinsame Geschäftsräume" in Fall 2 erfasst (hierzu siehe Rdn 68).

66 **Anstellungsverhältnisse** mit Arbeitnehmern oder freien Mitarbeitern, die den in § 9 Abs. 2 BNotO genannten Berufsgruppen angehören.[125] Volljuristische Mitarbeiter, die nicht einer in jener Vorschrift aufgeführten Berufsgruppe angehören, fallen somit nicht unter Nr. 4. Nicht erfasst werden auch Bürovorsteher, nichtvolljuristische Angestellte und Referendare.[126]

67 **Sonstige Formen beruflicher Kooperation** sind nach dem Gesetzeszweck, schon dem Schein von Verstößen gegen die Verschwiegenheitspflicht und von Mandatsverlagerungen[127] vorzubeugen, keineswegs allein deshalb von Nr. 4 ausgenommen, weil sie nicht die Intensität einer Sozietät erreicht haben.[128] Vielmehr lassen sie sich unter jene Vorschrift fassen, wenn sie ausreichend verfestigt sind.[129] Das Merkmal „gemeinsame Geschäftsräume" kann dabei nicht als untere Schwelle beruflicher Kooperation angesehen werden,[130] da unter Nr. 4 seinem Sinn und Zweck nach auch berufliche Verbindungen ohne gemeinsame Raumnutzung, wie etwa die EWiV, fallen.[131] Sonstige Kooperationen werden nicht erst dann von Nr. 4 erfasst, wenn sie organisatorisch so verfestigt sind, dass die Einhaltung der Verschwiegenheitspflicht unter den Kooperationspartnern nicht gewährleistet ist,[132] sondern bereits dann,

118 BT-Drucks 13/4184, 36.
119 Den zweiten Aspekt in den Vordergrund stellend *Henssler/Kilian*, in: FS Hartung, 2008, S. 65, 75, 77.
120 Vgl. OLG Köln v. 20.4.2004 – 2 X (Not) 17/03, NJW 2005, 2092, 2093.
121 Zu internationalen Sozietäten s. BeckOGK/*Forschner*, Stand: 1.2.2025, § 3 BeurkG Rn 54.
122 BGH v. 19.7.2021 – NotSt (Brfg) 1/21, ZWE 2021, 404 Rn 22; OLG Celle v. 12.9.2003 – Not 24/03, DNotZ 2004, 716, 717 m. Anm. *Maaß*, ZNotP 2004, 91 ff.
123 Kölner Komm./*Noack/Zetzsche*, § 130 Rn 60.
124 LG Arnsberg v. 25.5.1999 – 2 T 1/99, BeckRS 2010, 24801 (auch zum Vorliegen einer zurechenbaren Schein-Bürogemeinschaft); BeckOK-BeurkG/*Litzenburger*, § 3 Rn 18.
125 OLG Celle v. 6.1.2003 – Not 19/02, DNotZ 2004, 196, 197 (betr. angestellten Rechtsanwalt); BeckOGK/*Forschner*, Stand: 1.2.2025, § 3 BeurkG Rn 50; Staudinger/*Herrler*, BeurkG, Rn 278.
126 Grziwotz/Sauer/Heinemann/*Grziwotz*, § 3 Rn 33; Staudinger/*Herrler*, BeurkG, Rn 278; *Winkler*, § 3 Rn 79; insoweit nicht differenzierend hingegen Arndt/Lerch/Sandkühler/*Sandkühler*, § 16 Rn 59; a.A. für Referendare außerhalb der Anwaltsstation *Mihm*, BerlAnwBl 1999, 363, 365.
127 Zu diesem Gesichtspunkt s. Grziwotz/Sauer/Heinemann/*Grziwotz*, § 3 Rn 30.
128 A.A. Stellungnahme der Notarkammer Berlin zu berufsrechtlichen Fragen vom 9.3.2007 (sub 3).
129 Ausführlich *Leske*, Mitwirkungsverbote, S. 193 ff.
130 So aber *Harder/Schmidt*, DNotZ 1999, 949, 954.
131 Frenz/Miermeister/*Miermeister/de Buhr*, § 3 BeurkG Rn 33.
132 Frenz/Miermeister/*Miermeister/de Buhr*, § 3 BeurkG Rn 33.

wenn sie einen dahingehenden **Schein** erwecken (siehe Rdn 61), etwa durch wechselseitige Kooperationshinweise auf Bürodrucksachen etc.[133]

b) **„Gemeinsame Geschäftsräume“ (Fall 2)**. Im Unterschied zur Parallelvorschrift der §§ 45 Abs. 3, 46 Abs. 3 BRAO genügt für die Anwendbarkeit der Nr. 4 bereits die bloße gemeinsame Raumnutzung.[134] Es reicht mittelbarer Mitbesitz an den Geschäftsräumen; allerdings muss das gegenseitige Recht bestehen, die Räume jederzeit ohne weiteres betreten zu können. Nur dann steht dem Notar ein Zugriff auf sensible Informationen ohne weiteres offen. **Untervermietete** Räume stellen daher keine „gemeinsamen“ Geschäftsräume dar.[135] Allein die gemeinsame Nutzung von **Büroinventar** (Telefonanlage, Computer) genügt bereits nach dem Wortlaut von Fall 2 nicht, (siehe aber zu Fall 1 Rdn 65).[136] Einen Grenzfall stellt das gemeinsame **Wartezimmer** dar. Nach dem Sinn und Zweck von Nr. 4 muss eine durch die gemeinsame Geschäftsraumnutzung dokumentierte wirtschaftliche Interessenverflechtung von einigem Gewicht bestehen, an der es in diesem Fall fehlen dürfte.[137] 68

Eine entsprechende Anwendung von Nr. 4 auf Personen, die einer Person i.S.v. Nr. 4 **persönlich nahe stehen**, z.B. der Ehegatte des Sozius, ist abzulehnen. Eine derart weit reichende Analogie würde den Notar in der Ausübung seines Grundrechtes auf Berufsfreiheit (Art. 12 GG) zu sehr einschränken. 69

II. Zeitlicher Anwendungsbereich

Nr. 4 erfasst nur Fälle **aktueller beruflicher Zusammenarbeit**. Der Vorschlag, das Mitwirkungsverbot auch auf frühere Kooperationen zu erstrecken, hat sich im Gesetzgebungsverfahren nicht durchgesetzt. Durch diese Begrenzung hat der Gesetzgeber dem Umstand Rechnung getragen, dass gemeinsamen wirtschaftlichen Interessen nach Beendigung der beruflichen Zusammenarbeit typischerweise keine bes. Bedeutung mehr zukommt.[138] 70

III. Geltung bei fehlender Parteilichkeitsgefahr

Das Mitwirkungsverbot in Nr. 4 geht sehr weit, da es auch Amtstätigkeiten erfasst, bei denen der Anschein der Parteilichkeit von vorn herein nicht besteht, wie Beglaubigungen oder die Beurkundung einseitiger Rechtsgeschäfte.[139] Der in Rechtsprechung[140] und Literatur[141] teils vorgeschlagenen Einschränkung der Nr. 4 in Fällen, in denen Gefahren für die notarielle Unparteilichkeit von vornherein nicht erkennbar werden, sollte jedoch mit Zurückhaltung begegnet werden.[142] Zwar spricht in der Tat vieles für eine **teleologische Reduktion** von Nr. 4.[143] Im Hinblick auf **Durchführungsvollmachten** ist sie auch nach der hier vertretenen Ansicht zu bejahen (siehe Rdn 59). 71

Darüber hinaus könnte man etwa auch einseitige nicht empfangsbedürftige Willenserklärungen und Unterschriftsbeglaubigungen vom Mitwirkungsverbot ausnehmen. Der Gesetzeszweck, Gefahren für die notarielle Unparteilichkeit abzuwenden, trifft nämlich auch auf sie nicht zu.[144] Die Gesetzes- 72

133 *Mihm*, Kollisionsprobleme, S. 101; s.a. BNotK-Rdschr. 20/2000 v. 12.7.2000, abgedr. bei *Weingärtner*, Notarrecht, Nr. 113.

134 *Harborth/Lau*, DNotZ 2002, 412, 416; *Harder/Schmidt*, DNotZ 1999, 949, 955 f.; *Henssler/Kilian*, in: FS Hartung, 2008, S. 65, 76.

135 *Harder/Schmidt*, DNotZ 1999, 949, 955; *Henssler/Kilian*, in: FS Hartung, 2008, S. 65, 77; *Winkler*, § 3 Rn 76; Staudinger/*Herrler*, BeurkG, Rn 278.

136 Grziwotz/Sauer/Heinemann/*Grziwotz*, § 3 Rn 30; *Lerch*, § 3 Rn 47; a.A. *Winkler*, § 3 Rn 76.

137 So auch *Lerch*, § 3 Rn 47; im Erg. auch *Henssler/Kilian*, in: FS Hartung, 2008, S. 65, 77 f. (freilich allein auf den Informationszugang abstellend); a.A. Frenz/Miermeister/*Miermeister/de Buhr*, § 3 BeurkG Rn 41.

138 BT-Drucks 13/11034, 40; näher *Leske*, Mitwirkungsverbote, S. 211.

139 *Mihm*, DNotZ 1999, 8, 14; *Vaasen/Starke*, DNotZ 1998, 661, 669.

140 OLG Köln v. 20.4.2004 – 2 X (Not) 17/03, NJW 2005 2092, 2093 f. (betr. Auftreten des Sozius für alle Beteiligten). Freilich lässt sich das Ergebnis, dass kein Mitwirkungsverbot eingreift, hier bereits aus der Sperrwirkung von Nr. 7 gegenüber Nr. 4 herleiten, da es sich um eine dienstliche Angelegenheit des Sozius handelte, während Nr. 4 allein seine persönlichen Angelegenheiten erfasst s. *Leske*, Mitwirkungsverbote, S. 220 f.

141 *Harder/Schmidt*, DNotZ 1999, 949, 957.

142 *Armbrüster/Leske*, ZNotP 2002, 46, 47.

143 *Armbrüster/Leske*, ZNotP 2002, 46, 47; *Leske*, Mitwirkungsverbote, S. 225 ff.

144 *Armbrüster/Leske*, ZNotP 2002, 46, 47; *Harder/Schmidt*, DNotZ 1999, 949, 957 ff.; *Mihm*, DNotZ 1998, 8, 14; *Vaasen/Starke*, DNotZ 1998, 561, 669; *Winkler*, DNotZ 1999, 1, 3; OLG Celle v. 4.10.2005 – Not 10/05, DNotZ 2006, 553, 554; gegen Ausnahme aber *Harboth/Lau*, DNotZ 2002, 412, 417.

begründung[145] legt es zudem nahe, dass auch der Gesetzgeber von der Beurkundung eines zweiseitigen Rechtsgeschäftes ausgegangen ist und einseitige Erklärungen, zumal Beglaubigungen, nicht mitbedacht hat.[146] Es ist jedoch fraglich, ob sich die Reduktion des sachlichen Anwendungsbereichs der Nr. 4 derart auf dieses Mitwirkungsverbot eingrenzen lässt, dass nicht i.E. – entgegen der Regelungsabsicht des Gesetzgebers – der gesamte sachliche Anwendungsbereich des § 3 BeurkG dadurch in Frage gestellt wird, dass man den einheitlichen materiellen Beteiligtenbegriff aufgibt und damit die Rechtssicherheit gefährdet.[147] So ließe sich etwa der einer Reduktion der Nr. 4 zugrunde liegende Gedanke möglicherweise auch auf das Mitwirkungsverbot der Nr. 2 übertragen, so dass der Notar nicht daran gehindert wäre, die Unterschrift seines Ehegatten zu beglaubigen. Es wären dann, entgegen dem Gesetz (siehe Rdn 11), kaum noch Konstellationen denkbar, in denen für Unterschriftsbeglaubigungen ein Mitwirkungsverbot bestehen würde. Insgesamt sprechen daher die besseren Gründe gegen eine Ausnahme.[148] Der vorsichtige Notar wird ohnehin bereits im Hinblick auf die drohende Sanktion des § 50 Nr. 9 BNotO von einer Beurkundung für eine Person i.S.v. Nr. 4 absehen.[149] Dies gilt umso mehr, als Stellungnahmen der Notarkammern oder Aufsichtsbehörden zu dieser Frage soweit ersichtlich nicht vorliegen und sie auch gerichtlich nicht geklärt ist.[150] Aus den genannten Gründen ist auch für den Fall, dass der Sozius des Notars in gleicher Weise für alle Beteiligten auftritt, keine Ausnahme von Nr. 4 zu machen.[151]

G. Gesetzlicher Vertreter (Nr. 5)

73 Nach Abs. 1 Nr. 5 darf der Notar keine Amtshandlungen in Angelegenheiten von Personen vornehmen, deren ges. **Vertreter** er oder eine mit ihm nach Nr. 4 verbundene Person ist. Nach Aufteilung der früheren Nr. 4 in Nrn. 5 und 6 durch die Berufsrechtsnovelle fallen unter Nr. 5 nur noch die **gesetzlichen Vertreter natürlicher Personen**, also Eltern (§ 1629 BGB), Vormund (§ 1793 BGB), Betreuer (1902 BGB), Pfleger (§§ 1915 Abs. 1, 1793 Abs. 1 BGB). Auch Verpflichtungsermächtigungen nach §§ 1357 BGB, 8 Abs. 2 LPartG sowie die befristete Vertretung in Angelegenheiten der Gesundheitssorge gemäß § 1358 BGBG, § 21 LPartG sind einzubeziehen.[152] Gesetzliche Vertreter juristischer Personen werden hingegen von Nr. 6 erfasst.

74 Wegen der Einbeziehung beruflich verbundener Personen i.S.v. Nr. 4 darf der Notar auch dann nicht beurkunden, wenn sein **Sozius** ges. Vertreter eines materiell Beteiligten ist, etwa als Elternteil oder Vormund. Das gilt selbst dann, wenn die Vertretungsmacht des Notars beschränkt ist und gerade Angelegenheiten von der Art der nachgesuchten nicht betrifft.[153] **Verwalter kraft Amtes** sind nicht Vertreter des Inhabers des verwalteten Vermögens, sondern werden in eigener Angelegenheit tätig (siehe hierzu Rdn 24, 54).

H. Organmitgliedschaft (Nr. 6)

75 Der Ausschlussgrund der Mitgliedschaft in einem **vertretungsberechtigten Organ** ist in Nr. 6 enthalten. Dieser Ausschlusstatbestand betrifft GmbH-Geschäftsführer, Vorstandsmitglieder von Aktiengesellschaften, Genossenschaften, Stiftungen, Vereinen und ges. Vertreter anderer juristischer Personen des öffentlichen oder privaten Rechts. Ausnahmen enthalten die Tatbestände von Abs. 3 Nrn. 2 und 3 (siehe dazu Rdn 77, 108 ff.). Als Mitglied des mehrgliedrigen Vorstands einer AG darf der Notar also selbst dann nicht tätig werden, wenn im Einzelfall nur die anderen Vorstandsmitglieder handeln. Wie sich aus der Verweisung auf Nr. 4 ergibt, besteht ein Verbot auch dann, wenn eine mit dem Notar beruflich verbundene Person Mitglied in einem vertretungsberechtigten Organ ist. Die Mitgliedschaft von Personen i.S.v. Nr. 2, 2 a, 3 wird dagegen nicht erfasst. Kein Mitwirkungsverbot besteht für den Notar, der Vorstand einer **gemeinnützigen Stiftung** ist, wenn die Stiftung Anteile an gewinner-

145 BT-Drucks 13/4184, 36.
146 *Armbrüster/Leske*, ZNotP 2002, 46, 47; *Harder/Schmidt*, DNotZ 1999, 949, 957 f.
147 BeckOK-BeurkG/*Litzenburger*, § 3 Rn 18.
148 Staudinger/*Herrler*, BeurkG Rn 280; *Winkler*, § 3 Rn 78; abw. noch *Armbrüster/Leske*, ZNotP 2002, 46, 47.
149 *Armbrüster/Leske*, ZNotP 2002, 46, 47.
150 Ausdrücklich offen lassend OLG Köln v. 20.4.2004 – 2 X (Not) 17/03, NJW 2005, 2092, 2093.
151 A.A. OLG Köln v. 20.4.2004 – 2 X (Not) 17/03, NJW 2005, 2092, 2093 f.
152 Grziwotz/Sauer/Heinemann/*Grziwotz*, § 3 Rn 36.
153 *Lerch*, § 3 Rn 52.

zielenden Gesellschaften hält, die Tätigkeit als Stiftungsvorstand aber vom operativen Geschäft der Gesellschaften entfernt ist.[154]

Der **Aufsichtsrat einer AG oder KGaA** ist grds. kein vertretungsberechtigtes Organ i.S.v. Nr. 6.[155] Daraus folgt, dass bei Rechtsgeschäften der Gesellschaft mit Dritten insoweit regelmäßig kein Mitwirkungsverbot eingreift (siehe Rdn 26). Die im RegE vorgesehene Ausdehnung des Tatbestandes auf aufsichtsberechtigte Organe hat sich im Gesetzgebungsverfahren nicht durchgesetzt.[156] Den Notar trifft damit gem. § 3 Abs. 3 S. 1 Nr. 1 BeurkG bei Zugehörigkeit zu einem Aufsichtsrat als einem nicht vertretungsberechtigten Organ lediglich eine Hinweis- und Vermerkpflicht nach Abs. 2.[157] Nur in den wenigen Fällen, in denen der Aufsichtsrat ausnahmsweise **gesetzliche Vertretungsbefugnisse** (§§ 112, 246 Abs. 2 AktG) hat oder ein Geschäft seiner **Zustimmung** bedarf (§§ 111 Abs. 4, 114 Abs 1, 115 AktG, § 52 Abs. 1 GmbHG), greift ein Mitwirkungsverbot nach Nr. 6 ein.[158] 76

Kein Mitwirkungsverbot begründet die Mitgliedschaft in **Organen von Gemeinden und Kreisen** sowie von Religions- und Weltanschauungsgemeinschaften, die als Körperschaft des öffentlichen Rechts anerkannt sind. Dies stellt Abs. 3 S. 2 ausdrücklich klar. Insoweit besteht eine Hinweis- und Vermerkpflicht gem. Abs. 3 S. 1 Nr. 2 und 3. 77

Die **Rundfunk-, Verwaltungs- und Programmbeiräte** (-ausschüsse) der deutschen öffentlich-rechtlichen Rundfunkanstalten sind keine vertretungsberechtigten Organe dieser Anstalten des öffentlichen Rechts. In Einzelfällen bedürfen nach den jeweiligen Landesrundfunkgesetzen Rechtsgeschäfte des Intendanten der Zustimmung dieser Gremien. Jedenfalls in diesen Fällen sind Notare, die Mitglieder dieser Gremien sind, von einer Mitwirkung ausgeschlossen. Entsprechendes gilt für die Mitgliedschaft in **Selbstverwaltungsgremien** von Hochschulen. 78

I. Vorbefassung (Nr. 7)

Die für die Praxis **sehr bedeutsame Vorschrift** wurde durch das 3. ÄndG eingefügt und zuletzt durch das RDG mit Wirkung zum 18.12.2007 geändert. Das Mitwirkungsverbot geht weit über dasjenige der früheren Nr. 5 (jetzt Nr. 8) hinaus. Hierdurch soll die formale Umgehung des Mitwirkungsverbotes durch Mandatsverlagerungen oder -beschränkungen innerhalb einer Sozietät sowie durch willkürliche Mandatsniederlegungen verhindert werden.[159] 79

I. Einbeziehung des Sozius

Das Mitwirkungsverbot besteht, wenn der Notar selbst in der betreffenden Angelegenheit bereits außernotariell tätig geworden ist. Daneben darf der Notar auch dann nicht beurkunden, wenn die mit ihm i.S.v. Nr. 4 **beruflich verbundenen Personen** bereits in nichtamtlicher Eigenschaft in derselben Angelegenheit tätig waren.[160] Mit dem Begriff des **„Tätigseins“** ist eine Vorbefassung i.S.e. aktiven Mitwirkung (tatsächliche Mandatsbearbeitung) gemeint, auch wenn diese nur eine geringe Intensität erreicht.[161] Für das Mitwirkungsverbot ist es unerheblich, ob der mit dem Notar verbundene Anwalt in derselben Angelegenheit **inner- oder außerhalb der Berufsverbindung** (Sozietät etc.) tätig wird.[162] 80

Wechselt der vorbefasste Sozius die Sozietät, so wird seine bisherige Sozietät hinsichtlich abgeschlossener Angelegenheiten von dem Mitwirkungsverbot befreit.[163] Die Notare der aufnehmenden Sozietät 81

154 BGH v. 22.7.2013 – NotZ (Brfg) 15/12, NJW-RR 2013, 1396.

155 Staudinger/*Herrler*, BeurkG Rn 281; *Winkler*, § 3, Rn 92; a.A. Münchener Handbuch des Gesellschaftsrechts/*Hoffmann-Becking*, Bd. 4, § 41 Rn 17.

156 Vgl. BT-Drucks 13/11034, 40.

157 OLG Stuttgart v. 12.5.2006 – Not 2/06, BWNotZ 2007, 117, 118 = BeckRS 2007, 04697.

158 Frenz/Miermeister/*Miermeister/de Buhr*, § 3 BeurkG Rn 39; Grziwotz/Sauer/Heinemann/*Grziwotz*, § 3 Rn 41; *Lerch*, § 3 Rn 53; *Winkler*, § 3 Rn 92; s. auch Rn 23; für generelles Mitwirkungsverbot in allen Angelegenheiten des Vertretenen hingegen *Jansen*, § 3 Rn 33.

159 BT-Drucks 13/4184, 36; *Leske*, Mitwirkungsverbote, S. 228 ff.

160 OLG Celle v. 12.9.2003 – Not 24/03, DNotZ 2004, 716 f.

161 Berufsrechtsausschuss der BNotK, DNotI-Rep 6/2001, BNotK intern, S. 4; *Henssler/Kilian*, in: FS Hartung, 2008, S. 65, 72 f.

162 *Henssler/Kilian*, in: FS Hartung, 2008, S. 65, 70; *Winkler*, § 3 Rn 111.

163 *Winkler*, § 3 Rn 112.

unterliegen dem Mitwirkungsverbot.[164] Für den Ausschluss wegen Vorbefassung genügt es allerdings nicht, dass nur frühere Sozien des Sozietätswechslers mit der Angelegenheit befasst waren, nicht aber der Sozietätswechsler selbst.[165] Eine eigene Vorbefassung des Sozietätswechslers setzt voraus, dass er eine über die bloße Mitmandatierung hinausgehende **aktive Tätigkeit** entfaltet hat, wobei hierunter auch vorbereitende oder unterstützende Tätigkeiten ohne Außenwirkung fallen.[166]

II. Sternsozietät/verbundenes Unternehmen

82 Durch die Neuregelung der Rechtsberatung im RDG mit Wirkung zum 18.12.2007 ist das Verbot der sog. **Sternsozietät** entfallen (§ 59a Abs. 1 BRAO n.F.). Damit ist es Rechtsanwälten nunmehr erlaubt, zugleich in mehreren Sozietäten oder Bürogemeinschaften tätig zu sein. Zur Vermeidung von Interessenkollisionen wurde zugleich Nr. 7 dahingehend geändert, dass ein Mitwirkungsverbot besteht, wenn ein Anwaltsnotar mit einem der Anwälte einer bestehenden Kanzlei seinerseits eine Sozietät oder Bürogemeinschaft bildet. In diesen Fällen ist der Notar bei Vorbefassung nur anderer Mitglieder jener Kanzlei gehindert, Transaktionen zu beurkunden, die von diesen vorbereitet oder begleitet wurden (Notar als „Sozius des Sozius"). Darüber hinaus erfasst das Mitwirkungsverbot auch Sternsozietäten entfernterer Stufen, indem die Mitwirkung auch bei Vorbefassungsfällen von Mitgliedern solcher Anwaltsunternehmen verboten ist, die mit der Anwaltskanzlei des Notars ein verbundenes Unternehmen i.S.v. § 15 AktG[167] bilden. Damit soll die notarielle Unabhängigkeit auch in Fällen der nunmehr zulässigen konzernartigen Strukturen gewährleistet werden. Gerade aufgrund einer zunehmenden Tendenz der Bildung von Sozietätsverbindungen auf nationaler und internationaler Ebene sowie von bereichsspezifischen Kanzleikooperationen ist diese Erweiterung des Mitwirkungsverbots geboten. In der Praxis empfiehlt sich für den Notar der Einsatz einer kanzleiübergreifenden Bürosoftware, um sich auf solche Fälle der Vorbefassung automatisch hinweisen zu lassen.[168]

Nicht von Nr. 7 erfasst wird der Fall, dass zwischen zwei Sozietäten eine personelle Verknüpfung nicht durch den Notar erfolgt, sondern nur mittelbar dadurch, dass ein Sozius des Notars über nicht mit letzterem verbundene Verbände mit einer dritten Sozietät beruflich verbunden ist.[169]

III. Jede Tätigkeit außerhalb der Amtstätigkeit

83 Die Vorschrift dient der strikten Trennung von notarieller und außernotarieller Tätigkeit.[170] Die Vorbefassung des Notars oder dessen Sozius in **amtlicher Eigenschaft** löst daher kein Mitwirkungsverbot aus. Hieran wird deutlich, dass die Vorschrift vor allem für das Anwaltsnotariat Bedeutung hat. Die Abgrenzung von amtlichem und nichtamtlichem Tätigwerden ist anhand der jeweiligen **Berufsordnungen** vorzunehmen, also für den Steuerberater anhand der §§ 1 ff. StBerG, für den Wirtschaftsprüfer nach §§ 1 ff. WPO und für den Anwaltsnotar nach § 3 BRAO. Für Letzteren gilt die Vermutungsregel des § 24 Abs. 2 BNotO (siehe hierzu Rdn 95). Nach I.3. der Richtlinienempfehlung der BNotK[171] hat der Anwaltsnotar rechtzeitig vor Beginn seiner Tätigkeit gegenüber den Beteiligten **klarzustellen**, ob er als Rechtsanwalt oder als Notar tätig wird.

84 Tätigkeit für einen anderen setzt eine **auftragsähnliche Rechtsbeziehung** mit gewisser Außenwirkung voraus. Daran fehlt es bei einer privaten oder ehrenamtlichen Vorbefassung; vielmehr geht es gerade um das berufliche, geschäftliche oder sonstige Tätigwerden in juristischer Funktion.[172] Auch künstlerische,

164 *Mihm*, DNotZ 1999, 8, 18. Rechtspol. Kritik üben *Henssler/Kilian*, in: FS Hartung, 2008, S. 65, 73 f.

165 Berufsrechtsausschuss der BNotK, DNotI-Report 6/2001, BNotK intern S. 4; *Armbrüster/Leske*, ZNotP 2002, 46, 48; *Henssler/Kilian*, in: FS Hartung, 2008, S. 65, 72 f.; Staudinger/*Herrler*, BeurkG Rn 299.

166 S. Berufsrechtsausschuss der BNotK DNotI-Report 6/2001, BNotK intern S. 4; *Armbrüster/Leske*, ZNotP 2002, 46, 48; zust. *Wegerhoff*, NJW 2004, 2355.

167 Darauf, ob eine AG beteiligt ist, kommt es nicht an; BT-Drucks 16/6634, 67.

168 Eine andere Frage ist es, inwieweit die Dienstaufsicht konzernartige Strukturen aufzuspüren in der Lage ist; insoweit skeptisch *Lerch*, NotBZ 2008, 222, 223.

169 BT-Drucks 16/6634, 84; *Henssler/Kilian*, in: FS Hartung, 2008, S. 65, 74 f.

170 Zust. BGH v. 26.11.2012 – NotSt (Brfg) 2/12, DNotZ 2013, 310 Rn 8 m. Anm. *Armbrüster/Leske*.

171 BNotK DNotZ 1999, 258; vgl. § 78 Abs. 1 S. 2 Nr. 5 BNotO.

172 Grziwotz/Sauer/Heinemann/*Grziwotz*, § 3 Rn 45; a.A. *Brambring*, FGPrax 1998, 201; Frenz/Miermeister/*Miermeister/de Buhr*, § 3 BeurkG Rn 42.

wissenschaftliche und Vortragstätigkeit (§ 8 Abs. 4 BNotO) werden nicht erfasst, sofern sie – wie im Regelfall – nicht „für" eine bestimmte Person erbracht werden.[173] Freilich kann es für den Notar im Einzelfall in Betracht kommen, sein Tätigwerden nach § 16 Abs. 2 BNotO abzulehnen.

Nr. 7 ist auch auf das **Nur-Notariat** anwendbar.[174] Zwar hat die Vorschrift für das Nur-Notariat nur einen begrenzten Anwendungsbereich. Gänzlich bedeutungslos wird sie hierdurch jedoch nicht, denn sie ist Ausdruck eines – auch im Bereich des Nur-Notariats gültigen – Rechtsgrundsatzes, wonach nur ein unabhängiger und unparteiischer Notar eine Beurkundung vornehmen soll (vgl. § 14 Abs. 1 S. 2 BNotO). Gerade infolge der uneingeschränkten Erfassung bereits abgeschlossener Tätigkeiten (siehe Rdn 86) sind auch im Nur-Notariat Fälle denkbar, in denen der Notar, etwa vor Amtsantritt, außernotariell tätig geworden ist. Eine andere, von der grundsätzlichen Geltung des Mitwirkungsverbots zu trennende Frage ist es, ob der Nur-Notar gem. § 3 Abs. 1 S. 2 BeurkG vor jeder Beurkundung nach einer Vorbefassung zu **fragen** hat. Dies ist zu verneinen (siehe Rdn 93). 85

Auch **abgeschlossene Tätigkeiten** werden erfasst.[175] Hierdurch wird nach Einschätzung des Gesetzgebers die Abgrenzung zwischen noch laufenden und bereits abgeschlossenen Mandaten entbehrlich.[176] Indessen gilt es, wie *Leske*[177] zutreffend aufgezeigt hat, insbesondere im Hinblick auf das Erfordernis derselben Angelegenheit (siehe Rdn 87 ff.) zu differenzieren: Ist der vorangegangene Vorgang bereits **endgültig sachlich abgeschlossen**, so kann ein künftiges notarielles Tätigwerden jenen Vorgang nicht mehr aufgreifen. Mithin kann es dann rein faktisch nicht mehr zu einer Tätigkeit des Notars in derselben Angelegenheit kommen. Beispiele sind der umfassende Vollzug einer Gesellschaftsgründung oder Geschäftsführerbestellung; ferner die endgültige Klärung einer streitigen Frage, in der anwaltliche Beratung erfolgt war.[178] 86

IV. Begriff derselben Angelegenheit

Der Begriff derselben Angelegenheit bereitet in der Praxis bisweilen Schwierigkeiten (siehe eingehend Rdn 16 ff.). Hilfreich ist es sich zu vergegenwärtigen, dass es sich um ein rein **mandatsbezogenes Mitwirkungsverbot** handelt.[179] Im Laufe des Gesetzgebungsverfahrens war auch ein mandantenbezogenes Verbot diskutiert worden, das jedoch nicht Gesetz wurde. In größeren Sozietäten mit auf umfassende Beratung angelegten Mandaten kann das mandatsbezogene Mitwirkungsverbot allerdings faktisch zum mandantenbezogenen werden.[180] Es ist jedoch stets zu fordern, dass sich die außernotarielle Vorbefassung bereits im Hinblick auf den Gegenstand der späteren Beurkundung konkretisiert hatte.[181] Dies bedeutet, dass das Mitwirkungsverbot dann nicht eingreift, wenn der Notar zunächst nur einen allgemeinen, etwa steuerlichen, Rat in Bezug auf das Objekt erteilt hat, dessen Veräußerung er sodann beurkundet. Wäre der Notar in diesem Fall von einer späteren Beurkundung ausgeschlossen, so würde das Verbot übermäßig ausgedehnt. Dabei geht es freilich allein um diejenigen Fälle, in denen sich die Vorbefassung auf denselben (Vertrags-)Gegenstand und denselben Mandanten bezogen hat, nicht jedoch auf dasselbe Mandat.[182] Das Mitwirkungsverbot ist nämlich, wie dargelegt, vom Gesetzgeber bewusst mandats- und nicht mandantenbezogen ausgestaltet worden. Daher ist es beispielsweise zulässig, wenn der Notar zunächst die Ehefrau im Scheidungsverfahren anwaltlich vertreten hat und sodann den Kaufvertrag über ein den geschiedenen Eheleuten zu Miteigentum gehörenden vermieteten Hausgrundstück beurkundet,[183] während dann, wenn die anwaltliche Vorbefas- 87

173 *Winkler*, § 3 Rn 105; Staudinger/*Herrler*, BeurkG Rn 300; vgl. auch *Mihm*, DNotZ 1999, 8, 17.
174 Frenz/Miermeister/*Miermeister/de Buhr*, § 3 BeurkG Rn 42; a.A. Grziwotz/Sauer/Heinemann/*Grziwotz*, § 3 Rn 43; *Heller/Vollrath*, MittBayNot 1998, 322 ff.; *Winkler*, § 3 Rn 102 ff., 108.
175 BT-Drucks 13/4184, 36; *Leske*, Mitwirkungsverbote, S. 230.
176 Vgl. BT-Drucks 13/4184, 36.
177 *Leske*, Mitwirkungsverbote, S. 240.
178 Zu letzterem s. *Leske*, Mitwirkungsverbote, S. 239 f.
179 OLG Schleswig v. 5.3.2007 – Not 4/06, DNotZ 2007, 745, 746; OLG Schleswig v. 31.5.2010 – Not 5/09, RNotZ 2010, 666, 668; LG Arnsberg v. 25.5.1999 – 2 T 1/99, BeckRS 2010, 24801.
180 *Eylmann*, NJW 1998, 2929, 2931 f.; *Mihm*, DNotZ 1999, 8, 18 f.
181 OLG Schleswig v. 5.3.2007 – Not 4/06, DNotZ 2007, 745, 746; *Mihm*, Kollisionsprobleme, S. 109.
182 *Armbrüster/Leske*, DNotZ 2013, 314, 316.
183 OLG Schleswig v. 5.3.2007 – Not 4/06, DNotZ 2007, 745, 746.

sung sich auf eine Scheidungsvereinbarung bezog und sodann eine abschließende Scheidungsfolgenvereinbarung beurkundet wird.[184]

88 **Beispiele:** Die Beurkundung eines **Vergleiches** oder eines **Schuldanerkenntnisses** darf der Notar generell nicht vornehmen, wenn er einen der Vertragspartner bereits bei der Geltendmachung oder Abwehr der zugrunde liegenden Ansprüche vertreten oder beraten hat.[185] Der Anwaltsnotar, der einen der Ehepartner im Scheidungsprozess vertreten hat, darf einen Vergleich über die **Scheidungsfolgen** oder eine Vereinbarung über den **Versorgungsausgleich** nach Nr. 7 weder vor noch nach Rechtskraft des Scheidungsbeschlusses beurkunden.[186] Der Notar darf keinen **Ehe-, Unterhalts- oder Scheidungsfolgenvertrag** beurkunden, wenn er als Anwalt einen Ehepartner in einer ehelichen Angelegenheit beraten oder vertreten hat (siehe auch Rdn 87 a.E.).[187] Ein Anwaltsnotar ist an der Beurkundung eines **Grundstückskaufvertrages** gehindert, wenn er als Anwalt vom Verkäufer mit der Vermittlung des Geschäfts beauftragt worden ist.[188]

Vertritt oder berät der Anwaltsnotar dagegen einen Beteiligten beim Erwerb eines Grundstücks, so ist er nicht daran gehindert, den späteren **Weiterverkauf** an einen Dritten zu beurkunden (sog. **Kettengeschäft**).[189] Identisch ist hier nur der Kaufgegenstand, nicht jedoch – wie § 3 Abs. 1 S. 1 dies voraussetzt – das zugrunde liegende Rechtsverhältnis. Aus demselben Grund sind die Vermögensauseinandersetzung nach einer Scheidung und die Verwendung des durch den **Zugewinnausgleich** erlangten Vermögens grundsätzlich verschiedene Angelegenheiten.[190]

V. Ausnahme: Im Auftrag aller Beteiligter

89 Für die Beurteilung, ob die Ausnahme in Nr. 7 Hs. 2 eingreift, ist – entgegen dem Wortlaut der Ausnahme – auf einen **materiellen Beteiligungsbegriff** abzustellen.[191] Der praktische Anwendungsbereich der in Nr. 7 a.E. vorgesehenen Ausnahme ist daher begrenzt.[192] Zu den wenigen Fällen, in denen die Ausnahmevorschrift in Betracht kommt, gehört etwa die anwaltliche Beratung eines Mandanten, in deren Folge es zur Gründung einer Ein-Personen-GmbH kommt. Ein weiteres Beispiel bietet die Vollstreckbarerklärung eines Schiedsspruchs mit vereinbartem Wortlaut gem. § 1053 Abs. 4 S. 1 ZPO,[193] soweit der Notar deshalb vorbefasst ist, weil er selbst als Schiedsrichter tätig wurde. § 1053 Abs. 4 S. 1 ZPO erfordert schließlich die Zustimmung aller Parteien.[194] Ein Notar, der zuvor als Schiedsrichter tätig wurde, kann deshalb einen Schiedsspruch mit vereinbartem Wortlaut für vollstreckbar erklären; aus § 41 ZPO analog folgt nichts anderes.[195] Soweit teilweise gefordert wird, dass alle Beteiligten die spätere Beurkundung schon vor Aufnahme der nichtnotariellen Tätigkeit beabsichtigen müssen,[196] kann dem nicht gefolgt werden. Dadurch würde der ohnehin schmale Anwendungsbereich der Ausnahme noch weiter eingeengt, ohne dass dies sachlich geboten ist.[197] Die Ausnahme ist nicht analog auf Nr. 4 anwendbar (str.; siehe Rdn 72).

184 BGH v. 26.11.2012 – NotSt (Brfg) 2/12, DNotZ 2013, 310 Rn 12 m. Anm. *Armbrüster/Leske*.

185 Allg. Meinung, s. nur OLG Celle v. 2.3.2005 – Not 31/04, RNotZ 2005, 300 f.; *Mihm*, DNotZ 1999, 8, 19; *Winkler*, § 3 Rn 100.

186 BeckOK-BNotO/*Sander*, § 16 Rn 67; *Winkler*, § 3, Rn 151 (letzterer freilich unter Bezugnahme auf Nr. 5).

187 BGH v. 26.11.2012 – NotSt (Brfg) 2/12, DNotZ 2013, 310 Rn 10 ff., 18 m. Anm. *Armbrüster/Leske*; Frenz/Miermeister/*Miermeister/de Buhr*, § 3 BeurkG Rn 47.

188 BGH v. 25.5.1984 – V ZR 13/83, DNotZ 1985, 231, 232.

189 *Armbrüster/Leske*, ZNotP 2002, 450, 455 (Beispiel 2 S. 454); *dies.*, DNotZ 2013, 314, 316 f.

190 Frenz/Miermeister/*Miermeister/de Buhr*, § 3 BeurkG Rn 49.

191 Eingehend *Armbrüster/Leske*, ZNotP 2002, 46, 49; a.A. *Strunz*, ZNotP 2002, 133 f., ihm folgend Soergel/*J. Mayer*, § 3 BeurkG Rn 13 in Fn 55.

192 Zu den Grenzen einer möglichen Auslegung der Ausnahme s.a. *Harder/Schmidt*, DNotZ 1999, 949, 961 ff.; außerdem OLG Frankfurt v. 30.6.2011 – 2 Not 13/10, ZEV 2012, 487 f.

193 A.A. *Winkler*, § 3 Rn 104 mit Fn 6.

194 *Armbrüster/Greis*, DNotZ 2016, 818, 825 ff.; a.A. MüKo-ZPO/*Münch*, § 1053 Rn 55; krit. auch Grziwotz/Sauer/Heinemann/*Grziwotz*, § 3 Rn 43 Fn 50.

195 *Armbrüster/Greis*, DNotZ 2016, 818 ff.

196 Soergel/*J. Mayer*, § 3 BeurkG Rn 13 Fn 56; *Winkler*, § 3 Rn 121.

197 Zust. Staudinger/*Herrler*, BeurkG Rn 304. Zur Kenntnis der Parteien aufgrund Hinweises des Anwaltsnotars vor Aufnahme der notariellen Tätigkeit s. BGH v. 22.3.2004 – NotZ 26/03, BGHZ 158, 310 ff. = NJW 2004, 1954 ff. (Senat für Notarsachen).

VI. Frage- und Vermerkpflicht (Abs. 1 S. 2)

Durch die Frage- und Vermerkpflicht gem. Abs. 1 S. 2 soll die herausragende Bedeutung des Mitwirkungsverbotes in besondere Weise bewusst gemacht **(Appellfunktion)** und eine effektive Überwachung seiner Einhaltung durch die Aufsichtsbehörde gewährleistet werden **(Kontrollfunktion)**. Falschbeurkundungen ziehen zwar regelmäßig keine strafrechtlichen Konsequenzen (§ 348 StGB) nach sich (str.; siehe Rdn 3). Die Pflicht zur effektiven Sicherstellung der Einhaltung der Mitwirkungsverbote (§ 28 BNotO) bleibt hiervon aber unberührt. Auch bei Unterschriftsbeglaubigungen mit und ohne Entwurf sowie bei Abschriftsbeglaubigungen nach § 42 BeurkG ist gem. § 16 BNotO ein Vorbefassungsvermerk erforderlich. Angesichts des klaren Gesetzeswortlauts kann insoweit nur eine – wünschenswerte – Reform diese übertriebenen Anforderungen beseitigen.[198] 90

Die Frage richtet sich nur an **anwesende Beteiligte**, soweit sie die Tätigkeit des Notars in Anspruch nehmen. Es müssen also nicht alle materiell Beteiligten befragt werden, sondern nur solche, die den Notar um die Beurkundung ersucht haben.[199] 91

Die Frage- und Vermerkpflicht des Abs. 1 S. 2 erlangt ihre Bedeutung insbesondere im Bereich des **Anwaltsnotariats**. Abs. 1 S. 2 dient der verfahrensrechtlichen Absicherung der Einhaltung des Mitwirkungsverbots der Nr. 7. Diese besondere Absicherung erscheint im Bereich des Anwaltsnotariats noch am ehesten gerechtfertigt, da Konflikte zwischen grundsätzlich parteiischer Anwaltstätigkeit (vgl. § 3 BRAO) und unparteiischer notarieller Tätigkeit (vgl. § 14 Abs. 1 S. 2 BNotO) häufig vorkommen und das Mitwirkungsverbot der Nr. 7, welches der Auflösung dieser Konflikte dient, somit einer effektiven Durchsetzung bedarf. Für eine teleologische Reduktion der Frage- und Vermerkpflicht auf solche Anwaltsnotare, die in einer Berufsverbindung i.S.v. § 9 BNotO tätig sind, ist kein Raum, da auch in diesem Fall eine Vorbefassung als Anwalt ohne weiteres vorliegen kann.[200] 92

Anders ist die Lage im Bereich des **Nur-Notariats**. Hier verhindern das Verbot der Ausübung eines weiteren Berufs (§ 8 Abs. 2 S. 1 BNotO) und das Verbot gemischter Sozietäten (§ 9 Abs. 1 S. 1 BNotO) bereits weitgehend das Entstehen von Konfliktsituationen, die ein Mitwirkungsverbot nach Nr. 7 auslösen. Appell- und Kontrollfunktion der Frage- und Vermerkpflicht kommen daher beim Nur-Notar praktisch nicht zum Tragen.[201] Die generelle Frage nach der Vorbefassung würde zur bloßen, den Beteiligten nicht vermittelbaren Formalie erstarren. Es ist daher davon auszugehen, dass den Nur-Notar **keine generelle Frage- und Vermerkpflicht** nach § 3 Abs. 1 S. 2 BNotO trifft.[202] 93

VII. Exkurs: Anwaltsnotare

Nr. 7 betrifft vor allem die Anwaltsnotare. Für sie gilt von der anderen, der anwaltlichen Seite ihrer Berufstätigkeit her außerdem § 45 BRAO. Diese Vorschrift lautet: 94

§ 45 BRAO Tätigkeitsverbote

Der Rechtsanwalt darf nicht tätig werden,

1. wenn er in derselben Rechtssache als Richter, Schiedsrichter, Staatsanwalt, Angehöriger des öffentlichen Dienstes, Notar, Notarvertreter oder Notariatsverwalter bereits tätig geworden ist;
2. wenn er als Notar, Notarvertreter oder Notariatsverwalter eine Urkunde aufgenommen hat und deren Rechtsbestand oder Auslegung streitig ist oder die Vollstreckung aus ihr betrieben wird;

198 Krit. zum derzeitigen Rechtszustand auch *Brambring*, NJW 2000, 3769; Staudinger/*Herrler*, BeurkG Rn 305; *Lerch*, § 3 Rn 70; *ders.*, ZNotP 2004, 54, 56 (letzterer erwägt für reine Abschriftsbeglaubigungen bereits de lege lata eine teleologische Reduktion).

199 *Armbrüster/Leske*, ZNotP 2001, 46, 50; so wohl auch *Herrmanns*, MittRhNotK 1998, 359 („formell Beteiligte").

200 Frenz/Miermeister/*Miermeister/de Buhr*, § 3 BeurkG Rn 52; Grziwotz/Sauer/Heinemann/*Grziwotz*, § 3 Rn 56; *Harborth/Lau*, DNotZ 2002, 412, 422; a.A. *Heller/Vollrath*, MittBayNot 1998, 322, 325; wohl auch *Winkler*, § 3 Rn 128.

201 *Hermanns*, MittRhNotK 1998, 359 ff.

202 *Armbrüster/Leske*, ZNotP 2002, 46, 50; BeckOK-BeurkG /*Litzenburger*, § 3 Rn 28, der eine entsprechende Einschränkung auch für nicht sozietätsverbundene Anwaltsnotare für erforderlich hält; ferner *Brambring*, FGPrax 1998, 201, 202; BeckOGK/*Forschner*, Stand: 1.2.2025, § 3 BeurkG Rn 62; *Hermanns*, MittRhNotK 1998, 359 ff; *Leske*, Mitwirkungsverbote, S. 264 f.; *Malzer*, FGPrax 2005, 6; Staudinger/*Herrler*, BeurkG Rn 305; *Winkler*, § 3 Rn 142; a.A. Arndt/Lerch/Sandkühler/*Sandkühler*, § 16 Rn 86; Frenz/Miermeister/*Miermeister/de Buhr*, § 3 BeurkG Rn 52; *Maaß*, ZNotP 1999, 178, 179.

3. wenn er gegen den Träger des von ihm verwalteten Vermögens vorgehen soll in Angelegenheiten, mit denen er als Insolvenzverwalter, Nachlaßverwalter, Testamentsvollstrecker, Betreuer oder in ähnlicher Funktion bereits befasst war;
4. wenn er in derselben Angelegenheit außerhalb seiner Anwaltstätigkeit oder einer sonstigen Tätigkeit i.S. des § 59a Abs. 1 Satz 1 bereits beruflich tätig war; dies gilt nicht, wenn die berufliche Tätigkeit beendet ist.

(2) Dem Rechtsanwalt ist es untersagt:

1. in Angelegenheiten, mit denen er bereits als Rechtsanwalt gegen den Träger des zu verwaltenden Vermögens befasst war, als Insolvenzverwalter, Nachlaßverwalter, Testamentsvollstrecker, Betreuer oder in ähnlicher Funktion tätig zu werden;
2. in Angelegenheiten, mit denen er bereits als Rechtsanwalt befasst war, außerhalb seiner Anwaltstätigkeit oder einer sonstigen Tätigkeit im Sinne des § 59a Abs. 1 Satz 1 beruflich tätig zu werden.

(3) Die Verbote der Absätze 1 und 2 gelten auch für die mit dem Rechtsanwalt in Sozietät oder in sonstiger Weise zur gemeinschaftlichen Berufsausübung verbundenen oder verbunden gewesenen Rechtsanwälte und Angehörigen anderer Berufe und auch insoweit einer von diesen im Sinne der Absätze 1 und 2 befaßt war.

Die Vorschrift wurde durch die Berufsrechtsnovelle von 1994 (BGBl I, 2278) geändert und dabei z.T. erheblich erweitert. So findet sich das in § 45 Nr. 2 a.F. BRAO enthaltene Tätigkeitsverbot in widerstreitendem Interesse seitdem in § 43a Abs. 4 BRAO.[203] Die alte Nr. 3 wurde – wesentlich erweitert – zur Nr. 1, Nr. 4 a.F. wurde, ebenfalls geändert, zur Nr. 2. Neu aufgenommen wurden die Nrn. 3 und 4 sowie die Absätze 2 und 3.

95 Die **Abgrenzung der Notartätigkeit von der Anwaltstätigkeit** bei einem Anwaltsnotar ist für die in § 24 Abs. 1 BNotO bezeichneten Handlungen (insb. also für die Anfertigung von Urkundenentwürfen) in § 24 Abs. 2 BNotO geregelt. Danach liegt im Zweifel Notartätigkeit vor, wenn ein Anwaltsnotar den Vollzug einer von ihm beurkundeten oder zur Vorbereitung der Beurkundung oder Beglaubigung entworfenen Urkunde betreibt. In allen anderen Fällen ist nach § 24 Abs. 2 S. 2 BNotO Anwaltstätigkeit anzunehmen. Die nach § 24 Abs. 2 S. 1 BNotO bestehende unwiderlegliche Vermutung für eine notarielle Amtstätigkeit bei Vorbereitungs- und Ausführungshandlungen greift jedoch darüber hinaus dann nicht ein, wenn dem Anwaltsnotar eine solche Amtstätigkeit zunächst nicht aufgetragen war, er dann aber – entgegen Abs. 1 S. 1 Nr. 7 – dennoch tätig wird.[204] Im Einzelfall ist daher festzustellen, ob es sich bei der Tätigkeit des Anwaltsnotars um vorsorgende Rechtspflege oder um die Vertretung oder Wahrnehmung zweifelhafter und umstrittener Interessen einzelner Beteiligter gegenüber anderen Beteiligten handelt.[205] Dabei ist nicht auf die Ansicht der Beteiligten oder des Anwaltsnotars abzustellen.[206] Der Anwaltsnotar wird z.B. als Notar tätig, wenn ihn sämtliche Beteiligten mit der Abfassung der Änderung eines Gesellschaftsvertrages beauftragen, selbst wenn eine Beurkundung nicht vorgesehen ist oder von einem anderen Notar vorgenommen wird; er wird dagegen als Rechtsanwalt tätig, wenn er nur für einen Gesellschafter eine Vertragsänderung erarbeiten und durchsetzen soll.[207]

96 Die Tätigkeitsverbote des **§ 45 Abs. 1 und 2 BRAO** sind gem. § 45 Abs. 3 BRAO auf die mit dem Rechtsanwalt in Sozietät oder in sonstiger Weise zur gemeinschaftlichen Berufsausübung verbundenen oder verbunden gewesenen Berufsangehörigen anwendbar. Die Sozietätserstreckung im anwaltlichen Berufsrecht erfasst somit (anders als die Parallelvorschrift des S. 1 Nr. 4 auch beendete Sozietätsverhältnisse. Dies stellt erhebliche Anforderungen an die Kanzleiorganisation. So ist neben einem Gegnerregister auch ein Tätigkeitsregister zu führen, da sich Mitwirkungsverbote i.d.R. erst aus einer Kombination von Gegner und konkreter Angelegenheit ergeben.[208] Erfasst werden hier ebenso wie bei Abs. 1 S. 1 Nr. 4 (siehe Rdn 62 ff.) Sozietäten gleich welcher Rechtsform, Bürogemeinschaften sowie verfestigte Kooperationen. Die bloße gemeinsame Raumnutzung genügt jedoch nicht, da diese nicht über die gemeinsame Nutzung sachlicher Mittel hinausgeht.[209] Angestellte Rechtsanwälte und freie Mitarbeiter werden

203 Vgl. hierzu *Henssler*, NJW 2001, 1521 ff.; *Hartung*, MDR 2001, 420 ff.
204 BGH v. 14.5.1992 – IX ZR 262/91, DNotZ 1992, 813, 818.
205 Frenz/Miermeister/*Hertel*, § 24 BNotO Rn 63.
206 Arndt/Lerch/Sandkühler/*Sandkühler*, § 24 Rn 66.
207 OLG Hamm v. 14.8.1975 – 15 W 104/75, DNotZ 1977, 49, 51; vgl. daneben Abgrenzung von Anwalts- und Notartätigkeit angesichts der spärlichen Rspr. Haug/Zimmermann/*Zimmermann*, Rn 411 ff.
208 Weyland/*Nöker*, § 45 BRAO Rn 39.
209 BT-Drucks 12/4993, 30.

jedenfalls dann erfasst, wenn sie auf Briefkopf und Praxisschild erscheinen, da dann von einer Außensozietät auszugehen ist.[210]

Nach § 45 Abs. 1 Nr. 1 BRAO steht eine **vorherige Notartätigkeit** in derselben Rechtssache der Übernahme eines anwaltlichen Mandats entgegen. Betroffen sind von diesem die notarielle Unparteilichkeit sichernden Tätigkeitsverbot nicht nur Anwaltsnotare, sondern auch Nur-Rechtsanwälte, die als Notarvertreter oder Notariatsverwalter vorbefasst sind. Der Begriff **derselben Rechtssache** umfasst jede rechtliche Angelegenheit, die bei natürlicher Betrachtungsweise auf ein innerlich zusammengehöriges, einheitliches Lebensverhältnis zurückzuführen ist.[211] Ein Anwaltsnotar, der eine Scheidungsfolgenvereinbarung beurkundet hat, darf danach nicht die Vertretung eines Ehegatten im Scheidungsverfahren übernehmen (zum umgekehrten Fall siehe Rdn 88). Ebenso ist er, wenn er einen Grundstückskaufvertrag beurkundet hat, an der Vertretung eines Grundstückskäufers gegen den Verkäufer bei der Geltendmachung von Gewährleistungsansprüchen gehindert.[212] 97

Ist ein Notar in einer Rechtssache bereits tätig gewesen, so ist er gem. § 45 Abs. 1 Nr. 2 BRAO in einem daraus zwischen den Beteiligten entstandenen Rechtsstreit daran gehindert, **als Rechtsanwalt** einen Beteiligten gegen den anderen zu beraten oder zu vertreten. Der Anwaltsnotar hat dabei zu bedenken, dass sich Tätigkeitsverbote in solchen Fällen nicht nur aus § 45 Abs. 1 Nr. 2 BRAO, sondern – neben § 45 Abs. 1 Nr. 1 BRAO – auch aus § 14 Abs. 1 S. 2, Abs. 2 BNotO ergeben können. Der Anwaltsnotar steht in einem doppelten Pflichtenkreis. Er untersteht dem Berufsrecht der Notare und dem anwaltlichen Berufsrecht. Aus beiden Rechtsbereichen ergibt sich für einen Anwaltsnotar, der bereits mit einer Angelegenheit als Notar befasst gewesen ist, das Verbot, für einen an dem Notariatsgeschäft Beteiligten in gleicher Sache als Anwalt tätig zu werden. Sofern die Verletzung von notariellen und anwaltlichen Pflichten gleichermaßen in Betracht kommt, ist entscheidend, mit welcher Berufsausübung die Verfehlung überwiegend in **Zusammenhang** steht.[213] Beide Berufsrechte wirken kumulativ zusammen.[214] Ist das eine Berufsrecht in Fassung und Ausgestaltung milder als das andere, so ist der Sachverhalt nach dem strengeren Recht zu beurteilen. Dieses ist regelmäßig das Berufsrecht der Notare.[215] 98

J. Vollmacht; ständiges Geschäftsverhältnis (Nr. 8)

Die Tatbestände der Nr. 8 n.F. entsprechen im Wesentlichen denen der Nr. 5 a.F. 99

Das Mitwirkungsverbot bei **gewillkürter Vertretungsmacht (Fall 1)** erlangt nur dann Bedeutung, wenn eine Vollmacht zwar vorlag, der Notar jedoch nicht tätig geworden ist. Ansonsten greift bereits das umfassendere Mitwirkungsverbot der Nr. 7.[216] War der Notar zuvor aufgrund einer Vollmacht in amtlicher Eigenschaft tätig geworden, so greift Nr. 7 nicht ein (siehe Rdn 83); dann greift aber auch Nr. 8 nicht. Diese Regelung ist nämlich entsprechend Nr. 7 so auszulegen, dass sie eine Bevollmächtigung zum Tätigwerden außerhalb der Amtstätigkeit voraussetzt; anderenfalls käme es zu Wertungswidersprüchen mit Nr. 7.[217] Umstritten ist, ob Nr. 8 Fall 1 eingreift, wenn für den Notar aufgrund der Ausnahme des Abs. 1 S. 1 Nr. 7 Hs. 2 kein Mitwirkungsverbot nach Nr. 7 besteht. Da der Gesetzgeber eine der Nr. 7 Hs. 2 vergleichbare Ausnahme in Nr. 8 Fall 1 gerade nicht vorgesehen hat, gilt das Verbot auch bei Beauftragung durch alle Beteiligten.[218] Im Hinblick auf die mit einer Vollmacht regelmäßig einhergehenden Weisungsrechte erscheint dies auch sachlich gerechtfertigt. 100

Nach dem Gesetzeswortlaut besteht bei Bevollmächtigung einer dem Notar **beruflich verbundenen Person i.S.v. Nr. 4** kein Mitwirkungsverbot. Die Einbeziehung beruflich verbundener Personen bezieht sich nicht auf Nr. 8 Fall 1, sondern lediglich auf Fall 2. Ob hierin ein Redaktionsversehen gesehen 101

210 Vgl. *Vetter*, in: FS Schippel,1996, S. 795, 802.
211 Weyland/*Nöker*, § 45 BRAO Rn 7.
212 Zu weiteren Beispielen vgl. *Vetter*, in: FS Schippel,1996, S. 795, 797 f.
213 BGH v. 18.11.2019 – NotSt (Brfg) 6/18, NJW-RR 2020, 240, Rn 20.
214 Beck'sches Notarhdb/*Sandkühler*, § 33 Rn 2.
215 Disziplinarsenat Essen v. 18.10.1960 – WY 6/60, DNotZ 1961, 164, 165; Beck'sches Notarhdb/*Sandkühler*, § 33 Rn 2.
216 *Harder/Schmidt*, DNotZ 1999, 949, 965; *Mihm*, DNotZ 1999, 8, 22; *Winkler*, § 3 Rn 148.
217 *Amann*, NJW 2003, 3329, 3330; Grziwotz/Sauer/Heinemann/*Grziwotz*, § 3 Rn 59; *Winkler*, § 3 Rn 148.
218 So im Erg. auch *Mihm*, DNotZ 1999, 8, 22; *Vaasen/Starke*, DNotZ 1998, 661, 672; a.A. Frenz/Miermeister/*Miermeister/de Buhr*, § 3 BeurkG Rn 56; *Winkler*, § 3 Rn 148; Staudinger/*Herrler*, BeurkG Rn 282 a.E.

werden kann,[219] ist zweifelhaft. Die Begründung des Bundesrates, auf dessen Initiative Nr. 8 Fall 2 auf Personen i.S.v. Nr. 4 ausgedehnt wurde, bezieht sich lediglich auf Nr. 8 Fall 2. Es ist also davon auszugehen, dass Nr. 8 Fall 2 bewusst nicht auf Personen i.S.v. Nr. 4 ausgedehnt wurde.[220]

102 Ständiges **Dienst- oder ähnliches Geschäftsverhältnis (Fall 2):** Nach Nr. 8 Fall 2 ist der Notar in Angelegenheiten solcher Personen an der Mitwirkung gehindert, zu denen er oder eine Person i.S.v. Nr. 4 in einem ständigen Dienst- oder ähnlichem ständigen Geschäftsverhältnis steht. Der Notar darf also nicht mitwirken, wenn er Direktor, Prokurist, Syndikus oder Justitiar eines beteiligten Unternehmensträgers ist („Unternehmensnotar"). Die erfassten Geschäftsverhältnisse setzen **Weisungsabhängigkeit** voraus (siehe Rdn 104).

103 Kreditinstitute machen bisweilen die Bewilligung von Krediten davon abhängig, dass die Beteiligten den ständigen Notar dieses Instituts aufsuchen. Ein solcher **„Hausnotar"** steht zwar nicht in einem ständigen Geschäftsverhältnis zu dem Kreditinstitut; er ist daher nicht durch Nr. 8 von der Mitwirkung ausgeschlossen.[221] Derartige Geschäftspraktiken widersprechen aber grundlegenden Amtsprinzipien des Notars.[222] Wenn der Notar daher davon weiß, dass ein Kreditinstitut seine Mitwirkung in dieser Weise zur Voraussetzung des Geschäfts macht, muss er die anderen Beteiligten auf das Unzulässige dieser Praxis hinweisen und sie darüber belehren, dass sie selbstverständlich einen anderen Notar aufzusuchen berechtigt seien. Die Tatsache dieser Belehrung soll er in seine Niederschrift aufnehmen. Unterlässt er die Belehrung, setzt er sich der Gefahr disziplinarischer Verfolgung aus.

104 Ein ständiges Dienstverhältnis i.S.v. Nr. 8 liegt nur dann vor, wenn der Notar von dem Dienstherrn **abhängig** und ihm gegenüber **weisungsgebunden** ist.[223] Bei ständigen Beratungsverhältnissen führt dies zu einer wichtigen Abgrenzung: Die Abhängigkeit fehlt i.d.R., solange es sich um rein **anwaltliche Tätigkeiten** handelt. Auch der Syndikusanwalt ist in seinen Entschließungen frei und unabhängig, selbst wenn ein Beratungsvertrag mit fester Vergütung (Fixum) vorliegt. Häufig ergeben sich in solchen Fällen Probleme kostenrechtlicher Art. So kann es im Einzelfall schwierig sein zu beurteilen, ob die Beratung hinsichtlich einer bestimmten Rechtsfrage im Rahmen des Beratungsvertrages erfolgt und mit dem Fixum abgegolten ist, oder ob eine – gesondert zu vergütende – notarielle Beratung i.S.v. § 24 Abs. 1 BNotO stattgefunden hat.

K. Beteiligung an Kapitalgesellschaften (Nr. 9)

105 Nr. 9 erfasst nur Beteiligungen an **Kapitalgesellschaften** einschließlich eingetragener Genossenschaften.[224] Die Beteiligung an einer Personengesellschaft und an einem nicht rechtsfähigen Verein fällt hingegen unter Nrn. 1–3 (siehe Rdn 25). Der niedrige Nominalbetrag von 2.500 EUR soll dazu führen, dass auch geringe Beteiligungen an kapitalstarken Gesellschaften erfasst werden.[225] Der Normzweck gebietet es, Schachtelanteile und solche Anteile, die über Treuhänder kontrolliert werden, zusammenzurechnen.[226] Nr. 9 ist sinngemäß auch auf rechtsfähige Vereine anwendbar.

106 **Versammlungsbeschlüsse** darf der Notar daher beurkunden, wenn seine Beteiligung die Grenzen von Nr. 9 nicht überschreitet und er die Stimmrechte aus seiner Beteiligung weder selbst ausübt noch durch einen Vertreter ausüben lässt (siehe Rdn 38 ff.).

107 Beteiligungen von **Personen nach Nr. 2 bis 4** werden von Nr. 9 nicht erfasst. Die Beteiligung dieser Personen auch über die Grenzen von Nr. 9 hinaus löst für den Notar daher kein Mitwirkungsverbot in Angelegenheiten der Gesellschaft aus. Allerdings kann sich ein Mitwirkungsverbot unmittelbar aus

219 So *Winkler*, § 3 Rn 147; *ders.*, MittBayNot 1999, 1, 10.
220 Ausdrücklich zustimmend: Frenz/Miermeister/*Miermeister/de Buhr*, § 3 BeurkG Rn 56 Fn 86; a.A. Grziwotz/Sauer/Heinemann/*Grziwotz*, § 3 Rn 60; Soergel/*Mayer*, § 3 BeurkG Rn 16; Staudinger/*Herrler*, BeurkG Rn 282.
221 Grziwotz/Sauer/Heinemann/*Grziwotz*, § 3 Rn 61; Frenz/Miermeister/*Miermeister/de Buhr*, § 3 BeurkG Rn 57.
222 Vgl. OLG Celle v. 23.3.1966 – Not 7/66, DNotZ 1966, 632, 634.
223 Frenz/Miermeister/*Miermeister/de Buhr*, § 3 BeurkG Rn 57; a.A. wohl *Winkler*, § 3 Rn 157 mit Fn 7; offen lassend Staudinger/*Herrler*, BeurkG Rn 283.
224 BT-Drucks 13/11034, 40.
225 BT-Drucks 13/10589, 39.
226 Frenz/Miermeister/*Miermeister/de Buhr*, § 3 BeurkG Rn 58; Grziwotz/Sauer/Heinemann/*Grziwotz*, § 3 Rn 62; Staudinger/*Herrler*, BeurkG Rn 284; *Winkler*, MittBayNot 1999, 1, 11.

Nrn. 2 bis 4 ergeben, wenn eine dort genannte Person als wirtschaftlicher Inhaber der Gesellschaft anzusehen ist (siehe hierzu Rdn 25, 45).

L. Ablehnungsrechte nach Abs. 2 und 3

Unter den Voraussetzungen der Abs. 2 und 3 soll der Notar vor einer Urkundstätigkeit die Anwesenden auf die dort genannten Umstände **hinweisen** und ausdrücklich darüber **befragen**, ob er die Beurkundung gleichwohl vornehmen soll. Die Nrn. 2, 2a und 3 von Abs. 3 S. 1 enthalten insofern eine Ausnahme zu Abs. 1 S. 1 Nr. 6.[227] Der Notar ist im Falle des Abs. 3 S. 1 Nr. 2 aber dann an der Mitwirkung gehindert, wenn er bei der Beschlussfassung über den Gegenstand der Beurkundung in der Gemeinde- oder Kreisvertretung mitgewirkt hat.[228] Wie sich aus der Verweisung in Abs. 3 S. 2 ergibt, sind die in Abs. 3 Nrn. 2, 3 genannten Angelegenheiten nur gegenüber Abs. 1 S. 1 Nr. 6 und nicht auch gegenüber Nr. 7 privilegiert. Wegen der weiter reichenden Rechtsfolgen muss Nr. 7 als lex specialis gegenüber Abs. 3 S. 1 angesehen werden.[229] **108**

Ergibt sich ein Mitwirkungsverbot bereits aus Abs. 1 S. 1 Nr. 7 oder Nr. 8, so findet Abs. 2 keine Anwendung.[230] Für Abs. 2 bleibt neben Abs. 1 S. 1 Nr. 7 und Nr. 8 nur ein **kleiner Anwendungsbereich**. Dabei hat Abs. 2 Fall 2 größere Bedeutung als Fall 1.[231] **109**

Die Erfüllung seiner Hinweis- und Fragepflicht soll der Notar in den Fällen der Abs. 2 und 3 in der Niederschrift **vermerken**. Mit den Vorschriften des Abs. 2 und 3 konstituiert das BeurkG **kein förmliches Ablehnungsrecht** für die Beteiligten.[232] Ein solches Recht ist im Beurkundungsverfahren entbehrlich, sein Fehlen ist auch unter den Gesichtspunkten der Entscheidung des BVerfG vom 8.2.1967[233] zu § 6 Abs. 2 S. 2 FGG a.F. verfassungsrechtlich unbedenklich. Dies ergibt sich aus der Tatsache, dass die Beteiligten das Beurkundungsersuchen an den Notar jederzeit zurücknehmen und jeden anderen deutschen Notar mit demselben Beurkundungsersuchen aufsuchen können. Abs. 2 konstituiert also keine eigenen Rechtspositionen für Beteiligte und fügt sich stattdessen in die qualifizierte Belehrungs- und Vermerkpflicht des Notars über das Recht, ihm den Beurkundungsauftrag zu entziehen, ein.[234] Diese Belehrungspflicht besteht nur gegenüber den **anwesenden Beteiligten**, d.h. nur gegenüber denjenigen, die die Tätigkeit des Notars in Anspruch nehmen,[235] also z.B. nicht gegenüber einem Aktionär, der an einer vom Notar beurkundeten Hauptversammlung teilnimmt. Von dem Recht, dem Notar den Beurkundungsauftrag zu entziehen, kann daher auch bis zum Ende des Beurkundungsgeschäfts Gebrauch gemacht werden.[236] Eine andere Frage ist, welche kostenrechtlichen Folgen an eine derart verspätete Zurücknahme des Ersuchens geknüpft werden (Teil 2 Hauptabschnitt 1 Abschnitt 3 des Kostenverzeichnisses zum GNotKG). **110**

Mit Abs. 3 Nr. 3 gewährt das Gesetz den Notaren, die den vertretungsberechtigten Organen **kirchlicher Gliederungen** angehören, dasselbe Vorrecht, das Abs. 3 Nr. 2 den Notaren zubilligt, die Mitglieder entsprechender politischer Vertretungsorgane sind.[237] Die Ausnahme bezieht sich nur auf Religions- oder Weltanschauungsgemeinschaften, die als Körperschaft des öffentlichen Rechtes anerkannt sind. Diese Einschränkung ist solange unbedenklich, wie man einen Rechtsanspruch auf Verleihung der Körperschaftsrechte bei Vorliegen der materiell-rechtlichen Voraussetzungen anerkennt. **111**

227 Zu den Gründen für diese Regelung s. BT-Rechtsausschuss, BT-Drucks III/2128, 4 f.; vgl. auch *Hornig*, DNotZ 1952, 151 ff.; *Saage*, DNotZ 1962, 232 ff.

228 Notarkammer Hamm KammerReport Hamm 2/2004, S. 40; Arndt/Lerch/Sandkühler/*Sandkühler*, § 16 Rn 78, 107; *Mihm*, DNotZ 1999, 8, 15 f.; Staudinger/*Hertel*, 2017, BeurkG Rn 312; a.A. Frenz/Miermeister/*Miermeister/de Buhr*, § 3 BeurkG Rn 42 Fn 60, Rn 62 Fn 86; *Lerch*, § 3 Rn 78; *Winkler*, § 3 Rn 185.

229 Arndt/Lerch/Sandkühler/*Sandkühler*, § 16 Rn 78.

230 *Harder/Schmidt*, DNotZ 1999, 949, 965.

231 Eine Übersicht zu den Fallgestaltungen im Einzelnen gibt Frenz/Miermeister/*Miermeister/de Buhr*, § 3 BeurkG Rn 62.

232 Heinemann/Trautrims/*Hitzel*, § 3 Rn 69 ff.

233 BVerfG v. 8.2.1967 – 2 BvR 235/64, BVerfGE 21, 139 ff. = DNotZ 1967, 748 ff.

234 Heinemann/Trautrims/*Hitzel*, § 3 Rn 70.

235 Grziwotz/Heinemann/*Grziwotz*, § 3 Rn 70.

236 Grziwotz/Heinemann/*Grziwotz*, § 3 Rn 68; *Lerch*, § 3 Rn 75.

237 S. Bericht des BT-Rechtsausschusses, BT-Drucks V/4014, 3.

M. Anwaltsnotar als Honorarkonsul

112 Der Notar, der zugleich **Honorarkonsul** eines anderen Staates ist, hat sowohl im notariellen wie im konsularischen Tätigkeitsbereich Beurkundungszuständigkeiten. Als Konsularbeamter ist er nicht nur den Weisungen des Entsendestaates unterworfen. Er hat vielmehr auch die Interessen dieses Staates zu wahren. Bei seiner notariellen Tätigkeit ist er jedoch unabhängig und muss neutral sein. Ein Interessenkonflikt ist nicht auszuschließen, wenn ein Angehöriger des Entsendestaates des Honorarkonsuls an dem Beurkundungsakt des Notars beteiligt ist. Handelt es sich bei dem Gegenstand der Amtshandlung um eine Angelegenheit des Entsendestaates, ist dem Notar die Mitwirkung nach Abs. 1 S. 1 Nr. 8 verboten, weil er als Honorarkonsul in einem ständigen Dienstverhältnis zum Entsendestaat steht. Im Übrigen kann sich der Notar der Ausübung des Amtes wegen Befangenheit enthalten (§ 16 Abs. 2 BNotO).[238]

§ 4 Ablehnung der Beurkundung

Der Notar soll die Beurkundung ablehnen, wenn sie mit seinen Amtspflichten nicht vereinbar wäre, insbesondere wenn seine Mitwirkung bei Handlungen verlangt wird, mit denen erkennbar unerlaubte oder unredliche Zwecke verfolgt werden.

Literatur *Brambring*, Zur Möglichkeit der Heilung der Formnichtigkeit eines einen Grundstückskaufvertrag aufhebenden Vertrages entsprechend BGB § 313 S. 2 durch Löschung der Auflassungsvormerkung, DNotZ 1991, 151; *Fembacher*, Urkundsgewährungspflicht und „Grauer Kapitalmarkt", MittBayNot 2002, 496; *Ganter*, Notarielle Pflichten und Gläubigerschutz, DNotZ 2004, 421; *Ganter*, Zweifelsfragen im Notarhaftungsrecht, DNotZ 1998, 851; *Heinze*, Der Schutz öffentlicher Interessen durch das notarielle Beurkundungsverfahren: Die Pflicht zur Amtsverweigerung (§ 4 BeurkG) und ihre Bedeutung für die Gleichwertigkeit der Auslandsbeurkundung, DNotZ 2017, 804; *Hermanns*, Rechtsberatung durch Geschäftsbesorger – Sorgen für die Rechtsberater? DNotZ 2001, 6; *Kanzleiter*, Das Gesetz zur Änderung des § 313 BGB, DNotZ 1973, 519; *Kawohl*, Zur Ablehnung eines Notars wegen Besorgnis der Befangenheit, DNotZ 1996, 707; *Keller*, Grenzbereiche zwischen Strafrecht und Standesrecht des Notars, DNotZ 1995, 99; *Ladiges*, Aktuelle Änderungen bei der Geldwäsche gem. § 261 StGB und dem Geldwäschegesetz, NotBZ 2021, 447; *Regler*, Investorenvertrag und Vergaberechtsregime: Folgen für die notarielle Praxis, DNotZ 2010, 24; *Reul*, Verweigerung der Amtstätigkeit des Notars bei der Beurkundung eines Ehevertrages anläßlich einer Scheinehe, MittBayNot 1999, 248; *Ringhof*, Aufhebung eines Grundstückskaufvertrages, MittBayNot 1983, 57; *Röll*, Die notarielle Pflicht zur Beurkundung und Belehrung im Hinblick auf Konkurs, Vergleich und Anfechtungsgesetz, DNotZ 1976, 453; *Schmittmann*, Beurkundung bei Verdacht von Firmenbestattungen, NZI 2016, 124; *Schneeweiß*, Verbotene Rechtsberatung als Fallstrick für die notarielle Beurkundungspraxis? MittBayNot 2001, 24; *Schröder*, Die strafrechtliche Haftung des Notars als Gehilfe bei der Entsorgung einer insolvenzreifen GmbH außerhalb des Insolvenzverfahrens, DNotZ 2005, 596.

A. Allgemeines

I. Vornahmepflicht

1 § 4 BeurkG regelt die Pflicht, mittelbar aber auch umgekehrt die Berechtigung des Notars, eine Beurkundung abzulehnen.[1] Die Vorschrift steht im Spannungsverhältnis zum Urkundsgewährleistungsanspruch

238 Zust. Staudinger/*Hertel*, BeurkG Rn 283 a.E.

1 Vgl. BeckOGK/*Schaller*, Stand: 1.6.2025, § 4 BeurkG Rn 1; Grziwotz/Sauer/Heinemann/*Grziwotz*, § 4 Rn 20; *Winkler*, § 4 Rn 3.

des Bürgers. Die Übernahme einer Urkundstätigkeit steht grundsätzlich nämlich nicht im Belieben des Notars. Vielmehr darf nach § 15 Abs. 1 S. 1 BNotO die **Urkundstätigkeit** (§§ 20–22 BNotO) nicht ohne ausreichenden Grund versagt werden. Diese Verpflichtung beschränkt sich nicht auf die eigentliche Urkundstätigkeit, sondern erfasst auch die **Nebentätigkeiten,** zu denen der Notar nach den Vorschriften des BeurkG verpflichtet ist.[2] Hiervon zu unterscheiden sind die sonstigen **Betreuungstätigkeiten** nach den §§ 23, 24 BNotO, beispielsweise die notarielle Verwahrung (§§ 57 ff. BeurkG) oder die Einholung von Genehmigungen. Zur Übernahme einer solchen Tätigkeit ist der Notar nicht verpflichtet; er hat lediglich nach pflichtgemäßem Ermessen über die Durchführung zu entscheiden.[3] Wenn der Notar die Betreuungstätigkeit jedoch übernommen hat, muss er sie auch antragsgemäß durchführen.[4]

Verweigert der Notar eine Urkundstätigkeit oder eine sonstige Tätigkeit, zu deren Durchführung er verpflichtet ist, ist hiergegen das Rechtsmittel der **Notarbeschwerde** eröffnet (§ 15 Abs. 2 BNotO; vgl. auch § 54 BeurkG Rdn 1 ff.). Über die Beschwerde entscheidet eine Zivilkammer des LG seines Amtssitzes. 2

II. Recht zur Selbstablehnung wegen Befangenheit

Ein ausreichender Grund, die Amtstätigkeit zu verweigern, liegt vor, wenn der Notar sich selbst für befangen hält (§ 16 Abs. 2 BNotO).[5] Der Notar darf danach seine Amtstätigkeit nicht nur dann verweigern, wenn er sich selbst befangen fühlt, sondern auch dann, wenn er den Eindruck gewinnt, ein Beteiligter könnte mit verständigen Gründen an seiner Unparteilichkeit zweifeln.[6] 3

III. Pflicht zur Ablehnung

1. Grundsatz

§ 4 BeurkG begründet eine Pflicht zur Ablehnung der Amtshandlung. Der Zweck dieser Vorschrift ist es, der Herstellung öffentlicher Urkunden mit rechts- oder sittenwidrigem Verwendungszweck vorzubeugen und keinen zusätzlichen Vertrauenstatbestand durch die Beurkundung zu schaffen.[7] Beurkundungserfordernisse sichern in diesem Sinne auch den Schutz der Rechtsordnung.[8] Bei begründeten Zweifeln des Notars, ob er bei der Vornahme der Amtshandlung gegen seine Amtspflichten verstoßen würde, stellt sich die Frage ob bereits durch Offenlegung der Bedenken und entsprechende Hinweise und Belehrungen eine dem Zweck und dem Rechtspflegecharakter der Amtstätigkeit entsprechende Amtshandlung vorgenommen werden kann. Hier liegt die Entscheidung, ob die Amtshandlung vorgenommen wird oder nicht, im pflichtgemäßen Ermessen des Notars, der somit auch berechtigterweise die Vornahme der Amtshandlung ablehnen kann.[9] Überprüfbar ist die Entscheidung im Wege der Notarbeschwerde nach § 15 Abs. 2 BNotO (vgl. Rdn 2). 4

Für den Notar ist ein allgemeines Verbot der Vornahme amtspflichtwidriger Amtshandlungen darüber hinaus in § 14 Abs. 2 BNotO geregelt. § 4 BeurkG unterscheidet sich von § 14 Abs. 2 BNotO nur insoweit als sie das in der letztgenannten Bestimmung für alle notariellen Amtsgeschäfte ausgesprochene Mitwirkungsverbot speziell für Beurkundungen anordnet.[10] § 14 Abs. 4 BNotO regelt zudem ein Verbot von Vermittlungstätigkeiten (insb. Vermittlung von Darlehen oder Grundstücksgeschäften) sowie ein Verbot, Bürgschaften oder sonstige Gewährleistungen im Zusammenhang mit einem Amtsgeschäft zu übernehmen. Von den Verboten nach § 14 Abs. 4 BNotO sind die „durch Gesetz zugewiesenen Vermittlungstätigkeiten" ausgenommen. Gemeint ist damit etwa das durch das SachenRBerG vorgesehene notarielle Vermittlungsverfahren. 5

Im Hinblick auf die Regelung allgemeiner Amtspflichten des Notars ist zu unterscheiden, ob es sich um eine Grundpflicht handelt, die der Ausgestaltung des Notaramts als Institution dient, oder um eine konkrete **drittbezogene Verhaltensanforderung**, die der Notar gegenüber den materiell Beteiligten zu er- 6

2 Arndt/Lerch/Sandkühler/*Sandkühler*, § 15 Rn 16; vgl. zur Abgrenzung Frenz/Miermeister/*Frenz*, § 15 BNotO Rn 13 ff.; Schippel/Eschwey/*Sander*, § 15 BNotO Rn 3 ff.
3 *Bohrer*, Rn 205; Frenz/Miermeister/*Frenz*, § 15 BNotO Rn 27; Arndt/Lerch/Sandkühler/*Sandkühler*, § 15 Rn 8.
4 Frenz/Miermeister/*Frenz*, § 15 BNotO Rn 28.
5 Vgl. OLG Hamm DNotZ 1996, 703, 704.
6 Arndt/Lerch/Sandkühler/*Sandkühler*, § 16 Rn 109.
7 Vgl. BMJ DNotZ 1983, 521, 522.
8 Vgl. *Heinze*, DNotZ 2017, 804, 806 (zu Beurkundungserfordernissen im Gesellschaftsrecht), 807 (zu Schutzlücken bei Auslandsbeurkundung).
9 BeckOGK/*Schaller*, Stand: 1.6.2025, § 4 BeurkG Rn 10 f.
10 Frenz/Miermeister/*Miermeister/deBuhr*, § 4 Rn 1.

füllen hat. Ein spezielles Verhaltensgebot kann dabei den Charakter einer institutionellen Grundpflicht haben und zugleich eine Pflicht gegenüber den Beteiligten regeln.[11] Das Gebot, Amtstätigkeiten, insbesondere Beurkundungen, nicht vorzunehmen, wenn sich die nachgesuchte Amtstätigkeit nicht mit den Amtspflichten des Notars vereinbaren lässt, kann insofern als „verfahrensrechtliche Ausformung" des auf § 14 Abs. 3 S. 1 BNotO gestützten sog. Integritätsgebots verstanden werden.[12]

2. Neutralitätsgebot, Besorgnis der Befangenheit

7 Als Institution staatlicher Rechtspflege unterliegt der Notar einem strikten **Neutralitätsgebot** (§§ 13 Abs. 1, 14 Abs. 1 BNotO). Hieraus ergibt sich ein konkreter Verhaltensmaßstab für die Verwaltung des Notaramtes. Der Notar muss seine Amtstätigkeit unparteiisch ausführen. Bringt der Notar die für das Verfahren notwendige Distanz und Neutralität im Einzelfall nicht mit, hat er sich für befangen zu erklären.

8 Sofern der Notar nicht ohnehin schon einem Mitwirkungsverbot unterliegt (vgl. § 3 BeurkG), ist gesetzlich nicht eindeutig geregelt, ob er bei **Besorgnis der Befangenheit** von seinem Recht auf Selbstablehnung Gebrauch machen muss. Aus § 16 Abs. 2 BNotO lässt sich eine dahingehende Pflicht nicht unmittelbar ableiten.[13] Ob eine entsprechende Verpflichtung sich aus § 14 Abs. 3 S. 2 BNotO herleiten lässt, ist umstritten.[14] Auch wenn der Notar seine neutrale Amtsführung nicht als gefährdet ansieht, muss er den Beteiligten aber jedenfalls die Gründe darlegen, die für eine Befangenheit sprechen können. § 14 Abs. 3 S. 2 BNotO legt dem Notar die Pflicht auf, selbst den Anschein der Parteilichkeit zu vermeiden. Nur wenn dieser Anschein nicht ausgeräumt werden kann, hat der Notar wegen § 14 Abs. 3 S. 2 BNotO seine Amtstätigkeit zu versagen.

9 Können die Parteien nicht schlicht einen anderen Notar wählen, stellt sich die Frage, ob eine **Selbstablehnung** des Notars bezogen auf eine konkrete Verfahrenshandlung im Wege der **Notarbeschwerde** nach § 15 Abs. 2 BNotO erzwungen werden kann. Das Problem wird etwa virulent, wenn der Beteiligte, der den Notar für befangen hält, sein an den Notar gerichtetes Ansuchen auf Durchführung einer Amtshandlung nicht ohne weiteres zurücknehmen kann (vgl. etwa § 60 BeurkG). Nach Auffassung des OLG Hamm kann eine Selbstablehnung des Notars im Beschwerdeverfahren durchgesetzt werden, wobei allerdings die Amtshandlung, der der Notar sich enthalten soll, konkret bezeichnet werden müsse.[15] Ein Ablehnungsrecht der Beteiligten wegen Besorgnis der Befangenheit, das im Wege der Notarbeschwerde verfolgt werden könnte, ist jedoch weder erforderlich noch zweckmäßig. Vielmehr muss der Beteiligte, wie im Übrigen auch das Erfordernis des spezifizierten Antrags zeigt, unmittelbar die Vornahme der geschuldeten Amtshandlung verfolgen, und zwar nach Maßgabe der für diese Amtshandlung geltenden Voraussetzungen.[16] Besonderheiten gelten im Klauselverfahren, da der Notar hier die in einem ZPO-Verfahren zuständige Instanz ist (vgl. § 52 BeurkG Rdn 71 f.).

B. Amtspflichtverletzungen

I. Unwirksame Beurkundungsakte

10 Wenn der Notar eine nachgesuchte Amtshandlung nicht wirksam vornehmen kann, muss er das Ansuchen ablehnen. Da ein im Geltungsbereich der BNotO bestellter Notar nach hier vertretener Ansicht keine Befugnis zur Vornahme von Amtshandlungen im Ausland hat (vgl. § 2 BeurkG Rdn 28), darf er einem darauf gerichteten Ersuchen nicht nachkommen.

Ein Beurkundungsakt ist auch unwirksam, wenn der Notar nach den §§ 6, 7 BeurkG von der Beurkundung ausgeschlossen ist. Der Notar muss seine Amtstätigkeit in diesen Fällen versagen.

11 Vgl. *Bohrer*, Rn 89.

12 *Bohrer*, Rn 101; Arndt/Lerch/Sandkühler/*Sandkühler*, § 14 Rn 61.

13 Frenz/Miermeister/*Miermeister/de Buhr*, § 16 BNotO Rn 3.

14 Frenz/Miermeister/*Miermeister/de Buhr*, § 16 BNotO Rn 3; für eine Ablehnungspflicht: BeckOK-BNotO/*Sander*, § 16 Rn 84; gegen eine Ablehnungspflicht: Arndt/Lerch/Sandkühler/*Sandkühler*, § 14 Rn 112.

15 OLG Hamm DNotZ 1996, 703, 705 f.

16 *Kawohl*, DNotZ 1996, 707, 709; Arndt/Lerch/Sandkühler/*Sandkühler*, § 16 Rn 110; Schönenberg-Wessel/Plottek/Sikora/*Meier*, BNotO, § 16 Rn 24: Beschwerde analog § 15 Abs. 2, wenn Stadium des Urkundsvollzugs; in die gleiche Richtung Diehn/*Seger*, § 16 BNotO Rn 84.

II. Mitwirkungsverbote, Abhängigkeiten

Der Notar hat seine Amtstätigkeit unparteiisch auszuführen und von vornherein Abhängigkeitsverhältnisse zu vermeiden, auf deren Boden eine unparteiische Amtsführung womöglich nicht mehr gewährleistet ist. Durch die Mitwirkungsverbote des § 3 BeurkG werden diese Gebote konkretisiert (vgl. § 3 BeurkG Rdn 1). Der Notar verstößt gegen seine Amtspflicht, wenn er gleichwohl eine Urkundstätigkeit vornimmt. Anders als bei Vorliegen eines Ausschlussgrundes nach §§ 6, 7 BeurkG ist der Beurkundungsakt als solcher in diesem Fall jedoch wirksam. 11

§ 14 Abs. 4 S. 1 BNotO untersagt dem Notar **Vermittlungstätigkeiten**. Übernimmt der Notar beispielsweise die Vermittlung eines Grundstückskaufes, ist der Maklervertrag jedenfalls dann nach § 134 BGB nichtig, wenn der Notar den Grundstückskaufvertrag beurkundet und damit durch seine Amtstätigkeit eine Voraussetzung für den Anspruch auf Maklerprovision erfüllt.[17] Untersagt ist dem Notar ebenfalls die Beurkundung des Grundstückskaufvertrages selbst. Da insoweit jedoch kein Ausschlussgrund nach §§ 6, 7 BeurkG greift, ist die Beurkundung als solche – ungeachtet der disziplinarischen Folgen – trotz des Pflichtenverstoßes wirksam. 12

III. Nichtige Rechtsgeschäfte, unwirksame Klauseln, nichtige Beschlüsse

Der Notar schuldet nicht nur die wirksame Beurkundung, sondern das wirksame Rechtsgeschäft bzw. den wirksamen Verfahrensantrag. § 4 BeurkG verbietet es ihm daher, Beurkundungen über Rechtsgeschäfte vorzunehmen, die ohne jeden vernünftigen Zweifel **unwirksam** sind.[18] Diese Verpflichtung des Notars soll den Betroffenen davor schützen, dass er im Vertrauen auf den Bestand des Geschäfts Aufwendungen tätigt, die infolge der Unwirksamkeit des Geschäfts nutzlos sind.[19] Einen Antrag auf Erteilung eines gegenständlich beschränkten Erbscheins darf der Notar nicht beurkunden, wenn der Erbschein nach seiner eigenen Überzeugung nicht erteilt werden kann.[20] Tritt beispielsweise ein **Vertreter ohne Vertretungsmacht** auf und erscheint eine Genehmigung des Vertretergeschäfts ausgeschlossen, hat der Notar die Beurkundung abzulehnen (im Übrigen vgl. § 12 BeurkG Rdn 15 ff., § 17 BeurkG Rdn 55 ff.).[21] 13

Verstößt ein Vertrag gegen ein gesetzliches Verbot oder gegen die guten Sitten (§§ 134, 138 BGB), darf der Notar nicht beurkunden. Insbesondere Unterwerfungserklärungen des Schuldners wurden seitens der Rechtsprechung nicht selten als **gesetzwidrig**[22] oder **sittenwidrig** bzw. unangemessen bewertet.[23] Obwohl der Notar kein Wirtschaftsberater der Beteiligten ist (siehe auch § 17 BeurkG Rdn 70 ff.),[24] muss er unter Umständen die für ihn erkennbaren wirtschaftlichen Folgen eines Rechtsgeschäfts beachten, da eine **schwere Äquivalenzstörung** zur Sittenwidrigkeit und damit Nichtigkeit des Vertrages führen kann.[25] Diese Folge tritt etwa ein, wenn das erkennbare Missverhältnis zwischen Leistung und Gegenleistung so erheblich ist, dass schon aufgrund dessen auf eine verwerfliche Gesinnung des Begünstigten geschlossen werden kann.[26] 14

Wird die Beurkundung vorformulierter Erklärungen verlangt, hat der Notar die §§ 305 ff. BGB zu beachten und erforderlichenfalls zu prüfen, ob die Klauseln einer **Inhaltskontrolle** standhalten (zur Inhalts- 15

17 BGH DNotZ 1991, 318, 319 f.

18 BGH v. 1.10.2015 – V ZB 171/14, DNotZ 2016, 151, 155; BGH v. 22.9.2016 – III ZR 427/15, NJW 2016, 3525, 3526; BGH v. 19.9.2020 – V ZB 11/18, FGPrax 2020, 43, 45; BeckOGK/*Schaller*, Stand: 1.6.2025, § 4 BeurkG Rn 31; Schippel/Eschwey/*Sander*, § 14 BNotO Rn 23; vgl. auch Diehn/*Seger*, § 14 BNotO Rn 24.

19 BGH DNotZ 2001, 486, 488.

20 OLG Hamm ZEV 2013, 566.

21 BGH DNotZ 1994, 485, 486; BGH DNotZ 1998, 621, 622; BeckOGK/*Schaller*, Stand: 1.6.2025, § 4 BeurkG Rn 35.

22 Z.B. Unterwerfungserklärung mit Nachweisverzicht in einem Bauträgervertrag: BGHZ 139, 387, 390 ff. = NJW 1999, 51; OLG Dresden DNotZ 2000, 126, 128 f. m. Anm. *Reithmann* (Generalübernehmervertrag); kritisch etwa *Wolfsteiner*, DNotZ 1999, 99 ff.; *Wolfsteiner*, Vollstreckbare Urkunde, Rn 6.37 ff.

23 Z.B. formularmäßige Unterwerfung, wenn Grundschuldbesteller nicht mit Titelschuldner identisch ist: BGHZ 114, 9, 13 = DNotZ 1992, 91 mit Anm. *Stürner*; vgl. hierzu DNotI-Report 1999, 161 ff.; *von Rintelen*, RNotZ 2001, 2, 25 m.w.N. zum Streitstand; Unterwerfungserklärung mit Nachweisverzicht wegen des Werklohnanspruchs des Bauunternehmers: BGH NJW 2002, 138, 139.

24 BGH DNotZ 1967, 323, 324; BGH DNotZ 1968, 303.

25 Vgl. *Ganter*, DNotZ 1998, 851 ff.; MüKo-BGB/*Armbrüster*, § 138 BGB Rn 207 ff.

26 Vgl. BGHZ 146, 298, 302 ff.; BGH NJW 2014, 1652 Rn 5 f. m.w.N. (wucherähnlicher Grundstückserwerb); zur sittenwidrigen Übervorteilung s.a. BGH NJW 2014, 2177 Rn 10.

kontrolle notarieller Verträge § 17 BeurkG Rdn 52 f.).[27] Die Beurkundung unwirksamer Klauseln hat der Notar zu versagen. Sind mit dem Wegfall der danach unwirksamen Klausel für einen Vertragspartner nachteilige Rechtsfolgen verbunden, hat der Notar die Beurkundung des gesamten Rechtsgeschäftes zu unterlassen.

16 Das Beurkundungsverbot des § 4 BeurkG bezieht sich nur auf **unzweifelhaft nichtige Rechtsgeschäfte** oder Klauseln. Dem Notar kommt keine Kompetenz zur Entscheidung strittiger Fragen zu; hierfür sind die Beteiligten auf die Klärung im Zivilprozess verwiesen.[28] § 4 BeurkG hindert den Notar also nicht bereits dann an der Beurkundung, wenn die h.M. von der Nichtigkeit des fraglichen Rechtsgeschäfts ausgeht.[29] Der Notar ist vielmehr verpflichtet, auf die rechtliche Problematik hinzuweisen (§ 17 Abs. 2 BeurkG, vgl. im Übrigen zur **Belehrungspflicht** § 17 BeurkG Rdn 36 f.; zur **Erörterungs- und Vermerkpflicht in Zweifelsfällen** § 17 BeurkG Rdn 153 ff.).

17 Hinsichtlich der **Beurkundung von Hauptversammlungsbeschlüssen** (Tatsachenbeurkundung, §§ 36, 37 BeurkG) ist zu beachten, dass für die Feststellung der Mangelhaftigkeit der Klageweg vorgesehen ist (§§ 245 ff. AktG). Der Notar hat die Beurkundung des Beschlusses deshalb nach § 4 BeurkG nur zu versagen, wenn es sich um einen erkennbar sittenwidrigen Beschluss handelt, darf aber im Übrigen nicht anstelle des Richters die Mangelhaftigkeit des Beschlusses feststellen.[30]

18 Der Notar, der – gegebenenfalls auch nachträglich – die Nichtigkeit eines von ihm beurkundeten Vertrages erkennt, hat den weiteren **Vollzug des Vertrages** abzulehnen.[31] Insbesondere muss er die **Erteilung einer vollstreckbaren Ausfertigung** ablehnen, wenn ihm nach der Aufnahme der Urkunde Umstände bekannt werden, die eine Ablehnung der Beurkundung nach § 4 BeurkG erforderlich gemacht hätten.[32] Haben die Vertragsparteien im Vertrag eine gemeinsame Vollzugsanweisung (eventuell mit Vollzugsvollmacht) erteilt und bestreitet eine Partei mit beachtlichen Gründen die Wirksamkeit der Regelung, darf der Notar die Weisung nicht ausführen, wenn er damit zur Durchsetzung einer gerade bestrittenen Rechtsposition beitragen würde.[33]

IV. Nichterreichung des Beurkundungszwecks

19 Der Notar darf nicht dabei mitwirken, dass ein Rechtsgeschäft nur unter gezielter und deshalb missbräuchlicher **Ausnutzung gesetzlicher Heilungsmöglichkeiten** zustande kommt.[34] Das Gebot, Beurkundungserfordernisse nicht zu umgehen, greift nicht nur, wenn die Umgehung durch die gezielte Ausnutzung gesetzlicher Heilungsmöglichkeiten im technischen Sinne erfolgen soll. Untersagt ist auch die Mitwirkung bei Gestaltungsformen, die darauf gerichtet sind, ein an sich bestehendes Beurkundungserfordernis entfallen zu lassen und damit den Schutzzweck der Beurkundung zu unterlaufen. Der Notar ist durch § 4 BeurkG gehindert, solche „**Umwege**" gezielt vorzuschlagen oder sonst dabei mitzuwirken, dass sie eingeschlagen werden.[35] Sie stellen Verkürzungen des notariellen Rechtsschutzes dar und lassen eine wesentliche Funktion des Notaramtes leer laufen.

27 Frenz/Miermeister/*Frenz*, § 14 BNotO Rn 31; *Winkler*, § 4 Rn 17.

28 BGH v. 1.10.2015 – V ZB 171/14, DNotZ 2016, 151, 155 m.w.N.; vgl. auch BGH v. 19.9.2020 – V ZB 11/18, FGPrax 2020, 43, 45 m.w.N.

29 *Lerch*, § 4 Rn 8b (Streit darüber könne „nicht über § 4 ausgetragen werden").

30 BGH DNotZ 2015, 207, 211 Rn 18 m.w.N. (zum Streitstand); BGH v. 1.10.2015 – V ZB 171/14, DNotZ 2016, 151, 155.

31 BGH DNotZ 1987, 558, 559; BGH DNotZ 2001, 486, 488; BGH v. 1.10.2015 – V ZB 171/14, DNotZ 2016, 151, 155; BGH v. 19.9.2020 – V ZB 11/18, FGPrax 2020, 43, 45; BayObLG DNotZ 1998, 645, 646; OLG Frankfurt DNotZ 1998, 196, 198; OLG Düsseldorf MittBayNot 2002, 206, 207 = RNotZ 2002, 112, 112; vgl. auch OLG Zweibrücken MittBayNot 2002, 126 f.; BeckOGK/*Schaller*, Stand: 1.6.2025, § 4 BeurkG Rn 17, 31; Frenz/Miermeister/*Frenz*, § 14 BNotO Rn 35; *Winkler*, § 4 Rn 66; Grziwotz/Sauer/Heinemann/*Grziwotz*, § 4 Rn 16; Arndt/Lerch/Sandkühler/*Sandkühler*, § 14 Rn 98; zur Unzulässigkeit der Übereignung des verkauften Grundstücks, wenn Käufer auf der UNO-Liste der Personen steht, gegen die Sanktionen als Al-Qaida-Verdächtige verhängt wurde vgl. EuGH ZNotP 2007, 415, 418 ff.

32 LG Bochum DNotZ 1990, 571, 573.

33 BGH v. 1.10.2015 – V ZB 171/14, DNotZ 2016, 151, 156; OLG Schleswig v. 27.7.2016 – 2 Wx 55/16, NotBZ 2017, 76, 78.

34 Vgl. BayObLG DNotZ 1998, 645, 646 (Unterverbriefung); Arndt/Lerch/Sandkühler/*Sandkühler*, § 14 Rn 89; vgl. auch BeckOGK/*Schaller*, Stand: 1.6.2025, § 4 BeurkG Rn 31.

35 Vgl. *Brambring*, DNotZ 1991, 151, 152; *Ringhof*, MittBayNot 1983, 57.

V. Erkennbar missbilligter Zweck

Im Interesse der Glaubwürdigkeit des Notaramtes darf der Notar keine Amtshandlungen vornehmen, deren **rechts- oder sittenwidrigen Zweck** er bei pflichtgemäßer **Prüfung erkennen muss**.[36] Das Amtsverbot gilt insbesondere, freilich nicht ausschließlich, bei einem Verdacht von Straftaten.[37] Ob der Notar amtlich oder privat Kenntnis von dem missbilligten Zweck erlangt hat, ist insoweit unerheblich.[38] Das heißt allerdings nicht, dass der Notar ohne hinreichenden Anlass nach dem Zweck, den die Beteiligten mit einem an sich unbedenklichen Rechtsgeschäft verfolgen, forschen muss. Der bloße, rein abstrakte **Verdacht**, es könnte gegebenenfalls ein unredlicher und unerlaubter Zweck verfolgt werden, verpflichtet ihn zwar auch noch nicht, die Amtshandlung nach § 4 BeurkG abzulehnen.[39] Dem Notar muss aber bewusst sein, dass er objektiven[40] Verdachtsmomenten nachgehen muss.[41] Ein solcher Anhaltspunkt kann beispielsweise sein, dass der Notar keinen wirtschaftlichen Sinn für das zur Beurkundung angetragene Geschäft erkennen kann und ihm dieser Sinn auch auf Nachfragen durch die Beteiligten nicht klar wird; dies spricht meist weniger gegen die Urteilsfähigkeit des Notars als dafür, dass die Beteiligten dem Notar den eigentlichen Sinn der Beurkundung nicht offenbaren wollen.[42] Liegen solche Verdachtsmomente vor, genügt es nicht, dass der Notar auf die Angaben der Beteiligten vertraut.[43] Sprechen bspw. gewichtige Anhaltspunkte dafür, dass die Urkundsgeschäfte einer unredlichen sog. „**Firmenbestattung**" dienen sollen, darf der Notar die Amtshandlung nicht vornehmen.[44] 20

Von herausgehobener Bedeutung sind insbesondere solche Fälle, in denen der Notar Kenntnis oder erkennbaren Verdacht einer Straftat nach § 261 StGB (**Geldwäsche**) erlangt. Insoweit ist besondere Sensibilität des Notars erforderlich. Ein diesbezügliches Urkundsgeschäft darf nicht vorgenommen werden (siehe insb. auch § 10 Abs. 9 S. 3, 4 GwG).[45] Nach dem ausdrücklichen Willen des Gesetzgebers ist Ziel der Vorschrift, den Risiken von Straftaten im Zusammenhang mit Geldwäsche in der Immobilie präventiv entgegenzuwirken.[46] Daraus folgt, dass wenn ein Beteiligter die erforderliche Dokumentation der Eigentums- und Kontrollstruktur zur Überprüfung der Identität des wirtschaftlich Berechtigten nicht vorlegt, die Beurkundung deshalb gem. § 10 Abs. 9 S. 4 GwG in jedem Fall abzulehnen ist. Ein Ermessensspielraum steht dem Notar nicht zu. Mit Blick darauf, dass Straftaten betreffend § 261 StGB im Immobiliensektor regelmäßig einen Auslandsbezug aufweisen, besteht ein Beurkundungsverbot darüber hinaus, wenn eine ausländische Gesellschaft sich verpflichtet, eine im Inland gelegene Immobilie zu erwerben, und keine Angaben zum wirtschaftlich Berechtigten an das Transparenzregister zur Eintragung mitgeteilt hat. Nichts Anderes gilt in solchen Fällen, in denen eine im Ausland ansässige Gesellschaft Geschäftsanteile erwirbt und in der Folge unmittelbar oder mittelbar mindestens 90 % der Anteile an einer immobilienhaltenden Gesellschaft innehat (= Erwerbsvorgang i.S.d. § 1 Abs. 3 oder Abs. 3a GrEStG). Seit 1.7.2023 besteht auch ein Beurkundungsverbot, wenn eine ausländische Vereinigung, die mittelbar oder unmittelbar Immobilien hält, nicht in das Transparenzregister eingetragen ist (§ 20 Abs. 1 S. 2 GwG). Darüber hinaus besteht nach Art. 2 der Verordnung (EU) Nr. 881/200292 ein Beurkundungsverbot, wenn ein Beteiligter auf einer Finanzsanktionsliste geführt wird. Nach Abgabe einer Meldung an die FIU besteht während der Dauer der sog. Anhaltepflicht (§ 46 GwG) ebenfalls ein Beurkundungsverbot. Den Be- 21

36 BeckOGK/*Schaller*, Stand: 1.6.2025, § 4 BeurkG Rn 36 (auch zu arglistiger Täuschung und widerrechtlicher Drohung); Schippel/Eschwey/*Sander*, § 14 BNotO Rn 23; Staudinger/*Herrler*, vor §§ 127a, 128 (BeurkG) Rn 453; vgl. auch LG Wuppertal MittRhNot 1994, 122; zur Problematik des Verkaufs eines Grundstücks an eine Person, die auf der UNO-Liste der Al-Qaida-Verdächtigen steht vgl. EuGH ZNotP 2007, 415 ff.

37 BGH v. 23.11.2015 – NotSt (Brfg) 4/15, DNotZ 2016, 227, 229 m.w.N.; BGH v. 24.7.2017 – NotSt (Brfg) 2/17, MDR 2017, 1151.

38 *Lerch*, § 4 Rn 9; Grziwotz/Sauer/Heinemann/*Grziwotz*, § 4 Rn 55, *Winkler*, § 4 Rn 31.

39 BeckOGK/*Schaller*, Stand: 1.6.2025, § 4 BeurkG Rn 41; *Ganter*, DNotZ 1998, 851, 852; Soergel/*Mayer*, § 4 BeurkG Rn 3; *Winkler*, § 4 Rn 48; Arndt/Lerch/Sandkühler/*Sandkühler*, § 14 Rn 95; Staudiger/*Herrler*, vor §§ 127a, 128 (BeurkG) Rn 453.

40 Vgl. auch Grziwotz/Sauer/Heinemann/*Grziwotz*, § 4 Rn 22: § 4 BeurkG könne nicht subjektiv nach dem jeweiligen Empfinden des Notars ausgelegt werden, da andernfalls bei einem weniger pflichtbewussten Notar Beurkundungen zulässig wären, die bei einem anderen Notar unter die Urkundsverweigerung fielen.

41 Vgl. etwa BGH v. 23.11.2015 – NotSt (Brfg) 4/15, DNotZ 2016, 227, 229 f.; BGH v. 8.4.2019 – NotSt (Brfg) 5/18 NJW-RR 2019, 1143, 1146 (jeweils zur sog. Firmenbestattung); *Schmittmann*, NZI 2016, 124, 125.

42 Staudinger/*Herrler*, vor §§ 127a, 128 (BeurkG) Rn 453.

43 BGH v. 23.11.2015 – NotSt (Brfg) 4/15, DNotZ 2016, 227, 230.

44 BGH v. 8.4.2019 – NotSt (Brfg) 5/18, NJW-RR 2019, 1143, 1145.

45 Ausführlich *Ladiges*, NotBZ 2021, 447 ff., 452.

46 Vgl. BT-Drucks 19/15196, 46; Schippel/Eschwey/*Sander*, § 14 BNotO Rn 37.

teiligten steht gegen die Verweigerung der Amtstätigkeit die Beschwerde nach § 15 Abs. 2 BNotO zur Verfügung (§ 10 Abs. 9 S. 5 GwG).[47] Demgegenüber betrifft der mit dem Sanktionsdurchsetzungsgesetz II vom 19.12.2022 eingefügte § 16a GwG nicht den Beurkundungsvorgang, sondern den Vollzug der Urkunde, indem er dem Notar die Pflicht zur Überwachung des Verbots der Barzahlung beziehungsweise mit Kryptowerten und Rohstoffen eines Immobilienerwerbs auferlegt.[48]

22 Fehlt es einerseits an der klaren Erkennbarkeit der Verfolgung unerlaubter oder unredlicher Zwecke, lassen sich andererseits aber **Verdachtsmomente** nicht völlig ausräumen, bleibt es richtigerweise der **pflichtgemäßen Beurteilung** durch den Notar im Einzelfall überlassen, ob er von der Vornahme absieht oder ob er sie, namentlich um durch sein Untätigbleiben keinen irreparablen Schaden herbeizuführen, gleichwohl vornimmt.[49] Ist das Geschäft per se schon schwer durchschaubar,[50] ist Folgendes zu beachten: Kann der Notar das zweifelhafte Geschäft in tatsächlicher und rechtlicher Hinsicht nicht überblicken, muss er sich Aufklärung verschaffen und, falls ihm das nicht gelingt, seine Amtstätigkeit verweigern.[51] Die Beteiligten trifft die „Darlegungslast" gegenüber dem zweifelnden Notar, dass sie den Notar vollständig informiert haben und dass das gewünschte Geschäft für den Notar wirtschaftlich jedenfalls nachvollziehbar ist.[52]

23 Vereinbarungen, die **zwingendem Recht widersprechen**, darf der Notar nicht beurkunden, da mit dem Geschäft schon aus diesem Grund ein rechtlich missbilligter Zweck verfolgt wird. Ebenso darf der Notar nicht bei einer **Gesetzesumgehung** mitwirken (z.B. Verstöße gegen die Informations- und Wartepflicht im Vergaberecht).[53] Gleiches gilt, wenn ein Genehmigungserfordernis umgangen werden soll.[54] Unerlaubte Zwecke liegen im Übrigen nicht nur dann vor, wenn das nationale Recht das Verbot aufstellt, sondern ebenfalls dann, wenn sich das Verbot aus im Inland geltenden europäischen Recht ergibt.[55] Häufig ist ein Gesetzesverstoß (z.B. ein **Vergaberechtsverstoß**, der Gegenstand eines Nachprüfungsverfahrens werden kann[56]) für den Notar allerdings nicht erkennbar.

24 Von praktischer Relevanz sind insoweit die (derzeit) bestehenden **Russland-Sanktionen**. Verstößt ein deutscher Notar gegen das Verbot, unmittelbar oder mittelbar Dienstleistungen im Bereich der Rechtsberatung für eine in Russland niedergelassene juristische Person zu erbringen, wenn er einen Kaufvertrag über ein Wohnungseigentum zwischen dieser Person als Verkäuferin und einem Staatsangehörigen eines Mitgliedstaats der Union beurkundet?

25 Ein Ablehnungsgrund besteht dagegen nicht schon dann, wenn der Notar weiß, dass ein Beteiligter hoch verschuldet ist und die abstrakte Möglichkeit der **Gläubigerbenachteiligung** besteht.[57] Auch wenn die Voraussetzungen für eine Anfechtung (§§ 129 ff. InsO, §§ 1 ff. AnfG) vorliegen, darf der Notar die Beurkundung nicht allein deshalb ablehnen.[58] Dies liegt darin begründet, dass diese Anfechtungsmöglichkeit einem Dritten eröffnet ist, dessen Entscheidung der Notar nicht vorgreifen darf.[59] Anderes gilt jedoch, wenn das Rechtsgeschäft darüber hinaus sittenwidrig ist (§ 138 BGB), auf ein Scheingeschäft hinausläuft oder eine strafbare Handlung enthält.[60] Insbesondere kann in Fällen, in denen eine Handlung die Anfechtung wegen inkongruenter Deckung (§ 131 InsO) eröffnet, zugleich der Straftatbestand des § 283c StGB

47 Grziwotz/Sauer/Heinemann/*Grziwotz*, § 4 Rn 46.
48 Schippel/Eschwey/*Sander*, § 14 BNotO Rn 39.
49 So *Ganter*, DNotZ 1998, 851, 852; vgl. auch BeckOGK/*Schaller*, Stand: 1.6.2025, § 4 BeurkG Rn 10; *Winkler*, § 4 Rn 4; Grziwotz/Sauer/Heinemann/*Grziwotz*, § 4 Rn 22; a.A. *Lerch*, § 4 Rn 9 (Vornahmepflicht); Arndt/Lerch/Sandkühler/*Sandkühler*, § 14 Rn 95 (Pflicht zur Amtsverweigerung, wenn Verdachtsgründe nicht ausgeräumt werden).
50 Beispiel: BGH NJW-RR 2001, 1254.
51 Vgl. BGH NJW-RR 2001, 1354, 1355 (zu § 97 BNotO).
52 *Winkler*, § 4 Rn 48.
53 Zur Problematik der Vergaberechtsverstöße: *Regler*, DNotZ 2010, 24, 45 ff. (zur Umgehung des Vergaberechts: S. 47).
54 BGH v. 20.7.2020 – NotSt (Brfg) 2/20, DNotZ 2020, 953, 955 (zu § 2 GrdstVG) = NotBZ 2021, 36 m krit. Anm. *Grziwotz*.
55 Grziwotz/Sauer/Heinemann/*Grziwotz*, § 4 Rn 17.
56 Hierzu *Regler*, DNotZ 2010, 24, 47 f.
57 OLG Köln DNotZ 1989, 52, 54.
58 BeckOGK/*Schaller*, Stand: 1.6.2025, § 4 BeurkG Rn 37; Frenz/Miermeister/*Frenz*, § 14 BNotO Rn 35; Arndt/Lerch/Sandkühler/*Sandkühler*, § 14 Rn 94; Grziwotz/Sauer/Heinemann/*Grziwotz*, § 4 Rn 34; *Winkler*, § 4 Rn 10; s. auch *Ganter*, DNotZ 2004, 421, 422; Schippel/Eschwey/*Sander*, § 14 BNotO Rn 30; s. auch *F. Armbrüster*, Gläubigerbenachteiligung und Beurkundungsverfahren, S. 102 ff., 113; a.A. Soergel/*Mayer*, § 4 BeurkG Rn 7; *Reul/Heckschen/Wienberg*, S. 121 (Benachteiligungsvorsatz).
59 Schippel/Eschwey/*Sander*, § 14 BNotO Rn 30.
60 BeckOGK/*Schaller*, Stand: 1.6.2025, § 4 BeurkG Rn 38; Frenz/Miermeister/*Frenz*, § 14 BNotO Rn 34; *Winkler*, § 4 Rn 10.

erfüllt sein.[61] Die diese Umstände begründenden Tatsachen müssen für den Notar unzweifelhaft feststehen, bevor er die Beurkundung ablehnen darf. Der Notar hat jedoch bereits bei dem Verdacht auf Vorliegen eines Anfechtungsgrundes entsprechend zu belehren (vgl. § 17 BeurkG Rdn 72). Falls dem Notar nach der Beurkundung Tatsachen bekannt werden, die zur Ablehnung der Beurkundung geführt hätten, hat er Vollzugstätigkeiten zu unterlassen (vgl. Rdn 18).

Die Amtshandlung ist schließlich auch dann zu versagen, wenn der Notar durch seine Tätigkeit einen **falschen Anschein** erweckt, durch den Beteiligte oder geschützte Dritte in die Gefahr eines folgenschweren Irrtums geraten können. Dient die Einschaltung des Notars dem Zweck, den Anschein der Seriosität hervorzurufen und eine Sicherheit vorzutäuschen, die die notarielle Amtstätigkeit im konkreten Fall nicht leisten kann, muss der Notar die Übernahme der Amtstätigkeit ablehnen.[62] **26**

VI. Zweifelhafte Sach- und Rechtslage

Ist die Sach- und Rechtslage zweifelhaft, muss der Notar diese Unsicherheit bei der Belehrung besonders berücksichtigen (siehe auch § 17 BeurkG Rdn 36 f.). Auf Zweifel hinsichtlich der Vertrauens- und Kreditwürdigkeit eines Vertragspartners hat der Notar, der schließlich kein wirtschaftlicher Berater der Beteiligten ist, nur in Ausnahmefällen hinzuweisen.[63] Wenn der Notar die rechtliche und tatsächliche Lage nicht durch Belehrung klar machen kann, gebietet ihm § 4 BeurkG in letzter Konsequenz, von der Amtshandlung überhaupt abzusehen.[64] **27**

VII. Beihilfe zu strafbaren Handlungen

Der Verstoß gegen § 4 BeurkG, § 14 Abs. 2 BNotO kann im Einzelfall zugleich eine Beihilfe zu einer Straftat sein. Die Strafbarkeit wäre hier allerdings nicht etwa Voraussetzung des Verstoßes gegen §§ 4 BeurkG, 14 Abs. 2 BNotO.[65] **28**

Ein Notar, der auf Wunsch der Beteiligten einen anderen als den wirklich gewollten Kaufpreis beurkundet, begeht keine Falschbeurkundung im Amt, aber möglicherweise Beihilfe zum (versuchten) **Betrug** (§§ 263, 27, 22 StGB), wenn er etwa auf einverständlichen Wunsch der Beteiligten wegen der beabsichtigten, aber gescheiterten hundertprozentigen Finanzierung des Kaufpreises einen höheren Betrag als Kaufpreis in die Urkunde aufnimmt und die rechnerische Differenz – den angeblichen Eigenkapitalanteil – „quittieren" lässt.[66] Eine Beihilfe zum Betrug hat der Bundesgerichtshof gleichfalls in einem Fall angenommen, in dem eine betrügerisch erlangte Überfinanzierung über ein Notaranderkonto abgewickelt wurde.[67] Bei Kettenkaufverträgen mit erheblichen **Differenzen zwischen dem Ankaufspreis und dem Verkaufspreis** ohne nachvollziehbare Erklärung der Beteiligten muss der Notar ebenfalls Verdacht schöpfen und die Beurkundung ablehnen.[68] **29**

Die Beurkundung der Gründung einer zwecks Subventionsbetrugs nur zum Schein errichteten GmbH kann für den Notar bereits Beihilfe zum **Subventionsbetrug** (§ 264 StGB) sein.[69] Stellt der Notar eine falsche Rechnung über nicht erbrachte Leistungen aus, die der Rechnungsempfänger seiner Rechtsschutzversicherung als Nachweis vorlegen möchte, muss er Verdacht schöpfen, dass seine Rechnung für eine strafbare Handlung gebraucht werden kann.[70] **30**

61 Arndt/Lerch/Sandkühler/*Sandkühler*, § 14 Rn 94; ausf. *Röll*, DNotZ 1976, 453 ff.

62 Frenz/Miermeister/*Frenz*, § 14 BNotO Rn 34; Arndt/Lerch/Sandkühler/*Sandkühler*, § 14 Rn 90; *Winkler*, § 4 Rn 31, 43; vgl. auch Diehn/*Seger*, § 14 BNotO Rn 22; zu Geschäften des sog. „Grauen Kapitalmarkts" vgl. *Fembacher*, MittBayNot 2002, 496 ff.

63 Vgl. BGH DNotZ 1967, 323, 324; BGH DNotZ 1968, 303.

64 Vgl. *Kanzleiter*, DNotZ 1973, 519, 521; im Einzelnen: *Winkler*, § 4 Rn 4 m.w.N. zum Streitstand; zum Beurteilungsermessen des Notars vgl. Staudinger/*Herrler*, vor §§ 127a, 128 (BeurkG) Rn 455.

65 BGH v. 8.4.2019 – NotSt (Brfg) 5/18 NJW-RR 2019, 1143, 1146 zur sog. Firmenbestattung.

66 Vgl. BGH DNotZ 1987, 441 f., *Winkler*, § 4 Rn 31; zur Falschbeurkundung im Amt vgl. *Keller*, DNotZ 1995, 99, 111 ff.

67 BGH DNotZ 2001, 566; vgl. auch BGH ZNotP 2008, 416, 417 f. (zu § 96 BnotO).

68 Vgl. BGH DNotZ 2014, 301, 302 f. (schwerwiegendes Dienstvergehen, wenn Notar „gestalterische Vorkehrungen" für entsprechende Beurkundungsvorgänge trifft); i.E. verneint: BGH v. 5.12.2019 – III ZR 112/18, DNotZ 2020, 330, 332 m Anm. *Ott*.

69 *Keller*, DNotZ 1995, 99, 110.

70 BGH v. 24.7.2017 – NotSt (Brfg) 2/17, MDR 2017, 1151.

31 In Betracht kommt auch eine Beihilfe zur **Insolvenzverschleppung**, wenn der Notar den Abtretungsvertrag beurkundet, der zur „Entsorgung" einer insolvenzreifen GmbH dient (sog. „**Firmenbestattung**").[71]

VIII. Unzureichende Vorbereitung des Urkundsgeschäfts, Wartefristen

32 Zu den Amtspflichten des Notars gehört auch die ausreichende Vorbereitung des Urkundsgeschäfts. Der Notar darf sich von den Beteiligten nicht zu Amtshandlungen drängen lassen, wenn er das Gefühl hat, dass sie noch sorgfältigerer Vorbereitung bedürften. Überlastung oder Ermüdung entschuldigen Fehler des Notars regelmäßig nicht.[72] Unter solchen Umständen ist der Notar berechtigt, eine Urkundstätigkeit zu verweigern.[73] Im Grundsatz ist er sogar nach § 4 BeurkG zur Ablehnung der Amtstätigkeit verpflichtet, da eine ordnungsgemäße Durchführung nicht gewährleistet ist. Im Einzelfall wird man dem Notar jedoch keine Pflichtwidrigkeit vorwerfen können, wenn er bei besonderer Dringlichkeit, etwa zum Jahresende, dem Ansuchen gleichwohl nachkommt. In diesem Fall ist jedoch zu verlangen, dass er in der Urkunde vermerkt, unter welchen Umständen er hat tätig werden müssen und dass er die Beteiligten auf die Notwendigkeit sorgfältigerer Vorbereitung hingewiesen hat.[74] Der Notar geht dabei allerdings das Risiko ein, dass ihm ein Fehler unterläuft, der ihn einem möglichen Schadensersatzanspruch aussetzt. Das erkennende Gericht mag die Frage, ob der Notar angesichts der unzureichenden Vorbereitung die Amtstätigkeit vornehmen durfte, schließlich anders beurteilen als der handelnde Notar. Eine Absicherung durch eine Haftungsbeschränkung ist dem Notar wegen des hoheitlichen Charakters der Amtssausübung nicht möglich.[75]

33 Neben der eigenen Vorbereitung der Urkundstätigkeit muss der Notar auch darauf hinwirken, dass die Beteiligten sich vorab mit dem Gegenstand der Beurkundung vertraut gemacht haben, wie es für den Verbrauchervertrag in § 17 Abs. 2a S. 2 Nr. 2 BeurkG explizit geregelt ist (siehe hierzu § 17 BeurkG Rdn 217). Hinsichtlich der sog. Wartefrist nach § 17 Abs. 2a S. 2 Nr. 2 BeurkG bei Verbraucherverträgen, die der Beurkundungspflicht nach § 311b Abs. 1 S. 1 und Abs. 3 BGB unterliegen, ist zu beachten, dass die Frist nicht der Disposition der Beteiligten unterliegt.[76] Liegen die Voraussetzungen für eine Abkürzung der Frist nicht vor (vgl. § 17 BeurkG Rdn 246 ff.), ist die Vornahme der Beurkundung also abzulehnen.[77]

§ 5 Urkundensprache

(1) Urkunden werden in deutscher Sprache errichtet.

(2) [1]Der Notar kann auf Verlangen Urkunden auch in einer anderen Sprache errichten. [2]Er soll dem Verlangen nur entsprechen, wenn er der fremden Sprache hinreichend kundig ist.

Literatur *Hagena*, Die Bestimmungen über die Errichtung einer Urkunde in einer fremden Sprache und die Übersetzung von Niederschriften, insbesondere: die Beurkundung von Affidavits, DNotZ 1978, 387; *Ott*, Die Errichtung von (zweispaltig-)zweisprachigen Niederschriften und die damit im Zusammenhang stehenden Verfahrensfragen, RNotZ 2015, 189; *Röll*, Beglaubigungsvermerke in fremder Sprache, DNotZ 1974, 423; *Schütze*, Internationales Notarverfahrensrecht, DNotZ 1992, 66.

71 Vgl. BGH v. 23.11.2015 – NotSt (Brfg) 4/15, DNotZ 2016, 227, 229; *Schmittmann*, NZI 2016, 124, 125; zur Problematik siehe bereits *Schröder*, DNotZ 2005, 596, 601 ff.
72 Schippel/Eschwey/*Schramm*, § 19 BNotO Rn 58.
73 *Winkler*, § 4 Rn 56; Arndt/Lerch/Sandkühler/*Sandkühler*, § 15 Rn 74, 82.
74 So auch *Winkler*, § 4 Rn 56.
75 Frenz/Miermeister/*Frenz*, § 19 BNotO Rn 4; Schippel/Eschwey/*Schramm*, § 19 BNotO Rn 113; Arndt/Lerch/Sandkühler/*Sandkühler*, § 19 Rn 270.
76 BGHZ 196, 166 = NJW 2013, 1451, 1452 Rn 20 m.w.N.; BGH v. 25.6.2015 – III ZR 292/14, NJW 2015, 2646, 2647; BGH v. 23.8.2018 – III ZR 506/16, DNotZ 2019, 37, 39.
77 BGHZ 196, 166 = NJW 2013, 1451, 1452 Rn 20.

A. Grundsatz

Grundsätzlich sind Urkunden in deutscher Sprache zu errichten (Abs. 1). Das ist ausnahmslos zwingendes Recht für die Amtsgerichte, das Standesamt, das Jugendamt,[1] das Hessische Ortsgericht und andere Urkundspersonen oder sonstige Stellen, die neben dem Notar zuständig sind und für die die Vorschriften des BeurkG mit Ausnahme des § 5 Abs. 2 BeurkG entsprechend gelten (§ 1 Abs. 2 BeurkG). Nur Notare dürfen auf Verlangen Urkunden in einer Fremdsprache errichten. Aus der Natur der Sache folgt, dass dieses Recht auch den deutschen Konsularbeamten im Ausland zustehen muss, so geregelt in § 10 Abs. 3 Nr. 1 KonsG.[2] 1

Vor dem 1.1.1970 in einer Fremdsprache errichtete Urkunden sind nichtig. Eine Ausnahme gilt für **Testamente**, die bis zum 31.12.1969 errichtet wurden. Für sie finden weiter die durch § 57 Abs. 3 Nr. 8 BeurkG aufgehobenen §§ 2234–2246 BGB a.F., hier also § 2245 BGB a.F., Anwendung, selbst wenn der Erbfall erst später eingetreten ist.[3] Ob die Formerleichterungen des BeurkG vorher errichteten letztwilligen Verfügungen zugutekommen, ist im Übrigen umstritten.[4] 2

Die Niederschrift des durch mündliche Erklärung vor drei Zeugen errichteten Nottestaments kann außer in der deutschen auch in einer anderen Sprache aufgenommen werden (§ 2250 Abs. 3 S. 3 BGB). Dasselbe gilt für das Seetestament (§ 2251 BGB). 3

Teilzeit-Wohnrechteverträge (Time-Sharing) sind in der nach § 483 Abs. 1 BGB vorgeschriebenen oder vom Verbraucher gewählten Vertrags- und Prospektsprache abzufassen. Unterliegen sie der notariellen Beurkundung, gelten allerdings gem. § 483 Abs. 2 BGB die §§ 5 und 16 BeurkG mit der Maßgabe, dass dem Erwerber eine beglaubigte Übersetzung des Vertrags in der von ihm gewählten Sprache auszuhändigen ist. § 483 Abs. 3 BGB ist zu entnehmen, dass der Vertrag ohne Aushändigung der Übersetzung unwirksam ist.[5] Der Notar wird sich daher die Aushändigung der beglaubigten Übersetzung an den Verbraucher im Interesse der Rechtssicherheit quittieren lassen müssen.[6] 4

B. Beurkundung in fremder Sprache

Nach Abs. 2 S. 1 ist es dem Notar verfahrensrechtlich erlaubt, auf **Verlangen der Beteiligten** Urkunden in einer fremden Sprache zu errichten (zu mehrsprachigen Urkunden vgl. § 16 BeurkG Rdn 3). Das (übereinstimmende) Verlangen der Beteiligten sollte auch in der Urkunde dokumentiert werden.[7] Die Möglichkeit der fremdsprachigen Beurkundung gilt für alle Arten und Formen der notariellen Urkunden sowie für Anlagen (zum Affidavit vgl. § 38 BeurkG Rdn 7 ff.).[8] Eine fremdsprachige Beurkundung wird allerdings nicht von der Urkundsgewährungspflicht nach § 15 Abs. 1 S. 1 BNotO erfasst. Vielmehr ist der Notar zu einer Beurkundung in einer anderen als der deutschen Sprache ausdrücklich nicht verpflichtet (§ 15 Abs. 1 S. 2 BNotO). Abs. 2 wird ergänzt durch § 50 BeurkG, wonach der Notar berechtigt ist, die Richtigkeit und Vollständigkeit der deutschen Übersetzung zu bescheinigen, wenn er die Urkunde selbst in fremder Sprache errichtet hat oder für die Erteilung einer Ausfertigung oder Niederschrift zuständig ist. 5

I. Hinreichende Sprachkenntnisse

Der Notar soll dem Verlangen, die Urkunde in der Fremdsprache zu errichten, nur entsprechen, wenn er der Sprache hinreichend kundig ist (Abs. 2 S. 2). Die Wirksamkeit der Beurkundung hängt jedoch nicht davon ab, dass der Notar dieser Pflicht nachgekommen ist. Ob er die fremde Sprache hinreichend beherrscht, hat der Notar nach sorgfältiger Prüfung nach pflichtgemäßem Ermessen selbst zu beurteilen.[9] 6

1 Hierzu *Knittel*, Beurkundungen im Kindschaftsrecht, Rn 129 ff.

2 *Winkler*, § 5 BeurkG Rn 7.

3 *Winkler*, § 5 BeurkG Rn 1; Staudinger/*Baumann*, vor §§ 2229 ff. BGB Rn 36 m.w.N.; Soergel/*Harder*, vor § 2229 BGB Rn 8.

4 Vgl. Staudinger/*Baumann*, vor §§ 2229 ff. BGB Rn 35 m.N. zum Streitstand; *Winkler*, vor §§ 27 ff. Rn 12.

5 MüKo-BGB/*Franzen*, § 483 BGB Rn 14; *Kaufhold*, DNotZ 1998, 254, 267.

6 MüKo-BGB/*Franzen*, § 483 BGB Rn 14; *Kaufhold*, DNotZ 1998, 254, 267.

7 Vgl. BGH v. 20.3.2019 – XII ZB 310/18, DNotZ 2019, 830, 832 m Anm. *Ott*.

8 *Winkler*, § 5 Rn 3.

9 BeckOGK/*Schaller*, Stand: 1.6.2025, § 5 BeurkG Rn 8; BeckOGK/*Regler*, Stand: 1.6.2025, § 50 Rn 4; Frenz/Miermeister/*Miermeister/de Buhr*, § 5 BeurkG Rn 3; *Winkler*, § 5 Rn 10; Beck'sches Notarhdb/*Zimmermann/Pogorzelski*, § 28 Rn 26; *Ott*, RNotZ 2015, 189; weniger streng offenbar dagegen Grziwotz/Sauer/Heinemann/*Heinemann*, § 50 Rn 11 [freies Ermessen].

Hier sind an seine Fähigkeit zur Selbstkritik strenge Anforderungen zu stellen, denn zur Herstellung notarieller Urkunden genügt nicht nur die Beherrschung der Umgangssprache, sondern es ist eine eingehende Kenntnis der Terminologie des fremden Rechts erforderlich.[10] Werden dem Notar allerdings fremdsprachige Muster und Texte vorgelegt, sollte es ausreichen, dass er imstande ist, den Text zu lesen und zu überprüfen, ob er das Gewollte richtig wiedergibt.[11] Der Notar muss aber auch in einem solchem Fall die fremde Sprache zumindest so gut verstehen, dass er sich ein zuverlässiges Urteil darüber bilden kann, ob seine Mitwirkung bei einer unerlaubte oder unredliche Zwecke verfolgenden Handlung verlangt wird (zur Unterschriftsbeglaubigung unter fremdsprachigem Text vgl. § 40 BeurkG Rdn 28 f.).[12]

7 Die Beteiligten müssen die Urkundssprache nicht verstehen. Der Notar kann also Erklärungen, die die Beteiligten auf Deutsch abgeben, in einer fremden Sprache beurkunden.[13] Wenn der Beteiligte der Urkundssprache nicht hinreichend kundig ist, müssen allerdings Niederschriften bei der Beurkundung von Willenserklärungen (§§ 16 Abs. 2, 32 BeurkG) sowie bei der Abnahme von Eiden und der Aufnahme von eidesstattlichen Versicherungen (§§ 16 Abs. 2, 38 BeurkG) übersetzt werden, erforderlichenfalls unter Hinzuziehung eines Dolmetschers (§ 16 Abs. 3 BeurkG).

II. Fremde Sprache

8 Abs. 2 lässt die Beurkundung sowohl in einer lebenden als auch, wenn ein Verkehrsbedürfnis hierfür vorhanden ist, in einer toten Sprache zu.[14] Auch die der fremden Sprache eigentümlichen **Schriftzeichen** dürfen verwendet werden.[15] Zu den Fremdsprachen i.S.d. § 5 BeurkG zählt auch das Sorbische.[16] Die Urkunde kann in ihrem vollen Inhalt fremdsprachig sein oder teils deutsch, teils fremdsprachig verfasst werden; die Erklärungen mehrerer Beteiligter können in verschiedenen Sprachen erfolgen und niedergeschrieben werden.[17] Ausländer dürfen ihre Unterschrift auch in fremden Schriftzeichen leisten (vgl. § 13 BeurkG Rdn 50).[18]

9 Auch **zweisprachige Urkunden** mit gleichberechtigten Textfassungen sind zulässig.[19] Um Auslegungsprobleme zu vermeiden, sollte aber klargestellt werden, welche Textfassung im Zweifel maßgeblich ist. Ist dies die fremde Sprache, kann es für die Abwicklung im Inland zweckmäßig sein, den übersetzten deutschen Text zu verwenden.[20]

10 Vgl. *Schütze*, DNotZ 1992, 66, 72; Beck'sches Notarhdb/*Zimmermann*, § 28 Rn 25.

11 Soergel/*Mayer*, § 5 BeurkG Rn 5; *Winkler*, § 5 Rn 10.

12 Beck'sches Notarhdb/*Zimmermann/Pogorzelski*, § 28 Rn 23 ff.

13 BeckOGK/*Schaller*, Stand: 1.6.2025, § 5 BeurkG Rn 9; *Winkler*, § 5 Rn 11; Frenz/Miermeister/*Miermeister/de Buhr*, § 5 BeurkG Rn 4.

14 *Lerch*, § 5 Rn 4; *Winkler*, § 5 Rn 5; *Röll*, DNotZ 1974, 423, 424; a.A. *Hagena*, DNotZ 1978, 387 Fn 3.

15 Soergel/*Mayer*, § 5 BeurkG Rn 4; *Röll*, DNotZ 1974, 423, 424; Beck'sches Notarhdb/*Zimmermann/Pogorzelski*, § 28 Rn 30.

16 Soergel/*Mayer*, § 5 BeurkG Rn 3; Grziwotz/Sauer/Heinemann/*Grziwotz*, § 5 Rn 2.

17 BeckOGK/*Schaller*, Stand: 1.6.2025, § 5 BeurkG Rn 10; *Winkler*, § 5 Rn 13; vgl. auch BT-Drucks V/3282, S. 28.

18 Vgl. auch; Beck'sches Notarhdb/*Zimmermann/Pogorzelski*, § 28 Rn 30.

19 BGH v. 20.3.2019 – XII ZB 310/18, DNotZ 2019, 830, 831 m Anm. *Ott*; *Lerch*, § 5 Rn 6; Beck'sches Notarhdb/*Zimmermann/Pogorzelski*, § 28 1. D. Rn 24; Grziwotz/Sauer/Heinemann/*Grziwotz*, § 5 Rn 10; a.A. *Röll*, DNotZ 1974, 423, 424.

20 Beck'sches Notarhdb/*Zimmermann/Pogorzelski*, § 28 Rn 24.

Abschnitt 2: Beurkundung von Willenserklärungen

Unterabschnitt 1: Ausschließung des Notars

§ 6 Ausschließungsgründe

(1) Die Beurkundung von Willenserklärungen ist unwirksam, wenn
1. der Notar selbst,
2. sein Ehegatte,
2a. sein Lebenspartner,
3. eine Person, die mit ihm in gerader Linie verwandt ist oder war oder
4. ein Vertreter, der für eine der in den Nummern 1 bis 3 bezeichneten Personen handelt,
an der Beurkundung beteiligt ist.

(2) An der Beurkundung beteiligt sind die Erschienenen, deren im eigenen oder fremden Namen abgegebene Erklärungen beurkundet werden sollen.

Literatur *Faßbender*, Die Hauptversammlung der Aktiengesellschaft aus notarieller Sicht, RNotZ 2009, 425.

A. Sachlicher Geltungsbereich

I. Willenserklärungen, Eide, eidesstattliche Versicherungen

Der zweite Abschnitt regelt das Verfahren der **Beurkundung von Willenserklärungen**. Zu beachten ist, dass er auch für die Beurkundung mittels Videokommunikation und für elektronische Niederschriften gilt.[1] § 6 BeurkG ist außerdem entsprechend anwendbar auf die Abnahme von Eiden und die Aufnahme eidesstattlicher Versicherungen (§ 38 Abs. 1 BeurkG).[2] 1

II. Versammlungsbeschlüsse

Versammlungsbeschlüsse im Rahmen von Gesellschafterversammlungen sind keine Willenserklärungen; sie fallen nicht unter § 6 BeurkG.[3] Werden allerdings in der Versammlung auch Willenserklärungen beurkundet (sog. **gemischte Beurkundung**; siehe § 36 BeurkG Rdn 7), so ist § 6 BeurkG insoweit anwendbar. 2

III. Sonstige Beurkundungen, Unterschriftsbeglaubigungen

Alle sonstigen Beurkundungen i.S. des 3. Abschnitts (§§ 36 ff. BeurkG) unterfallen § 6 BeurkG nicht. 3
Dies betrifft auch das notarielle Nachlassverzeichnis gem. § 2314 BGB, da es sich hierbei um eigene

1 Grziwotz/Sauer/Heinemann/*Grziwotz*, § 6 Rn 1.
2 *Lerch*, § 6 Rn 1 (a.A. aber für § 7 in § 7 Rn 2); *Winkler*, vor §§ 6 ff. Rn 3 (offen lassend für § 7: vor §§ 6 ff. Rn 3 Fn 7, § 7 Rn 2).
3 *Jansen*, § 3 Rn 16; *Winkler*, vor §§ 6 ff. Rn 3.

Wahrnehmungen des Notars nach § 37 Abs. 1 S. 1 Nr. 2 BeurkG handelt.[4] Allerdings ist die **Beglaubigung der eigenen Unterschrift** nichtig,[5] da diese Handlung mit der Stellung des Notars als eines unabhängigen Trägers eines öffentlichen Amtes unvereinbar ist und er nicht selbst den Nachweis erbringen kann, dass seine Unterschrift echt ist.[6]

IV. Verfahrensrechtliche Erklärungen

4 **Verfahrensrechtliche Erklärungen** sind keine Willenserklärungen i.S.v. § 6 BeurkG. Sie sind nur auf Durchführung eines Verfahrens gerichtet und sind demgemäß in den Verfahrensgesetzen geregelt. Eine verfahrensrechtliche Erklärung ist etwa die **Grundbucheintragungsbewilligung.**[7] Wird die Form der öffentlichen **Beurkundung** für eine derartige Erklärung gewählt, für die nur öffentliche Beglaubigung (§ 29 GBO) vorgeschrieben ist, so unterwerfen sich die Beteiligten den Regelungen für öffentliche Beurkundungen und damit auch § 6 BeurkG.[8]

V. Notarielle Eigenurkunden

5 Notarielle **Eigenurkunden** fallen als solche nicht in den Anwendungsbereich des BeurkG, so dass auch § 6 BeurkG nicht gilt (siehe auch § 39a BeurkG Rdn 28).[9] Sie sind gesetzlich nicht ausdrücklich geregelt, werden aber inzwischen allg. als öffentliche Urkunden i.S.v. § 415 ZPO anerkannt.[10]

Eine wirksame Eigenurkunde liegt vor,[11] wenn

- der Notar um eine Amtshandlung ersucht wurde,
- er eine damit im Zusammenhang stehende **Amtstätigkeit** (Beurkundungs- oder Beglaubigungstätigkeit) entfaltet hat,
- diese Beurkundung oder Beglaubigung nun **nachträglicher Ergänzung** bedarf,
- zu welcher der Notar **bevollmächtigt** wurde,
- und er seine Erklärung mit **Unterschrift und Siegel** versehen hat. Unterschrift und Siegel genügen entsprechend § 24 Abs. 3 BNotO als allg. Formvorschrift für sonstige notarielle Tätigkeiten, da für notarielle Eigenurkunden keine bes. Form vorgeschrieben ist.[12]

Beurkundet der Notar dagegen **in eigener Sache** eine zur Eintragung im Grundbuch erforderliche **Erklärung** (z.B. Löschungsbewilligung hinsichtlich eines für ihn eingetragenen Rechts), so ist die Urkunde wegen Verstoßes gegen Abs. 1 Nr. 1 unwirksam.[13] Sie ist aber auch keine Eigenurkunde, weil es an der Voraussetzung der Beauftragung durch einen Dritten und der vorhergehenden Beurkundung fehlt.[14]

B. Unwirksamkeitsgründe (Abs. 1)

I. Erklärungen im eigenen und in fremdem Namen (Nr. 1)

6 Der Notar darf nicht seine eigene Willenserklärung beurkunden (Abs. 1 Nr. 1). Nach Abs. 2 stehen den eigenen Erklärungen diejenigen gleich, die **in fremdem Namen** abgegeben sind. Dabei kommt es nicht auf die Berechtigung zur Abgabe der Erklärung für einen anderen an, sondern lediglich auf die Tatsache

4 OLG Celle v. 25.3.2021 – 6 U 74/20, BWNotZ 2021, 203 Rn 14 = BeckRS 2021, 5738.
5 *Jansen*, § 40 Rn 24; *Winkler*, § 6 Rn 2.
6 Grziwotz/Sauer/Heinemann/*Grziwotz*, § 6 Rn 8.
7 BayObLG v. 30.10.1992 – 2Z BR 89/92, MittBayNot 1993, 17, 18; OLG München v. 28.1.2014 – 34 Wx 318/13, FGPrax 2014, 107, 108; *Demharter*, § 19 Rn 13; offen lassend BGH v. 26.5.1982 – V ZB 17/80, DNotZ 1983, 309, 312 f.
8 *Jansen*, vor § 6 Rn 5.
9 BeckOK-BGB/*Litzenburger*, § 6 BeurkG Rn 2; Grziwotz/Sauer/Heinemann/*Grziwotz*, § 6 Rn 8; *Reithmann*, MittBayNot 2001, 226, 228.
10 BGH v. 9.7.1980 – V ZB 6/80, DNotZ 1981, 118, 119 ff.; Bauer/Schaub/*Bayer/Meier-Wehrsdorfer*, § 29 Rn 72 ff., 85; *Schöner/Stöber*, Rn 164; *Winkler*, § 1 Rn 6.
11 BeckOGK/*Scheller*, Stand: 1.2.2022, § 129 BGB Rn 54. Zur Zulässigkeit notarieller Eigenurkunden instruktiv Gutachten DNotI-Rep 1998, 169 ff.; *Reithmann*, MittBayNot 2001, 226 ff.
12 BGH v. 9.7.1980 – V ZB 6/80, DNotZ 1981, 118, 119 ff.; OLG Schleswig v. 13.12.2007 – 2 W 198/07, DNotZ 2008, 709, 711; BeckOK-BNotO/*Reithmann*, § 24 Rn 34; *Winkler*, § 1 Rn 6.
13 OLG Zweibrücken v. 2.4.1982 – 3 W 33/82, Rpfleger 1982, 276; Grziwotz/Sauer//Heinemann/*Grziwotz*, § 6 Rn 6.
14 OLG Zweibrücken v. 2.4.1982 – 3 W 33/82, Rpfleger 1982, 276 f.

der Erklärung in fremdem Namen.[15] Wird der Notar von einer Vertragspartei bevollmächtigt, die gem. § 1829 BGB erforderliche Genehmigung des Vormundschaftsgerichts dem anderen Teil mitzuteilen, so darf er zwar nicht als Vertreter des gesetzlichen Vertreters seine eigene Erklärung beurkunden. Zulässig ist aber eine Eigenurkunde des Notars.[16] Diese unterliegt nicht den §§ 3, 6, 7 BeurkG. Insoweit ist § 3 BeurkG auch nicht über § 16 Abs. 1 BNotO anwendbar.[17]

Da der Begriff der Beteiligung in Abs. 2 nur auf die Abgabe der Erklärung abstellt, liegen die Ausschließungsgründe des § 6 BeurkG nicht vor, wenn der Notar die Erklärungen eines Vertreters der **Vertretungskörperschaft** (z.B. Gemeindekirchenrat, Gemeinderat) beurkundet, der er selbst als Mitglied angehört.[18] Dagegen stehen die Erklärungen des Notars als **Partei kraft Amtes** den eigenen Erklärungen gleich.

Die Mitgliedschaft des Notars in einer **juristischen Person** führt nicht zur Unwirksamkeit der unter Beteiligung der juristischen Person vorgenommenen Beurkundung gem. Abs. 1 Nr. 1. Dies ist praktisch insbesondere für Kapitalgesellschaften bedeutsam. Formell beteiligt ist in diesen Fällen nur die Gesellschaft. Demgegenüber sind die Gesellschafter keine formell Beteiligten. Dies muss aus Gründen der Rechtssicherheit selbst dann gelten, wenn der Notar Alleingesellschafter ist.[19] Die Gesellschafterstellung ergibt sich zuverlässig nämlich weder aus der Urkunde selbst noch aus zur Urkunde genommenen oder sonst verfügbaren Registerauszügen. Damit kommt das gesetzgeberische Anliegen zum Tragen, die Unwirksamkeit im Interesse der Beteiligten auf offensichtliche Fälle zu beschränken.[20] Beherrscht der Notar eine juristische Person, kann ein Mitwirkungsverbot gem. § 3 Abs. 1 S. 1 Nr. 1 BeurkG (siehe § 3 BeurkG Rdn 25) bestehen, dessen Nichtbeachtung eine Amtspflichtverletzung darstellt. Außerdem greift in diesem Fall § 3 Abs. 1 S. 1 Nr. 9 BeurkG ein (siehe § 3 BeurkG Rdn 105). Die hiermit seitens der Dienstaufsicht in Betracht zu ziehenden dienstrechtlichen Konsequenzen sowie die haftungsrechtlichen Folgen genügen als Sanktion. 7

Die Mitgliedschaft des Notars in einer **rechtsfähigen Personenvereinigung** (rechtsfähiger Verein, Außen-GbR, OHG, KG) macht die Beurkundung unter Beteiligung der Personenvereinigung ebenfalls nicht unwirksam. Formell beteiligt ist lediglich die rechtsfähige Vereinigung,[21] so dass Nr. 1 nicht eingreift. Die vertretungsberechtigten Mitglieder vertreten nur die Vereinigung und nicht auch deren übrige Mitglieder. Die Beurkundung ist mithin auch nicht nach Nr. 4 unwirksam.[22] Ist der Notar Mitglied einer sachbeteiligten Personenvereinigung, so besteht allerdings ein Mitwirkungsverbot gem. § 3 Abs. 1 S. 1 Nr. 1 BeurkG (siehe § 3 BeurkG Rdn 25, 54). 8

Zu beachten ist, dass aufgrund des Inkrafttretens des Gesetzes zur Modernisierung des Personengesellschaftsrechts (MopeG) zum 1.1.2024 die §§ 705 ff. BGB neu gefasst worden sind und das Gesamthandsprinzip aufgeben worden ist (vgl. insbesondere § 705 Abs. 3 BGB n.F. und § 713 BGB n.F.). An die Stelle des gesamthänderisch gebundenen Vermögens der Gesellschafter tritt das Gesellschaftsvermögen. Soweit Teile der Literatur zwischen einer juristischen Person und einer BGB-Gesellschaft differenziert haben, wäre dies damit seit dem 1.1.2024 somit allenfalls noch möglich, wenn es sich um eine nichtrechtsfähige Gesellschaft i.S.d. § 740 Abs. 2 BGB handelt, was den absoluten Ausnahmefall darstellen dürfte. Mitwirkungsverbote nach § 3 Abs. 1 Nr. 1, Nr. 6 und Nr. 9 BeurkG können aber freilich weiterhin auch trotz Nichtvorliegen der Voraussetzungen des § 6 gegeben sein, denn dieser Vorschrift liegt – anders als § 6 BeurkG – kein formeller Beteiligtenbegriff zugrunde (vgl. auch § 3 BeurkG Rdn 25).[23] 9

Wenn in den vom Notar beurkundeten Hauptvertrag zwischen dem Kunden des **Maklers** und einem Dritten gleichzeitig auch der Abschluss eines Maklervertrages i.S.v. § 652 BGB zwischen dem Kunden und 10

15 KG v. 28.3.1935 – 1 W X 75/35, DNotZ 1935, 656 f.; Frenz/Miermeister/*Miermeister/de Buhr*, § 6 BeurkG Rn 7.

16 Bauer/Schaub/*Bayer/Meier-Wehrsdorfer*, § 29 Rn 106; *Winkler*, § 6 Rn 15; s. auch BGH v. 9.7.1980 – V ZB 6/80, DNotZ 1981, 118, 119.

17 *Schöner/Stöber*, Rn 3739 Fn 2236; s. auch *Winkler*, § 6 Rn 15.

18 *Jansen*, § 6 Rn 6; *Winkler*, § 6 Rn 24.

19 Zurückhaltender Frenz/Miermeister/*Miermeister/de Buhr*, § 6 BeurkG Rn 8 unter Verweis auf OLG Frankfurt v. 18.5.1993 – 20 W 88/93, OLG-Rep 1993, 174 (zu § 7).

20 BT-Drucks V/3282, 29.

21 Für OHG und KG s. §§ 124 Abs. 1, 161 Abs. 2 HGB, zur Außen-GbR s. BGH v. 29.1.2001 – II ZR 331/00, BGHZ 146, 341, 343 ff. = DNotZ 2001, 234, 235 ff. mit Anm. *Schemmann*.

22 A.A. die bislang h.M.: BeckOK-BGB/*Litzenburger*, § 6 BeurkG Rn 6; Frenz/Miermeister/*Miermeister/de Buhr*, § 6 BeurkG Rn 8; *Lerch*, § 6 Rn 14; *Winkler*, § 6 Rn 25.

23 Frenz/Miermeister/*Miermeister/de Buhr*, § 6 Rn 8; *Winkler*, § 6 Rn 25, a.A. im Hinblick auf § 3 BeurkG wohl Schippel/Eschwey/*Sander*, § 16 BNotO Rn 16.

dem Makler aufgenommen werden soll, ist der Makler formell Beteiligter i.S.v. § 6 Abs. 2 BeurkG. Wird dagegen in dem notariell zu beurkundenden Hauptvertrag eine Maklerklausel nur äußerlich mit aufgenommen und auf diese Weise ein Maklervertrag zwischen einem am Hauptvertrag Beteiligten und dem Makler abgeschlossen, ist der Makler nicht notwendig Beteiligter i.S. des BeurkG[24] (Zum Notar als Makler siehe § 4 BeurkG Rdn 12).

II. Erklärungen des Ehegatten und des Lebenspartners (Nrn. 2, 2a)

11 Der Notar darf die **Erklärungen seines Ehegatten** nicht beurkunden. Entgegen den §§ 3 Abs. 1 S. 1 Nr. 2, 7 Nr. 2 BeurkG greift der absolute Ausschließungsgrund des § 6 BeurkG nur noch bei z.Z. der Beurkundung bestehender Ehe ein.[25] Mithin darf der Notar Erklärungen seines Ehegatten nach Verkündung des Scheidungsbeschlusses, aber vor Rechtskraft der Entscheidung nicht beurkunden. Dagegen ist er durch § 6 BeurkG nicht gehindert, Erklärungen des geschiedenen Ehegatten oder des Verlobten wirksam zu beurkunden. Er unterliegt in diesen Fällen aber einem Mitwirkungsverbot nach § 3 Abs. 1 S. 1 Nr. 2 BeurkG (siehe hierzu § 3 BeurkG Rdn 55).[26] Nach Nr. 2a ist auch die Beurkundung von Erklärungen des **Lebenspartners** i.S.v. § 1 LPartG unwirksam. Die Vorschrift erlangt eigenständige Bedeutung faktisch nur noch in jenen Fällen, in denen die Umwandlung einer eingetragenen Lebenspartnerschaft in eine Ehe nicht erfolgt ist, vgl. §§ 1, 20a Abs. 1 LPartG. Hinsichtlich des früheren Lebenspartners greift ein Mitwirkungsverbot nach § 3 Abs. 1 S. 1 Nr. 2a BeurkG ein (siehe dazu auch § 3 BeurkG Rdn 55), das nicht zur Unwirksamkeit führt. Es endet mit der Aufhebung der Lebenspartnerschaft gemäß § 15 LPartG.[27]

III. Erklärungen von Verwandten des Notars (Nr. 3)

12 § 6 BeurkG stellt nur noch auf die bestehende oder frühere[28] **Verwandtschaft** des Notars in gerader Linie ab (Abs. 1 Nr. 3).[29] Verwandtschaft in gerader Linie (§ 1589 Abs. 1 S. 1 BGB) besteht freilich auch zwischen dem nichtehelichen Kind und seinem leiblichen Vater, wenn die Vaterschaft anerkannt oder gerichtlich festgestellt worden ist (§ 1592 Nrn. 2, 3 BGB). Es kommt nicht auf die genetische Verwandtschaft an, sondern auf die Verwandtschaft im familienrechtlichen Sinne.[30]

IV. Erklärungen von Vertretern (Nr. 4)

13 Die Beurkundung darf auch dann nicht vorgenommen werden, wenn die durch Nr. 1 bis 3 ausgeschlossenen Personen sich in der Erklärung durch einen Dritten vertreten lassen. Auf diese Weise lassen sich mithin die Ausschließungsgründe nicht aushebeln. Der **Vertreter** muss allerdings auch hier Erklärungen für eine der in Nr. 1 bis 3 genannten Personen abgeben. Erfasst werden gesetzliche sowie rechtsgeschäftliche Vertreter, auch Vertreter ohne Vertretungsmacht sowie Nichtberechtigte i.S.v. § 185 BGB. Handelt ein Dritter als **Partei kraft Amtes** (Testamentsvollstrecker, Nachlassverwalter, Insolvenzverwalter, Zwangsverwalter) für das Vermögen einer der in Nrn. 1–3 bezeichneten Personen, so liegt zwar keine Vertretung vor; jedoch gebietet der Gesetzeszweck es, hier Nr. 4 analog anzuwenden.[31] Handelt hingegen der Notar als Verwalter kraft Amtes, so wird er im eigenen Namen tätig, so dass Nr. 1 eingreift (siehe Rdn 6).

14 Da gem. Abs. 2 stets nur derjenige beteiligt ist, der selbst Erklärungen abgibt, genügt es nicht, wenn ein Vertreter des Notars oder einer Person i.S.d. Nrn. 2 und 3 zwar in der konkreten Beurkundung Vertretungsmacht hat, diese aber **nicht ausübt**.[32] Die Vertretung in einer anderen Sache oder allein das Vorhandensein einer Generalvollmacht vermögen die Anwendung von Nr. 4 somit nicht zu rechtfertigen. Auf die Wirksamkeit des Vertretungsverhältnisses kommt es hingegen nicht an; vielmehr genügt jedes nach außen erkennbare Handeln (z.B. die vollmachtlose Vertretung oder die Geschäftsführung ohne Auftrag).[33]

24 BGH v. 6.3.1991 – IV ZR 53/90, DNotZ 1992, 411, 413.
25 Staudinger/*Herrler*, 2023, BeurkG Rn 317.
26 BeckOK-BGB/*Litzenburger*, § 6 BeurkG Rn 3.
27 BeckOK-BGB/*Litzenburger*, § 6 BeurkG Rn 4.
28 *Winkler*, § 6 Rn 18.
29 Zur früheren Rechtslage s. Huhn/*v. Schuckmann*, 3. Aufl. 1995, BeurkG § 6 Rn 10.
30 Vgl. OLG Frankfurt v. 22.9.2016 – 20 W 59/14, NJW-RR 2017, 519 Rn 27 ff. (in erbrechtlichem Kontext).
31 Für Gleichstellung – freilich ohne Hinweis auf Analogie – auch Grziwotz/Sauer/Heinemann/*Grziwotz*, § 6 Rn 12; *Lerch*, § 6 Rn 12; *Winkler*, § 6 Rn 23.
32 *Lerch*, § 6 Rn 9; *Winkler*, § 6 Rn 20.
33 BeckOK-BGB/*Eble*, § 6 BeurkG Rn 6.

Ob der Notar die Erklärungen eines von ihm **Unterbevollmächtigten** beurkunden darf, ist differenzierend zu beurteilen. Nach wohl h.M. tritt die Unwirksamkeit auch bei einer Erklärung aufgrund Untervollmacht ein, wenn der Notar als Vertreter die Untervollmacht erteilt hat.[34] Dies erscheint zu weitgehend: Handelt der Unterbevollmächtigte **für den Notar** und dieser wiederum für den Vollmachtgeber, ist der Notar tatsächlich ausgeschlossen und die gleichwohl vorgenommene Beurkundung nach Nr. 4 unwirksam. Anders ist die Lage jedoch dann zu beurteilen, wenn der Unterbevollmächtigte direkt **für den Vollmachtgeber** handelt. Die Beurkundung ist hier wirksam, da Nr. 4 diesen Fall nicht erfasst (es sei denn, der Vollmachtgeber ist eine Person i.S.d. Nrn. 2, 2a oder 3). Eine analoge Anwendung von Nr. 4 kommt nicht in Betracht.[35] Der Gesetzgeber hat die Unwirksamkeit der Urkunde im Interesse der Rechtssicherheit bewusst und zutr. auf solche Fälle beschränkt, in denen sich ihr Grund aus der Urkunde selbst ergibt.[36] In anderen Fällen ist dem Notar die Mitwirkung dienstrechtlich untersagt (§ 3 Abs. 1 S. 1), was auf die Wirksamkeit der Urkunde keinen Einfluss hat (vgl. § 3 BeurkG Rdn 2). Ist der Notar nur als Ersatzbevollmächtigter vorgesehen und in dieser Eigenschaft noch nicht aufgetreten, so greift § 6 BeurkG nicht ein.[37] Der BGH hat allerdings jüngst deutlich gemacht, dass der Gedanke der Rechtssicherheit, insbesondere unter Berücksichtigung von Sinn und Zweck der Norm, nicht daran hindert, den Fall der Bevollmächtigung eines Dritten in den Regelungsbereich der Vorschrift mit einzubeziehen.[38] Insoweit hat er sich – jedenfalls im Streitfall[39] – in dem der an der Beurkundung Beteiligte von der Ehegattin des Notars als alleinige Geschäftsführerin einer GmbH bevollmächtigt worden ist, der wohl herrschenden Meinung angeschlossen. Dem Argument der Rechtssicherheit hat der BGH insoweit entgegengehalten, dass in der Erweiterung des Ausschließungsgrundes auf Vertreter durch Abs. 1 Nr. 4 zum Ausdruck komme, dass der Anwendungsbereich von Abs. 1 Nr. 1 bis 3 nicht durch die Einschaltung eines Vertreters umgangen werden können soll, dieser also auch in Fällen greifen könne, in denen es für den rechtsgeschäftlichen Willen auf denjenigen des Vertreters ankomme (§ 166 Abs. 1 BGB), dessen Tätigwerden für sich genommen keinen Ausschließungsgrund begründen würde. Dieser Umgehungsschutz sei unabhängig davon betroffen, ob der Vertreter, der seine Vertretungsmacht von einer in Abs. 1 Nr. 1 bis 3 genannten Person ableitet, die ihrerseits nicht für sich handelt, im Namen dieser Person oder des von ihr Vertretenen auftritt. In beiden Fällen sei der an der Beurkundung beteiligte Vertreter im Innenverhältnis an die Weisungen eines Hauptbevollmächtigten gebunden.[40] 15

Die Beurkundung einer Erklärung, die ein Mitglied des vertretungsberechtigten Organs einer **juristischen Person** im Namen der Gesellschaft abgibt, ist auch dann nicht nach Nr. 4 unwirksam, wenn der Notar ebenfalls Organmitglied ist, sich an der Erklärung selbst aber nicht beteiligt. Die handelnden Organmitglieder vertreten immer die Gesellschaft als solche und nicht das Organ.[41] Ein Mitwirkungsverbot ergibt sich hier aus § 3 Abs. 1 S. 1 Nr. 6 BeurkG; die Wirksamkeit der Urkunde wird durch Verstöße wiederum nicht berührt. 16

C. Weitere Ausschlussgründe

Über die in § 6 BeurkG aufgeführten Fälle hinaus ist der Notar auch dann von der Beurkundung ausgeschlossen, wenn er weitgehend oder völlig **blind** ist. Da die Beurkundungstätigkeit die Fähigkeit zur eigenen visuellen Wahrnehmung voraussetzt, liegt in dieser Behinderung ein Amtsenthebungsgrund nach § 50 Abs. 1 Nr. 6 BNotO.[42] Dasselbe gilt im Falle der Geisteskrankheit. 17

34 Staudinger/*Herrler*, 2023, BeurkG Rn 318; *Winkler*, § 6 Rn 21; jeweils m.w.N.

35 Insoweit *Lerch*, § 6 Rn 15 mit Fn 7; a.A. OLG Hamm v. 11.8.1955 – 15 W 401/55, DNotZ 1956, 103 ff. (zu § 170 Abs. 1 FGG a.F.); Grziwotz/Sauer//Heinemann/*Grziwotz*, § 6 Rn 12 mit Fn 15; *Winkler*, § 6 Rn 21 (unter Hinweis auf Umgehungsgefahren); Heinemann/Trautrims/*Hitzel*, § 6 Rn 7.

36 Vgl. BT-Drucks V/3282, 29.

37 BeckOGK/*Schaller*, Stand: 1.2.2025, § 6 BeurkG Rn 11; *Winkler*, § 6 Rn 21.

38 BGH v. 18.3.2025 – II ZB 11/24, ZIP 2025, 1464.

39 Vgl. BGH v. 18.3.2025 – II ZB 11/24, ZIP 2025, 1464 Rn 12, 17, die klar den Einzelfall betont. Dies deutet darauf hin, dass der BGH einen abstrakten Rechtssatz nicht aufgestellt hat und in einem anders gelagerten Fall dem Argument der Rechtssicherheit gegebenenfalls den Vorzug geben könnte.

40 BGH v. 18.3.2025 – II ZB 11/24, ZIP 2025, 1464, unter Hinweis auf Grziwotz/Sauer/Heinemann/*Grziwotz*, § 6 Rn 11 und *Winkler*, § 6 Rn 21.

41 *Winkler*, § 6 Rn 24; zumindest im Erg. so wohl auch Grziwotz/Sauer/Heinemann/*Grziwotz*, § 6 Rn 12. Speziell zu Vorratsgesellschaften *Gass/Haberland*, ZNotP 2001, 297, 299.

42 BGH v. 17.12.1962 – NotZ 8/62, BGHZ 38, 347, 351 ff. = NJW 1963, 1010, 1012; *Lerch*, § 6 Rn 16; Grziwotz/Sauer/Heinemann/*Grziwotz*, § 6 Rn 14.

18 Hingegen kann **Taubheit**, **Stummheit** oder **Geistesschwäche** erst und nur dann eine wirksame Beurkundung ausschließen, wenn der Notar seines Amtes enthoben ist.[43] Dasselbe gilt für eine (nicht bereits im Beurkundungszeitpunkt dauerhafte) Geschäftsunfähigkeit des Notars.[44]

19 Verstößt ein **Notariatsverwalter** gegen die Sperrfrist des § 56 Abs. 2 BNotO, so berührt dies die Wirksamkeit der von ihm vorgenommenen Beurkundungen nicht. Dasselbe gilt, wenn der Notar vorläufig **des Amtes enthoben** war (§ 55 Abs. 2 BNotO) oder wenn ein **Notarvertreter** tätig wurde, ohne dass die Vertretungsvoraussetzungen vorlagen.[45]

D. Beteiligte (Abs. 2)

I. Begriff des Beteiligten

20 Die Rechtsfolge der Unwirksamkeit einer Beurkundung knüpft an die Beteiligung an der Beurkundung an. Nach Abs. 2 wird nur die Beteiligung **im formellen Sinne** erfasst.[46] Beteiligt in diesem Sinne ist derjenige, der die zu beurkundende Erklärung abgibt, z.B. der Vertreter, nicht jedoch der Vertretene. Davon zu unterscheiden ist der Begriff des materiell (oder Sach-)Beteiligten, dessen Angelegenheit Gegenstand der Beurkundung ist; er wird durch § 6 BeurkG nicht geschützt.[47] Die Mitwirkungsverbote bei Sachbeteiligung an der Beurkundung sind in § 3 BeurkG geregelt. Dort wird jedoch statt des Begriffs Beteiligter der Begriff der Angelegenheit verwendet (hierzu ausführlich siehe § 3 BeurkG Rdn 16 ff.).

21 Die relativen Ausschließungsgründe des § 3 BeurkG und die absoluten Ausschließungsgründe der §§ 6 und 7 BeurkG können nebeneinander eingreifen. Da § 3 BeurkG umfassender ist, hat sich der Notar schon bei Vorliegen eines Ausschlussgrundes nach § 3 BeurkG der Amtstätigkeit zu enthalten.[48]

22 Werden Angebot und Annahme getrennt beurkundet, so ist an jeder Beurkundung nur der jeweils Erklärende beteiligt.[49] Während Abs. 2 nur auf die abgegebene Erklärung abstellt, sei sie im eigenen oder in fremdem Namen erfolgt, schränkt bei **Versteigerungen** § 15 S. 1 BeurkG den Begriff des Beteiligten auf diejenigen Bieter ein, die an ihr Gebot gebunden bleiben.

II. Zweiter Notar, Dolmetscher, Zeugen, Jugendamt

23 § 6 BeurkG gilt für den Notar, der die Beurkundung vornimmt. Die Vorschrift ist auf den hinzugezogenen **zweiten Notar** (§§ 22, 24 Abs. 3, 25, 29 BeurkG) nicht anwendbar. Vielmehr sind die Ausschlussgründe für ihn ebenso wie für **Zeugen** in § 26 Abs. 1 BeurkG geregelt. Ein Verstoß gegen diese Vorschrift hat nicht die Unwirksamkeit der Beurkundung zur Folge. Dagegen gilt § 6 BeurkG entsprechend auch für **Dolmetscher** (§ 16 Abs. 3 S. 2 BeurkG).[50] Über die Verweisungen der §§ 2250 Abs. 3 S. 2, 2251 BGB gilt § 6 Abs. 1 Nr. 1–3 BeurkG auch für das Nottestament vor drei Zeugen sowie für das Nottestament auf See.[51] Da das BeurkG gem. § 1 Abs. 2 BeurkG bei Parallelzuständigkeit für öffentliche Beurkundungen neben dem Notar auch auf andere Urkundspersonen und sonstige Stellen anwendbar ist, gelten die §§ 6 und 7 BeurkG überdies für **gerichtliche Beurkundungen** und **Beurkundungen des Jugendamtes** gem. § 59 SGB VIII. Allerdings ist § 6 BeurkG nur bei selbstständigen gerichtlichen Beurkundungen anwendbar. Bei gerichtlichen Beurkundungen als Teil eines gerichtlichen Verfahrens ist § 6 BeurkG nur dann anzuwenden, wenn ausdrücklich im Einzelfall die Anwendung der Bestimmungen des BeurkG angeordnet ist (z.B. § 1945 Abs. 2 BGB). Der Notarvertreter steht dem beurkundenden Notar gleich (§ 39 Abs. 4 BNotO). Liegen die Ausschlussgründe des § 6 BeurkG jedoch nicht in seiner Person, sondern in der des von ihm vertretenen Notars vor, so soll er sich der Amtsausübung insoweit enthalten (§ 41 Abs. 2 BNotO). Wird er trotzdem tätig, hat dies mithin nicht die Unwirksamkeit der Beurkundung zur Folge.

43 Grziwotz/Sauer/Heinemann/*Grziwotz*, § 6 Rn 13; *Winkler*, § 6 Rn 26; a.A. hinsichtlich Taubheit *Lerch*, § 6 Rn 16.
44 Grziwotz/Sauer/Heinemann/*Grziwotz*, § 6 Rn 14.
45 *Winkler*, § 6 Rn 27.
46 BGH v. 6.3.1991 – IV ZR 53/90, DNotZ 1992, 411, 413; *Bohnenkamp*, DNotZ 2005, 814, 815; *Winkler*, § 6 Rn 5; Staudinger/*Herrler*, 2023, BeurkG Rn 316.
47 LG Bielefeld v. 5.7.2007 – 9 O 33/07, BeckRS 2008, 10477; *Bohnenkamp*, DNotZ 2005, 814, 816.
48 *Lerch*, § 6 Rn 3.
49 OLG Koblenz v. 21.11.2019 – 1 U 556/19, RNotZ 2020, 182 Rn 30 = BeckRS 2019, 35065; *Lerch*, § 6 Rn 6.
50 OLG Karlsruhe v. 13.12.2013 – 14 Wx 16/13, RNotZ 2014, 621 (Ls.) = BeckRS 2014, 09147.
51 BeckOGK/*Schaller*, Stand: 1.2.2025, § 6 BeurkG Rn 3.

E. Folgen eines Verstoßes

Ein **Verstoß gegen § 6 BeurkG** macht den Beurkundungsakt unwirksam. Damit ist aber noch nicht entschieden, ob die Willenserklärung nichtig ist. Es sind hier streng das formelle und das materielle Recht zu unterscheiden. Nur wenn letzteres ein **gesetzliches Formerfordernis** vorsieht, hat eine Verletzung des § 6 BeurkG auch die Nichtigkeit des Rechtsgeschäfts zur Folge (§ 125 S. 1 BGB). Ist öffentliche Beurkundung nicht zwingend vorgeschrieben, kann die Willenserklärung als privatschriftliche Erklärung wirksam sein,[52] wenn die Erklärenden die Urkunde unterschrieben haben. So ist beispielsweise eine unter Verletzung des § 6 BeurkG beurkundete Auflassung wirksam, da § 925 BGB keine Beurkundung verlangt.[53] Auch in diesem Fall kann freilich eine Nichtigkeit der Auflassung aus § 139 BGB folgen, wenn der in derselben Urkunde enthaltene Kaufvertrag sich gem. §§ 125 S. 1, 311b Abs. 1 S. 1 BGB als formnichtig erweist.[54] 24

Bei einem **gewillkürten Formerfordernis** hängt die Wirksamkeit der unter Verstoß gegen § 6 BeurkG beurkundeten Erklärung davon ab, ob die Vertragspartner den Bestand des Rechtsgeschäfts von der Formeinhaltung abhängig machen wollten oder ob es ihnen ausnahmsweise (vgl. die Zweifelsregel in § 125 S. 2 BGB) lediglich um die Beweissicherung ging.[55] 25

Die Unwirksamkeit ist in dem Verfahren geltend zu machen, in dem die Urkunde eingesetzt wird. Bei einer notariell beurkundeten Vollstreckungsunterwerfung nach § 794 Abs. 1 Nr. 5 ZPO ist für die Klärung von Mängeln im Beurkundungsverfahren mithin die Vollstreckungsgegenklage (§§ 795 S. 1, 767 ZPO) einschlägig.[56] Ist der Mangel hingegen so schwerwiegend, dass von einer sog. Scheinurkunde ausgegangen werden muss, wäre die Titelgegenklage analog §§ 795 S. 1, 767 ZPO statthaft.[57] Ein Verstoß gegen Abs. 1 überschreitet diese besonders hohe Schwelle jedoch in aller Regel nicht. 26

§ 7 Beurkundungen zugunsten des Notars oder seiner Angehörigen

Die Beurkundung von Willenserklärungen ist insoweit unwirksam, als diese darauf gerichtet sind,
1. dem Notar,
2. seinem Ehegatten oder früheren Ehegatten,
2a. seinem Lebenspartner oder früheren Lebenspartner oder
3. einer Person, die mit ihm in gerader Linie verwandt oder verschwägert oder in der Seitenlinie bis zum dritten Grade verwandt oder bis zum zweiten Grade verschwägert ist oder war,
einen rechtlichen Vorteil zu verschaffen.

A. Allgemeines, Anwendungsbereich

§ 7 BeurkG enthält **weitere absolute Ausschließungsgründe**. Der Kreis der erfassten Personen ist insofern größer als derjenige der in § 6 Abs. 1 Nr. 1–3 BeurkG genannten Beteiligten, als der persönliche Anwendungsbereich sich auch auf die Verwandten dritten Grades in der Seitenlinie erstreckt. Gem. § 16 Abs. 3 S. 2 BeurkG gilt die Vorschrift entsprechend auch für Dolmetscher. Bei Hinzuziehung eines zweiten Notars oder eines Zeugen zur Beurkundung ist nicht § 7 BeurkG, sondern nur die Sollvorschrift des § 26 Abs. 1 Nr. 2 BeurkG anzuwenden. Auf ein Nottestament vor drei Zeugen sowie auf ein Nottestament 1

52 *Lerch*, § 6 Rn 4; *Winkler*, § 6 Rn 9.
53 BGH v. 5.12.1956 – V ZR 61/56, BGHZ 22, 312, 315 = NJW 1957, 459 f.; BGH v. 25.10.1991 – V ZR 196/90, DNotZ 1993, 55, 57 (zu § 7); *Lerch*, § 6 Rn 4; *Winkler*, § 6 Rn 9; a.A. *Pajunk*, Die Beurkundung als materielles Formerfordernis der Auflassung, 2002, S. 210 ff.
54 OLG Karlsruhe v. 13.12.2013 – 14 Wx 16/13, RNotZ 2014, 621 (Ls.) = BeckRS 2014, 09147 Rn 10.
55 Grziwotz/Sauer/Heinemann/*Grziwotz*, § 6 Rn 17; *Winkler*, § 6 Rn 10.
56 *Lerch*, § 6 Rn 4; MüKo-ZPO/*Wolfsteiner*, § 794 Rn 290.
57 MüKo-ZPO/*Wolfsteiner*, § 794 Rn 291.

auf See ist § 7 BeurkG gem. §§ 2250 Abs. 3 S. 2, 2251 BGB entsprechend anwendbar.[1] Für eine zur Beurkundung hinzugezogene Vertrauensperson für hör- und sprachbehinderte Personen gilt ausschließlich § 24 Abs. 2 BeurkG.

2 § 7 BeurkG gilt nicht nur für die Beurkundung von Willenserklärungen der in Nr. 1 bis 3 genannten Personen, sondern gem. § 27 BeurkG auch für **Verfügungen von Todes wegen** zugunsten dieser Personen. Die Vorschrift gilt zudem gem. § 38 Abs. 1 BeurkG für die Abnahme von **Eiden** und die Aufnahme von eidesstattlichen Versicherungen einer in Nr. 1 bis 3 genannten Person.[2] Sofern *Lerch*[3] dagegen einwendet, § 7 BeurkG passe nur für Erklärungen, die auf eine Veränderung der Rechtslage abzielen, übergeht er, dass durch den Eid oder die eidesstattliche Versicherung den in § 7 BeurkG genannten Personen ein Beweismittel an die Hand gegeben und damit ihre Rechtsstellung gestärkt wird.[4] Diese Sichtweise ist zudem schwerlich mit dem Sinn und Zweck der Vorschrift in Einklang zu bringen, weil aus Sicht des Rechtsverkehrs, um dessen Schutz es maßgeblich geht, auch durch eine eidesstattliche Versicherung zugunsten des Notars oder einer nahestehenden Person ein Rechtsvorteil resultieren kann.[5]

B. Tatbestandsmerkmal „rechtlicher Vorteil"

3 § 7 BeurkG greift nur dann ein, wenn der Inhalt der rechtsgeschäftlichen Willenserklärung oder einer nach Rdn 2 erfassten Erklärung auf die Verschaffung eines rechtlichen Vorteils gerichtet ist. Der Notar ist also von der Beurkundung ausgeschlossen, wenn der in § 7 BeurkG genannte Personenkreis durch die Beurkundung der Willenserklärung eine günstigere Rechtsposition erlangt. Es kommt somit im Gegensatz zu § 6 BeurkG nicht auf die formelle, sondern auf die **Sachbeteiligung** an. **Rechtlich vorteilhaft** ist jede Vermehrung von Rechten sowie die Verminderung von Pflichten, die sich **unmittelbar aus der Urkunde** ergibt.[6] Auf das Rechtsgebiet kommt es nicht an.[7] Etwaige Gegenleistungen sind unbeachtlich.[8] Ob eine Willenserklärung darauf gerichtet ist, einen rechtlichen Vorteil zu verschaffen, ist allein **objektiv** zu beurteilen.[9] Der Erklärende braucht keine Absicht oder auch nur Kenntnis der Begünstigung gehabt zu haben.[10] Ebenso wenig kommt es auf die Kenntnis des Begünstigten oder des Notars an. Unerheblich ist es ferner, ob der rechtliche Vorteil für den Notar mit einer wirtschaftlichen Besserstellung verbunden ist oder keine Auswirkungen auf sein Vermögen hat.[11] Bei Testamentserrichtung durch Übergabe einer verschlossenen Schrift (§ 2232 S. 2 BGB) wird der Notar auf die Rechtsfolgen der Unwirksamkeit des Testamentes bei Verstoß gegen § 7 BeurkG hinweisen müssen.

4 Im Einzelnen rechtlich vorteilhaft ist die Benennung zum Schiedsrichter.[12] Hinsichtlich der Benennung zum Testamentsvollstrecker ordnet § 27 BeurkG an, dass eine solche Einsetzung einem unmittelbaren Vorteil gleichsteht (vgl. hierzu § 27 BeurkG Rdn 1).[13] Die Kontroverse, ob – wie auch in der Vorauflage von Armbrüster vertreten – die ausdrückliche Erwähnung des Testamentsvollstreckers in § 27 BeurkG zeigt, dass das Gesetz die Einsetzung als Vormund/Gegenvormund/Betreuer/Pfleger/Beistand nicht als Begünstigung ansieht beziehungsweise, ob es insoweit an der Unmittelbarkeit des Vorteils fehlen könnte, ist höchstrichterlich weiterhin nicht entschieden.[14] Die Beantwortung dieser Frage wird insbesondere den

1 BeckOGK/*Schaller*, Stand: 1.6.2025, § 7 BeurkG Rn 4.
2 *Jansen*, § 7 Rn 11; Grziwotz/Sauer/Heinemann/*Grziwotz*, § 7 Rn 2; BeckOGK/*Schaller*, Stand: 1.6.2025, § 7 BeurkG Rn 3; offen lassend *Winkler*, § 7 Rn 2.
3 *Lerch*, § 7 Rn 2 und insbesondere § 38 Rn 13.
4 Hierauf abstellend zutr. *Jansen*, § 7 Rn 11.
5 So zu Recht auch: Grziwotz/Sauer/Heinemann/*Grziwotz*, § 7 BeurkG, Rn 2.
6 BGH v. 18.12.1996 – IV ZB 9/96, DNotZ 1997, 466, 467 ff. m. Anm. *Reimann*; OLG Düsseldorf v. 19.7.2013 – I-7 U 170/12, MittBayNot 2014, 281, 282 m. zust. Anm. *Winkler*.
7 *Jansen*, § 7 Rn 3; *Lerch*, § 7 Rn 4; *Winkler*, § 7 Rn 3.
8 RG v. 4.3.1916 – V 404/15, RGZ 88, 147, 150; *Jansen*, § 7 Rn 4; *Winkler*, § 7 Rn 5.
9 BGH v. 18.12.1996 – IV ZB 9/96, DNotZ 1997, 466, 467; OLG Düsseldorf v. 19.7.2013 – I-7 U 170/12, MittBayNot 2014, 281, 282.
10 OLG Düsseldorf v. 19.7.2013 – I-7 U 170/12, MittBayNot 2014, 281, 282 m. Anm. *Winkler*; Staudinger/*Herrler*, BeurkG Rn 322; *Winkler*, § 7 Rn 4; a.A. Frenz/Miermeister/*Miermeister/de Buhr*, § 7 BeurkG Rn 4 (zweckgerichtetes Handeln sei erforderlich).
11 BGH, v. 10.10.2012 – IV ZB 14/12, DNotZ 2013, 149 m.w.N.
12 *Winkler*, § 7 Rn 7, Staudinger/*Herrler*, BeurkG Rn 323; s. auch *Wagner*, DNotZ 2000, 421.
13 So auch BeckOK-BeurkG/*Eble*, § 27 Rn 14.
14 *Jansen*, § 27 Rn 8; BeckOGK/*Schaller*, Stand: 1.6.2025, § 7 BeurkG Rn 18 (arg. fehlende Unmittelbarkeit); *Winkler*, § 7 Rn 7; nunmehr auch *Lerch*, § 27 Rn 4, anders aber § 7 Rn 7 (zum Vormund); zweifelnd Frenz/Miermeister/*Miermeister/de Buhr*, § 7 BeurkG Rn 8, zweifelnd auch Staudinger/*Herrler*, BeurkG Rn 323.

ausdrücklichen Willen des Gesetzgebers in den Blick zu nehmen haben, wonach bei § 7 BeurkG „ein strenger Maßstab geboten (ist), um das Ansehen des Notarstands zu wahren und eine Übervorteilung Beteiligter zu verhindern" (BT-Drucks V/3282, S. 3, 29).[15] Eine zu restriktive Handhabung des Tatbestandsmerkmals „rechtlicher Vorteil" ist damit schwerlich in Einklang zu bringen, was dafür sprechen könnte, dass der BGH einen rechtlichen Vorteil auch in solchen Fällen bejahen könnte. Die Beurkundung eines Testaments, in dem der Sozius des Notars zum Testamentsvollstrecker bestellt wird, verstößt auch dann nicht gegen § 7 BeurkG, wenn der Notar über das Sozietätsverhältnis an der Testamentsvollstreckervergütung beteiligt ist;[16] hier greift § 3 Abs. 1 S. 1 Nr. 4 BeurkG ein. Hiervon zu unterscheiden ist wiederum der Fall, in dem dem Notar gemäß § 2198 Abs. 1 S. 1 BGB das Recht eingeräumt wird, die Person des Testamentsvollstreckers zu bestimmen. Eine solche Vorgehensweise stellt nach der Rechtsprechung des Bundesgerichtshofs einen Verstoß gegen § 7 BeurkG dar,[17] weil insbesondere nach dem Sinn und Zweck der Vorschrift der Notar nicht durch den Inhalt der von ihm beurkundeten letztwilligen Verfügungen Rechtspositionen erhalten soll, auf die er ansonsten keinen Anspruch hätte. Mit den §§ 7 Nr. 1, 27 BeurkG steht es auch in Einklang, wenn der Testator nach Beurkundung eines notariellen Testaments ein **privatschriftliches Testament** errichtet, das den Urkundsnotar als Testamentsvollstrecker beruft.[18] Der jüngeren Rspr. ist darin beizupflichten, dass die §§ 7 Nr. 1, 27 BeurkG auch nicht dadurch umgangen werden, dass der Testator das privatschriftliche Testament, das den Urkundsnotar ernennt, noch in den Amtsräumen des Notars fertigt und ihm sodann aushändigt.[19] Das Gleiche gilt, wenn der Testator im notariellen Testament ankündigt, dass er eine entsprechende privatschriftliche Verfügung treffen wird, dem Notar die verschlossene privatschriftliche letztwillige Verfügung im Anschluss an die Beurkundung übergibt und beide Testamente sodann in einem gemeinsamen Umschlag in gerichtlichen Verwahrung genommen werden.[20] Der Notar darf diese Vorgehensweise allerdings nicht von sich aus anregen oder das privatschriftliche Testament entwerfen. Äußert der Testator jedoch von sich aus den Wunsch, den Notar als Testamentsvollstrecker einzusetzen, darf der Notar auf die Möglichkeit eines privatschriftlichen Ergänzungstestaments hinweisen.[21]

Rechtlich vorteilhaft sind auch: das **Vertragsangebot** (nicht dagegen für den Anbietenden die Annahme eines Vertragsangebots),[22] Abtretung und Erlass einer Forderung, die Auflassung, die Löschungsbewilligung, die löschungsfähige Quittung,[23] die **Bürgschaft** (aber nur, wenn eine Person i.S.v. Nr. 1–3 Gläubigerin, nicht wenn sie Schuldnerin ist).[24] Ein rechtlicher Vorteil für die in § 7 BeurkG genannten Personen liegt außerdem vor, wenn zu ihren Gunsten ein Schuldanerkenntnis abgegeben, eine Hypothek bestellt, eine Schuldverschreibung erteilt oder eine Forderungsverzicht erklärt, ein Vertrag nach § 328 BGB geschlossen wird.[25] Ein Fall des § 7 BeurkG liegt dagegen bei der Beurkundung eines Grundstücksvertrages nicht vor, an dem der Notar – unzulässigerweise – selbst als Makler mitgewirkt hat (siehe dazu § 4 BeurkG Rdn 12). Die Beurkundung eines **Erb- und Pflichtteilsverzichts** ist nicht deshalb unwirksam, weil der Notar oder einer seiner in Abs. 1 genannten Angehörigen zu den möglicherweise Erb- und Pflichtteilsberechtigten gehört. Hier fehlt es an dem Erfordernis, dass der rechtliche Vorteil unmittelbar aus der Urkunde hervorgehen muss (siehe Rdn 3). Eine Erhöhung der Erb- und Pflichtteilsquote ist lediglich eine mittelbare des Verzichts, die von weiteren Voraussetzungen abhängt.[26] **5**

15 Diesen Aspekt betont auch der BGH, vgl. BGH, v. 10.10.2012 – IV ZB 14/12, DNotZ 2013, 14. Dagegen fordert *Litzenburger* unter Hinweis auf die Rechtssicherheit eine engere Auslegung als bei dem Mitwirkungsverbot des § 3 Abs. 1 S. 1 BeurkG, vgl. BeckOK-BeurkG/*Litzenburger*, § 7 Rn 8).

16 BGH v. 18.12.1996 – IV ZB 9/96, DNotZ 1997, 466 ff. mit zust. Anm. *Reimann*, 469 f.

17 BGH, v. 10.10.2012 – IV ZB 14/12, DNotZ 2013, 149.

18 BGH v. 23.2.2022 – IV ZB 24/21, NJW 2022, 1450, 1452 Rn 15 f.

19 OLG Köln v. 5.2.2018 – 2 Wx 275/17, NJW-RR 2018, 457 Rn 18 f.

20 OLG Bremen v. 10.3.2016 – 5 W 40/15, NJW-RR 2016, 979 Rn 10 f. Der Senat gab damit seine abw. Auffassung im Urt. v. 24.9.2015 – 5 W 23/15, NJW-RR 2016, 76 auf.

21 *Armbrüster/Leske*, ZNotP 2002, 46, 47.

22 *Winkler*, § 7 Rn 7 Fn 1, aA Frenz/Miermeister/*Miermeister/de Buhr*, § 7 BeurkG Rn 9; zweifelnd insoweit auch Staudinger/*Herrler*, BeurkG Rn 323.

23 *Lerch*, § 7 Rn 7; BeckOGK/*Schaller*, Stand: 1.6.2025, § 7 BeurkG Rn 14; a.A. *Jansen*, § 7 Rn 3.

24 Frenz/Miermeister/*Miermeister/de Buhr*, § 7 BeurkG Rn 9; *Jansen*, § 7 Rn 8.

25 *Winkler*, § 7 Rn 7 mit Fn 4 unter zutr. Hinweis darauf, dass auch der unechte Vertrag zugunsten Dritter erfasst wird.

26 OLG Düsseldorf v. 19.7.2013 – I-7 U 170/12, MittBayNot 2014, 281, 282 m. zust. Anm. *Winkler*.

6 Ein rechtlicher Vorteil, welcher einer **juristischen Person** eingeräumt wird, deren Mitglied der Notar oder seine Angehörigen sind, führt nicht zur teilweisen Unwirksamkeit der Beurkundung nach § 7 BeurkG, da der Vorteil dem Notar oder seinen Angehörigen nur mittelbar zugutekommt. Dies gilt entgegen verbreiteter Ansicht[27] auch dann, wenn der Notar oder einer seiner nahen Angehörigen einen beherrschenden Einfluss ausübt. Aus Gründen der Rechtssicherheit ist § 7 BeurkG, der zur teilweisen Unwirksamkeit der Beurkundung führt (siehe Rdn 9), insoweit enger als § 3 Abs. 1 S. 1 BeurkG auszulegen. Auch der Alleingesellschafter erlangt aus einem für die Gesellschaft rechtlich vorteilhaften **Rechtsgeschäft nur einen wirtschaftlichen, über die Gesellschaftsbeteiligung vermittelten Vorteil**. Dieser wirtschaftliche Vorteil wird von § 7 BeurkG nicht erfasst (siehe Rdn 3).[28] Eine erweiternde Auslegung, die im Kontext des § 3 BeurkG aus teleologischen Gründen angezeigt ist, kommt im Rahmen des § 7 BeurkG wegen der strengen Unwirksamkeitsfolge nicht in Betracht.

7 Anders ist dies im Falle der Mitgliedschaft in einer **Personengesellschaft** (GbR, OHG, KG) oder in einem nichtrechtsfähigen Verein. Deren Mitglieder erwerben den Vorteil zwar ebenfalls nicht unmittelbar.[29] Die wirtschaftlichen Interessen der Personengesellschafter sind jedoch wegen der Gewinn- und Verlustbeteiligung im Innenverhältnis und der akzessorischen Haftung im Außenverhältnis weitaus stärker mit den rechtlichen Interessen der Gesellschaft verzahnt als dies bei Kapitalgesellschaftern der Fall ist.

8 Der Notar darf auch keine **Vollmacht** auf sich oder seine Angehörigen beurkunden, da die Befugnis, rechtsgeschäftliche Willenserklärungen für andere abgeben zu dürfen, eine Erweiterung der Rechtsposition darstellt.[30] Das gilt auch für die sog. Nachlassregelungsvollmacht zugunsten des Urkundsnotars.[31] Dagegen darf der Notar eine **Durchführungsvollmacht** beurkunden, die ihn ermächtigt, das beurkundete Rechtsgeschäft zu vollziehen.[32] Die Stellung, Änderung und Rücknahme von Vollzugsanträgen beim Grundbuchamt oder Registergericht sowie die Einholung erforderlicher Genehmigungen, Bescheinigungen, Zeugnisse und Zustimmungserklärungen sind Handlungen, die zu den Amtsgeschäften eines Notars gehören (siehe dazu § 3 BeurkG Rdn 58 ff.; § 6 BeurkG Rdn 5).

C. Folgen des Verstoßes

9 Eine Verletzung des § 7 BeurkG hat wie bei § 6 BeurkG die **Unwirksamkeit des Beurkundungsaktes** zur Folge. Die Unwirksamkeit erstreckt sich aber nur auf die von § 7 BeurkG betroffenen Beurkundungen. Teilnichtigkeit des Beurkundungsaktes führt nur dann zur Teilnichtigkeit des Rechtsgeschäftes, wenn für das Rechtsgeschäft öffentliche Beurkundung vorgeschrieben ist. Ist das der Fall, ist also das Rechtsgeschäft teilweise nichtig, so gilt hinsichtlich der übrigen Teile des Rechtsgeschäfts § 139 BGB. Danach sind auch die übrigen Teile des Rechtsgeschäfts unwirksam, es sei denn, die Beteiligten hätten das Geschäft auch ohne die nach § 7 BeurkG, § 125 BGB nichtigen Teile vorgenommen. Im Zweifel ist diese Frage zu verneinen.[33]

27 OLG Frankfurt v. 18.1.1993 – 20 W 88/93, OLGR Frankfurt 1993, 174; Frenz/Miermeister/*Miermeister/de Buhr*, § 7 BeurkG Rn 7 mit § 6 BeurkG Rn 8 a.E. (zur wirtschaftlichen Alleininhaberschaft); *Winkler*, § 7 Rn 6 Fn 8.

28 BeckOK-BGB/*Litzenburger*, § 7 BeurkG Rn 8 (unter Aufgabe der abw. früheren Ansicht); BeckOGK/*Schaller*, Stand: 1.6.2025, § 7 BeurkG Rn 24; Staudinger/*Herrler*, BeurkG Rn 322.

29 S. § 6 Rn 8; insoweit a.A. BeckOGK/*Schaller*, Stand: 1.6.2025, § 7 BeurkG Rn 23; *Winkler*, § 7 Rn 6.

30 Frenz/Miermeister/*Miermeister/de Buhr*, § 7 BeurkG Rn 8; *Jansen*, § 7 Rn 7; Staudinger/*Herrler*, BeurkG Rn 323; *Winkler*, § 7 Rn 8; so nunmehr auch *Lerch*, § 7 Rn 9.

31 *Reimann*, DNotZ 1990, 433, 436.

32 *Winkler*, § 7 Rn 8; *Lerch*, § 7 Rn 9.

33 *Lerch*, § 7 Rn 10; *Jansen*, § 8 Rn 10; *Winkler*, § 7 Rn 13.

Unterabschnitt 2: Niederschrift

§ 8 Grundsatz

(1) Bei der Beurkundung von Willenserklärungen muss eine Niederschrift über die Verhandlung aufgenommen werden.

(2) [1]Die Niederschrift kann als elektronisches Dokument aufgenommen werden. [2]Für die elektronische Niederschrift gelten die Vorschriften über die Niederschrift entsprechend, soweit in diesem Unterabschnitt nichts anderes bestimmt ist.

Literatur *Bohrer*, Notarielle Form, Beurkundung und elektronischer Rechtsverkehr, DNotZ 2008, 39; *Heckschen/Englich*, Gamechanger im Notariat – Das Gesetz zur Einführung einer elektronischen Präsenzbeurkundung, NotBZ 2025, 18; *Reithmann*, Die „Verhandlung" (§ 8 BeurkG) als Kernstück der Beurkundung, DNotZ 2003, 603.

A. Einleitung/Allgemeines

Das Beurkundungsgesetz unterscheidet zwischen Beurkundungen von Willenserklärungen (Abschnitt 2 des Beurkundungsgesetzes: §§ 6–35 BeurkG) und sonstigen Beurkundungen (Abschnitt 3 des Beurkundungsgesetzes: §§ 36–43 BeurkG). Für Beurkundungen von Willenserklärungen bestimmt § 8 Abs. 1 BeurkG, dass diese als **Niederschrift über die Verhandlung** zu erfolgen haben, wobei mit Inkrafttreten des Gesetzes zur Einführung einer elektronischen Präsenzbeurkundung[1] die Niederschrift auch als elektronisches Dokument aufgenommen werden kann (§ 8 Abs. 2 BeurkG). Von sonstigen Beurkundungen, die grundsätzlich auch in der Form der Niederschrift vorgenommen werden (§ 36 BeurkG), wenn nicht gem. § 39 BeurkG die Form des **Vermerks** ausreichend ist, unterscheidet sich das Verfahren insbesondere durch die in den §§ 9–35 BeurkG geregelten strengeren Verfahrensvorschriften.[2] Diese strengeren Vorgaben resultieren in vielen Fällen aus der bei der Beurkundung von Willenserklärungen vorausgesetzten Verhandlung (insbesondere dem Vorlesen in Gegenwart der Beteiligten sowie deren Belehrung). Da es sich um das Verfahren mit den strengsten Anforderungen handelt, kann es auch für sonstige Beurkundungen gewählt werden.[3] Die strengere Form ersetzt die einfachere. Dieses Vorgehen empfiehlt sich insbesondere bei Beurkundungen, mit denen neben Willenserklärungen auch andere Erklärungen oder sonstige Tatsachen beurkundet werden (bspw. bei Beurkundung eines gesellschaftsrechtlichen Vertrages und eines Gesellschafterbeschlusses).[4] Dafür sollte der Begriff „**Mischbeurkundungen**" verwendet werden, weil der hierfür früher gebräuchliche Begriff der „gemischten Beurkundung" nunmehr nach § 16e BeurkG Beurkundungen teils mit präsenten, teils mit per Videokommunikation zugeschalteten Beteiligten bezeichnet. Gleichermaßen unbedenklich ist es, wenn der Notar in der Niederschrift über die Verhandlung Zeugniserklärungen, für die nach § 39 BeurkG die Form des Vermerks genügen würde (z.B. Beglaubigungsvermerke oder Registerbescheinigungen),[5] oder Erklärungen im Wege der notariellen Eigenurkunde (§ 6 BeurkG Rdn 5) abgibt (z.B. Registeranmeldungen nach § 378 Abs. 2 FamFG). 1

§ 8 BeurkG enthält die Grundregel für die Beurkundung von Willenserklärungen. Die §§ 6, 7 und 9–26 BeurkG regeln die Einzelheiten des Verfahrens; die §§ 27–35 BeurkG enthalten Besonderheiten für Verfügungen von Todes wegen. Für die Beurkundung anderer Erklärungen und sonstiger Tatsachen und Vorgänge gelten die §§ 36–43 BeurkG: Hier gibt es keine Verhandlung, sondern der Notar legt einen Bericht 2

1 Gesetz zur Einführung einer elektronischen Präsenzbeurkundung v. 10.12.2025, BGBl. 2025 I Nr. 320.
2 Frenz/Miermeister/*Limmer*, § 8 BeurkG Rn 1.
3 Frenz/Miermeister/*Limmer*, § 8 BeurkG Rn 3; Grziwotz/Sauer/Heinemann/*Heinemann/Grziwotz*, § 8 Rn 2.
4 Einzelheiten: § 36 BeurkG Rdn 7 f.
5 Hierzu BeckOK-BeurkG/*Boor*, § 36 Rn 6.

über seine Wahrnehmungen nieder, welcher den Beteiligten insbesondere nicht vorgelesen wird. § 38 BeurkG, der die Abnahme von Eiden und die Aufnahme eidesstattlicher Versicherungen betrifft, enthält eine Ausnahmeregelung: Er verweist wiederum auf das Verfahren für die Beurkundung von Willenserklärungen.

3 Das Gesetz zur Einführung einer elektronischen Präsenzbeurkundung[6] hat § 8 BeurkG um einen Abs. 2 ergänzt: Danach kann die Niederschrift als **elektronisches Dokument** aufgenommen werden. Elektronische Niederschriften wurden durch das DiRUG[7] und das DiREG[8] zunächst für Beurkundungen mittels Videokommunikation (§§ 16a ff. BeurkG) im GmbH-Gesellschaftsrecht zugelassen, nämlich in bestimmten Fällen der Gründung (§ 2 Abs. 3 GmbHG) und der Satzungsänderung (§ 53 Abs. 3 S. 2 GmbHG).[9] § 8 Abs. 2 BeurkG lässt die elektronische Niederschrift nunmehr auch für alle anderen Beurkundungen von Willenserklärungen zu. Lediglich Verfügungen von Todes wegen sollen nicht in Form einer elektronischen Niederschrift errichtet werden, § 31 BeurkG.

Mit der Ausweitung des Anwendungsbereichs für elektronische Niederschriften sollen Medienbrüche vermieden werden, die sich ergeben, wenn Papierurkunden zur Verwahrung in der elektronischen Urkundensammlung (§§ 2 Nr. 3, 34 NotAktVV) oder für die Zwecke der elektronischen Kommunikation mit den Gerichten oder anderen Stellen in die elektronische Form gebracht werden müssen.[10] Die Errichtung einer Niederschrift als elektronisches Dokument hat denselben Vorgaben zu genügen wie die Errichtung einer Niederschrift in Papierform. Zusätzlich sind die technischen Vorgaben der §§ 13a, 13b BeurkG zu beachten, die mit dem Gesetz zur Einführung einer elektronischen Präsenzbeurkundung in Kraft getreten sind (s. die Kommentierung dort).

4 Die in der Form der §§ 6 ff. BeurkG beurkundeten Erklärungen gelten mit der **Beweiskraft** des § 415 ZPO als abgegeben. Lediglich der Gegenbeweis, dass der Vorgang unrichtig beurkundet sei, ist zulässig.[11] Beurkundet der Notar dagegen eine Willenserklärung in der Form der §§ 36 ff. BeurkG, statt in der Form der §§ 6 ff. BeurkG, sind die Voraussetzungen einer öffentlichen Urkunde nach § 415 ZPO nicht erfüllt, da es an der „vorgeschriebenen Form" fehlt. Der Urkundsinhalt hat nicht an der Beweiswirkung des § 415 ZPO teil. Verlangt das materielle Recht die notarielle Beurkundung der Willenserklärung, ist diese nichtig.[12]

B. Verhandlung

I. Der Begriff der Verhandlung

5 § 8 BeurkG bestimmt, dass eine Niederschrift über die **Verhandlung** gefertigt wird. Der vom Gesetz an keiner Stelle näher definierte Begriff „Verhandlung" darf nicht im Sinne eines **„Aushandelns"** zwischen den Beteiligten missverstanden werden. Dies würde der verfahrensleitenden Rolle des Notars nicht gerecht, der bei einem solchen Verständnis auf die Rolle eines bloßen Protokollanten des Handelsabschlusses der Beteiligten reduziert würde. Dass ein Aushandeln nicht gemeint sein kann, zeigt sich im Übrigen schon daran, dass auch einseitige Erklärungen beurkundet werden können, bei denen es an einem Verhandlungspartner und mithin an der Möglichkeit eines Aushandelns von vorneherein fehlt.

Auch die notarielle Praxis erweist, dass im Rahmen der notariellen Beurkundung häufig nichts mehr ausgehandelt wird. Die Beteiligten führen im Vorfeld der Beurkundung eine Besprechung mit dem Notar durch, dieser fertigt einen Entwurf und leitet ihn den Beteiligten zu, diese stimmen untereinander – ggf. auch anwaltlich beraten – Änderungswünsche ab und teilen sie dem Notar mit, welcher daraufhin den Entwurf entsprechend anpasst. In einer solchen Situation gibt es im eigentlichen Beurkundungstermin regelmäßig nichts mehr auszuhandeln. Gleichwohl geht § 8 BeurkG davon aus, dass auch in diesen

6 Gesetz zur Einführung einer elektronischen Präsenzbeurkundung v. 10.12.2025, BGBl. 2025 I Nr. 320.
7 Gesetz zur Umsetzung der Digitalisierungsrichtlinie (DiRUG) v. 5.7.2021, BGBl I 2021, 3338.
8 Gesetz zur Ergänzung der Regelungen zur Umsetzung der Digitalisierungsrichtlinie und zur Änderung weiterer Vorschriften (DiREG) v. 15.7.2022, BGBl I 2022, 1146.
9 Näher hierzu Scholz/*Wicke*, GmbHG § 2 Rn 160 ff., und Scholz/*Tebben*, GmbHG § 53 Rn 70b ff. sowie die Kommentierung zu §§ 16a ff. BeurkG.
10 Vgl. die Gesetzesbegründung, BT-Drs. 21/1505, S. 1; zu den praktischen Vorteilen der elektronischen Niederschrift auch *Heckschen/Englich*, NotBZ 2025, 18, 20.
11 *Reithmann*, DNotZ 2003, 603, 607.
12 Frenz/Miermeister/*Limmer*, § 8 BeurkG Rn 1.

Fällen eine Verhandlung durchzuführen ist. Die Abstimmung des späteren Beurkundungstextes im Vorfeld des Beurkundungstermins gehört aber keinesfalls zur Verhandlung i.S.d. § 8 BeurkG (siehe Rdn 7).

„Verhandlung“ muss daher in einem anderen Sinne verstanden werden. Sie ist als **geregelter Prozess** zu begreifen und bezieht sich auf die vom Notar zu beachtenden Verfahrensregeln zur Erreichung der mit der notariellen Beurkundung verfolgten Zwecke (zu diesen Zwecken siehe Einl. Rdn 10 ff.). Sie gleicht damit dem Begriff der „mündlichen Verhandlung“ im Rahmen eines Gerichtsverfahrens, in der (insbesondere im Strafverfahren und abgesehen vom Prozessvergleich) auch nichts auszuhandeln ist. Wie die mit der notariellen Beurkundung verfolgten Zwecke zu verwirklichen sind, bestimmen dabei die §§ 9 ff. BeurkG. Diese legen das vom Notar bei der Verhandlung zu beachtende Verfahren fest, welches vom Vorlesen der Niederschrift und der Erklärung des Vorgelesenen durch den Notar geprägt ist. Die Beurkundung stellt sich damit als ein Rechtsgespräch unter Verhandlungsleitung des Notars dar.[13] Für ein solches ist die Bezeichnung „Verhandlung“ sicher gut gewählt. 6

Der Begriff der „Verhandlung“ darf allerdings auch nicht überbewertet werden. Er stellt keine weitere eigenständige, bei der Beurkundung von Willenserklärungen vom Notar zu beachtende Verfahrensregel auf,[14] sondern bezeichnet allein das von den §§ 9 ff. BeurkG festgelegte Verfahren als Ganzes.[15] Für die Einzelheiten des vom Notar zu beachtenden Verfahrens geht daher von dem Begriff der Verhandlung nur ein begrenzter Erkenntnisgewinn aus.

Die Verhandlung im Sinne des § 8 BeurkG bezieht sich nicht auf die „Vorstufen“ der Beurkundung, also die vorbereitende Sachverhaltsaufklärung, die Fertigung eines Entwurfs und dessen Abstimmung mit den Beteiligten.[16] Deshalb ist es auch zulässig, dass Vorgespräche und Urkundsvorbereitung nicht vom Notar selbst übernommen, sondern zuverlässigen Mitarbeitern anvertraut werden.[17] 7

II. Unterbrechung der Verhandlung

Häufig wird sich bei einer Beurkundung das Bedürfnis ergeben, die Verhandlung zu unterbrechen, z.B. weil die Beteiligten eine Pause benötigen oder der Notar in der Zwischenzeit eine andere Amtshandlung vornehmen muss. Solche kurzen Unterbrechungen sind ohne weiteres zulässig.[18] Zulässig ist eine Unterbrechung aber grundsätzlich auch dann, wenn diese länger dauert, insbesondere die Verhandlung nicht mehr am selben Tag wieder aufgenommen werden soll.[19] Für eine solche Vertagung können insbesondere zwei Gründe maßgeblich sein. Zum einen kann es sich um eine besonders umfangreiche Niederschrift handeln, deren Verlesung nicht an einem Tag zu bewältigen ist. Zum anderen kann sich bei den Beteiligten Bedarf nach Besprechung, Verhandlung oder Sachverhaltsaufklärung außerhalb der eigentlichen Beurkundungsverhandlung einstellen. 8

Im ersten Fall liegt es auf der Hand, dass eine Unterbrechung zulässig sein muss. Der Notar muss schon im Rahmen seiner Verhandlungsleitung auf eine Unterbrechung hinwirken, wenn sich die Beteiligten oder er selbst wegen der langen Beurkundungsdauer nicht mehr auf die Verhandlung konzentrieren können und damit die Zwecke des Beurkundungsverfahrens notwendigerweise verfehlt werden müssen. Auch wenn bei solchen „**Marathonbeurkundungen**“ üblicherweise im Wege der Unterbrechung verfahren wird, ist es auch möglich, die bereits vorgelesenen Teile durch Genehmigung und Unterschreiben als eigene Niederschrift abzuschließen. Hintergrund ist folgender: Wird ein Beteiligter oder sein Vertreter an der Fortsetzung der Verhandlung (z.B. durch Tod, Unfall etc.) gehindert, müsste, wenn das Rechtsgeschäft gleichwohl abgeschlossen werden soll, die gesamte bisherige Beurkundung wiederholt werden. Bei gesonderter Beurkundung des bislang Vorgelesenen würde eine solche Wiederholung hingegen vermieden. Es könnte eine zweite Beurkundung (mit einem Vertreter des Verhinderten) erfolgen, die an der unterbrochenen Stelle beginnt. Wird dieses Verfahren gewählt, muss allerdings in der ersten Urkunde zum Ausdruck gebracht werden, dass das Rechtsgeschäft erst mit der Beurkundung der übrigen Teile wirksam

13 Grziwotz/Sauer/Heinemann/*Heinemann/Grziwotz*, § 8 Rn 9.
14 Grziwotz/Sauer/Heinemann/*Heinemann/Grziwotz*, § 8 Rn 11.
15 Vgl. *Löwe/Maywald*, BB 2012, 587, 591: „Oberbegriff für die Gesamtheit der Handlungen, die für eine wirksame Beurkundung erforderlich sind“.
16 *Reithmann*, DNotZ 2003, 603, 608; *Winkler*, § 8 Rn 5.
17 *Winkler*, § 8 Rn 5.
18 Grziwotz/Sauer/Heinemann/*Heinemann/Grziwotz*, § 8 Rn 12; *Lerch*, § 8 Rn 7.
19 Frenz/Miermeister/*Limmer*, § 8 BeurkG Rn 12; Staudinger/*Hertel*, BeurkG Rn 376; Grziwotz/Sauer/Heinemann/*Heinemann/Grziwotz*, § 8 Rn 12; *Winkler*, § 8 Rn 6.

werden soll.[20] Die zweite Urkunde wiederum müsste Bezug nehmen auf die erste Urkunde, um den Willen der Beteiligten zu dokumentieren, dass beide Urkunden zusammen dem Abschluss eines einheitlichen Rechtsgeschäfts dienen. Insoweit verhält es sich nicht anders als bei Verknüpfungsabreden im Falle der Beurkundung verbundener Rechtsgeschäfte.[21]

Soll die Verhandlung vertagt werden, um den Beteiligten Gelegenheit zu geben, Fragen zum Sachverhalt zu klären oder den Inhalt des Rechtsgeschäfts weiter auszuhandeln, ist danach zu differenzieren, ob es sich um eine **Unterbrechung** oder einen **Abbruch** der Verhandlung handelt. In letzterem Fall ist eine Aufnahme der bisherigen Verhandlung nicht mehr möglich, sondern der Notar muss das Rechtsgeschäft vollständig neu beurkunden.[22] Lediglich bei unterbrochener Verhandlung kann er an der Stelle der Unterbrechung fortfahren und muss das bisher Vorgelesene nicht noch einmal vorlesen. Unterbrechung und Abbruch der Verhandlung sind nach der inneren Willensrichtung der Beteiligten abzugrenzen: Halten sie den Abschluss des Rechtsgeschäfts derzeit für gescheitert, liegt ein Abbruch vor. Gehen sie hingegen davon aus, dass dem Abschluss nur ein ohne weiteres zu klärendes Hindernis entgegensteht, wird die Verhandlung lediglich unterbrochen. Nicht zugestimmt werden kann demgegenüber der in der 5. Auflage dieses Kommentars vertretenen Auffassung,[23] wonach es lediglich darauf ankommen soll, ob die Beteiligten die bisherige Beurkundung noch in „frischer Erinnerung" haben und es gerade nicht entscheidend sein soll, ob die Beteiligten von vorneherein vorhatten, die Beurkundung später fortzusetzen oder ob ein neuer Willensentschluss zugrunde liegt. Dies kann nicht richtig sein. Betrachten die Beteiligten die Verhandlung als gescheitert und brechen daher die Beurkundung ab, dann nehmen sie damit ihr Beurkundungsersuchen (Einl. Rdn 30) zurück und beenden dieses Beurkundungsverfahren endgültig. Wünschen sie später aufgrund eines neuen Willensentschlusses erneut eine Beurkundung, bedeutet dies den Beginn ein neues Beurkundungsverfahrens. Auch kann die Parallele zur endgültig verweigerten Genehmigung oder Unterschrift gezogen werden; diese können ebenfalls nicht ohne erneute Beurkundung und damit nochmaliges vollständiges Vorlesen der Niederschrift nachgeholt werden (siehe hierzu unten § 13 BeurkG Rdn 34 und 61).

Wegen der unterschiedlichen Rechtsfolgen ist der Notar gehalten, im Zweifelsfall durch Befragen der Beteiligten festzustellen, ob es sich um eine Unterbrechung oder einen Abbruch der Verhandlung handelt.[24] Die Empfehlung, dies aus Beweisgründen in der Niederschrift festzuhalten,[25] erscheint nicht praktikabel: Bei einem Abbruch der Verhandlung wird schon keine Niederschrift errichtet. Bei einer bloßen Unterbrechung hingegen dokumentiert die spätere Fortsetzung der Verhandlung und Errichtung der Niederschrift in ausreichender Weise, dass aus Sicht der Beteiligten und des Notars kein Abbruch der Verhandlung erfolgt war. Es spricht aber natürlich nichts dagegen, anlässlich des Abbruchs oder der Unterbrechung der Verhandlung etwaige Zweifel über die Einordnung des Vorgangs durch eine gesonderte schriftliche Bestätigung der Beteiligten zu beseitigen. Lässt sich nicht mit Sicherheit feststellen, ob es sich um einen Abbruch oder eine Unterbrechung gehandelt hat, sollte im Falle eines neuen Anlaufs die Verhandlung vollständig neu begonnen werden. Falls der Notar nämlich zu Unrecht von einer Unterbrechung ausgeht und die abgebrochene Verhandlung lediglich fortsetzt, wäre das während der abgebrochenen Verhandlung Verlesene nicht wirksam beurkundet.

9 Die **Dauer der Unterbrechung** ist eine Frage der Verhandlungsleitung durch den Notar. Dieser entscheidet kraft seiner Verfahrensherrschaft, ob er zu einer Fortsetzung der Verhandlung bereit ist oder deren Neuvornahme verlangt.[26] Dabei wird eine Unterbrechung von mehr als einer Woche Dauer den Notar regelmäßig veranlassen, die Verhandlung vollständig neu beginnen zu lassen, weil sich die Beteiligten sonst möglicherweise nicht mehr hinreichend deutlich daran erinnern, was sie eigentlich genehmigen.[27] Da es sich hierbei nur um eine Frage der zweckmäßigen Gestaltung des Beurkundungsverfahrens handelt, hat eine Verhandlungsfortsetzung trotz Überschreitens dieser Dauer aber nicht die

20 Staudinger/*Hertel*, BeurkG Rn 376.
21 Siehe dazu: Würzburger Notarhandbuch/*Hertel*, Teil 2 Kap. 3 Rn 371 ff.
22 Grziwotz/Sauer/Heinemann/*Heinemann/Grziwotz*, § 8 Rn 15.
23 Armbrüster/Preuss/Renner/*Renner*, 5. Aufl., § 8 BeurkG Rn 7.
24 Grziwotz/Sauer/Heinemann/*Heinemann/Grziwotz*, § 8 Rn 15.
25 Armbrüster/Preuß/Renner/*Renner*, 8. Aufl. § 8 BeurkG Rn 7.
26 Staudinger/*Hertel*, BeurkG Rn 376.
27 Staudinger/*Hertel*, BeurkG Rn 376; Grziwotz/Sauer/Heinemann/*Heinemann/Grziwotz*, § 8 Rn 13.

Unwirksamkeit der Beurkundung zur Folge.[28] Allerdings können sich hieraus Amtshaftungsansprüche und dienstrechtliche Konsequenzen ergeben.

Kurze Unterbrechungen der Verhandlung für Erholungspausen der Beteiligten oder für zwischenzeitliche andere Amtsgeschäfte des Notars sind nicht in der Niederschrift zu erwähnen.[29] Erfolgt eine Vertagung der Verhandlung, hat der Notar gem. § 9 Abs. 2 BeurkG alle Verhandlungstage anzugeben.[30] Folgen diese nicht unmittelbar aufeinander, ergibt sich hieraus auch der Umstand der Vertagung. Folgen sie dagegen unmittelbar aufeinander, ist aus der Urkunde nicht zu erkennen, ob die Verhandlung über die Mitternachtsstunde hinaus weitergeführt oder ob sie unterbrochen und erst wieder im Laufe des nächsten Tages fortgesetzt wurde. In diesem Fall ist der Notar aber nicht gehalten, ausdrücklich kenntlich zu machen, dass eine Unterbrechung vorgelegen hat.[31] Nicht geboten ist es auch, dass der Notar angibt, welche Teile der Niederschrift er an welchem Tag vorgelesen hat.[32] 10

In engem Zusammenhang mit dem hier angesprochenen Problem der Verhandlungsunterbrechung steht die weitere Frage, ob alle an einem Beurkundungsvorgang Beteiligten während der gesamten Verhandlung jeweils **ununterbrochen anwesend** sein müssen oder ob und inwieweit eine sog. abschnittsweise Beurkundung zulässig ist. Diese Problematik wird an anderer Stelle erörtert (siehe unten § 13 BeurkG Rdn 85 ff.). 11

C. Niederschrift

I. Schriftlichkeit und Verkörperung

Die Niederschrift zeichnet sich, was schon der Begriff nahelegt, zunächst durch das Wesensmerkmal der **Schriftlichkeit** aus.[33] 12

Bei Beurkundungen in deutscher Sprache soll die Niederschrift in lateinischen oder deutschen Schriftzeichen erfolgen.[34] Die Verwendung von Kurzschrift wird im Hinblick auf die Gebrauchstauglichkeit der Urkunde im Rechtsverkehr in aller Regel dem Gebot einer zweckmäßigen Gestaltung des Urkundsverfahrens widersprechen, macht die Beurkundung aber nicht unwirksam.[35] Die Beweiswirkung nach § 415 ZPO wird hierdurch nicht beeinträchtigt.[36] Erfolgt die Beurkundung in einer anderen als der deutschen Sprache, sind gegebenenfalls die entsprechenden Schriftzeichen zu verwenden.[37] Zur Verwendung in Deutschland ungebräuchlicher Schriftzeichen für die Unterschrift der Beteiligten siehe § 13 BeurkG Rdn 50. Zur Beurkundung unter Verwendung von Karten, Zeichnungen oder Abbildungen, sei es innerhalb der Niederschrift oder als Anlage hierzu, siehe § 9 BeurkG Rdn 55 ff.

Ein weiteres Wesensmerkmal der Niederschrift ist die Verkörperung.[38] Die Verkörperung erfolgt, sofern keine elektronische Niederschrift nach § 8 Abs. 2 BeurkG errichtet wird, durch das „Medium Papier". Das schließt nicht aus, dass in praktisch wohl bedeutungslosen Fällen auch auf einem anderen Urkundenkörper eine wirksame Urkunde hergestellt werden kann.[39] Flüchtige digitale und akustische Speichermedien scheiden als Trägermaterial aus.[40] Auch die elektronische Niederschrift im Sinne des 13

28 Staudinger/*Hertel*, BeurkG Rn 376.
29 Grziwotz/Sauer/Heinemann/*Heinemann/Grziwotz*, § 8 Rn 13 f.
30 Frenz/Miermeister/*Limmer*, § 8 BeurkG Rn 12, § 9 BeurkG Rn 27; *Lerch*, § 9 Rn 27; Staudinger/*Hertel*, BeurkG Rn 354, 376; *Winkler*, § 9 Rn 91; a.A. Grziwotz/Sauer/Heinemann/*Heinemann/Grziwotz*, § 8 Rn 13 f., § 9 Rn 45 (nur der letzte Tag soll anzugeben sein); nicht eindeutig: BRHP/*Litzenburger*, § 9 BeurkG Rn 3 („alle [Tage][...], mindestens jedoch der Tag, an dem die Unterschriften geleistet wurden").
31 A.A. wohl Soergel/*Mayer*, 13. Aufl., § 9 BeurkG Rn 17 (nach § 2264 BGB).
32 Frenz/Miermeister/*Limmer*, § 8 BeurkG Rn 12, § 9 Rn 27; *Lerch*, § 9 Rn 27; *Winkler*, § 9 Rn 91.
33 Frenz/Miermeister/*Limmer*, § 8 BeurkG Rn 6.
34 *Winkler*, § 8 Rn 8; enger: *Lerch*, § 8 Rn 6 (Fn 3), der sich gegen die Verwendung deutscher Schriftzeichen (Fraktur, Sütterlin) ausspricht, weil diese nur noch von einem geringen Teil der Bevölkerung beherrscht werden. Weiter dagegen Grziwotz/Sauer/Heinemann/*Heinemann/Grziwotz*, § 8 Rn 35, der auch andere Schriftzeichen als lateinische und deutsche zulassen will.
35 *Winkler*, § 8 Rn 8; Soergel/*Mayer*, 13. Aufl., § 8 BeurkG Rn 5.
36 Ebenso Grziwotz/Sauer/Heinemann/*Heinemann/Grziwotz*, § 8 Rn 35; a.A. BRHP/*Litzenburger*, § 8 BeurkG Rn 5.
37 *Winkler*, § 8 Rn 8.
38 Frenz/Miermeister/*Limmer*, § 8 BeurkG Rn 6.
39 Grziwotz/Sauer/Heinemann/*Heinemann/Grziwotz*, § 8 Rn 32 (nennt hier beispielhaft die Trägermaterialien Glas und Stein).
40 Grziwotz/Sauer/Heinemann/*Heinemann/Grziwotz*, § 8 Rn 32.

§ 8 Abs. 2 BeurkG ist verkörpert, denn sie erfordert die Erstellung eines elektronischen Dokuments und damit die Verkörperung elektronischer Daten in einem Schriftträger, der ohne technische Hilfsmittel nicht lesbar ist.[41]

II. Form der Niederschrift

14 Über die **äußere Form** der Niederschrift enthält das BeurkG keine Bestimmungen. Mit Ausnahme von § 44 BeurkG über die Verbindung einer aus mehreren Blättern bestehenden Urkunde durch Schnur und Siegel bleiben die Bestimmungen über die äußere Form als Ordnungsvorschriften der **DONot** überlassen. Die Nichtbeachtung ihrer Regeln hat keinen Einfluss auf die Wirksamkeit der Beurkundung, kann jedoch zu dienstrechtlichen Sanktionen gegen den Notar führen.

15 Urkunden werden, sofern sie nicht als elektronisches Dokument errichtet werden, grundsätzlich auf **Papier** hergestellt. Nach § 12 Abs. 1 S. 1 DONot soll festes weißes oder gelbliches Papier, das den Anforderungen nach DIN EN ISO 9706 entspricht, verwendet werden.

Urschriften können handschriftlich, auf der Schreibmaschine oder im **Druckverfahren** hergestellt werden. Die Einzelheiten regelt § 12 DONot; auf die Ausführungen dort kann hier verwiesen werden.

III. Inhalt der Niederschrift

16 § 8 BeurkG bestimmt, dass die Niederschrift über die Verhandlung aufzunehmen ist. Damit ist allerdings nicht gemeint, dass die Niederschrift den gesamten Verhandlungsverlauf nachzuzeichnen hat, sondern sie kann sich – quasi als Ergebnisprotokoll – auf die Wiedergabe des Verhandlungsergebnisses beschränken.[42]

Welchen Inhalt die Niederschrift zu haben hat, legt demgemäß auch nicht § 8 BeurkG fest, sondern dies bestimmen die folgenden Vorschriften des BeurkG. Den zwingenden Inhalt der Niederschrift regeln § 9 Abs. 1 S. 1 BeurkG (Bezeichnung des Notars und der Beteiligten, Erklärungen der Beteiligten), § 13 Abs. 1 S. 1 BeurkG (Unterschrift der Beteiligten), Abs. 3 S. 1 (Unterschrift des Notars), §§ 13a, 13b BeurkG (Signatur der Beteiligten und des Notars). Weitere Muss-Inhalte für Sonderfälle enthalten § 14 Abs. 3 BeurkG (Vorlesungsverzicht), § 15 S. 2 BeurkG (Feststellung des Entfernens des Bieters vor Verhandlungsschluss), § 25 S. 3 BeurkG (Unterschrift des Schreibzeugen), § 30 S. 1 BeurkG (Feststellung der Übergabe der Schrift), § 32 (Beifügung einer Übersetzung bzw. Verzicht hierauf). Darüber hinaus enthalten die §§ 9 ff., 16a ff. BeurkG eine Vielzahl von Soll-Inhalten; hierzu sei auf die Kommentierung der einzelnen Vorschriften verwiesen.

Schließlich ist es in der notariellen Praxis üblich, dass der Notar über die Muss- und Soll-Inhalte hinaus in der Niederschrift noch weitergehende Feststellungen trifft, z.B. über Vertretungsverhältnisse, Grundbucheinsichten oder notarielle Belehrungen.

IV. Änderungen in der Niederschrift

17 Bei der Beurkundung von Willenserklärungen muss grundsätzlich zwischen Änderungen vor und nach Abschluss der Niederschrift unterschieden werden.

Vor Abschluss der Niederschrift ist jede Änderung zulässig. Ihren Abschluss findet die Niederschrift mit der Unterschrift bzw. Signatur des Notars gemäß § 13 Abs. 3 BeurkG bzw. § 13a Abs. 2 i.V.m. Abs. 5 BeurkG.[43] Die Einzelheiten, wie technisch zu verfahren ist, regelt § 44a Abs. 1 BeurkG. Die Nichtbeachtung der Vorschriften über die Behandlung von Änderungen und Einschaltungen begründet einen äußeren Mangel der Urkunde i.S.d. § 419 ZPO, der ihre Beweiskraft zu mindern geeignet ist und infolgedessen an die Stelle der Beweisregel des § 415 ZPO die freie Beweiswürdigung nach § 419 ZPO treten lässt.[44]

41 Zum Begriff des elektronischen Dokuments vgl. MüKo-BGB/*Einsele*, § 126a Rn 3 sowie unten § 16b BeurkG Rdn 3.

42 BRHP/*Litzenburger*, § 8 BeurkG Rn 1.

43 BayObLG DNotZ 2001, 560, 562.

44 BGH v. 15.4.1994 – V ZR 175/92, DNotZ 1995, 28 ff. mit Anm. *Wochner*; Frenz/Miermeister/*Limmer*, § 44a BeurkG Rn 8; *Winkler*, § 44a Rn 14; BRHP/*Litzenburger*, § 8 BeurkG Rn 6.

Nach Abschluss der Niederschrift sind Änderungen nur noch zur Korrektur offensichtlicher Unrichtigkeiten möglich. Voraussetzungen und Verfahren sind in § 44a Abs. 2 BeurkG geregelt. Früher enthielt nur § 30 Abs. 4 DONot a.F. eine vergleichbare Regelung. Dies war problematisch, da Ergänzungen von Gesetzen durch Verwaltungsanordnungen ohne gesetzliche Ermächtigungsgrundlagen immer mit Zweifeln behaftet sind.[45]

D. Willenserklärung

§ 8 BeurkG bezieht sich nur auf die Beurkundung von **Willenserklärungen**. Der Begriff ist im Beurkun- 18
dungsgesetz nicht definiert. Er umfasst zunächst Willenserklärungen im Sinne des bürgerlichen Rechts, also Erklärungen, die von einem Erklärungswillen getragen sind und auf die Herbeiführung einer Rechtsfolge gerichtet sind.[46] Es sind alle einseitigen, zweiseitigen oder mehrseitigen Erklärungen und solche unter Lebenden oder von Todes wegen erfasst. Für die letzteren gelten allerdings noch die zusätzlichen Sonderbestimmungen der §§ 27 ff. BeurkG.

Auch die **Auflassung** als Einigung von Veräußerer und Erwerber zur Übertragung des Eigentums am Grundstück beruht auf entsprechenden Willenserklärungen der Beteiligten. Insoweit gelten aber Besonderheiten.[47] Gemäß § 20 Abs. 2 BNotO sind die Notare zuständig, Auflassungen entgegenzunehmen; der Gesetzgeber hat dafür eine ausdrückliche Sonderzuständigkeit geschaffen. § 925 Abs. 1 S. 1 BGB verlangt nämlich nicht die Schriftform oder gar die Beurkundung, sondern nur die „Entgegennahme" durch eine zuständige Stelle, und zwar bei gleichzeitiger Anwesenheit von Veräußerer und Erwerber. Da die Beurkundung gesetzlich nicht vorgeschrieben ist, ist sie auch keine materielle Wirksamkeitsvoraussetzung.[48] Ein Verstoß gegen §§ 6, 7 BeurkG oder eine vergessene Unterschrift[49] unter der notariellen Niederschrift führen daher materiell-rechtlich nicht zur Unwirksamkeit der Auflassung.[50] Verfahrensrechtlich ist jedoch zu beachten, dass die öffentliche Beurkundung zum Nachweis gem. §§ 20, 29 GBO gegenüber dem Grundbuchamt erforderlich ist. Die Grundbuchordnung verlangt nämlich, dem Grundbuchamt in öffentlicher Urkunde nachzuweisen, dass die Auflassung bei gleichzeitiger Anwesenheit beider Teile vor dem Notar erklärt worden ist. Da es sich um den Nachweis der Abgabe von Willenserklärungen handelt, ist nur die Form möglich, die das BeurkG für die Beurkundung von Willenserklärungen vorschreibt, nämlich die Errichtung einer Niederschrift nach den §§ 6 ff. BeurkG. Die Errichtung eines Tatsachenzeugnisses über die Erklärung der Auflassung ist beurkundungsrechtlich nicht zulässig (siehe unten § 36 BeurkG Rdn 6).[51]

Besonders zu betrachten ist auch die Frage, in welcher Weise Beschlüsse zu beurkunden sind.[52] Der Be- 19
schluss als Form der Willensbildung in Verbänden ist ein Rechtsgeschäft, das auf den Stimmabgaben der Verbandsmitglieder beruht.[53] Als körperschaftlicher Gesamtakt ist er nicht selbst eine Willenserklärung, aber die Stimmabgaben sind als Willenserklärungen zu qualifizieren.[54] Für den Beschluss ist anders als bei einem Vertrag nicht der Austausch von Willenserklärungen konstitutiv, sondern er kommt durch ein sich in dem Beschlussorgan vollziehenden Verfahren zustande.[55] Insoweit handelt es sich um einen „sonstigen Vorgang" im Sinne des § 36 BeurkG, der in der Form des §§ 36, 37 BeurkG zu beurkunden ist, also als Bericht des Notars über den Vorgang des Beschlussfassung.[56] Dieser Bericht umfasst nicht nur Feststellungen über die Abgabe der Stimmen, sondern auch über weitere Einzelheiten des Beschluss-

45 Siehe die Kritik von: *Huhn/von Schuckmann*, § 8 BeurkG Rn 15.

46 Frenz/Miermeister/*Limmer*, § 8 BeurkG Rn 5; *Lerch*, § 8 Rn 2; Grziwotz/Sauer/Heinemann/*Heinemann/Grziwotz*, § 8 Rn 5.

47 Vgl. auch § 36 BeurkG Rdn 6.

48 BGH NJW 1957, 459, 460; RGZ 99, 65, 67; 132, 406, 408; *Hügel*, § 20 Rn 46; a.A. *Pajunk*, S. 28 ff., 117 ff. (zitiert nach: *Kanzleiter*, DNotZ 2007, 222 f.; vgl. dazu auch: *Lipp*, DNotZ 2003, 235 f.).

49 Zum Fall der vergessenen Unterschrift: OLG Rostock v. 28.4.2006 – 7 U 48/06, DNotZ 2007, 220 ff. mit Anm. *Kanzleiter*.

50 Frenz/Miermeister/*Limmer*, § 20 BNotO Rn 34; *Hügel*, § 20 Rn 46.

51 Frenz/Miermeister/*Limmer*, § 20 BNotO Rn 34; BayObLG v. 24.1.2001 – 2Z BR 129/00, DNotZ 2001, 560 ff. mit Anm. *Reithmann*.

52 Siehe hierzu auch § 37 BeurkG Rdn 17.

53 Scholz/*Karsten Schmidt/Bochmann*, § 45 GmbHG Rn 25.

54 BGHZ 14, 264, 267 (GmbH); 48, 163, 167 (GmbH); MüKo-BGB/*Leuschner*, § 32 BGB Rn 41 (Verein); MüKo-BGB/*Schäfer*, BGB § 714 Rn 34 (GbR); Scholz/*Karsten Schmidt/Bochmann*, § 45 GmbHG Rn 31 (GmbH).

55 Scholz/*Karsten Schmidt/Bochmann*, § 45 GmbHG Rn 25.

56 Vgl. § 37 BeurkG Rdn 7 ff. (Hauptversammlung), § 37 BeurkG Rdn 17 ff. (GmbH-Gesellschafterversammlung) und § 37 BeurkG Rdn 24 f. (Gläubigerversammlung nach dem SchVG).

verfahrens. Für die Hauptversammlung einer Aktiengesellschaft verlangt § 130 Abs. 2 AktG beispielsweise Angaben über die Art und das Ergebnis der Abstimmung und die Feststellungen des Versammlungsleiters über die Beschlussfassung. Vereinzelt wird daraus der Schluss gezogen, das Beurkundungsverfahren nach §§ 8 ff. BeurkG sei für die Protokollierung von Beschlüssen „gänzlich ungeeignet".[57] Das trifft dann zu, wenn Gegenstimmen zu verzeichnen sind, denn dann haben die dissentierenden Gesellschafter es in der Hand, das gemäß §§ 13 Abs. 1, 13a Abs. 1 BeurkG erforderliche Unterschreiben bzw. Signieren der Niederschrift zu verweigern und so die Beurkundung scheitern zu lassen. Dann kommt schon aus praktischen Gründen nur ein Tatsachenprotokoll nach §§ 36, 37 BeurkG in Betracht, das ausschließlich vom Notar zu unterschreiben ist. In der Praxis der GmbH dominieren jedoch einstimmige Beschlussfassungen, die üblicherweise im Verfahren nach §§ 8 ff. BeurkG beurkundet werden. Das ist in keiner Weise zu beanstanden, zumal der Notar nicht gehindert ist, in einer Niederschrift über Willenserklärungen auch über seine eigenen Wahrnehmungen im Zusammenhang mit der Beschlussfassung zu berichten (s. Rdn 1 a.E.).

20 Der beurkundungsrechtliche Begriff der Willenserklärung ist weiter als der des bürgerlichen Rechts. Neben den bürgerlich-rechtlichen Willenserklärungen sind auch Verfahrens- und Prozesserklärungen erfasst.[58] Beispielhaft sind zu nennen die Erklärung der Unterwerfung unter die sofortige Zwangsvollstreckung, Grundbuchbewilligungen und -anträge sowie sonstige Registeranträge. Die genannten Registererklärungen werden freilich oftmals nicht notariell beurkundet, sondern öffentlich beglaubigt abgegeben.

Inwieweit auch geschäftsähnliche Handlungen (bspw. Mahnung, Fristsetzung, Mängelrüge) dem Begriff der Willenserklärung unterfallen, ist umstritten.[59] Aus Vorsichtsgründen sollte für die Beurkundung solcher Erklärungen immer das Verfahren nach §§ 6 ff. BeurkG gewählt werden.

Keine Willenserklärung sind dagegen sogenannte Wissenserklärungen (bspw. Angaben zum Vorhandensein von Mängeln). Für deren Beurkundung reicht daher das Verfahren nach §§ 36 ff. BeurkG, ohne dass aber eine Beurkundung nach dem Verfahren gem. §§ 6 ff. BeurkG ausgeschlossen wäre. Auf notariell beurkundete Wissenserklärungen erstreckt sich allerdings nicht die Vermutung der Vollständigkeit und Richtigkeit notarieller Urkunden; diese bezieht sich allein auf die vollständige und richtige Wiedergabe der getroffenen Vereinbarungen.[60] Soll die Richtigkeit der Wissenserklärung allerdings beeidet oder eidesstattlich versichert werden, beruft § 38 Abs. 1 BeurkG die Vorschriften über die Beurkundung von Willenserklärungen zur Anwendung, sodass nicht nur der Eid bzw. die eidesstattliche Versicherung im Verfahren nach den §§ 6 ff. BeurkG zu beurkunden sind, sondern auch die Wissenserklärungen, auf die sie sich beziehen.[61]

21 Ebenfalls erfasst sind öffentlich-rechtliche Willenserklärungen, die von einer Behörde im Rahmen eines öffentlich-rechtlichen Vertrages abgegeben werden,[62] beispielsweise zum Abschluss eines städtebaulichen Vertrages nach § 11 BauGB. In diesem Zusammenhang ist darauf hinzuweisen, dass im Falle der zwingend vorgeschriebenen notariellen Beurkundung des Vertrages eine von der Behörde aufgesetzte Urkunde, die den verwaltungsverfahrensrechtlichen Bestimmungen grundsätzlich genügen würde, die notarielle Beurkundung nicht ersetzen kann.[63]

Manche Stimmen wollen Verwaltungsakte vom Begriff der beurkundungsrechtlichen Willenserklärung ausnehmen.[64] Dabei geht sie unausgesprochen davon aus, dass sich die Herstellung einer Urkunde über einen Verwaltungsakt allein nach den maßgeblichen Verwaltungsverfahrensgesetzen richtet. Dem kann nicht zugestimmt werden. Es ist nicht zu erkennen, dass die Verwaltungsverfahrensgesetze die Form eines Verwaltungsakts abschließend regeln und strengere Formen nicht genügen lassen wollen. Grundsätzlich unterliegen Verwaltungsakte gem. § 37 Abs. 2 VwVfG überhaupt keiner bestimmten Form. Wird der

57 OLG Celle NZG 2017, 422, 423.
58 Frenz/Miermeister/*Limmer*, § 8 BeurkG Rn 5; Grziwotz/Sauer/Heinemann/*Heinemann/Grziwotz*, § 8 Rn 6; *Lerch*, § 8 Rn 3.
59 Bejahend: Grziwotz/Sauer/Heinemann/*Heinemann/Grziwotz*, § 8 Rn 6; verneinend: *Lerch*, § 8 Rn 4; Frage des Einzelfalls: Frenz/Miermeister/*Limmer*, § 8 BeurkG Rn 5.
60 BGH v. 30.4.2003 – V ZR 100/02, DNotZ 2003, 696, 697 f.
61 Vgl. § 38 BeurkG Rdn 17 ff.
62 Frenz/Miermeister/*Limmer*, § 8 BeurkG Rn 5; Grziwotz/Sauer/Heinemann/*Heinemann/Grziwotz*, § 8 Rn 5; *Lerch*, § 8 Rn 2 f.
63 *Winkler*, § 8 Rn 3.
64 *Lerch*, § 8 Rn 3; a.A. Grziwotz/Sauer/Heinemann/*Heinemann/Grziwotz*, § 8 Rn 5.

Verwaltungsakt schriftlich erlassen, gilt allerdings gem. § 37 Abs. 3 VwVfG, dass er die erlassende Behörde und die Unterschrift oder die Namenswiedergabe des Behördenleiters, seines Vertreters oder seines Beauftragten enthalten muss. Das BVerwG[65] hat hierzu entschieden, dass ein gerichtliches Protokoll die Anforderungen erfüllt, die sich für einen schriftlich zu erlassenden Verwaltungsakt aus § 37 Abs. 3 VwVfG ergeben. Aus dem Protokoll ergebe sich, welche Behörde und wer für sie gehandelt hat. Den mit dem Schriftformerfordernis verfolgten Zwecken der Beweis- und Warnfunktion trage die gerichtliche Niederschrift einer Erklärung, die den Parteien vorzulesen und von ihnen zu genehmigen sei, hinreichend Rechnung. Auch dass das gerichtliche Protokoll von dem handelnden Organwalter nicht unterschrieben werde, stehe der Schriftform im Sinne des § 37 Abs. 3 VwVfG nicht entgegen, da die Namenswiedergabe genüge. Die vorstehenden Überlegungen des BVerwG lassen sich ohne weiteres auch auf die notarielle Niederschrift gem. §§ 6 ff. BeurkG übertragen. Es gibt daher keinen tragenden Grund Verwaltungsakte von einer Beurkundung durch einen Notar auszunehmen. Hier kann allerdings nur das Beurkundungsverfahren gem. §§ 6 ff. BeurkG und nicht gem. §§ 36 ff. BeurkG zur Anwendung kommen, da der Verwaltungsakt als „Erklärung" der Behörde der Willenserklärung strukturell gleichsteht.

Fazit: Eine Behörde kann sich nicht nur zu notarieller Urkunde im Wege des öffentlichen Vertrages zum Erlass eines Verwaltungsakts (bspw. im Zuge eines Immobilienkaufvertrages zu einer Genehmigung) verpflichten, sondern zugleich auch das Erfüllungsgeschäft – also den Erlass des Verwaltungsaktes – notariell beurkunden lassen. Ob dies auch tatsächlich praktikabel ist, ist eine Frage des Einzelfalls.

§ 9 Inhalt der Niederschrift

(1) [1]Die Niederschrift muß enthalten

1. die Bezeichnung des Notars und der Beteiligten sowie

2. die Erklärungen der Beteiligten.

[2]Erklärungen in einem Schriftstück, auf das in der Niederschrift verwiesen und das dieser beigefügt wird, gelten als in der Niederschrift selbst enthalten. [3]Satz 2 gilt entsprechend, wenn die Beteiligten unter Verwendung von Karten, Zeichnungen oder Abbildungen Erklärungen abgeben.

(2) Die Niederschrift soll Ort und Tag der Verhandlung enthalten.

Literatur *Arnold*, Die Änderung des Beurkundungsverfahrens durch das Gesetz vom 20.2.1980, DNotZ 1980, 262; *Brambring*, Das Gesetz zur Änderung und Ergänzung beurkundungsrechtlicher Vorschriften in der notariellen Praxis, DNotZ 1980, 281; *Keim/Scholz*, Reichweite der notariellen Beurkundungspflicht bei zusammengesetzten Verträgen, NJW 2022, 1486; *Lichtenberger*, Das Gesetz zur Änderung und Ergänzung beurkundungsrechtlicher Vorschriften, NJW 1980, 864; *Klaus Müller*, Elektronische Datenträger als Anlagen notarieller Urkunden?, NJW 2015, 3271; *Rothmann*, Beurkundung und Bezugnahme, Baden-Baden, 2018 (Diss.); *Scholz*, Zusammengesetzte Verträge im Sinne von § 311b Abs. 1 Satz 1 BGB, Berlin, 2020 (Diss.); *Stauf*, Umfang und Grenzen der Verweisungsmöglichkeit nach § 13c BeurkG und der eingeschränkten Verlesungspflicht nach § 14 BeurkG, RNotZ 2001, 129; *Weber*, Integrierte Schriftanlagen im Sinne des § 9 Abs. 1 Satz 2 BeurkG und nichtschriftliche Beifügungen zur Niederschrift als Identifizierungsbehelf, DNotZ 1972, 133.

65 BVerwG v. 15.3.2000 – 2 B 98/99, NVwZ 2000, 1186.

A. Allgemeines

1 **§ 9 Abs. 1 BeurkG** enthält für rechtsgeschäftliche Erklärungen unter Lebenden und für Verfügungen von Todes wegen ein Minimum von **zwingenden Vorschriften,** deren Verletzung zur Unwirksamkeit des Beurkundungsakts führt. **§ 9 Abs. 2 BeurkG** enthält dagegen eine **Soll-Vorschrift**; ein Verstoß berührt die Wirksamkeit der Beurkundung nicht. Bei der Beurkundung von Verfügungen von Todes wegen müssen neben den §§ 9 ff. BeurkG jeweils die Besonderheiten der §§ 27 ff. BeurkG berücksichtigt werden.

2 **Zwingend** vorgeschrieben sind:

a) die Bezeichnung des Notars (siehe unten Rdn 5 ff.),

b) die Bezeichnung der Beteiligten (siehe unten Rdn 14 ff.) sowie

c) die Aufnahme der Erklärungen der Beteiligten (siehe unten Rdn 18 ff.); diesem Erfordernis kann unter bestimmten Voraussetzungen durch Verweisung genügt werden (vgl. unten Rdn 26 ff.).

3 Im Gegensatz zu den früheren § 176 Abs. 1 FGG a.F., § 2241 BGB a.F. ist die Angabe sonstiger **mitwirkender Personen** wie Dolmetscher, Zeuge, zweiter Notar, Gebärdendolmetscher und Verständigungsperson in § 9 BeurkG nicht geregelt.[1] Deren Erwähnung in § 9 BeurkG wäre auch eher irreführend, da es anders als vor Inkrafttreten des BeurkG nur noch wenige Ausnahmefälle gibt, in denen weitere Personen zugezogen werden müssen. Ob weitere Personen hinzuzuziehen sind, regeln §§ 16 (Dolmetscher), 22, 25, 29 (Zeuge, zweiter Notar, Gebärdendolmetscher) und 24 (Verständigungsperson) BeurkG. Diese Vorschriften bestimmen auch, wie die Hinzuziehung in der Urkunde zu behandeln ist. Die Hinzuziehung soll in der Niederschrift vermerkt werden und die mitwirkende Person soll bzw. muss im Falle des § 25 BeurkG die Niederschrift unterschreiben bzw. signieren. Angaben zur Identität und Identifizierung der sonstigen mitwirkenden Person, wie sie § 10 für die Beteiligten fordert, verlangt das Gesetz dagegen nicht ausdrücklich. Gleichwohl wird allgemein davon ausgegangen, dass auch für diese Personen eine entsprechende Dienstpflicht zur Feststellung der Personalien besteht.[2] In der notariellen Praxis werden daher die Personalien der sonstigen mitwirkenden Personen durchweg in die Niederschrift aufgenommen, allerdings meist nicht im Urkundsrubrum, sondern im Anschluss daran im Zusammenhang mit Ausführungen dazu, zu welchem Zweck die betreffende Person mitwirkt.

4 Abs. 1 S. 3 wurde durch das BeurkÄndG vom 20.2.1980 eingefügt.[3] Ein langjähriger Streit fand damit durch die Entscheidung des Gesetzgebers sein Ende. Karten, Zeichnungen und Abbildungen wurden endgültig „anlagefähig" gemacht.

B. Bezeichnung des Notars

I. Grundsätze/Allgemeines

5 Eine notarielle Urkunde darf nicht nur allgemein der Institution „Notariat" zuzuordnen sein, sondern sie muss auch den Bezug zu dem Notar herstellen, der die Beurkundung vorgenommen hat. Nur so lässt sich im Nachhinein überprüfen, ob die Urkundsperson die für die Beurkundung erforderlichen Amtsbefug-

1 *Winkler*, § 9 Rn 1, 13.
2 Frenz/Miermeister/*Limmer*, § 10 BeurkG Rn 4; Grziwotz/Sauer/Heinemann/*Heinemann/Grziwotz*, § 10 Rn 8.
3 BGBl I 1980, 157; zur Geschichte siehe *Huhn/von Schuckmann*, 2. Aufl., S. 654 ff.

nisse hatte.[4] Daher verlangt Abs. 1 S. 1 Nr. 1 zwingend die Bezeichnung des Notars. Die Vorschrift stellt auf die Bezeichnung der Person des Beurkundenden, nicht aber auf die Angabe des Amtes ab, in dessen Ausübung die Urkundsperson tätig wird.[5] Der Notar genügt dieser Bestimmung daher mit der schlichten Angabe seines Namens (traditionell mit Vorname und Familienname). Der Familienname reicht jedoch grundsätzlich aus, sofern nicht ausnahmsweise der Vorname für eine eindeutige Identifizierung des Notars erforderlich ist.[6] Bei Doppelnamen ist dieser vollständig anzugeben.[7] Davon abzugrenzen ist die Frage, ob der Notar auch mit seinem Doppelnamen unterschreiben muss (siehe unten § 13 BeurkG Rdn 59). Die Amtsbezeichnung „Notar" muss dagegen im Urkundseingang nicht zwingend angegeben werden.[8] Diese Angabe ist gleichwohl üblich. Zusätzlich werden in manchen Regionen Deutschlands neben dem Amtssitz auch der OLG-Bezirk oder die Anschrift der Geschäftsräume angegeben. In anderen Regionen wird gewöhnlich auf die Angabe des OLG-Bezirks und der genauen Adresse verzichtet; man beschränkt sich auf Funktion, Namen und Amtssitz. Alle Verfahrensweisen entsprechen selbstverständlich den Erfordernissen von Abs. 1 S. 1 Nr. 1.

Statt der früher allgemein üblichen Angabe „vor dem unterzeichneten Notar" heißt es heute oft – sprachlich etwas schlichter – „vor dem Notar". Es überzeugt nicht ganz, wenn geltend gemacht wird, dass nur die traditionelle Formulierung des „unterzeichneten Notars" als Terminus technicus die notwendige Verbindung zur Unterschrift herstellt, wenn im Urkundseingang der Name des Notars versehentlich nicht angegeben wird (siehe unten Rdn 7).[9] 6

II. Sonderfälle

1. Name des Notars fehlt im Urkundseingang

In der Praxis kann es vorkommen, dass das Rubrum von Notarurkunden unvollständig ist und der Name des beurkundenden Notars fehlt. Insbesondere in Notariaten mit mehr als einem Amtsinhaber wird der Name des Notars bei der Vorbereitung der Urkunde oft noch offengelassen; dann kann es passieren, dass die Ergänzung bei Beurkundung vergessen wird. In diesem Fall fragt sich, ob die Urkunde unwirksam ist, auch wenn sie vom Notar unter Beifügung der Amtsbezeichnung unterschrieben wurde. Insbesondere wird gefragt, ob „Lücken" im Textkopf unter Berücksichtigung des Textes der Urkunde und insbesondere der Unterschrift nebst Amtsbezeichnung am Ende der Urkunde geschlossen werden können. Das OLG Hamm hat vorsichtig formuliert, dass der Notar in der Urkunde „zwar nicht notwendig namentlich, wohl aber als Person und in seiner Funktion hinreichend deutlich gekennzeichnet sein" muss.[10] Vielfach heißt es in der Literatur, dass allein die Unterzeichnung durch den Notar dem Erfordernis des Abs. 1 S. 1 Nr. 1 noch nicht genügt.[11] Dennoch nehmen die Gerichte und die Autoren zu Recht meist eine „Gesamtschau" vor. Im Ergebnis kommt es darauf an, dass sich aus der Urkunde in ihrer Gesamtheit klar und zweifelsfrei die Person des Beurkundenden und ihre Funktion ergeben. Text und Unterschrift müssen zusammen eine inhaltlich ausreichende Bezeichnung ergeben.[12] Eine unvollständige Angabe im Urkundseingang kann daher durch die Unterschrift i.V.m. der Amtsbezeichnung und dem Text der Urkunde (in dem regelmäßig vom Notar die Rede ist) so ergänzt werden, dass im Ergebnis dennoch eine ausreichende Bezeichnung vorliegt. Dabei kann das beigefügte Farbdrucksiegel berücksichtigt werden, obwohl dieses regelmäßig erst nach Abschluss der Beurkundung beigefügt wird.[13] Keine Rolle spielt dagegen der semantische Unterschied, ob es im Urkundskopf heißt: „vor dem Notar" oder „vor dem un- 7

4 BeckOK-BeurkG/*Bremkamp*, § 9 Rn 1.
5 OLG Hamm v. 30.11.1972 – 15 W 273/72, DNotZ 1973, 444, 446; ebenso Frenz/Miermeister/*Limmer*, § 9 BeurkG Rn 3.
6 Vgl. BeckOK-BeurkG/*Bremkamp*, § 9 Rn 6.
7 KG v. 22.4.2002 – Not 1/02, DNotZ 2003, 794, 795.
8 Frenz/Miermeister/*Limmer*, § 9 BeurkG Rn 3.
9 A.A. noch *Huhn/von Schuckmann*, 3. Aufl., § 9 Rn 8; vgl. auch *Winkler*, § 9 Rn 3.
10 OLG Hamm v. 4.11.1987 – 15 W 428/87, DNotZ 1988, 565, 566.
11 *Winkler*, § 9 Rn 3; *Lerch*, § 9 Rn 3; Soergel/*Mayer*, 13. Aufl., § 9 BeurkG Rn 3 (nach § 2264 BGB); a.A. Grziwotz/Sauer/Heinemann/*Heinemann/Grziwotz*, § 9 Rn 4; Frenz/Miermeister/*Limmer*, § 9 BeurkG Rn 3.
12 Ausführliche Darstellung: DNotI-Rep. 2006, 9 ff.; vgl. auch *Winkler*, § 9 Rn 3; Frenz/Miermeister/*Limmer*, § 9 BeurkG Rn 3; Staudinger/*Hertel*, BeurkG Rn 328; LG Nürnberg-Fürth v. 7.12.1970 – 14 T 117/70, DNotZ 1971, 764, 765; vgl. auch LG Koblenz v. 3.4.1969 – 4 T 127/69, DNotZ 1969, 702 ff.
13 Siehe dazu DNotI-Rep. 2006, 9, 10.

terzeichneten Notar".[14] In Gemeinden, in denen es nur einen Notar gibt, soll sogar die alleinige Angabe des Amtssitzes oder der Kanzleiadresse genügen.[15] Bei Verstößen kann eine Berichtigung nach § 44a Abs. 2 BeurkG erfolgen (dazu auch sogleich Rdn 8).[16]

2. Widerspruch zwischen dem bezeichneten und dem unterschreibenden Notar

8 Denkbar ist auch der Fall, dass die Beurkundung von einem anderen als dem in der Urkunde bezeichneten Notar – bspw. dessen Sozius – vorgenommen wird. In diesem Fall besteht ein Widerspruch zwischen der Notarbezeichnung und der Unterschrift des Notars. *Hertel*[17] hält die Urkunde in diesem Fall für unwirksam, wenn sich nicht anderweitig aus dem Text der Urkunde entnehmen lässt, dass der unterschreibende Notar beurkundet hat. Dieser Auffassung ist grundsätzlich zuzustimmen, da die Urkunde nicht den Anforderungen des Abs. 1 S. 1 Nr. 1 genügt, wenn zwischen der Kennzeichnung der Urkundsperson im Text und der Unterschrift ein anhand des Urkundstextes nicht verlässlich zu klärender Widerspruch besteht.[18] Allerdings drängt sich in diesem Fall eine Berichtigung gem. § 44a Abs. 2 BeurkG auf.[19] Nach der zutreffenden herrschenden Auffassung können offensichtliche Unrichtigkeiten im Feststellungsinhalt der Urkunde nämlich auch dann berichtigt werden, wenn Muss-Vorschriften betroffen sind und erst die Berichtigung zur Herstellung einer wirksamen Urkunde führt.[20] Wenn anstelle des unterzeichnenden Notar im Urkundseingang ein anderer Notar bezeichnet wird, handelt es sich in aller Regel um eine offensichtliche Unrichtigkeit, da offenkundig der unterzeichnende Notar die Beurkundung vorgenommen hat. Es ist nämlich in der Praxis kaum vorstellbar, dass die Niederschrift von einem Notar unterschrieben wird, der bei der Beurkundungsverhandlung nicht zugegen war.

3. Besonderheiten im Anwaltsnotariat

9 Im Bereich des **Anwaltsnotariats** darf die Berufsbezeichnung des Rechtsanwalts in der Urkunde nicht zusätzlich oder gar ausschließlich angegeben werden. Die Fassung: „Vor dem unterzeichneten Notar, Rechtsanwalt Karl-Heinz Klug, in 10709 Berlin, Kurfürstendamm 140, erschien heute […]" ist fehlerhaft.[21] Traditionell[22] führen Anwaltsnotare die Bezeichnung „Rechtsanwalt und Notar", in notariellen Angelegenheiten dürfen sie sich jedoch nur als „Notar" bzw. als „Notarin" bezeichnen. Ergibt sich aus der Urkunde allerdings eindeutig, dass der Anwaltsnotar in seiner Eigenschaft als Notar gehandelt hat, ist die Angabe der Berufsbezeichnung „Rechtsanwalt" nur dienstrechtlich zu beanstanden; die Wirksamkeit der Urkunde ist nicht berührt.[23]

4. Handeln eines Notarvertreters

10 Handelt jemand als bestellter Vertreter eines Notars, so folgt aus Abs. 1 Nr. 1, dass in der Niederschrift die Person des Notarvertreters zu bezeichnen ist.[24] Denn der Norm geht es um die Bezeichnung der Urkundsperson, nicht um die Kennzeichnung des Amtes, in dessen Ausübung die Urkundsperson tätig wird (oben Rdn 5). Zugleich aber sollte auch die Person des vertretenen Notars bezeichnet werden. So heißt es im Urkundseingang beispielsweise: „Vor dem Notarassessor Felix Glücklich als amtlich bestelltem Vertreter des Notars Dr. Otto Sauer mit dem Amtssitz in München". Die Angabe des Berufs des Notarvertreters ist üblich, aber nicht erforderlich. Gleiches gilt für die Angabe des Wohnorts oder der beruflichen Niederlassung des Notarvertreters. Beurkundet ein Notarvertreter, ist es weder geboten noch sinnvoll, dass er im gesamten Urkundstext das Wort „Notar" durch „Notarvertreter" ersetzt. Ein solches Verfahren ist nicht nur mühselig (insbesondere, wenn es bei Beurkundung erfolgt), sondern auch sachlich durch nichts ge-

14 So auch DNotI-Rep. 2006, 9, 10; *Lerch*, § 9 Rn 2; möglicherweise a.A.: *Winkler*, § 9 Rn 3.
15 Zweifelhaft; so aber BRHP/*Litzenburger*, § 9 BeurkG Rn 1; Grziwotz/Sauer/Heinemann/*Heinemann/Grziwotz*, § 9 Rn 4.
16 DNotI-Rep. 2006, 9, 11 f.
17 Staudinger/*Hertel*, Bearbeitung von 2004: BeurkG Rn 328; einschränkend nunmehr in der Neubearbeitung von 2023.
18 OLG Hamm v. 4.11.1987 – 15 W 428/87, DNotZ 1988, 565 ff. mit abl. Anm. *Reithmann*.
19 Staudinger/*Hertel*, BeurkG Rn 328.
20 Staudinger/*Hertel*, BeurkG Rn 637 a.E.; *Winkler*, § 44a Rn 28 (jeweils m.w.N.); Grziwotz/Sauer/Heinemann/*Heinemann/Grziwotz*, § 44a Rn 28; a.A. OLG Hamm v. 4.11.1987 – 15 W 428/87, DNotZ 1988, 565 ff. mit abl. Anm. *Reithmann*; *Bracker*, DNotZ 1997, 95, 96.
21 *Lerch*, § 9 Rn 4; *Winkler*, § 9 Rn 5.
22 Zur Geschichte siehe *Huhn/von Schuckmann*, 3. Aufl., § 9 Rn 7.
23 Grziwotz/Sauer/Heinemann/*Heinemann/Grziwotz*, § 9 Rn 7.
24 BeckOK-BeurkG/*Bremkamp*, § 9 Rn 12.

boten: Der Notarvertreter ist seiner Funktion nach Notar. Soweit die Beteiligten in der Urkunde „dem Notar“ Vollzugsaufträge oder Weisungen erteilen, ergibt die Auslegung zwanglos, dass diese sich nicht persönlich an den Notarvertreter richten, sondern an den vertretenen Notar bzw. die jeweils an seiner Stelle tätig werdenden Vertreter im Amt.

Auch Folgendes kann passieren: Der Notarvertreter vergisst im Eingang der Urkunde, seinen Namen und seine Funktion anzugeben; dort ist nur der vertretene Notar angegeben; später unterschreibt der Notarvertreter mit Namen und dem Zusatz „Notarvertreter“. Hier liegt eine wirksame Urkunde selbst dann vor, wenn im Urkundstext regelmäßig nur von „Notar“ die Rede ist. § 41 Abs. 1 S. 2 BNotO verlangt vom Vertreter nur, dass er seiner Unterschrift einen ihn als Vertreter kennzeichnenden Zusatz beifügt. Der Notarvertreter wird für den Notar tätig; er gebraucht Siegel und Stempel des Notars. Aus der Namensunterschrift i.V.m. dem Zusatz „Notarvertreter“ wird deutlich, dass nicht der Notar persönlich, sondern sein Vertreter – im Namen des Notars – gehandelt hat.[25] Es ist auch nicht erforderlich, dass zusätzlich im Text der Niederschrift das Wort „Notarvertreter“ erscheint.[26] Das OLG Hamm[27] hielt dagegen eine solche Urkunde für unwirksam, weil sich die Widersprüchlichkeit aus der Urkunde nicht aufklären lasse. Wenig praxisbezogen führte das Gericht aus: „Nach dem Wortlaut der Urkunde lässt sich deshalb schlechthin nicht ausschließen, dass die Urkundsverhandlung vor dem Notar stattgefunden hat und lediglich die Unterschrift vom Notarvertreter geleistet worden ist“. Das Gericht lehnte auch eine nachträgliche Berichtigung ab.[28] Selbst wenn man der Auffassung des OLG Hamm folgen wollte, soweit es die anfängliche Unwirksamkeit der Urkunde betrifft, so muss man aber aus den in Rdn 8 ausgeführten Gründen jedenfalls eine Berichtigung dieser offensichtlichen Unrichtigkeit nach § 44a Abs. 2 BeurkG zulassen. 11

Problematisch ist folgender Fall: Ausweislich der Urkunde handelt der Notarvertreter für einen Notar, zu dessen Vertreter er allerdings nicht bestellt ist. Der Notarvertreter ist jedoch entweder selbst Notar oder Notarvertreter eines anderen Notars. Lässt sich der Fehler „heilen“? Hier muss differenziert werden. In einigen Fällen kann die Lösung über § 44a Abs. 2 BeurkG gefunden werden: Ist beispielsweise in einem „Doppelnotariat“ versehentlich der Name desjenigen Notars im Urkundseingang angegeben, der gar nicht abwesend war und für den deshalb auch kein Vertreter bestellt war, so kommt später eine Berichtigung gem. § 44a Abs. 2 BeurkG in Betracht. Das ist dann möglich, wenn nach den Umständen außer Frage steht, dass für den abwesenden Notar gehandelt werden sollte, und die Urkundsperson als dessen Vertreter bestellt war. Hat dagegen ein Notar als Notarvertreter eines Kollegen gehandelt und zeigt sich später, dass zum Zeitpunkt der Beurkundung keine wirksame Vertreterbestellung vorlag, so kommt ein Vorgehen nach § 44a Abs. 2 BeurkG nicht in Betracht. Die Urkunde, die ein Vertreterhandeln ausweist, kann nicht zu einer „eigenen Urkunde“ des vertretenden Notars gemacht werden; es handelt sich um keine „offensichtliche Unrichtigkeit“, die berichtigt werden könnte. Eine Umdeutung scheidet aus. Nicht anders ist folgender Fall zu bewerten: Ein Notarassessor, der ständiger Vertreter des Notars A in der Stadt B ist, handelt als Urlaubsvertreter von Notar C in der Stadt D. Stellt sich heraus, dass die Vertreterbestellung für Notar C unwirksam ist, ist keine wirksame Urkunde errichtet worden. Die Tatsache, dass der Notarassessor wirksam bestellter Vertreter des Notars A war, ändert daran nichts; die Urkunde kann nicht zu einer Urkunde des Notars A gemacht werden. Anderer Auffassung ist *Winkler*:[29] Er meint, dass es sich allein um eine Frage der Urkundsgewalt handele. Die Beurkundungen seien wirksam, weil der Vertreter seine Urkundsgewalt nicht von einem einzelnen Notar, sondern vom Staat ableite. Nach hier vertretener Ansicht muss jedoch notarielles Handeln immer einem Notar und nicht allein dem Staat zugeordnet werden können. Es liegt keine wirksame Urkunde vor, da diese Notar C nicht zugerechnet werden kann, weil es an einer wirksamen Vertreterbestellung fehlt, und Notar A ebenfalls nicht, weil erkennbar nicht für ihn gehandelt wurde.[30] 12

25 So auch Frenz/Miermeister/*Limmer*, § 9 BeurkG Rn 3a; Staudinger/*Hertel*, BeurkG Rn 329; BRHP/*Litzenburger*, § 9 Rn 1; LG Koblenz v. 3.4.1969 – 4 T 127/69, DNotZ 1969, 702 ff.; vgl. auch LG Nürnberg-Fürth v. 7.12.1970 – 14 T 117/70, DNotZ 1971, 764 f.

26 Grziwotz/Sauer/Heinemann/*Heinemann/Grziwotz*, § 9 Rn 5.

27 OLG Hamm v. 4.11.1987 – 15 W 428/87, DNotZ 1988, 565 ff. mit abl. Anm. *Reithmann*.

28 Im gleichen Sinn *Bracker*, DNotZ 1997, 95, 96.

29 *Winkler*, § 9 Rn 5; ähnlich wohl auch: *Blaeschke*, Rn 226.

30 Im gleichen Sinn: *Weingärtner/Ehrlich*, Rn 694.

5. Handeln eines Notariatsverwalters

13 Übersieht der Notariatsverwalter, dass im Eingang der Urkunde noch der Name des Notars angegeben ist, und unterschreibt er sodann mit seinem Namen und dem Zusatz Notariatsverwalter, ist die Situation etwas anders als beim Vertreter. Der Notariatsverwalter ist kein Vertreter; er ist Inhaber eines selbstständigen, wenn auch zeitlich begrenzten Amtes. Er muss sich als solcher im Urkundseingang bezeichnen.[31] Die Urkunde ist einem derartigen Fall widersprüchlich; allerdings ergibt sich die Urkundsperson regelmäßig aus der Unterschrift nebst Verwalterzusatz in Verbindung mit dem Vermerk über das Vorlesen.[32] Zumindest eine Berichtigung nach § 44a Abs. 2 BeurkG ist möglich. Gleiches gilt, wenn ein aus dem Amt ausgeschiedener Notar zum Verwalter seiner eigenen Notarstelle bestellt wird, in der Niederschrift aber nicht als Notariatsverwalter, sondern weiterhin als Notar auftritt. Hier ist die Bezeichnung der Urkundsperson richtig und lediglich die Amtsbezeichnung falsch. Die Beurkundung ist wirksam; die Amtsbezeichnung kann gem. § 44a Abs. 2 BeurkG berichtigt werden.[33]

C. Bezeichnung der Beteiligten

14 Nach Abs. 1 S. 1 Nr. 1 muss die Niederschrift die Bezeichnung der Beteiligten enthalten. Der Begriff der Beteiligten i.S.v. § 9 BeurkG deckt sich mit dem Beteiligtenbegriff gem. § 6 Abs. 2 BeurkG. Danach sind an der Beurkundung die Erschienenen beteiligt, deren im eigenen oder fremden Namen angegebene Erklärungen beurkundet werden. § 9 BeurkG legt insoweit einen „formellen", nicht dagegen einen „materiellen" Beteiligtenbegriff zugrunde: Beteiligter ist der Erschienene selbst, nicht jedoch derjenige, für den der Erschienene handelt.

In der Niederschrift sind aber auch die vertretenen Personen aufzuführen. Die Angabe, in wessen Namen die Beteiligten ihre Erklärungen abgeben, und die Bezeichnung des Vertretenen gehören allerdings nicht zur Bezeichnung der Beteiligten, sondern zum Erklärungsinhalt (§ 9 Abs. 1 S. 1 Nr. 2 BeurkG).[34] Dafür genügt es, wenn sich aus den Umständen ergibt, ob der Beteiligte im eigenen oder fremden Namen gehandelt hat.[35]

15 Hinsichtlich der Bezeichnung der Beteiligten wird die Muss-Vorschrift des § 9 BeurkG durch verschiedene Soll- und Ordnungsvorschriften ergänzt. § 10 BeurkG enthält Soll-Vorschriften über die genaue Bezeichnung der Beteiligten und über die vom Notar zu treffenden Feststellungen zu ihrer Identität. Diese Bestimmungen werden wiederum durch die Ordnungsvorschrift des § 5 DONot ergänzt.

16 Zur Wirksamkeit der Beurkundung genügt es, wenn die Beteiligten so genau bezeichnet sind, dass ihre Identifizierung möglich ist; die Bezeichnung muss hinreichend auf eine bestimmte Person hinweisen.[36] Auch wenn die strengen Anforderungen des § 10 BeurkG (Soll-Vorschrift) nicht beachtet sind (also Zweifel und Verwechselungen nicht ausgeschlossen sind), kann die Bezeichnung i.S.v. Abs. 1 S. 1 Nr. 1 ausreichend und die Urkunde damit wirksam sein. Der Vollzug der Urkunde kann in solchen Fällen durch notarielle Eigenurkunde, die die entsprechenden Feststellungen zur Identität enthält, ermöglicht werden.[37] In Betracht kommt auch eine Berichtigung nach § 44a Abs. 2 BeurkG.[38] Die Identifizierungsfunktion des Abs. 1 S. 1 Nr. 1 ist auch dann gewahrt, wenn ein Beteiligter nach einer Namensänderung – die im konkreten Fall zum Schutz vor einem gewalttätigen Ehegatten erfolgte – in der Urkunde noch mit seinem alten Familiennamen aufgeführt wird, um die Namensänderung geheim zu halten.[39] Nicht zwingend, aber üblich und zweckmäßig ist es, dass die Beteiligten bereits im Eingang der Urkunde genannt sind; im Ergebnis kommt es darauf an, dass die Beteiligten aus der Urkunde sicher erkennbar sind.[40] Nicht einmal die „Ausgliederung" der Namen der Beteiligten in eine verlesene Anlage ist verboten.[41]

31 Vgl. Frenz/Miermeister/*Limmer*, § 9 BeurkG Rn 3b.
32 OLG Hamm v. 30.11.1972 – 15 W 273/72, DNotZ 1973, 444 ff.
33 DNotI-Rep. 2019, 15 ff.
34 BGH v. 14.4.2005 – V ZB 4/05, DNotZ 2005, 845 f.; KG v. 18.12.2001 – 1 W 1712/00, ZNotP 2002, 187; Grziwotz/Sauer/Heinemann/*Heinemann/Grziwotz*, § 9 Rn 8; Frenz/Miermeister/*Limmer*, § 9 Rn 4; a.A. noch Armbrüster/Preuß/Renner/*Renner*, § 9 BeurkG.
35 BGH v. 14.4.2005 – V ZB 4/05, DNotZ 2005, 845 f.
36 BGH DNotZ 1964, 104; DNotZ 2005, 845 f.
37 *Winkler*, § 9 Rn 9; *Lerch*, § 9 Rn 6.
38 *Winkler*, § 9 Rn 12.
39 DNotI-Rep. 2013, 30 f.
40 *Lerch*, § 9 Rn 5.
41 *Winkler*, § 9 Rn 37; a.A. Soergel/*Mayer*, 13. Aufl., § 9 Rn 4, 13 (nach § 2264 BGB).

Allein die Unterschrift kann die Bezeichnung eines Beteiligten nach h.M. nicht ersetzen.[42] Hat ein Beteiligter die Urkunde nur unterschrieben, ist er aber an keiner Stelle der Urkunde erwähnt, so ist die Beurkundung im Zweifel nichtig. Etwas anderes gilt aber, wenn die Erklärungen der anderen Beteiligten eine eigenständige Bedeutung haben.[43] Dies gilt erst recht, wenn der Unterschreibende in der Urkunde überhaupt keine Erklärung abgibt. Beispiel: Bei der Beurkundung einer Vorsorgevollmacht kommt es mitunter vor, dass auch der anwesende Bevollmächtigte die Niederschrift versehentlich unterschreibt. Hier ist die Urkunde wirksam, da der Bevollmächtigte in der Urkunde keine Erklärungen abgibt und damit überhaupt nicht urkundsbeteiligt ist. 17

Ausreichend ist es auch, wenn die Urkunde neben der Unterschrift weitere Angaben enthält, welche dem Unterschriftsleistenden zuzuordnen sind, und dadurch eine genügende Abgrenzung zu anderen Personen möglich ist.[44] Nicht ausreichend ist aber regelmäßig die alleinige Angabe im Text der Urkunde: „Vor dem unterzeichneten Notar erschienen die unterzeichnenden Personen."[45]

Fraglich ist, ob bei nicht zureichender Angabe der Beteiligten und daraus resultierender Nichtigkeit der Urkunde eine Berichtigung gemäß § 44a Abs. 2 BeurkG in Betracht kommt. Diese Frage dürfte wie die Frage nach der Berichtigungsfähigkeit einer mangels ordnungsgemäßer Bezeichnung des Notars unwirksamen Urkunde (siehe oben Rdn 8) zu bejahen sein.[46] Gründe, diese beiden Unwirksamkeitsfälle unterschiedlich zu handhaben, sind nicht ersichtlich.

Ändert sich nachträglich der Name eines Beteiligten, etwa aufgrund Eheschließung oder Adoption, ist selbstverständlich seine Bezeichnung in bereits errichteten Urkunden nicht zu ändern. Dies gilt trotz des Offenbarungsverbots in § 13 des Gesetzes über die Selbstbestimmung in Bezug auf den Geschlechtseintrag (SBGG) auch in Fällen einer Änderung des Vornamens einer Person nach § 2 SBGG.[47]

D. Erklärungen der Beteiligten, Verweisung und Bezugnahme

I. Zustandekommen der Erklärungen

Nach Abs. 1 S. 1 Nr. 2 muss die Niederschrift die Erklärungen der Beteiligten enthalten. Die Vorschrift drückt eine Selbstverständlichkeit aus, denn Willenserklärungen können nicht anders beurkundet werden als durch Aufnahme in die Niederschrift. Dennoch ist der Begriff „Erklärungen der Beteiligten" nicht unproblematisch. Das beruht darauf, dass der Notar nicht nur ein Protokollführer ist, der lediglich das während der Verhandlung Gesagte zu Papier bringt, sondern der juristische Betreuer der Beteiligten, der an der Formulierung ihrer Erklärungen wesentlich beteiligt ist.[48] Die traditionelle Eingangsformel „Die Erschienenen erklärten" stößt gelegentlich auf Unverständnis. Die Beteiligten verstehen nicht, dass der Notar ihnen „ihre" Erklärungen vorliest. Sie wundern sich, dass es „ihre" Erklärungen sein sollen, obwohl sie regelmäßig vom Notar ausformuliert wurden. 18

Im Ausgangspunkt gilt natürlich der Grundsatz, dass der Notar den Willen der Beteiligten nicht zu bilden, sondern zu ermitteln und zu formulieren hat. Sehr häufig haben die Beteiligten aber unklare Vorstellungen über das von ihnen Gewollte; die rechtliche Tragweite können sie gar nicht oder nur unzureichend einschätzen. Den Notar suchen sie auf, um beraten zu werden; der Notar soll einen interessengerechten Gestaltungsvorschlag machen. In diesen Fällen wirkt der Notar daher auch weitgehend an der Willensbildung mit. Nur selten (sieht man von Grundpfandrechtsbestellungen ab) kommen die Beteiligten mit fertigen Erklärungs- oder Vertragsentwürfen zum Notar (und wenn, ist oft besondere Vorsicht geboten). Bei der eigentlichen Beurkundung wird die Niederschrift sodann vorgelesen, genehmigt und unterschrieben. Indem die Beteiligten den ihnen vorgelesenen Text genehmigen, erklären sie ihn auch. 19

42 *Lerch*, § 9 Rn 6; *Winkler*, § 9 Rn 11; a.A. BeckOK-BeurkG/*Bremkamp*, § 9 Rn 23.
43 *Winkler*, § 9 Rn 11.
44 LG Oldenburg v. 10.11.1986 – 5 T 878/86, Rpfleger 1987, 104.
45 So auch *Lerch*, § 9 Rn 6; a.A. Grziwotz/Sauer/Heinemann/*Heinemann/Grziwotz*, § 9 Rn 9.
46 *Winkler*, § 9 Rn 12.
47 *Winkler*, § 9 Rn 12a unter Verweis auf BGH NJW 2015, 2116 (zum Transsexuellengesetz).
48 Vgl. auch *Lerch*, § 9 Rn 8.

II. Beurkundungsbedürftigkeit

20 § 9 BeurkG ist eine verfahrensrechtliche Vorschrift. **Was** zu beurkunden ist, entscheidet das materielle Recht; **wie** zu beurkunden ist, regelt das Beurkundungsrecht. Man muss somit **zwei Ebenen** streng unterscheiden: Auf der ersten Ebene geht es um die Beurkundungsbedürftigkeit. Auf der zweiten Ebene geht es um das zu beachtende Beurkundungsverfahren. Das BeurkG entscheidet die Frage, wie zu verfahren ist, wenn nach materiellem Recht feststeht, welche Erklärungen der Beurkundung bedürfen.[49] So einfach sich diese Unterscheidung anhören mag, so schwierig kann ihre Umsetzung in der Praxis sein. Auch die Rechtsprechung ist in diesem Punkt nicht immer klar genug. Festzuhalten ist zunächst: Aus § 9 BeurkG (und anderen Vorschriften des BeurkG) lässt sich nicht entnehmen, welche Erklärungen der Beurkundungsform bedürfen. Das ist allein eine Frage des materiellen Rechts.[50]

21 Wann materiell-rechtlich eine Beurkundung erfolgen muss und in welchem Umfang Beurkundungsbedürftigkeit vorliegt, kann hier nur angedeutet werden.[51] Bei Grundstücksverträgen sind gem. § 311b Abs. 1 S. 1 BGB – bei Wohnungseigentum in Verbindung mit § 4 Abs. 3 WEG, bei Erbbaurechten in Verbindung mit § 11 Abs. 2 ErbbauRG – alle Vereinbarungen beurkundungsbedürftig, aus denen sich nach dem Willen der Parteien das Rechtsgeschäft zusammensetzt.[52] Der Beurkundungsumfang von Grundstücksverträgen und damit im Zusammenhang stehender Rechtsgeschäfte ist Gegenstand einer kaum noch zu überschauenden Zahl von Abhandlungen[53] und Urteilen;[54] grundsätzlich ist von einer „weit reichenden" Beurkundungsbedürftigkeit auszugehen.[55] Schenkungsversprechen bedürfen gem. § 518 Abs. 1 BGB der Beurkundung. Eheverträge sind gem. § 1410 BGB und Erbverträge sind gem. §§ 2274, 2276 BGB beurkundungsbedürftig. Unterhaltsvereinbarungen von Ehegatten müssen gem. § 1585c S. 2 BGB beurkundet werden. Bei der Abtretung von GmbH-Geschäftsanteilen sind grundsätzlich sowohl der schuldrechtliche wie der dingliche Vertrag beurkundungsbedürftig (§ 15 Abs. 3 und 4 GmbHG). Auch viele andere Vorgänge im Gesellschaftsrecht müssen beurkundet werden, nicht zuletzt Maßnahmen nach dem Umwandlungsgesetz. Nach dem Gesetz zur Regelung offener Vermögensfragen (VermG) bedürfen die Abtretung des Anspruchs auf Rückübertragung, Rückgabe oder Entschädigung oder der Verpflichtung hierzu der notariellen Beurkundung, wenn der Anspruch auf Rückübertragung eines Grundstücks, Gebäudes oder Unternehmens gerichtet ist (§ 3 Abs. 1 S. 2 VermG). Vollstreckungsunterwerfungen sind gem. § 794 Abs. 1 Nr. 5 ZPO beurkundungsbedürftig.

22 Nur diejenigen Erklärungen sind beurkundungsbedürftig, die Rechtswirkungen erzeugen sollen. Was materiell-rechtlich nicht beurkundet werden muss, muss auch verfahrensrechtlich nicht nach den §§ 8 ff. BeurkG behandelt werden. Dies bedeutet insbesondere: Erläuternde, näher identifizierende oder detaillierende Erklärungen bedürfen nicht der Beurkundung, wenn und soweit bereits andere beurkundete Erklärungen die Vereinbarungen der Parteien nach Gegenstand und Inhalt des Rechtsgeschäfts genau genug bezeichnen. Die Wirksamkeit einer Verweisung (siehe dazu auch Rdn 26 ff.) muss also dann nicht geprüft werden bzw. eine Verweisung kann als materiell-rechtlich überflüssig unterbleiben, wenn die Schriftstücke, Karten, Pläne etc. lediglich Erklärungen enthalten, die dem besseren Verständnis dienen, aber bereits in der Hauptturkunde selbst mit hinreichender Deutlichkeit wiedergegeben sind.[56] Die Frage nach der Wirksamkeit von Verweisungen stellt sich also nur dann, wenn die Rechtswirkungen erzeugenden und daher nach materiellem Recht beurkundungsbedürftigen Erklärungen der Beteiligten (die „konstitutiven" Erklärungen) in der Haupturkunde selbst nicht vollständig oder nicht deutlich genug enthalten sind.

Erst recht nicht beurkundungsbedürftig sind Schriftstücke, die nur deshalb der Niederschrift beigefügt werden, um den Vertragsparteien Kenntnis davon zu verschaffen oder deren Kenntnis zu dokumentieren. Hierzu zählt etwa der Fall, das einem Grundstückskaufvertrag Auskünfte aus dem Baulastenverzeichnis

49 Siehe dazu ausführlich *Brambring*, DNotZ 1980, 281, 283 ff.
50 *Winkler*, § 9 Rn 26 ff.
51 Ein guter Überblick findet sich bei Staudinger/*Hertel*, BeurkG Rn 94 ff.
52 Grundlegend BGH v. 6.4.1979 – V ZR 72/74, DNotZ 1979, 476 und v. 27.4.1979 – V ZR 175/77, 479, 481 mit Anm. *Brambring*.
53 Siehe z.B.: *Keim/Scholz*, NJW 2022, 1486; *Keim*, DNotZ 2001, 827; *Wufka*, DNotZ 1990, 339, 339; *Kanzleiter*, DNotZ 2004, 178; *Weigl*, DNotZ 2004, 339; *Scholz*, Zusammengesetzte Verträge im Sinne von § 311b Abs. 1 Satz 1 BGB, 2020 (Diss.).
54 Aus der Rechtsprechung z.B.: BGH v. 22.7.2010 – VII ZR 246/08, DNotZ 2011, 196.
55 Einen guten Überblick gibt Staudinger/*Meier*, § 311b BGB Rn 152 ff.
56 BRHP/*Litzenburger*, § 9 BeurkG Rn 5.

bzw. Altlastenkataster oder das Kaufobjekt betreffende Mietverträge beigefügt werden mit der Feststellung, der Inhalt dieser beigefügten Dokumente seien dem Käufer bekannt.

III. „Formen" der Beurkundung

23 Das BeurkG regelt in den §§ 9, 13, 13c, 13b, 13c und 14 BeurkG nicht das „Ob", sondern das „Wie" der Beurkundung. Die Vorschriften sagen, wie der Notar verfahren muss, um eine nach materiellem Recht notwendige Beurkundung wirksam zustande zu bringen. Das kann auf **dreierlei Weise** geschehen. Man kann auch von „Formen" der Beurkundung sprechen. Dabei muss man sich im Klaren darüber sein, dass damit nicht der materiell-rechtliche Begriff der Form des Rechtsgeschäfts gemeint ist, sondern die verschiedenen Verfahrensweisen, die zu einer verfahrensrechtlich wirksamen Beurkundung führen. Diese drei – grundsätzlich gleichwertigen – Verfahrensweisen sind:

24 a) Sämtliche konstitutiven Erklärungen werden in den fortlaufenden Text einer Niederschrift aufgenommen; diese wird nachfolgend als **Haupturkunde** bezeichnet (Abs. 1 S. 1 Nr. 2).

b) **Verweisung auf Anlage:** Die konstitutiven Erklärungen werden teilweise in eine Haupturkunde und teilweise in förmliche Anlagen aufgenommen (Abs. 1 S. 2). Verfahrensrechtliche Voraussetzungen sind:
   - die Verweisung auf die Anlagen in der Haupturkunde,
   - das Beifügen der Anlagen,
   - das Verlesen sowohl der Haupturkunde wie der Anlagen (Einschränkungen gem. § 14 BeurkG).

c) **Verweisung auf andere Urkunde:** Die konstitutiven Erklärungen werden nur teilweise in eine nach a) bzw. b) errichtete Urkunde aufgenommen; im Übrigen erfolgt eine Verweisung auf eine andere notarielle Niederschrift bzw. auf von der zuständigen Behörde gesiegelte oder gestempelte Karten oder Zeichnungen. Die Wirksamkeit bestimmt sich nach § 13c BeurkG. Auf erneute Verlesung und Beifügung der anderen notariellen Niederschrift bzw. Beifügung der behördlich gesiegelten oder gestempelte Karten oder Zeichnungen kann – anders als bei der zu b) beschriebenen Verfahrensweise – verzichtet werden.

25 Unabhängig vom gewählten Verfahren erstrecken sich die Belehrungspflichten des Notars immer auf die Haupturkunde, die förmlichen Anlagen und die Verweisungsurkunde. Auch über die Bedeutung von zulässigen Verzichten ist zu belehren.

IV. Verweisung auf Anlage

26 Unter einer Verweisung auf eine Anlage versteht man das beurkundungstechnische Verfahren, das einzuhalten ist, um einem Schriftstück, aber auch einer Karte, Zeichnung oder Abbildung dieselben Rechtswirkungen zu verleihen wie der Haupturkunde selbst.[57] Bei verfahrensrechtlich wirksamer Verweisung gelten Erklärungen in dem in Bezug genommenen Schriftstück als in der Niederschrift selbst enthalten (Abs. 1 S. 2, 3). Verfahrensrechtlich wirksam ist die Verweisung auf die Anlage dann, wenn das nachfolgend beschriebene Verfahren eingehalten wird.

1. Verweisungsgegenstand

27 Verweisungsgegenstand kann im herkömmlichen **papiergebundenen Beurkundungsverfahren** nur „Papier" sein. Das ergibt sich allerdings nicht aus dem vom Gesetz verwendeten Begriff „Schriftstück", denn darunter müssen jedenfalls seit Zulassung elektronischer Niederschriften auch elektronische Dokumente gefasst werden. Die Überlegung, dass nur ein auf Papier verkörperter Text im beurkundungsrechtlichen Sinne verlesungsfähig sei,[58] spricht ebenfalls nicht mehr gegen die Verweisung auf in elektronischer Form verkörperte Schriftstücke, seitdem der Gesetzgeber klargestellt hat, dass die Verlesung vom Bildschirm zulässig ist.[59] Allerdings sind Anlagen im Sinne des Abs. 1 S. 2 Teil der Niederschrift,

57 *Winkler*, § 9 Rn 47 ff.; *Brambring*, DNotZ 1980, 281, 286.
58 So das Argument von *Müller*, NJW 2015, 3271, 3272.
59 Zur Zulässigkeit der Verlesung vom Bildschirm siehe § 13 BeurkG Rdn 7.

sodass für ihre äußere Form dieselben Anforderungen gelten, die im entsprechenden Beurkundungsverfahren für die Niederschrift selbst gelten (hierzu § 8 BeurkG Rdn 14 f.).[60] Eine (echte) Verweisung auf elektronische Datenträger ist daher bei Errichtung einer Niederschrift auf Papier nicht zulässig.[61] Deshalb kann beispielsweise nicht gemäß Abs. 1 S. 2 auf Inhalte eines Datenraums verwiesen werden, die auf einem der Niederschrift beigefügten Daten-Stick gespeichert sind.[62]

Entsprechendes gilt bei Errichtung einer **elektronischen Niederschrift**. Eine Verweisung ist in diesem Fall nur möglich auf elektronische Dokumente. Schriftstücke, die nur in Papier vorliegen, müssen also für die Beurkundung erst in die elektronische Form gebracht werden.

2. Verweisungserklärung

28 Verfahrenstechnische Voraussetzung der wirksamen Einbeziehung in die Urkunde ist zunächst, dass auf das andere Schriftstück, die Karte, die Zeichnung oder die Abbildung in der Haupturkunde selbst **hingewiesen** wird (**Verweisung im technischen Sinne**).[63] Dieser Hinweis wird regelmäßig durch Worte geschehen; ein bestimmter Text ist nicht erforderlich. Das Ergebnis kann auch im Wege der Auslegung gewonnen werden.[64] Daher lässt sich bspw. auch nicht pauschal sagen, dass Wort „beifügen" allein reiche als Verweisungserklärung nicht aus.[65] Wird etwa in einem Grundstückskaufvertrag Inventar mitverkauft „gemäß der beigefügten Inventarliste", genügt das als Verweisungserklärung. Aus dem Text der „Haupturkunde" – also nicht allein aus der beigefügten Anlage – muss sich erkennen lassen, dass die Erklärungen in der Anlage Gegenstand der Urkunde sein sollen.[66] Die Verweisung darf sich auch nicht allein aus dem Eingangs- oder Schlussvermerk ergeben, da diese Teile keine „Erklärungen der Beteiligten" enthalten.[67] Die Verweisung muss zum Ausdruck bringen, inwiefern das Schriftstück, die Karte, die Zeichnung oder die Abbildung nach dem Willen der Beteiligten Bestandteil ihrer Erklärungen sein soll.[68] Bei mehreren Anlagen muss sich eindeutig ergeben, auf welche von ihnen verwiesen wird.[69] Die Verweisung muss im Text in „sprachlicher Form" erfolgen; bloßes Beifügen genügt auch bei Verbindung durch Schnur und Siegel niemals. Erst recht handelt es sich um keine Verweisung, wenn die Niederschrift ausdrücklich offenlegt, dass ein Schriftstück keine Erklärungen der Beteiligten enthalten soll, etwa durch die Formulierung, das als Anlage beigefügte Schriftstück diene nur „als Beleg", „als Identifizierungsbehelf" oder „zu Dokumentationszwecken".

29 Erörtert wird, ob auch reine „Fehlzeichen" eine Verweisung begründen können.[70] Dahinter steht meist folgendes Problem: Bei Beurkundungen kann sich ergeben, dass der vorbereitete Urkundstext um einen Abschnitt ergänzt werden muss, der sich handschriftlich auf der entsprechenden Seite nicht oder nicht vollständig einfügen lässt. In solchen Fällen besteht die Praxis, die textliche Ergänzung auf einer Zusatzseite (regelmäßig mit einer „a"-Seitenangabe) vorzunehmen und dies im vorbereiteten Urkundstext mit einem kurzen Hinweis (z.B.: „Ergänzung auf S. 7a") oder einem Fehlzeichen zu vermerken; die zusätzlichen Anforderungen gem. § 44a Abs. 1 S. 1 BeurkG bleiben davon unberührt. Diese Zusatzseite stellt in derartigen Fällen keine Anlage im beurkundungstechnischen Sinne dar; sie gehört vielmehr zum „Haupttext". Zu Recht stellt *Jansen*[71] fest, dass die Ergänzung bei Ausfertigungen „in den Kontext" aufzunehmen ist. Ein reines Fehlzeichen ist daher regelmäßig ein Hinweis dafür, dass die ergänzende Seite keine Anlage darstellt, sondern eine zusätzliche Seite in der Haupturkunde;[72] das gilt vor allem dann, wenn die

60 In dieser Richtung auch BeckNotar-HdB/*Heckschen/Scherz*, § 25. Rn 8a.
61 Frenz/Miermeister/*Limmer*, § 9 BeurkG Rn 19, 21; Soergel/*Mayer*, 13. Aufl., § 9 BeurkG Rn 10 (nach § 2264 BGB); *Berthold*, RNotZ 2023, 73, 82.
62 *Müller*, NJW 2015, 3271, 3272.
63 *Winkler*, § 9 Rn 51 ff.
64 OLG Köln v. 17.7.1992 – 2 Wx 32/92, Rpfleger 1993, 71; Frenz/Miermeister/*Limmer*, § 9 BeurkG Rn 23; *Winkler*, § 9 Rn 52; Grziwotz/Sauer/Heinemann/*Heinemann/Grziwotz*, § 9 Rn 27.
65 So aber *Winkler*, § 9 Rn 53 (unter Verweis auf OLG München v. 15.5.2013 – 20 U 5004/12, BeckRS 2013, 12696).
66 Frenz/Miermeister/*Limmer*, § 9 BeurkG Rn 22; *Winkler*, § 9 Rn 51.
67 *Winkler*, § 9 Rn 51.
68 Frenz/Miermeister/*Limmer*, § 9 BeurkG Rn 23; Grziwotz/Sauer/Heinemann/*Heinemann/Grziwotz*, § 9 Rn 27; *Winkler*, § 9 Rn 52 m.w.N.
69 Frenz/Miermeister/*Limmer*, § 9 BeurkG Rn 23; *Winkler*, § 9 Rn 53a.
70 Grundsätzlich bejahend: *Lerch*, § 9 Rn 15; ablehnend: *Huhn/von Schuckmann*, 3. Aufl., § 9 BeurkG Rn 22; zum Problem auch *Winkler*, § 9 Rn 53.
71 *Jansen*, BeurkG, § 9 Rn 16.
72 Soergel/*Mayer*, 13. Aufl., § 9 BeurkG Rn 10 Fn 31 (nach § 2264 BGB).

ergänzende Seite keinen in sich geschlossenen selbstständigen Inhalt hat, sondern unmittelbar mit dem Haupttext verbunden ist.

Gerade bei umfangreichen Urkunden kommt es vor, dass der Haupturkunde eine Anlage (= Hauptanlage) beigefügt ist, die wiederum eine Anlage (= Unteranlage) enthält (**Anlage zur Anlage; Kettenanlage**). Es genügt in solchen Fällen, wenn die Haupturkunde einen Verweis auf die Hauptanlage enthält; aus der Hauptanlage muss sich jedoch ein Bezug zur Unteranlage ergeben.[73] Auf jeden Fall müssen alle Anlagen vorgelesen bzw. bei Karten, Zeichnungen oder Abbildungen zur Durchsicht vorgelegt werden, sofern kein Fall des § 14 BeurkG gegeben ist. 30

Formulierungsbeispiele für zulässige Verweisungen: In einem GmbH-Gründungsvertrag kann es heißen: „Für die Gesellschaft soll die der Niederschrift beigefügte Satzung gelten, auf die hiermit verwiesen wird". In der Niederschrift über eine eidesstattliche Versicherung lässt sich formulieren: „Der Beteiligte erklärte, er wolle eine eidesstattliche Versicherung abgeben. Der Notar belehrte ihn über die Bedeutung [...]. Der Erschienene erklärte sodann, dass er die in dem anliegenden Schriftstück enthaltene Aufzeichnung zum Gegenstand seiner Erklärung mache. Die Niederschrift nebst Anlage wurde vorgelesen, genehmigt und unterschrieben." Es genügt aber auch jede knappere Formulierung, solange sich aus ihr ergibt, dass die Erklärungen in dem beigefügten Schriftstück Geltung erhalten sollen, z.B. „Der Gesellschaftsvertrag wird neu gefasst gemäß der Anlage zu dieser Niederschrift" oder „Für die Bauausführung gilt die beigefügte Baubeschreibung". Daher sind auch die in der Kommentarliteratur beispielhaft aufgezählten Synonyme und Umschreibungen des Verbs „verweisen" entbehrlich,[74] solange nur die Niederschrift das Vorhandensein einer Anlage und ihre Maßgeblichkeit für die Erklärungen der Beteiligten zum Ausdruck bringt. 31

3. Beifügen zur Niederschrift

Weitere Voraussetzung der wirksamen Einbeziehung ist, dass die Anlage, auf die verwiesen wurde, der Urkunde beigefügt wird. Beifügung in diesem Sinne bedeutet bei Errichtung einer Niederschrift in Papier, dass die Anlage während der Beurkundung körperlich vorliegt.[75] Es genügt nicht, wenn die Anlage erst später nachgereicht wird.[76] Liegt die Anlage zum Zeitpunkt der Genehmigung der Beteiligten gemäß § 13 Abs. 1 S. 1 BeurkG vor, ist das Merkmal des Beifügens grundsätzlich verwirklicht. Einer losen Verbindung etwa mit einer Heftklammer oder einer Bezeichnung als Anlage bedarf es nicht.[77] Werden im Folgenden Niederschrift und Anlage nicht wie es § 44 S. 2 BeurkG bestimmt, mit Schnur und Prägesiegel verbunden, hat dies auf die Wirksamkeit der Einbeziehung der Anlage keinen Einfluss.[78] Dies gilt auch dann, wenn die Beteiligten die Anlage versehentlich mitnehmen,[79] und sogar dann, wenn die Anlage später nicht mehr auffindbar ist. Der Beweiswert der Urkunde ist in diesem Fall allerdings erheblich beeinträchtigt.[80] 32

Im Falle einer elektronischen Niederschrift wird die Anlage „beigefügt", indem sie in das elektronische Dokument aufgenommen wird, das auch den übrigen Inhalt der Niederschrift enthält.[81] Die Signatur der Beteiligten und des Notars kann nämlich nur einer einheitlichen Datei beigefügt werden, nicht einer Mehrzahl von Dateien. Die spätere Verbindung eines elektronischen Dokuments mit einer bereits signierten elektronischen Niederschrift scheidet aus, weil dies die Signatur zerstören würde.

Die Vermutung des § 13 Abs. 1 S. 3 BeurkG hat der BGH dahingehend erweitert, dass die Verweisung in einer unterschriebenen Urkunde auf eine Anlage auch die Vermutung begründet, die Anlage sei bereits bei Beurkundung vorhanden gewesen und habe vorgelegen.[82] 33

73 Grziwotz/Sauer/Heinemann/*Heinemann/Grziwotz*, § 9 Rn 29; *Winkler*, § 9 Rn 54.

74 Formulierungsbeispiele bei Frenz/Miermeister/*Limmer*, § 9 BeurkG Rn 23; *Winkler*, § 9 Rn 53; Grziwotz/Sauer/Heinemann/*Heinemann/Grziwotz*, § 9 Rn 30.

75 *Winkler*, § 9 Rn 63; Grziwotz/Sauer/Heinemann/*Heinemann/Grziwotz*, § 9 Rn 33; ebenso zum Beifügen nach § 14 BeurkG: Staudinger/*Hertel*, BeurkG Rn 441.

76 BGH v. 28.1.1994 – V ZR 131/92, DNotZ 1995, 26; *Winkler*, § 9 Rn 64.

77 A.A. BeckOK-BeurkG/*Bremkamp*, § 9 Rn 85 f.; wohl auch Soergel/*Mayer*, 13. Aufl., § 9 BeurkG Rn 10 (nach § 2264 BGB).

78 Zumindest missverständlich insofern OLG München v. 15.5.2013 – 20 U 5004/12, BeckRS 2013, 12696.

79 Grziwotz/Sauer/Heinemann/*Heinemann/Grziwotz*, § 9 Rn 37.

80 DNotI-Rep. 2006, 167.

81 Gesetzesbegründung, BR-Drucksache 372/25, S. 38.

82 BGH v. 28.1.1994 – V ZR 131/92, DNotZ 1995, 26, 27.

Als zusätzliche Voraussetzung des Beifügens ist zu verlangen, dass der Notar den Willen hat, das Verweisungsdokument der Haupturkunde beizufügen. Im Falle der Beurkundung auf Papier muss der Notar daher den Willen haben, das Verweisungsdokument später mit der Haupturkunde fest zu verbinden. Bei Errichtung einer elektronischen Niederschrift manifestiert sich dieser Wille darin, dass der Notar das Verweisungsdokument in das elektronische Dokument mit dem restlichen Inhalt der Niederschrift aufnimmt. Ohne eine solche subjektive Komponente wäre beispielsweise der Verzicht auf das Beifügen im Verfahren des § 13c Abs. 2 BeurkG ohne Sinn. Hier soll das Verweisungsdokument nämlich gem. § 13c Abs. 1 S. 3 BeurkG stets in mindestens beglaubigter Abschrift bei der Beurkundung vorliegen, womit das Merkmal des Beifügens immer schon erfüllt wäre. Der Verzicht auf das Beifügen hätte keinen Anwendungsbereich mehr. Ohne Belang für das Merkmal des Beifügens ist allerdings der Wille der Beteiligten.[83] Das Beifügen ist eine Tätigkeit des Notars, so dass insoweit nur sein Wille maßgeblich sein kann. Dieser Verbindungswille des Notars ist grundsätzlich zu vermuten, wenn auf eine im Termin vorliegende Anlage verwiesen wird. Der Beweis, dass dieser Wille nicht vorhanden war, obliegt demjenigen, der sich auf einen Beurkundungsmangel beruft. Das alles gilt natürlich nicht, wenn ein Fall des § 13c BeurkG vorliegt und die Beteiligten gemäß § 13c Abs. 2 S. 1 BeurkG auf das Beifügen verzichten.

4. Vorlesen

34 Selbstverständlich muss die Anlage wie die Niederschrift selbst vorgelesen werden (§ 13 BeurkG). Ein ausdrücklicher Hinweis auf das Verlesen der Anlage ist nicht erforderlich (aber üblich und zweckmäßig), da der Abschlussvermerk über das Vorlesen der Niederschrift sich grundsätzlich auch auf die Anlage bezieht.[84] Wurde die Niederschrift von den Beteiligten unterschrieben, dann erstreckt sich die Vermutung des § 13 Abs. 1 S. 3 BeurkG auch darauf, dass die Anlage vorgelesen wurde (§ 13 BeurkG Rdn 68). Nicht erforderlich ist eine gesonderte Unterzeichnung der Anlage durch die Beteiligten oder den Notar. In der Praxis ist dies gleichwohl verbreitet; das ist unschädlich und mag im Einzelfall Diskussionen vorbeugen, ob eine bestimmte Anlage tatsächlich bei der Beurkundung vorgelegen habe.

V. Bezugnahme

35 Den Begriff „Bezugnahme" kennt das BeurkG nicht. In §§ 9, 13, 13c und 14 BeurkG wird vielmehr einheitlich nur von „verweisen" gesprochen. Dennoch ist der Begriff zur Abgrenzung hilfreich; „Verweisung" und „Bezugnahme" sollten begrifflich und sprachlich deutlich getrennt werden.[85] Eine **Bezugnahme** liegt dann vor, wenn in der notariellen Niederschrift auf Erklärungen, Rechtsverhältnisse oder tatsächliche Umstände hingewiesen wird, die nicht zum beurkundungsbedürftigen Inhalt des Rechtsgeschäfts gehören. Wenn auf etwas Bezug genommen wird, wird es gerade nicht mitbeurkundet, sondern es ist lediglich zur Verdeutlichung und Erläuterung des beurkundeten Inhalts bestimmt.[86] Regelungen zur Bezugnahme enthält das BeurkG nicht.

In der Praxis ist es (leider) üblich, auch da von Bezugnahme zu sprechen, wo es um eine **Verweisung im beurkundungstechnischen Sinne** geht, und da von einer Verweisung zu sprechen, wo lediglich eine Bezugnahme vorliegt. Dienstrechtlich ist dies nicht zu beanstanden. Die unterschiedliche Terminologie erschwert aber die Beantwortung der manchmal schwierigen Abgrenzungsfragen. So spricht *Litzenburger*[87] von „echter" und „unechter" Bezugnahme. *Limmer*[88] stellt der „echten Verweisung" die sog. „erläuternde Verweisung" gegenüber. *Lichtenberger*[89] verwendet die Begriffe „ersetzende Verweisung" und „ersetzende Bezugnahme" synonym.

36 Der **Unterschied** zwischen Verweisung im beurkundungstechnischen Sinne und Bezugnahme im hier verwendeten Sinne ist sowohl von den Rechtsfolgen wie vom Verfahren her zu beschreiben: Die Verweisung verlangt verfahrensrechtlich bei Schriftstücken deren Verlesung, soweit kein Verlesungssurrogat (§§ 13c, 14 BeurkG) in Betracht kommt. Karten, Zeichnungen und Abbildungen müssen anstelle des Ver-

83 *Winkler*, § 9 Rn 63.
84 Soergel/*Mayer*, 13. Aufl., § 9 BeurkG Rn 11 (nach § 2264 BGB).
85 Zur Begrifflichkeit vgl. auch BeckOK-BeurkG/*Bremkamp*, § 9 Rn 34 f.
86 Grziwotz/Sauer/Heinemann/*Heinemann/Grziwotz*, § 9 Rn 41; *Brambring*, DNotZ 1980, 281, 286 f.
87 BRHP/*Litzenburger*, § 9 BeurkG Rn 5.
88 Frenz/Miermeister/*Limmer*, § 9 BeurkG Rn 11.
89 *Lichtenberger*, NJW 1980, 864, 866 ff.

lesens zur Durchsicht vorgelegt werden. Durch das Verweisen werden die Dokumente sodann Teile der Niederschrift; sie sind mitbeurkundet. Bei der reinen Bezugnahme ist beides nicht der Fall.

Die Verweisung ist beurkundungstechnisch gegenüber der Bezugnahme sozusagen die „höherrangige" Form. Dies bedeutet: Die Verweisung ist auch da zulässig, wo eine Bezugnahme ausreicht. Umgekehrt ist das jedoch nicht der Fall: Auf Schriftstücke, Karten, Zeichnungen oder Abbildungen darf, wenn sie konstitutive Erklärungen oder Teile solcher Erklärungen enthalten, nicht einfach Bezug genommen werden. Auf sie muss verwiesen werden, wenn materiell-rechtlich die Beurkundung vorgeschrieben ist.

Die Verweisung ist – von den Rechtsfolgen her gesehen – das sicherere Verfahren, die Bezugnahme das weniger aufwändige. Der Unterschied wird bei Textanlagen deutlich: Wird verwiesen, muss grundsätzlich verlesen werden; wird nur Bezug genommen, so genügt das Beifügen; nicht einmal das ist aber erforderlich. Der Notar sollte, nur weil er eine erforderliche Verweisung nicht von einer ausreichenden Bezugnahme abgrenzen kann, nicht systematisch alle Anlagetexte vorlesen. Die zeitraubende Verlesung von Schriftstücken, die die Beteiligten in solchen Fällen zumeist längst kennen, ist unökonomisch, ermüdend und lenkt vom Wesentlichen ab; der Sinn des Verlesens wird dann verfehlt. Der Rat von *Crusius*,[90] „lieber einen Punkt zu viel zu beurkunden als einen zu wenig", sollte daher auf die wirklichen Zweifelsfälle beschränkt werden. Im Übrigen ist der Notar gehalten, sich mit der Bezugnahme (an Stelle der Verweisung) zu begnügen, wenn die Bezugnahme materiell-rechtlich ausreicht. 37

VI. Abgrenzungsfälle: Verweisung oder Bezugnahme

Die Frage, ob eine Bezugnahme ausreicht oder eine Verweisung erforderlich ist, macht immer wieder Schwierigkeiten. Für die Abgrenzung weist Abs. 1 S. 1 Nr. 2 den Weg: Enthält ein der Niederschrift beigefügtes Schriftstück Erklärungen der Beteiligten, ist eine Verweisung erforderlich, andernfalls genügt die Bezugnahme. Gleiches gilt für Karten, Zeichnungen oder Abbildung. Geben die Beteiligten mithilfe dieser Dokumente Erklärungen ab, muss auf sie verwiesen werden, sonst nicht. 38

Maßgeblicher Anknüpfungspunkt ist insoweit der Wille der Beteiligten, die Erklärungen zum Urkundsinhalt zu machen. Diesen hat der Notar sorgfältig zu ermitteln. Hierbei wird der Notar insbesondere auch das Interesse der Beteiligten an der Beweiswirkung des § 415 ZPO für notarielle Urkunden zu berücksichtigen haben, welche für lediglich in Bezug genommene Anlagen nicht gilt. Andererseits hat der Notar im Rahmen seiner Verhandlungsleitung aber auch darauf hinzuwirken, dass nichts „Überflüssiges" zum Gegenstand der Urkunde gemacht wird. Enthält die Anlage keine Erklärungen, da den in ihr enthaltenen Aussagen keine eigenständige Regelungsqualität zukommt, muss der Notar – auch wenn die Beteiligten ausdrücklich darauf bestehen – nicht das Verfahren der Verweisung wählen, sondern kann es bei einer Bezugnahme belassen. Solch ein eigenständiger Regelungsgehalt der Anlage fehlt insbesondere dann, wenn sie sich darin erschöpft, das Vertragsobjekt, an das die rechtlichen Beziehungen anknüpfen, näher zu beschreiben, zu identifizieren oder zu erläutern.

Im Folgenden soll die Abgrenzung zwischen Verweisung und Bezugnahme anhand einiger für die Praxis wichtiger Fälle dargestellt werden. Aufgrund der Vielzahl der Fallgestaltungen muss diese Darstellung notwendigerweise unvollständig bleiben.

1. Vertragsänderungen und -aufhebungen

Bezug genommen werden darf auf notarielle Niederschriften, an denen die Vertragsparteien selbst beteiligt waren. Die Bezugnahme ist also immer dann ausreichend, wenn notariell beurkundete Vereinbarungen von denselben Beteiligten geändert, ergänzt oder aufgehoben werden sollen.[91] Bei Vertragsänderungen oder -aufhebungen sind die Erklärungen im ursprünglichen Vertrag nicht zugleich Erklärungen im Änderungs- oder Aufhebungsvertrag, sondern lediglich deren Bezugsgegenstand. Es reicht daher ein einfacher Hinweis auf den ursprünglichen Vertrag aus. Weder ist der geänderte oder aufgehobene Vertrag der Niederschrift beizufügen noch ist er vorzulesen. Freilich kann er aus freien Stücken der Niederschrift 39

90 *Crusius*, DNotZ 1966, 657, 664.

91 Frenz/Miermeister/*Limmer*, § 9 BeurkG Rn 18; *Winkler*, § 9 Rn 73; *Brambring*, DNotZ 1980, 281, 287; Staudinger/*Hertel*, BeurkG Rn 407; Beck'sches Notarhdb/*Kindler*, § 31 Rn 254; *Tiedtke*, DNotZ 1991, 348 ff.

beigefügt werden, etwa weil die Beteiligten auf diese Weise den zu ändernden oder aufzuhebenden Vertrag eindeutig identifizieren wollen. Das macht aber den Inhalt des beigefügten Vertrags noch nicht zu Erklärungen der Beteiligten, sodass er auch in diesem Fall nicht vorzulesen ist. Die Änderungsurkunde stellt eine in sich geschlossene rechtliche Erklärung dar. Es genügt daher die einfache Bezugnahme; nach § 13c BeurkG muss nicht verfahren werden.[92] Dies ist allgemeine Meinung, obwohl die notarielle Praxis in diesen Fällen vielfach Verweisungen vornimmt. Selbst bei Bestätigungen eines Rechtsgeschäfts wird vielfach eine einfache Bezugnahme ausreichen.[93]

2. Vertragsannahmen

40 Auch bei der Beurkundung einer Vertragsannahme muss das Angebot nicht erneut vorgelesen bzw. darauf nach § 13c BeurkG verwiesen werden.[94] Bei der Annahme besteht die rechtsgeschäftliche und damit beurkundungsbedürftige Erklärung allein darin, ein bestimmtes Angebot anzunehmen – also „ja" zu sagen. Allein diese Erklärung ist nach § 152 BGB konstitutiv. Die Bezugnahme auf das Angebot dient nur dem Zweck, den Bezugsgegenstand der Annahme zu bestimmen. Anders sieht es aus, wenn der Angebotsempfänger im Rahmen der Annahme weitere Erklärungen abzugeben hat, z.B. Vollmachten erteilen oder Vollstreckungsunterwerfungen erklären soll, deren Wortlaut in der Angebotsurkunde typischerweise vorgegeben wird. Dann genügt – wenn nach materiellem Recht Beurkundungspflicht besteht – die Bezugnahme auf das Angebot nicht. Es bedarf stattdessen entweder der gesonderten Beurkundung der geforderten Erklärungen im Rahmen der Annahmeurkunde oder der Verweisung auf die Angebotsurkunde nach § 13c BeurkG,[95] wobei im Hinblick auf eine Vollstreckungsunterwerfung aus vollstreckungsrechtlichen Gründen die Angebotsurkunde in beglaubigter Abschrift beizufügen ist.[96]

3. Genehmigungen

41 Wird die Genehmigung eines von einem vollmachtlosen Vertreter geschlossenen Vertrages ausnahmsweise beurkundet, so bedarf es keiner Verweisung. Die Genehmigung hat einen in sich geschlossenen rechtlichen Aussagegehalt; der genehmigte Vertrag muss nicht (erneut) vorgelesen zu werden. Aus diesem Grund ist die allgemeine Praxis folgerichtig, dass Genehmigungen regelmäßig nur in unterschriftsbeglaubigter Form erteilt werden. Der Inhalt der Genehmigung „erschöpft" sich in der Zustimmung zu dem bereits beurkundeten Vertrag.

4. Gesetzliche Vorschriften/Sonstige Regelungswerke

42 Immer ausreichend ist die Bezugnahme auf gesetzliche Vorschriften (z.B. Befreiung von den Beschränkungen des § 181 BGB, Ausschluss von § 154 BGB). Nicht anders zu behandeln sind **Bebauungspläne** und **Flurbereinigungspläne**,[97] unabhängig davon, ob sie als VO oder Satzung ergangen sind. Das Gleiche gilt für Regeln, die zwar nicht Rechtsvorschriften im technischen Sinne, aber doch **allgemein bekannte und in zugänglicher Form publizierte Regelungswerke** sind.[98] Als Beispiele lassen sich veröffentlichte Indizes über Lebenshaltungskosten (z.B. als Gegenstand der Bezugnahme bei Wertsicherungsklauseln), internationale Abkommen, gerichtliche Unterhaltstabellen oder DIN-Normen nennen.[99] Die Grenzen sind allerdings fließend. Problematisch ist der Verweis auf **Schiedsgerichtsordnungen**: So hat der Schlichtungs- und Schiedsgerichtshof Deutscher Notare (SHG) keinen amtlichen oder halbamtlichen Charakter; er ist in keinem Amtsblatt veröffentlicht. Soll seine Schiedsgerichtsordnung mit ihrem zu einem bestimmten Zeitpunkt bestehenden Inhalt vereinbart werden, reicht eine Bezugnahme nicht aus.[100] In der Praxis sehen

92 Frenz/Miermeister/*Limmer*, § 9 BeurkG Rn 18.
93 BGH v. 1.10.1999 – V ZR 168/98, DNotZ 2000, 288; vgl. ausführlich Soergel/*Mayer*, 13. Aufl., § 13a BeurkG Rn 4 (nach § 2264 BGB).
94 *Winkler*, § 13a Rn 22; Frenz/Miermeister/*Limmer*, § 9 BeurkG Rn 17; Staudinger/*Hertel*, BeurkG Rn 407; Soergel/*Mayer*, 13. Aufl., § 13a BeurkG Rn 4 (nach § 2264 BGB); *Wolfsteiner*, Die vollstreckbare Urkunde, 2. Aufl. 2006, Rn 11.32; *Brambring*, DNotZ 1979, 484, 490; *Brambring*, DNotZ 1980, 281, 288 f.; a.A. *Armasow*, RNotZ 2006, 464 (zu Zwangsvollstreckungsunterwerfungen).
95 BeckOK-BeurkG/*Bremkamp*, § 9 Rn 38; großzügiger *Schöner/Stöber*, Rn 903a.
96 *Schöner/Stöber*, Rn 2652.
97 *Arnold*, DNotZ 1980, 262, 281 Fn 50; vgl. auch *Winkler*, § 9 Rn 80 f.
98 Beck'sches Notarhdb/*Kindler*, § 31 Rn 254; Frenz/Miermeister/*Limmer*, § 9 BeurkG Rn 16a.
99 *Winkler*, § 9 Rn 80; Frenz/Miermeister/*Limmer*, § 9 BeurkG Rn 16a.
100 DNotI-Rep. 2008, 188, 189.

Schiedsklauseln allerdings üblicherweise vor (bzw. sind so auszulegen), dass die Schiedsordnung der betreffenden Institution mit ihrem zum Zeitpunkt der Schiedsklage geltenden Inhalt maßgeblich sein soll; in diesen Fällen handelt es sich um eine dynamische Bezugnahme, bei der die zum Zeitpunkt der Beurkundung geltende Schiedsordnung kein Erklärungsinhalt ist und daher nicht mitbeurkundet werden muss. Aus denselben Gründen reicht in aller Regel eine Bezugnahme auf den **Standard IDW S1** („Grundsätze zur Durchführung von Unternehmensbewertungen" des Instituts der Wirtschaftsprüfer in Deutschland e.V.) aus,[101] denn üblicherweise soll dieser in seiner jeweils geltenden Fassung zur Anwendung berufen werden. Auf die **Vergabe- und Vertragsordnung für Bauleistungen (VOB)**, die ebenfalls trotz Veröffentlichung im Bundesanzeiger weder Gesetz noch Rechtsverordnung ist, kann nach h.M. in einer notariellen Urkunde verwiesen werden, ohne dass der Text der Urkunde als Anlage beizufügen ist.[102] Unberührt von der Frage der Zulässigkeit der Bezugnahme ist auch der Umfang der Belehrungspflicht: Gerade wenn auf Regeln außerhalb der Vertragsurkunde Bezug genommen wird, muss der Notar seine Belehrungspflicht sehr ernst nehmen, oftmals wird trotz der Zulässigkeit der Bezugnahme die Aufnahme des wesentlichen Inhalts dieser Vorschriften in die Niederschrift zweckmäßig sein.

5. Teilungserklärung und Gemeinschaftsordnung

Eine Bezugnahme auf rechtsgeschäftliche Erklärungen ist auch dann ausreichend, wenn ihr Inhalt zum Zeitpunkt der Beurkundung durch Grundbucheintragung bereits sachenrechtlich verdinglicht ist. Insoweit liegt nur ein Hinweis auf ein bestehendes Rechtsverhältnis vor. Das gilt z.B. für eine Gemeinschaftsordnung, die bereits Inhalt des Sondereigentums ist (§ 10 Abs. 2 WEG) oder für grundbuchlich vollzogene Teilungserklärungen bei der Veräußerung von Wohnungseigentum.[103] Fehlt es allerdings am Grundbuchvollzug, bedarf es bei der Veräußerung von Wohnungseigentum zur Bestimmung des Kaufgegenstands der Verweisung und Verlesung bzw. der Verweisung nach § 13c BeurkG.[104] 43

6. Übernahme von Belastungen in Abt. II und III

Werden im Grundbuch eingetragene Belastungen vom Erwerber nur dinglich übernommen, erübrigt sich eine Verweisung auf die der Eintragung zugrunde liegenden Bestellungsurkunden. Es handelt sich um eine reine Bezugnahme auf bestehende Rechtsverhältnisse mit Dritten.[105] 44

7. Schuldübernahme

Nicht beurkundungsbedürftig ist bei einer Schuldübernahme i.S.v. § 415 BGB das übernommene Schuldverhältnis.[106] In die Niederschrift über einen Kaufvertrag, in dem der Erwerber unter Anrechnung auf den Kaufpreis eine dinglich gesicherte Darlehensschuld des Verkäufers übernimmt, ist daher nur die Übernahmevereinbarung aufzunehmen; natürlich muss die übernommene Schuld eindeutig bezeichnet werden. Nicht mitbeurkundet werden muss dagegen der Inhalt der übernommenen Verpflichtung selbst. Die Bezeichnung der Schuld hat nur die Bedeutung eines Identifizierungsmittels für den Gegenstand der Schuldübernahme.[107] Die Beschreibung der Schuld ist nur die (nicht beurkundungsbedürftige) Grundlage für die daran anknüpfende (beurkundungsbedürftige) Vereinbarung zur Übernahme. 45

8. Übernahme von Rechtsverhältnissen mit Dritten, insb. Vertragsübernahmen

Die soeben beschriebene Schuldübernahme ist nur ein Unterfall der „Übernahme bestehender Rechtsverhältnisse mit Dritten". Hierzu gehört insbesondere die **Vertragsübernahme**. Grundsätzlich gilt: Soweit auf solche Rechtsverhältnisse nur (untechnisch) verwiesen wird und sich daran Regelungen anknüpfen, 46

101 So ein unveröffentlichtes DNotI-Gutachten vom 18.5.2004.

102 OLG Düsseldorf v. 18.5.1984 – 22 U 65/84, DNotZ 1985, 626 ff. mit Anm. *Reithmann*; *Lerch*, § 9 Rn 14; *Winkler*, § 9 Rn 81; Soergel/*Mayer*, 13. Aufl., § 9 BeurkG Rn 14 (nach § 2264 BGB); *Brambring*, DNotZ 1980, 281, 288.

103 *Winkler*, § 9 Rn 75; Frenz/Miermeister/*Limmer*, § 9 BeurkG Rn 16; *Brambring*, DNotZ 1980, 281, 287.

104 BGH v. 27.4.1979 – V ZR 175/77, DNotZ 1979, 479, 481 ff.; Frenz/Miermeister/*Limmer*, § 9 BeurkG Rn 16; ausführlich: *Reul*, DNotI-Rep. 1998, 50.

105 *Winkler*, § 9 Rn 74; *Lichtenberger*, NJW 1980, 864, 866; Beck'sches Notarhdb/*Kindler*, § 31 Rn 254.

106 Frenz/Miermeister/*Limmer*, § 9 BeurkG Rn 13; Staudinger/*Hertel*, BeurkG Rn 407; *Winkler*, § 9 Rn 76; *Brambring*, DNotZ 1980, 281, 290 ff.; BRHP/*Litzenburger*, § 9 BeurkG Rn 5; Soergel/*Mayer*, 13. Aufl., § 13a BeurkG Rn 4 (nach § 2264 BGB).

107 *Winkler*, § 9 Rn 76; BGH DNotZ 1994, 476, 478.

die diese nicht unmittelbar rechtlich berühren, sondern voraussetzen, bedarf es keiner Verweisung i.S.d. §§ 9, 13, 13c und 14 BeurkG.[108] Die Bezeichnung des Rechtsverhältnisses ist nur ein „Identifizierungsmittel"; das Rechtsverhältnis ist nur die „Grundlage" für die daran anknüpfende Vereinbarung. Verpflichtet sich beispielsweise der Verkäufer in einem Grundstückskaufvertrag, auch die Rechte an einer vorhandenen Baugenehmigungsplanung zu übertragen, so gehören die vorhandenen Planungsunterlagen nicht zum Regelungsinhalt des Kaufvertrages.[109] Diese sind nur Identifizierungsbehelf und daher nicht beurkundungspflichtig. Wie bei der Schuldübernahme werden keine neuen Verpflichtungen im Zusammenhang mit der Genehmigungsplanung begründet; der Verkäufer ist nur verpflichtet, dem Käufer die Planungsrechte zu verschaffen und die Unterlagen zu übergeben.

47 Insbesondere bei Unternehmensverkäufen, aber nicht selten auch bei Grundstückskaufverträgen, sollen der Urkunde Listen über Gegenstände oder Rechtsverhältnisse beigefügt werden, an die sich dann bestimmte Aussagen oder Zusagen knüpfen. Beispiele:

a) Dem Vertrag wird eine Auflistung **aller bestehenden** und **vom Käufer zu übernehmenden** Arbeitsverhältnisse, Dauerschuldverhältnisse, Unternehmensverträge, Schutzrechte etc. beigefügt.

b) Dem Vertrag soll eine Auflistung aller dem Erwerbsinteressenten im Rahmen der **Due-Diligence-Prüfung** im Vorfeld der Beurkundung zur Verfügung gestellten **Unterlagen zum Unternehmen** beigefügt werden (sog. **„Datenraum"**).

In diesen Fällen genügt regelmäßig das Beifügen und (soweit es sich nicht um Bestandsverzeichnisse handelt, bei denen das Vorlesen gemäß § 14 BeurkG verzichtbar ist) Vorlesen der entsprechenden Auflistungen als Anlage zur Urkunde; die Arbeitsverträge, Dauerschuldverträge etc. selbst müssen nicht beigefügt und noch weniger vorgelesen werden. Geht es um die abschließende Erfassung von Unterlagen, die für die Due-Diligence-Prüfung vorlagen, kommt auch in Betracht, diese auf einem Daten-Stick selbstständig in die notarielle Verwahrung zu nehmen.

48 Das Gleiche gilt, wenn **Rechtsverhältnisse kraft Gesetzes übergehen**. Es handelt sich um einen Verweis auf ein bestehendes Rechtsverhältnis mit einem Dritten; die Bezugnahme entfaltet keine Rechtswirkungen bzgl. dieses Rechtsverhältnisses selbst.[110]

49 Ähnlich sind die Fälle zu beurteilen, in denen in einem Grundstückskaufvertrag auf ein **Bodengutachten**,[111] ein **Altlastengutachten** oder ein **Wertgutachten** hingewiesen wird. Regelmäßig haben solche Aussagen keinen eigenen rechtsgeschäftlichen Regelungsinhalt, sondern nur beschreibenden hinweisenden Charakter. Gleiches gilt für **reine Mitteilungen** über Sach- oder Rechtsmängel oder die Beschaffenheit des Vertragsgegenstandes. Man kann von „Wissenserklärungen" sprechen. Eine Verweisung ist dann nicht erforderlich.[112] Auch wenn in einem Unternehmenskaufvertrag die allgemeine Zusicherung enthalten ist, dass bereits **festgestellte Bilanzen** den gesetzlichen Vorschriften entsprechen, ist ein Beifügen und Verlesen nicht geboten.[113] Im Einzelfall kann der Wunsch bestehen, solche Unterlagen zu Beweiszwecken der Urkunde beizufügen. Wird in Bezug auf bestimmte Punkte einer Bilanz eine konkrete Vereinbarung getroffen (z.B. eine Garantiezusage), so müssen die entsprechenden Teile mitbeurkundet werden.

9. Baupläne und Baubeschreibung, Lagepläne

50 Wird ein noch nicht fertiggestelltes Haus verkauft, müssen die Baupläne und die Baubeschreibung (mindestens in der Form der Verweisung) mitbeurkundet werden. Nach der Rechtsprechung[114] ist die Mitbeurkundung der Baubeschreibung beim Erwerb vom Bauträger sogar dann erforderlich, wenn das Gebäude bereits fertig gestellt ist, weil diese der Bezugspunkt für die werkvertragliche Mängelgewährleistung ist. Der Kaufvertrag erhält seinen Inhalt erst durch das Beifügen der Pläne bzw. das

108 *Winkler*, § 9 Rn 76 ff.; Frenz/Miermeister/*Limmer*, § 9 BeurkG Rn 13; *Lichtenberger*, NJW 1980, 864, 866; *Brambring*, DNotZ 1980, 281, 290 ff.; missverständlich ist daher das Beispiel von *Bücker/Viefhues*, ZNotP 2004, 311, 313 f.

109 BGH v. 17.7.1998 – V ZR 191/97, DNotZ 1999, 50 f. mit Anm. *Kanzleiter*; Staudinger/*Hertel*, BeurkG Rn 407.

110 *Winkler*, § 9 Rn 78; *Emmerich*, notar 2008, 38.

111 BGH v. 14.3.2003 – V ZR 278/01, DNotZ 2003, 698; Staudinger/*Hertel*, BeurkG Rn 407.

112 Staudinger/*Hertel*, BeurkG Rn 129, 407.

113 Vgl. Kersten/Bühling/*Wolfsteiner/Kämper*, § 31 Rn 27.

114 BGH v. 10.2.2005 – VII ZR 184/04, DNotZ 2005, 467 ff. mit Anm. *Basty*.

Mitverlesen der Baubeschreibung.[115] Auch wenn diese bereits in anderem Zusammenhang mitbeurkundet wurden, reicht dennoch die reine Bezugnahme nicht aus. Hier wird nicht auf ein bestehendes Rechtsverhältnis verwiesen, sondern es geht um die Begründung und nähere Ausgestaltung von Rechten und Pflichten zwischen Käufer und Verkäufer. Das Gleiche gilt für den Lageplan bei der Veräußerung einer **Teilfläche**; eine einfache Bezugnahme genügt hier nicht.[116]

10. Neubegründung schuldrechtlicher Verpflichtungen

Werden schuldrechtliche Verpflichtungen für die andere Vertragspartei, die von der einen Vertragspartei bereits einseitig niedergelegt worden sind, begründet, so genügt die Bezugnahme nicht. Es bedarf der Verweisung. Dies ist z.B. der Fall beim Verkauf von Wohnungseigentum, wenn in Teilungserklärungen nach § 8 WEG eine Ankaufspflicht der künftigen Wohnungseigentümer enthalten ist oder wenn in der Gemeinschaftsordnung Bestimmungen enthalten sind, die nicht Inhalt des Sondereigentums geworden sind, z.B. eine Verpflichtung, dem Verwalter besondere Vollmachten zu erteilen.[117] 51

11. Vollmachten

Auf Vollmachten, Bestallungsurkunden oder sonstige Legitimationspapiere (Erbscheine, Registerauszüge) muss ebenfalls nicht verwiesen werden. Sie mögen zwar wichtig sein für die materiell-rechtliche Wirksamkeit der rechtsgeschäftlichen Erklärungen, enthalten aber selbst keine Erklärungen und ergänzen diese auch nicht (siehe unten Rdn 54). 52

VII. Schriftstück

Gegenstand der Verweisung i.S.v. Abs. 1 S. 2 ist ein Schriftstück bzw. im Falle einer elektronischen Niederschrift gemäß § 8 Abs. 2 S. 2 BeurkG ein elektronisches Dokument. Es muss den rechtgeschäftlichen Inhalt der Beurkundung zum Gegenstand haben bzw. diesen ergänzen.[118] Es kann von jeder beliebigen Person verfasst sein, sei es von dem Beteiligten selbst, sei es vom Notar oder sonstigen mitwirkenden Personen. Aufmerksamkeit des Notars ist immer geboten, wenn – oft geschieht dies erst im Beurkundungstermin – ein Schriftstück als Anlage zur Urkunde genommen werden soll, das nicht vom Notar entworfen wurde, sondern von einem der Beteiligten vorgelegt wird. So kann es vorkommen, dass bei Beurkundung eines Grundstückskaufvertrages ein Mietvertrag vorgelegt wird, der eine ganze oder teilweise „Rückvermietung" des Kaufobjekts an den Verkäufer vorsieht. Die Prüfungs- und Belehrungspflicht des Notars bezieht sich uneingeschränkt auch auf solche mit zu verlesenden Schriftstücke. Die Tatsache, dass die Beteiligten auf ein beliebiges Schriftstück verweisen können, befreit den Notar in keiner Weise von den ihm auch sonst bei der Abfassung einer Niederschrift obliegenden Sorgfaltspflichten. 53

Gerade bei komplexen Vorgängen ist es üblich und sinnvoll, bestimmte „Teilbereiche" in Anlagen „auszugliedern" werden. Es gibt keinesfalls den Grundsatz, dass wichtige Erklärungen nicht in Anlagen ausgegliedert werden dürften. Grundsätzlich ist der Notar bei der Gestaltung frei. Seine Prüfungs- und Belehrungspflichten erstrecken sich ohnehin auf die gesamte Urkunde. Pflichtwidrig ist allerdings eine Urkundsgestaltung, die „täuscht", indem sie „überraschende Klauseln" an unerwarteter Stelle enthält.

Klargestellt werden muss: Keine Schriftstücke i.S.d. Abs. 1 sind Vollmachten, Bestallungen, Testamentsvollstreckerzeugnisse und Erbscheine, die die Beteiligten dem Notar zu Legitimationszwecken vorlegen. Sie betreffen nicht den Inhalt des Rechtsgeschäfts. Solche Urkunden oder beglaubigte Abschriften davon sollen der Niederschrift im Rahmen von § 12 BeurkG beigefügt werden. Sie erlangen dadurch jedoch nicht die Qualität von Bestandteilen der Niederschrift;[119] man kann von **Anfügungen** zur Niederschrift sprechen (siehe auch § 12 BeurkG Rdn 61). Der Notar bezeugt in solchem Falle lediglich, dass ihm das angefügte Schriftstück vorgelegt worden ist. Solche angefügten Schriftstücke müssen nicht verlesen werden. Sie sind nicht Teil der beurkundeten Willenserklärung. 54

115 Siehe statt vieler: BRHP/*Litzenburger*, § 9 Rn 5; Frenz/Miermeister/*Limmer*, § 9 BeurkG Rn 16; *Bücker/Viefhues*, ZNotP 2004, 311, 314; BGH ZNotP 2008, 374 ff.

116 Vgl. *Brambring*, DNotZ 1980, 281, 294; BRHP/*Litzenburger*, § 9 BeurkG Rn 5.

117 Vgl. BGH v. 23.2.1979 – V ZR 99/77, DNotZ 1979, 406 ff. mit krit. Anm. *Winkler*.

118 *Lerch*, § 9 Rn 10; *Winkler*, § 9 Rn 31.

119 *Winkler*, § 9 Rn 32; KG v. 22.11.1996 – 5 U 1304/96, NJW-RR 1997, 1259.

VIII. Karten, Zeichnungen, Abbildungen

55 Gegenstand der Verweisung können nach **§ 9 Abs. 1 S. 3 BeurkG** auch Karten, Zeichnungen und Abbildungen sein (nachfolgend kurz „bildliche Darstellungen“ genannt). Dies schließt allerdings nicht aus, bildliche Darstellungen auch in die Urkunde selbst aufzunehmen.[120]

§ 9 Abs. 1 S. 3 BeurkG wurde mit den Folgeregelungen in §§ 13, 13c (ursprünglich 13a) und 44 BeurkG **eingefügt durch** das 1980 in Kraft getretene **BeurkÄndG**. Anlass für diese Novellierung des BeurkG war das Urteil des BGH vom 6.4.1979.[121] Diese Entscheidung brach mit der bis dahin fast unangefochtenen Meinung, wonach nur Schriftstücke förmliche Protokollanlagen sein konnten. In der Beurkundungspraxis hatte das zu Schwierigkeiten geführt, weil tatsächlich häufig der Inhalt der Willenserklärungen mit Worten allein nicht deutlich genug ausgedrückt werden kann. Zwar schloss auch die frühere Gesetzeslage es nicht aus, Karten und Pläne zum Zwecke der Identifizierung und Verdeutlichung zu verwenden.[122] In diesen Fällen lag aber die Gefahr nahe, dass konstitutive Teile der Erklärung nur bildlich ausgedrückt und daher formunwirksam waren. Diese Gefahr war durch die genannte BGH-Entscheidung praktisch beseitigt. Das BeurkÄndG hat diese Rechtsprechung bestätigt und die damit verbundenen verfahrensrechtlichen Probleme befriedigend gelöst.[123] Das ändert nichts daran, dass bildliche Darstellungen nur eine beschränkte Aussagekraft besitzen und als solche nichts „erklären“ können, sondern vielmehr im Doppelsinne des Wortes erklärt werden müssen. Der Notar hat dies im Interesse der Beteiligten nicht nur bei seinen Belehrungen, sondern auch beim beurkundungstechnischen Verfahren zu berücksichtigen. Die Voraussetzungen der wirksamen Verweisung auf bildliche Darstellungen sind:

a) Die Aussage der bildlichen Darstellung muss in der Niederschrift selbst – nach einem einprägsamen Ausdruck von *Arnold*[124] – „mobilisiert“ werden. Die **bildliche Darstellung** muss zu einer in Worten abgefassten **Erklärung** in der Niederschrift **in Verbindung** stehen. Denn zulässig ist nach Abs. 1 S. 3 nur die Abgabe von Erklärungen „unter Verwendung“ (nicht „durch“) Karten und Zeichnungen. Daher können bildliche Darstellungen nicht für sich allein, also nicht „isoliert“, Gegenstand der notariellen Beurkundung sein[125] (siehe aber auch § 13c BeurkG Rdn 23).

b) Bei Schriftstücken verlangt die wirksame Verweisung ihre Verlesung. **Bildliche Darstellungen** können nicht verlesen werden; sie müssen stattdessen nach § 13 Abs. 1 S. 1 Hs. 2 BeurkG den Beteiligten zur **Durchsicht** vorgelegt werden.
   Auf die Vorlage zur Durchsicht kann nur in zwei Fällen **verzichtet** werden:
   aa) Sind bildliche Darstellungen förmliche Anlagen einer anderen notariellen Niederschrift, so kann auf sie im Verfahren nach § 13c BeurkG verwiesen werden, wenn die Beteiligten erklären, dass ihnen die bildliche Darstellung bekannt ist und sie auf die Vorlage zur Durchsicht und/oder das Beifügen verzichten (siehe unten § 13c BeurkG Rdn 23).
   bb) Für behördliche Karten oder Zeichnungen gilt dasselbe auch dann, wenn sie nicht förmliche Anlagen einer notariellen Niederschrift sind.

c) Die **bildliche Darstellung** muss der Niederschrift **beigefügt werden**, also während der Beurkundung körperlich vorliegen (siehe oben Rdn 32). Auf das Beifügen kann in den Fällen des § 13c BeurkG verzichtet werden.

56 Sind diese Voraussetzungen der wirksamen Verweisung eingehalten, dann sind Karte, Zeichnung oder Abbildung Teil der Niederschrift selbst. Die bildliche Darstellung ist dann ebenso notariell beurkundet wie die wörtlichen Erklärungen in der Niederschrift; die besondere Beweiskraft einer notariellen Urkunde erstreckt sich auch auf sie (§ 415 ZPO).

57 Nach dem Wortlaut des Gesetzes können in diesem Verfahren Gegenstand der Verweisung **„Karten, Zeichnungen oder Abbildungen“** sein. Dieser Begriff ist nach dem gesetzgeberischen Willen ein **Oberbegriff** und weit zu verstehen.[126] Er erfasst alle manuell-zeichnerischen oder mit Mitteln der Technik hergestellten Darstellungen. Darunter fallen Pläne aller Art, auch **Fotografien** und sonstige Lichtbilder,

120 OLG Schleswig v. 20.2.2024 – 2 Wx 12/24, MittBayNot 2025, 70; a.A. Armbrüster/Preuß/Renner/*Renner*, BeurkG 8. Aufl. § 9 Rn 24.
121 BGH v. 6.4.1979 – V ZR 72/74, DNotZ 1979, 476, 478.
122 *Weber*, DNotZ 1972, 133, 144 f.
123 *Brambring*, DNotZ 1980, 281, 302 ff.
124 *Arnold*, DNotZ 1980, 262, 268.
125 *Lichtenberger*, NJW 1980, 864, 870.
126 *Arnold*, DNotZ 1980, 262, 270; *Brambring*, DNotZ 1980, 281, 302; *Lichtenberger*, NJW 1980, 864, 870.

nicht dagegen – mangels Papierform – Bandaufnahmen und sonstige Ton- und Datenträger, insbesondere elektronische.[127] Wer der Urheber der bildlichen Darstellung ist, spielt keine Rolle. Bei den im Format meist kleinen Fotografien stellen sich immer wieder praktische Probleme ihrer Verbindung mit der Urkunde selbst. Am besten ist es, die Fotos (farbig) zu kopieren und auf normalem DIN-A4-Papier der Urkunde beizuheften. Das Beurkundungsrecht (§ 44 BeurkG) lässt es dagegen grundsätzlich nicht zu, das Lichtbild auf ein größeres Blatt zu kleben und dieses mit der Urkunde zu verbinden; das gilt auch dann, wenn das Lichtbild „angeöst" wird und/oder das Amtssiegel aufgebracht wird.[128]

Enthält die bildliche Darstellung auch Textteile in Schriftform, so ist zu unterscheiden: Dient der Text lediglich der Erläuterung der Karte oder des Planes (so insbesondere Legenden), ist er integraler Bestandteil und nimmt an der beurkundungsrechtlichen Behandlung teil (Vorlage zur Durchsicht). Enthält der auf der Karte oder dem Plan befindliche Text dagegen eine zusätzliche Erklärung im Rahmen des beurkundungsbedürftigen Rechtsgeschäfts, dann ist darauf in der Niederschrift besonders zu verweisen; der Textteil ist den Beteiligten selbst dann zu verlesen, wenn die bildliche Darstellung im Übrigen zur Durchsicht vorgelegt wird.[129] Eine solch „gemischte" Verweisung ist aber in der praktischen Handhabung eher kompliziert. Einfacher ist es, solche zusätzlichen Erklärungen in den Urkundstext selbst aufzunehmen, wobei es ratsam ist, diese Erklärungen in der bildlichen Darstellung zu streichen.[130] Einen eigenen Aussagegehalt haben z.B. zugesicherte Mindestwohnflächen in Bauzeichnungen.[131] Vorsicht ist auch bei Teilflächenverkäufen angebracht: Sind in dem beigefügten Lageplan in einem gesonderten Abschnitt textliche Angaben zu Länge und Breite der verkauften Teilfläche enthalten, empfiehlt es sich, diese Angaben auch in den Textteil der Urkunde aufzunehmen. Maßketten hingegen oder sonstige Maßangaben, die sich unmittelbar neben zeichnerischen Darstellungen befinden und ohne diese nicht verständlich wären, müssen weder in den Textteil der Urkunde aufgenommen noch verlesen werden. Bei der Abgrenzung, ob es sich um eine eigenständige Erklärung oder eine bloße Erläuterung der Karte handelt, spielt die Verkehrsanschauung eine wichtige Rolle.[132] Es kommt nicht auf die Zahl der Worte an, die sich auf dem Plan befinden. Entscheidend ist, ob der Textteil einen eigenen Aussagegehalt hat. Sind die Textelemente ohne Verbindung mit dem Plan unverständlich, erübrigt sich regelmäßig das Vorlesen. 58

IX. Rechtsfolgen von Verstößen

Werden abgegebene Erklärungen nicht in die Niederschrift aufgenommen oder fehlt es bei Anlagen an einer wirksamen Verweisung oder werden diese der Niederschrift nicht beigefügt, so ist die Urkunde bezüglich dieses Teils unwirksam. Eine Gesamtunwirksamkeit des Beurkundungsakts ist aber nicht gegeben, sondern die Resturkunde ist wirksam errichtet. Es gilt hier das zum Vorleseerfordernis Gesagte (siehe § 13 BeurkG Rdn 14 ff.). 59

Inwieweit bei einer Formbedürftigkeit das Rechtsgeschäft insgesamt oder nur die nicht beurkundeten Teile formnichtig sind, richtet sich nach materiellem Recht.[133]

E. Orts- und Zeitangabe

Die Angabe von **Ort und Tag** der Verhandlung ist durch Abs. 2 lediglich in einer Soll-Vorschrift vorgeschrieben. Fehlende und/oder unrichtige Angaben über Ort und Tag der Verhandlung berühren daher die Wirksamkeit der Beurkundung nicht.[134] Eine nachträgliche Berichtigung oder Ergänzung gem. § 44a Abs. 2 BeurkG ist möglich.[135] Das ändert aber nichts daran, dass der Beweiswert der Urkunde von der Richtigkeit solcher Angaben abhängen kann, und dass der Notar zu solchen Angaben verpflichtet ist. Nach Auffassung des BGH[136] macht sich der Notar allerdings weder der Falschbeurkundung im Amt 60

127 *Winkler*, § 9 Rn 40.
128 Ausführlich dazu: DNotI-Rep. 2007, 60 ff.
129 *Arnold*, DNotZ 1980, 262, 270; *Winkler*, § 9 Rn 42 f., § 13 Rn 19; BeckOK-BeurkG/*Bremkamp*, § 9 Rn 104.
130 BeckOK-BeurkG/*Bremkamp*, § 9 Rn 104.
131 BRHP/*Litzenburger*, § 13 BeurkG Rn 6.
132 *Winkler*, § 9 Rn 43.
133 *Winkler*, § 9 Rn 66 ff.; *Lerch*, § 9 Rn 21.
134 *Winkler*, § 9 Rn 92; BRHP/*Litzenburger*, § 9 BeurkG Rn 8; Soergel/*Mayer*, 13. Aufl. § 9 BeurkG Rn 17 (nach § 2264 BGB).
135 *Winkler*, § 9 Rn 93; Grziwotz/Sauer/Heinemann/*Heinemann/Grziwotz*, § 9 Rn 48; teilweise a.A.: *Lerch*, § 9 Rn 30 (nur bei gänzlich fehlender Angabe).
136 BGH v. 27.8.1998 – 4 StR 198/98, DNotZ 1999, 811 ff. mit Anm. *Zimmermann*; kritisch: *Ressler*, NotBZ 1999, 13 ff.

noch der Amtsanmaßung schuldig, wenn er außerhalb seines Amtsbezirks eine Beurkundung vornimmt und dabei wahrheitswidrig angibt, dies sei am Ort seines Amtssitzes geschehen. Auf diese Angabe erstrecke sich der öffentliche Glaube der Urkunde, das heißt die volle Beweiswirkung für und gegen jedermann, nicht.

Die Angabe des **Ortes** kann allgemein sein. Die Bezeichnung der Gemeinde ist ausreichend.[137] Es können aber auch Straßenangabe und Hausnummer genügen, wenn sich aus dem Gesamtzusammenhang ergibt, in welchem Ort die Beurkundung stattgefunden hat.[138] Bei Beurkundungen außerhalb der Geschäftsräume hat sich eingebürgert, sehr genau anzugeben, wo die Beurkundung stattfand (Ort, Straße, Hausnummer). Dies vereinfacht es insbesondere den Angestellten des Notars die Ortsangabe im Urkundenverzeichnis nach § 10 NotAktVV richtig vorzunehmen.

Findet die Beurkundung an verschiedenen Orten statt, so sind alle Verhandlungsorte aufzuführen.[139] Nicht erforderlich ist es allerdings anzugeben, welche Teile der Verhandlung an welchem Ort stattgefunden haben.[140]

Der **Tag der Beurkundung** ist „kalendermäßig bestimmt", also taggenau, anzugeben. Wenn eine Verhandlung unterbrochen und am nächsten Tag fortgesetzt wird, sind beide Tagen in der Niederschrift anzugeben. Das gilt auch für die Überschreitung der Mitternachtsstunde (siehe auch § 8 BeurkG Rdn 10).

§ 10 Feststellung der Beteiligten

(1) Der Notar soll sich Gewissheit über die Person der Beteiligten verschaffen.

(2) In der Niederschrift soll die Person der Beteiligten so genau bezeichnet werden, daß Zweifel und Verwechslungen ausgeschlossen sind.

(3) [1]Aus der Niederschrift soll sich ergeben, ob der Notar die Beteiligten kennt oder wie er sich Gewißheit über ihre Person verschafft hat. [2]Kann sich der Notar diese Gewißheit nicht verschaffen, wird aber gleichwohl die Aufnahme der Niederschrift verlangt, so soll der Notar dies in der Niederschrift unter Anführung des Sachverhalts angeben.

137 *Winkler*, § 9 Rn 88.
138 *Lerch*, § 9 Rn 28; *Winkler*, § 9 Rn 88; Grziwotz/Sauer/Heinemann/*Heinemann/Grziwotz*, § 9 Rn 44.
139 *Lerch*, § 9 Rn 27; Grziwotz/Sauer/Heinemann/*Heinemann/Grziwotz*, § 9 Rn 44.
140 *Lerch*, § 9 Rn 27.

A. Allgemeines

Die Sicherheit des Rechtsverkehrs ist entscheidend davon abhängig, dass die Identität der Beteiligten zuverlässig angegeben und geprüft wird.[1] Im Zusammenhang mit notariellen Urkunden ist dies Aufgabe des Notars. 1

Für notarielle Urkunden regelt zunächst § 10 BeurkG die grundsätzlichen Pflichten, die den Notar im Zusammenhang mit der Feststellung der Beteiligten treffen. § 10 BeurkG steht in engem Zusammenhang mit der detaillierten Regelung des **§ 5 DONot**. Die nachfolgenden Ausführungen beschränken sich daher auf die Darstellung der grundsätzlichen Amtspflichten des Notars bei der Feststellung der Identität und der Bezeichnung der Beteiligten. Außerdem wird auf die Anforderungen des Geldwäschegesetzes (GwG) eingegangen. Die Einzelheiten werden dagegen in der Kommentierung zu § 5 DONot behandelt; darauf kann hier verwiesen werden. 2

Durch Art. 2 Nr. 2 des Gesetzes zur Neuordnung der Aufbewahrung von Notariatsunterlagen und zur Einrichtung des Elektronischen Urkundenarchivs bei der Bundesnotarkammer sowie zur Änderung weiterer Gesetze ist § 10 BeurkG um den jetzigen Abs. 1 ergänzt worden. Diese Vorschrift soll klarstellen, dass der Notar alle für die Eintragung im Urkundenverzeichnis erforderlichen Daten der Beteiligten auch ohne deren Einwilligung erheben darf.[2] Hieraus ist auch abzuleiten, dass die Beteiligten die Aufnahme der gem. § 10 BeurkG zu erhebenden personenbezogenen Daten in die Niederschrift nicht verweigern können, außer im Fall des § 5 Abs. 1 S. 3 DONot.[3] 3

Gem. **§ 9 BeurkG** ist die Bezeichnung des Notars und der Beteiligten Wirksamkeitsvoraussetzung der Niederschrift (**Muss-Vorschrift**). § 10 BeurkG erhöht die Anforderungen an die Bezeichnung der Beteiligten. Zum anderen regelt er, dass der Notar in der Niederschrift auch wiedergeben soll, wie er sich Gewissheit über die Identität der Beteiligten verschafft hat. Ein Verstoß gegen § 10 BeurkG beeinträchtigt jedoch die Wirksamkeit der Beurkundung nicht (**Soll-Vorschrift**). Das bedeutet, dass auch dann, wenn bei vorhandener Bezeichnung der Beteiligten der Vermerk über die Personenfeststellung fehlt, die Niederschrift bezeugt, dass die in ihr wiedergegebenen Erklärungen von den genannten Beteiligten stammen.[4] Der Gegenbeweis ist allerdings zulässig (§ 415 Abs. 2 ZPO). Daraus folgt auch: Wird dem Grundbuchamt eine Urkunde vorgelegt, die keine Angaben zur Feststellung der Identität enthält, darf es den gestellten Antrag aus diesem Grund nicht zurückweisen.[5] Anders sieht es bei einer Urkunde aus, in der ausdrücklich festgehalten ist, dass sich ein Beteiligter nicht ausweisen konnte. Einer solchen Urkunde kommt die bezeichnete Zeugniswirkung nicht zu.[6] Unabhängig davon ist die Beachtung von § 10 BeurkG aber unbedingte Amtspflicht des Notars. Allerdings soll die Feststellung, wie der Notar sich Gewissheit über die Identität einer Person verschafft hat, nicht zu den Tatsachen gehören, deren fehlerhafte Feststellung eine Strafbarkeit nach § 348 Abs. 1 StGB begründet; anders sieht es aus, wenn die Identität selbst falsch festgestellt wird.[7] 4

Ob § 10 BeurkG die Prüfungspflichten des Notars konstituiert oder ob diese aus § 17 BeurkG folgen, kann letztlich offenbleiben. Auf jeden Fall begründet § 10 BeurkG die Zeugnispflicht. 5

B. Begriff der Beteiligung

Die Pflichten des Notars nach § 10 BeurkG beziehen sich zunächst auf die Beteiligten i.S.v. § 6 Abs. 2 und § 9 Abs. 1 S. 1 BeurkG. Beteiligte i.S.d. § 10 BeurkG sind also diejenigen (natürlichen) Personen, deren Erklärungen beurkundet werden sollen, d.h. die Personen, die vor dem Notar erschienen sind und vor ihm im eigenen oder im fremden Namen rechtsgeschäftliche Erklärungen abgeben. § 10 BeurkG liegt damit im Ausgangspunkt ein rein **formeller Beteiligungsbegriff** zugrunde. 6

1 Zu den Schwachstellen eines Rechtssystems, das im Grundstücksverkehr darauf verzichtet, die Identität von Verkäufer und Käufer einer Prüfung zu unterziehen, am Beispiel Schwedens *Vogel*, notar 2002, 42 ff.
2 BT-Drucks 18/10607, 83; *Winkler*, § 10 Rn 1.
3 Grziwotz/Sauer/Heinemann/*Heinemann/Grziwotz*, § 10 Rn 4; a.A. BRHP/*Litzenburger*, § 10 BeurkG Rn 2.
4 *Winkler*, § 10 Rn 102; *Lerch*, § 10 Rn 14.
5 BRHP/*Litzenburger*, § 10 BeurkG Rn 15; *Winkler*, § 10 Rn 101.
6 OLG Celle v. 22.11.2005 – 4 W 179/05, DNotZ 2006, 297, 299.
7 BGH v. 6.8.2004 – 2 StR 241/04, DNotZ 2005, 213 f.

7 Schon um Verwechslungen und Unklarheiten zu vermeiden, gehören in die Urkunde aber nicht nur Angaben über die Identität der Erschienenen, sondern auch Angaben dazu, für wen Erklärungen abgegeben werden. Das verlangt auch die Kennzeichnung der **materiell Beteiligten**, in deren Namen Erklärungen abgegeben werden. Dabei ist nicht nur der materiell Beteiligte, sondern auch sein Verhältnis zum formell Beteiligten in der Niederschrift genau zu bezeichnen.[8] Nach herkömmlicher Auffassung folgt die Bezeichnungspflicht hinsichtlich der materiell Beteiligten aus Abs. 2.[9] Eine neuere Auffassung widerspricht dem mit der Erwägung, systematisch könne der Begriff des „Beteiligten" in den verschiedenen Absätzen des § 10 schwerlich unterschiedliche Bedeutungen haben; zudem stelle nicht der Notar fest, wer materiell beteiligt sei, sondern dies folge aus den Erklärungen der formell Beteiligten.[10] Dem ist zuzustimmen. Die Angaben zum materiell Beteiligten sind daher allein wegen § 9 Abs. 1 Nr. 2 BeurkG in der Urkunde niederzulegen.

Auch für **sonstige an der Beurkundung beteiligte Personen** (z.B.: zweiter Notar, Zeuge, Verständigungspersonen) gilt die Pflicht zur genauen Bezeichnung gem. Abs. 2 entsprechend.[11]

C. Bezeichnung der Beteiligten

8 Die Beteiligten sind nach Abs. 1 in ihrer **Identität** so genau zu **bezeichnen**, dass Zweifel und Verwechslungen ausgeschlossen sind. Zur **Prüfung** ist der Notar bereits nach **§ 17 BeurkG** verpflichtet. Das BeurkG enthält in Abs. 2 eine **Generalklausel**, die für die notarielle Praxis durch **§ 5 Abs. 1 DONot konkretisiert** wird; auf die Ausführungen dort kann insoweit verwiesen werden.

9 Wie bereits aufgezeigt wurde, gehören zur gesetzmäßigen Bezeichnung u.U. nicht nur Angaben zur Identität der Erschienenen, sondern auch zur materiellen Beteiligung. Eine vollständige und unmissverständliche Niederschrift muss deshalb sowohl diejenigen genau bezeichnen, die selbst Erklärungen abgeben, als auch diejenigen, für die diese Erklärungen abgegeben werden. Auch bzgl. dieser materiell Beteiligten hat der Notar jede Verwechslung auszuschließen. Er muss daher bereits nach Abs. 1 das Verhältnis der formell Beteiligten zu den materiell Beteiligten in der Urkunde eindeutig feststellen. Dies gilt unabhängig von den Anforderungen des § 12 BeurkG.

10 **Beispiel:** a) bei Beteiligung eines Testamentsvollstreckers: „Der Beteiligte zu 1. erklärte, dass er als Testamentsvollstrecker über den Nachlass des im Grundbuch noch eingetragenen Erblassers … handle. Er legte eine Ausfertigung des Testamentsvollstreckerzeugnisses des Amtsgerichtes … Aktenzeichen … vor, von dem dieser Niederschrift eine beglaubigte Abschrift beifügt wird";

b) bei Beteiligung eines Insolvenzverwalters: „Der Erschienene zu 1. erklärte, dass er als Insolvenzverwalter über das Vermögen des im Grundbuch eingetragenen … handle. Er legte seine Bestallungsurkunde vor, von der dieser Niederschrift eine beglaubigte Abschrift beigefügt wird";

c) bei Beteiligung der Eltern als gesetzliche Vertreter: „Die Beteiligten zu 1. erklärten, dass sie nicht nur im eigenen Namen, sondern zugleich als gesetzliche Vertreter im Namen ihrer am 10.12.2009 geborenen Tochter … handeln."

§ 12 BeurkG ist in den zu a) und b) genannten Fällen nicht unmittelbar anwendbar, da Insolvenzverwalter und Testamentsvollstrecker im eigenen Namen handeln.

11 Die Fragen, die sich früher hinsichtlich der Bezeichnung der **Außengesellschaft bürgerlichen Rechts** stellten (vgl. hierzu die Vorauflage *Piegsa*, § 10 Rn 11), sind durch das am 1.1.2024 in Kraft getretene Gesetz zur Modernisierung des Personengesellschaftsrechts (MoPeG)[12] weitestgehend gelöst. § 47 Abs. 2 GBO regelt seither, dass für eine GbR grundbuchliche Rechte nur eingetragen werden sollen, wenn sie im neu geschaffenen Gesellschaftsregister eingetragen ist. Ähnliche Voreintragungserfordernisse hat das MoPeG für die Eintragung einer GbR in der GmbH-Gesellschafterliste oder im Aktionärs-

8 Frenz/Miermeister/*Limmer*, § 10 BeurkG Rn 3.

9 Frenz/Miermeister/*Limmer*, § 10 BeurkG Rn 3; Soergel/*Mayer*, 13. Aufl., § 10 BeurkG Rn 2 (nach § 2264 BGB); BRHP/*Litzenburger*, § 10 BeurkG Rn 6; a.A. BeckOK-BeurkG/*Bremkamp*, § 10 Rn 18; Grziwotz/Sauer/Heinemann/*Heinemann/Grziwotz*, § 10 Rn 7.

10 BeckOK-BeurkG/*Bremkamp*, § 10 Rn 18.

11 Frenz/Miermeister/*Limmer*, § 10 BeurkG Rn 4; a.A. Grziwotz/Sauer/Heinemann/*Heinemann/Grziwotz*, § 10 Rn 8.

12 BGBl I 2021, 3436 ff.

register gebracht, § 40 Abs. 1 S. 3 GmbHG, § 67 Abs. 1 S. 3 AktG, ebenso für die Eintragung einer GbR als Gesellschafterin im Gesellschaftsregister oder Handelsregister, § 707a Abs. 1 S. 2 BGB i.V.m. § 105 Abs. 3 HGB, § 161 Abs. 2 HGB. Sind GbRs an notariellen Urkunden beteiligt, werden sie aufgrund dieser Voreintragungserfordernisse in aller Regel im Gesellschaftsregister eingetragen sein, sodass sie unter Bezugnahme auf ihren Namen, ihren Sitz und die Registereintragung eindeutig bezeichnet werden können.

D. Die Identitätsfeststellung und ihre rechtliche Bedeutung

Die Feststellungen des Notars zur Person der Beteiligten in der Urkunde haben einen hohen rechtlichen Wert; sie beweisen i.S.v. § 415 Abs. 1 ZPO, dass die in der Urkunde genannten Personen tatsächlich die in der Urkunde enthaltenen Erklärungen abgegeben haben.[13] Sie besitzen die Kraft einer **notariellen Bescheinigung**. Die Behörde und das Gericht (also auch das Grundbuchamt), dem die Urkunde vorgelegt wird, sind daher zur Nachprüfung nicht berechtigt.[14] So ist die Feststellung des Notars über die Identität einer verheirateten Person, die im Grundbuch noch mit ihrem Geburtsnamen eingetragen ist, für das Grundbuchamt bindend.[15] 12

Der Feststellung der Identität kommt im Rechtsverkehr große Bedeutung zu. § 25 Abs. 1 S. 1 DONot a.F. umschrieb lediglich eine Selbstverständlichkeit, wenn er in diesem Punkt „besondere Sorgfalt" vom Notar verlangte; die Rechtsprechung fordert gelegentlich sogar „äußerste Sorgfalt",[16] meint aber dasselbe. An feste Beweisregeln ist der Notar bei der Identitätsfeststellung nicht gebunden; er muss seine Überzeugung vielmehr nach freiem Ermessen bilden. Je nach seiner Einschätzung der Täuschungsgefahr darf er sogar die Anforderungen abstufen, die er an den Identitätsnachweis stellt.[17] Zu Recht haben der Gesetzgeber und die Verfasser der DONot vermieden, insoweit detaillierte Regelungen zu treffen. 13

Welche **Möglichkeiten der Identitätsfeststellung** bestehen, ist in der Kommentierung der DONot ausführlich dargelegt. Auf die Ausführungen dort kann verwiesen werden (siehe § 5 DONot). Im Mittelpunkt stehen heute Lichtbildausweise. Rechtshistorisch interessant ist, dass die Feststellung der Identität von Beteiligten früher zu den schwierigsten Aufgaben des Notars gehörte. Dabei spielten Zeugen und Legitimationspapiere wie Taufscheine und Trauscheine eine zentrale Rolle. 14

E. Beurkundungspflicht

Selbst wenn der Notar sich keine Gewissheit über die Person der Beteiligten verschaffen kann, muss er die Beurkundung nicht ablehnen. Er hat dann aber in der Niederschrift anzugeben, dass er sich keine Gewissheit über die Person der Beteiligten verschaffen konnte, **und** dass die Beteiligten trotz Belehrung über die dadurch bedingte geringere Verwertbarkeit der Niederschrift auf der Beurkundung bestanden (Abs. 3 S. 2). 15

Beispiel: „Der Erschienene zu 1. legte dem Notar als Ausweis über seine Identität lediglich eine Kreditkarte/Krankenkassenkarte/Personalausweiskopie vor. Der Notar stellte fest, dass er sich aufgrund dieser Unterlagen keine volle Gewissheit über die Person des Erschienenen zu 1. verschaffen könne. Auch nach Belehrung darüber, dass die vorstehende Feststellung die Verwendbarkeit der Urkunde mindere, wünschten die Beteiligten die Beurkundung."

§ 27 Abs. 3 S. 1 BNotO a.F. räumte in derartigen Fällen dem Notar ausdrücklich das Recht ein, die Vornahme des Geschäftes abzulehnen. Das BeurkG hat eine solche Vorschrift nicht übernommen. Der Notar ist deshalb in diesen Fällen nach § 15 Abs. 1 S. 1 BNotO auf Verlangen der Beteiligten zur Beurkundung verpflichtet, wenn nicht die Voraussetzung des § 14 Abs. 2 BNotO oder des § 4 BeurkG vorliegen.[18]

13 Frenz/Miermeister/*Limmer*, § 10 BeurkG Rn 7; *Lerch*, § 10 Rn 14; BRHP/*Litzenburger*, § 10 BeurkG Rn 14; *Winkler*, § 10 Rn 100; a.A. Grziwotz/Sauer/Heinemann/*Heinemann/Grziwotz*, § 10 Rn 36, nach welchem die Beweiswirkung aus § 418 ZPO folgt.

14 *Winkler*, § 10 Rn 101; BRHP/*Litzenburger*, § 10 BeurkG Rn 15.

15 *Winkler*, § 10 Rn 101; *Jansen*, BeurkG, § 10 Rn 10; Staudinger/*Hertel*, BeurkG Rn 336.

16 BGH v. 20.3.1956 – III ZR 11/55, DNotZ 1956, 502, 503

17 *Winkler*, § 10 Rn 17; Frenz/Miermeister/*Limmer*, § 10 BeurkG Rn 7.

18 *Lerch*, § 10 Rn 15; *Winkler*, § 10 Rn 95; Frenz/Miermeister/*Limmer*, § 10 BeurkG Rn 14.

Verlangen die Beteiligten die Beurkundung jedoch nicht ausdrücklich, besteht selbst in dringenden Fällen und bei Gefahr im Verzug keine Vornahmepflicht.[19]

F. Nachträgliche Identifizierung

16 Weist sich ein Beteiligter, dessen Identität der Notar bei der Beurkundung nicht hat feststellen können, **nachträglich** in hinreichender Form aus, so kann der Notar auf Ansuchen dieses Beteiligten nach § 39 BeurkG einen Vermerk darüber beurkunden, dass der Beteiligte sich nunmehr zu seiner Gewissheit ausgewiesen hat.[20] In der Praxis spielt dieses Verfahren eine wichtige Rolle, denn es kommt nicht selten vor, dass ein Beteiligter seinen Ausweis vergessen hat, die Beurkundung dennoch erfolgen soll und der säumige Beteiligte verspricht, seinen Ausweis nachzureichen. Dabei sollte möglichst darauf geachtet werden, dass nicht nur der Ausweis unverzüglich nachgereicht wird, sondern der Beteiligte selbst den Ausweis vorlegt. Es ist jedoch nicht grundsätzlich ausgeschlossen, sich allein durch die spätere Vorlage des Lichtbildausweises nachträglich Gewissheit über die Identität der zur Beurkundung erschienenen Person zu verschaffen. Wegen der Fälschungs- und Manipulationsgefahren ist allerdings der Ausweis im Original und nicht in Kopie vorzulegen.[21] Erforderlich ist auch, dass die nachträgliche Identitätsfeststellung durch die Urkundsperson erfolgt, die die Haupturkunde beurkundet hat.[22] Eine nachträgliche Identitätsfeststellung durch den Notar ist also ausgeschlossen, wenn die Beurkundung von einem Notarvertreter vorgenommen wurde. Die Identitätsfeststellung hat zwingend durch diesen zu erfolgen. Ist seine Vertreterbestellung nicht mehr gültig, muss er erneut zum Vertreter bestellt werden.[23]

G. Erweiterte Identifizierungspflichten nach dem Geldwäschegesetz (GwG)

I. Allgemeines/Einleitung

17 Der Rauschgifthandel und andere Formen organisierter Kriminalität sollen durch das GwG, das ursprünglich aus dem Jahre 1993[24] stammt, bekämpft werden. Notare waren davon zunächst weitgehend unberührt; das Gesetz verpflichtete nämlich grundsätzlich nur Kreditinstitute und andere Finanzdienstleister.

18 Durch das Inkrafttreten des GwG vom 8.8.2002,[25] mit welchem die Geldwäsche-Richtlinie des Europäischen Parlaments 2001/97/EG[26] in nationales Recht umgesetzt wurde, wurden die Notare neben den freien rechts- und steuerberatenden Berufen in größerem Umfang in den Anwendungsbereich des GwG einbezogen. Nach einer vollständigen Neufassung des GwG durch das in Umsetzung der Richtlinie 2005/60/EG des Europäischen Parlaments und des Rates vom 26.10.2005 (3. EU-Geldwäscherichtlinie) am 21.8.2008 in Kraft getretene Geldwäschebekämpfungsergänzungsgesetz,[27] erfolgte eine erneute vollständige Neufassung des GwG in Umsetzung der Richtlinie (EU) 2015/849 des Europäischen Parlaments und des Rates vom 20.5.2015 (4. EU-Geldwäscherichtlinie) durch das am 26.6.2017 in Kraft getretene Gesetz zur Umsetzung der Vierten EU-Geldwäscherichtlinie.[28] Wichtige Änderungen für die notarielle Praxis haben sich aus dem Gesetz zur Umsetzung der Änderungsrichtlinie zur Vierten EU-Geldwäscherichtlinie vom 12.12.2019[29] ergeben, welches zum 1.1.2020 in Kraft getreten ist. Hierdurch sind u.a. die Pflicht zur Einsichtnahme in das Transparenzregister bei Beteiligung von Gesellschaften, das Erfordernis der Vorlage einer Dokumentation der Eigentums- und Kontrollstruktur beteiligter Gesellschaften bei Rechtsvorgängen im Anwendungsbereich des § 1 GrEStG, die Unstimmigkeitsmeldung sowie erweiterte Meldepflichten und Beurkundungsverbote neu eingeführt worden. Später wurde das GwG durch das

19 *Winkler*, § 10 Rn 95 Fn 227; *Lerch*, § 10 Rn 17; a.A. *Riedel/Feil*, § 10 Anm. 9.

20 *Winkler*, § 10 Rn 98; Frenz/Miermeister/*Limmer*, § 10 BeurkG Rn 12; Grziwotz/Sauer/Heinemann/*Heinemann/Grziwotz*, § 10 Rn 26.

21 *Winkler*, § 10 Rn 19.

22 *Winkler*, § 10 Rn 98.

23 A.A. Grziwotz/Sauer/Heinemann/*Heinemann/Grziwotz*, § 10 Rn 26, die es auch für denkbar halten, dass sich der vertretene Notar über seinen Notarvertreter als Erkennungszeugen Gewissheit über die nachgeholte Identifizierung und die Identität der Person verschafft und es damit wohl zulassen wollen, dass der vertretene Notar den Vermerk über die Nachholung der Identifizierung selbst errichtet.

24 BGBl I 1993, 1770 ff.

25 BGBl I 1993, 3105 ff.

26 Geldwäsche-Richtlinie des Europäischen Parlaments 2001/97/EG, abgedr. in NJW 2002, 804 ff.

27 BGBl I 2008, 1689, 1690 ff.

28 BGBl I 2017, 1822 ff.

29 BGBl I 2019, 2602 ff.

Transparenz- und Finanzinformationsgesetz vom 25.6.2021[30] geändert. Hierdurch wurde insbesondere das Transparenzregister durch die Aufhebung der Mitteilungsfiktion gemäß § 20 Abs. 2 S. 1 i.V.m. § 22 Abs. 1 GwG a.F., wonach bislang juristische Personen des Privatrechts und eingetragene Personengesellschaften von einer Mitteilung an das Transparenzregister befreit waren, wenn sich die erforderlichen Angaben zu den wirtschaftlich Berechtigten bereits aus bestimmten Dokumenten und Eintragungen aus anderen öffentlichen Registern ergaben, von einem Auffang- auf ein Vollregister umgestellt. Auch zum neuen GwG hat die Bundesnotarkammer umfangreiche Anwendungsempfehlungen erlassen, die die wichtigsten Fragen zum GwG in der notariellen Praxis klären.[31] Weitere Änderungen des GwG haben sich aus den Sanktionsdurchsetzungsgesetzen I[32] und II[33] ergeben, die allerdings nicht speziell die Identifizierungspflichten betreffen.

Die **Pflichten nach dem GwG** gehen über die Anforderungen von § 10 BeurkG und § 5 DONot teilweise hinaus. Sie sind **„stärker"** und **setzen sich** gegenüber den allgemeinen Regelungen des BeurkG **durch**. **19**

Die Regelungen des **GwG** stellen sich wie folgt dar: § 1 GwG enthält wichtige Begriffsbestimmungen. In § 2 GwG wird der Personenkreis der Verpflichteten beschrieben. Nach § 2 Abs. 1 Nr. 10 GwG gehören dazu auch die Notare. § 3 GwG definiert den „wirtschaftlich Berechtigten". §§ 4–9 GwG legen das von den Verpflichteten zur errichtende Risikomanagement fest, zu dem insbesondere eine regelmäßige Risikoanalyse bezüglich der betriebenen Geschäfte (§ 5 GwG) und die Schaffung „interner Sicherungsmaßnahmen" gehören (§ 6 GwG). § 7 GwG trifft Regelungen für den Geldwäschebeauftragten; ein solcher ist u.a. bei Notaren gem. § 7 Abs. 3 S. 1 GwG nur auf Anordnung der Aufsichtsbehörde zu bestellen. Eine solche Anordnung kommt bei Notaren allerdings von vorneherein nicht in Betracht, weil die Organisationsstruktur von Notarstellen auf den Notar zentriert ist.[34] § 8 GwG legt die vom Verpflichteten zu beachtenden Aufzeichnungs- und Aufbewahrungspflichten fest. §§ 10–17 GwG regeln die kundenspezifischen Sorgfaltspflichten, die im Rahmen der konkreten Geschäftsbeziehung einzuhalten sind. Hierzu gehören insbesondere sog. Allgemeine Sorgfaltspflichten wie die Identifizierung des Vertragspartners (§ 10 Abs. 1 Nr. 1 GwG) und die Abklärung, ob der Vertragspartner für einen wirtschaftlich Berechtigten handelt, und, soweit dies der Fall ist, dessen Identifizierung (§ 10 Abs. 1 Nr. 2 GwG). §§ 11–13 GwG regeln den Umfang der Identifizierung und das Verfahren der Identitätsprüfung. Die Allgemeinen Sorgfaltspflichten beinhalten auch die „kontinuierliche Überwachung der Geschäftsbeziehung" einschließlich der Pflicht, Dokumente, Daten und Informationen in angemessenen zeitlichen Abständen zu aktualisieren (§ 10 Abs. 1 Nr. 5 GwG). Der Umfang der erforderlichen Maßnahmen ist abhängig vom jeweiligen Risiko der Geldwäsche oder Terrorismusfinanzierung, insbesondere in Bezug auf den Vertragspartner, die Geschäftsbeziehung oder Transaktion (§ 10 Abs. 2 GwG). § 10 Abs. 9 S. 1 und 2 GwG sehen vor, dass eine Geschäftsbeziehung nicht begründet werden darf oder beendet werden muss, wenn der Berufsträger die Sorgfaltspflichten nach § 10 Abs. 1 Nr. 1–4 GwG nicht einhalten kann; hier sieht das Gesetz jedoch Ausnahmen für Rechtsanwälte und Notare vor, wenn der Vertragspartner eine Rechtsberatung oder Prozessvertretung anstrebt (§ 10 Abs. 9 S. 3 GwG). § 14 GwG setzt bei geringem Geldwäscherisiko die Sorgfaltspflichten herab. § 15 GwG begründet verstärkte Sorgfaltspflichten bei erhöhtem Risiko für Geldwäsche oder Terrorismusfinanzierung. §§ 18–26a GwG regeln die Einrichtung und die Aufgaben eines Transparenzregisters, welches dazu dienen soll, Daten über wirtschaftlich Berechtigte von juristischen Personen des Privatrechts, rechtsfähigen Personengesellschaften sowie Trustees und Treuhändern zu erfassen und zugänglich zu machen.[35] §§ 27–42 GwG regeln die Einrichtung und die Aufgaben der Zentralstelle für Finanztransaktionsuntersuchungen (FIU), welche an die Stelle der bisherigen Zentralstelle für Verdachtsmeldungen tritt. Die Pflicht zur Meldung von Sachverhalten an diese Zentralstelle regelt § 43 GwG. § 45 GwG regelt die Form der Meldung und die Pflicht zur elektronischen Registrierung bei der FIU. § 46 GwG regelt, inwieweit ein Vorgang nach einer Verdachtsmeldung weiter abgewickelt werden darf. § 47 GwG bestimmt, dass der Verpflichtete die Beteiligten grundsätzlich nicht über eine Verdachtsmeldung informieren darf. § 48 GwG stellt den Melder einer Verdachtsmeldung von der zivil-,

30 BGBl I 2021, 2083 ff.

31 Die Anwendungsempfehlungen sind über die Internetseite der Bundesnotarkammer abrufbar (derzeitiger Stand der Anwendungsempfehlungen: Oktober 2021).

32 Erstes Gesetz zur effektiveren Durchsetzung von Sanktionen v. 23.5.2022, BGBl 2022 I, S. 754.

33 Zweites Gesetz zur effektiveren Durchsetzung von Sanktionen v. 19.12.2022, BGBl 2022 I, S. 2606.

34 Anwendungsempfehlungen der BNotK, S. 17.

35 Abrufbar im Internet unter www.transparenzregister.de.

straf- und disziplinarrechtlichen Verantwortlichkeit hierfür frei, es sei denn, die Meldung ist vorsätzlich oder grob unwahr erstattet worden. §§ 50–59 GwG treffen Regelungen zur Aufsicht, zur Zusammenarbeit und zum Datenschutz und enthalten Bußgeldvorschriften. Aufsichtsbehörde für Notare ist der Präsident des Landgerichts, in dessen Bezirk der Notar seinen Amtssitz hat (§ 50 Nr. 5 GwG). Dieser hat nach § 51 Abs. 8 GwG den Notaren seines Bezirks regelmäßig aktualisierte Auslegungs- und Anwendungshinweise zur Verfügung zu stellen. Dies erfolgt in der Praxis durch Übernahme der von der Bundesnotarkammer erlassenen Anwendungsempfehlungen durch die jeweilige Justizverwaltung.

II. Der Notar als Verpflichteter nach dem GwG

21 Zu den Verpflichteten des GwG gehören gem. **§ 2 Abs. 1 Nr. 10 GwG** auch Notare, soweit sie

a) für den Mandanten an der Planung oder Durchführung folgender Geschäfte mitwirken:
   aa) Kauf und Verkauf von Immobilien oder Gewerbebetrieben,
   bb) Verwaltung von Geld, Wertpapieren oder sonstigen Vermögenswerten,
   cc) Eröffnung oder Verwaltung von Bank-, Spar oder Wertpapierkonten,
   dd) Beschaffung der zur Gründung, zum Betrieb oder zur Verwaltung von Gesellschaften erforderlichen Mittel,
   ee) Gründung, Betrieb oder Verwaltung von Treuhandgesellschaften, Gesellschaften oder ähnlichen Strukturen,
b) im Namen und auf Rechnung des Mandanten Finanz- oder Immobilientransaktionen durchführen,
c) den Mandanten im Hinblick auf dessen Kapitalstruktur, dessen industrielle Strategie oder damit verbundene Fragen beraten,
d) Beratung oder Dienstleistungen im Zusammenhang mit Zusammenschlüssen oder Übernahmen erbringen oder
e) geschäftsmäßig Hilfeleistung in Steuersachen erbringen.

Ein Kauf- und Verkauf von Immobilien i.S.d. GwG liegt auch bei gemischten Verträgen vor, z.B. bei Bauträgerverträgen. Mit Kauf und Verkauf von Immobilien werden auch Versteigerungen von Immobilien durch Notare erfasst.[36] Dies trifft sowohl auf den Fall zu, dass der Notar die Versteigerung selbst durchführt, sowie auch auf den Fall, dass der Notar die Versteigerung nur protokolliert.

Kauf und Verkauf eines Gewerbebetriebs liegen auch dann vor, wenn Anteile an einer Gesellschaft verkauft werden, und zwar unabhängig davon, ob es sich um eine Minder- oder Mehrheitsbeteiligung handelt.[37]

Mit der Verwaltung von Geld, Wertpapieren oder sonstigen Vermögenswerten ist der Anwendungsbereich des GwG für die gesamte Verwahrungstätigkeit des Notars gem. §§ 57 ff. BeurkG eröffnet. Das GwG gilt damit nicht nur für den Einsatz von Notaranderkonten, sondern auch für die Verwahrung von Wertpapieren und Kostbarkeiten i.S.d. § 62 BeurkG. Für den Tatbestand der Eröffnung oder Verwaltung von Bank-, Spar oder Wertpapierkonten dürfte bei Notaren daneben kein eigenständiger Anwendungsbereich verbleiben.

Bei der Beschaffung der zur Gründung, zum Betrieb oder zur Verwaltung von Gesellschaften erforderlichen Mittel kommt allenfalls eine mittelbare Mitwirkung des Notars in Betracht, z.B. bei der Bestellung von Grundpfandrechten zugunsten finanzierender Kreditinstitute[38] oder bei der Bestellung von Pfandrechten an GmbH-Geschäftsanteilen. Diese mittelbare Mitwirkung fällt nicht in den Anwendungsbereich des GwG.[39]

Die Anwendungsempfehlungen der BNotK gehen im gesellschaftsrechtlichen Bereich davon aus, dass aufgrund der Bestimmung „Verwaltung von Gesellschaften" sämtliche gesellschaftsrechtlichen Vorgänge vom Anwendungsbereich des GwG erfasst sind.[40] Damit unterfallen dem GwG z.B. auch Handels-

36 Anwendungsempfehlungen der BNotK, S. 14.
37 Grziwotz/Sauer/Heinemann/*Heinemann/Grziwotz*, § 10 Rn 46.
38 Grziwotz/Sauer/Heinemann/*Heinemann/Grziwotz*, § 10 Rn 46.
39 In der Tendenz ebenso („gut vertretbar") *Thelen*, Geldwäscherecht, Rn 76a.
40 Anwendungsempfehlungen der BNotK, S. 14.

registeranmeldungen über die Abberufung eines Geschäftsführers oder über die Änderung der Geschäftsanschrift; hier dürfte allerdings im Regelfall ein geringes Geldwäscherisiko bestehen, so dass die vereinfachten Sorgfaltspflichten zur Anwendung kommen dürften.

Erfasst werden nicht nur Beurkundungen, sondern auch Entwurfs-, Beratungs- und Vollzugstätigkeiten. Das GwG ist nach den Anwendungsempfehlungen der BNotK auch anwendbar auf Unterschriftsbeglaubigungen i.S.d. § 40 BeurkG, wenn das betreffende Dokument ein Geschäft aus dem vorgenannten Katalog betrifft, und zwar unabhängig davon, ob der beglaubigende Notar den Entwurf gefertigt hat oder nicht. Bei nicht von ihm gefertigten Entwürfen soll sich der beglaubigende Notar allerdings auf die geldwäscherechtliche Identifizierung des die Unterschrift Leistenden beschränken dürfen; weitergehende geldwäscherechtliche Sorgfaltspflichten sollen ihn in diesem Fall nicht treffen.[41] 22

Vollmachten unterliegen dann den Sorgfaltspflichten nach dem GwG, wenn sie die in § 2 Abs. 1 Nr. 10 GwG genannten Geschäfte unmittelbar betreffen, also z.B. Vollmachten zur Veräußerung bestimmter Grundstücke. Allgemeine Vollmachten, wie Generalvollmachten und Vorsorgevollmachten, fallen nicht unter das GwG, da es gerade nicht um die Mitwirkung an einem der Kataloggeschäfte geht. Die allgemeinen Sorgfaltspflichten sind jedoch dann einzuhalten, wenn bei der Beurkundung der General- und Vorsorgevollmacht für den Notar bereits erkennbar ist, dass der konkrete Gebrauch für einen der Katalogfälle des § 2 Abs. 1 Nr. 10 GwG beabsichtigt ist.

Bei folgenden Angelegenheiten bestehen dagegen keine besonderen Pflichten nach dem GwG: 23
- Schenkungen;
- Vorgänge, die auf Begründung, Änderung oder Löschung eines Rechts gerichtet sind (insbesondere Grundschulden);
- familienrechtliche Angelegenheiten;
- Testamente und Erbverträge;
- Nachlassauseinandersetzungen und Erbteilskäufe, auch wenn zum Nachlass Grundstücke oder Gewerbebetriebe gehören.[42]

III. Den Notar nach dem GwG treffende Pflichten

Das GwG erstreckt den Pflichtenkreis der Verpflichteten auf ein sog. Risikomanagement, welches unabhängig von der Begründung einer konkreten Geschäftsbeziehung als allgemeine Organisationsstruktur der Notarstelle einzurichten ist. Gemäß § 5 GwG müssen die Notare hierzu eine Risikoanalyse im Hinblick auf die von ihnen allgemein betriebenen Geschäfte durchführen und diese dokumentieren, regelmäßig überprüfen und ggf. aktualisieren. Zudem sind vorgangsunabhängige interne Sicherungsmaßnahmen zu schaffen, um die Risiken von Geldwäsche und Terrorismusfinanzierung in Form von Grundsätzen, Verfahren und Kontrollen zu steuern und zu mindern (§ 6 GwG).[43] 24

Daneben bestehen die Allgemeinen Sorgfaltspflichten, die vom Notar bezogen auf das konkrete Amtsgeschäft einzuhalten sind. Die Einzelheiten ergeben sich aus § 10 GwG. Zu den zu erfüllenden Sorgfaltspflichten gehört zunächst die Identifizierung des Vertragspartners (§ 10 Abs. 1 Nr. 1 GwG). Sodann ist abzuklären, ob der Vertragspartner für einen wirtschaftlich Berechtigten handelt und, soweit dies der Fall ist, diesen zu identifizieren (§ 10 Abs. 1 Nr. 2 GwG). Weiterhin hat der Notar gem. § 10 Abs. 1 Nr. 3 GwG Informationen über den Zweck und die angestrebte Art der Geschäftsbeziehung einzuholen und zu bewerten, soweit sich diese Informationen im Einzelfall nicht bereits zweifelsfrei aus der Geschäftsbeziehung ergeben. Gem. § 10 Abs. 1 Nr. 4 GwG ist mit angemessenen, risikoorientierten Verfahren festzustellen, ob es sich bei dem Vertragspartner oder dem wirtschaftlich Berechtigten um eine politisch exponierte Person, um deren Familienmitglied oder um eine dieser bekanntermaßen nahestehende Person handelt. § 10 Abs. 1 Nr. 5 GwG verlangt zudem die „kontinuierliche Überwachung" der Geschäftsbeziehung. 25

41 Anwendungsempfehlungen der BNotK, S. 14.
42 Anwendungsempfehlungen der BNotK, S. 15.
43 Zu den diesbezüglichen Einzelheiten vgl. die Anwendungsempfehlungen der BNotK, S. 16 ff.

26 Die Anwendungsempfehlungen der BNotK gehen davon aus, dass die in § 10 Abs. 1 Nr. 3–5 GwG normierten Allgemeinen Sorgfaltspflichten für Notare aufgrund der allgemeinen Organisationsstruktur einer Notarstelle von untergeordneter Bedeutung sind oder angesichts weiterer berufsrechtlicher Verpflichtungen keine eigenständige Relevanz besitzen.

So ergibt sich die Art der Geschäftsbeziehung stets aus der errichteten Urkunde bzw. dem Entwurf oder bei einer reinen Beratungstätigkeit aus dieser. § 10 Abs. 1 Nr. 3 GwG hat demnach in der notariellen Praxis keine eigenständige Bedeutung.[44]

Ob besondere Verfahrensroutinen zur Ermittlung der Beteiligung politisch exponierter Personen (PeP), deren Familienmitgliedern oder bekanntermaßen nahestehenden Personen einzurichten sind, ist risikoorientiert und nach Maßgabe der Angemessenheit zu entscheiden (§ 10 Abs. 1 Nr. 4 GwG). Mit dem Maßstab der Angemessenheit wollte der Gesetzgeber eine Differenzierung zwischen den Anforderungen an den Finanz- und Nichtfinanzsektor vornehmen. Bei letzterem handelt es sich nämlich überwiegend um Kleinst- und Kleinunternehmen mit begrenzten finanziellen und personellen Ressourcen. Für diese würde im Hinblick auf die Vielfalt des in § 1 Abs. 12–14 GwG aufgeführten Personenkreises die Durchführung einer vollständigen PeP-Bestimmung zu einem unangemessenen Aufwand führen.[45] Vor diesem Hintergrund wird man von Notaren nicht verlangen können, dass diese routinemäßig sehr kostspielige Geschäftspartnerüberprüfungen durch sog. Know-Your-Customer-Datenbanken vornehmen.[46]

Da notarielle Amtsgeschäfte mit dem Vollzug des Geschäfts abgeschlossen sind, ist die von § 10 Abs. 1 Nr. 5 GwG geforderte kontinuierliche Überwachung der Geschäftsbeziehung nur bis zum Vollzug der Amtstätigkeit durchzuführen.[47]

IV. Personen, die nach GwG zu identifizieren sind

27 Die allgemeine Identifizierungspflicht folgt aus § 10 Abs. 1 Nr. 1 GwG; dort ist von „Vertragspartner" die Rede. Bei der Beantwortung der Frage, wer damit gemeint ist, sind die Besonderheiten des Beurkundungsverfahrens zu beachten. Insoweit kann auf § 6 Abs. 2 BeurkG zurückgegriffen werden. Danach sind an einer Beurkundung die Erschienenen beteiligt, deren im eigenen oder fremden Namen abgegebene Erklärungen beurkundet werden. Gem. § 10 Abs. 1 Nr. 1 GwG zu identifizieren ist also nur der formell Beteiligte, in Vertretungsfällen also nur der Vertreter. Für den Vertretenen besteht dagegen die Identifizierungspflicht des § 10 Abs. 1 Nr. 1 GwG nicht.[48] Ist der Vertretene eine natürliche Person, muss er allerdings, da er als wirtschaftlich Berechtigter anzusehen ist, nach Maßgabe von § 10 Abs. 1 Nr. 2 GwG identifiziert werden.

28 Juristische Personen oder Personengesellschaften können nach dem vorgenannten Verständnis keine Vertragspartner i.S.d. § 10 Abs. 1 Nr. 1 GwG sein, da sie niemals selbst formell Beteiligte des Beurkundungsverfahrens sind, sondern stets durch eine natürliche Person vertreten werden. Folglich finden die Identifizierungspflichten aus § 11 Abs. 4 Nr. 2, § 12 Abs. 2 GwG auf juristische Personen oder Personengesellschaften bei notariellen Amtsgeschäften keine Anwendung.[49] Auch sind juristische Personen und Personengesellschaften keine wirtschaftlich Berechtigten i.S.d. GwG, da sich aus der Definition des § 3 GwG ergibt, dass solche nur natürliche Personen sein können. Folglich gelten hier auch nicht die Identifizierungspflichten für den wirtschaftlich Berechtigten. Gleichwohl werden bei juristischen Personen und Personengesellschaften regelmäßig die in § 11 Abs. 4 Nr. 2 GwG genannten Angaben erhoben und durch die in § 12 Abs. 2 GwG vorgesehen Verfahren verifiziert, aber eben nicht aufgrund der Regeln des GwG, sondern aufgrund der Verfahrensregeln des BeurkG.

V. Art und Weise der Identifizierung des Vertragspartners nach GwG

29 Die Identifizierung des Vertragspartners nach dem GwG besteht aus der **Feststellung der Identität** (§ 11 GwG) und der **Überprüfung der Identität** (§§ 12, 13 GwG).

44 Anwendungsempfehlungen der BNotK, S. 41.
45 BT-Drucks 18/12405, 167; BR-Drucks 182/17, 12.
46 Anwendungsempfehlungen der BNotK, S. 41.
47 Anwendungsempfehlungen der BNotK, S. 41.
48 Anwendungsempfehlungen der BNotK, S. 25.
49 Anwendungsempfehlungen der BNotK, S. 25.

Die **Feststellung der Identität** des Vertragspartners erfolgt durch die Erhebung folgender Angaben:

- Vorname und Nachname;
- Geburtsort und Geburtsdatum;
- Staatsangehörigkeit;
- Wohnanschrift.

Die **Überprüfung der Identität** des Vertragspartners erfolgt grundsätzlich gem. § 12 Abs. 1 S. 1 Nr. 1 GwG anhand eines gültigen amtlichen Lichtbildausweises, mit dem die Pass- und Ausweispflicht in Deutschland erfüllt wird. Für **deutsche Staatsangehörige**,[50] für Staatsangehörige eines **Mitgliedsstaates der Europäischen Union**,[51] für Staatsangehörige eines Vertragsstaats des Abkommens über den Europäischen Wirtschaftsraum (**Island, Liechtenstein, Norwegen**)[52] sowie für Staatsangehörige der **Schweiz**[53] sind dies von diesen Staaten ausgestellte **Personalausweise** oder **Reisepässe**. Personen, die nicht die Staatsangehörigkeit der vorgenannten Staaten besitzen, erfüllen die inländische Passpflicht gem. § 3 Abs. 1 AufenthaltsG nur durch

- einen per Allgemeinverfügung des Bundesministeriums des Innern im Benehmen mit dem Auswärtigen Amt anerkannten und gültigen **ausländischen Pass**,[54]
- einen **ausländischen Ausweis**, der aufgrund der Bestimmungen des § 3 AufenthaltsVO als Passersatz zugelassen ist,
- einen von **deutschen Behörden ausgestellten Passersatz** gem. § 4 AufenthaltsVO,
- einen **Ausweisersatz** gem. § 48 Abs. 2 AufenthaltsG, nämlich eine Bescheinigung über einen Aufenthaltstitel oder die Aussetzung der Abschiebung, wenn sie mit den Angaben zur Person und einem Lichtbild versehen und als Ausweisersatz bezeichnet ist sowie
- gem. § 64 Abs. 1 AsylG durch eine **Bescheinigung über die Aufenthaltsgestattung** gem. § 63 AsylG.

Die beiden letztgenannten Dokumente genügen zur Überprüfung der Identität allerdings dann nicht, wenn nach dem Inhalt des Dokuments (§ 78a Abs. 4 S. 2 Nr. 10 AufenthaltsG) die Personalangaben lediglich auf den Angaben des Inhabers beruhen.

Sonstige amtliche Lichtbildausweise, z.B. Führerscheine, werden den Anforderungen an die Allgemeinen Sorgfaltspflichten des GwG nicht gerecht. Gleiches gilt grundsätzlich für abgelaufene Pässe oder Ausweise, die ansonsten den Anforderungen des GwG genügen. Wenn allerdings im konkreten Fall nur ein geringes Geldwäscherisiko vorliegt, kann die Identifizierung nach § 14 Abs. 2 Nr. 2 GwG ausnahmsweise auch anhand eines Führerscheins oder abgelaufenen Reisepasses oder Ausweises erfolgen.

VI. Identifizierung des wirtschaftlich Berechtigten

Der Notar hat gem. § 10 Abs. 1 Nr. 2 GwG abzuklären, ob der Vertragspartner für einen wirtschaftlich Berechtigten handelt und bejahendenfalls diesen nach Maßgabe des § 11 Abs. 5 GwG zu identifizieren sowie sich gemäß § 12 Abs. 3 GwG durch risikogemäß angemessene Maßnahmen zu vergewissern, dass die erhobenen Daten zutreffend sind („**Überprüfungspflicht**"). Der Begriff des wirtschaftlich Berechtigten wird in § 3 GwG definiert. Hiernach sind wirtschaftlich Berechtigte stets nur natürliche Personen. 30

Zur Feststellung der Identität eines wirtschaftlich Berechtigten sind zumindest dessen Vor- und Nachname, und soweit dies in Ansehung des im Einzelfall bestehenden Risikos der Geldwäsche oder der Terrorismusfinanzierung angemessen ist, weitere Identifizierungsmerkmale zu erheben (§ 11 Abs. 5 S. 1 GwG). Geburtsdatum, Geburtsort und Anschrift des wirtschaftlich Berechtigten dürfen (nicht müssen) unabhängig vom festgestellten Risiko erhoben werden (§ 11 Abs. 5 S. 2 GwG).

50 Vgl. § 1 Abs. 1 S. 1 PAuswG, § 1 Abs. 1 S. 1 PassG.
51 § 8 Abs. 1 FreizügigkeitsG/EU i.V.m. § 3 Abs. 1 S. 1 AufenthaltsVO.
52 § 12, § 8 Abs. 1 FreizügigkeitsG/EU i.V.m. § 3 Abs. 1 S. 1 AufenthaltsVO.
53 Art. 3 i.V.m. Anlage I Art. 1 S. 1 Freizügigkeitsabkommen Schweiz-EU.
54 § 71 Abs. 6 AufenthaltsG.

Nach den Anwendungsempfehlungen der BNotK treten bei notariellen Amtsgeschäften insbesondere in folgenden Konstellationen wirtschaftlich Berechtigte auf:

1. Vertretung einer natürlichen Person

31 Wirtschaftlich Berechtigter ist in dieser Konstellation die vertretene natürliche Person. Hier erfüllt der Notar regelmäßig seine Überprüfungspflicht, ob die erhobenen Identifizierungsmerkmale zutreffen, durch Abgleich der Personalien mit Vollmacht, Vollmachtsbestätigung oder Genehmigung und ggf. mit den Angaben im Grundbuch oder im Handels- bzw. Gesellschaftsregister. Im Übrigen kann der Notar grundsätzlich auf die Richtigkeit der Angaben der Beteiligten vertrauen.[55]

Insolvenzverwalter, Testamentsvollstrecker oder **Nachlassverwalter** treten nicht in Vertretung auf, so dass sie selbst wirtschaftlich Berechtigte sind und nicht der Insolvenzschuldner bzw. die Erben.[56]

2. Vertretung einer juristischen Person oder Personengesellschaft

32 Hier sind wirtschaftlich Berechtigte nicht die juristische Person oder die Personengesellschaft, sondern diejenigen Personen, die unmittelbar oder mittelbar mehr als 25 % der Kapital- oder Stimmanteile halten oder auf vergleichbare Art und Weise Kontrolle ausüben (§ 3 Abs. 2 GwG).[57] Lässt sich eine solche Person nicht ermitteln oder bestehen Zweifel daran, dass die ermittelte Person wirtschaftlich Berechtigter ist, gilt als wirtschaftlich Berechtigter der gesetzliche Vertreter, geschäftsführende Gesellschafter oder Partner (§ 3 Abs. 2 S. 5 GwG). Bei **börsennotierten Gesellschaften** an einem organisierten Markt im Sinne von § 2 Abs. 11 WpHG in Deutschland, der EU oder dem Europäischen Wirtschaftsraum oder dem Gemeinschaftsrecht entsprechenden Transparenzanforderungen im Hinblick auf Stimmrechtsanteile oder gleichwertige internationale Standards unterliegenden Gesellschaften sowie bei **juristischen Personen des öffentlichen Rechts** ist keine Ermittlung des wirtschaftlich Berechtigten erforderlich.[58]

Für die **Überprüfungspflicht** des Notars ist danach zu differenzieren, ob es sich um einen **Erwerbsvorgang nach § 1 GrEStG** oder einen sonstigen Vorgang im Anwendungsbereich des GwG handelt.

33 Bei **Erwerbsvorgängen nach § 1 GrEStG** ist dem beurkundenden Notar die Identität des wirtschaftlich Berechtigten vor der Beurkundung anhand einer in Textform vorzulegenden **Dokumentation der Eigentums- und Kontrollstruktur** (EKS) offenzulegen (§ 12 Abs. 4 S. 1 GwG). Die Dokumentation der EKS kann schematisch in Form eines Schaubildes oder eines Konzerndiagramms erfolgen. Es reicht aber auch die Vorlage sonstiger Dokumente, aus denen die Eigentums- und Kontrollstruktur hervorgeht.[59] Die Überprüfungspflicht des Notars beschränkt sich grundsätzlich darauf, die Dokumentation der EKS auf Schlüssigkeit zu überprüfen. Weitere Nachforschungen sind nur dann erforderlich, wenn die Dokumentation der EKS widersprüchlich oder erkennbar unzutreffend ist oder wenn ein erhöhtes Risikopotential im Hinblick auf Geldwäsche oder Terrorismusfinanzierung feststellbar ist.[60] Solange dem Notar keine Dokumentation der EKS vorgelegt wird, muss er die Beurkundung des § 1 GrEStG unterfallenden Geschäfts ablehnen (§ 10 Abs. 9 S. 4 GwG). Das GwG bestimmt also insoweit ein **Beurkundungsverbot**, wenn dem Notar die Überprüfung des wirtschaftlich Berechtigten nicht ermöglicht wird.

Bei **sonstigen Vorgängen**, die nicht § 1 GrEStG unterfallen, haben die Beteiligten dem Notar die Angabe zu machen, wer wirtschaftlich Berechtigter der Vereinigung ist. Eine Dokumentation der EKS ist nicht erforderlich, auch wenn sich deren Einholung dennoch empfehlen mag. Ist Einsicht in das Transparenzregister zu nehmen, hat der Notar keine weiteren Überprüfungsmaßnahmen vorzunehmen, wenn die dem Notar mitgeteilten Angaben zu den wirtschaftlich Berechtigten mit denen im Transparenzregister übereinstimmen, keine Anhaltspunkte für Zweifel an der Richtigkeit der Angaben bestehen und kein höheres Geldwäscherisiko besteht.[61] Soweit sich die wirtschaftlich Berechtigten aus den dort eingetragenen Angaben (bspw. Gesellschafter von Personengesellschaften) oder verfügbaren Dokumenten (bspw. Gesell-

55 Anwendungsempfehlungen der BNotK, S. 32.
56 Anwendungsempfehlungen der BNotK, S. 31.
57 Zur Frage, wie die Prüfung bei mehrstufiger Beteiligungsstruktur zu erfolgen hat, s. Anwendungsempfehlungen der BNotK, S. 29 f.
58 Anwendungsempfehlungen der BNotK, S. 31.
59 S. im Einzelnen Anwendungsempfehlungen der BNotK, S. 32 f.
60 Anwendungsempfehlungen der BNotK, S. 32 f.
61 Anwendungsempfehlungen der BNotK, S. 34.

schafterliste bei der GmbH) ergeben, kann die Überprüfung auch durch einen Abgleich mit den Angaben und Dokumenten im Handelsregister erfolgen.[62]

Weiterhin ist der Notar nach § 12 Abs. 3 S. 2 GwG zur Überprüfung der Richtigkeit der erhobenen Angaben zu den wirtschaftlich Berechtigten verpflichtet, sich einen Transparenzregisterauszug vorlegen zu lassen oder selbst Einsicht in das **Transparenzregister** zu nehmen, wenn 34

a) eine **inländische** juristische Person des Privatrechts oder eingetragene Personengesellschaft an dem Beurkundungsvorgang beteiligt ist, oder
b) sich eine **ausländische** Vereinigung verpflichtet, eine inländische Immobilie zu erwerben, oder Geschäftsanteile im Sinne des § 1 Abs. 3 oder 3a GrEStG erwirbt.

Die Pflicht zur Einholung des Transparenzregisterauszugs besteht nur bei Begründung einer neuen Geschäftsbeziehung. Bei „Altmandanten", zu denen eine Mandatsbeziehung bereits vor dem 1.1.2020 bestand, entfällt die Pflicht zur Einholung des Transparenzregisterauszugs. Zudem ergibt sich aus § 11 Abs. 3 GwG, dass kein weiterer Auszug einzuholen ist, wenn die Einsicht in das Transparenzregister bereits bei früherer Gelegenheit erfolgt und aufgezeichnet worden ist, es sei denn, dem Notar liegen Anhaltspunkte vor, dass die erhobenen Angaben nicht mehr zutreffend sind.[63]

Bei ausländischen Vereinigungen besteht in den unter b) genannten Fällen gemäß § 10 Abs. 9 S. 4 GwG ein **Beurkundungsverbot**, solange die ausländische Vereinigung ihrer Mitteilungspflicht an das Transparenzregister gemäß § 20 Abs. 1 S. 2, 3 GwG nicht nachgekommen ist. Hier dient die Einholung des Transparenzregisterauszugs damit auch der Prüfung, ob das vorgenannte Beurkundungsverbot besteht.

Stimmen die Angaben im Transparenzregister zu den wirtschaftlich Berechtigten mit den vom Notar erhobenen Angaben überein, muss dieser gemäß § 12 Abs. 3 S. 3 GwG grundsätzlich keine weiteren Maßnahmen zur Überprüfung, ob die von ihm erhobenen Angaben zu den wirtschaftlich Berechtigten zutreffen, ergreifen. Ergeben sich Abweichungen oder fehlt eine Eintragung, hat der Notar gemäß § 12 Abs. 3 S. 1 GwG weitere risikoangemessene Überprüfungsmaßnahmen vorzunehmen und ggf. unter weiteren Voraussetzungen eine **Unstimmigkeitsmeldung** gemäß § 23a GwG zu erstatten (s. dazu unten Rdn 43).

3. Treuhandverhältnisse

Hier soll nach den Anwendungsempfehlungen der BNotK in möglichen Treuhandfällen standardmäßig eine Erklärung der formell Beteiligten in die Urkunde aufgenommen werden, wonach diese auf eigene Rechnung bzw. – in Vertretungsfällen – auf Rechnung des auf eigene Rechnung handelnden Vertretenen handeln.[64] Unbeantwortet lassen die Anwendungsempfehlungen der BNotK jedoch die Frage, was „mögliche Treuhandfälle" sind, in denen „standardmäßig" eine solche Abfrage zum Handeln auf fremde Rechnung zu erfolgen hat. Es kann jedenfalls nicht gewünscht sein, dass man bei jedem dem GwG unterfallenden Amtsgeschäft eine solche Abfrage vorzunehmen hat, da die Beteiligten durch die Frage nach einem „Handeln für fremde Rechnung" regelmäßig verwirrt werden dürften. Daher darf der Notar immer dann auf eine ausdrückliche Nachfrage verzichten, wenn die Umstände keinen Zweifel an einem Handeln auf eigene Rechnung ergeben.[65] Gefolgt werden kann jedoch dem Vorschlag von *Heinemann/Grziwotz*, bei Geschäften über GmbH-Geschäftsanteile die Frage, ob der Anteil treuhänderisch für einen Dritten gehalten wird, regelmäßig zu stellen, da im GmbH-Recht Treuhandvereinbarungen nicht selten vorkommen.[66] 35

VII. Absehen von Identifizierung nach dem GwG

Gem. § 10 Abs. 3a GwG müssen die allgemeinen Sorgfaltspflichten bei allen neuen Kunden erfüllt werden, bei bereits bestehenden Geschäftsbeziehungen hingegen nur zu geeigneter Zeit auf risikobasierter Grundlage, insbesondere dann, wenn sich bei einem Kunden maßgebliche Umstände ändern. Hieraus kann gefolgert werden, dass dann, wenn ein Beteiligter bereits bei früherer Gelegenheit nach dem 36

62 Anwendungsempfehlungen der BNotK, S. 34.
63 Anwendungsempfehlungen der BNotK, S. 36.
64 Anwendungsempfehlungen der BNotK, S. 34.
65 So ausdrücklich noch die Anwendungsempfehlungen der BNotK zum „alten" GwG (Stand: Juli 2013), S. 17.
66 Grziwotz/Sauer/Heinemann/*Heinemann/Grziwotz*, § 10 Rn 47.

GwG identifiziert wurde und die diesbezügliche Dokumentation, insbesondere eine Ausweiskopie, noch vorliegt, eine neue Identifikation nach dem GwG nur erforderlich ist, wenn der Notar die Richtigkeit der zuvor erhobenen Angaben anzweifelt.[67] Die frühere Identifizierung ist damit auch dann ausreichend, wenn das damals genutzte Ausweispapier mittlerweile abgelaufen ist. Ausreichend ist es auch, wenn die frühere Identifizierung durch einen Amtsvorgänger, Vertreter oder Notariatsverwalter nach Maßgabe des GwG durchgeführt und ordnungsgemäß aufgezeichnet worden ist.[68] Die neue Urkundsperson muss hier keine neue, dem GwG entsprechende Identifizierung durchführen; unberührt davon bleibt natürlich die Verpflichtung der neuen Urkundsperson zur Identifizierung des betreffenden Beteiligten nach den beurkundungsrechtlichen Bestimmungen.

VIII. Hindernisse bei der Identifizierung nach GwG

37 Bei der Identifizierung nach GwG ergeben sich Hindernisse häufig daraus, dass ein Beteiligter zwar einen den Anforderungen an eine ordnungsgemäße Identifizierung gem. § 10 GwG genügenden Lichtbildausweis vorlegen kann, dieser aber nicht den höheren Anforderungen des § 12 Abs. 1 S. 1 Nr. 1 GwG genügt (Beispiel: Führerschein, abgelaufener Personalausweis oder Reisepass). Grundsätzlich sieht § 10 Abs. 9 S. 1 GwG vor, dass die Geschäftsbeziehung nicht begründet oder fortgesetzt werden darf, wenn die allgemeinen Sorgfaltspflichten nach § 10 Abs. 1 Nr. 1–4 GwG von dem Verpflichteten nicht erfüllt werden können. Hiervon bestimmt aber § 10 Abs. 9 S. 3 GwG ausdrücklich eine Ausnahme für Verpflichtete nach § 2 Abs. 1 Nr. 10 und 12 GwG, wenn ein Mandant u.a. eine „Rechtsberatung" erstrebt, es sei denn, der Verpflichtete weiß, dass der Mandant die Rechtsberatung bewusst für den Zweck der Geldwäsche oder der Terrorismusfinanzierung in Anspruch nimmt. Der Begriff der Rechtsberatung umfasst hierbei die gesamte notarielle Amtstätigkeit, so dass dem Notar grundsätzlich auch ohne Erfüllung der allgemeinen Sorgfaltspflichten die Vornahme und Fortsetzung des notariellen Amtsgeschäfts erlaubt ist.[69] Bei höherem Geldwäscherisiko kann allerdings eine nachhaltig und nicht nachvollziehbar begründete Verweigerung der Erfüllung der allgemeinen Sorgfaltspflichten durch den Beteiligten einen Grund zur Versagung der Urkundstätigkeit i.S.d. § 15 Abs. 1 S. 1 BNotO darstellen.[70]

Beurkundet der Notar ohne die Identifizierung nach GwG vorgenommen zu haben, sollte er regelmäßig darauf hinwirken, dass die Identifizierung nachgeholt wird. Um dies zu erreichen, ist er allerdings nicht verpflichtet, Abschriften und Ausfertigungen zurückzubehalten sowie Vollzugshandlungen zu unterlassen.[71] Er kann dies jedoch nach eigenem Ermessen tun, wenn sich die einzelfallbezogene Risikobewertung während des Vollzugs verschlechtert.[72]

IX. Abgestufte Sorgfaltspflichten – konkrete Risikobewertung eines Vorgangs

38 Nach der Struktur des GwG hat der Notar bei Begründung einer Geschäftsbeziehung eine Bewertung des hieraus resultierenden Geldwäscherisikos vorzunehmen. Dies ergibt sich insbesondere aus § 10 Abs. 2 S. 1 GwG, der bestimmt, dass der konkrete Umfang der vom Verpflichteten zu beachtenden Sorgfaltspflichten dem jeweiligen Risiko der Geldwäsche oder Terrorismusfinanzierung entsprechen muss. Kommt der Notar aufgrund dieser Risikobewertung zu dem Ergebnis, dass nur ein geringes Geldwäscherisiko besteht, gelten für ihn gem. § 14 GwG vereinfachte Sorgfaltspflichten, die insbesondere gem. § 14 Abs. 2 S. 1 Nr. 2 GwG eine vereinfachte Überprüfung der Identität des Beteiligten gestatten. Gelangt der Notar bei der Prüfung des konkreten Risikos hingegen zu der Überzeugung, dass ein höheres Geldwäscherisiko besteht, hat er gem. § 15 GwG verstärkte Sorgfaltspflichten einzuhalten. Für die Einstufung des konkreten Gelwäscherisikos hat der Notar die in den Anlagen 1 und 2 zum GwG aufgeführten Risikofaktoren zu berücksichtigen. Auch die Anwendungsempfehlungen der BNotK nennen Gesichtspunkte für die Risikoeinstufung.[73] Gelten aufgrund eines höheren Geldwäscherisikos verstärkte Sorgfaltspflichten, hat der Notar insbesondere gem. § 15 Abs. 4 S. 1 Nr. 2 GwG angemessene Maßnahmen zu ergreifen, mit denen die Herkunft der im Rahmen des Vorgangs eingesetzten Vermögenswerte zu bestimmen ist. Hierzu

67 Anwendungsempfehlungen der BNotK, S. 27.
68 Anwendungsempfehlungen der BNotK, S. 27; Frenz/Miermeister/*Hertel*, § 57 BeurkG Rn 115.
69 Anwendungsempfehlungen der BNotK, S. 43.
70 Anwendungsempfehlungen der BNotK, S. 44.
71 Anwendungsempfehlungen der BNotK, S. 44.
72 Anwendungsempfehlungen der BNotK, S. 44.
73 Anwendungsempfehlungen der BNotK, S. 22 ff.

wird dem Notar allerdings regelmäßig nur die Möglichkeit offenstehen, bei den Beteiligten Angaben zur Herkunft der Vermögenswerte abzufragen, diese auf Plausibilität zu überprüfen und die diesbezügliche Dokumentation zu den Nebenakten zu nehmen.[74]

X. Meldung von Verdachtsfällen

Gem. § 43 Abs. 1 GwG hat der Verpflichtete einen Geldwäscheverdacht unverzüglich der Zentralstelle für Finanztransaktionsuntersuchungen zu melden. Von dieser Meldepflicht sind u.a. Notare in weitem Umfang ausgenommen, wenn sich der meldepflichtige Sachverhalt auf Informationen bezieht, die sie im Rahmen eines der Schweigepflicht unterliegenden Mandatsverhältnisses erhalten haben (§ 43 Abs. 2 S. 1 GwG); etwas anderes gilt nach § 43 Abs. 2 S. 2 GwG nur dann, wenn der Notar entweder weiß, dass der Vertragspartner das Mandatsverhältnis für den Zweck der Geldwäsche, der Terrorismusfinanzierung oder einer anderen Straftat genutzt hat oder nutzt („Wissensmeldung"), oder ein Sachverhalt bei Erwerbsvorgängen nach § 1 GrEStG vorliegt, der aufgrund einer gemäß § 43 Abs. 6 GwG erlassenen Rechtsverordnung stets zu melden ist („Sachverhaltsmeldung"). Von der Ermächtigung gemäß § 43 Abs. 6 GwG wurde durch Erlass der **Verordnung zu den nach dem Geldwäschegesetz meldepflichtigen Sachverhalten im Immobilienbereich** (Geldwäschegesetzmeldepflichtverordnung-Immobilien – GwG-MeldV-Immobilien)[75] Gebrauch gemacht. Eine Meldepflicht nach der Meldepflichtverordnung besteht dann, wenn 39

- der Anwendungsbereich des GwG eröffnet ist,
- ein Erwerbsvorgang nach § 1 GrEStG gegeben ist,
- einer der in der Meldepflichtverordnung aufgeführten Sachverhalte vorliegt,
- keine Tatsachen vorliegen, die die aufgrund des meldepflichtigen Sachverhalts vorhandenen Anzeichen auf Geldwäsche oder Terrorismusfinanzierung entkräften.

Sollte der Notar eine Meldung machen, obwohl die Voraussetzungen hierfür nicht vorlagen, kann er gemäß § 48 Abs. 1 GwG hierfür nicht zivil-, straf- und disziplinarrechtlich verantwortlich gemacht werden, es sei denn, er hat die Meldung vorsätzlich oder grob fahrlässig unwahr erstattet.

Die Meldung durch Notare hat nunmehr nicht mehr an die Bundesnotarkammer, sondern an die vorgenannte Zentralstelle für Finanztransaktionsuntersuchungen zu erfolgen. Die Meldung hat gem. § 45 GwG elektronisch zu erfolgen.[76]

Wurde die Meldung eines Geldwäscheverdachts abgegeben, darf der Notar gemäß § 46 Abs. 1 S. 1 GwG den Vorgang grundsätzlich erst dann weiter abwickeln, wenn ihm hierzu die Zustimmung der Zentralstelle für Finanztransaktionsuntersuchungen oder der Staatsanwaltschaft erteilt wurde oder der dritte Werktag nach dem Abgangstag der Verdachtsmeldung verstrichen ist, ohne dass dem Notar die weitere Abwicklung des Vorgangs durch die Zentralstelle für Finanztransaktionsuntersuchungen oder die Staatsanwaltschaft untersagt worden ist („**Anhaltepflicht**"). Dem Notar ist es bei einer Verdachtsmeldung untersagt, die Beteiligten hierüber zu informieren (§ 47 Abs. 1 GwG). Der Notar wird also bei einer Verdachtsmeldung die Einstellung der Abwicklung des Vorgangs den Beteiligten nicht begründen können, ohne gegen die bußgeldbewehrte Vorschrift des § 47 Abs. 1 GwG zu verstoßen. Erfährt der Notar jedoch erst während der Beurkundungsverhandlung von Umständen, die eine Meldepflicht begründen, besteht dagegen grundsätzlich keine Pflicht, die Beurkundung deshalb abzubrechen.[77] In diesem Fall ist die Meldung unverzüglich nach Beurkundung zu erstatten und für den weiteren Vollzug der Urkunde die Anhaltepflicht einzuhalten.

74 Anwendungsempfehlungen der BNotK, S. 42.
75 BGBl I 2020, 1965 ff.; kritisch zu den erweiterten Meldepflichten, die lediglich die Quantität der Meldungen, nicht aber deren Qualität steigerten, *Bülte/Marinitsch*, DNotZ 2021, 804 ff.
76 Zu den Einzelheiten siehe die Anwendungsempfehlungen der BNotK, S. 60 f.
77 Anwendungsempfehlungen der BNotK, S. 62.

XI. Aufzeichnungs- und Aufbewahrungspflichten

40 Zunächst besteht nach § 5 Abs. 2 GwG die Pflicht, die allgemeine Risikoanalyse gem. § 5 Abs. 1 GwG hinsichtlich der eigenen Notarstelle zu dokumentieren. Diese Dokumentation hat in den **Generalakten** zu erfolgen.[78]

Daneben hat der Notar vorgangsbezogene Aufzeichnungspflichten nach § 8 GwG zu erfüllen. Zunächst hat der Notar gem. § 8 Abs. 1 S. 1 Nr. 2 GwG seine nach § 10 Abs. 2 GwG vorzunehmende konkrete Risikobewertung des jeweiligen Vorgangs zu dokumentieren. Die Anwendungsempfehlungen der BNotK schlagen vor, diese Risikobewertung auf dem Verfügungsbogen in den Nebenakten vorzunehmen und durch Ankreuzen danach zu differenzieren, ob ein „geringeres", ein „übliches" oder ein „höheres" Geldwäscherisiko mit dem Vorgang verbunden ist.[79]

Sodann hat der Notar gem. § 8 Abs. 1 S. 1 Nr. 1 lit. a), Abs. 2 S. 1 GwG die im Rahmen der Identifizierung der Vertragspartner erhobenen Angaben und auch die Art, die Nummer und die ausstellende Behörde des zur Überprüfung der Identität vorgelegten Ausweisdokuments aufzuzeichnen. Die Aufzeichnung muss nicht in der Niederschrift, sondern kann auch in den Nebenakten erfolgen, insbesondere durch Fertigung einer Kopie des Ausweisdokuments. § 8 Abs. 2 S. 2 und 3 GwG erlauben es zur Erfüllung der Aufzeichnungspflicht auch ausdrücklich, das Ausweisdokument vollständig optisch digitalisiert zu erfassen. Das in der notariellen Praxis häufig anzutreffende Einscannen und Abspeichern des Ausweisdokuments in der elektronisch geführten Klientenkartei ist damit ausdrücklich zulässig.

Hat der Notar einen wirtschaftlich Berechtigten ermittelt, sind auch dessen Personalien sowie ggf. Transparenzregisterauszüge und sonstige Dokumente zur Identifizierung des wirtschaftlich Berechtigten, insbesondere auch die Dokumentation der Eigentümer- und Kontrollstruktur in den Nebenakten aufzuzeichnen.

Die nach § 10 Abs. 1 Nr. 3 GwG zu erhebenden Angaben zur Art und zum Zweck der Geschäftsbeziehung, die gem. § 8 Abs. 1 S. 1 Nr. 1 lit. b) GwG aufzuzeichnen sind, ergeben sich regelmäßig aus der Urkunde selbst, so dass hier keine weitergehenden Aufzeichnungspflichten bestehen.

Zudem sind gemäß § 8 Abs. 1 S. 1 Nr. 5 GwG ggf. Erwägungsgründe über das Bestehen oder Nichtbestehen einer Meldepflicht gemäß § 43 GwG in den Nebenakten aufzuzeichnen.

41 Als Teil der Nebenakten können Aufzeichnungen nach dem GwG auch über die 5-Jahresfrist des § 8 Abs. 4 S. 1 und selbst über die 10-jährige Höchstfrist des § 8 Abs. 4 S. 2 GwG hinaus aufbewahrt werden,[80] nämlich solange die Nebenakten nach der NotAktVV aufzubewahren sind.

42 Wird gem. § 11 Abs. 3 S. 1 GwG von einer erneuten Identifizierung abgesehen, ist der Umstand, dass schon früher eine Identifizierung erfolgt ist, aufzuzeichnen. Ob hierfür die Angabe „von Person bekannt" in der Niederschrift ausreicht, erscheint zweifelhaft.[81] Der persönlichen Bekanntschaft muss nicht zwingend eine Identifizierung nach dem GwG vorausgegangen sein. Es empfiehlt sich daher ein kurzer Vermerk in den Nebenakten, dass eine Identifizierung bereits erfolgt ist. Bei Personen, die häufiger an Beurkundungen beteiligt sind, können **Sammelakten** angelegt werden, in denen die Ausweiskopien alphabetisch geordnet werden. In den jeweiligen Nebenakten sollte dann ein kurzer Hinweis auf die Sammelakten erfolgen. Bei elektronischer Speicherung der digitalisierten Ausweiskopie erübrigt sich dieses Vorgehen.

XII. Unstimmigkeitsmeldung

43 Der Notar hat gemäß § 23a GwG eine Unstimmigkeitsmeldung an das Transparenzregister zu erstatten, wenn

a) er feststellt, dass Unstimmigkeiten zwischen den im Transparenzregister zugänglichen Angaben und den sonstigen ihm zur Verfügung stehenden Angaben und Erkenntnissen über die wirtschaftlich Berechtigten bestehen, wobei eine Unstimmigkeit gemäß § 23a Abs. 1 S. 4 GwG dann vorliegt, wenn

78 Anwendungsempfehlungen der BNotK, S. 19.
79 Anwendungsempfehlungen der BNotK, S. 20.
80 Anwendungsempfehlungen der BNotK, S. 20.
81 So aber die Anwendungsempfehlungen der BNotK, S. 20.

Eintragungen nach § 20 Abs. 1, § 21 Abs. 1 und 2 GwG fehlen, einzelne Angaben zu den wirtschaftlich Berechtigten abweichen oder wenn abweichende wirtschaftlich Berechtigte ermittelt wurden, ***und***

b) gleichzeitig ein Sachverhalt vorliegt, den er nach § 43 Abs. 2 GwG der FIU zu melden hat.

Die Pflicht zu einer Unstimmigkeitsmeldung besteht immer nur dann, wenn beide zu a) und b) vorgenannten Voraussetzungen kumulativ vorliegen. Besteht nur eine Unstimmigkeit, nicht aber zugleich eine Meldepflicht nach § 43 Abs. 2 GwG, ist durch den Notar keine Unstimmigkeitsmeldung vorzunehmen. Der Notar sollte bei dem meldepflichtigen Beteiligten gleichwohl auf eine Korrektur der Angaben im Transparenzregister hinwirken.

Ab Inkrafttreten des mit dem Sanktionsdurchsetzungsgesetz II eingeführten § 23b GwG, also ab dem 1.1.2026, hat der Notar eine Unstimmigkeitsmeldung auch dann abzugeben, wenn er feststellt, dass die im Transparenzregister eingetragenen Immobiliendaten unzutreffend sind.

Eine Unstimmigkeitsmeldung hat über die Internetseite des Transparenzregisters (www.transparenzregister.de) zu erfolgen. Zu weiteren Einzelheiten, insbesondere auch zu Übergangsfristen, s. die Anwendungsempfehlungen der BNotK, S. 37 ff.

§ 11 Feststellungen über die Geschäftsfähigkeit

(1) [1]Fehlt einem Beteiligten nach der Überzeugung des Notars die erforderliche Geschäftsfähigkeit, so soll die Beurkundung abgelehnt werden. [2]Zweifel an der erforderlichen Geschäftsfähigkeit eines Beteiligten soll der Notar in der Niederschrift feststellen.

(2) Ist ein Beteiligter schwer krank, so soll dies in der Niederschrift vermerkt und angegeben werden, welche Feststellungen der Notar über die Geschäftsfähigkeit getroffen hat.

Literatur *Cording/Forster*, Pathologische Kurztests durch den Notar – ein im Grundsatz verfehlter Vorschlag, DNotZ 2006, 329; *Grziwotz*, Notarielle Feststellungen zur Geschäftsfähigkeit von betagten Erblassern, DNotZ 2020, 389; *Heinemann*, Mehr Sollen als Sein – zur Feststellung der Geschäfts- und Testierfähigkeit, ZNotP 2016, 170; *Kanzleiter*, Feststellungen über die Geschäftsfähigkeit inner- oder außerhalb der Niederschrift, DNotZ 1993, 434; *Kruse*, Zur Feststellung der Testierfähigkeit durch den Notar, NotBZ 2001, 405; 2001, 448; *Lichtenwimmer*, Die Feststellung der Geschäfts- und Testierfähigkeit durch den Notar, MittBayNot 2002, 240; *Litzenburger*, Sind die notariellen Vermerkpflichten zur Geschäftsfähigkeit mit dem Grundrecht auf Schutz der Privatsphäre vereinbar? ZEV 2016, 1; *G. Müller*, Erwiderung zum Beitrag von Stoppe/Lichtenwimmer, Die Feststellung der Geschäfts- und Testierfähigkeit […], DNotZ 2006, 325; *Schmoeckel*, Die Geschäfts- und Testierfähigkeit von Demenzerkrankten, NJW 2016, 433; *Stoppe/Lichtenwimmer*, Die Feststellung der Geschäfts- und Testierfähigkeit beim alten Menschen durch den Notar – ein interdisziplinärer Vorschlag, DNotZ 2005, 806; *Warflinger*, Geschäfts- und Testierfähigkeit in der notariellen Praxis, RNotZ 2024, 285; *Wesche*, Geschäftsfähigkeit und Betreuung, Handeln im Spannungsfeld der Ungewissheit, Rpfleger 2008, 449; *Zimmer*, Demenz als Herausforderung für die erbrechtliche Praxis, NJW 2007, 1713; *Zimmermann*, Juristische und psychiatrische Aspekte der Geschäfts- und Testierunfähigkeit, BWNotZ 2000, 97.

A. Allgemeines

1 Abs. 1 S. 1 ist eine **Konkretisierung der allgemeinen Ablehnungsvorschrift** des § 4 BeurkG.[1] Abs. 1 S. 2 und Abs. 2 betreffen einen Fall der **Zeugnispflicht**. Für Verfügungen von Todes wegen gilt weitergehend auch die Vorschrift des § 28 BeurkG. Der Unterschied liegt darin, dass bei Geschäften unter Lebenden ein Vermerk zur Geschäftsfähigkeit nur bei Zweifeln oder schwerer Krankheit, bei Verfügungen von Todes wegen dagegen immer in die Niederschrift aufzunehmen ist.

2 § 11 BeurkG enthält lediglich **Soll-Vorschriften**. Auch dann, wenn der Notar beurkundet, obwohl er von der fehlenden Geschäftsfähigkeit eines Beteiligten überzeugt ist, ist der Beurkundungsakt als solcher wirksam. Anders liegt es dagegen für das beurkundete Rechtsgeschäft. Dieses ist grundsätzlich gem. § 105 Abs. 1 BGB nichtig. Zur Differenzierung zwischen der Wirksamkeit des Beurkundungsakts und der des beurkundeten Rechtsgeschäfts siehe auch unten § 13 BeurkG Rdn 14.

Fehlt der gem. Abs. 1 S. 2 oder Abs. 2 erforderliche Vermerk in der Niederschrift oder ist er unrichtig, so berührt dies die Wirksamkeit der Beurkundung ebenfalls nicht.[2] Das Fehlen oder die Unrichtigkeit des Vermerks können allerdings dienstrechtliche wie auch haftungsrechtliche Konsequenzen für den Notar haben.

3 Das BeurkG kennt anders als sonstige Verfahrensgesetze (z.B. §§ 50 ff. ZPO) keine ausdrückliche Unterscheidung zwischen der verfahrensrechtlichen Prozessfähigkeit und der materiellen Geschäftsfähigkeit.[3] Aus Abs. 1 S. 1 ergibt sich aber, dass die Fähigkeit, Beteiligter einer Beurkundung gem. §§ 6 ff. BeurkG zu sein, an die Geschäftsfähigkeit anknüpft, wobei dieser Begriff weiter zu fassen ist als die Geschäftsfähigkeit im bürgerlich-rechtlichen Sinne (siehe unten Rdn 7).

B. Anwendungsbereich

I. Willenserklärungen, eidesstattliche Versicherungen

4 Da § 11 BeurkG im Zweiten Abschnitt des BeurkG steht, der die Beurkundung von Willenserklärungen betrifft, gilt die Vorschrift grundsätzlich nur für diese. Über § 38 BeurkG findet die Vorschrift aber auch Anwendung auf die Beurkundung **eidesstattlicher Versicherungen**.

II. Unterschriftsbeglaubigungen

5 Nach geltendem Recht kommt aufgrund des eindeutigen Gesetzeswortlauts des § 40 BeurkG, der ausdrücklich nicht auf § 11 BeurkG verweist, bei Unterschriftsbeglaubigungen eine Vermerkpflicht in analoger Anwendung von § 11 BeurkG nicht in Betracht.[4] Etwas anderes gilt allerdings dann, wenn der Notar den Entwurf der Erklärung gefertigt hat, deren Unterschrift er beglaubigt. Durch die Fertigung des Entwurfs übernimmt der Notar eine besondere Verantwortung für dessen Inhalt, so dass hier Abs. 1 S. 1 analog zu gelten hat.[5] Bei Unterschriftsbeglaubigungen ohne Entwurf ist der Notar lediglich verpflichtet, zu prüfen, ob es Gründe gibt, seine Amtstätigkeit zu versagen. Der Notar muss die Beglaubigung daher dann ablehnen, wenn er von der fehlenden Geschäftsfähigkeit überzeugt ist.[6] Da die Überzeugung von der Geschäftsunfähigkeit allerdings ein seltener Ausnahmefall ist, ist der Schutz des Rechtsverkehrs vor Unterschriftsbeglaubigungen von Personen mit zweifelhafter Geschäftsfähigkeit sehr unvollkommen. Gerade bei Grundstückskaufverträgen mit älteren Beteiligten kommt es in der Praxis nicht selten vor, dass die älteren Beteiligten durch Familienmitglieder vollmachtlos vertreten werden. Hier besteht aufgrund der geltenden Gesetzeslage die Gefahr, dass bei der notariellen Beglaubigung der Unterschrift unter der Genehmigung des älteren Beteiligten die fehlende Geschäftsfähigkeit des Beteiligten nicht hinterfragt wird. Solange der Gesetzgeber die Prüfungs- und Vermerkpflichten des § 11 BeurkG nicht auf das Verfahren der Unterschriftsbeglaubigung erstreckt, ist die notarielle Praxis aufgefordert, die Prüfungs- und Ver-

1 *Winkler*, § 11 Rn 9; Grziwotz/Sauer/Heinemann/*Heinemann/Grziwotz*, § 11 Rn 16.
2 *Winkler*, § 11 Rn 19; BayObLG DNotZ 1993, 471, 473; BRHP/*Litzenburger*, § 11 BeurkG Rn 12.
3 Grziwotz/Sauer/Heinemann/*Heinemann/Grziwotz*, § 11 Rn 2.
4 Grziwotz/Sauer/Heinemann/*Heinemann/Grziwotz*, § 11 Rn 6.
5 Grziwotz/Sauer/Heinemann/*Heinemann/Grziwotz*, § 11 Rn 6.
6 OLG Stuttgart v. 23.2.1994 – 8 W 534/93, DNotZ 1995, 687, 690; *Winkler*, § 40 Rn 45.

merkpflichten des § 11 BeurkG freiwillig anzuwenden. Dem Notar kann nämlich die Aufnahme eines Vermerks über Zweifel an der Geschäftsfähigkeit in den Beglaubigungsvermerk auch, wenn er hierzu nicht verpflichtet ist, nicht verwehrt werden.[7]

III. Sonstige Tatsachenbeurkundungen

Bei sonstigen Tatsachenbeurkundungen besteht grundsätzlich keine Notwendigkeit, sich zur Geschäftsfähigkeit von Beteiligten zu verhalten. Strenggenommen gibt es hier überhaupt keine Beteiligten. Bei der Beurkundung von **Gesellschafterbeschlüssen** im Verfahren der §§ 36 ff. BeurkG soll aber § 11 BeurkG analog gelten, so dass auch hier Zweifel an der Geschäftsfähigkeit eines abstimmenden Gesellschafters zu vermerken sind.[8] Die Vermerkpflicht folgt in diesem Fall jedoch nicht aus § 11 BeurkG, sondern ergibt sich daraus, dass der Notar bei der Beurkundung von Gesellschafterbeschlüssen in der Form der §§ 36 ff. BeurkG alles wiederzugeben hat, was für das Zustandekommen des Beschlusses wesentlich ist.[9] Hierzu gehören auch Umstände, die Zweifel an der Geschäftsfähigkeit eines abstimmenden Gesellschafters begründen, jedenfalls wenn die Stimmen dieses Gesellschafters für das Beschlussergebnis relevant sind. 6

C. Der Begriff der Geschäftsfähigkeit bzw. -unfähigkeit

I. Die erforderliche Geschäftsfähigkeit

§ 11 BeurkG stellt nicht schlechthin auf die **volle**, sondern auf die für das jeweilige Beurkundungsgeschäft **erforderliche Geschäftsfähigkeit** ab. Welcher Grad der Geschäftsfähigkeit erforderlich ist, ist eine Frage des materiellen Rechts.[10] So besteht Testierfähigkeit bereits nach Vollendung des 16. Lebensjahres (§ 2229 Abs. 1 BGB) und es können auch Minderjährige gem. §§ 106 ff. BGB ausnahmsweise rechtswirksam handeln. 7

Werden keine bürgerlich-rechtlichen Willenserklärungen, sondern sonstige Erklärungen beurkundet, ist für die Frage der erforderlichen Geschäftsfähigkeit nicht auf die Geschäftsfähigkeit im bürgerlich-rechtlichen Sinne abzustellen, sondern es ist das Recht maßgeblich, das die entsprechende Erklärung regelt. Bei eidesstattlichen Versicherungen kommt es demgemäß auf die Eidesmündigkeit an,[11] welche ab dem 16. Lebensjahr besteht (§§ 393, 455 Abs. 2 ZPO). Bei Prozesserklärungen – z.B. einer Zwangsvollstreckungsunterwerfung – kommt es auf die entsprechende Prozessfähigkeit an. Im genannten Beispiel geht diese gem. §§ 51 Abs. 1, 52 ZPO mit der bürgerlich-rechtlichen Geschäftsfähigkeit einher.

II. Geschäftsfähigkeit von Minderjährigen

Minderjährige, die das siebte Lebensjahr vollendet haben, sind ausnahmsweise als geschäftsfähig anzusehen und können ohne Zustimmung ihrer gesetzlichen Vertreter rechtswirksame Willenserklärungen abgeben. Sie sind dann auch uneingeschränkt als beurkundungsfähig anzusehen.[12] Den praktisch bedeutsamsten Fall regelt § 107 BGB. Hiernach kann ein beschränkt geschäftsfähiger Minderjähriger Erklärungen, durch die er lediglich einen **rechtlichen Vorteil** erlangt, selbst abgeben. Das kommt etwa bei Schenkungen der Eltern an ihre Kinder in Betracht. Auch die Schenkung eines Grundstücks, das mit öffentlichen Lasten, einem Grundpfandrecht, einem Nießbrauch oder Wohnrecht belastet ist, an einen beschränkt geschäftsfähigen Minderjährigen ist ohne Zustimmung des gesetzlichen Vertreters bzw. eines Pflegers wirksam. Das gilt sogar dann, wenn die Belastung anlässlich der Grundstücksübertragung erfolgt oder sich der Veräußerer eine Belastung vorbehält.[13] Die Schenkung einer Eigentumswohnung ist dagegen niemals ein lediglich rechtlich vorteilhaftes Geschäft.[14] 8

7 *Tersteegen*, NJW 2007, 1717, 1720.
8 So BRHP/*Litzenburger*, § 11 BeurkG Rn 1.
9 *Röll*, DNotZ 1979, 644, 649.
10 Grundlegend *Zimmermann*, BWNotZ 2000, 97 ff.
11 BRHP/*Litzenburger*, § 11 BeurkG Rn 1; Grziwotz/Sauer/Heinemann/*Heinemann/Grziwotz*, § 11 Rn 5.
12 Grziwotz/Sauer/Heinemann/*Heinemann/Grziwotz*, § 11 Rn 8.
13 BayObLG v. 15.2.1979 – BReg 2 Z 29/78, DNotZ 1979, 543, 545 ff.; BayObLG v. 29.5.1998 – 2Z BR 85/98, DNotZ 1999, 589 ff.; ausführlich z.B. Hügel/*Reetz*, V (Vertretungsmacht) Rn 148 ff.
14 BGH v. 30.9.2010 – V ZB 206/10, DNotZ 2011, 346 f.

9 Weitere Beispiele, in denen eine uneingeschränkte Beurkundungsfähigkeit des Minderjährigen gegeben ist, sind: Ein beschränkt Geschäftsfähiger kann ohne Mitwirkung seines gesetzlichen Vertreters Rechtsgeschäfte im Rahmen eines Erwerbsgeschäfts, dessen Führung ihm von diesem mit Genehmigung des Familiengerichts gestattet worden ist, vornehmen (§ 112 Abs. 1 BGB). Er kann z.B. ohne Zustimmung seines gesetzlichen Vertreters einen Prokuristen bestellen und diesen zum Handelsregister anmelden.[15] Weiterhin kann ein beschränkt geschäftsfähiger Minderjähriger, dem eine entsprechende Vollmacht erteilt worden ist, ein Vertretergeschäft abschließen, ohne dass sein gesetzlicher Vertreter mitwirken müsste. So ist es möglich, dass er als bevollmächtigter Urkundsbeteiligter beim Abschluss eines Grundstückskaufvertrages auftritt, den er im eigenen Namen nicht ohne Zustimmung seines gesetzlichen Vertreters abschließen könnte (§ 165 BGB).[16]

10 Bedarf das Geschäft dagegen der Zustimmung des gesetzlichen Vertreters, darf der Notar die Beurkundung mit dem Minderjährigen dann nicht vornehmen, wenn die Zustimmung vorab nicht erteilt worden ist und die Genehmigung des gesetzlichen Vertreters gänzlich unwahrscheinlich ist.[17] Bei Unklarheit darüber, ob die Genehmigung erteilt werden wird, ist der Notar aber gehalten, zu beurkunden.[18] Er hat in diesem Fall auf die Folgen für die Wirksamkeit des beurkundeten Rechtsgeschäfts hinzuweisen (§ 17 Abs. 2 S. 2 BeurkG).

11 Schließlich gibt es die Fälle der notwendigen Beteiligung eines Minderjährigen. Dies sind die Fälle, in denen die Vertretungsmacht des gesetzlichen Vertreters das betreffende Rechtsgeschäft nicht umfasst. Beispiele: Ein Kind, das das 14. Lebensjahr vollendet hat, kann die Einwilligung zur Annahme als Kind nur selbst erteilen (§ 1746 Abs. 1 S. 2 und 3 BGB).

III. Geschäftsfähigkeit von Ausländern

12 Die Geschäftsfähigkeit eines Ausländers bestimmt sich seit Inkrafttreten der Neufassung des Art. 7 EGBGB nach dem Gesetz zur Reform des Vormundschafts- und Betreuungsrechts,[19] also seit dem 1.1.2023, nicht mehr nach dem Personalstatut, sondern nach dem Recht des Staates, in dem dieser seinen gewöhnlichen Aufenthalt hat (Art. 7 Abs. 2 S. 1 EGBGB). Es handelt sich hierbei um eine Gesamtverweisung; es wird also auf das gesamte fremde Recht einschließlich seiner IPR-Normen verwiesen (Art. 4 EGBGB). Nach dem Geschäftsfähigkeitsstatut bestimmt sich allerdings nur, ob der Ausländer allgemein geschäftsfähig, beschränkt geschäftsfähig oder geschäftsunfähig ist, also insbesondere, ob er volljährig ist oder ob er – soweit minderjährig – für bestimmte Arten von Geschäften teilgeschäftsfähig ist. Auch bestimmt das Geschäftsfähigkeitsstatut, ob ein Minderjähriger durch Heirat Geschäftsfähigkeit erlangt (Art. 7 Abs. 2 S. 2 EGBGB). Ob für die Vornahme des Rechtsgeschäfts die allgemeine Geschäftsfähigkeit oder aber eine besondere Geschäftsfähigkeit (z.B. Testierfähigkeit) gegeben sein muss, bestimmt sich dagegen nicht nach dem Wirkungsstatut.[20] Verweist dieses nicht auf die allgemeine Geschäftsfähigkeit, sondern lässt es das Geschäft unter erleichterten oder erschwerten Voraussetzungen zu, gelten die Sonderregeln des Wirkungsstatuts. Bei der Errichtung eines Testaments bestimmt sich das die Testierfähigkeit regelnde Recht z.B. nicht nach Art. 7 Abs. 2 EGBGB, sondern nach Art. 24 EuErbVO.

Wer nach seinem Geschäftsfähigkeitsstatut einmal geschäftsfähig war, bleibt es auch, wenn er seinen gewöhnlichen Aufenthalt wechselt und nach dem Recht am Ort seines neuen gewöhnlichen Aufenthalts nicht geschäftsfähig wäre, Art. 7 Abs. 2 S. 3 EGBGB.

Nimmt ein Ausländer in Deutschland ein Rechtsgeschäft vor, für das er nach seinem Geschäftsfähigkeitsstatut geschäftsunfähig ist, so kann er sich, wenn er nach deutschem Recht geschäftsfähig wäre, im Interesse des Verkehrsschutzes gem. Art. 12 S. 1 EGBGB auf diese Geschäftsunfähigkeit nur berufen, wenn der andere Teil sie kannte oder kennen musste.[21] Dies gilt allerdings nicht für familien- und erbrechtliche Rechtsgeschäfte sowie für Verfügungen über ein im Ausland belegenes Grundstück (Art. 12 S. 2 EGBGB).

15 Grziwotz/Sauer/Heinemann/*Heinemann/Grziwotz*, § 11 Rn 8.
16 *Winkler*, § 11 Rn 5.
17 *Winkler*, § 11 Rn 11; Grziwotz/Sauer/Heinemann/*Heinemann/Grziwotz*, § 11 Rn 17.
18 *Winkler*, § 11 Rn 11.
19 Gesetz zur Reform des Vormundschafts- und Betreuungsrechts v. 4.5.2021, BGBl I S. 882.
20 Staudinger/*Hausmann*, Art. 7 EGBGB Rn 105.
21 *Winkler*, § 11 Rn 6.

IV. Die pathologisch bedingte Geschäftsunfähigkeit

Das Gesetz geht grundsätzlich von der vorhandenen Geschäftsfähigkeit einer Person aus. § 104 Nr. 2 BGB regelt den Fall, dass einer Person aus krankheitsbedingten Umständen dauerhaft die Geschäftsfähigkeit abgesprochen wird. § 105 Abs. 2 BGB regelt zudem den Fall einer durch pathologische Umstände bedingten **vorübergehenden Geschäftsunfähigkeit**. 13

Die pathologisch bedingte Geschäftsunfähigkeit i.S.d. § 104 Nr. 2 BGB liegt dann vor, wenn folgende Tatbestandsmerkmale gegeben sind:

- Es muss eine krankhafte Störung der Geistestätigkeit vorliegen.
- Hierdurch muss die freie Willensbestimmung ausgeschlossen sein.
- Der Zustand des durch die krankhafte Störung der Geistestätigkeit hervorgerufenen Ausschlusses der freien Willensbestimmung darf nicht nur von vorübergehender Natur sein.

Voraussetzung für das Vorliegen von Geschäftsunfähigkeit ist die Gegebenheit einer **psychopathologischen Störung**. Nicht durch eine krankhafte Störung verursachte Willensbeeinträchtigungen bleiben außer Betracht, so etwa die Fälle, in denen der Handelnde durch Einflüsse interessierter Dritter (z.B. einen Erbschleicher) in seiner Willensbildung maßgeblich beeinflusst wird. Nur dann, wenn die Beziehung zu diesem Dritten einen pathologischen Grad erreicht, kann die für die Annahme von Geschäftsunfähigkeit erforderliche krankhafte Störung der Geistestätigkeit vorliegen.[22] 14

Als krankhafte Störungen der Geistestätigkeit kommen u.a. in Betracht:[23]

- Demenzen,
- hirnorganische Psychosyndrome, z.B. infolge Schlaganfall, Trauma oder Gehirntumor,
- Schizophrenie,
- Wahnkrankheiten,
- Suchterkrankungen, die zu einer Persönlichkeitsveränderung geführt haben,
- schwere Intelligenzminderungen sowie
- geistige Behinderungen.

Diesem Tatbestandsmerkmal kommt die Funktion einer Vorauswahl zu. Idiosynkrasien, Schrulligkeiten und sonstige Eigenheiten einer Person, die keinen Krankheitsgrad erreichen, scheiden als Anknüpfungspunkt für eine Geschäftsunfähigkeit aus.

Durch die pathologische Störung muss die **freie Willensbildung** des Betroffenen **ausgeschlossen** sein. In diesem Punkt liegt die Kernfrage des Problems der pathologisch bedingten Geschäftsunfähigkeit begründet. Wann ist durch die psychopathologische Störung die Schwelle überschritten, in der von einem Ausschluss der freien Willensbestimmung ausgegangen werden muss? Dabei handelt es sich um keine medizinisch-empirisch zu behandelnde Frage, sondern um die Frage nach einer juristischen Wertung.[24] Es ist die Frage zu stellen, ab welchem Krankheitsgrad einer Person abgesprochen wird, dass sie noch Teilnehmer am Rechtsverkehr sein kann, weil sie nicht mehr als Person angesehen werden kann, der ihre Willensäußerungen als von ihr selbst verantwortet zugerechnet werden können. Diese Schwelle muss wegen der verfassungsrechtlichen Bedeutung (Art. 1 Abs. 1, Art. 2 Abs. 1 GG) der Frage sehr hoch liegen. Die verfassungsrechtlichen Vorgaben gebieten es aber auch, dass eine solche Grenzziehung erfolgt. Ausfluss der Menschenwürde ist es nämlich auch, dass einer Person keine Rechtshandlungen zugerechnet werden, die von ihr nicht verantwortet werden können. 15

Nicht nur vorübergehender Natur muss der ganze Zustand des Betroffenen sein und damit nicht nur die krankhafte Störung der Geistestätigkeit, sondern auch der dadurch bewirkte Ausschluss der freien Willensbestimmung.[25] Dies macht deutlich, dass Geschäftsunfähigkeit grundsätzlich ein Dauerzustand ist. Allerdings kommt diesem Merkmal keine allzu große Bedeutung zu, da die vorübergehenden psychopathologisch bedingten Ausfälle der freien Willensbestimmung von § 105 Abs. 2 BGB erfasst werden. 16

22 *Grziwotz*, MDR 2016, 737, 740.
23 Vgl. dazu im Einzelnen: Staudinger/*Baumann*, § 2229 BGB Rn 54 ff.
24 Dazu m.w.N.: Staudinger/*Klumpp*, § 104 BGB Rn 10 f.
25 Staudinger/*Klumpp*, § 104 BGB Rn 14 f.

17 Die **Intelligenz** ist grundsätzlich **kein Kriterium**, das bei der Frage nach der Geschäftsunfähigkeit ins Gewicht fällt. Auch „dumme" Entscheidungen sind Ausdruck der Persönlichkeit des Handelnden und ihm damit zurechenbar. Auch kommt es nicht darauf an, dass der Handelnde alle Einzelheiten des Geschäfts versteht. Dies zeigt sich daran, dass manche juristische Konstruktionen für Laien nicht mehr verständlich sind; geschäftsfähig wären dann nur noch ausgewählte Juristen.[26] Eine Ausnahme wird lediglich für schwere Intelligenzminderungen (z.B. IQ < 60, Verbal-IQ von 44) gemacht, da dann eine von vernünftigen Erwägungen geprägte Entscheidung von vorneherein ausgeschlossen sei.[27]

18 **§ 105 Abs. 2 BGB** regelt diejenigen Fälle, die nicht von § 104 Nr. 2 BGB erfasst werden, weil der Zustand ein vorübergehender ist. Dabei ist Bewusstlosigkeit im Sinne dieser Vorschrift eher als Bewusstseinstrübung zu verstehen, da es bei völliger Abwesenheit des Bewusstseins schon am Tatbestandsmerkmal der Willenserklärung fehlt. Neben der Bewusstseinstrübung betrifft die Norm kurzfristige psychopathologische Störungen, wobei die Abgrenzung zwischen beiden nicht immer klar ist und vielfach Überschneidungen vorliegen. Insbesondere fallen unter die Norm:

- Intoxikation durch Alkohol oder Drogen,
- Fieberdelirium,
- epileptische Anfälle,
- Entzugssymptome mit Delir.

Auch wenn § 105 Abs. 2 BGB es nicht ausdrücklich besagt, muss durch die Bewusstseinsstörung oder die kurzfristige psychopathologische Störung stets auch die freie Willensbestimmung ausgeschlossen sein.[28] Damit kommt es in Grenzfällen, bei denen die Dauerhaftigkeit des Zustands des Betroffenen in Frage steht, nicht darauf an, ob die Einordnung unter § 104 Nr. 2 BGB oder unter § 105 Abs. 2 BGB erfolgt, da die weiteren Tatbestandsmerkmale beider Normen gleich sind.

19 Es könnte die Frage aufgeworfen werden, ob die Geschäftsfähigkeit **in Relation zur Schwierigkeit** des betroffenen Rechtsgeschäfts zu bestimmen ist, also bei ein und derselben Person für einen Kreis von besonders einfachen Rechtsgeschäften Geschäftsfähigkeit anzunehmen ist, während zum selben Zeitpunkt für komplexere Geschäfte Geschäftsunfähigkeit vorliegt. Eine solche **relative Bestimmung der Geschäftsfähigkeit** wird von der ganz herrschenden Meinung zu Recht **abgelehnt**.[29] Eine relative Bestimmung der Geschäftsfähigkeit müsste bei der Frage nach der Geschäftsfähigkeit vor allem auf die **intellektuelle** Durchdringung des Rechtsgeschäfts abstellen. Wie zuvor gezeigt wurde, spielt der Intellekt bei der Frage nach der Geschäftsfähigkeit aber grundsätzlich keine Rolle. Eine relative Bestimmung der Geschäftsfähigkeit beruht damit auf einem **grundlegenden Missverständnis** des Begriffs der Geschäftsfähigkeit. Die Ablehnung einer solchen relativen Anknüpfung durch die h.M. lässt sich damit nicht nur daraus erklären, dass Abgrenzungsschwierigkeiten und Rechtsunsicherheiten vermieden werden sollen,[30] sondern sie liegt im Fundament des Begriffs der Geschäftsfähigkeit begründet. Nichtsdestotrotz finden sich aber vereinzelt Entscheidungen, bei denen der Eindruck erweckt wird, die Schwierigkeit des Geschäfts sei maßgeblich für die Frage des Vorliegens von Geschäftsfähigkeit.[31]

Keine Regel ohne Ausnahme: § 105a BGB ordnet für Geschäfte des täglichen Lebens, die von einem Geschäftsunfähigen vorgenommen werden, die Wirksamkeit an, wenn diese mit geringwertigen Mitteln bewirkt werden können, sobald Leistung und Gegenleistung bewirkt sind. Diese Vorschrift ist Ausdruck der Anerkennung einer relativen Geschäftsfähigkeit. Sie dient dem Zweck, die Rechtsstellung geistig Behinderter zu verbessern, ihre Eigenverantwortlichkeit zu stärken und ihre soziale Emanzipation zu fördern.[32]

20 Von der abzulehnenden relativen Geschäftsunfähigkeit ist der Begriff der **partiellen Geschäftsunfähigkeit** zu unterscheiden. Bei der partiellen Geschäftsunfähigkeit wird nicht auf den intellektuellen Schwie-

26 So prägnant: *Schmoeckel*, NJW 2016, 433, 435.
27 OLG Düsseldorf v. 11.7.1995 – 4 U 169/1994, VersR 1996, 1493; OLG Köln v. 24.1.2011 – 11 U 199/10, MDR 2011, 649 f.
28 Grüneberg/*Ellenberger*, § 105 BGB Rn 3.
29 Staudinger/*Klumpp*, § 104 BGB Rn 21 m.w.N.
30 So aber z.B. Grüneberg/*Ellenberger*, § 104 BGB Rn 6.
31 Z.B. OLG München v. 5.6.2009 – 33 Wx 278 u. 279/08, DNotZ 2011, 43 ff.; der nicht-amtliche Leitsatz zu dieser Entscheidung in der DNotZ lautet: „Hat der Betroffene bewusst und in freier Willensentschließung eine Vertrauensperson bevollmächtigt, kann jedenfalls eine hierauf bezogene (partielle) [sic!] Geschäftsfähigkeit selbst dann zu bejahen sein, wenn nicht auszuschließende leichtere kognitive Defizite zu Bedenken gegen die Wirksamkeit anderweitiger Willenserklärungen Anlass geben können."
32 Grüneberg/*Ellenberger*, § 105a BGB Rn 1.

rigkeitsgrad des Geschäfts abgestellt, sondern darauf, dass sich die krankhafte Störung der Geistestätigkeit auf einen **gegenständlich abgrenzbaren Lebensbereich** erstreckt. Beispiele aus der Rechtsprechung sind:

- krankhafte Eifersucht für Fragen der Ehe,[33]
- krankhafte Abhängigkeit von einer Telefonsexpartnerin für von dieser erbrachte „Telefonsexdienstleistungen",[34]
- Schock eines Rechtsanwalts wegen einer Fristversäumung für die Führung eines bestimmten Prozesses.[35]

Die Differenzierung zwischen vollständiger und nur partieller Geschäftsunfähigkeit wird zu Recht vorgenommen. Hierbei geht es um die Frage der Reichweite des Ausschlusses der freien Willensbestimmung. Betrifft die krankhafte Störung der Geistestätigkeit nur einen bestimmten Lebensbereich und kann der Betroffene in anderen Lebensbereichen seine Willensentscheidungen frei von dieser Störung treffen, gibt es keinen Grund, ihm für diese Lebensbereiche die Geschäftsfähigkeit abzuerkennen.

Eines **Ursachenzusammenhangs** zwischen der Störung der Geistestätigkeit und dem abgeschlossenen 21
Rechtsgeschäft bedarf es nicht. Wenn jemand in einem handschriftlichen Testament seine Ehefrau zur Alleinerbin einsetzt und bei der Errichtung des Testamentes einen Blutalkoholgehalt von 4,0 Promille aufweist, so ist dieses Testament mangels Testierfähigkeit nichtig, auch wenn der Testator zuvor im nüchternen Zustand vorhatte, ein Testament genau dieses Inhalts zu errichten und sich die alkoholbedingte Geschäftsunfähigkeit somit nicht ursächlich auf die Testamentserrichtung ausgewirkt hat.

Der Begriff der Geschäftsunfähigkeit knüpft damit an eine Gefahrenlage dafür an, dass ein Rechtsgeschäft nicht frei von erheblichen Willensstörungen vorgenommen werden kann und regelt diese Frage unter Abstraktion davon, ob sich die Gefahr im konkreten Rechtsgeschäft ausgewirkt hat. Damit unterscheidet sich das Konzept der Geschäftsunfähigkeit maßgeblich von der Frage einer Anfechtbarkeit des Rechtsgeschäfts wegen Willensmängeln, bei der immer ein Kausalzusammenhang zwischen Willensmangel und Rechtsgeschäft vorliegen muss.

Vorsicht ist dabei geboten, als **wesentliches Anzeichen** für eine Geschäftsunfähigkeit **die Unvernünftig-** 22
keit des abgeschlossenen Geschäfts selbst anzusehen. Unsere Rechtsordnung schützt die Freiheit zu „deviantem Verhalten" und gibt das Recht, auch „spleenige" Entscheidungen zu treffen.[36] Die „Verkehrtheit" oder „Lieblosigkeit" der Entscheidung ist kein Anzeichen für Geschäftsunfähigkeit.[37] Andernfalls droht die Gefahr, dass sich Notar oder Gericht über den Willen des Betroffenen hinwegsetzen und diesen durch eine am Maßstab des von der Mehrheit als vernünftig Angesehenen orientierte Entscheidung bevormunden.

Gegen die Indizwirkung der Vernünftigkeit einer Entscheidung sprechen auch **tatsächliche Beobach-** 23
tungen. Eine auf den ersten Blick vernünftig begründete Entscheidung kann sich nämlich bei näherem Hinsehen als problematisch erweisen. So könnte beispielsweise ein Testator vom in Aussicht genommenen Erben für den Notartermin mit Argumenten gut präpariert worden sein, die aber gar nicht der Realität entsprechen, die der Testator aber aufgrund einer Willensschwäche einfach übernommen hat. Oder es könnte sein, dass der Testator durch den in Aussicht genommenen Erben über Jahre systematisch von seinen nächsten Angehörigen isoliert wurde, wie dies in „Erbschleicher"-Fällen nicht selten der Fall ist, und diese Isolierung nur aufgrund der schlechten geistigen Verfassung des M gelingen konnte. Hier zeigt ein Blick hinter die Kulissen, dass der zunächst so naheliegende Schluss auf die bestehende Entschließungsfreiheit des M in hohem Maße problematisch ist.

Für einen Notar, der Feststellungen zur Geschäftsfähigkeit zu treffen hat, der aber aufgrund seiner begrenzten **Ermittlungsmöglichkeiten** die genauen Hintergründe der von den Beteiligten angegebenen Motiven nie vollständig wird ermitteln können, empfiehlt es sich daher, solche scheinbar naheliegenden Schlussfolgerungen von der Vernünftigkeit des Rechtsgeschäfts auf die Geschäftsfähigkeit in seinen

33 BGH v. 24.9.1955 – IV ZR 162/54, BGHZ 18, 184 ff.
34 BGH v. 13.6.2002 – III ZR 156/01, NJW-RR 2002, 1424.
35 BGH v. 13.5.1959 – V ZR 151/58, BGHZ 30, 112 ff.
36 *Schmoeckel*, NJW 2016, 433, 434.
37 *Grziwotz*, MDR 2016, 737, 739.

Feststellungen zu unterlassen und sich darauf zu beschränken, im Rahmen seiner Vermerkpflicht die vom Erblasser angegebene Motivlage festzuhalten.

24 Bei der Prüfung der Geschäftsfähigkeit ist auch zu berücksichtigen, ob der Betroffene möglicherweise in einem **luziden Intervall** handelt. Unter dem Begriff des luziden Intervalls wird eine Phase eines zeitweiligen Abklingens einer an sich dauerhaften psychischen Erkrankung verstanden, die dazu führt, dass ein durch die psychische Erkrankung eigentlich gegebener dauerhafter Ausschluss der freien Willensbestimmung einem psychischen Zustand, in dem eine freie Willensbildung erfolgen kann, weicht.[38] Damit ist für Rechtshandlungen, die in diesem lichten Intervall vorgenommen werden Geschäftsfähigkeit gegeben und kann somit von dem eigentlich Geschäftsunfähigen wirksam gehandelt werden.

Von der psychiatrischen Forschung wird der Begriff des luziden Intervalls in Frage gestellt und die Vorstellung einer Unterbrechung einer psychischen Erkrankung durch Zeiträume geistiger Klarheit als erfahrungswissenschaftlich überholt angesehen.[39] Gerade bei demenziellen Syndromen sollen wegen des irreversiblen Verlaufs der Verschlechterung luzide Intervalle so gut wie nicht vorkommen.[40] Dieser Auffassung hat sich z.B. das OLG München angeschlossen, das bei chronisch-progredienter Demenz die Annahme eines luziden Intervalls für praktisch ausgeschlossen hält.[41] Allerdings leugnet auch die psychiatrische Literatur nicht die Möglichkeit von sog. Remissionen, also zeitweiligen Abschwächungen von psychischen Erkrankungen.[42] Damit ist der Begriff des luziden Intervalls aber nicht überholt. Sollte eine solche Remission nämlich dazu führen, dass zeitweilig bei dem Betroffenen wieder die Möglichkeit zu freier Willensbildung gegeben ist, wäre dieser vorübergehend wieder als geschäftsfähig anzusehen.[43]

D. Prüfung der Geschäftsfähigkeit

I. Bestehen einer Prüfungspflicht

25 Grundsätzlich darf der Notar von der Geschäftsfähigkeit der Beteiligten ausgehen, ohne dass er besondere Ermittlungen hierzu anzustellen hat.[44] Eine **Prüfungspflicht** trifft den Notar einerseits dann, wenn ein Beteiligter **schwer krank** ist (Abs. 2).[45] Dabei unterscheidet das Gesetz nicht zwischen körperlichen und psychischen Erkrankungen, so dass der Notar auch dann besondere Ermittlungen zur Geschäftsfähigkeit anzustellen hat, wenn es sich um körperliche Erkrankungen handelt.[46] Allerdings muss die Erkrankung für den Notar erkennbar sein; eigene Nachforschungen, ob möglicherweise eine – nach außen nicht ohne weiteres erkennbare – Krankheit vorliegt, hat der Notar nicht anzustellen.[47] Andererseits hat der Notar dann weitergehende Ermittlungen zur Geschäftsfähigkeit eines Beteiligten vorzunehmen, wenn sich für ihn – insbesondere aus dem äußeren Erscheinungsbild eines Beteiligten – **konkrete Anhaltspunkte** ergeben, dass es ihm an der erforderlichen Geschäftsfähigkeit mangeln könnte.[48] Solche konkreten Anhaltspunkte können zum einen eine die Geschäftsfähigkeit ausschließende krankhafte Störung der Geistestätigkeit betreffen (§ 104 Nr. 2, § 105 Abs. 2 BGB). Zum anderen können dies aber auch Umstände wie das **Alter** eines Beteiligten sein, das dem Notar bei Erfüllung seiner Dienstpflicht aus § 5 Abs. 1 S. 1 DONot bekannt wird.[49]

26 Besonderheiten gelten bei **Verfügungen von Todes** wegen. Hier hat der Notar gem. § 28 BeurkG stets Feststellungen zur Geschäftsfähigkeit zu treffen und mithin auch eine Prüfung der Geschäftsfähigkeit vorzunehmen.

38 Staudinger/*Klumpp*, § 104 BGB Rn 26.
39 Dazu Staudinger/*Klumpp*, § 104 BGB Rn 27 m.w.N.
40 *Cording*, ZEV 2010, 115, 120.
41 OLG München v. 1.7.2013 – 31 Wx 266/12, ZEV 2013, 504 ff.; vgl. hierzu die Kritik von *Schmoeckel*, NJW 2016, 433, 436.
42 *Rasch*, Bayer. Lebensversicherungsmedizin 37 (1985), 2 ff.
43 So auch Staudinger/*Klumpp*, § 104 BGB Rn 26, 28.
44 *Winkler*, § 11 Rn 3; Soergel/*Mayer*, 13. Aufl., § 11 BeurkG Rn 2 (nach § 2264 BGB).
45 Grziwotz/Sauer/Heinemann/*Heinemann/Grziwotz*, § 11 Rn 19; Frenz/Miermeister/*Limmer*, § 11 BeurkG Rn 6.
46 Grziwotz/Sauer/Heinemann/*Heinemann/Grziwotz*, § 11 Rn 19; Frenz/Miermeister/*Limmer*, § 11 BeurkG Rn 6.
47 Grziwotz/Sauer/Heinemann/*Heinemann/Grziwotz*, § 11 Rn 19.
48 *Winkler*, § 11 Rn 8; *Lerch*, § 11 Rn 6 f.; Frenz/Miermeister/*Limmer*, § 11 BeurkG Rn 4; Grziwotz/Sauer/Heinemann/*Heinemann/Grziwotz*, § 11 Rn 12; *Lichtenwimmer*, MittBayNot 2002, 240, 244.
49 Vgl. auch Grziwotz/Sauer/Heinemann/*Heinemann/Grziwotz*, § 11 Rn 12 f.; BRHP/*Litzenburger*, § 11 BeurkG Rn 2.

II. Prüfungsumfang

1. Bei schwerer Krankheit oder Anhaltspunkten für eine mögliche geistige Insuffizienz

Besteht eine schwere Krankheit oder gibt es Anhaltspunkte für eine geistige Insuffizienz eines Beteiligten, ist der Notar gehalten, Ermittlungen zur Geschäftsfähigkeit vorzunehmen. Den Umfang der erforderlichen Ermittlungen bestimmt der Notar nach **pflichtgemäßem Ermessen.**[50] Bei einem körperlich Kranken wird regelmäßig bereits das anlässlich der Beurkundung geführte Gespräch zwischen Notar und Beteiligtem ausreichen, um sich einen zuverlässigen Eindruck von dessen Geschäftsfähigkeit zu verschaffen. Es wäre unangebracht, einem querschnittsgelähmten Beteiligten, der seit Jahren im Rollstuhl sitzt, gezielte Fragen zur Feststellung seiner geistigen Gesundheit zu stellen. Bei geistigen Erkrankungen oder Anhaltspunkten für deren Vorliegen[51] ist ein ausführlicheres Gespräch mit dem Beteiligten allerdings regelmäßig unverzichtbar. Manchmal ist es hilfreich, das Gespräch allein mit dem möglicherweise Geschäftsunfähigen zu führen. Als sachdienlich hat sich erwiesen, auch Themen anzusprechen oder Fragen zu stellen, die außerhalb des Beurkundungsgegenstandes liegen. Recht unverfänglich kann der Notar dabei Fragen stellen, die die örtliche und zeitliche Orientierung betreffen. Auch die Merkfähigkeit kann unauffällig getestet werden.[52] Aus den Antworten des Betroffenen können sich wichtige Hinweise zu seinem Einsichts- und Urteilsvermögen ergeben. Maßgeblich ist, dass der Beteiligte aus der Sicht des Notars in der Lage ist, eigene Willensentschließungen zu fassen und diese in nachvollziehbarer Form zum Ausdruck zu bringen.[53] Gleichzeitig darf man die Möglichkeiten des Notars nicht überschätzen. Er ist medizinischer Laie. Von ihm kann die Durchführung psychiatrischer Tests – z.B. durch den Einsatz von Screeningverfahren – und ihre Dokumentation weder verlangt noch erwartet werden.[54] **27**

Daneben kann sich ein Gespräch mit einem behandelnden Arzt oder sachkundigem Pflegepersonal empfehlen. Diese müssen hierzu selbstverständlich von dem Betroffenen von ihrer Schweigepflicht entbunden werden. Auch steht dem Notar ohne Einverständnis des Beteiligten – im Hinblick auf seine eigene Verschwiegenheitspflicht gem. § 18 BNotO – kein eigenmächtiges Fragerecht zu.[55] In Grenzfällen wird dagegen ein solches Gespräch nicht ausreichen, sondern es wird regelmäßig ratsam sein, eine **Begutachtung durch einen Facharzt** (Neurologe, Psychologe) bei den Beteiligten anzuregen. Atteste von Allgemeinmedizinern dürften dagegen wegen deren geringerer Fachkompetenz in solchen Grenzfällen zwar nicht in gleicher Weise aussagekräftig sein,[56] sind aber gleichwohl nützlich.[57] **28**

An die Wertungen von Ärzten und sonstigen sachkundigen Personen ist der Notar nicht gebunden.[58] Wie ein Richter darf er die Aussage eines Sachverständigen nicht „blind" oder „ungeprüft" übernehmen, sondern muss sich ein eigenes Urteil bilden.

2. Bei ausländischen Beteiligten

Bestimmt sich die Geschäftsfähigkeit gem. Art. 7 Abs. 2 EGBGB nach ausländischem Recht, richtet sich der Prüfungsumfang nach § 17 Abs. 3 BeurkG. Der Notar muss nicht prüfen, ob nach der ausländischen Rechtsordnung Geschäftsfähigkeit gegeben ist. Die an die Volljährigkeit anknüpfende Geschäftsfähigkeit wird der Notar aber regelmäßig überprüfen, da sich diese über Länderlisten in IPR-Handbüchern verhältnismäßig leicht feststellen lässt. Prüft der Notar bei einem ausländischen Beteiligten die Geschäftsfähigkeit hingegen nicht, bestehen aber Zweifel daran, so hat er dies in der Niederschrift festzuhalten, um seiner Vermerkpflicht gem. Abs. 1 S. 2 zu genügen. **29**

50 Frenz/Miermeister/*Limmer*, § 11 BeurkG Rn 4; Grziwotz/Sauer/Heinemann/*Heinemann/Grziwotz*, § 11 Rn 13.
51 Ausführlich dazu *Warflinger*, RNotZ 2024, 285, 298 ff.
52 *Lichtenwimmer*, MittBayNot 2002, 240, 243.
53 *Winkler*, § 11 Rn 9; ausführlich: OLG München v. 14.8.2007 – 31 Wx 16/07, DNotZ 2008, 296, 297.
54 A.A. wohl: *Stoppe/Lichtenwimmer*, DNotZ 2005, 806 ff.; dagegen: *Müller*, DNotZ 2006, 325 ff., *Cording/Forster*, DNotZ 2006, 329 ff.; *Winkler*, § 11 Rn 14 („abwegig").
55 Vgl. Grziwotz/Sauer/Heinemann/*Heinemann/Grziwotz*, § 11 Rn 21.
56 Vgl. auch OLG Frankfurt v. 20.10.2005 – 20 W 151/05, NotBZ 2006, 285, 287; a.A. Grziwotz/Sauer/Heinemann/*Heinemann/Grziwotz*, § 11 Rn 21.
57 *Warflinger*, RNotZ 2024, 285, 297.
58 Frenz/Miermeister/*Limmer*, § 11 BeurkG Rn 4; Grziwotz/Sauer/Heinemann/*Heinemann/Grziwotz*, § 11 Rn 14.

E. Ablehnung der Beurkundung

30 Aufgrund seiner Prüfung wird der Notar zu **einem der folgenden Ergebnisse** kommen:

- Er ist von der fehlenden Geschäftsfähigkeit überzeugt.
- Er ist von der erforderlichen Geschäftsfähigkeit überzeugt.
- Beim Notar bleiben Zweifel, ob Geschäftsfähigkeit vorliegt.

Gemäß Abs. 1 S. 1 darf (und soll) der Notar die Beurkundung nur dann ablehnen, wenn an der Geschäfts- oder Testierunfähigkeit des Beteiligten kein vernünftiger Zweifel mehr möglich ist.[59] Bleiben Zweifel, muss der Notar einerseits beurkunden und andererseits seine Zweifel in der Urkunde niederlegen.[60] Hierbei gilt schon aus Haftungsgründen, dass der Notar in Zweifelsfällen eine gewünschte Beurkundung nicht ablehnen sollte. Eine Besonderheit gilt bei Beurkundungen im Wege der Videokommunikation (Online-Beurkundung): Bei Zweifeln an der erforderlichen Geschäftsfähigkeit eines Beteiligten soll der Notar die Beurkundung mittels Videokommunikation ablehnen und die Beteiligten auf die Beurkundung im Präsenzverfahren verweisen, § 16a Abs. 2 BeurkG.

Handelt ein beschränkt Geschäftsfähiger oder ein unter Betreuung Stehender, bei dem ein Einwilligungsvorbehalt angeordnet ist, darf der Notar die Beurkundung nur dann ablehnen, wenn die Zustimmung des gesetzlichen Vertreters nicht vorliegt und mit einer Genehmigung höchstwahrscheinlich nicht gerechnet werden kann. Bei Unklarheit darüber, ob die Genehmigung erteilt werden wird, hat der Notar hingegen zu beurkunden und über die Folgen für die Wirksamkeit des Rechtsgeschäfts zu belehren (siehe oben Rdn 10).

F. Vermerk über die Geschäftsfähigkeit

I. Vermerkpflicht

31 Bei Rechtsgeschäften unter Lebenden ist ein Vermerk zur Geschäftsfähigkeit grundsätzlich nicht erforderlich; anders sieht es bei Verfügungen von Todes wegen aus, bei denen die Wahrnehmungen des Notars zur Geschäftsfähigkeit stets zu vermerken sind (§ 28 BeurkG). Bei Rechtsgeschäften unter Lebenden hat ein Vermerk aber immer dann zu erfolgen, wenn

- der Notar Zweifel an der Geschäftsfähigkeit eines Beteiligten hegt (Abs. 1 S. 2),
- ein Beteiligter schwer krank ist (Abs. 2).

Hatte der Notar hingegen zunächst aufgrund äußerer Anzeichen Anlass für eine Prüfung der Geschäftsfähigkeit, hat diese Prüfung aber zu dem für den Notar eindeutigen Ergebnis geführt, dass die Geschäftsfähigkeit des Beteiligten gegeben ist, ist hierüber kein Vermerk in die Urkunde aufzunehmen.

Eine andere Frage ist, ob ein Vermerk – etwa bei Beteiligten von hohem Alter – gleichwohl sinnvoll ist. Hier ist *Heinemann/Grziwotz* Recht zu geben, dass der Notar durch einen solchen Vermerk keinesfalls einen falschen Anschein der Wirksamkeit der Urkunde erzeugen sollte.[61] Positive Feststellungen zum Vorliegen der Geschäftsfähigkeit sollten daher vermieden werden, da diese den Eindruck erwecken könnten, als würde die Geschäftsfähigkeit durch den Notar verbindlich festgestellt. Keinen Bedenken begegnet es dagegen, wenn der Notar in diesen Fällen in der Urkunde eine Negativfeststellung trifft, dass er hinsichtlich der Geschäftsfähigkeit keine Zweifel hat.[62]

32 Bei der Vermerkpflicht nach Abs. 2 unterscheidet das Gesetz grundsätzlich nicht zwischen körperlichen und psychischen Krankheiten. Feststellungen in der Niederschrift sind daher auch bei körperlichen Krankheiten zu treffen (zur Prüfungspflicht siehe oben Rdn 25).

59 *Winkler*, § 11 Rn 9; Soergel/*Mayer*, 13. Aufl., § 11 BeurkG Rn 4 (nach § 2264 BGB).

60 Frenz/Miermeister/*Limmer*, § 11 BeurkG Rn 5; *Zimmermann*, BWNotZ 2000, 97, 100; BRHP/*Litzenburger*, § 11 BeurkG Rn 4.

61 Grziwotz/Sauer/Heinemann/*Heinemann/Grziwotz*, § 11 Rn 22.

62 Grziwotz/Sauer/Heinemann/*Heinemann/Grziwotz*, § 11 Rn 22.

II. Zweck und Wirkung des Vermerks

Zweck des Vermerks ist in erster Linie die **Beweissicherung.**[63] Bei einem späteren Rechtstreit, der die Geschäftsfähigkeit eines Beteiligten zum Gegenstand hat, soll den Beteiligten die Beweisführung über das Bestehen bzw. das Fehlen der erforderlichen Geschäftsfähigkeit ermöglich werden. 33

Hierbei löst die Vermerkpflicht gem. Abs. 1 S. 2 Abs. 2 auch einen **Konflikt mit der notariellen Verschwiegenheitspflicht** gem. § 18 BNotO.[64] Hätte der Notar keinen Vermerk aufgenommen, bliebe der beweispflichtigen Partei nur übrig, den Notar als Zeugen für die von ihm getroffenen Feststellungen über die Geschäftsfähigkeit zu benennen. Dessen Aussage steht aber § 18 BNotO entgegen, wenn ihm der betroffene Beteiligte nicht Befreiung von der Verschwiegenheitspflicht erteilt. Indem Abs. 1 S. 2 Abs. 2 bestimmt, dass der Vermerk in die Niederschrift aufzunehmen ist, wird diese Erschwerung der Beweisführung verhindert. Jeder, der gem. § 51 BeurkG ein Recht auf Erteilung einer Ausfertigung hat, kann unabhängig von dem Einverständnis der anderen Beteiligten die Feststellungen aus der Niederschrift in den Rechtstreit einführen. Der Betroffene wird hierdurch auch nicht unbillig in seinem Recht auf informationelle Selbstbestimmung berührt. Durch seine Genehmigung der Niederschrift autorisiert er die „Veröffentlichung" des Vermerks.[65] Zudem hat er dadurch, dass der Vermerk in der zu verlesenden Niederschrift enthalten ist, die Möglichkeit, hierzu Stellung zu nehmen und ggf. auf eine Änderung oder Ergänzung des Vermerks hinzuwirken.[66] Die Vermerkpflicht führt daher dazu, dass allen Beteiligten eine effektive Beweisführung über die Wirksamkeit bzw. Unwirksamkeit des notariell beurkundeten Rechtsgeschäfts ermöglicht wird.

Daneben kommt dem Vermerk gem. Abs. 1 S. 2 über Zweifel an der Geschäftsfähigkeit ein zweiter Zweck, nämlich eine **Warnfunktion** für den Rechtsverkehr zu. Der Zweifelsvermerk soll den Rechtsverkehr davor schützen, dass durch den öffentlichen Glauben der Anschein der Wirksamkeit des beurkundeten Rechtsgeschäfts suggeriert wird, obwohl für den Notar nicht auszuräumende Zweifel an der Geschäftsfähigkeit eines Beteiligten bestanden haben.[67] 34

Die in der Niederschrift enthaltenen Feststellungen des Notars sind von der Beweiskraft des **§ 418 ZPO** umfasst, begründen mithin vollen Beweis, der nur durch den Gegenbeweis widerlegt werden kann. Zu berücksichtigen ist allerdings, dass der Notar die Feststellungen **„als Zeuge des Geschehens"** und nicht als Sachverständiger trifft (vgl. auch § 28 BeurkG Rdn 2 und 14).[68] Es sind daher auch nur die tatsächlichen Feststellungen des Notars zur Geschäftsfähigkeit von der Beweiskraft des § 418 ZPO umfasst, nicht dagegen seine abschließende Bewertung der Geschäftsfähigkeit.[69] 35

III. Vermerkinhalt

1. Bei Zweifeln an der Geschäftsfähigkeit

Der Inhalt des Vermerks wegen Zweifeln an der Geschäftsfähigkeit ergibt sich aus seiner Doppelfunktion als Instrument der Beweissicherung und der Warnung des Rechtsverkehrs. Um der Warnfunktion Rechnung zu tragen, reicht die Angabe, dass der Notar Zweifel an der Geschäftsfähigkeit des betreffenden Beteiligten hat. Die Formulierung muss sich allerdings nicht an den Gesetzeswortlaut des Abs. 1 S. 2 halten. Wegen dessen negativer Suggestivwirkung schlagen *Heinemann/Grziwotz* als Alternative die Angabe vor, dass sich der Notar von der erforderlichen Geschäftsfähigkeit des Beteiligten nicht abschließend zu überzeugen vermochte.[70] 36

Auf diese Feststellung darf sich der Vermerk allerdings nicht beschränken, da damit für die Beweissicherung nichts gewonnen wäre.[71] Gerade bei bestehenden Zweifeln an der Geschäftsfähigkeit ist es erforderlich, detaillierte Tatsachenfeststellungen zu treffen, um einem später mit einem Rechtsstreit über die Geschäfts-

63 *Kanzleiter*, DNotZ 1993, 434, 438.
64 *Kanzleiter*, DNotZ 1993, 434, 439.
65 *Kanzleiter*, DNotZ 1993, 434, 435.
66 *Kanzleiter*, DNotZ 1993, 434, 438.
67 Frenz/Miermeister/*Limmer*, § 11 BeurkG Rn 5.
68 Frenz/Miermeister/*Limmer*, § 11 BeurkG Rn 8; *Winkler*, § 11 Rn 14; *Zimmermann*, BWNotZ 2000, 97, 100; *Müller*, DNotZ 2006, 325, 326 ff.
69 Frenz/Miermeister/*Limmer*, § 11 BeurkG Rn 8; *Kruse*, NotBZ 2001, 405. Vgl. auch OLG Hamm v. 13.7.2021 – 10 U 5/20, wonach mangels fachlicher Qualifikation zur Beurteilung der medizinischen Voraussetzungen des § 104 Nr. 2 BGB Aussagen von Notaren zur Geschäftsfähigkeit grundsätzlich kein besonderer Beweiswert zuzumessen ist.
70 Grziwotz/Sauer/Heinemann/*Heinemann/Grziwotz*, § 11 Rn 24 f.
71 A.A. Grziwotz/Sauer/Heinemann/*Heinemann/Grziwotz*, § 11 Rn 24, der nur das Ergebnis, nämlich die Zweifel an der Geschäftsfähigkeit, nicht aber die einzelnen Ermittlungsmaßnahmen dokumentieren will.

fähigkeit befassten Gericht Anknüpfungstatsachen für eine Beweiserhebung an die Hand zu geben. Daher sollte der Notar den Vermerk **sorgfältig und fallbezogen** formulieren. Er sollte im Einzelnen aufführen, welche Ermittlungen er durchgeführt hat und zu welchen tatsächlichen Ergebnissen diese geführt haben. Gespräche mit Ärzten oder dem Pflegepersonal sollte er nach ihrem wesentlichen Inhalt protokollieren.

2. Bei schwerer Krankheit

37 Bei schwerer Krankheit ist grundsätzlich nur die Beweissicherungsfunktion, nicht die Warnfunktion des Vermerks betroffen. Etwas anderes gilt nur dann, wenn der Notar nach Durchführung seiner Ermittlung Zweifel an der Geschäftsfähigkeit des Beteiligten hat. Dann gilt neben Abs. 2 auch Abs. 1 S. 2, so dass auch die Warnfunktion zu beachten ist.

Um der Beweissicherungsfunktion zu genügen, hat der Notar zunächst die Art der Erkrankung im Vermerk festzuhalten. Handelt es sich hierbei um eine körperliche Erkrankung, die keinerlei Einfluss auf die geistige Gesundheit des Beteiligten hat, kann er es bei der kurzen weiteren Feststellung bewenden lassen, dass nach seiner aus der Verhandlung gewonnenen Überzeugung an der Geschäftsfähigkeit des Beteiligten keine Zweifel bestehen. Handelt es sich hingegen um eine Erkrankung, bei der Auswirkungen auf die geistige Gesundheit des Beteiligten nicht auszuschließen sind, sollte der Notar wiederum ausführlich die von ihm durchgeführten Ermittlungen und deren tatsächliche Ergebnisse wiedergeben. Auch hier wäre nichts gewonnen, wenn sich der Notar darauf beschränken würde, nur das Gesamtergebnis – nämlich das Bestehen oder Nichtbestehen von Zweifeln an der Geschäftsfähigkeit – wiederzugeben.[72]

3. Behandlung ärztlicher Gutachten

38 Haben die Beteiligten ein ärztliches Gutachten vorgelegt, sollte dieser Umstand ebenfalls in dem Vermerk des Notars erwähnt werden. Da das Gutachten oftmals für eine spätere gerichtliche Beweiserhebung wichtige Anknüpfungstatsachen liefern wird, stellt sich die Frage, wie es so zum Gegenstand des Vermerks gemacht werden kann, dass es möglichst uneingeschränkt für ein späteres gerichtliches Verfahren zur Verfügung steht. Beurkundungstechnisch ergeben sich folgende Möglichkeiten:

- Das Gutachten wird der Niederschrift als nicht zu verlesende Anlage beigefügt.
- Der Inhalt des Gutachtens wird vollständig in den Vermerk aufgenommen.
- Das Gutachten wird, ohne dass es zur Anlage gemacht wird, bei der Niederschrift verwahrt.
- Das Gutachten wird in den Nebenakten verwahrt.

Die erste Variante hat den Vorteil, dass hierdurch alle gem. § 51 BeurkG zur Erteilung einer Ausfertigung Berechtigten über das Gutachten für Beweiszwecke verfügen können, ohne dass der Betroffene über § 18 BNotO sein Veto zur Herausgabe einlegen könnte. Problematisch ist allerdings, dass ein solches Gutachten regelmäßig eine Vielzahl an höchstpersönlichen Informationen enthalten wird, von denen der Betroffene nicht wollen wird, dass diese den anderen Beteiligten ohne weiteres zugänglich gemacht werden. Wegen des Rechts auf informationelle Selbstbestimmung wird sich daher grundsätzlich ein Beifügen des Gutachtens zur Niederschrift verbieten.[73] Nur in den Fällen, in denen der Betroffene sein ausdrückliches Einverständnis mit dem Beifügen erklärt, nachdem er von dem Notar über die Tragweite dieser Entscheidung aufgeklärt worden ist, sollte dieser Weg beschritten werden. Die Bedenken gegen die erste Variante sprechen neben der Unpraktikabilität – der Gutachteninhalt müsste vollständig vorgelesen werden – auch gegen die zweite Variante. Im Regelfall vorzugswürdig dürfte daher die dritte oder vierte Variante sein. Um die Möglichkeit zur Verwertung in einem etwaigen Gerichtsverfahren zu sichern, sollte der Notar eine Befreiung von seiner Verschwiegenheitspflicht insoweit herbeiführen, als es ihm gestattet wird, das Gutachten zur Beweisführung über die Geschäftsfähigkeit in einem Rechtsstreit über die Wirksamkeit des beurkundeten Rechtsgeschäfts herauszugeben.

Eine Formulierung könnte wie folgt lauten:

Zur Frage der Geschäftsfähigkeit des Beteiligten [Name einfügen] ist ein fachärztliches Gutachten des Arztes [Name einfügen] vom [Datum einfügen] eingeholt worden. Das Gutachten kommt zu folgendem

72 A.A. Grziwotz/Sauer/Heinemann/*Heinemann/Grziwotz*, § 11 Rn 26.

73 Kritisch auch *Lerch*, § 11 Rn 16.

Ergebnis: [Es folgt eine kurze Zusammenfassung des Gutachteninhalts]. Der Beteiligte [Name einfügen] erklärt sich damit einverstanden, dass der Notar auf Anforderung eines gemäß § 51 BeurkG zur Erteilung einer Ausfertigung dieser Niederschrift Berechtigten eine beglaubigte Ablichtung des Gutachtens erteilt, wenn dieser nachweist, dass ein Rechtsstreit über die Wirksamkeit des in dieser Niederschrift beurkundeten Rechtsgeschäfts anhängig ist und in diesem Rechtsstreit Beweis über die Frage der Geschäftsfähigkeit des Beteiligten [Name einfügen] erhoben werden soll. Der Notar wird insoweit von seiner Pflicht zur Verschwiegenheit gemäß § 18 BNotO befreit.

Problematisch an diesem Lösungsvorschlag ist allerdings, dass in dem Fall, in dem die Geschäftsfähigkeit des Betroffenen zweifelhaft ist, auch die Frage der Wirksamkeit der Entbindung von der Verschwiegenheitspflicht zweifelhaft sein könnte. Da die Entbindungserklärung in persönlichen Angelegenheiten nur die natürliche Einsichts- und Urteilsfähigkeit und nicht die volle Geschäftsfähigkeit voraussetzt,[74] wird sich aber trotz Zweifeln an der Geschäftsfähigkeit häufig die Wirksamkeit der Entbindungserklärung positiv feststellen lassen. In den Fällen dagegen, in denen Zweifel an der Wirksamkeit der Entbindungserklärung nicht auszuräumen sind, bleibt nur der Weg, die Einwilligung durch die Aufsichtsbehörde gem. § 18 Abs. 2 Hs. 2 BNotO erteilen zu lassen. Für die hierfür erforderliche Ermittlung des mutmaßlichen Willens des Beteiligten, stellt die – möglicherweise unwirksame Entbindungserklärung in der Urkunde – ein gewichtiges Indiz dar. 39

Schließlich ist darauf hinzuweisen, dass es sich wegen der grundsätzlich siebenjährigen Aufbewahrungsfrist für Nebenakten gem. § 50 Abs. 1 S. 1 Nr. 7 NotAktVV empfiehlt, entweder das Gutachten bei der Urschrift in der Urkundensammlung zu verwahren oder aber eine längere Aufbewahrungsfrist für die betreffenden Nebenakten zu bestimmen.

Bei **Verfügungen von Todes wegen**, die in die besondere amtliche Verwahrung gegeben werden, wird empfohlen, dass das Gutachten in den Verwahrumschlag gem. § 34 BeurkG genommen und mit in die besondere amtliche Verwahrung gegeben wird.[75] Damit wird der Beweissicherungsfunktion des § 11 BeurkG entsprochen, weil sich das Einsichtsrecht gem. § 357 Abs. 1 FamFG auch auf die im Verwahrumschlag mitverwahrten Unterlagen bezieht.[76] Im Hinblick auf § 18 BNotO sollte sich der Notar zu diesem Vorgehen aber von dem Betroffenen ausdrücklich anweisen lassen. 40

Bleibt ein Erbvertrag in der Verwahrung des Notars, wird angeregt, das Gutachten mit der Urschrift des Erbvertrags zu verwahren.[77] Der Notar sollte sich in diesem Fall anweisen lassen, das Gutachten mit dem Erbvertrag zur Eröffnung einzureichen.

IV. Ort des Vermerks

1. In der Niederschrift

Gemäß Abs. 1 S. 2 Abs. 2 hat der Notar seine Feststellungen grundsätzlich **in der Niederschrift** selbst, nicht aber in einem davon getrennten Vermerk zu treffen. 41

2. Gesonderte Tatsachenbescheinigung

Trotz des eindeutigen Wortlauts des § 11 BeurkG lässt es die h.M. im Ausnahmefall zu, dass der Notar die Feststellungen in eine separate Tatsachenbescheinigung aufnimmt.[78] Maßgeblich hierfür ist der Gedanke, dass der Betroffene im Einzelfall durch das Verlesen des Vermerks in seinem Selbstwertgefühl ernsthaft verletzt oder seelisch belastet werden könnte. Dadurch könnte das Beurkundungsziel der richtigen Rechtsgestaltung erschwert werden, wenn die Akzeptanz des Notars durch den Betroffenen darunter leidet, dass der Notar aus Sicht des Betroffenen verletzende oder jedenfalls seine persönliche Sphäre berührende, von ihm als unsensibel empfundene Feststellungen über seine Geschäftsfähigkeit trifft.[79] In die- 42

74 Frenz/Miermeister/*Bremkamp*, § 18 BNotO Rn 27; Arndt/Lerch/Sandkühler/*Sandkühler*, § 18 Rn 98; BeckOK-BNotO/*Sander*, § 18 Rn 151; a.A. noch Schippel/Bracker/*Kanzleiter*, 9. Aufl., § 18 BNotO Rn 51.
75 Frenz/Miermeister/*Baumann*, § 28 BeurkG Rn 5.
76 Prütting/Helms/Zorn, § 357 Rn 14.
77 Frenz/Miermeister/*Baumann*, § 28 BeurkG Rn 5.
78 *Kanzleiter*, DNotZ 1993, 434 ff.; *Winkler*, § 11 Rn 15 f.; Frenz/Miermeister/*Limmer*, § 11 BeurkG Rn 7; Staudinger/*Hertel*, BeurkG Rn 576, 339; Soergel/*Mayer*, 13. Aufl., § 11 BeurkG Rn 8 (nach § 2264 BGB); *Lichtenwimmer*, MittBayNot 2002, 240, 244; *Kruse*, NotBZ 2001, 448, 453; *Reithmann*, DNotZ 2004, 652; a.A. *Zimmermann*, BWNotZ 2000, 97, 100.
79 *Kanzleiter*, MittBayNot 2008, 495, 496 f.

sem Fall wird es daher für zulässig gehalten, dass in die Hauptniederschrift nur eine kurze Bemerkung zur Geschäftsfähigkeit aufgenommen wird und die weitergehenden Wahrnehmungen in einem gem. §§ 36 ff. BeurkG zu errichtenden Tatsachenprotokoll festgehalten werden.

Kanzleiter weist allerdings zu Recht darauf hin, dass dieses Vorgehen die Beweissicherungsfunktion des § 11 BeurkG gefährdet.[80] Das Recht auf Erteilung einer Ausfertigung der Hauptschrift umfasst entgegen der h.M. nicht auch die Erteilung einer Ausfertigung des gesonderten Tatsachenprotokolls.[81] Die gegenteilige Auffassung der h.M. lässt unberücksichtigt, dass der Betroffene – anders als bei einem in der Niederschrift enthaltenen Vermerk – die in der separaten Tatsachenbescheinigung getroffenen Feststellungen nicht „autorisiert“ und auf deren Inhalt keinen Einfluss nehmen kann.[82] Damit können diese nicht mit dem in der Niederschrift enthaltenen Vermerk gleichgestellt werden. Konsequenz dieser Auffassung zum Umfang des Ausfertigungsrechts ist, dass durch die Auslagerung der Feststellungen in einen gesonderten Vermerk die Beweisführungsmöglichkeit der weiteren Beteiligten beeinträchtigt und damit die Hauptfunktion der Vermerkpflicht verfehlt wird. Es ist *Kanzleiter* daher beizupflichten, wenn dieser als weitere Voraussetzung für eine Auslagerung in eine gesonderte Tatsachenbescheinigung verlangt, dass der Betroffene sein Einverständnis mit der späteren Verwendung des Vermerks erteilt oder aber dieses Einverständnis zu vermuten ist, so dass später eine Entbindung von der Verschwiegenheitspflicht gem. § 18 Abs. 2 Hs. 2 BNotO durch die Aufsichtsbehörde erfolgen kann.[83]

Bei der Verwahrung einer gesonderten Tatsachenbescheinigung ist wie bei der Verwahrung eines ärztlichen Gutachtens zu verfahren (siehe oben Rdn 38). Entweder wird sie bei der Urschrift der Haupturkunde oder in den Nebenakten verwahrt. Bei Verfügungen von Todes wegen, die in die besondere amtliche Verwahrung gegeben werden, kann sie bei entsprechender Anweisung des Betroffenen mit in den Verwahrumschlag genommen werden.

3. Interner Aktenvermerk

43 Nicht von Abs. 1 S. 2 Abs. 2 erfasst werden **Aktennotizen**, die der Notar ausschließlich für **„rein interne Zwecke“** fertigt. Es geht um Fälle, in denen die besonderen Feststellungen nach Abs. 1 S. 2 Abs. 2 nicht geboten sind. Gelegentlich wird der Notar jedoch aufgrund seiner Erfahrungen die Möglichkeit späterer Streitigkeiten vorausahnen und seine spätere Vernehmung als Zeuge für möglich halten. Hier kann es sinnvoll sein, als Erinnerungsstütze einen Aktenvermerk über Vorgeschichte, Hintergründe und Verlauf der Beurkundung anzufertigen.[84] Ein Recht zur Einsicht in einen solchen rein internen Vermerk steht den Beteiligten nicht zu. Der Notar darf im Prozess nur aussagen und sich auf diesen Vermerk stützen, wenn ihm Befreiung von seiner Verschwiegenheitspflicht erteilt worden ist.

§ 12 Nachweise für die Vertretungsberechtigung

(1) [1]Vorgelegte Vollmachten und Ausweise über die Berechtigung eines gesetzlichen Vertreters sollen der Niederschrift in Urschrift oder in beglaubigter Abschrift beigefügt werden. [2]Einer elektronischen Niederschrift sollen vorgelegte Nachweise nach Satz 1 in elektronisch beglaubigter Abschrift beigefügt werden. [3]Ergibt sich die Vertretungsberechtigung aus einer Eintragung im Handelsregister oder in einem ähnlichen Register, so genügt die Bescheinigung eines Notars nach § 21 der Bundesnotarordnung.

(2) Wird eine Willenserklärung als von einem Bevollmächtigten abgegeben beurkundet, so gilt die Vorlage der Vollmachtsurkunde gegenüber dem Notar auch als Vorlage gegenüber demjenigen, gegenüber dem die beurkundete Willenserklärung abgegeben wird.

80 *Kanzleiter*, DNotZ 1993, 434, 438 f.
81 So auch *Kanzleiter*, DNotZ 1993, 434, 435; *Winkler*, § 11 Rn 18, § 51 Rn 41; a.A. BayObLG v. 2.7.1992 – 3Z BR 58/92, DNotZ 1993, 471 ff.; Armbrüster/Preuß/Renner/*Renner*, 5. Aufl., § 11 BeurkG Rn 26; *Lichtenwimmer*, MittBayNot 2002, 240, 244.
82 *Kanzleiter*, DNotZ 1993, 434, 435.
83 *Kanzleiter*, DNotZ 1993, 434, 439 f.
84 Vorschläge zur Gliederung eines außerurkundlichen Vermerks finden sich bei *Warflinger*, RNotZ 2024, 285, 291. Zur Verwahrung siehe *Warflinger*, RNotZ 2024, 285, 292 f.

Literatur *Albers*, Die GbR im Grundstücksverkehr nach dem ERVGBG, ZfIR 2010, 705; *Bamberger*, Das Vertretungsrecht der Kirchen in Nordrhein-Westfalen – Grundbuch- und Beurkundungsverfahren, RNotZ 2014, 1 ff.; *Bolkart*, Zur Zustellung der Vollmacht bei Vertretung im Rahmen der Unterwerfung unter die sofortige Zwangsvollstreckung, MittBayNot 2007, 338; *Böttcher*, Immobiliengeschäfte mit der Gesellschaft bürgerlichen Rechts, ZNotP 2010, 174 f.; *Bous*, Fortbestand und Rechtsschein der Untervollmacht trotz Wegfalls der Hauptvollmacht, RNotZ 2004, 483; *K. Fischer*, Existenz- und Vertretungsnachweise bei US Corporations, ZNotP 1999, 352; *Häming*, Vertretungsbefugnisse von Stiftungsorganen und Neuerungen durch das Stiftungsregister, RNotZ 2025, 328; *Heinze*, Die Gesellschaft bürgerlichen Rechts im Grundbuchverkehr, RNotZ 2010, 289; *Hertel*, Die Gesellschaft bürgerlichen Rechts (GbR) im Grundbuch, in: FS Brambring, S. 171; *Krüger*, Die Gesellschaft bürgerlichen Rechts und das Grundbuch – causa infinita, NZG 2010, 801, 806; *Lichtenberger*, Zur Anwendung des BGB § 181 auf den Vertreter ohne Vertretungsmacht, MittBayNot 2000, 434; *Limmer*, Notarielle Bescheinigungen und Bestätigungen, ZNotP 2002, 261, 262 f.; *Neumeyer*, Die Vertretung öffentlich-rechtlicher Körperschaften, RNotZ 2001, 249; *Schneeweiß*, Die Doppelvertretung durch den Bürgermeister bei Grundstücksverträgen, MittBayNot 2001, 341; *Tebben*, Das schwebend unwirksame Insichgeschäft und seine Genehmigung, DNotZ 2005, 173; *Thelen/Hermanns*, Die Vorlage der Vollmachtsurkunde bei der Beurkundung, DNotZ 2019, 725; *Wachter*, Vertretungsfragen bei der Gründung einer Einpersonen-GmbH, GmbHR 2003, 660; *ders.*, Handelsregisteranmeldung der inländischen Zweigniederlassung einer englischen Private Limited Company, NotBZ 2004, 41.

A. Allgemeines

1 Die Sätze 1 und 3 des Abs. 1 entsprechen § 29 Abs. 3 BNotO in der bis zum 1.1.1970 gültigen Fassung. Abs. 1 S. 2 wurde durch das Gesetz zur Einführung einer elektronischen Präsenzbeurkundung vom 10.12.2025[1] ergänzt. Die Vorschrift des § 29 BNotO a.F. stammte ihrerseits aus der 1. Fassung der DONot vom 5.7.1937 und war von dort in die BNotO übernommen worden (§ 33 Abs. 3 DONot 1937). Der Gesetzgeber hat es nicht für erforderlich gehalten, die Pflichten des Notars über die Prüfung der Vertretungs- und Verfügungsbefugnis der Beteiligten, die sich früher aus § 29 Abs. 1, 2, 4 BNotO a.F. ergaben, ausdrücklich in das BeurkG zu übernehmen. Auch die DONot enthält insoweit keine Bestimmungen.

2 Diese Prüfungspflichten werden heute aus § 10 BeurkG und insbesondere § 17 BeurkG abgeleitet.[2] In der Sache hat sich dabei nichts geändert; § 29 BNotO a.F. beschreibt, was auch heute noch vor für den Notar gilt. Die Vorschrift lautete:

> (1) [1]Bei der Beurkundung von Rechtsgeschäften soll der Notar die Vertretungsmacht und die Verfügungsbefugnis der Beteiligten prüfen. [2]Bestehen Zweifel, so soll er die Beteiligten über die Rechtslage belehren und einen entsprechenden Vorbehalt in die Urkunde aufnehmen.

1 BGBl. 2025 I Nr. 320.

2 *Klein*, DNotZ 1993, 276, 277; Frenz/Miermeister/*Limmer* § 12 BeurkG Rn 1.

(2) Stellt der Notar fest, dass die Vertretungsmacht oder Verfügungsbefugnis fehlt und dass auch eine nachträgliche Genehmigung durch die Berechtigten nicht möglich ist, so hat er die Beurkundung abzulehnen.

(3) [1]Bei der Verhandlung vorgelegte Vollmachten und Ausweise über die Berechtigung eines gesetzlichen Vertreters soll der Notar in Urschrift oder in beglaubigter Abschrift der Niederschrift beifügen. [2]Ergibt sich die Vertretungsberechtigung aus einer Eintragung im Handelsregister oder in einem ähnlichen Register, so genügt eine Bescheinigung des Notars nach § 21.

(4) Bei Rechtsgeschäften Minderjähriger soll der Notar i.d.R. deren Alter in der Urkunde angeben, auch wenn die Erklärungen durch einen Vertreter abgegeben werden.

3 § 12 BeurkG steht im engen systematischen Zusammenhang mit § 17 BeurkG: Der Notar muss über die rechtliche Tragweite eines Geschäfts belehren und damit auch darüber, ob der Rechtserfolg eintreten kann. Wird ein Beteiligter bei der Beurkundung eines Rechtsgeschäftes vertreten, so ist der Notar deshalb nach § 17 BeurkG verpflichtet, die Vertretungsmacht zu überprüfen.[3] Dasselbe gilt für die Verfügungsbefugnis eines Beteiligten, der im eigenen Namen über eigene oder fremde Rechte verfügt (siehe unten § 17 BeurkG Rdn 55 ff.).[4] Die Erfüllung dieser Prüfungspflichten hat der Notar gem. § 12 BeurkG zu dokumentieren. Während § 17 BeurkG die Prüfungspflichten beinhaltet, normiert § 12 BeurkG eine **spezielle Zeugnispflicht**[5] zur Dokumentation der Erfüllung der Amtspflicht.

B. Anwendungsbereich

4 § 12 BeurkG steht im Zweiten Abschnitt des BeurkG, der von der Beurkundung von Willenserklärungen handelt. Die Vorschrift gilt deshalb grundsätzlich **nur für die Beurkundung rechtsgeschäftlicher Erklärungen**. Bei der Beurkundung von Versammlungsprotokollen braucht der Notar daher die Vertretungsmacht der Erschienenen nicht zu prüfen. Dies ist bei **Hauptversammlungen der AG** grundsätzlich Angelegenheit des Versammlungsleiters.[6] Die Vollmachten der Aktionärsvertreter hat nicht der Notar, sondern die Gesellschaft zu verwahren.[7] Natürlich kann der Notar Kopien solcher Urkunden als Anlagen zur Niederschrift nehmen. Auch bei **Unterschriftsbeglaubigungen** findet § 12 BeurkG im Hinblick auf den regelungssystematischen Zusammenhang keine Anwendung. Ohne entsprechenden Auftrag muss der Notar bei Unterschriftsbeglaubigungen also weder Vertretungsverhältnisse offenlegen noch Vertretungsnachweise beifügen und prüfen. Tut er es jedoch, so genießen die Angaben in gleicher Weise öffentlichen Glauben wie die entsprechenden Erklärungen im Rahmen einer notariellen Niederschrift. Bei offenkundig fehlender Vertretungsmacht sollte der Notar auch bei Unterschriftsbeglaubigungen seine Mitwirkung versagen.

Nach allgemeiner Auffassung ist die Vorschrift des § 12 BeurkG entsprechend auf **nachträgliche Genehmigungen** anwendbar, so dass auch diese der Niederschrift beizufügen sind.[8] Gleiches gilt für **Vollmachtsbestätigungen**.[9] Liegt die Vollmacht bei Beurkundung nicht oder nicht in gehöriger Form vor, wird aber nach erfolgter Beurkundung nachgereicht, soll § 12 BeurkG darauf analog angewendet werden, sodass die nachgereichte Vollmacht der Niederschrift nachträglich in Urschrift oder beglaubigter Abschrift beigefügt werden soll.[10]

5 Für die Beurkundung von **Eiden und eidesstattlichen Versicherungen** gelten gemäß § 38 BeurkG die Vorschriften über die Beurkundungen rechtsgeschäftlicher Erklärungen entsprechend. Damit ist auch § 12 BeurkG anzuwenden.[11] Eidesstattliche Versicherungen zur Erlangung von Erbscheinen und Testamentsvollstreckerzeugnissen können nur von den Antragstellern persönlich (dazu gehören auch Testamentsvollstrecker, Nachlass- und Nachlassinsolvenzverwalter, Gläubiger) oder von ihren gesetzlichen Vertretern abgegeben werden. Minderjährige über 16 Jahre können dies auch selbst tun. Ausgeschlossen sind dagegen rechtsgeschäftliche Vertreter und die Bevollmächtigten von gesetzlichen Vertretern.[12]

3 BGH v. 21.1.1988 – IX ZR 252/86, DNotZ 1989, 43; *Neumeyer*, RNotZ 2001, 249, 250; Frenz/Miermeister/*Limmer*, § 12 BeurkG Rn 3.
4 *Winkler*, § 12 Rn 1.
5 *Winkler*, § 12 Rn 1; Beck'sches Notarhdb/*Kindler*, § 31 Rn 124.
6 Beck'sches Notarhdb/*Kindler*, § 31 Rn 124.
7 *Winkler*, § 12 Rn 2.
8 *Lerch*, § 12 Rn 24.
9 Frenz/Miermeister/*Limmer*, § 12 BeurkG Rn 13.
10 *Thelen/Hermanns*, DNotZ 2019, 725, 734.
11 Beck'sches Notarhdb/*Kindler*, § 31 Rn 124.
12 Grüneberg/*Weidlich*, § 2353 BGB Rn 28; siehe aber auch *Litzenburger*, ZEV 2004, 450 ff.

C. Einzelheiten zur Vertretungsmacht und zum Nachweis

I. Gewillkürte Vertretung: Vollmachten

1. Formvorschriften für Vollmachten

6 Der Notar hat zunächst zu prüfen, ob die Form der Vollmacht für das zu beurkundende Rechtsgeschäft ausreicht. In einigen Fällen enthält bereits **das Gesetz** materiell-rechtliche Anforderungen an die **Form der Vollmacht**. § 1820 Abs. 2 BGB verlangt Schriftform für Vorsorgevollmachten in Gesundheitsangelegenheiten. Für Stimmrechtsvollmachten bei Aktiengesellschaften ist die **Textform** vorgesehen; es können jedoch Abweichungen festgelegt werden (§ 134 Abs. 3 S. 3 AktG). Nach § 47 Abs. 3 GmbHG bedürfen Vollmachten für Gesellschafterversammlungen wenigstens der **Textform**. Die **öffentliche Beglaubigung** wird verlangt bei Vollmachten zur Erbausschlagung (§ 1945 Abs. 3 BGB); die Regelung ist gem. § 1484 Abs. 2 S. 1 BGB entsprechend anwendbar auf die Ablehnung der fortgesetzten Gütergemeinschaft. Eine **notariell beglaubigte Vollmacht** ist gem. § 23 Abs. 1 S. 2 AktG erforderlich zur Feststellung der Satzung der Aktiengesellschaft, gem. § 2 Abs. 2 GmbHG zur Gründung einer GmbH und analog § 55 Abs. 1 GmbHG zur Abgabe einer Übernahmerklärung.[13] Vollmachten zum Abschluss eines Verbraucherkreditvertrages bedürfen der **Schriftform** (§ 492 Abs. 4 S. 1, Abs. 1 S. 1 BGB) und müssen die Pflichtangaben des § 492 Abs. 2 BGB enthalten; eine Ausnahme gilt gem. § 492 Abs. 4 S. 2 BGB allerdings für **notariell beurkundete Vollmachten**.

7 Nicht selten ist die Vollmacht zwar materiell-rechtlich formfrei, muss aber gegenüber dem Gericht in öffentlicher Urkunde nachgewiesen werden. Das ist der Fall bei Vollmachten für Anmeldungen zum Handelsregister (§ 12 Abs. 1 S. 3 HGB) oder Gesellschaftsregister (§ 707b Nr. 2 BGB i.V.m. § 12 Abs. 1 S. 3 HGB) und Vollmachten für Grundbucherklärungen (§ 29 Abs. 1 S. 1 GBO). Hierbei genügt die **Beglaubigung** von Vorsorgevollmachten durch die **Betreuungsbehörden** (§ 7 BtOG) den Anforderungen des § 29 Abs. 1 GBO.[14] Die Vollmacht zur Abgabe eines Gebots gem. § 71 Abs. 2 ZVG muss regelmäßig durch eine öffentlich beglaubigte Urkunde nachgewiesen werden. Die Vollstreckungsklausel für eine Urkunde mit Unterwerfungserklärung darf nur erteilt werden, wenn die Vollmacht in öffentlicher oder öffentlich beglaubigter Form nachgewiesen ist.[15] Gründe der Rechtssicherheit veranlassen Notare vielfach, eine öffentlich beglaubigte Vollmacht zu fordern, obwohl es materiell-rechtlich keine Notwendigkeit gibt. Das ist z.B. der Fall bei Vollmachten für GmbH-Geschäftsanteilsabtretungen, zumal der Notar sich in diesen Fällen auch wegen seiner Verpflichtung zur Einreichung einer neuen Gesellschafterliste nach § 40 Abs. 2 GmbHG von der Wirksamkeit der Abtretung überzeugen muss.

8 Nach § 167 Abs. 2 BGB bedarf die Vollmacht grundsätzlich nicht der Form des Rechtsgeschäftes, auf das sie sich bezieht.[16] § 167 Abs. 2 BGB widerspricht jedoch dem Schutzzweck vieler Formvorschriften. **Rechtsprechung und Literatur** reduzieren daher den Anwendungsbereich von § 167 Abs. 2 BGB. Im Detail ist zwar vieles umstritten; im Grundsatz jedoch gilt: Die Vollmacht muss immer dann in der für das Rechtsgeschäft selbst vorgeschriebenen Form vorliegen, wenn die formlose Bevollmächtigung im praktischen Ergebnis zur Umgehung dieser Form führen würde[17] oder die Vollmacht den in Wahrheit bereits gewollten Vertrag nur verdeckt.[18] Diese Voraussetzungen liegen vor, wenn der Vollmachtgeber durch die Vollmacht rechtlich und tatsächlich in derselben Weise gebunden wird wie durch die Vornahme des Rechtsgeschäfts.[19] Bei einer – auch zeitlich beschränkten – unwiderruflichen Vollmacht zum Grundstücksverkauf oder Grundstückserwerb muss das zugrunde liegende Rechtsgeschäft beurkundet werden.[20] Oft wird übersehen: Auch unwiderrufliche Vollmachten können aus wichtigem Grund widerrufen werden; Generalvollmachten können niemals unwiderruflich erteilt werden.[21] Formbedürftig sind weiterhin Vollmachten zur Erbteilsübertragung, wenn sie die Übertragung vorwegnehmen: Dazu reicht

13 Noack/Servatius/Haas/*Servatius*, § 55 GmbHG Rn 4.
14 OLG Dresden v. 4.8.2010 – 17 W 0677/10, 17 W 677/10, NotBZ 2010, 409.
15 BGH v. 17.4.2008 – V ZB 146/07, NotBZ 2008, 232.
16 BGH v. 1.4.1998 – XII ZR 278/96, DNotZ 1999, 46 ff.; *Lerch*, § 12 Rn 8; *Einsele*, DNotZ 1996, 835 ff.
17 Grüneberg/*Ellenberger*, § 167 BGB Rn 2; MüKo-BGB/*Schubert*, § 167 BGB Rn 16 ff.; *Winkler*, § 12 Rn 5.
18 BGH v. 23.2.1979 – V ZR 171/77, DNotZ 1979, 684, 685 mit Anm. *Kanzleiter*; *Lerch*, § 12 Rn 10.
19 MüKo-BGB/*Schubert*, § 167 BGB Rn 26.
20 Beck'sches Notarhdb/*Reetz*, § 27 Rn 76; BGH v. 13.11.1964 – V ZR 179/62, DNotZ 1965, 549, 550; BGH v. 15.1.1985 – 1 W 475/84, DNotZ 1986, 290, 291; *Tropf*, ZNotP 1998 258, 261.
21 Grüneberg/*Ellenberger*, § 168 BGB Rn 6; Staudinger/*Schilken*, § 168 BGB Rn 9.

eine Befreiung von § 181 BGB nicht aus, wohl aber regelmäßig die Unwiderruflichkeit.[22] Dieselben Grundsätze gelten für Bürgschaften.[23] Eine dem Käufer vom Verkäufer erteilte Auflassungsvollmacht soll formbedürftig sein, da § 925 BGB sonst umgangen werden könnte.[24] Formfrei ist nach h.M. die unwiderrufliche Vollmacht zur Abtretung von GmbH-Anteilen,[25] eine Ausnahme wird insoweit jedoch für Blankovollmachten gemacht.[26] Eine von den Beschränkungen des § 181 BGB befreiende Vollmacht ist nicht grundsätzlich formbedürftig.[27] Praktische Probleme bereitet der Anwendungsbereich des § 311b Abs. 1 S. 1 BGB bei Treuhandverträgen und Vollmachten im Zusammenhang mit Bauherrenmodellen.[28] Führt eine Grundstücksverkaufsvollmacht im Ergebnis zu einer Verkaufspflicht des Eigentümers, dann bedarf das Kausalgeschäft der Beurkundung; fehlt es daran, ist auch die beurkundete „isolierte" Vollmacht nicht wirksam. Praktische Bedeutung hat diese Problematik im Zusammenhang mit Verkaufsvollmachten zugunsten von Grundpfandrechtsgläubigern erlangt. Der Notar hat sowohl bei der Beurkundung einer solchen Vollmacht als auch der Beurkundung eines Kaufvertrages aufgrund einer derartigen Vollmacht größte Vorsicht walten zu lassen.[29]

2. Fragen und Probleme zum Inhalt von Vollmachten

9 Der Notar hat weiter zu prüfen, ob die ihm vorgelegte Vollmacht nach ihrem **Inhalt** für das zu beurkundende Rechtsgeschäft ausreicht. Der Notar sollte – soweit möglich – darauf achten, dass ihm Vollmachten (wenigstens in Kopie) möglichst bereits vor Beurkundung zugeleitet werden. Das gibt die Möglichkeit, die Texte in Ruhe zu lesen. Bei Spezialvollmachten ist genau darauf zu achten, ob der Gegenstand der Beurkundung von der Vollmacht uneingeschränkt „gedeckt" ist. Ob eine Vollmacht erst kurz vor Beurkundung erteilt wurde oder viele Jahre alt ist, spielt dagegen grundsätzlich keine Rolle,[30] sofern nicht, was insbesondere in der Unternehmenspraxis vorkommt, die Vollmacht nur zeitlich befristet erteilt wurde. Die in der Praxis wahrscheinlich häufigste „Fehlerquelle" sind Verstöße gegen § 181 BGB.[31]

10 Nach h.M. kann der Geschäftsführer einer GmbH einem Dritten keine **Generalvollmacht** erteilen; der organersetzende Charakter einer solchen Vollmacht macht sie unzulässig.[32] Eine Umdeutung in eine Handlungsvollmacht soll aber möglich sein.[33] Öffentlich-rechtliche Körperschaften können ebenfalls keine Generalvollmachten erteilen.[34] Für Nordrhein-Westfalen galt, dass dort auch eine Vollmacht, für eine Gemeinde Erklärungen „in allen Grundstücksangelegenheiten" abzugeben, unwirksam ist. Nach Auffassung des BGH unterlief eine derart weitgefasste Vollmacht die Vorschriften der nordrhein-westfälischen Gemeindeordnung über die Gesamtvertretung der Gemeinde.[35] Im Hinblick hierauf ist § 64 der nordrhein-westfälischen Gemeindeordnung geändert und die Alleinvertretung durch den Bürgermeister geregelt worden. Damit dürften Vollmachten im vorgenannten Umfang wirksam sein.

11 Bei einseitigen Rechtsgeschäften ist Vertretung ohne Vertretungsmacht gem. **§ 180 S. 1 BGB** unzulässig. Die Gründung einer Ein-Mann-GmbH durch einen Vertreter ohne Vertretungsmacht ist daher nichtig.[36] Nur wenn es sich bei dem einseitigen Rechtsgeschäft um eine empfangsbedürftige Willenserklärung handelt und der andere Teil die vollmachtlose Vertretung nicht beanstandet hat oder damit einverstanden gewesen ist, kommt eine Genehmigung durch den Vertretenen nach § 180 S. 2 BGB in Betracht.

Im Hinblick auf das Rechtsdienstleistungsgesetz (RDG) gilt: Die Nichtigkeit des Geschäftsbesorgungsvertrages wegen Verstoßes gegen das RDG erfasst auch die dem Geschäftsbesorger erteilte Vollmacht; allerdings wird der Rechtsverkehr vielfach nach Rechtsscheinsgrundsätzen geschützt.[37]

22 Grüneberg/*Ellenberger*, § 167 BGB Rn 2; *Rösler*, NJW 1999, 1150, 1152.
23 *Rösler*, NJW 1999, 1150, 1151 f.; MüKo-BGB/*Schubert*, § 167 BGB Rn 35.
24 MüKo-BGB/*Schubert*, § 167 BGB Rn 41.
25 MüKo-BGB/*Schubert*, § 167 BGB Rn 42.
26 BGH v. 24.3.1954 – II ZR 23/53, BGHZ 13, 49, 53; BGH v. 17.11.1955 – II ZR 222/54, BGHZ 19, 69, 72; *Winkler*, § 12 Rn 5.
27 Frenz/Miermeister/*Limmer*, § 12 BeurkG Rn 6; Beck'sches Notarhdb/*Reetz*, § 27 Rn 79; BGH v. 27.4.1965 – V ZR 245/62, DNotZ 1966, 92, 96; a.A. *Huhn/von Schuckmann*, 3. Aufl., § 12 BeurkG Rn 6.
28 *Lerch*, § 12 Rn 12; *Winkler*, § 12 Rn 6 f. m.w.N.
29 S. DNotI-Report 2008, 121 ff. m.w.N.
30 OLG Hamm v. 15.3.2005 – 15 W 61/05, NotBZ 2005, 264.
31 *Tebben*, DNotZ 2005, 173 ff.; *Klepsch/Klepsch*, NotBZ 2008, 321 ff.
32 BGH v. 18.10.1976 – II ZR 9/75, DNotZ 1977, 119 f.; Frenz/Miermeister/*Limmer*, § 12 BeurkG Rn 6; *Winkler*, § 12 Rn 4.
33 BGH v. 18.7.2002 – III ZR 124/01, DNotZ 2003, 147 f.
34 *Neumeyer*, RNotZ 2001, 249, 263.
35 BGH v. 27.10.2008 – II ZR 158/06 (Trabrennbahn), ZNotP 2009, 21, 23 f.
36 *Wachter*, GmbHR 2003, 660 f.
37 Beck'sches Notarhdb/*Reetz*, § 27 Rn 27 m.w.N.

3. Form des Nachweises der Vollmacht

Nicht aus der Verfahrensvorschrift des § 12 BeurkG, sondern aus § 17 BeurkG, also aus den materiellen Prüfungspflichten des Notars, folgt, dass dem Notar die Vertretungsberechtigung nachgewiesen werden muss.[38] 12

Bei Vollmachten gilt: Der Notar soll darauf hinwirken, dass nicht nur einfache oder beglaubigte Abschriften einer Vollmacht vorgelegt werden.[39] Nach Möglichkeit hat er sich die Urschrift oder (bei notariellen Vollmachten) eine Ausfertigung vorlegen zu lassen. Denn eine (beglaubigte) Abschrift kann auch derjenige besitzen, dessen Vollmacht widerrufen oder erloschen ist. Abschriften und beglaubigte Abschriften können in beliebiger Zahl hergestellt werden; sie unterliegen auch keiner Rückgabepflicht. Der gute Glaube an die Existenz der Vollmacht ist nur geschützt, wenn die Urschrift oder eine Ausfertigung vorgelegt werden (§ 172 BGB).[40] Hat der Vollmachtgeber dem Geschäftsgegner oder, zur Weitergabe an diesen, dem Notar vorab einen Scan der Vollmacht geschickt, kann darin allerdings eine Kundgebung der Bevollmächtigung i.S.d. § 171 BGB liegen, die ebenfalls den Rechtsschein wirksamer Vollmacht begründet, oder sogar die Erteilung einer Außenvollmacht i.S.d. § 170 BGB.[41] Oft passiert es in der Praxis, dass Beteiligte die Vollmacht nicht in gehöriger Form zur Beurkundung mitbringen. Dann kann der Notar die Beurkundung dennoch vornehmen, wenn er die Beteiligten auf die Problematik hinweist.[42] Vielfach wird es sinnvoll sein und es ist in der Praxis auch üblich, dass dem Notar die Urschrift bzw. Ausfertigung der Urkunde nach erfolgter Beurkundung nachgereicht wird.[43] Das begründet zwar nicht nachträglich den Rechtsschein des § 172 BGB. Allerdings kann darin je nach den Umständen des Einzelfalls eine (konkludente) Vollmachtsbestätigung liegen. Vielfach wird das Nachreichen der Vollmacht auch für den Registervollzug erforderlich sein. 13

Die Rechtscheinwirkung des § 172 BGB gilt dann nicht, wenn ein Bevollmächtigter eine Ausfertigung einer notariellen Vollmacht vorlegt, die nach ihrem Ausfertigungsvermerk einem weiteren Bevollmächtigten erteilt wurde.[44]

Wird aufgrund einer Untervollmacht gehandelt, erfasst die Prüfungspflicht sowohl **Haupt- wie Untervollmacht**.[45] Der Notar muss bei **Kettenvollmachten** den Inhalt aller Vollmachten genau prüfen; die Untervollmacht muss sich vollständig und uneingeschränkt aus der Hauptvollmacht ableiten. Erlischt die Hauptvollmacht, besteht die Untervollmacht im Zweifel fort;[46] entscheidend ist, dass die Hauptvollmacht im Moment der Erteilung der Untervollmacht noch bestand. Verfahrensrechtlich ist zu beachten: Nicht immer müssen dabei zur Beurkundung Haupt- und Untervollmacht in Urschrift und/oder Ausfertigung vorgelegt werden. Für die Untervollmacht genügt der Nachweis, dass bei ihrer Erteilung die Hauptvollmacht tatsächlich vorlag. Dieser Nachweis ist beispielsweise erbracht, wenn der Notar, der die Untervollmacht beurkundet, dieser die ihm in Urschrift/Ausfertigung vorgelegte Hauptvollmacht in beglaubigter Abschrift beifügt.[47] 14

4. Fehlende Vollmacht – Auftreten eines Vertreters ohne Vertretungsmacht

Ist die Vollmacht unwirksam oder reicht sie nach Form oder Inhalt nicht aus, darf der Notar nur beurkunden, wenn die Genehmigung durch den Vertretenen möglich erscheint.[48] Hält der Notar die nachträgliche Genehmigung für ausgeschlossen, hat er die Beurkundung gem. § 4 i.V.m. § 14 Abs. 2 BNotO abzulehnen.[49] Liegt keine ausreichende Vollmacht bei Beurkundung vor, muss dieser Umstand deutlich aus der Urkunde erkennbar sein. 15

38 BGH v. 21.1.1988 – IX ZR 252/86, DNotZ 1989, 43 f.
39 Vgl. BayObLG v. 27.12.2001 – 2 Z BR 185/01, ZNotP 2002, 233; *Lerch*, § 12 Rn 15; Beck'sches Notarhdb/*Reetz*, § 27 Rn 215; Staudinger/*Hertel*, BeurkG Rn 342.
40 S. dazu *Thelen/Hermanns*, DNotZ 2019, 725, 732; *Böhringer*, Rpfleger 2003, 157, 167.
41 *Thelen/Hermanns*, DNotZ 2019, 725, 732 und 737.
42 *Thelen/Hermanns*, DNotZ 2019, 725, 737 ff.
43 *Thelen/Hermanns*, DNotZ 2019, 725, 739.
44 DNotI-Report 2012, 85 ff.; OLG München v. 19.5.2008 – 34 Wx 023/08, DNotZ 2008, 844.
45 *Winkler*, § 12 Rn 8; Staudinger/*Hertel*, BeurkG Rn 343; s. auch *Bous*, RNotZ 2004, 483, 493 ff.
46 Beck'sches Notarhdb/*Reetz*, § 27 Rn 91.
47 Beck'sches Notarhdb/*Reetz*, § 27 Rn 94; Staudinger/*Hertel*, BeurkG Rn 343.
48 BGH v. 21.1.1988 – IX ZR 252/86, DNotZ 1989, 43, 44 *Winkler*, § 12 Rn 4.
49 Frenz/Miermeister/*Limmer*, § 12 BeurkG Rn 11; BGH v. 27.5.1993 – IX ZR 66/92. DNotZ 1994, 485, 486.

16 Wer mündlich bevollmächtigt ist, kann – unabhängig von der Frage nach der materiell-rechtlichen Wirksamkeit einer solchen Vollmacht – dem Notar seine Vollmacht jedenfalls nicht **nachweisen**. Der Notar hat diese Tatsache in der Niederschrift zu vermerken.

17 Wer eine **schriftliche Vollmacht** vorlegt, legt zwar einen Vertretungsnachweis vor, bedarf aber unter Umständen einer öffentlich beglaubigten Vollmachtsbestätigung, z.B. wenn die Vollmacht dem Grundbuchamt in der Form des § 29 GBO nachgewiesen werden muss.[50]

Ein Vertreter ohne Vertretungsmacht kann seine Vertretungsmacht nicht nachweisen; hier bedarf es der nachträglichen Genehmigung. Trotz äußerer Vergleichbarkeit besteht ein wesentlicher Unterschied zwischen beiden Fällen. Der von einem mündlich (oder privatschriftlich) bevollmächtigten Vertreter abgeschlossene Grundstückskaufvertrag ist sofort wirksam; das gilt für alle Arten von Verträgen mit Ausnahme der Fälle, in denen die Vollmacht schon beim Abschluss in bestimmter Form vorliegen muss. Der von einem Vertreter ohne Vertretungsmacht abgeschlossene Vertrag ist dagegen schwebend unwirksam. Im Fall einer mündlich oder privatschriftlich erteilten Vollmacht hat der Vertragspartner einen Anspruch gegen den Vollmachtgeber auf Erteilung einer Vollmachtsbestätigung in der Form des § 29 GBO. Tritt ein Vertreter ohne Vertretungsmacht auf, gibt es regelmäßig keine durchsetzbaren Ansprüche. Wer verspricht, „eine gehörige Vollmacht nachzureichen", behauptet eine zumindest mündlich erteilte Vollmacht.[51] Der Notar ist bei Beurkundungen verpflichtet, sich und den Beteiligten über die Rechtslage Klarheit zu verschaffen; die Formulierungen müssen eindeutig sein. Undeutlich und deshalb unzureichend ist etwa folgende **Formulierung:** „Der Beteiligte zu 1) erklärt, dass er im Namen des Kaufmanns Fritz Giese aus Frankfurt, Sigmund-Freud-Straße 107, handele, und verspricht, Vollmacht bzw. Genehmigungserklärung in der Form des § 29 GBO nachzureichen."

18 Der Notar hat in dem zuletzt beschriebenen Fall **zwei Möglichkeiten**, um die Rechtsverhältnisse klarzustellen: **a)** „Der Beteiligte zu 1) erklärt, er handele im Namen des Kaufmanns Fritz Giese …, der ihm mündlich (privatschriftlich) Vollmacht erteilt habe, er verspricht, eine Vollmachtsbestätigung (bzw. die Vollmacht) in der Form des § 29 GBO nachzureichen." **b)** „Der Beteiligte zu 1) erklärt, er handele als Vertreter ohne Vertretungsmacht für den Kaufmann Fritz Giese …, vorbehaltlich dessen Genehmigung, die in der Form des § 29 GBO beizubringen ist." Im letztgenannten Fall kann der Beteiligte sogar versprechen, die Genehmigung nachzureichen. Damit übernimmt er aber die Garantie für die Genehmigung und haftet für die Erteilung. Der Notar hat die Sach- und Rechtslage auf jeden Fall mit dem Vertreter zu erörtern und ihm zu raten, eine solche Erklärung nur abzugeben, wenn für ihn kein Zweifel besteht, dass der ohne Vertretungsmacht Vertretene die Urkunde auch genehmigen werde.

19 Ein Bevollmächtigter muss nicht von seiner Vollmacht Gebrauch machen; er kann auch als Vertreter ohne Vertretungsmacht auftreten.[52] Gelegentlich wird der Notar bei unklaren Verhältnissen (Hauptfall: die Vollmacht „deckt" das zu beurkundende Rechtsgeschäft möglicherweise nicht vollständig ab) deshalb sogar dem Bevollmächtigten raten, als Vertreter ohne Vertretungsmacht aufzutreten. Die Folge ist allerdings, dass der Vertrag erst mit der Erteilung der Genehmigung wirksam wird.[53] Ein nur mündlich Bevollmächtigter vermeidet auf diese Weise die Gefahren, die darin liegen, dass er nach der Beurkundung für den Nachweis der Vollmacht Sorge zu tragen hat. Natürlich muss der Notar auch die anderen Beteiligten über die Rechtslage und die sich daraus ergebenden Rechtsfolgen belehren.

20 Immer wieder kommt es in der Praxis vor, dass der Notar bei Prüfung einer Vollmacht zu dem Ergebnis kommt, dass diese möglicherweise das beabsichtigte Rechtsgeschäft nicht vollständig „abdeckt". Vielfach wird aber auch der Notar nicht abschätzen können, ob beispielsweise das Grundbuchamt die Vollmacht ausreichen lässt. Beispiel: Eine Grundstücksverkaufsvollmacht sieht nicht ausdrücklich vor, dass der Grundbesitz auch mit Finanzierungsgrundpfandrechten belastet werden kann; der zur Beurkundung anstehende Kaufvertrag enthält eine Belastungsvollmacht.[54] Oft stößt der Notar in solchen Fällen in der Praxis – nicht nur aus Kostengründen – auf wenig Verständnis, wenn er den Vollmachtgeber auffordert, sich eine neue Vollmacht erteilen oder den Vertrag nachträglich genehmigen zu lassen. Dies muss der Notar grundsätzlich als „sichersten Weg" vorschlagen. In derartigen Fällen ist es verfahrensrechtlich zu-

50 *Böhringer*, Rpfleger 2003, 157, 167.
51 So OLG Celle v. 28.2.1974 – 7 U 54/69, DNotZ 1977, 33 f.
52 Beck'sches Notarhdb/*Reetz*, § 27 Rn 17.
53 BGH v. 2.6.1967 – V ZR 98/64, DNotZ 1968, 407 f.
54 S. zu diesem Fall: Beck'sches Notarhdb/*Reetz*, § 27 Rn 37.

lässig und vielfach auch ausreichend, wenn der Notar in der Urkunde lediglich seine Zweifel festhält.[55] Die Formulierung könnte beispielsweise lauten: „Der Notar hat darauf hingewiesen, dass die vorgelegte Vollmacht möglicherweise zur Beurkundung des Rechtsgeschäfts nicht ausreichend sein könnte. Die Beteiligten erklärten, dass sie dennoch die Beurkundung aufgrund der vorgelegten Vollmacht wünschen." Spätere Abwicklungsprobleme und sogar Nichtigkeitsgründe sind damit zwar nicht beseitigt, haftungsrechtlich dürfte dem Notar jedoch keine Gefahr mehr drohen.

II. Vertretung von juristischen Personen des Privatrechts sowie rechtsfähigen Personengesellschaften

1. Grundsätze

Juristische Personen des Privatrechts sowie rechtsfähige **Personengesellschaften** werden durch ihre Organe vertreten. Die Vertretungsmacht ergibt sich in diesen Fällen meist aus dem Gesellschafts-, Handels- oder Vereinsregister. 21

Auch für Stiftungen gibt es seit dem 1.1.2026 ein bundeseinheitliches Stiftungsregister.[56] In vielen Bundesländern werden die Stiftungsbehörden daher jedenfalls nach Ablauf einer Übergangszeit keine Vertretungsbescheinigungen mehr erstellen.[57]

2. Registerbescheinigung

Eine wichtige Rolle spielt in der Praxis die notarielle **Registerbescheinigung**. Auf sie wird in Abs. 1 S. 2 BeurkG verwiesen; sie ist in § 21 BNotO Abs. 1 und 2 geregelt. Diese Vorschrift lautet: 22

> **§ 21 BNotO**
>
> (1) [1]Die Notare sind zuständig,
>
> 1. Bescheinigungen über eine Vertretungsberechtigung sowie
> 2. Bescheinigungen über das Bestehen oder den Sitz einer juristischen Person oder rechtsfähigen Personengesellschaft, die Änderung der Firma oder des Namens, eine Umwandlung oder sonstige rechtserhebliche Umstände auszustellen,
>
> wenn sich diese Umstände aus einer Eintragung im Handelsregister oder in einem ähnlichen Register ergeben. [2]Die Bescheinigung hat die gleiche Beweiskraft wie ein Zeugnis des Registergerichts.
>
> (2) [1]Der Notar darf die Bescheinigung nur ausstellen, wenn er sich zuvor über die Eintragung Gewißheit verschafft hat, die auf einer Einsichtnahme in das Register oder in eine beglaubigte Abschrift hiervon beruhen muß. [2]Er hat den Tag der Einsichtnahme in das Register oder den Tag der Ausstellung der Abschrift in der Bescheinigung anzugeben.
>
> (3) …

Auf Verlangen der Beteiligten muss der Notar eine solche Registerbescheinigung ausstellen. Ihr Wesen liegt darin, dass der Notar auf der Grundlage von wahrgenommenen Tatsachen rechtliche Schlussfolgerungen zieht.[58] Es handelt sich dabei um eine selbstständige notarielle Tätigkeit des Notars; sie setzt heute – anders als nach älterer Rechtslage – keinen Bezug zu einem konkreten Urkundsgeschäft des Notars voraus. Eine Registerbescheinigung darf jedoch auch heute nur erteilt werden, wenn sich die Vertretungsmacht aus dem Handelsregister oder einem ähnlichen Register (Vereins-, Genossenschafts-, Gesellschafts- oder Partnerschaftsregister) ergibt. Auch das zum 1.1.2026 eingeführte Stiftungsregister gehört dazu.[59] 23

Die Vertretungsbescheinigung nach § 21 BNotO darf sich nur auf **Vertretungsverhältnisse** und sonstige Rechtsverhältnisse beziehen, die sich aus dem Register ergeben, nicht aber beispielsweise auf Vertretungsverhältnisse vor der Eintragung, mögen sie sich auch aus den **Eintragungsunterlagen oder der Handelsregisterakte** ergeben.[60] Der Notar ist in einem solchen Fall dennoch „handlungsfähig". Er 24

55 S. auch Staudinger/*Hertel*, BeurkG Rn 340.
56 Einzelheiten: *Häming*, RNotZ 2025, 328.
57 In NRW werden ab dem 1.1.2027 generell keine Vertretungsbescheinigungen mehr ausgestellt, § 14 Abs. 2 StiftG NRW, bzw. schon vorher, wenn die betreffende Stiftung bereits im Stiftungsregister eingetragen ist.
58 *Limmer*, ZNotP 2002, 261, 262 f.
59 *Häming*, RNotZ 2025, 328, 331.
60 *Limmer*, ZNotP 2002, 261, 263 f.

kann eine allgemeine Bescheinigung nach § 24 BNotO erteilen. Diese hat allerdings nicht die besondere Beweisbedeutung des § 21 Abs. 1 S. 2 BNotO.[61]

25 Der Notar darf eine Vertretungsbescheinigung nur erteilen, wenn er sich vorher **Gewissheit über die Eintragung** verschafft hat. Das bedeutet traditionell, dass er oder von ihm beauftragte Hilfspersonen das Register selbst eingesehen haben oder ihm eine beglaubigte Abschrift des Registerblatts oder ein amtlicher Ausdruck vorgelegen hat. Die Entwicklung des elektronischen Handelsregisters hat diese traditionellen Einsichtsformen im Bereich des Handelsregisters in weitem Umfang unbedeutend werden lassen. Die Handels- und Gesellschaftsregister werden elektronisch geführt; Notare haben die Möglichkeit der elektronischen Einsichtnahme: Neben der klassischen Form der Einsicht sieht § 9a HGB die Möglichkeit einer Übermittlung der Daten aus dem maschinell geführten Handelsregister durch Abruf vor. Eine wichtige Rolle bei der elektronischen Einsicht spielt die Frage, ob der Abruf der Daten durch den Notar selbst bzw. seine Hilfspersonen erfolgt oder ob der Abruf durch eine andere Stelle vorgenommen wird. Der erstgenannte Fall wird behandelt wie die unmittelbare Einsicht durch den Notar in das Handelsregister; dieser Datenabruf entspricht der eigenen Einsichtnahme nach § 9 Abs. 1 HGB. Der zuletzt beschriebene Fall entspricht dagegen früheren Situationen, in denen dem Notar ein unbeglaubigter Registerauszug vorgelegt wird; ein derartiger Abdruck steht einem registergerichtlichen Ausdruck nicht gleich.[62]

26 Früher war umstritten, ob der Notar bei einer Registereinsicht das Register persönlich einsehen muss oder ob er sich **zuverlässiger Hilfspersonen** bedienen darf. Eine Mindermeinung verlangte früher die persönliche Einsicht;[63] die h.M. lehnt das heute ab:[64] Der Notar darf Hilfspersonen einsetzen. Auf deren Sorgfalt muss er allerdings so vertrauen können, wie dies zur erforderlichen Erlangung der Gewissheit notwendig ist. Insoweit gilt bei § 21 Abs. 2 BNotO dasselbe wie bei der gemäß § 21 BeurkG vorgeschriebenen Grundbucheinsicht (siehe dazu auch § 21 BeurkG Rdn 13 f.). Das bedeutet auch: Der Notar darf sich für eine Vertretungsbescheinigung sogar auf die – selbst fernmündliche – Auskunft des Registergerichts verlassen, wenn er die Zuverlässigkeit der die Auskunft gebenden Person in dem konkreten Fall ebenso bejahen kann, wie die seiner eigenen erfahrenen Hilfsperson.[65] Wenn die Einsicht durch Hilfspersonen zugelassen wird, kann dieser Satz nicht auf Personen beschränkt werden, die beim Notar selbst angestellt sind oder sonst in einem Pflichtenverhältnis zu ihm stehen. Daher bestehen auch keine Bedenken, wenn sich Notariate untereinander bei der Fertigung von Registereinsichten helfen. In der Praxis sollte dennoch Zurückhaltung geübt werden: Die Zuverlässigkeit dritter Personen kann der Notar oft nicht beurteilen; manchmal wird in eigenen Angelegenheiten sorgfältiger gearbeitet als in fremden. Der Notar darf zu keiner Zeit vergessen: Er haftet für die Fehler der von ihm eingesetzten Personen.[66]

27 Den **Tag der Einsichtnahme** muss der Notar in der Bescheinigung angeben. Das ist nach § 21 Abs. 2 S. 2 BNotO zwingend vorgeschrieben. Nicht angegeben werden muss dagegen, ob der Notar selbst oder seine Hilfspersonen die Registereinsicht vorgenommen haben. Fehler seiner Mitarbeiter oder sonst eingeschalteter Hilfspersonen muss sich der Notar ohnehin zurechnen lassen. Für die Richtigkeit der Bescheinigung kommt es daher nicht auf die semantische Frage an, ob es in der Vertretungsbescheinigung heißt „aufgrund meiner Einsicht“ oder „aufgrund Einsicht“.

28 Der Tag der Einsichtnahme oder der Tag der Ausstellung der beglaubigten Abschrift sollte bei Erteilung der Bescheinigung nicht zu weit zurückliegen; sonst geht der Beweiswert verloren. Traditionell wird hier ein Zeitfenster von **nicht länger als vier bis maximal sechs Wochen** genannt.[67] Das heißt aber nicht, dass die Vertretungsbescheinigung nur innerhalb eines bestimmten – etwa auf sechs Wochen zu befristenden – **Verwertungszeitraums** verwendet werden kann. Die Frage der Verwertbarkeit ist eine Frage der Würdigung im Einzelfall. Das BayObLG hat bei einer katholischen Pfarrpfründestiftung sogar Vertretungsnachweise ausreichen lassen, die zwei bzw. drei Jahre alt waren.[68] Die Vertretungsbescheinigung eines Notars darf, wann immer sie vorgelegt wird, von Gerichten und Behörden nur beim Vorliegen kon-

61 *Limmer*, ZNotP 2002, 261, 263 f., 268.
62 Ausführlich zum Ganzen: *Winkler*, § 12 Rn 23; *Ries/Melchior*, NotBZ 2003, 205, 206 f.
63 So *Mayer*, Rpfleger 1989, 142 f. (noch zur alten Fassung von § 21 BNotO).
64 *Winkler*, § 12 Rn 22; Beck'sches Notarhdb/*Kindler*, § 31 Rn 394.
65 Unklar *Limmer*, ZNotP 2002, 261, 265.
66 *Limmer*, ZNotP 2002, 261, 265.
67 *Winkler*, § 12 Rn 25; ähnlich *Limmer*, ZNotP 2002, 261, 265; s. auch *Mayer*, Rpfleger 1989, 142, 144.
68 BayObLG v. 22.5.2001 – 2Z BR 49/01, NJW-RR 2001, 1237.

kreter, ihren Beweiswert als öffentliche Urkunde mindernder Anhaltspunkte bezweifelt werden. Die Vertretungsbescheinigung hat die gleiche Beweiskraft wie ein Zeugnis des Registergerichts (§ 21 Abs. 1 S. 2 BNotO).

3. Die Vertretung der Gesellschaft bürgerlichen Rechts

Die Rechtsfähigkeit der Außengesellschaft bürgerlichen Rechts war lange Zeit umstritten[69] und wurde vom BGH erst in seiner Entscheidung „ARGE Weißes Roß" vom 29.1.2001[70] anerkannt. Auch für die allgemeine Anerkennung der Grundbuchfähigkeit der GbR bedurfte es erst einer Entscheidung des BGH.[71] Aus dieser Anerkennung der Rechtsfähigkeit ergaben sich erhebliche Schwierigkeiten für den Rechtsverkehr, da die Vertretungsbefugnisse nicht wie bei sonstigen rechtsfähigen Gesellschaften einem mit Publizitätswirkung ausgestatteten Register entnommen werden konnten. Der Gesetzgeber reagierte auf diese Schwierigkeiten mit der Einfügung von § 899a BGB und § 47 Abs. 2 GBO, wobei auch diese „Reparaturgesetzgebung"[72] nicht alle Probleme der Beteiligung einer GbR im Grundstücksverkehr beseitigt hat.[73] 29

Das Gesetz zur Modernisierung des Personengesellschaftsrecht (MoPeG),[74] das zum 1.1.2024 in Kraft getreten ist, hat das Recht der Gesellschaft bürgerlichen Rechts auf neue Füße gestellt. Dass die (Außen-)GbR rechtsfähig ist, ist seither in § 705 Abs. 2 BGB kodifiziert. Es wurde ein Gesellschaftsregister geschaffen, das dem Handelsregister nachgebildet ist und in dem die Gesellschafter die GbR eintragen lassen können (§§ 707 ff. BGB). Soll eine GbR als Berechtigte im Grundbuch eingetragen werden, muss sie zunächst im Gesellschaftsregister eingetragen sein, § 47 Abs. 2 GBO. Ähnlich verhält es sich, wenn die GbR sich an einer GmbH oder AG beteiligen will: Erst nach Eintragung im Gesellschaftsregister kann sie in die Gesellschafterliste einer GmbH oder ins Aktionärsregister aufgenommen werden kann, § 40 Abs. 1 S. 3 GmbHG, § 67 Abs. 1 S. 3 AktG. Auch für die Eintragung einer GbR als Gesellschafterin im Gesellschaftsregister oder Handelsregister gibt es ein entsprechendes Voreintragungserfordernis, § 707a Abs. 1 S. 2 BGB i.V.m. § 105 Abs. 3 HGB, § 161 Abs. 2 HGB. Die vor dem MoPeG bestehenden Probleme rund um den Existenz- und Vertretungsnachweis bei der GbR haben sich damit weitestgehend erledigt. 30

4. Ausländische Gesellschaften

Sind ausländische Gesellschaften an einem Rechtsgeschäft beteiligt, stellen sich eine Vielzahl von Fragen: Welches materielle Recht findet auf die Gesellschaft und ihre Vertretung Anwendung? Wenn ausländisches Recht anwendbar ist: Wie weit reicht die Rechtsfähigkeit und welche Befugnisse haben die Organe der Gesellschaft? Wie werden der Existenznachweis und der Vertretungsnachweis ausländischer Gesellschaften in Deutschland geführt? 31

Schon die Frage der **Rechtsfähigkeit von ausländischen juristischen Personen** ist gesetzlich nicht geregelt. Nach in Deutschland traditionell h.M. untersteht eine Gesellschaft dem Recht des Staates, in dem sich der Sitz der Hauptverwaltung befindet. Diese Auffassung hat der BGH aber für Gesellschaften mit Satzungssitz in einem Mitgliedstaat der EU oder des EWR in Folge der Rechtsprechung des Europäischen Gerichtshofs in den Entscheidungen „Centros", „Überseering" und „Inspire Art" aufgegeben und stellt in diesen Fällen stattdessen auf die Gründungstheorie ab.[75] Danach ist die Rechtsfähigkeit einer Gesellschaft nach dem Recht ihres Gründungsstaats zu beurteilen. Die Rechtsfähigkeit von Gesellschaften, die in einem „Drittstaat" gegründet worden sind, der weder der Europäischen Union angehört noch aufgrund von Verträgen hinsichtlich der Niederlassung gleichgestellt ist, beurteilt sich hingegen (jedenfalls zunächst noch) weiterhin nach der Sitztheorie.[76] Ist die Anerkennung von Gesellschaften in einem völ- 32

69 Zur Rechtsentwicklung siehe *Hertel*, in: FS Brambring (2011), S. 171 ff.
70 BGH v. 29.1.2001 – II ZR 331/00, DNotZ 2001, 234 ff.
71 BGH v. 4.12.2008 – V ZB 74/08, DNotZ 2009, 115 ff.
72 *Hertel*, in: FS Brambring (2011), S. 171, 178.
73 Zu Einzelheiten vgl. Armbrüster/Preuß/*Piegsa*, 9. Aufl. § 12 BeurkG Rn 31.
74 Gesetz zur Modernisierung des Personengesellschaftsrechts (MoPeG) vom 10.8.2021 (BGBl I S. 3436).
75 BGH v. 13.3.2003 – VII ZR 370/98, BGHZ 154, 185; BGH v. 27.10.2008 – II ZR 158/06 (Trabrennbahn), DNotZ 2009, 385.
76 BGH v. 27.10.2008 – II ZR 158/06 (Trabrennbahn), DNotZ 2009, 385, 387.

kerrechtlichen Abkommen geregelt, geht dieses allerdings vor,[77] z.B. der Deutsch-Amerikanische Freundschafts-, Handels- und Schifffahrtsvertrag vom 29.10.1954.[78]

33 Die **Vertretung der ausländischen juristischen Personen** richtet sich ebenfalls grundsätzlich nach dem für die Gesellschaft maßgeblichen Recht. Hat die ausländische juristische Person eine Zweigniederlassung in Deutschland und ist diese im Handelsregister eingetragen, dann sind auch die vom deutschen Recht abweichenden Vertretungsbeschränkungen des ausländischen Rechts eintragungsfähig. Besondere Probleme wirft der erforderliche **Vertretungsnachweis** bei ausländischen Gesellschaften auf. Die Anforderungen, die an solche Nachweise durch die Gerichte gestellt werden, sind unterschiedlich. Vielfach gilt der Grundsatz der „freien richterlichen Beweiswürdigung". Von den Grundbuchämtern werden teilweise vergleichsweise großzügig Existenz- und Vertretungsbescheinigungen ausländischer Notare (wenn am Sitz der juristischen Person die Institution des Notariats bekannt ist) oder sonstiger Stellen anerkannt, selbst wenn diese den Voraussetzungen von § 29 GBO und § 21 BNotO i.e.S. nicht entsprechen. Im Bereich des Handelsregisters fehlen ähnlich strenge und ausdrückliche Regelungen wie im Grundbuchrecht; der Strengbeweis gilt hier nicht. Dennoch wenden die Gerichte ähnliche Maßstäbe an.[79] Zu Recht empfehlen *Zimmermann/Pogorzelski*[80] die Abstimmung mit dem zuständigen Gericht. „Je nach regionaler Übung, einzelnem Registergericht oder auch Lust und Laune des jeweiligen Richters bzw. Rechtspflegers können sich andere Nachweisanforderungen ergeben", meint *Langhein*.[81] Die zunehmende Häufigkeit, mit der ausländische Gesellschaften am Rechtsverkehr in Deutschland beteiligt sind, führt allerdings dazu, dass sich bei den Gerichten bestimmte Tendenzen abzeichnen. Wichtig ist, dass die Gerichte keine formalen Anforderungen stellen dürfen, die von den anderen Rechtsordnungen nicht erfüllt werden können (z.B. Forderung, einen Handelsregisterauszug vorzulegen, wenn das fremde Recht kein Handelsregister kennt).

34 Im Übrigen muss an dieser Stelle zum Handeln und zur Vertretung ausländischer Gesellschaften auf die umfangreiche Spezialliteratur (teilweise mit Länderübersichten) verwiesen werden.[82]

35 § 21 Abs. 1 und 2 BNotO beziehen sich nicht nur auf deutsche Register. Ein deutscher Notar darf daher auch nach **Einsichtnahme in ausländische Register** Vertretungsbescheinigungen oder Bescheinigungen über sonstige rechterhebliche Umstände für ausländische Gesellschaften ausstellen, wenn das Register dem inländischen Handelsregister vergleichbar ist.[83] Eine solche Bescheinigung sollte der Notar jedoch nur ausstellen, wenn er das ausländische Recht und sein Registerwesen gut kennt.[84] Zweisprachige Muster für Notarbescheinigungen über Registereintragungen wurden von der CNUE entwickelt und sind auf der Website der Bundesnotarkammer im internen Bereich abrufbar (www.bnotk.de, unter Intern – Vordrucke). Ergeben sich die Feststellungen des Notars nicht aus einem Register, kann der Notar lediglich eine gutachterliche Stellungnahme abgeben.

36 Bescheinigungen über Vertretungsberechtigungen oder sonstige Rechtsverhältnisse, die sich aus einer Eintragung im Handelsregister oder einem ähnlichen Register ergeben, können übrigens Konsularbeamte nicht ausstellen.[85] Das KonsG enthält weder eine unmittelbare Ermächtigung noch eine Verweisung auf § 21 BNotO. Der Konsularbeamte muss sich einen beglaubigten Registerauszug, ein Registerzeugnis (§ 9 Abs. 3 HGB, § 26 Abs. 2 GenG, § 69 BGB) oder eine Bescheinigung eines Notars nach § 21 BNotO vorlegen lassen.

77 Vgl. BeckNotar-HdB/*Zimmermann/Pogorzelski*, § 28 Rn 274.
78 BGBl 1956 II 487.
79 *Langhein*, ZNotP 1999, 218, 220.
80 In Beck'sches Notarhdb/*Zimmermann/Pogorzelski*, § 28 Rn 314.
81 ZNotP 1999, 218, 221.
82 Z.B.: Bauer/Schaub/*Schaub*, AT K Rn 121 ff.; *Reithmann/Martiny/Martiny*, Rn 6.1 ff.; zu US-Corporations: *K. Fischer*, ZNotP 1999, 352 ff.
83 OLG Schleswig v. 13.12.2007 – 2 W 198/07, DNotZ 2008, 709 f. mit Anm. *Apfelbaum*; Frenz/Miermeister/*Limmer*, § 21 BNotO Rn 9a; s. auch *Winkler*, § 12 Rn 27; LG Aachen v. 20.4.1988 – 3 T 20/88, MittRhNotK 1988, 157; ablehnend: *Wachter*, NotBZ 2004, 41, 47 Fn 50.
84 Ein Länderbericht zum Registerwesen findet sich in Beck'sches Notarhdb/*Süß*, § 28 Rn 317 ff.
85 *Geimer*, DNotZ 1978, 3, 24.

5. Vollmachtsbescheinigung (§ 21 Abs. 3 BNotO)

Neben der Zuständigkeit zur Ausstellung von Registerbescheinigungen ist der Notar gemäß § 21 Abs. 3 BNotO auch dafür zuständig, Bescheinigungen über eine durch Rechtsgeschäft begründete Vertretungsmacht auszustellen. Voraussetzung ist, dass die Vollmacht in öffentlicher oder öffentlich beglaubigter Form erteilt wurde (§ 21 Abs. 3 S. 2 BNotO). Die notarielle Vollmachtsbescheinigung dient gemäß § 34 GBO und § 12 Abs. 1 S. 3 HGB im Grundbuch- und Handelsregisterverfahren als Nachweis der Vertretungsmacht. Mit der Zulassung der Vollmachtsbescheinigung als registerförmlichen Nachweis hat der Gesetzgeber den Zweck verfolgt, das Grundbuchamt und das Registergericht von der Prüfung und Archivierung von Vollmachten zu entlasten, insbesondere bei langen Vollmachtsketten. Der Gesetzgeber hat allerdings versäumt, § 12 Abs. 1 S. 1 BeurkG für den Fall der Nachweisführung durch Vollmachtsbescheinigung einzuschränken. Der notariellen Niederschrift wären danach auch bei Erteilung einer notariellen Vollmachtsbescheinigung die vorgelegten Vollmachten in Urschrift oder in beglaubigter Abschrift beizufügen. Damit wäre der Zweck des § 21 Abs. 3 BNotO verfehlt, die Registerakten zu entlasten. Es ist auch kein Grund erkennbar, warum die Vollmachtsbescheinigung unter dem Gesichtspunkt des § 12 Abs. 1 BeurkG anders behandelt werden sollte als die Registerbescheinigung. Es ist daher der Ansicht den Vorzug zu geben, die bei Vollmachtsbescheinigungen eine analoge Anwendung von § 12 Abs. 1 S. 2 BeurkG befürwortet.[86] Damit erübrigt sich der mitunter empfohlene Trick, die Urschrift nur teilweise – nämlich ohne die beigefügten Vollmachten – auszufertigen und dem Gericht allein eine Vollmachtsbescheinigung zu übersenden.[87] **37**

III. Vertretung von öffentlich-rechtlichen Körperschaften

Bei deutschen juristischen Personen des Privatrechts bereitet die Vertretung selten Probleme. Die vertretungsberechtigten Personen und der Umfang der Vertretungsmacht ergeben sich regelmäßig aus öffentlichen Registern, die mit weitreichender Publizitätswirkung ausgestattet sind. Anders sieht es bei juristischen Personen des öffentlichen Rechts aus. Die Vertretungsverhältnisse und die rechtsaufsichtlichen Genehmigungserfordernisse sind oft unübersichtlich. Öffentliche Register mit Publizitätswirkung fehlen vollständig.[88] Die maßgeblichen Regelungen ergeben sich nicht selten aus einer Vielzahl von Gesetzen, Verordnungen und Satzungsvorschriften.[89] Aus den jeweiligen Vorschriften ist vielfach auch zu entnehmen, wie die Vertretungsmacht nachzuweisen ist. Hier können nur einige allgemeine Hinweise gegeben werden. Im Übrigen muss auf die umfangreiche Literatur verwiesen werden.[90] **38**

Die bundes- und landesrechtlich vorgeschriebene **Beifügung des Siegels** neben der Unterschrift der für juristische Personen des öffentlichen Rechtes handelnden Personen wird **durch die öffentliche Beurkundung** ersetzt. Das bestimmt § 72 BeurkG eindeutig. Andererseits verbietet § 72 BeurkG die Verwendung des Siegels unter einer notariellen Urkunde nicht.[91] **39**

Die **Bundesrepublik** wird vom Bundeskanzler und den obersten Bundesbehörden vertreten. Nach Art. 65 GG leiten die Minister ihre Geschäftsbereiche eigenverantwortlich; daraus leitet sich auch eine Vertretungskompetenz innerhalb des Geschäftsbereichs ab. Die Vertretung wird vielfach auf nachgeordnete Behörden übertragen; die Vertretung sollte gegenüber dem Notar wenigstens schlüssig dargelegt werden.[92] Drängen sich keine Zweifel auf, darf der Notar sich bei öffentlich-rechtlichen Körperschaften grundsätzlich auf die ihm gegenüber gemachten Angaben verlassen. Dies entspricht einem auch für die Grundbuchämter beachtlichen Erfahrungssatz.[93] **40**

86 Für analoge Anwendung BeckOK-BeurkG/*Bremkamp*, § 12 Rn 166; BeckOGK/*Bord*, Stand: 1.10.2024, § 12 BeurkG Rn 33; a.A. Gutachten DNotI-Report 2016, 135, 136; *Zimmer*, NJW 2014, 337; Grziwotz/Sauer/Heinemann/*Heinemann/Grziwotz*, § 12 Rn 31; *Winkler*, § 12 Rn 34 (vgl. jedoch auch § 12 Rn 50).

87 So z.B. Grziwotz/Sauer/Heinemann/*Heinemann/Grziwotz*, § 12 Rn 31.

88 *Neumeyer*, RNotZ 2001, 249, 250.

89 S. z.B. OLG Hamm v. 27.5.1993 – 15 W 27/93, MittRhNotK 1993, 192 ff.

90 Bauer/Schaub/*Schaub*, AT G. Rn 318 ff.; *Schöner/Stöber*, Rn 3656 ff.; Hügel/*Reetz*, Rn 257 ff.; *Neumeyer*, RNotZ 2001, 249 ff.

91 *Neumeyer*, RNotZ 2001, 249, 262.

92 *Neumeyer*, RNotZ 2001, 249, 255.

93 So LG Coburg v. 7.10.1969 – 1 T 45/69, MittBayNot 1970, 26 (zur Vertretungsbefugnis einer Oberbehörde des Freistaates Bayern); s. auch Bauer/Schaub/*Schaub*, AT G. Rn 321.

41 Die Vertretung der **Bundesländer** ergibt sich aus den Landesverfassungen, ggf. i.V.m. besonderen landesrechtlichen Bestimmungen.[94] Auch insoweit muss der Notar die ihm gegenüber gemachten Angaben regelmäßig nicht in Frage stellen.

42 Die Vertretung **kommunaler Körperschaften** oder Anstalten ist in den entsprechenden Landesgesetzen und -verordnungen geregelt.[95] **Landkreise** werden zumeist durch die Landräte bzw. Oberkreisdirektoren allein vertreten; in einigen Bundesländern ist jedoch – bei Verpflichtungserklärungen – das 4-Augen-Prinzip verwirklicht. Der BGH ließ dabei zu, dass ein Gesamtvertreter den anderen ermächtigt, einen die Gemeinde bindenden Vertrag allein abzuschließen.[96] Von praktischer Relevanz ist insbesondere die Frage, ob der Bürgermeister (ggf. zusammen mit einer weiteren Person aus der Verwaltung) die **Kommune** wirksam nach außen vertreten kann oder ob es zusätzlich eines zustimmenden Gemeinderatsbeschlusses bedarf. Es entspricht zwischenzeitlich – nach anfänglichen Unsicherheiten insbesondere in den neuen Bundesländern[97] – allgemeiner Meinung, dass allein der Bürgermeister die Gemeinde nach außen vertritt. Lediglich in Bayern ist nach Art. 38 Abs. 1 S. 2 BayGO das Handeln des Bürgermeisters im Außenverhältnis nur wirksam, wenn ein entsprechender Gemeinderatsbeschluss vorliegt oder es sich um ein Geschäft der laufenden Verwaltung handelt.[98] Als weitere Wirksamkeitsvoraussetzung ist allerdings vielfach die Genehmigung von Aufsichtsbehörden erforderlich. Der BGH hat entschieden: Weist die öffentlich-rechtliche Körperschaft darauf nicht hin, haftet sie im Fall der Verweigerung der Genehmigung.[99]

43 Die **evangelische** Kirche in Deutschland (EKD) ist eine Körperschaft des öffentlichen Rechts; sie wird vom Rat vertreten. Die Gliedkirchen/Kirchengemeinden sind ebenfalls Körperschaften des öffentlichen Rechts; die Vertretungsbefugnisse innerhalb der einzelnen Gliedkirchen ergeben sich aus den jeweiligen Kirchenverfassungen und -ordnungen. Vielfach sind Genehmigungen der Aufsichtsbehörden erforderlich. Diese haben Außenwirkung. Das bedeutet, dass das Rechtsgeschäft erst wirksam wird, wenn die Genehmigung erteilt wird.

44 **Katholische** Kirchengemeinden werden vertreten vom Kirchenvorstand, Kirchengemeindeverbände vom dafür bestellten Ausschuss, das Bistum vom Bischof. Offenkundig ist, dass der Bischof keiner kirchenaufsichtlichen Genehmigung bedarf.[100]

45 Die Vertretungsverhältnisse im kirchlichen Bereich sind oft komplex – das gilt sowohl auf der Ebene der Kirchengemeinden (insb. bei den evangelischen Kirchen) als auch bei den Genehmigungszuständigkeiten.[101] In der Praxis hilfreich ist, dass die Kirchen auf allen Ebenen siegelführend sind und erforderliche Zustimmungen, Genehmigungen und Vollmachten daher meist problemlos abgegeben werden können. In der Praxis kümmern sich die kirchlichen Vertragspartner oft selbst um ausstehende Genehmigungen.[102]

46 An dieser Stelle konnten die Vertretungsverhältnisse bei öffentlich-rechtlichen Körperschaften nur kursorisch dargestellt werden. Für Einzelfälle muss auf die weiterführende Literatur verwiesen werden. Das DNotI ist immer wieder mit entsprechenden Anfragen konfrontiert;[103] auch die Gerichte werden mit der Problematik befasst.[104] Praktische Probleme (unter Rechtsnachfolgeaspekten) bereiten den Notaren oft Großkonzerne, die aus früher staatlichen Unternehmen hervorgegangen sind. Unklarheiten gibt es gelegentlich auch bei den Sondervermögen des Bundes, z.B. bei der Bundesanstalt für Immobilienaufgaben, einer bundesunmittelbaren rechtsfähigen Anstalt des öffentlichen Rechts.[105]

94 S. z.B. DNotI-Gutachten für Mecklenburg-Vorpommern (Fax-Abruf: 11326).
95 S. insbes. *Neumeyer*, RNotZ 2001, 249, 250 ff. (mit vielen Hinweisen zur Rechtslage in Nordrhein-Westfalen).
96 BGH v. 6.5.1997 – KZR 43/95, ZNotP 1997, 112 f.
97 S. z.B. *Renner*, NotBZ 1997, 49 ff.
98 Vgl. dazu *Ganter*, DNotZ 2019, 245, 253.
99 BGH v. 6.6.2000 – XI ZR 235/99, ZfIR 2001, 286.
100 LG Schwerin v. 22.4.2002 – 5 T 151/02, NotBZ 2002, 425.
101 Zum Vertretungsrecht der Kirchen in NRW vgl. *Bamberger*, RNotZ 2014, 1.
102 *Neumeyer*, RNotZ 2001, 249, 268.
103 S. z.B. DNotI-Report 2000, 189 ff. (Industrie- und Handelskammer); DNotI-Report 2000, 101 ff. (Landwirtschaftskammer).
104 S. z.B. BGH v. 28.11.2003 – V ZR 123/03, DNotZ 2004, 461 ff.
105 *Schöner/Stöber*, Rn 3656; vgl. auch DNotI-Rep. 2005, 54 f.

In der Praxis ist zu beachten, dass die Vertretungsorgane öffentlich-rechtlicher Körperschaften regelmäßig nicht von den **Beschränkungen des § 181 BGB** befreit sind und deshalb auch keine Vollmachten, z.B. an Notarmitarbeiter, unter Befreiung von den Beschränkungen des § 181 BGB erteilen können.[106] Praktische Bedeutung hat das beispielsweise bei Auflassungen: Ein bevollmächtigter Notarmitarbeiter kann in solchen Fällen nicht beide Vertragspartner vertreten. Demgegenüber sind die Fälle, in denen die andere Vertragspartei als vollmachtloser Vertreter für die öffentlich-rechtliche Körperschaft auftritt, regelmäßig unproblematisch. Zwar liegt auch hier nach h.M. ein Insichgeschäft vor.[107] Dieses kann aber auch von einem nicht von § 181 BGB befreiten Vertreter der öffentlich-rechtlichen Körperschaft genehmigt werden. Eine solche Genehmigung schiede nur dann aus, wenn sich die Genehmigung als Insichgeschäft des Vertreters darstellte, was nur dann der Fall wäre, wenn der Vertreter selbst bei dem zu genehmigenden Geschäft für die andere Seite als Vertreter aufgetreten wäre oder aber Vertragspartei des zu genehmigenden Geschäfts wäre.[108] Deshalb bedarf es insbesondere bei Grundstückskaufverträgen, an denen eine Kommune beteiligt ist, nicht des „Kunstgriffs“, dass diese durch einen Notariatsmitarbeiter vollmachtlos vertreten wird. Die vollmachtlose Vertretung der Kommune kann vielmehr auch durch die Person des Käufers erfolgen. 47

Bei öffentlich-rechtlichen Körperschaften stellt sich weiterhin die Frage, **ob** der vor dem Notar **Erschienene tatsächlich der „Organträger“** ist. Grundsätzlich muss der „Personenbezug“ zwischen dem Vertretungsorgan und dem vor dem Notar Erschienenen hergestellt werden. Muss der Notar jedoch prüfen, ob der als Bürgermeister Auftretende tatsächlich der Bürgermeister ist? Muss eine Vertretungsbescheinigung der Körperschaft („Eigenbescheinigung“ der Körperschaft selbst) oder ihrer Aufsichtsbehörde vorgelegt werden? Wer kann und darf diese Vertretungsbescheinigung unterzeichnen? Diese Fragen werden in Rechtsprechung und Literatur kaum erörtert. Daraus lässt sich ableiten, dass sich insofern in der Praxis kaum Probleme ergeben. *Neumeyer*[109] regt an, die den Rechtsinstituten von Duldungs- und Anscheinsvollmacht zugrunde liegende Idee der Rechtsscheinhaftung mit dem Grundgedanken von § 29 Abs. 3 GBO zu verbinden: Die Beifügung des Dienstsiegels begründet gem. § 29 Abs. 3 GBO für das Grundbuchamt die Vermutung der Ordnungsmäßigkeit der Erklärung. Die Richtigkeitsgewähr der notariellen Urkunde soll dadurch erreicht werden, dass die Vertreter siegelführender Beteiligter ihr Siegel beidrücken. Im Übrigen gibt es kaum Fälle, in denen sich öffentlich-rechtliche Körperschaften später auf die fehlende Vertretungsbefugnis derjenigen berufen haben, die für sie aufgetreten sind. Die Grundsätze von Duldungs- und Anscheinsvollmacht dürften solche Versuche auch meist scheitern lassen. 48

In der Praxis dürfte es völlig ausreichen, wenn der Notar sich in unsicheren oder unklaren Fällen ggf. eine **Vertretungsbescheinigung der Aufsichtsbehörde oder sonstige Nachweise** vorlegen lässt. Verbleiben ausnahmsweise Zweifel, kann der Notar dies in der Urkunde festhalten. Im Übrigen gelten die Grundsätze, die die Praxis für den Nachweis der Vertretung von Minderjährigen entwickelt hat. 49

In der Praxis wird vielfach aufgrund von gesiegelten Vollmachten gehandelt. Hier gilt § 29 Abs. 3 GBO. Auf den durch die gesiegelte Erklärung gegründeten Rechtsschein darf sich nicht nur das Grundbuchamt, sondern auch der Notar verlassen. Liegt beispielsweise eine mit einer Unterschrift versehene und gesiegelte Vollmacht einer Sparkasse vor, besteht grundsätzlich keine Verpflichtung festzustellen, wie viele Unterschriften nach den für die Behörde geltenden Vorschriften erforderlich sind. Etwas anderes gilt nur, wenn konkrete Anhaltspunkte für ein Fehlen der Vertretungsbefugnis bestehen.[110] 50

106 Ausführliche Darstellung bei *Neumeyer*, RNotZ 2001, 249, 265 f.

107 *Tebben*, DNotZ 2005, 173 ff. m.w.N. für die h.M.; a.A. *Lichtenberger*, MittBayNot 1999, 470; *ders.*, MittBayNot 2000, 434; *Schneeweiß*, MittBayNot 2001, 341, 342 f.

108 *Tebben*, DNotZ 2005, 173, 179; OLG Zweibrücken v. 5.1.2012 – 3 W 99/11, MittBayNot 2012, 377; OLG Rostock v. 19.1.2017 – 3 W 7/17, BeckRS 2917, 158815; *Schöner/Stöber*, Rn 3659a, a.A. Grüneberg/*Ellenberger*, § 181 Rn 18 m.w.N.

109 RNotZ 2001, 249, 260 ff.

110 Zur Prüfungspflicht des Grundbuchamtes vgl. OLG Zweibrücken v. 30.10.2000 – 3 W 227/00, ZNotP 2001, 32.

IV. Sonstige gesetzliche Vertreter und Verwalter kraft Amtes

1. Vormund, Pfleger, Betreuer, Testamentsvollstrecker, Insolvenzverwalter und WEG-Verwalter

51 Ein **Vormund,** ein **Pfleger** oder ein **Betreuer** haben ihre Vertretungsmacht dem Notar durch Vorlage ihrer Bestellungsurkunde nachzuweisen. Ist Vormund das Jugendamt, so ergibt sich die Vertretungsmacht des **Jugendamtes** aus der Bescheinigung des Familiengerichts nach § 168b Abs. 2 FamFG. Das Jugendamt überträgt die damit verbundenen Aufgaben auf einzelne seiner Beamten oder Angestellten (vgl. SGB VIII § 55 Abs. 2). Diese sind im Rahmen dieser Übertragung gesetzliche Vertreter des Mündels ohne damit Einzelvormund zu werden.

52 Der **Testamentsvollstrecker** legitimiert sich durch das Testamentsvollstreckerzeugnis (§ 2368 BGB). Für das Grundbuchverfahren genügt die beglaubigte Abschrift eines öffentlichen Testaments mit Eröffnungsniederschrift nur, wenn der Testamentsvollstrecker in der letztwilligen Verfügung benannt ist und sich aus der Eröffnungsniederschrift ergibt, dass der Testamentsvollstrecker das Amt angenommen hat (siehe § 35 Abs. 2, Abs. 1 S. 2 GBO).[111] Der **Insolvenzverwalter** hat die Bestellungsurkunde vorzulegen (§ 56 Abs. 2 InsO). Bereits der vorläufige Insolvenzverwalter erhält eine Bestellungsurkunde (s. § 21 Abs. 2 S. 1 Nr. 1 InsO); insoweit ist zwischen dem vorläufigen Insolvenzverwalter ohne Verfügungsbefugnisse und demjenigen mit Verwaltungs- und Verfügungsbefugnissen zu unterscheiden (s. §§ 21 f. InsO).

53 Der **Verwalter nach WEG** weist sich im Grundbuchverfahren durch die Niederschrift des Beschlusses über seine Bestellung (§ 26 Abs. 4 WEG) aus. Dabei müssen die Unterschriften der in § 24 Abs. 6 WEG genannten Personen beglaubigt sein.[112] Die Regelung ist ein Kompromiss zwischen den strengen Formerfordernissen im Grundbuchverfahren und den praktischen Verkehrsbedürfnissen.

2. Vertretung durch Eltern

a) Grundsätze der Vertretung

54 Die **elterliche Sorge** umfasst auch die Vertretung des Kindes (§ 1629 Abs. 1 S. 1 BGB). Kinder werden im Regelfall durch beide **Eltern gemeinschaftlich** vertreten (§ 1629 Abs. 1 S. 2 Hs. 1 BGB). **Ein Elternteil** vertritt das Kind dagegen **allein**, soweit er die elterliche Sorge allein ausübt oder ihm die Entscheidung nach § 1628 BGB übertragen ist, weil die Eltern sich nicht einigen konnten (§ 1629 Abs. 1 S. 3 BGB).

Nicht miteinander verheirateten Eltern steht die elterliche Sorge dann gemeinsam zu, wenn sie erklären, dass sie die Sorge gemeinsam übernehmen wollen (Sorgeerklärungen), sie einander heiraten oder soweit ihnen das Familiengericht die elterliche Sorge gemeinsam überträgt (1626a Abs. 1 BGB). Im Übrigen steht die elterliche Sorge der Mutter allein zu (§ 1626a Abs. 3 BGB).

55 Auch bei Erbausschlagungen vertreten die Eltern ihre Kinder gemeinsam. Die Erbausschlagung für ein minderjähriges Kind bedarf grundsätzlich der familiengerichtlichen Genehmigung (§ 1643 Abs. 1 i.V.m. § 1851 Nr. 1 BGB). Das gilt allerdings nicht, wenn der Anfall an das Kind erst infolge der Ausschlagung eines Elternteils eintritt, der das Kind allein oder gemeinsam mit dem anderen Elternteil vertritt, es sei denn dieser war neben dem Kind berufen (§ 1643 Abs. 3 S. 1 BGB).

56 Treten Eltern, aber auch Vormünder oder Pfleger, als gesetzliche Vertreter auf, so sind §§ 1629 Abs. 2 S. 1, 1824 BGB zu beachten. Insbesondere darf ein Elternteil das von ihm allein vertretene Kind nicht bei einem Vertrag mit seinem Ehegatten vertreten, so dass es in diesem Falle der **Bestellung eines Ergänzungspflegers** bedarf. Bei der Einwilligung zur Annahme als Kind (§ 1746 BGB) durch den Stiefvater kann hingegen die Mutter als gesetzliche Vertreterin des Kindes die Einwilligung erklären. Die Bestellung eines Ergänzungspflegers ist nicht erforderlich.[113]

b) Vorzulegende Nachweise der Vertretung

57 Etwas überraschend stellt die **Praxis** oft **keine besonders strengen Anforderungen** an den Nachweis der Vertretung durch die Eltern oder einen Elternteil. Entsprechende Nachweise soll sich der Notar nur nach

111 *Schöner/Stöber*, Rn 3462; ungenau dagegen: Beck'sches Notarhdb/*Kindler*, § 31 Rn 142.

112 *Winkler*, § 12 Rn 12.

113 Grüneberg/*Götz*, § 1746 BGB Rn 3.

pflichtgemäßem Ermessen vorlegen zu lassen haben.[114] Auch soll dem Notar bei der Ermessensausübung ein „weiter Spielraum" zustehen.[115] Folgende Grundsätze haben sich entwickelt:

Die gemeinsame Vertretungsbefugnis als gesetzlicher Regelfall müssen die Eltern dem Notar nach allgemeiner Auffassung nicht besonders nachweisen.[116] Bei getrennt lebenden und bei geschiedenen Eltern ist heute die gemeinsame Sorge der gesetzliche Regelfall. Behauptet ein Elternteil dagegen, allein zur Vertretung des Kindes befugt zu sein, so sollte er dies regelmäßig durch Vorlage des Beschlusses des Familiengerichts gem. § 1671 Abs. 1 BGB nachweisen.[117] 58

Sind die Eltern nicht verheiratet, so hat grundsätzlich die Mutter die elterliche Sorge (§ 1626a Abs. 3 BGB). Dass keine Sorgeerklärung nach § 1626a Abs. 1 Nr. 1 BGB abgegeben worden ist, kann durch eine Bescheinigung des zuständigen Jugendamtes nachgewiesen werden. (§ 1626d Abs. 2 BGB, § 58 SGB VIII). Demgegenüber kann die negative Tatsache, dass keine Sorgerechtsübertragung gemäß § 1626a Abs. 1 Nr. 3 BGB erfolgt ist, nicht ohne Weiteres nachgewiesen werden. Hier muss und darf der Notar auf die Angabe der Mutter vertrauen, dass eine solche Entscheidung nicht getroffen wurde, wenn sie das Kind allein vertreten will. 59

Waren die Eltern gemeinsam sorgeberechtigt und verstirbt ein Elternteil, steht dem Überlebenden das Sorgerecht allein zu (§ 1680 Abs. 1 BGB). Das Gleiche gilt, wenn ein Elternteil für tot erklärt worden ist (§ 1681 Abs. 1 BGB). Ist ein Elternteil an der Ausübung der elterlichen Sorge tatsächlich verhindert oder ruht diese, so übt der andere Teil die elterliche Sorge allein aus und kann das Kind somit auch allein vertreten (s. § 1678 Abs. 1 Hs. 1 BGB). In diesen und allen ähnlich gelagerten Fällen darf sich der Notar bei der Beurkundung regelmäßig auf die Versicherung des vor ihm erschienenen Elternteils verlassen.[118] Nur wenn z.B. begründeter Anlass besteht, die Glaubwürdigkeit des erschienenen Elternteils zu bezweifeln, muss er die Vorlage einer Sterbeurkunde, eines Todeserklärungsbeschlusses oder sonstiger Nachweisurkunden verlangen.[119]

c) Empfehlungen/Hinweise für den Notar

Bei der Feststellung der elterlichen Vertretungsverhältnisse hat der Notar zunächst die materielle Rechtslage abschließend zu prüfen. Im Übrigen kann und darf er sich jedoch vielfach auf die Angaben der Eltern bzw. des erschienenen Elternteils verlassen. Hierbei spielt eine Rolle, ob es sich um den gesetzlichen Regelfall oder einen Ausnahmetatbestand handelt. Wichtig ist weiter, ob der Sachverhalt Anhaltspunkte bietet, die Glaubwürdigkeit der Erklärungen der Beteiligten zu bezweifeln. Berücksichtigt werden muss auch, wie zumutbar es für die Beteiligten ist, Nachweise über die Sorgerechtsverhältnisse zu erbringen. 60

Es ist aber wichtig, dass der Notar in der Urkunde jeweils deutlich erkennen lässt, in welchem Umfang er die Angaben der Eltern bzw. des erschienenen Elternteils prüfen konnte. Wenn und soweit er keine Prüfung vorgenommen hat bzw. vornehmen konnte, lässt sich das beispielsweise mit den Worten „nach eigenen Angaben handelnd als …" deutlich machen.

D. Beifügung

Wird dem Notar eine Vollmacht oder ein Vertretungsnachweis eines gesetzlichen Vertreters vorgelegt, so hat er diese Urkunden mindestens in beglaubigter Abschrift der Niederschrift beizufügen. § 12 BeurkG wird in diesem Punkt durch § 14 Abs. 2 DONot ergänzt. Die Vollmacht bzw. der Vertretungsnachweis ist im Falle einer Papierurkunde anzukleben, soweit keine Verbindung nach § 44 BeurkG erfolgt ist. Sie wird zum Gegenstand der Ausfertigung gemacht, indem sie mit ihr durch Schnur und Siegel verbunden wird, § 49 Abs. 3 BeurkG. Im Falle einer elektronischen Niederschrift sind die Nachweise für die Vertretungsbefugnis entweder in das zu signierende elektronische Dokument mit der Niederschrift aufzunehmen oder als weiteres Dokument gemäß § 34 Abs. 4 NotAktVV zusammen mit der Niederschrift zu verwahren.[120] Das Beifügen macht die Vollmacht oder den Vertretungsnachweis nicht zum verlesungspflichtigen Be- 61

114 Frenz/Miermeister/*Limmer*, § 12 BeurkG Rn 8.
115 *Winkler*, § 12 Rn 11.
116 *Winkler*, § 12 Rn 11.
117 *Winkler*, § 12 Rn 11; Beck'sches Notarhdb/*Kindler*, § 31 Rn 127.
118 Frenz/Miermeister/*Limmer*, § 12 BeurkG Rn 8; *Winkler*, § 12 Rn 11; strenger hingegen BeckOK-BeurkG/*Bremkamp*, § 12 Rn 132.2.
119 Beck'sches Notarhdb/*Kindler*, § 31 Rn 128.
120 Gesetzesbegründung BR-Drucks 372/25, S. 42.

standteil der Niederschrift i.S.v § 9 Abs. 1 S. 2 BeurkG[121] (siehe auch § 9 BeurkG Rdn 54). In der Niederschrift selbst hat der Notar über die Vorlegung von Vollmacht und Vertretungsausweis eine entsprechende Feststellung zu treffen. Sie kann wie folgt lauten: „Der Beteiligte zu 1) erklärte, dass er im Namen von Herrn … (genaue Personalien) handele. Er legte das Original der notariell beglaubigten Vollmacht (oder: eine Ausfertigung der Vollmacht) – UVZ-Nr. …/… – des Notars … in … vom … vor. Eine beglaubigte Abschrift der Vollmacht wird der Niederschrift beigefügt.“ In der Praxis empfiehlt es sich vielfach, der Urkunde nur eine beglaubigte Abschrift der vorgelegten Vollmacht beizufügen. Das Original der Vollmacht bzw. die Ausfertigung sollte nur dann beigefügt werden, wenn sicher erscheint, dass die Vollmacht später nicht mehr benötigt wird. Auch bei einer ein bestimmtes Grundstück betreffenden Grundstücksverkaufsvollmacht kann beispielsweise regelmäßig nicht ausgeschlossen werden, dass der „Erstvertrag“ scheitert und die Vollmacht später noch einmal Verwendung finden soll: Ist das Vollmachtsoriginal dann der ersten Urkunde beigefügt bzw. kann keine weitere Ausfertigung beschafft werden, ergeben sich für den „Zweitvertrag“ praktische Probleme im Hinblick auf die Rechtswirkungen des § 172 BGB, wenn die Vollmacht bei der Beurkundung nicht in Urschrift oder Ausfertigung dem Notar vorgelegt werden kann.

62 Die Feststellung, dass und in welcher Form die Vollmacht dem Notar vorgelegen hat, ist eine wirksame notarielle Bescheinigung i.S.v. § 21 Abs. 1 BNotO. Sie ist zwar gebührenfreies Nebengeschäft, hat aber gleichwohl volle Außenwirkung und bindet auch das Grundbuchamt, das nun nicht noch einmal die Vorlage der Urschrift oder Ausfertigung verlangen darf, sondern sich auf die Prüfung der Vollmacht durch den Notar verlassen kann und verlassen muss.[122] Keine Rolle spielt regelmäßig, ob zwischen Beurkundung und Eintragungsantrag ein längerer Zeitraum verstrichen ist. Das Grundbuchamt darf den Nachweis für das Fortbestehen der Vertretungsmacht nur dann fordern, wenn es auf das Fortbestehen tatsächlich ankommt und konkrete Anhaltspunkte für einen Widerruf bestehen.[123]

63 In mindestens beglaubigter Abschrift beizufügen sind nur vorgelegte Vollmachten. Eine Vollmacht muss dem Notar dann nicht als Vertretungsnachweis vorgelegt werden, wenn der Notar ihre Urschrift verwahrt und dem Bevollmächtigten insoweit ein originärer Anspruch auf Erteilung einer Ausfertigung gemäß § 51 Abs. 1 Nr. 1 BeurkG zusteht.[124] Aus diesem Grund erübrigt sich bei der Beurkundung einer Auflassung durch eine Kaufvertragspartei aufgrund einer im Kaufvertrag enthaltenen Auflassungsvollmacht die (auszugsweise) Beifügung des Kaufvertrages.[125] Gleiches gilt bei Beurkundung einer Grundschuld durch den Käufer aufgrund einer ihm vom Verkäufer im Kaufvertrag erteilten Finanzierungsvollmacht.[126] Die Beifügung kann sich in letzterem Fall aber aus vollstreckungsrechtlichen Gründen empfehlen. Will die Grundschuldgläubigerin aufgrund der vom Käufer namens des Verkäufers erklärten Zwangsvollstreckungsunterwerfung gegen letzteren vollstrecken, bedarf es nicht nur der Zustellung der Grundschuldurkunde, sondern auch der Zustellung der Vollmacht an den Verkäufer.[127] Eine separate Zustellung erübrigt sich aber, wenn der Kaufvertrag auszugsweise der zuzustellenden Grundschuldbestellungsurkunde beigefügt war. Wurde dies unterlassen und der Grundschuldgläubigerin auch keine beglaubigte Abschrift des Kaufvertrages erteilt, kann diese nur nach § 792 ZPO vorgehen.[128] Will die Grundschuldgläubigerin hingegen gegen den Käufer aufgrund dessen im eigenen Namen erklärten Zwangsvollstreckungsunterwerfung vollstrecken, bedarf es der Zustellung der Vollmacht nicht.[129]

E. Schutz des Erklärungsempfängers (Abs. 2)

64 Der durch das DiRUG neu eingefügte Abs. 2 erweitert den Vertrauensschutz des § 172 BGB. Bereits nach der Rechtsprechung der BGH wurde dieser Vertrauensschutz erweiternd ausgelegt, wenn der Notar aufgrund einer ihm vorgelegten Vollmachtsurkunde die Erklärung eines Bevollmächtigten beurkundet und in der Urkunde festgestellt wird, dass ihm die Vollmacht bei Beurkundung vorgelegen habe.[130] Allerdings griff nach dieser Rechtsprechung der Vertrauensschutz erst dann, wenn dem

121 Frenz/Miermeister/*Limmer*, § 12 BeurkG Rn 13; *Winkler*, § 12 Rn 51.
122 KG v. 28.4.1972 – 1 W 735/72, DNotZ 1972, 615, 617.
123 *Winkler*, § 12 Rn 18 f.; *Schöner/Stöber*, Rn 3581 ff.
124 *Schöner/Stöber*, Rn 3585; *Winkler*, § 12 Rn 52.
125 *Winkler*, § 12 Rn 52.
126 *Winkler*, § 12 Rn 52.
127 Vgl. BGH v. 21.9.2006 – V ZB 76/06, DNotZ 2007, 33 ff.
128 *Bolkart*, MittBayNot 2007, 338, 342.
129 LG Erfurt v. 19.10.2001 – 7 T 206/00, NotBZ 2003, 478; LG Cottbus v. 27.4.2007 – 7 T 144/07, NotBZ 2007, 224; DNotI-Report 2008, 65, 66.
130 BGH Urt. v. 15.10.1987 – III ZR 235/86; BGH Urt. v. 28.3.2006 – XI ZR 239/04.

Geschäftsgegner eine Ausfertigung der notariellen Niederschrift zusammen mit einer Abschrift der Vollmacht zugegangen war.

Diese Rechtsprechung wird nunmehr durch Abs. 2 insbesondere im Hinblick auf die Möglichkeit einer Beurkundung im Onlineverfahren fortentwickelt. Nach der Begründung zum Gesetzentwurf der Bundesregierung muss der Geschäftsgegner bei einer Beurkundung, die im Onlineverfahren stattfindet, auf eine dem Notar vorgelegte Vollmacht vertrauen können, auch ohne dass es darauf ankäme, dass ihm selbst eine unmittelbare sinnliche Wahrnehmung der Vollmachtsurkunde möglich ist.[131] Es wird nunmehr also für den Vertrauensschutz ausschließlich an die Vorlage der Vollmacht gegenüber dem Notar angeknüpft. Der Feststellung in der Niederschrift und des Zugangs einer Ausfertigung der Niederschrift nebst Abschrift der Vollmacht braucht es dafür nicht mehr.

§ 13 Vorlesen, Genehmigen, Unterschreiben

(1) [1]Der Inhalt der Niederschrift muss in Gegenwart des Notars den Beteiligten vorgelesen, die Niederschrift von ihnen genehmigt und eigenhändig unterschrieben werden; soweit die Niederschrift auf Karten, Zeichnungen oder Abbildungen verweist, müssen diese den Beteiligten anstelle des Vorlesens zur Durchsicht vorgelegt werden. [2]In der Niederschrift soll festgestellt werden, daß dies geschehen ist. [3]Haben die Beteiligten die Niederschrift eigenhändig unterschrieben, so wird vermutet, daß sie in Gegenwart des Notars vorgelesen oder, soweit nach Satz 1 erforderlich, zur Durchsicht vorgelegt und von den Beteiligten genehmigt ist. [4]Die Niederschrift soll den Beteiligten auf Verlangen vor der Genehmigung auch zur Durchsicht vorgelegt werden.
(2) [1]Werden mehrere Niederschriften aufgenommen, die ganz oder teilweise übereinstimmen, so genügt es, wenn der übereinstimmende Inhalt den Beteiligten einmal nach Absatz 1 Satz 1 vorgelesen oder anstelle des Vorlesens zur Durchsicht vorgelegt wird. [2]§ 18 der Bundesnotarordnung bleibt unberührt.
(3) [1]Die Niederschrift muß von dem Notar eigenhändig unterschrieben werden. [2]Der Notar soll der Unterschrift seine Amtsbezeichnung beifügen.

Literatur *Altmeppen*, Die Grundfesten des deutschen Notarwesens kommen ins Wanken, NJW 2006, 3761; *Basty*, Nochmals: Das Vorlesen der Niederschrift, NotBZ 1997, 201; *Heinemann*, Zu den Anforderungen an die Unterschrift der Beteiligten in der notariellen Niederschrift, ZNotP 2002, 223; *Heinemann*, Die Wiedergabe der Unterschrift in Ausfertigungen und Abschriften, BNotZ 2003, 467; *Heinemann*, Nochmals: Zu den Anforderungen an die Unterschrift der Beteiligten in der notariellen Niederschrift, DNotZ 2003, 243; *Kanzleiter*, Das Vorlesen der Niederschrift, DNotZ 1997, 261; *Kanzleiter*, Formzwecke, Beurkundungsverfahren und Berufsrecht – Die Änderungen des Beurkundungsverfahrensrechts durch die BNotO-Novelle vom 31.8.1998, DNotZ 1999, 292; *Kanzleiter*, Anforderungen an die Unterschriften von Beteiligten und Notar unter der notariellen Niederschrift, DNotZ 2002, 520; *Kanzleiter*, Anforderungen an die Unterzeichnung der Niederschrift durch die Beteiligten, MittBayNot 2003, 197; *Klein*, Der fehlsame, gleichwohl straffrei ausgehende Notar, DNotZ 2005, 193; *Köhler*, Die Unterschrift als Rechtsproblem, in: FS für Helmut Schippel, 1996, S. 209; *Lischka*, Die Nachholung einer vergessenen Unterschrift unter einer notariellen Urkunde, NotBZ 1999, 8; *Mihm*, Pflicht zur Verlesung notarieller Urkunden im EDV-Einsatz, NJW 1997, 3121; *Renner*, Die Namensunterschrift, NotBZ 2003, 178; *Ressler*, Soll-Vorschriften des Beurkundungsgesetzes und Strafbarkeit nach § 348 StGB, NotBZ 1999, 13; *Schneider*, Über gekrümmte Linien, Bogen, Striche, Haken und Unterschriften, NJW 1998, 1844.

131 BT-Drucks 19/28177, 114.

A. Allgemeines

1 Die Vorschrift gilt für rechtsgeschäftliche Erklärungen, Verfügungen von Todes wegen und entsprechend für die Abnahme von Eiden und die Aufnahme eidesstattlicher Versicherungen (§ 38 BeurkG).

§ 13 BeurkG enthält sowohl Muss- wie Soll-Vorschriften. **Muss-Vorschriften** legen Wirksamkeitsvoraussetzungen fest. In § 13 BeurkG geregelte **Wirksamkeitsvoraussetzungen** sind das Vorlesen (bzw. bei Karten, Zeichnungen und Abbildungen das Vorlegen zur Durchsicht), das Genehmigen und das eigenhändige Unterschreiben durch die Beteiligten in Gegenwart des Notars sowie die Unterschrift des Notars. Welche Auswirkungen die Verletzung dieser Muss-Vorschriften hat, wird nachfolgend dargestellt.

Im Übrigen enthält § 13 BeurkG **Soll-Vorschriften**, deren Nichtbeachtung nicht zur Unwirksamkeit der Beurkundung führt. Insbesondere das Fehlen der Feststellungen zur Verlesung, Genehmigung und Unterschrift in der Niederschrift (Abs. 1 S. 2) hat daher nicht die Unwirksamkeit der Beurkundung zur Folge (siehe unten Rdn 88). Unabhängig davon ist eine spätere „Nachholung" möglich: Dies kann durch ein Ergänzungszeugnis in der Form einer Niederschrift (§ 36 BeurkG) oder eines Vermerks (§ 39 BeurkG) geschehen.[1]

Das Gesetz zur Einführung einer elektronischen Präsenzbeurkundung vom 10.12.2025[2] hat einige Neuerungen gebracht: § 13 BeurkG findet auch Anwendung, wenn die Niederschrift als **elektronisches Dokument** aufgenommen wird, s. § 8 Abs. 2 S. 1 BeurkG. An die Stelle der Unterschriften der Beteiligten tritt dann die qualifizierte elektronische Signatur bzw. eine elektronisch erfasste eigenhändige Unterschrift, § 13a Abs. 1 BeurkG. Der Notar signiert mit seiner qualifizierten elektronischen Signatur, § 13a Abs. 2 BeurkG. Die Einführung der elektronischen Präsenzbeurkundung war auch Anlass für die Klarstellung in § 13 Abs. 1 S. 1 BeurkG, dass nicht die Niederschrift als solche zu verlesen ist, sondern nur der Inhalt der Niederschrift (zu den Einzelheiten s. Rdn 7).

1 *Winkler*, § 13 Rn 75.

2 BGBl. 2025 I Nr. 320.

B. Verlesung, Verlesungssurrogate

I. Vorlesen

1. Bedeutung

Der Inhalt der Niederschrift muss vorgelesen, genehmigt und unterschrieben werden. Das Verlesen ist dabei das „Kernstück" und entscheidender Wesensbestandteil der notariellen Beurkundungsverhandlung.[3] Das Verlesen vermittelt die Kenntnis der gesamten Urkunde und ermöglicht die letztmalige Kontrolle auf Richtigkeit und Vollständigkeit: Das Beurkundungsverfahren zwingt den Notar damit zur persönlichen Endkontrolle jeder Niederschrift. An das Verlesen knüpfen Aufklärungs- und Belehrungspflichten an.[4] Sicherlich mit einem Augenzwinkern nennt *Kanzleiter*[5] Abs. 1 S. 1 Hs. 1 „eine der einfachsten Vorschriften des Beurkundungsverfahrensrechts". Vorzulesen ist der Inhalt der Niederschrift. Der Inhalt muss daher zum Zeitpunkt des Verlesens schon textlich bestimmt sein, beispielsweise in Form eines Papierausdrucks oder als Darstellung „am Bildschirm" (unten Rdn 7). Das Diktieren in Gegenwart der Beteiligten ersetzt das Vorlesen nicht.[6] Das in Polizei- und Gerichtsprotokollen beliebte „laut diktiert und genehmigt" ist im Beurkundungsverfahren unzulässig.[7] 2

2. Umfang des Vorlesens

Das Verlesen darf sich nicht allein auf die Erklärungen der Beteiligten beschränken, sondern der Inhalt der Niederschrift ist **als Ganzes** zu verlesen.[8] Vorzulesen sind deshalb z.B. auch die Angabe des Notars, des Tages und Ortes der Beurkundung, die Bezeichnung der Beteiligten und sonstigen Mitwirkenden sowie sonstige **Feststellungen** des Notars.[9] Ebenfalls vorzulesen sind vom Notar erteilte **Hinweise**, die er in die Niederschrift aufgenommen hat.[10] Von der Frage des Vorleseerfordernisses ist die Frage zu trennen, ob es zur Unwirksamkeit der Beurkundung führt, wenn der Notar solche Bestandteile der Niederschrift nicht vorliest. Dies wird nachfolgend (siehe Rdn 14) behandelt. Nicht vorzulesen sind hingegen solche Textpassagen, die **nicht Inhalt der Niederschrift** sind.[11] Hierzu zählen beispielsweise der Text auf einem der Niederschrift vorangestellten Deckblatt oder etwaige Inhalts- und Definitionsverzeichnisse, sofern diese reine Ordnungsfunktion haben, d.h. keinerlei Erklärungen der Beteiligten (etwa Begriffsdefinitionen) enthalten. Ein weiteres Beispiel sind doppelspaltige Urkunden mit zwei Sprachfassungen, bei denen nur eine Sprachfassung verbindlich sein soll. In solchen Fällen ist die Spalte mit der anderen Sprachfassung nicht Teil der Niederschrift und muss nicht verlesen werden.[12] 3

Vorzulesen sind auch diejenigen beigefügten **Anlagen**, die nach § 9 Abs. 1 S. 2 BeurkG Teile der Niederschrift selbst werden sollen. Ohne ihr Verlesen kommt eine wirksame Verweisung nicht zustande (siehe oben § 9 BeurkG Rdn 34). Nicht vorlesebedürftig sind die nach § 12 BeurkG beigefügten **Vollmachten** und sonstigen **Nachweise über die Vertretungsberechtigung** (siehe oben § 12 BeurkG Rdn 61), sofern sie nicht ausnahmsweise materiell-rechtliche Erklärungen zum Inhalt des Rechtsgeschäfts enthalten.[13]

Nicht vorzulesen ist nach allgemeiner Auffassung auch der **Schlussvermerk** nach § 13 Abs. 1 S. 2 BeurkG.[14]

Der Inhalt der Niederschrift muss grundsätzlich **wörtlich** – also keinesfalls nur dem Sinn nach – und vollständig vorgelesen werden. Der gesamte Inhalt der Urkunde muss akustisch für die Beteiligten vernehmbar sein. Seitenzahlen, Satzzeichen und sonstige Angaben, die nur die Gliederung des Textes betreffen, sind dagegen nicht vorlesepflichtig. Das gilt auch für fortlaufende Nummerierungen im Text, die lediglich Ordnungsfunktion haben. Textidentische Elemente, insbesondere Angaben, die die Urkunde in Zah- 4

3 Frenz/Miermeister/*Limmer*, § 13 BeurkG Rn 3; BGH v. 15.11.2021 – NotSt(Brfg) 2/21, NJOZ 2022, 722.
4 *Kanzleiter*, DNotZ 1999, 292, 295.
5 *Kanzleiter*, DNotZ 1997, 261.
6 Frenz/Miermeister/*Limmer*, § 13 BeurkG Rn 5; BRHP/*Litzenburger*, § 13 BeurkG Rn 1; Soergel/*Mayer*, 13. Aufl., § 13 BeurkG Rn 4 (nach § 2264 BGB).
7 *Kanzleiter*, DNotZ 1997, 261, 264 f.
8 Frenz/Miermeister/*Limmer*, § 13 BeurkG Rn 11; *Lerch*, § 13 Rn 5; *Winkler*, § 13 Rn 21.
9 *Winkler*, § 13 Rn 21.
10 A.A. wohl Grziwotz/Sauer/Heinemann/*Heinemann/Grziwotz*, § 13 Rn 4.
11 Vgl. hierzu BGH v. 15.11.2021 – NotSt(Brfg) 2/21, NJOZ 2022, 722, 724.
12 *Ott*, BWNotZ 2023, 70, 72.
13 *Winkler*, § 13 Rn 23; *Lerch*, § 13 Rn 20.
14 Frenz/Miermeister/*Limmer*, § 13 BeurkG Rn 11b; *Lerch*, § 13 Rn 2; *Winkler*, § 13 Rn 22; Grziwotz/Sauer/Heinemann/*Heinemann/Grziwotz*, § 13 Rn 4; Soergel/*Mayer*, 13. Aufl., § 13 BeurkG Rn 16 (nach § 2264 BGB).

len und in Worten enthält, müssen nicht zwei Mal vorgetragen werden. Der Sinn und Zweck von § 28 Abs. 1 S. 2 DONot a.F., der die Angabe wichtiger Zahlen auch in Buchstaben verlangte, lag vorrangig darin, Manipulationen und Fälschungen – die bei reinen Zahlenangaben leicht möglich sind – zu verhindern. Es ging nicht darum, den Notar zum doppelten Verlesen zu verpflichten. In der Praxis lässt sich leider immer wieder beobachten, dass in Urkunden die Angaben in Zahlen und in Worten voneinander abweichen. Diese Fehler wären zweifelsfrei vermieden worden, wenn der Notar die Angaben in der vorbereiteten Urkunde genau miteinander verglichen und tatsächlich beide Angaben vorgelesen hätte. Wollte man jedoch das doppelte Vorlesen bereits aus beurkundungsrechtlichen Gründen verlangen, müsste man konsequenterweise einen Verstoß gegen § 13 BeurkG mit dem Risiko der Nichtigkeit der Urkunde bejahen. Den Vertragsbeteiligten würde man in diesen Fällen „Steine statt Brot" geben. Natürlich ist es Amtspflicht des Notars, die Angaben in Zahlen und in Worten miteinander zu vergleichen und die Widersprüchlichkeit in der Urkunde zu vermeiden. Kommt es dennoch zu Abweichungen, muss die Lösung über § 44a Abs. 2 S. 1 BeurkG gefunden werden: Der Notar hat zu prüfen, ob und inwieweit eine Berichtigung gem. § 44a Abs. 2 BeurkG in Betracht kommt.

3. Vorlesen durch Dritte

5 Das BeurkG verlangt nicht, dass der Notar die Urkunde selbst vorliest: Lediglich die Gegenwart des Notars ist unverzichtbar. Der Notar **darf** sich einer **Hilfsperson** bedienen.[15] Sogar das Vorlesen durch Urkundsbeteiligte ist nicht in dem Sinne verboten, dass dies die Unwirksamkeit der Urkunde zur Folge hätte.[16] Allerdings ist das Vorlesen durch Urkundsbeteiligte mit dem Zweck von Abs. 1 nur schwer zu vereinbaren: Beim Verlesen sollen Beteiligte „zuhören"; der Text wird ihnen und nicht dem Notar vorgelesen. Es empfiehlt sich daher dringend, dass der Notar die Urkunde selbst vorliest.[17] Ist dies dem Notar, z.B. bei einer schweren Erkältungskrankheit, nicht möglich, sollte er auf jeden Fall eine Kopie des vorbereiteten Urkundstextes in Händen halten und bei der Beurkundung „mitlesen"; nur so kann er die gebotene Endkontrolle des Urkundstextes effektiv vornehmen. Diese „optische" Wahrnehmung hat eine andere Qualität als die rein „akustische".

4. Vorlesen durch technische Vorrichtungen

6 Ausgehend vom seinerzeitigen Stand der Technik wurde früher diskutiert, ob das Abspielen eines **Tonbandes** oder **sonstigen Tonträgers** als Vorlesen gewertet werden kann. Nach allgemeiner Meinung genügt dieses Vorgehen den beurkundungsrechtlichen Anforderungen **nicht**.[18] Die frühere Gegenansicht[19] wurde aufgegeben, nachdem der Gesetzgeber in Kenntnis dieser Frage zwar Besonderheiten hinsichtlich der Vorlesung von Serienurkunden geregelt (Abs. 2), aber die Benutzung eines Tonbandgerätes nicht zugelassen hat.[20]

Auch das „Vorlesen" durch ein IT-Programm, das den als Datei vorliegenden Text als Sprache ausgibt, oder durch einen Sprachautomaten, der die in Papier vorliegende Niederschrift einscannt, wird von der herkömmlichen Ansicht für unzulässig gehalten, obwohl in diesem Fall anders als im Fall des Tonbandes die konkrete Niederschrift zu Gehör gebracht wird.[21] Dem ist zuzustimmen, denn der Gesetzgeber hat unter „Vorlesen" sicherlich das Vorlesen durch eine Person verstanden. Wenn er angesichts der heute zur Verfügung stehenden technischen Möglichkeiten auch eine IT-unterstützte Sprachausgabe genügen lassen wollte, müsste er dies gesetzlich klarstellen.[22]

15 Frenz/Miermeister/*Limmer*, § 13 BeurkG Rn 4; *Lerch*, § 13 Rn 22; Staudinger/*Hertel*, BeurkG Rn 359; *Winkler*, § 13 Rn 8; Grziwotz/Sauer/Heinemann/*Heinemann/Grziwotz*, § 13 Rn 5.

16 *Winkler*, § 13 Rn 8; BeckOK-BeurkG/*Bremkamp*, § 13 Rn 41; Staudinger/*Hertel*, BeurkG Rn 359; a.A.: BRHP/*Litzenburger*, § 13 BeurkG Rn 1; Grziwotz/Sauer/Heinemann/*Heinemann/Grziwotz*, § 13 Rn 5.

17 *Kanzleiter*, DNotZ 1997, 261, 263.

18 OLG Hamm v. 19.10.1977 – 15 W 113/77, DNotZ 1978, 54, 57; *Kanzleiter*, DNotZ 1997, 261, 264 f.; BRHP/*Litzenburger*, § 13 BeurkG Rn 1; Frenz/Miermeister/*Limmer*, § 13 BeurkG Rn 12; Grziwotz/Sauer/Heinemann/*Heinemann/Grziwotz*, § 13 Rn 7.

19 Fundstellen bei *Huhn/von Schuckmann*, 3. Aufl., § 13 Rn 8.

20 *Winkler*, § 13 Rn 9 m.w.N.; *Kanzleiter*, DNotZ 1997, 261, 264.

21 Vgl. *Winkler*, § 13 Rn 9 m.w.N.

22 So zutreffend BeckOK-BeurkG/*Bremkamp*, § 13 Rn 44 unter Hinweis auf OLG Hamm NJW 1978, 2604, 2606.

5. Vorlesen vom Bildschirm

Bis zum Gesetz zur Einführung einer elektronischen Präsenzbeurkundung war umstritten, ob es zulässig ist, nicht von der Papierurkunde vorzulesen, sondern vom Bildschirm oder der Wandprojektion eines Beamers. Denn bis dahin verlangte § 13 Abs. 1 S. 1 BeurkG, dass „die Niederschrift" vorgelesen werden müsse. Die herkömmliche Auffassung verstand dies so, dass die körperliche Niederschrift unmittelbar vorgelesen werden müsse.[23] Daher sei es unzulässig, wenn der Notar die Beurkundung „am Bildschirm" vornimmt, also nicht den Papierausdruck der Urkunde, sondern den im Bildschirm erscheinenden Text vorliest und erst nach dem Vorlesen den Text ausdruckt.[24] Eine neuere Auffassung hielt es hingegen schon nach dem früheren Wortlaut der Norm für zulässig, vom Bildschirm vorzulesen, jedenfalls seitdem der Gesetzgeber durch das Gesetz zur Umsetzung der Digitalisierungsrichtlinie vom 5.7.2021 (DiRUG)[25] für die gemischte Beurkundung nach § 16e BeurkG – teils online, teils in Präsenz – das Verlesen vom Bildschirm dem Verlesen vom Papier gleichgestellt habe.[26] Der Streitstand ist hier nicht im Einzelnen nachzuzeichnen, denn der Gesetzgeber hat entschieden: § 13 Abs. 1 S. 1 BeurkG verlangt in seiner neuen Fassung nicht mehr das Vorlesen der Niederschrift, sondern des **Inhalts** der Niederschrift. Damit stellt das Gesetz klar, dass nicht entscheidend ist, von welchem Medium der Notar den Text abliest, solange die inhaltliche Identität von verlesenem und unterschriebenem Text gewährleistet ist.[27] Eine körperliche Identität der verlesenen mit der unterschriebenen Niederschrift ist nicht erforderlich. Die Gesetzesbegründung führt dazu aus, dies sei bisher schon geltendes Recht gewesen, wie die Zulässigkeit von Sammelbeurkundungen nach Abs. 2 S. 1 mit Verlesung nur einer von mehreren zugleich beurkundeten Niederschriften zeige. Jedenfalls mit der Einführung der elektronischen Niederschrift, bei der es schon aus technischen Gründen nur auf eine inhaltliche Identität ankommen könne, sei es auch in der Sache nicht mehr zu rechtfertigen, für Papierurkunden eine „körperliche Identität" zwischen verlesener und unterschriebener Niederschrift zu verlangen. 7

6. Vorlesen von Neuausdrucken

Lässt der Notar in das vorgelesene Exemplar der Niederschrift aufgenommene handschriftliche Änderungen im Textverarbeitungsprogramm seiner EDV-Anlage ändern und ersetzt vor der Unterschriftsleistung die Seiten mit den handschriftlichen Änderungen durch die neu ausgedruckten geänderten Seiten um eine „reine" Urschrift zu erhalten, stellte sich bisher die Frage, ob die neu ausgedruckten Seiten jeweils erneut vollständig vorgelesen werden müssen. Denn der frühere Wortlaut des Abs. 1 S. 1, nach dem „die Niederschrift" vorzulesen ist, wurde verbreitet so verstanden, als müsse eine körperliche Identität bestehen zwischen dem vorgelesenen und dem unterschriebenen Exemplar der Niederschrift (oben Rdn 7). 8

Die ganz herrschende Auffassung, hielt gleichwohl ein **„Ersetzen" von Seiten ohne erneutes vollständiges Vorlesen** für zulässig, insbesondere mit Blick darauf, dass Abs. 2 es bei Sammelbeurkundungen erlaubt, die übereinstimmenden Textteile nur einmal zu verlesen, also ein einmal bereits vorgelesener inhaltsgleicher Text kein zweites Male vorgetragen werden muss.[28] 9

Das Gesetz zur Einführung einer elektronischen Präsenzbeurkundung hat in Abs. 1 S. 1 nunmehr klargestellt, dass nur der „Inhalt" der Niederschrift vorgelesen werden muss, es also nur auf eine inhaltliche und nicht auf eine körperliche Identität ankommt (vgl. oben Rdn 7). Damit ist klar, dass Seiten, die nach Korrektur neu ausgedruckt werden, nicht erneut vorgelesen werden müssen. Das gilt nicht nur für die un-

23 *Winkler*, § 13 Rn 12; *Kanzleiter*, DNotZ 1997, 261, 265; a.A., aber zur Vorsicht mahnend, Frenz/Miermeister/*Limmer*, § 13 BeurkG Rn 12.

24 OLG Frankfurt v. 30.8.1999 – 1 Not 1/98, DNotZ 2000, 513 f.; OLG Brandenburg v. 9.5.2012 – 4 U 92/10, RNotZ 2012, 525; Armbrüster/Preuß/*Piegsa*, 9. Aufl. § 13 BeurkG Rn 7; *Kanzleiter*, DNotZ 1997, 261, 265; *Lerch*, § 13 Rn 74; *Winkler*, § 13 Rn 12; vgl. auch Rundschreiben der BNotK Nr. 19/97 v. 3.7.1997.

25 BGBl I, S. 3338.

26 LG Stralsund v. 5.6.1996 – 7 O 185/96, NJW 1997, 3178; *Limmer*, DNotZ 2020, 419, 422 f.; Frenz/Miermeister/*Limmer*, § 13 BeurkG Rn 7; BeckOK-BeurkG/*Bremkamp*, § 13 Rn 32 f.

27 Gesetzesbegründung, BR-Drucks 372/25, S. 40.

28 Vgl. Rundschreiben der BNotK Nr. 19/97 v. 3.7.1997; Frenz/Miermeister/*Limmer*, § 13 BeurkG Rn 8; *Lerch*, § 13 Rn 95 f.; *Winkler*, § 13 Rn 13 ff.; Grziwotz/Sauer/Heinemann/*Heinemann/Grziwotz*, § 13 Rn 8; Soergel/*Mayer*, 13. Aufl., § 13 BeurkG Rn 4 (nach § 2264 BGB); *Blaeschke*, Rn 607; *Basty*, NotBZ 1997, 201 f.; *Kanzleiter*, DNotZ 1997, 261, 267 ff.; *Mihm*, NJW 1997, 3121 ff., *Rohs/Heinemann*, Rn 180 f.; a.A. *Ehlers*, NotBZ 1997, 109 ff.; BRHP/*Litzenburger*, § 13 BeurkG Rn 1.

verändert gebliebenen Textpassagen, sondern auch für den korrigierten oder neu eingefügten Text, soweit er nach handschriftlicher Ergänzung oder Einfügen am Bildschirm bereits vorgelesen wurde.

10 In der Praxis hat der Notar beim **„Seitenaustausch" wie folgt zu verfahren**: Er hat einen genauen Vergleich der vorgelesenen Seite und der neu ausgedruckten Textseite vorzunehmen. Dabei hat er die Abschnitte bzw. Textteile, die Gegenstand von Änderungen im Vergleich zur ursprünglichen Textvorlage waren, zu verlesen, soweit er dies nach Korrektur und vor Ausdruck noch nicht getan hat. Das Verfahren verlangt vom Notar viel Aufmerksamkeit: Nicht selten verschieben sich beim Neuausdruck einzelner Seiten die Seitenumbrüche. Der Notar muss daher penibel genau darauf achten, dass die bereits vorgelesene Seite und ihr Neuausdruck inhaltlich identisch sind. Abweichungen zwischen Niederschrift und verlesenem Text können zur Unwirksamkeit der Urkunde führen.[29] Die ausgetauschten Seiten der Vorlage können vernichtet werden.[30] Zulässig ist es auch, dass der Notar nach Einarbeitung der Änderungen einen vollständigen Neuausdruck der Niederschrift vornimmt und diesen nach einem Vergleich mit der Vorlage und ggf. Vorlesen noch nicht vorgelesener Textteile von den Beteiligten unterzeichnen lässt.[31]

11 Keinesfalls übersehen werden darf Folgendes: Wird das Schriftstück, von dem verlesen wird, nach dem Verlesen durch ein textgleiches anderes ersetzt, muss der **„Ersetzungsvorgang"** auf jeden Fall **vor** der **Unterschriftsleistung** erfolgen. Es ist niemals zulässig, zunächst die mit Einfügungen und Veränderungen versehene Niederschrift unterschreiben zu lassen und nachträglich in der Urschrift einen „Seitenaustausch" vorzunehmen.[32] Dabei handelt sich um die unzulässige nachträgliche Veränderung einer zunächst wirksam aufgenommenen Niederschrift. Allerdings berührt das unzulässige und grob amtspflichtwidrige Verfahren die Wirksamkeit der Beurkundung nicht, denn während des Beurkundungsvorgangs kam es zu keinem Fehler. Der Fall entspricht insoweit dem, dass die Urkunde nachträglich bei einem Feuer oder sonstigen Ereignis zerstört wird. Allerdings ist der Beweiswert einer solchen Niederschrift erheblich beeinträchtigt oder gar aufgehoben. Die Ersetzung von Teilen der Niederschrift nach Unterschriftsleistung durch Reinschriften kann sogar zur vorläufigen Amtsenthebung des Notars führen.[33]

7. Art und Weise des Vorlesens

12 Regelmäßig wird der Text abschnittsweise – unterbrochen von Erläuterungen – vorgelesen. Es ist nicht erforderlich und dient auch nicht dem Verständnis der Beteiligten, das Protokoll in einem Zuge vorzulesen. Auch an die Reihenfolge der Textpassagen im Entwurf der Urkunde ist der Notar nicht gebunden. Er kann frei entscheiden, wann und in welcher Reihenfolge er den Text vorliest und ggf. auch das Vorlesen von Anlagen vorziehen. Wichtig ist, dass hierbei der Sinnzusammenhang erkennbar bleibt. Ergänzt der Notar den Text bei Beurkundung handschriftlich um einen Abschnitt, sollte er diesen nicht während des Schreibens Wort für Wort vorlesen, sondern nach der Ergänzung zusammenhängend als Sinnabschnitt.

Kürzere oder längere Verhandlungspausen sind genauso zulässig wie Beurkundungen, die an einem Tag begonnen und am Folgetag fortgesetzt werden (ausführlich dazu oben § 8 BeurkG Rdn 8). Auch hier muss der Sinnzusammenhang erhalten bleiben.

8. Ausnahmen vom Vorleseerfordernis

13 Das Gesetz sieht wenige Ausnahmen vom Vorleseerfordernis vor. Bei Karten, Zeichnungen und Abbildungen ergibt sich dies jedoch aus der Natur der Sache; diese müssen nach Abs. 1 S. 1 Hs. 2 stattdessen zur Durchsicht vorgelegt werden. Bei einem hörbehinderten Beteiligten gilt dies nach § 23 S. 1 BeurkG für die gesamte Niederschrift.

29 *Winkler*, § 13 Rn 18 a.E.; *Bettendorf*, EDV und Internet, S. 149.
30 *Winkler*, § 13 Rn 18.
31 *Kanzleiter*, DNotZ 1997, 261, 269.
32 Frenz/Miermeister/*Limmer*, § 13 BeurkG Rn 8; Grziwotz/Sauer/Heinemann/*Heinemann/Grziwotz*, § 13 Rn 9.
33 BGH v. 20.7.1998 – NotZ 2/98, DNotZ 1999, 350; vgl. aber auch BGH v. 10.3.2003 – NotSt (Brfg) 3/02, NJW 2003, 2764.

Auf das Vorlesen kann grundsätzlich nicht wirksam verzichtet werden.[34] Ausnahmen begründen § 13c BeurkG (§ 13a BeurkG a.F.) (Verweisung auf eine andere notarielle Niederschrift) und § 14 BeurkG (Verweisung auf Bestandsverzeichnisse oder auf Erklärungen im Rahmen von Pfandrechtsbestellungen).

9. Rechtsfolgen eines Verstoßes gegen das Vorleseerfordernis

Bei der Frage nach den Rechtsfolgen eines Verstoßes gegen das Vorleseerfordernis ist zwischen der Unwirksamkeit des Beurkundungsakts einerseits und der materiell-rechtlichen Unwirksamkeit des Rechtsgeschäfts wegen eines Formverstoßes andererseits zu unterscheiden. Diesen Unterschied soll folgendes Beispiel verdeutlichen: Ist der Beurkundungsakt unwirksam, so kann das beurkundete Rechtsgeschäft gleichwohl materiell-rechtlich wirksam sein, wenn es der Form der notariellen Beurkundung nicht bedarf. Ist umgekehrt der Beurkundungsakt als solcher wirksam, kann das beurkundete Rechtsgeschäft formunwirksam sein, weil beispielsweise beurkundungsbedürftige Abreden dem Notar vorenthalten und deshalb nicht mitbeurkundet worden sind. Vollzieht man diese Unterscheidung nach, liegt es auf der Hand, dass das Vorleseerfordernis des § 13 BeurkG als beurkundungsrechtliche Regelung allein die Frage der Wirksamkeit des Beurkundungsakts und nicht die Frage der Formwirksamkeit nach materiellem Recht regelt. Dies hat das Oberlandesgericht Frankfurt verkannt, indem es ausführte: „Allerdings macht ein Verstoß gegen zwingende Vorschriften, wie beispielsweise die Verlesungspflicht des § 13 BeurkG, nicht etwa „die Urkunde" unwirksam, sondern das in dieser Urkunde enthaltende Rechtsgeschäft, soweit es der notariellen Beurkundung bedarf."[35] Anders als das Oberlandesgericht Frankfurt, welches davon auszugehen scheint, dass die „Unwirksamkeit der Beurkundung" schon im begrifflichen Ansatz verfehlt ist, kennt die h.M. diesen Begriff aber sehr wohl.[36] 14

Was hat man sich aber unter der Unwirksamkeit eines Beurkundungsaktes vorzustellen? Hat ein einziges nicht vorgelesenes Wort die Nichtigkeit der gesamten Urkunde zur Folge? Zur Beantwortung dieser Fragen ist nach den einzelnen Urkundsbestandteilen zu differenzieren:

Werden bloße **Soll-Bestandteile**, also Angaben, die nicht zwingender Inhalt der Urkunde gem. § 9 Abs. 1 S. 1 BeurkG sind, nicht vorgelesen, so sind diese zwar nicht wirksam beurkundet. Die Wirksamkeit der Beurkundung insgesamt ist allerdings nicht beeinträchtigt.[37] Da diese Feststellungen nicht einmal in der Urkunde enthalten sein müssen, kann das reine Nichtvorlesen nicht zur Unwirksamkeit der Urkunde führen.[38] 15

Werden **Erklärungen** der Beteiligten, die gem. § 9 Abs. 1 S. 1 Nr. 2 BeurkG Muss-Bestandteil der Urkunde sind, nicht vorgelesen, so hat dies zur Folge, dass sie nicht wirksam beurkundet sind. Fraglich ist aber, ob dies zur Unwirksamkeit des gesamten Beurkundungsaktes führt oder sich die Unwirksamkeit nur auf die einzelnen nicht vorgelesenen Bestimmungen erstreckt, die Urkunde im Übrigen aber wirksam errichtet ist. Soweit ersichtlich wird diese Frage in Rechtsprechung und Literatur bislang nicht ausdrücklich aufgeworfen. Stellungnahmen lassen aber gleichwohl erkennen, dass davon ausgegangen wird, dass nur eine Teilunwirksamkeit der Urkunde hinsichtlich der nicht vorgelesenen Teile gegeben ist. So führt *Winkler* für eine nicht verlesene Anlage aus, dass diese „an der Eigenschaft der öffentlichen Urkunde nicht teil[nimmt], so dass die Beurkundung **insoweit** unwirksam ist."[39] *Hertel* schreibt: „Wurden Teile der Urkunde nicht verlesen – etwa wenn der Notar vergisst, einzelne Klauseln oder Sätze zu verlesen […], so sind die betreffenden Teile nicht wirksam beurkundet."[40] Diesen Ansichten ist zuzustimmen. Das Nichtvorlesen führt dazu, dass die nicht vorgelesenen Teile nicht Bestandteil der Niederschrift werden. Warum dagegen dem vorgelesenen Rest die Eigenschaft einer öffentlichen Urkunde abgesprochen werden sollte, ist nicht erkennbar. Vielmehr ist es allein eine Frage des materiellen Rechts, ob das Rechtsgeschäft, wenn es formbedürftig ist, nur hinsichtlich des nicht wirksam beurkundeten Teils oder aber insgesamt form- 16

34 Frenz/Miermeister/*Limmer*, § 13 BeurkG Rn 3; Staudinger/*Hertel*, BeurkG Rn 357; *Winkler*, § 13 Rn 4; Grziwotz/Sauer/Heinemann/*Heinemann/Grziwotz*, § 13 Rn 4.

35 OLG Frankfurt a.M. v. 21.2.2012 – 11 U 97/11, DB 2012, 739.

36 *Winkler*, § 9 Rn 66, BRHP/*Litzenburger*, § 13 BeurkG Rn 5; Soergel/*Mayer*, 13. Aufl., § 6 BeurkG Rn 10 (nach § 2264 BGB); Staudinger/*Hertel*, BeurkG Rn 357; Grziwotz/Sauer/Heinemann/*Heinemann/Grziwotz*, § 13 Rn 44.

37 Staudinger/*Hertel*, BeurkG Rn 361; *Winkler*, § 13 Rn 25; BRHP/*Litzenburger*, § 13 BeurkG Rn 3; a.A. noch *Huhn/von Schuckmann*, 3. Aufl., § 13 Rn 5.

38 *Winkler*, § 13 Rn 25; Soergel/*Mayer*, 13. Aufl., § 13 BeurkG Rn 5 (nach § 2264 BGB).

39 *Winkler*, § 9 Rn 66.

40 Staudinger/*Hertel*, BeurkG Rn 370.

unwirksam ist. Hier gilt der Auslegungsgrundsatz des § 139 BGB, wonach die Teilnichtigkeit des Rechtsgeschäfts grundsätzlich die Gesamtnichtigkeit des Rechtsgeschäfts zur Folge hat, wenn nicht anzunehmen ist, dass es auch ohne den nichtigen Teil vorgenommen sein würde. Insbesondere dann allerdings, wenn nur accidentialia des Vertrages betroffen sind, wird man von einem Willen zur Fortgeltung des Rechtsgeschäfts im Übrigen ausgehen können.[41]

17 Hieraus folgt: Werden einzelne Worte des Erklärungsteils der Niederschrift durch den Notar beim Vorlesen **„verschluckt“**, so liegt auch nur wegen dieser nicht vorgelesenen Worte eine Unwirksamkeit des Beurkundungsaktes vor. Der Rest der Erklärungen ist wirksam beurkundet. Wären die nicht vorgelesenen Worte versehentlich von vorneherein nicht in den Text der Niederschrift aufgenommen worden, hätte der Notar die Urkunde sogar gem. § 44a Abs. 2 BeurkG berichtigen können, wenn sich der Sinn der Erklärung aus dem Gesamtzusammenhang rekonstruieren ließe (vgl. § 44a BeurkG Rdn 16). Dieses Vorgehen wird man dem Notar erst recht nicht verwehren können, wenn die Worte nur nicht vorgelesen wurden, aber im Text der Niederschrift enthalten sind. Unterbleibt eine solche Berichtigung wird auch eine Formnichtigkeit des gesamten Rechtsgeschäfts nach materiellem Recht regelmäßig nicht gegeben sein, da die Parteien gewollt hätten, dass man die Lücke durch Auslegung schließt.

Steht das „Verschlucken“ einzelner Worte fest, ist auch nicht die Vermutung des Abs. 1 S. 3, wonach die Urkunde insgesamt vorgelesen wurde, wenn die Beteiligten sie eigenhändig unterschrieben haben, entkräftet. Zur Widerlegung der Vermutung muss der Beweis des Gegenteils erbracht werden; eine bloße Erschütterung der Vermutung durch den Nachweis ihrer möglichen Unrichtigkeit genügt nicht (siehe unten Rdn 68). Dies hat zur Folge, dass die Vermutung des Vorlesens „Wort für Wort“ widerlegt werden muss.

Auch wenn das „Verschlucken“ einzelner Wörter damit im Ergebnis häufig folgenlos bleibt und weder zur Gesamtnichtigkeit des Beurkundungsaktes noch des beurkundeten Rechtsgeschäfts führt und auch keine Einbußen der Beweiskraft der Urkunde mit sich bringt, muss der Notar ein solch nachlässiges Vorlesen unbedingt vermeiden. Es unterläuft die Zwecke des Vorleseerfordernisses und lässt das Beurkundungsverfahren zur Farce verkommen. Außerdem stellt es einen Amtspflichtverstoß dar, der eine dienstaufsichtsrechtliche Ahndung nach sich ziehen kann.

18 Werden die **Bezeichnung des Notars und der Beteiligten**, bei denen es sich gem. § 9 Abs. 1 S. 1 Nr. 1 BeurkG ebenfalls um Muss-Bestandteile der Urkunde handelt, nicht vorgelesen, ist der Beurkundungsakt grundsätzlich nichtig. Dies gilt allerdings nur, wenn es sich bei den nicht verlesenen Angaben auch wirklich um Muss-Bestandteile handelt. Beispiel: Wird beim Vorlesen nur der Name des Notars, nicht aber die in der Niederschrift festgehaltene Amtsbezeichnung „Notar“ sowie der Amtssitz vorgelesen, so ist die Beurkundung wirksam, da den Anforderungen des § 9 Abs. 1 S. 1 Nr. 1 BeurkG allein durch die Wiedergabe des Namens des Notars genügt wird (siehe § 9 BeurkG Rdn 5). Ebenfalls wirksam ist die Urkunde, wenn nur der Name der Beteiligten, nicht aber die gem. § 10 BeurkG erforderlichen Soll-Angaben vorgelesen werden.

Führt das Nichtvorlesen der Angaben des § 9 Abs. 1 S. 1 Nr. 1 BeurkG zur Nichtigkeit des Beurkundungsvorgangs, hat dies allerdings grundsätzlich dessen Gesamt- und nicht nur eine Teilnichtigkeit zur Folge. Die Angaben zu Notar und Beteiligen stellen Grundvoraussetzungen der notariellen Beurkundung von Willenserklärungen dar. Fehlen sie, kann von einer notariellen Urkunde schlechthin nicht mehr gesprochen werden. Allerdings muss auch hier gelten, dass der Notar bei fehlendem Vorlesen dieser Angaben gem. § 44a Abs. 2 BeurkG verfahren kann, wenn man ihm dies sogar in dem Fall gestattet, dass die Angaben nicht nur nicht vorgelesen wurden, sondern überhaupt nicht in der Niederschrift festgehalten sind (siehe hierzu § 9 BeurkG Rdn 7).

41 *Winkler*, § 13 Rn 25a.

II. Vorlegung zur Durchsicht

§ 13 BeurkG kennt zwei Fälle der „Vorlage zur Durchsicht". Verlangen die Beteiligten gemäß Abs. 1 S. 4 die Vorlage, handelt es sich um eine bloß informierende Vorlage. Diese Vorlage zur Durchsicht kann das Vorlesen nicht ersetzen.[42] Die Beteiligten können aufgrund der Vorlage auch nicht auf das Vorlesen verzichten. Abs. 1 S. 1 Hs. 2 handelt demgegenüber von einer das Vorlesen ersetzenden Vorlage zur Durchsicht, wenn nach § 9 Abs. 1 S. 3 BeurkG Erklärungen unter Verwendung von Karten, Zeichnungen oder Abbildungen abgegeben werden. Eine das Vorlesen ersetzende Durchsicht kennt das BeurkG sonst nur noch in einem weiteren Fall: Einem hörbehinderten Beteiligten muss die Urkunde gem. § 23 S. 1 BeurkG anstelle des Vorlesens zur Durchsicht vorgelegt werden. Hier muss die Urkunde überhaupt nicht vorgelesen werden, wenn nur Hörgeschädigte an der Beurkundung beteiligt sind.[43] **19**

Die ersetzende Vorlage zur Durchsicht gem. Abs. 1 S. 1 Hs. 2 verlangt, dass die Beteiligten die Karten, Zeichnungen oder Abbildungen in Gegenwart des Notars in Augenschein nehmen. Die Beteiligten können auf die Vorlage nicht wirksam verzichten; Dauer und Eindringlichkeit der Durchsicht bestimmen sie jedoch selbst.[44] Ob sie tatsächlich Einsicht nehmen, ist für die Wirksamkeit der Urkunde unbeachtlich.[45] Der Notar ist auch nicht verpflichtet, sich – etwa durch Befragung – Gewissheit darüber zu verschaffen, dass die Beteiligten die Gelegenheit zur Durchsicht auch wirklich genutzt haben.[46] Damit wird für die Praxis die Grenze zum unzulässigen Verzicht auf die Vorlegung fließend. Andererseits wird der Gefahr, dass die Beteiligten den Inhalt der Anlage nicht hinreichend zur Kenntnis nehmen, durch § 17 BeurkG vorgebeugt: Die Prüfungs- und Belehrungspflicht des Notars erstreckt sich auch auf die vorgelegten Karten, Zeichnungen und Abbildungen. Dazu gehört auch die Belehrung über die Bedeutung der Verweisung und somit die Belehrung über die Bedeutung der Vorlegung zur Durchsicht. Eine darüberhinausgehende Erörterung der zur Durchsicht vorgelegten Unterlagen ist dagegen nach dem ausdrücklichen Willen des historischen Gesetzgebers[47] nicht vorgeschrieben. **20**

Nicht erforderlich ist es, genau dasjenige Exemplar der Karte, Zeichnung oder Abbildung vorzulegen, welches zur Niederschrift genommen werden soll. Es reicht daher im Falle von Leseabschriften aus, dass jedem Beteiligten das zu seiner jeweiligen Leseabschrift gehörende Exemplar vorgelegen hat. Das wurde zwar früher anders gesehen.[48] Jedenfalls seitdem das Gesetz ein Verlesen des Texts vom Bildschirm gestattet (oben Rdn 7) und in Abs. 1 S. 1 klarstellt, dass nicht die physische Niederschrift selbst, sondern nur ihr Inhalt vorgelesen werde müsse, gibt es aber keine Veranlassung mehr, für die Vorlage von Karten, Zeichnungen oder Abbildungen eine körperliche Identität zwischen dem vorgelegten und dem der Niederschrift beigefügten Ausdruck der Karte, Zeichnung oder Abbildung zu verlangen. Bei Errichtung einer elektronischen Niederschrift kann es eine solche Identität ohnehin nicht geben. Entscheidend ist vielmehr die inhaltliche Übereinstimmung zwischen dem vorgelegten und dem der Niederschrift beigefügten Exemplar.

Der Fall, dass die zur Durchsicht vorzulegende Karte, Zeichnung oder Abbildung auch Textteile enthält, wurde bereits erörtert (siehe oben § 9 BeurkG Rdn 58). Daraus können sich Vorlesungspflichten ergeben. **21**

Einem **blinden Beteiligten** kann nichts zur Durchsicht vorgelegt werden. Trotzdem ist nach ganz h.M. auch in diesem Fall das Vorgehen gem. §§ 13 Abs. 1 S. 1 Hs. 2, 9 Abs. 1 S. 3 BeurkG zulässig. Der Notar hat hier im Rahmen seiner Belehrungspflicht gem. § 17 BeurkG dem Blinden den Inhalt der nicht verlesbaren Anlage deutlich zu machen.[49] Dies sollte der Notar in der Niederschrift vermerken.[50] Weder das Fehlen der Belehrung noch das Fehlen des Vermerks berühren aber die Wirksamkeit der Urkunde, da beide Erfordernisse vom Gesetzgeber nicht als Muss-Bestimmungen ausgestaltet wurden. Eine Mindermeinung hält das Verfahren gem. §§ 13 Abs. 1 S. 1 Hs. 2, 9 Abs. 1 S. 3 BeurkG bei einem blinden Beteiligten dagegen selbst bei Zuziehung eines Zeugen oder zweiten Notars für unzulässig.[51] **22**

42 Frenz/Miermeister/*Limmer*, § 13 BeurkG Rn 14; *Winkler*, § 13 Rn 37; Grziwotz/Sauer/Heinemann/*Heinemann/Grziwotz*, § 13 Rn 22.
43 *Winkler*, § 23 Rn 4; Grziwotz/Sauer/Heinemann/*Heinemann/Grziwotz*, § 23 Rn 7.
44 *Arnold*, DNotZ 1980, 262, 271.
45 Frenz/Miermeister/*Limmer*, § 13 BeurkG Rn 13; Grziwotz/Sauer/Heinemann/*Heinemann/Grziwotz*, § 13 Rn 22.
46 *Arnold*, DNotZ 1980, 262, 271.
47 BT-Drucks 8/3594, 3.
48 Armbrüster/Freuß/*Piegsa*, 9. Aufl. § 13 BeurkG Rn 20.
49 BT-Drucks 8/3594, 3.
50 *Winkler*, § 13 Rn 20; *Lerch*, § 13 Rn 30; Staudinger/*Hertel*, BeurkG Rn 568.
51 *Seyfang*, BWNotZ 1983, 82 f.

23 Die Vorlage zur Durchsicht kann bei Errichtung einer **elektronischen Niederschrift** in zweierlei Weise erfolgen: Der Notar gewährt den Beteiligten Einsicht in das elektronische Dokument selbst, insbesondere durch Wiedergabe des Bildschirminhalts auf einem für die Beteiligten einsehbaren Bildschirm oder durch Projektion auf eine Leinwand. Oder der Notar fertigt einen Ausdruck des elektronischen Dokuments und legt diesen Ausdruck den Beteiligten zur Durchsicht vor. Hierbei ist es in das Ermessen des Notars gestellt, welchen Weg er wählt.

III. Verlesung mehrerer gleich lautender Niederschriften

24 Abs. 2 schafft eine Erleichterung für das Vorlesen bei **Sammelbeurkundungen (Serienbeurkundungen)**. Hier sind verschiedene Fälle möglich: So können dieselben Beteiligten (Personenidentität) an mehreren weitgehend gleich lautenden Urkunden beteiligt sein (Beispiel: Ein Eigentümer bestellt mehrere Grundschulden zugunsten derselben Gläubigerin). Häufig kommt es auch vor, dass in einem Sammeltermin mehrere inhaltlich weitgehend übereinstimmende Kaufverträge (Textidentität) abgeschlossen werden sollen (Beispiel: Straßenlandabtretungen). Nach Abs. 2 reicht es aus, wenn der übereinstimmende Wortlaut nur einmal vorgelesen wird. Der Notar darf das Verfahren nach Abs. 2 aber nur dann einschlagen, wenn er seine **Verschwiegenheitspflichten** nicht verletzt; das ergibt sich eindeutig aus Abs. 2 S. 2 und dem Verweis auf § 18 BNotO. Das bedeutet: Betrifft die Serienbeurkundung mehrere Beteiligte, so müssen alle Beteiligten mit dem Verfahren einverstanden sein.[52] Widerspricht auch nur ein Beteiligter, muss die ihn betreffende Beurkundung separat erfolgen. Dies gilt nicht nur für die individuellen Teile der Niederschrift (beispielsweise Personalien, Kaufgegenstand, Kaufpreis etc.), sondern für die Niederschrift im Ganzen.[53] Denn der Verschwiegenheit unterfällt auch das, was zwischen Notar und Beteiligtem zu denjenigen Teilen der Niederschrift erörtert wird, die mit den anderen Niederschriften übereinstimmen. Dem Beteiligten steht es allerdings frei, sich mit einer „teilweisen" Sammelbeurkundung in der Weise einverstanden zu erklären, dass lediglich die individuellen Teile der Niederschrift separat mit ihm beurkundet werden, die anderen Teile aber gemeinsam. Die Urkunde muss keinen Hinweis enthalten, dass gem. Abs. 2 verfahren wurde;[54] das OLG Frankfurt[55] hält einen solchen Vermerk allerdings für „nahe liegend".

Widerspricht ein Beteiligter der Sammelbeurkundung, erfolgt diese aber gleichwohl, hat dies auf die Wirksamkeit der Urkunde keine Auswirkung.[56] Der Notar verletzt aber seine Verschwiegenheitspflicht, was zu einer dienstaufsichtsrechtlichen Ahndung führen kann.

25 Allen Beteiligten muss bei einer Sammelbeurkundung **bereits bei der ersten Verlesung** bewusst sein, dass der übereinstimmende Inhalt nur einmal verlesen wird.[57] Nur so ist sichergestellt, dass die Beteiligten von Anfang an aufmerksam zuhören und den Notar ggf. um Erläuterungen bitten. Abs. 2 will inhaltsleere formalistische mehrfache Verlesungen vermeiden. Das lässt sich jedoch nur erreichen, wenn die Beteiligten bereits beim ersten Verlesen wissen, worauf sich die vorgelesenen Erklärungen beziehen und welche Tragweite sie nicht nur in Bezug auf den gerade vorgelesenen Vertrag, sondern auch in Bezug auf die anderen zur Beurkundung anstehenden Rechtsgeschäfte haben. Das bedeutet: Selbst wenn vollständige Personenidentität hinsichtlich der nacheinander niedergelegten Erklärungen besteht, müssen die Beteiligten von Anfang an wissen, dass der verlesene Text auch für die Folgebeurkundung(en) Gültigkeit hat.[58] Der früher vertretenen Auffassung,[59] dass dies nicht ausnahmslos gilt, kann nicht gefolgt werden. Danach sollte es bei Beurkundung zweier Grundschulden mit weitgehend gleichem Text und denselben Beteiligten zulässig sein, dass der Notar erst bei Beginn der zweiten Beurkundung das Verfahren nach Abs. 2 vorschlägt, soweit Textidentität besteht und die Beteiligten einverstanden sind.

52 Frenz/Miermeister/*Limmer*, § 13 Rn 15.

53 Missverständlich insoweit die folgenden Kommentierungen, bei denen der Eindruck entsteht, die Verschwiegenheitspflicht beziehe sich nur auf die individuellen Urkundsteile: *Winkler*, § 13 Rn 36; Staudinger/*Hertel*, BeurkG Rn 368; *Lerch*, § 13 Rn 29; Grziwotz/Sauer/Heinemann/*Heinemann/Grziwotz*, § 13 Rn 17.

54 Frenz/Miermeister/*Limmer*, § 13 Rn 15; *Winkler*, § 13 Rn 31; Staudinger/*Hertel*, BeurkG Rn 368; Grziwotz/Sauer/Heinemann/*Heinemann/Grziwotz*, § 13 Rn 18.

55 OLG Frankfurt v. 16.3.1999 – 8 U 173/98, GI 2000, 244.

56 Grziwotz/Sauer/Heinemann/*Heinemann/Grziwotz*, § 13 Rn 20.

57 BGH v. 16.3.2000 – V ZR 168/99, DNotZ 2000, 512; *Lerch*, § 13 Rn 29; *Winkler*, § 13 Rn 31; *Weingärtner/Ehrlich*, Rn 590; BRHP/*Litzenburger*, § 13 Rn 1 BeurkG.

58 So OLG Frankfurt v. 16.3.1999 – 8 U 173/98, GI 2000, 244.

59 Armbrüster/Preuß/Renner/*Renner*, 5. Aufl., § 13 Rn 21.

Dies kann aber nicht richtig sein. Möglicherweise waren die Beteiligten an der Beurkundung der ersten Grundschuld nicht in gleichem Maße interessiert und sind dem Notar daher nicht mit der erforderlichen Aufmerksamkeit gefolgt, wie sie es bei Beurkundung der zweiten Grundschuld getan hätten. Es zeigt sich, dass daher auch in einer solchen Situation durchaus schutzwürdige Interessen der Beteiligten verletzt sein können. Dass sich die Beteiligten später mit der Sammelbeurkundung einverstanden erklärt haben, ändert an diesem Ergebnis nichts, da das Vorleseerfordernis gerade nicht zur Disposition der Beteiligten steht.

Bei der Anwendung von Abs. 2 kam es in der Vergangenheit zu **Verfahrensmissbräuchen**. Die Richtlinienempfehlungen der Bundesnotarkammer[60] erklären daher die „**gleichzeitige Beurkundung von mehr als fünf Niederschriften** bei verschiedenen Beteiligten" für regelmäßig unzulässig. Die bayerischen Richtlinien sind sogar noch strenger: Nicht mehr als drei Beurkundungen sollen gleichzeitig erfolgen.[61] Ein Verstoß gegen die Richtlinien macht die Beurkundung allerdings nicht unwirksam,[62] sondern hat nur dienstaufsichtsrechtliche Bedeutung. 26

Das **Misstrauen** gegenüber Sammelbeurkundungen ist **berechtigt**.[63] Die Pflichten des Notars nach § 17 BeurkG, den Willen der Beteiligten zu erforschen, den Sachverhalt zu klären und die Beteiligten über die rechtliche Tragweite des Geschäftes zu belehren, dürfen durch das Verfahren nach Abs. 2 nicht beeinträchtigt werden. Sammelbeurkundungen im Rahmen pflichtgemäßen Ermessens darf der Notar nur vorschlagen, wenn die Beratung und Belehrung der Beteiligten dabei in derselben Weise gewährleistet ist wie bei der gesonderten Beurkundung. Der Notar hat dabei auch die Ängste vieler Menschen zu berücksichtigen: Im größeren Kreis fehlt ihnen der Mut, Fragen zu stellen; sie wollen sich nicht blamieren und lassen daher die Beurkundung passiv über sich ergehen. Bei Sammelbeurkundungsterminen über Eigenheime und Eigentumswohnungen kann im Übrigen – wie praktische Erfahrungen zeigen – schnell der Eindruck der Parteilichkeit des Notars entstehen. Bei einer größeren Zahl von Beteiligten besteht die erhöhte Gefahr von Schadensersatzansprüchen wegen unterlassener oder unvollständiger Belehrung. Im Übrigen steigt bei einer größeren Zahl von Beteiligten die Wahrscheinlichkeit, dass es zu „technischen" Fehlern, z.B. vergessenen Unterschriften, Verwechslung von Seiten oder nicht ausgefüllten Lücken in den Textvorlagen, kommt. Daher setzen die allgemeinen Amtspflichten des Notars dem Verfahren nach Abs. 2 enge Grenzen. Die Zahl „fünf" gibt nur einen Anhaltspunkt für die Beurteilung. Bei Bauträgerverträgen sollten Sammelbeurkundungen bereits mit zwei verschiedenen Käufern auf seltene Sonderfälle beschränkt werden. Bei „Massenverträgen" – wie z.B. Straßenlandabtretungen – stoßen Sammelbeurkundungen dagegen kaum auf Bedenken. 27

Abs. 2 ist entsprechend anwendbar, wenn eine Niederschrift oder Anlage mehrere wortidentische Passagen enthält,[64] z.B. wenn mehrere Kaufverträge über Geschäftsanteile an einer GmbH abgeschlossen werden sollen und zu diesem Zweck eine Rahmenurkunde errichtet wird, der die weitgehend wortgleichen Geschäftsanteilskaufverträge als Anlagen beigefügt werden. In diesem Fall genügt ein einmaliges Verlesen der wortgleichen Anlagen analog Abs. 2. 28

C. Genehmigung

Nachdem die Niederschrift in Gegenwart des Notars vorgelesen wurde, muss diese von den Beteiligten genehmigt werden, d.h. sie müssen sich mit deren Inhalt einverstanden erklären. Genehmigt werden müssen aber nur die Erklärungen der Beteiligten. Das Genehmigungserfordernis bezieht sich nicht auf den sonstigen Urkundsinhalt, wie vom Notar getroffene Feststellungen sowie Belehrungs- und sonstige Vermerke.[65] Die Genehmigung kann in beliebiger Form, z.B. durch Kopfnicken, erfolgen. In der Praxis dokumentiert sich die Genehmigung zumindest konkludent durch das Unterzeichnen der Niederschrift.[66] 29

60 *Richtlinien der BNotK*, DNotZ 1999, 258, 259 ff.
61 Amtliches Mitteilungsblatt der Landesnotarkammer und der Notarkasse 1999 Nr. 3, 1.
62 Grziwotz/Sauer/Heinemann/*Heinemann/Grziwotz*, § 13 Rn 20.
63 Vgl. auch *Starke*, ZNotP-Sonderheft 2002 S. 12 f.
64 DNotI-Report 2016, 33 ff.
65 *Winkler*, § 13 Rn 40; Frenz/Miermeister/*Limmer*, § 13 BeurkG Rn 16; BRHP/*Litzenburger*, § 13 Rn 8; Soergel/*Mayer*, 13. Aufl., § 13 BeurkG Rn 8 (nach § 2264 BGB); Grziwotz/Sauer/Heinemann/*Heinemann/Grziwotz*, § 13 Rn 21.
66 *Winkler*, § 13 Rn 41; Frenz/Miermeister/*Limmer*, § 13 BeurkG Rn 16; BRHP/*Litzenburger*, § 13 BeurkG Rn 8; Soergel/*Mayer*, 13. Aufl., § 13 BeurkG Rn 8 (nach § 2264 BGB); Grziwotz/Sauer/Heinemann/*Heinemann/Grziwotz*, § 13 Rn 21.

Ein schreibunfähiger Blinder muss gefragt werden, ob er die Verhandlung genehmigen will; ist das geschehen, dann genügt auch in diesem Fall ein dem Notar, dem Schreibzeugen (§ 25 BeurkG) und den Beteiligten gegenüber deutlich erkennbares Kopfnicken oder sonstiges schlüssiges Verhalten, um eine Genehmigung anzunehmen. Selbst bei letztwilligen Verfügungen muss die Genehmigung durch den Verfügenden, wenn diese mit der Erklärung des letzten Willens zusammenfällt, nach der Änderung von § 2232 BGB seit dem 1.8.2002 nicht mehr „mündlich" erfolgen.[67]

30 Die Genehmigung muss der Verlesung bzw. der Vorlage zur Durchsicht (Abs. 1 S. 1 Hs. 2) zeitlich nachfolgen.[68] In der Praxis ist dem Notar zu empfehlen, die Beteiligten nach dem Verlesen zunächst ausdrücklich zu fragen, ob sie mit dem Vorgelesenen einverstanden sind und ob Ergänzungswünsche bestehen, und sie erst dann um die Unterzeichnung der Urkunde zu bitten.[69]

31 Genehmigen müssen nur die Beteiligten, nicht dagegen die sonst **mitwirkenden Personen**, die Mittler- bzw. Kontrollfunktionen ausüben.[70] Zeuge, Schreibzeuge, Dolmetscher, Gebärdensprachdolmetscher, Verständigungsperson gem. § 24 BeurkG und zweiter Notar müssen also selbst nicht genehmigen.

32 Die Genehmigung muss **in Gegenwart** des **Notars** und eines etwaig hinzugezogenen **Schreibzeugens** (§ 25 BeurkG) sowie einer **Verständigungsperson** (§ 24 BeurkG) erfolgen.[71] Aufgabe des Schreibzeugens ist es, die Erteilung der Genehmigung durch den Schreibunfähigen zu bestätigen, so dass dies seine Anwesenheit bei der Genehmigung zwingend erfordert. Gleiches gilt für die Verständigungsperson gem. § 24 BeurkG, da sie dem Notar die Erteilung der Genehmigung zu vermitteln hat. Ein Verstoß hiergegen macht die Beurkundung unwirksam.

Auch ein zugezogener **Zeuge** oder **zweiter Notar** soll bei der Genehmigung zugegen sein, da er sonst seiner Kontrollfunktion nicht genügen kann. Wird hiergegen verstoßen, führt dies aber nicht zur Unwirksamkeit der Beurkundung, da es sich bei den Bestimmungen über die Hinzuziehung eines Zeugen oder zweiten Notars nur um Soll-Bestimmungen handelt.

Eine Anwesenheit des **Dolmetschers** oder **Gebärdensprachdolmetschers** bei der Genehmigung ist dagegen nicht erforderlich, soweit diese auch ohne deren Hilfe erklärt werden kann (siehe auch § 16 BeurkG Rdn 38).

33 Fraglich ist, ob die Genehmigung zwingend **in Gegenwart der übrigen Beteiligten** erteilt werden muss. Ein beurkundungsrechtliches Erfordernis ist insoweit nicht zu erkennen.[72] Es ist daher durchaus möglich, dass sich ein Beteiligter nach Erteilung seiner Genehmigung und Leistung seiner Unterschrift entfernt und die anderen Beteiligten erst danach genehmigen und unterschreiben, ohne dass hierdurch die Wirksamkeit der Beurkundung beeinträchtigt wird. Liegt allerdings – wie regelmäßig – die Abgabe der in der Niederschrift enthaltenen Erklärungen erst in der Erteilung der Genehmigung, kann sich ein bürgerlichrechtliches Zugangsproblem der Willenserklärung ergeben, wenn ein Beteiligter bei der Genehmigung nicht mehr anwesend ist. In diesem Fall liegt nämlich ihm gegenüber eine Willenserklärung unter Abwesenden vor. Diese wird gem. § 130 Abs. 1 S. 1 BGB erst mit Zugang beim anderen Teil wirksam, was gemäß § 130 Abs. 2 BGB in der Fassung nach dem Gesetz zur Einführung einer elektronischen Präsenzbeurkundung die Übermittlung zumindest in beglaubigter Abschrift erfordert.[73] Bis dahin hätte der später Genehmigende noch gem. § 130 Abs. 1 S. 2 BGB die Möglichkeit zum Widerruf seiner Erklärung. In dieser Situation wird allerdings häufig § 152 BGB helfen, wenn zumindest bei der Erteilung der ersten Genehmigung noch alle Beteiligten anwesend waren. Dann ist nämlich das „Vertragsangebot" unter Anwesenden erklärt worden und somit sofort wirksam. Die in der späteren Genehmigung liegende Vertragsannahme bedarf gem. § 152 BGB nicht des Zugangs beim anderen Teil, wenn nicht etwas anderes bestimmt ist. Gleichwohl bestehen in einem solchen Fall viele Unwägbarkeiten, so dass der Notar darauf dringen sollte, dass bei der Genehmigung alle Beteiligten anwesend sind.

67 Vgl. *Winkler*, § 13 Rn 42; vgl. auch zur früheren Rechtslage BayObLG v. 21.10.1999 – 1Z BR 184/98, NJW-RR 2000, 456 ff. sowie Soergel/*Mayer*, 13. Aufl., § 13 BeurkG Rn 8 (nach § 2264 BGB).
68 *Winkler*, § 13 Rn 43.
69 *Winkler*, § 13 Rn 41.
70 *Winkler*, § 13 Rn 43.
71 *Winkler*, § 13 Rn 43.
72 A.A. wohl Armbrüster/Preuß/Renner/*Renner*, 5. Aufl., § 13 Rn 26 sowie BRHP/*Litzenburger*, § 13 BeurkG Rn 8.
73 Müko-BGB/*Einsele*, § 130 Rn 33.

Verweigert ein Beteiligter **die Genehmigung**, so sind seine in der Niederschrift enthaltenen Erklärungen nicht wirksam beurkundet. Auf die genehmigten Erklärungen anderer Beteiligter hat das beurkundungsrechtlich keine Auswirkung. Die Niederschrift bleibt in diesem Falle als solche wirksam. Welche Folgen das Fehlen der Erklärungen des nicht genehmigenden Beteiligten hat, entscheidet das materielle Recht;[74] darüber hat der Notar die Beteiligten nach § 17 BeurkG zu belehren. Allgemein wird vertreten, dass ein Beteiligter seine **Genehmigung** noch bis zur Unterschriftsleistung durch den Notar **widerrufen** kann. Nicht richtig ist jedoch, dass der Notar in diesem Fall nicht mehr unterschreiben darf.[75] Dies gilt nur dann, wenn es an einer Genehmigung überhaupt fehlt. Dann aber, wenn andere Beteiligte genehmigt und nicht widerrufen haben, muss der Notar unterschreiben. In diesem Fall hat er im Schlussvermerk festzuhalten, welche Genehmigung aufgrund eines Widerrufs nicht erteilt wurde. 34

Die Tatsache der Genehmigung hat der Notar gem. Abs. 1 S. 2 am Schluss der Niederschrift **festzustellen**. Fehlt der Vermerk, ist die Beurkundung der Niederschrift dennoch wirksam erfolgt, da es sich lediglich um eine Soll-Vorschrift handelt. Außerdem wird nach Abs. 1 S. 3 an die Unterschrift der Beteiligten die Vermutung der Genehmigung geknüpft. Der Gegenbeweis, dass die Genehmigung trotz Unterschriftsleistung nicht erteilt wurde, ist allerdings zulässig. 35

D. Unterzeichnung

I. Unterschrift der Beteiligten

1. Einheitlicher Begriff der Unterschrift?

Was eine eigenhändige Unterschrift ist, definiert das Gesetz – abgesehen von der nicht verallgemeinerungsfähigen Sonderregelung des § 2247 BGB – nicht. Die Klärung war Gerichten und der Rechtswissenschaft überlassen. Verlangt der Gesetzgeber die Schriftform (insbesondere die materielle Schriftform in § 126 BGB; die prozessuale Schriftform in § 130 Nr. 6 ZPO), so kann das unterschiedliche Gründe haben. Regelmäßig geht es um Übereilungsschutz, um Beweis- und Fälschungssicherheit und die Möglichkeit, ein Dokument eindeutig einem bestimmten Aussteller zurechnen zu können.[76] 36

Die Funktion der Unterschriften im Rahmen von § 13 BeurkG ist eine spezielle: Bereits durch das Beurkundungsverfahren ist dem Übereilungsschutz Rechnung getragen, die Beweisfunktion tritt in den Hintergrund; die Identität der Beteiligten hat der Notar bereits vorher aufgrund der Ausweisdokumente geprüft.[77] Im höchst formalisierten Beurkundungsverfahren dokumentieren die Beteiligten mit der Unterschrift, dass sie die Urkunde genehmigen und sich die Erklärungen als eigene zurechnen lassen wollen.[78] Anders als bei einem Versammlungsprotokoll, das nur der Notar unterzeichnet, müssen bei der Beurkundung von Willenserklärungen die Beteiligten selbst die in der Urkunde enthaltenen Erklärungen durch ihre Unterschrift bestätigen.

Aus den unterschiedlichen Zwecken der Unterschrift leiten Literatur und Rechtsprechung vielfach ab, dass je nach Fallsituation unterschiedliche Anforderungen an das Vorliegen einer Unterschrift zu stellen sind. Insbesondere in der Literatur[79] wird die Auffassung vertreten, dass bei notariellen Urkunden ein anderer Maßstab an das Vorliegen einer Unterschrift anzulegen ist als im sonstigen Rechtsverkehr. Dabei bleibt allerdings meist offen, wie dieser andere Maßstab aussehen soll. Auch der BGH hat in einem Urteil[80] den Unterschied zwischen § 126 BGB und § 13 Abs. 1 S. 1 BeurkG betont. 37

Sehr weit gehen *Kanzleiter*[81] und *Heinemann*.[82] Für *Kanzleiter* liegt bei einer notariellen Urkunde eine Unterschrift bereits „oberhalb eines absoluten Mindestmaßes an Individualisierung" vor. Die Begrün- 38

74 Frenz/Miermeister/*Limmer*, § 13 BeurkG Rn 16; Grziwotz/Sauer/Heinemann/*Heinemann/Grziwotz*, § 13 Rn 21.

75 So aber BRHP/*Litzenburger*, § 13 Rn 8; Grziwotz/Sauer/Heinemann/*Heinemann/Grziwotz*, § 13 Rn 21.

76 *Kanzleiter*, DNotZ 2002, 520, 523.

77 Vgl. OLG Köln v. 18.5.2020 – 2 Wx 102/20, wonach der Unterschrift bei der notariellen Beurkundung keine Identifizierungsfunktion zukommt, weil hier die Identifizierung durch den Notar gewährleistet ist.

78 *Kanzleiter*, MittBayNot 2003, 197.

79 Frenz/Miermeister/*Limmer*, § 13 BeurkG Rn 18 ff.; *Winkler*, § 13 Rn 51; BRHP/*Litzenburger*, § 13 BeurkG Rn 11.

80 BGH v. 25.10.2002 – V ZR 279/01, DNotZ 2003, 269, 269 f.

81 *Kanzleiter*, DNotZ 2002, 520 ff.; *Kanzleiter*, MittBayNot 2003, 197 ff.

82 *Heinemann*, ZNotP 2002, 223, 224 f.; *Heinemann*, DNotZ 2003, 243 ff.; Grziwotz/Heinemann/*Heinemann*, 3. Aufl., § 13 Rn 23 (zustimmend wohl auch *Grziwotz* in der 4. Aufl.).

dung ist einfach: Alle Zwecke, die das Erfordernis einer Unterschrift sonst erklären, werden bei der notariellen Urkunde bereits durch das Verfahren der Beurkundung selbst erfüllt. Für *Kanzleiter* und *Heinemann* macht es im Bereich notarieller Urkunden keinen Sinn, den „Grad der individuellen Gestaltung" zu prüfen oder zwischen Paraphe und Unterschrift zu unterscheiden; lediglich „ein gerader Strich ist keine Unterschrift". Als zusätzliches Argument verweist *Kanzleiter* auf § 126 BGB: Zur Erfüllung der Schriftform steht das notariell beglaubigte Handzeichen der Unterschrift gleich; bei Mitwirkung des Notars erhält selbst das Handzeichen eine Bedeutung, die sonst nur die Unterschrift hat. Mit seiner Argumentation gibt *Kanzleiter* letztlich die Verbindung zwischen Name und Unterschrift gänzlich auf. Wer unter die notarielle „Niederschrift etwas schreibt, unterschreibt".[83] Konsequenterweise müsste *Kanzleiter* auch ein handschriftliches „ja", „o.k." oder „einverstanden" ausreichen lassen. So weit will er allerdings mit Blick auf die „Konvention des Unterschreibens" nicht gehen.[84]

39 Andere Autoren legen ihrer Argumentation dagegen einen für die Anwendungsbereiche von § 126 BGB, § 130 Nr. 6 ZPO, § 13 BeurkG einheitlichen Begriff der Unterschrift zugrunde; allerdings wird die Problematik oft nicht vertieft.[85] Auch das OLG Stuttgart[86] geht im Grundsatz von einem einheitlichen Begriff der Unterschrift aus.

40 Nach hier vertretener Auffassung ist der Ansatz falsch, je nach Fallsituation und Schutzzweck unterschiedliche Anforderungen an das Vorliegen einer Unterschrift zu stellen. Dabei ist nicht zu verkennen, dass im Übrigen selbstverständlich die materielle Schriftform von den verfahrensrechtlichen Formerfordernissen unterschieden werden muss. Wie nachfolgend in den verschiedenen Fallsituationen aber noch deutlich werden wird, ist es ohnehin sehr schwierig, in Grenzbereichen die wirksame von der unwirksamen Unterschrift abzugrenzen. Legt man nunmehr auch noch verschiedene Maßstäbe an das Vorliegen einer Unterschrift an, so verliert der Begriff der Unterschrift seine Konturen völlig und ist in der Praxis kaum noch zu handhaben. Lediglich im Interesse der Einzelfallgerechtigkeit dürfen Rechtssicherheit und Rechtsklarheit nicht aufgegeben werden. Daher darf der Begriff der „eigenhändigen Unterschrift" nicht noch zusätzlich dadurch „aufgeweicht" werden, dass man fallabhängig differenzierende Anforderungen stellt. Die Kasuistik wäre nicht mehr überschaubar. Das schließt es nicht aus, in Grenzfällen Entscheidungen auch unter Berücksichtigung des jeweiligen Gesetzeszweckes zu treffen.[87]

41 *Kanzleiter* unterscheidet bei notariellen Urkunden praktisch nicht mehr zwischen Unterschrift und Paraphe. Damit ergibt sich ein Widerspruch bei der Auslegung von § 14 Abs. 2 BeurkG in der Fassung vor dem Gesetz zur Einführung einer elektronischen Präsenzbeurkundung: Hier sprach das Gesetz zunächst von „unterschreiben", ließ aber sodann das „Unterzeichnen" der einzelnen Seiten genügen. Zwar war die Auslegung von § 14 Abs. 2 BeurkG in diesem Punkt nicht unumstritten; der h.M. entsprach es jedoch, das Paraphieren der einzelnen Seite zuzulassen. Diese auch von *Kanzleiter*[88] vertretene Differenzierung wäre überflüssig, wenn es keinen Unterschied zwischen Unterschrift und Paraphe gäbe.

42 Ein einheitlicher Maßstab für das Vorliegen einer wirksamen Unterschrift bedeutet nicht gleichzeitig, dass dieser besonders streng sein muss. Es ist eine Tatsache, dass im Rechtsverkehr häufig Unterschriften verwendet und anerkannt werden, die flüchtig oder extrem verkürzt sind. Nicht selten sind gerade die Unterschriften von Personen, die häufig unterschreiben und durch ihre Unterschrift wichtige und weittragende Entscheidungen treffen, außerordentlich abgeschliffen, kurz und unleserlich. Dieser Tatsache muss und kann – wie sich zeigen wird – Rechnung getragen werden. Es ist nicht Sache der Gerichte (oder Notare), die Vertragsschließenden zum „Schönschreiben" anzuhalten.

2. Die „idealtypische" Unterschrift

a) Allgemeines

43 Da das Gesetz den Begriff „Unterschrift" bzw. „eigenhändige Unterschrift" bzw. „Namensunterschrift" nicht definiert, wird er – weniger im Kern als in den Grenzbereichen – inhaltlich bestimmt durch das, was

83 *Kanzleiter*, MittBayNot 2003, 197, 199.
84 *Kanzleiter*, NotBZ 2003, 210.
85 *Köhler*, in: FS Schippel, 1996, S. 209 ff.; *Huhn/von Schuckmann*, 3. Aufl., § 13 Rn 22 ff.; klar gegen eine Differenzierung: *Keidel*, DNotZ 1956, 98, 100.
86 OLG Stuttgart v. 14.11.2001 – 3 U 123/01, DNotZ 2002, 543, 544.
87 Ausführlich: *Renner*, NotBZ 2003, 178 ff.
88 *Kanzleiter*, DNotZ 1999, 292, 300.

im Geschäfts- und Rechtsverkehr als Unterschrift gilt. Es ist Rechtstradition, dass Dokumente dann verbindlich werden, wenn sich die Beteiligten zu ihnen durch namentliche Unterzeichnung auf der Schlussseite bekennen. Die Abgrenzung zwischen einer wirksamen und einer unwirksamen Unterschrift wird nicht allein rechtsdogmatisch, sondern auch durch **Konvention**, **Tradition** und die **Gepflogenheiten des Geschäftsverkehrs** bestimmt. Das Unterschreiben ist ein tatsächlicher Vorgang; Grenzfälle lassen sich daher mit dogmatischen Argumenten nur schwer oder gar nicht lösen. Die komplexe Lebenswirklichkeit mit ihrer unendlichen Vielzahl an Fallgestaltungen lässt sich am besten erfassen, indem man Fallgruppen bildet bzw. Typenbildungen vornimmt. Das geschieht nachfolgend. Zunächst wird der „Idealfall“ der eigenhändigen Namensunterschrift dargestellt, anschließend die Fallgruppen, die Gerichte und Autoren immer wieder beschäftigt haben.

b) Bestandteile

Der bürgerliche Name einer Person besteht aus dem **Familiennamen** und mindestens einem **Vornamen**.[89] Die idealtypische Unterschrift liegt daher vor, wenn der Unterzeichnende in lesbarer Weise mit seinem Vornamen und seinem Nachnamen unterschreibt.[90] Dennoch wird von keiner Seite in Zweifel gezogen, dass die Unterzeichnung **allein mit dem Familiennamen genügt**. Die Unterzeichnung mit dem Nachnamen individualisiert den Unterzeichner hinreichend. Denkt man an das häufige Vorkommen von Sammelnamen („Müller“/„Meier“/„Schulze“), überrascht dies ein wenig. Verständlich wird es nur, wenn man berücksichtigt, dass das, was eine Unterschrift ist, durch Tradition, Übung, Gewohnheit und Praxis mitbestimmt wird. Es hat sich durchgesetzt, dass regelmäßig allein mit dem Nachnamen unterschrieben wird; umgekehrt ist eine Unterschrift, die nicht mit dem Nachnamen erfolgt, im Regelfall unwirksam. Auf keinen Fall muss ein verheirateter Beteiligter seinen – nicht mehr geführten – **Geburtsnamen** ergänzend hinzufügen. Auch **akademische Titel** können weggelassen werden. 44

c) Schriftformen

Traditionell erfolgt die Unterschriftsleistung in **Schreibschrift**. Das verbietet aber die Verwendung von **Druckbuchstaben** nicht. Auch dabei ergibt sich ein sehr individuelles Schriftbild, das sich von einer Paraphe oder einem Handzeichen deutlich unterscheidet. Zwar wird geltend gemacht, dass das Unterschreiben mit Druckbuchstaben gerade kein Unterschreiben, sondern nur ein Schreiben des eigenen Namens sei. Es soll sich letztlich sogar um „eine Fälschung der eigenen Unterschrift“ handeln.[91] Dem muss widersprochen werden: Hat sich ein Beteiligter die Hand gebrochen, mit der er sonst schreibt, und unterschreibt er nun in Druckbuchstaben mit der anderen Hand, wird von niemandem behauptet, dass keine wirksame Unterschrift vorliegt. Es bestehen auch keine Bedenken, eine in **Spiegelschrift** errichtete Unterschrift anzuerkennen, wenn der Betreffende so regelmäßig unterschreibt. Gleiches gilt für die **Vertikalschrift** eines Linkshänders und **anerkannte Kurzschriften**.[92] 45

3. Die problematischen Fallgruppen

a) Die Unterschrift mit Hilfe Dritter

Die Hand darf durch eine Schreibhilfe gestützt, aber nicht geführt werden. Die Übergänge sind fließend. Letztlich kommt es darauf an, dass die Hand des Beteiligten nicht allein „Werkzeug“ des Schreibhelfers ist. Der Helfer darf unterstützen, der Schriftzug muss vom Beteiligten wenigstens „mitbestimmt“ werden; der Wille unterschreiben zu wollen spielt eine wichtige Rolle.[93] Etwas weitergehend verlangen andere, dass der Beteiligte „noch aktiver Urheber des Schriftzugs“ ist.[94] Aus der Tatsache, dass die Unterschrift eigenhändig geleistet werden muss, folgt, dass Unterschriftsstempel selbstverständlich unzulässig sind. Unbestritten ist auch, dass „Eigenhändigkeit“ nicht bedeutet, dass die Unterschrift mit der Hand geleistet werden muss; ein Behinderter kann das Schreibgerät auch mit dem Fuß oder Mund führen.[95] 46

89 Grüneberg/*Ellenberger*, § 12 BGB Rn 5.
90 BRHP/*Litzenburger*, § 13 BeurkG Rn 10.
91 *Schneider*, NJW 1998, 1844, 1845.
92 Staudinger/*Hertel*, § 126 BGB Rn 136 m.w.N.
93 *Winkler*, § 13 Rn 47; kritisch zur Zulässigkeit von Schreibhilfen: Soergel/*Mayer*, 13. Aufl., § 13 BeurkG Rn 13 (nach § 2264 BGB).
94 BRHP/*Litzenburger*, § 13 BeurkG Rn 16.
95 BRHP/*Litzenburger*, § 13 BeurkG Rn 16.

b) Die Unterschrift in nicht lesbarer Form

47 **aa) Alters- und krankheitsbedingte Beeinträchtigungen.** Alte und kranke Menschen unterschreiben vielfach in einer Weise, die kaum noch mit ihren früheren Unterschriftszügen vergleichbar ist. Nach allgemeiner Meinung ist die Lesbarkeit für das Vorliegen einer Unterschrift allerdings nicht erforderlich.[96] Stellen sich die Unterschriftszüge nach ihrem äußeren Erscheinungsbild noch als willensgesteuert dar, ist auch eine extrem verwackelte Unterschrift, bei der das Bemühen den Namen zu schreiben erkennbar ist, eine wirksame Unterschrift.

Das Berliner Kammergericht[97] hatte folgenden Fall zu entscheiden: Die Erblasserin unterschrieb ein notarielles Testament mit dem Anfangsbuchstaben ihres Vornamens und sodann mit folgenden zusammenhängenden weiteren gut lesbaren kleinen Buchstaben: „Cvaralblichlalja“. Das Kammergericht hat das Vorliegen einer wirksamen Unterschrift verneint. Die eigenhändige Unterschrift habe beim notariellen Testament den Zweck, die Echtheit und Ernsthaftigkeit des geäußerten Willens zu dokumentieren; die Verwendung eines „falschen“ oder unsinnigen Namens begründe erhebliche Zweifel an der Ernstlichkeit der Erklärung. Die keinen Sinn ergebende wirre Buchstabenfolge könne keine Namensunterschrift darstellen. Der Entscheidung ist zuzustimmen: Auch unlesbare Unterschriften müssen sich – um wirksam zu sein – nach ihrem äußeren Erscheinungsbild als verkürzte Formen eines vollständigen Namenszuges darstellen. Im konkreten Fall sind alle Buchstaben lesbar; eine Verbindung zum Namen besteht jedoch gerade nicht. Der Notar hätte – die im konkreten Fall fragliche Geschäftsfähigkeit vorausgesetzt – nach § 25 BeurkG verfahren müssen.

48 **bb) Die „abgeschliffene“ Unterschrift/Abgrenzung zur Paraphe.** Wie ausgeführt muss eine Unterschrift nach heute allgemeiner Meinung nicht lesbar bzw. leserlich sein. Gerade Personen, die häufig unterschreiben, tun dies oft in einer Weise, die es kaum noch zulässt, den Namen zu entziffern oder einzelne Buchstaben aus dem Schriftzug abzuleiten. Die Unterschrift unterliegt einem Abschleifungsprozess. Andere halten es bisweilen für einen Ausweis mangelnder Individualität, ihren Namen in lesbarer Form zu schreiben, und verwenden daher als Unterschrift bewusst unleserlich gehaltene, häufig besonders schwungvoll oder sonst kunstvoll gestaltete Schriftzüge. Es entspricht den Gepflogenheiten und der Übung des Rechtsverkehrs, solche Unterschriften regelmäßig anzuerkennen; der BGH hat sich für einen „großzügigen“ Maßstab ausgesprochen.[98] Dafür sprechen sogar verfassungsrechtliche Gründe: Die Unterschrift in ihrer konkreten Ausgestaltung ist Ausdruck der Individualität; sie fällt in die durch Art. 2 Abs. 1 GG geschützte Persönlichkeitssphäre.[99] Deshalb ist denjenigen zu widersprechen, die in der Unterschrift nach einer „formellen Komponente“ suchen, die also verlangen, dass einzelne Buchstaben klar erkennbar sind,[100] oder die fordern, dass die Unterschrift sich noch als abgeschliffene Schreibform des Familiennamens deuten lässt.[101] Maßgeblich für das Vorliegen einer wirksamen Unterschrift ist das **Vorhandensein einer „individuellen Komponente“**. Die Grenze der persönlichen Gestaltungsfreiheit ist dann erreicht, wenn dem Schriftzug keinerlei Individualität mehr zukommt. Ein Strich oder eine einzelne gekrümmte Linie oder eine „Welle“[102] haben weder eine individuelle gestalterische Qualität noch sind sie Ausdruck der Persönlichkeit. Ein solches Zeichen ist keine Unterschrift. An dieser Stelle liegt auch die Abgrenzung zur Paraphe bzw. zum Handzeichen. Schon nach der äußeren Erscheinung handelt es sich dabei um ein „Minus“ im Vergleich zur Unterschrift. Im Geschäftsverkehr finden Paraphen dann Anwen-

96 *Winkler*, § 13 Rn 49; Frenz/Miermeister/*Limmer*, § 13 BeurkG Rn 20; BGH v. 27.9.2005 – VIII ZB 105/04, NJW 2005, 3775; BGH v. 22.10.1993 – V ZR 112/92, NJW 1994, 55; vgl. auch OLG Köln v. 18.5.2020 – 2 Wx 102/20, wonach es für die Unterzeichnung eines notariell errichteten Testaments genügt, wenn der Erblasser versucht, seinen Familiennamen zu schreiben, und die Unterschrift aufgrund einer krankheitsbedingten Schwächung aus einem Buchstaben und einer anschließenden geschlängelten Linie besteht.

97 KG v. 30.1.1996 – 1 W 7243/94, FamRZ 1996, 1242 f.; ähnlich der vom OLG Düsseldorf, Beschl. v. 10.5.2017 – 3 Wx 315/15, entschiedene Fall: „Unterschrift“ mit der Initiale des Vornamens sowie mit den ersten drei Buchstaben des Geburtsnamens und den letzten vier Buchstaben des tatsächlichen Nachnamens.

98 BGH v. 27.9.2005 – VIII ZB 105/04, NJW 2005, 3775 f.

99 *Schneider*, NJW 1998, 1844, 1845.

100 Wie hier: BGH v. 8.10.1991 – XI ZB 6/91, NJW 1992, 243; a.A. *Winkler*, § 13 Rn 49; BGH v. 21.3.1974 – VII ZB 2/74, DNotZ 1974, 561; für eine eher „formelle“ Betrachtung auch: OLG Köln v. 28.6.2005 – 22 U 34/01, NJW-RR 2005, 1252.

101 So aber LAG Berlin v. 12.10.2001 – 6 Sa 1727/01, NJW 2002, 989, 989.

102 BGH v. 21.2.2008 – V ZB 96/07, Grundeigentum 2008, 539.

dung, wenn gerade keine rechtsverbindlichen Erklärungen mit Außenwirkung abgegeben werden. Paraphen sind erkennbar und bewusst gewählte Verkürzungen des Namens, die zumeist nur „betriebsinterne" Bedeutung haben. Soweit sich also der Schriftzug erkennbar als bewusste und gewollte Namensabkürzung darstellt, liegt keine Unterschrift vor. Dabei spielt das äußere Erscheinungsbild eine wichtige Rolle. Der Wille zu unterschreiben muss in dem Schriftzug seinen Ausdruck finden.[103] Die Entscheidungen der Gerichte sind oft kasuistisch und nicht frei von Widersprüchen; sie befinden über „gekrümmte Linien, Bogen, Striche, Haken und Unterschriften".[104]

Was soll ein Notar tun, wenn ein Beteiligter in einer Weise unterschrieben hat, die **möglicherweise als Paraphe** gedeutet werden kann? Hier empfiehlt sich nicht unbedingt, vom Beteiligten eine besser lesbare Wiederholung des von ihm als Unterschrift verwendeten Schriftzugs zu verlangen. In einem solchen Fall sollte der Beteiligte – unter Verweis auf die Rechtsprechung – statt dessen gebeten werden, seinen Namen noch einmal **in Druckbuchstaben oder Schreibschrift** neben den Unterschriftszug zu setzen. Der hier vorgeschlagene Weg hat den Vorzug, dass das „Recht an der eigenen Unterschrift" nicht berührt wird; insoweit wird kein Zwang ausgeübt, diese zu ändern. Dem individuellen Schriftzug wird lediglich aus Rechtssicherheitsgründen noch einmal in einer Handschrift der Name beigefügt. Problematisch ist die Empfehlung von *Heinemann*[105] möglichst darauf zu verzichten, Kopien der Urkunde in den Rechtsverkehr zu bringen, sondern Leseabschriften mit dem Unterschriftsvermerk „gez." zu fertigen – dann könne niemand erkennen, ob eine „wirksame" Unterschrift vorliege. Im Rechtsverkehr könne die Urkunde dann kaum mit der Begründung in Zweifel gezogen werden, es fehle an einer wirksamen Unterschrift. Dieser Vorschlag ist gefährlich: Der Notar hat die Aufgabe, wirksame Urkunden zu schaffen und nicht möglicherweise (wegen unzureichender Unterschrift) unwirksame Urkunden durch ein „Verschleierungsverfahren" unangreifbar zu machen.[106] 49

cc) Sonderfall: Unterschriftsleistung in fremden Schriftzeichen. Früher galt ein Ausländer, der nur fremde Schriftzeichen beherrscht, im Beurkundungsverfahren als schreibunfähig.[107] Zu Recht meinte schon *Jansen*:[108] „Einen Beteiligten, der mit **fremden Schriftzeichen** unterschreiben kann, als schreibunfähig zu behandeln, ist ersichtlich unangemessen und grenzt an eine Verletzung der Menschenwürde." Im Übrigen können gem. § 5 Abs. 2 BeurkG Urkunden auch in fremder Sprache und Schrift errichtet werden. Das bedeutet: Der Ausländer darf eine notarielle Urkunde in fremden Schriftzeichen unterschreiben. Dies wird heute praktisch nicht mehr in Frage gestellt. Verlangt wird allerdings, dass der Notar die Richtigkeit der Unterschrift bzw. den Unterschriftscharakter erkennen kann. Das bedeutet natürlich nicht, dass er die fremden Schriftzeichen lesen können muss. Lesbarkeit ist ohnehin bei Unterschriften nicht erforderlich. Es genügt, wenn sich die Unterzeichnung nach ihrem äußeren Erscheinungsbild als Unterschrift darstellt.[109] In der Praxis kann dabei ein Vergleich mit der Unterschrift auf dem vorgelegten Ausweispapier weiterhelfen. 50

c) Lesbare, aber aus anderen Gründen unvollständige Unterschriften

aa) Das Unterschreiben mit Initialen. Unterschriften „entwickeln" sich aus dem vollen Namen. Dabei handelt es bei den meisten Menschen um einen allmählichen Prozess: Aus einem buchstabengetreuen schulmäßigen Schreiben des Namens entsteht mit den Jahren die individuelle und sehr persönliche Unterschrift. Diese Unterschrift ist qualitativ etwas anderes als das Unterzeichnen mit Initialen. Es entspricht nicht den Gepflogenheiten des Geschäfts- und Rechtsverkehrs, die Initialen als Unterschrift unter einen 51

103 BGH v. 27.9.2005 – VIII ZB 105/04, NJW 2005, 3775; BGH v. 22.10.1993 – V ZR 112/92, NJW 1994, 55; BRHP/*Litzenburger*, § 13 BeurkG Rn 14.
104 *Schneider*, NJW 1998, 1844.
105 *Heinemann*, DNotZ 2003, 243, 251; *Heinemann*, NotBZ 2003, 467 ff.; vgl. auch Grziwotz/Heinemann/*Heinemann*, 3. Aufl., § 13 Rn 30: danach soll es sich nicht um ein „Verschleiern" handeln, sondern den Beteiligten soll kein Anlass geliefert werden, die Urkunde nachträglich aus formalen Gründen in Frage zu stellen (*Grziwotz* lehnt die Empfehlung *Heinemanns* aus Praktibilitätsgründen in der 4. Aufl. ab).
106 Ausführlich: *Renner*, NotBZ 2003, 178, 187; so auch BRHP/*Litzenburger*, § 13 BeurkG Rn 12.
107 *Winkler*, § 25 Rn 4.
108 *Jansen*, BeurkG, § 13 Rn 23.
109 *Winkler*, § 25 Rn 4, § 13 Rn 52; BRHP/*Litzenburger*, § 13 BeurkG Rn 15; Soergel/*Mayer*, 13. Aufl., § 13 BeurkG Rn 10 (nach § 2264 BGB); etwas vorsichtiger: *Lerch*, § 13 Rn 47 f.

Text zu setzen. Wer einen Text nur mit den Initialen versieht, unterschreibt ihn nicht. Erforderlich ist nämlich immer auch das subjektive Element, eine vollständige Unterschriftsleistung erbringen zu wollen. Das OLG Stuttgart[110] hat daher – folgerichtig – in einem vielfach veröffentlichten Urteil festgestellt, dass es nicht ausreicht, wenn bewusst nur mit dem Anfangsbuchstaben des Nachnamens unterschrieben wird. Es bedürfe zumindest der Absicht, mit dem Familiennamen zu unterschreiben. Die Entscheidung ist allerdings nicht ganz zweifelsfrei: In dem konkreten Fall hatte der Beteiligte mit seinem Vornamen und dem Anfangsbuchstaben seines Nachnamens unterzeichnet. Hier hätte das Gericht prüfen können, ob sich die persönliche Unterschrift des Beteiligten nicht dahingehend entwickelt hatte, seine Unterschrift regelmäßig in dieser ungewöhnlichen Form zu leisten. Dann hätte sich u.U. die Absicht einer vollständigen Unterschriftsleistung bejahen lassen. Im Regelfall jedoch steht außer Frage: Wer nur den Anfangsbuchstaben seines Nachnamens auf das Papier setzt, hat nicht die Absicht, mit seinem Namen zu unterschreiben. Von einer Unterschrift kann nach allgemeinem Verständnis des Rechtsverkehrs nicht die Rede sein.

52 **bb) Die Unterschrift mit einem anderen Namen.** Wie dargestellt ist der Name, mit dem unterschrieben werden muss, regelmäßig der bürgerliche Nachname. Der Nachname ist die Bezeichnung, die der Unterzeichnende im Rechtsverkehr führt, die ihn also kennzeichnet. Damit erfolgt die Zuordnung der Erklärung zu einer bestimmten Person. Das bedeutet: Wer mit einem fremden Namen unterzeichnet, der leistet nicht „seine Unterschrift"; diese Unterschrift ist unwirksam. Von diesem Grundsatz werden allerdings in zwei Situationen teilweise Ausnahmen gemacht.

53 **Fallgruppe 1: Bewusstes Unterschreiben mit einem anderen Namen.**

Aus dem gerade Dargestellten ergibt sich fast zwingend, dass die Unterschriftsleistung mit einem anderen Namen dann möglich ist, wenn dieser von dem Beteiligten im Rechtsverkehr tatsächlich verwendet wird. Das hat Bedeutung für einen **Künstlernamen** oder sonst ein im Rechtsverkehr verwendetes **Pseudonym**.[111] Dabei wird man eine gewisse Bekanntheit, insbesondere jedoch auch ständige Übung, fordern müssen.[112] Bei Künstlern, die im Geschäfts- und Gesellschaftsleben nur unter einem Vornamen auftreten, genügt sogar dieser. Aus dem gleichen Grund genügt auch die Unterzeichnung mit der Firma eines Einzelkaufmanns, wenn sich die Unterschrift auf das Handelsgeschäft bezieht.[113]

54 Umstritten ist, wie das Handeln eines **Vertreters, der mit dem Namen des Vertretenen unterschreibt,** zu bewerten ist.[114] Dabei soll hier nur der Fall der notariellen Beurkundung angesprochen werden. Die Urkunde hat der Vertreter mit seinem Namen zu unterschreiben; das ergibt sich bereits aus dem formellen Beteiligtenbegriff des Beurkundungsrechts. Die Unterschrift soll auf denjenigen hinweisen, der an der Urkunde körperlich beteiligt war, nicht auf denjenigen, bei dem die rechtsgeschäftlichen Wirkungen eintreten sollen. Eine Unterschrift ist nur eine solche Namenszeichnung, für die der Aussteller der Urkunde in Anspruch nimmt, dass sie ihn kennzeichnet. Der Vertreter darf also grundsätzlich nicht mit dem Namen eines anderen unterschreiben. Dennoch soll die Verwendung des Namens des Vertretenen die Urkunde nach ganz h.M. nicht unwirksam machen.[115] Dogmatisch ist dieses Ergebnis allerdings nur schwer zu begründen: Der Unterzeichnende will ja gerade nicht auf sich – wie eigentlich erforderlich –, sondern auf den von ihm Vertretenen hinweisen.

55 Kaum behandelt wird, soweit erkennbar, der Fall, dass jemand aus anderen Gründen **ganz bewusst mit einem falschen von ihm nicht geführten Namen** unterschreibt. Wer so handelt, bekennt sich gerade nicht zu dem unterzeichneten Text. Es handelt sich damit um keine wirksame Unterschriftsleistung. Eine Ausnahme wird man dann zu machen haben, wenn ein Beteiligter nach einer Namensänderung – die im konkreten Fall zum Schutz vor einem gewalttätigen Ehegatten erfolgte – in der Urkunde noch mit seinem alten Familiennamen aufgeführt wird, um die Namensänderung geheim zu halten. In diesem Fall wird man auch die Unterschrift mit dem alten Namen ausreichen lassen müssen.[116]

110 OLG Stuttgart v. 14.11.2001 – 3 U 123/01, DNotZ 2002, 543 f.
111 *Winkler*, § 13 Rn 58; *Lerch*, § 13 Rn 41; Soergel/*Mayer*, 13. Aufl., § 13 BeurkG Rn 11 (nach § 2264 BGB).
112 Noch strenger: *Köhler*, in: FS Schippel, 1996, S. 209, 211.
113 *Winkler*, § 13 Rn 59; *Lerch*, § 13 Rn 42.
114 Zum Problem ausführlich: *Köhler*, in: FS Schippel, 1996, S. 209, 212 f.
115 *Winkler*, § 13 Rn 59; *Lerch*, § 13 Rn 46; eher ablehnend: *Köhler*, in: FS Schippel, 1996, S. 209, 212 f.
116 DNotI-Report 2013, 30 f.

Fallgruppe 2: Unbewusstes Unterschreiben mit einem anderen Namen. 56

Erstaunlicherweise kommt es immer wieder vor, dass Beteiligte versehentlich **nicht mit ihrem richtigen Namen unterschreiben**. In Literatur und Rechtsprechung besteht eine Tendenz, auch solche „Unterschriften" unter notariellen Urkunden im Interesse der Einzelfallgerechtigkeit anzuerkennen: Dies wird von einigen Autoren aus Billigkeitsgründen oder nach Treu und Glauben bejaht;[117] andere Autoren verweisen darauf, dass der Urkundseingang die Zuordnung zu einer konkreten Person möglich mache.[118] Das überzeugt nicht: Es wurde schon dargelegt, dass der Begriff der Unterschrift einheitlich auszulegen ist. Es ist kaum einzusehen, warum man bei einem Notar wirksam mit einem anderen Namen unterschreiben kann, nicht aber sonst im Rechtsverkehr. Das Beurkundungsrecht enthält strenge Verfahrensregeln: Wer unbewusst mit einem falschen nicht geführten Namen unterschreibt, leistet keine wirksame Unterschrift.

Die einzige anzuerkennende Ausnahme ist der **Namenswechsel**. Es geht um Fälle, in denen jemand versehentlich mit einem früher von ihm geführten Namen unterschrieben hat, z.B. die frisch verheiratete Ehefrau, die noch mit ihrem Geburtsnamen unterschreibt, obwohl die Eheleute als Ehenamen den Nachnamen des Ehemanns bestimmt haben.[119] Hier besteht eine enge Verbindung zwischen dem verwendeten Namen und der Person und somit eine ausreichende Kennzeichnungskraft; mit der Unterschrift wird gerade nicht auf eine dritte Person hingewiesen. 57

cc) Sonstige Fälle unvollständiger oder fehlerhafter Unterschriften. Unterschrift mit einem ganz oder teilweise anderen Vornamen: Die wirksame Unterschrift setzt nicht voraus, dass neben dem Familiennamen auch der Vorname geschrieben wird. Wird ein Vorname verwendet, schadet es selbstverständlich nicht, wenn mit einem unrichtigen, aber tatsächlich geführten Vornamen (z.B. „Fritz" statt „Friedrich") unterschrieben wird. Auch das Unterschreiben mit einem tatsächlich geführten Spitznamen macht die Urkunde nicht unwirksam. Die Unterschrift dürfte nicht einmal dann unwirksam sein, wenn versehentlich mit einem falschen Vornamen unterschrieben wird. So hat das OLG Köln[120] die Wirksamkeit einer Unterschrift in dem Fall anerkannt, dass die Ehefrau ein gemeinschaftliches Testament zwar mit ihrem eigenen Nachnamen, jedoch zudem mit dem von ihrem Ehemann geführten Vornamen unterschrieben hat. 58

Unterschrift nur mit einem Teil des Nachnamens: Unterschreibt ein Beteiligter, der einen Doppelnamen führt, nur mit einem der beiden Namensbestandteile, so reicht dies nach ganz allgemeiner Meinung aus.[121] Begründen lässt sich dies wie folgt: Da die Unterschrift nicht lesbar sein muss, sondern es entscheidend auf einen ausreichend kennzeichnenden individuellen Schriftzug ankommt, kann es keine Rolle spielen, welche „Bestandteile" des Nachnamens sich im Unterschriftszug finden lassen. Die Unterschrift ist im Übrigen Ausdruck des Persönlichkeitsrechts: Auch das gibt dem Unterschreibenden das Recht, den Schriftzug seines Nachnamens individuell zu gestalten. Genauso ist der „umgekehrte" Fall zu behandeln, in dem ein Beteiligter **mit einem Doppelnamen unterschreibt**, auch wenn er in Wirklichkeit nur einen Teil des Doppelnamens als Name führt.[122] 59

Unterschrift nur mit dem Vornamen: Bei kirchlichen Würdenträgern, Ordensmitgliedern und Angehörigen des Hochadels genügt es, wenn diese mit den von ihnen geführten Vornamen unterschreiben.[123] Begründet wird dies wie bei Künstlernamen und Pseudonymen (siehe oben Rdn 53): Führt der Betroffene im Rechtsverkehr einen anderen als seinen bürgerlichen Namen, so darf er ihn verwenden. Dann darf von dem Grundsatz abgewichen werden, dass Kern des Namens der bürgerlich-rechtliche Familienname ist. Mit dem Vornamen kann ausnahmsweise auch unterschrieben werden, wenn ein ausländischer Beteiligter aufgrund seines Heimatrechts keinen Familiennamen führt.[124] Dies gilt nach hier vertretener Auffassung nicht nur dann, wenn die fremde Rechtsordnung gar keine Nachnamen kennt, sondern auch, wenn sie ihnen nur untergeordnete Bedeutung beimisst oder wenn es der Tradition des fremden Rechtskreises entspricht, mit dem Vornamen zu unterschreiben. Wenn der Ausländer mit seinem individuellen – und 60

117 So *Köhler*, in: FS Schippel, 1996, S. 209, 213.
118 Frenz/Miermeister/*Limmer*, § 13 BeurkG Rn 20 f.
119 *Kanzleiter*, DNotZ 2002, 520, 527; *Winkler*, § 13 Rn 58; Soergel/*Mayer*, 13. Aufl., § 13 BeurkG Rn 11 (nach § 2264 BGB); ähnlich: *Jansen*, § 13 FGG Rn 17.
120 OLG Köln v. 7.12.2009 – 2 Wx 83/09, RNotZ 2010, 345 ff.
121 BGH v. 18.1.1996 – III ZR 73/95, NJW 1996, 997; OLG Frankfurt v. 20.7.1989 – 3 Ws 575/89NJW 1989, 3030.
122 So auch DNotI-Report 2005, 113, 114.
123 *Lerch*, § 13 Rn 42; *Köhler*, in: FS Schippel, 1996, S. 209, 211.
124 BGH v. 25.10.2002 – V ZR 279/01, DNotZ 2003, 269, 271.

sich aus dem Personaldokument ergebenden – Schriftzug unterschreibt, kann und darf der Notar das ausreichen lassen. In anderen Fällen ist dagegen umstritten, ob die Unterzeichnung nur mit dem Vornamen genügt. Teilweise wird dies in der Literatur für möglich gehalten,[125] teilweise aber auch verneint.[126] Der BGH[127] hat sich der restriktiven Auffassung angeschlossen. Als Argumente führt er an: Rechtsverbindliche Erklärungen werden mit dem Nachnamen unterschrieben; die ausschließliche Verwendung des Vornamens ist dem familiären Bereich vorbehalten. Im Übrigen verweist er auf das Urkundsverfahrensrecht: § 13 BeurkG verlangt, dass die Genehmigung am Ende der Urkunde durch die eigenhändige Unterschrift aller Beteiligten und des Notars ihren eigenen Ausdruck findet. Der BGH sieht im Ergebnis keinen Grund, im Rahmen von § 13 BeurkG geringere Anforderungen an die Unterschrift zu stellen als sonst im Rahmen von § 126 BGB. Das Ergebnis überzeugt: Von den seltenen – bereits erwähnten – Ausnahmen abgesehen, leitet sich die Unterschrift aus dem Nachnamen ab und bekommt durch die Schriftzüge des Unterschreibenden ihre persönliche individuelle Note. Ein rechtsverbindliches Unterschreiben mit dem Vornamen liegt weder in der deutschen Rechtstradition noch entspricht es der heutigen Praxis. Nur mit dem Nachnamen, der sich allerdings bis zur Unlesbarkeit „weiterentwickeln" kann, ist eine wirksame Unterschriftsleistung möglich.

4. Die verweigerte Unterschrift

61 Verweigert ein Beteiligter seine Unterschrift, so sind die von ihm abgegebenen Erklärungen nicht wirksam beurkundet. Seine Unterschrift kann in diesem Fall später auch nicht nachgeholt werden.[128] Wirksam beurkundet sind aber die Erklärungen der anderen Beteiligten.[129] Welche Auswirkungen die fehlende Unterschrift des einen Beteiligten auf die Wirksamkeit des der Niederschrift zugrunde liegenden Rechtsgeschäfts hat, entscheidet das materielle Recht. Es gilt insoweit das Gleiche wie bei verweigerter Genehmigung (siehe oben Rdn 34).

5. Die „vergessene" Unterschrift/Nachholbarkeit

62 Immer wieder passiert es, insbesondere bei einer größeren Beteiligtenzahl, dass einer der Beteiligten vergisst, die Urkunde zu unterschreiben. Dann fragt sich, ob und wie die **fehlende Unterschrift** noch **nachgeholt** werden kann (siehe dazu auch § 44a BeurkG Rdn 19 ff.).

63 Eine Auffassung verneint das grundsätzlich und verlangt die vollständige Neubeurkundung: § 13 BeurkG enthalte eine der wenigen Muss-Vorschriften, deren Nichtbeachtung zur Nichtigkeit führe; eine nach den Maßstäben des Beurkundungsrechts nicht existente Urkunde könne nicht zeitlich unbegrenzt und ohne Mitwirkung der anderen Beteiligten in eine wirksame Urkunde verwandelt werden.[130] Auch könne ein Formfehler nicht durch nachträgliche Zustimmung geheilt werden.[131] Nach der h.M. in der Literatur[132] und Teilen der Rechtsprechung[133] soll sich die fehlende Unterschrift dagegen ohne zeitliche Begrenzung nachholen lassen.

64 Für eine Nachholbarkeit der Unterschrift sprechen gute praktische Gründe und der Rechtsgedanke des § 44a BeurkG. Wird die Unterschrift nachgeholt, so erstarkt die Urkunde, die zunächst nur hinsichtlich der Erklärungen der Beteiligten, die unterschrieben haben, wirksam errichtet wurde,[134] zur Vollwirksamkeit. Eine davon zu trennende Frage ist diejenige, ob hiermit auch dem beurkundeten Rechtsgeschäft zur Wirksamkeit verholfen wird. Hierauf hat *Wochner* in einer Besprechung des vorgenannten Urteils des OLG Düsseldorf[135] aufmerksam gemacht.[136] Nach seiner Auffassung enthält die nicht von allen Betei-

125 *Heinemann*, ZNotP 2002, 223, 224; *Heinemann*, DNotZ 2003, 243 ff.; *Kanzleiter*, MittBayNot 2003, 197 ff.
126 *Winkler*, § 13 Rn 56; *Köhler*, in: FS Schippel, 1996, S. 209, 211.
127 BGH v. 25.10.2002 – V ZR 279/01, DNotZ 2003, 269 ff.; ablehnend: BRHP/*Litzenburger*, § 13 BeurkG Rn 11 (nach § 2247 BGB; mit Hinweis auf das Willkürverbot gem. Art. 3 Abs. 1 GG).
128 Staudinger/*Hertel*, BeurkG Rn 395; *Winkler*, § 13 Rn 64.
129 Staudinger/*Hertel*, BeurkG Rn 397.
130 *Lischka*, NotBZ 1999, 8, 9.
131 OLG Düsseldorf v. 23.5.1997 – 3 Wx 203/97, ZNotP 1997, 71, 72.
132 *Winkler*, § 13 Rn 67; Frenz/Miermeister/*Limmer*, § 13 BeurkG Rn 24; BRHP/*Litzenburger*, § 13 Rn 19; Staudinger/*Hertel*, BeurkG Rn 396; Grziwotz/Sauer/Heinemann/*Heinemann/Grziwotz*, § 13 Rn 33; DNotI-Report 1998, 33.
133 OLG Düsseldorf v. 7.10.1998 – 15 U 192/97, DNotZ 2000, 299 ff. m. Anm. *Wochner*.
134 Vgl. Staudinger/*Hertel*, BeurkG Rn 397.
135 OLG Düsseldorf v. 23.5.1997 – 3 Wx 203/97, ZNotP 1997, 71, 72.
136 OLG Düsseldorf DNotZ 2000, 303, 305 f.

ligten unterzeichnete Urkunde lediglich ein Angebot; dieses werde unter Anwesenden gemacht und könne daher gem. § 147 Abs. 1 S. 1 BGB nur sofort angenommen werden. Die nachträgliche Unterzeichnung stelle sich damit als verspätete Annahme dar, so dass der dann zwar wirksam beurkundete Vertrag materiell-rechtlich nicht wirksam werde, wenn nicht das gem. § 150 Abs. 1 BGB in der verspäteten Annahme liegende Angebot erneut angenommen werde.

Die Annahmeerklärung liegt allerdings nicht in der Leistung der Unterschrift, sondern in der Erklärung der Genehmigung der Urkunde, es sei denn, diese fallen zusammen. In dem Fall des OLG Düsseldorf war die Genehmigung bei der damaligen Beurkundung jedoch auch durch denjenigen, dessen Unterschrift vergessen wurde, erteilt worden.[137] Damit wurde die Annahme in diesem Fall rechtzeitig erklärt. Über diese war nur zunächst keine wirksame Urkunde errichtet worden, was aber durch die nachträgliche Leistung der Unterschrift nachgeholt wurde. Durch das erst nachträgliche Wirksamwerden der Urkunde verschob sich auch nicht der Zeitpunkt der Annahmeerklärung; dies blieb der Tag der Erteilung der Genehmigung.

Technisch setzt die Nachholung der Unterschrift eine Nachtragsbeurkundung voraus. Es ist nicht zuläs- **65**
sig, dass die fehlende Unterschrift auf der ursprünglichen Niederschrift nachgeholt wird, da die Beurkundung mit der Unterschrift des Notars abgeschlossen ist.[138]

Im Einzelnen gilt:[139]

- Die Nachtragsniederschrift muss die Erklärung des säumigen Beteiligten enthalten, dass die Niederschrift am Tage der ursprünglichen Urkundserrichtung vorgelesen, von ihm genehmigt und lediglich versehentlich nicht unterzeichnet wurde. Ein Verweis auf die alte Urkunde nach § 13a BeurkG ist nicht erforderlich.
- Bei der Nachtragsbeurkundung ist nur die Mitwirkung desjenigen erforderlich, der versehentlich die Urkunde nicht unterzeichnet hat. Grund: Verfahrensrechtlich ist grundsätzlich beim Unterzeichnen keine gleichzeitige Anwesenheit der Beteiligten notwendig.[140] Etwas anderes soll nach h.M. allerdings dann gelten, wenn das Gesetz die gleichzeitige Anwesenheit beider Teile bei der Beurkundung vorsieht (z.B. §§ 925, 1410, 2276 Abs. 1 BGB).[141] Diese Auffassung ist allerdings in Frage zu stellen, da zu bezweifeln ist, ob sich das Erfordernis der gleichzeitigen Anwesenheit über die Genehmigung hinaus, mit der regelmäßig die Erklärungen der Beteiligten als abgegeben gelten dürften, auch noch auf die Leistung der Unterschriften bezieht.
- Da es um den „Abschluss" der ursprünglichen Verhandlung geht, kann die Nachtragsbeurkundung nicht durch einen anderen Notar erfolgen.

Die beschriebenen Grundsätze gelten auch, wenn ein **Vertreter ohne Vertretungsmacht** die Urkunde **66**
versehentlich nicht unterschreibt. Die spätere nachträgliche Genehmigung durch den Vertretenen ersetzt den Formmangel der Urkunde nicht. Es bedarf also auch in diesem Fall der Nachtragsbeurkundung über die Nachholung der Unterschrift des Vertreters.

Umstritten ist, ob die vergessene Unterschrift auch noch nachgeholt werden kann, wenn die **anderen an** **67**
der Urkunde Beteiligten mit dem Inhalt nicht mehr einverstanden sind und die **Genehmigung widerrufen** haben. Eine Auffassung[142] erlaubt das Nachholen der Unterschrift nur, wenn die anderen Beteiligten mit dem Rechtsgeschäft noch einverstanden sind und die Genehmigung nicht widerrufen haben. Dazu wird der Rechtsgedanke des § 177 BGB herangezogen; bis zum Abschluss der Verhandlung könne jeder

137 Auch alle sonstigen, die Nachholung der Unterschrift befürwortenden Autoren gehen von der Genehmigung dieses Beteiligten aus, da dieser in der für erforderlich gehaltenen Nachtragsbeurkundung erklären muss, dass er die Niederschrift bei deren Errichtung genehmigt hat.

138 Frenz/Miermeister/*Limmer*, § 13 BeurkG Rn 24; DNotI-Report 1998, 33, 34; OLG Düsseldorf v. 7.10.1998 – 15 U 192/97, DNotZ 2000, 299, 301.

139 *Winkler*, § 13 Rn 67; BRHP/*Litzenburger*, § 13 BeurkG Rn 19; Staudinger/*Hertel*, BeurkG Rn 396; DNotI-Report 1998, 33; OLG Düsseldorf v. 7.10.1998 – 15 U 192/97, DNotZ 2000, 299, 301 f.

140 OLG Düsseldorf v. 7.10.1998 – 15 U 192/97, DNotZ 2000, 299, 302; OLG Hamburg v. 26.3.1993 – 11 U 19/93, DNotZ 1994, 306, 307.

141 OLG Düsseldorf v. 7.10.1998 – 15 U 192/97, DNotZ 2000, 299, 302; *Winkler*, § 13 Rn 67; BRHP/*Litzenburger*, § 13 BeurkG Rn 19; Staudinger/*Hertel*, BeurkG Rn 396; DNotI-Report 1998, 33.

142 Frenz/Miermeister/*Limmer*, § 13 BeurkG Rn 24; OLG Düsseldorf v. 23.5.1997 – 3 Wx 203/97, ZNotP 1997, 71, 72.

Beteiligte seine Zustimmung noch zurücknehmen. Die Gegenmeinung[143] verweist darauf, dass die Beteiligten die Urkunde getrennt unterschreiben können. Mit der eigenen Unterschriftsleistung sei für den jeweils Beteiligten der Beurkundungsvorgang abgeschlossen. Im Ergebnis wird also ein „gestreckter" Beurkundungsvorgang anerkannt, der seinen endgültigen Abschluss mit der Nachtragsniederschrift findet. Für dieses Ergebnis spricht der Rechtsgedanke von § 44a Abs. 2 S. 1 BeurkG: Bei Schreibfehlerberichtigungen kommt es auch nicht darauf an, ob die Beteiligten mit dem ursprünglich Gewollten noch einverstanden sind.

Gegen dieses Ergebnis kann auch nicht eingewandt werden, dass es der Beteiligte, der seine Unterschrift vergessen hat, damit in der Hand hat, die Wirksamkeit der Urkunde beliebig lange in der Schwebe zu lassen. Wird der Fehler entdeckt, hat der Notar dafür zu sorgen, dass die Nachtragsverhandlung unverzüglich erfolgt.[144] Dazu ist der Notar dienst- und berufsrechtlich verpflichtet. Weigert sich der Beteiligte daraufhin in die Nachtragsverhandlung einzutreten, verweigert er seine Unterschrift. Damit wird die Urkunde aber hinsichtlich seiner Erklärungen endgültig unwirksam, da bei verweigerter Unterschrift, anders als bei vergessener Unterschrift, eine Nachholung nicht mehr möglich ist (siehe oben Rdn 61).

6. Die Vermutungswirkung der Unterschrift

68 An die Unterschriften der Beteiligten knüpft Abs. 1 S. 3 die Vermutung, dass die Niederschrift in Gegenwart des Notars vorgelesen bzw. – wo erforderlich – zur Durchsicht vorgelegt und von den Beteiligten genehmigt worden ist. Dies gilt auch für Anlagen zur Niederschrift, auf die gem. § 9 Abs. 1 S. 2 BeurkG verwiesen wird.[145] Diese Vermutungswirkung der Unterschrift hat der BGH dahingehend erweitert, dass von solchen Anlagen vermutet wird, dass sie bereits bei Unterzeichnung der Urkunde vorhanden waren und vorlagen.[146]

Die Vermutung des Abs. 1 S. 3 ist keine unwiderlegliche Fiktion, sondern eine widerlegbare Tatsachenvermutung.[147] Da es sich bei Abs. 1 S. 3 aber um eine gesetzliche Vermutung handelt, muss bei dieser gem. § 292 ZPO der Beweis des Gegenteils erbracht werden. Eine bloße Erschütterung der Vermutung durch den Beweis ihrer möglichen Unrichtigkeit genügt nicht.[148]

II. Unterschrift des Notars

1. Allgemeines

69 Die Unterschrift des Notars schließt die Niederschrift ab; er unterschreibt traditionell als Letzter. Gemäß Abs. 3 S. 2 ist der Unterschrift die Amtsbezeichnung hinzuzufügen; es handelt sich aber lediglich um eine Soll-Vorschrift. Die Anforderungen an eine wirksame Unterschrift können beim Notar nicht anders als bei den Beteiligten sein (siehe oben Rdn 36 ff.). Die Gerichte sind allerdings teilweise großzügiger, wenn der Notar die Unterschrift noch um die Amtsbezeichnung ergänzt und damit ein zusätzliches individualisierendes Moment hinzugefügt hat.[149] Gemäß § 1 S. 1 DONot soll der Notar die Niederschrift mit der Unterschrift unterzeichnen, die er beim Präsidenten des Landgerichts hinterlegt hat.

70 Der Unterschrift des Notars unter der Niederschrift muss – im Gegensatz zu seiner Unterschrift unter einem Vermerk nach § 39 BeurkG – das Siegel nicht beigefügt werden.[150] Weder Farbdruck- noch Prägesiegel sind erforderlich. Auch wenn die Urkunde aus mehreren Blättern besteht und diese mit einem Heftfaden zu verbinden sind, muss das zum Befestigen des Fadens erforderliche Prägesiegel nicht neben oder unter der Unterschrift des Notars angebracht werden (§ 44 BeurkG).

143 *Winkler*, § 13 Rn 67; BRHP/*Litzenburger*, § 13 BeurkG Rn 19; Staudinger/*Hertel*, BeurkG Rn 396; Grziwotz/Sauer/Heinemann/*Heinemann/Grziwotz*, § 13 Rn 33; DNotI-Report 1998, 33; 34; OLG Düsseldorf v. 7.10.1998 – 15 U 192/97, DNotZ 2000, 299, 302.

144 *Winkler*, § 13 Rn 67; BRHP/*Litzenburger*, § 13 BeurkG Rn 19; DNotI-Report 1998, 33, 34; OLG Düsseldorf v. 7.10.1998 – 15 U 192/97, DNotZ 2000, 299, 302.

145 *Winkler*, § 13 Rn 68.

146 BGH v. 28.1.1994 – V ZR 131/92, DNotZ 1995, 26, 27.

147 BGH v. 28.1.1994 – V ZR 131/92, DNotZ 1995, 26, 27; *Winkler*, § 13 Rn 68; Grziwotz/Sauer/Heinemann/*Heinemann/Grziwotz*, § 13 Rn 32.

148 Zöller/*Greger*, § 292 Rn 2.

149 BayObLG v. 2.9.1955 – BReg 1 Z 82–84/55, DNotZ 1956, 95 ff. m. Anm. *Keidel*.

150 *Winkler*, § 13 Rn 83; Frenz/Miermeister/*Limmer*, § 13 BeurkG Rn 22; *Lerch*, § 13 Rn 52; BRHP/*Litzenburger*, § 13 BeurkG Rn 22.

Der Notar unterschreibt im Regelfall zeitlich unmittelbar nach den Beteiligten. Erst mit der Unterschrift des Notars ist die Verhandlung abgeschlossen, die Urkunde wird erst dann wirksam.[151] Solange die Unterschrift des Notars fehlt, ist die Urkunde „schwebend unwirksam" und nicht nichtig, da die Unterschrift noch nachgeholt werden kann (siehe unten Rdn 72 ff.). Eine andere Frage ist es, ob die „fehlende Unterschrift" des Notars als Instrument eingesetzt werden darf, damit die Urkunde erst mit Verzögerung wirksam wird. Dies ist zu verneinen. Das Gesetz überlässt es weder dem Notar noch den Weisungen der Beteiligten, ob und wann der Notar unterschreibt, sondern der Notar hat die Urkunde zum Abschluss der Verhandlung zu unterschreiben. Das schließt nicht aus, dass innerhalb des einheitlichen Beurkundungsvorgangs die Unterschrift des Notars „mit Verzögerung" erfolgt. Soll beispielsweise die Kaufpreiszahlung in bar während der Beurkundung erfolgen und in der Urkunde quittiert werden, ist das folgende – abgesprochene – Verfahren möglich und üblich: Die Urkunde, in der der Verkäufer die Barzahlung quittiert, wird vorgelesen, genehmigt und von den Beteiligten unterschrieben. Dann erfolgt die Zahlung. Erst danach unterschreibt der Notar die Urkunde und lässt sie wirksam werden.[152] 71

2. Die „vergessene" Unterschrift/Nachholbarkeit

Es kann vorkommen, dass ein Notar versehentlich eine Urkunde nicht unterschreibt. Vier Fragen stellen sich in diesem Zusammenhang: 72

1. Kann die Unterschriftsleistung durch den Notar nachträglich erfolgen?
2. Bis wann ist die nachträgliche Unterschriftsleistung möglich?
3. Wie hat die nachträgliche Unterschriftsleistung zu erfolgen?
4. Wer hat die Unterschrift nachzuholen?

Zu 1.: Schon aus dem Wortlaut von Abs. 3 S. 1 lässt sich nicht entnehmen, dass die Wirksamkeit der Beurkundung durch ein versehentliches Unterbleiben der sofortigen Unterzeichnung durch den Notar beeinträchtigt wird. Es entspricht nunmehr allgemeiner Meinung, dass der Notar seine Unterschrift grundsätzlich nachholen kann.[153] 73

Zu 2.: Teilweise wird vertreten, dass die nachträgliche Unterschriftsleistung nur bis zu dem Zeitpunkt möglich ist, zu dem die Urkunde von dem Notar in den Rechtsverkehr gegeben und mit Außenwirkung verwendet wurde.[154] Spätestens nach Erteilung einer Ausfertigung sei ein Nachholen ausgeschlossen;[155] dann sei die Verhandlung endgültig abgeschlossen. In der Literatur wird die Meinung, dass die Erteilung von Ausfertigungen den äußersten Zeitpunkt für die Nachholung der Unterschrift des Notars bezeichnet, für den Fall modifiziert, dass die erteilte Ausfertigung die in der Urschrift fehlende Unterschrift wiedergibt, also ihrerseits fehlerhaft ist. In einem solchen Falle soll die Unterschrift trotz Erteilung der Ausfertigung nachholbar sein, weil – so wird argumentiert – die fehlerhafte und also ihrerseits unwirksame Ausfertigung die Urkunde im Rechtsverkehr nicht vertreten könne, die Verhandlung also nach wie vor nicht abgeschlossen sei.[156] Diese Auffassung leidet an einem „Schönheitsfehler":[157] Ein erster Fehler (Unterbleiben der rechtzeitigen Unterschrift) soll zwar dann korrigierbar sein, wenn ein zweiter Fehler (Herstellung einer unwirksamen Ausfertigung) folgt, nicht aber dann, wenn dieser zweite Fehler unterbleibt (also die Ausfertigung das Fehlen der Unterschrift des Notars ausweist). Richtig ist daher: Der Notar kann seine Unterschrift auch nach der Erteilung von Ausfertigungen nachholen. Damit wird zunächst einem praktischen Bedürfnis Rechnung getragen, denn in einer Vielzahl von Fällen stellt sich das Fehlen der Unterschrift erst heraus, wenn bereits Ausfertigungen erteilt wurden. Im Übrigen werden Zufallsergebnisse vermieden: Es gibt keinen überzeugenden Grund, warum die Unterschriftsleistung nach der Erteilung einer beglaubigten Abschrift oder einfachen Abschrift noch möglich sein soll, nicht aber nach der Erteilung einer Ausfertigung. Sonst würde „die Art des beurkundeten Rechtsgeschäfts, der Verfahrens- und Vollzugsstand und die Vollzugspraxis des jeweiligen Notariats darüber entscheiden, ob die Nichtigkeit end- 74

151 BRHP/*Litzenburger*, § 13 BeurkG Rn 24.
152 So auch *Winkler*, § 13 Rn 86.
153 Frenz/Miermeister/*Limmer*, § 13 BeurkG Rn 23; *Winkler*, § 13 Rn 88 ff.; BRHP/*Litzenburger*, § 13 BeurkG Rn 25; Staudinger/*Hertel*, BeurkG Rn 404; *Lerch*, § 13 Rn 54; Grziwotz/Sauer/Heinemann/*Heinemann/Grziwotz*, § 13 Rn 38; *Lischka*, NotBZ 1999, 8, 11.
154 So zuletzt OLG Naumburg v. 11.11.1999 – 2 U 184/98, DNotI-Report 2000, 129; so auch *Huhn/von Schuckmann*, 3. Aufl., § 13 Rn 30.
155 *Jansen*, BeurkG, § 13 Rn 40.
156 *Keidel*, DNotZ 1957, 583 ff.
157 So schon *Huhn/von Schuckmann*, 3. Aufl., § 13 Rn 30.

gültig bereits nach wenigen Stunden oder erst nach Monaten eintritt".[158] Zu Recht verweist *Limmer*[159] darauf, dass die Unterschriftsleistung durch den Notar die „Richtigkeitsgewähr für die durchgeführte Beurkundung" darstellt; ein Bedürfnis für eine zeitliche Begrenzung gebe es daher nicht. Nach zutreffender h.M. kann der Notar daher seine Unterschrift grundsätzlich zeitlich unbefristet nachholen.[160]

Da die Nachholung der Unterschrift Amtshandlung ist, scheidet sie jedoch aus, wenn der Notar vor der Unterschriftsleistung sein Amt verloren hat.[161] Wurde dagegen „nur" der Amtssitz verlegt, ist das Nachholen der Unterschrift noch möglich.[162] Bei einem Notarvertreter gilt: Unterschreibt er die Urkunde erst, nachdem der letzte Tag seiner Bestellung verstrichen ist, ist die Urkunde unwirksam.[163] Wird er erneut bestellt, kann er die Unterschrift allerdings nachholen.[164]

Die Nachholung der Unterschrift wird nicht dadurch gehindert, dass ein Beteiligter vor der Unterzeichnung stirbt oder geschäftsunfähig wird.[165] Eine Ausnahme gilt insoweit bei Verfügungen von Todes wegen (siehe unten Rdn 77).

75 Zu 3.: Unterschreibt der Notar an einem anderen Tag als dem der Verhandlung, so hat er – um insoweit die erforderliche Rechtsklarheit zu schaffen – seine Unterschrift zur Feststellung des Wirksamkeitszeitpunktes der Beurkundung zu datieren. Eine besondere „Nachtragsverhandlung" ist bei der „nachgeholten" Unterschrift nicht erforderlich. Eine solche wurde von *Keidel*[166] vorgeschlagen und vom LG Aachen[167] übernommen (z.B.: „Die am … aufgenommene Verhandlung wurde von mir heute, am …, fortgesetzt und durch meine Unterschrift abgeschlossen"). Der Gedanke einer Nachtragsverhandlung ist reine Fiktion, denn das bloße Nachholen der Unterschrift ist praktisch und begrifflich nicht „Verhandlung".[168] Richtig daran ist nur, dass bei einer nachgeholten Unterschrift das Datum der Unterzeichnung angegeben werden sollte;[169] ohne Datumsangabe ist die nachgeholte Unterschrift allerdings nicht unwirksam. Zu weit geht es, einen ergänzenden Vermerk über die nachgeholte Unterschrift nebst beigedrücktem Siegel zu verlangen.[170]

Keine Nachholung der Unterschrift liegt in der Unterzeichnung einer auf die Urkunde gesetzten Kostenrechnung; diese kann die Unterzeichnung der Niederschrift nicht ersetzen.[171]

76 Zu 4.: Die Unterschriftsleistung hat wegen der mit der Unterschrift einhergehenden Richtigkeitsgewähr durch den Beurkundenden **höchstpersönlich**[172] zu erfolgen. Damit ist eine Nachholung durch den Notariatsverwalter oder den Amtsnachfolger nicht möglich.[173] Gleiches gilt für den Notarvertreter[174] sowie für den umgekehrten Fall der Nachholung der vergessenen Unterschrift des Notarvertreters durch den vertretenen Notar. Wenn *Heinemann/Grziwotz*[175] dagegen die Unterschrift des vertretenen Notars genügen lassen wollen, verkennen sie, dass der vertretene Notar die Beurkundungsverhandlung überhaupt nicht wahrgenommen hat. Damit kann seiner Unterschrift eine Richtigkeitsgewähr nicht zukommen.

77 Besonderheiten gelten für Verfügungen von Todes wegen. Die Nachholung der Unterschrift ist nicht mehr möglich, nachdem der Erblasser verstorben ist.[176] Die Begründung dafür ist, dass hier zum Todes-

158 So *Lischka*, NotBZ 1999, 8, 10.
159 Frenz/Miermeister/*Limmer*, § 13 BeurkG Rn 23.
160 *Winkler*, § 13 Rn 88; BRHP/*Litzenburger*, § 13 BeurkG Rn 25 ff.; Staudinger/*Hertel*, BeurkG Rn 404; *Lerch*, § 13 Rn 54; Grziwotz/Sauer/Heinemann/*Heinemann/Grziwotz*, § 13 Rn 38; *Lischka*, NotBZ 1999, 8, 11.
161 *Winkler*, § 13 Rn 90; BRHP/*Litzenburger*, § 13 BeurkG Rn 27; Staudinger/*Hertel*, BeurkG Rn 404; *Lerch*, § 13 Rn 57; Grziwotz/Sauer/Heinemann/*Heinemann/Grziwotz*, § 13 Rn 38; *Lischka*, NotBZ 1999, 8, 11.
162 *Winkler*, § 13 Rn 90; BRHP/*Litzenburger*, § 13 BeurkG Rn 27; Staudinger/*Hertel*, BeurkG Rn 404.
163 BGH v. 30.4.1998 – IX ZR 150/97, DNotZ 1999, 346, 348.
164 So wohl auch Staudinger/*Hertel*, BeurkG Rn 404.
165 *Winkler*, § 13 Rn 90.
166 *Keidel*, DNotZ 1957, 583, 589.
167 LG Aachen v. 23.1.1976 – 7 T 250/74, DNotZ 1976, 428, 431 f.; für bestimmte Fälle auch: *Lerch*, § 13 Rn 32.
168 Ablehnend daher auch: Frenz/Miermeister/*Limmer*, § 13 BeurkG Rn 23; *Winkler*, § 13 Rn 89; Staudinger/*Hertel*, BeurkG Rn 404; Soergel/*Mayer*, 13. Aufl., § 13 BeurkG Rn 20 (nach § 2264 BGB); Grziwotz/Sauer/Heinemann/*Heinemann/Grziwotz*, § 13 Rn 38.
169 *Lischka*, NotBZ 1999, 8, 11; *Lerch*, § 13 Rn 55.
170 So aber BRHP/*Litzenburger*, § 13 BeurkG Rn 26.
171 BayObLG v. 15.10.1976 – Breg. 1 Z 88/76, DNotZ 1977, 432 ff.
172 BRHP/*Litzenburger*, § 13 BeurkG Rn 27.
173 *Winkler*, § 13 Rn 90; BRHP/*Litzenburger*, § 13 BeurkG Rn 27; *Lischka*, NotBZ 1999, 8, 11.
174 BRHP/*Litzenburger*, § 13 BeurkG Rn 27; *Lischka*, NotBZ 1999, 8, 11; Grziwotz/Sauer/Heinemann/*Heinemann/Grziwotz*, § 13 Rn 38.
175 Grziwotz/Sauer/Heinemann/*Heinemann/Grziwotz*, § 13 Rn 38.
176 *Winkler*, § 13 Rn 91; BRHP/*Litzenburger*, § 13 BeurkG Rn 25; Soergel/*Mayer*, 13. Aufl., § 13 BeurkG Rn 19 (nach § 2264 BGB); *Lischka*, NotBZ 1999, 8, 11 (mit Hinweisen auf abweichende Ansichten).

zeitpunkt Klarheit darüber bestehen muss, ob die Verfügung wirksam ist. Es kann nicht zugelassen werden, dass der Notar die Verfügung rückwirkend in Kraft setzt. Davon wird allerdings eine Ausnahme gemacht: Das Testament ist wirksam, wenn der Erblasser während der Beurkundung nach der eigenen Unterschriftsleistung aber noch vor der Unterschriftsleistung durch den Notar stirbt.[177] Im Übrigen ist die Sonderregelung des § 35 BeurkG zu beachten.

III. Unterzeichnung durch mitwirkende Personen

Das Gesetz enthält keine allgemeinen Vorschriften über das Unterzeichnen der Niederschrift durch die sog. sonstigen mitwirkenden Personen (Zeuge, zweiter Notar, Dolmetscher, Gebärdendolmetscher, Verständigungsperson). Die Vorschriften über das Unterzeichnen durch mitwirkende Personen finden sich in § 16 Abs. 3 S. 5, § 22 Abs. 2, § 24 Abs. 1 S. 4, § 25 S. 3, § 29 S. 2 BeurkG. Diese ordnen die Unterschrift der mitwirkenden Personen nur durch Soll-Vorschriften an. Die einzige Ausnahme ist § 25 BeurkG (Zeuge oder zweiter Notar bei schreibunfähigen Beteiligten): Nur in diesem Fall hat das Fehlen der Unterschrift der mitwirkenden Person die Unwirksamkeit der Beurkundung zur Folge. **78**

IV. Reihenfolge und Ort der Unterschriften

1. Die zeitliche und örtliche Reihenfolge der Unterschriften

Regelungen zur zeitlichen und örtlichen Reihenfolge der Unterschriften enthält das Gesetz nicht. Da die Unterschrift des Notars aber den Verfahrensabschluss darstellt, sollte sie zeitlich zum Schluss erfolgen.[178] Dies sollte auch räumlich zum Ausdruck kommen.[179] Wird gegen diese Reihenfolge verstoßen und unterschreibt der Notar zeitlich oder räumlich vor einem Beteiligten, hat dies auf die Wirksamkeit der Urkunde aber keinen Einfluss.[180] **79**

In welcher Reihenfolge die Beteiligten untereinander unterschreiben, unterliegt keinen festen Regeln. Auch Gepflogenheiten – etwa der Verkäufer stets vor dem Käufer – gibt es hier nicht. Üblich ist es jedoch, dass die sonstigen mitwirkenden Personen wie zweiter Notar, Zeuge, Dolmetscher oder Verständigungsperson nach den Beteiligten und vor dem beurkundenden Notar unterschreiben.[181] **80**

2. Der Ort der Unterschriften

Die **Unterzeichnung durch die Beteiligten und den Notar** erfolgt regelmäßig **nach dem Schlussvermerk** am Ende der Niederschrift. Gelegentlich kommt es auch vor, dass die Beteiligten vor dem Schlussvermerk unterschreiben. Dies ist zulässig, da der Vermerk nicht vorgelesen werden muss.[182] Der Notar sollte aber wegen der Abschlussfunktion seiner Unterschrift nach dem Schlussvermerk unterschreiben. **81**
Weicht der Ort der Unterschrift hiervon ab, kommt es für die Wirksamkeit der Urkunde darauf an, ob sich aus dem Kontext der Urkunde erkennen lässt, dass der Unterschreibende den Willen hatte, mit der Unterschrift die gesamte Urkunde zu billigen und die Verantwortung für den Urkundstext zu übernehmen.[183] Dies muss sich aus dem äußeren Erscheinungsbild der Urkunde ergeben.[184] Befinden sich die Unterschriften am Rand der letzten Seite der Niederschrift, weil am Ende des Urkundstextes ersichtlich kein Platz mehr war, berührt das die Wirksamkeit der Urkunde daher nicht. Muss die Urkunde von einer größeren Zahl von Beteiligten unterschrieben werden, schadet es auch nicht, wenn sich ein Teil der Unterschriften nach dem Schlussvermerk befindet und die folgenden Unterschriften (einschließlich der des

177 *Winkler*, § 13 Rn 91; BRHP/*Litzenburger*, § 13 BeurkG Rn 25; Soergel/*Mayer*, 13. Aufl., § 13 BeurkG Rn 19 (nach § 2264 BGB).

178 *Winkler*, § 13 Rn 79; *Lerch*, § 13 Rn 50; Staudinger/*Hertel*, BeurkG Rn 399; BRHP/*Litzenburger*, § 13 BeurkG Rn 21; Grziwotz/Sauer/Heinemann/*Heinemann/Grziwotz*, § 13 Rn 36.

179 Frenz/Miermeister/*Limmer*, § 13 Rn 22; Staudinger/*Hertel*, BeurkG Rn 399; Grziwotz/Sauer/Heinemann/*Heinemann/Grziwotz*, § 13 Rn 36.

180 *Winkler*, § 13 Rn 79; Frenz/Miermeister/*Limmer*, § 13 BeurkG Rn 22; *Lerch*, § 13 Rn 50; Staudinger/*Hertel*, BeurkG Rn 399; BRHP/*Litzenburger*, § 13 BeurkG Rn 21; Grziwotz/Sauer/Heinemann/*Heinemann/Grziwotz*, § 13 Rn 36; a.A. aber die 3. Aufl. dieses Kommentars: *Huhn/von Schuckmann*, 3. Aufl., § 13 Rn 28.

181 *Winkler*, § 13 Rn 77.

182 *Winkler*, § 13 Rn 22; *Lerch*, § 13 Rn 64.

183 *Winkler*, § 13 Rn 62; Soergel/*Mayer*, 13. Aufl., § 13 BeurkG Rn 14 (nach § 2264 BGB); vgl. auch *Köhler*, in: FS Schippel, 1996, S. 209, 219 f.

184 OLG Hamm v. 13.7.2000 – 15 W 107/00, DNotZ 2000, 129 f. m. Anm. *Reithmann*.

Notars) auf einem weiteren Blatt. Problematisch ist es allerdings, wenn sich nur die Unterschriften (also ohne Schlussvermerk) auf einem gesonderten Blatt befinden. Hier ist es eine Frage des Einzelfalls, ob einer solchen Unterschrift noch der Wille entnommen werden kann, die Verantwortung für den Urkundstext zu übernehmen. Dies soll dann nicht der Fall sein, wenn bei der handschriftlichen Niederschrift eines Testaments durch den Notar die Unterschrift als Blankounterschrift auf einem separaten Blatt geleistet wird, um später mit einer Reinschrift der Niederschrift verbunden zu werden.[185]

82 Gelegentlich kommt es vor, dass die **Beteiligten versehentlich nicht die letzte Seite**, sondern eine andere Seite der Niederschrift oder auch eine Anlage **unterzeichnen**, der Notar dies nicht bemerkt und seine Unterschrift unter die der Beteiligten setzt. Nur ausnahmsweise wird man in solchen Fällen von der Wirksamkeit der Urkunde ausgehen können. Ein solcher Ausnahmefall[186] liegt vor, wenn sich die Unterschriften am Ende der letzten Seite einer beigefügten und mitverlesenen Anlage befinden. Die Anlage ist in diesem Fall unmittelbarer Teil der Niederschrift; der falsche Ort des Schlussvermerks schadet nicht, denn auch sein Fehlen ist für die Wirksamkeit der Urkunde unschädlich (siehe unten Rdn 88). In anderen Fällen fehlt den an der falschen Stelle befindlichen Unterschriften dagegen regelmäßig die „Abschlussfunktion"; eine Berichtigung nach § 44a Abs. 2 S. 1 BeurkG scheidet aus, da dieser nur den Inhalt der Urkunde richtigstellen kann. Haben die Beteiligten allerdings die Anlagen (§ 14 Abs. 2 BeurkG) und die Niederschrift unterschrieben und hat lediglich der Notar seine Unterschrift versehentlich unter die Anlage gesetzt, so liegt zwar zunächst keine wirksame Urkunde vor; der Notar kann seine Unterschrift jedoch noch nachholen (siehe oben Rdn 72 ff.).

Erfolgen die Unterschriften versehentlich nicht auf der letzten Seite, sondern auf einer vorangegangenen Seite der Niederschrift, ist der von den Unterschriften gedeckte Teil der Niederschrift allerdings wirksam beurkundet. Die Unwirksamkeit der Urkunde betrifft nur den nachfolgenden Text.[187] Es ist sodann eine Frage des materiellen Rechts, ob diese Teilunwirksamkeit der Urkunde auch zur Unwirksamkeit des Rechtsgeschäfts führt, wenn dieses formbedürftig ist. Folgen der Unterschrift rechtsgeschäftliche Erklärungen nach, so hat die Teilunwirksamkeit gem. § 139 BGB grundsätzlich die Gesamtunwirksamkeit des Rechtsgeschäfts zur Folge. Enthält der der Unterschrift nachfolgende Text aber beispielsweise nur Belehrungsvermerke des Notars, dann dürfte die Teilunwirksamkeit der Urkunde keine Auswirkungen auf die Wirksamkeit des Rechtsgeschäfts haben.[188]

E. Anwesenheit

I. Anwesenheit des Notars

83 Der **Notar** muss sowohl beim Vorlesen wie auch beim Genehmigen und Unterschreiben der Beteiligten zugegen sein. Verstöße treten nur auf, wenn Dritte die Niederschrift vorlesen (siehe oben Rdn 5). Auch wenn die Gegenwart des Notars bei der Verhandlung nicht ausdrücklich in der Niederschrift festgestellt sein sollte (das fordert Abs. 1 S. 2), bezeugt der Notar durch seine Unterschrift die Tatsache des ununterbrochenen Zugegenseins.[189] Liest der Notar ausnahmsweise nicht selbst vor, so muss er jedenfalls zugegen sein (**Gegenwart des Notars**) und das Vorlesen verfolgen und überwachen (**Leitung des Notars**). Das bedeutet in aller Regel, dass Notar und Beteiligte sich in demselben Raum aufhalten müssen; sie müssen einander sehen und hören können.[190] Es ist unzulässig, wenn gleichzeitig in mehreren Räumen Niederschriften vorgelesen werden und der Notar aus einem dritten Raum die Vorlesung zwar akustisch, aber nicht geistig wahrnehmen, verfolgen und überwachen kann. Genauso wenig ist es zulässig, dass der Bürovorsteher die Urkunde vorliest und der Notar bei „offener Tür" in einem Nachbarzimmer einer anderen Tätigkeit nachgeht. Hält sich der Notar nicht nur ganz kurzfristig in einem Nachbarraum auf, so spricht – selbst, wenn eine akustische und visuelle Verbindung besteht – die Lebenserfahrung und damit eine Vermutung dafür, dass dem Notar die erforderliche Aufmerksamkeit fehlt und er die gebotene Überwachung und Leitung der Verhandlung nicht mehr wahrnimmt. Nur dann, wenn die notwendige gegenseitige Auf-

185 OLG Hamm v. 13.7.2000 – 15 W 107/00, DNotZ 2000, 129 f. m. insoweit kritischer Anm. *Reithmann*.
186 So auch *Winkler*, § 13 Rn 62.
187 DNotI-Gutachten v. 25.1.2006 (Fax-Abruf: 11439).
188 DNotI-Gutachten v. 25.1.2006 (Fax-Abruf: 11439).
189 *Keller*, DNotZ 1995, 99, 112.
190 BGH v. 19.12.1975 – 1 StR 313/74, DNotZ 1975, 365, 367; Frenz/Miermeister/*Limmer*, § 13 BeurkG Rn 4; BRHP/*Litzenburger*, § 13 BeurkG Rn 4; *Winkler*, § 13 Rn 5.

merksamkeit ausnahmsweise sichergestellt sein sollte, kann der Aufenthalt des Notars in einem Nebenzimmer genügen.[191] Keinesfalls reicht es aus, wenn zwischen Notar und Beteiligten nur eine IT-unterstützte Bild- und Tonverbindung besteht, es sei denn natürlich, es handelt sich um eine Beurkundung mittels Videokommunikation gemäß den §§ 16a ff. BeurkG. Hat der Notar diese Vorgaben nicht beachtet, führt dies nicht nur zu einer unwirksamen Urkunde, sondern kann auch eine Falschbeurkundung im Amt (§ 348 StGB) darstellen.[192]

II. Anwesenheit der Beteiligten/„abschnittsweise" Beurkundung

Die Anwesenheit der Beteiligten ist nur beim Vorlesen, nicht aber bei der Genehmigung (siehe oben Rdn 33) sowie der Leistung der Unterschrift[193] der anderen Beteiligten erforderlich. Die Anwesenheit bei der Genehmigung empfiehlt sich allerdings wegen des materiell-rechtlichen Zugangserfordernisses im Regelfall gleichwohl (siehe oben Rdn 33). 84

Grundsätzlich müssen die **Beteiligten** während der gesamten Verlesung der Niederschrift anwesend sein. 85
Werden jedoch in einer Niederschrift **Erklärungen mehrerer Beteiligter** beurkundet, so kann der einzelne Beteiligte sich entfernen, nachdem „seine" Erklärungen vorgelesen, von ihm genehmigt und unterschrieben sind;[194] man spricht hier auch von **„abschnittsweiser"** Beurkundung. Nicht erforderlich ist somit, dass alle an einem Beurkundungsvorgang Beteiligten während der gesamten Beurkundung jeweils **ununterbrochen anwesend** sind. Die Anwesenheit eines Beteiligten ist nur insoweit zwingend, als tatsächlich die von ihm in der Urkunde selbst abgegebenen Erklärungen vorgelesen werden. Ein solches Verfahren kann insbesondere auch dann gewählt werden, wenn – z.B. bei einer sehr umfangreichen Beurkundung – der Vertreter eines Beteiligten ausgewechselt werden soll.[195]

Von der verfahrensrechtlichen Zulässigkeit der abschnittsweisen Beurkundung ist die Frage nach der materiell-rechtlichen Wirksamkeit des derart beurkundeten Rechtsgeschäfts zu unterscheiden. Diese kann insbesondere dann fehlen, wenn nach materiellem Recht die gleichzeitige Anwesenheit der Beteiligten erforderlich ist, z.B. gem. § 925 Abs. 1 S. 1, § 1410, § 2276 Abs. 1 S. 1, § 2290 Abs. 3 BGB.

Verfahrensrechtlich ist es geboten, den besonderen Hergang der abschnittsweisen Beurkundung in der Niederschrift wiederzugeben.[196] Dies kann auf zwei Weisen geschehen. Zum einen kann der Beteiligte, der die Verhandlung vorzeitig verlässt, die Niederschrift an der Stelle unterschreiben, an der die von ihm abgegebenen Erklärungen enden. Er kann aber auch am Schluss der Niederschrift unterschreiben, wenn sich aus einem Vermerk des Notars, insbesondere dem Schlussvermerk, ergibt, bei welchen vorgelesenen Erklärungen er zugegen war. Letzteres Vorgehen empfiehlt sich insbesondere dann, wenn der Beteiligte die Verhandlung nur vorübergehend verlässt. 86

Nach allgemeiner Meinung handelt es sich bei der Wiedergabe des besonderen Verfahrenshergangs allerdings um keine Wirksamkeitsvoraussetzung der Beurkundung.[197] Diese Auffassung ist allerdings nicht unproblematisch. Erfolgt die Unterschrift des sich vorzeitig entfernenden Beteiligten erst am Schluss der Niederschrift, deckt sie auch Erklärungen, die ihm gar nicht vorgelesen wurden, wenn die beschränkte Reichweite der Unterschrift nicht klargestellt wird. Damit erfüllt sie aber nicht mehr ihre Abschlussfunktion. Ein Unterschied zu dem Fall, dass die Unterschrift am „falschen Ort" geleistet wird (siehe oben Rdn 82), ist schwerlich zu erkennen. Es spricht daher alles dafür, in dem Fall, dass der besondere Verfahrenshergang nicht aus der Urkunde ersichtlich wird, von einer Unwirksamkeit der Beurkundung auszugehen.

191 Frenz/Miermeister/*Limmer*, § 13 BeurkG Rn 4.
192 BGH v. 19.12.1975 – 1 StR 313/74, DNotZ 1975, 365 ff.; *Keller*, DNotZ 1995, 99, 112; vgl. auch *Ressler*, NotBZ 1999, 13 ff.
193 *Winkler*, § 13 Rn 62; *Lerch*, § 13 Rn 34; OLG Düsseldorf v. 7.10.1998 – 15 U 192/97, DNotZ 2000, 299, 302.
194 OLG Hamburg v. 26.3.1993 – 11 U 19/93, DNotZ 1994, 306, 307 f.; *Winkler*, § 13 Rn 27 f.; Frenz/Miermeister/*Limmer*, § 13 BeurkG Rn 9 f.; Staudinger/*Hertel*, BeurkG Rn 371; Grziwotz/Sauer/Heinemann/*Heinemann/Grziwotz*, § 13 Rn 10; DNotI-Report 1999, 4; DNotI-Gutachten v. 23.4.2007 (Fax-Abruf: 11476).
195 *Winkler*, § 13 Rn 28a; Grziwotz/Sauer/Heinemann/*Heinemann/Grziwotz*, § 13 Rn 10.
196 OLG Hamburg v. 26.3.1993 – 11 U 19/93, DNotZ 1994, 306, 307 f.; *Winkler*, § 13 Rn 27; Grziwotz/Sauer/Heinemann/*Heinemann/Grziwotz*, § 13 Rn 10.
197 OLG Hamburg v. 26.3.1993 – 11 U 19/93, DNotZ 1994, 306, 307 f.; *Winkler*, § 13 Rn 27; Frenz/Miermeister/*Limmer*, § 13 BeurkG Rn 10.

III. Anwesenheit sonstiger mitwirkender Personen

87 Die Abwesenheit einer sog. sonstigen mitwirkenden Person führt nur ausnahmsweise zur Unwirksamkeit der Beurkundung: nämlich einerseits beim Fehlen des Zeugen oder zweiten Notars im Falle des § 25 BeurkG und andererseits beim Fehlen der „Verständigungsperson" im Falle des § 24 Abs. 1 S. 2 BeurkG. Dasselbe gilt für einen hinzugezogenen Dolmetscher, wenn in der Urkunde festgestellt wird, dass der Beteiligte der deutschen Sprache nicht hinreichend kundig ist.[198]

F. Schlussvermerk

88 Der Notar soll, bevor er die Niederschrift unterzeichnet, feststellen, dass sie in seiner Gegenwart den Beteiligten vorgelesen, von ihnen genehmigt und eigenhändig unterschrieben wurde (Schlussvermerk). Fehlt jedoch der **Schlussvermerk**, so hat dies **nicht die Unwirksamkeit** der Urkunde zur Folge. Es handelt sich um eine Soll-Vorschrift.[199] Die Tatsache, dass Grundlage des Schlussvermerks eine Soll-Vorschrift ist, hat auch noch eine andere Konsequenz: Entspricht der Schlussvermerk nicht der Wahrheit, weil der Notar die Urkunde nicht (vollständig) vorgelesen hat, soll der Notar nicht gem. § 348 StGB strafbar sein.[200]

89 Eine bestimmte **Formulierung** ist **für den Schlussvermerk** nicht vorgeschrieben. Die Formel „vorgelesen, genehmigt und unterschrieben" genügt im Allgemeinen.[201] Wird auf Karten, Zeichnungen oder Abbildungen verwiesen, soll aber ausdrücklich festgestellt werden, dass diese zur Durchsicht vorgelegt wurden.[202] Bei einer Verweisung auf schriftliche Anlagen, obliegt es dem Notar dagegen nicht, deren Verlesung im Schlussvermerk aufzuführen.[203] Damit geht auch kein Beweisvorteil einher,[204] da bereits die Unterschrift der Beteiligten gem. Abs. 1 S. 3 die Vermutung zur Folge hat, dass auch die Anlagen vorgelesen wurden (siehe oben Rdn 68).

Zulässig ist es, dass der Schlussvermerk durch einen Farbdruckstempel hergestellt wird (vgl. § 12 Abs. 2 DONot). Der Schlussvermerk muss nicht zwingend vorgelesen werden (siehe oben Rdn 3). Als Tatsachenfeststellung kann er sich an die Unterschriften der Beteiligten anschließen; der Notar sollte dann allerdings nach dem Schlussvermerk unterschreiben (siehe oben Rdn 81).

§ 13a Signieren einer elektronischen Niederschrift

(1) Die elektronische Niederschrift muss in Gegenwart des Notars von den Beteiligten
1. mit ihren qualifizierten elektronischen Signaturen versehen werden oder
2. auf einem zur elektronischen Erfassung der Unterschrift geeigneten Hilfsmittel eigenhändig unterschrieben werden.

(2) Die elektronische Niederschrift muss von dem Notar mit seiner qualifizierten elektronischen Signatur versehen werden.

(3) Elektronische Unterschriften müssen am Schluss der elektronischen Niederschrift bildlich wiedergegeben werden.

(4) [1]Qualifizierte elektronische Signaturen sollen auf einem qualifizierten Zertifikat beruhen, das auf Dauer prüfbar ist. [2]Die signierenden Personen müssen die qualifizierten elektronischen Signaturen selbst erstellen. [3]Am Schluss der elektronischen Niederschrift sollen die Namen der Personen angegeben werden, die diese mit ihren qualifizierten elektronischen Signaturen versehen. [4]Dem Namen des Notars soll seine Amtsbezeichnung beigefügt werden.

198 *Winkler*, § 13 Rn 30.
199 BGH 18.6.1999 – V ZR 40/98, NJW 1999, 2806, 2807; *Klein*, DNotZ 2005, 193, 199.
200 OLG Zweibrücken v. 16.6.2003 – 1 Wss 236/03; DNotZ 2005, 214 ff. m. Anm. *Klein*, DNotZ 2005, 193 ff.
201 *Winkler*, § 13 Rn 71.
202 *Winkler*, § 13 Rn 70.
203 A.A. *Huhn/von Schuckmann*, 3. Aufl., § 13 Rn 38.
204 A.A. Armbrüster/Preuß/Renner/*Renner*, 5. Aufl., § 13 Rn 77, sowie wohl *Winkler*, § 13 Rn 72; *Lerch*, § 13 Rn 65.

(5) An die Stelle der nach diesem Gesetz vorgesehenen Unterschriften anderer Personen treten deren elektronische Unterschriften oder qualifizierte elektronische Signaturen in entsprechender Anwendung der Absätze 1, 3 und 4 Satz 1 bis 3.

A. Allgemeines

1 Die Norm wurde im Rahmen des Gesetzes zur Einführung einer elektronischen Präsenzbeurkundung neu eingefügt. Der bisherige **§ 13a BeurkG** wurde zu **§ 13c BeurkG**. Die Norm regelt, auf welche Weise die Beteiligten und der Notar sowie etwaige weitere an der Beurkundung mitwirkende Personen eine elektronische Niederschrift signieren und damit die Autorisierung dokumentieren.

2 Betroffen von der Neuregelung sind neben den Notaren auch zahlreiche andere Urkundsbeamte i.S.d. **§ 1 Abs. 2 BeurkG** (im Wesentlichen die Nachlass- und Familiengerichte, Jugendämter und Konsulate).[1] Hierauf wurde bei der Ausgestaltung der neuen Regelungen an verschiedenen Stellen Rücksicht genommen.

B. Varianten beim Signieren einer elektronischen Niederschrift durch die Beteiligten (Abs. 1)

3 **Abs. 1** enthält die Grundregel, die bestimmt, auf welche Weise die Beteiligten ihre Autorisierung der elektronischen Niederschrift zu dokumentieren haben. Da eine als elektronisches Dokument aufgenommene Niederschrift nicht wie ein Schriftstück im hergebrachten Sinne unterschrieben werden kann, sieht **Abs. 1** vor, dass die Beteiligten die elektronische Niederschrift signieren, wobei hierfür zwei verschiedene Möglichkeiten geschaffen wurden: durch Aufbringung einer jedem Notar seit langem bekannten qualifizierten elektronischen Signatur **(Nr. 1)** oder durch eigenhändige Unterzeichnung der Niederschrift auf einem zur elektronischen Erfassung der Unterschrift geeigneten Hilfsmittel **(Nr. 2)**, wobei es sich signaturrechtlich nur um eine sog. einfache Signatur handelt.[2]

4 Die **Unterschrift** der Beteiligten hat im Beurkundungsverfahren eine eigenständige Bedeutung. Mit der Unterschrift wird dokumentiert, dass sich die Beteiligten ihre Erklärungen zurechnen lassen und die Niederschrift genehmigen; die Unterschrift dient damit als formelles Zeichen der Verantwortungsübernahme für Geltung und Gültigkeit des beurkundeten Rechtsgeschäfts und für die Echtheit des beurkundeten Willens der Beteiligten. Die Identifizierbarkeit der Beteiligten ist dagegen nicht Sinn der Unterschrift; hierzu dient die nach § 10 BeurkG durch den Notar zu treffende **Identitätsfeststellung** [3]

Der Unterschrift kommt somit im Beurkundungsverfahren eine **Autorisierungsfunktion** zu. Die in **Abs. 1** vorgesehene Signatur der elektronischen Niederschrift durch die Beteiligten soll die funktionsäquivalente Autorisierung des Beurkundungsakts gewährleisten.

5 **Abs. 1 Nr. 1** eröffnet zunächst die Möglichkeit, dass Beteiligte die elektronische Niederschrift mit ihren (eigenen) qualifizierten elektronischen Signaturen versehen und dadurch ihre Genehmigung zum Ausdruck bringen.

1 Vgl. den RegE eines Gesetzes zur Einführung einer elektronischen Präsenzbeurkundung, BT-Drucks 21/1505, 18 f.

2 So zutreffend auch der RegE eines Gesetzes zur Einführung einer elektronischen Präsenzbeurkundung, BT-Drucks 21/1505, 46.

3 BGHZ 152, 255 bis 262 (Rn 9).

6 Obwohl qualifizierte elektronische Signaturen[4] in Deutschland bereits seit 1997 zugelassen sind, sind bislang nur wenige Bürger in der Lage, solche Signaturen aus dem Stand heraus zu erzeugen, weil sie nicht über die erforderlichen Signaturzertifikate verfügen. Anders als im Rahmen von Beurkundungen mittels des Videokommunikationssystems gem. den **§§ 16a ff. BeurkG** ist auch nicht vorgesehen, dass den Beteiligten im Rahmen des Prozesses zur Errichtung von elektronischen Niederschriften das zum Signieren erforderliche Signaturzertifikat zur Verfügung gestellt wird.[5] Der Gesetzgeber musste daher davon ausgehen, dass die elektronische Präsenzbeurkundung nicht die gewünschte Relevanz erlangen würde, könnte die elektronische Niederschrift ausschließlich mittels einer qualifizierten elektronischen Signatur „unterschrieben" werden.

7 Vor diesem Hintergrund sieht **Abs. 1 Nr. 2** nun für die Urkundsbeteiligten (nicht aber für den Notar) zusätzlich die Einführung einer Signaturvariante mittels elektronischem Hilfsmittel vor. In diesem Fall entspricht der Akt des Unterschreibens demjenigen bei Aufnahme einer papierförmigen Niederschrift. Der Gesetzgeber hat die Regelung dabei bewusst eng an den Wortlaut des **§ 13 Abs. 1 S. 1 Hs. 1 BeurkG** („eigenhändig unterschrieben") angelehnt, um auch die zu den Anforderungen an das eigenhändige Unterschreiben in Rechtsprechung und Schrifttum entwickelten Grundsätze nutzbar machen zu können.[6]

8 Mangels Verkörperung der elektronischen Niederschrift kann diese naturgemäß nicht wie ein Schriftstück im hergebrachten Sinne unmittelbar unterschrieben werden. Die elektronische Unterschrift muss vielmehr auf einem zur elektronischen Erfassung geeigneten Hilfsmittel vollzogen und derart elektronisch erfasst werden, dass sie in der elektronischen Niederschrift bildlich wiedergegeben werden kann. An das **elektronische Hilfsmittel** wollte der Gesetzgeber dabei bewusst keine speziellen Anforderungen stellen. Gemäß dem Zweck der Regelung können solche Geräte zum Einsatz kommen, die geeignet sind, den eigenhändigen Schreibakt elektronisch zu erfassen, sodass die eigenhändig geschriebene Unterschrift in einem elektronischen Dokument bildlich wiedergegeben werden kann. Neben speziell für diesen Zweck entwickelten Geräten (**Unterschriftenpads** im engeren Sinne) nennt der Gesetzentwurf beispielsweise auch **Tabletcomputer**, **Touchbildschirme** oder vergleichbare Geräte, betont aber im Übrigen ausdrücklich die Zukunfts- und Technologieoffenheit der Regelung.[7] **§ 13b Abs. 1** gibt als technischen Rahmen insofern lediglich vor, dass auf dem verwendeten Hilfsmittel die Unterschrift in Echtzeit wiedergegeben werden soll.

9 Ausdrücklich möglich soll es bei Teilnahme von mehreren Personen an der Beurkundung nach der Gesetzesbegründung sein, dass eine Person die elektronische Niederschrift eigenhändig elektronisch unterschreibt, während eine andere Person diese mit ihrer qualifizierten elektronischen Signatur versieht. Es ist demnach nicht notwendig, dass sämtliche Beteiligten die elektronische Niederschrift in derselben Weise signieren.

C. Signieren der elektronischen Niederschrift durch den Notar (Abs. 2)

10 Nach **Abs. 2** muss die elektronische Niederschrift außerdem von dem Notar mit seiner qualifizierten elektronischen Signatur versehen werden. Dies entspricht der Regelung zur Aufnahme elektronischer Niederschriften bei Beurkundungen mittels Videokommunikation (**§ 16b Abs. 3 BeurkG**). Durch die qualifizierte elektronische Signatur werden **Authentizität** und **Integrität** der elektronischen Niederschrift gewährleistet. Das Ergebnis ist ein **öffentliches elektronisches Dokument**, für das nach **§ 371a Abs. 3 S. 2** und **§ 437 ZPO** die Vermutung der Echtheit gilt. Damit erfüllen elektronische Niederschriften und papierförmige Niederschriften gleichermaßen die **Beweisfunktion** der notariellen Beurkundung.

11 Anders als bei den (formell) Urkundsbeteiligten sieht das Gesetz für den Notar keine Alternative zur qualifizierten elektronischen Signatur vor. Zwar mutet der seitens der Gesetzesbegründung als Begründung

4 Vgl. ausführlich zur Funktionsweise der qualifizierten elektronischen Signatur die Kommentierung zu § 39a BeurkG Rdn 9 f.

5 Bei Beurkundungen im Rahmen des Videokommunikationssystems wird den Beteiligten ein nach Maßgabe des § 12 NotViKoV speziell für das Signieren im Rahmen des konkreten Beurkundungsvorgangs ausgestelltes und danach nicht weiter verwendbares Signaturzertifikat von der Zertifizierungsstelle der Bundesnotarkammer zur Verfügung gestellt. Vgl. weitergehend hierzu die Ausführungen von *Stelmaszczyk,* Beck'sches Notarhandbuch, Rn 562 f.

6 Vgl. den RegE eines Gesetzes zur Einführung einer elektronischen Präsenzbeurkundung, BT-Drucks 21/1505, 44.

7 Vgl. den RegE eines Gesetzes zur Einführung einer elektronischen Präsenzbeurkundung, BT-Drucks 21/1505, 19.

herangezogene Verweis auf **§ 371a Abs. 3 S. 2** und **§ 437 ZPO,** wonach allein an die qualifizierte elektronische Signatur die Vermutung der Echtheit geknüpft wird,[8] etwas schwach an, hätte man diese doch im Rahmen des Gesetzgebungsverfahrens unproblematisch anpassen können. Technisch kann indes tatsächlich nur die qualifizierte elektronische Signatur Authentizität und Integrität des elektronischen Dokuments sicherstellen.[9] Im Übrigen besteht anders als bei den Urkundsbeteiligten auch kein Bedürfnis für ein alternatives Beweiszeichen, weil Notare nach **§ 33 Abs. 1 S. 1 BNotO** ohnehin über die notwendigen Mittel zur Erstellung qualifizierter elektronischer Signaturen verfügen müssen.

D. Wiedergabe der Unterschriften am Schluss der elektronischen Niederschrift (Abs. 3)

Abs. 3 vervollständigt die Anforderungen, die an die eigenhändig vollzogenen elektronischen Unterschriften nach **Abs. 1** zu stellen sind. Die elektronischen Unterschriften müssen danach am Schluss der elektronischen Niederschrift **bildlich wiedergegeben** werden. Erst durch die Wiedergabe der elektronisch erfassten Unterschrift in dem elektronischen Dokument wird der notwendige Bezug zwischen Beweiszeichen und elektronischer Niederschrift hergestellt. Von besonderen technischen Anforderungen an die Wiedergabe der Unterschrift wurde dabei seitens des Gesetzgebers bewusst abgesehen. Ausreichend ist, dass die wiedergegebene Unterschrift als solche bildlich erkennbar ist. 12

Auch wenn **§ 13a BeurkG** diesbezüglich keine ausdrückliche Vorgabe macht, ist es aus technischen Gründen zwingend, dass gem. **Abs. 1 Nr. 2** aufgebrachte elektronische Unterschriften bildlich in das Dokument aufgenommen werden, bevor ein anderer Beteiligter oder der Notar das Dokument mit seiner qualifizierten elektronischen Signatur versieht. Denn eine Veränderung des Dokuments nach dem Anbringen einer qualifizierten elektronischen Signatur hätte die Ungültigkeit der qualifizierten elektronischen Signatur zur Folge.[10] 13

E. Sonstige Anforderungen an die qualifizierten elektronischen Signaturen (Abs. 4)

Abs. 4 fasst schließlich die Anforderungen zusammen, die an die qualifizierten elektronischen Signaturen der Beteiligten gestellt werden. Hierbei wurden wesentliche der bislang in **§ 16b Abs. 4 BeurkG** nur für die Aufnahme einer elektronischen Niederschrift bei der Beurkundung mittels Videokommunikation geregelten Vorgaben übernommen. Nach S. **1** sollen die qualifizierten elektronischen Signaturen auf einem qualifizierten Zertifikat beruhen, das auf Dauer prüfbar ist. Dies entspricht im Wesentlichen dem bisherigen **§ 16b Abs. 4 S. 2 BeurkG**, wobei die Ergänzung des Wortes „qualifizierten" allein aus sprachlichen Gründen vorgenommen wurde, ohne dass damit in der Sache eine Änderung beabsichtigt war. 14

Gem. **Abs. 4 S. 2** müssen die signierenden Personen die qualifizierten elektronischen Signaturen selbst erstellen, was weitgehend **§ 16b Abs. 4 S. 3 und 4 BeurkG** entspricht. Im Unterschied zu **§ 16b Abs. 4 S. 3 BeurkG** wurde **§ 13a Abs. 4 S. 2 BeurkG** dabei auch hinsichtlich der Signatur der Beteiligten nun als Muss-Vorschrift ausgestaltet. Der Gesetzgeber hatte das Bedürfnis lediglich für eine Soll-Vorschrift in den Online-Verfahren seinerzeit aus dem Umstand abgeleitet, dass in dieser speziellen Verfahrenssituation ein Beteiligter die Erstellung der Signatur durch eine andere Person auslösen könnte. Dieses Problem besteht in Präsenzverfahren nicht, weshalb es hier bei der zwingenden persönlichen Erstellung des Beweiszeichens bleiben soll. 15

Verzichtet wurde in **Abs. 4 S. 2** dagegen auf die beurkundungsrechtliche Verweisung auf die Berufspflichten des **§ 33 Abs. 3 BNotO** betreffend die Verwaltung der zur Erstellung qualifizierter elektronischer Signaturen erforderlichen elektronischen Signaturerstellungsdaten, da die Norm sich nicht nur an Notare, sondern auch an alle weiteren für öffentliche Beurkundungen zuständige Urkundspersonen oder sonstige Stellen im Sinne von **§ 1 Abs. 2** richtet. Da **§ 33 Abs. 3 BNotO** ohnehin bereits als berufsrechtliche Pflicht von den Notaren zu beachten ist und es auch für papierförmige Beurkundungen an einer 16

8 Vgl. den RegE eines Gesetzes zur Einführung einer elektronischen Präsenzbeurkundung, BT-Drucks 21/1505, 19.

9 Vgl. ausführlich zur Funktionsweise der qualifizierten elektronischen Signatur die Kommentierung zu § 39a BeurkG Rdn 8 ff.

10 Vgl. ausführlich § 39a BeurkG Rdn 9.

vergleichbaren Parallelregelung im Beurkundungsrecht fehlt, hielt der Gesetzgeber eine beurkundungsrechtliche Verweisung an dieser Stelle für verzichtet.

17 Nach **Abs. 4 S. 3** sollen am Schluss der elektronischen Niederschrift die Namen (nur) aller Personen angegeben werden, die diese mit ihren qualifizierten elektronischen Signaturen versehen, wobei gem. **S. 4** dem Namen des Notars seine Amtsbezeichnung beigefügt werden soll. Im Vergleich zu **§ 16b Abs. 4 S. 3 BeurkG** wurde dabei lediglich das Wort „signieren" durch die Worte „mit ihren qualifizierten elektronischen Signaturen versehen" ersetzt. Das macht Sinn, wird doch durch das Unterschreiben auf einem elektronischen Hilfsmittel eine (einfache) elektronische Signatur erstellt. Die Vorgabe in **S. 3** soll aber allein für qualifizierte elektronische Signaturen gelten. Für die elektronischen Unterschriften i.S.d. **Abs. 1 Nr. 2** erübrigt sich eine vergleichbare Regelung, weil die Unterschriften nach **Abs. 3** ohnehin am Schluss der elektronischen Niederschrift bildlich wiedergegeben werden müssen.

F. Entsprechende Anwendbarkeit für andere an der Urkunde beteiligte Personen (Abs. 5)

18 **Abs. 5** bestimmt abschließend, dass an die Stelle der nach dem BeurkG vorgesehenen Unterschriften anderer Personen deren elektronische Unterschriften oder qualifizierte elektronische Signaturen in entsprechender Anwendung der **Abs. 1, 3 und 4 S. 1 bis 3** treten. Zu diesen Personen zählen **Dolmetscher**, **Gebärdensprachdolmetscher**, **Verständigungspersonen**, **Zeugen** sowie ein **zweiter Notar**, sofern diese Personen zu der Verhandlung zugezogen sind. Unberührt davon bleiben sollte die Rechtsnatur des jeweiligen Unterschrifts- bzw. Signaturerfordernisses als Soll- oder Muss-Vorgabe, die sich weiterhin allein nach der Vorschrift bestimmt, die das Unterschriftserfordernis für die betreffende Person anordnet (z.B. **§ 25 S. 3 BeurkG** für den Schreibzeugen (Muss-Vorschrift) bzw. **§ 16 Abs. 3 S. 5 BeurkG** für den Dolmetscher (Soll-Vorgabe)).

§ 13b Technische Rahmenbedingungen für elektronische Niederschriften

(1) Elektronische Niederschriften sollen mittels eines Signatursystems signiert werden, das durch oder im Auftrag einer staatlichen Stelle oder einer juristischen Person des öffentlichen Rechts bereitgestellt wird.
(2) [1]Die in Absatz 1 genannte Stelle oder Person hat die Vertraulichkeit der durch das Signatursystem verarbeiteten elektronischen Niederschrift zu gewährleisten. [2]Eine Übertragung der elektronischen Niederschrift an Dritte zur Anbringung einer qualifiziert elektronischen Signatur soll nicht erfolgen.
(3) Bei der Aufnahme elektronischer Niederschriften sollen die Hilfsmittel, die zur elektronischen Erfassung der Unterschriften verwendet werden, die Unterschriften in Echtzeit wiedergeben.

1 Die Norm wurde im Rahmen des Gesetzes zur Einführung einer elektronischen Präsenzbeurkundung neu eingefügt. Flankierend zum neuen **§ 13a BeurkG** werden in **§ 13b BeurkG** technische Rahmenbedingungen für elektronische Niederschriften geregelt.

2 Gem. **Abs. 1** soll das Signieren elektronischer Niederschriften ausschließlich mittels eines Signatursystems erfolgen, das durch eine staatliche Stelle oder im Auftrag einer staatlichen Stelle oder einer juristischen Person des öffentlichen Rechts bereitgestellt wird. Ein Signieren über andere Signatursysteme, die nicht unter staatlicher Verantwortung zur Verfügung gestellt werden, ist danach beurkundungsrechtlich unzulässig. Notare nehmen im Beurkundungsverfahren wie im gesamten Spektrum ihrer Tätigkeit Staatsaufgaben im Bereich der vorsorgenden Rechtspflege wahr, also Zuständigkeiten, die nach der geltenden Rechtsordnung hoheitlich ausgestaltet sind.[1] Entsprechendes gilt für andere Urkundspersonen oder sonstige Stellen nach **§ 1 Abs. 2 BeurkG**. Vor dem Hintergrund des hoheitlichen Charakters des Beurkundungsverfahrens kommt es nach Ansicht des Gesetzgebers beurkundungsverfahrensrechtlich zur Erfüllung der notariellen Amtspflichten im Rahmen der Beurkundungsverhandlung wesentlich darauf an, dass die verwendeten informationstechnischen Systeme nur durch oder im Auftrag einer staatlichen Stelle

1 Vgl. den RegE eines Gesetzes zur Einführung einer elektronischen Präsenzbeurkundung, BT-Drucks 21/1505, 47, unter Verweis auf die Rechtsprechung des BVerfG, NJW 1987, 887; NJW 2012, 2639, 2641.

oder einer juristischen Person des öffentlichen Rechts betrieben werden. Durch diese Vorgabe soll die Integrität der hoheitliche Beurkundungstätigkeit sichergestellt und der hoheitliche Charakter des Beurkundungsaktes auch bei Aufnahme der Niederschrift als elektronisches Dokument uneingeschränkt erhalten werden.

Gleichzeitig soll hierdurch sichergestellt werden, dass außerhalb der Staatsverwaltung stehende private 3
Dritte keinerlei Zugriff auf die sensiblen Inhalte eines Beurkundungsverfahrens erhalten. Bürger sowie Urkundspersonen und -stellen müssen insbesondere auch im Interesse eines funktionierenden Rechtsverkehrs uneingeschränkt auf die Sicherheit, Manipulationsresistenz und Zuverlässigkeit des im Rahmen der Beurkundungsverhandlung zur Anwendung kommende Signatursystems vertrauen können. Daneben soll das Signatursystem den Urkundspersonen die Einhaltung der ihnen obliegenden Amtspflichten ermöglichen. Neben den verfahrensrechtlichen Anforderungen des BeurkG darf das zur Anwendung kommende IT-System dabei insbesondere gesetzliche Verschwiegenheitspflichten der Urkundspersonen nicht verletzen. Weiter ermöglicht eine staatliche Kontrolle, dass das IT-System der Unparteilichkeit und Neutralität der Urkundspersonen als öffentlichen Amtsträgern ausreichend Rechnung trägt; ausgeschlossen sein sollten beispielsweise Zusätze, die auf die Verwendung eines bestimmten IT-Systems für die Urkundenerrichtung hinweisen und dabei einen werbenden Eindruck vermitteln könnten.

Mit Blick auf durch Notare vorgenommene Beurkundungen kann das notwendige Vertrauen in die Ge- 4
währleistung der erforderlichen Eigenschaften des Signatursystems in besonderem Maße der Bundesnotarkammer entgegengebracht werden, die in den Augen des Gesetzgebers als unter der Aufsicht des Bundesministeriums der Justiz stehende Körperschaft des öffentlichen Rechts in besonderer Weise geeignet ist, Sicherheit, Manipulationsresistenz und Zuverlässigkeit des Signatursystems zu gewährleisten. Außerdem verfügt sie über die erforderliche technische Expertise, spezifisch notarbezogene IT-Anwendungen zu entwickeln und zu betreuen und kann die erforderliche IT-Softwareausstattung den deutschen Notaren flächendeckend und niedrigschwellig durch Einbindung in ihre Systeme zur Verfügung stellen. Daher soll durch die erweiterte Aufgabenübertragung in **§ 78 Abs. 1 S. 2 Nr. 11 BNotO** sichergestellt werden, dass mit der Bundesnotarkammer zumindest ein Anbieter den Notaren ein Signatursystem zur Aufnahme elektronischer Niederschriften nach **§ 8 Abs. 2 BeurkG** sowie zur Vornahme von Beglaubigungen elektronischer Unterschriften nach **§ 40b BeurkG** bereitstellt.

Da neben Notaren auch andere Urkundspersonen und -stellen in bestimmten Fällen für öffentliche Beur- 5
kundungen zuständig sind, wollte der Gesetzgeber jedoch keine Nutzung eines bestimmten Signatursystem für alle Urkundspersonen und -stellen vorschreiben. Urkundspersonen und -stellen können daher auch ein anderes Signatursystem nutzen, sofern dieses durch oder im Auftrag einer staatlichen Stelle oder einer unter staatlicher Aufsicht stehenden juristischen Person des öffentlichen Rechts bereitgestellt wird. Der Gesetzgeber geht insofern davon aus, dass grundsätzlich auch andere staatliche Stellen geeignet sind, gleichermaßen Sicherheit, Manipulationsresistenz und Zuverlässigkeit des Signatursystems zu gewährleisten wie die Bundesnotarkammer.

Von der Urkundsperson selbst kann demgegenüber nicht erwartet werden, dass sie die Funktionsabläufe 6
des zur Errichtung einer elektronischen Niederschrift eingesetzten Signatursystems selbstständig prüfen und sich auf diese Weise vergewissern kann, dass die technische Gestaltung des Systems die Einhaltung der ihr obliegenden Amtspflichten uneingeschränkt ermöglicht. Auf Grundlage von **Abs. 1** soll die Urkundsperson vielmehr auf die staatliche Stelle oder juristische Person des öffentlichen Rechts vertrauen dürfen, die das System selbst oder durch von ihr beauftragte Dritte bereitstellt und daher die Verantwortung für die technische Gestaltung des Systems trägt. Innerhalb des durch die gesetzlichen Amtspflichten der Urkundsperson gesetzten Rahmens besteht bei der Ausgestaltung des Systems ein Gestaltungsspielraum. Den Begriff des Signatursystems möchte der Gesetzgeber dabei ausdrücklich technikoffen verstanden wissen, sodass es neben einer speziellen Fachanwendung beispielsweise auch Kombinationen einzelner Funktionsmodule umfassen könne, die zum Zwecke der Errichtung einer elektronischen Niederschrift nach Maßgabe des **§ 8 Abs. 2 BeurkG** und des **§ 13a BeurkG** genutzt werden.

Insbesondere vor dem Hintergrund der besonderen Bedeutung der gesetzlichen Verschwiegenheitspflicht 7
der Urkundsperson bestimmt **Abs. 2 S. 1**, dass die staatliche Stelle oder juristische Person nach **Abs. 1** die Vertraulichkeit der durch das Signatursystem verarbeiteten elektronischen Niederschrift zu gewährleisten hat. Zugleich wird hierdurch auch datenschutzrechtlichen Belangen Rechnung getragen. Ausschlie-

ßen wollte der Gesetzgeber durch **S. 2** insbesondere Fernsignaturverfahren, bei denen die elektronische Niederschrift selbst zur Anbringung einer qualifizierten elektronischen Signatur verschickt werden würde, weil hierbei der Verschwiegenheit unterliegende Inhalte offenbart würden.

8 Zulässig bleiben sollen dagegen solche Fernsignaturverfahren, bei denen lediglich ein aus der elektronischen Niederschrift abgeleiteter Haschwert zum Zwecke der Erzeugung der qualifizierten elektronischen Signatur an den Vertrauensdiensteanbieter übermittelt wird. Da der Hashwert keinen Rückschluss auf den Inhalt des Dokuments zulässt, bleibt die Vertraulichkeit der Inhalte bei solchen Fernsignaturverfahren gewahrt.

9 Gem. **Abs. 2** ist das Signatursystem in einer Weise auszugestalten, die gewährleistet, dass unberechtigte Dritte durch die technischen Abläufe keinen Zugang zu den sensiblen Inhalten der Beurkundungsverhandlung erlangen können. Durch die Bezugnahme auf das Signatursystem soll verdeutlicht werden, dass es sich um eine technische Anforderung an die Gestaltung des Systems handelt, nicht um eine Amtspflicht der Urkundsperson. Mit Blick auf die Amtspflicht zur Verschwiegenheit bleibt es bei den allgemein geltenden Grundsätzen. Dementsprechend schließt die Regelung selbstverständlich auch nicht aus, dass beispielsweise Mitarbeiter des Notars mit der elektronischen Niederschrift umgehen und sie zur Kenntnis nehmen, etwa im Rahmen von Vorbereitungs- oder Vollzugstätigkeiten.

10 Nach **Abs. 3** sollen die zur elektronischen Erfassung eigenhändiger Unterschriften verwendeten elektronischen Hilfsmittel, beispielsweise Unterschriftenpads, die Unterschriften auf dem Hilfsmittel in Echtzeit wiedergeben. So soll die Unterschrift beispielsweise auf dem Display eines Unterschriftenpads sichtbar sein, um zu gewährleisten, dass der Unterschreibende wie bei einer Unterschriftsleistung auf Papier den Schreibakt optisch wahrnehmen kann. Hierdurch wird der Akt des Unterschreibens äquivalent abgebildet, was die Erfüllung der Autorisierungsfunktion unterstützt.

§ 13c Eingeschränkte Beifügungs- und Vorlesungspflicht

(1) [1]Wird in der Niederschrift auf eine andere notarielle Niederschrift verwiesen, die nach den Vorschriften über die Beurkundung von Willenserklärungen errichtet worden ist, so braucht diese nicht vorgelesen zu werden, wenn die Beteiligten erklären, daß ihnen der Inhalt der anderen Niederschrift bekannt ist, und sie auf das Vorlesen verzichten. [2]Dies soll in der Niederschrift festgestellt werden. [3]Der Notar soll nur beurkunden, wenn für die Beteiligten die andere Niederschrift zumindest in beglaubigter Abschrift bei der Beurkundung einsehbar ist. [4]Für die Vorlage zur Durchsicht anstelle des Vorlesens von Karten, Zeichnungen oder Abbildungen gelten die Sätze 1 bis 3 entsprechend.

(2) [1]Die andere Niederschrift braucht der Niederschrift nicht beigefügt zu werden, wenn die Beteiligten darauf verzichten. [2]In der Niederschrift soll festgestellt werden, dass die Beteiligten auf das Beifügen verzichtet haben.

(3) [1]Kann die andere Niederschrift bei dem Notar oder einer anderen Stelle rechtzeitig vor der Beurkundung eingesehen werden, so soll der Notar dies den Beteiligten vor der Verhandlung mitteilen; befindet sich die andere Niederschrift bei dem Notar, so soll er diese dem Beteiligten auf Verlangen übermitteln. [2]Unbeschadet des § 17 soll der Notar die Beteiligten auch über die Bedeutung des Verweisens auf die andere Niederschrift belehren.

(4) [1]Wird in der Niederschrift auf Karten oder Zeichnungen verwiesen, die von einer öffentlichen Behörde innerhalb der Grenzen ihrer Amtsbefugnisse oder von einer mit öffentlichem Glauben versehenen Person innerhalb des ihr zugewiesenen Geschäftskreises mit Unterschrift und Siegel oder Stempel versehen worden sind, so gelten die Absätze 1 bis 3 entsprechend. [2]Wird auf Karten oder Zeichnungen in elektronischen Dokumenten verwiesen, so tritt an die Stelle der Unterschrift und des Siegels oder Stempels ein qualifiziertes elektronisches Siegel oder eine qualifizierte elektronische Signatur, wobei das der Signatur zugrunde liegende qualifizierte Zertifikat die Behörde erkennen lassen muss.

Literatur *Arnold*, Die Änderungen des Beurkundungsverfahrens durch das Gesetz vom 20.2.1980, DNotZ 1980; 262; *Brambring*, Das Gesetz zur Änderung und Ergänzung beurkundungsrechtlicher Vorschriften in der notariellen Praxis, DNotZ 1980, 182; *Fischer*, Die Zulässigkeit der Verweisung auf eine eine Willenserklärung nicht enthaltende Mutterurkunde, DNotZ 1982, 153; *Lichtenberger*, Das Gesetz zur Änderung und Ergänzung beurkundungsrechtlicher Vorschriften, NJW 1980, 864; *Ressler*, Sollvorschriften des Beurkundungsgesetzes und Strafbarkeit nach § 348 StGB, NotBZ 1999, 13; *Stauf*, Umfang und Grenzen der Verweisungsmöglichkeit nach § 13a BeurkG und der eingeschränkten Vorlesungspflicht nach § 14 BeurkG, RNotZ 2001, 129; *Wöstmann*, Anforderungen an das Verhalten des Notars (§ 14 Abs. 3 BNotO) unter Berücksichtigung der Richtlinien der Notarkammern, ZNotP 2002, 246; *Wufka*, Formfreiheit oder Formbedürftigkeit von Grundstückskaufverträgen, DNotZ 1990, 339.

A. Allgemeines

I. Entstehungsgeschichte

Die Vorschrift (damals: § 13a BeurkG) wurde erst im Jahre 1980 ins BeurkG eingefügt. Ohne gesetzliche Grundlage hatte die Praxis die Verweisung auf andere notarielle Niederschriften über viele Jahre als zulässig betrachtet. Der BGH verwarf dieses Verfahren;[1] viele Urkunden drohten unwirksam zu sein. Damit wurde ein Handeln des Gesetzgebers dringend erforderlich. Das BeurkÄndG[2] heilte formnichtige Altverträge und schuf Rechtssicherheit für die Zukunft. 1

Mit dem Gesetz zur Einführung einer elektronischen Präsenzbeurkundung vom 10.12.2025[3] wurde aus dem § 13a BeurkG der § 13c BeurkG, wobei inhaltlich nur kleinere Anpassungen in Abs. 1 und 4 vorgenommen wurden, um eine Bezugnahme auf elektronische Dokumente zu ermöglichen.

II. Zweck der Vorschrift und Schranken

Manche typisierten Verträge nehmen einen Umfang an, der im Falle ihrer vollständigen Verlesung von den Beteiligten nur schwer „verarbeitet" werden kann. Ein in der Praxis wichtiges Beispiel sind Bauträgerverträge: Die Baubeschreibung eines noch zu errichtenden Gebäudes, aber auch eines vom Bauträger gerade fertiggestellten Gebäudes,[4] ist mitzubeurkunden. Wird eine Eigentumswohnung verkauft, bei der die Teilungserklärung im Grundbuch noch nicht vollzogen ist, muss auch diese einschließlich aller in ihr enthaltenen Zusatzvereinbarungen, insbesondere der Gemeinschaftsordnung, mitbeurkundet werden (siehe oben § 9 BeurkG Rdn 43). Das Vertragswerk erhält damit schnell einen Umfang, der die Aufmerksamkeit und Aufnahmefähigkeit der beteiligten Zuhörer überfordert. In diesen Fällen schützt das Vorlesen nicht mehr, sondern lenkt im Gegenteil vom Wesentlichen (vor allem von den Belehrungen des Notars) ab. § 13c BeurkG lässt daher unter genau bezeichneten Voraussetzungen zu, dass auf eine bereits verlesene Urkunde verwiesen wird, ohne dass diese erneut vorgelesen und der neuen Urkunde beigefügt werden muss („Verweisung im vereinfachten Verfahren"). Durch die verfahrensrechtlichen Einschränkungen einer derartigen Verweisung wird dabei sichergestellt, dass die sonst durch Vorlesen und Beifügen bewirkte Vollständigkeits- und Richtigkeitsgewähr erhalten bleibt. 2

§ 13c BeurkG hat den gleichen Regelungsbereich wie § 9 Abs. 1 S. 2 BeurkG. Er handelt davon, dass Erklärungen außerhalb einer Niederschrift zu deren Inhalt gemacht werden. Gegenüber den von § 9 Abs. 1 S. 2 BeurkG geregelten Anlagen zur Niederschrift begründet § 13c BeurkG **zwei Ausnahmen**. Der Notar kann einerseits von dem auch für Anlagen geltenden **Vorleseerfordernis** des § 13 Abs. 1 S. 1 BeurkG (bzw. bei behördlichen Karten der Vorlage zur Durchsicht) entbunden werden. Zum anderen kann auf 3

1 BGH v. 23.2.1979 – V ZR 99/77, DNotZ 1979, 406 ff. mit Anm. *Winkler*.
2 BGBl 1980 I, 157 f.
3 BGBl. 2025 I Nr. 320.
4 BGH v. 16.12.2004 – VII ZR 257/03, DNotZ 2005, 464 ff. mit Anm. *Basty*; s. auch *Thode*, ZNotP 2005, 162, 166 ff.

das gemäß § 9 Abs. 1 S. 2 BeurkG erforderliche **Beifügen** verzichtet werden; die Verweisungsurkunde muss nicht als Anlage zur Niederschrift genommen werden. Die Beteiligten haben dabei die Wahl, ob sie nur auf das Vorlesen, nur auf das Beifügen oder auf beides verzichten.

4 Manche Stimmen behaupten allerdings, dass das materielle Recht die Anwendbarkeit von § 13c BeurkG bei Verfügungen von Todes wegen ausschließe, wenn die Verweisungsurkunde nicht vom Erblasser selbst stamme. Denn ein Erblasser müsse seinen letzten Willen dem Notar persönlich erklären, §§ 2064, 2274, 2232 S. 1, 2276 Abs. 1 S. 2 BGB. Daran fehle es, wenn der Erblasser lediglich auf die Erklärungen einer anderen Person in einer Bezugsurkunde verweise.[5] Dem ist zu widersprechen. Mit seiner Verweisungserklärung gibt der selbst an der Urkunde beteiligte Erblasser persönlich jene Erklärungen ab, die in der Verweisungsurkunde enthalten sind. Das folgt aus § 9 Abs. 1 S. 2 BeurkG, weshalb heute niemand mehr bezweifelt, dass letztwillige Verfügungen grundsätzlich auch unter Verweisung auf Anlagen zur Niederschrift beurkundet werden können.[6] Im Anwendungsbereich des § 13c BeurkG kann nichts anderes gelten, denn diese Norm schränkt nur die Beifügungs- und Vorlesungspflicht ein, nicht aber die Rechtswirkungen der Verweisung. Oder anders formuliert: Die Erklärungen in einem Verweisungsdokument werden nicht durch das Beifügen oder Vorlesen zu persönlichen Erklärungen des Urkundsbeteiligten, sondern durch seine persönliche Verweisungserklärung. Wer die Verweisungsurkunde errichtet hat, ist hierfür gänzlich unerheblich.[7]

5 Wie § 9 Abs. 1 S. 2 BeurkG regelt § 13c BeurkG nur das beurkundungsrechtliche Verfahren (das **„Wie"**) der Verweisung und trifft keine Aussage dazu, **was** Inhalt der Urkunde zu sein hat, damit das beurkundete Rechtsgeschäft der nach materiellem Recht erforderlichen Form genügt (siehe dazu § 9 BeurkG Rdn 20). Die Abgrenzung der Fälle, in denen nach materiellem Recht eine Verweisung erforderlich ist, und solchen, in denen eine einfache Bezugnahme ausreicht (siehe oben § 9 BeurkG Rdn 38 ff.), ist in der Praxis nicht immer ganz einfach. In „Grenzfällen" empfiehlt es sich deshalb, aus Rechtssicherheitsgründen eine Verweisung vorzunehmen. *Winkler*[8] wendet sich allerdings zu Recht gegen die Tendenz, in fast allen Fällen nach § 13c BeurkG vorzugehen. Reicht die einfache Bezugnahme zweifelsfrei aus, sollte nicht vorsorglich nach § 13c BeurkG verwiesen werden (siehe auch § 9 BeurkG Rdn 37).

6 § 13c BeurkG regelt lediglich das Verfahren für das Absehen vom Vorlesen und Beifügen der Verweisungsurkunde. Er beantwortet nicht, welche inhaltlichen Bestandteile des beurkundeten Rechtsgeschäfts unter dem Gesichtspunkt einer angemessenen Gestaltung des Beurkundungsverfahrens (§ 17 Abs. 2a S. 1 BeurkG) in eine nicht zu verlesende Verweisungsurkunde ausgelagert werden dürfen. Zu dieser Frage äußern sich die Berufsrechtsrichtlinien der Notarkammern. So heißt es in den Richtlinienempfehlungen der BNotK unter Nr. II. 2.: „Unzulässig ist auch die missbräuchliche Auslagerung geschäftswesentlicher Vereinbarungen in Bezugsurkunden (§ 13a BeurkG)." Mit dem Merkmal der Missbräuchlichkeit wird dem Rechtsanwender allerdings ein Kriterium an die Hand gegeben, bei dem eine subjektive Komponente, nämlich die des Benachteiligungsvorsatzes, mitschwingt. Ein solcher Vorsatz wird allerdings bei dem dem Neutralitätsgebot verpflichteten Notar kaum in Betracht kommen, so dass dieses Kriterium verfehlt ist. Hilfreicher dürfte demgegenüber das in den Richtlinienempfehlungen genannte Merkmal der „Geschäftswesentlichkeit" sein. Sinn und Zweck der Verweisungsurkunde ist es schließlich das Beurkundungsverfahren zu verschlanken, damit die Beteiligten nicht mit Informationen überreizt werden, die den Blick von den wesentlichen Vertragsbestimmungen ablenken. Dabei darf man „geschäftswesentlich" allerdings nicht mit den essentialia negotii des Rechtsgeschäfts gleichsetzen. Sonst dürfte bei Bauträgerverträgen nicht mehr die Baubeschreibung, die die Kardinalpflicht des Bauträgers bestimmt, in die Verweisungsurkunde aufgenommen werden. „Geschäftswesentlich" ist vielmehr das, was eine besondere Belehrungsbedürftigkeit der Beteiligten auslöst. Denn, auch wenn sich die Belehrungspflicht des Notars auch auf die Inhalte der Verweisungsurkunde erstreckt, was Abs. 3 S. 2 ausdrücklich klarstellt, so ist es doch eine durch die Praxis bestätigte Erfahrung, dass gerade die vorgelesenen Bestimmungen den Notar zu einer weitergehenden Erläuterung veranlassen oder bei den Beteiligten eine Frage an den Notar hervorrufen. Die in die Verweisungsurkunde ausgelagerten Inhalte werden demgegenüber, wenn die Beteiligten auf Nachfrage des Notars hierzu keinen weiteren Erläuterungsbedarf haben, vom Notar lediglich

5 *Winkler*, § 13a Rn 67 f.; zur Vorsicht mahnend auch BeckOK-BeurkG/*Bremkamp*, § 13a Rn 14.
6 Statt aller *Winkler*, § 9 Rn 34 mwN.
7 So im Ergebnis auch *Grziwotz*, MittBayNot 2022, 366, 373.
8 *Winkler*, § 13a Rn 28.

abstrakt skizziert. Ein solches Verständnis von „geschäftswesentlich" dient damit einer Verwirklichung der notariellen Belehrungspflicht des § 17 BeurkG. Bei einem solchen Begriffsverständnis wird man dem Notar bei der Frage der Auslagerbarkeit einer Vertragsbestimmung in eine Verweisungsurkunde auch ein weites Ermessen einräumen können, um entsprechend seiner konkreten Verhandlungsleitung die Beteiligten optimal belehren zu können und gleichzeitig vor einer Reizüberflutung zu schützen. Amtspflichtwidrig und damit „missbräuchlich" im Sinne der Richtlinienempfehlungen der BNotK handelt der Notar erst dann, wenn der Inhalt der Verweisungsurkunde eine sachgerechte Belehrung der Beteiligten schlechterdings ausgeschlossen erscheinen lässt. Dies ist sicher dann der Fall, wenn z.B. bei einem Immobilienkaufvertrag der gesamte Inhalt des Rechtsgeschäfts in die Verweisungsurkunde ausgelagert wird und die Haupturkunde nur noch die Angaben zum Kaufobjekt und die Höhe des Kaufpreises enthält.[9]

III. Voraussetzungen der Verweisung im vereinfachten Verfahren

Grundvoraussetzung der Verweisung im vereinfachten Verfahren des § 13c BeurkG ist wie bei § 9 Abs. 1 S. 2 BeurkG eine **Verweisungserklärung** (siehe dazu § 9 BeurkG Rdn 28 ff.).[10] Ein bestimmter Wortlaut ist nicht vorgeschrieben. Jedenfalls durch Auslegung muss sich aber zweifelsfrei ergeben, auf welche Urkunde bzw. behördliche Karte oder Zeichnung verwiesen wird.[11] Die übrigen Voraussetzungen für das Absehen vom Vorlesen und/oder Beifügen sind teilweise in Muss-Vorschriften, teilweise in Soll-Vorschriften geregelt. 7

Zwingende Voraussetzungen (Muss-Vorschriften) sind:
a) ein tauglicher Verweisungsgegenstand (siehe unten Rdn 10 ff.),
b) die Erklärung der Beteiligten, dass ihnen der Inhalt des Verweisungsgegenstandes bekannt ist („Bekanntheitserklärung"; siehe unten Rdn 24 ff.),
c) beim Absehen vom Vorlesen der Verzicht auf das Vorlesen bzw. – bei behördlichen Karten oder Zeichnungen (vgl. Abs. 1 S. 4) – auf die Vorlage zur Durchsicht (siehe unten Rdn 24 ff.),
d) beim Absehen vom Beifügen der Verzicht auf das Beifügen (siehe unten Rdn 28 ff.).

Fehlt es an einer dieser Voraussetzungen, liegt keine wirksame Verweisung vor. Die in der Verweisungsurkunde enthaltenen Erklärungen sind dann nicht Teil der in der Niederschrift selbst enthaltenen Erklärungen. Dies wiederum kann nach materiellem Recht zur Folge haben, dass das gesamte Rechtsgeschäft nach §§ 125, 139 BGB nichtig ist. Diese Rechtsfolge tritt allerdings nur dann ein, wenn die in der Verweisungsurkunde enthaltenen Erklärungen überhaupt beurkundungsbedürftig sind (siehe dazu auch § 9 BeurkG Rdn 22).

Die übrigen Voraussetzungen der Verweisung im vereinfachten Verfahren nach § 13c BeurkG werden nur durch **Soll-Vorschriften** angeordnet. Dies bedeutet: Die Vorschriften begründen Amtspflichten des Notars, ihre Verletzung wird als Amtspflichtverletzung dienstaufsichtsrechtlich geahndet. Ein Verstoß führt aber nicht zur Unwirksamkeit des Beurkundungsaktes selbst, er kann jedoch Schadensersatzansprüche nach § 19 BNotO begründen. Hinzuweisen ist auf Folgendes: Vergisst der Notar die nach § 13c Abs. 1 S. 2 BeurkG bzw. § 13c Abs. 2 S. 2 BeurkG getroffenen Feststellungen in die Urkunde aufzunehmen, so ist die Wirksamkeit nicht berührt. Zulässig ist, dass der Notar bei einem derartigen Versäumnis die Urkunde nachträglich nach § 44a BeurkG berichtigt. 8

Praxistaugliche **Formulierungsvorschläge** für das Verfahren nach § 13c BeurkG hat beispielsweise *Brambring*[12] ausgearbeitet. 9

B. Gegenstand der Verweisung (Abs. 1 S. 1, Abs. 4)

Gegenstand der Verweisung im vereinfachten Verfahren nach § 13c BeurkG können notarielle Niederschriften (Abs. 1 S. 1) und daneben auch behördliche Karten oder Zeichnungen sein (Abs. 4). 10

9 So auch *Winkler*, § 13a Rn 57.
10 *Winkler*, § 13a Rn 30; Grziwotz/Sauer/Heinemann/*Heinemann/Grziwotz*, § 13a Rn 9.
11 OLG Hamm v. 26.8.1999 – 15 W 111/99, MittBayNot 2000, 59, 62.
12 DNotZ 1980, 281, 304 ff.; Formulierungsmuster auch bei: *Winkler*, § 13a Rn 110.

I. Notarielle Niederschrift

11 Der Begriff der **„notariellen Niederschrift“** ist nach Sinn und Zweck der Regelung eng auszulegen. Das Verweisen als „Verlesungssurrogat“ kommt nur bei Niederschriften in Betracht, die ihrerseits nach den Vorschriften über die Beurkundung von Willenserklärungen (vgl. §§ 6 ff. BeurkG) errichtet wurden. Dabei ist es jedenfalls nach der Ergänzung der Norm durch das Gesetz zur Einführung einer elektronischen Präsenzbeurkundung unerheblich, ob die Verweisungsurkunde als Papierurkunde oder elektronische Niederschrift errichtet wurde; auch zur Vorlage im Beurkundungstermin muss keine beglaubigte Papierabschrift einer elektronischen Verweisungsurkunde gefertigt werden[13] (siehe dazu Rdn 27). Notarielle Niederschriften, die nicht nach den §§ 6 ff. BeurkG, sondern nach **anderen beurkundungsverfahrensrechtlichen Vorschriften** errichtet sind, können nicht Gegenstand der Verweisung sein. Die Verweisung nach § 13c BeurkG ist also ausgeschlossen bei lediglich notariell beglaubigten Erklärungen und Niederschriften über sonstige Tatsachen und Vorgänge i.S.d. §§ 36 ff. BeurkG.[14] Auf eine notarielle Eigenurkunde kann ebenfalls nicht verwiesen werden; sie wird nicht gem. §§ 6 ff. BeurkG errichtet. Die gesetzliche Verweisung von § 38 BeurkG auf die §§ 6 ff. BeurkG spricht aber dafür, dass auf Eide und eidesstattliche Versicherungen verwiesen werden darf.[15] Kaum noch eine praktische Rolle spielt, dass auf notarielle Niederschriften verwiesen werden kann, die vor Inkrafttreten des BeurkG nach dem seinerzeit geltenden Recht errichtet worden sind.[16]

12 Gegenstand der Verweisung im Verfahren nach § 13c BeurkG können nicht die Niederschriften **ausländischer Notare** sein.[17] Diese sind nicht nach den Vorschriften des BeurkG errichtet. Das gilt selbst dann, wenn der ausländische Notar nach allgemeiner Rechtsstellung und Verfahrensweise dem deutschen Notar gleichsteht. § 13c BeurkG ist eine gesetzliche Verfahrensregelung; der Begriff „notarielle Niederschrift“ ist nicht materiell-rechtlich, sondern verfahrensrechtlich zu verstehen und meint daher wegen des Relativsatzes mit dessen Bezugnahme auf die „Vorschriften über die Beurkundung von Willenserklärungen“ nur die Niederschrift eines Notars, der das BeurkG anzuwenden hat, also eines deutschen Notars. Deshalb können Niederschriften der **Staatlichen Notariate**, aber auch der Notare in eigener Praxis (§ 1 NVO) in der früheren **DDR**, die vor dem 3.10.1990 errichtet wurden, nicht im Verfahren nach § 13c BeurkG Gegenstand der Verweisung sein.[18] Auch öffentliche Urkunden, die von **sonstigen öffentlichen Stellen** errichtet wurden, scheiden aus.[19] Dies gilt sogar, wenn diese Urkunden nach den Vorschriften des BeurkG aufgenommen wurden.[20] Auf gerichtliche Vergleiche kann ebenfalls nicht verwiesen werden.[21] Möglich ist dagegen der Verweis auf die von einem **deutschen Konsularbeamten** errichtete Urkunde; sie steht gem. § 10 Abs. 2 KonsG den notariellen Urkunden gleich.[22]

13 Verweisungsfähig sind auch notarielle Urkunden, die zwar die Verfahrensform der §§ 6 ff. BeurkG einhalten, aber selbst keine Willenserklärungen, sondern reine Tatsachenerklärungen – wie z.B. **Baubeschreibungen, Bestandsverzeichnisse** oder **Vertragsmuster** – enthalten.[23] Für die Zulässigkeit der Verweisung kommt es allein auf die Errichtungsform der Urkunde, nicht auf ihren Inhalt an. Gerade für die Errichtung solcher Urkunden über Tatsachenerklärungen besteht in der Praxis ein großes Bedürfnis. Umfangreiche Baubeschreibungen, Inventarlisten oder die bei Unternehmenskaufverträgen gebräuchlichen *disclosure schedules*[24] und weiteren Anlagen zum Unternehmenskauf werden häufig vorab beurkundet; an der Urkunde wirkt z.B. ein Mitarbeiter einer Vertragspartei mit. In der Haupturkunde wird dann später auf diese sogenannte **Grundlagenurkunde** bzw. **Bezugsurkunde** verwiesen, womit sich die

13 Gesetzesbegründung BR-Drs. 372/25, S. 47.
14 *Brambring*, DNotZ 1980, 281, 296 f.; Frenz/Miermeister/*Limmer*, § 13a BeurkG Rn 6; *Winkler*, § 13a Rn 34; *Lerch*, § 13a Rn 6; Grziwotz/Sauer/Heinemann/*Heinemann/Grziwotz*, § 13a Rn 3.
15 So auch *Stauf*, RNotZ 2001, 129, 141; *Winkler*, § 13a Rn 35; a.A. Frenz/Miermeister/*Limmer*, § 13a BeurkG Rn 6; BeckOK-BeurkG/*Bremkamp*, § 13a Rn 11.1; *Brambring*, DNotZ 1980, 281, 296; *Lerch*, § 13a Rn 7.
16 *Lerch*, § 13a Rn 7; *Winkler*, § 13a Rn 34; *Stauf*, RNotZ 2001, 129, 140.
17 Frenz/Miermeister/*Limmer*, § 13a BeurkG Rn 6; *Winkler*, § 13a Rn 41; *Lerch*, § 13a Rn 9.
18 *Stauf*, RNotZ 2001, 129, 141.
19 *Winkler*, § 13a Rn 50.
20 *Brambring*, DNotZ 1980, 281, 296; Soergel/*Mayer*, 13. Aufl., § 13a BeurkG Rn 7 (nach § 2264 BGB).
21 *Winkler*, § 13a Rn 39; *Brambring*, DNotZ 1980, 281, 296.
22 *Winkler*, § 13a Rn 42; *Stauf*, RNotZ 2001, 129, 139 f.; Soergel/*Mayer*, 13. Aufl., § 13a BeurkG Rn 2, 7 (nach § 2264 BGB); a.A. *Lichtenberger*, NJW 1980, 864, 867.
23 Frenz/Miermeister/*Limmer*, § 13a BeurkG Rn 6; *Lerch*, § 13a Rn 8; *Fischer*, DNotZ 1982, 153 ff.; *Stauf*, RNotZ 2001, 129, 140; *Lichtenberger*, NJW 1980, 864, 867; BayObLG v. 11.1.1985 – BReg. 3 Z 230/84, DNotZ 1985, 572, 573.
24 Zum Begriff vgl. *Hanke/Socher*, NJW 2010, 1576.

in ihr enthaltenen Tatsachenerklärungen zu Willenserklärungen „umwandeln"; sie dienen nunmehr dazu den Umfang der Vertragspflichten der Beteiligten zu konkretisieren. Standesrechtlich ist das Verfahren unbedenklich, wenn die Verweisungsurkunde sich auf die „technische Seite" beschränkt, die geschäftswesentlichen Vereinbarungen aber in der Haupturkunde enthalten sind (siehe oben Rdn 6). Wenn die die Bezugsurkunde keine selbstständigen Willenserklärungen enthält, müssen die Erklärungen in der Verweisungsurkunde entgegen einer früher üblichen Praxis auch nicht im Namen der Beteiligten der Haupturkunde abgegeben oder von diesen nach § 177 Abs. 1 BGB genehmigt werden. Zulässig ist es auch, die Verweisungsurkunde mit einem Notarangestellten zu errichten. Es versteht sich von selbst, dass der Notar dabei nicht der Versuchung erliegen darf, auf das Vorlesen zu verzichten. Das Erfordernis des Vorlesens ist auch und gerade bei der Errichtung solcher Verweisungsurkunden sachgerecht, weil es den Notar zu einer lückenlosen und sorgfältigen Durchsicht der gesamten Verweisungsurkunde zwingt, die im Nachgang von den Urkundsbeteiligten möglicherweise nicht mehr vorgenommen wird. Verzichtbar ist das Vorlesen indes dort, wo die Verweisungsurkunde ihrerseits auf Bestandsverzeichnisse verweist, vgl. § 14 Abs. 1 BeurkG.

Die Wirksamkeit der Verweisungen ist **nicht** davon abhängig, ob ein in der Verweisungsurkunde enthaltenes **Rechtsgeschäft wirksam** ist. Auch auf Urkunden, die nichtige Rechtsgeschäfte enthalten, kann daher verwiesen werden.[25] Davon zu unterscheiden ist die Frage der verfahrensrechtlichen **Wirksamkeit des Beurkundungsakts**. Ist die Verweisungsurkunde nicht wirksam errichtet worden, weil zwingende Verfahrensvorschriften verletzt worden sind, scheidet sie als Gegenstand einer Verweisung im vereinfachten Verfahren aus.[26] Wird gleichwohl auf sie verwiesen, werden die in der unwirksamen Verweisungsurkunde enthaltenen Erklärungen nicht zum Inhalt der Haupturkunde. Die weiteren Folgen für das beurkundete Rechtsgeschäft ergeben sich aus dem materiellen Recht (§§ 125, 139 BGB). Dies gilt auch dann, wenn der „Fehler" der Verweisungsurkunde aus dieser heraus nicht ersichtlich ist (Beispiel: Entgegen dem Wortlaut der Urkunde hat der Notar den Text nicht vorgelesen). Gegenstand einer wirksamen Verweisung kann nur eine wirksam errichtete Urkunde sein. Allerdings trifft den Notar keine Amtspflicht, die Urkunde ohne Anhaltspunkte auf Mängel zu überprüfen, die sich nicht aus der Verweisungsurkunde selbst ergeben. Auch bei Verweisungsurkunden, die ihrerseits auf Anlagen verweisen, und deren Schlussvermerk nicht erkennen lässt, ob diese Anlagen vorgelesen wurden, trifft den Notar keine weitergehende Prüfpflicht. Dies folgt bereits daraus, dass die Unterschrift der Beteiligten gemäß § 13 Abs. 1 S. 3 BeurkG die Vermutung zur Folge hat, dass auch die Anlagen vorgelesen wurden (siehe § 13 BeurkG Rdn 68). Der Notar darf daher auch in diesem Fall von der Ordnungsmäßigkeit des Beurkundungsvorgangs ausgehen.[27] Sollten die Anlagen nicht vorgelesen worden sein, wäre die Verweisung insoweit allerdings gleichwohl unwirksam. 14

Eine Verweisung nach § 13c BeurkG setzt nicht voraus, dass die Urkunde, auf die verwiesen wird, zwischen denselben Beteiligten errichtet wurde, deren Erklärungen nunmehr beurkundet werden sollen. Eine solche **Beteiligtenidentität** muss nicht – auch nicht teilweise – gegeben sein.[28] So kann an der Verweisungsurkunde beispielsweise nur ein Mitarbeiter des Notars beteiligt gewesen sein. 15

Es ist ausreichend, wenn die Niederschrift, auf die verwiesen wird, erst während der Beurkundung der Hauptniederschrift errichtet wird. Mitunter wird es ein Bedürfnis geben, die Verweisungsniederschrift während der Beurkundung der Hauptniederschrift offen zu halten, um dort noch Änderungen vornehmen zu können.[29] Dieses Vorgehen ist zulässig, wenn nur die Verweisungsniederschrift wirksam errichtet ist, bevor die Hauptniederschrift von den Beteiligten genehmigt und von diesen und dem Notar unterschrieben wird.[30] 16

25 *Winkler*, § 13a Rn 35; Frenz/Miermeister/*Limmer*, § 13a Rn 6; *Lerch*, § 13a Rn 7; *Lichtenberger*, NJW 1980, 864, 867; Soergel/*Mayer*, 13. Aufl., § 13a BeurkG Rn 6 (nach § 2264 BGB); BRHP/*Litzenburger*, § 13a BeurkG Rn 1; OLG Braunschweig v. 16.7.2019 – 1 W 12/19, DNotZ 2020, 113.

26 *Brambring*, DNotZ 1980, 281, 296; *Winkler*, § 13a Rn 40; Frenz/Miermeister/*Limmer*, § 13a BeurkG Rn 6; Soergel/*Mayer*, 13. Aufl., § 13a BeurkG Rn 6 (nach § 2264 BGB); BRHP/*Litzenburger*, § 13a BeurkG Rn 1.

27 So auch *Brambring*, DNotZ 1980, 281, 296; a.A. noch *Huhn/von Schuckmann*, 3. Aufl., § 13a Rn 9.

28 *Winkler*, § 13a Rn 37; Frenz/Miermeister/*Limmer*, § 13a BeurkG Rn 6; *Arnold*, DNotZ 1980, 262, 275; *Tiedtke*, DNotZ 1991, 348, 359; *Stauf*, RNotZ 2001, 129, 141; OLG Düsseldorf v. 22.11.2002 – 3 Wx 321/01, DNotI-Rep. 2003, 14 f.; OLG Braunschweig v. 16.7.2019 – 1 W 12/19, DNotZ 2020, 113.

29 Vgl. die Beispiele bei: *Winkler*, § 13a Rn 90 f.

30 *Winkler*, § 13a Rn 89 ff.; DNotI-Rep. 2017, 161 ff.; Frenz/Miermeister/*Limmer*, § 13a BeurkG Rn 6a; BeckOK-BeurkG/*Bremkamp*, § 13a Rn 37; a.A. soweit ersichtlich nur Grziwotz/Sauer/*Heinemann*/*Grziwotz*, § 13a Rn 4.

17 Im Verfahren nach § 13c BeurkG kann zulässigerweise auch nur auf einzelne **Teile einer anderen Niederschrift** verwiesen werden.[31] Nicht selten bezieht sich eine solche **Teilverweisung** auf die Anlagen einer anderen Niederschrift. Das können Textanlagen sein, aber auch Karten, Zeichnungen oder Abbildungen, die nach § 9 Abs. 1 S. 3 BeurkG als Teile dieser anderen Niederschrift gelten. Besonders praxisrelevant ist folgendes Beispiel: Bei einer größeren Wohnungseigentumsanlage wird die Baubeschreibung nur beim ersten Verkauf vorgelesen und der Urkunde beigefügt; bei den weiteren Verkäufen wird sodann im Wege der Teilverweisung nur auf die beurkundete Baubeschreibung verwiesen.

18 Häufig macht die **Verschwiegenheitspflicht** eine Teilverweisung erforderlich.[32] Bei dem vorgenannten Beispiel gebietet es die Verschwiegenheitspflicht dem Notar die Namen der Beteiligten des ersten Verkaufs geheim zu halten; auch wird der Verkäufer oftmals nicht wollen, dass den späteren Käufern der Kaufpreis aus der ersten Urkunde offengelegt wird. In der Verweisungserklärung darf der Notar die Urkunde daher nur nach Art, Urkundenverzeichnis-Nummer, Notar und Datum, nicht aber nach den Beteiligten bezeichnen.[33] Die im Termin vorliegende beglaubigte Abschrift muss eine auszugsweise sein, in der die Beteiligten ebenfalls nicht angegeben sind. Die Herstellung einer solchen auszugsweise beglaubigten Abschrift ohne Angabe der Beteiligten ist zulässig.[34]

19 Zulässig ist auch die sog. **Kettenverweisung**. Darunter versteht man die Verweisung in einer notariellen Niederschrift (= Haupturkunde) auf eine andere Niederschrift (= Zweiturkunde), die ihrerseits wirksam auf eine weitere Niederschrift (= Dritturkunde) (bzw. eine behördliche Karte oder Zeichnung) verweist.[35] Durch die wirksame Verweisung auf die Zweiturkunde wird gleichzeitig auf die Dritturkunde verwiesen; sie wird also mit in die Verweisung einbezogen. In der Verweisungserklärung muss die Dritturkunde nicht ausdrücklich benannt werden; die Zweiturkunde muss aber eine ordnungsgemäße Verweisungserklärung enthalten. Die Bekanntheitserklärung sowie die Erklärung des Verzichts auf Vorlesen bzw. Vorlage zur Durchsicht und Beifügen müssen sich auch auf die Dritturkunde beziehen;[36] auch hier ist aber eine ausdrückliche Benennung nicht erforderlich. Auch die Dritturkunde (bzw. die behördliche Karte oder Zeichnung) soll in mindestens beglaubigter Abschrift bei der Beurkundung vorliegen. Natürlich erstrecken sich die notariellen Belehrungs- und Beratungspflichten auch auf die Dritturkunde.[37]

II. Behördliche Karten oder Zeichnungen

20 Abs. 4 stellt **behördliche Karten und Zeichnungen** der notariellen Niederschrift hinsichtlich der Möglichkeit der erleichterten Verweisung gleich. Abs. 4 gilt für Karten und Zeichnungen, die von einer i.S.d. § 415 ZPO qualifizierten Stelle im Rahmen ihrer Amtsbefugnisse entweder selbst angefertigt oder bei ihr eingereicht und dort mit Unterschrift und „Stempel oder Siegel" versehen worden sind.[38] Unter „Stempel und Siegel" wird man wie bei § 7 Abs. 4 S. 1 Nr. 1 WEG und § 29 Abs. 3 GBO Prägesiegel und Farbdrucksiegel verstehen müssen.[39] Besteht der Text aus mehreren Seiten, müssen Unterschrift und Siegel/Stempel nicht auf jeder Seite angebracht sein; die Anforderungen bestimmt das für die Karten oder Zeichnungen jeweils maßgebliche Verwaltungsverfahrensrecht. Bis zum Inkrafttreten des Gesetzes zur Einführung einer elektronischen Präsenzbeurkundung war mit dem Erfordernis von Unterschrift sowie Stempel oder Siegel eine Verweisung auf behördliche Karten und Zeichnungen in elektronischen Dokumenten ausgeschlossen. Nunmehr ist Abs. 4 durch einen S. 2 ergänzt worden, wonach bei einer Verweisung auf Karten oder Zeichnungen in elektronischen Dokumenten an die Stelle der Unterschrift und des Siegels oder Stempels ein qualifiziertes elektronisches Siegel tritt oder eine qualifizierte elektronische Signatur, deren zugrunde liegendes qualifiziertes Zertifikat die Behörde erkennen lässt. Diese Neuregelung ist angelehnt an die Vorgaben für elektronisch erteilte Bescheinigungen in § 8 Abs. 3 S. 2 der Allgemeinen Verwaltungsvorschrift für die Ausstellung von Bescheinigungen nach dem Wohnungseigen-

31 *Winkler*, § 13a Rn 51; Frenz/Miermeister/*Limmer*, § 13a BeurkG Rn 6; Grziwotz/Sauer/Heinemann/*Heinemann/Grziwotz*, § 13a Rn 10.

32 *Lichtenberger*, NJW 1980, 864, 867; *Winkler*, § 13a Rn 51; *Stauf*, RNotZ 2001, 129, 141.

33 *Lichtenberger*, NJW 1980, 864, 867.

34 *Winkler*, § 42 Rn 30.

35 *Brambring*, DNotZ 1980, 281, 298; BRHP/*Litzenburger*, § 13a BeurkG Rn 1; Frenz/Miermeister/*Limmer*, § 13a BeurkG Rn 6; *Winkler*, § 13a Rn 52; *Stauf*, RNotZ 2001, 129, 141.

36 Soergel/*Mayer*, 13. Aufl., § 13a BeurkG Rn 10 (nach § 2264 BGB).

37 *Stauf*, RNotZ 2001, 129, 141.

38 Vgl. *Brambring*, DNotZ 1980, 281, 303 f.

39 Bauer/Schaub/*Bayer/Meier-Wehrsdorfer*, § 29 Rn 156.

tumsgesetz,[40] die für elektronische Abgeschlossenheitsbescheinigungen samt Aufteilungsplan die qualifizierte elektronische Signatur vorsieht. Soweit die Norm statt der Signatur auch ein qualifiziertes elektronisches Siegel genügen lässt, ist dabei an öffentliche elektronische Dokumente gedacht, die nach § 3a Abs. 3 Nr. 3 lit. a VwVfG erstellt worden sind.[41]

In der Praxis wichtige Beispiele sind Vermessungsurkunden (auch solche öffentlich bestellter Vermessungsingenieure), Aufteilungspläne und behördlich genehmigte Baupläne. Zulässig ist also bei der Beurkundung einer Teilungserklärung die Verweisung auf den genehmigten Aufteilungsplan und die genehmigten Baupläne, ohne dass diese den Beteiligten zur Durchsicht vorgelegt oder der Niederschrift beigefügt werden müssen. Voraussetzung ist – wie immer im Verfahren nach § 13c BeurkG – Verzichts- und Bekanntheitserklärung. Im Einzelfall kann es schwierig sein, die Zulässigkeit der Verweisung festzustellen: So soll ein Flächennutzungsplan, der bereits öffentlich ausgelegt, aber noch nicht bestandskräftig geworden ist, (noch) keine öffentliche Urkunde i.S.v. Abs. 4 darstellen, da es sich um einen bloßen Entwurf handelt.[42] Gleiches soll für noch nicht bestandskräftige Bebauungspläne gelten.[43] 21

Die erleichterte Verweisung nach Abs. 4 BeurkG kann sich grundsätzlich nicht auf Textteile von behördlichen Karten und Zeichnungen beziehen, soweit diese einen selbstständigen Aussagegehalt haben,[44] etwa eine mit dem Aufteilungsplan verbundene Abgeschlossenheitsbescheinigung oder die den genehmigten Bauplänen beigefügte Baugenehmigung mit ihren textlichen Feststellungen. Wird gleichwohl auch darauf verwiesen, macht das die Verweisung auf die Karten und Zeichnungen nicht unwirksam, aber die selbstständigen Textteile sind nicht wirksam mitbeurkundet. Unselbstständige Textteile von Karten oder Zeichnungen, die als Legende lediglich den Plan erläutern, werden dagegen von einer Verweisung erfasst und müssen nicht verlesen werden (siehe oben § 9 BeurkG Rdn 58).

Fraglich ist in der Praxis, ob eine Verweisung nach Abs. 4 zulässig ist, wenn ein mit der Abgeschlossenheitsbescheinigung versehener Aufteilungsplan ausnahmsweise Sondernutzungsrechte ausweist. Abs. 4 setzt voraus, dass die Behörde „innerhalb der Grenzen ihrer Amtsbefugnisse" gehandelt hat. Sondernutzungsrechte sind aber nicht Gegenstand der Prüfung der Bauaufsichtsbehörde. Daraus ergibt sich jedoch keine Grenze für die Verweisungsmöglichkeit. Die notarielle Urkunde begründet das Sondernutzungsrecht; die Verweisung auf den behördlichen Plan ermöglicht lediglich die Feststellung des Ausübungsbereichs. Es ist daher in diesem Fall nicht erforderlich, die Sondernutzungsrechtsbereiche in zusätzlichen Plänen darzustellen und diese nach § 9 Abs. 1 S. 2, 3 BeurkG als Anlage beizufügen und darauf zu verweisen.[45] Die Verweisungsmöglichkeit besteht dagegen nicht, wenn die Einzeichnungen erst nachträglich in der öffentlichen Urkunde erfolgt sind.[46] 22

Auf **private Karten oder Zeichnungen** kann im Verfahren nach § 13c BeurkG nur dann verwiesen werden, wenn sie Teile einer notariellen Niederschrift sind und die Verweisung nach Abs. 1 erfolgt.[47] Abs. 4 gilt für sie nicht. Bei der Herstellung einer Verweisungsurkunde, die nur eine private Karte oder Zeichnung enthalten soll, stellt sich die Frage, ob private Karten oder Zeichnungen „isoliert" notariell beurkundet werden können oder zwingend Anlage zu einer notariellen Urkunde sein müssen, auf die gemäß § 9 Abs. 1 S. 3 BeurkG verwiesen wird. Nach vorzugswürdiger Auffassung können Karten, Zeichnungen und Abbildungen nicht nur als Anlage zu einer Niederschrift beurkundet werden, sondern können auch in der Niederschrift selbst enthalten sein.[48] Wählt man hingegen den Weg der Beurkundung per Verweisung gemäß § 9 Abs. 1 S. 3 BeurkG, muss die Urkunde, die auf die Anlage verweist, nicht zwingend eine rechtsgeschäftliche Erklärung enthalten muss.[49] Hier sind Erklärungen jeder Art denkbar, also auch Tatsachenerklärungen. Vorzugswürdig erscheint es dabei, als einzige Erklärung die Verweisungserklärung auf die Karte oder Zeichnung ausreichen zu lassen. Es erschiene künstlich, wenn man von den Beteiligten 23

40 BR-Drs. 372/25, S. 47.
41 BR-Drs. 372/25, S. 47 f.
42 OLG Karlsruhe v. 7.2.1990 – 13 U 101/88, DNotZ 1990, 422, 424 f.; Grziwotz/Sauer/Heinemann/*Heinemann/Grziwotz*, § 13a Rn 8.
43 *Winkler*, § 13a Rn 45.
44 Vgl. dazu auch BRHP/*Litzenburger*, § 13a BeurkG Rn 5; *Stauf*, RNotZ 2001, 129, 142.
45 So auch *Schöner/Stöber*, Rn 2854.
46 Soergel/*Mayer*, 13. Aufl., § 13a BeurkG Rn 8 (nach § 2264 BGB).
47 Frenz/Miermeister/*Limmer*, § 13a BeurkG Rn 11.
48 Vgl. § 9 BeurkG Rdn 56.
49 A.A. wohl *Brambring*, DNotZ 1980, 281, 302; *Lichtenberger*, NJW 1980, 864, 870.

verlangte, „Phantasieerklärungen“ abzugeben, um die Karte zum Bestandteil einer notariellen Verweisungsurkunde machen zu können.

C. Beschränkung der Vorlesepflicht (Abs. 1)

24 Liegen Verweisungserklärung und tauglicher Verweisungsgegenstand vor, macht § 13c BeurkG die Beschränkungen der Vorlesepflicht bzw. der Pflicht zur Vorlage zur Durchsicht von zwei zwingenden Voraussetzungen abhängig: Alle Beteiligten müssen einerseits eine **„Bekanntheitserklärung“** abgeben. Sie müssen also erklären, dass ihnen der Inhalt der Verweisungsurkunde bekannt ist. Andererseits müssen sie auf **Vorlesung bzw. Vorlage verzichten**. Fehlt eine dieser beiden Voraussetzungen, ist die Verweisung unwirksam.

25 **Beteiligte** im Sinne der Vorschrift sind diejenigen, die vor dem Notar zur Abgabe eigener oder fremder Erklärungen erschienen sind. Es gilt ein formeller Beteiligungsbegriff entsprechend § 6 Abs. 2 BeurkG. Der Notar ist nicht verpflichtet, die Bekanntheitserklärung auf ihre inhaltliche Richtigkeit zu überprüfen. Für die Wirksamkeit der Verweisung ist es grundsätzlich unerheblich, ob die Beteiligten die behauptete Kenntnis von der Bezugsurkunde tatsächlich besitzen:[50] Wer erklärt, etwas zu kennen, kann sich später nicht auf seine Unkenntnis berufen. Insofern kommt der Erklärung, der Inhalt der Verweisungsurkunde sei bekannt, im Wesentlichen eine Autorisierungsfunktion zu. Den Beteiligten ist es freigestellt, die Verweisungsurkunde in dieser Weise zu autorisieren, auch wenn sie tatsächlich keine Kenntnis von der Verweisungsurkunde haben. So kann der Fall liegen, wenn ein Urkundsbeteiligter darauf vertraut, der Notar habe zuverlässig nur die ihm vom Beteiligten eingereichten Unterlagen zum Gegenstand der mit seinem Notariatsmitarbeiter errichteten Bezugsurkunde gemacht, oder wenn der Urkundsbeteiligte während der Errichtung der Haupturkunde parallel die Bezugsurkunde von seinem Rechtsanwalt oder Mitarbeiter hat prüfen lassen. Aus diesem Grund ist der Notar selbst dann nicht gehindert, die Bekanntheitserklärung zu beurkunden, wenn sie offensichtlich nicht den Tatsachen entspricht. Bei Kettenverweisungen (siehe oben Rdn 19) muss sich die Verzichts- und Bekanntheitserklärung auch auf diejenigen Urkunden beziehen, auf die die Verweisungsurkunde ihrerseits verweist; einer ausdrücklichen Bezeichnung der Dritturkunde bedarf es allerdings nicht (siehe oben Rdn 19). Der Notar selbst hat vollständige Kenntnis aller Urkunden zu besitzen – sonst kann er seine Belehrungs- und Beratungspflicht (siehe unten Rdn 36) nicht erfüllen.[51]

26 Die Abgabe von Bekanntheits- und Verzichtserklärung **soll der Notar in der Niederschrift feststellen**. Abs. 1 S. 2 entspricht damit § 13 Abs. 1 S. 2 BeurkG, wonach auch die Feststellung des Verlesens nur als Soll-Vorschrift angeordnet ist. Im Falle des § 14 BeurkG ist dagegen die Feststellung des Verzichts zwingend vorgeschrieben (§ 14 Abs. 3 BeurkG). Dem Notar ist zu empfehlen, bei der Formulierung der Feststellung den Gesetzeswortlaut möglichst wörtlich zu wiederholen; dies ist aber nicht vorgeschrieben. Hat die Verweisungsurkunde einen nicht verlesbaren Plan als Anlage, sollte nicht nur ein Verzicht auf das Vorlesen, sondern auch ein Verzicht auf die Vorlage dieses Plans zur Durchsicht protokolliert werden.

Die Vermutung des § 13 Abs. 1 S. 3 BeurkG gilt im Verfahren nach § 13c BeurkG nicht.[52] Dennoch ist der BGH[53] der Auffassung, dass im Falle eines Rechtsstreits zwischen den Vertragsbeteiligten auch bei Fehlen eines Vermerks nach Abs. 1 S. 2 derjenige beweispflichtig bleibt, der geltend macht, es sei fehlerhaft beurkundet worden.

27 Der Notar soll von dem Verfahren nach § 13c BeurkG nur Gebrauch machen, wenn die Verweisungsurkunde für die Beteiligten bei der Beurkundung **zumindest in beglaubigter Abschrift einsehbar** ist. Bis zum Gesetz zur Einführung einer elektronischen Präsenzbeurkundung verlangte die Norm, dass eine beglaubigte Abschrift „vorliegt“. Diese Formulierung wurde durch den medienneutralen Begriff „einsehbar“ ersetzt, damit das Erfordernis statt mit einer Papierabschrift auch mit einer elektronischen beglaubigten Abschrift erfüllt werden kann, die nicht physisch vorliegt, sondern mittels eines Bildschirms oder anderen Anzeigegeräts eingesehen werden kann.[54] Dabei versteht es sich von selbst, dass

50 *Winkler*, § 13a Rn 72.
51 *Stauf*, RNotZ 2001, 129, 142.
52 BGH v. 28.1.1994 – V ZR 131/92, DNotZ 1995, 26, 28; *Arnold*, DNotZ 1980, 262, 276 Fn 40; *Ressler*, NotBZ 1999, 13, 15.
53 BGH v. 18.7.2003 – V ZR 431/02, DNotZ 2004, 188 ff.
54 BT-Drs. 21/1505, S. 46.

unter den unverändert gebliebenen Begriff der „beglaubigten Abschrift" in Abs. 1 S. 3 auch die elektronische beglaubigte Abschrift subsumiert werden kann.[55]

Die Einhaltung dieser Vorschrift ist grundsätzlich Amtspflicht des Notars, ihre Verletzung hat dienst- und haftungsrechtliche Folgen, berührt die Wirksamkeit der Beurkundung aber nicht. **Umstritten** ist, ob und inwieweit der Notar **ausnahmsweise** beurkunden darf, wenn **keine beglaubigte Abschrift** der Verweisungsurkunde vorliegt, die Beteiligten jedoch die Beurkundung verlangen.

Zum Teil wird die Auffassung vertreten, dass Abs. 1 S. 3 – ähnlich wie § 21 BeurkG – primär dem Schutz der Beteiligten dienen soll und deshalb auch ihrer Disposition unterliegen müsse. In Ausnahmesituationen – vor allem bei Eilbedürftigkeit – müsse die Soll-Vorschrift daher nicht eingehalten werden.[56] Die praktischen Vorzüge dieser Auffassung sind anzuerkennen; gleichwohl kann ihr nicht gefolgt werden.[57] Der Wortlaut des Abs. 1 S. 3 ist eindeutig. Eine § 21 Abs. 1 S. 2 BeurkG entsprechende Regelung (Beurkundung ohne Grundbucheinsicht) hat der historische Gesetzgeber ausdrücklich nicht ins Gesetz aufgenommen, obwohl es einen entsprechenden Vorschlag gab.[58] Auch ist der Gedanke des § 21 Abs. 1 S. 2 BeurkG nicht übertragbar. Die Einbeziehung von Erklärungen aus einer Verweisungsurkunde ist etwas anderes als die Unterrichtung über den nicht beurkundungspflichtigen Grundbuchinhalt. Schließlich ist auch darauf hinzuweisen, dass der Notar den Inhalt einer nicht in beglaubigter Abschrift vorliegenden Urkunde jederzeit in die Haupturkunde „aufnehmen" und mitverlesen kann, so dass auch der Hinweis auf eine Eilbedürftigkeit nicht stichhaltig ist.[59] Es steht zu hoffen, dass diese Frage zukünftig weniger häufig als bisher praktisch wird, da nunmehr die Möglichkeit zur Einsicht in eine elektronische beglaubigte Abschrift ausreicht und diese eher noch als eine Papierabschrift während der laufenden Beurkundung auf elektronischem Wege spontan beschafft werden kann.

D. Beschränkung der Beifügungspflicht (Abs. 2)

Neben dem Verzicht auf das Vorlesen bzw. die Vorlage zur Durchsicht gemäß Abs. 1 ermöglicht es Abs. 2, von der **Beifügung der Verweisungsurkunde** abzusehen. Der Begriff des Beifügens ist hier wie bei § 9 BeurkG zu verstehen. Es ist im Falle der Errichtung einer Papierurkunde zu verlangen, dass die Verweisungsurkunde im Termin vorliegt und der Notar den Willen hat, die Verweisungsurkunde später mit der Haupturkunde fest zu verbinden (siehe oben § 9 BeurkG Rdn 32). Wird eine elektronische Urkunde errichtet, wird die Verweisungsurkunde beigefügt, indem sie zum Teil des elektronischen Dokuments gemacht wird, das auch die Niederschrift enthält (siehe oben § 9 BeurkG Rdn 32). Voraussetzung für ein Absehen vom Beifügen ist auch hier der **Verzicht** aller Beteiligten. Fehlt es daran und fügt der Notar die Verweisungsurkunde dennoch nicht bei, so ist die Beurkundung insoweit unwirksam.[60] Der Verzicht muss sich ausdrücklich auf die Beifügung beziehen; der Verzicht auf die Verlesung umfasst nicht auch den Verzicht auf die Beifügung.[61] Daneben bedarf es allerdings keiner gesonderten Bekanntheitserklärung. Haben die Beteiligten auf das Vorlesen verzichtet, mussten sie die Bekanntheitserklärung bereits als Voraussetzung für den Vorleseverzicht abgeben. Wollen sie nur auf das Beifügen verzichten, nicht aber auf das Vorlesen, muss ihnen die Verweisungsurkunde vorgelesen werden, so dass sie hierdurch Kenntnis von deren Inhalt erlangen; eine Bekanntheitserklärung wäre in diesem Fall offensichtlich überflüssig. Soll nur auf das Beifügen verzichtet werden, muss auch in diesem Fall die Verweisungsurkunde bzw. die behördliche Karte oder Zeichnung in mindestens (ggf. elektronischer) beglaubigter Abschrift bei der Beurkundung einsehbar sein. Ein Verstoß hiergegen berührt die Wirksamkeit der Urkunde allerdings nicht. 28

Haben die Beteiligten auf die Beifügung verzichtet, wurde dies jedoch in der Urkunde entgegen Abs. 2 S. 2 nicht festgehalten, so bleibt die Wirksamkeit der Urkunde ebenfalls unberührt, da auch hier „nur" gegen eine Soll-Vorschrift verstoßen wurde. In diesem Fall dürfte aus der zum Fehlen des Vermerks

55 BT-Drs. 21/1505, S. 47.
56 Armbrüster/Preuß/Renner/*Renner*, 5. Aufl., § 13a Rn 27 f.; ebenso *Lichtenberger*, NJW 1980, 864, 868 f.; *Arnold*, DNotZ 1980, 262, 277; *Waldner*, Beurkundungsrecht, Rn 83; Frenz/Miermeister/*Limmer*, § 13a BeurkG Rn 8.
57 So auch *Winkler*, § 13a Rn 81 ff.; *Lerch*, § 13a Rn 16; Soergel/*Mayer*, 13. Aufl., § 13a BeurkG Rn 14 (nach § 2264 BGB); Grziwotz/Sauer/Heinemann/*Heinemann/Grziwotz*, § 13a Rn 16.
58 Vgl. BT-Drucks 8/3594 S. 5.
59 *Winkler*, § 13a Rn 84.
60 *Winkler*, § 13a Rn 98; *Lerch*, § 13a Rn 18; BRHP/*Litzenburger*, § 13a BeurkG Rn 4.
61 *Arnold*, DNotZ 1980, 262, 280.

gemäß Abs. 1 S. 2 ergangenen Entscheidung des BGH (siehe Fn 47) folgen, dass derjenige für das Fehlen des Verzichts auf das Beifügen beweispflichtig bleibt, der geltend macht, es sei fehlerhaft beurkundet worden.

29 Der Verzicht auf die Beifügung spart Schreibauslagen; das Bedürfnis, einen vollständigen Text des durch Verweisung Erklärten in Händen zu haben, kann bereits durch Aushändigen einer einfachen Abschrift oder Ablichtung der Verweisungsurkunde befriedigt werden. In der Praxis ist der Verzicht auf die Beifügung daher die Regel. Soll ausnahmsweise dennoch beigefügt werden, so wird regelmäßig eine beglaubigte Abschrift der vorliegenden Urschrift beigefügt. Liegt die Verweisungsurkunde nur in beglaubigter Abschrift oder Ausfertigung vor, wird diese oder eine davon gefertigte beglaubigte Abschrift beigefügt.[62] Zulässig ist es aber auch, nur eine einfache Abschrift der Verweisungsurkunde beizufügen.[63] Ist bei der Beurkundung nur eine elektronische beglaubigte Abschrift der Verweisungsurkunde verfügbar, muss diese für Zwecke des Beifügens in Papierform gebracht werden.

30 Weicht die beigefügte Abschrift von der Urschrift der Verweisungsurkunde ab, so gilt im Zweifelsfall der Text der Urschrift.[64] Lässt sich allerdings rekonstruieren, dass bei der Beurkundung eine von der Urschrift abweichende beglaubigte Abschrift bzw. Ausfertigung vorlag, ist deren Text maßgeblich.[65] In diesem Fall können sich die Erklärungen der Beteiligten nur auf diesen Text bezogen haben. Gleiches gilt, wenn die Verweisungserklärung sich ausdrücklich auf die beigefügte beglaubigte Abschrift und nicht auf die Urschrift bezieht.[66]

31 Ein materiell-rechtliches **Sonderproblem** des Verzichts auf das Beifügen stellt sich bei **Angeboten**: Wird in einem Angebot auf eine andere Urkunde unter Verzicht auf das Beifügen verwiesen, so fragt sich, ob für den Zugang des Angebots neben einer Ausfertigung der Angebotsurkunde selbst auch der Zugang einer Ausfertigung oder wenigstens beglaubigten Abschrift der Urkunde, auf die verwiesen wird, erforderlich ist. Das ist nicht der Fall: Durch die vom Gesetz zugelassene Verweisung wird die Verweisungsurkunde in das Angebot „inkorporiert". Das Gesetz lässt es zu, dass auf das Beifügen der Verweisungsurkunde verzichtet wird; dann kann die Beifügung (oder getrennte Übersendung) auch nicht für den wirksamen Zugang des Angebots verlangt werden. Es ist Sache des Angebotsempfängers, sich vor der Annahme zuverlässig Kenntnis vom Inhalt der Verweisungsurkunde zu verschaffen. Was die **Annahme** betrifft, wird aus vollstreckungsrechtlichen Gründen empfohlen, von einem Verzicht auf das Beifügen abzusehen, wenn die Annahmeurkunde hinsichtlich des Wortlauts einer Vollstreckungsunterwerfung des Annehmenden i.S.d. § 794 Abs. 1 Nr. 5 ZPO auf die Angebotsurkunde verweist.[67] Denn für eine ordnungsgemäße Zustellung des Titels gemäß § 798 ZPO, § 750 Abs. 2 ZPO ist erforderlich, dass die vollstreckbare Ausfertigung der Annahmeurkunde auch die Angebotsurkunde mit dem Wortlaut der Unterwerfung enthält.[68]

E. Einsichtsmöglichkeit (Abs. 3 S. 1)

I. Mitteilungspflicht des Notars/Einsicht

32 Abs. 3 (ggf. i.V.m. Abs. 4) konstituiert zum weiteren Schutz der Beteiligten bei der Verweisung im vereinfachten Verfahren eine besondere **Vorbereitungspflicht** des Notars. Der Notar soll danach vor der Beurkundung den Beteiligten eine entsprechende **Mitteilung** machen, wenn die andere Niederschrift oder die behördliche Karte oder Zeichnung bei ihm oder einer anderen Stelle **eingesehen werden kann**. Die Mitteilung hat nur zu erfolgen, wenn die Einsichtnahme noch „rechtzeitig vor der Beurkundung" erfolgen kann. Den Beteiligten muss angemessene Zeit für die Durchsicht der Schriftstücke bleiben und der Beurkundungstermin darf nicht hinausgeschoben werden müssen.[69] Die Mitteilungspflicht entfällt auch

62 *Stauf*, RNotZ 2001, 129, 143; *Lichtenberger*, NJW 1980, 864, 867.

63 Grziwotz/Sauer/Heinemann/*Heinemann/Grziwotz*, § 13a Rn 17; a.A. wohl *Lerch*, § 13a Rn 19.

64 *Winkler*, § 13a Rn 78; Staudinger/*Hertel*, BeurkG Rn 428.

65 *Winkler*, § 13a Rn 78; Staudinger/*Hertel*, BeurkG Rn 428; Soergel/*Mayer*, 13. Aufl., § 13a BeurkG Rn 12 (nach § 2264 BGB); *Lerch*, § 13a Rn 19; *Stauf*, RNotZ 2001, 129, 143; *Lichtenberger*, NJW 1980, 864, 867; a.A. Grziwotz/Sauer/Heinemann/*Heinemann/Grziwotz*, § 13a Rn 25.

66 *Winkler*, § 13a Rn 78; Staudinger/*Hertel*, BeurkG Rn 428.

67 *Wolfsteiner*, MittRhNotK 1985, 113, 114; *Winkler*, § 13a Rn 99a; BeckOK-BeurkG/*Bremkamp*, § 13a Rn 19.

68 *Wolfsteiner*, MittRhNotK 1985, 113, 114.

69 *Winkler*, § 13a Rn 105.

dann, wenn die Beteiligten nach Kenntnis des Notars bereits im Besitz der Unterlagen sind[70] oder der Notar den Beteiligten anstelle der Mitteilung direkt eine Abschrift der Unterlagen übersendet. Beteiligte im Sinne dieser Vorschrift sind diejenigen, die voraussichtlich unmittelbar bei Beurkundung auftreten werden.[71] Insoweit handelt es sich um eine „Prognoseentscheidung“ – wer wirklich formell beteiligt ist, steht erst nach Beurkundung fest. Versäumt der Notar die Mitteilung, hat dies auf die Wirksamkeit der Beurkundung keine Auswirkungen, da es sich um eine Soll-Vorschrift handelt.

Möchten die Beteiligten von der Einsichtsmöglichkeit bei dem Notar Gebrauch machen, so genügt er seinen Pflichten, wenn er dem Einsichtsberechtigten Einsicht in eine **einfache Abschrift** der anderen Niederschrift oder der behördlichen Karte oder Zeichnung gewährt.[72] Da die Einsicht dem Beteiligten die Möglichkeit geben soll, sich über den Inhalt der Verweisungsurkunde zu informieren, besteht kein Bedürfnis, dass die Urschrift oder eine beglaubigte Abschrift eingesehen werden kann. Bezieht sich die vorgesehene Verweisung nur auf einen Teil der Urkunde, dann kann der Einsichtsberechtigte auch nur Einsicht in eine auszugsweise Abschrift verlangen. Regelmäßig wird der Notar dem Einsichtsbegehren durch Übersendung einer Abschrift entsprechen und die Beteiligten nicht zur Einsichtnahme in seine Geschäftsräume einbestellen. 33

Im Anwendungsbereich von § 17 Abs. 2a S. 2 Nr. 2 BeurkG gelten natürlich strengere Regeln: Bei Verbraucherverträgen über Grundstücksveräußerungen sind auch Verweisungsurkunden oder -pläne als Bestandteil des beabsichtigten Rechtsgeschäfts dem Verbraucher in der Regel zwei Wochen vor der Beurkundung zur Verfügung zu stellen.[73] Dies erfordert die Übersendung einer (einfachen) Abschrift. Es muss auch kein entsprechendes Einsichtsverlangen gestellt werden. 34

II. Übermittlungspflicht auf Antrag

Befindet sich die Verweisungsurkunde in Urschrift[74] bei dem Notar selbst, so soll er diese einem Beteiligten auf dessen **Antrag übermitteln**. Der Notar hat die Beteiligten nicht ausdrücklich auf diese Antragsmöglichkeit hinzuweisen. Ausreichend ist die Übersendung einer **einfachen Abschrift der Urkunde**; bei einer Teilverweisung einer auszugsweisen Abschrift.[75] Die Kosten der Übermittlung (Schreibauslagen, Porti) hat der antragstellende Beteiligte zu tragen.[76] Eine Übermittlung hat nur an den Beteiligten zu erfolgen, der ein solches Verlangen stellt.[77] 35

F. Prüfungs- und Belehrungspflichten des Notars (Abs. 3 S. 2)

§ 13c BeurkG gestattet gewisse verfahrenstechnische Erleichterungen. Die Vorschrift enthält aber keine Einschränkung der allgemeinen Pflichten des Notars. Seine Prüfungs- und Belehrungspflichten gemäß § 17 BeurkG erstrecken sich daher auch im Falle des § 13c BeurkG auf den gesamten Inhalt des Rechtsgeschäfts und somit auch auf die Verweisungsurkunde, was Abs. 3 S. 2 ausdrücklich klarstellt. Bezüglich der nicht verlesenen Verweisungsurkunde treffen den Notar daher die gleichen Belehrungspflichten, wie wenn er diese vorlesen würde. Hier wird noch einmal deutlich: Der Sinn des § 13c BeurkG liegt gerade darin, die „Konzentration auf das Wesentliche“ zu ermöglichen; das „Weniger an Verlesung“ ermöglicht ein „Mehr an Belehrung“. 36

Darüber hinaus bestimmt Abs. 3 S. 2 klar, dass den Notar eine besondere Belehrungspflicht trifft, wonach dieser über die rechtliche Bedeutung des Verweisens ausdrücklich zu unterrichten hat. Der Notar muss also die Beteiligten darüber aufklären, dass die Erklärungen, auf die verwiesen wird, ebenso Bestandteil 37

70 *Winkler*, § 13a Rn 102.
71 *Winkler*, § 13a Rn 104.
72 A.A. *Stauf*, RNotZ 2001, 129, 143 (Einsicht in die Urschrift); Grziwotz/Sauer/Heinemann/*Heinemann/Grziwotz*, § 13a Rn 21 (Einsicht in beglaubigte Abschrift).
73 *Sorge*, DNotZ 2002, 593, 604; Staudinger/*Hertel*, BeurkG Rn 525; *Winkler*, § 17 Rn 208.
74 Siehe zu diesem Erfordernis *Winkler*, § 13a Rn 103; a.A. Grziwotz/Sauer/Heinemann/*Heinemann/Grziwotz*, § 13a Rn 21 (es soll ausreichen, wenn sich eine beglaubigte Abschrift im Besitz des Notars befindet. Dies hätte zur Konsequenz, dass die Übermittlungspflicht wegen Abs. 1 S. 3 praktisch immer bestünde.
75 Grziwotz/Sauer/Heinemann/*Heinemann/Grziwotz*, § 13a Rn 21; *Winkler*, § 13a Rn 107; a.A. *Stauf*, RNotZ 2001, 129, 143 (es soll die Übermittlung einer beglaubigten Abschrift erforderlich sein).
76 *Winkler*, § 13a Rn 106; *Lichtenberger*, NJW 1980, 864, 869.
77 *Winkler*, § 13a Rn 106.

der Urkunde sind, wie die Erklärungen in der Hauptniederschrift selbst.[78] Auch diese Pflicht resultiert aber unmittelbar aus § 17 BeurkG, so dass hier Abs. 3 S. 2 ebenfalls nur eine klarstellende Funktion zukommt.[79]

§ 14 Eingeschränkte Vorlesungspflicht

(1) [1]Werden Bilanzen, Inventare, Nachlaßverzeichnisse oder sonstige Bestandsverzeichnisse über Sachen, Rechte und Rechtsverhältnisse in ein Schriftstück aufgenommen, auf das in der Niederschrift verwiesen und das dieser beigefügt wird, so braucht es nicht vorgelesen zu werden, wenn die Beteiligten auf das Vorlesen verzichten. [2]Das gleiche gilt für Erklärungen, die bei der Bestellung einer Hypothek, Grundschuld, Rentenschuld, Schiffshypothek oder eines Registerpfandrechts an Luftfahrzeugen aufgenommen werden und nicht im Grundbuch, Schiffsregister, Schiffsbauregister oder im Register für Pfandrechte an Luftfahrzeugen selbst angegeben zu werden brauchen. [3]Eine Erklärung, sich der sofortigen Zwangsvollstreckung zu unterwerfen, muß in die Niederschrift selbst aufgenommen werden.
(2) [1]Wird nach Absatz 1 das beigefügte Schriftstück nicht vorgelesen, so soll es den Beteiligten zur Kenntnisnahme vorgelegt werden. [2]Unbeschadet des § 17 soll der Notar die Beteiligten auch über die Bedeutung des Verweisens auf das beigefügte Schriftstück belehren.
(3) In der Niederschrift muß festgestellt werden, daß die Beteiligten auf das Vorlesen verzichtet haben; es soll festgestellt werden, daß ihnen das beigefügte Schriftstück zur Kenntnisnahme vorgelegt worden ist.

Literatur *Brambring*, Die Änderungen des Beurkundungsgesetzes durch die BNotO-Novelle, FGPrax 1998, 201; *Bohrer*, Notarielle Form, Beurkundung und elektronischer Rechtsverkehr, DNotZ 2008, 39; *Ising/von Loewenich*, Eingeschränkte Vorlesungspflicht gem. § 14 BeurkG bei Bestandsverzeichnissen, ZNotP 2003, 176; *Kanzleiter*, Formzwecke, Beurkundungsverfahren und Berufsrecht – Die Änderungen des Beurkundungsverfahrensrechts durch die BNotO-Novelle v. 31.8.1998, DNotZ 1999, 293; *Reithmann*, Anlagen und Beilagen zur Niederschrift, DNotZ 1972, 71; *Schalkhaußer*, Die eingeschränkte Vorlesungspflicht bei Grundpfandrechten (§ 14 BeurkG), MittBayNot 1972, 271; *Schalkhaußer*, Nochmals: § 14 BeurkG – Anmerkungen zu drei Beschlüssen des Bayerischen Obersten Landesgerichts, MittBayNot 1974, 126; *Stauf*, Umfang und Grenzen der Verweisungsmöglichkeiten nach § 13a BeurkG und der eingeschränkten Vorlesungspflicht nach § 14 BeurkG, RNotZ 2001, 129; *Vaasen/Starke*, Zur Reform des notariellen Berufsrechts, DNotZ 1998, 661.

A. Allgemeines

I. Systematischer Zusammenhang

1 Das Beurkundungsverfahrensrecht dient dazu, die mit der Beurkundung verfolgten Zwecke bestmöglich zu erreichen.[1] Das Vorlesen der Urkunde steht dabei im Mittelpunkt des Beurkundungsvorgangs. Es ist das „Herzstück“ notarieller Tätigkeit: Erst die verlesene Urkunde wird von den Beteiligten genehmigt (§ 13 BeurkG). Der Wille der Beteiligten erhält hier seine endgültige juristisch ausformulierte und

78 *Winkler*, § 13a Rn 109.
79 Weitergehend BeckOK-BeurkG/*Bremkamp*, § 13a Rn 40: Belehrungspflicht bereits vor der Beurkundungsverhandlung.

1 *Kanzleiter*, DNotZ 1999, 292, 293.

nach dem Unterzeichnen rechtsverbindliche Gestalt. Alle anderen Verfahrensschritte sind dem Verlesen nur vor- oder nachgelagert.

Das Vorlesen wirkt auf die Beteiligten gelegentlich ermüdend und erscheint ihnen überflüssig. Dennoch war und ist der deutsche Gesetzgeber gut beraten, Ausnahmen von der Vorlesepflicht nur in ganz engem Umfang zuzulassen. Was ermüdet, ist nicht unbedingt sinnlos; was den Beteiligten überflüssig anmutet, muss es in Wirklichkeit keinesfalls sein. Ausnahmen von der Vorlesepflicht beseitigen ein zentrales Stück „notarieller Endkontrolle". Es ist überraschend, wie viele inhaltliche und sprachliche Fehler sich beim Verlesen der Urkunde feststellen lassen, die ansonsten unentdeckt blieben. Das gilt selbst dann, wenn der Notar den Beteiligten vor der Beurkundung – wozu er heute im Rahmen von § 17 Abs. 2a S. 2 Nr. 2 BeurkG ohnehin rechtlich vielfach verpflichtet ist – einen vollständigen Entwurf zugesandt hat. Auch und gerade bei größeren Unternehmenstransaktionen, bei denen der Entwurf der Urkunde von Anwaltsteams der Beteiligten im Rahmen eines längeren Verhandlungsprozesses vorbereitet wurde, schätzen erfahrene Transaktionsanwälte das Verlesen im Rahmen der Beurkundung trotz des damit verbundenen Aufwands als Methode sorgfältiger und konzentrierter Endkontrolle. 2

Dennoch gibt es einige wenige Fälle, in denen der Gesetzgeber Ausnahmen von der Vorlesepflicht gestattet hat. Diese finden sich in § 13c BeurkG (Verweisung auf eine andere notarielle Niederschrift) und § 14 BeurkG (eingeschränkte Vorlesepflicht). Das Vorlegen zur Durchsicht ist nur in zwei Fällen zulässig, nämlich dann, wenn nach § 9 Abs. 1 S. 3 BeurkG Erklärungen unter Verwendung von Karten, Zeichnungen oder Abbildungen abgegeben werden, oder bei einem Beteiligten, der nicht hinreichend zu hören vermag (§ 23 S. 1 BeurkG). 3

Abs. 1 regelt zwei unterschiedliche Fälle. Einer davon wurde erst im Jahre 1998 durch das 3. ÄndG ins BeurkG eingefügt. In beiden Fällen geht es darum, Vorlesungspflichten in Konstellationen zu vermeiden, in denen sie vom Sinn und Zweck der gesetzlichen Bestimmungen her nur schwer zu erklären sind. Das Vorlesen darf nicht zum Selbstzweck werden. In den gesetzlich geregelten Ausnahmefällen wäre das Vorlesen oft unangemessen und könnte den Beurkundungsvorgang entwerten. Die Ausnahmetatbestände sollen verhindern, dass sich der zeitliche Schwerpunkt der Beurkundung in unangemessener Weise auf das Verlesen von Aufzählungen verlagert.[2] § 14 BeurkG trägt hier dem Grundsatz „weniger ist mehr" Rechnung. Die Abkürzung des äußeren Hergangs verbessert die Möglichkeiten des Notars, seinen Belehrungspflichten nachzukommen.[3] 4

Das Vorlesen kann in folgenden Fällen durch ein Vorlesungssurrogat ersetzt werden:

- Die erste (gesetzestechnisch ältere, aber erst an zweiter Stelle genannte) Ausnahme betrifft Grundpfandrechte und sonstige Registerpfandrechte.
- Die zweite (erst 1998 in Kraft getretene) Ausnahme betrifft Bestandsverzeichnisse.

§ 14 BeurkG gibt dem Notar nur das Recht, unter bestimmten genau bezeichneten Voraussetzungen vom Vorlesen abzusehen. Es steht in seinem pflichtgemäß auszuübenden Ermessen, ob er tatsächlich das Vorlesen durch ein Vorlesungssurrogat ersetzt.

§ 14 BeurkG ist dabei eine rein beurkundungsrechtliche, d.h. verfahrenstechnische Vorschrift. Der Umfang der Beurkundungspflicht bestimmt sich ausschließlich nach materiellem Recht.[4] 5

II. Wirkungen

Macht der Notar von den Möglichkeiten des § 14 BeurkG Gebrauch, so sind die in dem beigefügten Schriftstück enthaltenen Erklärungen ebenso wie die Erklärungen in der Niederschrift selbst öffentlich beurkundet; sie nehmen an der Beweiskraft der Niederschrift (§ 415 ZPO) teil.[5] Das gilt jedoch nur, wenn die Voraussetzungen des § 14 BeurkG tatsächlich vorliegen. Enthält das beigefügte Schriftstück dagegen Erklärungen, auf deren Verlesung nach Abs. 1 nicht verzichtet werden kann, so nehmen diese Erklärungen an der öffentlichen Beurkundung nicht teil; der Beurkundungsakt ist insoweit unwirksam. 6

2 *Vaasen/Starke*, DNotZ 1998, 661, 676.
3 Tätigkeitsbericht der BNotK von 1975, DNotZ 1976, 259, 263.
4 Frenz/Miermeister/*Limmer*, § 14 BeurkG Rn 2.
5 BayObLG v. 30.1.1974 – BReg. 2 Z 60/73, DNotZ 1974, 376, 377.

Welche Auswirkungen der Beurkundungsfehler hat, bestimmt sich sodann nach materiellem Recht (Rdn 5). Wurde z.B. eine als Anlage der Niederschrift beigefügte Auflistung unter Berufung auf § 14 BeurkG nicht verlesen, obwohl es sich tatsächlich nicht um ein Bestandsverzeichnis handelt, fehlt es insoweit an einer wirksamen Beurkundung. Wenn allerdings die Auflistung im konkreten Fall nicht Teil der Erklärungen der Beteiligten ist, sondern nur die Identifizierung einer in der Niederschrift abstrakt schon hinreichend beschriebenen Sachgesamtheit erleichtern soll, wirkt sich der Beurkundungsfehler nicht aus.

7 Durch das Verfahren nach § 14 BeurkG wird die Arbeit des Notars wesentlich erleichtert, seine Verantwortung aber nicht gemildert. Das macht Abs. 2 S. 2 mit der Verweisung auf § 17 BeurkG deutlich. Auch bzgl. der nicht verlesenen Anlage trifft den Notar also die volle Prüfungs- und Belehrungspflicht.[6]

III. Praktische Bedeutung

8 Die praktische Bedeutung von § 14 BeurkG ist groß. Das gilt vor allem für die Verweisung auf Bestandsverzeichnisse. Zwar geht es zahlenmäßig nur um wenige Urkunden; bei ihnen stellt das Nichtverlesen jedoch eine erhebliche Erleichterung und Vereinfachung in der Praxis dar. Dabei ist zu berücksichtigen, dass der Umfang solcher Verzeichnisse im Zeitalter der elektronischen Datenverarbeitung oft erheblich zugenommen hat.[7] Insbesondere bei Unternehmenskäufen wird häufig auf Bestandsverzeichnisse im Umfang von mehreren hundert Seiten verwiesen, sei es zur Konkretisierung vereinbarter Garantien oder bei Assets Deals zur näheren Beschreibung des Kaufgegenstands. Bei Grundpfandrechtsbestellungen hatte § 14 BeurkG früher vor allem Bedeutung bei Hypotheken; diese spielen jedoch bei Kreditinstituten praktisch keine Rolle mehr.[8] Bei Grundschulden könnte die Bedeutung des § 14 BeurkG größer sein, wenn die Möglichkeiten konsequent genutzt werden würden. Die meisten Grundpfandrechtsbestellungen erfolgen auf der Grundlage von Formularen, die von den Kreditinstituten zur Verfügung gestellt werden. Nur wenige Formulare bedienen sich der „Verweisungstechnik", die § 14 BeurkG ermöglicht. Die Vordrucke gehen davon aus, dass der gesamte Text vorgelesen wird. Dies ist bei sehr ausführlichen Formularen bedauerlich: Der juristisch unerfahrene Laie kann das Wesentliche kaum vom Unwesentlichen unterscheiden; die Gefahr ist groß, dass der Notar angesichts einer vielseitigen Urkunde vorrangig vorliest und das Erläutern und Erklären vernachlässigt. Allerdings ist die erfreuliche Tendenz bei den Kreditinstituten festzustellen, Grundpfandrechtsbestellungsformulare nicht ständig zu verlängern (in dem Bestreben, jede zukünftige Fallkonstellation perfektionistisch zu regeln), sondern tatsächlich zu verkürzen.

IV. Anwendungsbereich

9 § 14 BeurkG gilt für die Beurkundung von Willenserklärungen. Fraglich ist, ob er kraft der Verweisung in § 38 Abs. 1 BeurkG auch für die Aufnahme **eidesstattlicher Versicherungen** gilt. Diese Frage stellt sich insbesondere im Zusammenhang mit eidesstattlichen Versicherungen über die **Richtigkeit und Vollständigkeit von Bestandsverzeichnissen**. Hier geht die h.M. davon aus, dass § 14 BeurkG keine Anwendung findet.[9] Als Argument wird genannt, dass es gerade um die Richtigkeit des Verzeichnisses gehe.[10] Meines Erachtens trifft diese Auffassung nur teilweise zu. Der Notar wird zwar regelmäßig sein Ermessen bei der Verfahrenswahl fehlerhaft ausüben, wenn er bei einer eidesstattlichen Versicherung gem. § 14 BeurkG verfährt. Das Bestandsverzeichnis ist hier Hauptinhalt der eidesstattlichen Versicherung, so dass seine Auslagerung in eine nicht verlesene Anlage untunlich ist. Wählt der Notar gleichwohl das Verfahren des § 14 BeurkG, hat dies aber nicht die Unwirksamkeit des Beurkundungsakts zur Folge, da § 14 BeurkG von der Verweisung des § 38 Abs. 1 BeurkG auf die §§ 6 ff. BeurkG nicht ausgenommen ist. Die fehlerhafte Verfahrenswahl kann also ein Fall für die Dienstaufsicht sein, die Urkunde aber ist wirksam errichtet.

Im Zusammenhang mit sonstigen Niederschriften gem. §§ 36, 37 BeurkG – beispielsweise der Aufnahme von Nachlassverzeichnissen – hat § 14 BeurkG keine Bedeutung, da diese ohnehin nicht vorgelesen wer-

6 *Winkler*, § 14 Rn 46; Grziwotz/Sauer/Heinemann/*Heinemann/Grziwotz*, § 14 Rn 18; *Stauf*, RNotZ 2001, 129, 150; *Reithmann*, DNotZ 1972, 71, 74; *Haug*, DNotZ 1972, 453, 481.

7 *Kanzleiter*, DNotZ 1999, 292, 298.

8 *Kanzleiter*, DNotZ 1999, 292, 297, Fn 13.

9 *Winkler*, § 14 Rn 22; Staudinger/*Hertel*, BeurkG Rn 439.

10 *Winkler*, § 14 Rn 22.

den, so dass es eines Vorlesungssurrogats nicht bedarf.[11] Erfolgt die Aufnahme eines Nachlassverzeichnisses dagegen in der Form der §§ 6 ff. BeurkG, kann auch § 14 BeurkG angewendet werden.[12]

B. Zulässige Anlagen

I. Bestandsverzeichnisse

1. Begriff

Nach Abs. 1 S. 1 können die Beteiligten auf das Vorlesen eines der Niederschrift beigefügten Schriftstücks verzichten, wenn es ein Bestandsverzeichnis über Sachen, Rechte oder Rechtsverhältnisse enthält. **10**
Bestandsverzeichnis ist der Oberbegriff; beispielhaft führt das Gesetz Bilanzen, Inventare und Nachlassverzeichnisse auf. Mit dieser Regelung sollen nach der Begründung des Rechtsausschusses[13] Zahlenwerke und sonstige Aufzählungen von rein tatsächlicher Bedeutung aus der Vorlesungspflicht ausgeklammert werden können, soweit sie sich auf einen real existierenden Bestand beziehen. Derartige Auflistungen selbst bieten inhaltlich kaum Anlass für eine Beratung oder Belehrung durch den Notar.[14] § 14 BeurkG erfasst nur Bestandsverzeichnisse über Sachen, Rechte oder Rechtsverhältnisse. Reine Personenverzeichnisse sind daher kein Bestandsverzeichnis im Sinne von § 14 BeurkG. Daraus folgt, dass die Bezeichnung der Urkundsbeteiligten nicht in eine Anlage nach § 14 BeurkG ausgelagert werden kann.[15] Wenn in einer Anlage allerdings Personen in ihrer Eigenschaft als Bezugspunkt von Rechtsverhältnissen aufgelistet werden (z.B. bei Arbeitnehmerlisten oder Kundenlisten), handelt es sich der Sache nach um ein Bestandsverzeichnis über Rechtsverhältnisse.

Darüber hinaus ist der **Begriff** des Bestandsverzeichnisses allerdings **umstritten**. Insbesondere die Ausführungen in der Gesetzesbegründung des Rechtsausschusses[16] haben Anlass für manche Diskussionen gegeben, die nach dem Wortlaut der Norm eigentlich fern liegen. **11**

Dies betrifft zunächst den Hinweis, der Begriff des Bestandsverzeichnisses knüpfe an die Formulierung in **§ 260 BGB** an. **12**

Eine Auffassung[17] versteht das so, als werde § 260 BGB für Zwecke des § 14 BeurkG zur Legaldefinition des Begriffs „Bestandsverzeichnis“ erhoben. Dort sei von einem „Inbegriff von Gegenständen“ die Rede, der wiederum zur Voraussetzung habe, dass diese Gegenstände durch ein einheitliches Rechtsverhältnis miteinander verbunden seien oder sich unter einem einheitlichen Rechtsgrund zusammenfassen ließen. Daraus folge, dass eine Teilmenge aus einem Bestand, die zuvor nicht durch ein einheitliches Band verbunden sei, nicht Gegenstand eines Bestandsverzeichnisses i.S.d. § 14 BeurkG sein könne. Tatsächlich erscheint es aber mehr als zweifelhaft, ob der Gesetzgeber mit dem Hinweis in der Gesetzesbegründung den Anwendungsbereich des § 14 BeurkG auf Bestandsverzeichnisse der in § 260 BGB genannten Art verengen wollte. Es ist schon vom Wortlaut schwierig, den § 260 Abs. 1 BGB als Legaldefinition des Begriffs „Bestandsverzeichnis“ zu verstehen. Zwar verwendet die Norm diesen Begriff, aber sie definiert ihn nicht. Soweit die Norm nur von Verzeichnissen über den Bestand eines Inbegriffs von Gegenständen handelt, schließt sie nicht zugleich aus, dass es auch Verzeichnisse über andere Bestände geben mag. Das ist auch gut so, denn sonst ergäbe sich ein begrifflicher Konflikt zu der Regelung in § 14 BeurkG, wonach ein Bestandsverzeichnis nicht nur Sachen und Rechte umfassen kann, sondern auch Rechtsverhältnisse. Rechtsverhältnisse lassen sich aber nicht generell unter den von § 260 BGB verwendeten Begriff des „Gegenstands“ fassen, denn unter „Gegenständen“ versteht das BGB nur individualisierbare vermögenswerte Objekte bzw. Objekte eines verfügbaren Rechts.[18]

Zu Recht verzichtet daher die ganz herrschende Meinung[19] auf das Erfordernis eines unabhängig von der Urkunde bestehenden „gemeinsamen Bandes“. Es ist daher unerheblich, ob die aufgelisteten Sachen,

11 *Winkler*, § 14 Rn 22; *Stauf*, RNotZ 2001, 129, 145.
12 Staudinger/*Hertel*, BeurkG Rn 439.
13 BT-Drucks 13/11034, 40.
14 *Kanzleiter*, DNotZ 1999, 292, 298.
15 *Winkler*, § 14 Rn 15; BeckOK-BeurkG/*Bremkamp*, § 14 Rn 9.
16 BT-Drucks 13/11034, 40.
17 DNotI-Report 2003, 17 f.; *Stauf*, RNotZ 2001, 129, 144 f.
18 Ausführlich zum Begriff des Gegenstands i.S.d. BGB Staudinger/*Stieper*, Vorbem zu §§ 90 ff. Rn 4 ff.
19 *Winkler*, § 14 Rn 12 ff.; Staudinger/*Hertel*, BeurkG Rn 438; BeckOK-BeurkG/*Bremkamp*, § 14 Rn 7; *Ising/von Loewenich*, ZNotP 2003, 176 ff.; *Kanzleiter*, DNotZ 1999, 292, 298; Frenz/Miermeister/*Limmer*, § 14 BeurkG Rn 4; für eine weite Auslegung auch: *Lerch*, § 14 Rn 6.

Rechte oder Rechtsverhältnisse aufgrund von Umständen außerhalb der Urkunde als zusammengehörig erscheinen oder ob sie erst durch die Zusammenfassung in der Urkunde als Bestand bestimmt werden.

13 Deutlicher, aber nicht weniger problematisch ist die Gesetzesbegründung, soweit sie postuliert, das Verzeichnis müsse sich auf einen **real existierenden Bestand** beziehen, sodass Auflistungen von Gegenständen, die erst noch beschafft oder hergestellt werden müssten, kein Bestandsverzeichnis i.S.d. § 14 BeurkG sein könnten.[20] Solche Auflistungen müssten der uneingeschränkten Vorlesungspflicht unterfallen, da sie häufig in besonderem Maße zur Konkretisierung wesentlicher vertraglicher Rechte und Pflichten herangezogen würden. Die herrschende Meinung in der Literatur folgt diesem Postulat und versteht das Erfordernis des real existierenden Bestands als ungeschriebenes Tatbestandsmerkmal des Abs. 1 S. 1.[21]

Weder dem Wortlaut des Abs. 1 S. 1 noch dem Wortsinn des Begriffs „Bestandsverzeichnis" lässt sich diese Einschränkung entnehmen. Auch eine Auflistung noch zu beschaffender oder noch herzustellender Gegenstände bezeichnet fraglos einen „Bestand": Das kann im Falle noch zu beschaffender Gegenstände ein in dieser Form schon woanders existierender Bestand sein. In jedem Fall aber bezeichnet die Auflistung noch zu beschaffender oder noch herzustellender Gegenstände einen zukünftigen Bestand. Das Anliegen der Gesetzesbegründung, die Verlesung von Angaben sicherzustellen, die in besonderer Weise der Konkretisierung wesentlicher vertraglicher Rechte und Pflichten dienen, verdient zwar grundsätzlich Anerkennung. Tatsächlich obliegt dem Notar im Rahmen seiner Amtspflichten die Entscheidung, ob er bei besonders bedeutsamen Bestandsverzeichnissen auf einer Verlesung besteht, auch wenn die Beteiligten auf das Verlesen verzichten wollen.[22] Irrt er in dieser Frage, steht eine Verletzung seiner Pflicht zur sachgerechten Gestaltung des Beurkundungsverfahrens aus § 17 Abs. 2a S. 1 BeurkG im Raum, die allerdings nicht zur Unwirksamkeit der Beurkundung führt (vgl. § 17 BeurkG Rdn 257). Wie bedeutsam die Auflistung für den Vertragsinhalt ist, kann aber schon aus Gründen der Rechtssicherheit kein Kriterium für den Anwendungsbereich des § 14 BeurkG sein. Überdies will auch nicht einleuchten, warum eine Auflistung für die Konkretisierung der Vertragspflichten allein deshalb bedeutsamer sein soll, weil die geschuldeten Gegenstände beim Schuldner noch nicht existieren, sondern erst von ihm hergestellt bzw. beschafft werden müssen. Das gilt erst recht, wenn es gar nicht primär um Herstellungs- oder Beschaffungspflichten geht. Daher wollen sich manche Vertreter der herrschenden Meinung vom Dogma des real existierenden Bestand in solchen Fällen lösen, in denen ein Bestandsverzeichnis (etwa eine Bilanz) zwar künftige Gegenstände ausweist, dies aber nur einer „bloßen Zustandsbeschreibung" diene und nicht etwa die Pflicht zur Beschaffung oder Herstellung solcher Gegenstände begründe.[23] Ob dies auch dann gelten soll, wenn es um die Beschreibung eines Soll-Zustands geht und daher möglicherweise über Gewährleistungsrecht eben doch eine Pflicht zur Beschaffung oder Herstellung solcher Gegenstände entstehen kann, lassen diese Stimmen offen.

Richtigerweise gilt: Für die Frage, ob der Anwendungsbereich des § 14 BeurkG eröffnet ist, muss das Gesetz beim Wort genommen werden. Danach sind sämtliche Verzeichnisse von Sachen, Rechten und Rechtsverhältnissen als Bestandsverzeichnis zu qualifizieren. Ob es sich um einen bestehenden oder zukünftigen Bestand handelt, ist hierfür unerheblich. Daran können die in diesem Punkt wenig durchdachten Erwägungen des Rechtsausschusses, die im Wortlaut der Norm keinerlei Niederschlag gefunden haben, nichts ändern.

14 Der Einordnung als Bestandsverzeichnis steht es nicht entgegen, wenn das betreffende Verzeichnis sich nicht auf die bloße Auflistung von Sachen, Rechten oder Rechtsverhältnissen beschränkt, sondern dazu jeweils nähere Angaben vermerkt. Eine Bilanz etwa, die in Abs. 1 S. 1 als Beispiel eines Bestandsverzeichnisses genannt wird, umfasst neben der Bezeichnung der einzelnen Bilanzpositionen auch die diesen zugeordneten Betragsangaben sowie Gliederungsüberschriften. Ein Nachlassverzeichnis, das Abs. 1 S. 1 ebenfalls als Beispiel eines Bestandsverzeichnisses anführt, enthält in aller Regel im Fließtext niedergelegte Erläuterungen, beispielsweise Feststellungen zum Umfang der Nachforschungen oder zum fiktiven Nachlass. Dies zeigt, dass die redaktionelle Gestaltung des Bestandsverzeichnisses unerheblich ist,

20 BT-Drucks 13/11034, 40.
21 Armbrüster/Preuß/*Piegsa*, 9. Aufl. § 14 BeurkG Rn 14; *Winkler*, § 14 Rn 27; BeckOK-BeurkG/*Bremkamp*, § 14 Rn 8; Grziwotz/Sauer/Heinemann/*Heinemann/Grziwotz*, § 14 Rn 3; Frenz/Miermeister/*Limmer*, § 14 BeurkG Rn 5; *Stauf*, RNotZ 2001, 129, 145.
22 BeckOK-BeurkG/*Bremkamp*, § 14 Rn 21.
23 So Grziwotz/Sauer/Heinemann/*Heinemann/Grziwotz*, § 14 Rn 3; BeckOK-BeurkG/*Bremkamp*, § 14 Rn 8.

solange es sich im Grundsatz um eine Auflistung von Sachen, Rechten und Rechtsverhältnissen handelt. Daher ist es z.B. nicht zu beanstanden, wenn eine solche Auflistung in Tabellenform erfolgt und sich in einer Anmerkungsspalte zu einzelnen Positionen Erläuterungen im Fließtext finden oder wenn sich in dem Schriftstück neben der Auflistung der Sachen, Rechte und Rechtsverhältnisse Vor- oder Nachbemerkungen mit Erläuterungen im Fließtext finden. Enthält allerdings das Bestandsverzeichnis weitere Ausführungen, die nicht der näheren Beschreibung der verzeichneten Sachen, Rechten und Rechtsverhältnissen dienen, müssen diese verlesen werden.

Unerheblich ist auch, wie viele Positionen das Bestandsverzeichnis umfasst. Zwar zielt Abs. 1 S. 1 auf eine Beurkundungserleichterung bei umfangreichen Auflistungen. Der Qualifikation als Bestandsverzeichnis steht es aber nicht entgegen, wenn das Verzeichnis nur wenige oder gar nur eine Position enthält.[24] Selbst wenn, was etwa bei *disclosure schedules*[25] zu einem Unternehmenskaufvertrag vorkommt, das Verzeichnis nur eine Fehlanzeige enthält („keine", „entfällt", „none", „not applicable"), kann das Schriftstück als Bestandsverzeichnis über einen Null-Bestand qualifiziert werden, sodass auf das Verlesen dieses Schriftstücks verzichtet werden kann. Das erspart zwar kaum Leseaufwand, mag aber aus Gründen einer einheitlichen Behandlung aller beigefügten *disclosure schedules* sinnvoll erscheinen. 15

2. Einzelfälle

Die größte praktische Bedeutung hat § 14 BeurkG bei **Unternehmenskaufverträgen**: 16

- Bestandsverzeichnisse sind insbesondere im Fall des Asset Deals Verzeichnisse über mitverkaufte Gegenstände (z.B. Sachgesamtheiten wie Warenlager, Inventar oder Betriebsgegenstände) sowie zu übernehmende Verträge, Forderungen, Rechte. Personenverzeichnisse[26] (z.B. Arbeitnehmer- und Kundenlisten) gehören ebenfalls hierzu, auch wenn es sich bei Personen natürlich nicht um Sachen, Rechte oder Rechtsverhältnisse i.S.d. Abs. 1 S. 1 handelt; bei derartigen Verzeichnissen geht es aber um die mit den Personen bestehenden Rechtsbeziehungen, sodass es sich der Sache nach um Verzeichnisse von Rechtsverhältnissen handelt. Die Auflistung von Personen, mit denen keinerlei Rechtsbeziehungen bestehen, kommt in der Praxis nicht vor.
- Das alles gilt in gleicher Weise, wenn die betreffenden Sachen, Rechte und Rechtsverhältnisse zum Gegenstand von Garantien gemacht werden (insb. in Form von *disclosure schedules*), was bei Asset Deals und Share Deals gleichermaßen üblich ist. Wie oben erläutert (Rdn 12) ist es dabei unerheblich ob das betreffende Verzeichnis alle bei dem Unternehmen bestehenden Sachen, Rechte oder Rechtsverhältnisse dieser Art umfasst oder nur Teilmengen davon. Kein Bestandsverzeichnis liegt dagegen vor, wenn die Anlage anstelle der eigentlich vorgesehenen Auflistung bestimmter Rechtsverhältnisse lediglich Kopien von Dokumenten enthält, die den Inhalt solche Rechtsverhältnisse wiedergeben (z.B. Verträge, Patentanmeldungen, Versicherungspolicen). In diesen Fällen muss entweder eine entsprechende Auflistung erstellt werden oder die Verweisung nach § 14 BeurkG durch eine Bezugnahme auf die lediglich als Identifizierungsbehelf beigefügten Dokumente ersetzt werden.
- Auch Gewinn- und Verlustrechnungen stellen Bestandsverzeichnisse dar, obwohl der Wortlaut des Abs. 1 S. 1 nur von „Bilanzen" spricht,[27] denn Gewinn- und Verlustrechnungen zeigen nicht anders als Bilanzen einen Bestand von Kontopositionen, mit denen Geschäftsvorfälle buchhalterisch dargestellt werden. Anhänge oder Lageberichte zum Jahresabschluss i.S.d. §§ 284 ff., 289 ff. HGB stellen hingegen keine Bestandsverzeichnisse dar, denn formal handelt es sich dabei nicht um Auflistungen, sondern um Fließtexte, und inhaltlich um Angaben und Erläuterungen, die nicht im Wesentlichen eine Aufzählung von Sachen, Rechten und Rechtsverhältnissen darstellen.[28] Sie sind auch, anders als die oben in Rdn 14 für unschädlich gehaltenen Erläuterungen innerhalb eines Bestandsverzeichnisses, nicht Teil eines Verzeichnisses, namentlich der Bilanz, sondern inhaltlich

24 *Winkler*, § 14 Rn 14.
25 Zum Begriff vgl. *Hanke/Socher*, NJW 2010, 1576.
26 *Stauf*, RNotZ 2001, 129, 146; *Kanzleiter*, DNotZ 1999, 292, 298.
27 *Brambring*, FGPrax 1998, 201, 202; *Stauf*, RNotZ 2001, 129, 145; Grziwotz/Sauer/Heinemann/*Heinemann/Grziwotz*, § 14 Rn 5; vgl. auch *Lerch*, § 14 Rn 6 (er geht von einer analogen Anwendung aus); *Waldner*, Beurkundungsrecht, Rn 85 spricht im Zusammenhang mit dem Gesetzeswortlaut von einer Formulierung „ökonomischer Dilettanten". Statt „Bilanz" müsse es „Jahresabschluss" heißen.
28 Ebenso BeckOK-BeurkG/*Bremkamp*, § 14 Rn 9.1.; a.A. ohne weitere Begründung die Vorauflage sowie Grziwotz/Sauer/Heinemann/*Heinemann/Grziwotz*, § 14 Rn 5.

und redaktionell selbstständige Teile des Jahresabschlusses. Wird gleichwohl undifferenziert gemäß § 14 BeurkG auf einen Jahresabschluss verwiesen, der auch einen Anhang oder Lagebericht umfasst, muss dies nicht schädlich sein: Zwar sind dann Anhang und Lagebericht nicht wirksam mitbeurkundet, aber wenn ihr Inhalt nicht Teil der Erklärungen der Beteiligten im Sinne des § 9 Abs. 1 Nr. 2 BeurkG sein soll, etwa weil für diese Erklärungen der Inhalt von Anhang und Lagebericht keine Rolle spielt oder Anhang und Lagebericht nur Bezugsobjekt der Erklärungen der Beteiligten sind, liegt ein Beurkundungsfehler vor.

- Insbesondere im Zusammenhang mit im Unternehmenskaufvertrag vereinbarten Formeln zur Kaufpreisberechnung wird mitunter auf „Beispielsberechnungen" verwiesen. Hierbei handelt es sich um mehr oder weniger umfangreiche Zahlenwerke, bestehend aus realen oder geschätzten Positionen aus der Buchhaltung des betroffenen Unternehmens, die durch Rechenoperationen nach Maßgabe der vertraglich vereinbarten Berechnungsformel verknüpft sind. Als Zusammenstellung von rechnerisch zueinander in Beziehung gesetzten Buchungspositionen ähneln sie einer Gewinn- und Verlustrechnung und können daher ebenso wie diese als Bestandsverzeichnis qualifiziert werden. Dies gilt auch dann, wenn es sich um geschätztes oder fiktives Zahlenmaterial handelt.
- Aktuelle und chronologische Handelsregisterauszüge sowie Gesellschafterlisten sind ebenfalls Verzeichnisse über Rechte bzw. Rechtsverhältnisse und damit Bestandsverzeichnisse, auf die nach § 14 BeurkG verwiesen werden kann. Ein Gesellschaftsvertrag hingegen kann nicht als Bestandsverzeichnis qualifiziert werden.
- Bei Grundbuchauszüge handelt es sich um eine tabellarische Auflistung der Rechtsverhältnisse für den betroffenen Grundbesitz. Insoweit sind sie in vollem Umfang Bestandsverzeichnisse.

Bei **Erbauseinandersetzungen** können Verzeichnisse über den Bestand des Nachlasses beigefügt werden, welche ausweisen, welcher Miterbe welche Nachlassgegenstände zu Alleineigentum erhält.[29] Dies gilt auch für die Auflistung von zum Nachlass gehörenden Grundbesitz für Zwecke der **Auflassung**; die Einschränkung für die Beurkundung von Grundpfandrechten, bei denen die im Grundbuch anzugebenden Erklärungen in der Niederschrift selbst enthalten sein müssen, gilt hier nicht.[30]

Auch bei **Eheverträgen** und **Scheidungsfolgenvereinbarungen** spielen Bestandsverzeichnisse gelegentlich eine Rolle, insbes. in der Form von Vermögensverzeichnissen (z.B. Verzeichnis des Anfangsvermögens, § 1377 BGB) und von Verzeichnissen über die Verteilung des Hausrats und der Wohnungseinrichtung.[31]

17 Bei **Grundstückskaufverträgen** stellt sich die Frage, ob der zu übertragende Grundbesitz in ein Verzeichnis aufgenommen werden darf, auf das nach § 14 BeurkG verwiesen wird. Hier spielt die oben beschriebene Diskussion eine wichtige Rolle (siehe Rdn 12). Nach einer vereinzelt gebliebenen Auffassung soll das Verfahren nach § 14 BeurkG allenfalls dann zulässig sein, wenn der gesamte Grundbesitz des Veräußerers übertragen wird. Werde nur ein Teil veräußert, fehle es an einem einheitlichen die Sachgesamtheit verbindenden Band.[32] Diese Auffassung kann nicht geteilt werden: Sie führt einerseits zu Zufallsergebnissen; andererseits liegt ihr ein durch den Gesetzeszweck nicht zu rechtfertigender zu enger Bestandsbegriff zugrunde. Richtig erscheint Folgendes: Auflistungen von Grundbesitz (gleiches gilt natürlich auch für andere Vermögensgüter) stellen einen Bestand dar, der grundsätzlich die Verweisung nach § 14 BeurkG ermöglicht.[33] Es spielt keine Rolle, ob die Auflistung alle gleichartigen Güter des Veräußerers erfasst oder nur einen Teil davon. Angesichts der Bedeutung, die der übertragene Grundbesitz regelmäßig für die Beteiligten hat, und den damit verbundenen notariellen Belehrungspflichten ist es jedoch nur in wenigen Fällen sachgerecht, nach § 14 BeurkG zu verfahren.[34] Solche Fälle kommen allerdings immer wieder vor: Man denke an Unternehmenskäufe und Umwandlungsvorgänge mit mehrseitigen Grundstückslisten.[35] Überdies werden bei Grundstückskaufverträgen nicht selten Verzeichnisse über

29 *Winkler*, § 14 Rn 21; *Stauf*, RNotZ 2001, 129, 145; *Kanzleiter*, DNotZ 1999, 292, 298.
30 *Winkler*, § 14 Rn 21; *Stauf*, RNotZ 2001, 129, 145.
31 *Winkler*, § 14 Rn 19 f.; *Stauf*, RNotZ 2001, 129, 146; Staudinger/*Hertel*, BeurkG Rn 439.
32 So DNotI-Report 2003, 17, 18.
33 *Ising/von Loewenich*, ZNotP 2003, 176, 177 ff.; *Winkler*, § 14 Rn 12 ff., 23 ff.; *Waldner*, Beurkundungsrecht, Rn 85; im Ergebnis auch: *Lerch*, § 14 Rn 6.
34 Ähnlich (noch etwas enger): *Kanzleiter*, DNotZ 1999, 292, 298 f.
35 *Ising/von Loewenich*, ZNotP 2003, 176, 177.

mitverkaufte Einrichtungsgegenstände (Inventarlisten) nach § 14 BeurkG beigefügt;[36] auch dies müsste unzulässig sein, wenn man von einem engen Bestandsbegriff ausgeht.

Auch auf einen Grundbuchauszug kann im Wege des § 14 BeurkG verwiesen werden, weil dieser den Bestand der den Grundbesitz betreffenden Rechtsverhältnisse verzeichnet, insbesondere die Belastungen.

Auf eine **Baubeschreibung im Rahmen eines Bauträgervertrages** ist § 14 BeurkG nicht anzuwenden.[37] Das hat aber entgegen der Gesetzesbegründung[38] nichts damit zu tun, dass eine Baubeschreibung sich auf erst noch zu beschaffende oder herzustellende Gegenstände bezieht. Auch in den sog. Nachzügler-Fällen, in denen das Bauwerk bereits vollständig fertiggestellt ist, also nichts mehr beschafft oder hergestellt werden muss, kann eine Baubeschreibung nicht als Bestandsverzeichnis i.S.d. § 14 BeurkG beurkundet werden. Die Baubeschreibung beschränkt sich nämlich nicht auf die Auflistung von Sachen, Rechten oder Rechtsverhältnisses, sondern sie beschreibt ein Werk, für dessen Herstellung zwar auch einzelne Sachen (z.B. Sanitärobjekte, Fliesen oder Lichtschalter) erforderlich sind, für das aber zugleich eine Vielzahl sonstiger Eigenschaften zu bestimmen ist (z.B. die Zuordnung der zu verbauenden Sachen zu den einzelnen Räumen, die Höhe des Fliesenspiegels, die Ausführungsqualität des Wand- und Deckenputzes etc.). 18

Bei einer **Teilungserklärung nach WEG** wird bestritten, dass die Miteigentumsanteile und die zugeordneten Sondereigentumseinheiten in eine Anlage „ausgegliedert" werden können, da es sich nicht um einen „real existierenden" Bestand handele.[39] Richtigerweise (oben Rdn 13) sind aber auch zukünftige Bestände zulässiger Inhalt eines Bestandsverzeichnisses, sodass die Miteigentumsanteile nebst Sondereigentumseinheiten im Rahmen eines Teilungserklärung Gegenstand eines Bestandsverzeichnisses im Sinne des § 14 BeurkG sein können. 19

Bei **Stammurkunden** im Zusammenhang mit **Immobilienfonds, Bauherrenmodellen und anderen Immobilienprojekten** hat § 14 BeurkG keinen Anwendungsbereich, soweit bei der Errichtung solcher Urkunden auf in Anlage beigefügte Vertragstexte verwiesen wird, z.B. Geschäftsbesorgungsverträge, Mietverträge oder Mietgarantieabreden. Denn hierbei geht es nicht um die Bezeichnung des Bestandes solcher Rechtsverhältnisse, sondern die inhaltliche Begründung dieser Verträge.[40] 20

Auch bei **Tilgungsplänen** besteht grundsätzlich keine Möglichkeit die Verlesungspflicht einzuschränken. Tilgungspläne spielen eine Rolle, wenn eine Ratenzahlung des Kaufpreises vereinbart wird. Ein Ratenzahlungsplan kann schon begrifflich nicht als Bestandsverzeichnis angesehen werden. In der Praxis kann jedoch wie folgt verfahren werden: Die rechnerischen Grundlagen des Tilgungsplanes (Höhe und Anzahl der Raten, Laufzeit, Zinshöhe etc.) werden in der (verlesenen) Haupturkunde genau beschrieben; der Tilgungsplan wird der Urkunde lediglich zur Illustration beigefügt. Es handelt sich dann um keine Verweisung im technischen Sinne, so dass eine Verlesungspflicht nicht besteht (siehe oben § 9 BeurkG Rdn 36). 21

Abs. 1 S. 1 lässt es nicht zu, die **Angaben zu den Beteiligten** in eine Anlage aufzunehmen und auf das Verlesen zu verzichten.[41] Die Regelung bezieht sich nur auf Bestandsverzeichnisse, die Objekt der Erklärungen der Beteiligten sind (siehe § 9 Abs. 1 S. 1 Nr. 2 BeurkG); sie bezieht sich nicht auf diejenigen, die die Erklärungen abgeben (siehe § 9 Abs. 1 S. 1 Nr. 1 BeurkG). 22

II. Pfandrechtsbestellungen

Eine eingeschränkte Verlesungspflicht besteht auch bei bestimmten Pfandrechtsbestellungen, wovon allerdings in der Praxis kaum Gebrauch gemacht wird (vgl. oben Rdn 8). Das Gesetz erwähnt insoweit Hypotheken, Grundschulden, Rentenschulden, Schiffshypotheken an Schiffen oder Schiffsbauwerken und Registerpfandrechte an Luftfahrzeugen. Auf Hypotheken an Hochseekabeln ist § 14 BeurkG entspre- 23

36 *Winkler*, § 14 Rn 18.
37 Frenz/Miermeister/*Limmer*, § 14 BeurkG Rn 5; *Winkler*, § 14 Rn 27; *Stauf*, RNotZ 2001, 129, 145; Grziwotz/Sauer/Heinemann/*Heinemann/Grziwotz*, § 14 Rn 3.
38 BT-Drucks 13/11034, 40.
39 DNotI-Report 2003, 17, 18; *Stauf*, RNotZ 2001, 129, 146; *Winkler*, § 14 Rn 28.
40 Im Ergebnis ebenso Frenz/Miermeister/*Limmer*, § 14 BeurkG Rn 5.
41 *Winkler*, § 14 Rn 15.

chend anzuwenden.[42] In den zu verlesenden Urkundsteil aufgenommen werden müssen diejenigen Angaben, die später ins Grundbuch bzw. ins Register eingetragen werden (Abs. 1 S. 2), und die Unterwerfung unter die sofortige Zwangsvollstreckung, auch wenn diese nicht zulasten des jeweiligen Eigentümers erfolgt und damit nicht eintragungsbedürftig ist (Abs. 1 S. 3). Erfolgt die Unterwerfung zulasten des jeweiligen Eigentümers des Grundstücks, muss auch die diesbezügliche Eintragungsbewilligung in den zu verlesenden Teil aufgenommen werden.[43]

24 Bei der Hypothek sind neben der Zwangsvollstreckungsunterwerfung in den zu verlesenden Teil insbesondere aufzunehmen:

- Gläubiger, Geldbetrag der Forderung, Zinssatz, Geldbetrag etwaiger Nebenleistungen (§ 1115 Abs. 1 Hs. 1 BGB),
- eine etwaige Bedingtheit oder Befristung der Hypothek (nicht der gesicherten Forderung); wegen der Einzelheiten der Bedingung oder Befristung kann eine Auslagerung stattfinden, da hier im Grundbuch eine Bezugnahme auf die Eintragungsbewilligung möglich ist,[44]
- der Ausschluss der Erteilung des Briefes (§ 1116 Abs. 2 S. 3 BGB),
- eine Löschungsvormerkung (§ 1179 BGB),
- der Ausschluss des Löschungsanspruchs (§ 1179a Abs. 5 S. 2 BGB),
- die Bezeichnung als Sicherungshypothek (§ 1184 Abs. 2 BGB),
- die Bestellung eines Grundbuchvertreters bei einer Hypothek für Inhaber- und Orderpapiere (§ 1189 Abs. 1 S. 2 BGB) und
- der Höchstbetrag bei einer Höchstbetragshypothek (1190 Abs. 1 S. 2 BGB).

25 Bei Grundschulden sind dies die folgenden Angaben:

- Gläubiger, aus dem Grundstück zu zahlende Geldsumme, Zinssatz, Geldbetrag etwaiger Nebenleistungen (§§ 1192, 1115 Abs. 1 Hs. 1 BGB),
- eine etwaige Bedingtheit oder Befristung der Grundschuld,
- der Ausschluss der Erteilung des Briefes (§§ 1192, 1116 Abs. 2 S. 3 BGB),
- der Ausschluss des Löschungsanspruchs (§§ 1192, 1179a Abs. 5 S. 2 BGB) sowie
- eine Löschungsvormerkung (§§ 1192, 1179 BGB).

26 In die nicht zu verlesende Anlage können dagegen die Erklärungen zum „dinglichen" Inhalt des Grundpfandrechts ausgelagert werden, die nicht selbst im Grundbuch eingetragen werden müssen, sondern bei denen eine Bezugnahme auf die Eintragungsbewilligung ausreicht (siehe § 874 BGB). Bei Hypotheken sind dies insbesondere Angaben zu den Einzelheiten der gesicherten Forderung (siehe § 1115 Abs. 1 Hs. 2 BGB). Bei Grundschulden sind hier insbesondere Regelungen zur Kündigung der Grundschuld zu nennen, soweit hier eine Abweichung von der gesetzlichen Kündigungsfrist von sechs Monaten zulässig ist (siehe dazu § 1192 BGB). Darüber hinaus können schuldrechtliche Nebenabreden in die Anlage aufgenommen werden, insbesondere solche, die das Sicherungsgeschäft betreffen.[45] Gleiches gilt auch für „dinglich" wirkende Erklärungen, die mit dem Grundpfandrecht in Zusammenhang stehen und seiner Sicherung, Verstärkung und Durchführung dienen, so z.B. die Abtretung des Anspruchs auf Herausgabe des Briefes, die Abtretung des Anspruches auf Rückübertragung der Grundschuld und die Bestellung eines Zustellungsbevollmächtigten.

27 Für die Verweisungsmöglichkeit kommt es nicht darauf an, ob die Bestellung des Pfandrechts selbst „Hauptgeschäft" ist oder nur im Rahmen eines anderen Geschäfts – etwa im Rahmen eines Kaufvertrages durch Bestellung einer Hypothek für den Kaufpreisrest – erfolgt. Das entspricht dem Sinn des Gesetzes.[46] Dagegen ist **zwingende Wirksamkeitsvoraussetzung** für das Verfahren nach § 14 BeurkG, dass die Erklärungen, die die nicht verlesene Anlage enthält, im **Zusammenhang** mit der Grundpfandrechtsbestellung

42 *Stauf*, RNotZ 2001, 129, 146 f.

43 Grziwotz/Sauer/Heinemann/*Heinemann/Grziwotz*, § 14 Rn 8 m.w.N.

44 *Schöner/Stöber*, Rn 266.

45 *Winkler*, § 14 Rn 36; Frenz/Miermeister/*Limmer*, § 14 BeurkG Rn 6; Grziwotz/Sauer/Heinemann/*Heinemann/Grziwotz*, § 14 Rn 7.

46 *Kanzleiter*, DNotZ 1974, 379, 381; Frenz/Miermeister/*Limmer*, § 14 BeurkG Rn 6; *Winkler*, § 14 Rn 32 f.; *Lerch*, § 14 Rn 3.

stehen und nicht nur bei Gelegenheit abgegeben werden. Wo der innere Zusammenhang mit der Grundpfandrechtsbestellung nicht besteht, gibt es auch keine Verweisungsmöglichkeit nach § 14 BeurkG.[47]

§ 14 BeurkG gilt nicht für die Rechte, die in Abteilung II des Grundbuches eingetragen werden. Für eine Erstreckung der Vorschrift auf diese Fälle besteht auch kein Bedürfnis, weil zur Eintragung dieser Rechte immer eine öffentlich beglaubigte Erklärung genügt. 28

C. Verfahren der Verweisung

„Muss"-Voraussetzungen für eine wirksame Einbeziehung des Inhalts einer Anlage in die Niederschrift im Verfahren des § 14 BeurkG sind die folgenden: 29

- eine Verweisungserklärung auf ein Schriftstück als Anlage (Abs. 1, siehe unten Rdn 30),
- das Beifügen der Anlage (Abs. 1, siehe unten Rdn 31),
- die räumliche Trennung von Niederschrift und Anlage (siehe unten Rdn 32),
- ein tauglicher Verweisungsgegenstand (Bestandsverzeichnis oder Pfandrechtsbestellung, Abs. 1, siehe dazu auch Rdn 10 ff.),
- der Verzicht der Beteiligten auf das Vorlesen (Abs. 1, siehe unten Rdn 33) sowie
- die Feststellung dieses Verzichts in der Niederschrift (Abs. 3 Hs. 1, siehe unten Rdn 34).

Daneben enthält § 14 BeurkG noch folgende **Soll-Vorschriften**, die vom Notar ebenfalls als Amtspflichten unbedingt zu beachten sind, deren Verletzung aber nicht zur Unwirksamkeit der Beurkundung führt

- Vorlage der Anlage zur Kenntnisnahme durch die Beteiligten (Abs. 2 S. 1 Hs. 1, siehe unten Rdn 35).
- Feststellung der Vorlage zur Kenntnisnahme in der Niederschrift (Abs. 3 Hs. 2, siehe unten Rdn 35).
- Unterschriften durch die Beteiligten in der Anlage; besteht sie aus mehreren Seiten, ist jede Seite zu unterzeichnen (Abs. 2 S. 1 Hs. 1 u. 2, siehe unten Rdn 36),
- eine Prüfungs- und Belehrungspflicht nach § 17 BeurkG (Abs. 2 S. 2 i.V.m. § 17 BeurkG, siehe unten Rdn 37) und
- eine Pflicht zur Belehrung über die Bedeutung des Verweisens (Abs. 2 S. 2, siehe unten Rdn 37).

Entfallen ist die frühere Soll-Vorschrift in Abs. 2 S. 1 Hs. 1 u. 2 aF, wonach die Anlage von den Beteiligten zu unterschreiben und, wenn sie aus mehreren Seiten besteht, auf jeder der Seiten zu unterzeichnen ist (siehe unten Rdn 36).

I. Verweisungserklärung, Beifügung und räumlich getrennte Anlage

Wie auch bei Anlagen nach § 9 Abs. 1 S. 2 BeurkG erfordert die wirksame Einbeziehung des Inhalts der Anlage zunächst eine **Verweisungserklärung** auf die Anlage in der „Haupturkunde". Zu den Anforderungen an diese Verweisungserklärung kann auf die Kommentierung zu § 9 BeurkG verwiesen werden (siehe § 9 BeurkG Rdn 28 ff.). 30

Weiterhin ist erforderlich, dass die Anlage der Niederschrift **beigefügt** wird. Wie bei § 9 Abs. 1 S. 2 BeurkG meint Beifügen hier im Falle der Beurkundung in Papier, dass die Anlage bei der Beurkundung körperlich vorliegt und der Notar den Willen hat, die Anlage später mit der Niederschrift fest zu verbinden. Ob die feste Verbindung später auch erfolgt, ist für das Beifügen hingegen ohne Belang. Es reicht aus, wenn die Anlage im Zeitpunkt der Genehmigung der Urkunde durch die Beteiligten nach § 13 Abs. 1 S. 1 BeurkG vorliegt. Daher schadet es nicht, wenn die Anlagen erst während der laufenden Beurkundung fertig gestellt und vorgelegt werden.[48] Im Falle der Errichtung einer elektronischen Niederschrift muss die Anlage zum Teil des elektronischen Dokuments gemacht werden, welches die restliche Niederschrift enthält. Auch hier kann auf die Kommentierung zu § 9 BeurkG verwiesen werden (siehe § 9 BeurkG Rdn 32). 31

47 BayObLG v. 30.1.1974 – BReg. 2 Z 60/73, DNotZ 1974, 376 ff. mit Anm. *Kanzleiter*; Frenz/Miermeister/*Limmer*, § 14 BeurkG Rn 6; *Winkler*, § 14 Rn 33; *Stauf*, RNotZ 2001, 129, 147.

48 BeckOK-BeurkG/*Bremkamp*, § 14 Rn 24.

32 Die Gesetzesbegründung betont, dass die gemäß § 14 BeurkG nicht zu verlesenden Erklärungen durch die Aufnahme in ein besonderes Schriftstück vom übrigen Inhalt der Niederschrift **räumlich getrennt** werden müssen.[49] Dieser räumlichen Trennung wird eine Warnfunktion zugeschrieben.[50] Als Trennung reicht allerdings aus, wenn sich die Anlage ohne gegenständliche Trennung, aber erkennbar von der Niederschrift abgesetzt auf demselben Papierbogen, etwa auf seiner Rückseite, befindet.[51] Nicht die körperliche Trennung, sondern die klare und auf den ersten Blick erkennbare räumlich-optische Trennung ist maßgebend. Daher kann es ausreichen, wenn der obere Teil einer Seite die Niederschrift und der untere Teil die als solche bezeichnete Anlage enthält. Unzulässig ist dagegen, in der Niederschrift – etwa durch Randnoten – einzelne Abschnitte der räumlich-gegenständlich einheitlichen Urkunde als „Anlage" zu deklarieren und von der Verlesung auszunehmen.[52] Denn einer Niederschrift ist nur „beigefügt" im Sinne des § 14 BeurkG, was dem Schlussvermerk nachfolgt.

Zulässig ist es hingegen, wenn die Anlage neben Erklärungen, für die von den Erleichterungen des § 14 BeurkG Gebrauch gemacht wird, auch verlesene Erklärungen enthält. Die Anlage darf also nur teilweise verlesene Erklärungen enthalten, die Haupturkunde hingegen nicht.[53]

Bei Errichtung einer elektronischen Niederschrift gilt das alles entsprechend: Dort kann es von vornherein keine körperliche Trennung von Hauptschrift und Anlage geben, zumal diese aus technischen Gründen Teile einer einheitlichen Datei sein müssen.

II. Verzicht auf das Vorlesen, Feststellung des Verzichts

33 Von der Vereinfachung nach § 14 BeurkG kann nur dann Gebrauch gemacht werden, wenn **alle Beteiligten** auf das Vorlesen der Anlage **verzichten**. Beteiligte sind die formell Beteiligten. Der Verzicht kann daher auch durch einen vollmachtlosen Vertreter wirksam ausgesprochen werden;[54] einer Genehmigung dieses Verfahrens durch den Vertretenen bedarf es nicht, weil nur materiell-rechtliche, nicht aber verfahrensrechtliche Erklärungen des vollmachtlosen Vertreters genehmigungsbedürftig sind; der Vertreter ist alleiniger „Herr des Beurkundungsverfahrens".[55]

34 Der Verzicht der Beteiligten auf das Verlesen **muss** in der Niederschrift **festgestellt** werden (Abs. 3 Hs. 1). Ein Verstoß gegen die Muss-Vorschrift führt dazu, dass die in der Anlage enthaltenen Erklärungen nicht öffentlich beurkundet sind und die Beurkundung insoweit unwirksam ist.[56] Dies gilt im Grundsatz auch, wenn der Verzicht tatsächlich erklärt, aber versehentlich nicht vermerkt wurde. Haben die Beteiligten den Verzicht allerdings erklärt und hat der Notar ihn versehentlich nicht in die Urkunde aufgenommen, so kann eine Berichtigung nach § 44a Abs. 2 BeurkG durch Nachtragsvermerk erfolgen.[57] § 44a Abs. 2 BeurkG ermöglicht die Berichtigung „offensichtlicher Schreibfehler". Er verlangt aber nicht, dass sich die Unrichtigkeit zwingend bereits aus der Urkunde ergibt. Es kommt nur darauf an, dass die Unrichtigkeit für den Notar „offensichtlich" ist.[58] Auch ist nicht entscheidend, dass erst die Berichtigung zur Wirksamkeit der Beurkundung führt (siehe dazu auch § 9 BeurkG Rdn 8).

49 BT-Drucks V/3282, 30 f.; BayObLG v. 20.7.1973 – BReg. 2 Z 34/73, DNotZ 1974, 49, 51 f.; *Schalkhaußer*, MittBayNot 1972, 271, 272; *Schalkhaußer*, MittBayNot 1974, 126, 128; *Winkler*, § 14 Rn 7; Grziwotz/Sauer/Heinemann/*Heinemann/Grziwotz*, § 14 Rn 9.
50 BayObLG v. 20.7.1973 – BReg. 2 Z 34/73, DNotZ 1974, 49, 51 f.
51 *Winkler*, § 14 Rn 7; *Reithmann*, DNotZ 1972, 71, 75; *Stauf*, RNotZ 2001, 129, 144.
52 Staudinger/*Hertel*, BeurkG Rn 441.
53 BayObLG v. 20.7.1973 – BReg. 2 Z 34/73, DNotZ 1974, 49, 51 f.
54 *Kanzleiter*, DNotZ 1974, 379, 382; *Winkler*, § 14 Rn 38; Grziwotz/Sauer/Heinemann/*Heinemann/Grziwotz*, § 14 Rn 12; *Stauf*, RNotZ 2001, 129, 149.
55 *Winkler*, § 14 Rn 38.
56 Frenz/Miermeister/*Limmer*, § 14 BeurkG Rn 13; *Lerch*, § 14 Rn 8; Staudinger/*Hertel*, BeurkG Rn 442; *Stauf*, RNotZ 2001, 129, 150.
57 Staudinger/*Hertel*, BeurkG Rn 442; Grziwotz/Sauer/Heinemann/*Heinemann/Grziwotz*, § 14 Rn 25.
58 *Winkler*, § 44a Rn 19.

III. Vorlage zur Durchsicht

35 Die Anlage **soll** den Beteiligten **zur Kenntnisnahme vorgelegt** werden (Abs. 2 S. 1). Dass dies geschehen ist, soll ebenfalls in der Niederschrift festgestellt werden (Abs. 3 Hs. 2). Ein Verstoß gegen diese Soll-Bestimmungen berührt die Gültigkeit aber nicht.[59] Es ist Sache der Beteiligten, ob sie die vorgelegte Anlage tatsächlich durchlesen. Das Verfahren nach § 14 BeurkG ist sogar bei Beteiligung Blinder zulässig.[60] Regelmäßig wird es sich allerdings bei einem blinden Beteiligten wegen der Belehrungspflicht des Notars gem. § 17 BeurkG empfehlen, nicht nach § 14 BeurkG zu verfahren, sondern auch die Anlage vorzulesen.[61] Ist ein Sprachunkundiger beteiligt, muss die Anlage nicht mündlich übersetzt werden; eine schriftliche Übersetzung ist nur erforderlich, wenn der Sprachunkundige dies verlangt (siehe auch § 16 BeurkG Rdn 19).[62]

36 Bis zur Änderung der Norm durch das Gesetz zur Einführung einer elektronischen Präsenz-beurkundung vom 10.12.2025[63] sah Abs. 2 S. 1 vor, dass die Anlage – anders als das Schriftstück des § 9 Abs. 1 S. 2 BeurkG – von den Beteiligten[64] (nicht auch vom Notar) **seitenweise unterzeichnet** werden soll.[65] Zu Recht hat *Limmer*[66] darauf hingewiesen, dass es sich dabei um ein dem deutschen Beurkundungsgesetz „wesensfremdes Element" handelt. *Hertel*[67] sprach von einem anglo-amerikanischen Fremdkörper, *Kanzleiter*[68] sogar von einem „Missgriff". Der Sinn dieses Erfordernisses war zweifelhaft und die praktische Umsetzung insbesondere dann lästig, wenn etwa bei Unternehmenstransaktionen Bestandsverzeichnisse im Umfang von mehreren hundert Seiten zu beurkunden waren. Bei der Errichtung elektronischer Niederschrift ist überdies die Signatur einzelner Seiten der elektronischen Niederschrift überhaupt nicht möglich.[69] Es ist daher zu begrüßen, dass dieses Erfordernis ersatzlos abgeschafft worden ist. Die Autorisierungsfunktion, die der Unterschrift auf der letzten Seite der Anlage zugesprochen wurde, wird nach der Neuregelung durch die nunmehr ausdrücklich vorgeschriebene Pflicht des Notars zur Belehrung über die Bedeutung des Verweisens auf die Anlage gewährleistet.[70]

IV. Prüfungs- und Belehrungspflicht

37 § 14 BeurkG will das Beurkundungsverfahren vereinfachen, nicht aber die Rechtsstellung der Beteiligten schwächen. Daher erinnert Abs. 2 S. 2 ausdrücklich an § 17 BeurkG. Der Notar muss folglich die Beteiligten über die rechtliche Tragweite der in der Anlage befindlichen Erklärungen ebenso belehren, wie wenn diese unmittelbar in der Niederschrift enthalten wären.[71] Mit dem Gesetz zur Einführung einer elektronischen Präsenzbeurkundung ist in Abs. 2 S. 2 die Anordnung ergänzt worden, dass der Notar die Beteiligten auch über die Bedeutung des Verweisens auf das beigefügte Schriftstück belehren soll. Der Notar soll also darauf hinweisen, dass der Inhalt der Anlage als Teil der Niederschrift Gültigkeit erlangt, auch wenn die Anlage nicht verlesen wird. Damit soll kompensiert werden, dass die Beteiligten seither die Anlage nicht mehr durch ihre Unterschrift auf der letzten Seite gesondert autorisieren müssen. Die Regelung ist angelehnt an § 13c Abs. 3 S. 2 BeurkG, der schon bisher eine entsprechende Belehrungspflicht vorsah (siehe § 13c BeurkG Rdn 36). Letztlich folgt eine entsprechende Hinweispflicht schon aus der allgemeinen Belehrungspflicht des Notars.

59 Staudinger/*Hertel*, BeurkG Rn 442b; Grziwotz/Sauer/Heinemann/*Heinemann/Grziwotz*, § 14 Rn 27; *Stauf*, RNotZ 2001, 129, 149.

60 *Winkler*, § 14 Rn 40; Grziwotz/Sauer/Heinemann/*Heinemann/Grziwotz*, § 14 Rn 13; wohl auch: *Stauf*, RNotZ 2001, 129, 150.

61 Grziwotz/Sauer/Heinemann/*Heinemann/Grziwotz*, § 14 Rn 13.

62 Grziwotz/Sauer/Heinemann/*Heinemann/Grziwotz*, § 14 Rn 13.

63 BGBl. 2025 I Nr. 320.

64 Zum Verfahren bei sehr umfangreichen Anlagen und der Unterzeichnung durch mehrere Vertreter des materiell Beteiligten: *Winkler*, § 14 Rn 41b.

65 Zu den damit verbundenen Rechtsfragen siehe Armbrüster/Preuß/*Piegsa*, 9. Aufl. § 14 BeurkG Rn 32.

66 Frenz/Miermeister/*Limmer*, § 14 BeurkG Rn 12.

67 Staudinger/*Hertel*, BeurkG Rn 442a.

68 *Kanzleiter*, DNotZ 1999, 292, 299.

69 *Forschner*, MittBayNot 2022, 536; BeckOK-BeurkG/*Bremkamp*, § 14 Rn 29.

70 RegE BR-Drucks 372/25, 48.

71 *Winkler*, § 14 Rn 46; Frenz/Miermeister/*Limmer*, § 14 BeurkG Rn 11; Grziwotz/Sauer/Heinemann/*Heinemann/Grziwotz*, § 14 Rn 18.

§ 15 Versteigerungen

[1]Bei der Beurkundung von Versteigerungen gelten nur solche Bieter als beteiligt, die an ihr Gebot gebunden bleiben. [2]Entfernt sich ein solcher Bieter vor dem Schluß der Verhandlung, so gilt § 13 Abs. 1 insoweit nicht; in der Niederschrift muß festgestellt werden, daß sich der Bieter vor dem Schluß der Verhandlung entfernt hat.

Literatur *Becker*, Die freiwillige Grundstücksversteigerung – Eine Einführung, notar 2014, 359; *Bürger*, Notar als Auktionator: Die Versteigerung von Geschäftsanteilen, NotBZ 2011, 8; *Dietsch*, Freiwillige Grundstücksversteigerungen – materiellrechtliche und beurkundungsverfahrensrechtliche Aspekte, NotBZ 2000, 322; *Limmer*, Die freiwillige Grundstücksversteigerung durch den Notar, in: FS Bezzenberger, 2000, S. 509; *Rachlitz*, Zweiwochenfrist und Grundstücksversteigerung – zugleich Anmerkung zum Urteil des BGH vom 24.11.2014, NotSt(Brfg) 3/14, MittBayNot 2015, 457; *Röll*, Die „freiwillige Versteigerung" nach §§ 53 ff. WEG, MittBayNot 1981, 64.

A. Allgemeines

1 Der Notar kann auf dreierlei Weise mit der Versteigerung von Gegenständen befasst sein. Er kann eine von einem anderen Versteigerer (Auktionator) vorgenommene Versteigerung beurkunden. Er kann die Versteigerung selbst als Versteigerer vornehmen (§ 20 Abs. 3 BNotO). Schließlich kann er beide zuvor genannten Aufgaben zugleich wahrnehmen und eine von ihm selbst vorgenommene Versteigerung auch beurkunden (siehe dazu auch Rdn 52). § 15 BeurkG regelt hierbei nur das bei der **Beurkundung der Versteigerung** zu beachtende Verfahren und trifft **keine Bestimmungen für das Versteigerungsverfahren.**[1]

2 § 15 BeurkG enthält zwei Sonderregelungen für die Beurkundung von Versteigerungen, um den dabei auftretenden Besonderheiten gerecht zu werden. Satz 1 schränkt die Zahl der Beteiligten des Beurkundungsverfahrens ein, damit nicht sämtliche Bieter in der Urkunde aufgeführt werden müssen (siehe unten Rdn 22). Satz 2 dispensiert von dem Erfordernis, dass dem Meistbietenden die Niederschrift vorgelesen und von diesem genehmigt und unterschrieben werden muss, wenn er sich vor dem Schluss der Verhandlung entfernt (siehe unten Rdn 26 ff.). Im Übrigen richtet sich die Beurkundung von Versteigerungen nach den allgemeinen Vorschriften (siehe Rdn 31 ff.).

3 In der Praxis gibt es bei freiwilligen Versteigerungen unter Mitwirkung von Notaren zwei Verfahrenswege, die streng auseinandergehalten werden müssen:

– Der eine Verfahrensweg besteht darin, die Versteigerung nach näherer Maßgabe der Sonderregeln für Versteigerungen, insbesondere § 156 BGB, durchzuführen; zum Vertragsabschluss kommt es dann

1 *Lerch*, § 15 Rn 3.

aufgrund des Zuschlags im Rahmen des durchgeführten Versteigerungsverfahrens. Wenn im Folgenden von „Versteigerung" gesprochen wird, ist damit diese **„echte" Versteigerung** gemeint.

– Der andere Verfahrensweg besteht darin, das „Versteigerungsverfahren" nur als Instrument der Vorauswahl des Meistbietenden einzusetzen. Ist diese Auswahl getroffen, wird danach ein „normaler" Kaufvertrag zwischen dem Einlieferer und dem Erwerber geschlossen (hier **„unechte" Versteigerung** genannt, siehe dazu auch Rdn 55 f.). Die Sonderregel des § 15 BeurkG für die Beurkundung einer Versteigerung gilt in diesem Fall nicht.

Ob eine echte oder eine unechte Versteigerung durchgeführt werden soll, bestimmen die Versteigerungsbedingungen. Fehlt es darin an hinreichenden Anhaltspunkten für eine unechte Versteigerung, so handelt es sich nach der Rechtsprechung des BGH um eine echte Versteigerung.[2]

B. Die Zuständigkeit des Notars bei Versteigerungen

Hier ist zwischen der Zuständigkeit für die Durchführung der Versteigerung einerseits und der Zuständigkeit für die Beurkundung der Versteigerung andererseits zu unterscheiden. **4**

Der Notar ist für die **Durchführung einer Versteigerung** dann **zuständig**, wenn es sich um eine freiwillige Versteigerung handelt (§ 20 Abs. 3 BNotO). Dies gilt uneingeschränkt aber nur für die Versteigerung von Immobilien, Forderungen und Rechten. Bewegliche Sachen soll der Notar dagegen gem. § 20 Abs. 3 S. 2 BNotO nur dann versteigern, wenn die Versteigerung durch eine Versteigerung unbeweglicher Sachen oder durch eine von ihm beurkundete oder vermittelte Vermögensauseinandersetzung veranlasst ist.[3] Auch die öffentliche Versteigerung – z.B. gem. § 383 BGB (Versteigerung nicht hinterlegungsfähiger Sachen), § 753 BGB (Aufhebung einer Gemeinschaft), § 1235 BGB (Pfandverkauf)[4] – ist freiwillige Versteigerung i.S.d. § 20 Abs. 3 BNotO. Dies war bisher schon h.M.[5] und hat der Gesetzgeber mit dem Vierten Bürokratieentlastungsgesetz[6] nunmehr in § 20 Abs. 3 S. 3 BNotO klargestellt. Da es bei öffentlichen Versteigerungen aber regelmäßig um die Versteigerung beweglicher Sachen geht, ist die Beschränkung des § 20 Abs. 3 S. 2 BNotO zu beachten. Nicht zuständig ist der Notar für die Durchführung einer Versteigerung im Wege der Zwangsvollstreckung nach ZPO oder ZVG. **5**

Die **Zuständigkeit** des Notars **zur Beurkundung einer Versteigerung** folgt aus § 20 Abs. 1 BNotO.[7] Der Notar hat damit eine Allzuständigkeit für die Beurkundung von freiwilligen Versteigerungen. Insbesondere gilt für die Beurkundung nicht die Beschränkung des § 20 Abs. 3 S. 2 BNotO, so dass der Notar ohne Weiteres auch die – von einer anderen Person vorgenommene – Versteigerung einer beweglichen Sache beurkunden darf.[8] Keine Zuständigkeit hat der Notar demgegenüber für die Beurkundung von Zwangsversteigerungen. Hier sind die Vorschriften der ZPO und des ZVG über das Protokoll abschließend. Demgemäß erstreckt sich auch der Anwendungsbereich des § 15 BeurkG nicht auf die Beurkundung von Versteigerungsverfahren nach der ZPO oder dem ZVG.[9] **6**

Gem. § 66 Abs. 1 Nr. 1 BeurkG können landesrechtliche Vorschriften vorsehen, dass **andere Personen als Notare** zur Beurkundung freiwilliger Versteigerungen zuständig sind. Das gilt jedoch ausdrücklich nicht für die freiwillige Versteigerung von Grundstücken und grundstücksgleichen Rechten. Die freiwillige Versteigerung eines Grundstücks oder grundstücksgleichen Rechts kann daher nur durch einen Notar wirksam beurkundet werden. Etwaige landesrechtliche Regelungen, die insoweit eine Beurkundungszuständigkeit anderer Stellen begründet haben, sind außer Kraft getreten (§ 66 Abs. 1 Nr. 1 BeurkG). **7**

2 BGH DNotZ 1999, 342, 344.

3 Frenz/Miermeister/*Limmer*, § 20 BNotO Rn 39; BeckOK-BNotO/*Sander*, § 20 Rn 145, 157.

4 Weitere Fälle: §§ 966, 979, 983, 1003, 1219, 2042 BGB; §§ 371, 373, 376, 379, 388, 391, 441 HGB; § 65 Abs. 3, § 214 Abs. 3, § 226 Abs. 3 AktG; § 23 S. 2 GmbHG.

5 *Lerch*, § 15 Rn 2; Grüneberg/*Grüneberg*, § 383 BGB Rn 4; Staudinger/*Kern*, § 383 BGB Rn 13; BeckOK-BNotO/*Sander*, § 20 Rn 145.

6 Viertes Gesetz zur Entlastung der Bürgerinnen und Bürger, der Wirtschaft sowie der Verwaltung von Bürokratie vom 23.10.2024, BGBl I Nr. 323.

7 Frenz/Miermeister/*Limmer*, § 20 BNotO Rn 36.

8 BeckOK-BNotO/*Sander*, § 20 Rn 148.

9 Grziwotz/Sauer/Heinemann/*Heinemann/Grziwotz*, § 15 Rn 3.

C. Die materielle Rechtslage bei einer Versteigerung

I. Der Vertragsschluss

8 Das **Zustandekommen eines Vertrags**, genauer gesagt eines **Kaufvertrags**,[10] richtet sich bei einer Versteigerung nach § 156 BGB. Danach ist das **Gebot als Vertragsantrag** des Bieters und der **Zuschlag als Annahme** dieses Angebots aufzufassen.[11] Die Ankündigung der Veranstaltung und alle Angaben im Vorfeld, insbesondere das Ausgebot, stellen lediglich eine rechtlich zunächst unverbindliche „invitatio ad offerendum" dar. Daraus folgt, dass der Meistbietende keinen Anspruch auf Erteilung des Zuschlags hat.[12] Ob der Versteigerer diesen erteilt, steht grundsätzlich in seinem Belieben, wenn nicht die Versteigerungsbedingungen in Abweichung von § 156 BGB etwas anderes bestimmen.

Der Zuschlag ist eine nicht empfangsbedürftige Willenserklärung, die mit der Abgabe wirksam wird. Dem Zustandekommen des Vertrags steht es demnach nicht entgegen, dass sich der Meistbietende vor der Erteilung des Zuschlags entfernt.[13]

9 Der Bieter ist gem. § 156 S. 2 BGB an sein Gebot so lange gebunden, wie nicht ein Übergebot abgegeben oder die Versteigerung ohne Zuschlag geschlossen wird. Die Bindungswirkung entfällt auch dann, wenn der Versteigerer das Gebot zurückweist (§ 146 BGB). Grundsätzlich kann der Bieter daher die Bindungswirkung seines Gebots nicht dadurch zu Fall bringen, dass er sich vor dem Zuschlag von dem Versteigerungsort entfernt oder sein Gebot widerruft.[14] Auf die Besonderheit der Bindungswirkung bei formbedürftigen Verträgen wird unten eingegangen (siehe Rdn 17 f.).

10 Von § 156 BGB abweichende Versteigerungsbedingungen sind zulässig. So kann sich der Versteigerer des Rechts begeben, dem Meistbietenden den Zuschlag zu verweigern. Ebenso kann bestimmt werden, dass in Abweichung von § 156 S. 2 BGB ein Gebot nicht bei Abgabe eines Übergebotes erlischt und der Versteigerer auch ein geringeres Gebot annehmen kann.[15] Schließlich kann auch bestimmt werden, dass der Zuschlag noch nicht den Vertragsschluss begründet, sondern nur einer Vorauswahl dient und der eigentliche Vertrag später geschlossen wird (dies ist die „unechte" Versteigerung, siehe oben Rdn 3 und unten Rdn 55 f.).[16]

II. Die Vertragspartner

11 **Vertragspartner** des infolge des Zuschlags zustande gekommenen Kaufvertrags ist auf der einen Seite der Bieter, dem der Zuschlag erteilt wurde. Auf der anderen Seite des Vertrags steht regelmäßig nicht der Versteigerer selbst, sondern dieser erteilt den Zuschlag im fremden Namen für seinen Auftraggeber (im Folgenden auch Einlieferer genannt). Denkbar ist aber auch, dass der Versteigerer selbst Vertragspartner wird, wenn es sich um ein Kommissionsgeschäft handelt.[17] Bei Grundstücksversteigerungen führt dies allerdings zu unerwünschten grunderwerbsteuerlichen Konsequenzen.[18]

12 Handelt der Versteigerer im Namen des Einlieferers, folgt seine **Vertretungsmacht** aus einer Bevollmächtigung durch diesen.[19] Dies gilt auch dann, wenn der Notar als Versteigerer handelt.[20] Allerdings ist hier das der Vollmacht zugrunde liegende Rechtsverhältnis zum Einlieferer nicht wie beim gewerblichen Versteigerer als privatrechtlich zu qualifizieren, sondern der Notar handelt bei der Durchführung der Versteigerung **kraft Amtes**.[21]

III. Der Vertragsinhalt

13 Die **wesentlichen Vertragsbestimmungen** des infolge der Versteigerung geschlossenen Kaufvertrags werden durch die bei der Versteigerung abgegebenen Erklärungen festgelegt. Der Versteigerer ruft einen bestimmten Gegenstand zur Versteigerung auf (Kaufsache). Der Bieter bestimmt durch die Abgabe sei-

10 *Dietsch*, NotBZ 2000, 322, 325, m.w.N.
11 Staudinger/*Bork*, § 156 BGB Rn 2.
12 Grüneberg/*Ellenberger*, § 156 BGB Rn 1.
13 Staudinger/*Bork*, § 156 BGB Rn 5.
14 Staudinger/*Bork*, § 156 BGB Rn 3.
15 Staudinger/*Bork*, § 156 BGB Rn 9.
16 *Limmer*, in: FS Bezzenberger, 2000, S. 509, 511.
17 Staudinger/*Bork*, § 156 BGB Rn 10.
18 *Dietsch*, NotBZ 2000, 322, 324.
19 *Dietsch*, NotBZ 2000, 322, 324.
20 Frenz/Miermeister/*Limmer*, § 20 BNotO Rn 40; a.A. *Winkler*, § 15 Rn 5, wonach der Notar kraft Amtes, nicht aber als Bevollmächtigter handele.
21 *Dietsch*, NotBZ 2000, 322, 324.

nes Gebots die Höhe des Kaufpreises. Daneben wird aber häufig eine von den dispositiven gesetzlichen Regeln des Kaufvertragsrechts abweichende Gestaltung des Kaufvertrages gewünscht sein. So werden die Beteiligten regelmäßig besondere Regelungen zur Fälligkeit des Kaufpreises und zur Gewährleistung vereinbaren wollen. Hier stellt sich die Frage, wie diese Bestimmungen bei der Versteigerung in den Vertrag „inkorporiert" werden können. Insbesondere muss schon bei Abgabe des Gebots klar sein, mit welchem Inhalt der Vertrag zustande kommt. Der Versteigerer kann nicht erst bei Erteilung des Zuschlags die sonstigen Vertragsbestimmungen festlegen, da Vertragsantrag und Annahme übereinstimmen müssen (§ 150 Abs. 2 BGB).

Die Versteigerungspraxis verfährt so, dass in den **allgemeinen Versteigerungsbedingungen** der Inhalt des durch die Versteigerung zustande kommenden Kaufvertrags festgelegt wird. Allgemeine Versteigerungsbedingungen enthalten in der Regel zum einen die gesetzliche Regelung des § 156 BGB ergänzende oder modifizierende Bestimmungen zu Gebot und Zuschlag und zum anderen Bestimmungen zum Inhalt des mit dem Ersteher zustande kommenden Vertrags.[22] Indem diese allgemeinen Versteigerungsbestimmungen vor Versteigerungsbeginn bekannt gegeben werden, nimmt der Bieter bei Abgabe seines Gebots auf den von ihnen festgelegten Vertragsinhalt Bezug und macht diesen damit auch zum Erklärungsinhalt seines in dem Gebot liegenden Vertragsantrags. 14

Zu beachten ist allerdings, dass es sich bei diesen Vertragsbestimmungen regelmäßig um **Allgemeine Geschäftsbedingungen** handeln wird. Wenn ein Verbraucher als Ersteigerer beteiligt ist, ist es daher insbesondere erforderlich, dass den besonderen **Voraussetzungen** für die Einbeziehung Allgemeiner Geschäftsbedingungen **gem. § 305 Abs. 2 BGB** genügt wird. Hierzu muss auf die allgemeinen Versteigerungsbedingungen ausdrücklich hingewiesen werden (§ 305 Abs. 2 Nr. 1 BGB) und die Möglichkeit bestehen, von ihnen in zumutbarer Weise Kenntnis zu nehmen (§ 305 Abs. 2 Nr. 2 BGB). Dem zweiten Erfordernis wird am ehesten durch die sichtbare Auslage der Versteigerungsbedingungen genügt,[23] jedenfalls aber müssen diese zur Vorlage bereitgehalten werden. Grundsätzlich müssen diese Besonderheiten auch bei der notariellen Beurkundung der Versteigerung beachtet werden (siehe dazu auch Rdn 44). 15

Das Gleiche gilt auch hinsichtlich der § 156 BGB ergänzenden oder modifizierenden Bestimmungen in den allgemeinen Versteigerungsbedingungen. Auch hier muss bei Beteiligung eines Verbrauchers den Anforderungen des § 305 Abs. 2 BGB genügt werden.[24]

IV. Das Erfüllungsgeschäft

Anders als der Zuschlag nach § 90 ZVG hat der Zuschlag nach § 156 BGB nur den Abschluss des **Verpflichtungsgeschäfts**, **nicht** aber das **dingliche Erfüllungsgeschäft** zum Inhalt.[25] Bei der freiwilligen Grundstücksversteigerung muss daher die Auflassung separat erklärt werden. 16

V. Formbedürftige Verträge

Das Versteigerungsverfahren **dispensiert nicht von den Formerfordernissen**, die für den infolge der Versteigerung zustande gekommenen Vertrag bestehen. Bei einer Grundstücksversteigerung muss daher der Form des § 311b Abs. 1 S. 1 BGB genügt werden, also eine notarielle Beurkundung stattfinden.[26] Bei der Versteigerung von GmbH-Geschäftsanteilen bedarf es ebenfalls der notariellen Beurkundung, um der Form des § 15 Abs. 4 S. 1 GmbHG zu entsprechen.[27] 17

Solange die notarielle Beurkundung nicht erfolgt ist, gibt es noch keinen wirksamen Vertrag (§ 125 S. 1 BGB). Demnach ist auch solange noch der **Widerruf** der auf den Vertragsabschluss gerichteten Erklärungen, also sowohl des Gebots wie auch des Zuschlags **möglich**.[28] Auch eine Verpflichtung, an der notariellen Beurkundung mitzuwirken und dadurch die Wirksamkeit des Vertrages herbeizuführen, wird 18

22 *Limmer*, in: FS Bezzenberger, 2000, S. 509, 515 f.
23 *Limmer*, in: FS Bezzenberger, 2000, S. 509, 516; vgl. auch Grüneberg/*Grüneberg*, § 305 BGB Rn 32.
24 *Limmer*, in: FS Bezzenberger, 2000, S. 509, 516.
25 Staudinger/*Bork*, § 156 BGB Rn 8.
26 BGH v. 24.4.1998 – V ZR 197/97, DNotZ 1999, 342, 343; Frenz/Miermeister/*Limmer*, § 20 BNotO Rn 41; Grziwotz/Sauer/Heinemann/*Heinemann/Grziwotz*, § 15 Rn 6.
27 *Bürger*, NotBZ 2011, 8, 12; Grziwotz/Sauer/Heinemann/*Heinemann/Grziwotz*, § 15 Rn 6.
28 Leitfaden der BNotK zur freiwilligen Grundstücksversteigerung, DNotZ 2005, 161, 163 f.

durch die Erteilung des Zuschlags nicht begründet. Dieses Ergebnis mag überraschen, liegt aber dogmatisch auf der Hand, da nicht zu begründen ist, wie aus einem formunwirksamen Vertrag Verpflichtungen erwachsen sollen. Beurkundungsrechtlich entspricht diesem Ergebnis der Umstand, dass die Beurkundung der Versteigerung nicht gegen den erklärten Willen eines Beteiligten erfolgen kann (siehe dazu auch Rdn 29).

D. Das Beurkundungsverfahren bei einer Versteigerung

I. Die Ausgangslage bei der Beurkundung einer Versteigerung

19 Nahezu ausnahmslos wird davon ausgegangen, dass sich die Beurkundung von Gebot und Zuschlag im Rahmen einer Versteigerung **nach den Vorschriften über die Beurkundung von Willenserklärungen** richtet und damit die Verfahrensregeln der §§ 6 ff. BeurkG zur Anwendung kommen.[29] Lediglich eine Mindermeinung geht davon aus, dass die Beurkundung auch in der Form einer Niederschrift gem. §§ 36, 37 BeurkG erfolgen kann.[30] Dieser Meinung kann jedoch nicht gefolgt werden, da es sich bei Gebot und Zuschlag zweifelsfrei um Willenserklärungen handelt.[31] Auch widerspricht diese Auffassung dem Regelungsgehalt des § 15 BeurkG, der davon ausgeht, dass sich die Beurkundung einer Versteigerung grundsätzlich nach den Verfahrensregeln der §§ 6 ff. BeurkG richtet, und der systematischen Verortung des § 15 BeurkG im Abschnitt 2 des Beurkundungsgesetzes über die Beurkundung von Willenserklärungen.

Würde die Beurkundung von Gebot und Annahme daher im Verfahren der §§ 36, 37 BeurkG statt der §§ 6 ff. BeurkG erfolgen, hätte dies bei einem notarieller Form bedürfenden Geschäft die Formunwirksamkeit des beurkundeten Kaufvertrages zur Folge.

Für die sonstigen Feststellungen von Tatsachen und Vorgängen im Rahmen der Versteigerung (z.B. die Bekanntgabe der Versteigerungsbedingungen oder die Aufforderung zur Abgabe von Geboten) ist zwar die Beurkundung nach den Regeln der §§ 36, 37 BeurkG denkbar.[32] Da diese Umstände aber regelmäßig mit den abgegebenen Willenserklärungen verbunden sind, wird grundsätzlich eine einheitliche Niederschrift nach den strengeren Regeln der §§ 6 ff. BeurkG anzufertigen sein.[33]

20 Die **Besonderheit bei der Beurkundung einer Versteigerung** im Verfahren der §§ 6 ff. BeurkG liegt darin, dass hier die Willenserklärungen nicht wie sonst üblich erst nach dem Verlesen der Niederschrift durch die Genehmigung des Vorgelesenen, sondern bereits zuvor, nämlich durch Gebot und Zuschlag, abgegeben werden. Die Beurkundung hinkt hier also ausnahmsweise den zu beurkundenden Erklärungen hinterher.

21 Ließe man die Tatsachenbeurkundung nach §§ 36, 37 BeurkG zu, ergäben sich aus dieser Besonderheit keine Probleme. Der Notar wäre für die Errichtung der Niederschrift nicht auf die Mitwirkung der Beteiligten angewiesen, sondern könnte die Niederschrift im Anschluss an die Versteigerung ohne Weiteres allein anfertigen. Anders liegt dies beim Verfahren nach §§ 6 ff. BeurkG. Hier bedarf es grundsätzlich der Verlesung, Genehmigung und Unterschrift der Beteiligten. Obwohl die Erklärungen der Beteiligten in Gegenwart des Notars bereits abgegeben wurden, könnte deren Beurkundung daher an der mangelnden Mitwirkung eines Beteiligten scheitern. Der Gesetzgeber hat aus diesem Befund die Konsequenz gezogen, für die Beurkundung einer Versteigerung verfahrensrechtliche Erleichterungen zu schaffen.

II. Die Sonderregeln des § 15 BeurkG

1. Einschränkung des Kreises der Urkundsbeteiligten (S. 1)

22 Formell Beteiligte an der Beurkundung sind gem. § 6 Abs. 2 BeurkG alle, deren im eigenen oder fremden Namen abgegebenen Erklärungen beurkundet werden sollen. Da auch die überbotenen Bieter durch ihr Gebot eine Willenserklärung abgeben, wären diese daher auch an der Beurkundung der Versteigerung zu

29 BGH v. 24.4.1998 – V ZR 197/97, DNotZ 1999, 342, 343 f.; Frenz/Miermeister/*Limmer*, § 15 BeurkG Rn 4; *Winkler*, § 15 Rn 9; Grziwotz/Sauer/Heinemann/*Heinemann/Grziwotz*, § 15 Rn 8; *Dietsch*, NotBZ 2000, 322, 327.
30 Staudinger/*Bork*, § 156 BGB Rn 7.
31 *Bürger*, NotBZ 2011, 8, 12.
32 *Winkler*, § 15 Rn 9; *Waldner*, Beurkundungsrecht, Rn 249.
33 *Waldner*, Beurkundungsrecht, Rn 249; Grziwotz/Sauer/Heinemann/*Heinemann/Grziwotz*, § 15 Rn 8.

beteiligen. Dies führt aber zu erheblichen praktischen Problemen, da diese Personen dann in der Urkunde zu bezeichnen wären, ihnen die Urkunde vorzulesen wäre und sie diese zu genehmigen und zu unterschreiben hätten. S. 1 schränkt daher den Begriff der Beteiligten aus Vereinfachungsgründen ein: Überbotene Bieter oder solche, die aus anderen Gründen an ihr Gebot nicht gebunden sind, werden nicht als Beteiligte behandelt.[34]

Damit grenzt sich der Beteiligtenkreis ein auf den den Zuschlag erteilenden Versteigerer sowie diejenigen Bieter, die bis zum Schluss der Verhandlung an ihr Gebot gebunden sind. Dies ist gemäß § 156 S. 2 BGB nur der Meistbietende, wenn keine davon abweichenden Versteigerungsbedingungen vereinbart wurden. Solche Abweichungen kommen praktisch aber kaum vor. Selbst dann, wenn bestimmt wurde, dass ein Gebot durch ein Übergebot nicht erlischt (siehe oben Rdn 10), hat doch regelmäßig der Zuschlag das Erlöschen der anderen Gebote zur Folge. Sollten allerdings tatsächlich einmal Gebote, denen nicht der Zuschlag erteilt wurde, über den Zuschlag hinaus Bestand haben, müssen deren Bieter ebenfalls als Beteiligte in der Urkunde aufgeführt werden und ihnen gegenüber die Erfordernisse des § 13 Abs. 1 S. 1 BeurkG eingehalten werden. Andernfalls droht die Unwirksamkeit der Beurkundung. 23

Nicht im formellen Sinn beteiligt ist der Einlieferer, da dieser keine Willenserklärung abgibt, sondern für ihn der den Zuschlag erteilende Versteigerer handelt, es sei denn, der Einlieferer führt die Versteigerung ausnahmsweise selbst durch. Beteiligt sein kann aber der beurkundende Notar, wenn dieser zugleich die Aufgabe des Versteigerers übernimmt (siehe dazu auch Rdn 52). 24

Der Einlieferer ist allerdings grundsätzlich ebenfalls in der Urkunde zu bezeichnen, da auch für den materiell Beteiligten die Bezeichnungsanforderungen des § 10 BeurkG gelten (siehe § 10 BeurkG Rdn 7). Ein Verstoß hiergegen führt allerdings nicht zur Unwirksamkeit der Beurkundung, so dass es für die Wirksamkeit der Urkunde ausreicht, wenn sich bei einem Grundstückskaufvertrag der Name des Verkäufers zwar nicht aus der Urkunde ergibt, aber das zur Versteigerung gelangte Grundstück darin nach seiner Grundbucheintragung so genau bezeichnet ist, dass die Identität des im Grundbuch eingetragenen Verkäufers durch Einsichtnahme in dieses eindeutig feststellbar ist.[35] 25

2. Die Ausnahme von den Erfordernissen des § 13 Abs. 1 S. 1 BeurkG

Es kommt bei Versteigerungen vor, dass ein Bieter ein Gebot abgibt und sich danach vom Versteigerungsort entfernt. § 13 Abs. 1 S. 1 BeurkG trägt diesem Umstand dadurch Rechnung, dass er von den Erfordernissen des Vorlesens, Genehmigens und Unterschreibens in Bezug auf einen solchen Bieter befreit. Vorlesen, Genehmigen und Unterschreiben werden durch die von dem Notar in der Urkunde zu treffende **Feststellung ersetzt**, dass sich der Bieter vor dem Schluss der Verhandlung entfernt hat.[36] Bei dieser Feststellung handelt es sich um einen Muss-Inhalt der Niederschrift. Fehlt ein entsprechender Vermerk, ist die Beurkundung unwirksam.[37] 26

Für die Anwendbarkeit von S. 2 kommt es nicht darauf an, ob sich der Bieter gleich nach Abgabe des Gebots oder erst nach dem Zuschlag entfernt.[38] Klar machen muss man sich dabei Folgendes: S. 2 geht von dem Gedanken aus, dass der Inhalt des notariell zu beurkundenden Vertrages nach dem Zuschlag uneingeschränkt feststeht. Ein Vorgehen nach S. 2 scheidet daher aus, wenn bei der notariellen Protokollierung noch inhaltliche Gestaltungen erfolgen sollen oder müssen. 27

S. 2 begründet eine **Ausnahme nur für** den an das Gebot gebundenen **Bieter**.[39] Für den Versteigerer ergeben sich aus S. 2 demgegenüber keine Verfahrenserleichterungen. Diesem muss daher die Niederschrift in Gegenwart des Notars vorgelesen sowie von ihm genehmigt und unterschrieben werden.[40] Bei der Beurkundung kann sich der Versteigerer auch **nicht vertreten** lassen. Da es der von ihm erklärte 28

34 Grziwotz/Sauer/Heinemann/*Heinemann/Grziwotz*, § 15 Rn 19.
35 KG v. 18.12.2001 – 1 W 1712/00, ZNotP 2002, 187; Grziwotz/Sauer/Heinemann/*Heinemann/Grziwotz*, § 15 Rn 21.
36 Grziwotz/Sauer/Heinemann/*Heinemann/Grziwotz*, § 15 Rn 27.
37 *Winkler*, § 15 Rn 15; Grziwotz/Sauer/Heinemann/*Heinemann/Grziwotz*, § 15 Rn 27.
38 Vgl. *Winkler*, § 15 Rn 10.
39 Frenz/Miermeister/*Limmer*, § 15 BeurkG Rn 4; Grziwotz/Sauer/Heinemann/*Heinemann/Grziwotz*, § 15 Rn 23.
40 *Dietsch*, NotBZ 2000, 322, 327; Grziwotz/Sauer/Heinemann/*Heinemann/Grziwotz*, § 15 Rn 23.

Zuschlag ist, der beurkundet wird, ist er formell Beteiligter. Eine gleichwohl erfolgte „Vertretung" in der Beurkundung hat deren Unwirksamkeit zur Folge.[41]

29 Das Gesetz stellt nicht darauf ab, aus welchem Grund sich der Bieter entfernt. Es stellt sich daher die Frage, ob auch dann nach S. 2 verfahren werden kann, wenn sich der an sein Gebot gebundene Bieter entfernt, zuvor aber ausdrücklich die Verweigerung seiner Genehmigung und Unterschriftsleistung kundgetan hat. Die ganz überwiegende Meinung nimmt an, dass der Notar in diesem Fall nicht nach S. 2 verfahren darf.[42] Die Gegenmeinung verweist darauf, dass diese einschränkende Auslegung des S. 2 dem Meistbietenden eine einfache Möglichkeit gebe, sich jeglicher Bindung des Zuschlags zu entziehen. Ein Böswilliger könne das Ergebnis der Versteigerung so mühelos sabotieren.[43] Das Argument überzeugt aber nur vordergründig. Wie oben aufgezeigt wurde, besteht bis zur wirksamen Beurkundung des infolge der Versteigerung geschlossenen Kaufvertrages bei einem notariell zu beurkundenden Geschäft ohnehin die Möglichkeit, das Gebot noch zu widerrufen und den Vertragsschluss zu vereiteln (siehe oben Rdn 18). Selbst wenn man dem Notar in dieser Situation die Vornahme der Beurkundung gegen den erklärten Willen des Bieters gestatten würde, hätte er in die Urkunde die Erklärung des Widerrufs des Gebots aufzunehmen. Die Beurkundung würde damit gerade nicht zur Herbeiführung eines wirksamen Vertrages führen, sondern sich im Gegenteil gerade zum Nichtzustandekommen des Vertrags verhalten. Angesichts dieser Rechtslage macht es keinen Sinn, dem Bieter nicht auch die Verweigerung der Genehmigung und Unterschrift zu gestatten. Erst recht gilt dies natürlich, wenn sich der Bieter nicht entfernt. Hier ist die Verweigerung der Genehmigung und Unterschrift schon nach den allgemeinen Verfahrensregeln vom Notar zu beachten.[44]

30 Zweifelhaft ist die Rechtslage, wenn sich der Meistbietende vor der Beurkundung entfernt, ohne zuvor ausdrücklich klargestellt zu haben, ob darin ein Widerruf seines Gebots und die Verweigerung seiner Genehmigung und Unterschriftsleistung zu sehen sein soll. Richtigerweise wird man darauf abstellen müssen, ob das Verhalten des Meistbietenden aus Sicht eines objektiven Dritten (§§ 133, 157 BGB) als Widerruf des Gebots zu verstehen ist.[45] Allein der Umstand, dass der Meistbietende sich entfernt hat, reicht dafür nicht aus. Den Notar trifft dabei keine Verpflichtung zu Nachforschungen, denn es liegt am Bieter, nach abgegebenem Gebot einen etwaigen Sinneswandel hinreichend deutlich zu machen.

III. Das sonstige Verfahren bei der Beurkundung einer Versteigerung

31 Weitere Besonderheiten als die in § 15 BeurkG geregelten sind für das Verfahren der Beurkundung einer Versteigerung nicht vorgesehen. Es gelten daher grundsätzlich die **allgemeinen Verfahrensregeln**. Teilweise wird allerdings diskutiert, ob und in welchem Umfang diese allgemeinen Regeln durch die Besonderheiten einer Versteigerung Modifizierungen unterliegen.

1. Anwesenheit des Notars

32 Der Notar sollte während des Versteigerungsvorgangs von Anfang an und fortwährend anwesend sein.[46] Nur so kann er zuverlässig feststellen, wer Meistbietender ist und wem der Zuschlag erteilt wurde. Für die Wirksamkeit der Beurkundung ist es jedenfalls zwingend, dass er bei Abgabe des Meistgebots und der Erteilung des Zuschlags an den Meistbietenden anwesend war.[47] Er muss nämlich eigene Wahrnehmungen über die zu beurkundenden Willenserklärungen gemacht haben.[48] Eine ausdrückliche Vermerkpflicht, dass er bei der Versteigerung anwesend war, kann allerdings nicht angenommen werden.[49]

41 BGH v. 24.4.1998 – V ZR 197/97 – DNotZ 1999, 342.

42 Leitfaden der BNotK zur freiwilligen Grundstücksversteigerung, DNotZ 2005, 161, 166; *Becker*, notar 2014, 359, 365; *Winkler*, § 15 Rn 10; Frenz/Miermeister/*Limmer*, § 15 BeurkG Rn 4; *Lerch*, § 15 Rn 11; Grziwotz/Sauer/Heinemann/*Heinemann/Grziwotz*, § 15 Rn 24.

43 *Röll*, MittBayNot 1981, 64, 66.

44 DNotI-Report 1996, 209, 210 f.; a.A. *Röll*, MittBayNot 1981, 64, 66, der hier § 15 S. 2 BeurkG analog anwenden will.

45 BeckOK-BeurkG/*Eble*, § 15 Rn 25.

46 Leitfaden der BNotK zur freiwilligen Grundstücksversteigerung, DNotZ 2005, 161, 165; DNotI-Rep. 2000, 181, 182.

47 Frenz/Miermeister/*Limmer*, § 20 BNotO Rn 45; vgl. auch *Limmer*, in: FS Bezzenberger (2000), 509, 513; *Dietsch*, NotBZ 2000, 322, 327.

48 KG v. 4.5.1995 – 19 U 7575/94, KG-Report 1995, 193.

49 So aber KG v. 4.5.1995 – 19 U 7575/94, KG-Report 1995, 193 und ihm folgend *Lerch*, § 15 Rn 11.

2. Mitwirkungsverbote

33 Der Notar darf zu dem Bieter, dessen Gebot beurkundet wird, nicht in einem der von §§ 3, 6 BeurkG bezeichneten Verhältnisse stehen, da dieser Bieter Beteiligter der Beurkundung ist.[50] Gleiches gilt für den Versteigerer; auch dieser ist Urkundsbeteiligter. Führt der beurkundende Notar die Versteigerung jedoch selbst durch, unterliegt er keinem Mitwirkungsverbot (siehe unten Rdn 52). Steht der Notar zu einem Bieter, dessen Gebot durch Abgabe eines Übergebots erloschen ist, in einem der in §§ 3, 6 BeurkG bezeichneten Verhältnisse, ist er ebenfalls nicht an der Beurkundung gehindert. Gemäß S. 1 gilt ein solcher Bieter nicht als Beteiligter der Beurkundung. Gleichwohl sollte der Notar darauf dringen, dass keine derartigen Personen bei der Versteigerung mitbieten. Es ist nämlich nicht auszuschließen, dass diese Personen doch Höchstbietende werden und damit die Beurkundung scheitern muss. Hier können insbesondere die Versteigerungsbedingungen Regeln vorsehen, dass Personen, die in einem Verhältnis gem. §§ 3, 6 BeurkG zum Notar stehen, von der Abgabe von Geboten ausgeschlossen sind.

3. Identitätsfeststellung der Beteiligten (§ 10 BeurkG)

34 Den Notar treffen die allgemeinen Identifizierungspflichten gem. § 10 BeurkG auch bei den Beteiligten der Beurkundung einer Versteigerung. Das bedeutet, dass der Notar nicht alle bei der Versteigerung Anwesenden zu identifizieren hat, sondern es ausreicht, wenn er die Identität des Versteigerers und des an sein Gebot gebundenen Bieters prüft. Gleichwohl empfiehlt es sich regelmäßig, noch vor Beginn der Versteigerung – etwa bei einer Einlasskontrolle – alle Anwesenden zu identifizieren. Der Notar kann schließlich nicht wissen, wer Meistbietender werden wird, und der Meistbietende könnte den Versteigerungsort vor Verhandlungsende verlassen. Eine Identifizierung wäre dann nicht mehr im Rahmen der Beurkundung möglich, sondern müsste nachgeholt werden. Diese praktischen Schwierigkeiten werden durch eine anfängliche Identifizierung aller Anwesenden vermieden.

35 Bei Grundstücksversteigerungen und Versteigerungen von Geschäftsanteilen gelten auch die erweiterten Identifizierungs- und Dokumentationspflichten des Geldwäschegesetzes. Auch hier empfiehlt es sich, eine den Anforderungen der §§ 3 Abs. 1 Nr. 1, 4 Abs. 3 und Abs. 4 GwG genügende Identifizierung bei allen Anwesenden vorzunehmen. Die Dokumentation der Identifizierung sollte allerdings aus Gründen des Datenschutzes nur für die später Urkundsbeteiligten erfolgen. Etwaig gefertigte Ausweiskopien von Personen, die nicht geboten haben oder überboten wurden, sollten daher vernichtet werden.

4. Prüfung und Dokumentation der Vertretungsmacht (§§ 17, 12 BeurkG)

36 Die allgemeine Pflicht zur Prüfung und Dokumentation der Vertretungsmacht bezieht sich bei der Versteigerung zum einen auf die Vertretungsmacht des Versteigerers für den Einlieferer. Handelt der Versteigerer bei einer Grundstücksauktion als Bevollmächtigter des Einlieferers, bedarf die Vollmacht im Hinblick auf § 29 GBO zumindest der öffentlichen Beglaubigung.[51] Der Notar hat auch zu prüfen, ob die dem Versteigerer erteilte Vollmacht möglicherweise notariell zu beurkunden ist, weil sie unwiderruflich erteilt wurde oder aber trotz Widerruflichkeit zu einer rechtlichen oder tatsächlichen Bindung des Vollmachtgebers führt.[52]

37 Häufig lassen sich Personen bei der Abgabe von Geboten vertreten. Auch hier muss daher sichergestellt sein, dass der Notar die ordnungsgemäße Vertretungsmacht kontrolliert und die Vollmacht des den Zuschlag erhaltenden Meistbietenden in Urschrift oder beglaubigter Anschrift der Niederschrift beifügt. Es kann sich daher empfehlen, die Vollmachten aller Beteiligten vor Beginn der Versteigerung zu kontrollieren und für die Dauer der Versteigerung zu verwahren. Nach Erteilung des Zuschlags kann von der Vollmacht des Höchstbietenden eine beglaubigte Ablichtung gefertigt werden. Sodann können die Originale der Vollmachten wieder ausgehändigt werden.

50 *Winkler*, § 15 Rn 8.
51 Grziwotz/Sauer/Heinemann/*Heinemann/Grziwotz*, § 15 Rn 6.
52 *Winkler*, § 15 Rn 5b.

5. Urkundsinhalt und Beurkundungstechnik

38 Ist der infolge der Versteigerung zustande gekommene Kaufvertrag gem. § 311b Abs. 1 S. 1 BGB formbedürftig, umfasst die Beurkundungspflicht alle Vereinbarungen, die nach dem Willen der Parteien Bestandteil des Vertrags sein sollen, d.h. in innerem Zusammenhang mit ihm stehen.[53] Der Beurkundungspflicht unterliegen allerdings nur die im Rahmen der Versteigerung abgegebenen Willenserklärungen; mehr als diese, insbesondere sonstige Tatsachenfeststellungen muss die Niederschrift nicht enthalten.[54]

39 Für die Frage, welchen Inhalt die Niederschrift aufweisen muss, kommt es daher maßgeblich darauf an, welche Erklärungen die Beteiligten im Rahmen der Versteigerung abgeben. Dies sind zunächst Gebot und Zuschlag. Darin erschöpfen sich die Erklärungen der Beteiligten aber nicht, sondern Gebot und Zuschlag nehmen wiederum auf die allgemeinen Versteigerungsbedingungen Bezug, welche regelmäßig den Inhalt des Kaufvertrages weiter präzisieren (siehe oben Rdn 13). Es ist daher zwingend erforderlich, dass auch dieser Teil der Versteigerungsbedingungen zum Inhalt der Niederschrift gemacht wird.[55]

40 Ob daneben auch der Teil der allgemeinen Versteigerungsbedingungen zum Inhalt der Niederschrift gemacht werden muss, der die gesetzliche Regelung des § 156 BGB ergänzende oder modifizierende Bestimmungen zu Gebot und Zuschlag enthält, wird in Literatur und Rechtsprechung nicht ausdrücklich thematisiert. Nur *Limmer* scheint davon auszugehen, dass dieser Teil der Versteigerungsbedingungen nicht protokolliert werden muss.[56] Diese Auffassung erscheint aber fraglich. Dieser Teil der allgemeinen Versteigerungsbedingungen regelt die Frage, ob durch Gebot und Zuschlag auch tatsächlich ein Vertrag zustande kommt. So kann es etwa sein, dass der Versteigerer nicht dem Meistbietenden den Zuschlag erteilt, sondern einem Bieter, der ein geringeres Gebot abgegeben hat. Ob dessen Gebot aber überhaupt noch Bestand hat oder aber infolge der Regelung des § 156 BGB durch die Abgabe des höheren Gebots bereits erloschen ist, so dass ein Vertrag nicht mehr zustande kommen konnte, bestimmt dieser Teil der allgemeinen Versteigerungsbedingungen. Als derart maßgeblich ist er m.E. ebenfalls mitzubeurkunden.

41 Nicht zum Inhalt der Niederschrift müssen Gebote gemacht werden, die bereits erloschen sind. Diese spielen weder für den Bestand noch den Inhalt des Kaufvertrages eine Rolle. Dies entspricht auch der Wertung des S. 1, wonach solche Bieter auch nicht als Beteiligte des Beurkundungsverfahrens anzusehen sind.

42 Die allgemeinen Versteigerungsbedingungen werden regelmäßig als **Verweisungsurkunde** errichtet, damit im Beurkundungsverfahren von der Erleichterung des § 13a BeurkG Gebrauch gemacht und auf deren Verlesung verzichtet werden kann. Dieses Verfahren könnte allerdings den Berufsrechtsrichtlinien der Notarkammern widersprechen, welche die Auslagerung geschäftswesentlicher Vereinbarungen in Verweisungsurkunden regelmäßig verbieten, oder zu einem Konflikt mit § 17 Abs. 2a BeurkG führen (siehe dazu § 13c BeurkG Rdn 6).

43 Der Leitfaden der Bundesnotarkammer enthält zu dieser Frage keine eindeutige Positionierung.[57] *Limmer* verweist aber zu Recht darauf, dass die Berufsrechtsrichtlinien ausdrücklich nur die missbräuchliche oder zweckwidrige Auslagerung untersagen. Bei der Versteigerung, die es erforderlich mache, dass in den Versteigerungsbedingungen der Vertragsinhalt festgelegt werde, sei ein solcher Missbrauch auszuschließen.[58] Auch gehört eine gewisse Standardisierung zum Wesen einer Versteigerung, was jedem Bieter, der sich auf dieses Verfahren einlässt, bekannt ist.[59] Damit steht meines Erachtens der Auslagerung der Vertragsbedingungen in eine Verweisungsurkunde nichts entgegen. Selbstverständlich treffen den Notar aber auch hinsichtlich der ausgelagerten Bestimmungen die allgemeinen Belehrungs- und Hinweispflichten[60] (siehe dazu § 13c BeurkG Rdn 36 f., siehe unten Rdn 45 ff.).

44 Wie bereits oben ausgeführt, müssen die Voraussetzungen des § 305 Abs. 2 BGB beachtet werden, um die in den allgemeinen Versteigerungsbedingungen enthaltenen Vertragsbestimmungen in den durch die Versteigerung zustande kommenden Kaufvertrag materiell-rechtlich einzubeziehen. Es stellt sich aber

53 KG v. 18.12.2001 – 1 W 1712/00, ZNotP 2002, 187, 188.
54 *Dietsch*, NotBZ 2000, 322, 327.
55 *Limmer*, in: FS Bezzenberger, 2000, S. 509, 516.
56 Vgl. *Limmer*, in: FS Bezzenberger, 2000, S. 509, 516.
57 Leitfaden der BNotK zur freiwilligen Grundstücksversteigerung, DNotZ 2005, 161, 165 f.
58 *Limmer*, in: FS Bezzenberger, 2000, S. 509, 517 f.; ebenso DNotI-Report 2000, 181, 183 f. und *Waldner*, Beurkundungsrecht, Rn 250.
59 Grziwotz/Sauer/Heinemann/*Heinemann/Grziwotz*, § 15 Rn 11.
60 *Becker*, notar 2014, 359, 364.

die Frage, ob dies auch dann gilt, wenn der Vertrag notariell beurkundet wird. *Limmer* differenziert hier und ist der Auffassung, dass die allgemeinen Versteigerungsbestimmungen, die den Inhalt des abzuschließenden Vertrages betreffen, allein durch die Verweisung gem. § 13c BeurkG wirksam in den Vertrag einbezogen werden. Für die Bestimmungen, die § 156 BGB ergänzen oder modifizieren, soll es hingegen der Beachtung von § 305 Abs. 2 BGB bedürfen.[61] Dem kann nicht gefolgt werden. Auch für die Bestimmungen, die den Inhalt des Kaufvertrages festlegen, bedarf es der Beachtung von § 305 Abs. 2 BGB. Dies ergibt sich bereits daraus, dass der Vertragsinhalt nicht erst im Rahmen der Beurkundung festgelegt wird, sondern bereits durch Gebot und Zuschlag feststeht. Fehlt es aber bei Gebot und Zuschlag an einer wirksamen Einbeziehung der Versteigerungsbedingungen, ist die Folge, dass der Vertrag mit dem Inhalt des dispositiven Gesetzesrechts zustande kommt. Die nachfolgende Beurkundung kann hieran grundsätzlich nichts mehr ändern. Zwar können die Beteiligten einen Änderungsvertrag schließen und abweichende Bestimmungen von dem durch Gebot und Zuschlag festgelegten Vertragsinhalt vereinbaren. Dies sollte dann aber auch in der Niederschrift so festgehalten werden. Auch scheidet dieses Vorgehen aus, wenn sich der Ersteher vor der Beurkundung entfernt. Würde der Notar hier als Vertragsinhalt Versteigerungsbedingungen beurkunden, die zum Zeitpunkt von Gebot und Zuschlag nicht wirksam in den Vertrag einbezogen waren, wäre der Urkundsinhalt schlichtweg falsch. Der Ersteher hätte einer Vertragsänderung in dieser Situation nämlich überhaupt nicht zustimmen können. Demgemäß muss der beurkundende Notar dringend darauf achten, dass die allgemeinen Versteigerungsbedingungen ordnungsgemäß durch Einhaltung der Anforderungen des § 305 Abs. 2 BGB in den Vertrag einbezogen werden. Andernfalls müsste er eine Niederschrift mit ganz anderem Inhalt erstellen.

6. Prüfungs- und Belehrungspflichten (§ 17 BeurkG)

Nach herrschender Meinung gilt die Pflicht zur Beratung und Belehrung **gem. § 17 Abs. 1 S. 1 BeurkG** 45 auch im Rahmen der Beurkundung einer Versteigerung.[62] Hiergegen kann insbesondere nicht angeführt werden, dass die Belehrung bei einer Versteigerung zu spät komme, weil die Willenserklärungen zum Zeitpunkt der Beurkundung bereits abgegeben seien. Gegen dieses Argument spricht schon, dass sich die Beteiligten bei notariell zu beurkunden Verträgen noch vom Vertrag lösen können (siehe oben Rdn 18, 29), so dass die Belehrung keinesfalls ihr Ziel verfehlen muss.[63] Zudem ist es auch möglich, die Belehrung zu Beginn der Versteigerung durchzuführen. Hierdurch wird der Schutzfunktion der Belehrung sogar in besonderer Weise entsprochen, weil die vorgezogene Belehrung den späteren Meistbietenden vor Abgabe seiner Erklärung erreicht.[64] Wer gehemmt ist, wegen der großen Zahl weiterer Anwesender Rückfragen zu stellen, kann für den Fall, dass er Meistbietender wird, diesen Erörterungsbedarf bei der späteren Beurkundung befriedigen.

Auch der Umstand, dass ein Bieter erst später zur Versteigerung hinzustößt und sich nach Abgabe des 46 Gebots wieder entfernt, führt zu keinen unüberwindlichen Schwierigkeiten. Der Notar genügt seiner Belehrungspflicht in der Regel durch die allgemeine Belehrung zu Beginn der Versteigerung und der Ankündigung, für weiteren Erörterungsbedarf im Rahmen der Beurkundung zur Verfügung zu stehen. Ob die Beteiligten von diesem Belehrungsangebot Gebrauch machen, ist ihre Entscheidung. Ist der Meistbietende erst später zur Versteigerung dazugestoßen, muss er nicht zwingend bei der Beurkundung zugegen sein, um in den Genuss der notariellen Belehrung zu kommen.[65] Der Notar sollte ihn nur, wenn er sich vor erfolgter Belehrung entfernt, darauf hinweisen, dass er sich der Möglichkeit einer späteren Belehrung begibt.

Fraglich ist, ob den Notar bei einer Grundstücksversteigerung auch die Pflicht des **§ 17 Abs. 2a S. 2 Nr. 2** 47 **BeurkG** trifft, einem Meistbietenden, der Verbraucher ist, den beabsichtigten Text des Rechtsgeschäfts zwei Wochen vor der Beurkundung zur Verfügung zu stellen, wenn sich der Vertrag als Verbrauchervertrag darstellt. *Sorge* vertritt zur alten Fassung der Norm die Auffassung, die Grundstücksauktion als Son-

61 *Limmer*, in: FS Bezzenberger, 2000, S. 509, 516; ebenso DNotI-Report 2000, 181, 182.
62 Leitfaden der BNotK zur freiwilligen Grundstücksversteigerung, DNotZ 2005, 161, 166 ff.; Frenz/Miermeister/*Limmer*, § 20 BNotO Rn 46a; Grziwotz/Sauer/Heinemann/*Heinemann/Grziwotz*, § 15 Rn 11.
63 So auch Leitfaden der BNotK zur freiwilligen Grundstücksversteigerung, DNotZ 2005, 161, 167.
64 DNotI-Report 2000, 181, 184.
65 Möglicherweise a.A.: Leitfaden der BNotK zur freiwilligen Grundstücksversteigerung, DNotZ 2005, 161, 167.

derfall und Ausnahme anzusehen und generell aus dem Anwendungsbereich dieser Norm herauszunehmen.[66] Der Leitfaden der BNotK vertritt – unter Verweis auf die Entstehungsgeschichte und die besondere Schutzbedürftigkeit des Verbrauchers in der „Atmosphäre" einer Auktion – die gegenteilige Position.[67] Der Notar müsse – wenn auch in modifizierter Form – § 17 Abs. 2a S. 2 BeurkG a.F. auch bei einer Grundstücksauktion beachten. Es sei aber ausreichend, wenn die Bedingungen für den im Rahmen der Versteigerung zustande kommenden Kaufvertrag zugleich mit der Terminbestimmung für die Versteigerung innerhalb der 14-Tages-Frist **öffentlich bekannt gemacht** werden.[68] In ihren anlässlich der Verschärfung des § 17 Abs. 2a S. 2 Nr. 2 BeurkG (insb.: Zurverfügungstellung des Texts durch den Notar) durch das Gesetz zur Stärkung des Verbraucherschutzes im notariellen Beurkundungsverfahren[69] herausgegebenen Anwendungsempfehlungen[70] vertritt die BNotK nunmehr die Auffassung, dass bei „echten" Grundstücksversteigerungen eine Ausnahme von den Erfordernissen des § 17 Abs. 2a S. 2 Nr. 2 BeurkG zu machen sei. Sie beruft sich dabei auf die Beschlussempfehlungen des Rechtsausschusses zur Neuregelung des § 17 Abs. 2a BeurkG,[71] in denen es heißt:

Die Neuregelung des § 17 Abs. 2a S. 2 Nr. 2 BeurkG verschärft hinsichtlich der Zwei-Wochen-Frist das geltende Recht und lässt als Soll-Vorschrift begründete Ausnahmen zu. Der Notar muss bei solchen Ausnahmen zukünftig die Gründe für die Nichtversendung in der Niederschrift angeben. Eine freiwillige Grundstücksversteigerung ist eine solche begründete Ausnahme. Zwei Wochen vor Beurkundung kann niemand wissen, wer den Zuschlag erhält und ob es sich bei dem zu beurkundenden Rechtsgeschäft um einen Verbrauchervertrag handeln wird.

48 Die BNotK will es daher genügen lassen, wenn bei der öffentlichen Bekanntgabe des beabsichtigten Textes des Rechtsgeschäfts der Notar als die für den Vertrag verantwortliche Person und Ansprechpartner für Rückfragen kenntlich gemacht wird. Bei unechten Versteigerungen soll es dagegen bei der uneingeschränkten Anwendungen von § 17 Abs. 2a S. 2 Nr. 2 BeurkG bleiben.[72]

49 (Vorläufig nicht belegt)

50 Freilich wird häufig der Anwendungsbereich des § 17 Abs. 2a S. 2 Nr. 2 BeurkG bei echten Grundstücksversteigerungen nicht eröffnet sein. Bei der Frage, ob am Rechtsgeschäft ein Unternehmer beteiligt ist und daher ein Verbrauchervertrag vorliegt, kommt es nämlich nicht auf die Person des Versteigerers, sondern wegen des materiellen Beteiligtenbegriffs auf die Person des Einlieferers an.[73] Hierbei wird es sich häufig um einen Verbraucher handeln.

7. Die Beurkundung sonstiger Willenserklärungen aus Anlass der Versteigerung, insbesondere der Auflassung

51 Die Verfahrensvereinfachung des S. 2 gilt für die Beurkundung von Versteigerungen nur insoweit, als es sich um den eigentlichen Versteigerungsvorgang handelt, nicht dagegen für sonstige Willenserklärungen, die aus Anlass einer Versteigerung abgegeben werden. Insbesondere gilt S. 2 damit nicht für die Beurkundung der Auflassung.[74] Die Niederschrift über die Auflassung muss daher dem Ersteher und dem Versteigerer, wenn dieser die Auflassung aufgrund Vollmacht für den Einlieferer erklärt, bei gleichzeitiger Anwesenheit in Gegenwart des Notars vorgelesen sowie von ihnen genehmigt und unterschrieben werden. Diese Erfordernisse beim Ersteher durch einen Vermerk gem. S. 2 zu ersetzen, ist nicht möglich.

66 *Sorge*, DNotZ 2002, 593, 603.
67 Leitfaden der BNotK zur freiwilligen Grundstücksversteigerung, DNotZ 2005, 161, 168 f.
68 Zum „Zurverfügungstellen" durch eine Abrufmöglichkeit auf der Homepage des Notars vgl. *Rachlitz*, MittBayNot 2015, 457, 461.
69 G. v. 15.7.2013 (BGBl I S. 2378).
70 Rundschreiben der BNotK 25/2013 v. 2.10.2013, S. 6 ff.
71 BT-Drucks 17/13137, 4.
72 Rundschreiben der BNotK 25/2013 v. 2.10.2013, S. 8 f.; ebenso das Rundschreiben der Rheinischen Notarkammer 1/2019 (anders noch das Rundschreiben 2/2013, S. 6 f.); so auch BGH v. 24.11.2014 – NotSt (Brfg) 3/14, DNotZ 2015, 314 ff., der in Rn 22 zudem andeutet, dass bei „echten" Versteigerungen eine Ausnahme von § 17 Abs. 2a S. 2 Nr. 2 BeurkG zu machen sein könnte und damit zu der von der BNotK vorgenommenen Differenzierung tendiert; zustimmend *Rachlitz*, MittBayNot 2015, 457, 461 f.
73 Zustimmend BeckOK-BeurkG/*Eble*, § 15 Rn 8.
74 *Lerch*, § 15 Rn 8; Frenz/Miermeister/*Limmer*, § 15 BeurkG Rn 4; *Rachlitz*, MittBayNot 2015, 457, 460; *Dietsch*, NotBZ 2000, 322, 328; *Limmer*, in: FS Bezzenberger, 2000, S. 509, 519; DNotI-Report 1996, 209, 211; *Winkler*, § 15 Rn 12; Grziwotz/Sauer/Heinemann/*Heinemann/Grziwotz*, § 15 Rn 26.

E. Der beurkundende Notar als Versteigerer

§ 20 Abs. 3 BNotO gestattet dem Notar, die Versteigerung selbst als Versteigerer durchzuführen (siehe oben Rdn 1, 4). Daneben kann der Notar die von ihm durchgeführte Versteigerung auch selbst beurkunden. Das Mitwirkungsverbot des § 3 Abs. 1 S. 1 Nr. 8 BeurkG und der Ausschlussgrund des § 6 Abs. 1 Nr. 1 BeurkG gelten insoweit nicht.[75] Schon die Gesetzesbegründung ging davon aus, dass die Amtsperson, die die Versteigerung durchführt, diese auch beurkunden kann.[76] Der Notar ist in diesem Fall selbst als Versteigerer in der Urkunde aufzuführen und der von ihm erteilte Zuschlag zu beurkunden.[77] Wird das Vorlesen gegenüber dem Ersteher durch den Vermerk gem. S. 2 ersetzt und gibt es keine weiteren Beteiligten, braucht der Notar die Urkunde überhaupt nicht vorzulesen.[78] 52

Fraglich ist, ob der Notar auch das **dingliche Erfüllungsgeschäft beurkunden** darf, wenn er selbst – namens und aufgrund Vollmacht des Einlieferers – den dinglichen Vertrag schließt. Dies ist zu verneinen, da hier der Ausschlussgrund des § 6 Abs. 1 Nr. 1 BeurkG eingreift. Beim Erfüllungsgeschäft handelt es sich nicht mehr um einen Bestandteil der Versteigerung, insbesondere ist das Erfüllungsgeschäft nicht schon im Zuschlag enthalten (siehe oben Rdn 16). Der Notar handelt damit nicht mehr aufgrund ausdrücklicher gesetzlicher Aufgabenzuweisung, so dass eine Privilegierung nicht zu rechtfertigen ist.[79] 53

Regelmäßig wird es daher sinnvoll sein, dass der Einlieferer oder eine von diesem bevollmächtigte dritte Person die Auflassung erklärt. Hierzu ist grundsätzlich gem. § 925 BGB die gleichzeitige Anwesenheit von Einlieferer und Ersteher vor dem Notar erforderlich. Allerdings bestimmt Art. 143 Abs. 2 EGBGB, dass landesgesetzliche Vorschriften, nach welchen es bei der Auflassung eines Grundstücks der gleichzeitigen Anwesenheit beider Teile nicht bedarf, wenn das Grundstück durch einen Notar versteigert worden ist und die Auflassung noch in dem Versteigerungstermin stattfindet, fortbestehen. Solche Regelungen gibt es in Berlin, Bremen, Hessen, Nordrhein-Westfalen, Rheinland-Pfalz und dem Saarland.[80] Ob hierdurch allerdings wirklich eine Verfahrenserleichterung eintritt, ist fraglich. Da nach dem Wortlaut der Vorschrift die Auflassung noch im Versteigerungstermin erfolgen muss, müssen der Einlieferer (bzw. dessen Vertreter) und der Ersteher ohnehin beide während der Versteigerung erscheinen. Eine Hilfe stellen diese Vorschriften daher nur dann dar, wenn sich der Ersteher entfernen möchte, der Einlieferer die Auflassung aber erst später – weil z.B. in dem Termin noch weitere Versteigerungen stattfinden – erklären möchte. Hier kann der Notar die Entgegennahme der Auflassung durch den Ersteher vorab und die Erklärung der Auflassung durch den Einlieferer erst zum Ende des Termins beurkunden. 54

F. Die „unechte" Versteigerung

In der Praxis sind viele Grundstücksauktionen keine „echten" Versteigerungen. Das Versteigerungsverfahren dient oft nur der Kaufpreisfindung oder dazu, eine Vorauswahl unter den Kaufinteressenten zu treffen. Erst im Anschluss an diese Vorauswahl erfolgt dann die eigentliche Beurkundung: Es wird ein „normaler" Kaufvertrag zwischen dem Grundstückseigentümer bzw. dem Versteigerer als Vertreter des Eigentümers und dem Meistbietenden geschlossen.[81] Die maßgeblichen Willenserklärungen werden also nicht bereits mit Gebot und Zuschlag abgegeben, sondern erstmalig bei der sich anschließenden Beurkundung. 55

Für die Beurkundung gelten dabei uneingeschränkt die allgemeinen Regeln des Beurkundungsrechts. Insbesondere muss der Notar uneingeschränkt auf die Einhaltung des § 17 Abs. 2a BeurkG hinwirken (vgl. oben Rdn 48).

Nicht richtig ist es allerdings, dass der Nachteil der „unechten" Versteigerung darin liegt, dass mit dem „Zuschlag" noch keine rechtliche Bindung erreicht wird.[82] Oben wurde nämlich aufgezeigt, dass auch bei 56

75 BGH v. 24.4.1998 – V ZR 197/97, DNotZ 1999, 342, 345; *Winkler*, § 15 Rn 5; Frenz/Miermeister/*Limmer*, § 15 BeurkG Rn 4; *Jansen*, § 15 Rn 9; *Lerch*, § 15 Rn 10; Grziwotz/Sauer/Heinemann/*Heinemann/Grziwotz*, § 15 Rn 18; a.A. *Maier-Reimer/Webering*, BB 2003, 1630, 1634.

76 BT-Drucks V/3282, 45.

77 Frenz/Miermeister/*Limmer*, § 20 BNotO Rn 44.

78 *Dietsch*, NotBZ 2000, 322, 327.

79 So auch *Bürger*, NotBZ 2011, 8, 16 für die Abtretung eines versteigerten Geschäftsanteils.

80 Vgl. die Nachweise bei: Grziwotz/Sauer/Heinemann/*Heinemann/Grziwotz*, § 15 Rn 26.

81 *Waldner*, Beurkundungsrecht, Rn 250; *Dietsch*, NotBZ 2000, 322, 326 f.; Beck'sches Notarhdb/*Kindler*, § 31 Rn 359.

82 So aber *Limmer*, in: FS Bezzenberger, 2000, S. 509, 511.

der „echten" Versteigerung eines Grundstücks die rechtliche Bindung nicht bereits mit Gebot und Zuschlag, sondern erst nach erfolgter Beurkundung eintritt. Die „unechte" Versteigerung erscheint daher vielfach das „ehrlichere" Verfahren zu sein. Die praktischen wie dogmatischen Probleme, die sich daraus ergeben, dass bei der „echten" Versteigerung bereits mit dem Zuschlag der genaue Inhalt des Vertrages feststehen sollte, treten hier nicht auf: Bei der „unechten" Versteigerung liegt offen zu Tage, dass die Auktion nur der Vorauswahl dient und erst im Anschluss daran der Kaufvertrag geschlossen wird.

§ 16 Übersetzung der Niederschrift

(1) Ist ein Beteiligter nach seinen Angaben oder nach der Überzeugung des Notars der deutschen Sprache oder, wenn die Niederschrift in einer anderen als der deutschen Sprache aufgenommen wird, dieser Sprache nicht hinreichend kundig, so soll dies in der Niederschrift festgestellt werden.
(2) [1]Eine Niederschrift, die eine derartige Feststellung enthält, muß dem Beteiligten anstelle des Vorlesens übersetzt werden. [2]Wenn der Beteiligte es verlangt, soll die Übersetzung außerdem schriftlich angefertigt und ihm zur Durchsicht vorgelegt werden; die Übersetzung soll der Niederschrift beigefügt werden. [3]Der Notar soll den Beteiligten darauf hinweisen, daß dieser eine schriftliche Übersetzung verlangen kann. [4]Diese Tatsachen sollen in der Niederschrift festgestellt werden.
(3) [1]Für die Übersetzung muß, falls der Notar nicht selbst übersetzt, ein Dolmetscher zugezogen werden. [2]Für den Dolmetscher gelten die §§ 6, 7 entsprechend. [3]Ist der Dolmetscher nicht allgemein im Sinne von § 189 Absatz 2 des Gerichtsverfassungsgesetzes beeidigt, so soll ihn der Notar beeidigen, es sei denn, dass alle Beteiligten darauf verzichten. [4]Diese Tatsachen sollen in der Niederschrift festgestellt werden. [5]Die Niederschrift soll auch von dem Dolmetscher unterschrieben werden.

Literatur *Eckhardt*, Nochmals: Der Dolmetscher im Beurkundungsverfahren, ZNotP 2005, 221; *Hagena*, Die Bestimmungen über die Errichtung einer Urkunde in einer fremden Sprache und die Übersetzung von Niederschriften ..., DNotZ 1978, 387; *Hertel*, Zweisprachige Urkunden?, Festschrift für Hans Wolfsteiner, 2007, S. 51; *Lerch*, Der Dolmetscher bei der Beurkundung, NotBZ 2006, 6; *Ott*, Die Errichtung von (zweispaltig-)zweisprachigen Niederschriften und die damit im Zusammenhang stehenden Verfahrensfragen, RNotZ 2015, 189; *Renner*, Der Dolmetscher im Beurkundungsverfahren, ZNotP 2005, 145.

A. Allgemeines

I. Bedeutung von Fremdsprachenkenntnissen

1 Häufig sind Personen ohne hinreichende Deutschkenntnisse an Beurkundungen beteiligt. Wichtige Gründe sind die vielen in Deutschland lebenden Menschen mit ausländischen Wurzeln und die zunehmende Mobilität in einer globalisierten Welt. Für den Notar ergibt sich daraus u.a. die Konsequenz, dass zunehmend Fremdsprachenkenntnisse nachgefragt werden. Das Standesrecht lässt es seit langem zu, dass der Notar auf seine Sprachkenntnisse in Verzeichnissen und anderswo hinweisen darf.[1] Unter

1 BNotK-Intern 4/2000, S. 4.

www.notar.de bietet die Bundesnotarkammer (BNotK) die Möglichkeit, im Internet Informationen über Fremdsprachenkenntnisse der Notare zu erhalten. Grundlage der Eintragungen sind Selbstauskünfte der Notare. Über das Internet lassen sich auch entsprechende Informationen über Notare in anderen europäischen Staaten finden. Die Konferenz der Notariate in der Europäischen Union (CNUE) hat ein Europäisches Notarverzeichnis in elektronischer Form errichtet. Es ist im Internet unter der Adresse www.notarverzeichnis.eu abrufbar.

II. Sprache der Niederschrift

Die **Urkundssprache** ist **Deutsch** (§ 5 Abs. 1 BeurkG); dennoch darf der Notar auf Verlangen der Beteiligten Urkunden auch in **anderen Sprachen** errichten (§ 5 Abs. 2 S. 1 BeurkG). Er soll dies allerdings nur tun, wenn er der fremden Sprache hinreichend kundig ist (§ 5 Abs. 2 S. 2 BeurkG). Ist bei Errichtung einer fremdsprachigen Urkunde ein deutsch sprechender Beteiligter nicht hinreichend sprachkundig, muss ihm die Niederschrift übersetzt werden.[2] 2

Zulässig ist auch die Errichtung **zwei-** oder **mehrsprachiger** Urkunden.[3] Möglich ist dabei, dass unterschiedliche Teile der Urkunde jeweils in einer anderen Sprache errichtet werden, aber auch, dass die Urkunde vollständig parallel in verschiedenen Sprachen errichtet wird.[4] Beherrscht im ersten Fall ein Beteiligter nicht alle der verwendeten Sprachen, ist § 16 BeurkG einschlägig. Es ist die fehlende Sprachkenntnis festzustellen und der Urkundsteil in der nicht beherrschten Sprache zu übersetzen. Im Fall der parallelen mehrsprachigen Urkunde ist, formal gesehen, ebenfalls ein Fall des § 16 BeurkG gegeben, wenn ein Beteiligter nicht alle der verwendeten Sprachen beherrscht. Auch hier hat der Notar die Sprachunkenntnis festzustellen. Dem Übersetzungserfordernis genügt der Notar aber dadurch, dass er den Urkundsteil vorliest, der in der Sprache errichtet ist, die der Beteiligte beherrscht. Hier eine zusätzliche Übersetzung zu verlangen, wäre eine unnötige Förmelei.[5] Anders verhält es sich freilich, wenn neben dem sprachunkundigen Beteiligten weitere Personen beteiligt sind, die auch der anderen verwendeten Sprache kundig sind; dann muss auch diese Sprachfassung verlesen werden. In der Praxis ist jedoch die Errichtung einer Urkunde parallel in zwei oder mehr Sprachen ein seltener Ausnahmefall, schon wegen der Gefahr auch nur geringfügiger Abweichungen und Bedeutungsnuancen der unterschiedlichen Sprachfassungen, nicht zuletzt dort, wo es um Rechtsbegriffe geht.[6] Zumindest sollte in diesen Fällen durch eine rechtsgeschäftliche Regelung klargestellt werden, welcher Sprachfassung im Konfliktfall der Vorrang gebührt. In der Praxis wird stattdessen regelmäßig so verfahren, dass nur in einer Sprache beurkundet wird und der Text in der weiteren Sprache nur zur erläuternden Übersetzung (sog. „convenience translation") erklärt wird. In diesem Fall ist die Übersetzung formal gesehen nicht Bestandteil der Niederschrift und es bestehen insoweit im Hinblick auf § 16 BeurkG keine Anforderungen.[7] Wird in der Niederschrift eine der Sprachfassungen als „Übersetzung" bezeichnet, spricht dies dafür, dass es sich insoweit nicht um einen verbindlichen Teil der Niederschrift handeln soll.[8] 3

III. Muss-Vorschriften und Soll-Vorschriften

§ 16 BeurkG enthält **zwei Muss-Vorschriften**. Hat der Notar die mangelnde Sprachkenntnis nach Abs. 1 in der Niederschrift festgestellt, muss nach Abs. 2 übersetzt werden. Wenn der Notar nicht selbst übersetzt, muss nach Abs. 3 ein Dolmetscher hinzugezogen werden. Alle anderen Formvorschriften, z.B. die Feststellung der mangelnden Sprachkenntnis, die Belehrung der Beteiligten über das Recht, eine schriftliche Übersetzung zu verlangen, die schriftliche Anfertigung, Vorlage und Beifügung der Übersetzung, die Feststellung dieser Tatsachen in der Niederschrift, die Beeidigung des Dolmetschers sowie die 4

2 *Winkler*, § 16 Rn 4; Grziwotz/Sauer/Heinemann/*Heinemann/Grziwotz*, § 16 Rn 8.

3 Einzelheiten bei *Hertel*, FS Wolfsteiner, S. 51 ff. und *Ott*, RNotZ 2015, 189.

4 Beck'sches Notarhdb/*Kindler*, § 31 Rn 244; *Waldner*, Beurkundungsrecht, Rn 230.

5 *Hertel*, FS Wolfsteiner, S. 62; a.A. wohl Grziwotz/Sauer/Heinemann/*Heinemann/Grziwotz*, § 16 Rn 8.

6 *Ott*, RNotZ 2015, 189, 194; *Hertel*, FS Wolfsteiner, S. 61 f.; vgl. auch BGH v. 20.3.2019 – XII ZB 310/18, RNotZ 2019, 422.

7 *Waldner*, Beurkundungsrecht, Rn 230.

8 BGH v. 20.3.2019 – XII ZB 310/18, RNotZ 2019, 422, 425; *Ott*, RNotZ 2015, 189, 191 f.

Unterschrift des Dolmetschers unter der Niederschrift, sind **nur Soll-Vorschriften**. Ihre Verletzung führt also nicht zur Unwirksamkeit der Beurkundung.

5 Auf den ersten Blick mutet es kurios an, dass erst die Beachtung der Soll-Vorschrift des Abs. 1 (Feststellung der mangelnden Sprachkenntnis in der Niederschrift) die Muss-Bestimmungen von Abs. 2 S. 1 und Abs. 3 S. 1 (Übersetzung und Beiziehung eines Dolmetschers) auslöst. Der Hintergrund liegt in Folgendem: Wenn der Notar z.B. irrtümlich nicht erkennt, dass ein Beteiligter der deutschen Sprache oder der Sprache, in der die Verhandlung geführt wird, nicht hinreichend kundig ist und deshalb die Übersetzung und Zuziehung eines Dolmetschers unterlässt, soll dies die Wirksamkeit der Urkunde nicht berühren. Die Konsequenz überrascht dennoch: Enthält die Urkunde keine Feststellung über die Sprachunkundigkeit, obwohl der Notar davon überzeugt war oder ein Beteiligter sie zu Recht behauptete, ist die Beurkundung auch ohne Übersetzung in die fremde Sprache wirksam. Unwirksam ist die Beurkundung nur dann, wenn sich der Verstoß aus der Urkunde selbst ergibt.[9] Das Recht des Sprachunkundigen zur Anfechtung nach § 119 BGB bleibt natürlich unberührt.[10]

6 Verletzt der Notar die Pflicht zur Übersetzung dadurch, dass bestimmte Teile der Niederschrift nicht übersetzt werden, die jedoch wiederum lediglich bloße Soll-Bestandteile sind, also Angaben, die nicht zwingender Bestandteil der Niederschrift im Sinne des § 9 Abs. 1 S. 1 BeurkG sind, führt dieser Übersetzungsverstoß nicht zur Unwirksamkeit des Beurkundungsaktes.[11] Da schon das Unterbleiben des Vorlesens solcher Soll-Bestandteile keine Auswirkungen auf die Wirksamkeit des Beurkundungsaktes hat (vgl. § 13 BeurkG Rdn 15), kann für die unterbliebene Übersetzung als bloßem Vorlesesurrogat nichts anderes gelten.

IV. Sachlicher Anwendungsbereich

7 § 16 BeurkG gilt für die Beurkundung von Willenserklärungen sowie für die Abnahme von Eiden und für die Aufnahme eidesstattlicher Versicherungen (§ 38 Abs. 1 BeurkG). Bei Testamenten und Erbverträgen wird § 16 BeurkG durch § 32 BeurkG ergänzt: Es muss nicht nur eine mündliche Übersetzung erfolgen, sondern grundsätzlich auch eine schriftliche Übersetzung angefertigt werden, die der Niederschrift beizufügen ist. Auf die schriftliche Übersetzung kann der Erblasser verzichten; dieser Verzicht ist aber nur wirksam, wenn er in der Niederschrift festgestellt ist.

8 Keine Anwendung findet § 16 BeurkG auf **Unterschriftsbeglaubigungen**.[12] Das ergibt sich bereits aus der systematischen Stellung im 2. Abschnitt des BeurkG. Dennoch ist der Notar manchmal auch hier gut beraten, einen Dolmetscher hinzuziehen (siehe unten § 40 BeurkG Rdn 21).[13] Das ist beispielsweise der Fall, wenn es um die Anerkennung einer Unterschrift geht: Hier muss der Notar den Beteiligten fragen, ob die Unterschrift von ihm stammt. Auch zur Erfüllung der besonderen Belehrungspflichten, die bei Versicherungen über Bestellungshindernisse im Zusammenhang mit der Anmeldung neuer Geschäftsführer oder Vorstandsmitglieder abzugeben sind (vgl. § 8 Abs. 3 GmbHG und § 37 Abs. 2 AktG), ist eine Verständigung mit den Beteiligten unverzichtbar. An das Verfahren nach § 16 BeurkG ist der Notar in diesen Fällen zwar nicht gebunden; es kann sich dennoch empfehlen, in Anlehnung daran zu verfahren. In einem vom OLG Karlsruhe[14] entschiedenen Fall hatte der Notar dem sich anmeldenden Geschäftsführer die Registeranmeldung in die polnische Sprache übersetzen lassen. Die Vorinstanz meinte, der Dolmetscher hätte zusätzlich vereidigt werden müssen; auch hätte er die Anmeldung mitunterzeichnen müssen. Zu Recht hat das OLG Karlsruhe dies anders gesehen. Das richtige Verfahren hat der Notar nach

9 BGH v. 20.3.2019 – XII ZB 310/18, RNotZ 2019, 422, 426; BayObLG v. 2.3.2000 – 1Z BR 29/99, MittRhNotK 2000, 178; OLG Köln v. 1.7.1998 – 27 U 6/98, MittBayNot 1999, 59, 60; BeckOK-BeurkG/*Eble*, § 16 Rn 17; BRHP/*Litzenburger*, § 16 BeurkG Rn 7; *Winkler*, § 16 Rn 32; Grziwotz/Sauer/Heinemann/*Heinemann/Grziwotz*, § 16 Rn 68; a.A. OLG Schleswig v. 6.4.2000 – 13 UF 173/99, SchlHA 2000, 222; kritisch auch: *Lerch*, NotBZ 2006, 6 ff.

10 BRHP/*Litzenburger*, § 16 BeurkG Rn 7; *Winkler*, § 16 Rn 1; Grziwotz/Sauer/Heinemann/*Heinemann/Grziwotz*, § 16 Rn 68.

11 Vgl. BGH v. 20.3.2019 – XII ZB 310/18, RNotZ 2019, 422, 426.

12 *Winkler*, § 16 Rn 2; Grziwotz/Sauer/Heinemann/*Heinemann/Grziwotz*, § 16 Rn 3; *Hertel*, FS Wolfsteiner, S. 62.

13 *Winkler*, § 40 Rn 40; zur Unterschriftsbeglaubigung unter fremdsprachigem Text vgl. DNotI-Report 2008, 145 ff.

14 OLG Karlsruhe v. 8.11.2002 – 11 Wx 48/02, DNotZ 2003, 296 f.

pflichtgemäßem Ermessen zu wählen; er entscheidet, wie Zweifel und Unklarheiten vermieden werden können. Er ist weder gezwungen, bei einer Unterschriftsbeglaubigung nach § 16 BeurkG zu verfahren, noch muss die Versicherung gem. § 8 Abs. 3 GmbHG oder § 37 Abs. 2 AktG wie eine eidesstattliche Versicherung behandelt werden. Daher können auch die §§ 38, 16 BeurkG bei der Beglaubigung von Anmeldungen nicht zur Anwendung kommen.

V. Persönlicher Anwendungsbereich

Gemäß § 1 Abs. 2 gilt das BeurkG für öffentliche Beurkundungen auch dann, wenn sie durch andere Urkundspersonen oder sonstige Stellen (z.B. Urkundsbeamte des Jugendamtes; Rechtspfleger) vorgenommen werden. Hiervon ist § 16 BeurkG nicht ausgenommen. Zwar schließt § 1 Abs. 2 BeurkG a.E. für andere Urkundspersonen (mit Ausnahme von Konsuln: siehe § 10 Abs. 3 Nr. 1 KonsG) die Anwendung des § 5 Abs. 2 BeurkG aus. Sie dürfen also keine Beurkundungen in einer anderen als der deutschen Sprache vornehmen. Das bedeutet aber nicht, dass eine Beurkundung mit einem der deutschen Sprache nicht Mächtigen, dem die Niederschrift übersetzt wird, damit ausgeschlossen ist.[15] 9

Auch darf die sonstige Urkundsperson die Übersetzung selbst vornehmen. Die Meinung,[16] die sich dagegen ausspricht mit der Begründung, dass, wenn das Gesetz die schriftliche Fixierung verbietet, es nicht die mündliche Übersetzung gestatten kann, ist abzulehnen. § 5 Abs. 2 BeurkG erweitert die Zuständigkeiten für Notare: Während die Gerichtssprache gem. § 184 GVG deutsch ist, dürfen Notare auch in anderen Sprachen beurkunden. Aus § 5 Abs. 2 BeurkG lassen sich dagegen keine Folgerungen für die Auslegung von § 16 BeurkG ziehen. § 16 BeurkG enthält Verfahrensregelungen zum Schutz von Beteiligten, die die Urkundssprache nicht beherrschen. Es wäre auch widersinnig, bei einer zweisprachigen Urkundsperson des Jugendamtes zu verlangen, dass sie bei Beurkundungen einen Dolmetscher hinzuzieht.

Umstritten ist aber, ob die gem. Abs. 3 S. 3 begründete spezielle bundesrechtliche **Beeidigungszuständigkeit des Notars** aufgrund der Verweisung des § 1 Abs. 2 BeurkG auch für **andere Urkundspersonen** gilt.[17] Dies ist zu bejahen. Die Vereidigungszuständigkeit ist in diesem Falle unselbstständiger Teil der Beurkundungszuständigkeit und daher mit dieser gegeben. Ein anderer gesetzgeberischer Wille hätte seinen Ausdruck in § 1 Abs. 2 BeurkG finden müssen. Dort müsste es sonst heißen: „… ausgenommen § 5 Abs. 2 und § 16 Abs. 3 S. 3 BeurkG …". Die hier vertretene Auffassung vermeidet auch Regelungslücken, die auftreten würden, wenn der von einer sonstigen Urkundsperson hinzugezogene Dolmetscher nicht allgemein vereidigt ist. Deshalb gilt die Vereidigungszuständigkeit – obwohl der Widerspruch zu § 4 Abs. 2 Nr. 1 RPflG nicht zu leugnen ist – auch für Rechtspfleger und – so seltsam das auf den ersten Blick anmutet – die Beamten des Jugendamtes, die im Rahmen des § 59 SGB VIII Urkundspersonen sind. Sogar Vermessungsbeamte können Vereidigungen im Rahmen von § 16 BeurkG vornehmen.[18] 10

B. Sprachunkundigkeit (Abs. 1)

I. Begriff der Sprachunkundigkeit

Abs. 1 verlangt hinreichende Sprachkunde der Beteiligten. Damit sind die formell Beteiligten i.S.d. § 6 Abs. 2 BeurkG gemeint.[19] Der Begriff der „hinreichenden Sprachkunde" ist umstritten. Eine Auffassung knüpft an die **aktive Sprachbeherrschung** an: Ein Beteiligter ist der Sprache der Niederschrift dann hinreichend kundig, wenn er den Gegenstand der Niederschrift in dieser Sprache ausdrücken kann.[20] *Waldner*[21] fordert, dass der Beteiligte seine Vorstellungen „schnell und mühelos" in die Verhandlung einbringen kann. Der BGH hat zur Vorgängervorschrift des § 179 FGG verlangt, dass der Beteiligte seine Gedanken in der deutschen 11

15 A.A. wohl *Riedel/Feil*, § 16 BeurkG Rn 2.
16 *Brüggemann/Knittel*, Rn 97, 100.
17 Bejahend: *Lerch*, § 16 Rn 18; BRHP/*Litzenburger*, § 16 BeurkG Rn 9; verneinend: *Winkler*, § 16 Rn 25; *Dumoulin*, DNotZ 1973, 53, 55; *Jansen*, BeurkG, § 16 Rn 21; Grziwotz/Sauer/Heinemann/*Heinemann/Grziwotz*, § 16 Rn 48; zweifelnd auch BeckOK-BeurkG/*Eble*, § 16 Rn 39.
18 Ausdrücklich ablehnend: *Winkler*, § 16 Rn 25.
19 BeckOK-BeurkG/*Eble*, § 16 Rn 9.
20 Vgl. noch *Huhn/von Schuckmann*, 3. Aufl., § 16 Rn 7.
21 *Waldner*, Beurkundungsrecht, Rn 233.

Sprache „klar und deutlich ausdrücken kann".[22] Die Gegenauffassung stellt die **passive Sprachkenntnis** in den Mittelpunkt: Maßgeblich soll sein, dass der Beteiligte die Sprache versteht.[23] Für die Ansicht, die als sprachkundig schon denjenigen behandeln will, der die Verlesung der Niederschrift versteht, spricht vor allem die Systematik des § 16 BeurkG, der von der Ersetzung der Vorlesung durch eine andere Art der Bekanntmachung des Inhalts der Niederschrift handelt. *Limmer*[24] spricht davon, dass § 16 BeurkG nur die „Kenntnisvermittlung sichern will". Gegen diese Sicht spricht auch nicht, dass es Aufgabe des Notars ist, den Willen der Beteiligten zu erforschen und den Sachverhalt zu klären, was die Kommunikation und den Dialog mit den Beteiligten voraussetzt. Es ist nämlich nicht erforderlich, dass diese Kommunikation seitens des sprachunkundigen Beteiligten in der Beurkundungssprache geführt wird.[25] Andererseits wurde bereits in der 3. Auflage dieses Kommentars[26] zu Recht darauf hingewiesen, dass die Beurkundungsperson die Sprachkunde, die er nach Abs. 1 festzustellen hat, in der Praxis nur nach der Ausdrucksfähigkeit des Beteiligten zu beurteilen vermag. Daraus ergibt sich, dass Sprachkundigkeit zwar im Grundsatz passives Sprachverständnis meint, dieses sich jedoch im Regelfall nur feststellen lässt, wenn ein Mindestmaß an aktiver Sprachfähigkeit vorliegt.

12 Aus dem Begriff **„hinreichend"** wird zu Recht abgeleitet, dass es keinen allgemein gültigen Begriff der „Sprachkunde" gibt, sondern dass es auf die im **Einzelfall** erforderlichen Sprachkenntnisse ankommt.[27] Ein Erbscheinsantrag, eine Prozessvollmacht oder ein einfaches Testament verlangen andere Sprachkenntnisse als ein umfangreicher Kauf- oder Gesellschaftsvertrag. Erforderlich ist, dass sich die Sprachkompetenz auf den gesamten Vertrag einschließlich Anlagen bezieht;[28] nicht notwendig ist dagegen, dass der Beteiligte alle verwendeten Fachbegriffe der Urkundssprache versteht.[29] Auch die meisten Muttersprachler sind sich regelmäßig über den genauen Inhalt der Begriffe „Besitz" oder „Eigentum" nicht im Klaren und kennen das Wort „Auflassung" nicht. Es ist deshalb die Aufgabe des Notars, den Beteiligten diese nicht bekannten Fachbegriffe in die „Laiensphäre" zu „übersetzen"; um einen Fall mangelnder Sprachkunde i.S.d. § 16 BeurkG handelt es sich nicht.

13 Eine **partielle hinreichende Sprachkunde** gibt es demgegenüber nicht.[30] Der Notar muss die hinreichende Sprachkunde für die gesamte Niederschrift feststellen. Fehlt es an einem Sprachverständnis nur für einzelne Teile der Niederschrift, ist der Beteiligte gleichwohl insgesamt als nicht hinreichend sprachkundig anzusehen. Die gesamte Niederschrift ist zu übersetzen (siehe unten Rdn 21).

II. Erklärung des Beteiligten

14 Liegt eine **ausdrückliche Erklärung** des Beteiligten über seine **Sprachunkundigkeit** vor, bedarf es keiner weiteren Feststellungen.[31] Eine solche Erklärung des Beteiligten liegt nicht allein in der Tatsache des Gebrauchs einer anderen Sprache.[32] Auch kann eine solche Erklärung nur der nach eigener Angabe Sprachunkundige abgeben, nicht hingegen ein anderer Urkundsbeteiligter.[33] Behauptet der Beteiligte seine Sprachunkundigkeit, so muss der Notar selbst dann nach § 16 BeurkG verfahren, wenn er von der Sprachkunde des Beteiligten überzeugt ist.[34] Nur dann, wenn diese Behauptung offensichtlich unwahr ist, braucht sie der Notar nicht zu beachten.[35]

22 BGH v. 9.7.1963 – VI ZR 301/62, DNotZ 1964, 174, 176.
23 BRHP/*Litzenburger*, § 16 BeurkG Rn 1; *Winkler*, § 16 Rn 7; Staudinger/*Hertel*, BeurkG Rn 541; Frenz/Miermeister/*Limmer*, § 16 BeurkG Rn 4; Grziwotz/Sauer/Heinemann/*Heinemann/Grziwotz*, § 16 Rn 9; BayObLG v. 2.3.2000 – 1Z BR 29/99, MittRhNotK 2000, 178; in dieser Richtung auch BeckOK-BeurkG/*Eble*, § 16 Rn 13.
24 Frenz/Miermeister/*Limmer*, § 16 BeurkG Rn 4.
25 Grziwotz/Sauer/Heinemann/*Heinemann/Grziwotz*, § 16 Rn 9.
26 *Huhn/von Schuckmann*, 3. Aufl., § 16 Rn 7.
27 Staudinger/*Hertel*, BeurkG Rn 541; *Winkler*, § 16 Rn 6; *Jansen*, BeurkG, § 16 Rn 3; BRHP/*Litzenburger*, § 16 BeurkG Rn 1; Grziwotz/Sauer/Heinemann/*Heinemann/Grziwotz*, § 16 Rn 10.
28 *Waldner*, Beurkundungsrecht, Rn 228.
29 Ebenso BeckOK-BeurkG/*Eble*, § 16 Rn 12.
30 BRHP/*Litzenburger*, § 16 BeurkG Rn 1; Grziwotz/Sauer/Heinemann/*Heinemann/Grziwotz*, § 16 Rn 11.
31 *Waldner*, Beurkundungsrecht, Rn 228; Staudinger/*Hertel*, BeurkG Rn 541; *Lerch*, § 16 Rn 3.
32 *Jansen*, BeurkG, § 16 Rn 7.
33 *Jansen*, BeurkG, § 16 Rn 6.
34 Frenz/Miermeister/*Limmer*, § 16 BeurkG Rn 5; BRHP/*Litzenburger*, § 16 BeurkG Rn 2; *Winkler*, § 16 Rn 8; Grziwotz/Sauer/Heinemann/*Heinemann/Grziwotz*, § 16 Rn 12.
35 Staudinger/*Hertel*, BeurkG Rn 541; *Winkler*, § 16 Rn 8; *Riedel/Feil*, § 16 Rn 6.

III. Überzeugung des Notars

Gibt der Beteiligte dagegen **keine Erklärung über seine Sprachkenntnis** ab, so hat der Notar sich nach pflichtgemäßem Ermessen eine eigene Überzeugung zu bilden.[36] Die Überzeugung fehlender Sprachkunde kann der Notar selbst dann gewinnen, wenn der Beteiligte im Gegenteil seine Sprachkundigkeit behauptet.[37] Anders als die negative Erklärung (Sprachunkunde) des Beteiligten (siehe Rdn 14), bindet die **positive Erklärung (Sprachkunde)** den Notar nicht. Dem Beteiligten steht es in einem solchem Falle allerdings frei, seine Mitwirkung an dem Verfahren nach § 16 BeurkG zu versagen; der Notar ist dann gezwungen, die Beurkundung überhaupt zu unterlassen.[38] 15

IV. Feststellung in der Niederschrift

Der Notar soll in der Niederschrift feststellen, wenn ein Beteiligter seine Sprachunkundigkeit erklärt oder wenn diese nach der Überzeugung des Notars vorliegt (Abs. 1 a.E.). Dabei sollte der Notar vorsorglich angeben, ob die Feststellung auf der Erklärung des Beteiligten beruht oder auf der Überzeugung des Notars.[39] Enthält die Niederschrift keine Aussage zur Sprachunkundigkeit, obwohl sie gegeben war, hat es auf die Wirksamkeit der Beurkundung keinen Einfluss, wenn eine Übersetzung unterbleibt.[40] Das gilt selbst dann, wenn der Beteiligte seine Sprachunkenntnis erklärt hat oder der Notar davon überzeugt war (siehe oben Rdn 5). Ist an einer Beurkundung ein Ausländer beteiligt und ist dieser der deutschen Sprache nach der Überzeugung des Notars hinreichend kundig, so ist ein entsprechender Vermerk in der Urkunde nicht erforderlich und auch nicht empfehlenswert.[41] Es besteht kein Bedürfnis, dass der Notar dokumentiert, dass er die Sprachkundigkeit in besonderer Weise geprüft hat. Auch besteht die Gefahr, dass ein solcher Vermerk missverstanden wird. Nach Ansicht des LG Dortmund[42] bedeutet der Vermerk, ein Beteiligter sei der deutschen Sprache „weitgehend mächtig", dessen Sprachunkundigkeit; ein Dolmetscher wäre zwingend beizuziehen. 16

Nach Auffassung des BGH[43] liegt **keine Falschbeurkundung** vor, wenn der Notar (bewusst) falsch beurkundet, dass ein Erschienener der deutschen Sprache hinreichend mächtig ist. Dies ist damit zu begründen, dass nicht jede falsche Angabe in einer öffentlichen Urkunde den Tatbestand der Falschbeurkundung i.S.v. § 348 StGB erfüllt. Es kommt vielmehr darauf an, ob sich der öffentliche Glaube auf die Angabe erstreckt. Dies ist aber bei einer Tatsache, die nach der gesetzlichen Regelung nicht angegeben werden muss (hier: der Sprachkunde), nicht der Fall. 17

C. Übersetzung der Niederschrift (Abs. 2)

I. Grundsatz der mündlichen Übersetzung

Hat der Notar in der Niederschrift eine Feststellung nach Abs. 1 getroffen, dann ist die Niederschrift dem sprachunkundigen Beteiligten nicht zu verlesen, wohl aber den anderen sprachkundigen Beteiligten. Für den sprachunkundigen Beteiligten wird die Verlesung durch die mündliche Übersetzung ersetzt. Für ihn allein ist das Verlesen sinnlos, da er die Sprache der Niederschrift nicht versteht und das Verlesen nicht dem Dolmetscher dienen soll. Ist der **Sprachunkundige** somit der **einzige Urkundsbeteiligte**, dann muss **keine Verlesung** in der Urkundssprache erfolgen.[44] Wird allerdings ein Schreibzeuge (§ 25 BeurkG) oder eine Verständigungsperson (§ 24 BeurkG) hinzugezogen, ist die Urkunde vorzulesen.[45] Ist ein Zeuge oder ein zweiter Notar beteiligt, soll die Niederschrift ebenfalls vorgelesen werden, damit diese ihrer Kontroll- 18

36 BayObLG v. 2.3.2000 – 1Z BR 29/99, MittRhNotK 2000, 178; *Winkler*, § 16 Rn 9; *Lerch*, § 16 Rn 5; Grziwotz/Sauer/Heinemann/*Heinemann/Grziwotz*, § 16 Rn 14.

37 Staudinger/*Hertel*, BeurkG Rn 541; *Waldner*, Beurkundungsrecht, Rn 228; *Lerch*, § 16 Rn 4; *Winkler*, § 16 Rn 5.

38 Grziwotz/Sauer/Heinemann/*Heinemann/Grziwotz*, § 16 Rn 14; BRHP/*Litzenburger*, § 16 BeurkG Rn 2.

39 BeckOK-BeurkG/*Eble*, § 16 Rn 10.1.

40 Oben Rdn 5, dort auch zur Möglichkeit der Anfechtung wegen Erklärungsirrtums.

41 Grziwotz/Sauer/Heinemann/*Heinemann/Grziwotz*, § 16 Rn 54.

42 LG Dortmund v. 27.1.2005 – 2 O 370/04, NotBZ 2005, 342.

43 BGH v. 25.5.2001 – 2 StR 88/01, DNotZ 2002, 536 ff.

44 *Winkler*, § 16 Rn 16; BRHP/*Litzenburger*, § 16 BeurkG Rn 4; Grziwotz/Sauer/Heinemann/*Heinemann/Grziwotz* § 16 Rn 21.

45 *Jansen*, BeurkG, § 16 Rn 10; *Winkler*, § 16 Rn 16; BRHP/*Litzenburger*, § 16 BeurkG Rn 4; Grziwotz/Sauer/Heinemann/*Heinemann/Grziwotz*, § 16 Rn 21.

funktion nachkommen können.[46] Anders als beim Schreibzeugen oder der Verständigungsperson führt hier das Nichtvorlesen aber nicht zur Unwirksamkeit der Beurkundung, da schon die Nichthinzuziehung des Zeugen oder zweiten Notars nicht zu ihrer Unwirksamkeit geführt hätte.[47]

19 Die – unverzichtbare[48] – mündliche Übersetzung tritt an die Stelle des Vorlesens, sie muss sich daher auf **alle sonst vorzulesenden Teile** der Niederschrift beziehen.[49] Ermöglichen **§ 13c (§ 13a a.F.) oder § 14 BeurkG** den Verzicht auf das Vorlesen, so soll dies auch für einen Verzicht auf die mündliche Übersetzung gelten.[50] Ungeklärt ist allerdings, wie hier das Verhältnis zwischen dem Entfallen des Vorleseerfordernisses und dem Entfallen der Pflicht zur mündlichen Übersetzung genau ausgestaltet ist. Vor dem Hintergrund, dass der Verzicht auf das Vorlesen von allen Beteiligten zu erklären ist (siehe § 13c BeurkG Rdn 23, siehe § 14 BeurkG Rdn 33), stellt sich zunächst die Frage, ob auch der sprachunkundige Beteiligte diesen Verzicht auf das Vorlesen zu erklären hat. Ich halte es für vorzugswürdig, diesen Verzicht von dem Sprachunkundigen nicht zu verlangen, da ihm gegenüber nicht das Vorleseerfordernis, sondern nur die Pflicht zur mündlichen Übersetzung besteht. Dann stellt sich aber die Frage, ob für das Entfallen des Vorleseerfordernisses kumulativ zu dem Verzicht der sprachkundigen Beteiligten auf das Vorlesen auch der Verzicht des Sprachunkundigen auf die mündliche Übersetzung erforderlich ist. Richtigerweise ist dies zu verneinen. §§ 13c, 14 BeurkG sind dahingehend teleologisch zu reduzieren, dass es nur auf den Verzicht derjenigen Beteiligten ankommt, denen gegenüber die Vorlesepflicht besteht. Dies hat dann zur Folge, dass zwar das Vorleseerfordernis, nicht aber die Pflicht zur mündlichen Übersetzung entfallen kann, wenn der sprachunkundige Beteiligte nicht auf sie verzichtet. Umgekehrt stellt sich die Frage, ob der Sprachunkundige auf die mündliche Übersetzung verzichten kann, wenn die sprachkundigen Beteiligten nicht auch auf das Vorlesen des Verweisungsdokuments verzichten. Diese Frage ist weniger eindeutig zu beantworten, wenn man von dem Grundsatz ausgeht, dass dasjenige zu übersetzen ist, was vorzulesen ist. Gleichwohl ist auch hier ein separater Verzicht zulässig, da der Sprachunkundige in diesem Fall nicht schutzbedürftiger erscheint, als wenn den sprachkundigen Beteiligten die Urkunde nicht vorgelesen worden wäre.

Für den Fall, dass auf die mündliche Übersetzung eines Verweisungsdokuments gem. §§ 13c, 14 BeurkG verzichtet wird, verlangen manche Stimmen in der Literatur, der Notar solle für das Vorliegen einer schriftlichen Übersetzung Sorge tragen und diese bei Verweisungsdokumenten i.S.d. § 14 BeurkG dem Sprachunkundigen zur Kenntnisnahme vorlegen und von diesem unterzeichnen lassen.[51] Für die Wirksamkeit der Beurkundung ist dies allerdings nicht erforderlich. Es will auch nicht recht einleuchten, warum eine schriftliche Übersetzung von nach § 9 Abs. 1 S. 2 BeurkG beigefügten Anlagen nur auf Verlangen des sprachunkundigen Beteiligten anzufertigen ist; von Verweisungsdokumenten gem. §§ 13c, 14 BeurkG jedoch unabhängig davon, ob dies verlangt wird. Allein der Umstand, dass das Verweisungsdokument nach § 13c Abs. 1 S. 3 BeurkG bei der Beurkundung vorliegen bzw. nach § 14 Abs. 2 S. 1 BeurkG zur Kenntnisnahme vorgelegt werden soll, begründet keiner Amtspflicht, eine schriftliche Übersetzung des Verweisungsdokument anzufertigen. Denn die §§ 13c, 14 BeurkG zwingen den Beteiligten nicht, vom Verweisungsdokument tatsächlich Kenntnis zu nehmen. Dann darf es auch im Hinblick auf die Übersetzung des Verweisungsdokuments bei der Regelung des Abs. 2 S. 2 bleiben, dass eine Übersetzung nur dann anzufertigen ist, wenn der sprachunkundige Beteiligte dies verlangt.[52]

20 Die Übersetzung muss zwar nicht zwingend wortwörtlich aber doch vollständig erfolgen; entscheidend ist die richtige **Sinnwiedergabe**.[53] Der Notar hat darauf hinzuwirken, dass Dolmetscher nicht nur zusammenfassend übersetzen.[54] Stützt sich der Dolmetscher für die Übersetzung auf vorab angefertigte Notizen

46 *Jansen*, BeurkG, § 16 Rn 10.
47 *Jansen*, BeurkG, § 16 Rn 10.
48 Frenz/Miermeister/*Limmer*, § 16 BeurkG Rn 3; *Winkler*, § 16 Rn 12; *Waldner*, Beurkundungsrecht, Rn 235; Grziwotz/Sauer/Heinemann/*Heinemann/Grziwotz*, § 16 Rn 19.
49 *Winkler*, § 16 Rn 12; Grziwotz/Sauer/Heinemann/*Heinemann/Grziwotz*, § 16 Rn 19.
50 Frenz/Miermeister/*Limmer*, § 16 Rn 8c; Grziwotz/Sauer/Heinemann/*Heinemann/Grziwotz*, § 16 Rn 19; siehe auch: *Winkler*, § 16 Rn 13 (nur zu § 14 BeurkG).
51 Grziwotz/Sauer/Heinemann/*Heinemann/Grziwotz*, § 16 Rn 19; vgl. auch *Winkler*, § 16 Rn 13; Frenz/Miermeister/*Limmer*, § 16 Rn 8c.
52 Ebenso BeckOK-BeurkG/*Eble*, § 16 Rn 26; BeckOGK/*Seebach/Rachlitz*, Stand: 1.11.2025, § 16 BeurkG Rn 44.
53 *Winkler*, § 16 Rn 14; *Lerch*, § 16 Rn 9; Grziwotz/Sauer/Heinemann/*Heinemann/Grziwotz*, § 16 Rn 20; strenger: BRHP/*Litzenburger*, § 16 BeurkG Rn 6 („nicht [...] eine sinngemäße Wiedergabe [...], sondern [...] wortgetreu"; „wortwörtliche Übersetzung").
54 Staudinger/*Hertel*, BeurkG Rn 544.

oder sogar eine vollständige schriftliche Übersetzung des Urkundsentwurfs, ist dagegen nichts einzuwenden, solange der Dolmetscher sich darauf nicht beschränkt, sondern dem Verlauf der mündlichen Verhandlung folgt, etwaige Abweichungen vom Urkundsentwurf wahrnimmt und diese bei seiner Übersetzung berücksichtigt.[55] Es gilt der Grundsatz der **„unmittelbaren" Übersetzung** in eine Sprache, die der Beteiligte beherrscht; es darf also beispielsweise nicht vom Deutschen erst ins Englische und dann von einem zweiten Dolmetscher ins Chinesische übersetzt werden.[56] Allerdings kann es Ausnahmefälle geben, wenn es praktisch unmöglich ist, einen „Direktdolmetscher" aufzufinden und hinzuzuziehen.

Wenn der Beteiligte die Niederschrift teilweise versteht, teilweise jedoch auf eine Übersetzung angewiesen ist, ist eine nur **teilweise Übersetzung nicht gestattet**.[57] Es gibt keine partielle Sprachkompetenz.[58] Nichts anderes ergibt sich aus der Formulierung der „hinreichenden" Sprachkunde. Diese ermöglicht eine Berücksichtigung der Komplexität des Beurkundungsgegenstandes bei der Frage, ob überhaupt ein Dolmetscher hinzugezogen wird (siehe oben Rdn 12 f.). Keinesfalls aber geht es darum, in einer Niederschrift abschnittsweise „hinreichende" und „fehlende" Sprachkunde festzustellen. Unklar bliebe im Übrigen, wie der Notar den Vermerk über die teilweise fehlende und teilweise vorhandene Sprachkunde ausgestalten soll. Nicht zuletzt bestünde die erhöhte Gefahr von Übersetzungen, die sich nur auf das tatsächlich oder vermeintlich Wesentliche beschränken. 21

Unterbleibt die mündliche Übersetzung, sind die Erklärungen des sprachunkundigen Beteiligten nicht wirksam beurkundet.[59] Die Erklärungen der anderen Beteiligten sind von dieser Unwirksamkeit nicht betroffen. Ob sie ohne die Erklärung des sprachunkundigen Beteiligten materiell-rechtlich von Bestand sind, ist eine Frage des materiellen Rechts, nicht aber des Beurkundungsverfahrensrechts. 22

II. Schriftliche Übersetzung

Der Sprachunkundige kann **verlangen**, dass neben der mündlichen Übersetzung auch eine **schriftliche Übersetzung** angefertigt und ihm zur Durchsicht vorgelegt wird (Abs. 2 S. 2). Dieses Recht steht nur dem Sprachunkundigen zu. Weitere sprachkundige Beteiligte oder Dritte können keine schriftliche Übersetzung verlangen.[60] Insbesondere hat das Finanzamt, dem eine Abschrift im Rahmen von Mitteilungspflichten zu übersenden ist, keinen Anspruch auf eine Übersetzung, wenn die Urkunde nicht in deutscher Sprache errichtet worden ist.[61] Die Formulierung des Abs. 2 S. 2 darf nicht dahingehend missverstanden werden, der Sprachunkundige habe einen gesetzlichen Anspruch gegen den Notar, dass dieser eine schriftliche Übersetzung beschaffe. Tatsächlich obliegt es dem sprachunkundigen Beteiligten selbst, eine entsprechende Übersetzung anfertigen zu lassen. Den Notar trifft lediglich die Pflicht, die Beurkundungsverhandlung nicht abzuschließen, solange die vom sprachunkundigen Beteiligten verlangte schriftliche Übersetzung nicht vorliegt. 23

Über das Recht, eine schriftliche Übersetzung verlangen zu können, soll der Notar den Sprachunkundigen **belehren** (Abs. 2 S. 3). Die Tatsache dieser Belehrung ist in der Niederschrift ebenso festzuhalten wie die Erklärung, die der Beteiligte daraufhin abgibt (Abs. 2 S. 4). Die schriftliche Übersetzung soll der Niederschrift beigefügt werden (Abs. 3 S. 2 Hs. 2), eine feste Verbindung mit Siegel und Faden ist nicht erforderlich, aber sinnvoll.[62] Im Falle einer elektronischen Niederschrift wird die Übersetzung „beigefügt", indem sie in das elektronische Dokument aufgenommen wird, das auch die Niederschrift enthält. Das Beifügen macht die Übersetzung nicht zum Bestandteil der Niederschrift; nur die Niederschrift enthält die abgegebenen Erklärungen.[63] Das Beifügen dient aber der Beweissicherung für den Fall, dass die Niederschrift falsch übersetzt worden sein sollte,[64] und erleichtert insbesondere den Nachweis für die Irrtumsanfechtung aufgrund eines Übersetzungsfehlers. In der Praxis funktioniert das Verfahren nur, wenn die

55 Ähnlich BeckOK-BeurkG/*Eble*, § 16 Rn 20.
56 *Winkler*, § 16 Rn 21; *Waldner*, Beurkundungsrecht, Rn 228; BRHP/*Litzenburger*, § 16 BeurkG Rn 9; Grziwotz/Sauer/Heinemann/*Heinemann/Grziwotz*, § 16 Rn 20.
57 LG Dortmund v. 27.1.2005 – 2 O 370/04, NotBZ 2005, 342; *Waldner*, Beurkundungsrecht, Rn 228.
58 BRHP/*Litzenburger*, § 16 BeurkG Rn 1.
59 Frenz/Miermeister/*Limmer*, § 16 BeurkG Rn 8c; BRHP/*Litzenburger*, § 16 BeurkG Rn 7.
60 Grziwotz/Sauer/Heinemann/*Heinemann/Grziwotz*, § 16 Rn 22.
61 KG v. 7.11.2000 – 1 W 1770/00, NotBZ 2001, 69 f.
62 *Waldner*, Beurkundungsrecht, Rn 229; *Winkler*, § 16 Rn 17; Frenz/Miermeister/*Limmer*, § 16 BeurkG Rn 9; BRHP/*Litzenburger*, § 16 Rn 8.
63 *Lerch*, § 16 Rn 12.
64 *Winkler*, § 16 Rn 17; *Lerch*, § 16 Rn 12.

Übersetzung bereits vor der Beurkundung auf der Grundlage des Entwurfs angefertigt wurde und bei der Beurkundung dann nur noch Ergänzungen und Änderungen eingearbeitet werden.[65]

Wie ein vom BGH entschiedener Fall erweist,[66] sollte der Notar bei einer schriftlichen Übersetzung in der Urkunde hinreichend klarstellen, dass es sich um eine schriftliche Übersetzung und nicht den Fall einer zweisprachigen Urkunde handelt. Die Unterschiede sind gravierend. Handelt es sich um eine zweisprachige Beurkundung, bei der beide Textfassungen parallel gelten sollen, führen Divergenzen zwischen beiden Textfassungen unmittelbar zu einem versteckten Einigungsmangel und damit zur jedenfalls teilweisen Unwirksamkeit des beurkundeten Rechtsgeschäfts. Bei einer von dem Text der Niederschrift abweichenden schriftlichen Übersetzung kommt dagegen lediglich eine Anfechtung wegen Erklärungsirrtums in Betracht.[67]

24 Der Umfang der schriftlichen Übersetzung entspricht dem der mündlichen Übersetzung. Es sind alle vorzulesenden Teile der Niederschrift einschließlich der vorzulesenden Anlagen zu übersetzen.[68] Anders als bei der mündlichen Übersetzung, welche nur sinngemäß zu erfolgen hat, hat die schriftliche Übersetzung wortgetreu zu erfolgen. Eine schriftliche Übersetzung kann auch als Vorlage für die nach Abs. 2 S. 1 vorgeschriebene mündliche Übersetzung verwendet werden.[69]

25 Besonderheiten gelten bei **Verfügungen von Todes wegen** und bei **Hörbehinderung** eines sprachunkundigen Beteiligten. Bei einer Verfügung von Todes wegen **muss** eine schriftliche Übersetzung angefertigt werden (§ 32 BeurkG). Nur dann, wenn der Beteiligte hierauf verzichtet und dieser Verzicht in der Niederschrift festgestellt wird, ist eine schriftliche Übersetzung entbehrlich. Bei Taubheit eines sprachunkundigen Beteiligten ist eine schriftliche Übersetzung unverzichtbar. Dies folgt daraus, dass die mündliche Übersetzung dem Vorlesen entspricht, welches bei einem hörbehinderten Beteiligten durch die Vorlage der Niederschrift zur Durchsicht ersetzt wird (§ 23 S. 1 BeurkG).[70] Eine weitere Sonderregelung enthält § 483 Abs. 2 BGB: Bei **Teilzeit-Wohnrechteverträgen**, Verträgen über langfristige Urlaubsprodukte, Vermittlungsverträgen oder Tauschsystemverträgen i.S.d. §§ 481, 481a und 481b BGB ist dem Verbraucher stets eine beglaubigte Abschrift des Vertrages in der von ihm gewählten Sprache auszuhändigen.[71] Ein Verstoß hiergegen führt zur Nichtigkeit des beurkundeten Rechtsgeschäfts (§ 483 Abs. 3 BGB).[72]

D. Übersetzung durch den Notar

26 Die mündliche wie auch die schriftliche Übersetzung kann durch den Notar selbst erfolgen, wenn er hinreichend sprachkundig ist.[73] Der Notar hat nach pflichtgemäßem Ermessen zu beurteilen, ob er der fremden Sprache hinreichend kundig ist. Eine Nachprüfung, ob sich der Notar ausreichende Sprachkenntnisse zu Recht zugetraut hat, findet nicht statt; eine Unwirksamkeit der Beurkundung kann daher nicht auf mangelnde Sprachkenntnisse des übersetzenden Notars gestützt werden.[74]

Der Notar genügt der Vorschrift des Abs. 2 S. 1 durch eigenes Übersetzen auch dann, wenn er eine schriftliche Übersetzung i.S.d. Abs. 2 S. 2 vorliest, sofern er über hinreichende Kenntnisse der fremden Sprache verfügt.[75] Ohne diese Sprachkenntnis verstößt er gegen Abs. 2 S. 1, ohne dass dies aber Auswirkungen auf die Wirksamkeit der Beurkundung hätte. Unstatthaft ist es auch, wenn nicht der Notar die schriftliche

65 Staudinger/*Hertel*, BeurkG Rn 545.
66 BGH v. 20.3.2019 – XII ZB 310/18, RNotZ 2019, 422.
67 Die Möglichkeit einer solchen Irrtumsanfechtung wurde bei der vorgenannten Entscheidung des BGH nicht in Betracht gezogen.
68 Grziwotz/Sauer/Heinemann/*Heinemann/Grziwotz*, § 16 Rn 24.
69 Grziwotz/Sauer/Heinemann/*Heinemann/Grziwotz*, § 16 Rn 24.
70 *Winkler*, § 16 Rn 17 u. § 23 Rn 3; *Lerch*, § 23 Rn 6.
71 *Winkler*, § 16 Rn 19a; Grziwotz/Sauer/Heinemann/*Heinemann/Grziwotz*, § 16 Rn 23.
72 *Winkler*, § 16 Rn 19a.
73 *Winkler*, § 16 Rn 20; Frenz/Miermeister/*Limmer*, § 16 Rn 10; Grziwotz/Sauer/Heinemann/*Heinemann/Grziwotz*, § 16 Rn 30.
74 BGH DNotZ 2019, 830, 835; *Jansen*, BeurkG, § 16 Rn 16; *Hagena*, DNotZ 1978, 387, 395; *Hertel* in FS Wolfsteiner, 51, 53; *Ott*, RNotZ 2015, 189, 190; *Winkler*, § 16 Rn 20; Grziwotz/Sauer/Heinemann/*Heinemann/Grziwotz*, § 16 Rn 30.
75 Ebenso: Grziwotz/Sauer/Heinemann/*Heinemann/Grziwotz*, § 16 Rn 30; BeckOK-BeurkG/*Eble*, § 16 Rn 34; a.A. BRHP/*Litzenburger*, § 16 BeurkG Rn 6 (wegen der Mündlichkeit der Übersetzung soll bloßes Vorlesen nicht ausreichen).

Übersetzung verliest, sondern einer seiner Mitarbeiter.[76] Anders wäre dies nur dann, wenn der Mitarbeiter als Dolmetscher hinzugezogen würde.

Ob der Notar selbst übersetzt, steht ihm frei.[77] Es besteht auch bei hinreichender Sprachkenntnis keine Amtspflicht, dass der Notar die Übersetzung selbst vornimmt. Er kann den sprachunkundigen Beteiligten stattdessen darauf verweisen, einen Dolmetscher hinzuzuziehen.

E. Dolmetscher (Abs. 3)

I. Hinzuziehung

Auch die Pflicht zur Hinzuziehung eines Dolmetschers knüpft an die Feststellung gem. Abs. 1 an. Übersetzt der Notar nicht selbst, ist ein Dolmetscher hinzuzuziehen. 27

II. Person des Dolmetschers

Wer Dolmetscher sein kann, regelt das Gesetz nicht. Die ganz **h.M.** vertritt die Auffassung, dass eine **bestimmte berufliche Qualifikation nicht erforderlich** ist.[78] Eine **Mindermeinung** hält grundsätzlich die Beiziehung eines **staatlich geprüften** Dolmetschers für geboten.[79] Richtigerweise wird man eine bestimmte besondere berufliche Qualifikation nicht zu verlangen haben. Es liegt im pflichtgemäßen Ermessen des Notars, wen er als Dolmetscher heranzieht, wobei er Vorschläge der Beteiligten bei seiner Auswahlentscheidung berücksichtigen wird.[80] Hat der Notar Zweifel daran, dass der von den Beteiligten vorgeschlagene Dolmetscher in der Lage ist, den Urkundstext ordnungsgemäß zu übersetzen, kann er auf Hinzuziehung eines anderen Dolmetschers bestehen. Häufig wird es sich daher empfehlen, einen staatlich geprüften Dolmetscher zu wählen. Entbehrlich erscheint dies insbesondere in folgenden Fällen:[81] 28

– Zunächst kann bei einem „fast“ sprachkundigen Ausländer, mit dem sich der Notar auch unmittelbar verständigen kann, eher darauf verzichtet werden als bei einem Ausländer, mit dem die Kommunikation ausschließlich über den Dolmetscher erfolgt.
– Dasselbe gilt in Fällen, in denen der Notar sprachkundig ist, ohne die Übersetzung selbst vornehmen zu können oder zu wollen. Je stärker dem Notar die Kontrolle des Dolmetschers möglich ist, umso eher kann die „staatlich geprüfte“ Qualifikation des Dolmetschers in den Hintergrund treten.
– In besonders einfachen Angelegenheiten, bei denen die Hinzuziehung eines Dolmetschers mit unverhältnismäßigen Kosten verbunden wäre, kann ein Privatdolmetscher eher akzeptiert werden als bei komplexen und weitreichenden Verträgen.
– Ausländische Mandanten beauftragen vielfach Rechtsanwälte, die ihre Sprache beherrschen. Nehmen die Anwälte dann für ihre Mandanten die Übersetzung vor, wird man regelmäßig auf einen „Prüfnachweis“ der Sprachqualifikation verzichten können.
– Schließlich bleiben vor allem Fälle der tatsächlichen bzw. praktischen Unmöglichkeit oder Unzumutbarkeit der Hinzuziehung eines geprüften Dolmetschers.

Hilfreich für die **Auswahl eines Dolmetschers** kann die gemeinsam von den Landesjustizverwaltungen eingerichtete Dolmetscher- und Übersetzerdatenbank sein. Hierbei handelt es sich um eine Plattform zur Information über die in den einzelnen Ländern der Bundesrepublik Deutschland allgemein beeidigten, öffentlich bestellten bzw. allgemein ermächtigten Dolmetscherinnen und Dolmetscher sowie Übersetzerinnen und Übersetzer. Eine Suchmaske erlaubt insbesondere die Auswahl nach Ort und Sprache, in die übersetzt werden soll. Abrufbar ist die Datenbank im Internet unter www.justiz-dolmetscher.de. 29

76 Grziwotz/Sauer/Heinemann/*Heinemann/Grziwotz*, § 16 Rn 30.

77 KG NJW-RR 2001, 1429, 1430; BeckOK-BeurkG/*Eble*, § 16 Rn 34.

78 So ausdrücklich: *Waldner*, Beurkundungsrecht, Rn 236; Staudinger/*Hertel*, BeurkG Rn 548; Frenz/Miermeister/*Limmer*, § 16 BeurkG Rn 11; *Winkler*, § 16 Rn 21; *Hagena*, DNotZ 1978, 387, 391; Grziwotz/Sauer/Heinemann/*Heinemann/Grziwotz*, § 16 Rn 35; BeckOK-BeurkG/*Eble*, § 16 Rn 37.

79 *Renner*, ZNotP 2005, 145 ff.; *Eckhardt*, ZNotP 2005, 221 ff.; ähnlich: *Riedel/Feil*, § 16 Rn 10; *Lerch*, NotBZ 2006, 6, 9.

80 BeckOK-BeurkG/*Eble*, § 16 Rn 35.

81 Auflistung nach *Renner*, ZNotP 2005, 145, 149 f.

III. Ausschluss des Dolmetschers

30 Für den Dolmetscher gelten die **Ausschließungsgründe der §§ 6, 7 BeurkG** (Abs. 3 S. 2). Hintergrund ist der, dass der Dolmetscher als Hilfsperson des Notars angesehen wird.[82] Er soll daher wie dieser von der Teilnahme an der Beurkundung ausgeschlossen sein. Die Mitwirkung als Dolmetscher ist daher nicht gestattet, wenn

- dieser selbst (§ 6 Abs. 1 Nr. 1 BeurkG),
- sein Ehegatte oder Lebenspartner (§ 6 Abs. 1 Nr. 2, 2a BeurkG),
- ein mit ihm in gerader Linie Verwandter (§ 6 Abs. 1 Nr. 3 BeurkG) oder
- sein Vertreter, ein Vertreter seines Ehegatten, seines Lebenspartners oder seines in gerader Linie Verwandten (§ 6 Abs. 1 Nr. 4 BeurkG)

formell Urkundsbeteiligter ist. Wird hiergegen verstoßen, ist die Beurkundung vollständig unwirksam.[83]

Ein Dolmetscher darf weiterhin dann nicht mitwirken, wenn die beurkundeten Willenserklärungen darauf gerichtet sind,

- ihm selbst (§ 7 Nr. 1 BeurkG)
- seinem derzeitigen oder früheren Ehegatten bzw. Lebenspartner (§ 7 Nr. 2, 2a BeurkG) oder
- einer Person, mit der er in gerade Linie verwandt oder verschwägert oder in der Seitenlinie bis zum dritten Grad verwandt (d.h. bis zum Verwandtschaftsgrad Onkel/Tante bzw. Neffe/Nichte) oder bis zum zweiten Grad verschwägert (d.h. Schwager/Schwägerin) ist oder war (§ 7 Nr. 3 BeurkG)

einen rechtlichen Vorteil zu verschaffen. Bei einem Verstoß gegen § 7 BeurkG ist die Beurkundung allerdings nicht insgesamt unwirksam, sondern nur in dem Teil, der zur Begünstigung der vorgenannten Personen führt.[84] Dies bedeutet, dass dieser Teil an der Form der öffentlichen Urkunde nicht teilhat. Ob dies zur Unwirksamkeit des beurkundeten Rechtsgeschäfts führt, ist eine Frage des materiellen Rechts, nämlich danach, ob das Rechtsgeschäft der Form der notariellen Beurkundung bedarf und bejahendenfalls, ob die dann bestehende Teilnichtigkeit zur Gesamtnichtigkeit des Rechtsgeschäfts führt (ausführlich dazu siehe § 13 BeurkG Rdn 14 ff.).

31 Die Mitwirkungsverbote des **§ 3 BeurkG** und des **§ 26 BeurkG** gelten mangels gesetzlicher Verweisung nicht.[85] Soweit *Winkler* darauf hinweist, dass der Notar im Interesse einer unangreifbaren Beurkundung praktisch dennoch auf die Einhaltung der in § 26 BeurkG genannten Mitwirkungsverbote auch durch den Dolmetscher hinwirken wird,[86] ist ihm nur zum Teil Recht zu geben. Gelten die Mitwirkungsverbote des § 26 Abs. 1 BeurkG ohnehin schon über §§ 6, 7 BeurkG, wird es sicherlich auch keine sinnvolle Gestaltung des Beurkundungsverfahrens darstellen, wenn der Notar z.B. geisteskranke (§ 26 Abs. 2 Nr. 3 BeurkG) oder taube und/oder stumme (§ 26 Abs. 2 Nr. 4 BeurkG) Personen als Dolmetscher heranzieht. Keinen Bedenken begegnet es aber, wenn der Notar z.B. eigene Mitarbeiter übersetzen lässt (§ 26 Abs. 2 Nr. 1 BeurkG). Dies kann im Gegenteil sogar sehr wünschenswert sein, weil Notariatsmitarbeiter anders als viele sonstige Dolmetscher mit der rechtlichen Fachterminologie vertraut sind und deshalb in besonderer Weise als Dolmetscher geeignet sein können. Auch **blinde** oder **minderjährige** Personen scheiden nicht ohne weiteres als Dolmetscher aus.[87] Bei minderjährigen Personen ist allerdings zu berücksichtigen, dass diese erst mit Vollendung des 16. Lebensjahres eidesmündig sind (§ 393 ZPO), so dass jüngere Personen nicht als Dolmetscher beeidigt werden können. Jüngere Personen können daher nur dann als Dolmetscher hinzugezogen werden, wenn alle Beteiligten auf die Beeidigung des Dolmetschers verzichten.[88]

32 Ein **zweiter Notar** oder **Zeuge** kann nicht gleichzeitig auch Dolmetscher sein.[89] Zweiter Notar und Zeuge sollen die Ordnungsgemäßheit der Beurkundung überwachen und können daher nicht zugleich als Dol-

82 Grziwotz/Sauer/Heinemann/*Heinemann/Grziwotz*, § 16 Rn 38.

83 *Winkler*, § 16 Rn 23; Grziwotz/Sauer/Heinemann/*Heinemann/Grziwotz*, § 16 Rn 39.

84 OLG Stuttgart v. 27.6.1990 – 15 UF 237/89, FamRZ 1991, 708; *Winkler*, § 16 Rn 23; Grziwotz/Sauer/Heinemann/*Heinemann/Grziwotz*, § 16 Rn 40.

85 Grziwotz/Sauer/Heinemann/*Heinemann/Grziwotz*, § 16 Rn 44.

86 *Winkler*, § 26 Rn 2.

87 Grziwotz/Sauer/Heinemann/*Heinemann/Grziwotz*, § 16 Rn 44.

88 *Winkler*, § 16 Rn 21; Grziwotz/Sauer/Heinemann/*Heinemann/Grziwotz*, § 16 Rn 36.

89 *Lerch*, § 16 Rn 15; *Winkler*, § 16 Rn 23.

metscher Hilfsperson des zu überwachenden Notars sein. Diese Kontrollfunktion verbietet es auch, dass ein **Schreibzeuge** (§ 25 BeurkG) als Dolmetscher herangezogen wird.[90] Fraglich ist allerdings, ob ein Verstoß hiergegen zur Unwirksamkeit der Beurkundung führt. Dies ist für die verbotswidrige Doppelfunktion eines zweiten Notars/Zeugen gem. §§ 22, 29 BeurkG und eines Dolmetschers zu verneinen. Hier beruht die Hinzuziehung des zweiten Notars oder Zeugen nur auf einer Soll-Vorschrift. Anders dürfte dagegen für die verbotswidrige Doppelfunktion eines Schreibzeugen und Dolmetschers zu entscheiden sein. Schreibzeuge und Dolmetscher werden jeweils aufgrund einer Muss-Vorschrift (§ 25 S. 1 BeurkG bzw. Abs. 3 S. 1) hinzugezogen, so dass durch die verbotswidrige Doppelfunktion zwingend eine der beiden Muss-Vorschriften verletzt wird.[91]

Eine **Verständigungsperson** (§ 24 Abs. 1 S. 2 BeurkG) und ein **Gebärdensprachdolmetscher** (§ 22 Abs. 1 S. 2 BeurkG) können demgegenüber die Aufgabe eines Dolmetschers wahrnehmen.[92] Beide Aufgaben haben die gleichgerichtete Funktion des „Informationstransfers".[93] Eine mögliche Konfliktlage bei der Aufgabenwahrnehmung ist nicht ersichtlich.

IV. Beeidigung

Abs. 3 S. 3 geht von dem Regelfall der Beeidigung des Dolmetschers aus: Entweder ist er **allgemein beeidigt** oder er wird vom Notar **im Einzelfall beeidigt**. Ein Verzicht durch die Beteiligten ist allerdings möglich (§ 16 Abs. 3 S. 3 BeurkG a.E.). Hiervon wird in der notariellen Praxis auch weitgehend Gebrauch gemacht, so dass die Vereidigung des Dolmetschers tatsächlich den Ausnahmefall darstellt. Das Gesetz zur Einführung einer elektronischen Präsenzbeurkundung führt zu keinen inhaltlichen Änderungen des Abs. 3 S. 3, bringt aber sprachliche Anpassungen. Zum einen stellt der Normtext jetzt klar, dass unter allgemeiner Beeidung eine solche im Sinne von § 189 Abs. 2 GVG zu verstehen ist. Zum anderen ist nunmehr der Terminologie des GVG folgend von „beeidigt" statt „vereidigt" beziehungsweise „beeidigen" statt „vereidigen" die Rede. 33

Ist der Dolmetscher bereits **allgemein beeidigt**, genügt es, dass er sich auf diesen allgemeinen Eid beruft.[94] Seit dem 1. Januar 2023 sieht das Gerichtsdolmetschergesetz[95] (GDolmG) bundesweit einheitliche Standards für die allgemeine Beeidigung im Sinne von § 189 Abs. 2 GVG vor. Nur noch für eine Übergangszeit bis zum 31. Dezember 2026 ist daneben die Beeidigung nach den bisherigen landesrechtlichen Vorschriften möglich. Im Hinblick auf die Regelung im GDolmG sind die diese landesrechtlichen Vorschriften mittlerweile vielfach bereits aufgehoben worden.[96] Soweit noch landesrechtliche Gesetzesgrundlagen für die Beeidigung bestehen, ist im Einzelfall zu prüfen, ob die Beeidung eine allgemeine Vereidigung i.S.v. Abs. 3 S. 3 darstellt.[97] Auch ist zu berücksichtigen, dass die landesrechtlichen Regelungen teilweise zwischen Dolmetschern und Übersetzern unterscheiden. Erstere sind für mündliche und schriftliche Übersetzungen, manchmal aber auch nur für mündliche Übersetzungen, letztere nur für schriftliche Übersetzungen zuständig. Soll eine schriftliche Übersetzung gefertigt werden, muss daher neben der allgemeinen Vereidigung als Dolmetscher auch eine allgemeine Vereidigung als Übersetzer erfolgt sein, wenn der allgemein vereidigte Dolmetscher in dem betreffenden Bundesland nur für mündliche Übersetzungen zuständig ist. 34

Darüber, ob ein Dolmetscher oder Übersetzer allgemein vereidigt ist, gibt die gemeinsam von den Landesjustizverwaltungen eingerichtete Dolmetscher- und Übersetzerdatenbank Aufschluss (siehe oben Rdn 29). 35

Ist der Dolmetscher durch den Notar zu beeidigen, so geschieht dies entsprechend § 189 GVG.[98] **Die Eidesformel** lautet, dass der Dolmetscher treu und gewissenhaft übertragen werde. Der Eid ist vor der Über- 36

90 *Winkler*, § 16 Rn 23, § 25 Rn 11; *Lerch*, § 25 Rn 9.
91 A.A. Grziwotz/Sauer/Heinemann/*Heinemann/Grziwotz*, § 16 Rn 71; BeckOK-BeurkG/*Eble*, § 16 Rn 44.
92 *Winkler*, § 16 Rn 23; *Lerch*, § 16 Rn 15 (nur zur Verständigungsperson); *Rossak*, ZEV 2003, 435, 436; a.A. Grziwotz/Heinemann/*Heinemann*, 3. Aufl., § 16 Rn 42 (dagegen nun zustimmend: Grziwotz/Sauer/Heinemann/*Heinemann/Grziwotz*, § 16 Rn 43).
93 So *Rossak*, ZEV 2003, 435, 436.
94 Vgl. § 189 Abs. 2 GVG.
95 Gerichtsdolmetschergesetz vom 10.12.2019 (BGBl. I S. 2121).
96 Z.B. das bayerische Gesetz über die öffentliche Bestellung und allgemeine Beeidigung von Dolmetschern und Übersetzern mit Ablauf des 31.12.2022 durch § 3 Abs. 2 G v. 23.12.2022 (Bay. GVBl. S. 714). Auch § 33 Abs. 1 JustG NRW wurde mit G v. 10.12.2024 (GV. NRW 2024, 1207) dahingehend geändert, dass dort nur noch die Beeidigung von Übersetzern geregelt ist.
97 Vgl. *Winkler*, § 16 Rn 24; Frenz/Miermeister/*Limmer*, § 16 BeurkG Rn 13.
98 *Winkler*, § 16 Rn 26; Grziwotz/Sauer/Heinemann/*Heinemann/Grziwotz*, § 16 Rn 49.

setzung zu leisten.[99] Ebenso wie das vollständige Unterbleiben der gebotenen Beeidigung ist jedoch auch der pflichtwidrige Nacheid ohne Auswirkung auf die Wirksamkeit der Beurkundung. Über die Bedeutung des Eides, insbesondere auch die strafrechtlichen Konsequenzen, ist der Dolmetscher zu belehren; die Belehrung sollte in der Urkunde erwähnt werden.[100]

37 Ein **Verzicht** auf die Beeidigung ist von allen Beteiligten (Abs. 3 S. 3), also nicht nur vom Sprachunkundigen, auszusprechen. Der Verzicht bindet den Notar nicht; er kann den Dolmetscher nach freiem Ermessen dennoch beeidigen.[101]

V. Anwesenheit und Unterschrift des Dolmetschers

38 Der Dolmetscher muss lediglich während der Übersetzung, nicht auch während der übrigen Phasen der Verhandlung zugegen sein.[102] *Heinemann*, der verlangt, dass der Dolmetscher während der gesamten Beurkundungsverhandlung anwesend sein muss,[103] verkennt, dass es sich bei der Übersetzung lediglich um ein Vorlesesurrogat handelt und dem Dolmetscher keine weiteren Funktionen zukommen. Es ist damit insbesondere nicht erforderlich, dass der Dolmetscher anwesend ist, wenn der Notar den übrigen sprachkundigen Beteiligten die Niederschrift vorliest, sondern er kann auch erst nach dem Vorlesen hinzugezogen werden und dann die Übersetzung vornehmen. Wegen der Möglichkeit der abschnittsweisen Beurkundung (siehe dazu § 13 BeurkG Rdn 84 ff.) ist es sogar denkbar, dass sich die sprachkundigen Beteiligten nach dem Vorlesen, Genehmigen und Unterschreiben der Niederschrift entfernen und die Übersetzung nur noch in Anwesenheit des Notars, des Dolmetschers und des sprachunkundigen Beteiligten erfolgt. Empfehlenswert ist dies freilich nicht, denn dem sprachunkundigen Beteiligten würde dadurch die Möglichkeit genommen, im Zuge der Übersetzung mit den anderen Beteiligten über etwaige Änderungen der Niederschrift zu verhandeln oder sich dann erst ergebende Fragen zu klären.

39 Der Dolmetscher soll die Urkunde unterschreiben, Abs. 3 S. 5. Er bestätigt mit seiner Unterschrift jedoch nur, dass er als Dolmetscher mitgewirkt hat. Seine Unterschrift ist damit nicht Gültigkeitsvoraussetzung für die Beurkundung.[104] Demgemäß ist auch keine Genehmigung der Niederschrift durch den Dolmetscher vorgesehen.[105] Die Unterschrift des sprachunkundigen Beteiligten wird durch die Unterschrift des Dolmetschers selbstverständlich nicht ersetzt.[106] Teilweise wird vertreten, dass sich an die Unterschrift des Dolmetschers analog § 13 Abs. 1 S. 3 BeurkG eine Vermutung knüpft, wonach die Niederschrift ordnungsgemäß übersetzt worden ist.[107]

F. Feststellungsvermerke (Checkliste)

40 § 16 BeurkG verpflichtet den Notar zu umfangreichen Feststellungen in der Urkunde. Insbesondere hat er festzuhalten:

a) die Erklärung des Beteiligten über seine Sprachunkundigkeit oder die entsprechende Überzeugung des Notars,
b) die Tatsache, dass mündlich übersetzt wurde,
c) die Belehrung über das Recht, eine schriftliche Übersetzung zu verlangen,
d) die Feststellung der Tatsache, ob eine schriftliche Übersetzung angefertigt wurde,
e) die Feststellung der Tatsache, ob die schriftliche Übersetzung zur Durchsicht vorgelegt wurde,
f) die Feststellung der allgemeinen Beeidigung des Dolmetschers bzw. seiner Beeidigung durch den Notar; ersatzweise der Verzicht der Beteiligten auf die Beeidigung,
g) Angaben zur Person des Dolmetschers.

99 *Winkler*, § 16 Rn 26; Frenz/Miermeister/*Limmer*, § 16 BeurkG Rn 13; Grziwotz/Sauer/Heinemann/*Heinemann/Grziwotz*, § 16 Rn 49.
100 *Winkler*, § 16 Rn 26; Grziwotz/Sauer/Heinemann/*Heinemann/Grziwotz*, § 16 Rn 49.
101 *Winkler*, § 16 Rn 27; *Riedel/Feil*, § 16 Anm. 10.
102 Frenz/Miermeister/*Limmer*, § 16 BeurkG Rn 14.
103 Grziwotz/Sauer/Heinemann/*Heinemann/Grziwotz*, § 16 Rn 51; ihm folgend auch: *Winkler*, § 16 Rn 28.
104 *Winkler*, § 16 Rn 28; BRHP/*Litzenburger*, § 16 BeurkG Rn 11.
105 Staudinger/*Hertel*, BeurkG Rn 549; *Winkler*, § 16 Rn 28.
106 *Jansen*, BeurkG, § 16 Rn 27.
107 Grziwotz/Sauer/Heinemann/*Heinemann/Grziwotz*, § 16 Rn 52.

G. „Vermeidungsstrategien" für die Hinzuziehung eines Dolmetschers

Mitunter äußern die Urkundsbeteiligten den Wunsch, die Hinzuziehung eines Dolmetschers bei der Beurkundung zu vermeiden, indem der sprachunkundige Ausländer eine Vollmacht erteilt oder den Vertrag nachträglich genehmigt. Regelmäßig genügt, soweit nicht sogar die einfache Schriftform ausreicht, für Vollmachten und Genehmigungen eine Unterschriftsbeglaubigung. Wie oben (siehe Rdn 8) aufgezeigt wurde, gilt § 16 BeurkG in diesem Fall nicht. 41

Erfolgen solche Umgehungen systematisch, stellt sich dies als Verstoß gegen § 17 Abs. 2a S. 1 BeurkG dar.[108] Dem kann auch nicht entgegengehalten werden, dass der sprachunkundige Beteiligte nicht gezwungen werden kann, einen – vielleicht auch noch schlechten – Dolmetscher hinzuzuziehen, wenn es eine deutschsprachige Person seines Vertrauens gibt, die er bevollmächtigen oder deren Handeln er genehmigen kann.[109] Selbst eine schlechte Übersetzung wahrt die Verfahrensrechte des Beteiligten besser, als eine bloß unterschriftsbeglaubigte Genehmigung.[110] Nur dann, wenn ein Dolmetscher nicht mit zumutbarem Aufwand hinzugezogen werden kann und eine zweifelsfrei im Lager des Sprachunkundigen stehende Vertrauensperson als Vertreter zur Verfügung steht, wird man eine solche Umgehung als unbedenklich zulassen können. 42

Unterabschnitt 3: Beurkundung mittels Videokommunikation

§ 16a Zulässigkeit

(1) Die Beurkundung von Willenserklärungen kann mittels des von der Bundesnotarkammer nach § 78p der Bundesnotarordnung betriebenen Videokommunikationssystems nach den folgenden Vorschriften erfolgen, soweit dies durch Gesetz zugelassen ist.

(2) Der Notar soll die Beurkundung mittels Videokommunikation ablehnen, wenn er die Erfüllung seiner Amtspflichten auf diese Weise nicht gewährleisten kann, insbesondere wenn er sich auf diese Weise keine Gewissheit über die Person eines Beteiligten verschaffen kann oder er Zweifel an der erforderlichen Rechtsfähigkeit oder Geschäftsfähigkeit eines Beteiligten hat.

108 Grziwotz/Sauer/Heinemann/*Heinemann/Grziwotz*, § 16 Rn 7.

109 So aber *Waldner*, Beurkundungsrecht, Rn 235 (Fn 429).

110 Grziwotz/Sauer/Heinemann/*Heinemann/Grziwotz*, § 16 Rn 7.

A. Normzweck und unionsrechtlicher Hintergrund

1 Durch Art. 1 RL (EU) 2019/1151[1] wurde die RL (EU) 2017/1132[2] („GesRRL") um die Art. 13a ff. ergänzt. Diese Vorschriften sollen die Unterschiede reduzieren, die bei der Verfügbarkeit von Online-Werkzeugen, mit denen Unternehmer und Gesellschaften mit Behörden im **Bereich des Gesellschaftsrechts** kommunizieren können, zwischen den Mitgliedstaaten bestehen.[3] Unter anderem müssen die Mitgliedstaaten dabei aufgrund vom Art. 13g GesRRL gewährleisten, dass die Gründung von Gesellschaften **vollständig online**, d.h. ohne jede unmittelbar räumlich-persönliche Präsenz der Gründer, durchgeführt werden kann („Online-Gründung"). Der Unionsgesetzgeber verspricht sich davon, dass wirtschaftliche Aktivitäten in einem anderen Mitgliedstaat auf diese Weise einfacher, rascher und effizienter eingeleitet werden können.[4] Um dieser Richtlinienvorgabe nachzukommen, hat der Umsetzungsgesetzgeber durch Art. 4 des Gesetzes zur Umsetzung der Digitalisierungsrichtlinie vom 5.7.2021 (DiRUG)[5] die §§ 16a ff. BeurkG eingeführt („Online-Beurkundung"). Noch bevor diese Vorschriften in Kraft treten und in der Praxis erprobt werden konnten, entschloss sich der Gesetzgeber dazu, die Online-Beurkundung in größerem Umfang zuzulassen, als dies zunächst geplant war. Dementsprechend wurde in Abs. 1 die ursprünglich verabschiedete Wendung „soweit dies nach § 2 Abs. 3 des Gesetzes betreffend die Gesellschaften mit beschränkter Haftung zugelassen ist" ersetzt durch die offene Formulierung „soweit dies durch Gesetz zugelassen ist".

2 Während Art. 13g Abs. 1 u. Abs. 1 GesRRL für die Möglichkeit der Online-Gründung nicht zwischen den verschiedenen Gesellschaftsformen differenziert, eröffnet der Umsetzungsgesetzgeber sie durch § 2 Abs. 3 GmbHG zunächst nur für die **Bar- und Sachgründung einer GmbH**, für die **Gründung einer UG (haftungsbeschränkt)** sowie für die Errichtung oder Beglaubigung einer **Gründungsvollmacht** nach § 2 Abs. 2 GmbHG. Hinzu kommen die Beurkundung von Erklärungen zur Übernahme von im Rahmen einer Kapitalerhöhung neu geschaffenen Geschäftsanteilen gemäß § 55 Abs. 1 GmbHG sowie von einstimmigen Beschlüssen zur Änderung des Gesellschaftsvertrages gemäß § 53 Abs. 3 S. 2 GmbHG.

3 Diese Beschränkungen der Online-Gründung sind unionsrechtlich unproblematisch. Zum einen sehen Art. 13 Abs. 3 u. Abs. 2 i.V.m. Anhang IIA GesRRL die Online-Gründung zwingend nur für die GmbH vor. Zum anderen gestattet Art. 13 Abs. 4 lit. d) GesRRL es dem Umsetzungsgesetzgeber ausdrücklich, die Online-Gründung auszuschließen, wenn das Gesellschaftskapital in Sachleistungen aufzubringen ist. Hintergrund ist, dass der Unionsgesetzgeber mit der Möglichkeit einer Online-Gründung in erster Linie Kleinstunternehmen sowie kleinen und mittleren Unternehmen die Aufnahme ihrer wirtschaftlichen Aktivitäten erleichtern wollte.[6] Auch beabsichtigte der Unionsgesetzgeber bei komplexeren Gründungsvorgängen als bei der GmbH keinen Zwang zur Online-Gründung.[7]

4 Von dem Gestaltungsspielraum, den der unionsrechtliche Rahmen lässt, hat der Umsetzungsgesetzgeber mit der Formulierung von Abs. 1 somit sehr weitgehend Gebrauch gemacht. Begründet wird das mit dem knappen Hinweis, dass das Verfahren zur Online-Gründung für die GmbH und die UG (haftungsbeschränkt) besonders geeignet sei, für eine Vielzahl weiterer Beurkundungsgegenstände hingegen nicht.[8] Im Gesellschaftsrecht sprechen in der Tat die im Vergleich zur GmbH komplexere Organisationsstruktur und striktere Finanzverfassung von AG und KGaA dafür, es insoweit einstweilen bei der Gründung im reinen Präsenzverfahren zu belassen.[9] In weiteren Bereichen der notariellen Tätigkeit, namentlich im Familien-, Erb- und Immobilienrecht, unterstreicht der Präsenztermin mit dem Notar die besondere persönliche Bedeutung, die das beurkundungsbedürftige Geschäft häufig für wenigstens einen der Beteiligten hat, sodass der Gesetzgeber eine überschießende Umsetzung von vornherein nicht in Betracht gezogen hat. Allerdings wird man den engen Anwendungsbereich, für den die Gesetzgeber die Beurkundung mittels Videokommunikation eröffnet haben, gleichsam als „Experimentierfeld" ansehen

1 Richtlinie (EU) 2019/1151 des Europäischen Parlaments und des Rates vom 20.6.2019 zur Änderung der Richtlinie (EU) 2017/1132 im Hinblick auf den Einsatz digitaler Werkzeuge und Verfahren im Gesellschaftsrecht, ABl L 186/80 vom 11.7.2019.
2 Richtlinie (EU) 2017/1132 des Europäischen Parlaments und des Rates vom 14.6.2017 über bestimmte Aspekte des Gesellschaftsrechts, ABl L 169/46 vom 30.6.2017.
3 Erwägungsgrund Nr. 4 zur RL 2019/1151.
4 Erwägungsgrund Nr. 4 zur RL 2019/1151.
5 BGBl, S. 3338.
6 Erwägungsgrund Nr. 8 zur RL 2019/1151.
7 Erwägungsgrund Nr. 15 zur RL 2019/1151.
8 BT-Drucks 19/28177, S. 115.
9 *Lieder*, NZG 2018, 1081, 1082 f.

können, von dem aus – im Bewährensfalle – eine Ausweitung dieser Beurkundungsform auf weitere Bereiche erfolgen wird.[10]

5 Sowohl der Unions- als auch der Umsetzungsgesetzgeber sind sich bewusst, dass bei beurkundungsbedürftigen Rechtsgeschäften ein gesteigertes Bedürfnis nach Rechtssicherheit und Missbrauchsvorbeugung besteht.[11] Dementsprechend kam es dem Umsetzungsgesetzgeber bei der Ausgestaltung der §§ 16a ff. BeurkG gerade auch darauf an, dass mit der Online-Beurkundung keine inhaltlichen Abstriche bei den hohen Standards notarieller Beurkundungsverfahren einhergehen.[12] Mitunter ist dabei von der umsichtigen Überführung der gewachsenen Strukturen des nationalen Handels- und Gesellschaftsrechts in die neuen digitalen Verfahren die Rede.[13] Konkret bedeutet das, dass den Notar bei der Online-Beurkundung nach §§ 16a ff. BeurkG dieselben Amtspflichten treffen wie im herkömmlichen Präsenzverfahren nach §§ 8 ff. BeurkG.[14] Das ist bei der Auslegung der einzelnen Bestimmungen innerhalb der §§ 16a ff. BeurkG ebenso zu beachten wie bei deren Anwendung im einzelnen Fall.

B. Die Zulässigkeit der Beurkundung mittels Videokommunikation (Abs. 1)

6 Nach Abs. 1 können Willenserklärungen nur in den Fällen mittels des von der Bundesnotarkammer betriebenen Videokommunikationssystems beurkundet werden, in denen diese Beurkundungsform durch Gesetz zugelassen ist.[15] Folglich sind die §§ 16a ff. BeurkG als Ausnahmen von dem Grundsatz konzipiert, dass Gegenstand der notariellen Beurkundung nur Willenserklärungen sind, die die erklärende Person bei gleichzeitiger physischer Anwesenheit am selben Ort vor dem Notar abgibt. Wird ein Rechtsgeschäft mittels Videokonferenztechnik beurkundet, obwohl dieses Verfahren für es nicht zugelassen ist, ist die Beurkundung unwirksam.[16]

I. Gründung einer GmbH oder einer UG (haftungsbeschränkt)

1. Allgemeines

7 Aufgrund von § 2 Abs. 3 S. 1 Hs. 1 GmbHG kann der Gesellschaftsvertrag auch mittels Videokommunikation gemäß den §§ 16a bis 16e BeurkG beurkundet werden. Zwischen Ein- und Mehrpersonengründungen wird nicht differenziert.[17] Missverständlich ist in diesem Zusammenhang freilich die Formulierung aus der Begründung zum Regierungsentwurf, wonach die Notwendigkeit der notariellen Beurkundung sich aus § 2 Abs. 3 GmbHG ergeben müsse.[18] § 2 Abs. 3 GmbHG ist nämlich nur etwas über die Art und Weise der Beurkundung zu entnehmen, wohingegen die Beurkundungspflicht sich aus anderen Bestimmungen ergeben muss, insbesondere aus § 2 Abs. 1 und Abs. 2 GmbHG.

Seit dem 1.8.2023 ist die GmbH-Gründung im Onlineverfahren nach §§ 16a ff. BeurkG nicht mehr nur in den Fällen der Bargründung zulässig, sondern auch in den Fällen der Sachgründung. Seit diesem Zeitpunkt bestehen deshalb auch keine Zweifel mehr an der Zulässigkeit einer Bargründung mit Vereinbarung einer Nebenverpflichtung gemäß § 3 Abs. 2 GmbHG zur Leistung eines **Sachagios**. Umstritten ist, wie mit solchen in der Zeit zwischen dem 1.8.2022 und dem 1.8.2023 im Rahmen einer Videokonferenz gegründeten Gesellschaften umzugehen ist. Während manche diese Form der Gründung als eine ohne Weiteres zulässige Variante der Bargründung ansehen,[19] halten sie andere wegen der Nähe zur Sachgründung zu Recht für unwirksam.[20] Diese Vorstellung liegt auch dem Regierungsentwurf zum neu gefassten § 2 GmbHG zugrunde.[21]

8 In der Präsenzbeurkundung ist es mit Blick auf § 54 GmbHG üblich und zulässig, in eine Gründungsvereinbarung lediglich die Angaben nach § 9 Abs. 1 S. 1 BeurkG sowie die weiteren für die Gründung erforderlichen Erklärungen aufzunehmen (**„Mantel“**) und den Gesellschaftsvertrag nach § 9 Abs. 1 S. 2

10 *Krafka*, RDi 2022, 86 f.; vgl. auch *Teichmann*, GmbHR 2021, 1237, 1244.
11 Vgl. *Stelmaszczyk*, EuZW 2021, 513.
12 Vgl. Stellungnahme des DNotV vom 15.1.2021 zum DiRUG-RefE, S. 2; s. auch *Teichmann*, GmbHR 2021, 1237, 1244.
13 *Stelmaszczyk/Kienzle*, ZIP 2021, 765.
14 BT-Drucks 19/28177, S. 116.
15 *Bock*, RNotZ 2021, 326, 329.
16 Frenz/Miermeister/*Kienzle*, BNotO, § 16a Rn 38.
17 *Stelmaszczyk*, EuZW 2021, 513.
18 BT-Drucks 19/28177, S. 115.
19 *Heckschen/Knaier*, NZG 2021, 1093, 1095.
20 Frenz/Miermeister/*Kienzle*, BNotO, § 16a BeurkG Rn 12; *Stelmaszczyk/Kienzle*, GmbHR 2021, 849 Rn 23.
21 Vgl. BT-Drucks 20/1672, S. 22.

BeurkG beizufügen.[22] Von dieser Möglichkeit sollen die Beteiligten auch bei der Gründung im Verfahren nach §§ 16a ff. BeurkG Gebrauch machen können.[23] Gemäß § 2 Abs. 3 S. 5 GmbHG sind auch die Gründung im vereinfachten Verfahren nach § 2 Abs. 1a GmbHG sowie Gründungen unter Verwendung der **Musterprotokolle** nach Anhang 2 zum GmbHG möglich.

2. Echte Satzungsbestandteile (§ 2 Abs. 3 S. 1 GmbHG)

9 Gemäß § 2 Abs. 3 S. 1 GmbHG erstreckt sich die Möglichkeit zur Online-Beurkundung zunächst auf alle Willenserklärungen, die von dem Formzwang gemäß § 2 Abs. 1 GmbHG umfasst sind. Das sind alle echten Satzungsbestandteile, d.h. alle notwendigen und fakultativen Inhalte des Gesellschaftsvertrags nach § 3 Abs. 1 und Abs. 2 GmbHG.[24] Beurkundungspflichtig und deshalb im Wege des § 16a BeurkG beurkundungsfähig sind demnach sämtliche Regelungen, die die Organisation der Gesellschaft betreffen und auch gegenüber künftigen Gesellschaftern wirken.[25] Solche Regelungen können nur durch eine Satzungsänderung aufgehoben werden und sind objektiv auszulegen.[26]

10 Das steht jedoch unter dem Vorbehalt, dass **keine anderen Formvorschriften** entgegenstehen. Dadurch wird die Beurkundung mittels Videokonferenztechnik ausgeschlossen, wenn sich die notarielle Beurkundungsbedürftigkeit aus anderen Bestimmungen als § 2 GmbHG ergibt.[27] Das betrifft etwa beabsichtigte Sachgründungen, bei denen ein Gesellschafter sich zur Übernahme einer **Sacheinlage in Form eines Grundstücks** (§ 311b Abs. 1 BGB) oder **Geschäftsanteilen an einer anderen GmbH** (§ 15 Abs. 4 S. 1 GmbHG) verpflichten soll.[28] Für Gründungen im Rahmen von Umwandlungsmaßnahmen besteht ebenfalls keine Möglichkeit der Beurkundung nach §§ 16a ff. BeurkG.[29]

11 Aus § 2 Abs. 3 S. 1 Hs. 2 GmbHG ergibt sich, dass auch **satzungsmäßige Verpflichtungen zur Abtretung von Gesellschaftsanteilen** im Verfahren nach §§ 16a ff. BeurkG beurkundungsfähig sind.[30] Soweit es dabei um die Verpflichtung zur Abtretung von Anteilen an der zu gründenden Gesellschaft geht, steht die anderweitige Formvorschrift des § 15 Abs. 4 S. 1 GmbHG der Beurkundung mittels Videokonferenz somit nicht entgegen.[31] Relevant wird das insbesondere für die satzungsmäßige Begründung von Vorkaufsrechten, Zwangsabtretungsverpflichtungen o.Ä.[32] Problematisch ist freilich, dass diese Ausweitung der Möglichkeit zur Online-Beurkundung **erst seit dem 1.8.2023 in Kraft** ist, wohingegen die GmbH-Gründung per Videokonferenz bereits seit dem 1.8.2022 zugelassen war. Satzungsmäßige Verpflichtungen zur Abtretung von Gesellschaftsanteilen, die in der Zwischenzeit nach §§ 16a ff. BeurkG beurkundet wurden, hält die wohl h.M. ebenfalls für zulässig.[33] Begründet wird das mit der Überlegung, dass § 2 Abs. 3 S. 1 Hs. 2 GmbHG lediglich klarstellenden Charakter habe.[34]

3. Sonstige Willenserklärungen (§ 2 Abs. 3 S. 3 GmbHG)

12 Nach § 2 Abs. 3 S. 3 GmbHG können überdies Willenserklärungen, welche nicht der notariellen Form bedürfen, mittels Videokommunikation gemäß den §§ 16a bis 16e des Beurkundungsgesetzes beurkundet werden. Insoweit geht es um die sog. **unechten Satzungsbestandteile**.[35] Hierbei handelt es sich um Regelungen, die lediglich schuldrechtlich wirken und die Betroffenen nur persönlich (und nicht in ihrer Stellung als Anteilseigner) betreffen.[36] Für sie besteht deshalb auch keine Beurkundungspflicht, vielmehr werden sie lediglich gelegentlich der Gründung äußerlich in den Gesellschaftsvertrag aufgenommen

22 *Altmeppen*, § 2 GmbHG Rn 14; MüKo-GmbHG/*Heinze*, § 2 Rn 29.
23 Frenz/Miermeister/*Kienzle*, BNotO, § 16a BeurkG Rn 7; BT-Drucks 19/28177, S. 162.
24 *Altmeppen*, § 2 GmbHG Rn 8; Michalski/Heidinger/Leible/J. Schmidt/*Bormann/Stelmaszczyk*, § 2 GmbHG Rn 46.
25 Michalski/Heidinger/Leible/J. Schmidt/*Bormann/Stelmaszczyk*, § 2 GmbHG Rn 39; Noack/Servatius/Haas/*Servatius*, § 2 GmbHG Rn 16.
26 *Altmeppen*, § 2 GmbHG Rn 8.
27 Frenz/Miermeister/*Kienzle*, BNotO, § 16a BeurkG Rn 8.
28 Frenz/Miermeister/*Kienzle*, BNotO, § 16a BeurkG Rn 8.
29 BeckOGK/*Rachlitz*, Stand: 1.8.2024, § 16a BeurkG Rn 136; Frenz/Miermeister/*Kienzle*, BNotO, § 16a BeurkG Rn 8.
30 Noack/Servatius/Haas/*Servatius*, § 2 GmbHG Rn 78.
31 BeckOGK/*Rachlitz*, Stand: 1.8.2024, § 16a BeurkG Rn 135.
32 BeckOGK/*Rachlitz*, Stand: 1.8.2024, § 16a BeurkG Rn 53; Frenz/Miermeister/*Kienzle*, BNotO, § 16a BeurkG Rn 9.
33 Grziwotz/Sauer/Heinemann/*Sauer*, § 16a BeurkG Rn 19; a.A. Frenz/Miermeister/*Kienzle*, BNotO, § 16a BeurkG Rn 12.
34 Grziwotz/Sauer/Heinemann/*Sauer*, § 16a BeurkG Rn 19.
35 *Wicke*, GmbHR 2022, 516, 519.
36 MüKo-GmbHG/*Heinze*, § 2 Rn 15.

und freiwillig mitbeurkundet.[37] Danach haben die Gründer weitgehend die Wahl, ob sie eine anlässlich der Gründung getroffene Regel als echten oder als unechten Satzungsbestandteil gelten lassen wollen, was die Abgrenzung zwischen beiden nicht unbedingt vereinfacht.[38] Für die Zwecke des § 16a BeurkG kommt es auf diese Abgrenzung aber gar nicht erst an, denn die Online-Beurkundung ist für solche echten und unechten Satzungsbestandteile gleichermaßen zulässig, sofern die Beurkundung in derselben Niederschrift erfolgt.

Dementsprechend können auch die sog. Güterstandsklauseln, durch welche im gesetzlichen Güterstand lebende Gesellschafter verpflichtet werden, ihre Anteile von dem Zugewinnausgleich auszunehmen, und die nach h.M. keinem besonderen Formerfordernis unterliegen, im Wege der Online-Beurkundung mitbeurkundet werden.[39] Weiter werden die Mitbeurkundung der Handelsregisteranmeldung sowie die Erfüllungsgeschäfte bei Sachgründungen genannt.[40] Für Letztere ist freilich Voraussetzung, dass sie nicht ihrerseits – etwa nach §§ 873, 925 BGB – besonders formbedürftig sind. 13

4. Einstimmige Beschlüsse (§ 2 Abs. 3 S. 4 GmbHG)

Gemäß § 2 Abs. 3 S. 4 GmbHG können Beschlüsse online mitbeurkundet werden, sofern sie einstimmig getroffen und nicht selbstständig beurkundungspflichtig sind.[41] Umfasst sind in erster Linie Beschlüsse, die üblicherweise im Rahmen der Gründung getroffen werden, wie insbesondere (1.) die Bestellung des ersten Geschäftsführers, (2.) die Festlegung von deren Vertretungsbefugnis und/oder (3.) deren etwaige Befreiung von den Beschränkungen des § 181 BGB.[42] 14

Unter Einstimmigkeit in diesem Sinn ist zu verstehen, dass alle an der Beschlussfassung teilnehmenden Gesellschafter dem Beschluss zustimmen.[43] Nicht erforderlich ist demgegenüber, dass auch alle Gesellschafter an der Abstimmung teilnehmen.[44] Enthält sich ein Gesellschafter, liegt keine Einstimmigkeit vor.[45] 15

5. Änderung des Gesellschaftsvertrags zwischen Gründung und Eintragung

Änderungen des Gesellschaftsvertrags, die zwischen der Gründung und der Eintragung erfolgen, sind nach Maßgabe von § 2 Abs. 1 GmbHG beurkundungsbedürftig und können unter denselben Voraussetzungen nach §§ 16a ff. BeurkG beurkundet werden wie der ursprüngliche Vertrag.[46] 16

II. Gründung durch Stellvertreter

1. Organschaftliche Vertretung

Abs. 1 beschränkt die Gesellschaftsgründung mittels Videobeurkundung nicht auf natürliche Personen.[47] Treten (teil)rechtsfähige Verbände als Gründer auf und handeln für sie ihre organschaftlichen Vertreter, bedarf es stets des Nachweises der Vertretungsmacht. Dieser erfolgt nicht durch eine Urkunde nach § 2 Abs. 2 GmbHG, sondern durch einen entsprechenden Auszug aus dem jeweiligen Register.[48] Unproblematisch ist das noch, wenn die GmbH durch einen inländischen Verband gegründet werden soll, für den ein **mit Publizitätswirkung ausgestattetes Register** existiert. Hier kann der Notar die entsprechende Bescheinigung nach Maßgabe von § 21 Abs. 1 Nr. 1 Abs. 2 BNotO sogar selbst erteilen.[49] Besteht die eingetragene organschaftliche Vertretungsmacht in Wahrheit nicht mehr oder bestand sie womöglich niemals, wird der Rechtsverkehr über § 15 Abs. 1 bzw. Abs. 3 HGB geschützt. Ist der beteiligte Verband – wie etwa 17

37 Michalski/Heidinger/Leible/J. Schmidt/*J. Schmidt*, § 3 GmbHG Rn 3; MüKo-GmbHG/*Heinze*, § 2 Rn 15.
38 *Altmeppen*, § 2 GmbHG Rn 9.
39 Frenz/Miermeister/*Kienzle*, BNotO, § 16a BeurkG Rn 9.
40 Frenz/Miermeister/*Kienzle*, BNotO, § 16a BeurkG Rn 21.
41 BR-Drucks 171/22, S. 20.
42 *Wicke*, GmbHR 2022, 516, 519.
43 BeckOGK/*Rachlitz*, Stand: 1.8.2024, § 16a BeurkG Rn 116; Frenz/Miermeister/*Kienzle*, BNotO, § 16a BeurkG Rn 14.
44 BeckOGK/*Rachlitz*, Stand: 1.8.2024, § 16a BeurkG Rn 116; Frenz/Miermeister/*Kienzle*, BNotO, § 16a BeurkG Rn 14.
45 Frenz/Miermeister/*Kienzle*, BNotO, § 16a BeurkG Rn 14.
46 BeckOGK/*Rachlitz*, Stand: 1.8.2024, § 16a BeurkG Rn 44; Frenz/Miermeister/*Kienzle*, BNotO, § 16a BeurkG Rn 10.
47 *Heckschen/Strnad*, GWR 2021, 195; *Wicke*, GmbHR 2022, 516, 517.
48 Michalski/Heidinger/Leible/J. Schmidt/*Bormann/Stelmaszczyk*, § 2 GmbHG Rn 71; MüKo-GmbHG/*Heinze*, § 2 Rn 100; Scholz/*Cramer*, § 2 GmbHG Rn 35.
49 *Bock*, RNotZ 2021, 326, 332; *Stelmaszczyk/Kienzle*, ZIP 2021, 765, 771.

juristische Personen des öffentlichen Rechts – nicht solchermaßen registriert, muss die Vertretungsmacht der handelnden Person nach den für den Verband geltenden allgemeinen Regeln nachgewiesen werden, sofern sie nicht offenkundig (§ 291 ZPO) ist.[50]

18 Schwieriger liegen die Fälle, in denen **ausländische Gesellschaften** eine GmbH im Verfahren nach §§ 16a ff. BeurkG gründen wollen. Probleme bestehen hier selbst dann, wenn die gründende Gesellschaft aus dem EU-Ausland stammt. Denn zwar kann der deutsche Notar über das in das europäische Justizprotal integrierte BRIS („Business Registers Interconnection System") auch Einsicht in die Unternehmensregister anderer Mitgliedstaaten nehmen. Im Hinblick auf die Eingangskontrolle und die Publizitätswirkungen bleibt es aber bei den teils sehr unterschiedlichen nationalen Standards.[51] Abgesehen von einigen Ausnahmen – in der Literatur werden Italien, Österreich und Spanien erwähnt[52] – ist zum Nachweis der Existenz der Gesellschaft sowie der Vertretungsmacht der handelnden Person deshalb die Übersendung einer übersetzten ausländischen Notarbescheinigung zu fordern, die – vorbehaltlich abweichender unions- oder konventionsrechtlicher Regelungen – i.S.d. § 438 Abs. 2 ZPO legalisiert oder mit einer Apostille versehen sein muss.[53] Die Vorlage der entsprechenden körperlichen Urkunde beim Notar genügt.[54] Eine Ersetzung der papiernen Bescheinigung durch ein elektronisches Dokument, das mit einer ebenso elektronischen Apostille versehen ist, kommt dabei aufgrund der gegenwärtigen Rechtslage nicht in Betracht.[55] Alle diese Probleme bestehen erst Recht bei der Beteiligung von Gesellschaften aus Drittstaaten.

2. Gesetzliche Vertretung

19 Handelt im Rahmen der Gründung ein gesetzlicher Vertreter für eine natürliche Person, kommt § 2 Abs. 2 GmbHG ebenfalls nicht zur Anwendung.[56] Eltern weisen sich dabei durch die Geburtsurkunde des vertretenen Kindes aus;[57] macht ein Elternteil die alleinige Sorge und Vertretung geltend, muss er dies gesondert nachweisen (Sterbeurkunde des anderen Elternteils; Ausfertigung des Beschlusses nach § 1671 BGB).[58] Betreuer, Vormünder, Pfleger, Insolvenzverwalter etc. legitimieren sich durch die Vorlage des jeweiligen gerichtlichen Bestellungsaktes.[59]

3. Vollmacht und Gründungsvollmacht (§ 2 Abs. 2 GmbHG)

20 Ein rechtsgeschäftlich Bevollmächtigter, der kein Prokurist[60] ist, kann den Gesellschaftsvertrag gemäß § 2 Abs. 2 GmbH nur aufgrund einer notariell errichteten oder beglaubigten Vollmacht unterzeichnen. Der Registerpublizität gemäß § 15 HGB entsprechen hier funktionell §§ 171, 172 BGB. Aus **Rechtssicherheitsgründen** muss der Notar sich deshalb eine Urkunde vorlegen lassen, die den **Rechtsschein** des § 172 BGB trägt.[61] Vollmachtsurkunde i.S.d. § 172 BGB kann aber nach wie vor nur ein verkörpertes Schriftstück sein, sei es als Urschrift oder als Ausfertigung.[62] An ein **elektronisches Dokument** kann die Rechtsscheinwirkung demgegenüber schon deshalb nicht geknüpft werden, weil es **beliebig oft vervielfältigbar** ist und deshalb auch nicht i.S.d. § 172 Abs. 2 Alt. 1 BGB an den Vollmachtgeber zurückgegeben werden kann.[63]

21 Dennoch lässt § 2 Abs. 2 S. 2 GmbHG die notarielle Errichtung einer Gründungsvollmacht auch als originär elektronisches Dokument im Verfahren nach §§ 16a ff. BeurkG zu. Der Gesetzgeber sieht hierfür

50 MüKo-GmbHG/*Heinze*, § 2 Rn 100; Scholz/*Cramer*, § 2 GmbHG Rn 35; a.A. BeckOK-GmbHG/*Jaeger*, § 2 Rn 27 GmbHG: Nachweis nur erforderlich, wenn die Vertretungsmacht des Organs der juristischen Person beschränkt ist.
51 *Stelmaszczyk/Kienzle*, ZIP 2021, 765, 771.
52 *Kienzle*, DNotZ 2021, 590, 599.
53 *Bock*, RNotZ 2021, 326, 332; *Stelmaszczyk/Kienzle*, ZIP 2021, 765, 771.
54 *Bock*, RNotZ 2021, 326, 332.
55 BT-Drucks 19/28177, S. 124.
56 Scholz/*Cramer*, § 2 GmbHG Rn 35.
57 Scholz/*Cramer*, § 2 GmbHG Rn 35.
58 Michalski/Heidinger/Leible/J. Schmidt/*Bormann/Stelmaszczyk*, § 2 GmbHG Rn 71; MüKo-GmbHG/*Heinze*, § 2 Rn 100.
59 Michalski/Heidinger/Leible/J. Schmidt/*Bormann/Stelmaszczyk*, § 2 GmbHG Rn 71; Scholz/*Cramer*, § 2 GmbHG Rn 35.
60 Im Fall des Prokuristen gelten die Regeln über die organschaftliche Vertretung entsprechend (Scholz/*Cramer*, § 2 GmbHG Rn 35).
61 *Bock*, RNotZ 2021, 326, 332.
62 BeckOK-BGB/*Schäfer*, § 172 Rn 4a; Erman/*Finkenauer*, § 172 BGB Rn 4; MüKo-BGB/*Schubert*, § 172 Rn 11; *Danninger*, RDi 2021, 109, 110; *Meier/Szalai*, ZNotP 2021, 306, 312.
63 *Kienzle*, DNotZ 2021, 590, 600.

ein besonderes praktisches Bedürfnis insbesondere in Bezug auf sog. **Vollzugsvollmachten**.[64] Diese werden von allen Gesellschaftern einzelnen Mitgesellschaftern oder bestimmten Mitarbeitern des Notariats eingeräumt, damit sie etwaige Beanstandungen des Registergerichts ausräumen können, die dieses im Verlauf des Gründungsprozesses erheben könnte. Problematisch ist daran freilich, dass unter einer Gründungsvollmacht i.S.d. § 2 GmbHG jede Vollmacht zu verstehen ist, die den Bevollmächtigten zur Gründung einer GmbH mit Wirkung für den Vollmachtgeber berechtigt. Das umfasst Spezialvollmachten ebenso wie Generalvollmachten,[65] sodass gestützt auf § 2 Abs. 2 S. 2 GmbHG fortan jede Form von Vollmacht beurkundungsfähig würde, sofern sie nur die Gründung einer GmbH nicht ausschlösse. Das wäre mit dem Charakter der §§ 16a ff. BeurkG als einstweilen noch streng limitierte Ausnahmen vom Präsenzverfahren gemäß §§ 8 ff. BeurkG allerdings nicht vereinbar.[66] In teleologischer Reduktion von § 2 Abs. 2 S. 2 GmbHG sollten dementsprechend nur Spezialvollmachten für die Gründung einer GmbH als beurkundungsfähig angesehen werden.[67]

Zu bedenken bleibt freilich, dass der Vollmachtgeber auch die notariell beurkundete Vollmacht grundsätzlich durch eine einfache Willenserklärung wirksam widerrufen kann.[68] Zwar kann die elektronische Urkunde über die Gründungsvollmacht auch angesichts der Neuregelung in § 2 Abs. 2 S. 2 GmbHG als solche den Rechtsschein nach § 172 BGB nicht begründen. Allerdings können von einer elektronischen Niederschrift papierene **Ausfertigungen** erstellt werden,[69] die ihrerseits ein **geeigneter Rechtsscheinträger** sind.[70] Dementsprechend sollten bei der notariellen Errichtung einer Gründungsvollmacht nach § 2 Abs. 2 S. 2 GmbHG zugleich papierne Ausfertigungen erstellt werden, die die benannte Person im Ausfertigungsvermerk nach § 49 BeurkG genau bezeichnen. Diese Ausfertigung kann dann bei dem Notar hinterlegt werden, gegenüber dem die Gründungserklärungen abgegeben werden.[71] Jedenfalls für die Fälle der Vollzugsvollmachten lässt sich auf diese Weise ein für § 172 BGB ausreichender Rechtsschein erzeugen. 22

Der Begründung zum Gesetzesentwurf der Bundesregierung ist zu entnehmen, dass § 2 Abs. 2 GmbHG auf die **nachträgliche Genehmigung** entsprechend anwendbar sein soll, wofür sich wesentliche Teile der Literatur ebenfalls aussprechen.[72] Das ist gewiss ein inhaltlich sachgemäßes Ergebnis. Methodisch ist daran freilich problematisch, dass der ausdrücklich geäußerte Wille des Gesetzgebers insoweit keinen Niederschlag im Gesetzestext gefunden hat. Umgekehrt hat der Gesetzgeber das regelungsbedürftige Problem durchaus gesehen, so dass die Voraussetzungen einer Rechtsfortbildung im Wege der Analogie nicht erfüllt sind.[73] 23

III. Einstimmige satzungsändernde Beschlüsse (§ 53 Abs. 3 S. 2 BeurkG)

Für einstimmig gefasste Beschlüsse zur Abänderung des Gesellschaftsvertrags verweist § 53 Abs. 2 S. 2 GmbHG auf § 2 Abs. 3 S. 1, 3 und 4 GmbHG. Der Begriff der Satzungsänderung ist dabei **in einem umfassenden Sinn** zu verstehen, der Kapitalmaßnahmen einschließt.[74] Einstimmigkeit ist hier in demselben Sinn zu verstehen wie bei § 2 Abs. 3 S. 4 GmbHG. Im Übrigen steht auch die Zulässigkeit einer Beurkundung von satzungsändernden Beschlüssen unter dem Vorbehalt, dass **keine anderen Formvorschriften entgegenstehen** dürfen, die notarielle Beurkundung also nicht durch eine andere Bestimmung als § 53 Abs. 2 S. 1 GmbHG angeordnet wird.[75] **Umwandlungsbeschlüsse** sind demnach nicht nach §§ 16a ff. BeurkG beurkundungsfähig, weil die notarielle Form dort durch § 13 Abs. 3 UmwG angeordnet ist. Aus der Verweisung auf § 2 Abs. 3 S. 3 GmbHG folgt zunächst, dass bei der Satzungsänderung wie auch bei der Gründung sonstige Willenserklärungen und andere einstimmige Beschlüsse mitbeurkundet werden können, sofern für sie keine notarielle Form angeordnet ist und sie in dieselbe Niederschrift auf- 24

64 Grziwotz/Sauer/Heinemann/*Sauer*, § 16a BeurkG Rn 20; BR-Drucks 171/22, S. 25.
65 MüKo-GmbHG/*Heinze*, § 2 Rn 96.
66 Frenz/Miermeister/*Kienzle*, BNotO, § 16a BeurkG Rn 19.
67 S. auch Frenz/Miermeister/*Kienzle*, BNotO, § 16a BeurkG Rn 19; Grziwotz/Sauer/Heinemann/*Sauer*, § 16a BeurkG Rn 12.
68 Vgl. Staudinger/*Schilken*, § 168 Rn 5.
69 BT-Drucks 19/28177, S. 118.
70 BGH NJW 2006, 2118 Rn 26; MüKo-BGB/*Schubert*, § 172 Rn 20; *Thelen/Hermanns*, DNotZ 2019, 725, 732; *Danninger*, RDi 2021, 109, 110.
71 MüKo-BGB/*Schubert*, § 172 Rn 19.
72 BeckOGK/*Rachlitz*, Stand: 1.8.2024, § 16a BeurkG Rn 89, 90; Grziwotz/Sauer/Heinemann/*Sauer*, § 16a BeurkG Rn 12.
73 Frenz/Miermeister/*Kienzle*, BNotO, § 16a BeurkG Rn 20.
74 Frenz/Miermeister/*Kienzle*, BNotO, § 16a BeurkG Rn 25.
75 Frenz/Miermeister/*Kienzle*, BNotO, § 16a BeurkG Rn 26; Grziwotz/Sauer/Heinemann/*Sauer*, § 16a BeurkG Rn 16.

genommen werden. Weiter ergibt sich aus der Rechtsgrundverweisung auf § 2 Abs. 3 S. 1 GmbHG, dass ein **Willenserklärungsprotokoll** zu fertigen ist, was ein reines Tatsachenprotokoll ausschließt.[76]

25 Weiter ist zu beachten, dass Gesellschafterversammlungen nach **§ 48 Abs. 1 S. 1 GmbHG** grundsätzlich in Präsenz stattzufinden haben. Eine wirksame Beschlussfassung in einer gemäß §§ 16a ff. BeurkG beurkundeten Gesellschafterversammlung per Videokonferenz setzt nach § 48 Abs. 1 S. 2 Alt. 2 GmbHG voraus, dass sämtliche Gesellschafter sich in Textform (§ 126b BGB) mit einer Versammlung mittels Videokommunikation einverstanden erklärt haben. Das schließt die Möglichkeit einer gemischten Beurkundung gemäß § 16e BeurkG mit ein.[77] Davon unabhängig besteht die Möglichkeit, dieses Format der Gesellschafterversammlung aufgrund von § 45 Abs. 1 GmbHG bereits im Gesellschaftsvertrag zuzulassen.[78] Nehmen bei Fehlen einer solchen Bestimmung sämtliche Gesellschafter an der Online-Versammlung teil und stimmen sodann einstimmig über die Satzungsänderung ab, liegt darin stets mindestens konkludent auch die Einverständniserklärung nach § 48 Abs. 1 S. 2 GmbHG.[79] Umgekehrt besteht auch die Möglichkeit, dass der Gesellschaftsvertrag Gesellschafterversammlungen per Videokonferenz kategorisch ausschließt. In diesem Fall kann mittels Videokonferenz gemäß §§ 16a ff. BeurkG keine wirksame Beurkundung des satzungsändernden Beschlusses erfolgen.[80]

IV. Übernahmeerklärung bei Erhöhung des Stammkapitals (§ 55 Abs. 1 S. 2 BeurkG)

26 Wird eine Erhöhung des Stammkapitals beschlossen, so bedarf es zur Übernahme jedes Geschäftsanteils an dem erhöhten Kapital gemäß § 55 Abs. 1 S. 1 GmbHG einer notariell aufgenommenen oder beglaubigten Erklärung des Übernehmers. Von dem Formgebot ist nur die Erklärung des Übernehmers erfasst, nicht auch die Annahmeerklärung der Gesellschaft.[81] Aus § 55 Abs. 1 S. 2 GmbHG ergibt sich dann, dass diese Erklärung entweder per Videokonferenz gemäß §§ 16a ff. BeurkG beurkundet oder gemäß § 40a Abs. 1 S. 1 Alt. 2 BeurkG beglaubigt werden kann. Praktisch wird die an sich nicht erforderliche Beurkundung dann, wenn die Übernahmeerklärung gleichzeitig mit dem Kapitalerhöhungsbeschluss beurkundet wird.[82] Auch insoweit besteht die Möglichkeit zum Einsatz von Videokonferenztechnik nicht, wenn die notarielle Form durch andere Bestimmungen als § 55 Abs. 1 S. 1 GmbHG angeordnet ist.[83] So liegt es namentlich, wenn Gegenstand der Einlage die Einbringung eines Grundstücks oder von Anteilen an einer anderen GmbH ist.[84]

V. Verhältnis zur Präsenzgründung

27 Die Gesellschaftsgründung mittels Videokommunikation steht als gleichwertige Alternative neben der herkömmlichen Präsenzgründung nach §§ 8 ff. BeurkG. Anders als das Prozessgericht bei § 128a Abs. 1 ZPO hat der Notar **kein Auswahlermessen** zwischen den beiden Arten zur Durchführung der Verhandlung.[85] Vielmehr muss er – vorbehaltlich des § 16 Abs. 2 BeurkG – die Gründung nach §§ 16a ff. BeurkG vornehmen, wenn die Gründer sich für dieses Verfahren entscheiden.

VI. Das Videokommunikationssystem gemäß § 78p BNotO

1. Echtzeitkommunikation in Ton und Bild

28 Der Ablauf der Präsenzverhandlung nach §§ 8 ff. BeurkG sowie die Erreichung ihres Sinns und Zwecks lassen sich nur unter der Voraussetzung in ein fernkommunikatives Verfahren überführen, dass mit allen Beteiligten eine Echtzeitkommunikation in Ton und Bild stattfindet.[86] Nach Auffassung des Umset-

76 Noack/Servatius/Haas/*Noack*, § 53 GmbHG Rn 83.
77 BeckOGK/*Rachlitz*, Stand: 1.8.2024, § 16a BeurkG Rn 105.
78 BeckOGK/*Rachlitz*, Stand: 1.8.2024, § 16a BeurkG Rn 106; Frenz/Miermeister/*Kienzle*, BNotO, § 16a BeurkG Rn 25.
79 Frenz/Miermeister/*Kienzle*, BNotO, § 16a BeurkG Rn 25.
80 Frenz/Miermeister/*Kienzle*, BNotO, § 16a BeurkG Rn 25; dazu kritisch BeckOGK/*Rachlitz*, Stand: 1.8.2024, § 16a BeurkG Rn 108.
81 MüKo-GmbHG/*Lieder*, § 55 Rn 173.
82 Grziwotz/Sauer/Heinemann/*Sauer*, § 16a BeurkG Rn 17.
83 Frenz/Miermeister/*Kienzle*, BNotO, § 16a BeurkG Rn 29.
84 Grziwotz/Sauer/Heinemann/*Sauer*, § 16a BeurkG Rn 17; Noack/Servatius/Haas/*Servatius*, § 55 GmbHG Rn 40.
85 BT-Drucks 19/28177, S. 115.
86 BT-Drucks 19/28177, S. 115.

zungsgesetzgebers bietet nämlich nur eine solche Echtzeitkommunikation die Möglichkeit, die Beteiligten nach § 10 i.V.m. § 16c BeurkG sicher zu identifizieren und ihre Geschäftsfähigkeit nach § 11 BeurkG sowie ihre freie Willensbildung verlässlich festzustellen.[87] Außerdem sei die Verlesung der Niederschrift gemäß § 13 BeurkG untrennbar mit der Belehrung und Beratung der Beteiligten verbunden, was sich im Wege der Fernkommunikation ebenfalls nur bei einer Direktübertragung von Wort und Bild bewerkstelligen lasse.[88] Die besondere Betonung der Echtzeitkommunikation in Ton und Bild bedeutet aber nicht, dass im Seh- und/oder Hörvermögen eingeschränkte Personen von der Beurkundung gemäß §§ 16a ff. BeurkG ausgeschlossen wären. Für ihre Beteiligung gelten vielmehr auch hier die allgemeinen Regeln der §§ 22 ff. BeurkG.[89]

Natürlich hängt der reibungslose Verlauf einer Beurkundung mittels Videokommunikation vom Funktionieren der Technik ab, welches sich aber nicht zu jeder Zeit garantieren lässt. Tritt **während der Verhandlung eine technische Störung** von Bild oder Ton oder beidem auf, so muss der Notar die Verhandlung nach den allgemeinen Regeln nicht etwa abbrechen, sondern kann sie nach der Störungsbeseitigung fortsetzen.[90] Das gilt auch dann, wenn die Störungsbeseitigung Zeit in Anspruch nimmt und die Verhandlung erst an einem anderen Tag und/oder von oder an einem anderen Ort wieder aufgenommen werden kann.[91] An der Einheitlichkeit von Verhandlung und Niederschrift ändert die Unterbrechung nichts.[92] Eine Wiederholung der Verhandlung ist erst notwendig, wenn wegen der Dauer der Unterbrechung kein innerer Zusammenhang zwischen den einzelnen Bestandteilen mehr bestünde.[93] Jedoch erscheint es als praktisch ausgeschlossen, dass allein eine technische Störung eine Unterbrechung von solcher Bedeutung hervorrufen könnte. Vorbehaltlich des § 9 Abs. 2 BeurkG muss in das elektronische Dokument gemäß § 16b BeurkG kein Vermerk über die Unterbrechung aufgenommen werden.[94] Kann ein Beteiligter die Verhandlung mittels Videokommunikation von Anfang an **wegen einer technischen Störung nicht initiieren**, so muss ein neuer Verhandlungstermin bestimmt werden. Das gilt unabhängig davon, ob die Verbindungsstörung nur das Bild, nur den Ton oder beides betrifft. 29

Wegen des Erfordernisses einer Echtzeitkommunikation in Bild und Ton während der gesamten Verhandlung können sich die Beteiligten in dem Fall, dass einer oder mehrere von ihnen keine Bildverbindung zu den übrigen Beteiligten und dem Notar aufbauen können, nicht darauf verständigen, zwischenzeitlich oder – wenn der Verbindungsmangel von Anfang an besteht und sich nicht beheben lässt – während der gesamten Verhandlung zur Kommunikation nur die Tonübertragung zu verwenden.[95] Während im Zivilprozess bei einer solchermaßen durchgeführten Verhandlung nach § 128a ZPO womöglich noch ein Rügeverzicht Abhilfe schaffen kann, liegt im Verfahren nach §§ 16a ff. BeurkG ein **Beurkundungsmangel** vor. Gleiches gilt, wenn nur die Tonübertragung gestört ist und der Betroffene dem durch die begleitende Nutzung von Chat-, E-Mail-Funktionen oder einem parallelen Anruf mit einem Telefon abhelfen will. Etwas anderes kann allenfalls dort gelten, wo die Unterbrechung von Bild oder Ton sich auf einen nicht beurkundungsbedürftigen Beschluss im Rahmen der Gesellschaftsgründung beschränkt.[96] Eine entsprechende Anwendung der §§ 22 ff. BeurkG auf diejenige Person, bei der sich die technische Störung auswirkt, kommt nicht in Betracht. 30

Für die **Folgen des Mangels** gelten die allgemeinen Regeln. Danach ist der Gesellschaftsvertrag grundsätzlich gemäß § 125 S. 1 BGB nichtig und die Gesellschaft darf nicht in das Handelsregister eingetragen werden.[97] Setzen die Gesellschafter die fehlerhaft gegründete Gesellschaft jedoch im Anschluss an die misslungene Gründung tatsächlich in Vollzug, greifen die Grundsätze über die fehlerhafte Gesellschaft.[98] Für den Fall, dass das Registergericht die fehlerhaft gegründete Gesellschaft dennoch einträgt, tritt Heilung ein und die Gesellschaft ist wirksam entstanden.[99] 31

87 BT-Drucks 19/28177, S. 115.
88 BT-Drucks 19/28177, S. 115.
89 BT-Drucks 19/28177, S. 117.
90 BeckOGK/*Kloiber*, Stand: 1.1.2026, § 8 BeurkG Rn 44; *Bock*, RNotZ 2021, 326, 329.
91 *Reithmann*, DNotZ 2003, 603, 609.
92 *Reithmann*, DNotZ 2003, 603, 609.
93 BeckOGK/*Kloiber*, Stand: 1.1.2026, § 8 BeurkG Rn 47.
94 BeckOGK/*Kloiber*, Stand: 1.1.2026, § 8 BeurkG Rn 45.
95 *Bock*, RNotZ 2021, 326, 329.
96 Vgl. *Hermanns*, DNotZ 2013, 9, 20.
97 Michalski/Heidinger/Leible/J. Schmidt/*Bormann/Stelmaszczyk*, § 2 GmbHG Rn 65; MüKo-GmbHG/*Heinze*, § 2 Rn 83.
98 Lutter/Hommelhoff/*Bayer*, § 2 GmbHG Rn 38; Michalski/Heidinger/Leible/J. Schmidt/*Bormann/Stelmaszczyk*, § 2 GmbHG Rn 66; MüKo-GmbHG/*Heinze*, § 2 Rn 84.
99 RGZ 114, 77, 80; Lutter/Hommelhoff/*Bayer*, § 2 GmbHG Rn 39; MüKo-GmbHG/*Heinze*, § 2 Rn 85; Scholz/*Cramer*, § 2 GmbHG Rn 25.

2. Verwendung des Videokommunikationssystems gemäß § 78p BNotO

32 Die Beteiligten und der Notar sind in der Wahl des Videokommunikationssystems nicht frei, sondern müssen **zwingend** das gemäß § 78p BNotO von der Bundesnotarkammer betriebene System verwenden.[100] Kommt bei der Beurkundung nach §§ 16a ff. BeurkG stattdessen ein anderes Videokommunikationssystem zum Einsatz, liegt ein Beurkundungsmangel vor, für dessen Folgen wiederum die allgemeinen Regeln gelten (Rdn 30). Das kann freilich nur dort praktisch erheblich werden, wo das zum Einsatz gekommene Alternativsystem ebenfalls über die in § 78p Abs. 2 BNotO genannten Funktionalitäten verfügt.

33 Mit der restriktiven Beschränkung auf das von Bundesnotarkammer betriebene Videokommunikationssystem ist notwendigerweise der Ausschluss privater Anbieter verbunden. Der Umsetzungsgesetzgeber hält das deshalb für zwingend geboten, weil die beurkundende Tätigkeit des Notars hoheitlicher Natur sei, was bei der Verwendung einer von Privaten zur Verfügung gestellten technischen Infrastruktur nicht uneingeschränkt erhalten bliebe.[101] Zugleich werde durch die Verwendung eines von einer juristischen Körperschaft des öffentlichen Rechts betriebenen Videokommunikationssystems sichergestellt, dass keine am Verfahren unbeteiligten Privaten Zugriff auf die sensiblen Daten des zu beurkundenden Vorgangs erhielten.[102]

34 Zugang zu dem Videokommunikationssystem erhalten die an einer Gesellschaftsgründung interessierten Personen über ein **von der Bundesnotarkammer betriebenes Webportal**. Für die Nutzung des Videokommunikationssystems genügen dabei ein handelsüblicher, an das Internet angeschlossener Computer mit integrierter Kamera und integriertem Mikrofon, sowie ein handelsübliches Smartphone mit einer *Near Field Communication*-Schnittstelle.[103] Gewiss würden anspruchsvollere Anforderungen an die Ausstattung der Beteiligten das gesetzgeberische Ziel gefährden, möglichst vielen Personen, insbesondere aus dem Adressatenkreis der kleinen und mittleren Unternehmen, einen gerade im Verhältnis zum Präsenztermin einfacheren Zugang zum Notar zu ermöglichen. Dennoch sollte nicht unberücksichtigt bleiben, dass die integrierte Kamera nur einen sehr kleinen Ausschnitt von der gefilmten Person und ihrer Umgebung zeigt. Dementsprechend sind aber auch die Möglichkeiten des Notars beschränkt, sich über die freie Willensbildung der gefilmten Person verlässlich zu vergewissern. Beispielsweise wäre eine anwesende dritte Person, die auf die Willensbildung des Beteiligten während der Verhandlung bestimmenden Einfluss ausübt, für den Notar womöglich nicht wahrnehmbar. Derlei Gefahren mögen bei der Gesellschaftsgründung wegen des Geschäftsgegenstandes nicht sonderlich naheliegend sein. Sobald man die Beurkundung mittels Videokommunikation aber auf sensiblere Geschäftsgegenstände, namentlich im Familien- und Erbrecht erweitert, wird man jedenfalls insoweit um strengere Anforderungen an die technische Ausstattung des Beteiligten nicht herumkommen.

35 Das von der Bundesnotarkammer betriebene Webportal dient jedoch nicht nur dazu, den Zugang zu dem Videokommunikationssystem nach § 78p BNotO zu gewähren. Vielmehr stellt es den Beteiligten auch einen **sicheren Datenraum** zur Verfügung, über den sie einen zuständigen Notar ihrer Wahl beauftragen, Dokumente versenden und die gesamte Kommunikation im Vorfeld der Beurkundung erledigen können.[104]

36 Die näheren **Einzelheiten** (1.) hinsichtlich der technischen Anforderungen an das Videokommunikationssystem, die Videokommunikation und die elektronische Identifizierung, (2.) hinsichtlich der Datensicherheit und (3.) hinsichtlich der technischen Ausgestaltung der Signaturerstellung ergeben sich aus § 78p Abs. 3 BNotO i.V.m. den Bestimmungen der Verordnung über den Betrieb eines Videokommunikationssystems für notarielle Urkundstätigkeiten (NotViKoV).

C. Ablehnung der Beurkundung mittels Videokommunikation (Abs. 2)

37 Der Notar soll gemäß Abs. 2 die Beurkundung mittels Videokommunikation allerdings ablehnen, wenn er die Erfüllung einer Amtspflichten auf diese Weise nicht gewährleisten kann, insbesondere wenn er sich auf diese Weise keine Gewissheit über die Person eines Beteiligten verschaffen kann oder er Zweifel an

100 BT-Drucks 19/28177, S. 115.
101 BT-Drucks 19/28177, S. 116.
102 BT-Drucks 19/28177, S. 116.
103 *Kienzle*, notar 2022, 67.
104 *Kienzle*, notar 2022, 67 f.

der erforderlichen Rechtsfähigkeit oder Geschäftsfähigkeit eines Beteiligten hat. In diesem Fall verweist er die Beteiligten auf die Vornahme einer Präsenzbeurkundung gemäß §§ 8 ff. BeurkG.[105] **Unionsrechtlicher Hintergrund** dieser Beschränkung der Möglichkeiten einer Online-Gründung sind Art. 13b Abs. 4 und Art. 13g Abs. 8 GesRRL. Die in Abs. 2 ausdrücklich genannten Fälle sind lediglich beispielhaft und nicht abschließend zu verstehen.[106] Das folgt daraus, dass der Notar den in jeder Hinsicht rechtmäßigen Verlauf des Beurkundungsverfahrens sicherzustellen hat und insoweit im Online-Verfahren keine geringeren Standards gelten dürfen als im Präsenzverfahren.[107] Auch insoweit steht die deutsche Umsetzung in Einklang mit den Richtlinienvorgaben (Art. 13c Abs. 2 GesRRL).[108]

Als Beispiel für einen Fall, in dem der Notar seine Amtspflichten mittels Videokommunikation nicht ordnungsgemäß erfüllen kann, ist den Gesetzgebungsmaterialien die **technische Komplikation** bei der Prüfung und Belehrung nach § 17 BeurkG zu entnehmen.[109] Doch dürfte insoweit zu differenzieren sein. Steht fest, dass gegenüber wenigstens einem Beteiligten während einer bestimmten Zeitspanne der Verhandlung keine Bild- und/oder Tonübertragung zustande kommt oder sich eine solche gar nicht erst initiieren lässt, steht für die Beurkundung bereits kein Videokommunikationssystem zur Verfügung. Der Notar hat hier zu unterbrechen oder womöglich sogar die Verhandlung zu wiederholen. Auf Abs. 2 kommt es in diesen Fällen nicht an. Auch sind solche nur zeitweise bestehenden und überwindlichen Störungen kein Grund, um die Beurkundung mittels Videokommunikation wegen dieses Beurkundungsgegenstands und gegenüber diesen Beteiligten generell abzulehnen und sie auf die Präsenzbeurkundung gemäß §§ 8 ff. BeurkG zu verweisen.[110] Anders mag es liegen, wenn zwischen den Beteiligten unklar ist, ob im Verhältnis zu allen eine stabile Verbindung besteht, die während der gesamten Dauer der Verhandlung eine Echtzeitkommunikation mit Bild und Ton ermöglicht. Hier mag es durchaus vorkommen, dass ein Beteiligter Verbindungsschwierigkeiten hat, diese aber verschweigt, um den Abschluss der Beurkundung nicht zu gefährden. Hat der Notar aufgrund der für ihn wahrnehmbaren Umstände sowohl an der stabilen Verbindung als auch an der Aufrichtigkeit der Beteiligten Zweifel, liegt ein Ablehnungsgrund gemäß Abs. 2 vor. 38

Technische Komplikationen können sich allerdings auch bei der **Identitätsüberprüfung** gemäß § 16c BeurkG ergeben. Lassen diese aufgrund der Umstände des einzelnen Falls den Verdacht entstehen, dass für die Komplikation nicht die eingesetzten Geräte, sondern das zur Identifizierung verwendete Dokument ursächlich ist, kann der Notar die Beurkundung mittels Videokommunikation ebenfalls ablehnen. Gleiches gilt, wenn der Notar Zweifel hat, dass die in der Videokonferenz erschienene Person mit der auf dem zur Identifizierung gemäß § 16c BeurkG übersandten Lichtbild identisch ist,[111] oder aufgrund der für ihn wahrnehmbaren Umstände **Zweifel an der freien Willensbildung** eines Beteiligten hat, etwa weil dieser während der Beurkundung mutmaßlich Bestätigung durch eine von der Kamera nicht erfasste dritte Person sucht. Auch mögen dem Notar aufgrund von **Verhaltensauffälligkeiten eines Beteiligten** Zweifel an der Geschäftsfähigkeit kommen, die sich aus seiner Sicht nur durch ein unmittelbar persönliches Gespräch ausräumen lassen.[112] 39

Sofern der Notar die Identität oder Geschäftsfähigkeit eines Beteiligten bezweifelt und er gleichzeitig zu der Einschätzung gelangt, dass diese Zweifel sich **auch in einem Präsenztermin nicht beseitigen** lassen werden, muss er nicht zwingend nach Abs. 2 vorgehen. Vielmehr besteht auch die Möglichkeit, nach § 10 Abs. 3 S. 2, § 11 Abs. 1 S. 2 i.V.m. § 16b Abs. 1 S. 2 BeurkG die Beurkundung fortzusetzen und bestehende Zweifel betreffend die Person eines Beteiligten oder seiner Geschäftsfähigkeit in der Niederschrift zu dokumentieren.[113] 40

105 BT-Drucks 19/28177, S. 117.
106 *Bock*, RNotZ 2021, 326, 329.
107 BT-Drucks 19/28177, S. 116.
108 *Linke*, NZG 2021, 309, 311.
109 BT-Drucks 19/28177, S. 116; s. auch *Kienzle*, notar 2022, 67, 69.
110 *Bock*, RNotZ 2021, 326, 329.
111 Frenz/Miermeister/*Kienzle*, BNotO, § 16a BeurkG Rn 32.
112 Grziwotz/Sauer/Heinemann/*Sauer*, § 16a BeurkG Rn 23.
113 BT-Drucks 19/28177, S. 117.

D. Kosten und Rechtsmittel

41 Die Kosten für die Beurkundung im Verfahren nach §§ 16a ff. BeurkG sind anhand der allgemeinen Bestimmungen des GNotKG (§§ 85 ff.) zu ermitteln. Gemäß Nummer 32016 Nr. 2 des Kostenverzeichnisses wird für die Nutzung des Videokommunikationssystems nach § 78p BNotO eine Pauschale i.H.v. 25 EUR erhoben. Gegen die Ablehnung der Beurkundung mittels Videokommunikation findet nach Maßgabe des § 15 Abs. 2 BNotO die Beschwerde statt.

§ 16b Aufnahme einer elektronischen Niederschrift

(1) [1]Bei der Beurkundung von Willenserklärungen mittels Videokommunikation muss eine elektronische Niederschrift über die Verhandlung aufgenommen werden. [2] Für die elektronische Niederschrift gelten die Vorschriften des Unterabschnitts 2, ausgenommen § 13b, entsprechend, soweit in diesem Unterabschnitt nichts anderes bestimmt ist.

(2) [1]Ort der Verhandlung ist der Ort, an dem die elektronische Niederschrift aufgenommen wird. [2]In der elektronischen Niederschrift soll festgestellt werden, dass die Verhandlung mittels Videokommunikation durchgeführt worden ist.

(3) [1]Die elektronische Niederschrift ist mit qualifizierten elektronischen Signaturen zu versehen, die an die Stelle der nach diesem Gesetz vorgesehenen Unterschriften treten. [2]Die Beteiligten sollen die qualifizierten elektronischen Signaturen selbst erstellen.

A. Allgemeines

1 § 16b BeurkG ist die zentrale Regelung über das Beurkundungsverfahren mittels Videokommunikation. Dabei hat der Umsetzungsgesetzgeber für dieses Verfahren keinen völlig neuen Ablauf entworfen. Er hat sich vielmehr darauf beschränkt, die §§ 8 ff. BeurkG für grundsätzlich auch auf die Beurkundung nach §§ 16a ff. BeurkG anwendbar zu erklären und lediglich insoweit Anpassungen vorzunehmen, als die Erstellung eines originär elektronischen Dokuments und die räumliche Abwesenheit der Beteiligten dies erfordern.[1] Diese Regelungssystematik bekräftigt die **Gleichwertigkeit von Präsenz- und Online-Beurkundung**. Das elektronische Dokument, das über die Verhandlung erstellt und in der elektronischen Urkundensammlung verwahrt wird, gilt gemäß § 45 Abs. 3 BeurkG als die Urschrift. § 16b BeurkG wurde mit Wirkung vom 29.12.2025 durch das Gesetz zur Einführung einer elektronischen Präsenzbeurkundung (BGBl. I 2025 Nr. 320 v. 10.12.2025) neu gefasst. Nachdem nunmehr auch die allgemeinen Bestimmungen über die Niederschrift wesentliche Regelungen über elektronische Beurkundungen enthalten, konnten die entsprechenden bislang in § 16b BeurkG unmittelbar selbst enthaltenen Bestimmungen aus dem eigenen Regelungsbereich der Norm entfallen.

B. Aufnahme einer elektronischen Niederschrift

2 Gemäß Abs. 1 S. 1 muss der Notar bei der Beurkundung von Willenserklärungen mittels Videokommunikation eine elektronische Niederschrift über die Verhandlung aufnehmen. Diese Niederschrift hat, soweit

1 *Heckschen/Strnad*, GWR 2021, 195, 196; *Linke*, NZG 2021, 309, 311; *Keller/Schümmer*, NZG 2021, 573, 575.

sie gesetzlich zugelassen ist, dieselben rechtlichen Wirkungen wie die herkömmliche papiergebundene Niederschrift.[2] Demnach erbringt auch die elektronische Niederschrift gemäß § 415 Abs. 1 ZPO i.V.m. §§ 371a Abs. 3 S. 1 Alt. 2 ZPO den **vollen Beweis** dafür, dass die Beteiligten die in der Niederschrift beurkundeten Willenserklärungen abgegeben haben. Hiergegen steht nach § 415 Abs. 2 ZPO nur der **Gegenbeweis** offen, dass der Vorgang unrichtig beurkundet sei.[3] Eine solch weitreichende Beweiswirkung kann freilich nur einem Dokument zuerkannt werden, welches im Rahmen eines die entsprechende Richtigkeitsgewähr bietenden Verfahrens zustande gekommen ist. Der Archetypus eines solchen Verfahrens findet sich für das deutsche Recht in den §§ 8 ff. BeurkG. Es ist deshalb folgerichtig, dass der Gesetzgeber dieses Verfahren durch Abs. 1 S. 2 in so großem Umfang wie möglich auf die Online-Beurkundung gemäß §§ 16a ff. BeurkG anwendbar machen will.

Die Niederschrift entsteht nicht als verkörperte Gedankenerklärung, sondern originär und ausschließlich als **elektronisches Dokument**.[4] Das ergibt sich zwischenzeitlich nicht mehr aus einem besonderen § 16b Abs. 2 BeurkG, sondern aus § 8 Abs. 2 S. 1 i.V.m. § 16b Abs. 1 S. 2 BeurkG. Das BeurkG definiert den Begriff des elektronischen Dokuments ebenso wenig selbst wie § 371a ZPO, verwendet ihn jedoch in § 45 Abs. 2 i.V.m. § 56 Abs. 1 BeurkG und außerdem in § 8 Abs. 2 S. 1 BeurkG. Eine gewisse Orientierung mögen die Regelungen der ERVV[5] bieten, obgleich sie auf den Rechtsverkehr mit den Notaren nicht unmittelbar anwendbar sind. Für das Format und die Gestaltung kommt es letztlich darauf an, dass das Dokument in die elektronische Urkundensammlung nach §§ 34 ff. NotAktVV[6] aufgenommen werden kann. Maßgeblich ist deshalb in erster Linie § 4 Abs. 1 S. 1 NotAktVV. 3

C. Besondere Inhalte der elektronischen Niederschrift (Abs. 2)

Für den Inhalt der elektronischen Niederschrift sind zunächst ebenfalls die Vorgaben aus §§ 8 ff. BeurkG maßgeblich. Aus § 16 Abs. 2 BeurkG ergeben sich sodann einige Besonderheiten, die zusätzlich zu den bzw. anstelle der allgemeinen Regeln zu beachten sind. 4

I. Angabe des Orts der Verhandlung

Nach § 9 Abs. 2 BeurkG soll die Niederschrift den Ort der Verhandlung enthalten. Bei der Präsenzbeurkundung ist das derjenige Ort, an dem die Beteiligten und der Notar zusammenkommen. Üblich und zweckmäßig ist die Angabe von politischer Gemeinde, Straße und Hausnummer.[7] Die Ortsangabe ist Teil des Feststellungsinhalts und deshalb nach § 13 BeurkG mitzuverlesen.[8] Mangelhafte Ortsangaben bedeuten eine Amtspflichtverletzung des Notars, lassen aber die Wirksamkeit der Urkunde unberührt („soll").[9] Nachdem die Beteiligten und der Notar bei der Beurkundung mittels Videokommunikation aber gerade nicht physisch an einem Ort zusammentreffen, muss der Ort der Verhandlung anders angeknüpft werden. Gemäß § 16b Abs. 2 S. 1 BeurkG ist insoweit der Ort maßgeblich, an dem die elektronische Niederschrift aufgenommen wird. Dabei kommt es nicht auf den räumlichen Standort der Speicherinfrastruktur an. Entscheidend ist vielmehr der Ort, von dem aus der Aufnahmeprozess geleitet wird.[10] Das ist der **Ort, an dem der Notar sich während der Verhandlung befindet**,[11] regelmäßig also sein Amtssitz.[12] 5

Aus dem **Territorialitätsgrundsatz** sowie dem Umstand, dass die Beurkundung durch den Notar eine hoheitliche Tätigkeit ist, ergibt sich, dass der Notar sich auch während einer Beurkundung mittels Videokonferenz nicht im Ausland aufhalten darf.[13] Demgegenüber ist es unproblematisch, wenn die Beteiligten sich während der Verhandlung im Ausland befinden. Das ergibt sich jedenfalls daraus, dass andernfalls 6

2 BeckOGK/*Kloiber*, Stand: 1.1.2026, § 8 BeurkG Rn 11.
3 MüKo-ZPO/*Schreiber*, § 415 Rn 29.
4 *Bock*, RNotZ 2021, 326, 330; *Keller/Schümmer*, NZG 2021, 573, 574; *Krafka*, RDi 2022, 86, 88.
5 Elektronischer-Rechtsverkehr-Verordnung vom 24.11.2017 (BGBl I S. 3803), die zuletzt durch Artikel 43 des Gesetzes vom 12.7.2024 (BGBl 2024 I Nr. 234) geändert worden ist.
6 Verordnung über die Führung notarieller Akten und Verzeichnisse vom 13.10.2020 (BGBl I S. 2246), die zuletzt durch Artikel 6 des Gesetzes vom 21.12.2021 (BGBl 2021 II S. 1282) geändert worden ist.
7 BeckOGK/*Kloiber*, Stand: 1.1.2026, § 9 BeurkG Rn 83.
8 BeckOGK/*Kloiber*, Stand: 1.1.2026, § 9 BeurkG Rn 82.
9 BeckOGK/*Kloiber*, Stand: 1.1.2026, § 9 BeurkG Rn 87.
10 Vgl. *Damm*, DNotZ 2017, 426, 430, zum parallelen Problem des von der Bundesnotarkammer betriebenen elektronischen Urkundenarchivs.
11 *Bock*, RNotZ 2021, 326, 331.
12 BeckOGK/*Rachlitz*, Stand: 1.8.2024, § 16b BeurkG Rn 53.
13 BeckOGK/*Rachlitz*, Stand: 1.8.2024, § 16b BeurkG Rn 54.

der mit der mit Art. 13a ff. RL (EU) 2017/1132 verfolgte Zweck, grenzüberschreitende Gesellschaftsgründungen zu erleichtern, nachgerade konterkariert würde.[14]

7 Gemäß § 9 Abs. 2 BeurkG i.V.m. § 16 Abs. 1 S. 2 BeurkG hat der Notar auch den **Tag der Verhandlung** in die elektronische Niederschrift aufzunehmen. Insoweit ist das Datum am Ort der Verhandlung maßgeblich und nicht das bei grenzüberschreitenden Gründungen womöglich abweichende Datum am Aufenthaltsort irgendeines Beteiligten.[15]

II. Vermerk über die Durchführung der Verhandlung mittels Videokommunikation (Abs. 2 S. 2)

8 In der elektronischen Niederschrift soll gemäß Abs. 2 S. 2 festgestellt werden, dass die **Verhandlung mittels Videokommunikation durchgeführt** worden ist. Durch diese Feststellung wird die Beweiskraft des elektronischen Dokuments auch darauf erstreckt, dass die Beteiligten das Beurkundungsverfahren nach §§ 16a ff. BeurkG gewählt haben.[16] Im Streitfall ist damit insbesondere der Einwand abgeschnitten, die Verhandlung habe in einem Präsenzverfahren nach §§ 8 ff. BeurkG stattgefunden, an dessen Ende aber keine verkörperte Urkunde, sondern ein elektronisches Dokument erstellt worden sei. Auch dieser Bestandteil der elektronischen Niederschrift ist zu verlesen. Mängel schmälern insoweit die Beweiskraft der Niederschrift, lassen ihre Wirksamkeit im Übrigen aber unberührt („soll").

III. Wiedergabe der signierenden Personen (§ 16b Abs. 3 S. 3 Hs. 1 BeurkG a.F.)

9 Nach § 16b Abs. 3 S. 3 Hs. 1 BeurkG a.F. sollten am Schluss der elektronischen Niederschrift die Namen der Personen wiedergegeben werden, die diese Niederschrift nach § 16b Abs. 4 BeurkG mit einer qualifizierten elektronischen Signatur signierten. Seit der Neufassung des § 16b BeurkG ergibt sich das nunmehr aus § 13a Abs. 4 S. 3 BeurkG, ohne dass damit inhaltliche Änderungen verbunden wären. Diese „Soll"-Bestimmung steht neben § 9 Abs. 1 Nr. 1 BeurkG und § 10 Abs. 2 BeurkG, die ebenfalls Regelungen über die Bezeichnung der Beteiligten enthalten. Der eigene Regelungsgehalt von § 16b Abs. 3 S. 3 Hs. 1 bzw. § 13a Abs. 4 S. 3 BeurkG besteht zum einen darin, dass als Identifikator zwingend der Name (§ 12 BGB) der handelnden Person anzugeben ist, und zum anderen darin, dass dieser Name am Schluss der elektronischen Niederschrift zu erscheinen hat. Hintergrund ist sowohl, dass der Kreis der Unterzeichner über denjenigen der Beteiligten hinausgehen kann,[17] als auch, dass die qualifizierte elektronische Signatur lediglich ein verschlüsseltes Authentifizierungszeichen ist, das weder bei papiernen Ausfertigungen noch bei einfachen oder beglaubigten Ausdrucken und Abschriften wahrnehmbar ist und deshalb keiner konkreten Person zugeordnet werden kann.[18] Vor diesem Hintergrund dient die Namensangabe dazu, für den Rechtsverkehr auch auf solchen „Kopien" des elektronischen Dokuments erkennbar zu machen, welche Personen die Urschrift (§ 45 Abs. 3 BeurkG) tatsächlich signiert haben.[19]

D. Qualifizierte elektronische Signatur (Abs. 3)

10 Im Präsenzverfahren ist eine als körperliche Urkunde erstellte Niederschrift gemäß § 13 Abs. 1 S. 1 Hs. 1 BeurkG von den Beteiligten und gemäß § 13 Abs. 3 S. 1 BeurkG von dem Notar zu unterzeichnen. Weitere Unterschriftspflichten ergeben sich aus § 16 Abs. 3 S. 5 („Dolmetscher"), § 22 Abs. 2 („Zeuge oder zweiter Notar"), § 24 Abs. 1 S. 4 („zugezogene Person") und aus § 29 S. 2 („Zeugen oder zweiter Notar") BeurkG. Unabhängig davon, welcher Unterschriftsbegriff im beurkundungsrechtlichen Zusammenhang zugrunde zu legen ist,[20] scheidet ein eigenhändiger Schriftzug auf der elektronischen Niederschrift gemäß § 16b BeurkG schon deshalb aus, weil es hier keine als Träger geeignete körperliche Urkunde gibt.[21] Natürlich müssen die Beteiligten den Inhalt der Niederschrift aber dennoch auf irgendeine Weise **autorisieren** und formell bekunden, dass sie sich die in der Niederschrift enthaltenen Erklärungen als eigene

14 BeckOGK/*Rachlitz*, Stand: 1.8.2024, § 16b BeurkG Rn 57.
15 BeckOGK/*Rachlitz*, Stand: 1.8.2024, § 16b BeurkG Rn 59.
16 BT-Drucks 19/28177, S. 118.
17 BeckOGK/*Seebach/Rachlitz*, Stand: 1.11.2025, § 13 BeurkG Rn 238.
18 BT-Drucks 19/28177, S. 118.
19 BT-Drucks 19/28177, S. 118.
20 Dazu BGH NJW 2003, 1120.
21 BT-Drucks 19/28177, S. 118.

zurechnen lassen wollen.[22] Ebendiese Autorisierungsfunktion soll im Beurkundungsverfahren nach §§ 16a ff. BeurkG der qualifizierten elektronischen Signatur zukommen.[23] Darüber hinaus begründet die qualifizierte elektronische Signatur auch die **Vermutungswirkung gemäß § 13 Abs. 1 S. 3 BeurkG**.[24] Entsprechendes gilt für die Signaturen des Notars und der weiteren entsprechend verpflichteten Personen.

Der **Begriff** der qualifizierten elektronischen Signatur richtet sich nach Art. 3 Nr. 12 eIDAS-VO.[25] Die Softwarelösung zum Erstellen einer solchen Signatur und zum Versehen der elektronischen Urkunde mit ihr ist gemäß § 78p Abs. 2 Nr. 4 BNotO in das von der Bundesnotarkammer betriebene Videokommunikationssystem integriert. Ebenso hat es die Bundesnotarkammer übernommen, die dauerhafte Überprüfbarkeit der bei der Beurkundung nach §§ 16a f. BeurkG eingesetzten Zertifikate gemäß § 13a Abs. 4 S. 1 i.V.m. § 16a Abs. 1 S. 2 BeurkG, welcher § 16b Abs. 4 S. 2 BeurkG a.F. entspricht, zu gewährleisten.[26] 11

Gemäß § 16b Abs. 3 S. 2 BeurkG „sollen“ **die Beteiligten die Signaturen selbst erzeugen**, d.h. den Vorgang zur Erstellung der Signatur durch eigenhändiges Tätigwerden auslösen. Das gilt mit Ausnahme des Notars, für den § 13a Abs. 2, Abs. 4 S. 2 i.V.m. § 16b Abs. 1 S. 2 BeurkG greift, auch für alle anderen mitwirkenden Personen und bildet das Erfordernis der eigenhändigen Unterschrift aus dem Präsenzverfahren im Online-Verfahren ab. Während die Unterschriftsleistung durch einen anderen als den Beteiligten im Präsenzverfahren die Unwirksamkeit der beurkundeten Willenserklärung nach sich zieht,[27] ist – was sich aus der Ausgestaltung des § 16b Abs. 3 S. 3 BeurkG als „Soll“-Vorschrift ergibt – die Beurkundung mittels Videokommunikation auch dann wirksam, wenn ein anderer als der Beteiligte die qualifizierte elektronische Signatur auslöst.[28] Begründet wird diese Diskrepanz mit praktischen Erwägungen:[29] Im Präsenztermin kann es der Wahrnehmung des Notars nämlich kaum entgehen, wenn auf einmal eine andere Person als der von ihm identifizierte Beteiligte zur Unterschrift oder zur elektronischen Signatur schreitet. Bei der Online-Beurkundungen kann es hingegen – insbesondere in Anbetracht der nur sehr niedrigschwellig angesetzten Voraussetzungen an die technische Ausrüstung der Beteiligten – nicht mit Sicherheit ausgeschlossen werden, dass ein Beteiligter das Auslösen der qualifizierten elektronischen Signatur an einen Dritten delegiert, ohne dass der Notar dies bemerkt.[30] Diese Lücke nimmt der Gesetzgeber somit bewusst in Kauf, um die Möglichkeit einer Beurkundung mittels Videokommunikation zu schaffen. Das ist vor dem Hintergrund, dass bei der notariellen Beurkundung die Identitäts- und Abschlussfunktion der Unterschrift bereits durch das Beurkundungsverfahren selbst gewährleistet wird und deshalb im Verhältnis zum sonstigen Verfahrens- und materiellen Recht großzügigere Maßstäbe an die Unterschrift angelegt werden,[31] gewiss vertretbar.[32] Dennoch steht es nicht im Belieben der Beteiligten, ob sie die elektronische Signatur selbst auslösen oder dies einen Dritten tun lassen. Vielmehr darf der Notar mit der Beurkundung nicht fortfahren, wenn er bemerkt, dass ein anderer als der zur Signatur verpflichtete Beteiligte die Signatur erstellt.[33] 12

Auch der **Notar** hat seine qualifizierte elektronische Signatur selbst zu erstellen (§ 13a Abs. 2, Abs. 4 S. 2 i.V.m. § 16a Abs. 1 S. 2 BeurkG). In seinem Fall ist dies aber als „Muss“-Voraussetzung ausgestaltet, sodass die elektronische Niederschrift nicht wirksam errichtet ist, wenn ein Dritter anstelle des Notars die Signatur erstellt.[34] 13

22 BGH NJW 2003, 1120.
23 *Linke*, NZG 2021, 309, 311.
24 BT-Drucks 19/28177, S. 118.
25 Verordnung (EU) Nr. 910/2014 des Europäischen Parlaments und des Rates vom 23.7.2014 über elektronische Identifizierung und Vertrauensdienste für elektronische Transaktionen im Binnenmarkt und zur Aufhebung der Richtlinie 1999/93/EG, ABl L 257, S. 73, ber. ABl 2015 L 23, S. 19, und ABl 2016 L 155, S. 44.
26 Vgl. BeckOGK/*Meier*, Stand: 1.8.2025, § 39a BeurkG Rn 34.
27 BGH NJW 2003, 1120; BeckOGK/*Seebach/Rachlitz*, Stand: 1.11.2025, § 13 BeurkG Rn 155.
28 BT-Drucks 19/28177, S. 119.
29 BT-Drucks 19/28177, S. 119.
30 *Bock*, RNotZ 2021, 326, 331; BT-Drucks. 21/1505, S. 49.
31 BeckOGK/*Seebach/Rachlitz*, Stand: 1.11.2025, § 13 BeurkG Rn 141, 142.
32 Ebenso BeckOGK/*Rachlitz*, Stand: 1.1.2026, § 16b BeurkG Rn 73.
33 BT-Drucks 19/28177, S. 119.
34 BT-Drucks 19/28177, S. 118.

E. Übermittlung zur Durchsicht (§ 16b Abs. 5 BeurkG a.F.)

14 Gemäß § 16b Abs. 5 BeurkG a.F. sollte den Beteiligten auf Verlangen vor der Genehmigung die elektronische Niederschrift zur Durchsicht übermittelt werden („informatorische Vorlage"). Das entspricht § 13 Abs. 1 S. 4 BeurkG, auf den aufgrund der Verweisung des § 16a Abs. 1 S. 2 BeurkG nunmehr unmittelbar zurückzugreifen ist. In der Regierungsbegründung zur Neufassung des § 16b BeurkG wird zwar noch darauf verwiesen, dass der bisherige § 16b Abs. 5 BeurkG zu einem neuen Abs. 4 werden solle.[35] Der vorgeschlagene Normtext hat einen solchen Abs. 4 jedoch niemals enthalten.[36] Auf welche Weise diese Übermittlung erfolgt, ist Regelungsgegenstand der aufgrund von § 78p Abs. 3 BNotO erlassenen Verordnung über den Betrieb eines Videokommunikationssystems für notarielle Urkundstätigkeiten (NotViKoV).[37]

F. Überblick: Änderungen an § 16b BeurkG infolge des Gesetzes zur Einführung einer elektronischen Präsenzbeurkundung

15 Am 16.7.2025 hat die Bundesregierung einen Gesetzesentwurf zur Einführung einer elektronischen Präsenzbeurkundung vorgelegt, welches mit Wirkung vom 29.12.2025 in Kraft getreten ist. Damit sollen die Digitalisierungsbestrebungen, wie sie in den vergangenen Jahren insbesondere in der Justiz mit der Einführung der elektronischen Akte vorangetrieben wurden (§ 298a ZPO), auf das Beurkundungsverfahren erstreckt werden. Das ist vor dem Hintergrund, dass auch die klassische Papierurkunde, die der Notar im Verfahren nach §§ 8 ff. BeurkG erstellt, gemäß § 55 Abs. 2 BeurkG elektronisch im elektronischen Urkundenarchiv verwahrt wird, gewiss sinnvoll. Entsteht die Niederschrift nämlich auch in der Präsenzbeurkundung als ein originär elektronisches Dokument, so wird ein andernfalls notwendiger Medientransfer (§ 56 BeurkG) überflüssig.

16 Die durch die Einführung der elektronischen Präsenzbeurkundung eingetretenen Änderungen betreffen auch § 16b BeurkG. Eingefügt wurde zunächst ein allgemeiner § 8 Abs. 2 BeurkG, dem zufolge die Niederschrift als elektronisches Dokument aufgenommen werden kann, und zwar in entsprechender Anwendung der Vorschriften über die papierne Niederschrift. Weiter wurde ein neuer § 13a BeurkG über die Errichtung einer elektronischen Niederschrift als originäres elektronisches Dokument in Anwesenheit der Beteiligten vor dem Notar eingefügt. § 13b BeurkG regelt die technischen Rahmenbedingungen, unter denen solche elektronischen Niederschriften zu errichten sind. Auf Beurkundungen mittels Videokonferenztechnik ist § 13b BeurkG freilich nicht anwendbar. Diese sprachlichen Neufassungen bringen im Verhältnis zur bisherigen Rechtslage keinerlei Änderungen mit sich.

17 Im Übrigen wurden § 16b Abs. 2 BeurkG sowie § 16b Abs. 3 S. 3 BeurkG und § 16b Abs. 5 BeurkG aufgehoben. Dabei wurde der bisherige § 16b Abs. 2 BeurkG in Anbetracht des neuen § 8 Abs. 2 S. 1 BeurkG in der Tat überflüssig. Gleiches gilt für den gegenwärtigen § 16b Abs. 3 S. 3 BeurkG, an dessen Stelle die § 13a Abs. 4 S. 3 und S. 4 BeurkG getreten sind. An die Stelle des bisherigen § 16b Abs. 5 BeurkG ist nunmehr § 13 Abs. 1 S. 4 i.V.m. § 16a Abs. 2 BeurkG getreten. Für die Fälle der Online-Beurkundung ist er dabei so zu verstehen, dass die Vorlage zur Durchsicht auf elektronischem Weg zu erfolgen hat.

18 Die an die qualifizierte elektronische Signatur einer elektronischen Niederschrift zu stellenden Anforderungen ergeben sich nunmehr allgemein aus § 13a Abs. 4 BeurkG. Wegen der Verweisung in § 16b Abs. 1 S. 2 BeurkG wurde damit auch der bisherige § 16b Abs. 4 BeurkG teilweise obsolet. Dementsprechend soll der an seine Stelle tretende § 16b Abs. 3 BeurkG auch nur noch die Abweichungen gegenüber der allgemeinen Vorschrift § 13 Abs. 4 BeurkG regeln. Vor diesem Hintergrund ist § 16b Abs. 3 S. 1 BeurkG zu entnehmen, dass es sich bei einer Online-Beurkundung um eine zu erstellende elektronische Niederschrift handelt. Daraus wird deutlich, dass die für eine im Präsenzverfahren zu errichtende elektronische Niederschrift vorgesehene Möglichkeit, gemäß § 13a Abs. 1 Nr. 1 BeurkG mittels einer elektronischen Unterschrift zu unterzeichnen, für das Beurkundungsverfahren nach §§ 16a ff. BeurkG nicht besteht. In § 16b Abs. 3 S. 2 BeurkG wird die schon zuvor bestehende Rechtslage fortgeschrieben, wonach

35 BT-Drucks. 21/1505, S. 49: „Um eine Redundanz zu vermeiden wird § 16b Absatz 2 BeurkG gestrichen. In der Folge werden die bisherigen Absätze 3 bis 5 die neuen Absätze 2 bis 4."

36 S. BT-Drucks. 21/1505, S. 10 f.

37 BT-Drucks 19/28177, S. 118.

bei einer Beurkundung mittels Videokonferenz die Beteiligten ihre qualifizierten elektronischen Signaturen lediglich selbst erstellen sollen. Diese Klarstellung ist erforderlich, weil die Beteiligten in der entsprechenden Situation im Präsenzverfahren die qualifizierte elektronische Signatur gemäß § 13a Abs. 4 S. 2 BeurkG selbst erstellen müssen.

§ 16c Feststellung der Beteiligten mittels Videokommunikation

[1]Erfolgt die Beurkundung mittels Videokommunikation, soll sich der Notar Gewissheit über die Person der Beteiligten anhand eines ihm elektronisch übermittelten Lichtbildes sowie anhand eines der folgenden Nachweise oder Mittel verschaffen:

1. **eines elektronischen Identitätsnachweises nach § 18 des Personalausweisgesetzes, nach § 12 des eID-Karte-Gesetzes oder nach § 78 Absatz 5 des Aufenthaltsgesetzes, der auf dem Vertrauensniveau „hoch" im Sinne des Artikels 8 Absatz 2 Buchstabe c der Verordnung (EU) Nr. 910/2014 des Europäischen Parlaments und des Rates vom 23. Juli 2014 über elektronische Identifizierung und Vertrauensdienste für elektronische Transaktionen im Binnenmarkt und zur Aufhebung der Richtlinie 1999/93/EG (ABl L 257 vom 28.8.2014, S. 73; L 23 vom 29.1.2015, S. 19; L 155 vom 14.6.2016, S. 44) notifiziert wurde, oder**
2. **eines elektronischen Identifizierungsmittels, das von einem anderen Mitgliedstaat der Europäischen Union oder einem anderen Vertragsstaat des Abkommens über den Europäischen Wirtschaftsraum ausgestellt wurde und das**
   a) **für die Zwecke der grenzüberschreitenden Authentifizierung nach Artikel 6 der Verordnung (EU) Nr. 910/2014 anerkannt ist und**
   b) **auf dem Vertrauensniveau „hoch" im Sinne des Artikels 8 Absatz 2 Buchstabe c der Verordnung (EU) Nr. 910/2014 notifiziert wurde.**

[2]Das dem Notar zu übermittelnde Lichtbild ist mit Zustimmung des betreffenden Beteiligten nebst Vornamen, Familienname, Tag der Geburt ausstellendem Staat, Dokumentenart, Gültigkeitsdauer sowie derjenigen Daten, die zur Überprüfung der Echtheit des Dokuments erforderlich sind, aus dem elektronischen Speicher- und Verarbeitungsmedium eines von der Bundesrepublik Deutschland ausgegebenen Personalausweises, Passes oder elektronischen Aufenthaltstitels oder eines amtlichen Ausweises oder Passes eines anderen Staates, mit dem die Pass- und Ausweispflicht im Inland erfüllt wird, auszulesen. [3]Sofern ein Beteiligter dem Notar bekannt ist, ist die elektronische Übermittlung eines Lichtbildes nicht erforderlich.

A. Allgemeines und Normzweck

Stets besteht die abstrakte Gefahr, dass die Urkunde andere Personen als Beteiligte der Verhandlung ausweist als diejenigen Personen, die tatsächlich daran teilgenommen und dort Willenserklärungen abgegeben haben. Eine Quelle für diese Gefahr ist dabei darin zu sehen, dass die erklärende Person gegenüber dem Notar die Identität eines anderen als die eigene ausgibt. Alternativ mag man auch an Fälle der fehlerhaften Personenbezeichnung denken. Hier würde aufgrund eines Versehens die in der Urkunde verwendete Personenbezeichnung eine andere Person als die zu der Verhandlung erschienene als Beteiligten identifizieren, obwohl die Erschienenen einig sind, miteinander kontrahieren zu wollen, und die fehlerhafte Personenbezeichnung nicht bemerken. In keiner dieser Konstellationen entstehen dem Betroffenen 1 auf seiner fehlerhaften Bezeichnung als Beteiligter zwingend materiellrechtliche Nachteile. So sind die Folgen, die das Handeln unter einer fremden Identität für den wahren Identitätsinhaber hat, analog § 177 BGB zu bestimmen.[1] Für den Fall der fehlerhaften Personenbezeichnung greift demgegenüber die Regel *falsa demonstratio non nocet*,[2] sodass der in der Urkunde ausgewiesene Beteiligte in Wahrheit nicht Partei des Rechtsgeschäfts wird.

2 Unabhängig von dieser materiellrechtlichen Lage bewirkt die Urkunde gemäß **§ 415 Abs. 1 ZPO** allerdings den vollen Beweis darüber, dass der in der Urkunde als Beteiligter Ausgewiesene die jeweils beurkundete Erklärung auch abgegeben habe;[3] für öffentliche elektronische Dokumente gilt gemäß § 371a Abs. 3 S. 1 ZPO Entsprechendes. Das bedeutet: Die in der Urkunde zu Unrecht als Beteiligter bezeichnete Person muss zunächst erfolgreich den Gegenbeweis nach § 415 Abs. 2 ZPO führen, ehe sie in den Genuss der für sie an sich günstigen materiellrechtlichen Rechtslage kommen kann. Problematisch ist freilich, dass die beurkundete Erklärung wegen der Beweiswirkung des § 415 Abs. 1 ZPO ohne jede weitere Nachprüfung in solche staatlichen Register übernommen wird, denen derartige Urkunden vorgelegt werden.[4] Je nachdem, mit welcher Reichweite der öffentliche Glaube an die Richtigkeit des jeweiligen Registers geschützt ist, droht dem in der Urkunde zu Unrecht als Beteiligter Ausgewiesenen folglich selbst dann ein endgültiger Rechtsverlust, wenn er später den Beweis nach § 415 Abs. 2 ZPO erfolgreich führt. Umgekehrt wird allerdings auch das Vertrauen in die Richtigkeit staatlicher Register in dem Umfang erschüttert, in dem man den Betroffenen – wie es mit der h.M. jedenfalls bislang etwa bei § 15 Abs. 3 HGB durch die Zugrundelegung des sog. Veranlassungsprinzips geschieht[5] – von den Wirkungen des Rechtsscheins befreit. Darüber hinaus träte eine ähnliche Erschütterung ein, wenn notarielle Urkunden und in der Folge öffentliche Register auf real nicht existierende Personen verwiesen.

3 Vor diesem Hintergrund leuchtet unmittelbar ein, dass der korrekten Feststellung und Bezeichnung der Beteiligten im Beurkundungsverfahren eine **herausragende Bedeutung** zukommt.[6] Dementsprechend muss die Urkunde gemäß § 9 Abs. 1 Nr. 1 BeurkG die Bezeichnung der Beteiligten enthalten und soll sich der Notar gemäß § 10 Abs. 1 BeurkG über die Person der Beteiligten Gewissheit verschaffen. Dass der Notar bei der Identitätsfeststellung „besondere Sorgfalt" walten lassen müsse, war in § 26 Abs. 1 DONot a.F. ausdrücklich festgehalten. In der Rechtsprechung ist sogar von „äußerster Sorgfalt" die Rede.[7] **Im Präsenzverfahren nach §§ 8 ff. BeurkG** existieren für den Notar dabei zwar keine unmittelbar zwingenden Vorgaben darüber, auf welche Art und Weise er sich über die Person der Beteiligten Gewissheit verschafft.[8] Vielmehr hat der Notar als „Herr des Verfahrens" insoweit ein **Ermessen**.[9] Je nach den Umständen des einzelnen Falles kann der Notar sich mit einer dem Maßstab der „äußersten Sorgfalt" genügenden Weise über die Person des Beteiligten jedenfalls Gewissheit verschaffen, (1.) indem er sich einen amtlichen Lichtbildausweis vorlegen lässt,[10] dessen Echtheit vor Ort in mehr oder weniger großem Umfang überprüfbar ist,[11] oder (2.) indem er einen ihm persönlich bekannten und zuverlässigen Erkennungszeugen die Identität des Beteiligten versichern lässt.[12] Daneben kann der Notar auch darauf verweisen, dass ihm der Beteiligte persönlich bekannt sei (§ 10 Abs. 3 S. 1 Alt. 1 BeurkG).

4 Der Gesetzgeber der **§§ 16a ff. BeurkG** ist auch insoweit bestrebt, dieses Verfahren, das sich in der Praxis als außerordentlich zuverlässig erwiesen hat,[13] adäquat auf das Verfahren zur Beurkundung mittels Videokommunikationssystem zu übertragen. Angesichts des Umstands, dass der beurkundende Notar die Beteiligten hier aber nicht unmittelbar von Angesicht zu Angesicht wahrnehmen kann, hält der Gesetz-

1 BGHZ 189, 346 Rn 12; OLG Saarbrücken BeckRS 2020, 30013 Rn 19; BeckRS 2021, 19985 Rn 26; MüKo-BGB/*Schubert*, § 177 Rn 7.
2 Vgl. MüKo-BGB/*Armbrüster*, § 119 Rn 81.
3 BeckOGK/*Kemper*, Stand: 1.2.2026, § 10 BeurkG Rn 49; *Keller/Schümmer*, NZG 2021, 573, 575; *Kienzle*, DNotZ 2021, 590, 597.
4 BT-Drucks 19/28177, S. 120.
5 OLG Brandenburg ZIP 2012, 2103, 2104 f.; Oetker/*Preuß*, § 15 HGB Rn 58; a.A. MüKoHGB/*Krebs*, § 15 Rn 89; zu den Auswirkungen des neu gefassten des DiRUG auf § 15 Abs. 3 HGB siehe insbesondere *Bock*, RNotZ 2021, 326, 335 f.
6 BGH DNotZ 1956, 502, 503; *Schuster*, RDi 2021, 496, 498; *Keller/Schümmer*, NZG 2021, 573, 575; *Kienzle*, DNotZ 2021, 590, 597.
7 BGH DNotZ 1956, 502, 503.
8 BeckOGK/*Kemper*, Stand; 1.2.2026, § 10 BeurkG Rn 19; siehe auch BT-Drucks 19/28177, S. 120.
9 BeckOGK/*Kemper*, Stand: 1.2.2026, § 10 BeurkG Rn 19.
10 BeckOGK/*Kemper*, Stand: 1.2.2026, § 10 BeurkG Rn 25.
11 *Kienzle*, DNotZ 2021, 590, 598.
12 BGH DNotZ 1956, 502, 505; BeckOK-BGB/*Litzenburger*, § 10 BeurkG Rn 11; siehe auch OLG Celle DNotZ 2006, 297, 298.
13 *Bock*, RNotZ 2021, 326, 336.

geber ein **notarielles Ermessen** hinsichtlich der Art und Weise der Identitätsfeststellung **nicht für sachgerecht**.[14] Vielmehr kann der Notar sich eine „äußerster Sorgfalt" genügende Gewissheit im Beurkundungsverfahren nach §§ 16a ff. BeurkG nur mittels der Kombination aus einem elektronisch übermittelten Lichtbild und entweder einem elektronischen Identitätsnachweis i.S.d. § 16 S. 1 Nr. 1 BeurkG) oder einem elektronischen Identifizierungsmittel i.S.d. § 16 S. 1 Nr. 2 BeurkG verschaffen.[15] Gleichzeitig hat die Zurverfügungstellung dieser Identifizierungsmittel nicht etwa zur Folge, dass der Beteiligte damit als eindeutig identifiziert gilt. Vielmehr kann der Notar trotz Vorlage dieser Instrumente zur Identifizierung Zweifel haben. In diesem Fall kann der Notar entweder die Online-Beurkundung verweigern und die Beteiligten auf das Verfahren nach §§ 8 ff. BeurkG verweisen oder aber – im allseitigen Einverständnis – auf die Folgen dieses Mangels für die Beweiskraft der Urkunde hinweisen und mit der Online-Beurkundung fortfahren.

B. Beteiligte

Der Gesetzgeber stellt die Beurkundung nach §§ 16a ff. BeurkG im Rahmen ihres Anwendungsbereichs als gleichwertige Alternative zum herkömmlichen Präsenzverfahren zur Verfügung. In diesem Verfahren nimmt § 16c BeurkG die Funktion ein, die im Präsenzverfahren § 10 BeurkG zukommt. Damit geht einher, dass der Begriff der Beteiligten bei § 16c BeurkG ebenso zu verstehen ist wie bei § 10 Abs. 1 BeurkG. Maßgeblich ist also der formelle Beteiligtenbegriff des § 6 Abs. 2 BeurkG. 5

C. Identifizierungsmittel

Wegen der im Beurkundungsverfahren nach §§ 16a ff. BeurkG zugelassenen Identifizierungsmittel unterscheidet § 16 S. 1 BeurkG zwischen elektronischen Identitätsnachweisen, die der Beteiligte von einem deutschen Hoheitsträger ausgestellt bekommen hat (Nr. 1), und elektronischen Identifizierungsmitteln, die von einem anderen Mitgliedstaat der Europäischen Union ausgestellt wurden (Nr. 2). Zwischen beiden Identifizierungsmitteln besteht kein hierarchisches Verhältnis. Verfügt ein Beteiligter also über Identifizierungsmittel nach Nr. 1 und nach Nr. 2, so sind beide gleichermaßen geeignet, um zusammen mit dem elektronisch übermittelten Lichtbild dem Notar Gewissheit über die Person dieses Beteiligten zu verschaffen. 6

I. Elektronischer Identitätsnachweis (S. 1 Hs. 2 Nr. 1)

Für die Identitätsfeststellung im Beurkundungsverfahren nach §§ 16a ff. BeurkG ist zunächst der elektronische Identitätsnachweis gemäß § 18 PAuswG geeignet und zulässig. Mit dem Begriff elektronischer Identitätsnachweis wird ein **Vorgang** bezeichnet, durch den eine Person ihre Identität mit der Funktion eines Personalausweises über digitale Medien gegenüber öffentlichen und nichtöffentlichen Stellen nachweisen kann.[16] Für den elektronischen Identitätsnachweis nach § 18 PAuswG benötigt der Beteiligte einen Personalausweis mit aktivierter Online-Ausweisfunktion (§ 10 PAuswG). Der Identifizierungsprozess erfolgt über das bei der Beurkundung zum Einsatz kommende Videokommunikationssystem (§ 78p Abs. 2 Nr. 2 BNotO). Sobald der Beteiligte dabei erkennt, dass der Notar von ihm zum Zwecke der Identitätsfeststellung die in § 18 Abs. 3 PAuswG genannten Ausweisdaten abfragen möchte, verbindet der Beteiligte seinen Personalausweis mit einem Kartenlesegerät, bei dem es sich auch um ein mobiles Endgerät (Smartphone, Tablet) mit entsprechender technischer Ausstattung handeln kann (§ 10a PAuswG). Ist diese Verbindung hergestellt, kann der Beteiligte die Datenabfrage des Notars genehmigen, indem er seine persönliche Identifikationsnummer (PIN), die er nach der Herstellung des Ausweises von der ausstellenden Behörde in dem sog. PIN-Brief mitgeteilt bekommen hat (Transport-PIN, die der Ausweisinhaber durch eine persönliche PIN ersetzen kann), in das Lesegerät eingibt. Die Datenübermittlung erfolgt unmittelbar nachdem die Abfrageberechtigung des Notars elek- 7

14 BT-Drucks 19/28177, S. 120.
15 KG DNotZ 2025, 389, 390; Grziwotz/Sauer/Heinemann/*Sauer*, BeurkG, § 16c Rn 2; *Schuster*, RDi 2021, 496, 498; *Stelmasczyk/Kienzle*, ZIP 2021, 765, 769; *Walch*, MittBayNot 2024, 427, 431.
16 *Beimowski/Gawron*, § 18 PAusweisG Rn 5.

tronisch verifiziert wurde (§ 18 Abs. 4 PAuswG). Mit dem abgeschlossenen Datentransfer ist der elektronische Identitätsnachweis erfolgt.

8 Die Möglichkeit zum elektronischen Identitätsnachweis gemäß § 18 PAuswG steht nur **Deutschen i.S.d. Art. 116 Abs. 1 GG** offen, da nur für sie die Ausweispflicht und das Ausweisrecht nach § 1 PAuswG eingreifen. Natürlich müssen sich aber auch **Bürger anderer Mitgliedstaaten der Europäischen Union** im Inland des elektronischen Identitätsnachweises bedienen können. Sie verwenden – im ansonsten identischen Verfahren – die ihnen zu diesem Zweck gemäß §§ 1, 12 eID-Karte-Gesetz ausgestellte Karte mit Funktion zum elektronischen Identitätsnachweis (eID-Karte). **Drittstaatenangehörige** verwenden für ihren elektronischen Identitätsnachweis den Aufenthaltstitel mit elektronischem Speicher- und Verarbeitungsmedium (§ 78 Abs. 1 S. 1 AufenthG).[17] Drittstaatenangehörige, die über keinen solchen deutschen Aufenthaltstitel verfügen, können demnach keine Beteiligten einer Online-Verhandlung über die Gründung einer GmbH sein.[18] Mit dem deutschen Reisepass kann der elektronische Identitätsnachweis nicht geführt werden.[19]

9 Durch das Gesetz zur Modernisierung des Pass-, des Ausweis- und des ausländerrechtlichen Dokumentenwesens vom 8.10.2023[20] erfolgte in S. 1 Hs. 2 Nr. 1 die Ergänzung, dass auch von einem inländischen Hoheitsträger ausgestellte Identifizierungsmittel nur dann für die Online-Beurkundung eingesetzt werden können, wenn er auf dem Vertrauensniveau „hoch" i.S.d. Art. 8 Abs. 2 lit. c) VO (EU) Nr. 910/2014 („eIDAS-VO") notifiziert wurde. Ein Bedürfnis hierfür wurde im Hinblick darauf gesehen, dass womöglich künftig inländische Identifizierungsmittel mit einem geringeren Vertrauensniveau als „hoch" notifiziert werden könnten.[21] Die Ergänzung dient demnach der Klarstellung, dass Identifizierungsmittel mit einem geringeren Sicherungsniveau generell von der Online-Beurkundung gemäß § 16a BeurkG ausgeschlossen bleiben, und zwar unabhängig davon, von welchem Hoheitsträger sie ausgestellt wurden.[22]

II. Anderes elektronisches Identifizierungsmittel (S. 1 Hs. 2 Nr. 2)

10 Alternativ zu den von einem deutschen Hoheitsträger ausgestellten Dokumenten, mit denen ein Beteiligter den elektronischen Identitätsnachweis führen kann, kann für den Identitätsnachweis im Beurkundungsverfahren nach §§ 16a ff. BeurkG auch ein elektronisches Identifizierungsmittel verwendet werden, das von einem **anderen Mitgliedstaat der Europäischen Union** ausgestellt wurde (S. 1 Hs. 2 Nr. 2). Unter denselben Voraussetzungen[23] kann der Beteiligte außerdem ein elektronisches Identifizierungsmittel verwenden, welches ein Hoheitsträger eines **anderen Vertragsstaat des Abkommens über den Europäischen Wirtschaftsraum** ausgestellt hat.

11 Der **Begriff** des elektronischen Identifizierungsmittels richtet sich nach Art. 3 Nr. 2 eIDAS-VO.[24] Erfasst sind demnach alle materiellen und/oder immateriellen Einheiten, die Personenidentifizierungsdaten enthalten und zur Authentifizierung bei Online-Diensten verwendet werden.

12 Von allen diesen Einheiten kommen für die Videobeurkundung nach §§ 16a ff. BeurkG freilich nur diejenigen in Betracht, die nach Maßgabe von Art. 6 eIDAS-VO im Inland **anerkannt** sind. Diese Anerkennung setzt voraus, dass der ausstellende Mitgliedstaat das jeweilige elektronische Identifizierungsmittel gemäß Art. 9 eIDAS-VO bei der Europäischen Kommission notifiziert hat. Darüber, welche Mitgliedstaaten welche Identifizierungsmittel solchermaßen notifiziert haben, veröffentlicht und aktualisiert die Kommission eine entsprechende Liste (Art. 9 Abs. 2 und 2 eIDAS-VO). Das für die Beurkundung nach §§ 16a ff. BeurkG eingesetzte Videokommunikationssystem muss dabei die technische Durchführung des elektronischen Identitätsnachweises nach § 16c S. 1 BeurkG gewährleisten (§ 78p Abs. 2 Nr. 2 BNotO) und demzufolge auch sicherstellen, dass jeder Inhaber eines notifizierten elektronischen Identifizierungsmittels dieses für den Nachweis seiner Identität auch verwenden kann.

17 *Kienzle*, DNotZ 2021, 590, 598.
18 *Schuster*, RDi 2021, 496, 499.
19 BeckOGK/*Rachlitz*, Stand: 1.8.2024, § 16c BeurkG Rn 16; *Kienzle*, DNotZ 2021, 590, 598.
20 BGBl Nr. 271 v. 12.10.2023.
21 BT-Drucks 20/7615, S. 20.
22 BT-Drucks 20/7615, S. 20.
23 BR-Drucks 171/22, S. 18.
24 Verordnung (EU) Nr. 910/2014 des Europäischen Parlaments und des Rates vom 23.7.2014 über elektronische Identifizierung und Vertrauensdienste für elektronische Transaktionen im Binnenmarkt und zur Aufhebung der Richtlinie 1999/93/EG (ABl L 257, S. 73, ber. ABl 2015 L 23, S. 19 und ABl 2016 L 155, S. 44).

Über die Anerkennung des ausländischen elektronischen Identifizierungsmittel hinaus, ist gemäß Art. 16 S. 1 Nr. 2 lit. b) BeurkG erforderlich, dass es von dem ausstellenden Mitgliedstaat auf dem **Vertrauensniveau** („assurance level") „hoch" i.S.d. Art. 8 Abs. 2 lit. c) eIDAS-VO notifiziert wurde, bei dem es sich um das höchste der in der eIDAS-VO vorgesehenen Vertrauensniveaus handelt. Diese weitere Voraussetzung musste deshalb ausdrücklich in § 16c S. 1 BeurkG aufgenommen werden, weil die gegenseitige Anerkennung von elektronischen Identifizierungsmitteln nach Art. 6 eIDAS-VO grundsätzlich auch für „substanzielle" und sogar für nur „niedrige" (Art. 6 Abs. 1 eIDAS-VO) möglich ist. Verwendet die öffentliche Stelle – wie es bei der Beurkundung nach §§ 16a ff. BeurkG der Fall ist – für den Zugang zu einem bestimmten Online-Dienst das Vertrauensniveau „hoch", kann sie für den elektronischen Identitätsnachweis mittels ausländischer Identifizierungsmittel verlangen, dass diese ebenfalls das Vertrauensniveau „hoch" erfüllen. Die unionsrechtliche Grundlage für diese strenge Anforderung an das ausländische elektronische Identifizierungsmittel ist Art. 13b Abs. 2 GesRRL i.V.m. Art. 6 Abs. 1 eIDAS-VO.[25] Auch insoweit muss das eingesetzte Videokommunikationssystem nach § 78p Abs. 2 Nr. 2 BNotO sicherstellen, dass der Identitätsnachweis mit einem elektronischen Identifizierungsmittel von einem geringeren Vertrauensniveau nicht gelingen kann. 13

D. Elektronisch übermitteltes Lichtbild

I. Die Funktion der zusätzlichen Übermittlung eines Lichtbildes

Der elektronische Identitätsnachweis nach S. 1 Hs. 2 sorgt bereits für eine gewisse Sicherheit darüber, dass der handelnde Beteiligte tatsächlich derjenige ist, der er zu sein behauptet.[26] Freilich kann aber auch die Kombination von Ausweisdokument mit Onlinefunktion und Abfrage der PIN ihres Inhabers keine letzte Gewissheit gegen den Missbrauch durch Dritte gewährleisten.[27] Ohne Weiteres ist es nämlich denkbar, dass der wahre Inhaber einer Identität einer anderen Person seinen Personalausweis oder sein sonstiges elektronisches Identifizierungsmittel gemeinsam mit seiner PIN einer anderen Person zur Nutzung überlässt oder dass ein Dritter sich das fremde Identifizierungsmittel sowie die zugehörige PIN seines Inhabers rechtswidrig verschafft.[28] Um den für die notarielle Beurkundung erforderlichen Grad an Gewissheit über die Identität der Beteiligten auch bei der Onlinebeurkundung sicherzustellen, muss der Notar folglich auch feststellen können, ob der handelnde Beteiligte auch der wahre Inhaber des eingesetzten Identifizierungsmittels ist. Zu diesem Zweck wird der Notar verpflichtet, sich von dem Beteiligten zusätzlich ein elektronisches Lichtbild übermitteln zu lassen.[29] Dieses kann er dann mit dem persönlichen Erscheinungsbild des Beteiligten in der Videokonferenz abgleichen.[30] Solch ein Lichtbild des Ausweisinhabers gehört nach § 5 Abs. 2 Nr. 5 PAuswG zwar zu den Daten über den Ausweisinhaber, die sichtbar auf den Ausweis aufgebracht werden. Ebenso wird das Lichtbild auf dem in den Ausweis integrierten elektronischen Speicher- und Verarbeitungsmedium gespeichert (§ 5 Abs. 5 Nr. 1 PAuswG). Dennoch gehört das Lichtbild nicht zu den Informationen, die im Rahmen des elektronischen Identitätsnachweises gemäß § 18 Abs. 3 PAuswG an die abfragende Stelle übermittelt werden. Deshalb musste der Gesetzgeber dieses weitere Element der Identitätsüberprüfung in den § 16c BeurkG gesondert aufnehmen.[31] Auch bedarf die Übermittlung des elektronischen Lichtbilds eines eigenständigen Übermittlungsaktes[32] sowie einer eigenständigen Einwilligung des Beteiligten.[33] Diese wird jedenfalls dadurch konkludent erklärt, dass der Beteiligte nach der entsprechenden Aufforderung durch den Notar das technische Procedere für das Auslesen der Daten durchführt.[34] 14

Unionsrechtlich ist die zusätzliche Übermittlung eines Lichtbildes zum Zwecke der Identifizierung eines Beteiligten allerdings weder in GesRRL noch in der eIDAS-VO vorgesehen. Vor diesem Hintergrund sieht der Umsetzungsgesetzgeber offenbar einen erhöhten Rechtsfertigungsbedarf für dieses zusätzliche Erfordernis gemäß § 16c BeurkG. Abgestellt wird insoweit auf Art. 13c Abs. 2 GesRRL, wonach die mitgliedstaatlichen Verfahrensregelungen, nach denen die gemäß den jeweiligen nationalen Traditionen für die Gesellschaftsgründung zuständigen Personen oder Stellen die entsprechenden Urkunden errichten, 15

25 BT-Drucks 19/28177, S. 120.
26 *Walch*, MittBayNot 2024, 427, 432.
27 *Bock*, RNotZ 2021, 326, 330; *Stelmasczyk/Kienzle*, ZIP 2021, 765, 770.
28 Vgl. *Franke/Schreiber*, RDi 2022, 116, 118.
29 *Bormann/Stelmaszczyk*, NZG 2019, 601, 609.
30 BT-Drucks 19/28177, S. 120.
31 BT-Drucks 19/28177, S. 121.
32 *Kienzle*, notar 2022, 67, 70.
33 BT-Drucks 19/28177, S. 121 f.
34 BT-Drucks 19/28177, S. 121 f.

von der GesRRL unberührt bleiben, sofern die Online-Gründung einer Gesellschaft grundsätzlich möglich sei. Vor diesem Hintergrund lasse es Erwägungsgrund 22 zur RL (EU) 2019/151 ausdrücklich zu, dass Mitgliedstaaten ihren zuständigen Behörden, Personen oder Stellen „ergänzende elektronische Kontrollen der Identität" gestatten, u.a. Kontrollen im Rahmen von Videokonferenzen oder mit Hilfe sonstiger Online-Mittel, die eine audiovisuelle Echtzeitverbindung ermöglichen.[35] Bei der Forderung nach der elektronischen Übermittlung eines Lichtbildes handele es sich um eine solchermaßen unionsrechtlich legitimierte Maßnahme.[36]

II. Die Art und Weise der Lichtbildübermittlung (S. 2)

16 Theoretisch sind zahlreiche Varianten denkbar, wie der Beteiligte dem Notar solch ein elektronisches Lichtbild zukommen lassen kann (Versand per E-Mail, Verlinkung auf eine Webseite, das sog. Video-Ident-Verfahren etc.). Allerdings hat der Gesetzgeber sich auch insoweit dazu entschieden, dem Notar kein Ermessen einzuräumen und in S. 2 angeordnet, dass das Lichtbild aus dem elektronischen Speicher- und Verarbeitungsmedium des Personalausweises (§ 5 Abs. 5 PAuswG), des Reisepasses (§ 4 Abs. 3 S. 1 PaßG) oder des Aufenthaltstitels (§ 78 Abs. 1 AufenthG) auszulesen ist. Zusätzlich verlangt S. 2, dass mit dem Lichtbild auch Name, Vorname und Geburtsdatum des Beteiligten sowie der ausstellende Staat, die Dokumentenart, die Gültigkeitsdauer und schließlich auch diejenigen Daten, die zur Überprüfung der Echtheit des Dokuments erforderlich sind, ausgelesen und an den Notar übermittelt werden. Letzteres entspricht § 16a Abs. 3 PassG, § 20 Abs. 3a PAuswG sowie § 78 Abs. 7 AufenthG und wird relevant, wenn der Beteiligte für die Übermittlung des Lichtbildes ein anderes Dokument verwendet als für den elektronischen Identitätsnachweis. So liegt es namentlich in den – zunächst noch häufigen – Fällen, in denen der Beteiligte zwar über einen Reisepass verfügt, der eine elektronische Übermittlung des Lichtbildes ermöglicht, nicht aber über einen entsprechend ausgestatteten Personalausweis.[37] Mit der konkreten Vorgabe des S. 2 geht einher, dass alle alternativ existierenden Formen von onlinegestützter Identifizierung mit Einsatz von Lichtbildern für eine Identitätsfeststellung gemäß § 16c BeurkG ausscheiden.[38]

17 Ebenso wie der elektronische Identitätsnachweis im Inland mit bestimmten ausländischen Dokumenten erfolgen kann, sind nach S. 2 bestimmte (nicht notwendig dieselben) ausländische Dokumente auch für die elektronische Übermittlung eines Lichtbildes geeignet, und zwar namentlich solche von einem anderen Staat ausgestellte amtliche Ausweise oder Pässe, mit denen die Pass- und Ausweispflicht im Inland erfüllt wird. Ausländische Staatsbürger sind danach im Inland lediglich ausweispflichtig, wenn sie Staatsbürger eines anderen Mitgliedstaats der Europäischen Union (§ 8 FreizügG/EU) oder eines anderen Vertragsstaats des Abkommens über den Europäischen Wirtschaftsraum (§ 11 FreizügG/EU) sind.[39] Die Passpflicht aus § 3 AufenthG betrifft dementsprechend nur Drittstaatenangehörige. Mit welchen Dokumenten ein ausländischer Staatsbürger seine danach im Inland bestehende Ausweis- oder Passpflicht erfüllen und Lichtbilder elektronisch übermitteln kann, ergibt sich für Reisepässe aus der VO (EU) 2252/2004 und für Personalausweise aus der VO (EU) 2019/1157.[40]

III. Verzichtbarkeit der Übermittlung eines Lichtbilds

18 Gemäß S. 3 ist die elektronische Übermittlung eines Lichtbilds nicht erforderlich, wenn der Notar den Beteiligten persönlich kennt. Diese Bestimmung überführt die aus dem Präsenzverfahren bekannte und in § 10 Abs. 3 S. 1 BeurkG angelegte Praxis, wonach der Notar bei ihm persönlich bekannten Beteiligten auf förmliche Identitätsnachweise verzichten kann, bis zu einem gewissen Grad in das Beurkundungsverfahren nach §§ 16a ff. BeurkG.[41] Verzichtbar ist hier allerdings nur die elektronische Übermittlung eines Lichtbildes, nicht aber der elektronische Identitätsnachweis. Begründet wird das pauschal mit den Besonderheiten der Online-Beurkundung.[42]

35 BT-Drucks 19/28177, S. 122.
36 BT-Drucks 19/28177, S. 122 f.; zust. *Stelmasczyk/Kienzle*, ZIP 2021, 765, 770.
37 *Stelmasczyk/Kienzle*, ZIP 2021, 765, 770.
38 KG DNotZ 2025, 389, 390; Frenz/Miermeister/*Kienzle*, BNotO, § 16c BeurkG Rn 11; BT-Drucks 19/28177, S. 121.
39 Bergmann/Dienelt/*Kolber*, Ausländerrecht, § 3 AufenthG Rn 14.
40 BT-Drucks 19/28177, S. 121.
41 BT-Drucks 19/28177, S. 122; *Meier/Szalai*, ZNotP 2021, 306, 313.
42 BT-Drucks 19/28177, S. 122.

Ebenso wie bei § 10 BeurkG[43] entscheidet der Notar auch bei S. 3 nach seinem eigenen **Ermessen** darüber, ob er den Beteiligten hinreichend kennt, um auf die elektronische Übermittlung eines Lichtbilds verzichten zu können.[44] Dieses Ermessen ist aber auch in diesem Zusammenhang nicht vollkommen frei. Wegen der Grenzen kann auf die zu § 10 BeurkG entwickelten Grundsätze zurückgegriffen werden. Ein bloß flüchtiges Kennen oder „Kennen vom Sehen" genügt somit auch bei S. 3 nicht, obwohl es hier „nur" um den Verzicht auf das Lichtbild geht. 19

Nach § 16b Abs. 1 S. 2 BeurkG ist es in entsprechender Anwendung des § 10 Abs. 3 S. 1 BeurkG in die Urkunde aufzunehmen, wenn der Notar sich von bekannten Beteiligten kein elektronisches Lichtbild übermitteln ließ. Ebenso ist in die Urkunde aufzunehmen, mit welchen Dokumenten die Beteiligten den elektronischen Identitätsnachweis führten und das elektronische Lichtbild übermittelten. 20

E. Fehler und Fehlerfolgen

§ 16c BeurkG ist ebenso als „Soll"-Vorschrift ausgestaltet wie § 10 BeurkG. Dennoch steht das „Ob" der Identitätsfeststellung weder hier noch dort im Ermessen des Notars. Vielmehr trifft ihn eine entsprechende Amtspflicht.[45] Bei § 16c BeurkG erstreckt sich diese Amtspflicht auch auf die in der Norm beschriebene Art und Weise der Identitätsfeststellung. Sollte der Notar diese Pflichten einmal nicht beachten oder sein im Rahmen des S. 3 bestehendes Ermessen überschreiten, ergibt sich aus der Ausgestaltung des § 16c BeurkG als „Soll"-Vorschrift, dass die elektronische Urkunde dennoch wirksam ist und die volle Beweiswirkung gemäß § 415 Abs. 1 ZPO entfaltet.[46] Das gilt auch dann, wenn aufgrund des Verfahrensfehlers eine andere Person als Partei des Rechtsgeschäfts bekundet wird, als an der Verhandlung tatsächlich teilgenommen hat. Erleidet ein zu Unrecht als Beteiligter in die Urkunde Aufgenommener infolgedessen einen Rechtsverlust, kommt eine Amtshaftung nach § 19 BNotO in Betracht. Freilich ist die für die Signaturerzeugung eingesetzte Software XNP so ausgestaltet, dass eine qualifizierte Signatur erst nach dem Auslesen des jeweils eingesetzten Identifizierungsmittels erzeugt werden kann.[47] 21

§ 16d (weggefallen)

§ 16d BeurkG a.F. betraf die Nachweise für die Vertretungsberechtigung bei elektronischen Niederschriften, die bislang nur im Rahmen einer Online-Beurkundung erstellt werden konnten. Am 16.7.2025 hat die Bundesregierung einen Gesetzesentwurf zur Einführung einer elektronischen Präsenzbeurkundung vorgelegt und dort vorgeschlagen, den bisherigen § 16d BeurkG in § 12 Abs. 1 S. 2 BeurkG-E aufgehen zu lassen. Dieser solle die Beifügung der Nachweise der Vertretungsmacht für alle Formen der elektronischen Niederschrift erfassen, und zwar unabhängig davon, ob sie im Präsenzverfahren oder mittels Videokonferenz erstellt würde. Der entsprechende § 12 BeurkG ist am 29.12.2025 in Kraft getreten, so dass der bisherige § 16d BeurkG konsequenterweise gleichzeitig aufgehoben wurde. 1

§ 16e Gemischte Beurkundung

(1) [1]Erfolgt die Beurkundung mit einem Teil der Beteiligten, die bei dem Notar körperlich anwesend sind, und mit dem anderen Teil der Beteiligten mittels Videokommunikation, so ist zusätzlich zu der elektronischen Niederschrift nach § 16b mit den bei dem Notar körperlich anwesenden Beteiligten eine inhaltsgleiche Niederschrift nach § 8 aufzunehmen. [2]Dies soll in beiden Niederschriften vermerkt werden.

(2) Beide Niederschriften sind zusammen zu verwahren.

43 BeckOGK/*Kemper*, Stand: 1.2.2026, § 10 BeurkG Rn 22.
44 BT-Drucks 19/28177, S. 122.
45 OLG Celle DNotZ 2016, 297; LG Dessau-Roßlau DNotZ 2020, 665, 666; *Kienzle*, notar 2022, 67, 69.
46 BeckOGK/*Rachlitz*, Stand: 1.8.2024, § 16c BeurkG Rn 8; Grziwotz/Sauer/Heinemann/*Sauer*, BeurkG, § 16c Rn 8.
47 Grziwotz/Sauer/Heinemann/*Sauer*, BeurkG, § 16c Rn 8.

A. Allgemeines

1 § 16e BeurkG impliziert, dass Verhandlungen vor einem Notar nicht zwingend mit allen Beteiligten nur entweder im Präsenzverfahren nach §§ 8 ff. BeurkG oder im Online-Verfahren nach §§ 16a ff. BeurkG stattfinden können. Vielmehr ist es – nicht anders als bei der streitigen mündlichen Verhandlung im Zivilprozess nach § 128a ZPO – möglich und zulässig, dass ein Teil der Beteiligten der Verhandlung in Präsenz beiwohnt, während ein anderer Teil der Beteiligten sich über das Videokommunikationssystem nach § 78p BNotO dazuschaltet. Nachdem es sich bei der gemischten Beurkundung wegen der systematischen Stellung innerhalb der §§ 16a ff. BeurkG letztlich um einen besonderen Fall der Beurkundung mittels Videokommunikation handelt, ist sie nur zulässig, wenn diese Form der Beurkundung für **sämtliche zu beurkundenden Gegenstände gesetzlich zugelassen ist**.[1] Für diese Fälle der sog. „gemischten Beurkundung" gibt § 16e BeurkG Auskunft darüber, in welcher Form die Niederschrift zu erstellen ist.

2 Am 29.12.2025 ist das Gesetz zur Einführung einer elektronischen Präsenzbeurkundung in Kraft getreten. Danach wird künftig nicht mehr jede elektronische Niederschrift automatisch im Verfahren nach §§ 16a ff. BeurkG erstellt worden sein, was eine Anpassung des bisherigen Wortlauts von § 16e BeurkG erforderlich machte. Zu diesem Zweck wurde zunächst in § 16e Abs. 1 S. 1 BeurkG nach den Wörtern „elektronischen Niederschrift" die Angabe „nach § 16b" eingefügt. Das bringt zum Ausdruck, dass auch nach der Einführung der elektronischen Präsenzbeurkundung in der Situation des § 16e BeurkG zwei Niederschriften zu erstellen sind, von denen die mit den in physischer Präsenz beim Notar erschienenen Beteiligten aufgrund des neu gefassten § 8 BeurkG ebenfalls in elektronischer Form erstellt werden kann. Konsequenterweise wurden in § 16e Abs. 1 S. 2 BeurkG die Wörter „der Niederschrift und der elektronischen Niederschrift" durch die Wörter „beiden Niederschriften" ersetzt. Das stellt klar, dass bei einer gemischten Beurkundung auch weiterhin zwei Niederschriften zu errichten sind, die aber durchaus beide elektronische Niederschriften sein können.

3 Hinsichtlich der **Zuständigkeit** ergibt sich aus § 10 Abs. 3 und § 11 Abs. 3 BNotO, dass der Notar eine gemischte Beurkundung nur vornehmen darf, wenn er auch für eine reine Online-Beurkundung zuständig wäre.[2]

4 § 16e BeurkG enthält keine Vorgaben zur **technischen Durchführung** der gemischten Beurkundung. Für die reine Videobeurkundung muss eine Echtzeitkommunikation zwischen dem Notar und den Beteiligten gewährleistet sein,[3] was selbstredend auch bei der gemischten Beurkundung gemäß § 16e BeurkG zu beachten ist. Demgegenüber wird es nicht für erforderlich erachtet, dass auch die in Präsenz erschienenen und die per Videokonferenz zugeschalteten Beteiligten miteinander in Echtzeit audiovisuell kommunizieren könnten.[4] Dafür spricht, dass die strengeren Anforderungen bei § 128a ZPO in erster Linie dem rechtlichen Gehör geschuldet sind,[5] um das es im Beurkundungsverfahren aber nicht geht. Dennoch erscheint es sinnvoll, bei der gemischten Beurkundung auch sämtlichen Beteiligten untereinander die audiovisuelle Echtzeitkommunikation zu ermöglichen. Das kann etwa durch ein Kamerasystem geschehen, dass eine Totalansicht von dem Ort der Präsenzbeurkundung an den Aufenthaltsort der per Videokonferenz Zugeschalteten sendet, während umgekehrt die in der Videokonferenz erschienenen Beteiligten auf einem Bildschirm am Ort der Präsenzbeurkundung gezeigt werden.

B. Tatbestand der gemischten Beurkundung

5 Ob ein Beteiligter an der Verhandlung in Präsenzform oder über das Videokommunikationssystem teilnimmt, beurteilt sich stets **im Verhältnis zum Notar**. Mehrere Beteiligte, die sich von demselben Ort aus

1 *Kienzle/Thelen*, DNotZ 2023, 85, 90 f.
2 *Kienzle/Thelen*, DNotZ 2023, 85, 91.
3 BT-Drucks 19/28177, S. 115.
4 *Kienzle/Thelen*, DNotZ 2023, 85, 100.
5 *Gomille/Frenzel/Heffinger*, RDi 2024, 153 Rn 26.

über das Videokommunikationssystem mit dem Notar verbinden, sind demnach körperlich abwesend. Zu einer gemischten Beurkundung kann es nur kommen, wenn gleichzeitig wenigstens ein weiterer Beteiligter bei dem Notar körperlich anwesend ist.

In Zusammenhang mit § 16e BeurkG gilt ebenfalls der **Beteiligtenbegriff** von § 6 Abs. 2 i.V.m. § 9 Abs. 1 BeurkG. Maßgeblich ist also ein formeller Beteiligtenbegriff.[6] Daraus folgt, dass sonstige hinzuzuziehende und unterschriftspflichtige Personen, wie etwa Dolmetscher (§ 16 Abs. 3 S. 5 BeurkG), die gemischte Beurkundung nicht auslösen können.[7] Sie können dementsprechend nur dann im Wege der Videokonferenz hinzugezogen werden, wenn auch ein Teil der formellen Beteiligten auf diese Weise an der Verhandlung teilnimmt. Ob diese Einschränkung angesichts der mit §§ 16a ff. BeurkG bezweckten Flexibilisierung rechtspolitisch sinnvoll ist, mag bezweifelt werden. Wortlaut und Systematik lassen aber dennoch keinen Spielraum für ein großzügigeres Verständnis vom Beteiligten i.S.d. § 16e Abs. 1 BeurkG.[8] 6

C. Getrennte Niederschriften

I. Papierne und elektronische Niederschrift

Abs. 1 löst das Problem der Niederschrift über eine gemischte Beurkundung dahingehend, dass mit den beim Notar körperlich Anwesenden sowie mit den per Videokommunikation zugeschalteten Beteiligten jeweils eine selbstständige Niederschrift anzufertigen ist, und zwar in Papierform gemäß § 8 BeurkG mit den körperlich anwesenden und in elektronischer Form gemäß § 16b BeurkG mit den körperlich abwesenden Beteiligten. Obwohl beide Niederschriften inhaltlich identisch sein müssen, bildet jede für sich das Ergebnis der Verhandlung nur unvollständig ab. Es fehlen der papiernen Urkunde nämlich die Unterschriften (§ 13 Abs. 1 S. 1 BeurkG) der körperlich abwesenden Beteiligten, während gleichzeitig der elektronischen Urkunde die Signaturen (§ 16b Abs. 4 S. 1) der körperlich anwesenden Beteiligten fehlen.[9] Diese Unvollständigkeit wird in der Bundesrepublik Deutschland über die gemeinsame Verwahrung gemäß Abs. 2 überwunden. In anderen Staaten – etwa der Republik Österreich – erfolgt über solche gemischten Verhandlungen eine einheitliche elektronische Niederschrift, die auch von den bei dem Notar räumlich anwesenden Beteiligten elektronisch zu signieren ist (§ 69b Abs. 4 ÖNO). 7

II. Das Verlesen der Niederschriften

Aus Abs. 1 geht nicht unmittelbar hervor, welche der beiden Niederschriften zu verlesen ist, sodass es an sich naheliegt, die Verlesung beider Niederschriften zu fordern. Freilich ergibt sich aus **§ 13 Abs. 2 BeurkG**, dass bei der Anfertigung mehrerer Niederschriften, die wenigstens teilweise inhaltlich übereinstimmen, der übereinstimmende Teil nur einmal vorgelesen werden muss. Diese Vorschrift ist auch auf das Verhältnis von papierner und elektronischer Niederschrift bei Abs. 1 anzuwenden.[10] Aus praktischer Sicht ist es dabei empfehlenswert, zunächst die elektronische Niederschrift zu verlesen und etwaige Änderungen direkt in diese aufzunehmen.[11] Nachdem diese Niederschrift allseits gebilligt und nach Maßgabe von § 16b BeurkG errichtet ist, wird sie ausgedruckt und von den körperlich Anwesenden sowie dem Notar unterschrieben.[12] Dieses Vorgehen ist auch angesichts des beurkundungsrechtlichen Unmittelbarkeitsgrundsatzes zulässig.[13] 8

III. Inhaltsgleichheit der Niederschriften

Inhaltsgleichheit ist im Sinne von **inhaltlicher Übereinstimmung gemäß § 13 Abs. 2 S. 1 BeurkG** zu verstehen.[14] Sollten die papierne und elektronische Niederschrift inhaltlich voneinander abweichen, stellt sich nicht etwa die Frage, ob die verlesene Niederschrift den Vorrang vor der anderen habe. Vielmehr 9

6 BeckOGK/*Rachlitz*, Stand: 1.8.2024, § 16e BeurkG Rn 3.
7 BeckOGK/*Rachlitz*, Stand: 1.8.2024, § 16e BeurkG Rn 4.
8 *Kienzle/Thelen*, DNotZ 2023, 85, 91.
9 Hk-NotarR/*Schmitt*, § 16e BeurkG Rn 2; *Schuster*, RDi 2021, 496, 502.
10 *Bock*, RNotZ 2021, 326, 331; *Kienzle*, DNotZ 2021, 590, 601 f.
11 Hk-NotarR/*Schmitt*, § 16e BeurkG Rn 4.
12 Hk-NotarR/*Schmitt*, § 16e BeurkG Rn 4.
13 BeckOGK/*Rachlitz*, Stand: 1.8.2024, § 16e BeurkG Rn 8.
14 *Kienzle/Thelen*, DNotZ 2023, 85, 93.

fehlt es an einer wirksamen Beurkundung.[15] Zwar mag die klare und unzweideutige Wiedergabe der Erklärungen in der Urkunde bei § 17 Abs. 1 S. 1 BeurkG lediglich als „Soll"-Vorschrift ausgestaltet sein. Der insoweit systematisch vorrangige Abs. 1 formuliert die Inhaltsgleichheit beider Niederschriften demgegenüber als eine kategorische Voraussetzung („ist") einer ordnungsgemäßen Beurkundung. Dementsprechend ist die Beurkundung selbst dann insgesamt unwirksam, wenn beide Niederschriften mit ihren jeweiligen inhaltlichen Abweichungen, vorgelesen, gebilligt und unterzeichnet werden, jeweils für sich betrachtet also wirksam errichtet wären.[16] Davon unabhängig wäre für den Fall, dass von zwei inhaltlich voneinander abweichenden Niederschriften nur die eine verlesen wird, die Beurkundung auch wegen des fehlenden Verlesens der anderen formell unwirksam.[17]

10 Das Gebot der Inhaltsgleichheit bezieht sich nur auf den Inhalt der Niederschrift. Dementsprechend begründen **Unterschiede im Schriftbild, in den Zeilenumbrüchen** etc. keine verfahrensfehlerhaften inhaltlichen Abweichungen, was auch der Wertung von § 56 Abs. 1 S. 1 BeurkG entspricht.[18] Gleiches gilt für **Rechtschreib-, Syntax- oder Zeichensetzungsfehler**, sofern damit keine inhaltlichen Missverständnisse einhergehen.[19] Insoweit mag man sich auf die Möglichkeit zur Korrektur offensichtlicher Unrichtigkeiten gemäß § 44a Abs. 2 BeurkG beziehen, die auch im übrigen Verfahrensrecht üblich ist (etwa in § 319 ZPO). Manche halten es für möglich, dass zwei Niederschriften, die **weitergehende Abweichungen im Text** voneinander aufweisen, dennoch inhaltsgleich i.S.d. § 16e Abs. 1 S. 1 BeurkG sein können. Maßgeblich sei, ob beide Niederschriften trotz unterschiedlicher Textfassungen denselben rechtsgeschäftlichen Erklärungsgehalt aufweisen.[20] Das klingt plausibel, ist aber dennoch nicht frei von Zweifeln. Ob nämlich Erklärungen unterschiedlichen Wortlauts nach Maßgabe von §§ 133, 157 BGB identische Rechtsbindungswillen zum Ausdruck bringen, ist häufig nur mit einiger Mühe festzustellen. Eine Inhaltsgleichheit von im Text nicht vollständig identischen Niederschriften auch über den Maßstab von § 44a Abs. 2 BeurkG hinaus zuzulassen, ist deshalb geeignet, Rechtsunsicherheiten in das Verfahren zu tragen, die durch das Kriterium der Inhaltsgleichheit doch eigentlich vermieden werden sollten.

11 Die **Vertretungsnachweise** gehören nicht zum in § 9 BeurkG beschriebenen Inhalt der Niederschrift. Der Inhaltsgleichheit von papierner und elektronischer Niederschrift steht es deshalb nicht entgegen, wenn etwa der Ersteren die Urschrift der Vertretungsmacht beigefügt wird (§ 12 Abs. 1 S. 1 Alt. 1 BeurkG) und der Letzteren eine elektronisch beglaubigte Abschrift.[21] Gleiches gilt für den Fall, dass einer papiernen Niederschrift eine einfache Abschrift des Vertretungsnachweises beigefügt wird, und der Beglaubigungsvermerk in ebendiese Niederschrift aufgenommen wird.[22]

12 Auch die **Urkundenverzeichnisnummer** ist nicht Bestandteil des Inhalts der Niederschrift. Sofern, was nach § 3 Abs. 1 S. 1 NotAktVV einerseits und § 3 Abs. 3 S. 3 NotAktVV andererseits zulässig ist, nur die papierne Niederschrift die Urkundenverzeichnisnummer und die Jahreszahl enthält, ergibt sich daraus keine inhaltliche Abweichung zwischen den beiden Niederschriften.[23]

IV. Vermerk (Abs. 1 S. 2)

13 Gemäß Abs. 1 S. 2 soll der Notar in beide Niederschriften einen Vermerk über die in Abs. 1 S. 1 beschriebenen Umstände aufnehmen. Das bedeutet, dass jeweils dokumentiert werden soll, welche Beteiligten in Präsenz und welche per Videokonferenz an der Beurkundung teilgenommen haben.[24] Da es sich um eine Soll-Vorschrift handelt, berührt das Fehlen oder ein Mangel dieses Vermerks die Wirksamkeit der Urkunde nicht.[25]

D. Verwahrung (Abs. 2)

14 Nach Abs. 2 sind die beiden Niederschriften mit den Unterschriften der räumlich Anwesenden bzw. den Signaturen der räumlich Abwesenden zusammen zu verwahren. Dementsprechend hat der Notar den von

15 BeckOGK/*Rachlitz*, Stand: 1.8.2024, § 16e BeurkG Rn 13; *Kienzle/Thelen*, DNotZ 2023, 85, 94.
16 *Kienzle/Thelen*, DNotZ 2023, 85, 94.
17 *Kienzle/Thelen*, DNotZ 2023, 85, 93.
18 BeckOGK/*Rachlitz*, Stand: 1.8.2024, § 16e BeurkG Rn 10.
19 BeckOGK/*Rachlitz*, Stand: 1.8.2024, § 16e BeurkG Rn 10.
20 BeckOGK/*Rachlitz*, Stand: 1.8.2024, § 16e BeurkG Rn 12.
21 *Kienzle/Thelen*, DNotZ 2023, 85, 94.
22 *Kienzle/Thelen*, DNotZ 2023, 85, 94 f.
23 *Kienzle/Thelen*, DNotZ 2023, 85, 94.
24 BeckOGK/*Rachlitz*, Stand: 1.8.2024, § 16e Rn 15.
25 BeckOGK/*Rachlitz*, Stand: 1.8.2024, § 16e Rn 16.

der papiernen Urkunde erstellten Scan und die originär elektronische Niederschrift unter derselben Verzeichnisnummer in seinem Urkundenverzeichnis beim Elektronischen Urkundenarchiv zu führen.[26] Dabei sind beide Dateien gemäß § 78 Abs. 3 S. 1 BNotO derart miteinander zu verknüpfen, dass sie nur zusammen abgerufen werden können. Umgesetzt wird diese Verknüpfung mittels einer sog. „technischen Klammer", die bewirkt, dass die zusammen verwahrten Dokumente auch nur gemeinsam heruntergeladen und angezeigt werden können.[27] Folglich werden beide Dateien nicht zu einer einzigen miteinander verbunden, ehe der Notar sie in das elektronische Verzeichnis einstellt.

§ 16e BeurkG ist nichts darüber zu entnehmen, wie **Ausfertigungen und Abschriften** der Niederschriften über eine gemischte Beurkundung zu erteilen wären. Sinnvoll erscheint insoweit eine entsprechende Anwendung von § 44b Abs. 2 BeurkG. 15

Unterabschnitt 4: Prüfungs- und Belehrungspflichten

Vorbemerkung zu §§ 17 ff.

Der Dritte Titel (§§ 17–21 BeurkG) vereint unter der Überschrift „Prüfungs- und Belehrungspflichten" eine überragend bedeutsame Grundsatznorm (§ 17 BeurkG) und mehrere sie konkretisierende Einzelregelungen (§§ 18–21 BeurkG, siehe noch § 17 BeurkG Rdn 1). § 17 BeurkG wird zu Recht als die zentrale Vorschrift des BeurkG, als die **„Magna Charta des deutschen Beurkundungsrechts"**[1] angesehen (näher § 17 BeurkG Rdn 1). Dies entspricht dem Befund, dass unter den mit dem Erfordernis einer notariellen Beurkundung verbundenen Zwecken derjenige Belehrung und Beratung zu sichern, mittlerweile ganz in den Vordergrund gerückt ist.[2] In § 17 BeurkG kommt zum Ausdruck, dass sich der Beurkundungsvorgang nicht in der Zeugnisgewinnung erschöpft, sondern dass damit auch **sozialstaatlich-fürsorgliche Anliegen** verbunden sind.[3] 1

Die §§ 17 ff. BeurkG stellen **dienstrechtlich** sicher, was materiell-rechtlich die selbstverständliche Prämisse aller derjenigen Vorschriften ist, die eine öffentliche Beurkundung verlangen. Der gesetzgeberische Zweck aller dieser materiell-rechtlichen Vorschriften ist überhaupt nur deshalb erreichbar, weil wegen der §§ 17 ff. BeurkG in allen Fällen, in denen die öffentliche Beurkundung Wirksamkeitsvoraussetzung eines Rechtsgeschäfts ist, den Parteien der **unabhängige Rat** eines Sachverständigen gesichert ist.[4] 2

Der **Inhalt** und die **Grenzen** der notariellen Prüfungs- und Belehrungspflicht sind gleichwohl auch seit Konstituierung der notariellen Form als Wirksamkeitsvoraussetzung für das Rechtsgeschäft unklar gewesen. Das hing teils damit zusammen, dass über den gesellschaftlichen Sinn und Nutzen des Notariats selbst Unklarheiten bestanden. Während die Bedeutung und der gesellschaftliche Nutzen des Notariats heute im Grundsatz als anerkannt angesehen werden können,[5] gilt dies für den Umfang der Belehrungspflichten nicht gleichermaßen.[6] 3

Die Konkretisierung von Inhalt und Grenzen der Prüfungs- und Belehrungspflicht erfolgt wesentlich durch die im Zusammenhang mit der **Amtshaftung** gem. § 19 BNotO ergangene haftungsrechtliche Judikatur.[7] Dies mag auch daran liegen, dass nicht alle Gerichte von der Arbeitssituation der Notarinnen und Notare hinreichende Vorstellungen besitzen. Die vorsorgende Rechtspflege bekommt mehr als die streitentscheidende die Wandlungen des Rechtslebens zu spüren. Der Notar ist oft der erste Jurist, der neuen wirtschaftlichen Vorgängen rechtliche Gestalt geben muss. Er regelt die Zukunft. Dass er dies oftmals **ohne gesicherte, einhellige Rechtsansicht** tun muss, ist auch bei der Frage zu beachten, ob sich sein Ver- 4

26 BT-Drucks 19/28177, S. 125.
27 BeckOK-BNotO/*Hushahn*, § 78h Rn 19.
1 *Diehn*, DNotZ 2019, 146, 149; *Gaier*, DNotZ Sdh 2016, 25*, 27*. S. auch Frenz/Miermeister/*Frenz*, § 17 BeurkG Rn 1; *Lerch*, § 17 Rn 1.
2 S. nur *Münch*, DNotZ 2004, 901, 909; *Reithmann*, Vorsorgende Rechtspflege durch Notare und Gerichte, 1989, S. 143 ff.
3 *Bohrer*, DNotZ 2002, 579; *ders.*, NJW 2007, 2019.
4 Vgl. *Frenz* in Freundesgabe Willi Weichler, S. 175, 185 ff.; *Kanzleiter*, DNotZ Sdh. 2001, 69*, 71* ff.; *Lichtenberger*, DNotZ 1988, 531, 537.
5 Vgl. *Baumann*, MittRhNotK 1996, 1.
6 *Winkler*, § 17 Rn 2.
7 Reithmann/Albrecht/*Reithmann*, Rn 133.

halten im Nachhinein als Amtspflichtverletzung darstellt. Was im Nachhinein als Amtspflichtverletzung qualifiziert wird, war bisweilen im Zeitpunkt der Notartätigkeit nur andere Meinung (zur Pflicht des Notars, sich in umstrittenen Fragen an die h.M. zu halten, siehe § 17 BeurkG Rdn 36). Zwar hat der für das Notarhaftungsrecht zuständige III. Zivilsenat des BGH in letzter Zeit die Anforderungen an § 17 BeurkG durch eine ganze Reihe von Entscheidungen zunehmend konkretisiert. Dies gilt insbesondere für die Zwei-Wochen-Frist des § 17 Abs. 2a S. 2 Nr. 2 S. 2 BeurkG, welche auch nach der Novellierung von 2013 die notarielle Praxis zunächst vor große Herausforderungen gestellt hat (siehe § 17 BeurkG Rdn 163 ff.). Gleichwohl bleiben weiterhin **Unsicherheiten**, in denen sich die Vielfältigkeit der Lebenssachverhalte spiegelt. Dem gilt es Rechnung zu tragen, indem die Haftung wegen Verstößen gegen § 17 BeurkG nicht überdehnt wird (siehe auch § 17 BeurkG Rdn 259).

§ 17 Grundsatz

(1) [1]Der Notar soll den Willen der Beteiligten erforschen, den Sachverhalt klären, die Beteiligten über die rechtliche Tragweite des Geschäfts belehren und ihre Erklärungen klar und unzweideutig in der Niederschrift wiedergeben. [2]Dabei soll er darauf achten, daß Irrtümer und Zweifel vermieden sowie unerfahrene und ungewandte Beteiligte nicht benachteiligt werden.

(2) [1]Bestehen Zweifel, ob das Geschäft dem Gesetz oder dem wahren Willen der Beteiligten entspricht, so sollen die Bedenken mit den Beteiligten erörtert werden. [2]Zweifelt der Notar an der Wirksamkeit des Geschäfts und bestehen die Beteiligten auf der Beurkundung, so soll er die Belehrung und die dazu abgegebenen Erklärungen der Beteiligten in der Niederschrift vermerken.

(2a) [1]Der Notar soll das Beurkundungsverfahren so gestalten, daß die Einhaltung der Amtspflichten nach den Absätzen 1 und 2 gewährleistet ist. [2]Bei Verbraucherverträgen soll der Notar darauf hinwirken, dass

1. **die rechtsgeschäftlichen Erklärungen des Verbrauchers von diesem persönlich oder durch eine Vertrauensperson vor dem Notar abgegeben werden und**
2. **der Verbraucher ausreichend Gelegenheit erhält, sich vorab mit dem Gegenstand der Beurkundung auseinander zu setzen; bei Verbraucherverträgen, die der Beurkundungspflicht nach § 311b Absatz 1 Satz 1 und Absatz 3 des Bürgerlichen Gesetzbuchs unterliegen, soll dem Verbraucher der beabsichtigte Text des Rechtsgeschäfts vom beurkundenden Notar oder einem Notar, mit dem sich der beurkundende Notar zur gemeinsamen Berufsausübung verbunden hat, zur Verfügung gestellt werden. Dies soll im Regelfall zwei Wochen vor der Beurkundung erfolgen. Wird diese Frist unterschritten, sollen die Gründe hierfür in der Niederschrift angegeben werden.**

[3]Weitere Amtspflichten des Notars bleiben unberührt.

(3) [1]Kommt ausländisches Recht zur Anwendung oder bestehen darüber Zweifel, so soll der Notar die Beteiligten darauf hinweisen und dies in der Niederschrift vermerken. [2]Zur Belehrung über den Inhalt ausländischer Rechtsordnungen ist er nicht verpflichtet.

Übergreifende Literatur *Allerkamp*, Die sog. erweiterte Belehrungspflicht des Notars, 1990; *Armbrüster/Claussen*, Von getauschten Stellplätzen bis zu heimfallenden Erbbaurechten – Aktuelle Grenzfälle der notariellen Belehrungspflicht, NotBZ 2025, 81; *Armbrüster/Krause*, Aktuelle Entwicklungen zur notariellen Belehrungspflicht, NotBZ 2004, 325; *Bücker/Viefhues*, Häufige Fehler bei der notariellen Amtsführung (Teil 7): Prüfungs- und Belehrungspflichten, ZNotP 2005, 91; *Gaier*, Das Notariat im System staatlicher Justizgewähr, DNotZ Sdh 2016, 25*; *Ganter*, Die Belehrungspflicht des Notars über die Erforderlichkeit einer Auflassungs- oder Eigentumsvormerkung, NJW 1986, 1017; *ders.*, Notarielle Pflichten und Gläubigerschutz, DNotZ 2004, 421; *ders.*, Die notarielle Belehrung von mittelbar Urkundsbeteiligten, in: FS Spiegelberger, 2009, S. 1401; *ders.*, Die Rechtsprechung zum Notarhaftungsrecht 2016 – 2018, DNotZ 2019, 245; *Ganter/Hertel/Wöstmann*, Handbuch der Notarhaftung, 5. Aufl. 2023; *Grziwotz*, Checkliste zur Beurkundung von Grundstücksverbraucherverträgen, ZfIR 2002, 667; *ders.*, Notarielle Amtspflichten bei freiwilligen Grundstücksversteigerungen, IMR 2015, 209; *Haug/Zimmermann*, Die Amtshaftung des Notars, 4. Aufl. 2018; *Heinze*, Verbraucherschutz im Beurkundungsverfahren, ZNotP 2013, 122; *Helms*, Von Erfüllung und Vollzug notarieller Hinwirkungspflichten bei Verbraucherverträgen, ZNotP 2005, 13; *von Heynitz*, Belehrungen bei Vollmachten – auch für Bevollmächtigte?, MittBayNot 2003, 269; *Kapsa*, Aktuelle Probleme des Notarhaftungsrechts, ZNotP 2008, 468; *Kesseler*, Beweislast für unterlassene Belehrung, ZNotP 2006, 375; *Krafka/Heinemann*, Neue Vermerkpflicht für Notare, ZNotP 2017, 166; *Lang/Friedrich*, Einsichtnahme in die Grundakten – Verpflichtung des Notars nur bei Vorliegen besonderer Umstände, ZfIR 2009, 194; *Langenfeld*, Notarieller Beurteilungsspielraum und gerichtliche Nachprüfung – Zu den Grenzen gerichtlicher Kontrolle von Prüfungs- und Belehrungspflichten, BWNotZ 1990, 101; *Lerch*, Inhalt und Grenzen der Belehrungspflichten durch den Notar unter besonderer Berücksichtigung der haftungsrechtlichen Konsequenzen, BWNotZ 1997, 53; *ders.*, Der Verzicht der Urkundsbeteiligten auf ihren Anspruch auf Belehrung nach § 17 Abs. 1 BeurkG, NotBZ 2016, 452; *Lichtenauer*, Zum Umfang des Formzwangs und zur Belehrungspflicht, DNotZ 1988, 531; *Meyer*, Die Belehrungspflichten des Notars bei Auslandssachverhalten, DNotZ 2018, 726; *Opgenhoff*, Gestaltungsfragen bei der Beurkundung zusammengesetzter Verträge, RNotZ 2006, 257; *Pützhoven*, Die Verbraucher-Unternehmer-Eigenschaft in der notariellen Verhandlung, NotBZ 2002, 273; *Rachlitz/Diehn*, Notarielle Prüfungspflichten im Grundbuch- und Registerverkehr, DNotZ 2017, 487; *Reithmann*, Die Pflicht zur Vertragsgestaltung nach der Rechtsprechung des BGH, ZNotP 2003, 246; *ders.*, Rechtliche Tragweite eines Rechtsgeschäfts, ZNotP 2004, 432; *ders.*, Von der Belehrung zur Vertragsgestaltung, NotBZ 2007, 14; *ders.*, Zur Abgrenzung von Belehrungspflichten, Warnpflichten und Pflichten aus einer vom Notar übernommenen Beratung, WuB VIII A § 19 BNotO 1.08 *Ritter*, Auslegungsbedürftigkeit von Urkunden und Notarhaftung, NJW 2004, 2137; *Tombrink*, Die aktuelle Rechtsprechung des III. Zivilsenats des Bundesgerichtshofs zum Notarhaftungsrecht, ZNotP 2021, 456; *Volmer*, Rechtsprechung zur Vertragsgestaltung durch einen Notar, ZfIR 2008, 371. S.a. die **speziellen Literaturverzeichnisse** zu einzelnen Sachfragen.

A. § 17 Abs. 1 BeurkG

I. Abs. 1 im Gefüge notarieller Amtspflichten

1. Abgrenzung zu anderen Belehrungspflichten

a) Überblick

1 § 17 BeurkG ist die **Grundnorm** zu den notariellen Belehrungspflichten (siehe auch Vor § 17 BeurkG Rdn 1). Der BGH hat Abs. 1 zutr. den Rang „einer **Kernregelung des Beurkundungsgesetzes**“[1] beigemessen. *Gaier* führt dazu aus: „Das **System vorsorgender Justizgewähr** kann sein Ziel nur dann erreichen, wenn insbesondere die notariellen Beratungs- und Belehrungspflichten strikt beachtet werden; nur dann sind Wissen und Wollen der Beteiligten derart geklärt und abgesichert, dass die **Gefahr künftiger Rechtskonflikte minimiert** werden kann.“[2] Ein Verstoß gegen diese notarielle Kernpflicht ist eine Amtspflichtverletzung, deren schuldhafte Begehung ein Dienstvergehen darstellt (§ 95 BNotO).[3] Der Gesetzgeber hat den Umstand, dass es sich bei den in Abs. 1 und 2 geregelten Verhaltensanforderungen um unbedingte **Amtspflichten** handelt, durch die Umformulierung von Abs. 3 S. 1 („Amtspflichten“ statt „Pflichten“) im NotBRMoG mit Wirkung vom 1.8.2021 zusätzlich klargestellt. Eine inhaltliche Änderung war damit nicht beabsichtigt.[4] Als Amtspflichten stehen die Verhaltensregeln **nicht zur Disposition** der Beteiligten. Die Vorschrift wird für die besonders bedeutsamen Amtsgeschäfte der Beurkundung von Willenserklärungen teils **konkretisiert durch die §§ 18–21 BeurkG**. Der Notar hat danach über gerichtliche oder behördliche Genehmigungen, insbesondere über die Unbedenklichkeitsbescheinigung nach dem Grunderwerb- und dem Kapitalverkehrsteuerrecht (§§ 18, 19 BeurkG), über gesetzliche Vorkaufsrechte (§ 20 BeurkG), über die Möglichkeit der Registrierung bei dem Zentralen Vorsorgeregister (§ 20a BeurkG) und über den Grundbuchinhalt (§ 21 BeurkG) zu belehren. Besondere Prüfungspflichten bestimmen außerdem § 10 BeurkG (Feststellung der Persönlichkeit der Beteiligten), § 11 BeurkG (Prüfung der Geschäftsfähigkeit), § 12 BeurkG (Klärung der Verfügungs- und Vertretungsmacht).

2 In den **Regelungszusammenhang** gehören (mit z.T. anderem Geltungsbereich) § 3 Abs. 2 und 3 BeurkG (Hinweis auf bestimmte Umstände, die die Parteilichkeit des Notars begründen könnten), § 14 Abs. 2 S. 2 BeurkG (Einschränkungen der Vorlesepflicht befreien – auch in der Neufassung – nicht von Belehrungspflicht), § 16 Abs. 2 und 3 BeurkG (Hinweispflichten bei Übersetzungen), § 38 Abs. 2 BeurkG (Belehrung über die Bedeutung des Eides), § 53 BeurkG (Belehrung über Gefahren verspäteter Einreichung). Mit Wirkung seit 9.6.2017 hat der Gesetzgeber in § 15 Abs. 3 GBO und in § 378 Abs. 3 FamFG neue **Prüfpflichten des Notars bei Grundbuchanträgen und Registeranmeldungen** hinsichtlich der Eintragungsfähigkeit geschaffen.[5] Mit der Umsetzung der Digitalisierungsrichtlinie ist seit dem 1.8.2022 die Gründung einer GmbH mittels Videokommunikation möglich.[6] In §§ 16b bis 16e BeurkG hat der Gesetzgeber spezielle Regelungen für die elektronische Niederschrift geschaffen, die die Einhaltung der im

1 BGH v. 24.11.2014 – NotSt(Brfg) 1/14, DNotZ 2015, 461 Rn 29.
2 *Gaier*, DNotZ Sdh 2016, 25*, 27* (Hervorhebungen d.d.Verf.).
3 BGH v. 13.11.2017 – NotSt(Brfg) 4/17, NJW-RR 2018, 443 Rn 15.
4 RegE BT-Drucks 19/26828, 214 i.V.m. 117.
5 Näher *Eickelberg/Böttcher*, FGPrax 2017, 145, 147 ff.; *Ott*, BWNotZ 2017, 146; *J. Weber*, RNotZ 2017, 427; *Zimmer*, NJW 2017, 1909.
6 BT-Drucks 19/28177; s. hierzu *Kienzle*, DNotZ 2021, 590; *Walch*, MittBayNot 2024, 427; *Herz/Hupka*, NJW 2022, 3385; *Heckschen/Knaier*, NZG 2022, 885, 886 ff.

Online-Verfahren gleichermaßen geltenden notariellen Belehrungspflichten gewährleisten sollen.[7] Dies wird unterstützt durch die seit dem 1.1.2026 nach §§ 13a, 13b BeurkG bestehende Möglichkeit, eine elektronische Urkunde zu errichten.[8]

Abs. 1 gilt (wie die §§ 17–21 BeurkG insgesamt) nur für die **Beurkundung von Willenserklärungen**. Dazu zählt auch die Beurkundung der Vertragserklärung nach dem in einer freiwilligen Versteigerung erteilten Zuschlag (siehe auch § 15 BeurkG Rdn 45 ff.).[9] Inhalt und Umfang der Prüfungs- und Belehrungspflicht bei **sonstigen Amtstätigkeiten** (z.B. Beglaubigungen; siehe Rdn 4) bestimmen sich nach dem Inhalt des jeweiligen Ersuchens. Von der Prüfungs- und Belehrungspflicht bei der Beurkundung von Willenserklärungen sind zu unterscheiden:[10] 3

a) Amtspflichten bei **sonstigen Beurkundungen** i.S.d. dritten Abschnittes (§§ 36 ff. BeurkG) und anderen Amtsgeschäften (siehe Rdn 4),
b) Pflichten, die ein Notar bei einem **Amtsgeschäft nach § 24 BNotO** zu erfüllen hat (siehe Rdn 5) und
c) **erweiterte Belehrungspflichten** (siehe Rdn 6).

b) Amtspflichten bei sonstigen Beurkundungen und anderen Amtsgeschäften

Für andere Beurkundungen als die in Rdn 3 genannten (**„sonstige Beurkundungen"** i.S.d. dritten Abschnittes §§ 36 ff. BeurkG) sind bes. Regeln zur Prüfungs- und Belehrungspflicht zu beachten (siehe § 36 BeurkG Rdn 14). Dabei geht es um die Beurkundung von anderen Erklärungen als Willenserklärungen, von Tatsachen oder Vorgängen. Besonderheiten gelten namentlich bei der Beurkundung von **Hauptversammlungsbeschlüssen** (siehe § 37 BeurkG Rdn 15), GmbH-Gesellschafterversammlungen (siehe § 37 BeurkG Rdn 23), Eiden und eidesstattlichen Versicherungen (siehe § 38 BeurkG Rdn 19), bei **Unterschriftsbeglaubigungen** (siehe § 40 BeurkG Rdn 26 ff.), bei GmbH- oder AG-Registeranmeldungen (siehe § 40 BeurkG Rdn 33), bei Entwürfen mit Unterschriftsbeglaubigung (siehe § 40 BeurkG Rdn 34) sowie bei Abschriftsbeglaubigungen (siehe § 42 BeurkG Rdn 9 ff.). Auch bei **anderen Amtsgeschäften** als Beurkundungen können Prüfungs- und Belehrungspflichten eingreifen, etwa bei Verwahrungsgeschäften (siehe § 57 BeurkG Rdn 95). 4

c) Pflichten des Notars bei Amtsgeschäften gem. § 24 Abs. 1 BNotO

Auch Tätigkeiten nach **§ 24 Abs. 1 BNotO** („sonstige Betreuung der Beteiligten auf dem Gebiete der vorsorgenden Rechtspflege") gehören zum „Amt des Notars", bestimmen sich also nicht nach den Regeln des Privatrechtes. Sie erzeugen für den Notar öffentlich-rechtliche Pflichten und lösen u.U. die Amtshaftung nach § 19 BNotO aus.[11] Umfang und Grenzen der Prüfungs-, Belehrungs-, Beratungspflicht sind durch die Auslegung des Ersuchens („Auftrages") im Einzelfall und durch die sinngemäße Anwendung des § 17 BeurkG zu ermitteln.[12] Zur sonstigen Betreuung gem. § 24 Abs. 1 BNotO gehört auch die sog. **planende Beratung**,[13] welche sich auf die wirtschaftlichen Ziele der Beteiligten und die steuerlichen Rahmenbedingungen erstreckt. 5

d) Allgemeine Betreuungspflicht

Über die Pflichten hinaus, die für das einzelne Geschäft durch Gesetz (insbesondere Pflicht zur Rechtsbelehrung nach Abs. 1) oder bes. Übernahme (§ 24 BNotO) bestimmt sind, hat die Rspr. aus der allg. Stellung des Notars weitere Pflichten entwickelt.[14] Sie werden herkömmlich zusammengefasst unter dem Begriff **„allgemeine Betreuungspflicht"**.[15] Soweit hiergegen terminologisch eingewandt wird, der Begriff der Betreuung sei in § 24 BNotO enthalten und umfasse die Tätigkeiten, die der Notar neben der Urkunds- 6

7 BT-Drucks 19/28177, 117; *Kienzle/Thelen*, DNotZ 2023, 85, 88; s. zur Bedeutung im Gesellschaftsrecht *Denga*, RDi 2024, 123, 125 ff.
8 BT-Drucks 20/11849; s. hierzu BeckOGK/*Kloiber*, Stand: 1.1.2026, § 8 BeurkG Rn 24.
9 OLG Celle v. 18.3.2010 – Not 1/10, NdsRPfl 2010, 321 = BeckRS 2010, 22387; BNotK, DNotZ 2005, 161, 166 ff.; Grziwotz/Sauer/Heinemann/*Heinemann*, § 15 Rn 11.
10 Vgl. BGH v. 5.11.1992 – IX ZR 260/91, DNotZ 1993, 459, 461.
11 BGH v. 3.6.1993 – IX ZR 119/92, DNotZ 1995, 489, 490 (Treuhandauftrag).
12 BGH v. 5.11.1992 – IX ZR 260/91, DNotZ 1993, 459, 461; Frenz/Miermeister/*Frenz*, § 17 BeurkG Rn 3.
13 Reithmann/Albrecht/*Reithmann*, Rn 172 f.
14 S. bereits BGH v. 29.11.1953 – III ZR 270/52, DNotZ 1954, 330, 331.
15 S. nur *Lerch*, § 17 Rn 106. Vgl. auch *Winkler*, § 17 Rn 333: „Erweiterte Belehrungspflicht aus Betreuung".

tätigkeit übernehmen kann,[16] so wird damit übergangen, dass jene Norm ausdrücklich nur die „sonstige Betreuung" umfasst. Der stattdessen bisweilen verwendete Begriff der „**Warnpflicht**"[17] ist im Hinblick darauf missverständlich, dass die nach Abs. 1 S. 1 gebotene Belehrung über die rechtliche Tragweite gleichermaßen Warnungen erfordern kann. Die allgemeine Betreuungspflicht besteht aber als eine über den Rahmen der §§ 17 ff. BeurkG hinausgehende Amtspflicht je nach den Umständen des Einzelfalles auch bei der Beurkundung von Willenserklärungen[18] sowie bei Unterschriftsbeglaubigungen.[19]

7 Der **Rechtsgrund** dieser Pflicht liegt in den §§ 1, 14 BNotO:[20] Jene Vorschriften weisen jedem Notar bei jeder seiner Tätigkeiten das unabhängige öffentliche Amt zu, die Beteiligten **unparteiisch zu betreuen**. Daraus hat die Rspr. für Notare die jedes ihrer Amtsgeschäfte begleitende Verpflichtung abgeleitet, die Beteiligten nicht „untätig in die Gefahr eines folgenschweren Schadens geraten [zu lassen], der durch eine mit wenigen Worten zu gebende sachgemäße Belehrung zu vermeiden ist".[21] Der BGH zitiert als Grundlage der allgemeinen Betreuungspflicht teils § 14 Abs. 1 S. 2 BNotO analog;[22] bisweilen führt er – insb. im Kontext der sog. betreuenden Belehrung von nicht formell beteiligten Dritten (siehe Rdn 49) – auch die §§ 17 Abs. 1 BeurkG, 14 Abs. 1 S. 2 BNotO kumulativ an.[23] Indessen ist der Anwendungsbereich von § 17 Abs. 1 in diesen Fällen nicht berührt (siehe Rdn 49).

8 Diese allgemeine Betreuungs- und Hinweispflicht besteht nur dann, wenn bes. **Umstände** vorliegen, die darauf hindeuten:[24]

- dass einem Beteiligten ein **Schaden droht** (**1. Voraussetzung**) und
- er sich dessen aus tatsächlichen oder rechtlichen Gründen **nicht bewusst** ist (**2. Voraussetzung**). Im Zusammenhang mit Beurkundungstätigkeit setzt diese zusätzliche, also über die §§ 17 ff. BeurkG hinausgehende Belehrungspflicht weiter voraus,
- dass jene besonderen Umstände sich aus der **rechtlichen Gestaltung** des Vertragswerkes oder aus der Art ergeben, die für seine Abwicklung vorgesehen ist (**3. Voraussetzung**).[25] Diese Voraussetzung ist – was in der Rspr. bislang nicht in dieser Deutlichkeit hervortritt – für die zusätzliche Belehrungspflicht im Falle der Beurkundung zwingend; insofern folgt die Belehrungspflicht aus der konkreten inhaltlichen Gestaltung des Amtsgeschäftes. Dagegen löst nicht erst die tatsächliche Gefährdung eines Beteiligten, sondern bereits die nahe liegende Möglichkeit einer solchen Gefährdung die Belehrungspflicht aus.[26] Diese bes. über §§ 17 ff. BeurkG hinausgehende Belehrungspflicht kann also als **Schadensverhinderungspflicht** beschrieben werden. Sie entfällt erst dann, wenn der Notar mit Sicherheit annehmen kann, nach menschlichem Ermessen werde aus der Gestaltung des Rechtsgeschäfts und aus der vorgesehenen Art seiner Durchführung keinem Beteiligten ein Schaden erwachsen. Das kann er nur nach den konkreten Umständen, nach den Fähigkeiten und Verhältnissen der jeweiligen Beteiligten, nicht aber nach abstrakten Kriterien beurteilen.

16 *Reithmann*, DNotZ 2003, 804; *ders.*, EWiR 2004, 699, 700.

17 BeckOGK/*Regler*, Stand: 1.1.2026, § 17 BeurkG Rn 99 ff.; vgl. BGH v. 3.7.1986 – IX ZR 51/85, DNotZ 1987, 157.

18 *Lerch*, § 17 Rn 10, 106; Reithmann/Albrecht/*Reithmann*, Rn 176; s. auch Staudinger/*Hertel*, BeurkG Rn 510: „Warn- und Schutzpflichten"; Handbuch Notarhaftung/*Wöstmann/Ganter*, Kap. 2 Rn 144: „Schutzpflichten […]. I.d.R. […] Hinweis- und Warnpflichten".

19 BGH v. 11.11.2004 – III ZR 63/04, DNotZ 2005, 286, 287 m. krit. Anm. *Knoche*, RNotZ 2005, 492 f.

20 Reithmann/Albrecht/*Reithmann*, Rn 176; BeckOGK/*Regler*, Stand: 1.1.2026, § 17 BeurkG Rn 99; s. auch *Bartholome*, BWNotZ 1998, 31, 33: krit. *Lerch*, § 17 Rn 107.

21 St. Rspr., BGH v. 1.7.1969 – VI ZR 31/68, DNotZ 1969, 507, 508 (Auskunft an Kreditgeber über Grundstück); BGH v. 2.5.1972 – VI ZR 193/70, DNotZ 1973, 240, 241 (Belehrung bei Adoption); BGH v. 14.5.1992 – IZ ZR 262/91, DNotZ 1992, 813, 815 (Belehrung über Grunderwerbsteuer bei Kettenverkauf); BGH v. 18.11.1999 – IX ZR 402/97, DNotZ 2001, 483, 485 (Belehrung bei GmbH-Satzungsänderung); BGH v. 9.1.2003 – IX ZR 422/99, DNotZ 2003, 426, 427 ff. (Belehrung über Unwirksamkeit eines Vorkaufsrechts).

22 BGH v. 27.5.2004 – III ZR 302/03, DNotZ 2005, 66.

23 BGH v. 4.3.2004 – III ZR 72/03, DNotZ 2004, 843, 844 m. zust. Anm. *Reithmann*; BGH v. 21.1.2016 – III ZR 159/15, BGHZ 208, 302 Rn 12 = NJW 2016, 1324; BGH v. 23.1.2020 – III ZR 28/19, DNotZ 2020, 617 Rn 12; BGH v. 21.1.2016 – III ZR 159/15, BGHZ 208, 302 Rn 15 = DNotZ 2016, 711 m. Anm. *Seger*; BGH v. 23.1.2020 – III ZR 28/19, DNotZ 2020, 617 Rn 12.

24 Zust. Haug/Zimmermann/*Eggenstein*, Rn 555; *Lerch*, § 17 Rn 108.

25 St. Rspr.; BGH v. 22.11.1966 – VI ZR 39/65, DNotZ 1967, 323 ff.; BGH v. 22.7.2010 – III ZR 293/09, BGHZ 186, 335 Rn 16 ff. = DNotZ 2011, 192 m. Anm. *Armbrüster*, LMK 2010, 309367 und *Regler*, MittBayNot 2011, 80; BGH v. 23.8.2018 – III ZR 506/16, DNotZ 2019, 37 Rn 30 m. zust. Anm. *Armbrüster/Wächter*, NotBZ 2019, 34, 35 f.

26 Haug/Zimmermann/*Eggenstein*, Rn 556.

9 Die Voraussetzungen dieser besonderen ggf. zusätzlichen Belehrungspflicht bestimmen auch ihren **Umfang**. Da die Pflicht nur aus bes. Umständen des Einzelfalles folgt und diese Umstände allein **rechtlicher Art** (siehe Rdn 8) sein dürfen, erstreckt sich auch diese Schadensverhinderungspflicht nicht auf die allg. wirtschaftlichen Folgen und Risiken des zu beurkundenden Rechtsgeschäftes. Die erweiterte Belehrungspflicht des Notars bezieht sich aber auf **naheliegende wirtschaftliche Gefahren**, die sich aus der rechtlichen Anlage des Geschäfts oder seiner Durchführung ergeben können. Sie erschöpft sich in Belehrungs- und Hinweispflichten,[27] verlangt jedoch vom Notar keine Maßnahmen zur Überwachung der Einhaltung von Vertragspflichten durch die Beteiligten.[28] Die Pflicht besteht nicht gegenüber Unternehmern, da sie als spezielle Verbraucherschutzregel anzusehen ist.[29]

2. Verhältnis der notariellen Belehrungspflichten zu anderen Amtspflichten

10 Die Belehrungspflicht kann mit anderen Amtspflichten, insbesondere mit der Pflicht zur Unparteilichkeit (§ 14 Abs. 1 S. 2 BNotO) und der Verschwiegenheitspflicht (§ 18 BNotO) in Konflikt geraten.

a) Pflicht zur Unparteilichkeit

11 Gibt der Notar den Beteiligten eine nach Abs. 1 erforderliche Belehrung, kann er damit seine Pflicht zur **Unparteilichkeit** nicht verletzen.[30] Unparteilichkeit lässt sich als die Bindung an objektive Maßstäbe unter Hintansetzung subjektiver Interessen und Stellungnahmen umschreiben.[31] Erfüllt der Notar den Beteiligten gegenüber die sich aus § 17 BeurkG ergebende Belehrungspflicht, so orientiert er sich gerade an objektiven Maßstäben. Er handelt weder parteiisch noch erzeugt er einen dahingehenden Schein. Eine nach § 17 BeurkG gebotene Belehrung hat daher ohne Rücksicht auf das Gebot der Unparteilichkeit stets zu erfolgen.[32] Aufgrund der Pflicht zur Unparteilichkeit hat sich der Notar aber allgemeiner **Hinweise zur Bonität** einer Vertragspartei im Allgemeinen zu enthalten, soweit diese ausschließlich auf wirtschaftlichen und nicht zumindest auch auf rechtlichen Gesichtspunkten beruhen.[33]

12 Anders ist dies bei Warnungen aufgrund der **allgemeinen Betreuungspflicht**. Diese wird aus der Eigenschaft des Notars als unabhängiger Träger eines öffentlichen Amtes abgeleitet (siehe Rdn 7). Da das Amt des Notars durch die Pflicht zur Unparteilichkeit geprägt wird, können sich Warnpflichten, die aus eben diesem Amt abgeleitet werden, immer nur aufgrund einer sorgfältigen **Abwägung** mit der Pflicht zur Unparteilichkeit ergeben.[34]

b) Pflicht zur Verschwiegenheit

13 Die Pflicht zur Rechtsbelehrung aus § 17 BeurkG geht auch der **Verschwiegenheitspflicht** des § 18 BNotO vor.[35] Zwischen der allgemeinen Betreuungspflicht und der Verschwiegenheitspflicht hat dagegen eine Güterabwägung stattzufinden. Dies wird insbesondere dann relevant, wenn mittelbar Beteiligten durch die Beurkundung ein Schaden droht,[36] ebenso wenn ein Beteiligter wirtschaftliche Auswirkungen eines Geschäfts verkennt.[37] In Zweifelsfällen sollte sich der Notar von den Beteiligten ausdrücklich von der Verschwiegenheitspflicht **entbinden lassen** (§ 18 Abs. 2 BNotO) bzw. eine Entscheidung der **Aufsichtsbehörde** zur Frage des Bestehens einer Verschwiegenheitspflicht herbeiführen (§ 18 Abs. 3 BNotO).[38]

27 Warnpflichten, s. Reithmann/Albrecht/*Reithmann*, Rn 177.
28 BGH v. 19.11.1985 – IX ZR 60/85, DNotZ 1986, 418, 421 (Grundstückskauf).
29 *Armbrüster*, LMK 2010, 309367; a.A. BeckOGK/*Regler*, Stand: 1.1.2026, § 17 BeurkG Rn 102, der nur von einer qualitativen Abstufung ausgeht.
30 BeckOGK/*Regler*, Stand: 1.1.2026, § 17 BeurkG Rn 99.
31 So *Kazele*, Interessenkollisionen, S. 20 für das Verwaltungsverfahren; *Armbrüster/Leske*, ZNotP 2001, 450, 451.
32 *Reithmann*, DNotZ 1998, 642; Haug/Zimmermann/*Eggenstein*, Rn 528; BeckOGK/*Regler*, Stand: 1.1.2026, § 17 BeurkG Rn 16, 99; a.A. *Lichtenberger*, in: FS Schippel, 1996, S. 729, 730; anders auch *Winkler*, § 17 Rn 6 im Anschluss an BGH v. 22.11.1977 – VI ZR 176/76, WM 1978, 190, 191: Belehrung habe jedenfalls bei Verdacht strafbarer Handlungen Vorrang.
33 BGH v. 23.3.2018 – III ZR 506/16, DNotZ 2019, 37 Rn 32 m. zust. Anm. *Armbrüster/Wächter*, NotBZ 2019, 34, 35 f.
34 BGH v. 3.7.1986 – IX ZR 51/85, DNotZ 1987, 157, 159; *Merz*, in: FS 150 Jahre Bayerisches Notariat, 1987, S. 187, 193; *Regler*, MittBayNot 2011, 80, 82; *Reithmann/Blank/Rinck*, Rn D 52.
35 BGH v. 22.2.1973 – VI ZR 2/72, DNotZ 1973, 494, 496 [zu § 26 S. 2 BNotO a.F.]; Soergel/*J. Mayer*, § 17 BeurkG Rn 32; *Reithmann/Blank/Rinck*, Rn D 52.
36 S. etwa BGH v. 22.11.1977 – IV ZR 176/76, DNotZ 1978, 373, 374 f.: zu den Voraussetzungen der Belehrungspflicht gegenüber Dritten s. Rn 45.
37 S. etwa BGH v. 14.5.1992 – IX ZR 262/91, DNotZ 1992, 813, 817 (Belehrung über Grunderwerbsteuer beim Kettenverkauf).
38 BeckOGK/*Regler*, Stand: 1.1.2026, § 17 BeurkG Rn 21.

II. Grundlagen der Prüfungs- und Belehrungspflichten nach Abs. 1

1. Überblick

14 Mit einem – im Allgemeinen nicht ablehnbaren (§ 15 Abs. 1 S. 1 BNotO) – **Ersuchen** um die Beurkundung von Willenserklärungen trifft den Notar die Prüfungs- und Belehrungspflicht nach Abs. 1 als Amtspflicht. Diese Prüfungs- und Belehrungspflicht ist eine unmittelbare Folge des Antrags auf Beurkundung eines Rechtsgeschäftes. Sie besteht **unabhängig von etwaigen Beratungsaufträgen**, die der Notar als Anträge zu einem bes. notariellen Amtsgeschäft neben dem Beurkundungsersuchen entgegennehmen mag (§ 24 Abs. 1 BNotO). Mit den Vorschriften über die Prüfungs- und Belehrungspflicht ist zum Ausdruck gebracht, dass sich die Aufgabe des Notars bei der rechtsgeschäftlichen Beurkundung nicht auf einen Bericht über Wahrnehmungen beschränkt.

15 Die **gestaltende Beratung** ist ein wesentlicher Teil der Beurkundung. Sie muss nicht nur sachlich richtig, sondern auch zweckmäßig sein. „Regeln der Praxis" und Formularbücher sind Hilfsmittel; Abweichungen des konkreten Falles vom Muster muss der Notar erkennen und berücksichtigen. Ziel der Pflicht aus § 17 BeurkG ist die Schaffung einer Urkunde, die:[39]

a) dem **wahren Willen** der Beteiligten entspricht,
b) der **Sachlage** gerecht wird,
c) **rechtlich einwandfrei** und klar gefasst ist und durch die insbesondere
d) **unerfahrene und ungewandte Beteiligte nicht benachteiligt** werden.

16 § 17 BeurkG hat also umfassende inhaltliche Bedeutung. Dennoch handelt es sich nur um eine **Soll-Vorschrift**. Auch sie stellt eine unbedingte Amtspflicht des Notars dar, von der er nicht etwa nach eigenem Ermessen abweichen darf (siehe Einl. Rdn 23).[40] Der Notar, der entgegen § 17 BeurkG nicht berät und nicht belehrt, begeht daher eine Dienstpflichtverletzung.[41] Entsteht einem Beteiligten hierdurch ein Schaden, ist der Notar unter den Voraussetzungen von § 19 Abs. 1 BNotO zum Ersatz verpflichtet (s. zur Zwei-Wochen-Frist Rdn 257 ff.). Hierbei gilt die Vermutung beratungsrichtigen Verhaltens, wonach ein Anscheinsbeweis dahingehend besteht, dass der Beteiligte einem geschuldeten, aber nicht erteilten Rat des Notars gefolgt wäre.[42] Hierauf kann sich der Geschädigte jedoch nur dann berufen, wenn bei pflichtgemäßen Verhalten des Notars nur eine einzige verständige Entschlussmöglichkeit bestanden hätte oder sich bei mehreren Kausalverläufen dasselbe Schadensbild bieten würde.[43] Kommen dagegen mehrere naheliegende Handlungsmöglichkeiten ernsthaft in Betracht und bergen sämtliche gewisse Risiken, scheidet der Anscheinsbeweis aus und es bleibt bei der Darlegungslast des Geschädigten. Verletzt der Notar die Amtspflicht fahrlässig,[44] ist seine Haftung gem. § 19 Abs. 1 S. 2 BNotO subsidiär zu anderen Ersatzmöglichkeiten, wie etwa einem Anspruch gegen den Vertragspartner. Ist dieser jedoch gleichermaßen von der Amtspflicht geschützt, kann sich der Notar nicht auf die Subsidiarität berufen.[45] Zur Nichtigkeit des beurkundeten Rechtsgeschäftes führt die Amtspflichtverletzung aber nicht; die Erfüllung der Prüfungs- und Belehrungsfunktion ist **keine Wirksamkeitsvoraussetzung** der Beurkundung.[46] Dem entspricht es, dass die *falsa demonstratio* (Falschbezeichnung) selbst bei formbedürftigen Rechtsgeschäften unschädlich ist: Haben die Parteien versehentlich objektiv etwas anderes erklärt, als sie gemeinsam wollten, so gilt der übereinstimmende wirkliche Wille auch bei formbedürftigen Geschäften als Inhalt der Erklärung, wenn er sich zumindest andeutungsweise aus der Urkunde ergibt.[47]

39 BGH v. 11.2.1988 – IX ZR 77/87, DNotZ 1989, 45, 46.

40 *Winkler*, Einl. Rn 13; OLG Schleswig v. 6.7.2007 – Not 1/07, DNotZ 2008, 151, 152 (zu § 17 Abs. 2a).

41 Dazu ausführlich *Müller-Magdeburg*, Rechtsschutz gegen notarielles Handeln, 2005.

42 BGH v. 15.6.2023 – III ZR 44/22, BGHZ 237, 165 = DNotZ 2024, 148 m. Anm. *Armbrüster/Claussen*; BeckOGK/*Regler*, Stand: 1.1.2026, § 17 BeurkG Rn 245; Beck'sches Notarhdb/*Dallwig*, § 35 Rn 97; ders., r+s 2023, 770, 773 f.; krit. *Hager/Müller-Teckhof*, NJW 2024, 1854, 1860; s. auch BGH v. 16.7.2015 – IX ZR 197/14, NJW 2015, 3447 Rn 25.

43 BGH v. 15.6.2023 – III ZR 44/22, BGHZ 237, 165 = DNotZ 2024, 148 Rn 18 m. Anm. *Armbrüster/Claussen*.

44 S. hierzu Frenz/Miermeister/*Frenz*, § 19 BNotO Rn 23 ff.

45 BGH v. 23.1.2020 – III ZR 28/19, DNotZ 2020, 617 Rn 17; BGH v. 15.7.2004 – IX ZR 262/00, NotBZ 2004, 341, 342; s. hierzu auch *Armbrüster/Claussen*, NotBZ 2025, 81, 83 f.; Beck'sches Notarhdb/*Dallwig*, § 35 Rn 24.

46 Insoweit zutr. BGH v. 16.2.1981 – II ZB 8/80, DNotZ 1981, 451 (betr. Wirksamkeit einer Beurkundung im Ausland).

47 StRspr.; BGH v. 25.3.1983 – V ZR 2689/81, BGHZ 87, 150 = DNotZ 1983, 618, 619 ff.; hierzu *Köbl*, DNotZ 1983, 598; zur falsa demonstratio bei Grundstückskaufverträgen s.a. *Bergermann*, RNotZ 2002, 557, 558 ff.

2. Die vier Pflichten nach Abs. 1

17 Nach Abs. 1 hat der Notar den Sachverhalt zu **klären** (siehe Rdn 18 ff), den Willen der Beteiligten zu **erforschen** (siehe Rdn 21 ff.), die Beteiligten über die rechtliche Tragweite zu **belehren** (Rechtsbelehrungspflicht, siehe Rdn 24 ff.) und ihre Erklärungen klar und unzweideutig in der Niederschrift **wiederzugeben** (Formulierungspflicht, siehe Rdn 42 ff.). Diese „Kardinalpflichten“[48] des Notars erstrecken sich grds. jeweils nur auf das konkret zu beurkundende Rechtsgeschäft, nicht hingegen auf ein verdecktes Geschäft, das dem Notar nicht erkennbar ist.[49]

a) Sachverhaltsklärung

18 Der Notar hat den **Sachverhalt** zu klären. Nur wenn er das getan hat, kann er den Willen der Beteiligten richtig erfassen und in die passende rechtliche Form bringen.[50] Die Pflicht zur Sachverhaltsklärung ist insofern die notwendige inhaltliche Voraussetzung für die Belehrungspflicht.[51] Die Pflicht zur Sachverhaltsklärung trifft den Notar allerdings nur insoweit, als hierzu ein **konkreter Anlass** besteht (vgl. auch Rdn 26 zur Belehrung „ins Blaue hinein“).[52] Wird der Notar z.B. von den Urkundsbeteiligten nur darüber informiert, dass sie die Beurkundung eines Kaufvertrages wünschen, erhält er aber keine weitergehenden konkreten Informationen über den tatsächlichen wirtschaftlichen Hintergrund des Geschäfts, so besteht für den Notar grds. keine Pflicht zur weiteren Aufklärung des Sachverhalts.[53] Ebenso wenig muss er ohne weiteres die AGB-Qualität der von den Parteien verwendeten Klauseln in Erfahrung bringen.[54] Etwas anderes kann allerdings unter den Voraussetzungen der allgemeinen Betreuungspflicht gelten (siehe Rdn 6 ff.). Zudem kann eine weitergehende Pflicht zur Sachverhaltsklärung aus **Spezialvorschriften** folgen. Beispiele bieten die nach § 5 GwG vorgeschriebene Risikoanalyse in Bezug auf Geldwäsche oder die Nachweisprüfung für die Einhaltung des Barzahlungsverbots gem. § 16a Abs. 3 GWG.[55] Hierzu ist der Notar verpflichtet, wenn er an der Veräußerung von Immobilien oder der Gründung von Gesellschaften mitwirkt (§ 2 Abs. 1 Nr. 10a aa, ee GwG).[56]

19 Auf die Richtigkeit **tatsächlicher Angaben der Beteiligten** darf sich der Notar grds. ohne eigene Sachprüfung verlassen;[57] es sei denn, die Unrichtigkeit liegt auf der Hand. Zur Erforschung des Sachverhalts hat er zielgerichtete Erörterungen mit den Beteiligten anzustellen. Nach nahe liegenden rechtserheblichen Umständen muss er ausdrücklich fragen.[58] Der Notar kann daher verpflichtet sein, die von den Beteiligten vorgelegten **Unterlagen durchzusehen** und deren Inhalt bei der Beurkundung zu berücksichtigen.[59] Eine Sachverhaltserforschung kann insb. zur Ermittlung derjenigen Tatsachen erforderlich sein, die der Notar zur Errichtung einer rechtswirksamen, dem Willen der Beteiligten entsprechenden Urkunde kennen muss[60] (siehe Rdn 85). Die Rechtsprechung fasst dies dahingehend zusammen, dass der Notar den **Tatsachenkern** des zu beurkundenden Geschäfts aufklären muss.[61]

20 Tatsache und rechtliche Wertung sind allerdings oft nur schwer voneinander zu trennen. Der Notar muss sich darüber Gewissheit verschaffen, ob die Beteiligten über den Bedeutungsgehalt der von ihnen verwendeten normativen **Tatsachenbegriffe** vollständig informiert sind und ob sie die Begriffe auch wirk-

48 BeckOGK/*Regler*, Stand: 1.1.2026, § 17 BeurkG Rn 22.
49 BGH v. 6.10.2011 – III ZR 34/11, NJW-RR 2012, 300, 301 Rn 17 m. Anm. *Schlick*, ZNotP 2013, 2, 5 ff.; BGH v. 4.4.2019 – III ZR 338/17, NJW 2019, 1748 Rn 19 m. Anm. *Ahrens*, NJW 2019, 1716 ff.
50 Prägnant BGH v. 6.11.1986 – IX ZR 125/85, DNotZ 1987, 450, 451 f. (Sicherungsübereignung beweglicher Sachen).
51 BGH v. 24.7.2017 – NotSt(Brfg) 2/16, NJOZ 2018, 1221 Rn 11 = ZEV 2018, 29 m. Anm. *Litzenburger*.
52 Vgl. OLG Zweibrücken v. 27.7.2006 – 4 U 111/05, MittBayNot 2007, 240, 241: Indizien für Insolvenz des Verkäufers (freilich unzutr. § 17 Abs. 1 auf die Abwicklung eines Verwahrungsgeschäfts anwendend).
53 OLG Frankfurt v. 7.9.2011 – 4 U 269/10, NotBZ 2011, 397, 398.
54 *Leuschner*, NJW 2022, 1193, 1196.
55 S. hierzu *Wachter*, ZNotP 2023, 41; *Eicher*, DNotZ 2023, 165; *Domröse/Herz*, NotBZ 2023, 81; *Winkler*, § 17 Rn 300 ff.
56 S. dazu *K.-P. Wagner*, ZNotP 2018, 16 f.
57 BGH v. 19.10.1995 – IX ZR 104/94, DNotZ 1996, 563, 564 (Grundstückskauf); BayObLG v. 1.10.2004 – 3Z BR 129/04, MittBayNot 2005, 304, 305 (Verhältnis von Kaufpreis und Werklohn); KG v. 27.6.2008 – 9 W 133/07, DNotZ 2009, 47, 48 (Geschäftserfahrenheit beim Wohnungskauf); *Ganter*, WM 2000, 641, 642 f.; Haug/Zimmermann/*Eggenstein*, Rn 469; BeckOGK/*Regler*, Stand: 1.1.2026, § 17 BeurkG Rn 27.
58 BGH v. 28.4.1994 – IX ZR 161/93, DNotZ 1995, 403, 404 f. (Erschließungskosten); *Winkler*, § 17 Rn 265.
59 BeckOGK/*Regler*, Stand: 1.1.2026, § 17 BeurkG Rn 26.
60 BGH v. 19.10.1995 – IX ZR 104/94, DNotZ 1996, 563 564 (Grundstückskauf); Soergel/*J. Mayer*, § 17 BeurkG Rn 10; *Winkler*, § 17 Rn 265.
61 BGH v. 23.11.2015 – NotSt(Brfg) 5/15, DNotZ 2016, 311 Rn 13; BGH v. 24.7.2017 – NotSt(Brfg) 2/16, NJOZ 2018, 1221 Rn 3; BGH v. 13.11.2017 – NotSt(Brfg) 4/17, NJW-RR 2018, 443 Rn 7.

lich im zutreffenden Sinn verwenden.[62] So ist beispielsweise eine an juristische Laien gerichtete Frage nach dem Güterstand keine Frage nach Tatsachen. Der Notar muss also im Zweifel ermitteln, ob die Beteiligten vom bestehenden Güterstand zuverlässige Kenntnis besitzen.[63] Hat der Notar **Anhaltspunkte für die Fehlerhaftigkeit** tatsächlicher Angaben, dann muss er sich um weitere Aufklärung dadurch bemühen, dass er die Beteiligten darüber belehrt, warum es auf die Richtigkeit der Angaben ankommt.[64] Ein entspr. Vermerk in der Urkunde kann zur Haftungsvermeidung und zur Herbeiführung wahrheitsgemäßer Angaben zweckmäßig sein. Ggf. muss der Notar sein Verhalten am Maßstab von § 14 Abs. 2 BNotO und von § 4 überprüfen. Die Prüfung der **Vertretungsmacht** wird als vorbereitende Hilfstätigkeit ebenfalls grds. von der Aufklärungspflicht des Notars erfasst (zu Einzelfällen siehe Rdn 55).[65]

b) Erforschung des Willens der Beteiligten

21 Der Notar soll den **Willen** der Beteiligten erforschen. Dabei darf er sich nicht mit äußerlich unbedenklichen Erklärungen der Beteiligten zufrieden geben.[66] Vielmehr muss er bedenken, dass die Beteiligten möglicherweise für das Geschäft wesentliche Umstände übersehen.[67] Zudem darf der Notar nicht darauf vertrauen, dass die Beteiligten alle regelungsbedürftigen Punkte selbst ansprechen.[68] Zwar muss er nicht „ins Blaue hinein" nachfragen; bestehen jedoch Anhaltspunkte für einen bestimmten Regelungsbedarf, so ist dies durch entsprechende **Fragen** aufzuklären.[69] Beispiele: Das Geschäft wirft einen Aspekt auf, der üblicherweise zum Gegenstand der Abreden gemacht wird; ein Beteiligter will ein bestimmtes Ergebnis erreichen, das im vorbereiteten Vertragsentwurf noch unberücksichtigt geblieben ist;[70] der Verkäufer weist darauf hin, dass bei Löschung einer Grundschuld ein Sanierungszuschuss zurückzuzahlen ist, was durch die Übernahme der Grundschuld abgewendet werden kann.[71] Der Notar ist jedoch nicht verpflichtet, ohne jeden Anhaltspunkt möglicherweise eintretende Situationen (wie eine Trennung oder Scheidung) anzusprechen, sofern es auch einem juristischen Laien zuzumuten ist, für diesen Fall von sich aus ein Regelungsbedürfnis zu äußern.[72]

22 Diese Pflicht trifft den Notar persönlich (siehe Rdn 46). Er ist von der Pflicht, den Willen zu erforschen, nicht dadurch entbunden, dass die Beteiligten sich zuvor schon von anderen rechtskundigen Personen haben beraten lassen. Auf eine **Diskrepanz** zwischen dem erklärten Willen eines Beteiligten und den zur Beurkundung vorgelegten Unterlagen muss er hinweisen.[73] Urkundenentwürfe, die ihm die Beteiligten vorlegen, darf der Notar nicht ohne ausführliche Erörterung als richtige Wiedergabe des Parteiwillens behandeln[74] (zu Einzelheiten siehe Rdn 54). Zur Vorbereitung der Verhandlung kann er sich zwar von Mitarbeitern Entwürfe fertigen lassen (siehe Rdn 46). Er darf sich aber auch in diesem Falle nicht darauf beschränken, den Entwurf vorzulesen, sondern muss sich durch **Erörterung** davon überzeugen, dass das Niedergeschriebene den Willen der Beteiligten wiedergibt.[75] Bei Beurkundungen nach den §§ 8 ff. BeurkG braucht der Notar auf **Abweichungen** des vorgelesenen Textes von zuvor übersandten Entwürfen grds. nicht ausdrücklich hinzuweisen.[76] Etwas anderes kann gelten, wenn der Notar Urkunden entwirft, die nicht als Niederschriften beurkundet werden (zur Abweichung eines von einem Beteiligten vorgelegten Plans vom Aufteilungsplan siehe Rdn 116).[77]

62 BGH v. 16.11.1995 – IX ZR 14/95, DNotZ 1996, 572, 573 f. (Bareinzahlung); BeckOGK/*Regler*, Stand: 1.1.2026, § 17 BeurkG Rn 30; Soergel/*J. Mayer*, § 17 BeurkG Rn 11.
63 *Haug*, DNotZ 1972, 388, 404.
64 Vgl. *Ganter*, WM 2000, 641, 642.
65 BGH v. 26.6.1997 – IX ZR 193/96, DNotZ 1998, 621, 622.
66 BGH v. 23.5.1960 – III ZR 110/59, DNotZ 1961, 162, 163; *Haug*, DNotZ 1972, 388, 400.
67 BGH v. 9.7.1992 – IX ZR 209/91, NJW 1992, 3237; BGH v. 9.12.2010 – III ZR 272/09, NJW 2011, 1355 Rn 16.
68 BGH v. 27.10.1994 – IX ZR 12/94, DNotZ 1995, 407, 409 (betr. ungesicherte Vorleistung beim Grundstückskauf).
69 BeckOGK/*Regler*, Stand: 1.1.2026, § 17 BeurkG Rn 23.
70 BGH v. 9.12.2010 – III ZR 272/09, NJW 2011, 1355 Rn 17.
71 OLG Koblenz v. 21.3.2019 – 1 U 1080/18, BWNotZ 2019, 143.
72 OLG Celle v. 5.1.2022 – 3 U 143/21, BeckRS 2022, 27042 Rn 6; Nichtzulassungsbeschwerde vom BGH zurückgewiesen (BGH. v. 25.8.2022 – III ZB 4/22, BeckRS 2022, 27041).
73 OLG Frankfurt v. 22.2.2006 – 4 U 170/05, BeckRS 2006, 10084 m. Anm. *F. Harder*, IBR 2006, 263 (betr. Abweichung eines vom Käufer zur Beurkundung vorgelegten Plans vom behördlichen Aufteilungsplan hinsichtlich der Größe einer Sondereigentumsfläche).
74 BGH v. 23.5.1960 – III ZR 110/59, DNotZ 1961, 162, 163.
75 Vgl. Frenz/Miermeister/*Frenz*, § 17 BeurkG Rn 2.
76 OLG Frankfurt v. 4.4.2000 – 13 W 13/00, DNotI-Rep 2000, 129; *Winkler*, § 17 Rn 258.
77 S. dazu BGH v. 5.11.1992 – IX ZR 260/91, DNotZ 1993, 459 ff.

Die Pflicht zur Willenserforschung erstreckt sich auf das **gesamte Rechtsgeschäft**. Nicht selten wird die notarielle Belehrung erst eine umfassende Willensbildung der Beteiligten bewirken.[78] Der Notar darf sich daher auch nicht darauf beschränken, in der Urkunde nur die Hauptleistungspflichten zu regeln. Die Vertragsgestaltung hat auch hinsichtlich etwaiger **Nebenbestimmungen** umfassend, ausgewogen und interessengerecht zu sein.[79] Auf Nebenbestimmungen, die üblicherweise zum Gegenstand vertraglicher Abreden gemacht werden, hat der Notar unaufgefordert hinzuweisen (siehe hierzu auch Rdn 78 ff.).[80] Er darf ohne Erörterung auch nicht davon ausgehen, dass solche üblichen Nebenbestimmungen ohne weiteres vom rechtsgeschäftlichen Willen der Beteiligten umfasst sind. 23

c) Belehrung über die rechtliche Tragweite

aa) Unverzichtbarkeit der Belehrung. Die Belehrungsfunktion der öffentlichen Beurkundung ist jeder Urkundstätigkeit immanent;[81] sie ist im Kern **unverzichtbar**.[82] Hiervon zu unterscheiden ist die Frage, ob die Beteiligten im Hinblick auf Art. 11 Abs. 1 Fall 1 EGBGB und Art. 11 Abs. 1 Fall 1 Rom I-VO (Wirkungsstatut) auf die Belehrung *faktisch* dadurch verzichten können, dass sie ihre Erklärungen vor einem **ausländischen Notar** beurkunden lassen, der keine (näheren) Kenntnisse vom deutschen Recht besitzt[83] und naturgemäß auch nach seinem und nicht nach deutschem Verfahrensrecht beurkundet (zum Gleichwertigkeitserfordernis siehe § 1 BeurkG Rdn 67 ff.). Der BGH nimmt dies an, da die Beteiligten bei einer Auslandsbeurkundung vom Notar regelmäßig von vornherein keine genaue Kenntnis des deutschen Gesellschaftsrechts und daher auch **keine umfassende Belehrung erwarten könnten**.[84] Wenn der BGH in diesem Zusammenhang davon spricht, die Prüfungs- und Belehrungsfunktion des § 17 BeurkG sei „nicht Wirksamkeitsvoraussetzung der Beurkundung, sondern verzichtbar",[85] so trifft dies in dieser Allgemeinheit (jenseits der Auslandsbeurkundung) nicht zu.[86] § 17 BeurkG enthält für den deutschen Notar unbedingte Amtspflichten. Die Vorschrift regelt somit nicht, ob die Beteiligten auf die Belehrung verzichten können, sondern lediglich, ob der *deutsche* Notar (oder eine andere Urkundsperson, vgl. § 1 BeurkG Rdn 22 ff.) diesen Verzicht akzeptieren und die Belehrung unterlassen darf. In letzterem Sinn ist § 17 BeurkG unverzichtbar. Dem BGH kann allerdings nicht vorgeworfen werden, dass er sich insoweit als „Ersatzgesetzgeber" betätige.[87] Vielmehr sind seine Ausführungen zum faktischen Verzicht auf den Schutz des deutschen Beurkundungsrechts durch die Einschaltung ausländischer Notare für eine notarielle Beurkundung eine Konsequenz der grds. anerkannten **Substitutionsoffenheit** des deutschen Sachrechts. Jenseits geschriebener Umgrenzungen dieser Substitutionsoffenheit obliegt es gerade der Rspr., die Grenzen im Einzelfall auszuloten. 24

Die Belehrungspflicht entfällt **dem Grunde nach** auch dann nicht, wenn das Rechtsgeschäft den Regeln der Praxis entspricht und eine Gefahr nach Lage des Falles nicht droht.[88] Ein allgemeingültiger Grundsatz, wonach die Prüfungs- und Belehrungspflicht stets nur unter der Voraussetzung ihrer Erforderlichkeit besteht, lässt sich nicht aufstellen. 25

78 *Münch*, DNotZ 2004, 901, 909; *Schöttler*, Verbraucherschutz durch Verfahren, 2003, S. 45.
79 *Reithmann*, in: FS Schippel, 1996, S. 769, 772.
80 BGH v. 28.4.1994 – IX ZR 161/93, DNotZ 1995, 403, 404 f. (Erschließungskosten).
81 *Ganter*, ZNotP 2006, 42 ff.
82 BeckOGK/*Regler*, Stand: 1.1.2026, § 17 BeurkG Rn 14; Soergel/*J. Mayer*, § 17 BeurkG, Rn 17; *Winkler*, § 17 Rn 1.
83 Hierzu s. einerseits BGH v. 16.2.1981 – II ZB 8/80, DNotZ 1981, 451; MüKo-BGB/*Kleinschmidt*, Art. 11 EGBGB Rn 80 ff. (zur Erfüllung der deutschen Geschäftsform durch eine ausländische Beurkundung), andererseits BGH v. 13.2.2020 – V ZB 3/16, NJW 2020, 1670 = DNotZ 2020, 742; *Dignas*, GmbHR 2005, 139, 142 ff.; *Schervier*, NJW 1992, 563 ff.; *Winkler*, § 17 Rn 1.
84 BGH v. 16.2.1981 – II ZB 8/80, DNotZ 1981, 451; BGH v. 17.12.2013 – II ZB 6/13, DNotZ 2014, 457 Rn 14.
85 BGH v. 17.12.2013 – II ZB 6/13, DNotZ 2014, 457 Rn 14.
86 *Dignas*, GmbHR 2005, 139, 141. Vgl. demgegenüber auch BGH v. 13.2.2020 – V ZB 3/16, NJW 2020, 1670 = DNotZ 2020, 742 Rn 25, wo gleichfalls im Kontext der Auslandsbeurkundung (hier: einer Auflassung) die Bedeutung der Belehrung nach § 17 betont wird. Insofern auch widersprüchlich BGH v. 13.2.2020 – V ZB 3/16, NJW 2020, 1670 = DNotZ 2020, 742, wonach § 17 BeurkG die Zuständigkeit eines inländischen Notars begründe.
87 So aber *Lerch*, NotBZ 2016, 452, 455.
88 Für diesen Fall a.A. wohl Reithmann/Albrecht/*Reithmann*, Rn 161 f.

26 Der Notar ist andererseits nicht verpflichtet, ohne Rücksicht auf schutzwürdige Belange der Beteiligten stets umfassend **„ins Blaue hinein“** zu belehren (siehe auch Rdn 32, 128).[89] Damit könnte die Verhandlung überfrachtet und die Aufmerksamkeit der Beteiligten von den wesentlichen Punkten abgelenkt werden. Vielmehr hängen **Inhalt und Umfang** der im Einzelfall gebotenen Prüfung und Belehrung auch von den Vorkenntnissen und dem Schutzbedürfnis der konkreten Beteiligten ab. Gegenüber rechtskundigen oder rechtskundig beratenen Beteiligten kann der Notar sich u.U. kürzer fassen.[90] Mithin bedarf es keiner notariellen Belehrung, sofern die Beteiligten sich – was der Notar zu beweisen hat – über die rechtliche Tragweite ihrer Erklärungen und die damit verbundenen Risiken vollständig im Klaren sind und die konkrete Vertragsgestaltung gleichwohl ernsthaft wollen.[91] Eine solche Ausnahme kommt z.B. bei einem **Rechtsanwalt** in Betracht, wenn dieser unter Hinweis auf seine berufliche Stellung eindeutig erklärt, mit den konkret in Rede stehenden Rechtsfragen vertraut zu sein.[92] Der Notar darf sich dabei nicht von abstrakten Kriterien leiten lassen. So sagt etwa allein die Tatsache, dass die Beteiligten Juristen sind, nichts über ihren für den Belehrungsumfang maßgeblichen Kenntnisstand im konkreten Fall oder das einschlägige Rechtsgebiet insgesamt[93] aus. Die Annahme, weit **überdurchschnittlich geschäftserfahrene und geschäftsgewandte Beteiligte** müssten nicht über offensichtliche Risiken eines Geschäftes belehrt werden,[94] entbehrt für Abs. 1 in dieser Allgemeinheit jeder Grundlage; sie trifft freilich auf die allgemeine Betreuungspflicht (siehe Rdn 6 ff.) zu.[95] Hat ein Beteiligter sich vorab **anwaltlich beraten** lassen, so entfällt ihm gegenüber die Belehrungspflicht des Notars nur dann, wenn feststeht, dass der Beteiligte tatsächlich umfassend informiert ist.[96] Der Notar muss sich dann mithin davon überzeugen, dass der Beteiligte die erforderlichen Belehrungen erhalten und verstanden hat.

27 Die **Kenntnis der Grundbegriffe des Rechtsverkehrs** kann bei geschäftsfähigen Beteiligten unterstellt werden.[97] Auch eine aus **vorangegangener Befassung** erlangte Kenntnis eines Beteiligten kann diesem gegenüber eine Belehrungspflicht entfallen lassen. In diesem Fall muss sich der Notar freilich vergewissern, dass jenes Vorwissen dem Beteiligten noch präsent ist; selbst **fahrlässige Unkenntnis** befreit nicht von der Belehrungspflicht. Unzutreffend ist es daher, allein aus der Tatsache, dass der jetzige Veräußerer einer Eigentumswohnung diese einst erworben hatte, auf das Wissen dieses Beteiligten um ein in der Gemeinschaftsordnung begründetes Zustimmungserfordernis i.S.v. § 12 WEG zu schließen.[98]

89 St. Rspr.; BGH v. 27.10.1994 – IX ZR 12/94, DNotZ 1995, 407, 409 (betr. ungesicherte Vorleistung beim Grundstückskauf); BGH v. 2.6.2005 – III ZR 306/04, DNotZ 2005, 847 (betr. „gespaltene“ Eigentümerzustimmung zur Veräußerung und Belastung eines Erbbaurechts); BGH v. 4.12.2008 – III ZR 51/08, DNotZ 2009, 444, 447 (betr. zur Wohnung gehörender Raum); BGH v. 8.12.2011 – III ZR 225/10, DNotZ 2012, 356, 358 (betr. Abweichung der Annahme vom Angebot bei uneingeschränkter Annahmeerklärung).

90 BGH v. 19.1.1982 – VI ZR 182/80, DNotZ 1982, 504 f.; BGH v. 10.5.1990 – IX ZR 113/89, DNotZ 1991, 321, 323; OLG Frankfurt v. 15.2.2012 – 4 U 129/11, MittBayNot 2012, 408, 410.

91 St. Rspr., BGH v. 27.10.1994 – IX ZR 12/94, DNotZ 1995, 407, 409 (betr. ungesicherte Vorleistung beim Grundstückskauf); BGH v. 18.1.1996 – IX ZR 81/95, DNotZ 1997, 51, 52 f. (betr. Betreuungsauftrag i.S.v. § 24 BNotO); BGH v. 8.3.2007 – VII ZR 130/05, DNotZ 2007, 822, 824; BeckOGK/*Regler*, Stand: 1.1.2026, § 17 BeurkG Rn 11; Frenz/Miermeister/*Frenz*, § 17 BeurkG Rn 15; *Ganter*, DNotZ 2007, 246, 250; Reithmann/Albrecht/*Reithmann*, Rn 158.

92 OLG Koblenz v. 5.4.1995 – 1 U 49/94, DNotZ 1996, 128; *Winkler*, § 17 Rn 16; s. auch *Stelzer*, MittBayNot 2005, 517, 518.

93 OLG Hamm v. 4.2.2022 – 11 U 124/18, BWNotZ 2022, 412 Rn 49 m. Anm. *Dieckmann/Hofstetter* (betr. Gestaltung von Erbbaurechtsverträgen), bestätigt durch BGH v. 15.6.2023 – III ZR 44/22, BGHZ 237, 165 = DNotZ 2024, 148 m. Anm. *Armbrüster/Claussen*.

94 So OLG München v. 11.5.2000 – 1 U 1532/00, NZM 2001, 600 = VersR 2002, 1162 f.

95 Diese war in der Entscheidung OLG München v. 11.5.2000 – 1 U 1532/00, NZM 2001, 600 = VersR 2002, 1162 f. allein einschlägig, was das Gericht verkennt.

96 BGH v. 3.11.1955 – III ZR 151/54, DNotZ 1956, 204, 205 f.; BGH v. 10.5.1990 – IX ZR 113/89, DNotZ 1991, 321, 323; OLG Saarbrücken v. 15.11.2005 – 4 U 489/04, RNotZ 2006, 296, 297; BeckOGK/*Regler*, Stand: 1.1.2026, § 17 BeurkG Rn 11; Grziwotz/Sauer/Heinemann/*Grziwotz*, § 17 Rn 4; Soergel/*J. Mayer*, § 17 BeurkG Rn 4.

97 OLG Celle v. 22.7.1981 – 3 U 7/81, DNotZ 1983, 58, 59 (Vollmacht); *Winkler*, § 17 Rn 283.

98 So aber LG Stuttgart v. 21.3.2006 – 15 O 33/06, BeckRS 2006, 04355; zu Recht krit. dazu *Ganter*, DNotZ 2007, 246, 250.

bb) Zeitpunkt der Belehrung. Die Belehrung hat grds. zum Zeitpunkt der **Beurkundung** zu erfolgen.[99] Eine bei früherer Gelegenheit vorgenommene Belehrung genügt nicht, es sei denn, den Beteiligten ist der Inhalt jener Belehrung noch gegenwärtig.[100] 28

cc) Inhalt und Umfang der Belehrung. Der Notar muss die Rechtslage prüfen und die Beteiligten über die **rechtliche Tragweite** des Geschäfts belehren. Er hat den Beteiligten demnach aufzuzeigen, 29

a) von welchen **Voraussetzungen** der beabsichtigte rechtliche Erfolg abhängig ist und
b) welche **unmittelbaren Rechtswirkungen** sich an ihn knüpfen.[101]

Die Pflicht zur Rechtsbelehrung geht nur so weit, wie eine Belehrung für das Zustandekommen einer formgültigen Urkunde erforderlich ist, die den **wahren Willen** der Beteiligten vollständig und unzweideutig in der für das beabsichtigte Rechtsgeschäft **richtigen Form** wiedergibt.[102] Nach Abs. 1 S. 2 hat der Notar darauf zu achten, dass unerfahrene und ungewandte Beteiligte nicht benachteiligt werden. Er muss in diesem Rahmen darüber belehren, welche Risiken die beabsichtigte Gestaltung birgt und ggf. welche rechtlichen Hindernisse ihr entgegenstehen.[103] In diesem Zusammenhang muss er auch über den Inhalt der ihn nach Abs. 2a S. 2 Nr. 2 treffenden Amtspflichten hinweisen.[104] Zudem hat er die Beteiligten etwa darüber zu informieren, dass dingliche Geschäfte zugunsten Dritter unwirksam sind[105] oder dass die Verpfändung einer Forderung zu ihrer Wirksamkeit der Anzeige beim Schuldner bedarf.[106] Ein Hinweis ist auch erforderlich, wenn das Geschäft (hier: Abtretung eines Rückauflassungsanspruchs) erkennbar rechtlich undurchführbar ist.[107] Der Notar muss aufgrund von Abs. 1 auf die mit einer **ungesicherten Vorleistung** verbundenen Risiken hinweisen (siehe Rdn 92 ff.). Zur erforderlichen Belehrung gehört auch der Hinweis auf die Inhaltskontrolle nach den §§ 305 ff. BGB und (insbesondere bei Individualverträgen sowie erb-, familien- und gesellschaftsrechtlichen Verträgen) nach § 242 BGB (siehe Rdn 52 f., auch zu den Grenzen der diesbezüglichen Amtspflichten).[108] Wenn **mehrere Wirksamkeitsmängel** drohen, so hat der Notar sie sämtlich zu benennen, um den Beteiligten die Gelegenheit zu geben, ein in jeder Hinsicht wirksames Rechtsgeschäft beurkunden zu lassen.[109] Der Notar kann verpflichtet sein, über das seit dem 1.4.2023 geltende **Barzahlungsverbot** beim Erwerb von Immobilien gem. § 16a Abs. 1 GwG hinzuweisen,[110] wenngleich ein Verstoß hiergegen nicht zur Unwirksamkeit des beurkundeten Rechtsgeschäfts führt.[111] Dies gilt freilich nach den allg. Regeln nur, sofern für den Notar Hinweise auf ein Bargeschäft vorliegen. Literaturstimmen scheinen die Gesetzesbegr. so zu verstehen, dass der Notar in jedem Fall auch ohne Anlass über das Barzahlungsverbot und die Rechtsfolgen bei Nichteinhaltung aufklären muss;[112] für eine derartige Ausnahme von der Anlassbezogenheit bietet die Gesetzesbegr., die nur allg. auf Abs. 1 S. 1 verweist, freilich keine hinreichenden Anhaltspunkte. 30

Kann eine von den Beteiligten beabsichtigte Regelung aus Rechtsgründen scheitern, so soll der Notar mit den Beteiligten **alternative Gestaltungen** erörtern und sie bei der Auswahl einer ihren besonderen Interessen entsprechenden, rechtlich zuverlässigen Lösung beraten (sog. **gestaltende Beratung**).[113] Dies gilt 31

99 BGH v. 18.1.1996 – IX ZR 81/95, DNotZ 1997, 51, 52 f.; Frenz/Miermeister/*Frenz*, § 17 BeurkG Rn 2.
100 BGH v. 18.1.1996 – IX ZR 81/95, DNotZ 1997, 51, 52; BGH v. 25.4.1996 – IX ZR 237/95, DNotZ 1997, 62, 63; *Ganter*, WM 2000, 641, 642; BeckOGK/*Regler*, Stand: 1.1.2026, § 17 BeurkG Rn 15.
101 Vgl. BGH v. 11.2.1988 – IX ZR 77/87, DNotZ 1989, 45, 46; Beck'sches Notarhdb/*Kindler*, § 31 Rn 91; zust. *Lerch*, § 17 Rn 21.
102 BGH v. 11.2.1988 – IX ZR 77/87, DNotZ 1989, 45, 46.
103 BGH v. 8.7.1993 – IX ZR 222/92, DNotZ 1995, 494, 495; *Ganter*, WM 1996, 701, 702.
104 BGH v. 7.3.2019 – III ZR 117/18, NJW 2019, 1953 Rn 22.
105 BGH v. 8.7.1993 – IX ZR 222/92, DNotZ 1995, 494, 495 ff.
106 BGH v. 18.1.1996 – IX ZR 81/95, DNotZ 1997, 51, 52.
107 BGH v. 12.7.2004 – NotZ 3/04, NJW-RR 2004, 1704, 1705.
108 BeckOGK/*Regler*, Stand: 1.1.2026, § 17 BeurkG Rn 40.
109 BGH v. 4.4.2019 – III ZR 338/17, NJW 2019, 1748 Rn 14 m. Anm. *Ahrens*, NJW 2019, 1716 ff.
110 BT-Drucks 20/4326, 66; BNotK-Rdschr. 1/2023 vom 22.2.2023, B I 4 a); *Eicher*, DNotZ 2023, 165, 166; BeckOGK/*Regler*, Stand: 1.1.2026, § 17 BeurkG Rn 69; krit. *Wachter*, ZNotP 2023, 41, 51; *Winkler*, § 17 Rn 306.
111 BeckOK-GwG/*Krais*, § 16a Rn 8; *Wachter*, ZNotP 2023, 41, 49 f.
112 *Eicher*, DNotZ 2023, 165, 166; wohl auch BeckOGK/*Regler*, Stand: 1.1.2026, § 17 BeurkG Rn 69.
113 S. dazu BGH v. 8.7.1993 – IX ZR 222/92, DNotZ 1995, 494, 495 (rechtlich unwirksame Sicherung einer Leibrente durch eine Reallast zugunsten Dritter); BGH v. 18.4.2002 – IX ZR 72/99, DNotZ 2002, 768, 769 (Nichtbeachtung einer gesellschaftsrechtlichen Nachfolgeklausel bei Testamentserrichtung); Frenz/Miermeister/*Frenz*, § 17 BeurkG Rn 11; Reithmann/Albrecht/*Reithmann*, Rn 171.

auch dann, wenn die Vorstellungen der Beteiligten noch nicht in eine rechtliche Form gekleidet sind.[114] Im Rahmen der gestaltenden Beratung muss der Notar bei Grundstückskaufverträgen mit den Beteiligten erörtern, wie eine Lastenfreistellung sachgerecht erfolgen kann. Wird eine Teilfläche verkauft, hat der Notar darüber aufzuklären, dass die Bewilligung der Löschung erstrangiger Eigentümergrundpfandrechte auch hinsichtlich des Restgrundstücks wirkt und nachrangige Fremdgrundpfandrechte aufrücken könnten, wenn bezüglich dieser nur die Löschung hinsichtlich der veräußerten Teilfläche bewilligt wird.[115]

Hiervon zu unterscheiden ist die auf wirtschaftliche und steuerliche Folgen gerichtete **planende Beratung** (siehe Rdn 5).

32 Die Anforderungen dürfen freilich **nicht überspannt** werden. Der Notar muss z.B. nur auf solche Gestaltungsalternativen (siehe Rdn 31) hinweisen, die den von den Beteiligten beabsichtigten rechtlichen Erfolg herbeiführen können und deren rechtliche Zulässigkeit außer Frage steht.[116] Eine Belehrung über solche Risiken, die zum Zeitpunkt der Beurkundung nach Lage der Dinge **völlig fern liegend** sind, muss nicht erfolgen (im Hinblick auf die Haftung des Rechtsvorgängers nach § 22 GmbHG, siehe Rdn 132).[117] Eine solche Belehrung kann sogar schädlich sein, wenn sie die Aufmerksamkeit der Beteiligten von den wesentlichen Punkten ablenkt (zur Belehrung „ins Blaue hinein“ siehe Rdn 26).[118]

33 Über die **mittelbaren Folgen,** insbesondere solche **wirtschaftlicher** Art (siehe hierzu Rdn 70 ff.), hat der Notar im Rahmen seiner allgemeinen Betreuungspflicht nur unter den bes. Umständen zu belehren, die eine solche Belehrungspflicht auslösen (siehe Rdn 6 ff.). Zu den mittelbaren Folgen gehört auch die Anfechtbarkeit des beurkundeten Rechtsgeschäfts nach der InsO oder dem AnfG.[119] Über Risiken, die sich aus einer **ungesicherten Vorleistung** eines Beteiligten ergeben können, hat der Notar hingegen nach § 17 BeurkG zu belehren (siehe Rdn 92 ff.). Diese Risiken betreffen nämlich die rechtliche Tragweite der Erklärungen. Ob bei einem Grundstückskaufvertrag im Hinblick auf die dadurch ausgelösten Nachabfindungsansprüche gem. § 13 HöfeO eine Belehrungspflicht aus § 17 BeurkG besteht, hat der BGH offen gelassen; er fordert jedoch zumindest einen warnenden Hinweis aufgrund der allg. Betreuungspflicht (siehe Rdn 6).[120] Nach der hier vertretenen Ansicht geht es dabei um die rechtliche Tragweite der Erklärungen, so dass § 17 BeurkG eingreift. Beim Erwerb eines Erbbaurechts beschränken sich die unmittelbaren Rechtswirkungen auf den Eintritt des Erwerbers in die Stellung des Erbbauberechtigten, der Sondereigentum an einem Bauwerk erlangt. Sowohl der Inhalt des ursprünglichen Erbbaurechtsvertrags als auch die Voraussetzungen des dort enthaltenen Heimfallanspruchs stellen mittelbare Rechtsfolgen dar, über die der Notar nicht belehren muss.[121]

34 Der Notar hat in allen Phasen seiner Tätigkeit den **sichersten Weg** zu gehen, d.h. den Beteiligten zur sichersten Gestaltung zu raten und dafür zu sorgen, dass ihr Wille diejenige Rechtsform erhält, die für die Zukunft Zweifel ausschließt.[122] Hat er eine sichere Vertragsgestaltung beurkundet, so darf er

114 BGH v. 2.11.1995 – IX ZR 15/95, DNotZ 1996, 568, 571 (teilweise statt vollständiger Übertragung eines Grundstücks).

115 BGH v. 11.9.2014 – III ZR 217/13, DNotZ 2015, 37 Rn 25 ff.

116 Vgl. *Ganter*, WM 1996, 701, 702: der Notar muss keinen „offenen“ Beurkundungsauftrag annehmen; s. auch *Armbrüster/Claussen*, NotBZ 2025, 81, 84 zu alternativen Gestaltungsweisen bei Teilkaufverträgen.

117 Zu einer erbvertraglichen Regelung noch vor Eheschließung für den Fall einer Scheidung *Ganter*, DNotZ 2025, 498, 511; a.A. *Litzenburger*, FD-ErbR 2024, 813346 (Anm. zu BGH, v. 22.5.2024 – IV ZB 26/23); zust. *Roglmeier*, jurisPR-FamR 17/2024, Anm. 4.

118 BGH v. 27.10.1994 – IX ZR 12/94, DNotZ 1995, 407, 409.

119 *Huber/Armbruster*, NotBZ 2011, 309, 313; BeckOGK/*Regler*, Stand: 1.1.2026, § 17 BeurkG Rn 40; insoweit zutr. auch *Ganter*, DNotZ 2004, 421, 423 f.

120 BGH v. 27.5.2004 – III ZR 302/03, DNotZ 2005, 66 f. Näher zu den einzelnen Fallkonstellationen *Peter/Roemer*, RNotZ 2005, 169, 171 ff. Zutr. gegen Pflicht zum Hinweis auf Energieausweis *Hertel*, DNotZ 2007, 486, 499 f.

121 *Armbrüster/Claussen*, DNotZ 2024, 148, 155 f. (Anm. zu BGH v. 15.6.2023 – III ZR 44/22, wo die Amtspflichtverletzung jedoch nicht gerügt wurde); *Wolffskeel v. Reichenberg*, MittBayNot 2023, 202, 222; *Winkler*, § 17 Rn 342 a.E.; BeckOGK/*Regler*, Stand: 1.1.2026, § 17 BeurkG Rn 41; a.A. OLG Hamm v. 4.2.2022 – 11 U 124/18, BWNotZ 2022, 412 Rn 47 m. insoweit krit. Anm. *Dieckmann/Hofstetter*; Bremkamp/Kindler/Winnen/*Köther*, BeurkG § 17 Rn 18.8; *Meusel*, ErbbauZ 2024, 181, 184.

122 BGH v. 7.1.1966 – VI ZR 174/64, DNotZ 1966, 506, 508; BGH v. 12.7.1977 – VI ZR 61/76, DNotZ 1978, 177, 179; BGH v. 27.9.1990 – VII ZR 324/89, DNotZ 1991, 750, 752; BGH v. 21.1.2016 – III ZR 159/15, BGHZ 208, 302 Rn 14 = NJW 2016, 1324 m. Anm. *Armbrüster*, LMK 2016, 377695; BGH v. 28.5.2020 – III ZR 58/19, BGHZ 226, 39 Rn 20 = DNotZ 2021, 135 m. Anm. *Forschner*; LG Leipzig v. 14.3.2006 – 1 T 2364/04, NotBZ 2006, 437, 439 m. Anm. *Lerch*.

mangels konkreter abweichender Anhaltspunkte davon ausgehen, dass die Beteiligten sich der Sicherung auch bedienen.[123]

Im Widerstreit zwischen dem kostengünstigeren und dem sichereren Weg hat der Notar den Beteiligten den **sichereren Weg** zu empfehlen. Unter mehreren in Betracht kommenden gleichermaßen sicheren und damit gleichwertigen Wegen muss der Notar jedoch grds. den **kostengünstigsten** vorschlagen, da er zur kostensparenden Sachbehandlung verpflichtet ist (zu den Einzelheiten siehe Rdn 74 ff.).[124] Bezüglich der Vertragsgestaltung kommt ihm dabei ein Beurteilungs- und Gestaltungsspielraum zu, sodass sich die Aufklärungspflicht auf offenkundige Kosteneinsparungsmöglichkeiten beschränkt.[125] 35

In **umstrittenen Rechtsfragen** muss der Notar sich an die sog. **h.M.** halten. Er hat zu diesem Zweck regelmäßig die für seine Amtstätigkeit wesentlichen Zeitschriften und „Erläuterungsbücher" – darunter sind in erster Linie Kommentare zu verstehen – auszuwerten.[126] Der Verweis auf die h.M. entbindet den Notar allerdings nicht davon, im Einzelfall auch auf die Risiken verbreiteter Vertragsgestaltungen hinzuweisen. Der Notar braucht die Beteiligten freilich nicht über jede in Literatur und Rspr. vereinzelt vertretene Ansicht zu belehren, insb. dann nicht, wenn Rechtsfragen berührt werden, die mehr am Rande der notariellen Tätigkeiten liegen.[127] Er hat aber über Risiken aufzuklären, die sich aus der Verwendung neuer AGB-Klauseln ergeben, deren Wirksamkeit zweifelhaft und höchstrichterlich nicht geklärt ist.[128] 36

Seinen rechtlichen Entschließungen soll der Notar möglichst die Rspr. der **Obergerichte** zugrunde legen.[129] Für Fehler, die sich aus obergerichtlichen Entscheidungen ergeben, ist der Notar nicht wegen der Herkunft des Fehlers entschuldigt. Den Notar trifft allerdings keine Pflicht zur Belehrung über Ansprüche, die zu Unrecht gegen einen Beteiligten erhoben werden können.[130] Er braucht seine Beratung auch nicht darauf einzustellen, dass Grundbuchamt und Landgericht die h.M. nicht kennen.[131] Bei Rechtsgeschäften, die sich zunächst vor dem Grundbuchamt – und in der Mehrzahl der Fälle nur dort – bewähren müssen, ist es für den Notar allerdings ratsam, die Rechtsansicht dieses Grundbuchamtes zu kennen. Die Belehrungspflicht des Notars bezieht sich jeweils nur auf den Stand der Rspr. zur Zeit der Beurkundung.[132] Eine Amtspflichtverletzung ist ausgeschlossen, wenn der Notar eine notarielle Beurkundung als erforderlich ansieht und damit den „sichersten Weg" geht anstatt die – kritisch diskutierte – Übertragung höchstrichterlicher Rspr. in einem ähnlichen Fall zu empfehlen und auf die Beurkundung zu verzichten.[133] Er hat nicht die Pflicht, die künftige Entwicklung der höchstrichterlichen Rspr. vorauszuahnen.[134] Erkennbare **Tendenzen** der Rspr. darf er allerdings nicht übersehen, wenn er eine Urkunde schaffen will, die – wie oft – über den Tag weit hinauswirkt.[135] 37

123 BGH v. 10.3.2005 – IX ZR 73/01, DNotZ 2005, 685 (betr. Beibringung einer Bürgschaft als Fälligkeitsvoraussetzung; s. dazu auch Rn 89); *Kesseler*, ZNotP 2005, 251, 252.

124 BGH v. 15.1.1962 – III ZR 177/60, DNotZ 1962, 263 f.; BGH v. 20.10.2009 – VIII ZB 13/08, DNotZ 2010, 230, 233 Rn 18; BGH v. 1.10.2020 – V ZB 67/19, BeckRS 2020, 30692 Rn 22 („in jeder Hinsicht gleich sichere und zweckmäßige Wege"); KG v. 21.10.2011 – 9 W 195/10, DNotZ 2012, 290, 291; OLG Brandenburg v. 1.8.2023 – 7 W 36/23, NotBZ 2023, 383 Rn 8; *Winkler*, § 17 Rn 264; Staudinger/*Hertel*, BeurkG Rn 468.

125 BGH v. 1.10.2020 – V ZB 67/19, BeckRS 2020, 30692 Rn 25, 28.

126 BGH v. 9.7.1992 – IX ZR 209/91, NJW 1992, 3237, 3239 (Baubetreuungsvertrag); BGH v. 15.10.1992 – IX ZR 43/92, NJW 1993, 648, 649 (Genehmigungserfordernisse beim Grundstückskaufvertrag); BGH v. 17.5.1994 – IX ZR 56/93, NJW-RR 1994, 1021 (Genehmigungsvoraussetzung einer Freihaltebaulast); BGH v. 21.1.2016 – III ZR 159/15, BGHZ 208, 302 Rn 19 = NJW 2016, 1324; bestätigt durch BGH v. 4.4.2019 – III ZR 338/17, NJW 2019, 1748 Rn 13 m. Anm. *Ahrens*, NJW 2019, 1716 ff. (unbefristete Fortgeltungsklausel beim Immobilienkauf); BGH v. 24.8.2017 – III ZR 558/16, DNotZ 2018, 130 Rn 12 m. Anm. *Grziwotz*, ZfIR 2017, 738 f. (befristete Fortgeltungsklausel beim Immobilienkauf).

127 BGH v. 17.5.1994 – IX ZR 56/93, NJW-RR 1994, 1021 (Freihaltebaulast nach §§ 109, 110 der Hessischen Bauordnung a.F.); *Reithmann/Blank/Rinck*, Rn D 24; *Winkler*, § 17 Rn 284.

128 OLG Celle v. 1.2.2023 – 3 U 60/22, RNotZ 2023, 607 Rn 30.

129 *Köbl*, DNotZ 1983, 207, 223.

130 BGH v. 29.3.1990 – IX ZR 190/89, DNotZ 1991, 593, 594.

131 BGH v. 18.10.1990 – IX ZR 258/89, DNotZ 1991, 753, 755.

132 Vgl. BGH v. 18.10.1990 – IX ZR 60/90, DNotZ 1991, 756 f.

133 OLG Celle v. 30.6.2021 – 3 U 72/21, ZIP 2021, 2077, 2078 = RNotZ 2021, 560 (Ls.).

134 BGH v. 24.8.2017 – III ZR 558/16, DNotZ 2018, 130 Rn 13 m. Anm. *Grziwotz*; OLG Celle v. 1.2.2023 – 3 U 60/22, RNotZ 2023, 607 Rn 42.

135 BGH v. 23.1.2020 – III ZR 28/19, DNotZ 2020, 617, Rn 12; BGH v. 21.1.2016 – III ZR 159/15, BGHZ 208, 302 Rn 20 = NJW 2016, 1324; BGH v. 24.8.2017 – III ZR 558/16, DNotZ 2018, 130 Rn 13 m. Anm. *Grziwotz*, ZfIR 2017, 738 f. S. auch *Köhler*, in: FS BayNot, 1987, S. 197 ff.; *Schlick*, ZNotP 2014, 322, 326. Zur Abgrenzung instruktiv LG Frankenthal v. 26.7.2021 – 4 O 47/21, BeckRS 2021, 2344 Rn 16 ff. m. zust. Anm. *Milzer*, NZFam 2022, 186.

38 **Sonderwissen** des Notars führt nicht zu einer Erweiterung der Belehrungspflicht nach Abs. 1. Der Umfang der Pflichten aus Abs. 1 wird nicht durch die individuellen Vorkenntnisse des einzelnen Notars bestimmt, sondern allein durch den **Inhalt des Geschäfts** und die **Kenntnisse und Schutzbedürftigkeit der Beteiligten**.

39 Aus der durch Abs. 1 begründeten Pflicht, die Beteiligten über die rechtliche Tragweite eines Geschäftes zu belehren, folgt nicht die Pflicht zur Belehrung über die **steuerlichen Folgen** des Geschäftes (zu Einzelheiten siehe Rdn 63 ff.).[136]

40 Die Aufgabe des Notars, den Parteiwillen zu ermitteln und den Erklärungen eine Fassung zu geben, die den Absichten und Interessen der Beteiligten gerecht wird,[137] bringt es mit sich, dass der Notar auch der **wirtschaftlichen Bedeutung** eines Rechtsgeschäftes für die Beteiligten sein Augenmerk zuwenden muss.[138] Andererseits ist der Notar **nicht der Wirtschaftsberater** und auch nicht der Vormund der Beteiligten.[139] Über die wirtschaftlichen Folgen eines von ihm beurkundeten Rechtsgeschäftes hat der Notar die Beteiligten daher außer im Falle des ausdrücklichen Auftrags (sog. planende Beratung; siehe Rdn 5) nur unter den engen Voraussetzungen der allgemeinen Betreuungspflicht (siehe Rdn 6 ff.) zu belehren. Insbesondere müssen sich die möglicherweise nachteiligen wirtschaftlichen Folgen gerade aus der rechtlichen Gestaltung des Vertragswerks oder aus der Art ergeben, die für seine Durchführung vorgesehen ist (zu **Einzelfällen** siehe Rdn 70 ff.).

41 Nicht die wirtschaftliche, sondern die rechtliche Tragweite des Geschäftes ist betroffen, wenn ein Beteiligter eine **ungesicherte Vorleistung** zu erbringen hat.[140] Insoweit besteht daher eine Belehrungspflicht gem. Abs. 1 (zu Einzelfällen siehe Rdn 92 ff.).

d) Formulierungspflicht

42 Der Notar hat die Erklärungen der Beteiligten klar und unzweideutig in der Niederschrift **wiederzugeben** (Abs. 1 S. 1 Hs. 2); Irrtümer und Zweifel sind zu vermeiden (Abs. 1 S. 2). Dem steht beispielsweise eine widersprüchliche Vertragsklausel entgegen. So steht eine Klausel, mit welcher der Erwerber zur Zahlung einer Maklercourtage verpflichtet wird, mit Abs. 1 nicht in Einklang, wenn gleichzeitig geregelt wird, dass ein Vertrag zugunsten Dritter nicht entsteht.[141] Die Formulierungen der Urkunde haben nicht den Wortlaut der Parteierklärungen, sondern den auf einen bestimmten Rechtserfolg gerichteten Willen abzubilden.[142] Insbesondere darf der **wahre Wille der Beteiligten** in der Niederschrift nicht nur so unvollkommen zum Ausdruck gebracht werden, dass er falsch verstanden werden kann. Auf ein entsprechendes Versäumnis des Notars ist jedoch nicht schon dann zu schließen, wenn im nachträglichen Streit über die Auslegung des Vertrages verschiedene Ansichten vertreten werden.[143] Die Formulierungspflicht ist gerade deshalb mit der Aufklärungspflicht und der Pflicht zur Rechtsberatung zur Prüfungs- und Belehrungspflicht verbunden, weil sich diese Pflichten des Notars in der Praxis nicht trennen lassen. Ausgelassene Streichungen in der Urkunde können in Verbindung mit § 44a Abs. 1 BeurkG einen Verstoß gegen das Gebot, den Willen der Beteiligten klar und unzweideutig wiederzugeben, darstellen.[144]

43 Der Notar darf bei der Formulierung Klauseln aus vorgefertigten **Vertragsformularen** entnehmen. Er muss jedoch stets darauf achten, dass die verwendeten Klauseln dem konkreten Einzelfall gerecht

136 BGH v. 21.11.1978 – VI ZR 227/77, DNotZ 1979, 228, 230 (Grunderwerbsteuer); BGH v. 22.4.1980 – VI ZR 96/79, DNotZ 1980, 563 f.; BGH v. 5.2.1985 – IX ZR 83/84, DNotZ 1985, 635 ff.

137 BGH v. 10.6.2016 – V ZR 295/14, DNotZ 2017, 48 Rn 9.

138 BGH v. 22.11.1966 – VI ZR 39/65, DNotZ 1967, 323, 324 f.

139 BGH v. 22.11.1966 – VI ZR 39/65, DNotZ 1967, 323 (Zuverlässigkeit des Vertragspartners); BGH v. 12.7.1968 – IV ZR 91/66, MittBayNot 1968, 303; *Ganter*, DNotZ 1998, 851, 853.

140 BGH v. 15.4.1999 – IX ZR 93/98, DNotZ 2001, 473, 475; Staudinger/*Hertel*, BeurkG Rn 469; a.A. Haug/Zimmermann/*Eggenstein*, Rn 505.

141 BGH v. 24.11.2014 – NotSt(Brfg) 1/14, DNotZ 2015, 461 Rn 29 ff. m. Anm. *Suppliet*, NotBZ 2015, 189; *Leitmeier*, DNotZ 2019, 648.

142 BGH v. 18.10.1990 – IX ZR 258/89, DNotZ 1991, 753, 755; BGH v. 16.10.2003 – III ZR 62/03, NJW 2004, 69, 70; OLG Hamm v. 24.4.2009 – 11 U 55/08, BeckRS 2009, 18963; *Reithmann*, in: FS Schippel, 1996, S. 769, 770.

143 BGH v. 22.3.2021 – NotSt(Brfg) 4/20, RNotZ 2021, 440 (Ls.) = BeckRS 2021, 12339.

144 BGH v. 15.11.2021 – NotSt(Brfg) 2/21, BeckRS 2021, 42065 Rn 27.

werden.[145] Übernimmt er einen ihm von einem Beteiligten oder von einem Dritten **übermittelten Entwurf**, so kann eine besonders intensive Belehrung der (übrigen) Beteiligten geboten sein.[146]

Bei der Beurkundung soll sich der Notar möglichst an die Ausdrücke und Formulierungen des **Gesetzes** halten, soweit diese eindeutig sind.[147] Um eine unmittelbare Vertragspflicht zu beschreiben, hat der BGH jüngst zutr. die Formulierung *„Der Käufer hat dafür Sorge zu tragen, […]*" ausreichen lassen, da dies „auch sonst in der Vertrags- und Gesetzessprache für die Beschreibung verbindlicher Pflichten gebräuchlich" sei.[148] **Regional gebundene Rechtsbegriffe** dürfen verwendet werden, wenn ihre Bedeutung im System des Gesetzes klargestellt ist (z.B. „gesetzlicher Rückfall" für das Pflichtteilsrecht der Eltern, „Abfindungsvertrag" für Pflichtteilsverzicht).[149] Bei der Belehrung der Beteiligten über Rechtslage und Rechtsfolgen muss der Notar dagegen auf Verständlichkeit für die Beteiligten achten. 44

Jede notarielle Urkunde soll aus sich heraus verständlich sein. **Verweisungen** auf Rechtsvorschriften sind daher möglichst zu begrenzen.[150] Dies trägt auch dem in § 307 Abs. 1 S. 2 BGB verankerten **Transparenzgebot** Rechnung.[151] 45

3. Träger der Prüfungs- und Belehrungspflicht; Adressaten der Belehrung

a) Träger der Pflicht

Die Pflicht aus Abs. 1 obliegt dem Notar **persönlich;** er darf sie nicht **an Dritte** delegieren.[152] Zur Vorbereitung der Verhandlung darf der Notar sich von **Mitarbeitern** Entwürfe fertigen lassen. Die den Notar persönlich treffende Pflicht zur Belehrung gilt für das Beurkundungsverfahren, nicht aber für **vorbereitende Tätigkeiten** im, der Beurkundung vorgelagerten Verfahren.[153] Eine unzulässige Delegation der Prüfungs- und Belehrungspflicht liegt aber dagegen vor, wenn der Notar sich in solchen Fällen darauf beschränkt, den Entwurf seiner Mitarbeiter lediglich vorzulesen[154] (siehe auch Rdn 22). Das gilt auch in Bezug auf Bürovorsteher/-innen und sonstige ausgebildete Mitarbeiter der Notariatspraxis. Der Notar darf seinen Bürovorsteher zwar mit einem vorbereitenden Urkundenentwurf, aber auch in einfachen oder üblichen Geschäften nicht mit der Belehrung beauftragen.[155] Freilich kann der Notar Ausführungen von Mitarbeitern gegenüber den Beteiligten **bestätigen** und sie dadurch zu seiner eigenen Belehrung machen; dasselbe gilt für Belehrungen, die ein Dritter (z.B. Anwalt) einem Beteiligten im Notartermin erteilt.[156] 46

Die Belehrungspflicht des Notars besteht grds. auch dann, wenn die Beteiligten sich zuvor schon von anderen rechtskundigen Personen haben beraten lassen (siehe Rdn 26). Eine **vorangegangene Belehrung** durch einen Rechtsberater der Beteiligten führt auch nicht von vornherein zu einer inhaltlichen Einschränkung der Belehrungserfordernisse. Das gilt im Fall von Vorverhandlungen bei einer Bank ebenso wie bei Mitwirkung eines Maklers.[157] Wird ein Beteiligter bei der Beurkundung durch einen **Wirtschaftsberater** betreut, so hat das zwar Auswirkungen auf den Umfang der Belehrungspflicht des Notars in Bezug auf die wirtschaftlichen Auswirkungen des Geschäfts: Die insofern ausnahmsweise bestehende allgemeine Betreuungspflicht (siehe Rdn 6 ff.) entfällt, wenn ein Beteiligter über die wirtschaftlichen Folgen eines Geschäfts anderweitig beraten wird. Die Amtspflichten des Notars aus Abs. 1 bleiben aber 47

145 Vgl. *Grziwotz*, NotBZ 2002, 51; *Langenfeld*, Vertragsgestaltung, S. 28 ff.
146 OLG Celle v. 14.7.2004 – 3 U 35/04, NZM 2004, 918, 919 f.
147 OLG Köln v. 7.2.2011 – 2 Wx 10/11, MDR 2011, 477 Rn 6; Reithmann/Albrecht/*Reithmann*, Rn 6; *Ritter*, NJW 2004, 2137, 2138; *Winkler*, § 17 Rn 388; z.B. „Auflassung" (§ 925 BGB). Der Ausdruck „Auflassungsvormerkung" ist dem BGB unbekannt und überdies unpassend (*Weirich*, NotBZ 2003, 56), in der Praxis freilich weiterhin verbreitet. Treffender erscheint „Eigentumsvormerkung" oder auch „Erwerbsvormerkung". Zur Bedeutung des Begriffs „Barvermögen" in einem Testament OLG Oldenburg v. 20.12.2023 – 3 U 8/23, RNotZ 2024, 341.
148 BGH v. 22.3.2021 – NotSt(Brfg) 4/20, RNotZ 2021, 440 (Ls.) = BeckRS 2021, 12339.
149 BeckOGK/*Regler*, Stand: 1.1.2026, § 17 BeurkG Rn 106.
150 Reithmann/Albrecht/*Reithmann*, Rn 7.
151 *Winkler*, § 17 Rn 388 f.; Bedenken gegen einen Rekurs auf § 307 Abs. 1 S. 2 BGB wegen der auf das materielle Recht beschränkten Wirkungen äußert hingegen BeckOGK/*Regler*, Stand: 1.1.2026, § 17 BeurkG Rn 106.
152 *Bücker/Viefhues*, ZNotP 2005, 91, 92; *Winkler*, § 17 Rn 5.
153 OLG Saarbrücken v. 10.7.2019 – 9 W 3/19, NJOZ 2020, 1077, 1080 = BeckRS 2019, 18438.
154 Frenz/Miermeister/*Frenz*, § 17 BeurkG Rn 2.
155 Frenz/Miermeister/*Frenz*, § 17 BeurkG Rn 2 (nur Bezugnahme auf eigene vorherige Belehrungen des Notars für zulässig erachtend); Staudinger/*Hertel*, BeurkG Rn 488 (die Belehrung dürfe aber an durch Angestellte erteilte Informationen anknüpfen); *Winkler*, § 17 Rn 5; a.A. OLG Saarbrücken v. 14.3.1979 – 9 O 17/78, DNotZ 1980, 504, 507.
156 Grziwotz/Sauer/Heinemann/*Grziwotz*, § 17 Rn 5 f.
157 BGH v. 3.11.1955 – III ZR 151/54, DNotZ 1956, 204, 205 f.

gleichwohl bestehen. Auch wenn auf Seiten der Beteiligten ein **Rechtsanwalt** mitwirkt, darf der Notar nicht davon ausgehen, dass der Anwalt anstelle des Notars die Pflichten aus Abs. 1 erfüllt hat (zum möglicherweise reduzierten Umfang der Belehrungspflicht in solchen Fällen siehe aber Rdn 26). Stammt der Entwurf nicht vom Notar, so kann die Belehrungspflicht sich intensivieren (siehe Rdn 43).

b) Adressaten der Belehrung

48 Die Prüfungs- und Belehrungspflicht obliegt dem Notar gegenüber allen Personen, die vor ihm Erklärungen abgeben. Der Notar muss also nur die **formell Beteiligten** nach Abs. 1 belehren.[158] So hat die Belehrung beim Auftreten eines – auch eines vollmachtlosen – **Vertreters** allein gegenüber diesem, nicht auch gegenüber dem Vertretenen zu erfolgen (siehe aber Rdn 49),[159] bei Beurkundungen für eine juristische Person nur gegenüber den erschienenen Organmitgliedern. Aus Abs. 1 folgt keine Pflicht zur Belehrung derjenigen Personen, deren rechtliche Interessen durch die beurkundete Erklärung zwar berührt werden, die aber selbst keine Erklärungen abgeben und somit **formell nicht beteiligt** sind. Beispiele: Vorkaufsberechtigte beim Kaufvertrag; Pflichtteilsberechtigte bei vorweggenommener Erbfolge. Ein formell nicht beteiligter **Darlehensgeber** ist auch dann nicht nach § 17 BeurkG zu belehren, wenn erkennbar ist, dass seine rechtlichen oder wirtschaftlichen Interessen nach der besonderen Natur des Amtsgeschäfts berührt werden könnten; auch in diesem Fall kann allein die allgemeine Betreuungspflicht zum Zuge kommen (siehe Rdn 6 ff., 49).[160] Dasselbe gilt für einen **Makler**, und zwar auch dann, wenn eine Maklerklausel mit Zwangsvollstreckungsunterwerfung in den Vertrag aufgenommen wurde (siehe auch Rdn 104).[161]

49 Unter bestimmten Voraussetzungen muss der Notar allerdings auch solche Personen belehren, die an der Beurkundung nicht formell beteiligt sind („**betreuende Belehrung**").[162] Diese **Erweiterung** der Prüfungs- und Belehrungspflicht lässt sich nicht auf Abs. 1, sondern allein auf die **allgemeine Betreuungspflicht** (siehe Rdn 6 ff.) stützen,[163] wenngleich der BGH[164] seit einiger Zeit § 17 Abs. 1 S. 1 BeurkG und § 14 Abs. 1 S. 2 BNotO gemeinsam als Rechtsgrundlage anführt (siehe auch Rdn 7). Teils wird dies insb. auch für die Belehrung gegenüber dem keine Erklärungen abgebenden Vertretenen anders beurteilt;[165] indessen ist für solche systemwidrigen Ausnahmen kein unabweisbares Bedürfnis ersichtlich. Mittelbare Beteiligte hat der Notar mithin nur unter den Voraussetzungen dieser allg. Pflicht zu belehren. Dem Dritten muss also ein Schaden drohen, dessen er sich nicht bewusst ist, und es müssen bes. Umstände in der rechtlichen Gestaltung oder beabsichtigten Durchführung des beurkundeten Geschäfts vorliegen (siehe Rdn 8). Amtspflichten obliegen dem Notar daher jedenfalls nur gegenüber solchen mittelbar Beteiligten, die – für ihn ersichtlich – im Zeitpunkt der Beurkundung ein gegenwärtiges („aktuelles"), **direktes Interesse** an dem Amtsgeschäft haben.[166] Vor allem aber muss der Dritte mit dem Notar in **Verbindung** getreten sein.[167]

158 § 6 Abs. 2; st. Rspr; s. nur BGH v. 8.7.1993 – IX ZR 222/92, DNotZ 1995, 494, 495; OLG Koblenz v. 27.5.2009 – 1 U 596/08, BeckRS 2009, 88173; OLG Koblenz v. 6.9.2012 – 1 U 1097/11, juris.

159 BGH v. 25.2.1994 – V ZR 63/93, DNotZ 1994, 764, 768; BGH v. 11.11.2004 – III ZR 63/04, DNotZ 2005, 286, 287; Haug/Zimmermann/*Zimmermann*, Rn 21; *Ganter*, in: FS Spiegelberger, 2009, S. 1401, 1404; Reithmann/Albrecht/*Reithmann*, Rn 151.

160 Weiter gehend OLG Celle v. 15.2.2006 – 3 U 192/05, RNotZ 2006, 190 ff. m. Anm. *Ganter*, DNotZ 2007, 246 ff.; vgl. auch *Winkler*, § 17 Rn 15.

161 BeckOGK/*Regler*, Stand: 1.1.2026, § 17 BeurkG Rn 7; eingehend hierzu *Althammer*, Die Maklerklausel im notariellen Grundstückskaufvertrag, 2004, S. 111 ff.

162 BGH v. 23.1.2020 – III ZR 28/19, DNotZ 2020, 617 Rn 12; BGH v. 21.1.2016 – III ZR 159/15, BGHZ 208, 302 Rn 15 = DNotZ 2016, 711 m. Anm. *Seger*; BGH v. 23.1.2020 – III ZR 28/19, DNotZ, 2020, 617 Rn 12. Näher *Ganter*, in: FS Spiegelberger, 2009, S. 1401 ff.

163 BGH v. 30.6.1981 – VI ZR 197/79, DNotZ 1981, 773, 774; BGH v. 15.10.1992 – IX ZR 43/92, NJW 1993, 648, 649; Reithmann/Albrecht/*Reithmann*, Rn 178; BeckOGK/*Regler*, Stand: 1.1.2026, § 17 BeurkG Rn 8.

164 BGH v. 23.1.2020 – III ZR 28/19, DNotZ 2020, 617 Rn 12; BGH v. 21.1.2016 – III ZR 159/15, BGHZ 208, 302 Rn 15 = DNotZ 2016, 711 m. Anm. *Seger*; BGH v. 23.1.2020 – III ZR 28/19, DNotZ 2020, 617 Rn 12.

165 *Ganter*, in: FS Spiegelberger, 2009, S. 1401, 1404.

166 BGH v. 30.6.1981 – VI ZR 197/79, DNotZ 1981, 773, 774.

167 BGH v. 2.5.1972 – VI ZR 193/70, BGHZ 58, 343, 353 = DNotZ 1973, 240; BGH v. 9.1.2003 – IX ZR 422/99, DNotZ 2003, 426 [Anwesenheit eines Vorkaufsberechtigten bei Beurkundung des den Vorkaufsfall bildenden Grundstückskaufvertrags]; *Winkler*, § 17 Rn 14; Haug/Zimmermann/*Zimmermann*, Rn 33; BeckOK-BNotO/*Schramm/Mayer*, § 19 Rn 39; a.A. offenbar *Ganter*, WM 2000, 641, 648, der allerdings nicht zwischen notariellen Belehrungspflichten und sonstigen Amtspflichten des Notars differenziert.

Hierfür genügt nicht bereits ein mehr oder weniger flüchtiger Kontakt.[168] Zu weit geht es daher, wenn im Schrifttum teils vertreten wird, mittelbar Beteiligter sei auch ein von einem formell Beteiligten faktisch „in das Geschäft eingebundener" Dritter, dessen Interessen der unmittelbar Beteiligte dem Notar anvertraut, der daraufhin irgendwie Kontakt zu dem Dritten aufnimmt. Nach dieser Ansicht soll es sogar ausreichen, wenn der Notar den Dritten einlädt an der Verhandlung teilzunehmen auch wenn er dieser Einladung nicht folgt, ohne damit sein Desinteresse zu bekunden.[169] Auch die bloße Zuleitung eines Vertragsangebots löst keine Pflicht zur betreuenden Belehrung aus.[170] In keinem Fall ist der Notar verpflichtet, mit dem Dritten in Kontakt zu treten.[171] Gegenüber einem dem Notar unbekannten Dritten besteht keine Belehrungspflicht, auch wenn das zugrundeliegende Rechtsgeschäft dessen Interessen schützt.[172] Es genügt aber, wenn der Notar gegenüber dem mittelbar Beteiligten den Eindruck erweckt, die Verantwortung für den Abschluss und den Vollzug des Vertrags zu übernehmen.[173] Im Schrifttum wird die Amtspflicht vereinzelt zusätzlich von einer „gebührenrechtlichen Beteiligung"[174] des mittelbar Beteiligten abhängig gemacht. Indessen besteht für eine derartige Einschränkung kein Anlass; die allgemeine Betreuungspflicht (siehe Rdn 6 ff.) setzt nicht voraus, dass der schutzbedürftige Dritte zugleich gegenüber dem Notar Gebührenschuldner ist.

Von der Frage, wem gegenüber zu belehren ist, ist die haftungsrechtlich bedeutsame Frage zu unterscheiden, wer durch die Belehrung **geschützt** wird.[175] Nicht geschützt werden durch § 17 BeurkG zunächst solche formell Beteiligten, deren rechtliche Interessen durch die Nichterfüllung der Notarpflichten nicht berührt werden können. Dies können etwa Vertreter sein.[176] Unabhängig von der Schutzbedürftigkeit der jeweiligen Vertreter hat die Belehrung ihnen gegenüber zu erfolgen (siehe Rdn 48). **50**

Vom Schutz des Abs. 1 erfasst werden dagegen solche materiell Beteiligten, deren **Interessen** von der Beurkundung betroffen werden. So können etwa Erben dadurch in ihrem Erbrecht beeinträchtigt werden, dass der Notar den Willen des Erblassers nicht erschöpfend erforscht und infolgedessen eine nicht von dessen Willen gedeckte letztwillige Verfügung beurkundet.[177] **51**

III. Inhalt und Reichweite der Prüfungs- und Belehrungspflicht

1. Grundregeln

a) Inhaltskontrolle

Literatur *Graf v. Westphalen/Thüsing*, Vertragsrecht und AGB-Klauselwerke, Stand: 52. EL. 2025; ferner die Kommentierungen zu §§ 305 ff. BGB.

Klauseln in notariellen Verträgen können AGB i.S.v. § 305 Abs. 1 BGB sein, wenn sie für eine Vielzahl von Verträgen „vorformuliert" sind und der Verwender sie der anderen Vertragspartei **stellt**. Abgesehen von Verbraucherverträgen, für die § 310 Abs. 3 Nr. 1 BGB eingreift, wird es jedoch regelmäßig am Merkmal des „Stellens" fehlen.[178] Anders ist dies dann zu beurteilen, wenn ein Beteiligter ein vorformuliertes, häufig verwendetes **Vertragsmuster** vorlegt und auf dessen Beurkundung besteht. AGB liegen außerdem vor, wenn der Notar die Vertragsbedingungen im Auftrag einer Vertragspartei formuliert hat.[179] **52**

168 Offen lassend BGH v. 23.9.1980 – VI ZR 116/79, DNotZ 1981, 311, 315; tendenziell großzügig *Ganter*, in: FS Spiegelberger, 2009, S. 1401, 1402 f. (telefonischer Kontakt reicht); zu weitgehend OLG Köln v. 30.8.2021 – 7 U 157/20, BeckRS 2021, 40356 Rn 4 („gegenüber mittelbar Beteiligten, die dem Notar anlässlich des Urkundsgeschäfts eigene Belange anvertrauen").

169 So aber *Ganter*, DNotZ 2023, 405, 419 (in Auseinandersetzung mit OLG Köln v. 30.8.2021 – 7 U 157/20, BeckRS 2021, 40356).

170 BGH v. 30.6.1981 – VI ZR 197/79, DNotZ 1981, 773, 774.

171 BGH v. 23.9.1980 – VI ZR 116/79, DNotZ 1981, 311, 314 f.; Reithmann/Albrecht/*Reithmann*, Rn 178.

172 So aber OLG Celle v. 1.12.2021 – 3 U 99/21, BeckRS 2021, 61232 Rn 45; bestätigt durch BGH v. 16.2.2023 – III ZR 210/21, r+s 2023, 410 m. insoweit zurecht krit. Anm. *Dallwig*.

173 BGH v. 21.1.2016 – III ZR 159/15, BGHZ 208, 302 Rn 15 f. = DNotZ 2016, 711 m. Anm. *Seger*; *Armbrüster*, LMK 2016, 377695.

174 Grziwotz/Sauer/Heinemann/*Grziwotz*, § 17 Rn 21.

175 BGH v. 8.7.1993 – IX ZR 222/92, DNotZ 1995, 494, 495; BGH v. 11.3.1983 – V ZR 300/81, DNotZ 1983, 509, 511 (Treuhandauftrag); *Ganter*, WM 1996, 701 f.

176 Bei Verfolgung eigener Interessen sind die Vertreter durch die Belehrungspflicht geschützt; BGH v. 9.7.1963 – VI ZR 306/62, DNotZ 1964, 178, 179; BGH v. 23.3.1971 – VI ZR 177/69, DNotZ 1971, 591, 592 f. (betr. Amtspflichten des Notars gegenüber den handelnden Organen eines Beteiligten); krit. hierzu *Reithmann*, DNotZ 1971, 595 ff.

177 BGH v. 19.3.1992 – IX ZR 120/91, DNotZ 1992, 811, 813.

178 BGH v. 16.11.1990 – V ZR 217/89, DNotZ 1991, 680 f.

179 BGH v. 14.5.1992 – VII ZR 204/90, BGHZ 118, 229, 239 = NJW 1992, 2160, 2162 f. sub III 2c; MüKo-BGB/*Fornasier*, § 305 BGB Rn 23.

Gleiches gilt, wenn der Notar ständig und routinemäßig für eine bestimmte Vertragspartei als ihr „Hausnotar" tätig wird; die vom Notar gewählten Formulierungen werden ihr zugerechnet, denn ein solcher „Hausnotar" ist nicht mehr neutraler Dritter.[180] Bei Verbraucherverträgen können nach § 310 Abs. 3 Nr. 2 BGB auch Klauseln, die nur **einmalig Verwendung** finden sollen, in weitem Umfang derselben Kontrolle wie AGB unterliegen. Notarielle Verbraucherverträge werden sich daher häufig an den §§ 305 ff. BGB messen lassen müssen.[181] Der Schutz von Verbrauchern durch diese Vorschriften ist in den letzten Jahrzehnten kontinuierlich verstärkt worden. So wurde durch das Gesetz für faire Verbraucherverträge (VeVeÄndG)[182] mit Wirkung seit 1.10.2021 in § 308 Nr. 9 BGB ein neues Klauselverbot für Abtretungsausschlüsse eingeführt. Die Verwendung von AGB-Klauseln, deren **Wirksamkeit zweifelhaft** und (noch) nicht höchstrichterlich festgestellt ist, ist dem Notar nicht vorzuwerfen, wenn er nach sorgfältiger Prüfung von einer rechtlichen Vertretbarkeit ausgeht.[183] Er muss dann jedoch über offene Rechtsfragen und das daraus folgende Risiko für die Beteiligten belehren und darf die Beurkundung nur vornehmen, wenn die Parteien dennoch darauf bestehen.[184] Teilweise wird (als „allg. M.") vertreten, der Notar müsse selbst die AGB-rechtliche **Wirksamkeit der von den Beteiligten verwendeten Klauseln** prüfen.[185] Nach der hier vertretenen Ansicht kann eine Amtspflichtverletzung hingegen grds. nur darin gesehen werden, dass der Notar selbst eine unwirksame Klausel verwendet. Dasselbe gilt, wenn eine bestimmte Gestaltung offenkundig den von den Beteiligten rechtlich verfolgten Zweck nicht erfüllen kann oder wenn Beteiligte Nachfragen im Hinblick auf die Wirksamkeit gestellt haben.

53 Besondere Bedeutung hat die AGB-rechtliche Inhaltskontrolle bei **Freizeichnungsklauseln**. Nach Ansicht des BGH ist beim Immobilienkauf jedenfalls der **„formelhafte Ausschluss" der Sach- und Rechtsmängelhaftung** unwirksam, wenn die Freizeichnung nicht „mit dem Erwerber unter ausführlicher Belehrung über die einschneidenden Rechtsfolgen eingehend erörtert worden ist".[186] Dies soll bei Klauselverträgen aus § 307 Abs. 1 S. 1, Abs. 2 BGB (§ 9 AGBG a.F.), bei Individualverträgen aus § 242 BGB folgen. Der Ausschluss der Haftung für sichtbare Sachmängel ist nach dem BGH eine solche formelhafte Freizeichnung.[187] Diese Rspr. ist heftig kritisiert worden.[188] Gleichwohl muss der Notar sie beachten. Er darf Klauseln über einen Haftungsausschluss somit generell nicht ohne ausführliche Belehrung verwenden.[189] Dabei ist ein **strenger Maßstab** anzulegen. So genügt es den Anforderungen nicht, wenn der Notar bei Verlesung der Freizeichnungsklausel „inne hält" und den Erwerber fragt, ob er das Objekt persönlich besichtigt und begutachtet habe; vielmehr muss er gerade „auf die besondere Problematik der Freizeichnungsklausel"[190] aufmerksam machen. Bei der **Mitveräußerung von Mobiliar** ist zu beachten, dass § 476 Abs. 1 BGB seit der Schuldrechtsmodernisierung insoweit eine Haftungsfreizeichnung in Verbraucherverträgen weitgehend ausschließt.[191]

b) Entwürfe der Beteiligten

54 Häufig senden die **Beteiligten** dem Notar Vertragsentwürfe mit der Bitte um Beurkundung zu. Zur Ablehnung der Beurkundung von Fremdentwürfen ist der Notar nur in den Grenzen des § 4 BeurkG berechtigt, ansonsten – was der Regelfall sein dürfte – muss er beurkunden. Bei der Beurkundung des Fremdentwurfes ist der Notar nicht von den Pflichten des § 17 BeurkG befreit.[192] Er kann insbesondere nicht ohne weiteres davon ausgehen, dass der Entwurf dem Willen der Beteiligten entspricht.[193] Häufig werden

180 BGH v. 14.5.1992 – VII ZR 204/90, BGHZ 118, 229, 239 = NJW 1992, 2160, 2162 f. sub III 2c; MüKo-BGB/*Fornasier*, § 305 BGB Rn 24.

181 Zu den Auswirkungen auf notarielle Verträge im Einzelnen vgl. *Braunfels*, DNotZ 1997, 356, 368 ff.; *Kaufhold*, DNotZ 1998, 254, 260 ff.

182 BGBl I 2021, 3433.

183 OLG Celle v. 1.2.2023 – 3 U 60/22, RNotZ 2023, 607 Rn 42.

184 OLG Celle v. 1.2.2023 – 3 U 60/22, RNotZ 2023, 607 Rn 31.

185 Ulmer/Brandner/Hensen/*Fuchs*, AGB-Recht, BGB Vor § 307 Rn 133; so wohl auch Handbuch Notarhaftung/*Ganter*, Kap. 3 Rn 601.

186 BGH v. 21.5.1987 – VII ZR 3/86, DNotZ 1987, 686, 687; BGH v. 8.3.2007 – VII ZR 130/05, DNotZ 2007, 822, 824.

187 So bereits BGH v. 15.3.1985 – V ZR 275/83, DNotZ 1985, 625.

188 *Kanzleiter*, DNotZ 1989, 301 ff.; *Wolfsteiner*, DNotZ 1987, 691 ff.

189 OLG Köln v. 23.2.2011 – 11 U 70/10, DNotZ 2012, 126, 130 ff.; *Winkler*, § 17 Rn 362; s. auch den Belehrungsvorschlag von *Brambring*, DNotZ 1990, 99, 101.

190 BGH v. 8.3.2007 – VII ZR 130/05, DNotZ 2007, 822, 824.

191 *Brambring*, DNotZ 2001, 590, 607; *Hertel*, DNotZ 2001, 742, 746.

192 Reithmann/Albrecht/*Reithmann*, Rn 9.

193 BeckOGK/*Regler*, Stand: 1.1.2026, § 17 BeurkG Rn 45; Frenz/Miermeister/*Frenz*, § 17 BeurkG Rn 5.

die Entwürfe länger und komplizierter sein, als es den Regeln der kautelarjuristischen Praxis entspricht.[194] Außerdem kann die Wirksamkeit einzelner Klauseln der Fremdurkunden durch AGB-rechtliche Regeln in Frage gestellt sein (siehe Rdn 52 f. und Rdn 18). Der Notar sollte daher **Fremdentwürfe kritisch prüfen** und bes. streng darauf achten, dass unerfahrene Beteiligte nicht benachteiligt werden.[195] Ggf. sollte der Notar den Beteiligten Änderungen oder alternative Gestaltungsmöglichkeiten vorschlagen und dies in die Niederschrift aufnehmen. Ebenfalls empfehlenswert kann die Aufnahme eines **Distanzierungsvermerks** sein.[196] Insgesamt dürfen die Pflichten des Notars aber auch hier nicht überspannt werden.[197] Der Notar kann bei mitgebrachten Entwürfen nur insoweit auf die Beteiligten einwirken, wie diese ihm Gestaltungsspielraum geben. Auch ist regelmäßig kein Hinweis auf Abweichungen von zuvor übersandten Entwürfen geboten (siehe Rdn 22).

c) Vertretung, Vollmacht, Vertretung ohne Vertretungsmacht

Literatur *K. Fischer*, Existenz- und Vertretungsnachweise bei US Corporations, ZNotP 1999, 352; *M. Kuhn*, Vollmacht und Genehmigung beim Grundstückskaufvertrag, RNotZ 2001, 305; *Langhein*, Notarieller Rechtsverkehr mit englischen Gesellschaften, NZG 2001, 1123; *Limmer*, Die Vorsorgevollmacht unter Berücksichtigung des Betreuungsrechtsänderungsgesetzes, ZNotP 1998, 322; *Litzenburger*, Vorsorgevollmacht ohne Auftrag? NotBZ 2007, 1; *G. Müller*, Altersvorsorgevollmacht – Gestaltung ihres Inkrafttretens, DNotZ 1997, 100; *Neumeyer*, Die Vertretung öffentlich-rechtlicher Körperschaften, RNotZ 2001, 249; *S. Schreiber*, Zur Vollmachtserteilung zum Abschluss von Grundstücksgeschäften mit Beteiligung Minderjähriger, NotBZ 2002, 128; *Sonnenfeld*, Vertretungsrechtliche Betrachtung der Erbauseinandersetzung und der Grundstücksveräußerung durch die Erbengemeinschaft, bestehend aus minderjährigen Erben und deren gesetzlichen Vertretern, NotBZ 2001, 322; *Theler/Hermanns*, Die Vorlage der Vollmachtsurkunde bei der Beurkundung, DNotZ 2019, 705.

Wird ein Beteiligter bei der Beurkundung eines Rechtsgeschäfts vertreten, so ist der Notar verpflichtet, 55
die **Vertretungsmacht** zu überprüfen.[198] Ergibt sich diese aus einem Handels-, Vereins-, Partnerschafts-, Genossenschafts- oder einem ähnlichem Register, muss der Notar dieses grds. nicht einsehen, sondern er darf sich auf die Angaben der Beteiligten verlassen, soweit sie sich auf **inländische Rechtsträger** beziehen.[199] Keinesfalls ist er verpflichtet, über den Inhalt des Handelsregisters hinaus eine Beschränkung der Vertretungsmacht im Innenverhältnis zu überprüfen.[200] Er genügt seiner Pflicht regelmäßig, wenn er Bedenken und Folgen fehlender Vertretungsmacht erörtert.[201] Beurkundet der Notar etwa den Verkauf eines Grundstücks durch einen Vertreter ohne Vertretungsmacht oder einen Nichtberechtigten (siehe hierzu Rdn 57), so muss er über das Genehmigungserfordernis und die Folgen bei Versagung der Genehmigung belehren.[202] Steht der Mangel der Vertretungsmacht fest und scheint eine Genehmigung ausgeschlossen, hat der Notar die Beurkundung abzulehnen.[203] Behauptet der Vertreter seine Vertretungsmacht, hat sich der Notar die Vollmachtsurkunde im Original oder – bei notariellen Urkunden – in Ausfertigung vorlegen zu lassen.[204] Die Erfüllung dieser Prüfungspflicht hat der Notar nach § 12 BeurkG zu **dokumentieren**. Der Notar muss grundsätzlich nicht von sich aus nachforschen, ob die Vollmacht widerrufen worden ist;[205] freilich können konkrete Anhaltspunkte für einen Widerruf ihm insoweit eine Sachverhaltsaufklärung gebieten. Bedenken gegen die Vertretungsmacht hindern ihn nur dann an der Beurkundung, wenn eine wirksame Vollmacht ohne jeden vernünftigen Zweifel nicht (mehr) vorliegt oder ein Missbrauch der Vertretungsmacht evident ist.[206] Unterhalb dieser Grenze hat er die Zweifel mit den Beteiligten zu erörtern. Bestehen diese gleichwohl auf Beurkundung, so ist dies gem. Abs. 2 S. 2 durch einen Vermerk in der Urkunde zu dokumentieren.[207] Anderes gilt, wenn die Vertretung **ausländischer Rechtsträger** in

194 *Winkler*, § 17 Rn 286.
195 Insoweit offenbar abw. *Winkler*, § 17 Rn 258 (Letztverantwortung liege bei den Beteiligten).
196 BeckOGK/*Regler*, Stand: 1.1.2026, § 17 BeurkG Rn 45; *Reithmann/Blank/Rinck*, Rn C 83.
197 Vgl. Ulmer/Brandner/Hensen/*Fuchs*, AGB-Recht, BGB Vor § 307 Rn 133: umfassende Prüfungspflicht der Wirksamkeit von AGB.
198 BGH v. 27.5.1993 – IX ZR 66/92, NJW 1993, 2744, 2745; BGH v. 26.6.1997 – IX ZR 193/96, DNotZ 1998, 621, 622; BGH v. 13.11.2017 – NotSt(Brfg) 4/17, NJW-RR 2018, 443 Rn 8; OLG München v. 25.7.2013 – 1 U 2067/11, BeckRS 2013, 13423.
199 Strenger OLG Jena v. 15.4.1997 – 8 U 1265/96, OLGR Jena 1997, 191; 6. Aufl.: Einsichtspflicht.
200 OLG Koblenz v. 3.2.2022 – 1 U 651/21, RNotZ 2023, 59 Rn 27.
201 BGH v. 19.9.2019 – V ZB 119/18, DNotZ 2020, 604 Rn 17.
202 BGH v. 25.4.1996 – IX ZR 237/95, DNotZ 1997, 62, 63.
203 BGH v. 27.5.1993 – IX ZR 66/92, DNotZ 1994, 485, 486; BGH v. 26.6.1997 – IX ZR 193/96, DNotZ 1998, 621, 622.
204 BGH v. 21.1.1988 – IX ZR 252/86, DNotZ 1989, 43, 44.
205 Grziwotz/Sauer/Heinemann/*Grziwotz*, § 17 Rn 15.
206 BGH v. 19.9.2019 – V ZB 119/18, DNotZ 2020, 604 Rn 17 f.
207 BGH v. 21.1.1988 – IX ZR 252/86, DNotZ 1989, 43, 44.

Rede steht. Aufgrund der rechtlichen Schwierigkeiten in der Beurteilung der wirksamen Vertretung solcher Rechtsträger darf sich der Notar insoweit nicht allein auf die Angaben der Beteiligten verlassen.[208] Es besteht eine Prüfungspflicht sowohl in Bezug auf die Existenz des ausländischen Rechtsträgers als auch hinsichtlich seiner wirksamen Vertretung. Können **Zweifel** an der Existenz oder wirksamen Vertretung des ausländischen Rechtsträgers nicht ausgeräumt werden, so muss der Notar diese Bedenken gem. Abs. 2 S. 1 mit den Beteiligten erörtern. Bestehen die Beteiligten dennoch auf Beurkundung, hat der Notar die Belehrung und die dazu abgegebenen Erklärungen der Beteiligten in der Niederschrift zu vermerken (Abs. 2 S. 2).[209]

56 Der Notar hat nicht zu prüfen, ob ein Vertreter **Weisungen** des Vertretenen beachtet und dessen Interessen wahrt.[210] Nur im Falle eines evidenten Missbrauchs der Vertretungsmacht, der zur (schwebenden) Unwirksamkeit des zu beurkundenden Rechtsgeschäfts führen würde, ist der Notar gem. § 4 BeurkG gehalten, die Beurkundung abzulehnen (siehe § 4 BeurkG Rdn 13).[211] Weitergehende Prüfungspflichten bestehen allerdings dann, wenn vor dem Notar dessen eigene Angestellte als Vertreter von Urkundsbeteiligten Erklärungen abgeben (siehe hierzu Rdn 177 ff.). Der Notar darf in diesen Fällen nicht darauf vertrauen, dass die Angestellten die Grenzen ihrer Vertretungsmacht eigenverantwortlich geprüft haben und sich an diese Grenzen sowie an sonstige Weisungen des Vertretenen halten.[212] Handelt der Vertreter aufgrund einer sog. **Vorsorgevollmacht**,[213] so hat der Notar im konkreten Einzelfall nicht zu prüfen, ob der Vollmachtgeber noch in der Lage ist, den Bevollmächtigten zu überwachen oder ob etwa ein Betreuungsfall vorliegt (siehe insbesondere § 1896 Abs. 3 BGB). Auch bei Anhaltspunkten in dieser Richtung ist die Vollmacht weiterhin wirksam. Dies entspricht dem Sinn des Instituts der Betreuung und der Vorsorgevollmacht. Den Notar trifft insoweit auch keine Mitteilungspflicht gegenüber dem Betreuungsgericht.

d) Verfügungsbefugnis

57 Außerhalb des Grundstücksverkehrs (siehe dazu § 21 BeurkG Rdn 2 ff.) braucht der Notar die **Rechtsinhaberschaft** des Verfügenden grds. nicht zu prüfen. Er darf sich – solange keine konkreten Verdachtsmomente bestehen – auf die Wirksamkeit vorausgegangener Erwerbsakte verlassen.[214] Er muss die Beteiligten, die im eigenen Namen über eigene oder fremde Rechte verfügen, aber zu – in der Urkunde niederzulegenden – **Angaben** über solche Tatsachen auffordern, aus denen sie ihre Verfügungsmacht herleiten. Ergibt sich dabei, dass ein Beteiligter als **Partei kraft Amtes** handelt, hat der Notar entsprechende Nachweise zu fordern und ggf. auf weitere Umstände hinzuweisen, von denen die Wirksamkeit der Verfügung in diesen Fällen abhängt (z.B. Genehmigung des Nachlassgerichts bei Verfügungen des Nachlassverwalters; Nachweis der Entgeltlichkeit bei Verfügungen des Testamentsvollstreckers).

e) Genehmigungserfordernisse

Literatur: *Grauel*, Zur Genehmigung des Vormundschafts-/Familiengerichts, insbesondere zu ihrer Wirksamkeit, ZNotP 2000, 152.

58 Der Notar hat grds. auf die zur Vollendung des Rechtsgeschäfts erforderlichen Handlungen hinzuweisen. Hängt die Wirksamkeit eines Grundstücksgeschäfts oder der Eintritt des damit bezweckten Erfolges von der **Genehmigung eines Dritten** ab, gehört es daher zu den Belehrungspflichten des Notars aus § 17 BeurkG, die Beteiligten auf das Genehmigungserfordernis aufmerksam zu machen.[215] Eine Pflicht zur **Einholung** der Genehmigung besteht nur, wenn der Notar sie übernommen hat. Er muss die Beteiligten jedoch auf die Folgen hinweisen, die im Fall der Verweigerung der Genehmigung entstehen können.[216] Ggf. hat er Sicherungen vorzuschlagen. Entwirft er den Text einer **Genehmigungserklärung**, so hat er den Beteiligten über deren rechtliche Folgen zu belehren (bei Vertretung: Wirksamwerden des

208 BGH v. 13.11.2017 – NotSt(Brfg) 4/17, NJW-RR 2018, 443 Rn 11.
209 BGH v. 13.11.2017 – NotSt(Brfg) 4/17, NJW-RR 2018, 443 Rn 11.
210 BeckOGK/*Regler*, Stand: 1.1.2026, § 17 BeurkG Rn 46.
211 BeckOGK/*Regler*, Stand: 1.1.2026, § 17 BeurkG Rn 46.
212 Vgl. OLG Celle v. 1.10.1973 – 3 U 36/72, DNotZ 1973, 503, 504; BGH v. 14.11.2002 – III ZR 87/02, NJW 2003, 578, 579.
213 Dazu s. Kersten/Bühling/*Kordel*, § 96 Rn 25 ff.; *Litzenburger*, NotBZ 2007, 1, 6 ff. (auch zu den Belehrungspflichten).
214 BGH v. 24.6.1993 – IX ZR 216/92, DNotZ 1993, 754, 756.
215 BGH v. 21.10.1980 – VI ZR 230/79, DNotZ 1981, 515 (behördliche Genehmigung der Auflassung nach § 19 Abs. 2 Nr. 1 BauGB a.F.).
216 BGH v. 25.4.1996 – IX ZR 237/95, DNotZ 1997, 62, 63.

Geschäfts nach § 177 Abs. 1 BGB, nicht dessen Inhalt).[217] Für **behördliche und gerichtliche Genehmigungen** gilt § 18 BeurkG.

Über Rechtshandlungen, die zur **Wirksamkeit** eines Rechtsgeschäftes notwendig sind, muss der Notar auch dann belehren, wenn er lediglich mit der Erstellung des **Vertragsentwurfs** beauftragt wird.[218] Diese Pflicht ergibt sich allerdings nicht aus § 17 BeurkG, sondern aus dem Betreuungsauftrag i.S.v. § 24 Abs. 1 BNotO (siehe Rdn 5). 59

Auf die **tatsächlichen Angaben** der Beteiligten darf sich der Notar auch in Bezug auf ausstehende Genehmigungen verlassen.[219] Das Risiko der **Genehmigungsverweigerung** trägt der Notar grds. nicht. Kennt er allerdings die Grundsätze, nach denen der Genehmigungsberechtigte die Genehmigung versagt, kann es die allgemeine Betreuungspflicht (siehe Rdn 6 ff.) gebieten, den Beteiligten einen entsprechenden Hinweis zu erteilen.[220] Letzteres gilt auch für den Fall, dass ein Genehmigungserfordernis besteht, welches jedoch der vom Notar beantragten formellen **Registereintragung** nicht im Wege steht, wie dies etwa bei der GmbH hinsichtlich auf den Unternehmensgegenstand bezogener Genehmigungserfordernisse der Fall ist. Keinesfalls darf der Notar im Rahmen des Vollzugs eines Vertrages den falschen Anschein erwecken, dieser sei – weil genehmigt – **wirksam** geworden.[221] 60

Der Notar, der eine Grundstücksveräußerung beurkundet, muss die Beteiligten über **Bestehen und Rechtsfolgen des § 1365 BGB** belehren, sofern nicht eine Anwendung dieser Vorschrift wegen des Familien- und Güterstands oder der dem Notar zuverlässig bekannten Vermögensverhältnisse des Veräußerers ausscheidet.[222] Gleiches kann gelten, wenn der Notar gesellschaftsrechtliche Vorgänge beurkundet, mit denen ein Gesellschafter über sein im Wesentlichen ganzes Vermögen verfügt.[223] Nachforschungen über die Vermögensverhältnisse muss der Notar ohne weitere Anhaltspunkte jedoch nicht anstellen. Er ist auch nicht gehalten,[224] die Beteiligten über **die Anwendbarkeit des § 1365 BGB** im konkreten Fall zu belehren. Ein abstrakter Hinweis dürfte somit genügen. Eine detaillierte Belehrung sollte der Notar schon deshalb nicht vornehmen, weil er bei Rechtsgeschäften über einzelne Vermögensgegenstände durch einen deutlichen Hinweis auf § 1365 BGB häufig erst die Voraussetzung für die Anwendbarkeit der Vorschrift im konkreten Fall schafft, indem er den Erwerber „bösgläubig" macht.[225] Hält es der Notar aber im konkreten Fall für möglich, dass § 1365 BGB eingreift, verpflichtet ihn Abs. 2, sich ergebende Zweifel an der Wirksamkeit des Vertrages mit den Beteiligten zu erörtern und dies in der Niederschrift zu vermerken.[226] 61

Bei Lebenspartnern nach dem **Lebenspartnerschaftsgesetz** gelten die §§ 1365, 1369 BGB gem. § 8 Abs. 2 LPartG auch bei Vereinbarung von Vermögenstrennung.[227]

Der Notar hat die Beteiligten darauf hinzuweisen, dass eine erforderliche **familiengerichtliche Genehmigung** nach § 1829 Abs. 1 S. 2 BGB dem anderen Vertragsteil gegenüber erst wirksam wird, wenn der Vormund sie ihm mitteilt. Dies folgt bereits aus der Pflicht, über die rechtliche Tragweite der Erklärung zu belehren, und ist zudem ausdrücklich in § 18 BeurkG geregelt (siehe § 18 BeurkG Rdn 71 ff.). Ggf. kann der Notar verpflichtet sein, **Sicherungen** vorzuschlagen, mit denen sich ein aus dem Genehmigungserfordernis resultierendes Risiko für die Beteiligten vermeiden lässt.[228] Es handelt sich hier um eine Ausprägung der Belehrungspflichten, die den Notar im Hinblick auf ungesicherte Vorleistungen 62

217 BGH v. 25.2.1994 – V ZR 63/93, DNotZ 1994, 764, 768 f.; BGH v. 11.11.2004 – III ZR 63/04, DNotZ 2005, 286, 287.
218 BGH v. 18.1.1996 – IX ZR 81/95, DNotZ 1997, 51, 52.
219 Vgl. BGH v. 21.10.1980 – VI ZR 230/79, DNotZ 1981, 515, 517 (behördliche Genehmigung der Auflassung nach § 19 Abs. 2 Nr. 1 BauGB a.F.).
220 So i.E. KG v. 25.1.1972 – 1 W 1040/71, DNotZ 1973, 250, 251 f. (befreiende Schuldübernahme), allerdings wenig überzeugend auf § 17 Abs. 1 gestützt, denn die Frage der Erteilung einer rechtsgeschäftlichen Genehmigung ist auch dann ein von § 17 Abs. 1 nicht erfasster tatsächlicher Gesichtspunkt wirtschaftlicher Art, wenn eine Behörde beteiligt ist.
221 BGH v. 4.5.1984 – V ZR 255/82, DNotZ 1985, 48, 49 (Genehmigung nach § 177 Abs. 1 BGB a.F.).
222 BGH v. 22.4.1975 – VI ZR 90/74, BGHZ 64, 246, 248 = DNotZ 1975, 628, 631; krit. hierzu *Neubauer*, RNotZ 2025, 113, 131 ff.
223 *Neubauer*, RNotZ 2025, 113.
224 BGH v. 22.4.1975 – VI ZR 90/74, BGHZ 64, 246, 249 = DNotZ 1975, 628, 631.
225 *Reithmann*, DNotZ 1975, 634 ff.; zur subjektiven Voraussetzung des § 1365 BGB s. Grüneberg/*Siede*, § 1365 BGB Rn 8; *Neubauer*, RNotZ 2025, 113, 115.
226 Vgl. OLG Frankfurt v. 19.12.1984 – 17 U 245/83, DNotZ 1986, 244 ff.
227 *G. Müller*, DNotI-Rep 2001, 126, 127.
228 BGH v. 3.11.1955 – III ZR 119/54, DNotZ 1956, 319, 320 f., krit. *Weber*, DNotZ 1956, 285 ff.

treffen (siehe Rdn 92 ff.). Zu den möglichen Sicherungen, etwa einer Bevollmächtigung des Notars zur Beantragung, Entgegennahme und Weiterleitung der Genehmigung.[229]

f) Steuerliche Folgen

Literatur *Jost*, Zur Frage der allgemeinen steuerrechtlichen Belehrungspflicht des Notars, LMK 2008, 252464; *Kanzleiter*, Pflicht des Notars zur Belehrung über Steuerfolgen?, in: FS Wolfsteiner, 2008, S. 65; *Kappe*, Zur Problematik der steuerlichen (grunderwerbsteuerlichen) Belehrung durch den Notar, BB 1980, 1815; *Moes*, Zur Pflicht des Notars auf steuerrechtliche Folgen des beurkundeten Geschäfts hinzuweisen, DNotZ 2008, 373; *Schuck*, Haftung des Notars für steuerliche Belehrungspflichten, BB 1996, 2332; *K.-R. Wagner*, Pflichten bei der notariellen Beurkundung von Gesellschaftsverträgen im Hinblick auf steuerliche Belastungsrisiken, DStR 1995, 807; *ders.*, Notarielle Aufgaben und Pflichten bei der Beurkundung steuerorientierter Kapitalanlagen, ZNotP 1997, 100; *Dirk Winkler*, Die Pflicht des Notars zur Belehrung über steuerliche Folgen und zur steueroptimierten Urkundsgestaltung, 2007 (zit. Belehrung).

63 Über **steuerliche Fragen** muss der Notar nach zutr. st. Rspr.[230] grds. nicht aufklären (siehe auch § 19 BeurkG Rdn 1; Ausnahmen siehe Rdn 65 ff.). Steuerliche Folgen gehören nämlich nicht zum Inhalt des Rechtsgeschäfts, sondern ergeben sich kraft Gesetzes daraus.[231] Zudem ist es nicht Schutzzweck der Prüfungs- und Belehrungspflicht des § 17 BeurkG, den Beteiligten bestimmte Steuervorteile zu sichern.[232] Der Notar ist **nicht der Steuerberater der Beteiligten**.[233] Ihm kann aus § 17 BeurkG nicht einmal die Pflicht zugewiesen werden, den Beteiligten an geeigneter Stelle den Besuch eines Steuerexperten zu empfehlen (zur allgemeinen Betreuungspflicht siehe aber Rdn 67). Dies gilt nach zutr. Ansicht selbst dann, wenn der Notar ausgewiesener Steuerspezialist ist, etwa weil er als Rechtsanwalt zugleich Fachanwalt für Steuerrecht oder Steuerberater ist.[234] Insoweit kommt der Grundsatz zum Tragen, dass **Sonderwissen** des Notars für die Reichweite der Belehrungspflichten unerheblich ist (siehe Rdn 38). Im Grundsatz gelten die vorstehenden Regeln auch für Steuerfragen im Zusammenhang mit Gesellschaftsverträgen (siehe Rdn 126), mit Eheverträgen (siehe Rdn 140) sowie mit Testamenten (siehe Rdn 146).

64 Eine Pflicht, über steuerliche Fragen zu belehren, ergibt sich auch nicht aus der (übernommenen) Überwachung und Förderung des ordentlichen **Vollzugs** oder – von bes. Umständen (siehe Rdn 67) abgesehen – auch nicht aus den Hinweispflichten nach § 19 BeurkG und § 8 Abs. 1 S. 4, Abs. 4 ErbStDV (vgl. dazu § 19 BeurkG Rdn 2). **§ 8 ErbStDV** begründet für den Notar nur die Verpflichtung, generell auf eine möglicherweise bestehende Pflicht zur Zahlung von **Erbschaft- oder Schenkungsteuer** hinzuweisen.[235] Er ist jedoch nicht verpflichtet, den Vertrag im Hinblick auf mögliche Steuerersparnisse zu gestalten, wenn die Beteiligten keinen dahingehenden Willen äußern und von einem Steuerberater beraten werden.[236] Die Vorschrift kann nicht im Wege der Analogie auf andere Steuertatbestände, auch nicht auf die Grunderwerbsteuer, erstreckt werden.[237] Dem Notar obliegt hinsichtlich öffentlicher Abgaben regelmäßig keine allgemeine Belehrungspflicht. Selbst auf eine im Zeitpunkt der Beurkundung unmittelbar bevorstehende Steuererhöhung oder -senkung braucht der Notar die Beteiligten somit nicht hinzuweisen.[238] Die Urkunde muss inhaltlich freilich den existierenden **notariellen Standards** zur Urkundsgestaltung zur

229 Vgl. Reithmann/Albrecht/*Albrecht*, Rn 635.

230 BGH v. 13.6.1995 – IX ZR 203/94, DNotZ 1996, 116 (betr. Spekulationssteuer); BGH v. 22.5.2003 – IX ZR 201/01, DNotZ 2003, 845 (betr. Einkommensteuer); BGH v. 20.9.2007 – III ZR 33/07, DNotZ 2008, 370 Rn 10 m. Anm. *Jost*, LMK 2008, 252464 (betr. Umsatzsteuer); OLG Oldenburg v. 12.6.2009 – 6 U 58/09, DNotZ 2010, 312, 313; OLG Hamm v. 1.6.2011 – 11 U 163/09, BeckRS 2011, 21433 (betr. Abschreibungsmöglichkeiten); OLG Hamm v. 15.9.2021 – 11 U 5/21, BeckRS 2021, 41593 Rn 6 (betr. grunderwerbsteuerliche Folgen des Geschäfts); OLG Hamm v. 29.5.2024 – 11 U 71/23, BeckRS 2024, 20680 Rn 24 f. (betr. Schenkung- und Erbschaftssteuer); so auch die Lit.; s. nur *Winkler*, § 17 Rn 366.

231 BeckOGK/*Regler*, Stand: 1.1.2026, § 17 BeurkG Rn 89.

232 *Kanzleiter*, DNotZ 1991, 315, 316.

233 OLG Hamm v. 15.9.2021 – 11 U 5/21, BeckRS 2021, 41593 Rn 6; Haug/Zimmermann/*Eggenstein*, Rn 577; *Winkler*, § 17 Rn 325.

234 *Bellut*, EWiR 2008, 79, 80; Handbuch Notarhaftung/*Ganter*, Kap. 3 Rn 722 ff. m. w. Nachw. auch zur Gegenansicht.

235 OLG Schleswig v. 6.5.2004 – 11 U 103/02, MittBayNot 2005, 516 m. krit. Anm. *Stelzer* (zur bis zur 31.7.1998 geltenden inhaltsgleichen Vorgängernorm des § 13 ErbStDV a.F.); OLG Oldenburg v. 12.6.2009 – 6 U 58/09, DNotZ 2010, 312, 313 m. krit. Anm. *Wachter*; OLG Hamm v. 27.7.2012 – I-11 U 74/11, BeckRS 2012, 18128.

236 OLG Hamm v. 29.5.2024 – 11 U 71/23, BeckRS 2024, 20680 (Ls.).

237 BGH v. 21.11.1978 – VI ZR 227/77, DNotZ 1979, 228, 231; OLG München v. 25.9.1972 – 21 U 1421/72, DNotZ 1973, 181, 182; *Stelzer*, MittBayNot 2005, 517 f.

238 LG Aachen v. 27.7.1988 – 4 O 206/88, DNotZ 1989, 457, 458 (Grunderwerbsteuer).

Steuervermeidung entsprechen.[239] Derartige Standards bestehen insbesondere im Bereich des **Güterrechts**;[240] nicht dagegen im Bereich der **Ertragsteuern** (3-Objekte-Regel, siehe auch Rdn 67), der **Erbschaft- und Schenkungsteuer** (insbesondere bei Kettenschenkungen[241] und den hierbei zu beachtenden Fristen)[242] sowie bei der **Umsatzsteuer**.[243]

Eine Belehrungspflicht nach § 17 BeurkG besteht jedoch, sofern es um Auswirkungen des **Inhalts eines Rechtsgeschäfts** auf bestehende Steuerschulden geht (z.B. die Haftung für solche Schulden in den Fällen von § 25 HGB oder §§ 75 ff. AO)[244] oder wenn die steuerlichen Folgen ersichtlich ein **wesentliches Motiv** für das dem Beurkundungsauftrag zugrunde liegende Geschäft waren. Wünschen die Beteiligten für den Notar erkennbar aus steuerlichen Gründen eine bestimmte, **konkret vorgegebene Vertragsgestaltung,** so gehört es zu den Amtspflichten des Notars aus Abs. 1, den Willen der Beteiligten zu ermitteln und eine diesem Willen entsprechende Urkunde zu entwerfen.[245] Dies entspricht den legitimen Erwartungen der Beteiligten an die Rolle des Notars.[246] Freilich gilt das lediglich für die Grundregeln des Erbschaft- und Schenkungsteuerrechts sowie des Grunderwerbsteuerrechts,[247] nicht aber etwa hinsichtlich des Ertragsteuerrechts (etwa für die Drei-Objekte-Regel). Wird der zivilrechtliche Zweck des Rechtsgeschäfts durch entsprechende steuerliche Absichten überlagert, so soll sich der Notar nach einer im Schrifttum vertretenen Ansicht[248] erforderlichenfalls auch insoweit selbst über die Rechtslage informieren müssen, um die Eignung des Geschäfts überprüfen zu können. Dies erscheint jedenfalls jenseits bestehender notarieller Standards (siehe Rdn 64) zu weit gehend; der Notar ist nicht der Steuerberater der Beteiligten (siehe Rdn 63).[249] Kennt er die steuerliche Gefahrenlage und hat er Anlass zu der Annahme, dass dies bei den Vertragsparteien nicht der Fall ist, so hat er freilich zumindest auf die **drohenden Nachteile** aufmerksam zu machen.[250] Fehlt dem Notar hingegen das erforderliche steuerrechtliche Fachwissen und hält er daher eine Gefahrenlage lediglich für möglich, so sollte er den Urkundsbeteiligten empfehlen sich durch einen Angehörigen der steuerberatenden Berufe beraten zu lassen.[251] 65

Gibt der Notar von sich aus oder auf Ersuchen der Beteiligten **Auskünfte** über Steuerfragen[252] oder erklärt er stillschweigend oder ausdrücklich, ein Steuerkundiger brauche nicht hinzugezogen zu werden,[253] so müssen diese Äußerungen richtig sein. Steuerauskünfte auf Ersuchen der Beteiligten stellen selbstständige Betreuungsgeschäfte i.S.v. § 24 Abs. 1 BNotO dar. Die Formulierung eines Antrages auf Steuerbefreiung in einer notariellen Urkunde verpflichtet den Notar dagegen allein nicht, die tatsächlichen und rechtlichen Voraussetzungen des Antrags zu prüfen.[254] Gibt der Notar lediglich Hinweise zu einem steuerlichen **Teilaspekt** (etwa indem er die umsatzsteuerliche Bemessungsgrundlage um die hälftige Gewerbesteuer korrigiert), so wird dadurch keine umfassende Belehrungspflicht über Steuerfragen ausgelöst.[255] Freilich darf der Notar nicht den Eindruck erwecken, er habe auch weitere Teilaspekte geprüft; dies kann durch einen Vermerk in der Urkunde klargestellt werden.[256] 66

Ansonsten ist der Notar nur **ausnahmsweise** unter den Voraussetzungen der **allgemeinen Betreuungspflicht** (siehe Rdn 6 ff.) verpflichtet, über steuerrechtliche Folgen aufzuklären. Dies ist dann der Fall, 67

239 OLG Frankfurt v. 29.5.2015 – 4 U 202/14, ZEV 2016, 103 Rn 12. – Krit. zur hiesigen Kommentierung *Wachter*, ZEV 2016, 105.
240 *D. Winkler*, Belehrung, 2007, S. 128 (modifizierter Ausschluss der Zugewinngemeinschaft).
241 OLG Frankfurt v. 29.5.2015 – 4 U 202/14, ZEV 2016, 103 Rn 12 (betr. Verpflichtung zur Belehrung über steuervermeidende Kettenschenkungen).
242 *D. Winkler*, Belehrung, 2007, S. 141.
243 BGH v. 20.9.2007 – III ZR 33/07, DNotZ 2008, 370 Rn 11 m. zust. Anm. *Bellut*, EWiR 2008, 79, 80 und *Moes*, DNotZ 2008, 373 (betr. Vorsteuerabzug; unterlassene Belehrung über § 75 AO); *D. Winkler*, Belehrung, 2007, S. 142.
244 BGH v. 20.9.2007 – III ZR 33/07, DNotZ 2008, 370 Rn 20 (betr. „Haftungsfalle" des § 75 AO bei Ausschluss der Haftung nach § 25 Abs. 2 HGB); OLG Schleswig v. 29.6.2004 – 11 U 38/03, NZG 2005, 89, 90 f.
245 OLG Hamm v. 1.6.2011 – 11 U 163/09, BeckRS 2011, 21433. Dieser Gedanke lag wohl der Entscheidung BGH v. 8.2.1990 – IX ZR 273/88, DNotZ 1991, 314, 315 zugrunde; zur berechtigten Kritik daran s. die Anm. von *Kanzleiter*, DNotZ 1991, 315 ff.
246 *D. Winkler*, Belehrung, 2007, S. 139.
247 BGH v. 14.5.1992 – IX ZR 262/91, NJW-RR 1992, 1178, 1180 (betr. Kettenverkauf).
248 *D. Winkler*, Belehrung, 2007, S. 113 ff., 139 ff.
249 So auch OLG Schleswig v. 6.5.2004 – 11 U 103/02, MittBayNot 2005, 516, 517.
250 *Bellut*, EWiR 2008, 79, 80.
251 *Moes*, DNotZ 2008, 373, 375.
252 BGH v. 20.9.2007 – III ZR 33/07, DNotZ 2008, 370; OLG Schleswig v. 6.5.2004 – 11 U 103/02, MittBayNot 2005, 516; OLG Hamm v. 15.9.2021 – 11 U 5/21, BeckRS 2021, 41593 Rn 6.
253 OLG Köln v. 18.12.1972 – 7 U 89/71, DNotZ 1978, 587.
254 OLG München v. 25.9.1972 – 21 U 1421/72, DNotZ 1973, 181, 182.
255 BGH v. 20.9.2007 – III ZR 33/07, DNotZ 2008, 370 Rn 17.
256 *Moes*, DNotZ 2008, 373, 376.

wenn der Notar nach den bes. Umständen des Einzelfalls – vor allem wegen der rechtlichen Konzeption oder vorgesehenen Durchführung des Geschäfts – Anlass zu der Vermutung haben muss, einem Beteiligten drohe ein Schaden, weil er sich mangels Kenntnis der Rechtslage der Gefahr nicht bewusst ist.[257] Nach Ansicht des BGH ist der Notar bei **eigener Kenntnis** der steuerlichen Folgen verpflichtet, die Beteiligten auf die Gefahrenlage, etwa die Steuerpflichtigkeit eines Veräußerungsgewinns („Spekulationssteuer"), hinzuweisen.[258] Dies erscheint bedenklich,[259] insb., wenn infolgedessen eine Haftung des Notars für die anfallende Spekulationssteuer im Raum steht.[260] Jedenfalls ist der Notar nicht verpflichtet, die **Umstände** zu ermitteln, aus denen sich eine Steuerpflichtigkeit ergeben kann.[261] Er muss jedoch durch organisatorische Maßnahmen sicherstellen, dass ihm Informationen und Unterlagen, welche die Beteiligten dem Büropersonal übermitteln, präsent sind.[262] Auch die Pflicht zur Einsichtnahme ins Grundbuch (§ 21 Abs. 1 S. 1 BeurkG) umfasst nicht die Ermittlung von Tatsachen, die für das Eingreifen von Steuertatbeständen von Bedeutung sein können.[263] Die Belehrungspflicht als Ausfluss der allgemeinen Betreuungspflicht beschränkt sich inhaltlich darauf, dass möglicherweise Steuerfolgen entstehen; der Notar kann sich mit der **Empfehlung** begnügen, einen Steuerspezialisten aufzusuchen.[264]

68 Die **Finanzverwaltung** erkennt einen Rechtsanspruch auf schriftliche **Auskunftserteilung** auch außerhalb der in der AO geregelten Fälle an.[265] Der Notar kann den Beteiligten daher auch empfehlen, einen Vertragsentwurf zur Erteilung einer verbindlichen Zusage über die Steuerfolgen beim zuständigen Finanzamt einzureichen.[266]

69 **Einzelfälle:** Die Beurkundung einer Klausel darüber, welcher der Beteiligten die **Grunderwerbsteuer** zu tragen habe, begründet keine Belehrungspflicht über den tatsächlichen Anfall dieser Steuer,[267] jedoch ist dem Notar in solchem Falle eine einschränkende Zusatzklausel zu empfehlen (etwa: „… für den Fall, dass Grunderwerbsteuer geschuldet wird …"). Auch beim **Kettenverkauf** eines Grundstücks muss der Notar nicht nach Abs. 1 über die grunderwerbsteuerlichen Folgen beraten.[268] Allerdings kann er hierzu aufgrund der allgemeinen Betreuungspflicht verpflichtet sein (siehe Rdn 6 ff., 67).

g) Wirtschaftliche Folgen

70 Da der Notar nicht der Wirtschaftsberater der Beteiligten ist, braucht er regelmäßig auch nicht die Angemessenheit des Kaufpreises (siehe aber Rdn 73) oder allg. die **wirtschaftlichen Chancen und Risiken** des in Aussicht genommenen Geschäfts zu thematisieren.[269] Der Notar ist auch nicht verpflichtet, einen Beteiligten über Bedenken hinsichtlich der **Zuverlässigkeit** und **Zahlungsfähigkeit** eines gewählten Vertragspartners aufzuklären (zur gesamtschuldnerischen Kostenhaftung siehe aber Rdn 77).[270] Geht es nur darum, ob ein von ihm zu beurkundendes Geschäft in tatsächlicher Hinsicht für einen Beteiligten

257 BGH v. 14.5.1992 – IZ ZR 262/91, DNotZ 1992, 813, 815; BGH v. 22.5.2003 – IX ZR 201/01, DNotZ 2003, 845; OLG Hamm v. 15.9.2021 – 11 U 5/21, RNotZ 2022, 340, 346; LG Oldenburg v. 7.3.2007 – 5 O 751/06, BeckRS 2007, 10858.

258 BGH v. 10.11.1988 – IX ZR 31/88, DNotZ 1989, 452; BGH v. 13.6.1995 – IX ZR 203/94, DNotZ 1996, 116, 117; BGH v. 22.5.2003 – IX ZR 201/01, DNotZ 2003, 845; so auch OLG Koblenz v. 13.2.2002 – 1 U 296/01, NotBZ 2002, 306; LG Verden v. 30.1.2013 – 7 O 276/12, IBRRS 89735.

259 Krit. auch *D. Winkler*, Belehrung, 2007, S. 175; *Winkler*, § 17 Rn 371, vgl. ferner *Peter/Roemer*, RNotZ 2005, 169, 172 („sehr weitgehend").

260 S. zu diesem Haftungsrisiko OLG Köln, Beschl. v. 12.7.2021 – 7 U 139/20, BeckRS 2021, 23601 (für den Fall, dass der Notar die Steuerpflichtigkeit fälschlicherweise verneint).

261 Instruktiv BGH v. 13.6.1995 – IX ZR 203/94, DNotZ 1996, 116, 117; OLG Koblenz v. 13.2.2002 – 1 U 296/01, NotBZ 2002, 306.

262 BGH v. 10.11.1988 – IX ZR 31/88, DNotZ 1989, 452, 453 ff.

263 BGH v. 13.6.1995 – IX ZR 203/94, DNotZ 1996, 116, 117; vgl. auch *Peter/Roemer*, RNotZ 2005, 169, 172.

264 BGH v. 21.11.1978 – VI ZR 227/77, DNotZ 1979, 228, 231; BGH v. 22.5.2003 – IX ZR 201/01, DNotZ 2003, 845; *Kanzleiter*, in: FS Wolfsteiner, 2007, S. 65, 70. Formulierungsbeispiel etwa bei *Horndasch*, NotarFormulare Kindschaftsrecht, 2016, § 2 Rn 29.

265 BMF BStBl I 1987, 474.

266 Vgl. auch *Spiegelberger*, DNotZ 1988, 210, 211.

267 LG Kiel v. 10.2.1975 – 9 O 188/74, DNotZ 1978, 588.

268 BGH v. 14.5.1992 – IZ ZR 262/91, DNotZ 1992, 813, 815.

269 St. Rspr.; BGH v. 5.11.1992 – IX ZR 260/91, DNotZ 1993, 459, 461; BGH v. 2.6.2005 – III ZR 306/04, DNotZ 2005, 847; BGH v. 22.7.2010 – III ZR 293/09, DNotZ 2011, 192 Rn 16 m. Anm. *Armbrüster*, LMK 2010, 309367 und *Regler*, MittBayNot 2011, 80 (s. dazu auch *K.-R. Wagner*, ZNotP 2011, 53 ff.); KG v. 21.10.2011 – 9 W 195/10, DNotZ 2012, 290, 293; BeckOGK/*Regler*, Stand: 1.1.2026, § 17 BeurkG Rn 85 ff.; Grziwotz/Sauer/Heinemann/*Grziwotz*, § 17 Rn 40; Kersten/Bühling/*Hundertmark*, § 6 Rn 2.

270 BGH v. 22.11.1966 – IV ZR 39/65, DNotZ 1967, 323 (Vorstrafe eines Architekten wegen Betrugs).

nachteilig sein kann, dann trifft den Notar nach Abs. 1 nicht die Pflicht, durch Belehrungen oder Aufklärungen einzugreifen.[271]

Überhaupt ist es grds. nicht Aufgabe des Notars, die **wirtschaftlichen Motive** der Beteiligten zu eruieren. 71
Zu den wirtschaftlichen Motiven gehört auch die **beabsichtigte Nutzung** eines erworbenen Grundstücks.[272] Ebenfalls zu den wirtschaftlichen Folgen eines Geschäftes zählt der Umstand, dass sich ein eingeräumtes **dingliches Wohnrecht** oder Vorkaufsrecht nachteilig auf den Kaufpreis auswirken kann.[273] Die dem Notar obliegende Gestaltungsaufgabe wird es jedoch häufig mit sich bringen, dass er, um überhaupt eine dem Willen der Beteiligten entsprechende Urkunde aufsetzen zu können, sich nach den mit dem Vertrag verfolgten **wirtschaftlichen Zielen** erkundigen muss (siehe Rdn 40).

Hat der Notar Kenntnis davon, dass ein **Insolvenzverfahren** über das Vermögen eines Vertragsbeteilig- 72
ten eröffnet wurde oder insolvenzrechtliche Sicherungsmaßnahmen angeordnet wurden, gebietet es Abs. 1 schon wegen der insoweit bestehenden Verfügungsbeschränkungen, den Vertragspartner zu informieren.[274] Vom Vorliegen eines Grundes zur Eröffnung eines Insolvenzverfahrens (Zahlungsunfähigkeit oder drohende Zahlungsunfähigkeit; §§ 17, 18 InsO) kann der Notar dagegen regelmäßig nicht mit Sicherheit wissen, so dass ihn insoweit keine Belehrungspflicht trifft.[275] Freilich muss er aufgrund seiner allgemeinen Betreuungspflicht (siehe Rdn 6 ff.) bei einem Bauträgervertrag den erwerbenden Verbraucher auf die „faktische Warnfunktion" eines eingetragenen **Zwangsversteigerungsvermerks** hinweisen.[276] Anders liegt es, wenn der Zwangsversteigerungsvermerk inzwischen gelöscht wurde. Der gelöschte Vermerk hat keine rechtliche Komponente, sondern bildet nur ein Indiz hinsichtlich der früheren Bonität eines Vertragspartners, über die der Notar nicht belehren muss und aufgrund seiner Pflicht zur Unparteilichkeit (siehe Rdn 11) unter Umständen auch nicht belehren darf.[277] Eine Belehrungspflicht über eine mögliche **Anfechtbarkeit** nach InsO oder AnfG besteht nur dann, wenn der Notar über konkrete Anhaltspunkte für die Anfechtbarkeit verfügt.[278] Dabei geht es freilich allein um mittelbare Folgen des Rechtsgeschäfts (siehe Rdn 33), so dass die Pflicht nicht aus § 17 BeurkG, sondern aus der **allgemeinen Betreuungspflicht** folgt (siehe Rdn 6, 33).[279]

Die vorstehenden Regeln bedeuten freilich nicht, dass der Notar die wirtschaftlichen Folgen eines 73
Rechtsgeschäfts stets außer Betracht lassen dürfte. Vielmehr hat er das Geschäft insbesondere im Hinblick auf § 4 BeurkG darauf zu überprüfen, ob Anzeichen für eine **erhebliche Störung des Äquivalenzverhältnisses** von Leistung und Gegenleistung vorliegen (siehe § 4 BeurkG Rdn 14). Bei erkennbar betrügerischen oder sittenwidrigen Geschäften hat er seine Mitwirkung zu versagen. Praktisch bedeutsam ist dies insbesondere angesichts der neueren Rspr. zu wucherähnlichen Immobilienverträgen.[280] Werden die Kriterien für die Sittenwidrigkeit erst nach der Beurkundung durch die Rechtsprechung entwickelt, kommt eine Amtspflichtverletzung nur in Betracht, wenn der Notar dies hätte voraussehen müssen.[281] Über die wirtschaftlichen Folgen eines Rechtsgeschäftes muss der Notar grundsätzlich nur aufgrund der **allgemeinen Betreuungspflicht** beraten (siehe Rdn 6 ff., 40). Unter diesen Voraussetzungen kann er verpflichtet sein, den Verkäufer bei einem Teilkaufvertrag auf Risiken

271 BGH v. 22.11.1966 – IV ZR 39/65, DNotZ 1967, 323, 324 f.
272 BGH v. 7.2.1991 – IX ZR 24/90, DNotZ 1991, 759, 761 (Nutzung eines Jagdhauses im Außenbereich als Wochenendhaus).
273 BGH v. 2.10.1964 – VI ZR 138/63, DNotZ 1965, 115, 117.
274 *Schillig*, MittBayNot 2002, 347, 352. Vgl. auch OLG Zweibrücken v. 27.7.2006 – 4 U 111/05, MittBayNot 2007, 240, 241 (freilich unzutr. § 17 Abs. 1 auf die Abwicklung eines Verwahrungsgeschäfts anwendend; s. dazu Rdn 4).
275 Zust. *Schillig*, MittBayNot 2002, 347, 352.
276 BGH v. 22.7.2010 – III ZR 293/09, DNotZ 2011, 192, 194 f. Rn 19 m. Anm. *Armbrüster*, LMK 2010, 309367 und *Regler*, MittBayNot 2011, 80, 82 (dies zu Recht auf Verbraucherverträge beschränkend); zurückhaltender nunmehr jedoch BeckOGK/*Regler*, Stand: 1.1.2026, § 17 BeurkG Rn 85 ff.
277 BGH v. 23.8.2018 – III ZR 506/16, DNotZ 2019, 37 Rn 32 m. zust. Anm. *Armbrüster/Wächter*, NotBZ 2019, 34, 35 f.
278 *M. Huber/Armbruster*, NotBZ 2011, 309, 315, 316; differenzierend *Schilling*, MittBayNot 2002, 347, 352; *Schumacher-Hey*, RNotZ 2004, 543, 561 f.; restriktiver *Ganter*, DNotZ 2004, 421, 425 f. (der Notar müsse die Anfechtbarkeit zumindest für sehr wahrscheinlich halten); abl. Bremkamp/Kindler/Winnen/*Köther*, BeurkG § 17 Rn 32.3; s. auch Rn 108.
279 *Ganter*, DNotZ 2004, 421, 423 f.; a.A. RG v. 3.1.1933 – III 22/32, DNotZ 1933, 799; *Allerkamp*, Die sog. erweiterte Belehrungspflicht des Notars, 1990, S. 59.
280 BGH v. 19.1.2001 – V ZR 437/99, BGHZ 146, 298 ff. = NJW 2001, 1127; dazu *H.-G. Eckert*, ZfIR 2001, 884 ff. und allg. MüKo-BGB/*Armbrüster*, § 138 Rn 208 ff.
281 LG Frankenthal v. 26.7.2021 – 4 O 47/21, BWNotZ 2021, 375, 376.

hinzuweisen, die ihm infolge der konkreten Vertragsgestaltung drohen, wie etwa die Zwangsvollstreckung bei Insolvenz des Teilkäufers.[282]

h) Kosten

74 Haben die Beteiligten den Notar ausdrücklich um eine kostenpflichtige Vollzugstätigkeit gebeten, so braucht der Notar über die eigenen und registergerichtlichen Kosten i.S.v. § 1 Abs. 1 GNotKG (**Gebühren und Auslagen**) sowie über sonstige gesetzlich festgelegte Kosten grds. nicht zu belehren (Ausnahmen siehe Rdn 75).[283] Er muss insbesondere auch nicht darauf hinweisen, dass Vollzugsgebühren durch eigenes Tätigwerden der Beteiligten vermieden werden können.[284]

75 Unter besonderen Umständen kann der Notar zur Belehrung über die Kosten verpflichtet sein. Dies ist insbesondere der Fall, wenn die Beteiligten nach den Kosten ausdrücklich **fragen**[285] oder wenn sie sich erkennbar im **Rechtsirrtum** befinden.[286] Wünschen die Beteiligten die Beurkundung eines nicht beurkundungsbedürftigen Rechtsgeschäfts, so kann dies auf einen Rechtsirrtum hindeuten.[287] Auf die Möglichkeit der privatschriftlichen Vornahme muss der Notar jedenfalls dann hinweisen, wenn das Geschäft für die Beteiligten in rechtlicher, persönlicher und wirtschaftlicher Hinsicht erkennbar nur **geringste Bedeutung** hat.[288] Gleiches gilt für den Fall, dass die Beteiligten zwar ein beurkundungsbedürftiges Rechtsgeschäft vornehmen wollen, aber Anhaltspunkte dafür bestehen, dass es eines solchen nach der damit verfolgten wirtschaftlichen Zwecksetzung nicht bedarf.[289] Halten die Beteiligten daraufhin an ihrem Beurkundungsbegehren fest, darf der Notar ohne weitere Nachfrage davon ausgehen, dass er unabhängig von den entstehenden Kosten beurkunden soll.[290] Eine **Belehrung über die Kosten** ist auch dann geboten, wenn die Beteiligten um die Beurkundung mehrerer Rechtsgeschäfte nachsuchen und die Kosten für die darunter befindlichen nicht beurkundungsbedürftigen Geschäfte die Kosten für die notwendigen Beurkundungen erheblich übersteigen.[291] Die Belehrungspflicht hat in solchen Fällen auch die Tatsache zu umfassen, dass statt der Beurkundungskosten möglicherweise Kosten für notarielle Beratung entstehen.

76 Der Notar hat den Beteiligten stets zum **sichersten Weg** zu raten (siehe Rdn 34). Er schuldet jedoch nicht nur eine richtige, sondern auch eine **kostensparende Sachbehandlung**.[292] Im Widerstreit zwischen dem kostengünstigeren und dem sichereren Weg hat der Notar den Beteiligten Letzteren zu empfehlen (siehe Rdn 35). Unnötige Kosten muss er freilich zu vermeiden suchen.[293] Die Beantwortung der Frage, wann Kosten unnötig sind, hängt vom Einzelfall ab. Zudem sind einige Fälle auch rechtlich umstritten.[294]

282 S. hierzu *Armbrüster/Claussen*, NotBZ 2025, 81, 84.

283 BGH v. 20.10.2009 – VIII ZB 13/08, DNotZ 2010, 230 Rn 17; KG v. 21.10.2011 – 9 W 195/10, DNotZ 2012, 290; *Lerch*, § 17 Rn 86 f.

284 *Appell*, DNotZ 1983, 644, 645; a.A. OLG Düsseldorf v. 10.5.1983 – 8 W 434/82, DNotZ 1983, 642, 643.

285 OLG Düsseldorf v. 6.12.2001 – 10 W 108/01, RNotZ 2002, 60, 61; KG v. 21.10.2011 – 9 W 195/10, DNotZ 2012, 290, 291.

286 OLG Zweibrücken v. 18.8.1975 – 5 W 74/75, DNotZ 1977, 57, 58 (Irrtum über eine gem. § 140 S. 2 KostO a.F. unwirksame Zusage der Gebührenfreiheit); OLG Naumburg v. 2.1.2012 – 2 Wx 37/10, RNotZ 2012, 293 Rn 19 m. krit. Anm. *F.J. Klein* (betr. notarielles statt eigenhändiges gemeinschaftliches Testament); *Winkler*, § 17 Rn 376; BeckOGK/*Regler*, Stand: 1.1.2026, § 17 BeurkG Rn 97.

287 OLG Düsseldorf v. 6.12.2001 – 10 W 108/01, RNotZ 2002, 60, 61; KG v. 21.10.2011 – 9 W 195/10, DNotZ 2012, 290, 291.

288 OLG Brandenburg v. 30.3.2020 – 7 W 17/20, BeckRS 2020, 14803 Rn 10 (keine Belehrungspflicht bei Patientenverfügung); LG Düsseldorf v. 23.2.2021 – 25 OH 79/18, BWNotZ 2021, 280 Rn 63; unzutr. auf den Anlass des ersten Notarbesuchs abstellend OLG Naumburg v. 2.1.2012 – 2 Wx 37/10, RNotZ 2012, 293 Rn 19 m. krit. Anm. *F.J. Klein*; gegen allgemeine Belehrungspflicht BeckOK-BNotO/*Sander*, § 17 Rn 25.

289 KG v. 5.10.1998 – 25 W 4420 u. 4421/07, NJW-RR 1999, 861, 862 (Beurkundung der Erbscheinsverhandlung bei Vorhandensein eines öffentlichen Testaments).

290 OLG Düsseldorf v. 6.12.2001 – 10 W 108/01, RNotZ 2002, 60, 61 (nach § 130 Abs. 1 S. 3 AktG entbehrliche Beurkundung von Hauptversammlungsbeschlüssen).

291 OLG Hamm v. 19.2.1979 – 15 W 57/78 – juris (Kosten für notwendige Beurkundung rund 800 DM, für nicht beurkundungsbedürftige Verträge 9.500 DM).

292 OLG Brandenburg v. 1.8.2023 – 7 W 36/23, NotBZ 2023, 383 Rn 8.

293 OLG Saarbrücken v. 5.1.1982 – 5 W 171/81, DNotZ 1982, 451; OLG Celle v. 6.1.2003 – Not 19/02, DNotZ 2004, 196, 198 m. krit. Anm. *Kanzleiter*.

294 Ausf. Darstellung des Meinungsstands bei BayObLG v. 27.9.2000 – 3Z BR 186/00, BayObLGZ 2000, 260, 262 ff. = MittBayNot 2000, 575 f.

Höchstrichterlich geklärt ist mittlerweile aber insb., dass die **getrennte Beurkundung von Kaufvertrag und Auflassung** keine unrichtige Sachbehandlung darstellt.[295]

Eine Belehrung über die **gesamtschuldnerische Kostenhaftung** nach §§ 29 ff., 32 GNotKG fordert Abs. 1 nicht; betroffen ist insoweit lediglich die wirtschaftliche Tragweite des Geschäfts.[296] Allerdings muss der Notar darüber unter den Voraussetzungen der allgemeinen Betreuungspflicht (siehe Rdn 6 ff.) belehren. Diese werden im Bereich der Kostenhaftung freilich nur selten vorliegen. Eine Belehrung ist insbesondere erforderlich, wenn ein Beteiligter über die Kostenhaftung irrt und seine Inanspruchnahme trotz einer abweichenden Kostenregelung im Vertrag angesichts der erkennbaren wirtschaftlichen Lage des primären Kostenschuldners wahrscheinlich ist.[297] 77

2. Einzelfragen (nach Sachgebieten)

a) Grundstücksrecht

Literatur *Böttcher*, Die Entwicklung des Grundbuch- und Grundstücksrechts bis Ende 2021, NJW 2022, 822; *Brambring*, Schuldrechtsreform und Grundstückskaufvertrag, DNotZ 2001, 590; *Görs*, Nichtigkeit von Grundstückskaufverträgen wegen Missachtung des Vergaberechts, notar 2008, 144; *Grziwotz*, Immobilienkauf nach der Schuldrechtsmodernisierung, ZfIR 2001, 1033; *V. Heinze/Salzig*, Gestaltungsüberlegungen zum Grundstückskaufvertrag unter Geltung des neuen Rechts, NotBZ 2002, 1; *C. Heitmann*, Garagen und Pkw-Stellplätze, ZNotP 1998, 415; *Hertel*, Neues Verzugsrecht – Folgen für die notarielle Vertragsgestaltung, DNotZ 2001, 910; *ders.*, Schuldrechtsreform – Überblick und Hinweise zur notariellen Vertragsgestaltung, ZNotP 2002, 1; *Peter/Roemer*, Zur Belehrung des Notars über Nachabfindungsansprüche gem. § 13 HöfeO, RNotZ 2005, 169; *Pfeifer*, Grundschulden aus Sicht von Notar und Bank, MittRhNotK 1998, 333; *Raststätter*, Die Prüfungs- und Belehrungspflichten des Notars bei Grundschuldbestellungen, BWNotZ 1990, 215; *Wälzholz/Bülow*, Die Schuldrechtsreform in der notariellen Praxis – ein Überblick mit Checklisten und Formulierungsvorschlägen, MittBayNot 2001, 509; *Wilhelmi*, Notarielles Beurkundungsverfahren im Immobilienkapitalanlagebereich, DB 1995, 2513; *Zimmer*, Grundpfandrechtsbestellung durch Notarangestellte, ZNotP 2007, 407.

aa) Allgemeine Belehrung. Die Grundregeln wurden bereits behandelt (siehe Rdn 52 ff.). Speziell bei der Beurkundung eines Grundstückskaufvertrages hat der Notar darüber zu belehren, dass das Eigentum erst mit der **Umschreibung im Grundbuch** auf den Erwerber übergeht. Ferner muss er darauf hinweisen, dass diese Umschreibung an eine Reihe von Voraussetzungen geknüpft ist. Dies sind insbesondere Auflassung, Vorliegen der Unbedenklichkeitsbescheinigung des Finanzamts sowie erforderlicher Genehmigungen und Negativatteste, ggf. Zahlung der Gebühren.[298] Bei der **isolierten Beurkundung der Auflassung** (z.B. infolge der Beurkundung des schuldrechtlichen Geschäfts im Ausland) erstreckt sich die Belehrungspflicht nur auf die rechtliche Tragweite der Auflassung als solcher und nicht auch auf rechtliche Risiken, die sich aus dem Kausalgeschäft ergeben.[299] Mit der Einführung des Sanktionsdurchsetzungsgesetzes II gilt seit dem 1.4.2023 ein Barzahlungsverbot beim Erwerb von Immobilien gem. § 16a Abs. 1 GwG. Ausweislich der Gesetzesbegründung hat der Notar auf diese Regelung hinzuweisen und über die zivilrechtlichen Auswirkungen und über die Nachweispflichten der Beteiligten aufzuklären.[300] Zu weit geht es hingegen, eine anlasslose Pflicht zum Hinweis darauf anzunehmen, dass sich der Vollzug des Geschäfts bei **fehlenden Nachweisen** verzögert (siehe Rdn 30).[301] 78

295 BGH v. 1.10.2020 – V ZB 67/19, BWNotZ 2021, 17 Rn 7 ff. = BeckRS 2020, 30692; BayObLG v. 27.9.2000 – 3Z BR 186/00, BayObLGZ 2000, 260, 262 ff. = MittBayNot 2000, 575 f.; OLG Celle v. 6.1.2003 – Not 19/02, DNotZ 2004, 196, 198 (aber die Belehrungspflicht betonend); *Kanzleiter*, DNotZ 1996, 242, 252; a.A. noch OLG Düsseldorf v. 8.11.1994 – 10 W 123/94, DNotZ 1996, 324, 325.

296 OLG Zweibrücken v. 23.11.1987 – 3 W 109/87, DNotZ 1988, 391, 392 f.; KG v. 21.10.2011 – 9 W 195/10, DNotZ 2012, 290, 292; Frenz/Miermeister/*Frenz*, § 17 BeurkG Rn 20.

297 OLG Zweibrücken v. 23.11.1987 – 3 W 109/87, DNotZ 1988, 391, 393; BayObLG v. 27.9.2000 – 3Z BR 186/00, BayObLGZ 2000, 260, 252; KG v. 21.10.2011 – 9 W 195/10, DNotZ 2012, 290, 292; *Winkler*, § 17 Rn 376.

298 BeckOGK/*Regler*, Stand: 1.1.2026, § 17 BeurkG Rn 47.

299 OLG Köln v. 2.1.2002 – 2 Wx 50/01, RNotZ 2002, 239, 241 (zur Anwendung des § 38 Abs. 2 Nr. 6a KostO a.F. für Auflassung bei Vorbeurkundung im Ausland) mit abl. Anm. *Knoche* zur Kostenfrage.

300 BT-Drucks 20/4326, 66; BNotK-Rdschr. 1/2023 vom 22.2.2023, B I 4 a); zust. *Eicher*, DNotZ 2023, 165, 166 f.; wohl auch *Bernert/Reyes y Ráfales*, NJW 2023, 1686; krit. *Wachter*, ZNotP 2023, 41, 51.

301 Dafür aber *Eicher*, DNotZ 2023, 165, 167.

bb) Beurkundungsbedürftigkeit

Literatur *Binz/Rosenbauer*, Beurkundungspflicht bei der Veräußerung von Anteilen an einer GmbH & Co. KG?, NZG 2015, 1136; *Burmeister/Schmidt-Hern*, Beurkundungsbedürftigkeit des Zustimmungsbeschlusses bei einer Veräußerung des gesamten Vermögens einer Personengesellschaft?, NZG 2016, 580; *Decker*, Beurkundungspflicht des Zustimmungsbeschlusses bei der Übertragung des gesamten Vermögens einer GmbH?, NZG 2018, 447; *Kapsa*, Aktuelle Probleme des Notarhaftungsrechts, ZNotP 2008, 468; *C. Keim*, § 313 BGB und die Beurkundung zusammengesetzter Verträge, DNotZ 2001, 827; *K. J. Müller*, Beurkundungsbedürftigkeit verbundener Verträge bei Grundstücksgeschäften, NJW 2021, 2477; *Müller-Magdeburg*, Notarielle Pflichten bei finanzierten Grundstückskaufverträgen, ZNotP 2003, 213; *Seeger*, Die „einseitige Abhängigkeit“ – zum Umfang der Beurkundungsbedürftigkeit zusammengesetzter Grundstücksgeschäfte, MittBayNot 2003, 11; *Schmidt-Troscke*, Beurkundungspflicht und Zustimmungserfordernisse nach § 1365 bei Aufhebung oder nachträglicher Änderung von Grundstückskaufverträgen, NotBZ 2002, 157; *Schmucker*, Das verbundene Geschäft und seine Auswirkungen auf den Umfang der Beurkundungspflicht, DNotZ 2002, 900; *Tropf*, Urkunds- und Formmängel beim Grundstücksgeschäft, ZNotP 1998, 257.

79 Hinsichtlich der privatrechtlich notwendigen **Zustimmung nach § 6 Abs. 1 ErbbauRG** besteht eine Belehrungspflicht des Notars. Insbesondere ist er verpflichtet, die Erwerber eines Erbbaurechts darauf hinzuweisen, dass der Grundstückseigentümer seine Zustimmung zur Veräußerung des Erbbaurechts erteilen, jedoch diejenige zur Belastung verweigern kann, wenn die Zustimmungsbedürftigkeit dieser Verfügungen Inhalt des Erbbaurechts ist (§ 5 ErbbauRG) und der Notar, z.B. aufgrund einer in dem Kaufvertrag enthaltenen Belastungsvollmacht, damit rechnen muss, dass die Erwerber das Recht zur Finanzierung des Kaufpreises belasten wollen. Über diese **Gefahr der „gespaltenen“ Eigentümerzustimmung** hat er nach § 17 BeurkG zu belehren; zudem muss er Möglichkeiten aufzeigen, ihnen entgegenzuwirken.[302] Hierfür muss freilich entgegen dem BGH nicht eine Parallele zur Belehrungspflicht bei ungesicherten Vorleistungen statuiert werden; vielmehr handelt es sich um die reguläre Pflicht, über mögliche Finanzierungshindernisse im Bereich der Grundpfandrechte zu belehren.[303]

80 Der Notar muss ohne konkrete Verdachtsgründe nicht über Gefahren belehren, die bei einem Grundstücksgeschäft durch **verheimlichte Nebenabreden** bestehen, da mit unlauterem Verhalten der Beteiligten nicht gerechnet werden muss.[304] Dennoch empfiehlt sich eine Belehrung über nicht offen gelegte Nebenabreden wegen deren bes. Bedeutung für die Formwirksamkeit des Vertrages.[305]

81 **cc) Grundbuch- und Grundakteninhalt.** Über vertragserhebliche **Belastungen,** die sich aus dem Grundbuch ergeben, muss der Notar, der das Grundbuch eingesehen hat (vgl. § 21 BeurkG), die Beteiligten gem. Abs. 1 vollständig und ohne Verharmlosung informieren.[306] Als vertragserhebliche Belastungen kommen neben Grundpfandrechten und Dienstbarkeiten etwa auch Vormerkungen, Widersprüche gegen die Richtigkeit des Grundbuches und sonstige Vermerke in Betracht.[307]

82 Auf ein bestehendes **vertragliches Vorkaufsrecht** hat der Notar hinzuweisen, wenn dieses aus dem Grundbuch ersichtlich ist.[308] Der Grund hierfür besteht darin, dass Vorkaufsrechte zu erheblichen Abwicklungsschwierigkeiten führen können. Ein derartiges Recht dient schließlich zumeist unmittelbar den Interessen des Berechtigten, vielfach also gerade dem Schutz vor einem Erwerb durch Dritte.[309] Es bestehen freilich Gestaltungsmöglichkeiten, die eine weitgehend reibungslose Abwicklung ermöglichen.[310] Eine Pflicht zur **Benennung** des Vorkaufsberechtigten besteht nicht (zum Vorkaufsrecht der Miterben beim Verkauf eines Erbteils siehe Rdn 151).

83 Die Belehrungspflicht kann sich dabei auch auf solche dinglichen Rechte erstrecken, die nicht auf dem verkauften, sondern auf einem **anderen Grundstück** lasten. Dies wird etwa der Fall sein, wenn eine Teilfläche verkauft und ein Wegerecht an dem Restgrundstück bestellt wird,[311] da dieses Wegerecht – wenn

302 BGH v. 2.6.2005 – III ZR 306/04, DNotZ 2005, 847, 848 f. = BGH-Report 2005, 1182 m. Anm. *Winkler*.
303 *Kesseler*, RNotZ 2005, 496, 497.
304 BGH v. 22.11.1957 – IV ZB 236/57, VersR 1958, 28, 29.
305 Vgl. Beck'sches Formularbuch/*Gebele*, III. B. 1. § 2 (h) und Rn 6; *Ganter*, DNotZ 2007, 246, 248 f.
306 BGH v. 19.12.1991 – IX ZR 8/91, DNotZ 1992, 457, 458 f. (betr. Sicherungshypothek am Bruchteil nur eines Miteigentümers); BGH v. 6.5.2004 – III ZR 247/03, DNotZ 2004, 849, 850 (betr. Höhe der vorhandenen Belastungen; krit. dazu *Reithmann*, ZNotP 2004, 432, 433).
307 Z.B. Vor- und Nacherbenvermerk gem. § 51 GBO, Zwangsversteigerungsvermerk gem. § 19 Abs. 1 ZVG.
308 BGH v. 3.2.1984 – V ZR 190/82, DNotZ 1984, 636 f.; für ges. Vorkaufsrechte gilt § 20.
309 *Böttcher/Hee-Jung*, RNotZ 2010, 557, 559.
310 Vgl. Kersten/Bühling/*Basty/Franck*, § 32 Rn 331 ff.
311 BGH v. 24.6.1993 – IX ZR 84/92, DNotZ 1993, 752 ff. (Wegerecht im Rang nach Grundpfandrechten).

es im Rang nach Grundpfandrechten steht – durch den Zuschlag in einem Zwangsversteigerungsverfahren erlöschen kann (§ 91 ZVG). Umgekehrt kann der Notar verpflichtet sein, die mögliche Vereinbarung eines Wegerechts (und dessen Sicherung) zu erörtern, sofern das Grundstück über keinen Zugang zu einer öffentlichen Straße verfügt.[312] Dies fällt unter die Sachverhaltsaufklärung und Erforschung des Willens der Beteiligten im Rahmen von § 17 BeurkG; die Pflicht besteht mithin nicht nur unter den Voraussetzungen der allg. Betreuungspflicht gem. § 14 BNotO.[313]

Eine Pflicht zur Einsicht in **Grundakten** besteht nur ausnahmsweise nach Maßgabe der aus § 14 BNotO abgeleiteten Pflicht zur betreuenden Belehrung.[314] Eine Einsichtnahme kann aber im Hinblick auf unerledigte Anträge zweckmäßig sein (vgl. auch § 21 BeurkG Rdn 8). **84**

dd) Unterlagen der Beteiligten. Der Notar kann gem. Abs. 1 verpflichtet sein, neben dem Grundbuchauszug auch von den **Beteiligten** vorgelegte Unterlagen daraufhin zu prüfen, ob sich aus ihnen Umstände ergeben, die der Errichtung einer wirksamen, dem Willen der Beteiligten entsprechenden Urkunde entgegenstehen.[315] Die Nachforschungspflicht des Notars wird man dabei aber auf diejenigen Umstände beschränken müssen, die für die **Erreichung des Vertragszwecks** von entscheidender Bedeutung sind. Keinesfalls kann dem Notar zugemutet werden, ein von den Beteiligten überreichtes Unterlagenkonvolut ohne weitere Anhaltspunkte auf für das Geschäft erhebliche Informationen durchzusehen. Ebenso wenig kann von ihm verlangt werden, Unterlagen selbst zu beschaffen und einzusehen, sofern diese für die unmittelbare Wirksamkeit des Rechtsgeschäfts nicht bedeutsam sind.[316] Informationen, welche die rechtliche Beschaffenheit der Kaufsache betreffen (etwa Auszüge aus dem Liegenschaftskataster oder dem Baulastenverzeichnis [siehe Rdn 86], Verwaltungsakte [Altlasten] etc.), sollte der Notar aber in jedem Fall zur Kenntnis nehmen.[317] **85**

ee) Belastungen des Grundstücks außerhalb des Grundbuchs

Literatur *Bücker/Viefhues*, Häufige Fehler bei der notariellen Amtsführung – Prüfungs- und Belehrungspflichten, ZNotP 2005, 91; *O. Schmidt/A. Vogel*, Einschränkungen der Grundstücksnutzung durch Nachbarrecht und Baulasten, ZfIR 2001, 334; *Schmitz-Vornmoor*, Baulasten – die notarielle Vertragsgestaltung zwischen Zivilrecht und öffentlichem Recht, RNotZ 2007, 121; *Schürmann*, Die Baulast im Grundstücksverkehr, Festschrift Rheinisches Notariat, 1999, 81.

Der Notar ist nicht verpflichtet, die Beteiligten auf mögliche Belastungen hinzuweisen, die aus dem Grundbuch nicht ersichtlich sind.[318] So ist der Notar aufgrund von Abs. 1 nicht verpflichtet, aus eigener Initiative auf das **Baulastenverzeichnis** hinzuweisen oder in dieses Einsicht zu nehmen (arg. e contrario § 21 BeurkG).[319] Er muss nach § 17 BeurkG grundsätzlich auch nicht allgemein die Beteiligten darauf hinweisen, dass Baulasten bestehen können, welche Bedeutung sie haben und dass eine Einsicht ins Baulastenverzeichnis möglich ist. Etwas anderes kann sich allerdings unter den Voraussetzungen der allgemeinen Betreuungspflicht (siehe Rdn 6 ff.) ergeben.[320] Ein Hinweis auf das Baulastenverzeichnis oder die Einsichtnahme kann im Einzelfall insb. dann angezeigt sein, wenn etwaige Baulasten den **Vertragszweck** vereiteln würden. Dies ist etwa der Fall, wenn ein unbebautes Grundstück zu Bauzwecken erworben wird. Beim Kauf einer Eigentumswohnung sind Baulasten dagegen i.d.R. kaum bedeutsam und müssen daher grds. nicht eigens erwähnt werden. Bei **privaten Baubeschränkungen** **86**

312 OLG Hamm v. 11.8.2021 – 11 U 114/20, BeckRS 2021, 40704 Rn 5.

313 Insoweit womöglich a.A. *Ganter*, DNotZ 2023, 405, 416: Pflicht zur gestaltenden Beratung nach § 14 Abs. 1 BNotO.

314 Kersten/Bühling/*Hundertmark*, § 6 Rn 11.

315 BGH v. 19.10.1995 – IX ZR 104/94, DNotZ 1996, 563, 564 (Auszug aus dem Liegenschaftsbuch).

316 *Armbrüster/Claussen*, DNotZ 2024, 148, 154 f. (Anm. zu BGH v. 15.6.2023 – III ZR 44/22, wo die Amtspflichtverletzung jedoch nicht gerügt wurde); *Brüning*, NotBZ 2024, 90, 93; *Sauer*, JR 2024, 527, 533; a.A. OLG Hamm v. 4.2.2022 – 11 U 124/18, BWNotZ 2022, 412 Rn 43 ff. m. insoweit krit. Anm. *Dieckmann/Hofstetter*; *Meusel*, ErbbauZ 2024, 181, 184.

317 Zust. BeckOGK/*Regler*, Stand: 1.1.2026, § 17 BeurkG Rn 44.

318 So schon BGH v. 26.3.1953 – III ZR 14/52, DNotZ 1953, 492, 494; BeckOGK/*Regler*, Stand: 1.1.2026, § 17 BeurkG Rn 52.

319 OLG Schleswig v. 11.1.1990 – 11 U 109/88, DNotZ 1991, 339 ff.; *Reithmann/Blank/Rinck*, F Rn 55; *Winkler*, § 21 Rn 13; s. auch § 21 Rn 8; a.A. *Sachse*, NJW 1979, 195, 198; *Schmitz-Vornmoor*, RNotZ 2007, 121, 136. Vgl. auch BGH v. 17.5.1994 – IX ZR 56/93, NJW-RR 1994, 1021: Baulasten liegen „mehr am Rande notarieller Amtstätigkeit".

320 *Reithmann/Blank/Rinck*, F Rn 55.

greift § 17 BeurkG bereits deshalb nicht ein, weil sie als Sachmängel der Kaufsache gem. § 434 BGB gelten,[321] hinsichtlich derer den Notar keine Hinweispflichten aus § 17 BeurkG treffen (siehe Rdn 105).

ff) Erschließungsbeiträge

Literatur *Thebille*, Erschließungsverträge in der notariellen Praxis, RNotZ 2014, 333; *Tiedtke/Wälzholz*, Die Schuldrechtsreform in der notariellen Praxis, NotBZ 2001 Beil. zur Schuldrechtsreform, S. 13, 23 f.; *Volmer*, Rechtsprechung zu den Anforderungen an den Notar bei Beurkundung eines Bauträgervertrages hinsichtlich der Erschließungskosten, ZfIR 2008, 249.

87 Haben die Beteiligten einen Punkt übergangen, der üblicherweise zum Gegenstand der vertraglichen Abreden gemacht wird, muss der Notar, der zur vollständigen Erfassung und Niederlegung des Parteiwillens verpflichtet ist, prüfen, ob die Auslassung auf einem Versehen oder auf einer Verkennung der Rechtslage beruht.[322] Bedeutsam ist dies etwa für die Frage, ob der Notar über die Problematik nicht abgerechneter **Erschließungsbeiträge** belehren muss. Da der Notar sich nicht darauf beschränken darf, in der Urkunde nur die Hauptleistungspflichten zu regeln, sondern eine umfassende, ausgewogene und interessengerechte Vertragsgestaltung schuldet, muss er diese – bei Grundstücksgeschäften regelmäßig bedeutsame – Problematik von sich aus ansprechen.[323] Über die konkret bereits angefallenen oder künftig noch anfallenden Erschließungsbeiträge schuldet er jedoch keine Belehrung.[324]

88 Die Problematik der Erschließungskosten wurde durch die Schuldrechtsmodernisierung 2002 nur unbefriedigend gelöst. Nach § 436 Abs. 1 BGB n.F. hat der Verkäufer die Erschließungsbeiträge und sonstige Anliegerbeiträge für diejenigen Maßnahmen zu tragen, die bei Vertragsschluss bautechnisch begonnen sind. Diese Lösung über einen gesetzlichen **Freistellungsanspruch** des Käufers ist in vielen Fällen nicht sachgerecht, so dass weiterhin **Gestaltungsbedarf** besteht.[325]

89 Verpflichtet sich der Verkäufer, den Käufer von den Erschließungskosten **freizustellen,** so hat der Notar gem. Abs. 1 auf das Risiko der Zahlungsunfähigkeit des Verkäufers hinzuweisen und Wege aufzuzeigen, um dieses Risiko zu vermeiden.[326] Der Käufer, der den vollen Kaufpreis zahlt, erbringt insoweit nämlich eine **ungesicherte Vorleistung** (siehe auch Rdn 96).[327] Die Sicherung des Freistellungsanspruchs ist allerdings, solange nicht feststeht, ob und in welcher Höhe Erschließungskosten anfallen, regelmäßig nur schwer durchführbar. Auch sonstige Gestaltungsmöglichkeiten begegnen gewissen Schwierigkeiten.[328]

gg) Durchsetzbarkeit des Kaufpreisanspruchs

Literatur *Münch*, Der Anwendungsbereich der Vollstreckungsunterwerfung – Zum neuen Recht der vollstreckbaren Urkunde, ZNotP 1998, 473; *von Rintelen*, Probleme und Grenzen der Vollstreckungsunterwerfung in der notariellen Urkunde, RNotZ 2001, 2; *Schindeldecker*, Unterwerfung unter die sofortige Zwangsvollstreckung und Nachweisverzicht hinsichtlich des Kapitals einer Sicherungsgrundschuld nach Inkrafttreten des Risikobegrenzungsgesetzes, RNotZ 2016, 440; *Volmer*, Bestimmtheit der Vollstreckungsunterwerfung wegen Zinsansprüche, ZfIR 2001, 79; *Wolfsteiner*, Die vollstreckbare Urkunde, 4. Aufl. 2019.

90 Die Frage, ob der Notar die **Durchsetzbarkeit des Kaufpreisanspruchs** anzusprechen und diesbezügliche Sicherungen (z.B. die Unterwerfung unter die sofortige Zwangsvollstreckung) vorzuschlagen hat, muss differenzierend beantwortet werden.[329] Zu beachten ist dabei, dass die Belehrungs- und Beratungs-

321 BGH v. 10.3.1978 – V ZR 69/76, NJW 1978, 1429 (in Abgrenzung zur öff. Baulast); BGH v. 11.12.1992 – V ZR 204/91, DNotZ 1993, 689 f. (jeweils zu § 434 BGB a.F.); Grüneberg/*Weidenkaff*, § 434 BGB Rn 49.
322 So bereits BGH v. 11.7.1957 – III ZR 28/56, DNotZ 1958, 23, 24, der allerdings annimmt, der Notar müsse auch über solche Abgaben belehren, deren ges. Grundlage zum Zeitpunkt der Beurkundung noch nicht besteht; abl. *Seybold*, DNotZ 1955, 27, 28 f.
323 BGH v. 28.4.1994 – IX ZR 161/93, DNotZ 1995, 403, 404 f.; BeckOGK/*Regler*, Stand: 1.1.2026, § 17 BeurkG Rn 53; krit. hierzu *Grziwotz*, NJW 1995, 641 f.
324 BeckOGK/*Regler*, Stand: 1.1.2026, § 17 BeurkG Rn 53.
325 *Amann/Brambring/Hertel*, S. 110; *Brambring*, DNotZ 2001, 590, 614.
326 *Basty*, Bauträgervertrag, Kap. 9 Rn 24.
327 BGH v. 17.1.2008 – III ZR 136/07, DNotZ 2008, 280, 282; OLG Frankfurt v. 25.1.2006 – 4 U 70/05, NotBZ 2008, 32, 33; a.A. OLG Oldenburg v. 24.10.1988 – 13 U 69/88, DNotZ 1990, 450, 451.
328 *Grziwotz*, DNotZ 2008, 284, 287 f.; *Volmer*, ZfIR 2008, 249 f. S. zur ausreichenden Absicherung einer Vorleistung durch eine Bürgschaft gem. § 7 MaBV BGH v. 10.3.2005 – IX ZR 73/01, DNotZ 2005, 685 f. m. Anm. *Blank*; Anm. *Volmer*, ZfIR 2005, 408; s. auch OLG Frankfurt v. 25.1.2006 – 4 U 70/05, NotBZ 2008, 32, 33. Jenes Vorauszahlungsmodell mit Bürgschaft dürfte mittlerweile unzulässig sein; *Ganter*, ZNotP 2006, 42, 43.
329 Reithmann/Albrecht/*Albrecht*, Rn 461.

pflicht aus Abs. 1 nur so weit geht, wie sie notwendig ist, um eine dem Willen der Parteien entsprechende rechtswirksame Urkunde zu errichten. Die Durchsetzbarkeit von Ansprüchen geht aber über ihre rechtswirksame Begründung hinaus und gehört daher grds. zu den **wirtschaftlichen** Gefahren des Rechtsgeschäfts[330] (zu Ausnahmen siehe Rdn 70 f.). Über diese muss der Notar nur unter den Voraussetzungen der allgemeinen Betreuungspflicht (siehe Rdn 6 ff.) belehren. Er hat diese Belehrung dabei – im Unterschied zur notwendigen Belehrung nach Abs. 1 – sorgfältig mit der Pflicht zur notariellen Unparteilichkeit **abzuwägen** (siehe Rdn 12). Dies gilt umso mehr, als die Durchsetzbarkeit von Ansprüchen aus notariellen Urkunden auch ohne die Vollstreckungsunterwerfung durch die Möglichkeit der Klage im Urkundenprozess (§§ 592 ff. ZPO) weitgehend vereinfacht ist.

Etwas anderes kann sich aber aus dem Umstand ergeben, dass der Notar gem. Abs. 1 auf eine **interessengerechte, ausgewogene Vertragsgestaltung** zu achten hat.[331] Diese wäre etwa gefährdet, wenn der Grundstückskäufer aufgrund der Vertragsgestaltung seine Ansprüche ohne Inanspruchnahme gerichtlicher Hilfe realisieren kann (Beispiel: Auflassung wird unwiderruflich zu treuen Händen des Notars erklärt), der Verkäufer aber den Kaufpreis nur im Klagewege zu erlangen vermag. Ein Hinweis auf die Möglichkeit der Vollstreckungsunterwerfung bei Ansprüchen, die der Unterwerfung zugänglich sind, gehört somit jedenfalls dann zu den Belehrungspflichten des Notars nach Abs. 1, wenn ansonsten die **Ausgewogenheit der Vertragsgestaltung** gefährdet wäre. Inwieweit dies der Fall ist, kann auch von regionalen Unterschieden in der üblichen Vertragsgestaltung abhängen.[332] Zu weit ginge es aber, hielte man den Hinweis auf die Vollstreckungsunterwerfung für eine interessengerechte, ausgewogene Vertragsgestaltung generell für unentbehrlich.[333] 91

Beurkundet der Notar die **Unterwerfungserklärung** eines Beteiligten, sollte er darauf achten, dass dieser dadurch nicht über Gebühr benachteiligt wird. Eine derartige Benachteiligung kann insbesondere dann eintreten, wenn die Erteilung der vollstreckbaren Ausfertigung gänzlich losgelöst vom Nachweis der Vollstreckungsvoraussetzungen erfolgt.[334] Da die Unterwerfungserklärung keine **Beweislastumkehr** zu Ungunsten des Schuldners bedeutet,[335] werden Abreden über die Beweislast zum Schutz des Schuldners künftig an Bedeutung verlieren.

hh) Ungesicherte Vorleistungen

Literatur *Armbrüster/Krause*, Aktuelle Entwicklungen zur notariellen Belehrungspflicht, NotBZ 2004, 325; *R. Brieske*, Zur Beratungspflicht des Notars bei ungesicherten Vorleistungen im Rahmen von Grundstückskaufverträgen, DNotZ 2001, 478; *Frenz*, Amtspflichten bei ungesicherten Vorleistungen, ZNotP 2012, 122; *Ganter*, Die Belehrungspflichten des Urkundsnotars im Falle des Vorliegens einer ungesicherten Vorleistung, NotBZ 2000, 277; *Grziwotz*, Anmerkung zu BGH DNotZ 2008, 280, DNotZ 2008, 284; *Hagenbucher*, Die Eintragung der Eigentumsvormerkung für den Grundstückskäufer ein unvermeidbares Risiko für den Verkäufer? MittBayNot 2003, 249; *C. Keim*, Die notarielle Vorlagesperre – Begründung einer Vorleistungspflicht oder Sicherungsinstrument im Rahmen der Zug-um-Zug-Abwicklung, MittBayNot 2003, 21; *Kesseler*, Belehrungspflichten bei Verträgen ohne vertragliche Vorleistungen, ZNotP 2005, 251; *Lerch*, Zu den Belehrungspflichten des Notars, insbesondere bei ungesicherten Vorleistungen, WuB VIII C § 17 BeurkG 1.07; *Milzer*, Die Absicherung ungesicherter Vorleistungen bei Immobilienübertragungen in Scheidungsvergleichen, NZFam 2015, 701; *Schlee*, Notarielle Belehrungspflichten bei ungesicherten Vorleistungen, NotBZ 1998, 103; *K.-R. Wagner*, MaBV und VerbrKrG – Zum notariellen Belehrungsdilemma, ZNotP 1999, 458; *Wörner*, Die Sicherung der Lastenfreistellung bei der Veräußerung von Teilflächen durch Freigabevormerkung, MittBayNot 2001, 450.

Zur Belehrung über die rechtliche Tragweite gehört auch die Belehrung über **ungesicherte Vorleistungen**. Wenn eine Partei eine ungesicherte Vorleistung erbringen soll, die als solche für die Beteiligten nicht ohne weiteres erkennbar ist,[336] so trifft den Notar eine **doppelte Belehrungspflicht**: Er muss über die Folgen belehren, die bei Leistungsunfähigkeit des durch die Vorleistung Begünstigten eintreten 92

330 OLG Köln v. 11.3.1986 – 9 U 1792/85, DNotZ 1987, 55, 56; BeckOGK/*Regler*, Stand: 1.1.2026, § 17 BeurkG Rn 54.
331 *Winkler*, § 17 Rn 291.
332 Reithmann/Albrecht/*Albrecht*, Rn 461.
333 So aber wohl BeckOGK/*Regler*, Stand: 1.1.2026, § 17 BeurkG Rn 54; Kersten/Bühling/*Wolfsteiner/Rebhan*, § 20 Rn 2 mit Fn 2.
334 Vgl. Kersten/Bühling/*Wolfsteiner/Rebhan*, § 20 Rn 5; zu den Grenzen des Nachweisverzichts s. auch *Hertel*, ZNotP 1999, 3 ff.
335 BGH v. 3.4.2001 – XI ZR 120/00, DNotZ 2001, 793, 795 ff.
336 Krit. zu diesem Erfordernis – das jedoch entgegen der Kritik nicht systemwidrig erscheint (vgl. Rn 25) – *Ganter*, DNotZ 2007, 246, 251 f.; Handbuch Notarhaftung/*Ganter*, Kap. 3 Rn 657.

(**1. Pflicht: Belehrung über die Tragweite**), und Wege aufzeigen, wie dieses Risiko vermieden werden kann (**2. Pflicht: „gestaltende Beratung“**[337]).[338] Die Rspr. dehnt insbesondere die 2. Pflicht weit aus.[339] Selbst wenn der Erwerber bereits mehrere Sicherungsmöglichkeiten abgelehnt hat, muss der Notar weitere Möglichkeiten aufzeigen oder – falls er solche nicht kennt – sich zu entsprechenden Erkundigungen bereit erklären.[340]

93 Tritt in der Beurkundung neben der unmittelbaren Vertragspartei ein von dieser **bevollmächtigter Dritter**, z.B. ein beauftragter Rechtsanwalt, auf, ändert dies nichts an der Belehrungspflicht des Notars hinsichtlich der ungesicherten Vorleistungen. Es kommt nicht darauf an, ob der Dritte ausreichend belehrt wurde. Der Notar hat vielmehr die **anwesende Vertragspartei** entsprechend zu belehren, sofern er nicht annehmen durfte, dass diese bereits durch den Dritten hinreichend informiert war.[341] Eine derartige Belehrung ist auch nicht etwa schon dann entbehrlich, wenn der Notar weiß, dass der Urkundsbeteiligte anwaltlichen oder notariellen Rat in derselben Angelegenheit erhalten hat, sondern er hat sich immer zu vergewissern, dass eine entsprechende Belehrung tatsächlich erteilt und das Risiko auch verstanden wurde.[342]

94 Bei seiner Belehrung darf sich der Notar auf die realistisch in Betracht kommenden **Sicherungsmöglichkeiten** beschränken.[343] Zu weit ginge es, eine generelle Amtspflicht des Notars anzunehmen, sämtliche juristisch möglichen Sicherungen aufzuzeigen. Der Notar kann die Beteiligten vor die Wahl stellen, ob sie die Beurkundung solange **aufschieben**, bis ausreichende Sicherungsmechanismen gefunden sind, oder auf **sofortiger Beurkundung** bestehen wollen, dann aber unter Inkaufnahme des Vorleistungsrisikos.[344] Der allg. Hinweis auf ein Vorleistungsrisiko genügt jedenfalls nicht.[345] Die Pflicht, ungesicherte Vorleistungen zu vermeiden, besteht auch für ein durch die Ausübung eines vertraglichen Rücktrittsrechts entstandenes Rückabwicklungsverhältnis.[346]

95 Häufig wird es um ungesicherte Vorleistungen des **Erwerbers eines Grundstücks** gehen, die entgegen § 320 Abs. 1 S. 1 BGB grundsätzlich erforderlich sind.[347] Es kommt aber auch der umgekehrte Fall einer ungesicherten Vorleistung des **Veräußerers** vor, etwa hinsichtlich einer vorzeitigen Nutzungsüberlassung[348] oder einer vom Veräußerer versprochenen Ausgleichszahlung für Darlehenskosten des Erwerbers.[349] Die Belehrungspflicht wegen ungesicherter Vorleistungen besteht überdies nicht nur dann, wenn es sich um ein **Austauschgeschäft** handelt, bei dem Leistung und Gegenleistung unmittelbar verknüpft sind.[350] Daher löst auch ein notarieller **Darlehensvertrag**, in dem zugleich die Bestellung einer Grundschuld als Sicherheit vereinbart wird, die Belehrungspflicht aus.[351] Dasselbe gilt, soweit es im Rahmen eines Austauschgeschäfts um Verfügungen zugunsten **Dritter** geht, z.B. die Bestellung einer Grund-

337 Hierzu s. *Frenz*, ZNotP 2012, 122, 124; *Ganter*, DNotZ 2007, 246, 252; *Reithmann*, NotBZ 2007, 14, 15 f.; *Winkler*, § 17 Rn 341.

338 St. Rspr.; BGH v. 6.5.2004 – III ZR 247/03, DNotZ 2004, 849 f. m. Anm. *Reithmann*, ZNotP 2004, 432; BGH v. 24.1.2008 – III ZR 156/07, NJW 2008, 1319, 1320 m. insoweit zust. Anm. *Heinze*, RNotZ 2008, 365; BGH v. 17.1.2008 – III ZR 136/07, DNotZ 2008, 280 Rn 10; BGH v. 6.10.2011 – III ZR 34/11, NJW-RR 2012, 300, 301 Rn 16 m. Anm. *Schlick*, ZNotP 2013, 2, 5 ff.; OLG Frankfurt v. 8.3.2017 – 4 U 176/16, NJOZ 2017, 852 Rn 17; KG v. 14.5.2019 – Not 6/18, RNotZ 2019, 492 Rn 40.

339 S. vorherige Fn – und BeckOGK/*Regler*, Stand: 1.1.2026, § 17 BeurkG Rn 78; Zurückhaltender allerdings BGH v. 3.7.1986 – IX ZR 51/85, DNotZ 1987, 157, 159 (Notar darf nicht Sicherungen vorschlagen, die im erkennbaren Widerspruch zum Willen eines anderen Beteiligten stehen).

340 BGH v. 12.2.2004 – III ZR 77/03, DNotZ 2004, 841, 842 f.; *Armbrüster/Krause*, NotBZ 2004, 325 ff.

341 OLG Frankfurt v. 15.2.2012 – 4 U 129/11, MittBayNot 2012, 408, 409.

342 OLG Frankfurt v. 15.2.2012 – 4 U 129/11, MittBayNot 2012, 408, 410.

343 BGH v. 12.2.2004 – III ZR 77/03, DNotZ 2004, 841, 842; in Abgrenzung zu BGH v. 15.1.1988 – IX ZR 4/97, DNotZ 1998, 637 ff.

344 BGH v. 15.1.1988 – IX ZR 4/97, DNotZ 1998, 637, 639.

345 OLG Rostock v. 9.3.1995 – 1 U 186/94, DNotZ 1996, 123, 124.

346 BGH v. 29.10.1987 – IX ZR 181/86, DNotZ 1988, 383, 384 f.

347 *Frenz*, ZNotP 2012, 122, s. auch *Grziwotz*, DNotZ 2008, 284 f.

348 BGH v. 24.1.2008 – III ZR 156/07, DNotZ 2008, 925 ff. m. insoweit krit. Anm. *Krebs*, S. 927, 928 f. (s. auch die Kritik an den Gestaltungsvorschlägen des BGH bei *Volmer*, ZfIR 2008, 371, 372); OLG Frankfurt v. 8.3.2017 – 4 U 176/16, NJOZ 2017, 852 Rn 18.

349 Beispiel bei LG Dortmund v. 16.2.2007 – 3 O 41/03, BeckRS 2007, 05892; zust. *Kapsa*, ZNotP 2007, 402, 404.

350 BeckOGK/*Regler*, Stand: 1.1.2026, § 17 BeurkG Rn 82.

351 BGH v. 22.6.2006 – III ZR 259/05, DNotZ 2006, 912, 913 f. mit insoweit zust. Anm. *Krebs*; *Ganter*, DNotZ 2007, 246, 251; abw. noch OLG Oldenburg v. 24.10.1988 – 13 U 69/88, DNotZ 1990, 450.

schuld für ein nicht der Kaufpreisfinanzierung dienendes Darlehen.[352] Auch eine Grundschuldbestellung, die dem **Vollzug** eines kurz zuvor geschlossenen Grundstückskaufvertrags dient, wird von der doppelten Belehrungspflicht erfasst.[353] Dasselbe gilt, wenn ausnahmsweise der Veräußerer die **Grunderwerbsteuer** tragen soll.[354]

Steht die von den Beteiligten **ausdrücklich gewünschte Gestaltung** einer wirkungsvollen Sicherung entgegen, so beschränkt sich die Pflicht des Notars auf die **eindringliche Belehrung** über die Risiken der Vertragsgestaltung.[355] An einen solchen ausdrücklichen Gestaltungswunsch sind jedoch hohe Anforderungen zu stellen. Vereinbaren die Beteiligten etwa eine Ratenzahlung nach MaBV und umfasst der Kaufpreis die **Erschließungskosten** (zu ihnen siehe Rdn 87 ff.), ohne dass sie in den Raten gesondert ausgewiesen werden, so entfällt die Belehrungspflicht nach einer sehr strengen Rspr. des BGH nicht allein deshalb, weil sich die Kaufpreisraten an der MaBV orientieren; diese sehe nämlich nur einen Mindestschutz vor.[356] 96

Bei der Beurkundung eines Kaufvertrages über eine noch **nicht vermessene Teilfläche** hat der Notar gem. Abs. 1 zu klären, nach welchen Kriterien die Fläche vermessen werden soll (Fläche oder Lage). Ist nach der Vermessung mit erheblichen Erstattungen oder Nachzahlungen zu rechnen, so liegt hierin eine ungesicherte Vorleistung.[357] Der Notar sollte auch die Frage ansprechen, wer die **Vermessungskosten** übernimmt (zu den Erschließungsbeiträgen vgl. Rdn 87 ff.). Eine Verpflichtung des Notars, Sicherungen vorzuschlagen, wird man nur dann anzunehmen haben, wenn mit erheblichen Vermessungskosten zu rechnen ist. 97

Ungesicherte Vorleistungen kommen häufig in Zusammenhang mit der **lastenfreien Übertragung** von Grundeigentum vor. Verpflichtet sich der **Verkäufer**, ein Grundstück lastenfrei auf den Käufer zu übertragen, dann muss der Notar darauf hinwirken, dass der Kaufpreis nicht bereits zu einem Zeitpunkt an den Verkäufer ausgezahlt wird, zu dem die Lastenfreistellung noch nicht gesichert ist.[358] Ist dies nicht möglich, etwa weil der Kaufpreis bereits vor der Beurkundung in voller Höhe gezahlt wurde, so muss der Notar Regelungen anregen, welche die geforderte Entschuldung auf andere Weise gewährleisten.[359] Umgekehrt muss der Notar durch die Gestaltung des Vertrages sicherstellen, dass der **Käufer** keine endgültige Verfügungsmöglichkeit über das Grundstück erhält, bevor der Verkäufer einen gesicherten Anspruch auf die Gegenleistung[360] inne hat.[361] Die Belehrung über die Risiken einer ungesicherten Vorleistung hat sich auch auf mitveräußertes Mobiliar zu erstrecken. 98

Der Notar muss den Verkäufer aufgrund von Abs. 1 nicht darüber belehren, dass dieser dem Käufer auf **Schadensersatz** haftet, wenn die Lastenfreistellung scheitert. Eine solche Belehrungspflicht kann sich ausnahmsweise aus der allgemeinen Betreuungspflicht (siehe Rdn 6 ff.) ergeben, etwa wenn der Verkäufer sich hierüber in einem erkennbaren Irrtum befindet. 99

Schwierigkeiten ergeben sich dann, wenn Grundstücke **über Wert belastet** sind. Reicht der gezahlte Kaufpreis nicht aus, um die Grundpfandrechte vollständig abzulösen, so besteht die Gefahr, dass die vertragsgemäße Entschuldung scheitert oder dass sich zumindest der Vollzug des Vertrages verzögert. Hat der Notar die Beteiligten über alle relevanten Belastungen informiert und sichergestellt, dass der Käufer keinen Rechtsverlust am Kaufpreis erleidet, müssen die mit der Verzögerung einhergehenden weiteren Belastungen (Verzögerungsschäden, Vorfälligkeitsentschädigungen etc.) den wirtschaftlichen Risiken des Geschäftes zugerechnet werden. Überdies ist es dem Notar häufig gar nicht möglich, den genauen 100

352 BGH v. 15.4.1999 – IX ZR 93/98, DNotZ 2001, 473, 475 f. m. grds. zust. Anm. *Brieske*.
353 BGH v. 6.10.2011 – III ZR 34/11, NJW-RR 2012, 300 Rn 17.
354 OLG Schleswig v. 10.6.2004 – 11 U 173/02, SchlHA 2005, 371, 372 = BeckRS 2004, 12216.
355 BGH v. 3.7.1986 – IX ZR 51/85, DNotZ 1987, 157, 159; BGH v. 2.11.1995 – IX ZR 15/95, DNotZ 1996, 568, 569 (Belehrung darüber, dass die mit einem Altenteilsrecht bezweckte Sicherung durch eine vorrangige Grundschuld vereitelt werden kann).
356 BGH v. 17.1.2008 – III ZR 136/07, DNotZ 2008, 280 Rn 11 m. krit. Anm. *Grziwotz*, S. 284 und *Volmer*, ZfIR 2008, 249.
357 OLG Nürnberg v. 17.1.1990 – 4 U 308/89, DNotZ 1990, 458, 459 f.
358 Vgl. BGH v. 24.2.1976 – VI ZR 118/74, DNotZ 1976, 629, 631 (betr. mit Globalhypothek belastetes Teilgrundstück).
359 Vgl. BGH v. 12.7.1968 – VI ZR 91/66, DNotZ 1969, 173, 175.
360 Die nicht nur im Kaufpreis bestehen muss; vgl. BGH v. 21.3.1989 – IX ZR 155/88, DNotZ 1990, 58 ff.
361 BGH v. 24.1.2008 – III ZR 156/07, DNotZ 2008, 925 = RNotZ 2008, 365 m. Anm *Heinze*.

Umfang der Belastungen und deren Ablösbarkeit zu ermitteln. Eine Belehrungspflicht des Notars besteht somit nicht gem. Abs. 1, sondern nur unter den Voraussetzungen der **allgemeinen Betreuungspflicht** (siehe Rdn 6 ff.).

101 Übernimmt der Notar den Vollzug des Rechtsgeschäfts, so darf er den Kaufpreis erst dann zur **Ablösung von Grundpfandrechten** verwenden, wenn er sich einen Überblick über die gesamte Höhe der dinglichen Belastungen verschafft und festgestellt hat, dass diese tatsächlich abgelöst werden können.[362] Erkennt er, dass der Kaufpreis zur Lastenfreistellung unzureichend ist, muss er umgehend alle Beteiligten informieren.[363] Ihn trifft auch die Pflicht, verschiedene Möglichkeiten der Lastenfreistellung zu erörtern (siehe hierzu Rdn 31 und 100).

102 Bei der Beurkundung eines Grundstückskaufvertrags hat der Notar gem. Abs. 1 über die Sicherung des Eigentumserwerbs durch **Auflassungsvormerkung** (Eigentumsvormerkung; Erwerbsvormerkung)[364] zu belehren, es sei denn, die Auflassung ist erklärt und der Antrag auf Eigentumsumschreibung wird sofort beim Grundbuchamt gestellt.[365] Die Belehrungspflicht greift dann nicht ein, wenn die Vormerkung aufgrund bereits beantragter dinglicher Belastungen den lastenfreien Erwerb nicht sichern kann. Kennt der Notar solche Anträge oder liegen sie nach dem konkreten Fall nahe, muss er den Beteiligten einen entsprechenden Hinweis geben und andere Sicherungen vorschlagen.[366] Beantragt der Notar im Rahmen der Vollzugstätigkeit mit der Eigentumsumschreibung zugleich die **Löschung der Vormerkung**, so muss er sicherstellen, dass weder vertragswidrige Zwischenrechte eingetragen sind noch deren Eintragung beantragt ist.[367]

103 Auf der anderen Seite kann eine eingetragene Auflassungsvormerkung den Verkäufer stark **belasten**. Dies betrifft insbesondere Fälle, in denen die Vormerkung erloschen ist, weil der Auflassungsanspruch – aus welchen Gründen auch immer – nicht mehr besteht.[368] Solange die Vormerkung im Grundbuch nicht gelöscht ist, wird der Verkäufer für das Grundstück praktisch keinen anderen Erwerber finden **(faktische Veräußerungssperre)**. Erkennt der Notar im Vorfeld des Vertragsschlusses, dass es hinsichtlich des Vollzugs mit einiger Wahrscheinlichkeit Schwierigkeiten geben wird, so kann er aufgrund der allgemeinen Betreuungspflicht (siehe Rdn 6 ff.) gehalten sein, den Verkäufer darauf hinzuweisen und auf Nachfrage Sicherungen vorzuschlagen.[369]

104 **Weitere Einzelfälle:** Hängt die Wirksamkeit des Kaufvertrags von einer **sanierungsrechtlichen Genehmigung** der Kommune ab, so ist die Kaufpreiszahlung ungeachtet einer eingetragenen Vormerkung ungesichert.[370] Verpflichtet sich der Verkäufer zur **Altlastensanierung**, so stellt die vollständige Kaufpreiszahlung vor Erfüllung dieser Verpflichtung eine ungesicherte Vorleistung dar.[371] Die Zahlungspflichten eines Nacherben in einem **Erbvertrag** können ungesicherte Vorleistungen sein, wenn der Nacherbenvermerk gelöscht wird.[372] Auch die Aufnahme einer **Maklerklausel** in einen Grundstückskaufvertrag birgt die Gefahr einer ungesicherten Vorleistung, wenn die Pflicht zur Zahlung der Maklerprovision Teil des vertraglichen Synallagmas ist (siehe auch Rdn 48).[373] Eine ungesicherte Vorleistung kann auch darin liegen, dass durch die Urkundsgestaltung der Eindruck erweckt wird, die alternativ zur Überweisung des Kaufpreises auf ein Notaranderkonto ermöglichte Vertragsabwicklung über ein **Anderkonto eines Auktionators** sei der Abwicklung über ein Notaranderkonto gleichwertig.[374]

362 BGH v. 12.7.1977 – VI ZR 61/76, DNotZ 1978, 177, 181; OLG Düsseldorf v. 6.11.1997 – 18 U 17/97, ZNotP 1998, 249 (Amtspflicht allerdings unzutr. auf § 17 BeurkG stützend).
363 BGH v. 3.6.1993 – IX ZR 119/92, DNotZ 1995, 489, 490 ff.
364 Zur Terminologie s. Fn zu Rdn 44.
365 BGH v. 6.10.1988 – IX ZR 142/87, DNotZ 1989, 449, 450.
366 BGH v. 21.1.1969 – VI ZR 150/67, DNotZ 1969, 496, 497.
367 BGH v. 29.11.1990 – IX ZR 107/90, DNotZ 1991, 757 f.
368 S. hierzu eingehend *Hagenbucher*, MittBayNot 2003, 249 ff.
369 BGH v. 27.5.1993 – IX ZR 66/92, DNotZ 1994, 485, 488 ff.; zu den möglichen Sicherungen vgl. Kersten/Bühling/*Basty/Franck*, § 32 Rn 111 ff.; *Hagenbucher*, MittBayNot 2003, 249, 252 ff.
370 BGH v. 11.11.2004 – III ZR 101/03, NotBZ 2005, 106 ff. m. Anm. *Kapsa*, RNotZ 2005, 592.
371 *Kapsa*, ZNotP 2007, 402, 404 unter Bezugnahme auf OLG Hamm v. 7.7.2006 – 11 U 26/05 (unveröff.).
372 BGH v. 30.3.2006 – III ZR 128/05, BeckRS 2006, 04838 (Nichtzulassungsbeschwerde); *Ganter*, DNotZ 2007, 246, 253.
373 *Suppliet*, DNotZ 2012, 270, 282 f.
374 KG v. 7.3.2016 – Not 18/15, NJOZ 2016, 790 Rn 22.

ii) Gewährleistungsrechte

Literatur *Grziwotz*, Bebaubarkeit und Vertragsgestaltung, ZNotP 2000, 271; *Kilian*, Zur Anwendbarkeit von Werkvertragsrecht auf den Erwerb von Altbauten, zur Belehrung des Notars über den Ausschluss der Gewährleistung und zur Beurkundungsbedürftigkeit einer Baubeschreibung, MittBayNot 2008, 203; *Sorge*, Das Bundes-Bodenschutzgesetz und seine Auswirkungen auf den Grundstückskaufvertrag, MittBayNot 2000, 232; *J. Weber*, Zwischen Form und Haftung: Beschaffenheitsangaben des Verkäufers im Vorfeld von Grundstückskaufverträgen, RNotZ 2016, 650.

Hinsichtlich der **tatsächlichen Beschaffenheit des Vertragsgegenstands** (insb.: der Kaufsache, z.B. Grundstück oder Wohnungseigentum) trifft den Notar keine Nachforschungspflicht, sofern der Sachverhalt dazu keinen konkreten Anlass bietet.[375] Ohne die ausdrücklich oder konkludente Übernahme i.S.v. § 24 Abs. 1 BNotO muss er auch nicht überprüfen, ob eine vom Verkäufer (Bauträger) vorgelegte Baugenehmigung das Kaufobjekt betrifft.[376] Er hat die Beteiligten auch nicht auf das Bestehen etwaiger **Gewährleistungsansprüche** hinzuweisen. Diese betreffen nur die wirtschaftlichen Folgen des Vertragsschlusses. Deshalb ist der Notar auch nicht nach Abs. 1 zum Hinweis auf mögliche **Altlasten** verpflichtet.[377] Nur ausnahmsweise besteht unter den Voraussetzungen der allgemeinen Betreuungspflicht (siehe Rdn 6 ff.) eine Hinweispflicht, nämlich dann, wenn der Notar anders als der Käufer von Altlasten weiß oder einen konkreten Verdacht hat. 105

Der einen Veräußerungsvertrag beurkundende Notar ist nach Abs. 1 auch nicht verpflichtet, auf eine mögliche Wohnungsbindung oder auf den erweiterten **Kündigungsschutz** für Mieter bei Umwandlung von Miet- in Eigentumswohnungen hinzuweisen.[378] Erkennt der Notar aber, dass der Käufer mit dem Erwerb einer Immobilie eine bestimmte Nutzungsabsicht verbindet, die wegen rechtlicher Beschränkungen ersichtlich nicht realisierbar ist, ist er aufgrund der **allgemeinen Betreuungspflicht** (siehe Rdn 6 ff.) gehalten, die Beteiligten hierauf hinzuweisen. Eine Hinweispflicht kann selbst dann noch bestehen, wenn der Notar von den maßgeblichen Tatsachen erst während des Vollzugs des Vertrages erfährt.[379] Hinsichtlich des gesetzlichen **Vorkaufsrechts** von Wohnungsmietern nach § 577 BGB besteht lediglich eine Hinweispflicht nach § 20 BeurkG (siehe dazu § 20 BeurkG Rdn 24 ff.) – nicht aber eine Belehrungspflicht.[380] 106

Übernimmt der Verkäufer eine **Garantie** i.S.v. § 276 Abs. 1 S. 1 BGB, so hat der Notar den sich aus Abs. 1 ergebenden Pflichten jedenfalls dann genügt, wenn er dem davon betroffenen Beteiligten die Bedeutung der Garantie in verständlicher Form verdeutlicht.[381] Zur Problematik von **Freizeichnungsklauseln** siehe Rdn 53. 107

jj) Vollzugsgeschäfte

Literatur *Amann*, Der Konflikt zwischen Lastenfreistellung und Pfändung des Kaufpreisanspruchs, ZNotP 1998, 130; *Reithmann*, Die Fälligkeitsmitteilung des Notars, NotBZ 2000, 244; *Detlev Schmidt*, Risikoverteilung bei der Abwicklung von Immobilienkäufen über Notaranderkonto, ZfIR 2001, 701.

Mit dem **Abschluss der Beurkundung** ist die eigentliche Amtstätigkeit des Notars beendet, so dass ab diesem Zeitpunkt grds. keine Amtspflichten aus § 17 BeurkG mehr bestehen können. Dies gilt auch bei einem Grundstückskaufvertrag. Ausnahmsweise können sich freilich Belehrungspflichten auch nach Abschluss der Beurkundung unter den Voraussetzungen der **allgemeinen Betreuungspflicht** (siehe Rdn 6 ff.) ergeben. So hat der BGH den Notar, der einen Kaufvertrag über ein „Hausgrundstück" beurkundet hat, für verpflichtet gehalten, den Käufer zu warnen, falls der Notar nach der Beurkundung erfährt, dass das Grundstück baurechtlich nur als Wochenendgrundstück genutzt werden darf.[382] Eine solche 108

375 BGH v. 11.3.1999 – IX ZR 260/97, NJW-RR 1999, 1214, 1215 (Wohnungsgröße); BGH v. 4.12.2008 – III ZR 51/08, DNotZ 2009, 444, 447 m. Anm. *Schmidt*, ZWE 2009, 76 (zur Wohnung gehörender Raum).

376 BGH v. 11.7.2002 – IX ZR 68/01, DNotZ 2002, 716 f. m. Anm. *Basty* (zu § 3 Abs. 1 S. 1 Nr. 4 MaBV).

377 *Reithmann/Blank/Rinck*, Rn F 49; *Sorge*, MittBayNot 1999, 232, 236.

378 OLG Düsseldorf v. 8.7.1993 – 18 U 342/92, DNotZ 1995, 414 (keine Pflicht, gem. § 17 BeurkG über Kündigungssperrfrist des § 564b Abs. 2 Nr. 2 S. 2 BGB a.F. zu belehren).

379 BGH v. 22.6.1995 – IX ZR 122/94, DNotZ 1996, 118, 119; s. Rn 108.

380 *Grunwald*, RNotZ 2025, 1, 20 ff.

381 OLG Nürnberg v. 20.12.1989 – 4 U 2608/89, DNotZ 1990, 456, 457 (zur Zusicherung von Eigenschaften).

382 BGH v. 22.6.1995 – IX ZR 122/94, DNotZ 1996, 118, 119.

nachträgliche Belehrungspflicht kann auch in Betracht kommen, wenn der Notar von einem Anfechtungsgrund nach dem AnfG (siehe dazu auch Rdn 72) konkrete Kenntnis erlangt.

109 Zu beachten ist § 53 BeurkG, wonach der Notar unter den dort genannten Voraussetzungen etwaige Registereintragungen veranlassen soll. Eine Pflicht zur Überwachung des ordnungsgemäßen Vollzugs besteht jedenfalls dann, wenn der Notar – was regelmäßig der Fall sein wird – die **Vollzugsüberwachung** übernommen hat.[383] Ansonsten wird man eine Überwachungspflicht auch dann annehmen können, wenn der Notar die Anträge selbst gestellt hat, etwa als Vertreter nach § 15 GBO[384] (siehe auch § 53 BeurkG Rdn 28 f.). Amtshandlungen, die der Notar aufgrund von § 53 BeurkG vornimmt, stehen in engem Zusammenhang mit der Beurkundung und begründen daher keine selbstständigen Amtspflichten i.S.v. §§ 23, 24 BNotO.

110 Hat der Notar den **Vollzug eines Rechtsgeschäfts** übernommen, muss er mit Nachdruck alle erforderlichen Maßnahmen veranlassen.[385] Insoweit kann für den Notar die Pflicht bestehen, Anträge schon vor Vollzugsreife einzureichen, wenn den Beteiligten ansonsten Nachteile entstehen können.[386] § 53 BeurkG steht dem nicht entgegen.[387]

111 Den Eintritt der vereinbarten **Vollzugsvoraussetzungen** muss der Notar besonders sorgfältig prüfen. Haben die Beteiligten etwa die Fälligkeit des Kaufpreises an bestimmte Voraussetzungen geknüpft, ohne dem Notar ein Ermessen einzuräumen, darf er den Eintritt der Fälligkeitsvoraussetzungen erst dann bestätigen, wenn er tatsächlich wie vereinbart erfolgt ist.[388] **Vollzugsanweisungen** der Beteiligten hat der Notar genau zu beachten.[389] Treten hierbei Hindernisse auf, muss der Notar diese den Beteiligten mitteilen.[390] Gleiches gilt hinsichtlich übernommener Treuhandaufträge.[391] Verbindet ein Beteiligter oder ein finanzierendes Kreditinstitut die Zahlung auf ein Anderkonto mit einer **Treuhandauflage,** die den vertraglichen Abreden widerspricht, darf der Notar mit dem erhaltenen Geld selbst dann nicht ohne weiteres gem. der vertraglichen Abrede verfahren, wenn er den Treuhandauftrag ablehnt.[392] Droht einem Beteiligten durch die vertragswidrig unter Treuhandauflage erfolgte Zahlung ein Schaden, muss der Notar diesem Beteiligten einen **Hinweis** geben und ihm dadurch die (rechtzeitige) Bewirkung der vertraglich geschuldeten Leistung ermöglichen (siehe auch Rdn 112).[393] Die Pflicht zur Unparteilichkeit (§ 14 Abs. 1 S. 2 BNotO) verletzt der Notar jedenfalls dann nicht, wenn dem betreffenden Beteiligten das Risiko der Zahlung unter Auflage nicht bewusst ist, der Notar somit lediglich einen Irrtum aufklärt.[394]

112 Gerade im Zusammenhang mit Treuhandauflagen gilt zudem, dass der Notar gegenüber den Beteiligten keine erkennbar unrichtige Aussagen treffen oder einen **falschen Schein** erwecken darf.[395]

113 Die Vollzugstätigkeit des Notars begründet oftmals **selbstständige Amtspflichten** gem. §§ 23, 24 BNotO. Fehler wiegen hier aus Sicht des Notars besonders schwer, weil der Notar den Geschädigten gem. § 19 Abs. 1 S. 2 BNotO haftet, ohne auf eine anderweitige Ersatzmöglichkeit verweisen zu können.

114 **kk) Wohnungseigentum.** Die vorstehenden Ausführungen über Grundstücke gelten auch für **Wohnungseigentum.** Darüber hinaus können sich hier weitere Fragen stellen. Hinsichtlich der **tatsächlichen Angaben** der Beteiligten gilt die allg. Regel (siehe Rdn 19), dass der Notar sich grds. auf diese Angaben

383 § 24 Abs. 1 BNotO; BGH v. 9.7.1958 – V ZR 5/57, DNotZ 1958, 557, 559 f. (Grundschuld); Haug/Zimmermann/*Zimmermann*, Rn 629 f.
384 BGH v. 3.6.1993 – III ZR 104/92, NJW 1993, 3061, 3063 (Genehmigung nach § 1 GrdstVG); Frenz/Miermeister/*Hertel*, § 24 BNotO Rn 37. Zu den Prüfpflichten des Notars gem. § 15 Abs. 3 S. 1 GBO und § 378 Abs. 3 FamFG siehe Rdn 2.
385 BGH v. 3.2.1976 – VI ZR 86/74, DNotZ 1976, 506, 509 (Enthaftung); BeckOGK/*Regler*, Stand: 1.1.2026, § 17 BeurkG Rn 70.
386 BGH v. 26.10.1982 – VI ZR 229/80, DNotZ 1983, 450, 451 f. (Anmeldung einer KG).
387 Vgl. *Becker-Berke*, DNotZ 1983, 453 ff.
388 BGH v. 24.10.1985 – IX ZR 91/84, DNotZ 1986, 406, 409; vgl. auch BGH v. 19.3.1987 – IX ZR 166/86, DNotZ 1987, 560 (Treuhandauftrag einer Bank).
389 BGH v. 24.10.1985 – IX ZR 91/84, DNotZ 1986, 406, 409; vgl. auch *Winkler*, MittBayNot 1998, 141, 143 ff.
390 KG v. 22.9.1989 – 9 U 308/89, DNotZ 1990, 446, 447 (Hinterlegungsanweisung). zust. Anm. *Reithmann*, DNotZ 1990, 448, 449.
391 BGH v. 8.2.1990 – IX ZR 63/89, DNotZ 1990, 661, 663 (Treuhandauftrag einer Bank).
392 BGH v. 5.7.1990 – IX ZR 10/90, DNotZ 1991, 555, 557 (vertragswidrige Treuhandauflage, den Kaufpreis erst nach Beseitigung angeblicher Mängel weiterzuleiten); s. auch BGH v. 8.5.2003 – III ZR 204/02, NotBZ 2003, 225, 226.
393 BGH v. 3.6.1993 – IX ZR 119/92, DNotZ 1995, 489, 490.
394 A.A. *Haug*, DNotZ 1995, 492, 493.
395 BGH v. 4.6.1992 – IX ZR 58/91, DNotZ 1992, 819, 820 (Zahlung unter Treuhandauflage).

verlassen darf. So ist er z.B. nicht verpflichtet zu überprüfen, ob eine von den Beteiligten als Verwalterin benannte GmbH existiert. Da ihn regelmäßig **keine Nachforschungspflicht** hinsichtlich der tatsächlichen Beschaffenheit des Vertragsgegenstandes trifft (siehe Rdn 105), hat er ohne konkreten Anlass nicht die Wohnungsgröße oder die zugehörigen Räume zu ermitteln. Dasselbe gilt hinsichtlich etwaiger Nutzungsbeschränkungen (vgl. auch Rdn 71). Ist dem Notar jedoch eine bestimmte Nutzungsabsicht eines Beteiligten bekannt und stehen dieser ersichtlich Hindernisse im Wege, so kann die **allgemeine Betreuungspflicht** (siehe Rdn 6 ff.) einen entsprechenden Hinweis gebieten (vgl. auch Rdn 67).[396] Dies ist etwa dann der Fall, wenn der Erwerber auf einer in der Teilungserklärung als „Laden" ausgewiesenen Teileigentumsfläche eine Gaststätte betreiben oder ein als Teileigentum erworbenes Grundstück später bebauen möchte (und für die Umwandlung in Wohnungseigentum die Zustimmung aller Miteigentümer erforderlich ist).[397]

Auf **risikoreiche alternative Gestaltungsmöglichkeiten** wie etwa Bruchteilseigentum mit Verwaltungs- und Benutzungsregelung nach § 1010 BGB oder Teilkaufvertrag mit entgeltlichem Nießbrauchsrecht und Weiterverkaufsverpflichtung muss der Notar grds. nicht hinweisen (allg. siehe Rdn 31 f.). Wünschen die Beteiligten ausdrücklich eine solche Gestaltung, so hat er auf die erheblichen **Unterschiede** zum Wohnungseigentum und auf die damit verbundenen Gefahren hinzuweisen.[398] **115**

Der Notar ist nicht verpflichtet, den **Aufteilungsplan** (§ 7 Abs. 4 S. 1 Nr. 1 WEG) und die (den formellen Anforderungen entspr.) **Abgeschlossenheitsbescheinigung** (§ 7 Abs. 4 S. 1 Nr. 2 WEG) auf ihre inhaltliche Richtigkeit und Vollständigkeit hin zu überprüfen.[399] Ergibt sich freilich eine Abweichung zwischen dem vom Käufer zur Beurkundung vorgelegten Plan und dem behördlichen Aufteilungsplan, so muss der Notar hierauf hinweisen (allg. siehe Rdn 22).[400] **116**

Beurkundet der Notar einen **Kaufvertrag über Wohnungseigentum,** so ist er gem. Abs. 1 nicht verpflichtet, auch über den Inhalt der **Teilungserklärung** und der **Gemeinschaftsordnung** zu belehren. Dasselbe gilt für den Hinweis, dass sich der Umfang des Sondereigentums nur aus den Grundakten ersehen lasse.[401] Es genügt, wenn der Notar in allgemeiner Form darauf hinweist, dass der Erwerber mit Eintragung in das Grundbuch in die Wohnungseigentümergemeinschaft und die damit verbundenen **Rechte und Pflichten eintritt**. Erwachsen dem Erwerber hieraus allerdings wirtschaftliche Gefahren, etwa weil die Gemeinschaftsordnung erheblich von den §§ 10 ff. WEG abweicht, so kann der Notar unter den Voraussetzungen der **allgemeinen Betreuungspflicht** (siehe Rdn 6 ff.) zu einem warnenden Hinweis gehalten sein. **117**

b) Finanzierung und Kreditsicherheiten

Literatur *Derleder/Beining*, Die betragsmäßigen Grenzen der Kreditbürgschaft, ZBB 2001, 1; *Dörrie*, Verbraucherdarlehen und Immobilienfinanzierung nach der Schuldrechtsmodernisierung, ZfIR 2002, 89; *Eue*, Systematische Beurkundung von Finanzierungsgrundpfandrechten mit Notarangestellten ist unzulässig, ZNotP 1999, 146; *Schramm*, Grundprobleme der Kaufpreisfinanzierungsvollmacht, ZNotP 1998, 363; *Schulz*, Der Schutz des Verbrauchers vor dem Verbraucherschutz – Die Finanzierungsvollmacht für Notarangestellte ist zulässig!, BWNotZ 2009, 73; *Ulmer*, Wirksamkeitserfordernisse für Verbrauchervollmachten beim kreditfinanzierten Immobilienerwerb über Treuhänder, BB 2001, 1365; *Wolfsteiner*, Neue Verjährungsfristen. Sofortmaßnahmen bei Grundpfandrechten, DNotZ 2001, 902.

Mit **Darlehensverträgen** ist die notarielle Praxis insbesondere im Zusammenhang mit Grundpfandrechten befasst. Die Bestellung von Grundpfandrechten bedarf im Falle des § 800 ZPO der Beurkundung, sonst wegen § 29 GBO der Unterschriftsbeglaubigung. Der Darlehensvertrag als solcher bedarf dagegen **118**

396 BGH v. 7.2.1991 – IX ZR 24/90, DNotZ 1991, 759, 761.
397 LG Kiel v. 31.7.2023 – 3 O 108/21, BeckRS 2023, 47994 Rn 65; abl. *Ganter*, DNotZ 2025, 498, 514.
398 Insbesondere unzureichende Beleihbarkeit, Gesamtverwertbarkeit bei Insolvenz eines Miteigentümers; vgl. Beck'sches Notarhdb/*Esbjörnsson*, § 2 Rn 2 unter (9) (c) (bb); zu Teilkaufverträgen: *Holthausen-Dux/Forschner*, DNotZ 2021, 821, 827; *Armbrüster/Claussen*, NotBZ 2025, 81, 84; s. auch LNotK Bayern, Pressemitteilung v. 5.7.2024.
399 OLG Koblenz v. 12.12.2001 – 1 U 1394/00, RNotZ 2002, 116, 117 (zur Abgeschlossenheitsbescheinigung).
400 OLG Frankfurt v. 22.2.2006 – 4 U 170/05, BeckRS 2006, 10084 m. Anm. *F. Harder*, IBR 2006, 263 (betr. Abweichung hinsichtlich der Größe einer Sondereigentumsfläche). Nach *Kapsa*, ZNotP 2007, 402, liegt dies bereits an der Grenze der gebotenen Sachverhaltsaufklärung.
401 BGH v. 4.12.2008 – III ZR 51/08, DNotZ 2009, 444, 448.

auch verfahrensrechtlich keiner notariellen Form (zum Schriftformerfordernis beim Verbraucherdarlehensvertrag siehe § 492 BGB). Befinden sich aber Darlehensvertrag und Grundpfandrechtsbestellung in **derselben Urkunde**, so erstreckt sich die Belehrungspflicht des Notars auch auf das Darlehen. Dies gilt auch dann, wenn – wie in der Mehrzahl der Fälle – der Darlehensvertrag mit einer Bank geschlossen wird. Der Notar darf sich nicht darauf verlassen, dass die Angelegenheit zwischen den Beteiligten und der Bank bereits abschließend besprochen ist. Die Verbindung von Darlehen und Grundpfandrechtsbestellung beruht zwar oft auf den Formularen von Banken, und meist ist der Notar auch den Banken gegenüber tatsächlich an diese Formulare gebunden. Er hat nicht die Möglichkeit, daran etwas zu ändern, ohne die Abwicklung des Kreditgeschäfts zu gefährden. Diese Tatsache schränkt aber die Belehrungspflicht des Notars nicht ein. Der Notar darf sich nicht zum einseitigen „Erfüllungsgehilfen" der Bank machen.

119 Der Notar ist nicht verpflichtet, Personen, die mit ihm nicht in Verbindung getreten sind, zu belehren (siehe Rdn 49). Lehnt er etwa – aus welchen Gründen auch immer – die Beurkundung der Abtretung einer Grundschuld ab, muss er den in Aussicht genommenen Zessionar hierüber nicht informieren.[402] Der Notar ist grds. auch nicht verpflichtet, einen Beteiligten auf die unzureichende Werthaltigkeit von eingeräumten **Sicherheiten** hinzuweisen. Zugleich darf er nicht allein wegen unzureichender Werthaltigkeit die Beurkundung gem. § 4 BeurkG verweigern.[403] Anders ist dies allerdings dann, wenn der Notar überzeugt ist, dass die Beurkundung einen Betrug ermöglichen soll[404] (siehe § 4 BeurkG Rdn 26).

120 Der Notar hat den **Darlehensgeber** dann gem. Abs. 1 zu belehren, wenn dieser selbst Beteiligter ist. Das ist jedoch nicht der Regelfall. Lässt der Darlehensnehmer ein Angebot zum Abschluss eines Darlehensvertrags beurkunden, ist der Notar generell nicht verpflichtet, den abwesenden Darlehensgeber, der auch sonst keinen Kontakt zum Notar aufgenommen hat, zu belehren.[405] Tritt ein Dritter dagegen mit dem Notar in Verbindung, kann sich unter der Voraussetzung der **allgemeinen Betreuungspflicht** (siehe Rdn 6 ff.) eine Pflicht zur Belehrung ergeben.[406]

121 Bei der Beurkundung einer **Bürgschaftserklärung** i.S.v. § 766 S. 1 BGB genügt nach Abs. 1 eine kurz gehaltene Belehrung über die rechtlichen Risiken der Bürgschaftsübernahme.[407] Verharmlosende und damit falsche Belehrungen („reine Formalität", „nur für die Akten") können die Nichtigkeit der Bürgschaft nach sich ziehen.[408] Weitergehende Belehrungspflichten über die wirtschaftliche Tragweite der Erklärung bestehen nur unter der Voraussetzung der **allgemeinen Betreuungspflicht** (siehe Rdn 6 ff.).

c) Bauträgerverträge

Literatur *Bartholme*, Auswirkungen neuer Bauzulassungsverfahren auf notarielle Belehrungspflichten, BWNotZ 1998, 31; *Basty*, Der Bauträgervertrag, 11. Aufl. 2023; *Blank*, Notarielle Beratung zur Kostenoptimierung der Bauträgerfinanzierung, ZfIR 2000, 925; *ders.*, Wohn- und Nutzflächenangaben im Bauträgervertrag, ZfIR 2001, 781; *Grziwotz*, Angebotsmodelle im Vorfeld einer Baulandausweisung, KommJur 2011, 172; *Heinemann*, Mängelhaftung im Bauträgervertrag nach der Schuldrechtsreform, ZfIR 2002, 167; *Hertel*, Werkvertrag und Bauträgervertrag nach der Schuldrechtsreform, DNotZ 2001, 6; *Litzenburger*, Das neue Schuldrecht und der Bauträgervertrag, RNotZ 2002, 23; *Rademacher*, Darf das Angebot zum Immobilienkauf vom Bauträger ausgehen?, DB 1996, 2374; *Th. Reich/D. Böhme*, Steuerabzug bei Bauleistungen – Überlegungen zum Bauträgervertrag, DNotZ 2001, 897; *Reithmann*, Die Belehrungspflicht des Notars beim Bauträgervertrag, ZNotP 2007, 7; *K.-R. Wagner*, Auswirkungen der Neufassung baugesetzlicher Regelungen für den Bauträgervertrag, ZfBR 2018, 635; *Wolfsteiner*, Zur Zwangsvollstreckungsunterwerfung im Bauträgervertrag, MittBayNot 1995, 438.

122 **Bauträgerverträge** (§ 650u Abs. 1 S. 1 BGB) sind gemischttypische Verträge, die neben werk- und werklieferverträglichen Elementen auch solche des Kaufs (insbesondere des Grundstückskaufs) enthalten. Daneben können diese Verträge auch Geschäftsbesorgungselemente enthalten. Soweit es sich um Grundstückskaufverträge handelt, gelten insoweit – was die Belehrungspflichten des Notars anbelangt – grds.

402 BGH v. 24.2.1970 – VI ZR 117/68, DNotZ 1970, 444, 445.
403 BGH v. 26.10.1965 – VI ZR 119/64, DNotZ 1966, 183, 187 (zu § 15 Abs. 2 BNotO a.F.).
404 Kersten/Bühling/*Hundertmark*, § 6 Rn 145.
405 BGH v. 26.10.1965 – VI ZR 119/64, DNotZ 1966, 183, 186 f.
406 BGH v. 23.9.1980 – VI ZR 116/79, DNotZ 1981, 311, 315 (Sicherungsabtretung einer Grundschuld); BGH v. 29.9.1981 – VI ZR 2/80, DNotZ 1982, 384, 385 f. (Schutz eines Darlehensgebers vor erkennbaren Irrtümern über den Wert von Sicherheiten); BGH v. 29.6.1989 – IX ZR 62/88, NJW 1990, 324, 325 (Pflicht zur Information des Grundschuldgläubigers bei Rücknahme des Eintragungsantrages durch den Eigentümer).
407 BGH v. 24.6.1975 – VI ZR 204/73, NJW 1975, 2016 f.
408 BGH v. 6.10.1998 – XI ZR 247/97, NJW 1999, 135 f.

keine Besonderheiten (zu den Anforderungen an die Belehrung siehe Rdn 78 ff.). Die Verbindung der einzelnen Vertragselemente des Bauträgervertrages bringt jedoch einen im Vergleich zu einem gewöhnlichen Grundstückskaufvertrag **erhöhten Beratungs- und Gestaltungsaufwand** mit sich. Der Umfang der Belehrungspflichten hängt von der jeweiligen Vertragsgestaltung ab.[409] Dabei dürfte der klassische Bauträgervertrag, da er relativ einfach und transparent gestaltet ist, noch am wenigsten Schwierigkeiten bereiten.[410] In manchen Fällen sind die Sonderregeln für Verbraucherdarlehensverträge (§§ 491–505e BGB) zu beachten.[411]

Der Notar muss die Beteiligten über die Vorschriften der **Makler- und Bauträgerverordnung**, insbesondere über die Bedeutung der §§ 3 und 7 MaBV, belehren (zu Erschließungskosten siehe auch Rdn 96).[412] Zudem ist er verpflichtet, Geschäftsbesorgungsverträge von Bauträgern auf ihre Vereinbarkeit mit dem RDG[413] zu überprüfen und bei Wirksamkeitszweifeln nach Abs. 2 zu verfahren. Existenz und Inhalt einer **Baugenehmigung** muss der Notar nicht prüfen,[414] sofern er dies nicht ausnahmsweise übernimmt.[415] Ist der Bauträger infolge einer unwirksamen Abnahmeklausel Ansprüchen der Eigentümer ausgesetzt, kann der Notar zum Ersatz verpflichtet sein, wenn er es versäumt hat, auf die sich aus der Verwendung einer rechtlich zweifelhaften AGB-Klausel ergebenden Risiken hinzuweisen.[416] **123**

Erhebliche Verunsicherung hatte die durch § 632a BGB ausgelöste Diskussion hervorgerufen, ob es zulässig ist, in Bauträgerverträgen **Abschlagszahlungen** in Anlehnung an die MaBV zu vereinbaren.[417] Nach heutigem Recht dürfte diese Streitfrage allerdings geklärt sein. Gem. § 650v BGB kann der Unternehmer vom Besteller Abschlagszahlungen beim Bauträgervertrag verlangen, wenn diese aufgrund der **AbschlagsV**[418] vereinbart wurden. Die AbschlagsV verweist ihrerseits auf die MaBV, welche auf diese Weise zivilrechtliche Wirkung entfaltet.[419] Soweit in der Vergangenheit streitig war, ob die Verordnung wirksam ist,[420] hat sich diese Diskussion inzwischen erledigt. **124**

d) Schenkungsversprechen

Bei der Beurkundung eines **Schenkungsversprechens** hat der Notar über die Bedeutung der Unentgeltlichkeit zu belehren und durch eine eindeutige Formulierung sicherzustellen, dass spätere Zweifel ausgeschlossen sind. Erforderlich ist auch ein Hinweis darauf, dass der Erwerber zur **Schenkungsteuer** herangezogen werden könnte.[421] **125**

e) Gesellschaftsrecht/Unternehmenskauf

Literatur Übergreifendes: *Priester*, Notar und Gesellschaftsrecht, DNotZ Sdh 2001, 52*; *Neubauer*, Gesamtvermögensverfügungen im Gesellschaftsrecht? Zur Bedeutung von § 1365 BGB für die notarielle Beurkundung gesellschaftsrechtlicher Vorgänge, RNotZ 2025, 113. **GmbH:** *Kilian*, Zur notariellen Belehrung im Rahmen der Beurkundung eines Kapitalerhöhungsbeschlusses, MittBayNot 2009, 396; *Leske*, Zu den Belehrungspflichten des Notars bei der (effektiven) Barkapitalerhöhung einer GmbH, NotBZ 2002, 284; *Matz*, Zur Frage der Pflichten des Notars bei der Beurkundung eines Kapitalerhöhungsbeschlusses einer GmbH, VersR 2008, 1365; *Meyding/Heidinger*, Notarielle Belehrungspflichten bei der GmbH-Gründung, ZNotP 1999, 190; *K.-R. Wagner*, Organhaftung; Belehrungspflicht für Notare?, ZNotP 2015, 23. **Aktiengesellschaft:** *Faßbender*, Die Hauptversammlung der Aktiengesellschaft aus notarieller Sicht, RNotZ 2009, 425; *Hartmann*, Vollmachtlose Vertretung in der Hauptversammlung?, DNotZ 2002, 253; *Polte/Haider-Giangreco*, Die Vollversammlung der Aktiengesellschaft, AG 2014, 729; *Priester*, Aufgaben und Funktionen des Notars in der Hauptversammlung, DNotZ 2001, 661; **Personengesellschaften:** *Kruse*, Nießbrauch an der Beteiligung an einer Personengesellschaft, RNotZ 2002, 69; *Nietzer/Stadie*, Die Familienstiftung &

409 S. hierzu Kersten/Bühling/*Wolfsteiner/Bomhard*, § 33 Rn 17 ff.; Beck'sches Notarhdb/*Esbjörnsson*, § 2 Rn 1 f.
410 Kersten/Bühling/*Wolfsteiner/Bomhard*, § 33 Rn 13.
411 *Winkler*, § 17 Rn 350. Vgl. zum VerbrKrG a.F. *Reithmann/Blank/Rinck*, Rn G 40.
412 BeckOGK/*Regler*, Stand: 1.1.2026, § 17 BeurkG Rn 57; *Winkler*, § 17 Rn 349; vgl. BGH v. 10.3.2005 – IX ZR 73/01, DNotZ 2005, 685 m. Anm. *Kesseler*, ZNotP 2005, 251 (betr. Zahlung ohne Sicherheit nach § 7 MaBV; s. dazu auch Fn 24; zur Prüfung der Voraussetzungen des § 3 Abs. 1 S. 1 Nr. 4 MaBV siehe Rn 96).
413 S. dazu BGH v. 28.9.2000 – IX ZR 279/99, DNotZ 2001, 49 ff.; *Herrmanns*, DNotZ 2001, 6 ff.
414 OLG Jena v. 29.7.2003 – Not W 347/03, NotBZ 2003, 359.
415 BGH v. 11.7.2002 – IX ZR 68/01, DNotZ 2002, 716 m. zust. Anm. *Basty*.
416 OLG Celle v. 1.2.2023 – 3 U 60/22, RNotZ 2023, 607.
417 Zum Diskussionsstand vgl. *Kanzleiter*, DNotZ 2001, 165 ff.; *Sorge/Vollrath*, DNotZ 2001, 261 ff.; instruktiv auch *Grziwotz*, ZfIR 2000, 929 f.
418 BGBl I 2001, 981; teils auch „HausbauV" genannt.
419 BeckOGK/*Matkovic*, Stand: 1.1.2026, § 650v BGB Rn 7.
420 Vgl. *Thode*, ZfIR 2001, 345 f.; *K.-R. Wagner*, ZfIR 2001, 422 ff. Zu den unionsrechtlichen Bedenken gegen die Verordnung s. *Staudinger*, DNotZ 2002, 166 ff.
421 A.A. *D. Winkler*, Belehrung, 2007, S. 50.

Co. KG – eine Alternative für die Nachfolgeregelung bei Familienunternehmen, NJW 2000, 3457; *Suttmann*, Grundstücksgeschäfte mit Beteiligung einer GbR – Hinweise für die Praxis, NJW 2013, 423; **Vereine, Stiftungen:** *Andrick*, Das modernisierte Stiftungsrecht, RNotZ 2002, 441; *Keilbach*, Fragen des Vereinsregisters, DNotZ 2001, 671. **Unternehmenskauf:** *Holzapfel/Pöllath*, Unternehmenskauf in Recht und Praxis, 16. Aufl. 2021; *J. Möller*, Offenlegungen und Aufklärungspflichten beim Unternehmenskauf, NZG 2012, 841; *P. Redeker*, Die Verkäuferhaftung beim Unternehmens- und Grundstückskauf, NJW 2012, 2471. **Umwandlung**: *Tebben*, Zur Substitution der notariellen Beurkundung bei Umwandlungsvorgängen, GmbHR 2018, 1190.

126 Bei der Gründung einer Gesellschaft spielen häufig **steuerliche Fragen** eine bedeutende Rolle. Der Notar ist zwar nicht Steuerberater der Beteiligten und ist grds. auch nicht dazu verpflichtet, den Beteiligten an geeigneter Stelle die Konsultation eines Steuerexperten zu empfehlen (siehe Rdn 63). Wegen der bes. Bedeutung von Steuerfragen in Zusammenhang mit gesellschaftsrechtlichen Grundlagengeschäften ist es jedoch für den Notar empfehlenswert, gegenüber den Beteiligten eindeutig **klarzustellen**, ob und in welchem Umfang er in steuerlicher Hinsicht beraten will, und die Beteiligten ggf. an einen Steuerspezialisten zu verweisen. Gleiches gilt für Unternehmenskäufe.[422]

127 Was die **Gründung von Kapitalgesellschaften** angeht, so steht in der Praxis die GmbH ganz im Vordergrund; die nachfolgenden Ausführungen gelten freilich entsprechend auch für die AG. Der Notar, der einen Vertrag über die **Gründung einer GmbH** beurkundet, ist aufgrund von Abs. 1 verpflichtet, die Beteiligten darauf hinzuweisen, dass die juristische Person erst mit Eintragung entsteht.[423] Dies ergibt sich schon daraus, dass der Eintritt des von den Beteiligten mit der Gesellschaftsgründung unmittelbar beabsichtigten rechtlichen Erfolges von der Registereintragung abhängt. Die Hinweispflicht lässt sich auch aus § 53 BeurkG herleiten, wonach der Notar die Registereintragung veranlassen oder zumindest auf die aus Verzögerungen erwachsenden Gefahren hinweisen soll. Ein solcher Hinweis kann nicht erfolgen, ohne gleichzeitig allg. die Bedeutung der Registereintragung hervorzuheben. Der Notar muss gem. Abs. 1 sicherstellen, dass die von den Beteiligten gewählte **Firma rechtlich zulässig** ist, insbesondere, dass sie keinen falschen Schein erzeugt. Da Abs. 1 lediglich eine Rechtsbelehrung erfordert, ist die Amtspflicht auf diejenigen Umstände beschränkt, die sich aus der rechtlichen Einordnung der Firma selbst ergeben. Die Prüfungs- und Belehrungspflicht des Notars erstreckt sich also auf den **Rechtsformzusatz** und darauf, dass die Firma ausgehend vom Gesellschaftszweck zur **Kennzeichnung** geeignet (§ 18 Abs. 1 Fall 1 HGB) und nicht offensichtlich irreführend ist (§ 18 Abs. 2 HGB). Zur **wirtschaftlichen** Tragweite des Geschäftes gehören dagegen die Unterscheidungskraft (§§ 18 Abs. 1 Fall 2, 30 HGB) und die markenrechtliche Zulässigkeit der Firma.[424] Diese kann der Notar regelmäßig nicht allein anhand rechtlicher Kriterien beurteilen, sondern er muss Tatsachen ermitteln, die über den von Abs. 1 gebotenen Rahmen hinausgehen. Empfehlenswert ist hier der Rat an die Beteiligten, möglichst frühzeitig **Erkundigungen bei der IHK** einzuholen. Das Erfordernis nach § 8 Abs. 1 Nr. 6 GmbHG a.F., eine Genehmigungsurkunde beizufügen, ist inzwischen entfallen (siehe Rdn 60). Keine Belehrungspflicht besteht gegenüber Gesellschaftsorganen hinsichtlich der mit der Bestellung zum Organwalter (insb. GmbH-Geschäftsführer) verbundenen Haftungsrisiken.[425] Diese betreffen nämlich nur die wirtschaftlichen Folgen des Bestellungsakts, über die nur unter den in Rdn 40 genannten Voraussetzungen zu belehren ist. Die Lage ist insofern nicht anders als etwa hinsichtlich kaufrechtlicher Gewährleistungsansprüche (siehe Rdn 105). Über sozialversicherungsrechtliche Folgen einer Gesellschaftsanteilsübertragung muss der Notar nicht belehren, da es sich hierbei lediglich um mittelbare Folgen des Rechtsgeschäfts handelt.[426]

128 Bei der Gründung einer GmbH muss der Notar über die Art, wie die **Einlageverpflichtungen** zu erfüllen sind, belehren, wenn die Beteiligten von erkennbar falschen Vorstellungen ausgehen.[427] Ohne Anhalts-

422 Kersten/Bühling/*Wolfsteiner/Kämper*, § 31 Rn 18.

423 Reithmann/Albrecht/*Basty*, Rn 1226; *Lerch*, § 17 Rn 25; *Winkler*, § 17 Rn 298; a.A. noch BGH v. 29.10.1953 – III ZR 270/52, DNotZ 1954, 329, 331; s.a. BGH v. 19.11.1956 – III ZR 95/55, MDR 1957, 605, 606 (Belehrungspflicht unter der Voraussetzung der allgemeinen Betreuungspflicht).

424 BeckOGK/*Regler*, Stand: 1.1.2026, § 17 BeurkG Rn 59.

425 *K.-R. Wagner*, ZNotP 2015, 23, 24; iE wohl ebenso, freilich einen Hinweis gleichwohl anratend BeckOGK/*Regler*, Stand: 1.1.2026, § 17 BeurkG Rn 59.

426 LG Bremen v. 16.2.2024 – 4 O 124/23, NJW 2024, 2194 Rn 25; BeckOGK/*Regler*, Stand: 1.1.2026, § 17 BeurkG Rn 88; *Mayer*, DNotZ 2008, 672, 686.

427 BGH v. 2.11.1989 – IX ZR 15/89, DNotZ 1990, 437, 438 (keine Erfüllung der Einlageverpflichtung durch Überweisung vor und Rückbuchung unmittelbar nach der Beurkundung der Satzung); BGH v. 24.4.2008 – III ZR 223/06, DNotZ 2008, 841, 843 Rn 15 m. krit. Anm. *Kilian*, MittBayNot 2009, 396 sowie OLG Oldenburg v. 26.1.2006 – 13 U 73/05, DB 2006, 777, 778 (beide zur Unzulässigkeit von Vorausleistungen); *Leske*, NotBZ 2002, 284, 288, 291.

punkte für Fehlvorstellungen braucht der Notar jedoch nicht „ins Blaue hinein“ nachzufragen und zu belehren (allg. siehe Rdn 26). Da Irrtümer über die Art und Weise der Einlageerfüllung allerdings insb. bei juristischen Laien häufig vorkommen, sollte sich der Notar immer überzeugen, ob die Beteiligten alle verwendeten Rechtsbegriffe richtig verstehen.[428] Dies gilt insb. auch für die Rechtsbegriffe des „**Eigenkapitalersatzes**“ und der „**Vollwertigkeit**“ bei der Einbringung von Forderungen;[429] ferner für den Ausdruck „**Bareinzahlung**“, unter dem Laien bisweilen auch eine Vorauszahlung verstehen.[430]

Ob bei der Veräußerung eines GmbH-Geschäftsanteils der **Veräußerer verfügungsbefugt** ist, hat der Notar regelmäßig nicht zu überprüfen. Die empfiehlt sich aber dennoch[431] (allg. zur Verfügungsbefugnis siehe Rdn 57). Ergeben sich jedoch aus den Äußerungen der Beteiligten oder den vorgelegten Urkunden Zweifel an der Verfügungsbefugnis, hat der Notar diese gem. Abs. 2 mit den Beteiligten zu erörtern. Spätestens bevor der Notar gem. seiner Pflicht aus § 40 Abs. 3 GmbHG die neue **Gesellschafterliste** zum Handelsregister einreicht, muss er die bisherige Liste einsehen. Auf deren Inhalt darf er sich verlassen; er ist insbesondere nicht verpflichtet die darin aufgeführten Beteiligungsverhältnisse zu überprüfen.[432] 129

Im Einzelfall kann schon zweifelhaft sein, ob der zu veräußernde Anteil überhaupt **besteht**. Dieser Frage hatte der Notar nach früherer Rechtslage etwa dann nachzugehen, wenn Anhaltspunkte darauf hindeuteten, dass Anteile entgegen § 17 Abs. 6 GmbHG geteilt wurden. Diese Frage stellt sich nicht mehr, seit das Teilungsverbot des § 17 Abs. 6 GmbHG durch das MoMiG mit Wirkung vom 1.11.2008 entfallen ist. Spezielle Übergangsvorschriften für die hier interessierende Thematik gibt es nicht; zu beachten ist lediglich § 3 Abs. 3 EGGmbHG. Bei Altgesellschaften gibt es demnach Übergangsfristen, nach denen ein Gutglaubenserwerb gem. § 16 Abs. 3 GmbHG möglich ist. 130

Soll nur ein **Teil** eines bislang ungeteilten Geschäftsanteils veräußert werden, so hat der Notar darauf hinzuweisen, dass für die Teilung gem. § 46 Nr. 4 GmbHG ein **Gesellschafterbeschluss** erforderlich ist.[433] 131

Die Frage, ob der Notar auf die **Haftung des Rechtsvorgängers** nach § 22 GmbHG hinzuweisen hat, ist differenzierend zu beantworten. Gegen eine Belehrungspflicht nach Abs. 1 lässt sich anführen, dass diese Haftung regelmäßig von Umständen (insb. Kaduzierung) abhängt, deren Eintritt im Zeitpunkt der Beurkundung völlig ungewiss ist. Es handelt sich damit nicht um eine **unmittelbare Rechtsfolge** der Anteilsveräußerung (allg. zu diesem Kriterium siehe Rdn 29). Bei erheblichen Einlagerückständen kann sich freilich – da Fehlvorstellungen der Beteiligten hier nicht selten sind – mit Blick auf die allgemeine Betreuungspflicht (siehe Rdn 6 ff.) ein Hinweis empfehlen. 132

Bei der **Beurkundung von Versammlungsbeschlüssen** gilt § 17 BeurkG nicht. Versammlungsbeschlüsse sind keine Willenserklärungen, sondern sonstige Tatsachen i.S.v. § 36 BeurkG (zu den Belehrungspflichten vgl. § 36 BeurkG Rdn 14).[434] Etwas anderes gilt freilich dann, wenn in der Versammlung **zugleich Willenserklärungen** abgeben werden (siehe auch § 6 BeurkG Rdn 2). Dies ist etwa der Fall, wenn neben dem Beschluss der Gesellschafter einer GmbH über eine Kapitalerhöhung zugleich die Übernahmeerklärung eines Gesellschafters hinsichtlich der neu gebildeten Gesellschaftsanteile beurkundet wird (zu weiteren Beispielen solcher **gemischter Beurkundungen** siehe § 36 BeurkG Rdn 7 f.). Die Beurkundung ist für die Wirksamkeit der Übernahmeerklärung zwar nicht erforderlich (§ 55 Abs. 1 GmbHG: Beglaubigung reicht). Wird sie dennoch vorgenommen und mit dem Kapitalerhöhungsbeschluss in eine Niederschrift aufgenommen, so erstreckt sich die Belehrungspflicht des Notars auf das gesamte Verfahren.[435] 133

428 BeckOK-BGB/*Litzenburger*, § 17 BeurkG Rn 1.
429 BGH v. 2.10.2007 – III ZR 13/07, DNotZ 2008, 376 m. Anm. *Volmer*, EWiR 2007, 753 und *Wachter*, GmbHR 2007, 1332 (betr. Kapitalerhöhung).
430 Vgl. BGH v. 16.11.1995 – IX ZR 14/95, DNotZ 1996, 572, 573 f.; BGH v. 24.4.2008 – III ZR 223/06, DNotZ 2008, 841 Rn 15 (zum Begriff Bareinzahlung).
431 DNotI-Rep 2010, 53 f.
432 *Mayer*, DNotZ 2008, 403, 410 f.
433 Siehe § 46 Nr. 4 GmbHG; allg. zur Belehrung über Genehmigungserfordernisse siehe Rn 55 ff.
434 *Dignas*, GmbHR 2005, 139, 142 (in krit. Auseinandersetzung mit BGH v. 16.2.1981 – II ZB 8/80, DNotZ 1981, 451 zur Gleichwertigkeit einer Auslandsbeurkundung). *Stauch*, Die Geltung ausländischer notarieller Urkunden in der Bundesrep. Deutschland, 1983, S. 80 f.
435 Vgl. OLG Düsseldorf v. 15.12.1994 – 18 U 86/94, NJW 1995, 1761; LG Stralsund v. 25.7.2001 – 7 O 161/00, NotBZ 2002, 310; *Leske*, NotBZ 2002, 284, 286 ff.

134 Gesellschaftsverträge und andere Rechtsgeschäfte in Bezug auf **Personengesellschaften** unterliegen keinem generellen Formzwang.[436] Der Notar wird daher häufig lediglich Registeranmeldungen zu beglaubigen haben. Da § 17 BeurkG auf Beglaubigungen nicht anwendbar ist (siehe Rdn 3), bestehen insofern grds. keine Belehrungspflichten. Etwas anderes gilt aber dann, wenn der Notar die zu beglaubigenden Erklärungen **entworfen**,[437] sowie wenn er die **Beratung** der Beteiligten übernommen hat.[438] Die Belehrungspflicht folgt zwar – da es gleichwohl nicht um die Beurkundung einer Willenserklärung geht – nicht unmittelbar aus Abs. 1. Der Inhalt der Belehrungspflicht lässt sich insoweit jedoch durch sinngemäße Anwendung des Abs. 1 ermitteln.[439] Im Ergebnis wird der Notar damit so behandelt, als hätte er die Erklärungen beurkundet.[440]

f) Familienrecht

Literatur *Bergschneider*, Richterliche Inhaltskontrolle von Eheverträgen und Scheidungsvereinbarungen, 2008; *Berringer/Menzel*, Das neue Unterhaltsrecht, MittBayNot 2008, 165; *Borth*, Unterhaltsrechtsänderungsgesetz (UÄndG), 2008; *Born*, Vereinbarungen über den Trennungsunterhalt – immer unzulässig?, NZFam 2020, 665; *Braeuer*, Pflichten des Notars bei der Beurkundung einer Scheidungsfolgenvereinbarung im Hinblick auf die bevorstehende Ehescheidung, FPR 2007, 257; *Dauner-Lieb*, Reichweite und Grenzen der Privatautonomie im Ehevertrag, AcP 201 [2001], 295; *Jochheim*, Zu den Belehrungspflichten des Notars bei der Beurkundung von Eheverträgen, FPR 1999, 271; *Langenfeld*, Zur gerichtlichen Kontrolle von Eheverträgen, DNotZ 2001, 272; *J. Mayer*, Wohnungsrecht und Sozialhilferegress, DNotZ 2008, 672; Würzburger Notarhandbuch/*Mayer*, Teil 3; *Münch*, Ehebezogene Rechtsgeschäfte, 3. Aufl. 2011; *Peters-Lange*, Notarhaftung für Unterhaltspflichten nach Ehescheidung?, DNotZ 1997, 595; *Rauscher*, Grenzen der Vertragsfreiheit im Unterhaltsrecht – Konsequenzen aus der Rechtsprechung. des BVerfG, DNotZ 2002, 751; *Reetz*, Kindesunterhalt in der notariellen Praxis, notar 2008, 108; *Sanders*, Unwissende Ehegatten – Sittenwidrigkeit und Aufklärungspflichten beim Abschluss von Eheverträgen, FuR 2005, 104; *Schmid*, Reform des Versorgungsausgleichs schafft Spielräume für Vereinbarungen, notar 2008, 133; *Seeger*, Der Ehe- und Lebenspartnerschaftsname in der notariellen Praxis, MittBayNot 2002, 229; *S. Zimmermann*, Das neue Kindschaftsrecht, DNotZ 1998, 404. Zur Lebenspartnerschaft s. die Beiträge in MittBayNot 2001 Sdh. Lebenspartnerschaften.

135 Bei der Beurkundung eines Antrags auf **Annahme als Kind** (§ 1752 Abs. 2 S. 2 BGB) kann der Notar verpflichtet sein, die Beteiligten über die **erbrechtlichen Folgen** einer Adoption zu belehren.[441] Diese Belehrungspflicht lässt sich aus Abs. 1 ableiten. Die erbrechtlichen Auswirkungen gehören zur rechtlichen Tragweite der Erklärung, da sie als zwingende Folge der Adoption von den Beteiligten allein durch die Annahmeerklärung beeinflusst werden.[442]

136 Der Notar hat nach einer Entscheidung des OLG Düsseldorf gem. Abs. 1 bei Beurkundung eines gegenseitigen **nachehelichen Unterhaltsverzichts** zukünftiger Eheleute darauf hinzuweisen, dass der Verzicht möglicherweise im Falle einer notwendigen Versorgung gemeinsamer Kinder nicht eingreift.[443] Diese Entscheidung überzeugt nicht. Die Belehrungspflicht hätte allenfalls aus § 14 BNotO entnommen werden können, was aber eine sorgfältige Abwägung mit dem Unparteilichkeitsgebot erfordert hätte.[444]

137 Durch **Ehevertrag** können die Ehegatten u.a. den für sie geltenden Güterstand aufheben oder ändern sowie den Versorgungsausgleich ausschließen (§§ 1408 ff. BGB). Derartige Vereinbarungen bedürfen der notariellen Beurkundung (für Eheverträge: § 1410 BGB; für bestimmte vorsorgende Scheidungsfolgenabreden: §§ 1378 Abs. 3 S. 2, 1585 c S. 2 BGB, § 7 Abs. 1 VersAusglG; für Lebenspartnerschaften [siehe Rdn 141] i.V.m. §§ 6 S. 2, 7 LPartG). Der Notar hat bei der Beratung der Beteiligten nicht von dem engen Begriff des Ehevertrags i.S.v. § 1408 Abs. 1 BGB, sondern von einem **erweiterten** Ehevertragsbegriff auszugehen.[445] Häufig wollen die (künftigen) Eheleute nämlich nicht nur jenen engeren Kreis von Abreden treffen, den § 1408 Abs. 1, 2 BGB als Ehevertrag definiert, sondern streben eine **umfassende**

436 Zu den Ausnahmen s. *Hartmann*, DNotZ Sdh 1989, 63*, 64*.
437 BGH v. 18.11.1957 – III ZR 106/56, DNotZ 1958, 101, 103 (Auflösung einer OHG).
438 BGH v. 2.4.1959 – III ZR 22/58, DNotZ 1959, 555, 557 f. (Rücknahme einer Handelsregisteranmeldung). S.a. BGH v. 30.9.2004 – III ZR 308/03, MittBayNot 2005, 168 zur Beratung im Zusammenhang mit einer Firmenübernahme.
439 Vgl. auch BGH v. 5.11.1992 – IX ZR 260/91, DNotZ 1993, 459, 461 (Inhalt der Belehrungspflicht bei Amtsgeschäft nach § 24 Abs. 1 BNotO).
440 Reithmann/Albrecht/*Reithmann*, Rn 64.
441 BGH v. 2.5.1972 – VI ZR 193/70, DNotZ 1973, 240 ff.
442 Im Erg. offen lassend BGH v. 2.5.1972 – VI ZR 193/70, DNotZ 1973, 240 ff., allerdings zu § 1767 BGB a.F.
443 OLG Düsseldorf v. 26.9.1996 – 18 U 154/95, DNotZ 1997, 656, 657.
444 *Peters-Lange*, DNotZ 1997, 595, 607 ff.
445 S. Kersten/Bühling/*Winnen*, § 85 Rn 1.

Regelung ihrer persönlichen Verhältnisse an. In der kautelarjuristischen Praxis haben sich typische Ehevertragsgestaltungen herausgebildet.[446] Daran sollte sich der Notar bei der Vertragsgestaltung orientieren, freilich ohne die Besonderheiten des Einzelfalles aus dem Blick zu verlieren.

Der Notar hat seine Beratung darauf einzustellen, dass Eheverträge in hohem Maße **zukunftsbezogen** sind. Regelungen, die z.Z. der Beurkundung der Interessenlage der Beteiligten entsprechen, können aufgrund nahe liegender, später eintretender Umstände, wie die Geburt eines gemeinsamen Kindes, zu untragbaren Ergebnissen führen.[447] Der Notar muss hier bes. vorausschauend denken. In jedem Fall sollte den Beteiligten geraten werden, in regelmäßigen Abständen die Angemessenheit ihres Ehevertrages zu überprüfen. Allerdings ist der Notar nicht der „Lebensberater" der Beteiligten.[448] Daher muss er bei Schenkungen oder unbenannten Zuwendungen unter Ehegatten nicht darüber belehren, dass die Beteiligten das Geschäft bei Eintritt bestimmter Voraussetzungen, insbesondere einer **Ehescheidung**, bereuen könnten, so dass ein Rückübertragungsanspruch zu erwägen wäre. Ebenso ist er bei der Beurkundung eines Grundstücksüberlassungsvertrages unter Angehörigen nicht verpflichtet, die Möglichkeit des **Vorversterbens** eines Beteiligten zu erörtern und ein Rückforderungsrecht vorzuschlagen.[449] Die Beratungspflicht würde zudem überdehnt, wenn der Notar alle denkbaren zukünftigen Entwicklungen berücksichtigen soll. So muss er nicht darüber aufklären, dass der Verzicht auf den Versorgungsausgleich in einem Ehevertrag möglicherweise später unwirksam sein könnte, weil die Berufung hierauf gem. § 242 BGB ausgeschlossen oder die Geschäftsgrundlage gestört ist.[450] Besteht allerdings aufgrund der persönlichen Verhältnisse der Vertragsschließenden die Gefahr der **Sittenwidrigkeit** einer solchen Vereinbarung gem. § 138 BGB, so ist hierüber aufzuklären.[451] 138

Die Belehrung über die rechtliche Tragweite umfasst die rechtlichen Besonderheiten der einzelnen Güterstände, also etwa die Verfügungsbeschränkungen der §§ 1365, 1369 BGB im ges. Güterstand. Der **Umfang** der erforderlichen Beratung hängt sehr vom Einzelfall ab. Der Notar hat den Willen der Beteiligten, der regelmäßig von ihren wirtschaftlichen Zielen bestimmt wird, in eine rechtliche Form zu bringen. Gerade bei **Eheverträgen** muss er bes. auf die Ausgewogenheit der Vertragsgestaltung achten. Solange nicht die Wirksamkeit des Vertrages gem. § 138 Abs. 1 BGB in Frage gestellt ist,[452] darf der Notar die Beurkundung von unausgewogenen Verträgen nicht ablehnen (§ 15 Abs. 1 S. 1 BNotO). Er muss den benachteiligten Beteiligten auf die **rechtlichen Risiken** hinweisen[453] sowie ggf. vor Vertragsschluss die Konsultation eines Anwaltes empfehlen.[454] In jedem Fall hat sich die Beratung des Notars auch auf die **erbrechtlichen Folgen** zu erstrecken.[455] 139

Über die **steuerrechtlichen Unterschiede** zwischen den in Betracht kommenden Güterständen braucht der Notar die Beteiligten nicht zu belehren. Da die Unterschiede zwischen den Güterständen gerade auch in einer unterschiedlichen Besteuerung bestehen, werden allerdings im Zusammenhang mit Eheverträgen häufig steuerliche Hinweise gegeben. Die Belehrung muss dann auch hinsichtlich der steuerrechtlichen Konsequenzen richtig und vollständig sein (siehe Rdn 66). Für den Fall, dass der Notar die steuerliche Beratung nicht übernimmt, muss er die Eheleute darauf hinweisen, dass sie zur Vermeidung von Nachteilen einen **Steuerspezialisten** aufsuchen sollten. Gerade wenn die Eheleute eine umfassende Regelung ihrer gemeinsamen Vermögensverhältnisse wünschen, dürfte es ohne die Erörterung steuerlicher Fragen nicht möglich sein, eine ihrem Willen entspr. Urkunde aufzunehmen. **Künftige steuerliche Entwicklun-** 140

446 Grundlegend *Langenfeld*, FamRZ 1987, 9, 10 ff. Zu den Gestaltungsvorschlägen s. im Einzelnen Kersten/Bühling/*Winnen*, §§ 83 ff.; Beck'sches Notarhdb/*Grziwotz*, § 12 Rn 1 ff.; s. auch *Grziwotz*, NJW 2021, 3511 sowie die Rspr.-Übersicht bei *Milzer*, NZFam 2021, 17.

447 Kersten/Bühling/*Winnen*, § 85 Rn 2.

448 OLG Celle v. 5.1.2022 – 3 U 143/21, BeckRS 2022, 27042 Rn 6; Nichtzulassungsbeschwerde vom BGH zurückgewiesen (BGH. v. 25.8.2022 – III ZB 4/22, BeckRS 2022, 27041); OLG Düsseldorf v. 22.8.1996 – 18 U 205/95, MittRhNotK 1996, 361 f.

449 OLG Bamberg v. 2.2.2004 – 4 U 136/03, DNotZ 2004, 718 f. (betr. Vorversterben eines Abkömmlings).

450 BGH v. 15.5.2014 – III ZR 375/12, DNotZ 2014, 679 Rn 26. Zur Abgrenzung instruktiv LG Frankenthal v. 26.7.2021 – 4 O 47/21, BeckRS 2021, 2344 Rn 16 ff. m. zust. Anm. *Milzer*, NZFam 2022, 186.

451 *Schlick*, ZNotP 2014, 322, 328.

452 Grundlegend BGH v. 11.2.2004 – XII ZR 265/02, BGHZ 158, 81; s. auch Beck'sches Notarhdb/*Grziwotz*, § 12 Rn 9 ff.; zur Sittenwidrigkeit in familien- und erbrechtlichen Rechtsgeschäften *Armbrüster*, in: FS Säcker, 2011, S. 13 ff.

453 OLG Naumburg v. 20.8.2001 – 8 WF 169/01, DNotZ 2002, 791, 792.

454 Kersten/Bühling/*Zimmermann*, § 85 Rn 1.

455 *Reithmann/Blank/Rinck*, Rn O 54.

gen muss der Notar aber in keinem Fall vorausahnen. Generell ist aber auch hier der Hinweis empfehlenswert, dass die Eheleute von Zeit zu Zeit die Angemessenheit ihrer Vereinbarung überprüfen sollten.

141 Ähnlicher Gestaltungsbedarf wie bei Eheverträgen entsteht bei **Lebenspartnerschaftsverträgen** nach dem am 1.8.2001 in Kraft getretenen Lebenspartnerschaftsgesetz (LPartG) vom 16.2.2001.[456] Neue Lebenspartnerschaften können seit dem 1.10.2017 nicht mehr begründet werden (Art. 3 Abs. 3 des Ges. v. 20.7.2017 zur Einführung des Rechts auf Eheschließung für Personen gleichen Geschlechts).[457]

g) Erbrecht

Literatur *Frenz*, Erbrechtliche Gestaltungen bei Scheitern der Ehe, ZNotP 2000, 67 und 102; *Kössinger*, Erbteilsübertragung mit Grundbesitz, ZNotP 1997, 94; *I. Ludwig*, Gegenständliche Nachlassspaltung bei Vor- und Nacherbschaft, DNotZ 2001, 102; *J. Mayer*, Wohnungsrecht und Sozialhilferegress, DNotZ 2008, 672; *Nieder*, Rechtsgeschäfte unter Lebenden auf den Tod, ZNotP 1998, 143, 192; *Piltz*, Der Internationale Erbfall, 2. Aufl. 2008; *Reimann/Bengel/Dietz*, Testament und Erbvertrag, 7. Aufl. 2020; *Roggendorff*, Zu den notariellen Belehrungspflichten bei der Testamentsgestaltung und weiteren Fragen der Notarhaftung, RNotZ 2002, 413.

142 Beurkundet der Notar ein Testament, ist er gehalten, sich über das Vorhandensein **entgegenstehender letztwilliger Verfügungen** zu erkundigen. Verbleiben danach rechtliche oder tatsächliche Zweifel, ob eine zu beurkundende letztwillige Verfügung wirksam ist, muss der Notar gem. Abs. 2 einen Hinweis geben.[458]

143 Auf **§ 14 HeimG** sowie die infolge der Föderalismusreform an seine Stelle getretenen **landesrechtlichen Regelungen** muss der Notar, wenn ein Heimbewohner zugunsten eines Heimmitarbeiters verfügen will, hinweisen.[459]

144 Die **Staatsangehörigkeit** eines Erblassers braucht der Notar nur dann festzustellen, wenn nach den für den Notar erkennbaren Umständen des konkreten Falles eine Auslandsberührung möglich erscheint.[460] Dies gilt in gleicher Weise für den gewöhnlichen Aufenthalt, an den die EuErbVO die Rechtsnachfolge von Todes wegen nun im Wesentlichen anknüpft (siehe auch Rdn 261 ff.).

145 **Rechtsgeschäfte des Erblassers** unter Lebenden können die Rechtsstellung eines testamentarischen Erben regelmäßig nicht beeinträchtigen. Der Notar ist daher nicht gehalten, die Erben auf die Auswirkungen solcher Rechtsgeschäfte hinzuweisen, zumal dann, wenn der Erbe mit dem Notar nicht in Verbindung tritt. Dies gilt auch, wenn die Rechtsgeschäfte erst nach dem Tod des Erblassers wirksam werden sollen.[461]

146 Der **Pflicht zur Erforschung des Erblasserwillens** kommt im Bereich des Erbrechts bes. Bedeutung zu. Häufig sind die Vorstellungen der Beteiligten noch nicht in eine rechtliche Form gefasst oder auch lückenhaft, da naheliegende Umstände nicht mitbedacht worden sind. Der Notar muss durch sorgfältige Sachverhaltsaufklärung und Gestaltung dem **Willen des Erblassers** zum rechtlichen Erfolg verhelfen. Soweit hierfür erforderlich, muss er auch die gegenständliche Zusammensetzung des Nachlasses durch Nachfrage erforschen.[462] Eine Pflicht zur Ermittlung des Umfangs und des Wertes des Nachlasses trifft den Notar aufgrund von Abs. 1 jedoch nicht. Sofern der Wille des Erblassers von einem **Dritten** vorgetragen wird, muss sich der Notar bei der Beurkundung davon überzeugen, dass der vorgetragene mit dem tatsächlichen Willen übereinstimmt.[463] In manchen Fällen muss er eine Auslandsberührung (siehe Rdn 144, 261 ff.) und die steuerlichen Auswirkungen (siehe Rdn 63 ff.) einzelner Gestaltungen mitbeden-

456 BGBl I 2001, 266. Zu Beratungspraxis und Vertragsgestaltung s. *Grziwotz*, DNotZ 2001, 280; *G. Müller*, DNotZ 2001, 581.
457 BGBl I 2017, 2787.
458 Strenger BeckOK-BGB/*Litzenburger*, § 17 BeurkG Rn 17 a.E: sehr hohe Intensität des Zweifels erforderlich.
459 Zu § 14 HeimG s. *Dubischar*, DNotZ 1993, 419; BeckOGK/*Regler*, Stand: 1.1.2026, § 17 BeurkG Rn 65; BayObLG v. 24.11.1992 – 1 Z BR 73/92, DNotZ 1993, 453, 454 ff.
460 BGH v. 12.2.1963 – VI ZR 295/62, DNotZ 1963, 315, 317; wohl weiter BeckOGK/*Regler*, Stand: 1.1.2026, § 17 BeurkG Rn 65.
461 BGH v. 13.11.1973 – VI ZR 145/71, DNotZ 1974, 296, 299 (atypische Sonderrechtsnachfolge in die Komplementärstellung des Erblassers); Gleiches muss auch in Fällen des § 331 Abs. 1 BGB gelten.
462 BGH v. 18.4.2002 – IX ZR 72/99, DNotZ 2002, 768, 769 m. Anm. *Reithmann*; Soergel/*J. Mayer*, § 17 BeurkG Rn 12.
463 OLG Hamm v. 15.11.2019 – 10 W 143/17, MittBayNot 2021, 170 Rn 26.

ken. Eine Belehrungspflicht trifft den Notar insoweit zwar regelmäßig nicht. Es ist jedoch ratsam, die Beteiligten an einen Spezialisten zu verweisen.

Bestehen Anhaltspunkte dafür, dass **nahe liegende Umstände** oder nicht unwahrscheinliche künftige Entwicklungen vom Erblasser nicht mitbedacht wurden, so hat der Notar gem. Abs. 1 hierauf hinzuweisen und ggf. Regelungsvorschläge zu unterbreiten.[464] Wollen etwa kinderlose Ehegatten ein gemeinschaftliches Testament errichten, so ist der Notar gehalten darauf hinzuwirken, dass sich die Beteiligten Gedanken über die Frage machen, an wen der Nachlass nach dem Tod des Letztversterbenden fallen soll. Gehört eine **Beteiligung an einer Personengesellschaft** zum Nachlass, so muss der Notar im Rahmen der gestaltenden Beratung (siehe Rdn 31) auf die nahe liegende Gefahr gesellschaftsrechtlicher Nachfolgeklauseln hinweisen und ggf. alternative Gestaltungen vorschlagen.[465] **147**

Kommt der Notar seiner Pflicht zur Erforschung des Erblasserwillens mit der Folge nicht nach, dass die letztwillige Verfügung nicht dem wahren Willen des Erblassers entspricht, verletzt der Notar damit auch eine **Amtspflicht** gegenüber den deshalb **nicht zum Zuge gekommenen Erben**. Er kann daher auch diesen gegenüber gem. § 19 Abs. 1 BNotO zum Ersatz verpflichtet sein.[466] Gleiches gilt für die Erbauseinandersetzung. Auch hier muss der Notar den Willen der Beteiligten erforschen und diesen – unter Berücksichtigung etwaiger letztwilliger Verfügungen des Erblassers – klar und unzweideutig fassen.[467] Die Beurkundung eines Pflichtteilverzichts, bei der der Erblasser vollmachtlos vertreten wird, stellt eine Amtspflichtverletzung dar, da er nicht der Form des § 2347 S. 1 BGB genügt.[468] Sofern ein Beteiligter infolge eines unwirksamen Pflichtteilverzichts Ansprüchen seiner Miterben ausgesetzt ist, ist der Notar gem. § 19 Abs. 1 BNotO zum Ersatz verpflichtet.[469] **148**

Übernimmt es der Notar für die Erben, einen **Erbscheinsantrag** an das Nachlassgericht weiterzuleiten, so kann es zu seinen Amtspflichten aus § 24 Abs. 1 BNotO gehören, den erteilten Erbschein auf die Übereinstimmung mit dem Antrag zu überprüfen. Dies ist vor allem dann der Fall, wenn der Erbschein dem Notar vom **Nachlassgericht** übersandt wird.[470] Jene Amtspflicht soll nach Ansicht des BGH auch einem an der Beurkundung des Erbscheinsantrags **nicht formell beteiligten Nacherben** gegenüber bestehen. Die damit verbundene Haftungserweiterung erscheint indessen nicht mehr als vom Gesetzeszweck gedeckt.[471] **149**

Eine **Erbausschlagung** kann durch notariell beglaubigte Erklärung gegenüber dem Nachlassgericht erfolgen (§ 1945 Abs. 1 BGB). Beglaubigt der Notar die Unterschrift unter einer Erbausschlagung, trifft ihn grds. keine Belehrungspflicht; Abs. 1 gilt nur für die Beurkundung von Willenserklärungen (siehe Rdn 3). **Ausnahmsweise** muss der Notar allerdings belehren:[472] Dies ist zum einen der Fall, wenn er **beauftragt** war, die Beteiligten zu beraten und den Entwurf der Erklärung zu fertigen. Die Belehrungspflicht beruht dann auf dem Beratungsauftrag (vgl. § 24 BNotO, siehe Rdn 5). Zum anderen kann sich eine Belehrungspflicht dann ergeben, wenn die Beteiligten – für den Notar erkennbar – von **falschen rechtlichen Voraussetzungen** ausgehen und ihnen deshalb ein Schaden droht. In diesem Fall folgt die Belehrungspflicht aus der allgemeinen Betreuungspflicht des Notars (siehe Rdn 6 ff.). **150**

Bei der Beurkundung eines **Erbanteilskaufes** muss der Notar gem. Abs. 1 auf das Vorkaufsrecht der Miterben (§ 2034 Abs. 1 BGB) hinweisen.[473] Dabei genügt ein Hinweis auf das **Bestehen des Vorkaufsrechts**. Weitergehende Pflichten treffen den Notar nur, wenn er einen entsprechenden Betreuungsauftrag (§ 24 BNotO) annimmt (zum vertraglichen Vorkaufsrecht beim Grundstückskaufvertrag siehe Rdn 82). **151**

464 Reithmann/Albrecht/*Riegel*, Rn 1105.
465 BGH v. 18.4.2002 – IX ZR 72/99, DNotZ 2002, 768, 769 m. Anm. *Reithmann*.
466 BGH v. 19.5.1958 – III ZR 21/57, DNotZ 1958, 554, 556.
467 BGH v. 19.3.1992 – IX ZR 120/91, DNotZ 1992, 811, 812; s. auch BGH v. 14.12.1995 – IX ZR 242/94, DNotZ 1997, 44 ff. (unwirksamer Erbverzicht kann zur Notarhaftung bereits vor dem Tod des Erblassers führen).
468 BGH v. 20.11.2024 – IV ZR 263/23, NJW 2025, 53 Rn 23 (zur Vorgängerregelung in § 2347 Abs. 2 S. 1 BGB).
469 BGH v. 20.11.2024 – IV ZR 263/23, NJW 2025, 53 Rn 24 ff.
470 BGH v. 11.6.1987 – IX ZR 87/86, DNotZ 1988, 372, 373; BeckOGK/*Regler*, Stand: 1.1.2026, § 17 BeurkG Rn 67.
471 Näher *Bernhard*, DNotZ 1988, 375, 378.
472 Vgl. BGH v. 25.6.1959 – III ZR 72/58, VersR 1959, 997 ff.
473 BGH v. 2.7.1968 – VI ZR 168/66, VersR 1968, 1059, 1061.

B. § 17 Abs. 2 BeurkG

I. Zweifel an Gesetzes- oder Willenskonformität (S. 1)

152 Abs. 2 S. 1 ergänzt Abs. 1 um eine Erörterungs- und Vermerkpflicht in **Zweifelsfällen**. S. 1 betrifft Fälle, in denen die Beteiligten oder der Notar Zweifel haben, ob das Geschäft mit dem Gesetz oder mit ihrem Willen übereinstimmt.[474] Die Erörterungspflicht ergibt sich weitgehend bereits aus Abs. 1, wonach der Notar den Willen der Beteiligten zu erforschen (siehe dazu Rdn 21 ff.) und über die rechtliche Tragweite zu belehren hat. Beides kann in Zweifelsfällen nicht ohne die auch in S. 1 erwähnte Erörterung mit den Beteiligten geschehen.[475]

II. Belehrungsvermerk (S. 2)

153 S. 2 stellt zunächst klar, dass bloße Zweifel an der Wirksamkeit des Geschäfts den Notar nicht zur Ablehnung der Beurkundung gem. § 4, § 14 Abs. 2 BNotO berechtigen.[476] Bei Zweifeln an der Wirksamkeit des Geschäfts muss der Notar die Beteiligten darüber **belehren** und – wenn sie gleichwohl auf der Beurkundung bestehen – die Belehrung und die Erklärungen der Beteiligten nach S. 2 in der Urkunde **dokumentieren**. In der Dokumentationspflicht liegt eine weitere Bedeutung der Vorschrift. Im Unterschied zu den Belehrungspflichten nach Abs. 1 muss der Notar die Belehrung nach Abs. 2 S. 2 in der **Urkunde** dokumentieren; ein Aktenvermerk genügt nicht.

154 Die Vermerkpflicht nach S. 2 setzt voraus, dass der Notar **Zweifel** an der Wirksamkeit des Geschäftes hat. Hält er dieses für wirksam, zweifelt der Notar nicht, so dass er keinen Vermerk aufnehmen muss.[477] Dies gilt auch dann, wenn zwar in der einschlägigen Literatur und Rspr. **Bedenken** geäußert wurden, der Notar diese aber nicht teilt.[478] In diesem Fall muss der Notar bes. kritisch prüfen, ob er der Amtspflicht zur Wahl des sichersten Weges genügt (siehe Rdn 34). Aus Abs. 2 lässt sich nicht die Pflicht des Notars entnehmen, das Geschäft daraufhin zu untersuchen, ob Zweifel bestehen können. Die Vorschrift regelt vielmehr nur die Rechtsfolgen etwaiger Zweifel.[479] Die Pflicht des Notars, die Rechtslage gründlich zu prüfen und zu diesem Zweck die für seine Amtstätigkeit maßgebenden wesentlichen Zeitschriften und Kommentare auszuwerten, folgt vielmehr aus der Pflicht zur Belehrung über die rechtliche Tragweite gem. Abs. 1 S. 1 (siehe Rdn 24 ff., Rdn 36; s. auch § 14 Abs. 6 BNotO).

Ist der Notar davon **überzeugt,** dass das Geschäft unwirksam ist, so hat er die Beurkundung gem. § 4 BeurkG abzulehnen.

155 S. 2 gilt nicht, wenn sich die Zweifel des Notars auf die Übereinstimmung des Geschäfts mit dem **Willen** der Beteiligten beziehen. Den wahren Willen der Beteiligten muss der Notar gem. Abs. 1 in jedem Fall erforschen.[480] Kann der Notar trotz Erörterung den wahren Willen der Beteiligten nicht ermitteln, etwa weil diese nicht mitwirken, so wird er die Beurkundung regelmäßig gem. § 4 BeurkG abzulehnen haben, da **offensichtliche Unehrlichkeit** der Beteiligten beim Notar zur Überzeugung führen muss, dass diese in Wahrheit unerlaubte oder unredliche Zwecke verfolgen.[481]

156 Einen ausdrücklichen **Belehrungsvermerk** verlangt das BeurkG außer nach S. 2 noch in folgenden **weiteren Fällen**: bei Anwendbarkeit ausländischen Rechts (Abs. 3 S. 1), bei gerichtlichen oder behördlichen Genehmigungserfordernissen (§ 18 BeurkG), bei Unbedenklichkeitsbescheinigungen als Eintragungsvoraussetzungen (§ 19 BeurkG), gesetzlichen Vorkaufsrechten (§ 20 BeurkG), bei Beurkundung ohne Grundbucheinsicht (§ 21 Abs. 1 S. 2 BeurkG), bei Abtretung oder Belastung eines Briefpfandrechts betr. die Briefvorlage (§ 21 Abs. 2). Vgl. außerdem § 10 Abs. 2 BeurkG (Vermerk über Feststellung der Betei-

474 *Ganter*, DNotZ 1998, 851, 854; BeckOGK/*Regler*, Stand: 1.1.2026, § 17 BeurkG Rn 111; a.A. Haug/Zimmermann/*Eggenstein*, Rn 587, der annimmt, S. 1 erfasse nicht diejenigen Fälle, in denen der Notar selbst an der Wirksamkeit der Erklärungen zweifelt.
475 BeckOGK/*Regler*, Stand: 1.1.2026, § 17 BeurkG Rn 113.
476 Frenz/Miermeister/*Frenz*, § 17 BeurkG Rn 26; *Winkler*, MittBayNot 1998, 141 f.; a.A. *Ganter*, DNotZ 1998, 851, 853.
477 Frenz/Miermeister/*Frenz*, § 17 BeurkG Rn 25.
478 BeckOGK/*Regler*, Stand: 1.1.2026, § 17 BeurkG Rn 113; *Ganter*, DNotZ 1998, 851, 854 f.
479 Ähnlich wohl BeckOGK/*Regler*, Stand: 1.1.2026, § 17 BeurkG Rn 113; a.A. *Köhler*, in: FS BayNot, 1987, S. 197.
480 Frenz/Miermeister/*Frenz*, § 17 BeurkG Rn 25.
481 BeckOGK/*Regler*, Stand: 1.1.2026, § 17 BeurkG Rn 118.

ligten); § 11 Abs. 1 S. 2, Abs. 2 BeurkG (Vermerke über Feststellungen zur Geschäftsfähigkeit); § 12 BeurkG (Vertretungsbescheinigung).

Allein im **Unterlassen** eines vorgeschriebenen Belehrungsvermerkes liegt keine zum Schadensersatz verpflichtende Amtspflichtverletzung i.S.v. § 19 BNotO.[482] Die Vermerke dienen vorrangig Beweiszwecken; ihnen kommt Beweiskraft nach den §§ 415 ff. ZPO zu.[483] Fehlt ein vorgeschriebener Belehrungsvermerk in der Urkunde, so trägt der Notar in einem Amtshaftungsprozess die **Beweislast** dafür, dass die Belehrung dennoch stattgefunden hat.[484] Dies gilt hingegen nicht, wenn kein Vermerk vorgeschrieben war.[485] 157

C. § 17 Abs. 2a BeurkG

Literatur *Althammer*, Maklerklauseln im Anwendungsbereich der Zwei-Wochen-Frist des § 17 Abs. 2a Satz 2 Nr. 2 BeurkG n.F. – Zur Reichweite des notariellen Verbraucherschutzes, MittBayNot 2014, 297; *Armbrüster*, Ausnahmen von der Zwei-Wochen-Frist des § 17 Abs. 2a BeurkG, NotBZ 2009, 54; *ders.*, Offene Fragen zur Zwei-Wochen-Frist des § 17 Abs. 2a S. 2 Nr. 2 S. 2 BeurkG, in: FS 25 Jahre DNotI, 2018, S. 287; *Böhringer*, Neue Amtspflichten des Notars bei Verbraucherverträgen (§ 17 Absatz IIa S. 2 BeurkG), BWNotZ 2003, 6; *Brambring*, Sperrfrist für Beurkundungstermine, ZfIR 2002, 597; *ders.*, Die neuen Amtspflichten des Notars bei Verbraucherverträgen, § 17 Abs. 2a BeurkG, FGPrax 2003, 147; *Bremkamp*, Löst die Aufnahme einer Maklerklausel in einen Grundstückskaufvertrag zwischen Verbrauchern die Zweiwochenfrist gem. § 17 Abs. 2a S. 2 Nr. 2 HS 2 BeurkG aus?; *Bund*, Zur Kostenpflicht für den Entwurf eines Verbrauchervertrags wegen § 17 Abs. 2a BeurkG bei vorzeitiger Beendigung des Beurkundungsverfahrens, JurBüro 2019, 513; *Cramer*, Umgehung zwecklos – Die Rechtsprechung des BGH zur Zwei-Wochen-Frist gemäß § 17 Abs. 2a S. 2 Nr. 2 BeurkG, DNotZ 2015, 725; *Grziwotz*, Vom Mitternachts- zum Sonntagsnotar, ZfIR 2009, 627; *Heckschen/Strnad*, Inhalt und Grenzen des Anwendungsbereichs von § 17 IIa 2 Nr. 2 BeurkG, ZNotP 2014, 122; *Heinze*, Verbraucherschutz im Beurkundungsverfahren, ZNotP 2013, 122; *ders.*, Der „beabsichtigte" Text des Rechtsgeschäfts bei § 17 Abs. 2a S. 2 Nr. 2 HS 2 BeurkG – Änderungen zwischen zur Verfügung gestelltem und beurkundetem Text, in: FS 25 Jahre DNotI, 2018, S. 333; *ders.*, Neues zur Zwei-Wochen-Frist, in: Herrler/Hertel/Kesseler, Aktuelles Immobilienrecht 2021/2022 in der Gestaltungspraxis, 2022, 32; *Helms*, Von Erfüllung und Vollzug notarieller Hinwirkungspflichten bei Verbraucherverträgen, ZNotP 2005, 13; *Hertel*, Erste Anmerkungen zur Ergänzung des § 17 Abs. 2a BeurkG, ZNotP 2002, 286; *Jost*, Neuregelung des § 17 Abs. IIa Beurkundungsgesetz (BeurkG) bei notarieller Beglaubigung von Verbraucherverträgen, ZGS 2002, 346; *Junglas*, Mitternachtsnotare a.D.? Die Zwei-Wochen-Frist nach § 17 IIa BeurkG und die Notarhaftung, NJW 2012, 1121; *ders.*, Entwurf eines Gesetzes zur Stärkung des Verbraucherschutzes im notariellen Beurkundungsverfahren, VuR 2013, 114; *Litzenburger*, Der Notar als Verbraucherschützer – die Amtspflichten gemäß § 17 Abs. 2a Satz 2 BeurkG, NotBZ 2002, 280; *ders.*, Das Gebot der funktionsgerechten Vorbereitung und Gestaltung der notariellen Beurkundung gemäß § 17 Abs. 2a BeurkG, RNotZ 2006, 180; *Maaß*, Zur Auslegung von § 17 Abs. 2a Satz 2 Nr. 1 BeurkG – Sind Vollmachten in Grundstückskaufverträgen mit Verbrauchern weiterhin zulässig und können Mitarbeiter des Notars bei deren Vollzug aufgrund solcher Vollmachten wirksam handeln?, ZNotP 2002, 455; *ders.*, Zulässigkeit der Bestellung von Finanzierungsgrundschulden durch Notariatsangestellte aufgrund einer Belastungsvollmacht in Verbrauchergrundstücksverträgen, ZNotP 2004, 216; *Mohnhaupt*, Zur Änderung des Beurkundungsverfahrens durch das OLG-Vertretungsgesetz, NotBZ 2002, 248; *Philippsen*, Die Hinwirkungspflichten des Notars bei Verbraucherverträgen in § 17 Abs. 2a BeurkG, NotBZ 2003, 137; *J. Redeker*, Verbraucherschutz im Beurkundungsverfahren – Der § 17 Abs. 2a Satz 2 BeurkG, 2018; *Regler*, Die notarielle Prüfungs- und Betreuungspflicht – Strukturfragen für Gegenwart und Zukunft, MittBayNot 2017, 115; *Renner*, Zum Umfang der notariellen Belehrungspflicht bei der Beurkundung einer Annahmeerklärung, NotBZ 2012, 130; *Rieger*, Neue Regeln für die Beurkundung von Verbraucherverträgen, MittBayNot 2002, 325; *Schmucker*, Die „Entstehungsgeschichte" der Ergänzung von § 17 Abs. 2a BeurkG, DNotZ 2002, 510; *Solveen*, Die Ergänzung des § 17 Abs. 2a BeurkG und ihre Folgen für die notarielle Praxis, RNotZ 2002, 318; *Sorge*, Die Ergänzung des § 17 Abs. 2a BeurkG, DNotZ 2002, 593; *Terner*, Verbraucherschutz durch Notare, NJW 2013, 1404; *Vollkommer*, Verbraucherschutz und notarielle Beurkundung, ZfIR 2004, 578; *Weber*, Notarielle Verbraucherverträge – Die Zwei-Wochen-Frist und ihre Ausnahmen, NJW 2015, 2619; *Wöstmann*, Anforderungen an das Verhalten des Notars (§ 14 Abs. 3 BNotO) unter Berücksichtigung der Richtlinien der Notarkammern, ZNotP 2002, 246.

482 BGH v. 13.11.1973 – VI ZR 145/71, DNotZ 1974, 296, 301; *Winkler*, § 17 Rn 391; a.A. OLG Frankfurt v. 19.12.1984 – 17 U 245/83, NJW 1985, 1229.

483 *Winkler*, § 17 Rn 391.

484 BGH v. 22.6.2006 – III ZR 259/05, DNotZ 2006, 912, 915 m. Anm. *Kesseler*; OLG Frankfurt v. 12.5.2010 – 4 U 219/09, NJW 2011, 392, 393; *Lerch*, § 17 Rn 166; Reithmann/Albrecht/*Reithmann*, Rn 167; BGH v. 25.4.1996 – IX ZR 237/95, DNotZ 1997, 62, 63 f.; *Winkler*, § 17 Rn 391.

485 BGH v. 9.11.1989 – IX ZR 261/88, DNotZ 1990, 441, 442 (zu § 53 BeurkG); BGH v. 22.6.2006 – III ZR 259/05, DNotZ 2006, 912, 915; *Lerch*, § 17 Rn 166; *Winkler*, § 17 Rn 391 f.

I. Normzweck; Entstehungsgeschichte

158 Die Prüfungs- und Belehrungspflichten des § 17 BeurkG bestehen nur gegenüber den formell Beteiligten i.S.v. § 6 Abs. 2 BeurkG (siehe Rdn 48). Diese Beschränkung kann dazu führen, dass Personen, die durch das der Beurkundung zugrundeliegende Rechtsgeschäft berechtigt oder verpflichtet werden, durch bestimmte Gestaltungen des Beurkundungsverfahrens von der Belehrung **ausgeschlossen** sind. Betroffen sind insbesondere Gestaltungen, in denen ein Beteiligter vollmachtlos vertreten wird und das Rechtsgeschäft anschließend genehmigt. Im Hinblick auf die Belehrung der Beteiligten sind auch die Erteilung von Vollmachten für formbedürftige Rechtsgeschäfte (insbesondere für Grundstücksgeschäfte), die Auslagerung geschäftswesentlicher Vereinbarungen in Verweisungsurkunden (Bezugsurkunden) und die Aufspaltung von Verträgen in Angebot und Annahme problematisch.[486]

159 Der durch die Berufsrechtsnovelle 1998 eingefügte Abs. 2a S. **1** soll nach dem Willen des Gesetzgebers **missbräuchlichen Gestaltungen entgegenwirken**, „indem die Verantwortung der Notare für die Gestaltung des Beurkundungsverfahrens hervorgehoben wird und sie angehalten werden, die Beurkundung in einer Weise durchzuführen, die die **notwendige Belehrung der formell und materiell Beteiligten** sicherstellt".[487]

160 Der **Zweck der Neuregelung** lässt sich dahin zusammenfassen, insbesondere dem Verbraucher eine **effektive Interessenwahrnehmung** gegenüber dem Unternehmer zu ermöglichen. Zudem soll die notarielle Belehrung generell tatsächlich diejenigen Personen erreichen, deren Schutz sie dient.[488]

161 Einer der Missstände, denen die Regelung entgegenwirken soll, war insbesondere im Zusammenhang mit dem Vertrieb von Immobilien als Kapitalanlage publik geworden. Sog. **Strukturvertriebe** hatten sich darauf verlegt, überteuerte Immobilien an Verbraucher zu vertreiben, wobei die Vermittler die abzuschließenden Verträge in vielen Fällen als „bank- und notargeprüft" bezeichneten.[489] Die Verträge (Grundstückskaufvertrag, Grundschuldbestellung etc.) wurden dann in unmittelbarem Anschluss an das Verkaufsgespräch – meist zu später Stunde („**Mitternachtsnotare**") – beurkundet, ohne dass die häufig unerfahrenen Käufer eine Bedenkzeit hatten.[490]

162 Unter dem Eindruck zahlreicher geschädigter Verbraucher hat der Gesetzgeber die notariellen Verfahrenspflichten für **Verbraucherverträge** nochmals verschärft,[491] indem er für diese Verträge in Abs. 2a **S. 2–3** mit Wirkung vom 1.8.2002 weitergehende Bestimmungen getroffen hat, die eine ausreichende Information und Belehrung des Verbrauchers vor und während der Beurkundung sicherstellen sollen (zu Einzelheiten siehe Rdn 169 ff.).[492] Die BNotK hat in mehreren Rundschreiben[493] Anwendungsempfehlungen zu den Neuregelungen formuliert. Zum 1.10.2013 wurde § 17 Abs. 2a S. 2 Nr. 2 BeurkG durch das Gesetz zur Stärkung des Verbraucherschutzes im notariellen Beurkundungsverfahren[494] erneut modifiziert, um „Schutzlücken zu Lasten der Verbraucher zu schließen" und um die Amtsenthebung eines Notars zu ermöglichen, der wiederholt grob gegen die Pflichten aus § 17 Abs. 2a S. 2 Nr. 2 BeurkG verstößt (§ 50 Abs. 1 Nr. 9 lit. b BNotO).[495]

II. Allgemeine Anforderungen (Abs. 2a S. 1)

163 Abs. 2a S. 1 gilt allg. für notarielle Verfahren, die die Beurkundung von Willenserklärungen zum Gegenstand haben. Die Vorschrift gilt also grds. auch dann, wenn ein Vertragsschluss zwischen geschäftlich erfahrenen Unternehmern beurkundet werden soll. S. 1 ist in seinem Wortlaut missglückt.[496] Da es

486 *Brambring*, DNotI-Rep 1998, 184; *Vaasen/Starke*, DNotZ 1998, 661, 647 f.
487 BT-Drucks 13/4184, 47.
488 BT-Drucks 13/4184, 7; OLG Schleswig v. 6.7.2007 – Not 1/07, DNotZ 2008, 151, 153; BNotK-Rdschr. 25/2010 vom 5.10.2010, I; BeckOGK/*Regler*, Stand: 1.1.2026, § 17 BeurkG Rn 124.
489 *Schmucker*, DNotZ 2002, 510, 513.
490 Vgl. die Schilderung bei *Brambring*, ZfIR 2002, 597, 601: „Wenn Sie heute nicht unterschreiben, ist die Wohnung weg."
491 Durch das Ges. zur Änderung des Rechts der Vertretung durch Rechtsanwälte vor den Oberlandesgerichten v. 23.7.2002, BGBl I 2002, 2850 ff.
492 Vgl. BT-Drucks 14/9266, 50.
493 BNotK-Rdschr. 20/2003 vom 28.4.2003; BNotK-Rdschr. 25/2010 vom 5.10.2010.
494 BGBl I 2013, 2378. Dazu: *Junglas*, VuR 2013, 114 ff.
495 BT-Drucks 7/12035, 1; zur Gesetzgebungsgeschichte s. *J. Redeker*, Verbraucherschutz im Beurkundungsverfahren, 8 ff.
496 *Kanzleiter*, DNotZ 1998, 292, 300; *Brambring*, DNotI-Rep 1998, 184.

sich um eine Soll-Vorschrift handelt, führen Verstöße durch den Notar zwar nicht zur Unwirksamkeit der Beurkundung (allg. siehe Rdn 16). Allerdings begründet die Vorschrift unbedingte **Amtspflichten** (siehe Rdn 1). Bei wörtlichem Verständnis bringt die Regelung lediglich die Selbstverständlichkeit zum Ausdruck, dass der Notar die sich aus Abs. 1 und 2 ergebenden Pflichten gegenüber den formell Beteiligten einzuhalten hat. Ausweislich der Gesetzesbegründung dient die Vorschrift freilich dazu, die **notwendige Belehrung der formell und materiell Beteiligten** sicherzustellen (siehe Rdn 159).

Abs. 2a S. 1 kann allerdings nicht ohne weiteres dahin verstanden werden, der Notar habe durch entsprechende Gestaltung des Beurkundungsverfahrens sicherzustellen, dass er die ihm obliegenden Prüfungs- und Belehrungspflichten aus Abs. 1 und 2 stets auch allen materiell Beteiligten gegenüber erfüllen kann.[497] Dies würde praktisch wohl regelmäßig die Anwesenheit aller materiell Beteiligten bei der Beurkundung erfordern. Die im materiellen Recht vorhandene Unterscheidung zwischen höchstpersönlichen und nicht höchstpersönlichen Rechtsgeschäften wäre bei diesem Verständnis, worauf *Brambring* zu Recht hinweist,[498] durch die Verfahrensnorm des Abs. 2a S. 1 praktisch aufgegeben. Handelt es sich – wie im Regelfall – um ein nicht höchstpersönliches Geschäft, so stellt der Einsatz eines **Vertreters** i.S.v. § 164 Abs. 1 BGB ein wichtiges Instrument dar, um die privatautonome Gestaltungsfreiheit des Einzelnen sicherzustellen. Die Möglichkeit einer Bevollmächtigung hat regelmäßig entlastende Wirkung; in vielen Fällen käme das Rechtsgeschäft ohne diese Möglichkeit nur verspätet oder (z.B. bei längerem Krankenhausaufenthalt eines Beteiligten) überhaupt nicht mehr zustande. Der Gesetzgeber hat mit der Verfahrensvorschrift des Abs. 2a S. 1 für beurkundungsbedürftige Rechtsgeschäfte die materiell-rechtlichen Gestaltungsmöglichkeiten nicht umfassend beschränken wollen. Aus der Gesetzesbegründung geht hervor, dass sich Abs. 2a S. 1 nur gegen die „planmäßige, missbräuchliche Gestaltung des Urkundsverfahrens“[499] richtet. Die Vorschrift dient somit nicht der Verhinderung materiell wirksamer Gestaltungsmöglichkeiten schlechthin, sondern soll lediglich denjenigen Gestaltungen entgegenwirken, die darauf abzielen, einen Vertragsteil, insbesondere „unerfahrene und ungewandte Beteiligte“ (Abs. 1 S. 2) ohne sachlichen Grund von einer notwendigen Beratung und Belehrung auszuschließen.[500] Es kann daher auch nicht darauf ankommen, ob die Gestaltung planmäßig oder systematisch erfolgt. Die Vorschrift dient dazu, die **missbräuchliche Gestaltung in jedem Einzelfall auszuschließen**.[501] 164

Winkler schlägt folgende Lesart vor: „Der Notar **soll grundsätzlich** das Beurkundungsverfahren so gestalten, dass der **erkennbar belehrungsbedürftige Beteiligte** von der Beurkundung nicht ausgeschlossen wird.“[502] 165

Indessen schränkt ein solches Verständnis den Anwendungsbereich des Abs. 2a S. 1 zu weit ein. Es kann nicht entscheidend darauf ankommen, ob ein Beteiligter **erkennbar belehrungsbedürftig** ist. Damit könnten nämlich in Fällen, in denen dies ungewiss ist, Schutzlücken drohen. Richtig ist jedenfalls, dass das Beurkundungsverfahren dann, wenn der Notar **umgekehrt** aufgrund objektiver Anzeichen davon ausgehen darf, dass der Beteiligte **nicht** belehrungsbedürftig ist, so gestaltet werden darf, dass die Belehrung eines materiell Beteiligten unterbleibt. In diesem Fall besteht für eine entspr. Gestaltung des Beurkundungsverfahrens per se ein sachlicher Grund, so dass eine **generelle Ausnahme** vom Grundsatz des Abs. 2a S. 1 gerechtfertigt ist. Im **Zweifelsfall** hat der Notar das Verfahren hingegen grds. so zu gestalten, dass die materiell Beteiligten belehrt werden können (zu Ausnahmen siehe Rdn 167).[503] Dies entspricht dem Verständnis von Abs. 1 und Abs. 2. Auch hier darf der Notar nicht von vornherein zwischen erfahrenen und unerfahrenen Beteiligten differenzieren (siehe Rdn 25 ff.). Zwar hat sich die Belehrung des Notars daran zu orientieren, welches Vorverständnis bei den Beteiligten vorhanden ist. Die Belehrung kann im Einzelfall auch ganz unterbleiben, wenn einer der Beteiligten erkennbar nicht belehrungsbedürftig ist. Dies muss der Notar aber prüfen. Ohne eine solche Prüfung darf er von der Be- 166

497 Vgl. BeckOGK/*Regler*, Stand: 1.1.2026, § 17 BeurkG Rn 123.
498 DNotI-Rep 1998, 184, 185.
499 BT-Drucks 13/4184, 47.
500 OLG Celle v. 18.3.2010 – Not 1/10, BeckRS 2010, 22387.
501 So zu Recht Frenz/Miermeister/*Frenz*, § 17 BeurkG Rn 31; insoweit nicht ganz eindeutig Ziffer II der Richtlinienempfehlungen der BNotK DNotZ 1999, 258 ff.; offen lassend OLG Celle v. 18.3.2010 – Not 1/10, BeckRS 2010, 22387.
502 *Winkler*, § 17 Rn 31; ähnlich BeckOGK/*Regler*, Stand: 1.1.2026, § 17 BeurkG Rn 123.
503 Zust. *Bracker*, MittBayNot 2004, 349. So wohl auch Beck'sches Notarhdb/*Kindler*, § 31 Rn 100 („Gestaltungen sind materiell möglich und im Einzelfall, soweit ein sachliches Bedürfnis gegeben ist und die Beachtung der Pflichten des § 17 BeurkG gewährleistet ist, gangbar“); vgl. bereits BayObLG v. 30.4.1993 – 3Z BR 49/93, DNotZ 1994, 492.

lehrung nicht absehen. Sachgerecht ist daher folgendes Verständnis der Norm: **„Der Notar soll das Beurkundungsverfahren grundsätzlich so gestalten, dass materiell Beteiligte nicht von der Beurkundung ausgeschlossen sind“**.[504]

167 In den Fällen, in denen der Notar nicht sicher davon ausgehen kann, dass die Beteiligten keiner Belehrung bedürfen, muss für eine Abweichung von dem durch S. 1 vorausgesetzten Verfahren **im Einzelfall** ein Sachgrund vorliegen. Da aber auch solche Gestaltungsformen, durch die einem Beteiligten die notarielle Belehrung entzogen wird, nach materiellem Recht grds. zulässig sind, dürfen die Anforderungen an den zu fordernden **sachlichen Grund** freilich nicht allzu hoch angesetzt werden. In der Praxis werden sich deshalb im Ergebnis keine allzu großen Unterschiede des hier vertretenen Ansatzes zur Lesart *Winklers* ergeben, da in vielen Fällen für die in Aussicht genommene Gestaltung des Beurkundungsverfahrens ein sachlicher Grund besteht. Ein solcher kann etwa auch darin liegen, dass die Einhaltung der mit der Beurkundung verbundenen **(wesentlichen) Formzwecke** gegenüber dem materiell Beteiligten gewährleistet ist. Die (vollmachtlose) Vertretung von juristischen Personen und sonstigen Personenvereinigungen (insbesondere Gesellschaften) des öffentlichen und privaten Rechts begegnet daher grds. keinen Bedenken.[505] Der Grund hierfür liegt weniger darin, dass diese Beteiligten „erfahren und gewandt“ sind (was sich nicht in jedem Einzelfall sagen lässt), sondern darin, dass die Stellvertretung, gleich ob mit oder ohne Vollmacht, bei diesem Beteiligtenkreis regelmäßig einem **legitimen praktischen Bedürfnis** entspricht und die Einhaltung der wesentlichen Formzwecke jedenfalls dann nicht die persönliche Beratung des materiell Beteiligten erfordert, wenn die auftretenden (vollmachtlosen) Vertreter dessen **Vertrauenspersonen** sind. Gleiches gilt für die Vertretung eines Bauträgers (zu weiteren Einzelheiten siehe Rdn 170 ff.).

168 Der Notar muss aber in jedem Einzelfall darlegen können, **warum** die gewählte atypische Form der Beurkundung gerechtfertigt war.[506] Dies gilt auch dann, wenn ein atypisches, aber übliches Verfahren angewendet wird, das bislang keine Probleme aufgeworfen hat. Die Beibehaltung dieses Verfahrens wird durch Abs. 2a nicht von vornherein ausgeschlossen. Sinn des Abs. 2a ist es vielmehr, die **Überprüfung der Sachgemäßheit** des gewählten Verfahrens durch den Notar in jedem Einzelfall zu gewährleisten. Eine Abweichung von dem durch Abs. 2a vorausgesetzten „typischen Verfahren“ muss jedenfalls dem Willen aller Beteiligten entsprechen. Der Notar darf diesen Willen nicht einfach unterstellen, zumal nicht einseitig zugunsten eines Beteiligten.

III. Einzelfälle

169 **Vorbemerkung:** Die **Richtlinienempfehlungen** der BNotK enthalten unter Ziffer II einen Katalog von Gestaltungen, die regelmäßig unzulässig sind.[507] Mit den dort genannten unzulässigen Verhaltensweisen wird zwar zunächst nur § 14 Abs. 3 BNotO konkretisiert.[508] Die danach dem Notar auferlegte Vermeidung des **Anscheins** von Abhängigkeit und Parteilichkeit und die Pflicht zur sachgerechten, an der Erreichung der Formzwecke orientierten Verfahrensgestaltung in Abs. 2a S. 1 verfolgen jedoch ein ähnliches Anliegen.[509] Es soll schon der **„böse Schein“** einer Benachteiligung insbesondere von unerfahrenen und ungewandten Beteiligten durch die unsachgemäße Gestaltung des Beurkundungsverfahrens vermieden werden. Die nach Ziffer II der Richtlinienempfehlungen unzulässigen Verfahrensweisen können demgemäß auch zur Konkretisierung des Abs. 2a S. 1 herangezogen werden.[510] Dabei dürfen allerdings die Unterschiede beider Regelungskomplexe nicht aus dem Blick geraten. Soweit nach Ziffer II der Richtlinienempfehlungen eine systematische Anwendung der dort genannten Gestaltungen vermieden werden soll, so ist dies vor dem Hintergrund des § 14 Abs. 3 BNotO zu sehen. Der Anschein von Abhängigkeit und Parteilichkeit wird eben nicht schon bei einem einzigen Verstoß, sondern erst bei systematischem Vorgehen geweckt. Im Gegensatz dazu dient Abs. 2a, wie sich aus der systematischen Stellung in § 17 BeurkG ergibt, den Individualinteressen der Beteiligten in einem konkreten Verfahren. Auf ein systema-

504 Ähnlich *Brambring*, FGPrax 1998, 201, 203 für die Fälle der (vollmachtlosen) Vertretung.
505 BGH v. 8.7.2024 – NotSt(Brfg) 3/23, DNotZ 2025, 151 Rn 11 f. m. insoweit zust. Anm. *Sander*.
506 OLG Celle v. 18.3.2010 – Not 1/10, BeckRS 2010, 22387; *Vaasen/Starke*, DNotZ 1998, 661, 675.
507 BNotK DNotZ 1999, 258 ff.
508 Vgl. BGH v. 20.7.2015 – NotSt (Brfg) 3/15, DNotZ 2016, 72 Rn 15.
509 OLG Celle v. 18.3.2010 – Not 1/10, BeckRS 2010, 22387.
510 *Kanzleiter*, DNotZ 1999, 292, 294; Frenz/Miermeister/*Frenz*, § 17 BeurkG Rn 27.

tisches Abweichen von dem in Abs. 2a vorausgesetzten „typischen" Beurkundungsverfahren kann es daher nicht ankommen. Es gilt vielmehr, **Missbrauch** von atypischen Verfahren in jedem Einzelfall zu verhindern (siehe hierzu Rdn 164). Der Einschätzung, dass Richtlinien der Notarkammern keinen eigenen Regelungsgehalt über § 17 Abs. 2a S. 2 Nr. 1 BeurkG hinaus enthalten,[511] ist nicht zuzustimmen.[512] Dies würde nicht nur bedeuten, dass die Ausfüllung – vom BGH anerkannter – berufsrechtlicher „Grauzonen" durch Richtlinien der Notarkammer unmöglich gemacht würde, sondern auch zu widersprüchlichen Ergebnissen bei Nicht-Verbraucherverträgen führen.[513]

1. Vertretung

Die **Vertretung** der Beteiligten im Beurkundungsverfahren ist rechtsmissbräuchlich, wenn sie nicht durch **sachliche Gründe** gerechtfertigt ist. Zwar ist es grds. unerheblich, ob hierbei ein vollmachtloser Vertreter oder ein solcher mit Vollmacht auftritt. Ein Unterschied besteht jedoch insoweit, als bei Letzterem dann ein sachlicher Grund gegeben ist, wenn die Belehrung der Beteiligten durch die vorhergehende Beurkundung der Vollmacht gewährleistet ist.[514] Ist eine solche Beurkundung nicht erfolgt, so verstößt die systematische Beurkundung mit bevollmächtigten Vertretern gegen Abs. 2a S. 1; dies gilt etwa bei **Internetversteigerungen**, bei denen der Bevollmächtigte in Vertretung für den abwesenden „Meistbietenden" eine Willenserklärung abgibt.[515] Für **Verbraucherverträge** ist Abs. 2a S. 2 Nr. 1 als speziellere Regelung zu beachten (siehe Rdn 202 ff.). 170

Häufig wird der **Wunsch der Beteiligten**, sich im Beurkundungsverfahren vertreten zu lassen, durch sachliche Gründe gerechtfertigt sein.[516] Geht der Wunsch zur Beurkundung durch einen Vertreter auf den **Vertretenen** zurück, so ist die entspr. Gestaltung des Beurkundungsverfahrens regelmäßig dann gerechtfertigt, wenn es für diesen Wunsch nachvollziehbare Gründe gibt, wie etwa einen auswärtigen Wohnsitz oder Auslandsaufenthalt.[517] Erfordert der Besuch beim Notar eine Übernachtung vor Ort, liegt regelmäßig ein sachlicher Grund für eine Vertretung vor; dabei sind Landesgrenzen unbeachtlich. Geht die Vertretung eines Beteiligten hingegen auf den Wunsch des **anderen Beteiligten** oder eines **Dritten** zurück, so hat der Notar die Beurkundung i.d.R. abzulehnen.[518] 171

Auch **persönliche Gründe** wie Krankhausaufenthalt oder Zeitknappheit rechtfertigen grds. die Einschaltung eines Vertreters.[519] Es kann keineswegs gesagt werden, dass derjenige, der ein beurkundungsbedürftiges Rechtsgeschäft vornimmt oder abschließt, sich auch die Zeit für die Beurkundung nehmen muss. Die Stellvertretung hat ihre Bedeutung gerade etwa auch bei einer **zeitweiligen Verhinderung** des Vertretenen.[520] 172

Der Notar soll jedenfalls bei wirtschaftlich bedeutsameren und inhaltlich komplexeren Rechtsgeschäften darauf achten, dass der Vertreter eine **Vertrauensperson** des Vertretenen (etwa ein Verwandter, Angestellter oder Rechtsanwalt, siehe Rdn 209 ff.) ist. Dies ist in Abs. 2a S. 2 Nr. 1 ausdrücklich zwar nur für Verbraucherverträge vorgeschrieben, gilt nach Sinn und Zweck des Abs. 2a S. 1 – verfahrensrechtlicher Schutz der Interessen bestimmter materiell Beteiligter – grds. auch für andere Verträge.[521] Ist indes die Einhaltung der mit der Beurkundung verbundenen wesentlichen Formzwecke gegenüber dem durch Abs. 2a S. 1 geschützten Vertragsbeteiligten nicht gefährdet (etwa durch eine Belehrung bei der Beurkundung der Vollmacht), so kommen auf ausdrücklichen Wunsch dieses Beteiligten im Einzelfall auch Personen als Vertreter in Betracht, die **keine Vertrauenspersonen** sind, z.B. Mitarbeiter des Notars (siehe Rdn 213).[522] Ein solches atypisches Verfahren darf der Notar den Beteiligten aber nicht gleichsam rou- 173

511 BGH v. 8.7.2024 – NotSt(Brfg) 3/23, DNotZ 2025, 151 Rn 11 f. m. insoweit krit. Anm. *Sander*.
512 BeckOGK/*Regler*, Stand: 1.1.2026, § 17 BeurkG Rn 132; *Hager/Müller-Teckhof*, NJW 2025, 1862, 1867 f.; krit. auch *Sommer*, MittBayNot 2024, 595, 598.
513 *Sander*, DNotZ 2025, 151, 156 f.
514 S. II 1 S. 4 lit. b der Richtlinienempfehlungen der BNotK, DNotZ 1999, 258, 259.
515 BNotK-Rdschr. 2/2005, S. 2 f.; BeckOK-BGB/*Litzenburger*, § 17 BeurkG Rn 32; *ders.*, RNotZ 2006, 180, 189.
516 BeckOGK/*Regler*, Stand: 1.1.2026, § 17 BeurkG Rn 134.
517 BeckOGK/*Regler*, Stand: 1.1.2026, § 17 BeurkG Rn 134; *Solveen*, RNotZ 2002, 318, 321; *Brambring*, DNotI-Rep 1998, 184, 186.
518 *Brambring*, DNotI-Rep 1998, 184, 186.
519 BeckOGK/*Regler*, Stand: 1.1.2026, § 17 BeurkG Rn 134; *Winkler*, § 17 Rn 36; a.A. BeckOK-BGB/*Litzenburger*, § 17 BeurkG Rn 28: nur bei Reisebeschränkungen oder Krankheit.
520 Vgl. *Neuner*, BGB AT, § 49 Rn 1.
521 A.A. BeckOGK/*Regler*, Stand: 1.1.2026, § 17 BeurkG Rn 135; BeckOK-BGB/*Litzenburger*, § 17 BeurkG Rn 29.
522 BGH v. 8.7.2024 – NotSt(Brfg) 3/23, DNotZ 2025, 151 Rn 10 ff. m. insoweit zust. Anm. *Sander* (zur vollmachtlosen Vertretung einer Stadt).

tinemäßig als den ges. Normalfall empfehlen.[523] Er darf die Beurkundung mit anderen Personen als Vertrauenspersonen vielmehr nur vorschlagen, wenn der betreffende Beteiligte dies wünscht, weil die persönliche Anwesenheit oder die Anwesenheit einer Vertrauensperson bei der Beurkundung nicht möglich ist oder gemessen an der Bedeutung des Geschäftes nicht zumutbar erscheint.

174 Diese Grundsätze gelten auch bei **vollmachtloser Vertretung,** denn auch hier sind die Amtspflichten aus Abs. 1 allein dem Vertreter gegenüber zu erfüllen. Das beurkundete Rechtsgeschäft muss daher dem Willen des Vertreters und nicht demjenigen des (lediglich materiell beteiligten) Vertretenen entsprechen. Die Interessen des Vertretenen werden im Falle einer Interessenkollision beim Vertreter durch die Möglichkeit, die Genehmigung zu verweigern, nicht ausreichend geschützt. Von dieser Möglichkeit wird der Vertretene nur dann Gebrauch machen, wenn er die inhaltlich nachteilige Gestaltung des Rechtsgeschäfts erkennt, was angesichts der Formfreiheit der Genehmigung (§ 182 Abs. 2 BGB) nicht gewährleistet ist. Das gilt auch für diejenigen Fälle, in denen die Genehmigung der notariellen **Beglaubigung** bedarf (vor allem in Fällen des § 29 GBO). Denn den mit der Beglaubigung beauftragten Notar trifft gem. § 40 Abs. 2 BeurkG gerade keine Belehrungspflicht.[524] Eine Beurkundung unter der Beteiligung von vollmachtlosen Vertretern, die keine Vertrauensperson sind, wird angesichts dieses Belehrungsdefizits nur selten in Frage kommen. Bezieht sich die Beurkundung aber etwa auf Bagatellgeschäfte mit standardisierten Verträgen (z.B. die Veräußerung von Kleinstflächen zu symbolischen Preisen), so kommt der Belehrung des vollmachtlos Vertretenen keine bes. Bedeutung zu, so dass aus Abs. 2a keine generellen Einwände gegen die Beurkundung mit Personen, die keine Vertrauenspersonen sind, bestehen.[525]

175 Besondere Vorsicht sollte der Notar walten lassen, wenn sich **unerfahrene oder ungewandte Beteiligte** (auch wenn es sich nicht um Verbraucher i.S.v. § 13 BGB handelt) bei Verträgen vertreten lassen, die ein erhöhtes Maß an Aufklärung und Belehrung benötigen. Hier ist es für den Notar in jedem Fall empfehlenswert, vor der Beurkundung mit dem abwesenden Vertragsteil in Verbindung zu treten. Zweckmäßig sind die Übersendung des **Vertragsentwurfs** mit der Bitte, etwaige Änderungswünsche mitzuteilen und das Angebot einer telefonischen Beratung durch den Notar.[526] Im Einzelfall kann es sich empfehlen, dies auch in der Niederschrift zu vermerken.[527]

176 Unzulässig sind Verfahrensweisen, bei denen der Einsatz eines Vertreters gezielt dazu dient, den **Einfluss** der anderen Vertragsseite auf den Inhalt des Vertrages **zurückzudrängen.** Ist etwa bei Beurkundung eines Bauträgervertrages für den Bauträger ein Abschlussvertreter anwesend, dessen Vollmacht inhaltliche Änderungen an einem vorgelegten Vertragsentwurf nicht umfasst, so besteht für die andere Vertragsseite nur die Möglichkeit, den Vertrag ohne inhaltliche Änderungen zu akzeptieren oder einen Vertragsschluss ganz abzulehnen. Ein gerechter Interessenausgleich ist hier regelmäßig von vornherein ausgeschlossen. Zwar ist der Notar nicht dafür verantwortlich, dass ein beurkundetes Rechtsgeschäft, das dem Willen der Beteiligten entspricht, in jeder Hinsicht interessengerecht ist.[528] Er ist jedoch verpflichtet, den Parteien eine **faire und ausgewogene Vertragsgestaltung** vorzuschlagen.[529] Es kommt dabei nicht darauf an, ob der Missbrauch systematisch erfolgt (siehe Rdn 164, 169). Geeignete Maßnahmen können etwa darin bestehen, dass dem Beteiligten der Vertragsentwurf rechtzeitig übersandt oder dass ihm die Möglichkeit eingeräumt wird, im Vorfeld der Beurkundung Änderungswünsche einfließen zu lassen.

2. Beurkundung mit Mitarbeitern oder Sozien

177 Der Notar darf grds. keine Beurkundungen vornehmen, bei denen eine mit ihm **beruflich verbundene Person** als Vertreter auftritt oder bevollmächtigt wird. Dies folgt bereits aus § 3 Abs. 1 S. 1 Nr. 4 BeurkG. Diese Vorschrift erfasst zwar keine **Durchführungsvollmachten** (siehe § 3 BeurkG Rdn 59), so dass der Sozius insoweit tätig werden darf. Durchführungsvollmachten dienen jedoch lediglich dazu,

523 BeckOGK/*Regler*, Stand: 1.1.2026, § 17 BeurkG Rn 136 f.
524 BeckOGK/*Regler*, Stand: 1.1.2026, § 17 BeurkG Rn 133.
525 Missverständlich BGH v. 8.7.2024 – NotSt(Brfg) 3/23, DNotZ 2025, 151 Rn 8 m. insoweit krit. Anm. *Sander*; s. hierzu auch *Ladiges*, NotBZ 2025, 145, 146; *Hager/Müller-Teckhof*, NJW 2025, 1862, 1867 f.
526 BeckOGK/*Regler*, Stand: 1.1.2026, § 17 BeurkG Rn 137; *Vaasen/Starke*, DNotZ 1998, 661, 675.
527 Formulierungsvorschlag für das Anschreiben zur Entwurfsübersendung bei *Brambring*, DNotI-Rep 1998, 184, 186; *Winkler*, § 17 Rn 37.
528 Vgl. BeckOK-BNotO/*Sander*, § 14 Rn 75.
529 So auch Bauträgermerkblatt der LNotK Bayern mit Stand: Mai 2009, abgedr. bei *Basty*, Bauträgervertrag, 8. Aufl. 2014, S. 559 ff. (seit der 9. Aufl. 2017 nicht mehr enthalten).

den bereits in der Urkunde gefassten Willen der Beteiligten umzusetzen. Sie betreffen daher ohnehin keinen Anwendungsfall des Abs. 2a S. 1.[530] In allen **anderen Fällen** besteht ein **Mitwirkungsverbot**. Der Notar darf daher z.B. Finanzierungsgrundpfandrechte auch dann nicht in der Weise beurkunden, dass ein Sozius als Vertreter eines der Beteiligten auftritt, wenn man die Bestellung der Grundpfandrechte als Vollzugsgeschäft ansieht (zum Begriff des Vollzugsgeschäfts siehe Rdn 181).

Inwieweit der Notar Beurkundungen vornehmen darf, bei denen seine **eigenen Mitarbeiter** als Vertreter auftreten, ist teilweise umstritten. Die Zulässigkeit dieser Vorgehensweise lässt sich zunächst wegen der den **Notar als Arbeitgeber** treffenden Fürsorgepflicht im Hinblick auf bestehende Haftungsgefahren für die Angestellten[531] bezweifeln.[532] Dieser Aspekt soll im Folgenden außer Betracht bleiben. Zum einen sind arbeitsrechtliche Zweifel wegen der Haftungsfreistellung im Innenverhältnis wohl unberechtigt. Zum anderen hat der arbeitsrechtliche Aspekt im Kontext des Abs. 2a keine Bedeutung. 178

Einigkeit besteht darüber, dass Abs. 2a S. 1 der Beurkundung mit Mitarbeitern des Notars als Bevollmächtigten nicht entgegensteht, wenn **Erfüllungs- und Vollzugsgeschäfte** Gegenstand der Beurkundung sind.[533] Hat ein Beteiligter im Rahmen einer Beurkundung bereits endgültig bestimmte Rechtspositionen aufgegeben und konnte er zu diesem Zeitpunkt über die Einzelheiten des weiteren Vollzugs belehrt werden, so beeinträchtigen Erfüllungs- und Vollzugsgeschäfte die Rechtsposition des betr. Beteiligten nicht mehr in einem Maße, das eine eingehende Belehrung oder Warnung erforderlich machen würde.[534] Weil somit bei Erfüllungs- und Vollzugsgeschäften die Beurkundung mit Mitarbeitern des Notars als Bevollmächtigten **regelmäßig sachgerecht** ist, muss die Angemessenheit des gewählten atypischen Verfahrens **nicht mehr in jedem Einzelfall** geprüft werden. Vor diesem Hintergrund bestehen etwa keine Bedenken dagegen, wenn der Verkäufer dem Käufer im Grundstückskaufvertrag eine Vollmacht zur Belastung des vertragsgegenständlichen Grundbesitzes mit Grundpfandrechten zur Finanzierung des Kaufpreises einräumt.[535] 179

Über den Kreis der Erfüllungs- oder Vollzugsgeschäfte hinaus herrscht ansonsten jedoch Uneinigkeit.[536] Umstritten ist vor allem, inwieweit der Notar in den von ihm beurkundeten Verträgen die Erteilung von Vollmachten auf seine Angestellten vorsehen darf, **Grundpfandrechte zur Kaufpreisfinanzierung** zu bestellen und Schuldanerkenntnisse mit Unterwerfung unter die sofortige Zwangsvollstreckung abzugeben (siehe Rdn 182).[537] Der Streit hat sich für Verbraucherverträge auch durch Abs. 2a S. 2 Nr. 1 nicht erledigt (siehe Rdn 206). Weitere problematische Fälle sind Vollmachten für die Erklärung der Auflassung, Bestellung von Dienstbarkeiten oder die Änderung der Teilungserklärung. 180

Der **Begriff des Vollzugsgeschäfts** ist vor dem Hintergrund von Sinn und Zweck des Abs. 2a auszulegen. Vollzugsgeschäfte liegen dann vor, wenn eine entsprechende Belehrung schon bei Beurkundung des Grundgeschäfts möglich ist. Regelmäßig wird es dem Notar bei der Beurkundung der Finanzierungsvollmacht nicht möglich sein, die betroffenen Beteiligten *umfassend* über die rechtliche Tragweite des Grundpfandrechts, insbesondere über dessen Risiken zu belehren.[538] Dies wäre nur dann möglich, wenn dem Notar das Grundpfandformular **bei der Beurkundung der Vollmacht** bereits vorläge. In diesem Fall entfällt jedoch regelmäßig das Bedürfnis für die Vollmacht, da dann auch gleich das Grundpfandrecht als solches beurkundet werden kann. Wenn somit bei der Bestellung von Finanzierungsgrundpfandrechten regelmäßig trotz der Belehrung über die Tragweite der Finanzierungsvollmacht ein gewisses Belehrungsdefizit verbleibt, muss der Notar sicherstellen, dass er die betroffenen Beteiligten (regelmäßig ist dies der Käufer) belehren kann. 181

530 BeckOGK/*Regler*, Stand: 1.1.2026, § 17 BeurkG Rn 146; *Brambring*, DNotI-Rep 1998, 184, 187; *Winkler*, § 17 Rn 54.

531 S. BGH v. 14.11.2002 – III ZR 87/02, NJW 2003, 578 ff.

532 So wohl *Eue*, ZNotP 1999, 146, 147 f.; *Winkler*, § 17 Rn 55.

533 OLG Celle v. 18.3.2010 – Not 1/10, BeckRS 2010, 22387; Ziffer II 1 S. 4 lit. c der Richtlinienempfehlungen der BNotK, DNotZ 1999, 258 ff.; BeckOGK/*Regler*, Stand: 1.1.2026, § 17 BeurkG Rn 146.

534 BeckOGK/*Regler*, Stand: 1.1.2026, § 17 BeurkG Rn 146; BNotK-Rdschr. 20/2003 vom 28.4.2003, C III.

535 BNotK-Rdschr. 20/2003 vom 28.4.2003.

536 Protokollnotiz zu den Richtlinienempfehlungen der BNotK, abgedr. bei *Frenz*, Neues Berufsrecht, S. 287; s. auch *Maaß*, ZNotP 1999, 69, 75.

537 Dafür *Keller*, ZNotP 2003 180; *Maaß*, ZNotP 1999, 69, 72; *ders.*, ZNotP 1999, 224 ff.; dagegen *Eue*, ZNotP 1999, 146 ff.; *Brambring*, DNotI-Rep 1998, 184, 186 f.; *Schmucker*, ZNotP 2003, 243; *Winkler*, § 17 Rn 49 ff.; *ders.*, FS Geimer, 2002, S. 1509, 1517.

538 BeckOGK/*Regler*, Stand: 1.1.2026, § 17 BeurkG Rn 147; *Eue*, ZNotP 1999, 146 f.; *Winkler*, § 17 Rn 52 f.; a.A. *Maaß*, ZNotP 1999, 69, 74.

182 Vor diesem Hintergrund kann die Bestellung von **Finanzierungsgrundpfandrechten** nicht als Vollzugsgeschäft zum Grundstückskaufvertrag angesehen werden.[539] Bei der Beurkundung der Grundpfandrechtsbestellung zur Finanzierung eines vorausgegangenen Grundstückskaufvertrags handelt es sich auch dann nicht um ein Vollzugsgeschäft außerhalb des Anwendungsbereichs von Abs. 2a S. 2 BeurkG, wenn die zugrundeliegende **Belastungsvollmacht** aus dem Kaufvertrag herrührt.[540] Dafür spielt es keine Rolle, dass das finanzierende Kreditinstitut als Unternehmer an der Grundschuldbestellung formell nicht beteiligt ist. Auch der Umstand, dass der Verbraucher (noch) fremdes Eigentum belastet, ist unerheblich, da dieses ja gerade auf ihn übergehen soll.[541] Auch wenn man die Grundschuldbestellung als Vollzugsgeschäft zu einer außerhalb des Kaufvertrags getroffenen **Sicherungsabrede** ansieht, ändert sich an der Anwendbarkeit von Abs. 2a nach dessen Schutzzweck nichts, sofern diese Abrede nicht ausnahmsweise notariell beurkundet wurde (siehe auch Rdn 181).[542] Die Beurkundung mit Mitarbeitern des Notars als Bevollmächtigten ist mithin nicht ohne **Einzelfallprüfung der Angemessenheit** des gewählten atypischen Verfahrens zulässig.[543]

183 Damit wird freilich noch keine Aussage über die **Zulässigkeit von Mitarbeitervollmachten** in Grundstückskaufverträgen getroffen. Bei formaler Betrachtung sind solche Vollmachten schon deshalb nicht zu beanstanden, weil ihre Beurkundung als solche den Anforderungen des Abs. 2a S. 1 entspricht.[544] Abs. 2a S. 1 richtet sich folglich nicht gegen die Mitarbeitervollmacht als solche, sondern nur gegen ihre missbräuchliche Verwendung. Stellt der Notar gegenüber den Beteiligten klar, dass er von der Vollmacht nur in dem Ausnahmefall Gebrauch machen wird, dass keine Möglichkeit der Beurkundung mit dem Beteiligten oder mit einer Vertrauensperson besteht, so ist gegen die Vollmacht zumindest dann, wenn es sich nicht um einen Verbrauchervertrag handelt, nichts einzuwenden (zu **Verbraucherverträgen** siehe Rdn 202 ff.).

184 Soll von einer Mitarbeitervollmacht im konkreten Fall Gebrauch gemacht werden, muss der Notar prüfen, ob hierfür ein **Sachgrund** besteht. Immer dann, wenn eine Beurkundung mit Personen zulässig ist, die nicht Vertrauenspersonen sind (siehe Rdn 170 ff.), darf der Notar von der Mitarbeitervollmacht Gebrauch machen. Empfiehlt der Notar dagegen routinemäßig die Beurkundung mit seinen Mitarbeitern als Bevollmächtigten, so steht dies mit Abs. 2a S. 1 nicht in Einklang und kann neben dienstrechtlichen Konsequenzen auch zu Haftungsgefahren führen.

3. Aufspaltung in Angebot und Annahme

185 Die (materiell-rechtlich gem. § 128 BGB mögliche) **Aufspaltung** der Vertragsbeurkundung in die Beurkundung des Angebots und der Annahme kann ebenfalls zu Belehrungsdefiziten führen. In diesem Fall hat der Notar die Grundsätze nach § 14 Abs. 3 BNotO zu beachten und insbesondere hinreichende sachliche Gründe darzulegen, die ausnahmsweise eine derartige Aufspaltung rechtfertigen.[545] Nach der Rspr. liegt ein Verstoß jedenfalls dann vor, wenn die Aufspaltung der Beurkundungsvorgänge systematisch, also **planmäßig und missbräuchlich**, erfolgte.[546] Dies hat der BGH für den Fall bejaht, dass für eine Vielzahl gleichgelagerter Beurkundungen bereits im Voraus die getrennte Beurkundung von Angebot und Annahme beschlossen wurde, ohne im Einzelfall eine Prüfung der sachlichen Gründe vorzunehmen. Dabei soll allein die räumliche Distanz zwischen notariellem Amtssitz und Geschäftsort ebenso wenig

539 BNotK-Rdschr. 25/2010 vom 5.10.2010, III; BeckOGK/*Regler*, Stand: 1.1.2026, § 17 BeurkG Rn 147; *J. Redeker*, Verbraucherschutz im Beurkundungsverfahren, 46; *Winkler*, § 17 Rn 52; Kilian/Sandkühler/vom Stein/*Stuppi/Tykwer*, § 11 Rn 41; s. auch OLG Schleswig v. 6.7.2007 – Not 1/07, DNotZ 2008, 151, 155 f. m. krit. Anm. *Schulz*, BWNotZ 2009, 73.

540 BGH v. 20.7.2015 – NotSt(Brfg) 3/15, DNotZ 2016, 72 Rn 13; BNotK-Rdschr. 25/2010 vom 5.10.2010, II; *Böttcher*, BWNotZ 2007, 109, 111; *Hertel*, ZNotP 2002, 286, 287; *Sorge*, DNotZ 2002, 593, 602; *Winkler*, § 17 Rn 168; in diese Richtung bereits OLG Schleswig v. 6.7.2007 – Not 1/07, DNotZ 2008, 151, 154 (letztlich offenlassend); a.A. *Maaß*, ZNotP 2002, 455, 459 mit dem unzutr. Argument, eine Belehrung sei auch insoweit obsolet.

541 BNotK-Rdschr. 25/2010 vom 5.10.2010, II.

542 Insoweit a.A. etwa *Grigas*, BWNotZ 1003, 104, 106; *J. Redeker*, Verbraucherschutz im Beurkundungsverfahren, 46 f.

543 BNotK-Rdschr. 25/2010 vom 5.10.2010, V; a.A. *Schulz*, BWNotZ 2009, 73 ff.

544 *Sorge*, DNotZ 2002, 593, 601. S. auch BGH v. 26.11.2002 – XI ZR 10/00, DNotZ 2003, 203 (sub 1).

545 BeckOGK/*Regler*, Stand: 1.1.2026, § 17 BeurkG Rn 139; vgl. II.1.d) der Richtlinien für die Amtspflichten und sonstigen Pflichten der Mitglieder der BNotK.

546 BGH v. 14.3.2016 – NotSt(Brfg) 6/15, DNotZ 2016, 876 Rn 18; BGH v. 28.8.2019 – NotSt(Brfg) 1/18, MittBayNot 2020, 489 Rn 44 m. Anm. *Sandkühler*.

wie die Terminknappheit einer Vertragspartei einen sachlichen Grund für die Aufspaltung darstellen.[547] Ferner ist dem mit der Aufspaltung verfolgten Zweck stets auch in der Urkunde Rechnung zu tragen.[548] – Eine notariell beurkundete **Auslobung**, bei der der „Gewinner" durch seine Annahmeerklärung den Vertrag zustande bringt, verstößt gegen Abs. 2a S. 1 (zu Internetversteigerungen siehe Rdn 170).[549]

Uneinheitlich beantwortet wird die Frage, ob der Notar, der die Annahme beurkundet, auch über die rechtliche Tragweite des **Angebots** zu belehren hat. Die neuere Rspr. des BGH verneint insoweit eine aus Abs. 1 folgende Belehrungspflicht.[550] Indessen sprechen die besseren Argumente für die Gegenansicht.[551] Der Notar hat den Beteiligten aufzuzeigen, von welchen **Voraussetzungen** der beabsichtigte rechtliche Erfolg abhängig ist und welche **unmittelbaren Rechtswirkungen** sich an ihn knüpfen (siehe Rdn 29). Die unmittelbare Rechtswirkung des rechtlichen Erfolges der Annahme ist das Zustandekommen eines Vertrages mit dem Inhalt des Angebots. Eine Belehrung über die rechtliche Tragweite der Annahme, insbesondere über ihre rechtlichen Risiken, kann daher nur sinnvoll erfolgen, wenn auch das Angebot mit einbezogen wird.[552] 186

Wird das Angebot dem Notar allerdings nicht vorgelegt, so **beschränkt** sich die Pflicht zur Rechtsbelehrung auf die rechtlichen Auswirkungen der Annahmeerklärung und damit abstrakt auf die Gefahren, die mit jedem Kaufvertrag verbunden sind.[553] Zudem hat der Notar darauf hinzuweisen, dass im Angebot **weitere Maßgaben oder Bedingungen** enthalten sein können (z.B. eine innerhalb der Annahmefrist abzugebende Unterwerfungserklärung des Annehmenden).[554] Darüber, dass der Vertragsschluss scheitern könnte, weil sich Angebot und Annahme nicht vollständig decken, muss der Notar jedenfalls dann nicht belehren, wenn es praktisch ausgeschlossen erscheint, dass die Annahme hinter dem Angebot zurückbleibt, etwa weil die Annahmeerklärung sich darin erschöpft, das Angebot in vollem Umfang anzunehmen.[555] Im Notarhaftungsprozess ist der Kläger dafür **beweispflichtig**, dass der Notar die Angebotserklärung nicht zur Kenntnis genommen und sich auch nicht – was er tun sollte –[556] darum bemüht hat, sie zu erhalten.[557] 187

Bei getrennter Beurkundung von Angebot und Annahme kann ein **Belehrungsdefizit** bestehen, weil das Angebot bei der Beurkundung der Annahme regelmäßig nicht mehr verlesen wird. Die Belehrungsfunktion kann aber am besten durch das **Verlesen** erfüllt werden.[558] Trotz dieses Defizits kann für die getrennte Beurkundung von Angebot und Annahme ein **praktisches Bedürfnis** bestehen. So kann es für einen Bauträger zweckmäßig sein, sich erst dann rechtlich zu binden, wenn eine ausreichende Anzahl von Interessenten erreicht ist.[559] Kann der Käufer ein Bauvorhaben nur bei Erwerb mehrerer Grundstücke realisieren, so besteht die Gefahr, dass der letzte Verkäufer einen höheren Preis verlangt. Es ist daher durchaus sachgerecht, wenn der Käufer sich die Grundstücke zunächst nur anbieten lässt und die Angebote dann einheitlich annimmt.[560] 188

547 BGH v. 28.8.2019 – NotSt(Brfg) 1/18, MittBayNot 2020, 489 Rn 51–55 m. Anm. *Sandkühler*; a.A. OLG Koblenz v. 12.12.2019 – 1 U 556/19, RNotZ 2020, 182 Rn 31, wonach bei erheblichem Reiseaufwand eine getrennte Beurkundung von Angebots- und Annahmeerklärung ohne weiteres zulässig ist.

548 LG Berlin v. 2.3.2012 – 82 OH 124/11, BeckRS 2012, 08540.

549 BeckOK-BGB/*Litzenburger*, § 17 BeurkG Rn 32.

550 BGH v. 24.6.1993 – IX ZR 216/92, DNotZ 1993, 754, 756; BGH v. 25.2.1994 – V ZR 63/93, BGHZ 125, 218, 224 = NJW 1994, 1344 (nicht § 17 Abs. 1 sei einschlägig, sondern lediglich die allgemeine Betreuungspflicht); BGH v. 8.12.2011 – III ZR 225/10, DNotZ 2012, 356 Rn 14 m. Anm. *Renner*, NotBZ 2012, 130. Dem folgend im Schrifttum Grziwotz/Sauer/Heinemann/*Grziwotz*, § 17 Rn 65; Staudinger/*Hertel*, § 128 BGB Rn 33; Arndt/Lerch/Sandkühler/*Sandkühler*, § 14 BNotO Rn 182; zweifelnd Frenz/Miermeister/*Frenz*, § 17 BeurkG Rn 13 mit Fn 39.

551 Reithmann/Albrecht/*Albrecht*, Rn 429; *Winkler*, § 17 Rn 58; so auch noch BGH v. 30.6.1981 – VI ZR 197/79, DNotZ 1981, 773, 775.

552 Vgl. BeckOGK/*Regler*, Stand: 1.1.2026, § 17 BeurkG Rn 58.

553 BGH v. 25.2.1994 – V ZR 63/93, BGHZ 125, 218, 225 f. = NJW 1994, 1344; BGH v. 8.12.2011 – III ZR 225/10, DNotZ 2012, 356, 357; *Renner*, NotBZ 2012, 130, 131.

554 BGH v. 8.12.2011 – III ZR 225/10, DNotZ 2012, 356 Rn 17.

555 BGH v. 8.12.2011 – III ZR 225/10, DNotZ 2012, 356 Rn 15.

556 *Renner*, NotBZ 2012, 131, 132.

557 BGH v. 8.12.2011 – III ZR 225/10, DNotZ 2012, 356 Rn 12.

558 So zu Recht *Winkler*, § 17 Rn 57, mit dem Vorschlag (Rn 60), der Niederschrift der Annahme die Angebotsurkunde als Anlage i.S. des § 9 Abs. 1 S. 2 beizufügen und mit zu verlesen.

559 BeckOGK/*Regler*, Stand: 1.1.2026, § 17 BeurkG Rn 139.

560 S. hierzu Reithmann/Albrecht/*Albrecht*, Rn 429.

189 Besteht für die Aufspaltung der Beurkundung ein sachlicher Grund, hat der Notar entspr. Ziffer II 1 S. 4 lit. d der Richtlinienempfehlungen der BNotK darauf zu achten,[561] dass das Angebot von der weniger geschäftserfahrenen Vertragsseite abgegeben wird.[562] Wird etwa eine Immobilie vom Bauträger nach § 8 WEG aufgeteilt, der die einzelnen Wohneinheiten bundesweit vertreiben will, so ist es meist sinnvoll, wenn die Vertragsabwicklung durch den Notar erfolgt, der auch die Aufteilung beurkundet und vollzogen hat (sog. **Zentralnotar**). In diesem Fall kann jeder Käufer das Angebot beim Notar seiner Wahl beurkunden lassen, das der Verkäufer (Bauträger) später bei dem Zentralnotar annimmt, der sodann die Vertragsabwicklung durchführt. Den Zentralnotar trifft eine **betreuende Belehrungspflicht** (siehe Rdn 49) gegenüber dem Käufer als mittelbar Beteiligtem.[563] Aufgrund der besonderen Ausgestaltung des Beurkundungsverfahrens nimmt der Zentralnotar dabei eine überragende Stellung ein, da er das Geschehen umfassend überblicken und steuern kann.[564]

4. Sonstige Gestaltungen

190 Das Beurkundungsverfahren kann gem. § 13c BeurkG (früher § 13a BeurkG) dadurch entlastet werden, dass im Einverständnis mit den formellen Urkundsbeteiligten in der Haupturkunde auf frühere notarielle Niederschriften verwiesen wird. Eine weitreichende Verwendung solcher sog. **Verweisungsurkunden** (Bezugsurkunden) ermöglicht deshalb den **faktischen Verzicht auf das Verlesungserfordernis**. Diese Verfahrensweise ist mit Abs. 2a jedoch nicht zu vereinbaren,[565] obwohl sich die notarielle Belehrungspflicht auf die nicht verlesene Verweisungsurkunde in gleicher Weise erstreckt wie auf die verlesene Haupturkunde (siehe § 13c BeurkG Rdn 36).[566]

191 Die Verwendung von Verweisungsurkunden ist nach den Richtlinienempfehlungen der BNotK **unzulässig**, wenn geschäftswesentliche Vereinbarungen „missbräuchlich" in Verweisungsurkunden ausgelagert werden (siehe § 13c BeurkG Rdn 6).[567] Nicht missbräuchlich ist die Auslagerung, wenn sie im Einzelfall geboten erscheint, um den eigentlichen **Vertragstext nicht zu überfrachten**.[568] Rein technische Bestimmungen wie die Baubeschreibung bei einem Bauträgervertrag können deshalb ohne weiteres in Bezugsurkunden ausgelagert werden.[569] Dies gilt ebenso für die notariell beurkundete Teilungserklärung samt Gemeinschaftsordnung.[570] Die einzelfallbezogene Grenzziehung zwischen einer zulässigen und einer unzulässigen Auslagerung bleibt vor diesem Hintergrund naturgemäß unscharf. Ein gangbarer Weg lässt sich aufzeigen, wenn in den Blick genommen wird, dass über den Inhalt der nichtverlesenen Verweisungsurkunde trotz seiner Auslagerung ebenso zu belehren ist, wie wenn er nicht ausgelagert worden wäre. Der missbräuchliche Charakter muss sich deshalb gerade daran zeigen, dass der Inhalt der Belehrungsurkunde **unverlesen** bleibt und sich eine Belehrung ohne die Verlautbarung des Textes im Rahmen der Beurkundungsverhandlung nur unvollständig verwirklichen lässt.[571] Je geringer der allgemeine notarielle Belehrungsbedarf ist und je weniger er sich auf die genaue Wortwahl bezieht, umso eher ist deshalb eine Auslagerung in Verweisungsurkunden auch im Rahmen des Abs. 2a möglich.[572]

192 Unzulässig sind schließlich auch **Sammelbeurkundungen** von mehr als fünf (gleichlautenden) Niederschriften mit verschiedenen Beteiligten.[573] Dies folgt aus dem Umstand, dass bei einer Sammelbeurkun-

561 BNotK DNotZ 1999, 258 ff.
562 Reithmann/Albrecht/*Albrecht*, Rn 429; Frenz/Miermeister/*Frenz*, § 17 BeurkG Rn 37; *Winkler*, § 17 Rn 59.
563 BGH v. 28.8.2019 – NotSt(Brfg) 1/18, MittBayNot 2020, 489 m. Anm. *Sandkühler*; BGH v. 4.3.2004 – III ZR 72/03, DNotZ 2004, 843 m. zust. Anm. *Reithmann*, EWiR 2004, 699, 700 und *Vollkommer*, ZfIR 2004, 578 sowie krit. Anm. *Winkler*, BGH-Report 2004, 732, 733; *Armbrüster/Krause*, ZNotP 2004, 325; krit. *Ganter*, in: FS Spiegelberger, 2009, S. 1401, 1403; BeckOGK/*Regler*, Stand: 1.1.2026, § 17 BeurkG Rn 143.
564 S. dazu auch *Basty*, IBR 2004, 509.
565 Staudinger/*Hertel*, BeurkG Rn 433; BeckOGK/*Seebach/Rachlitz*, Stand: 1.11.2025, § 13a BeurkG Rn 158.
566 BeckOGK/*Seebach/Rachlitz*, Stand: 1.11.2025, § 13a BeurkG Rn 153. Gleichwohl besteht die Besorgnis, dass ungeachtet dessen über die Verweisungsurkunde regelmäßig weniger intensiv als über die (zu verlesende) Haupturkunde belehrt wird, BeckOGK/*Regler*, Stand: 1.1.2026, § 17 BeurkG Rn 154.
567 Ziffer II 2 der Richtlinienempfehlungen der BNotK, DNotZ 1999, 258 ff. Vgl. dazu Frenz/Miermeister/*Ellefret*, RL-E II Rn 41.
568 *Brambring*, DNotI-Rep 1998, 184, 187; Grziwotz/Sauer/Heinemann/*Grziwotz*, § 17 Rn 70; *Winkler*, § 17 Rn 64.
569 BeckOGK/*Regler*, Stand: 1.1.2026, § 17 BeurkG Rn 155; Staudinger/*Hertel*, BeurkG Rn 432.
570 Allg. M., *Brambring*, DNotI-Rep 1998, 184, 187; Frenz/Miermeister/*Frenz*, § 17 BeurkG Rn 39; *Winkler*, § 17 Rn 71.
571 BeckOGK/*Seebach/Rachlitz*, Stand: 1.1.2026, § 13a BeurkG Rn 162.
572 Ähnlich Frenz/Miermeister/*Ellefret*, RL-E II Rn 41.
573 Vgl. Ziffer II 1 S. 4 lit. e der Richtlinienempfehlungen der BNotK, DNotZ 1999, 258 ff.

dung mit einer Vielzahl von Beteiligten regelmäßig nicht hinreichend auf Fragen, Anregungen und Wünsche des Einzelnen eingegangen werden kann.[574] In den einzelnen Kammerbezirken gelten teils strengere Regeln. So sehen etwa die Bayerischen Richtlinien vor, dass nicht mehr als drei Niederschriften gleichzeitig beurkundet werden sollen (vgl. § 13 BeurkG Rdn 26).

IV. Besonderheiten bei Verbraucherverträgen (S. 2, 3)

Für Verbraucherverträge (§ 310 Abs. 3 BGB) enthalten Abs. 2a S. 2 Nrn. 1 und 2 bes. Amtspflichten, die den durch die Richtlinien konkretisierten Anforderungen (siehe Rdn 169 ff.) als speziellere Regelung vorgehen. S. 2 Nrn. 1 und 2 regeln die bei der Beurkundung von Verbraucherverträgen zu beachtenden Anforderungen freilich nicht abschließend. Abs. 2a S. 3 stellt daher klar, dass **weitergehende Amtspflichten** des Notars unberührt bleiben. 193

1. Überblick

Nr. 1 hat in erster Linie klarstellende Bedeutung, insb. soweit inhaltliche Unterschiede zwischen den Richtlinien der Landesnotarkammern bestehen. **Nr. 2** gibt im ersten Halbsatz nahezu wortlautgleich die von den Landesnotarkammern übernommene Ziffer II 1 S. 3 der Richtlinienempfehlungen der Bundesnotarkammer wieder. Praktisch sehr bedeutsam ist **Nr. 2 Hs. 2**, der für die Beurkundung bestimmter Verträge (im Wesentlichen von Grundstückskaufverträgen) eine **Bedenkfrist** von i.d.R. zwei Wochen vorsieht. Anlass dafür, dass der Gesetzgeber Abs. 2a mit Wirkung zum 1.10.2013 teils verschärft hat,[575] boten Regelungslücken und Missbrauchsgefahren. Zu nennen sind insbesondere die Phänomene des Handels mit „Schrottimmobilien" sowie der sog. Mitternachtsnotare, denen noch effektiver entgegengewirkt werden sollte (s. Rdn 161). Durch die Neuregelung ist der bisherige „Königsweg", wonach der **Vertragsentwurf durch den Notar** oder seinen Sozius zur Verfügung gestellt werden muss, zur verbindlichen Regel geworden (siehe Rdn 224). Die **Bedeutung der Zwei-Wochen-Frist** sollte dadurch unterstrichen werden, dass sie in einen eigenen Satz ausgegliedert worden ist; zugleich ist sie weniger starr formuliert. Freilich ist es dem Gesetzgeber durch die sprachliche und systematische Neugestaltung nicht völlig gelungen, Auslegungszweifel zu beseitigen (siehe dazu Rdn 226 ff.). 194

2. Verbrauchervertrag

S. 2 gilt nur für Verfahren, die die Beurkundung eines Verbrauchervertrags zum Gegenstand haben.[576] Ein Verbrauchervertrag ist nach § 310 Abs. 3 BGB ein Vertrag zwischen einem **Unternehmer** (§ 14 BGB) und einem **Verbraucher** (§ 13 BGB); diese Legaldefinition gilt auch i. R. von § 17 Abs. 2a.[577] **Existenzgründer** sind bei auf unternehmerisches Handeln ausgerichteten Geschäften keine Verbraucher.[578] Bei der Abgrenzung darf der Notar auf die tatsächlichen Angaben der Beteiligten vertrauen (siehe Rdn 19).[579] S. 2 gilt also von vornherein nicht für solche Amtshandlungen, an denen zwar ein Verbraucher beteiligt ist, die aber nicht die Beurkundung einer auf einen Verbrauchervertrag gerichteten Willenserklärung zum Gegenstand haben. Für die **Beglaubigung der Unterschrift** eines Verbrauchers verbleibt es mithin bei den in § 40 BeurkG geregelten Amtspflichten.[580] Dies bedeutet etwa für die **Grundschuldbestellung**, dass es sub specie von S. 2 insoweit einen Unterschied macht, ob eine Beurkundung oder lediglich eine Beglaubigung erfolgt.[581] Man mag dies rechtspolitisch kritisieren; de lege lata ist es jedoch als Konsequenz der in S. 2 angelegten Differenzierung hinzunehmen. Verträge (nur) zwischen Verbrau- 195

574 BeckOGK/*Regler*, Stand: 1.1.2026, § 17 BeurkG Rn 153.
575 Ges. zur Stärkung des Verbraucherschutzes im notariellen Beurkundungsverfahren vom 15.7.2013, BGBl I 2013, 2378. Zu den Motiven des Gesetzgebers s. auch BGH v. 24.11.2014 – NotSt(Brfg) 3/14, DNotZ 2015, 314 Rn 16 = NotBZ 2015, 222 m. Anm. *Armbrüster/Böttger*.
576 OLG Celle v. 1.12.2017 – Not 13/17, BeckRS 2017, 134423 Rn 25 ff.
577 BGH v. 28.5.2020 – III ZR 58/19, BGHZ 226, 39 Rn 15 = DNotZ 2021, 135 m. Anm. *Forschner*; *Struck*, MittBayNot 2003, 259, 263; s. auch *Pützhoven*, NotBZ 2002, 273.
578 BGH v. 24.2.2005 – III ZB 36/04, NJW 2005, 1273, 1274; BGH v. 15.11.2007 – III ZR 295/06, NJW 2008, 435 Rn 6; BeckOGK/*Regler*, Stand: 1.1.2026, § 17 BeurkG Rn 167; MüKo-BGB/*Bachmann*, § 13 BGB Rn 218; a.A. noch MüKo-BGB/*Micklitz*, 9. Aufl. 2021, § 13 BGB Rn 62 ff.
579 *Litzenburger*, RNotZ 2006, 180 ff.
580 *Brambring*, ZfIR 2002, 597, 593.
581 S. auch *J. Redeker*, Verbraucherschutz im Beurkundungsverfahren, 46 f. m. Fn 297, der aber zugleich auf die Grundschuldbestellung als Vollzugsgeschäft des Sicherungsvertrags abstellt (s. dazu Rdn 182).

chern oder (nur) zwischen Unternehmern werden von S. 2 nicht erfasst.[582] Dasselbe gilt für **einseitige Erklärungen** wie etwa die Teilungserklärung nach § 8 WEG[583] oder die einseitige Unterwerfung unter die Zwangsvollstreckung; die persönliche Haftungsübernahme kann als abstraktes Schuldversprechen hingegen ein Verbrauchervertrag sein.[584] Da es für die Beurteilung der Verbraucher- oder Unternehmereigenschaft auf die materiell Beteiligten ankommt, ist S. 2 nicht anwendbar, wenn ein Vertrag zwischen zwei Unternehmern beurkundet wird, von denen sich einer durch einen Verbraucher vertreten lässt.[585] Umgekehrt ist S. 2 anwendbar, wenn sich ein Verbraucher durch einen Unternehmer, etwa seinen Rechtsanwalt, vertreten lässt. Es kommt mithin auf die **Person des Vertretenen**, nicht des Vertreters an.[586]

196 S. 2 Nrn. 1 und 2 sind grds. auch auf **sachen-, gesellschafts-, familien- und erbrechtliche Verträge** anwendbar. Aus § 310 Abs. 3 BGB folgt nicht, dass andere als schuldrechtliche Verträge keine Verbraucherverträge sein könnten.[587]

197 Demgemäß gelten die Vorgaben von S. 2 auch für die Einigung über die Bestellung eines **Finanzierungsgrundpfandrechts** durch einen nicht gewerblich handelnden Grundstückskäufer (siehe Rdn 182).

198 Verbraucherverträge können auch solche Verträge sein, für die gem. § 310 Abs. 4 BGB die §§ 305 ff. BGB nicht gelten, insbesondere Verträge auf dem Gebiet des **Erb-, Familien- und Gesellschaftsrechts**. Dies ist unter Hinweis auf die mangelnde Schutzbedürftigkeit des Verbrauchers bezweifelt worden.[588] Die Bedeutung der Frage ist gering. Selbst wenn man derartige Verträge grds. als von S. 2 erfasst ansehen würde, hätte dies kaum praktische Relevanz. Es wird sich insoweit zum einen nur selten um einen Verbrauchervertrag handeln. Zum anderen erfordert jedenfalls bei erb- und familienrechtlichen Verträgen schon das einschlägige materielle Recht häufig die Höchstpersönlichkeit der Erklärungen, so dass sich ein Rückgriff auf S. 2 Nr. 1 erübrigt. Allenfalls S. 2 Nr. 2 Hs. 1 kann im Einzelfall Bedeutung erlangen; allerdings gilt der darin enthaltene Grundsatz ohnehin für alle Beurkundungen einer Willenserklärung.

199 S. 2 Nrn. 1 und 2 gelten nur für die Beurkundung der **vom Verbraucher abzugebenden Willenserklärung**. Hinsichtlich der Erklärung des Unternehmers richtet sich das Beurkundungsverfahren nach der allg. Regel des Abs. 2a S. 1 (siehe Rdn 163 ff.).

200 Wird der Notar ersucht, einen Vertrag oder eine auf einen Vertragsschluss gerichtete Willenserklärung zu beurkunden,[589] so muss er **klären, ob es sich um einen Verbrauchervertrag handelt**[590] und – wenn dies der Fall ist – wer von den Vertragsparteien der Verbraucher ist.[591] Obwohl dies in vielen Fällen unproblematisch sein dürfte (z.B. Erwerb einer Immobilie zu eigenen Wohnzwecken), sodass die gebotene notarielle Klärung leicht fällt,[592] können sich im Einzelfall praktische Schwierigkeiten ergeben, die der Notar dann nicht übergehen darf. **Juristische Personen** und **Personenhandelsgesellschaften** sind niemals Verbraucher,[593] sondern regelmäßig, wenn auch nicht ausnahmslos Unternehmer.[594] Dies gilt auch dann, wenn eine natürliche Person allein zum Zweck des Grundstückserwerbs eine GmbH gründet, sowie für die vermögensverwaltende OHG oder KG (vgl. § 105 Abs. 2 HGB). Bei letzterer ist dafür die kraft Gesetzes (§ 6 Abs. 1 HGB) bestehende Kaufmannseigenschaft ausschlaggebend;[595] der Gesetzgeber sieht Kaufleute generell als weniger schutzbedürftig an. Demgegenüber kommt es für die Verbraucher- und

582 OLG Celle v. 18.3.2010 – Not 1/10, BeckRS 2010, 22387; OLG Celle v. 1.12.2017 – Not 13/17, BeckRS 2017, 134423 Rn 25 ff.; *Lerch*, § 17 Rn 136.

583 *Solveen*, RNotZ 2002, 318, 319.

584 OLG Schleswig v. 6.7.2007 – Not 1/07, DNotZ 2008, 151, 155.

585 *Brambring*, ZfIR 2002, 598, 599.

586 *Weber*, MittBayNot 2018, 10.

587 *Lerch*, § 17 Rn 137; *Winkler*, § 17 Rn 122, 124 (allerdings tendenziell anders Rn 164 für die Auflassung); zweifelnd für sachenrechtliche Verträge *Sorge*, DNotZ 2002, 593, 601; zweifelnd für die Auflassung OLG Celle v. 18.3.2010 – Not 1/10, BeckRS 2010, 22387.

588 *Brambring*, ZfIR 2002, 597, 599; *Bohrer*, DNotZ 2002, 579, 591; *Winkler*, § 17 Rn 128; a.A. für Gesellschaftsverträge Soergel/*J. Mayer*, § 17 BeurkG Rn 39.

589 Auch die isolierte Beurkundung z.B. eines Angebots wird erfasst; *Solveen*, RNotZ 2002, 318, 319.

590 BGH v. 28.5.2020 – III ZR 58/19, BGHZ 226, 39 = DNotZ 2021, 135 Rn 14 m. Anm. *Forschner*.

591 S. hierzu allgemein *Armbrüster/Claussen*, NotBZ 2025, 81, 86 f.

592 Herrler/Hertel/Kesseler/*Heinze*, Aktuelles Immobilienrecht 2021/2022 in der Gestaltungspraxis, 32, 38, 40.

593 Vgl. den Wortlaut von § 13 BGB („jede natürliche Person").

594 Vgl. zur Unternehmereigenschaft von Idealvereinen und Stiftungen im hier interessierenden Kontext Herrler/Hertel/Kesseler/*Heinze*, Aktuelles Immobilienrecht 2021/2022 in der Gestaltungspraxis, 32, 53 f. und allg. zu gemeinnützigen Gesellschaften und Idealvereinen MüKo-BGB/*Bachmann*, § 14 BGB Rn 69.

595 Krit. dazu neuerdings Herrler/Hertel/Kesseler/*Heinze*, Aktuelles Immobilienrecht 2021/2022 in der Gestaltungspraxis, 32, 39.

Unternehmereigenschaft von **natürlichen Personen** und **BGB-Gesellschaften** auf die Funktion an, in der diese den konkreten Vertrag abschließen.[596] Zu BGB-Gesellschaften hat der BGH zutr. entschieden, dass die Gesellschafterstellung auch nur einer einzigen juristischen Person die Qualifikation als Verbraucherin ausschließt.[597] Dabei hat der BGH ausdr. offen gelassen, ob dann, wenn alle Gesellschafter natürliche Personen sind, die Verbrauchereigenschaft zu bejahen ist.[598] Richtigerweise ist insoweit zu differenzieren: Eine BGB-Gesellschaft ist nur dann Verbraucherin, wenn an ihr allein natürliche Personen beteiligt sind, die ihrerseits jeweils zu Zwecken handeln, die überwiegend weder ihrer gewerblichen noch ihrer selbstständigen beruflichen Tätigkeit zugerechnet werden können.[599] Ein Beispiel bietet die vermögensverwaltende GbR. Anders wird die **Wohnungseigentümergemeinschaft** behandelt (§ 10 Abs. 6 S. 1 WEG). Sie mag zwar in mancher Hinsicht einer rechtsfähigen Personengesellschaft i.S.v. § 14 Abs. 2 BGB nahestehen, fällt aber weder unter § 13 BGB noch unter § 14 BGB. Die Rspr. behandelt sie dann als Verbraucherin, wenn auch nur eines ihrer Mitglieder Verbraucher ist und die Gemeinschaft das Rechtsgeschäft zu einem Zweck abschließt, der weder ihrer gewerblichen noch einer selbstständigen beruflichen Tätigkeit dient.[600] Erwirbt die Gemeinschaft beispielsweise für das Verwaltungsvermögen eine Eigentumswohnung (etwa als Hausmeisterwohnung), so gebietet es der Verbraucherschutz dann, wenn zumindest ein Mitglied sein Wohnungseigentum als Verbraucher hält, S. 2 Nrn. 1 und 2 anzuwenden. **Testamentsvollstrecker** und **Insolvenzverwalter** sind regelmäßig als Unternehmer anzusehen.[601] Zu beachten ist auch, dass Rechtsträger nicht zwingend entweder Verbraucher oder Unternehmer sein müssen; vielmehr lässt die gesetzliche Konzeption in den §§ 13, 14 BGB auch eine dritte Kategorie zu.[602] Ein Beispiel bietet der Grundstückserwerb für öffentliche Zwecke (siehe Rdn 201).

Der Notar hat mithin in vielen Fällen den **Zweck des Vertragsschlusses** zu erkunden. Insbesondere darf er bei natürlichen Personen nicht ohne Weiteres davon ausgehen, dass diese als Verbraucher handeln, oder sich auf eine entsprechende Erklärung der Beteiligten verlassen.[603] Vielmehr muss er einen Arzt etwa danach fragen, ob dieser die zu erwerbende Immobilie für seine freiberufliche Praxis (dann ist er Unternehmer) oder privat, etwa zum Zweck nichtgewerblicher Vermietung (dann ist er Verbraucher), nutzen will. Auch bei der Beteiligung von **juristischen Personen des öffentlichen Rechts** kommt es auf den Zweck an, der mit dem Rechtsgeschäft verfolgt wird. Verfolgt der öffentliche Rechtsträger mit dem Grundstückserwerb unmittelbar **öffentliche Zwecke** (z.B. Erwerb von Straßengrund), so wird man ihn nicht als Unternehmer ansehen können.[604] Andernfalls gebietet es der Schutzzweck von S. 2, 3 – Verbraucherschutz –, den öffentlichen Rechtsträger als Unternehmer einzuordnen.[605] Solange kein unmittelbarer öffentlicher Zweck verfolgt wird, ist jedenfalls eine analoge Anwendung der Vorschrift geboten.[606] Machen die Beteiligten gegenüber dem Notar Angaben, so darf sich der Notar grds. auf deren Richtigkeit verlassen (siehe Rdn 19). In **Zweifelsfällen,** die z.B. im Grenzbereich von privatem Veräußerungsgeschäft und gewerblichem Grundstückshandel, privater oder unternehmerischer Vermietung[607] sowie bei Verträgen über bislang landwirtschaftlich genutzte Flächen leicht vorstellbar sind, sollte der 201

596 Grüneberg/*Ellenberger*, § 13 BGB Rn 3 ff.; § 14 BGB Rn 2 ff.; Herrler/Hertel/Kesseler/*Heinze*, Aktuelles Immobilienrecht 2021/2022 in der Gestaltungspraxis, 32, 39, 40 f.

597 BGH v. 30.3.2017 – VII ZR 269/15, NJW 2017, 2752 Rn 25 m. Anm. *Pfeiffer*, LMK 2017, 390452.

598 BGH v. 30.3.2017 – VII ZR 269/15, NJW 2017, 2752 Rn 24; OLG Hamm v. 21.11.2019 – 34 U 175/18, BeckRS 2019, 52706, Rn 9 (für Art. 15 Abs. 1c LugÜ die Verbrauchereigenschaft der GbR stets verneinend).

599 *Armbrüster*, in: FS DNotI, 2018, S. 287, 295. Vgl. auch BGH v. 23.10.2001 – XI ZR 63/01, BGHZ 149, 80 = NJW 2002, 368 f. (zu § 1 Abs. 1 VerbrKrG a.F.).

600 BGH v. 25.3.2015 – VIII ZR 243/13, BGHZ 204, 325 Rn 30 = NJW 2015, 3228 m. Anm. *Roguhn*, ZWE 2015, 315; bestätigt durch BGH v. 20.11.2020 – V ZR 196/19, BGHZ 227, 289 Rn 32 = DNotZ 2021, 754. Ähnlich schon *Armbrüster*, GE 2007, 420, 424. Zur Verbrauchereigenschaft der Wohnungs- und Teileigentümergemeinschaft nach dem WEMoG: *Drasdo*, BWNotZ 2021, 184.

601 Näher Herrler/Hertel/Kesseler/*Heinze*, Aktuelles Immobilienrecht 2021/2022 in der Gestaltungspraxis, 32, 55 f.

602 *Armbrüster*, in: FS DNotI, 2018, S. 287, 296; *Meier/Schmitz*, NJW 2019, 2345, 2346 ff.; Herrler/Hertel/Kesseler/*Heinze*, Aktuelles Immobilienrecht 2021/2022 in der Gestaltungspraxis, 32, 39, 41 f.

603 Herrler/Hertel/Kesseler/*Heinze*, Aktuelles Immobilienrecht 2021/2022 in der Gestaltungspraxis, 32, 52 f.

604 Näher *Armbrüster*, in: FS DNotI, 2018, S. 287, 296; s. auch *Philippsen*, NotBZ 2003, 137, 138 f.; *Rieger*, MittBayNot 2002, 325, 327; *Sorge*, DNotZ 2002, 593, 599; BeckOGK/*Regler*, Stand: 1.1.2026, § 17 BeurkG Rn 171.

605 Herrler/Hertel/Kesseler/*Heinze*, Aktuelles Immobilienrecht 2021/2022 in der Gestaltungspraxis, 32, 56 f.; *Philippsen*, NotBZ 2003, 137, 138 f.; *J. Redeker*, Verbraucherschutz im Beurkundungsverfahren, 16 ff.; s. auch MüKo-BGB/*Bachmann*, § 14 BGB Rn 39.

606 *Armbrüster*, in FS DNotI, 2018, S. 287, 296.

607 Instruktiv dazu Herrler/Hertel/Kesseler/*Heinze*, Aktuelles Immobilienrecht 2021/2022 in der Gestaltungspraxis, 32, 42 ff. (mit Rspr.-Übersicht).

Notar aber die sich aus S. 2 Nrn. 1 und 2 ergebenden Anforderungen beachten.[608] Dies entspricht dem **Gebot des sichersten Weges**, wenn auch nach Durchführung der gebotenen Erkundungen Unklarheiten über die Anwendbarkeit dieser Vorgaben verbleiben.[609] Eine andere – haftungsrechtliche – Frage ist es, ob dem Notar bei einem Verstoß gegen dieses Gebot dann eine objektive Pflichtverletzung zur Last fällt, wenn sich im Nachhinein feststellen lässt, dass kein Verbrauchervertrag vorlag (wofür der Zeitpunkt der Vornahme des Rechtsgeschäfts maßgeblich ist).[610] Ein vorsätzliches Handeln kann dem Notar jedenfalls nicht vorgeworfen werden, wenn der Beteiligte als Geschäftsleitung einer GmbH auftritt und Sondereigentumsanteile an mehreren Häusern zu Bauzwecken zusammenlegen möchte.[611] Grundsätzlich kommt es jedoch nicht auf den Wert des verwalteten Grundvermögens an, sondern auf Umfang, Komplexität und Anzahl der mit der eigenen Vermögensverwaltung in innerem Zusammenhang stehenden Geschäftsvorgänge.[612] Unternehmerisch handelt typischerweise nur derjenige Grundvermögensverwalter, dessen Geschäft Merkmale unternehmerischen Handelns wie die Unterhaltung eines Büros oder eine geschäftsmäßige Organisation erfüllt.[613] Hingegen sprechen etwa die Fremdfinanzierung eines Immobiliengeschäfts oder der Erwerb einer für Privatpersonen unüblichen Anzahl von Eigentumswohnungen nicht zwangsläufig gegen die Verbrauchereigenschaft des Käufers; die gewerbesteuerrechtliche „Drei-Objekt-Grenze" ist insoweit nicht übertragbar.[614]

3. Einschalten von Vertretern (S. 2 Nr. 1)

202 Nach der hier vertretenen Ansicht untersagt bereits Abs. 2a S. 1 die missbräuchliche Gestaltung des Beurkundungsverfahrens **in jedem Einzelfall** (siehe Rdn 164, 169). S. 2 Nr. 1 stellt somit keine anderen Anforderungen als S. 1.[615] Ausweislich der Gesetzesbegründung will S. 2 Nr. 1 „sicherstellen,[616] dass Immobiliengeschäfte künftig nicht mehr durch geschäftsmäßige Vertreter mit sehr weitgehenden Vollmachten abgeschlossen werden. Der Verbraucher soll persönlich den Beurkundungstermin wahrnehmen und sich im Verhinderungsfalle von einer Vertrauensperson … vertreten lassen." Da es somit auch im Rahmen des S. 2 Nr. 1 nur um die Verhinderung von **Missbrauchsfällen** geht, muss jeder sachliche Grund für das Einschalten eines Vertreters als Verhinderungsfall angesehen werden. Dafür spricht auch, dass das materielle Recht einen höchstpersönlichen Vertragsschluss aus guten Gründen nur selten verlangt.[617] Die in Abs. 2a S. 2 eingeführte **Hinwirkungspflicht** beinhaltet demnach, dass der Notar sich effektiv für die Einhaltung des in S. 2 vorgesehenen Verfahrens einzusetzen hat und ein den Anforderungen der Nrn. 1 und 2 widersprechendes Beurkundungsverfahren nicht ohne Sachgrund wählen darf. Eine „ergebnisoffene Hinweispflicht", wie sie von einigen Autoren angenommen wird,[618] ist mit dieser Sichtweise ebenso wenig vereinbar wie die Annahme einer strikten, keine Ausnahmen zulassenden Amtspflicht.[619] In dem genannten Umfang handelt es sich bei der Hinwirkungspflicht freilich um eine **Amtspflicht** (siehe auch Rdn 257 im Kontext der Rechtsfolgen von Verstößen).

608 BGH v. 28.5.2020 – III ZR 58/19, BGHZ 226, 39 Rn 29 = DNotZ 2021, 135; *Sorge*, DNotZ 2002, 593, 599.
609 BGH v. 28.5.2020 – III ZR 58/19, BGHZ 226, 39 Rn 29 = DNotZ 2021, 135.
610 Verneinend Herrler/Hertel/Kesseler/*Heinze*, Aktuelles Immobilienrecht 2021/2022 in der Gestaltungspraxis, 32, 37 f. Dem Urtel des BGH v. 28.5.2020 – III ZR 58/19, BGHZ 226, 39 Rn 29 = DNotZ 2021, 135) lässt sich dazu nichts entnehmen, da das Vorliegen eines Verbrauchervertrags offenblieb.
611 BGH v. 8.5.2025 – III ZR 398/23, ZNotP 2025, 219 Rn 20.
612 BGH v. 3.3.2020 – XI ZR 461/18, ZIP 2020, 909 Rn 13.
613 BGH v. 28.5.2020 – III ZR 58/19, BGHZ 226, 39 = DNotZ 2021, 135 m. Anm. *Forschner*; OLG Köln v. 8.2.2017 – 13 U 94/15, NZG 2017, 944 Rn 45, im Anschluss an BGH v. 23.10.2001 – XI ZR 63/01, BGHZ 149, 80, 87 = NJW 2002, 368; *Armbrüster*, in: FS DNotI, 2018, S. 287, 295 f.
614 BGH v. 28.5.2020 – III ZR 58/19, BGHZ 226, 39 Rn 24 ff. = DNotZ 2021, 135 m. Anm. *Forschner*. Insoweit dem BGH zust. auch Herrler/Hertel/Kesseler/*Heinze*, Aktuelles Immobilienrecht 2021/2022 in der Gestaltungspraxis, 32, 33.
615 A.A. *Brambring*, ZfIR 2002, 597, 603; *Rieger*, MittBayNot 2002, 325, 331.
616 BT-Drucks 14/9266, 50.
617 S. Rn 146; *Brambring*, ZfIR 2002, 597, 603.
618 So etwa *Litzenburger*, NotBZ 2002, 280, 281 (s. aber auch *ders.*, RNotZ 2006, 180, 185 Fn 48 und RNotZ 2007, 625, 627); Frenz/Miermeister/*Frenz*, § 17 BeurkG Rn 44. Dagegen zu Recht OLG Schleswig v. 6.7.2007 – Not I/07, DNotZ 2008, 151, 153; *J. Redeker*, Verbraucherschutz im Beurkundungsverfahren, 27 ff.
619 S. Anwendungsempfehlungen der BNotK, Rdschr. 20/2003 vom 28.4.2003, B II. So auch *Fabis*, DNotZ 2004, 157, 158; *Wegerhoff*, NotBZ 2005, 379, 380; Staudinger/*Hertel*, BeurkG Rn 520.

a) Sachlicher Grund

203 Die im Rahmen von S. 2 Nr. 1 bestehenden Anforderungen entsprechen somit im Grundsatz denjenigen, die sich nach der hier vertretenen Ansicht auch aus S. 1 und den Richtlinien ergeben.[620] Der Verbraucher soll grds. persönlich an der Beurkundung teilnehmen, kann sich bei Vorliegen eines **sachlichen Grundes** aber von einer Vertrauensperson vertreten lassen. An den für die Einschaltung einer Vertrauensperson als Vertreter erforderlichen sachlichen Grund sind keine strengen Anforderungen zu stellen. Insbesondere ist auch der entsprechende **Wunsch des Verbrauchers** im Rahmen von S. 2 Nr. 1 als sachlicher Grund anzuerkennen (siehe Rdn 171). Dies folgt zum einen daraus, dass der Wortlaut des S. 2 Nr. 1 **kein Stufenverhältnis** zwischen der persönlichen Abgabe der Erklärungen und der Abgabe durch einen anderen (bei dem es sich um eine Vertrauensperson handeln muss) aufstellt, demzufolge die persönliche Anwesenheit gegenüber der Erklärungsabgabe durch eine Vertrauensperson vorzuziehen wäre.[621] Zum anderen besteht die notarielle Amtspflicht lediglich in einem Hinwirken auf die Teilnahme des Verbrauchers oder einer Vertrauensperson. Dies deutet ebenfalls darauf hin, dass der **freie Wille des Verbrauchers** und – soweit dieser nicht zu ermitteln ist – andere sachliche Gründe für eine Beurkundung mit Vertrauenspersonen vom Notar respektiert werden müssen (siehe Rdn 171 f.). Diese können bereits mit dem Interesse des Verbrauchers an einer konkreten Vertragsgestaltung vorliegen, beispielsweise bei Abhängigkeit des Vertragsschlusses von Erteilung einer Weiterveräußerungsvollmacht an den Unternehmer.[622] Erscheint also zur Beurkundungsverhandlung nicht der Verbraucher persönlich, sondern eine Vertrauensperson, so besteht für den Notar kein ausreichender Grund i.S.v. § 15 Abs. 1 BNotO die Beurkundung abzulehnen.[623]

204 Der **Unterschied** zwischen S. 2 Nr. 1 und S. 1 liegt nach alledem darin, dass der Notar – von Ausnahmen abgesehen (siehe sogleich und vgl. Rdn 208) – als Vertreter auch dann **nur eine Vertrauensperson** akzeptieren darf, wenn es dem Wunsch des Verbrauchers entspricht, von einer anderen Person vertreten zu werden. Der Wille des Verbrauchers gibt meist keinen legitimen Sachgrund dafür, gleich von beiden der in S. 2 Nr. 1 genannten Verfahrensgestaltungen (persönliche Anwesenheit oder Anwesenheit einer Vertrauensperson) abzuweichen. Außerdem hat der Notar die sich durch S. 2 Nr. 1 ergebenden Anforderungen grds. bei der Beurkundung aller Verbraucherverträge zu beachten, also z.B. auch bei der Bestellung von **Finanzierungsgrundpfandrechten** (siehe Rdn 197).[624]

205 **Ausnahmen** sind in engem Rahmen auch bei Verbraucherverträgen denkbar. Ist der Verbraucher nach seinen Angaben definitiv **gehindert,** an der Beurkundung teilzunehmen und ist auch die Teilnahme einer Vertrauensperson nicht möglich oder gemessen an der Bedeutung des Rechtsgeschäfts und der zu gebenden Belehrung nicht zumutbar, so kommt im **Einzelfall** ausnahmsweise auch eine Beurkundung mit anderen Personen als Vertrauenspersonen in Frage.[625] Dazu zählen dann auch Notariatsmitarbeiter. Ein Missbrauch des Beurkundungsverfahrens steht unter den genannten engen Voraussetzungen nicht in Rede. Der Notar darf ein atypisches Verfahren aber nicht von sich aus vorschlagen.

206 Von der Beurkundung eines Rechtsgeschäfts aufgrund einer Vollmacht ist die **Beurkundung der Vollmacht** zu unterscheiden (siehe auch Rdn 183). Dies ist insb. bei **Grundpfandrechten** praktisch bedeutsam. Da bei der Beurkundung des Grundstückskaufvertrages vielfach noch nicht abzusehen ist, ob der Verbraucher die Bestellung des Finanzierungsgrundpfandrechts selbst wird vornehmen können, ist auch bei Verbraucherverträgen die Mitbeurkundung von Mitarbeitervollmachten in Grundstückskaufverträgen nicht generell unzulässig.[626] Stellt der Notar klar, dass die persönliche Anwesenheit des Verbrauchers bei der Grundschuldbestellung erwünscht ist und nur im Verhinderungsfalle – nach einem gesondert zu erteilenden Auftrag oder einer Weisung – hiervon abgesehen werden kann, dann liegen Mitarbeitervollmachten letztlich im Interesse des Verbrauchers. Dieser erlangt eine **höhere Flexibilität**

620 S. Rn 150; vgl. auch *Sorge*, DNotZ 2002, 593, 600.
621 Zust. Frenz/Miermeister/*Frenz*, § 17 BeurkG Rn 46; so auch *Winkler*, § 17 Rn 143: „gleichwertige Alternativen".
622 Vgl. zu Teilkaufverträgen: *Holthausen-Dux/Forschner*, DNotZ 2021, 821, 827 ff.
623 Ähnlich *Sorge*, DNotZ 2002, 593, 600.
624 S. aber BGH v. 26.11.2002 – XI ZR 10/00, DNotZ 2003, 203 (sub 1; nicht beurkundungsrechtlich): wirksame Vertretung eines Verbrauchers durch Notariatsangestellte ohne weiteres bejahend.
625 OLG Celle v. 18.3.2010 – Not 1/10, BeckRS 2010, 22387; Anwendungsempfehlungen der BNotK, Rdschr. 20/2003 vom 28.4.2003, C II; Grziwotz/Sauer/Heinemann/*Grziwotz*, § 17 Rn 79. Krit. – freilich zu starr – *Bracker*, MittBayNot 2004, 349; *Malzer*, FGPrax 2005, 6.
626 BNotK-Rdschr. 25/2010 vom 5.10.2010, V (allerdings mit dem Hinweis, dass sie grundsätzlich unterbleiben sollte).

bei der Erledigung seiner Angelegenheiten, da ihm die Entscheidung offenbleibt, ob er den Beurkundungstermin persönlich wahrnimmt oder einen Notariatsmitarbeiter beauftragt. Das Beurkundungsverfahren, dessen Flexibilität gerade im Interesse der Beteiligten liegt (siehe Einl. Rdn 21), sollte für Verbraucher nicht durch starre Regeln, die der Bedeutung des zu beurkundenden Rechtsgeschäfts und dem Ausmaß der zu gebenden Belehrung nicht entsprechen, zur Belastung werden. Der Notariatsmitarbeiter ist zwar nicht als Vertrauensperson des Verbrauchers anzusehen (siehe Rdn 213); dies steht aber – wie dargelegt – seiner Bevollmächtigung **im Einzelfall** aus den genannten Gründen nicht entgegen.[627] Freilich rechtfertigt allein die räumliche Entfernung des Verbrauchers vom Amtssitz des Urkundsnotars den Gebrauch einer Mitarbeitervollmacht nicht.[628]

207 Der Notar sollte – soweit möglich (siehe Rdn 181) – bereits bei der Beurkundung der Vollmacht über die Einzelheiten der Grundschuldbestellung belehren und den Verbraucher, wenn der Beurkundungstermin ansteht, stets einen **gesonderten Auftrag** oder eine Weisung unterschreiben lassen, worin dieser bestätigt, den Notartermin nicht wahrnehmen zu können.[629] Die Kontaktaufnahme zum Zwecke der Auftragserteilung sollte der Notar dazu nutzen, ggf. noch offene Fragen mit dem Verbraucher telefonisch oder schriftlich zu klären.

208 Zweifelhaft ist die Geltung des S. 2 Nr. 1 für Beurkundungen aufgrund sog. **Vollzugsvollmachten** im engeren Sinn, z.B. Vollmachten an Notariatsmitarbeiter zur Beurkundung der Auflassung nach Vollzugsreife.[630] Hier würde eine starre Anwendung von S. 2 Nr. 1 regelmäßig zu einer Belastung für die Beteiligten führen, die durch deren Schutz in keiner Weise geboten ist.[631] *Hertel* schlägt für diese Fälle eine teleologische Reduktion des S. 2 vor.[632] Dies ist jedoch nicht erforderlich. Die Fälle, in denen es zulässig ist, Vollzugsvollmachten an Notariatsmitarbeiter zu nutzen, sind allesamt dadurch gekennzeichnet, dass die notwendige Belehrung und Betreuung der Beteiligten **bereits bei der Beurkundung der Vollmacht vollumfänglich gewährleistet** ist (vgl. Rdn 179; auf die Beurkundung von Grundpfandrechten trifft dies nicht zu [vgl. Rdn 181 f.]). Wenn dies aber der Fall ist, so besteht regelmäßig ein sachlicher Grund für die Wahl des atypischen Verfahrens, so dass S. 2 dieser Vorgehensweise ausnahmsweise nicht entgegensteht.[633] Dasselbe wird man auch bei sonstigen Erklärungen annehmen können, die der verfahrensrechtlichen Abwicklung des Geschäftes dienen und bei denen einer Belehrung des Verbrauchers keinerlei Bedeutung zukommt. Bei sachgerechter Beschränkung der Vollmacht kann man hierzu Erklärungen zur Änderung der Teilungserklärung im Rahmen des Vollzugs eines Wohnungskaufvertrags ebenso zählen[634] wie die Bestellung einer Dienstbarkeit für ein Versorgungsunternehmen in einem Bauträgervertrag.[635]

b) Vertrauensperson

209 Besteht ein sachlicher Grund dafür, dass der Verbraucher nicht persönlich am Beurkundungsverfahren teilnimmt, so soll nur eine Vertrauensperson als Vertreter des Verbrauchers zugelassen werden (S. 2 Nr. 1 Fall 2). Die Forderung, dass solche Personen, die **im Lager der anderen Vertragsseite** stehen und insoweit möglicherweise gegensätzliche Interessen verfolgen, möglichst nicht als Vertreter auftreten sollen, lässt sich bereits aus S. 1 ableiten (siehe auch Rdn 173). Für eine solche Gestaltung des Beurkundungsverfahrens wird sich nämlich in vielen Fällen **kein sachlicher Grund** finden.[636] S. 2 Nr. 1 verstärkt den sich schon aus S. 1 ergebenden Schutz nochmals. Bei der Beurkundung von Verbraucherverträgen scheidet ein Vertreterhandeln einer anderen als einer Vertrauensperson grds. aus (zu Ausnahmen siehe Rdn 203).

210 Streitig ist, welche Personen als **Vertrauenspersonen** in Betracht kommen. Teils wird insoweit danach differenziert, welche **rechtliche und wirtschaftliche Bedeutung** das Geschäft hat.[637] Bedeutende Ge-

627 Der von *Helms*, ZNotP 2005, 13, 17 Fn 62, gesehene Widerspruch besteht mithin nicht.
628 BNotK-Rdschr. 25/2010 vom 5.10.2010, VI.
629 Einen gesonderten Auftrag fordert auch *Keller*, ZNotP 2003, 180, 181, unter Berufung auf die Richtliniensatzung der NotK Stuttgart.
630 Weitere Beispiele s. *Brambring*, ZfIR 2002, 597, 605.
631 OLG Celle v. 18.3.2010 – Not 1/10, BeckRS 2010, 22387.
632 *Hertel*, ZNotP 2002, 286, 287.
633 So wohl auch *Sorge*, DNotZ 2002, 593, 601 f.
634 *Hertel*, ZNotP 2002, 286, 287.
635 *Brambring*, ZfIR 2002, 597, 605.
636 Anders dagegen, wenn der Vertragsschluss von der Einsetzung eines zukünftigen Vertreters abhängt vgl. *Holthausen-Dux/Forschner*, DNotZ 2021, 821, 827 ff.
637 *Sorge*, DNotZ 2002, 593, 601; ähnlich *Maaß*, ZNotP 2002, 455, 457.

schäfte setzen demnach eine engere Vertrauensbeziehung voraus als unbedeutende. Dies überzeugt nicht. Ganz abgesehen davon, dass sich die Bedeutung eines Geschäfts kaum nach objektiven Kriterien zum Maß des erforderlichen Vertrauens in Bezug setzen lässt, kann die erforderliche Vertrauensbeziehung nicht abgestuft werden. Es steht nämlich keineswegs fest, dass ein Verbraucher z.B. zu seinem Ehegatten stets eine engere Vertrauensbeziehung hat als zu seinem Nachbarn oder Steuerberater.

Daher kann sinnvollerweise nur zwischen **genereller Eignung und Nichteignung** unterschieden werden.[638] Dies kommt auch in den Gesetzesmaterialen zum Ausdruck. Dort wird von einer negativen Abgrenzung in der Weise ausgegangen, dass Vertrauensperson nicht ist, wer als geschäftsmäßiger Vertreter u.U. konkurrierende Eigeninteressen hat.[639] Angestellte des Bauträgers oder der vom Initiator ausgewählte Treuhänder scheiden als Vertrauensperson des Verbrauchers somit i.d.R. aus;[640] dasselbe gilt für Makler[641] sowie zur Weiterveräußerung bevollmächtigte Teilkäufer.[642] Vertrauensperson ist hingegen, wer dem Notar **vom Verbraucher auf Nachfrage benannt** wurde und nicht offensichtlich wegen möglicherweise konkurrierender Eigeninteressen ungeeignet ist.[643] Dafür werden insb. engere Familienangehörige und Freunde in Betracht kommen.[644] Nur wenn im Einzelfall für den Notar konkret erkennbar wird, dass die Person in Wahrheit nicht die Interessen des Verbrauchers wahrnimmt, hat er sie als ungeeignet abzulehnen. Auf die tatsächlichen **Angaben des Verbrauchers** darf sich der Notar verlassen (siehe Rdn 19), es sei denn, die mangelnde Eignung des vorgeschlagenen Vertreters liegt auf der Hand. 211

Generell lässt sich demnach sagen, dass die Vertrauensperson **im Lager des Verbrauchers** stehen und dessen Interessen einseitig (parteilich) wahrnehmen muss.[645] Gegen diese Formel hat *Litzenburger* eingewandt, sie überfordere den Notar „maßlos",[646] weil er in der Kürze der Zeit nicht prüfen könne, ob etwa die Ehe zerrüttet oder der vom Verbraucher eingesetzte Makler als Freund oder aber beruflich tätig wird. Indessen geht es gar nicht darum, das Innenverhältnis zwischen Verbraucher und Vertrauensperson im Einzelnen auszuleuchten; vielmehr spricht – wie aufgezeigt – schon die Tatsache, dass der Verbraucher eine Person aus seinem eigenen Umfeld mit seiner Interessenwahrnehmung betraut, regelmäßig dafür, dass das Verbraucherinteresse vertreten wird. Die Gegenansicht, die umgekehrt allein diejenigen Personen ausschließen will, die im **Lager des Unternehmers** stehen, übergeht zum einen, dass letzteres bereits aus S. 1 folgt (siehe Rdn 209); zudem führt sie – wie *Litzenburger* selbst einräumt –[647] dazu, dass **Notariatsmitarbeiter** als Vertrauenspersonen anzusehen sind. Letzteres ist jedoch nicht sachgerecht (siehe Rdn 213). 212

Mitarbeiter des Notars scheiden gleichfalls (vorbehaltlich einer persönlichen Nähebeziehung zum Verbraucher, z.B. Ehegatte) grds. als Vertrauenspersonen aus.[648] Dies hat mittlerweile auch der BGH klargestellt.[649] Sie kommen nämlich aufgrund ihres Dienstverhältnisses zum Notar in Frage, also gerade nicht aufgrund einer Vertrauensbeziehung zu dem Verbraucher. Aus diesem Grund sind sie – anders als man dies von einer Vertrauensperson i.d.R. erwarten kann – nicht rückhaltlos den Interessen ihres Vollmacht- 213

638 *Brambring*, ZfIR 2002, 597, 604; *Hertel*, ZNotP 2002, 286, 288; BeckOGK/*Regler*, Stand: 1.1.2026, § 17 BeurkG Rn 179.
639 BeckOGK/*Regler*, Stand: 1.1.2026, § 17 BeurkG Rn 179.
640 *Hertel*, ZNotP 2002, 286, 288; Kilian/Sandkühler/vom Stein/*Stuppi/Tykwer*, § 11 Rn 60; *Schulz*, NotarFormulare Bauträgerrecht, 2. Aufl. 2017, § 5 Rn 9.
641 Grziwotz/Sauer/Heinemann/*Grziwotz*, § 17 Rn 75.
642 *Armbrüster/Claussen*, NotBZ 2025, 81, 85.
643 OLG Celle v. 18.3.2010 – Not 1/10, BeckRS 2010, 22387.
644 *J. Redeker*, Verbraucherschutz im Beurkundungsverfahren, 62.
645 BNotK-Rdschr. 25/2010 vom 5.10.2010, IV; OLG Schleswig v. 6.7.2007 – Not 1/07, DNotZ 2008, 151, 156; OLG Celle v. 18.3.2010 – Not 1/10, BeckRS 2010, 22387; *Böhringer*, BWNotZ 2003, 6; *Rieger*, MittBayNot 2002, 325, 330; *Solveen*, RNotZ 2002 318, 321; BeckOGK/*Regler*, Stand: 1.1.2026, § 17 BeurkG Rn 178.
646 *Litzenburger*, RNotZ 2007, 622, 626.
647 Prägnant *Litzenburger*, RNotZ 2007, 622, 626: „Ungewollte, aber logisch zwingende Nebenfolge".
648 OLG Schleswig v. 6.7.2007 – Not 1/07, DNotZ 2008, 151, 156 m. krit. Anm. *Schulz*, BWNotZ 2009, 73; OLG Frankfurt v. 8.3.2017 – 4 U 176/16, NJOZ 2017, 852 Rn 22; BNotK-Rdschr. 20/2003 v. 28.4.2003, C II; BNotK-Rdschr. 25/2010 vom 5.10.2010, IV; *Blaeschke*, RNotZ 2005, 330, 344; *Böttcher*, BWNotZ 2007, 109, 111; *Brambring*, ZfIR 2002, 597. *Eue*, MittBayNot 2004, 175, 176; *Grigas*, BWNotZ 2003, 104, 106; 604; *Helms*, ZNotP 2005, 13, 16 ff.; *Lerch*, § 17 Rn 147 f.; *Philippsen*, NotBZ 2003, 137, 141; *J. Redeker*, Verbraucherschutz im Beurkundungsverfahren, 37 ff.; *Schmucker*, ZNotP 2003, 243 f.; BeckOGK/*Regler*, Stand: 1.1.2026, § 17 BeurkG Rn 185; Soergel/*J. Mayer*, § 17 BeurkG Rn 42; *Solveen*, RNotZ 2002, 318, 321; Staudinger/*Hertel*, BeurkG Rn 522; *Winkler*, § 17 Rn 150; a.A. Notarkammer Berlin, GE 2004, 793 f.; *H. Keller*, ZNotP 2003, 180, 181 f.; *Maaß*, ZNotP 2002, 455, 457; *ders.*. ZNotP 2004, 216 ff. (zur gestaffelten Belastungsvollmacht auf Notariatsmitarbeiter).
649 BGH v. 20.7.2015 – NotSt(Brfg) 3/15, DNotZ 2016, 72 Rn 12.

gebers verpflichtet, sondern auch den Weisungen des Notars (zur inhaltlichen Verantwortlichkeit des Notars für das Vertreterhandeln seiner Mitarbeiter siehe Rdn 56), die schon wegen des Unparteilichkeitsgebots in § 14 Abs. 1 S. 2 BNotO nicht von einseitiger Interessenwahrnehmung geprägt sein dürfen.[650] Notariatsmitarbeiter stehen mithin nicht im **Lager des Verbrauchers**. Die namentlich von *Maaß* vertretene Gegenansicht,[651] der Verbraucher könne seine Interessen mangels Rechtskenntnis regelmäßig ohnehin nicht selbst wahrnehmen, so dass auch von einem Notariatsmitarbeiter als Vertrauensperson nicht mehr verlangt werden könne, überzeugt nicht. Es geht nicht um die Fähigkeiten des Verbrauchers oder der Vertrauensperson, sondern darum, dass eine Vertrauensperson generell geeignet sein muss, die Interessen des Verbrauchers offensiv, z.B. durch Nachfragen, zu vertreten. Ein Mitarbeiter des Notars, der nur aufgrund seines Anstellungsverhältnisses als Vertreter in Frage kommt, ist regelmäßig als ungeeignet anzusehen, parteiisch die Interessen des Vertretenen zu wahren. Dieser Umstand steht auch der Auslegung von *Litzenburger*[652] entgegen, der eine Person – auch einen Notariatsmitarbeiter – grds. nur dann als ungeeignet ansehen will, wenn der Notar aufgrund der ihm bekannten Tatsachen ein geschäftsmäßiges Eigeninteresse dieser Person am zu beurkundenden Geschäft erkennen kann. Die hier vertretene Ansicht, dass Notariatsmitarbeiter als Vertrauenspersonen des Verbrauchers regelmäßig ausscheiden, wird in ihren praktischen Auswirkungen freilich dadurch relativiert, dass **Mitarbeitervollmachten** in Betracht kommen können (siehe Rdn 206).

214 Fraglich ist allerdings, wie der Notar zu verfahren hat, wenn eine Stellungnahme des Verbrauchers **fehlt** und auch nicht zu erlangen ist. Keine Schwierigkeiten dürften dabei diejenigen Fälle bereiten, in denen der Vertreter eine **Spezialvollmacht** für den Vertragsschluss vorweisen kann. In der Vollmacht wird man den Wunsch des Verbrauchers ablesen können, sowohl nicht persönlich anwesend sein zu wollen, als auch den Vertreter als Vertrauensperson zu benennen.[653] Wurde die Vollmacht nicht beurkundet, so kann im Einzelfall jedoch auch hier Vorsicht geboten sein. Im Unterschied zu den Fällen, in denen der Verbraucher nach einer entsprechenden Belehrung durch den Notar ausdrücklich einen Vertreter benennt, weiß er hier möglicherweise nicht, welche Personen als Vertrauenspersonen in Betracht kommen. Der Notar darf sich auf die Spezialvollmacht somit nicht immer verlassen; vielmehr muss er die Vertrauensstellung in Fällen, in denen sich **Zweifel** aufdrängen, durch Nachfrage beim Vertreter und ggf. auch beim Vertretenen aufklären (allg. dazu siehe Rdn 19).[654] Ein solcher Zweifelsfall liegt von vornherein nicht vor, wenn die Vertrauensstellung aufgrund der äußeren Umstände auf der Hand liegt, etwa wenn es sich bei dem Vertreter um den Ehegatten des Verbrauchers oder um dessen Rechtsanwalt handelt. Gleiches gilt für den ges. Vertreter des Verbrauchers.[655]

Schwierigkeiten ergeben sich, wenn der Vertreter aufgrund einer beurkundeten oder beglaubigten **Generalvollmacht** handelt. Mit *Brambring* dürfte auch hier eine negative Abgrenzung vorzunehmen sein.[656] Der Vertreter ist nur ausgeschlossen, wenn er, etwa wegen offensichtlich konkurrierender Eigeninteressen, als Vertrauensperson nicht in Betracht kommt.[657]

215 Aus dem Vorstehenden folgt, dass sich der Notar im Regelfall darauf verlassen kann, dass Personen, die eine auf sich lautende **beurkundete oder beglaubigte Vollmacht** vorlegen können, Vertrauenspersonen des Vollmachtgebers sind. Ob eine **vollmachtlose Vertretung** zulässig ist, lässt sich wohl nur im Einzelfall feststellen. Nach dem oben Gesagten kann für eine solche Gestaltung ein Sachgrund bestehen, so dass sie nicht von vornherein ausscheidet.[658] Da sich die vollmachtlose Vertretung aber mehr noch als die Vertretung aufgrund einer Vollmacht von dem S. 2 Nr. 1 zugrunde liegenden Leitbild eines optimalen Beurkundungsverfahrens entfernt, sollte der Notar einen vollmachtlosen Vertreter nur unter gründlicher **Ab-**

650 BNotK-Rdschr. 25/2010 vom 5.10.2010, IV; OLG Schleswig v. 6.7.2007 – Not 1/07, DNotZ 2008, 151, 156. S. auch *G. Vollkommer*, ZfIR 2004, 578, 581: der Notar ist „kein Betreuer des Verbrauchers".

651 *Maaß*, ZNotP 2002, 455, 457, s. auch *ders.*, ZNotP 2004, 216.

652 *Litzenburger*, RNotZ 2006, 180, 187 f.; *ders.*, RNotZ 2007, 625, 626 (freilich mit der – unklaren – zusätzlichen Anforderung zu prüfen, ob der „für diesen Wunsch vom Verbraucher vorgetragene Grund hinreichend schwer wiegt").

653 Krit. BeckOGK/*Regler*, Stand: 1.1.2026, § 17 BeurkG Rn 184.

654 *Solveen*, RNotZ 2002, 318, 321; ähnlich *Winkler*, § 17 Rn 154.

655 *Winkler*, § 17 Rn 145.

656 *Brambring*, ZfIR 2002, 597, 604.

657 Ähnlich *J. Redeker*, Verbraucherschutz im Beurkundungsverfahren, 59; BeckOGK/*Regler*, Stand: 1.1.2026, § 17 BeurkG Rn 183.

658 So auch *Brambring*, ZfIR 2002, 597, 603; *Sorge*, DNotZ 2002, 593, 601.

wägung aller Umstände zulassen. Ein Sachgrund wird dabei tendenziell eher bei einfacheren, standardisierten Verträgen vorliegen (vgl. Rdn 173) und dürfte bei einem komplizierten Bauträgervertrag meist ausscheiden. Nach Möglichkeit sollten diejenigen Umstände, die letztlich für die atypische Gestaltung des Beurkundungsverfahrens den Ausschlag gegeben haben, **aktenkundig** gemacht werden.

c) Zusammenfassung: Stufenverhältnis

Insgesamt ergibt sich folgendes Stufenverhältnis: (1) Persönliche Anwesenheit des Verbrauchers. **216** Dies ist der vom Gesetz angestrebte Optimalfall. **(2)** Sachlicher Grund für Vertretung, wofür der Wunsch des Verbrauchers genügt: Dann ist grds. eine **Vertrauensperson** erforderlich (siehe Rdn 203 f.). Mitarbeiter des Notars sind keine Vertrauenspersonen (siehe Rdn 213). **(3)** Sachlicher Grund für Beurkundung **ohne Vertrauensperson**; dann kommen ausnahmsweise auch Notariatsmitarbeiter als Vertreter in Betracht (siehe Rdn 205). Als sachlicher Grund genügt hier freilich nicht der bloße Wunsch des Verbrauchers. Vielmehr kann ein solcher Grund etwa darin liegen, dass die begrenzte Bedeutung des Geschäfts die Anwesenheit einer Vertrauensperson nicht erfordert. Dann ist aber erhöhte Vorsicht geboten (gesonderter Auftrag usw.; siehe Rdn 207).

4. Auseinandersetzen mit dem Gegenstand der Beurkundung (S. 2 Nr. 2 Hs. 1)

Die nunmehr in S. 2 Nr. 2 Hs. 1 normierte notarielle Amtspflicht, darauf hinzuwirken, dass der Verbrau- **217** cher ausreichend Gelegenheit erhält, sich vorab mit dem Gegenstand der Beurkundung **auseinander zu setzen,** sollte auch ohne ausdrückliche Normierung eine Selbstverständlichkeit darstellen. Die von den Ländernotarkammern mit Abweichungen im Detail umgesetzten Richtlinienempfehlungen der BNotK sehen diese Amtspflicht in Abschnitt II Ziff. 1 S. 3 ausdrücklich vor, so dass sie als Satzungsrecht für alle Beurkundungen einer Willenserklärung unmittelbar gilt. S. 2 Nr. 2 Hs. 1 unterstreicht die Bedeutung dieser Amtspflicht und erhebt sie in den Rang eines formellen Gesetzes. Die Vorschrift hat mithin im Wesentlichen klarstellende Bedeutung.[659] Für die Feststellung, ob der Verbraucher ausreichend Gelegenheit zur Auseinandersetzung mit dem Beurkundungsgegenstand hatte, kann ein **flexibler Maßstab** zugrunde gelegt werden, in den vor allem die Bedeutung des Geschäfts für die Beteiligten sowie deren genereller Kenntnis- und Erfahrungsstand einfließen müssen. Die Unterrichtung der Beteiligten nach Abs. 2a S. 2 Nr. 2 ist Teil des „Vorverfahrens" zur eigentlichen Beurkundung.[660]

5. Bedenkfrist (S. 2 Nr. 2 S. 2)

Große praktische Bedeutung kommt der Bedenkfrist in Abs. 2a S. 2 Nr. 2 S. 2 zu.[661] Diese Frist steht nicht **218** zur Disposition der Parteien (siehe allg. Rdn 1).[662] Der Gesetzeswortlaut wurde durch das Ges. zur Stärkung des Verbraucherschutzes im notariellen Beurkundungsverfahren[663] mit Wirkung seit 1.10.2013 neu gefasst. Aufgrund der Änderung ist sprachlich nicht mehr völlig eindeutig, ob die **Zwei-Wochen-Frist** nur für Verbraucherverträge, die dem Formerfordernis nach § 311b Abs. 1 S. 1 und Abs. 3 BGB unterliegen, gilt. Die Frist ist in einem eigenständigen Satz geregelt, welcher sich auch auf Abs. 2a Nr. 2, 1. Teil und damit auf alle Verbraucherverträge beziehen könnte. *Heckschen/Strnad*[664] setzten sich erstmals mit dieser Unklarheit auseinander. Sie gelangen überzeugend zu dem Ergebnis, dass mit dem neuen Wortlaut **keine Änderung des sachlichen Anwendungsbereichs** der Zwei-Wochen-Frist verbunden ist. Nach dem neuen Wortlaut der Norm ist dies allerdings nicht eindeutig. Da die Zwei-Wochen-Frist in einen neuen Satz überführt wurde, könnte sich dieser auch auf Abs. 2a Nr. 2 Hs. 1 beziehen. Damit würde die Zwei-Wochen-Frist auch für andere Verbraucherverträge gelten. Ein dahingehender Regelungswillen des Gesetzgebers ist indessen nicht ersichtlich. Abs. 2a S. 2 Nr. 2 S. 2 bezieht sich nur auf Verbraucherverträge, die den Formerfordernissen von § 311b Abs. 1 S. 1 und Abs. 3 BGB unterliegen. Der weitaus

659 *Schmucker*, DNotZ 2002, 510, 518; *Solveen*, RNotZ 2002, 318, 322.
660 *Bohrer*, NJW 2007, 2019.
661 Dazu eingehend *Armbrüster*, in: FS DNotI, 2018, S. 287 ff.
662 BGH v. 7.2.2013 – III ZR 121/12, DNotZ 2013, 552 Rn 20 = NotBZ 2013, 174 m. Anm. *Renner*; BGH v. 24.11.2014 – NotSt(Brfg) 3/14, DNotZ 2015, 314 Rn 16 = NotBZ 2015, 222 m. Anm. *Armbrüster/Böttger*; BGH v. 25.6.2015 – III ZR 292/14, BGHZ 206, 112 Rn 16 = NJW 2015, 2646; BeckOK-BGB/*Litzenburger*, § 17 BeurkG Rn 51; Staudinger/*Hertel*, BeurkG Rn 530; *Grziwotz*, ZfIR 2009, 627, 629; *J. Redeker*, Verbraucherschutz im Beurkundungsverfahren, 109 ff. (letzterer auch zur Verfassungsmäßigkeit der Frist).
663 BGBl I 2013, 2378.
664 *Heckschen/Strnad*, ZNotP 2014, 122 ff.

bedeutsamste Anwendungsfall von Nr. 2 S. 2 ist somit die **Beurkundung von Grundstückskaufverträgen,** soweit es sich um Verbraucherverträge handelt (zu Letzterem siehe auch Rdn 195). Hingegen werden Verträge, die nicht nach § 311b BGB beurkundungsbedürftig sind, wie z.B. Grundschuldbestellungen, nicht erfasst.[665]

219 Auch Verträge, deren Parteien **ausschließlich Verbraucher** sind, können in den Anwendungsbereich von Abs. 2a S. 2 Nr. 2 S. 2 fallen. Wird darin nämlich zugunsten eines Dritten, der als Unternehmer handelt, ein Anspruch begründet, so kann dies (vorbehaltlich der übrigen Voraussetzungen) die Zwei-Wochen-Frist auslösen. Regelmäßig taucht diese Frage bei Grundstückskaufverträgen auf, die zugleich eine **Maklerklausel** enthalten. Bei Verbraucherverträgen über den Kauf von Wohnimmobilien ist seit dem 23.12.2020 hinsichtlich der Abwälzung der Provision § 656d Abs. 1 BGB zu beachten. Wenn die Maklervergütung von der ursprünglich aus dem Maklervertrag verpflichteten Partei im Grundstückskaufvertrag auf eine andere Partei abgewälzt wird, so dass sie Teil der kaufvertraglichen Leistung dieser Partei ist, kommt die Zwei-Wochen-Frist (siehe Rdn 242 ff.) zur Anwendung.[666] Von solchen Abwälzungsvereinbarungen zu unterscheiden sind sog. konstitutive Maklerklauseln,[667] die einen Vertrag zugunsten des unternehmerisch handelnden Maklers darstellen. Auch für sie gilt die Zwei-Wochen-Frist.[668]

a) Zurverfügungstellung des Vertragstextes

220 **aa) Grundregeln.** Der Notar hat dem Verbraucher den beabsichtigten Text des Rechtsgeschäfts zwei Wochen vor der Beurkundung zur Verfügung zu stellen. Dies soll **„im Regelfall"** zwei Wochen vor der Beurkundung erfolgen (näher zur Zwei-Wochen-Frist siehe Rdn 242 ff.). Der Notar schuldet demnach im Regelfall einen von ihm herbeizuführenden **Erfolg**,[669] nämlich die Gelegenheit des Verbrauchers zur Vorbereitung auf die Beurkundung.[670] Das Gesetz verlangt grds. nicht, dass der Notar von sich aus einen persönlichen Vorbesprechungstermin anberaumt; vielmehr genügt jede Form der Kommunikation.[671] Für den „beabsichtigten Text des Rechtsgeschäfts" kommt es regelmäßig auf die **Absicht** desjenigen Beteiligten an, der den Notar beauftragt hat; dies wird bei Verbraucherverträgen meist der Unternehmer sein (zum Kostenrisiko des Verbrauchers bei eigener Beauftragung des Notars siehe Rdn 223).[672] Setzt der Notar die Absicht **unzutreffend** um, indem er einen abweichenden Text übermittelt, so liegt darin kein Zurverfügungstellen i.S.v. Abs. 2a S. 2 Nr. 2 S. 2. Dies gilt nur dann nicht, wenn es sich um eine Bagatellabweichung oder um einen für den Verbraucher offenkundigen Fehler handelt (z.B. Änderung des Kaufpreises um den Faktor 100).[673] Zur davon zu unterscheidenden Frage einer **nachträglichen Änderung** des ursprünglich beabsichtigten Inhalts des Rechtsgeschäfts siehe Rdn 233 ff.

221 Die Zurverfügungstellung ist an keine bestimmte **Form** gebunden. Eine Übermittlung per **E-Mail** genügt daher, soweit der Verbraucher mit der Versendung per (unverschlüsselter) E-Mail einverstanden ist.[674] Ein konkludentes Einverständnis liegt allerdings regelmäßig bereits in der Zurverfügungstellung einer E-Mail-Adresse. Eine Versendung als E-Mail-Attachment kann unter den Gesichtspunkten von Schnelligkeit (zum Zugangszeitpunkt siehe Rdn 243) und Beweiswirkung für die Praxis vorteilhaft sein. Wählt der Notar andere Gestaltungsformen der elektronischen Kommunikation wie etwa eine Bereithaltung zum Download, so genügt er seiner Amtspflicht zur Übermittlung nur dann, wenn technisch sichergestellt ist, dass der Verbraucher von dieser Möglichkeit auch Gebrauch macht, etwa in Gestalt eines sog.

665 Diehn/*Seger/Diehn*, § 14 BNotO Rn 76.
666 BNotK-Rdschr. 05/2020 v. 4.12.2020 (sub I).
667 Zu ihnen s. *Leitmeier*, DNotZ 2019, 648; *Suppliet*, NotBZ 2015, 189, 190 f. Die Beurkundung solcher Klauseln bezeichnet die BNotK als „berufsrechtlich problematisch"; BNotK-Rdschr. 05/2020 v. 4.12.2020 (sub III).
668 *Armbrüster*, in: FS DNotI, 2018, S. 287, 295; *Suppliet*, DNotZ 2012, 270 ff.; *Winkler*, § 17 Rn 190, der sich nur dann für die Anwendbarkeit der Bedenkfrist ausspricht, wenn das kaufrechtliche Synallagma betroffen ist; diff. *Althammer*, MittBayNot 2014, 297; a.A. Diehn/*Seger/Diehn*, § 14 BNotO Rn 82; *J. Redeker*, Verbraucherschutz im Beurkundungsverfahren, 95 ff.: generell keine Anwendung der Zwei-Wochen-Frist aufgrund einer Maklerklausel.
669 Diehn/*Seger/Diehn*, § 14 BNotO Rn 101; *J. Redeker*, Verbraucherschutz im Beurkundungsverfahren, 78.
670 *Junglas*, NJOZ 2012, 561, 562, 566.
671 *Eue*, MittBayNot 2004, 175, 176; strenger Soergel/*J. Mayer*, § 17 BeurkG Rn 46.
672 S. dazu auch *Heinze*, in: FS DNotI, 2018, S. 333, 336.
673 *Heinze*, in: FS DNotI, 2018, S. 333, 336.
674 *Sorge*, DNotZ 2002, 593, 604; BeckOGK/*Regler*, Stand: 1.1.2026, § 17 BeurkG Rn 222.

Zwangs-Downloads.[675] Nicht ausreichend ist es hingegen, wenn der Notar einen Entwurf des Vertragstextes auf seiner **Homepage** zugänglich macht.[676]

Etwaige **Verweisungsurkunden** (Bezugsurkunden) sind beizufügen.[677] Das **Datum** der Zurverfügungstellung soll der Notar in den Akten notieren.[678] Der Vertragstext ist in derjenigen **Sprache** verfügbar zu machen, in der er auch beurkundet werden soll. Ist der Text nicht auf Deutsch verfasst und liegt auch keine Übersetzung ins Deutsche vor, so muss der Notar nicht auf eine solche Übersetzung hinwirken, um diese dann zusammen mit dem Text des Rechtsgeschäfts dem Verbraucher verfügbar zu machen. Dies folgt als argumentum e maiore aus § 16 BeurkG: Sofern bereits diese Vorschrift, deren Nichteinhaltung zur Unwirksamkeit der Beurkundung führen kann, keine Übersetzung der Niederschrift verlangt, kann eine solche erst recht nicht für den Text des Rechtsgeschäfts i.S.v. S. 2 Nr. 2 S. 2 erforderlich sein.[679] **222**

Die Zurverfügungstellung des Entwurfs hat grundsätzlich **kostenfrei** zu erfolgen. Die Erstattungsfähigkeit von Aufwendungen des Notars wird dadurch nicht ausgeschlossen. Als Beispiele führt die Regierungsbegründung Auslagen für Kopien und Portokosten an.[680] Beauftragt der **Verbraucher** den Notar, ist zu beachten, dass der Verbraucher als Kostenschuldner (§ 29 Nr. 1 GNotKG) nach dem in Nr. 21300 KV GNotKG bestimmten Zeitpunkt – etwa nach der elektronischen Übermittlung eines vom Notar gefertigten Entwurfs als Datei – damit rechnen muss, dem Notar auch dann die Höchstgebühr von 2,0 (§ 92 Abs. 2 GNotKG i.V.m. Nr. 21302 KV GNotKG) **erstatten zu müssen**, wenn er innerhalb der zweiwöchigen Frist von der Beurkundung Abstand nimmt.[681] Dies stellt eine nicht unerhebliche **Hemmschwelle für den Abbruch** des einmal begonnenen Beurkundungsverfahrens dar. **223**

Hinsichtlich der Zurverfügungstellung des Vertragstextes sind infolge der Neufassung von Abs. 2a seit deren Inkrafttreten am 1.10.2013 einige Neuerungen zu beachten. Während der Notar nach der alten Gesetzesfassung nicht unbedingt selbst aktiv werden musste,[682] verlangt Abs. 2a Nr. 2 S. 2 n.F., dass der beabsichtigte Text vom **Notar** oder seinem Sozius zur Verfügung gestellt wird. Es reicht daher nicht mehr aus, wenn der Verbraucher den Vertragstext vom **Unternehmer** erhält.[683] Mit jener Neuregelung verfolgt der Gesetzgeber im Wesentlichen **zwei Zwecke**: Zum einen ist die Einhaltung der Zwei-Wochen-Frist für den Notar besser kontrollierbar. Zum anderen wird dem Verbraucher die bevorstehende rechtsgeschäftliche Bindung eher bewusst, wenn ihm der Vertragstext durch den Notar selbst verfügbar gemacht wird.[684] **224**

Die Amtspflicht zur Verfügbarmachung ist **nicht höchstpersönlich** zu erfüllen. Daher können der Urkundsnotar oder sein Sozius die Verfügbarmachung auch auf ihre **Mitarbeiter** delegieren.[685] Dasselbe gilt für Verfügbarmachungen, die durch den Notarvertreter oder den Notariatsverwalter veranlasst werden.[686] Hingegen ist es nicht statthaft, dass ein **Dritter** die Verfügbarmachung veranlasst. Dies gilt insbesondere für den am zu beurkundenden Geschäft beteiligten Unternehmer, dessen Vertriebsmitarbeiter oder den Makler.[687] **225**

675 Näher *Armbrüster*, in: FS DNotI, 2018, S. 287, 297 f. Großzügiger dagegen Diehn/*Seger/Diehn*, § 14 BNotO Rn 103; Bremkamp/Kindler/Winnen/*Köther*, BeurkG § 17 Rn 88; *Rachlitz*, MittBayNot 2015, 457, 461: Möglichkeit des Verbrauchers zum Download genügt.

676 BGH v. 24.11.2014 – NotSt(Brfg) 3/14, DNotZ 2015, 314 Rn 20 = NotBZ 2015, 222 m. Anm. *Armbrüster/Böttger*; Kilian/Sandkühler/vom Stein/*Stuppi/Tykwer*, § 11 Rn 56; *J. Redeker*, Verbraucherschutz im Beurkundungsverfahren, 74.

677 BeckOGK/*Regler*, Stand: 1.1.2026, § 17 BeurkG Rn 220; Diehn/*Seger/Diehn*, § 14 BNotO Rn 107; Grziwotz/Sauer/Heinemann/*Grziwotz*, § 17 Rn 81.

678 BT-Drucks 17/12035, 6; *Heinze*, ZNotP 2013, 122, 126.

679 Diehn/*Seger/Diehn*, § 14 BNotO Rn 106.

680 BT-Drucks 17/13137, 1 f.

681 KG v. 14.9.2018 – 9 W 46/18, NJOZ 2019, 157 = BeckRS 2018, 22896 Rn 12 ff.; *Bund*, JurBüro 2019, 513.

682 BNotK-Rdschr. 20/2003 v. 28.4.2003, D IV.

683 BT-Drucks 17/12035, 6; *Heinze*, ZNotP 2013, 122, 126; *J. Redeker*, Verbraucherschutz im Beurkundungsverfahren, 79; noch zur alten Gesetzesfassung: Grziwotz/Heinemann/*Grziwotz*, 1. Aufl., § 17 Rn 80; *Winkler*, FGPrax 2004, 179; *Rieger*, MittBayNot 2002, 325, 332. Bei Versendung durch den Unternehmer hatte der Notar sich allerdings vor der Beurkundung selbst zu vergewissern, ob dieser Text inhaltlich mit dem zu beurkundenden Vertragsentwurf übereinstimmt (*Brambring*, ZfIR 2002, 597, 606).

684 BT-Drucks 17/12035, 7; BGH v. 24.11.2014 – NotSt(Brfg) 3/14, DNotZ 2015, 314 = NotBZ 2015, 222 m. Anm. *Armbrüster/Böttger*.

685 BT-Drucks 17/12035, 8; BNotK-Rdschr. 25/2013 v. 2.10.2013 [sub A I 3 b]; Diehn/*Seger/Diehn*, § 14 BNotO Rn 92; BeckOGK/*Regler*, Stand: 1.1.2026, BeurkG § 17 Rn 232; *Winkler*, § 17 Rn 198 Hierzu und zum Folgenden s. bereits *Armbrüster*, in: FS DNotI, 2018, S. 287, 299 f.

686 BeckOGK/*Regler*, Stand: 1.1.2026, BeurkG § 17 Rn 233.

687 BGH v. 15.11.2021 – NotSt(Brfg) 2/21, BeckRS 2021, 42065 Rn 36; BNotK-Rdschr. 25/2013 v. 2.10.2013 [sub A I 3 a]; *Heinze*, ZNotP 2013, 122, 126; BeckOGK/*Regler*, Stand: 1.1.2026, BeurkG § 17 Rn 236.

226 Schwieriger zu beurteilen ist die Verfügbarmachung durch einen **anderen Notar** als den Urkundsnotar.[688] Im Gesetzgebungsverfahren wurde angenommen, dass eine begründete Ausnahme von der Regelfrist vorliegt, wenn der Urkundsentwurf von einem dritten Notar übersandt wurde, weitgehende Textidentität besteht und die Zwei-Wochen-Frist seit der Verfügbarmachung eingehalten wird.[689] Die BNotK folgt dem nur für den Fall, dass im Zeitpunkt der Verfügbarmachung die Beurkundung tatsächlich durch den verfügbarmachenden Notar oder seinem Sozius erfolgen sollte.[690] Im Schrifttum wird ferner vertreten, dass zwar der Urkundsnotar oder sein Sozius in jedem Fall die (erneute) Verfügbarmachung veranlassen müsse, dass bei vorheriger Verfügbarmachung durch einen anderen Notar aber die Frist bereits ab dem Tag der ersten Verfügbarmachung zu berechnen ist.[691] Richtig erscheint es, von Folgendem auszugehen: Der klare Wortlaut der Vorschrift, der vom Urkundsnotar oder seinem Sozius spricht, kann nur im Wege einer **teleologischen Reduktion** mit Rücksicht auf den Urkundsgewährungsanspruch und den spezifischen Normzweck beschränkt werden. Eine solche Reduktion ist dann geboten, wenn der Notar, der zur Beurkundung vorgesehen war und der den Entwurf ursprünglich verfügbar gemacht hatte, aus einem **unvorhersehbaren Grund** an der späteren Beurkundung gehindert ist (z.B. durch Krankheit) und statt ihm nunmehr ein anderer Notar die Beurkundung ohne wesentliche Änderungen vornehmen soll. Der Einwand, dass die Kommunikationsmöglichkeit mit dem nunmehrigen Urkundsnotar dennoch beschränkt sei,[692] überzeugt nicht. Allein schon die im Zusammenhang mit dem Notarwechsel erforderlichen Absprachen werden nämlich dem Verbraucher deutlich machen, dass die Beurkundung weiterhin auf Grundlage des ihm zur Verfügung gestellten Entwurfs stattfinden wird. Der Notar sollte darauf gleichwohl gesondert hinweisen und zudem den Entwurfstext erneut verfügbar machen. Die Regelfrist beginnt gleichwohl bereits mit Zugang des vom Erstnotar zur Verfügung gestellten Entwurfs.

227 Ist der Notar, der ihm den Vertragstext zur Verfügung gestellt hat, nachfolgend an der Beurkundung **gehindert** und springt weder ein Notarvertreter noch ein Sozius, sondern ein außenstehender Notar ein, so ist nach dem Gesetzeswortlaut eine erneute Versendung mit neuem Fristlauf erforderlich.[693] Der Schutzzweck der Norm wird dies indessen regelmäßig nicht gebieten. Allerdings muss, um insb. Umgehungsversuchen vorzubeugen, eine entspr. teleologische Reduktion von Abs. 2a Nr. 2 S. 2 auf solche Fälle beschränkt bleiben, in denen die Verhinderung des Erstnotars **unvorhersehbar** war.

228 Handeln auf der Verbraucherseite **mehrere Personen**, etwa Eheleute oder nichteheliche Lebensgefährten, so muss der Vertragstext **allen diesen Personen** zur Verfügung gestellt werden.[694] Dies gilt auch dann, wenn der Notar weiß, dass einer der beteiligten Verbraucher den Text während der Zwei-Wochen-Frist gar nicht zur Kenntnis nehmen wird, etwa weil sich allein sein Partner um alles kümmert. Die Amtspflicht des Notars gebietet es, dass er allen beteiligten Verbrauchern die Gelegenheit geben muss, sich innerhalb der Frist mit den Unterlagen zu befassen; ob und inwiefern sie davon tatsächlich Gebrauch machen, ist dann ihre Sache (siehe auch Rdn 245).

229 Der beabsichtigte Text des Rechtsgeschäfts muss derjenigen Person verfügbar gemacht werden, die tatsächlich in Verbrauchereigenschaft Vertragspartner eines Rechtsgeschäfts nach § 311b Abs. 1 oder Abs. 3 BGB wird. Handelt diese Person im Rahmen des Beurkundungsgeschäfts durch einen **Vertreter**, so ist der Entwurf grds. dennoch dem Verbraucher selbst zur Verfügung zu stellen.[695] In einigen speziellen Fallkonstellationen gilt dies allerdings nicht. So genügt es bei einer anwaltlich vertretenen Partei, wenn der Entwurf auf Wunsch des Vertretenen allein dem **Anwalt** als Empfangsbevollmächtigten zur Verfügung gestellt wird. Bei anderen Formen rechtsgeschäftlicher Vertretung mit Ausnahme solcher, die eine gesetzliche Vertretung ergänzen oder ersetzen (etwa: § 1896 Abs. 2 S. 2 BGB), bleibt es dabei, dass der Entwurf dem Verbraucher selbst verfügbar zu machen ist.[696] Liegt hingegen **gesetzliche oder organschaftliche Vertretung** vor, ist der Entwurf dem Vertreter – nicht dem Vertretenen – verfügbar

688 Dazu eingehend *Cramer/Cziupka*, ZfIR 2016, 477 ff.
689 Bericht der Abgeordneten im BT-Rechtsausschuss, BT-Drucks 17/13137, 4; Diehn/*Seger/Diehn*, § 14 BNotO Rn 91 Fn 138 bezeichnet diese Auffassung als „Redaktionsversehen".
690 BNotK-Rdschr. 25/2013 v. 2.10.2013 [sub A I 3 c].
691 *Cramer/Cziupka*, ZfIR 2016, 477, 482 ff.; ähnlich BeckOGK/*Regler*, Stand: 1.1.2026, BeurkG § 17 Rn 239, der als sichersten Weg eine erneute Fristeinhaltung empfiehlt.
692 *Cramer/Cziupka*, ZfIR 2016, 477, 482.
693 A.A. Diehn/*Seger/Diehn*, § 14 BNotO Rn 93.
694 BeckOGK/*Regler*, Stand: 1.1.2026, BeurkG § 17 Rn 223; *Winkler*, § 17 Rn 200; a.A. Staudinger/*Hertel*, BeurkG Rn 527a (Übersendung an einen Ehegatten genügt).
695 *J. Redeker*, Verbraucherschutz im Beurkundungsverfahren, 80 f.
696 Entgegen Staudinger/*Hertel*, BeurkG Rn 527a (gewünschte Übersendung an Bevollmächtigten genügt).

zu machen. Dasselbe gilt für eine Partei kraft Amtes.[697] Nach allg. Grundsätzen der Passivvertretung genügt es, den Entwurf auch bei einer Mehrzahl von gesetzlichen oder organschaftlichen Vertretern nur einem Vertreter verfügbar zu machen, also etwa lediglich einem Elternteil (§ 1629 Abs. 1 S. 2 Hs. 2 BGB), einem gesamtvertretungsbefugten BGB-Gesellschafter,[698] einem gemeinschaftlichen Mitbetreuer oder einem gemeinschaftlichen Mitvormund.[699] Dabei sind die Änderungen durch das am 1.1.2023 in Kraft getretene Ges. zur Reform des Vormundschafts- und Betreuungsrechts[700] zu beachten. Die Mehrfachbetreuung ist nun in § 1817 geregelt; passive Stellvertretung des Einzelbetreuers ist umstritten.[701] Die Mitvormundschaft ist seit der Gesetzesnovelle nur noch ausnahmsweise für Ehepaare zulässig; (nur) dort gilt § 1629 Abs. 1 S. 2 BGB weiterhin analog.

Ist der Entwurf nach den genannten Regeln mehreren Personen verfügbar zu machen, etwa zwei Ehegatten, genügt eine **einheitliche Brief- oder E-Mail-Versendung** nur, wenn alle diese Personen eine gemeinsame Post- oder E-Mail-Anschrift haben.[702] Anderenfalls macht auch eine gemeinschaftliche Adressierung der Mitteilung die individuelle Versendung an jede Person nicht entbehrlich. Die BNotK[703] und Teile des Schrifttums folgern hingegen aus Abs. 2a S. 2 Nr. 1 im Wege des Erst-recht-Schlusses, dass es ausreiche, wenn der Entwurfstext einer **Vertrauensperson** verfügbar gemacht wird.[704] Dagegen spricht indessen die Systematik des Abs. 2a S. 2: Sollte die Verfügbarmachung auch an eine Vertrauensperson genügen, so hätte der Gesetzgeber dies in Nr. 2 ebenso ausdrücklich klargestellt wie dies in Nr. 1 geschehen ist, indem dort eine Vertrauensperson aufgeführt wird. Auch der Normzweck gebietet eine Verfügbarmachung an den Verbraucher selbst, da er nur dann sachgerecht entscheiden kann, ob er das **„Aufklärungspotenzial des Beurkundungsverfahrens“**[705] durch seine persönliche Teilnahme am Beurkundungstermin nutzen möchte oder ob er sich durch eine Vertrauensperson vertreten lässt. 230

Eine **individuelle Anpassung** des Vertragstexts an die Person und Wünsche des konkreten Verbrauchers muss nach dem Schutzzweck der Norm, dem Verbraucher eine Bedenkzeit zu gewähren, noch nicht in allen Details erfolgt sein. Dem Verbraucher ist also lediglich der allgemein für das betreffende Objekt vorgesehene Vertragstext zur Verfügung zu stellen, ohne dass z.B. die Personalien oder mögliche Sonderwünsche bereits berücksichtigt sind.[706] Freilich muss der Entwurf derart **individualisiert** sein, dass er jedenfalls die Bezeichnung des Vertragspartners, des Vertragsgegenstands und die (noch verhandelbare) Höhe des Kaufpreises beinhaltet.[707] Dementsprechend verlangt der BGH zutreffend die „Übersendung eines die individualisierenden Vertragsdaten enthaltenden Urkundenentwurfs“.[708] Die Zurverfügungstellung eines **Leerformulars** genügt deshalb nicht.[709] In seiner jüngeren Rspr. deutet der BGH darüber hinaus an, dass die Beschreibung des Grundstücks als Vertragsgegenstand schon im zur Verfügung gestellten Entwurf auf einer zeitnah vorgenommenen **Grundbucheinsicht** beruhen sollte.[710] Auch wenn im Hinblick darauf, dass Abs. 2a S. 2 Nr. 2 S. 2 sich zu einer solchen Verpflichtung nicht verhält, Zurückhaltung geboten ist, erfordert es die notarielle Vorsicht doch, künftig schon vor der Zurver- 231

697 BeckOGK/*Regler*, Stand: 1.1.2026, BeurkG § 17 Rn 224; *Winkler*, § 17 Rn 200 (jeweils zur gesetzlichen Vertretung bzw. der Partei kraft Amtes).
698 Vgl. BGH v. 23.11.2011 – XII ZR 210/09, ZIP 2012, 581 Rn 34.
699 MüKoBGB/*Lettmaier*, § 1775 Rn 9.
700 BGBl I 2021, 882.
701 S. dazu etwa BeckOGK/*Schmidt-Recla*, Stand: 15.7.2025, BGB § 1817 Rn 40.
702 BNotK-Rdschr. 25/2013 v. 2.10.2013 [sub A. I. 2.]; BeckOGK/*Regler*, Stand: 1.1.2026, BeurkG § 17 Rn 217; *Winkler*, § 17 Rn 200.
703 BNotK-Rdschr. 25/2013 v. 2.10.2013 [sub A. I. 2.].
704 *Rieger*, MittBayNot 2002, 325, 333; BeckOGK/*Regler*, Stand: 1.1.2026, BeurkG § 17 Rn 223; *Winkler*, § 17 Rn 200.
705 Beschlussempfehlung und Bericht des Rechtsausschusses, BT-Drucks 14/9266, 50.
706 *Hertel*, ZNotP 2002, 286, 289; *Rieger*, MittBayNot 2002, 325, 332; ähnlich Staudinger/*Hertel*, BeurkG Rn 527.
707 Diehn/*Seger/Diehn*, § 14 BNotO Rn 108 (unter unzutr. Wiedergabe der hier bereits in Armbrüster/Preuß/*Armbrüster*, BeurkG mit NotAktVV und DONot, 9. Aufl. § 17 BeurkG und weiterhin vertretenen Ansicht in dem Sinne, dass ein individueller Vertrag deshalb nicht erforderlich sei, da der Verbraucher die wesentlichen Elemente „seines Vertrages“ wie Kaufpreis/Objektbeschreibung etc. aus den sonstigen Unterlagen des Bauträgers/Verkäufers entnehmen könne); *Jungk*, NJOZ 2012, 561, 563 f.; *Litzenburger*, NotBZ 2002, 280, 283; Soergel/*J. Mayer*, § 17 BeurkG Rn 49; *J. Redeker*, Verbraucherschutz im Beurkundungsverfahren, 74; s. zum Ganzen auch *Grziwotz*, notar 2013, 343, 345; a.A. zur früheren Rechtslage *Eue*, MittBayNot 2004, 175, 176; 5. Aufl.
708 BGH v. 24.11.2014 – NotSt(Brfg) 3/14, DNotZ 2015, 314 Rn 18 = NotBZ 2015, 222 m. Anm. *Armbrüster/Böttger*; zust. etwa auch *Regler*, MittBayNot 2016, 310.
709 OLG Frankfurt v. 21.6.2017 – 4 U 181/16, BeckRS 2017, 133581 Rn 13.
710 BGH v. 23.8.2018 – III ZR 506/16, DNotZ 2019, 37 Rn 23 m. zust. Anm. *Armbrüster/Wächter*, NotBZ 2019, 34, 35 f.; *Winkler*, § 17 Rn 205.

fügungstellung des Entwurfs das Grundbuch einzusehen und den Vertragsgegenstand dementsprechend im Entwurf zu beschreiben. Aus § 21 Abs. 1 S. 2 BeurkG ergibt sich, dass die Beteiligten in Ausnahmefällen in die Grundbucheinsicht verzichten können. Den Notar trifft dann die Pflicht, über die damit verbundenen Gefahren umfassend zu belehren und einen Vermerk in die Niederschrift aufzunehmen. Damit ist dem mit § 17 Abs. 2a S. 2 Nr. 2 BeurkG bezweckten Übereilungsschutz hinreichend Rechnung getragen, weshalb nicht zwingend eine Amtspflichtverletzung vorliegt, wenn dem Entwurf kein aktueller Grundbuchauszug zugrunde liegt.[711]

232 Nicht ausdrücklich geregelt hat der Gesetzgeber, ob mit der Verfügbarmachung des Vertragstextes zugleich auf den **Zweck dieser Maßnahme** hinzuweisen ist. Dieser liegt ausweislich der Gesetzesbegründung vor allem darin, sicherzustellen,[712] dass das „Aufklärungspotential des Beurkundungsverfahrens" voll genutzt wird. Der Verbraucher soll Bedenkzeit erhalten, um sich klar zu machen, welche Fragen er an den Notar stellen kann und will und für welche Fragen er den Rat eines anderen Beraters benötigt, weil sie außerhalb des notariellen Tätigkeitsfeldes liegen (letzteres betrifft namentlich steuerliche Auswirkungen sowie die wirtschaftlichen Konsequenzen des Geschäfts, etwa Finanzierbarkeit und Rentabilität).[713] Zudem soll der Notar für den Verbraucher frühzeitig als **Ansprechpartner** in Erscheinung treten.[714] Dieses gesetzgeberische Anliegen kann durch die bloße Zurverfügungstellung des Vertragstextes ohne erläuternde Bemerkungen in manchen Fällen nicht erreicht werden, weil die Grenzen der notariellen Belehrungspflicht nicht zwingend aus dem Urkundstext selbst hervorgehen. *Hertel* empfiehlt daher, den Verbraucher in einem **Begleitschreiben** darauf hinzuweisen, welcher Zweck mit der Übersendung des Vertragstextes verfolgt wird.[715] Dies dürfte in der Tat regelmäßig sinnvoll sein. Es kann allerdings nicht zwingend verlangt werden, da das Gesetz eine solche Angabe gerade nicht vorsieht.[716]

233 **bb) Inhaltliche Änderungen des Entwurfs.** Bisweilen ergeben sich bis zur Beurkundung **inhaltliche Änderungen** gegenüber dem Entwurf, den der Verbraucher zur Verfügung gestellt bekommen hat.[717] In solchen Fällen ist zu klären, ob der Notar den Beteiligten vor der Beurkundung den **geänderten Entwurf zur Verfügung stellen** muss. Er kann sich nicht auf einen Passus in der Angebotsurkunde verlassen, der Verbraucher habe einen „ähnlichen" Entwurf enthalten, sondern muss sich von der weitgehenden Übereinstimmung von Entwurf und Urkunde überzeugen.[718] Dies ist in der Praxis insbesondere bedeutsam im Hinblick darauf, dass ob eine neue **Zwei-Wochen-Frist** (siehe Rdn 242 ff.) ausgelöst wird. Insoweit gilt es zunächst zwischen rechtlichen und wirtschaftlichen Änderungen zu differenzieren. **Rechtlich** motivierte Änderungen des Wortlauts der Vertragsurkunde, die sich nicht wesentlich auf die wirtschaftlichen Folgen des Geschäfts auswirken, lösen keine Pflicht zur Verfügbarmachung des geänderten Entwurfs aus.[719] Die Bedenkzeit soll es dem Verbraucher nämlich ermöglichen, rechtzeitig vor dem Beurkundungstermin diejenigen Fragen zu prüfen, welche der Notar **im Termin nicht zu klären** im Stande sein wird. Dies ist bei **rechtlichen Umformulierungen** – sofern sie keine wesentlichen Auswirkungen auf die wirtschaftlichen Folgen des Geschäfts haben – aber gerade nicht der Fall. Derartige Änderungen können folglich auch **im Beurkundungstermin** vorgenommen werden. Dasselbe gilt für reine Klarstellungen und sonstige Umformulierungen, die sich nicht auf die wirtschaftlichen Folgen des Rechtsgeschäfts auswirken.

234 Differenzierter ist die Lage bei **wirtschaftlichen Änderungen** zu beurteilen. Praxisrelevante Beispiele bieten etwa bei Bauträgerverträgen eine Verschiebung des Fertigstellungstermins, nachträgliche Sonderwünsche, der nachträgliche Erwerb oder Tausch eines Stellplatzes, das Hinzutreten des Ehepartners als weiterem Erwerber oder die (steuerlich motivierte) Änderung des Erwerbszeitpunkts. In solchen Fällen

711 *Harders*, DNotZ 2020, 159, 160; a.A. *Winkler*, § 17 Rn 205.

712 BT-Drucks 14/9266, 50.

713 Diehn/*Seger/Diehn*, § 14 BNotO Rn 85 ff.; Grziwotz/Sauer/Heinemann/*Grziwotz*, § 17 Rn 53 ff.

714 BT-Drucks 17/12035, 6; BGH v. 24.11.2014 – NotSt(Brfg) 3/14, DNotZ 2015, 314 = NotBZ 2015, 222 m. Anm. *Armbrüster/Böttger*.

715 *Hertel*, ZNotP 2002, 286, 288.

716 Diehn/*Seger/Diehn*, § 14 BNotO Rn 113.

717 Ausführlich zu einzelnen Fallgruppen *Armbrüster*, in: FS DNotI, 2018, S. 287, 290 ff. S. dazu auch *Heinze*, in: FS DNotI 2018, S. 333 ff.; *Armbrüster/Claussen*, NotBZ 2025, 81, 87 f.

718 BGH v. 9.6.2022 – III ZR 24/21, BGHZ 234, 102 Rn 32 („unpräzise und damit erkennbar zur Verschleierung einer Verletzung der Wartefrist geeignete Formulierung").

719 BeckOGK/*Regler*, Stand: 1.1.2026, § 17 BeurkG Rn 229; *Sorge*, DNotZ 2002, 593, 605; *Winkler*, § 17 Rn 211.

ist der geänderte Text des Rechtsgeschäfts zur Verfügung zu stellen (mit der Folge, dass eine neue Bedenkfrist ausgelöst wird), wenn **zu Lasten des Verbrauchers wesentliche Abweichungen** von der bisherigen Version vorgenommen wurden.[720]

Entscheidend kommt es mithin darauf an, wie das Merkmal der **Wesentlichkeit** zu verstehen ist. Der Normzweck gebietet es, eine wesentliche Änderung dann anzunehmen, wenn die mit ihr verbundenen wirtschaftlichen Folgen so gewichtig sind, dass sie dem Verbraucher eine **erneute Befassung** mit dem Vertragstext außerhalb des Beurkundungstermins objektiv gebieten. Dies ist jedenfalls dann anzunehmen, wenn die Änderung zu einem wirtschaftlichen aliud führt.[721] In der Praxis setzen vorsichtige Notare dem Vernehmen nach etwa bei Bauträgerverträgen die **Geringfügigkeitsschwelle** bei einer Erhöhung um 2 % des Kaufpreises oder um 10.000 EUR an.[722] Im Schrifttum wird die Grenze teils unter Verweis auf das Kriterium der wirtschaftlichen Identität eines herbeizuführenden mit dem abgeschlossenen Maklervertrag wesentlich großzügiger angesetzt, nämlich bei einer Kaufpreisdifferenz von 10–15 %.[723] Indessen verfolgt die Bedenkfrist nach Abs. 2a S. 2 Nr. 2 S. 2 einen ganz anderen Zweck als das Identitätskriterium im Maklerrecht: Es geht nicht darum, einem Vertragspartner das Entgelt für seine durch die Mitwirkung an einem Vertragsschluss erbrachte Leistung zu sichern, sondern dem Verbraucher eine erneute Befassung mit dem geänderten Entwurf zu ermöglichen. Dieser Schutzzweck spricht für eine **strengere Bestimmung des Grenzwerts**. Ist er überschritten, so können die Besonderheiten des Einzelfalls eine Ausnahme begründen (zu Beispielen siehe Rdn 248). Unwesentliche Änderungen können bei Bauträgerverträgen etwa auch die Teilungserklärung betreffen (z.B. geringfügige Vergrößerung der Fläche eines mit einer anderen Wohnung verbundenen Sondernutzungsrechts). Könnten solche Änderungen auch nachträglich durch den Bauträger aufgrund der ihm erteilten Vollmacht vorgenommen werden, spricht dies für Geringfügigkeit. – Unabhängig von der Geringfügigkeitsschwelle erscheint eine erneute Befassung des Verbrauchers mit dem Entwurf auch dann geboten, wenn die wirtschaftlichen Folgen der Änderung für ihn **nicht ohne Weiteres ersichtlich** sind. 235

Für den Notar ist es bisweilen nicht leicht zu beurteilen, wann eine Änderung in wirtschaftlicher Hinsicht als wesentlich anzusehen ist. Vermag er in solchen Fällen nicht zuverlässig zu entscheiden, ob die Änderungen wirtschaftlich erheblich sind oder nicht, so liegt der gebotene **sicherste Weg** darin, dass er vor der Beurkundung eine neue Zwei-Wochen-Frist abwartet. Im Folgenden sollen einige praxisrelevante **Zweifels- und Grenzfälle** behandelt werden. 236

Ein Grenzfall ist etwa der **Erwerb eines** (ersten oder weiteren) **Kfz-Stellplatzes**. Die Geringfügigkeitsschwelle (siehe Rdn 235) wird hier regelmäßig überschritten sein, so dass eine erneute Zurverfügungstellung des Entwurfs erfolgen muss, wodurch eine neue Zwei-Wochen-Frist ausgelöst wird. Anders zu beurteilen ist der **Austausch** der zunächst ausgewählten Wohnung oder des Stellplatzes bei nur geringfügiger oder ausbleibender Erhöhung des Kaufpreises. Hier ist der **Schutzzweck** der Pflicht zur Verfügbarmachung und der Bedenkzeit (siehe Rdn 194) bereits durch die ursprüngliche Frist gewahrt. 237

Ändert sich auf Verbraucherseite der **Vertragspartner**, so muss der Notar den Text des Rechtsgeschäfts dem neuen Verbraucher zur Verfügung stellen, wodurch grds. die Zwei-Wochen-Frist erneut ausgelöst wird (zu Ausnahmen siehe Rdn 246 ff.). Die Bedenkzeit ist nämlich derjenigen Person zu gewähren, die durch den Vertrag gebunden wird. Dies gilt auch unter Verwandten, etwa wenn die Eltern erwerben, nachdem der Abkömmling, der zunächst als Erwerber auftrat, keine Finanzierung erlangen konnte, sowie unter Ehegatten oder eingetragenen Lebenspartnern. Selbst wenn nur ein weiterer Erwerber hinzukommt (z.B. der Ehegatte zwecks Erwerbs in Bruchteilseigentum oder Innen-GbR), ist nach dem Schutzzweck, jedem aus dem Vertrag verpflichteten Verbraucher eine Bedenkfrist zu gewähren, grds. keine Ausnahme statthaft.[724] Dasselbe gilt, wenn sich die **Miteigentumsanteile** der ursprünglichen Erwerber wesentlich 238

720 Grziwotz/Sauer/Heinemann/*Grziwotz*, 1. Aufl., § 17 Rn 83 (s. aber jetzt Rn 81: nur bei Änderungen seitens des Unternehmers, die sich zulasten des Verbrauchers auswirken); *Heinze*, in: FS DNotI 2018, S. 333, 340 f.; Soergel/*J. Mayer*, § 17 BeurkG Rn 50; *J. Redeker*, Verbraucherschutz im Beurkundungsverfahren, 106; weniger streng (nur wenn wirtschaftlich neuer Vertrag) *Eue*, MittBayNot 2004, 175, 176; *Sorge*, DNotZ 2002, 593, 605.

721 Ein wirtschaftliches aliud fordern etwa *Sorge*, DNotZ 2002, 593 (605); *Winkler*, § 17 Rn 211; wohl auch *Philippsen*, NotBZ 2003, 137 (143 f.).

722 *Frenz*, in Frenz/Miermeister, BeurkG § 17 Rn 53 zieht die Grenze in best. Fällen bereits bei 1 % des Kaufpreises.

723 *Heinze*, in: FS DNotI 2018, S. 333, 339, 343.

724 A.A. Diehn/*Seger/Diehn*, § 14 BNotO Rn 95.

ändern. Davon ist regelmäßig dann auszugehen, wenn sich die Miteigentumsquoten um mindestens 10 % verschieben. Im Schrifttum wird teils eine Ausnahme von diesen Regeln für den Fall vertreten, dass es sich bei dem hinzutretenden Erwerber um eine **Vertrauensperson des Verbrauchers** i.S.v. Abs. 2a S. 2 Nr. 1 handelt.[725] Dem ist nicht zu folgen. Ein wesentlicher Unterschied liegt nämlich darin, dass der weitere Erwerber hier anders als bei Nr. 1 nicht lediglich als rechtsgeschäftlicher Vertreter für einen Erwerber auftritt; vielmehr soll er selbst die Rechte und Pflichten aus dem Vertrag erlangen. Allein durch seine Stellung als Vertrauensperson ist dann keineswegs gewährleistet, dass er in der gebotenen Weise vom Zweck der Bedenkfrist profitieren kann, wenn sie bei seinem Hinzutreten bereits zu laufen begonnen hat.

239 Wird der steuerlich relevante **Erwerbszeitpunkt** geändert, so wird dies nach dem Normzweck (siehe Rdn 242) regelmäßig keine neue Übermittlungspflicht und die damit verbundene Zwei-Wochen-Frist auslösen, da damit für den Verbraucher typischerweise keine wesentlichen wirtschaftlichen Mehrbelastungen verbunden sind. Dasselbe gilt, wenn der Zeitpunkt des **Besitz- und Lastenübergangs** gegenüber dem Entwurfstext verändert wird.

240 Ist eine wirtschaftlich wesentliche Änderung für den **Verbraucher ausschließlich vorteilhaft**, löst dies nach dem genannten Grundsatz (siehe Rdn 234) mangels wesentlicher Belastung des Verbrauchers keine neue Wartefrist aus. In solchen Fällen geht die **Initiative** zu der Änderung typischerweise vom **Verbraucher** aus. Ein Beispiel bietet der Fall, dass es dem Verbraucher als Käufer gelingt, gegenüber dem im Vertragsentwurf aufgeführten Betrag eine **Kaufpreisreduktion** zu erzielen. Unter diesem Blickwinkel erscheint es sinnvoll, wenn der Notar etwa bei Bauträgerverträgen dem Erwerbsinteressenten (Verbraucher) in einem recht frühen Verhandlungsstadium einen ersten Entwurf zur Verfügung stellt, der die Ausgangsposition des Bauträgers widerspiegelt, insb. den noch unverhandelten Kaufpreis. Eine spätere Herabsetzung dieses Preises löst dann nicht nochmals eine Pflicht zur Verfügbarmachung und damit die Zwei-Wochen-Frist aus. Allein der Umstand, dass die Initiative zu einer Änderung vom Verbraucher ausgeht, wird man dafür allerdings dann nicht ohne Weiteres ausreichen lassen können, wenn die Änderung dem Verbraucher eine **wesentliche Mehrbelastung** bringt.[726] Dies gilt z.B. für den Fall, dass der Verbraucher als Käufer eine erhebliche Kaufpreiserhöhung vorschlägt, um sich gegen einen Konkurrenten durchzusetzen. In solchen Fällen wird es häufig die Gegenseite sein, die – etwa durch entsprechende Hinweise –[727] den Verbraucher zu seiner vermeintlich eigeninitiativ vorgeschlagenen Änderung motiviert hat.

241 Ist die **Initiative** zu einer dem Verbraucher ausschließlich vorteilhaften Änderung allein vom **Unternehmer** ausgegangen, so ist die Lage weniger eindeutig als bei einer vom Verbraucher initiierten derartigen Änderung. Nach dem genannten allgemeinen Grundsatz müsste eine neue Zwei-Wochen-Frist gewährt werden. Dafür könnte auch sprechen, dass der Unternehmer dann, wenn er während der Wartefrist dem Verbraucher von sich aus einen wesentlichen zusätzlichen Vorteil gewährt, damit womöglich den Verbraucher dazu bewegen will, nicht von der Beurkundung Abstand zu nehmen. Neigt der Verbraucher tatsächlich dazu, das Rechtsgeschäft mit dem Inhalt des ursprünglichen Entwurfs nicht beurkunden lassen zu wollen, so kann ein während der Wartefrist **zusätzlich gewährter Vorteil** es aus seiner Sicht erforderlich machen, das pro und contra des Geschäfts erneut näher zu prüfen. Dies lässt sich dafür anführen, dass eine neue Frist zu laufen beginnt. Andererseits treten in solchen Fällen zu dem ursprünglichen Entwurf keine Aspekte hinzu, über die der Verbraucher unter dem Gesichtspunkt nachdenken könnte, ob sie das Geschäft für ihn weniger attraktiv machen. Sämtliche Gesichtspunkte, die gegen das Geschäft sprechen, lagen für ihn bereits zu Beginn der Wartefrist offen zutage. Der Normzweck des Übereilungsschutzes (siehe Rdn 242) gebietet daher auch in solchen Fällen letztlich **keine nochmalige Überlegungsfrist**.[728]

725 *Rieger*, MittBayNot 2002, 325, 333; *Sorge*, DNotZ 2002, 593, 605; *Winkler*, § 17 Rn 215, 219, 239; offenbar auch *Regler*, MittBayNot 2016, 310; dagegen bereits *Armbrüster*, in: FS DNotI, 2018, S. 287, 294.

726 Zu pauschal daher bei vom Verbraucher ausgehender Initiative eine neue Frist ablehnend etwa Herrler/Hertel/Kesseler/*Heinze*, Aktuelles Immobilienrecht 2021/2022 in der Gestaltungspraxis, 32, 51; BeckOGK/*Regler*, Stand: 1.1.2026, § 17 BeurkG Rn 227; *Winkler*, § 17 Rn 213. Wie hier offenbar *J. Redeker*, Verbraucherschutz im Beurkundungsverfahren, 105 (neue Frist „grundsätzlich" nicht erforderlich).

727 Vgl. dazu auch *J. Redeker*, Verbraucherschutz im Beurkundungsverfahren, 126 f.

728 Insoweit ebenso BNotK-Rdschr. 20/2003 v. 28.4.2003 [sub E].

b) Zweiwöchige Überlegungsfrist

aa) Normzweck; Grundregeln. Bei der Zwei-Wochen-Frist handelt es sich um eine Bedenkfrist („cooling-off-Periode"[729]). Sie dient dem **Übereilungs- und Überlegungsschutz für Verbraucher**.[730] Dem Verbraucher soll damit die Möglichkeit geboten werden, sich mit dem Gegenstand der Beurkundung vertraut zu machen und ggf. ergänzenden Rat einzuholen. Dies betrifft insbesondere solche Fragen, für deren Beantwortung der Notar nicht der richtige Ansprechpartner ist, etwa wenn es um technische, wirtschaftliche und steuerliche Gesichtspunkte geht.[731] Der Gesetzestext von S. 2 Nr. 2 a.F. sah hierfür noch eine starre Sperrfrist von zwei Wochen vor. Dies hat in der Praxis zu **Schwierigkeiten** geführt, so dass die Norm für den Fall, dass Eile geboten und überlegtes Handeln gleichwohl sichergestellt ist, teilseinschränkend ausgelegt wurde.[732] Die Neufassung, welche S. 2 Nr. 2 durch das Gesetz zur Stärkung des Verbraucherschutzes im notariellen Beurkundungsverfahren[733] mit Wirkung seit 1.10.2013 erfuhr, hat die Diskussion um eine einschränkende Auslegung der Zwei-Wochen-Frist wesentlich entschärft. Wird im Einzelfall eine Frist gewählt, die kürzer als zwei Wochen ist, so sind gem. Abs. 2a S. 2 Nr. 2 S. 3 die Gründe hierfür in der Niederschrift – nicht der Notariatsnebenakte (§ 22 DONot) – anzugeben (**Dokumentationspflicht**; siehe Rdn 252). Liegen die Voraussetzungen einer Unterschreitung der Regelfrist (zu ihnen siehe Rdn 246 ff.) nicht vor, so stellt auch schon eine **geringfügige Verkürzung** eine Amtspflichtverletzung dar (zu den Rechtsfolgen siehe Rdn 257 ff.).[734] 242

Die Zwei-Wochen-Frist beginnt nicht etwa an dem Tag, an dem der Notar den Entwurf versendet,[735] sondern mit dem **Zugang beim Verbraucher**. Der Normzweck von S. 2 Nr. 2 S. 2 gebietet es, dem Verbraucher die vollen zwei Wochen als Bedenkfrist zu gewähren. Für die **Berechnung der Frist** sind grds. die §§ 187 Abs. 1, 188 Abs. 2 BGB analog heranziehbar. Hingegen ist § 193 BGB nicht analog anzuwenden, da weder „eine Willenserklärung abzugeben" noch „eine Leistung zu bewirken" oder eine vergleichbare Handlung auszuführen ist. Wird der Entwurf elektronisch oder per Briefpost versandt, kann regelmäßig von einem Zugang am auf die Versendung **folgenden Werktag** (vgl. § 3 Abs. 2 BUrlG) ausgegangen werden. Soweit der auf den Versand folgende Tag ein Werktag ist, sollte der Entwurf folglich spätestens 15 Tage vor dem Beurkundungstermin versendet werden.[736] Stellt der Notar dem Verbraucher den Entwurf per **E-Mail** zur Verfügung, so wird damit der Nachweis des Zugangszeitpunkts am folgenden Werktag erleichtert. Für § 130 Abs. 1 BGB wird allerdings ein Zugang teils bereits dann angenommen, wenn die E-Mail abrufbereit im elektronischen Postfach des Empfängers eingeht.[737] Andere stellen auf die Uhrzeit des E-Mail-Eingangs ab, wobei eine E-Mail jedenfalls bei Eingang nach 21.00 Uhr erst am Folgetag zugehen soll.[738] Diese Ansichten sind jedenfalls für Verbraucher zu streng. Freilich kommt es in jedem Fall schon vor dem regulären Zugangszeitpunkt zum Zugang, wenn der Verbraucher die E-Mail zuvor **tatsächlich zur Kenntnis nimmt**.[739] 243

Ob die Frist im Einzelfall bei besonders komplizierten Sachverhalten auch **länger als zwei Wochen** ausfallen kann,[740] ist zweifelhaft, da es hierfür in der Praxis kaum nachvollziehbare Maßstäbe gibt. Erkennt der Notar aber, dass ein Verbraucher nach Lage der Dinge noch keine ausreichende Gelegenheit hatte, sich mit dem Gegenstand der Beurkundung auseinanderzusetzen, so sollte er von sich aus eine **Verlegung des Beurkundungstermins** anbieten. 244

729 *Gaier*, DNotZ Sdh 2016, 25*, 27*.
730 Zum alten Recht: BGH v. 9.6.2022 – III ZR 24/21, BGHZ 234, 102 Rn 30; BGH v. 7.2.2013 – III ZR 121/12, DNotZ 2013, 552 Rn 20 = NotBZ 2013, 174 m. Anm. *Renner*; zum reformierten Recht: BGH v. 24.11.2014 – NotSt(Brfg) 3/14, DNotZ 2015, 314 Rn 16 = NotBZ 2015, 222 m. Anm. *Armbrüster/Böttger*.
731 *Cramer*, DNotZ 2015, 725, 726; Kilian/Sandkühler/vom Stein/*Stuppi/Tykwer*, § 11 Rn 48.
732 Näher zum früheren Meinungsstand, 6. Aufl. Rn 223 ff.
733 BGBl I 2013 2378.
734 Diehn/*Seger/Diehn*, § 14 BNotO Rn 139.
735 So aber *Cramer/Cziupka*, ZfIR 2016, 477, 482; wie hier dagegen *Heinze*, ZNotP 2013, 122, 126; wohl auch *Winkler*, § 17 Rn 223 mit Rn 194.
736 *Armbrüster*, in: FS DNotI, 2018, S. 287, 297.
737 OLG München v. 15.3.2012 – Verg 2/12, NZBau 2012, 460, 461; LAG Berlin-Brandenburg v. 27.11.2012 – 15 Ta 2066/12, BeckRS 2013, 66632 [sub II].
738 OLG Düsseldorf v. 19.7.2011 – 24 U 186/10, BeckRS 2012, 05968 [sub II 1].
739 BeckOGK-BGB/*Gomille*, Stand: 1.2.2025, § 130 Rn 77.
740 So BT-Drucks 9266, 51; BGH v. 7.2.2013 – III ZR 121/12, DNotZ 2013, 552 Rn 20 = NotBZ 2013, 174 m. Anm. *Renner*; LG Berlin v. 12.6.2014 – 84 O 44/13, juris Rn 47; Grziwotz/Sauer/Heinemann/*Grziwotz*, § 17 Rn 40, 80; *J. Redeker*, Verbraucherschutz im Beurkundungsverfahren, 139 f.; *Winkler*, § 17 Rn 247.

245 Erklärt der Verbraucher im Beurkundungstermin, er habe die rechtzeitig übersandten Unterlagen **nicht durchgesehen**, weil er dem Verkäufer vertraue, so besteht regelmäßig kein Grund, die Beurkundung zu verweigern. Der Zweck der Bedenkfrist, dass der Verbraucher sich mit dem Gegenstand der Beurkundung vertraut machen und ggf. ergänzenden Rat einholen kann (siehe Rdn 242), wird bereits dann erreicht, wenn der Verbraucher diese **Möglichkeit effektiv hatte** (siehe auch Rdn 228).[741] Da der Notar nicht der Vormund oder der Wirtschaftsberater der Beteiligten ist (siehe Rdn 40), kann die Bedenkfrist nicht dazu dienen, den ordnungsgemäß aufgeklärten Verbraucher gegen seinen erklärten Willen zu einem verantwortungsbewussten Handeln anzuleiten.

246 **bb) Unterschreitung der Frist.** Eine **Unterschreitung** der Zwei-Wochen-Frist ist zulässig, wenn der gesetzlich geforderte **Übereilungsschutz in ausreichendem Maße anderweitig gewährleistet** ist. Es muss dann nicht „zusätzlich (kumulativ)“[742] ein sachlicher Grund vorliegen, wie der BGH dies zunächst noch ausdrücklich gefordert hatte.[743] Diese Zusammenführung beider Aspekte zu einer **einstufigen Prüfung**[744] erscheint zutreffend, da ein sachlicher Grund in aller Regel bereits darin zu sehen ist, dass der Übereilungsschutz auf andere Weise sichergestellt ist.[745] Wünscht der Verbraucher eine Beurkundung vor Ablauf der Frist, so muss der Notar prüfen, ob der gesetzlich geforderte Übereilungsschutz in ausreichendem Maße anderweitig gewährleistet ist. Ihm ist bei einem Unterschreiten der Zwei-Wochen-Frist zu raten, in einem detaillierten **Vermerk** die Gründe für die vorzeitige Beurkundung festzuhalten.[746] Gem. Abs. 2a S. 2 Nr. 2 S. 2 müssen die Gründe aber in jedem Fall auch in der Niederschrift angegeben werden. – Ein wirksamer **Verzicht** des Verbrauchers auf die Fristeinhaltung ist nicht möglich, da es sich bei ihr um eine unabdingbare notarielle Amtspflicht handelt (siehe Rdn 1, 218). Ist die Frist nicht eingehalten und ihrem Schutzzweck auch nicht auf andere Weise Genüge getan, so besteht für den Notar nicht nur ein Grund i.S.v. § 15 Abs. 1 S. 1 BNotO, die **Beurkundung abzulehnen**; er muss dies auch tun, da es sich um eine unbedingte Amtspflicht handelt (siehe auch Rdn 1, 257).[747] Zur erneuten Auslösung der Pflicht zur Verfügbarmachung und damit der Zwei-Wochenfrist bei **nachträglichen Änderungen** gegenüber dem ursprünglich zur Verfügung gestellten Entwurf siehe Rdn 233 ff. Wird eine solche **neue Frist** ausgelöst, so kommt deren **Verkürzung** eher in Betracht als bei der ursprünglichen Frist, da die Beteiligten sich bereits mit dem ursprünglichen Vertragstext haben auseinandersetzen können.[748]

247 Ein **nachvollziehbarer Grund** für die Unterschreitung der Zwei-Wochen-Frist kann insb. darin liegen, dass das Geschäft wegen eines steuerlich bedeutsamen **Stichtags** (z.B. für die Inanspruchnahme einer Steuervergünstigung[749] oder vor einer Erhöhung der Grunderwerbsteuer) eilbedürftig ist.[750] Ferner kann es genügen, dass der **Verbraucher** sich bereits endgültig zum Kauf entschlossen hat und bei einem späteren Beurkundungstermin fürchtet, das Objekt könne dann bereits anderweitig veräußert sein.[751] Auch persönliche Verhinderungsgründe wie ein anstehender längerer Krankenhausaufenthalt oder Urlaub des Verbrauchers kommen in Betracht;[752] freilich muss der Notar hier prüfen, ob triftige Gründe einer Terminverschiebung entgegenstehen.[753] Ist eine Vertragspartei **abwesend**, so muss der Notar prüfen,

741 *Winkler*, § 17 Rn 184 (zu S. 2 Nr. 2 Hs. 1); Diehn/*Seger/Diehn*, § 14 BNotO Rn 141.
742 BGH v. 25.6.2015 – III ZR 292/14, BGHZ 206, 112 Rn 18 = NJW 2015, 2646 = MittBayNot 2016, 79 m. Anm. *Meininghaus*.
743 BGH v. 28.8.2019 – NotSt(Brfg) 1/18, BGHZ 223, 335 = MittBayNot 2020, 489 m. Anm. *Sandkühler*; BGH v. 7.2.2013 – III ZR 121/12, DNotZ 2013, 552 Rn 20 = NotBZ 2013, 174 m. Anm. *Renner*; KG v. 27.6.2008 – 9 W 133/07, DNotZ 2009, 47, 48 m. zust. Anm. *Armbrüster*, NotBZ 2009, 54; LG Berlin v. 12.6.2014 – 84 O 44/13, BeckRS 2014, 16581; s. auch *J. Redeker*, Verbraucherschutz im Beurkundungsverfahren, 128 ff., 131; Diehn/*Seger/Diehn*, § 14 BNotO Rn 121.
744 *Weber*, NJW 2015, 2619, 2620.
745 *Armbrüster*, in: FS DNotI, 2018, S. 287, 288; *Regler*, MittBayNot 2017, 115, 119.
746 *Hertel*, ZNotP 2002, 286, 290.
747 BGH v. 7.3.2019 – III ZR 117/18, NJW 2019, 1953 Rn 20; s.a. BGH v. 7.2.2013 – III ZR 121/12, DNotZ 2013, 552 Rn 20 = NotBZ 2013, 174 m. Anm. *Renner*; Diehn/*Seger/Diehn*, § 14 BNotO Rn 84.
748 Herrler/Hertel/Kesseler/*Heinze*, Aktuelles Immobilienrecht 2021/2022 in der Gestaltungspraxis, 32, 52.
749 S. dazu etwa *Schmucker*, DNotZ 2002, 510, 519 (sog. Neujahrsfalle bei der früheren Eigenheimzulage).
750 Diehn/*Seger/Diehn*, § 14 BNotO Rn 130 ff.; *Winkler*, § 17 Rn 231.
751 KG v. 27.6.2008 – 9 W 133/07, DNotZ 2009, 47, 48; s. auch *Junglas*, VuR 2013, 114, 116; krit. Diehn/*Seger/Diehn*, § 14 BNotO Rn 135 f.; *J. Redeker*, Verbraucherschutz im Beurkundungsverfahren, 126 f.
752 *J. Redeker*, Verbraucherschutz im Beurkundungsverfahren, 124 f.
753 Diehn/*Seger/Diehn*, § 14 BNotO Rn 137 f.; Grziwotz/Sauer/Heinemann/*Grziwotz*, § 17 Rn 88.

ob nicht dennoch zu einem späteren Zeitpunkt (nach Ablauf der Zwei-Wochen-Frist) mit einer Vertrauensperson als Vertreter (vgl. Abs. 2a S. 2 Nr. 1) beurkundet werden kann.[754] Ein sachlicher Grund liegt nicht allein deshalb vor, weil der **Unternehmer** zu einem raschen Vertragsschluss drängt oder als zuverlässig bekannt ist.[755] Generell müssen die Gründe für eine Verkürzung der vorgesehenen Frist vom **Verbraucher** ausgehen; sie dürfen nicht etwa aus der Büroorganisation des Notars herrühren.[756] Allein die **Geringwertigkeit** des Geschäfts stellt regelmäßig keinen Grund dafür dar, die Frist abzukürzen.[757] Der Gesetzgeber hat eine solche Einschränkung nicht vorgesehen, und auch der Schutzzweck gebietet sie nicht. So kann die Veräußerung eines Grundstücks zum symbolischen Preis von 1 EUR für den erwerbenden Verbraucher ganz erhebliche wirtschaftliche Folgen haben, etwa im Hinblick auf Altlasten oder Verkehrssicherungspflichten.

Ob der mit der Zwei-Wochen-Frist bezweckte Übereilungs- und Überlegungsschutz im Einzelfall in ausreichendem Maße anderweitig gewährleistet ist (siehe Rdn 246), muss im Wege einer **Gesamtschau** der maßgeblichen Umstände beurteilt werden.[758] Dabei ist ein **strenger Maßstab** anzulegen.[759] Insbesondere kann eine kürzere Bedenkfrist aufgrund der **geschäftlichen Erfahrenheit** des Verbrauchers ausreichend erscheinen,[760] wie der BGH nunmehr klar gestellt hat.[761] Da der Notar die wirtschaftlichen Motive der Beteiligten grds. nicht zu prüfen hat (siehe Rdn 71), kann er hier nur nach äußeren Kriterien vorgehen. So kann er bei einem anwaltlich vertretenen oder durch einen anderen Angehörigen der rechts- und steuerberatenden Berufe beratenen Verbraucher grds. von überlegtem Handeln ausgehen,[762] wenn nicht deutliche Anzeichen dagegen sprechen. Hat der Notar **positive Kenntnis** davon, dass der Verbraucher tatsächlich nicht anwaltlich beraten wird, sondern nur eine formale Mandatierung erfolgt ist, um die Zwei-Wochen-Frist abzukürzen, muss er allerdings auf der Fristeinhaltung bestehen. Jenseits positiver Kenntnis darf der Notar hingegen darauf vertrauen, dass die Angaben des Verbrauchers zu seiner geschäftlichen Erfahrung und seiner anwaltlichen Beratung zutreffen (siehe Rdn 19).[763] Ist der Verbraucher z.B. Rechtsanwalt und erklärt er unter Hinweis auf seine berufliche Stellung, er bedürfe keiner längeren Bedenkfrist, so darf der Notar die Sperrfrist abkürzen.[764] Möchte statt dem einen nunmehr der **andere Ehegatte** das Grundstück erwerben, so ist überlegtes Handeln keineswegs stets sichergestellt, wenn der Notar den zunächst kaufwilligen Ehegatten bereits beraten hat. Vielmehr muss sich der Notar darüber vergewissern, inwieweit der nunmehrige Erwerber trotz Unterschreitung der Zwei-Wochen-Frist hinreichend geschützt ist, und zwar auch im Hinblick auf die durch den Notar gar nicht zu leistende steuerliche oder wirtschaftliche Beratung. Besondere Bedeutung ist auch dem Umstand beizumessen, dass der geschäftserfahrene Verbraucher zu dem Vertragsentwurf bereits **umfängliche Änderungswünsche** geäußert und der Notar diese in einen neuen, dem Verbraucher zur Verfügung gestellten Entwurf eingearbeitet hat. Dies deutet darauf hin, dass der Verbraucher seine Überprüfung des Vertragsentwurfs bereits abgeschlossen hatte.[765] Erklärt sich ein geschäftserfahrener Verbraucher nach **intensiven Verhandlungen** zu einer inhaltlichen Änderung des letzten Kaufvertragsentwurfs bereit, die in ihrer **wirtschaftlichen Bedeutung leicht zu erfassen** ist (siehe Rdn 235; Beispiel: Rückkehr zum ursprünglichen Kaufpreis), so spricht dies dafür, dass der Schutzzweck der Zwei-Wochen-Frist nicht betroffen ist. – In jedem Fall sollte der Notar die Gründe für seine Einschätzung, dass der Schutz anderweitig sichergestellt ist, **umfassend dokumentieren** (siehe Rdn 252). 248

754 *Junglas*, NJOZ 2012, 561, 564; *Rieger*, MittBayNot 2002, 325, 334.
755 *Grziwotz*, ZfIR 2009, 627, 630; a.A. *Bohrer*, DNotZ 2002, 579, 598.
756 *Winkler*, § 17 Rn 229.
757 Grziwotz/Sauer/Heinemann/*Grziwotz*, § 17 Rn 87; *Terner*, NJW 2013, 1404, 1406; im Ausgangspunkt so auch Diehn/*Seger/Diehn*, § 14 BNotO Rn 129, freilich i.E. für Abkürzungsmöglichkeit plädierend; a.A. *J. Weber*, NJW 2015, 2619, 2622.
758 Vgl. BGH v. 24.11.2014 – NotSt(Brfg) 3/14, DNotZ 2015, 314 Rn 21 = NotBZ 2015, 222 m. Anm. *Armbrüster/Böttger*.
759 Vgl. BGH v. 24.11.2014 – NotSt(Brfg) 3/14, DNotZ 2015, 314 Rn 19 ff. = NotBZ 2015, 222 m. Anm. *Armbrüster/Böttger*; Kilian/Sandkühler/vom Stein/*Stuppi/Tykwer*, § 11 Rn 51.
760 *J. Redeker*, Verbraucherschutz im Beurkundungsverfahren, 132 f.
761 BGH v. 23.8.2018 – III ZR 506/16, DNotZ 2019, 37 Rn 21 m. zust. Anm. *Armbrüster/Wächter*, NotBZ 2019, 34, 35 f.
762 So auch *Rieger*, MittBayNot 2002, 325, 334; *Schmucker*, DNotZ 2002, 510, 519.
763 KG v. 27.6.2008 – 9 W 133/07, DNotZ 2009, 47, 48.
764 *Brambring*, ZfIR 2002, 597, 606.
765 BGH v. 23.8.2018 – III ZR 506/16, DNotZ 2019, 37 Rn 21 m. zust. Anm. *Armbrüster/Wächter*, NotBZ 2019, 34, 35 f.

249 Eine Unterschreitung der Zwei-Wochen-Frist lässt sich nicht dadurch rechtfertigen, dass in den (eilbedürftigen) Vertrag zugunsten des Verbrauchers ein **einseitiges Rücktritts- oder Widerrufsrecht** aufgenommen wird und die Notarkosten für den Fall, dass davon Gebrauch gemacht wird, dem Unternehmer auferlegt werden.[766] Auch wenn dieses Vorgehen bei Vorliegen eines sachlichen Grundes nicht per se als ggf. zum Schadensersatz verpflichtendes Dienstvergehen erscheint,[767] sind damit für den Verbraucher doch einige Nachteile verbunden. So besteht zunächst eine rechtsgeschäftliche Bindung, die er nur durch ein Tätigwerden wieder beseitigen kann; er bleibt also möglicherweise gebunden, wenn in letzter Sekunde die **Finanzierung** scheitert. Überdies darf in manchen Fällen auch das **Kostenrisiko** nicht vernachlässigt werden, das besteht, wenn der Unternehmer die Notarkosten abredewidrig nicht zahlt. Zu Recht verweist der BGH daher darauf, dass der Gesetzgeber sich mit der Zwei-Wochen-Frist für eine Lösung entschieden hat, die all diese Nachteile für den Verbraucher vermeidet.[768]

250 Werden bei **freiwilligen Grundstücksversteigerungen** sog. bestätigende Kaufverträge beurkundet (sog. **Käuferauswahlverfahren**; **„unechte" Grundstücksversteigerung**; siehe hierzu § 15 BeurkG Rdn 55 f.), so ist keine Ausnahme von Abs. 2a S. 2 Nr. 2 anzunehmen. Auch hier muss also insb. die Zwei-Wochen-Frist gewahrt werden, wenn ein Verbrauchervertrag vorliegt. Dies folgt aus der Absicht des Gesetzgebers, mit der Neuregelung von Abs. 2a Schutzlücken zu schließen und ein höheres Verbraucherschutzniveau zu erreichen.[769] Zu Recht legt der BGH[770] bei der Gesamtschau einen **strengen Maßstab** an (siehe allg. Rdn 248). Insbesondere genügt es nicht, das Muster des später zu beurkundenden Kaufvertrages auf der Homepage des Notars vorzuhalten (siehe auch allg. Rdn 221). In diesem Muster fehlen nämlich noch wesentliche Elemente wie etwa der Kaufpreis; zudem kann der Notar regelmäßig nicht überprüfen, ob und wann der Verbraucher auf das Muster zugegriffen hat, und schließlich kann der Notar seine Beratungsfunktion nicht effektiv wahrnehmen.

251 Zu unterscheiden von dem soeben (Rdn 250) erörterten Fall des Käuferauswahlverfahrens ist eine Grundstücksversteigerung, bei der der schuldrechtliche Vertrag gem. § 156 BGB im Wege des **Zuschlags** zustande kommt (**„echte" Grundstücksversteigerung**). In diesem Fall vermag der Notar seine Beratungs- und Belehrungspflichten bereits während der in seiner Anwesenheit stattfindenden Versteigerung wahrzunehmen.[771] Sinnvoll kann es auch sein, die Versteigerungsbedingungen zusammen mit den kaufvertraglichen Festsetzungen und der „Zuschlagsurkunde" gemeinsam mit der Terminsbestimmung nach §§ 2, 3 VerstV zwei Wochen vor Beginn der Versteigerung öffentlich bekannt zu geben.[772] Daher kommt hier eine Ausnahme von der Zwei-Wochen-Frist nach Maßgabe der oben (Rdn 246 ff.) genannten Voraussetzungen in Betracht.[773]

252 **cc) Pflicht zur Dokumentation der Unterschreitung (Abs. 2a S. 2 Nr. 2 S. 3).** Seit dem 1.10.2013 ordnet Abs. 2a S. 2 Nr. 2 S. 3 ausdr. an, dass die Gründe für eine Unterschreitung der zweiwöchigen Regelfrist in der **Niederschrift** selbst – nicht in der Notariatsnebenakte (§ 22 DONot) – angegeben werden sollen (**Dokumentationspflicht**).[774] Damit soll zum einen der Dienstaufsichtsbehörde eine bessere Kontrolle der Fristeinhaltung ermöglicht werden. Zum anderen soll dem Verbraucher durch die Verlesung verdeutlicht werden, dass der Notar von der ihn schützenden Regelfrist abweicht.[775] Da die Dokumentation in der Niederschrift erfolgen muss, wird dem Verbraucher bei deren Verlesen erneut deutlich vor Augen ge-

766 BGH v. 25.6.2015 – III ZR 292/14, BGHZ 206, 112 Rn 19 = DNotZ 2015, 792; s. dazu auch *Cramer*, DNotZ 2015, 725, 730 ff.; tendenziell weniger streng noch 6. Aufl.; a.A. *Strunz*, ZNotP 2002, 389; gegen seinen Vorschlag schon BNotK-Rdschr. 20/2003 vom 28.4.2003 sub V; *Grziwotz*, ZfIR 2009, 627, 630; *Rieger*, MittBayNot 2002, 325, 335.

767 *Winkler*, § 17 Rn 225 (zum Rücktrittsrecht), der von „flankierende[m]" Verbraucherschutz spricht.

768 BGH v. 25.6.2015 – III ZR 292/14, BGHZ 206, 112 Rn 19 = DNotZ 2015, 792.

769 BGH v. 24.11.2014 – NotSt(Brfg) 3/14, DNotZ 2015, 314 Rn 16 = NotBZ 2015, 222 m. Anm. *Armbrüster/Böttger*.

770 BGH v. 24.11.2014 – NotSt(Brfg) 3/14, DNotZ 2015, 314 Rn 19 ff. = NotBZ 2015, 222 m. Anm. *Armbrüster/Böttger*; dem BGH zustimmend etwa auch *Rachlitz*, MittBayNot 2015, 457, 461 f.; *J. Redeker*, Verbraucherschutz im Beurkundungsverfahren, 102 f.; *Strnad*, ZNotP 2015, 126, 128; s. ferner BeckOGK/*Regler*, Stand: 1.1.2026, § 17 BeurkG Rn 209 f.

771 *Weber*, NJW 2015, 2619, 2621. Checkliste hierzu bei *P. Becker*, ZNotP 2015, 124, 125 f.

772 *Rachlitz*, MittBayNot 2015, 457, 462.

773 BGH v. 24.11.2014 – NotSt(Brfg) 3/14, DNotZ 2015, 314 Rn 22 = NotBZ 2015, 222 m. Anm. *Armbrüster/Böttger*; *J. Redeker*, Verbraucherschutz im Beurkundungsverfahren, 101 f.; s. auch BT-Rechtsausschuss, BT-Drucks 17/13137.

774 Formulierungsbeispiel bei Diehn/*Seger/Diehn*, § 14 BNotO Rn 143.

775 BT-Drucks 17/12035, 8; Staudinger/*Hertel*, BeurkG Rn 528c.

führt, dass und weshalb von der Regelfrist abgewichen wird.[776] Dazu sollte der Notar den ihm vom Verbraucher dargelegten **konkreten Sachverhalt** in die Urkunde aufnehmen, um dem Eindruck entgegenzuwirken, dass nur floskelhaft Gründe vorgeschoben werden.[777] Wurde die Urkunde dem Verbraucher von einem anderen Notar verfügbar gemacht, sollten mit Blick auf eine mögliche spätere haftungsrechtliche Inanspruchnahme (siehe Rdn 258) auch die Umstände, die zu dieser Verfahrensweise geführt haben, aus der Urkunde selbst ersichtlich werden.

Die Dokumentationspflicht fordert – entgegen der Gesetzesbegründung –[778] nicht, dass auch das **Datum der Verfügbarmachung** zu dokumentieren ist.[779] Dessen ungeachtet empfiehlt es sich freilich schon aus Beweisgründen, die Verfügbarmachung entsprechend der Empfehlung der BNotO zu dokumentieren und sich den Empfang vom Verbraucher gesondert bestätigen zu lassen.[780] Ein entsprechender Vermerk sollte in die vorzulesende Niederschrift selbst aufgenommen werden.[781] 253

dd) Folgen von Verstößen für nachfolgende Beurkundungen. Weiter stellt sich die Frage, welche Pflichten einen Notar treffen, der – z.B. für die Beurkundung der **Annahmeerklärung** – eingeschaltet wird, nachdem es bereits zu einem Verstoß gegen Abs. 2a gekommen ist. So wird etwa diskutiert, ob der Notar die Beurkundung einer Annahmeerklärung gem. § 15 Abs. 1 BNotO ablehnen darf, wenn das Angebot von der „falschen Seite“ kommt, d.h. nicht von dem schutzbedürftigen Beteiligten.[782] Im Grundsatz ist davon auszugehen, dass der Notar die Beurkundung ablehnen muss, wenn sie mit seinen Amtspflichten, wozu auch Abs. 2a gehört, nicht vereinbar ist. Insoweit ist zwischen Beurkundung und Beglaubigung zu differenzieren (siehe Rdn 255 f.). 254

Die **Beurkundung** einer Annahmeerklärung ist auch dann wirksam, wenn der Annehmende das Angebot nicht vorlegen kann oder will.[783] Von der materiellen Wirksamkeit ist die berufsrechtliche Zulässigkeit einer Beurkundung ohne Vorlage des Angebots zu unterscheiden. Zwar gehört es nach der hier vertretenen Ansicht (siehe Rdn 186) zu den Amtspflichten des Notars, den Annehmenden gem. Abs. 1 auch über den Inhalt des Angebots zu belehren. Legt dieser das Angebot aber nicht vor, so beschränkt sich die Belehrungspflicht auf **abstrakte Gefahren** (siehe Rdn 187). Da die Belehrung im gebotenen (wenngleich reduzierten) Umfang mithin auch bei Nichtvorlage des Angebots möglich ist, darf der Notar die Beurkundung der Annahme regelmäßig nicht ablehnen. Dies gilt auch dann, wenn es sich bei dem Annehmenden um den schutzwürdigen Beteiligten handelt, wenn also der das Angebot beurkundende Notar gegen Abs. 2a verstoßen hat.[784] Anders ist die Lage hingegen dann, wenn die getrennte Beurkundung von Angebot und Annahme offenkundig allein dem Zweck dient, dem Verbraucher eine gebotene **Belehrung vorzuenthalten**. 255

Wird der Notar lediglich um die **Beglaubigung** einer Unterschrift unter einer Genehmigungserklärung gebeten, kann er die Amtstätigkeit generell nicht mit dem Hinweis verweigern, der zu genehmigende Vertrag sei unter Verstoß gegen Abs. 2a beurkundet worden. Eine solche Beurkundung ist dennoch **wirksam**, so dass der Notar mit der Beglaubigung der Genehmigung, die im Übrigen auch formlos erteilt werden könnte, keine Amtspflicht verletzt.[785] 256

V. Rechtsfolgen von Verstößen gegen Abs. 2a

Die in Abs. 2a geregelte Hinwirkungspflicht zählt zu den **Amtspflichten** des Notars (siehe Rdn 1, 202). Zwar berührt eine Verletzung dieser Pflicht nicht die **Wirksamkeit** der Beurkundung (allg. siehe Rdn 16).[786] Ein 257

776 BT-Drucks 17/12035, 7 f.
777 Diehn/*Seger/Diehn*, § 14 BNotO Rn 139 f. Staudinger/*Hertel*, BeurkG Rn 528c erwägt noch weitergehend, die Gründe in den Worten des Verbrauchers in die Urkunde aufzunehmen.
778 BT-Drucks 17/12035, 6 („[D]as Datum der Zurverfügungstellung [ist] in den Akten zu dokumentieren“).
779 *Armbrüster*, in: FS DNotI, 2018, S. 287, 300 f.; *Lerch*, NotBZ 2014, 37, 38; *Winkler*, § 17 Rn 249.
780 BNotK-Rdschr. 25/2013 v. 2.10.2013 [sub A I 1].
781 *Winkler*, § 17 Rn 249 (mit Formulierungsvorschlag); s. auch *Lerch*, NotBZ 2014, 37, 38.
782 Beck'sches Notarhdb/*Herrler*, § 1 Rn 899; s. auch *Winkler*, § 17 Rn 59.
783 BGH v. 25.2.1994 – V ZR 63/93, NJW 1994, 1344, 1346.
784 Vgl. Grziwotz/Sauer/Heinemann/*Grziwotz*, § 17 Rn 67 (freilich ohne Hinweis auf Verstoß gegen Abs. 2a).
785 *Winkler*, § 17 Rn 82.
786 Unstr.; OLG Dresden v. 23.3.2010 – 4 U 169/09, BeckRS 2010, 09863 (sub II 3; betr. Verstoß gegen die Wartefrist); LG Düsseldorf v. 2.5.2014 – 22 O 168/13, BeckRS 2014, 18223; Diehn/*Seger/Diehn*, § 14 BNotO Rn 84.

Verstoß kann jedoch **dienstrechtliche Folgen** bis hin zur Amtsenthebung nach sich ziehen. Abs. 2a S. 2 Nr. 2 ist im Zuge der Novellierung sogar in den Katalog der Amtsenthebungsgründe aufgenommen worden. Verstößt der Notar **„wiederholt grob“** gegen diese Pflicht, kann darin nach § 50 Abs. 1 Nr. 9b BNotO ein zwingender Grund zur Amtsenthebung liegen. Diese Anforderung klingt streng; mit dem Merkmal „grob“ sind freilich auch Unsicherheiten verbunden.[787] Insoweit ist nicht zuletzt angesichts mancher Ungewissheiten über die genauen Anforderungen des Abs. 2a an die notarielle Tätigkeit Zurückhaltung geboten.[788] So hat der BGH entschieden, dass eine Amtsenthebung auch nach vorsätzlicher Unterschreitung der Bedenkfrist in 32 Fällen in Kombination mit weiteren Dienstpflichtverletzungen nicht gerechtfertigt ist.[789] In solchen Fällen systematischer Pflichtverletzungen kommt freilich die Entfernung des Notars aus seinem bisherigen Amtssitz gem. § 97 Abs. 2 S. 1 BNotO in Betracht.[790]

258 Besondere praktische Bedeutung erlangt die Bedenkfrist durch ihre **haftungsrechtlichen Konsequenzen**. Bereits die Beurkundung unter Missachtung der Wartefrist begründet für den beteiligten Verbraucher einen nach § 19 Abs. BNotO ersatzfähigen Schaden.[791] Dabei vermag der Umstand, dass der Verbraucher den Notar förmlich bedrängt habe, die Frist nicht abzuwarten, an der Haftung grds. nichts zu ändern. Diese Einlassung mag im Einzelfall allenfalls unter dem Gesichtspunkt eines **Mitverschuldens** (§ 254 BGB)[792] oder eines venire contra factum proprium (§ 242 BGB) für die Haftung bedeutsam werden. Dies ändert aber nichts an dem Grundsatz, dass das Notaramt es gebietet, selbst starkem Druck standzuhalten, eine Amtspflicht – und sei es auch nur geringfügig (siehe Rdn 242) – zu verletzen.

259 Strenge Regeln gelten auch im Hinblick auf den Einwand der **hypothetischen Kausalität**. Nach Ansicht des BGH kann sich der Notar in Fällen, in denen weder die Zwei-Wochen-Frist eingehalten noch der Zweck der Bedenkfrist anderweitig gewahrt wurde, zwar darauf berufen, dass dann, wenn er die Beurkundung abgelehnt hätte, der Verbraucher das Rechtsgeschäft nach Fristablauf genauso wie geschehen hätte beurkunden lassen. Für diesen Einwand soll aber der Notar die **Darlegungs- und Beweislast** tragen; Zweifel gehen demnach zu seinen Lasten.[793] Dies birgt das Risiko, dass Verbraucher Notarhaftungsprozesse unter Berufung auf einen Verstoß gegen die Wartefrist allein deshalb betreiben, um sich von den Folgen eines mittlerweile aus ganz anderen Gründen nicht mehr gewollten Rechtsgeschäfts zu befreien.[794] Die Wartefrist würde damit für die Durchsetzung eines sog. Reurechts[795] instrumentalisiert. Der BGH führt selbst aus, dass der Notar nicht zum „Ausfallbürgen“[796] des Verbrauchers gemacht werden darf und dass deshalb die Anforderungen an die Beweisführung daher nicht überspannt werden dürfen. Daher gelte das herabgesetzte Beweismaß des § 287 ZPO. Es erscheint jedoch sachgerecht, dem Verbraucher wenigstens die **sekundäre Darlegungslast** dafür zuzuweisen, warum die Verschiebung des Beurkundungstermins zur Abstandnahme von der Beurkundung geführt hätte. Davon geht auch der BGH[797] mittlerweile aus, wobei er offenbar nur geringe Anforderungen an die Darlegung stellt.[798] Zudem muss in der Beweiswürdigung das nachvertragliche Verhalten des Verbrauchers berücksichtigt werden.[799] Zeigt er für gewisse Zeit keine Vertragsreue und versucht auch nicht das Wirksamwerden des Vertrags zu ver-

787 Darauf verweist zu Recht *Heinze*, in: FS DNotI, 2018, S. 333, 334 f.
788 BeckOGK/*Regler*, Stand: 1.1.2026, § 17 BeurkG Rn 244; s. auch BT-Drucks 17/12035, 8 („Ultima Ratio“).
789 BGH v. 15.11.2021 – NotSt(Brfg) 2/21, BeckRS 2021, 42065 Rn 36.
790 BayObLG v. 15.4.2025 – 501 DSNot 4/22, BeckRS 2025, 19044 Rn 153.
791 BGH v. 9.6.2022 – III ZR 24/21, BGHZ 234, 102 Rn 33.
792 S. dazu auch *J. Redeker*, Verbraucherschutz im Beurkundungsverfahren, 145 f.
793 BGH v. 28.5.2020 – III ZR 58/19, BGHZ 226, 39 Rn 20 = DNotZ 2021, 135 m. Anm. *Forschner*; BGH v. 25.6.2015 – III ZR 292/14, BGHZ 206, 112 Rn 21 = NJW 2015, 2646. Krit. *Achenbach*, DNotZ 2016, 4 ff.; *J. Redeker*, Verbraucherschutz im Beurkundungsverfahren, 143 ff.; für Verortung der Beweislast hinsichtlich hypothetischer Kausalität beim Verbraucher noch *Schlick*, ZNotP 2013, 362, 366 f.
794 *Armbrüster*, in: FS DNotI, 2018, S. 287, 289 f.
795 Vgl. zu weiteren Fällen eines Reurechts BGH v. 27.9.2017 – XII ZR 114/16, NJW 2017, 3772 Rn 41; *Armbrüster*, NJW 2007, 3317, 3319 (Berufung auf Formmangel); ferner BGH v. 7.5.2014 – IV ZR 76/11, BGHZ 201, 101 Rn 16 ff. = NJW 2014, 2646 (betr. Widerspruch nach § 5a VVG aF); *Armbrüster*, Gesellschaftsrecht und Verbraucherschutz. Zum Widerruf von Fondsbeteiligungen, 2005, 17 ff. (betr. Widerruf nach § 1 Abs. 1 HWiG aF).
796 BGH v. 25.6.2015 – III ZR 292/14, BGHZ 206, 112 Rn 21 = NJW 2015, 2646.
797 BGH v. 28.5.2020 – III ZR 58/19, BGHZ 226, 39 Rn 33 = DNotZ 2021, 135 m. Anm. *Forschner*; BGH v. 9.6.2022 – III ZR 24/21, BGHZ 234, 102 Rn 33; OLG Hamm v. 29.3.2017 – 11 U 73/16, BeckRS 2017, 122006 Rn 19 ff.
798 Vgl. BGH v. 9.6.2022 – III ZR 24/21, BGHZ 234, 102 Rn 33: Dort genügte dem BGH das Vorbringen, den Vertrag bei Einhaltung der Wartefrist nicht geschlossen zu haben.
799 BGH v. 22.4.2021 – III ZR 164/19, BWNotZ 2021, 278, 279 = BeckRS 2021, 11931 Rn 16.

hindern oder diesen zumindest rückabzuwickeln, ist dies ein gewichtiges Indiz dafür, dass der Verbraucher das Geschäft auch dann getätigt hätte, wenn ihm der Vertragsentwurf rechtzeitig zur Verfügung gestellt worden wäre.[800] Ob das Verhalten nach Vertragsschluss dagegen lediglich „Ausdruck einer sich nur resigniert in die rechtliche Bindung fügenden Vertragstreue" ist, hat das Tatgericht nach dem Vorbringen des Verbrauchers im Einzelfall zu prüfen.[801]

Die **Verjährung** des Anspruchs aus § 19 Abs. 1 BNotO beginnt gem. § 199 Abs. 1 Nr. 2 BGB mit der Kenntnis von den tatsächlichen anspruchsbegründenden Umständen, d.h. der Nichteinhaltung der Frist. Rechtliche Fehlvorstellungen – etwa über die (nicht bestehende; siehe Rdn 246) Möglichkeit, auf die Einhaltung der Frist zu verzichten – sind demnach grds. unerheblich.[802] Die Klageerhebung kann jedoch im Einzelfall **unzumutbar** sein, sofern der Notar durch eine objektiv unzutreffende Belehrung über den Umfang seiner Amtspflichten seine eigene Pflichtverletzung verdunkelt hat. Darin liegt ein mit einer objektiv unübersichtlichen und unklaren Rechtslage vergleichbarer Fall, was den Verjährungsbeginn hinausschiebt.[803] Verstößt ein amtlich bestellter Vertreter gegen die Hinwirkungspflicht, so haftet der Notar gesamtschuldnerisch mit ihm (§§ 46 S. 1, 39 Abs. 4 BNotO).[804] 260

D. § 17 Abs. 3 BeurkG

I. Grundsätze

Abs. 3 normiert die Pflichten des Notars bei der Anwendung **ausländischen Rechts**. Die Belehrungspflicht nach Abs. 3 S. 1 besteht nur dann, wenn bes. Anhaltspunkte für eine Auslandsberührung erkennbar sind.[805] Solche **Anhaltspunkte** sind möglicherweise der Name, nicht jedoch ein fremdländischer Vorname allein;[806] Wohnsitz und Aufenthalt im Ausland; ausländischer Personalausweis oder Reisepass; Lage des Objekts des Rechtsgeschäfts im Ausland;[807] fremdsprachiger Akzent und fremdländisches Aussehen. 261

Abs. 3 stellt klar, dass der Notar die Beteiligten zwar darauf **hinweisen** soll, wenn ausländisches Recht zur Anwendung kommen könnte, dass sich seine Belehrungspflicht jedoch nicht auf den Inhalt des ausländischen Rechts erstreckt. Die Bestimmung soll im Erg. sicherstellen, dass die Beteiligten die Grenzen der Kompetenz des Notars erkennen können. Dies gilt auch dann, wenn **deutsches Internationales Privatrecht** anzuwenden ist, dieses Recht aber auf ausländisches Recht verweist. Auch in solchen Fällen muss der Notar also das ausländische Recht nicht kennen, soll aber über die Möglichkeit seiner Anwendung belehren. Das primäre und sekundäre **Unionsrecht** genießt Anwendungsvorrang vor entgegenstehendem nationalen Recht;[808] es ist daher i.R.v. § 17 wie inländisches Recht zu behandeln; Abs. 3 greift nicht ein.[809] Dasselbe gilt für in Deutschland zwischen Privatrechtssubjekten unmittelbar anzuwendendes Völkerrecht.[810] 262

Die Frage, ob überhaupt ausländisches Recht zur Anwendung kommt, darf der Notar auch nach Abs. 3 nicht ungeprüft lassen;[811] er braucht sie freilich nicht abschließend zu klären. In Zweifelsfällen muss er allerdings die Beteiligten über die entspr. Regelung des **deutschen Rechts** und darüber belehren, dass nach einer ausländischen Rechtsordnung möglicherweise **andere Rechtsfolgen** eintreten und bei ei- 263

800 BGH v. 22.4.2021 – III ZR 164/19, BWNotZ 2021, 278, 279 = BeckRS 2021, 11931 Rn 12; OLG Frankfurt v. 11.7.2018 – 4 U 98/17, NotBZ 2019, 53 = BeckRS 2018, 16564 Rn 74 ff.; s. auch OLG Naumburg v. 20.4.2016 – 5 U 173/15, BeckRS 2016, 126468 Rn 62.

801 BGH v. 22.4.2021 – III ZR 164/19, BWNotZ 2021, 278, 279 = BeckRS 2021, 11931 Rn 12; BeckOK-BNotO/*Schramm/Mayer*, § 19 Rn 201.

802 BGH, v. 7.3.2019 – III ZR 117/18, BGHZ 221, 253 = NJW 2019, 1953 Rn 18.

803 BGH, v. 7.3.2019 – III ZR 117/18, BGHZ 221, 253 = NJW 2019, 1953 Rn 21.

804 Beispiel: OLG Hamm v. 29.3.2017 – 11 U 73/16, BeckRS 2017, 122006 Rn 11 ff.

805 BGH v. 12.2.1963 – VI ZR 295/62, DNotZ 1963, 315, 316; *Bardy*, MittRhNotK 1993, 305; *Böhringer*, BWNotZ 1988, 49; *Grader*, DNotZ 1959, 563, 567; Haug/Zimmermann/*Eggenstein*, Rn 55C; *Meyer*, DNotZ 2018, 726, 728; *Lichtenberger*, MittBayNot 1986, 111.

806 *Bardy*, MittRhNotK 1993, 305; *Böhringer*, BWNotZ 1988, 49; BeckOGK/*Regler*, Stand: 1.1.2026, § 17 BeurkG Rn 249.

807 Vgl. Staudinger/*Hertel*, BeurkG Rn 507 (allg. zu Auslandsvermögen).

808 Calliess/Ruffert/*Ruffert*, EUV/AEUV, Art. 1 AEUV Rn 18.

809 *Bardy*, MittRhNotK 1993, 304, 306; *Meyer*, DNotZ 2018, 726, 729; *Schütze*, DNotZ 1992, 66, 78; *K.-R. Wagner*, in: FS Spiegelberger, 2009, S. 1544, 1546.

810 *Meyer*, DNotZ 2018, 726, 729.

811 *Ganter*, DNotZ 2023, 405, 412 f.

ner Orientierung am deutschen Recht das Geschäft unwirksam sein kann.[812] Er muss in solchen Fällen besondere eingehende Feststellungen darüber treffen, ob die Beteiligten sich über das Risiko, das sie hinsichtlich der Wirksamkeit des Rechtsgeschäftes eingehen, im Klaren sind.

264 Der Notar muss die **deutschen, nicht aber die ausländischen Kollisionsnormen** kennen.[813] Das in Deutschland geltende staatsvertragliche und unionsrechtliche Kollisionsrecht steht insofern autonomem deutschem Recht gleich. Die Frage etwaiger Rück- oder Weiterverweisung muss der deutsche Notar daher nicht prüfen, er muss über diesen Sachverhalt aber belehren.[814] **Beispiel** für eine solche Belehrung:[815] „Wegen der Staatsangehörigkeit der Erblasserin kommt es zur Anwendung kalifornischen Rechts, wobei nach Art. 4 Abs. 1 S. 2 EGBGB die Möglichkeit einer Rückverweisung besteht. Ob das amerikanische Recht auf deutsches Recht zurückverweist, ist dem Notar nicht bekannt" oder „… hat der Notar nicht geprüft".

265 Die **Rückverweisung** (renvoi) ausländischer Kollisionsnormen auf deutsches Recht bedeutet nicht selten, dass rechtliche Gestaltungsmöglichkeiten, die das ausländische Recht selbst ausschließt, gleichwohl gangbar sind. **Beispiele**:[816] Nach französischem Kollisionsrecht können Verlobte ihr Güterstatut frei wählen, sind also nicht allein auf die Gestaltungsmöglichkeiten des französischen Rechts angewiesen. – Nach US-Kollisionsrecht unterliegen Grundstücke stets der lex rei sitae. In Deutschland belegene Grundstücke US-amerikanischer Ehegatten unterliegen daher deutschem Güterrecht. – Das dänische Recht wendet im Erbrecht strikt das Wohnsitzprinzip an; ein Däne mit Wohnsitz in Deutschland wird daher nach deutschem Recht beerbt. – Nach dem Recht vieler Staaten tritt in Erbfällen Güterspaltung ein: Grundstücke werden nach der lex rei sitae, Mobilien nach dem Recht des letzten Erblasserwohnsitzes vererbt.[817]

266 In Fällen mit Auslandsberührung wird der Notar die Beteiligten häufig auf seine Unkenntnis fremden Rechts hinzuweisen haben. Er hat dann den Beteiligten die Einholung eines wissenschaftlichen **Gutachtens** oder einer **Rechtsauskunft** nahe zu legen.[818] Das Europäische Rechtsauskunftsübereinkommen[819] gestattet es dagegen nur Richtern, in anhängigen Verfahren Auskunftsersuchen an ausländische Behörden zu stellen.[820]

267 Abs. 3 S. 1 schreibt einen **Belehrungsvermerk** vor.[821] Dieser soll grds. in die Urkunde aufgenommen werden; ausnahmsweise kann er auch separat erfolgen.[822] Ist freilich in der Urkunde kein entsprechender Vermerk enthalten, so trägt der Notar die Beweislast dafür, dass gleichwohl eine Belehrung stattgefunden hat (siehe Rdn 157).

268 **Abs. 3 S. 2** befreit den Notar lediglich von der Pflicht, über den Inhalt ausländischer Rechtsordnungen zu **belehren**. Erteilt er eine solche Belehrung dennoch, so **haftet** er auch für ihre Richtigkeit.[823] Die bloße **Verweigerung einer Beurkundung**, weil der Notar sicher weiß, dass das Rechtsgeschäft nach anwend-

812 BGH v. 12.2.1963 – VI ZR 295/62, DNotZ 1963, 315, 316; OLG Frankfurt v. 12.5.2010 – 4 U 219/09, NJW 2011, 392, 393.
813 Staudinger/*Hertel*, BeurkG Rn 507; *Grader*, DNotZ 1959, 563, 567; *Jansen*, § 17 Rn 23, *Lerch*, § 17 Rn 162; *Winkler*, DNotZ 1979, 189, 190; *Schütze*, DNotZ 1992, 66, 76; a.A. *Sturm*, in: FS Ferid, 1978, S. 417, 427, wonach der Notar auch die deutschen Kollisionsnormen nicht zu kennen brauche.
814 OLG Düsseldorf v. 27.8.2025 – 18 U 58/24, NJW-RR 2026, 52, 54.
815 *Winkler*, § 17 Rn 382 Fn 1106.
816 Vgl. *Sturm*, in: FS Ferid, 1978, S. 417, 423.
817 S. Länderübersicht bei *Flick/Piltz*, Der Internationale Erbfall, 2. Aufl. 2008; s. auch *Steiner*, Testamentsgestaltung bei kollisionsrechtlicher Nachlassspaltung, 2002. Zu den Grundzügen des Int. Erbrechts nach Inkrafttreten der EuErbVO s. *Dutta/Weber*, Internationales Erbrecht, 2021; BeckOGK/*J. Schmidt*, EuErbVO, Stand: 1.12.2025. Zum früheren Internationalen Erbrecht s. *Lichtenberger*, DNotZ 1986, 644, 664; zu früheren Einzelproblemen *Riering*, ZEV 1998, 248 (Erbverzicht); *St. Lorenz*, DNotZ 1993, 148 (Probleme im deutsch-schweizerischen Internationalen Erbrecht); *Johnen*, MittRhNotK 1986, 57 ff. (Erbscheinsanträge mit Auslandsberührung); *Dörner*, DNotZ 1988, 67.
818 *Sturm*, in: FS Ferid, 1978, S. 417, 430; vgl. auch *Hetger*, DNotZ 2003, 310 = RIW 2003, 444 (Übersicht über Sachverständige zum ausländischen und internationalen Privatrecht). Nicht zuständig ist das DNotI (Grziwotz/Sauer/Heinemann/*Grziwotz*, § 17 Rn 97 Fn 202; a.A. Frenz/Miermeister/*Frenz*, § 17 BeurkG Rn 62).
819 V. 7.6.1968, BGBl II 1974, 937; II 1975, 300 (Inkrafttreten: 19.3.1975).
820 Vgl. dazu *Jastrow*, IPRax 2004, 402; *Wolf*, NJW 1975, 1583 f.
821 Formulierungsbeispiel bei Kilian/Sandkühler/vom Stein/*Jäger*, § 16 Rn 3.
822 Grziwotz/Sauer/Heinemann/*Grziwotz*, § 17 Rn 92; *Meyer*, DNotZ 2018, 726, 736.
823 Haug/Zimmermann/*Eggenstein*, Rn 552; *Meyer*, DNotZ 2018, 726, 738 (auch zum Begriff der „Richtigkeit"); Reithmann/Albrecht/*Reithmann*, Rn 166; *Hegemanns*, MittRhNotK 1989, 1, 9.

barem ausländischem Recht unwirksam ist, stellt jedoch keine Belehrung dar. Als Teil der vorsorgenden Rechtspflege ist ein Notar nicht verpflichtet, unwirksamen Rechtsgeschäften den Anschein ihrer Wirksamkeit zu verleihen.[824] Versicherungsrechtlich ist auf § 19a Abs. 2 S. 1 Nr. 2 BNotO hinzuweisen. Danach kann allein die Tätigkeit im Zusammenhang mit der *Beratung über außereuropäisches Recht* vom Versicherungsschutz der notariellen Berufshaftpflichtversicherung ausgeschlossen werden, soweit die Amtspflichtverletzung nicht darin besteht, dass die Möglichkeit der Anwendbarkeit dieses Rechts nicht erkannt wurde. In der Praxis wird ein solcher Ausschluss regelmäßig nur für US-amerikanisches und kanadisches Recht vereinbart.[825]

II. Einzelfälle

Übergreifende Literatur *Hausmann/Odersky* (Hrsg.), Internationales Privatrecht in der Notar- und Gestaltungspraxis, 4. Aufl. 2021; *Reithmann/Martiny* (Hrsg.), Internationales Vertragsrecht, 9. Aufl. 2021. Darstellungen des internationalen und ausländischen Privatrechts finden sich in den „**Gutachten** zum internationalen und ausländischen Privatrecht" (IPG), veröffentlicht im Auftrag des Deutschen Rates für internationales Privatrecht.[826] Hilfreich sind ferner die Schrifttumshinweise in der Zeitschrift IPRax. Speziell zu IPR und Rechtsvergleichung *Kegel/Schurig*, Internationales Privatrecht, 9. Aufl. 2004; s. auch *v. Bar/Mankowski*, IPR, Band 1, 2. Aufl. 2003; Band 2, 2. Aufl. 2019; *v. Hoffmann/Thorn*, Internationales Privatrecht, 9. Aufl. 2007; *Kropholler*, IPR, 6. Aufl. 2006; bes. praxisbezogener Ansatz bei *Siehr*, IPR, 2001. Zum schweizerischen IPR: *Grolimund/Loacker/Schnyder*, Internationales Privatrecht: IPRG, 4. Aufl. 2021. Österreich: *Verschraegen*, Internationales Privatrecht, 2012. Italien: *Kindler*, Einführung in das italienische Recht, 3. Aufl. 2022, § 6.

Zu Einzelfragen des ausl. IPR siehe die **Gutachten des DNotI**, online abrufbar: https://www.dnoti.de/gutachten (letzter Abruf: 23.4.2026). **269**

Geschäftsfähigkeit natürlicher Personen: Siehe die Länderliste bei *Hausmann*, in: Hausmann/Odersky (Hrsg.), Internationales Privatrecht in der Notar- und Gestaltungspraxis, 4. Aufl. 2021, § 4 Rn 20 ff.

Grundstücksrecht: Zum **Grundstückserwerb im Ausland** siehe *Limmer*, in: Reithmann/Martiny (Hrsg.), Internationales Vertragsrecht, 9. Aufl. 2021, Rn 21.1 ff. **270**

Handelsrecht: Zu Handelssachen siehe *Geimer/Schütze*, Der Internationale Rechtsverkehr in Zivil- und Handelssachen, 68. Aufl. 2025 (Loseblattwerk). **271**

Gesellschaftsrecht: Siehe die Literaturangaben bei § 1 BeurkG Rdn 62 ff. Liste der den deutschen Gesellschaftsformen vergleichbaren ausländischen Gesellschaftsformen bei *Zimmermann*, in Beck'sches Notarhdb., 7. Aufl. 2019, § 28 Rn 319 ff. (in Neuauflage nicht mehr enthalten); *Sonnenberger*, Vorschläge und Berichte zur Reform des europäischen und deutschen internationalen Gesellschaftsrechts 2007. **Länderberichte** bei *Jung/Krebs/Stiegler* (Hrsg.), Gesellschaftsrecht in Europa, 2019; *Süß*, in Beck'sches Notarhdb., § 28 Rn 317 ff.; zur Vertretungsmacht von Handelsgesellschaften s. *Hausmann*, in: Reithmann/Martiny (Hrsg.), Internationales Vertragsrecht, 9. Aufl. 2022, Rn 198 ff.; **zum ausländischen Umwandlungs- und Umwandlungsteuerrecht** vgl. *Widmann/Mayer*, Umwandlungsrecht, Bd. 6 Anh. 3. **272**

Familienrecht: Zu einem Hinweis auf die Anwendbarkeit ausländischen Rechtes ist der Notar insb. bei **familien- und güterrechtlichen Beurkundungen** gehalten. Überblick: *Rieck*, Ausländisches Familienrecht, 27. Aufl. 2025 (Loseblattwerk); *Andrae*, Internationales Familienrecht, 4. Aufl. 2019. Übersicht über ausländische gesetzliche Güterstände bei *Süß,* in Beck'sches Notarhdb., § 28 Rn 167 f. und *Süß/Ring*, Eherecht in Europa, 4. Aufl. 2020. Zum Ehe- und Kindschaftsrecht *Henrich/Dutta/Ebert*, Internationales Ehe- und Kindschaftsrecht, 7. Aufl. 2025 (Loseblattwerk). **273**

Erbrecht: *Ferid/Firsching/Dörner/Hausmann*, Internationales Erbrecht, 129. Aufl. 2024 (Loseblattwerk). Viele romanische Rechtsordnungen lassen **Erbvertrag und Erbverzicht** nicht zu; dazu *Mauch*, Güter- und Erbrecht ausgewählter Staaten, BWNotZ 2001, 25. Das kann in den Fällen, in denen nach deutschem Kollisionsrecht ausländisches Recht anzuwenden ist, dazu führen, dass auch das deutsche Recht den Erbvertrag oder Erbverzicht nicht anerkennt. Zur Erbschaftsteuer: *Scheffler/Spengel*, Erbschaftsteuerbelastung im internationalen Vergleich, 2004. **274**

824 *Meyer*, DNotZ 2018, 726, 738.
825 Haug/Zimmermann/*A. Meyer*, Rn 787c.
826 Übersicht abrufbar unter http://www.ipr.uni-koeln.de/13768.html (letzter Abruf: 23.4.2026).

275 **Recht der früheren DDR:** Deutsch-deutsches Übergangsrecht siehe *Bauer/von Oefele*, Teil E; *G. Krause*, Erbrecht und Nachlassverfahren der früheren Deutschen Teilstaaten nach dem Inkrafttreten des Einigungsvertrages unter besonderer Berücksichtigung der interlokalrechtlichen Probleme, 1992.

E. Konsularisches Notariat

Literatur *Eickelberg*, Besonderheiten der konsularischen Beurkundung und ihr Einfluss auf die Zusammenarbeit der Konsularbeamten mit inländischen Notaren, DNotZ 2018, 332.

I. Weisungsfreiheit, Unparteilichkeit

276 Wird der **Konsularbeamte** als Urkundsperson tätig, muss er bei Belehrung und Beratung unparteiisch sein.[827] Andernfalls könnten die von ihm aufgenommenen Urkunden nicht den von einem inländischen Notar aufgenommenen gleichstehen (§ 10 Abs. 2 KonsG). Der unparteiischen Amtsausübung entspricht es, wenn der Konsularbeamte in Fällen, in denen ein Beteiligter mit Rechtsanwalt, ein anderer ohne Anwalt zur Unterstützung erschienen ist, diesem den Rat gibt, sich **ebenfalls anwaltlich beraten zu lassen.**[828]

277 Für das **Verfahren der Beurkundung** gilt gem. § 10 Abs. 3 KonsG im Wesentlichen das BeurkG (Ausnahmen § 10 Abs. 3 Nrn. 1–5 KonsG). Das BeurkG ist hauptsächlich auf die Beurkundung durch Notare, also unabhängige Träger eines öffentlichen Amtes, ausgerichtet (§ 1 Abs. 1 BeurkG). Dies schränkt die Weisungsbefugnis des Vorgesetzten (§ 62 Abs. 1 S. 3 BBG i.V.m. § 11 Abs. 2 S. 2 GAD) erheblich ein.[829]

II. Belehrung über ausländisches Recht

278 Nach **§ 17 Abs. 3 BeurkG** muss auch der Konsularbeamte nicht über **ausländisches Recht** belehren. Ein Hinweis auf die Möglichkeit der Anwendbarkeit ausländischen Rechts mit entspr. Vermerk in der Niederschrift ist freilich erforderlich.

279 Zur Erteilung von Auskünften über bekannte oder leicht beschaffbare Rechtsvorschriften des Empfangsstaates in Bezug auf den Beurkundungsgegenstand ist der Konsularbeamte aber aus **§ 1 KonsG** nach pflichtgemäßem Ermessen verpflichtet.[830] Eine Erteilung der Auskunft mit dem ausdrücklich in die Niederschrift aufgenommenen Hinweis „ohne Gewähr und ohne jede Haftung“[831] ist abzulehnen. Es gilt auch hier der Grundsatz: Wo Belehrungspflichten bestehen, müssen sie erfüllt werden. Wo sie nicht bestehen, hat die Belehrung zu unterbleiben. Wird sie dennoch erteilt, muss sie richtig sein.[832]

280 Ein **Verzicht** auf Ansprüche aus Amtshaftung ist zwar zivilrechtlich möglich, jedoch mit Sinn und Zweck des Beurkundungszwangs nicht vereinbar. Das Formerfordernis der Beurkundung ist nur dadurch gerechtfertigt, dass i.S. vorsorgender Rechtspflege rechtzeitig, d.h. bei Gestaltung von Rechtsverhältnissen mögliche spätere Rechtsstreitigkeiten verhindert werden. Dazu gehört gerade die **unparteiische, richtige Belehrung** der Beteiligten über die rechtliche Tragweite des Geschäfts, unabhängig davon, ob im Einzelfall eine Pflicht zur Belehrung besteht oder nicht. Die Urkundsperson kann sich jedenfalls der wesentlichen Aufgabe der Beurkundung nicht dadurch entziehen, dass sie ihre Tätigkeit unverbindlich macht.

281 Eine dem § 15 Abs. 1 BNotO entspr. Bestimmung besteht für Konsularbeamte nicht. Sie haben Rat und Beistand auch in Beurkundungsangelegenheiten nur nach **pflichtgemäßem Ermessen** zu leisten (§ 1 KonsG). Der Konsularbeamte darf also die Beurkundung ablehnen, wenn er der Ansicht ist, die Belehrungsanforderungen des § 17 Abs. 1 BeurkG nicht in sachgerechter Weise erfüllen zu können.[833]

827 Hecker/Müller-Chorus/*Bindseil*, Handbuch der konsularischen Praxis, Stand: 2007, § 4 B Rn 7; *Geimer*, DNotZ 1978, 3, 21.
828 *Hoffmann*, § 10 KonsG Anm. 3.2.4. Fn 2.
829 *Eickelberg*, DNotZ 2018, 332, 334; Hecker/Müller-Chorus/*Bindseil*, Handbuch der konsularischen Praxis, Stand: 2007, § 4 B Rn 4.
830 Hecker/Müller-Chorus/*Bindseil*, Handbuch der konsularischen Praxis, Stand: 2007, § 4 B Rn 37.
831 *Hoffmann*, Anm. 3.2.4.3 zu § 10 KonsG.
832 Hecker/Müller-Chorus/*Bindseil*, Handbuch der konsularischen Praxis, Stand: 2007, § 4 B Rn 38.
833 *Eickelberg*, DNotZ 2018, 332, 344 f.; Hecker/Müller-Chorus/*Bindseil*, Handbuch der konsularischen Praxis, Stand: 2007, § 4 B Rn 37; *ders.*, DNotZ 1993, 5, 14.

Über die Regeln des deutschen **IPR** muss der Konsularbeamte aber belehren, weil es sich um deutsches Recht handelt.[834] Dabei ist zu beachten, dass einschlägige **völkerrechtliche Vereinbarungen** gem. Art. 3 Nr. 2 EGBGB dem deutschen IPR vorgehen, soweit sie unmittelbar anwendbares deutsches Recht geworden sind. Wenn die Urkunde im Ausland verwendet werden soll, ist auch über die völkerrechtlichen Verträge[835] hinsichtlich der **Anerkennung der Urkunden** nach ausländischem Recht zu belehren. Dies gilt in gleicher Weise für unionsrechtliches Kollisionsrecht. 282

III. Rechtsgutachten

Der nach Abs. 3 S. 1 stets erforderliche Hinweis auf die mögliche Anwendbarkeit ausländischen Rechts oder etwaige Zweifel darüber und die damit verbundene Möglichkeit der Unwirksamkeit der Beurkundung wird den Beteiligten oft nichts nützen. Lassen die Beteiligten erkennen, dass sie vielmehr zuverlässige rechtliche **Informationen** haben wollen, bevor sie ihre, oft in ihrer Tragweite schwer oder überhaupt nicht zu übersehenden Erklärungen abgeben, bietet sich ein Vorschlag der Urkundsperson an, das **Gutachten** eines wiss. Instituts für Rechtsvergleichung oder für ausländisches und internationales Privatrecht einzuholen.[836] 283

IV. Keine Beratungspflicht

Den Konsularbeamten trifft – ebenso wie den Notar – neben der Belehrungspflicht nach § 17 BeurkG keine **Beratungspflicht**. Der Notar kann nach § 24 Abs. 1 BNotO die Beratung übernehmen. Er begründet damit eine bes. Amtspflicht zu zweckmäßiger und rechtskundiger Beratung. Er muss selbst bei Beratung nur einer der Parteien unparteiisch bleiben.[837] Der Konsularbeamte kann eine solche Beratung gegenüber deutschen sowie inländischen juristischen Personen nach pflichtgemäßem Ermessen übernehmen (§ 1 KonsG). Daraus folgt, dass der Konsularbeamte die **Beratung ablehnen** kann und nicht zu verbindlicher Beratung verpflichtet ist.[838] Zu weit geht dagegen die Ansicht,[839] seine Beratung dürfe nur „unverbindlich" oder „ohne Gewähr" erfolgen, um etwaige Ansprüche aus Amtspflichtverletzung gegen die BRep. Deutschland auszuschließen. Es kann vielmehr nach pflichtgemäßem Ermessen des Konsularbeamten nötig sein, eine **verbindliche Auskunft** zu erteilen. 284

V. Vertrauensanwalt

Bei der Wahrnehmung von Aufgaben in Rechtsangelegenheiten können sich Berufskonsularbeamte des Rates und der Hilfe eines im Empfangsstaat zugelassenen **Vertrauensanwalts** bedienen (§ 3 Abs. 3 KonsG). Es besteht jedoch **keine allg. Pflicht zur Klärung von Rechtsfragen** mittels eines Vertrauensanwalts, der dafür ein Entgelt verlangt.[840] Deshalb sollte der Konsularbeamte eine Beratung im Zusammenhang mit einer Beurkundung, die über die Belehrung nach dem BeurkG hinausgeht, stets ablehnen und die Beteiligten notfalls – unverbindlich – an einen Vertrauensanwalt der konsularischen Vertretung verweisen. 285

§ 18 Genehmigungserfordernisse

Auf die erforderlichen gerichtlichen oder behördlichen Genehmigungen oder Bestätigungen oder etwa darüber bestehende Zweifel soll der Notar die Beteiligten hinweisen und dies in der Niederschrift vermerken.

834 Hecker/Müller-Chorus/*Bindseil*, Handbuch der konsularischen Praxis, Stand: 2007, § 4 B Rn 38; *Geimer*, DNotZ 1978, 3, 25.
835 Texte bei *Hoffmann*, Konsularrecht, Nr. 700.
836 Hecker/Müller-Chorus/*Bindseil*, Handbuch der konsularischen Praxis, Stand: 2007, § 4 B Rn 39.
837 BeckOK-BNotO/*Sander*, § 24 Rn 23.
838 *Hoffmann*, Anm. 2 6. 2 zu § 1 KonsG.
839 Hecker/Müller-Chorus/*Bloß*, Handbuch der konsularischen Praxis, Stand: 2007, § 3 E Rn 7 hält einen Haftungsausschluss für empfehlenswert.
840 *Hoffmann*, Anm. 3 4. 3 zu § 3 KonsG; *Bindseil*, DNotZ 1993, 5, 19.

Literatur *Bamberger*, Das Vertretungsrecht der Kirchen in Nordrhein-Westfalen – Grundbuch- und Beurkundungsverfahren, RNotZ 2014, 1; *Bolkart*, Die Reform des Verfahrens in Familiensachen und in den Angelegenheiten der freiwilligen Gerichtsbarkeit, MittBayNot 2009, 268; *Böhringer*, Genehmigungspflichtige Rechtsgeschäfte nach der Grundstücksverkehrsordnung, DtZ 1993, 141; *Böhringer*, Beseitigung dinglicher Rechtslagen bei Grundstücken in den neuen Ländern, Rpfleger 1995, 51; *Böhringer*, Die verschiedenartigen Grundbuchvermerke zur Sicherung von Rechtspositionen, BWNotZ 2002, 49 ff.; *Brambring*, Die gerichtliche Genehmigung von Geschäften nach §§ 1821, 1822 BGB nach dem FamFG, NotBZ 2009, 394; *Brüggemann*, Der sperrige Katalog §§ 1821, 1822: Anwendungskriterien – Grenzfälle, FamRZ 1990, 124; *Dümig*, Die Beteiligung Minderjähriger an einer rechtsfähigen Gesellschaft bürgerlichen Rechts aus familien- bzw. vormundschaftsgerichtlicher Sicht, FamRZ 2003, 1; *Eckert/Höfinghoff*, Wegfall der Teilungsgenehmigung und notarielle Praxis, NotBZ 2004, 405; *Eickmann*, Besonderheiten der gesetzlichen Vertretung bei Grundstücksgeschäften im Beitrittsgebiet, RpflStud 1995, 20; *Flik*, Vorausgenehmigung zum rechtsgeschäftlichen Grundstücksverkehr und zum Grundstückserwerb im Zwangsversteigerungsverfahren, BWNotZ 1995, 44 ff.; *Fortun*, Erfordernis vormundschaftsgerichtlicher Genehmigung bei Unternehmensakquisitionen, NJW 1999, 754; *Frenz*, Zur Neufassung der Grundstücksverkehrsordnung, DtZ 1994, 56; *Freuen*, Grundstückskauf von Kommunen, MittRhNot 1996, 301; *Führ*, Der Nachabfindungsanspruch weichender Erben gemäß § 13 HöfeO und seine Ausstrahlungswirkung auf Nachabfindungsklauseln in notariellen Grundstücksverträgen; RNotZ 2012, 303; *Ganter*, Aktuelle Rechtsprechung zum Notarhaftungsrecht, DNotZ 2007, 246; *Grziwotz*, Änderungen des Baugesetzbuchs und Vertragsgestaltung, DNotZ 1997, 916; *Grziwotz*, Neuerungen des EAG Bau, städtebauliche Verträge und Grundstücksverkehr, DNotZ 2004, 674; *Heinzmann*, Die städtebauliche Entwicklungsmaßnahme nach den §§ 165–171 Baugesetzbuch unter Berücksichtigung ihrer besonderen Bedeutung für den Notar und das Grundbuchamt, BWNotZ 2000, 25; *Ivo*, Die Übertragung von Kommanditanteilen an minderjährige Kinder, ZEV 2005, 193 ff.; *Kordel*, Immobilienkartellrecht in der notariellen Praxis; RNotZ 2008, 78; *Lautner*, Gerichtliche Kontrolle der Beteiligung Minderjähriger an Grundstücksverwaltungsgesellschaften, MittBayNot 2002, 256; *Limmer*, Praxisprobleme der Grundstücksverkehrsordnung im Spiegel der Rechtsprechung, ZNotP 1998, 353; *Litzenburger*, Die Genehmigung von Rechtsgeschäften nach dem FamFG – eine Zwischenbilanz aus der Sicht der notariellen Praxis, RNotZ 2010, 32; *Mannel*, Notar und Flurbereinigung, MittBayNot 2004, 397; *Marquardt/Pluskat*, Die Kontrolle von Unternehmenserwerben nach dem novellierten AWG, DStR 2009, 1314; *Meier/Leidner*, Praxisupdate Öffentliches Recht: Vorkaufsrechte und Genehmigungspflichten nach dem Baulandmobilisierungsgesetz, MittBayNot 2022, 114; *Reul*, Aufhebung der Genehmigungspflicht bei Wertsicherungsklauseln – das neue Preisklauselgesetz, MittBayNot 2007, 445 ff.; *Rögele*, Novelle des Investmentgesetzes (InvG), BKR 2007, 393 ff.; *Schmelter/Greger*, Notarielle Hinweise bei GmbH-Gründungen; *Servatius*, Die gerichtliche Genehmigung von Eltern-Kind-Geschäften, NJW 2006, 334 ff.; *Sürth*, Die Bestellung von Finanzierungsgrundschulden an kommunalen Grundstücken gemäß § 87 Abs. 1 GO NRW, notar 2014, 302; *Wiessatty*, Zur Prüfung der Zulässigkeit einer Grundstücksteilung, Rpfleger 2005, 310; *Zacharias*, Rücknahme und Widerruf von Vertragsgenehmigungen, NVwZ 2002, 1306 ff.; *Zorn*, Das Verfahren in Kindschaftssachen nach dem FamFG, Rpfleger 2009, 421.

A. Allgemeines

I. Hinweis- und Vermerkpflicht

Im Anschluss an die allgemeine Belehrungspflicht über die rechtliche Tragweite eines Geschäfts nach § 17 Abs. 1 BeurkG regelt das BeurkG in den §§ 18–20a BeurkG einige konkrete Teilbereiche geschuldeter Belehrungen und Hinweise (zur allg. Belehrungspflicht über Genehmigungserfordernisse siehe § 17 BeurkG Rdn 58 ff.). § 18 BeurkG normiert ausdrücklich die Verpflichtung zur Belehrung über bestimmte Genehmigungserfordernisse.[1] Dabei handelt es sich nicht um Belehrungsgegenstände, die über die allgemeine Belehrungspflicht hinausgehen, sondern lediglich um Teilaspekte in Form von Spezialregelungen der allgemeinen Belehrungspflicht.[2] § 18 BeurkG ist insofern lex specialis und regelt neben der Belehrungspflicht auch eine Vermerkpflicht. 1

Um seiner Belehrungspflicht nachkommen zu können, hat der Notar zu prüfen, ob zur **Rechtswirksamkeit oder für den Vollzug des Geschäfts** eine gerichtliche oder behördliche Genehmigung erteilt sein muss. Nach seinem eindeutigen Wortlaut bezieht sich die Norm nur auf behördliche und gerichtliche Genehmigungen. Auf privatrechtlich erforderliche Genehmigungen muss deshalb nicht (jedenfalls nicht nach § 18 BeurkG) hingewiesen werden.[3] Ebenso wenig bezieht sich die Norm auf Genehmigungen, die lediglich in Folge des Rechtsgeschäfts ggf. erforderlich sind, bspw. für die Aufnahme des Geschäfts einer neu gegründeten GmbH.[4] Erfasst sind also nur solche Genehmigungen, die die Gründung der GmbH selbst betreffen.[5] 2

Der Notar muss auf jede einzelne erforderliche Genehmigung hinweisen.[6] Der pauschale Hinweis, der Vertrag bedürfe (möglicherweise) behördlicher Genehmigung, ist keine ausreichende Belehrung, ebenso wenig der bloße Hinweis auf § 18 BeurkG.[7] Die Belehrungspflicht erstreckt sich jedoch nicht auf einzelne Voraussetzungen der Genehmigung oder des Genehmigungsverfahrens. Insbesondere hat der Notar nicht zu prüfen, ob ein beabsichtigtes Rechtsgeschäft genehmigungsfähig ist oder nicht.[8] Allenfalls aus der allgemeinen Betreuungspflicht (siehe § 17 BeurkG Rdn 6 ff.) kann sich eine Pflicht ergeben, in Zweifelsfällen auf das Problem hinzuweisen und eine Abklärung mit der Behörde oder die Einholung der Genehmigung vor der Beurkundung anzuregen. Eine solche Hinweispflicht dürfte jedoch nur unter besonderen Umständen aus der allgemeinen Betreuungspflicht herzuleiten sein, nämlich dann, wenn die Beteiligten ersichtlich zu Unrecht davon ausgehen, dass die Genehmigungserteilung eine reine Formsache sei, ihnen daraus offensichtlich ein Schaden droht und für den Notar erkennbar ist bzw. sich ihm aufdrängt, dass die Genehmigung schwerlich erteilt werden wird.[9] Der Notar hat ebenfalls auf die **Folgen der fehlenden Genehmigung** hinzuweisen, wenn die Genehmigung für die Wirksamkeit des Vertrages erforderlich ist, also auf die schwebende Unwirksamkeit des genehmigungsbedürftigen Geschäfts und die Unwirksamkeit bei endgültiger Versagung der Genehmigung. Kommt der Notar bei der Frage, ob ein Genehmigungsvorbehalt besteht, zu keinem endgültigen Ergebnis, dann hat er über die aufgetretenen Zweifel zu belehren.[10] 3

Die Prüfungs- und Belehrungspflicht wird durch den Zwang zur Aufnahme eines **Vermerks** in der Niederschrift gesichert.[11] In diesem Vermerk sind die Belehrungen über die Genehmigungserfordernisse einzeln anzugeben.[12] Da die Belehrungen über etwaige Genehmigungserfordernisse zu den Amtspflichten des Notars gehören, dient die Aufnahme des Vermerks zugleich der Abwehr von Schadensersatzansprüchen gegen den Notar.[13] Dem Vermerk selbst kommt keine Hinweis-, sondern lediglich Beweisfunktion zu.[14] Fehlt ein 4

1 Zusammenstellung der bei Grundstückskaufverträgen zu beachtenden Genehmigungen etwa Beck'sches Notarhdb/*Everts*, § 1 Rn 108 ff.
2 Vgl. Frenz/Miermeister/*Frenz*, § 18 BeurkG Rn 1; *Ganter*, DNotZ 2007, 246, 253.
3 BeckOK-BeurkG/*Köther*, § 18 Rn 3.
4 *Schmelter/Greger*, MittBayNot 2021, 201.
5 Ausführlich dazu *Weigl*, DNotZ 2011, 169, 171 ff.
6 BGH v. 15.10.1992 – IX ZR 43/92, NJW 1993, 648, Rn 11 ff.; Frenz/Miermeister/*Frenz*, § 18 BeurkG Rn 3; *Winkler*, § 18 Rn 44.
7 Beck'sches Notarhdb/*Kindler*, § 31 Rn 148.
8 *Ganter*, DNotZ 2007, 246, 254; *Winkler*, § 18 Rn 49; a.A. LG Leipzig NotBZ 2006, 437 (Kostensache) mit zu Recht abl. Anm. *Lerch*.
9 *Ganter*, DNotZ 2007, 246, 254; *Winkler*, § 18 Rn 45, 49.
10 Frenz/Miermeister/*Frenz*, § 18 BeurkG Rn 3; *Ganter*, DNotZ 2007, 246, 254; *Winkler*, § 18 Rn 45.
11 Beck'sches Notarhdb/*Kindler*, § 31 Rn 148.
12 BGH v. 15.10.1992 – IX ZR 43/92, NJW 1993, 648, 649; *Winkler*, § 18 Rn 46.
13 Vgl. zur Beweislast bei einer fehlenden privatrechtlichen Genehmigung BGH v. 25.4.1995 – IX ZR 237/95, DNotZ 1997, 62, 63, Rn 7 ff.; Haug/Zimmermann/*Eggenstein*, Rn 611.
14 Vgl. insoweit BGH v. 13.11.1973 – VI ZR 145/71, DNotZ 1974, 296, 303.

entsprechender Vermerk in der Urkunde, hat der Notar zu beweisen, dass eine entsprechende Belehrung erfolgt ist.[15] Aus dem Fehlen des Vermerks kann aber nicht darauf geschlossen werden, dass eine Belehrung unterblieben ist.

II. Bestätigungen und Genehmigungen

5 § 18 BeurkG unterscheidet begrifflich zwischen Bestätigungen und Genehmigungen. Hauptanwendungsfall für Bestätigungen war nach früherem Recht die Begründung (§ 1741 S. 2 BGB a.F.) und die Aufhebung (§ 1770 BGB a.F.) eines Vertrages über die Annahme an Kindes statt. Nach heutigem Stand bestehen allerdings zur Wirksamkeit eines Geschäfts keine erforderlichen Bestätigungen mehr.[16] Das Erfordernis einer gerichtlichen Genehmigung ergibt sich insbesondere im Familien- und Erbrecht. Behördliche Genehmigungen finden sich vorwiegend für den Grundstücksverkehr. Hinzu kommen Genehmigungsvorbehalte, die anderen wirtschaftspolitischen Zwecken oder der Überwachung der Tätigkeit bestimmter Personen oder Personengruppen dienen.[17] Die Genehmigungserfordernisse ergeben sich aus einer Vielzahl von Bundes- und Landesgesetzen. Anhaltspunkte für das Bestehen eines Genehmigungsvorbehalts geben für bestimmte Genehmigungserfordernisse die Eintragungen entsprechender **Vermerke im Grundbuch**.[18]

III. Beschaffung der Genehmigungen

6 Die erforderlichen Genehmigungen sind von den Beteiligten grundsätzlich selbst zu beantragen. Zumeist sind die Beteiligten jedoch nicht in der Lage, den Vollzug zu übernehmen, und erwarten, dass der Notar die erforderlichen Genehmigungen einholt. Ist der Notar dazu nicht bereit, muss er die Beteiligten spätestens bei der Beurkundung darauf hinweisen. Erfolgt ein Vollzugsauftrag an den Notar, sollte damit gleich auch eine umfassende Vollzugsvollmacht erteilt werden, die sich auf die Einholung der für Wirksamkeit und Vollzug erforderlichen Genehmigungen erstreckt. Dabei sollte die Vollmacht im Außenverhältnis grundsätzlich unbeschränkt erteilt werden. Eine Einschränkung ist für den Fall der Versagung einer Genehmigung, der Erteilung unter Nebenbestimmungen oder der Ausübung eines Vorkaufsrechts in der Weise angezeigt, als dass hier die Empfangszuständigkeit bei den betreffenden Beteiligten bleiben sollte. Entsprechende Bescheide sollten nur gegenüber den jeweiligen Beteiligten und nicht gegenüber dem Notar erlassen werden können, da die Beteiligten selber entscheiden sollten, wie weiter vorzugehen ist und durch die Weiterleitung vom im Übrigen empfangsbevollmächtigten Notar wertvolle Zeit für eventuelle Rechtsbehelfe verstreicht.[19] Eine Vollmachtsvermutung zur Beantragung der Genehmigung ist in § 3 Abs. 2 S. 2 GrdstVG[20] und § 13 Abs. 2 HöfeVfO geregelt.

7 Die Einholung der Genehmigungen ist eine besondere Betreuungstätigkeit auf dem Gebiet der vorsorgenden Rechtspflege nach § 24 BNotO. Ist dem Notar i.d.S. ein Vollzugsauftrag erteilt worden, dann umfasst dieser Auftrag i.d.R. auch den Antrag zur Beschaffung der für den Vollzug erforderlichen **Nebenerklärungen**.[21]

B. Genehmigungserfordernisse, Untersagungsmöglichkeiten und Anwendbarkeit der Hinweispflicht

I. Ausländer

8 Gem. Art. 86 S. 2 EGBGB ist die Bundesregierung zur Einführung von Beschränkungen und Genehmigungserfordernissen durch Rechtsverordnung ermächtigt, wenn Rechte durch Ausländer oder auslän-

15 Frenz/Miermeister/*Frenz*, § 18 BeurkG Rn 3; zur Beweislast bzgl. der Verletzung von Belehrungspflichten im Amtshaftungsprozess siehe BGH v. 9.11.1989 – IX ZR 261/88, DNotZ 1990, 441, 442 Rn 6 ff.

16 Frenz/Miermeister/*Frenz*, § 18 BeurkG Rn 2; Haug/Zimmermann/*Eggenstein*, Rn 534, der § 28 Abs. 1 S. 3 BauGB als Bestätigung einordnet. Das scheint vertretbar, im Ergebnis aber eher zweifelhaft, da das Vorkaufsrecht (und auch das Negativattest) von § 20 BeurkG erfasst wird.

17 Zu den Folgen der Rücknahme oder des Widerrufs von Vertragsgenehmigungen vgl. *Zacharias*, NVwZ 2002, 1306 ff.

18 Überblick bei *Böhringer*, BWNotZ 2002, 49 ff.

19 Würzburger Notarhdb/*Hertel*, Teil 2 Kap. 2 Rn 526.

20 Vgl. hierzu *Schöner/Stöber*, Rn 4028 f.

21 OLG Hamm FGPrax 1995, 171; OLG Hamm FGPrax 1998, 194, 195; Haug/Zimmermann/*Eggenstein*, Rn 630 m.w.N.; *Winkler*, § 53 Rn 12.

dische juristische Personen erworben werden sollen. Dies gilt nicht für Ausländer und ausländische juristische Personen, die aus einem Mitgliedsstaat der EU stammen. Von der Verordnungsermächtigung wurde bislang kein Gebrauch gemacht.[22] Im Zusammenhang mit ausländischen Beteiligten sind zudem die Verordnungen der EU zur Sanktionierung verschiedener Personengruppen zu beachten, insb. im Zusammenhang mit dem Ukraine-Konflikt. Die Verordnungen sehen allerdings teilweise auch ein Einfrieren der Vermögenswerte vor, so dass ein Beurkundungsverbot gilt. Es handelt sich deshalb nicht um einen Fall des § 18 BeurkG.

II. Außenwirtschaftsrecht

Das Außenwirtschaftsrecht kann Beschränkungen für den Erwerb von Unternehmen beinhalten. Während bislang der Erwerb von Unternehmen, die bestimmte Sicherheitsinteressen Deutschlands berühren, beschränkt war, sieht das Gesetz seit seiner Novellierung im Jahr 2009 eine branchenunspezifische (sog. sektorübergreifende) Prüfung und Untersagung eines Unternehmenserwerbs vor. Das AWG wurde zuletzt 2019 grundlegend überarbeitet.[23] Vereinfacht dargestellt kann ein Erwerb nach § 4 Abs. 1 AWG i.V.m. §§ 55 ff. AWV untersagt oder beschränkt werden, wenn ein Unionsfremder (§ 2 Abs. 18 und 19 AWG) unmittelbar oder mittelbar eine Beteiligung von mindestens 25 % der Stimmrechte an einem gebietsansässigen Unternehmen erwirbt.[24] Ein Rechtsgeschäft, das ohne die erforderliche Genehmigung vorgenommen wird, ist gem. § 15 Abs. 1 Abs. 3 AWG schwebend unwirksam. Voraussetzung ist unter anderem die Gefährdung der öffentlichen Sicherheit oder Ordnung Deutschlands. Die Außenwirtschaftsverordnung enthält zudem eine Vermutungsregelung, nach der bei dem Erwerb von Unternehmen mit einer Tätigkeit im Bereich der öffentlichen Versorgung, Infrastruktur, Bankwesen und vergleichbaren Branchen eine Gefährdung der öffentlichen Sicherheit und Ordnung nahe liegt. Regelungen zu einer sektorspezifischen Prüfung enthält § 60 AWV, wonach – unabhängig von einer Gefährdung der öffentlichen Sicherheit und Ordnung – das Bundesministerium für Wirtschaft und Energie eine Prüfung vornehmen kann, wenn wesentliche Sicherheitsinteressen der Bundesrepublik Deutschland gefährdet sind. Angesprochen werden von der Verordnung in diesem Zusammenhang Beteiligungserwerbe durch Ausländer, wenn das Zielunternehmen im Rüstungssektor oder im Bereich der IT-Sicherheit tätig ist oder bestimmte, auf der Ausfuhrliste enthaltene Güter herstellt. § 55 Abs. 1b AWV enthält eine Privilegierung für rein konzerninterne Sachverhalten, namentlich, wenn ein schuldrechtliches Rechtsgeschäft über den Erwerb eines inländischen Unternehmens ausschließlich zwischen Unternehmen abgeschlossen wird, deren Anteile jeweils vollständig von demselben herrschenden Unternehmen gehalten werden, und alle Vertragsparteien ihren Ort der Leitung in demselben Drittstaat haben.[25] 9

Eine Meldepflicht für den Notar enthält weder das AWG noch die AWV.[26] § 55a Abs. 4 AWV enthält eine Meldepflicht des Erwerbers, wenn das inländische Zielunternehmen in bestimmten sicherheitsrelevanten Geschäftsbereichen tätig ist, die in § 55a Abs. 1 Nr. 1–27 AWV (sektorübergreifende Prüfung) und in § 60 Abs. 1 AWV (sektorspezifische Prüfung) abschließend aufgeführt sind.[27] 10

III. Bausparkassen

Bausparkassen bedürfen zum Erwerb von Grundstücken keiner Genehmigung, unterliegen jedoch Erwerbsbeschränkungen nach § 4 Abs. 4 des Gesetzes über Bausparkassen,[28] wonach sie Grundstücke, Erbbaurechte, Wohnungseigentum usw. lediglich zur Verhütung von Ausfällen an Forderungen und zur Beschaffung von Geschäftsräumen sowie von Wohnräumen für ihre Betriebsangehörigen erwerben dürfen. Die Einhaltung dieser Beschränkung unterliegt nicht der Prüfung durch das Grundbuchamt[29] und löst auch keine Hinweispflicht des Notars gem. § 18 BeurkG aus, da es sich nicht um ein Genehmigungserfordernis handelt. 11

22 *Schöner/Stöber*, Rn 4093.
23 Dazu ausführlich *Niestedt/Kunigk*, NJW 2020, 2504 ff.
24 Vgl. zu den Einzelheiten bei Unternehmensaquisitionen *Marquardt/Pluskat*, DStR 2009, 1314.
25 Dazu ausführlich *Barth/Käser*, NZG 2021, 813, 819.
26 *Winkler*, § 18 Rn 35.
27 Vgl. dazu insgesamt *Bürger/Uzunçakmak*, NZKart 2022, 63.
28 BGBl I 1991, 454.
29 *Schöner/Stöber*, Rn 4064.

IV. Bergwerkseigentum

12 Das Bundesberggesetz (BBergG)[30] enthält Genehmigungsvorbehalte für die Veräußerung von Bergwerkseigentum und die Teilung und Vereinigung von Bergwerksfeldern. Bergwerkseigentum entsteht mit der Zustellung der Berechtsamsurkunde (Verleihungsurkunde und Ausfertigung des Lagerisses) an den Antragsteller (§ 17 Abs. 1 S. 1 BBergG). Die (nach Landesrecht – § 142 BBergG) zuständige Behörde[31] ersucht das Grundbuchamt um Eintragung des Bergwerkseigentums im Grundbuch (§ 17 Abs. 3 S. 1 BBergG). Die Übertragung von Bergwerkseigentum und der schuldrechtliche Vertrag hierüber bedürfen der Genehmigung der zuständigen Behörde (§ 23 Abs. 1 BBergG), die bereits vor der Beurkundung des Rechtsgeschäfts erteilt werden kann (§ 23 Abs. 2 S. 1 BBergG). Nach § 23 Abs. 2 S. 2 BBergG gilt die Genehmigung als erteilt, wenn sie nicht innerhalb von zwei Monaten nach Eingang des Genehmigungsantrags versagt wurde. Hierüber hat die zuständige Behörde auf Verlangen ein Fiktionszeugnis auszustellen (§ 23 Abs. 2 S. 3 BBergG). Der Genehmigung bedürfen gem. § 26 BBergG ebenfalls die Vereinigung (§ 25 Nr. 4) und die Teilung (§ 28 BBergG) von Bergwerksfeldern.

V. Devisengenehmigung

13 Ist an einem Rechtsgeschäft ein Ausländer beteiligt, sind u.U. ausländische Devisenbestimmungen zu beachten. Aus Devisenkontrakten – das können auch Grundstückskaufverträge sein[32] –, die gegen die Devisenbestimmungen eines Mitgliedsstaates des Übereinkommens über den Internationalen Währungsfonds (Agreement of the International Monetary Fund[33]) verstoßen, kann in keinem Mitgliedsstaat geklagt werden (Art. VIII Abschn. 2 lit. b S. 1 des Übereinkommens).[34] Deutschland ist dem Abkommen beigetreten.[35] Über den Inhalt ausländischer Devisenbestimmungen muss der Notar allerdings nicht belehren, vgl. § 17 Abs. 3 S. 2 BeurkG. Soll in einer Währung gezahlt werden, die nicht Zahlungsmittel eines der EU-Mitgliedsstaaten ist, sollte vorsorglich die Belehrung aufgenommen werden, dass ausländische Devisenbestimmungen zu beachten sind, der Notar diese nicht kennt und deshalb darüber auch nicht belehren kann. Da eine solche Zahlung in einer Nicht-EU-Währung die Ausnahme sein dürfte, spielen ausländische Devisenbestimmungen in der notariellen Praxis nahezu keine Rolle.

VI. Enteignungsverfahren

14 Nach Art. 74 Nr. 14 GG richtet sich das Recht der Enteignung nach Landesrecht, soweit der Bund nicht von seiner Gesetzgebungskompetenz Gebrauch gemacht hat. Zum Teil hat der Bundesgesetzgeber von der Gesetzgebungskompetenz auch dergestalt Gebrauch gemacht, dass Bundesgesetze Vorbehalte zugunsten landesrechtlicher Enteignungsregelungen enthalten.[36] In den Enteignungsgesetzen des Bundes und der Länder finden sich Genehmigungsvorbehalte für Verfügungen über Grundstücke, für die ein Enteignungsverfahren eingeleitet ist. Für Enteignungsverfahren nach §§ 85 ff. BauGB ist die Genehmigungspflicht in § 109 Abs. 1 BauGB geregelt. Sie betrifft Rechtsvorgänge i.S.d. § 51 BauGB, also insbesondere Verfügungen über ein Grundstück oder die Teilung eines Grundstücks, die vor Erteilung der Genehmigung schwebend unwirksam sind.[37] Die Beschränkung gilt ab Bekanntmachung der Einleitung des Enteignungsverfahrens. Nach § 108 Abs. 6 BauGB teilt die Enteignungsbehörde dem Grundbuchamt die Verfahrenseinleitung mit und ersucht um die Eintragung des **Enteignungsvermerks**. Der Vermerk hat keine konstitutive Bedeutung; die Verfügungsbeschränkung gilt also ungeachtet der Eintragung im Grundbuch.[38] Gemäß § 109 Abs. 3 S. 1 BauGB kann die Enteignungsbehörde anordnen, dass die Verfügungsbeschränkung bereits vor Einleitung des Enteignungsverfahrens eintritt.

30 BGBl I 1980, 1310.

31 In NRW ist dies die Bezirksregierung Arnsberg, vgl. § 1 der Verordnung zur Regelung von Zuständigkeiten und zur Übertragung von Verordnungsermächtigungen auf dem Gebiet des Bergrechts vom 2.3.2010, GV NRW 2010, 163, in Kraft getreten am 13.3.2010.

32 *Mann*, JZ 1953, 442, 444; MüKo-BGB/*Martiny*, Band 13, Anh. II zu Art. 9 Rom I-VO (Devisenrecht), Rn 17.

33 Abrufbar unter https://www.imf.org/external/pubs/ft/aa/pdf/aa.pdf.

34 Ausführlich: MüKo-BGB/*Martiny*, Band 13, Anh. II zu Art. 9 Rom I-VO (Devisenrecht), Rn 38.

35 Gesetz v. 28.7.1952 (BGBl II 1952, 637); vgl. hierzu auch Reithmann/Albrecht/*Albrecht*, Rn 640.

36 § 22 Abs. 4 AEG; § 19 Abs. 5 FStrG.

37 Battis/Krautzberger/Löhr/*Battis*, § 109 Rn 3.

38 EZBK/*Dyong/Groß*, BauGB, § 108 Rn 21; *Schöner/Stöber*, Rn 4095.

Eine entsprechende Bekanntmachung hat sie ortsüblich bekannt zu machen und dem Grundbuchamt mitzuteilen (§ 109 Abs. 3 S. 2 BauGB).

VII. Entwicklungsbereich

Die Durchführung städtebaulicher Entwicklungsmaßnahmen ist in den §§ 165 ff. BauGB geregelt. Im Entwicklungsbereich bestehen die gleichen Genehmigungserfordernisse wie in Sanierungsgebieten (§ 169 Abs. 1 Nr. 3 i.V.m. § 144 BauGB). Insbesondere bedürfen die rechtsgeschäftliche Veräußerung sowie die Belastung eines Grundstücks oder Erbbaurechts der schriftlichen Genehmigung der Gemeinde. Gleiches gilt für den der Verfügung zugrunde liegenden schuldrechtlichen Vertrag (§§ 169 Abs. 1 Nr. 3, 144 Abs. 2 Nr. 1 bis 3 BauGB). Mit der Genehmigung des schuldrechtlichen Vertrages gilt die Genehmigung für die Verfügung als erteilt. Genehmigungsbedürftig ist nach den §§ 169 Abs. 1 Nr. 3, 144 Abs. 2 Nr. 5 BauGB auch die Teilung eines Grundstücks im Entwicklungsbereich, nicht aber die Aufteilung in Wohnungseigentum (vgl. die Ausführungen zum Sanierungsgebiet unten Rdn 49 ff.). Das Genehmigungsverfahren richtet sich nach den §§ 169 Abs. 1 Nr. 3, 145 BauGB. Die Festlegung eines städtebaulichen Entwicklungsbereichs erfolgt durch die ortsüblich bekanntzumachende **Entwicklungssatzung** der Gemeinde (§ 165 Abs. 6–8 BauGB), wobei in der Bekanntmachung auf die Genehmigungserfordernisse nach § 144 BauGB hinzuweisen ist. Der Hinweis hat allerdings lediglich deklaratorische Wirkung und ist keine Anwendungsvoraussetzung für das Genehmigungserfordernis.[39] Die rechtsverbindliche Entwicklungssatzung mit der Aufzählung der betroffenen Grundstücke wird dem Grundbuchamt mitgeteilt, das daraufhin den Entwicklungsvermerk in die Grundbücher der betroffenen Grundstücke einträgt (§ 165 Abs. 9 BauGB). Die Eintragung des **Entwicklungsvermerks** hat lediglich deklaratorische Bedeutung. Das Schweigen des Grundbuchs schützt daher nicht vor den mit dem Inkrafttreten der Entwicklungssatzung geltenden Verfügungsbeschränkungen; vielmehr treten die Verfügungsbeschränkungen bereits mit der ortsüblichen Bekanntmachung der Entwicklungssatzung ein.[40] 15

VIII. Erhaltungssatzung

§ 172 Abs. 1 S. 4 BauGB ermächtigt die Landesregierungen, durch Rechtsverordnung für die Dauer von höchstens fünf Jahren anzuordnen, dass für Grundstücke im Bereich einer **Erhaltungssatzung** (§ 172 Abs. 1 S. 1 BauGB) die Begründung von Wohnungs- und Teileigentum an Gebäuden, die ganz oder teilweise zu Wohnzwecken dienen, der Genehmigung bedarf.[41] Nicht genehmigungsbedürftig ist die Begründung von Wohnungs- oder Teilerbbaurechten oder Dauernutzungsrechten.[42] § 250 BauGB geht im räumlichen Anwendungsbereich von Rechtsverordnungen nach § 250 Abs. 1 S. 3 BauGB den Rechtsverordnungen nach § 172 Absatz 1 Satz 4 vor (zu § 250 BauGB noch ausführlich unten Rdn 95 ff.). Wird das aufzuteilende Gebäude neu errichtet, greift nach richtiger Auffassung das Genehmigungserfordernis nicht.[43] Die kraft Rechtsverordnung bestimmte Beschränkung gilt als gesetzliches Verbot i.S.d. § 135 BGB (§ 172 Abs. 1 S. 5 BauGB). Auch die vorläufige Untersagung gem. §§ 172 Abs. 2, 15 Abs. 1 S. 2 BauGB führt zur relativen Unwirksamkeit.[44] Die Genehmigungspflicht wird wirksam, wenn die entsprechende Rechtsverordnung erlassen ist und die gemeindliche Satzung ortsüblich bekannt gemacht worden ist (§§ 172 Abs. 1 S. 3, 16 Abs. 2 und ggf. 10 Abs. 3 S. 4 BauGB), wovon das Grundbuchamt zu unterrichten ist. Das Grundbuchamt darf bei Anordnung eines Genehmigungsvorbehalts die Eintragung nur vornehmen, wenn die Genehmigung, oder ein Negativzeugnis vorgelegt wird (§§ 172 Abs. 1 S. 6, 22 Abs. 6 S. 1 BauGB). Ist die Eintragung der Aufteilung beantragt und wird nach Antragstellung, aber vor Eintragung die Genehmigungspflicht wirksam, ist der Antrag vom Grundbuchamt analog § 878 BGB zu vollziehen.[45] Eine vor dem Wirksamwerden der Genehmigungspflicht eingetragene Vormerkung zur Absicherung eines Anspruchs auf Begründung und Übertragung von Teileigentum führt zudem zu einem Rechtsanspruch auf Erteilung der Genehmigung nach § 172 Abs. 4 S. 3 Nr. 4 BauGB. Eine entgegen der Genehmigungspflicht eingetragene Vormerkung kann nach §§ 135 Abs. 2, 893 Alt. 2 BGB gut- 16

39 Battis/Krautzberger/Löhr/*Mitschang*, § 165 Rn 31.
40 *Schöner/Stöber*, Rn 3899.
41 Vgl. hierzu *Grziwotz*, DNotZ 1997, 916, 936 ff.; *Schöner/Stöber*, Rn 3850 ff.
42 *Schöner/Stöber*, Rn 3846.
43 *Hertel*, DNotI-Report 1997, 159, 160; EZBK/*Stock*, BauGB, § 172 Rn 123.
44 BGH v. 20.12.2024 – V ZR 277/23, BeckRS 2024, 38188 Rn 14 ff.
45 *Schöner/Stöber*, Rn 3846, 3836.

gläubig erworben worden sein und einen gutgläubigen Erwerb des Wohnungs- oder Teileigentums nach sich ziehen.[46] Der gutgläubige Erwerb einer einzelnen Einheit der aufgeteilten Anlage lässt dabei die gesamte Aufteilung wirksam werden.[47]

IX. Flurbereinigung

17 Zweck der Flurbereinigung ist es, ländlichen Grundbesitz zu vereinigen, der in kleine verschiedene Grundstücke aufgesplittert ist und verschiedenen Eigentümern gehört. So soll die land- bzw. forstwirtschaftliche Nutzung verbessert werden oder eine Unternehmensansiedlung ermöglicht werden. Mit der Einleitung eines Flurbereinigungsverfahrens nach Maßgabe des FlurbG bilden die Eigentümer der Grundstücke im Flurbereinigungsgebiet die sog. **Teilnehmergemeinschaft** (§ 16 S. 1 FlurbG). Die Teilnehmergemeinschaft entsteht mit dem Flurbereinigungsbeschluss und ist eine Körperschaft des öffentlichen Rechts (§ 16 S. 2 FlurbG); sie bedarf gem. § 17 Abs. 2 FlurbG zum Abschluss von Verträgen, insbesondere von Veräußerungs- und Erwerbsverträgen, der Zustimmung der Flurbereinigungsbehörde.[48]

18 Während des Flurbereinigungsverfahrens (bis zum Inkrafttreten der Ausführungsanordnung) unterliegen die **Eigentümer** der eingebrachten Grundstücke weder einem Verfügungsverbot noch hat es eine Grundbuchsperre zur Folge. Lediglich Nutzungsänderungen, die nicht zum ordnungsgemäßen Wirtschaftsbetrieb gehören, bedürfen der Genehmigung der Flurbereinigungsbehörde (§ 34 Abs. 1 FlurbG). Der **Erwerber** eines in einem Flurbereinigungsgebiet gelegenen Grundstücks muss das bis zu seiner Eintragung im Grundbuch oder bis zur Anmeldung des Erwerbs bei der Flurbereinigungsbehörde durchgeführte Verfahren gegen sich gelten lassen (§ 15 S. 1 FlurbG). Erfolgt die Eigentumsumschreibung vor der Ausführungsanordnung, erwirbt er zunächst das Eigentum am – bisherigen – Grundstück des Veräußerers und im Fall der vorläufigen Besitzeinweisung (§ 65 FlurbG) den Besitz, die Verwaltung und Nutzung an dem neuen Grundstück. Mit Ausführung des Flurbereinigungsplans wird er Eigentümer des dem Veräußerer zugewiesenen Ersatzgrundstücks. Die Grundbucheintragung erfolgt im Wege der Berichtigung (§ 79 Abs. 1 FlurbG). Entsprechend beziehen sich Verfügungen (wie Belastungen) über das Einlagegrundstück nach Inkrafttreten der Ausführungsanordnung ohne weiteres infolge der Surrogation auf das Ersatzgrundstück und dieses muss zudem nicht grundbuchlich (§ 28 Abs. 1 GBO) bezeichnet sein.[49] Ist bei Inkrafttreten der Ausführungsanordnung bislang nur die **Auflassung** erklärt, so bezieht sie sich direkt auf das Ersatzgrundstück und muss nicht wiederholt werden.[50] Mit Inkrafttreten der Ausführungsanordnung bzw. zu dem darin vorgesehenen Stichtag tritt das Ersatzgrundstück an die Stelle des Einlagegrundstücks (§ 68 Abs. 1 S. 1 FlurBG). Verfügungen über das Einlagegrundstück sind nicht mehr möglich, ebenso dessen Belastungen. Verfügungen über die zugeteilten Ersatzgrundstücke sind zwar schon möglich, zu ihrem grundbuchlichen Vollzug ist allerdings die vorherige Umschreibung auf den Veräußerer im Zuge der Ausführung des Flurbereinigungsplanes erforderlich. Bei einer vorzeitigen Ausführungsanordnung (§ 63 FlurBG) besteht die Möglichkeit, hinsichtlich bestimmter, nicht von Drittwidersprüchen betroffener Grundstücke die Grundbuchberichtigung vorab zu beantragen (§ 82 FlurBG).

19 Ein **Verfügungsverbot** zugunsten der Teilnehmergemeinschaft oder eines bestimmten Dritten tritt jedoch ein, wenn der Eigentümer sich ganz oder teilweise in Geld abfinden lassen will und seine Zustimmung zur Geldabfindung unwiderruflich geworden ist (§ 52 Abs. 3 S. 1 FlurbG). Die Zustimmung kann nicht mehr widerrufen werden, wenn sie der Flurbereinigungsbehörde in schriftlicher Form zugegangen oder von ihr in einer Verhandlungsniederschrift aufgenommen worden ist (§ 52 Abs. 2 S. 2 FlurbG). Ein gutgläubiger Erwerber kann sich bis zur Eintragung des Verfügungsverbots auf den öffentlichen Glauben des Grundbuchs berufen (§ 52 Abs. 3 S. 3 FlurbG).

46 *Schöner/Stöber*, Rn 3846, 3836.
47 *Hertel*, DNotI-Report 1997, 159, 162 unter Verweis auf BGH v. 3.11.1989 – V ZR 143/87, NJW 1990, 447, Rn 19.
48 *Schöner/Stöber*, Rn 4042.
49 LG Schweinfurt Rpfleger 1975, 312; zur Fortsetzung einer erfolgten Belastung des Einlagegrundstücks am Ersatzgrundstück vgl. § 68 Abs. 1 S. 1 FlurbG.
50 OLG Frankfurt a.M. Rpfleger 1996, 335 m.w.N.; *Schöner/Stöber*, Rn 4033.

X. Fremdenverkehrsgebiete

§ 22 Abs. 1 S. 1 BauGB räumt Gemeinden, deren Gebiet überwiegend durch **Fremdenverkehr** geprägt ist, die Befugnis ein, zur Sicherung der vorhandenen oder vorgesehenen Zweckbestimmung in einem Bebauungsplan oder durch eine sonstige Satzung die Begründung oder Teilung von Wohnungs- oder Teileigentum sowie von Wohnungserbbaurechten und Dauerwohn- bzw. Dauernutzungsrechten von einer Genehmigung abhängig zu machen.[51] Insofern dient die Vorschrift dem Schutz von Gebieten mit Fremdenverkehrsfunktion. Die Aufteilung in Bruchteile mit Verwaltungs- und Benutzungsregelung nach § 1010 BGB wird von diesem Genehmigungserfordernis nach der geänderten Regelung des § 22 Abs. 1 S. 1 Nr. 3 BauGB ebenfalls erfasst, ebenso die Vereinbarung einer Regelung nach § 1010 BGB, wenn schon Bruchteilseigentum besteht (§ 22 Abs. 1 S. 1 Nr. 4 BauGB). 20

Die Satzung, welche die Gemeinde ortsüblich bekannt zu machen hat (§ 22 Abs. 2 S. 1 BauGB), setzt mit ihrem Wirksamwerden eine Grundbuchsperre (§ 22 Abs. 6 BauGB) in Kraft. Die Eintragung von Rechten an einem Grundstück, welches im Geltungsbereich einer solchen Satzung belegen ist, darf daher durch das Grundbuchamt nur dann erfolgen, wenn eine Genehmigung oder ein Negativzeugnis vorliegt. Eine Eintragung der Verfügungsbeschränkung in das Grundbuch ist nicht vorgesehen und daher unzulässig.[52] Die Genehmigung darf nur versagt werden, wenn durch Begründung oder Teilung der Rechte die Zweckbestimmung des Gebietes für den Fremdenverkehr und dadurch die städtebauliche Entwicklung und Ordnung beeinträchtigt wird (§ 22 Abs. 4 S. 1 BauGB). Sie ist zu erteilen, wenn sie zur Erfüllung von Ansprüchen Dritter erforderlich ist, die durch eine vor Wirksamwerden des Genehmigungsvorbehaltes zur Eintragung im Grundbuch beantragte Vormerkung gesichert sind (§ 22 Abs. 4 S. 2 BauGB). Gemäß § 22 Abs. 5 S. 2 BauGB ist über die Genehmigung innerhalb eines Monats nach Eingang des Antrags zu entscheiden. Kann die Prüfung in dieser Zeit nicht abgeschlossen werden, ist die Frist vor ihrem Ablauf im Rahmen eines Zwischenbescheides zu verlängern (§ 22 Abs. 5 S. 3 BauGB). Demgegenüber gilt die Genehmigung als erteilt, wenn sie nicht innerhalb der Frist versagt wird (§ 22 Abs. 5 S. 4 BauGB). Hierüber ist von der Baugenehmigungsbehörde ein **Negativzeugnis** auszustellen (§ 22 Abs. 5 S. 5 BauGB). Das Grundbuchamt darf eine genehmigungsbedürftige Eintragung nur bei Vorliegen des Genehmigungsbescheids oder des Negativzeugnisses vornehmen (§ 22 Abs. 6 S. 1 BauGB). Eine vor Inkrafttreten des Genehmigungsvorbehalts beantragte Aufteilung darf analog § 878 BGB nicht unter Hinweis auf das Genehmigungserfordernis abgelehnt werden, da diese vollzugsfähig beantragt war und dem Grundeigentümer nicht das Risiko der nachträglichen Rechtsänderung in diesen Fällen aufzubürden ist.[53] 21

XI. Gemeinderecht

Verfügungsbeschränkungen und Genehmigungsvorbehalte für den Grundstücksverkehr sind für die Kommunen in den Gemeindeordnungen der Länder vorgesehen.[54] Eine Genehmigung für die Veräußerung von gemeindeeigenen Grundstücken (zumeist für zumindest teilunentgeltliche Veräußerungen) ist vorgesehen in Brandenburg,[55] Mecklenburg-Vorpommern, Sachsen, Sachsen-Anhalt und Thüringen; Anzeigepflichten der Gemeinde im Hinblick auf Veräußerungen bestehen in Sachsen-Anhalt. Die Bestellung von Sicherheiten zugunsten Dritter bedarf in Baden-Württemberg, Bayern,[56] Brandenburg, Hessen, Mecklenburg-Vorpommern, Niedersachsen, Nordrhein-Westfalen,[57] Rheinland-Pfalz, Saarland,[58] Sachsen,[59] Sachsen-An- 22

51 Vgl. hierzu *Schöner/Stöber*, Rn 3831 ff.; DNotI-Report 2008, 97 ff.

52 Bauer/Schaub/*Lieder/Waldner*, AT H Rn 86.

53 *Schöner/Stöber*, Rn 3836. Für § 250 BauGB nunmehr auch ausdrücklich KG ZWE 2022, 37; vgl. auch DNotI-Report 2021, 113 ff.

54 Vgl. die Übersicht bei *Schöner/Stöber*, Rn 4075.

55 U.U. Genehmigungsfreiheit nach Verordnung über die Genehmigungsfreiheit von Rechtsgeschäften der Gemeinden (Genehmigungsfreistellungsverordnung – GenehmFV) vom 9.3.2009 (GVBl II/09 Nr. 09, 118), geänd. durch Art. 16 des Gesetzes v. 10.7.2014 (GVBl I/14 Nr. 32, 32).

56 U.U. Genehmigungsfreiheit nach Verordnung über die Genehmigungsfreiheit von Rechtsgeschäften des kommunalen Kreditwesens (Verordnung über kreditähnliche kommunale Rechtsgeschäfte) vom 16.8.1995 (GVBl 1995, 812), dort § 3 Nr. 4.

57 U.U. genehmigungsfrei gemäß Verordnung über Ausnahmen vom Verbot der Bestellung von Sicherheiten zugunsten Dritter durch Gemeinden vom 27.11.1996 (GV NRW, 519).

58 U.U. genehmigungsfrei gemäß Verordnung über die Genehmigungsfreiheit von Rechtsgeschäften der Gemeinden und Gemeindeverbände vom 28.9.2001 (ABl 2001, 1942).

59 U.U. genehmigungsfrei gemäß Verwaltungsvorschrift kommunale Grundstücksveräußerung vom 13.4.2017 (SächsABl, 584), enthalten in der Verwaltungsvorschrift vom 4.12.2017 (SächsABl SDr., 352).

halt, Schleswig-Holstein[60] und Thüringen[61] der Genehmigung der Aufsichtsbehörde. In Nordrhein-Westfalen bedarf die Bestellung von Sicherheiten zur Finanzierung des Erwerbs von Grundstücken der Gemeinde durch Dritte gem. § 87 Abs. 1 S. 3 GO NRW keiner Genehmigung.[62] Für Ämter, Kreise, Bezirke und Landschaftsverbände, soweit in den einzelnen Ländern derartige Gebietskörperschaften bestehen, gelten regelmäßig die gleichen Genehmigungspflichten wie für Gemeinden.[63]

23 Wo die entsprechenden Gemeindeordnungen eine Genehmigungspflicht für die Veräußerung von Grundbesitz durch die Gemeinde vorschreiben, ist für den grundbuchlichen Vollzug entweder die Genehmigung in der Form des § 29 Abs. 3 GBO oder aber eine Erklärung der Gemeinde, dass der Abschluss des Geschäfts genehmigungsfrei ist (etwa eine Vollwertigkeitsbescheinigung) erforderlich; darin ist die Rechtsgrundlage, die zur Genehmigungsfreiheit führt, zu zitieren. Auch für die Eintragung der Auflassungsvormerkung im Grundbuch ist die Genehmigung erforderlich, der gesicherte Anspruch ist bis zur Genehmigung nicht vormerkungsfähig, da die Gemeinde vorher nicht gebunden ist.[64]

XII. Gesellschaftsgründungen

24 Gründungen von Personen- und Kapitalgesellschaften bedürfen grundsätzlich keiner Genehmigung. Allerdings gibt es spezialgesetzliche Genehmigungserfordernisse, die bestimmte Gründungen genehmigungsbedürftig machen. Gem. § 32 Abs. 1 KWG benötigt bspw. derjenige einer Erlaubnis der BaFin, der gewerbsmäßig Bankgeschäfte betreibt oder Finanzdienstleistungen erbringt. Dieses Genehmigungserfordernis knüpft zwar an den Geschäftsbetrieb an und nicht an die Gründung, so dass es an sich nicht unter § 18 BeurkG fallen würde. § 43 Abs. 1 KWG sieht allerdings eine Registersperre vor, solange die entsprechende Erlaubnis nicht erteilt wird. Da die Gründung der Gesellschaft ohne die erforderliche Genehmigung im Handelsregister nicht vollzogen werden kann, fällt diese Genehmigung unter § 18 BeurkG und der Notar hat einen entsprechenden Hinweis zu erteilen. Gleiches gilt für berufsrechtliche Genehmigungserfordernisse der freien Berufe, bspw. gem. §§ 59c, 59g BRAO, §§ 43, 49, 53 StBerG, §§ 27, 29, 31 WPO und ggf. entsprechenden landesrechtlichen Regelungen (bspw. Art. 8 BayBauKaG). Anknüpfungspunkt ist hier regelmäßig die Firma der Gesellschaft, da diese nur verwendet werden darf, wenn eine entsprechende Zulassung vorliegt.

XIII. Grundstücksverkehrsgenehmigung (GrdstVG)

25 Den Vorschriften des GrdstVG[65] unterliegen land- und forstwirtschaftliche Grundstücke sowie Moor- und Ödland, das in landwirtschaftliche oder forstwirtschaftliche Kultur gebracht werden kann (Begriffsbestimmungen in § 1 GrdstVG). Maßgeblich ist die objektive Eignung zur land- bzw. forstwirtschaftlichen Nutzung, eine entsprechende tatsächliche Nutzung ist nicht erforderlich.[66] Grundstück im Sinne des Grundstückverkehrsgesetzes ist ein Grundstück im Rechtssinn, eine wirtschaftliche Betrachtung verbietet sich,[67] es sei denn, die Länder haben aufgrund ihrer Ermächtigungsbefugnis in § 2 Abs. 3 Nr. 2 GrdstVG geregelt, dass wirtschaftliche Aspekte zu berücksichtigen sind.[68] Grundstück im Rechtssinne ist der räumlich abgegrenzte Teil der Erdoberfläche, der im Bestandsverzeichnis eines Grundbuchblattes unter einer eigenen Nummer eingetragen ist, und zwar ohne Rücksicht auf die Art seiner Nutzung.[69] Grundstück i.S. dieses Gesetzes ist auch ein Teil eines Grundstücks (§ 1 Abs. 3 GrdstVG). Nach § 2 Abs. 3 Nr. 2 GrdstVG können die Länder bestimmen, dass die Veräußerung von Grundstücken bis zu ei-

60 U.U. genehmigungsfrei gemäß Landesverordnung über die Genehmigungsfreiheit von Rechtsgeschäften kommunaler Körperschaften vom 8.1.2007 (GVOBl Schl.-H., 14).
61 U.U. genehmigungsfrei gemäß Thüringer Grundpfandrechts-Genehmigungsfreistellungsverordnung (ThürGGFVO) vom 26.1.2006 (GVBl 2006, 48).
62 Dazu auch *Sürth*, notar 2014, 302 ff.
63 Beck'sches Notarhdb/*Everts*, § 1 Rn 144.
64 Str., vgl. *Schöner/Stöber*, Rn 4078 f. m.w.N.
65 GrdstVG v. 28.7.1961, BGBl I 1961, 1091, ber. 1652, 2000, Änd., zuletzt ber. durch Gesetz vom 17.12.2008, BGBl I 2008, 2586.
66 BGH v. 14.5.1981 – V BLw 30/80, AgrarR 1981, 286 Rn 13.
67 BGH v. 19.12.1967 – V BLw 24/67, NJW 1968, 791, 792 ff.; OLG Naumburg NJW-RR 2011, 884, 884 f.
68 BGH v. 19.12.1967 – V BLw 24/67, NJW 1968, 791, 792 ff.; OLG Naumburg NJW-RR 2011, 884, 885; der Rspr. zufolge soll dies in NRW der Fall sein, obwohl § 1 AG-GrStVG NW dafür keinen Anhaltspunkt liefert, vgl. OLG Hamm AgrarR 1985, 173 und OLG Düsseldorf MittRhNotK 1992, 188.
69 BGH v. 19.12.1967 – V BLw 24/67, NJW 1968, 791, 792 ff.

ner bestimmten Größe keiner Genehmigung bedarf. Die landesrechtlichen Grundstücksfreigrenzen liegen teilweise schon bei 0,25 ha.[70] Werden mehrere Grundstücke in einem einheitlichen Rechtsgeschäft veräußert und übersteigt eines von ihnen die jeweilige Genehmigungsfreigrenze, löst dies für das ganze Rechtsgeschäft eine Genehmigungspflicht aus.[71] Eine Zusammenrechnung der Größen mehrerer Grundstücke bei einem sog. Paketverkauf findet nicht statt,[72] es sei denn, es existieren abweichende landesrechtliche Regelungen.[73] Eine Genehmigungsbedürftigkeit nach § 2 GrdstVG kann jedoch unter dem Gesichtspunkt des Umgehungsgeschäfts auch dann vorliegen, wenn kleinere, die Freigrenze nicht überschreitende, Flächen gleichzeitig oder nacheinander veräußert werden, die einzelnen Rechtsgeschäfte in einem inneren Zusammenhang stehen und nach einem einheitlichen Plan durchgeführt werden.[74] An einer solchen Umgehung darf der Notar berufsrechtlich nicht mitwirken.[75]

Nach § 2 Abs. 1 S. 1 GrdstVG sind sowohl die rechtsgeschäftliche Veräußerung eines solchen Grundstücks als auch der schuldrechtliche Vertrag hierüber genehmigungspflichtig. Gleiches gilt für die Einräumung und Veräußerung eines Miteigentumsanteils an einem Grundstück, für die Veräußerung eines Erbanteils an einen anderen als an einen Miterben, wenn der Nachlass im Wesentlichen aus einem land- oder forstwirtschaftlichen Betrieb besteht, sowie für die Bestellung eines Nießbrauchs an einem Grundstück (§ 2 Abs. 2 Nr. 1–3 GrdstVG[76]). Kein genehmigungspflichtiger Vorgang ist die Grundstücksteilung als solche; vielmehr bedarf nur die im Zusammenhang mit einer Veräußerung durchgeführte Teilung der Genehmigung.[77] § 4 GrdstVG enthält einen **Katalog genehmigungsfreier Veräußerungen**. 26

Bis zur Erteilung der Genehmigung ist der Vertrag schwebend unwirksam; die Verpflichtung, den Kaufpreis vor Genehmigung auf einem Notaranderkonto zu hinterlegen, kann aber wirksam vereinbart werden.[78] 27

Wird die Genehmigung unter **Auflagen** erteilt, ist die hierdurch betroffene Vertragspartei berechtigt, bis zum Ablauf eines Monats nach Eintritt der Unanfechtbarkeit der Entscheidung vom Vertrag zurückzutreten (§ 10 Abs. 2 GrdstVG). Die Erfüllung der Auflage hat die Genehmigungsbehörde, nicht das Grundbuchamt zu überwachen. Die Genehmigung kann auch unter den in § 11 Abs. 1 GrdstVG aufgeführten **Bedingungen** erteilt werden. Das Grundbuchamt muss sich den Eintritt der Bedingung durch Urkunden in der Form des § 29 GBO, insbesondere durch eine von der Genehmigungsbehörde auf Antrag zu erteilende Bescheinigung (§ 11 Abs. 2 GrdstVG) nachweisen lassen.[79] 28

§ 6 Abs. 1 S. 1 GrdstVG ordnet für die Entscheidung über die Genehmigung eine **Frist** von einem Monat nach Eingang des Antrags und der Urkunde über das zu genehmigende Rechtsgeschäft bei der örtlich zuständigen Genehmigungsbehörde an.[80] Die Frist verlängert sich auf zwei Monate, wenn die Genehmigungsbehörde dem Veräußerer einen **Zwischenbescheid** erteilt, weil die Prüfung des Antrags innerhalb der Frist nicht abgeschlossen werden kann, und auf drei Monate, wenn eine Erklärung über die Ausübung des Vorkaufsrechts nach dem RSiedlG (§ 12 GrdstVG) herbeigeführt werden muss (§ 6 Abs. 1 S. 2 GrdstVG). Die Genehmigung gilt als erteilt, falls dem Veräußerer weder die Versagung noch eine einschränkende Genehmigung oder eine Mitteilung über die Verlängerung der Frist zur Ausübung des siedlungsrechtlichen Vorkaufsrechts zugestellt wird (§ 6 Abs. 2 GrdstVG). Der Zwischenbescheid kann allerdings nur dann eine Fristverlängerung bewirken und den Eintritt der Genehmigungsfiktion 29

70 Eine Übersicht (Stand: 22.5.2023) über die jeweiligen landesrechtlichen Regelungen enthalten die Internetseiten des Deutschen Notarinstituts (www.dnoti.de unter „Arbeitshilfen“ → „Immobilienrecht“); Überblick über die Ländergesetze ferner in: *Habersack*, Fn 1 zum Gesetzestitel sowie Fn 1 zu § 1 GrdstVG; zu den einzelnen landesrechtlichen Regelungen vgl. auch hierzu Bauer/Schaub/*Lieder/Waldner*, AT H Rn 99.

71 OLG Naumburg NJW-RR 2011, 884, 885 f.

72 OLG Thüringen RNotZ 2010, 399.

73 Vgl. für Baden-Württemberg § 1 Abs. 7 ASVG; ebenso für Sachsen § 3 Abs. 2 S. 2 SächsArgarAÜG; für das Saarland vgl. § 1 Abs. 1 VOGrdstVG Saar; in Bayern findet eine Zusammenrechnung bei innerhalb von drei Jahren abgeschlossenen Folgegeschäften statt, Art. 2 Abs. 2 AGGrdst LPachtVG.

74 BGH DNotZ 2020, 953.

75 BGH DNotZ 2020, 953.

76 Zu den genehmigungspflichtigen Veräußerungen vgl. im Einzelnen *Schöner/Stöber*, Rn 3946 ff.

77 OLG Koblenz RdL 1998, 99.

78 BGH v. 20.11.1998 – V ZR 17/98, NJW 1999, 1329, 1329 f. Rn 8 ff.; BGH v. 6.10.1978 – V ZR 211/77, NJW 1979, 372 Rn 9.

79 *Schöner/Stöber*, Rn 3992.

80 Überblick über die nach Landesrecht zuständigen Behörden: *Habersack*, Deutsche Gesetze, Ergänzungsband, Nr. 40 Fn 1 zu § 3; Beck'sches Notarhdb/*Hagemann*, § 1 Rn 116.

verhindern, wenn er innerhalb der laufenden Frist dem Antragsteller zugeht.[81] § 6 GrdstVG findet keine Anwendung, wenn das Gericht gem. § 17 Abs. 3 HöfeO über einen Genehmigungsantrag zu entscheiden hat (§ 31 Abs. 2 GrdstVG).

30 Die erforderliche Genehmigung kann bereits vor der Beurkundung des Rechtsgeschäfts erteilt werden (§ 2 Abs. 1 S. 3 GrdstVG).[82] Deshalb ist es möglich, auf der Grundlage eines **Vertragsentwurfs** das Genehmigungsverfahren einzuleiten, wenn der Entwurf außer den Vertragsmerkmalen alle für die Prüfung durch die Genehmigungsbehörde relevanten Angaben enthält.[83] Die Genehmigungsfiktion des § 6 Abs. 2 GrdstVG gilt auch für Vertragsentwürfe.[84]

31 **Antragsberechtigt** sind die Vertragsparteien und ein begünstigter Dritter (§ 3 Abs. 2 S. 1 GrdstVG). Der beurkundende **Notar** muss eine Bevollmächtigung durch den Antragsberechtigten nicht förmlich nachweisen, da § 3 Abs. 2 S. 2 GrdstVG (wie § 15 Abs. 2 GBO und § 378 Abs. 2 FamFG) zu seinen Gunsten eine widerlegbare **Vollmachtsvermutung** enthält.[85] Die Vermutung beschränkt sich nicht auf die Stellung des Genehmigungsantrags, sondern umfasst auch die Entgegennahme der Entscheidung sowie eines Zwischenbescheids.[86] Wird der Notar nicht lediglich als Bote, sondern als Vertreter des Antragsberechtigten tätig, bewirkt die Zustellung des Zwischenbescheids an den Notar die Fristverlängerung gem. § 6 Abs. 1 S. 2 GrdstVG. Ist der Notar in der Vertragsurkunde bevollmächtigt worden, die ergehenden Bescheide für die Beteiligten in Empfang zu nehmen, muss der Zwischenbescheid zwingend dem Urkundsnotar, der den Genehmigungsantrag gestellt hat, zugestellt werden, um die Fristverlängerung zu bewirken; eine Zustellung an die Beteiligten genügt nicht.[87] Die gesetzliche Vollmacht des Notars kann von den Beteiligten ausgeschlossen oder widerrufen werden.[88] Insbesondere kann dem Notar auch lediglich partiell Vollmacht erteilt werden. Ist die Vollmacht darauf beschränkt, die stattgebende Entscheidung in Empfang zu nehmen, muss ein ablehnender Bescheid dem Veräußerer persönlich zugestellt werden.[89] Gleiches gilt, wenn die Vollmacht nicht zur Entgegennahme einer unter Auflagen oder Bedingungen ergangenen Genehmigung berechtigt. Um Unsicherheiten hinsichtlich der Empfangsberechtigung zu vermeiden, sollte der Notar angeben, ob, für welche Person und in welchem Umfang er als Vertreter tätig wird.

32 Das **Grundbuchamt** darf die Eintragung einer genehmigungspflichtigen Rechtsänderung erst nach **Vorlage der Genehmigung** vornehmen; die Unanfechtbarkeit der Genehmigung muss nachgewiesen werden (§ 7 Abs. 1 GrdstVG). Ist für die Beteiligten kein Rechtsmittel gegeben, weil die Genehmigung ohne Auflagen oder Bedingungen erteilt wurde und deshalb niemand beschwert ist, bedarf es des Nachweises der Unanfechtbarkeit nicht.[90] Auf Erteilung einer Unanfechtbarkeitsbescheinigung besteht ein Rechtsanspruch (§ 6 Abs. 3 GrdstVG). Daneben ist erforderlichenfalls die Bescheinigung gem. § 11 Abs. 2 GrdstVG über den Eintritt der **Bedingung** vorzulegen oder ein notariell beurkundeter Nachtragsvertrag, der die Bedingungen erfüllt.[91] Die Eintragung darf nur dann von der Erteilung eines **Negativattests** abhängig gemacht werden, wenn konkrete Zweifel an der Genehmigungsfreiheit der Überlassung des Grundstücks und der Auflassung bestehen.[92]

81 BGH v. 3.6.1993 – III ZR 104/92, NJW 1993, 3061, 3062 Rn 9; BGH v. 3.5.1996 – BLw 6/96, NJW 1996, 2102 Rn 10.
82 Vgl. hierzu *Flik*, BWNotZ 1995, 44 ff.
83 Z.B. Teilungsplan des Testamentsvollstreckers: *Schöner/Stöber*, Rn 4002.
84 BGH v. 26.5.1964 – V BLw 3/64, NJW 1964, 1676, 1677 = Rpfleger 1964, 339 mit zust. Anm. *Haegele*; vgl. auch *Schöner/Stöber*, Rn 4002 Fn 117.
85 *Schöner/Stöber*, Rn 4028.
86 BGH RdL 1963, 90 ff.; BGH v. 7.11.1969 – V ZR 148/66, DNotZ 1970, 174 Rn 19; BGH v. 3.6.1993 – III ZR 104/92, NJW 1993, 3061 Rn 30 ff.; OLG Koblenz MittRhNotK 1971, 778 = MittBayNot 1971, 328 = RdL 1971, 48.
87 BGH v. 3.5.1996 – BLw 6/96, DNotZ 1997, 630 = NJW 1996, 2102 Rn 9 ff.; *Schöner/Stöber*, Rn 4029.
88 OLG Karlsruhe DNotZ 1973, 169.
89 OLG Koblenz RdL 1997, 241, 242; vgl. insgesamt auch *Schöner/Stöber*, Rn 4028 m.w.N.; zur Zustellung der Mitteilung des Vorkaufberechtigten nach dem RSiedlG siehe OLG München RdL 1992, 159, 160 f.
90 BGH v. 14.2.1985 – V ZB 20/84, Rpfleger 1985, 234, Rn 5; *Schöner/Stöber*, Rn 4026; Bauer/Schaub/*Lieder/Waldner*, AT H Rn 106.
91 *Schöner/Stöber*, Rn 3992.
92 BayObLG MittBayNot 2001, 206 und 480; OLG Zweibrücken MittBayNot 1999, 98, 99 = Rpfleger 1999, 179 (landesrechtliche Freigrenzenbestimmung); *Schöner/Stöber*, Rn 4025 m.w.N.

XIV. Grundstücksverkehrsgenehmigung (GVO)

In den neuen Bundesländern und Berlin (Ost) sowie im Ortsteil West-Staaken von Berlin gilt die Grundstücksverkehrsverordnung (GVVO) der früheren DDR aufgrund des Einigungsvertrages nach vielfältigen Änderungen als Grundstücksverkehrsordnung (GVO), nunmehr i.d.F. v. 20.12.1993,[93] weiter. Während die Regelungen der GVVO sicherstellen sollten, dass „alle Formen der sozialistischen Bodennutzung gefördert sowie die persönliche und gemeinschaftliche Nutzung von Grundstücken, die dem Wohn- und Erholungszweck bestimmt sind, gewährleistet werden", dient die GVO der Sicherstellung der Restitutionsansprüche nach dem Gesetz zur Regelung offener Vermögensfragen (VermG). Der Schutz entfällt daher, wenn der verfügende Eigentümer nach dem Inkrafttreten der ersten Fassung der GVO, die den Schutz der restitutionsberechtigten Alteigentümer bewirkte, das Eigentum an dem Grundstück aufgrund einer Grundstücksverkehrsgenehmigung erworben hat.[94] Ein Investitionsvorrangbescheid ersetzt die Grundstücksverkehrsgenehmigung nach der GVO (§ 11 Abs. 1 InVorG). 33

Zuständig für die Erteilung von Genehmigungen sind die Landkreise und kreisfreien Städte sowie, wenn die Bundesanstalt für vereinigungsbedingte Sonderaufgaben verfügungsbefugt ist, der Oberfinanzpräsident der Oberfinanzdirektion Berlin bzw. eine von ihm ermächtigte Person (siehe im Einzelnen § 8 GVO). 34

Genehmigungsbedürftig sind die Auflassung eines Grundstücks, eines realen Teils eines Grundstücks sowie die Übertragung eines Gebäudes, von Rechten an Gebäuden oder Gebäudeteilen, die aufgrund von Rechtsvorschriften auf besonderen Grundbuchblättern (Gebäudegrundbuchblätter) nachgewiesen werden können, die Einräumung oder die Auflassung eines Miteigentumsanteils an einem Grundstück, die Auflassung von Teil- und Wohnungseigentum, die Bestellung und Übertragung eines Erbbaurechts sowie der schuldrechtliche Vertrag über diese Rechtsvorgänge (§§ 2, 3 GVO[95]). Unter Genehmigungsvorbehalt stehen ferner die Auseinandersetzung einer Erben- oder Gütergemeinschaft, die Vermächtniserfüllung und die Einbringung eines Grundstücks in eine Kapital- oder Personengesellschaft.[96] **Nicht genehmigungsbedürftig** sind die Übertragung eines Erbteils, eines Anteils an einer Personengesellschaft, die Abtretung eines Restitutionsanspruchs, die Aufhebung eines genehmigungspflichtigen Vertrags, die Ausübung eines Aneignungsrechts nach § 928 Abs. 2 BGB sowie die Begründung von Wohnungseigentum durch Vorratsteilung gem. § 8 WEG.[97] Dagegen ist für die Begründung von Wohnungs- oder Teileigentum nach § 3 WEG ein Genehmigungserfordernis anzunehmen, da auch hier eine dingliche Einigung und wegen der Bildung und Zuweisung von Sondereigentum ein teilweiser Wechsel der Eigentümerbefugnisse stattfindet.[98] Wurde der schuldrechtliche Vertrag genehmigt, erfasst die Genehmigung auch das zu seiner Ausführung erforderliche dingliche Rechtsgeschäft und umgekehrt (§ 2 Abs. 1 S. 4 GVO). Die Genehmigung kann bereits vor Abschluss des Rechtsgeschäfts erteilt werden; allerdings muss dann das **im Voraus genehmigte Rechtsgeschäft** binnen zwei Jahren nach der Ausstellung der Genehmigung abgeschlossen werden (§ 1 Abs. 1 S. 2 GVO). 35

Während die GVO a.F. einen Anspruch auf Erteilung der Genehmigung vorsah, wenn die Gefährdung eines Restitutionsanspruchs ausgeschlossen war, sind nach § 2 Abs. 1 S. 2 Nr. 1–6 GVO n.F. Rechtsvorgänge aufgelistet, für die eine Genehmigung nicht erforderlich ist, so dass die Prüfungspflicht insoweit auf die Grundbuchämter verlagert ist.[99] Die **Ausnahmetatbestände** betreffen Fälle, in denen bereits aus dem Grundbuch ersichtlich ist, dass hinsichtlich des betroffenen Grundstücks Rückübertragungsansprüche nicht in Betracht kommen.[100] Deshalb reicht es für eine Genehmigungsfreiheit nach § 2 Abs. 1 S. 2 Nr. 3 GVO, wonach der Veräußerer oder ein Dritter, von dem der Veräußerer im Wege der Erbfolge das Eigentum an dem Grundstück erlangt hat, seit dem 29.1.1933 ununterbrochen als Eigentü- 36

93 BGBl I, S. 2182.

94 Vgl. § 2 Abs. 1 S. 2 Nr. 1 GVO. Vgl. auch insoweit DNotI-Gutachten Nr. 70613, wonach dieser Ausnahmetatbestand sicher nur bejaht werden kann, wenn geprüft wird, aufgrund welcher Genehmigung der Veräußerer nach dem Stichtag seinerseits das Eigentum erworben hat.

95 Vgl. hierzu *Schöner/Stöber*, Rn 4108a.

96 *Frenz*, DtZ 1994, 56, 57; Beck'sches Notarhdb/*Krauß*, § 1 Rn 132; *Limmer*, ZNotP 1998, 353, 354; *Schöner/Stöber*, Rn 4108a.

97 *Frenz*, DtZ 1994, 56, 57 f.; Beck'sches Notarhdb/*Krauß*, § 1 Rn 132; *Limmer*, ZNotP 1998, 353, 354; *Schöner/Stöber*, Rn 4108b ff.

98 *Frenz*, DtZ 1994, 56, 57; Beck'sches Notarhdb/*Krauß*, § 1 Rn 132; a.A. *Böhringer*, DtZ 1993, 141, 142.

99 Thür OLG Rpfleger 1998, 109

100 Vgl. BT-Drucks 12/5553, 157; Thür OLG Rpfleger 1998, 109.

mer im Grundbuch eingetragen gewesen sein muss, nicht aus, dass der Veräußerer Sonderrechtsnachfolger des eingetragenen Alteigentümers ist.[101] Das LG Berlin hat es für die Erfüllung der tatbestandlichen Voraussetzungen des § 2 Abs. 1 S. 2 Nr. 3 GVO jedoch genügen lassen, dass der Veräußerer als Miterbe des am Stichtag eingetragenen Eigentümers das Alleineigentum an dem Grundstück aufgrund eines mit den anderen Miterben geschlossenen Erbauseinandersetzungsvertrages erlangt hat.[102] Nach dem mit Wirkung zum 1.7.2018 neu eingeführten § 2 Abs. S. 2 Nr. 6 GVO ist eine Genehmigung zudem ebenfalls nicht erforderlich, wenn im Zeitpunkt der Eintragung der Vormerkung oder im Zeitpunkt der Eintragung des Rechtserwerbs kein Anmeldevermerk nach § 30b Abs. 1 VermG im Grundbuch eingetragen ist. Auch wenn nach diesem Befreiungstatbestand die Möglichkeit besteht, dass das Rechtsgeschäft genehmigungsfrei ist, haben die Beteiligten einen Anspruch gegen die Behörde auf Bescheidung ihres Antrags auf Erteilung einer Genehmigung nach der GVO, da die Parteien ein berechtigtes Interesse an der Feststellung der Wirksamkeit ihres Rechtsgeschäftes haben. Ist die Vormerkung allerdings bereits eingetragen besteht nach wohl überwiegender Ansicht kein Anspruch auf Bescheidung mehr, da eine Genehmigung endgültig nicht erforderlich ist. Für den Vollzug ist daher zu entscheiden, ob zunächst eine GVO Genehmigung eingeholt werden soll oder ob zunächst die Eintragung der Vormerkung abgewartet werden soll, die zumindest dann, wenn im Eintragungszeitpunkt kein Anmeldevermerk eingetragen ist, eine weitere GVO Genehmigung überflüssig macht.[103]

37 Das **Grundbuchamt** darf eine Eintragung im Grundbuch aufgrund eines genehmigungspflichtigen Rechtsgeschäfts erst vornehmen, wenn der förmliche Genehmigungsbescheid vorgelegt worden ist (§ 2 Abs. 2 S. 1 GVO). Die Unanfechtbarkeit des Bescheids ist dem Grundbuchamt dagegen nicht nachzuweisen.[104] Bis zur Erteilung der Grundstücksverkehrsgenehmigung ist das genehmigungspflichtige Rechtsgeschäft schwebend unwirksam.[105] Eine im Vertrag enthaltene Finanzierungsvollmacht kann aber gleichwohl unbedingt erteilt sein und wird dann von der schwebenden Unwirksamkeit des Rechtsgeschäfts nicht erfasst.[106]

XV. Handwerksrecht

38 Zum Erwerb, zur Veräußerung und zur Belastung von Grundstücken bedarf die Handwerksinnung der Genehmigung durch die Handwerkskammer (§ 61 Abs. 2 Nr. 7, 3 HandwO[107]), während die Handwerkskammer nur für die Grundstücksbelastung eine Genehmigung der obersten Landesbehörde einholen muss (§ 106 Abs. 1 Nr. 4, 2 HandwO). Erwerbsvorgänge durch die Landes- oder Bundesinnungsverbände bedürfen keiner Genehmigung.[108]

XVI. Höferecht

39 Land- und forstwirtschaftliche Besitzungen in Hamburg, Niedersachsen, Nordrhein-Westfalen und Schleswig-Holstein können den erbrechtlichen Regelungen der HöfeO[109] unterliegen.[110] In Baden-Württemberg, Brandenburg (seit 2019),[111] Bremen, Hessen und Rheinland-Pfalz gibt es landesgesetzliche Hoferbenregelungen.[112] Voraussetzung für die Anwendung ist, dass es sich um einen Hof i.S.d. § 1 HöfeO

101 Beck'sches Notarhdb/*Krauß*, § 1 Rn 133; *Schöner/Stöber*, Rn 4108d.
102 LG Berlin DNotI-Report 1996, 138 = ZEV 1996, 268 mit zust. Anm. *Limmer*; krit. aber *Limmer*, ZNotP 1998, 353, 359; a.A. *Böhringer*, BWNotZ 1996, 49, 50; *Wolf*, MittBayNot 1995, 17, 19.
103 Vgl. zum Vorgenannten: DNotI-Internet-Gutachten Nr. 164356 (abrufbar nur aus dem Notarnet), auch zu Übergangsfällen.
104 *Böhringer*, DtZ 1993, 141; *Faßbender*, VIZ 1993, 527, 530; *Schöner/Stöber*, Rn 4108p.
105 OLG Rostock NJW 1995, 3127; *Schöner/Stöber*, Rn 4108.
106 KG DNotZ 2004, 795, 796; siehe auch Beck'sches Notarhdb/*Krauß*, § 1 Rn 131; *Limmer*, ZNotP 1998, 353, 356 (im Zweifel keine Geschäftseinheit).
107 I.d.F. v. 24.9.1998, BGBl I 1998, 3074, ber. BGBl I, 2006, 2095.
108 Bauer/Schaub/*Lieder/Waldner*, AT H Rn 110.
109 I.d.F. v. 26.7.1976, BGBl I 1976, 1933 mit Änd. zuletzt durch Art. 24 des Gesetzes vom 20.11.2015, BGBl I 2015, 2010; zur Historie *Führ*, RNotZ 2012, 303.
110 Vgl. Grüneberg/*Weidlich*, Art. 64 EGBGB Rn 2; Staudinger/*Mittelstädt*, 2018, Art. 64 EGBGB Rn 89.
111 Gesetz über die Höfeordnung für das Land Brandenburg (BbbHöfeOG) v. 19.6.2019, Gesetz- und Verordnungsblatt für das Land Brandenburg, Teil I, Nr. 28; ausführlich zur Neuregelung *Seutemann*, RdL 2019, 280 ff.
112 Bremisches Höfegesetz; Hessische Landgüterordnung; Rheinland-pfälzische HöfeO; Badisches Hofgütergesetz; Württembergisches Anerbengesetz.

handelt.[113] Die Eigenschaft als Hof oder als Ehegattenhof wird durch einen in der Aufschrift des Grundbuchs einzutragenden **Hofvermerk** ausgewiesen (§§ 3, 6 HöfeVfO[114]). Die Eintragung des Hofvermerks begründet die Vermutung, dass die Besitzung die durch den Vermerk ausgewiesene Eigenschaft hat (§ 5 HöfeVfO). Höferecht ist fakultatives Recht. Die Hofeigenschaft kann auch durch Erklärung des Eigentümers und Löschung des Hofvermerks aufgehoben werden (§ 1 Abs. 4 HöfeO).

Die HöfeO regelt ein besonderes **Hoferbenrecht**. Die Erbfolge kraft Höferechts kann der Eigentümer durch eine Verfügung von Todes wegen nicht ausschließen, wohl aber beschränken (§ 16 Abs. 1 HöfeO). Die Verfügung von Todes wegen bedarf allerdings der **Zustimmung des Landwirtschaftsgerichts**, wenn für ein Rechtsgeschäft unter Lebenden gleichen Inhalts eine Genehmigung nach dem GrdstVG erforderlich wäre (§ 16 Abs. 1 HöfeO). Gleiches gilt für Hofübergabeverträge, die eine vorweggenommene Hoferbfolge zum Gegenstand haben (§ 17 HöfeO). 40

Den **Antrag** auf Zustimmung zu einer Verfügung von Todes wegen kann der Erblasser, den Antrag auf Zustimmung zu einem Erbvertrag auch der andere Vertragschließende stellen (§ 13 Abs. 1 HöfeVfO). Nach dem Tode des Erblassers ist jeder antragsberechtigt, der ein berechtigtes Interesse an der Entscheidung glaubhaft macht (§ 13 Abs. 3 HöfeVfO). Für die Genehmigung eines Übergabevertrages nach § 17 HöfeO sind beide Vertragspartner antragsberechtigt (§ 16 HöfeVfO). 41

Hat der **Notar** die Verfügung von Todes wegen oder den Übergabevertrag beurkundet, gilt er als ermächtigt, im Namen eines Antragsberechtigten die Genehmigung zu beantragen (§§ 13 Abs. 2, 16 HöfeVfO). Die Vorschrift gewährt dem Notar (wie § 15 GBO oder § 3 Abs. 2 S. 2 GrdstVG) kein eigenes Antragsrecht, sondern enthält nur eine Vollmachtsvermutung. 42

Entscheidet das Landwirtschaftsgericht rechtskräftig, dass eine Zustimmung nicht erforderlich ist, steht diese Entscheidung der Zustimmung gleich (§ 15 Abs. 1 HöfeVfO). Die Zustimmung kann gem. § 15 Abs. 2 S. 1 HöfeVfO unter einer Auflage oder Bedingung erteilt werden. Da sie erst mit Rechtskraft der Entscheidung wirksam wird (§ 15 Abs. 2 S. 2 HöfeVfO), muss dem Grundbuchamt die **Rechtskraft** nachgewiesen werden. 43

XVII. Kapitalanlagegesellschaften

Kapitalverwaltungsgesellschaften (Definition gem. § 17 KAGB)[115] haben für Verfügungen, die zum Immobiliensondervermögen gehören oder die Teil eines geschlossenen Publikumsfonds sind, die Zustimmung ihrer Verwahrstelle einzuholen, §§ 84 Abs. 1 Nr. 3 und 4 KAGB.[116] Die Verfügungsbeschränkung ist unter Nennung der Verwahrstelle ins Grundbuch einzutragen, § 246 Abs. 1 KAGB. Für die Eintragung hat die Kapitalverwaltungsgesellschaft „zu sorgen“ (so die Norm wörtlich). Eine Bewilligung nach § 19 GBO ist insoweit ausreichend.[117] Bei unterbliebener Eintragung ist ein gutgläubiger Erwerb gem. § 84 Abs. 2 S. 4 KAGB möglich, die Verfügungsbeschränkung wirkt gem. § 84 Abs. 2 S. 3 KAGB relativ und führt daher nicht zu einer Grundbuchsperre.[118] 44

XVIII. Kartellrecht

Hat der Notar Kenntnis von Umsatzzahlen, die eine kartellrechtliche Anmeldepflicht begründen, kann unter Umständen eine Pflicht zum Hinweis auf die drohende schwebende Unwirksamkeit des beurkundeten Rechtsgeschäfts (etwa nach § 41 Abs. 1 GWB) bei unterlassener Anmeldung des Erwerbs bzw. des Zusammenschlusses bei der zuständigen Behörde (Bundeskartellamt oder Europäische Kommission) bestehen.[119] Den Notar trifft allerdings keine Pflicht zur Ermittlung der Umsatzzahlen, um eine Anmeldepflicht auszuschließen.[120] Solange der Notar mit der kartellrechtlichen Betreuung der Transaktion nicht 45

113 Ausführlich zum Begriff, *Raude*, RNotZ 2016, 69 ff.
114 V. 29.3.1976, BGBl I 1976, 885.
115 Kapitalanlagegesetzbuch v. 4.7.2013, BGBl I 2013, 1981.
116 Ausführlich zum Erwerb von Immobilien durch Kapitalanlagegesellschaften vgl. DNotI-Report 2018, 3 ff.
117 Insgesamt dazu *Schöner/Stöber* Rn 4066.
118 Zum Vorstehenden vgl. Staudinger/*C. Heinze*, 2018, vor § 873 Rn 79 m.w.N.
119 *Kordel*, RNotZ 2008, 78, 85.
120 *Kordel*, RNotZ 2008, 78, 85.

beauftragt ist, trifft ihn keine entsprechende Ermittlungspflicht. In dem Urkundsauftrag an sich ist mangels ausdrücklicher Beauftragung ein entsprechendes Ersuchen an den Notar nicht enthalten.[121]

XIX. Kirchenrecht

46 Sowohl für die evangelische als auch für die katholische Kirche ist in den einzelnen Kirchenordnungen, Kirchenverfassungen und Satzungen vorgesehen, dass der Erwerb, die Belastung sowie die Veräußerung von Grundstücken und grundstücksgleichen Rechten durch kirchliche Rechtsträger einem kirchenaufsichtlichen Genehmigungsvorbehalt unterliegen.[122] Gleiches gilt für die Verfügung über grundstücksgleiche Rechte mit Ausnahme von Verfügungen über Grundpfandrechte.[123] Die kirchenaufsichtliche Genehmigung ist nach bürgerlichem Recht Wirksamkeitserfordernis und muss folglich vom Grundbuchamt im Eintragungsverfahren beachtet werden.[124]

XX. Landesrecht

47 Genehmigungsvorbehalte für die Veräußerung oder die Teilung von Grundstücken sind z.T. in Spezialgesetzen der Länder geregelt (zur Teilungsgenehmigung nach den Landesbauordnungen vgl. unten Rdn 55).[125] Betroffen sind bspw. die Veräußerung oder Teilung von **Alm- oder Waldgrundstücken** oder von Anteilen daran sowie ihre Belastung mit dinglichen Nutzungsrechten genehmigungspflichtig.

XXI. Landpachtverträge

48 Gemäß § 2 Abs. 1 Landpachtverkehrsgesetz (LPachtVG)[126] ist der Verpächter verpflichtet und der Pächter berechtigt, den Abschluss eines Landpachtvertrages der Landwirtschaftsbehörde anzuzeigen. Die Anzeige hat gem. § 2 Abs. 2 LPachtVG binnen eines Monats zu erfolgen. Der Notar, der einen Landpachtvertrag beurkundet hat, ist aufgrund seiner Verschwiegenheitsverpflichtung aus § 18 BNotO an einer Anzeige gehindert, wenn er dazu nicht ausdrücklich beauftragt wurde, was jedoch regelmäßig erfolgt. Nicht anzeigepflichtig sind Landpachtverträge im Rahmen eines behördlich geleiteten Verfahrens sowie Landpachtverträge zwischen Ehegatten oder Personen, die in gerader Linie verwandt oder bis zum dritten Grad in der Seitenlinie verwandt oder bis zum zweiten Grad verschwägert sind (§ 3 Abs. 1 LPachtVG). Landesrechtlich können im Übrigen Freigrenzen bestimmt werden (§ 3 Abs. 2 LPachtVG[127]). Da kein Genehmigungserfordernis vorgesehen ist, findet § 18 BeurkG auf Landpachtverträge keine Anwendung. Der Notar ist insofern auch nicht zu einem entsprechenden Hinweis und Vermerk verpflichtet. Die Behörde kann aber den Vertrag oder die Vertragsänderung durch Bescheid beanstanden und die Vertragsteile auffordern, bis zu einem bestimmten Zeitpunkt den Vertrag aufzuheben oder in bestimmter Weise zu ändern (Beanstandungsverfahren: § 7 LPachtVG). Bei Nichtbefolgung der Beanstandung gilt der Vertrag mit Ablauf der Frist als aufgehoben, sofern nicht vorher ein Vertragsteil einen Antrag auf gerichtliche Entscheidung gestellt hat (§ 7 Abs. 2 S. 2 LPachtVG).

XXII. Sanierungsgebiete

49 Um städtebauliche Missstände durch Sanierungsmaßnahmen zu beheben, können die Gemeinden durch Satzung förmliche Sanierungsgebiete festlegen. Grundstücke, die in diesen förmlich festgelegten Sanierungsgebieten (§ 142 Abs. 1 BauGB) belegen sind, unterliegen Verfügungs- und Teilungsbeschränkungen nach Maßgabe des § 144 Abs. 2 BauGB. Im grundbuchlichen Vollzug löst dieses Genehmigungserfordernis eine Grundbuchsperre aus (§§ 145 Abs. 6 S. 1 i.V.m. 22 Abs. 6 BauGB). In einem

121 Vgl. BKartA NJW 1976, 1280; vgl. auch *Kordel*, RNotZ 2008, 78 ff. zum Kartellrecht in der notariellen Praxis bei Immobilientransaktionen.

122 Vgl. hierzu etwa *Demharter*, § 19 GBO Rn 139 ff.; *Schöner/Stöber*, Rn 4085 ff. jeweils m.w.N; ferner *Eckert/Heckel*, MittBayNot 2006, 471.

123 *Schöner/Stöber*, Rn 4085.

124 OLG Hamm OLGZ 1981, 129 = MittRhNot 1981, 46 = Rpfleger 1981, 60; OLG Hamburg MDR 1988, 860; OLG Braunschweig Rpfleger 1991, 452, 45; BayObLGZ 2001, 132, 136 = Rpfleger 2001 486, 487; vgl. zum Vertretungsrecht der Kirchen in NRW *Bamberger*, RNotZ 2014, 1 ff.

125 Vgl. die ausführliche Übersicht bei *Schöner/Stöber*, Rn 4099 ff.

126 V. 8.11.1985, BGBl I 1985, 2075.

127 Überblick: *Habersack*, Ergänzungsband, Fn 1 zu § 3 LPachtVG.

vereinfachten Sanierungsverfahren (§ 142 Abs. 4 BauGB) kann die Genehmigungspflicht ganz oder teilweise ausgeschlossen werden. Im Übrigen bedarf der Ankauf von Grundstücken und die Bestellung eines Erbbaurechts nach dem SachenRBerG nicht der Genehmigung nach § 144 Abs. 1 BauGB (§ 120 Abs. 4 SachenRBerG).

Die rechtsgeschäftliche Veräußerung eines Grundstücks, eines ideellen Miteigentumsanteils[128] oder von Wohnungs- oder Teileigentum[129] sowie die Bestellung und Veräußerung eines Erbbaurechts, Belastungen i.S.d. § 144 Abs. 2 Nr. 2 BauGB (nicht jedoch die Bestellung einer Vormerkung),[130] die zugrunde liegenden schuldrechtlichen Verträge sowie die Teilung eines Grundstücks lösen ein Genehmigungserfordernis aus. Zuständig für die Erteilung ist die Gemeinde (§ 145 Abs. 1 S. 1 BauGB). Die Teilung ist im Sinne von § 19 Abs. 1 BauGB zu verstehen und umfasst somit die Veränderung von Grundstücksgrenzen; eine Aufteilung in Wohnungseigentum ist damit nicht genehmigungspflichtig gem. § 144 Abs. 2 Nr. 5 BauGB.[131] Ebenfalls nicht genehmigungsbedürftig sind Erbteilsübertragungen.[132] Verträge zum Zweck der Vorwegnahme der Erbfolge (also Übertragungen im Hinblick auf ein gesetzliches Erbrecht oder unter nahen Angehörigen nach § 8 Nr. 2 GrdstVG) unterliegen nicht der Genehmigungspflicht.[133] Die Genehmigungspflicht einer rechtsgeschäftlichen Grundpfandrechtsbestellung kann nicht dadurch umgangen werden, dass der Schuldner sich neben der Verpflichtung zur Bestellung eines Grundpfandrechts wegen eines abstrakten Schuldanerkenntnisses der Vollstreckung in sein gesamtes Vermögen unterwirft und der Gläubiger aufgrund der persönlichen Unterwerfung die Eintragung einer Zwangshypothek betreibt.[134] 50

Die förmliche Festlegung eines Sanierungsgebiets wird mit ortsüblicher Bekanntmachung der **Gemeindesatzung** nebst Hinweis auf die Anzeige an die höhere Verwaltungsbehörde rechtsverbindlich (§ 143 Abs. 1 S. 4 BauGB). Hiermit treten die Verfügungsbeschränkungen ein.[135] Ob ein abgeschlossener Veräußerungsvertrag in zeitlicher Hinsicht gem. § 144 Abs. 2 Nr. 1 BauGB von den Wirkungen der Festlegung eines Sanierungsgebiets erfasst wird, hängt somit davon ab, ob bei Bekanntmachung der Sanierungssatzung die Auflassung bereits erklärt war. Unerheblich ist in diesem Zusammenhang, wann der Eintragungsantrag gestellt wurde.[136] Dem Grundbuchamt hat die Gemeinde die rechtsverbindliche Sanierungssatzung unter Aufführung der betroffenen Grundstücke zur Eintragung entsprechender **Sanierungsvermerke** in den Grundbüchern der betroffenen Grundstücke mitzuteilen (§ 143 Abs. 2 S. 1, 2 BauGB). Die Eintragung des Sanierungsvermerks hat lediglich deklaratorische Bedeutung. Der öffentliche Glaube des Grundbuchs gewährt dem Rechtsverkehr deshalb keinen Schutz.[137] Der Notar ist zur Belehrung nach § 18 BeurkG nur verpflichtet, wenn sich in dem Grundbuch des Grundstücks, das Gegenstand der beurkundeten Erklärungen ist, ein Sanierungsvermerk befindet und damit der konkrete Bezug zu dem urkundsgegenständlichen Grundstück hergestellt ist; er muss grundsätzlich nicht selbst ermitteln, ob das Grundstück in dem Sanierungsgebiet liegt.[138] Es ist allerdings zweckmäßig, im Rahmen der Vorkaufsrechtsanfrage gleichfalls zu klären, ob das Grundstück in einem Umlegungs-, städtebaulichen Sanierungs- oder Entwicklungsgebiet liegt.[139] 51

Zur **Eintragung genehmigungsbedürftiger Vorgänge im Grundbuch** ist die Vorlage des Genehmigungsbescheides oder des Negativ- oder Fiktionszeugnisses nach § 22 Abs. 6 S. 1 BauGB erforderlich (§§ 145 Abs. 6, 22 Abs. 6 S. 1 BauGB).[140] Für eine Negativbescheinigung nach § 145 Abs. 6 S. 2 BauGB mit dem Inhalt, dass das Grundstück nicht in einem Sanierungsgebiet liegt, ist jedoch kein Raum, da dem Grundbuchamt von der Gemeinde die rechtsverbindliche Sanierungssatzung mitzuteilen ist. Das Grundbuchamt kann von einer entsprechenden Bescheinigung also keine Eintragungen abhängig machen.[141] Über die Genehmigung ist binnen eines Monats nach Eingang des Genehmigungsantrags bei der Gemeinde zu entscheiden (§§ 145 Abs. 1 S. 1, 22 Abs. 5 S. 2 BauGB). Wenn diese Frist zur Prüfung 52

128 OLG Frankfurt a.M., Rpfleger 1997, 209, 210.
129 LG Berlin Rpfleger 1996, 342.
130 EZBK/*Krautzberger*, BauGB, § 144 Rn 31.
131 VG Köln NVwZ 1985, 516; Battis/Krautzberger/Löhr/*Mitschang*, § 144 Rn 17.
132 Bauer/Schaub/*Lieder/Waldner*, AT H Rn 117.
133 LG Limburg Rpfleger 1977, 29; Bauer/Schaub/*Lieder/Waldner*, AT H Rn 117.
134 OLG Oldenburg NJW-RR 1998, 1239 f.
135 Vgl. BGH v. 30.6.1994 – III ZR 109/93, NVwZ 1995, 101, 102 = NJW 1995, 1363 (Ls.), Rn 3.
136 OLG Celle NotBZ 2002, 226.
137 *Schöner/Stöber*, Rn 3884.
138 Reithmann/Albrecht/*Albrecht*, Rn 626; vgl. auch *Schöner/Stöber*, Rn 3827 für die Teilungsgenehmigung.
139 Vgl. *Grziwotz*, DNotZ 1997, 916, 926.
140 EZBK/*Krautzberger*, § 145 BauGB Rn 14.
141 RegE BT-Drucks 15/2250, 52.

nicht ausreicht, kann die Gemeinde mittels eines dem Antragsteller zuzustellenden **Zwischenbescheids** eine Verlängerung der Frist bewirken, die allerdings drei Monate nicht überschreiten darf (§§ 145 Abs. 1 S. 4, 22 Abs. 5 S. 3 BauGB). Hierfür muss der Zwischenbescheid dem Antragsteller, ggf. dem Notar, wenn er als Vertreter den Antrag gestellt hat, vor Ablauf der Monatsfrist zugehen.[142] Die Genehmigung gilt nach den §§ 145 Abs. 1 S. 4, 22 Abs. 5 S. 4 BauGB als erteilt, wenn sie nicht innerhalb der Frist versagt wird. Wird die Genehmigung versagt, kann der Eigentümer nach Maßgabe des § 145 Abs. 5 S. 1 BauGB die Übernahme des Grundstücks durch die Gemeinde verlangen. In materiell-rechtlicher Hinsicht ist das genehmigungspflichtige Rechtsgeschäft bis zur Erteilung der Genehmigung schwebend unwirksam. Wird die Versagung der Genehmigung bestandskräftig, ist es von Anfang an und endgültig unwirksam, ein Widerspruch, der die Bestandskraft vorläufig verhindert, erhält somit die schwebende Unwirksamkeit des Rechtsgeschäfts.[143]

53 Die Genehmigung kann unter **Auflagen** erteilt werden (§ 145 Abs. 4 S. 1 BauGB). In diesem Fall ist die hierdurch betroffene Vertragspartei nach den §§ 145 Abs. 4 S. 2, 51 Abs. 4 S. 2 BauGB bis zum Ablauf eines Monats nach Unanfechtbarkeit der Entscheidung zum **Rücktritt vom Vertrag** berechtigt. Das Rückabwicklungsschuldverhältnis richtet sich nach den §§ 346–349 und 351 BGB (§§ 145 Abs. 4 S. 2, 51 Abs. 4 S. 3 BauGB). Im Gegensatz zu Bedingungen oder modifizierenden Auflagen hindern Auflagen zur Genehmigung den Grundbuchvollzug nicht; deren Erfüllung ist dem Grundbuchamt gegenüber dementsprechend auch nicht nachzuweisen.[144] Auch Rechtsbehelfe, mit denen – im Gegensatz zu Bedingung und modifizierender Auflage – isoliert angreifbare Auflagen zur Genehmigung angegriffen werden, hindern den Vollzug des Kaufvertrages nicht.[145]

XXIII. Sozialversicherungsträger

54 Gemäß § 85 Abs. 1 S. 1 SGB IV bedürfen Sozialversicherungsträger zum Erwerb und Leasen von Grundstücken und grundstücksgleichen Rechten der Genehmigung der Aufsichtsbehörde, soweit – variable – Freigrenzen überschritten werden (§ 85 Abs. 2 SGB IV). Die Veräußerung und die Belastung von Grundstücken sind genehmigungsfrei. Auf die Bundesagentur für Arbeit findet diese Norm allerdings keine Anwendung (§ 85 Abs. 4 SGB IV).

XXIV. Teilungsgenehmigung

55 Nach Bundesrecht ist eine Genehmigung zur Teilung von Grundstücken nicht (mehr) erforderlich.[146] Eine durch die Teilung etwa entstehende Baurechtswidrigkeit ist für die Grundbucheintragung irrelevant[147] und fällt damit nicht unter § 18 BeurkG. Den Notar trifft insofern wegen einer möglichen Baurechtswidrigkeit keine Belehrungspflicht über die rechtliche Tragweite. Allenfalls kann eine Hinweispflicht aufgrund der allgemeinen Betreuungspflicht (siehe § 17 BeurkG Rdn 6 ff.) virulent werden. Da der Notar jedoch normalerweise keine Kenntnis von den bauplanungsrechtlichen Vorgaben hat, kommt eine solche nur in Fällen vor, in denen sich die Baurechtswidrigkeit gewissermaßen aufdrängt.[148] Ein bauordnungsrechtliches Genehmigungserfordernis für die Teilung bebauter Grundstücke besteht nur noch in NRW (§ 8 LBauO NW).[149] Die Teilungsgenehmigungspflicht besteht im Übrigen nach wie vor in **Umlegungs- und Sanierungsgebieten** (siehe Rdn 49 ff. und 56 ff.) und bei **Enteignungsverfahren** (§ 109 BauGB). In Baden-Württemberg (vgl. § 24 Waldgesetz BW) und Schleswig-Holstein (§ 11 Abs. 1 Landeswaldgesetz) bedarf die Teilung von **Waldgrundstücken** der Genehmigung.

142 BGH v. 3.5.1996 – BLw 6/96, DNotZ 1997, 630 = NJW 1996, 2102, Rn 9 ff.
143 Battis/Krautzberger/Löhr/*Mitschang*, § 144 Rn 6.
144 Vgl. DNotI-Internet-Gutachten Nr. 60587 (abrufbar nur aus dem Notarnet).
145 Vgl. DNotI-Internet-Gutachten Nr. 60587 (abrufbar nur aus dem Notarnet).
146 Aufgehoben durch das EAG Bau v. 24.6.2004, BGBl I, 1359.
147 *Grziwotz*, DNotZ 2004, 674, 681; *Winkler*, § 18 Rn 4.
148 *Grziwotz*, DNotZ 2004, 674, 681; *Winkler*, § 18 Rn 5.
149 Bauer/Schaub/*Maaß*, § 7 GBO Rn 47 ff.; eine Übersicht über die Genehmigungserfordernisse findet sich auf den Internetseiten des Deutschen Notarinstituts (www.dnoti.de) unter „Arbeitshilfen“ → „Immobilienrecht“.

XXV. Umlegungsverfahren

Im Wege des Umlegungsverfahrens können als Maßnahme der Bodenordnung bebaute und unbebaute Grundstücke im Geltungsbereich eines Bebauungsplans und innerhalb der im Zusammenhang bebauten Ortsteile neu geordnet werden, so dass für die bauliche oder sonstige Nutzung nach Lage, Form und Größe zweckmäßig gestaltete Grundstücke entstehen (§ 45 Abs. 1 BauGB). Die Vorschriften über die Bodenordnung gelten nicht im städtebaulichen Entwicklungsbereich (§ 169 Abs. 2 BauGB). 56

Das Umlegungsverfahren wird durch **Beschluss der Umlegungsstelle** eingeleitet, in dem das Umlegungsgebiet zu bezeichnen ist und die im Umlegungsgebiet gelegenen Grundstücke einzeln aufzuführen sind (§ 47 BauGB). Mit der ortsüblichen Bekanntmachung des Beschlusses (§ 50 Abs. 1 BauGB) tritt die Verfügungs- und Veränderungssperre nach § 51 BauGB ein.[150] Die Umlegungsstelle teilt dem Katasteramt und dem Grundbuchamt mit, dass ein Umlegungsverfahren eingeleitet worden ist (§ 54 Abs. 1 S. 1 BauGB). Das Grundbuchamt hat hierauf einen Umlegungsvermerk einzutragen (§ 54 Abs. 1 S. 2 BauGB). Dabei überprüft das Grundbuchamt den Umlegungsbeschluss nur auf Nichtigkeitsgründe.[151] Dem **Umlegungsvermerk** kommt lediglich deklaratorische Bedeutung zu, so dass aus dem Fehlen des Vermerks nicht geschlossen werden kann, dass das Grundstück nicht in einem Umlegungsgebiet liegt.[152] 57

§ 51 BauGB macht u.a. die Teilung eines Grundstücks, die Verfügung über ein Grundstück oder ein Grundstücksrecht sowie die schuldrechtliche Vereinbarung über den Erwerb, die Nutzung oder Bebauung eines Grundstücks von der schriftlichen Genehmigung der Umlegungsstelle abhängig (§ 51 Abs. 1 Nr. 1 BauGB). 58

Dem Genehmigungsvorbehalt unterliegen rechtsgeschäftliche Verfügungen jeder Art,[153] z.B. die Übereignung, die Bestellung, Änderung und Aufhebung von beschränkten dinglichen Rechten, die Bestellung eines dinglichen Vorkaufsrechts usw. Eine Verfügung im Wege der Zwangsvollstreckung wird hier, anders als nach § 135 Abs. 1 S. 2 BGB, der rechtsgeschäftlichen Verfügung nicht gleichgestellt.[154] 59

Ist die Genehmigung beantragt, hat die Umlegungsstelle **binnen eines Monats** hierüber zu entscheiden; es besteht die Möglichkeit der Fristverlängerung durch **Zwischenbescheid** (§§ 51 Abs. 3 S. 2, 22 Abs. 5 S. 3 BauGB). Wird die Genehmigung nicht fristgerecht versagt, gilt sie als erteilt (§§ 51 Abs. 3 S. 2, 22 Abs. 5 S. 4 BauGB). Die Umlegungsstelle hat ggf. auf Antrag ein **Fiktionszeugnis** oder, wenn mangels eines Genehmigungserfordernisses keine Genehmigung erteilt wird, ein **Negativattest** zu erteilen (§§ 51 Abs. 3 S. 2, 22 Abs. 5 S. 5 BauGB). 60

Die Verfügungsbeschränkung nach § 51 Abs. 1 Nr. 1 BauGB bewirkt eine **Grundbuchsperre**; das Grundbuchamt darf Eintragungen nur vornehmen, wenn der Genehmigungsbescheid, ein Fiktionszeugnis oder ein Negativzeugnis vorgelegt wird (§§ 54 Abs. 2 S. 2, 22 Abs. 6 S. 1 BauGB). 61

Wird die Genehmigung unter **Auflagen, Bedingungen oder Befristungen** erteilt, ist die hierdurch betroffene Vertragspartei berechtigt, bis zum Ablauf eines Monats nach Unanfechtbarkeit der Entscheidung vom Vertrag zurückzutreten (§ 51 Abs. 4 S. 2 BauGB). Auf das **Rückabwicklungsschuldverhältnis** sind die §§ 346–349 und 351 BGB entsprechend anzuwenden (§ 51 Abs. 4 S. 3 BauGB). 62

XXVI. Vereinfachte Umlegung

Das vereinfachte Umlegungsverfahren (§§ 80 ff. BauGB) zur Herbeiführung zweckmäßig gestalteter Grundstücke[155] sowie zur Beseitigung baurechtswidriger Zustände durch Austausch von benachbarten Grundstücken und Grundstücksteilen oder durch einseitige Zuteilung hat **keine Verfügungssperre** zur Folge. Durch das Verfahren der vereinfachten Umlegung werden die ausgetauschten oder einseitig zugeteilten Grundstücke lastenfrei; sie werden Bestandteil des Grundstücks, dem sie zugeteilt werden 63

150 KEHE/*Munzig*, § 20 GBO Rn 153; EZBK/*Otte*, § 47 BauGB Rn 3.
151 OLG Hamm Rpfleger 1996, 338.
152 LG Frankenthal Rpfleger 2000, 63; EZBK/*Burmeister/Neureither*, § 54 BauGB Rn 5 ff.
153 OLG Hamm MittBayNot 1980, 89 = Rpfleger 1980, 296; *Schöner/Stöber*, Rn 3863 m.w.N.
154 AG Eschweiler Rpfleger 1978, 187, 189; *Schöner/Stöber*, Rn 3863; anders OLG Oldenburg NJW-RR 1998, 1239 (für den Sonderfall der aufgrund einer persönlichen Vollstreckungsunterwerfung eingetragenen Zwangshypothek).
155 Vgl. ausführlich EZBK/*Burmeister/Neureither*, § 80 BauGB Rn 2 ff.

(§ 83 Abs. 3 S. 1 Hs. 1 S. 2 BauGB). Jedoch erstrecken sich die dinglichen Rechte des Hauptgrundstücks auf die zugeteilten Grundstücke und Grundstücksteile (§ 83 Abs. 3 S. 3 BauGB). Dienstbarkeiten und Baulasten (§ 61 Abs. 1 S. 3 BauGB) können neu geordnet und zu diesem Zweck neu begründet und aufgehoben werden (§ 80 Abs. 4 S. 1 BauGB). Mit Zustimmung der Beteiligten können auch betroffene Grundpfandrechte neu geordnet werden (§ 80 Abs. 4 S. 2 BauGB).

XXVII. Versicherungsunternehmen

64 Versicherungsunternehmen müssen den Erwerb von Grundstücken und grundstücksgleichen Rechten der Aufsichtsbehörde grundsätzlich weder anzeigen noch hierfür eine Genehmigung einholen. Der Erwerb von Beteiligungen kann jedoch ausnahmsweise nach § 17 VAG anzeigepflichtig sein, wenn die erworbene Beteiligung mehr als 10 % des Nennkapitals des Zielunternehmens ausmacht („bedeutende Beteiligung" i.S.v. § 7 Nr. 3 VAG). Die Anzeigepflichten nach dem VAG treffen das Versicherungsunternehmen, nicht den beurkundenden Notar.

65 Die Veräußerung von Vermögensgegenständen, die dem Sicherungsvermögen (§ 125 VAG) des Versicherungsunternehmens (sog. „Deckungsstock") zugeführt sind, unterliegt dem Zustimmungsvorbehalt des nach § 129 VAG zur Überwachung bestellten Treuhänders (§ 128 VAG). Die Zustimmung des Treuhänders und dessen Stellung als Treuhänder muss dem Grundbuchamt in Form des § 29 GBO nachgewiesen werden.[156] Es handelt sich um eine relative Verfügungsbeschränkung i.S.v. § 135 BGB. Für Grundstücke und urkundlich nicht verbriefte grundstücksgleiche Rechte ist die Verfügungsbeschränkung im Grundbuch zu vermerken.[157] Der Vermerk ist jedoch nicht für Briefrechte vorgesehen.[158] Die Eintragung im Grundbuch hat jedoch lediglich deklaratorischen Charakter.

66 Ob ein Vermögensgegenstand zum Deckungsstock gehört oder nicht kann insbesondere gegenüber dem Grundbuchamt durch eine entsprechende Erklärung des Vorstandes, des Hauptbevollmächtigten oder des Treuhänders oder durch eine Bestätigung des BaFin oder des Bundesaufsichtsamts für das Versicherungswesen nachgewiesen werden.[159]

XXVIII. Versorgungsrecht

67 Ist einem Versorgungsberechtigten eine Kapitalabfindung zum Erwerb eines Grundstücks, Wohnungseigentums, Erbbaurechts oder Wohnungserbbaurechts gewährt worden, so kann das Versorgungsamt anordnen, dass die Weiterveräußerung und Belastung innerhalb einer Frist von bis zu fünf Jahren seit Eintragung eines entsprechenden Vermerks im Grundbuch nur mit Genehmigung der zuständigen Verwaltungsbehörde zulässig ist. Die Beschränkung wird erst mit Eintragung im Grundbuch wirksam. Eine solche Regelung enthält bspw. § 31 SVG[160] für Soldaten, die nach § 28 SVG eine Kapitalabfindung anstelle eines Teils ihres Ruhegehalts zum Erwerb von Grundeigentum erhalten.

XXIX. Vorkaufsrechte

68 Auf die abstrakte Möglichkeit des Bestehens eines gesetzlichen Vorkaufsrechts muss der Notar bei der Beurkundung der Veräußerung eines Grundstücks nach § 20 BeurkG hinweisen (vgl. § 20 BeurkG Rdn 1). § 18 BeurkG regelt die Pflicht des Notars zum Hinweis darauf, dass für die Eintragung im Grundbuch ein **Zeugnis über das Nichtbestehen oder die Nichtausübung des Vorkaufsrechts der Gemeinde** (§ 28 Abs. 1 S. 2 BauGB) erforderlich ist (vgl. § 20 BeurkG Rdn 15). Da das Negativzeugnis gem. § 28 Abs. 1 S. 3 BauGB nicht auf eines der verschiedenen Vorkaufsrechte beschränkt werden kann, wirkt es für alle gesetzlichen Vorkaufsrechte nach §§ 24 Abs. 1, 25 BauGB.[161] Sofern ein Vorkaufsrecht nicht besteht, hat die Gemeinde ein entsprechendes Negativzeugnis unverzüglich zu erteilen.[162] Insbesondere kann sie die Erteilung nicht von der Zusendung einer vollständigen Abschrift der Urkunde ab-

156 *Schöner/Stöber*, Rn 4065 – bspw. durch Vorlage einer Bescheinigung der BaFin.
157 DNotI-Report 2010, 131.
158 LG Dortmund Rpfleger 1990, 454; LG Bielefeld Rpfleger 1993, 333.
159 DNotI-Report 2010, 131.
160 I.d.F. v. 9.4.2002, BGBl I 2002, 1258.
161 Vgl. *Engelken*, DNotZ 1977, 579, 581.
162 *Grziwotz*, DNotZ 1997, 916, 920.

hängig machen.[163] Ein Negativzeugnis hinsichtlich des Vorkaufsrechts nach § 4 RSiedlG i.d.F. d. § 27 GrdstVG ist nicht erforderlich, weil das Vorkaufsrecht mit dem Genehmigungserfordernis nach § 2 GrdstVG verknüpft ist (§ 12 GrdstVG; vgl. § 20 BeurkG Rdn 19).

Der **Notar** gilt nicht kraft Gesetzes als bevollmächtigt, das Negativzeugnis einzuholen. Ihm kann aber eine entsprechende Vollmacht erteilt werden. Dabei ist es zu empfehlen, die **Bevollmächtigung** auf die Entgegennahme des Negativzeugnisses zu beschränken. Bescheide über die Ausübung des Vorkaufsrechts sollten den Beteiligten selbst zugestellt und dem Notar nur nachrichtlich übermittelt werden, damit die Beteiligten rechtzeitig Rechtsbehelfe einlegen, ggf. von einem Rücktrittsrecht Gebrauch machen können.[164] Eine allgemeine Vollzugsvollmacht ist i.d.S. so auszulegen, dass sie dem Notar zwar die Rechtsmacht zur Einholung und zum Empfang des Negativzeugnisses einräumt, nicht aber zum Empfang des Verwaltungsaktes über die Ausübung des Vorkaufsrechts berechtigt.[165] 69

Der Gemeinde müssen zur Einholung eines Negativattests nur die Angaben mitgeteilt werden, die für die Prüfung, ob überhaupt ein Vorkaufsrecht in Betracht kommt, erforderlich sind. Insbesondere ist dazu nicht die Kenntnis des Kaufpreises sowie anderer Einzelabsprachen der Vertragsparteien notwendig. Insofern ist eine Abschrift des Kaufvertrages hierfür nicht erforderlich.[166] Sowohl dem öffentlichen Interesse der Gemeinde als auch dem **Geheimhaltungsinteresse der Beteiligten** wird entsprochen, wenn die Mitteilung sich zunächst auf die für die Entscheidung über die Erteilung des Negativattests relevanten Daten beschränkt, also die Tatsache des Vorkaufsfalls, die Angabe des vertragsgegenständlichen Grundstücks sowie die Angabe des Käufers als Adressaten des Gebührenbescheids.[167] Kommt die Ausübung eines Vorkaufsrechts in Betracht und lehnt die Gemeinde aus diesem Grund die Erteilung eines Negativattests auf der Grundlage der ihr zur Verfügung gestellten Informationen ab, ist ihr der Vertragsinhalt mitzuteilen.[168] 70

XXX. Betreuungsgerichtliche, familiengerichtliche und nachlassgerichtliche Genehmigung

Bestimmte Rechtsgeschäfte, die der Vormund, die Eltern usw. als gesetzliche Vertreter für den Vertretenen eingehen, bedürfen zu ihrer Wirksamkeit der gerichtlichen Genehmigung. Bei beurkundungsbedürftigen Vorgängen tritt also neben die Schutzfunktion des Formerfordernisses zusätzlich die Schutzfunktion der gerichtlichen Genehmigung. Wurden die Eltern, der Vormund oder Pfleger tätig, ist das **Familiengericht** gem. § 151 FamFG zuständig, im Fall der Nachlasspflegschaft gem. § 1962 BGB das **Nachlassgericht** (vgl. auch § 342 Abs. 1 Nr. 2 FamFG) und die Genehmigung von Rechtsgeschäften eines Betreuers erfolgt durch das **Betreuungsgericht** (§ 271 Nr. 3 FamFG). 71

Ist ein gesetzlicher Vertreter gem. § 1824 BGB von der Vertretung ausgeschlossen (siehe § 1629 Abs. 2 S. 1 BGB – Eltern, § 1789 Abs. 2 S. 2 BGB – Vormund), beispielsweise bei einem Insichgeschäft (§ 181 BGB[169]) oder bei einem Geschäft mit einem Partner oder bestimmten Verwandten des gesetzlichen Vertreters, ist überdies ein **Ergänzungspfleger** (§ 1809 BGB) zu bestellen. Für die Anordnung einer Ergänzungspflegschaft ist das Familiengericht (bei Vertretung Minderjähriger, vgl. § 151 Nr. 5 FamFG), das Nachlassgericht (bei Nachlasspflegschaft, vgl. § 342 Abs. 1 Nr. 2 FamFG) und im Übrigen das Betreuungsgericht (§ 340 Nr. 1 FamFG) zuständig. Unterliegt das abzuschließende Rechtsgeschäft einer der nachgenannten Genehmigungstatbestände, bedarf auch der Ergänzungspfleger der gerichtlichen Genehmigung des Rechtsgeschäfts.[170]

163 EZBK/*Stock*, § 28 BauGB Rn 18.
164 Vgl. Reithmann/Albrecht/*Albrecht*, Rn 600; *Grziwotz*, DNotZ 1997, 916, 921.
165 OVG Lüneburg NJW 1996, 212 f.; OLG Frankfurt a.M. NotBZ 2006, 210, 211.
166 OVG Münster NJW 1980, 1067.
167 Vgl. Reithmann/Albrecht/*Albrecht*, Rn 601; *Winkler*, § 20 Rn 12.
168 EZBK/*Stock*, § 28 BauGB Rn 16.
169 Zur Frage, wann ein Geschäft lediglich rechtlich vorteilhaft ist: BGH v. 25.11.2004 – V ZB 13/04, NJW 2005, 415, 417 f., Rn 9 ff. sowie BGH v. 3.2.2005 – V ZB 44/04, NotBZ 2005, 156, 157, Rn 10 ff. und BGH v. 30.9.2010 – V ZB 206/10, MittBayNot 2011, 129, Rn 6 ff.
170 Die Zuständigkeit für die gerichtliche Genehmigung entspricht der Zuständigkeit für die Bestellung des Ergänzungspflegers, vgl. § 1915 Abs. 1 S. 3 und Grüneberg/*Götz*, Einf. v. § 1909 Rn 5.

Durch das Gesetz zur Reform des Vormundschafts- und Betreuungsrechts vom 4.5.2021 werden die Vorschriften zum Vormundschafts- und Betreuungsrecht mit Wirkung zum 1.1.2023 vollständig neu geordnet.[171] Relevant ist im Zusammenhang mit notariellen Beurkundungen vor allem § 1850 BGB k.F., der die Genehmigung für Rechtsgeschäfte über Grundstücke ab dem 1.1.2023 regelt.

1. Von der Genehmigungspflicht betroffene Vertretungsverhältnisse

72 Der **Betreuer** bedarf zur Vornahme der in den §§ 1850–1854 BGB aufgeführten Verfügungen und Verpflichtungen der **Genehmigung des Familiengerichts.** Gleiches gilt für den (Ergänzungs-)**Pfleger** (§ 1888 BGB). § 1643 Abs. 1 BGB regelt einen dem Betreuungsrecht z.T. entsprechenden Genehmigungsvorbehalt für Rechtsgeschäfte, die die **Eltern** bzw. der sorgeberechtigte Elternteil eines minderjährigen Kindes für das Kind eingehen. Sie bedürfen in den Fällen der **Genehmigung des Familiengerichts**, in denen der Betreuer nach den §§ 1850–1854 BGB der Genehmigung bedarf. § 1643 Abs. 2 BGB trifft eine vom Betreuungsrecht abweichende Regelung für Verfügungen über Grundpfandrechte.

2. Genehmigungsbedürftige Geschäfte

73 § 1850 Abs. 1 BGB regelt das Genehmigungserfordernis für **Geschäfte über Grundstücke, Rechte an Grundstücken, Schiffe und Schiffsbauwerke**. Dem Genehmigungsvorbehalt nach § 1850 Abs. 1 Nr. 1 BGB unterliegen Verfügungen und die Verpflichtungen dazu (§ 1850 Abs. 1 Nr. 5 BGB), insbesondere die **Übereignung eines Grundstücks**, die Bestellung von **Belastungen** (auch aufgrund von Finanzierungsvollmachten)[172] sowie die Umwandlung von Gesamthandseigentum in Bruchteilseigentum und sonstige Inhaltsänderungen und Aufgaben von Grundstücken oder Rechten daran.[173] Auch die gesetzlich vorgeschriebenen **Zustimmungen** zu entsprechenden Verfügungen sind genehmigungspflichtig, so etwa die Zustimmung des Inhabers eines Rechts am herrschenden Grundstück zu Verfügungen des Grundstückseigentümers über das subjektiv-dingliche Recht (§ 876 S. 2 BGB[174]) sowie die Zustimmung des Nacherben zur Verfügung des Vorerben (§ 2113 BGB). Dagegen fallen Verfügungen über ein Grundstück, das einer AG, GmbH oder einer **Personenhandelsgesellschaft** gehört, an der der Mündel beteiligt ist, nicht unter § 1850 Abs. 1 BGB; Gleiches gilt für die **BGB-Gesellschaft**, jedenfalls wenn die Gesellschaft ein Erwerbsgeschäft betreibt.[175] Bei Erwerbsgesellschaften bedarf allerdings bereits der Gesellschaftsvertrag der betreuungsgerichtlichen Genehmigung (vgl. Rdn 82), sofern die Gesellschaft ein Erwerbsgeschäft betreibt (§ 1852 Nr. 2 BGB). Verfügungen der Erbengemeinschaft über ein zum gemeinschaftlichen Vermögen gehörendes Grundstück bedürfen ebenfalls der gerichtlichen Genehmigung.[176]

74 Genehmigungspflichtig nach § 1850 Abs. 1 Nr. 1 BGB ist ferner die **Zuschreibung eines Grundstücks** zu einem anderen als Bestandteil (§ 890 Abs. 2 BGB), wenn das Stammgrundstück belastet ist, weil die Belastungen sich nach § 1131 BGB auf das zugeschriebene Grundstück erstrecken.[177] Nicht genehmigungsbedürftig sind die **Vereinigung von Grundstücken** (§ 890 Abs. 1 BGB) oder die **Grundstücksteilung**, weil der Bestand des Kindes- bzw. Mündelvermögens hierdurch nicht berührt wird.[178] Teilweise wird vertreten, dass für einseitige Aufteilung nach § 8 WEG eine familien- bzw. betreuungsgerichtliche Genehmigung erforderlich ist.[179] Zutreffender Ansicht zufolge ist die einseitige Aufteilung nicht geneh-

171 Vgl. dazu die Synopse, Beilage zu Habersack, Deutsche Gesetze, 184. EL.

172 Die meisten Grundbuchämter verlangen neben der Genehmigung der Veräußerung auch für die Eintragung einer aufgrund Finanzierungsvollmacht bestellten Grundschuld die Vorlage einer diese Belastung betreffende gerichtliche Genehmigung, da die Genehmigung des die Finanzierungsvollmacht enthaltenden Rechtsgeschäfts nicht auch die Belastung mit dem Grundpfandrecht durch den Erwerber in namens des gesetzlich Vertretenen enthalte, vgl. *Litzenburger*, RNotZ 2010, 32, 32.

173 Bei Inhaltsänderungen löst diese nur dann eine Genehmigungspflicht aus, wenn damit die Haftung des Vertretenen ausgedehnt wird, vgl. *Schöner/Stöber*, Rn 3691.

174 Vgl. MüKo-BGB/*Kroll-Ludwigs*, § 1850 Rn 22.

175 OLG Schleswig DNotZ 2002, 551, 552 = RNotZ 2002, 405, 406 = NJW-RR 2002, 737; *Lautner*, MittBayNot 2002, 256, 258 f.; ausführlich: *Wolf*, Rpfleger 2003, 398, 400; MüKo-BGB/*Kroll-Ludwigs*, § 1821 Rn 9 m.w.N.

176 *Schöner/Stöber*, Rn 3684 m.w.N., str. für Verwaltungs- und Verfügungsmaßnahmen im Rahmen der §§ 2038, 2040 BGB, gegen eine Genehmigungspflicht, *Damrau*, ZEV 2006, 190.

177 *Schöner/Stöber*, Rn 657; *Klüsener*, Rpfleger 1981, 461, 464.

178 *Schöner/Stöber*, Rn 631, 670; *Klüsener*, Rpfleger 1981, 461, 464.

179 *Schöner/Stöber*, Rn 2850.

migungspflichtig, sondern erst die nachfolgende Veräußerung einzelner Einheiten.[180] Ersichtlich unzutreffend ist die Auffassung, dass sich diese Rechtslage durch das „WEMoG" geändert habe.[181] Bei einer Ein-Personen-GdW ändert sich auch nach der Reform an der Vermögenszuordnung nichts. Die vertragliche Einräumung von Sondereigentum (§ 3 WEG) ist nach überwiegender Ansicht genehmigungsbedürftig,[182] ebenso die Änderung der Teilungserklärung und die verdinglichten (im Grundbuch eingetragenen) Regelungen der Gemeinschaftsordnung.[183]

§ 1850 Abs. 1 Nr. 2 BGB ordnet einen Genehmigungsvorbehalt an für **Verfügungen über Forderungen**, die auf Übertragung des Eigentums an einem Grundstück, auf Begründung oder Übertragung eines Rechts an einem Grundstück oder auf Befreiung eines Grundstücks von einem solchen Recht gerichtet sind. Nach § 1850 Abs. 1 Nr. 5 BGB bedarf auch die **Eingehung einer Verpflichtung** zu einer genehmigungsbedürftigen Verfügung der Genehmigung des Betreuungsgerichts. Nach h.M. muss für die Bewilligung einer **Vormerkung** gleichfalls eine Genehmigung eingeholt werden.[184] Die Gegenansicht lässt die Genehmigung des schuldrechtlichen, durch die Vormerkung zu sichernden Anspruchs ausreichen, da die Vormerkung lediglich die Erfüllbarkeit dieses Anspruchs sichert.[185] **75**

Gem. § 1850 Abs. 1 Nr. 6 BGB unterliegen Verträge über den entgeltlichen Erwerb eines Grundstücks einem Genehmigungsvorbehalt. Ein entgeltlicher Erwerbsvertrag i.d.S. ist auch ein gemischte Schenkung – also ein entgeltlicher Vertrag, bei dem die Parteien die Gegenleistung bewusst niedriger als die Leistung ansetzen – und nach h.M. auch eine Schenkung unter Auflage – etwa eine Grundstücksschenkung mit der Verpflichtung zur Übernahme bestehender und dinglich abgesicherter Verbindlichkeiten –, es sei denn, die übernommenen Verpflichtungen können eindeutig aus dem Wert der Schenkung gedeckt werden oder die Haftung des Beschenkten wird auf das unentgeltlich Zugewendete beschränkt.[186] **76**

Die für den Betreuer geltenden Genehmigungstatbestände der §§ 1850–1854 BGB finden für die Eltern (§ 1643 Abs. 1 BGB) und den Vormund (§ 1799 BGB) nur eingeschränkt Anwendung. **77**

Gemäß § 1851 BGB k.F. BGB muss für Verfügungen über den Anteil des Betreuten an einer **Erbschaft** sowie für Rechtsgeschäfte, die u.a. die Verpflichtung des Betreuten enthalten, über eine angefallene Erbschaft, einen künftigen gesetzlichen Erbteil oder den künftigen Pflichtteil zu verfügen, die Genehmigung des Betreuungsgerichts eingeholt werden. Gleiches gilt nach § 1851 Nr. 1 BGB BGB für die Ausschlagung einer Erbschaft oder eines Vermächtnisses, für den Verzicht auf einen Pflichtteil sowie für den Abschluss von Erbteilungsverträgen durch den Betreuer. Für die Eltern eines minderjährigen Kindes findet insoweit die Sonderregelung des § 1643 Abs. 3 BGB Anwendung. **78**

Gem. § 1852 BGB bedarf der Betreuer der Genehmigung des Betreuungsgerichts für Rechtsgeschäfte, die auf den Erwerb oder die Veräußerung eines Erwerbsgeschäfts gerichtet sind oder auf den Erwerb einer Gesellschaft, die ein solches betreibt (Nr. 1). Gleiches gilt für den Abschluss eines Gesellschaftsvertrages, sofern die Gesellschaft ein Erwerbsgeschäft betreibt, oder die Erteilung einer Prokura. **79**

Genehmigungsbedürftig sind hiernach Verträge, die auf den **entgeltlichen Erwerb oder die (auch unentgeltliche) Veräußerung eines Erwerbsgeschäfts** gerichtet sind.[187] Nach Ansicht der Rspr. wird der Erwerb oder die Veräußerung von Anteilen an einer **Kapitalgesellschaft** von diesem Genehmigungserfordernis erfasst, wenn es sich bei der Beteiligung wirtschaftlich betrachtet um eine unternehmerische Beteiligung und nicht um eine bloße Kapitalbeteiligung handelt.[188] Kennzeichnend für die unternehmerische Beteiligung ist, ob den Vertretenen ein Unternehmerrisiko trifft. Der BGH bejaht ein Unternehmer- **80**

180 KG ZWE 2015, 118; MüKo-BGB/*Kroll-Ludwigs*, § 1850 Rn 22; *Stutz*, MittRhNotK 1993, 205, 215.

181 So aber BeckOK-GBO/*Kral*, Sonderbereich WEG Rn 6, der dies mit der Entstehung der GdW mit der Anlegung der Wohnungsgrundbücher begründet; zutreffend hingegen Staudinger/*Rapp/Wobst*, § 4 WEG Rn 33.

182 *Schöner/Stöber*, Rn 2850; BeckOK-GBO/*Kral*, Sonderbereich WEG Rn 6.

183 DNotI-Report 2011, 144.

184 Vgl. OLG Frankfurt a.M. Rpfleger 1997, 255; MüKo-BGB/*Kroll-Ludwigs*, § 1850 Rn 26 jeweils m.w.N.

185 *Plumbohm*, Rpfleger 1980, 343; vgl. *Schöner/Stöber*, Rn 1508.

186 Zum Streitstand: MüKo-BGB/*Kroll-Ludwigs*, § 1850 Rn 53 m.w.N.

187 Vgl. hierzu *Oelers*, MittRhNot 1992, 69, 70 ff.; *Fortun*, NJW 1999, 754, 755.

188 BGH v. 28.1.2003 – X ZR 199/99, DNotZ 2004, 152, 153, Rn 28 f.; KG NJW 1976, 1946 f.; OLG Hamm MittRhNot 1984, 169, 170; OLG München FamRZ 2003, 392 (Veräußerung eines 1/8-Anteils nicht genehmigungspflichtig); vgl. auch *Oelers*, MittRhNot 1992, 69, 72 f.

risiko bei einer zu erwerbenden Beteiligung von mindestens 50 %.[189] Der Erwerb bloß einer Sperrminorität soll nach teilweise vertretener Ansicht noch nicht ausreichend sein.[190] Dies wird man auch nach Neufassung der Norm in zum 1.1.2023 so zu sehen haben. Denn lediglich kapitalorientierte Beteiligungen bspw. an börsennotierten Unternehmen sind dem eigenen Betrieb eines Erwerbsgeschäfts nicht gleichzusetzen.

81 Kauft ein Betreuter (oder dem kraft Verweisung Gleichgestellter) einen Anteil an einer **Personengesellschaft**, die ein Erwerbsgeschäft ausübt, bedarf der Kaufvertrag ohne Rücksicht auf den Umfang der Beteiligung stets der Genehmigung durch das Familiengericht.[191] Im Gegensatz zur Kapitalgesellschaft ist bei einer Personengesellschaft der Gesellschafter gesamthänderisch am Gesellschaftsvermögen berechtigt und damit Träger des gemeinsamen Unternehmens, nicht die Gesellschaft. Keinen Unterschied macht es, wenn die Personengesellschaft kapitalistisch organisiert ist.[192] Ebenso ist der Erwerb eines Erbteils genehmigungspflichtig, wenn zur Erbschaft ein Erwerbsgeschäft gehört.[193]

82 Weiterhin unterliegen **Gesellschaftsverträge**, die zum Betrieb eines Erwerbsgeschäfts eingegangen werden, einem Genehmigungsvorbehalt nach § 1852 Nr. 3 BGB, also etwa die Gründung einer neuen oder der **Eintritt in eine bestehende Personenhandelsgesellschaft**, und zwar im Grundsatz auch dann, wenn der Vertretene lediglich Kommanditist werden soll.[194] Gleiches gilt wegen des unternehmerischen Risikos für eine **Gesellschaft bürgerlichen Rechts**, sofern ihr Zweck auf den Betrieb eines Erwerbsgeschäfts gerichtet ist.[195] Zu den gem. § 1852 Nr. 3 BGB genehmigungsbedürftigen Geschäften zählt beispielsweise die Beteiligung an einer Gesellschaft, die auf lange Dauer errichtet wird, um gewerblich nutzbare Immobilien zu verwalten, zu vermieten und zu verwerten.[196] Ebenfalls genehmigungsbedürftig ist die **Gründung einer Kapitalgesellschaft** gem. § 1852 Nr. 3 BGB, wenn die Gesellschaft zum Betrieb eines Erwerbsgeschäfts gegründet wird.

Ein Genehmigungserfordernis gem. § 1854 Nr. 4 BGB liegt auch vor, wenn eine akzessorische Haftung herbeigeführt wird. Nach Neufassung der Vorschrift zum 1.1.2023 genügt es nicht mehr, dass die Haftung nur Sekundärfolge eines anderen Rechtsgeschäftes ist, da das Rechtsgeschäft nunmehr auf die Eingehung einer fremden Verbindlichkeit „gerichtet" sein muss.

83 Streitig ist, ob auch bei **Änderung eines Gesellschaftsvertrages** aufgrund des Ausscheidens oder des Eintritts eines anderen geschäftsfähigen Gesellschafters eingreift. Der BGH hat die Anwendbarkeit von § 1822 Nr. 3 BGB a.F. (bis zum 31.12.2022) sowohl für das Ausscheiden aus einer Personengesellschaft[197] als auch für den Fall des Eintritts eines neuen Gesellschafters[198] unter Hinweis auf den Wortlaut der Vorschrift verneint.[199] Genehmigungsbedürftig sind danach nur der Eintritt und das Ausscheiden des Minderjährigen selbst aus der Personengesellschaft.[200] Diese Sichtweise wird man auch für die neue Fassung der Norm in § 1852 Nr. 3 BGB beibehalten können, da der Wortlaut an der entscheidenden Stelle unverändert blieb.

84 Nach § 1854 Nr. 7 BGB sind Rechtsgeschäfte des Betreuers, durch die eine für eine Forderung des Betreuten bestehende **Sicherheit aufgegeben oder gemindert** wird, sowie Rechtsgeschäfte, mit denen eine entsprechende Verpflichtung begründet wird, genehmigungspflichtig. Hierzu zählen etwa eine Pfandfreigabe oder ein Rangrücktritt.

189 BGH v. 28.1.2003 – X ZR 199/99, DNotZ 2004, 152, 153, Rn 28 f.
190 Str., vgl. MüKo-BGB/*Kroll-Ludwigs*, § 1822 Rn 17.
191 RGZ 122, 370, 371; OLG Karlsruhe NJW 1973, 1977; für Kommanditanteile BGH v. 30.4.1955 – II ZR 202/53, NJW 1955, 1067, 1068; MüKo-BGB/*Kroll-Ludwigs*, § 1852 Rn 10 f.
192 OLG Karlsruhe NJW 1973, 1977.
193 MüKo-BGB/*Kroll-Ludwigs*, § 1852 Rn 13.
194 BGH v. 30.4.1955 – II ZR 202/53, DNotZ 1955, 530; *Oelers*, MittRhNot 1992, 69, 75; vgl. auch OLG Zweibrücken FamRZ 2001, 181, 182 (i.E. unternehmerisches Risiko verneint); zur Übertragung von Kommanditanteilen vgl. *Ivo*, ZEV 2005, 193 ff.; zur Veräußerung von GmbH-Anteilen durch eine Erbengemeinschaft, der Minderjährige angehören vgl. DNotI-Report 2007, 12 ff.
195 BayObLG FamRZ 1990, 208; BayObLGZ 1995, 230, 234; OLG Naumburg FamRZ 2003, 57; vgl. auch MüKo-BGB/*Kroll-Ludwigs*, § 1852 Rn 17 m.w.N.
196 BayObLGZ 1995, 230, 234; BayObLG DNotZ 1998, 495, 496 mit Anm. *Spiegelberger*; OLG Zweibrücken FamRZ 2000, 117, 118; vgl. auch OLG Hamm FamRZ 2001, 53 f.
197 BGH v. 26.1.1961 – II ZR 240/59, NJW 1961, 724, 725, Rn 26.
198 BGH v. 20.9.1962 – II ZR 209/61, NJW 1962, 2344, 2345.
199 *Beisel/Klumpp*, Kapitel 8 Rn 30.
200 BGH v. 26.1.1961 – II ZR 240/59, NJW 1961, 724, 725, Rn 26.

Die vom Betreuer einem Dritten erteilte **Vollmacht zu einem Rechtsgeschäft** den §§ 1850–1854 BGB bedarf grundsätzlich keiner Genehmigung. Vielmehr ist das vom Bevollmächtigten vorgenommene Rechtsgeschäft erst dann genehmigungsbedürftig, wenn es in den Katalog der vorbehaltenen Rechtsgeschäfte fällt. Die Vollmachtserteilung ist allerdings dann einer Verfügung i.S.d. den §§ 1850–1854 BGB gleichzustellen, wenn sie in ihrer Wirkung einer Verfügung nahekommt. Daher ist nach überwiegender Ansicht die Erteilung einer **unwiderruflichen Vollmacht** zu Geschäften i.S.d. der §§ 1850–1854 BGB genehmigungsbedürftig.[201] Für das Hauptgeschäft muss in diesem Fall jedenfalls dann eine weitere Genehmigung eingeholt werden, wenn es in der Vollmachtsurkunde noch nicht in allen Punkten bestimmt ist und einen Genehmigungstatbestand erfüllt.[202] Insofern genügt die **Genehmigung eines Grundstückskaufvertrages mit Belastungsvollmacht** nicht zur Bestellung der Grundpfandrechte aufgrund der Vollmacht. Es ist vielmehr eine gesonderte Genehmigung des Grundpfandrechts erforderlich.[203] 85

Weitere Genehmigungserfordernisse sind ggf. für **Grundstücksgeschäfte im Beitrittsgebiet** zu beachten. Nach § 11b Abs. 1 S. 5 VermG gelten die §§ 1819, 1850, 1862 Abs. 1 S. 1 BGB k.F. (ab 1.1.2023) = § 1821 BGB a.F. sinngemäß für den nach § 11b Abs. 1 S. 1 VermG bestellten Vertreter des nicht bekannten oder nicht auffindbaren Grundstückseigentümers. § 17 Abs. 2 S. 1 SachenRBerG ordnet die entsprechende Anwendung der Vorschriften des BGB für die Bestellung und die Tätigkeit des Pflegers an, der auf Antrag des Nutzers nach Maßgabe des § 17 Abs. 1 SachenRBerG für den Grundstückseigentümer oder den Inhaber eines eingetragenen dinglichen Rechts bestellt wird, damit der Nutzer seine Ansprüche gegen den Eigentümer bzw. Rechtsinhaber verfolgen kann.[204] 86

3. Genehmigungsverfahren

Die Einleitung des Genehmigungsverfahrens setzt keinen förmlichen Antrag voraus. Insofern fällt die Übermittlung durch den Notar auch nicht unter § 14b Abs. 1 FamFG.[205] Für die Erteilung der Genehmigung ist nur erforderlich, dass der gesetzliche Vertreter mit einem entsprechenden **Ersuchen** an das Betreuungs- bzw. Familiengericht herangetreten ist, aus dem sich entnehmen lässt, dass er die Genehmigung einholen und damit ein Rechtsgeschäft zur Wirksamkeit bringen will.[206] 87

Die Genehmigung ist gem. § 1855 BGB dem Betreuer (für die sonstigen Pflegschaften vgl. § 1888 BGB) gegenüber zu erklären. In der notariellen Praxis wird der Notar üblicherweise zur Entgegennahme bevollmächtigt. Für die notarielle Praxis ist in diesem Zusammenhang zu beachten, dass der Notar sich auf ein Rechtskraftzeugnis des betreffenden Gerichts verlassen kann und ihn keine Nachprüfungspflichten treffen, ob die Rechtskraft infolge Fristablaufs für das betreffende Rechtsmittel eingetreten ist. Nach § 40 Abs. 2 FamFG wird ein Genehmigungsbeschluss erst wirksam, wenn formelle Rechtskraft nach § 45 S. 1 FamFG eingetreten ist. Dies setzt voraus, dass die Beschwerdefrist des § 63 Abs. 2 Nr. 2 FamFG und die Sprungrechtsbeschwerdefrist des § 75 Abs. 1, 2 S. 1 FamFG (jeweils zwei Wochen) abgelaufen ist, ohne dass ein Beteiligter Rechtsmittel erhoben hätte. Die Beschwerdefristen beginnen mit der schriftlichen Bekanntgabe des Beschlusses gegenüber jedem Beteiligten, also auch gegenüber dem Betreuer bzw. Eltern, Pfleger oder Vormund und auch dem Vertretenen. Zu beteiligen ist jeder, dessen Recht von dem Verfahren unmittelbar betroffen ist, § 7 Abs. 2 Nr. 1 FamFG. Vor diesem Hintergrund wird in der Literatur kontrovers diskutiert, ob und unter welchen Voraussetzungen die Beschwerdefrist gegenüber einem Beteiligten anläuft, der vom Gericht versehentlich übergangen wurde (der „vergessene Beteiligte"). Damit hängt die Frage zusammen, ob vergessene Beteiligte die Rechtskraft eines Genehmigungsbescheides erhebliche Zeit später zu Fall bringen könnten. Nach überwiegender Ansicht in der Literatur steht dem bloß 88

201 BayObLG FamRZ 1977, 141, 143; OLG Celle DNotZ 1974, 731, 733; LG Saarbrücken Rpfleger 1982, 25, 26 mit Anm. *Maurer*; KG Berlin FamRZ 1993, 733, 735; Münch/*Schaal*, § 17 Rn 219; a.A. *Klüsener*, Rpfleger 1981, 461, 463.

202 Vgl. KG OLGZ 1993, 266, 268 = FamRZ 1993, 733 ff. (Auflassung eines privatrechtlich versteigerten Grundstücks).

203 OLG Zweibrücken DNotZ 2005, 634; LG Saarbrücken Rpfleger 1982, 25 mit Anm. *Maurer*; kritisch: *Brambring*, NotBZ 2009, 394, 396.

204 Vgl. zu diesen Genehmigungserfordernissen *Eickmann*, RpflStud 1995, 20.

205 *Woinar*, NotBZ 2022, 90, 97.

206 BayObLG Rpfleger 1976, 304, 305; BayObLGZ 1981, 44, 47.

materiell, nicht aber formell Beteiligten infolge des Ablaufs der Rechtsmittelfristen kein separates Beschwerderecht zu.[207] Anders hat der BGH nun in einem Verfahren zur Regelung des Versorgungsausgleichs entschieden, bei dem ein zwingend zu beteiligender Versorgungsträger nicht beteiligt wurde. Dem BGH zufolge läuft für den übergangenen Versorgungsträger die Rechtsmittelfrist gem. § 63 Abs. 3 S. 1 FamFG erst mit der Möglichkeit der Kenntnisnahme von der Entscheidung an.[208]

89 Als formell Beteiligtem ist auch dem Vertretenen der Genehmigungsbeschluss bekannt zu geben. In diesem Zusammenhang stellt sich die Frage, ob für diese Zwecke ein Verfahrensbeistand (§ 158 Abs. 1 FamFG – minderjährige Kinder) oder Ergänzungspfleger[209] bzw. ein Verfahrenspfleger (§ 276 FamFG – betreute Person) zu bestellen ist, damit diese die Interessen der Vertretenen im Verfahren – insbesondere die Entscheidung über die Einlegung von Rechtmitteln – wahrnehmen können.[210] Im **familiengerichtlichen Genehmigungsverfahren** sieht die maßgebliche Vorschrift des § 158 Abs. 1 FamFG die Bestellung eines Verfahrensbeistandes vor, wenn u.a. die Angelegenheit die Person des Kindes betrifft. Eine verbreitete Ansicht in der Literatur befürwortet die Anwendung allerdings auch im vermögensrechtlichen Genehmigungsverfahren.[211] Geschäftsfähigen Minderjährigen über 14 Jahren ist zusätzlich zu einem ggf. zu bestellenden Verfahrensbeistand bzw. Ergänzungspfleger der Beschluss bekannt zu geben (§ 164 S. 1 FamFG). Im **betreuungsrechtlichen Genehmigungsverfahren** geht das FamFG zwar grundsätzlich davon aus, dass der Betreute trotz seiner Geschäftsunfähigkeit voll verfahrensfähig ist (§ 275 FamFG), ihm ist daher in jedem Fall die Entscheidung bekannt zu geben.[212] Kann der Betroffene aber seine Interessen im Verfahren trotzdem nicht wahrnehmen, ist ein Verfahrenspfleger nach § 276 FamFG zu bestellen, dem der Genehmigungsbeschluss zusätzlich bekannt zu geben ist. In **nachlassgerichtlichen Genehmigungsverfahren** dürfte für den unbekannten, nicht am Verfahren beteiligten (Nach-)Erben stets ein Verfahrenspfleger gem. §§ 340 Nr. 1, 276 FamFG zu bestellen sein, dem der Beschluss zuzustellen ist. Im Ergebnis sollte somit in allen Verfahren ein Verfahrensbeistand bzw. Verfahrenspfleger zur Wahrnehmung der Interessen des Vertretenen bestellt werden. Der Notar kann von den Beteiligten angewiesen werden, dies gegenüber dem Gericht anzuregen.[213] Sinnvoll ist es, die Bestellung einer entsprechenden Person nach Absprache mit den Beteiligten anzuregen. Unterbleibt aber die angeregte Bestellung eines Ergänzungspflegers hat dies keine Auswirkung auf den Anlauf der Rechtsmittelfrist, wenn dem stets Vertretenen der Beschluss bekannt gegeben wird.[214]

90 Für die Abwicklung des Rechtsgeschäfts, insbesondere zum Nachweis der Rechtswirksamkeit der Genehmigung gegenüber Grundbuchämtern gem. § 29 Abs. 1 S. 2 GBO, ist ein Rechtskraftzeugnis gem. § 46 FamFG bei Gericht zu beantragen, das allerdings keinen öffentlichen Glauben genießt. Hat das zuständige Gericht somit ein unrichtiges Rechtskraftzeugnis ausgestellt, findet kein gutgläubiger Erwerb statt, sondern der Betroffene ist auf Amtshaftungsansprüche angewiesen.[215] Der Notar darf aber aufgrund des Rechtskraftzeugnisses mangels anderweitiger Erkenntnisse von dessen Richtigkeit ausgehen und den Vertrag weiter vollziehen.

91 **Einseitige Rechtsgeschäfte** (z.B. Erbschaftsausschlagung) bedürfen nach § 1858 Abs. 1 BGB zu ihrer Wirksamkeit der **vorherigen Genehmigung** (Terminologie des Betreuungsrecht weicht von den Legaldefinitionen der §§ 183, 184 BGB ab). § 1858 BGB gilt nicht für Bewilligungen nach § 19 GBO, weil es sich dabei um reine Verfahrenserklärungen handelt. Der Nachweis der erforderlichen familien- bzw. betreuungsgerichtlichen Genehmigung kann deshalb nachgereicht werden.[216] **Verträge** können zunächst

207 Vgl. zum Meinungsstand: *Litzenburger*, RNotZ 2010, 32, 36 f. und *Preuß*, DNotZ 2010, 265, 277 ff.

208 BGH v. 15.2.2017 – XII ZB 405/16, NJW-RR 2017, 970.

209 So die wohl h.M., KG RNotZ 2010, 463; OLG Celle ZErb 2011, 198; OLG Köln – 4UF 127/10, FamRZ 2011, 231 (Ls.); zur Übersicht über den Meinungsstand vgl. *Kölmel*, MittBayNot 2012, 108, 110.

210 Eine Zustellung an die Eltern, Betreuer oder Nachlasspfleger kommt entgegen § 9 Abs. 2 FamFG nicht in Betracht, da das Verfahren gerade der Überprüfung ihrer Handlungen dient und diese daher nicht über die Einlegung von Rechtsmitteln entscheiden sollten, vgl. BVerfG NJW 2000, 1709, 1710; *Zorn*, Rpfleger 2009, 421, 426. Ferner wird in der neueren Literatur die Meinung vertreten, die Bekanntgabe der Entscheidung sei an einen nur für diese Zwecke bestellten Ergänzungspfleger, der anstelle der Eltern handelt, bekannt zu geben, vgl. zusammenfassend: DNotI-Gutachten in DNotI-Report 2009, 145, 148 und *Litzenburger*, RNotZ 2010, 32, 33.

211 Vgl. DNotI-Report 2009, 145, 146 ff. mit einem Überblick über den Meinungsstand.

212 *Litzenburger*, RNotZ 2010, 32, 35.

213 So auch die Empfehlung in DNotI-Report 2009, 145; ferner zum Thema: *Heinemann*, Rn 166, 173; *Bolkart*, MittBayNot 2009, 268, 271 f.

214 *Weber*, MittBayNot 2018, 10, 12.

215 *Litzenburger*, RNotZ 2010, 32, 37.

216 *Schöner/Stöber*, Rn 3749.

ohne die Genehmigung abgeschlossen werden; die Wirksamkeit hängt dann aber von der **nachträglichen Genehmigung** ab (§ 1856 Abs. 1 BGB[217]). Die nachträglich erteilte Genehmigung wird gegenüber dem anderen Vertragsteil erst wirksam, wenn der Betreuer sie ihm mitgeteilt hat (§ 1856 Abs. 1 S. 2 BGB).

Sowohl die Entgegennahme der Genehmigung durch den gesetzlichen Vertreter und die nach § 1856 Abs. 1 S. 2 BGB erforderliche Mitteilung an den Vertragspartner als auch die Entgegennahme der Mitteilung durch den Vertragspartner können durch einen Bevollmächtigten erfolgen, wobei beide Seiten sich auch ein und derselben Person bedienen können (Doppelvollmacht). Eine solche Doppelvollmacht ermächtigt i.d.R. nicht zur Entgegennahme und Weiterleitung des Beschlusses, mit dem die Genehmigung versagt wird.[218] In der Praxis üblich ist die entsprechende **Doppelbevollmächtigung des Notars**.[219] Ein wirksames Handeln des doppelt Bevollmächtigten setzt allerdings voraus, dass der Bevollmächtigte nach Erhalt der Genehmigung entscheiden kann, ob er die Genehmigung sich selbst als Vertreter des Vertragspartners mitteilt, und dass er seinen Mitteilungswillen **nach außen erkennbar** macht.[220] § 181 BGB steht dem Handeln des doppelt Bevollmächtigten nicht entgegen, da in der Erteilung einer solchen Doppelvollmacht jedenfalls zugleich eine Befreiung von den Beschränkungen des § 181 BGB gesehen werden kann.[221] 92

Der Notar sollte von der Doppelvollmacht erst dann Gebrauch machen, wenn ihm das Rechtskraftzeugnis vorliegt. Hat er aufgrund ihm erkennbarer Umstände dennoch Zweifel an der formellen Rechtskraft, sollte er dies dem anderen Vertragspartner mitteilen und um Anweisung bitten, von der Doppelvollmacht Gebrauch zu machen und die Genehmigung für ihn entgegen zu nehmen.[222] 93

Der Nachweis, dass der Notar die nach § 1856 Abs. 1 S. 2 BGB erforderliche Mitteilung gemacht und entgegengenommen hat, kann in Form einer **notariellen Eigenurkunde** geführt werden. Die §§ 3, 6 und 7 BeurkG finden hier keine Anwendung (siehe § 6 BeurkG Rdn 5). Die notarielle Eigenurkunde genügt als öffentliche Urkunde (vgl. § 1 BeurkG Rdn 17) den Anforderungen des § 29 GBO.[223] 94

XXXI. Wohnungs- und Teileigentum (§ 250 BauGB)

Durch das sog. Baulandmobilisierungsgesetz[224] wurde in § 250 Abs. 1 S. 1 BauGB ein weitreichendes Genehmigungserfordernis für die Aufteilung in Wohnungs- und Teileigentum eingeführt.[225] Das Genehmigungserfordernis greift nur in Gebieten mit angespannten Wohnungsmärkten im Sinne von § 201a S. 3 und 4 BauGB, wenn die Landesregierung von ihrer Ermächtigung gem. § 250 Abs. 1 S. 3 BauGB Gebrauch macht.[226] Es betrifft zudem nur Gebäude, die am Tag des Inkrafttretens einer entsprechenden Verordnung bestanden, also nicht für Gebäude, die nach diesem Stichtag errichtet werden („Neubauten").[227] Das Genehmigungserfordernis greift zudem nicht, wenn sich in dem Gebäude nicht mehr als fünf Wohnungen befinden, wobei die Landesregierung diese Zahl abweichend bestimmen können (im Rahmen von drei und 15 Wohnungen, vgl. § 250 Abs. 2 S. 6 BauGB). Das Genehmigungserfordernis bezieht sich gem. § 250 Abs. 6 BauGB auch auf die Bildung von Wohnungserbbaurechten und der Einräumung eines Dauerwohnrechts, sowie auf die Bildung von Bruchteilseigentum in Verbindung mit einer Benutzungsregelung gem. § 1010 BGB. 95

§ 250 Abs. 3 sieht einen Katalog vor, unter welchen Voraussetzungen die Genehmigung zwingend zu erteilen ist. Dies ist der Fall bei Nachlassgrundstücken, wenn Wohnungs- oder Teileigentum zugunsten von 96

217 Zur Vorausgenehmigung vgl. *Flik*, BWNotZ 1995, 44 ff.
218 BayObLG Rpfleger 1988, 482; *Schöner/Stöber*, Rn 3741.
219 Vgl. DNotI-Report 2001, 90 f.
220 BayObLGZ 1989, 242, 247; BayObLG FamRZ 1997, 1426 f.; 1998, 1325, 1326; *Reiß*, MittBayNot 2000, 373, 379 f.; *Reiß*, RNotZ 2001, 203, 206; vgl. auch Reithmann/Albrecht/*Albrecht*, Rn 634, 635; Grüneberg/*Götz*, § 1828 BGB Rn 6; *Schöner/Stöber*, Rn 3739 m.w.N.
221 Vgl. BayObLGZ 1989, 242, 247; DNotI-Report 2001, 90, 91 f. jeweils m.w.N.
222 *Litzenburger*, RNotZ 2010, 32, 38.
223 Reithmann/Albrecht/*Albrecht*, Rn 635; Beck'sches Notarhdb/*Hagemann*, § 1 Rn 158; vgl. auch *Schöner/Stöber*, Rn 3740 m.w.N.
224 Baulandmobilisierungsgesetz v. 14.6.2021, BGBl I S. 1802.
225 Zur Neuregelung ausführlich mit Bezug zur notariellen Praxis DNotI-Report 2021, 113 ff.; *Böhringer*, RPfleger 2021, 562; *Drexler*, notar 2021, 252; *Grziwotz*, NotBZ 2021, 361; *Meier/Leidner*, MittBayNot 2022, 114. Ferner *Brenz*, BauR 2021, 1547.
226 Vgl. die Übersicht mit entsprechenden Verordnungen auf der Homepage des Deutschen Notarinstituts (www.dnoti.de unter „Arbeitshilfen" → „Immobilienrecht").
227 Ausführlich zum Begriff des „bestehenden Wohngebäudes" EZBK/*Grziwotz*, BauGB, § 250 Rn 40.

Miterben oder Vermächtnisnehmern begründet werden soll (Nr. 1), das Wohnungs- und Teileigentum zur eigenen Nutzung an Familienangehörige veräußert werden soll (Nr. 2), das Wohnungs- und Teileigentum zur Selbstnutzung zu mindestens zwei Drittel an Mieter veräußert werden soll (Nr. 3), das Absehen von der Begründung unzumutbar ist (Nr. 4) oder wenn bereits vor Inkrafttreten des Genehmigungsvorbehalts eine Vormerkung im Grundbuch eingetragen ist, also Ansprüche Dritter vereitelt würden (Nr. 5). Die Genehmigung kann vorsehen, dass in diesen Fällen die Veräußerung des Wohnungs- oder Teileigentums der Genehmigung bedarf, § 250 Abs. 3 S. 2 BauGB. Die Genehmigung darf stets nur dann versagt werden, wenn dies für die ausreichende Versorgung der Bevölkerung mit Mietwohnraum erforderlich ist, § 250 Abs. 4 BauGB.

97 Bei einem Grundstück, das im Geltungsbereich einer solchen Rechtsverordnung liegt, darf das Grundbuchamt die Eintragungen der Aufteilung nur vornehmen, wenn die Genehmigung oder das Nichtbestehen der Genehmigungspflicht in Form des § 29 GBO nachgewiesen ist. Mit der Eintragung gilt die Genehmigung als erteilt. Wurde die Aufteilung in Wohnungs- oder Teileigentum bereits vor Inkrafttreten der entsprechenden Verordnung beantragt, muss die Aufteilung in analoger Anwendung des § 878 BGB dennoch vollzogen werden.[228] Fehlen jedoch Unterlagen beim Antrag wie bspw. die Abgeschlossenheitsbescheinigung und wird der Antrag deshalb – nach Fristverlängerung – rechtsfehlerfrei zurückgewiesen, so gilt die Rechtslage bei erneuter Antragstellung und § 250 BauGB ist ggf. zu beachten.[229]

§ 19 Unbedenklichkeitsbescheinigung

Darf nach dem Grunderwerbsteuerrecht eine Eintragung im Grundbuch erst vorgenommen werden, wenn die Unbedenklichkeitsbescheinigung des Finanzamts vorliegt, so soll der Notar die Beteiligten darauf hinweisen und dies in der Niederschrift vermerken.

Literatur *Böhringer*, Die Grundbuchsperre des § 22 GrEStG und ihre Ausnahmen, Rpfleger 2000, 99; *Ganter*, Zweifelsfragen im Notarhaftungsrecht, DNotZ 1998, 851, 857; *Hofmann*, Anzeigepflichten des Notars nach dem Grunderwerbsteuergesetz und deren Hintergrund, NotBZ 2001, 164 und 2006, 1; *Küperkoch*, RNotZ 2002, 198; *Lohaus*; Erbbaurecht und Grunderwerbsteuer, NotBZ 2001, 53.

A. Grundsätzlich keine Belehrungspflicht über Steuerfragen

I. Grundsatz

1 § 19 BeurkG regelt lediglich eine Hinweis- und keine Belehrungspflicht. Belehrungspflichten ergeben sich grundsätzlich nur aus § 17 BeurkG und nur bezüglich der rechtlichen Folgen des Rechtsgeschäfts.[1] Die Belehrungspflicht des Notars nach § 17 BeurkG erstreckt sich nicht auf die steuerlichen Folgen des zu beurkundenden Rechtsgeschäfts (vgl. § 17 BeurkG Rdn 63 ff.).[2] Der Notar ist kein Steuer- oder Wirtschaftsberater der Beteiligten. Es gilt der allgemeine Grundsatz, dass der Notar unter dem Gesichtspunkt der Schadensvermeidung u.U. einer besonderen Hinweispflicht unterliegt, wenn aufgrund bestimmter

228 KG ZWE 2022, 37; vgl. auch DNotI-Report 2021, 113 ff.; EZBK/*Grziwotz*, BauGB, § 250 Rn 102 ff.
229 BGH v. 19.9.2024 – V ZB 66/23, BeckRS 2024, 27283 Rn 15.
1 *Winkler*, § 19 Rn 2; Frenz/Miermeister/*Frenz*, § 19 Rn 1; Grziwotz/Sauer/Heinemann/*Heinemann/Grziwotz*, § 19 Rn 3.
2 BGH v. 5.2.1985 – IX ZR 83/84, DNotZ 1985, 635, 636, Rn 7 f.; BGH v. 14.5.1992 – IX ZR 262/91, DNotZ 1992, 813, 815, Rn 39 f.; BGH v. 13.6.1995 – IX ZR 203/94, DNotZ 1996, 116, Rn 9; BGH v. 20.9.2007 – III ZR 33/07, DNotZ 2008, 370, 371, Rn 10 m. Anm. *Moes*; zuletzt OLG Hamm v. 29.5.2024 – 11 U 71/23, NJOZ 2024, 1167.

Anhaltspunkte zu besorgen ist, dass ein Beteiligter sich einer aus der rechtlichen Anlage des Vertrages drohenden wirtschaftlichen Gefahr nicht bewusst ist.[3] Diese Hinweispflicht ergibt sich unter den entsprechend hohen Voraussetzungen aus der allgemeinen Betreuungspflicht des § 14 Abs. 1 S. 2 BNotO. Das setzt aber voraus, dass der Notar, der gerade kein Steuerberater ist, die drohenden steuerlichen Folgen tatsächlich kennt. Der BGH hat folgende Faustregel aufgestellt: Kennt der Notar die drohenden steuerlichen Folgen positiv, muss er davor warnen. Kennt er sie zwar nicht, muss er aber annehmen, dass das Geschäft von den Beteiligten nicht erkannte und nicht gewollte steuerliche Auswirkungen haben könnte, muss er ihnen empfehlen, einen Steuerberater zu konsultieren.[4] Eigene Beratungspflichten darf der Notar auch auf steuerrechtlichem Gebiet im Rahmen eines besonderen Betreuungsauftrags nach § 24 BNotO übernehmen. Berät der Notar (freiwillig) steuerlich, müssen seine Auskünfte zutreffend sein und er haftet für unzutreffende Auskünfte.[5]

Eine gesetzlich geregelte steuerliche Hinweispflicht findet sich nicht nur in § 19 BeurkG, sondern auch in § 8 Abs. 1 S. 4, Abs. 4 ErbStDV (zur Anzeigepflicht siehe § 51 BeurkG Rdn 28). Hiernach hat der Notar bei der Beurkundung von Schenkungen und Zweckzuwendungen auf die mögliche Steuerpflicht hinzuweisen, nicht dagegen aber auf den tatsächlichen Anfall oder die Höhe der Steuer.[6] Die Verpflichtung erstreckt sich auf Urkunden über Rechtsgeschäfte, die z.T. oder der Form nach entgeltlich sind, bei denen aber Anhaltspunkte für eine Schenkung oder Zweckzuwendung unter Lebenden vorliegen (§ 8 Abs. 2 ErbStDV). Auf sonstige Steuertatbestände kann diese Vorschrift wegen ihres Ausnahmecharakters nicht angewandt werden.[7] 2

II. Hinweis- und Vermerkpflicht nach § 19 BeurkG

§ 19 BeurkG normiert eine besondere Hinweispflicht auf das Erfordernis der **Unbedenklichkeitsbescheinigung des Finanzamts nach dem GrEStG** für die Grundbucheintragung. Die Hinweispflicht soll die Kenntnis der Beteiligten über steuerliche Hindernisse beim Vollzug des beurkundeten Rechtsgeschäfts sicherstellen.[8] Nach § 19 BeurkG hat der Notar darauf hinzuweisen, dass die Unbedenklichkeitsbescheinigung für den Grundbuchvollzug erforderlich ist, und den entsprechenden Hinweis in der Urkunde zu **vermerken**. Die Vorschrift verpflichtet den Notar nicht, die Beteiligten allgemein über die Grunderwerbsteuer, über den tatsächlichen Anfall oder die Höhe einer solchen Steuer sowie über steuersparende Gestaltungen zu belehren.[9] Daraus folgt, dass der Notar auch nicht etwa auf eine bevorstehende Änderung des Steuersatzes hinweisen muss.[10] § 19 BeurkG enthält eine inhaltlich begrenzte Ausnahmeregelung. Auf andere Steuertatbestände kann die Vorschrift nicht erstreckt werden.[11] 3

B. Unbedenklichkeitsbescheinigung im Grundstücksverkehr

Das Grundbuchamt darf den Erwerber eines Grundstücks, Wohnungseigentums oder eines dinglich gesicherten Sondernutzungsrecht nach § 10 Abs. 3 WEG bzw. eines Mitbenutzungsrechts nach § 1010 BGB, eines Gebäudeeigentums oder Erbbaurechts nicht ohne Vorlage der steuerlichen Unbedenklichkeitsbescheinigung in das Grundbuch eintragen (§§ 22 Abs. 1 S. 1, 2 Abs. 2 GrEStG). Die **Grundbuchsperre** betrifft jede Art des Eigentumserwerbs an einem Grundstück, gleichgültig ob es sich um eine rechts- 4

3 BGH v. 5.2.1985 – IX ZR 83/84, DNotZ 1985, 635, 636, Rn 7 f.; BGH v. 14.5.1992 – IX ZR 262/91, DNotZ 1992, 813, 815, Rn 39 f.; BGH v. 13.6.1995 – IX ZR 203/94, DNotZ 1996, 116, Rn 9; BGH v. 22.5.2003 – IX ZR 201/01, DNotZ 2003, 845, Rn 10; BGH v. 20.9.2007 – III ZR 33/07, DNotZ 2008, 370, 371, Rn 10; *Ganter*, DNotZ 1998, 851, 857 f.

4 BGH v. 20.9.2007 – III ZR 33/07, DNotZ 2008, 370, 371, Rn 10.

5 OLG Köln BWNotZ 2022, 21; OLG Hamm BeckRS 2021, 41593.

6 OLG Frankfurt DNotZ 1951, 460, 462; OLG Oldenburg ZEV 2009, 473; Grziwotz/Sauer/Heinemann/*Heinemann*/*Grziwotz*, § 19 Rn 7; *Winkler*, § 19 Rn 11; s. auch *Lerch*, § 19 Rn 6.

7 BGH v. 5.2.1985 – IX ZR 83/84, DNotZ 1985, 635, 636, Rn 7; *Ganter*, DNotZ 1998, 851, 857.

8 *Winkler*, § 19 Rn 2.

9 BGH DNotZ 1979, 228, 232; BGH v. 14.5.1992 – IX ZR 262/91, DNotZ 1992, 813, 815, Rn 39 f.; LG Aachen DNotZ 1989, 457, 459; Frenz/Miermeister/*Frenz*, § 19 BeurkG Rn 1; *Ganter*, DNotZ 1998, 851, 857; *Winkler*, § 19 Rn 5.

10 LG Aachen DNotZ 1989, 457, 459.

11 *Ganter*, DNotZ 1998, 851, 857.

ändernde oder um eine berichtigende Eintragung handelt.[12] Die Unbedenklichkeitsbescheinigung ist in allen Fällen erforderlich, in denen das betreffende Rechtsgeschäft unter das GrEStG fällt, unabhängig davon, ob eine Steuerbefreiung einschlägig ist. Die betroffenen Erwerbsvorgänge sind in § 1 GrEStG aufgeführt. § 22 Abs. 1 S. 2 GrEStG ermächtigt die obersten Finanzbehörden der Länder, im Einvernehmen mit den Landesjustizverwaltungen **Ausnahmeregelungen** vorzusehen.[13] Die Finanzverwaltungen haben solche Ausnahmeregelungen[14] für Grundstückserwerbe mit einer Gegenleistung von bis zu 2.500 EUR[15] vorgesehen, ferner für Grundstückserwerb aufgrund Erbfolge,[16] Erwerb durch Ehegatten sowie Verwandte in gerader Linie und deren Ehegatten,[17] Stiefkinder[18] und den Erwerb durch Bund, Land oder Gemeinde.[19]

5 Die Bescheinigung ist nach § 22 Abs. 2 S. 1 GrEStG zu erteilen, wenn die Grunderwerbssteuer entrichtet, sichergestellt oder gestundet worden oder wenn der Vorgang steuerfrei ist. Sie hat sich auf die beantragte Eintragung zu beziehen. Bei Kettengeschäften,[20] also bei Geschäften, bei denen der Zwischenerwerber nicht ins Grundbuch eingetragen wird, ist die Unbedenklichkeitsbescheinigung für den Erwerbsvorgang Zwischenerwerber-Enderwerber, nicht aber auch die für den Ankauf durch den Zwischenerwerber vorzulegen, damit vom Eigentümer direkt auf den Enderwerber umgeschrieben werden kann.[21]

6 Dass ein Rechtsvorgang seiner Art nach dem GrEStG unterliegt und deswegen die Unbedenklichkeitsbescheinigung (vorbehaltlich einer Ausnahmeregelung, vgl. oben Rdn 4) erforderlich ist, heißt nicht, dass im Einzelfall eine Steuerpflicht besteht. Die §§ 3 ff. GrEStG enthalten zahlreiche Ausnahmeregelungen. Ob die Voraussetzungen des Steuertatbestandes in tatsächlicher oder rechtlicher Hinsicht im konkreten Fall erfüllt sind und ob eventuell Ausnahmeregelungen eingreifen, hat die Finanzbehörde zu prüfen. Für das Grundbuchverfahren sind steuerliche Befreiungstatbestände unerheblich, so dass auch in diesen Fällen eine Unbedenklichkeitsbescheinigung vorzulegen ist.[22]

7 Demgegenüber prüft das **Grundbuchamt**, ob ein im GrEStG für steuerbar erklärter Vorgang gegeben ist, und kann in diesem Fall die Unbedenklichkeitsbescheinigung grundsätzlich verlangen.[23] Nur wenn ausgeschlossen ist, dass der Rechtsvorgang dem GrEStG unterfällt, fehlt es an einem rechtlichen Grund dafür, die Eintragung von der Vorlage der Unbedenklichkeitsbescheinigung abhängig zu machen.[24] Das Grundbuchamt kann aber von der Vorlage der Unbedenklichkeitsbescheinigung absehen, wenn die Voraussetzungen eines Befreiungstatbestandes eindeutig erfüllt sind.[25] Der Rechtsprechung zufolge kann das Grundbuchamt die Vorlage einer Unbedenklichkeitsbescheinigung insbesondere dann verlangen, wenn ein Miterbe im Rahmen einer Erbauseinandersetzung oder Erbteilsübertragung seinen Erbteil auf einen Dritten überträgt, um die Umschreibung des Eigentums an zum Nachlass gehörenden Grundbesitz zu ermöglichen.[26]

12 BayObLG Rpfleger 1983, 103; OLG Frankfurt Rpfleger 1995, 346; NZG 2005, 885; OLG Oldenburg NJW-RR 1998, 1632; *Böhringer*, Rpfleger 2000, 99; *Schöner/Stöber*, Rn 148.

13 Vgl. *Schöner/Stöber*, Rn 150 mit weiterführenden Hinweisen; zur Entbehrlichkeit der Unbedenklichkeitsbescheinigung auch Viskorf/*Loose*, § 22 GrEStG Rn 56 ff.; *Winkler*, § 19 Rn 4.

14 Vgl. die Liste auf der Homepage des Deutschen Notarinstituts, https://www.dnoti.de/arbeitshilfen/besteuerung-von-grundstuecksgeschaeften/ (Stand: 4.1.2024).

15 Alle Bundesländer außer Berlin, Bremen, Niedersachsen, Nordrhein-Westfalen und Schleswig-Holstein.

16 Alle Bundesländer, vgl. Einführungserlass zum GrEStG zu § 22 Rn 13; gleichlautende Erlasse der obersten Finanzbehörden der Länder v. 21.12.1982, BStBl I 1982, 968.

17 Alle Bundesländer außer Berlin.

18 Alle Bundesländer außer Baden-Württemberg, Berlin, Sachsen und Sachsen-Anhalt.

19 Alle Bundesländer außer Berlin, Hamburg, Niedersachsen und Sachsen-Anhalt.

20 Vgl. zur Belehrungspflicht zur Grunderwerbsteuer und Kettengeschäften BGH DNotZ 1992, 813.

21 *Schöner/Stöber*, Rn 148.

22 OLG Oldenburg NJW-RR 1998, 1632; OLG Frankfurt NZG 2005, 885; *Schöner/Stöber*, Rn 149.

23 BayObLG Rpfleger 1983, 103; FGPrax 1995, 95; OLG Celle Rpfleger 1985, 187; OLG Frankfurt a.M. Rpfleger 1995, 346 f.; OLG Hamm Rpfleger 1997, 524; *Böhringer*, Rpfleger 2000, 99; Frenz/Miermeister/*Frenz*, § 19 BeurkG Rn 4; *Winkler*, § 19 Rn 7.

24 OLG Celle Rpfleger 1985, 187; OLG Frankfurt Rpfleger 1995, 346, 347; LG Köln MittRhNot 1994, 253, 254; *Böhringer*, Rpfleger 2000, 99.

25 OLG Zweibrücken NJW-RR 2000, 1686, 1686 f.; BayObLG JurBüro 1994, 1391, 1392; *Schöner/Stöber*, Rn 149.

26 OLG Celle NJW-Spezial 2011, 391.

C. Mitteilungspflichten

Im öffentlichen Interesse der Steuersicherung hat der Notar grunderwerbsteuerpflichtige Vorgänge nach §§ 18, 20 GrEStG bei dem Finanzamt anzuzeigen, in dessen Bezirk das Grundstück belegen ist.[27] Die Anzeigepflicht trifft nur deutsche und keine ausländischen Notare.[28] Diese fehlende Anzeigepflicht ausländischer Notare spielt auch für die Gleichwertigkeit für durch sie vorgenommene Beurkundungen eine Rolle.[29] Sie knüpft nur an die eigene Urkundstätigkeit an und umfasst grundsätzlich auch verbundene Rechtsgeschäfte, die mit dem schon für sich genommen grunderwerbsteuerbaren Rechtsgeschäft eine Einheit bilden, auch wenn diese verbundenen Rechtsgeschäfte nicht in derselben Urkunde enthalten, sondern lediglich mittels gegenseitiger Verweise beurkundungsrechtlich miteinander verknüpft sind.[30] Der Notar muss das verbundene Rechtsgeschäft nur dann nicht anzeigen, wenn er in der Lage ist, mit Gewissheit auszuschließen, dass es für die Grunderwerbsteuer von Bedeutung ist.[31] Die Mitteilungspflichten stellen Ausnahmetatbestände zur Verschwiegenheitspflicht (§ 18 BNotO) dar (vgl. § 51 BeurkG Rdn 26; zu weiteren Mitteilungspflichten siehe § 51 BeurkG Rdn 30 ff.). Eine Anzeigepflicht der Steuerschuldner ist in § 19 GrEStG geregelt. Die Anzeigepflicht des Notars gemäß § 18 GrEStG ist – im Gegensatz zu der Anzeigepflicht nach § 19 GrEStG – subjektiv ausgestaltet, d.h. sie besteht nur dann, wenn der Notar erkennen kann, dass der beurkundete Vorgang ein inländisches Grundstück betrifft.[32] 8

Welche Urkundstätigkeiten des Notars die Mitteilungspflicht auslösen, ergibt sich aus § 18 Abs. 1, Abs. 2 GrEStG.[33] Der Norm zufolge sind beurkundete Rechtsvorgänge anzeigepflichtig, somit auch schwebend unwirksame Rechtsgeschäfte, die noch eines Bedingungseintritts oder der Genehmigung Dritter oder durch Gerichte bedürfen, auch wenn die Grunderwerbsteuer erst mit der Genehmigung gem. § 14 Nr. 2 GrEStG entsteht. Nicht anzeigepflichtig ist der anschließende Bedingungseintritt.[34] Insbesondere Grundstückskaufverträge und andere Verträge, die eine Pflicht zur Übertragung eines Grundstücks beinhalten, müssen angezeigt werden. Die Anzeigepflicht ist weit gefasst und betrifft nicht nur Vorgänge, die Grunderwerbsteuer tatsächlich auslösen. Anzeigepflichtig sind alle Vorgänge, die ein Grundstück im Geltungsbereich des GrEStG betreffen. Daher ist auch Kauf-/Verkaufsangebote sowie die Vereinbarung einer Option oder eines Vorvertrages über eine Grundstücksveräußerung genauso anzeigepflichtig wie die spätere Annahme des Angebots, die Ausübung der Option bzw. der Abschluss des endgültigen Kaufvertrages.[35] Der notwendige Inhalt der Anzeige ist in § 20 GrEStG geregelt. Der Notar hat die Mitteilung unter Verwendung des amtlichen Vordrucks vorzunehmen (§ 18 Abs. 1 S. 1 GrEStG); eine Abschrift der Urkunde über den anzeigepflichtigen Vorgang ist beizufügen (§ 18 Abs. 1 S. 2 GrEStG). Die Veräußerungsanzeige ist innerhalb von zwei Wochen nach der Beurkundung oder der Unterschriftsbeglaubigung an das zuständige Finanzamt abzusenden, und zwar auch dann, wenn der Rechtsvorgang von der Besteuerung ausgenommen ist oder eine Unbedenklichkeitsbescheinigung beim Grundbuchamt nicht vorgelegt werden muss (§ 18 Abs. 3 GrEStG). Im Rahmen seiner steuerlichen Beistandspflichten hat der Notar auch Urkunden vorzulegen und weitere Auskünfte zu erteilen, § 102 Abs. 4 S. 2 AO. Urkunden in diesem Sinne sind neben den beurkundeten Vorgängen auch weitere Dokumente oder Datenträger, die für die Besteuerung erheblich sein können. Das Finanzamt kann aber nicht die gesamte Handakte des Notars anfordern, sondern muss einzelne Schriftstücke bzw. Urkunden benennen, die den Umfang und den Inhalt der notariellen Urkunden verdeutlichen oder ergänzen, sofern dies erforderlich ist. Insbesondere kann das Finanzamt keine Informationen über das Zustandekommen, Motive oder Begleitumstände des beurkundeten Rechtsgeschäfts fordern.[36] Wegen der notariellen Verschwiegenheitspflicht nach § 18 BNotO besteht darüber hinaus kein Recht der Finanzbehörden, Informationen bzw. Schriftstücke vom Notar zu verlangen. 9

27 Vgl. auch Merkblatt über die steuerlichen Beistandspflichten der Notare auf den Gebieten Grunderwerbsteuer, Erbschaftsteuer (Schenkungsteuer), Ertragsteuer der Oberfinanzdirektion Hessen, Frankfurt am Main, Stand Januar 2021.

28 *Küperkoch*, RNotZ 2002, 298, 299; *Pahlke*, GrEStG, § 18 Rn 2; Behrens/Wachter/*Wachter*, § 18 Rn 59.

29 BeckOGK/*Forschner*, Stand: 1.1.2026, § 2 BeurkG Rn 33.1.

30 Vgl. zur Verknüpfungsabrede BGH v. 13.2.2003 – IX ZR 76/99, NJW-RR 2003, 1565.

31 Vgl. vorgenanntes Merkblatt (Fn 27), Ziff. 2.1.12.

32 Viskorf/*Loose*, § 18 Rn 24.

33 Zur Übersicht über die Anzeigepflicht nach § 18 GrEStG vgl. *Küperkoch*, RNotZ 2002, 298, 300 ff.

34 *Pahlke*, GrEStG, § 18 Rn 11.

35 *Pahlke*, GrEStG, § 18 Rn 5; *Wagner*, NotBZ 2000, 69, 72 und 76.

36 BFH II B 58/81, BStBl II 1982, 510 = DNotZ 1982, 505 (LS) = BeckRS 1982, 22006068 (Volltext); Viskorf/*Loose*, § 18 Rn 26; *Küperkoch*, RNotZ 2002, 298, 299.

10 Der Notar ist nicht verpflichtet, Nachforschungen anzustellen, ob Grundstücke vorhanden sind, die der Gesellschaft grunderwerbsteuerlich zuzurechnen sind. Er kann sich vielmehr auf die Angaben der Beteiligten verlassen, ist allerdings gehalten danach zu fragen.[37] Die Abfrage diesbezüglich wird zweckmäßigerweise in der Urkunde vermerkt. Für die Veräußerungsanzeige reicht es aus, dass die notarielle Urkunde übersandt und der amtliche Vordruck so weit wie möglich ausgefüllt wird; die weitere Sachverhaltsermittlung obliegt dem Finanzamt.[38]

11 Gem. § 18 Abs. 4 GrEStG ist der Notar verpflichtet, die Absendung der erforderlichen Anzeige auf der Urschrift der Urkunde oder, falls er eine Urkunde entworfen und darauf eine Unterschrift beglaubigt hat, auf der zurückbehaltenen beglaubigten Abschrift zu vermerken. Der Vermerk bedarf keiner speziellen Form, er muss also nicht unterzeichnet oder gesiegelt werden. Er kann auch durch Mitarbeiter des Notars angebracht werden. Den Beteiligten darf eine Urkunde, die einen anzeigepflichtigen Vorgang betrifft, erst ausgehändigt, Ausfertigungen und beglaubigte Abschriften dürfen erst erteilt werden, wenn der Notar seiner Anzeigepflicht nachgekommen ist (§ 21 GrEStG). Erforderlich ist dabei der vorgenannten Norm zufolge die vollständig ausgefüllte Anzeige, die nach Ansicht der Finanzverwaltung auch die Angabe der steuerlichen Identifikationsnummer (§ 139b AO) bzw. die Wirtschafts-Identifikationsnummer (§ 139c AO) der Beteiligten mitumfasst. Geben die Beteiligten diese Informationen nicht rechtzeitig an oder ist einem Beteiligten (noch) keine Steueridentifikationsnummer zugewiesen, bspw. weil er in Deutschland bislang nicht gemeldet oder steuerpflichtig ist, ist der Notar trotzdem verpflichtet, innerhalb der Zweiwochenfrist die Anzeige zu tätigen. Dabei scheint es zweckmäßig, aber nicht rechtlich geboten, in der Anzeige zu vermerken, warum die Angabe der steuerlichen Identifikationsnummer unterblieben ist. Verfügt ein Urkundsbeteiligter nicht über eine Steuer- oder Wirtschaftsidentifikationsnummer, gilt die auch ohne Angabe dieser Nummer ausgefüllte Anzeige als in allen Teilen vollständig im Sinne der §§ 16 Abs. 5, 21 GrEStG.[39] Es ist Aufgabe der Finanzverwaltung, eine entsprechende Steueridentifikationsnummer zuzuweisen.[40] Wurde ein Vorgang nicht fristgemäß angezeigt (§§ 18, 19 GrEStG), ist, wenn der Erwerbsvorgang rückgängig gemacht werden sollte, eine Nichtfestsetzung der Steuer bzw. eine Aufhebung oder Änderung der Steuerfestsetzung ausgeschlossen (siehe § 16 Abs. 5 GrEStG), allerdings nur in den Fällen des § 1 Abs. 2 bis 3a GrEStG.

§ 20 Gesetzliches Vorkaufsrecht

Beurkundet der Notar die Veräußerung eines Grundstücks, so soll er, wenn ein gesetzliches Vorkaufsrecht in Betracht kommen könnte, darauf hinweisen und dies in der Niederschrift vermerken.

Literatur *Böttcher/Hee-Jung*, Die Stellung des Berechtigten beim schuldrechtlichen Vorkaufsrecht, RNotZ 2010, 557; *Bremkamp,* Neue öffentlich-rechtliche Vorkaufsrechte in Nordrhein-Westfalen 2.0, RNotZ 2021, 518; *Bub*, Das 4. Mietrechtsänderungsgesetz, NJW 1993, 2897; *Götz*, Das Mietervorkaufsrecht nach § 570b BGB, BWNotZ 2000, 9; *Grziwotz*, Baulandmobilisierungsgesetz und Grundstücksverkehr, NotBZ 2021, 361; *Hammen*, Ist die Ausübung des Vorkaufsrechts aus § 570b BGB formbedürftig? DNotZ 1997, 543; *Hueber*, Ausübung gemeindlicher Vorkaufsrechte nach dem BauGB und Kaufvertragsvollzug. 4 Teile, NotBZ 2003, 445; *Hueber*, Ausübung gemeindlicher Vorkaufsrechte nach dem BauGB und Kaufvertragsvollzug. 4 Teile, NotBZ 2004, 91; *Hueber*, Ausübung gemeindlicher Vorkaufsrechte nach dem BauGB und Kaufvertragsvollzug. 4 Teile, NotBZ 2004, 177; *Hueber*, Ausübung gemeindlicher Vorkaufsrechte nach dem BauGB und Kaufvertragsvollzug. 4 Teile, NotBZ 2004, 297; *Krause*, Das Vorkaufsrecht gemäß § 57 SchuldRAnpG, NotBZ 1998, 45; *Langhein*, Das neue Vorkaufsrecht des Mieters bei Umwandlungen, DNotZ 1993, 650; *Leikam*, Die Ausübung des dinglichen Vorkaufsrechts, BWNotZ 1986, 139; *Meier/Leidner*, Praxisupdate Öffentliches Recht: Vorkaufsrechte und Genehmigungspflichten nach dem Baulandmobilisierungsgesetz, MittBayNot 2022, 114; *Rüßmann*, Vorkaufsrecht analog § 577 BGB bei Realteilung von Grundstücken? RNotZ 2012, 97; *Scheidler*, Die gesetzlichen Vorkaufsrechte der Gemeinde im Baugesetzbuch; *F. Schmidt*, Das neue Vorkaufsrecht bei der Umwandlung in Eigentumswohnungen, DWW 1994, 65; *Wirth*, Probleme des Mietervorkaufsrechts nach § 570b BGB in der notariellen Praxis, MittBayNot 1998, 9.

37 Viskorf/*Loose*, § 18 Rn 24.
38 OFD München Vfg. v. 6.11.2001 – S. 4540–35 St 351, OFD Nürnberg Vfg. v. 29.10.2001 – S. 4540–58/St 43 – MittBayNot 2001, 595 = RNotZ 2002, 64.
39 Vergleiche hierzu Rundschreiben Nr. 6/2017 der Bundesnotarkammer vom 20.6.2017.
40 Namentlich das Bundeszentralamt für Steuern, vgl. § 139a Abs. 1 S. 1 AO.

A. Hinweis- und Vermerkpflicht

Gesetzliche Vorkaufsrechte sind aus dem Grundbuch i.d.R. nicht ersichtlich. Die Pflicht des Notars zur Aufklärung des Sachverhalts beinhaltet keine Ermittlung, welches der theoretisch denkbaren Vorkaufsrechte durch den beurkundeten Vertrag ausgelöst sein kann. § 20 BeurkG legt dem Notar lediglich auf, bei Verträgen, die ein Vorkaufsrecht an einem Grundstück auslösen können, auf mögliche gesetzliche Vorkaufsrechte hinzuweisen (zur Belehrung über vertragliche Vorkaufsrechte siehe § 17 BeurkG Rdn 82).[1] Die Hinweispflicht nach § 20 BeurkG bezieht sich also nur auf die **abstrakte rechtliche Möglichkeit** eines solchen Rechts und unterscheidet sich insofern von der Hinweispflicht nach § 18 BeurkG, die einen Hinweis auf die erforderlichen Genehmigungen,[2] aber etwa auch auf das Erfordernis einer Negativbescheinigung gegenüber dem Grundbuchamt (§ 28 Abs. 1 S. 2 BauGB) verlangt (vgl. Rdn 15). 1

Aus § 20 BeurkG ergibt sich keine Verpflichtung, über die Voraussetzungen, das Verfahren und die Bedeutung des Vorkaufsrechts zu belehren.[3] Erforderlichenfalls hat der Notar jedoch aufgrund seiner allgemeinen Belehrungspflicht nach § 17 Abs. 1 BeurkG die Beteiligten über die rechtlichen Wirkungen eines Vorkaufsrechts zu informieren.[4] Hierzu gehört auch die Erläuterung, dass ein mögliches Vorkaufsrecht wegen § 465 BGB nicht durch die Vereinbarung einer auflösenden Bedingung oder eines Rücktrittsvorbehalts verhindert werden kann, wobei zur Verhinderung von Schadensersatzansprüchen des Verkäufers gegenüber dem Käufer derartige Abreden sinnvoll sind.[5] Wenn der Notar überblickt, dass die Voraussetzungen eines bestimmten Vorkaufsrechts, etwa des Vorkaufsrechts des Mieters nach § 577 BGB, erfüllt sind, sollte er auch darauf hinweisen.[6] 2

Der Notar soll den nach § 20 BeurkG erforderlichen Hinweis auf ein gesetzliches Vorkaufsrecht in der Niederschrift **vermerken**. Das Fehlen des Vermerks hat auf die Wirksamkeit des beurkundeten Geschäfts keinen Einfluss.[7] Aus dem Fehlen des Vermerks kann nicht zwingend geschlossen werden, dass die Belehrung unterblieben ist.[8] 3

B. Vorkaufsfall

Vorkaufsrechte verschaffen dem Berechtigten nur dann einen Anspruch auf Erwerb des Grundstücks, wenn ein Vorkaufsfall i.S.d. § 463 BGB vorliegt. Voraussetzung ist der **Abschluss eines Kaufvertrags oder eines kaufähnlichen Vertrags**; der Vertrag muss rechtswirksam sein und es muss sich um ein **Drittgeschäft**[9] handeln. 4

1 Vgl. zu schuldrechtlichen Vorkaufsrechten auch *Böttcher/Hee-Jung*, RNotZ 2010, 557.
2 OLG Braunschweig DNotZ 1977, 438; Frenz/Miermeister/*Frenz*, § 20 BeurkG Rn 1; BeckOGK/*Regler*, Stand: 1.1.2026, § 20 BeurkG Rn 7; BeckOK-BeurkG/*Raude*, § 20 Rn 6; *Winkler*, § 20 Rn 49.
3 Frenz/Miermeister/*Frenz*, § 20 BeurkG Rn 1.
4 Frenz/Miermeister/*Frenz*, § 20 BeurkG Rn 2; *Winkler*, § 20 Rn 49.
5 *Winkler*, § 20 Rn 49; Grüneberg/*Weidenkaff*, § 465 BGB Rn 1.
6 Frenz/Miermeister/*Frenz*, § 20 BeurkG Rn 1; vgl. auch Beck'sches Notarhandbuch/*Everts*, § 1 Rn 199 mit Formulierungsvorschlag.
7 Haug/Zimmermann/*Eggenstein*, Rn 611; *Winkler*, § 20 Rn 53.
8 BGH v. 3.2.1984 – V ZR 190/82, DNotZ 1984, 636 (Ls.) Rn 21; das Vorkaufsrecht gilt auch bei Teileigentum, das zu Wohnzwecken genutzt wird. Vgl. jüngst BGH v. 21.5.2025 – VIII ZR 201/23, DNotZ 2025, 702.
9 Ausführlich zum Begriff BeckOGK/*Daum*, Stand 1.10.2025, § 463 BGB Rn 62.

5 Auch das öffentlich-rechtliche Vorkaufsrecht wird durch ein Scheingeschäft nicht ausgelöst.[10] Ist zur Wirksamkeit des Kaufvertrages die Erteilung einer behördlichen **Genehmigung** erforderlich, tritt der Vorkaufsfall erst mit Erteilung der Genehmigung ein.[11] Der Vorkaufsberechtigte kann das Vorkaufsrecht jedoch bereits vor Erteilung der Genehmigung ausüben, und zwar mit Wirkung auf den Genehmigungszeitpunkt.[12] Auch ein u.U. erforderliches **Negativattest** kann bereits erteilt werden, bevor der Kaufvertrag rechtswirksam wird.

6 Ein das Vorkaufsrecht auslösender Drittkauf liegt nach h.M. nicht vor, wenn die Veräußerung des dem Vorkaufsrecht unterliegenden Gegenstands an einen Miteigentümer erfolgt oder wenn Mitgesellschafter oder Miterben die Auseinandersetzung durch Realteilung betreiben bzw. den dem Vorkaufsrecht unterliegenden Gegenstand an einen Mitgesellschafter oder Miterben veräußern.[13] Bei Beteiligung von Personengemeinschaften (etwa Gesamthandsgemeinschaften oder Bruchteilsgemeinschaften) sind Geschäfte mit den ihnen angehörenden Personen keine Drittgeschäfte i.S.v. § 463 BGB.[14] Die Rechtsprechung lehnt ein Vorkaufsrecht auch dann unter Zugrundelegung einer wirtschaftlichen Betrachtungsweise bei Veräußerung von einer GmbH & Co. KG an eine GbR ab, wenn die Kommanditisten (zugleich Gesellschafter der Komplementärin) und die GbR-Gesellschafter personenidentisch sind.[15] Dementsprechend dürfte kein Drittgeschäft bei der gebotenen wirtschaftlichen Betrachtungsweise vorliegen, wenn eine GmbH & Co. KG Grundbesitz an eine weitere GmbH & Co. KG veräußert, deren Kommanditisten personenidentisch sind und deren Komplementäre keine wirtschaftliche Beteiligung an der KG innehaben. Dritter i.S.d. § 463 BGB ist dagegen ein bereits ausgeschiedener Teilhaber, Miterbe oder Mitgesellschafter.[16]

C. Gesetzliche Vorkaufsrechte

7 Gesetzliche Vorkaufsrechte können unterschiedliche Zwecke verfolgen. Es gibt Vorkaufsrechte, die öffentlichen Belangen dienen wie dem Planungsrecht, dem Denkmal- oder dem Naturschutz, sowie Vorkaufsrechte, die den Schutz bestimmter Personengruppen verfolgen. Das Vorkaufsrecht kann einer Körperschaft des öffentlichen Rechts zustehen, wie es bei den gemeindlichen Vorkaufsrechten der Fall ist, aber auch einer Privatperson, etwa dem Mieter oder Nutzer des betroffenen Grundstücks. **Unterschiede** bestehen schließlich im Hinblick auf die Sicherung des bei Ausübung eines Vorkaufsrechts entstehenden Anspruchs auf Übertragung des Grundstücks. Nicht jede gesetzliche Regelung sieht überhaupt eine Sicherung vor. Im Übrigen differieren die Sicherungsinstrumente. Manche Vorkaufsrechte haben dingliche Wirkung i.S.d. § 1098 Abs. 2 BGB; der Vorkaufsberechtigte ist in diesem Fall in gleicher Weise gesichert wie ein Vormerkungsberechtigter. Ein besonderer Ausübungsvermerk im Grundbuch ist nicht vorgesehen und nicht eintragungsfähig.[17] Kommt mit Ausübung des Vorkaufsrechts der Kaufvertrag mit dem Vorkaufsberechtigten zustande, bedarf es zur Erfüllung des Vertrages, nicht anders als bei der Ausübung eines rechtsgeschäftlich bestellten Vorkaufsrechts, der Auflassung.[18] Zum Schutz der Erfüllbarkeit des Übertragungsanspruchs des Vorkaufsberechtigten kann auch eine Grundbuchsperre angeordnet sein mit der Folge, dass die für den Vollzug des ersten Kaufvertrags erforderliche Eintragung im Grundbuch nicht ohne den Nachweis über die Nichtausübung oder das Nichtbestehen eines Vorkaufsrechts vorgenommen werden darf (z.B. § 28 Abs. 1 S. 2 BauGB). Daneben kommt zum Schutz vor sonstigen Verfügungen ein Recht auf Eintragung einer Vormerkung in Betracht (§ 28 Abs. 2 S. 3 BauGB).

10 VG Ansbach MittBayNot 2001, 588, 589 f. m.w.N.

11 BGHZ 14, 1, 3 = BGH NJW 1954, 1442; BGH v. 15.6.1960 – V ZR 105/59, NJW 1960, 1808, 1810, Rn 4 ff.; BGH DNotZ 1957, 16, 17; BGH v. 9.2.1990 – V ZR 274/88, NJW 1990, 1473, 1474, Rn 14; BGH v. 15.5.1998 – V ZR 89/97, NJW 1998, 2352, 2353, Rn 7 ff. mit Abgrenzung zu BGHZ 14, 1 = BGH NJW 1954, 1473; *Schöner/Stöber*, Rn 1417; kritisch: MüKo-BGB/*Maultzsch*, § 463 BGB Rn 21; a.A. *Leikam*, BWNotZ 1986, 139, 140.

12 BGH v. 15.5.1998 – V ZR 89/97, NJW 1998, 2352, 2353, Rn 7 ff.; *Schöner/Stöber*, Rn 1417; MüKo-BGB/*Maultzsch*, § 463 BGB Rn 21.

13 BGH v. 23.4.1954 – V ZR 145/52, NJW 1954, 1035, 1036; BGH v. 28.4.1967 – V ZR 163/65, WM 1967, 529, Rn 8; BGH v. 14.11.1969 – V ZR 115/66, WM 1970, 321, 322, Rn 12; BayObLGZ 1985, 324 f.; *Schöner/Stöber*, Rn 1411; vgl. auch DNotI-Report 1999, 73 f.

14 BGH v. 14.11.1969 – V ZR 115/66, WM 1970, 321, 322, Rn 12.

15 OVG Lüneburg BlGBW 1984, 79 zum Vorkaufsrecht nach § 25a BBauG a.F.

16 OLG Karlsruhe WM 1990, 725, 731.

17 BayObLG MittBayNot 2000, 555, 556 m.w.N. und zust. Anm. *Frank* (Art. 34 BayNatSchG).

18 BayObLG MittBayNot 2000, 555.

Gesetzliche Vorkaufsrechte finden sich nicht nur auf Bundesebene; auch landesrechtlich sind insbesondere auf den Gebieten des Natur- und Denkmalschutzrechts vielfach Vorkaufsrechte vorgesehen.[19] 8

I. Gemeindliche Vorkaufsrechte nach dem BauGB

Die §§ 24, 25 BauGB bilden die Rechtsgrundlage für das **allgemeine und besondere Vorkaufsrecht der Gemeinde.**[20] Durch das Baulandmobilisierungsgesetz wurde der Anwendungsbereich erheblich erweitert, insb. auch bzgl. des preislimitierten Vorkaufsrechts nach § 28 Abs. 3 BauGB.[21] Selbst wenn nach diesen Vorschriften ein Vorkaufsrecht begründet ist, steht die Ausübung allerdings nicht im Belieben der Gemeinde. Zum einen sind die Ausschlusstatbestände des § 26 BauGB (z.B. Grundstücksverkauf an Ehegatten, Verwandte und Verschwägerte in gerader Linie, Verwandte in der Seitenlinie bis zum dritten Grad) zu beachten. Zum anderen darf das gemeindliche Vorkaufsrecht generell nur ausgeübt werden, wenn das **Wohl der Allgemeinheit** die Ausübung rechtfertigt (§§ 24 Abs. 3, 25 Abs. 2 S. 1 BauGB). 9

Nach § 24 Abs. 1 S. 1 Nr. 1–8 BauGB bestehen allgemeine Vorkaufsrechte der Gemeinde 10

- im Geltungsbereich eines Bebauungsplans, soweit es sich um Flächen handelt, für die nach dem Bebauungsplan eine Nutzung für öffentliche Zwecke oder für Flächen oder Maßnahmen zum Ausgleich i.S.d. § 1a Abs. 3 BauGB festgesetzt ist,
- in einem Umlegungsgebiet,
- in einem förmlich festgelegten Sanierungsgebiet und städtebaulichem Entwicklungsbereich,
- im Geltungsbereich einer Satzung zur Sicherung von Durchführungsmaßnahmen des Stadtumbaus und einer Erhaltungssatzung,
- im Geltungsbereich eines Flächennutzungsplans, soweit es sich um unbebaute Flächen im Außenbereich handelt, für die nach dem Flächennutzungsplan eine Nutzung als Wohnbaufläche oder Wohngebiet dargestellt ist,
- in Gebieten, die nach §§ 30, 33 oder 34 Abs. 2 BauGB vorwiegend mit Wohngebäuden bebaut werden können, soweit die Grundstücke unbebaut sind, sowie
- in Gebieten, die zum Zweck des vorbeugenden Hochwasserschutzes von Bebauung freizuhalten sind, insbesondere in Überschwemmungsgebieten.
- in Gebieten nach §§ 30, 33 oder 34 BauGB, wenn ein städtebaulicher Missstand besteht oder die bauliche Anlage selbst Missstände aufweist („Schrottimmobilien").

§ 25 Abs. 1 Nr. 1 BauGB ermächtigt die Gemeinden, im Geltungsbereich eines Bebauungsplans für unbebaute Grundstücke sowie für Flächen in Gebieten, in denen sie städtebauliche Maßnahmen in Betracht zieht, durch **Satzung** Vorkaufsrechte zu begründen.

Der Verkauf von **Wohnungs- oder Teileigentum** oder der Verkauf eines **Erbbaurechts** wird weder von dem allgemeinen Vorkaufsrecht noch von einem durch Satzung begründeten besonderen Vorkaufsrecht erfasst (§§ 24 Abs. 2, 25 Abs. 2 S. 1 BauGB). Außer in klaren Umgehungsfällen dürften auch Paketverkäufe von Wohnungseigentumseinheiten, bei denen alle auf einem Grundstück vorhandenen Einheiten veräußert werden, unter die Ausnahmevorschrift des § 24 Abs. 2 BauGB fallen.[22] 11

Der Verkäufer ist gem. § 28 Abs. 1 S. 1 BauGB verpflichtet, der Gemeinde den Inhalt des Kaufvertrags unverzüglich mitzuteilen. Mit der **Mitteilung** wird eine dreimonatige **Frist** in Lauf gesetzt, innerhalb der die Gemeinde das Vorkaufsrecht gegenüber dem Verkäufer durch Verwaltungsakt ausüben kann (§ 28 Abs. 2 S. 1 BauGB). Außerdem gewährt § 28 Abs. 2 S. 3 BauGB der Gemeinde das Recht, nach Mitteilung des Kaufvertrages zur Sicherung ihres künftigen Übereignungsanspruchs eine **Vormerkung** eintragen zu 12

19 Ausführliche Übersicht auf der Homepage des Deutschen Notarinstituts, www.dnoti.de (unter „Arbeitshilfen" → Immobilienrecht"), zuletzt aktualisiert am 18.7.2022.

20 Siehe hierzu *Hueber*, NotBZ 2003, 445 ff.; *Hueber*, NotBZ 2004, 91 ff.; *Hueber*, NotBZ 2004, 177 ff.; *Hueber*, NotBZ 2004, 297 ff.; *Grziwotz*, NVwZ 1994, 215 ff.

21 Ausführlich zur Novellierung *Meier/Leidner*, MittBayNot 2022, 114 ff.

22 DNotI-Internetgutachten Nr. 106656 (v. 29.10.2010); BeckOK-BauGB/*Grziwotz*, § 24 Rn 8; weitergehend nun OLG Hamm v. 14.12.2011 – 15 W 476/11, NotBZ 2012, 112 = RNotZ 2012, 186 f. (Ls.), wonach kein Negativattest erforderlich ist, wenn sämtliche Miteigentumsanteile einer Wohnungseigentumsanlage veräußert werden, da es nicht Aufgabe der grundbuchrechtlichen Rechtsprechung sei, Veräußerungsvorgänge über Wohnungseigentum dem gemeindlichen Vorkaufsrecht zu unterwerfen, die bei wirtschaftlicher Betrachtung mit dem Erwerb eines Grundstücks vergleichbar sind.

lassen. Übt die Gemeinde ihr Vorkaufsrecht aus, kommt der Kauf zwischen dem Verkäufer und der Gemeinde grundsätzlich gem. § 28 Abs. 2 S. 2 BauGB und § 464 Abs. 2 BGB zu den vertraglichen **Konditionen des Drittkaufvertrages** zustande. Das Vorkaufsrecht kann allerdings auch lediglich bzgl. einer **Teilfläche** ausgeübt werden, wozu die Gemeinde unter Beachtung des Verhältnismäßigkeitsprinzips u.U. sogar verpflichtet ist.[23] Der Kaufpreis ist in diesem Fall analog § 467 S. 1 BGB nach dem objektiven Wertverhältnis der Flächen zu bestimmen.[24] In Betracht kommt ferner ein Anspruch des Vorkaufsverpflichteten auf Erstreckung des Vorkaufs auf das gesamte Grundstück analog § 467 S. 2 BGB, wenn die verbleibende Teilfläche nicht mehr ohne Einbuße verwertet werden kann.[25]

13 Abweichend von § 464 Abs. 2 BGB gewährt § 28 Abs. 3 S. 1 BauGB der Gemeinde die Möglichkeit, den zu zahlenden Betrag nach dem Verkehrswert des Grundstücks zum Zeitpunkt des Kaufes zu bestimmen, wenn der vereinbarte Kaufpreis den Verkehrswert überschreitet **(preislimitiertes Vorkaufsrecht)**. In diesem Fall kann der Verkäufer jedoch bis zum Ablauf eines Monats nach Bestandskraft des Ausübungsbescheids von dem Kaufvertrag zurücktreten (§ 28 Abs. 3 S. 2 BauGB).[26]

14 Besteht ein Vorkaufsrecht nach § 24 Abs. 1 Nr. 1 BauGB, so sind unter den Voraussetzungen des § 28 Abs. 4 S. 1 BauGB, wonach das Grundstück auch enteignet werden könnte, die Folgen der Vorkaufsrechtsausübung den Rechtsfolgen des Enteignungsrechts angeglichen. Das gilt sowohl im Hinblick auf die Höhe des von der Gemeinde geschuldeten „Kaufpreises“ als auch im Hinblick auf die Erfüllung der Verkäuferpflicht. Mit der Unanfechtbarkeit des Bescheids über die Ausübung des Vorkaufsrechts erlischt die Übereignungspflicht des Verkäufers; die Gemeinde erwirbt Eigentum, sobald auf ihr Ersuchen der Eigentumswechsel im Grundbuch eingetragen ist (§ 28 Abs. 4 S. 2, S. 3 BauGB).

15 Besteht ein Vorkaufsrecht nicht oder übt die Gemeinde es nicht aus, hat sie ein **Negativattest** hierüber zu erteilen; dieses Zeugnis gilt als Verzicht auf die Ausübung des Vorkaufsrechts (§ 28 Abs. 1 S. 3, S. 4 BauGB). Für die Beteiligten ist die Erteilung des Negativattests von Bedeutung, da § 28 Abs. 1 S. 2 BauGB eine **Grundbuchsperre** für den Vollzug von Grundstückskaufverträgen anordnet. Das Grundbuchamt darf den Käufer erst dann als Eigentümer in das Grundbuch eintragen, wenn das Nichtbestehen oder die Nichtausübung des Vorkaufsrechts durch Vorlage des Negativattests nachgewiesen ist. Eine Eigentumsvormerkung zugunsten des Käufers kann hingegen ohne Negativattest eingetragen werden.[27] Die Gemeinde kann für das Gemeindegebiet oder für sämtliche Grundstücke einer Gemarkung auf die Ausübung des Vorkaufsrechts verzichten (§ 28 Abs. 5 S. 1 BauGB). Sie kann den Verzicht allerdings jederzeit für zukünftig abzuschließende Kaufverträge widerrufen (§ 28 Abs. 5 S. 2 BauGB). Sowohl der Verzicht als auch der Widerruf sind ortsüblich bekannt zu machen. Hat die Gemeinde auf ihre Rechte verzichtet, besteht bis zum Widerruf der Erklärung keine Grundbuchsperre; Eintragungen können also ohne Vorlage des Negativattests vollzogen werden (§ 28 Abs. 5 S. 5 BauGB).

16 Zur Einholung eines Negativattests (auch schon vor einem Wirksamwerden des Kaufvertrages) reicht es aus, dass der Gemeinde die Angaben mitgeteilt werden, die für die Prüfung, ob überhaupt ein Vorkaufsrecht in Betracht kommt, erforderlich sind. Eine Abschrift des Kaufvertrages oder die Mitteilung der Bedingungen des Kaufvertrages, insbesondere des Kaufpreises, ist hierfür nicht erforderlich.[28] Sowohl dem öffentlichen Interesse der Gemeinde als auch dem **Geheimhaltungsinteresse der Beteiligten** wird entsprochen, wenn der Gemeinde zunächst lediglich die für die Entscheidung über die Erteilung des Negativattests erforderlichen Daten, also die Tatsache des Vorkaufsfalls, die Angabe des vertragsgegenständlichen Grundstücks sowie die Angabe des Käufers als Adressaten des Gebührenbescheids, mitgeteilt werden.[29] Kommt die Ausübung eines Vorkaufsrechts in Betracht und lehnt die Gemeinde daher die Erteilung eines Negativattests auf der Grundlage der ihr zur Verfügung gestellten Informationen ab, ist ihr

23 BGH v. 5.7.1990 – III ZR 229/89, NJW 1991, 293, 294 m.w.N., Rn 25 ff.

24 BGH v. 10.10.1969 – V ZR 155/66, NJW 1970, 187 (Ls.), Rn 13; VGH München NJW 2000, 531, 532; Reithmann/Albrecht/*Albrecht*, Rn 598; Lambert-Lang/Tropf/Frenz/*Hertel*, Teil 2 Rn 518.

25 Vgl. VGH München MittBayNot 2002, 212, 213: i.E. verneint wegen vorgehender Regelung in Art 34 Abs. 1 S. 3, 4 BayNatSchutzG.

26 Vgl. zum preislimitierten Vorkaufsrecht *Schöner/Stöber*, Rn 4125 ff.

27 Lambert-Lang/Tropf/Frenz/*Hertel*, Teil 2 Rn 575.

28 OVG Münster NJW 1980, 1067; *Schöner/Stöber*, Rn 4119.

29 Vgl. Reithmann/Albrecht/*Albrecht*, Rn 601; Lambert-Lang/Tropf/Frenz/*Hertel*, Teil 2 Rn 571; *Winkler*, § 20 Rn 12.

der Vertragsinhalt mitzuteilen. Erst mit dieser Mitteilung beginnt die Dreimonatsfrist zur Ausübung des Vorkaufsrechts nach § 28 Abs. 2 S. 1 BauGB.[30]

Die Einholung des Negativattests kann dem **Notar** übertragen werden, der hierzu allerdings mangels einer gesetzlichen Vollmacht besonderer Bevollmächtigung bedarf. Die **Vollmacht** sollte auf die Entgegennahme des Negativattests beschränkt, Bescheide über die Ausübung des Vorkaufsrechts den Beteiligten dagegen selbst zugestellt und dem Notar nur nachrichtlich übermittelt werden, damit die Beteiligten rechtzeitig Rechtsbehelfe einlegen, ggf. von einem Rücktrittsrecht Gebrauch machen können.[31] Eine allgemeine Vollzugsvollmacht ist i.d.S. so auszulegen, dass sie dem Notar zwar die Rechtsmacht zur Einholung und zum Empfang des Negativzeugnisses einräumt, nicht aber zum Empfang des Verwaltungsaktes über die Ausübung des Vorkaufsrechts.[32] 17

II. Vorkaufsrechte zugunsten von Planungsträgern

Verschiedene Gesetze weisen dem Planungsträger ein Vorkaufsrecht an Grundstücken zu, die in ein verkehrsrechtliches Planfeststellungs- oder Plangenehmigungsverfahren einbezogen sind. Solche planungsrechtlichen Vorkaufsrechte finden sich in § 9a Abs. 6 BFStrG, § 15 Abs. 3 BWaStG, § 19 Abs. 3 AEG, § 8a Abs. 3 LuftVG, § 28a Abs. 3 PBefG. Diese öffentlich-rechtlichen Vorkaufsrechte entstehen mit der Auslegung der Pläne bzw. der Einsichtnahmemöglichkeit der Betroffenen im Planfeststellungsverfahren (§ 9 Abs. 1 S. 1 BFStrG, § 15 Abs. 1 S. 1 BWaStG, § 19 Abs. 1 S. 1 AEG, § 8a Abs. 1 S. 1 LuftVG, § 28a Abs. 1 S. 1 PBefG). Aus dem Grundbuch sind sie nicht ersichtlich. Den Notar trifft insoweit keine Ermittlungspflicht.[33] Sind ihm aber Tatsachen bekannt, aus denen sich ergibt oder die es nahelegen, dass das vertragsgegenständliche Grundstück in ein Planfeststellungsverfahren einbezogen ist, muss er einen entsprechenden Hinweis erteilen.[34] 18

III. Vorkaufsrecht an landwirtschaftlichen Grundstücken nach dem RSiedlG

Das siedlungsrechtliche Vorkaufsrecht zugunsten gemeinnütziger Siedlungsunternehmen oder einer anderen durch die Siedlungsbehörde bezeichneten Stelle betrifft landwirtschaftliche Grundstücke oder Moor- und Ödland, das in landwirtschaftliche Kultur gebracht werden kann, ab einer Mindestgröße von 2 ha (§ 4 Abs. 1 S. 1 RSiedlG[35]); die Landesregierungen können durch Rechtsverordnung abweichende Mindestgrößen festlegen (§ 4 Abs. 4 RSiedlG[36]). Das Vorkaufsrecht besteht nicht, wenn der Käufer der Ehegatte des Verkäufers oder eine mit ihm in gerader Linie oder bis zum dritten Grad in der Seitenlinie verwandte oder bis zum zweiten Grad verschwägerte Person ist (§ 4 Abs. 2 S. 1 RSiedlG). Bei Verkäufen an eine Körperschaft des öffentlichen Rechts kann das Vorkaufsrecht nur zu Sanierungs- und Entwicklungszwecken (§ 1 Abs. 1a RSiedlG) und nur dann ausgeübt werden, wenn die Käuferin das Grundstück nicht für die Erfüllung der ihr obliegenden öffentlichen Aufgaben benötigt (§ 4 Abs. 2 S. 2, 3 RSiedlG). Voraussetzung für das Entstehen des siedlungsrechtlichen Vorkaufsrechts ist schließlich, dass der Grundstückskaufvertrag dem **Genehmigungserfordernis nach § 9 GrdStVG** unterliegt und dass diese Genehmigung nach Auffassung der zuständigen Genehmigungsbehörde zu versagen wäre (vgl. § 18 BeurkG Rdn 25 ff.). Die Entscheidung über die Ausübung des Vorkaufsrechts ist auch verfahrensrechtlich eng mit dem Genehmigungsverfahren nach dem GrdStVG verbunden.[37] Die Genehmigungsbehörde leitet den Kaufvertrag selbst an die Siedlungsbehörde weiter (§ 12 GrdstVG), die den ihr vorgelegten Kaufvertrag dem Vorkaufsberechtigten mitteilt. Umgekehrt wird die Ausübungserklärung des Vorkaufsberechtigten über die Siedlungsbehörde der Genehmigungsbehörde zugeleitet (§ 6 Abs. 1 S. 2 RSiedlG). Das Vorkaufsrecht wird ausgeübt, indem die Genehmigungsbehörde diese Erklärung dem Vorkaufsverpflichteten mitteilt (§ 6 Abs. 1 S. 3 Hs. 1 RSiedlG). Die Mitteilung kann grundsätzlich 19

30 BGH v. 30.6.1994 – III ZR 109/93, NVwZ 1995, 101, 102 Rn 6.
31 Vgl. Reithmann/Albrecht/*Albrecht*, Rn 600; *Grziwotz*, DNotZ 1997, 916, 921.
32 OVG Lüneburg NJW 1996, 212 f.
33 Reithmann/Albrecht/*Albrecht*, Rn 604.
34 Reithmann/Albrecht/*Albrecht*. Rn 604.
35 RGBl 1919, 1429 = BGBl III 2-2331/1.
36 Vgl. hierzu *Schöner/Stöber*, Rn 4142.
37 Vgl. hierzu DNotI-Report 2001, 155 f.; *Schöner/Stöber*, Rn 4154 ff.

auch der Notar entgegennehmen, der den Genehmigungsantrag gestellt hat (§ 3 Abs. 2 S. 2 GrdstVG); haben die Beteiligten dem Notar nur Vollmacht zur Entgegennahme der Genehmigung nach dem GrdstVG erteilt, ist die Ausübung des Vorkaufsrechts dem Veräußerer selbst mitzuteilen.[38] Zur Wirksamkeit der Vorkaufsrechtsausübung muss diese Mitteilung in der Frist des § 6 Abs. 1 GrdStVG erfolgen (§ 6 Abs. 2 RSiedlG, vgl. auch § 18 BeurkG Rdn 29) und der Kaufvertrag muss zu diesem Zeitpunkt noch wirksam bestehen. Bis zur Erteilung der Genehmigung nach dem GrdstVG kann der Kaufvertrag noch mit Wirkung auch gegenüber dem Vorkaufsberechtigten aufgehoben werden.[39]

20 Im Hinblick auf den Inhalt des mit dem Vorkaufsberechtigten zustande gekommenen Vertrags gelten § 464 Abs. 2 BGB sowie die §§ 465–468 BGB sinngemäß (§ 8 Abs. 1 S. 1 RSiedlG). Der beurkundete Kaufpreis ist gegenüber dem Siedlungsunternehmen selbst dann verbindlich, wenn die Vertragsparteien des Erstkaufvertrags an sich einen höheren Kaufpreis vereinbart und den beurkundeten Vertrag somit nur zum Schein geschlossen hatten (§ 4 Abs. 3 RSiedlG).

21 Für den grundbuchlichen Vollzug ist das siedlungsrechtliche Vorkaufsrecht ohne Bedeutung. Da das Vorkaufsrecht nur bei Genehmigungserfordernis nach dem Grundstücksverkehrsgesetz besteht, erfolgt eine Eigentumsumschreibung erst, wenn die Genehmigung nach § 2 GrdstVG vorliegt, mit der die Nichtausübung des Vorkaufsrechts feststeht.[40]

IV. Wasserrechtliches Vorkaufsrecht (§ 99a WHG)

22 Den Ländern steht gem. § 99a WHG ein Vorkaufsrecht an Grundstücken zu, die für Maßnahmen des Hochwasser- oder Küstenschutzes benötigt werden.[41] Das Vorkaufsrecht besteht nicht beim Verkauf von Rechten nach dem WEG (§ 99a Abs. 2 WHG). Das Vorkaufsrecht kann gem. § 99a Abs. 3 WHG nur ausgeübt werden, wenn es aus Gründen des Hochwasserschutzes oder des Küstenschutzes erforderlich ist. Es ist nicht im Grundbuch einzutragen, verschiedene Länder haben aber Verzeichnisse eingerichtet, aus denen die Grundstücke ersichtlich sind, die dem Vorkaufsrecht unterliegen.[42] Das Vorkaufsrecht hat gem. § 99a Abs. 4 S. 5 WHG i.V.m. § 1098 Abs. 2 BGB die Wirkung einer Vormerkung.

V. Landesrechtliche Vorkaufsrechte

23 Verschiedene Landesgesetze, insbesondere Denkmalschutz-, Naturschutz- und Forstgesetze, sehen Vorkaufsrechte vor.[43] Teilweise bewirken sie eine Grundbuchsperre, indem die zum Vollzug des Kaufvertrages erforderlichen Grundbucheintragungen nur nach Vorlage eines Negativattests oder einer Verzichtserklärung vorgenommen werden dürfen. Für manche Vorkaufsrechte ist dingliche Wirkung nach § 1098 Abs. 2 BGB angeordnet. Einige Länder haben für Grundstücke, die landesrechtlichen Vorkaufsrechten unterliegen entsprechende Register eingeführt.[44] Da § 20 BeurkG nicht dazu verpflichtet, zu prüfen, ob das Vorkaufsrecht tatsächlich besteht, ist die Einsicht nicht obligatorisch.[45] Besteht ein solches Register, sollte sich der Notar jedoch von den Beteiligten beauftragen lassen, das entsprechende Register einzusehen.[46]

38 OLG München RdL 1992, 159, 160.

39 BGH v. 11.4.2025 – V ZR 194/23 = NZM 2025, 547.

40 *Schöner/Stöber*, Rn 4175.

41 Eingefügt in das WHG m.W.v. 5.1.2018 durch Gesetz v. 30.6.2017, BGBl I, 2193. Vgl. ausführlich dazu *Böhringer*, DNotZ 2017, 887 ff.; *Schöner/Stöber*, Rn 4186b ff.; vgl. zudem *Bremkamp*, RNotZ 2021, 518.

42 Vgl. dazu die Übersicht auf der Homepage des Deutschen Notarinstituts, www.dnoti.de (unter „Arbeitshilfen“ → Immobilienrecht“), zuletzt aktualisiert am 20.6.2025.

43 Ausführliche Übersicht auf der Homepage des Deutschen Notarinstituts, www.dnoti.de (unter „Arbeitshilfen“ → Immobilienrecht“), zuletzt aktualisiert am 20.6.2025.

44 Vgl. dazu jeweils die Hinweise in den Fußnoten in der Übersicht über landesrechtliche Vorkaufsrechte auf der Homepage des Deutschen Notarinstituts, www.dnoti.de (unter „Arbeitshilfen“ → Immobilienrecht“), zuletzt aktualisiert am 20.6.2025.

45 So wohl auch *Soester*, RNotZ 2018, 1, 11 („ist dem Notar anzuraten“).

46 Zum Abrufverfahren in NRW ausführlich *Bremkamp*, RNotZ 2017, 197, 203 ff.

VI. Vorkaufsrecht des Mieters nach § 577 BGB

Gemäß § 577 Abs. 1 S. 1 BGB ist der Mieter einer Wohnung bei Verkauf[47] der Wohnung an einen Dritten vorkaufsberechtigt, wenn nach der Überlassung der Wohnung an den Mieter **Wohnungseigentum** (oder Teileigentum[48]) begründet worden ist oder begründet werden soll.[49] Das Recht kann vertraglich nicht abbedungen werden (§ 577 Abs. 5 BGB) und wirkt rein schuldrechtlich. Das Vorkaufsrecht steht dem Mieter während des Bestehens des Mietverhältnisses zu und zwar bis zu dessen vollständiger Beendigung. Hat eine der Beteiligten das Mietverhältnis bereits gekündigt, ist die Kündigungsfrist aber noch nicht abgelaufen, besteht das Mietervorkaufsrecht bis zum Ende fort.[50] 24

Die Entstehung des Vorkaufsrechts setzt gem. § 577 Abs. 1 S. 1 BGB voraus, dass die Wohnung nach **Überlassung**, also nach Einzug des Mieters, in Wohnungseigentum umgewandelt wurde oder umgewandelt werden soll. Dabei ist die zweite Tatbestandsalternative nur erfüllt, wenn bei Verkauf der Wohnung eine hinreichend konkretisierte, also nicht lediglich subjektive **Umwandlungsabsicht** besteht. Diese Voraussetzung ist jedenfalls gegeben, wenn die **Teilungserklärung** beurkundet oder eine vertragliche Aufteilungsverpflichtung begründet ist.[51] Ein Vorkaufsrecht ist nach dieser Tatbestandsalternative aber nicht begründet, wenn bereits vor der Überlassung an den Mieter die Absicht zur Schaffung von Wohnungseigentum vorlag und nach außen etwa durch die Beurkundung einer Teilungserklärung erkennbar geworden ist.[52] Bei einem Grundstücksverkauf, durch den eine nicht aufgeteilte Wohnanlage veräußert werden soll (**Gesamtverkauf des Grundstücks**), entsteht grundsätzlich kein Vorkaufsrecht; etwas anderes gilt nur dann, wenn die Aufteilung in Wohnungseigentum bereits im Grundstückskaufvertrag angelegt ist (z.B. auch wenn der Erwerber sich schon im Erwerbsvertrag zur Aufteilung verpflichtet hat) und die von dem Mieter bewohnte Wohnung als Teilobjekt des Gesamtvertrages so bestimmt ist, dass sie in Verbindung mit einem Miteigentumsanteil an dem Grundstück der rechtlich selbstständige Gegenstand eines Kaufvertrages sein könnte.[53] Bei einem Erwerbermodell, bei dem der Erwerber erst noch die Aufteilung vornehmen wird, sich dazu im Ankaufsvertrag aber nicht verpflichtet hat, entsteht das Vorkaufsrecht somit grundsätzlich nicht.[54] Im umgekehrten Fall, in dem ein aufgeteiltes Wohngebäude im Ganzen veräußert wurde, besteht nach allgemeinen Grundsätzen ein Vorkaufsrecht.[55] Sollen bei einem derartigen en bloc-Verkauf die Sondereigentumsgrundbücher im Zuge des Verkaufs vor Eigentumsumschreibung geschlossen werden, steht dem Mieter nach vorzugswürdiger Ansicht kein Vorkaufsrecht zu, wenn keine neue Aufteilungsabsicht besteht.[56] Durch die Schließung der Wohnungsgrundbücher kann somit der überwiegenden Literatur zufolge das Entstehen eines Vorkaufsrechts verhindert werden. 25

Für das Vorkaufsrecht unerheblich ist, ob dem Mieter die Aufteilungsabsicht bei Abschluss des Mietvertrages bekannt war. Eine bei Mietvertragsabschluss bestehende Kenntnis des Mieters steht der Anwendung des § 577 Abs. 1 S. 2 Alt. 1 BGB grundsätzlich nicht entgegen.[57] 26

Verstirbt der Mieter, so geht das Vorkaufsrecht auf die Personen über, die nach § 563 Abs. 1 oder 3 BGB in das Mietverhältnis eintreten (§ 577 Abs. 4 BGB). 27

47 Vgl. DNotI-Abrufgutachten Nr. 103108 v. 10.6.2011 zur Frage der Auslösung eines Mietervorkaufsrechts durch Auseinandersetzung einer GbR und Übertragung von Wohnungseigentum auf einen Mitgesellschafter; zum Mietervorkaufsrecht bei Realteilung von Grundstücken vgl. BGH v. 28.5.2008 – VIII ZR 126/07, RNotZ 2008, 490 (analoge Anwendung von § 577 BGB bejahend) und *Rüßmann*, RNotZ 2012, 97.

48 Sofern dieses zu Wohnzwecken genutzt wird, vgl. BGH v. 21.5.2025 – VIII ZR 201/23, DNotZ 2025, 702 Rn 30.

49 Zum Problem des mitvermieteten Stellplatzes vgl. etwa *Götz*, BWNotZ 2000, 9 f.; *Wirth*, MittBayNot 1998, 9.

50 MüKo-BGB/*Häublein*, § 577 Rn 19; BeckOGK/*Klühs*, Stand: 1.1.2026, § 577 BGB Rn 17; Grüneberg/*Weidenkaff*, § 577 Rn 3 f; a.A. *Brambring*, ZAP Fach 4, S. 325.

51 *Langhein*, DNotZ 1993, 650, 655; *Wirth*, MittBayNot 1998, 9, 11.

52 BGH v. 6.4.2016 – VIII ZR 143/15, DNotZ 2016, 847, Rn 34 ff.

53 BayObLG DNotZ 1992, 571, 574 f.; KG DNotI-Rep 1995, 149 (Ls.); *Götz*, BWNotZ 2000, 9, 10; Staudinger/*Rolfs*, § 577 BGB Rn 18; *Wirth*, MittBayNot 1998, 9, 11 f.; Schmidt-Futterer/*Blank/Ferrers*, § 577 BGB Rn 17 f.

54 BGH v. 22.11.2013 – V ZR 96/12, DNotI-Report 2014, 218, Rn 20 ff.

55 Vgl. nur OLG Düsseldorf MittRhNotK 1998, 316; der Mieter dürfte in den Genuss eines auf seine Einheit entfallenden günstigen Kaufpreis kommen, wenn dem Erwerber aller Einheiten ein Paketabschlag eingeräumt wurde, vgl. OLG Düsseldorf DNotZ 1999, 491; str., vgl. *Wirth*, DNotZ 1999, 495, 499; umstritten ist, ob dies auch gilt, wenn Paketkauf wegen des ausgeübten Vorkaufsrechts nicht zustande kommt, vgl. dazu *Wirth*, DNotZ 1999, 495, 499.

56 DNotI-Report 2006, 48, 49; BeckOGK/*Klühs*, Stand: 1.1.2026, § 577 BGB Rn 43 ff. m.w.N.

57 BGH v. 6.4.2016 – VIII ZR 143/15, DNotZ 2016, 847, Rn 27 ff.

28 Der Mieter ist nicht zum Vorkauf berechtigt (§ 577 Abs. 1 S. 2 BGB), wenn der Vermieter die Wohnung an einen **Familienangehörigen** oder an einen Angehörigen seines Haushalts verkauft. Der Begriff entspricht dem des § 573 Abs. 2 Nr. 2 BGB, wobei es jedoch, anders als bei der Eigenbedarfskündigung nach § 573 Abs. 1 S. 1, Abs. 2 Nr. 2 BGB, nicht darauf ankommt, dass der Erwerber die Wohnung „benötigt", also ein berechtigtes Interesse i.S.d. § 573 Abs. 2 Nr. 2 BGB vorliegt.[58] Zudem ist das Vorkaufsrecht nach § 471 BGB ausgeschlossen, wenn der Verkauf im Wege der **Zwangsvollstreckung** oder aus der **Insolvenzmasse** erfolgt.

29 Das Vorkaufsrecht gilt nur für den **ersten Vorkaufsfall** nach der Umwandlung in Wohnungseigentum.[59] Es erlischt auch dann, wenn dieser erste Vorkaufsfall aus anderen Gründen nicht zu einem Vorkaufsrecht des Mieters führte, etwa weil es sich dabei um eine Veräußerung an einen Familienangehörigen oder im Wege der Zwangsvollstreckung bzw. aus der Insolvenzmasse handelte.[60]

30 Liegt ein Vorkaufsfall vor, ist dem Mieter nicht nur nach § 469 Abs. 1 BGB der Inhalt des Kaufvertrages mitzuteilen, sondern er muss zugleich von dem Verkäufer oder dem Dritten über sein Vorkaufsrecht unterrichtet werden (§ 577 Abs. 2 BGB). Erfolgt die Mitteilung pflichtwidrig nicht, droht eine Schadensersatzpflicht des Veräußerers.[61] Die **Mitteilung** kann der Notar übernehmen, wenn ihm entsprechende Vollmacht erteilt wurde; er muss hierbei ausdrücklich namens und in Vollmacht des Mitteilungsverpflichteten handeln und sollte, um Zweifel auszuschließen, eine Ausfertigung der Vollmachtsurkunde als Nachweis übermitteln.[62] Dabei sollte sich der Notar von den Parteien die Mieter benennen lassen, an die die Mitteilung zu machen ist. Eine eigene Nachforschungspflicht trifft den mitteilenden Notar nicht. Teilweise wird lediglich ein Hinweis auf das Bestehen des Vorkaufsrechts verlangt, nicht aber eine **Information über die rechtliche Bedeutung des Vorkaufsrechts und die Modalitäten der Ausübung.**[63] Nach a.A. genügt der schlichte Hinweis auf das Vorkaufsrecht nach § 577 BGB nicht.[64] Die Unterrichtung über das Vorkaufsrecht sollte zur Vorsicht insbesondere die Hinweise enthalten, dass über das Vorkaufsrecht durch formlose Erklärung innerhalb von zwei Monaten nach Zugang der Mitteilung ausgeübt werden kann. Der Bundesgerichtshof hat die schlichte Mitteilung eines vertraglich eingeräumten Vorkaufsrechts als unselbstständige Betreuungstätigkeit, vergleichbar mit dem Urkundenvollzug nach § 53 BeurkG, angesehen und deshalb in einem Haftungsfall eine subsidiäre Haftung des Notars (§ 19 Abs. 1 S. 2 BNotO) angenommen.[65]

31 Das Vorkaufsrecht wird ausgeübt durch **schriftliche Erklärung** des Mieters gegenüber dem Verkäufer (§ 577 Abs. 3 BGB). Im Übrigen gelten für die Ausübung und die Rechtsfolgen des Vorkaufsrechts die allgemeinen Regelungen der §§ 463 ff. BGB, insbesondere die **Zweimonatsfrist** des § 469 Abs. 2 S. 1 BGB. Hierbei handelt es sich um eine Ausschlussfrist, die nicht zur Disposition der Parteien steht.[66]

32 Übt der Mieter sein Vorkaufsrecht nicht aus, unterliegt er dem besonderen Kündigungsschutz des § 577a BGB. Eine Eigenbedarfskündigung nach § 573 Abs. 2 BGB kann dann erst drei Jahre nach Eigentumsumschreibung auf den neuen Eigentümer erfolgen.[67] Die Länder haben teilweise von ihrer Ermächtigung nach § 577a Abs. 2 S. 2 BGB Gebrauch gemacht und die Sperrfristen erheblich verlängert.[68]

58 Schmidt-Futterer/*Blank/Fervers*, § 577 BGB Rn 25; *Bub*, NJW 1993, 2897, 2902; MüKo-BGB/*Häublein*, § 577 BGB Rn 22 m.w.N. (insb. zum Problem, ob die Voraussetzungen des § 573 BGB erfüllt sein müssen); Grüneberg/*Weidenkaff*, § 577 BGB Rn 5.

59 BGH v. 14.4.1999 – VIII ZR 384/97, NJW 1999, 2044, Rn 11 zu § 2b WoBindG; BGH v. 29.3.2006 – VIII ZR 250/05, NJW 2006, 1869, Rn 12; BGH v. 22.6.2007 – V ZR 269/06, NJW 2007, 2699, Rn 8; Schmidt-Futterer/*Blank/Fervers*, § 577 BGB Rn 49; MüKo-BGB/*Häublein*, § 577 Rn 21; a.A. LG Oldenburg WuM 1997, 436 f.

60 BGH v. 22.6.2007 – V ZR 269/06, NJW 2007, 2699, Rn 8.

61 BGH v. 21.1.2014 – VIII ZR 51/14, Rn 21 ff.

62 *Langhein*, DNotZ 1993, 650, 667; Beck'sches Notarhandbuch/*Everts*, § 1 Rn 192 ff.

63 Reithmann/Albrecht/*Albrecht*, Rn 609; *Langhein*, DNotZ 1993, 650, 667.

64 Schmidt-Futterer/*Blank/Fervers*, § 577 BGB Rn 39; Lambert-Lang/Tropf/Frenz/*Hertel*, Teil 2 Rn 550; Staudinger/*Rolfs*, § 577 BGB Rn 59.

65 BGH v. 9.1.2003 – III ZR 46/02, ZNotP 2003, 156, 158, Rn 24 ff.

66 BGH v. 21.5.2025 – VIII ZR 201/23, DNotZ 2025, 702 Rn 40.

67 Grüneberg/*Weidenkaff*, § 577a Rn 4.

68 Vgl. die Übersicht bei MüKo-BGB/*Häublein*, § 577a Rn 29.

VII. Vorkaufsrechte an Grundstücken im Beitrittsgebiet

1. Vorkaufsrechte nach dem VermG

§ 20 Abs. 1 S. 1 VermG begründet zugunsten der **Mieter und Nutzer** von Ein- und Zweifamilienhäusern sowie von Grundstücken, die der staatlichen Verwaltung i.S.d. § 1 Abs. 4 VermG unterlagen oder auf die ein Anspruch auf Rückübertragung besteht, einen Anspruch auf Einräumung eines dinglichen Vorkaufsrechts, der durch Antrag bei dem Amt zur Regelung offener Vermögensfragen, das über den Rückübertragungsanspruch entscheidet, geltend gemacht wird (§ 20 Abs. 5 VermG). Der Anspruch setzt voraus, dass das Miet- oder Nutzungsverhältnis am 29.9.1990 bestanden hat, dass es im Zeitpunkt der Antragstellung fortbesteht und dass das Grundstück vertragsgerecht genutzt wird (§ 20 Abs. 1 S. 2 VermG). Das Vorkaufsrecht entsteht, wenn der **Bescheid über die Einräumung des Vorkaufsrechts** unanfechtbar ist und das Vorkaufsrecht im **Grundbuch** eingetragen wurde (§ 20 Abs. 6 S. 1 VermG). Vorkaufsverpflichtet ist der Restitutionsbegünstigte im Fall des ersten Verkaufs (§ 20 Abs. 6 S. 2 VermG). Der künftige Übereignungsanspruch des Vorkaufsberechtigten ist mit **dinglicher Wirkung** gesichert (§ 20 Abs. 8 VermG i.V.m. § 1098 Abs. 2 BGB). Hinsichtlich der rechtlichen Folgen und der Ausübungsmodalitäten verweist § 20 Abs. 8 VermG auf die entsprechenden Vorschriften des BGB. 33

Nach § 20a S. 1, S. 2 VermG ist dem **Restitutionsberechtigten**, auf den das Grundstück nicht zurückübertragen werden kann, weil ein Dritter Eigentum an dem Grundstück oder ein dingliches Nutzungsrecht erworben hat, auf Antrag ein dingliches Vorkaufsrecht an dem Grundstück einzuräumen, sofern das Grundstück nicht nach den Vorschriften des Investitionsvorranggesetzes von dem Dritten erworben wurde. Auch dieses Vorkaufsrecht entsteht mit Unanfechtbarkeit des Bescheids und Eintragung im Grundbuch (§§ 20a S. 5, 20 Abs. 6 S. 1 VermG). 34

2. Vorkaufsrecht nach dem Schuldrechtsanpassungsgesetz

Das SchuldRAnpG regelt Rechtsverhältnisse an Grundstücken im Beitrittsgebiet, die dem Nutzer zur kleingärtnerischen Nutzung („Datschen") usw. oder zur Errichtung von persönlichen, nicht Wohnzwecken dienenden Bauwerken überlassen wurden, an Grundstücken, die von Behörden aufgrund eines Überlassungsvertrages i.S.d. Art. 232 § 1a EGBGB zu Wohnzwecken oder zu gewerblichen Zwecken übergeben wurden und an Grundstücken, die aufgrund eines Miet-, Pacht- oder sonstigen Nutzungsvertrages von einem anderen als dem Grundstückseigentümer bis zum Ablauf des 2.10.1990 mit Billigung staatlicher Stellen mit einem Wohn- oder gewerblichen Zwecken dienenden Bauwerk bebaut worden sind (§ 1 Abs. 1 SchuldRAnpG). § 57 Abs. 1 SchuldRAnpG gewährt dem Nutzer eines von der Schuldrechtsanpassung erfassten Grundstücks ein schuldrechtliches Vorkaufsrecht für den ersten Vorkaufsfall (Ausnahmen: Abs. 2, Abs. 3). Es besteht nur dann, wenn dem Nutzer nicht schon ein Anspruch auf Bestellung eines Vorkaufsrechts nach § 20 VermG zusteht oder zustand (§ 57 Abs. 2 Nr. 2 SchuldRAnpG). Im Vorkaufsfall ist dem Berechtigten nicht nur der Kaufvertrag mitzuteilen, sondern er ist – wie der Mieter nach § 577 Abs. 2 BGB – über das Bestehen des Vorkaufsrechts zu unterrichten[69] (vgl. oben Rdn 30). 35

3. Vorkaufsrechte nach dem Landverwertungsgesetz und dem Landwirtschaftsanpassungsgesetz

§ 5 Landverwertungsgesetz-DDR v. 22.7.1990[70] gewährt den Nutzern ehemals volkseigener land- oder forstwirtschaftlich nutzbarer Grundstücke ein Vorkaufsrecht, wenn sie auf dem Grundstück Gebäude oder Anlagen errichtet oder Anpflanzungen vorgenommen und kraft Gesetzes daran selbstständige Eigentumsrechte erworben haben.[71] 36

Bei der Verwertung des Vermögens einer LPG steht den Mitgliedern, deren Kaufangebote zunächst vorrangig zu berücksichtigen sind, gem. § 42 Abs. 2 S. 2 LAnpG v. 29.6.1990[72] ein Vorkaufsrecht zu.[73] 37

69 § 57 Abs. 4 SchuldRAnpG; *Krause*, NotBZ 1998, 45 ff.
70 GBl DDR 1990, 899.
71 Vgl. hierzu Lambert-Lang/Tropf/Frenz/*Hertel*, Teil 2 Rn 565.
72 GBl DDR 1990, 642, neugefasst durch Bek. v. 3.7.1991 (BGBl I 1991, 1418).
73 Vgl. hierzu Lambert-Lang/Tropf/Frenz/*Hertel*, Teil 2 Rn 565.

VIII. Vorkaufsrecht der Miterben

38 Nicht unter § 20 BeurkG fällt das Vorkaufsrecht der Miterben gem. § 2034 BGB, das eingreift, wenn ein Miterbe seinen Anteil an einen Dritten veräußert. Das ergibt sich aus dem klaren Wortlaut des § 20 BeurkG, der sich nur auf Grundstücke bezieht. Der Notar ist gleichwohl aufgrund seiner allgemeinen Belehrungspflicht nach § 17 Abs. 1 BeurkG verpflichtet, auf dieses Vorkaufsrecht hinzuweisen.[74] Da Gegenstand des Vorkaufsrechts nicht der einzelne Nachlassgegenstand, sondern der Erbanteil ist, kann der mit Ausübung des Vorkaufsrechts entstehende Übertragungsanspruch durch die Erwirkung eines Veräußerungsverbots, nicht aber durch eine Vormerkung gesichert werden.[75]

IX. Beurkundungsverfahren nach Ausübung des Vorkaufsrechts

39 Der Notar ist gem. § 14 Abs. 1 S. 2 BNotO verpflichtet, sich auch bei Ausübung des Vorkaufsrechts oder Streit hierüber neutral zu verhalten. Die Ausübung des Vorkaufsrechts lässt regelmäßig den Bestand des Erstkaufvertrags unberührt, so dass der Notar weiterhin an den darin enthaltenen Vollzugsauftrag gem. § 53 BeurkG gebunden ist. Er müsste den Erstkaufvertrag also grundsätzlich weiter vollziehen. Bei sachgerechter Gestaltung kommt es in der Praxis hierzu regelmäßig nicht, da die Nichtausübung des Vorkaufsrechts Voraussetzung für die Kaufpreisfälligkeit ist und die Zahlung des Kaufpreises Voraussetzung für den weiteren Vollzug. Der sicherste Weg liegt darin, sich eine übereinstimmende Weisung der Beteiligten des Erstkaufvertrags erteilen zu lassen, diesen nicht weiter zu vollziehen (ggf. in Verbindung mit der Löschungsbewilligung für die bereits eingetragene Vormerkung).

40 Hinsichtlich des durch Ausübung des Vorkaufsrechts zustande gekommenen Kaufvertrags hat der Notar aus dem Erstkaufvertrag keinen Vollzugsauftrag. Die Beteiligten treten durch Ausübung in den Vollzugsauftrag auch nicht automatisch ein. Es ist deshalb Aufgabe der Beteiligten des Zweitkaufvertrages, den Notar mit dem Vollzug zu betrauen oder – soweit Streit besteht – diesen gerichtlich klären zu lassen. Der Notar ist aufgrund der Neutralitätspflicht zur Klärung nicht die geeignete Stelle.

§ 20a Vorsorgevollmacht

Beurkundet der Notar eine Vorsorgevollmacht, so soll er auf die Möglichkeit der Registrierung bei dem Zentralen Vorsorgeregister hinweisen.

Literatur *Bücker/Viefhues*, Notarprüfung: Häufige Fehler bei der notariellen Amtsführung (Teil 11), ZNotP 2007, 126; *Görk*, Das zentrale Vorsorgeregister der Bundesnotarkammer – neue rechtliche Grundlagen und praktische Abläufe, DNotZ 2005, 87 ff.; *Kropp*, Die Vorsorgevollmacht, FPR 2012, 9; *Langenfeld*, Vorsorgevollmacht und Patientenverfügung – weniger Freiheit, mehr Rechtssicherheit, ZEV 2003, 449; *Stascheid*, Die General- und Vorsorgevollmacht in der notariellen Praxis – Ausgewählte Fragen und Probleme, RNotZ 2020, 61.

A. Allgemeines

1 § 20a BeurkG ist durch Art. 2c des Gesetzes zur Änderung der Vorschriften über die Anfechtung der Vaterschaft und das Umgangsrecht von Bezugspersonen des Kindes, zur Registrierung von Vorsorge-

74 BGH v. 2.7.1968 – VI ZR 168/66, BB 1968, 1016 = WM 1968, 1042, Rn 15; Frenz/Miermeister/*Frenz*, § 20 BeurkG Rn 2; *Winkler*, § 20 Rn 47.

75 OLG Stuttgart BWNotZ 1976, 150, 151; Grüneberg/*Weidlich*, § 2034 BGB Rn 8; MüKo-BGB/*Gergen*, § 2034 Rn 37.

verfügungen und zur Einführung von Vordrucken für die Vergütung von Berufsbetreuern in das BeurkG eingefügt worden.[1] Zugleich wurde mit § 78a BNotO die Rechtsgrundlage für das bei der Bundesnotarkammer geführte **Zentrale Vorsorgeregister** geschaffen.[2] Registrierungsgegenstände und Registrierungsverfahren sind in der Vorsorgeregister-Verordnung (VRegV) geregelt.[3] Durch das zentrale Registrierungssystem soll dem Vollmachtgeber die Möglichkeit gegeben werden, die zur Vermeidung eines Betreuungsverfahrens notwendige Kenntnis des Betreuungsgerichts von der Existenz der Vorsorgevollmacht sicherzustellen.[4] Gem. § 6 VRegV werden dem Betreuungsgericht und dem Landgericht als Beschwerdegericht auf Ersuchen Auskunft aus dem Register erteilt. Insofern dient das Zentrale Vorsorgeregister nicht zuletzt dem Zweck, den Nutzen der Vorsorgevollmacht als Instrument des Selbstbestimmungsrechts des Vollmachtgebers zu stärken.[5] Ebenso können auch Widersprüche gegen das Ehegattenvertretungsrecht gem. § 1358 BGB in das Register eingetragen werden.

B. Vorsorgevollmachten und sonstige Vorsorgeverfügungen

I. Begriff der Vorsorgevollmacht

2 Der Begriff der Vorsorgevollmacht ist weder in § 20a BeurkG noch an anderer Stelle legal definiert.[6] In der amtlichen Überschrift zu § 1901c BGB findet sich der Begriff der Vorsorgevollmacht und bezieht sich hier auf die die in S. 2 angesprochene Vollmacht zur „Wahrnehmung der Angelegenheiten" des Betroffenen. § 7 Abs. 2 BtOG[7] spricht für die Beglaubigungsbefugnis der Betreuungsbehörde[8] von einer Vollmacht, die „zu dem Zweck erteilt wird, die Bestellung eines Betreuers zu vermeiden." Der Begriff der Vorsorgevollmacht wird auch hier nicht verwendet, auch wenn dieser Zweck einer Vorsorgevollmacht typischerweise innewohnen wird, so ist es doch meist nicht der einzige. Gerade über den Tod hinausgehende Vollmachten – die die Betreuungsbehörde wegen § 7 Abs. 1 S. 2 BtOG nicht beglaubigen kann – haben auch den Zweck, die Nachlassabwicklung zu erleichtern.

3 Der Begriff der Vorsorgevollmacht rekurriert zum einen auf den in **§ 166 Abs. 2 S. 1 BGB definierten Begriff der Vollmacht**. Die Vorsorgevollmacht ist also rechtsgeschäftlich erteilte Vertretungsmacht. Zum anderen ist der **Vorsorgezweck** der Vollmacht begriffsbestimmendes Merkmal. Die Vorsorgevollmacht soll die Selbstbestimmung des Vollmachtgebers für den Fall sichern, dass er ohne die Bestellung des Vertreters nicht selbstbestimmt agieren könnte. Im Gegensatz zu sonst üblichen Vollmachten, die den rechtsgeschäftlichen Wirkungskreis des Vollmachtgebers erweitern sollen, handelt es sich bei der Vorsorgevollmacht um eine Vorsorgemaßnahme für den Fall künftiger Geschäftsunfähigkeit bzw. Betreuungsbedürftigkeit des Betroffenen.[9] Typischerweise betrifft die Vollmacht nicht nur die Vertretung in Vermögensangelegenheiten, sondern auch die Vertretung in persönlichen Angelegenheiten einschließlich der Gesundheitsfürsorge.

4 Ein spezifischer Vorsorgezweck erschließt sich vor dem Hintergrund des Betreuungsrechts. Aus der Perspektive des Betreuungsrechts ermöglicht die Vorsorgevollmacht die Wahrnehmung der Angelegenheiten der Betroffenen **„ebenso gut wie durch einen Betreuer"**, was dazu führt, dass gem. § 1814 Abs. 3 S. 2 Nr. 1 BGB die Betreuung nicht erforderlich ist. Mit einer Bevollmächtigung soll insofern (regelmäßig mindestens) der funktionale Aufgabenkreis eines Betreuers abgedeckt werden können. Vorteil der (notariellen) Vorsorgevollmacht ist, dass das Gestaltungspotential der rechtsgeschäftlichen Vertretungsmacht im Innen- wie im Außenverhältnis genutzt werden kann und die Vollmacht nicht den starren Regeln des Betreuungsrechts unterliegt.

1 Gesetz v. 23.4.2004, BGBl I, 598.
2 Siehe www.vorsorgeregister.de.
3 V. 21.2.2005, BGBl I, 318. Zuletzt geändert durch Gesetz v. 4.5.2021, BGBl I, 882; s. dazu *Görk*, DNotZ 2005, 87, 88 ff.
4 Begr. BRat BT-Drucks 15/2253, S. 18.
5 *Görk*, DNotZ 2005, 87.
6 Anders § 284 Abs. 1 S. 1 des österr. ABGB: „Vollmacht, die nach ihrem Inhalt dann wirksam werden soll, wenn der Vollmachtgeber die zur Besorgung der anvertrauten Angelegenheiten erforderliche Geschäftsfähigkeit oder Einsichts- und Urteilsfähigkeit oder seine Äußerungsfähigkeit verliert".
7 Betreuungsorganisationsgesetz v. 4.5.2021, BGBl I S. 882.
8 Die Beglaubigungsbefugnis erstreckt sich nur auf lebzeitige Vollmachten. Die Beglaubigungswirkung endet gem. § 7 Abs. 1 S. 2 BtOG mit dem Tod des Vollmachtgebers.
9 BeckOK-BGB/*Müller-Engels*, § 1814 Rn 28.

5 Da der Begriff der Vorsorgevollmacht nicht fest umrissen ist, sondern sich allein an dem ebenso nicht festgelegten Vorsorgezweck orientiert, liegt eine Vorsorgevollmacht immer dann vor, wenn die Vollmacht ein Fürsorgebedürfnis (Geschäftsunfähigkeit, Betreuungsbedürftigkeit) abdeckt. Dabei spielt es keine Rolle, ob die Vollmacht speziell und ausschließlich für den Fürsorgefall erteilt wurde oder ob es sich um eine sonstige Vollmacht handelt, die den Fürsorgefall mitumfasst.[10] Umgekehrt aber ist nicht jede General- oder Spezialvollmacht zugleich eine Vorsorgevollmacht; entscheidend ist immer die Zweckbestimmung, den Fürsorgefall (zumindest auch) zu regeln.[11]

II. Betreuungsverfügung und Patientenverfügung

6 Die Vorsorgevollmacht ist rechtstechnisch abzugrenzen von den Instituten der Betreuungsverfügung und der Patientenverfügung.[12] Alle drei Institute werden zusammengefasst unter dem Oberbegriff der **Vorsorgeverfügung**.

Mit der **Betreuungsverfügung** (§ 1816 Abs. 2 BGB) äußert der Verfügende für den Betreuungsfall Vorschläge zur Auswahl eines Betreuers oder Wünsche zur Wahrnehmung der Betreuung. Auch die Betreuungsverfügung kann im Zentralen Vorsorgeregister gemäß § 10 VRegV eingetragen werden. Für den die Betreuungsverfügung beurkundenden oder diese beglaubigenden Notar ist es empfehlenswert, auf diese Registrierungsmöglichkeit hinzuweisen, eine Amtspflicht dazu besteht nach dem eindeutigen Wortlaut des § 20a BeurkG jedoch nicht.[13] Die **Patientenverfügung** (legaldefiniert in § 1827 BGB) enthält die Wünsche des Betroffenen über Pflege und medizinische Behandlung (bis hin zum Abbruch oder zur Nichtdurchführung einer Behandlung) für den Fall, dass der Betroffene zu eigenen Willensbekundungen nicht mehr in der Lage ist. Eine solche Patientenverfügung bindet (wenn sie hinreichend konkret ist[14]) gemäß § 1827 Abs. 1 S. 2 BGB – vorbehaltlich der nach Satz 1 der genannten Vorschrift vorgeschriebenen Prüfung – als „antizipative Willensbekundung" des Betroffenen den Betreuer, da die Würde des Betroffenen verlangt, seine „eigenverantwortliche Entscheidung auch dann zu respektieren, wenn er die Fähigkeit zu eigenverantwortlichem Entscheiden inzwischen verloren hat".[15] Gemäß § 1 Abs. 1 Nr. 6c) VRegV kann die Patientenverfügung zusammen mit einer Vorsorgevollmacht im Zentralen Vorsorgeregister eingetragen werden, auch die isolierte Eintragung einer Patientenverfügung ohne Vorsorgevollmacht ist möglich, § 10 VRegV.

C. Registrierung der Vorsorgevollmacht und Informationspflicht

7 Die Vorsorgevollmacht kann ihren Zweck, im Fürsorgefall die Bestellung eines Betreuers obsolet zu machen, nur dann erreichen, wenn das Betreuungsgericht Kenntnis von der Vorsorgevollmacht erlangt. Zu diesem Zweck ordnet § 1820 Abs. 1 BGB an, dass der Besitzer eines Schriftstücks, in dem der Betroffene eine andere Person mit der Wahrnehmung seiner Angelegenheiten bevollmächtigt hat, das Betreuungsgericht zu unterrichten hat, nachdem er von der Einleitung eines Verfahrens über die Bestellung eines Betreuers Kenntnis erlangt hat. Diese Vorschrift allein gewährleistet noch keine sichere **Information des Betreuungsgerichts**. Die Information kann der Betroffene jedoch dadurch sicherstellen, dass er die Vorsorgevollmacht im Zentralen Vorsorgeregister registrieren lässt. Betreuungsgericht und Beschwerdegericht können gem. § 6 VRegV um **Auskunft aus dem Register** ersuchen.

I. Zentrales Vorsorgeregister

8 Das Zentrale Vorsorgeregister ist ein automatisiertes Register über Vorsorgevollmachten. Registerführende Stelle ist die Bundesnotarkammer. Das Zentrale Vorsorgeregister speichert lediglich die Angaben des Antragstellers und stellt sie den auskunftsberechtigten Gerichten als Informationsquelle zur Verfügung. Es ist **keine Sammelstelle für Vollmachtsurkunden**.[16] Ebenso wenig übernimmt das Zentrale

10 BeckOK-BeurkG/*Eble*, § 20a Rn 2; MüKo-BGB/*Schneider*, § 1896 Rn 59.
11 Vgl. *Winkler*, § 20a Rn 4.
12 Vgl. DNotI-Report 2005, 121, 122 f.; *Langenfeld*, ZEV 2003, 449 ff.
13 Grziwotz/Sauer/Heinemann/*Heinemann/Grziwotz*, § 20a Rn 5.
14 Dazu BGH DNotZ 2017, 611 ff.; BGH NJW 2016, 3297.
15 BGH v. 17.3.2003 – XII ZB 2/03, NJW 2003, 1588, 1591, Rn 44.
16 Arndt/Lerch/Sandkühler/*Sandkühler*, § 78a BNotO Rn 5.

Vorsorgeregister eine Prüfung des Inhalts, des Umfangs und der Wirksamkeit der Vorsorgevollmacht. Diese Überprüfung erfolgt vielmehr durch das Betreuungsgericht, das zu beurteilen hat, ob bzw. inwieweit die Vollmacht eine Betreuung entbehrlich macht.[17]

Registrierungsgegenstände und Registrierungsverfahren sind in der Vorsorgeregister-Verordnung (VRegV) geregelt. Registrierungsfähig sind Vorsorgevollmachten und Betreuungsverfügungen (§ 9 VRegV). Eine Patientenverfügung kann nur zusammen mit einem der beiden vorgenannten Dokumente registriert werden. 9

Die Registrierung erfolgt gem. § 2 VRegV durch schriftlichen Antrag des Vollmachtgebers oder im Wege der Datenfernübertragung.

II. Die Informationspflicht nach § 1820 Abs. 1 BGB

Das Zentrale Vorsorgeregister gibt dem auskunftsberechtigten Betreuungsgericht oder Beschwerdegericht nur die Information, dass eine Vorsorgevollmacht des Betroffenen mit bestimmten Angaben registriert ist. Sonstige Informationspflichten ergeben sich aus § 1820 Abs. 1 BGB, wonach Betreuungsverfügungen (S. 1) und Vorsorgevollmachten (S. 2) unverzüglich an das Betreuungsgericht abzuliefern sind bzw. es darüber zu unterrichten ist. Teilweise wird vertreten, dass Besitzer i.d.S. auch der verwahrende Notar sein könne.[18] Diese Auffassung ist in zweierlei Hinsicht verfehlt. Zum einen gilt die **Schweigepflicht des Notars** (§ 18 BNotO) auch gegenüber dem Betreuungsgericht.[19] Dass der Gesetzgeber mit § 1820 Abs. 1 BGB eine Ausnahme hiervon schaffen wollte, ist nicht ersichtlich. Zum anderen verkennt diese Auffassung, dass dem Betroffenen dadurch die Widerrufsmöglichkeit durch Vernichtung der Ausfertigung der Betreuungsverfügung abgeschnitten wird. Für die Vorsorgevollmacht gilt dasselbe: An die verwahrte Ausfertigung wird nicht die gleiche Wirkung geknüpft wie an die Ausfertigung. Die Vermutung des Fortbestands der Vollmacht gilt gem. § 172 Abs. 1 BGB nur für eine Vollmachtsurkunde, die „ausgehändigt" wurde (was die Urschrift wegen § 45 BeurkG regelmäßig nicht wird). Insofern richtet sich § 1820 Abs. 1 BGB nur an solche Besitzer, denen die Vollmacht ausgehändigt wurde. 10

D. Hinweispflicht auf die Registrierungsmöglichkeit und weitere Vollzugstätigkeiten des Notars

Der Zweck einer Vorsorgevollmacht kann häufig nur erreicht werden, wenn von der Möglichkeit der Registrierung im Zentralen Vorsorgeregister Gebrauch gemacht wird. Der Gesetzgeber hat es deshalb als erforderlich angesehen, durch die Anordnung einer entsprechenden Amtspflicht sicherzustellen, dass der Notar den Vollmachtgeber auf die Möglichkeit der Registrierung hinweist.[20] Die Hinweispflicht ist eine **Dienstpflicht** des Notars.[21] Der Notar sollte die Erfüllung der Hinweispflicht deshalb in jedem Fall dokumentieren,[22] was zugleich erledigt ist, wenn sich aus der Urkunde ergibt, dass der Vollmachtgeber die Registrierung (nicht) wünscht.[23] Die Belehrung über die mit einer Nichtregistrierung verbundenen Nachteile (etwa einer vorübergehend erforderlich werdender Betreuerbestellung) ergibt sich nicht aus dem die Amtspflichten des Notars konkretisierenden § 20a BeurkG, sollte aber *nobile officium* erfolgen. Eine Amtspflicht hierzu besteht nicht.[24] Ebenso hat der Notar nicht über Einzelheiten des Registrierungsverfahrens bei der BNotK, und ungefragt über die Höhe der Registrierungskosten zu belehren.[25] Über Einzelheiten und Umfang der im Vorsorgeregister hinterlegten Daten ist eine Belehrung nicht erforderlich. Die Bevollmächtigten, deren Daten registriert werden sollen und die dazu nicht ihre Einwilligung erteilt haben, werden vom Zentralen Vorsorgeregister informiert, damit sie ggf. einer Registrierung widersprechen können (vgl. § 4 VRegV). 11

17 Frenz/Miermeister/*Litzenburger,* § 78a BNotO Rn 2.
18 BeckOGK/*Schmidt-Recla*, Stand: 15.7.2025, § 1820 BGB Rn 50.
19 Grziwotz/Sauer/Heinemann/*Heinemann/Grziwotz,* § 20a Rn 17; a.A. noch Armbrüster/Preuß/Renner/*Rezori*, 8. Aufl. 2019, § 20a BeurkG Rn 10 und *Winkler*, § 20a Rn 8.
20 Stellungnahme BReg, BT-Drucks 15/2253, 22.
21 Frenz/Miermeister/*Frenz*, § 20a Rn 6; *Winkler*, § 20 Rn 14.
22 Vgl. *Bücker/Viefhues*, ZNotP 2007, 126, 130.
23 Frenz/Miermeister/*Frenz*, § 20a Rn 6; *Winkler*, § 20a Rn 9.
24 A.A. Grziwotz/Sauer/Heinemann/*Heinemann/Grziwotz*, § 20a Rn 8, der eine entsprechende Amtspflicht zur Belehrung über die Nachteile einer nicht vorgenommenen Registrierung bejaht.
25 Für die Registrierungskosten vgl. die Vorsorgeregister-Gebührensatzung v. 2.2.2005, DNotZ 2005, 81, und letzte Änderung v. 1.10.2021, DNotZ 2021, 921.

I. Eintritt der Hinweispflicht

12 § 20a BeurkG lässt die Hinweispflicht nur eingreifen, wenn der Notar eine Vorsorgevollmacht **beurkundet** hat, wobei zu beachten ist, dass kein Formzwang für die Vorsorgevollmacht als solche besteht. **Beglaubigt** der Notar lediglich eine Unterschrift, tritt die Hinweispflicht nach dem klaren Wortlaut der Norm nicht ein.[26]

13 Der eingeschränkte Anwendungsbereich der Hinweispflicht führt freilich dazu, dass sie eine Vielzahl von Fällen nicht erfasst, z.B. die öffentliche Beglaubigung des Notars und ebenso wenig die Beglaubigung durch die Betreuungsbehörde nach derzeit noch geltendem § 6 Abs. 2 BtBG. Seit 1.1.2023 soll auch die Betreuungsbehörde auf die Möglichkeit der Registrierung im Zentralen Vorsorgeregister hinweisen, § 7 Abs. 1 S. 4 BtOG. In diesem Sinne könnte erwogen werden, § 20a BeurkG teleologisch dahin auszulegen, dass die Hinweispflicht bei jeder Unterschriftbeglaubigung durch den Notar oder die Betreuungsbehörde beachtet werden soll.[27] Dieser Sichtweise steht jedoch der eindeutige Wortlaut der Norm entgegen. Eine entsprechende Hinweispflicht bei der **reinen Unterschriftsbeglaubigung** könnte für den Notar lediglich als Folge der allgemeinen Betreuungspflicht begründet werden, angesichts der klaren Formulierung des § 20a BeurkG erscheint dies allerdings systemwidrig. Es wäre Aufgabe des Gesetzgebers den § 20a BeurkG entsprechend zu erweitern. Freilich ist es zweckmäßig, auch die Beteiligten bei Vornahme einer Beglaubigung auf die entsprechende Möglichkeit hinzuweisen.

II. Antrag auf Registrierung

14 Der Vollmachtgeber kann sich bei seinem Antrag auf Registrierung der Vorsorgevollmacht beim Zentralen Vorsorgeregister eines Boten oder eines Vertreters bedienen. Als **Bote oder Vertreter** kann auch der Notar tätig werden[28] wobei diese Tätigkeit gemäß Vorbem. 2.1 Abs. 2 Nr. 1 KV GNotKG gebührenfrei ist. Wirkt ein „registrierter Nutzer" wie der Notar in diesem Sinne bei der Antragstellung mit, hat das Zentrale Vorsorgeregister insbesondere keinen Anlass, Zweifel an der Identität des Antragstellers zu äußern und eine Identitätskontrolle nach § 2 Abs. 3 VRegV vorzunehmen.[29]

§ 21 Grundbucheinsicht, Briefvorlage

(1) [1]Bei Geschäften, die im Grundbuch eingetragene oder einzutragende Rechte zum Gegenstand haben, soll sich der Notar über den Grundbuchinhalt unterrichten. [2]Sonst soll er nur beurkunden, wenn die Beteiligten trotz Belehrung über die damit verbundenen Gefahren auf einer sofortigen Beurkundung bestehen; dies soll er in der Niederschrift vermerken.

(2) Bei der Abtretung oder Belastung eines Briefpfandrechts soll der Notar in der Niederschrift vermerken, ob der Brief vorgelegen hat.

Literatur *Bücker/Viefhues*, Notarprüfung: Häufige Fehler bei der notariellen Amtsführung, ZNotP 2007, 172; *Frenz*, Die Pflicht des Notars zur Grundbucheinsicht, ZNotP 2016, 86; *Masloh*, Zivilrechtliche Aspekte der öffentlichrechtlichen Baulasten, NJW 1995, 1993; *Reithmann*, Muss der Notar die Eintragungsbewilligung bei den Grundakten einsehen? MittBayNot 2005, 207; *Schmidt-Räntsch*, Aktuelle Probleme im Bereich der Grundpfandrechte und des Grundbuchrechts – Teil 1, ZNotP 2020, 389; *Schürmann*, Die Baulast im Grundstücksverkehr – Ein rechtspolitischer Missgriff mit Tradition, Festschrift Rheinisches Notariat (1998), S. 81.

26 *Lerch*, § 20a Rn 1; *Winkler*, § 20a Rn 1.
27 Vgl. *Winkler*, § 20a Rn 1.
28 BeckOK-BNotO/*Hushahn*, § 78a Rn 26; *Görk*, DNotZ 2005, 87, 89.
29 BeckOK-BNotO/*Hushahn*, § 78a Rn 40.

A. Pflicht zur Grundbucheinsicht

I. Allgemeines

§ 17 Abs. 1 S. 1 BeurkG legt dem Notar eine allgemeine Pflicht zur Sachverhaltsklärung auf. Hierbei handelt es sich nicht um eine Amtsermittlungspflicht i.S.d. § 26 FamFG; der Notar nimmt vielmehr die Angaben der Beteiligten zum Sachverhalt auf und kann sich auf die Richtigkeit dieser Angaben prinzipiell verlassen (vgl. § 17 BeurkG Rdn 19). § 21 Abs. 1 BeurkG ergänzt § 17 Abs. 1 S. 1 BeurkG durch die Anordnung einer besonderen **Ermittlungspflicht** des Notars bei Geschäften, die im Grundbuch eingetragene Rechte zum Gegenstand haben. Die Vorschrift stellt damit eine Ausnahmeregelung dar, die als solche grundsätzlich eng auszulegen ist.[1] Ihr zufolge ist der Notar verpflichtet, sich über den Grundbuchinhalt zu unterrichten, sofern die Beteiligten ihn nicht von dieser Pflicht entbinden (vgl. § 21 Abs. 1 S. 2 BeurkG). 1

II. Voraussetzungen

Die Ermittlungspflicht besteht, wie sich bereits aus der systematischen Stellung der Vorschrift im BeurkG ergibt, im Zusammenhang mit der **Beurkundung von Willenserklärungen**. Bei den der Beurkundung folgenden Vollzugstätigkeiten ist Abs. 1 nicht einschlägig.[2] Abs. 1 gilt ebenfalls nicht, wenn der Notar eine Unterschrift beglaubigt.[3] Dies gilt auch dann, wenn der Notar den entsprechenden Entwurf fertigt.[4] Entwirft der Notar allerdings selbst die Urkunde, unter der er danach die Unterschrift beglaubigt, so gelten die allgemeinen Sorgfalts- und Belehrungspflichten bei der Entwurfsfertigung,[5] die regelmäßig nicht ohne Grundbucheinsicht erfüllt werden können. Eine Vermerkpflicht besteht allerdings dann nicht. § 21 BeurkG richtet sich als Verfahrensvorschrift des deutschen Rechts ausschließlich an deutsche Notare. Er kann also ausländische Notare nicht verpflichten. Der BGH stützt seine Argumentation, warum die Entgegennahme der Auflassung nur vor einem deutschen Notar erfolgen kann auch auf die Pflicht aus § 21 BeurkG.[6] 2

Weitere Voraussetzung für die Pflicht zur Grundbucheinsicht ist, dass es sich bei der Beurkundung bzw. Beglaubigung um ein Geschäft handelt, das ein im Grundbuch eingetragenes oder einzutragendes Recht zum Gegenstand hat. Damit sind gemeint das Eigentum und Erbbaurechte, Dienstbarkeiten, Grundpfandrechte (Grundschulden, Hypotheken, Rentenschulden), Nießbrauch, Dauerwohnrechte, Dauernutzungsrechte, Vorkaufsrechte und Reallasten, ferner Auflassungsvormerkungen.[7] Gegenstand eines Rechtsgeschäfts sind die vorgenannten Rechte dann, wenn sie dinglich begründet oder verändert werden oder rechtlich unmittelbar eine Verpflichtung zur Begründung, Aufhebung, Änderung, Belastung oder Übertragung begründet wird. Bloß mittelbar wirkender wirtschaftlicher Zwang, eine solche Veränderung herbeizuführen (etwa durch Vollmacht, Auftrag, Treuhand oder Maklervertrag), reicht nicht aus.[8] Bei letztwilligen Verfügungen greift § 21 BeurkG nicht, denn sie ändern ein im Grundbuch eingetragenes Recht (zunächst) nicht unmittelbar und wirken regelmäßig durch die angeordnete Gesamtrechtsnachfolge nur mittelbar auf diese Rechte ein.[9] Wird Grundbesitz in der letztwilligen Verfügung ausdrücklich benannt, bspw. im Rahmen eines Vermächtnisses, so sollte der Notar gleichwohl – überobligatorisch – das Grundbuch einsehen, um Irrtümer bei den Beteiligten vorzubeugen. 3

III. Gegenstand und Umfang

Die Ermittlungspflicht des Abs. 1 S. 1 betrifft Tatsachen, die für die rechtliche Tragweite des Geschäfts, über die der Notar nach § 17 Abs. 1 S. 1 BeurkG zu belehren hat, von Relevanz sind. Dem Notar ist es nicht 4

1 Frenz/Miermeister/*Frenz*, § 21 BeurkG Rn 1e.
2 BGH v. 29.11.1990 – IX ZR 107/90, DNotZ 1991, 757, Rn 7.
3 Grziwotz/Sauer/Heinemann/*Heinemann/Grziwotz*, § 21 Rn 3; *Winkler*, § 21 Rn 3; Reithmann/Albrecht/*Reithmann*, Rn 215.
4 Überzeugend *Frenz*, ZNotP 2016, 86, 87; a.A. noch die Vorauflage sowie Grziwotz/Sauer/Heinemann/*Heinemann/Grziwotz*, § 21 Rn 3; *Winkler*, § 21 Rn 3; Reithmann/Albrecht/*Reithmann*, Rn 215.
5 BeckOGK/*Meier*, Stand: 1.8.2025, § 40 BeurkG Rn 32; *Winkler*, § 40 Rn 48.
6 BGH v. 13.2.2020 – V ZB 3/16, DNotZ 2020, 742 m. Anm. *Raff*.
7 *Lerch*, § 21 Rn 4, *Winkler*, § 21 Rn 6.
8 BGH v. 9.7.1992 – IX ZR 209/91, NJW 1992, 3237, 3240, Rn 56.
9 OLG Celle v. 16.4.2015 – Not 9/14, BeckRS 2016, 2185 Rn 66; ebenso BeckOK-BeurkG/*Eble*, § 21 Rn 3; Frenz/Miermeister/*Frenz*, § 21 BeurkG Rn 1f.

erlaubt, Teile des ermittelten Sachverhalts im Interesse eines Beteiligten zu verschweigen.[10] Dagegen gehört es nicht zu den Aufgaben des Notars, Tatsachen zu ermitteln, die für das mögliche Eingreifen von **Steuertatbeständen** von Bedeutung sein können.[11]

5 Der Notar soll sich über den **Grundbuchinhalt** unterrichten. Die Ermittlungspflicht bezieht sich damit nicht auf nicht eingetragene oder nicht eintragungsfähige Rechte, wie etwa schuldrechtliche Nutzungsrechte (Miete, Pacht) oder öffentliche Lasten, die aus dem Grundbuch nicht ersichtlich sind (etwa Grundsteuer, Erschließungskosten, Baulasten).[12] Die Pflicht zur Einsichtnahme betrifft dabei das Grundstück, auf das sich – nach den Angaben der Beteiligten – das im Grundbuch eingetragene bzw. einzutragende Recht dem Inhalt des Rechtsgeschäfts nach bezieht. Der Notar ist dabei nicht verpflichtet, die Grundbücher benachbarter Grundstücke einzusehen und so etwaige Unrichtigkeiten im Grundbuch aufzudecken, es sei denn, für ihn sind die Unrichtigkeiten aus der Grundbucheintragung des betreffenden Grundstücks offensichtlich.[13]

6 Muss das betreffende Grundbuchblatt ausnahmsweise erst ermittelt werden, können die Beteiligten dem Notar einen entsprechenden Auftrag erteilen. Der Auffindung eines Grundbuchblattes dienen öffentlich zugänglich gemachte Eigentümerverzeichnisse des Grundbuchamtes (vgl. § 12a Abs. 1 GBO). Allerdings sind die Grundbuchämter nicht verpflichtet, diese Verzeichnisse auf dem neuesten Stand zu halten (§ 12a Abs. 1 S. 2 Hs. 1 GBO).

7 Die Feststellung des Grundbuchinhalts erfolgt durch **Einsicht in das Grundbuch**. Bei der manuellen Einsicht, die in der Praxis nahezu vollständig an Bedeutung verloren hat, genügt die Einsicht in das „Handblatt" gem. § 24 Abs. 4 GBV.[14] Beim elektronischen Grundbuch wird allerdings ein solches Handblatt des Grundbuchbeamten nicht mehr geführt. Ausreichend ist daher auch der Abruf und Ausdruck des Grundbuches im automatisierten Grundbuchverfahren nach § 133 GBO, §§ 80 ff. GBV.[15] Auch die Einsicht in eine **beglaubigte Grundbuchabschrift** (§ 44 Abs. 1 GBV) ermöglicht grundsätzlich die Feststellung des Grundbuchinhalts, sofern es sich um eine Abschrift aus jüngster Zeit handelt.

8 Der Notar ist grundsätzlich nicht verpflichtet, auch die Grundakten einzusehen.[16] Der Zweck des § 21 BeurkG kann es gebieten, den **Inhalt der für das beurkundete Geschäft bedeutsamen Eintragung auch anhand der Grundakten zu ermitteln**,[17] wenn der Notar besonderen Anlass für weitere Nachforschungen hat.[18] Die Unterrichtung über den Grundbuchinhalt erfordert dann eine Einsicht in die Grundakten, wenn das Grundbuch nach § 874 BGB auf die Eintragungsbewilligung verweist und die genauen Rechtsinhalte von Bedeutung für das Rechtsgeschäft sind.[19] Maßgeblich ist dabei der für den Notar erkennbare Wille der Beteiligten. Der Umstand etwa, dass sich der Inhalt von Sondereigentum erst aus den Grundakten ergibt, ist für sich genommen nicht bereits Anlass für den Notar, bei dem Verkauf von Wohnungs- oder Teileigentum Einsicht in die Grundakten zu nehmen.[20] Ansonsten sind die Grundakten wegen unerledigter Eintragungsanträge nur dann einzusehen, wenn konkrete Anhaltspunkte dafür vorliegen, dass mit schädlichen Voreintragungen zu rechnen ist.[21] Ein solcher Anhaltspunkt liegt etwa vor,

10 *Winkler*, § 21 Rn 8; Reithmann/Albrecht/*Reithmann*, Rn 213, 214.

11 BGH v. 5.2.1985 – IX ZR 83/84, DNotZ 1985, 635, 637 Rn 7; 1996, 116, 117; Frenz/Miermeister/*Frenz*, § 21 BeurkG Rn 1d; *Winkler*, § 21 Rn 22.

12 Grziwotz/Sauer/Heinemann/*Heinemann/Grziwotz*, § 21 Rn 11; *Lerch*, § 21 Rn 6; *Winkler*, § 21 Rn 13.

13 OLG Köln MittRhNot 1985, 23; *Winkler*, § 21 Rn 6.

14 Frenz/Miermeister/*Frenz*, § 21 BeurkG Rn 3; Grziwotz/Sauer/Heinemann/*Heinemann/Grziwotz*, § 21 Rn 13; *Winkler*, § 21 Rn 18 m.w.N.; a.A. Meikel/*Böttcher*, § 12 GBO Rn 69 (zur Frage etwaiger Staatshaftungsansprüche des Einsichtnehmenden bei fehlerhaftem Handblatt).

15 Grziwotz/Sauer/Heinemann/*Heinemann/Grziwotz*, § 21 Rn 13.

16 OLG Karlsruhe, v. 3.3.2015 – 14 Wx 16/15, juris Rn 39.

17 Vgl. BGH v. 12.11.2004 – V ZR 322/03, MittBayNot 2005, 245, 247, Rn 15 (obiter dictum).

18 OLG Karlsruhe, v. 3.3.2015 – 14 Wx 16/15, juris Rn 39 – bejaht, wenn Anhaltspunkte dafür bestehen, dass unerledigte Eintragungsanträge vorliegen.

19 BGH v. 4.12.2008 – III ZR 51/08, DNotZ 2009, 444, Rn 11; Frenz/Miermeister/*Frenz*, § 21 BeurkG Rn 3; *Winkler*, § 21 Rn 22 m.w.N.; vgl. auch OLG Köln MittRhNot 1985, 23: nur Einsicht in das aktuelle Grundbuchblatt erforderlich; zur dogmatischen Einordnung vgl. auch *Reithmann*, NotBZ 2005, 207, 208.

20 BGH v. 4.12.2008 – III ZR 51/08, DNotZ 2009, 444, Rn 14. unter Hinweis auf den unverhältnismäßigen Aufwand ohne konkreten Anlass.

21 OLG Karlsruhe, v. 3.3.2015 – 14 Wx 16/15, juris Rn 39; OLG Frankfurt DNotZ 1985, 244, 245; Frenz/Miermeister/*Frenz*, § 21 BeurkG Rn 3; *Winkler*, § 21 Rn 21; *Lerch*, § 21 Rn 11; Arndt/Lerch/Sandkühler/*Sandkühler*, § 19 BNotO Rn 67; vgl. auch OLG Köln DNotZ 1989, 454, 455 f.

wenn ein Bleistiftvermerk im Grundbuch auf unerledigte Eintragungsanträge verweist.[22] Entsprechende Anhaltspunkte können sich aber im Einzelfall auch aus den Umständen des Geschäfts ergeben.[23]

9 § 21 Abs. 1 S. 1 BeurkG legt dem Notar nur eine Pflicht zu Ermittlung des Grundbuchinhalts auf. **Grundbücher** sind auch das Erbbaugrundbuch, das Wohnungs- und Teileigentumsgrundbuch nach § 7 WEG.[24] Die Unterrichtung über den Inhalt **grundbuchähnlicher Register** (Schiffsregister, Register für Pfandrechte an Luftfahrzeugen, das beim Amtsgericht Schöneberg in Berlin geführte Kabelbuch) wird nach Abs. 1 nicht verlangt.[25] Ist ein in einem grundbuchähnlichen Register vermerktes Recht Vertragsgegenstand, muss der Notar allerdings, um seiner allgemeinen Prüfungs- und Belehrungspflicht aus § 17 Abs. 1 S. 1 BeurkG zu genügen, mit den Beteiligten den Sachverhalt erörtern und insofern den Registerinhalt ansprechen; nur wenn die Beteiligten hiervon zuverlässige Kenntnis haben, ist eine ordnungsgemäße Belehrung möglich.[26] Die Ermittlungspflicht nach Abs. 1 S. 1 bezieht sich ebenfalls nicht auf den Inhalt eines **Baulastenverzeichnisses.**[27] Die Existenz einer Baulast, die der Verkäufer gegenüber dem Käufer nicht offen gelegt hat,[28] ist jedoch regelmäßig ein Mangel des Grundstücks und insofern für die Bestimmung der Primärleistungspflicht des Verkäufers von Bedeutung. Vor diesem Hintergrund sollte der Notar auf die Möglichkeit des Bestehens von Baulasten hinweisen und eine Einsicht in das Baulastenverzeichnis anheimstellen.[29] Weiß der Notar positiv, dass eine Baulast besteht, ist er aufgrund seiner allgemeinen Betreuungspflicht (siehe § 17 BeurkG Rdn 6 ff.) zu einem Hinweis verpflichtet, um die nahe liegende Gefahr der Schädigung eines Beteiligten abzuwenden.[30]

10 Der Umfang der Grundbucheinsicht richtet sich nach der Art des zu beurkundenden Rechtsgeschäfts. Bei Verträgen, die die Verfügung über ein Grundstück betreffen, hat der Notar die gegenwärtigen Eintragungen insoweit festzustellen, als sie die vertragsgemäße Durchführung gefährden oder verhindern können. Grundbuchinhalt ist die Gesamtheit aller Eintragungen im Grundbuch. Grundsätzlich sind **sämtliche Abteilungen des Grundbuchs** zu prüfen.[31] Bezieht sich ein zu beurkundendes Geschäft nur auf ein bereits eingetragenes Recht, wie z.B. die Löschungsbewilligung des Gläubigers eines Grundpfandrechts, kann die Einsicht in Abt. III des Grundbuchs ausreichen. Entsprechend können auszugsweise Abschriften, d.h. Abschriften eines Teils des Grundbuchinhalts, im Einzelfall genügen. Zu beachten ist jedoch, dass der Beglaubigungsvermerk bezeugt, dass weitere den Gegenstand der Abschrift betreffende Eintragungen im Grundbuch nicht enthalten sind (§ 45 Abs. 2 S. 2 GBV).

11 Abs. 1 S. 1 regelt – anders als Abs. 1 S. 2 – keine Pflicht, einen **Vermerk** über die Grundbucheinsicht in die Urkunde aufzunehmen. Eine präzise Angabe des ermittelten Grundbuchstandes gegenüber den Beteiligten ist jedoch gleichwohl erforderlich, da die rechtsgeschäftlichen Erklärungen, deren Inhalt der Notar gem. § 17 Abs. 1 S. 1 BeurkG klar und unzweideutig in der Niederschrift wiederzugeben hat, sich auf diesen Sachverhalt beziehen. Dass diese Angaben erfolgt sind, wird üblicherweise in der Urkunde vermerkt und sollte auch so vermerkt werden, da andernfalls das Fehlen des Vermerks im Haftpflichtprozess bei der Beweiswürdigung als Indiz herangezogen werden kann, ob die Beteiligten über den Grundbuchinhalt aufgeklärt worden sind.[32]

22 LG München MittBayNot 1978, 424 f.
23 Vgl. BGH DNotZ 1969, 496, 497.
24 Und – in der Praxis heutzutage nahezu ohne Bedeutung – das Gebäudegrundbuch.
25 Grziwotz/Sauer/Heinemann/*Heinemann*, § 21 Rn 6; *Winkler*, § 21 Rn 2.
26 Vgl. *Winkler*, § 21 Rn 2; *Lerch*, § 21 Rn 11.
27 Beck'sches Notarhdb/*Herrler*, A I Rn 23; Frenz/Miermeister/*Frenz*, § 21 BeurkG Rn 1e; Grziwotz/Sauer/Heinemann/*Heinemann/Grziwotz*, § 21 Rn 7; *Winkler*, § 21 Rn 13; *Lerch*, § 21 Rn 17; *Schöner/Stöber*, Rn 3196 m.w.N.; *Schürmann*, Festschrift Rhein. Notariat (1998), 81, 99; vgl. auch OLG Schleswig DNotZ 1991, 339, 340; a.A. *Huhn/von Schuckmann*, 3. Aufl., § 21 Rn 42; i.E.; *Masloh*, NJW 1995, 1993, 1996 unter zu weit gehenden Schlussfolgerungen aus BGH v. 7.5.1994 – IX ZR 56/93, NJW-RR 1994, 1021.
28 Zur Aufklärungspflicht des Verkäufers vgl. OLG Köln BWNotZ 2000, 122 f. = DNotI-Report 2000, 161.
29 Beck'sches Notarhdb/*Herrler*, A I Rn 23; *Schöner/Stöber*, Rn 3196; *Weingärtner/Gassen*, § 32 Rn 130; vgl. auch Frenz/Miermeister/*Frenz*, § 21 BeurkG Rn 1e (mag man aus § 17 BeurkG herleiten).
30 Vgl. *Schürmann*, Festschrift Rhein. Notariat (1998), 81, 100.
31 *Winkler*, § 21 Rn 8.
32 Vgl. BGH v. 3.2.1984 – V ZR 190/82, DNotZ 1984, 636, 638, Rn 21.

IV. Art und Weise

12 Rein praktisch hängt die Art der Einsichtnahme davon ab, ob das Grundbuch in Papierform oder maschinell geführt wird. Wird (wie heute in allen Bundesländern[33]) ein **elektronisches Grundbuch** geführt, kann die Landesjustizverwaltung Notaren die Genehmigung zur Einrichtung des automatisierten (uneingeschränkten) Abrufverfahrens erteilen (§ 133 Abs. 1, Abs. 2 GBO, § 83 Abs. 1 GBV). Ein berechtigtes Interesse (§ 12 Abs. 1 GBO) müssen Notare sowie Rechtsanwälte, die im nachgewiesenen Auftrag eines Notars das Grundbuch einsehen wollen, nicht darlegen (§ 43 Abs. 1 GBV). Zum Nachweis des Auftrags genügt regelmäßig die Versicherung des Rechtsanwalts. Die Befreiung von einer gesonderten Darlegung des berechtigten Interesses darf nicht darüber hinwegtäuschen, dass das berechtigte Interesse für jede einzelne Grundbucheinsicht vorhanden sein muss und auf Erfordern – etwa im Rahmen von Geschäftsprüfungen bei Notaren – nachzuweisen ist.

13 Auf welche Weise der Notar sich über den Grundbuchstand unterrichtet, bleibt ihm überlassen. Er kann sich aller zuverlässigen Mittel bedienen.[34] Neben der persönlichen Einsicht in das Grundbuch oder in einen beglaubigten Grundbuchauszug kommt insbesondere die Einsichtnahme durch **zuverlässige Hilfspersonen** in Betracht. Das gilt gleichfalls für die Einsicht durch berechtigte Mitarbeiter in das maschinell geführte Grundbuch im Abrufungsverfahren. Die Grundbucheinsicht ist keine höchstpersönliche, sondern eine delegierbare Aufgabe des Notars. Handelt die Hilfsperson dabei sorgfaltswidrig, muss der Notar nach dem Rechtsgedanken des § 278 BGB hierfür einstehen.[35] Die früher h.M. ließ den Notar bei einem Gehilfenfehler dagegen allenfalls wegen eines eigenen Organisations-, Auswahl- und Überwachungsverschuldens haften.[36]

14 Ob eine **telefonische Auskunft** als Mittel der Unterrichtung über den Grundbuchinhalt ausreicht, wird unterschiedlich beurteilt. Für die Praxis spielt die Frage seit Einführung des elektronischen Abrufs eine untergeordnete Rolle, weil weder das Grundbuchamt ein Interesse daran hat, telefonische Auskünfte zu geben, noch der Notar ein Interesse daran hat, sich über diesen unzuverlässigen Weg zu informieren. Teils wird sie jedenfalls in Ausnahmefällen zugelassen,[37] die überwiegende Meinung lehnt sie mangels ausreichender Richtigkeitsgewähr jedoch zu Recht ab.[38] In diesem Zusammenhang ist zunächst zu berücksichtigen, dass das Grundbuchamt ohne besondere gesetzliche Anordnung zur Auskunftserteilung nicht verpflichtet ist (§ 45 Abs. 3 S. 1 GBV); insbesondere können telefonische Auskünfte nicht verlangt werden. Darüber hinaus hat das Grundbuchamt den Grundgedanken des § 45 Abs. 3 S. 2 GBV zu berücksichtigen, wonach eine Auskunft durch Erteilung eines abgekürzten Grundbuchauszugs wegen der Fehleranfälligkeit nicht zulässig ist. Dementsprechend kommt auch eine rudimentäre mündliche Auskunft über den Grundbuchinhalt nicht in Betracht. Eine telefonische Unterrichtung über den Grundbuchinhalt kann sich also von vornherein nur auf konkrete, auf einen Einzelpunkt bezogene und eindeutig zu beantwortende Rückfragen beschränken, deren Beantwortung keine Wiedergabe eines Teils des Grundbuchinhalts verlangt. Ist eine solche gezielte Rückfrage erforderlich, verletzt der Notar seine Amtsermittlungspflicht nach Abs. 1 S. 1 nicht, wenn er die aktuell erforderliche Information im Wege der telefonischen Nachfrage beschafft.

V. Zeitpunkt der Grundbucheinsicht

15 Das Problem der möglicherweise nicht mehr gegebenen Aktualität des Grundbuchauszugs stellt sich, wenn die Einsicht in ein in Papierform geführtes Grundbuch erforderlich ist. Der mit Inkrafttreten des BeurkG aufgehobene § 36 Abs. 1 S. 3 BNotO a.F. verlangte, dass ein Grundbuchauszug aus jüngster Zeit stammen müsse und dass es nach den Umständen unwahrscheinlich sei, dass in der Zwischenzeit Änderungen vorgenommen wurden. Abs. 1 S. 1 enthält keine Regelung, wie lang der Zeitraum zwischen der Grundbucheinsicht und der Beurkundung des Rechtsgeschäfts sein darf. Es steht also im **pflichtgemäßen Ermessen** des Notars, die Angemessenheit des Zeitraums im Einzelfall zu beurteilen.

33 *Schöner/Stöber*, Rn 79.

34 BT-Drucks V, 3282, 32; *Winkler*, § 21 Rn 15.

35 BGH v. 23.11.1995 – IX ZR 213/94, DNotZ 1996, 581, 583 ff., Rn 12 ff.; Grziwotz/Sauer/Heinemann/*Heinemann/Grziwotz*, § 21 Rn 12; Frenz/Miermeister/*Frenz*, § 19 BNotO Rn 56 f.; *Preuß*, DNotZ 1996, 508, 521 ff.; Arndt/Lerch/Sandkühler/*Sandkühler*, § 19 BNotO Rn 21 ff.; *Winkler*, § 21 Rn 16.

36 Vgl. *Winkler*, § 21 Rn 16 m.w.N.

37 *Winkler*, § 21 Rn 18.

38 Grziwotz/Sauer/Heinemann/*Heinemann/Grziwotz*, § 21 Rn 13; *Lerch*, § 21 Rn 10.

Das LG München hat es jedenfalls als ausreichend angesehen, dass der Notar sich 14 Tage vor der Beurkundung über den Grundbuchinhalt unterrichtete.[39] Das OLG Frankfurt hat sechs Wochen ausreichen lassen, allerdings unter der Voraussetzung, dass keine Anhaltspunkte für eine zwischenzeitliche Änderung des Grundbuchstandes ersichtlich sind.[40] In der Literatur werden für die zeitliche Grenze im Normalfall Richtwerte von allenfalls zwei Wochen,[41] zwei bis vier Wochen[42] und maximal sechs Wochen[43] angegeben.[44] Da der Unsicherheitsfaktor mit fortschreitendem Zeitablauf wächst, ist von dem Notar generell zu verlangen, die Vorbereitung der Beurkundung und die Terminierung so zu organisieren, dass die Beurkundung möglichst zeitnah erfolgen kann, wobei jedoch zu berücksichtigen ist, dass jede einzelne Urkundsvorbereitung in die gesamte Ablauforganisation integriert werden muss. Vor diesem Hintergrund können, sofern keine Anzeichen für zwischenzeitliche Änderungen vorliegen, zwei bis vier Wochen als noch angemessen angesehen werden. Wenn der Notar von dem automatischen Abrufverfahren Gebrauch machen kann, spricht nichts dagegen, eine wesentlich zeitnähere Unterrichtung über den Grundbuchinhalt zu verlangen.[45] Dies kann insbesondere durch Aktualitätsnachweise des automatisierten Abrufverfahrens erfolgen, die kostenfrei erhältlich sind. 16

Das **Datum** der Grundbucheinsicht sollte schon zum Zweck der Beweissicherung in der Urkunde festgehalten werden (vgl. auch Rdn 9). 17

Ebenso wie die Beteiligten den Notar nach Belehrung gem. Abs. 1 S. 2 ganz von einer Grundbucheinsicht befreien können, ist es nach entsprechender Belehrung und Erklärung durch die Beteiligten ebenfalls zulässig, wenn der Notar aufgrund einer veralteten Grundbucheinsicht beurkundet. Abs. 1 S. 2 findet in diesen Fällen entsprechende Anwendung. 18

VI. Grenzen

Der Notar darf über den Grundbuchinhalt nur in dem Umfang unterrichten, wie es ihm § 18 BNotO sowie §§ 12, 133a GBO gestatten. Das bedeutet, dass es für die Mitteilung an Dritte (die nicht Eigentümer sind) eines berechtigten Interesses bedarf oder der Zustimmung des Eigentümers. Tritt ein Nichteigentümer mit einem Beurkundungsauftrag an den Notar heran, darf der Notar zwar Einsicht in das Grundbuch nehmen, um selbst die Zulässigkeit des in Aussicht genommenen Geschäfts zu beurteilen. Stellt sich aber nach Einsicht durch den Notar heraus, dass der Auftraggeber nicht Eigentümer ist, darf er die Grundbuchdaten nicht an den Auftraggeber weitergeben.[46] Beauftragt der Eigentümer den Notar mit einer Beurkundung, so ist dem Notar damit implizit gestattet, den übrigen Beteiligten den Grundbuchinhalt – soweit für die Beurkundung erforderlich und gem. § 21 BeurkG geboten – mitzuteilen. 19

B. Belehrungs- und Vermerkpflicht bei fehlender Grundbucheinsicht

Der Notar kann eine Beurkundung vorläufig ablehnen, wenn er seiner Pflicht zur rechtzeitigen Grundbucheinsicht nicht nachkommen kann.[47] Abs. 1 S. 2 regelt die Möglichkeit, ohne (rechtzeitige) Grundbucheinsicht ein entsprechendes Rechtsgeschäft zu beurkunden. Ist der Notar nicht über den Grundbuchinhalt unterrichtet oder erfolgte die Grundbucheinsicht nicht zeitnah, muss er die Beteiligten darauf hinweisen, dass er an sich zu einer ordnungsgemäßen Grundbucheinsicht verpflichtet ist, wodurch die Beurkundung zwar verzögert werden kann, die Verzögerung allerdings im Interesse der Beteiligten erfolgt.[48] Wünschen die Beteiligten gleichwohl die sofortige Beurkundung, so muss der Notar über die damit verbundenen Gefahren belehren.[49] Er hat die Beteiligten insbesondere darauf hinzuweisen, dass die in der Urkunde genannten Grundbuchbezeichnungen möglicherweise nicht zutreffen, dass sich die Bezeichnung in der Urkunde auf mehr oder weniger Flächen erstrecken kann, als die Beteiligten wollen, 20

39 LG München II MittBayNot 1978, 237, 238.
40 OLG Frankfurt DNotZ 1985, 244, 245.
41 *Huhn/von Schuckmann*, 3. Aufl., § 21 Rn 26.
42 Frenz/Miermeister/*Frenz*, § 21 BeurkG Rn 2; *Lerch*, § 21 Rn 15.
43 *Winkler*, § 21 Rn 14; *Weingärtner/Ehrlich*, DONot Rn 558.
44 Grziwotz/Sauer/Heinemann/*Heinemann/Grziwotz*, § 21 Rn 14 differenziert nach den Umständen des Einzelfalls und der Komplexität der Angelegenheit.
45 *Winkler*, § 21 Rn 14.
46 OLG Hamm DNotZ 2018, 446, 447 Rn 14 noch zu § 133 Abs. 6 a.F. GBO.
47 *Winkler*, § 21 Rn 23.
48 BayObLG 1989, 260 = DNotZ 1990, 667, 668.
49 BayObLG 1989, 260 = DNotZ 1990, 667, 668; OLG Hamm MittBayNot 1979, 85 = VersR 1979, 676.

und dass unbekannte Belastungen bestehen können. Nur wenn alle Beteiligten hinreichend über die Gefahren der Beurkundung ohne vorherige Grundbucheinsicht belehrt sind und gleichwohl die sofortige Beurkundung verlangen, stellt die Beurkundung eine richtige Sachbehandlung und pflichtgemäße Amtstätigkeit des Notars dar.[50] Die Wirksamkeit der Beurkundung wird allerdings nicht berührt, wenn der Notar beurkundet, ohne seiner Unterrichtungspflicht nach Abs. 1 S. 1 oder seiner Belehrungspflicht nach Abs. 1 S. 2 nachgekommen zu sein.

21 Der Notar hat nach Abs. 1 S. 2 in die Urkunde einen **Vermerk** aufzunehmen, dass er die Beteiligten über die Gefahren der Beurkundung ohne seine vorherige Unterrichtung über den Grundbuchinhalt belehrt hat und diese gleichwohl die sofortige Beurkundung verlangt haben. Die Formulierung des Vermerks sollte sich weitgehend am Wortlaut des Abs. 1 orientieren.[51] Überdies ist zu empfehlen, dass der Notar die Grundbucheinsicht nachholt; die nachträgliche Unterrichtung ist zwar nicht vorgeschrieben, beugt aber der Gefahr vor, dass eine unrichtige Urkunde beim Grundbuchamt eingereicht wird.[52]

C. Vermerk über die Briefvorlage nach Abs. 2

22 Beurkundet der Notar die Abtretung einer durch eine Briefhypothek gesicherten Forderung oder einer Briefgrundschuld, muss er die Beteiligten auf das Erfordernis der Übergabe des Briefes (§ 1154 Abs. 1 BGB) hinweisen. Gleiches gilt für die Verpfändung der gesicherten Forderung oder der Grundschuld oder für die Bestellung eines Nießbrauchs an dem Recht (siehe §§ 1069 Abs. 1, 1080, 1274 Abs. 1, 1291 BGB). Darüber hinaus legt Abs. 2 dem Notar auf, bei der Abtretung oder Belastung eines Briefpfandrechts zu ermitteln, ob der Brief bei der Beurkundung vorliegt, und diesen Umstand in der Niederschrift zu vermerken.

23 § 40 DOfNot 1937 schrieb bis zu den Fassungen des Jahres 1943 vor, dass der Notar die Abtretung oder Belastung eines Briefpfandrechtes nur beurkunden oder beglaubigen sollte, wenn ihm der Brief vorgelegt wurde. Diese Anforderung hatte sich in der Praxis als undurchführbar erwiesen. Deshalb wurde in § 35 Abs. 2 BNotO a.F. nur noch ein Vermerk in der Niederschrift oder dem Beglaubigungsvermerk darüber verlangt, ob der Brief vorlag. Nach Abs. 2 ist der Vermerk nur noch erforderlich, wenn die Abtretung oder Belastung des Briefpfandrechts in Form einer Niederschrift nach den §§ 8 ff. BeurkG beurkundet wird.

24 Die **Vermerkpflicht**, die Abs. 2 anordnet, muss von der **Belehrungspflicht** unterschieden werden. Bei der **Beurkundung** ist der der Notar nach § 17 BeurkG zur **Belehrung** darüber verpflichtet, dass die wirksame Abtretung die Briefübergabe verlangt.[53] Einer entsprechenden Belehrungspflicht unterliegt der Notar auch bei der öffentlichen Beglaubigung der Abtretungserklärung, wenn er die Abtretungs- oder Belastungserklärung **selbst entworfen** hat (vgl. auch § 40 BeurkG Rdn 34).[54] Vermerkpflichten bestehen dagegen nur in den gesetzlich ausdrücklich geregelten Fällen. Abs. 2 findet deshalb keine (entsprechende) Anwendung, wenn der Notar die Unterschrift unter einer von ihm vorbereiteten Erklärung beglaubigt.[55]

D. Rechtsfolgen eines Verstoßes

25 Die Norm ist als Sollvorschrift ausgestaltet, Verstöße berühren daher nicht die Wirksamkeit der Urkunde. Die Beachtung der Vorschrift ist Amtspflicht, so dass ein Verstoß eine dienstrechtlich relevante Amtspflichtverletzung begründen kann. Tritt aufgrund fehlender, oder fehlerhafter ein Schaden ein, haftet der Notar nach allgemeinen Grundsätzen.

50 BayObLG 1989, 260 = DNotZ 1990, 667, 668; *Winkler*, § 21 Rn 24.

51 Formulierungsvorschlag bei BeckOGK/*Regler*, Stand: 1.1.2026, § 21 BeurkG Rn 27; Aufzählung beanstandeter Vermerke bei *Bücker/Viefhues*, ZNotP 2007, 172, 173 f.

52 Frenz/Miermeister/*Frenz*, § 21 BeurkG Rn 5; *Winkler*, § 21 Rn 25; *Lerch*, § 21 Rn 11a.

53 Frenz/Miermeister/*Frenz*, § 21 BeurkG Rn 6; *Winkler*, § 21 Rn 26.

54 Frenz/Miermeister/*Frenz*, § 21 BeurkG Rn 6.

55 Frenz/Miermeister/*Frenz*, § 21 BeurkG Rn 6; *Winkler*, § 21 Rn 28.

Unterabschnitt 5: Beteiligung behinderter Personen

Vorbemerkung zu §§ 22–26 BeurkG

Literatur: *Keim,* Die Beurkundung bei nicht mehr sprach- und schreibfähigen Erblassern, notar 2020, 295; *Limmer*, in: Würzburger Notarhandbuch, 6. Aufl. 2018, Teil 1 Kapitel 2. Rn 156 ff. (mit zahlr. Formulierungsbeispielen); *Nieder*, Errichtung von Testamenten erklärungsbehinderter Erblasser, ZNotP 2003, 202; *Zimmermann*, Ausgewählte Fragen zum Beurkundungsverfahren insbesondere die Beteiligung behinderter Personen, BWNotZ 2001, 151.

Die §§ 22–26 BeurkG enthalten Schutzvorschriften zugunsten von Beteiligten, die an bestimmten körperlichen **Behinderungen** leiden (§§ 22–24 BeurkG) oder **schreibunfähig** sind (§ 25 BeurkG). Durch die Hinzuziehung eines Zeugen oder eines zweiten Notars soll gewährleistet werden, dass es nicht aufgrund des Wahrnehmungs- oder Artikulationsdefizits zu Missverständnissen über den Willen des Beteiligten kommt. 1

Die Regelungen sind darauf ausgerichtet, auch in den genannten besonderen Fällen die Verwirklichung der Zwecke des Beurkundungsverfahrens zu gewährleisten, insbesondere den **Beweiswert der Urkunde** zu sichern.[1] Bedeutsam ist dies insbesondere dann, wenn – etwa aufgrund gespannter Familienverhältnisse – damit gerechnet werden muss, dass Dritte die Richtigkeit der beurkundeten Vorgänge in Zweifel ziehen werden. In derartigen Fällen wird der Notar die Beteiligten auf die Notwendigkeit der Zuziehung von **Zeugen** hinweisen und sie insbesondere darüber belehren müssen, dass er selbst als Zeuge über den Beurkundungsvorgang nur aussagen darf, wenn ihm alle sachlich Beteiligten gem. § 18 BNotO Befreiung erteilen. 2

Wer als Zeuge zur Beurkundung hinzugezogen ist, verliert u.U. ein ihm sonst zustehendes **Zeugnisverweigerungsrecht** im späteren Rechtsstreit über die Wirksamkeit der Beurkundung (§ 385 Abs. 1 Nr. 1 ZPO). 3

§ 22 Hörbehinderte, sprachbehinderte und sehbehinderte Beteiligte

(1) [1]Vermag ein Beteiligter nach seinen Angaben oder nach der Überzeugung des Notars nicht hinreichend zu hören, zu sprechen oder zu sehen, so soll zu der Beurkundung ein Zeuge oder ein zweiter Notar zugezogen werden, es sei denn, daß alle Beteiligten darauf verzichten. [2]Auf Verlangen eines hör- oder sprachbehinderten Beteiligten soll der Notar einen Gebärdensprachdolmetscher hinzuziehen. [3]Diese Tatsachen sollen in der Niederschrift festgestellt werden.

(2) Die Niederschrift soll auch von dem Zeugen oder dem zweiten Notar unterschrieben werden.

1 Vgl. auch BeckOK-BeurkG/*Hüren*, § 22 Rn 1; Grziwotz/Sauer/Heinemann/*Heinemann/Grziwotz*, § 22 Rn 1.

A. Anwendungsbereich

I. Sachlicher Anwendungsbereich

1 § 22 BeurkG gilt unmittelbar nur für die Beurkundung **von Willenserklärungen nach dem zweiten Abschnitt des BeurkG**. Gem. § 38 Abs. 1 BeurkG ist die Vorschrift entsprechend anzuwenden bei Abnahme von **Eiden** und **eidesstattlichen Versicherungen**.

2 Für das Verfahren bei der Aufnahme von einfachen Zeugnissen (§ 39 BeurkG), bei Unterschriftsbeglaubigungen (§ 40 BeurkG) oder überhaupt anderen notariellen Urkunden fehlt eine Vorschrift, aus der der Notar entnehmen könnte, wie er sich bei Beteiligung hör-, sprach- oder sehbehinderter Menschen zu verhalten habe. Bei solchen Amtsgeschäften hat der Notar nach seinem Ermessen zu entscheiden, wie er die inhaltliche Richtigkeit und Zweifellosigkeit der Urkunde sichern will (siehe auch § 40 BeurkG Rdn 26, 27).[1] Anderes gilt im Anwendungsbereich des § 25 BeurkG (vgl. § 25 BeurkG Rdn 1).[2]

II. Persönlicher Anwendungsbereich

3 Die Vorschrift betrifft ihrem Wortlaut nach das notarielle Beurkundungsverfahren. Nach § 1 Abs. 2 BeurkG gilt § 22 BeurkG in entsprechender Anwendung auch für sonstige Urkundspersonen, sofern sie notarielle Aufgaben wahrnehmen (vgl. § 1 BeurkG Rdn 21), oder falls für ein Beurkundungsverfahren außerhalb der Zuständigkeit des Notars durch besondere Vorschrift auf das BeurkG verwiesen wird (vgl. § 1 BeurkG Rdn 23).[3] Ggf. hat der **Rechtspfleger** bei der Beurkundung entsprechend § 22 BeurkG einen zweiten Rechtspfleger – nicht wie früher einen Urkundsbeamten der Geschäftsstelle – hinzuzuziehen, der **Konsularbeamte** einen zweiten Konsularbeamten.

B. Zuziehung des Zeugen oder zweiten Notars (Abs. 1 S. 1)

I. Behinderung des Beteiligten

4 § 22 BeurkG trifft besondere verfahrensrechtliche Regelungen für den Fall der **hier aufgezählten Behinderungen** eines Urkundsbeteiligten (Hörbehinderung, Sprachbehinderung, Sehbehinderung). In Abs. 1 S. 1 wird die Wendung „hinreichend zu hören, zu sprechen oder zu sehen" verwendet. Damit wird ein **flexibler Maßstab** angelegt, der eine individuelle Beurteilung im Einzelfall ermöglicht. Von einer Behinderung i.S.v. Abs. 1 S. 1 ist nicht erst bei einem Totalausfall des entsprechenden Sinnesorgans auszugehen. Vielmehr kann auch ein hochgradig Kurzsichtiger als sehbehindert,[4] ein hochgradig Schwerhöriger als hörbehindert und ein etwa durch einen Schlaganfall am Sprechen gehinderter Beteiligter als sprachbehindert angesehen werden.

5 Maßgeblicher **Zeitpunkt** für das Vorliegen der Behinderung ist derjenige der Beurkundung.[5] Erfasst werden auch **vorübergehende** Behinderungen, etwa infolge eines Unfalls oder eines ärztlichen Eingriffs, bzw. aufgrund vergessener oder defekter Hilfsmittel wie Hörgeräte oder Brillen.

1. Hörbehinderung

6 Nicht **hinreichend hören** kann eine Person, mit der eine Verständigung von Mund zu Ohr – aus welchen Gründen auch immer – nicht in einer Weise möglich ist, die eine sichere Kommunikation des Inhalts der zu beurkundenden Erklärung ermöglicht.[6] Das ist nicht der Fall, wenn der Notar schon durch eine den Bedürfnissen des hörbehinderten Beteiligten Rechnung tragende Gestaltung des Beurkundungsverfahrens die Verständigung von Mund zu Ohr sicherstellen kann. Dies kann etwa dadurch geschehen, dass

1 BeckOGK/*Schuller*, Stand: 1.11.2025, § 22 BeurkG Rn 6.1; BeckOK-BeurkG/*Hüren*, § 22 Rn 3; Grziwotz/Sauer/Heinemann/*Heinemann/Grziwotz*, § 22 Rn 3.
2 *Winkler*, § 22 Rn 2; *Zimmermann*, BWNotZ 2001, 152.
3 BeckOGK/*Schuller*, Stand: 1.11.2025, § 22 BeurkG Rn 5; BeckOK-BeurkG/*Hüren*, § 22 Rn 4; Grziwotz/Sauer/Heinemann/*Heinemann/Grziwotz*, § 22 Rn 4.
4 BeckOGK/*Schuller*, Stand: 1.11.2025, § 22 BeurkG Rn 9.
5 BeckOGK/*Schuller*, Stand: 1.11.2025, § 22 BeurkG Rn 10; BeckOK-BeurkG/*Hüren*, § 22 Rn 8; Grziwotz/Sauer/Heinemann/*Heinemann/Grziwotz*, § 22 Rn 6.
6 BeckOGK/*Schuller*, Stand: 1.11.2025, § 22 BeurkG Rn 12; BeckOK-BeurkG/*Hüren*, § 22 Rn 9; Grziwotz/Sauer/Heinemann/*Heinemann/Grziwotz*, § 22 Rn 7.

der hörbehinderte Beteiligte während der Beurkundung unmittelbar neben oder vor dem Notar platziert wird und der Notar besonders laut und deutlich spricht.[7]

2. Sprachbehinderung

Nicht **hinreichend** zu **sprechen** vermag ein Beteiligter dann, wenn er seine Erklärung nicht durch mündlich gesprochene, verständliche Worte abgeben kann. Dies trifft auch auf denjenigen Beteiligten zu, der – aus welchen Gründen auch immer – nur zu unartikulierten, unverständlichen, also nicht „Sprechen“ zu nennenden Lauten in der Lage ist.[8] Fähig zur Abgabe mündlicher Erklärungen ist mithin nur, wer **verständliche Worte** zu sprechen vermag.[9] Unter „Sprechen“ ist der Gebrauch der Lautsprache zu verstehen; die Verwendung von Gebärden oder Zeichen genügt nicht.[10] Wer sich nur durch Zeichen oder Gebärden verständlich machen kann, kann i.S.v. Satz 1 mithin nicht hinreichend sprechen, selbst wenn man ihm „von den Lippen lesen kann“. Zeichen und Gebärden können allerdings zur Unterstützung eingesetzt werden.[11] 7

Bezogen auf § 2232 BGB a.F. wurde und wird im Übrigen auch vertreten, dass wer **„ja“ sagen** kann, nicht als sprachbehindert anzusehen sei.[12] „Ja“ sagen kann der, der sowohl das „a“ wie das „j“ artikulieren kann.[13] Dieser Maßstab genügt allerdings nur in bestimmten Beurkundungssituationen. Generell gilt, dass der Beteiligte eine zur Anwendung der Schutzvorschrift § 22 BeurkG führende Sprachbehinderung hat, wenn er seinen Willen nicht in zusammenhängenden Worten artikulieren kann.[14] 8

3. Sehbehinderung

Nicht **hinreichend** zu **sehen** vermag ein Beteiligter, wenn er auch nur vorübergehend nicht in der Lage ist, dem Beurkundungsvorgang optisch zu folgen.[15] Ist der Beteiligte hierfür auf eine **Sehhilfe** angewiesen, kommt es darauf an, ob diese ihm bei der Beurkundung zur Verfügung steht oder nicht.[16] Die Fähigkeit, dem Beurkundungsvorgang optisch zu folgen, umfasst nach überwiegender Ansicht die **Fähigkeit Geschriebenes noch lesen zu können** und damit den vorgelegten Urkundentext zu erkennen.[17] Nach a.A. ist das nicht notwendig,[18] sodass das Erkennen des äußerlichen Ablaufs des Verfahrens vor dem Notar genügen dürfte. Die h.M. verdient Zustimmung. Zwar mag für die Gegenansicht sprechen, dass die optische Wahrnehmung des Ablaufs genügt, weil der Notar die Billigung des Urkundeninhalts bezeugen kann. Gleichwohl bleibt aber ein Beweisdefizit, wenn der Beteiligte den Urkundstext wegen seiner Sehbehinderung nicht erkennen kann und demnach auch nicht sieht, wo er unterzeichnen soll. Nur wenn der Beteiligte den Urkundstext erkennen kann, wird der Beweiswert der Urkunde nicht beeinträchtigt. 9

7 BeckOGK/*Schuller*, Stand: 1.11.2025, § 22 BeurkG Rn 10.1; BeckOK-BeurkG/*Hüren*, § 22 Rn 8.1; Grziwotz/Sauer/Heinemann/*Heinemann/Grziwotz*, § 22 Rn 7.

8 OLG Hamm, Beschl. v. 26.2.2002 – 15 W 385/01, NJW 2002, 3410, 3411; Grziwotz/Sauer/Heinemann/*Heinemann/Grziwotz*, § 22 Rn 8.

9 RGZ 161, 378, 382; OLG Hamm, Beschl. v. 9.11.1988 – 15 W 198/87, DNotZ 1989, 584; Beschl. v. 26.2.2002 – 15 W 385/01, NJW 2002, 3410, 3411 (jeweils zu § 2232 BGB a.F.).

10 BeckOGK/*Schuller*, Stand: 1.11.2025, § 22 BeurkG Rn 13; BeckOK-BeurkG/*Hüren*, § 22 Rn 11; Grziwotz/Sauer/Heinemann/*Heinemann/Grziwotz*, § 22 Rn 8; vgl. auch BGHZ 2, 172, 173 = DNotZ 1953, 75 f. m. zust. Anm. *Seybold* (zu § 11 Abs. 1 TestG).

11 BGH v. 4.4.1962 – V ZR 110/60, BGHZ 37, 79, 84 = NJW 1962, 1149, 1150; BayObLG v. 25.10.1968 – BReg. 1a Z 72/68, DNotZ 1969, 301, 302; OLG Hamm v. 26.2.2002 – 15 W 385/01, NJW 2002, 3410, 3411; BeckOGK/*Schuller*, Stand: 1.11.2025, § 22 BeurkG Rn 13; BeckOK-BeurkG/*Hüren*, § 22 Rn 11; Grziwotz/Sauer/Heinemann/*Heinemann/Grziwotz*, § 22 Rn 8; *Keim*, notar 2020, 295.

12 BGH v. 4.4.1962 – V ZR 110/60, BGHZ 37, 79, 84 = NJW 1962, 1149, 1150; BayObLG v. 25.10.1968 – BReg. 1a Z 72/68, DNotZ 1969, 301, 302 (zu § 2232 BGB a.F.); OLG Hamm v. 9.11.1988 – 15 W 198/87, DNotZ 1989, 584, 585 (zu § 2232 BGB a.F.); OLG Köln 29.8.1994 – 2 Wx 4/94, MittRhNotK 1995, 269, 271; Grziwotz/Sauer/Heinemann/*Heinemann/Grziwotz*, § 22 Rn 8; MüKo-BGB/*Sticherling*, § 2232 BGB Rn 14.

13 BeckOGK/*Schuller*, Stand: 1.11.2025, § 22 BeurkG Rn 13; Grziwotz/Sauer/Heinemann/*Heinemann/Grziwotz*, § 22 Rn 8; *Keim*, notar 2020, 295; offengelassen *Rossak*, MittBayNot 1991, 193 ff.; zur Testamentserrichtung: OLG Hamm v. 15.11.2019 – 10 W 143/17, ZEV 2020, 415, 416; vgl. auch OLG Hamm v. 11.10.2012 – I-15 W 265/11, DNotZ 2012, 233, 236.

14 So Staudinger/*Hertel*, 2023, BeurkG Rn 554; zust. BeckOK-BeurkG/*Hüren*, § 22 Rn 10.1.

15 Grziwotz/Sauer/Heinemann/*Heinemann/Grziwotz*, § 22 Rn 10.

16 Grziwotz/Sauer/Heinemann/*Heinemann/Grziwotz*, § 22 Rn 10.

17 BeckOGK/*Schuller*, Stand: 1.11.2025, § 22 BeurkG Rn 14; BeckOK-BeurkG/*Hüren*, § 22 Rn 12.1; Frenz/Miermeister/*Baumann*, § 22 BeurkG Rn 4; Grziwotz/Sauer/Heinemann/*Heinemann/Grziwotz*, § 22 Rn 10; Staudinger/*Hertel*, 2023, BeurkG Rn 553 m.w.N.; *Winkler*, § 22 Rn 7.

18 Bamberger/Roth/*Litzenburger*, § 22 BeurkG Rn 3.

10 Beurkundungsverfahren, in denen gem. § 13 Abs. 1 S. 1 Hs. 2 BeurkG Zeichnungen, Karten oder Ablichtungen den Beteiligten **zur Durchsicht vorgelegt** werden müssen, sind möglich, obwohl der Sehbehinderte den Inhalt nicht wahrnehmen kann; an die Stelle der optischen Wahrnehmung tritt hier die Verdeutlichung des Inhalts der nicht verlesbaren Anlage durch genaue Beschreibung (s. auch unten Rdn 24).[19]

11 Keine Sehbehinderung ist die auf Analphabetismus oder mangelnder Kenntnis der Urkundssprache beruhende **Leseunfähigkeit**.[20] In Fällen der Leseunfähigkeit, die auch diese Fälle umfasst, ist für die formwirksame Testamentserrichtung § 2233 Abs. 2 BGB zu beachten. Der Erblasser kann das Testament in diesem Fall also nicht durch Übergabe einer Schrift errichten. Die Anwendung des § 22 BeurkG hängt davon ab, ob die Leseunfähigkeit mit einer einschlägigen Sehbehinderung einhergeht. Vielfach wird allerdings eine entsprechende Anwendung der Norm in Fällen der (bloßen) Leseunfähigkeit angenommen.[21]

II. Verfahrensrechtliche Feststellung

12 § 22 BeurkG erleichtert dem Notar die Prüfung der Frage wesentlich, ob er einen Zeugen oder zweiten Notar zuziehen soll. Es kommt hiernach nicht ausschließlich auf seine u.U. schwer zu gewinnende Überzeugung an; vielmehr genügen bereits die eigenen **Angaben des betroffenen Beteiligten**. Auf diese kann der Notar sich ohne eigene Überprüfung verlassen.[22] Die Angaben anderer Beteiligter reichen als solche nicht; sie sind vom Notar im Rahmen seiner eigenen Überzeugungsbildung zu überprüfen.

13 Gibt der Beteiligte eine Behinderung an, ist der Notar **an diese Angabe gebunden** und muss nach § 22 BeurkG verfahren.[23] Soweit z.T. eine evident unwahre Angabe als unbeachtlich angesehen wird, ist dies zugleich mit dem Hinweis verbunden, gleichwohl (vorsorglich) nach § 22 BeurkG zu verfahren.[24] Das entspricht dem Grundsatz, dass der Notar stets den sichersten Weg wählen muss.[25] **Keine Bindung** trifft im Übrigen im umgekehrten Fall ein, in dem der Beteiligte eine Behinderung verneint; gelangt der Notar hier zur gegenteiligen Überzeugung, findet § 22 BeurkG Anwendung.[26] Will ein Beteiligter seine vom Notar erkannte Behinderung nicht zugeben, dann wird in einer solchen Willensäußerung meistens ein Verzicht auf die Zuziehung eines Zeugen oder eines zweiten Notars liegen. Ein solcher Verzicht entbindet aber von dem in § 22 BeurkG vorgeschriebenen Verfahren nur, wenn er von allen Beteiligten geteilt wird (siehe Rdn 22).[27]

14 Mit welchen Mitteln der Notar zur eigenen Überzeugung gelangt, unterliegt seinem pflichtgemäßen **Ermessen**.[28] Der Notar ist nicht verpflichtet, Maßnahmen zu ergreifen, um von Amts wegen zu ermitteln, ob eine einschlägige Behinderung vorliegt. Insbesondere ist er auch nicht befugt, die Beibringung eines ärzt-

19 BeckOGK/*Schuller*, Stand: 1.11.2025, § 22 BeurkG Rn 17; BeckOK-BeurkG/*Hüren*, § 22 Rn 14; Grziwotz/Sauer/Heinemann/*Heinemann/Grziwotz*, § 22 Rn 11; vgl. Rechtsausschuss, BTDrucks. 8/3594, 3 unter Hinweis auf die Belehrungspflicht des Notars (§ 17 BeurkG).

20 BeckOGK/*Schuller*, Stand: 1.11.2025, § 22 BeurkG Rn 15; BeckOK-BeurkG/*Hüren*, § 22 Rn 13; Frenz/Miermeister/*Baumann*, § 22 BeurkG Rn 4; Grziwotz/Sauer/Heinemann/*Heinemann/Grziwotz*, § 22 Rn 11.

21 BeckOK-BGB/*Litzenburger*, § 2233 Rn 5; MüKo-BGB/*Sticherling*, § 2233 BGB Rn 19; vgl. auch § 22 Abs. 1 S. 3 BeurkG; Burandt/Rojahn/*Lauck*, § 2233 BGB Rn 5; Grüneberg/*Weidlich*, § 2233 Rn 2; explizit aA BeckOGK/*Grziwotz*, Stand: 1.1.2026, § 2233 BGB Rn 26 (widerspräche dem klaren Wortlaut).

22 BeckOGK/*Schuller*, Stand: 1.11.2025, § 22 BeurkG Rn 20 m.w.N.; Grziwotz/Sauer/Heinemann/*Heinemann/Grziwotz*, § 22 Rn 12.

23 OLG Hamm v. 7.9.1999 – 15 W 173/99, MittRhNotK 1999, 314, 315; BeckOK-BeurkG/*Hüren*, § 22 Rn 16; Frenz/Miermeister/*Baumann*, § 22 BeurkG Rn 5; *Winkler*, § 22 Rn 13.

24 Vgl. BeckOGK/*Schuller*, Stand: 1.11.2025, § 22 BeurkG Rn 22; Grziwotz/Heinemann/*Heinemann*, § 22 Rn 12; *Winkler*, § 22 Rn 13.

25 Vgl. hierzu MüKo-BGB/*Sticherling*, § 2232 BGB Rn 53.

26 BeckOGK/*Schuller*, Stand: 1.11.2025, § 22 BeurkG Rn 23; BeckOK-BeurkG/*Hüren*, § 22 Rn 17; Frenz/Miermeister/*Baumann*, § 22 BeurkG Rn 5; MüKo-BGB/*Sticherling*, § 2232 BGB Rn 53; vgl. auch Grziwotz/Sauer/Heinemann/*Heinemann/Grziwotz*, § 22 Rn 13; *Winkler*, § 22 Rn 14.

27 Vgl. BeckOGK/*Schuller*, Stand: 1.11.2025, § 22 BeurkG Rn 23; BeckOK-BeurkG/*Hüren*, § 22 Rn 17; Grziwotz/Sauer/Heinemann/*Heinemann/Grziwotz*, § 22 Rn 13.

28 BeckOGK/*Schuller*, Stand: 1.11.2025, § 22 BeurkG Rn 23; BeckOK-BeurkG/*Hüren*, § 22 Rn 17.1; Grziwotz/Sauer/Heinemann/*Heinemann/Grziwotz*, § 22 Rn 13.

lichen Attestes zu verlangen.[29] Gerade in „streitanfälligen Angelegenheiten" empfiehlt die Praxis jedoch mit Recht, die Beibringung eines Attests, aus dem sich die Verständigungsmöglichkeit ergibt, anzuregen.[30] **Im Zweifel**, also bei Unsicherheit des Notars,[31] ist – dem Grundsatz des sichersten Wegs folgend – nach § 22 BeurkG zu verfahren.[32]

Unterliegt der Notar bei seiner Überzeugungsbildung einem **Irrtum** und geht er daher fälschlich von einer Behinderung aus, so beeinträchtigt dies die Wirksamkeit der Beurkundung nicht.[33] Maßgeblich für das Verfahren ist eben die Angabe des Beteiligten, dass eine einschlägige Behinderung vorliegt, oder die Überzeugung des Notars und nicht das tatsächliche Bestehen der Behinderung.[34] Die Überzeugung des Gerichts tritt nicht an die Stelle der Überzeugung des Notars; gegen die Urkunde, in der die Überzeugung des Notars von der Behinderung des Beteiligten festgehalten ist, käme also nur der Gegenbeweis in Betracht, dass der Notar hiervon nicht überzeugt gewesen ist.[35] 15

III. Zuziehung eines Zeugen oder zweiten Notars

Liegt eine Behinderung i.S.d. § 22 BeurkG, soll zu der Beurkundung nach Abs. 1 S. 1 ein **Zeuge** oder ein **zweiter Notar** hinzugezogen werden. Ausgenommen sind allerdings die Personen, die einem **Mitwirkungsverbot** unterliegen (s. insb. §§ 26, 27 BeurkG und Kommentierung dort).[36] 16

1. Zweiter Notar oder Zeuge

Soll ein zweiter Notar zugezogen werden, hat das den Vorteil, dass der angefragte zweite Notar – anders als ein angefragter Zeuge – grds. zur Mitwirkung verpflichtet ist[37] und der Verschwiegenheitspflicht nach § 18 BNotO unterliegt.[38] Auf diesen Vorteil der Zuziehung eines zweiten Notars sollte der beurkundende Notar die Beteiligten bei besonders vertraulichen Verfahrensgegenständen hinweisen.[39] Weitere Pflichten, insbesondere eine Pflicht zur Überprüfung des Urkundeninhalts oder zur Belehrung, treffen den hinzugezogenen Notar nicht (siehe auch Rdn 29).[40] Schon die Verschwiegenheitspflicht, der auch der zweite Notar unterliegt, spricht allerdings dafür, dass der Notar jedenfalls einem entsprechenden Verlangen des Beteiligten, einen zweiten Notar – und keinen Zeugen – hinzuzuziehen, Folge leisten muss.[41] Umgekehrt können auch gute Gründe dafür sprechen, dass die Beteiligten sich gegen die Zuziehung eines zweiten Notars aussprechen. Die Hinzuziehung des zweiten Notars führt zu einem Vergütungstatbestand (GNotKG KV Nr. 25205[42]). Ein zweiter Zeuge würde womöglich nur eine geringere Vergütung/Entschä- 17

29 BeckOGK/*Schuller*, Stand: 1.11.2025, § 22 BeurkG Rn 23.1; BeckOK-BeurkG/*Hüren*, § 22 Rn 17.1; Frenz/Miermeister/*Baumann*, § 22 Rn 12; Grziwotz/Sauer/Heinemann/*Heinemann/Grziwotz*, § 22 Rn 13.

30 BeckOGK/*Schuller*, Stand: 1.11.2025, § 22 BeurkG Rn 23.1; vgl. auch BeckOK-BeurkG/*Hüren*, § 22 Rn 17.1; Frenz/Miermeister/*Baumann*, § 22 Rn 12; Grziwotz/Sauer/Heinemann/*Heinemann/Grziwotz*, § 22 Rn 13.

31 BeckOGK/*Schuller*, Stand: 1.11.2025, § 22 BeurkG Rn 24.1.

32 BeckOGK/*Schuller*, Stand: 1.11.2025, § 22 BeurkG Rn 24.1; Grziwotz/Sauer/Heinemann/*Heinemann/Grziwotz*, § 22 Rn 13.

33 BeckOGK/*Schuller*, Stand: 1.11.2025, § 22 BeurkG Rn 24; BeckOK-BeurkG/*Hüren*, § 22 Rn 18; Grüneberg/*Weidlich*, § 2233 BGB Rn 2; Grziwotz/Sauer/Heinemann/*Heinemann/Grziwotz*, § 22 Rn 14; *Winkler*, § 22 Rn 15.

34 BeckOK-BeurkG/*Hüren*, § 22 Rn 18.

35 OLG Köln v. 29.8.1994 – 2 Wx 4/94, MittRhNotK 1995, 269, 271; OLG Hamm v. 7.9.1999 – 15 W 173/99, MittRhNotK 1999, 314, 315; BeckOGK/*Schuller*, Stand: 1.11.2025, § 22 BeurkG Rn 24; Grziwotz/Sauer/Heinemann/*Heinemann/Grziwotz*, § 22 Rn 14.

36 BeckOGK/*Schuller*, Stand: 1.11.2025, § 22 BeurkG Rn 27; Frenz/Miermeister/*Baumann*, § 22 Rn 8, 9.

37 BeckOK-BGB/*Litzenburger*, § 22 BeurkG Rn 6; Grziwotz/Sauer/Heinemann/*Heinemann/Grziwotz*, § 22 Rn 17; *Lerch*, § 22 Rn 12; *Winkler*, § 22 Rn 17 (unter Hinweis auf § 15 BNotO).

38 BeckOGK/*Schuller*, Stand: 1.11.2025, § 22 BeurkG Rn 30.1; BeckOK-BeurkG/*Hüren*, § 22 Rn 24; MüKo-BGB/*Sticherling*, § 2232 BGB Rn 54.

39 BeckOGK/*Schuller*, Stand: 1.11.2025, § 22 BeurkG Rn 30.1.

40 BeckOGK/*Schuller*, Stand: 1.11.2025, § 22 BeurkG Rn 26; vgl. auch Frenz/Miermeister/*Baumann*, § 22 Rn 14; Grziwotz/Sauer/Heinemann/*Heinemann/Grziwotz*, § 22 Rn 17.

41 BeckOK-BeurkG/*Hüren*, § 22 Rn 21; MüKo-BGB/*Sticherling*, § 2232 BGB Rn 54; generell für eine Bindung sowohl an die Entscheidung für einen zweiten Notar als auch umgekehrt für einen Zeugen: BeckOGK/*Schuller*, Stand: 1.11.2025, § 22 BeurkG Rn 29; Grziwotz/Sauer/Heinemann/*Heinemann/Grziwotz*, § 22 Rn 16 („Entscheidungsmacht der Beteiligten").

42 Kostenschuldner ist der Urkundsnotar, der den Beteiligten die zu zahlende Vergütung als Auslagen (KV Nr. 32010) in Rechnung stellt.

digung beanspruchen oder auf die Entschädigung ganz verzichten.[43] Optieren die Beteiligten vor diesem Hintergrund für einen zweiten Zeugen, ist auch dies für den beurkundenden Notar grundsätzlich zu beachten.[44]

2. Auswahl

18 Die **Person des Zeugen oder zweiten Notars wählt** der beurkundende Notar in eigener Verantwortung (nach pflichtgemäßem Ermessen) aus.[45] Vorschläge bzw. Wünsche der Beteiligten sollte er aber berücksichtigen und die Beteiligten im Übrigen ohne zwingenden Grund nicht vor die Entscheidung stellen, entweder die vom Notar ausgewählte Person zu akzeptieren oder auf die Beurkundung vor diesem Notar zu verzichten.[46] Besondere **formale Voraussetzungen** muss der Zeuge nicht erfüllen.[47] Er muss z.B. kein amtlich bestellter und geprüfter Gebärdensprachdolmetscher sein (siehe hierzu auch Rdn 25). Die gem. § 26 BeurkG anwendbaren Mitwirkungsverbote können die Anzahl verfügbarer Zeugen in der Praxis einschränken.

3. Zuziehung

19 Eine Zuziehung des zweiten Notars oder Zeugen ist mehr als die Anwesenheit während der Beurkundung,[48] die beispielsweise Begleitpersonen mit Zustimmung aller Beteiligten gestattet werden kann.[49] Nach einer Definition des BayObLG besteht das Zuziehen darin, dass „der Notar eine Person zur Mitwirkung bei der Beurkundung auffordert und diese der Aufforderung Folge leistet", sich mithin ein bewusstes und gewolltes Hineinnehmen der weiteren Person in den Beurkundungsvorgang vollzieht.[50] Der zweite Notar bzw. der Zeuge muss also jedenfalls bereit sein, die Funktion als hinzugezogener zweiter Notar bzw. als hinzugezogener Zeuge zu übernehmen.[51] Der beurkundende Notar hat dabei namentlich den Zeugen vor der Übernahme auf die rechtliche Bedeutung der Zeugenstellung hinzuweisen.[52]

20 Die Zuziehung muss für den **gesamten Beurkundungsvorgang** erfolgen; eine nachträgliche Zuziehung reicht nicht aus, so dass erforderlichenfalls der bisherige Beurkundungsvorgang nunmehr unter Beachtung des § 22 BeurkG zu wiederholen ist.[53] Auch wenn eine Person noch nicht zu Beginn der Beurkundung formal zugezogen wurde, reicht es allerdings für die Zuziehung aus, dass sie während der Beurkundung anwesend war und zugleich damit rechnete, als Zeuge zu fungieren.[54] In einem solchen Fall wäre eine Wiederholung des Beurkundungsvorgangs also nicht erforderlich. In welchen Fällen in tatsächlicher Hinsicht ein Sachverhalt angenommen werden kann, in dem auf die Wiederholung verzichtet werden

43 Vgl. (jeweils unter Hinweis auf die §§ 19 ff. JVEG als Anhaltspunkt) BeckOGK/*Schuller*, Stand: 1.11.2025, § 22 BeurkG Rn 30.1; BeckOK-BeurkG/*Hüren*, § 22 Rn 25; Grziwotz/Sauer/Heinemann/*Heinemann/Grziwotz*, § 22 Rn 16.

44 BeckOK-BeurkG/*Hüren*, § 22 Rn 21; generell für eine Bindung sowohl an die Entscheidung für einen zweiten Notar als auch umgekehrt für einen Zeugen: BeckOGK/*Schuller*, Stand: 1.11.2025, § 22 BeurkG Rn 29; Grziwotz/Sauer/Heinemann/*Heinemann/Grziwotz*, § 22 Rn 16 („Entscheidungsmacht der Beteiligten").

45 BeckOGK/*Schuller*, Stand: 1.11.2025, § 22 BeurkG Rn 29; BeckOK-BeurkG/*Hüren*, § 22 Rn 21; Grziwotz/Sauer/Heinemann/*Heinemann/Grziwotz*, § 22 Rn 16.

46 MüKo-BGB/*Sticherling*, § 2232 BGB Rn 54; vgl. auch BeckOGK/*Schuller*, Stand: 1.11.2025, § 22 BeurkG Rn 29; BeckOK-BeurkG/*Hüren*, § 22 Rn 21; Grziwotz/Sauer/Heinemann/*Heinemann/Grziwotz*, § 22 Rn 16; ähnlich Frenz/Miermeister/*Baumann*, § 22 BeurkG Rn 7 („sollte Vorschlägen folgen"); *Lerch*, § 22 Rn 12 („wird Vorschläge tunlichst berücksichtigen"); wohl aA BeckOK-BGB/*Litzenburger*, § 22 BeurkG Rn 6 (unabhängig von Vorschlägen der Beteiligten).

47 BayObLG v. 22.6.1984 – Breg. 1 Z 44/83 (42, 43/84), BayObLGZ 1984, 141, 143 ff. (zu § 25 BeurkG); BeckOK-BeurkG/*Hüren*, § 22 Rn 22.

48 Vgl. BeckOGK/*Schuller*, Stand: 1.11.2025, § 22 BeurkG Rn 31; BeckOK-BeurkG/*Hüren*, § 22 Rn 25.

49 Grziwotz/Sauer/Heinemann/*Heinemann/Grziwotz*, § 22 Rn 19, 22.

50 BayObLG v. 22.6.1984 – Breg. 1 Z 44/83 (42, 43/84), BayObLGZ 1984, 141, 145 (zu § 25 BeurkG);

51 BeckOGK/*Schuller*, Stand: 1.11.2025, § 22 BeurkG Rn 31; BeckOK-BeurkG/*Hüren*, § 22 Rn 25; Grziwotz/Sauer/Heinemann/*Heinemann/Grziwotz*, § 22 Rn 19.

52 BeckOGK/*Schuller*, Stand: 1.11.2025, § 22 BeurkG Rn 31; BeckOK-BeurkG/*Hüren*, § 22 Rn 27; Frenz/Miermeister/*Baumann*, § 22 Rn 7.

53 BeckOGK/*Schuller*, Stand: 1.11.2025, § 22 BeurkG Rn 32; BeckOK-BeurkG/*Hüren*, § 22 Rn 26; Grziwotz/Sauer/Heinemann/*Heinemann/Grziwotz*, § 22 Rn 19.

54 BeckOGK/*Schuller*, Stand: 1.11.2025, § 22 BeurkG Rn 31; BeckOK-BeurkG/*Hüren*, § 22 Rn 27; vgl. auch BayObLG v. 22.6.1984 – Breg. 1 Z 44/83 (42, 43/84), BayObLGZ 1984, 141, 147 (zu § 25 BeurkG); im Grundsatz nicht abweichend Grziwotz/Sauer/Heinemann/*Heinemann/Grziwotz*, § 22 Rn 19.

kann, ist allerdings durchaus strittig.[55] Schon vor diesem Hintergrund sollte der Notar den sichersten Weg wählen und den Beurkundungsvorgang im Zweifel wiederholen.

21 Sind **mehrere behinderte Menschen** an der Beurkundung beteiligt, so ist die Zuziehung eines Zeugen grundsätzlich ausreichend, da Aufgabe des Zeugen nicht die Wahrnehmung der Interessen einer Partei, sondern die Gewähr für die Richtigkeit der Urkunde ist.[56] Ebenso genügt die Zuziehung eines Notars oder Zeugen, auch wenn der Beteiligte mehrfach behindert ist (zur mehrfachen Behinderung siehe auch §§ 24, 25 BeurkG).[57]

C. Verzicht (Abs. 1 S. 1 a.E.)

22 § 22 BeurkG verlangt keine Zuziehung des zweiten Notars oder des Zeugen, wenn **alle Beteiligten** darauf **verzichten**. Es kommt nicht allein auf den Verzicht der behinderten Person an, weil die etwaigen anderen Urkundsbeteiligten ein eigenes Interesse an der Sicherung des Beweiswertes der Urkunde haben.[58] Der Verzicht kann ausdrücklich oder konkludent erklärt werden.[59] Ein ausdrücklicher Verzicht setzt naturgemäß voraus, dass den Beteiligten die Möglichkeit des Verzichts überhaupt bewusst ist.[60]

23 Greift der Ausnahmetatbestand des Verzichts („es sei denn"), stellt sich die Frage, ob die Negation des § 22 BeurkG als „darf nicht" zu verstehen ist oder nicht. An den Verzicht der Beteiligten ist der Notar nach wohl überwiegender Ansicht gebunden.[61] Für eine Bindung des Notars spricht der Umstand, dass § 22 BeurkG den Verzicht zulässt und der Notar die Beteiligten nicht vor die Wahl stellen soll, gegen ihren Willen einen Zeugen oder (kostenpflichtig)[62] einen zweiten Notar zu akzeptieren oder auf die Beurkundung zu verzichten. Liegen umgekehrt die Voraussetzungen des § 22 BeurkG vor und fehlt die Verzichtserklärung auch nur eines Beteiligten, dann können die anderen Urkundsbeteiligten der Zuziehung des Zeugen oder zweiten Notars nicht widersprechen. Der Notar hat die Beurkundung dann ggf. abzulehnen.

24 Sind **Lagepläne, Skizzen o.Ä.** als bildliche Elemente (also keine Verlesung) Bestandteil der Niederschrift, so kann unter den genannten Voraussetzungen auf die Zuziehung von Zeugen oder eines zweiten Notars verzichtet werden, auch wenn einer der Beteiligten nicht hinreichend zu sehen vermag.[63] Die bildlichen Elemente sind dann dem blinden Vertragsteil allerdings verständlich zu machen, soweit möglich.[64] Es kann sich empfehlen, dies in der Niederschrift zu vermerken. Gerade für diese besondere Situation, in der dem Sehbehinderten Abbildungen hinreichend beschrieben werden müssen, empfiehlt die Praxis allerdings, den Beteiligten von einem Verzicht auf die Zuziehung eines Zeugen oder eines zweiten Notars tunlichst abzuraten.[65]

55 Enges Verständnis etwa BeckOGK/*Schuller*, Stand: 1.11.2025, § 22 BeurkG Rn 32; weiteres Verständnis Grziwotz/Sauer/Heinemann/*Heinemann/Grziwotz*, § 22 Rn 19.

56 BeckOGK/*Schuller*, Stand: 1.11.2025, § 22 BeurkG Rn 28; BeckOK-BeurkG/*Hüren*, § 22 Rn 29; Grziwotz/Sauer/Heinemann/*Heinemann/Grziwotz*, § 22 Rn 18; *Winkler*, § 22 Rn 18; einschränkend aber: BeckOK-BGB/*Litzenburger*, § 22 BeurkG Rn 6: Bei sich widersprechenden Interessenlagen seien mehrere Zeugen hinzuziehen.

57 BeckOGK/*Schuller*, Stand: 1.11.2025, § 22 BeurkG Rn 28; BeckOK-BeurkG/*Hüren*, § 22 Rn 29; Grziwotz/Sauer/Heinemann/*Heinemann/Grziwotz*, § 22 Rn 18.

58 BeckOGK/*Schuller*, Stand: 1.11.2025, § 22 BeurkG Rn 41; BeckOK-BeurkG/*Hüren*, § 22 Rn 30; Frenz/Miermeister/*Baumann*, § 22 Rn 11c; Grziwotz/Sauer/Heinemann/*Heinemann/Grziwotz*, § 22 Rn 20.

59 BeckOGK/*Schuller*, Stand: 1.11.2025, § 22 BeurkG Rn 43; BeckOK-BeurkG/*Hüren*, § 22 Rn 30; Grziwotz/Sauer/Heinemann/*Heinemann/Grziwotz*, § 22 Rn 20.

60 MüKo-BGB/*Sticherling*, § 2232 BGB Rn 55.

61 BeckOGK/*Schuller*, Stand: 1.11.2025, § 22 BeurkG Rn 41; BeckOK-BeurkG/*Hüren*, § 22 Rn 30; Grziwotz/Sauer/Heinemann/*Heinemann/Grziwotz*, § 22 Rn 20; a.A. MüKo-BGB/*Sticherling*, § 2232 BGB Rn 55.

62 Der Hinweis *Sticherlings*, zur Wahrung der Geheimhaltungsinteressen den zweiten Notar zu wählen, MüKo-BGB/*Sticherling*, § 2232 BGB Rn 55, löst nur das Problem der Sicherstellung der Vertraulichkeit, nicht aber das Kostenproblem.

63 Grziwotz/Sauer/Heinemann/*Heinemann/Grziwotz*, § 22 Rn 21.

64 BeckOGK/*Schuller*, Stand: 1.11.2025, § 22 BeurkG Rn 17; BeckOK-BeurkG/*Hüren*, § 22 Rn 14; Grziwotz/Sauer/Heinemann/*Heinemann/Grziwotz*, § 22 Rn 21; *Winkler*, § 22 Rn 21.

65 Vgl. BeckOK-BeurkG/*Hüren*, § 22 Rn 31; Grziwotz/Sauer/Heinemann/*Heinemann/Grziwotz*, § 22 Rn 21.

D. Hinzuziehung eines Gebärdensprachdolmetschers (Abs. 1 S. 2)

I. Hinzuziehung auf Verlangen

25 Der Notar soll auf Verlangen eines hör- oder sprachbehinderten Beteiligten einen Gebärdensprachdolmetscher hinzuziehen (§ 22 Abs. 1 S. 2 BeurkG). Hinzuziehung ist hier nicht anders gemeint als in S. 1 (vgl. oben Rdn 22 ff.). Die als Gebärdensprachdolmetscher tätige Person muss willentlich als Gebärdensprachdolmetscher bei der Beurkundung fungieren.[66]

26 § 22 Abs. 1 S. 2 BeurkG knüpft die Hinzuziehung des Gebärdensprachdolmetschers ausdrücklich an ein Verlangen des behinderten Beteiligten, während bei S. 1 ein solches Verlangen gerade nicht erforderlich ist. Die Zuziehung eines Gebärdensprachdolmetschers kann der behinderte Beteiligte **jederzeit** verlangen, also auch während der laufenden Beurkundung.[67] Konsequenz dessen ist prinzipiell, dass die Beurkundung erneut durchgeführt werden muss.[68] Dem behinderten Beteiligten bleibt es aber unbenommen, sein Hinzuziehungsverlangen insoweit einzuschränken und auf die Wiederholung der bisherigen Beurkundungsverhandlung zu verzichten.[69]

27 Im Übrigen steht es im Ermessen des Notars, die Hinzuziehung eines Gebärdensprachdolmetschers zu empfehlen.[70] Eine dahingehende – auch disziplinarisch bzw. haftungsrechtlich bedeutsame – Amtspflicht besteht aber angesichts des klaren Wortlauts nicht.[71] Da Abs. 1 S. 2 in erster Linie dem Schutz des behinderten Beteiligten dient, darf der Notar einen Gebärdensprachdolmetscher zudem **nicht gegen den ausdrücklichen Willen** des behinderten Beteiligten zuziehen.[72] Dass möglicherweise andere Beteiligte die Hinzuziehung eines Gebärdensprachdolmetschers beantragen, ist irrelevant.[73]

II. Auswahl

28 Obwohl der Gebärdensprachdolmetscher im Beurkundungsverfahren eine dem Sprachdolmetscher ähnliche Funktion ausübt, gelten die **Ausschlussgründe** der §§ 6, 7 BeurkG (vgl. § 16 Abs. 3 S. 2 BeurkG) sowie §§ 26 und 27 BeurkG für diesen nicht.[74] Eine analoge Anwendung scheidet aus Gründen der Rechtssicherheit aus. Dies ist nicht unproblematisch angesichts der Gefahren, die für den behinderten Beteiligten von einem persönlich interessierten Gebärdensprachdolmetscher ausgehen können.[75] Um spätere Zweifel an der Übereinstimmung der Erklärungen mit dem Willen des behinderten Beteiligten auszuschließen, sollte der Notar deshalb Personen i.S.d. §§ 6, 7, 26 und 27 BeurkG nach Möglichkeit nicht als Gebärdensprachdolmetscher zulassen.[76]

66 BeckOGK/*Schuller*, Stand: 1.11.2025, § 22 BeurkG Rn 36; Grziwotz/Sauer/Heinemann/*Heinemann/Grziwotz*, § 22 Rn 35; vgl. auch *Winkler*, § 22 Rn 26.

67 BeckOGK/*Schuller*, Stand: 1.11.2025, § 22 BeurkG Rn 36; BeckOK-BeurkG/*Hüren*, § 22 Rn 31; Grziwotz/Sauer/Heinemann/*Heinemann/Grziwotz*, § 22 Rn 35.

68 BeckOK-BeurkG/*Hüren*, § 22 Rn 40; Grziwotz/Sauer/Heinemann/*Heinemann/Grziwotz*, § 22 Rn 35; Frenz/Miermeister/*Baumann*, § 22 BeurkG Rn 11b.

69 BeckOK-BeurkG/*Hüren*, § 22 Rn 40; vgl. BeckOGK/*Schuller*, Stand: 1.11.2025, § 22 BeurkG Rn 36; *Winkler*, § 22 Rn 25; wohl a.A. Grziwotz/Sauer/Heinemann/*Heinemann/Grziwotz*, § 22 Rn 35 mit Fn 107.

70 BeckOGK/*Schuller*, Stand: 1.11.2025, § 22 BeurkG Rn 35; Grziwotz/Sauer/Heinemann/*Heinemann/Grziwotz*, § 22 Rn 31; *Winkler*, § 22 Rn 22; vgl. auch *Frank*, NotBZ 2003, 8, 9 m. Fn 10; zust. Frenz/Miermeister/*Baumann*, § 22 BeurkG Rn 10, die darüber hinaus einen Vermerk über die Ablehnung empfehlen; s. auch BT-Drucks 14/9266, 51.

71 So auch OLG Frankfurt/Main v. 30.3.2017 – 20 W 391/15, BeckRS 2017, 115057 (Kostensache); BeckOGK/*Schuller*, Stand: 1.11.2025, § 22 BeurkG Rn 35; Grziwotz/Sauer/Heinemann/*Heinemann/Grziwotz*, § 22 Rn 31.

72 BeckOGK/*Schuller*, Stand: 1.11.2025, § 22 BeurkG Rn 35; BeckOK-BeurkG/*Hüren*, § 22 Rn 33; Frenz/Miermeister/*Baumann*, § 22 BeurkG Rn 10; Grziwotz/Sauer/Heinemann/*Heinemann/Grziwotz*, § 22 Rn 31; *Winkler*, § 22 Rn 22; a.A. *Rossak*, ZEV 2002, 435, 436.

73 BeckOGK/*Schuller*, Stand: 1.11.2025, § 22 BeurkG Rn 34; BeckOK-BeurkG/*Hüren*, § 22 Rn 33; Grziwotz/Sauer/Heinemann/*Heinemann/Grziwotz*, § 22 Rn 31.

74 BeckOGK/*Schuller*, Stand: 1.11.2025, § 22 BeurkG Rn 37; BeckOK-BeurkG/*Hüren*, § 22 Rn 37; Frenz/Miermeister/*Baumann*, § 22 BeurkG Rn 11a; Grziwotz/Sauer/Heinemann/*Heinemann/Grziwotz*, § 22 Rn 34; *Winkler*, § 22 Rn 23; a.A. Staudinger/*Hertel*, 2023, BeurkG Rn 562 (§ 16 BeurkG analog).

75 Vgl. *Winkler*, § 22 Rn 23.

76 BeckOGK/*Schuller*, Stand: 1.11.2025, § 22 BeurkG Rn 37.1; BeckOK-BeurkG/*Hüren*, § 22 Rn 37; Frenz/Miermeister/*Baumann*, § 22 BeurkG Rn 11a; vgl. auch *Winkler*, § 22 Rn 23; a.A. Grziwotz/Sauer/Heinemann/*Heinemann/Grziwotz*, § 22 Rn 34 („kann berücksichtigen").

Im Übrigen kann der Notar jede Person auswählen, die zu einer sicheren Verständigung mit dem behinderten Beteiligten in der Lage ist.[77] Bezüglich der Auswahl eines Gebärdensprachdolmetschers kann zunächst auf die Ausführungen zur Auswahl eines Sprachdolmetschers verwiesen werden (vgl. § 16 BeurkG Rdn 28 f.). Im Ergebnis sollte man keine höheren Anforderungen als an den fremdsprachigen Dolmetscher stellen. Ob dieser richtig übersetzt, vermag der Notar im Ergebnis genauso viel oder genauso wenig zu beurteilen. Regelungen zur amtlichen Beeidigung professioneller Gebärdendolmetscher als Gerichts-Gebärdensprachdolmetscher finden sich in den Gesetzen der Länder,[78] z.T. auch unter ausdrücklicher Einbeziehung der notariellen Zwecke.[79] Bundeinheitlich ist die Beeidigung der nach § 186 GVG zuzuziehenden Dolmetscher seit dem 12.12.2025[80] in § 1 GDolmG geregelt. Gebärdensprachdolmetscher, die im Justizbereich tätig sind, können über das Portal www.justiz-dolmetscher.de ermittelt werden; das Portal weist auch Personen für die Übertragung „Gebärdensprache-Deutsch" aus. Anders als § 16 Abs. 3 BeurkG (vgl. dort § 16 BeurkG Rdn 33) geht § 22 BeurkG noch nicht vom Regelfall eines allgemein beeidigten Gebärdensprachdolmetschers aus und sieht keine Beeidigung des nicht allgemein beeidigten Gebärdensprachdolmetschers durch den Notar vor.[81] **29**

III. Verhältnis zu § 22 Abs. 1 S. 1

S. 2 tritt neben S. 1, so dass die Hinzuziehung des Gebärdensprachdolmetschers den Zeugen oder den zweiten Notar i.S.v. S. 1 nicht ersetzt.[82] Insbesondere scheidet der Gebärdensprachdolmetscher als Zeuge (S. 1) aufgrund der anderen Verfahrensrolle aus.[83] Ebenso wenig kann der Gebärdensprachdolmetscher Schreibzeuge i.S.v. § 25 BeurkG sein.[84] Als Verständigungszeuge i.S.v. § 24 BeurkG kann der Gebärdensprachdolmetscher dagegen eingesetzt werden, weil insoweit die Funktion im Verfahren identisch ist.[85] **30**

E. Feststellungsvermerk (Abs. 1 S. 3)

Alle Umstände, die die Voraussetzungen des Verfahrens nach Abs. 1 S. 1 und 2 und seine Durchführung betreffen, soll der Notar in der Niederschrift **feststellen**. Es handelt sich um besonders geschützte Daten i.S.v. Art. 9 **DSGVO**.[86] Unterbleibt der Feststellungsvermerk, so berührt dies die Wirksamkeit der Beurkundung nicht, aber möglicherweise ihre Beweiskraft. Bei hörbehinderten Beteiligten knüpft an den Vermerk die Folge des § 23 BeurkG an (vgl. § 23 BeurkG Rdn 4). **31**

Der Feststellungsvermerk sollte so gefasst werden, dass er verdeutlicht, ob das Verfahren nach Abs. 1 S. 1 aufgrund der Angaben des betroffenen Beteiligten oder der Überzeugung des Notars eingeschlagen worden ist.[87] Festzustellen ist auch die Art der Behinderung.[88] Haben alle Beteiligten auf die Zuziehung eines Zeugen oder eines zweiten Notars **verzichtet** (vgl. Rdn 22), so ist auch das eine verfahrensrechtlich **32**

77 BeckOGK/*Schuller*, Stand: 1.11.2025, § 22 BeurkG Rn 38; BeckOK-BeurkG/*Hüren*, § 22 Rn 36; Grziwotz/Sauer/Heinemann/*Heinemann/Grziwotz*, § 22 Rn 32; *Winkler*, § 22 Rn 23.

78 § 22a NJG; § 35 JustG NRW; § 15 ThürAGGVG; § 14a AGGVG BW; § 76 LJG; § 28a BreAGGVG; Art. 60 BayAGGVG; § 6 SAG GVG; § 39 JustG Bln; § 1 BbgSpMG; § 1 HmbDolmG; § 9 HesDÜG; § 1 ÜG M-V; § 1 LDÜJG; § 1 SächsDolmG; § 1 DolmG LSA.

79 So § 22a NJG; § 15 ThürAGGVG; § 28d BreAGGVG; § 6 SAG GVG; § 1 ÜG M-V; § 1 LDÜJG; § 1 DolmG LSA.

80 Art. 35 des G. v. 8.12.2025, BGBl. I Nr. 319.

81 Frenz/Miermeister/*Baumann*, § 22 BeurkG Rn 10a; vgl. auch BeckOGK/*Schuller*, Stand: 1.11.2025, § 22 BeurkG Rn 38; Grziwotz/Sauer/Heinemann/*Heinemann/Grziwotz*, § 22 Rn 32.

82 BeckOGK/*Schuller*, Stand: 1.11.2025, § 22 BeurkG Rn 39; Grziwotz/Sauer/Heinemann/*Heinemann/Grziwotz*, § 22 Rn 30; *Rossak*, ZEV 2002, 435, 436.

83 BeckOGK/*Schuller*, Stand: 1.11.2025, § 22 BeurkG Rn 33, 39; BeckOK-BeurkG/*Hüren*, § 22 Rn 38; Frenz/Miermeister/*Baumann*, § 22 BeurkG Rn 10a; Grziwotz/Sauer/Heinemann/*Heinemann/Grziwotz*, § 22 Rn 33; *Rossak*, ZEV 2002, 435, 436; *Winkler*, § 22 Rn 24.

84 BeckOGK/*Schuller*, Stand: 1.11.2025, § 22 BeurkG Rn 39; BeckOK-BeurkG/*Hüren*, § 22 Rn 38; *Frank*, NotBZ 2003, 8, 9; Frenz/Miermeister/*Baumann*, § 22 BeurkG Rn 10a; Grziwotz/Sauer/Heinemann/*Heinemann/Grziwotz*, § 22 Rn 33; *Winkler*, § 22 Rn 24.

85 BeckOGK/*Schuller*, Stand: 1.11.2025, § 22 BeurkG Rn 40; BeckOK-BeurkG/*Hüren*, § 22 Rn 38; Grziwotz/Sauer/Heinemann/*Heinemann/Grziwotz*, § 22 Rn 33.

86 *Tinnefeld*, EWNotZ 2025, 76, 82; vgl. auch *Winkler*, § 22 Rn 28.

87 BeckOK-BeurkG/*Hüren*, § 22 Rn 42; Frenz/Miermeister/*Baumann*, § 22 BeurkG Rn 12; Grziwotz/Sauer/Heinemann/*Heinemann/Grziwotz*, § 22 Rn 26 (insb. bei widersprüchlichem Ergebnis); *Winkler*, § 22 Rn 27.

88 BeckOGK/*Schuller*, Stand: 1.11.2025, § 22 BeurkG Rn 44; BeckOK-BeurkG/*Hüren*, § 22 Rn 42; Frenz/Miermeister/*Baumann*, § 22 BeurkG Rn 12.

relevante Tatsache nach Abs. 1 S. 1, die als solche vermerkt werden soll.[89] Dass ein hör- oder sprechbehinderter Beteiligter keine Zuziehung eines Gebärdensprachdolmetschers verlangt hat, muss nicht festgestellt werden, da „diese Tatsache“ i.S.v. S. 3 nur das in S. 2 geregelte Zuziehungsverlangen ist; gleichwohl ist die Aufnahme sinnvoll.[90]

Wurde ein Zeuge oder ein zweiter Notar hinzugezogen, müssen die personenbezogenen Daten der Person so genau angegeben werden, dass eine Identifizierung möglich ist.[91] Gleiches gilt für den hinzugezogenen Gebärdensprachdolmetscher.[92]

F. Unterschriften (Abs. 2)

33 Der zugezogene **Zeuge oder zweite Notar** soll die Niederschrift unterschreiben (Abs. 2). Das kann auch nachträglich in Abwesenheit der Beteiligten erfolgen.[93] Fehlt die Unterschrift, so berührt dies die Wirksamkeit der Beurkundung allerdings nicht (vgl. auch Rdn 35). Der mitwirkende zweite Notar übernimmt mit der Unterschrift keine amtsrechtliche Verantwortung für die Beurkundung, sondern bestätigt lediglich seine zeugenschaftliche Mitwirkung.[94] **Verweigert** der Zeuge oder zweite Notar die Unterschrift, dann ist der beurkundende Notar dienstrechtlich nicht gehindert, nach einem entsprechenden Vermerk die Niederschrift durch seine eigene Unterschrift abzuschließen.[95] Immerhin dürfte in dem Wunsch der Beteiligten, die Beurkundung auch gegen den Willen des Zeugen abzuschließen, ein konkludenter Verzicht auf die Beiziehung liegen (vgl. oben Rdn 22).[96] In Zweifelsfällen ist es allerdings empfehlenswert, im Interesse der Beweissicherung die Beurkundung unter Hinzuziehung eines weiteren Zeugen zu wiederholen.[97]

34 Die Unterschrift des **Gebärdensprachdolmetschers** ist in Abs. 2 nicht gefordert. Gleichwohl sollte der Notar – anlehnend an die Parallelproblematik geregelt in § 16 Abs. 3 S. 5 BeurkG (vgl. § 16 BeurkG Rdn 39) – auch den Gebärdensprachdolmetscher die Niederschrift unterschreiben lassen.[98]

G. Folgen eines Verstoßes

35 In den Fällen des Abs. 1 S. 1 soll ein Zeuge oder zweiter Notar, im Fall des Abs. 1 S. 2 ein Gebärdensprachdolmetscher zugezogen werden. Unterbleibt die Zuziehung, so berührt dies die **Wirksamkeit** der Beurkundung nicht.[99] Verbreitet wird allerdings auf eine Schwächung des Beweiswerts bzw. der **Beweiskraft** hingewiesen.[100] Die Einhaltung der zwingenden Verfahrensvorschriften genügt jedoch, um der Urkunde

89 BeckOGK/*Schuller*, Stand: 1.11.2025, § 22 BeurkG Rn 44; BeckOK-BeurkG/*Hüren*, § 22 Rn 43; Grziwotz/Sauer/Heinemann/*Heinemann/Grziwotz*, § 22 Rn 44; *Winkler*, § 22 Rn 27.

90 BeckOK-BeurkG/*Hüren*, § 22 Rn 43; Grziwotz/Sauer/Heinemann/*Heinemann/Grziwotz*, § 22 Rn 42.

91 BeckOGK/*Schuller*, Stand: 1.11.2025, § 22 BeurkG Rn 44; BeckOK-BeurkG/*Hüren*, § 22 Rn 43; Frenz/Miermeister/*Baumann*, § 22 BeurkG Rn 13; Grziwotz/Sauer/Heinemann/*Heinemann/Grziwotz*, § 22 Rn 39.

92 Frenz/Miermeister/*Baumann*, § 22 BeurkG Rn 13; Grziwotz/Sauer/Heinemann/*Heinemann/Grziwotz*, § 22 Rn 39.

93 BeckOGK/*Schuller*, Stand: 1.11.2025, § 22 BeurkG Rn 45.1; BeckOK-BeurkG/*Hüren*, § 22 Rn 44; Grziwotz/Sauer/Heinemann/*Heinemann/Grziwotz*, § 22 Rn 46.

94 Frenz/Miermeister/*Baumann*, § 22 BeurkG Rn 14.

95 BeckOGK/*Schuller*, Stand: 1.11.2025, § 22 BeurkG Rn 45.2; Grziwotz/Sauer/Heinemann/*Heinemann/Grziwotz*, § 22 Rn 46.; vgl. auch Frenz/Miermeister/*Baumann*, § 22 BeurkG Rn 14 (Niederschrift bleibt öffentliche Urkunde, kann aber von den Beteiligten mit Hilfe der Aussagen des Zeugen oder zweiten Notars angegriffen werden); a.A. *Jansen*, § 22 BeurkG Rn 16, der für solche Fälle stets eine Amtspflichtverletzung des Notars annimmt, wenn dieser ohne Unterschriften der Zeugen oder des zweiten Notars selbst unterschreibt.

96 BeckOGK/*Schuller*, Stand: 1.11.2025, § 22 BeurkG Rn 45.2.

97 BeckOGK/*Schuller*, Stand: 1.11.2025, § 22 BeurkG Rn 45.2; BeckOK-BeurkG/*Hüren*, § 22 Rn 45; Frenz/Miermeister/*Baumann*, § 22 BeurkG Rn 14.

98 Staudinger/*Hertel*, 2023, BeurkG Rn 570; vgl. auch BeckOGK/*Schuller*, Stand: 1.11.2025, § 22 BeurkG Rn 46; BeckOK-BeurkG/*Hüren*, § 22 Rn 46; Frenz/Miermeister/*Baumann*, § 22 BeurkG Rn 15; Grziwotz/Sauer/Heinemann/*Heinemann/Grziwotz*, § 22 Rn 47; *Winkler*, § 23 Rn 29.

99 AG Hameln v. 14.11.2022 – 18 VI 199/21, BeckRS 2022, 44183; BeckOGK/*Schuller*, Stand: 1.11.2025, § 22 BeurkG Rn 47; BeckOK-BeurkG/*Hüren*, § 22 Rn 47; Frenz/Miermeister/*Baumann*, § 22 BeurkG Rn 16; Grziwotz/Sauer/Heinemann/*Heinemann/Grziwotz*, § 22 Rn 49; *Winkler*, § 22 Rn 30.

100 BeckOGK/*Schuller*, Stand: 1.11.2025, § 22 BeurkG Rn 50 (unter Berufung auf die Entscheidung OLG Köln MittRhNotK 1995, 269); Frenz/Miermeister/*Baumann*, § 22 BeurkG Rn 9, 16; *Winkler*, § 22 Rn 30.

die formelle Beweiskraft öffentlicher Urkunden zuzubilligen,[101] sodass in diesem Sinne keine Minderung des (formalen) Beweiswerts der Urkunde eintritt.[102] Gleichwohl kann die Beweisführung mit der Urkunde faktisch erschwert und insofern angreifbar werden, wenn die Soll-Vorschrift nicht eingehalten wurde und deshalb Zweifel aufkommen. Jedenfalls stellt die Nichtbeachtung der Soll-Vorschrift des § 22 BeurkG eine dienstrechtlich relevante **Amtspflichtverletzung** des Notars dar, die als solche aufsichtsrechtlich zu ahnden ist.[103]

§ 23 Besonderheiten bei hörbehinderten Beteiligten

[1]Eine Niederschrift, in der nach § 22 Abs. 1 festgestellt ist, daß ein Beteiligter nicht hinreichend zu hören vermag, muß diesem Beteiligten anstelle des Vorlesens zur Durchsicht vorgelegt werden; in der Niederschrift soll festgestellt werden, daß dies geschehen ist. [2]Hat der Beteiligte die Niederschrift eigenhändig unterschrieben, so wird vermutet, daß sie ihm zur Durchsicht vorgelegt und von ihm genehmigt worden ist.

A. Normzweck und Systematik

1 § 23 BeurkG enthält eine die Regelung des § 22 BeurkG ergänzende **Sondervorschrift** für den Fall, dass eine Person beteiligt ist, die nicht hinreichend zu hören vermag (zu dieser Behinderung siehe § 22 BeurkG Rdn 6). § 22 und § 23 BeurkG sind daher stets **kumulativ anzuwenden.**[1]

2 § 23 BeurkG schreibt zum Schutz der hörbehinderten Person vor, dass ihr die Niederschrift anstelle des Vorlesens (§ 13 BeurkG) zur Durchsicht **vorgelegt werden muss**. Die Vorschrift selbst betrifft nur die Vorlage zur Durchsicht und ordnet nicht explizit an, dass auch das gesamte Verfahren schriftlich gestaltet und insbesondere die Frage nach der Genehmigung schriftlich gestellt werden muss.[2] Gleichwohl wird verbreitet verlangt, dass in Fällen des § 23 BeurkG auch die **Verständigung mit dem hörbehinderten Beteiligten** während des Verfahrens schriftlich erfolgen, insbesondere schriftlich gefragt werden muss, ob der Inhalt der Urkunde dem Willen des Beteiligten entspricht.[3] Diese Ansicht trägt durchaus dem Umstand Rechnung, dass der Notar pflichtgemäß eine der Verfahrenssituation und den Verfahrenszwecken entsprechende Verfahrensgestaltung leisten muss.[4] Die Hörbehinderung des Beteiligten kann in diesem Sinne eine schriftliche Verständigung mit diesem erforderlich machen. Für die **Wirksamkeit des Beurkundungsaktes** nach den §§ 13, 23 BeurkG (vgl. Rdn 5, 7) ist jedoch nur das Ersetzen des Verlesens durch die Vorlage zur Durchsicht erforderlich (zur Vermutung der Genehmigung bei Unterschrift vgl. Rdn 10). Auch Vertreter der strengeren Ansicht verweisen im Übrigen auf die Vermutungsregelung nach Satz 2, die auch den Umstand umfasse, dass dem hörbehinderten Beteiligten die „zum Beurkundungsverfahren notwendigen Fragestellungen" zur Durchsicht vorgelegt wurden.[5]

101 Zum Merkmal „in der vorgeschriebenen Form" in § 415 I ZPO vgl. Prütting/Gehrlein/*Preuß*, § 415 ZPO Rn 17; Stein/Jonas/*Berger*, § 415 ZPO Rn 13.

102 Vgl. Grziwotz/Sauer/Heinemann/*Heinemann/Grziwotz*, § 22 Rn 51, der deshalb Amtshaftungsansprüche „im Regelfall" verneint; unklar Frenz/Miermeister/*Baumann*, § 22 BeurkG Rn 9 und 16 mit Fn 61.

103 BeckOGK/*Schuller*, Stand: 1.11.2025, § 22 BeurkG Rn 50; BeckOK-BeurkG/*Hüren*, § 22 Rn 48; Frenz/Miermeister/*Baumann*, § 22 BeurkG Rn 16; Grziwotz/Sauer/Heinemann/*Heinemann/Grziwotz*, § 22 Rn 51.

1 Vgl. Grziwotz/Sauer/Heinemann/*Heinemann/Grziwotz*, § 23 Rn 2.

2 Vgl. Grziwotz/Sauer/Heinemann/*Heinemann/Grziwotz*, § 23 Rn 1 gegen OLG Hamm v. 9.11.1988 – 15 W 198/87, DNotZ 1989, 584, 587 m. krit. Anm. *Burkart*.

3 So Frenz/Miermeister/*Baumann*, § 23 BeurkG Rn 7; vgl. auch BeckOGK/*Schuller*, Stand: 1.11.2025, § 23 BeurkG Rn 14.1; a.A. BeckOK-BeurkG/*Hüren*, § 23 Rn 12.2; Grziwotz/Sauer/Heinemann/*Heinemann/Grziwotz*, § 23 Rn 1.

4 Allgemein zur Ausgestaltung des Verfahrens und zur Ableitung von Verfahrenspflichten *Preuß*, FS für Zimmermann (2010), S. 219, 223 ff.

5 Frenz/Miermeister/*Baumann*, § 23 BeurkG Rn 3, 9, siehe auch Fn 14 (Streit sei wegen Vermutungsregelung irrelevant).

3 Ist mit dem hörbehinderten Beteiligten auch eine schriftliche Verständigung nicht möglich, so gilt § 24 BeurkG. Die **Verlesung der Urkunde** – bei einem etwa schwerhörigen Menschen – **neben** dem Verfahren nach § 23 BeurkG vorzunehmen, ist in jedem Falle unschädlich. Sie ist im Übrigen dann zwingend erforderlich, wenn weitere Personen formell beteiligt sind (also etwa nicht der nach z.B. § 22 BeurkG zuziehende Zeuge[6]). Für die weiteren Urkundsbeteiligten bleibt schließlich § 13 Abs. 1 S. 1 BeurkG unberührt.[7]

B. Vorlagepflicht (S. 1)

I. Voraussetzung

4 Voraussetzung für die Anwendung des § 23 BeurkG ist nicht die Tatsache, dass ein Beteiligter nicht hinreichend zu hören vermag, sondern alleine, dass der Notar eine Feststellung nach § 22 Abs. 1 S. 3 BeurkG getroffen hat.[8] Wenn der Notar also gegen die Sollvorschriften des § 22 BeurkG verstoßen und in der Niederschrift nicht **festgestellt** hat, dass ein Beteiligter nicht hinreichend zu hören vermochte, dann ist auch § 23 BeurkG nicht anwendbar.[9] Enthält die Niederschrift aber die Feststellung nach § 22 Abs. 1 S. 3 BeurkG, dann ist **zwingend** erforderlich, dass dem Beteiligten anstelle des Vorlesens die Niederschrift zur Durchsicht vorgelegt wird. Das gilt auch dann, wenn nach § 22 Abs. 1 S. 2 BeurkG ein Gebärdensprachdolmetscher hinzugezogen worden ist.[10]

II. Anforderungen

5 Die Vorlage zur Durchsicht muss, da das Vorlesen durch die Vorlage ersetzt wird, in **Gegenwart des Notars** geschehen (§ 13 Abs. 1 S. 1 BeurkG).[11] Der Notar muss allerdings nicht während des gesamten Durchlesens anwesend sein.[12]

6 **Strittig** ist, ob die das Verlesen nach § 13 Abs. 1 S. 1 BeurkG im Verhältnis zum Hörbehinderten ersetzende Vorlage zur Durchsicht auch in **Anwesenheit der anderen Beteiligten** erfolgen muss. § 13 Abs. 1 S. 1 BeurkG verlangt, dass die Niederschrift „den Beteiligten" vorgelesen wird. Die wohl überwiegende Ansicht verlangt hieran anknüpfend bei der erforderlichen Kombination der Anforderungen der §§ 13 Abs. 1 S. 1, 23 S. 1 BeurkG, dass hörbehinderte Beteiligte beim Verlesen und umgekehrt die anderen Beteiligten bei der Vorlage der Niederschrift zur Durchsicht anwesend sind.[13] Nach der Gegenansicht müssen andere Beteiligte bei der Vorlage nach § 23 S. 1 BeurkG nicht anwesend sein.[14] Richtigerweise sollte für das kombinierte Verfahren in der Tat nichts anderes gelten als für das Verfahren mit mehreren Beteiligten bei reinem Verlesen, sodass die Anwesenheit verfahrensrechtlich erforderlich ist.

7 Tritt nach S. 1 an die Stelle des Verlesens die Vorlage zur Durchsicht der Beurkundung, wird diesem Wirksamkeitserfordernis dadurch genügt, dass dem hörbehinderten Beteiligten damit die Möglichkeit zum vollständigen Durchlesen eingeräumt wird.[15] Der behinderte Beteiligte muss die ihm zur Durchsicht

6 Vgl. BeckOK-BeurkG/*Hüren*, § 23 Rn 14; Grziwotz/Sauer/Heinemann/*Heinemann/Grziwotz*, § 23 Rn 7.

7 BeckOGK/*Schuller*, Stand: 1.11.2025, § 23 BeurkG Rn 9; BeckOK-BeurkG/*Hüren*, § 23 Rn 13; Grziwotz/Sauer/Heinemann/*Heinemann/Grziwotz*, § 23 Rn 7.

8 BeckOGK/*Schuller*, Stand: 1.11.2025, § 23 BeurkG Rn 5; BeckOK-BeurkG/*Hüren*, § 23 Rn 5; Grziwotz/Sauer/Heinemann/*Heinemann/Grziwotz*, § 23 Rn 4.

9 Frenz/Miermeister/*Baumann*, § 23 BeurkG Rn 2, Grziwotz/Sauer/Heinemann/*Heinemann/Grziwotz*, § 23 Rn 4; *Winkler*, § 23 Rn 5.

10 BeckOGK/*Schuller*, Stand: 1.11.2025, § 23 BeurkG Rn 7; BeckOK-BeurkG/*Hüren*, § 23 Rn 6; Frenz/Miermeister/*Baumann*, § 23 BeurkG Rn 4; Grziwotz/Sauer/Heinemann/*Heinemann/Grziwotz*, § 23 Rn 5.

11 BeckOGK/*Schuller*, Stand: 1.11.2025, § 23 BeurkG Rn 16; BeckOK-BeurkG/*Hüren*, § 23 Rn 15; Grziwotz/Sauer/Heinemann/*Heinemann/Grziwotz*, § 23 Rn 8; *Lerch*, § 23 Rn 3; *Winkler*, § 23 Rn 2.

12 BeckOGK/*Schuller*, Stand: 1.11.2025, § 23 BeurkG Rn 17; Grziwotz/Sauer/Heinemann/*Heinemann/Grziwotz*, § 23 Rn 8.

13 BeckOGK/*Schuller*, Stand: 1.11.2025, § 23 BeurkG Rn 18; BeckOK-BeurkG/*Hüren*, § 23 Rn 15; Grziwotz/Sauer/Heinemann/*Heinemann/Grziwotz*, § 23 Rn 8; *Winkler*, § 23 Rn 2, 4.

14 *Lerch*, § 23 Rn 3.

15 BeckOGK/*Schuller*, Stand: 1.11.2025, § 23 BeurkG Rn 10; vgl. auch Grziwotz/Sauer/Heinemann/*Heinemann/Grziwotz*, § 23 Rn 5.

vorgelegte Urkunde allerdings nicht vollständig durchlesen.[16] Praktisch kann dem Behinderten während des Beurkundungsvorgangs zunächst eine Kopie als Leseexemplar vorgelegt werden.[17] Dem Normzweck wird auch genügt, wenn die Vorlage der zu unterschreibenden Niederschrift „zur Durchsicht" dann faktisch der Überprüfung dient, dass Leseexemplar und Urschrift identisch sind.[18] Wurden während des Beurkundungsvorgangs Änderungen vorgenommen, die das Leseexemplar nicht enthält, dient die Vorlage der zu unterzeichnenden Niederschrift „zur Durchsicht" insbesondere auch der Überprüfung der Änderungen.[19] Der Zweck kann ebenso erfüllt werden, indem das verlesene Exemplar durch eine neue Reinschrift ersetzt und nur die Änderungen verlesen werden; die zur Durchsicht und Unterzeichnung vorgelegte Reinschrift enthält die Änderungen.[20] Geht es um eine Änderung durch besondere Niederschrift (Nachtragsverhandlung, § 44a Abs. 3 BeurkG), gelten für die Beurkundung ohnehin die allgemeinen Vorschriften (vgl. § 44a BeurkG Rdn 24). Die besondere Niederschrift muss also unter Mitwirkung sämtlicher Beteiligter verlesen werden; an die Stelle der Verlesung tritt nach § 23 BeurkG die Vorlage zur Durchsicht.

III. Vermerkpflicht

In der Niederschrift soll **festgestellt** werden, dass nach S. 1 Hs. 1 verfahren worden ist (S. 1 Hs. 2). Dies 8 kann entweder in der Niederschrift oder im Abschlussvermerk erfolgen.[21] Es handelt sich um eine Sollvorschrift, deren Verletzung die Wirksamkeit der Niederschrift nicht berührt.[22] Enthält die Niederschrift keinen Vermerk über die Vorlage zur Durchsicht, fehlt damit eine Zeugnisurkunde i.S.v. § 418 über diese Tatsache. Das Fehlen dieses Tatsachenzeugnisses i.S.v. § 418 ZPO kann dazu beitragen kann, die Widerlegung der Vermutung aus S. 2 zu erleichtern (zur Vermutungsregelung Rdn 10), weil kein Beweis der Unrichtigkeit nach § 418 Abs. 2 ZPO geführt werden müsste.[23] Der Notar, der sich an die Vorlage zur Durchsicht erinnert, kann den Vermerk (in der Sache: das Tatsachenzeugnis) allerdings ohne Nachtragsverhandlung nachholen (generell zu Änderungen des Feststellungsinhalts s. auch § 44a BeurkG Rdn 32).[24]

C. Folgen eines Verstoßes gegen S. 1

Fehlt ein Feststellungsvermerk i.S.v. § 22 Abs. 1 S. 3 BeurkG und greift § 23 BeurkG deshalb nicht ein 9 (siehe Rdn 9), so berührt dies die **Wirksamkeit** der Beurkundung auch bei unterbliebener Vorlage zur Durchsicht nicht.[25] Ist der Feststellungsvermerk hingegen erfolgt und sind die Voraussetzungen von S. 1 nicht eingehalten, so führt dies zur Unwirksamkeit der Beurkundung der Erklärung des hörbehinderten Beteiligten.[26] Erklärungen anderer Beteiligter bleiben hiervon unberührt. Solche Erklärungen können aus materiell-rechtlichen Gründen, z.B. gem. § 139 BGB, unwirksam sein.[27]

16 BeckOGK/*Schuller*, Stand: 1.11.2025, § 23 BeurkG Rn 10; BeckOK-BeurkG/*Hüren*, § 23 Rn 7; Grziwotz/Sauer/Heinemann/*Heinemann/Grziwotz*, § 23 Rn 5.

17 BeckOGK/*Schuller*, Stand: 1.11.2025, § 23 BeurkG Rn 11; Frenz/Miermeister/*Baumann*, § 23 BeurkG Rn 4; Grziwotz/Sauer/Heinemann/*Heinemann/Grziwotz*, § 23 Rn 5; Heinemann/Trautriems/*Mair-Trinkgeld*, § 23 Rn 4; a.A. Vorlage des Leseexemplars zur Durchsicht genüge. *Kanzleiter*, DNotZ 1997, 261 ff.; *Winkler*, § 23 Rn 2.

18 Vgl. Frenz/Miermeister/*Baumann*, § 23 BeurkG Rn 4.

19 Vgl. BeckOGK/*Schuller*, Stand: 1.11.2025, § 23 BeurkG Rn 11.

20 Grziwotz/Sauer/Heinemann/*Heinemann/Grziwotz*, § 23 Rn 5; vgl. auch BeckOGK/*Schuller*, Stand: 1.11.2025, § 23 BeurkG Rn 11.

21 BeckOGK/*Schuller*, Stand: 1.11.2025, § 23 BeurkG Rn 24; BeckOK-BeurkG/*Hüren*, § 23 Rn 17; Grziwotz/Sauer/Heinemann/*Heinemann/Grziwotz*, § 23 Rn 10.

22 BeckOGK/*Schuller*, Stand: 1.11.2025, § 23 BeurkG Rn 29; BeckOK-BeurkG/*Hüren*, § 23 Rn 23; Grziwotz/Sauer/Heinemann/*Heinemann/Grziwotz*, § 23 Rn 16; vgl. auch *Winkler*, § 23 BeurkG Rn 8.

23 A.A. BeckOGK/*Schuller*, Stand: 1.11.2025, § 23 BeurkG Rn 29; Grziwotz/Sauer/Heinemann/*Heinemann/Grziwotz*, § 23 Rn 16.

24 BeckOGK/*Schuller*, Stand: 1.11.2025, § 23 BeurkG Rn 24; BeckOK-BeurkG/*Hüren*, § 23 Rn 17; Grziwotz/Sauer/Heinemann/*Heinemann/Grziwotz*, § 23 Rn 16.

25 BeckOGK/*Schuller*, Stand: 1.11.2025, § 23 BeurkG Rn 24; BeckOK-BeurkG/*Hüren*, § 23 Rn 5; Frenz/Miermeister/*Baumann*, § 23 BeurkG Rn 3; Grziwotz/Sauer/Heinemann/*Heinemann/Grziwotz*, § 23 Rn 15; *Lerch*, § 23 Rn 2; *Winkler*, § 23 Rn 8.

26 BeckOGK/*Schuller*, Stand: 1.11.2025, § 23 BeurkG Rn 28; BeckOGK/*Schuller*, Stand: 1.11.2025, § 23 BeurkG Rn 19; BeckOK-BeurkG/*Hüren*, § 23 Rn 17; Frenz/Miermeister/*Baumann*, § 23 BeurkG Rn 11; Grziwotz/Sauer/Heinemann/*Heinemann/Grziwotz*, § 23 Rn 15; *Winkler*, § 23 Rn 7.

27 BeckOGK/*Schuller*, Stand: 1.11.2025, § 23 BeurkG Rn 28; BeckOK-BeurkG/*Hüren*, § 23 Rn 21; Frenz/Miermeister/*Baumann*, § 23 BeurkG Rn 11; Grziwotz/Sauer/Heinemann/*Heinemann/Grziwotz*, § 23 Rn 15; *Winkler*, § 23 Rn 7.

D. Vermutungsregelung (S. 2)

10 Wenn der Beteiligte die Niederschrift eigenhändig unterschrieben hat, wird vermutet, dass sie ihm zur Durchsicht vorgelegt und von ihm genehmigt worden ist.[28] Damit entspricht § 23 S. 2 BeurkG der Vermutung des § 13 Abs. 1 S. 2 BeurkG. Die Vermutung ist auch darauf zu erstrecken, dass die Vorlage in Gegenwart des Notars erfolgte; das Fehlen einer dem § 13 Abs. 1 S. 3 BeurkG entsprechenden Regelung rechtfertigt keinen Umkehrschluss.[29]

§ 24 Besonderheiten bei hör- und sprachbehinderten Beteiligten, mit denen eine schriftliche Verständigung nicht möglich ist

(1) [1]Vermag ein Beteiligter nach seinen Angaben oder nach der Überzeugung des Notars nicht hinreichend zu hören oder zu sprechen und sich auch nicht schriftlich zu verständigen, so soll der Notar dies in der Niederschrift feststellen. [2]Wird in der Niederschrift eine solche Feststellung getroffen, so muss zu der Beurkundung eine Person zugezogen werden, die sich mit dem behinderten Beteiligten zu verständigen vermag und mit deren Zuziehung er nach der Überzeugung des Notars einverstanden ist; in der Niederschrift soll festgestellt werden, dass dies geschehen ist. [3]Zweifelt der Notar an der Möglichkeit der Verständigung zwischen der zugezogenen Person und dem Beteiligten, so soll er dies in der Niederschrift feststellen. [4]Die Niederschrift soll auch von der zugezogenen Person unterschrieben werden.

(2) Die Beurkundung von Willenserklärungen ist insoweit unwirksam, als diese darauf gerichtet sind, der nach Abs. 1 zugezogenen Person einen rechtlichen Vorteil zu verschaffen.

(3) Das Erfordernis, nach § 22 einen Zeugen oder zweiten Notar zuzuziehen, bleibt unberührt.

A. Systematik und Anwendungsbereich

1 Die Vorschrift greift als weiterer **Spezialfall zu §§ 22, 23 BeurkG** ein, wenn mit einem hör- oder sprachbehinderten Beteiligten (zum Begriff siehe § 22 BeurkG Rdn 6, 7 f.) auch eine schriftliche Verständigung nicht möglich ist. Entscheidend für die Anwendbarkeit von § 24 BeurkG ist nicht, ob diese Behinderungen tatsächlich vorliegen, entscheidend sind vielmehr – wie im Fall der §§ 16, 23 BeurkG – die eigenen **Angaben** des betroffenen Beteiligten oder die **Überzeugung** des Notars, dass der Beteiligte hör- oder sprechbehindert und auch eine schriftliche Verständigung nicht möglich ist.[1] Insofern kommt der **Feststellung in der Niederschrift** konstitutive Bedeutung zu.[2] Ist die Feststellung formal getroffen, muss **zwingend** eine Verständigungsperson hinzugezogen werden; die Beteiligten können hierauf nicht verzichten.[3]

28 Zur Vermutungswirkung vgl. OLG Frankfurt v. 30.7.2017 – 20 W 391/15, BeckRS 2017, 115057.

29 Redaktionsversehen; BeckOGK/*Schuller*, Stand: 1.11.2025, § 23 BeurkG Rn 29; BeckOK-BeurkG/*Hüren*, § 23 Rn 18; Frenz/Miermeister/*Baumann*, § 23 BeurkG Rn 9; Grziwotz/Sauer/Heinemann/*Heinemann/Grziwotz*, § 23 Rn 13; *Lerch*, § 23 Rn 5; *Winkler*, § 23 Rn 5.

1 Frenz/Miermeister/*Baumann*, § 24 BeurkG Rn 4; *Winkler*, § 24 Rn 5; vgl. auch OLG Hamm v. 26.2.2002 – 15 W 385/01, NJW 2002, 3410, 3411.

2 BeckOGK/*Schuller*, Stand: 1.11.2025, § 24 BeurkG Rn 12; BeckOK-BeurkG/*Hüren*, § 24 Rn 12; Grziwotz/Sauer/Heinemann/*Heinemann/Grziwotz*, § 24 Rn 9; MüKo-BGB/*Sticherling*, § 2232 BGB Rn 62; s. auch OLG Karlsruhe v. 20.12.2019 – 14 U 99/17, MittBayNot 2020, 511, 514 (Amtshaftung) m. Anm. *Sandkühler*.

3 BeckOGK/*Schuller*, Stand: 1.11.2025, § 24 BeurkG Rn 13; Grziwotz/Sauer/Heinemann/*Heinemann/Grziwotz*, § 24 Rn 10.

§ 22 BeurkG bleibt nach Abs. 3 ausdrücklich unberührt und ist damit kumulativ mit § 24 BeurkG anzuwenden (vgl. Rdn 19). 2

In der Form des § 24 BeurkG kann auch die Auflassungserklärung (§ 925 BGB) abgegeben werden; § 24 BeurkG regelt gerade, unter welchen verfahrensrechtlichen Voraussetzungen ein derartig Behinderter eine „Erklärung" wirksam abgibt.[4] § 24 BeurkG ist seit der Aufhebung des § 31 BeurkG a.F.[5] ebenfalls auf Verfügungen von Todes wegen anzuwenden.[6] Kann der Behinderte sich allerdings auch nicht mit Hilfe einer Verständigungsperson erklären, hat das zur Konsequenz, dass er Erklärungen in notarieller Form nur noch durch einen Vertreter (etwa Betreuer, Pfleger) abgegeben könnte.[7] Eine letztwillige Verfügung kann dieser Behinderte deshalb wegen § 2064 BGB (Erbvertrag: § 2274 BGB) nicht errichten.[8] 3

B. Zuziehen einer Verständigungsperson (Abs. 1 S. 2)

I. Voraussetzungen

Eine Verständigungsperson nach Abs. 1 S. 2 muss eingeschaltet werden, wenn eine Verständigung zwischen dem Notar und dem hör- oder sehbehinderten Beteiligten selbst durch Lesen und Schreiben schlechthin ausgeschlossen ist, wenn also ein hörbehinderter Beteiligter auf schriftliche Fragen des Notars nicht zu antworten, ein sprachbehinderter Beteiligter sich nicht schriftlich zu äußern vermag und ein hör- und sprachbehinderter Beteiligter überhaupt **keine Möglichkeit** besitzt, mit dem Notar zu kommunizieren und seinen Willen schriftlich zu vermitteln.[9] Eine hinreichende Verständigung kann dabei auch durch Kombination schriftlicher und mündlicher Kommunikation erreicht werden.[10] Eine Verständigung durch Gebärden und Zeichen genügt jedoch nicht.[11] 4

Eine schriftliche Verständigung kann ggf. auch unter Einsatz von Hilfsmitteln (z.B. Computer) ermöglicht werden.[12] Im Übrigen kommt es für die Möglichkeit einer **schriftlichen Verständigung** nicht auf die rein technische Lese- und Schreibfertigkeit an, sondern auf die Fähigkeit, den Sinn des Geschriebenen zu erfassen und zu kontrollieren.[13] 5

Eine **Verständigung mit der Verständigungsperson** kann dagegen durch Gebärden, Zeichen, allg. nicht verständliche Laute und sonstige Kommunikationsbehelfe (wozu neben dem Gebärdensprachdolmetscher etwa auch die Verwendung der Blindenschrift zählt) erfolgen.[14] Dies bringt es mit sich, dass der Notar in manchen Fällen die Kommunikation zwischen dem behinderten Beteiligten und der Verständigungsperson nicht sicher beurteilen kann. Auch dem trägt Abs. 1 S. 3 Rechnung, indem er dem Notar in **Zweifelsfällen** eine Dokumentationspflicht auferlegt. Hierdurch wird – ebenso wie im vergleichbaren Fall des § 17 Abs. 2 BeurkG – zugleich klargestellt, dass bloße Zweifel den Notar noch nicht zur Ablehnung der Beurkundung berechtigen (siehe § 17 BeurkG Rdn 152).[15] Könnte eine andere Verständigungs- 6

4 BeckOGK/*Schuller*, Stand: 1.11.2025, § 24 BeurkG Rn 10; BeckOK-BeurkG/*Hüren*, § 24 Rn 3.1; Grziwotz/Sauer/Heinemann/*Heinemann/Grziwotz*, § 24 Rn 3; *Winkler*, § 24 Rn 6.

5 Durch das Gesetz zur Änderung der Vertretung durch Rechtsanwälte vor den Oberlandesgerichten v. 23.7.2002 (BGBl I 2002, 2850 ff.).

6 MüKo-BGB/*Sticherling*, § 2232 BGB Rn 61.

7 BeckOGK/*Schuller*, Stand: 1.11.2025, § 24 BeurkG Rn 3; BeckOK-BeurkG/*Hüren*, § 24 Rn 2; Frenz/Miermeister/*Baumann*, § 24 BeurkG Rn 7 a.E.; Grziwotz/Sauer/Heinemann/*Heinemann/Grziwotz*, § 24 Rn 2.

8 BeckOGK/*Schuller*, Stand: 1.11.2025, § 24 BeurkG Rn 3; BeckOK-BeurkG/*Hüren*, § 24 Rn 2; Frenz/Miermeister/*Baumann*, § 24 BeurkG Rn 7 a.E.: „faktisch testierunfähig".

9 BeckOGK/*Schuller*, Stand: 1.11.2025, § 24 BeurkG Rn 12; BeckOK-BeurkG/*Hüren*, § 24 Rn 9; Frenz/Miermeister/*Baumann*, § 24 BeurkG Rn 3; Grziwotz/Sauer/Heinemann/*Heinemann/Grziwotz*, § 24 Rn 7; *Winkler*, § 24 Rn 4.

10 BeckOGK/*Schuller*, Stand: 1.11.2025, § 24 BeurkG Rn 7; BeckOK-BeurkG/*Hüren*, § 24 Rn 9; Grziwotz/Sauer/Heinemann/*Heinemann/Grziwotz*, § 24 Rn 7.

11 BeckOK-BeurkG/*Hüren*, § 24 Rn 9; Grziwotz/Sauer/Heinemann/*Heinemann/Grziwotz*, § 24 Rn 7; vgl. auch OLG Hamm v. 26.2.2002 – 15 W 385/01, NJW 2002, 3410, 3411.

12 BeckOGK/*Schuller*, Stand 1.11.2025, § 24 BeurkG Rn 7; Grziwotz/Sauer/Heinemann/*Heinemann/Grziwotz*, § 24 Rn 7; MüKo-BGB/*Sticherling*, § 2232 BGB Rn 8, 61.

13 BayObLG v. 27.6.1997 – 1Z BR 240/96, NJW-RR 1997, 1438 (zu § 2233 Abs. 2 BGB); Frenz/Miermeister/*Baumann*, § 24 BeurkG Rn 3; Grziwotz/Sauer/Heinemann/*Heinemann/Grziwotz*, § 24 Rn 7.

14 BeckOGK/*Schuller*, Stand 1.11.2025, § 24 BeurkG Rn 15, 15.1; BeckOK-BeurkG/*Hüren*, § 24 Rn 19; Frenz/Miermeister/*Baumann*, § 24 BeurkG Rn 7; Grziwotz/Sauer/Heinemann/*Heinemann/Grziwotz*, § 24 Rn 14; *Rossak*, ZEV 2002, 435.

15 Vgl. OLG Karlsruhe v. 20.12.2019 – 14 U 99/17, MittBayNot 2020, 511, 514 (Amtshaftung) m. Anm. *Sandkühler*; BeckOGK/*Schuller*, Stand: 1.11.2025, § 24 BeurkG Rn 14, 28; BeckOK-BeurkG/*Hüren*, § 24 Rn 30; Grziwotz/Sauer/Heinemann/*Heinemann/Grziwotz*, § 24 Rn 14.

person zur Verfügung stehen, mit der die Verständigung nach der Überzeugung des Notars besser gelingt, sollte der Notar auf die Einbeziehung dieser Verständigungsperson hinwirken.[16] Wenn der Notar überzeugt ist, dass eine Verständigung mit der behinderten Person **nicht möglich** ist, muss er die Beurkundung ablehnen.[17]

II. Verständigungsperson

7 Die Auswahl der geeigneten Verständigungsperson liegt im pflichtgemäßen Ermessen des Notars.[18] An eine **Verständigungsperson** (Erklärungshelfer), mit deren Zuziehung der hör- oder sprachbehinderte Beteiligte nach der Überzeugung des Notars einverstanden ist, sind keine weiteren Anforderungen zu stellen, als dass sie in der Lage ist, den Beteiligten zu verstehen, sich mit ihm zu verständigen, seinen Willen zu übermitteln und ihm umgekehrt den Inhalt der daraufhin erstellten Urkunde mitzuteilen. Die Verständigungsperson muss nicht volljährig sein.[19] Die Fähigkeit, Verständigungsperson zu sein, ist von der **körperlichen und intellektuellen Verständigungsmöglichkeit**[20] abhängig. Der Notar muss überzeugt sein, dass die Verständigungsperson diesen Anforderungen hinreichend genügt und eine Verständigung mit dem behinderten Beteiligten nicht ausgeschlossen ist (vgl. oben Rdn 6). Voraussetzung für die Zuziehung der Verständigungsperson ist weiter die **Zustimmung des Beteiligten**.[21] Dem behinderten Beteiligten darf im Beurkundungsverfahren eine Verständigungsperson nicht aufgedrängt werden; der Notar muss deshalb vom Einverständnis des Beteiligten überzeugt sein.[22]

8 Verständigungspersonen werden häufig die **Angehörigen** oder dem Beteiligten nahestehende Personen sein. Als Verständigungsperson kommt aber etwa auch der **Gebärdensprachdolmetscher** in Betracht, der nach § 22 Abs. 1 S. 2 BeurkG auf Verlangen des behinderten Beteiligten hinzuzuziehen ist (vgl. Rdn 20).[23] Eine besondere Vertrauensbeziehung zwischen der Verständigungsperson und dem behinderten Beteiligten ist nicht erforderlich, sodass auch dem behinderten Beteiligten bis zur Beurkundung unbekannte Personen als Verständigungsperson in Frage kommen.[24] Das gilt beispielsweise auch für Mitarbeiter des Notars.[25]

III. Ausschließungsgründe

1. Doppelfunktionsverbot

9 Das Doppelfunktionsverbot schließt es aus, dass eine in bestimmter Funktion im Rahmen der Beurkundung tätige Person zugleich als Verständigungsperson eingesetzt wird (vgl. zum Parallelproblem bei der Auswahl eines Dolmetschers § 16 BeurkG Rdn 32, dort auch zu den beurkundungsrechtlichen Folgen). Insofern ist zwischen der bezeugenden Funktion und der Verständigungsfunktion zu unterscheiden.[26] Der

16 BeckOGK/*Schuller*, Stand: 1.11.2025, § 24 BeurkG Rn 14; BeckOK-BeurkG/*Hüren*, § 24 Rn 30.

17 OLG Karlsruhe v. 20.12.2019 – 14 U 99/17, MittBayNot 2020, 511, 514 (Amtshaftung) m. Anm. *Sandkühler*; Frenz/Miermeister/*Baumann*, § 24 BeurkG Rn 9 a.E.; Grziwotz/Sauer/Heinemann/*Heinemann/Grziwotz*, § 24 Rn 14 a.E.; vgl. auch BeckOGK/*Schuller*, Stand: 1.11.2025, § 24 BeurkG Rn 28.

18 OLG Karlsruhe v. 20.12.2019 – 14 U 99/17, MittBayNot 2020, 511, 514 (Amtshaftung) m. Anm. *Sandkühler*; BeckOGK/*Schuller*, Stand: 1.11.2025, § 24 BeurkG Rn 14; BeckOK-BeurkG/*Hüren*, § 24 Rn 29.

19 BeckOK-BeurkG/*Hüren*, § 24 Rn 19; s. auch BeckOGK/*Schuller*, Stand: 1.11.2025, § 24 BeurkG Rn 16; Grziwotz/Sauer/Heinemann/*Heinemann/Grziwotz*, § 24 Rn 16.

20 BeckOGK/*Schuller*, Stand: 1.11.2025, § 24 BeurkG Rn 15; BeckOK-BeurkG/*Hüren*, § 24 Rn 19.

21 BeckOK-BeurkG/*Hüren*, § 24 Rn 20; Frenz/Miermeister/*Baumann*, § 24 BeurkG Rn 6; MüKo-BGB/*Sticherling*, § 2232 BGB Rn 63.

22 BeckOGK/*Schuller*, Stand: 1.11.2025, § 24 BeurkG Rn 21; BeckOK-BeurkG/*Hüren*, § 24 Rn 21, Grziwotz/Sauer/Heinemann/*Heinemann/Grziwotz*, § 24 Rn 13.

23 BeckOGK/*Schuller*, Stand: 1.11.2025, § 24 BeurkG Rn 25; BeckOK-BGB/*Litzenburger*, § 24 BeurkG Rn 5; BeckOK-BeurkG/*Hüren*, § 24 Rn 24; Frenz/Miermeister/*Baumann*, § 24 BeurkG Rn 8; Grziwotz/Sauer/Heinemann/*Heinemann/Grziwotz*, § 24 Rn 17; *Lerch*, § 16 Rn 9; MüKo-BGB/*Sticherling*, § 2232 BGB Rn 64; *Nieder*, ZNotP 2003, 202, 206; *Rossak*, ZEV 2002, 435, 436; *Winkler*, § 24 Rn 12 (unter Hinweis auf die Ähnlichkeit der Tätigkeit).

24 BeckOGK/*Schuller*, Stand: 1.11.2025, § 24 BeurkG Rn 18; BeckOK-BeurkG/*Hüren*, § 24 Rn 18; Frenz/Miermeister/*Baumann*, § 24 BeurkG Rn 7; Grziwotz/Sauer/Heinemann/*Heinemann/Grziwotz*, § 24 Rn 12; *Winkler*, § 24 Rn 11.

25 BeckOGK/*Schuller*, Stand: 1.11.2025, § 24 BeurkG Rn 15; Grziwotz/Sauer/Heinemann/*Heinemann/Grziwotz*, § 24 Rn 16.

26 Vgl. Frenz/Miermeister/*Baumann*, § 24 BeurkG Rn 8.

beurkundende **Notar** selbst kann somit nicht Verständigungsperson sein.[27] Ausgeschlossen sind auch **Zeuge, zweiter Notar** (§§ 22, 29 BeurkG) und **Schreibzeuge** (§ 25 BeurkG).[28]

Dagegen kann eine Person zugleich als **Dolmetscher** (§ 16 BeurkG) und als Verständigungsperson fungieren; auch ein **Gebärdensprachdolmetscher** kann zugleich Verständigungsperson sein.[29] Verständigungsperson („Erklärungshelfer"[30]) einerseits und Dolmetscher oder Gebärdensprachdolmetscher andererseits erfüllen eine ähnliche Funktion. Im Vordergrund steht das Übermitteln von Erklärungen und nicht das Bezeugen des (ordnungsgemäßen) Vorgangs. Der Dolmetscher übt, auch wenn er verfahrensrechtlich als Hilfsperson des Notars angesehen werden kann, eine andere Funktion als dieser aus. Eine solche Mehrfachfunktion kann nicht in der Weise als Überforderung angesehen werden, dass daran ein Ausschluss als Verständigungsperson angeknüpft werden könnte.[31] 10

2. Ausschluss nach Abs. 2

Die Ausschließungsgründe der §§ 6, 7 BeurkG finden zwar auf den Dolmetscher Anwendung (§ 16 Abs. 3 BeurkG), nicht aber auf die Verständigungsperson.[32] Entsprechend §§ 7, 16 Abs. 3 S. 2, 26 Abs. 1 Nr. 2 BeurkG wird in Abs. 2 lediglich bestimmt, dass die Beurkundung von Willenserklärungen insoweit unwirksam ist, als damit der Verständigungsperson ein **rechtlicher Vorteil** (zum Begriff siehe § 7 BeurkG Rdn 3 ff.) verschafft werden soll. Angesichts dieser klaren Regelung verbietet sich eine weiterreichende Analogie.[33] § 27 BeurkG ergänzt dies dahin, dass die Verständigungsperson nicht zum Testamentsvollstrecker ernannt werden darf. Möglich bleibt es, dass ein Angehöriger der Verständigungsperson begünstigt wird; diesen Fall erfasst Abs. 2 nicht.[34] Hier fehlt es an der Unmittelbarkeit des Vorteils.[35] Auch ein **anderer Beteiligter** kann, solange Abs. 2 nicht entgegensteht, Verständigungsperson eines anderen sein.[36] 11

IV. Mehrere behinderte Beteiligte

Für mehrere behinderte Beteiligte kann dieselbe Verständigungsperson auftreten; jedenfalls bei möglichen Interessenkollisionen sollte allerdings für jeden behinderten Beteiligten eine eigene Verständigungsperson zugezogen werden.[37] Die Entscheidung liegt im pflichtgemäßen Ermessen des Notars.[38] 12

27 OLG Hamm v. 26.2.2002 – 15 W 385/01, NJW 2002, 3410, 3412; BeckOGK/*Schuller*, Stand: 1.11.2025, § 24 BeurkG Rn 24; BeckOK-BeurkG/*Hüren*, § 24 Rn 23; Frenz/Miermeister/*Baumann*, § 24 BeurkG Rn 8; Grziwotz/Sauer/Heinemann/*Heinemann/Grziwotz*, § 24 Rn 17; MüKo-BGB/*Sticherling*, § 2232 BGB Rn 64; *Winkler*, § 24 Rn 12.

28 OLG Hamm v. 15.5.2000 – 15 476/99, NJW 2000, 3362, 3364 (zu § 25 BeurkG); BeckOGK/*Schuller*, Stand: 1.11.2025, § 24 BeurkG Rn 24; BeckOK-BeurkG/*Hüren*, § 24 Rn 23; Frenz/Miermeister/*Baumann*, § 24 BeurkG Rn 8; Grziwotz/Sauer/Heinemann/*Heinemann/Grziwotz*, § 24 Rn 17; MüKo-BGB/*Sticherling*, § 2232 BGB Rn 64; *Winkler*, § 24 Rn 12.

29 BeckOGK/*Schuller*, Stand: 1.11.2025, § 24 BeurkG Rn 25; BeckOK-BGB/*Litzenburger*, BeurkG § 24 Rn 5; BeckOK-BeurkG/*Hüren*, § 24 Rn 24; Frenz/Miermeister/*Baumann*, § 24 BeurkG Rn 8; Grziwotz/Sauer/Heinemann/*Heinemann/Grziwotz*, § 24 Rn 17; *Lerch*, § 16 Rn 9; MüKo-BGB/*Sticherling*, § 2232 BGB Rn 64; *Nieder*, ZNotP 2003, 202, 206; *Rossak*, ZEV 2002, 435, 436; *Winkler*, § 24 Rn 12 (unter Hinweis auf die Ähnlichkeit der Tätigkeit).

30 Terminologie: Frenz/Miermeister/*Baumann*, § 24 BeurkG Rn 10.

31 Vgl. auch Grziwotz/Sauer/Heinemann/*Heinemann/Grziwotz*, § 24 Rn 17 (gegen abw. Ansicht von *Heinemann* in der Vorauflage).

32 BeckOGK/*Schuller*, Stand: 1.11.2025, § 24 BeurkG Rn 19; BeckOK-BeurkG/*Hüren*, § 24 Rn 28; Grziwotz/Sauer/Heinemann/*Heinemann/Grziwotz*, § 24 Rn 16; MüKo-BGB/*Sticherling*, § 2232 BGB Rn 63; *Winkler*, § 24 Rn 13.

33 Vgl. BeckOGK/*Schuller*, Stand: 1.11.2025, § 24 BeurkG Rn 19; Grziwotz/Sauer/Heinemann/*Heinemann/Grziwotz*, § 24 Rn 16.

34 BeckOGK/*Schuller*, Stand: 1.11.2025, § 24 BeurkG Rn 19; BeckOK-BeurkG/*Hüren*, § 24 Rn 26; Grziwotz/Sauer/Heinemann/*Heinemann/Grziwotz*, § 24 Rn 15, 16; *Winkler*, § 24 Rn 13; *Zimmermann*, BWNotZ 2000, 151, 155.

35 Grziwotz/Sauer/Heinemann/*Heinemann/Grziwotz*, § 24 Rn 15.

36 BeckOGK/*Schuller*, Stand: 1.11.2025, § 24 BeurkG Rn 16; BeckOK-BeurkG/*Hüren*, § 24 Rn 24; Grziwotz/Sauer/Heinemann/*Heinemann/Grziwotz*, § 24 Rn 16; *Winkler*, § 24 Rn 12.

37 BeckOK-BeurkG/*Hüren*, § 24 Rn 34; Grziwotz/Sauer/Heinemann/*Heinemann/Grziwotz*, § 24 Rn 12; vgl. auch BeckOGK/*Schuller*, Stand: 1.11.2025, § 24 BeurkG Rn 20; *Winkler*, § 24 Rn 12.

38 *Winkler*, § 24 Rn 12.

C. Vermerkpflicht

I. Feststellungsvermerk zu den Voraussetzungen (Abs. 1 S. 1)

13 Liegen die Voraussetzungen von Abs. 1 S. 1, also das einschlägige Verständigungsproblem, vor (siehe Rdn 1, 4), soll der Notar dies in der Niederschrift feststellen.[39] Angesichts des vorhandenen Verständigungsproblems ist es zweckmäßig, auch die entsprechende Überzeugung des Notars festzustellen.[40] Der **Feststellungsvermerk** schließt den Einwand aus, eine schriftliche Verständigung sei möglich gewesen.[41]

II. Feststellungsvermerke zur Verständigungsperson (Abs. 1 S. 2 Hs. 2 S. 3)

14 In der Niederschrift soll festgestellt werden, dass die Verständigungsperson zugezogen worden ist (Abs. 1 S. 2 Hs. 2). Fehlen Vermerk und Unterschrift der Verständigungsperson (Unterschrift: Abs. 1 S. 4), gilt die (widerlegbare) Vermutung, dass eine Verständigungsperson nicht hinzugezogen wurde.[42] Im Feststellungsvermerk zur Verständigungsperson ist die Person genau zu bezeichnen, um Verwechslungen auszuschließen.[43]

15 Nach Abs. 1 S. 3 soll der Notar zudem etwaige Zweifel an der Verständigungsmöglichkeit zwischen behindertem Beteiligten und Verständigungsperson in einem Vermerk festhalten. Diesbezügliche Zweifel geben dem Notar dagegen noch kein Recht zur Ablehnung der Beurkundung (vgl. Rdn 21).

D. Vorlesen, Genehmigung, Unterschrift

16 Die Niederschrift ist gem. § 13 BeurkG **vorzulesen**, auch wenn der behinderte Beteiligte nicht hinreichend hören kann.[44] Es genügt nicht, wenn der Verständigungsperson die Niederschrift gem. § 23 BeurkG zur Durchsicht vorgelegt wird, da § 24 BeurkG gerade eine Ausnahme von § 23 BeurkG betrifft.[45]

17 Die Verständigungsperson muss während des gesamten Beurkundungsvorgangs in dem Bewusstsein anwesend sein, als Verständigungsperson zu dienen.[46] Dass ein freiwilliger Zeuge erst während der laufenden Beurkundung in die Rolle der Verständigungsperson wechselt, wäre angesichts der damit verbundenen Verantwortung für die Ermittlung des Willens des behinderten Beteiligten nicht unproblematisch.[47] Das schließt zwar nicht aus, dass im Einzelfall ein solcher Funktionswechsel in Betracht kommt; Voraussetzung hierfür wäre aber, dass der Zeuge die Verständigung mit dem Notar tatsächlich von Beginn an hergestellt hatte.[48]

18 Die Verständigungsperson soll, der Beteiligte selbst muss **unterschreiben**, sofern nicht § 25 BeurkG eingreift.[49] Nicht die Verständigungsperson, sondern der Beteiligte muss den Inhalt der Niederschrift gem. § 13 BeurkG genehmigen.[50] Schließlich kommt der Verständigungsperson lediglich Mittlerfunktion zu; sie äußert keinen eigenen Willen.[51]

39 Vgl. auch *Winkler*, § 22 Rn 7.

40 BeckOK-BeurkG/*Hüren*, § 24 Rn 13; Grziwotz/Sauer/Heinemann/*Heinemann/Grziwotz*, § 24 Rn 12.

41 BeckOGK/*Schuller*, Stand: 1.11.2025, § 24 BeurkG Rn 26; Frenz/Miermeister/*Baumann*, § 24 BeurkG Rn 11; *Winkler*, § 24 Rn 7.

42 Grziwotz/Sauer/Heinemann/*Heinemann/Grziwotz*, § 24 Rn 24; *Winkler*, § 24 Rn 16.

43 BeckOGK/*Schuller*, Stand: 1.11.2025, § 24 BeurkG Rn 27; BeckOK-BeurkG/*Hüren*, § 24 Rn 36; Grziwotz/Sauer/Heinemann/*Heinemann/Grziwotz*, § 24 Rn 24.

44 BeckOGK/*Schuller*, Stand: 1.11.2025, § 24 BeurkG Rn 29; BeckOK-BGB/*Litzenburger*, § 24 BeurkG Rn 6.

45 BeckOGK/*Schuller*, Stand: 1.11.2025, § 24 BeurkG Rn 29.

46 BeckOGK/*Schuller*, Stand: 1.11.2025, § 24 BeurkG Rn 22; Frenz/Miermeister/*Baumann*, § 24 BeurkG Rn 10; Grziwotz/Sauer/Heinemann/*Heinemann/Grziwotz*, § 24 Rn 18; vgl. OLG Hamm v. 26.2.2002 – 15 W 385/01, ZEV 2002, 458 ff.

47 Bedenken bei BeckOGK/*Schuller*, Stand: 1.11.2025, § 24 BeurkG Rn 22.1.

48 Mit dieser Einschränkung Grziwotz/Sauer/Heinemann/*Heinemann/Grziwotz*, § 24 Rn 18.

49 BeckOK-BeurkG/*Hüren*, § 24 Rn 41; Grziwotz/Sauer/Heinemann/*Heinemann/Grziwotz*, § 24 Rn 21; vgl. auch BeckOGK/*Schuller*, Stand: 1.11.2025, § 24 BeurkG Rn 30.

50 BeckOK-BeurkG/*Hüren*, § 24 Rn 40; Grziwotz/Sauer/Heinemann/*Heinemann/Grziwotz*, § 24 Rn 21; *Winkler*, § 24 Rn 18.

51 BeckOK-BeurkG/*Hüren*, § 24 Rn 40; MüKo-BGB/*Sticherling*, § 2232 BGB Rn 66.

E. Zeuge; zweiter Notar (Abs. 3)

Von der Einschaltung einer Verständigungsperson unabhängig ist nach Abs. 3 die Hinzuziehung eines **Zeugen** oder **zweiten Notars**. § 24 BeurkG ersetzt § 22 BeurkG nicht. Die Voraussetzungen von § 22 BeurkG sind stets erfüllt, wenn nach den Angaben des Beteiligten oder der Überzeugung des Notars die Voraussetzungen von § 24 BeurkG vorliegen. Die Soll-Vorschrift des § 22 BeurkG verlangt also auch für den Fall des § 24 BeurkG die Zuziehung eines Zeugen oder zweiten Notars. Alle Beteiligten können darauf jedoch verzichten (siehe § 22 BeurkG Rdn 22). Der Verzicht ist ggf. mittels der Verständigungsperson zu erklären. 19

Auf Verlangen des behinderten Beteiligten ist ein Gebärdensprachdolmetscher hinzuzuziehen (§ 22 Abs. 1 S. 2 BeurkG, siehe § 22 BeurkG Rdn 25), der die Funktion der Verständigungsperson mitübernehmen kann (vgl. Rdn 10). Unberührt bleibt auch ggf. das Erfordernis, gem. § 25 BeurkG einen Schreibzeugen hinzuzuziehen.[52] Die Verständigungsperson darf nicht zugleich als Schreibzeuge fungieren (vgl. oben Rdn 9 m.N.). 20

F. Folgen eines Verstoßes

Hat der Notar einen Feststellungsvermerk i.S.v. Abs. 1 S. 1 in die Niederschrift aufgenommen (Soll-Vorschrift), aber entgegen Abs. 1 S. 2 (Muss-Vorschrift) keine Verständigungsperson zugezogen, so ist die Beurkundung der Erklärung des Beteiligten **unwirksam**.[53] Dabei kommt es nicht darauf an, ob der Vermerk sachlich zutrifft.[54] Wurde eine Verständigungsperson hinzugezogen, stellt sich aber nachträglich heraus, dass diese sich objektiv nicht mit dem behinderten Beteiligten verständigen konnte, ändert das nichts an der Wirksamkeit des Beurkundungsaktes als solchem.[55] 21

Einen weiteren Unwirksamkeitsgrund enthält Abs. 2 (siehe Rdn 11). Für Verstöße gegen das Doppelfunktionsverbot gilt dies nicht.[56] Auch sonstige Verstöße gegen § 24 BeurkG berühren die Wirksamkeit nicht. Dies gilt insbesondere für den Fall, dass der Feststellungsvermerk zum einschlägigen Verständigungsproblem i.S.v. Abs. 1 S. 1 fehlt und deshalb keine Verständigungsperson zugezogen wurde.[57] Ebenso führt das Fehlen der Unterschrift der Verständigungsperson nicht zur Unwirksamkeit der Beurkundung.[58] 22

§ 25 Schreibunfähige

[1]Vermag ein Beteiligter nach seinen Angaben oder nach der Überzeugung des Notars seinen Namen nicht zu schreiben, so muß bei dem Vorlesen und der Genehmigung ein Zeuge oder ein zweiter Notar zugezogen werden, wenn nicht bereits nach § 22 ein Zeuge oder ein zweiter Notar zugezogen worden ist. [2]Diese Tatsachen sollen in der Niederschrift festgestellt werden. [3]Die Niederschrift muß von dem Zeugen oder dem zweiten Notar unterschrieben werden.

52 Grziwotz/Sauer/Heinemann/*Heinemann/Grziwotz*, § 24 Rn 28.

53 BeckOGK/*Schuller*, Stand: 1.11.2025, § 24 BeurkG Rn 31, 33; BeckOK-BeurkG/*Hüren*, § 24 Rn 43; Frenz/Miermeister/*Baumann*, § 24 BeurkG Rn 12; Grziwotz/Sauer/Heinemann/*Heinemann/Grziwotz*, § 24 Rn 29; *Winkler*, § 24 Rn 20; vgl. auch OLG Karlsruhe v. 20.12.2019 – 14 U 99/17, MittBayNot 2020, 511, 513 m. Anm. *Keim*.

54 Frenz/Miermeister/*Baumann*, § 24 BeurkG Rn 11; *Winkler*, § 24 Rn 7.

55 OLG Karlsruhe v. 20.12.2019 – 14 U 99/17, MittBayNot 2020, 511, 515 m. Anm. *Keim*; BeckOGK/*Schuller*, Stand: 1.11.2025, § 24 BeurkG Rn 37 m.w.N. zum Streitstand; BeckOK-BGB/*Litzenburger*, BeurkG § 24 Rn 5; Grziwotz/Sauer/Heinemann/*Heinemann/Grziwotz*, § 24 Rn 14; MüKo-BGB/*Sticherling*, § 2232 BGB Rn 63; a.A. Frenz/Miermeister/*Baumann*, § 24 BeurkG Rn 12 mit Fußnote 33; *Keim*, notar 2000, 295, 299.

56 BeckOGK/*Schuller*, Stand 1.11.2025, § 24 BeurkG Rn 41; BeckOK-BeurkG/*Hüren*, § 24 Rn 47; Grziwotz/Sauer/Heinemann/*Heinemann/Grziwotz*, § 24 Rn 31.

57 BeckOGK/*Schuller*, Stand 1.11.2025, § 24 BeurkG Rn 32; BeckOK-BGB/*Litzenburger*, BeurkG § 24 Rn 9; Frenz/Miermeister/*Baumann*, § 24 BeurkG Rn 11; Grziwotz/Sauer/Heinemann/*Heinemann/Grziwotz*, § 24 Rn 22; *Winkler*, § 24 Rn 20.

58 BeckOGK/*Schuller*, Stand: 1.11.2025, § 24 BeurkG Rn 39; BeckOK-BeurkG/*Hüren*, § 24 Rn 44; Frenz/Miermeister/*Baumann*, § 24 BeurkG Rn 12; Grziwotz/Sauer/Heinemann/*Heinemann/Grziwotz*, § 24 Rn 30.

A. Systematik und Anwendungsbereich

1 Die Vorschrift nimmt eine **Sonderstellung** ein, weil sie als einzige Verfahrensvorschrift die Hinzuziehung eines Zeugen oder eines zweiten Notars, nunmehr als sog. **Schreibzeugen**, zwingend vorschreibt. In allen anderen Fällen, in denen die Zuziehung eines Zeugen oder eines zweiten Notars vorgesehen ist, handelt es sich nur um Soll-Vorschriften (zu deren Natur allgemein siehe Einl. Rdn 22 ff.). Zwingend vorgesehen ist ebenso die **Unterschrift** des Schreibzeugen bzw. des hier als Schreibzeuge fungierenden zweiten Notars (vgl. Rdn 17). Die Unterschrift des Schreibzeugen nach § 25 S. 3 BeurkG ersetzt die sonst gem. § 13 Abs. 1 S. 1 BeurkG erforderliche Unterschrift des schreibunfähigen Beteiligten.[1] Liegen die Voraussetzungen des § 25 BeurkG vor, können die Beteiligten auf die Zuziehung des Schreibzeugen nicht verzichten.[2]

2 Das Verfahren nach § 25 BeurkG findet nur Anwendung auf die **Beurkundung von Willenserklärungen**. Gem. § 38 Abs. 1 BeurkG ist die Vorschrift entsprechend anzuwenden bei der Abnahme von **Eiden** und **eidesstattlichen Versicherungen**.[3] In diesen Verfahren ist die Unterschrift des Beteiligten erforderlich. Gemeint ist der formell Beteiligte, ggf. also der Vertreter, der die Unterschrift auf der Niederschrift leistet.[4]

3 Für Tatsachenzeugnisse und einfache Vermerke gilt § 25 BeurkG umgekehrt nicht.[5] Bei der Beglaubigung tritt neben die Möglichkeit der Unterschriftsbeglaubigung die Beglaubigung eines Handzeichens (vgl. § 40 Abs. 6 BeurkG). Auch das beglaubigte Handzeichen stellt eine öffentliche Beglaubigung i.S.v. § 129 BGB dar und wahrt die Schriftform nach § 126 Abs. 1 BGB (§ 40 BeurkG Rdn 40). § 25 BeurkG findet hier keine Anwendung.[6]

4 Die Vorschrift betrifft ihrem Wortlaut nach das notarielle Beurkundungsverfahren. Nach § 1 Abs. 2 BeurkG gilt sie in entsprechender Anwendung auch für sonstige Urkundspersonen, sofern sie notarielle Aufgaben wahrnehmen (vgl. § 1 BeurkG Rdn 21), oder falls für ein Beurkundungsverfahren außerhalb der Zuständigkeit des Notars durch besondere Vorschrift auf das BeurkG verwiesen wird (vgl. § 1 BeurkG Rdn 23). Ein nach § 1 Abs. 2 BeurkG beurkundender **Konsularbeamter** hat einen Zeugen oder zweiten Konsularbeamten, ein **Rechtspfleger** hat einen Zeugen oder einen zweiten Rechtspfleger hinzuzuziehen. Ein Urkundsbeamter der Geschäftsstelle kann Zeuge sein.[7]

B. Schreibunfähigkeit

I. Begriff

5 § 25 BeurkG handelt entgegen der weitgefassten Überschrift „nur" von der Unfähigkeit, aus eigener Kraft die nach § 13 Abs. 1 S. 1 BeurkG erforderliche **Namensunterschrift**[8] zu leisten.[9] Es kommt deshalb für

1 BeckOGK/*Schuller*, Stand: 1.11.2025, § 25 BeurkG Rn 24; BeckOK-BeurkG/*Hüren*, § 25 Rn 1; Frenz/Miermeister/*Baumann*, § 25 BeurkG Rn 1; Grziwotz/Sauer/Heinemann/*Heinemann/Grziwotz*, § 25 Rn 1.

2 OLG Hamm v. 15.11.2019 – 10 W 143/17, ZEV 2020, 415, 416; BeckOK-BGB/*Litzenburger*, BeurkG § 25 Rn 2; Grziwotz/Sauer/Heinemann/*Heinemann/Grziwotz*, § 25 Rn 17; *Mecke*, DNotZ 1968, 608; *Winkler*, § 25 BeurkG Rn 10.

3 BeckOGK/*Schuller*, Stand: 1.11.2025, § 25 BeurkG Rn 6; Grziwotz/Sauer/Heinemann/*Heinemann/Grziwotz*, § 25 Rn 2.

4 BeckOGK/*Schuller*, Stand: 1.11.2025, § 25 BeurkG Rn 4; BeckOK-BeurkG/*Hüren*, § 25 Rn 7; Frenz/Miermeister/*Baumann*, § 25 BeurkG Rn 2 a.E.; Grziwotz/Sauer/Heinemann/*Heinemann/Grziwotz*, § 25 Rn 11.

5 BeckOGK/*Schuller*, Stand: 1.11.2025, § 25 BeurkG Rn 6; BeckOK-BeurkG/*Hüren*, § 25 Rn 3; Grziwotz/Sauer/Heinemann/*Heinemann/Grziwotz*, § 25 Rn 2.

6 BeckOGK/*Schuller*, Stand: 1.11.2025, § 25 BeurkG Rn 6; Grziwotz/Sauer/Heinemann/*Heinemann/Grziwotz*, § 25 Rn 2.

7 Grziwotz/Sauer/Heinemann/*Heinemann/Grziwotz*, § 25 Rn 3; *Winkler*, § 25 Rn 2.

8 S. dazu OLG Köln v. 18.5.2020 – 2 Wx 102/20, NJW 2020, 2120, 2121.

9 BeckOGK/*Schuller*, Stand: 1.11.2025, § 25 BeurkG Rn 8; BeckOK-BGB/*Litzenburger*, BeurkG § 25 Rn 1; BeckOK-BeurkG/*Hüren*, § 25 Rn 10; Frenz/Miermeister/*Baumann*, § 25 BeurkG Rn 4; Grziwotz/Sauer/Heinemann/*Heinemann/Grziwotz*, § 25 Rn 6; *Winkler*, § 25 Rn 3; a.A. *Kanzleiter*, DNotZ 2002, 520, 525.

die Anwendung der Vorschrift nicht darauf an, ob und welche Schreibfähigkeit der Beteiligte sonst besitzt, ob er Analphabet ist, ob er bspw. von der lateinischen Schrift nur seinen Namenszug beherrscht oder ob er als sehbehinderter Beteiligter nur seinen Namen schreiben kann.[10] Schreibfähigkeit besteht im Übrigen auch dann, wenn die Unterschrift zwar nicht mit Hand, aber z.B. mit dem Mund oder dem Fuß oder mittels einer Prothese geleistet werden.[11] Dagegen ist ein Beteiligter, der seinen Namen in fremden Schriftzeichen zu schreiben vermag, nicht schreibunfähig i.S.v. § 25 BeurkG. Er kann vielmehr in den **fremden Schriftzeichen** unterschreiben, selbst wenn der Notar diese nicht lesen kann.[12] Die Schriftzeichen müssen sich allerdings ihrem äußeren Erscheinungsbild nach dem Notar als Unterschrift darstellen (zur Unterschriftsleistung in fremden Schriftzeichen § 13 BeurkG Rdn 50: ggf. Vergleich mit Unterschrift auf Ausweispapier).[13]

Der Notar hat also lediglich zu prüfen, ob es sich um einen Schriftzug handelt, der noch als Unterschrift zu erkennen ist und nicht nur um Kringel, Wellenlinien oder ähnliche Zeichen, die allenfalls Handzeichen sein können. Wer nur mit einem **Handzeichen** unterzeichnen kann, ist schreibunfähig i.S.v. § 25 BeurkG.[14] Schreibunfähig ist auch, wessen Hand geführt – und nicht nur gestützt – werden muss (vgl. Rdn 10 m.N.). **6**

In Verfahren, in denen der Beteiligte mit einer **qualifizierten elektronischen Signatur** unterzeichnen müsste, kommt es darauf an, ob der Beteiligte die elektronische Signatur selbst auslösen kann; die Schreibfähigkeit ist hier irrelevant.[15] **7**

II. Feststellung der Schreibunfähigkeit und Vermerk

Für die Feststellung der Schreibunfähigkeit lässt S. 1 alternativ die **Angaben des Beteiligten oder die Überzeugung des Notars** genügen. Im Hinblick auf die verfahrensrechtliche Feststellung gilt nichts anderes als für die Feststellung der Behinderung nach § 22 BeurkG (siehe § 22 BeurkG Rdn 12). Insbesondere ist die Angabe des Beteiligten, schreibunfähig zu sein, für den Notar für sich genommen beachtlich und deren Richtigkeit somit nicht zu überprüfen.[16] Die Erklärung des Beteiligten oder die Überzeugung des Notars sollen nach S. 2 in der Niederschrift festgestellt werden (**Feststellungsvermerk**). **8**

Ein Beteiligter, der nicht schreiben kann, wird dies regelmäßig dem Notar erklären. Dass ein Beteiligter nicht in der Lage ist, eine ordnungsgemäße Unterschrift zu leisten, stellt sich allerdings spätestens beim **Abschluss des Protokolls** heraus. Dann ist der Notar immer noch in der Lage, aber auch verpflichtet, nach § 25 BeurkG zu verfahren und einen Zeugen oder zweiten Notar zuzuziehen. Die Vorlesung und Genehmigung muss also erforderlichenfalls in Gegenwart des Schreibzeugen **wiederholt** werden (vgl. unten Rdn 14 ff.).[17] **9**

Hier ist beispielweise an den Fall zu denken, dass ein alter oder kranker Beteiligter, der zunächst glaubt, seinen Namen noch schreiben zu können, dazu infolge von Aufregung oder Schwäche doch nicht mehr in der Lage ist. In solchen Fällen mag es tatsächlich möglich sein, dass der Beteiligte mit **Unterstützung einer dritten Person** seinen Namen schreibt. Dieses Verfahren ist aber nicht ungefährlich: Nach der **10**

10 BeckOGK/*Schuller*, Stand: 1.11.2025, § 25 BeurkG Rn 8; BeckOK-BeurkG/*Hüren*, § 25 Rn 10; zur Schreibfähigkeit eines sehbehinderten Beteiligten siehe BGH v. 30.10.1959 – V ZB 17/59, DNotZ 1960, 158, 160; Frenz/Miermeister/*Baumann*, § 25 BeurkG Rn 2, 4, 6.

11 BeckOGK/*Schuller*, Stand: 1.11.2025, § 25 BeurkG Rn 8; BeckOK-BeurkG/*Hüren*, § 25 Rn 12; Frenz/Miermeister/*Baumann*, § 25 BeurkG Rn 3; *Winkler*, § 25 Rn 3; vgl. auch BeckOGK/*Schuller*, Stand: 1.11.2025, § 25 BeurkG Rn 9; Grziwotz/Sauer/Heinemann/*Heinemann/Grziwotz*, § 25 Rn 6.

12 BeckOK-BeurkG/*Hüren*, § 25 Rn 15; Frenz/Miermeister/*Baumann*, § 25 BeurkG Rn 6; Grziwotz/Sauer/Heinemann/*Heinemann/Grziwotz*, § 25 Rn 9; *Winkler*, § 25 Rn 4.

13 BeckOK-BeurkG/*Hüren*, § 25 Rn 15; *Winkler*, § 25 Rn 4; abw. Grziwotz/Sauer/Heinemann/*Heinemann/Grziwotz*, § 25 Rn 9 Fn 29.

14 BGH v. 3.10.1958 – V ZB 17/58, DNotZ 1958, 650, 652 f.; *Baumann*, RNotZ 2010, 310, 314; BeckOGK/*Schuller*, Stand: 1.11.2025, § 25 BeurkG Rn 8; Grziwotz/Sauer/Heinemann/*Heinemann/Grziwotz*, § 25 Rn 9; *Winkler*, § 25 Rn 3.

15 BeckOGK/*Schuller*, Stand: 1.11.2025, § 25 BeurkG Rn 8; *Winkler*, § 25 Rn 9a.

16 OLG Hamm v. 11.10.2012 – I-15 W 265/11, DNotZ 2013, 233, 234; Frenz/Miermeister/*Baumann*, § 25 BeurkG Rn 2; vgl. auch BeckOK-BeurkG/*Hüren*, § 25 Rn 17; Grziwotz/Sauer/Heinemann/*Heinemann/Grziwotz*, § 25 Rn 12.

17 OLG Hamm v. 15.11.2019 – 10 W 143/17, ZEV 2020, 415, 416; BeckOK-BeurkG/*Hüren*, § 25 Rn 18; Grziwotz/Sauer/Heinemann/*Heinemann/Grziwotz*, § 25 Rn 15; *Lerch*, § 25 Rn 10; vgl. auch *Winkler*, § 24 Rn 8.

Rechtsprechung (namentlich zum früheren § 2242 BGB) ist die Unterstützung, nicht aber die Führung der Hand zulässig.[18] Wendet der Notar § 25 BeurkG nicht an, kann daher Streit darüber drohen, ob die Hand des Beteiligten nur unterstützt oder bereits geführt worden ist, was bei Beweis der letzteren Möglichkeit zur Nichtigkeit der Urkunde führen würde. Der Notar sollte deshalb in allen **Zweifelsfällen** seine Überzeugung feststellen, dass der Beteiligte seinen Namen nicht zu schreiben vermag, und einen Schreibzeugen hinzuziehen (zur Notwendigkeit der Anwesenheit des Zeugen vgl. Rdn 14 ff.).[19]

C. Zuziehung des Schreibzeugen oder des zweiten Notars

I. Zeuge nach § 25 BeurkG

11 Liegen die Voraussetzungen des § 25 BeurkG vor, muss ein Schreibzeuge oder ein zweiter Notar **von Amts wegen** zugezogen werden; die Beteiligten können hierauf nicht verzichten.[20] Bei Beteiligung mehrerer Schreibunfähiger genügt es, einen Schreibzeugen hinzuzuziehen.[21]

12 Zu beachten sind ggf. die für den zweiten Notar und den Zeugen geltenden Mitwirkungsverbote (§§ 26, 27 BeurkG, zur Systematik § 26 BeurkG Rdn 1 ff.).[22] **Verständigungsperson** (§ 24 BeurkG) oder **Dolmetscher** (§ 16 BeurkG) können nicht gleichzeitig Schreibzeugen sein (vgl. § 24 BeurkG Rdn 9); Gleiches gilt für **Gebärdensprachdolmetscher** (siehe § 22 BeurkG Rdn 30).[23] Für **mehrere schreibunfähige Beteiligte** kann dieselbe Person als Zeuge beteiligt werden.[24]

13 Nach § 25 BeurkG braucht nur **ein** Schreibzeuge zugezogen zu werden. Hat der Notar bereits aus anderen Gründen, z.B. weil der Beteiligte sehbehindert ist (§ 22 BeurkG) oder nach § 29 BeurkG, einen oder mehrere Zeugen oder einen zweiten Notar hinzugezogen, so braucht nicht auch noch zusätzlich ein Schreibzeuge hinzugezogen zu werden;[25] die Verfahrensvorschriften richten sich dann aber ausschließlich nach § 25 BeurkG.[26] Während der Zeuge oder zweite Notar im Falle des § 22 die Niederschrift nur unterschreiben soll, ist die Unterschrift im Falle des § 25 BeurkG **zwingend** vorgeschrieben, weil sie die Unterschrift des schreibunfähigen Beteiligten ersetzt (vgl. Rdn 17).

II. Zuziehung (S. 1)

14 Nach dem Wortlaut des § 25 BeurkG muss der Schreibzeuge oder zweite Notar (nur) beim **Vorlesen und bei der Genehmigung** der Niederschrift **anwesend** sein. Der Notar kann also zunächst mit den Beteiligten ohne Beisein des Zeugen beraten und den Text der Niederschrift festlegen.[27] Dies ist etwa dann zweckmäßig, wenn bei der Beurkundung eines Testaments langwierige Erörterungen erforderlich sind und Familienangelegenheiten zur Sprache kommen, die als Motive des Erblassers Bedeutung haben, in der Niederschrift aber nicht ausdrücklich erscheinen und einen Dritten nichts angehen. Verlesung

18 BGH v. 19.5.1958 – III ZR 21/57, BGHZ 27, 274, 275 ff. = MDR 1958, 1398 m. Anm. *Keidel* = LM Nr. 1 zu § 2242 BGB m. Anm. *Pagendarm*; BGH v. 12.3.1981 – Iva ZR 111/80, NJW 1981, 1900, 1901; s. auch OLG Hamm v. 2.10.2012 – I-15 W 231/12, ZEV 2013, 42, 43 m.w.N.

19 *Baumann*, RNotZ 2010, 310, 315; BeckOGK/*Schuller*, Stand: 1.11.2025, § 25 BeurkG Rn 9.1; BeckOK-BeurkG/*Hüren*, § 25 Rn 19; Grziwotz/Sauer/Heinemann/*Heinemann/Grziwotz*, § 25 Rn 16; *Keim*, notar 2020, 295, 299.

20 Vgl. OLG Hamm v. 15.11.2019 – 10 W 143/17, ZEV 2020, 415, 416; BeckOK-BGB/*Litzenburger*, § 25 BeurkG Rn 2; BeckOK-BeurkG/*Hüren*, § 25 Rn 20; Grziwotz/Sauer/Heinemann/*Heinemann/Grziwotz*, § 25 Rn 16, 17; *Mecke*, DNotZ 1968, 608; *Winkler*, § 25 Rn 10.

21 BeckOGK/*Schuller*, Stand: 1.11.2025, § 25 BeurkG Rn 16; BeckOK-BeurkG/*Hüren*, § 25 Rn 23; Grziwotz/Sauer/Heinemann/*Heinemann/Grziwotz*, § 25 Rn 19; *Winkler*, § 25 Rn 12.

22 BeckOGK/*Schuller*, Stand: 1.11.2025, § 25 BeurkG Rn 16; BeckOK-BeurkG/*Hüren*, § 25 Rn 21; Grziwotz/Sauer/Heinemann/*Heinemann/Grziwotz*, § 25 Rn 19; *Keim*, notar 2020, 295, 296; vgl. auch MüKo-BGB/*Sticherling*, § 2232 BGB Rn 68, 69; a.A. für den Schreibzeugen Frenz/Miermeister/*Baumann*, § 25 BeurkG Rn 7 a.E.

23 BeckOGK/*Schuller*, Stand: 1.11.2025, § 25 BeurkG Rn 20; BeckOK-BeurkG/*Hüren*, § 25 Rn 22; Grziwotz/Sauer/Heinemann/*Heinemann/Grziwotz*, § 25 Rn 21; *Winkler*, § 25 Rn 11.

24 Frenz/Miermeister/*Baumann*, § 25 BeurkG Rn 9; Grziwotz/Sauer/Heinemann/*Heinemann/Grziwotz*, § 25 Rn 19; *Winkler*, § 25 Rn 12.

25 Vgl. BeckOGK/*Schuller*, Stand: 1.11.2025, § 25 BeurkG Rn 20; BeckOK-BeurkG/*Hüren*, § 25 Rn 22; Frenz/Miermeister/*Baumann*, § 25 BeurkG Rn 7; Grziwotz/Sauer/Heinemann/*Heinemann/Grziwotz*, § 25 Rn 21.

26 BeckOGK/*Schuller*, Stand: 1.11.2025, § 25 BeurkG Rn 22; BeckOK-BeurkG/*Hüren*, § 25 Rn 22; Frenz/Miermeister/*Baumann*, § 25 BeurkG Rn 7; vgl. auch Grziwotz/Sauer/Heinemann/*Heinemann/Grziwotz*, § 25 Rn 21.

27 Vgl. BeckOGK/*Schuller*, Stand: 1.11.2025, § 25 BeurkG Rn 17.1 m.w.N.

und Genehmigung (vgl. § 13 Abs. 1 S. 1 Hs. 1 BeurkG, „**Beurkundungshauptverfahren**") müssen dann aber in Anwesenheit des zugezogenen Zeugen erfolgen.[28]

Zugezogen ist der Zeuge nach einer Formel des BayObLG nur dann, wenn er sich „bewusst ist oder wenigstens damit rechnet, dass er bei der Errichtung einer öffentlichen Urkunde mitzuwirken hat, und wenn er mit Rücksicht hierauf dem Vorgang des Vorlesens und der Genehmigung der Niederschrift seine Aufmerksamkeit widmet und der Verhandlung im Bewusstsein dieser Verantwortung beiwohnt".[29] Entscheidend ist die **Anwesenheit im Bewusstsein der Funktion als Schreibzeuge**, da nur so sichergestellt ist, dass der Zeuge sich die Überzeugung verschafft, dass der schreibunfähige Beteiligte das Vorgelesene verstanden und genehmigt hat.[30] Stellt sich erst vor der Unterschriftleistung die Schreibunfähigkeit des Beteiligten heraus, muss ein Zeuge zugezogen und die Verlesung mit der Genehmigung in Anwesenheit des Zeugen wiederholt werden.[31] 15

Streitig ist, ob dies auch erforderlich ist, wenn die betreffende Person zwar während des Vorlesens und Genehmigens anwesend war („zufällige" Anwesenheit), aber erst danach förmlich als Schreibzeuge hinzugezogen wird. Die überwiegende Ansicht verlangt mit Recht auch in diesem Fall eine Wiederholung des Beurkundungshauptverfahrens in Anwesenheit des Schreibzeugen.[32] Die förmliche Einhaltung des § 25-Verfahrens dient der verfahrensrechtlichen Versicherung, dass der Schreibzeuge seine Funktion im konkreten Fall erfüllt. Zwar mag es Fallkonstellationen geben, in denen die anwesende Person die Funktion faktisch erfüllen kann, weil sie damit rechnete, erforderlichenfalls als Schreibzeuge zu fungieren (zur entsprechenden Fallkonstellation bei § 22 siehe § 22 BeurkG Rdn 28 m.w.N.). Der Notar muss jedoch den sichersten Weg wählen. In Zweifelsfällen sollte deshalb bereits zu Beginn des Verfahrens ein Schreibzeuge vorsorglich hinzugezogen werden, zumal es nicht schadet, wenn sich diese Vorsichtsmaßnahme letztendlich als überflüssig erweisen sollte (s. auch Rdn 10).[33] 16

III. Unterschrift (S. 3)

Die zur Wirksamkeit der Urkunde erforderliche Unterschrift des Beteiligten wird durch die **Unterschrift des Schreibzeugen** oder des zweiten Notars ersetzt. Die Unterschrift des Schreibzeugen oder des zweiten Notars ist daher **zwingend**.[34] – Sind nach § 29 BeurkG zwei Zeugen und wurde deshalb kein besonderer Schreibzeuge hinzugezogen (zur zulässigen Doppelfunktion s.o. Rdn 13), muss mindestens einer der beiden Zeugen unterschreiben.[35] Dem Beteiligten obliegt allerdings die Genehmigung der Urkunde,[36] was vermerkt werden sollte, etwa wie folgt: „Vorgelesen vom Notar in Gegenwart des Beteiligten und des Schreibzeugen, von dem Beteiligten genehmigt und vom Schreibzeugen eigenhändig unterschrieben:" 17

28 BeckOK-BeurkG/*Hüren*, § 25 Rn 124.1; Frenz/Miermeister/*Baumann*, § 25 BeurkG Rn 7; Grziwotz/Sauer/Heinemann/*Heinemann/Grziwotz*, § 25 Rn 20; *Winkler*, § 25 Rn 11; in der Sache auch BayObLG v. 22.6.1984 – BReg. 1 Z 44/83, BayObLGZ 1984, 141, 145 = DNotZ 1985, 217, 218.

29 BayObLG v. 22.6.1984 – BReg. 1 Z 44/83, BayObLGZ 1984, 141, 145 = DNotZ 1985, 217, 218; zust. Frenz/Miermeister/*Baumann*, § 25 BeurkG Rn 7; *Winkler*, § 25 Rn 11; abweichend Grziwotz/Sauer/Heinemann/*Heinemann/Grziwotz*, § 25 Rn 20.

30 BeckOGK/*Schuller*, Stand: 1.11.2025, § 25 BeurkG Rn 18, 18.1.; BeckOK-BeurkG/*Hüren*, § 25 Rn 18, 25.

31 OLG Hamm v. 15.11.2019 – 10 W 143/17, ZEV 2020, 415, 416; BeckOGK/*Schuller*, Stand: 1.11.2025, § 25 BeurkG Rn 17; Grziwotz/Sauer/Heinemann/*Heinemann/Grziwotz*, § 25 Rn 15; *Lerch*, § 25 Rn 10; vgl. auch *Winkler*, § 25 Rn 8.

32 BayObLG v. 22.6.1984 – BReg. 1 Z 44/83, BayObLGZ 184, 141, 145 = DNotZ 1985, 217, 218; BeckOGK/*Schuller*, Stand: 1.11.2025, § 25 BeurkG Rn 19; BeckOK-BeurkG/*Hüren*, § 25 Rn 25; Frenz/Miermeister/*Baumann*, § 25 BeurkG Rn 7; *Winkler*, § 25 Rn 11; a.A. Grziwotz/Sauer/Heinemann/*Heinemann/Grziwotz*, § 25 Rn 20 (genüge, dass Person während der gesamten Beurkundungsverhandlung zugegen war und förmliche Funktion als Schreibzeuge erst nach Verlesung und Genehmigung übernimmt).

33 BeckOGK/*Schuller*, Stand: 1.11.2025, § 25 BeurkG Rn 19.2.; BeckOK-BeurkG/*Hüren*, § 25 Rn 19; vgl. auch *Winkler*, § 25 Rn 8.

34 BeckOGK/*Schuller*, Stand 1.11.2025, § 25 BeurkG Rn 19; BeckOK-BeurkG/*Hüren*, § 25 Rn 32; Grziwotz/Sauer/Heinemann/*Heinemann/Grziwotz*, § 25 Rn 27; *Mecke*, DNotZ 1968, 584, 607 f.; *Winkler*, § 25 Rn 13; a.A. *Jansen*, § 25 BeurkG Rn 7.

35 BeckOGK/*Schuller*, Stand 1.11.2025, § 25 BeurkG Rn 25; Grziwotz/Sauer/Heinemann/*Heinemann/Grziwotz*, § 25 Rn 27; *Lerch*, § 25 Rn 7; vgl. auch BeckOK-BeurkG/*Hüren*, § 25 Rn 32.

36 Vgl. BeckOGK/*Schuller*, Stand: 1.11.2025, § 25 BeurkG Rn 24; BeckOK-BeurkG/*Hüren*, § 25 Rn 33.

D. Folgen eines Verstoßes

18 Bei Schreibunfähigkeit des Beteiligten muss ein Zeuge oder ein zweiter Notar hinzugezogen werden. Die Beurkundung ist nichtig, wenn der Schreibzeuge oder der zweite Notar bei Verlesung und Genehmigung **nicht hinzugezogen** wurde oder **nicht unterschrieben** hat (zu den Anforderungen an das Hinzuziehen s. oben Rdn 14 ff.).[37] Das ist auch dann der Fall, wenn der Notar die Schreibunfähigkeit nicht ausdrücklich in der Urkunde festgestellt hat oder wenn die Erklärung des Beteiligten über seine Schreibunfähigkeit falsch oder die entsprechende Überzeugung des Notars irrtümlich war.[38]

19 Der **Feststellungsvermerk** (S. 2) ist dagegen durch eine Soll-Vorschrift angeordnet; sein Fehlen beeinträchtigt die Wirksamkeit der Beurkundung also nicht.[39]

§ 26 Verbot der Mitwirkung als Zeuge oder zweiter Notar

(1) Als Zeuge oder zweiter Notar soll bei der Beurkundung nicht zugezogen werden, wer
1. selbst beteiligt ist oder durch einen Beteiligten vertreten wird,
2. aus einer zu beurkundenden Willenserklärung einen rechtlichen Vorteil erlangt,
3. mit dem Notar verheiratet ist oder
3a. mit ihm eine Lebenspartnerschaft führt oder
4. mit ihm in gerader Linie verwandt ist oder war.
(2) Als Zeuge soll bei der Beurkundung ferner nicht zugezogen werden, wer
1. zu dem Notar in einem ständigen Dienstverhältnis steht,
2. minderjährig ist,
3. geisteskrank oder geistesschwach ist,
4. nicht hinreichend zu hören, zu sprechen oder zu sehen vermag,
5. nicht schreiben kann oder
6. der deutschen Sprache nicht hinreichend kundig ist; dies gilt nicht im Falle des § 5 Abs. 2, wenn der Zeuge der Sprache der Niederschrift hinreichend kundig ist.

A. Anwendungsbereich und Regelungsgehalt

1 Die Mitwirkungsverbote des Abs. 1 gelten für Zeugen und den zweiten Notar, die Mitwirkungsverbote des Abs. 2 nur für Zeugen. Ob der Zuziehung als zweiter Notar darüber hinaus Mitwirkungsverbote

37 BeckOGK/*Schuller*, Stand: 1.11.2025, § 25 BeurkG Rn 30, 34; Frenz/Miermeister/*Baumann*, § 25 BeurkG Rn 11; Grziwotz/Sauer/Heinemann/*Heinemann/Grziwotz*, § 25 Rn 29; *Winkler*, § 25 Rn 16.

38 BeckOGK/*Schuller*, Stand: 1.11.2025, § 25 BeurkG Rn 30; BeckOK-BeurkG/*Hüren*, § 25 Rn 34; Frenz/Miermeister/*Baumann*, § 25 BeurkG Rn 11; Grziwotz/Sauer/Heinemann/*Heinemann/Grziwotz*, § 25 Rn 29.

39 BeckOGK/*Schuller*, Stand: 1.11.2025, § 25 BeurkG Rn 30, 36; BeckOK-BeurkG/*Hüren*, § 25 Rn 36; Frenz/Miermeister/*Baumann*, § 25 BeurkG Rn 11; Grziwotz/Sauer/Heinemann/*Heinemann/Grziwotz*, § 25 Rn 30; *Winkler*, § 25 Rn 11.

nach § 3 BeurkG entgegenstehen können, ist in der Literatur umstritten. Verbreitet wird die Anwendung des § 3 BeurkG, die zu einer deutlich weitergehenden Verhinderung der Zuziehung führen würde, angesichts der speziellen Regelung in § 26 BeurkG abgelehnt.[1] Dafür spricht zunächst, dass § 3 BeurkG die Urkundstätigkeit betrifft und der zugezogene zweite Notar in der Tat eine völlig andere Funktion erfüllt, insbesondere auch nicht zu Erläuterungen zum Urkundsinhalt oder zu Belehrungen verpflichtet ist (vgl. auch § 22 BeurkG Rdn 16). Die Gegenansicht weist jedoch zu Recht darauf hin, dass auch der zugezogene zweite Notar als Amtsträger tätig wird und deshalb strengere Ausschlussgründe gerechtfertigt sind.[2] Die vertrauenssichernde Wirkung der Einhaltung der Mitwirkungsverbote (vgl. zum Normzweck § 3 BeurkG Rdn 1) ist bei jeder Amtstätigkeit relevant, weshalb § 16 Abs. 1 BNotO für Amtstätigkeiten außerhalb der Urkundstätigkeit die entsprechende Anwendung des § 3 BeurkG anordnet. Insofern ist § 26 BeurkG nicht spezieller.

Die in der Vorschrift für den zweiten Notar angeordneten Mitwirkungsverbote gelten auch für den bei gerichtlichen Beurkundungen hinzugezogenen zweiten Richter oder zweiten Rechtspfleger bzw. für den zweiten Urkundsbeamten des Jugendamtes. Diese Personen können sich außerdem – wie der zweite Notar nach § 16 Abs. 2 BNotO[3] – gem. § 6 Abs. 2 FamFG wegen Befangenheit der Amtsausübung enthalten. 2

§ 26 BeurkG gilt nicht für den sog. **Erkennungszeugen** („vorgestellt durch"), der nicht Zeuge i.S.v. § 26 BeurkG ist, nicht für den **Dolmetscher** (§ 16 BeurkG; auch nicht für den Gebärdensprachdolmetscher, siehe § 22 BeurkG Rdn 28) und nicht für die nach § 24 BeurkG hinzugezogene **Verständigungsperson**, die nur nach Maßgabe der §§ 24 Abs. 2, 27 BeurkG ausgeschlossen ist.[4] 3

Alle Ausschließungsgründe sind nach § 26 BeurkG nur als **Soll-Vorschriften** (dazu allgemein siehe Einl. Rdn 22) ausgestaltet.[5] Die Wirksamkeit der Beurkundung hängt von der Beachtung der Vorschrift nicht ab. 4

Die **Auswahl** des zweiten Notars oder der Zeugen steht im Übrigen im pflichtgemäßen **Ermessen des Notars** (s. auch § 22 BeurkG Rdn 22).[6] Er braucht sich von den Beteiligten nicht bestimmte Personen als Zeugen aufdrängen zu lassen.[7] Nach Möglichkeit sollte er freilich den **Wünschen der Beteiligten** entsprechen, weil es schließlich ihre Angelegenheit ist, auf die sich die Beurkundung bezieht.[8] 5

B. Verbot der Mitwirkung als Zeuge oder zweiter Notar (Abs. 1)

I. Beteiligung oder Vertretung durch einen Beteiligten (Nr. 1)

Das Mitwirkungsverbot nach Abs. 1 Nr. 1 („Eigenbeteiligung") betrifft den Beteiligten sowie denjenigen, der „durch einen Beteiligten vertreten wird". Der Begriff der **Beteiligung**, der in Abs. 1 Nr. 1 zweimal verwendet wird, ist derselbe wie in § 6 Abs. 2 BeurkG. Ausgeschlossen ist zum einen der **formell Beteiligte**, der eine Erklärung im eigenen Namen oder als Vertreter eines anderen im fremden Namen abgibt. Zum anderen erfasst das Mitwirkungsverbot **den materiell beteiligten Vertretenen**.[9] Ein Zeuge ist also 6

1 BeckOGK/*Forschner*, Stand: 1.1.2026, § 3 BeurkG Rn 12; BeckOK-BGB/*Litzenburger*, § 3 BeurkG Rn 2; BeckOK-BeurkG/*Hüren*, § 26 Übersicht; Frenz/Miermeister/*Miermeister/de Buhr*, § 3 BeurkG Rn 6; *Winkler*, § 3 Rn 14; a.A. BeckOGK/*Schuller*, Stand: 1.11.2025, § 26 BeurkG Rn 2; Grziwotz/Sauer/Heinemann/*Heinemann/Grziwotz*, § 26 Rn 11 mit Fn 25.

2 Grziwotz/Sauer/Heinemann/*Heinemann/Grziwotz*, § 26 Rn 11 Fn 25.

3 Vgl. BeckOGK/*Schuller*, Stand: 1.11.2025, § 26 BeurkG Rn 6.1; Grziwotz/Sauer/Heinemann/*Heinemann/Grziwotz*, § 26 Rn 11.

4 BeckOGK/*Schuller*, Stand: 1.11.2025, § 26 Rn 5; BeckOK-BeurkG/*Hüren*, § 26 Rn 4; Frenz/Miermeister/*Baumann*, § 26 BeurkG Rn 2; Grziwotz/Sauer/Heinemann/*Heinemann/Grziwotz*, § 26 Rn 3; *Winkler*, § 26 Rn 2.

5 OLG Hamm v. 11.10.2012 – I-15 W 265/11, MittBayNot 2013, 260 = RNotZ 2013, 253; BeckOGK/*Schuller*, Stand: 1.11.2025, § 26 Rn 20; BeckOK-BeurkG/*Hüren*, § 26 Rn 2, 23; Frenz/Miermeister/*Baumann*, § 26 BeurkG Rn 9; Grziwotz/Sauer/Heinemann/*Heinemann/Grziwotz*, § 26 Rn 1, 20; *Winkler*, § 26 Rn 14.

6 BeckOGK/*Schuller*, Stand: 1.11.2025, § 26 Rn 7; Grziwotz/Sauer/Heinemann/*Heinemann/Grziwotz*, § 26 Rn 5.

7 Grziwotz/Sauer/Heinemann/*Heinemann/Grziwotz*, § 26 Rn 5; vgl. auch Frenz/Miermeister/*Baumann*, § 26 BeurkG Rn 3 (kein Anspruch auf Auswahl bestimmter Personen).

8 Vgl. BeckOGK/*Schuller*, Stand: 1.11.2025, § 26 BeurkG Rn 7; Grziwotz/Sauer/Heinemann/*Heinemann/Grziwotz*, § 26 Rn 5.

9 BeckOGK/*Schuller*, Stand: 1.11.2025, § 26 BeurkG Rn 8; Grziwotz/Sauer/Heinemann/*Heinemann/Grziwotz*, § 26 Rn 7; vgl. auch *Winkler*, § 26 Rn 5.

nur ausgeschlossen, wenn er selbst Erklärungen abgibt oder wenn für ihn durch einen Beteiligten Erklärungen abgegeben werden, nicht aber wenn sein Ehegatte oder einer seiner Verwandten Beteiligter in diesem formellen Sinne ist.[10] Kinder des Erblassers können daher bspw. Zeugen sein, wenn sie nicht selbst in dem Testament bedacht werden (§ 27 BeurkG).

II. Erlangung eines rechtlichen Vorteils (Nr. 2)

7 Wenn die Beurkundung dem Zeugen oder dem zweiten Notar eine **Verbesserung seiner rechtlichen Position** bringt (rechtlicher Vorteil i.S.v. Abs. 1 Nr. 2), dann ist er selbst ausgeschlossen, nicht aber, wenn diese Verbesserung der Rechtsposition bei seinem Ehegatten oder seinen Verwandten eintritt. Es kommt mithin auf den unmittelbar erlangten Vorteil, nicht auf mittelbare Vorteile an.[11]

8 Einen weiteren Ausschließungsgrund enthält die für Verfügungen von Todes wegen geltende Vorschrift des § 27 BeurkG. Das Mitwirkungsverbot nach Abs. 1 Nr. 2 gilt danach entsprechend für Personen, die in der letztwilligen Verfügung bedacht oder zum Testamentsvollstrecker ernannt werden.

III. Ehe, Lebenspartnerschaft, Verwandtschaft mit dem Notar (Nr. 3, 3a, 4)

9 Abs. 1 Nr. 3, Nr. 3a und Nr. 4 entsprechen § 6 Abs. 1 Nr. 2, Nr. 2a und 3 (vgl. § 6 BeurkG Rdn 11 ff.). Das Mitwirkungsverbot knüpft an die (bestehende) Ehe, (bestehende) Lebenspartnerschaft oder (bestehende oder frühere) Verwandtschaft mit dem beurkundenden Notar an. Verlobte oder ein früherer Ehegatte oder Lebenspartner des Notars dürfen dagegen Zeugen sein.[12] Ebenso schließt Verwandtschaft mit einem anderen Zeugen, einer Verständigungsperson oder einem Dolmetscher den Zeugen nicht aus.[13]

C. Verbot der Mitwirkung als Zeuge (Abs. 2)

I. Ständiges Dienstverhältnis (Nr. 1)

10 Die Ausschließungsgründe des Abs. 2 gelten nur für Zeugen. Nach Abs. 2 Nr. 1 (ständiges Dienstverhältnis) sind nicht nur Bürovorsteher und sonstige Büromitarbeiter (auch Schreibhilfen, Boten) des Notars ausgeschlossen, sondern auch seine Hausangestellten und alle Personen, die ihm sonst wirtschaftliche oder persönliche Dienste aufgrund eines ständigen Dienstverhältnisses, d.h. eines Dienstverhältnisses von gewisser Dauer, leisten.[14] Büroangestellte des Notars selbst stehen in diesem Sinne auch zu seinem Notarvertreter in einem ständigen Dienstverhältnis.[15]

11 Kein ständiges Dienstverhältnis besteht mit **Notarassessoren** und zur Ausbildung zugewiesenen **Referendaren**.[16] Gleiches gilt für das Verhältnis zu **Notarkassenangestellten** (vgl. § 113 Abs. 4 S. 2 Nr. 1 BNotO), die dem Notar (bei Übertragung des arbeitsrechtlichen Direktionsrechts)[17] zugewiesen worden sind.[18] Sozien des Notars sowie amtlich bestellte Vertreter stehen ebenfalls nicht in einem „ständigen Dienstverhältnis" zum Notar.[19]

10 Vgl. BeckOGK/*Schuller*, Stand: 1.11.2025, § 26 BeurkG Rn 8; BeckOK-BeurkG/*Hüren*, § 26 Rn 7.

11 BeckOGK/*Schuller*, Stand: 1.11.2025, § 26 BeurkG Rn 9; BeckOK-BeurkG/*Hüren*, § 26 Rn 9; Grziwotz/Sauer/Heinemann/*Heinemann/Grziwotz*, § 26 Rn 8; *Winkler*, § 26 Rn 6.

12 BeckOGK/*Schuller*, Stand: 1.11.2025, § 26 BeurkG Rn 11; BeckOK-BeurkG/*Hüren*, § 26 Rn 12; Frenz/Miermeister/*Baumann*, § 26 BeurkG Rn 6; vgl. auch Grziwotz/Sauer/Heinemann/*Heinemann/Grziwotz*, § 26 Rn 9.

13 BeckOGK/*Schuller*, Stand: 1.11.2025, § 26 BeurkG Rn 10.

14 BeckOGK/*Schuller*, Stand: 1.11.2025, § 26 BeurkG Rn 13; BeckOK-BeurkG/*Hüren*, § 26 Rn 14; Frenz/Miermeister/*Baumann*, § 26 BeurkG Rn 8; Grziwotz/Sauer/Heinemann/*Heinemann/Grziwotz*, § 26 Rn 12.

15 BeckOGK/*Schuller*, Stand: 1.11.2025, § 26 BeurkG Rn 14; BeckOK-BGB/*Litzenburger*, § 26 BeurkG Rn 3; BeckOK-BeurkG/*Hüren*, § 26 Rn 14; Frenz/Miermeister/*Baumann*, § 26 BeurkG Rn 8; Grziwotz/Sauer/Heinemann/*Heinemann/Grziwotz*, § 26 Rn 12; *Winkler*, § 26 Rn 8; *Zimmermann*, BWNotZ 2001 151, 156.

16 BeckOGK/*Schuller*, Stand: 1.11.2025, § 26 BeurkG Rn 13.1; BeckOK-BeurkG/*Hüren*, § 26 Rn 14; Frenz/Miermeister/*Baumann*, § 26 BeurkG Rn 8; Grziwotz/Sauer/Heinemann/*Heinemann/Grziwotz*, § 26 Rn 12; *Winkler*, § 26 Rn 8.

17 Vgl. zur Zuweisung fachkundiger Mitarbeiter nach § 113 Abs. 4 S. 2 Nr. 1 BNotO Schippel/Eschwey/*Winkelmann*, § 113 BNotO Rn 40.

18 BeckOGK/*Schuller*, Stand: 1.11.2025, § 26 BeurkG Rn 13.1; BeckOK-BeurkG/*Hüren*, § 26 Rn 15; Frenz/Miermeister/*Baumann*, § 26 BeurkG Rn 8; Grziwotz/Sauer/Heinemann/*Heinemann/Grziwotz*, § 26 Rn 12; *Winkler*, § 26 Rn 8.

19 BeckOGK/*Schuller*, Stand: 1.11.2025, § 26 BeurkG Rn 13.1; BeckOK-BeurkG/*Hüren*, § 26 Rn 14; Grziwotz/Sauer/Heinemann/*Heinemann/Grziwotz*, § 26 Rn 12.

Alle diese nicht in einem ständigen Dienstverhältnis zum Notar stehenden Personen werden demnach von Abs. 2 Nr. 1 **nicht erfasst**.[20] Auch wenn somit kein Mitwirkungsverbot besteht, empfiehlt es sich jedoch, von der Zuziehung dienstlich zu beurteilender Personen nach Möglichkeit abzusehen[21] und damit jede Diskussion über die „Zulässigkeit" dieses Zeugen von vornherein nicht aufkommen zu lassen. Das setzt allerdings voraus, dass eine Auswahlmöglichkeit vorhanden ist, was häufig nicht der Fall sein wird.[22] 12

Ein **früheres Dienstverhältnis** schließt eine Person in keinem Fall als Zeugen aus, sondern nur dasjenige, das zum Zeitpunkt der Beurkundung besteht.[23] Der mitwirkende **zweite Notar** hat selbst nur zeugenschaftliche Funktion. Wer in einem Dienstverhältnis zu ihm steht, ist daher als weiterer Zeuge nicht ausgeschlossen, ebenso wenig wie Angestellte eines mitwirkenden Dolmetschers oder sonstige Beteiligte.[24] 13

Für den beurkundenden Richter oder Rechtspfleger sind Justizbeamte und Justizangestellte, die er dienstlich zu beurteilen hat, ebenfalls nicht von der Mitwirkung bei gerichtlichen Beurkundungen ausgeschlossen.[25] 14

II. Minderjährigkeit (Nr. 2)

Das Mitwirkungsverbot nach Abs. 2 Nr. 2 schließt Minderjährige (§ 2 BGB) aus. Es bezieht sich nicht auf Personen, die unter **Betreuung** (§§ 1814 ff. BGB) stehen.[26] Dies gilt auch dann, wenn ein Einwilligungsvorbehalt i.S.v. § 1825 BGB angeordnet ist. 15

III. Geisteskrankheit oder Geistesschwäche (Nr. 3)

Das Mitwirkungsverbot nach Abs. 2 Nr. 3 besteht für alle Personen, die den **Tatbestand des § 104 Nr. 2 BGB** erfüllen.[27] Eine vorübergehende Beeinträchtigung (etwa wegen Alkoholisierung oder Drogenkonsum) führt nicht zum Mitwirkungsverbot nach Abs. 2 Nr. 3.[28] Auch wenn der Ausschlussgrund nicht erfüllt ist, kann und sollte der Notar aber von der Zuziehung der Person absehen, die er für vorübergehend beeinträchtigt hält.[29] Für den Notar wird die Feststellung eines Tatbestandes nach Abs. 2 Nr. 3 häufig schwierig sein.[30] Auch insofern gilt aber, dass der Notar in Ausübung seines Auswahlermessens die Person im Zweifel als Zeugen ablehnen kann (und sollte[31]). 16

Abs. 2 Nr. 3 ist nicht auf Personen zu erstrecken, die unter **Betreuung stehen** (ebenso wenig der Ausschließungsgrund Abs. 2 Nr. 2, vgl. oben Rdn 15).[32] 17

20 BeckOGK/*Schuller*, Stand: 1.11.2025, § 26 BeurkG Rn 13.1; BeckOK-BGB/*Litzenburger*, § 26 BeurkG Rn 3; Frenz/Miermeister/*Baumann*, § 26 BeurkG Rn 8; Grziwotz/Heinemann/*Heinemann*, § 26 Rn 12; *Winkler*, § 26 Rn 8.

21 BeckOGK/*Schuller*, Stand: 1.11.2025, § 26 BeurkG Rn 13.1, Frenz/Miermeister/*Baumann*, § 26 BeurkG Rn 8; vgl. auch Staudinger/*Hertel*, 2013, BeurkG Rn 563; *Zimmermann*, BWNotZ 2001, 151, 157 (für Kassenangestellte).

22 Vgl. zu praktischen Problemen *Keim*, notar 2020, 295, 296 f., der sich sogar dafür ausspricht, im Notfall eher einen ausgeschlossenen Schreibzeugen hinzuzuziehen als eine Beurkundung scheitern zu lassen.

23 BeckOGK/*Schuller*, Stand: 1.11.2025, § 26 BeurkG Rn 13.1; Grziwotz/Sauer/Heinemann/*Heinemann/Grziwotz*, § 26 Rn 12.

24 BeckOGK/*Schuller*, Stand: 1.11.2025, § 26 BeurkG Rn 14.

25 Grziwotz/Sauer/Heinemann/*Heinemann/Grziwotz*, § 26 Rn 13; vgl. auch BeckOK-BeurkG/*Hüren*, § 26 Rn 15.

26 BeckOK-BeurkG/*Hüren*, § 26 Rn 16; Grziwotz/Sauer/Heinemann/*Heinemann/Grziwotz*, § 26 Rn 14; *Winkler*, § 26 Rn 10.

27 BeckOGK/*Schuller*, Stand: 1.11.2025, § 26 BeurkG Rn 16; BeckOK-BeurkG/*Hüren*, § 26 Rn 17; Grziwotz/Sauer/Heinemann/*Heinemann/Grziwotz*, § 26 Rn 15.

28 BeckOGK/*Schuller*, Stand: 1.11.2025, § 26 BeurkG Rn 16.1; BeckOK-BeurkG/*Hüren*, § 26 Rn 17; Grziwotz/Sauer/Heinemann/*Heinemann/Grziwotz*, § 26 Rn 15; *Winkler*, § 26 Rn 10.

29 BeckOGK/*Schuller*, Stand: 1.11.2025, § 26 BeurkG Rn 16.1; Frenz/Miermeister/*Baumann*, § 26 BeurkG Rn 8; Grziwotz/Sauer/Heinemann/*Heinemann/Grziwotz*, § 26 Rn 15; *Winkler*, § 26 Rn 10.

30 Vgl. Frenz/Miermeister/*Baumann*, § 26 BeurkG Rn 8; *Winkler*, § 26 Rn 10 (häufig nur mittels Sachverständigengutachten festzustellen).

31 Frenz/Miermeister/*Baumann*, § 26 BeurkG Rn 8.

32 BeckOGK/*Schuller*, Stand: 1.11.2025, § 26 BeurkG Rn 16; BeckOK-BeurkG/*Hüren*, § 26 Rn 17; Frenz/Miermeister/*Baumann*, § 26 BeurkG Rn 8; Grziwotz/Sauer/Heinemann/*Heinemann/Grziwotz*, § 26 Rn 15; *Winkler*, § 26 Rn 10.

IV. Behinderung i.S.v. § 22 (Nr. 4)

18 Eine den Ausschlussgrund nach Abs. 2 Nr. 4 begründende Behinderung entspricht verfahrensmäßig der Behinderung i.S.v. § 22 BeurkG (s. hierzu § 22 BeurkG Rdn 12). Die Feststellung richtet sich nach den Angaben der als Zeuge in Betracht gezogenen Person oder der Überzeugung des Notars.[33]

V. Schreibunfähigkeit (Nr. 5)

19 Wie der Begriff der Schreibunfähigkeit in Abs. 2 Nr. 5 zu verstehen ist, wird nicht einheitlich beurteilt. Nach überkommener Ansicht greift der Begriff der **Schreibunfähigkeit** hier weiter als in § 25 BeurkG, der allein auf die Fähigkeit zur Namensunterschrift abstellt.[34] Dies ist im Hinblick darauf zweifelhaft, dass der Zeuge keine schriftlichen Erklärungen abzugeben, sondern lediglich die Niederschrift zu unterschreiben hat (§§ 22 Abs. 2, 25 S. 3 BeurkG). Die im Vordringen befindliche Gegenansicht versteht in diesem Sinne zu Recht den Begriff der Schreibunfähigkeit nicht anders als bei § 25 BeurkG (hierzu § 25 BeurkG Rdn 5 f.).[35]

VI. Fehlende Kundigkeit der Urkundssprache (Nr. 6)

20 Nr. 6 schließt diejenige Person als Zeugen aus, die die Urkundssprache nicht hinreichend beherrscht. Bei der Beurteilung der hinreichenden Sprachkunde kann auf die Anforderungen abgestellt werden, die nach § 16 Abs. 1 BeurkG für die Beteiligten gelten.[36]

21 Ein Notar oder Konsularbeamter kann nach § 5 Abs. 2 BeurkG auch in einer **anderen** als der deutschen **Sprache** beurkunden. Dann kommt es für die Zeugenfähigkeit auch auf diese andere Sprache an.[37] Urkundspersonen, die nach § 1 Abs. 2 BeurkG neben dem Notar zuständig sind (vgl. § 1 BeurkG Rdn 21 ff.), dürfen dagegen nur in deutscher Sprache beurkunden; vor ihnen können nur Personen Zeugen sein, die der deutschen Sprache hinreichend mächtig sind.[38]

Unterabschnitt 6: Besonderheiten für Verfügungen von Todes wegen

Vorbemerkung zu §§ 27–35 BeurkG

Literatur: *Brah*, Die Feststellung der Testierunfähigkeit durch den Notar, 2013; *Grziwotz*, Notarielle Feststellungen zur Geschäftsfähigkeit von betagten Erblassern, DNotZ 2020, 389; *Grziwotz/Grziwotz*, Notarielle Feststellungen über die Geschäfts- und Testierfähigkeit bei Erkrankungen des Gehirns, notar 2024, 143; *Grziwotz/Grziwotz*, Freier Testierwille im Alter, bei Krankheit und bei Willensschwäche?, NJW 2023, 2377; *Heinemann*, Mehr Sollen als Sein – zur Feststellung der Geschäfts- und Testierfähigkeit, ZNotP 2016, 170; *Jung/Szalai*, Errichtung öffentlicher Testamente durch Übergabe einer Schrift nach § 2232 BGB, NotBZ 2020, 208; *Keim*, Die Ernennung des Notars zum Testamentsvollstrecker, DNotZ 2023, 338; *Litzenburger*, Sind die notariellen Vermerkpflichten zur Geschäftsfähigkeit mit dem Grundrecht auf Schutz der Privatsphäre vereinbar?, ZEV 2016, 1; *Stavorinus*, Was kann alles Inhalt einer letztwilligen Verfügung sein, die durch Übergabe einer Schrift errichtet wird, oder: Welche „Mitfahrgelegenheiten" bieten § 2232 BGB und § 30 BeurkG?, NotBZ 2024, 450; *Warflinger*, Geschäfts- und Testierfähigkeit in der notariellen Praxis, RNotZ 2024, 285; *Th. Zimmermann*, Juristische und psychiatrische Aspekte der Geschäfts- und Testierfähigkeit, BWNotZ 2000, 97.

33 BeckOK-BeurkG/*Hüren*, § 26 Rn 18; Grziwotz/Sauer/Heinemann/*Heinemann/Grziwotz*, § 26 Rn 17; *Winkler*, § 26 Rn 11.
34 Frenz/Miermeister/*Baumann*, § 26 BeurkG Rn 8; *Winkler*, § 26 Rn 12.
35 BeckOGK/*Schuller*, Stand: 1.11.2025, § 26 BeurkG Rn 18.1; BeckOK-BGB/*Litzenburger*, BeurkG § 26 Rn 3; BeckOK-BeurkG/*Hüren*, § 26 Rn 19; Grziwotz/Sauer/Heinemann/*Heinemann/Grziwotz*, § 26 Rn 18; dagegen *Winkler*, § 26 Rn 12 mit Fn 24.
36 BeckOK-BeurkG/*Hüren*, § 26 Rn 20; Grziwotz/Sauer/Heinemann/*Heinemann/Grziwotz*, § 26 Rn 19.
37 BeckOGK/*Schuller*, Stand: 1.11.2025, § 26 BeurkG Rn 19; BeckOK-BeurkG/*Hüren*, § 26 Rn 20; *Winkler*, § 26 Rn 13 Fn 28; vgl. auch Grziwotz/Sauer/Heinemann/*Heinemann/Grziwotz*, § 26 Rn 19.
38 BeckOGK/*Schuller*, Stand: 1.11.2025, § 26 BeurkG Rn 19.1; Grziwotz/Sauer/Heinemann/*Heinemann/Grziwotz*, § 26 Rn 19.

A. Allgemeines

Im Recht der Verfügungen von Todes wegen sind die materiell-rechtlichen und die formellen Bestimmungen eng miteinander verknüpft, sodass die Regelungen des BeurkG nicht ohne Berücksichtigung der Vorschriften des BGB verstanden werden können. Die Vorschriften über die **materielle Form** der letztwilligen Verfügungen (Geschäftsformen) finden sich im BGB (insb. §§ 2231 Nr. 1, 2232 BGB, § 2276 BGB). Das BeurkG regelt das **Verfahren**, das eingehalten werden muss, wenn das materielle Recht des BGB notarielle Beurkundung verlangt. Dabei erfordern es die Besonderheiten der Beurkundung von Testamenten und Erbverträgen, dass die allg. Bestimmungen der §§ 8–26 BeurkG durch eine Reihe von Spezialbestimmungen ergänzt werden, die nur für Verfügungen von Todes wegen gelten. Die einschlägigen §§ 27–35 BeurkG sind **Sondervorschriften**, die neben und vorrangig gegenüber den §§ 1–26 BeurkG gelten.[1] 1

B. Geltungsbereich der §§ 27–35 BeurkG

Das BeurkG gilt für **öffentliche Testamente** (§§ 1937, 2231 Nr. 1, 2232 BGB) und **Erbverträge** (§ 2276 BGB). Es gilt auch für den Widerruf eines Testaments (durch öffentliches Widerrufstestament oder öffentliches widersprechendes Testament, §§ 2254, 2258 Abs. 1 BGB) und für die Aufhebung erbvertraglicher Verfügungen (durch Aufhebungsvertrag, § 2290 Abs. 4 BGB [ab 1.1.2023: § 2290 Abs. 3 BGB], oder Rücktritt, § 2297 BGB). Für einen Erbvertrag, der mit einem **Ehevertrag** in derselben Urkunde verbunden wird, genügt die Form des Ehevertrages (§§ 2276 Abs. 2, 1410 BGB); z.T. finden die beurkundungsrechtlichen Sonderregeln für Erbverträge deshalb keine Anwendung (vgl. § 33 BeurkG Rdn 2). 2

Die §§ 27 ff. BeurkG gelten weiter für das zu Lebzeiten des Erblassers noch nicht vollzogene **Schenkungsversprechen von Todes wegen** nach § 2301 Abs. 1 BGB, für das die Vorschriften über Verfügungen von Todes wegen Anwendung finden.[2] Unberührt bleibt durch das BeurkG das **eigenhändige Testament**, für das eigene Formvorschriften außerhalb des BeurkG bestehen (§§ 2231 Nr. 2, 2247 BGB). 3

Für **Nottestamente** sind einzelne Vorschriften des BeurkG ausdrücklich für anwendbar erklärt (Testament vor dem Bürgermeister: § 2249 BGB; Dreizeugentestament, Seetestament: §§ 2250, 2251 BGB). Wegen letztwilliger Verfügungen vor einem Konsularbeamten vgl. Rdn 6. 4

Mit Ausnahme des § 34a BeurkG unterliegen die Anfechtung des Erbvertrages (§ 2282 Abs. 3 BGB), der Rücktritt vom Erbvertrag (§ 2296 Abs. 2 S. 2 BGB; außer im Falle des § 2297 BGB), der einseitige Widerruf des gemeinschaftlichen Testaments (§§ 2270, 2271 BGB), der Erbverzichtsvertrag oder seine Aufhebung (§§ 2348, 2351, 2352 BGB), letzterer auch soweit er auf den Pflichtteil beschränkt ist, nicht den Sondervorschriften für Verfügungen von Todes wegen (§§ 27–35 BeurkG), sondern lediglich den beurkundungsrechtlichen Vorschriften über Beurkundungen unter Lebenden. 5

C. Konsularisches Notariat

Berufskonsuln sowie entsprechend ermächtigte Konsularbeamte sind gem. §§ 10 Abs. 1 Nr. 1, 11 Abs. 1 KonsG auch zur Beurkundung von öffentlichen Testamenten (§ 2232 BGB) und Erbverträgen (§ 2276 BGB) befugt. Allerdings sollen sie gem. § 11 Abs. 1 S. 1 i.V.m. § 27 KonsG nur beurkunden, wenn die Erblasser Deutsche i.S.v. Art. 116 Abs. 1 GG sind. § 11 KonsG ist eine Soll-Vorschrift. Die Verletzung dieser Amtspflicht des Konsularbeamten hat somit nicht die Unwirksamkeit der Beurkundung zur Folge.[3] 6

1 *Nieder*, ZNotP 2003, 202, 208.
2 MünchAnwaltsHdb/*Ridder*, Erbrecht, § 32 Rn 23. Str. ob Testamentsform, so etwa MüKo-BGB/*Rust*, § 2301 BGB Rn 14; Staudinger/*Raff*, 2022, § 2301 Rn 41, oder Form des Erbvertrags, so etwa Burandt/Rojahn/*Burandt*, § 2301 BGB Rn 15; Erman/*Kappler/Kappler*, § 2301 Rn 5; Grüneberg/*Weidlich*, § 2301 BGB Rn 6.
3 Firsching/Graf/*Krätzschel*, § 28 Rn 22; NK-NachfolgeR/*Peter*, § 11 KonsG Rn 4.

7 Zur Beurkundung **berechtigt** sind die nach § 19 Abs. 1 KonsG befugten Konsularbeamten (mit Befähigung zum Richteramt) und die nach § 19 Abs. 2 KonsG besonders ermächtigten Berufskonsularbeamten sowie die nach § 24 Abs. 1 KonsG ermächtigten Honorarkonsularbeamten.

8 Besondere **Belehrungspflichten** ergeben sich für den Konsularbeamten hinsichtlich des Inhalts bei Vermögen im Empfangsstaat aus den jeweiligen Konsularverträgen und hinsichtlich der Form aus dem Haager Übereinkommen über das auf die Form letztwilliger Verfügungen anzuwendende Recht[4] sowie sonstigen zwischenstaatlichen bzw. überstaatlichen Normen, wie etwa der EU-Erbrechtsverordnung.[5]

§ 27 Begünstigte Personen

Die §§ 7, 16 Abs. 3 Satz 2, § 24 Abs. 2, § 26 Abs. 1 Nr. 2 gelten entsprechend für Personen, die in einer Verfügung von Todes wegen bedacht oder zum Testamentsvollstrecker ernannt werden.

Literatur: Siehe Vorbemerkungen §§ 27 bis 35 BeurkG.

A. Anwendungsbereich

1 Nach den **allgemeinen Bestimmungen über die Beurkundung von Willenserklärungen** ist eine Niederschrift insoweit formunwirksam, als dem Notar (§ 7 Nr. 1 BeurkG), seinem Ehegatten oder früheren Ehegatten (§ 7 Nr. 2 BeurkG), seinem Lebenspartner oder früheren Lebenspartner (§ 7 Nr. 2a BeurkG), einer Person, die mit ihm in gerader Linie verwandt oder verschwägert oder in der Seitenlinie bis zum dritten Grade verwandt oder bis zum zweiten Grade verschwägert ist (§ 7 Nr. 3 BeurkG), ein **rechtlicher Vorteil** (zum Begriff siehe § 7 BeurkG Rdn 3 ff.) verschafft wird. Entsprechendes gilt nach § 16 Abs. 3 S. 2 BeurkG für den Dolmetscher. § 24 Abs. 2 BeurkG regelt, dass die Beurkundung von Willenserklärungen insoweit unwirksam ist, als damit der zur Verständigung mit hör- und sprachbehinderten Beteiligten beizuziehenden Verständigungsperson ein rechtlicher Vorteil verschafft werden soll. Hinsichtlich der Zeugen bestimmt § 26 Abs. 1 Nr. 2 BeurkG lediglich durch eine Sollvorschrift ein Mitwirkungsverbot, wenn sie selbst aus einer zu beurkundenden Willenserklärung einen rechtlichen Vorteil erlangen.

2 § 27 BeurkG **ergänzt** alle diese Vorschriften hinsichtlich der Verfügung von Todes wegen. Die genannten Personen dürfen nicht mitwirken, soweit sie in einer **Verfügung von Todes wegen bedacht** oder **zum Testamentsvollstrecker** ernannt werden, ohne dass es auf die Kenntnis der Beteiligten ankommt.[1] In allen Fällen (mit Ausnahme des Zeugen) führt die Mitwirkung dazu, dass zwar nicht das ganze Beurkundungsgeschäft, wohl aber die Zuwendung oder die Einsetzung als Testamentsvollstrecker unwirksam ist (vgl. Rdn 23). Die Anwendungsbereiche der allgemeinen Vorschriften, namentlich des § 7 BeurkG, bleiben unberührt; die Vorschriften stehen nebeneinander.[2]

4 Übereinkommen vom 5.10.1961 (BGBl II 1965, 45).

5 Verordnung (EU) Nr. 650/2012 des Europäischen Parlaments und des Rates vom 4.7.2012.

1 BeckOGK/*Grziwotz*, Stand: 1.1.2026, § 27 BeurkG Rn 11; BeckOK-BeurkG/*Seebach*, § 27 Rn 36; Grziwotz/Sauer/Heinemann/*Heinemann/Sauer*, § 27 Rn 14; MüKo-BGB/*Sticherling*, § 27 BeurkG Rn 32; *Winkler*, § 27 Rn 13; vgl. auch OLG Düsseldorf v. 19.7.2013 – 7 U 170/12, MittBayNot 2014, 281, 282; zu § 7 BeurkG einschränkend dagegen Frenz/Miermeister/*Miermeister/de Buhr*, § 7 BeurkG Rn 4.

2 Zu § 7 BeurkG: BGH v. 10.10.2012 – IV ZB 14/12, NJW 2013, 52, 53.

§ 27 BeurkG gilt für (öffentliche) Testamente und Erbverträge.[3] Die Vorschrift findet auch dann Anwendung, wenn dem Notar eine **verschlossene Schrift** übergeben wird und bei der Beurkundung nicht zu erkennen ist, ob gegen eine der in § 27 BeurkG genannten Vorschriften verstoßen worden ist[4] (vgl. auch Rdn 24). Sie ist ebenfalls zu beachten bei der Beseitigung einer letztwilligen Verfügung, die in erbrechtlicher Form erfolgt (insb. öffentliches Widerrufstestament [§ 2254 BGB], Aufhebung eines Erbvertrags, Rücktritt vom Erbvertrag durch Testament [§ 2297 BGB]).[5] Bei einem Ehe- und Erbvertrag gilt § 27 BeurkG für die in der Niederschrift enthaltenen letztwilligen Verfügungen (s. auch § 33 BeurkG Rdn 2).[6] § 27 BeurkG gilt ferner für das nicht vollzogene Schenkungsversprechen von Todes wegen (§ 2301 BGB).[7] 3

Andere erbrechtliche Erklärungen werden nicht von § 27 BeurkG erfasst. Das gilt etwa für den Rücktritt vom Erbvertrag nach § 2296 BGB (anders: Rücktritt durch Testament, § 2297 BGB), die Anfechtung des Erbvertrags durch den Erblasser oder den einseitigen Widerruf wechselbezüglicher Verfügungen in einem gemeinschaftlichen Testament (§ 2271 BGB).[8] Nicht in den Anwendungsbereich von § 27 BeurkG fällt auch die Beurkundung eines Erb- oder Pflichtteilsverzichts.[9] 4

Zum **konsularischen Notariat** vgl. Vor §§ 27–35 BeurkG Rdn 6; § 27 BeurkG gilt auch für **Nottestamente** nach den §§ 2249 ff. BGB (Verweise: § 2249 Abs. 1 S. 4, § 2250 Abs. 3 S. 2 [auf die Zeugen anzuwenden] BGB) und für Urkundspersonen i.S.v. § 1 Abs. 2 BeurkG. 5

B. Begünstigung

Begünstigungen i.S.v. § 27 BeurkG sind **unmittelbare rechtliche Begünstigungen**; lediglich mittelbare Begünstigungen,[10] insbesondere bloß wirtschaftliche Vorteile genügen nicht.[11] 6

I. In der Verfügung von Todes wegen „bedacht"

Bedacht ist, wem der Erblasser eine letztwillige Zuwendung macht: **Erben**, sei es, dass es sich um Vollerben, Vorerben, Nacherben oder Ersatzerben handelt, **Vermächtnisnehmer** einschließlich der Ersatzvermächtnisnehmer und Nachvermächtnisnehmer. 7

Umstritten ist die Anwendbarkeit des § 27 BeurkG auf den durch eine **Auflage** (§§ 1940, 2192 ff. BGB) Begünstigten. Die Frage stellt sich vor dem Hintergrund, dass Auflage und Vermächtnis in der Praxis zum Teil nur schwer voneinander abgrenzbar sind und sich funktional nahestehen können. Die Erfüllung einer Auflage kann gem. § 2194 BGB erzwungen werden, und zwar u.U. gerade durch denjenigen, mit dem der Begünstigte zusammenwirkt.[12] Verbreitet wird gleichwohl eine enge Aus- 8

3 BeckOGK/*Grziwotz*, Stand: 1.1.2026, § 27 BeurkG Rn 2; BeckOK-BeurkG/*Seebach*, § 27 Rn 3; Frenz/Miermeister/*Baumann*, § 27 BeurkG Rn 2; Grziwotz/Sauer/Heinemann/*Heinemann/Sauer*, § 27 Rn 2; *Winkler*, § 27 Rn 2.

4 BeckOGK/*Grziwotz*, Stand: 1.1.2026, § 27 BeurkG Rn 24; BeckOK-BeurkG/*Seebach*, § 27 Rn 6; Grziwotz/Sauer/Heinemann/*Heinemann/Sauer*, § 27 Rn 2; Staudinger/*Hertel*, BeurkG Rn 575; *Winkler*, § 27 Rn 13.

5 BeckOGK/*Grziwotz*, Stand: 1.1.2026, § 27 BeurkG Rn 22; BeckOK-BeurkG/*Seebach*, § 27 Rn 5; Frenz/Miermeister/*Baumann*, § 27 Rn 2; Grziwotz/Sauer/Heinemann/*Heinemann/Sauer*, § 27 Rn 3.

6 BeckOK-BeurkG/*Seebach*, § 27 Rn 8; Grziwotz/Sauer/Heinemann/*Heinemann/Sauer*, § 27 Rn 3.

7 BeckOGK/*Grziwotz*, Stand: 1.1.2026, § 27 BeurkG Rn 2; BeckOK-BeurkG/*Seebach*, § 27 Rn 9; Frenz/Miermeister/*Baumann*, § 27 Rn 2; Grziwotz/Sauer/Heinemann/*Heinemann/Sauer*, § 27 Rn 3.

8 BeckOGK/*Grziwotz*, Stand: 1.1.2026, § 27 BeurkG Rn 2; BeckOK-BeurkG/*Seebach*, § 27 Rn 10; Grziwotz/Sauer/Heinemann/*Heinemann/Sauer*, § 27 Rn 3.

9 BeckOGK/*Grziwotz*, Stand: 1.1.2026, § 27 BeurkG Rn 2; BeckOK-BeurkG/*Seebach*, § 27 Rn 10; Frenz/Miermeister/*Baumann*, § 27 Rn 2; Grziwotz/Sauer/Heinemann/*Heinemann/Sauer*, § 27 Rn 4; *Winkler*, § 27 Rn 2; vgl. auch OLG Düsseldorf v. 19.7.2013 – 7 U 170/12, RNotZ 2014, 56.

10 OLG Düsseldorf v. 19.7.2013 – 7 U 170/12, MittBayNot 2014, 281, 282 = RNotZ 2014, 56 m Anm. *Armasow*; BeckOGK/*Grziwotz*, Stand: 1.1.2026, § 27 BeurkG Rn 13, 14; BeckOK-BeurkG/*Seebach*, § 27 Rn 32, 34; Grziwotz/Sauer/Heinemann/*Heinemann/Sauer*, § 27 Rn 14; *Winkler*, § 27 BeurkG Rn 7.

11 OLG Düsseldorf v. 19.7.2013 – 7 U 170/12, MittBayNot 2014, 281, 282 = RNotZ 2014, 56 m Anm. *Armasow*; BeckOGK/*Grziwotz*, Stand: 1.1.2026, § 27 BeurkG Rn 13; BeckOK-BeurkG/*Seebach*, § 27 Rn 33; Grziwotz/Sauer/Heinemann/*Heinemann/Sauer*, § 27 Rn 14; MüKo-BGB/*Sticherling*, § 27 BeurkG Rn 23; *Winkler*, § 27 BeurkG Rn 7.

12 *Lange/Kuchinke*, § 19 II 4 c (S. 357 mit Fn 17).

legung des § 27 BeurkG vertreten, nach der der durch die Auflage Begünstigte, der eben kein „Bedachter" ist, auch keinem Mitwirkungsverbot unterliegt.[13] Andere befürworten die Erstreckung der Regelung auf die Auflage,[14] einige allerdings nur in den Fällen, in denen der Begünstigte zugleich selbst (aus eigenem Recht oder auf Anordnung des Erblassers) die Vollziehung verlangen kann (differenzierende Ansicht).[15] Etwaigen systematischen Bedenken, namentlich der Befürchtung von Wertungswidersprüchen zu §§ 3, 7 BeurkG, kann durch das Verständnis des § 27 BeurkG als Spezialfall zu §§ 3, 7 BeurkG begegnet werden.[16] Vertreter der strengeren Auslegung können sich auf das gewichtige Argument stützen, dass die Auflage keine unmittelbare Begünstigung zugunsten des Notars, des Zeugen etc. bewirkt. Dem kann jedoch der Normzweck des § 27 BeurkG entgegengehalten werden, den Anschein jeglicher Parteilichkeit bei Verfügungen von Todes wegen zu vermeiden. Diesem soll durch Anwendung des § 27 BeurkG auch auf den durch die Auflage Begünstigten Rechnung getragen werden. Angesichts der Rechtsfolge der Unwirksamkeit der einzelnen Verfügung sollte das Kriterium der Unmittelbarkeit der Begünstigung allerdings nicht durch eine zu extensive Auslegung relativiert werden. Die Vertreter der differenzierenden Auffassung lösen diesen Konflikt sachgerecht, indem mit der Beschränkung auf den vollziehungsberechtigten Begünstigten zielgenau Fälle unmittelbarer Begünstigung erfasst werden, in denen der Normzweck für eine Anwendung des Mitwirkungsverbots spricht. Die differenzierende Auffassung verdient deshalb Zustimmung.

II. Ernennung zum Testamentsvollstrecker (§ 2197 BGB)

1. Mitwirkungsverbot

9 Neben dem durch die letztwillige Verfügung Bedachten unterliegt auch die zum Testamentsvollstrecker ernannte Person dem Mitwirkungsverbot. Selbst wenn die Benennung des Urkundsnotars zum Testamentsvollstrecker nicht rechtlich vorteilhaft i.S.d. § 7 Nr. 1 BeurkG ist, ergibt sich die Unwirksamkeit der Ernennung des beurkundenden Notars immer noch aus dem – insoweit konstitutiv wirkenden[17] – § 27 BeurkG.[18]

10 Dass der Gesetzgeber auch die Ernennung zum Testamentsvollstrecker der Begünstigung gleichstellt und das Mitwirkungsverbot anordnet, kann in der Praxis als hinderlich empfunden werden, wenn es dem ausgesprochenen Wunsch des Erblassers entspricht, den Urkundsnotar als den Notar seines Vertrauens mit der Testamentsvollstreckung zu betrauen. Es sind daher „Ersatzlösungen" – deren Zulässigkeit in der Praxis teils nicht endgültig geklärt ist – entwickelt worden.[19]

2. Ersatzlösung „Ernennung im eigenhändigen Testament"

11 In dem notariellen Testament wird lediglich „Testamentsvollstreckung nach Maßgabe einer „gesonderten Verfügung von Todes wegen" angeordnet. Der Erblasser ernennt dann den Urkundsnotar in einem eigenhändigen oder vor einem anderen Notar errichteten Testament zum Testamentsvollstrecker.[20]

12 Nach der Rechtsprechung des Bundesgerichtshof steht es der Wirksamkeit der TV-Ernennung in einem eigenhändigen Testament nicht entgegen, wenn dieses „in den Räumen des Notars in unmittelbarem zeitlichen Zusammenhang mit der Beurkundung einer letztwilligen Verfügung vom Erblasser abgefasst wurde" oder „der Notar den Text des eigenhändigen Testaments entworfen hat".[21] Insbesondere verneinte der Bundesgerichtshof auch eine Gesetzesumgehung als Nichtigkeitsgrund, indem zutreffend darauf hingewiesen wurde, dass das Mitwirkungsverbot nach den §§ 7, 27 BeurkG nicht das Tätigwerden des Notars als Testamentsvollstrecker untersagen will, sondern lediglich „einen

13 *Lerch*, § 27 Rn 3; MüKo-BGB/*Sticherling*, § 27 BeurkG Rn 23; NK-NachfolgeR/*Gutfried*, § 27 BeurkG Rn 7; *Winkler*, § 27 Rn 7.
14 BeckOK-BGB/*Litzenburger*, § 27 BeurkG Rn 3; BeckOK-BeurkG/*Seebach*, § 27 Rn 38.2; Frenz/Miermeister/*Baumann*, § 27 Rn 4; *Lange/Kuchinke*, § 19 II 4.
15 BeckOGK/*Grziwotz*, Stand: 1.1.2026, § 27 BeurkG Rn 13; Grziwotz/Sauer/Heinemann/*Heinemann/Sauer*, § 27 Rn 16.
16 BeckOK-BGB/*Litzenburger*, § 27 BeurkG Rn 3.
17 So BeckOK-BGB/*Litzenburger*, § 27 BeurkG Rn 5.
18 Vgl. BeckOGK/*Grziwotz*, Stand: 1.1.2026, § 27 BeurkG Rn 15; BeckOK-BeurkG/*Seebach*, § 27 Rn 31.2, 42.
19 Vgl. hierzu *Armbrüster/Leske*, ZNotP 2002, 46, 47.
20 BeckOGK/*Grziwotz*, Stand: 1.1.2026, § 27 BeurkG Rn 15, 16; BeckOK-BeurkG/*Seebach*, § 27 Rn 45.1 („Ernennungstestament"); Grziwotz/Sauer/Heinemann/*Heinemann/Sauer*, § 27 Rn 19; MüKo-BGB/*Sticherling* § 27 BeurkG Rn 27; *Winkler*, § 27 Rn 9.
21 BGH v. 23.3.2022 – IV ZB 24/21; NJW 2022, 1450, 1452 Rn 20.

bestimmten Weg zur Erreichung dieses Ziels" ausschließt, weil sich bei einer Beurkundung der Bestellung durch den Notar die Gefahr eines Konflikts insbesondere mit der Prüfungs- und Belehrungspflicht des Notars ergeben könne.[22] Das Mitwirkungsverbot greift dagegen, wie der Bundesgerichtshof deutlich abgrenzt,[23] in den Fällen, in denen die TV-Ernennung zur Niederschrift des betreffenden Notars, also in der Form des öffentlichen Testaments erfolgt, insbesondere auch in der Form der Übergabe einer Schrift (§ 2232 S. 1 2. Alt. BGB).[24]

Der Bundesgerichtshof spricht sich hier also bei der Beurteilung der Wirksamkeit für eine durchaus formale Betrachtung aus.[25] Das heißt jedoch nicht, dass in diesem Zusammenhang ein pflichtwidriges Verhalten des Notars auszuschließen ist. Wirkte der Notar aktiv auf die eigene Ernennung zum Testamentsvollstrecker hin, so stünde dies nicht im Einklang mit der berufsrechtlichen Neutralitätspflicht (§ 14 BNotO).[26] Ein solcher Fall kann im Einzelfall auch indiziert sein, wenn der Notar selbst den Text des eigenhändigen Testaments entwirft, mit dem er zum Testamentsvollstrecker ernannt werden soll.[27] In der Literatur werden solche Fälle z.T. auch als Umgehung des beurkundungsrechtlichen Verbotes gewertet und im Ergebnis eine unzulässige Ernennung des Notars zum Testamentsvollstrecker i.S.v. § 27 BeurkG angenommen.[28] **13**

3. Ersatzlösung „Ernennung des Sozius"?

Das Testament mit TV-Ernennung oder nur die TV-Ernennung werden von einem Notar beurkundet, der mit dem als Testamentsvollstrecker vorgesehenen Notar zur gemeinsamen Berufsausübung verbunden ist. Dieses Verfahren enthält zwar keinen Verstoß gegen die §§ 7, 27 BeurkG (vgl. § 7 BeurkG Rdn 4).[29] Selbst wenn der beurkundende Notar mit dem ernannten Notar in einer Sozietät verbunden und an der Vergütung des Testamentsvollstreckers über die Sozietätseinkünfte beteiligt ist, handelt es sich nicht um rechtliche, sondern um wirtschaftliche Vorteile für den Urkundsnotar (zur Unbeachtlichkeit bloß wirtschaftlicher Vorteile vgl. oben Rdn 6).[30] **14**

Dem Notar ist es allerdings durch das Mitwirkungsverbot gem. § 3 Abs. 1 S. 1 Nr. 4 BeurkG dienstrechtlich untersagt, seinen Sozius einzusetzen (siehe dazu § 3 BeurkG Rdn 61 ff.);[31] zu den Rechtsfolgen eines Verstoßes vgl. § 3 BeurkG Rdn 2. **15**

Kein Fall des Mitwirkungsverbots, aber ein Verstoß gegen § 14 Abs. 1 S. 2 bzw. Abs. 3 S. 2 BNotO ist im Übrigen auch dann gegeben, wenn durch die notarielle Amtshandlung einem Mitarbeiter des Notars unmittelbar oder mittelbar ein wirtschaftlicher Vorteil zukommt.[32] Hierauf gestützt hat der Bundesgerichtshof eine Dienstpflichtverletzung des Urkundsnotars darin gesehen, dass in der notariellen **16**

22 BGH v. 23.3.2022 – IV ZB 24/21; NJW 2022, 1450, 1452 Rn 17; s. auch OLG München v. 7.4.2025 – 33 U 241/22, BeckRS 2025, 6685; vgl. bereits OLG Köln v. 5.2.2018 – 2 Wx 275/17, NJW-RR 2018, 457.

23 BGH v. 23.3.2022 – IV ZB 24/21; NJW 2022, 1450, 1451 Rn 11.

24 Grziwotz/Sauer/Heinemann/*Heinemann/Sauer*, § 27 Rn 19; so die Fälle OLG Bremen v. 10.3.2016 – 5 W 40/15 MittBayNot 2016, 344 (m. Anm. *Reimann*); OLG Bremen v. 15.7.2014 – 5 W 13/14, DNotI-Report 2014, 151; öffentliches Testament dagegen in der Sache verneint: OLG Bremen v. 13.3.2016 – 5 W 40/15, NJW-RR 2016, 979, 980.

25 Zutr. *Keim*, DNotZ 2023, 338, 344, 346 f.

26 *Keim*, DNotZ 2023, 338, 347, 350; siehe auch *Armbrüster/Leske*, ZNotP 2002, 46, 47; BeckOGK/*Grziwotz*, Stand: 1.1.2026, § 27 BeurkG Rn 16; Frenz/Miermeister/*Baumann*, § 27 BeurkG Rn 6; Grziwotz/Sauer/Heinemann/*Heinemann/Sauer*, § 27 Rn 21; vgl. auch Staudinger/*Hertel*, 2023, BeurkG Rn 574.

27 *Keim*, DNotZ 2023, 338, 347, 350.

28 BeckOGK/*Grziwotz*, Stand: 1.1.2026, § 27 BeurkG Rn 15.

29 BGH v. 18.12.1996 – IV ZB 9/96, DNotZ 1997, 466, 468; zust. Anm. *Reimann* = MittBayNot 1997, 248 m. zust. Anm. *Winkler* = JZ 1997, 951; krit. Anm. *Moritz*, BNotK DNotZ 1975, 264; vgl. auch BeckOGK/*Schaller*, Stand: 1.10.2025, § 7 BeurkG Rn 21; BeckOGK/*Grziwotz*, Stand: 1.1.2026, § 27 BeurkG Rn 16; Grziwotz/Sauer/Heinemann/*Heinemann/Sauer*, § 27 Rn 20; zu berufsrechtlichen Bedenken Frenz/Miermeister/*Baumann*, § 27 BeurkG Rn 8.

30 *Reimann*, DNotZ 1990, 433, 434 (gegen OLG Oldenburg v. 26.10.1989 – 5 W 134/89, DNotZ 1990, 431).

31 BGH v. 13.11.2017 – NotSt(Brfg) 3/17, NJW 2018, 1607, 1612; BeckOGK/*Grziwotz*, Stand: 1.1.2026, § 27 BeurkG Rn 16; BeckOK-BeurkG/*Seebach*, § 27 Rn 45.3; Frenz/Miermeister/*Baumann*, § 27 BeurkG Rn 8; Grziwotz/Sauer/Heinemann/*Heinemann/Sauer*, § 27 Rn 20; *Keim*, DNotZ 2023, 338, 348; *Winkler*, § 27 Rn 8.

32 BGH v. 13.11.2017 – NotSt(Brfg) 3/17, NJW 2018, 1607, 1610 f.; BeckOGK/*Grziwotz*, Stand: 1.1.2026, § 27 BeurkG Rn 16; BeckOK-BeurkG/*Seebach*, § 27 Rn 45.12; Frenz/Miermeister/*Baumann*, § 27 BeurkG Rn 9; MüKo-BGB/*Sticherling*, § 27 BeurkG Rn 30; *Winkler*, § 27 Rn 10a.

Urkunde eine Gesellschaft zur Testamentsvollstreckerin ernannt wurde, deren Geschäftsführerin die Büroleiterin des Notars war.[33]

4. Ersatzlösung „Bestimmung durch Dritten" (§ 2198 BGB)

17 Der Erblasser kann die Bestimmung der Person des Testamentsvollstreckers einem Dritten (§ 2198 BGB) überlassen. Dem Urkundsnotar darf das Bestimmungsrecht (Wahlrecht) allerdings nicht eingeräumt werden, weil hierin die Verschaffung eines rechtlichen Vorteils i.S.v. § 7 Nr. 1 BeurkG läge.[34]

18 Wird die Bestimmung des Testamentsvollstreckers dagegen einem anderen als dem Urkundsnotar oder dem Nachlassgericht (§ 2200 BGB) überlassen, kann der Dritte bzw. das Gericht auch den Urkundsnotar zum Testamentsvollstrecker ernennen.[35] Der bloße unverbindliche Wunsch des Testators, der Bestimmungsberechtigte möge den Urkundsnotar zum Testamentsvollstrecker ernennen, macht die Ernennung nicht unwirksam.[36] Die Ernennung wäre in einem solchen Fall vielmehr nur dann unwirksam, wenn der Bestimmungsberechtigte an den Wunsch gebunden ist oder die Auswahlmöglichkeit sich sonst aus rechtlichen oder tatsächlichen Gründen auf die Person des Urkundsnotars reduziert.[37]

III. Erstreckung auf Benennung als Vormund oder Zuwendungspfleger?

19 Durch letztwillige Verfügung können gem. § 1782 BGB Vormünder sowie gem. § 1811 Abs. 2 Nr. 1 BGB Zuwendungspfleger (§ 1811 Abs. 1 BGB) benannt werden.[38] Der Benannte hat hier zwar ein Recht auf Bestellung; er darf aber unter den Voraussetzungen des § 1783 BGB (Verweis: § 1811 Abs. 2 S. 2 BGB) übergangen werden. Das Familiengericht hat in jedem Falle zu prüfen, ob die Bestellung dem Interesse des Mündels widersprechen würde (vgl. § 1783 Abs. 1 Nr. 2 BGB[39]). Insofern besteht ein Unterschied zur Ernennung des Testamentsvollstreckers, der durch den Erblasser unmittelbar berufen wird. Die Benennung des Vormunds und die Benennung des Pflegers, die in § 27 BeurkG gerade nicht explizit erfasst sind, können deshalb der Ernennung eines Testamentsvollstreckers nicht gleichgestellt werden (vgl. auch § 7 BeurkG Rdn 4).[40]

20 Im Übrigen könnten diese Personen auch nicht als vom Erblasser i.S.v. § 27 BeurkG bedacht angesehen werden; sie erhalten selbst dann keine unmittelbare rechtliche Begünstigung, wenn Befreiungen angeordnet werden.[41] Die Gegenansicht grenzt zumeist danach ab, ob die Person eine Vergütung erhalten soll, und spricht sich nur bei ehrenamtlicher Tätigkeit klar gegen eine Begünstigung i.S.d. §§ 7, 27 BeurkG aus.[42] Auf eine etwaige Vergütung kommt es jedoch nicht entscheidend an, weil der bloß

33 BGH v. 13.11.2017 – NotSt(Brfg) 3/17, NJW 2018, 1607, 1610 f.; ebenso MüKo-BGB/*Sticherling*, § 27 BeurkG Rn 30; *Winkler*, § 27 Rn 10a.

34 BGH v. 10.10.2012 – IV ZB 14/12, NJW 2013, 52 (§ 7 Nr. 1 BeurkG); BeckOGK/*Grziwotz*, Stand: 1.1.2026, § 27 BeurkG Rn 16; BeckOK-BeurkG/*Seebach*, § 27 BeurkG Rn 45.5; Grziwotz/Sauer/Heinemann/*Heinemann/Sauer*, § 27 Rn 19; MüKo-BGB/*Sticherling*, § 27 BeurkG Rn 26; *Winkler*, § 27 Rn 9; einschränkend (kein Verstoß gegen §§ 7, 27 BeurkG, sondern gegen das Mitwirkungsverbot nach § 3 Abs. 1 Nr. 1 BeurkG) *Litzenburger*, FD-ErbR 2012, 340737.

35 BeckOK-BeurkG/*Seebach*, § 27 BeurkG Rn 45.6.

36 OLG Stuttgart v. 16.8.1989 – 8 W 640/88, DNotZ 1990, 430 f.; BeckOGK/*Grziwotz*, Stand: 1.1.2026, § 27 BeurkG Rn 16; BeckOGK/*Grziwotz*, Stand: 1.1.2026, § 27 BeurkG Rn 16; BeckOK-BeurkG/*Seebach*, § 27 Rn 45.6; Grziwotz/Sauer/Heinemann/*Heinemann/Sauer*, § 27 Rn 19; a.A. Frenz/Miermeister/*Baumann*, § 27 BeurkG Rn 6.

37 Grziwotz/Sauer/Heinemann/*Heinemann/Sauer*, § 27 Rn 19; MüKo-BGB/*Sticherling*, § 27 BeurkG Rn 27; *Reimann*, DNotZ 1990, 435; *ders.*, DNotZ 1994, 659, 663.

38 Neu geregelt durch das Gesetz zur Reform des Vormundschafts- und Betreuungsrechts v. 4.5.2021, BGBl I, 882. Entsprechende Regelungen zur Benennung fanden sich zuvor in den § 1777 Abs. 3 BGB a.F. sowie § 1917 BGB a.F. (Fall der Ergänzungspflegschaft).

39 Neu geregelt durch das Gesetz zur Reform des Vormundschafts- und Betreuungsrechts v. 4.5.2021, BGBl I, 882. Die vorherige Regelung in § 1778 Abs. 1 Nr. 4 BGB a.F. stellte auf die Gefährdung des Kindeswohls ab. Durch die Neuregelung des entsprechenden Übergehensgrundes sollte diese Schwelle abgesenkt werden, um den Mündel besser zu schützen, siehe Begründung, BT-Drucks 19/24445, S. 200.

40 BeckOGK/*Grziwotz*, Stand: 1.1.2026, § 27 BeurkG Rn 17; Grziwotz/Sauer/Heinemann/*Heinemann/Sauer*, § 27 Rn 22.

41 BeckOK-BeurkG/*Seebach*, § 27 Rn 46.2; Frenz/Miermeister/*Baumann*, § 27 BeurkG Rn 7; Grziwotz/Sauer/Heinemann/*Heinemann/Sauer*, § 27 Rn 22; *Jansen*, § 27 BeurkG Rn 8; *Lerch*, § 27 Rn 3; *Winkler*, § 27 Rn 8.

42 BeckOGK/*Hoffmann*, Stand: 1.1.2026, § 1782 BGB Rn 53; *Röthel*, § 17 Rn 13.

wirtschaftliche Vorteil für eine Begünstigung i.S.v. § 27 BeurkG nicht ausreicht (vgl. oben Rdn 6, s. auch § 7 BeurkG Rdn 3).[43]

Neben der Frage, ob hinsichtlich der Wirksamkeit der Benennung eines Vormunds oder Zuwendungspflegers in der letztwilligen Verfügung § 27 BeurkG zu beachten ist, stellt sich die Frage eines etwaigen Verstoßes gegen **berufsrechtliche Pflichten**. Zum Teil wird unter Verweis darauf, dass die Benennung eines Vormunds oder Zuwendungspflegers nicht mit der Ernennung eines Testamentsvollstreckers gleichgesetzt werden kann (vgl. oben Rdn 19), eine berufsrechtliche Schranke für die entsprechende Urkundstätigkeit abgelehnt.[44] Nach anderer Ansicht soll der Notar wegen des Anscheinsverbots (§ 14 Abs. 3 BNotO) gehalten sein, sich der Beurkundung zu enthalten, wenn er selbst als Vormund oder Zuwendungspfleger benannt wird.[45] Ob hier in der Tat ein falscher Anschein der Parteilichkeit erweckt würde, der ein beachtliches Mitwirkungsverbot nach sich zöge, mag angesichts der strukturellen Unterschiede zur Ernennung eines Testamentsvollstreckers durch letztwillige Verfügung zweifelhaft sein. Gerechtfertigt wäre es aber jedenfalls, mit der vermittelnden Ansicht[46] einen ausreichenden **Grund i.S.v. § 15 Abs. 1 S. 1 BNotO zur Ablehnung des Urkundsgeschäfts** anzunehmen. 21

IV. Erstreckung auf Nachlassabwicklungsvollmacht?

Im direkten Anwendungsbereich des § 7 BeurkG wird die Erteilung einer Bevollmächtigung als rechtlicher Vorteil angesehen, sofern es sich nicht um eine Vollzugsvollmacht handelt; das gilt dann auch für die sog. Nachlassabwicklung- oder Nachlassregelungsvollmacht (vgl. § 7 BeurkG Rdn 8). Solche postmortalen Vollmachten können prinzipiell durch letztwillige Verfügung erteilt werden,[47] wovon seitens der Praxis allerdings abgeraten wird.[48] Sollte die Vollmacht durch letztwillige Verfügung erteilt werden, kommt es im Anwendungsbereich des § 27 BeurkG darauf an, ob in der Nachlassabwicklungsvollmacht ebenso ein Bedenken des Bevollmächtigten durch letztwillige Verfügung i.S. dieser Vorschrift gesehen werden kann. Dies stößt zwar in der Literatur zum Teil auf Ablehnung.[49] Verbreitet wird jedoch in der Kombination aus Grundgeschäft und Vollmacht eine Begünstigung i.S.d. § 27 BeurkG gesehen.[50] An solche Fälle dürfte auch gedacht sein, wenn darauf hingewiesen wird, dass eine „umfassende" Nachlassvollmacht der Testamentsvollstreckung ähnele und in diesem Fall – überzeugend – eine analoge Anwendung des § 27 BeurkG befürwortet wird.[51] 22

D. Rechtsfolgen eines Verstoßes

Ein Verstoß gegen § 27 i.V.m. § 7 (ggf. § 16 Abs. 3) BeurkG führt zur Unwirksamkeit der Beurkundung und damit zur Nichtigkeit (§ 125 S. 1 BGB) der betroffenen **Einzelverfügung**.[52] Liegen die Voraussetzungen von § 27 BeurkG für einen Zeugen oder zweiten Notar vor, so bleibt dies auf die Wirksamkeit der Einzelzuwendung ohne Einfluss, weil § 26 Abs. 1 Nr. 2 BeurkG lediglich eine Soll-Vorschrift ist.[53] 23

43 BeckOK-BeurkG/*Seebach*, § 27 Rn 46.2; vgl. auch Grziwotz/Sauer/Heinemann/*Heinemann/Sauer*, § 27 Rn 22; *Winkler*, § 27 Rn 8.

44 Grziwotz/Sauer/Heinemann/*Heinemann/Sauer*, § 27 Rn 22.

45 BeckOGK/*Grziwotz*, Stand: 1.1.2026, § 27 BeurkG Rn 27.

46 BeckOK-BeurkG/*Seebach*, § 27 Rn 59; vgl. auch Frenz/Miermeister/*Baumann*, § 27 BeurkG Rn 7, der weitergehend dem ersuchten Notar empfiehlt, von dieser Beurkundung abzuraten.

47 RGZ 170, 380, 383; Bengel/Reimann/Holtz/Röhl/*Zinger*, Handbuch Testamentsvollstreckung, § 1 Rn 56; ausführlich hierzu (insb. auch zur Sicherstellung des Zugangs der Erklärung) Staudinger/*Dutta*, 2021, Vorbem zu §§ 2197 Rn 63 ff. m.w.N.

48 Bengel/Reimann/Holtz/Röhl/*Zinger*, Handbuch Testamentsvollstreckung, § 1 Rn 56; Scherer/*Lorz*, Münchener Anwaltshandbuch Erbrecht, 6. Aufl. 2024, § 20 Rn 24 unter Hinweis auf die diversen praktischen Nachteile der Vollmachtserteilung in letztwilliger Verfügung.

49 Grziwotz/Sauer/Heinemann/*Heinemann/Sauer*, § 27 Rn 22; *Winkler*, § 27 Rn 8; a.A. MüKo-BGB/*Sticherling*, § 27 BeurkG Rn 24 (wenn damit [scil. mit der Erteilung der Vollmacht zur Verwaltung und Verteilung des Nachlasses] ein rechtlicher Vorteil verbunden sei).

50 BeckOK-BeurkG/*Seebach*, § 27 Rn 39.4; zust. Frenz/Miermeister/*Baumann*, § 27 BeurkG Rn 10; vgl. auch MüKo-BGB/*Sticherling*, § 27 BeurkG Rn 24.

51 BeckOGK/*Grziwotz*, Stand: 1.1.2026, § 27 BeurkG Rn 18; ablehnend BeckOK-BeurkG/*Seebach*, § 27 Rn 39.3.

52 BeckOGK/*Grziwotz*, Stand: 1.1.2026, § 27 BeurkG Rn 21; BeckOK-BeurkG/*Seebach*, § 27 Rn 50; Frenz/Miermeister/*Baumann*, § 27 BeurkG Rn 11; Grziwotz/Sauer/Heinemann/*Heinemann/Sauer*, § 27 Rn 27; MüKo-BGB/*Sticherling*, § 27 BeurkG Rn 33; *Winkler*, § 27 Rn 12.

53 BeckOGK/*Grziwotz*, Stand: 1.1.2026, § 27 BeurkG Rn 25; BeckOK-BeurkG/*Seebach*, § 27 Rn 54; Frenz/Miermeister/*Baumann*, § 27 BeurkG Rn 11; Grziwotz/Sauer/Heinemann/*Heinemann/Sauer*, § 27 Rn 29, jeweils unter Hinweis auf die womöglich geminderte Beweiskraft; MüKo-BGB/*Sticherling*, § 27 BeurkG Rn 34; *Winkler*, § 27 Rn 12.

24 (Teil-)Unwirksamkeit nach § 27 BeurkG (i.V.m. § 125 S. 1 BGB) tritt unabhängig von der **Kenntnis** des Notars ein,[54] also etwa auch in Fällen, in denen ein öffentliches Testament durch Übergabe einer verschlossenen Schrift errichtet werden soll (vgl. Rdn 3); siehe hierzu auch § 30 BeurkG Rdn 14. Eine übergebene Schrift ist trotz Verstoßes gegen § 27 BeurkG ihrem ganzen Inhalt nach gültig, wenn sie in ein eigenhändiges Testament i.S.v. § 2247 BGB umgedeutet werden kann (§ 140 BGB), zumal in Bezug auf die Willensrichtung des testierwilligen Erblassers nichts dafür spricht, dass er nur einen Testamentsentwurf übergeben wollte.[55]

25 Teilunwirksamkeit nach § 27 BeurkG i.V.m. § 125 S. 1 BGB führt – anders als nach § 139 BGB – wegen § 2085 BGB i.d.R. nicht zur Unwirksamkeit des **ganzen Testaments**; beim zweiseitigen Erbvertrag führt hingegen die Nichtigkeit einer Verfügung gem. § 2298 BGB zur Nichtigkeit des gesamten Vertrages.[56]

§ 28 Feststellungen über die Geschäftsfähigkeit

Der Notar soll seine Wahrnehmungen über die erforderliche Geschäftsfähigkeit des Erblassers in der Niederschrift vermerken.

Literatur Siehe Vorbemerkung zu §§ 27–35 BeurkG.

A. Normzweck und Regelungsgehalt

1 Im Allgemeinen sind Feststellungen über die Geschäftsfähigkeit[1] der Beteiligten gem. § 11 Abs. 1 S. 2 BeurkG in der Niederschrift nur dann zu vermerken, wenn dafür ein besonderer Anlass besteht (vgl. Anm. zu § 11 BeurkG Rdn 31 ff.). Bei der Beurkundung von **Testamenten** und **Erbverträgen** soll der Notar dagegen in jedem Fall „seine Wahrnehmungen" in der Niederschrift schildern.[2] Für den **nicht testierenden Vertragschließenden** beim Erbvertrag gilt § 28 BeurkG nicht; insoweit verbleibt es bei § 11 Abs. 1 S. 2 BeurkG.[3]

Zur Prüfung der **Testierfreiheit** vgl. § 17 BeurkG Rdn 142; zur Feststellung der **Staatsangehörigkeit** des Erblassers vgl. § 17 BeurkG Rdn 144.

2 § 28 BeurkG ergänzt § 11 BeurkG. Die Vorschrift dient dazu, für den Fall späterer Streitigkeiten über die Geschäftsfähigkeit den **Beweis** zu sichern.[4] Zu beachten ist allerdings, dass der Notar in der Urkunde mit seiner Feststellung zur Geschäftsfähigkeit (nur) ein **Zeugnis seiner Wahrnehmungen** abgibt (Zeugnisurkunde, § 418 ZPO) und kein „Ermittlungsergebnis" feststellt (siehe auch unten Rdn 14).[5] Eine Bindungswirkung in einem anderen Verfahren erzeugt die Feststellung nicht.[6] Die Frage der Geschäftsfähigkeit unterliegt der freien Beweiswürdigung nach § 286 ZPO. Die Einschätzung des Notars kann dabei ein

54 BeckOK-BeurkG/*Seebach*, § 27 Rn 52.
55 BeckOGK/*Grziwotz*, Stand: 1.1.2026, § 27 BeurkG Rn 23; BeckOK-BeurkG/*Seebach*, § 27 Rn 55; Frenz/Miermeister/*Baumann*, § 27 BeurkG Rn 11; Grziwotz/Sauer/Heinemann/*Heinemann/Sauer*, § 27 Rn 28; *Winkler*, § 27 Rn 14.
56 *Winkler*, § 27 Rn 14; siehe auch BeckOGK/*Grziwotz*, Stand: 1.1.2026, § 27 BeurkG Rn 21; Grziwotz/Sauer/Heinemann/*Heinemann/Sauer*, § 27 Rn 27.
1 Insgesamt kritisch zu den Vermerken nach §§ 11 Abs. 2, 28 BeurkG wegen des Eingriffs in die Privatsphäre des Beteiligten: *Litzenburger*, ZEV 2016, 1 ff.
2 Siehe dazu auch *G. Müller*, DNotZ 2005, 325.
3 BeckOGK/*Grziwotz*, Stand: 1.1.2026, § 28 BeurkG Rn 3; BeckOK-BeurkG/*Seebach*, § 28 Rn 2.2, 12; Grziwotz/Sauer/Heinemann/*Heinemann/Sauer*, § 28 Rn 3; *Winkler*, § 28 Rn 3.
4 MüKo-BGB/*Sticherling*, § 28 BeurkG Rn 1.
5 *Brah*, Die Feststellung der Testierunfähigkeit durch den Notar, 2013, S. 45 ff.; BeckOGK/*Grziwotz*, Stand: 1.1.2026, § 28 BeurkG Rn 1, 7 Fn 33, 12.
6 *Nieder*, ZNotP 2003, 202 („Zeuge des Geschehens"); *Kroiß*, ZEV 2023, 575, 577; vgl. auch OLG Düsseldorf FGPrax 2018, 252, 254, OLG Hamm FGPrax 2015, 53, 54; OLG München MittBayNot 2015, 221, 225; AG Bonn BeckRS 2017, 150496.

zu beachtendes Indiz sein.[7] Häufig wird es allerdings auf fachmedizinische Kenntnisse ankommen, die dem Notar jedoch gerade fehlen. In solchen Fällen wird der Aussage des Notars bei der Beurteilung der Geschäftsfähigkeit geringer Beweiswert zugemessen.[8] Ist eine psychische Erkrankung des Erblassers durch einen Sachverständigen festgestellt, können hiernach begründete Zweifel an der Testierfähigkeit nicht etwa durch die Feststellung der Testierfähigkeit durch den Notar entkräftet werden.[9] Bedeutung kann den dokumentierten Wahrnehmungen des Notars wie den Aussagen des Notars als Zeuge im Prozess allerdings zukommen, indem sie als **Anknüpfungstatsachen für den Gutachter** dienen.[10]

B. Feststellung des Notars über die Geschäftsfähigkeit

I. Erforderliche Geschäftsfähigkeit, Testierfähigkeit

3 Das BeurkG spricht von der „erforderlichen **Geschäftsfähigkeit**", weil § 28 BeurkG nicht nur für Testamente, sondern auch für Erbverträge gilt. Für sie stellt das materielle Recht, anders als bei Testamenten, nicht auf die Testierfähigkeit (§ 2229 Abs. 1 BGB), sondern auf die Geschäftsfähigkeit ab (§ 2275 Abs. 1 BGB).

4 Die **Testierfähigkeit** ist zwar eine Unterart der Geschäftsfähigkeit, sie unterliegt aber in verschiedener Hinsicht anderen Regelungen als nach §§ 104 ff. BGB die allgemeine Geschäftsfähigkeit. So kann ein **Minderjähriger** zwar ein Testament bereits errichten, wenn er das 16. Lebensjahr vollendet hat, er kann aber nicht eigenhändig testieren (§ 2247 Abs. 4 Fall 1 BGB) und ein öffentliches Testament nur durch Erklärung gegenüber dem Notar oder Übergabe einer offenen Schrift errichten (§ 2233 Abs. 1 BGB). Die Testierfähigkeit braucht nur im **Zeitpunkt** der Testamentserrichtung vorhanden zu sein.[11] Das ist der Zeitpunkt des Verlesens der Urkunde und der Genehmigung durch die Beteiligten.[12] Eine „relative Testierfähigkeit", die sich nach dem „Schwierigkeitsgrad" oder der Komplexität der konkreten Regelungen der letztwilligen Verfügung richtet, wird nach h.M. abgelehnt (siehe § 11 BeurkG Rdn 19),[13] nicht zuletzt anhand der Erfahrungen aus der Kautelarpraxis aber intensiv diskutiert und vielfach auch befürwortet.[14]

5 Wer wegen krankhafter **Störung der Geistestätigkeit**, wegen Geistesschwäche oder wegen Bewusstseinsstörung nicht in der Lage ist, die Bedeutung einer von ihm abgegebenen Willenserklärung einzusehen und nach dieser Einsicht zu handeln, ist nicht testierfähig (**§ 2229 Abs. 4 BGB**; zur pathologisch bedingten Geschäftsunfähigkeit siehe ausführlich § 11 BeurkG Rdn 13 ff.). Der Erblasser muss „selbstbestimmt handeln und eigenverantwortlich Entscheidungen treffen" können, dabei insbesondere in der Lage sein, „den Inhalt des Testaments von sich aus zu bestimmen und sich aus eigener Überlegung ein klares Urteil über die Tragweite seiner Anordnungen zu bilden".[15] Bloße diesbezügliche Zweifel berechtigen den Notar noch nicht zur Ablehnung der Beurkundung[16] (siehe auch § 17 BeurkG Rdn 152 ff.).

6 Beim **Erbvertrag** gelten die allgemeinen Vorschriften über die Geschäftsfähigkeit. Nur wer unbeschränkt geschäftsfähig ist, kann als Erblasser einen Erbvertrag schließen (§ 2275 BGB), während für den Vertragsgegner die allgemeinen Vorschriften über Verträge gelten.[17] Eine früher bestehende Ausnahmeregelung für Ehegatten (bzw. Lebenspartner) und Verlobte, die bei beschränkter Geschäftsfähig-

7 OLG Düsseldorf FGPrax 2018, 252, 254; OLG München, MittBayNot 2015, 221, 222; *Kroiß*, ZEV 2023, 575, 577.
8 OLG Hamm NJW-RR 2021, 1310, 1311; vgl. auch Frenz/Miermeister/*Baumann*, § 28 BeurkG Rn 7 Fn 34; *Grziwotz/Grziwotz*, NJW 2023, 2377, 2379; *Kroiß*, ZEV 2023, 575, 578, 579; *Zimmermann*, BWNotZ 2000, 97, 100.
9 BayObLGZ 2004, 237, 243.
10 *Brah*, Die Feststellung der Testierunfähigkeit durch den Notar, 2013, S. 59.
11 RG v. 9.7.1925 – IV 514/24, RGZ 111, 247, 252; BGH v. 1.7.1959 – V ZR 169/58, BGHZ 30, 294, 297 f. = DNotZ 1959, 589; vgl. auch BGH v. 23.11.2011 – IV ZR 49/11, ZEV 2012, 100, 102.
12 *Warflinger*, RNotZ 2024, 285, 288; vgl. auch Frenz/Miermeister/*Baumann*, § 28 BeurkG Rn 4.
13 BGH Beschl. 29.7.2020 – XII ZB 106/20, NJW 2021, 63, 64 Rn 20, 21 (zur Geschäftsfähigkeit bei der Erteilung einer Generalvollmacht); *Böhme*, BWNotZ 2024, 176, 177.
14 *Baumann*, ZEV 2020, 193, 195 m.w.N.; MüKo-BGB/*Sticherling*, § 2229 BGB Rn 22.
15 OLG Hamm 26.10.2020 – 15 W 26/19, BeckRS 2020 31379; OLG München 1.7.2013 – 31 Wx 266/12, ZEV 2013, 504, 505; OLG Rostock 11.4.2023 – 3 W 74/21 ZEV 2024, 100, 102.
16 BeckOGK/*Grziwotz*, Stand: 1.1.2026, § 2229 BGB Rn 37 Frenz/Miermeister/*Baumann*, § 28 BeurkG Rn 5; *Warflinger*, RNotZ 2024, 285, 289.
17 BeckOGK/*Grziwotz*, Stand: 1.1.2026, § 28 BeurkG Rn 3. Grziwotz/Sauer/Heinemann/*Heinemann/Sauer*, § 28 Rn 3. *Winkler*, § 28 Rn 3.

keit mit Zustimmung ihres gesetzlichen Vertreters einen Erbvertrag schließen konnten (§ 2275 Abs. 2, 3 BGB a.F.), wurde durch das Gesetz zur Bekämpfung von Kinderehen[18] aufgehoben.

7 Für einen Erbvertrag zwischen Ehegatten oder Verlobten, der mit einem **Ehevertrag in derselben Urkunde** verbunden wird, genügt gem. § 2276 Abs. 2 BGB die für den Ehevertrag vorgeschriebene Form (zur geringen Bedeutung der Regelung s. § 33 BeurkG Rdn 2). Die beurkundungsrechtlichen Regelungen knüpfen an die materiell-rechtlichen Formvorschriften an. Zwar spricht dies zunächst dafür, dass die beurkundungsrechtlichen Sonderregelungen für letztwillige Verfügungen, damit auch § 28 BeurkG, keine Anwendung finden (h.M.).[19] Gute Gründe sprechen jedoch für die Gegenansicht, die § 28 BeurkG auch in Fällen der Verbindung mit einem Ehevertrag für anwendbar hält bzw. die Anwendung jedenfalls empfiehlt.[20] Schließlich handelt es sich bei der Sonderregelung des § 28 BeurkG um eine Ergänzung zu § 11 BeurkG, die auf einen Anlass späterer Streitanfälligkeit reagiert, der sich bei letztwilligen Verfügungen ergeben kann. Die Verbindung mit einem Ehevertrag ändert insofern nichts.

II. Wahrnehmungen zur Geschäftsfähigkeit, Testierfähigkeit

8 § 28 BeurkG betrifft nur das **Zeugnis des Notars über seine Wahrnehmungen** zur Geschäftsfähigkeit, setzt dabei aber eine Wahrnehmung zur Geschäftsfähigkeit voraus. Deren Ergebnis, nämlich der Eindruck des Notars, ob Geschäftsfähigkeit bzw. Testierfähigkeit vorliegt oder ob diesbezüglich Zweifel bestehen, ist zu vermerken.[21] Vor dem Beurkundungsverfahren gewonnene Eindrücke müssen mit den Wahrnehmungen während der notariellen Verhandlung abgeglichen werden, weil die Testierfähigkeit bei Errichtung des Testaments vorliegen muss.[22]

9 Eine andere Frage ist es, wie der Eindruck des Notars, ob Geschäftsfähigkeit vorliegt oder nicht, gewonnen wird. Ausgangspunkt ist das vorauszusetzende Verständnis, welche Anforderungen an die Bejahung der erforderlichen Geschäftsfähigkeit bzw. Testierfähigkeit zu stellen sind, welche Fähigkeiten mit anderen Worten Geschäfts-/Testierfähigkeit ausmachen (vgl. oben Rdn 4, 5).[23] In tatsächlicher Hinsicht darf der Notar dabei zunächst von der erforderlichen **Geschäftsfähigkeit bzw. Testierfähigkeit als Regelfall ausgehen** und muss erst bei **Anzeichen für ein Fehlen** weitere Ermittlungen vornehmen.[24] Richtigerweise sind ein hohes Alter oder eine Erkrankung für sich genommen noch kein Anlass, die erforderliche Geschäftsfähigkeit bzw. Testierfähigkeit in Zweifel zu ziehen und routinemäßig ohne weitere Anhaltspunkte Ermittlungen anzustellen.[25]

10 Die Verfahrensvorschriften des BeurkG (§§ 11, 28 BeurkG) gehen von einer gewissen problembewussten Sensibilität des Notars aus, Anzeichen für fehlende Geschäftsfähigkeit zu erkennen und zu würdigen, die durch interdisziplinären Austausch noch geschärft werden dürfte. Nicht verkannt werden sollte aber, dass auf tatsächlicher Ebene Wahrnehmungen und Eindrücke des Notars laienhaft sind und beweisrechtlich als das **Zeugnis eines Laien über seine Wahrnehmungen** eingeordnet werden (zur beweisrechtlichen Einordnung oben Rdn 2).[26] Weitere Prüfungen und Ermittlungen des Notars mögen gleichwohl in verschiedene Richtungen von Bedeutung sein. Zum einen könnte eine weitere Ermittlung zu dem Ergebnis führen, den – ebenso laienhaften – Zweifel auszuschließen. Zum anderen könnte das Ermittlungsergebnis

18 G. zur Bekämpfung von Kinderehen v. 17.7.2017, BGBl I, 2429.

19 BeckOK-BGB/*Litzenburger*, § 2276 Rn 9; BeckOK-BeurkG/*Seebach*, § 28 Rn 6; MüKo-BGB/*Sticherling*, § 28 BeurkG Rn 12, 13 (nicht: §§ 34, 34a BeurkG); NK-BGB/*Hölscher/Kornexl*, § 2276 BGB Rn 20.

20 Grziwotz/Sauer/Heinemann/*Heinemann/Sauer*, § 28 Rn 3; BeckOGK/*Grziwotz*, Stand: 1.1.2026, § 28 BeurkG Rn 3.

21 Vgl. zur Beschränkung auf das Ergebnis der Wahrnehmungen *Brah*, Die Feststellung der Testierunfähigkeit durch den Notar, 2013, S. 49 ff.; BeckOGK/*Grziwotz*, Stand: 1.1.2026, § 28 BeurkG Rn 12; Grziwotz/Sauer/Heinemann/*Heinemann/Sauer*, § 28 Rn 15; MüKo-BGB/*Sticherling*, § 28 BeurkG Rn 8; vgl. auch *Lerch*, § 28 Rn 7; weitergehend dagegen *Zimmermann*, BWNotZ 2000, 97, 100.

22 BeckOK-BeurkG/*Seebach*, § 28 Rn 26, 28; *Warflinger*, RNotZ 2024, 285, 288.

23 Zu diesen Anforderungen vgl. etwa Würzburger Notarhandbuch/*Limmer/Frenz*, Teil 4 Kap. 1 Rn 13.

24 OLG Celle MittBayNot 2008, 492, 493 f. m Anm *Winkler*; OLG Frankfurt/Main NJOZ 2018, 1305, 1312; Grziwotz/Sauer/Heinemann/*Heinemann/Sauer*, § 28 Rn 9; ausführlich zu etwaigen Anzeichen *Warflinger*, RNotZ 2024, 285, 298 ff.

25 *Grziwotz*, DNotZ 2020, 389, 393; *Grziwotz/Grziwotz*, NJW 2023, 2377, 2379; Grziwotz/Sauer/Heinemann/*Heinemann/Sauer*, § 28 Rn 9; MüKo-BGB/*Sticherling*, § 28 BeurkG Rn 18.

26 Zutreffend *Heinemann*, ZNotP 2016, 170, 171; aufschlussreich zur Bedeutung der Feststellungen des Notars bei einer posthumen Begutachtung der Geschäftsfähigkeit des Erblassers *Cording*, ZEV 2010, 23, 27.

aber auch einen vorhandenen Zweifel fundieren und den entsprechend vermerkten Eindruck des Notars konkretisieren. Schließlich kann die Ermittlung auch zur Überzeugung des Notars von einer Geschäftsunfähigkeit führen, sodass der Notar die Beurkundung ablehnen muss.[27]

Welche konkreten Wahrnehmungen dem Notar den Eindruck zur Geschäftsfähigkeit bzw. Testierfähigkeit des Erblassers vermitteln, liegt in dessen **pflichtgemäßem Ermessen**.[28] Im Normalfall genügt es, dass sich der Notar durch eine eingehende Unterhaltung mit dem Erblasser von dessen erforderlicher Geschäftsfähigkeit bzw. Testierfähigkeit überzeugt.[29] Weitere Erkenntnisquellen können in entsprechenden Fällen Auskünfte von Ärzten oder Pflegepersonal sein, die allerdings hierfür von ihrer Schweigepflicht entbunden sein müssen.[30] Es besteht keine Verpflichtung des Notars, Screening-Tests (z.B. Mini-Mental-Status-Test) selbst durchzuführen, um sich einen Eindruck von der Testierfähigkeit zu verschaffen.[31] Ob bestimmte auch dem Laien zugängliche Testverfahren sich als nützlich erweisen können, wird in der notariellen Praxis unterschiedlich eingeschätzt.[32] 11

III. Vermerk

Im Anwendungsbereich des § 28 BeurkG ist ein Vermerk über die Wahrnehmung des Notars zur Geschäftsfähigkeit bzw. Testierfähigkeit stets aufzunehmen (vgl. oben Rdn 1), wohingegen die allgemeine Vorschrift § 11 BeurkG nur bei Zweifeln des Notars (§ 11 Abs. 1 S. 2 BeurkG) und bei schwerer Krankheit des Beteiligten (§ 11 Abs. 2 BeurkG) Feststellungsvermerke verlangt. Ob ein Vermerk aufgenommen wird, unterliegt nicht der Disposition des Erblassers.[33] Nach Ansicht von *Litzenburger* soll angesichts des mit dem Vermerk verbundenen Eingriffs in die Privatsphäre nur eine einschränkende Auslegung der Vorschriften verfassungskonform und deshalb ein Vermerk nur in den Fällen zulässig sein, in denen der Notar persönlich an der Geschäftsfähigkeit des Erklärenden zweifelt und der Erklärende der Feststellung in der Urkunde zustimmt.[34] 12

1. Inhalt des Vermerks

Liegt nach der Wahrnehmung des Notars kein Fall vor, in dem die Geschäftsfähigkeit zweifelhaft ist, genügt eine entsprechende formelhafte „Feststellung über die Geschäftsfähigkeit".[35] Ist die Geschäftsfähigkeit nach der Wahrnehmung des Notars zweifelhaft oder kann er keine Feststellung über die Geschäftsfähigkeit treffen, ist dies Inhalt des Vermerks.[36] Bei schwerer Erkrankung des Beteiligten ist im Übrigen § 11 Abs. 2 BeurkG zu beachten. § 11 Abs. 2 BeurkG verlangt in solchen Fällen, dass der Notar in der Niederschrift die Krankheit angeben und vermerken soll, welche Feststellungen er über die Geschäftsfähigkeit getroffen hat (zu Einzelheiten siehe § 11 BeurkG Rdn 36 ff.). 13

Bei der Feststellung seiner „Wahrnehmungen über die erforderliche Geschäftsfähigkeit" handelt der Notar nicht als Sachverständiger, sondern lediglich als **„Zeuge des Geschehens"**; die Feststellung bringt im Ergebnis seine persönliche Überzeugung zum Ausdruck (vgl. oben Rdn 2).[37] Ein **ärztliches Attest bzw.** 14

27 Im Zweifel muss der Notar aber immer beurkunden, vgl. Frenz/Miermeister/*Baumann*, § 28 BeurkG Rn 5, 5a.

28 BeckOK-BeurkG/*Seebach*, § 28 Rn 13; Frenz/Miermeister/*Baumann*, § 28 BeurkG Rn 4; Grziwotz/Sauer/Heinemann/*Heinemann/Sauer*, § 28 Rn 10; MüKo-BGB/*Sticherling*, § 28 BeurkG Rn 17.

29 OLG Celle MittBayNot 2008, 492, 494.; Grziwotz/Sauer/Heinemann/*Heinemann/Sauer*, § 28 Rn 9; *Lerch*, § 28 Rn 7; *Winkler*, § 28 Rn 11; ausführlich hierzu und mit Beispielen *Warflinger*, RNotZ 2024, 285, 295.

30 BeckOK-BeurkG/*Seebach*, § 28 Rn 16; Grziwotz/Sauer/Heinemann/*Heinemann/Sauer*, § 28 Rn 10; MüKo-BGB/*Sticherling*, § 28 BeurkG Rn 17; *Warflinger*, RNotZ 2024, 285, 296; *Winkler*, § 28 Rn 9.

31 BeckOGK/*Grziwotz*, Stand: 1.1.2026, § 28 BeurkG Rn 7 (auch zu einzelnen Testverfahren); BeckOK-BeurkG/*Seebach*, § 28 Rn 14; *G. Müller*, DNotZ 2006, 325, 326 ff.; MüKo-BGB/*Sticherling*, § 28 BeurkG Rn 17; *Warflinger*, RNotZ 2024, 285, 295 f.; *Winkler*, § 28 Rn 10; a.A. wohl nur: *Stoppe/Lichtenwimmer*, DNotZ 2005, 806, 813; *Lichtenwimmer*, MittBayNot 2002, 240, 243.

32 Befürwortend etwa *Böhme*, BWNotZ 2024, 176, 185 ff.; skeptisch dagegen *Cording*, ZEV 2010, 23, 27.

33 Frenz/Miermeister/*Baumann*, § 28 BeurkG Rn 5.

34 *Litzenburger*, ZEV 2016, 1, 5.

35 BeckOK-BGB/*Litzenburger*, § 28 BeurkG Rn 2; BeckOK-BeurkG/*Seebach*, § 28 Rn 29; Frenz/Miermeister/*Baumann*, § 28 BeurkG Rn 3; *Grziwotz*, DNotZ 2020, 389, 393.

36 BeckOGK/*Grziwotz*, Stand: 1.1.2026, § 28 BeurkG Rn 14; Grziwotz/Sauer/Heinemann/*Heinemann/Sauer*, § 28 Rn 15.

37 BeckOK-BeurkG/*Seebach*, § 28 Rn 32; *Kroiß*, ZEV 2023, 575, 577; *G. Müller*, DNotZ 2006, 325, 326 ff.; *Nieder*, ZNotP 2003, 202; *Winkler*, § 11 Rn 14; teilweise abw. *Stoppe/Lichtenwimmer*, DNotZ 2005, 806, 813; zur Problematik etwaiger diskriminierender Feststellungen *Grziwotz*, DNotZ 2020, 389, 395.

Fachgutachten ersetzt den nach § 28 BeurkG vorgeschriebenen Vermerk nicht.[38] Wurde ein Gutachten vorgelegt, sollte dies aber Erwähnung finden (siehe § 11 BeurkG Rdn 38 ff., hier ausführlich auch zum weiteren Verfahren, um die spätere Verfügbarkeit des Gutachtens nach Möglichkeit zu gewährleisten). Da die Wahrnehmungen des Notars relevant sein können, um in einem späteren Beweisverfahren Anknüpfungstatsachen für die sachverständige Begutachtung zu bestimmen (vgl. Rdn 2),[39] wird für die notarielle Praxis empfohlen, in Zweifelsfällen konkrete Nachfragen zur Orientierung und zum Inhalt des Urkundsentwurfs zu stellen.[40]

2. Ort des Vermerks

15 Der Feststellungsvermerk nach § 28 BeurkG ist grundsätzlich in die Niederschrift aufzunehmen.[41] Im Ausnahmefall wird es jedoch überwiegend als ausreichend angesehen, den Vermerk knapp zu halten und weitere Feststellungen in ein Tatsachenprotokoll (§§ 36 f. BeurkG) aufzunehmen (zu Voraussetzungen und Problemen der **gesonderten Tatsachenbescheinigung** siehe § 11 BeurkG Rdn 42).

C. Folgen eines Verstoßes

16 § 28 BeurkG enthält nur **Soll-Vorschriften**. Ihre Verletzung berührt also die Wirksamkeit von Testament oder Erbvertrag nicht. Der Notar verstößt bei Nichtbeachtung allerdings gegen seine Amtspflichten.[42] Haftungsrechtlich wäre das Augenmerk vor allem auf die Frage zu richten, ob die Verletzung der Pflichten nach § 28 BeurkG ggf. überhaupt geeignet war, einen Schaden zu verursachen. Angesichts der eingeschränkten Beweiswirkung (vgl. oben Rdn 2) ist dies zu bezweifeln.[43]

§ 29 Zeugen, zweiter Notar

[1]Auf Verlangen der Beteiligten soll der Notar bei der Beurkundung bis zu zwei Zeugen oder einen zweiten Notar zuziehen und dies in der Niederschrift vermerken. [2]Die Niederschrift soll auch von diesen Personen unterschrieben werden.

Literatur: Siehe Vorbemerkungen §§ 27–35 BeurkG.

A. Normzweck und Anwendungsbereich

1 Die Zuziehung von Zeugen oder einem zweiten Notar gem. § 29 BeurkG ermöglicht es, den Erblasser vor unlauterer Beeinflussung zu schützen und ein weiteres **Beweismittel** sowohl für die richtige Wiedergabe seiner Verfügung als auch für seine Geschäftsfähigkeit (siehe dazu auch § 28 BeurkG Rdn 2) zu sichern.[1]

2 § 29 BeurkG gilt, wenn die Voraussetzungen der §§ 22, 25 BeurkG nicht vorliegen. Sind bereits nach jenen Regeln zwei Zeugen oder ein zweiter Notar zugezogen, so kann die Zuziehung weiterer Zeugen oder

38 *Warflinger*, RNotZ 2024, 285, 297 f.
39 *Brah*, Die Feststellung der Testierunfähigkeit durch den Notar, 2013, S. 59.
40 *Grziwotz/Grziwotz*, notar 2024, 143, 149.
41 BeckOK-BeurkG/*Seebach*, § 28 Rn 35; vgl. auch BayObLGZ 1992, 220, 223.
42 Vgl. die Disziplinarsache OLG Celle MittBayNot 2008, 492 (i.E. Pflichtverletzung verneint).
43 BeckOGK/*Grziwotz*, Stand: 1.1.2026, § 28 BeurkG Rn 18; Grziwotz/Sauer/Heinemann/*Heinemann/Sauer*, § 28 Rn 22; insoweit zustimmend BeckOK-BeurkG/*Seebach*, § 28 Rn 41; vgl. auch OLG Hamm RNotZ 2016, 60, 65: (hier i.E. ohnehin verneinte) Verletzung der Vermerkpflicht nach § 11 Abs. 2 BeurkG wäre für den geltend gemachten Schaden nicht ursächlich geworden); a.A. OLG Oldenburg DNotZ 1974, 19.
1 BeckOK-BeurkG/*Seebach*, § 29 Rn 1; Grziwotz/Sauer/Heinemann/*Heinemann/Sauer*, § 29 Rn 1; MüKo-BGB/*Sticherling*, § 29 BeurkG Rn 1; *Winkler*, § 29 Rn 3.

eines zweiten Notars nach § 29 BeurkG nicht verlangt werden.[2] Ist erst ein Zeuge zugezogen, so kann nach § 29 BeurkG nur noch die Zuziehung eines weiteren Zeugen verlangt werden.[3]

Auch wenn Beteiligte kein Recht nach § 29 BeurkG haben, die Zuziehung weiterer Zeugen oder eines zweiten Notars zu verlangen, können sich Notar und Beteiligte aber durchaus über die Zuziehung weiterer Zeugen verständigen.[4] Zudem kann sich jenseits des Anwendungsbereichs des § 29 BeurkG eine Amtspflicht des Notars ergeben, dem Verlangen der Beteiligten zu entsprechen, mehr als zwei Zeugen beizuziehen, namentlich wenn damit den Wirksamkeitsanforderungen eines Auslandsrechts entsprochen werden soll.[5] 3

Dolmetscher und Verständigungspersonen können nicht zugleich Zeugen sein. Ihre Anwesenheit steht also der Zuziehung zweier Zeugen nach § 29 BeurkG nicht im Wege.[6] 4

§ 29 BeurkG gilt auch für den **Konsularbeamten** (§ 10 Abs. 3 KonsG). Er hat gegebenenfalls einen zweiten Konsularbeamten hinzuzuziehen. 5

Für **Nottestamente** gelten Sonderregelungen (§§ 2249 ff. BGB). 6

B. Verlangen (S. 1)

I. Zuziehung von Zeugen oder zweitem Notar

§ 29 BeurkG stellt ausschließlich auf das **Verlangen** der Beteiligten ab, das auch schlüssig zum Ausdruck gebracht werden kann.[7] Das Verlangen muss nicht begründet werden.[8] 7

Der Erblasser wird i.d.R. die Zuziehung von Zeugen oder einem zweiten Notar nicht verlangen. Der Notar kann aber in **Grenzfällen**, in denen er mit der Möglichkeit späterer Auslegungs- oder Beweisschwierigkeiten (z.B. Zweifeln hinsichtlich der Geschäftsfähigkeit) rechnet, dem Erblasser nahelegen, die Zuziehung von Zeugen zu verlangen.[9] Eine Belehrungspflicht über die Möglichkeit, nach § 29 BeurkG die Zuziehung von Zeugen oder eines zweiten Notars zu verlangen, besteht nicht.[10] Bei letztwilligen Verfügungen, die bspw. im **angelsächsischen Rechtskreis** Verwendung finden sollen, ist die Zuziehung von Zeugen ratsam, um den Erfordernissen dieser Auslandsrechte zu entsprechen.[11] In diesen Fällen kann im Übrigen auch eine Amtspflicht des Notars angenommen werden, einem entsprechend begründeten Verlangen der Beteiligten, mehr als zwei Zeugen beizuziehen, nachzukommen.[12] 8

Sind **mehrere Personen** beteiligt, so darf der Notar nur auf das Verlangen aller Beteiligten einen zweiten Notar oder Zeugen zuziehen.[13] Das Verlangen nur eines der mehreren Beteiligten ist unbeachtlich. 9

2 BeckOGK/*Grziwotz*, Stand: 1.1.2026, § 29 BeurkG Rn 10; BeckOK-BeurkG/*Seebach*, § 29 Rn 6; Burandt/Rojahn/*Egerland*, § 29 BeurkG Rn 3; MüKo-BGB/*Sticherling*, § 29 BeurkG Rn 6; *Winkler*, § 29 Rn 6.

3 BeckOGK/*Grziwotz*, Stand: 1.1.2026, § 29 BeurkG Rn 10; BeckOK-BeurkG/*Seebach*, § 29 Rn 7.2; Grziwotz/Sauer/Heinemann/*Heinemann/Sauer*, § 29 Rn 9.

4 BeckOGK/*Grziwotz*, Stand: 1.1.2026, § 29 BeurkG Rn 10; BeckOK-BeurkG/*Seebach*, § 29 Rn 9; einschränkend (nur bei Vorliegen eines sachlichen Grundes) Grziwotz/Sauer/Heinemann/*Heinemann/Sauer*, § 29 Rn 9.

5 BeckOGK/*Grziwotz*, Stand: 1.1.2026, § 29 BeurkG Rn 10; BeckOK-BeurkG/*Seebach*, § 29 Rn 2; vgl. auch MüKo-BGB/*Sticherling*, § 29 BeurkG Rn 7.

6 BeckOGK/*Grziwotz*, Stand: 1.1.2026, § 29 BeurkG Rn 11; BeckOK-BeurkG/*Seebach*, § 29 Rn 8; Grziwotz/Sauer/Heinemann/*Heinemann/Sauer*, § 29 Rn 10; *Winkler*, § 29 Rn 6.

7 BeckOK-BeurkG/*Seebach*, § 29 Rn 11; Frenz/Miermeister/*Baumann*, § 29 BeurkG Rn 3; MüKo-BGB/*Sticherling*, § 29 BeurkG Rn 3.

8 BeckOK-BeurkG/*Seebach*, § 29 Rn 11; Grziwotz/Sauer/Heinemann/*Heinemann/Sauer*, § 29 Rn 8; MüKo-BGB/*Sticherling*, § 29 BeurkG Rn 3; *Winkler*, § 29 Rn 5.

9 BeckOK-BeurkG/*Seebach*, § 29 BeurkG Rn 19; MüKo-BGB/*Sticherling*, § 29 BeurkG Rn 4; nachdrücklicher Burandt/Rojahn/*Egerland*, § 29 BeurkG Rn 1 („soll anregen").

10 Grziwotz/Sauer/Heinemann/*Heinemann/Sauer*, § 29 Rn 6; vorsichtiger Burandt/Rojahn/*Egerland*, § 29 BeurkG Rn 6 („in der Regel").

11 Frenz/Miermeister/*Baumann*, § 29 BeurkG Rn 1; Grziwotz/Sauer/Heinemann/*Heinemann/Sauer*, § 29 Rn 6; MüKo-BGB/*Sticherling*, § 29 BeurkG Rn 4; *Winkler*, § 29 Rn 4.

12 So BeckOGK/*Grziwotz*, Stand: 1.1.2026, § 29 BeurkG Rn 10; BeckOK-BeurkG/*Seebach*, § 29 Rn 2; vgl. auch MüKo-BGB/*Sticherling*, § 29 BeurkG Rn 7.

13 BeckOGK/*Grziwotz*, Stand: 1.1.2026, § 29 BeurkG Rn 7; BeckOK-BeurkG/*Seebach*, § 29 Rn 15; Frenz/Miermeister/*Baumann*, § 29 BeurkG Rn 3; Grziwotz/Sauer/Heinemann/*Heinemann/Sauer*, § 29 Rn 4; *Winkler*, § 29 Rn 5.

II. Auswahl

10 Die Beteiligten können nach § 29 BeurkG die Zuziehung von bis zu zwei Zeugen oder alternativ die Zuziehung eines zweiten Notars verlangen. Das Zuziehen eines Notars auf Verlangen der Beteiligten ist dabei kostenrechtlich nicht anders zu behandeln als die amtswegige Zuziehung nach §§ 22 oder 25 BeurkG (vgl. GNotKG Anl. 1 zu § 3 Abs. 2 KV Nr. 25205[14]). An das Verlangen hinsichtlich Anzahl und Art der Überwachungsperson (Zeuge oder Notar) ist der beurkundende Notar gebunden; er kann also insbesondere nicht statt der verlangten Zeugen einen Notar hinzuziehen.[15]

11 Das Optieren für den zweiten Notar anstelle der Zeugen bietet den Vorteil, dass der hinzugezogene Notar der Verschwiegenheitspflicht nach § 18 BNotO unterliegt. Allerdings kann es ebenso gewichtige Gründe für die Beteiligten geben, die Zuziehung von Zeugen zu verlangen,[16] wobei sie dann in der Regel auch eine bestimmte Person bzw. bestimmte Personen vorschlagen dürfen. Das Verlangen bindet den Notar freilich nicht hinsichtlich der **Person** der Zeugen. Die Auswahl liegt im pflichtgemäßen Ermessen des Notars.[17] Er sollte jedoch nicht ohne triftigen Grund von einem Vorschlag der Beteiligten abweichen.[18]

III. Vermerk

12 Der Notar soll in der Niederschrift sowohl das Verlangen des oder der Beteiligten als auch die Zuziehung vermerken. Ein Vermerk, der das **Fehlen** eines solchen Verlangens festhält, ist dagegen nicht vorgeschrieben, wird aber verbreitet gleichwohl empfohlen.[19] Aus dem Fehlen einer Vermerkpflicht kann nicht gefolgert werden, dass der Notar von einem solchen Vermerk Abstand nehmen sollte, auch wenn er ihn als Hinweis und/oder Merkposten für sinnvoll erachtet.

C. Unterschrift (S. 2); Rechtsfolgen eines Verstoßes gegen § 29

13 Nach S. 2 sollen Zeugen oder zweiter Notar die Niederschrift unterschreiben. § 29 BeurkG ist aber lediglich Soll-Vorschrift; S. 2 stellt daher zweierlei klar: dass die Mitwirkenden unterschreiben sollen, dass aber das Fehlen ihrer Unterschrift die Wirksamkeit der Beurkundung nicht berührt.[20] Auch für Testamente gilt der allg. Grundsatz, dass nur die Unterschrift eines Schreibzeugen zwingend vorgeschrieben ist (§ 25 BeurkG). In allen anderen Fällen führt das Fehlen der Unterschrift des Zeugen nicht zur Nichtigkeit.

14 Das Fehlen der entsprechenden **Feststellungsvermerke** (vgl. Rdn 12) ist beurkundungsrechtlich ebenfalls unschädlich.[21]

14 Vgl. hierzu Korintenberg/*Fackelmann*, GNotKG, KV 20205 Rn 6 ff. (insb. zu den Unterschieden ggü. dem früheren § 151 KostO).

15 BeckOGK/*Grziwotz*, Stand: 1.1.2026, § 29 BeurkG Rn 13; BeckOK-BeurkG/*Seebach*, § 29 Rn 14; Burandt/Rojahn/*Egerland*, § 29 BeurkG Rn 4; Grziwotz/Sauer/Heinemann/*Heinemann/Sauer*, § 29 Rn 11; MüKo-BGB/*Sticherling*, § 29 BeurkG Rn 5; *Winkler*, § 29 Rn 7.

16 Vgl. MüKo-BGB/*Sticherling*, § 29 BeurkG Rn 5.

17 BeckOK-BeurkG/*Seebach*, § 29 BeurkG Rn 21, 22; Grziwotz/Sauer/Heinemann/*Heinemann/Sauer*, § 29 Rn 12; MüKo-BGB/*Sticherling*, § 29 BeurkG Rn 11; *Winkler*, § 29 Rn 7; enger (grds. Entscheidungsbefugnis der Beteiligten) BeckOGK/*Grziwotz*, Stand: 1.1.2026, § 29 BeurkG Rn 14.

18 BeckOK-BeurkG/*Seebach*, § 29 Rn 22; Burandt/Rojahn/*Egerland*, § 29 BeurkG Rn 4; Grziwotz/Sauer/Heinemann/*Heinemann/Sauer*, § 29 Rn 12; *Winkler*, § 29 Rn 7; BeckOGK/*Grziwotz*, Stand: 1.1.2026, § 29 BeurkG Rn 14 geht hier weitergehend im Regelfall von einer Ermessensreduzierung auf Null aus.

19 MüKo-BGB/*Sticherling*, § 29 BeurkG Rn 16; *Winkler*, § 29 Rn 10; vgl. auch BeckOGK/*Grziwotz*, Stand: 1.1.2026, § 29 BeurkG Rn 22; Grziwotz/Sauer/Heinemann/*Heinemann/Sauer*, § 29 Rn 19, die auf eine Funktion als Hinweis und/oder Merkposten verweisen; BeckOK-BeurkG/*Seebach*, § 29 Rn 33; dagegen Burandt/Rojahn/*Egerland*, § 29 BeurkG Rn 6 (nicht empfehlenswert, weil sonst Überfrachtung mit Überflüssigem); so wohl auch *Lerch*, § 29 Rn 4 (Empfehlung sei „nicht sehr überzeugend").

20 BeckOK-BeurkG/*Seebach*, § 29 Rn 38; Grziwotz/Sauer/Heinemann/*Heinemann/Sauer*, § 29 Rn 22; vgl. auch Frenz/Miermeister/*Baumann*, § 29 BeurkG Rn 6.

21 Grziwotz/Sauer/Heinemann/*Heinemann/Sauer*, § 29 Rn 22.

§ 30 Übergabe einer Schrift

[1]Wird eine Verfügung von Todes wegen durch Übergabe einer Schrift errichtet, so muß die Niederschrift auch die Feststellung enthalten, daß die Schrift übergeben worden ist. [2]Die Schrift soll derart gekennzeichnet werden, daß eine Verwechslung ausgeschlossen ist. [3]In der Niederschrift soll vermerkt werden, ob die Schrift offen oder verschlossen übergeben worden ist. [4]Von dem Inhalt einer offen übergebenen Schrift soll der Notar Kenntnis nehmen, sofern er der Sprache, in der die Schrift verfaßt ist, hinreichend kundig ist; § 17 ist anzuwenden. [5]Die Schrift soll der Niederschrift beigefügt werden; einer Verlesung der Schrift bedarf es nicht.

Literatur: Siehe Vorbemerkungen §§ 27–35 BeurkG.

A. Anwendungsbereich und Systematik

1 § 30 BeurkG ist ohne Blick auf die materielle Vorschrift des § 2232 BGB nur schwer verständlich. Die Norm resultiert aus der Zusammenfassung der Beurkundungsvorschriften im BeurkG. § 2232 BGB und § 30 BeurkG behandeln eine einzigartige Beurkundungsform, die nur bei der **Errichtung eines Testaments** und nach § 2276 Abs. 1 S. 2 BGB beim **Abschluss eines Erbvertrages** möglich ist.

2 Testamente und Erbverträge werden i.d.R. wie rechtsgeschäftliche Erklärungen unter Lebenden in der Form beurkundet, dass der Erblasser oder die Vertragsparteien ihren Willen mündlich erklären und der Notar hierüber eine Niederschrift gem. §§ 8 ff. BeurkG herstellt. Der Erblasser kann aber seinen letzten Willen auch durch Übergabe einer Schrift erklären, die er offen oder verschlossen übergeben kann und die er nicht eigenhändig oder überhaupt nicht selbst geschrieben zu haben braucht. Beim Erbvertrag ist es zulässig, dass a) der Erblasser seinen letzten Willen und/oder b) der andere Vertragschließende seinen Annahmewillen durch Übergabe einer offenen oder verschlossenen Schrift erklären, § 2276 Abs. 1 BGB. In beiden Fällen gilt für das Verfahren § 30 BeurkG (vgl. § 33 BeurkG Rdn 5). Möglich ist auch, die letztwillige Verfügung durch Übergabe einer Schrift mit der letztwilligen Verfügung durch mündliche Erklärung zur Niederschrift des Notars zu kombinieren.[1]

3 Die übergebene Schrift kann in fremder Sprache,[2] in fremden Schriftzeichen[3] oder in Blindenschrift[4] verfasst sein. Erforderlich ist allerdings die unmittelbare Wahrnehmbarkeit der Schrift; die Übergabe eines elektronischen Speichermediums (z.B. USB-Stick) genügt nicht.[5]

4 **Minderjährige** können ein Testament (außer durch Erklärung gegenüber dem Notar) nur durch Übergabe einer offenen Schrift errichten (§ 2233 Abs. 1 BGB). Personen, die **nicht lesen** können, können überhaupt nicht durch Übergabe einer Schrift testieren (§ 2233 Abs. 2 BGB).

5 Das öffentliche Testament bzw. der Erbvertrag in der Form der Übergabe einer Schrift genügt als eine **letztwillige Verfügung, die in einer öffentlichen Urkunde enthalten ist**, i.S.v. § 35 Abs. 1 S. 2 Hs. 1

1 BeckOGK/*Grziwotz*, Stand: 1.1.2026, § 30 BeurkG Rn 3; BeckOK-BGB/*Litzenburger*, § 2232 Rn 8; BeckOK-BeurkG/*Seebach*, § 30 Rn 8; vgl. auch Grziwotz/Sauer/Heinemann/*Heinemann/Sauer*, § 30 Rn 5.

2 Burandt/Rojahn/*Egerland*, § 30 BeurkG Rn 8; *Mecke*, DNotZ 1968, 584, 609; *Jung/Szalau*, NotBZ 2020, 208, 211; MüKo-BGB/*Sticherling*, § 2232 BGB Rn 29; *Winkler*, § 30 Rn 5.

3 Burandt/Rojahn/*Egerland*, § 30 BeurkG Rn 8; MüKo-BGB/*Sticherling*, § 2232 BGB Rn 29; *Winkler*, § 30 Rn 5.

4 Burandt/Rojahn/*Egerland*, § 30 BeurkG Rn 8; MüKo-BGB/*Sticherling*, § 2232 BGB Rn 29; *Winkler*, § 30 Rn 5; a.A. OLG Koblenz v. 21.3.1958 – 2 U H 4/58, NJW 1958, 1784 (für Blinde keine Testamentserrichtung in der Form der Übergabe einer Schrift möglich).

5 BeckOGK/*Grziwotz*, Stand: 1.1.2026, § 30 BeurkG Rn 6; BeckOK-BeurkG/*Seebach*, § 30 Rn 7.3; Burandt/Rojahn/*Egerland*, § 30 BeurkG Rn 8; *Jung/Szalau*, NotBZ 2010, 208, 211; *Winkler*, § 30 Rn 5.

GBO, § 12 Abs. 1 S. 4 HGB, § 41 Abs. 1 S. 2 SchiffRVO, die zusammen mit der Niederschrift über die Eröffnung der Verfügung anstelle eines Erbscheins oder des Europäischen Nachlasszeugnisses zum Nachweis der Erbfolge vorgelegt werden kann.[6] Dazu muss die Verfügung von Todes wegen allerdings inhaltlich einen klaren Nachweis der Erbfolge ermöglichen.[7]

6 Die Beurkundungsform, die § 30 BeurkG betrifft, ist abzugrenzen von § 9 BeurkG, wonach Erklärungen in einem Schriftstück, auf das in der Niederschrift verwiesen und das dieser beigefügt wird, als in der Niederschrift selbst enthalten gelten.[8] Diese Beurkundungsform des § 9 BeurkG ist, da die §§ 8 ff. BeurkG grds. auch für Verfügungen von Todes wegen gelten, auch bei der Beurkundung von Testamenten und Erbverträgen denkbar.[9] Die Übergabe einer Schrift ist demgegenüber eine selbstständige Beurkundungsform.[10] Die übergebene Schrift wird zum Bestandteil des Testaments oder Erbvertrags nicht durch Bezugnahme auf ihren Text und Verbindung mit der Niederschrift, sondern durch die Einhaltung der besonderen Formvorschriften des § 30 BeurkG. Sie ist damit keine privatschriftliche Erklärung mehr, sondern gilt nach § 2232 S. 1 BGB als „zur Niederschrift eines Notars errichtet".[11]

7 § 2232 BGB und § 30 BeurkG gelten für das **Nottestament** vor dem Bürgermeister (§§ 2249 Abs. 1, 2250 Abs. 1 BGB) und für die Errichtung von Testamenten und Erbverträgen vor **Konsularbeamten** (§ 10 Abs. 3 KonsG). Dreizeugentestamente und Seetestamente können hingegen nicht durch Übergabe einer Schrift errichtet werden (§§ 2250, 2251 BGB). Hier gilt das alte Mündlichkeitsprinzip fort.

B. Niederschrift und Kennzeichnung der Schrift (S. 1–3)

I. Feststellung der Übergabe; Erklärung des Übergebenden (S. 1 und 3, § 2232 BGB)

8 Nach § 2232 S. 1 2. Var. BGB muss der Erblasser dem Notar die (offene oder verschlossene) Schrift übergeben und dabei erklären, dass die Schrift seinen letzten Willen enthalte. Die Testamentserrichtung besteht demnach aus **zwei Teilen**, nämlich der tatsächlichen Handlung der **Überreichung einer Schrift** (1) und der **Erklärung, dass die Schrift den letzten Willen enthalte** (2). Diese **Erklärung** braucht nicht mit den Worten des § 2232 S. 1 2. Var. BGB zu erfolgen; sie kann bspw. auch in der, gegebenenfalls konkludenten,[12] Antwort auf eine entsprechende Frage des Notars bestehen.[13] Mit dem Wegfall des Mündlichkeitserfordernisses, das aus dem früheren § 31 BeurkG a.F. abgeleitet wurde, besteht auch kein formales Hindernis, die Erklärung durch Gestik oder Gebärden abzugeben.[14]

9 Die Niederschrift muss nach S. 1 die **Feststellung enthalten, dass die Schrift übergeben worden ist**. Fehlt diese Feststellung, so ist das Testament nichtig.[15] Für die **Niederschrift** gelten auch die allg. Verfahrensvorschriften der §§ 8 ff. BeurkG.[16] Nach § 9 Abs. 1 Nr. 2 BeurkG muss die Niederschrift deshalb außerdem die **Feststellung enthalten, dass der Erblasser erklärt habe**, die Schrift enthalte seinen letzten Willen.[17] Auch diese Feststellung muss nicht den Wortlaut des § 2232 S. 1 BGB wiedergeben.[18]

6 Grziwotz/Sauer/Heinemann/*Heinemann/Sauer*, § 30 Rn 1; *Jung/Szalai*, NotBZ 2020, 208, 213; zu § 35 GBO: DNotI-Report 10/2020, 76; vgl. auch OLG München v. 9.4.2018 – 34 Wx 13/18, NJW-RR 2018, 645, 646; OLG München v. 25.7.2018 – 34 Wx 174/18, NJW-RR 2018, 1423, 1424; zu § 12 HGB: KG v. 5.10.2006 – 1 W 146/06, NJW-RR 2007, 692, 693.

7 Zu möglichen Problemen bei letztwilligen Verfügungen in der Form der Übergabe einer Schrift DNotI-Report 10/2020, 76; zu praktischen Anwendungsfällen etwa *Stavorinus*, NotBZ 2024, 450.

8 BeckOGK/*Grziwotz*, Stand: 1.1.2026, § 30 BeurkG Rn 3; BeckOK-BeurkG/*Seebach*, § 30 Rn 7; Grziwotz/Sauer/Heinemann/*Heinemann/Sauer*, § 30 Rn 5.

9 BeckOK-BeurkG/*Seebach*, § 30 Rn 7.1 insb. unter Hinweis auf die Verlesungspflicht.

10 BeckOGK/*Grziwotz*, Stand: 1.1.2026, § 30 BeurkG Rn 3; BeckOK-BeurkG/*Seebach*, § 30 Rn 7.1; Grziwotz/Sauer/Heinemann/*Heinemann/Sauer*, § 30 Rn 5; vgl. auch *Winkler*, § 30 Rn 2.

11 *Stavorinus*, NotBZ 2024, 450, 451.

12 Burandt/Rojahn/*Egerland*, § 30 BeurkG Rn 7; *Jung/Szalai*, NotBZ 2020, 208, 211; vgl. bereits RG v. 18.6.1913 – I 434/12 RGZ 82, 149, 154.

13 BeckOK-BeurkG/*Seebach*, § 30 Rn 12.2; Burandt/Rojahn/*Egerland*, § 30 BeurkG Rn 7; vgl. bereits RG v. 25.9.1924 – IV 25/24, RGZ 108, 397, 400.

14 Vgl. BeckOK-BeurkG/*Seebach*, § 30 Rn 12.2; MüKo-BGB/*Sticherling*, § 2232 BGB Rn 31, 33, 34.

15 *Winkler*, § 30 Rn 12.

16 BeckOGK/*Grziwotz*, Stand: 1.1.2026, § 30 BeurkG Rn 4; Burandt/Rojahn/*Egerland*, § 30 BeurkG Rn 4; Grziwotz/Sauer/Heinemann/*Heinemann/Sauer*, § 30 Rn 6; *Winkler*, § 30 Rn 12; ausführlich hierzu *Jung/Szalai*, NotBZ 2020, 208, 209 f.

17 BeckOK-BeurkG/*Seebach*, § 30 Rn 13; Frenz/Miermeister/*Baumann*, § 30 BeurkG Rn 4; MüKo-BGB/*Sticherling*, § 2232 BGB Rn 34.

18 Vgl. BeckOK-BeurkG/*Seebach*, § 30 Rn 14; Grziwotz/Sauer/Heinemann/*Heinemann/Sauer*, § 30 Rn 6.

Formulierungsvorschlag letzter Wille 10

Der Erblasser übergab dem Notar die offene/verschlossene Schrift, die dieser Niederschrift beigefügt ist, mit der Erklärung, dass sie seinen letzten Willen enthalte. ....[19]

Im Übrigen enthält § 30 BeurkG Sollvorschriften, deren Verletzung nicht die Wirksamkeit, sondern nur die Beweiskraft des Testaments beeinträchtigt, für den Notar allerdings eine Dienstpflichtverletzung bedeutet. So ist die **Feststellung, dass die Schrift „offen" oder „verschlossen" sei**, lediglich durch eine Soll-Vorschrift vorgeschrieben (S. 3). 11

II. Kennzeichnung (S. 2)

Nach S. 2 soll die übergebene Schrift so genau **gekennzeichnet sein**, dass Verwechslungen ausgeschlossen sind. Wie die Kennzeichnung erfolgt, steht im pflichtgemäßen Ermessen des Notars.[20] Das kann entweder durch ein auf der Schrift angebrachtes Kennzeichen (insbesondere Aktenzeichen) oder dadurch geschehen, dass die Schrift in der Niederschrift genau bezeichnet wird.[21] Zu empfehlen wäre zur besonderen Sicherung einer zweifelsfreien Zuordnung die Kombination aus beidem.[22] Es empfiehlt sich, die Kennzeichnung unverzüglich nach Übergabe der Schrift und vor Abschluss der Verhandlung vorzunehmen.[23] 12

Formulierungsvorschlag Kennzeichnung 13

Die Schrift wurde vom Notar in folgender Weise gekennzeichnet ...; eine Kombination beider Verfahren: Die Schrift wurde vom Notar dadurch gekennzeichnet, dass sie mit dem Vermerk versehen wurde: „zu UR-Nr. ... übergebene Schrift".[24]

C. Kenntnisnahme und Belehrungspflicht (S. 4)

I. Kenntnisnahme vom Inhalt einer offenen Schrift

Wenn der Erblasser dem Notar eine offene Schrift überreicht, soll der Notar davon Kenntnis nehmen (S. 4 Hs. 1). Der Beteiligte kann allerdings **auf Kenntnisnahme durch den Notar verzichten**, ja ihm die Kenntnisnahme sogar verbieten; schließlich wäre dem Beteiligten auch die Übergabe einer verschlossenen Schrift unbenommen, deren Inhalt dem Notar schon rein praktisch verborgen bleibt.[25] Nimmt der Notar danach keine Kenntnis, sollte er diesen Umstand aber im eigenen Interesse dokumentieren, um etwaigen Haftungsansprüchen begegnen zu können.[26] 14

Ist die Schrift für den Notar **nicht lesbar** (z.B. in unleserlicher Handschrift verfasst), muss der Notar den Beteiligten auf die fehlende Möglichkeit der Kenntnisnahme hinweisen. Auch eine nicht lesbare Schrift muss als übergebene Schrift nach § 30 BeurkG entgegengenommen werden; aus der **allgemeinen Betreuungspflicht** folgt jedoch, den Beteiligten auf das Problem der mangelnden Lesbarkeit (etwa auch bei der späteren Eröffnung) hinzuweisen, auch um ihn nach Möglichkeit zu veranlassen, die Schrift durch eine lesbare Fassung zu ersetzen (zur Allgemeinen Betreuungspflicht vgl. § 17 BeurkG Rdn 6 ff.).[27] 15

19 Siehe etwa Burandt/Rojahn/*Egerland*, § 30 BeurkG Rn 5.

20 BeckOGK/*Grziwotz*, Stand: 1.1.2026, § 30 BeurkG Rn 16; BeckOK-BeurkG/*Seebach*, § 30 Rn 22; Frenz/Miermeister/*Baumann*, § 30 BeurkG Rn 4a; Grziwotz/Sauer/Heinemann/*Heinemann/Sauer*, § 30 Rn 24.

21 BeckOK-BeurkG/*Seebach*, § 30 Rn 22.1 ff.; Burandt/Rojahn/*Egerland*, § 30 BeurkG Rn 9; Grziwotz/Sauer/Heinemann/*Heinemann/Sauer*, § 30 Rn 24; *Winkler*, § 30 Rn 7; einschränkend BeckOGK/*Grziwotz*, Stand: 1.1.2026, § 30 BeurkG Rn 16 (Kennzeichnung allein in der Niederschrift genüge nicht).

22 Vgl. BeckOK-BeurkG/*Seebach*, § 30 Rn 22.1, 22.3 a.E.; Burandt/Rojahn/*Egerland*, § 30 BeurkG Rn 9.

23 BeckOGK/*Grziwotz*, Stand: 1.1.2026, § 30 BeurkG Rn 15; Burandt/Rojahn/*Egerland*, § 30 BeurkG Rn 9; Grziwotz/Sauer/Heinemann/*Heinemann/Sauer*, § 30 Rn 24; *Jansen*, § 30 BeurkG Rn 3; *Winkler*, § 30 Rn 7.

24 Vgl. Burandt/Rojahn/*Egerland*, § 30 BeurkG Rn 5; *Jansen*, § 30 BeurkG Rn 3.

25 BeckOGK/*Grziwotz*, Stand: 1.1.2026, § 30 BeurkG Rn 8; BeckOK-BeurkG/*Seebach* § 30 Rn 31; Burandt/Rojahn/*Egerland*, § 30 BeurkG Rn 12; Frenz/Miermeister/*Baumann*, § 30 BeurkG Rn 5; Grziwotz/Sauer/Heinemann/*Heinemann/Sauer*, § 30 Rn 12; *Kanzleiter*, DNotZ 1993, 434, 438 Fn 9; wohl a.A. NK-NachfolgeR/*Gutfried*, § 30 BeurkG Rn 5 (bei der Übergabe einer offenen Schrift kein Verzicht auf Belehrung).

26 Grziwotz/Sauer/Heinemann/*Heinemann/Sauer*, § 30 Rn 13; vgl. auch BeckOGK/*Grziwotz*, Stand: 1.1.2026, § 30 BeurkG Rn 9; *Jung/Szalai*, NotBZ 2020, 208, 212.

27 BeckOK-BeurkG/*Seebach*, § 30 Rn 27; Burandt/Rojahn/*Egerland*, § 30 BeurkG Rn 12; siehe auch Grziwotz/Sauer/Heinemann/*Heinemann/Sauer*, § 30 Rn 11; *Winkler*, § 30 Rn 9.

Bleibt es bei der Übergabe der unleserlichen Schrift, sollte der Notar auch in diesem Fall schon im eigenen Interesse zur Abwendung etwaiger Haftungsansprüche die Hinweise dokumentieren.[28] Nichts anderes gilt insbesondere auch dann, wenn der Notar der **Sprache**, in der die Schrift verfasst ist, nicht hinreichend kundig ist (zu fremdsprachigen Texten s. im Übrigen Rdn 17).[29]

II. Belehrungspflicht

16 Die Kenntnisnahme führt dazu, dass die **Prüfungs- und Belehrungspflicht** sich nach dem Verweis auf § 17 BeurkG auf den **Inhalt der offenen Schrift** erstreckt (S. 4 Hs. 2), den Notar also die volle Prüfungs- und Belehrungspflicht wie bei einer Testamentserrichtung trifft (zur Prüfungs- und Belehrungspflicht bei der Errichtung letztwilliger Verfügungen s. § 17 BeurkG Rdn 142 ff.).[30] Bei Verstößen gegen die Belehrungspflicht kann sich ein Amtshaftungsanspruch nach § 19 BNotO ergeben.[31]

17 Die volle Prüfungs- und Belehrungspflicht besteht auch, wenn die Schrift in einer **fremden Sprache** verfasst ist, derer der Notar hinreichend kundig ist (S. 4). Anderenfalls braucht er von fremdsprachigen Urkunden nicht Kenntnis zu nehmen (s.o. Rdn 16).[32] Sie sind für ihn genauso zu behandeln wie verschlossene Schriften, von denen er aus praktischen Gründen nicht Kenntnis nehmen kann. Wenn es auch im Interesse der Beteiligten ratsam sein kann, sie um die Beifügung einer Übersetzung zu bitten, so hat der Notar doch von sich aus dazu keine Veranlassung.[33]

18 Bei der **Übergabe einer verschlossenen Schrift** unterliegt der Notar der Belehrungspflicht insoweit, als er allgemein über die Folgen und die rechtliche Tragweite einer letztwilligen Verfügung aufzuklären hat.[34] Bezogen auf die gewählte Form des öffentlichen Testaments ergibt sich aus § 17 BeurkG nur eine sehr eingeschränkte Belehrungspflicht, weil Gegenstand der Niederschrift eben nur die Übergabe der Schrift mit der Testierungserklärung des Erblassers ist; der Notar muss allerdings auf die **sichereren Alternativen** des öffentlichen Testaments hinweisen, wenn erkennbar ist, dass dem Erblasser nicht bewusst ist, dass ihm sicherere Wege zur Verfügung stehen, die einem erhöhten Bedürfnis nach Vertraulichkeit gleichermaßen genügen.[35] Dagegen ergibt sich keine Pflicht, von der letztwilligen Verfügung in der Form der Übergabe einer verschlossenen Schrift generell abzuraten bzw. den Erblasser hiervon abzuhalten.[36] Gleichwohl kann dem Notar empfohlen werden, dem Beteiligten unverbindlich einen solchen Rat zu geben.[37] Einen Hinweis auf den geringeren Sicherheitsstandard der Übergabe einer verschlossenen Schrift sollte der Notar im eigenen Interesse dokumentieren.

19 Formulierungsvorschlag:

Der Notar hat darauf hingewiesen, dass er den Inhalt der Schrift nicht prüfen und entsprechend belehren kann und eine Prüfung des Inhalts u.a. aus Gründen der Rechtssicherheit sinnvoll erscheint, andernfalls bei Unsicherheiten u.a. trotz der heutigen Verfügungen die Erteilung eines Erbscheins erforderlich werden kann, der Kosten auslöst.[38]

28 BeckOK-BeurkG/*Seebach*, § 30 Rn 28; Grziwotz/Sauer/Heinemann/*Heinemann/Sauer*, § 30 Rn 13; vgl. auch BeckOGK/*Grziwotz*, Stand: 1.1.2026, § 30 BeurkG Rn 9; MüKo-BGB/*Sticherling*, § 30 BeurkG Rn 10; *Winkler*, § 30 Rn 9.

29 BeckOK-BeurkG/*Seebach*, § 30 Rn 25.

30 BeckOGK/*Grziwotz*, Stand: 1.1.2026, § 30 BeurkG Rn 6, 10; BeckOK-BeurkG/*Seebach*, § 30 Rn 30; Grziwotz/Sauer/Heinemann/*Heinemann/Sauer*, § 30 Rn 14; MüKo-BGB/*Sticherling*, § 30 BeurkG Rn 9; NK-NachfolgeR/*Gutfried*, § 30 BeurkG Rn 5; vgl. auch KG v. 5.10.2006 – 1 W 146/06, NJW-RR 2007, 692, 693.

31 Vgl. BGH v. 13.11.1973 – VI ZR 145/71, DNotZ 1974, 296, 297.

32 BeckOK-BeurkG/*Seebach*, § 30 Rn 25, 29.2; Burandt/Rojahn/*Egerland*, § 30 BeurkG Rn 12; a.A. Frenz/Miermeister/*Baumann*, § 30 BeurkG Rn 5 (solle sich vom Erblasser über Inhalt unterrichten lassen).

33 BeckOGK/*Grziwotz*, Stand: 1.1.2026, § 30 BeurkG Rn 6; BeckOK-BeurkG/*Seebach*, § 30 Rn 25; Grziwotz/Sauer/Heinemann/*Heinemann/Sauer*, § 30 Rn 10; MüKo-BGB/*Sticherling*, § 30 BeurkG Rn 10.

34 Vgl. BeckOGK/*Grziwotz*, Stand: 1.1.2026, § 30 BeurkG Rn 11.

35 Burandt/Rojahn/*Egerland*, § 30 BeurkG Rn 14; vgl. auch (keine Pflicht, solle aber trotzdem hinweisen) MüKo-BGB/*Sticherling*, § 30 BeurkG Rn 11; a.A. Grziwotz/Sauer/Heinemann/*Heinemann/Sauer*, § 30 Rn 17.

36 BeckOGK/*Grziwotz*, Stand: 1.1.2026, § 30 BeurkG Rn 11; BeckOK-BeurkG/*Seebach*, § 30 Rn 39; Grziwotz/Sauer/Heinemann/*Heinemann/Sauer*, § 30 Rn 17; MüKo-BGB/*Sticherling*, § 30 BeurkG Rn 12.

37 Staudinger/*Hertel*, § 129 BGB Rn 584.

38 Formulierungsvorschlag nach *Jung/Szalai*, NotBZ 2020, 208, 213.

Auf den **Inhalt** einer verschlossenen Schrift bezieht sich die Belehrungspflicht (Prüfungs- und Beratungspflicht) des Notars nicht. Wenn der Notar allerdings einen konkreten Anlass sieht, dass die Schrift eine bedenkliche Verfügung enthält (etwa bzgl. § 27 BeurkG), ist er aufgrund der allgemeinen Betreuungspflicht gehalten, den Beteiligten auf die Bedenken hinzuweisen.[39] Eine solche Situation kann etwa eintreten, wenn der Beteiligte den Notar über den Inhalt der Schrift informiert. Der Notar ist berechtigt,[40] aber (ohne Anlass) nicht verpflichtet, nach dem Inhalt der verschlossen übergebenen Schrift zu fragen.[41] 20

D. Beifügungspflicht (S. 5)

Anders als nach § 9 Abs. 1 S. 2 BeurkG (Anlagen) muss bei der Beurkundung nach § 30 BeurkG die übergebene Schrift (auch wenn es sich um eine offene handelt, die verlesen werden könnte) nicht verlesen werden (S. 5 Hs. 2); S. 5 Hs. 1 verlangt lediglich die Beifügung. Dazu braucht die Schrift nicht nach § 44 BeurkG mit Schnur und Prägesiegel mit der Niederschrift verbunden zu werden, wenngleich das bei offenen Schriftstücken i.d.R. ratsam ist.[42] Im Übrigen wird die Verbindung der Niederschrift mit der übergebenen offenen oder verschlossenen Schrift dadurch gewährleistet, dass das auf diese Weise errichtete Testament gem. § 34 BeurkG in einem Umschlag verschlossen und in die besondere amtliche **Verwahrung** gebracht wird.[43] Falls ein Erbvertrag, der in dieser Form geschlossen worden ist, nicht in die besondere amtliche Verwahrung gelangt, werden Erbvertrag und verschlossene Schrift gemeinsam offen in der Urkundensammlung aufbewahrt.[44] Eine dauerhafte Verbindung mit Schnur und Prägesiegel ist allerdings in jedem Fall ratsam und nicht verboten. 21

§ 31 Ausschluss der elektronischen Niederschrift

Über die Errichtung einer Verfügung von Todes wegen soll keine elektronische Niederschrift aufgenommen werden.

§ 31 BeurkG n.F. wurde durch das Gesetz zur Einführung einer elektronischen Präsenzbeurkundung[1] eingefügt. Die Vorschrift regelt, dass über die Errichtung einer „Verfügung von Todes wegen" keine elektronische Niederschrift aufgenommen werden soll. Sie erfasst damit Testamente und Erbverträge, nicht jedoch sämtliche erbfolgerelevanten Urkunden i.S.d. § 78d Abs. 2 BNotO.[2] § 34 Abs. 4 BeurkG schließt im Übrigen für letztwillige Verfügungen bereits die Übertragung in die elektronische Form aus. Als Soll-Vorschrift ordnet § 31 BeurkG eine unbedingte Amtspflicht des Notars an; ein etwaiger Verstoß würde allerdings keine Unwirksamkeit der Beurkundung nach sich ziehen.[3] 1

Hintergrund der Regelung ist, dass zahlreiche gesetzliche Regelungen von einer „geborenen Urschrift" der letztwilligen Verfügung ausgehen und sich nicht auf elektronische Dokumente übertragen lassen.[4] Die letztwillige Verfügung soll so errichtet werden, dass die Urkunde in die besondere amtliche Verwahrung gegeben werden kann. Die besondere amtliche Verwahrung durch die Nachlassgerichte ist jedoch auf in Papierform errichtete Verfügungen von Todes wegen ausgerichtet.[5] Selbst in den Fällen, in 2

39 BeckOGK/*Grziwotz*, Stand: 1.1.2026, § 30 BeurkG Rn 11, 12; BeckOK-BeurkG/*Seebach*, § 30 Rn 38.1; Grziwotz/Sauer/Heinemann/*Heinemann/Sauer*, § 30 Rn 17; MüKo-BGB/*Sticherling*, § 30 BeurkG Rn 11, 12; vgl. auch *Winkler*, § 30 Rn 10.

40 Staudinger/*Hertel*, § 129 BGB Rn 584; *Winkler*, § 30 Rn 10; vgl. auch MüKo-BGB/*Sticherling*, § 30 BeurkG Rn 12.

41 Burandt/Rojahn/*Egerland*, § 30 BeurkG Rn 14; für anlassbezogene Fragepflicht ebenfalls BeckOK-BGB/*Litzenburger*, BeurkG § 30 Rn 4; weitergehend für eine generelle Fragepflicht Frenz/Miermeister/*Baumann*, § 30 BeurkG Rn 6.

42 BeckOK-BeurkG/*Seebach*, § 30 Rn 42; Grziwotz/Sauer/Heinemann/*Heinemann/Sauer*, § 30 Rn 25; MüKo-BGB/*Sticherling*, § 30 BeurkG Rn 15; *Winkler*, § 30 Rn 18; vgl. auch BeckOGK/*Grziwotz*, Stand: 1.1.2026, § 30 BeurkG Rn 17.

43 BeckOGK/*Grziwotz*, Stand: 1.1.2026, § 30 BeurkG Rn 17; BeckOK-BeurkG/*Seebach*, § 30 Rn 43; Grziwotz/Sauer/Heinemann/*Heinemann/Sauer*, § 30 Rn 25.

44 Vgl. Grziwotz/Sauer/Heinemann/*Heinemann/Sauer*, § 30 Rn 25.

1 G. v. 10.12.2026, BGBl. I Nr. 320.

2 BeckOGK/*Grziwotz*, Stand: 1.1.2026, § 31 BeurkG Rn 2.

3 RegE BT-Drs. 21/1505, S. 50.

4 RegE BT-Drs. 21/1505, S. 50.

5 RegE BT-Drs. 21/1505, S. 50.

denen die Urkunde in notarieller Verwahrung verbleibt, gilt dies nur, bis die Urschrift an das Nachlassgericht abzuliefern ist (siehe § 34a BeurkG).

§ 32 Sprachunkundige

[1]Ist ein Erblasser, der dem Notar seinen letzten Willen mündlich erklärt, der Sprache, in der die Niederschrift aufgenommen wird, nicht hinreichend kundig und ist dies in der Niederschrift festgestellt, so muß eine schriftliche Übersetzung angefertigt werden, die der Niederschrift beigefügt werden soll. [2]Der Erblasser kann hierauf verzichten; der Verzicht muß in der Niederschrift festgestellt werden.

A. Normzweck; Anwendungsbereich

1 Zweck des § 32 BeurkG ist es, bei unzureichenden Sprachkenntnissen des Erblassers durch eine schriftliche Übersetzung der Niederschrift Unklarheiten zu vermeiden. § 32 BeurkG enthält eine **Ergänzung zu § 16 BeurkG** für den Fall, dass der Erblasser seinen letzten Willen „mündlich erklärt". Nach dem Wegfall des Mündlichkeitserfordernisses, das aus dem früheren § 31 BeurkG a.F. abgeleitet wurde, kann die Erklärung des Erblassers aber auch nonverbal geäußert werden. Nach dem Sinn und Zweck des § 32 BeurkG gilt die Regelung in allen Fällen, in denen der Erblasser seinen letzten Willen gegenüber dem Notar erklärt; dementsprechend wird der Anwendungsbereich der Vorschrift nicht auf „mündliche Erklärungen" beschränkt.[1]

2 Testiert der Erblasser durch **Erklärung** und stellt der Notar seine **Sprachunkundigkeit** in der Niederschrift fest, so **muss** – in Abweichung von § 16 BeurkG – eine schriftliche Übersetzung auch ohne ausdrückliches Verlangen des Erblassers angefügt werden. Testiert der sprachunkundige Erblasser durch Übergabe einer Schrift, so gilt für die vom Notar über den Vorgang der Übergabe der Schrift aufgenommene Niederschrift das in § 16 BeurkG geregelte Verfahren.[2] Die §§ 16, 32 BeurkG finden ebenso Anwendung für die Beurkundung von **Erbverträgen** (§ 33 BeurkG), wenn der Erblasser und/oder der andere Vertragschließende (s. § 33 BeurkG) sprachunkundig i.S.v. § 16 Abs. 1 BeurkG sind.[3]

3 Die §§ 16, 32 BeurkG gelten für das (wegen des eingeschränkten Verweises auf § 5 Abs. 1 BeurkG zwingend in deutscher Sprache zu errichtende) Nottestament vor dem Bürgermeister (§§ 2249 Abs. 1 S. 4, 2250 BGB), nicht aber für das Dreizeugentestament (§ 2250 BGB). Für diesen Fall gestattet es aber § 2250 Abs. 3 S. 2, 3 BGB, die Niederschrift in einer anderen als der deutschen Sprache zu errichten, wenn Erblasser und Zeugen dieser Sprache hinreichend kundig sind. Zum **Seetestament** siehe § 2251 BGB.

4 Die §§ 16, 32 BeurkG sind auch anwendbar auf das **konsularische Notariat** (§ 10 Abs. 3 KonsG).

B. Regelungsgehalt

I. Grds. Erfordernis der schriftlichen Übersetzung (S. 1)

5 Die Sprache, in der die Niederschrift aufgenommen wird (S. 1), ist gem. § 5 Abs. 1 BeurkG regelmäßig Deutsch. Auf Verlangen der Parteien kann der Notar in einer anderen Sprache beurkunden (§ 5 Abs. 2

1 BeckOGK/*Grziwotz*, Stand: 1.1.2026, § 32 BeurkG Rn 2; BeckOK-BeurkG/*Seebach*, § 32 Rn 9; Grziwotz/Sauer/Heinemann/*Heinemann/Sauer*, § 32 Rn 6; *Winkler*, § 32 Rn 7.

2 BeckOGK/*Grziwotz*, Stand: 1.1.2026, § 32 BeurkG Rn 2, 4; BeckOK-BeurkG/*Seebach*, § 32 Rn 8; Grziwotz/Sauer/Heinemann/*Heinemann/Sauer*, § 32 Rn 6; *Winkler*, § 32 Rn 7.

3 BeckOGK/*Grziwotz*, Stand: 1.1.2026, § 32 BeurkG Rn 3; BeckOK-BeurkG/*Seebach*, § 32 Rn 8, 11, 12; Grziwotz/Sauer/Heinemann/*Heinemann/Sauer*, § 32 Rn 4; *Winkler*, § 32 Rn 2.

BeurkG); er muss dies aber nicht (§ 15 Abs. 1 S. 2 BNotO). Die **schriftliche Übersetzung** ist Wirksamkeitsvoraussetzung für die Beurkundung, wenn der Notar die Sprachunkundigkeit des Erblassers in der Niederschrift festgestellt hat (zum Begriff der Sprachunkundigkeit siehe § 16 BeurkG Rdn 11 ff.).[4] Etwas anderes gilt gem. S. 2, wenn der Erblasser auf die schriftliche Übersetzung verzichtet (siehe Rdn 9).

Die Niederschrift muss außerdem anstelle des Vorlesens **mündlich übersetzt** werden (§ 16 Abs. 2 BeurkG). Die mündliche Übersetzung wird nicht dadurch entbehrlich, dass der Erblasser nach S. 2 auf die schriftliche Übersetzung verzichtet.[5] Das Fehlen der mündlichen Übersetzung, wenn die Niederschrift einen Vermerk des Notars zur Sprachunkundigkeit des Erblassers enthält, bedeutet einen Verstoß gegen eine Muss-Vorschrift und führte somit zur Nichtigkeit der Beurkundung.[6] Die schriftliche Übersetzung kann dem Erblasser **vorgelesen** werden; eine zusätzliche mündliche Übersetzung ist in diesem Fall nicht erforderlich.[7] Die schriftliche Übersetzung braucht dem Erblasser nur auf Verlangen zur **Durchsicht** vorgelegt zu werden (§ 16 Abs. 2 S. 2 BeurkG). 6

Die schriftliche Übersetzung soll der Niederschrift **beigefügt** werden. Die Verbindung der in einem separaten Schriftstück enthaltenen Übersetzung mit der Niederschrift durch Schnur und Prägesiegel (§ 44 BeurkG) ist zwar nicht vorgeschrieben,[8] aber jedenfalls zweckmäßig.[9] Die schriftliche Übersetzung ist mit der Niederschrift selbst zu **verschließen** und zu **verwahren** (§ 34 Abs. 1 S. 2 BeurkG). 7

§ 32 BeurkG regelt nicht, **wer** zu übersetzen hat. Das kann der Notar oder der Dolmetscher (vgl. § 16 Abs. 3 S. 1 BeurkG) sein. 8

II. Verzicht (S. 2)

Der Erblasser kann – auch konkludent[10] – auf die schriftliche Übersetzung nach § 32 BeurkG, nicht aber auf die mündliche Übersetzung nach § 16 Abs. 2 S. 1 BeurkG **verzichten**. Der Verzicht muss gem. § 32 S. 2 Hs. 2 BeurkG festgestellt, also **in der Niederschrift vermerkt** werden. Das Fehlen eines Vermerks über den Verzicht auf die schriftliche Übersetzung führt zur Unwirksamkeit des Verzichts und damit zur Nichtigkeit der Beurkundung, wenn in der Urkunde die mangelnde Sprachkunde festgestellt, aber keine schriftliche Übersetzung angefertigt worden ist.[11] Stellt der Notar mithin in der Niederschrift die Sprachunkundigkeit fest, so hat er unbedingt die Vorgaben des § 32 BeurkG einzuhalten; anderenfalls droht ihm – neben den disziplinarrechtlichen Folgen – ein erhebliches Haftungsrisiko. 9

§ 33 Besonderheiten beim Erbvertrag

Bei einem Erbvertrag gelten die §§ 30 bis 32 entsprechend auch für die Erklärung des anderen Vertragschließenden.

4 BeckOGK/*Grziwotz*, Stand: 1.1.2026, § 32 BeurkG Rn 10; BeckOK-BeurkG/*Seebach*, § 32 Rn 3.1, 17; *Winkler*, § 32 Rn 9.

5 BeckOGK/*Grziwotz*, Stand: 1.1.2026, § 32 BeurkG Rn 17; BeckOK-BeurkG/*Seebach*, § 32 Rn 3.4; Grziwotz/Sauer/Heinemann/*Heinemann/Sauer*, § 32 Rn 5; *Lerch*, § 32 Rn 5; *Winkler*, § 32 Rn 4.

6 *Winkler*, § 32 Rn 15; vgl. auch BeckOGK/*Grziwotz*, Stand: 1.1.2026, § 32 Rn 22; Burandt/Rojahn/*Egerland*, § 32 BeurkG Rn 10; Frenz/Miermeister/*Baumann*, § 32 BeurkG Rn 8.

7 BeckOK-BeurkG/*Seebach*, § 32 Rn 3.3; MüKo-BGB/*Sticherling*, § 32 BeurkG Rn 15; *Winkler*, § 32 Rn 10.

8 Vgl. Burandt/Rojahn/*Egerland*, § 32 BeurkG Rn 7 (schlichtes Beilegen genügt); Grziwotz/Sauer/Heinemann/*Heinemann/Sauer*, § 32 Rn 13.

9 BeckOGK/*Grziwotz*, Stand: 1.1.2026, § 32 BeurkG Rn 15; BeckOK-BeurkG/*Seebach* § 32 Rn 28; Grziwotz/Sauer/Heinemann/*Heinemann/Sauer*, § 32 Rn 13; MüKo-BGB/*Sticherling*, § 32 BeurkG Rn 14; vgl. auch *Winkler*, § 32 Rn 11.

10 BeckOGK/*Grziwotz*, Stand: 1.1.2026, § 32 BeurkG Rn 17; BeckOK-BeurkG/*Seebach* § 32 Rn 33; Grziwotz/Sauer/Heinemann/*Heinemann/Sauer*, § 32 Rn 15; MüKo-BGB/*Sticherling*, § 32 BeurkG Rn 17.

11 BeckOGK/*Grziwotz*, Stand: 1.1.2026, § 32 BeurkG Rn 21 (zugleich kritisch im Hinblick auf die strenge Rechtsfolge); BeckOK-BeurkG/*Seebach*, § 32 Rn 36, 38; Grziwotz/Sauer/Heinemann/*Heinemann/Sauer*, § 32 Rn 19; vgl. auch Burandt/Rojahn/*Egerland*, § 32 BeurkG Rn 10; Frenz/Miermeister/*Baumann*, § 32 BeurkG Rn 8; MüKo-BGB/*Sticherling*, § 32 BeurkG Rn 17.

A. Normzweck; Anwendungsbereich

1 § 33 BeurkG ergänzt § 2276 Abs. 1 S. 2 Hs. 2 BGB. Bei einem **Erbvertrag** gelten also die Vorschriften über die Formen der Testamentserrichtung für beide Vertragspartner.[1] Treffen in dem Erbvertrag beide Vertragsteile letztwillige Verfügungen, gelten die §§ 30 und 32 BeurkG unmittelbar. § 33 BeurkG erstreckt den Anwendungsbereich der §§ 30 und 32 BeurkG bezogen auf Erbverträge, in denen **nur eine** der Vertragsparteien als Erblasser Verfügungen von Todes wegen trifft (einseitig verfügender Erbvertrag), auf die Erklärung des anderen Teils.[2] Mit dem Gesetz zur Einführung einer elektronischen Präsenzbeurkundung[3] wurde die Vorschrift dahin ergänzt, dass der Verweis den neuen § 31 BeurkG einbezieht, also die Errichtung einer elektronischen Niederschrift ebenfalls ausgeschlossen werden soll.

2 Häufig werden Erbverträge mit anderen Verträgen (Erbverzichtsverträgen, Pflegeverträgen, Eheverträgen) in einer Urkunde **verbunden**. In solchen Fällen müssen grds. sowohl die Formen des Erbvertrages als auch die des Vertrages unter Lebenden gewahrt werden.

3 Für die Verbindung mit einem **Ehevertrag** statuiert § 2276 Abs. 2 BGB, dass die für den Ehevertrag vorgeschriebene Form ausreiche. Die §§ 30 und 32 BeurkG, die § 33 BeurkG a.F. für entsprechend anwendbar erklärt, finden hier deshalb keine Anwendung.[4] Richtigerweise dürfte das in § 31 BeurkG n.F. geregelte Verbot der elektronischen Präsenzbeurkundung jedoch auch für den verbundenen Vertrag gelten.[5] Als Formerleichterung kommt der Ausnahmeregelung des § 2276 Abs. 2 BGB wenig praktische Bedeutung zu, da die Anforderungen an Eheverträge (§ 1410 BGB) teils sogar höher sind: Diese lassen sich insbesondere im Unterschied zu Erbverträgen (§§ 2232, 2276 Abs. 1 S. 2 BGB) nicht durch Übergabe einer verschlossenen Schrift errichten.[6] Es stellt sich eher umgekehrt die Frage, ob für den Ehevertrag die Form des Erbvertrags ausreicht; das ist mangels einer dem § 2276 Abs. 2 BGB entsprechenden Regelung allerdings zu verneinen.[7] Durch § 2276 Abs. 2 BGB nicht berührt wird die Anwendbarkeit von § 27 BeurkG, der für Verfügungen von Todes wegen den Anwendungsbereich bestimmter Mitwirkungsverbote klarstellt (§ 27 BeurkG Rn 1 m.w.N.).[8]

4 § 33 BeurkG gilt auch für die Beurkundung eines Erbvertrages durch einen **Konsularbeamten** (§§ 11 Abs. 1, 10 Abs. 3 KonsG).

B. Regelungsinhalt

5 Die **verfahrensrechtlichen Regelungen** für die Beurkundung eines Erbvertrages finden sich in den §§ 2–5, 6–13a, 16–18, 22–26, 27–35 BeurkG. Die §§ 30 bis 32 BeurkG, also auch § 31 BeurkG n.F. (siehe Rdn 1), sind wegen § 33 BeurkG nicht nur auf den Testierenden, sondern auch auf den oder die anderen (lediglich annehmenden) Vertragspartner anzuwenden. Dieser kann also etwa die Annahmeerklärung in der Form der Übergabe einer Schrift nach § 30 BeurkG vollziehen.[9] § 33 BeurkG gilt auch für Verträge mit mehr als zwei Vertragschließenden.[10]

1 Testierfähige Minderjährige können allerdings keinen Erbvertrag als Erblasser abschließen, siehe § 2275 BGB; die früheren Ausnahmen nach § 2275 Abs. 2, 3 BGB a.F. wurden durch das Gesetz zur Bekämpfung von Kinderehen v. 17.7.2017, BGBl I, 2429, gestrichen.

2 BeckOGK/*Grziwotz*, Stand: 1.1.2026, § 33 BeurkG Rn 1, 3; Frenz/Miermeister/*Baumann*, § 33 BeurkG Rn 1.

3 G. v. 10.12.2025, BGBl. I Nr. 320.

4 BeckOGK/*Grziwotz*, Stand: 1.1.2026, § 33 BeurkG Rn 4; BeckOK-BeurkG/*Seebach*, § 33 Rn 8.1; Grziwotz/Sauer/Heinemann/*Heinemann/Sauer*, § 33 Rn 3; MüKo-BGB/*Sticherling*, § 33 BeurkG Rn 25.

5 BeckOGK/*Grziwotz*, Stand: 1.1.2026, § 33 BeurkG Rn 4, 14.

6 MüKo-BGB/*Brockmöller*, § 2276 BGB Rn 8.

7 BeckOGK/*Grziwotz*, Stand: 1.1.2026, § 33 BeurkG Rn 4; *Lerch*, § 33 Rn 5; vgl. auch Grziwotz/Sauer/Heinemann/*Heinemann/Sauer*, § 33 Rn 3.

8 MüKo-BGB/*Sticherling*, § 33 BeurkG Rn 25.

9 BeckOK-BeurkG/*Seebach*, § 33 Rn 12.1; Grziwotz/Sauer/Heinemann/*Heinemann/Sauer*, § 33 Rn 6; MüKo-BGB/*Sticherling*, § 33 BeurkG Rn 16; *Winkler*, § 33 Rn 9.

10 BeckOK-BeurkG/*Seebach*, § 32 Rn 13; Grziwotz/Sauer/Heinemann/*Heinemann/Sauer*, § 33 Rn 3; *Winkler*, § 33 Rn 5.

Die §§ 27, 29 BeurkG gelten unmittelbar.[11] § 28 BeurkG wird in § 33 BeurkG nicht genannt, insofern gilt für den lediglich annehmenden Vertragspartner also § 11 BeurkG:[12] Der Notar braucht sich zur Geschäftsfähigkeit des Vertragspartners nur im Zweifelsfall oder bei schwerer Krankheit zu äußern. 6

Die Vertragspartner brauchen ihre erbvertraglichen Erklärungen nicht in derselben **beurkundungsrechtlichen Weise** abzugeben. 7

Der Vertragspartner, der eine letztwillige Verfügung trifft, muss bei der notariellen Beurkundung des Erbvertrages persönlich anwesend sein (§ 2274 BGB). Der andere Vertragspartner kann sich **vertreten** lassen, wenn er nicht selbst letztwillig verfügt.[13] Die Anwendbarkeit der auf besondere persönliche Verhältnisse abstellenden §§ 22–25, 32 BeurkG richtet sich dann nach der Person des Vertreters, nicht des Vertretenen.[14] Enthält der Erbvertrag jedoch einen (ggf. konkludenten) Erbverzicht, so muss der den Verzicht annehmende Beteiligte die Erklärung persönlich abgeben (§ 2347 BGB). 8

§ 34 Verschließung, Verwahrung

(1) [1]Die Niederschrift über die Errichtung eines Testaments soll der Notar in einen Umschlag nehmen und diesen mit dem Prägesiegel verschließen. [2]In den Umschlag sollen auch die nach den §§ 30 und 32 beigefügten Schriften genommen werden. [3]Auf dem Umschlag soll der Notar den Erblasser seiner Person nach näher bezeichnen und angeben, wann das Testament errichtet worden ist; diese Aufschrift soll der Notar unterschreiben. [4]Der Notar soll veranlassen, dass das Testament unverzüglich in besondere amtliche Verwahrung gebracht wird.

(2) Beim Abschluß eines Erbvertrages gilt Absatz 1 entsprechend, sofern nicht die Vertragschließenden die besondere amtliche Verwahrung ausschließen; dies ist im Zweifel anzunehmen, wenn der Erbvertrag mit einem anderen Vertrag in derselben Urkunde verbunden wird.

(3) Haben die Beteiligten bei einem Erbvertrag die besondere amtliche Verwahrung ausgeschlossen, so bleibt die Urkunde in der Verwahrung des Notars.

(4) Die Urschrift einer Verfügung von Todes wegen darf nicht nach § 56 in die elektronische Form übertragen werden.

A. Regelungsgehalt, Allgemeines

§ 34 BeurkG und ergänzende Bestimmungen (siehe Rdn 2) regeln die **Verschließung** und **Verwahrung** von letztwilligen Verfügungen. § 34 BeurkG ersetzt und ändert geringfügig Vorschriften, die vor dem BeurkG im BGB enthalten waren. Das entspricht dem vom BeurkG angestrebten Ziel, das Beurkundungsverfahrensrecht vom materiellen Urkundenrecht zu trennen, also das BGB auf diejenigen Regelungen zu 1

11 Vgl. BeckOGK/*Grziwotz*, Stand: 1.1.2026, § 33 BeurkG Rn 14; BeckOK-BeurkG/*Seebach*, § 33 Rn 15; MüKo-BGB/*Sticherling*, § 33 BeurkG Rn 13, 15.

12 BeckOGK/*Grziwotz*, Stand: 1.1.2026, § 33 BeurkG Rn 14; BeckOK-BeurkG/*Seebach*, § 33 Rn 15; Burandt/Rojahn/*Egerland*, § 33 BeurkG Rn 4; Grziwotz/Sauer/Heinemann/*Heinemann/Sauer*, § 33 Rn 11; MüKo-BGB/*Sticherling*, § 33 BeurkG Rn 14; *Winkler*, § 33 Rn 8.

13 BeckOK-BeurkG/*Seebach*, § 33 Rn 14; Frenz/Miermeister/*Baumann*, § 33 BeurkG Rn 3; Grziwotz/Sauer/Heinemann/*Heinemann/Sauer*, § 33 Rn 5; Staudinger/*Raff*, § 2274 Rn 5.

14 BeckOK-BeurkG/*Seebach*, § 33 Rn 14; Frenz/Miermeister/*Baumann*, § 33 BeurkG Rn 3; Grziwotz/Sauer/Heinemann/*Heinemann/Sauer*, § 33 Rn 5; MüKo-BGB/*Sticherling*, § 33 BeurkG Rn 9; *Winkler*, § 33 Rn 10.

beschränken, die den Urkundeninhalt, hier den Inhalt von letztwilligen Verfügungen, betreffen. § 34 BeurkG ist lex specialis zu § 45a BeurkG.[1] Die **Verfahrensvorschriften** zur besonderen amtlichen Verwahrung bei Gericht finden sich in den §§ 344, 346 und 347 FamFG.

2 § 34 BeurkG wird allgemein in Bezug auf die Behandlung notarieller Testamente und Erbverträge ergänzt durch § 8 DONot (siehe Kommentierung dort) und die §§ 16, 31 bis 33 NotAktVV (siehe Kommentierung dort) sowie durch Abschnitt I Nr. 1 AVBenachNachlass.

3 § 34 BeurkG enthält unterschiedliche Regelungen für **Testamente** (Abs. 1) und für **Erbverträge** (Abs. 2). § 34 Abs. 1 BeurkG gilt auch für den **Widerruf eines Testaments**, wenn dieser durch Testament (§ 2254 BGB) erfolgt.[2] Keine Anwendung findet § 34 BeurkG allerdings auf Erklärungen, die den **Widerruf wechselbezüglicher Verfügungen** eines gemeinschaftlichen Testaments enthalten (§ 2271 Abs. 1 BGB), weil hierfür die Vorschriften über den Rücktritt vom Erbvertrag gelten.[3] Die Erklärung ist also nicht in die besondere amtliche Verwahrung zu bringen. Als erbfolgerelevante Erklärung ist eine solche Widerrufserklärung allerdings dem Zentralen Testamentsregister (**ZTR**) mitzuteilen, sobald sie durch Zustellung des Widerrufs wirksam geworden ist (vgl. § 78d Abs. 2 S. 1 BNotO, siehe auch § 34a BeurkG Rdn 4).[4] Eine Mitteilung an das Verwahrgericht ist dagegen nicht vorgesehen.[5]

Der Notar sollte – schon alleine wegen der anfallenden Gerichtsgebühr (allerdings seit Einführung des GNotKG nur noch pauschal 75 EUR zzgl. Registrierungsgebühren ZTR – KV Nr. 12100 zum GNotKG) – darauf hinweisen, dass er ein notarielles Testament in die besondere amtliche Verwahrung des Amtsgerichts zu bringen hat und diesbezügliche anderweitige Wünsche des Erblassers grds. nicht berücksichtigen darf (vgl. aber Rdn 15, zur Bestimmung des Verwahrgerichts Rdn 16).

4 § 34 BeurkG gilt auch für das Nottestament vor dem **Bürgermeister** (§ 2249 Abs. 1 S. 4 BGB), nicht aber für das Dreizeugentestament und das Seetestament (§§ 2250 Abs. 3 S. 2, 2251 BGB). Auch § 11 Abs. 2 KonsG knüpft an die §§ 34, 34a BeurkG an und regelt die Zuständigkeit für die besondere amtliche Verwahrung.[6]

B. Testament (Abs. 1)

I. Verschließung (Abs. 1 S. 1–3)

5 Der Notar hat die Dienstpflicht, jedes vor ihm errichtete Testament zu **verschließen**. Davon kann ihn der Erblasser nicht entbinden.[7] Die Verletzung dieser Pflicht hat aber nur disziplinarische Folgen; sie berührt die Wirksamkeit des Testaments nicht.

1. Umschlag

6 Das Testament soll in einem **Umschlag** verschlossen werden. Der Umschlag soll dem **Muster** nach Anlage 1 der AVBenachNachlass entsprechen. Abschnitt 1 Nr. 1.1 dieser AV nennt in Präzisierung von Abs. 1 S. 3 die **Angaben**, die der Notar auf diesem Umschlag vermerken soll. Erst wenn an einer Verfügung von Todes wegen mehr als zwei Personen beteiligt sind – also nicht schon bei jedem gemeinschaftlichen Testament – kommt die Anwendung eines zweiten Umschlages praktisch in Frage (vgl. dazu eingehend AVBenachNachlass Abschnitt I Nr. 1.4 S. 3).

7 Die Aufschrift auf dem Umschlag soll der Notar, der die Niederschrift verschließt, unterschreiben. Handelt es sich dabei um den Urkundsnotar, dann ersetzt diese **Unterschrift** die etwa fehlende Unterschrift

1 BeckOK-BeurkG/*Seebach*, § 34 Rn 15; Grziwotz/Sauer/Heinemann/*Heinemann/Sauer*, § 34 Rn 45; a.A. MüKo-BGB/*Sticherling*, § 34 BeurkG Rn 39.

2 BeckOGK/*Grziwotz*, Stand: 1.1.2026, § 34 BeurkG Rn 2; BeckOK-BeurkG/*Seebach*, § 34 Rn 4; Burandt/Rojahn/*Egerland*, § 34 BeurkG Rn 1.

3 OLG Brandenburg, 22.12.2020 – 3 W 115/20, NJW-RR 2021, 328; BeckOGK/*Grziwotz*, Stand: 1.1.2026, § 34 BeurkG Rn 2; MüKo-BGB/*Sticherling*, § 34 BeurkG Rn 6; vgl. auch BeckOK-BeurkG/*Seebach*, § 34 Rn 5; Grziwotz/Sauer/Heinemann/*Heinemann/Sauer*, § 34 Rn 6; kritisch Frenz/Miermeister/*Baumann*, § 34 BeurkG Rn 3.

4 Frenz/Miermeister/*Baumann*, § 34 BeurkG Rn 3; Grziwotz/Sauer/Heinemann/*Heinemann/Sauer*, § 34 Rn 6; MüKo-BGB/*Sticherling*, § 34 BeurkG Rn 6.

5 Vgl. Grziwotz/Sauer/Heinemann/*Heinemann/Sauer*, § 34 Rn 6; dagegen *Winkler*, § 34 Rn 12 (sei empfehlenswert).

6 Vgl. NK-NachfolgeR/*Peter*, § 11 KonsG Rn 6, 7.

7 BeckOK-BGB/*Litzenburger*, § 34 BeurkG Rn 1; BeckOK-BeurkG/*Seebach*, § 34 Rn 52; MüKo-BGB/*Sticherling*, § 34 BeurkG Rn 11.

des Notars auf der Niederschrift selbst (siehe § 35 BeurkG). Das Datum muss der Notar seiner Unterschrift nicht beifügen.

In den Umschlag soll der Notar außer der Niederschrift selbst auch die nach den §§ 30–32 BeurkG **beigefügten Schriften** nehmen, also die offen oder verschlossen übergebene Schrift nach § 2233 BGB sowie ggf. die schriftliche Übersetzung der Niederschrift (§§ 16 Abs. 2, 32 BeurkG). Schriftstücke, deren Inhalt nach § 9 Abs. 1 S. 2 und 3 BeurkG als in der Niederschrift selbst enthalten gilt (vgl. § 9 BeurkG Rdn 26 ff.) werden nach § 44 BeurkG mit der Niederschrift fest verbunden und insofern mit dieser in den Umschlag aufgenommen.[8] Daneben werden in der Praxis zur Erleichterung der Arbeit der Nachlassgerichte bisweilen (beglaubigte) Leseabschriften beigefügt, wenn der Text des Testamentes durch handschriftliche Einfügungen (z.B. Beurkundung im Krankenhaus) nur schwer lesbar ist. Nicht mitzuverschließen sind Bezugsurkunden nach § 13a Abs. 4 BeurkG.[9] Diese sollten aber erforderlichenfalls zum besseren Verständnis des Testaments bzw. aus Gründen der Beweissicherung beigefügt werden (z.B. ärztliches Attest über die Geschäftsfähigkeit des Erblassers).[10] 8

2. Verschließung, Siegelung

Der Umschlag soll mit dem Prägesiegel verschlossen werden. Dies soll so geschehen, dass er ohne Verletzung des Siegels nicht geöffnet werden kann.[11] Zum Prägesiegel vgl. § 2 DONot Rdn 1. Zulässig ist also nicht nur das Lack- oder Wachssiegel, sondern auch das mit der metallenen Siegelpresse geprägte Oblatensiegel.[12] Nicht ausreichend ist dagegen die Trockeneinprägung ohne Oblate oder die Verwendung des Farbdruckstempels mit Oblate. Verwendet der Notar solche unzulässigen Siegelmethoden, so darf das allenfalls disziplinarrechtliche Folgen haben, berechtigt den Rechtspfleger aber nicht, die Entgegennahme des Testaments in die besondere amtliche Verwahrung abzulehnen.[13] Die Einhaltung dieser Formalien ist keine Voraussetzung für das Verfahren nach §§ 344 ff. FamFG (vgl. dazu Rdn 18). 9

Der Notar soll das Testament – um so seinen Ablieferungspflichten zu genügen (Abs. 1 S. 4) – auch **unverzüglich** (§ 121 Abs. 1 S. 1 BGB) verschließen (vgl. zur unverzüglichen Ablieferung Rdn 11); d.h. sobald es die Geschäftslage gestattet, also entweder noch am Tage der Errichtung oder aber zeitnah an einem der folgenden Geschäftstage, abhängig von der Geschäftsbelastung des Notariats. Keinesfalls muss der Verschluss noch in Gegenwart des Erblassers und der mitwirkenden Personen erfolgen. Der Gesetzgeber gibt dem Notar ausdrücklich die Möglichkeit, die Niederschrift noch einmal in Ruhe auf Formfehler zu prüfen und erforderlichenfalls eine Ergänzung oder Berichtigung der Niederschrift zu veranlassen.[14] Umgekehrt heißt das aber nicht, dass bei besonders hoher Geschäftsbelastung mit der Ablieferung gewartet werden dürfte.[15] 10

II. Verwahrung (Abs. 1 S. 4)

1. Ablieferungspflicht

Der Notar hat die **Dienstpflicht**, das Testament unverzüglich in die **amtliche Verwahrung** bringen zu lassen (Abs. 1 S. 4). Der Notar sollte – schon alleine wegen der anfallenden Gerichtsgebühr (pauschal 11

8 Vgl. BeckOGK/*Grziwotz*, Stand: 1.1.2026, § 34 BeurkG Rn 14; BeckOK-BeurkG/*Seebach*, § 34 Rn 35; Grziwotz/Sauer/Heinemann/*Heinemann/Sauer*, § 34 Rn 7; MüKo-BGB/*Sticherling*, § 34 BeurkG Rn 13.

9 BeckOK-BeurkG/*Seebach*, § 34 Rn 38.5; Grziwotz/Sauer/Heinemann/*Heinemann/Sauer*, § 34 Rn 7; MüKo-BGB/*Sticherling*, § 34 BeurkG Rn 14; vgl. auch *Winkler*, § 34 Rn 3.

10 Vgl. BeckOK-BeurkG/*Seebach*, § 34 Rn 38.2, 38.3; Frenz/Miermeister/*Baumann*, § 34 BeurkG Rn 5; Grziwotz/Sauer/Heinemann/*Heinemann/Sauer*, § 34 Rn 7 (empfehlenswert); weitergehend BeckOGK/*Grziwotz*, Stand: 1.1.2026, § 34 BeurkG Rn 15 (Verpflichtung bzgl. ärztlicher Atteste über die Geschäftsfähigkeit des Erblassers).

11 Allg. Meinung: LG Berlin, Urt. v. 15.11.1983 – 83 T 413/83, DNotZ 1984, 640; BeckOGK/*Grziwotz*, Stand: 1.1.2026, § 34 BeurkG Rn 18; BeckOK-BeurkG/*Seebach*, § 34 Rn 45; Grziwotz/Sauer/Heinemann/*Heinemann/Sauer*, § 34 Rn 11; *Lerch*, § 34 Rn 6; MüKo-BGB/*Sticherling*, § 34 BeurkG Rn 27; *Winkler*, § 34 Rn 3.

12 LG Berlin, Urt. v. 15.11.1983 – 83 T 413/83, DNotZ 1984, 640.

13 BeckOGK/*Grziwotz*, Stand: 1.1.2026, § 34 BeurkG Rn 13; Grziwotz/Sauer/Heinemann/*Heinemann/Sauer*, § 34 Rn 11.

14 Vgl. BT-Drucks V/3282, 36; *Keidel*, DNotZ 1952, 570, 573.

15 BeckOGK/*Grziwotz*, Stand: 1.1.2026, § 34 BeurkG Rn 22; womöglich großzügiger Grziwotz/Sauer/Heinemann/*Heinemann/Sauer*, § 34 Rn 13.

75 EUR zzgl. Registrierungsgebühren ZTR – KV Nr. 12100 zum GNotKG) – darauf **hinweisen**, dass er ein notarielles Testament in die besondere amtliche Verwahrung des Amtsgerichts zu bringen hat und abweichende Wünsche des Erblassers grds. nicht berücksichtigen darf (vgl. aber Rdn 15). In der **Urkundensammlung** zu verwahren sind mit Geltung der NotAktVV nach § 31 Abs. 1 Nr. 1b) NotAktVV ein Ausdruck der Bestätigung oder der Bestätigungen über die Registrierung im ZTR (vgl. § 34a Abs. 1 BeurkG) und – auf Wunsch des Erblassers – eine beglaubigte Abschrift (siehe § 31 NotAktVV Rdn 3). Eine Aufnahme des Vermerkblattes über die Ablieferung, wie § 20 Abs. 1 DONot a.F. sie vorgeschrieben hatte, wird nicht verlangt (vgl. § 31 NotAktVV Rdn 5).

12 Die Ablieferung des Testaments hat ohne schuldhaftes Verzögern (vgl. § 121 Abs. 1 S. 1 BGB) zu erfolgen.[16] Von dieser Pflicht können die Beteiligten den Notar nicht endgültig entbinden (vgl. Rdn 19).[17] Beachtlich wäre dagegen eine Anweisung des Erblassers, das Testament zunächst nicht abzuliefern.[18] Hier wäre jedoch darauf zu achten, dass die Weisung nicht so weit geht, dass faktisch die Ablieferung per se ausgeschlossen werden soll.[19] Zur einzigen Ausnahme von der Ablieferungspflicht vgl. im Folgenden Rdn 15.

13 Die **versehentlich unterbliebene Ablieferung** in die amtliche Verwahrung kann jederzeit nachgeholt werden. Die Wirksamkeit der Verfügung ist davon nicht abhängig (vgl. Rdn 5).[20] Auch das nicht in die Verwahrung gebrachte Testament ist ein öffentliches Testament.[21]

14 Wünscht der Erblasser definitiv, dass das Testament nicht beim Amtsgericht abgeliefert werde, so muss der Notar die Beurkundung des Testaments ablehnen.[22] Händigt der Notar pflichtwidrig ein von ihm beurkundetes Testament dem Erblasser aus, so ist das keine Rückgabe aus der amtlichen Verwahrung i.S.v. § 2256 BGB.[23] Die Widerrufswirkung des § 2256 BGB tritt vielmehr erst dann ein, wenn das Testament in die besondere amtliche Verwahrung gelangt war.[24]

15 Eine (einzige) **Ausnahme von der Ablieferungspflicht** des Notars besteht dann, wenn der Erblasser das Testament nach Beurkundung, aber noch vor der Ablieferung zu **widerrufen** wünscht. Es wäre sehr formalistisch, in solchen Fällen den Notar für verpflichtet zu halten, das Testament in die besondere amtliche Verwahrung zu bringen, damit es durch Widerrufstestament oder Rücknahme widerrufen werden könne. In einem solchen Fall ist es deshalb zulässig, dass der Notar dem Erblasser das noch nicht in die amtliche Verwahrung gebrachte Testament aushändigt, damit es in seiner Gegenwart vernichtet wird.[25] In die Urkundensammlung ist ein **Vermerk** aufzunehmen (siehe § 33 Abs. 5 NotAktVV).

16 Nach § 2256 Abs. 2 BGB kann der Erblasser jederzeit die **Rückgabe des Testaments aus der amtlichen Verwahrung** verlangen; die Rückgabe hat dabei an den Erblasser persönlich zu erfolgen (bei gemeinschaftlichem Testament: Rücknahme aus der amtlichen Verwahrung nur von beiden Ehegatten, § 2272 BGB). Mit der Rückgabe aus der amtlichen Verwahrung wird die Widerrufsfiktion nach § 2256 Abs. 1 BGB ausgelöst.[26]

16 Für Regelfrist von drei Arbeitstagen: BeckOK-BGB/*Litzenburger*, § 34 BeurkG Rn 3; Burandt/Rojahn/*Egerland*, § 34 BeurkG Rn 11; *Lerch*, § 34 Rn 8; für Regelfrist von einer Woche: BeckOGK/*Grziwotz*, Stand: 1.1.2026, § 34 BeurkG Rn 31; zu starr: LG Berlin, Urt. v. 15.11.1983 – 83 T 413/83, DNotZ 1984, 640 (Höchstfrist: eine Woche); MüKo-BGB/*Sticherling*, § 34 BeurkG Rn 24; so auch *Lerch*, § 34 Rn 8 (spätestens nach einer Woche); tendenziell BeckOK-BGB/*Litzenburger*, § 34 BeurkG Rn 3.

17 BeckOK-BeurkG/*Seebach*, § 34 Rn 76; MüKo-BGB/*Sticherling*, § 34 BeurkG Rn 11.

18 Frenz/Miermeister/*Baumann*, § 34 BeurkG Rn 7 (z.B., wenn der Erblasser das Testament vor einer Operation als vorläufig gewolltes errichten lässt und sich nach überstandener OP eine Neufassung vorbehält); vgl. auch BeckOK-BeurkG/*Seebach*, § 34 Rn 77; Grziwotz/Sauer/Heinemann/*Heinemann/Sauer*, § 34 Rn 14; *Winkler*, § 34 Rn 7a.

19 BeckOK-BeurkG/*Seebach*, § 34 Rn 77.

20 BeckOGK/*Grziwotz*, Stand: 1.1.2026, § 34 BeurkG Rn 30; *Winkler*, § 35 Rn 8.

21 Insoweit unklar: *Riedel*, NJW 1970, 1278, 1279.

22 BeckOK-BeurkG/*Seebach*, § 34 Rn 76; *Winkler*, § 34 Rn 8.

23 Grziwotz/Sauer/Heinemann/*Heinemann/Sauer*, § 34 Rn 17.

24 Grüneberg/*Weidlich*, § 2256 BGB Rn 1.

25 BeckOK-BeurkG/*Seebach*, § 34 Rn 54; Frenz/Miermeister/*Baumann*, § 34 BeurkG Rn 7; Grziwotz/Sauer/Heinemann/*Heinemann/Sauer*, § 34 Rn 17; *Lerch*, § 34 Rn 2; *Winkler*, § 34 Rn 7a.

26 Zur Wirkung der Rücknahme auf ein später errichtetes Testament, in dem auf das aus der amtlichen Verwahrung zurückgenommene Testament Bezug genommen wird, vgl. OLG Frankfurt, Beschl. v. 20.7.2021 – 20 W 9/20, ZEV 2022, 146 ff.

Vor dem Hintergrund der Gefahr, dass die Urschrift eines noch wirksamen beurkundeten Rechtsgeschäfts verloren gehen könnte, sollten Testamente nicht mit anderen Geschäften (z.B. gemeinschaftliches Testament und Pflichtteilsverzicht)[27] in einer Urkunde zusammengefasst werden.[28] Die einschränkende Regelung des § 2300 Abs. 2 BGB betrifft nur Erbverträge und findet auf Testamente keine Anwendung.[29] 17

2. Verfahrensrechtliches

Zuständigkeit und Verfahren für die besondere amtliche Verwahrung sind in den §§ 344 ff. FamFG geregelt. Nach § 3 Nr. 2c RPflG sind die in diesen Vorschriften beschriebenen richterlichen Aufgaben dem Rechtspfleger zur selbstständigen Wahrnehmung übertragen. Auch die Hinterlegung bei einem **örtlich unzuständigen Gericht** ist besondere amtliche Verwahrung (§ 2 Abs. 3 FamFG). 18

Der Erblasser kann das verwahrende Gericht bestimmen (§ 344 Abs. 1 S. 2 FamFG). Hiervon kann z.B. Gebrauch gemacht werden bei bevorstehendem Umzug oder besonderem örtlichen Bezug (Belegenheit von Immobilien, Sitz des Testamentsvollstreckers). Weitere Einflussmöglichkeiten hat er nicht, insbesondere kann er den Notar von der **öffentlich-rechtlichen Ablieferungspflicht** nicht endgültig befreien (siehe oben Rdn 11 f.).[30] 19

C. Erbvertrag (Abs. 2, 3)

Bei Abschluss eines Erbvertrages findet Abs. 2 (sowie ggf. Abs. 3) Anwendung. Das gilt auch dann, wenn der Erbvertrag **mit einem Ehevertrag verbunden** sein sollte; nach § 2276 Abs. 2 BGB genügt hier zwar die für den Ehevertrag bestimmte Form, ein Ausschluss des § 34 BeurkG ist damit aber nicht verbunden (siehe auch Rdn 24).[31] Dagegen unterfällt ein Rücktritt vom Erbvertrag, obwohl hierfür die für den Erbvertrag vorgeschriebene Form eingehalten werden muss (vgl. § 2290 Abs. 4 BGB), nicht dem Anwendungsbereich des § 34 BeurkG (vgl. auch zum Anwendungsbereich oben Rdn 3).[32] 20

I. Entsprechende Anwendung der für Testamente geltenden Vorschrift

Für die **Verschließung des Erbvertrages** gelten dieselben Vorschriften wie für das Testament (Abs. 2). Auch den Erbvertrag soll der Notar daher nebst beigefügten Schriften (siehe Rdn 8) in einen Umschlag nehmen (Anlage 1 zur AVBenachNachlass), verschließen, unterschreiben und – gegen Hinterlegungsschein (§ 346 Abs. 3 FamFG) – in **besondere amtliche Verwahrung** bringen. 21

II. (Fakultativer) Ausschluss der besonderen amtlichen Verwahrung

Die Vertragschließenden können die besondere amtliche Verwahrung ausschließen (Abs. 2 Hs. 1). Nur der **Widerspruch aller** Vertragspartner gegen die amtliche Verwahrung hat diese Wirkung.[33] Nach Abs. 3 bleibt die Urschrift des Vertrages in diesem Fall in der Verwahrung des Notars. Sie wird nach § 32 NotAktVV in einer besonderen Erbvertragssammlung aufbewahrt. Nach Eintritt des Erbfalles hat der Notar die Urschrift gem. § 34a Abs. 3 BeurkG an das Nachlassgericht abzuliefern. 22

Der Widerspruch gegen die besondere amtliche Verwahrung kann jederzeit aufgehoben, die ursprünglich ausgeschlossene besondere amtliche Verwahrung kann also auch nachträglich von den Beteiligten ver- 23

27 Zum Recht auf Rückgabe des gemeinschaftlichen Testaments aus der amtlichen Verwahrung im Falle einer notariellen Urkunde, in der das gemeinschaftliche Ehegattentestament mit einem Ehevertrag sowie einem Pflichtteilsverzicht untrennbar verbunden wurde s. OLG Karlsruhe, Beschl. v. 11.1.2022 – 14 W 6/22, ZEV 2022, 226.

28 *Litzenburger* FD-ErbR 2007, 243862.

29 OLG Karlsruhe, Beschl. v. 11.1.2022 – 14 W 6/22, ZEV 2022, 226, 227 m. Anm. *Litzenburger*; OLG Karlsruhe, Beschl. v. 24.2.2022 – 14 W 6/22, NJW-RR 2022, 589.

30 BGH, Beschl. v. 14.8.1989 – NotZ 14/88 DNotZ 1990, 436 f.; BeckOGK/*Grziwotz*, Stand: 1.1.2026, § 34 BeurkG Rn 29; Grziwotz/Sauer/Heinemann/*Heinemann/Sauer*, § 34 Rn 76, 77; MüKo-BGB/*Sticherling*, § 34 BeurkG Rn 11; *Winkler*, § 34 Rn 8.

31 NK/*Hölscher/Kornexl*, § 2276 BGB Rn 20; vgl. auch BeckOGK-BGB/*Röhl*, Stand: 1.12.2025, § 2276 BGB Rn 19; a.A. BeckOK-BGB/*Litzenburger*, § 2276 Rn 9.

32 OLG Brandenburg, Beschl. v. 22.12.2020 – 3 W 115/20 NJW-RR 2021, 328.

33 BeckOGK/*Grziwotz*, Stand: 1.1.2026, § 34 BeurkG Rn 44; BeckOK-BeurkG/*Seebach*, § 34 Rn 108; Grziwotz/Sauer/Heinemann/*Heinemann/Sauer*, § 34 Rn 26; *Lerch*, § 34 Rn 11; *Winkler*, § 34 Rn 15.

langt werden.[34] Die Beteiligten können nach Sinn und Zweck von Abs. 2 außerdem eine bestehende amtliche Verwahrung jederzeit wieder aufheben (siehe Rdn 29).

24 Wenn der Erbvertrag **zusammen mit einem anderen Vertrag** (z.B. einem Ehevertrag, Erbverzichtsvertrag, Pflichtteilsvertrag, Adoptionsvertrag) in derselben Niederschrift beurkundet wird, gilt die amtliche Verwahrung durch **gesetzliche Vermutung** als ausgeschlossen (Abs. 2 Hs. 2). In diesem Fall hat der Notar den Erbvertrag nur auf ausdrücklichen Wunsch zu verschließen und in die besondere amtliche Verwahrung zu bringen. Der Antrag eines der mehreren Vertragschließenden ist ausreichend.[35] Ein rechtlicher Zusammenhang zwischen den Verträgen ist nicht erforderlich.[36] Zu beachten ist dabei, dass der in die amtliche Verwahrung gegebene kombinierte Vertrag nicht aus der amtlichen Verwahrung zurückgenommen werden kann, weil § 2300 Abs. 2 BGB die Rücknahme auf Verträge beschränkt, die ausschließlich letztwillige Verfügungen zum Gegenstand haben (vgl. unten Rdn 26). § 2300 Abs. 2 BGB gilt als spezielle Regelung auch in den Fällen, in denen ein ausländischer Erblasser beteiligt ist (vgl. auch oben Rdn 1).[37]

25 Ist die besondere amtliche Verwahrung des Erbvertrages ausgeschlossen, so hat der Notar beim **Eintritt des ersten Erbfalles** die in seiner Erbvertragssammlung befindliche Niederschrift an das **Nachlassgericht** zur Eröffnung abzuliefern (§ 34a Abs. 3 BeurkG). Handelt es sich um einen zweiseitigen Erbvertrag, so dass bei Eintritt des zweiten Erbfalles eine erneute Eröffnung erforderlich ist, verbleibt der vom Notar abgelieferte Erbvertrag in einfacher Aktenverwahrung beim Nachlassgericht, sofern nicht nun doch die besondere amtliche Verwahrung beantragt wird.[38]

III. Rückgabe aus der besonderen amtlichen oder der notariellen Verwahrung

26 Der Erbvertrag, der nur Verfügungen von Todes wegen enthält, darf nach Maßgabe des § 2300 Abs. 2 S. 1 BGB an die Vertragschließenden ausgehändigt werden. Die **Rückgabe des Erbvertrages aus der amtlichen oder der notariellen Verwahrung**, die nur an beide Vertragsparteien gemeinsam erfolgen kann, gilt als Widerruf des Erbvertrages (§§ 2300 Abs. 2 S. 3, 2256 Abs. 1 BGB).[39] Erfolgt die Rückgabe durch den Notar, so soll er als „die zurückgebende Stelle" gem. §§ 2300 Abs. 2 S. 3, 2256 Abs. 1 S. 2 BGB auf diese Folge hinweisen. Bei der Rückgabe aus der notariellen Verwahrung ist für die verfahrensrechtliche Durchführung die Sonderbestimmung in § 33 NotAktVV zu beachten (siehe Kommentierung dort).

27 Besondere Beachtung verdient die **Beschränkung des Anwendungsbereichs des § 2300 Abs. 2 BGB** auf Erbverträge, die nur Verfügungen von Todes wegen enthalten. Die Rücknahme aus der amtlichen Verwahrung ist ausgeschlossen, wenn es sich um einen kombinierten Erbvertrag handelt, der nicht nur letztwillige Verfügungen enthält (zur möglichen Rückgabe in die Verwahrung des Notars s. Rdn 29). Der Eingriff in das Recht der Testierenden auf informationelle Selbstbestimmung wird damit gerechtfertigt, dass der Rücknahmeausschluss vor dem Verlust der Originalurkunde schütze und insofern der Rechtssicherheit diene.[40] Diese Einschränkung müssen die Testierenden tragen, weil sie die amtliche Verwahrung ausdrücklich gewünscht haben,[41] so dass die Vermutung nach § 34 Abs. 2 Hs. 2 BeurkG nicht greift (vgl. oben Rdn 24). Für gemeinschaftliche Testamente gilt die Regelung des § 2300 Abs. 2 BGB nicht; in diesem Fall greift das Rückgaberecht aus § 2256 Abs. 2 S. 1 BGB.[42] Ggf. wäre es also nicht ausgeschlossen, dass die Rückgabe tatsächlich zu einem Verlust der Urschrift der mit der letztwilligen Verfügung kombinierten Verträge führt, was zu Beweisproblemen und möglicherweise Haftungsfällen

34 BeckOGK/*Grziwotz*, Stand: 1.1.2026, § 34 BeurkG Rn 44; Frenz/Miermeister/*Baumann*, § 34 BeurkG Rn 11; MüKo-BGB/*Sticherling*, § 34 BeurkG Rn 42.

35 OLG Hamm, Urt. v. 22.1.1974 – 15 W 36/73, DNotZ 1974, 460; Grziwotz/Sauer/Heinemann/*Heinemann/Sauer*, § 34 Rn 28; *Winkler*, § 34 Rn 16.

36 BeckOGK/*Grziwotz*, Stand: 1.1.2026, § 34 BeurkG Rn 46; Grziwotz/Sauer/Heinemann/*Heinemann/Sauer*, § 34 Rn 28; MüKo-BGB/*Sticherling*, § 34 BeurkG Rn 46.

37 BeckOGK/*Grziwotz*, Stand: 1.1.2026, § 34 BeurkG Rn 55; BeckOK-BeurkG/*Seebach*, § 34 Rn 15; Grziwotz/Sauer/Heinemann/*Heinemann/Sauer*, § 34 Rn 45.

38 Sternal/*Zimmermann*, § 349 FamFG Rn 22, 23 (mit Hinweis auf den Vorteil der besonderen amtlichen Verwahrung im Vergleich zur einfachen Aktenverwahrung).

39 Zu Einzelheiten siehe das BNotK-Rundschreiben Nr. 25/2002 vom 13.8.2002, ZNotP 2002, 427 ff.; *von Dickhuth-Harrach*, RNotZ 2002, 384 ff.

40 OLG Frankfurt/Main, Beschl. v. 19.9.2023 – 21 W 63/23, MittBayNot 2025, 186, 188 m. Anm. *Grziwotz*.

41 OLG Frankfurt/Main, Beschl. v. 19.9.2023 – 21 W 63/23, MittBayNot 2025, 186, 188 m. Anm. *Grziwotz*.

42 OLG Karlsruhe, Beschl. v. 24.2.2022 – 14 W 6/22, NJW 2022, 589 m.w.N.

führen könnte.[43] Diesem Problem kann vorgebeugt werden, wenn eine beglaubigte Abschrift der Urkunde verwahrt wird (vgl. § 31 Abs. 1 NotAktVV, s. auch Rdn 32).[44]

Vor dem Hintergrund des § 2300 Abs. 2 BGB ist insbesondere auf „an versteckter Stelle enthaltene" Erb- und Pflichtteilsverzichte zu achten; blieben solche unbemerkt, wäre der Erbvertrag trotz Rückgabe weiter wirksam.[45] Das Problem kann auch dann virulent werden, wenn die Möglichkeit eines konkludenten Pflichtteilsverzichts befürwortet[46] und ein solcher angenommen werden sollte.[47] Um die Risiken unerkannt wirksamer Erbverträge zu vermeiden, sollte der Notar in Zweifelsfällen die vertragliche Aufhebung des Erbvertrages empfehlen[48] und, falls der Empfehlung nicht gefolgt wird, über die Risiken belehren.[49] Die Aufhebung bietet freilich keinen Weg, um nun doch die Rückgabe aus der amtlichen Verwahrung zu erreichen, weil die Anwendung des § 2300 Abs. 2 BGB nicht von der Wirksamkeit des Vertrags abhängt (zur Ablieferung aufgehobener Erbverträge nach Eintritt des Erbfalls s. § 34a BeurkG Rdn 18).[50] 28

Von der Rückgabe aus der besonderen amtlichen oder der notariellen Verwahrung nach § 2300 Abs. 2 BGB zu **unterscheiden** ist die **Rückgabe aus der besonderen amtlichen Verwahrung in die Verwahrung des Notars**. Die Beteiligten können jederzeit verlangen, dass der in die besondere amtliche Verwahrung des Nachlassgerichts gegebene Vertrag in die Verwahrung des Notars zurückgegeben wird.[51] Weil die Rückgabe allein an den Notar und nicht an die Beteiligten erfolgt, greift die Widerrufsfiktion gem. §§ 2300 Abs. 2 S. 3, 2256 Abs. 1 BGB nicht ein.[52] Der Notar muss den Vertrag nach Eintritt des Erbfalles wieder gem. § 34a Abs. 3 BeurkG dem Nachlassgericht abliefern (siehe unten Rdn 30). 29

IV. Ablieferung nach Ablauf von 30 Jahren

Nach Ablauf von 30 Jahren hat auch der Notar bzw. die die Notariatsakten verwahrende Stelle den in notarieller Verwahrung verbliebenen Erbvertrag an das Nachlassgericht zum Zwecke der Eröffnung abzuliefern, sofern nicht aufgrund der nach § 351 FamFG durchzuführenden Ermittlungen feststeht, dass der Erblasser noch lebt (vgl. § 34a BeurkG Rdn 15; siehe dazu § 8 DONot Rdn 3 ff., zur Vermerkpflicht entsprechend § 16 Abs. 3 Nr. 3 NotAktVV siehe § 8 DONot Rdn 7). 30

D. Keine Übertragung in die elektronische Form

§ 34 Abs. 4 BeurkG schließt die Übertragung in die elektronische Form aus und stellt damit klar, dass die Vorschrift des § 34 BeurkG als Sondervorschrift für die Behandlung von Verfügungen von Todes wegen der Vorschrift des § 56 BeurkG vorgeht (zum Ausschluss der elektronischen Präsenzbeurkundung vgl. im Übrigen § 31 BeurkG). Verfügungen von Todes wegen werden also nicht derart in die elektronische Form überführt, dass eine elektronische Urschrift erzeugt wird. Die Gesetzesbegründung führt als Hintergrund hierfür aus, dass keine parallele Zuständigkeit für die Verwahrung entstehen, sondern die Verwahrung in verschlossener (Papier-)Form durch das Nachlassgericht maßgeblich bleiben soll. Schließlich könnte die Rücknahme aus der Verwahrung mit der materiell-rechtlichen Folge der Unwirksamkeit (§§ 2256, 2272, 2300 BGB) komplexe Folgefragen nach sich ziehen, wenn neben der papiergebundenen Urschrift eine elektronische Urschrift bestünde. Verbleibt ein Erbvertrag in notarieller Verwahrung, wird er nach § 32 NotAktVV in der **Erbvertragssammlung** verwahrt. 31

43 *Litzenburger*, ZEV 2022, 227 f.
44 *Keim*, MittBayNot 2022, 497, 498.
45 *Keim*, ZEV 2003, 55.
46 **Str.**, Möglichkeit eines konkludenten Pflichtteilsverzichts bejaht: BGHZ 22, 364; BGH NJW 1957, 422; NJW 1977, 1728; offen gelassen OLG Düsseldorf, Urt. v. 9.7.2021 – 7 U 110/20 ZEV 2022, 280, 281 m.w.N. zum Streitstand.
47 *Keim*, ZEV 2003, 55; von *Dickhuth-Harrach*, RNotZ 2002, 384, 389; vgl. auch MüKo-BGB/*Sticherling*, § 34 BeurkG Rn 65.
48 Grziwotz/Sauer/Heinemann/*Heinemann/Sauer*, § 34 Rn 35; MüKo-BGB/*Sticherling*, § 34 BeurkG Rn 65; zu Einzelheiten siehe *von Dickhuth-Harrach*, RNotZ 2002, 384, 389.
49 *Keim*, ZEV 2003, 55, 57.
50 Vgl. OLG Frankfurt/Main, Beschl. v. 19.9.2023 – 21 W 63/23, MittBayNot 2025, 186, 188 m. Anm. *Grziwotz*.
51 OLG Hamm, Urt. v. 22.1.1974 – 15 W 36/73, DNotZ 1974, 460.
52 BeckOGK/*Grziwotz*, Stand: 1.1.2026, § 34 BeurkG Rn 45; Grziwotz/Sauer/Heinemann/*Heinemann/Sauer*, § 34 Rn 26.

32 Die Verwahrung von elektronischen Abschriften in der elektronischen Urkundensammlung wird durch die Norm hingegen nicht berührt und ist von der Verordnungsermächtigung des § 36 BNotO umfasst.[53] Auf Wunsch der Beteiligten sind beglaubigte Abschriften in der Urkundensammlung zu verwahren, § 31 Abs. 1 Nr. 1 NotAktVV; die in der Urkundensammlung verwahrten Urkunden werden nach § 34 Abs. 1 NotAktVV in elektronischer Form verwahrt. Der Ausschluss der elektronischen Form nach Abs. 4 betrifft allein die elektronische Fassung einer Urschrift.[54]

§ 34a Mitteilungs- und Ablieferungspflichten

(1) [1]Der Notar übermittelt nach Errichtung einer erbfolgerelevanten Urkunde im Sinne von § 78d Absatz 2 Satz 1 der Bundesnotarordnung die Verwahrangaben im Sinne von § 78d Absatz 2 Satz 2 der Bundesnotarordnung unverzüglich elektronisch an die das Zentrale Testamentsregister führende Registerbehörde. [2]Die Mitteilungspflicht nach Satz 1 besteht auch bei jeder Beurkundung von Änderungen erbfolgerelevanter Urkunden.

(2) Wird ein in die notarielle Verwahrung genommener Erbvertrag gemäß § 2300 Absatz 2, § 2256 Absatz 1 des Bürgerlichen Gesetzbuchs zurückgegeben, teilt der Notar dies der Registerbehörde mit.

(3) [1]Befindet sich ein Erbvertrag in der Verwahrung des Notars, liefert der Notar ihn nach Eintritt des Erbfalls an das Nachlassgericht ab, in dessen Verwahrung er danach verbleibt. [2]Enthält eine sonstige Urkunde Erklärungen, nach deren Inhalt die Erbfolge geändert werden kann, so teilt der Notar diese Erklärungen dem Nachlassgericht nach dem Eintritt des Erbfalls in beglaubigter Abschrift mit.

A. Normentwicklung und Regelungsgehalt

1 § 34a BeurkG ist durch das Ges. zur Reform des Personenstandsrechts[1] mit **Wirkung vom 1.1.2009** eingefügt und durch das Ges. zur Modernisierung des Benachrichtigungswesens in Nachlasssachen vom 22.12.2010[2] **mit Wirkung zum 1.1.2012 vollständig neu gefasst** worden. Durch das Gesetz zur Neuordnung der Aufbewahrung von Notariatsunterlagen und zur Einrichtung des Elektronischen Urkundenarchivs vom 1.6.2017[3] wurde der Wortlaut geringfügig geändert, um die Vorschrift an die Änderungen in der Bundesnotarordnung anzugleichen. Inhaltliche Änderungen sind damit nicht verbunden.

2 Die Vorschrift normiert in Abs. 1 die Verpflichtung des Notars zur Übermittlung von Verwahrangaben bei erbfolgerelevanten Urkunden an die das Zentrale Testamentsregister (ZTR) führende Registerbehörde. Abs. 2 regelt die Mitteilungspflicht für den Fall, dass ein Erbvertrag aus der notariellen Verwahrung zurückgenommen wird. Da mit der Rücknahme aus der notariellen Verwahrung die Wirkungen des § 2256 BGB eintreten (§ 2300 Abs. 2 BGB), ist dem ZTR die Änderung mitzuteilen. Abs. 3 entspricht – mit redaktionellen Anpassungen – dem früheren Abs. 2.

53 Vgl. auch *Damm*, DNotZ 2017, 426, 437; BeckOGK/*Grziwotz*, Stand: 1.1.2026, § 34 BeurkG Rn 57; *Winkler*, § 34 Rn 28a.
54 *Damm*, DNotZ 2017, 426, 437; *Winkler*, § 34 Rn 28a.
1 G. v. 19.2.2007, BGBl I 2007, 122.
2 Ges. zur Modernisierung des Benachrichtigungswesens in Nachlasssachen durch Schaffung des Zentralen Testamentsregisters bei der Bundesnotarkammer und zur Fristverlängerung nach der Hofraumverordnung vom 22.12.2010, BGBl I 2010, 2225.
3 BGBl I 2017, 1396.

B. Übermittlung der Verwahrangaben an das ZTR (Abs. 1)

I. Erbfolgerelevante Urkunden

Voraussetzung der Übermittlungspflicht nach Abs. 1 ist die Errichtung einer erbfolgerelevanten Urkunde. Unter **Errichtung der Urkunde** ist der Zeitpunkt zu verstehen, in dem die Urkunde Rechtswirksamkeit erlangt.[4] 3

Erbfolgerelevante Urkunden sind nach der nicht abschließenden Aufzählung in § 78 Abs. 2 BNotO Testamente, Erbverträge und alle Urkunden mit Erklärungen, welche die Erbfolge beeinflussen können, insbesondere Aufhebungsverträge, Rücktritts- und Anfechtungserklärungen, Erb- und Zuwendungsverzichtsverträge, Ehe- und Lebenspartnerschaftsverträge und Rechtswahlen (siehe hierzu Testamentsreg Rdn 11 ff.; zu Änderungen sowie zur Berichtigung offensichtlicher Unrichtigkeiten nach § 44a Abs. 2 BeurkG siehe Testamentsreg Rdn 13). Damit wird auch hinsichtlich der Testamente, die der Notar in die besondere amtliche Verwahrung zu geben hat (vgl. § 34 BeurkG Rdn 3, 11), eine Verpflichtung des Notars zur Meldung eröffnet, was die Nachlassgerichte entlastet (zu sonstigen Testamenten siehe Testamentsreg Rdn 21). 4

II. Verwahrangaben

Verwahrangaben sind Angaben, die zum Auffinden erbfolgerelevanter Urkunden erforderlich sind. Diese werden durch § 1 der Verordnung über das Zentrale Testamentsregister (ZTRV) näher bestimmt (siehe Testamentsreg Rdn 22 ff.). 5

Nach § 2 Abs. 3 ZTRV übermittelt der Notar die Daten so, wie der Erblasser sie mitgeteilt hat. Es besteht weder eine Ermittlungspflicht des Notars (etwa zur Ermittlung der Geburtsregisternummer) noch ist hiernach verlangt, ihm mitgeteilte Erblasserangaben zu überprüfen (soweit sich nicht aus der Identifizierungspflicht anderes ergibt).[5] Gleichwohl wird der Notar als Organ der vorsorgenden Rechtspflege als verpflichtet angesehen, die ihm mitgeteilten Angaben zu prüfen, sofern das anhand der ihm vorliegenden Urkunden ohne Aufwand möglich ist oder sofern ihm die Richtigkeit der Angaben zweifelhaft erscheint.[6] Zum Teil wird sogar verlangt, sich Standesurkunden vorlegen zu lassen und sich nicht mit den Angaben in Ausweispapieren zu begnügen.[7] 6

III. Unverzügliche elektronische Meldung

Der Notar ist verpflichtet, die Angaben unverzüglich elektronisch zu melden (siehe Testamentsreg Rdn 25 ff.). Die Meldung der Angaben ist **Amtspflicht**, von der die Beteiligten den Notar nicht befreien können (zu Verstößen hiergegen vgl. Testamentsreg Rdn 28).[8] Der Notar verletzt damit nicht etwa seine Verpflichtung zur Verschwiegenheit, § 18 BNotO, da § 34a BeurkG hiervon gerade eine gesetzliche Ausnahme normiert.[9] 7

Eine Meldung der Daten in anderer Form als der elektronischen ist für den Notar ausdrücklich nicht vorgesehen. Eine Meldung in Papierform ist jedoch nach § 9 Abs. 3 ZTRV zulässig für von Konsularbeamten aufgenommene erbfolgerelevante Urkunden[10] (siehe auch Rdn 12) sowie für nach § 78d Abs. 4 BNotO zu registrierende gerichtliche Vergleiche. 8

4 BeckOGK/*Grziwotz*, Stand: 1.1.2026, § 34a BeurkG Rn 21; BeckOK-BGB/*Litzenburger*, § 34a Rn 3; Frenz/Miermeister/*Baumann*, § 34a BeurkG Rn 7; Grziwotz/Sauer/Heinemann/*Heinemann/Sauer*, § 34a Rn 13; a.A. BeckOK-BeurkG/*Seebach*, § 34a Rn 49.

5 OLG Karlsruhe Beschl. 21.8.2024 – 14 W 44/24 (Wx); FGPrax 2024, 242; BeckOGK/*Grziwotz*, Stand: 1.1.2026, § 34a BeurkG Rn 15; BeckOK-BeurkG/*Seebach*, § 34a Rn 41, 42; *Diehn*, DNotZ 2011, 676, 680; Frenz/Miermeister/*Baumann*, § 34a BeurkG Rn 7.

6 MüKo-BGB/*Sticherling*, § 34a BeurkG Rn 17; vgl. auch BeckOGK/*Grziwotz*, Stand: 1.1.2026, § 34a BeurkG Rn 15; BeckOK-BeurkG/*Seebach*, § 34a Rn 15 ff.

7 *Winkler*, § 34a Rn 23; a.A. Grziwotz/Sauer/Heinemann/*Heinemann/Sauer*, § 34a Rn 11.

8 BeckOGK/*Grziwotz*, Stand: 1.1.2026, § 34a BeurkG Rn 24; BeckOK-BeurkG/*Seebach*, § 34a Rn 23; Grziwotz/Sauer/Heinemann/*Heinemann/Sauer*, § 34a Rn 9; *Winkler*, § 34a Rn 6.

9 BeckOGK/*Grziwotz*, Stand: 1.1.2026, § 34a BeurkG Rn 24; BeckOK-BeurkG/*Seebach*, § 34a Rn 24; Frenz/Miermeister/*Baumann*, § 34a BeurkG Rn 4; Grziwotz/Sauer/Heinemann/*Heinemann/Sauer*, § 34a Rn 9; vgl. auch *Winkler*, § 34a Rn 2.

10 Hier gilt § 34a BeurkG nach § 10 Abs. 3 KonsG entsprechend.

9 Eine **unverzügliche Meldung** ist eine solche, die ohne schuldhaftes Zögern nach Errichtung der Urkunde erfolgt (§ 121 BGB). Unverzüglich in diesem Sinne ist jedenfalls die Meldung, die binnen einer üblichen Bearbeitungszeit beim Register eingeht. Seitens der Praxis werden insofern als **Regelfrist** Zeiträume von drei Werktagen,[11] bis zu sieben[12] oder bis zu zehn Werktagen[13] oder bis zu 14 Tagen[14] angegeben.

10 Fehlt für die vollständige Übermittlung noch die Geburtenregisternummer (in der Sache besonders wichtiges, weil eindeutiges Identifizierungsmerkmal![15]), lässt § 2 Abs. 2 S. 1 ZTRV ausdrücklich eine **unvollständige Übermittlung** zu. Richtigerweise sollte diese Ausnahme auch die Angabe des Geburtsstandesamts umfassen.[16] Vor diesem Hintergrund muss der Notar die bereits verfügbaren Verwahrangaben zunächst ohne die Geburtenregisternummer unverzüglich dem ZTR übermitteln.[17] Es wäre allerdings **kein schuldhaftes Verzögern** darin zu sehen, die vom Erblasser **kurzfristig** nachgereichte Geburtsregisternummer noch abzuwarten, sofern das Abwarten sich noch im Rahmen des üblichen Bearbeitungszeitraums hält.[18] Bei zunächst unvollständiger Meldung sind die fehlenden Daten nachzumelden.[19]

11 Abs. 1 S. 2 ergänzt S. 1 für den Fall der **Änderung erbfolgerelevanter Urkunden** und ordnet eine identische Verpflichtung des Notars an. Keine Änderungen in diesem Sinne sind Berichtigungen i.S.v. § 44a Abs. 2 BeurkG (siehe auch Testamentsreg Rdn 13).[20]

12 Für das **konsularische Notariat** bestünde nach dem Wortlaut der Vorschrift eine unbedingte Mitteilungspflicht. Man wird die Vorschrift allerdings insoweit teleologisch reduzieren müssen, als eine amtliche Verwahrung hier nicht zwingend vorgegeben ist (§ 10 Abs. 3 Nr. 4 S. 1 KonsG). Nur für den Fall, dass die besondere amtliche Verwahrung beim AG Berlin-Schöneberg beantragt wird, besteht auch eine Registrierungspflicht.[21]

C. Mitteilung über Rückgabe eines Erbvertrags aus notarieller Verwahrung (Abs. 2)

13 Abs. 2 ordnet eine Mitteilungspflicht in den Fällen an, in denen mit der Rückgabe eines Erbvertrags aus der notariellen Verwahrung die Aufhebung des Erbvertrags fingiert wird (siehe hierzu § 34 BeurkG Rdn 26 f.). Die Verpflichtung korrespondiert mit § 4 Abs. 2 ZTRV.

D. Ablieferungspflichten nach Erbfall (Abs. 3)

14 Die Ablieferungspflichten nach Abs. 3 entstehen, wenn der **Notar als Verwahrstelle der erbfolgerelevanten Urkunde** über das ZTR (Registerbehörde) elektronisch über den Sterbefall informiert wird und die Verwahrangaben mitgeteilt bekommt (siehe § 78e S. 3 Nr. 2 BNotO). Die gleiche Mitteilung erhält das Nachlassgericht (siehe § 78e S. 3 Nr. 1 BNotO).

I. Ablieferung von Erbverträgen

15 Erbverträge müssen nicht in die besondere amtliche Verwahrung gebracht werden, sondern können auf Wunsch der Beteiligten in der notariellen Verwahrung verbleiben (siehe hierzu § 34 BeurkG Rdn 26 ff.). Mit „dem (ersten) **Erbfall**" muss der Notar den Erbvertrag sodann nach Abs. 3 S. 1 an das Nachlassgericht abliefern.

11 Burandt/Rojahn/*Egerland*, § 34a BeurkG Rn 6; im Ausgangspunkt auch MüKo-BGB/*Sticherling*, § 34a BeurkG Rn 20.
12 Frenz/Miermeister/*Baumann*, § 34a BeurkG Rn 7.
13 Grziwotz/Sauer/Heinemann/*Heinemann/Sauer*, § 34a Rn 13; *Winkler*, § 34 Rn 7.
14 BeckOGK/*Grziwotz*, Stand: 1.1.2026, § 34a BeurkG Rn 17.
15 *Diehn*, DNotZ 2011, 676, 680.
16 BeckOGK/*Grziwotz*, Stand: 1.1.2026, § 34a BeurkG Rn 16 f.; Heinemann/Trautriems/*Ehle*, § 34a BeurkG Rn 3 Fn 21; MüKo-BGB/*Sticherling*, § 34a BeurkG Rn 16.
17 BeckOGK/*Grziwotz*, Stand: 1.1.2026, § 34a BeurkG Rn 16; Grziwotz/Sauer/Heinemann/*Heinemann/Sauer*, § 34a Rn 14; Heinemann/Trautriems/*Ehle*, § 34a BeurkG Rn 3.
18 Vgl. Frenz/Miermeister/*Baumann*, § 34a BeurkG Rn 7.
19 Grziwotz/Sauer/Heinemann/*Heinemann/Sauer*, § 34a Rn 14.
20 *Bormann*, ZEV 2011, 628, 629; *Diehn* DNotZ 2011, 676, 677; Burandt/Rojahn/*Egerland*, § 34a BeurkG Rn 4.
21 BeckOK-BeurkG/*Seebach*, § 34a Rn 2; *Diehn*, DNotZ 2011, 676, 679; dagegen Frenz/Miermeister/*Baumann*, § 34a BeurkG Rn 11.

16 Um der Ablieferungspflicht genügen zu können, muss der Notar zuverlässig Kenntnis von dem Sterbefall haben.[22] Verfahrensrechtlich wird die Ablieferungspflicht insofern i.d.R. erst dann in Kraft gesetzt, wenn der Notar durch das ZTR über den Sterbefall informiert wurde (zur Information durch das ZTR Testamentsreg Rdn 33).[23] Wenn der Erbvertrag sich jedoch bereits **30 Jahre in notarieller Verwahrung** befindet, muss der Notar nach § 351 FamFG selbst Ermittlungen anstellen, ob der Erblasser noch lebt (s. § 34 BeurkG Rdn 30).[24] Steht danach nicht fest, dass der Erblasser lebt, ist der Erbvertrag abzuliefern (siehe dazu § 8 DONot Rdn 3 ff., zur Vermerkpflicht entsprechend § 16 Abs. 3 Nr. 3 NotAktVV siehe § 8 DONot Rdn 7).

17 Bei einem zweiseitigen Erbvertrag kommt es mit **Eintritt des zweiten Erbfalles** zur erneuten Eröffnung. Der vom Notar abgelieferte Erbvertrag bleibt in einfacher Aktenverwahrung beim Nachlassgericht, sofern nicht nunmehr eine besondere amtliche Verwahrung beantragt wird.[25] Wird der Notar über den zweiten Sterbefall informiert, genügt folgerichtig die Mitteilung über die bereits erfolgte Ablieferung.[26]

II. Urkunde über sonstige erbfolgerelevante Erklärungen

18 Verwahrt der Notar eine sonstige Urkunde, die erbfolgerelevante Erklärungen enthält, sind die Erklärungen dem Nachlassgericht gem. Abs. 3 S. 2 **in beglaubigter Abschrift** mitzuteilen. Abs. 3 S. 2 enthält selbst keine nähere Bestimmung der Erbfolgerelevanz. Insofern kann aber auf den Begriff der erbfolgerelevanten Urkunde in § 78d Abs. 2 BNotO zurückgegriffen werden.[27] Erfasst ist insbesondere auch der Aufhebungsvertrag.[28] Zu diesen Urkunden sind Verwahrangaben dem ZTR zu melden, die Verwahrangaben werden in das ZTR aufgenommen und der Notar als Verwahrstelle im Sterbefall informiert (vgl. oben Rdn 4).

19 Enthält die **Urkunde nicht nur erbfolgerelevante Inhalte**, genügt jedenfalls eine **auszugsweise beglaubigte Abschrift**, zumal Abs. 3 S. 2 (nur) die Mitteilung der erbfolgerelevanten Erklärung verlangt.[29] Nach überwiegender Ansicht muss die Mitteilung sich in diesem Fall sogar auf eine nur auszugsweise beglaubigte Abschrift beschränken, um der notariellen Verschwiegenheitspflicht (§ 18 BNotO) sowie datenschutzrechtlichen Anforderungen zu genügen.[30] Dabei setzt eine solche Trennung zwischen erbfolgerelevanten Erklärungen, die Gegenstand der auszugsweisen Abschrift werden sollen, und nicht erbfolgerelevanten Erklärungen allerdings voraus, dass eine solche im konkreten Fall überhaupt, und zwar unzweifelhaft möglich ist;[31] im Zweifel wäre also der Gesamttext in beglaubigter Abschrift mitzuteilen.[32] Eine spätere Trennbarkeit kann allerdings zweckmäßigerweise von vornherein bei der Formulierung der Urkunde berücksichtigt werden.[33]

22 BeckOK-BeurkG/*Seebach*, § 34a Rn 84, 97; MüKo-BGB/*Sticherling*, § 34a BeurkG Rn 30.

23 Vgl. BeckOK-BGB/*Litzenburger*, § 34a BeurkG Rn 6.

24 Grziwotz/Sauer/Heinemann/*Heinemann/Sauer*, § 34a Rn 21; MüKo-BGB/*Sticherling*, § 34 BeurkG Rn 62 f.

25 Sternal/*Zimmermann*, § 349 FamFG Rn 22, 23 (mit Hinweis auf den Vorteil der besonderen amtlichen Verwahrung im Vergleich zur einfachen Aktenverwahrung).

26 BeckOGK/*Grziwotz*, Stand: 1.1.2026, § 34a BeurkG Rn 25; BeckOK-BGB/*Litzenburger*, § 34a BeurkG Rn 6; Grziwotz/Sauer/Heinemann/*Heinemann/Sauer*, § 34a Rn 20; MüKo-BGB/*Sticherling*, § 34a BeurkG Rn 25.

27 MüKo-BGB/*Sticherling*, § 34a BeurkG Rn 26; *Winkler*, § 34a Rn 33, 36.

28 Dazu OLG Schleswig Beschl. 10.1.2024 – 3 Wx 24/23, NotBZ 2024, 357, 358.

29 BeckOGK/*Grziwotz*, Stand: 1.1.2026, § 34a BeurkG Rn 27; Grziwotz/Sauer/Heinemann/*Heinemann/Sauer*, § 34a Rn 19; a.A. Burandt/Rojahn/*Egerland*, § 34a BeurkG Rn 10.

30 BeckOK-BGB/*Litzenburger*, § 34a BeurkG Rn 8; MüKo-BGB/*Sticherling*, § 34a BeurkG Rn 27; NK-NachfolgeR/*Gutfried*, § 34a BeurkG Rn 19; *Winkler*, § 34a Rn 36; keine datenschutzrechtliche Problematik sieht dagegen Grziwotz/Sauer/Heinemann/*Heinemann/Sauer*, § 34a Rn 19.

31 BeckOK-BeurkG/*Seebach*, § 34a BeurkG Rn 96; *Winkler*, § 34a Rn 36.

32 Vgl. Grziwotz/Sauer/Heinemann/*Heinemann/Sauer*, § 34a Rn 19; *Winkler*, § 34a Rn 36.

33 BeckOGK/*Grziwotz*, Stand: 1.1.2026, § 34a BeurkG Rn 27; BeckOK-BeurkG/*Seebach*, § 34a Rn 96; zu weitgehend allerdings BeckOK-BGB/*Litzenburger*, § 34a BeurkG Rn 8, der eine Verpflichtung des Notars sieht, bereits bei der Formulierung der Urkunde auf die ausreichende Trennbarkeit der erbfolgerelevanten Teile zu achten.

§ 35 Niederschrift ohne Unterschrift des Notars

Hat der Notar die Niederschrift über die Errichtung einer Verfügung von Todes wegen nicht unterschrieben, so ist die Beurkundung aus diesem Grunde nicht unwirksam, wenn er die Aufschrift auf dem verschlossenen Umschlag unterschrieben hat.

A. Normzweck

1 § 35 BeurkG gehört zu den Regelungen, mit denen das BeurkG Formnichtigkeit wegen **Verfahrensmängeln** vermeiden will. § 35 BeurkG ergänzt § 13 Abs. 3 BeurkG. Nach dieser **Muss-Vorschrift** sind notarielle Niederschriften ohne die Unterschrift des Notars nichtig (zur Frage der Heilung siehe Rdn 5). § 35 BeurkG modifiziert § 13 Abs. 3 BeurkG dahin, dass für notarielle Testamente und Erbverträge (weitere Anwendungsbereiche vgl. Rdn 12) die **Unterschrift des Notars auf dem Umschlag** nach § 34 BeurkG die Unterschrift unter der Niederschrift ersetzt.

2 Dies ist entgegen der früher geäußerten rechtspolitischen Kritik[1] sachgerecht. Niederschriften über Beurkundungen im Allgemeinen unterscheiden sich von Niederschriften über Testamentserrichtungen dadurch, dass jene Urkunden offen in der Urkundensammlung aufbewahrt werden und daher die Möglichkeit besteht, entweder die Unterschrift nachzuholen oder eine neue Verhandlung zu eröffnen, wenn der Fehler (etwa bei einer Notarprüfung) entdeckt wird. Die Dienstpflicht zu offener Aufbewahrung wahrt also regelmäßig hinreichend das Interesse der Beteiligten. Bei Testamenten ist dies wegen der Verschließungs- und Ablieferungspflicht anders. Der Gesetzgeber, der Verschließung und Ablieferung anordnet, missversteht daher seine Aufgabe im Interesse der Beteiligten nicht, wenn er zugleich – wie mit § 35 BeurkG geschehen – Vorsorge gegen eine „zufällige" Nichtigkeit trifft.[2]

3 Dieser Zusammenhang gebietet folgende **Unterscheidungen**:

a) Fehlt die Unterschrift auf dem **Umschlag**, so hat das keine Folgen für die Wirksamkeit der Urkunde, wenn die Niederschrift entsprechend § 13 Abs. 3 BeurkG unterschrieben ist. Die Unterschrift auf dem Umschlag kann jederzeit nachgeholt werden – ist nach Eröffnung der Verfügung von Todes wegen jedoch nicht mehr relevant;

b) Fehlt die Unterschrift **unter der Urkunde und auf dem Umschlag**, dann gelten die Ausführungen zu § 13 BeurkG entsprechend.

B. Regelungsgehalt

4 Das Fehlen der Unterschrift wird geheilt, wenn der Notar den Umschlag gerade **für die konkrete letztwillige Verfügung** unterschreibt. Ob der Umschlag vor oder nach der Unterzeichnung verschlossen wurde, ist unerheblich.[3] Dagegen wird es nicht als ausreichend angesehen, dass er **blanco** unterschreibt.[4] Auch die Unterschrift auf anderen, im Zusammenhang mit der Hinterlegung erzeugten Papieren, etwa dem Formular des Zentralen Testamentsregisters (ZTR) zur Inverwahrungnahme durch das Amtsgericht, reicht nicht aus, um die Heilungswirkung des § 35 BeurkG herbeizuführen, da diese Papiere nicht fest mit dem Testamentsumschlag verbunden werden.[5]

5 **Umstritten** ist, bis zu welchem Zeitpunkt eine Heilung nach § 35 BeurkG noch möglich ist. Auch unabhängig von § 35 BeurkG wird kontrovers beurteilt, wie lange der Notar eine versehentlich unterbliebene

1 *Haegele*, Rpfleger 1969, 417.
2 MüKo-BGB/*Sticherling*, § 35 BeurkG Rn 1.
3 OLG Bremen RNotZ 2025, 468, 470.
4 BeckOK-BeurkG/*Seebach*, § 35 Rn 25; MüKo-BGB/*Sticherling*, § 35 BeurkG Rn 9, 15; siehe auch Heinemann/Trautrims/*Eble*, § 35 BeurkG Rn 11; a.A. BeckOGK/*Grziwotz*, Stand: 1.1.2026, § 35 BeurkG Rn 14; Grziwotz/Sauer/Heinemann/*Heinemann/Sauer*, § 35 Rn 19, 20.
5 Burandt/Rojahn/*Egerland*, § 35 BeurkG Rn 6; Grziwotz/Sauer/Heinemann/*Heinemann/Sauer*, § 35 Rn 7.

Unterschrift zur Vermeidung der Nichtigkeit **nachholen** kann (allg. dazu siehe § 13 BeurkG Rdn 69 ff.). Grundsätzlich gilt, dass der Notar seine Unterschrift ohne Nachtragsverhandlung nachholen kann, und zwar auch dann, wenn die Urkunde bereits – etwa durch Erteilung von Ausfertigungen – Außenwirkung erlangt hat. Für letztwillige Verfügungen gilt allerdings nach der wohl h.M., dass der Notar seine Unterschrift nur nachholen darf, **solange der Erblasser lebt**.[6] Dafür spricht, dass zum Zeitpunkt des Todes des Erblassers Klarheit über die Wirksamkeit der letztwilligen Verfügung herrschen muss, so dass der Notar eine vergessene Unterschrift grds. nicht mehr nachholen kann, nachdem der Erblasser verstorben ist (vgl. § 13 BeurkG Rdn 77 auch zur Ausnahme). Die Gegenansicht[7] macht die Herbeiführung der Wirksamkeit durch Nachholung der Unterschrift auf dem Umschlag gleichwohl zu Recht nicht davon abhängig, dass der Erblasser noch lebt. Die Sicht der h.M., dass die Nachholung der Unterschrift zu Lebzeiten erfolgt sein muss, befördert nicht die Rechtssicherheit. Das Gegenteil wäre der Fall, zumal der Zeitpunkt des Versterbens ein Unsicherheitsfaktor ist und die Wirksamkeit der Verfügung letztendlich von Zufälligkeiten abhängig wäre.[8] Eine andere Frage ist es, ob die Nachholung in jedem Fall noch bis zur Eröffnung des Testaments in Betracht käme.[9] Zum Teil wird eingeschränkt, dass eine Nachholung der Unterschrift nur zu Lebzeiten des Erblassers möglich ist, wenn die letztwillige Verfügung in besondere amtliche Verwahrung gegeben wurde.[10] Auch der Umstand, dass der Notar die letztwillige Verfügung bereits in die amtliche Verwahrung gegeben hat, schließt aber nicht aus, dass dem Notar die Urkunde noch einmal zur Nachholung der Unterschrift herausgegeben wird.[11]

Andere Formfehler als das Fehlen der Unterschrift unter der Niederschrift betrifft § 35 BeurkG dagegen von vornherein nicht. Die Unterschrift des Notars auf dem Umschlag kann Formmängel nicht heilen, die die Unterschrift unter der Niederschrift selbst nicht beheben würde. Dies gilt etwa für das Fehlen der Unterschrift eines Schreibzeugens bei der letztwilligen Verfügung eines blinden Erblassers oder für den Fall, dass in der Niederschrift nicht nur die Unterschrift, sondern auch die Bezeichnung des Notars fehlt (hierzu § 9 BeurkG Rdn 5 ff.).[12] Im Allgemeinen nimmt man zwar an, dass eine Bezugnahme auf die Unterschrift im Protokollkopf der Formvorschrift des § 9 Abs. 1 Nr. 1 BeurkG genügt (siehe § 9 BeurkG Rdn 7). Das gilt aber nicht, wenn die Unterschrift selbst fehlt und lediglich nach § 35 BeurkG als ersetzt gelten könnte. § 35 BeurkG heilt also – anders als eine Unterschrift unter der Niederschrift selbst – nicht den Mangel einer ausdrücklichen Bezeichnung des Notars im Kopf der Niederschrift. 6

C. Testament

§ 35 BeurkG gilt für alle **öffentlichen Testamente**. Die Unterschrift des Erblassers unter ein privatschriftliches Testament wird durch § 35 BeurkG nicht ersetzt; die Norm ist auf nicht öffentliche Testamente auch nicht entsprechend anzuwenden.[13] 7

Die Heilungsmöglichkeit besteht unabhängig davon, ob das Testament unverzüglich in die besondere amtliche Verwahrung gegeben wurde oder nicht.[14] Auch die Unterschrift auf dem Umschlag eines **ver-** 8

6 BeckOK-BeurkG/*Seebach*, § 35 Rn 5.1; Burandt/Rojahn/*Egerland*, § 35 BeurkG Rn 4; *Lerch*, § 35 Rn 4; *Winkler*, § 35 Rn 7.

7 BeckOGK/*Grziwotz*, Stand: 1.1.2026, § 35 BeurkG Rn 9; Frenz/Miermeister/*Baumann*, § 35 BeurkG Rn 6; Grziwotz/Sauer/Heinemann/*Heinemann/Sauer*, § 35 Rn 21.

8 Frenz/Miermeister/*Baumann*, § 35 BeurkG Rn 6; zustimmend BeckOGK/*Grziwotz*, Stand: 1.1.2026, § 35 BeurkG Rn 9; Grziwotz/Sauer/Heinemann/*Heinemann/Sauer*, § 35 Rn 21.

9 So wohl BeckOGK/*Grziwotz*, Stand: 1.1.2026, § 35 BeurkG Rn 9; Grziwotz/Sauer/Heinemann/*Heinemann/Sauer*, § 35 Rn 21.

10 Frenz/Miermeister/*Baumann*, § 35 BeurkG Rn 6 a.E.

11 Grziwotz/Sauer/Heinemann/*Heinemann/Sauer*, § 35 Rn 22; *Winkler*, § 35 Rn 7 (der allerdings ein Nachholen der Unterschrift nur zu Lebzeiten des Erblassers befürwortet); eine entsprechende Verpflichtung des Nachlassgerichts erkennt BeckOGK/*Grziwotz*, Stand: 1.1.2026, § 35 BeurkG Rn 9.

12 Grziwotz/Sauer/Heinemann/*Heinemann/Sauer*, § 35 Rn 7; MüKo-BGB/*Sticherling*, § 35 BeurkG Rn 6; *Winkler*, § 35 Rn 3; vgl. auch BeckOK-BeurkG/*Seebach*, § 35 BeurkG Rn 35.

13 BeckOK-BeurkG/*Seebach*, § 35 Rn 9; Grziwotz/Sauer/Heinemann/*Heinemann/Sauer*, § 35 Rn 4; MüKo-BGB/*Sticherling*, § 35 BeurkG Rn 2.

14 BeckOK-BeurkG/*Seebach*, § 35 Rn 29, 30; Grziwotz/Sauer/Heinemann/*Heinemann/Sauer*, § 35 Rn 8; MüKo-BGB/*Sticherling*, § 35 BeurkG Rn 10; vgl. bereits BT-Drucks V/3282, 36.

spätet oder überhaupt nicht vor dem Tode des Erblassers in die besondere amtliche Verwahrung gegebenen Testaments ersetzt die in der Niederschrift selbst fehlende Unterschrift[15] (zum Erbvertrag siehe Rdn 9 ff.).

D. Erbvertrag

9 Anders als bei Testamenten können die Beteiligten bei Erbverträgen die besondere amtliche Verwahrung ausschließen. In diesem Fall bleibt die Urschrift **unverschlossen in der Verwahrung des Notars** (siehe § 34 BeurkG Rdn 22). Die Anwendbarkeit von § 35 BeurkG ist hier aus tatsächlichen Gründen ausgeschlossen.

10 § 35 BeurkG gilt für Erbverträge, die – mangels Ausschlusses durch die Beteiligten nach § 34 Abs. 3 BeurkG oder unter versehentlicher Missachtung eines solchen Ausschlusses – verschlossen in **besondere amtliche Verwahrung** gebracht werden, sowie für solche, bei denen das – versehentlich oder nach Entscheidung der Beteiligten (siehe § 34 BeurkG Rdn 23) – später geschieht.[16] Sollte ohne verfahrensrechtliche Grundlage eine **Verschließung** auf Wunsch der Beteiligten erfolgt sein, obwohl der Erbvertrag in der **Verwahrung des Notars** bleiben soll, wird zu Recht eine Anwendung des § 35 BeurkG auch in diesem Fall befürwortet, zumal die Vorschrift ihrem Zweck nach auch eine solche Konstellation umfassen kann.[17]

11 Wird in derselben notariellen Urkunde ein **Erbvertrag mit einem anderen Vertrag verbunden**, so hat der Notar die Niederschrift auf ausdrücklichen Wunsch zu verschließen und in die besondere amtliche Verwahrung zu geben (vgl. § 34 BeurkG Rdn 24). Für die Anwendbarkeit von § 35 BeurkG auf die mit dem Erbvertrag verbundenen Verträge unter Lebenden gilt dann Folgendes:

a) Liegen die genannten Voraussetzungen bei Beurkundung vor, dann **ersetzt** die Notarunterschrift auf dem Umschlag auch die **Unterschrift unter den anderen Verträgen**. Dies folgt aus der Funktion von § 35 BeurkG, der die fehlende Unterschrift unter der Niederschrift mit der Wirkung ersetzt, dass die Niederschrift wirksam ist, unabhängig also von ihrem sonstigen Inhalt.[18]
b) Dasselbe muss dann gelten, wenn auch nur einer der Beteiligten später die besondere amtliche Verwahrung wünscht (vgl. § 34 BeurkG Rdn 24) und der Notar nunmehr die Niederschrift verschließt.
c) § 35 BeurkG ist auch anzuwenden, wenn der Notar § 34 Abs. 2 Hs. 2 BeurkG verkennt und ohne ausdrücklichen Wunsch auch nur eines Beteiligten die Niederschrift verschließt. Die Unterschrift auf dem Umschlag erfüllt auch dann die Funktion, die sonst die Unterschrift des Notars unter der Niederschrift zu erfüllen hat.

E. Sonstige Anwendungsfälle

12 Nach § 11 Abs. 1 und § 10 Abs. 3 KonsG gilt für Testamente und Erbverträge, die vor einem **Konsularbeamten** errichtet werden, mit § 34 BeurkG auch der anknüpfende § 35 BeurkG. Schließen die Beteiligten allerdings die besondere amtliche Verwahrung eines Erbvertrags aus (§ 34 Abs. 2 BeurkG), so verbleibt – anders als beim Notar – die Urschrift nicht beim beurkundenden Konsularbeamten (vgl. § 10 Abs. 3 Nr. 4 KonsG). Insofern ist der Anwendungsbereich des § 35 BeurkG für konsularische Erbverträge also tatsächlich beschränkt. Mit Ablieferung an das AG Schöneberg und mit Aushändigung an die Beteiligten entfällt die Möglichkeit, die Unterschrift nachzuholen.

13 **Dreizeugentestamente** (§ 2250 BGB) und Seetestamente (§ 2251 BGB) sind keine öffentlichen Testamente, § 35 BeurkG gilt deshalb nicht. Das **Bürgermeistertestament** (§ 2249 Abs. 1 BGB) steht hingegen dem öffentlichen Testament gleich; bei ordnungsmäßiger Verschließung gilt daher § 35 BeurkG, selbst wenn die Ablieferung fehlerhaft unterblieben war.

15 BeckOK-BeurkG/*Seebach*, § 35 Rn 29, 30; *Dumoulin*, DNotZ 1973, 53, 56; Grziwotz/Sauer/Heinemann/*Heinemann/Sauer*, § 35 Rn 8; MüKo-BGB/*Sticherling*, § 35 BeurkG Rn 11; *Winkler*, § 35 Rn 4.

16 Grziwotz/Sauer/Heinemann/*Heinemann/Sauer*, § 35 Rn 10; vgl. auch BeckOK-BeurkG/*Seebach*, § 35 Rn 1, 15.

17 BeckOGK/*Grziwotz*, Stand: 1.1.2026, § 35 BeurkG Rn 4; Grziwotz/Sauer/Heinemann/*Heinemann/Sauer*, § 35 Rn 10; vgl. auch *Winkler*, § 35 Rn 6.

18 BeckOGK/*Grziwotz*, Stand: 1.1.2026, § 35 BeurkG Rn 16; BeckOK-BeurkG/*Seebach*, § 35 Rn 34.3; Burandt/Rojahn/*Egerland*, § 35 BeurkG Rn 8; *Lischka*, NotBZ 1999, 8, 12; *Winkler*, § 35 Rn 6; a.A. *Lerch*, § 35 Rn 3; MüKo-BGB/*Sticherling*, § 35 BeurkG Rn 19 (Hinweis auf § 139 BGB).

Abschnitt 3: Sonstige Beurkundungen

Unterabschnitt 1: Niederschriften

§ 36 Grundsatz

(1) Bei der Beurkundung anderer Erklärungen als Willenserklärungen sowie sonstiger Tatsachen oder Vorgänge muss eine Niederschrift aufgenommen werden, soweit in § 39 nichts anderes bestimmt ist.
(2) [1]Die Niederschrift kann als elektronisches Dokument aufgenommen werden. [2]Für die elektronische Niederschrift gelten die Vorschriften dieses Unterabschnitts über die Niederschrift entsprechend, soweit in diesem Unterabschnitt nichts anderes bestimmt ist.

Literatur *Danzeglocke*, Ausgewählte Rechtsentwicklungen und -probleme im Bereich des notariellen Hauptversammlungsprotokolls, RNotZ 2022, 229; *Fuchs-Wissemann*, Abermals – Form und Nachweis der Auflassung, RPfleger 1978, 431; *Fuchs-Wissemann*, Zur Form der Auflassung nach § 925 Abs. 1 Sätze 1 u. 2 BGB und der Einigung nach den §§ 20, 29 Abs. 1 GBO, RPfleger 1977, 9; *Grotheer*, Satzungsänderungsbeschlüsse in der GmbH und besondere Formvorschriften, RNotZ 2015, 4; *Lamers*, Die Beurkundung der Hauptversammlung einer Aktiengesellschaft, DNotZ 1962, 287; *Limmer*, Notarielle Bescheinigungen und Bestätigungen, ZNotP 2002, 261; *Nordholtz/Hupka*, Die Beurkundung von Änderungen eines GmbH-Gesellschaftsvertrages – Tatsachenprotokoll vs. Niederschrift von Willenserklärungen, DNotZ 2018, 404; *Pajunk*, Die Beurkundung als materielles Formerfordernis der Auflassung (2002); *Röll*, Die Beurkundung von GmbH-Gesellschafterbeschlüssen, DNotZ 1979, 644.

A. Überblick

1 Nachdem der zweite Abschnitt des BeurkG (§§ 6–35) die Beurkundung von Willenserklärungen regelt, fasst der dritte Abschnitt des BeurkG (§§ 36–43) die vorher in zahlreichen landesrechtlichen Bestimmungen enthaltenen Beurkundungsvorschriften für sog. Tatsachenbeurkundungen bundesrechtlich zusammen, d.h. für die Beurkundung aller anderen Erklärungen, sonstigen Tatsachen und Vorgänge. Die §§ 36 ff. BeurkG regeln die Beurkundung tatsächlicher Erklärungen mit den Sonderformen des Eides und der eidesstattlichen Versicherung, Versammlungsprotokolle, Zeugnisse über Tatsachen, die der Notar in amtlicher Eigenschaft wahrgenommen hat, sowie die Beglaubigung von Unterschriften, Handzeichen und Abschriften. Für einige Sonderformen von Tatsachenbeurkundungen finden sich weiterhin Regelungen in Spezialgesetzen. So gilt für die Beurkundung von Hauptversammlungsbeschlüssen einer AG § 130 AktG, ebenso für Beschlüsse einer Gläubigerversammlung nach dem SchVG (§ 16 Abs. 3 S. 3 SchVG); für Wechsel- und Scheckproteste gelten die Art. 79 ff. WG (Art. 55 Abs. 3 ScheckG). Im Hinblick auf die Anwendungsgebiete der Tatsachenbeurkundungen ist im Übrigen auf den Zuständigkeitskatalog des § 20 BNotO zu verweisen.

2 Das BeurkG enthält **unterschiedliche Verfahrensvorschriften** für die Errichtung von Niederschriften, deren jeweilige Geltung sich nach dem Gegenstand der Beurkundung richtet. Neben der Niederschrift ist darüber hinaus für bestimmte Gegenstände die Beurkundungsform des Vermerks vorgesehen.

a) **Willenserklärungen** muss der Notar ohne Ausnahme durch eine **Niederschrift nach den §§ 8 ff. BeurkG** beurkunden (mit ergänzenden Vorschriften für Verfügungen von Todes wegen in den §§ 27 ff. BeurkG). Die Niederschriftsform der §§ 8 ff. BeurkG ist außerdem vorgeschrieben für die **Beurkundung von Eiden und eidesstattlichen Versicherungen** (§ 38 BeurkG).

b) **Andere Erklärungen** sowie **Tatsachenzeugnisse** sind im Grundsatz ebenfalls durch eine Niederschrift zu beurkunden (§ 36 BeurkG). Die Beurkundung richtet sich allerdings nicht nach den §§ 8 ff. BeurkG, sondern nach § 37 BeurkG. Der wesentliche beurkundungsrechtliche Unterschied liegt darin, dass die **Niederschrift nach § 37 BeurkG** den Beteiligten nicht zwingend vorgelesen und von ihnen genehmigt und unterschrieben werden muss. Die Niederschrift kann seit der Ergänzung des § 36 BeurkG um einen neuen Absatz 2 durch das Gesetz zur Einführung einer elektronischen Präsenzbeurkundung[1] auch als elektronisches Dokument aufgenommen werden. Anstelle der Niederschrift nach § 37 BeurkG kann der Notar für **einfache Zeugnisse**, insbesondere für die Beglaubigung von Unterschriften, Handzeichen und Abschriften, die Form des mit Unterschrift und Siegel versehenen **Vermerks** wählen (§ 39 BeurkG). Für die **Beglaubigung** von Unterschriften finden sich ergänzende Regelungen in § 40 BeurkG, für die Beglaubigung einer qualifizierten elektronischen Signatur in § 40a BeurkG, für die Beglaubigung von Namensunterschriften in § 41 BeurkG und für die Beglaubigung von Abschriften in § 42 BeurkG. § 43 BeurkG betrifft das Zeugnis über die Feststellung des Zeitpunktes der Vorlegung einer privaten Urkunde.

Sowohl für die Beurkundung von Willenserklärungen als auch für Tatsachenbeurkundungen, egal ob in der Form einer Niederschrift oder als Vermerk, gelten die allgemeinen Vorschriften des ersten Abschnitts des BeurkG (§§ 1–5 BeurkG) und die Vorschriften über die Behandlung der Urkunden im vierten Abschnitt des BeurkG (§§ 44–54 BeurkG).

B. Beurkundung von Erklärungen

3 Das Beweisrecht der ZPO regelt die Beweiskraft öffentlicher Urkunden über vor der Urkundsperson abgegebene Erklärungen einheitlich in § 415 ZPO. Der Begriff der Erklärung in diesem Sinne umfasst Willenserklärungen, Wissenserklärungen und Verfahrenserklärungen.[2] Für Zeugnisse der Urkundsperson selbst gilt die Beweisregel des § 418 ZPO. Es handelt sich jeweils um öffentliche Urkunden mit spezifischer Beweiskraft. Das Beurkundungsrecht differenziert für das Beurkundungsverfahren zwischen der Beurkundung von Willenserklärungen und der Beurkundung von anderen Erklärungen. Beiden Beurkundungsarten ist gemeinsam, dass der Notar auch einen Bericht über die abgegebenen Erklärungen abgibt.[3] Nur bei der Beurkundung von Willenserklärungen ist durch die vorgeschriebene Prozedur des Vorlesens, Genehmigens und Unterzeichnens vorgegeben, dass mit dem Abschluss der Niederschrift das Beurkundungs(haupt)verfahren endet. Aus diesem Grund wirkt sich die Differenzierung zwischen der Beurkundung von Willenserklärungen und anderen Berichten des Notars insbesondere auf das Änderungsverfahren nach § 44a BeurkG aus. Auch nach Abschluss der Niederschrift kann der Notar seinen Bericht noch präzisieren, ergänzen, korrigieren oder gänzlich neu fassen (im Einzelnen vgl. § 44a BeurkG Rdn 25 ff.; zur Beurkundung von Hauptversammlungsprotokollen siehe § 37 BeurkG Rdn 12 ff.).[4]

Tatsächliche Erklärungen der Beteiligten müssen nur dann in der Form der §§ 8 ff. BeurkG beurkundet werden, wenn sie durch Eide oder eidesstattliche Versicherungen bekräftigt sind. Im Übrigen liegt es im Ermessen des Notars, auch nicht eidesstattlich versicherte oder beschworene Parteierklärungen in der strengeren Form der §§ 8 ff. BeurkG niederzuschreiben, also diese Erklärungen den Beteiligten vorzulesen, sie von ihnen genehmigen und unterschreiben zu lassen.[5] Erweist sich die Abgrenzung von Willenserklärung und Tatsachenerklärung praktisch als schwierig, ist im Zweifel die Einhaltung der strengeren Form anzuraten.[6]

Nicht hierhin gehört die Beglaubigung von Unterschriften unter Erklärungen der Beteiligten nach § 40 BeurkG, denn Gegenstand der Beurkundung sind dann nicht die Erklärungen der Beteiligten, sondern nur deren Unterschriften (vgl. § 40 BeurkG Rdn 6).

1 Gesetz zur Einführung einer elektronischen Präsenzbeurkundung v. 10.12.2025, BGBl. 2025 I Nr. 320.
2 MüKo-ZPO/*Schreiber*, § 415 Rn 25; Prütting/Gehrlein/*Preuß*, § 415 Rn 21.
3 Vgl. *Winkler*, § 44a Rn 26.
4 *Winkler*, § 36 Rn 13 ff.; Grziwotz/Sauer/Heinemann/*Grziwotz*, § 36 Rn 10.
5 *Winkler*, § 37 Rn 9; Frenz/Miermeister/*Limmer*, § 8 BeurkG Rn 3; Grziwotz/Sauer/Heinemann/*Grziwotz*, § 36 Rn 4.
6 *Winkler*, vor § 36 Rn 15.

I. Willenserklärungen und Tatsachenerklärungen

4 Dem Begriff der Willenserklärung kommt zentrale Bedeutung in der Privatrechtsordnung zu. Es handelt sich um Erklärungen, die auf die Entstehung, Beendigung oder Änderung eines Rechtsverhältnisses gerichtet sind (zum Begriff der Willenserklärung vgl. § 8 BeurkG Rdn 18). Eine Erklärung, die nach den §§ 8 ff. BeurkG zu beurkunden ist, ist auch die prozessuale Willenserklärung, mit der sich der Schuldner der Zwangsvollstreckung in sein Vermögen unterwirft.

5 Im **Grundbuchverkehr** reicht nach § 29 Abs. 1 S. 1 GBO für die Eintragungsbewilligung und „die sonstigen zu der Eintragung erforderlichen Erklärungen" die Vermerkform der Unterschriftsbeglaubigung. „Andere Voraussetzungen der Eintragung" müssen dagegen nach § 29 Abs. 1 S. 2 GBO durch öffentliche Urkunde nachgewiesen werden. § 29 GBO enthält keine materiell-rechtliche Formvorschrift, sondern eine für das Grundbuchverfahren geltende Ordnungsvorschrift, mit der die zulässigen **Beweismittel** beschränkt werden.[7] § 29 Abs. 1 S. 1 GBO betrifft alle Erklärungen, die nach den maßgeblichen grundbuchrechtlichen Vorschriften zur Eintragung erforderlich sind, und lässt als Nachweis für das Grundbuchverfahren die öffentliche Beurkundung (durch Niederschrift) oder die öffentliche Beglaubigung (durch Beglaubigungsvermerk) zu. Wenn die Form der Niederschrift gewählt wird, hängt es vom Inhalt der Erklärung ab, ob die Beurkundung nach den §§ 8 ff. BeurkG zu erfolgen hat oder ob eine Niederschrift nach § 37 BeurkG genügt. Verfahrensrechtliche Erklärungen wie Bewilligungen[8] sind beurkundungsrechtlich den Willenserklärungen gleichgestellt (vgl. § 8 BeurkG Rdn 20).[9] Als Nachweis für das Grundbuchverfahren reicht es jedoch aus, wenn eine öffentlich beglaubigte Erklärung vorgelegt wird. Auch Geständniserklärungen, die das Vorliegen einer Eintragungsvoraussetzung lediglich verdeutlichen, sowie zur Eintragung erforderliche Wissenserklärungen werden in der Form des § 29 Abs. 1 S. 1 GBO nachgewiesen.[10]

6 Bei der **Auflassung** ist zu beachten, dass in der Form des § 29 Abs. 1 GBO nicht nur die Erklärung, sondern auch die Einhaltung der Form des § 925 BGB nachzuweisen ist, d.h. die Erklärung der nach § 873 BGB erforderlichen Einigung bei gleichzeitiger Anwesenheit beider Teile vor einer zuständigen Stelle. Dieser Umstand muss nach § 29 Abs. 1 S. 2 GBO durch öffentliche Urkunde nachgewiesen werden, da die öffentliche Beglaubigung nur die Unterzeichnung der Erklärung nachweist.[11] Obwohl die Auflassung nach materiellem Recht nicht der Beurkundung bedarf (vgl. § 8 BeurkG Rdn 18),[12] ist also eine öffentliche Urkunde über die Abgabe der Willenserklärungen vor dem Notar erforderlich. Das BeurkG verlangt für die ordnungsgemäße Beurkundung von Willenserklärungen die Einhaltung des Verfahrens nach den §§ 8 ff. BeurkG, und zwar unabhängig davon, ob die Willenserklärung selbst zu ihrer Wirksamkeit beurkundet werden muss oder ob die Beurkundung nachweisen soll, dass die Erklärungen bei gleichzeitiger Anwesenheit vor dem Notar abgegeben wurden. Ein Tatsachenzeugnis des Notars (§§ 36, 37 BeurkG), mit dem er bestätigt, dass die Auflassung vor ihm erklärt wurde, erfüllt die Voraussetzungen einer öffentlichen Urkunde nach § 415 Abs. 1 ZPO nicht, da diese Urkunde nicht „in der vorgeschriebenen Form" (§ 415 Abs. 1 ZPO) aufgenommen wäre.[13]

II. Mischbeurkundungen

7 Die Anforderungen nach den §§ 8 ff. BeurkG sind auch bei Mischbeurkundungen einzuhalten, bei denen neben den zu bezeugenden Tatsachen auch Willenserklärungen beurkundet werden.[14] Diese werden ver-

7 *Schöner/Stöber*, Rn 153.
8 Zur Rechtsnatur der Eintragungsbewilligung vgl. *Demharter*, § 19 Rn 12; Bauer/Schaub/*Kilian*, § 19 Rn 29 ff.; KEHE/*Munzig*, § 19 Rn 10 ff. jeweils mit umf. w.N.
9 *Lerch*, § 8 BeurkG Rn 3.
10 BayObLG DNotZ 1995, 627, 628; BayObLG DNotZ 1997, 337, 339; Bauer/Schaub/*Bayer/Meier-Wehrsdorfer*, § 29 Rn 32.
11 OLG München DNotZ 2009, 292, 293; Meikel/*Böttcher*, § 20 Rn 77; Bauer/Schaub/*Bayer/Meier-Wehrsdorfer*, § 29 Rn 15; vgl. auch BayObLG Rpfleger 2001, 228 = DNotZ 2001, 560 mit Anm. *Reithmann*; *Schöner/Stöber*, Rn 3324.
12 Vgl. BGH NJW 1992, 1101; OLG Rostock DNotZ 2007, 220 m. Anm. *Kanzleiter*; Grüneberg/*Herrler*, § 925 Rn 3; MüKo-BGB/*Ruhwinkel*, § 925 Rn 17; Staudinger/*Diehn*, § 925 Rn 76; a.A. *Pajunk*, S. 77 ff. (Kritik), 102 ff.; s. auch: *Lipp*, DNotZ 2003, 235.
13 BayObLG DNotZ 2001, 560, 563 mit zust. Anm. *Reithmann*; Meikel/*Böttcher*, § 20 Rn 77; *Hügel*, § 20 Rn 46; *Schöner/Stöber*, Rn 3324; a.A. LG Oldenburg Rpfleger 1980, 224; *Fuchs-Wissemann*, Rpfleger 1977, 9; 1978, 431.
14 Staudinger/*Hertel*, BeurkG Rn 600; Grziwotz/Sauer/Heinemann/*Grziwotz* § 36 Rn 5; Frenz/Miermeister/*Limmer*, § 36 BeurkG Rn 2; *Lerch*, § 36 Rn 3; *Winkler*, vor § 36 Rn 16 f.; vgl. auch OLG Köln BB 1993, 317, 318; vgl. ferner MüKo-GmbHG/*Harbarth*, § 53 Rn 68.

breitet auch als „gemischte Beurkundungen" bezeichnet.[15] Seit dem DiRUG[16] verwendet das Beurkundungsgesetz diesen Begriff allerdings für Beurkundungen teils mit körperlich anwesenden und teils mit per Videokommunikation zugeschalteten Beteiligten, § 16e BeurkG. Aus diesem Grund sollte der Begriff für die kombinierte Beurkundung von Willenserklärungen und sonstigen Tatsachen nicht mehr verwendet werden; stattdessen bietet sich der Begriff „Mischbeurkundung" an. Im Ergebnis handelt es sich dabei um eine Niederschrift nach den §§ 8 ff. BeurkG.[17] In diesem Fall gilt für die Beurkundung insbesondere § 17 BeurkG (siehe § 17 BeurkG Rdn 133). Eine Mischbeurkundung kann insbesondere bei der Protokollierung von **Gesellschafterversammlungen** auftreten (zur Beurkundung von Gesellschafterversammlungen vgl. § 37 BeurkG Rdn 17 ff.). So können insbesondere bei satzungsändernden Beschlüssen der Gesellschafterversammlung der GmbH neben § 53 Abs. 3 S. 1 GmbHG weitere Formvorschriften beachtlich sein.[18] Beispielsweise beschließen die Gesellschafter einer GmbH eine Kapitalerhöhung; in der gleichen Urkunde erklärt einer von ihnen gemäß § 55 Abs. 1 GmbHG, dass er die neue Einlage übernimmt.[19] Ein anderes in der Praxis relevantes Beispiel sind Urkunden, in denen nicht nur Zustimmungsbeschlüsse zu Umwandlungsmaßnahmen protokolliert werden (z.B. nach §§ 13 Abs. 3 S. 1, 193 Abs. 3 S. 1 UmwG), sondern zugleich Verzichtserklärungen der Anteilsinhaber (z.B. nach §§ 8 Abs. 3 S. 2, 9 Abs. 2, 192 Abs. 2 S. 2 UmwG).

In diesen Fällen hat die Beurkundung unter Beachtung der §§ 8 ff. BeurkG zu erfolgen.[20] Im Übrigen gilt, dass die Beurkundung von Gesellschafterbeschlüssen als Tatsachenprotokoll nach §§ 36, 37 BeurkG erfolgen kann und dieses Beurkundungsverfahren auch in vielen Verfahren sinnvoll ist, nichtsdestotrotz aber auch die Beurkundungsform der §§ 8 ff. BeurkG hierfür nicht „gänzlich ungeeignet ist" (vgl. § 37 BeurkG Rdn 17 m.w.N.).[21] Wird ein Hauptversammlungsbeschluss nach den §§ 8 ff. BeurkG beurkundet, ist zu beachten, dass zugleich die Anforderungen des § 130 AktG erfüllt sein müssen.[22]

8 In der Literatur wird vertreten, dass auch eine Beurkundung möglich sei, bei der – ggf. in unterschiedlichen Teilen der Urkunde – für die Beurkundung der Willenserklärungen die Vorgaben der §§ 8 ff. BeurkG eingehalten werden, für die Beurkundung von sonstigen Tatsachen hingegen nur die Vorgaben der §§ 36 f. BeurkG.[23] Das erscheint zweifelhaft. § 13 Abs. 1 S. 1 BeurkG verlangt für die Beurkundung von Willenserklärungen, dass die Niederschrift den Beteiligten vorgelesen werden muss, und zwar die Niederschrift als Ganzes, nicht nur die Erklärungen der Beteiligten (siehe § 13 BeurkG Rdn 3 m.w.N.). Werden „Muss-Bestandteile" der Niederschrift nicht verlesen, beispielsweise die Bezeichnung des Notars und der Beteiligten (§ 9 Abs. 1 Nr. 1 BeurkG), ist der Beurkundungsakt unwirksam (siehe § 13 BeurkG Rdn 18). Dies schließt es jedenfalls aus, im Rahmen einer „Mischbeurkundung" nur die Willenserklärungen der Beteiligten zu verlesen und sich hinsichtlich der übrigen Niederschrift auf das Verfahren nach §§ 36 f. BeurkG zu beschränken. Auch die umgekehrte Vorgehensweise, nämlich die Niederschrift insgesamt nach §§ 8 ff. BeurkG zu errichten, einschließlich des Verlesens, hiervon jedoch jene Passagen auszunehmen, in denen der Notar gemäß § 37 BeurkG über Wahrnehmungen berichtet, die keine Willenserklärungen betreffen, erscheint problematisch. Den Beteiligten wird man nicht abverlangen dürfen, eine Niederschrift gemäß § 13 Abs. 1 S. 1 BeurkG zu genehmigen und zu unterschreiben, deren Inhalt ihnen passagenweise völlig unbekannt ist. Für die Praxis empfiehlt es sich daher, entweder separate Niederschriften nach §§ 8 ff. BeurkG einerseits und §§ 36 f. BeurkG andererseits zu errichten[24] oder für die Niederschrift insgesamt die (strengere) Form der §§ 8 ff. BeurkG einzuhalten.

15 Vgl. Frenz/Miermeister/*Limmer*, § 36 BeurkG Rn 2; *Lerch*, § 36 Rn 3.
16 Gesetz zur Umsetzung der Digitalisierungsrichtlinie (DiRUG) vom 5.7.2021 (BGBl I S. 3338).
17 *Nordholtz/Hupka*, DNotZ 2018, 404, 411.
18 Hierzu *Grotheer*, RNotZ 2015, 4, 5 ff.
19 Vgl. BGH NJW 1996, 524; OLG Düsseldorf NJW 1995, 1761; OLG Schleswig RNotZ 2006, 115 (zur Belehrungspflicht).
20 Vgl. Grziwotz/Sauer/Heinemann/*Grziwotz*, § 36 Rn 5; *Winkler*, vor § 36 Rn 17; s.a. für Satzungsänderungsbeschlüsse in der GmbH: *Grotheer*, RNotZ 2015, 4, 7 ff., der sich im Übrigen dafür ausspricht, eine Wahrung der Zwecke der §§ 6 ff. BeurkG bei einer entsprechenden Ausgestaltung des Verfahrens der Tatsachenbeurkundung anzuerkennen und somit die Form der §§ 36 f. BeurkG genügen zu lassen.
21 So aber OLG Celle v. 13.2.2017 – 9 W 13/17, NZG 2017, 422, 423; zu Recht kritisch: *Nordholtz/Hupka*, DNotZ 2018, 404, 406.
22 DNotI-Report 1997, 228, 229.
23 Heinemann/Trautrims/*Trautrims/Lang*, § 36 BeurkG Rn 13; vgl. auch *Röll*, DNotZ 1979, 644, 646.
24 So auch *Danzeglocke*, RNotZ 2022, 229, 237; Grigoleit/*Herrler*, § 130 Rn 28.

C. Tatsachenbeurkundungen

I. Zulässigkeit, Urkundsgewährungspflicht

Die §§ 36 ff. BeurkG beziehen sich nicht nur auf tatsächliche Erklärungen der Beteiligten, sondern vor allem auch auf Tatsachenzeugnisse des Notars. Solche notariellen Tatsachenbeurkundungen können gleichfalls in der Vermerkform des § 39 BeurkG erteilt werden. Es liegt im **pflichtgemäßen Ermessen** des Notars, welche Form er wählt.[25] Die Vermerkform ist allerdings nur für einfache tatsächliche Zeugnisse des Notars, die sich in wenigen Sätzen wiedergeben lassen, sinnvoll (im Einzelnen vgl. § 39 BeurkG Rdn 3 f.).[26] 9

Die Zuständigkeit des Notars für die Vornahme von Tatsachenbeurkundungen ist durch § 20 Abs. 1 S. 2 BNotO auf die **Bezeugung amtlich wahrgenommener Tatsachen** beschränkt. Die Beurkundung darf sich nur auf solche Tatsachen beziehen, die der Notar persönlich und in amtlicher Eigenschaft wahrgenommen hat; er muss also aufgrund eines Ersuchens um eine Amtshandlung in seiner Eigenschaft als Notar tätig geworden sein.[27] Der Anwaltsnotar dürfte beispielsweise nicht als Notar eine Urkunde darüber errichten, dass er als Anwalt einen fristwahrenden Schriftsatz rechtzeitig bei Gericht eingereicht hat.[28] 10

Einem Tatsachenzeugnis zugänglich sind nur die sog. natürlichen Tatsachen, d.h. nur die nach Raum und Zeit bestimmten Zustände und Geschehnisse der Außenwelt. Nur das, was der Notar mit eigenen Ohren gehört, mit eigenen Augen gesehen hat, was er also, ohne eines besonderen Fachwissens zu bedürfen, als **eigene Sinneswahrnehmung** beschreiben kann, kann er als wahrgenommene Tatsache bezeugen.[29] Das bedeutet, dass das Zeugnis keine **Schlussfolgerungen** tatsächlicher oder rechtlicher Art, insbesondere keinerlei Rechtszeugnisse oder Rechtsgutachten enthalten darf, und zwar auch dann nicht, wenn es sich um einfache Rechtstatsachen handelt (vgl. auch § 1 BeurkG Rdn 13 ff., 18).[30] (Zu **Rechtsbescheinigungen** und **Notarbestätigungen** vgl. unten Rdn 20 f., § 39 BeurkG Rdn 5 ff.; zur sog. notariellen **Prioritätsverhandlung** siehe § 43 BeurkG Rdn 2). 11

Tatsachenbeurkundungen i.S.d. § 20 Abs. 1 S. 2 BNotO werden von der **Urkundsgewährungspflicht** des § 15 Abs. 1 BNotO erfasst und müssen folglich auf ein entsprechendes Ansuchen hin vorgenommen werden, wenn nicht ein Grund für die Versagung der Amtstätigkeit vorliegt (§ 4 BeurkG, § 14 Abs. 2 BNotO).[31] Gleiches gilt für Bescheinigungen i.S.d. § 21 BNotO, da diese Amtstätigkeit ebenfalls zur Urkundstätigkeit gehört (§ 10a Abs. 2 BNotO). Auch für Tatsachenbeurkundungen gelten die **allgemeinen Vorschriften** der §§ 1–5 BeurkG. Erkennbar unerlaubten oder unredlichen Zwecken darf der Notar seine Amtstätigkeit nicht zur Verfügung stellen. In solchen Fällen hat er die Beurkundung nach § 4 BeurkG abzulehnen.[32] 12

Die Erstellung **gutachterlicher Bescheinigungen und Notarbestätigungen** ist demgegenüber eine sonstige Betreuungsaufgabe auf dem Gebiet der vorsorgenden Rechtspflege i.S.d. § 24 Abs. 1 BNotO,[33] so dass der Notar hierfür keiner Vornahmepflicht unterliegt. 13

II. Belehrung

Die Vorschriften im zweiten Abschnitt des Beurkundungsgesetzes über die Prüfungs- und Belehrungspflicht des Notars bei der Beurkundung von Willenserklärungen (§§ 17 ff. BeurkG) gelten für die sonstigen Beurkundungen des dritten Abschnitts nicht.[34] Der Sinn und Zweck des Beurkundungsverfahrens verlangt aber, dass der Notar Zweifel an der Ernsthaftigkeit oder Eindeutigkeit einer beurkundeten 14

25 *Lerch*, § 36 Rn 11; *Winkler*, § 39 Rn 8; Frenz/Miermeister/*Limmer*, § 39 BeurkG Rn 2.
26 *Winkler*, § 39 Rn 6.
27 Arndt/Lerch/Sandkühler/*Sandkühler*, § 20 Rn 65.
28 Arndt/Lerch/Sandkühler/*Sandkühler*, § 20 Rn 65.
29 Vgl. BT-Drucks 13/4184, 25 f.
30 OLG Hamm NJW 1987, 263, 264; *Lerch*, § 36 Rn 7; Arndt/Lerch/Sandkühler/*Sandkühler*, § 20 Rn 64.
31 BGH Beschl. 19.6.2024 – IV ZB 13/23, DNotZ 2024, 778, 779 (zum notariellen Nachlassverzeichnis).
32 *Lerch*, § 36 Rn 14.
33 BGHZ 96, 157, 164; BGH DNotZ 2000, 287; BGH DNotZ 2001, 863, 864; BGH DNotZ 2015, 207, 211; *Limmer* ZNotP 2002, 261, 266 m.w.N.
34 BGH DNotZ 2015, 207, 211; *Winkler*, vor § 36 Rn 14; Frenz/Miermeister/*Limmer*, § 36 BeurkG Rn 13; Staudinger/*Hertel*, BeurkG Rn 604.

Erklärung oder an der Geschäftsfähigkeit derer, die Erklärungen abgeben, in der Niederschrift festhält (zu Hinweispflichten bei der Protokollierung von Hauptversammlungsbeschlüssen und Gesellschafterbeschlüssen vgl. auch § 37 BeurkG Rdn 15 f., 23).[35] Sehr häufig erwarten die Beteiligten im Übrigen auch bei sonstigen Beurkundungen Beratung und Formulierungshilfe des Notars. In solchen Fällen kann eine selbstständige Beratungs- und Betreuungstätigkeit nach § 24 BNotO übernommen werden. Ein entsprechender Antrag ist auch stillschweigend möglich (wegen der Prüfungs- und Belehrungspflicht bei Eidesabnahmen vgl. § 38 BeurkG Rdn 19 f., bei der Beglaubigung von Unterschriften vgl. § 40 BeurkG Rdn 4 f., 34).

III. Haftung

15 Der Notar ist verpflichtet, Tatsachen wahr zu bezeugen und, soweit es in seinen Möglichkeiten liegt, jeden falschen Anschein zu vermeiden. Die Tatsachenbeurkundung ist deshalb so abzufassen, dass ein unrichtiges, aber nicht fern liegendes Verständnis der Person, der die Urkunde vorgelegt wird, ausgeschlossen ist.[36] Die Pflicht besteht also unter Umständen gegenüber Dritten, für die durch die dokumentierte amtliche Wahrnehmung des Notars ein Vertrauenstatbestand geschaffen wird.[37] Der Notar haftet für die Richtigkeit der Bescheinigung.[38] Verbleiben Unklarheiten, berechtigen diese den Notar jedoch nicht zur Verweigerung seiner Amtstätigkeit; er muss in diesem Fall den zugrundeliegenden Sachverhalt in der Niederschrift darlegen und seine Zweifel zum Ausdruck bringen.[39]

16 Tatsachenbeurkundungen des Notars über den Inhalt ihm vorgelegter Urkunden sind zwar auch in der Form zulässig, dass der Urkundeninhalt nur auszugsweise wiedergegeben wird. Die Gefahr, dass derjenige, dem die Urkunde vorgelegt wird, falsche Schlüsse zieht, ist in diesem Fall aber groß. Die Bescheinigung muss deshalb in einem solchen Fall deutlich als auszugsweise Wiedergabe gekennzeichnet sein.

IV. Beispiele

17 Beispiele zulässiger Tatsachenzeugnisse:

- Zeugnis, dass ein Bevollmächtigter im Besitz der Urschrift oder der Ausfertigung einer Urkunde gewesen ist
- Zeugnis, dass dem Notar ein Geschäftsbuch vorgelegen hat (nicht aber, dass es ordnungsgemäß geführt wurde)
- Zeugnis über die Zahlung einer Geldsumme oder die Übergabe von Gegenständen
- Lebensbescheinigungen
- Zeugnis über die Zeit, zu der eine Privaturkunde vorgelegt wurde (vgl. § 43 BeurkG)
- Zeugnis über den Inhalt eines öffentlichen Registers, z.B. über die Eintragung einer Firma in das Handelsregister (zur hiervon zu unterscheidenden Registerbescheinigung vgl. § 39 BeurkG Rdn 5 ff.)[40]

18 Beispiele unzulässiger Tatsachenzeugnisse:[41]

- Zeugnis über die Hinterlegung eines Geldbetrages, wenn nur ein Scheck vorliegt
- Bestätigung der Zusicherung eines bestimmten Ranges für ein Grundpfandrecht, wenn lediglich die Zusicherung des Grundstückseigentümers vorliegt
- Bestätigung des „käuflichen Erwerbs“ eines Grundstückes, wenn es zwar gekauft, aber noch nicht übereignet worden ist

35 Vgl. *Lamers*, DNotZ 1962, 287, 293; *Röll*, DNotZ 1979, 644, 645; Staudinger/*Hertel*, BeurkG Rn 604.

36 BGH DNotZ 1973, 245, 246 f.; Frenz/Miermeister/*Limmer*, § 37 BeurkG Rn 4; vgl. auch BGH DNotZ 1997, 221, 224 (Verwahrung) sowie *Haug/Zimmermann*, Rn 664 ff. mit zahlreichen Beispielen.

37 BGH DNotZ 1984, 427, 430; BeckOK-BNotO/*Schramm*, § 19 Rn 42.

38 BGH DNotZ 1973, 245.

39 BGH Beschl. 19.6.2024 – IV ZB 13/23, DNotZ 2024, 778, 784; LG Trier, Beschl. 22.10.2020 – 11 T 1/19, ErbR 2020, 878, 879.

40 LG Frankenthal MittRhNotK 1972, 177, 178; *Winkler*, § 39 Rn 11.

41 Vgl. Haftpflichtecke, DNotZ 1975, 537, 543 ff.

V. Büromäßige Behandlung

19 Die Tatsachenbeurkundung ist in das Urkundenverzeichnis einzutragen, soweit § 7 Abs. 1 NotAktVV nichts anderes bestimmt, also soweit es sich nicht um Bescheinigungen über Eintragungen in öffentlichen Registern und Abschriftsbeglaubigungen handelt. Wird sie in Form einer Niederschrift aufgenommen, so bleibt das Original bei der Urkundensammlung, § 31 Abs. 1 Nr. 2 NotAktVV. Bei Vermerken, die in das Urkundenverzeichnis einzutragen sind, ist die Urschrift zur Urkundensammlung zu nehmen, wenn sie in notarieller Verwahrung verbleibt, § 31 Abs. 1 Nr. 4a) NotAktVV. Wird die Urschrift eines Vermerks gemäß § 45a Abs. 2 BeurkG ausgehändigt, ist der Notar zur Verwahrung einer Abschrift in der Urkundensammlung verpflichtet, sofern er die Urkunde entworfen hat, andernfalls ist dies in sein Ermessen gestellt, § 31 Abs. 1 Nr. 4b) und c) NotAktVV. Ein Vermerkblatt anstelle der Urschrift verlangt die DONot in diesen Fällen nicht mehr (anders noch § 19 Abs. 2 DONot a.F.). Bei einfachen elektronischen Zeugnissen i.S.d. § 39a BeurkG, die in das Urkundenverzeichnis einzutragen sind, ist ein Ausdruck des elektronischen Dokuments bei der Urkundensammlung zu verwahren, § 31 Abs. 1 Nr. 5 NotAktVV.

D. Notarielle Bescheinigungen und Bestätigungen

20 Bescheinigungen oder Notarbestätigungen, die rechtliche Wertungen oder Schlussfolgerungen enthalten, sind keine Zeugnisurkunden (vgl. § 1 BeurkG Rdn 18, § 39 BeurkG Rdn 3 ff.).[42] Die Beurkundung nach § 20 Abs. 1 S. 2 BNotO darf keine Rechtszeugnisse oder Rechtsgutachten enthalten, da der Rechtsverkehr hieraus falsche Schlüsse ziehen könnte.

21 Bei der Registerbescheinigung nach § 21 Abs. 1 BNotO sowie der Bescheinigung über die rechtsgeschäftliche Vertretungsmacht nach § 21 Abs. 3 BNotO handelt es sich jeweils um eine Urkundstätigkeit. Im Übrigen gehört die Errichtung gutachterlicher Bescheinigungen und Notarbestätigungen zu den sonstigen Betreuungsaufgaben auf dem Gebiet der vorsorgenden Rechtspflege i.S.d. § 24 Abs. 1 BNotO.[43] Für diese Bescheinigungen und Bestätigungen enthält das BeurkG keine eigenen Regelungen. Die Verfahrensgestaltung erfolgt, wie bei vielen anderen sonstigen Betreuungstätigkeiten auch, nach ungeschriebenen Regeln durch den einzelnen Notar,[44] der dabei die jeweiligen Verfahrensziele und seine Grundpflichten zu beachten hat (siehe auch § 39 BeurkG Rdn 5 ff.).

§ 37 Inhalt der Niederschrift

(1) [1]Die Niederschrift muß enthalten
1. die Bezeichnung des Notars sowie
2. den Bericht über seine Wahrnehmungen.
[2]Der Bericht des Notars in einem Schriftstück, auf das in der Niederschrift verwiesen und das dieser beigefügt wird, gilt als in der Niederschrift selbst enthalten. [3]Satz 2 gilt entsprechend, wenn der Notar unter Verwendung von Karten, Zeichnungen oder Abbildungen seinen Bericht erstellt.
(2) In der Niederschrift sollen Ort und Tag der Wahrnehmungen des Notars sowie Ort und Tag der Errichtung der Urkunde angegeben werden.
(3) [1]§ 13 Absatz 3 gilt entsprechend. [2]Bei Aufnahme einer elektronischen Niederschrift gilt § 13a Absatz 2 und 4 entsprechend.

Literatur *Allmendinger*, § 130 Abs. 2 Satz 2 AktG – eine sanktionslose Ordnungsnorm, DNotZ 2012, 164; *Bezzenberger*, Die Niederschrift über eine beurkundungsfreie Hauptversammlung, Festschrift für Schippel (1996), 361; *Blanke*, Praktische Erleichterungen für die Tätigkeit von Vorständen nicht börsennotierter Aktiengesellschaften, BB 1995, 681; *Bohrer*, Notare – Ein Berufsstand der Urkundsvernichter? NJW 2007, 2019; *Cramer*, Die Beurkundung der GmbH-Gründung durch einen in der Schweiz zugelassenen Notar mit Amtssitz im Kanton Bern, DStR 2018, 746; *Danzeglocke*, Ausgewählte Rechtsentwicklungen und -probleme im Bereich des notariellen Hauptversamm-

42 *Limmer*, ZNotP 2002, 261, 262.
43 BGHZ 96, 157, 164; BGH DNotZ 2000, 287; BGH DNotZ 2001, 863, 864; *Limmer*, ZNotP 2002, 261, 266 m.w.N.; Grziwotz/Sauer/Heinemann/*Grziwotz*, § 36 Rn 6.
44 Vgl. Frenz/Miermeister/*Limmer*, § 36 BeurkG Rn 6b.

lungsprotokolls, RNotZ 2022, 229; *Eylmann*, Fragwürdige Praxis bei der Abfassung von Hauptversammlungsprotokollen, ZNotP 2005, 300; *Eylmann*, Erneut – Hauptversammlungsprotokolle, ZNotP 2005, 458; *Faßbender*, Die Hauptversammlung der Aktiengesellschaft aus notarieller Sicht, RNotZ 2009, 425; *Fleischhauer*, Zu den Pflichten des Notars im Zusammenhang mit der Protokollierung einer Hauptversammlung, RNotZ 2003, 333; *Görk*, Zur Zulässigkeit der Änderung von Hauptversammlungsniederschriften, MittBayNot 2007, 382; *Grotheer*, Satzungsänderungsbeschlüsse in der GmbH und besondere Formvorschriften, RNotZ 2015, 4; *Grumann/Gillmann*, Aktienrechtliche Hauptversammlungsniederschriften und Auswirkungen von formalen Mängeln, NZG 2004, 839; *Hauschild/Zetsche*, Notar und Virtuelle Hauptversammlung, AG 2020, 557; *Heckschen*, Die „kleine AG" und Deregulierung des Aktienrechts – eine kritische Bestandsaufnahme, DNotZ 1995, 275; *Heckschen/Kreußlein*, Fehler und Berichtigungsmöglichkeiten der notariellen Niederschrift über die Hauptversammlung einer AG, NZG 2018, 401; *Heinze*, Zur Anwendung von § 44a II BeurkG auf Niederschriften gem. § 36 BeurkG, NZG 2016, 1089; *Herrler*, Berichtigungsmöglichkeit bei fehlenden Pflichtangaben in der Hauptversammlungsniederschrift, NJW 2018, 585; *Herrler*, Die virtuelle Hauptversammlung nach dem COVID-19-Gesetz, DNotZ 2020, 468; *Hoffmann-Becking*, Gesetz zur „kleinen AG" – unwesentliche Randkorrekturen oder grundlegende Reform? ZIP 1995, 1; *Kanzleiter*, Die Berichtigung der notariellen Niederschrift über die Hauptversammlung einer Aktiengesellschaft und die Zulässigkeit mehrerer Niederschriften, DNotZ 2007, 804; *Kanzleiter*, Die nachträgliche Berichtigung notarieller Urkunden, DNotZ 1990, 478; *Knur*, Die Niederschrift über die Hautversammlung der Aktiengesellschaft, DNotZ 1938, 700; *Krieger*, Berichtigung von Hauptversammlungsprotokollen, NZG 2003, 366; *Krieger*, Muss der Hauptversammlungsnotar die Stimmauszählung überwachen? ZIP 2002, 1597; *Lamers*, Die Beurkundung der Hauptversammlung einer Aktiengesellschaft, DNotZ 1962, 287; *Ludwig*, Das vorsorgliche Hauptversammlungsprotokoll, ZNotP 2008, 345; *Luther*, Die notarielle Niederschrift über die Hauptversammlung und ihre Bedeutung für Aktionär und Markt, RNotZ 2023, 317; *Lutter*, Das neue „Gesetz für kleine Aktiengesellschaften und zur Deregulierung des Aktienrechts", AG 1994, 429; *Maaß*, Welche Praxis bei der Abfassung von Hauptversammlungsprotokollen ist fragwürdig? ZNotP 2005, 377; *Maaß*, Zur Beurteilung formaler „Mängel" von Hauptversammlungsprotokollen, ZNotP 2005, 50; *Mühe*, Änderungen von Anleihebedingungen – Herausforderungen und praktische Erfahrungen bei der Durchführung von Gläubigerabstimmungen, BKR 2017, 50; *Noack/Zetsche*, Die virtuelle Hauptversammlung nach dem COVID-19-Pandemie-Gesetz 2020, AG 2020, 265; *Nordholtz/Hupka*, Die Beurkundung von Änderungen eines GmbH-Gesellschaftsvertrages – Tatsachenprotokoll vs. Niederschrift, DNotZ 2018, 404; *Otto*, Gläubigerversammlung nach dem SchVG – Ein neues Tätigkeitsgebiet für Notare, DNotZ 2012, 809; *Priester*, Aufgaben und Funktionen des Notars in der Hauptversammlung, DNotZ 2001, 661; *Priester*, Neue Entwicklungen im Recht der Hauptversammlung – UMAG und jüngste Rechtsprechung –, DNotZ 2006, 403; *Priester*, Zu den Anforderungen an ein notarielles Hauptversammlungsprotokoll, EWiR 2002, 645; *Puppe*, Bemerkungen zur Falschbeurkundung und Urkundenunterdrückung im notariellen Beurkundungsverfahren, ZNotP 2008, 12; *Reger*, Neues zum Auskunftsrecht in der Hauptversammlung, NZG 2013, 48; *Reul*, Die notarielle Beurkundung einer Hauptversammlung, AG 2002, 543; *Reul/Zetzsche*, Zwei Notare – eine Hauptversammlung, AG 2007, 561; *Röll*, Die Beurkundung von GmbH-Gesellschafterbeschlüssen, DNotZ 1979, 644; *Schulte*, Die Niederschrift über die Verhandlung der Hauptversammlung einer Aktiengesellschaft, AG 1985, 33; *Sigel/Schäfer*, Die Hauptversammlung der Aktiengesellschaft aus notarieller Sicht, BB 2005, 2137; *Stelmaszczyk*, Die virtuelle Hauptversammlung nach dem COVID-19-Gesetz vor dem Start in die Hauptversammlungssaison 2022, DNotZ 2021, 930; *Steuer*, Das neue Wechseleinzugsverfahren der Kreditinstitute, DNotZ 1977, 737; *Sustmann*, Zu den aktienrechtlichen Protokollierungspflichten des Notars im Rahmen der Hauptversammlung, EWiR 2003, 737; *Vetter*, Widerspruch zu Protokoll der Hauptversammlung erst zur Mitternachtsstunde? DB 2006, 2278; *Wicke*, Zulässigkeit virtueller Versammlungen, DStR 2022, 498; *Wilhelmi*, Der Notar in der Hauptversammlung der Aktiengesellschaft, BB 1987, 1331; *Wolfsteiner*, Nochmals – Hauptversammlungsprotokolle, ZNotP 2005, 376.

A. Beurkundung nach § 37 BeurkG

1 § 37 BeurkG beschreibt **Form und Inhalt der Niederschrift**, die der Notar herzustellen hat, wenn er für Beurkundungen nach § 36 BeurkG nicht die Form des Vermerks (§ 39 BeurkG) wählen kann. Die Form des § 37 BeurkG ist regelmäßig angebracht, wenn der Notar einen Bericht über seine Wahrnehmungen niederzulegen und nicht nur das Ergebnis seiner Wahrnehmungen festzuhalten hat.[1] Hiervon abzugren-

1 *Winkler*, § 36 Rn 3.

zen sind Schlussfolgerungen des Notars (vgl. § 36 BeurkG Rdn 11 m.w.N.). Werden zugleich Willenserklärungen abgegeben, muss die Beurkundung im Verfahren nach §§ 8 ff. BeurkG erfolgen (vgl. § 36 BeurkG Rdn 7). Für Tatsachenzeugnisse des Notars gilt, dass der Bericht des Notars auch nach Abschluss der Niederschrift noch präzisiert, ergänzt, korrigiert oder gänzlich neu gefasst werden kann (im Einzelnen vgl. § 44a BeurkG Rdn 25 ff.; zur Beurkundung von Hauptversammlungsprotokollen siehe Rdn 13 f.).[2] Mit dem Gesetz zur Einführung einer elektronischen Präsenzbeurkundung,[3] das die Errichtung von Niederschriften nach § 36 als elektronisches Dokument ermöglicht, wurde § 37 BeurkG in Absatz 3 um den Verweis auf § 13 Abs. 2 und 4 BeurkG n.F. ergänzt, die das Signieren der elektronischen Niederschrift durch den Notar regeln (siehe die Kommentierung dort).

An die Beurkundung anderer Erklärungen als Willenserklärungen und die Beurkundung sonstiger Tatsachen oder Vorgänge werden weniger umfangreiche Anforderungen gestellt als an die Beurkundung von Willenserklärungen. § 37 BeurkG ordnet für die einfache Niederschrift nur drei **zwingende Erfordernisse** an: 2

- Bezeichnung des Notars (Abs. 1 Nr. 1)
- Bericht des Notars über seine Wahrnehmungen unmittelbar oder in Form eines der Niederschrift beigefügten Schriftstücks (Abs. 1 Nr. 2)
- eigenhändige Unterschrift des Notars (Abs. 3 i.V.m. § 13 Abs. 3 S. 1 BeurkG).

Fehlt eines dieser Erfordernisse, ist die Niederschrift **beurkundungsrechtlich unwirksam** und damit keine öffentliche Urkunde i.S.d. Legaldefinition des § 415 Abs. 1 ZPO.[4]

Abs. 2 enthält lediglich eine Soll-Vorschrift.[5] Sie betrifft die Angabe von Ort und Tag der Wahrnehmungen des Notars sowie von Ort und Tag der Errichtung der Urkunde. Anders als bei der Beurkundung von Willenserklärungen können diese Daten bei der Beurkundung tatsächlicher Vorgänge auseinanderfallen (z.B. Überwachung einer Auslosung durch den Notar heute, Niederschrift darüber nächste Woche).[6] Zur Angabe des Datums der Niederschrift bei Hauptversammlungsprotokollen s. Rdn 12. 3

Niederschriften nach § 37 BeurkG brauchen den Beteiligten nicht vorgelesen und von ihnen auch nicht unterschrieben zu werden.[7] Infolgedessen ist es bei einer Tatsachenbeurkundung nicht erforderlich, im Fall der Beteiligung gebrechlicher Personen einen Zeugen oder einen zweiten Notar hinzuzuziehen. 4

Es findet anders als bei der Beurkundung von Willenserklärungen (siehe § 8 BeurkG Rdn 5 ff.) auch **keine Verhandlung** statt, bei der die Beteiligten anwesend zu sein hätten. Ein Recht von Beteiligten, bei der Errichtung der Zeugnisurkunde, d.h. bei Erstellung und Unterzeichnung der Niederschrift bzw. des Vermerks, anwesend zu sein, gibt es grundsätzlich nicht.[8]

Für die **Bezeichnung des Notars** in der einfachen Niederschrift gilt nichts anderes als für die Bezeichnung des Notars nach § 9 Abs. 1 S. 1 Nr. 1 BeurkG (vgl. hierzu § 9 BeurkG Rdn 5 ff.). An die Stelle der Erklärungen der Beteiligten tritt im Falle des § 37 BeurkG der **Bericht des Notars** über die von ihm in amtlicher Eigenschaft wahrgenommenen Tatsachen (vgl. § 36 BeurkG Rdn 10 f.). Der Bericht kann – ganz oder z.T. – in einem Schriftstück enthalten sein, auf das der Notar in der Niederschrift verweist und das deshalb nach Abs. 1 S. 2 als Inhalt der Niederschrift selbst anzusehen ist. Die Vorschrift entspricht § 9 Abs. 1 S. 2 BeurkG (vgl. oben § 9 BeurkG Rdn 26 ff.). Verwiesen werden kann auch auf Karten, Zeichnungen und Abbildungen, die der Notar für seinen Bericht verwendet (Abs. 1 S. 3; vgl. § 9 BeurkG Rdn 26 ff.). Entscheidend ist aber jeweils die Verkörperung auf Papier; auf elektronische Datenträger kann nach geltendem Recht nicht verwiesen werden.[9] Ein solches Schriftstück ist nach § 44 S. 2 BeurkG mit der Niederschrift durch Schnur und Prägesiegel zu verbinden. Unterbleibt dies versehentlich, hat dies aber auf die Wirksamkeit der Beurkundung keinen Einfluss. 5

Mit der **Unterschrift des Notars** ist die Niederschrift abgeschlossen, im Falle einer elektronischen Niederschrift mit seiner qualifizierten elektronischen Signatur. Die Unterzeichnung etwaiger Anlagen ist 6

2 *Winkler*, § 36 Rn 13; Grziwotz/Sauer/Heinemann/*Grziwotz*, § 36 Rn 11.
3 Gesetz zur Einführung einer elektronischen Präsenzbeurkundung v. 10.12.2025, BGBl. 2025 I Nr. 320.
4 Grziwotz/Sauer/Heinemann/*Grziwotz*, § 37 Rn 18.
5 Grziwotz/Sauer/Heinemann/*Grziwotz*, § 37 Rn 1.
6 Vgl. BGHZ 180, 9 = NJW 2009, 2207, 2209.
7 OLG München Beschl. 3.12.2024 – 33 W 1034/24e, RNotZ 2025, 90, 92 (zum notariellen Nachlassverzeichnis).
8 Vgl. OLG München Beschl. 3.12.2024 – 33 W 1034/24e, RNotZ 2025, 90, 92; a.A. *Hindahl*, ErbR 2024, 584, 577 (jeweils zum notariellen Nachlassverzeichnis).
9 Frenz/Miermeister/*Limmer*, § 37 Rn 7.

nicht erforderlich. Bezeugt der Notar die Wahrnehmung einer Tatsache, ist der Abschluss einer Niederschrift jedoch nicht mit dem Abschluss des Bezeugungsverfahrens als solchem gleichzusetzen. Ein Zeugnis gibt der Notar vielmehr erst dann nach außen ab, wenn sein Zeugnis den internen Bereich verlässt (zur Änderung von Hauptversammlungsniederschriften vgl. unten Rdn 13 f.; zum Änderungsverfahren vgl. § 44a BeurkG).

B. Hauptversammlungsprotokolle

I. Dokumentationspflicht

7 Das Hauptversammlungsprotokoll ist ein Tatsachenbericht des Notars über beurkundungspflichtige Vorgänge der Hauptversammlung einer Aktiengesellschaft.[10] Die Niederschrift des Notars dokumentiert die beurkundungspflichtigen Vorgänge einer bestimmten Hauptversammlung und hält fest, welches Verfahren dabei eingehalten wurde. Sie ist **Zeugnis des Notars über die von ihm wahrgenommen Tatsachen**. Deshalb erstreckt sich die Beweiskraft der notariellen Niederschrift nicht nur auf den Inhalt der abgegebenen Erklärungen, sondern auch auf den tatsächlichen Hergang der Hauptversammlung, insbesondere der Abstimmung als gesellschaftsrechtlichen Gesamtakt.[11] Eine kurzzeitige Abwesenheit des Notars schadet nicht, soweit sie sich nicht auf den zwingenden Niederschriftsinhalt auswirkt.[12] Praktische Schwierigkeiten kann insbesondere die Protokollierung nach § 131 Abs. 5 AktG bereiten, wonach sowohl die nicht beantwortete Frage des Aktionärs als auch der Grund für die Auskunftsverweigerung in die Niederschrift aufzunehmen sind.[13] Im Hinblick auf den Inhalt des Protokolls gilt **§ 130 Abs. 2 bis 4 AktG** als lex specialis zu **§ 37 BeurkG**.[14] Werden in der Versammlung beurkundungsbedürftige **rechtsgeschäftliche Erklärungen** abgegeben, so müssen sowohl die Vorschriften über die Beurkundung von Willenserklärungen[15] als auch die Anforderungen des § 130 AktG beachtet werden.[16] § 130 Abs. 2 AktG schreibt **zwingende Angaben** vor. Die Nichteinhaltung dieser Vorschrift führt zur Nichtigkeit der Beurkundung. Werden die Vorgaben dieser Vorschrift eingehalten, kommt im Übrigen auch die Erstellung der gesamten Niederschrift nach den Vorschriften über die Beurkundung von Willenserklärungen in Betracht (vgl. auch zur GmbH Rdn 17; zur Mischbeurkundung nach §§ 8 ff. BeurkG und § 37 BeurkG vgl. § 36 BeurkG Rdn 8).[17] Wird in der Hauptversammlung einer nicht börsennotierten Aktiengesellschaft i.S.v. § 3 Abs. 2 AktG sowohl über Beschlussgegenstände abgestimmt, die mit einfacher Mehrheit beschlossen werden können, als auch über Grundlagenbeschlüsse, die eine Dreiviertel- oder größere Mehrheit erfordern, reicht es nach Auffassung des BGH gemäß § 130 Abs. 1 S. 3 AktG aus, wenn sich das notarielle Protokoll auf die Grundlagenbeschlüsse beschränkt und über die anderen Beschlüsse ein vom Vorsitzenden des Aufsichtsrats zu unterzeichnendes Protokoll errichtet wird (**geteilte Niederschrift**).[18]

8 Besondere Fragen stellen sich, wenn Aktionäre „virtuell" an der Hauptversammlung teilnehmen, also im Wege elektronischer Kommunikation ohne physische Anwesenheit am Ort der Hauptversammlung. Schon seit dem ARUG erlaubte § 118 Abs. 1 S. 2 AktG, dies als zusätzliche Option neben dem (zwingenden) Recht auf physische Teilnahme an der Hauptversammlung vorzusehen (**hybride Hauptversammlung**). § 1 Abs. 2 COVMG sah vor dem Hintergrund der Corona-Pandemie befristet[19] die Möglichkeit vor, Hauptversammlungen abzuhalten, an denen Aktionäre ausschließlich virtuell teilnehmen konnten (**virtuelle Hauptversammlung**). Mit dem Gesetz zur Einführung virtueller Hauptversammlungen von

10 Zur Problematik der Protokollierung durch mehr als einen Notar vgl. *Reul/Zetzsche*, AG 2007, 561 ff.
11 OLG Bremen DNotZ 2020, 557, 558.
12 Vgl. OLG München DNotZ 2009, 146, 149; Grigoleit/*Herrler*, § 130 AktG Rn 19.
13 Vgl. *Reger*, NZG 2013, 48, 49 (gegen OLG Frankfurt, NZG 2013, 23, 24); ausführlich hierzu *Danzeglocke*, RNotZ 2022, 229, 244 ff.
14 *Koch*, § 130 AktG Rn 11; *Lerch*, § 37 Rn 20; *Maaß*, ZNotP 2005, 377, 378; *Winkler*, § 37 Rn 18a; a.A. K. Schmidt/Lutter/*Ziemons*, § 130 AktG Rn 2.
15 *Höfer/Huhn*, S. 198; *Winkler*, § 37 Rn 9, 17.
16 Vgl. DNotI-Report 1997, 228, 229; Würzburger Notarhandbuch/*Reul*, Teil 5 Kap. 4 Rn 431; a.A. LG Stuttgart, Beschl. v. 11.10.2007 – 34 T 5/07 (Verzicht auf Versammlungsleiter und damit auf Beschlussfeststellung durch Versammlungsleiter möglich).
17 OLG München v. 3.2.2010 – 31 Wx 135/09, DNotZ 2011, 142, 146; DNotI-Report 2016, 1, 3 m.w.N.; *Herrler*, NJW 2018, 585, 586; Einzelheiten zum Inhalt der Niederschrift bei Beurkundung gem. §§ 6 ff. BeurkG bei: *Danzeglocke*, RNotZ 2022, 229, 237.
18 BGH NZG 2015, 867; ausführliche Darstellung bei: *Danzeglocke*, RNotZ 2022, 229, 231 ff.
19 Bis zum 31.8.2022.

Aktiengesellschaften und Änderung weiterer Vorschriften vom 26.7.2022[20] ist die Option virtueller Hauptversammlungen dauerhaft in das Aktiengesetz übernommen worden (§ 118a AktG). Auch solche Hauptversammlungen sind nicht „ortlos", [21] sondern müssen einen Ort haben, an dem der Versammlungsleiter und ggf. der Abschlussprüfer anwesend sein müssen, Vorstand und Aufsichtsrat anwesend sein sollen und von der Gesellschaft bestimmte Stimmrechtsvertreter anwesend sein können, § 118a Abs. 2 AktG Die Neuregelung war Anlass für die Klarstellung in einem neuen § 130 Abs. 1a AktG, dass der protokollierende Notar seine Wahrnehmungen über den Gang der Hauptversammlung unter Anwesenheit am Ort der Hauptversammlung zu machen hat.[22] Im notariellen Protokoll müssen dabei insbesondere die Art der Abstimmung der ortsabwesenden Aktionäre (Stimmrechtsausübung, Stimmrechtsauszählung) sowie die übrigen „digitalen Abläufe" dargestellt werden.[23] Erklärungen von Aktionären (z.B. Widersprüche gegen Beschlüsse) darf der Notar protokollieren, ohne eigene Nachforschungen zur Identität des Erklärenden anstellen zu müssen.[24] Der Notar muss weder seine Wahrnehmungen auf den Inhalt von Datenträgern erstrecken, die eine elektronische Aufzeichnung der Hauptversammlung und sonstige elektronischen Kommunikationsvorgänge enthalten, noch solche Datenträger dem Protokoll beifügen oder in Verwahrung nehmen. Tut er dies dennoch, entsprechenden Vorschlägen in der Literatur folgend,[25] so erstreckt sich jedoch die Beweiskraft des notariellen Protokolls nicht auf den Inhalt dieser Datenträger, da diese gemäß Abs. 1 S. 2 beurkundungsrechtlich nicht Inhalt der Niederschrift sind und deshalb an der Beweiskraft der Niederschrift nicht teilhaben.[26]

Mit der Einbindung des Notars werden zwei Rechtspflegezwecke erfüllt. Der Notar fungiert als „Dokumentator und Rechtmäßigkeitsgarant".[27] Die in § 130 AktG nach Form und Inhalt abschließend geregelten aktienrechtlichen Protokollierungspflichten, deren Einhaltung **Wirksamkeitsvoraussetzung** für den Beschluss ist, müssen von weiteren Überwachungs- und Protokollierungspflichten des Notars, die ihm aufgrund seiner Amtsstellung bei der Begleitung der Hauptversammlung obliegen, streng unterschieden werden.[28] Als Organ der vorsorgenden Rechtspflege unterliegt der Notar zwar bestimmten über die Protokollierungspflicht hinausgehenden **Überwachungs- und Kontrollpflichten** (vgl. unten Rdn 15 f.). Ein dem Notar insoweit vorzuwerfender Pflichtenverstoß führt jedoch nicht zur Nichtigkeit der Beurkundung.[29] Nach Ansicht des II. Senats des Bundesgerichtshofs steht der Dokumentationszweck derart im Vordergrund, dass auch die **Beurkundung durch einen ausländischen Notar** genügen soll, der den sonstigen Pflichten nicht unterliegt, soweit sie der Beurkundung durch einen deutschen Notar „gleichwertig" ist.[30] Dabei knüpft der Senat zwar an die anerkannten Kriterien für eine Substitution an (vergleichbare Funktion der Urkundsperson; Bindung an ein Verfahrensrecht, das den tragenden Grundsätzen des deutschen Beurkundungsrechts entspricht), misst den als Vergleichsmaßstab dienenden Vorgaben des deutschen Verfahrensrechts aber nur rudimentäre Bedeutung zu. 9

Im Übrigen sind die Funktionen des Notars und des Versammlungsleiters strikt zu trennen.[31] Durchführung der Abstimmung und Stimmauszählung sind Aufgaben des Versammlungsleiters.[32] Aufgabe des 10

20 BGBl I 2022, 1166.

21 Ebenso schon *Wicke*, DStR 2022, 498, 501 f., und *Stelmaszczyk*, DNotZ 2021, 930, 942 (jeweils zur virtuellen Hauptversammlung nach dem COVMG).

22 Zu früheren, vom Gesetzgeber nicht aufgegriffenen Überlegungen, ob der Notar ohne physische Anwesenheit in der Hauptversammlung die Protokollierung aufgrund der Bild- und Tonübertragung der Versammlung vornehmen könne, vgl. *Hauschild/Zetzsche*, AG 2020, 557 und *Stelmaszczyk*, DNotZ 2021, 930, 942 f.

23 Ausführlich *Danzeglocke*, RNotZ 2022, 229, 250 ff.

24 *Danzeglocke*, RNotZ 2022, 229, 252 f.

25 *Noack/Zetzsche*, AG 2020, 265, 273; *Hauschild/Zetzsche*, AG 2020, 557, 559.

26 *Stelmaszczyk*, DNotZ 2021, 930, 960; *Herrler*, DNotZ 2020, 468, 503.

27 Kölner Komm./*Noack/Zetzsche*, § 130 Rn 27; vgl. auch Hauschild/Kallrath/Wachter/*Haupt*, § 17 Rn 314 f. (Dokumentations- und Betreuungsfunktion).

28 Vgl. OLG Düsseldorf RNotZ 2003, 328, 331 f. mit zust. Anm. *Fleischhauer*.

29 OLG Düsseldorf RNotZ 2003, 328, 330 = DNotZ 2003, 775; MüKo-AktG/*Kubis*, § 130 Rn 93 ff.; Happ/*Zimmermann*, 10.17 Rn 2.41.

30 BGH DNotZ 2015, 207, 210 Rn 16 ff. (Zulässigkeit eines ausländischen Hauptversammlungsortes für die „deutsche" SE) mit zu Recht krit. Anm. *Hüren*; zur Beurkundung durch einen ausländischen Notar s. auch: KG NJW 2018, 1828 (allerdings zur GmbH-Gründung); zu Recht krit.: *Cramer*, DStR 2018, 746, 749 f. (KG gehe von falschen Verfahrensvorschriften aus); krit. auch: *Herrler*, NJW 2018, 305; KG, DNotZ 2019, 141 ff. m. krit. Anm. *Diehn*.

31 OLG Düsseldorf RNotZ 2003, 328, 330 = DNotZ 2003, 775; KG AG 2011, 170, 172.

32 BGHZ 180, 9, 18 = NJW 2007, 2009; OLG Düsseldorf RNotZ 2003, 328, 330 = DNotZ 2003, 775; *Priester*, DNotZ 2001, 661, 669 Fn 48; *Priester*, EWiR 2002, 645, 646; *Reul*, AG 2002, 543, 546 m.w.N.

Notars im Rahmen seiner Protokollierungspflicht ist nur die Beurkundung, nicht die Ermittlung des Abstimmungsergebnisses oder Überwachung des Ermittlungsvorgangs.[33] Für die Formwirksamkeit des Beschlusses ist das von dem Versammlungsleiter ermittelte und geäußerte Auszählungsergebnis zu protokollieren.[34] Wird das Ergebnis nicht eindeutig wiedergegeben, liegt ein Beurkundungsfehler vor; nach der Rechtsprechung des BGH erfüllt die Niederschrift aber gleichwohl den Formzweck, wenn sich das zahlenmäßige Abstimmungsergebnis aus den Angaben in der Niederschrift zweifelsfrei errechnen lässt.[35] Nur die eigene Wahrnehmung des Notars ist im Übrigen Gegenstand des Tatsachenzeugnisses des Notars. Problematisch ist allerdings, ob dieser Grundsatz auch dann gilt, wenn die Wahrnehmung des Notars von der des Versammlungsleiters abweicht. In der aktienrechtlichen Literatur wird – dem Wortlaut des § 130 Abs. 2 S. 1 AktG entsprechend – die Angabe des Abstimmungsergebnisses durch den Notar als das Ergebnis eigener Wahrnehmung und Schlussfolgerung des Notars neben der Feststellung des Versammlungsleiters verstanden, so dass eine gesonderte Angabe jedenfalls dann erforderlich sein soll, wenn sich die Wahrnehmung und Beurteilung des Abstimmungsergebnisses durch den Notar mit der Feststellung des Beschlussergebnisses durch den Vorsitzenden nicht decken sollte.[36] Nach a.A. ist auch hinsichtlich des rechtlichen Abstimmungsergebnisses die Feststellung des Versammlungsleiters verbindlich; der Notar soll aufgrund seiner Betreuungspflicht (siehe Rdn 12 f.) auf seine abweichende Würdigung lediglich hinweisen.[37] Gegen die erste Auffassung spricht, dass die **aktienrechtliche Protokollierungspflicht**, die insofern von den aus der rechtsbetreuenden Funktion des Notars resultierenden Pflichten (vgl. unten Rdn 15 f.) zu unterscheiden ist, **keine Überwachungspflicht** impliziert. Diese müsste aber angenommen werden, wenn der Notar nur das selbst ermittelte oder überprüfte Abstimmungsergebnis wahrnehmen könnte.[38] Das zu protokollierende Abstimmungsergebnis ist also das allen, auch dem Notar durch den Versammlungsleiter mitgeteilte Ergebnis.[39] Wenn die abweichende Feststellung des Notars Gegenstand der Pflichtangabe nach § 130 Abs. 2 AktG wäre, führte das streng genommen zu der Konsequenz, dass bei unterschiedlichen Ergebnissen kein durch den Versammlungsleiter festgestellter und ordnungsgemäß beurkundeter Beschluss erreicht werden könnte. Der Notar muss also das Abstimmungsergebnis entsprechend den Angaben des Versammlungsleiters protokollieren. Davon zu unterscheiden ist eine etwaige weitergehende, neben die Protokollierungspflicht tretende **Vermerkpflicht**.[40] Eine solche Pflicht zu weiteren Angaben, etwa zur Angabe einer abweichenden Würdigung des Beschlussergebnisses, kann aus der Funktion des Notars bei der Begleitung der Hauptversammlung hergeleitet werden (zur allgemeinen Betreuungspflicht vgl. unten Rdn 15 f.).[41]

11 Im Übrigen sind auch für Beurkundungen nach § 130 AktG die **allgemeinen Vorschriften** zu beachten, also vor allem § 4 BeurkG sowie die Mitwirkungsverbote des § 3 BeurkG. Die Niederschrift wird in deutscher Sprache abgefasst (§ 5 Abs. 1 BeurkG). Nach § 5 Abs. 2 BeurkG kann der Notar das Protokoll auch in einer anderen Sprache verfassen. Die Anwendbarkeit des § 5 Abs. 2 BeurkG wird nicht dadurch ausgeschlossen, dass die Niederschrift nach § 130 Abs. 5 AktG zum Handelsregister einzureichen ist; viel-

33 BGHZ 180, 9, 18 = NJW 2009, 2207, 2009; OLG Düsseldorf RNotZ 2003, 328, 330 = DNotZ 2003, 775; OLG Frankfurt NJW-Spezial 2007, 544; *Koch*, § 130 AktG Rn 19a; *Reul*, AG 2002, 543, 546; *Sustmann*, EWiR 2003, 737; Kölner Komm./*Noack/Zetzsche*, § 130 Rn 149; a.A. LG Wuppertal v. 26.2.2002 – 14 O 82/01, MittBayNot 2002, 202 f.; MüKo-AktG/*Kubis*, § 130 Rn 42.

34 BGHZ 180, 9, 18 = NJW 2009, 2207, 2209; OLG Düsseldorf RNotZ 2003, 328, 330 = DNotZ 2003, 775; OLG Stuttgart NZG 2004, 822; so auch: *Krieger*, ZIP 2002, 1597, 1599.

35 BGH v. 10.10.2017 – II ZR 375/15, NJW 2018, 52, 57 (unter teilweiser Aufgabe von BGH v. 4.7.1994 – II ZR 114/93, NJW-RR 1994, 1250); vgl. hierzu: *Heckschen/Kreußlein*, NZG 2018, 401, 406 f.

36 *Koch*, § 130 AktG Rn 21; MüKo-AktG/*Kubis*, § 130 Rn 66; *Reul*, AG 2002, 543, 547; Großkomm. AktG/*Mülbert*, § 130 Rn 99, zu den Folgen der Abweichung Rn 147 f. (Feststellung des Notars verbindlich); *Wilhelmi*, BB 1987, 1331, 1334; Kölner Komm./*Noack/Zetzsche*, § 130 AktG Rn 164.

37 Bürgers/Lieder/*Reger*, § 130 Rn 18; Staudinger/*Hertel*, BeurkG Rn 617; Spindler/Stilz/*Wicke*, § 130 Rn 51; *Faßbender*, RNotZ 2009, 425, 444 m.w.N; Hauschild/Kallrath/Wachter/*Haupt*, § 17 Rn 427; s.a. *Jansen*, BeurkG, § 37 Rn 15; *Höfer/Huhn*, S. 200; *Huhn/von Schuckmann*, § 37 Rn 10 vor.

38 Vgl. auch Hauschild/Kallrath/Wachter/*Haupt*, § 17 Rn 427; ähnlich: *Heckschen/Kreußlein*, NZG 2018, 401, 404 (keine beurkundungsrechtliche Pflicht).

39 OLG Düsseldorf RNotZ 2003, 328, 331 = DNotZ 2003, 775.

40 Vgl. Hauschild/Kallrath/Wachter/*Haupt*, § 17 Rn 427 f.

41 Vgl. OLG Düsseldorf RNotZ 2003, 328, 332 = DNotZ 2003, 775.

mehr reicht es aus, eine Übersetzung beizufügen.[42] Überwiegend wird für die Beurkundung in einer anderen Sprache ein Verlangen aller Beteiligten (Versammlungsleiter und Aktionäre) vorausgesetzt.[43] Prinzipiell kann jedoch das Verlangen der Gesellschaft als ausreichend angesehen werden. Widerspricht allerdings ein anwesendes Vorstands- oder Aufsichtsratsmitglied oder ein Aktionär der Beurkundung in der anderen Sprache, so ist die Niederschrift in deutscher Sprache aufzunehmen.[44]

II. Niederschrift, Änderungen

12 Die Niederschrift beruht auf den Wahrnehmungen in der Hauptversammlung. Das schließt nicht aus, dass der Notar einen vorbereiteten **Entwurf** in die Versammlung mitbringt.[45] Der Notar schließt die Niederschrift mit seiner **Unterschrift** ab. Das muss nicht zwingend an dem Tag geschehen, an dem die Niederschrift aufgenommen ist; allerdings soll die Errichtung der Niederschrift nicht unnötig verzögert werden, vgl. § 130 Abs. 5 AktG.[46] Auf der Grundlage des Entwurfs und der Mitschriften des Notars kann die Niederschrift zu einem späteren Zeitpunkt gefertigt werden.[47] Die Erstellung einer solchen Reinschrift entspricht auch der üblichen Praxis. Zum Teil wird verlangt, dass der Notar in diesem Fall Abs. 2 zu beachten habe, so dass neben dem Tag der Hauptversammlung, der wegen § 130 Abs. 2 S. 1 AktG zwingend anzugeben ist, auch der Tag der Errichtung der Urkunde genannt werden sollte.[48] Hierzu ist zu sagen, dass § 130 AktG im Hinblick auf den Inhalt eines Hauptversammlungsprotokolls als lex specialis den §§ 36 ff. BeurkG vorgeht.[49] Das Fehlen der Angabe kann deshalb nicht als Verfahrensfehler angesehen werden,[50] erst recht nicht als eine strafrechtlich relevante Falschbeurkundung.[51] Das schließt zwar nicht aus, Abs. 2 als Soll-Vorschrift (siehe Rdn 3) anzuwenden. Auf die Wirksamkeit der Beurkundung hätte ein Verstoß gegen Abs. 2 allerdings keinen Einfluss.

13 In der Praxis findet sich auch die Übung, den während der Hauptversammlung verwendeten Entwurf unmittelbar nach der Hauptversammlung zu unterzeichnen und später durch eine Reinschrift zu ersetzen. Hier besteht also die Besonderheit, dass mit der Unterschrift des Notars an sich eine Niederschrift abgeschlossen wird,[52] diese Niederschrift aber lediglich ein Provisorium sein soll, bis sie durch die endgültige Niederschrift ersetzt wird. Auch die provisorische Niederschrift kann später noch präzisiert, ergänzt oder korrigiert werden. § 44a BeurkG ist der Grundsatz zu entnehmen, dass Niederschriften des Notars geändert werden können, gleichgültig welcher Art das Beurkundungsverfahren war, in dem die Niederschrift errichtet wurde. Das Hauptversammlungsprotokoll gehört in die Kategorie der Tatsachenurkunden, in denen der Notar die von ihm selbst wahrgenommenen Vorgänge bezeugt. Das Bezeugungsverfahren ist erst dann abgeschlossen, wenn der Notar sein Tatsachenzeugnis nach außen kundtut (vgl. § 44a BeurkG Rdn 26). Schon aus diesem Grund sind bis dahin **Änderungen der Niederschrift** – auch über die Berichtigung offensichtlicher Unrichtigkeiten hinaus – zulässig, und zwar auch durch Erstellung einer neuen Niederschrift (zur Behandlung der überholten Niederschrift vgl. § 44a BeurkG Rdn 26 f.).[53]

14 Eine andere Frage ist es, ob inhaltliche Berichtigungen und Ergänzungen auch noch dann zulässig sind, wenn die **Niederschrift „nach außen kundgemacht“**, also Ausfertigungen oder Abschriften erteilt wur-

42 Vgl. OLG Düsseldorf GmbHR 1999, 609, 610 (GmbH-Gesellschaftsvertrag); DNotI-Report 2003, 81, 82 m.w.N.
43 GroßKomm. AktG/*Mülbert*, § 130 Rn 66; Happ/*Zimmermann*, 10.17 Rn 4.3; vgl. auch DNotI-Report 2003, 81, 82 m.w.N.; a.A. *Jansen*, BeurkG, § 37 Rn 12.
44 Vgl. K. Schmidt/Lutter/*Ziemons*, § 130 Rn 81.
45 Vgl. Happ/*Zimmermann*, 10.17 Rn 2.29.
46 Vgl. *Danzeglocke*, RNotZ 2022, 229, 238.
47 OLG Frankfurt am Main Urt. 29.12.2020 – 5 U 231/19, NZG 2021, 971, 972 f.
48 *Eylmann*, ZNotP 2005, 300, 303; *Eylmann*, ZNotP 2005, 458, 459; a.A. *Maaß*, ZNotP 2005, 377, 378; zweifelnd: Staudinger/*Hertel*, BeurkG Rn 611.
49 *Koch*, § 130 AktG Rn 11; *Maaß*, ZNotP 2005, 377, 378; a.A. K. Schmidt/Lutter/*Ziemons*, § 130 Rn 2.
50 Vgl. BGHZ 180, 9, 17 = NJW 2009, 2207, 2209; *Lerch*, § 37 Rn 20; *Maaß*, ZNotP 2005, 377, 378; Kölner Komm./*Noack/Zetzsche*, § 130 Rn 84.
51 LG Frankfurt NJW 2008, 91 ff.; AG Frankfurt ZNotP 2007, 358 ff.; *Puppe*, ZNotP 2008, 12, 15; a.A. OLG Frankfurt NJW 2007, 1221 f.
52 Vgl. *Kanzleiter*, DNotZ 2007, 804, 809.
53 BGHZ 180, 9 = NJW 2009, 2207, 2208; BGH v. 10.10.2017 – II ZR 375/15, NJW 2018, 52, 54; *Heckschen/Kreußlein*, NZG 2018, 401, 409; *Kanzleiter*, DNotZ 2007, 804, 810; Kölner Komm./*Noack/Zetzsche*, § 130 Rn 302; MüKo-AktG/*Kubis*, § 130 Rn 28; Spindler/Stilz/*Wicke*, § 130 Rn 30 ff.; *Winkler*, § 37 Rn 36 f.; s. auch OLG Frankfurt v. 17.7.2007 – 5 U 229/05, ZIP 2007, 1463, 1464.

den. Hierzu wird z.T. die Auffassung vertreten, dass lediglich Schreibfehler und andere offenbare Unrichtigkeiten[54] nach § 44a Abs. 2 S. 1 BeurkG berichtigt werden können.[55] Auch solle wegen der mit der Urkunde bezweckten Rechtssicherheit und Beweissicherung eine zeitlich unbeschränkte Korrektur auszuschließen sein.[56] Die Gegenansicht, der der Bundesgerichtshof sich mit Entscheidung vom 10.10.2017 mit überzeugenden Gründen angeschlossen hat,[57] steht zu Recht auf dem Standpunkt, dass der Notar bei Tatsachenbeurkundungen, wenn er also für den Inhalt der Urkunde allein verantwortlich ist, die Urkunde nach eigener Wahrnehmung berichtigen darf (und muss), auch wenn es sich nicht lediglich um eine offensichtliche Unrichtigkeit handelt.[58] Der Notar berichtet über einen von ihm wahrgenommenen Vorgang. Wenn er feststellt, dass er den Vorgang nicht seiner Wahrnehmung entsprechend niedergelegt hat und deshalb die Niederlegung seines Tatsachenzeugnisses als korrekturbedürftig ansieht, dann heißt das nicht, dass für eine Korrektur die Akteure des Vorgangs noch einmal tätig werden müssten (vgl. auch § 44a BeurkG Rdn 30). Die Hauptversammlungsteilnehmer müssen also nicht bei der Berichtigung durch ergänzende Niederschrift mitwirken.[59] Auch der prinzipiell beachtliche Einwand, im Interesse der Rechtssicherheit dürfe das Protokoll nicht nachträglich geändert werden, rechtfertigt es nicht, § 44a BeurkG nicht anzuwenden. Der Protokollierungszweck und das Interesse der Gesellschaft gebieten es vielmehr, das falsche Protokoll durch ein richtiges zu ersetzen.[60] Letztendlich ist der Berichtigungsmöglichkeit nur eine „natürliche Grenze" gesetzt. Inhalt der Berichtigung ist schließlich, dass der Notar seine eigene Wahrnehmung der in der Vergangenheit liegenden Vorgänge nunmehr richtig niederlegt. Er muss sich also zum Zeitpunkt der Berichtigung sicher sein, den Vorgang anders wahrgenommen zu haben, als in der ursprünglichen Niederschrift berichtet.[61]

III. Sonstige Pflichten des Notars

15 Die Amtspflichten des Notars bei der Hauptversammlung beschränken sich nicht auf die Erstellung einer den Anforderungen des § 130 Abs. 2 AktG genügenden Niederschrift. Eine allgemeine Beratungs- und Belehrungspflicht trifft den Notar zwar grundsätzlich nicht (siehe auch § 17 BeurkG Rdn 133).[62] Wird die Hilfe des Notars für Form und Inhalt der Beschlüsse gesucht, so liegt darin der Antrag auf ein besonderes Notariatsgeschäft neben der Beurkundung (§ 24 BNotO). Als Organ der vorsorgenden Rechtspflege obliegen dem Notar aber auch bestimmte **Betreuungspflichten**, die mit der Übernahme einer besonderen Betreuungstätigkeit nichts zu tun haben.[63] So unterliegt der Notar einer Prüfungspflicht hinsichtlich aller Vorgänge, die im Zusammenhang mit der Protokollierung der beurkundungsbedürftigen Vorgänge von rechtserheblicher Bedeutung sein können.[64] Hieraus ergibt sich eine entsprechende Protokollierungspflicht.[65] Diese Pflicht muss jedoch von der aktienrechtlichen Protokollierungspflicht strikt unterschieden werden. Ein Verstoß gegen die aktienrechtliche Protokollierungspflicht führt zur Unwirksamkeit der Beurkundung und damit zur Formnichtigkeit des Beschlusses. Verstöße gegen sonstige Pflichten lassen die Wirksamkeit der Beurkundung unberührt, können aber eine Amtshaftung des Notars auslösen.[66]

54 Zum Streit über die Auslegung dieses Merkmals vgl. *Krieger*, NZG 2003, 366, 368; *Heinze*, NZG 2016, 1089, 1090 f.

55 OLG München DNotZ 1940, 112, 114; MüKo-AktG/*Kubis*, § 130 Rn 29; *Wilhelmi*, BB 1987, 1331, 1336.

56 *Grumann/Gillmann*, NZG 2004, 839, 842; vgl. auch Henssler/Strohn/*Liebscher*, § 130 AktG Rn 7.

57 BGH v. 10.10.2017 – II ZR 375/15, NJW 2018, 52, 54 m.w.N.; zust. *Heckschen/Kreußlein*, NZG 2018, 401, 411.

58 *Krieger*, NZG 2003, 366, 369 ff.; *Winkler*, § 37 Rn 36 ff.; Kölner Komm./*Noack/Zetzsche*, § 130 Rn 302; Happ/*Zimmermann*, 10.17 Rn 49.3; K. Schmidt/Lutter/*Ziemons*, § 130 Rn 85; Wachter/*Wachter*, § 130 Rn 22; einen neuen Antrag zur Begründung der Zuständigkeit des Notars verlangt: *Heinze*, NZG 2016, 1089, 1094.

59 BGH v. 10.10.2017 – II ZR 375/15, NJW 2018, 52, 54.

60 Vgl. BGH v. 10.10.2017 – II ZR 375/15, NJW 2018, 52, 54; siehe auch *Winkler*, § 37 Rn 41, der auf die Pflichten des Notars als „Person öffentlichen Glaubens" verweist; zu Folgefragen im Fall der Berichtigung vgl. *Heckschen/Kreußlein*, NZG 2018, 401, 411 ff.

61 Vgl. auch *Herrler*, NJW 2018, 585, 587.

62 KG Beschl. 28.6.2022, MittBayNot 2023, 273, 279.

63 Vgl. OLG Düsseldorf RNotZ 2003, 328, 331 f. = DNotZ 2003, 775; *Bezzenberger*, in: FS Schippel, 1996, S. 361, 378; *Fleischhauer*, RNotZ 2003, 333 f.; *Priester*, DNotZ 2001, 661, 669.

64 Vgl. BGH DNotZ 2015, 207, 211 Rn 18 OLG Düsseldorf RNotZ 2003, 328, 331 f. = DNotZ 2003, 775; *Bezzenberger*, in: FS Schippel, 1996, S. 361, 376 ff.; *Grumann/Gillmann*, NZG 2004, 839, 841; *Koch*, § 130 Rn 5; *Schulte*, AG 1985, 33, 39; Staudinger/*Hertel*, BeurkG Rn 621 f.; *Sigel/Schäfer*, BB 2005, 2137, 2141.

65 *Grumann/Gillmann*, NZG 2004, 839, 841; *Koch*, § 130 Rn 5; MüKo-AktG/*Kubis*, § 130 Rn 83; Staudinger/*Hertel*, BeurkG Rn 622; *Sigel/Schäfer*, BB 2005, 2137, 2141; K. Schmidt/Lutter/*Ziemons*, § 130 Rn 44.

66 *Koch*, § 130 Rn 5; MüKo-AktG/*Kubis*, § 130 Rn 83; s. auch Hans. OLG NZG 2003, 978, 979.

Gleichwohl ist auch diese über die aktienrechtliche Protokollierung hinausgehende Prüfungs- und Protokollierungspflicht des Notars ein prägendes Element des Verfahrens zur Beurkundung von Hauptversammlungsbeschlüssen. Es kann deshalb nicht als gleichgültig angesehen werden, dass diese Pflichten von einem ausländischen Notar womöglich nicht in gleicher Weise erfüllt werden.[67]

Auf **Verstöße gegen Gesetz und Satzung** soll der Notar hinweisen; die Tatsache eines solchen Hinweises hält er zweckmäßigerweise in der Niederschrift fest, wenn die Versammlung trotzdem den gesetz- oder satzungswidrigen Beschluss fasst.[68] Die **Anfechtbarkeit** eines Beschlusses rechtfertigt keine Amtsverweigerung, da der Notar es ansonsten in der Hand hätte, aus einem anfechtbaren einen nichtigen Beschluss zu machen.[69] Der II. Senat verneint eine entsprechende Kompetenz auch bei nichtigen Beschlüssen, damit die Feststellung der Nichtigkeit allein den Gerichten vorbehalten bleibt.[70] Bei nichtigen Beschlüssen erscheint jedoch – prinzipiell nicht anders als bei Rechtsgeschäften – eine differenzierte Betrachtung gerechtfertigt. Im Fall erkennbarer und unzweifelhafter Nichtigkeit darf der Notar die Beurkundung verweigern.[71] Nach den § 4 BeurkG, § 14 Abs. 2 BNotO wäre er streng genommen sogar zur Amtsverweigerung verpflichtet.[72] Es kann aber als hinreichend (und zweckmäßig) angesehen werden, wenn der Notar auf die Zweifel lediglich hinweist und seinen **Hinweis** vermerkt.[73] 16

C. GmbH-Gesellschafterversammlungen

Der Beschluss über eine **Satzungsänderung** bedarf nach § 53 Abs. 3 S. 1 GmbHG der notariellen Beurkundung. Für die Beurkundung von GmbH-Gesellschafterversammlungen bestehen neben § 37 BeurkG keine verfahrensrechtlichen Sondervorschriften. Die Satzungen können aber bestimmte Anforderungen an das Beschlussverfahren aufstellen.[74] In geeigneten Fällen ist es sinnvoll, das Beurkundungsverfahren an § 130 AktG zu orientieren.[75] Stattdessen ist es ebenfalls zulässig (h.M.) und insbesondere bei Gesellschafterversammlungen mit wenigen Gesellschaftern häufig zweckmäßig, die Vorschriften über die Niederschrift von Willenserklärungen anzuwenden.[76] Die Einschätzung des OLG Celle, das Verfahren sei für die Beurkundung von Versammlungsbeschlüssen „gänzlich ungeeignet",[77] kann nicht geteilt werden.[78] Dieses Verfahren ist allerdings nur bei einstimmigen Beschlüssen ohne weiteres durchführbar, da schließlich die Unterschrift aller Gesellschafter erforderlich ist.[79] Möglich ist schließlich auch eine Verfahrensgestaltung, die Elemente der §§ 6 ff. BeurkG, des § 130 AktG und des § 37 BeurkG kombiniert (zu Mischbeurkundungen im Übrigen vgl. § 36 BeurkG Rdn 7).[80] Eine eventuelle **Formnichtigkeit** des Beschlusses wird durch die Eintragung in das Handelsregister geheilt.[81] 17

67 A.A. BGH DNotZ 2015, 207, 211 Rn 13, 16 ff., 19 m.w.N. zum Streitstand; zu dieser Problematik auch: *Cramer*, DStR 2018, 746, 750; *Herrler*, NJW 2018, 1787, 1789; *Lieder*, ZIP 2018, 1517, 1527.

68 *Bezzenberger*, in: FS Schippel, 1996, S. 361, 379, 381 m.w.N.; *Höfer/Huhn*, S. 201; *Danzeglocke*, RNotZ 2022, 229, 243 f.

69 *Koch*, § 130 Rn 13; MüKo-AktG/*Kubis*, § 130 Rn 48; *Reul*, AG 2002, 543, 549; vgl. auch für die GmbH: *Röll*, DNotZ 1979, 644, 655; a.A. *Wilhelmi*, BB 1987, 1331, 1333.

70 BGH DNotZ 2015, 207, 211 Rn 18 (betrifft die Frage des Zwecks der notariellen Beurkundung von Hauptversammlungsbeschlüssen).

71 *Koch*, § 130 AktG Rn 13; MüKo-AktG/*Kubis*, § 130 Rn 48; *Wilhelmi*, BB 1987, 1331, 1333; *Sigel/Schäfer*, BB 2005, 2137, 2138; Kölner Komm./*Noack/Zetzsche*, § 130 Rn 105; a.A. *Faßbender*, RNotZ 2009, 425, 431 m.w.N.; GroßKomm. AktG/*Mülbert*, § 130 Rn 53.

72 Vgl. auch Heidel/*Terbrack/Lohr*, § 130 AktG Rn 24; Hauschild/Kallrath/Wachter/*Haupt*, § 17 Rn 386 (außerhalb des § 4 BeurkG kein Ablehnungsrecht).

73 MüKo-AktG/*Kubis*, § 130 Rn 48; K. Schmidt/Lutter/*Ziemons*, § 130 Rn 70.

74 Vgl. Frenz/Miermeister/*Limmer*, § 37 BeurkG Rn 17.

75 *Lerch*, § 37 Rn 14; Frenz/Miermeister/*Limmer*, § 37 BeurkG Rn 17. *Röll*, DNotZ 1979, 644, 646; *Winkler*, § 37 Rn 12; Grziwotz/Sauer/Heinemann/*Grziwotz*, § 37 Rn 12; Hauschild/Kallrath/Wachter/*Heinemann/Wolf*, § 9 Rn 180.

76 OLG Köln NJW-RR 1993, 223, 224 = MittBayNot 1993, 170 mit zust. Anm. *Röll*; *Nordholtz/Hupka*, DNotZ 2018, 404, 405; Staudinger/*Hertel*, BeurkG Rn 600; Hauschild/Kallrath/Wachter/*Heinemann/Wolf*, § 9 Rn 61, 181; Lutter/Hommelhoff/*Bayer*, § 53 Rn 16; Michalski/*Hoffmann/Bartlitz*, § 53 Rn 91; MüKo-GmbHG/*Harbarth*, § 53 Rn 68; Scholz/*Priester/Tebben*, § 53 Rn 70; *Röll*, DNotZ 1979, 644, 645; *Winkler*, § 37 Rn 13; Noack/Servatius/Haas/*Noack*, § 53 Rn 80; vgl. auch Habersack/Casper/Löbbe/*Ulmer/Casper*, § 53 GmbHG Rn 48 f.

77 OLG Celle v. 13.2.2017, NZG 2017, 422, 423.

78 So zu Recht: *Nordholtz/Hupka*, DNotZ 2018, 404, 405.

79 Vgl. *Grotheer*, RNotZ 2015, 4; *Röll*, DNotZ 1979, 644, 645; Staudinger/*Hertel*, BeurkG Rn 600; vgl. auch *Winkler*, § 37 Rn 13 (bei einstimmigen Beschlüssen Anwendung der Vorschriften über die Niederschrift von Willenserklärungen zulässig).

80 Vgl. *Röll*, DNotZ 1979, 644, 646.

81 BGH NJW 1996, 257.

18 GmbH-Gesellschafterversammlungen können nach § 48 Abs. 1 S. 2 GmbHG „virtuell", d.h. ohne Anwesenheit der Gesellschafter im Wege elektronischer Kommunikation, abgehalten werden, sofern sämtliche Gesellschafter sich damit in Textform einverstanden erklären; Gleiches gilt, sofern die Satzung dies zulässt.[82] **Virtuelle Versammlungen** können allerdings nur in den Fällen des § 53 Abs. 3 S. 2 GmbHG und nur nach den Vorschriften der §§ 16a bis 16e BeurkG beurkundet werden, also bei einstimmig beschlossenen Satzungsänderungen im Verfahren zur Beurkundung von Willenserklärungen mittels Videokommunikation. Eine Beurkundung durch ein Tatsachenprotokoll ohne Verwendung des Videokommunikationssystems nach § 16a Abs. 1 BeurkG scheidet angesichts der klaren Gesetzeslage aus.[83]

19 Der notwendige **Inhalt der Niederschrift** über eine Satzungsänderung ergibt sich aus den Anforderungen des § 53 GmbHG.[84] Der Bericht des Notars muss deshalb zumindest enthalten:

- Bezeichnung des Beschlussgegenstandes, also Wortlaut der zur Abstimmung gestellten Satzungsänderung,
- Feststellung, dass es sich um einen Versammlungsbeschluss handelt,
- Angabe des Abstimmungsergebnisses, d.h. Zahl der abgegebenen Ja- und Neinstimmen,
- ggf. Feststellung des Beschlussergebnisses durch einen Versammlungsleiter.

In den Tatsachenbericht gehört auch die

- Angabe der Versammlungsteilnehmer (Name, Wohnsitz, Betrag der Stammeinlage).

Gewissheit über die Person der Erschienen muss der Notar sich nicht verschaffen, da § 10 Abs. 2 BeurkG für die Tatsachenbeurkundung nicht gilt.[85] Eine Feststellung der Erschienenen ist aber zweckmäßig.[86] Ferner sollte der Notar Angaben der Beteiligten zu § 51 Abs. 1 GmbHG in die Niederschrift aufnehmen; zur Richtigkeitsprüfung ist er dabei nicht verpflichtet.[87]

20 In der Niederschrift sollte i.d.R. angegeben werden, wie abgestimmt wurde. Vorschriften darüber enthält das GmbHG nicht; deshalb sind alle Abstimmungsarten zulässig (Handaufheben, Stimmzettel usw.). Die Entscheidung darüber liegt bei der Gesellschafterversammlung. Die Dokumentation des Beschlussergebnisses in der notariellen Niederschrift ist für das Registergericht bindend. Ein solcher Beschluss ist vorbehaltlich einer erfolgreichen Anfechtungsklage mit dem festgestellten Ergebnis wirksam, so dass die Eintragung nicht abgelehnt werden darf.[88]

21 Die notarielle Niederschrift ist an sich als **Ergebnisprotokoll**, nicht als Ablaufprotokoll zu gestalten.[89] Zu beurkunden sind nur Beschlüsse und das für ihr Zustandekommen Wesentliche. Zu Beweiszwecken sollten darüber hinaus beispielsweise auch folgende Tatsachen bzw. Erklärungen festgehalten werden: Widerspruch eines Gesellschafters, Verzicht auf die Rüge formeller Mängel, Auskunftsverlangen, Auskunftsverweigerung, Hinweis des Versammlungsleiters auf Stimmverbote.[90]

22 Der **Notar** muss sich in der Niederschrift selbst nennen (Abs. 1 Nr. 1). Er soll **Ort und Tag** der Versammlung sowie der Errichtung der Urkunde angeben (Abs. 2). Die Niederschrift muss nicht vorgelesen und von den Gesellschaftern unterschrieben werden. Die **Unterschrift** des Notars ist dagegen zwingend erforderlich (Abs. 3, § 13 Abs. 3 BeurkG).

23 Die §§ 17 ff. BeurkG finden selbst dann keine Anwendung, wenn der Notar für das reine Tatsachenprotokoll die Form der Beurkundung von Willenserklärungen wählt (zu Mischbeurkundungen siehe aber § 36 BeurkG Rdn 7). Trotzdem erschöpft sich die Aufgabe des Notars nicht in der Herstellung der Niederschrift. Ihm obliegt es vielmehr aufgrund seiner **allgemeinen Betreuungspflicht**, auf den gesetzmäßigen Ablauf der Versammlung zu achten und darauf hinzuwirken, dass gültige Beschlüsse gefasst werden.[91] Der Notar ist aber andererseits nicht der Versammlungsleiter. Er kann seiner Betreuungspflicht daher nur

82 Scholz/*Seibt*, GmbHG, § 48 Rn 4, 54i m.w.N.
83 RegE DiREG, BT-Drucks 20/1672, S. 24; Noack/Servatius/Haas/*Noack*, § 53 GmbHG Rn 83; *Bischoff*, FS Frenz, S. 45; *Knaier*, DNotZ 2022, 765.
84 Scholz/*Tebben*, § 53 Rn 69.
85 Hauschild/Kallrath/Wachter/*Heinemann/Wolf*, § 9 Rn 184.
86 Hauschild/Kallrath/Wachter/*Heinemann/Wolf*, § 9 Rn 184.
87 *Grotheer*, RNotZ 2015, 4, 6; *Röll*, DNotZ 1979, 644, 646.
88 BayObLG DNotZ 1992, 533, 534 f.; zur förmlichen Feststellung des Beschlussergebnisses s. auch: BGH DNotZ 2016, 938, 943 mit instruktiver Anm. *Wicke*.
89 Frenz/Miermeister/*Limmer*, § 37 BeurkG Rn 18.
90 Frenz/Miermeister/*Limmer*, § 37 BeurkG Rn 18.
91 *Röll*, DNotZ 1979, 644, 652.

durch entsprechende **Hinweise** genügen. Die §§ 1–5 BeurkG gelten auch für die Tatsachenbeurkundung, also hier für die Beurkundung des Beschlusses (siehe hierzu auch § 3 BeurkG Rdn 38 ff.).

D. Gläubigerversammlungen nach dem SchVG

Das Gesetz über Schuldverschreibungen aus Gesamtemissionen v. 31.7.2009, das das frühere SchVG ersetzt hat, regelt in seinem 2. Abschnitt Beschlüsse der Gläubiger. Gem. § 16 Abs. 3 SchVG setzt die Gültigkeit eines Beschlusses der im Inland stattfinden **Gläubigerversammlung** die notarielle Beurkundung voraus. Bei im Ausland stattfindender Gläubigerversammlung ist ebenso eine Niederschrift Wirksamkeitsvoraussetzung; allerdings verlangt § 16 Abs. 3 S. 2 Hs. 2 SchVG in diesem Fall lediglich die „Gleichwertigkeit" mit einer notariellen Niederschrift. Im Hinblick auf den Inhalt der Niederschrift und die notwendigen Anlagen verweist § 16 Abs. 3 S. 3 SchVG auf § 130 Abs. 2–4 AktG. Ebenso wie bei der Beurkundung von Hauptversammlungsbeschlüssen handelt es sich um eine Tatsachenbeurkundung des Notars nach §§ 36, 37 BeurkG.[92] 24

Abstimmungen können gem. § 18 Abs. 1 SchVG auch außerhalb von Gläubigerversammlungen stattfinden. Über die in diesen Abstimmungsverfahren ohne Versammlung gefassten Beschlüsse ist gem. § 18 Abs. 4 S. 3 SchVG ebenfalls eine Niederschrift aufzunehmen, für die § 16 Abs. 3 S. 2 und 3 SchVG entsprechend gilt. Der Verweis umfasst sowohl die Abstimmungen, bei denen ein Notar als Abstimmungsleiter fungierte (§ 18 Abs. 2 SchVG), als auch Abstimmungen unter der Leitung eines gemeinsamen Vertreters oder einer vom Gericht bestellten Person.[93] Wird der Verweis auch bezogen auf die zweite Konstellation beim Wort genommen und eine notarielle Niederschrift verlangt,[94] kann der Notar nur die Feststellungen des Abstimmungsleiters beurkunden.[95] Auch das ist allerdings ein tauglicher Gegenstand des Tatsachenzeugnisses (zur aktienrechtlichen Protokollierungspflicht vgl. Rdn 10). 25

§ 38 Eide, eidesstattliche Versicherungen

(1) Bei der Abnahme von Eiden und bei der Aufnahme eidesstattlicher Versicherungen gelten die Vorschriften über die Beurkundung von Willenserklärungen entsprechend.

(2) Der Notar soll über die Bedeutung des Eides oder der eidesstattlichen Versicherung belehren und dies in der Niederschrift vermerken.

Literatur *Brambring*, Beurkundung von Affidavits, DNotZ 1976, 726; *Dieterle*, Die Beglaubigung von Unterschriften unter einer eidesstattlichen Versicherung, BWNotZ 1987, 11; *Hagena*, Die Bestimmungen über die Errichtung einer Urkunde in einer fremden Sprache und die Übersetzung von Niederschriften, insbesondere: die Beurkundung von Affidavits, DNotZ 1978, 387; *Klinsch/von Stralendorff*, Eidesstattliche Versicherungen und Eide in der notariellen Praxis, notar 2017, 3.

92 Vgl. zum Inhalt und zum Gegenstand der Niederschrift: *Otto*, DNotZ 2012, 809, 818 ff.

93 Zur Problematik, ob der als Abstimmungsleiter fungierende Notar zugleich die Niederschrift aufnehmen kann, vgl. *Mühe*, BKR 2017, 50, 55 m.w.N.

94 Dagegen: *Meier-Reimer*, NJW 2010, 1317, 1318: Bei Beschlussfassung der Gläubiger ohne Versammlung könne der Notar keine sinnvolle Funktion erfüllen. Die mittelbare Verweisung auf § 130 Abs. 4 AktG sei ein Redaktionsversehen, die Unterzeichnung der Niederschrift durch den Abstimmungsleiter ausreichend.

95 *Otto*, DNotZ 2012, 809, 822.

A. Allgemeines

1 § 38 BeurkG ist eine Verfahrens-, keine Zuständigkeitsnorm.[1] Die Zuständigkeit des Notars für die Abnahme von Eiden und die Aufnahme eidesstattlicher Versicherungen ist im Wesentlichen § 22 BNotO zu entnehmen:

§ 22 BNotO

(1) Zur Abnahme von Eiden sowie zu eidlichen Vernehmungen sind die Notare nur zuständig, wenn der Eid oder die eidliche Vernehmung nach dem Recht eines ausländischen Staates oder nach den Bestimmungen einer ausländischen Behörde oder sonst zur Wahrnehmung von Rechten im Ausland erforderlich ist.

(2) Die Aufnahme eidesstattlicher Versicherungen steht den Notaren in allen Fällen zu, in denen einer Behörde oder sonstigen Dienststelle eine tatsächliche Behauptung oder Aussage glaubhaft gemacht werden soll.

2 Die Zuständigkeit des Konsularbeamten zur Beurkundung eidesstattlicher Versicherungen ist in § 10 Abs. 1 Nr. 1 KonsG geregelt. Eine partielle Befugnis zur Abnahme von Eiden und eidesstattlichen Versicherungen ergibt sich aus § 12 Nr. 2 und Nr. 3 KonsG. Die dort in Nr. 3 geregelte Befugnis zur Eidesabnahme entspricht der Befugnis des Notars. Darüber hinaus ist der Konsularbeamte auch dann zur Abnahme von Eiden ermächtigt, wenn er von einem deutschen Gericht oder einer deutschen Behörde ersucht wurde, eine eidliche Vernehmung durchzuführen (§ 15 Abs. 2 S. 2 KonsG).

3 Bei der Abnahme von Eiden, der eidlichen Vernehmung und der Aufnahme eidesstattlicher Versicherungen handelt es sich um drei unterschiedliche Arten von Amtsgeschäften. Sie betreffen aber jeweils Wissens- und Tatsachenerklärungen, denen die Rechtsordnung durch strafrechtliche Sanktion und/oder Feierlichkeit des Verfahrensritus die Funktion besonderer Bekräftigung zumisst. Die BNotO zählt diese Amtsgeschäfte zu den Urkundstätigkeiten (vgl. § 10a Abs. 2 BNotO). **„Abnahme“** meint die Vornahme der Vereidigung, also die Entgegennahme des Eides. **„Aufnahme“** bedeutet dagegen die Beurkundung der eidesstattlichen Versicherung.[2] Obwohl der Notar sonst allgemein für Beurkundungen zuständig ist, lässt § 22 BNotO für diese qualifizierten Beurkundungen die Zuständigkeit des Notars nur unter bestimmten Voraussetzungen zu.

B. Zuständigkeit des Notars

I. Eide

4 Die Zuständigkeit des Notars zur Eidesabnahme nach § 22 Abs. 1 BNotO beschränkt sich auf **ausländische Rechtsangelegenheiten**. Unter den Voraussetzungen des § 22 Abs. 1 BNotO ist auch die Aufnahme einer eidesstattlichen Versicherung zulässig.[3] Der Notar darf Eid oder eidesstattliche Versicherung jedoch in jedem Falle nur auf **Antrag der Beteiligten**, nicht aber auf unmittelbares Ersuchen einer ausländischen Stelle aufnehmen.[4] Eid oder eidesstattliche Versicherung müssen zur Wahrnehmung einer im Ausland schwebenden Rechtssache erforderlich sein. Ob es sich um eine Angelegenheit der streitigen oder der freiwilligen Gerichtsbarkeit handelt, macht keinen Unterschied. Der Notar darf sich in allen Fällen mit der glaubhaften Versicherung der Beteiligten begnügen, dass Vereidigung und Beurkundung zum Zwecke der Rechtsverfolgung im Ausland geschehen sollen.

5 In **inländischen Rechtsangelegenheiten** ist der Notar nur in bestimmten, besonders geregelten Fällen zur Abnahme von Eiden befugt. Gem. § 16 Abs. 3 BeurkG darf der Notar bei Übersetzung einer Niederschrift den Dolmetscher vereidigen. Hat der Notar einen Eid abgenommen, obwohl er dafür nicht zuständig war, bleibt eine etwaige Eidesverletzung straflos.[5]

6 Neben dem Notar ist das **Amtsgericht** (Rechtspfleger) zuständig in den Fällen des § 66 Abs. 1 Nr. 4 BeurkG. Diese landesrechtlichen Vorschriften betreffen die Vereidigung und die eidesstattliche Ver-

1 OLG Schleswig v. 16.8.2024 – 2x W 46/24, RNotZ 2025, 35, 38.

2 *Lerch*, § 38 Rn 1; Frenz/Miermeister/*Limmer*, § 22 BNotO Rn 2; Arndt/Lerch/Sandkühler/*Sandkühler*, § 22 BNotO Rn 6.

3 Vgl. DNotI-Report 2012, 9, 10; Arndt/Lerch/Sandkühler/*Sandkühler*, § 22 BNotO Rn 15.

4 Arndt/Lerch/Sandkühler/*Sandkühler*, § 22 BNotO Rn 9; *Lerch*, § 38 Rn 3; BeckOK-BNotO/*Sander*, § 22 Rn 9; Beck'sches Notarhdb/*Zimmermann/Pogorzelski*, § 28 Rn 8.

5 *Lerch*, § 38 Rn 4.

sicherung (von Zeugen und Sachverständigen) außerhalb anhängiger Gerichtsverfahren. Geschieht die Eidesabnahme innerhalb eines gerichtlichen Verfahrens, ist das jeweilige Gericht alleine zuständig.[6]

II. Affidavit

Einer der Anwendungsfälle des § 22 Abs. 1 BNotO ist das für den angloamerikanischen Rechtskreis bestimmte Affidavit. Hierbei handelt es sich um Wissenserklärungen, die der Erklärende gegenüber der Urkundsperson besonders zu bekräftigen hat, von der Urkundsperson bestätigt etwa mit der Formulierung „Sworn to me ...". Benötigt werden diese Erklärungen vor allem zur Glaubhaftmachung von Tatsachen in Gerichtsverfahren. Früher wurde hierfür die Vereidigung nach § 38 BeurkG als alleiniges Funktionsäquivalent angesehen.[7] Ob eine Vereidigung erforderlich ist oder ein bloßer Vermerk genügt, richtet sich allerdings danach, welche Rechtswirkung die ausländische Rechtsordnung dem Affidavit oder der sonst verlangten Bekräftigung beimisst.[8] In der Regel wird ein bloßer Vermerk nach § 39 BeurkG als verfahrensrechtliche Entsprechung zur Bescheinigung des **notary public** angloamerikanischer Prägung ausreichen, da auch der notary public keine Eidesleistung abnimmt und weder belehrt noch inhaltlich prüft, sondern nur die Echtheit der Unterschrift bestätigt.[9] In diesem Fall ist es nicht erforderlich, die Erklärung zu verlesen. Soll die Bekräftigung der Wissenserklärung nach der ausländischen Rechtsordnung hingegen ausnahmsweise dem deutschen Eid vergleichbare Rechtswirkungen haben, muss sie als beeidete Erklärung behandelt werden.[10] 7

Ist danach ausnahmsweise eine Eidesleistung erforderlich, gelten nach Abs. 1 für das Verfahren die Vorschriften über die Beurkundung von Willenserklärungen entsprechend.[11] Der Notar nimmt die Eidesleistung ab und hat über die Erklärung und den Eid („subscribed and sworn at ... before me") gem. § 38 BeurkG eine Niederschrift aufzunehmen, die er dem Beteiligten vorzulesen und die der Beteiligte nach Genehmigung zu unterschreiben hat. Der Notar ist weiter befugt, auf dem englischsprachigen Formular in der dort vorgesehenen abgekürzten Form die Eidesleistung und die Unterschrift des Beteiligten zu bescheinigen.[12] 8

Nach Maßgabe des § 5 Abs. 2 BeurkG darf der der englischen Sprache hinreichend kundige Notar die Beurkundung in dieser Sprache vornehmen. 9

III. Eidliche Vernehmung

Nach § 22 Abs. 1 BNotO ist der Notar auch für eidliche Vernehmungen nur unter den dortigen Einschränkungen, also nur zur Verwendung im Ausland, zuständig. Der Notar darf eine solche Vernehmung nur vornehmen und beurkunden, wenn der Beteiligte es beantragt. Dem unmittelbaren Ersuchen eines ausländischen Gerichts bzw. einer ausländischen Behörde darf er nicht entsprechen; diese Stellen sind auf den Weg der Rechtshilfe verwiesen. 10

IV. Eidesstattliche Versicherung

Eidesstattliche Versicherungen darf der Notar gem. § 22 Abs. 2 BNotO nur in den Fällen aufnehmen, d.h. **beurkunden**, in denen einer Behörde oder sonstigen Dienststelle eine tatsächliche Behauptung oder Aussage glaubhaft gemacht werden soll. Die Auslegung kann sich an § 1 Abs. 4 VwVfG orientieren („Stelle, die Aufgaben der öffentlichen Verwaltung wahrnimmt").[13] Unzulässig ist somit eine eidesstattliche Ver- 11

6 *Winkler*, § 38 Rn 4.
7 *Brambring*, DNotZ 1976, 726, 731 f.; *Hagena*, DNotZ 1978, 387 f.
8 DNotI-Report 1996, 4 f.; Staudinger/*Hertel*, BeurkG Rn 598; Frenz/Miermeister/*Limmer*, § 38 BeurkG Rn 10 f.
9 DNotI-Report 1996, 4, 5; Staudinger/*Hertel*, BeurkG Rn 598; Frenz/Miermeister/*Limmer*, § 38 BeurkG Rn 11; Beck'sches Notarhdb/*Zimmermann/Pogorzelski*, § 28 Rn 10; Kersten/Bühling/*Terner/Thelen*, § 17 Rn 6.
10 DNotI-Report 1996, 4, 5; Frenz/Miermeister/*Limmer*, § 38 BeurkG Rn 10; Beck'sches Notarhdb/*Zimmermann/Pogorzelski*, § 28 Rn 10; Kersten/Bühling/*Terner/Thelen*, § 17 Rn 7.
11 *Brambring*, DNotZ 1976, 726, 732 ff.; *Lerch*, § 38 Rn 6; Kersten/Bühling/*Terner/Thelen*, § 17 Rn 8.
12 *Brambring*, DNotZ 1976, 726, 735 ff.
13 Grziwotz/Sauer/Heinemann/*Grziwotz*, § 38 Rn 2; Kersten/Bühling/*Terner/Thelen*, § 17 Rn 16; *Winkler*, § 38 Rn 5.

sicherung, die der Glaubhaftmachung eines Sachverhalts gegenüber Privatpersonen dient.[14] Die Aufnahme einer eidesstattlichen Versicherung kann im Übrigen auch dann als zulässig angesehen werden, wenn der Notar nach § 22 Abs. 1 BNotO zur Abnahme eines Eides befugt ist (vgl. Rdn 4).[15] Empfänger der eidesstattlichen Versicherung können i.d.S. auch ausländische Behörden sein.[16] Der **Straftatbestand** einer falschen Versicherung an Eides Statt (§ 156 StGB) ist nicht schon mit Aufnahme der Versicherung durch den Notar, sondern erst dann verwirklicht, wenn die Versicherung bei der zur Abnahme eidesstattlicher Versicherungen befugten Behörde eingegangen ist, da nur dann das Merkmal der „Abgabe vor einer zur Abnahme zuständigen Behörde“ erfüllt ist.

12 Für das gerichtliche Verfahren ist die Glaubhaftmachung durch eidesstattliche Versicherung etwa in § 294 Abs. 1 ZPO und § 31 Abs. 1 FamFG geregelt. Behörden dürfen eidesstattliche Versicherungen zur Sachverhaltsermittlung verlangen, wenn die Abnahme der eidesstattlichen Versicherung über den betreffenden Gegenstand und in dem betreffenden Verfahren durch Gesetz oder Rechtsverordnung vorgesehen und die Behörde zuständig ist (vgl. § 27 VwVfG, § 23 Abs. 1 SGB X). Der Notar ist nicht verpflichtet, in jedem Einzelfall zu prüfen, ob der Behörde diese Befugnis zusteht. Ist ihm aber sicher bekannt, dass sie fehlt, so hat er die Beurkundung der verlangten eidesstattlichen Versicherung abzulehnen.[17] Die Rechtslage ist in diesem Fall nicht anders, als wenn die eidesstattliche Versicherung für eine Rechtsperson des Privatrechts verlangt wird. Der angegebene Verwendungszweck der eidesstattlichen Versicherung sollte vor diesem Hintergrund in der Niederschrift dokumentiert werden.[18] Kann der Notar verbleibende Zweifel an einem tauglichen Adressaten der eidesstattlichen Versicherung und damit an seiner Zuständigkeit nicht ausräumen, muss er hierauf hinweisen und die Beurkundung vornehmen, wenn die Beteiligten darauf bestehen.[19] Hier bliebe der Behörde die Prüfung überlassen, ob die eidesstattliche Versicherung in einem Verfahren eingesetzt werden kann.[20] Auf die Unsicherheit soll der Notar in seiner Niederschrift hinweisen.[21]

13 Wollen die Beteiligten die eidesstattliche Versicherung aufnehmen lassen, um sie unter Umgehung eines selbstständigen Beweisverfahrens im späteren Prozess dem Gericht vorzulegen, so ist die Aufnahme der eidesstattlichen Versicherung zwar nach § 22 Abs. 1 BNotO zulässig, der Notar hat aber die Beteiligten darüber zu belehren, dass im gerichtlichen Verfahren i.d.R. Glaubhaftmachung nicht genügt, sondern voller Beweis erbracht werden muss.

14 Der Notar selbst ist grundsätzlich keine zur **Abnahme einer eidesstattlichen Versicherung** zuständige Behörde.[22] Zur Abnahme von eidesstattlichen Versicherungen ist der Notar nur in denjenigen Ausnahmefällen zuständig, in denen Normen des materiellen Rechtes eine „vor Gericht oder einem Notar“ abgegebene eidesstattliche Versicherung verlangen. Hierunter fallen die eidesstattliche Versicherung zur Erlangung eines Erbscheines (§ 352 Abs. 3 S. 3 FamFG)[23] und die eidesstattliche Versicherung zur Erlangung eines Testamentsvollstreckerzeugnisses (§ 2368 S. 2 BGB i.V.m. §§ 354 Abs. 1, 352 Abs. 3 S. 3 FamFG), die eidesstattliche Versicherung zur Erlangung eines Zeugnisses über die Fortsetzung einer Gütergemeinschaft (§ 1507 BGB i.V.m. § 354 Abs. 1, § 352 Abs. 3 S. 3 FamFG) und die eidesstattliche Versicherung zur Bestellung von Sonderprüfern für eine AG wegen unzulässiger Unterbewertung (§ 258

14 *Dieterle*, BWNotZ 1987, 11; Arndt/Lerch/Sandkühler/*Sandkühler*, § 22 BNotO Rn 12; vgl. auch BeckOK-BNotO/*Sander*, § 22 Rn 25; Grziwotz/Sauer/Heinemann/*Grziwotz*, § 38 Rn 3.

15 Vgl. DNotI-Report 2012, 9, 10; Arndt/Lerch/Sandkühler/*Sandkühler*, § 22 BNotO Rn 15.

16 DNotI-Report 2012, 9, 10; Kersten/Bühling/*Terner/Thelen*, § 17 Rn 16.

17 *Dieterle*, BWNotZ 1987, 11, 12 f.; Staudinger/*Hertel*, BeurkG Rn 593; *Lerch*, § 38 Rn 10; Arndt/Lerch/Sandkühler/*Sandkühler*, § 22 BNotO Rn 23; Diehn/*Kilian*, § 22 BNotO Rn 15; a.A. (lediglich *Berechtigung* zur Ablehnung) *Winkler*, § 38 Rn 8; Frenz/Miermeister/*Limmer*, § 38 Rn 13.

18 Arndt/Lerch/Sandkühler/*Sandkühler*, § 22 BNotO Rn 25.

19 Diehn/*Kilian*, § 22 BNotO Rn 16.

20 Kersten/Bühling/*Terner/Thelen*, § 17 Rn 16.

21 Grziwotz/Sauer/Heinemann/*Grziwotz*, § 38 Rn 5; Diehn/*Kilian*, § 22 BNotO Rn 16 f.

22 OLG Stuttgart DNotZ 1961, 164; *Dieterle*, BWNotZ 1987, 1, 12; *Winkler*, § 38 Rn 11; *Lerch*, § 38 Rn 1, 7; Arndt/Lerch/Sandkühler/*Sandkühler*, § 22 BNotO Rn 15; a.A. *Barnstedt*, NJW 1960, 2303, 2304; *O. Weber*, DNotZ 1950, 51, 52 f.; anders: *O. Weber*, DRiZ 1970, 45, 47 (zu § 2356 Abs. 2 BGB).

23 Mit dem Gesetz zur Übertragung von Aufgaben im Bereich der freiwilligen Gerichtsbarkeit auf Notare vom 26.6.2013 (BGBl I 2013, 2586) wurde den Ländern in Art. 239 EGBGB die Option eingeräumt, durch Gesetz zu bestimmen, dass der Antrag auf Erteilung eines Erbscheins der notariellen Beurkundung bedarf und die Versicherung an Eides statt ausschließlich vor einem Notar abzugeben ist.

Abs. 2 S. 5 AktG). Zuständig ist der Notar auch dann, wenn etwa das Vergaberecht im Rahmen einer „Insolvenzfreiheitsbescheinigung" eine entsprechende Versicherung verlangt.[24]

Der Notar hat in jedem Einzelfall genau zu prüfen, ob er zur Abnahme oder lediglich zur Aufnahme der eidesstattlichen Versicherung zuständig ist. Er hat die Beteiligten entsprechend zu belehren, sie also insbesondere bei den eidesstattlichen Versicherungen zur Erlangung von Erbschein oder Testamentsvollstreckerzeugnis darauf hinzuweisen, dass der Straftatbestand der falschen Versicherung an Eides statt (§ 156 StGB) schon verwirklicht ist, wenn die Erklärung ihm, dem Notar, gegenüber falsch abgegeben wird. 15

V. Unterschriftsbeglaubigung unter eidesstattlicher Versicherung

Sowohl die Zuständigkeitsvorschrift des § 22 Abs. 2 BNotO als auch die beurkundungsrechtliche Verfahrensvorschrift des § 38 BeurkG beziehen sich nicht auf Unterschriftsbeglaubigungen (§ 40 BeurkG) unter „eidesstattlichen Versicherungen". Diese Form der Beurkundung soll der Notar zwar möglichst vermeiden, sie ist aber aus verfahrensrechtlicher Sicht nicht unzulässig, da die vor der Unterschriftsbeglaubigung stehende Erklärung eine private Erklärung bleibt.[25] Wird dem Notar ein solcher Text zur Unterschriftsbeglaubigung vorgelegt und kann er – trotz der einschränkten Prüfungspflicht bei der Unterschriftsbeglaubigung – erkennen, dass seine Tätigkeit im Privatrechtsverkehr einen falschen Schein der Abnahme einer eidesstattlichen Versicherung erzeugen soll, hat er die Unterschriftsbeglaubigung allerdings regelmäßig abzulehnen.[26] 16

Unbedenklich ist es hingegen, wenn es um die Beglaubigung der Unterschrift unter Erklärungen geht, die als besonders bekräftigte Wissenserklärungen zur Verwendung vor ausländischen Stellen benötigt werden (siehe oben Rdn 7 ff.).

C. Verfahren

Das Verfahren der **Eidesleistung** sowie die **Eidesformel** sind im BeurkG nicht geregelt. Insofern kann aber auf § 481 ZPO sowie für die Vereidigung von Dolmetschern auf § 189 GVG zurückgegriffen werden.[27] Das Verfahren der eidlichen Vernehmung ist nur scheinbar beurkundungsrechtlich nicht ausdrücklich geregelt. Es gilt Abs. 1, weil die „eidliche Vernehmung" einen Eid i.S.d. Vorschrift enthält. 17

Eide und eidesstattliche Versicherungen sind keine Willenserklärungen. Trotzdem sind für das Verfahren die **Vorschriften über die Beurkundung von Willenserklärungen** anzuwenden (zu Ausschlussgründen siehe § 7 BeurkG Rdn 2). Allerdings ist zu beachten, dass Eide und eidesstattliche Versicherungen als **höchstpersönliche Erklärungen** nicht durch einen Vertreter abgegeben werden können (siehe § 12 BeurkG Rdn 5, dort auch zum Sonderfall der Abgabe eidesstattlicher Versicherungen zur Erlangung eines Erbscheins oder Testamentsvollstreckerzeugnisses durch einen gesetzlichen Vertreter oder Bevollmächtigten; zur Eidesmündigkeit vgl. § 11 BeurkG Rdn 7).[28] § 38 BeurkG verlangt als beurkundungsrechtliche Form sowohl für den Eid als auch für die eidesstattliche Versicherung eine Niederschrift unter Beachtung der §§ 6 ff. BeurkG. Die Niederschrift muss verlesen und von den Erschienenen genehmigt sowie von ihnen und von dem Notar unterschrieben werden. Dass dies geschehen ist, soll in der Niederschrift vermerkt werden; die Niederschrift soll Ort und Tag der Verhandlung enthalten. Der Eid oder die eidesstattliche Versicherung können auch in einem der Niederschrift beizufügenden Schriftstück nach § 9 Abs. 1 S. 2 BeurkG enthalten sein,[29] wobei auch dieses zu verlesen ist. Dieses Prozedere entspricht der Bedeu- 18

24 Kersten/Bühling/*Terner/Thelen*, § 17 Rn 15; *Winkler*, § 38 Rn 11.

25 *Lerch*, § 38 Rn 11; *Winkler*, § 38 Rn 19; Frenz/Miermeister/*Limmer*, § 22 BNotO Rn 10; vgl. auch Kersten/Bühling/*Terner/Thelen*, § 17 Rn 17; a.A. BeckOK-BNotO/*Sander*, § 22 Rn 37 sowie Arndt/Lerch/Sandkühler/*Sandkühler*, § 22 BNotO Rn 26 (Umgehung des § 22 Abs. 2 BNotO); diff. *Dieterle*, BWNotZ 1987, 11, 14 (unzulässig, wenn Notar Erklärung entworfen hat und Aufnahme einer eidesstattlichen Versicherung nicht statthaft ist).

26 Kersten/Bühling/*Terner/Thelen*, § 17 Rn 17; Diehn/*Kilian*, § 22 Rn 19.

27 Vgl. Frenz/Miermeister/*Limmer*, § 38 BeurkG Rn 7 f.; Kersten/Bühling/*Terner/Thelen*, § 17 Rn 3; Arndt/Lerch/Sandkühler/*Sandkühler*, § 22 BNotO Rn 7.

28 Staudinger/*Hertel*, BeurkG Rn 594; Frenz/Miermeister/*Limmer*, § 38 BeurkG Rn 5; *Lerch*, § 38 Rn 14.

29 Frenz/Miermeister/*Limmer*, § 38 BeurkG Rn 8, 14; *Winkler*, § 38 Rn 15 m.w.N.

tung des Eides und der eidesstattlichen Versicherung und soll sicherstellen, dass die Erklärung genau und dem Willen des Erschienenen entsprechend festgelegt wird.[30] Eine **Übersetzung** der eidesstattlichen Versicherung (§ 16 BeurkG) ist nicht erforderlich, wenn die Versicherung in einer Sprache abgegeben wird, die sowohl der Notar als auch der Erklärende hinreichend verstehen.[31]

19 Aus dem früheren § 22 Abs. 4 BNotO wurde die Regelung des § 38 Abs. 2 BeurkG übernommen. Danach hat der Notar die Dienstpflicht, die Beteiligten über die Bedeutung des Eides bzw. der eidesstattlichen Versicherung zu belehren.[32] Dazu gehört die Belehrung über die strafrechtlichen Folgen falscher Erklärungen.[33] Diese Pflicht kann der Notar nur erfüllen, wenn er prüft, ob er selbst die zur Abnahme der Erklärung zuständige Stelle ist (siehe Rdn 14) oder ob die Stelle, bei der nach Angaben des Beteiligten die Erklärung verwendet werden soll, diese Zuständigkeit besitzt (vgl. oben Rdn 12). Hat der Notar lediglich Zweifel an der Zuständigkeit, muss er die Beteiligten darüber unterrichten und seine Belehrung in der Urkunde vermerken.[34]

20 Die Belehrung nach § 38 Abs. 2 BeurkG hat – wie nach § 480 ZPO – in angemessener Weise zu erfolgen, so dass der Erklärende sie verstehen kann. Sie darf den Vorgang nicht durch offenkundige Routinemäßigkeit herabsetzen. Der Notar soll die Belehrung in der Urkunde vermerken. Der Vermerk ist in allen Fällen der Beurkundung von Eiden bzw. eidesstattlichen Versicherungen Dienstpflicht, nicht nur in den Fällen, in denen der Notar selbst die Erklärung abnimmt.

Formulierungsvorschlag: „Zur Glaubhaftmachung gegenüber […] und nach Belehrung über die Bedeutung einer eidesstattlichen Versicherung, insbesondere die strafrechtlichen Folgen unwahrer Angaben, versicherte der Erschienene Folgendes an Eides statt: […]".

Unterabschnitt 2: Vermerke

§ 39 Einfache Zeugnisse

Bei der Beglaubigung einer Unterschrift oder eines Handzeichens oder der Zeichnung einer Namensunterschrift, bei der Feststellung des Zeitpunktes, zu dem eine Privaturkunde vorgelegt worden ist, bei Bescheinigungen über Eintragungen in öffentlichen Registern, bei der Beglaubigung von Abschriften, Abdrucken, Ablichtungen und dergleichen (Abschriften) und bei sonstigen einfachen Zeugnissen genügt anstelle einer Niederschrift eine Urkunde, die das Zeugnis, die Unterschrift und das Präge- oder Farbdrucksiegel (Siegel) des Notars enthalten muß und Ort und Tag der Ausstellung angeben soll (Vermerk).

Literatur *Assenmacher*, Nochmals: Die Vertretungsbescheinigung des Notars, Rpfleger 1990, 195; *Böhringer*, Isolierte Grundbucheinsicht durch Notar für Dritte, DNotZ 2014, 16; *Böttcher*, Die Entwicklung des Grundbuch- und Grundstücksrechts bis Juni 2017, NJW 2017, 2726; *Dieterle*, Die Vertretungsbescheinigung gem. § 21 BNotO, BWNotZ 1990, 33; *Ertl*, Kreditsicherung durch Notarbestätigungen? DNotZ 1969, 650; *Groß*, Der „vollständige Wortlaut" des Gesellschaftsvertrages einer Gesellschaft m.b.H., Rpfleger 1972, 241; *Keilich/Schönig*, Die Notarbestätigung bei der Darlehensauszahlung vor Eintragung der Grundschuld, NJW 2012, 1841; *Limmer*, Praktische Fälle – Notarielle Bescheinigungen und Bestätigungen, ZNotP 2002, 261; *Preuß*, Das Gesetz zur Übertragung von Aufgaben im Bereich der freiwilligen Gerichtsbarkeit auf Notare, DNotZ 2013, 740; *Püls*, Die Grundbucheinsicht durch Notare im Lichte der Aufgabenübertragung, NotBZ 2013, 329; *Reithmann*, Funktionen und Instrumente der notariellen Rechtsbetreuung, DNotZ 1975, 340; *Reithmann*, Die Fälligkeitsmitteilung des Notars, NotBZ 2000, 244; *Winkler*, Der Wortlaut des GmbH-Vertrags bei Anmeldungen zum Handelsregister, DNotZ 1980, 578.

30 Amtl. Begr. BT-Drucks V/3282, 37.

31 OLG München NJW 2014, 3254, 3256 (zu § 2356 Abs. 2 BGB).

32 Zur Bedeutung der Belehrung für den Beweiswert der eidesstattlichen Versicherung OLG Frankfurt am Main v. 12.9.2024 – 20 W 212/23, DNotZ 2025, 123, 126 f.

33 *Haegele*, Rpfleger 1969, 418; *Jansen*, BeurkG, § 38 Rn 12; *Winkler*, § 38 Rn 18; Frenz/Miermeister/*Limmer*, § 38 BeurkG Rn 15.

34 *Dieterle*, BWNotZ 1987, 11, 13; Grziwotz/Sauer/Heinemann/*Grziwotz*, § 38 Rn 5 f.; Arndt/Lerch/Sandkühler/*Sandkühler*, § 22 BNotO Rn 23.

A. Allgemeines

1 Das Beurkundungsverfahrensrecht unterscheidet zwischen der Beurkundung von Willenserklärungen und sonstigen **Tatsachenzeugnissen** des Notars. Im ersten Fall richtet sich das Beurkundungsverfahren nach den §§ 6 ff. BeurkG; in den anderen Fällen erfolgt die Beurkundung nach § 36 BeurkG entweder in der Form der Niederschrift (§ 37 BeurkG) oder in der Form des **Vermerks**. Beide Formen stehen nicht in jedem Fall nebeneinander zur Wahl. Der Notar kann zwar stets die Form der Niederschrift verwenden, die Form des Vermerks jedoch nur in bestimmten Fällen, nämlich bei der Beglaubigung von Abschriften, Unterschriften, Handzeichen und sonstigen **einfachen Zeugnissen**. Auch bei der Herstellung eines Vermerks handelt es sich um eine Beurkundung. Der Vermerk ist wie die Niederschrift **öffentliche Urkunde**; er begründet vollen Beweis der bezeugten Tatsache (§ 418 ZPO). Eine private Urkunde, auf die der Notar den Vermerk setzt (z.B. bei der Unterschrifts- oder Abschriftsbeglaubigung), ändert dadurch jedoch ihren Rechtscharakter nicht. Öffentliche Urkunde ist nur der Vermerk selbst.

2 Von den Tatsachenzeugnissen sind **Bescheinigungen** zu unterscheiden, die wegen der fehlenden Zeugnisqualität nicht von § 418 ZPO erfasst werden.[1] Bei einer Bescheinigung kommt es nicht primär auf die Wahrheit des Berichts über die vom Notar wahrgenommenen Tatsachen an, sondern vor allem auf die Richtigkeit der Aussage betreffend seine rechtlichen Schlussfolgerungen.[2] Zum Teil stellt das Gesetz für notarielle Bescheinigungen Richtigkeitsvermutungen auf (vgl. etwa § 50 Abs. 2 BeurkG). Darüber hinaus ergibt sich aus dem Charakter einer Bescheinigung, die der Notar im Rahmen seiner Zuständigkeit und in amtlicher Eigenschaft abgibt, eine Vermutung der Richtigkeit. Das hohe Vertrauen, das solche Bescheinigungen im Rechtsverkehr genießen,[3] kann im Grunde nur gerechtfertigt werden, wenn für die Notarbescheinigung die Vermutung ihrer Richtigkeit gilt.

B. Einfache Zeugnisse, Bescheinigungen und Bestätigungen

I. Beispiele des § 39 BeurkG u.a.

3 Die Beurkundungsform des Vermerks ist gestattet für „einfache Zeugnisse". Als Beispiele nennt § 39 BeurkG:

- die Beglaubigung einer Unterschrift oder eines Handzeichens (§ 40 BeurkG),
- die Beglaubigung der Zeichnung einer Namensunterschrift, die zur Verwahrung beim Gericht bestimmt ist (§ 41 BeurkG),
- die Feststellung des Zeitpunkts, in dem eine Privaturkunde vorgelegt worden ist (§ 43 BeurkG),
- die Bescheinigung über Eintragungen in öffentlichen Registern und
- die Beglaubigung von Abschriften (§ 42 BeurkG).

„Bescheinigungen" über Eintragungen in öffentlichen Registern, wie § 39 BeurkG sie voraussetzt, sind zunächst Zeugnisse darüber, dass ein öffentliches Register (z.B. Grundbuch, Handels-, Vereins-, Genossenschafts-, Gesellschaftsregister) bestimmte Eintragungen enthält. Der Notar darf im Rahmen der Tatsachenbeurkundung nur den Inhalt des Registers bezeugen, aber keine Beurteilung des Wahrgenommenen abgeben.[4] Der durch das Gesetz zur Übertragung von Aufgaben im Bereich der freiwilligen

1 *Assenmacher*, Rpfleger 1990, 195, 196.
2 *Assenmacher*, Rpfleger 1990, 195, 196; BeckOK-BNotO/*Sander*, § 21 Rn 1; Arndt/Lerch/Sandkühler/*Sandkühler*, § 21 Rn 4.
3 Siehe Frenz/Miermeister/*Limmer*, § 36 BeurkG Rn 6a.
4 Vgl. zu § 32 GBO: Reg.-Begr. in BT-Drucks 16/12319, 20 (kein Nachweis durch Bezeugung einer Registereintragung als amtlich wahrgenommene Tatsache).

Gerichtsbarkeit auf Notare vom 26.6.2014[5] eingefügte § 133a GBO ermächtigt den Notar zudem explizit zur Erteilung von Grundbuchabdrucken, die als „beglaubigter Ausdruck" einem amtlichen Ausdruck gleichstehen, wenn sie entsprechend gekennzeichnet sind, einen vom Notar unterschriebenen Beglaubigungsvermerk enthalten und mit dem Amtssiegel des Notars versehen sind.[6] Von diesem „beglaubigten Ausdruck" zu unterscheiden sind Registerbescheinigungen i.S.d. § 21 Abs. 1 BNotO (vgl. unten Rdn 5 ff.). Hierbei handelt es sich um einen Unterfall der notariellen Bescheinigung, die keine reine Zeugnisurkunde darstellen, sondern auch rechtliche Schlussfolgerungen des Notars enthalten.[7] Im Grundbuchverkehr haben solche Registerbescheinigungen wegen der Möglichkeit der Bezugnahme auf das elektronische Register nach § 32 Abs. 2 GBO allerdings nur wenig praktische Relevanz.[8] Die Registerbescheinigung hat nach § 21 Abs. 1 S. 2 BNotO die gleiche Beweiskraft wie ein registergerichtliches Zeugnis. Zur Bescheinigung über eine durch Rechtsgeschäft begründete Vertretungsmacht nach § 21 Abs. 3 BNotO siehe unten Rdn 9 f.

4 § 39 BeurkG nennt für einfache Zeugnisse nur Beispiele, enthält also keinen abgeschlossenen Katalog. Insbesondere enthält § 39 BeurkG keine Schranken bezüglich des Inhalts der wahrgenommenen Tatsachen.[9] Wird allerdings bescheinigt, dass dem Notar eine ausländische öffentliche Sterbeurkunde mit dem von ihm wiedergegebenen Inhalt vorgelegen hat,[10] so handelt es sich nicht um ein einfaches Zeugnis in diesem Sinne mit Beweiswirkung gemäß § 418 ZPO. Denn eine solche Bescheinigung beinhaltet zugleich eine Aussage über die Richtigkeit und Vollständigkeit der Übersetzung der fremdsprachigen Urkunde und ist demzufolge nicht nur ein Zeugnis über in amtlicher Eigenschaft wahrgenommene Tatsachen, sondern eine Bescheinigung, die auch eine Schussfolgerung des Notars enthält.[11] Der Notar darf das Ergebnis seiner Wahrnehmungen über Tatsachen und Vorgänge immer dann in einem Vermerk festhalten, wenn er die Form der Niederschrift nicht für geeigneter hält. Hat der Notar einen Bericht über seine Wahrnehmungen niederzulegen, ist die Niederschrift regelmäßig die geeignete Beurkundungsform; soll nur das Ergebnis der Wahrnehmung wiedergegeben werden, reicht der Vermerk.[12]

II. Registerbescheinigung (§ 21 Abs. 1 und 2 BNotO)

5 Obwohl es sich nicht um ein reines Zeugnis handelt, weist die BNotO die Registerbescheinigung den Amtshandlungen zu, die von der Urkundsgewährungspflicht nach § 15 Abs. 1 BNotO erfasst sind (siehe auch Rdn 3). Die Zuständigkeit des Notars für diese besondere Art der Bescheinigung ist wie folgt geregelt:

§ 21 BNotO

(1) [1]Die Notare sind zuständig,

1. Bescheinigungen über eine Vertretungsberechtigung sowie
2. Bescheinigungen über das Bestehen oder den Sitz einer juristischen Person oder rechtsfähigen Personengesellschaft, die Änderung der Firma oder des Namens, eine Umwandlung oder sonstige rechtserhebliche Umstände auszustellen,

wenn sich diese Umstände aus einer Eintragung im Handelsregister oder in einem ähnlichen Register ergeben. [2]Die Bescheinigung hat die gleiche Beweiskraft wie ein Zeugnis des Registergerichts.

(2) [1]Der Notar darf die Bescheinigung nur ausstellen, wenn er sich zuvor über die Eintragung Gewißheit verschafft hat, die auf Einsichtnahme in das Register oder in eine beglaubigte Abschrift hiervon beruhen muß. [2]Er hat den Tag der Einsichtnahme in das Register oder den Tag der Ausstellung der Abschrift in der Bescheinigung anzugeben.

(3) (…)

5 BGBl I 2014, 1800.
6 Zu § 85 S. 2 GBV (Muster): *Böhringer*, DNotZ 2014, 16, 20.
7 Vgl. Frenz/Miermeister/*Limmer*, § 21 BNotO Rn 2; *Limmer*, ZNotP 2002, 261, 263; Grziwotz/Sauer/Heinemann/*Grziwotz*, § 39 Rn 5; *Lerch*, § 39 Rn 3; *Winkler*, § 39 Rn 11; zur „Rechtsnatur" der Registerbescheinigung ausführlich: *Dieterle*, BWNotZ 1990, 33, 36 m.w.N. zum Streitstand.
8 OLG Frankfurt DNotZ 2012, 141, 142; *Jurksch*, Rpfleger 2014, 405; zum Nachweis der Vertretungsberechtigung durch Notarbescheinigung vgl. OLG Düsseldorf RNotZ 2014, 309, 310 (keine Abgleichung mit Registerlage).
9 *Baumann*, RNotZ 2006, 621.
10 LG Wuppertal RNotZ 2006, 621 mit Anm. *Baumann*.
11 Vgl. DNotI-Gutachten DNotI-Rep 2023, 137,138 sowie OLG Frankfurt a.M. v. 6.5.2024 – 20 W 184/23, FGPrax 2024, 247. S. ferner § 50 BeurkG Rdn 5.
12 *Winkler*, § 36 Rn 3.

Die Registerbescheinigung (vgl. § 12 BeurkG Rdn 22 ff.) ist nicht nur als notarielles Hilfsgeschäft, also nicht nur für die Beteiligten einer Beurkundung, sondern auch als selbstständiges Amtsgeschäft zulässig. Vertretungsbescheinigungen nach § 21 Abs. 1 Nr. 1 BNotO und Bescheinigungen nach § 21 Abs. 1 Nr. 2 BNotO dürfen jedoch nur erteilt werden, wenn der Bescheinigung die Angaben aus dem **Handelsregister oder aus einem vergleichbaren Register**, also aus dem Vereins-, Genossenschafts-, Gesellschafts- oder Partnerschaftsregister, zugrunde liegen (zum ausländischen Register siehe § 12 BeurkG Rdn 35). 6

Das Verfahren zu Erstellung der Registerbescheinigung gliedert sich in drei Verfahrensabschnitte: Ermittlung des Registerinhalts, rechtliche Schlussfolgerung und Niederlegung der Schlussfolgerung.[13] Bei elektronisch geführten Registern kann das Abrufverfahren genutzt werden (siehe § 12 BeurkG Rdn 25).[14] Die Ermittlung des Registerinhalts durch Einsicht in das Register ist, wie die Grundbucheinsicht nach § 21 BeurkG, eine delegierbare Notartätigkeit. Der Notar kann die Einsichtnahme also zuverlässigen Hilfspersonen überlassen, was der Gesetzgeber in § 21 Abs. 2 BNotO im Übrigen ausdrücklich klarstellen wollte (siehe hierzu § 12 BeurkG Rdn 26).[15] Dagegen müssen die Schlussfolgerung und die schriftliche Niederlegung als höchstpersönliche Amtstätigkeiten von dem Notar selbst vorgenommen werden.[16] 7

Die Bescheinigung kann in der Form der Niederschrift nach § 37 BeurkG und in der Form des Vermerks nach § 39 BeurkG erteilt werden.[17] Die Bescheinigung muss nicht isoliert erstellt, sondern kann etwa auch anlässlich einer sonstigen Beurkundung oder einer Unterschriftsbeglaubigung in die Niederschrift oder in den Beglaubigungsvermerk aufgenommen werden. 8

III. Bescheinigung über die rechtsgeschäftlich begründete Vertretungsmacht (§ 21 Abs. 3 BNotO)

Mit dem Gesetz zur Übertragung von Aufgaben im Bereich der freiwilligen Gerichtsbarkeit auf Notare vom 26.6.2014[18] wurde in § 21 Abs. 3 BNotO nach der Registerbescheinigung auch die notarielle Bescheinigung über die rechtsgeschäftlich begründete Vertretungsmacht eingeführt (zur Vollmachtsbescheinigung § 12 BeurkG Rdn 37; insgesamt zu Vertretungsbescheinigungen § 12 BeurkG Rdn 22 ff.). Die Zuständigkeit des Notars für diese besondere Art der Bescheinigung ist wie folgt geregelt: 9

§ 21 BNotO

(...)

(3) [1]Die Notare sind ferner dafür zuständig, Bescheinigungen über eine durch Rechtsgeschäft begründete Vertretungsmacht auszustellen. [2]Der Notar darf die Bescheinigung nur ausstellen, wenn er sich zuvor durch Einsichtnahme in eine öffentliche oder öffentlich beglaubigte Vollmachtsurkunde über die Begründung der Vertretungsmacht vergewissert hat. [3]In der Bescheinigung ist anzugeben, in welcher Form und an welchem Tag die Vollmachtsurkunde dem Notar vorgelegen hat.

Die notarielle Vertretungsbescheinigung dient insbesondere dem **förmlichen Nachweis** der bescheinigten Vertretungsmacht im Grundbuch- und Registerverfahren (§ 34 GBO, § 12 Abs. 1 S. 3 HGB).[19] Eine beglaubigte Abschrift der Vollmachtsurkunde allein reicht hierfür nämlich wegen § 172 BGB nicht aus, so dass für den Nachweis zusätzlich eine Notarbestätigung über den Zeitpunkt der Vorlage der Urschrift eingereicht werden müsste.[20] Stützt sich die Vertretungsmacht auf eine Vollmachtskette, hat die Vertretungsbescheinigung sämtliche Einzelschritte zu umfassen (zu den Anforderungen siehe Rdn 10).[21] Die Bescheinigung der Vollmachtskette kann allerdings in einem einheitlichen Vermerk erfolgen.[22] Vom Anwendungsbereich des § 21 Abs. 3 BNotO nicht umfasst sind Nachweise über die Vertretungsberechtigung

13 *Dieterle*, BWNotZ 1990, 33, 36; vgl. auch Arndt/Lerch/Sandkühler/*Sandkühler*, § 21 Rn 24 ff.
14 Rundschreiben Nr. 14/2003 der BNotK ZNotP 2003, 260; *Winkler*, § 12 Rn 23; Würzburger Notarhandbuch/*Limmer*, Teil 1 Kap. 2 Rn 287.
15 Vgl. BT-Drucks 13/4184, 26; Würzburger Notarhandbuch/*Limmer*, Teil 1 Kap. 2 Rn 295.
16 *Dieterle*, BWNotZ 1990, 33, 36; *Winkler*, § 12 Rn 22; BeckOK-BNotO/*Sander*, § 21 BNotO Rn 32; Arndt/Lerch/Sandkühler/*Sandkühler*, § 21 Rn 24.
17 Vgl. Würzburger Notarhandbuch/*Limmer*, Teil 1 Kap. 2 Rn 296.
18 BGBl I 2014, 1800.
19 BT-Drucks 17/1469, 18.
20 Vgl. BayObLG DNotZ 2000, 293, 294 mit zust. Anm. *Limmer*.
21 BGH v. 22.9.2016 – V ZB 177/15, DNotZ 2017, 303, 304 f.; *Böttcher*, NJW 2017, 2726, 2728.
22 BGH v. 22.9.2016 – V ZB 177/15, DNotZ 2017, 303, 306.

des Inhabers eines durch staatlichen Bestellungsakt verliehenen privaten Amtes (z.B. Insolvenzverwalter), da es insofern bereits an der vorausgesetzten „durch Rechtsgeschäft begründeten Vertretungsmacht" fehlt.[23] Nicht erfasst ist ebenso die Vertretungsmacht des Testamentsvollstreckers, der sich durch das Testamentsvollstreckerzeugnis ausweist.[24]

Die Vertretungsbescheinigung nach § 21 Abs. 3 BNotO kann die Registerbescheinigung nach § 21 Abs. 1 BNotO nicht ersetzen, denn letztere beschränkt sich auf organschaftliche Vertretungsbefugnisse, erstere auf rechtsgeschäftlich begründete Vertretungsmacht, sodass bei Vertretungsketten mit organschaftlichen und bevollmächtigten Vertretern sowohl eine Registerbescheinigung als auch eine Vertretungsbescheinigung erforderlich ist.[25]

10 Angesichts der Beweiswirkung der Vertretungsbescheinigung muss der Notar die Tatsachengrundlage hierfür sorgfältig ermitteln.[26] Der Notar darf die Vertretungsbescheinigung gem. § 21 Abs. 3 S. 2 BNotO deshalb nur ausstellen, wenn er sich zuvor durch Einsichtnahme in eine öffentliche oder öffentlich beglaubigte Vollmachtsurkunde über die Begründung der Vertretungsmacht vergewissert hat. Der Bescheinigung muss also eine gleiche Prüfung vorausgehen, wie sich auch das Grundbuchamt oder Registergericht vornimmt, wenn es die Tauglichkeit eines Vertretungsnachweises zu beurteilen hat.[27] Der Notar muss sich erforderlichenfalls die Legitimationskette, die zur Vollmacht führte, in der Form nachweisen lassen, wie sie gegenüber dem Registergericht oder Grundbuchamt nachzuweisen wäre.[28] Soweit die Zuständigkeit des Notars reicht, also die Bescheinigung einer durch Rechtsgeschäft erteilten Vertretungsmacht in Frage steht, setzt eine ordnungsgemäße Ermittlung aber nicht zwingend voraus, dass es sich bei der Urkunde, aus der sich die Vertretungsmacht ergibt, im engen und wörtlichen Sinne um eine Vollmachtsurkunde handelt. Wie im Grundbuchverfahren die Vertretungsberechtigung des WEG-Verwalters[29] prinzipiell durch entsprechende Beschlüsse der Wohnungseigentümer nachgewiesen werden kann, so müssen diese auch als Grundlage für eine Notarbescheinigung dienen können, wenn sie den Schluss auf die Vertretungsberechtigung zulassen.[30] Dabei ist allerdings zu beachten, dass der Beschluss über die Bestellung des Verwalters nur zum Nachweis der Verwaltereigenschaft dient (§ 26 Abs. 4 WEG). Mit der Verwaltereigenschaft ist keine umfassende Vertretungsmacht verbunden (§ 27 WEG), so dass im Grundbuchverfahrensrecht erforderlichenfalls der Nachweis des aufgabenübertragenden Beschlusses verlangt wird.[31]

Handelt es sich bei der Vollmacht um eine ausländische Urkunde, kann der Notar diese zur Grundlage einer Vertretungsbescheinigung machen, wenn diese Urkunde als öffentliche Urkunde anzusehen ist, also die Tätigkeit der ausländischen Urkundsperson zumindest die Gewähr für die Echtheit der Unterschrift gibt und die Urkundsperson nach ihrem Rechtssystem befugt ist, Urkunden mit besonderer Beweiskraft zu errichten.[32] Ist die Urkunde in einer Fremdsprache verfasst, muss der Notar zudem der Fremdsprache hinreichend kundig sein oder sich eine beglaubigte Übersetzung der Urkunde vorlegen lassen.

IV. Satzungsbescheinigung

11 Der Anmeldung der **Abänderung des Gesellschaftsvertrages einer GmbH** ist nach § 54 Abs. 1 S. 2 Hs. 1 GmbHG der vollständige Wortlaut des Gesellschaftsvertrages beizufügen. Dazu müssen die geänderten Bestimmungen in die ursprüngliche Satzungsurkunde redaktionell eingearbeitet sein, und zwar

23 Diehn/*Kilian*, § 21 BNotO Rn 24; s.a. Gutachten: DNotI-Report 2013, 185, 196 (gilt spiegelbildlich auch für die nach Freigabe durch den Verwalter wiedererlangte Verfügungsbefugnis des Schuldners).

24 Diehn/*Kilian*, § 21 BNotO Rn 25.

25 BGH v. 22.9.2016 – V ZB 177/15, DNotZ 2017, 303, 306.

26 Vgl. hierzu: BGH v. 22.9.2016 – V ZB 177/15, DNotZ 2017, 303, 305; *Preuß*, DNotZ 2013, 740, 748.

27 Vgl. BGH v. 22.9.2016 – V ZB 177/15, DNotZ 2017, 303, 305.

28 BGH v. 22.9.2016 – V ZB 177/15, DNotZ 2017, 303, 305; OLG Bremen 28.3.2014, DNotZ 2014, 636, 637 (hier: fehlender Nachweis der Befreiung von § 181 BGB); OLG München v. 14.10.2015 – 34 Wx 187/14, RNotZ 2016, 97, 100.

29 Rechtsgeschäftlich erteilte Vertretungsmacht, also von § 21 Abs. 3 BNotO erfasst, vgl. Diehn/*Kilian*, § 21 BNotO Rn 26.

30 Vgl. Diehn/*Kilian*, § 21 BNotO Rn 26, 30.

31 *Schöner/Stöber*, Rn 2934; zur Abgabe der Löschungsbewilligung durch den Verwalter vgl. OLG München MittBayNot 202012, 47, LG Köln RNotZ 2011, 179, 180.

32 DNotI-Gutachten, DNotI-Report 2023, 137, 140.

ohne Rücksicht auf etwa überholte sonstige Bestimmungen.[33] Nach § 54 Abs. 1 S. 2 Hs. 2 GmbHG ist außerdem eine Bescheinigung des Notars darüber erforderlich, dass die geänderten Bestimmungen mit dem Änderungsbeschluss und die unveränderten Bestimmungen mit dem zuletzt zum Handelsregister eingereichten vollständigen Wortlaut des Gesellschaftsvertrages übereinstimmen.[34] Für die Eintragung einer Satzungsänderung der AG sind entsprechende Regelungen in den §§ 181 Abs. 1 S. 2, 248 Abs. 2 AktG enthalten. Da der Notar in der Satzungsbescheinigung auch gutachterliche Aussagen treffen muss, handelt es sich nicht um eine reine Tatsachenbeurkundung, sondern um eine echte Bescheinigung.[35] Die Bescheinigung kann in der Form des Vermerks nach § 39 BeurkG erteilt werden.[36]

12 § 54 Abs. 1 S. 2 GmbHG kann entnommen werden, dass der Stand des Gesellschaftsvertrages aus einer zum Handelsregister eingereichten Urkunde ersichtlich sein muss; dieses Erfordernis ist bereits im **Gründungsstadium** zu beachten.[37] Es müssen also entweder sämtliche Bestimmungen in das Gründungsprotokoll aufgenommen oder aber die Satzung insgesamt nach § 9 Abs. 1 S. 2 BeurkG als Anlage zur Errichtungsurkunde beurkundet werden.[38] Die zweite Lösung vermeidet Unklarheiten darüber, welche Vereinbarung zum Inhalt des Gesellschaftsvertrages gehört.[39]

V. Notarbestätigung

13 Kein „einfaches Zeugnis" i.S.v. § 39 BeurkG ist auch die sog. Notarbestätigung. Zum Teil werden die gesetzlich nicht definierten Begriffe „Bestätigung" und „Bescheinigung" synonym verwandt.[40] Vorzugswürdig erscheint es jedoch, den Begriff der Notarbestätigung nur für ein in der notariellen Praxis entwickeltes, **im Gesetz nicht ausdrücklich vorgesehenes Rechtsinstitut eigener Art**[41] zu verwenden. Die Notarbestätigung unterscheidet sich von einem Zeugnis dadurch, dass nicht nur amtlich wahrgenommene Tatsachen wiedergegeben, sondern aus den Tatsachen rechtliche Schlussfolgerungen gezogen werden.[42] Der Notar, der das Amtsgeschäft übernommen hat, kann deshalb nicht im Wege der Notarbeschwerde (§ 15 Abs. 2 BNotO) zur Abgabe einer Bestätigung bestimmten Inhalts angewiesen werden, da eine derartige Anweisung sich mit dem Charakter einer gutachterlichen Stellungnahme nicht vereinbaren lässt.[43] Im Gegensatz zu den oben beschriebenen Bescheinigungen, die sich an jedermann richten, gibt der Notar mit der Notarbestätigung die gutachterliche Stellungnahme gegenüber einem bestimmten Auftraggeber ab.[44]

14 Die Notarbestätigung ist ein besonderes Instrument der **Betreuungstätigkeit**. Die Zuständigkeit des Notars ergibt sich aus § 24 BNotO, der allgemeinen Zuständigkeitsregelung für sonstige Betreuungstätigkeiten auf dem Gebiet der vorsorgenden Rechtspflege.[45] Für die Richtigkeit der Notarbestätigung hat der Notar einzustehen; er haftet für einen aufgrund der falschen Bestätigung eingetretenen Schaden nach § 19 BNotO, und zwar wegen § 19 Abs. 1 S. 2 Hs. 2 BNotO ohne die Möglichkeit der Verweisung des Geschädigten auf eine anderweitige Ersatzmöglichkeit.[46]

15 Eine Notarbestätigung darf nicht fälschlicherweise den Eindruck erwecken, der Notar könne für den Eintritt bestimmter Rechtsfolgen einstehen. Insbesondere ist bei der Formulierung darauf zu achten, dass der

33 *Groß*, Rpfleger 1972, 241, 243; Scholz/*Tebben*, § 54 Rn 17, 18; *Winkler*, DNotZ 1980, 578, 583; vgl. auch BayObLG MittBayNot 1989, 35, 36.
34 Das gilt auch dann, wenn sich die Satzungsänderung auf im Musterprotokoll enthaltene Regelungen beschränkt, vgl. OLG München DNotZ 2010, 155, 156; Noack/Servatius/Haas/*Noack*, § 54 Rn 11; a.A. *Wälzholz*, GmbHR 2008, 841, 843.
35 Frenz/Miermeister/*Limmer*, § 21 BNotO Rn 16; *Limmer*, ZNotP 2002, 261, 265; Arndt/Lerch/Sandkühler/*Sandkühler*, § 21 Rn 4; a.A. *Winkler*, DNotZ 1980, 578, 583.
36 *Winkler*, § 39 Rn 15; Frenz/Miermeister/*Limmer*, § 21 BNotO Rn 18; *Limmer*, ZNotP 2002, 261, 266; Scholz/*Tebben*, § 54 Rn 19.
37 Vgl. BayObLG DNotZ 1989, 393, 394 f. (Änderung im Gründungsstadium); OLG Köln Rpfleger 1972, 410, 411; OLG Frankfurt a.M. Rpfleger 1981, 309; OLG Stuttgart DNotZ 1979, 359 f.
38 Vgl. *Winkler*, DNotZ 1980, 578, 595.
39 Vgl. Beck'sches Notarhdb/*Mayer/Weiler*, § 22 Rn 15.
40 Vgl. *Limmer*, ZNotP 2002, 261, 266.
41 BayObLG DNotZ 1971, 249 ff. (Rangbestätigung).
42 Frenz/Miermeister/*Limmer*, § 21 BNotO Rn 19; *Limmer*, ZNotP 2002, 261, 266.
43 OLG Düsseldorf MittRhNotK 1996, 359, 360.
44 Arndt/Lerch/Sandkühler/*Sandkühler*, § 21 Rn 7.
45 BGH DNotZ 2000, 287 f.; DNotZ 2001, 863, 864; BNotK DNotZ 1999, 369, 372; *Limmer*, ZNotP 2002, 261, 265.
46 BGH DNotZ 1986, 406, 407; DNotZ 2000, 287 f.; zu Haftpflichtfällen vgl. *Haug/Zimmermann*, Rn 672 ff.

Bereich gutachterlicher Stellungnahme nicht verlassen wird und die Bestätigung den Charakter einer unzulässigen Garantieübernahme (§ 14 Abs. 4 S. 1 BNotO) erhält.[47]

1. Rangbestätigung

16 Eine der praktisch wichtigen Formen der Notarbestätigung ist die sog. Rangbestätigung bei der Eintragung von Grundpfandrechten.[48] Da bis zur Eintragung eines Grundpfandrechts im Grundbuch je nach den Umständen eine mehr oder weniger lange Zeit vergeht, die Kreditnehmer aber häufig auf schnelle Auszahlung der Kreditmittel angewiesen sind, besteht in dieser Situation oftmals die Bereitschaft des Kreditinstituts, die Valuta schon vor der Eintragung, also vor Erhalt der dinglichen Sicherung, aufgrund einer notariellen Rangbestätigung auszuzahlen.[49]

17 Diese Bestätigung des Notars ist **kein Tatsachenzeugnis** i.S.d. § 20 Abs. 1 S. 2 BNotO.[50] Das Schwergewicht der notariellen Tätigkeit liegt auf der rechtlichen Beurteilung. Auch wenn in diesem Zusammenhang Tatsachen mitgeteilt werden, handelt es sich bei der Rangbestätigung im Ganzen um eine gutachterliche Äußerung.[51] Soll die Notarbestätigung allerdings ausdrücklich mit einem Tatsachenzeugnis verbunden werden, muss dies kenntlich gemacht und die für die Tatsachenbeurkundung erforderliche Form der Niederschrift (§§ 36, 37 BeurkG) oder des Vermerks (§ 39 BeurkG) eingehalten werden.[52]

18 Die Rangbestätigung bietet dem Kreditgeber als sachverständige Stellungnahme eine gewisse Gewähr dafür, dass das dingliche Recht die vorgesehene Rangstelle erhalten wird. Sie ist dennoch nicht ohne Gefahren, weil sich die Äußerung des Notars im Allgemeinen nur auf die Rechtslage nach dem Grundbuchstand wird beziehen können, nicht auch auf Eintragungshindernisse, die außerhalb des Grundbuches entstanden sind. Ist der Kreditnehmer noch nicht als Eigentümer eingetragen, kann angesichts der kaum überschaubaren **Risiken**, die die rangrichtige Eintragung des Grundpfandrechts bedrohen (Verlust der Verfügungsbefugnis, Pfändung des Übereignungsanspruchs oder des Anwartschaftsrechts des Auflassungsempfängers usw.), keine aussagekräftige Rangbestätigung abgegeben werden.[53]

2. Fälligkeitsmitteilung

19 Die Fälligkeit des Kaufpreises bei Grundstückskäufen wird häufig von der Eintragung einer Vormerkung und der Vorlage der erforderlichen Genehmigungen und Freigaben usw. abhängig gemacht. Der Notar kann in solchen Fällen den selbstständigen Betreuungsauftrag (§ 24 BNotO) übernehmen, den Beteiligten vom Vorliegen dieser Fälligkeitsbedingungen Mitteilungen zu machen.[54] Unterschieden werden muss dabei zwischen **deklaratorischen Fälligkeitsmitteilungen**, die den Adressaten vom Eintritt der Fälligkeit in Kenntnis setzen, und **konstitutiven Fälligkeitsmitteilungen**, die die Fälligkeit herbeiführen.[55]

20 Diese notarielle Bestätigung ist ebenfalls kein Tatsachenzeugnis i.S.v. § 39 BeurkG, bedarf also nicht der Beifügung des Siegels. Solche Bestätigungen haben, wenn sie auch regelmäßig auf tatsächlichen Feststellungen beruhen, ihren inhaltlichen Schwerpunkt in einer gutachterlichen Äußerung des Notars. Der Notar ist an den Wortlaut des ihm erteilten Betreuungsauftrags gebunden.[56]

47 Frenz/Miermeister/*Limmer*, § 21 BNotO Rn 20; *Limmer*, ZNotP 2002, 261, 266; Arndt/Lerch/Sandkühler/*Sandkühler*, § 14 Rn 323; BeckOK-BNotO/*Sander*, § 14 Rn 117.

48 Vgl. *Ertl*, DNotZ 1969, 650; *Keilich/Schönig*, NJW 2012, 1841 ff.; *Limmer*, ZNotP 2002, 261, 267; *Reithmann*, DNotZ 1975, 340; Beck'sches Notarhdb/*Hagemann*, § 1 Rn 591; Würzburger Notarhandbuch/*Limmer*, Teil 1 Kap. 2 Rn 308 ff.

49 Vgl. BNotK DNotZ 1999, 369 f.; Beck'sches Notarhdb/*Everts*, § 6 Rn 149 ff.; Frenz/Miermeister/*Limmer*, § 21 BNotO Rn 23.

50 BayObLG DNotZ 1971, 249, 252; OLG Zweibrücken DNotZ 1970, 183 f.

51 BayObLG DNotZ 1971, 249, 252 f.

52 *Limmer*, ZNotP 2002, 261, 266.

53 BNotK DNotZ 1999, 369, 373; Beck'sches Notarhdb/*Everts*, § 6 Rn 154.

54 Vgl. BGH DNotZ 2000, 287 f. m.w.N.; Beck'sches Notarhdb/*Everts*, § 1 Rn 220 ff.; *Reithmann*, NotBZ 2000, 244, 246.

55 Beck'sches Notarhdb/*Everts*, § 1 Rn 221; Frenz/Miermeister/*Limmer*, § 21 BNotO Rn 26; *Limmer*, ZNotP 2002, 261, 267; vgl. auch *Reithmann*, NotBZ 2000, 244, 246 (zugunsten deklaratorischer Fälligkeitsmitteilung).

56 BGH DNotZ 1986, 406, 407.

C. Verfahren

I. Vermerk

Einfache Zeugnisse darf der Notar durch Vermerke beurkunden. Der Vermerk ist nach der Legaldefinition des § 39 BeurkG eine Urkunde, die das **Zeugnis**, die **Unterschrift** und das **Präge- oder Farbdrucksiegel** des Notars enthalten muss und Ort und Tag der Ausstellung angeben soll. Zwingend vorgeschrieben ist neben dem Zeugnis selbst also nur die Unterschrift und das Siegel des Notars (zu den Anforderungen an eine Unterschrift vgl. § 13 BeurkG Rdn 36 ff.). Dabei folgt aus der Natur der Sache, dass mit der Blankounterschrift eines Notars kein wirksames notarielles Zeugnis i.S.v. § 39 BeurkG herbeigeführt werden kann.[57] Die Angabe der **Amtsbezeichnung** ist, anders als für die Niederschrift (§§ 13 Abs. 3 S. 2, 37 Abs. 3 BeurkG), im BeurkG nicht vorgeschrieben (siehe aber § 1 S. 3 DONot; vgl. hierzu § 1 DONot Rdn 7). Der Notar darf den Vermerk auf Verlangen der Beteiligten in einer **Fremdsprache** errichten, wenn er dieser Sprache ausreichend kundig ist (vgl. oben § 5 BeurkG Rdn 6 f.). 21

Über den **Inhalt der Zeugnisse** enthält § 39 BeurkG keine näheren Bestimmungen. Er ergibt sich aus der Sache. Die §§ 40 ff. BeurkG enthalten zwar einzelne Ergänzungen zu § 39 BeurkG, lassen dem Notar aber bei der Formulierung des jeweiligen Zeugnisses freie Hand. Der Vermerk braucht nicht anzugeben, wann der Notar die bezeugte Wahrnehmung gemacht hat; aus Beweisgründen ist dies aber sinnvoll.[58] 22

II. Siegel

Der Vermerk ist nur dann eine öffentliche Urkunde, wenn er neben dem Zeugnis und der Unterschrift des Notars sein Siegel enthält. Die entsprechende Anordnung in § 39 BeurkG ist als Muss-Vorschrift formuliert, sodass die Beidrückung des Siegels hier – anders als bei der Niederschrift – **Wirksamkeitsvoraussetzung** ist. Das hat seinen Grund darin, dass anders als bei der Niederschrift die Bezeichnung des Notars nicht zwingend vorgeschrieben ist und das Siegel für den Rechtsverkehr als Kennzeichen der Echtheit noch größere Bedeutung hat als die Unterschrift des Notars.[59] Wurde zunächst vergessen, das Siegel beizudrücken, kann dies jederzeit nachgeholt werden. Dies hat allerdings keine Rückwirkung auf den Tag der Ausstellung des Vermerks, denn erst durch die Siegelung wird der Vermerk zur öffentlichen Urkunde.[60] Deshalb sollten Ort und Tag der nachträglichen Siegelung angegeben werden.[61] 23

§ 39 BeurkG enthält eine Legaldefinition des Siegels. Siegel sind danach sowohl das Prägesiegel als auch das Farbdrucksiegel (§ 2 DONot). Prägesiegel sind das Lack- oder Wachssiegel sowie das mit der metallenen Siegelpresse geprägte Oblatensiegel (vgl. hierzu § 2 DONot Rdn 2; siehe auch § 34 BeurkG Rdn 9). Das Farbdrucksiegel ist ein farbiger Abdruck des wie ein Stempel gestochenen Siegelstocks auf die Urkunde ohne Verwendung eines Siegelstoffes und ohne Hinterlassung eines Eindrucks (vgl. hierzu § 2 DONot Rdn 2). Die Funktion der Siegelung als Echtheitsnachweis ist in jüngerer Zeit hinsichtlich der Frage der Tauglichkeit elektronisch erzeugter Dienstsiegel im Grundbuchverfahren thematisiert worden.[62] Für Erklärungen und Ersuchen von Behörden lässt der durch Gesetz vom 28.4.2017[63] eingefügte § 29 Abs. 3 S. 2 GBO nunmehr den eingedruckten oder aufgedruckten „Abdruck des Dienstsiegels" als Alternative zur Siegelung genügen. Den Gesetzesmaterialien ist zu entnehmen, dass elektronische Siegelungen nur dann den Zweck der Echtheitsbeglaubigung zu erfüllen geeignet sind, wenn sichergestellt ist, dass der Fachanwender nur dann Zugriff auf die Siegeldatei hat, wenn er sich im System anmeldet oder sich über ein Passwort legitimiert.[64] Die Rechtsprechung hatte Erklärungen mit maschinell erzeugten Dienstsiegeln vor der Neufassung des § 29 Abs. 3 GBO als nicht formgerecht beurteilt.[65] 24

Nach der Definition des § 39 BeurkG ist überall da, wo das Gesetz den Begriff „Siegel" verwendet, sowohl das Prägesiegel als auch das Farbdrucksiegel zulässig. Das Prägesiegel ist dann anzubringen, wenn das Gesetz diese Siegelung ausdrücklich vorschreibt, z.B. für die Befestigung des Heftfadens nach § 44 BeurkG oder zum Verschluss eines Testamentsumschlages (vgl. dazu § 34 BeurkG Rdn 9). Für Ausfer- 25

57 *Winkler*, § 39 Rn 20.
58 *Winkler*, § 39 Rn 23; Frenz/Miermeister/*Limmer*, § 39 BeurkG Rn 5.
59 So wörtlich amtl. Begr. in: BT-Drucks V/3282, 37.
60 *Winkler*, § 39 Rn 21.
61 Grziwotz/Sauer/Heinemann/*Grziwotz*, § 39 Rn 12.
62 Vgl. BGH v. 14.12.2016 – V ZB 88/16, DNotZ 2017, 463 m. Anm. *Frohn* (insbesondere zur Rechtfertigung der Echtheitsvermutung).
63 BGBl I 2017, 969.
64 Rechtsausschuss, vgl. BT-Drucks 18/11437, 47.
65 BGH v. 14.12.2016 – V ZB 88/16, DNotZ 2017, 463, 464.

tigungen reicht einheitlich das **Farbdrucksiegel** aus, wenn die Ausfertigung nicht aus mehreren Blättern besteht und deshalb durch Schnur und Siegel verbunden und mit dem Prägesiegel versehen werden muss. Dieses eine Prägesiegel genügt in diesem Fall den Anforderungen des § 49 BeurkG.

III. Anlagen

26 Besteht das in dem Vermerk enthaltene Zeugnis des Notars aus mehreren Blättern, so sind diese mit Schnur und Prägesiegel zu verbinden (§ 44 S. 1 BeurkG, § 14 Abs. 1 DONot). Die Wirksamkeit des Vermerks hängt davon aber nicht ab. Zum Inhalt eines Zeugnisses können auch Anlagen werden. Das kann allerdings nicht stillschweigend durch Verbindung einer auf die Urkunde verweisenden Anlage mit Schnur und Siegel geschehen, sondern muss ausdrücklich erfolgen.[66] Diese durch Erklärung zum Gegenstand des Zeugnisses gemachten Schriftstücke, Karten, Zeichnungen, Abbildungen usw. müssen nach § 44 S. 1 BeurkG ebenfalls mit Schnur und Prägesiegel mit der eigentlichen Zeugnisurkunde verbunden werden.

IV. Büromäßige Behandlung

27 Die Urschrift der Vermerkurkunde ist dem Beteiligten auszuhändigen, sofern er nicht die notarielle Verwahrung der Urkunde verlangt (§ 45a Abs. 2 BeurkG). Vermerkurkunden werden gem. § 7 Abs. 1 Nr. 3 NotAktVV in das Urkundenverzeichnis eingetragen, wenn es sich um die Beglaubigung einer Unterschrift, eines Handzeichens oder der Zeichnung einer Namensunterschrift handelt, um die Feststellung des Zeitpunkts, zu dem eine Privaturkunde vorgelegt worden ist, oder um ein sonstiges einfaches Zeugnis i.S.d. § 39 BeurkG; die Beglaubigung von Abschriften gehört nicht hierzu (siehe § 7 NotAktVV Rdn 19). Zur Urkundensammlung muss nach § 31 Abs. 1 Nr. 4 NotAktVV die Urschrift genommen werden, wenn diese beim Notar verbleibt, andernfalls eine Abschrift, sofern der Notar die Urkunde entworfen hat; hat er sie nicht entworfen, liegt es in seinem Ermessen, ob er eine Abschrift in der Urkundensammlung verwahrt.

§ 39a Einfache elektronische Zeugnisse

(1) [1]Beglaubigungen und sonstige Zeugnisse im Sinne des § 39 können elektronisch errichtet werden; Beglaubigungen qualifizierter elektronischer Signaturen, elektronischer Unterschriften und elektronischer Handzeichen sind elektronisch zu errichten. [2]Das hierzu erstellte Zeugnis muss mit einer qualifizierten elektronischen Signatur versehen werden. [3]§ 13a Absatz 4 Satz 1 und 2 gilt entsprechend.
(2) [1]Mit dem Zeugnis muss eine Bestätigung der Notareigenschaft durch die zuständige Stelle verbunden werden. [2]Das Zeugnis soll Ort und Tag der Ausstellung angeben.
(3) [1]Bei der Beglaubigung eines elektronischen Dokuments, das mit einer qualifizierten elektronischen Signatur versehen ist, soll das Ergebnis der Signaturprüfung dokumentiert werden. [2]Ist das elektronische Dokument mit der qualifizierten elektronischen Signatur eines Notars versehen, so genügt die Dokumentation der Prüfung seiner qualifizierten elektronischen Signatur.
(4) [1]Bei der Beglaubigung einer qualifizierten elektronischen Signatur ist der Bezug zwischen dem Zeugnis und dem mit der zu beglaubigenden qualifizierten elektronischen Signatur versehenen elektronischen Dokument durch kryptografische Verfahren nach dem Stand der Technik herzustellen, wenn das Zeugnis nicht in dem mit der zu beglaubigenden qualifizierten elektronischen Signatur versehenen elektronischen Dokument enthalten ist. [2]Dasselbe gilt für die Beglaubigung einer elektronischen Unterschrift oder eines elektronischen Handzeichens.

66 Vgl. zur Privaturkunde mit Unterschriftsbeglaubigung: BGH DNotZ 1982, 228, 229; *Winkler*, § 40 Rn 22; gemeint ist hier keine Bezugnahme im technischen Sinne des § 9 Abs. 1 S. 3 BeurkG; kritisch gleichwohl: *Huhn/von Schuckmann*, § 39 Rn 21.

Literatur *Apfelbaum/Bettendorf*, Die elektronische beglaubigte Abschrift im Handelsregisterverkehr, RNotZ 2007, 89; *Bettendorf*, Elektronische Dokumente und Formqualität, RNotZ 2005, 277; *Bettendorf/Apfelbaum*, Elektronischer Rechtsverkehr und das Berufsrecht des Notars – Änderungen der Richtlinienempfehlungen der Bundesnotarkammer und der Dienstordnung für Notarinnen und Notare, DNotZ 2008, 19; *Bormann/Apfelbaum*, Der Einfluss signaturrechtlicher Anforderungen auf die Wirksamkeit der elektronischen notariellen Urkunde, RNotZ 2007, 15; *Damm*, Die Digitalisierung des Notariats, DNotZ 2017, 426; *Gassen*, Die Form der elektronischen Notarurkunde, RNotZ 2007, 142; *Gassen/Wegerhoff*, Elektronischer Rechtsverkehr mit „SigNotar" und StrADa", ZNotP 2005, 413; *Jeep/Wiedemann*, Die Praxis der elektronischen Registeranmeldung – Die Umsetzung des EHUG aus notarieller und richterlicher Sicht, NJW 2007, 2439; *Malzer*, Elektronische Beglaubigung und Medientransfer durch den Notar nach dem Justizkommunikationsgesetz, DNotZ 2006, 9; *Meyer/Mödl*, Die Einführung des elektronischen Rechtsverkehrs im Grundbuchverfahren, DNotZ 2009, 743 ff.; *Oertel*, Der elektronische Rechtsverkehr in der notariellen Praxis, MittRhNotK 2000, 181; *Preuß*, Verfahrensrechtliche Grundlagen für den „Elektronischen Schriftverkehr" im Zivilprozess, ZZP 125 (2012), 135; *Preuß*, Das digitale Notarsiegel und elektronische öffentliche Urkunden, DNotZ-Sonderheft 2012, 96 ff.; *Püls*, Notarielle Tätigkeit im Lichte des Justizkommunikationsgesetzes, NotBZ 2005, 305; *Reithmann*, Neue Zuständigkeiten des Notars, neue Amtspflichten, ZNotP 2006, 242; *Reithmann*, Urkunden und elektronische Dokumente, ZNotP 2007, 370; *Reithmann*, Registeranmeldungen aus dem Ausland, ZNotP 2007, 167; *Roßnagel/Fischer-Dieskau*, Elektronische Dokumente als Beweismittel? NJW 2006, 806; *Schwerin*, Die Behandlung der Urschrift einer Handelsregisteranmeldung nach Einführung des elektronischen Rechtsverkehrs durch das EHUG, RNotZ 2007, 27; *Sikora/Schwab*, Das EHUG in der notariellen Praxis, MittBayNot 2007, 1; *Weikart*, Elektronischer Rechtsverkehr für Notare: Bestandsaufnahme und Ausblick, NotBZ 2007, 73.

A. Allgemeines

I. Einleitung

Das Instrument des einfachen elektronischen Zeugnisses wurde durch das Justizkommunikationsgesetz[1] von 2005 mit Schaffung eines neuen § 39a in das BeurkG eingeführt. Die Norm wurde im Rahmen des Urkundenarchivgesetzes[2] 2018 neu gefasst und dabei zugleich an die Neuregelung des Signaturrechts durch die sog. EU-eIDAS-VO[3] und das zu ihrer Durchführung erlassene sog. Vertrauensdienstegesetz (VDG)[4] angepasst. Mit dem DiRUG[5] wurde sie dann erneut geändert und um einen Abs. 4 ergänzt. Abs. 1 und 4 wurden zuletzt im Rahmen des Gesetzes zur Einführung einer elektronischen Präsenzbeurkundung[6] noch einmal angepasst. 1

Das einfache elektronische Zeugnis bietet die Möglichkeit der elektronischen Beglaubigung sowie der **Abgabe von Zeugnissen in elektronischer Form**. Dabei können insbesondere auch elektronische Abschriften von papiergebundenen Dokumenten Gegenstand der Beglaubigung sein, so dass § 39a BeurkG für den **Medientransfer** vom papiergebundenen zum elektronischen Dokument eingesetzt werden kann. Bis Ende 2025 war die **Beurkundung von Willenserklärungen** und von sonstigen Niederschriften au- 2

1 BGBl I 2005, 837 ff.
2 Gesetz zur Neuordnung der Aufbewahrung von Notariatsunterlagen und zur Einrichtung des Elektronischen Urkundenarchivs bei der Bundesnotarkammer, BGBl I 2017, 1396 ff.
3 Verordnung (EU) Nr. 910/2014 des Europäischen Parlaments und des Rates vom 23.7.2014 über elektronische Identifizierung und Vertrauensdienste für elektronische Transaktionen im Binnenmarkt und zur Aufhebung der Richtlinie 1999/93/EG.
4 Gesetz zur Durchführung der Verordnung (EU) Nr. 910/2014 des Europäischen Parlaments und des Rates vom 23.7.2014 über elektronische Identifizierung und Vertrauensdienste für elektronische Transaktionen im Binnenmarkt, BGBl I 2017, 2745 ff.
5 Gesetz zur Umsetzung der Digitalisierungsrichtlinie, BGBl I 2021 3338 ff.
6 BGBl I 2025, Nr. 320.

ßerhalb des Gesellschaftsrechts[7] ausschließlich **papiergebunden** und konnte nicht in rein elektronischer Form erfolgen.[8] Das zum 29.12.2025 in Kraft getretene **Gesetz zur Einführung einer elektronischen Präsenzbeurkundung** brachte hier jedoch umfangreiche Änderungen, wonach seitdem die allermeisten Niederschriften auch originär elektronisch errichtet werden können (vgl. dazu die Kommentierung von *Tebben*, § 8 BeurkG Rdn 3 f.).

3 § 39a BeurkG enthält die beurkundungsrechtliche Grundlage, um Zeugnisse, wie der Notar sie in der Papierwelt bei einer Beglaubigung abgibt, in der elektronischen Welt verwenden zu können. Die Vorschrift macht das notarielle Zeugnis als effektives Mittel, **Authentizität** zu verbürgen, für den elektronischen Rechtsverkehr nutzbar. Sie trägt damit einem Bedürfnis des elektronischen Rechtsverkehrs im Justizbereich Rechnung, der in besonderer Weise auf die Authentizität der elektronisch eingereichten Dokumente angewiesen ist. Der Notar ist zur Errichtung einfacher elektronischer Zeugnisse verpflichtet; diese sind vom Urkundsgewährungsanspruch umfasst.[9]

4 Ein erster praktischer Anwendungsbereich für die Erstellung einfacher elektronischer Zeugnisse nach § 39a BeurkG wurde mit der Novellierung des **Handelsregisteranmeldungen** betreffenden § 12 HGB Anfang 2007 eröffnet. Mit der (teils nur fakultativen) Zulassung der elektronischen Form auch für **Anmeldungen** zum **Vereinsregister**, **Partnerschafts-** und **Gesellschaftsregister**, der (schrittweisen[10]) Einführung des **elektronischen Grundbuchverkehrs** seit Juli 2012 und der (zunächst nur als Soll-Vorschrift ausgestalteten) Verpflichtung der Notare zur Übermittlung sämtlicher Anträge und Erklärungen im FamFG-Verfahren als elektronisches Dokument gem. § 14b FamFG seit 2022 kamen weitere Anwendungsbereiche[11] hinzu: Immer dann, wenn nach den vorgenannten Vorschriften öffentliche oder öffentlich beglaubigte Urkunden durch Notare zu übersenden sind, sind diese als ein mit einem einfachen elektronischen Zeugnis nach § 39a BeurkG versehenes elektronisches Dokument zu übermitteln.

5 Nicht erfasst vom Anwendungsbereich der Vorschrift werden dagegen Dokumente, die – z.B. aufgrund § 12 Abs. 2 S. 1 HGB – zwar heute ebenfalls elektronisch einzureichen sind, bei denen das Gesetz aber (historisch) die Einreichung einer Urschrift oder einfachen Abschrift vorsah oder für die Schriftform bestimmt war (z.B. §§ 39 Abs. 2, 40 Abs. 1 GmbHG, § 106 AktG). Hier reicht nach § 12 Abs. 2 S. 2 Hs. 1 HGB die „Übermittlung einer elektronischen Aufzeichnung“, d.h. in der Regel einer lediglich eingescannten und unsignierten Abschrift aus. In der Praxis werden derartige Dokumente freilich häufig mitsigniert, was unproblematisch möglich ist.

6 Ebenso nicht erfasst vom Anwendungsbereich der Vorschrift werden auch die im Rahmen der Kommunikation mit Registern und Grundbuchämtern neben den eigentlichen Dokumenten in der Regel zu übermittelnden sog. strukturierten Daten, die der Empfängersoftware eine einfache Zuordnung bzw. Verarbeitung der übersandten Nachricht erlauben.[12] Die entsprechenden Daten werden der für die Kommunikation genutzten Software, z.B. dem Programm XNP/XNotar, entweder von der eingesetzten Notarsoftware übergeben oder dort manuell eingegeben. Art und Umfang der strukturiert zu übermittelnden Daten hängen zum einen davon ob, ob es sich um eine Nachricht im Registerbereich oder im Grundbuchbereich handelt; zum anderen gibt es hier auch unterschiedliche länderspezifische Anforderungen. Zumindest XNP/XNotar fragt die zu erfassenden Daten dabei nur in dem jeweils angeforderten Umfang ab und lässt einen Nachrichtenversand ohne vollständig erfasste Daten in der Regel nicht zu. Die solcher-

7 Mittels Videokommunikation ist unter Beachtung der §§ 16a bis 16e BeurkG bereits heute die Gründung einer GmbH oder die Erstellung von Handelsregisteranmeldungen möglich.

8 *Winkler*, § 39a Rn 7; zur Möglichkeit der Errichtung einer notariellen Eigenurkunde in (originär) elektronischer Form vgl. nachfolgend Rdn 56.

9 Grziwotz/Sauer/Heinemann/*Grziwotz/Sauer*, § 39a Rn 1; *Winkler*, § 39a Rn 4; BeckOK-BeurkG/*Frohn*, § 39a Rn 6.

10 Anders als im Handelsregisterbereich kam es hier nicht zu einer deutschlandweiten (weitestgehend) gleichzeitigen Einführung; stattdessen entscheidet jedes Bundesland für sich selbst, ob und wann es im Vereinsregister- und im Grundbuchbereich den elektronischen Rechtsverkehr einführen will. Im Vereinsregisterbereich ist die elektronische Einreichung zudem nur freiwillig, die Möglichkeit der schriftlichen Einreichung bleibt hier nach gegenwärtiger Planung als weiterhin zulässige Einreichungsart dauerhaft erhalten. Vgl. weitergehend BeckOK-BeurkG/*Frohn*, § 39a Rn 9.1.

11 Vgl. dazu DNotI-Report 2022, S. 25 f.

12 Das OLG Nürnberg (DNotZ 2015, 220, 222) bezeichnete diese Datensätze als „elektronisches Vorblatt“.

maßen erstellten Datensätze werden sodann in Form einer sog. XML-Datei mit übermittelt, die ebenfalls nicht signiert wird.[13]

Schließlich ist auch der Medientransfer zwischen einer Papierurkunde in eine im künftigen Elektronischen Urkundenarchiv zu verwahrende Urkunde vom Anwendungsbereich des § 39a BeurkG nicht erfasst. Das diesbezüglich zu beachtende Verfahren wurde speziell im neuen § 56 BeurkG geregelt. 7

II. Funktion und Funktionsweise einer Signatur

§ 39a Abs. 1 S. 2 BeurkG verlangt für einfache elektronische Zeugnisse eine sog. qualifizierte elektronische **Signatur**. Die EU-eIDAS-VO unterscheidet zwischen einfacher, fortgeschrittener und qualifizierter elektronischer Signatur.[14] Wo die elektronische der eigenhändigen Unterschrift gleichgestellt wurde,[15] verlangt das Gesetz in der Regel eine qualifizierte elektronische Signatur. 8

Technisch steht hinter der qualifizierten elektronischen Signatur das Verfahren der **„asymmetrischen Kryptographie“**: Bei ihm kommen private Schlüssel, die nur der Signierende besitzt, und öffentliche Schlüssel, die für jedermann zugänglich sind, zum Einsatz. Das Verfahren ermöglicht im Ergebnis, dass der Empfänger sowohl die Urheberschaft des Absenders **(Authentizität)** als auch die Unversehrtheit des Inhalts eines signierten Dokuments, d.h. dass das Dokument nach dem Signieren nicht mehr verändert wurde **(Integrität)**, prüfen kann. 9

Beim Signieren geschieht dabei Folgendes: Noch vor Initiierung des eigentlichen Signaturprozesses berechnet das Signaturprogramm eine Kurzform der zu signierenden Hauptdatei. Dieser sog. **Hash-Wert** wird durch eine mathematische Funktion erzeugt und ist mit einem Fingerabdruck vergleichbar: Jede Datei hat ihren individuellen und unverwechselbaren Hash-Wert! Jede Veränderung in der Hauptdatei – und sei sie noch so winzig – führt dazu, dass sich auch der Hash-Wert ändert. Zum eigentlichen Signieren wird dieser Hash-Wert vom Signaturprogramm mit Hilfe des privaten Signaturschlüssels des Karteninhabers verschlüsselt und in dieser verschlüsselten Form wieder zurück an das Signaturprogramm übergeben (die signierte Hauptdatei selbst wird dabei nicht verschlüsselt). **Der verschlüsselte Hash-Wert der Hauptdatei ist die eigentliche elektronische Signatur.**

Da in der Signaturdatei neben dieser eigentlichen elektronischen Signatur zugleich der öffentliche Signaturschlüssel des Signierenden abgelegt wird, ist der Empfänger in der Lage, eine Prüfung der elektronischen Signatur durchzuführen. Zu diesem Zweck errechnet die Signatursoftware zunächst mit dem öffentlichen Schlüssel die digitale Signatur der signierten Hauptdatei zu einem Hash-Wert zurück. Anschließend berechnet sie den Hash-Wert der Hauptdatei, die durch die Signatur ja nicht verändert wurde, und vergleicht die beiden Werte miteinander. Stimmen sie überein, steht fest, dass die signierte Datei nach der Signatur nicht mehr verändert wurde und zudem mit dem angegebenen Zertifikat signiert wurde. In einem zweiten Schritt kann dann durch eine Online-Abfrage beim Vertrauensdiensteanbieter abgefragt werden, ob das eingesetzte Signaturzertifikat auch tatsächlich durch den ausgewiesenen Vertrauensdiensteanbieter ausgestellt wurde und ob es noch gültig ist. 10

Die isolierte Signierung einer Datei mit den vorbeschriebenen Funktionen, die grundsätzlich jedermann möglich ist, ist von der elektronischen Abschriftsbeglaubigung nach § 39a BeurkG, die nur ein Notar zu- 11

13 Vgl. auch OLG Nürnberg DNotZ 2015, 220, 222, welches diese Datensätze explizit als „nicht rechtsverbindlich“ bezeichnet und sich im Fortgang der Entscheidung mit der Frage beschäftigt hat, wie im Falle einer Diskrepanz zwischen der als elektronisches Dokument i.S.d. § 39a BeurkG übermittelten Handelsregisteranmeldung und den strukturierten Daten zu verfahren ist.

14 Neu eingeführt durch die EU-eIDAS-VO wurde zudem das sog. Elektronische Siegel, welches jedoch juristischen Personen offensteht und nicht für Notare oder andere traditionell siegelführende Institutionen gedacht ist (vgl. z.B. Art. 3 Nr. 24 EU-eIDAS-VO). Vgl. weitergehend zu den Unterschieden zwischen den einzelnen Signaturarten auch BeckOK-BeurkG/*Frohn*, § 39a Rn 19.1 f.

15 Soll die gesetzlich (!) vorgeschriebene schriftliche Form durch die elektronische Form ersetzt werden, so muss der Aussteller der Erklärung dieser seinen Namen hinzufügen und das elektronische Dokument mit einer qualifizierten elektronischen Signatur nach dem Signaturgesetz versehen. Darüber hinaus darf die elektronische Form vom Gesetz nicht explizit ausgeschlossen sein. Ein solcher Ausschluss ist derzeit für die Kündigung und Änderung von Arbeitsverhältnissen (§ 623 BGB), die Erteilung von Arbeitszeugnissen (§ 630 S. 3 BGB) sowie Leibrentenversprechen (§ 761 S. 2 BGB), Bürgschaftserklärungen (§ 766 S. 2 BGB), Versprechen (§ 780 S. 2 BGB) und Anerkennungserklärungen (§ 781 S. 2 BGB) angeordnet.

lässigerweise vornehmen kann, zu unterscheiden. Eine elektronisch beglaubigte Abschrift bedarf zu ihrer Wirksamkeit zwar ebenfalls einer qualifizierten elektronischen Signatur. Zusätzlich enthält sie jedoch einen Beglaubigungsvermerk (dazu unter Rdn 36).

12 (Qualifizierte elektronische) Signaturzertifikate werden von sog. **Vertrauensdiensteanbietern** ausgegeben. Mit großem Abstand bedeutendster Vertrauensdiensteanbieter im notariellen Bereich ist die **Bundesnotarkammer**.

13 Anders als bei einfachen und fortgeschrittenen Signaturen setzt die Erzeugung von qualifizierten elektronischen Signaturen zwingend den Einsatz sog. **qualifizierter elektronischer Signaturerstellungseinheiten** i.S.d. § 29 EU-eIDAS-VO voraus. Hierbei handelt es sich um das Speichermedium für den privaten Schlüssel. Bei den von der Bundesnotarkammer für Notare herausgegebenen Signaturkarten war dieser private Schlüssel früher auf der **Signaturkarte** selbst gespeichert. Im Zusammenhang mit der Einführung des Elektronischen Urkundenarchivs hat die Bundesnotarkammer einen Systemwechsel vollzogen und stellt Notaren nun nur noch sog. **Fernsignaturen** zur Verfügung, bei denen der private Schlüssel beim Vertrauensdiensteanbieter selbst in einer entsprechend abgesicherten Umgebung (einem sog. Hardware-Sicherheitsmodul (HSM)) gespeichert wird. Das Auslösen des Signaturprozesses mit einer Fernsignatur setzt dabei eine Authentifizierung des Notars mittels eines sog. **Zwei-Faktor-Verfahrens** voraus, bestehend aus den Komponenten Besitz und Wissen. Die Funktion der Signaturkarte selbst reduziert sich dadurch künftig auf die Bereitstellung des Authentifizierungsfaktors Besitz, Authentifizierungsfaktor Wissen ist die PIN, die der Karteninhaber gemeinsam mit der Signaturkarte vom Vertrauensdiensteanbieter erhält.

Für den Notar einzig spürbarer Unterschied beim Signieren mit einer Fernsignatur im Vergleich zum Signieren mit den bis dato üblichen Signaturkarten war, dass für das qualifizierte Signieren mit der Fernsignatur anders als früher nunmehr zwingend eine Internetverbindung erforderlich ist. Im Übrigen hat sich im Handlungsablauf beim Signieren für den Notar nichts geändert.[16]

14 Um mit der Signaturkarte signieren zu können, benötigt der Karteninhaber weiterhin einen sog. **Kartenleser**, mit dessen Hilfe die auf der Signaturkarte gespeicherten Daten ausgelesen werden können, und eine entsprechende **Signatursoftware**, mit deren Hilfe Dateien signiert werden können. Die Tochtergesellschaft NotarNet GmbH der Bundesnotarkammer gibt mit den Modulen **XNotar** und **SigNotar** der von der Bundesnotarkammer herausgegebenen sog. Basisanwendung **XNP** eine speziell auf die Bedürfnisse der Notare zugeschnittene Signatursoftware heraus. Sowohl XNotar als auch SigNotar waren ursprünglich selbstständige Programme, die im Zusammenhang mit dem Elektronischen Urkundenarchiv in das neu herausgegebene Programm XNP integriert wurden.

15 In der Praxis kann man den Einsatz der Signaturkarte mit dem Leisten einer Unterschrift vergleichen (wobei die Möglichkeit, Dateien zu signieren, keineswegs auf Textdokumente beschränkt ist, sondern vom Prinzip her jede beliebige Datei signiert werden kann). Zum Signieren (Unterschreiben) wird die Datei am Bildschirm über die Signaturanwendungssoftware aufgerufen und nach Eingabe der PIN signiert. Mit der Signierung entsteht entweder eine weitere (externe) Datei (sog. *detached signature*), in der die Signatur gespeichert ist (in diesem Fall bleibt die signierte Datei selbst vollständig unverändert), oder die Signatur wird in die zu signierende Datei integriert (sog. *inline* oder *embedded signature*). In den für Notare besonders relevanten Bereichen ist derzeit nur die Verwendung externer Signaturen üblich, die in der Regel mit der Kennung .pkcs7 enden. Externe Signaturdateien sind nicht mit der signierten Datei verbunden, so dass beim späteren Versand darauf zu achten ist, dass beide Dateien zusammen versandt werden, denn nur **Datei und Signaturdatei** zusammen bilden die signierte Datei. Geht die Signaturdatei verloren oder wird sie gelöscht, wird aus der signierten Datei wieder eine unsignierte. Der Empfänger kann mithilfe entsprechender Signatursoftware[17] den Karteninhaber identifizieren und überprüfen, ob die Datei noch unverändert ist.

16 Vgl. weitergehend auch die Unterrichtungsbroschüre „Elektronische Signaturen" der Bundesnotarkammer und die auf der Webseite der Zertifizierungsstelle bereit gestellten Informationen.

17 Für die Gerichte übernimmt das EGVP-System die Signaturprüfung, die hier in der Regel vollautomatisch erfolgt.

Die qualifizierte elektronische Signatur leistet somit zweierlei: Sie dokumentiert zum einen, dass zum Zeitpunkt der Signatur ein bestimmtes Dokument vorliegt, das dem Empfänger unverändert zugänglich gemacht wird (**Nachweis der Unverändertheit**). Zum anderen identifiziert sie den Signierenden (**Nachweis des richtigen Erstellers**), so dass ihr in der elektronischen Welt die Bedeutung der Unterschrift zukommt. Die elektronische Signatur, wie § 39a Abs. 1 S. 2 BeurkG sie für das elektronische Zeugnis vorsieht, hat also in Verbindung mit der gem. § 39a Abs. 2 S. 1 BeurkG beizufügenden Bestätigung der Notareigenschaft durch die zuständige Stelle die **Funktion eines „elektronischen Äquivalents" zur Unterschrift**[18] und **des Amtssiegels**[19] des Notars. Eine darüber hinaus gehende Funktion kommt ihr nicht zu, auch hat der Notar keine Möglichkeit, verschiedene Formen einer qualifizierten elektronischen Signatur aufzubringen.[20] 16

Was die qualifizierte elektronische Signatur insbesondere nicht leisten kann, ist eine für die notarielle Praxis brauchbare **Verschlüsselungsfunktion**. Zwar tragen – soweit ersichtlich – die Signaturkarten sämtlicher in Deutschland tätiger Vertrauensdiensteanbieter neben den Signaturzertifikaten auch Verschlüsselungszertifikate. Diese Verschlüsselungsfunktion folgt vom Grundsatz her auch demselben Prinzip wie die Signaturfunktion: Es gibt einen privaten Schlüssel, der nur auf der Signaturkarte gespeichert ist und zum Entschlüsseln einer verschlüsselten Datei benötigt wird, und einen öffentlichen Schlüssel, der zum Verschlüsseln benötigt wird. Um eine Datei verschlüsseln zu können, muss der Absender daher den Empfänger namentlich kennen, da er nur so mit dem richtigen (öffentlichen) Schlüssel verschlüsseln kann. Diese Voraussetzung dürfte bei der Kommunikation zwischen Notaren und Gerichten in der Regel nicht erfüllt sein, da der Notar nicht weiß, welcher Rechtspfleger oder Richter (auch unter Berücksichtigung von Urlaubsplanung und Krankheitsfällen) im konkreten Fall gerade zuständig ist. Allenfalls für die Kommunikation von den Gerichten an die (namentlich ja bekannten) Notare wäre die Verschlüsselungsfunktion daher nutzbar, jedoch wenig komfortabel. 17

Geleistet wird die letztlich auch mit Blick auf § 18 BNotO unverzichtbare Verschlüsselung der Kommunikation zwischen Notaren und Gerichten stattdessen durch das **EGVP-System**. Hierbei handelt es sich um eine elektronische Kommunikationsinfrastruktur für die verschlüsselte und rechtssichere Kommunikation mit der Justiz und der Verwaltung. Neben dem ursprünglichen „**E**lektronischen **G**erichts- und **V**erwaltungs-**P**ostfach" sind das (mittlerweile in XNP integrierte) besondere elektronische Notarpostfach **(beN)** und das besondere elektronische Anwaltspostfach **(beA)** dieser Infrastruktur angeschlossen. Weitere Ausprägungen dieser „besonderen" Postfächer sind das besondere elektronische Behördenpostfach **(beBPo)** sowie künftig das elektronische Bürger- und Organisationen-Postfach **(eBO)**. Das EGVP-System verschlüsselt jede Nachricht vor ihrem Versand beim Absender und entschlüsselt sie nach ihrem Eingang beim Empfänger komfortabel voll automatisch, ohne dass Absender oder Empfänger sich namentlich kennen müssten (sog. Ende-zu-Ende-Verschlüsselung).[21] 18

B. Formelle Anforderungen des § 39a BeurkG

Das einfache elektronische Zeugnis nach § 39a BeurkG ist das Gegenstück zum Vermerk nach § 39 BeurkG.[22] Unabhängig davon, zu welchem Zweck der Notar etwas in Vermerkform niederlegt, ob es sich um einen Beglaubigungsvermerk oder ein sonstiges „einfaches Zeugnis" handelt, legt § 39 BeurkG die Elemente des Vermerks mit Muss-Anforderungen (Zeugnis, Unterschrift, Siegel) und Soll-Anforderungen (Ort und Tag der Ausstellung) fest. § 39a BeurkG regelt im Zusammenspiel mit dem neuen § 13a Abs. 4 BeurkG entsprechend, wie die Vermerkform bei einem elektronischen Zeugnis erfüllt wird. 19

Die nun in § 13a Abs. 4 S. 1 und 2 BeurkG enthaltenen Bestimmungen waren ursprünglich in § 39a Abs. 1 BeurkG selbst enthalten (und wurden durch das DiRUG zwischenzeitlich nach § 16b Abs. 3 S. 2 und 4

18 *Apfelbaum/Bettendorf*, RNotZ 2007, 89, 90; *Bettendorf/Apfelbaum*, DNotZ 2008, 19, 25; *Gassen*, RNotZ 2007, 142, 146.

19 *Apfelbaum/Bettendorf*, RNotZ 2007, 89, 91; *Gassen*, RNotZ 2007, 142, 146; *Winkler*, § 39a Rn 27.

20 So aber früher Frenz/Miermeister/*Limmer*, § 39a BeurkG Rn 1, der in der Vorauflage noch davon sprach, dass der Notar „mit der Notarsignatur oder der Beurkundungssignatur" signiert.

21 Weitere Informationen unter www.egvp.de und www.elrv.info.

22 Vgl. Schippel/Bracker/*Püls*, Anh. zu § 24 BNotO Rn 28; *Weikart*, NotBZ 2007, 73, 81.

BeurkG verschoben). Die Gründe dieser Änderungen waren jedoch ausschließlich systematischer Art, inhaltliche Änderungen waren damit nicht beabsichtigt.[23]

I. Nachprüfbares Zertifikat

20 Gemäß § 39a Abs. 1 S. 4 BeurkG i.V.m. § 13a Abs. 4 S. 1 und 2 BeurkG soll die Signatur **„auf einem Zertifikat beruhen, das auf Dauer prüfbar ist"**. Bereits aus der Ausgestaltung der Norm als Soll-Vorschrift ergibt sich, dass die dauerhafte Prüfbarkeit keine Wirksamkeitsvoraussetzung für einfache elektronische Zeugnisse i.S.d. § 39a BeurkG ist.[24] Welche Anforderungen hiermit genau verbunden sind, ist unklar. Gemäß § 4 Abs. 2 SigV waren akkreditierte Zertifizierungsdiensteanbieter verpflichtet, ausgestellte qualifizierte Signaturzertifikate für mindestens 30 Jahre ab dem Ende des Jahres, in welchem die Gültigkeit des Zertifikats abläuft, prüfbar zu halten. Zum Teil wurde früher mit Blick darauf argumentiert, dass die 30-jährige „Verwahrpflicht" (gemeint war wohl Prüfbarkeitspflicht) mit der „dauernden Prüfbarkeit" korrespondiere.[25] EU-eIDAS-VO und VDG sehen nun keine vergleichbare Zeitvorgabe mehr vor. Als „auf Dauer prüfbar" sollen jedoch ausweislich der Begründung zum RegE zum VDG solche Signaturen gelten, die auf Zertifikaten beruhen, deren Herausgeber die Voraussetzungen des § 16 VDG erfüllen,[26] sodass das Merkmal bei qualifizierten Zertifikaten akkreditierter Vertrauensdiensteanbieter stets erfüllt ist.[27]

21 Richtigerweise wird man die Dauer der Prüfbarkeit nach dem Normzweck des BeurkG letztlich von der möglichen Verwendung des signierten Dokuments abhängig machen müssen.[28] Generelle Aussagen über die Verwendbarkeit sind angesichts der verschiedenen möglichen Funktionen einer qualifizierten elektronischen Signatur allerdings kaum möglich. Betrachtet man die Frage isoliert im Hinblick auf einfache elektronische Zeugnisse i.S.d. § 39a BeurkG, ist festzustellen, dass jedenfalls beim Verkehr mit Registern und Grundbuchämtern die Signatur des Notars nach Durchlaufen einer Echtheitsprüfung in der Regel entfernt und nicht dauerhaft archiviert wird.

22 Anders verhält es sich jedoch beim Elektronischen Urkundenarchiv: gem. § 56 Abs. 1 S. 4 BeurkG ist das elektronische Dokument vor der Übermittlung in die elektronische Urkundensammlung ebenfalls mit einer qualifizierten elektronischen Signatur zu versehen, für die gem. § 56 Abs. 1 S. 5 BeurkG u.a. § 13a Abs. 4 S. 1 und 2 BeurkG entsprechend gilt. Gem. § 50 Abs. 1 Nr. 5 NotAktVV beträgt die Aufbewahrungsfrist für die in der elektronischen Urkundensammlung verwahrten Dokumente 100 Jahre. Beim Elektronischen Urkundenarchiv wird die Signatur des archivierenden Notars jedoch nicht entfernt, sondern dauerhaft archiviert.[29] Die ursprüngliche Signatur wird also in der elektronischen Urkundensammlung letztlich genauso lange wie die archivierte Urkunde selbst gespeichert.

23 Gemäß § 39a Abs. 2 S. 2 BeurkG sind ferner **„Ort und Tag der Ausstellung"** anzugeben. Da sich das Datum aus der Signatur ergibt, reicht es allerdings aus, wenn der Vermerk auf das Datum der Signatur verweist.[30]

II. Bestätigung der Notareigenschaft

24 Als Äquivalent zum Amtssiegel des Notars in der Papierwelt muss gem. § 39a Abs. 2 S. 1 BeurkG in der digitalen Welt das elektronische Zeugnis mit einer Bestätigung der Notareigenschaft verbunden werden.

23 RegE zum DiRUG, BT-Drucks 19/28177, 118.
24 Ebenso *Winkler*, § 39a Rn 38.
25 *Weingärtner/Gassen*, § 2a DONot Rn 5.
26 BT-Drucks 18/12494, 43.
27 So auch Diehn/*Diehn*, § 33 BNotO Rn 7.
28 So auch *Winkler*, § 39a Rn 78 und BeckOK-BeurkG/*Meier*, § 39a Rn 34.
29 Diesbezüglich ist zu beachten, dass die Sicherheit der einer elektronischen Signatur zugrundeliegenden Algorithmen und der zugehörigen Parameter und damit ihr Beweiswert im Laufe der Zeit aufgrund fortlaufend verbesserter Methoden der Kryptoanalyse und immer leistungsfähigerer Computer abnimmt. Aus diesem Grund hatte der Gesetzgeber erwogen, die verwahrenden Stellen selbst (also vor allem Notare und Notarkammern) eine ablaufende Signatur rechtzeitig „übersignieren", sprich mit einer aktuellen Signatur erneut signieren zu lassen, dies jedoch als nicht praktikabel und nicht erforderlich verworfen (BT-Drucks 18/10607, 68). Stattdessen wird der Beweiswert der ursprünglichen Signatur nun durch rechtzeitig aufzubringende Archivsignaturen in Form sog. elektronischer Zeitstempel erhalten, die durch das Urkundenarchiv automatisch angebracht werden (vgl. auch Diehn/*Diehn*, § 78h BNotO Rn 35, unter Verweis auf die Gesetzesbegründung).
30 LG Regensburg RNotZ 2008, 306, 308 m. Anm. *Kirchner*.

Rein **beurkundungsrechtlich** könnte dieser Nachweis ähnlich wie bei einem Notarvertreter (vgl. dazu sogleich Rdn 25) aufgrund des technikoffen formulierten § 39a Abs. 2 S. 1 BeurkG auch über die Beifügung einer elektronisch beglaubigten Abschrift der Ernennungsurkunde erfolgen. In der Praxis wird dieses Erfordernis dagegen über das sog. **berufsbezogene Attribut**, das Bestandteil des Signaturzertifikats ist, erfüllt, zu dessen Besitz jeder Notar **berufsrechtlich** verpflichtet ist (vgl. § 33 Abs. 1 BNotO). Den Inhalt des Attributs bestimmt § 33 Abs. 1 S. 3 BNotO: Danach muss das Attribut den Inhaber der Signaturkarte als Notar ausweisen und daneben dessen Amtssitz sowie das Land und die Notarkammer enthalten, in deren Bezirk der Notar seinen Amtssitz hat. Der Vertrauensdiensteanbieter darf entsprechende Attribute nur dann anbringen, wenn die Angaben durch die hierfür zuständige Notarkammer bestätigt wurden (§ 12 Abs. 1 S. 3 VDG, 67 Abs. 3 Nr. 5 BNotO). Erlischt das Amt des Notars später, ist das Signaturzertifikat zu sperren, vgl. § 33 Abs. 2 BNotO. Ein etwa aus Altersgründen aus dem Amt scheidender Notar, der aber in der Zukunft noch Notarvertretungen übernehmen will, kann seine bisherige Signaturkarte mit Notarattribut somit nicht einfach weiterverwenden, sondern benötigt eine neue ohne oder mit einem Vertreterattribut (vgl. dazu sogleich Rdn 25 f.).

Notarvertreter[31] haben dagegen gem. § 19 Abs. 4 DONot grundsätzlich die Wahl, entweder eine Signaturkarte mit Notarvertreterattribut zu verwenden oder eine ohne jedes Attribut. In letzterem Fall weist der Notarvertreter seine Vertreterstellung durch Beifügung seiner Vertreterbestellungsurkunde nach:[32] entweder in Form einer (in der Regel durch den vertretenen Notar) gem. § 39a BeurkG erstellten elektronisch beglaubigten Abschrift der Vertreterbestellungsurkunde oder durch eine originär elektronisch erstellte und mit qualifizierter elektronischer Signatur versehene Vertreterbestellungsurkunde.[33] Dabei ist zu beachten, dass es sich um ein mit der Haupturkunde nicht verbundenes separates Dokument handelt, das seinerseits signiert ist und daher über eine eigene externe Signaturdatei verfügt. Haupturkunde und Vertreternachweis dürfen nicht getrennt werden – insofern gilt das unter Rdn 15 zur Trennung von Hauptdatei und Signaturdatei Gesagte entsprechend. In der Praxis wird dies dadurch sichergestellt, dass XNP/XNotar nach dem Signieren alle (mindestens) vier Dateien in einer ZIP-Datei verpackt, die dann ihrerseits noch einmal signiert wird.[34] 25

In der Praxis war die Verwendung von herkömmlichen Signaturkarten, bei denen das Signaturzertifikat auf der Karte selbst gespeichert wird, mit Vertreterattribut aufgrund des mit der Ausgabe der Signaturkarten verbundenen (Kosten-)Aufwands früher allenfalls bei ständigen Vertretungen oder Langzeitvertretungen sinnvoll, musste doch für jede Vertretung eine neue Signaturkarte ausgegeben werden. Mit Umstellung auf die Fernsignatur (vgl. Rdn 13) im Zusammenhang mit der Errichtung des Elektronischen Urkundenarchivs hat sich dies geändert: Da das Signaturzertifikat einschließlich des Berufsattributs nunmehr nicht mehr auf der Signaturkarte selbst, sondern beim Vertrauensdiensteanbieter gespeichert wird, kann es dort einfach ausgetauscht werden, ohne dass es hierzu der Ausgabe neuer Karten bedarf, weshalb dieses Verfahren in der Praxis schnell zur Regel geworden ist. Rein beurkundungsrechtlich wäre jedoch aufgrund des technikoffen formulierten § 39a Abs. 2 S. 1 BeurkG weiterhin auch eine Beibehaltung der bisherigen Vorgehensweise zulässig.[35] 26

31 Vgl. auch DNotI-Report 2018, 69 f., zur grundbuchverfahrensrechtlichen Abgrenzung von Botenschaft und Notarvertretung bei elektronischer Einreichung eines Antrags beim Grundbuchamt durch den Sozius des einen Grundstückskaufvertrag beurkundenden Notars über XNotar.

32 Vgl. auch OLG Hamm RNotZ 2011, 59 f. = NJW-RR 2011, 259 f., welches zutreffend klarstellt, dass dies nur dann gilt, wenn die übermittelten elektronischen Zeugnisse durch einen Notarvertreter erstellt wurden, nicht dagegen wenn die zugrundeliegende Urschrift (im konkreten Fall betreffend die Änderung einer GmbH-Satzung) durch einen Notarvertreter beurkundet wurde. In letzterem Fall bedarf es eines Nachweises über die wirksame Bestellung des Notarvertreters grundsätzlich nicht.

33 Nach wie vor dürfte die Erstellung einer elektronisch beglaubigten Abschrift der im Original in Papierform ausgestellten Vertreterbestellungsurkunde durch den zu vertretenden Notar gem. § 39a BeurkG noch die herrschende Praxis sein. Im Vordringen begriffen ist jedoch eine Vorgehensweise, bei der die Vertreterbestellungsurkunde originär elektronisch erstellt wird, ein Original in Papierform, von dem eine Abschrift gefertigt werden könnte, daher hier gar nicht mehr existiert. Einfache Abschriften in Papierform können durch entsprechenden Ausdruck unproblematisch erzeugt werden. Wird – z.B. für die Generalakte des vertretenen Notars – eine beglaubigte Abschrift in Papierform benötigt, muss diese gem. § 42 Abs. 4 BeurkG erstellt werden.

34 Vgl. BNotK-Rundschreiben Nr. 14/21 vom 16.11.2021; BeckOK-BeurkG/*Meier*, § 39a BeurkG Rn 31; vgl. weitergehend BeckOK-BeurkG/*Frohn*, § 39a Rn 32.

35 BeckOK-BeurkG/*Frohn*, § 39a Rn 33.

27 Für den Notariatsverwalter galten die vorstehenden Ausführungen lange entsprechend (vgl. § 33 Abs. 2 S. 4 der bis Ende 2020 geltenden DONot). Nunmehr benötigt ein Notariatsverwalter ebenso wie der Notar jedoch zwingend eine Signaturkarte mit einem **Verwalterattribut** (§§ 33 Abs. 1 S. 3, 57 Abs. 1 BNotO). Rein beurkundungsrechtlich wäre jedoch auch beim Notariatsverwalter aufgrund des technikoffen formulierten § 39a Abs. 2 S. 1 BeurkG weiterhin auch eine Beibehaltung der bisherigen Vorgehensweise zulässig.

III. Die Erzeugung der elektronischen Signatur als Amtshandlung des Notars

28 Bei der Erstellung eines Vermerks in Papierform kann zwischen der Unterschrift, die als solche eigenhändig geleistet werden muss, und dem (delegierbaren) Aufdrücken des Siegels unterschieden werden. Bei der Abschriftsbeglaubigung ist zwar umstritten, ob die Beglaubigung ein Zeugnis des Notars darstellt oder nicht vielmehr eine Bescheinigung darüber, dass angesichts des Vertrauens in den Kopiervorgang und in die Sorgfalt der hierbei eingebundenen Mitarbeiter die inhaltliche Übereinstimmung zwischen Haupturkunde und Abschrift festgestellt wird (siehe hierzu *Tebben*, § 42 BeurkG Rdn 7). Unumstritten ist aber, wie der Vermerk, in dem die Beglaubigung niedergelegt ist, herzustellen ist, nämlich mittels eigenhändiger Unterschrift und Siegelung. In der elektronischen Welt sind Unterschrift und Siegelung dagegen untrennbar und erfolgen stets gleichzeitig, da der Akt der Siegelung gewissermaßen in dem in der Signatur enthaltenen Notarattribut enthalten ist.

29 Seit Inkrafttreten der Norm wurde diskutiert, ob und inwieweit die Erzeugung der elektronischen Signatur als Funktionsäquivalent zur Unterschrift zu den **höchstpersönlich zu erledigenden Amtshandlungen** des Notars zählt, ferner ob nur die höchstpersönliche Erzeugung der Signatur geeignet ist, um ein **wirksames elektronisches Zeugnis i.S.v. § 39a BeurkG**, insbesondere eine elektronische Beglaubigung, zu errichten.[36] Der Gesetzgeber hat diese Frage im Zusammenhang mit der Einführung des Elektronischen Urkundenarchivs selbst entschieden: gem. § 33 Abs. 4 BNotO ist nun unmissverständlich geregelt, dass der Notar die qualifizierte elektronische Signaturerstellungseinheit oder die kryptografische Hardwarekomponente (in der notariellen Praxis: die Signaturkarte) nur selbst verwalten und keiner anderen Person überlassen darf, er weiterhin auch keine Wissensdaten (in der notariellen Praxis: die PIN) preisgeben darf, die er zur Identifikation gegenüber der qualifizierten elektronischen Signaturerstellungseinheit oder der kryptografischen Hardwarekomponente benutzt. Flankiert wird diese berufsrechtliche Regelung durch § 13a Abs. 4 S. 2 i.V.m. § 39a Abs. 1 S. 3 BeurkG, wonach die Signatur von dem Notar selbst erzeugt werden muss.

30 Zur Begründung wurde auf die vor allem mit der Einführung des Elektronischen Urkundenarchivs einhergehende stark steigende Relevanz der qualifizierten elektronischen Signatur verwiesen. Aus diesem Grund sei ein ausdrückliches berufsrechtliches Verbot und eine Klarstellung im BeurkG angezeigt. Dadurch, dass das Verbot nun im Gesetz geregelt sei, solle der „erhebliche Unwertgehalt" einer Weitergabe der Signaturdaten zum Ausdruck kommen. Eine solche „Überlassung des Notaramts" an andere sei eine schwerwiegende Amtspflichtsverletzung und ein schwerwiegendes Dienstvergehen, das bei wiederholten Verstößen und in schweren Fällen sogar bei erstmaliger Begehung auch mit der Entfernung aus dem Amt geahndet werden könne.[37] Durch die Neuregelung sollte zugleich unmissverständlich zum Ausdruck gebracht werden, dass eine nicht vom Notar persönlich signierte Urkunde **nichtig** ist.[38]

31 Für Notariatsverwalter und Notarvertreter gelten die vorstehenden Ausführungen entsprechend. Sie können nicht die Karte des vertretenen oder aus dem Amt geschiedenen Notars verwenden, sondern benötigen jeweils eine eigene Signaturkarte (zu der Frage, ob diese ebenfalls ein berufsbezogenes Attribut enthalten muss, vgl. Rdn 27).

36 Vgl. zum Streitstand die Kommentierung Armbrüster/Preuß/Renner/*Kruse*, 6. Aufl., § 39a Rn 12 ff.

37 Vgl. den RegE zum Urkundenarchivgesetz, BT-Drucks 18/10607, 52.

38 Vgl. den RegE zum Urkundenarchivgesetz, BT-Drucks 18/10607, 85; vgl. auch DNotI-Report 2019, 13 ff. zu der Frage, dass ein aus dem Amt geschiedener und nun als Notariatsverwalter eingesetzter Notar mit seiner alten Signaturkarte signiert, die anstatt eines Notariatsverwalterattributs immer noch das unrichtig gewordene Notarattribut enthält.

C. Anwendungsfälle

§ 39a BeurkG bietet die normative Grundlage dafür, dass alle Notarakte, die § 39 BeurkG in Vermerkform zulässt, auch in der Form des einfachen elektronischen Zeugnisses möglich sind.[39] Hinsichtlich des Inhalts des vom Notar zu erstellenden elektronischen Dokuments gilt nichts anderes als für die papiergebundene Vermerkurkunde.[40] Es können also die Funktionen, die das einfache Zeugnis in der Papierwelt erfüllt, auch in der elektronischen Welt mit Hilfe der elektronischen Signatur des Notars erfüllt werden. Dabei spielt es keine Rolle, ob das Zeugnis für sich steht, wie es bei der Bescheinigung des Notars der Fall ist, oder ob bei der Beglaubigung ein Dokument oder etwa eine vollzogene Signatur als Bezugspunkt benötigt wird. § 39a BeurkG regelt nur die formellen Anforderungen des einfachen elektronischen Zeugnisses und verweist im Übrigen auf § 39 BeurkG. Die Besonderheiten der in § 39 BeurkG im Einzelnen aufgelisteten Zeugnisarten sind deshalb bei ihrer Übertragung in die elektronische Welt des § 39a BeurkG ebenfalls zu beachten. 32

Im Einzelnen können Vermerkurkunden i.S.d. § 39a BeurkG elektronisch auf folgende Weise errichtet werden: 33

- Herstellung elektronisch beglaubigter Abschriften von notariellen oder nicht-notariellen Papierdokumenten;
- Herstellung elektronisch beglaubigter Abschriften von einem elektronischen Ausgangsdokument;
- Beglaubigung elektronischer Unterschriften und Handzeichen;
- Elektronische Signaturbeglaubigung;
- Sonstige elektronisch errichtet Vermerke.

Der umgekehrte Fall der Transformation einer elektronischen Urkunde in ein Papierdokument ist dagegen in § 42 Abs. 4 BeurkG geregelt.[41]

I. Elektronische Abschriftsbeglaubigung von Papierdokumenten

Hauptanwendungsfall der Vorschrift ist die elektronische Abschriftsbeglaubigung. Bei dieser beglaubigt der Notar – im Grundsatz nicht anders als bei der Abschriftsbeglaubigung nach § 42 BeurkG – die inhaltlich übereinstimmende Wiedergabe eines Dokuments mit der „Abschrift". Dabei spielt es vom Grundsatz her keine Rolle, ob sich bei dem wiedergegebenen Dokument um ein elektronisches Dokument oder um ein Papierdokument handelt.[42] Die elektronische Abschrift kann, muss aber nicht für einen Medientransfer eingesetzt werden. 34

Die elektronische Abschriftsbeglaubigung hat mit der 2007 erfolgten Novellierung des § 12 HGB immense praktische Bedeutung erlangt. § 12 Abs. 1 HGB erfordert dabei nicht nur eine öffentlich beglaubigte Registeranmeldung, sondern auch die elektronische Einreichung der Anmeldung.[43] Dazu werden die Unterschriften auf der Anmeldungserklärung beglaubigt und eine elektronisch beglaubigte Abschrift der Anmeldung dem Register übermittelt.[44] Das für den Registerverkehr nicht benötigte Original ist nach § 45 Abs. 3 BeurkG grundsätzlich den Beteiligten auszuhändigen. Diese Anordnung muss jedoch für die bereits verwendete Registeranmeldung, an der die Beteiligten typischerweise kein Interesse haben, nicht zwingend gelten. Auch ohne ausdrücklichen Antrag auf Verwahrung kann der Notar das Original zur Urkundensammlung nehmen.[45] 35

Die Elemente, die den Tatbestand der „normalen" Abschriftsbeglaubigung ausmachen (Abschrift von einem Hauptdokument, Beglaubigungsvermerk, Unterschrift, Siegel), finden sich gleichermaßen bei der elektronischen Abschriftsbeglaubigung, allerdings nicht so, dass jedem Element aus der Papierwelt ge- 36

39 BT-Drucks 15/4067, 54.

40 *Apfelbaum/Bettendorf*, RNotZ 2007, 89, 91 f.; *Bormann/Apfelbaum*, RNotZ 2007, 15, 17.

41 Unzutreffend insofern *Winkler*, § 39a Rn 9, der auch dies dem Anwendungsbereich des § 39a BeurkG zuordnet.

42 *Malzer*, DNotZ 2006, 9, 14 ff.; *Weikart*, NotBZ 2007, 73, 80 f.; *Winkler*, § 39a Rn 10 ff. (papiergebundene Dokumente), Rn 24 ff. (elektronische Dokumente).

43 Vgl. allerdings OLG Frankfurt a.M. NZG 2013, 626 ff., das die auf dem Papierweg eingereichte Rücknahme einer Handelsregisteranmeldung durch den Notar für wirksam erachtet hat.

44 Hierzu *Apfelbaum/Bettendorf*, RNotZ 2007, 89, 92 ff.; *Jeep/Wiedemann*, NJW 2007, 2439, 2440 ff.; *Sikora/Schwab*, MittBayNot 2007, 1, 5 f.

45 *Schwerin*, RNotZ 2007, 27, 28, der diese Vorgehensweise weitergehend auch empfiehlt.

nau ein Element aus der elektronischen Welt zugeordnet werden könnte. Auch bei der elektronischen Abschriftsbeglaubigung wird mit dem Beglaubigungsakt die „beglaubigte Abschrift" erstellt. In der Papierwelt geschieht das durch Beglaubigungsvermerk mit Unterschrift und Siegel. In der elektronischen Welt muss das elektronische Dokument, das die inhaltliche Wiedergabe eines anderen Dokuments ist, mit Beglaubigungsvermerk und qualifizierter elektronischer Signatur des Notars versehen werden. Die beglaubigte Abschrift basiert auf der – **gescannten oder elektronisch generierten** – Datei (in der Praxis dürfte spätestens seit Betriebsaufnahme des Elektronischen Urkundenarchivs fast nur noch das PDF/A-Format[46] genutzt werden). Diese wird ergänzt um den notariellen **Beglaubigungsvermerk**, der die inhaltliche Übereinstimmung der elektronischen Wiedergabe mit der Haupturkunde dokumentiert.[47] Sofern hierzu das Programm XNP/XNotar eingesetzt wird, wird das zu signierende Dokument zu diesem Zweck um eine zusätzliche Seite, auf der sich der Beglaubigungsvermerk befindet, ergänzt. Mit der Signierung durch den Notar entsteht eine weitere Datei, in der die Signatur gespeichert ist (vgl. dazu ausführlich oben Rdn 15). Beide Dateien sind nicht miteinander verbunden, so dass beim späteren Versand darauf zu achten ist, dass die Dateien zusammen versandt werden,[48] denn nur **Datei und Signaturdatei** zusammen bilden die elektronisch beglaubigte Abschrift. Geht die Signaturdatei verloren oder wird sie gelöscht, wird aus der elektronisch beglaubigten Abschrift wieder eine unbeglaubigte, deren letzte Seite allerdings weiterhin den Text des Beglaubigungsvermerks trägt.

37 Die inhaltsgleiche Wiedergabe eines Papierdokuments **verlangt keine bildhafte Wiedergabe** des Papierdokuments. Das Papierdokument muss also nicht zwingend eingescannt werden, um eine elektronische Abschriftsbeglaubigung vornehmen zu können. Insofern gilt nichts anderes als bei der Abschriftsbeglaubigung in der Papierwelt.[49] Die Abschrift kann alternativ durch eine inhaltliche Wiedergabe erfolgen, bei der die Unterschriften und die Stelle des Siegels in der Abschrift lediglich gekennzeichnet werden („gez.", „L. S.", vgl. dazu *Tebben*, § 42 BeurkG Rdn 5). Solche mittels inhaltlicher Wiedergabe erzeugten elektronischen Abschriften können insbesondere auch für die elektronische Handelsregisteranmeldung eingesetzt werden.[50]

38 Wie in der Papierwelt ist es der Beglaubigungsvermerk, der den Bezug zu dem **Hauptdokument** herstellt. Aus dem Beglaubigungsvermerk soll sich – nicht anders als bei der Abschriftsbeglaubigung in der Papierwelt – ergeben, welcher Art das Hauptdokument ist (Urschrift, Ausfertigung, Abschrift, beglaubigte Abschrift),[51] von dem die Abschrift erzeugt wurde.[52] Für die Angabe des „Tages der Ausstellung" reicht es aus, wenn der Vermerk auf das **Datum** der Signatur verweist, da sich das Datum aus der Signatur ergibt.[53]

39 **Ausfertigungen** können dagegen nicht elektronisch errichtet werden, da elektronische Dokumente einschließlich ihrer Signaturen beliebig oft kopierbar sind und ihnen daher nicht die mit der Ausfertigung verbundene Unikatsfunktion zukommen kann.[54] Ist materiell-rechtlich der Zugang einer bestimmten Erklärung in Urschrift oder in Ausfertigung (§ 47 BeurkG) erforderlich, ist eine elektronisch beglaubigte Abschrift somit nicht ausreichend.[55]

II. Elektronische Abschriftsbeglaubigung von elektronischen Ausgangsdokumenten

40 Auch die Erstellung elektronisch beglaubigter Abschriften von **elektronischen Ausgangsdokumenten** ist nach § 39a BeurkG möglich. Ausdrücklich normiert in Abs. 3 ist nur der Fall, dass das zu beglaubi-

46 Das früher sehr gebräuchliche TIFF-Format hat mit Inkrafttreten des Urkundenarchivgesetzes seine Rolle dadurch verloren haben, dass für Dokumente, die in die elektronische Urkundensammlung eingestellt werden sollen, zwingend das PDF/A-Format genutzt werden muss. Zudem verlangt § 12 Abs. 1 S. 1 HGB nunmehr ein „maschinenlesbares" Dokument; auch diese Vorgabe kann das TIFF-Format nicht leisten.

47 Vgl. auch OLG Jena DNotZ 2010, 793, 794, die dies als „Transfervermerk" bezeichnen.

48 Vgl. auch *Jeep/Wiedemann*, NJW 2007, 2439, 2441.

49 BeckOK-BeurkG/*Frohn*, § 39a Rn 13.

50 LG Chemnitz MittBayNot 2007, 340, m. Anm. *Strauß* = NotBZ 2007, 146 mit Anm. *Püls*; LG Regensburg MittBayNot 2007, 522 (Ls.); LG Regensburg RNotZ 2008, 306 m. Anm. *Kirchner*; LG Hagen RNotZ 2007, 491 f.; *Apfelbaum/Bettendorf*, RNotZ 2007, 89, 94; *Winkler*, § 39a Rn 12.

51 Hierzu *Malzer*, DNotZ 2006, 9, 14 ff.

52 *Sikora/Schwab*, MittBayNot 2007, 1, 6; *Winkler*, § 39a Rn 13.

53 LG Regensburg RNotZ 2008, 306, 308.

54 BeckOK-BeurkG/*Frohn*, § 39a Rn 11.

55 DNotI-Report 2011, 89, 90; Grziwotz/Sauer/Heinemann/*Grziwotz/Sauer*, § 39a Rn 4; *Winkler*, § 39a Rn 8; vgl. auch *Preuß*, DNotZ-Sonderheft, 96 ff. mit weitergehenden Überlegungen zur Schaffung eines „digitalen Notarsiegels" de lege ferenda.

gende elektronische Dokument seinerseits bereits mit einer qualifizierten elektronischen Signatur signiert war. Es ist jedoch kein Grund erkennbar, warum beurkundungsrechtlich nicht auch die Beglaubigung von nicht qualifiziert elektronisch signierten Ausgangsdokumenten zulässig sein sollte.

Lange bestand für diese Form der Beglaubigung kein echter Bedarf, da das signierte Ausgangsdokument zusammen mit der Signatur beliebig oft kopiert werden kann, ohne durch den Kopiervorgang seine Rechtsqualität zu verlieren. Bereits mit Betriebsaufnahme des Elektronischen Urkundenarchivs und der mehr oder weniger gleichzeitig geschaffenen Möglichkeit, mittels Videokommunikation notarielle Urkunden originär elektronisch zu errichten, hat sich dies jedoch geändert. Einsatzzwecke sind z.B. die Erstellung einer nur auszugsweisen beglaubigten Abschrift eines in der elektronischen Urkundensammlung verwahrten Dokuments, wodurch keine Kopie des Ursprungsdokuments, sondern ein neues elektronisches Dokument entsteht,[56] aber auch Fälle des Dateiformatwechsels.[57] 41

Ist das Ausgangsdokument qualifiziert elektronisch signiert, ist gem. Abs. 3 S. 1 vor der Beglaubigung eine Signaturprüfung vorzunehmen und das Ergebnis zu dokumentieren, sprich im Beglaubigungsvermerk festzuhalten. Wie in der Papierwelt soll sich aus dem Beglaubigungsvermerk – nicht anders als bei der Abschriftsbeglaubigung in der Papierwelt – ergeben, welcher Art das Hauptdokument ist. 42

III. Elektronische Unterschriftsbeglaubigung

Durch die zuletzt[58] erfolgte Änderung des Abs. 1 S. 1 zweiter Halbsatz wurde klargestellt, dass der Anwendungsbereich der elektronischen Vermerkurkunden neben der Beglaubigung qualifizierter elektronischer Signaturen auch die Beglaubigung elektronischer Unterschriften und Handzeichen erfasst. Damit bedarf es zur Beglaubigung elektronischer Unterschriften und Handzeichen der Errichtung eines einfachen elektronischen Zeugnisses nach den Bestimmungen des § 39a BeurkG. Die Einzelheiten des Verfahrens zur Beglaubigung elektronischer Unterschriften und Handzeichen sind in § 40b BeurkG. 43

Ob das einfache elektronische Zeugnis nach § 39a BeurkG auch eingesetzt werden kann, um eine **elektronische Unterschriftsbeglaubigung** insbesondere für den Einsatz als Handelsregisteranmeldung zu erzeugen, ist dagegen nach wie vor nicht eindeutig geklärt. Zum Teil wird insofern eine Kombination aus § 39a und § 40 BeurkG für möglich gehalten. Hierzu würde die Unterschriftsleistung auf Papier erbracht und der Vermerk in elektronischer Form erstellt werden.[59] Wegen des erforderlichen Medientransfers vom Papierdokument zum elektronischen Dokument enthielte diese „Unterschriftsbeglaubigung" aber zugleich Elemente der Abschriftsbeglaubigung. Die elektronische Signatur besiegelt schließlich ein elektronisches Dokument, das die inhaltsgleiche Wiedergabe des Papierdokuments darstellen muss. Bei diesem Verfahren wäre in der Papierwelt kein Original mit beglaubigter Unterschrift vorhanden, sondern lediglich das elektronische Abbild, das mit der Signatur versehen wird. 44

Zum Teil wird dem gegenüber vertreten, dass das papiergebundene Original Voraussetzung für eine Unterschriftsbeglaubigung sei.[60] Eine Unterschriftsbeglaubigung, die sich auf ein Papierdokument beziehe, könne im eigentlichen Sinne nur in der Papierform erfolgen. Bei einer „elektronischen Unterschriftsbeglaubigung" wäre der Bezugspunkt aber das transferierte Dokument. Wegen des erforderlichen Medientransfers müsse die „elektronische Unterschriftsbeglaubigung" zwangsläufig die elektronische Abschriftsbeglaubigung einbinden. Eine solche Kombinationsform sei im Formenkatalog des BGB jedoch nicht enthalten. Ob § 126 BGB in der Weise extensiv ausgelegt werden könne, dass die Form der öffentlichen Beglaubigung auch durch die Kombinationsform erfüllt werden kann, erscheine zweifelhaft. 45

Beurkundungsverfahrensrechtlich ist diese Einschränkung mit dem Wortlaut des § 39a BeurkG indes nicht zu vereinbaren, der alle Anwendungsfälle des § 39 BeurkG und damit auch die Unterschriftsbeglau- 46

56 So auch die Begründung zum RegE zum Urkundenarchivgesetz, BT-Drucks 18/10607, 85, die unter Verweis auf § 33 Abs. 5 S. 2 VwVfG als weiteres Beispiel eine Änderung des Dateiformats der Ausgangsdatei nennt.

57 *Damm*, DNotZ 2017, 426, 442.

58 Gesetz zur Einführung einer elektronischen Präsenzbeurkundung.

59 *Jeep/Wiedemann*, NJW 2007, 2439, 2442; *Reithmann*, ZNotP 2007, 167; *Reithmann*, ZNotP 2007, 370, 372 Fn 16, 17.

60 Vgl. *Apfelbaum/Bettendorf*, RNotZ 2007, 89, 92; ebenso *Preuß*, DNotZ-Sonderheft 2012, 96, 102, und BeckOK-BeurkG/*Meier*, § 39a BeurkG Rn 18 f.; vgl. auch BeckOK-BeurkG/*Frohn*, § 39a Rn 15, der die Unzulässigkeit mit der Neufassung des § 129 BGB begründet.

bigung erfasst. So ist durchaus ein elektronischer Vermerk denkbar, mit dem der Notar einerseits bezeugt, dass das elektronische Abbild mit dem Papierdokument übereinstimmt, und andererseits, dass auf diesem Papierdokument die Originalunterschrift des Beteiligten vor ihm vollzogen oder anerkannt wurde.[61]

Ob ein solches Verfahren auch zweckmäßig ist, ist freilich eine andere Frage. Die „elektronische Unterschriftsbeglaubigung" wäre nur dort sinnvolles Einsatzmittel, wo die Einreichung einer beglaubigten Abschrift ausreicht. Kommt es dagegen auf die Vorlage des Originals an (z.B. einer unterschriftsbeglaubigten Vollmacht zum Nachweis der Vertretungsmacht (§ 172 BGB)), ist dieses Verfahren untauglich.[62] Hinzu kommt, dass der praktische Bedarf für einen solchen Mischvermerk mit der Einführung der Beglaubigung elektronischer Unterschriften und Handzeichen nach § 40b BeurkG erheblich gesunken ist. Die Frage dürfte damit heute eher akademischer Art sein.

IV. Elektronische Signaturbeglaubigung

47 Bisher weitestgehend ohne praktischen Anwendungsbereich war die elektronische Signaturbeglaubigung. Sie ist gewissermaßen das Gegenstück zur Unterschrifts- und Handzeichenbeglaubigung in der Papierwelt.[63] Sie kommt nur bei Signaturen in Betracht, denen „Schriftformqualität" beigemessen werden kann, also nur bei qualifizierten elektronischen Signaturen.[64] Sie war früher im Gesetz nicht ausdrücklich geregelt, wurde aber allgemein auch damals schon für zulässig erachtet.[65] Durch das DiRUG wurde sie in § 39a BeurkG ausdrücklich aufgenommen und zugleich ein neuer § 40a BeurkG eingeführt.

48 Bei der Signaturbeglaubigung bestätigt der Notar, dass die Signatur für das vorliegende signierte elektronische Dokument durch den (zuvor entsprechend den allgemeinen Vorschriften ordnungsgemäß identifizierten) Signaturkarteninhaber selbst erfolgt ist.[66] Die den Signaturverfahren „systemimmanente Schwäche", dass die Signaturkarte durch eine dritte Person und damit nicht durch den Karteninhaber verwendet wird, wird damit für den betroffenen konkreten Signaturvorgang beseitigt.[67] Die hierfür neben der Identitätsprüfung erforderliche Signaturprüfung lässt sich mit der Signaturprüfung vergleichen, die § 42 Abs. 4 BeurkG für den beglaubigten Ausdruck eines elektronischen Dokuments verlangt.[68] Gem. § 39 Abs. 1 S. 1 BeurkG ist der Beglaubigungsvermerk zwingend elektronisch zu errichten.

49 War früher unstreitig, dass auch eine qualifizierte elektronische Signatur nur in Gegenwart des Notars vollzogen oder anerkannt werden kann und eine Fernbeglaubigung unzulässig ist,[69] lässt § 40a BeurkG eine Fernbeglaubigung nun ausdrücklich zu, sofern diese über das Videokommunikationssystem der Bundesnotarkammer erfolgt. Außerhalb des Videokommunikationssystems bleibt eine Fernbeglaubigung dagegen weiterhin unzulässig.

50 Für den technischen Laien schwer zu verstehen sein dürfte der durch das DiRUG neu eingefügte § 39a Abs. 4 BeurkG.

Für den Beweiswert der öffentlichen Urkunde (dazu nachfolgend Abschnitt D. vgl. Rdn 57) in Gestalt des Beglaubigungsvermerks ist von entscheidender Bedeutung, dass manipulationssicher feststeht, worauf dieser sich gegenständlich bezieht. Bei einer herkömmlichen Unterschriftsbeglaubigung auf Papier wird dieser Bezug dadurch hergestellt, dass der Beglaubigungsvermerk entweder auf das gleiche Blatt mit der betreffenden Unterschrift (und der von ihr gedeckten Erklärung) gesetzt wird, oder dadurch, dass die unterschriebene Erklärung an das Blatt angesiegelt und angenäht wird, sodass ohne Zerstörung von Nähung oder Siegelung keine Manipulation möglich ist. Diese Notwendigkeit einer solchen sicheren Verbindung ist so selbstverständlich, dass das Beurkundungsgesetz dazu keine ausdrückliche Regelung enthält; nach ganz herrschender Meinung ist insofern aber § 44 BeurkG (entsprechend) anwendbar.[70]

61 *Jeep/Wiedemann*, NJW 2007, 2439, 2442.
62 Ähnlich BeckOK-BeurkG/*Meier*, § 39a BeurkG Rn 11.
63 *Weikart*, NotBZ 2007, 73, 81; *Winkler*, § 39a Rn 28.
64 *Malzer*, DNotZ 2006, 9, 21; *Winkler*, § 39a Rn 29; ebenso *Preuß*, DNotZ-Sonderheft 2012, 96, 102.
65 Vgl. etwa *Malzer*, DNotZ 2006, 9, 20 f.; Frenz/Miermeister/*Limmer*, § 39a BeurkG Rn 27; BeckOK-BeurkG/*Theilig*, § 39a BeurkG Rn 16.
66 *Malzer*, DNotZ 2006, 9, 20; *Weikart*, NotBZ 2007, 73, 81; zu denkbaren Anwendungsfällen vgl. bereits *Oertel*, MittRhNotK 2000, 181, 192; Schippel/Bracker/*Püls*, Anh. zu § 24 BNotO Rn 37, 38; *Püls*, NotBZ 2005, 305, 309.
67 So wörtlich *Malzer*, DNotZ 2006, 9, 20.
68 Vgl. *Malzer*, DNotZ 2006, 9, 21; *Winkler*, § 39a Rn 31.
69 Vgl. z.B. Grziwotz/Heinemann/*Heinemann*, 3. Aufl., § 39a Rn 4; *Malzer*, DNotZ 2006, 9, 21.
70 Vgl. dazu nur *Tebben*, § 40 BeurkG Rdn 24 m.w.N.

Eine entsprechende Regelung zur Sicherstellung des Beweiszusammenhangs von elektronischen Dokumenten enthält das BeurkG bislang nicht. In der Praxis bereitet dies bisher keine Schwierigkeiten, weil es in den bisherigen Anwendungsfällen des § 39a BeurkG technisch einfach möglich ist, das zu beglaubigende Dokument vor der Beglaubigung so zu ergänzen, dass es auch den Beglaubigungsvermerk enthält (vgl. oben Rdn 36). Insbesondere im Fall der elektronischen Abschriftsbeglaubigung signiert der Notar im Ergebnis ein einheitliches elektronisches Dokument, das sowohl die elektronische Abschrift des zu beglaubigenden Dokuments als auch den notariellen Beglaubigungsvermerk enthält. Die Frage der Verbindung mehrerer Dokumente stellt sich daher in der Praxis bisher nicht. 51

Auch im Fall der elektronischen Beglaubigung einer qualifizierten elektronischen Signatur oder einer elektronischen Unterschrift oder eines Handzeichens bleibt es denkbar, dass ein elektronisches Dokument um einen notariellen Beglaubigungsvermerk ergänzt wird, bevor daran Signaturen angebracht werden. In diesem Fall genügt es entsprechend der bisherigen Praxis, wenn dieses einheitliche elektronische Dokument anschließend mit der zu beglaubigenden Signatur und schließlich der Signatur des Notars versehen wird. Aus diesem Grund schreibt § 39a Abs. 4 BeurkG nun vor, dass das Herstellen eines Bezuges durch kryptografische Verfahren nur dann notwendig ist, „wenn das Zeugnis nicht in dem mit der zu beglaubigenden Signatur versehenen elektronischen Dokument enthalten ist“. 52

Insbesondere in all den Fällen, in denen dem Notar ein bereits mit einer qualifizierten elektronischen Signatur versehenes Dokument zum Zwecke der nachträglichen Beglaubigung dieser Signatur vorgelegt wird, ist diese Vorgehensweise jedoch nicht möglich. Die (nachträgliche) Anhängung des Beglaubigungsvermerks würde zumindest gegenwärtig dazu führen, dass die bereits angebrachte qualifizierte elektronische Signatur ungültig würde, da sich dadurch der Hash-Wert des Dokuments verändert (vgl. oben Rdn 10). 53

§ 39a Abs. 4 BeurkG schreibt daher vor, dass in den letztgenannten Fällen ein dauerhafter und manipulationssicherer Bezug zwischen dem zum Zwecke der Beglaubigung einer qualifizierten elektronischen Signatur zu errichtenden einfachen elektronischen Zeugnis und dem mit der zu beglaubigenden Signatur versehenen elektronischen Dokument herzustellen ist. Dies hat durch kryptografische Verfahren nach dem Stand der Technik zu erfolgen; ein bestimmtes kryptografisches Verfahren schreibt die Norm nicht vor. Entsprechend dem Zweck der Bestimmung ist allein maßgeblich, dass der herzustellende Bezug dauerhaft und manipulationssicher feststellbar ist. So bleibt die Regelung für zukünftige technische Entwicklungen offen. Gegenwärtig dürfte den Anforderungen des § 39a Abs. 4 BeurkG vor allem durch ein dem (erstmaligen) Signieren durch einen Notarvertreter vergleichbares technisches Verfahren entsprochen werden können, d.h. dass die einzelnen Dateien in einem ZIP-Container gepackt werden, der dann seinerseits signiert wird (vgl. oben Rdn 25).

Gem. dem durch das Gesetz zur Einführung einer elektronischen Präsenzbeurkundung neu geschaffenen § 39a Abs. 4 S. 2 BeurkG gilt dasselbe nun für die Beglaubigung einer elektronischen Unterschrift oder eines elektronischen Handzeichens. Angesichts dessen, dass elektronische Unterschriften und Handzeichen gem. § 40b BeurkG nicht vor dem Notar anerkannt, sondern nur (auf einem zur elektronischen Erfassung der Unterschrift geeigneten Hilfsmittel) vor ihm **vollzogen** werden können,[71] bleibt abzuwarten, wie viele Fälle es in der Praxis geben wird, bei denen das die zu beglaubigende elektronische Unterschrift oder Handzeichen enthaltene elektronische Dokument nicht vorher noch um einen Beglaubigungsvermerk ergänzt werden kann, spielt sich der gesamte Vorgang doch in den Amtsräumen des Notars ab, bei dem ihm die entsprechenden technischen Hilfsmittel (derzeit vor allem in Gestalt des Programms XNP) zur Verfügung stehen. Gleichwohl ist die Ergänzung natürlich sinnvoll. 54

V. Sonstige Zeugnisse

Der Verweis auf § 39 BeurkG stellt sicher, dass Zeugnisse, die in Vermerkform abgegeben werden können, alternativ elektronisch errichtet werden können. Damit ist die Möglichkeit eröffnet, „sonstige einfache Zeugnisse“ als originäre elektronische Dokumente in der Form des § 39a BeurkG zu erstellen (vgl die Kommentierung *Kruse*, § 40b BeurkG).[72] Anwendungsbeispiele sind etwa die **Register- oder Voll-** 55

71 Vgl. die Kommentierung *Kruse*, § 40b BeurkG Rdn 5.

72 Frenz/Miermeister/*Limmer*, § 39a BeurkG Rn 26.

machtsbescheinigung nach § 21 BNotO oder die **Satzungsbescheinigung** nach §§ 54 Abs. 1 S. 2 Hs. 2 GmbHG, §§ 181 Abs. 1 S. 2, 248 Abs. 2 AktG,[73] vor allem aber auch die **Bescheinigung zur Gesellschafterliste** nach § 40 Abs. 2 S. 2 GmbHG.[74]

VI. Exkurs: notarielle Eigenurkunden

56 Errichtet der Notar dagegen originär elektronisch eine **Eigenurkunde**, so fällt diese Eigenurkunde nicht zwingend in den Anwendungsbereich des BeurkG und damit auch nicht unter den Begriff des einfachen elektronischen Zeugnisses nach § 39a BeurkG.[75] Die originär elektronische Errichtung einer notariellen Eigenurkunde durch den Notar ist – soweit ersichtlich – nach allgemeiner Ansicht grundsätzlich ohne Weiteres zulässig.[76] Relevanz erlangt diese Form der Eigenurkunde vor allem im Zusammenhang mit der Einführung des elektronischen Grundbuchverkehrs i.V.m. § 137 Abs. 1 Nr. 2 GBO, wo denkbare Einsatzgebiete für eine Eigenurkunde etwa eine Identitätserklärung oder die Bewilligung einer Eigentumsumschreibung sind.[77]

D. Beweiswert des elektronischen Zeugnisses

57 Das Beweisrecht der Zivilprozessordnung ordnet elektronisch signierte elektronische Dokumente systematisch den Augenscheinsobjekten zu, erklärt jedoch die **Regeln über den Urkundenbeweis** für entsprechend anwendbar (§ 371a ZPO). In Anlehnung an die Legaldefinition der öffentlichen Urkunde versteht § 371a Abs. 3 ZPO das **elektronische öffentliche Dokument** als elektronisches Dokument, das von einer öffentlichen Behörde innerhalb der Grenzen ihrer Amtsbefugnisse oder von einer mit öffentlichem Glauben versehenen Person innerhalb des ihr zugewiesenen Geschäftskreises in der vorgeschriebenen Form erstellt worden ist, und verweist auf die Vorschriften über die Beweiskraft und Echtheit öffentlicher Urkunden. Gemäß § 371b ZPO gilt dies für öffentliche Urkunden, die nach dem Stand der Technik von einer öffentlichen Behörde oder von einer mit öffentlichem Glauben versehenen Person in ein elektronisches Dokument übertragen werden, entsprechend, sofern das elektronische Dokument mit der Urschrift bildlich und inhaltlich übereinstimmt. Für die mit einer qualifizierten elektronischen Signatur versehenen Dokumente gilt überdies § 437 ZPO entsprechend. Es wird also vermutet, dass das Dokument von dem Signaturinhaber herrührt, mithin „echt" ist. Diese Vermutung kann nur durch den Beweis des Gegenteils widerlegt werden.[78] Für das „einfache elektronische Zeugnis" i.S.v. § 39a BeurkG bedeutet der Verweis auf das Urkundenbeweisrecht der ZPO, dass ihm die **gleiche Beweiswirkung** zukommt wie dem papiergebundenen Vermerk nach § 39 BeurkG.[79]

§ 40 Beglaubigung einer Unterschrift

(1) Eine Unterschrift soll nur beglaubigt werden, wenn sie in Gegenwart des Notars vollzogen oder anerkannt wird.

(2) Der Notar braucht die Urkunde nur darauf zu prüfen, ob Gründe bestehen, seine Amtstätigkeit zu versagen.

73 *Malzer*, DNotZ 2006, 9, 23; *Püls*, NotBZ 2005, 305, 308; *Reithmann*, ZNotP 2006, 242, 244; *Weikart*, NotBZ 2007, 73, 81; *Winkler*, § 39a Rn 35.

74 KG, NJW-RR 2012, 59 f.; ebenso *Bettendorf/Mödl*, DNotZ 2010, 795, 796; *Mödl*, RNotZ 2010, 68, 69; vgl. auch *Echternach*, DNotZ 2021, 928 f. der jüngst noch einmal für die konsequente Nutzung der originär elektronischen Gesellschafterlistenbescheinigung und der originär elektronischen Satzungsbescheinigung plädierte.

75 *Meyer/Mödl*, DNotZ 2009, 743, 746; DNotI-Report 2017, 147, 149; BeckOK-GBO/*Wilsch*, § 137 Rn 5a.

76 Vgl. nur BeckOK-BeurkG/*Meier*, § 39a Rn 11; *Winkler*, § 39a Rn 35a; Frenz/Miermeister/*Limmer*, § 39a BeurkG Rn 26; BeckOK-BeurkG/*Frohn*, § 39a Rn 18.

77 Vgl. weitergehend: DNotI-Report 2017, 147 ff.; Meikel/*Dressler*, § 137 GBO Rn 37; sowie OLG Stuttgart NJW-RR 2018, 758 f., welches die Bewilligung einer Eigentumsumschreibung durch eine vom Notar originär elektronisch errichtete Eigenurkunde (in Abgrenzung zu einer zunächst in Papierform errichteten und dann über § 39a BeurkG übermittelten Eigenurkunde) ausdrücklich für zulässig erklärt hat.

78 Stein/Jonas/*Berger*, § 371a ZPO Rn 23; Zöller/*Greger*, § 371a ZPO Rn 3; *Roßnagel/Fischer-Dieskau*, NJW 2006, 806, 807 f.

79 Vgl. weitergehend *Preuß*, ZZP 125 (2012), 135, 144 ff., sowie *Winkler*, § 39a Rn 52 ff. (zur Beweiswirkung der Abschriftsbeglaubigung).

(3) [1]Der Beglaubigungsvermerk muß auch die Person bezeichnen, welche die Unterschrift vollzogen oder anerkannt hat. [2]In dem Vermerk soll angegeben werden, ob die Unterschrift vor dem Notar vollzogen oder anerkannt worden ist.
(4) § 10 Absatz 1, 2 und 3 Satz 1 gilt entsprechend.
(5) [1]Unterschriften ohne zugehörigen Text soll der Notar nur beglaubigen, wenn dargelegt wird, daß die Beglaubigung vor der Festlegung des Urkundeninhalts benötigt wird. [2]In dem Beglaubigungsvermerk soll angegeben werden, daß bei der Beglaubigung ein durch die Unterschrift gedeckter Text nicht vorhanden war.
(6) Die Absätze 1 bis 5 gelten für die Beglaubigung von Handzeichen entsprechend.

Literatur *Attenberger*, § 378 Abs. 3 FamFG n.F. und § 15 Abs. 3 GBO n.F. – Notarielle Prüfung auf Eintragungsfähigkeit als Eintragungsvoraussetzung im Register- und Grundbuchverfahren und ausschließliche Einreichung über den Notar im Handelsregisterverfahren, MittBayNot 2017, 335; *Böhringer*, Notarielle Unterschriftsbeglaubigung bei WEG-Beschlüssen, DNotZ 2016, 831; *Brambring*, Beurkundung von Affidavits, DNotZ 1976, 726; *Diehn/Rachlitz*, Notarielle Prüfungspflichten im Grundbuch- und Registerverkehr, DNotZ 2017, 487; *Eickelberg/Böttcher*, Neue notarielle Prüfungspflichten im Handelsregister- und Grundbuchverfahren, FGPrax 2017, 145; *Haug*, Inhalt und Grenzen der notariellen Belehrungspflicht, DNotZ 1972, 388; *Heinemann*, Neue Vermerkpflichten für Notare? ZNotP 2017, 166; *Heneweer*, Das Erfordernis öffentlicher Beglaubigung im Handelsregisterverkehr (§ 12 HGB), FGPrax 2004, 259; *Holzhauer*, Die eigenhändige Unterschrift (1973); *Klein*, Das neue GwG (2017) aus notarieller Perspektive, BWNotZ 2018, 35; *Köhler*, Die Unterschrift als Rechtsproblem, in: FS Schippel, 1996, S. 209; *Krafka,* Die Neuregelung notarieller Zuständigkeiten im Registerverfahren, NZG 2017, 889; *Krafka/Heinemann,* Die Prüfung der Eintragungsfähigkeit durch den Notar für das Registergericht und das Grundbuchamt, Rpfleger 2017, 661; *Malzer*, Die öffentliche Beglaubigung – Wesen, Funktion, Bedeutung und Perspektive einer zivilrechtlichen Formvorschrift, DNotZ 2000, 169; *Ott*, Die notarielle Prüfung der Eintragungsfähigkeit nach § 15 Abs. 3 GBO, § 378 Abs. 3 S. 1 FamFG, BWNotZ 2017, 146; *Reithmann*, Berichtigung notarieller Urkunden, DNotZ 1999, 27; *Sommer*, Das GwG 2017 aus notarieller Sicht – Teil 1: Anwendungsbereich und Risikomanagement, MittBayNot 2019, 107; *Weber*, Von der Identitätskontrolle zur materiellen Richtigkeit – die neuen notariellen Prüfpflichten im Grundbuch- und Registerverkehr, RNotZ 2017, 427; *Willer/Krafka*, Die elektronische Einreichung von Handelsregisteranmeldungen aus Sicht der Registerpraxis, DNotZ 2006, 885; *Winkler*, Nachträgliche Änderung oder Ergänzung einer öffentlich beglaubigten Eintragungsbewilligung, DNotZ 1985, 224; *Zimmer*, Neue Prüfungspflichten des Notars – oder alles beim Alten? NJW 2017, 1909.

A. Die öffentliche Beglaubigung

I. Erfordernis der öffentlichen Beglaubigung

Das Formerfordernis der öffentlichen Beglaubigung einer Erklärung ist in verschiedenen Vorschriften des materiellen Rechts wie des Verfahrensrechts vorgesehen, beispielsweise für Erklärungen, die Eintragungen in öffentliche Register bezwecken (§ 29 GBO, § 12 HGB, §§ 77, 707b Nr. 2 BGB).[1] Zu den Er- 1

1 Allgemeiner Überblick: Grüneberg/*Ellenberger*, § 129 Rn 1; *Malzer*, DNotZ 2000, 169, 172; Staudinger/*Hertel*, § 129 Rn 5.

klärungen i.S.d. Vorschrift zählen folgerichtig sowohl materiell-rechtliche als auch verfahrensrechtliche Erklärungen.[2] Kann ein Nachweis nur durch öffentliche oder öffentlich beglaubigte Urkunden geführt werden, reicht die Beglaubigung der Übereinstimmung zwischen der Urschrift und der Kopie einer dem Notar vorgelegten Privaturkunde nicht aus.[3] Erfolgt eine Erklärung, die in öffentlich beglaubigter Form abgegeben wird, durch einen Vertreter, ist strikt zwischen der Erklärung und dem Nachweis der Vertretungsberechtigung zu unterscheiden. Der dem Notar vorgelegte Vertretungsnachweis wird durch die Beifügung noch nicht zur öffentlichen oder öffentlich beglaubigten Urkunde; vielmehr hat erforderlichenfalls auch eine Bevollmächtigung in öffentlicher oder öffentlich beglaubigter Urkunde zu erfolgen (zur Beweiskraft der unterschriftsbeglaubigten Privaturkunde siehe auch Rdn 35 ff.).[4]

2 Nach § 129 Abs. 1 BGB ist eine Erklärung öffentlich beglaubigt, wenn sie schriftlich abgefasst ist und die Unterschrift des Erklärenden oder das Handzeichen (§ 129 Abs. 2 BGB), mit dem er unterzeichnet hat, von einem Notar beglaubigt wurde (zur elektronischen Beglaubigung siehe § 39a BeurkG). Öffentliche Beglaubigung nach § 129 Abs. 1 BGB ist also nur die **notarielle Beglaubigung**. Hiervon müssen **amtliche Beglaubigungen** einer Unterschrift zur Vorlage bei einer Behörde (§ 34 VwVfG) unterschieden werden, deren Beweiskraft sich gem. § 70 S. 2 BeurkG auf den im Beglaubigungsvermerk genannten Verwendungszweck beschränkt. Beglaubigt eine Behörde Unterschriften unter Überschreitung ihrer sachlichen Zuständigkeit, so erfüllt der Beglaubigungsvermerk nicht die Kriterien einer öffentlichen Urkunde i.S.v. § 415 Abs. 1 ZPO, so dass der Unterschriftsbeglaubigung insofern keine Beweiskraft zukommt.[5]

3 Die öffentliche Beglaubigung ist damit zum einen ein **Formgebot**, das die Authentizität der Unterschrift sicherstellen soll. In der Ordnung der Formvorschriften des BGB ist die öffentlich beglaubigte Erklärung zwischen der einfacheren Schriftform und der strengeren Form der öffentlichen Beurkundung angesiedelt. Folgerichtig wird das Erfordernis der öffentlichen Beglaubigung einer Erklärung zugleich durch die notarielle Beurkundung (§ 129 Abs. 3 BGB) oder die Protokollierung in einem gerichtlichen Vergleich (§ 127a BGB) erfüllt. Bestehen Zweifel, welche Form im Einzelfall erforderlich ist, ist deshalb zur Beurkundung zu raten.[6] In einer Niederschrift nach den §§ 9 ff. BeurkG können außerdem zugleich Erklärungen enthalten sein, die der öffentlichen Beglaubigung bedürfen.[7] Die öffentliche Beglaubigung eines Handzeichens wahrt überdies die Schriftform (§ 126 Abs. 1 BGB, § 416 ZPO mit § 440 Abs. 2 ZPO).

4 Zum anderen fungiert das Verfahren der öffentlichen Beglaubigung als **Eingangskontrolle für weitere Registerverfahren**. Das registerführende Gericht kann für den Fortgang auf einen abgeschlossenen und von ihm insoweit nicht mehr zu überprüfenden Rechtsakt, die öffentliche Beglaubigung der Erklärung, zurückgreifen. Im Handelsregisterverfahren kommt hinzu, dass § 12 HGB die **elektronische Einreichung** der beglaubigten Erklärung fordert. Wegen des Erfordernisses der Übermittlung strukturierter Daten kommt auch diese Aufgabe letztendlich dem Notar zu.[8] In diesem Sinne kann der Notar, obwohl der Antrag formell bei dem Registergericht zu stellen ist, als „externe Rechtsantragsstelle des Gerichts“[9] bzw. „ausgelagerter Arm der Justiz“[10] bezeichnet werden. Auch die allgemeine Betreuungspflicht (siehe oben § 17 BeurkG Rdn 6) kann im Übrigen bei der Unterschriftsbeglaubigung greifen.[11] Der Notar muss also insoweit eine gewisse Basisprüfung („Evidenzkontrolle“) leisten (vgl. unten Rdn 26 f.).

5 Hinzu kommt, dass es in praxi regelmäßig nicht bei der reinen Unterschriftsbeglaubigung bleibt, sondern der Notar auch die erforderlichen Erklärungen entwirft. Im Hinblick auf das nachgeschaltete Registerverfahren kommt dem Notar eine **Filterfunktion** zu.[12] Demgemäß verlangt § 15 Abs. 3 S. 1 GBO für das Grundbuchverfahren und § 378 Abs. 3 S. 1 FamFG für die meisten Registerverfahren, dass die zur Eintragung erforderlichen Erklärungen durch den Notar auf Eintragungsfähigkeit zu prüfen sind.[13] Nach überwiegender Ansicht handelt es sich bei der Dokumentation der notariellen Prüfung („**Prüfvermerk**“)

2 OLG Düsseldorf OLGZ 1984, 260, 262.
3 OLG Köln FGPrax 2009, 6, 7.
4 BGH v. 16.2.2012 – V ZB 48/11, NJW-RR 2012, 649, 650 Rn 9 f.
5 Staudinger/*Hertel*, § 129 BGB Rn 48; vgl. auch Erman/*Arnold*, § 129 BGB Rn 3.
6 So auch *Winkler*, § 40 Rn 8.
7 Vgl. BayObLG Rpfleger 1994, 27.
8 Vgl. *Willer/Krafka*, DNotZ 2006, 885, 887 ff.; *Krafka*, NZG 2017, 889.
9 *Heneweer*, FGPrax 2004, 259, 260.
10 *Willer/Krafka*, DNotZ 2006, 885, 886.
11 BGH DNotZ 2005, 286, 287 m. krit. Anm. *Knoche*, RNotZ 2005, 492; Handbuch Notarhaftung/*Ganter*, Kap. 3 Rn 1038 ff.
12 Stellungnahme BR in: BT-Drucks 18/10607, 106 f.; *Krafka*, NZG 2017, 889, 890; *Krafka/Heinemann*, Rpfleger 2017, 662, 663, 665; Staudinger/*Hertel*, § 129 Rn 17.
13 Hierzu BNotK-Rundschreiben Nr. 5/2017, v. 23.5.2017, ZNotP 2017, 181 ff.

um eine formelle Voraussetzung im Eintragungsverfahren, deren Vorliegen durch Gericht bzw. Grundbuchamt geprüft wird.[14]

II. Gegenstand der öffentlichen Beglaubigung

Bei der öffentlichen Beglaubigung im Gegensatz zur Beurkundung bezeugt die Urkundsperson die **Richtigkeit der Unterschrift,** nicht aber, dass die Erklärung von der Person mündlich abgegeben und von der Urkundsperson in der niedergeschriebenen Form wahrgenommen und verantwortlich geprüft ist (zur Prüfung der Eintragungsfähigkeit für das Grundbuchamt oder Registergericht vgl. oben Rdn 5).[15] Das Formerfordernis der öffentlichen Beglaubigung ist in Fällen gesetzlich angeordnet, in denen eine besondere Nachweis- und Zuordnungsbedürftigkeit hinsichtlich Erklärung und erklärender Person besteht.[16] 6

Öffentliche Beglaubigung ist deshalb nach der **Standarddefinition** das Zeugnis der Urkundsperson darüber, dass eine bestimmte Person die Unterschrift oder das Handzeichen vor ihr vollzogen oder anerkannt hat und Unterschrift oder Handzeichen deshalb von dieser Person herrührt.[17] Diese Standarddefinition ist auf Kritik gestoßen, weil sie die Basiskontrolle, die der Notar auch im Verfahren der öffentlichen Beglaubigung zu leisten hat, nicht berücksichtige. Vorgeschlagen wird stattdessen, die öffentliche Beglaubigung zu definieren als „die öffentliche Beurkundung der Tatsache, dass die Unterschrift oder das Handzeichen von einer bestimmten Person herrührt, dass der Aussteller persönlich seine Unterschrift oder sein Handzeichen vor der Urkundsperson vollzogen oder anerkannt hat und dass die beglaubigte Erklärung von der Urkundsperson darauf überprüft wurde, ob sie offensichtlich sittenwidrig, nichtig ist oder sonst im offenen Widerspruch zur Rechtsordnung steht".[18] Die Standarddefinition der öffentlichen Beglaubigung gibt das Ergebnis des öffentlichen Beglaubigungsverfahrens wieder. Erzeugt wird in der Tat nur ein bestimmtes Echtheitszeugnis. Der Gegenansicht ist aber zuzugeben, dass mit diesem Resultat der Gegenstand des Verfahrens der öffentlichen Beglaubigung nur unzureichend beschrieben wird. 7

III. Öffentliche Urkunden von Behörden in Abgrenzung zu öffentlich beglaubigten Erklärungen

Nach dem Wortlaut des § 129 BGB betrifft das Formerfordernis jede in öffentlich beglaubigter Form abzugebende Erklärung, und zwar unabhängig davon, ob es sich um die Erklärung einer Privatperson handelt oder um die Erklärung einer **Behörde**, die die Voraussetzungen einer öffentlichen Urkunde (Definition: § 415 Abs. 1 ZPO) erfüllt (zur amtlichen Beglaubigung siehe Rdn 2). Für den Nachweis der zur Eintragung in das **Grundbuch** erforderlichen Erklärungen sieht § 29 Abs. 1, Abs. 3 GBO allerdings alternativ die Vorlage öffentlicher oder öffentlich beglaubigter Urkunden vor, so dass die Behörde mit ihrer diesen Anforderungen genügenden Erklärung den erforderlichen Nachweis führen kann.[19] 8

Nach h.M. wird darüber hinaus mit der Begründung, die öffentliche Urkunde genieße als solche die Vermutung der Echtheit, generell eine Gleichstellung der Erklärung in öffentlicher Urkunde und der öffentlich beglaubigten Erklärung vorgenommen.[20] Diese pauschale Gleichstellung widerspricht jedoch dem Wortlaut des § 129 Abs. 1 S. 1 BGB und berücksichtigt die Bedeutung der notariellen Urkundstätigkeit nicht. Eine Erklärung in öffentlicher Urkunde einer Behörde ist deshalb im Grundsatz nur dann eine Alternative zur öffentlich beglaubigten Erklärung, wenn die entsprechende Vorschrift – wie § 29 GBO – 9

14 OLG Celle v. 13.11.2017 – 18 W 57/17, FGPrax 2018, 5, 6 mit Anm. *Eickelberg*; OLG Schleswig v. 28.7.2017 – 2 Wx 50/17, NJW 2017, 3603, 3604 mit Anm. *Herrler*; DNotI-Report 2017, 89, 92 f.; *Attenberger*, MittBayNot 2017, 335, 341; *Diehn/Rachlitz*, DNotZ 2017, 487, 497; *Eickelberg/Böttcher*, FGPrax 2017, 145, 147; *Weber*, RNotZ 2017, 427, 432 f.; vgl. auch *Ott*, BWNotZ, 2017, 146, 150; a.A. mit beachtlichen Gründen: *Krafka/Heinemann*, Rpfleger 2017, 662, 666 f.; *Heinemann*, ZNotP 2018, 166, 169 (erforderlich nur negativer Prüfvermerk, nicht aber positiver Prüfvermerk); *Zimmer*, NJW 2017, 1909, 1912.

15 BGHZ 37, 79, 86; MüKo-BGB/*Einsele*, § 129 Rn 2; vgl. auch OLG München DNotZ 2009, 292, 293 (kein Nachweis der Auflassung in der Form des § 29 GBO mit Unterschriftsbeglaubigung).

16 *Malzer*, DNotZ 2000, 169, 172.

17 LG Darmstadt MittBayNot 1998, 369; Grüneberg/*Ellenberger*, § 129 Rn 1; *Winkler*, § 40 Rn 2.

18 Frenz/Miermeister/*Limmer*, § 40 BeurkG Rn 2.

19 BGHZ 25, 186, 188 = NJW 1957, 1673.

20 BayObLG 1975, 227, 229 ff. = DNotZ 1976, 120; OLG Düsseldorf MittRhNotK 1997, 436, 437; LG Berlin Rpfleger 1994, 167; *Knittel*, Rn 85; Erman/*Arnold*, § 129 BGB Rn 3; tendenziell auch: BGH v. 7.4.2011 – V ZB 207/10, NJW-RR 2011, 953 Rn 16.

diese Alternative ausdrücklich vorsieht.[21] Darüber hinaus ist im Einzelfall zu prüfen, ob die Vorschrift, die für eine Erklärung das Erfordernis der öffentlichen Beglaubigung aufstellt, ihrem Sinn und Zweck nach insoweit einschränkend auszulegen ist, dass dieses Erfordernis für die öffentliche Urkunde einer Behörde nicht gilt.[22] Im Übrigen kann die Auslegung einer Vorschrift auch ergeben, dass der Nachweis durch öffentliche Urkunden oder öffentlich beglaubigte Urkunden erbracht werden kann, zumal für die Echtheit der öffentlichen Urkunde die Vermutung des § 437 ZPO streitet.[23] Zu Urkunden von Behörden in eigenen Angelegenheiten vgl. § 63 BeurkG Rdn 5.

B. Unterschriftsbeglaubigung

I. Zuständigkeit

10 Eine wirksame Unterschriftsbeglaubigung setzt voraus, dass der Beglaubigungsvermerk von einer zuständigen Urkundsperson herrührt. Zuständig für die öffentliche Beglaubigung sind grundsätzlich Notare (§ 20 Abs. 1 S. 1 BNotO). Daneben besteht eine sachlich begrenzte Zuständigkeit für Konsularbeamte (§ 10 Abs. 1 Nr. 2 KonsG). § 68 BeurkG lässt es überdies zu, landesrechtlich alternative Beglaubigungszuständigkeiten zu regeln (vgl. § 68 BeurkG Rdn 1 ff.). Nach Landesrecht sind in Baden-Württemberg neben den Notaren die Ratschreiber für die Beglaubigung von Unterschriften und Abschriften zuständig (§ 35b Abs. 2 LFGG BW; vgl. auch § 1 BeurkG Rdn 32), in Hessen die Ortgerichtsvorsteher sowie in Rheinland-Pfalz Oberbürgermeister, Gemeinde- und Stadtverwaltungen (siehe § 68 BeurkG Rdn 6 ff.). Der Verwendungszweck einer **amtlichen Beglaubigung** einer Unterschrift zur Vorlage bei einer Behörde (§ 34 VwVfG) ist von vornherein auf die Vorlage bei der angegebenen Stelle oder Behörde beschränkt. § 34 Abs. 1 S. 2 Nr. 2 VwVfG stellt ausdrücklich klar, dass mit einer amtlichen Beglaubigung das Formerfordernis der öffentlichen Beglaubigung (§ 129 BGB) nicht erfüllt wird.

11 § 7 BtOG regelt die Zuständigkeit der **Urkundsperson bei der Betreuungsbehörde** für die öffentliche Beglaubigung von Unterschriften und Handzeichen auf Vorsorgevollmachten und Betreuungsverfügungen. Von der Beglaubigungskompetenz ausgenommen sind nach § 7 Abs. 2 S. 2 Nr. 1 BtOG Unterschriften und Handzeichen ohne dazugehörigen Text. Die Wirkung der Beglaubigung endet bei einer Vollmacht mit dem Tod des Vollmachtgebers, § 7 Abs. 1 S. 2 BtOG. Die Beurkundungs- und Beglaubigungszuständigkeit der Notare bleibt im Übrigen gem. § 7 Abs. 1 S. 3 BtOG unberührt.

II. Unterschrift

12 Gegenstand der Beglaubigung ist die vor dem Notar vollzogene oder anerkannte Unterschrift. Die Unterzeichnung mit einem Künstlernamen, einem Pseudonym oder mit dem Firmennamen einer Einzelfirma steht der Unterschriftsbeglaubigung nicht entgegen.[24] In diesen Fällen muss der Notar in dem Beglaubigungsvermerk jedoch den Beteiligten mit seinem **bürgerlichen Namen** bezeichnen; er soll außerdem dem Vermerk eine nähere Erklärung über den Charakter der Unterschrift beifügen.[25] Zeichnet ein Kaufmann mit seiner Firma und stimmen Firmenname und bürgerlicher Name des Unterzeichnenden nicht überein, so muss der Notar, damit der Vermerk verständlich bleibt, eine Erklärung über das Rechtsverhältnis beifügen.[26]

13 Die zu beglaubigende Unterschrift muss nicht lesbar, aber vollständig sein.[27] Dafür genügt eine die Identität des Unterschreibenden kennzeichnende **Individualität des Schriftzuges**, die sich als Wiedergabe eines Namens darstellt und die Absicht einer vollen Unterschriftsleistung erkennen lässt.[28] Da dem

21 DNotI-Report 1999, 175 f.; MüKo-BGB/*Einsele*, § 129 Rn 5; *Winkler*, § 40 Rn 6; Frenz/Miermeister/*Limmer*, § 40 BeurkG Rn 28.

22 Frenz/Miermeister/*Limmer*, § 40 BeurkG Rn 28; Staudinger/*Hertel*, § 129 BGB Rn 52.

23 Zu § 71 Abs. 2 ZVG: BGH v. 7.4.2011 – V ZB 207/10, NJW-RR 2011, 953; vgl. auch BGH v. 20.6.1966 – IV ZB 60/66, BGHZ 45, 362, 365 (zu § 1706 BGB a.F.).

24 *Winkler*, § 40 Rn 26; Frenz/Miermeister/*Limmer*, § 40 BeurkG Rn 7; MüKo-ZPO/*Schreiber*, § 416 Rn 7; vgl. auch BGH NJW 1996, 997 (Teil eines Doppelnamens).

25 *Winkler*, § 40 Rn 26.

26 *Winkler*, § 40 Rn 26; *Lerch*, § 40 Rn 7.

27 Grüneberg/*Ellenberger*, § 126 Rn 10 m.w.N.; *Winkler*, § 40 Rn 24; *Köhler*, S. 209, 214 f. m.w.N.

28 BGH NJW 1994, 54; BGH FamRZ 1997, 737; BGH NJW 2005, 3775; zu § 130 Nr. 6 ZPO: BGH NJW-RR 2010, 358; BGH NJW-RR 2012, 1140, 1141 Rn 8; BGH v. 16.7.2013 – VIII ZB 62/12, NJW-RR 2013, 1395 Rn 11; BGH v. 9.7.2015 – V ZB 203/14, NJW 2015, 3104 Rn 7; BGH v. 29.11.2016 – VI ZB 16/16, NJW-RR 2017, 445 Rn 7.

Formerfordernis des § 129 Abs. 1 BGB jedoch sogar durch ein beglaubigtes Handzeichen genügt ist (Abs. 2), kann nach dem Sinn und Zweck der Vorschrift auch eine Unterschrift, die den an eine Unterschrift gestellten Anforderungen womöglich nicht genügt, anerkannt und insofern öffentlich beglaubigt sein.[29] Schließlich ist es die Mitwirkung des Notars, die eine Erklärung einer bestimmten Person zuordnet (zu den Anforderungen an eine Unterschrift bei der Beurkundung von Willenserklärungen vgl. § 13 BeurkG Rdn 36 ff. m.w.N.). Es unterliegt der Beurteilung des Notars, ob er nach dem äußeren Erscheinungsbild der Unterzeichnung eine Unterschrift oder ein Handzeichen annimmt.[30] Geht er von einer Unterschrift aus, obwohl es sich objektiv nur um ein Handzeichen handelt, beeinträchtigt dies nicht die Wirksamkeit der Beglaubigung.

Der Beglaubigung einer Unterschrift steht nicht entgegen, dass die Unterschrift nicht in lateinischen Buchstaben geleistet wird, sondern in der **Schrift** eines anderen Kulturkreises; es genügt, dass der Betreffende die Signatur als seine Unterschrift anerkennt (zur Beglaubigung fremdsprachiger Texte vgl. unten Rdn 28).[31] Unzulässig ist dagegen die Unterschriftsbeglaubigung eines **mechanischen Unterschriftersatzes**, z.B. durch Faksimilestempel oder Computerausdruck.[32] **14**

Ein **Vertreter** unterschreibt i.d.R. mit seinem eigenen Namen. Er muss aber einen das Vertretungsverhältnis andeutenden Zusatz hinzufügen, wenn die rechtsgeschäftlichen Wirkungen der Erklärungen in der Person des Vertretenen eintreten sollen.[33] Dieser Zusatz muss nicht an die Unterschrift anknüpfen, sondern kann in dem unterschriebenen Text enthalten sein. Entscheidend ist die Erkennbarkeit des Vertretungsverhältnisses.[34] Ergibt die Auslegung der Erklärung eine Vertretererklärung für eine bestimmte Person, ist es für die Zuordnung der Erklärung i.E. irrelevant, wenn der Notar in seinem Vermerk abweichend einen anderen Vertretenen angibt; die Angabe des Notars gehört nicht zum Inhalt der Erklärung.[35] Die §§ 51, 57 HGB schreiben Zusätze für Prokuristen und Handlungsbevollmächtigte ausdrücklich vor. Im Hinblick auf die Einhaltung eines Schriftformerfordernisses hat der Bundesgerichtshof festgestellt, dass ein die Vertretung kennzeichnender Zusatz bei der Unterschrift zur Wahrung der Form nicht erforderlich sei.[36] **15**

Rechtlich bedenklich ist die insbesondere seitens der Rechtsprechung gebilligte, heute z.T. als gewohnheitsrechtlich anerkannt bezeichnete Praxis, dass der Vertreter mit dem Namen des Vertretenen unterzeichnet (siehe auch § 13 BeurkG Rdn 54).[37] Ungeachtet dieser Bedenken kann die Unterschrift jedoch jedenfalls Gegenstand einer öffentlichen Beglaubigung sein.[38] Das Bedürfnis nach Rechtssicherheit verlangt aber, dass der Notar in einem solchen Fall die wirklichen Verhältnisse (Personalien des Vertreters) in dem Beglaubigungsvermerk erklärt.[39]

Die Anerkennung der Unterschrift eines Vertreters ist auch dann noch möglich, wenn die Vertretungsbefugnis zum Zeitpunkt der Anerkennung schon erloschen ist, denn die Erklärung des Unterzeichners ist keine Willenserklärung im Namen des Vertretenen, sondern eine Wissenserklärung über sein eigenes Wissen.[40]

§ 40 BeurkG geht davon aus, dass die Unterschrift persönlich vor dem Notar vollzogen oder von demjenigen anerkannt wurde, der behauptet, sie geleistet zu haben. Aufgrund der **Anerkennung einer fremden** **16**

29 Vgl. OLG Hamm, DNotZ 2001, 596, 597; zur Bedeutung der Zuordnung siehe auch: *Kanzleiter*, DNotZ 2002, 521, 525; Frenz/Miermeister/*Limmer*, § 40 BeurkG Rn 7a.

30 Frenz/Miermeister/*Limmer*, § 40 BeurkG Rn 8; Grziwotz/Sauer/Heinemann/*Grziwotz*, § 40 Rn 14; *Winkler*, § 40 Rn 31, 74.

31 Vgl. VGH München NJW 1978, 510; 511; Grüneberg/*Ellenberger*, § 126 Rn 10; *Kanzleiter*, DNotZ 2002, 521, 526; *Knittel*, Rn 80; *Lerch*, § 40 Rn 4 ff.; Frenz/Miermeister/*Limmer*, § 40 BeurkG Rn 7; Grziwotz/Sauer/Heinemann/*Grziwotz*, § 40 Rn 11; *Winkler*, § 40 Rn 30; *Köhler*, S. 209, 215 f.; *Malzer*, DNotZ 2000, 169, 176; ausführlich: *Huhn/von Schuckmann*, § 40 Rn 4 m.w.N. zur früher h.L.

32 *Winkler*, § 40 Rn 23; Frenz/Miermeister/*Limmer*, § 40 BeurkG Rn 7d; *Lerch*, § 40 Rn 4; Grziwotz/Sauer/Heinemann/*Grziwotz*, § 40 Rn 12; Kersten/Bühling/*Terner/Thelen*, § 16 Rn 14.

33 RGZ 96, 286, 289; vgl. auch BGH NJW 2005, 2225; OLG Rostock NJW-RR 2001, 514, 515.

34 Vgl. BGH NJW 2007, 3346 f. (Zusatz bei der Unterschrift nicht erforderlich, wenn Vertretungsverhältnis sich aus dem Gesamtzusammenhang ergibt).

35 BGH v. 13.6.2013 – V ZB 94/12, ZWE 2013, 402, 403 Rn 14 (zur Verwalterzustimmung nach § 12 WEG) m. Anm. *Schmidt*.

36 BGH NJW 2007, 3346, 3347; BGH v. 7.5.2008 – XII ZR 69/06, NJW 2008, 2178, 2180 Rn 28 (Mietvertrag).

37 RGZ 74, 69; BGHZ 45, 195; Grüneberg/*Ellenberger*, § 126 Rn 9; kritisch: *Holzhauer*, S. 15 ff.; *Köhler*, S. 209, 212 f.

38 Grüneberg/*Ellenberger*, § 129 Rn 2, § 126 Rn 9 BGB; MüKo-BGB/*Einsele*, § 129 Rn 6; *Winkler*, § 40 Rn 28.

39 *Winkler*, § 40 Rn 28; Staudinger/*Hertel*, § 129 Rn 64.

40 DNotI-Report 2021, 121, 124.

Unterschrift, etwa durch den Abwesenheitspfleger eines Verschollenen, darf eine notarielle Unterschriftsbeglaubigung nicht erfolgen.[41] Es ist aber zulässig, dass der Notar eine solche Anerkennung als Wissenserklärung durch eine Tatsachenbeurkundung bezeugt.[42] Das macht die Erklärung des Unterzeichners aber nicht zu einer öffentlich beglaubigten Erklärung.

III. Blankounterschrift, lückenhafter Text

17 Die Beglaubigung von Blankounterschriften ist nach Abs. 5 ausdrücklich zulässig. Der Notar soll eine Unterschrift oder ein Handzeichen ohne zugehörigen Text aber nur dann beglaubigen, wenn der Beteiligte darlegt, dass die Beglaubigung vor Festlegung des Urkundeninhalts benötigt wird. Der Notar muss im Einzelfall beurteilen, ob er Anlass sieht, dem Vorbringen des Beteiligten zu misstrauen. Hat der Notar den Eindruck, dass die Beglaubigung der Blankounterschrift nur deshalb von ihm verlangt wird, damit er vom Inhalt der Urkunde nicht Kenntnis nehmen kann, muss er die Beglaubigung ablehnen.[43] Im Beglaubigungsvermerk ist anzugeben, dass bei der Beglaubigung ein durch die Unterschrift gedeckter Text nicht oder nur teilweise vorgelegen hat (Abs. 5 S. 2). Selbst wenn der Notar auf Weisung des Unterzeichners den Text später einfügt, handelt es sich bei der beglaubigten Unterschrift um eine Blanko-Unterschrift.[44] Schließlich sollten auch die Gründe für die Notwendigkeit der Blankounterschrift, die die Beteiligten vorgetragen haben, in der Urkunde angegeben werden.[45]

18 Abs. 5 ist entsprechend anzuwenden, wenn die Unterschrift unter einem lückenhaften Text beglaubigt wird. In solchen Fällen ist es dem pflichtgemäßen Ermessen des Notars überlassen, ob er die Lücken im Beglaubigungsvermerk bezeichnen will.[46] Eine solche Angabe ist jedenfalls nötig, wenn in einer Vollmacht der Name des Bevollmächtigten fehlt oder der Umfang der Vollmacht erkennbar unvollständig bezeichnet ist.[47]

IV. Vollziehung und Anerkennung der Unterschrift

19 Die Unterschriftsbeglaubigung setzt voraus, dass die Unterschrift in **Gegenwart des Notars** vollzogen oder anerkannt wird. Derjenige, dessen Unterschrift beglaubigt wird, muss also entweder die Unterschrift unmittelbar vor dem Notar selbst geleistet oder ihre Echtheit unmittelbar vor dem Notar anerkannt haben. Die Anerkennung durch einen Vertreter (oben Rdn 16) oder die Anerkennung gegenüber einem Angestellten des Notars genügen dagegen selbst dann nicht, wenn der Notar sich von der Echtheit der Unterschrift überzeugt hat.[48]

20 Da auch die Anerkennung der Unterschrift vor dem Notar, also unmittelbar in Anwesenheit des Notars, zu erfolgen hat, kommt eine Beglaubigung aufgrund mündlicher Anerkennung ohne Vorlage der Urkunde, aufgrund telefonischer oder schriftlicher Anerkennung nicht in Betracht.[49] Eine durch technische Mittel hergestellte visuelle und akustische „Gegenwart" bietet nicht die gleiche Grundlage für eine Identifizierung wie die räumliche Gegenwart und reicht deshalb für eine Unterschriftsbeglaubigung nicht aus.[50] Zur durch das DiRUG eingeführten Beglaubigung einer qualifizierten elektronischen Signatur im Online-Verfahren mittels Videokommunikation vgl. die Kommentierung zu § 40a BeurkG.

21 Die Vorschriften des BeurkG für die Beurkundung der **Erklärungen von hörbehinderten, sprachbehinderten und sehbehinderten** Beteiligten (§§ 22 ff. BeurkG) gelten für die notarielle Beglaubigung nicht. In solchen Fällen ist es dem pflichtgemäßen Ermessen des Notars überlassen, Maßnahmen zu tref-

41 *Höfer/Huhn*, S. 209; *Winkler*, § 40 Rn 29; Grziwotz/Sauer/Heinemann/*Grziwotz*, § 40 Rn 18; a.A. *Riedel/Feil*, § 40 Anm. 23. Zur in Japan üblichen „Stellvertretung bei der Beglaubigung" siehe *Westhoff*, DNotZ 2013, 4, 7 f.

42 *Höfer/Huhn*, S. 208; Staudinger/*Hertel*, § 129 BGB Rn 65.

43 *Höfer/Huhn*, S. 209; *Winkler*, § 40 Rn 66; Frenz/Miermeister/*Limmer*, § 40 BeurkG Rn 26; Grziwotz/Sauer/Heinemann/*Grziwotz*, § 40 Rn 33.

44 *Winkler*, § 40 Rn 68; Frenz/Miermeister/*Limmer*, § 40 BeurkG Rn 26.

45 *Malzer*, DNotZ 2000, 169, 175.

46 Frenz/Miermeister/*Limmer*, § 40 BeurkG Rn 27; *Winkler*, § 40 Rn 71; *Malzer*, DNotZ 2000, 169, 175; vgl. auch Grziwotz/Sauer/Heinemann/*Grziwotz*, § 40 Rn 37.

47 *Winkler*, § 40 Rn 71; Frenz/Miermeister/*Limmer*, § 40 BeurkG Rn 27.

48 Grziwotz/Sauer/Heinemann/*Grziwotz*, § 40 Rn 21; *Winkler*, § 40 Rn 34.

49 BGH DNotZ 1988, 259; *Winkler*, § 40 Rn 34; Frenz/Miermeister/*Limmer*, § 40 BeurkG Rn 12; Grziwotz/Sauer/Heinemann/*Grziwotz*, § 40 Rn 21.

50 Vgl. auch Frenz/Miermeister/*Limmer*, § 40 BeurkG Rn 12; anders: *Huhn/von Schuckmann*, § 40 Rn 20.

fen, die Zweifel und Missverständnisse ausschließen.[51] Vollzieht ein sehbehinderter Beteiligter zum Zwecke der Beglaubigung seine Unterschrift oder sein Handzeichen vor dem Notar, so soll sich der Notar davon überzeugen, dass der Beteiligte weiß, was er unterschreibt.[52] Die Anerkennung einer nicht vor dem Notar vollzogenen Unterschrift durch einen sehbehinderten Beteiligten ist jedoch nicht möglich.[53] Mit sprachbehinderten und hörbehinderten Beteiligten kann sich der Notar schriftlich verständigen. Eine Anerkennung der Unterschrift vor dem Notar ist also möglich. Der Notar kann den Beteiligten schriftlich fragen, ob dies seine Unterschrift sei. Eventuell muss er eine die Verständigung ermöglichende Person hinzuziehen. Bei **fremdsprachigen Personen** liegt es ebenfalls im pflichtgemäßen Ermessen des Notars, ob er die Beiziehung eines Dolmetschers oder die Vorlage einer Übersetzung für erforderlich erachtet, um die Beglaubigung vornehmen zu können. An § 16 BeurkG ist der Notar in diesem Fall nicht gebunden. Eine Verpflichtung, im Beglaubigungsvermerk hierzu etwas zu dokumentieren, sieht das BeurkG nicht vor.

V. Beglaubigungsvermerk, Identitätsfeststellung

Der Beglaubigungsvermerk ist ein **Zeugnis des Notars über die Echtheit der Unterschrift,** das nach 22
§ 39 BeurkG mit **Unterschrift** und **Siegel** des Notars zu versehen ist. Aus dem Vermerk muss außerdem hervorgehen, wer die Unterschrift vollzogen oder anerkannt hat und ob es sich um einen Vollzug der Unterschrift oder um eine Anerkennung der Unterschrift gehandelt hat (Abs. 3). Etwaige Funktionsbezeichnungen sind nicht Gegenstand des Beglaubigungsvermerks, können aber als zusätzliche Feststellung (einfaches Zeugnis) beigefügt werden.[54]

Wegen der Zuordnungsfunktion der Unterschriftsbeglaubigung ist die **Identitätsfeststellung**[55] der wich- 23
tigste Teil der Unterschriftsbeglaubigung.[56] Abs. 4 verweist hierzu auf § 10 Abs. 1, Abs. 2 und Abs. 3 S. 1 BeurkG. Die Person, deren Unterschrift beglaubigt wird, soll so genau bezeichnet werden, dass Zweifel hinsichtlich der Identität oder Verwechslungen ausgeschlossen werden (§ 10 Abs. 2 BeurkG). Der Notar muss im Beglaubigungsvermerk ebenfalls angeben, wie er die Identität festgestellt hat. Das heißt, dass der Notar entweder angibt, dass der Unterzeichner ihm von Person bekannt ist, oder Angaben dazu macht, wie er sich Gewissheit über die Person verschafft hat (§ 10 Abs. 3 S. 1 BeurkG). Hinsichtlich der Bezeichnung des Unterzeichners und der Art und Weise der Identitätsfeststellung ist ergänzend § 5 DONot zu beachten (vgl. Kommentierung dort). Der Verweis auf § 10 Abs. 1 BeurkG, der durch Gesetz vom 1.6.2017[57] eingefügt wurde, dient der Klarstellung, dass der Notar Daten erheben darf.[58] Kann sich der Notar keine hinreichende Gewissheit über die Person des Beteiligten verschaffen, so muss er die Unterschriftsbeglaubigung ablehnen.[59] In diesem Sinne verweist Abs. 4 nur auf § 10 Abs. 3 S. 1 BeurkG und nicht auch auf S. 2. Ein Verfahrensmangel bei der Identitätsfeststellung nimmt dem Beglaubigungsvermerk nicht die Eigenschaft einer öffentlichen Urkunde.[60] Nach § 39 BeurkG soll schließlich **Ort und Tag der Ausstellung** des Vermerks angegeben werden.

Der Beglaubigungsvermerk ist auf die Urkunde zu setzen, auf der die beglaubigte Unterschrift steht. Ist 24
das nicht möglich oder unpraktikabel, so ist der Vermerk auf ein besonderes Blatt zu setzen, das mit der unterschriebenen Urkunde durch Schnur und Prägesiegel verbunden werden muss.[61] Dass der Beglaubigungsvermerk räumlich unmittelbar auf die beglaubigte Unterschrift folgt, ist nicht notwendig, aber durchaus ratsam. Es beeinträchtigt die Wirksamkeit der Beglaubigung nicht, wenn zwischen Beglaubigungsvermerk und Unterschrift noch weiterer Text steht.[62] Wenn der unterschriebenen Erklärung noch

51 Frenz/Miermeister/*Limmer*, § 40 BeurkG Rn 11; *Malzer*, DNotZ 2000, 169, 176; Staudinger/*Hertel*, § 129 Rn 71.
52 LG Darmstadt MittBayNot 1998, 369.
53 *Winkler*, § 40 Rn 38; Kersten/Bühling/*Terner/Thelen*, § 16 Rn 15; Staudinger/*Hertel*, § 129 Rn 72; Grziwotz/Sauer/Heinemann/*Grziwotz*, § 40 Rn 21; wohl a.A. *Lerch*, § 40 Rn 9.
54 *Böhringer*, DNotZ 2016, 831, 843 f. („Erweiterte Vermerkurkunde").
55 Die überwiegende Ansicht nimmt zu Recht an, dass aufgrund der Identitätsfeststellung formeller Beweis für die Identität der erklärenden Person erbracht wird; offengelassen: BGH NJW 2011, 778, 779 m. umf. N. zum Meinungsstand.
56 OLG Köln FGPrax 2009, 6, 7.
57 BGBl I 2017, 1396.
58 Vgl. Reg.Begr.: BT-Drucks 18/18/10607, 83.
59 *Höfer/Huhn*, S. 206, 207; *Winkler*, § 40 Rn 56; Frenz/Miermeister/*Limmer*, § 40 BeurkG Rn 18.
60 OLG Celle DNotZ 2006, 297, 299.
61 BayObLG DNotZ 1974, 49, 53; KG Berlin v. 7.3.1980 – 1 W 4820/79, DNotZ 1980, 487; *Böhringer*, DNotZ 2016, 831, 845; *Winkler*, § 40 Rn 61.
62 BayObLG DNotZ 1974, 49, 53.

Anlagen beigefügt sind, folgt erst als Letztes der Beglaubigungsvermerk. Mit Ausnahme des Siegels und der Unterschrift des Notars kann der Beglaubigungsvermerk auch vor der beglaubigten Unterschrift stehen, wenn dadurch der Inhalt der Beurkundung nicht unklar wird.[63] Ist eine **Vertretungsbescheinigung** mit dem Beglaubigungsvermerk nach § 44 BeurkG auf einem zweiten Blatt verbunden, dann deckt die Unterschrift des Notars unter der Vertretungsbescheinigung auch den Beglaubigungsvermerk. Das Siegel nach § 44 BeurkG macht ein weiteres Siegel nach § 39 BeurkG entbehrlich.[64] Ein etwaiger Prüfvermerk, mit dem die Eintragungsfähigkeit der Erklärung für das Registergericht oder das Grundbuchamt bescheinigt wird (vgl. oben Rdn 5), kann unter dem Beglaubigungsvermerk angebracht werden.[65]

25 Die Ausstellung des Beglaubigungsvermerks braucht sich zeitlich nicht sofort an die Vollziehung oder Anerkennung anzuschließen. Der Vermerk darf errichtet werden, solange der Notar sich noch an den Vorgang erinnern kann.[66] Es bedarf keines Hinweises, dass Vollziehung oder Anerkennung der Unterschrift und Beglaubigungsvermerk zeitlich nicht unmittelbar aufeinander folgen. Der Beglaubigungsvermerk kann daher dann noch nachgeholt werden, wenn der Beteiligte unterdessen gestorben ist, denn der Beglaubigungsvermerk bescheinigt lediglich die Echtheit der Unterschrift.[67] Eine **unrichtige Angabe** über den Zeitpunkt sowie über die Beglaubigungsalternative des Vollzugs oder der Anerkennung der Unterschrift begründet keine Strafbarkeit nach § 348 StGB[68] (zur Unterschriftsanerkennung oder -vollziehung im Ausland vgl. oben § 2 BeurkG Rdn 32).

C. Prüfungs- und Belehrungspflicht

I. Allgemeines

26 Die Beglaubigung von Unterschriften ist zwar Urkundstätigkeit des Notars, aber keine Beurkundung von Willenserklärungen. Die §§ 6, 7, 17 ff. BeurkG gelten folglich nicht (siehe aber § 6 BeurkG Rdn 3). Der Notar unterliegt bei der reinen Unterschriftsbeglaubigung insbesondere keiner Prüfungs- und Belehrungspflicht.[69] Eine Belehrungspflicht im Hinblick auf eine Urkunde, auf die sich die beglaubigte Erklärung bezieht (Bsp.: Genehmigung einer in vollmachtloser Vertretung unterzeichneten Urkunde), besteht auch dann nicht, wenn diese Urkunde von dem beglaubigenden Notar errichtet wurde[70] (zum Entwurf mit Unterschriftsbeglaubigung vgl. unten Rdn 34). Anwendbar sind jedoch die allgemeinen Vorschriften der §§ 3 und 4 BeurkG (zur Geltung der **Mitwirkungsverbote** bei Beglaubigungen vgl. § 3 BeurkG Rdn 11). Der Notar hat also auch bei einer Unterschriftsbeglaubigung zu prüfen, ob Gründe für eine Versagung der Amtstätigkeit bestehen. Das ist insbesondere der Fall, wenn die Tätigkeit des Notars erkennbar **unerlaubte oder unredliche Zwecke** unterstützen würde. Unter diesem Gesichtspunkt muss der Notar auch den Text der Urkunde, unter die er den Beglaubigungsvermerk setzen soll, prüfen.[71] Der Notar hat dagegen nicht zu untersuchen, ob die unterzeichnete private Erklärung materiell wirksam ist.[72] Lediglich in Fällen **offensichtlicher materiell-rechtlicher Unwirksamkeit** der zu beglaubigenden Erklärung muss der Notar die Unterschriftsbeglaubigung ablehnen,[73] etwa wenn die Erklärung erkennbar beurkundungsbedürftig wäre (Bsp.: maschinenschriftliches Testament). Hinsichtlich der Sorgfaltsanforderungen, denen der Notar nach dem GwG unterliegt, wird bei einer einfachen Beglaubigung regelmäßig nur die Identifizierung zu verlangen sein.[74]

27 Abs. 2 stellt schließlich klar, dass der Notar bei Beglaubigung einer Unterschrift **Geschäftsfähigkeit, Vertretungs- und Verfügungsmacht** des Beteiligten nicht zu prüfen hat. Da der Notar jedoch seine

63 BayObLG DNotZ 1974, 49, 53; *Winkler*, § 40 Rn 60; Frenz/Miermeister/*Limmer*, § 40 BeurkG Rn 22.
64 KG DNotZ 1984, 487, 488.
65 Hierzu: DNotI-Report 2017, 89, 93.
66 LG Ravensburg BWNotZ 1957, 154; *Winkler*, § 40 Rn 63; Frenz/Miermeister/*Limmer*, § 40 BeurkG Rn 23; *Lerch*, § 40 Rn 24.
67 *Höfer/Huhn*, S. 206; *Winkler*, § 40 Rn 63; Grziwotz/Sauer/Heinemann/*Grziwotz*, § 40 Rn 52; s. auch *Lerch*, § 40 Rn 25, der allerdings davon ausgeht, dass dieser Fall einer Rücknahme des Antrags gleichzustellen wäre.
68 OLG Karlsruhe DNotZ 1999, 813 mit Anm. *Zimmermann*.
69 BGH DNotZ 2005, 286 f.; *Winkler*, § 40 Rn 42; Frenz/Miermeister/*Limmer*, § 40 BeurkG Rn 20; Staudinger/*Hertel*, § 129 Rn 82, 85, 87.
70 BGH DNotZ 2005, 286, 287.
71 Frenz/Miermeister/*Limmer*, § 40 BeurkG Rn 20.
72 *Winkler*, § 40 Rn 42; *Winkler*, Rpfleger 1972, 256.
73 Vgl. LG München I Rpfleger 1972, 255 mit zust. Anm. *Winkler*; *Winkler*, § 40 Rn 43; Frenz/Miermeister/*Limmer*, § 40 BeurkG Rn 20; Arndt/Lerch/Sandkühler/*Sandkühler*, § 20 Rn 34; Staudinger/*Hertel*, § 129 Rn 88; Grziwotz/Sauer/Heinemann/*Grziwotz*, § 40 Rn 5; *Haug/Zimmermann*, Rn 453.
74 *Sommer*, MittBayNot 2019, 107, 108.

Amtstätigkeit versagen muss, wenn die begehrte Amtshandlung unter keinem denkbaren Umstand gültig sein kann, gilt hier ebenfalls, dass der Notar nicht beglaubigen darf, wenn er von dem Mangel überzeugt ist.[75]

Ein weiterer Ansatzpunkt für eine Prüfungs- und Hinweispflicht ist nach Ansicht der Rechtsprechung die **betreuende Belehrungspflicht** des Notars zum Schutz der Beteiligten vor unerkannten, aber für den Notar **erkennbaren Gefahren**, die auch bei der Unterschriftsbeglaubigung eingreifen kann.[76]

II. Beglaubigung fremdsprachiger Texte

Die Einhaltung dieser Prüfungspflicht aufgrund allgemeiner Amtspflicht (vgl. Rdn 26) wirft Probleme auf, wenn der Notar nicht über hinreichende Kenntnisse der Sprache verfügt, in der die Erklärung verfasst ist.[77] Das Postulat einer grundsätzlichen Ablehnungspflicht des Notars würde allerdings die Urkundsgewährungspflicht, der der Notar nach § 15 Abs. 1 BNotO unterliegt, nicht hinreichend berücksichtigen.[78] Der Notar **muss also auch in diesem Fall beglaubigen können**. 28

Zum Teil wird vertreten, der Notar brauche entsprechend § 30 S. 4 BeurkG den Inhalt der Erklärung nicht zur Kenntnis zu nehmen, bei **fremdsprachigen Texten** bestehe also keine Prüfungspflicht.[79] Der Notar soll in diesem Fall im Beglaubigungsvermerk festhalten, dass er mangels hinreichender Sprachkenntnis eine Prüfung nicht vornehmen konnte.[80] Er dürfe aber eine Unterschriftsbeglaubigung nicht vornehmen, wenn sich aus den Umständen Hinweise ergeben, dass die Urkunde zur **Verfolgung unerlaubter oder unredlicher Zwecke** eingesetzt werden könnte.[81] Vorgeschlagen wurde auch, den fremdsprachigen Text verfahrensrechtlich wie ein Blankett zu behandeln.[82] Das Sammelrundschreiben 05/01 der Landesnotarkammer Bayern vom 1.8.2001 referiert eine Klarstellung der BNotK, wonach es hierfür ausreichen soll, dass der Unterzeichner einen vernünftigen Grund für die Beglaubigung angebe und kein Anlass bestehe, seinen Behauptungen zu misstrauen. Nach a.A. wird die Prüfungspflicht auch bei der Beglaubigung fremdsprachiger Texte im Grundsatz bejaht, aber inhaltlich auf die spezielle Verfahrenssituation zugeschnitten. Um seiner Prüfungspflicht zu genügen, müsse der Notar nach **Inhalt** und unter Umständen auch nach dem **Verwendungszweck der Urkunde** fragen.[83]

Stellungnahme: Ein genereller Ausschluss jeder Prüfungspflicht, der überdies in letzter Konsequenz dazu führen würde, dass der Notar wegen seiner Urkundsgewährungspflicht tätig werden *müsste*, ist im Hinblick auf den zusätzlichen Vertrauenstatbestand einer Beglaubigung abzulehnen.[84] Auch die Beglaubigung einer Blanko-Unterschrift ist schließlich nicht ohne weiteres, sondern nur unter den besonderen Voraussetzungen des Abs. 5 zulässig. Das heißt jedoch nicht, dass der fremdsprachige Text verfahrensrechtlich wie ein Blankett zu behandeln ist mit der Folge, dass die Zulässigkeit der Beglaubigung sich nach einer sinngemäßen Anwendung des Abs. 5 zu richten hätte. Die Voraussetzungen des Abs. 5 sind auf ein reines Zeitproblem der Beteiligten zugeschnitten, die die Beglaubigung benötigen, bevor der Text vorhanden ist. Der Inhalt der öffentlich zu beglaubigenden Erklärung steht zum Zeitpunkt der Unterschriftsbeglaubigung noch nicht fest, kann sich also auch entgegen den ursprünglichen Intentionen durchaus noch ändern. Diese Situation lässt sich mit der einer Unterschriftsbeglaubigung unter einem bereits vorhandenen fremdsprachigen Text nicht gleichsetzen. 29

Das **Spannungsverhältnis zwischen den § 4 BeurkG und § 15 Abs. 1 BNotO** muss also in einer Weise gelöst werden, die der Bedeutung der öffentlichen Beglaubigung gerecht wird, ohne aber der Inanspruchnahme der Rechtspflegetätigkeit des Notars durch den Rechtsuchenden unnötige Hindernisse entgegen- 30

75 Vgl. *Winkler*, § 40 Rn 45.

76 BGH DNotZ 2005, 286, 287 m. krit. Anm. *Knoche*, RNotZ 2005, 492.

77 Vgl. hierzu Gutachten: DNotI-Report 2008, 145 ff.

78 Vgl. Arndt/Lerch/Sandkühler/*Sandkühler*, § 20 Rn 35; a.A. *Huhn/von Schuckmann*, § 40 Rn 40.

79 *Winkler*, § 40 Rn 44; *Winkler*, Rpfleger 1972, 256; wohl auch: *Malzer*, DNotZ 2000, 169, 175 f., der seine Ansicht allerdings auch auf einen Erst-Recht-Schluss aus § 40 Abs. 5 BeurkG stützt; vgl. auch Arndt/Lerch/Sandkühler/*Sandkühler*, § 20 Rn 35.

80 *Malzer*, DNotZ 2000, 169, 175 f.; Arndt/Lerch/Sandkühler/*Sandkühler*, § 20 Rn 35.

81 Arndt/Lerch/Sandkühler/*Sandkühler*, § 20 Rn 35; vgl. auch BNotK DNotZ 1982, 266, 273.

82 So *Huhn/von Schuckmann*, § 40 Rn 41; im Grundsatz ebenso, i.E. relativierend: BMJ DNotZ 1983, 521, 522.

83 Vgl. *Brambring*, DNotZ 1976, 726, 734; als persönliche Empfehlung nahegelegt bei: Staudinger/*Hertel*, § 129 Rn 92.

84 BMJ DNotZ 1983, 521, 522; vgl. auch *Brambring*, DNotZ 1976, 726, 734.

zusetzen. Ausgehend von der Urkundsgewährungspflicht nach § 15 Abs. 1 BNotO hat der Notar im Einzelfall zu prüfen, ob er dem Ansuchen nachkommen darf und, wenn er das Amtsgeschäft gleichwohl nicht vornehmen möchte, ob ein ausreichender Grund für eine Amtsverweigerung vorliegt. Hier kann und muss er in der Sprache, in der er auch über das Ansuchen verhandelt, **nach Inhalt und Verwendungszweck fragen**. Auch die **Umstände** der Beglaubigung sind zu würdigen. Gelangt der Notar zu dem Ergebnis, dass mit der Urkunde womöglich unerlaubte oder unredliche Zwecke verfolgt werden, muss er das Ansuchen ablehnen. Der Notar hat seine Amtstätigkeit außerdem zu verweigern, wenn er aufgrund seiner durch Nachfrage erzielten Kenntnislage den Eindruck hat, dass konkret weiterer Prüfungsbedarf besteht, den er nicht erfüllen kann. Insoweit gilt nichts anderes als in den Fällen unzureichender Vorbereitung eines Urkundsgeschäfts (vgl. § 4 BeurkG Rdn 32).

31 Zur Beantwortung der Frage nach einem **Verweigerungsrecht** des Notars kann der Rechtsgedanke des Abs. 5 herangezogen werden. Angesichts der besonderen Situation der Beglaubigung einer Blanko-Unterschrift stellt die Vorschrift die Entscheidung darüber, ob die Voraussetzungen für die Vornahme dieser Amtstätigkeit vorliegen, in das **pflichtgemäße Ermessen** des Notars. Ein entsprechender Spielraum muss ihm auch eingeräumt werden, wenn das Ansuchen der Unterschriftsbeglaubigung unter einem für ihn nicht verständlichen fremdsprachigen Text an ihn herangetragen wird.[85]

32 Beglaubigt der Notar die Unterschrift unter einem fremdsprachigen Text, bleibt zu berücksichtigen, dass es sich wegen der fehlenden Sprachkenntnis des Notars nicht um den Normalfall einer Unterschriftsbeglaubigung handelt, so dass unter diesem Gesichtspunkt ein Vergleich zum Sonderfall der Beglaubigung einer Blanko-Unterschrift gerechtfertigt ist. Analog Abs. 5 S. 2 hat der Notar deshalb auf die besonderen Umstände im **Beglaubigungsvermerk** hinzuweisen.[86]

III. Handelsregisteranmeldung und Belehrung nach § 53 Abs. 2 BZRG

33 Eine Belehrungspflicht bei Unterschriftsbeglaubigungen ergibt sich im Zusammenhang mit bestimmten Handelsregisteranmeldungen für die GmbH und die AG. Geschäftsführer (§§ 8 Abs. 3 S. 1, 39 Abs. 3 GmbHG), Liquidatoren (§ 67 Abs. 3 GmbHG), Vorstandsmitglieder der AG (§§ 37 Abs. 2, 81 Abs. 3 AktG) sowie Abwickler (§ 266 Abs. 3 AktG) müssen in der Anmeldung versichern, dass keine Umstände vorliegen, die ihrer Bestellung nach § 6 Abs. 2 S. 2 Nr. 2 und 3, S. 3 und 4, § 66 Abs. 4 GmbHG oder nach § 76 Abs. 3 S. 2 Nr. 2 und 3, S. 3 und 4, § 265 Abs. 2 S. 2 AktG entgegenstehen, und dass sie über ihre unbeschränkte **Auskunftspflicht gegenüber dem Registergericht** belehrt worden sind (§ 53 Abs. 2 BZRG). Diese Belehrung kann nach § 8 Abs. 3 S. 2 GmbHG, § 37 Abs. 2 S. 2 AktG durch den Notar erfolgen. Dabei muss für das Registerverfahren durch die beglaubigte Erklärung nachgewiesen werden, dass vor der Versicherung die Belehrung über die unbeschränkte Auskunftspflicht erfolgte.[87]

Vergleichbare Versicherungspflichten gelten für die Vorstandsmitglieder und Geschäftsführer ausländischer Aktiengesellschaften und Gesellschaften mbH bei der Anmeldung einer inländischen Zweigniederlassung. § 13f Abs. 2 S. 2 HGB verweist auf § 37 Abs. 2 AktG. Danach müssen die Vorstandsmitglieder der ausländischen AG bei der Anmeldung der Zweigniederlassung versichern, dass keine Umstände vorliegen, die ihrer Bestellung nach § 76 Abs. 3 S. 2 Nr. 2 und 3, S. 3 und 4 AktG entgegenstehen, und dass sie über ihre unbeschränkte Auskunftspflicht gegenüber dem Gericht belehrt worden sind. Entsprechend verweist § 13g Abs. 2 S. 2 HGB auf § 8 Abs. 3 GmbHG. Der organschaftliche Vertreter muss also versichern, dass in seiner Person kein Grund vorliegt, der der Bestellung zum Vorstandsmitglied einer deutschen AG respektive zum Geschäftsführer einer deutschen GmbH entgegenstehen würde.

IV. Entwurf mit Unterschriftsbeglaubigung

34 Entwirft der Notar selbst die Urkunde, unter der er danach die Unterschrift beglaubigt, oder berät er die Beteiligten entsprechend bei der Textabfassung, so bilden die Herstellung des Entwurfs und die Unter-

85 Vgl. auch BNotK DNotZ 1982, 266, 274; *Winkler*, § 40 Rn 44.

86 BNotK DNotZ 1982, 266, 273; Arndt/Lerch/Sandkühler/*Sandkühler*, § 20 Rn 35.

87 OLG München, NZG 2010, 1036, 1037 (zum Problem der nachträglichen Einfügung der höchstpersönlichen Versicherung).

schriftsbeglaubigung eine einheitliche Amtstätigkeit. Der Notar unterliegt dabei der gleichen Belehrungspflicht wie bei der Beurkundung der Erklärung.[88] Wird bei einer Registeranmeldung dieser Umstand durch den Zusatz „Entwurf – Notar" auf der Anmeldung festgehalten, handelt es sich gleichwohl nicht um den bloßen Entwurf einer Anmeldung, sondern um den Eintragungsantrag selbst.[89] Bei der Unterschriftbeglaubigung mit Entwurf sind überdies die Sorgfaltsanforderungen, denen der Notar nach dem GwG unterliegt, zu beachten (zur einfachen Beglaubigung vgl. oben Rdn 26).[90]

D. Beglaubigungsvermerk und Privaturkunde

I. Beweiskraft, Änderungen der Privaturkunde

Der Beglaubigungsvermerk ist eine öffentliche Urkunde und genießt die Beweiskraft des § 418 ZPO. Auf Form und Inhalt der über dem Vermerk stehenden Urkunde bezieht sich der Vermerk nicht. Diese Urkunde bleibt trotz der Unterschriftsbeglaubigung eine **Privaturkunde i.S.d. § 416 ZPO**. Wird die Erklärung durch einen Vertreter abgegeben, ist zwischen der Unterschriftsbeglaubigung einerseits und dem Nachweis der Vertretungsmacht andererseits zu differenzieren (vgl. oben Rdn 1).[91] Die Beweiskraft der Privaturkunde bestimmt sich nach § 416 ZPO. Danach begründet eine Privaturkunde, die vom Aussteller unterschrieben ist, vollen Beweis dafür, dass der Aussteller die in ihr enthaltenen Erklärungen abgegeben hat.[92] Voraussetzung für diese Beweiswirkung der Privaturkunde ist, dass Unterschrift und Text echt sind.[93] Nach § 418 Abs. 1 ZPO beweist die ordnungsmäßige öffentliche Beglaubigung die Echtheit der Unterschrift, also dass die Unterschrift von der Person herrührt, die im Beglaubigungsvermerk namentlich genannt ist. Die Echtheit des über der Unterschrift stehenden Textes wird unter dieser Voraussetzung nach § 440 Abs. 2 ZPO vermutet. Wurden erkennbar nach der Unterschriftsbeglaubigung **Änderungen des Textes** vorgenommen, ergeben sich zwei Probleme. Zum einen stellt sich die Frage, ob die nachträgliche Änderung des Textes der Unterschriftsbeglaubigung die Tauglichkeit nimmt, eine öffentlich beglaubigte Erklärung i.S.d. § 129 BGB herbeizuführen; zum anderen ist die beweisrechtliche Relevanz der Textänderung zu klären.[94] 35

Da die Unterschriftsbeglaubigung keine Beglaubigung des vorstehenden Textes enthält, insbesondere sogar die Beglaubigung einer Blanko-Unterschrift zulässig ist, können nachträgliche Änderungen vorgenommen werden, ohne dass damit die **Formwirksamkeit** der Erklärung aufgehoben würde.[95] Es ist also nicht erforderlich, auch den Änderungstext öffentlich beglaubigen zu lassen, um Formwirksamkeit herbeizuführen. 36

Im Hinblick auf die **Beweiswirkung** der Urkunde ist zu differenzieren. Die Vermutung nach § 440 Abs. 2 ZPO greift nur bei äußerlich fehlerfreier Urkunde.[96] Entsprechendes gilt nach § 419 ZPO für die Beweiswirkung der Urkunde. Nicht jede äußerlich erkennbare Veränderung wirkt sich jedoch beweisrechtlich aus. Zum einen ist die Bedeutung des Beglaubigungsvermerks zu berücksichtigen. Änderungen, die 37

88 BGH DNotZ 1955, 396; 1956, 94; 1958, 101; DNotZ 1997, 51, 52; *Haug*, DNotZ 1972, 388, 420; *Haug/Zimmermann*, Rn 456; Staudinger/*Hertel*, § 129 Rn 83; Grziwotz/Sauer/Heinemann/*Grziwotz*, § 40 Rn 8; *Winkler*, § 40 Rn 48; *Zimmer*, NJW 2017, 1909, 1910.

89 Vgl. zur Löschungsbewilligung mit Entwurfsvermerk: DNotI-Report 2004, 59 f.; zur (elektronischen) Handelsregisteranmeldung: LG Chemnitz MittBayNot 2007, 340, 341 m. Anm. *Strauß*, = NotBZ 2007, 146 mit Anm. *Püls*.

90 Unter Hinweis auf die Anwendungsempfehlungen der BNotK: *Klein*, BWNotZ 2018, 35, 38; vgl. auch *Sommer*, MittBayNot 2019, 107, 108.

91 BGH v. 16.2.2012 – V ZB 48/11, NJW-RR 2012, 649, 650 Rn 9 f. (zum Erfordernis des gesonderten förmlichen Nachweises der Vertretungsmacht).

92 BGH NJW 1990, 2125; MüKo-ZPO/*Schreiber*, § 416 Rn 9.

93 BGH v. 12.3.2015 – V ZR 86/14, NJW-RR 2015, 819, 821 Rn 15 ff. m.w.N.; MüKo-ZPO/*Schreiber*, § 416 Rn 9.

94 Vgl. *Winkler*, DNotZ 1985, 224; ausführlich zur Problematik: DNotI-Report 1997, 133 f.

95 OLG Karlsruhe v. 14.2.2024 – 14 W 109/23, MittBayNot 2024, 559, 561; KG NZG 2022, 618, 620 m.w.N.; KG DNotZ 2013, 129, 131 m.w.N.; OLG München NZG 2010, 1036, 1037; OLG Brandenburg, FGPrax 2010, 210; OLG Hamm BeckRS 2010, 21972; OLG Frankfurt DNotZ 2006, 767; LG Aachen MittRhNotK 1982, 161, 162; LG Düsseldorf MittBayNot 1984, 207; LG Itzehoe DNotZ 1990, 519, 520 f.; LG Kassel MittBayNot 2002, 526; Meikel/*Hertel*, § 29 GBO Rn 455 ff.; MüKo-BGB/*Einsele*, § 129 Rn 7; Grüneberg/*Ellenberger*, § 129 Rn 2; *Winkler*, § 40 Rn 81; *Winkler* DNotZ 1985, 224; offen gelassen: BayObLG DNotZ 1985, 220, 222 f. m.w.N. zum Streitstand.

96 BayObLG DNotZ 1985, 220, 222; KG DNotZ 2013, 129, 131; KG NZG 2022, 618, 620; OLG München, NZG 2010, 1036, 1037; LG Itzehoe DNotZ 1990, 519, 521; *Lerch*, § 40 Rn 31; MüKo-ZPO/*Schreiber*, § 440 Rn 6; *Winkler*, DNotZ 1985, 224, 228; siehe auch Prütting/Gehrlein/*Preuß*, § 440 ZPO Rn 6.

zwar nach Vollzug oder Anerkennung der Unterschrift, aber erkennbar vor Erstellung des Beglaubigungsvermerks vorgenommen wurden, werden ohne weiteres vom Beglaubigungsvermerk gedeckt und nehmen somit an der Zurechnungsvermutung des § 440 Abs. 2 ZPO teil. Ein womöglich pflichtwidriges Verhalten des Notars nimmt der Beglaubigung nicht ihre beweisrechtliche Bedeutung.[97] Zum anderen ist nicht jede nachträgliche Textänderung beweisrechtlich relevant. Geht es nur um redaktionelle Berichtigungen, die den Inhalt der Erklärung unangetastet lassen, liegt schon keine Textänderung in dem hier interessierenden Sinne vor.[98]

38 Schließlich ist zu beachten, dass ein äußerer Mangel, der die Beweiswirkung außer Kraft setzt, im Grundsatz dann nicht angenommen werden kann, wenn der Unterzeichner die **Änderung genehmigt** hat und dies aus der Urkunde zu entnehmen ist.[99] Andernfalls ist unter freier Beweiswürdigung festzustellen, ob die Änderung oder Ergänzung mit dem Willen des Unterzeichners vorgenommen wurde oder nicht.[100] Ist die Ergänzung einer Handelsregisteranmeldung paraphiert und bestätigt der Notar, die Unterschriftsparaphen entsprächen denen, die die anmeldenden Personen in der Vergangenheit im Rahmen von notariellen Beurkundungen und Beglaubigungen gegenüber dem Notar verwendet hätten, soll dies nur einen geringen Beweiswert haben.[101] Die vorstehenden Grundsätze gelten gleichermaßen im **Grundbuchverfahren.**[102] § 29 GBO bezieht sich auf die nachzuweisende Tatsache, für die nur der Urkundenbeweis zulässig ist, nicht aber auf das Beweismittel selbst. Stellt der Rechtspfleger also fest, dass eine nachträgliche Textänderung zwar erfolgt ist, diese sich aber ohne Zweifel mit dem Willen des Unterzeichners deckt, so kann die Urkunde als tauglicher Nachweis und der Urkundenbeweis folglich als geführt angesehen werden. Mit Vollmacht des Unterzeichners darf die Änderung oder Ergänzung auch durch den Notar vorgenommen werden.[103] Durch eine **notarielle Eigenurkunde** wird bestätigt, dass die Änderung dem Willen des Unterzeichners entspricht;[104] ein gesiegelter und unterzeichneter Randvermerk des Notars erfüllt dieselbe Funktion. Zu diesem Zweck kann beispielsweise auch eine eingereichte unterschriftsbeglaubigte Eintragungsbewilligung vom Grundbuchamt wieder herausverlangt werden.[105] Hat der Notar den Text selbst entworfen, kann er als bevollmächtigt gelten.[106] Eine besondere Fallkonstellation, in der diese Grundsätze des Urkundenbeweisrechts nicht zur Anwendung gekommen sind, stellt demgegenüber die in der Handelsregisteranmeldung abzugebende Versicherungserklärung (z.B. nach § 8 Abs. 3 GmbHG) dar. Bei einer nachträglichen Einfügung der Versicherung in die beglaubigte Erklärung ist die Belehrung über die unbeschränkte Auskunftspflicht (siehe Rdn 33) nicht formell nachgewiesen.[107] Rein redaktionelle Korrekturen, zu denen auch die Behebung offensichtlicher Auslassungen, Inkonsistenzen oder sonstiger offensichtlicher Fehler gehört, können hingegen aufgrund Vollmacht vorgenommen werden.

II. Anlagen (Karten pp) zur Privaturkunde

39 Zum Inhalt der Erklärung, die öffentlich beglaubigt wird, können auch Anlagen (weitere Schriftstücke, Karten usw.) gehören.[108] Wenn sie als Teil des Textes gelten und sich die Zurechnungsvermutung des § 440 Abs. 2 ZPO auf sie beziehen soll, müssen sie im **Text** als solche benannt werden. Eine konkludente Äußerung durch Verbindung einer auf die Urkunde verweisenden Anlage mit Schnur und Siegel genügt hierfür nicht.[109]

97 A.A. OLG Celle DNotZ 1981, 203 f.
98 Vgl. OLG Hamburg DNotZ 1951, 422 f.; OLG Celle Rpfleger 1984, 230, 231; LG Itzehoe DNotZ 1990, 519, 520.
99 MüKo-ZPO/*Schreiber*, § 419 Rn 3.
100 OLG Karlsruhe Beschl. 14.2.2024 – 14 W 109/23, MittBayNot 2024, 559, 561; BayObLG DNotZ 1985, 220, 222; OLG Frankfurt DNotZ 2006, 767, 768; Staudinger/*Hertel*, § 129 BGB Rn 129, 130; KG NZG 2022, 618, 620.
101 KG NZG 2022, 618, 620.
102 Vgl. BayObLG DNotZ 1985, 220, 222; KG DNotZ 2013, 129, 131; Reithmann/Albrecht/*Reithmann*, Rn 415.
103 LG Aachen MittRhNotK 1982, 161, 162; Meikel/*Hertel*, § 29 GBO Rn 465 ff.; *Winkler*, § 40 Rn 82; *Reithmann*, DNotZ 1999, 27, 36.
104 Meikel/*Hertel*, § 29 GBO Rn 465; KEHE/*Volmer*, § 29 GBO Rn 135.
105 So zur Handelsregisteranmeldung LG Kassel MittBayNot 2002, 526 = RNotZ 2003, 147.
106 *Winkler*, § 40 Rn 82; *Reithmann*, DNotZ 1999, 27, 36 f.; Reithmann/Albrecht/*Reithmann*, Rn 417 m.w.N.
107 OLG München, NZG 2010, 1036, 1037 (unter Hinweis auf die Bedeutung der vorherigen Belehrung über die unbeschränkte Auskunftspflicht im Hinblick auf die strafrechtlichen Folgen falscher Angaben in der Versicherung).
108 *Winkler*, § 40 Rn 18.
109 Vgl. BGH DNotZ 1982, 228, 230; *Winkler*, § 40 Rn 22; Grziwotz/Sauer/Heinemann/*Grziwotz*, § 40 Rn 40; eine Verweisung im technischen Sinne des § 9 Abs. 1 S. 3 BeurkG ist damit nicht gemeint, anders: *Huhn/von Schuckmann*, § 40 Rn 34.

E. Beglaubigung von Handzeichen

Eine Erklärung ist nach § 129 Abs. 2 BGB auch dann öffentlich beglaubigt, wenn der Notar ein Handzeichen beglaubigt. Das notariell beglaubigte Handzeichen wahrt überdies die Schriftform (§ 126 Abs. 1 BGB). Dagegen könnte eine beglaubigte Unterschriftszeichnung, die zur Aufbewahrung bei Gericht bestimmt ist, um einen Vergleich mit einer im Rechtsverkehr vollzogenen Unterschrift zu ermöglichen, naturgemäß nicht durch ein beglaubigtes Handzeichen ersetzt werden (zur Rechtslage vor der Umstellung auf das elektronische Handelsregister vgl. unten § 41 BeurkG Rdn 1). 40

Für das Verfahren der Handzeichenbeglaubigung gelten die Abs. 1–5 entsprechend (Abs. 6). Das Handzeichen ist jedes beliebige Zeichen, das anstelle der Unterschrift gebraucht wird. Es erfordert keinen individuellen Charakter. Ob nach dem äußeren Erscheinungsbild eine Unterschrift oder ein Handzeichen vorliegt, unterliegt der Beurteilung des Notars.[110] Zur Behandlung von Unterschriften in fremden Schriftzeichen vgl. oben Rdn 14. 41

Zur öffentlichen Beglaubigung von Handzeichen sind neben den Notaren nach § 10 Abs. 1 Nr. 2 KonsG die Konsularbeamten zuständig.[111] Eine auf die Beglaubigung von Betreuungsverfügungen und Vorsorgevollmachten beschränkte Zuständigkeit der Betreuungsbehörde für die öffentliche Beglaubigung von Handzeichen enthält § 7 Abs. 1 BtOG. 42

F. Büromäßige Behandlung

Nach § 45a Abs. 2 BeurkG hat der Notar die Urschrift des Beglaubigungsvermerks, verbunden mit der Privaturkunde, auszuhändigen. Hat der Notar die Urkunde, unter der er die Unterschrift beglaubigt, selbst entworfen, so muss er nach § 31 Abs. 1 Nr. 4b) NotAktVV eine Abschrift der Urkunde zur Urkundensammlung nehmen. Bei einer bloßen Unterschriftsbeglaubigung ohne Entwurf steht es gemäß § 31 Abs. 1 Nr. 4c) NotAktVV grundsätzlich in seinem Ermessen, ob er eine Abschrift der Urkunde zur Urkundensammlung bringt. Wenn allerdings die Urkunde den Finanzbehörden nach § 54 Abs. 1 EStDV anzuzeigen ist, muss der Notar auch von einer nicht von ihm entworfenen Urkunde eine (beglaubigte) Abschrift zurückbehalten, um darauf gemäß § 54 Abs. 2 S. 3 EStDV die Einreichung der Urkunde beim Finanzamt zu vermerken. 43

§ 40a Beglaubigung einer qualifizierten elektronischen Signatur

(1) [1]Eine qualifizierte elektronische Signatur soll nur beglaubigt werden, wenn sie in Gegenwart des Notars oder mittels des von der Bundesnotarkammer nach § 78p der Bundesnotarordnung betriebenen Videokommunikationssystems anerkannt worden ist. [2]Die Beglaubigung kann mittels Videokommunikation nur erfolgen, soweit dies durch Gesetz zugelassen ist.

(2) [1]Der Beglaubigungsvermerk muss die Person bezeichnen, welche die qualifizierte elektronische Signatur anerkannt hat. [2]In dem Vermerk soll angegeben werden, ob die qualifizierte elektronische Signatur in Gegenwart des Notars oder mittels Videokommunikation anerkannt worden ist.

(3) Bei der Beglaubigung einer qualifizierten elektronischen Signatur mittels Videokommunikation ist eine Signaturprüfung nach § 39a Absatz 3 nicht erforderlich.

(4) [1]§ 10 Absatz 1, 2 und 3 Satz 1 und § 40 Absatz 2 und 5 gelten entsprechend. [2]Im Falle der Beglaubigung mittels Videokommunikation gilt § 16c entsprechend.

(5) Der Notar soll die Beglaubigung einer mittels Videokommunikation anerkannten qualifizierten elektronischen Signatur ablehnen, wenn er die Erfüllung seiner Amtspflichten auf diese Weise nicht gewährleisten kann, insbesondere wenn er sich auf diese Weise keine Gewissheit über die Person verschaffen kann, welche die qualifizierte elektronische Signatur anerkannt hat.

110 Frenz/Miermeister/*Limmer*, § 40 BeurkG Rn 8; Grziwotz/Sauer/Heinemann/*Grziwotz*, § 40 Rn 14; *Winkler*, § 40 Rn 74.

111 *Winkler*, § 40 Rn 76.

A. Allgemeines

1 **§ 40a BeurkG** regelt in Ergänzung zu den §§ 39a, 40 BeurkG erstmals das Verfahren der Beglaubigung einer qualifizierten elektronischen Signatur und dient damit zugleich der Umsetzung der DigRL[1] und der SGD-VO.[2] Konkretisiert wird die Norm durch die NotViKoV.[3]

B. Verfahrensweise bei der Beglaubigung einer qualifizierten elektronischen Signatur (Abs. 1)

2 **Abs. 1 S. 1** sieht letztlich drei Verfahrensweisen vor, nach denen die Beglaubigung einer qualifizierten elektronischen Signatur erfolgen kann:

Zum einen kann die Beglaubigung im Rahmen eines Präsenzverfahrens derart vorgenommen werden, dass dem Notar ein bereits mit einer qualifizierten elektronischen Signatur versehenes elektronisches Dokument zugesandt und die Signatur in Gegenwart des Notars nur noch anerkannt wird. Zum anderen kann im Rahmen eines Präsenzverfahrens in Gegenwart des Notars ein (von ihm entworfenes oder ihm nur zugesandtes) elektronisches Dokument signiert werden.

Schließlich kann die Beglaubigung einer qualifizierten elektronischen Signatur auch im Online-Verfahren ohne körperliche Anwesenheit über das von der Bundesnotarkammer betriebene Videokommunikationssystem erfolgen. Dazu wird ein Dokument im Rahmen des Online-Verfahrens über das Videokommunikationssystem mit einer qualifizierten elektronischen Signatur versehen, welche dann mittels Videokommunikation anerkannt wird. Auf diese Weise wird eine Möglichkeit der Fernbeglaubigung eingeführt.

3 Nach **Abs. 1 S. 2** kann die Signaturbeglaubigung mittels Videokommunikation nur erfolgen, soweit dies durch Gesetz zugelassen ist. Anders als bei der Signaturbeglaubigung im Rahmen eines Präsenzverfahrens ist dieser Weg somit nur in den durch Gesetz ausdrücklich zugelassenen Fällen eröffnet. Wurde dieser Weg durch das DiRUG zunächst für Anmeldungen zum Handelsregister eröffnet,[4] wurde er durch das DiREG[5] kurze Zeit später für alle Anmeldungen zum Handelsregister (§ 12 Abs. 1 S. 2 HGB), zum Partnerschaftsregister (§ 5 Abs. 2 PartGG in Verbindung mit § 12 Abs. 1 S. 2 HGB) und zum Genossenschaftsregister (§ 157 GenG), für Anmeldungen zum Vereinsregister (§ 77 Abs. 2 BGB) sowie die Erklärung zur Übernahme eines GmbH-Geschäftsanteils in Folge einer Kapitalerhöhung (§ 55 Abs. 1 S. 2 GmbHG) zugelassen.[6] Mit dem MoPeG[7] wurde das Videokommunikationsverfahren auch für Anmeldungen zum neu geschaffenen Gesellschaftsregister eröffnet (§ 707b Nr. 2 BGB in Verbindung mit § 12 Abs. 1 S. 2 HGB).

4 In allen Verfahrensvarianten erfolgt die Beglaubigung der Signatur nur aufgrund einer **Anerkennung** – auch wenn das Dokument im Rahmen eines Präsenzverfahrens in Gegenwart des Notars signiert – sprich die Signatur gefertigt – wurde. Diese Regelung beruht auf der Erwägung, dass der Notar – im Rahmen des Präsenzverfahrens – zwar den Vorgang des Eingebens einer zur Erzeugung der Signatur notwendigen PIN durch den Signierenden sinnlich wahrnehmen könne, nicht aber die Erzeugung der Signatur selbst, da es

1 Richtlinie (EU) 2019/1151 des Europäischen Parlaments und des Rates vom 20.6.2019 zur Änderung der Richtlinie (EU) 2017/1132 im Hinblick auf den Einsatz digitaler Werkzeuge und Verfahren im Gesellschaftsrecht.

2 Verordnung (EU) 2018/1724 des Europäischen Parlaments und des Rates vom 2.10.2018 über die Einrichtung eines einheitlichen digitalen Zugangstors zu Informationen, Verfahren, Hilfs- und Problemlösungsdiensten und zur Änderung der Verordnung (EU) Nr. 1024/2012.

3 Verordnung über den Betrieb eines Videokommunikationssystems für notarielle Urkundstätigkeiten.

4 RegE zum DiRUG, BT-Drucks 19/28177, 148.

5 Gesetz zur Ergänzung der Regelungen zur Umsetzung der Digitalisierungsrichtlinie und zur Änderung weiterer Vorschriften, BGBl I 2022, 1146 ff.

6 BGBl I 2022, 1146 ff.

7 Gesetz zur Modernisierung des Personengesellschaftsrechts, BGBl I 2023, 3636 ff.

sich um einen rein elektronischen Vorgang handele.[8] Dies gilt freilich für den Signierenden auch, sodass sich die Frage stellt, ob und inwieweit dieser die Signatur im Anschluss an die PIN-Eingabe noch einmal daraufhin überprüfen muss, ob es sich wirklich um die von ihm erzeugte Signatur handelt. Da die Signatur vor ihrer Beglaubigung jedoch von dem Notar ohnehin noch einmal zu prüfen ist (vgl. dazu nachfolgende Rdn 8), bedarf es einer zusätzlichen Prüfung auch durch den Signierenden nicht.

Zu beachten ist, dass die Signaturbeglaubigung die Beglaubigung einer Unterschrift im Rechtsverkehr noch nicht umfassend ersetzen kann, weil Urschriften sich derzeit elektronisch nicht abbilden lassen. Erklärungen, die im Rechtsverkehr in Urschrift vorzulegen sind, eignen sich daher bis auf Weiteres noch nicht für eine Signaturbeglaubigung. Dies gilt beispielsweise für Vollmachtsurkunden oder andere Nachweise für die Vertretungsberechtigung, die zum Nachweis der fortbestehenden Vertretungsmacht in Urschrift vorzulegen sind. 5

C. Inhalt des Beglaubigungsvermerks (Abs. 2)

Abs. 2 regelt – wenngleich nicht abschließend – den Inhalt des Beglaubigungsvermerks. Nach **S. 1** muss dieser entsprechend der Regelung in **§ 40 Abs. 1 S. 1 BeurkG** die Person bezeichnen, welche die qualifizierte elektronische Signatur anerkannt hat. Nach **S. 2** soll in dem Beglaubigungsvermerk zudem angegeben werden, ob die qualifizierte elektronische Signatur in Gegenwart des Notars oder mittels Videokommunikation anerkannt worden ist. Auf diese Weise erfüllt die elektronische Vermerkurkunde ihre Beweisfunktion auch im Hinblick auf den gewählten Verfahrenstyp. Weitere Anforderungen an den Inhalt des Beglaubigungsvermerks ergeben sich mittelbar aus **Abs. 4**, z.B. durch den Verweis auf **§ 10 Abs. 2 BeurkG**, wonach die Person der Beteiligten so genau bezeichnet werden soll, dass Zweifel und Verwechslungen ausgeschlossen sind (vgl. dazu die Ausführungen von *Tebben*, § 10 BeurkG Rdn 8 ff.). 6

Entspricht ein Beglaubigungsvermerk nicht den Mussvorschriften, so ist er rechtsunwirksam. Der Inhalt der Urkunde selbst wird dadurch nicht beeinflusst, sie bleibt eine einfache, nicht öffentlich beglaubigte Urkunde. Verletzungen der Sollvorschriften, etwa fehlende Angaben über die Anerkennung nach **Abs. 2 S. 2**, haben auf die Gültigkeit der Beglaubigung keinen Einfluss, mindern aber ihren Beweiswert. Weitere Konsequenzen können aufsichtsrechtliche Sanktionen sowie eine Schadensersatzpflicht des Notars sein.[9] 7

D. Signaturprüfung (Abs. 3)

Bei der Beglaubigung einer qualifizierten elektronischen Signatur ist auch der Tatbestand des **§ 39a Abs. 3 S. 1 BeurkG** eröffnet, weshalb grundsätzlich das Ergebnis der Signaturprüfung zu dokumentieren ist. Von diesem Grundsatz macht **Abs. 3** eine Ausnahme für den Fall, dass die elektronische Signatur durch den Beteiligten mittels Videokommunikation anerkannt worden ist. 8

Anlass für diese Einschränkung ist, dass die Signatur unmittelbar durch die Zertifizierungsstelle der Bundesnotarkammer als Vertrauensdienstanbieter im Sinne der eIDAS-VO sicher erzeugt wird, sodass weder Zweifel an der Integrität des signierten Dokuments noch an der Zuordnung der qualifizierten elektronischen Signaturen zu der Person bestehen können, die die qualifizierte elektronische Signatur anerkennt. Damit erübrigt sich eine zusätzliche Signaturprüfung.[10]

Demgegenüber bleibt es im Präsenzverfahren bei der Notwendigkeit einer Signaturprüfung und der Pflicht zur Dokumentation des Ergebnisses dieser Prüfung nach **§ 39a Abs. 3 S. 1 BeurkG**. Auch die in Gegenwart des Notars erst erzeugte Signatur ist daher vor der Beglaubigung noch einmal einer Prüfung zu unterziehen.

E. Notarielle Prüfungspflicht (Abs. 4)

Gem. **Abs. 4 S. 1** gelten **§ 10 Abs. 1, 2 und 3 S. 1 BeurkG** und **§ 40 Abs. 2 und 5 BeurkG** entsprechend. Damit entspricht der Umfang der notariellen Prüfungspflichten bei der Beglaubigung einer Signatur dem bei der Beglaubigung einer Unterschrift. 9

8 RegE zum DiRUG, BT-Drucks 19/28177, 147.
9 So auch *Winkler*, § 40a Rn 45.
10 RegE zum DiRUG, BT-Drucks 19/28177, 147.

10 Gem. **§ 10 BeurkG** muss der Notar die Identität der Beteiligten feststellen. Während der Notar im Präsenzverfahren nach **§ 10 Abs. 1 BeurkG** grundsätzlich nicht an gesetzliche Beweisregeln gebunden ist, sondern sich seine Überzeugung in freier und gewissenhafter Würdigung aller Verhältnisse zu bilden hat, müssen im Fall der Beglaubigung mittels Videokommunikation die Vorgaben der EU-Gesellschaftsrechtsrichtlinie (GesRRL)[11] beachtet werden: gem. **Art. 13j Abs. 4 i.V.m. Art. 13g Abs. 3b) i.V.m. Art. 13b GesRRL** muss die Identifizierung der Beteiligten auch bei der Online-Einreichung von Urkunden und Informationen über Gesellschaften – entsprechend den Anforderungen an die Identifizierung im Rahmen der Online-Gründung von Gesellschaften – anhand elektronischer Identifizierungsmittel des Ursprungsmitgliedsstaates oder elektronischer Identifizierungsmittel anderer Mitgliedsstaaten, die nach **Art. 6 eIDAS-VO** anerkannt werden, erfolgen. Die Identifizierung einer seine qualifizierte elektronische Signatur anerkennenden Person hat dabei gem. **Abs. 4 S. 2 i.V.m. § 16c BeurkG** im Wege eines Abgleichs des elektronisch ausgelesenen Lichtbildes mit dem im Rahmen der Videokommunikation übermittelten Abbild des Beteiligten zu erfolgen.

11 Da **Abs. 4** nicht auf **§ 10 Abs. 3 S. 2 BeurkG** verweist, darf die Beglaubigung nur vorgenommen werden, wenn sich der Notar zweifelsfrei Gewissheit über die handelnde Person verschaffen konnte.[12]

12 Mit Blick darauf, dass **Abs. 4** auch auf **§ 40 Abs. 5 S. 2 BeurkG** verweist, stellt sich die die Frage, ob auch bei der Signaturbeglaubigung eine **Blanko-Signatur** möglich ist. Beurkundungsrechtlich mag dies unter den gleichen Voraussetzungen, unter denen auch die Beglaubigung einer Blankounterschrift möglich wäre (vgl. dazu die Ausführungen von *Tebben*, § 40 BeurkG Rdn 17 f.), zulässig sein.[13] Berücksichtigt man jedoch die technische Funktionsweise der Signatur (vgl. dazu ausführlich die Ausführungen zu § 39a BeurkG Rdn 9 f.), so dürfte eine Blanko-Signatur tatsächlich kaum möglich sein. Denn in dem Moment, wo das blanko-signierte Dokument nachträglich ergänzt wird, ändert sich der Hash-Wert der signierten Datei und die Signatur wird unwirksam. Soweit in **Abs. 4** auch auf **§ 40 Abs. 5 S. 2 BeurkG** verwiesen wird, dürfte es sich daher nur um ein Redaktionsversehen handeln.[14]

F. Ablehnungsrecht (Abs. 5)

13 Nach **Abs. 5** kann der Notar – vergleichbar der Regelung in **§ 16a Abs. 2 BeurkG** – auch die Signaturbeglaubigung im Online-Verfahren ablehnen und die betreffende Person damit auf das Präsenzverfahren verweisen, wenn er die Erfüllung seiner Amtspflichten mittels Videokommunikation im Einzelfall nicht gewährleisten kann.

Von den in **§ 16a Abs. 2 BeurkG** aufgeführten Regelbeispielen wurde in **Abs. 5** jedoch ausschließlich die fehlende Gewissheit über die Person aufgenommen, während Zweifel an der Geschäftsfähigkeit oder Rechtsfähigkeit nicht ausdrücklich benannt wurden. Dies beruht auf den im Vergleich zur Beurkundung von Willenserklärungen nach den §§ 8 ff. BeurkG eingeschränkten Prüfungspflichten. Gem. **Abs. 4 S. 1 i.V.m. § 40 Abs. 2 BeurkG** ist die zu beglaubigende Urkunde seitens des Notars nur darauf zu prüfen, ob Gründe bestehen, seine Amtstätigkeit zu versagen. Auch verweisen weder **§ 40 BeurkG** noch **§ 40a BeurkG** auf die Bestimmung des **§ 11 BeurkG**, die für das Verfahren der Beurkundung von Niederschriften Regelungen betreffend Feststellungen über die Geschäftsfähigkeit der Beteiligten enthält. Dementsprechend hat der Notar bei der Beglaubigung einer qualifizierten elektronischen Signatur ebenso wie bei der Beglaubigung einer Unterschrift die Geschäftsfähigkeit grundsätzlich nicht zu prüfen.[15]

14 Auch im Onlineverfahren ist die Pflicht zur Identitätsfeststellung allerdings zentral, weshalb der Notar die Beglaubigung stets abzulehnen hat, wenn er an der Identität des Anerkennenden zweifelt. Dass **§ 40a BeurkG** ausgerechnet die Pflicht zur Identitätsfeststellung benennt, erscheint vor dem Hintergrund der Vorschrift daher wiederum nur ein gesetzgeberisches Versehen zu sein.[16]

11 Richtlinie (EU) 2017/1132 des Europäischen Parlaments und des Rates vom 14.6.2017 über bestimmte Aspekte des Gesellschaftsrechts.

12 So auch *Winkler*, § 40a Rn 39.

13 So noch *Winkler*, 20. Aufl., § 40a Rn 20; ähnlich Frenz/Miermeister/*Löffler*, § 40a BeurkG, Rn 25.

14 Ebenso nun BeckOK-BeurkG/*Bremkamp*, § 40a Rn 37, und ihm folgend – wenngleich offenbar noch nicht ganz überzeugt – *Winkler*, § 40a Rn 42.

15 Ebenso *Winkler*, § 40a Rn 43.

16 Ebenso BeckOK-BeurkG/*Brehmkamp*, § 40a Rn 30.

§ 40b Beglaubigung einer elektronischen Unterschrift

(1) Eine elektronische Unterschrift soll nur beglaubigt werden, wenn sie in Gegenwart des Notars auf einem zur elektronischen Erfassung der Unterschrift geeigneten Hilfsmittel vollzogen und in einem elektronischen Dokument bildlich wiedergegeben wird.
(2) Die §§ 13b und 40 Absatz 2 bis 5 gelten entsprechend.
(3) Die Absätze 1 und 2 gelten für die Beglaubigung von elektronischen Handzeichen entsprechend.

Anknüpfend an den im Zuge des Gesetzes zur Einführung einer elektronischen Präsenzbeurkundung[1] geänderten § 129 Abs. 3 BGB wurde auch ein neuer § 40b BeurkG geschaffen, der verfahrensrechtliche Vorgaben für die Beglaubigung eigenhändiger elektronischer Unterschriften und Handzeichen enthält. Die Regelung stellt dabei ausschließlich eine verfahrensrechtliche Bestimmung dar. Es steht im freien Ermessen des Notars, künftig zwischen den verschiedenen Formen der Vornahme einer Beglaubigung nach § 40 BeurkG bzw. § 40a BeurkG sowie nach § 40b BeurkG zu wählen. Er soll selbst die Entscheidung treffen können, in welcher Form er den ihm obliegenden gesetzlichen Urkundsgewährungsanspruch erfüllt, der sich insoweit nur auf die Vornahme einer Beglaubigung an sich bezieht; ein Anspruch auf eine bestimmte Form der Beglaubigung soll dagegen nicht bestehen. 1

Die von § 129 Abs. 3 BGB vorausgesetzte Eigenhändigkeit der elektronischen Unterschrift wird verfahrensrechtlich über die notarielle Amtspflicht nach Abs. 1 S. 1 sichergestellt. Danach soll der Notar eine Beglaubigung nur vornehmen, wenn die eigenhändige Unterschrift in seiner Gegenwart auf einem zur elektronischen Erfassung geeigneten Hilfsmittel vollzogen wird. Der Wortlaut ist bewusst eng angelehnt an den Wortlaut des § 40 Abs. 1 BeurkG, womit auch die zu den Anforderungen an den Vollzug einer eigenhändigen Unterschrift auf einer Urkunde in Rechtsprechung und Schrifttum entwickelten Grundsätze herangezogen werden können sollen. 2

Mangels Verkörperung des elektronischen Dokuments kann dieses naturgemäß nicht unmittelbar unterschrieben werden wie eine Urkunde. Unterschriften und Handzeichen müssen vielmehr auf einem zur elektronischen Erfassung geeigneten Hilfsmittel eigenhändig vollzogen und derart elektronisch erfasst werden, dass sie in dem Dokument bildlich wiedergegeben werden können. Es gelten insofern dieselben Anforderungen wie für das eigenhändige elektronische Unterschreiben einer elektronischen Niederschrift nach § 13a BeurkG.[2] 3

Abs. 1 regelt als weitere Voraussetzung, dass die elektronische Unterschrift in dem elektronischen Dokument, das elektronisch unterschrieben werden soll, bildlich wiedergegeben werden soll. Erst hierdurch wird der Bezug zwischen der notariell beglaubigten elektronischen Unterschrift und der betreffenden Erklärung hergestellt. Inhaltlich entspricht dies der Regelung in § 13a Abs. 3 BeurkG. 4

Ausdrücklich ausgeschlossen hat der Gesetzgeber die Möglichkeit zur Beglaubigung einer elektronischen Unterschrift, die vor dem Notar lediglich anerkannt wurde. Authentizität und Integrität eines Dokuments würden durch eine elektronische Unterschrift nicht geschützt; dieser Schutz werde erst durch die nach § 39a Abs. 1 BeurkG für die notarielle Beglaubigung notwendige qualifizierte elektronische Signatur des Notars gewährleistet. Durch den zwingenden Vollzug der elektronischen Unterschrift in Gegenwart des Notars werde sichergestellt, dass sich das elektronische Dokument im Zeitraum zwischen dem Vollzug der elektronischen Unterschrift durch die unterzeichnende Person und der Anbringung der qualifizierten elektronischen Signatur durch den Notar durchgängig in der Herrschaftssphäre des Notars befindet, wodurch Manipulationen effektiv verhindert würden. Ein gleichwertiger Manipulationsschutz ließe sich bei einer anerkannten elektronischen Unterschrift nicht gewährleisten. Der zwingende Vollzug der elektronischen Unterschrift in Gegenwart des Notars sei zudem Voraussetzung dafür, dass die Urkundsperson die Eigenhändigkeit gewährleisten könne. Bei Anerkennung einer elektronischen Unterschrift ließe sich nicht erkennen, ob es sich um einen eingefügten Unterschrifts- beziehungsweise Handzeichenscan handelt. 5

1 Vgl. den RegE eines Gesetzes zur Einführung einer elektronischen Präsenzbeurkundung, S. 18 f.

2 Vgl. die entsprechende Kommentierung zu § 13a BeurkG Rdn 7 f.

6 Ob diese Begründung tatsächlich überzeugt, mag dahinstehen. Grundsätzlich erscheint durchaus fraglich, inwieweit durch die Möglichkeit der Anerkennung einer elektronischen Unterschrift wertungsmäßig eine andere Situation als in der Papierwelt geschaffen würde, wo ja ebenfalls die Möglichkeit besteht, dass eine von einer anderen Person geleistete Unterschrift anerkannt wird. Der gesetzgeberische Wille ist jedoch eindeutig, sodass eine Anerkennung elektronischer Unterschriften nicht zulässig wäre.

7 Nach Abs. 2 gelten die Regelungen des § 40 Abs. 2 bis 5 BeurkG zur Beglaubigung von Unterschriften und Handzeichen entsprechend. Die bei der Beglaubigung elektronischer Unterschriften und Handzeichen nach § 40b BeurkG zu beachtenden Verfahrensregeln entsprechen insofern weitestgehend denjenigen im Falle von konventionellen Unterschrifts- und Handzeichenbeglaubigungen nach § 40 BeurkG. Außerdem gelten auch die in § 13b BeurkG geregelten technischen Rahmenbedingungen für elektronische Niederschriften bei der Beglaubigung elektronischer Unterschriften und Handzeichen entsprechend.

8 § 40b Abs. 3 BeurkG bestimmt, dass die verfahrensrechtlichen Vorgaben für die Beglaubigung einer elektronischen Unterschrift auch für die Beglaubigung eines elektronischen Handzeichens gelten.

§ 41 Beglaubigung der Zeichnung einer Namensunterschrift

[1]Bei der Beglaubigung der Zeichnung einer Namensunterschrift, die zur Aufbewahrung beim Gericht bestimmt ist, muß die Zeichnung in Gegenwart des Notars vollzogen werden; dies soll in dem Beglaubigungsvermerk festgestellt werden. [2]Der Beglaubigungsvermerk muß auch die Person angeben, welche gezeichnet hat. [3]§ 10 Absatz 1, 2 und 3 Satz 1 gilt entsprechend.

A. Anwendungsbereich

1 § 41 BeurkG regelt die Unterschriftsbeglaubigung der zur Aufbewahrung bei Gericht bestimmten **Zeichnung einer Namensunterschrift**. Bis zum 31.12.2006 sah das Handels- und Gesellschaftsrecht Pflichten zur Hinterlegung der Namensunterschrift beim Handelsregister (mit und ohne Firmenangabe) vor bspw. für Vorstandsmitglieder und Abwickler der Aktiengesellschaft, Geschäftsführer und Liquidatoren der GmbH, Einzelkaufleute, vertretungsberechtigte Gesellschafter und Liquidatoren einer OHG und KG. § 12 Abs. 1 HGB a.F. verlangte deshalb, alle vorgeschriebenen Zeichnungen in öffentlich beglaubigter Form bei Gericht einzureichen. Dem Rechtsverkehr sollte durch den Vergleich mit dem aufbewahrten Unterschriftsbild die Prüfung der Echtheit einer Unterschrift im Handelsverkehr erleichtert werden.[1] Das beglaubigte Handzeichen reichte folglich zur Niederlegung beim Registergericht nicht aus.[2]

Mit dem Gesetz über elektronische Handelsregister und Genossenschaftsregister sowie das Unternehmensregister (**EHUG**) vom 10.11.2006[3] entfiel die Pflicht zur Hinterlegung von Namensunterschriften. Die Möglichkeit, eingescannte Unterschriften zu publizieren, wurde wegen des Missbrauchsrisikos verworfen. Vor die Alternative gestellt, ein teilweise papiergebundenes Register nur für den Zweck der Hinterlegung von Namensunterschriften aufrecht zu erhalten, entschied der Gesetzgeber sich dafür, auf die Ermöglichung von Unterschriftsvergleichen gänzlich zu verzichten.[4] Damit hatte § 41 BeurkG den bisherigen Anwendungsbereich im Registerverfahren verloren.

B. Beurkundungsrechtliches Verfahren

2 Auch wenn wegen des Wegfalls der handelsrechtlichen Pflicht zur Hinterlegung von Namenszeichnungen der maßgebliche Anwendungsbereich für das Verfahren nach § 41 BeurkG entfallen ist, bestand kein Grund zur Streichung der **beurkundungsrechtlichen Vorschrift**, die die Beglaubigung von Unter-

1 RGZ 54, 168; OLG Hamm DNotZ 2001, 956, 958; *Winkler*, § 41 Rn 1; Frenz/Miermeister/*Limmer*, § 41 BeurkG Rn 1.
2 Vgl. hierzu OLG Hamm DNotZ 2001, 956, 958 f.
3 BGBl I 2006, 2553.
4 Vgl. Regierungsbegründung in: BT-Drucks 16/960, 47.

schriftszeichnungen ermöglicht. Schließlich handelt es sich nur um eine verfahrensrechtliche Möglichkeit, die vorgehalten wird und genutzt werden kann, falls sich doch ein Bedarfsfall ergeben sollte, etwa wenn eine Musterfirmazeichnung zur Einreichung beim österreichischen Firmenbuchgericht zu beglaubigen ist. Gegenstand des Verfahrens ist die Erstellung einer zur Aufbewahrung bei Gericht tauglichen Unterschriftsprobe. Die Beglaubigung einer Namenszeichnung nach § 41 BeurkG unterscheidet sich deshalb von der Unterschriftsbeglaubigung nach § 40 BeurkG dadurch, dass eine Anerkennung der Unterschrift allein nicht ausreicht. Die Zeichnung muss vielmehr **in Gegenwart des Notars** vollzogen und dieser Umstand muss **im Beglaubigungsvermerk** angegeben werden.[5]

Das Verfahren nach § 41 BeurkG kann nicht durch einen anderen behördlichen Akt ersetzt werden. Da es sich um eine Unterschriftsprobe zur Aufbewahrung bei Gericht handelt, muss feststehen, dass die angegebene Person die Unterschrift vollzogen hat. Nach S. 2 ist im Beglaubigungsvermerk deshalb zwingend anzugeben, wer die Unterschrift gezeichnet hat. Erforderlich sind ferner Angaben zur Art der **Identitätsfeststellung** (§ 41 S. 3 i.V.m. § 10 Abs. 3 S. 1 BeurkG; vgl. hierzu § 40 BeurkG Rdn 23), die Angabe von Ort und Tag der Ausstellung des Vermerks und natürlich Unterschrift und Siegel des Notars (§§ 39, 40 BeurkG). 3

Beurkundungsrechtlich ist es ebenfalls möglich, die Namenszeichnung statt in der Form des § 41 BeurkG als Tatsachenbeurkundung in Niederschriftsform (§ 37 BeurkG) festzuhalten.[6] Die Urschrift der Niederschrift bleibt jedoch in der Verwahrung des Notars (§ 45 BeurkG), wohingegen die Namenszeichnung zur Einreichung bei Gericht bestimmt ist. 4

§ 42 Beglaubigung einer Abschrift

(1) Bei der Beglaubigung der Abschrift einer Urkunde soll festgestellt werden, ob die Urkunde eine Urschrift, eine Ausfertigung, eine beglaubigte oder einfache Abschrift ist.

(2) Finden sich in einer dem Notar vorgelegten Urkunde Lücken, Durchstreichungen, Einschaltungen, Änderungen oder unleserliche Worte, zeigen sich Spuren der Beseitigung von Schriftzeichen, insbesondere Radierungen, ist der Zusammenhang einer aus mehreren Blättern bestehenden Urkunde aufgehoben oder sprechen andere Umstände dafür, daß der ursprüngliche Inhalt der Urkunde geändert worden ist, so soll dies in dem Beglaubigungsvermerk festgestellt werden, sofern es sich nicht schon aus der Abschrift ergibt.

(3) Enthält die Abschrift nur den Auszug aus einer Urkunde, so soll in dem Beglaubigungsvermerk der Gegenstand des Auszugs angegeben und bezeugt werden, daß die Urkunde über diesen Gegenstand keine weiteren Bestimmungen enthält.

(4) [1]Bei der Beglaubigung eines Ausdrucks oder einer Abschrift eines elektronischen Dokuments, das mit einer qualifizierten elektronischen Signatur versehen ist, soll das Ergebnis der Signaturprüfung dokumentiert werden. [2]§ 39a Absatz 3 Satz 2 gilt entsprechend.

Literatur *Bohrer*, Notarielle Form, Beurkundung und elektronischer Rechtsverkehr, DNotZ 2008, 39; *Kanzleiter*, Nicht mitkopierte Unterschrift des Notars auf beglaubigter Kopie, DNotZ 1993, 759; *Kanzleiter*, Der Zugang beurkundeter Willenserklärungen, DNotZ 1996, 931; *Kersten*, Ausfertigungen und Abschriften von notariellen Urkunden, ZNotP 2005, 205; *Malzer*, Elektronische Beglaubigung und Medientransfer durch den Notar nach dem Justizkommunikationsgesetz, DNotZ 2006, 9; *Püls*, Notarielle Tätigkeit im Lichte des Justizkommunikationsgesetzes, NotZB 2005, 305; *Reithmann*, Beurkundung, Beglaubigung, Bescheinigung durch inländische und durch ausländische Notare, DNotZ 1995, 360; *Weikart*, Elektronischer Rechtsverkehr für Notare: Bestandsaufnahme und Ausblick, NotBZ 2007, 73.

5 Frenz/Miermeister/*Limmer*, § 41 BeurkG Rn 2; *Winkler*, § 41 Rn 13, 16; Grziwotz/Sauer/Heinemann/*Heinemann/Grziwotz*, § 41 Rn 6, 9; vgl. auch OLG Frankfurt Rpfleger 1974, 71.

6 *Winkler*, § 41 Rn 16; *Lerch*, § 41 Rn 3; Grziwotz/Sauer/Heinemann/*Heinemann/Grziwotz*, § 41 Rn 11.

A. Allgemeines

1 Bei der Beglaubigung einer Abschrift bescheinigt der Notar die Übereinstimmung der Abschrift mit dem ihm vorgelegten Original. Die Abschriftsbeglaubigung ist in der Systematik des BeurkG eine weitere Form der **Tatsachenbeurkundung**,[1] wenn auch der „Erkenntnisprozess" des Notars regelmäßig keine unmittelbare vergleichende Wahrnehmung von Hauptschrift und Abschrift zum Gegenstand hat,[2] sondern lediglich die „mittelbare Wahrnehmung", dass die erzeugte Kopie aufgrund des Herstellungsvorgangs mit dem Original übereinstimmt.[3] Das rechtfertigt jedoch noch nicht den Schluss, dass mit dem Beglaubigungsvermerk lediglich die Wahrscheinlichkeit der Übereinstimmung bescheinigt würde, wobei einer solchen Bescheinigung nicht die Qualität einer Zeugnisurkunde nach § 418 ZPO zukäme.[4] Vielmehr ist der Inhalt des Vermerks „beim Wort zu nehmen", und das heißt, dass mit dem Beglaubigungsvermerk im Rechtsinne eine Zeugnisurkunde geschaffen wird. Für die Abschriftsbeglaubigung gelten also die allgemeinen Vorschriften des dritten Abschnitts sowie die Sonderregelung des § 42 BeurkG.

2 § 42 BeurkG bezieht sich nur auf Abschriftsbeglaubigungen, die als **selbstständige Amtshandlungen auf dem Gebiet der vorsorgenden Rechtspflege** zu erfüllen sind, also etwa nicht auf Abschriftsbeglaubigungen durch den Urkundsbeamten der Geschäftsstelle (§ 169 Abs. 2 S. 1 ZPO, § 13 Abs. 3 S. 2 FamFG), den Gerichtsvollzieher bei der Zustellung (§ 193 Abs. 1 S. 2 ZPO) oder für beglaubigte Abschriften aus dem Grundbuch oder dem Handelsregister (§ 12 Abs. 2 GBO, § 9 Abs. 4 S. 3 HGB). Das schließt jedoch nicht aus, auf § 42 BeurkG als Auslegungshilfe zurückzugreifen.[5] Der Rechtsanwalt ist zur Beglaubigung von Abschriften nur als Prozessbevollmächtigter aus Anlass der Zustellung im Zivilprozess befugt (§ 169 Abs. 2 S. 2 ZPO). Eine allgemeine öffentliche Beglaubigungs- oder Beurkundungsfunktion übt er nicht aus.[6]

3 **Zuständig** für die öffentliche Beglaubigung von Abschriften sind vor allem Notare (§ 20 Abs. 1 BNotO). § 68 BeurkG gestattet darüber hinaus dem Landesgesetzgeber, anderen Stellen die Zuständigkeit der öffentlichen Beglaubigung von Abschriften zu verleihen. Hiervon haben die Länder Hessen (zur Zuständigkeit der Ortsgerichtsvorsteher vgl. § 13 Abs. 2 Hess. OrtsGG) und Baden-Württemberg (zur Zuständigkeit der Ratsschreiber vgl. § 35b Abs. 2 LFGG BW) Gebrauch gemacht. Konsularbeamte sind gem. § 10 Abs. 1 Nr. 2 KonsG zur Beglaubigung von Abschriften befugt. § 10 Abs. 3 Nr. 3 KonsG enthält eine Einschränkung für nicht beglaubigte Abschriften. Abschriften hiervon soll der Konsularbeamte nicht beglaubigen, da infolge des Beglaubigungsvermerks von Personen, die der deutschen Sprache nicht mächtig sind, auf eine Authentizität des Dokuments geschlossen werden könnte, die bei der Beglaubigung einer einfachen Abschrift nicht gewährleistet ist.[7]

B. Haupturkunde und Abschrift

4 Haupturkunde (Hauptschrift) ist die Urkunde, mit der eine Abschrift übereinstimmen soll, deren Inhalt also in der Abschrift wiedergegeben sein muss. Es kann sich dabei sowohl um eine öffentliche als

1 Vgl. Frenz/Miermeister/*Limmer*, § 42 BeurkG Rn 1; *Lerch*, § 42 Rn 1; *Winkler*, § 42 Rn 1 Fn 1; Grziwotz/Sauer/Heinemann/*Heinemann/Grziwotz*, § 42 Rn 2.
2 A.A. BeckOK-BNotO/*Sander*, § 20 Rn 82; *Reithmann*, DNotZ 1995, 360, 368; Arndt/Lerch/Sandkühler/*Sandkühler*, § 20 Rn 43.
3 *Winkler*, § 42 Rn 1 Fn 1; *Lerch*, § 42 Rn 1.
4 A.A. *Bohrer*, DNotZ 2008, 39, 40 f.
5 *Winkler*, § 42 Rn 4 (entsprechende Anwendung); Grziwotz/Sauer/Heinemann/*Heinemann/Grziwotz*, § 42 Rn 5; vgl. auch BSG NZS 1994, 431, 432 (hier zu §§ 44, 49 BeurkG).
6 BGHZ 92, 76, 79; OLG Düsseldorf ZfBR 2011, 514; Grziwotz/Sauer/Heinemann/*Heinemann/Grziwotz*, § 42 Rn 6.
7 *Hoffmann*, § 10 KonsG Rn 3. 3. 5. 6 [9. Erg].

auch um eine private Urkunde, um eine Urschrift, eine Ausfertigung oder eine Abschrift handeln (zum Grundbuchabdruck nach § 133a GBO siehe § 39 BeurkG Rdn 3).[8] Abs. 1 gestattet ausdrücklich auch Abschriftsbeglaubigungen von einfachen Abschriften. Dies begegnet mitunter Bedenken, da offenbleiben muss, ob die als Hauptschrift zugrunde gelegte Abschrift ihrerseits dem ihr zugrunde liegenden Original entspricht. Die Konsularbeamten sollen aus diesem Grund keine Abschriften nicht beglaubigter Abschriften beglaubigen, § 10 Abs. 3 Nr. 3 KonsG, und auch den Notaren wird empfohlen, vor der Beglaubigung einfacher Abschriften den Verwendungszweck der zu erstellenden beglaubigten Abschrift kritisch zu prüfen.[9] Vor dem Hintergrund der Urkundsgewährungspflicht aus § 15 BNotO, dem klaren Wortlaut des Abs. 1 und der Warnfunktion des Beglaubigungsvermerks, der die rechtliche Qualität der Hauptschrift feststellen muss, besteht jedoch keine Grundlage, die Beglaubigung einfacher Abschriften von gesetzlich nicht vorgesehenen Voraussetzungen abhängig zu machen. Allerdings ist es dem Notar auch nicht verwehrt, nach seinem Ermessen im Beglaubigungsvermerk auf den geringen Beweiswert der beglaubigten Abschrift einer einfachen Abschrift ausdrücklich hinzuweisen.

Auch von Personenstandsurkunden können beglaubigte Abschriften erteilt werden; diese durch den Notar beglaubigten Abschriften sind jedoch selbst keine Personenstandsurkunden i.S.d. § 55 PStG und genießen folglich nicht die Beweiskraft einer Personenstandsurkunde nach § 54 Abs. 1 PStG.[10] Die Haupturkunde muss nicht im Wortsinn ein „Schrift"-stück sein. Auch von Plänen oder Zeichnungen darf der Notar beispielsweise Abschriften beglaubigen.[11] Augenscheinsobjekte, die kein Schriftstück darstellen, z.B. USB-Sticks oder andere Träger elektronisch gespeicherter Daten, sind keine Urkunden i.S.d. § 42 BeurkG (zur notariellen Prioritätsverhandlung siehe § 43 BeurkG Rdn 2 f.).[12] Allerdings kann gemäß § 39 BeurkG (ggf. i.V.m. Abs. 4) ein Ausdruck oder eine Abschrift eines elektronischen Dokuments beglaubigt werden, das auf einem solchen Datenträger gespeichert ist.[13] Die Hauptschrift kann auch eine Zusammenfassung verschiedener Urkunden sein.[14] Das Fehlen einer dem § 49 Abs. 3 S. 1 BeurkG entsprechenden Vorschrift verbietet nicht die Abschriftsbeglaubigung einer solchen Hauptschrift durch einen einzigen Beglaubigungsvermerk[15] (zu fremdsprachigen Hauptschriften vgl. unten Rdn 10). Wenn die solchermaßen zusammengesetzte Hauptschrift teils Urschrift, teils beglaubigte, teils einfache Abschrift ist, muss die Feststellung nach § 42 Abs. 1 BeurkG entsprechend differenzieren.

5 Abschriften sind Abschriften im wörtlichen Sinne, aber auch sonstige durch Ablichtung, Abdrucken usw. hergestellte Vervielfältigungen des Originals (vgl. § 39 BeurkG). Dabei kann die automatisch erzeugte Kopie auch den Hinweis „Kopie/Copy" tragen, ohne hiermit die Klarheit des Beglaubigungsvermerks, der die Abschrift von einer Urschrift bezeugt, zu schmälern;[16] allerdings ist dies weder üblich noch empfehlenswert. Auch der Ausdruck eines gespeicherten Textes ist Abschrift. Bestätigt wird nur die inhaltliche Übereinstimmung mit der Haupturkunde. Enthält die Haupturkunde eine Unterschrift, kann in einer Abschrift, die das Schriftbild der Unterschrift nicht wiedergibt, der Name maschinenschriftlich eingefügt und z.B. durch den Zusatz „gez." deutlich gemacht werden, dass sich hier im Original die Unterschrift befindet[17] (zur Problematik der unleserlichen Unterschrift siehe auch § 13 BeurkG Rdn 47 ff.). Wegen der **Gleichwertigkeit der Abschriftsverfahren** macht es keinen Unterschied, dass eine Kopie der Unter-

8 Frenz/Miermeister/*Limmer*, § 42 BeurkG Rn 2; *Lerch*, § 42 Rn 4 f.; Grziwotz/Sauer/Heinemann/*Heinemann/Grziwotz*, § 42 Rn 8; *Winkler*, § 42 Rn 12.

9 Rundschreiben Nr. 2/2019 der Bundesnotarkammer (Verwendung notariell beglaubigter Dokumente im Ausland).

10 Vgl. DNotI-Report 2000, 109 f.

11 Frenz/Miermeister/*Limmer*, § 42 BeurkG Rn 2; Grziwotz/Sauer/Heinemann/*Heinemann/Grziwotz*, § 42 Rn 7; *Lerch*, § 42 Rn 4 f; *Winkler*, § 42 Rn 12 ff.

12 Grziwotz/Sauer/Heinemann/*Heinemann/Grziwotz*, § 42 BeurkG Rn 7; *Winkler*, § 42 Rn 13a (Tonbänder, Schallplatten, CD-ROMs, Disketten, USB-Sticks, elektronische Dokumente, Filme etc. sind keine Urkunden i.S.v. § 42 BeurkG).

13 *Malzler*, DNotZ 2006, 9, 16.

14 OLG Frankfurt a.M. v. 6.5 2024 – 20 W 184/23, FGPrax 2024, 247; Grziwotz/Sauer/Heinemann/*Heinemann/Grziwotz*, § 42 Rn 8; vgl. auch KG DNotZ 2006, 550, 552.

15 Grziwotz/Sauer/Heinemann/*Heinemann/Grziwotz*, § 42 Rn 8; *Winkler*, § 42 Rn 12.

16 Gutachten DNotI-Report 2015, 1, 2 (mit dem Hinweis, dass im Vermerk evtl. eine vorsorgliche Klarstellung aufzunehmen sei, dass die Hauptschrift keinen Zusatz „Kopie/Copy" trägt).

17 Frenz/Miermeister/*Limmer*, § 42 BeurkG Rn 8; Grziwotz/Sauer/Heinemann/*Heinemann/Grziwotz*, § 42 Rn 17; *Winkler*, § 42 Rn 9 f. jeweils m.w.N.; vgl. auch BGH NJW 1975, 781; OLG Frankfurt, DNotZ 1993, 757 m. Anm. *Kanzleiter*; OLG Düsseldorf NZG 2021, 36; entsprechend zur Erteilung der beglaubigten Abschrift eines Erbscheins: OLG Düsseldorf FGPrax 2021, 26, 27.

schrift technisch möglich gewesen wäre. Der Ort des Siegels wird üblicherweise durch die Abkürzung „L.S." (für locus sigilli) gekennzeichnet.[18]

Wird eine beglaubigte Abschrift vorgelegt, ist unabhängig davon, mit welchem technischen Verfahren die Abschrift hergestellt wurde, allein der Beglaubigungsvermerk des Notars entscheidend, der die inhaltliche Übereinstimmung feststellt und damit dokumentiert, dass ein unterschriebenes Original vorlag.[19] Das gilt gleichermaßen bei der elektronischen Abschriftsbeglaubigung.[20]

6 Abschriften können von dem Notar erstellt, aber auch von den Beteiligten mitgebracht werden,[21] wobei letzterenfalls an den Notar erhöhte Anforderungen für die Feststellung der Übereinstimmung der Abschrift mit dem Original zu stellen sind. Ist die Haupturkunde eine Ausfertigung oder eine beglaubigte Abschrift, ist die Wiedergabe des Beglaubigungs- oder Ausfertigungsvermerks in die Abschrift aufzunehmen.[22]

C. Verfahren

I. Prüfung durch den Notar

1. Übereinstimmung von Haupturkunde und Abschrift

7 Mit der Abschriftsbeglaubigung bestätigt der Notar die inhaltliche Übereinstimmung einer bestimmten Abschrift mit einer bestimmten Hauptschrift.[23] Der Notar darf den Beglaubigungsvermerk erst erteilen, nachdem er die Übereinstimmung durch eigene Prüfung festgestellt hat.[24] Eine genaue Kollationierung ist nicht erforderlich, wenn der Notar sich auf die Zuverlässigkeit seines technischen Geräts verlassen kann.[25] Die inhaltliche Übereinstimmung kann also durch Kenntnisnahme des Inhalts, durch visuellen Vergleich der Zeichen oder anhand der Art und Weise der Erstellung der Abschrift festgestellt werden.

8 Ist dem Notar eine inhaltliche Kenntnisnahme nicht möglich, weil es sich bei der Haupturkunde um einen für ihn **nicht verständlichen** fremdsprachigen Text, um für ihn nicht verständliche technische Aufzeichnungen, Formeln etc. handelt, bleiben ihm zur Überprüfung der Übereinstimmung die Möglichkeiten des Zeichenvergleichs und der technischen Vervielfältigung der Haupturkunde (zur inhaltlichen Überprüfung aufgrund allgemeiner Amtspflicht vgl. auch Rdn 10 ff.). Ist die Haupturkunde eine Ausfertigung oder eine beglaubigte Abschrift, setzt die Feststellung der Übereinstimmung voraus, dass der aus der Haupturkunde ersichtliche Beglaubigungs- oder Ausfertigungsvermerk in die Abschrift aufgenommen wurde.

2. Eingeschränkte Prüfungspflicht aufgrund allgemeiner Amtspflicht (Evidenzkontrolle)

9 Auch bei der Abschriftsbeglaubigung unterliegt der Notar den allgemeinen Vorschriften, insbesondere dem Gebot des § 4 BeurkG, amtspflichtwidrige Tätigkeiten nicht vorzunehmen.[26] Ein Ablehnungsgrund kann sich etwa aus der Art der Besitzerlangung durch den Antragsteller ergeben. Die **Rechtsverhältnisse an dem Papier** sind für die notarielle Amtshandlung der Abschriftsbeglaubigung zwar ohne Bedeutung. Etwas anderes gilt jedoch grundsätzlich dann, wenn für den Notar erkennbar ist, dass die Haupturkunde dem wahren Berechtigten gestohlen wurde oder sonst abhanden gekommen ist oder dass die Vervielfältigung erkennbar unzulässig ist, da in diesem Fall die Verfolgung unredlicher oder unerlaubter Zwecke nahe liegt.[27] Im Ausnahmefall kann ein höherrangiges Interesse aber auch die Inhaltssicherung der Ur-

18 OLG Düsseldorf NZG 2021, 36.
19 Frenz/Miermeister/*Limmer*, § 42 BeurkG Rn 8; *Kanzleiter*, DNotZ 1993, 759; *Winkler*, § 42 Rn 10; a.A.: LG Aachen Rpfleger 1983, 310; offengelassen: OLG Frankfurt DNotZ 1993, 757, 758 m.w.N. zum Streitstand.
20 LG Chemnitz RNotZ 2007, 165 = MittBayNot 2007, 340 m. Anm. *Strauß*; LG Regensburg MittBayNot 2007, 522 (LS); LG Regensburg RNotZ 2008, 306 m. Anm. *Kirchner*; LG Hagen RNotZ 2007, 491 f.
21 Frenz/Miermeister/*Limmer*, § 42 BeurkG Rn 7; Grziwotz/Sauer/Heinemann/*Heinemann/Grziwotz*, § 42 Rn 19.
22 *Lerch*, § 42 Rn 13; Grziwotz/Sauer/Heinemann/*Heinemann/Grziwotz*, § 42 Rn 8.
23 BGHZ 31, 5 = DNotZ 1960, 260, 262; BGHZ 36, 204; LG Berlin DNotZ 1968, 52.
24 BayObLG 1980, 180, 183; Frenz/Miermeister/*Limmer*, § 42 BeurkG Rn 9; Grziwotz/Sauer/Heinemann/*Heinemann/Grziwotz*, § 42 Rn 11; *Winkler*, § 42 Rn 14.
25 Vgl. *Lerch*, § 42 Rn 9.
26 BMJ DNotZ 1983, 521, 522; *Winkler*, § 42 Rn 15 f.; Frenz/Miermeister/*Limmer*, § 42 BeurkG Rn 10 (Evidenzkontrolle); Grziwotz/Sauer/Heinemann/*Heinemann/Grziwotz*, § 42 Rn 21 f.
27 Frenz/Miermeister/*Limmer*, § 42 BeurkG Rn 10; Grziwotz/Sauer/Heinemann/*Heinemann/Grziwotz*, § 42 Rn 22; *Winkler*, § 42 Rn 14.

kunde erforderlich machen, deren derzeitiger Besitz oder deren derzeitige Verwendung rechtswidrig oder sogar strafbar ist.[28]

Auch aufgrund des **Inhalts der Urkunde** kann theoretisch eine Amtsverweigerung (§ 4 BeurkG) geboten sein, um unredliche oder gesetzwidrige Zwecke nicht zu unterstützen. Aus diesem Grund ist die Beglaubigung der Kopie eines fremdsprachigen Textes problematisch. Um im Rahmen einer **Evidenzkontrolle**[29] über eine etwaige Amtsverweigerung entscheiden zu können, muss der Notar vom Inhalt der Haupturkunde soweit Kenntnis nehmen, was allerdings nicht i.S.e. Lesens der Urkunde zu verstehen ist (siehe Rdn 11).[30] Verbreitet wird eine solche auch auf den Inhalt bezogene Evidenzkontrolle allerdings generell abgelehnt, jedoch für den Sonderfall der Beglaubigung der Abschrift eines fremdsprachigen Textes eine Evidenzkontrolle diskutiert.[31] Die Einhaltung dieser hier allgemeiner auf den Inhalt bezogenen Pflicht stößt in der Tat namentlich dann an Grenzen, wenn die Haupturkunde für den Notar inhaltlich nicht verständlich ist, weil es sich etwa um einen **fremdsprachigen Text** handelt. Zum Teil wird die Ansicht vertreten, dass der Notar in diesem Fall keine Abschriftsbeglaubigung vornehmen dürfe, wenn er die Sprache nicht verstehe.[32] Hinweise des BMJ aus dem Jahre 1983, die auf entsprechende Leitlinien des Justizministeriums Baden-Württemberg zurückgehen,[33] erlauben dem Notar, der die Sprache, womöglich auch die Schriftzeichen, nicht kennt, eine Beglaubigung grundsätzlich nur dann, wenn in Anlehnung an § 40 Abs. 5 BeurkG ein Grund für die Notwendigkeit der Beglaubigung glaubhaft gemacht wird. 10

Stellungnahme: Das Postulat einer generellen Ablehnungspflicht kann nicht überzeugen.[34] Ausgangspunkt der Prüfung hat vielmehr die Pflicht zur Urkundsgewährung nach § 15 Abs. 1 BNotO zu sein. Die Übereinstimmung von Haupturkunde und Abschrift kann schließlich festgestellt werden. Auch die Prüfung eines besonderen Beglaubigungsgrundes erscheint nicht sachgerecht. Zum einen gilt hier nicht anders als bei der Unterschriftsbeglaubigung, dass § 40 Abs. 5 BeurkG auf eine völlig andere Situation, ein Zeitproblem, zugeschnitten ist und der Problematik der Beglaubigung eines fremdsprachigen Textes nicht gerecht wird (vgl. § 40 BeurkG Rdn 28 ff.). *Winkler* kritisiert überdies die Umständlichkeit und Praxisferne des Verfahrens.[35] 11

Das Problem ist letztendlich die (eingeschränkte) Prüfungspflicht des Notars. Die Einhaltung dieser Pflicht kann aber auf die Besonderheit der Situation zugeschnitten werden. Lassen die **Umstände** des an den Notar gerichteten Ansuchens oder der auf **Nachfrage** (in der Sprache des Ansuchens) ermittelte Inhalt der Haupturkunde ausnahmsweise den Schluss zu, dass die Amtstätigkeit der Verfolgung gesetzwidriger oder unredlicher Zwecke dienen soll, muss der Notar die Beglaubigung verweigern.[36] An die Nachfragepflicht sind hier allerdings wesentlich geringere Anforderungen zu stellen als etwa bei der Unterschriftsbeglaubigung, da der Gegenstand des Amtsgeschäft schließlich nur die Feststellung der inhaltlichen Übereinstimmung von Haupturkunde und Abschrift ist, so dass sich die Frage, ob etwa hinsichtlich möglicher Unwirksamkeit der Erklärung weiterer, von dem Notar nicht zu leistender Prüfungsbedarf besteht, nicht stellt. Im Hinblick auf die vor dem Hintergrund des § 15 Abs. 1 BNotO aufzuwerfende Frage nach einem **Amtsverweigerungsrecht** ist auf die Besonderheiten der Prüfungssituation zu verweisen. Insofern ist es gerechtfertigt, die Entscheidung, nicht anders als bei der Unterschriftsbeglaubigung, dem **pflichtgemäßen Ermessen des Notars** zu überlassen (vgl. § 40 BeurkG Rdn 31).[37]

28 *Winkler*, § 42 Rn 14; ausführlich: *Huhn/von Schuckmann*, 3. Aufl., § 42 Rn 16.

29 Zur Evidenzkontrolle: *Winkler*, § 42 Rn 14; Frenz/Miermeister/*Limmer*, § 42 BeurkG Rn 10 (Evidenzkontrolle); siehe auch Grziwotz/Sauer/Heinemann/*Heinemann/Grziwotz*, § 42 Rn 21 f. (Evidenzkontrolle nach Maßgabe des § 4 BeurkG).

30 Vgl. BMJ DNotZ 1983, 521, 522.

31 Vgl. Grziwotz/Sauer/Heinemann/*Heinemann/Grziwotz*, § 42 Rn 22; *Winkler*, § 42 Rn 14 (Prüfung erstreckt sich nicht auf Inhalt; Notar dürfe aber nicht erkennbar unredlichen Zwecken seine Hilfe gewähren), 18 (Ablehnungsrecht, wenn Notar Prüfung des Inhalts nicht vornehmen kann, Ablehnungspflicht nur im Ausnahmefall).

32 *Huhn/von Schuckmann*, 3. Aufl., § 42 Rn 20; einschränkend auch: *Lerch*, § 42 Rn 9 f.

33 BMJ DNotZ 1983, 521 ff.; wiedergegeben z.B. im DNotI-Report 2008, 145, 146.

34 Vgl. auch Frenz/Miermeister/*Limmer*, § 42 BeurkG Rn 11; *Winkler*, § 42 Rn 16 ff.

35 *Winkler*, § 42 Rn 20.

36 Vgl. auch *Winkler*, § 42 Rn 23; Arndt/Lerch/Sandkühler/*Sandkühler*, § 20 Rn 45.

37 *Winkler*, § 42 Rn 18 (Notar kann ablehnen, wenn er Prüfung nach § 4 BeurkG nicht vornehmen kann; einschränkender Vermerk, Ablehnungspflicht in Ausnahmefällen).

II. Beglaubigungsvermerk

12 Die Abschriftsbeglaubigung geschieht durch einen Beglaubigungsvermerk. Nach früherem Recht (z.B. Art. 57 PrFGG) hatte ein derartiger Beglaubigungsvermerk die Übereinstimmung der Abschrift mit der Hauptschrift zu bezeugen. Eine solche Inhaltsbestimmung für den Vermerk ist im BeurkG nicht enthalten, wird aber als selbstverständlich vorausgesetzt. Der Beglaubigungsvermerk soll angeben, ob es sich bei der Haupturkunde um eine Urschrift, eine Ausfertigung, eine beglaubigte oder eine einfache Abschrift handelt (Abs. 1). Der Notar muss den Beglaubigungsvermerk unterschreiben (zur Unterschrift des Notars vgl. oben § 13 BeurkG Rdn 69 ff.) und der Unterschrift sein Siegel beifügen (vgl. § 39 BeurkG Rdn 23). Besteht die Abschrift aus mehreren Blättern, sind die Blätter mit Schnur und Siegel zu verbinden (§ 44 BeurkG, § 14 DONot). Ebenso ist zu verfahren, wenn Abschriften von mehreren Haupturkunden einheitlich mit einem einzigen Beglaubigungsvermerk beglaubigt werden sollen. Dies ist zulässig, und zwar unabhängig davon, ob die Hauptschriften eine körperliche oder inhaltliche Verbindung miteinander aufweisen (vgl. oben Rdn 4).[38] Ort und Tag der Ausstellung sollen angegeben werden (§ 39 BeurkG). Der Beglaubigungsvermerk muss nicht unmittelbar im Anschluss an die Prüfung der Übereinstimmung von Abschrift und Hauptschrift ausgestellt werden, sondern kann errichtet werden, solange sich der Notar noch an seine Prüfungshandlung erinnern kann (vgl. entsprechend zur Unterschriftsbeglaubigung § 40 BeurkG Rdn 25). In diesem Fall muss dem Notar bei Ausstellung des Beglaubigungsvermerks die Hauptschrift auch nicht mehr vorliegen.

III. Mängel der Hauptschrift

13 Enthält die abzuschreibende Urkunde Lücken, Durchstreichungen, Änderungen, unleserliche Wörter, erkennbare Löschungen oder Radierungen von Schriftzeichen usw., so ist dies im Beglaubigungsvermerk festzustellen, es sei denn, dass sich diese Mängel schon aus der Abschrift selbst ergeben (Abs. 2). Ist die Abschrift ein genaues Abbild der Hauptschrift, aus dem die Mängel ersichtlich sind, bedarf es also keiner besonderen Feststellung der Mängel im Beglaubigungsvermerk.[39] Sind die Mängel in der Haupturkunde sehr zahlreich, ist es zweckmäßig, sie nicht im Beglaubigungsvermerk, sondern in der Abschrift selbst an der fraglichen Stelle durch einen (Rand-)Vermerk zu bezeichnen. Im Beglaubigungsvermerk muss darauf Bezug genommen werden. Kommt es auf die Art der Mängel an, so kann der Notar die Abschriftsbeglaubigung mit einer Tatsachenbeurkundung verbinden, in der er seine Wahrnehmungen über die Mängel oder sonstigen Kennzeichen der Hauptschrift beschreibt.

14 Abs. 2 gilt nur für Urkunden, die dem Notar zwecks Abschriftsbeglaubigung vorgelegt werden. Die Vorschrift ist also nicht anzuwenden auf Urkunden, die sich in der Verwahrung des Notars befinden. Anderenfalls müsste der Notar bei jeder Abschrift einer von ihm hergestellten Urkunde im Beglaubigungsvermerk alle Änderungen, Streichungen, Randvermerke anführen, was ebenso unzumutbar wie dem Sinne des Gesetzes nach unnötig wäre.[40] Abs. 2 passt schlicht nicht auf den Sachverhalt.

IV. Beglaubigung von Auszügen

15 Der Notar darf auch Auszüge aus der Haupturkunde beglaubigen. In dem Beglaubigungsvermerk soll angegeben werden, dass die Hauptschrift über den zu bezeichnenden Gegenstand des Auszuges weiter nichts enthält (Abs. 3). Insoweit wird eine dahingehende inhaltliche Überprüfung durch den Notar vorausgesetzt.[41]

D. Beglaubigung des Ausdrucks oder der Abschrift eines elektronischen Dokuments

16 Durch Art. 8 Nr. 2b des Gesetzes über die Verwendung elektronischer Kommunikationsformen in der Justiz (Justizkommunikationsgesetz – JKomG)[42] wurde die Regelung über die Abschriftsbeglaubigung um

38 OLG Frankfurt a.M. v. 6.5.2024 – 20 W 184/23, FGPrax 2024, 247.
39 *Winkler*, § 42 Rn 27; *Lerch*, § 42 Rn 6; Grziwotz/Sauer/Heinemann/*Heinemann/Grziwotz*, § 42 Rn 24.
40 *Winkler*, § 42 Rn 28 f.; vgl. auch Grziwotz/Sauer/Heinemann/*Heinemann/Grziwotz*, § 42 Rn 24 f. (zur Bedeutung des § 44a BeurkG).
41 Frenz/Miermeister/*Limmer*, § 42 BeurkG Rn 13.
42 BGBl I 2005, 837.

einen Abs. 4 ergänzt. Art. 8 Nr. 2a JKomG führte zugleich mit § 39a BeurkG das Institut des einfachen elektronischen Zeugnisses ein. Abs. 4 betrifft die Herstellung beglaubigter Ausdrucke oder sonstiger Papierabschriften eines mit einer qualifizierten elektronischen Signatur versehenen elektronischen Dokuments (zur qualifizierten elektronischen Signatur vgl. § 39a BeurkG Rdn 8 ff.). Die Norm regelt damit nur eine Fallgruppe der durch das JKomG ermöglichten Anwendungsfälle der urkundenrechtlichen Behandlung elektronischer Dokumente, nämlich die **Transformation elektronischer Dokumente in Papierdokumente**.

Gegenstand des Tatsachenzeugnisses des Notars ist die **Übereinstimmung des Ausdrucks mit dem elektronischen Dokument** und das (positive) **Ergebnis der Signaturprüfung mit der Zuordnung zu einer bestimmten Person**.[43] Der Notar beglaubigt damit nicht nur die Übereinstimmung der Dokumente, wie es bei der Beglaubigung der Abschrift eines papiergebundenen Dokuments der Fall ist, sondern auch den Vorgang des Überführens des elektronischen Dokuments in das Papierdokument („Ausdruck"), mithin den erfolgreichen Medientransfer.[44] Das Gesetz zur Modernisierung des notariellen Berufsrechts und zur Änderung weiterer Vorschriften vom 25.6.2021[45] hat in Abs. 4 den Begriff „Ausdruck" um die Formulierung „oder einer Abschrift" ergänzt, um klarzustellen, dass es nur auf die inhaltliche und nicht auf die bildliche Übereinstimmung ankommt.[46] Für das Ergebnis der Signaturprüfung hat der Notar die Unversehrtheit der qualifizierten elektronischen Signatur festzustellen. Um dem Urkundsgewähranspruch aus § 15 Abs. 1 BNotO zu genügen, müssen Notare also über die Notariatssoftware verfügen, die den Anforderungen des Abs. 4 genügende Signaturprüfungsprotokolle erstellt. Ist das elektronische Dokument mit der qualifizierten elektronischen Signatur eines Notars versehen, ergibt sich aus der mit dem DiRUG eingefügten Verweisung in Abs. 4 S. 2 auf § 39a Abs. 3 S. 2 BeurkG, dass die Dokumentation dieser Signatur genügt, also etwaige sonst beigefügte Signaturen nicht zu prüfen sind. 17

Detaillierte Vorgaben, wie § 33 Abs. 5 S. 1 Nr. 1 VwVfG sie für den **Beglaubigungsvermerk** regelt, enthält Abs. 4 nicht. In der Gesetzesbegründung wird darauf verwiesen, dass solche Vorgaben nicht nur entbehrlich seien, sondern dem Sinn und Zweck des § 37 BeurkG widersprächen.[47] 18

E. Beweiswert der Abschriftsbeglaubigung

Eine öffentliche Urkunde ist der Beglaubigungsvermerk, nicht aber die beglaubigte Abschrift selbst. Der Beglaubigungsvermerk weist nur die inhaltliche Übereinstimmung der Abschrift mit der Urschrift nach.[48] Im Gegensatz zur Ausfertigung tritt die beglaubigte Abschrift nicht an die Stelle der Urschrift. Deshalb ist im Hinblick auf den Beweiswert der beglaubigten Abschrift zu differenzieren. Sie kommt als Nachweismittel überhaupt nur dann in Betracht, wenn es im Rechtsverkehr nicht auf die Vorlage der Urschrift ankommt, wenn also nicht allein an den Besitz der Originalurkunde Rechtsfolgen geknüpft werden. **Legitimationsurkunden** wie Vollmachtsurkunden (§ 172 BGB), Bestallungen, Erbscheine usw. müssen deshalb stets in Urschrift oder Ausfertigung vorgelegt werden (siehe auch § 12 BeurkG Rdn 13).[49] Der Notar kann allerdings im Wege einer Tatsachenbeurkundung feststellen, dass eine Person zu einem bestimmten Zeitpunkt Besitzer einer Urschrift oder Ausfertigung ist. Erst die beglaubigte Abschrift zusammen mit dem notariellen Zeugnis über die Besitzverhältnisse ist geeignet, die Legitimation des Betreffenden nachzuweisen (siehe auch § 12 BeurkG Rdn 13; zur Vollmachtsbescheinigung vgl. § 12 BeurkG Rdn 37 sowie § 39 BeurkG Rdn 9 f.).[50] 19

Vor der Umstellung auf das elektronische Handelsregister galt dieser Grundsatz auch für Legitimationsurkunden, die der Anmeldung beizufügen waren. Da § 12 Abs. 2 S. 1 HGB jedoch verlangt, dass sämtliche

43 *Malzer*, DNotZ 2006, 9, 17; *Weikart*, NotBZ 2007, 73, 81; *Winkler*, § 42 Rn 41.

44 *Malzer*, DNotZ 2006, 9, 12; *Püls*, NotBZ 2005, 305, 307; *Weikart*, NotBZ 2007, 73, 81; *Winkler*, § 42 Rn 41.

45 BGBl 2021 I S. 2154.

46 Begründung RegE, BT-Drucks 19/26828, S. 214; vgl. auch OLG Düsseldorf NZG 2021, 36.

47 BT-Drucks 15/4064, 54.

48 OLG Köln FGPrax 2009, 6, 8; *Lerch*, § 42 Rn 16; Grziwotz/Sauer/Heinemann/*Heinemann/Grziwotz*, § 42 Rn 48.

49 BGHZ 102, 60, 63; BGH NJW 2002, 2325, 2326; *Lerch*, *Winkler*, § 42 Rn 19 m.w.N.; *Winkler*, § 42 Rn 34 a.E.

50 BayObLG DNotZ 2000, 293 f. mit Anm. *Limmer*; BayObLG RNotZ 2002, 53 = MittBayNot 2002, 112; OLG Frankfurt Rpfleger 1997, 63; *Lerch*, § 42 Rn 20 m.w.N; vgl. auch KG DNotZ 2012, 299, 300 (Grundbuchamt kann jedenfalls dann keine Vorlage des Originals einer steuerlichen Unbedenklichkeitsbescheinigung verlangen, wenn Notar zugleich bestätigt, dass ihm das Original vorliegt).

Dokumente elektronisch eingereicht werden, muss für den Nachweis die Übermittlung einer elektronischen beglaubigten Abschrift genügen. Der elektronischen Abschriftsbeglaubigung als solcher kann jedoch nicht entnommen werden, dass die Legitimation zum Zeitpunkt der Handelsregisteranmeldung noch besteht. Ausweislich der Regierungsbegründung zum EHUG soll dieses Problem dadurch gelöst werden, dass der Beglaubigungsvermerk „zeitnah" zur anschließenden Übermittlung der Abschrift erstellt sein muss.[51]

20 Eine **empfangsbedürftige Willenserklärung**, die einer gesetzlichen Formvorschrift unterliegt, soll nach h.M. erst dann gem. § 130 Abs. 1 S. 1 BGB wirksam werden, wenn sie dem Erklärungsgegner in der erforderlichen Form zugeht, also in Urschrift oder Ausfertigung.[52] Deshalb wird beispielsweise für den Rücktritt vom Erbvertrag (§ 2296 Abs. 2 BGB) oder den Widerruf wechselseitiger Verfügungen eines gemeinschaftlichen Testaments (§ 2271 Abs. 1, § 2296 Abs. 2 BGB) verlangt, die Rücktritts- oder Widerrufserklärung in Urschrift oder Ausfertigung zu übermitteln.[53] Die Parteien können allerdings eine Zugangserleichterung vertraglich vereinbaren.[54] In diesem Fall reicht der Zugang einer beglaubigten Abschrift, um die Rechtsfolge des § 130 Abs. 1 S. 1 BGB herbeizuführen.

21 Welcher Beweiswert der beglaubigten Abschrift in einem Verfahren zukommt, in dem sie anstelle der Urschrift vorgelegt wird, ist nur rudimentär geregelt. Im **Zivilprozess** genügt gem. § 435 ZPO die Vorlage der beglaubigten Abschrift einer **öffentlichen Urkunde**, soweit das Gericht nicht aus besonderen Gründen die Vorlage der Urschrift anordnet. Beweismittel ist jedoch auch in diesem Fall die öffentliche oder öffentlich beglaubigte Urkunde selbst, die lediglich nicht in Urschrift oder Ausfertigung vorgelegt wird. Bei strikter Anwendung des § 435 ZPO kann der Urkundenbeweis folglich nicht durch Vorlage der beglaubigten Abschrift einer beglaubigten Abschrift der Urkunde geführt werden.[55] Da mit der beglaubigten Abschrift mittelbar jedoch zugleich die inhaltliche Übereinstimmung mit dem Original attestiert wird, hat die Rspr. jedenfalls im Grundbuchverfahren die Vorlage einer solchen Abschrift genügen lassen.[56]

22 **Privaturkunden** sind grundsätzlich im Original vorzulegen. Eine beglaubigte Abschrift der Urkunde reicht zur Führung des Urkundenbeweises aus, wenn der Gegner die Echtheit der Urkunde und die Übereinstimmung der Abschrift mit der Urschrift nicht bestreitet.[57]

23 Im **Grundbuchverfahren** ist die Urkundenvorlage nicht besonders geregelt; § 435 ZPO kann jedoch entsprechend herangezogen werden.[58] Der Urkundenbeweis nach § 29 GBO wird danach ebenfalls durch die Vorlage der beglaubigten Abschrift einer öffentlichen oder öffentlich beglaubigten Urkunde geführt. Selbst die Vorlage der beglaubigten Abschrift einer beglaubigten Abschrift wird als ausreichend angesehen.[59]

§ 43 Feststellung des Zeitpunktes der Vorlegung einer privaten Urkunde

Bei der Feststellung des Zeitpunktes, zu dem eine private Urkunde vorgelegt worden ist, gilt § 42 Abs. 2 entsprechend.

Literatur *Heyn*, Notarielle Prioritätsverhandlung und Schutz von Datenbanken, DNotZ 1998, 177; *Leistner*, Notarielle Prioritätsverhandlungen im Urheber- und Computerrecht, MittBayNot 2003, 3; *Meyer*, Die Hinterlegung von Quellcodes und Prioritätsverhandlungen in der notariellen Praxis, RNotZ 2011, 385.

51 Regierungsbegründung, BT-Drucks 16/960, 45 (Beispiel: Erbschein).

52 Vgl. BGH NJW 1995, 2217; BGH NJW 2002, 2325; Staudinger/*Dilcher*, § 130 Rn 26; Grüneberg/*Ellenberger*, § 130 Rn 10; a.A. mit beachtlichen Gründen etwa: *Kanzleiter*, DNotZ 1996, 931, 934 ff.; zu praktischen Erfordernissen bei der Zustellung durch den Gerichtsvollzieher (§ 132 BGB) vgl. *Kersten*, ZNotP 2005, 205, 208.

53 BGHZ 31, 5, 7 f; 36, 201; Grüneberg/*Weidlich*, § 2296 Rn 2; MüKo-BGB/*Musielak*, § 2296 Rn 6 m.w.N.; *Waldner*, Beurkundungsrecht, Rn 181; Staudinger/*Raff*, § 2296 Rn 14 m. umf. w.N.; a.A. Soergel/*Zecca-Jobst*, § 2296 Rn 4.

54 BGH NJW 1995, 2217; vgl. dazu *Armbrüster*, NJW 1996, 438, 439; zu § 2296 BGB: Soergel/*Zecca-Jobst*, § 2296 Rn 3.

55 MüKo-ZPO/*Schreiber*, § 435 Rn 2; Wieczorek/Schütze/*Ahrens*, § 435 Rn 3.

56 KG Rpfleger 1998, 108.

57 BGH NJW 1980, 1047, 1048; MüKo-ZPO/*Schreiber*, § 435 Rn 1.

58 Meikel/*Hertel*, § 29 GBO Rn 577, 584; Bauer/Schaub/*Bayer/Meier-Wehrsdorfer*, § 29 GBO Rn 158.

59 KG Rpfleger 1998, 108; *Demharter*, § 29 Rn 57; Bauer/Schaub/*Bayer/Meier-Wehrsdorfer*, § 29 GBO Rn 163.

A. Allgemeines

Zu den zulässigen Vermerken, die § 39 BeurkG ausdrücklich aufzählt, gehört auch der Vermerk über den Zeitpunkt der Vorlegung einer Privaturkunde. § 39 BeurkG wird für dieses Amtsgeschäft durch § 43 BeurkG ergänzt. Schon die Begründer dieses Kommentars haben darauf hingewiesen, dass der praktische Anwendungsbereich dieses Feststellungsvermerks begrenzt ist, zumal der Zweck, den Zeitpunkt des Vorhandenseins und des willentlichen Inverkehrbringens[1] einer Privaturkunde nachweisbar zu machen, häufig auch durch eine notarielle Unterschriftsbeglaubigung erfüllt werden kann.[2] Hiervon zu unterscheiden ist der Urkundenbeweis über die Vorlegung der Privaturkunde durch eine entsprechende Zeugnisurkunde. 1

B. Anwendungsfeld „Notarielle Prioritätsverhandlung"

Bei der sog. notariellen **Prioritätsverhandlung** zur Beweisführung im **Urheberrecht** gehört der Feststellungsvermerk zu den in Betracht kommenden Verfahren.[3] Besonderheiten sind zu beachten, wenn die Vorlage von musikalischen Kompositionen, Computerprogrammen, mathematischen Formeln usw. in Vermerkform bestätigt werden soll. Die Tauglichkeit des Feststellungsvermerks ist dabei keine Frage der Art und Weise der inhaltlichen Vermittlung, sondern des Trägers, auf dem ein Inhalt gespeichert ist.[4] Eine taugliche Beweissicherung ist mit Hilfe des Vermerks nach §§ 39, 43 BeurkG nur möglich, wenn durch den Vermerk faktisch ein hinreichender Bezug zum Werk hergestellt werden kann. Entscheidend ist deshalb der körperliche Träger, auf dem die urheberrechtlich relevante Leistung dokumentiert ist. Der Prioritätsnachweis gelingt nur, wenn bewiesen werden kann, dass der körperliche Träger der geistigen Leistung genau der Träger ist, der dem Notar zu einem bestimmten Zeitpunkt vorgelegen hat.[5] Um durch einen Vermerk in Papierform den Bezug zum Werk herstellen zu können, müsste die Leistung also in Schriftzeichen, Noten, Formeln, Bildern usw. auf Papier dargelegt sein. 2

Fehlt es an der vermerkfähigen Verkörperung, hilft eine Tatsachenbeurkundung für sich genommen nicht weiter, und zwar auch nicht als Niederschrift eines Tatsachenberichts des Notars, weil hierfür in Worte gefasst werden müsste, was sich nicht in Worte fassen lässt.[6] In derartigen Fällen muss die notarielle Prioritätsverhandlung Elemente einbinden, die eine „Sicherstellung" des körperlichen Trägers gewährleisten, etwa die Verwahrung durch den Notar (vgl. § 62 BeurkG Rdn 15 ff.) oder – was zweckmäßiger ist – die Aufbewahrung in einem notariell versiegelten Umschlag.[7] 3

C. Verfahren

Die Bescheinigung nach den §§ 39, 43 BeurkG ist eine **Tatsachenbeurkundung** i.S.v. § 20 Abs. 1 S. 2 BNotO. Der Notar bezeugt die **in amtlicher Eigenschaft** wahrgenommene Tatsache, dass die Urkunde vorgelegen hat. Das Zeugnis erfolgt in Form des Vermerks und muss zumindest den Tag der Vorlage der Urkunde angeben, auf Wunsch auch die genaue Uhrzeit. Der Vermerk muss ferner Unterschrift und Siegel des Notars enthalten und soll Ort und Tag der Ausstellung angeben, § 39 BeurkG. Wie auch sonst bei Vermerken nach § 39 BeurkG muss der Tag der Ausstellung des Vermerks nicht mit dem Tag der Wahr- 4

1 BGH NJW-RR 2003, 384; BGH NJW-RR 2006, 847.
2 *Huhn/von Schuckmann*, § 42 BeurkG Rn 2 („Durch Unterschriftsbeglaubigung kann daher z.B. der Zeitpunkt beweiskräftig gesichert werden, zu dem ein eigenhändiges Testament vorhanden war").
3 Vgl. hierzu BeckOK-BeurkG/*Kämper*, § 62 Rn 28 ff.; Frenz/Miermeister/*Limmer*, § 37 BeurkG Rn 20; *Meyer*, RNotZ 2011, 385, 397 ff.; *Leistner*, MittBayNot 2003, 3, 6 f.
4 Vgl. auch Frenz/Miermeister/*Limmer*, § 43 BeurkG Rn 2 (verkörperte Gedankenerklärung).
5 *Menzel*, DNotI-Report 1997, 132.
6 Vgl. DNotI-Report 1996, 45, 46.
7 Vgl. DNotI-Report 1996, 45, 48; DNotI-Report 2001, 69, 70; *Heyn*, DNotZ 1998, 177, 182 ff. (Schutz von Datenbanken); *Leistner*, MittBayNot 2003, 3, 7 ff.; Würzburger Notarhandbuch/*Limmer*, Teil 1 Kap. 2 Rn 223; *Meyer*, RNotZ 2011, 385, 399. *Waldner*, Beurkundungsrecht, Rn 134; *Winkler*, § 43 Rn 5.

nehmung des bezeugten Vorgangs, also der Vorlage der Urkunde beim Notar, identisch sein. Der Vermerk wird i.d.R. unmittelbar auf die vorgelegte Privaturkunde gesetzt oder mit ihr sonst fest verbunden. Er kann aber auch als selbstständige öffentliche Urkunde erstellt werden.[8] Öffentliche Urkunde (Def. § 415 Abs. 1 ZPO) ist nur der Vermerk. Die Privaturkunde gewinnt – auch wenn sie mit dem Vermerk verbunden wird – nicht die Qualität einer öffentlichen oder einer öffentlich beglaubigten Urkunde.[9] Das Tatsachenzeugnis des Notars bestätigt inhaltlich den **Zeitpunkt der Vorlage** der Privaturkunde, nicht den Zeitpunkt ihrer Ausstellung. Auch eine Tatsachenbescheinigung dieses Inhaltes ist freilich zulässig, setzt jedoch voraus, dass der Notar den Vorgang der Ausstellung tatsächlich wahrgenommen hat, dass also die Urkunde in seiner Gegenwart hergestellt worden ist.

5 Hinsichtlich des **Inhalts der Urkunde** unterliegt der Notar, nicht anders als bei der Unterschrifts- und der Abschriftsbeglaubigung, einer **eingeschränkten Prüfungspflicht (Evidenzkontrolle)**, die der Einhaltung seiner allgemeinen Amtspflichten dient.[10] Nur insoweit muss er vom Inhalt der vorgelegten Urkunde Kenntnis nehmen (zum Problem mangelnder Kenntnisnahmemöglichkeit vgl. § 42 BeurkG Rdn 10).

6 § 43 BeurkG verpflichtet den Notar, den äußeren Zustand der Privaturkunde unter dem Gesichtspunkt des § 42 Abs. 2 BeurkG zu prüfen. Erkennbare Mängel der Urkunde soll er in dem Vermerk beschreiben (vgl. § 42 BeurkG Rdn 13). Fehlt der entsprechende Vermerk des Notars, bleibt die Tatsachenbescheinigung zwar als notarielle Urkunde wirksam.[11] Das Fehlen eines Hinweises rechtfertigt jedoch die tatsächliche Annahme, dass ein Mangel i.S.v. § 42 Abs. 2 BeurkG bei der Urkundenvorlage nicht vorhanden war, sondern erst zu einem späteren Zeitpunkt aufgetreten ist.[12] Der Beweiswert des Vermerks über die Vorlage einer Urkunde, die mit solchen Mängeln behaftet ist, wird damit tatsächlich gemindert.[13]

7 Zuständig für Zeugnisse nach §§ 39, 43 BeurkG sind nur die Notare und die Konsularbeamten (§ 10 Abs. 1 Nr. 2 KonsG); der Anwendungsbereich des § 68 BeurkG erstreckt sich nicht auf Tatsachenbeurkundungen dieser Art.

8 *Winkler*, § 43 Rn 1.
9 Frenz/Miermeister/*Limmer*, § 43 BeurkG Rn 1.
10 Frenz/Miermeister/*Limmer*, § 43 BeurkG Rn 4; Grziwotz/Sauer/Heinemann/*Heinemann/Grziwotz*, § 43 Rn 5.
11 *Winkler*, § 43 Rn 14; Grziwotz/Sauer/Heinemann/*Heinemann/Grziwotz*, § 43 Rn 16.
12 Grziwotz/Sauer/Heinemann/*Heinemann/Grziwotz*, § 43 Rn 7.
13 *Winkler*, § 43 Rn 17.

§ 44 Verbindung mit Schnur und Prägesiegel

[1]Besteht eine Urkunde aus mehreren Blättern, so sollen diese mit Schnur und Prägesiegel verbunden werden. [2]Das gleiche gilt für Schriftstücke sowie für Karten, Zeichnungen oder Abbildungen, die nach § 9 Abs. 1 Satz 2, 3, §§ 14, 37 Abs. 1 Satz 2, 3 der Niederschrift beigefügt worden sind.

A. Anwendungsbereich

1 § 44 BeurkG überträgt frühere landesrechtliche Bestimmungen (z.B. Art. 63 PrFGG, Art. 72 HessFGG, Art. 56 NiedersFGG, § 73 BadFGV) ins Bundesrecht, ohne ihren rein **ordnungsrechtlichen Charakter** zu ändern. Die Norm findet ihre Entsprechung und Präzisierung in §§ 12 und 14 DONot, vgl. die dortige Kommentierung.[1] Zudem findet sich in § 3 NotAktVV[2] der allgemeine Hinweis, dass Urschriften, Ausfertigungen und beglaubigte Abschriften von Urkunden stets so herzustellen sind, dass sie gut lesbar, dauerhaft und fälschungssicher sind.[3]

2 § 44 BeurkG bezieht sich auf notarielle[4] **„Urkunden"**. Ebenso sind **Ausfertigungen** und beglaubigte **Abschriften** zu verbinden, wenn sie aus mehreren Bogen oder Blättern bestehen; dies gilt auch, soweit sie in der Verwahrung des Notars verbleiben, § 14 DONot.[5] Im Ergebnis ist also jede aus mehreren Blättern bestehende Urkunde, sei es die Niederschrift selbst, seien es Ausfertigungen oder beglaubigte Abschriften, mit Schnur und Siegel zu verbinden. Das gilt auch für Schriftstücke, Karten, Zeichnungen, Abbildungen, auf die in der Niederschrift nach § 9 Abs. 1 S. 2, 3, § 37 Abs. 1 S. 2, 3 BeurkG verwiesen wird, für die Zahlenwerke, Aufzählungen und Anlagen bei Grundpfandrechten, die nach § 14 BeurkG von der Vorlesungspflicht befreit sind, sowie für tatsächliche Berichte des Notars in besonderen Schriftstücken, auf die in der Niederschrift über tatsächliche Vorgänge nach § 37 BeurkG verwiesen wird.

Wegen der Zuordnungsfunktion der **Unterschriftsbeglaubigung** findet § 44 BeurkG auch dann Anwendung, wenn der Beglaubigungsvermerk mit einer aus mehreren Blättern bestehenden Privaturkunde verbunden wird.[6] Die Verbindung muss nicht schon vor Leistung der Unterschriften erfolgen, es genügt, wenn dies nach Abschluss der Niederschrift vorgenommen wird.[7]

3 Die in § 44 S. 2 BeurkG genannten Anlagen müssen unmittelbar mit der Niederschrift eingesehen werden können, sodass etwa ein Beifügen von Fotografien in einem verschlossenen Umschlag als Anlage i.S.d.

1 Auf eine Wiederholung des Inhalts von § 44 BeurkG – wie noch von § 30 Abs. 1 S. 1 und Abs. 2 DONot a.F. vorgenommen – wurde in § 14 DONot aus Gründen der Übersichtlichkeit und Normklarheit verzichtet. § 44 BeurkG ist aber weiterhin im Regelungstext in Bezug genommen. Ebenfalls nicht übernommen wurde die ausdrückliche Erstreckung auf Urschriften, Ausfertigungen und beglaubigte Abschriften, wie dies noch § 30 Abs. 1 S. 1 DONot (2001) vornahm. § 44 BeurkG, der lediglich von „Urkunden" spricht, umfasst bereits per definitionem diese drei Unterfälle (Nichtamtliche Begründung zu § 14 DONot).

2 Bis 12.12.2021: § 29 DONot a.F.; hierzu *Mihm/Bettendorf*, DNotZ 2001, 22, 45.

3 Vgl. hierzu *Genske*, notar 2021, 166; dies stellt indes keine wesentliche Änderung gegenüber der bisherigen Praxis dar, da die §§ 28, 29 DONot a.F. an dieser Stelle weitgehend übernommen wurden: *Püls/Gerlach*, Anm. zu § 3 NotAktVV.

4 Vgl. zu den Anforderungen an die Heftung einer mehrere Seiten umfassenden Behördenurkunde DNotI-Report 2019, 74 und KG v. 27.2.2018 – 1 W 35/18, FGPrax 2018, 99: „Ein mehrseitiges Ersuchen einer Behörde auf Eintragung im Grundbuch bedarf jedenfalls dann keiner seitenumfassenden Siegelung, wenn die Zusammengehörigkeit der einzelnen Blätter aufgrund ihres Inhalts eindeutig ist.".

5 Vgl. Grziwotz/Sauer/Heinemann/*Heinemann/Grziwotz*, § 44 Rn 6 ff.; Nichtamtliche Begründung der DONot zu § 14.

6 Vgl. *Winkler*, § 44 Rn 5; Frenz/Miermeister/*Limmer*, § 44 BeurkG Rn 2; Grziwotz/Sauer/Heinemann/*Heinemann/Grziwotz*, § 44 Rn 2; *Lerch*, § 44 Rn 2; *Boehringer*, BWNotZ 2017, 30, 35 m.w.N.; a.A. noch *Huhn/von Schuckmann*, § 44 Rn 3.

7 So ausdrücklich OLG München v. 15.4.2020 – 31 Wx 354/17, FGPrax 2020, 190; hierzu *Hager/Müller-Teckhof*, NJW 2021, 1919 und *Genske*, notar 2021, 166.

§ 9 Abs. 1 S. 2, 3 BeurkG nicht möglich ist.[8] Generell kann ein elektronischer Datenträger (CD-ROM, DVD, Diskette, USB-Stick, Festplatte etc.) nicht im Wege der so genannten echten Verweisung als Anlage zu einer notariellen Urkunde i.S.v. § 9 Abs. 1 S. 2 BeurkG genommen werden. Der Inhalt des elektronischen Datenträgers kann also nicht als in der Niederschrift selbst enthalten gelten.[9] Nach § 44 S. 2 BeurkG ist diese Anlage mit Schnur und Prägesiegel mit der Niederschrift zu verbinden. Das bloße Beifügen von Urkunden genügt selbst dann nicht, wenn im Vertragstext das Vorliegen der Anlage festgehalten ist.[10]

Zur Abgrenzung: Unterlagen, die der Urkunde nur beigefügt und mit dieser verwahrt werden, aber nicht nach § 44 S. 2 BeurkG verbunden werden müssen,[11] können auch angeklebt werden. Dazu wird auf die Verbindungsstelle ein Stempel gesetzt, dessen verbleibender Rand ein etwaiges Abreißen der angeklebten Urkunden erkennen lässt.[12] Dies betrifft die Fälle von § 31 Abs. 3 und Abs. 4 NotAktVV, also etwa Vertretungsnachweise oder Genehmigungen.[13] Nach § 14 Abs. 2 S. 2 DONot dürfen diese Unterlagen mit Urkunden, die in Papierform nicht länger als 30 Jahre aufbewahrt werden müssen (etwa die in der Urkundensammlung verwahrten Dokumente, vgl. § 50 Abs. 1 Nr. 3 NotAktVV), auch durch Heftklammern verbunden werden. Dieser neu eingefügte Zusatz kommt Bedürfnissen der Praxis nach. Durch die Einführung der elektronischen Urkundensammlung im Rahmen der Einrichtung des Elektronischen Urkundenarchivs wird schließlich die Aufbewahrungsfrist für gewisse Urkunden von 100 Jahren auf 30 Jahre reduziert. Insoweit erschien es dem Verordnungsgeber vertretbar, für die entsprechende Verbindung mit den in Satz 1 genannten Unterlagen auch Heftklammern zuzulassen, weil eine derartige Verbindung wesentlich praktikabler ist als das Heften von Klebverbinden. Die durch den Rostansatz der Heftklammer ggf. zu erwartende Beeinträchtigung des Papiers sei nach 30 Jahren noch nicht zu erwarten; hinzukomme, dass auch im Falle des Anklebens auf Dauer Beeinträchtigungen der Klebkraft zu besorgen sind. Schließlich sei das Verlustrisiko aufgrund der „doppelten" Speicherung der Urkunden in der elektronischen Urkundensammlung ohnehin minimal.[14]

4 **§ 44 BeurkG gilt nicht** für die nach § 30 BeurkG übergebene offene oder verschlossene Schrift, sowie für die nach den §§ 16 Abs. 2 oder 32 BeurkG erforderlichen Übersetzungen bei der Beteiligung Sprachunkundiger.[15] Den Umstand, dass eine mit der Überschrift „Übersetzung" versehene englische Fassung einer Urkunde nicht mit Schnur und Siegel verbunden ist, hat der BGH als Indiz gewertet, dass es sich bei dieser Sprachfassung nicht um eine gleichwertige (und damit verlesungsbedürftige) englische Fassung einer zweisprachigen Urkunde, sondern um eine – fakultative oder im Fall des § 16 Abs. 2 BeurkG obligatorische – schriftliche Übersetzung handelt, die der Niederschrift lediglich zu Beweiszwecken in einem gesonderten Schriftstück beigefügt wurde.[16] Hintergrund ist eben, dass für die Beifügung der schriftlichen Übersetzung nach § 16 Abs. 2 S. 2 BeurkG – anders als für die Beifügung der zur Niederschrift ge-

8 Gutachten des DNotI, DNotI-Report 2007, 60.
9 *Müller*, NJW 2015, 3271.
10 So OLG München v. 15.5.2013 – 20 U 5004/12 (n.v.). Vgl. aber auch das Gutachten des DNotI, DNotI-Report 2006, 167 und das Gutachten des DNotI, DNotI-Report 2005, 129: Das Fehlen einer durch Schnur und Prägesiegel mit der Urkunde verbundenen Anlage hat auf die Wirksamkeit der Beurkundung keinen Einfluss; entscheidend ist, ob die in Rede stehende Anlage bei der Verlesung der Niederschrift körperlich vorlag, sie mit verlesen wurde und in der Niederschrift selbst eine ordnungsgemäße Verweisung enthalten ist. Sind diese Voraussetzungen erfüllt, ist die Anlage wirksam mit beurkundet; beeinträchtigt ist allerdings die Beweiskraft der Urkunde, wenn die Anlage nicht ordnungsgemäß beigefügt wurde.
11 Vgl. hierzu KG v. 17.6.2021 – 1 W 275/21, BWNotZ 2021, 227: „Die zum grundbuchrechtlichen Vollzug einer Teilungserklärung nach §§ 8, 7 Abs. 4 S. 1 WEG beizufügenden Anlagen – Aufteilungsplan und Abgeschlossenheitsbescheinigung – müssen auch dann nicht mit der Bewilligung körperlich verbunden werden, wenn nur die Unterschrift unter der Bewilligung beglaubigt worden ist."; allgemein DNotI-Report 2021, 105.
12 Beachte anschaulich OLG Düsseldorf v. 9.4.2021 – 3 Wx 61/20, MDR 2021, 756: „Die Verwahrung des „Nachtrags" zusammen mit der Haupturkunde oder Anheftung an diese führt nicht dazu, dass nunmehr eine einheitliche Urkunde vorliegt und die Urkundstätigkeit des Notars sich dann auch auf den an die Haupturkunde angeklebten oder angehefteten und in ihr verwahrten privatschriftlichen „Nachtrag" erstreckt." (zu einer Bestellung des Urkundsnotars zum Testamentsvollstrecker in einem privatschriftlichen „Nachtrag" zum beurkundeten Erbvertrag).
13 Nichtamtliche Begründung der DONot zu § 14.
14 Nichtamtliche Begründung der DONot zu § 14.
15 *Winkler*, § 44 Rn 6; Frenz/Miermeister/*Limmer*, § 44 BeurkG Rn 2; Grziwotz/Sauer/Heinemann/*Heinemann/Grziwotz*, § 44 Rn 3; zur Vorlage von Übersetzungen des vereidigten Dolmetschers im Grundbuchverfahren vgl. KG FGPrax 2013, 10, 11 („beweissichere Verbindung" erforderlich) mit zu Recht krit. Anm. *Heinemann*.
16 BGH v. 20.3.2019 – XII ZB 310/19, NJW 2019, 2020, hierzu etwa *Engelhardt/Klaaßen-Kaiser*, DB Beilage 2019, 31; *Szalai*, NZFam 2019, 501; *Hager/Müller-Teckhof*, NJW 2019, 1922; *Genske*, notar 2020, 138.

hörenden Anlagen (§ 9 Abs. 1 S. 2 BeurkG) – eine Verbindung mit Schnur und Siegel nach allgemeiner Meinung nicht erforderlich ist.[17] Wechsel- und Scheckproteste sind ebenfalls nicht nach § 44 BeurkG zu behandeln, vielmehr ggf. auf eine sog. Allonge (angeklebtes und an der Klebestelle durch den Dienststempel gesichertes Verlängerungsblatt) zu setzen (Art. 81 Abs. 3 WG).[18]

B. Heftung, Siegelung

Die Regelung des § 44 BeurkG dient dem Zweck, dem Verlust einzelner Blätter der Urkunde vorzubeugen. Solange dieser Zweck gewahrt ist, dürfen alle technischen Hilfsmittel zum Heften verwendet werden.[19] Es muss allerdings sichergestellt sein, dass die Verbindung sich nicht wieder lösen könnte, wie es etwa bei einem Heften mit einem Klebestreifen der Fall wäre.[20] Die Fotokopierfähigkeit der verbundenen Schriftstücke muss bei der Heftung nicht erhalten bleiben.[21] 5

§ 44 BeurkG verlangt die Verwendung des **Prägesiegels** (vgl. § 39 BeurkG Rdn 24 f.). Neben dem zur Befestigung des in den Landesfarben gehaltenen Heftfadens (vgl. § 14 Abs. 1 DONot) erforderlichen Siegels bedarf es keines weiteren Siegels i.S.d. §§ 39, 45 BeurkG.[22] Gegen das Anbringen von Ösen an den Rändern der Urkunde, die das Durchstechen des Heftfadens erleichtern und das Einreißen des Papiers verhüten, bestehen keinerlei Bedenken.[23] Das Siegel muss dauerhaft mit dem Papier bzw. mit dem Papier und der Schnur verbunden sein und den Abdruck oder die Prägung[24] deutlich erkennen lassen. Die Entfernung des Siegels ohne sichtbare Spuren der Zerstörung darf nicht möglich sein. Bei herkömmlichen Siegeln (Farbdrucksiegel, Prägesiegel in Lack oder unter Verwendung einer Mehloblate) ist davon auszugehen, dass diese Anforderungen erfüllt sind. Neue Siegelungstechniken dürfen verwendet werden, sofern sie nach einem Prüfzeugnis der PTS in Heidenau die Anforderungen erfüllen, § 14 Abs. 3 DONot. Neu aufgenommen wurde, dass die Verwendung eines lediglich drucktechnisch erzeugten Siegels unzulässig ist, § 14 Abs. 3 DONot. Damit sind lediglich bildlich aufgedruckte Siegel untersagt. Ein solcher bloßer Druck gewährleistet schließlich keine hinreichende Fälschungssicherheit und wäre nicht geeignet, die Funktion zu erfüllen, die der Gesetzgeber dem notariellen Siegel zugeschrieben hat (vgl. zur Funktion des Siegels § 39 BeurkG Rdn 23 ff.). Die *zusätzliche* Anbringung der bildlichen Wiedergabe eines notariellen Siegels auf einer qualifiziert elektronisch signierten Urkunde begegnet hingegen keinen Bedenken, soweit für den Rechtsverkehr ersichtlich bleibt, dass es sich lediglich um ein Siegelabbild ohne Rechtswirkung handelt und dass für die verbindlichen Funktionen des notariellen Siegels die qualifizierte elektronische Signatur des Notars maßgeblich ist. Dies kann bspw. durch das Beifügen eines entsprechenden textlichen Hinweises unterhalb des Siegelabbildes sichergestellt werden. 6

Werden Abschriften von Urkunden mit der Ausfertigung nach § 44 S. 1 BeurkG verbunden, so genügt für die **Beglaubigung der Abschriften** der Ausfertigungsvermerk (§ 49 Abs. 3 BeurkG).

C. Folgen des Verstoßes

Die Nichteinhaltung des § 44 BeurkG beeinträchtigt die Wirksamkeit der Beurkundung nicht.[25] Zwar wird z.T. die Ansicht vertreten, dass es an dem für die Qualifizierung als öffentliche Urkunde i.S.d. 7

17 *Winkler*, § 16 Rn 17; Grziwotz/Sauer/Heinemann/*Heinemann/Grziwotz*, § 16 Rn 24; BeckOGK/*Seebach/Rachlitz*, Stand: 1.2.2024, § 16 BeurkG Rn 57; BeckOGK/*Regler*, Stand: 1.7.2025, § 44 BeurkG Rn 9; *Lerch*, § 16 Rn 12.

18 Grziwotz/Sauer/Heinemann/*Heinemann/Grziwotz*, § 44 Rn 4.

19 Frenz/Miermeister/*Limmer*, § 44 BeurkG Rn 3; *Winkler*, § 44 Rn 8; zur Heftung von Photographien als Anlage vgl. DNotI-Report 2007, 60 ff.

20 OLG Schleswig v. 1.9.1970 – 2 W68/70, DNotZ 1972, 556 f.; *Winkler*, § 44 Rn 8.

21 BGH v. 11.11.2010 – V ZB 143/10, DNotZ 2011, 543, 544.

22 *Lerch*, § 44 Rn 6; einschränkend: *Weingärtner/Ulrich*, § 30 DONot a.F. Rn 9: wenn das Siegel neben der Unterschrift angebracht ist; zu den Folgen der Verwendung eines falschen Siegels (konkret durch einen Urkundsbeamten im Jugendamt) Deutsches Institut für Jugendhilfe und Familienrecht e.V., JAmt 2019, 134.

23 Frenz/Miermeister/*Limmer*, § 44 BeurkG Rn 3.

24 Zu der versehentlichen Verwendung eines falschen Siegels (Notar statt Notariatsverwalter) DNotI-Report 2019, 15.

25 BGH v. 24.9.1997 – XII ZR 234/95, BGHZ 136, 357, 366; *Winkler*, § 44 Rn 11; Frenz/Miermeister/*Limmer*, § 44 BeurkG Rn 1; Staudinger/*Hertel*, vor §§ 127a, 128 (BeurkG) Rn 631.

Definition des § 415 ZPO erforderlichen Merkmal der Formrichtigkeit fehle.[26] Es gilt aber der allgemeine Grundsatz, dass die Verletzung bloßer Soll-Vorschriften die Qualität der öffentlichen Urkunde nicht berührt;[27] es handelt sich um eine bloße Ordnungsvorschrift.[28] Dieser Grundsatz hat auch für § 44 BeurkG zu gelten.

Verstöße gegen § 44 BeurkG können allerdings den **Beweiswert** der Urkunden beeinträchtigen.[29] Das Fehlen der erforderlichen festen Verbindung ist als Mangel i.S.d. § 419 ZPO anzusehen,[30] so dass der Urkunde keine formelle Beweiskraft mehr zukommt, sondern ihr Beweiswert der freien Beweiswürdigung des Gerichts unterliegt. Stellt der Notar selbst fest, dass eine Urkunde falsch geheftet wurde, muss er den **Mangel beseitigen** und die richtige Heftung nachholen.[31] Eine neue Heftung ist nicht erforderlich, wenn Teile der Urkunde aufgrund der Heftung nicht mehr fotokopierfähig sind.[32] Eine Neuheftung kommt im Übrigen prinzipiell auch dann in Betracht, wenn ein Dritter bei einer Ausfertigung der Urkunde (§§ 47, 49 BeurkG) die Heftung gelöst hat und nun um eine erneute Verbindung nachsucht; allerdings muss dann erneut die Übereinstimmung mit der Urschrift überprüft werden.[33] Für die „Reparatur" der Ausfertigung kommt neben der Neuheftung mit Vermerk, der die Neuheftung dokumentiert, die Erteilung einer neuen ersten Ausfertigung in Betracht.[34]

§ 44a Änderungen in den Urkunden

(1) [1]Zusätze und sonstige, nicht nur geringfügige Änderungen sollen am Schluss vor den Unterschriften oder in der Niederschrift vermerkt und im letzteren Fall von dem Notar am Rand besonders unterzeichnet werden, es sei denn, er versieht das Dokument mit seiner qualifizierten elektronischen Signatur. [2]Ist der Niederschrift ein Schriftstück nach §§ 9 Abs. 1 Satz 2, den §§ 14, 37 Abs. 1 Satz 2 beigefügt, so brauchen Änderungen in dem beigefügten Schriftstück nicht unterzeichnet zu werden, wenn aus der Niederschrift hervorgeht, daß sie genehmigt worden sind.
(2) [1]Offensichtliche Unrichtigkeiten kann der Notar auch nach Abschluss der Niederschrift durch einen von ihm zu unterschreibenden Nachtragsvermerk richtigstellen. [2]Der Nachtragsvermerk ist mit dem Datum der Richtigstellung zu versehen. [3]Der Nachtragsvermerk ist am Schluß nach den Unterschriften oder auf einem besonderen, mit der Urkunde zu verbindenden Blatt niederzulegen. [4]Wird die elektronische Fassung der Urschrift zum Zeitpunkt der Richtigstellung bereits in der elektronischen Urkundensammlung verwahrt, darf der Nachtragsvermerk nur noch auf einem gesonderten, mit der Urkunde zu verbindenden Blatt niedergelegt werden. [5]Bei elektronischen Niederschriften ist der Nachtragsvermerk in einem gesonderten elektronischen Dokument niederzulegen, das vom Notar mit einer qualifizierten elektronischen Signatur zu versehen und zusammen mit der elektronischen Urschrift in der elektronischen Urkundensammlung zu verwahren ist; § 13a Absatz 4 Satz 1 und 2 und § 39a Absatz 2 Satz 1 gelten entsprechend.
(3) Ergibt sich im Übrigen nach Abschluss der Niederschrift die Notwendigkeit einer Änderung oder Berichtigung, so hat der Notar hierüber eine besondere Niederschrift aufzunehmen.

Literatur *Bergermann*, Auswirkungen unbewusster Falschbezeichnungen auf Grundstücksverträge und deren Vollzug – falsa demonstratio non nocet? RNotZ 2002, 557; *Bock*, Online-Gründung von GmbHs und veränderte Registerpublizität – der Entwurf eines Gesetzes zur Umsetzung der Digitalisierungsrichtlinie, RNotZ 2021, 326; *Bohrer*, Notare – Ein Berufsstand der Urkundsvernichter? NJW 2007, 2019; *Bracker*, Vermeidbare Fehler im Notariat, DNotZ 1997, 95; *Brambring*, Die Änderung des Beurkundungsgesetzes durch die BNotO-Novelle, FGPrax 1998, 201; *Bücker/Viefhues*, Notarprüfung – Häufige Fehler bei der notariellen Amtsführung (Teil 6), ZNotP 2004, 428; *Eylmann*,

26 OLG Schleswig DNotZ 1972, 556 (zu § 29 DONot a.F.); MüKo-ZPO/*Schreiber*, § 415 ZPO Rn 21; offengelassen: Wieczorek/*Ahrens*, § 415 ZPO Rn 23.
27 *Anders/Gehle*, § 415 ZPO Rn 8; Musielak/Voit/*Huber*, § 415 ZPO Rn 8; Wieczorek/*Ahrens*, § 415 ZPO Rn 23; im Grundsatz auch MüKo-ZPO/*Schreiber*, § 415 ZPO Rn 23; vgl. auch DNotI-Report 2014, 27 m.w.N.
28 DNotI-Report 2019, 17.
29 BGH v. 11.11.2010 – V ZB 143/10, DNotZ 2011, 543, 544 m. Anm. *Grziwotz*; *Winkler*, § 44 Rn 11.
30 Staudinger/*Hertel*, vor §§ 127a, 128 (BeurkG) Rn 631.
31 *Winkler*, § 44 Rn 11.
32 BGH v. 11.11.2010 – V ZB 143/10, DNotZ 2011, 543, 544 m. Anm. *Grziwotz*.
33 Vgl. DNotI-Report 2014, 27 f. (zur vollstreckbaren Urkunde); vgl. hierzu auch *Winkler*, RNotZ 2019, 117.
34 DNotI-Report 2018, 140, 141.

Fragwürdige Praxis bei der Abfassung von Hauptversammlungsprotokollen, ZNotP 2005, 300; *Görk*, Zur Zulässigkeit der Änderung von Hauptversammlungsniederschriften, MittBayNot 2007, 382; *Heckschen/Knaier*, Das DiRUG in der Praxis, NZG 2021, 1093; *Heckschen/Kreußlein*, Fehler und Berichtigungsmöglichkeiten der notariellen Niederschrift über die Hauptversammlung einer AG, NZG 2018, 401; *Heinze*, Zur Anwendung von § 44a II BeurkG auf Niederschriften gem. § 36 BeurkG, NZG 2016, 1089; *Kanzleiter*, Die Berichtigung der notariellen Niederschrift über die Hauptversammlung einer Aktiengesellschaft und die Zulässigkeit mehrerer Niederschriften, DNotZ 2007, 804; *Kanzleiter*, Zur Auslegung einer Auflassungserklärung, MittBayNot 2001, 203; *Kanzleiter*, Formzwecke, Beurkundungsverfahren und Berufsrecht – Die Änderungen des Beurkundungsverfahrensrechts durch die BNotO-Novelle v. 31.8.1998, DNotZ 1999, 292; *Kanzleiter*, Die nachträgliche Berichtigung notarieller Urkunden, DNotZ 1990, 478; *Keller/Schümmer*, Digitale GmbH-Gründung, NZG 2021, 573; *Kienzle*, Die Videobeurkundung nach dem DiRUG, DNotZ 2021, 590; *Krieger*, Berichtigung von Hauptversammlungsprotokollen, NZG 2003, 366; *Lieder*, Die Bedeutung des Vertrauensschutzes für die Digitalisierung des Gesellschaftsrechts, NZG 2020, 81; *Linke*, Gesetz zur Umsetzung der Digitalisierungsrichtlinie (DiRUG), NZG 2021, 309; *Lischka*, Die Nachholung einer vergessenen Unterschrift unter einer notariellen Urkunde, NotBZ 1999, 8; *Maaß*, Der Hauptversammlungsnotar – Ein Straftäter von Urkundsdelikten? ZNotP 2007, 326; *Maaß*, Zur Beurteilung formaler „Mängel" von Hauptversammlungsprotokollen, ZNotP 2005, 50; *Püls*, Digitaler Quantensprung – Der Weg zum Elektronischen Urkundenarchiv, DNotZ 2021 862; *Omlor/Blöcher*, DiRUG-Neuerungen im Beurkundungs- und Registerrecht, DStR 2021, 2352; *Reithmann*, Berichtigung notarieller Urkunden, DNotZ 1999, 27; *Reithmann*, Zur Frage, ob die nachträgliche Berichtigung einer notariellen Urkunde zulässig ist, und wie sie zu erfolgen hat, DNotZ 1988, 567; *Stelmaszczyk*, Digitalisierung mit Augenmaß: Die Online-Gründung der GmbH kommt, EuZW 2021, 513; *Wochner*, Zur Beweiskraft notarieller Urkunden, die handschriftliche Änderungen oder Zusätze enthalten, DNotZ 1995, 31; *Wolfsteiner*, Nochmals – Hauptversammlungsprotokolle, ZNotP 2005, 376; *Zimmer*, Die Berichtigung offensichtlicher Unrichtigkeiten in Niederschriften, NotBZ 2010, 172.

A. Allgemeines

Die Änderung von Urkunden war vor der Einfügung des § 44a BeurkG durch das 3 Gesetz zur Änderung der BNotO nicht beurkundungsverfahrensrechtlich, sondern lediglich dienstrechtlich in § 30 DONot a.F. geregelt. Mit der Verankerung des Änderungsverfahrens im BeurkG hat der Gesetzgeber verfassungsrechtlichen Bedenken Rechnung getragen. Durch das Inkrafttreten von Art. 2 Nr. 8 des Gesetzes zur Neuordnung der Aufbewahrung von Notariatsunterlagen usw. vom 1.6.2017[1] zum 1.1.2022 wurde die Norm neu gefasst. Diese Neufassung dient in erster Linie dem Zweck, die Tatsache der erfolgten Änderung der Urkunde auch im elektronischen Urkundenarchiv[2] nachvollziehen zu können.[3] Am 1.8.2022 wurde Abs. 2 zudem ein neuer Satz 5 hinzugefügt, der den beurkundungsrechtlichen Änderungen aufgrund der Einführung der Videobeurkundung durch das Gesetz zur Umsetzung der Digitalisierungsrichtlinie (DiRUG, dort Art. 4 Nr. 7)[4] Rechnung trägt. Durch das Gesetz zur Einführung einer elektronischen Prä- 1

1 BGBl I 2017, 1396.
2 Hierzu eingehend *Püls*, DNotZ 2021, 862.
3 Reg.Begr. BT-Drucks 18/10607, 85.
4 Gesetz zur Umsetzung der Digitalisierungsrichtlinie (DiRUG), Gesetz zur Umsetzung der Digitalisierungsrichtlinie (DiRUG), BGBl I Nr. 52 v. 13.8.2021, 3338: s. PlenProt. 19/233, S. 30023 und BR-Drucks 524/21; zum Gesetzgebungsverfahren vgl. *Meier/Szalai*, ZNotP 2021, 306; *Bock*, RNotZ 2021, 326; *Linke*, NZG 2021, 309.

senzbeurkundung haben sich nur kleinere Änderungen ergeben, die der Arbeit mit originär elektronischen Urkunden Rechnung tragen.[5] § 44a BeurkG regelt sowohl Änderungen vor wie nach Abschluss der **Niederschrift** (zur Behandlung solcher Änderungen in der Ausfertigung vgl. § 49 BeurkG Rdn 4). Entsprechend dem Rechtsgedanken des § 319 Abs. 3 ZPO können die Beteiligten aber keine Berichtigung im **Beschwerdeweg** erstreiten.[6] Eine Urkundsperson kann nicht gezwungen werden, eine Beurkundung bestimmten Inhalts vorzunehmen, die sie mit diesem Inhalt nicht vornehmen will.[7] Umgekehrt ist auch gegen die erfolgte Berichtigung – wie gegen die Berichtigung des gerichtlichen Protokolls (§ 164 ZPO)[8] – kein Rechtsmittel eröffnet.[9]

2 § 44a BeurkG betrifft sowohl Niederschriften über die **Beurkundung von Willenserklärungen** nach den §§ 6 ff. BeurkG als auch Niederschriften über **Tatsachenbeurkundungen** nach den §§ 36, 37 BeurkG.[10] Allerdings ist die Differenzierung zwischen den unterschiedlichen Änderungssituationen, die sich in unterschiedlichen verfahrensrechtlichen Anforderungen niederschlägt, auf die Beurkundung von Willenserklärungen zugeschnitten, also auf Beurkundungsverfahren, in denen Erklärungen den Beteiligten vorgelesen und von den Beteiligten genehmigt werden. § 44a BeurkG behandelt insofern eine spezifische Problematik. Das Änderungsverfahren muss nämlich sicherstellen, dass die Änderung von dem „Vorlesen und Genehmigen“ gedeckt ist. Diese spezifische Problematik stellt sich in der Sache nicht bei der Tatsachenbeurkundung, da der Notar hier lediglich ein Zeugnis seiner Wahrnehmung abgibt und in einer Niederschrift dokumentiert. Anders als das Beurkundungsverfahren über die Abgabe von Willenserklärungen, dessen Hauptverfahren automatisch mit der Unterzeichnung der Niederschrift, deren Inhalt vorgelesen und genehmigt wurde, abgeschlossen wird, kann der Notar im Rahmen des laufenden „Bezeugungsverfahrens“ sein bereits niedergelegtes Zeugnis jederzeit ohne verfahrensrechtliche Einschränkung präzisieren, ergänzen oder auch korrigieren.[11] Entscheidend ist nur, dass eine beweistaugliche Zeugnisurkunde verfasst wird. Die einzelnen Regelungen des § 44a BeurkG können deshalb nicht buchstabengetreu auf Niederschriften über Tatsachenbeurkundungen übertragen werden (im Einzelnen vgl. Rdn 25 ff.; zu **Hauptversammlungsprotokollen** vgl. § 37 BeurkG Rdn 13 f.).

3 § 44a BeurkG erfasst trotz seiner systematischen Stellung nicht die Vermerkurkunden.[12] Einen unrichtigen Vermerk kann der Notar jederzeit ohne Einhaltung der Voraussetzungen des § 44a BeurkG berichtigen.[13] Inhalt eines Beglaubigungsvermerks i.S. des § 39 BeurkG ist lediglich die Echtheit und Zuordnung der Unterschrift oder des Handzeichens. Elemente der etwaigen Willenserklärung, die beglaubigt werden, sind nicht Bestandteil des Beglaubigungsvermerks, sie sind nur Privaturkunde.[14] Lediglich der Beglaubigungsvermerk ist einer nachträglichen Änderung gemäß § 44a BeurkG zugänglich.[15] Nachträgliche Änderungen einer betroffenen Willenserklärung sind im Grundsatz nur durch den Erklärenden selbst oder durch Dritte aufgrund einer Vollmacht möglich (vgl. § 40 BeurkG Rdn 38).[16] Hat der Notar den Text selbst entworfen, kann er als bevollmächtigt gelten.[17] Für die Änderungen von **Protesturkunden** bei einem Wechsel- oder Scheckprotest gilt die Sonderregelung des Art. 85 WG.[18]

5 Gesetz zur Einführung einer elektronischen Präsenzbeurkundung, BGBl 2025 I Nr. 320 v. 10.12.2025, Reg.Begr. BT-Drucks 21/1505, S. 53.

6 OLG Frankfurt v. 14.3.1996 – 20 W 74/96, DNotZ 1997, 79, 81; OLG München v. 5.7.2007 – 32 Wx 50/07, FGPrax 2007, 239, 240; Frenz/Miermeister/*Limmer*, § 44a BeurkG Rn 18; Grziwotz/Sauer/Heinemann/*Heinemann*/*Grziwotz*, § 44a Rn 39; vgl. auch OLG Köln v. 20.11.2006 – 2 Wx 20/06, FGPrax 2007, 97 f.; *Lerch*, § 44a Rn 21 f.; *Winkler*, § 44a Rn 43.

7 OLG München v. 5.7.2007 – 32 Wx 50/07, FGPrax 2007, 239, 240; siehe dagegen zur Beschwerde bei Ablehnung einer Berichtigung „allein aus verfahrensrechtlichen Gründen“: KG v. 1.4.2003 – 1 W 260/02, ZNotP 2004, 74, 74; krit.: *Lerch*, § 44a Rn 15 Fn 7.

8 BGH v. 14.7.2004 – XII ZB 268/03, NJW-RR 2005, 214.

9 OLG Frankfurt v. 20.11.2009 – 20 W 500/05, DNotZ 2011, 48, 49; Grziwotz/Sauer/Heinemann/*Heinemann*/*Grziwotz*, § 44a Rn 39; Staudinger/*Hertel*, vor §§ 127a, 128 (BeurkG) Rn 637; a.A. Frenz/Miermeister/*Limmer*, § 44a BeurkG Rn 18 (§ 15 BNotO).

10 *Heinze*, NZG 2016, 1089.

11 *Kanzleiter*, DNotZ 2004, 804, 808 ff.; Frenz/Miermeister/*Limmer*, § 44a BeurkG Rn 17; Grziwotz/Sauer/Heinemann/*Heinemann*/*Grziwotz*, § 44a Rn 3; *Winkler*, § 44a Rn 36, 37.

12 *Winkler*, § 44a Rn 4.

13 Frenz/Miermeister/*Limmer*, § 44a BeurkG Rn 2.

14 Grüneberg/*Ellenberger*, § 129 BGB Rn 1.

15 OLG Düsseldorf v. 18.12.2018 – 3 Wx 89/18, DNotZ 2019, 661; *Hager*/*Müller-Teckhof*, NJW 2020, 1857.

16 *Winkler*, § 40 Rn 82; *Reithmann*, DNotZ 1999, 27, 36; Grziwotz/Sauer/Heinemann/*Heinemann*/*Grziwotz*, § 44a Rn 4.

17 *Winkler*, § 40 Rn 82; *Reithmann*, DNotZ 1999, 27, 36 f.; Reithmann/Albrecht/*Reithmann*, Rn 417 m.w.N.

18 Hierzu LG Arnsberg v. 7.3.1967 – 3 P 16/66, NJW 1968, 60; OLG Stuttgart v. 5.4.1950 – 1 U 329/49, DNotZ 1951, 38; vgl. auch OLG Stuttgart v. 14.3.2001 – 9 U 233/00, NJOZ 2001, 1325.

B. Änderungen vor Abschluss der Niederschrift

I. Zweck des Abs. 1

Vor Abschluss der Niederschrift ist jede Änderung zulässig, sei es durch vollständigen Neuausdruck oder durch hand- bzw. maschinenschriftliche Korrekturen, bei originär elektronischen Urkunden durch Bearbeiten des Textdokuments, was im Änderungsmodus geschehen kann, aber nicht muss.[19] Erforderlich ist aber eine „saubere" Niederschrift,[20] damit nicht ein äußerlich veränderter Schreibtext nach **§ 419 ZPO** die formelle Beweiskraft der Urkunde aufhebt.[21] Nach § 3 Abs. 1 NotAktVV ist eine Urschrift stets so herzustellen, dass sie gut lesbar, dauerhaft und fälschungssicher ist, insb. darf im Schriftbild nichts unleserlich gemacht werden (§ 3 Abs. 2 NotAktVV). Hiervon zu unterscheiden ist das Ausfüllen von Lücken in einem vorgegebenen Entwurf, das keine Änderung durch Hinzufügen eines Zusatzes darstellt, sondern dem Erstellen der Urschrift dient.[22] Im Übrigen ist für das beurkundungstechnische Verfahren nach § 44a BeurkG bei Änderungen vor Abschluss der Niederschrift zu unterscheiden, ob die Änderung geringfügig ist oder nicht.[23] Bei nicht nur geringfügigen Veränderungen muss das Verfahren nach Abs. 1 eingehalten werden, wenn wie erörtert nicht ohnehin ein gänzlich neuer Text, z.B. ein neuer Ausdruck, erstellt wird (zum Verlesen von Neuausdrucken § 13 BeurkG Rdn 8 f.). Eine verfahrensgerechte Änderung ist keine Veränderung i.S.d. § 419 ZPO (Ausfertigung siehe § 49 BeurkG Rdn 4).[24] 4

Bei der Tatsachenbeurkundung stellt sich das Problem, dass während des laufenden Beurkundungsverfahrens eine beweistaugliche Niederschrift erstellt werden muss, nicht in gleicher Weise, da das Erstellen der (ersten) Niederschrift, also die Aufzeichnung der eigenen Wahrnehmung des Notars, nicht gleichbedeutend ist mit der abschließenden Durchführung des Bezeugungsverfahrens.[25] Bei der Tatsachenbeurkundung ist vielmehr nur entscheidend, dass der Notar als Produkt des Bezeugungsverfahrens letztendlich eine beweistaugliche Niederschrift der von ihm bezeugten eigenen Wahrnehmung errichtet hat. Wenn dieses Verfahrensziel mit der ersten Niederschrift nicht erreicht ist, muss der Notar sein Zeugnis dabei präzisieren, ergänzen oder korrigieren (im Einzelnen vgl. unten Rdn 25 ff.). Abs. 1 kommt insofern nur die Bedeutung zu, dass der Notar bei der Abfassung der Niederschrift, die geeignet sein soll, das Bezeugungsverfahren abzuschließen, sein Zeugnis in der Art und Weise niederlegt, dass keine Unklarheiten entstehen, die die Beweistauglichkeit der Urkunde mindern können. Insofern kann die Regel des Abs. 1 auch bei Tatsachenbeurkundungen herangezogen werden. Das schließt jedoch nicht aus, dass der Notar innerhalb des Bezeugungsverfahrens zunächst eine „provisorische Niederschrift" verfasst, die diesen Anforderungen noch nicht genügt. 5

II. Unterscheidung zwischen geringfügigen und nicht geringfügigen Änderungen

1. Geringfügige Änderungen

Ob eine Änderung geringfügig ist oder nicht, entscheidet nicht ihr Umfang, sondern ihre Bedeutung im konkreten Fall.[26] Wann in diesem Sinne eine geringfügige Änderung vorliegt, lässt sich abstrakt am besten in Abgrenzung zur nicht geringfügigen Änderung bestimmen. Eine Änderung ist nicht mehr geringfügig, wenn sie sich auf den Inhalt der beurkundeten Erklärung auswirkt oder auswirken kann.[27] Geringfügige Änderungen sind i.d.R. Verbesserungen einer falschen Schreibweise, Kommasetzungsfehler, 6

19 Frenz/Miermeister/*Limmer*, § 44a BeurkG Rn 3; Grziwotz/*Heinemann*, § 44a Rn 6; *Winkler*, § 44a Rn 5.
20 Grziwotz/Sauer/Heinemann/*Heinemann/Grziwotz*, § 44a Rn 10; *Winkler*, § 44a Rn 12; vgl. auch *Lerch*, § 44a Rn 2.
21 Vgl. BGH v. 22.2.1956 – V ZR 114/54, DNotZ 1956, 643, 644 f.; BGH v. 15.4.1994 – V ZR 175/92, DNotZ 1995, 28, 29.
22 *Lerch*, § 44a Rn 2; *Winkler*, § 44a Rn 12.
23 Beachte hierzu auch BGH v. 15.11.2021 – NotSt(Brfg) 2/21 (n.v.): „Unterlässt es der Notar, in einem Formularentwurf enthaltene Textteile zu streichen, die nicht Gegenstand der Erklärung der Urkundsbeteiligten waren, stellt dies einen Verstoß gegen § 44a Abs. 1 BeurkG i.V.m. § 17 Abs. 1 BeurkG dar."
24 BGH v. 22.2.1956 – V ZR 114/54, DNotZ 1956, 643, 644 f.; BGH v. 28.1.1994 – V ZR 131/92, DNotZ 1995, 27, 28; Wieczorek/Schütze/*Ahrens*, § 419 ZPO Rn 11; Zöller/*Feskorn*, § 419 ZPO Rn 2; Thomas/Putzo/*Seiler*, § 419 ZPO Rn 2; Prütting/Gehrlein/*Preuß*, § 419 ZPO Rn 5.
25 *Kanzleiter*, DNotZ 2004, 804, 808 ff.; Frenz/Miermeister/*Limmer*, § 44a BeurkG Rn 17; *Winkler*, § 44a Rn 36, 37.
26 Frenz/Miermeister/*Limmer*, § 44a BeurkG Rn 4; *Winkler*, § 44a Rn 5; vgl. auch BNotK DNotZ 1976, 262.
27 *Winkler*, § 44a Rn 8; Frenz/Miermeister/*Limmer*, § 44a BeurkG Rn 4; Lerch § 44a Rn 4; *Wochner*, DNotZ 1995, 31, 33; *Bücker/Viefhues*, ZNotP 2004, 428, 431.

Streichung eines doppelt geschriebenen Wortes[28] oder Streichungen von offensichtlich nicht einschlägigen Passagen eines Formulars[29] (zu Urkundsvordrucken vgl. im Einzelnen § 12 Abs. 3 DONot und die dortige Kommentierung § 12 DONot Rdn 13 ff.). Solche Veränderungen können ohne besonderen Randvermerk vorgenommen werden.

2. Zusätze und sonstige nicht geringfügige Änderungen

7 Nicht geringfügig sind demgegenüber alle Änderungen, die sich auf den Inhalt der beurkundeten Erklärung auswirken oder auswirken können.[30] Bei diesen Änderungen ist Abs. 1 S. 1 zu beachten. Die Vorschrift sieht wiederum zwei Formen der Berichtigung vor. Der Notar kann Änderungen oder Ergänzungen als **Schlusszusatz** an den Schluss der Niederschrift vor den Schlussvermerk setzen oder an anderen Stellen, also an den Seitenrändern oder zwischen den Zeilen, vornehmen; im letzteren Fall muss er jedoch einen von ihm besonders zu unterzeichnenden **Randvermerk** anbringen.[31] Wie er den Randvermerk verfasst, steht im pflichtgemäßen Ermessen des Notars.[32] Er muss sich dabei an dem Ziel orientieren, eine Niederschrift zu verfassen, deren Beweistauglichkeit nicht nach § 419 ZPO in Frage gestellt wird.[33] Welchen genauen Inhalt (etwa: „geändert“, „lies:“, „eingefügt, v. u. g.“) der Randvermerk haben soll, kann dem Notar nicht vorgegeben werden.[34] Der Berichtigungsvermerk am Rand der Urkunde ist vom Notar zu unterschreiben; die h.M. spricht sich aufgrund des gewählten Begriffes „unterzeichnen“ dabei dafür aus, dass eine Unterzeichnung per Paraphe ausreichend sein soll.[35]

8 Bei der Erstellung von originär elektronischen Niederschriften sowohl im notariellen Online-Verfahren wie auch mit dem Inkrafttreten des Gesetzes zur Einführung einer elektronischen Präsenzbeurkundung werden Änderungen in der Regel durch eine Bearbeitung des unmittelbaren Urkundentextes vollzogen. § 44a BeurkG erlaubt zwar auch bei originär elektronischen Urkunden das Verwenden eines Schlussvermerkes. Dieser bietet im Vergleich zur direkten Änderung des Textes allerdings keine Vorteile. Die Übersichtlichkeit des Textbildes wird in der Regel auch durch die direkte Bearbeitung des Textes gewahrt. Sollen zu Dokumentationszwecken diejenigen Änderungen kenntlich gemacht werden, die unmittelbar in der Beurkundungsverhandlung erfolgt sind, kann hierfür bspw. der Änderungsmodus der Textbearbeitungssoftware genutzt werden.[36] Die Wahl des Verfahrens verbleibt letztlich beim beurkundenden Notar. In keinem Fall müssen Änderungen in originär elektronischen Urkunden durch einen unterzeichneten Randvermerk kenntlich gemacht werden, da durch die qualifizierte elektronische Signatur des Notars bereits technisch sichergestellt ist, dass keinerlei Änderungen erst nach Abschluss der Beurkundung ergänzt wurden.[37]

9 Änderungen in Anlagen, die Bestandteile der Urkunde nach §§ 9 Abs. 1 S. 2, 14, 37 Abs. 1 S. 2 BeurkG werden, sind grundsätzlich zu behandeln wie Änderungen der Niederschrift selbst. Der Notar braucht sie nach Abs. 1 S. 2 jedoch dann ausnahmsweise nicht durch seine Unterschrift zu sichern, wenn ihre Genehmigung aus der Niederschrift hervorgeht (Beispiel: „Die Niederschrift ist mit der Anlage vorgelesen, mit den in der Anlage enthaltenen Änderungen genehmigt und wie folgt unterschrieben …“).

28 Vgl. HansOLG v. 3.12.1949 – 2 W 312/49, DNotZ 1951, 422 f.; *Winkler*, § 44a Rn 7; Frenz/Miermeister/*Limmer*, § 44a BeurkG Rn 4.

29 Siehe aber zur Abgrenzung BGH v. 15.11.2021 – NotSt(Brfg) 2/21 (n.v.) Rn 27: Verstoß gegen § 44a Abs. 1 BeurkG.

30 OLG Düsseldorf v. 18.12.2013 – I-3 Wx 72/13, DNotZ 2014, 270 f.; *Winkler*, § 44a Rn 8; Frenz/Miermeister/*Limmer*, § 44a BeurkG Rn 4; *Lerch*, § 44a Rn 4; Grziwotz/Sauer/Heinemann/*Heinemann/Grziwotz*, § 44a Rn 10; *Wochner*, DNotZ 1995, 31, 33; *Bücker/Viefhues*, ZNotP 2004, 428, 431.

31 Anbringung des Dienstsiegels ist nicht erforderlich, vgl. auch OLG Schleswig v. 16.6.2010 – 2 W 86/10, Rpfleger 2010, 660; *Winkler*, § 44a Rn 12.

32 *Winkler*, § 44a Rn 12; Frenz/Miermeister/*Limmer*, § 44a BeurkG Rn 6; Grziwotz/Sauer/Heinemann/*Heinemann/Grziwotz*, § 44a Rn 14; *Wochner*, DNotZ 1995, 31, 33.

33 Vgl. OLG Schleswig v. 16.6.2010 – 2 W 86/10, Rpfleger 2010, 660; *Winkler*, § 44a Rn 5.

34 *Winkler*, § 44a Rn 12; *Lerch*, § 44a Rn 5.

35 Grziwotz/*Heinemann*, § 44a Rn 15; *Lerch*, § 44a Rn 5; *Winkler*, § 44a Rn 12; aA wohl Frenz/Miermeister/*Limmer*, § 44a BeurkG Rn 5.

36 Gesetz zur Einführung einer elektronischen Präsenzbeurkundung, BGBl 2025 I Nr. 320 v. 10.12.2025, Reg.Begr. BT-Drucks 21/1505, S. 53.

37 Gesetz zur Einführung einer elektronischen Präsenzbeurkundung, BGBl 2025 I Nr. 320 v. 10.12.2025, Reg.Begr. BT-Drucks 21/1505, S. 53.

C. Änderungen nach Abschluss der Niederschrift über die Beurkundung von Willenserklärungen

I. Zweck des Abs. 2

Abs. 2 stellt zunächst klar, dass auch nach Abschluss der Niederschrift noch Änderungen möglich sind. **10**
Insoweit gilt die Vorschrift für die Beurkundung von Willenserklärungen ebenso wie für die Tatsachenbeurkundung.[38] Die in Abs. 2 geregelte Differenzierung zwischen den unterschiedlichen Änderungssituationen ist allerdings auf die Beurkundung von Willenserklärungen zugeschnitten. Sie knüpft an den Umstand an, dass die Beurkundung von Willenserklärungen mit dem Unterzeichnen der Niederschrift, deren Inhalt vorgelesen und genehmigt worden ist, abschließt. Nach Abschluss der Niederschrift darf der Notar Änderungen und Berichtigungen nur unter Einhaltung eines besonderen beurkundungsrechtlichen Verfahrens vornehmen, das sicherstellen soll, dass trotz der Änderung von wirksam beurkundeten Erklärungen der Beteiligten ausgegangen werden kann (zu Änderungen im sog. Feststellungsinhalt siehe unten Rdn 32). In der seit dem 1.1.2022 geltenden Fassung des § 44a BeurkG ist die Differenzierung auch redaktionell nachvollzogen, indem die Berichtigungen offensichtlicher Unrichtigkeiten in Abs. 2 und die Fälle der darüberhinausgehenden Berichtigung oder Änderung nicht mehr als letzter Satz in Abs. 2, sondern separat in Abs. 3 geregelt sind. Für die letztgenannten Berichtigungsfälle gilt zudem der neue § 44b BeurkG zur Nachtragsbeurkundung. Für originär elektronische Urkunden wurde zudem ein neuer Satz 5 beigefügt, um auch bei diesen eine Änderung durchführen zu können; durch das Gesetz zur Einführung einer elektronischen Präsenzbeurkundung haben sich insoweit lediglich redaktionelle Änderungen ergeben.[39]

Das Änderungsverfahren ist unterschiedlich gestaltet, je nachdem, ob es sich um die Berichtigung offensichtlicher Unrichtigkeiten oder um sonstige Änderungen oder Berichtigungen handelt. Systematisch kann das Verfahren z.T. mit der Protokollberichtigung nach § 164 ZPO verglichen werden.[40] Die Berichtigung offensichtlicher Unrichtigkeiten (Abs. 2 S. 1) ist gewissermaßen noch ein zulässiger Annex zu dem bereits durchgeführten Beurkundungsverfahren. Die inhaltliche Korrektur der Niederschrift berührt den Inhalt des durchgeführten Beurkundungsverfahrens nicht. Abs. 3 bringt zudem die im Hinblick auf die **Beurkundung von Willenserklärungen** im Grunde selbstverständliche Aussage auf den Punkt, dass frühere Niederschriften nur durch neue Niederschriften geändert werden können. Diese Nachtragsbeurkundung ist seit 1.1.2022 ausdrücklich in § 44b BeurkG geregelt. **11**

Wird die **elektronische Fassung der Urschrift** zum Zeitpunkt der Richtigstellung bereits in der elektronischen Urkundensammlung verwahrt, muss sichergestellt werden, dass die Richtigstellung auch in diesem nachvollzogen wird.[41] Der in Abs. 2 neu eingefügte Satz 4 ändert daher nichts an der nachträglichen Richtigstellungsmöglichkeit des Notars, schränkt allerdings seine Wahlfreiheit nach Abs. 2 Satz 3 ein.[42] Im Fall der Verwahrung der Urkunde in der elektronischen Urkundensammlung darf der Nachtragsvermerk schließlich nur noch auf einem gesonderten, mit der Urkunde zu verbindenden Blatt niedergelegt werden, Abs. 2 S. 4, § 35 Abs. 3 NotAktVV.[43] Dieses Blatt ist nach § 56 Abs. 2 BeurkG in ein von dem Notar im Elektronischen Urkundenarchiv zu verwahrendes elektronisches Dokument zu übertragen.[44] Ergänzend bestimmt § 35 Abs. 2 NotAktVV, dass elektronische Dokumente, die nach dem Beurkundungsgesetz zusammen mit der elektronischen Fassung einer Urschrift oder Abschrift in der elektronischen Urkundensammlung zu verwahren sind, unverzüglich in die elektronische Urkundensammlung eingestellt werden sollen. Zu dem Verfahren bei originär elektronischen Urkunden Rdn 23. **12**

38 Vgl. BGH v. 10.10.2017 – II ZR 375/15, NJW 2018, 52, 54; *Heinze*, NZG 2016, 1089.

39 Gesetz zur Einführung einer elektronischen Präsenzbeurkundung, BGBl 2025 I Nr. 320 v. 10.12.2025, Reg.Begr. BT-Drucks 21/1505, S. 53.

40 Vgl. OLG Frankfurt v. 20.11.2009 – 20 W 500/05, DNotZ 2011, 48, 49; *Kanzleiter*, DNotZ 1999, 292, 304 ff.; *Reithmann*, DNotZ 1999, 27, 33. Wobei klarstellend ergänzt werden muss, dass im Rahmen des § 44a BeurkG anders als bei § 164 ZPO Berichtigungen nur bei besagten offensichtlichen Unrichtigkeiten vorgenommen werden können (hierzu eingehend Beck'sches Notarhandbuch/*Kindler*, § 31 Rn 209). Vgl. auch LG Nürnberg-Fürth v. 4.6.2018 – 2 S 5434/17, NJW-RR 2018, 1343 zu einem auf Vorschlag des Gerichts nach § 278 Abs. 6 ZPO geschlossenen Vergleich, bei dem es zu einem „Vertauschen" der Kostenquote (60/40, statt 40/60) gekommen ist (keine analoge Anwendung des § 319 ZPO oder des § 44a Abs. 2 S. 1 BeurkG).

41 Reg.Begr BT-Drucks 18/10607, 85.

42 *Winkler*, § 44a Rn 32a.

43 *Püls/Gerlach*, Anm. zu § 35 NotAktVV.

44 *Winkler*, § 44a Rn 32a.

13 Eine **zeitliche Begrenzung** der Möglichkeit, die Niederschrift zu ändern oder zu berichtigen, ist Abs. 2 und Abs. 3 nicht zu entnehmen.[45] Das lässt den Schluss zu, dass es insoweit nicht darauf ankommt, ob bereits Ausfertigungen von der Urkunde erteilt wurden oder nicht.[46] Die **falsche Ausfertigung** und hiervon erstellte beglaubigte Abschriften können dem Notar wieder ausgehändigt und gegen eine richtige Ausfertigung bzw. richtige beglaubigte Abschriften ausgetauscht werden.

14 Mängel der Urkunde, die auf eine schuldhafte Pflichtverletzung zurückzuführen sind, hat der Notar ohne zusätzlichen Gebührenanspruch zu beheben. Umgekehrt müssen die Beteiligten ihm zur **Verhinderung eines Schadenseintritts** Gelegenheit zur Nachbesserung durch Berichtigung, Ergänzung oder erforderlichenfalls Nachbeurkundung geben. Einem Schadensersatzanspruch wegen der Kosten für eine Neubeurkundung durch einen anderen Notar kann ansonsten entgegengehalten werden, dass die Beteiligten es versäumt haben, durch den Gebrauch eines Rechtsmittels, hier durch schlichte Vorhaltung der Fehlerhaftigkeit, den Schaden abzuwenden.[47]

II. Berichtigung offensichtlicher Unrichtigkeiten

15 Abs. 2 S. 1 regelt die Berichtigung offensichtlicher Unrichtigkeiten im Text der Urkunden.[48] Offensichtliche Mängel des Beurkundungsverfahrens, etwa das Fehlen der notwendigen Unterschrift eines Beteiligten (§ 13 Abs. 1 BeurkG), können nicht im Berichtigungsverfahren behoben werden.[49] Der Begriff der offensichtlichen Unrichtigkeit lehnt sich an die Aufzählung „Schreibfehler, Rechnungsfehler und sonstige offenbare Unrichtigkeiten" in § 319 Abs. 1 ZPO an. Die zu § 319 ZPO entwickelten Auslegungsgrundsätze können durchaus auch hier herangezogen werden.[50] Orientierungsmaßstab ist dabei, dass der Fehler für einen Außenstehenden oder jedenfalls für die Beteiligten oder den Notar[51] aus dem Zusammenhang der Urkunde oder anhand einer anderen, ohne weiteres zugänglichen Informationsquelle (wie z.B. einem öffentlichen Register) deutlich erkennbar ist.[52] Entscheidend ist, dass es sich um einen **Verlautbarungsmangel** handelt. Das Verfahren nach Abs. 2 S. 1, 2 darf nicht dazu benutzt werden, eine Erklärung nachzuholen, die die Beteiligten nicht abgegeben haben.[53] Ist die fehlerhafte Angabe die richtige Wiedergabe des von den Beteiligten Erklärten und Gewollten, dann kommt nur das Verfahren nach Abs. 3 in Betracht. Gleiches gilt, wenn zwar die Unrichtigkeit offensichtlich ist, aber nicht mit gleicher Evidenz festgestellt werden kann, was positiv richtig ist.[54]

16 Offensichtliche Unrichtigkeiten sind vor allem die sog. Wortumkehrungen/Wortverwechslungen wie Gläubiger/Schuldner,[55] Erwerber/Veräußerer, Verkäufer/Käufer, Vertreter/Vertretener usw.[56] Dem Sinn und Zweck der Vorschrift entsprechend, offensichtliche Verlautbarkeitsmängel zu korrigieren, können auch sprachlich unzulängliche, aber gleichwohl aus dem Zusammenhang verständliche Formulierun-

45 BGH v. 10.10.2017 – II ZR 375/15, NJW 2018, 52, 54.

46 DNotI-Report 2000, 72, 75; *Bergermann*, RNotZ 2002, 557, 568; Frenz/Miermeister/*Limmer*, § 44a BeurkG Rn 13; Staudinger/*Hertel*, vor §§ 127, 128 (BeurkG) Rn 637; *Winkler*, § 44a Rn 30; vgl. bereits *Kanzleiter*, DNotZ 1990, 478, 481 f.

47 BGH v. 17.1.2002 – IX ZR 434/00, DNotZ 2002, 539, 540.

48 Zur Auslegung des Merkmals bei Niederschriften gem. § 36 BeurkG vgl. auch *Heinze*, NZG 2016, 1089, 1091 f.

49 BayObLG v. 24.1.2001 – 2Z BR 129/00, DNotZ 2001, 560, 562 m. zust. Anm. *Reithmann*; zum Fall der unrichtigen Unterzeichnung mit einem tatsächlich nicht geführten Doppelnamen vgl. aber DNotI-Report 2005, 113, 115.

50 OLG Köln v. 7.7.2010 – 2 Wx 93/10, FGPrax 2010, 250, 251; Frenz/Miermeister/*Limmer*, § 44a BeurkG Rn 14; Grziwotz/Sauer/Heinemann/*Heinemann/Grziwotz*, § 44a Rn 21; *Lerch*, § 44a Rn 7; *Waldner*, Beurkundungsrecht, Rn 215; a.A. *Zimmer*, NotBZ 2010, 172, 173 f. (plädiert für differenzierte Beurteilung nach dem „Verursacherprinzip, S. 175 ff.").

51 Zur Berichtigung offensichtlicher Unsicherheiten durch den Amtsnachfolger vgl. DNotI-Report 2014, 9 ff. m. umf. w.N.

52 *Winkler*, § 44a Rn 19; Grziwotz/Sauer/Heinemann/*Heinemann/Grziwotz*, § 44a Rn 21; vgl. auch MüKo-ZPO/*Musielak*, § 319 ZPO Rn 7; Zöller/*Feskorn*, § 319 ZPO Rn 5 jeweils m.w.N.; enger OLG München v. 27.6.2012 – 34 Wx 184/12, MittBayNot 2012, 502, 504; zum Meinungsstand vgl. *Heinze*, NZG 2016, 1089, 1090.

53 BayObLG v. 30.11.2000 – 2Z BR 120/00, DNotZ 2001, 557, 559 (Auflassung); *Winkler*, § 44a Rn 23; Grziwotz/Sauer/Heinemann/*Heinemann/Grziwotz*, § 44a Rn 22; vgl. auch *Bergermann*, RNotZ 2002, 557, 568 zu Grundbuchangaben.

54 OLG Köln v. 7.7.2010 – 2 Wx 93/10, FGPrax 2010, 250, 251; *Reithmann*, DNotZ 1999, 27, 34; Grziwotz/Sauer/Heinemann/*Heinemann/Grziwotz*, § 44a Rn 22; *Winkler*, § 44a Rn 22; vgl. auch *Zimmer*, NotBZ 2010, 172, 178.

55 KG v. 12.3.2019 – 1 W 56/19, FGPrax 2019, 100; Fortsetzung von KG v. 11.10. 2013 – 1 W 195–196/13, FGPrax 2014, 4). Hierzu *Genske*, notar 2020, 138.

56 Beck'sches Notarhandbuch/*Kindler*, § 31 Rn 209.

gen präzisiert werden.[57] Offensichtliche Unrichtigkeiten i.S.d. Abs. 2 können darüber hinaus auch versehentliche Auslassungen und Unvollständigkeiten sein.[58] Weiterhin kann auch eine fehlerhafte Angabe z.B. des Grundbuchblattes, der Flurstücknummer, der Grundstücksgröße oder der Parzellennummer[59] („Zahlendreher") grundsätzlich als offensichtliche Unrichtigkeit anzusehen sein.[60] Dies kann auch für eine nicht genannte, aber nach dem übereinstimmenden Parteiwillen mitverkaufte Grundstückparzelle gelten.[61] Die Anforderungen an die Offensichtlichkeit sind aber insbesondere im Hinblick auf eine falsche Kaufpreisangabe sehr hoch anzusetzen.[62]

Die Offenkundigkeit des Fehlers kann sich dabei wie gesehen grds. aus dem Zusammenhang der Urkunde oder aus anderen auch außerhalb der Urkunde liegenden Umständen ergeben.[63] Sachlich darf sich die Änderung allerdings nicht auswirken.[64] So entschied etwa das Kammergericht, dass sich bei Eintragung einer Sicherungshypothek für die namentlich bezeichneten Mitglieder einer Wohnungseigentumsgemeinschaft im Jahr 2002 durch die spätere Anerkennung der Teilrechtsfähigkeit der Wohnungseigentümergemeinschaft nichts an der rechtlichen Zuordnung der Sicherungshypothek geändert habe; ein im Jahr 2018 erfolgter Nachtragsvermerk gemäß § 44a BeurkG, wonach Gläubigerin der Forderung die Wohnungseigentümergemeinschaft sein sollte, war deshalb unzulässig und konnte nicht als Nachweis der vermeintlichen Unrichtigkeit des Grundbuchs dienen.[65]

Im Übrigen ist zu beachten, dass nicht jede **Falschbezeichnung,** die nach materiellem Recht keinen Einigungsmangel darstellt (falsa demonstratio non nocet), als „offensichtliche Unrichtigkeit" i.S.d. **17**
Abs. 2 berichtigt werden kann, da der Notar nicht zur Entscheidung darüber berufen ist, ob die Parteien sich ungeachtet der falschen Bezeichnung in Wirklichkeit geeinigt haben oder nicht. Auch eine „Richtigstellung" seitens der Parteien eröffnet keine Berichtigungsbefugnis, da ansonsten Vertragsänderungen in geeigneten Fällen als Falschbezeichnungen deklariert werden könnten. Die wirksame, aber unter der Falschbezeichnung leidende Urkunde kann gleichwohl noch für den Rechtsverkehr tauglich gemacht werden. Für den Grundbuchvollzug genügt eine klarstellende „Identitätserklärung" (im Namen) der Parteien in der Form des § 29 GBO. Eine bereits formgerecht vor dem Notar, aber „falsch" erklärte Auflassung muss also beispielsweise nicht in jedem Fall noch einmal wiederholt werden.[66] Ob eine dem Notar erteilte generelle Vollzugsvollmacht ausreicht, solche berichtigenden Nachtragserklärungen im Wege der notariellen Eigenurkunde abzugeben,[67] ist allerdings zweifelhaft, da bei dieser Vorgehensweise die Grenze zu dem gesetzlich zulässigen Berichtigungsverfahren nach Abs. 2 verwischt würde.

Offensichtliche Unrichtigkeiten darf der Notar durch einen von ihm zu unterschreibenden **Nachtragsvermerk** nach Abs. 2 S. 1 berichtigen. Der Vermerk ist am Schluss nach den Unterschriften oder auf einem **18**
besonderen Blatt, das mit der Urkunde zu verbinden ist, niederzulegen, Abs. 2 S. 3. Er muss mit dem Datum der Richtigstellung versehen werden. Mit Wirkung zum 1.1.2022 wurde die Vorschrift um einen neuen Satz 4 ergänzt, der sich auf die Verwahrung der Urschrift im **elektronischen Urkundenarchiv** be-

57 Vgl. *Reithmann*, DNotZ 2001, 569 (zu BayObLG DNotZ 2001, 557); *Kanzleiter*, MittBayNot 2001, 203.
58 BGH v. 10.10.2017 – II ZR 375/15, NJW 2018, 52; OLG München v. 22.9.2017 – 34 Wx 68/17, NJOZ 2018, 1046.
59 RG v. 24.9.1931 – V B 7/31, RGZ 133, 279, 281; zum Erbbaurecht: BGH v. 14.7.1969 – V ZR 122/66, NJW 1969, 2043, 2045.
60 *Bergermann*, RNotZ 2002, 557, 568; Meikel/*Hertel*, § 29 GBO Rn 464; *Bücker/Viefhues*, ZNotP 2004, 428, 431; *Kanzleiter*, DNotZ 1999, 292, 305; *Winkler*, § 44a Rn 20; vgl. auch LG Regensburg v. 15.7.2008 – 5 T 216/08, NotBZ 2010, 198, 199 (übersehener Miteigentumsanteil); zu eng jedenfalls OLG Hamburg v. 3.12.1949 – 2 W 312/49, DNotZ 1951, 423, wonach die „auch nur entfernte Möglichkeit" ausgeschlossen sein müsse, „dass der Erklärende ein Recht an dem Grundstück hat, das mit der falschen Bezeichnung richtig bezeichnet ist".
61 BGH v. 25.3.1983 – V ZR 268/81, BGHZ 87, 150, 155f; unklar OLG München v. 27.6.2012 – 34 Wx 184/12, DNotZ 2012, 828. Zu einer übersehenen zu einer Eigentumswohnung gehörenden Verkehrsfläche LG Regensburg v. 15.7.2008 – 5 T 216/08, MittBayNot 2009, 63. Zu dem Fall des Verkaufes einer vermeintlich eigenständigen Parzelle, die aber tatsächlich zu einem Gesamtgrundstück vereinigt war, OLG Düsseldorf v. 15.12.1993 – 9 U 96/93, NJW-RR 1995, 784.
62 Vgl. *Lerch*, § 44a Rn 12; *Waldner*, Beurkundungsrecht, Rn 215; zu eng allerdings OLG München v. 27.6.2012 – 34 Wx 184/12, MittBayNot 2012, 502, 503 (unvollständige Wiedergabe des im I. Abschnitt der Urkunde „näher bezeichneten Grundbesitzes") m. krit. Anm. *Regler*.
63 OLG München v. 22.9.2017 – 34 Wx 68/17, NJOZ 2018, 104: Grziwotz/Sauer/Heinemann/*Heinemann/Grziwotz*, § 44a Rn 23; Beck'sches Notarhandbuch/*Kindler*, § 31 Rn 210.
64 *Winkler*, § 44a Rn 18.
65 KG v. v. 12.3.2019 – 1 W 56/19, FGPrax 2019, 100, 101; hierzu *Genske*, notar 2020, 145; vgl. nun auch § 9a WEG.
66 Vgl. BGH v. 18.5.2001 – V ZR 353/99, DNotZ 2001, 846, 847; *Bergermann*, RNotZ 2002, 557, 569; MüKo-BGB/*Kanzleiter*, § 925 Rn 22.
67 So *Bergermann*, RNotZ 2002, 557, 569.

zieht. In diesem Fall darf der Nachtragsvermerk nur noch „auf einem gesonderten, mit der Urkunde zu verbindenden Blatt niedergelegt werden“. Dieses Blatt soll sodann in ein elektronisches Dokument übertragen werden, das nach § 56 Abs. 2 BeurkG zusammen mit der elektronischen Fassung der Urschrift ebenfalls im elektronischen Urkundenarchiv zu verwahren ist.[68] Auf diese Weise soll die Nachvollziehbarkeit der Berichtigung im elektronischen Urkundenarchiv sichergestellt werden.[69]

III. Nachholung einer vergessenen Unterschrift

19 Abs. 2 trifft keine Regelung, wie bei **Mängeln des Beurkundungsverfahrens,** insbesondere im Fall der **versehentlich vergessenen Unterschrift** eines Beteiligten zu verfahren ist, und zwar weder in positiver noch in negativer Hinsicht (zur Problematik vgl. auch § 13 BeurkG Rdn 62 ff.). Das heißt, dass Abs. 2 die Möglichkeit einer nachträglichen „Heilung durch Nachtragsbeurkundung“ im Gegensatz zur Neubeurkundung zumindest nicht ausschließt. Die Frage stellt sich nur, wenn eine materiell-rechtliche Lösung aus irgendwelchen Gründen nicht in Betracht kommen sollte. Bei Verträgen, die nicht bei gleichzeitiger Anwesenheit der Parteien vor dem Notar geschlossen werden müssen, kann der Vertrag nach § 152 BGB wirksam geschlossen werden, indem der Beteiligte seine Willenserklärung, nunmehr jedenfalls in der Rolle der Annehmenden, formwirksam nachholt. Auch der Fall eines nachträglichen Konsensverlusts lässt sich materiell-rechtlich lösen. Wenn der mit der gesetzlichen Formvorschrift verfolgte Zweck erfüllt ist und eine Partei sich gleichwohl nachträglich auf die mangelnde Form beruft, von deren Einhaltung beide Parteien zunächst ohne weiteres ausgegangen sind, so liegt eine unzulässige Rechtsausübung, also ein Verstoß gegen § 242 BGB, vor.[70] Nichts anderes gilt, wenn der Unterzeichner vorträgt, sein nicht bereits bei der fehlgeschlagenen Beurkundung formgerecht angenommener Vertragsantrag sei nach den §§ 146, 147 BGB erloschen.[71] Ist eine getrennte Beurkundung von Angebot und Annahme nicht möglich, kann eine materiell-rechtliche Lösung allerdings nur erreicht werden, wenn die Beteiligten noch einmal zur Beurkundung ihrer Willenserklärungen zusammen kommen.

20 Legen die Parteien des formunwirksamen Vertrages Wert darauf, dass der Vertrag am Tag der fehlgeschlagenen Beurkundung zustande gekommen ist, scheidet eine materiell-rechtliche Lösung aus, da die Parteien sich zwar untereinander über die Rechtswirkungen des Vertrages einigen, nicht aber den **Zeitpunkt des Vertragsschlusses** mit Wirkung gegenüber Dritten vorverlegen können. Wenn eine materiell-rechtliche Lösung nicht zu erreichen ist, wenn ihre Durchsetzung gegenüber dem anderen Beteiligten sich als schwierig erweist oder einfach Umstände macht, die vermieden werden sollen, stellt sich die Frage nach der Möglichkeit einer **verfahrensrechtlichen Lösung**, die ohne Mitwirkung des anderen Beteiligten allein die fehlende Unterschrift in einer formgerechten Weise „nachholt“. Ob eine im BeurkG nicht vorgesehene „Heilung des Beurkundungsmangels“ zulässig ist, wird kontrovers beurteilt. Zum Teil wird eine Heilungsmöglichkeit unter Hinweis auf den zwingenden Charakter des § 13 BeurkG definitiv verneint.[72] Selbst wenn eine Heilungsmöglichkeit grundsätzlich befürwortet oder zumindest nicht von vornherein ausgeschlossen wird, herrscht Unsicherheit hinsichtlich der verfahrensrechtlichen Einordnung der Heilung. Naheliegend wäre es, für eine Heilung des aus dem Fehlen der Unterschrift resultierenden Beurkundungsmangels eine **Nachtragsniederschrift** zu verlangen, die bestätigt, dass dem Beteiligten die nicht unterzeichnete Niederschrift am Tag ihrer Errichtung vorgelesen worden ist, dass er sie in Gegenwart des Notars und der anderen Beteiligten genehmigt und lediglich versehentlich die Unterschrift unterlassen hat. Dieser Weg wird von den Befürwortern einer Heilungsmöglichkeit in der Tat vorgeschlagen.[73] Bei dieser Erklärung handelte es sich nicht um eine Willens-

68 Reg.Begr. BT-Drucks 18/10607, 85; Grziwotz/Sauer/Heinemann/*Heinemann/Grziwotz*, § 44a Rn 33.
69 Reg.Begr. BT-Drucks 18/10607, 85.
70 BGHZ 29, 6, 11; vgl. auch BGH v. 18.5.2001 – V ZR 353/99, DNotZ 2001, 846, 849 f.
71 Vgl. i.E. OLG Düsseldorf v. 23.5.1997 – 3 Wx 203/97, ZNotP 1997, 71, 72.
72 *Lischka*, NotBZ 1999, 8, 9.
73 *Winkler*, § 13 Rn 67; Grziwotz/Sauer/Heinemann/*Heinemann/Grziwotz*, § 13 Rn 32; siehe auch OLG Düsseldorf v. 7.10.1998 – 15 U 192/97, DNotZ 2000, 299, 301; DNotI-Report 1998, 33, 34; einerseits auch Frenz/Miermeister/*Limmer*, § 13 BeurkG Rn 24, der jedoch andererseits den wegen des Verfahrensmangels unwirksamen Vertrag als schwebend unwirksam ansieht und die Nachholung der Unterschrift materiell-rechtlich wie eine Genehmigung behandeln will.

erklärung, sondern um eine **Tatsachenerklärung**.[74] Die fragliche Willenserklärung ist schließlich bei der fehlgeschlagenen Beurkundung, deren Heilung erzielt werden soll, bereits abgegeben worden.

Stellungnahme: Den Befürwortern einer „verfahrensrechtlichen Lösung" kann nicht vorgeworfen werden, die materiell-rechtlichen Grundlagen außer Acht zu lassen und zu verkennen, dass Gegenstand der Nachtragsniederschrift in Wirklichkeit die nachgeholte Willenserklärung sei.[75] „Heilung" heißt vielmehr, dass die bereits abgegebene Erklärung durch die Nachholung der vergessenen Unterschrift zu einer formwirksamen Erklärung „erstarkt".[76] Ebenso wenig kann deshalb eine Heilungsmöglichkeit im konkreten Fall mit der Begründung versagt werden, die anderen Beteiligten billigten den Inhalt der Urkunde nicht mehr,[77] da der nachträgliche Konsensverlust die materielle Seite betrifft. Der andere Beteiligte würde durch die Heilung des Verfahrensmangels im Übrigen nicht in seinen Rechten beeinträchtigt, da er (siehe oben Rdn 19) kein schützenswertes Interesse daran hat, den Verfahrensmangel auszunutzen, um sich nachträglich nicht mehr an seiner Willenserklärung festhalten lassen zu müssen. Deshalb bestünde bei genereller Zulässigkeit einer Heilung kein Grund, den Eintritt der Heilung von der Zustimmung des anderen Beteiligten abhängig zu machen. 21

Das **Problem** der vorgeschlagenen Heilungsmöglichkeit liegt jedoch, worauf das BayObLG[78] zu Recht hingewiesen hat, in den Anforderungen, die das Gesetz an eine **öffentliche Urkunde** stellt. Eine öffentliche Urkunde muss „in der vorgeschriebenen Form" aufgenommen sein (§ 415 Abs. 1 ZPO). Eine wirksame Niederschrift der zu beurkundenden Willenserklärungen, die unter Beachtung der Verfahrensvorschriften der §§ 8 ff. BeurkG aufgenommen wurde, liegt bei fehlender Unterschrift eines Beteiligten nicht vor. Die zur Heilung vorgeschlagene Nachtragsniederschrift beinhaltet keine Beurkundung einer Willenserklärung, sondern ist ein Tatsachenzeugnis des Notars.[79] Selbst wenn der Notar diese Tatsachenbeurkundung nach den §§ 8 ff. BeurkG und nicht nach den §§ 36, 37 BeurkG vorgenommen haben sollte, ändert das nichts daran, dass das vorgeschriebene Verfahren bei Abgabe der Willenserklärung nicht eingehalten wurde. Das BayObLG[80] hatte sich zwar in der Sache nur mit der Wirksamkeit einer Auflassung zu befassen, lässt jedoch in seiner Begründung die Tendenz erkennen, eine Urkunde mit Nachtragsniederschrift über die nachgeholte Unterschrift nicht als „in der vorgeschriebenen Form aufgenommen" anerkennen zu wollen. 22

Es stellt sich allerdings die Frage, ob den **Anforderungen des § 415 Abs. 1 ZPO** nicht doch genügt werden kann, wenn die Tatsachenerklärung wie eine Willenserklärung beurkundet wird und wenn der Beteiligte anstelle der Tatsachenerklärung prinzipiell auch eine wiederholte Willenserklärung abgeben könnte, um eine nachträgliche formwirksam dokumentierte Einigung zu erzielen. Das ist, da der andere Beteiligte wegen des Verbots unzulässiger Rechtsausübung an seine bereits formwirksam abgegebene Erklärung gebunden ist, immer der Fall, wenn das Gesetz keine gleichzeitige Anwesenheit der Beteiligten bei der Abgabe der Erklärungen vor dem Notar vorschreibt. Immerhin wurde das Ziel des Beurkundungsverfahrens erreicht. Diese verfahrensrechtliche „Heilungslösung" kann im Übrigen gegenüber der materiell-rechtlichen Lösung der getrennten Beurkundung von Angebot und Annahme durchaus Vorteile haben. Insbesondere bliebe der Zeitpunkt des Vertragsschlusses der Zeitpunkt der zunächst fehlgeschlagenen Beurkundung.

IV. Verfahren bei originär elektronischen Urkunden

Zum 1.8.2022 wurde dem Abs. 2 ein neuer Satz 5 beigefügt, um auch in den Fällen der seitdem aufgrund des DiRUG[81] möglichen **Videobeurkundung**, bei denen also nur eine elektronische Urkunde und keine papierene Urschrift existiert, eine Änderung der Urkunde zu ermöglichen. Dasselbe gilt für originär elek- 23

74 *Lerch*, § 44a Rn 18.
75 So aber *Wochner*, DNotZ 2000, 303, 305.
76 DNotI-Report 1998, 33, 34.
77 So aber OLG Düsseldorf v. 23.5.1997 – 3 Wx 203/97, ZNotP 1997, 71, 72; Frenz/Miermeister/*Limmer*, § 13 BeurkG Rn 24.
78 BayObLG v. 24.1.2011 – 2Z BR 129/00, DNotZ 2001, 560, 563.
79 Vgl. BayObLG v. 24.1.2011 – 2Z BR 129/00, DNotZ 2001, 560, 563.
80 BayObLG v. 24.1.2011 – 2Z BR 129/00, DNotZ 2001, 560, 563.
81 G. zur Umsetzung der Digitalisierungsrichtlinie v. 5.7.2021, BGBl I, 3338. Vgl. hierzu etwa *Heckschen/Knaier*, NZG 2021, 1093; *Kienzle*, DNotZ 2021, 590; BeckOK-BNotO/*Sander*, Stand: 1.8.2025 § 20 Rn 50 ff.; Noack/Servatius/Haas/*Servatius*, § 2 GmbHG, Rn 72.

tronische Urkunden, die nach Inkrafttreten des Gesetzes zur Einführung der elektronischen Präsenzbeurkundung nach dem dortigen Verfahren errichtet werden. Bei derartigen nicht nur derivativen, sondern originären elektronischen Urkunden ist der Nachtragsvermerk danach stets in einem gesonderten elektronischen Dokument niederzulegen, das vom Notar mit qualifizierter elektronischer Signatur zu versehen und zusammen mit der elektronischen Urschrift in der elektronischen Urkundensammlung zu verwahren ist.[82] Die Regelungen in § 13a Abs. 4 S. 1 und 2 und § 39a Abs. 2 S. 1 gelten entsprechend. Dieses Verfahren rechtfertigt sich daraus, dass ebenso wie bei der im Elektronischen Urkundenarchiv zu verwahrenden elektronischen Fassung der Urschrift schließlich auch bei der originär elektronischen Urkunde sichergestellt sein muss, dass die Richtigstellung immer gemeinsam mit der elektronischen Niederschrift[83] verwahrt wird und nachvollzogen werden kann. In einem bedeutsamen Punkt unterscheidet sich indes die Papierurkunde von der elektronischen Urkunde: Bei originärer elektronischer Urkunde ist es anders als beim „Normalfall" der Beurkundung auf Papier mit einem etwaigen späteren „digital twin" als Derivativ, eine Änderung nach dem Ende des Beurkundungsvorgangs ist bereits aus technischen Gründen nicht (mehr) möglich. Dies ergibt sich daraus, dass das elektronische Dokument stets bereits von den Beteiligten und dem Notar elektronisch signiert wurde, sodass jede Veränderung des signierten Inhaltes zur Ungültigkeit der Signaturen führen würde.[84] Es bedarf daher immer eines (Nachtrags-)Vermerks, der von dem Notar in einem gesonderten, von ihm ebenfalls qualifiziert elektronisch signierten Dokument niedergelegt werden muss. Dieses neue Dokument ist dann zwingend zusammen mit der elektronischen Urschrift in der elektronischen Urkundensammlung zu verwahren. Die dafür erforderliche technische Verknüpfung erfolgt nach Maßgabe von § 78h Abs. 3 S. 1 BNotO, d.h. die beiden elektronischen Dokumente müssen technisch, quasi vermittels einer „digitalen Büroklammer", derart miteinander verknüpft sein, dass sie nur zusammen abgerufen werden können.[85] Schließlich bestimmt § 35 Abs. 2 NotAktVV ergänzend, dass Elektronische Dokumente, die nach dem Beurkundungsgesetz zusammen mit der elektronischen Fassung einer Urschrift oder Abschrift in der elektronischen Urkundensammlung zu verwahren sind, unverzüglich in die elektronische Urkundensammlung eingestellt werden sollen.

D. Sonstige Änderungen nach Abschluss der Niederschrift

24 Nach Abs. 3 BeurkG darf der Notar Berichtigungen, die **nicht offensichtliche Schreibfehler oder Auslassungen** betreffen, nach Abschluss der Niederschrift nur durch eine ergänzende **„besondere Niederschrift"**, also eine zweite, neue Niederschrift vornehmen,[86] die zwar keine „besonderen" Voraussetzungen, aber alle Anforderungen erfüllen muss, die an eine „normale" Niederschrift zu stellen sind. Mit Inkrafttreten des Art. 2 Nr. 9 des Gesetzes zur Neuordnung der Aufbewahrung von Notariatsunterlagen usw. vom 1.6.2017[87] zum 1.1.2022 ist das Verfahren für eine solche Nachtragsbeurkundung besonders im neuen **§ 44b BeurkG** geregelt, vgl. die dortige Kommentierung.

E. Änderungsverfahren bei Tatsachenbeurkundungen

25 Auch Tatsachenurkunden können nach § 44a BeurkG geändert werden; der Vorschrift kommt insoweit klarstellende Bedeutung zu (zur **Änderung von Hauptversammlungsprotokollen** vgl. § 37 BeurkG Rdn 12 ff.).[88] Im Hinblick auf das einzuhaltende Verfahren ist jedoch zu berücksichtigen, dass § 44a BeurkG seinem Sinn und Zweck nach auf die Beurkundung von Willenserklärungen zugeschnitten ist, also auf Niederschriften, deren Inhalt vor der Unterzeichnung vorgelesen und genehmigt wurde. Die Differenzierungen beruhen darauf, dass das Verfahren zur Beurkundung der Willenserklärungen mit der Unterzeichnung der Niederschrift beendet ist, was bei dem Bezeugungsverfahren der Tatsachenbeurkun-

82 *Winkler*, § 44a Rn 32a.
83 Aufgrund einer Intervention des Rechtsausschusses erfolgte hier eine Klarstellung der Bezeichnung von „Urkunden" zu „Niederschriften", da lediglich letztgenannte im Anwendungsbereich der Vorschrift liegen (hierzu *Omlor/Blöcher*, DStR 2021, 2352).
84 *Winkler*, § 44a Rn 32a.
85 Reg.Begr. BT-Drucks 19/28177, 150.
86 Zur Klarstellung: Offensichtliche Unrichtigkeiten können natürlich auch durch eine ergänzende Niederschrift berichtigt werden, obwohl dafür gem. § 44a Abs. 2 S. 1 und S. 3 ein Nachtragsvermerk vorgesehen ist, vgl. bereits BGH v. 10.10.2017 – II ZR 375/15, NJW 2018, 52; *Winkler*, § 44a Rn 31.
87 BGBl I 2017, 1396.
88 BGH v. 10.10.2017 – II ZR 375/15, NJW 2018, 52, 53; *Heinze*, NZG 2016, 1089; Frenz/Miermeister/*Limmer*, § 44a BeurkG Rn 17.

dung jedoch nicht ohne weiteres der Fall ist.[89] Um das Ziel des Bezeugungsverfahrens zu erreichen, nämlich die Erstellung einer richtigen und beweistauglichen Urkunde, in der der Notar die Wahrnehmung von Tatsachen bezeugt, spielt es keine Rolle, ob es sich um die „Originalversion" des notariellen Zeugnisses handelt, eine ergänzte Fassung oder eine völlig neue Fassung. Insbesondere richtet sich der „Wert" der Urkunde als Beweismittel formal betrachtet nicht danach, in welcher zeitlichen Nähe zum Zeitpunkt der Wahrnehmung durch den Notar die Niederschrift verfasst wurde.[90] Vielmehr resultiert die formelle Beweiskraft i.S.v. § 418 Abs. 1 ZPO daraus, dass der Notar als zuständige Urkundsperson die Zeugnisurkunde verfahrensgerecht errichtet hat.

I. Änderung vor Abschluss des Beurkundungsverfahrens

26 Während des Abfassens der Niederschrift kommt Abs. 1 nur insoweit Bedeutung zu, als der Notar bei der Abfassung der Niederschrift gehalten ist, sein Zeugnis so niederzulegen, dass keine Unklarheiten entstehen, die die Beweistauglichkeit der Urkunde mindern können (siehe oben Rdn 5). Im Übrigen ist das Bezeugungsverfahren bei einer Tatsachenbeurkundung erst **abgeschlossen**, wenn der Notar sein Zeugnis nach außen abgegeben hat. Beschränkungen der Abänderbarkeit, die sich aus Abs. 2 ergeben, kommen deshalb erst dann in Betracht, wenn der Notar die autorisierte Fassung seiner Zeugnisurkunde herausgegeben und damit das Beurkundungsverfahren der Tatsachenbeurkundung abgeschlossen hat.[91] Der Notar kann bis dahin sein Zeugnis noch präzisieren, ergänzen oder korrigieren, ohne dass § 44a BeurkG ihm für bestimmte Änderungssituationen eine bestimmte Verfahrensweise vorschreiben würde.[92] Orientierungsmaßstab ist allein das Verfahrensziel des Bezeugungsverfahrens, die Errichtung einer beweistauglichen Urkunde, in der die von dem Notar wahrgenommenen Tatsachen richtig wiedergegeben sind. Insofern spielt es für die Wahl zwischen den in Abs. 2 aufgezeigten Verfahrenswegen keine Rolle, ob der Fehler in der Niederschrift des Notars offensichtlich ist oder nicht.[93]

27 Die Änderung von Tatsachenurkunden kann durch einen Berichtigungsvermerk oder durch eine Niederschrift berichtigt, durch eine weitere Niederschrift ergänzt oder durch eine neue Niederschrift völlig ersetzt werden.[94] Wenn der Notar sich für die **Variante der völligen Ersetzung der Urkunde** entscheidet, dann wird die erste Niederschrift im Bezeugungsverfahren verfahrensrechtlich funktionslos. Der Notar muss sicherstellen, dass nur Ausfertigungen und Abschriften der finalen, richtigen Zeugnisurkunde erteilt werden. Die frühere Niederschrift bezeugt nämlich nicht mehr die Wahrnehmung des Notars einer Tatsache, sondern sie dokumentiert lediglich, was der Notar zum Zeitpunkt der Errichtung dieser Niederschrift meinte wahrgenommen zu haben. Im Hinblick auf den Gegenstand des Bezeugungsverfahrens ist dieser Umstand jedoch irrelevant.

28 Wie mit der ersten Niederschrift zu verfahren ist, lässt sich § 44a BeurkG nicht entnehmen.[95] Das ist auch folgerichtig, weil die Vorschrift nur im Blick hat, Änderungen der Niederschrift so zu erstellen, dass dem Verfahrenszweck des Beurkundungsverfahrens genügt wird. Für das Beurkundungsverfahren ist die ersetzte Niederschrift uninteressant, weil ihre Aussage vollumfänglich durch die berichtigende Aussage der zweiten Niederschrift überholt ist. Sie hat insbesondere ihren Zweck verloren, durch Bekanntgabe nach außen das Bezeugungsverfahren abzuschließen und als Beweisurkunde i.S.v. § 418 ZPO zu fungieren. Wie mit der überholten Zeugnisurkunde im innerdienstlichen Betrieb verfahren wird, spielt deshalb beurkundungsverfahrensrechtlich, mithin „nach außen", keine Rolle.[96]

29 Der Bundesgerichtshof spricht von einem „Abschluss des Beurkundungsvorgangs i.S.d. Abs. 2" durch die Herausgabe der autorisierten Fassung der Zeugnisurkunde, hat jedoch offengelassen, ob bereits die **vorsorglich unterzeichnete**, aber nur für den Notfall des plötzlichen Todes oder der Handlungsunfähigkeit des Notars zur Herausgabe bestimmte Niederschrift eine taugliche Zeugnisurkunde sein kann.[97] Diese Frage ist zu bejahen. Eine abgeschlossene Niederschrift liegt mit der Unterschrift des Notars vor und nicht

89 Vgl. *Bohrer*, NJW 2007, 2019, 2020.
90 Siehe auch *Maaß*, ZNotP 2005, 376, 379; *Maaß*, ZNotP 2007, 326, 329.
91 Vgl. BGH v. 16.2.2009 – II ZR 185/07, NJW 2009, 2207, 2208.
92 Vgl. BGH v. 10.10.2017 – II ZR 375/15, NJW 2018, 52, 54.
93 *Waldner*, Beurkundungsrecht, Rn 217.
94 *Kanzleiter*, DNotZ 2007, 804, 810.
95 A.A. *Eylmann*, ZNotP 2005, 300, 303 (bleibt bestehen, neue Niederschrift müsse auf alte Niederschrift Bezug nehmen).
96 Vgl. *Wolfsteiner*, ZNotP 2005, 376.
97 BGH v. 16.2.2009 – II ZR 185/07, NJW 2009, 2207, 2208 (zum HV-Protokoll).

erst mit der Bekanntgabe nach außen.[98] Die gegenteilige Auffassung, die auch den Abschluss der Niederschrift vor der Bekanntgabe verneint,[99] erscheint eher künstlich und muss in bestimmten „historischen Kontext“ verstanden werden, nämlich im Kontext der Diskussion darüber, ob der Notar einen Verfahrensfehler begeht, wenn er die überholte Niederschrift nicht aufbewahrt,[100] ob er sich dabei insbesondere wegen Urkundenvernichtung strafbar gemacht haben würde.[101] Da mit dem Abschluss dieser Niederschrift – anders als bei der Beurkundung von Willenserklärungen – das Beurkundungs(haupt)verfahren noch nicht abgeschlossen ist, steht Abs. 2 jedoch der Erstellung einer „autorisierten Endfassung“ nicht entgegen (siehe oben Rdn 26). Das Verfahren kann aber nach Weisung des Notars auch mit Herausgabe der ursprünglich als Provisorium gedachten Niederschrift zum Abschluss gebracht werden. Ob die nicht herausgegebene Niederschrift als provisorische Niederschrift oder als bloßer Entwurf angesehen wird, sollte im Übrigen für die Beurteilung des Notfalls, für den der Notar vorgesorgt hat, im Ergebnis keine Rolle spielen. Dem ursprünglichen Entwurf wird auch dann Urkundsqualität beigemessen, wenn er nach Weisung des Notars zur endgültigen Niederschrift „erstarkt“.[102]

II. Änderung nach Abschluss des Beurkundungsverfahrens

30 Mit der Herausgabe der autorisierten Endfassung der Zeugnisurkunde wird das Beurkundungsverfahren der Tatsachenbeurkundung abgeschlossen (siehe Rdn 26).[103] Auch nach Abschluss des Verfahrens können jedoch Änderungen nach Maßgabe des Abs. 2 vorgenommen werden. Insofern gilt für die Tatsachenbeurkundung nichts anderes als für die Beurkundung von Willenserklärungen; insbesondere setzt die Erteilung von Ausfertigungen keine zeitliche Grenze für die Vornahme von Änderungen (vgl. Rdn 13).[104] Offensichtliche Unrichtigkeiten können hiernach ohne weiteres berichtigt werden.[105] Problematisch ist nur, ob darüber hinausgehende Änderungen im Wege der ergänzenden Niederschrift möglich sind. Diskutiert wird die Problematik vor allem im Zusammenhang mit der Berichtigung von Hauptversammlungsprotokollen. Der Bundesgerichtshof hat sich mit Recht der Ansicht angeschlossen, die sich für die Möglichkeit einer Nachtragsniederschrift ausgesprochen hat; Gegenstand der Zeugnisurkunde ist schließlich allein die Wahrnehmung des Notars (siehe § 37 BeurkG Rdn 12 ff. m.w.N.).[106]

31 Die bereits in den Rechtsverkehr gelangte fehlerhafte Urkunde kann nicht in jedem Fall mit Wirkung ex tunc durch die korrigierte Urkunde ersetzt werden. Wird eine nach Abs. 2 geänderte Gesellschafterliste zum Handelsregister eingereicht, tritt diese erst ab dem Zeitpunkt ihrer Aufnahme an die Stelle der fehlerhaften Liste; für den Rechtsverkehr muss die Berichtigung ersichtlich sein, so dass in diesem Fall auch die elektronisch beglaubigte Abschrift mit dem Berichtigungsvermerk versehen sein muss.[107]

98 *Kanzleiter*, DNotZ 2007, 804, 809.
99 LG Frankfurt v. 21.12.2005 – 3/9 O 98/03, ZIP 2006, 335, 337; *Bohrer*, NJW 2007, 2019, 2020; *Görk*, MittBayNot 2007, 382, 383; *Maaß*, ZNotP 2005, 50, 54 f.; *Wolfsteiner*, ZNotP 2005, 376 f.
100 So *Eylmann*, ZNotP 2005, 300, 301 ff.
101 Vgl. OLG Frankfurt v. 29.11.2006 – 2 Ws 173/05, NJW 2007, 1221 f. Dem strafrechtlichen Vorwurf sind AG und LG Frankfurt im Ergebnis überzeugend entgegengetreten: LG Frankfurt v. 29.11.2007, 5/31 Qs 27/07, NJW 2008, 91 ff.; AG Frankfurt v. 19.6.2007 – 995 Ds 3640 Js 217781/05 – 1018, ZNotP 2007, 358 ff.; siehe auch *Lerch*, § 37 Rn 12.
102 So der Lösungsvorschlag von *Ludwig*, ZNotP 2008, 345, 349; Grziwotz/Sauer/Heinemann/*Heinemann/Grziwotz*, § 44a Rn 20.
103 Vgl. BGH v. 16.9.2009 – II ZR 185/07, NJW 2009, 2207, 2208; siehe auch BGH v. 10.10.2017 – II ZR 375/15, NJW 2018, 52, 54.
104 Staudinger/*Hertel*, vor §§ 127a, 128 (BeurkG) Rn 627; Frenz/Miermeister/*Limmer*, § 44a BeurkG Rn 17; Grziwotz/Sauer/Heinemann/*Heinemann/Grziwotz*, § 44a Rn 20; *Heinze*, NZG 2016, 1089; a.A. OLG Köln v. 17.7.1992 – 2 Wx 32/92, MittBayNot 1993, 170, 171 m. abl. Anm. *Röll*.
105 Vgl. BGH v. 10.10.2017 – II ZR 375/15, NJW 2018, 52, 54; *Winkler*, § 44a Rn 39; aA: BayObLG JW 1927, 1704; *Dietrich*, JW 1937, 979; *Knur*, DNotZ 1938, 713.
106 BGH v. 10.10.2017 – II ZR 375/15, NJW 2018, 52, 54; zust. *Heckschen/Kreußlein*, NZG 2018, 401, 411. Die Entscheidung OLG Köln v. 7.7.2010 – 2 Wx 93/10, FGPrax 2010, 250, 251, steht dem nicht entgegen, da der Senat in der Sache davon ausging, dass eine Erklärung nachgeholt werden sollte, die die Beteiligten so nicht abgegeben hatten.
107 OLG Nürnberg v. 28.12.2017 – 12 W 2005/17, NZG 2018, 312, 314; zur Berichtigung der vom Notar eingereichten Gesellschafterliste durch den Geschäftsführer vgl. BGH v. 17.12.2013 – II ZR 21/12, DNotZ 2014, 463, 466 f.

F. Feststellungsinhalt einer Niederschrift nach den §§ 8 ff. BeurkG

Die Grundsätze über die Berichtigung von Tatsachenurkunden können sinngemäß auch für die Berichtigung des sog. Feststellungsinhalts einer nach den §§ 8 ff. BeurkG errichteten Niederschrift über Willenserklärungen herangezogen werden. So kann der Feststellungsinhalt der Niederschrift Gegenstand einer Berichtigung nach Abs. 2 ohne Mitwirkung der Beteiligten sein, wenn der Notar seine Feststellung nicht richtig wiedergeben hat.[108] Davon ist auszugehen, wenn sich der Widerspruch aus dem Zusammenhang der Urkunde positiv aufklären lässt. So widerspricht die h.M. in der Literatur dem OLG Hamm,[109] nach dessen Auffassung eine falsche Amtsbezeichnung des Notars (vgl. § 9 Abs. 1 BeurkG) nicht nachträglich berichtigt werden könne, und lässt im Gegenteil mit der Berichtigung eine Heilung des Mangels zu.[110] Dahinter steht der Gedanke, dass gem. Abs. 2 nicht bloß Verstöße gegen Sollvorschriften, sondern auch Verstöße gegen zwingende Bestimmungen heilbar sind. Eine Unterscheidung zwischen diesen Mängelarten lasse sich Abs. 2 nicht entnehmen.[111] So soll es grundsätzlich möglich sein, dass eine Urkunde erst nachträglich durch Berichtigung gem. Abs. 2 wirksam wird.[112] Nach *Litzenburger*[113] kann die Bezeichnung der Urkundsperson nachträglich durch Amtsvermerk gem. §§ 36, 39 BeurkG berichtigt werden.[114] (zur falschen Bezeichnung des Notars vgl. auch § 9 BeurkG Rdn 8). Ein berichtigungsfähiger Fehler liegt ebenfalls vor, wenn der Notar vergessen hat eine Tatsache, die stattgefunden hat, in seine Feststellungen aufzunehmen.[115] 32

§ 44b Nachtragsbeurkundung

(1) [1]Wird der Inhalt einer Niederschrift in einer anderen Niederschrift berichtigt, geändert, ergänzt oder aufgehoben, soll der Notar durch einen mit dem Datum zu versehenden und von ihm zu unterschreibenden Nachtragsvermerk auf die andere Niederschrift verweisen. [2]§ 44a Absatz 2 Satz 3 bis 5 gilt entsprechend. [3]Anstelle eines Nachtragsvermerks kann der Notar die andere Niederschrift zusammen mit der Niederschrift verwahren.

(2) Nachtragsvermerke sowie die zusammen mit der Niederschrift verwahrten anderen Niederschriften nach Absatz 1 soll der Notar in Ausfertigungen und Abschriften der Urschrift übernehmen.

A. Allgemeines

Die Vorschrift betrifft Niederschriften, durch die der Inhalt einer bereits errichteten Niederschrift berichtigt, ergänzt oder aufgehoben wird. § 44b BeurkG wurde mit Art. 2 Nr. 9 des Gesetzes zur Neuordnung der Aufbewahrung von Notariatsurkunden usw. vom 1.6.2017[1] in das BeurkG eingefügt; die Regelung ist zum 1.1.2022 in Kraft getreten. Eine Bestimmung zur Zusammenführung von Änderungsniederschrift und geänderter Urkunde fand sich bis dahin lediglich in § 18 Abs. 2 S. 1 3 DONot a.F.[2] Nach der Terminologie der DONot a.F. handelte es sich bei der geänderten Urkunde um die „Haupturkunde", 1

108 *Brambring*, FGPrax 1998, 201, 203; *Kanzleiter*, DNotZ 1990, 478, 487; *Reithmann*, DNotZ 1988, 567, 569; Reithmann/Albrecht/*Reithmann*, Rn 395; *Winkler*, § 44a BeurkG Rn 25 ff.; Staudinger/*Hertel*, vor §§ 127a, 128 (BeurkG) Rn 637; Grziwotz/Sauer/Heinemann/*Heinemann/Grziwotz*, § 44a Rn 27; a.A. OLG Hamm v. 4.11.1987 – 15 W 428/87, DNotZ 1988, 565, 566 (falsche Kennzeichnung der Urkundsperson); einschränkend auch *Bracker*, DNotZ 1997, 95, 96 (nur Soll-Angaben).

109 Beschl. v. 4.11.1987 – 15 W 428/87, DNotZ 1988, 565.

110 Vgl. *Reithmann*, DNotZ 1988, 567, 570; BeckOGK/*Regler*, Stand: 1.5.2022, § 44a BeurkG Rn 27.

111 *Winkler*, § 44a Rn 28.

112 Vgl. Frenz/Miermeister/*Limmer*, § 9 BeurkG Rn 3; *Winkler*, § 44a Rn 28.

113 BeckOK-BGB/*Litzenburger*, § 9 BeurkG Rn 7.

114 Eingehend zur Problematik DNotI-Report 2011, 35, 36 f. und DNotI-Report 2019, 15.

115 Zur fehlenden Bezeichnung des Notars im Urkundseingang vgl. DNotI-Report 2005, 9 ff.

1 BGBl I 2017, 1396.

2 Reg.Begr BT-Drucks 18/10606, 85.

nun wird dieser Begriff nur noch in anderem Kontext, nämlich bei dem Heften und Siegeln von Unterlagen, die nicht mit der Urkunde nach § 44 BeurkG zu verbinden sind, verwendet, § 14 Abs. 2 S. 3 DONot; gleichwohl soll im Folgenden zum besseren Verständnis an dem tradierten Begriff „Haupturkunde" festgehalten werden.

Mit § 44b BeurkG wird das bei einer Nachtragsurkunde zu beachtende Urkundsnachverfahren erstmals nicht nur, wie bis dato, auf der Ebene der Verwaltungsvorschrift DONot – die insoweit obsolet wurde –, sondern als Teil des Verfahrensgesetzes geregelt.[3] Die in § 44b BeurkG getroffenen Regelungen zum „**Urkundsnachverfahren**" sollen verhindern, dass bei einem Zugriff auf die Haupturkunde die Nachtragsbeurkundung, aus der sich ergibt, welche Änderungen vorgenommen wurden, womöglich übersehen wird.[4] Insbesondere dient die Vorschrift auch der Sicherstellung, dass Ausfertigungen und Abschriften der Haupturkunde unter Berücksichtigung der erfolgten Nachtragsbeurkundung erfolgen. Wird die Nachtragsbeurkundung infolge einer Nichtbeachtung des § 44b BeurkG übersehen, liegt eine Pflichtverletzung des Notars vor, die bei einem hieraus resultierenden Schaden zu einem Amtshaftungsanspruch führen kann.[5] Verstöße gegen § 44b BeurkG stellen im Übrigen ein Dienstvergehen dar; die Wirksamkeit der ursprünglichen bzw. nachträglichen Beurkundung wird durch einen solchen Verstoß nicht berührt.[6]

B. Nachtragsbeurkundung

2 § 44b BeurkG betrifft Nachtragsbeurkundungen i.S.v. § 44a Abs. 3 BeurkG, wenn also ein Nachtragsvermerk (bei offensichtlicher Unrichtigkeit) nicht (mehr) genügt.[7] Abs. 1 S. 1 definiert die Nachtragsbeurkundung als Berichtigung, Änderung, Ergänzung oder Aufhebung einer Niederschrift „in einer anderen Niederschrift".[8] Es handelt sich um Änderungen nach Abschluss des Beurkundungsverfahrens, die über die Berichtigung offensichtlicher Unrichtigkeiten nach § 44a Abs. 2 BeurkG hinausgehen und deshalb in Form einer neuen Niederschrift erfolgen müssen (zu offensichtlichen Unrichtigkeiten vgl. § 44a BeurkG Rdn 18). Der gesetzestypische Anwendungsfall ist die Änderung einer Niederschrift über Willenserklärungen,[9] z.B. im Falle einer nachträglichen Beschränkung bzw. eines teilweisen Widerrufs einer beurkundeten Vorsorgevollmacht.[10] Bei einer Änderung von Tatsachenurkunden (vgl. hierzu § 44a BeurkG Rdn 25 ff.) ist das Nachverfahren nach § 44b BeurkG ebenfalls erforderlich, wenn die Änderung in der Weise erfolgt, dass nach dieser eine geänderte Niederschrift und eine Änderungsniederschrift vorhanden sind. Auch in einem solchen Fall muss sichergestellt sein, dass beide Niederschriften als zusammengehörig behandelt werden.

Wie § 44a BeurkG, auf den sich § 44b BeurkG bezieht, gilt auch § 44b BeurkG nicht für unterschrifts- bzw. abschriftsbeglaubigte Schriftstücke (vgl. § 44a BeurkG Rdn 3).[11] § 44b BeurkG betrifft im Übrigen nur Nachtragsbeurkundungen, also nicht Korrekturen von Vermerken oder von Bescheinigungen nach § 21 BNotO.[12]

Wird durch eine Urkunde der Inhalt einer anderen Urkunde berichtigt, geändert, ergänzt oder aufgehoben, so ist bei den im **Urkundenverzeichnis** eingetragenen Urkunden auf die jeweils andere Eintragung hinzuweisen, § 17 Abs. 1 NotAktVV.[13] Durch diese Vorschrift wird eine weitere „Sicherheit" eingeführt, um

3 Vgl. Reg.Begr. BT-Drucks 18/18/10607 S. 85 f.

4 Reg. Berg. BT-Drucks 18/10607 S. 86; Grziwotz/Sauer/Heinemann/*Heinemann/Grziwotz*, § 44b Rn 4.

5 Grziwotz/Sauer/Heinemann/*Heinemann/Grziwotz*, § 44b Rn 11; *Winkler*, § 44b Rn 10.

6 Grziwotz/Sauer/Heinemann/*Heinemann/Grziwotz*, § 44b Rn 11; *Winkler*, § 44b Rn 10.

7 *Winkler*, § 44b Rn 2.

8 Vgl. Reg.Begr. BT-Drucks 18/18/10607 S 85.

9 Grziwotz/Sauer/Heinemann/*Heinemann/Grziwotz*, § 44b Rn 2.

10 Vgl. hierzu (allerdings noch zur alten Rechtslage) DNotI-Report 2021, 105.

11 Grziwotz/Sauer/Heinemann/*Heinemann/Grziwotz*, § 44b Rn 3.

12 Grziwotz/Sauer/Heinemann/*Heinemann/Grziwotz*, § 44b Rn 3.

13 Vgl. *Kersten*, ZNotP 2021, 158; *Püls/Gerlach*, Anm. zu § 17 NotAktVV weisen zudem auf die „Verschärfung" gegenüber dem Referentenentwurf hin, der durch die Formulierung des verbindlichen Charakters von Verweisungen erfolgt ist. Dies kann sich freilich nur auf Verweisungen beziehen, die vom jeweiligen Notar in das UVZ einzutragen sind bzw. eingetragen wurden. Beachte auch, dass nach § 17 Abs. 2 NotAktVV zu jeder Eintragung auch weitere Angaben aufgenommen werden können, soweit diese der Erfüllung der Amtspflichten dienen. Solche Angaben sind strukturiert zu erfassen, soweit die Bundesnotarkammer dies vorsieht.

die versehentliche Unkenntnis der Änderung einer Haupturkunde zu verhindern. Vor dem Hintergrund, dass in der Änderungsurkunde zu Beginn stets auf die zu ändernde Haupturkunde Bezug genommen wird, hätte es indes ausgereicht, den Hinweis nur in der Eintragung der Haupturkunde aufzuführen.

C. Zusammenführen von Änderungsniederschrift und geänderter Niederschrift

Im Fall der Nachtragsbeurkundung i.S.v. Abs. 1 S. 1 erfolgt die Änderung einer Niederschrift, der Haupt- 3
urkunde, „in einer anderen Niederschrift", der Nachtragsurkunde.[14] Abs. 1 regelt das Zusammenführen dieser Urkunden in den alternativen Formen des Nachtragsvermerks (Satz 1 und 2) und der gemeinsamen Verwahrung (Satz 3). Die Systematik entspricht weitgehend der Systematik des § 18 Abs. 2 S. 1 Spiegelstrich 3 DONot a.F. Das Zusammenführen in der Form des Nachtragsvermerks ist als Soll-Bestimmung, die Alternative der gemeinsamen Verwahrung als Kann-Bestimmung ausgestaltet. Der Notar kann somit zwischen den beiden Arten des Zusammenführens von geänderter Niederschrift und Änderungsniederschrift nach seinem Ermessen wählen.

I. Nachtragsvermerk (Abs. 1 S. 1 und 2)

Der mit dem Datum zu versehende Nachtragsvermerk gem. Abs. 1 S. 1 bei der Haupturkunde enthält den 4
Verweis auf die Änderungsniederschrift, die sog. „andere Niederschrift". Auf diesem Wege werden geänderte Niederschrift und Änderungsniederschrift zusammengeführt. Wie der Nachtragsvermerk anzubringen ist, ist in Abs. 1 S. 2 i.V.m. § 44a Abs. 2 S. 3, 4 BeurkG geregelt. Es kommt hiernach darauf an, ob die Urschrift bereits im Elektronischen Urkundenarchiv verwahrt wird oder nicht. Wird die Urschrift – was wohl den Regelfall darstellen sollte – bereits im Elektronischen Urkundenarchiv verwahrt, kann der Nachtragsvermerk nur auf einem besonderen Blatt niedergelegt werden (vgl. § 44a BeurkG Rdn 12); die ansonsten bestehende Wahlfreiheit des Notars, ob er den Nachtragsvermerk an den Schluss der Niederschrift setzt oder in einem besonderen Blatt niederlegt, ist dadurch eingeschränkt.[15] Auch dieses Blatt ist sodann nach Überführung in ein elektronisches Dokument gem. § 56 Abs. 2 BeurkG zusammen mit der elektronischen Fassung der Urschrift im Elektronischen Urkundenarchiv zu verwahren.[16] Andernfalls, also wenn (noch) keine Überführung in die Elektronische Urkundensammlung erfolgte, kann der Nachtragsvermerk wie gesehen auch gem. Abs. 1 S. 2 i.V.m. § 44a Abs. 2 S. 3 BeurkG am Schluss der geänderten Urkunde nach den Unterschriften angebracht werden. Dieses Vorgehen spiegelt sich auch in § 35 Abs. 3 NotAktVV wider, wonach, nachdem ein Dokument in elektronischer Form in die elektronische Urkundensammlung eingestellt wurde, auf der Urschrift oder Abschrift, die in der Urkundensammlung verwahrt wird, keine Vermerke mehr angebracht werden dürfen. Ergibt sich aus einer Rechtsvorschrift die Pflicht, auf der Urschrift oder Abschrift, die in der Urkundensammlung verwahrt wird, etwas zu vermerken, so ist der Vermerk auf einem gesonderten Blatt niederzulegen, das mit der Urschrift oder Abschrift, die in der Urkundensammlung verwahrt wird, zu verbinden ist.

Seit 1.8.2022 verweist Abs. 1 S. 2 nicht mehr nur auf § 44a Abs. 2 S. 3 und 4 BeurkG, sondern zusätzlich 5
auch noch auf S. 5, also den Fall der **originär elektronischen Niederschrift**.[17] Hierfür wird konsequent angeordnet, dass der in diesem Fall nach Abs. 1 S. 1 notwendige Nachtragsvermerk entsprechend § 44a Abs. 2 S. 5 BeurkG stets in einem separaten elektronischen Dokument niederzulegen ist, das von dem Notar mit einer qualifizierten elektronischen Signatur versehen und gemeinsam mit der elektronischen Urschrift in der elektronischen Urkundensammlung verwahrt wird. Die technische Verknüpfung erfolgt nach Maßgabe von § 78h Abs. 3 Satz 1 BNotO (vgl. hierzu auch Rdn 6).[18]

14 Haupt- und Nachtragsurkunde müssen nicht zwingend vom demselben Notar stammen; sofern in einem solchen Fall eine papierene Urkunde errichtet wurde, müssen die beteiligten Notare die Verwahrung untereinander klären. Sollte es sich um eine originär digitale Urkunde handeln, ist demgegenüber Ansprechpartner die Urkundenarchivbehörde (*Winkler*, § 44b Rn 6 m.w.N.).

15 Vgl. *Damm*, DNotZ 2017, 426; Frenz/Miermeister/*Limmer*, § 44b BeurkG Rn 6.

16 Reg.Begr. BT-Drucks 18/10607 S 86; Grziwotz/Sauer/Heinemann/*Heinemann/Grziwotz*, § 44a Rn 33.

17 Eingefügt durch das Gesetz zur Umsetzung der Digitalisierungsrichtlinie (DiRUG) v. 5.7.2021, BGBl I, 3338.

18 Reg.Begr. BT-Drucks 19/28177 S 151.

II. Gemeinsame Verwahrung (Abs. 1 S. 3)

6 Anstelle des Nachtragsvermerks kommt als alternative Form des Zusammenführens von Änderungsniederschrift und geänderter Urkunde die gemeinsame Verwahrung der beiden Niederschriften in Betracht. Nach § 31 Abs. 4 NotAktVV können einem in der Urkundensammlung verwahrten Dokument andere Urschriften beigefügt und mit ihm verwahrt werden, wenn (u.a.) diese mit dem verwahrten Dokument inhaltlich derart zusammenhängen, dass das verwahrte Dokument ohne die anderen Urschriften oder Unterlagen nicht in zweckdienlicher Weise verwendet werden kann (eine ähnliche Regelung fand sich früher in § 18 DONot a.F.);[19] es gelten die Ausführungen zu § 44 BeurkG entsprechend, vgl. § 44 BeurkG Rdn 2.[20] Für die gemeinsame Verwahrung im elektronischen Urkundenarchiv gilt § 78h Abs. 3 S. 1 BNotO. Erforderlich ist hiernach eine technische Verknüpfung, die gewährleistet, dass die beiden Urkunden nur zusammen abgerufen werden können, damit ein Übersehen der Änderungsurkunde verhindert wird („elektronische Büroklammer“).[21] Denkbar ist also zusammenfassend, dass der Notar in der Papierurkundensammlung bei der Haupturkunde durch einen Nachtragsvermerk auf die andere Niederschrift verweist und den Nachtragsvermerk gem. § 56 Abs. 2 BeurkG zusammen mit der elektronischen Fassung der Urschrift in der elektronischen Urkundensammlung verwahrt. Wenn der Notar dagegen die Haupturkunde und die Nachtragsurkunde zusammen verwahrt, sind in der elektronischen Urkundensammlung Haupt- und Nachtragsurkunde durch einen Eintrag im Urkundenverzeichnis technisch zu verknüpfen. Entscheidend ist stets, dass sichergestellt ist, dass die Nachtragsurkunde beim Zugriff auf die Haupturkunde nicht übersehen werden kann.[22]

D. Ausfertigungen und Abschriften (Abs. 2)

7 Erstellt der Notar Ausfertigungen oder Abschriften der im Wege der Nachtragsbeurkundung geänderten (Haupt-) Urkunde, ist Abs. 2 zu beachten. Sowohl Ausfertigungen, die im Rechtsverkehr gem. § 47 BeurkG die Urschrift ersetzen, als auch Abschriften der geänderten Urkunde müssen erkennen lassen, dass die Nachtragsbeurkundung zum Zweck der Änderung stattgefunden hat. Wurden Änderungsniederschrift und geänderte Urkunde in der Form eines Nachtragsvermerks zusammengeführt, muss der Nachtragsvermerk in Ausfertigungen und Abschriften übernommen werden. Erfolgte die Zusammenführung in der Form der gemeinsamen Verwahrung der Niederschriften, verlangt Abs. 2 die Übernahme der Änderungsniederschrift in Ausfertigungen und Abschriften der Haupturkunde. Dadurch wird der falsche Anschein vermieden, die Haupturkunde sei unverändert wirksam.[23] Die auszugsweise beglaubigte Abschrift bzw. Ausfertigung bleibt nach § 78h Abs. 3 S. 2 BNotO zulässig.[24]

§ 45 Urschrift

(1) Die Urschrift der notariellen Urkunde bleibt, wenn sie nicht auszuhändigen ist, in der Verwahrung des Notars.
(2) Wird die Urschrift der notariellen Urkunde nach § 56 in ein elektronisches Dokument übertragen und in der elektronischen Urkundensammlung verwahrt, steht die elektronische Fassung der Urschrift derjenigen in Papierform gleich.
(3) Das nach § 8 Absatz 2, den §§ 16b, 36 Absatz 2 oder § 39a erstellte elektronische Dokument (elektronische Urkunde), das in der elektronischen Urkundensammlung verwahrt wird, gilt als Urschrift (elektronische Urschrift).

19 Vgl. *Püls/Gerlach*, NotAktVV und elektronisches Urkundenarchiv, B. zu § 32 Abs. 4 NotAktVV.
20 Grziwotz/Sauer/Heinemann/*Heinemann/Grziwotz*, § 44b Rn 9; *Winkler*, § 44b Rn 6.
21 Reg.Begr. BT-Drucks 18/10607 S 86.
22 Reg.Begr BT-Druck 18/10607 S 86.
23 Reg.Begr BT-Druck 18/10607, 86; vgl. auch BGH v. 19.11.1985 – IX ZR 60/85, DNotZ 1986, 418.
24 BeckOGK/*Regler*, Stand: 1.7.2025, § 44b BeurkG Rn 13; Frenz/Miermeister/*Limmer*, § 44b BeurkG Rn 8; Grziwotz/*Heinemann*, § 44b Rn 10.

§ 45a Aushändigung der Urschrift

(1) [1]Die Urschrift einer Niederschrift soll nur ausgehändigt werden, wenn dargelegt wird, dass sie im Ausland verwendet werden soll, und sämtliche Personen zustimmen, die eine Ausfertigung verlangen können. [2]In diesem Fall soll die Urschrift mit dem Siegel versehen werden; ferner soll eine Ausfertigung zurückbehalten und auf ihr vermerkt werden, an wen und weshalb die Urschrift ausgehändigt worden ist. [3]Die Ausfertigung tritt an die Stelle der Urschrift.

(2) Die Urschrift einer Urkunde, die in der Form eines Vermerks verfasst ist, ist auszuhändigen, wenn nicht die Verwahrung verlangt wird.

Literatur *Dickhut-Harrach*, Die Rückgabe eines Erbvertrages aus der notariellen Verwahrung, RNotZ 2002, 384; *Ertl*, Wirksamkeit und Widerruf der Eintragungsbewilligung, DNotZ 1967, 339; *Fischer*, Das elektronische Urkundenarchiv – rechtliche Grundlagen, DNotZ-Sonderheft 2016, 124; *Frank*, Erbrechtliche Regelungen des OLG VertrÄndG, NotBZ 2003, 8, 11; *Geimer*, Notarielle Vollstreckbarerklärung von Anwaltsvergleichen, DNotZ 1991, 266; *Grziwotz*, Modernisierung des notariellen Berufs? Neue Regelungen zur Berufsausübung, Vereinbarkeit von Familie und Beruf sowie Geschlechtergerechtigkeit, MDR 2021, 1173; *Löffler*, Die NotAktVV, notar 2020, 362; *Keim*, Die Aufhebung von Erbverträgen durch Rücknahme aus amtlicher oder notarieller Verwahrung, ZEV 2003, 55; *Kersten*, Urkunden- und Verwahrungsverzeichnis nach der Verordnung über die Führung notarieller Akten und Verzeichnisse – NotAktVV – Teil 1, ZNotP 2021, 158; Teil 2, ZNotP 2021, 197; *Kienzle*, Die Videobeurkundung nach dem DiRUG, DNotZ 2021, 590; *Löffler*, Die NotAktVV, notar 2020, 362; *Püls*, Digitaler Quantensprung – Der Weg zum Elektronischen Urkundenarchiv, DNotZ 2021 862; *Reimann*, Die Änderung des Erbrechts durch das OLG-Vertretungsänderungsgesetz, FamRZ 2002, 1383; *Winkler*, Die vollstreckbare Ausfertigung in der notariellen Praxis, RNotZ 2019, 117; *Zimmer*, Der vollstreckbare Anwaltsvergleich in der notariellen Praxis, NotBZ 2000, 175.

A. Allgemeines

1 § 45 Abs. 1 BeurkG a.F. wurde durch das 3. Gesetz zur Änderung der BNotO eingefügt. Vor der Novellierung war der Grundsatz der Urkundenverwahrung wortgleich in § 25 Abs. 1 BNotO a.F. geregelt. Die Regelung des § 25 Abs. 2 BNotO a.F., die die Verwahrung von Erbverträgen bei Ausschluss der besonderen amtlichen Verwahrung betraf, wurde in § 34 Abs. 3 BeurkG überführt (siehe § 34 BeurkG Rdn 22). Damit wurde dem Umstand Rechnung getragen, dass es sich in der Sache um verfahrensrechtliche und nicht um berufsrechtliche Vorschriften handelt.

Die Urkundenverwahrung hat nach Einführung des **zentralen Elektronischen Urkundenarchivs** grundlegende Änderungen erfahren. Die einschlägigen gesetzlichen Regelungen sind mit Wirkung zum 1.1.2022 in Kraft getreten (siehe hierzu Einl. Rdn 17). Die in § 45 BeurkG getroffenen Bestimmungen zur Behandlung der Urschrift wurden dafür in zwei separate Vorschriften, § 45 und § 45a BeurkG, aufgeteilt. Bei dem neuen § 45a BeurkG handelt es sich in der Sache um eine Verschiebung der bisherigen Bestimmungen (§ 45 Abs. 2 und 3 BeurkG a.F.) zur Herausgabe der Urschrift ohne inhaltliche Änderung.

2 Seit dem 1.8.2022[1] enthält § 45 BeurkG einen zusätzlichen Absatz 3, der bestimmt, dass die nach den § 16b BeurkG oder § 39a BeurkG erstellte und in der elektronischen Urkundensammlung verwahrte elektronische Urkunde als Urschrift im Sinne des Beurkundungsgesetzes gilt, sog. **elektronische Urschrift**.[2] Dies betrifft die durch das DiRUG eingeführte Online-Gründung der GmbH und UG (haftungsbeschränkt),[3] die in den neu eingeführten §§ 16a–16e BeurkG verfahrensrechtlich umgesetzt wurde (vgl. auch die dortigen Erörterungen). Selbiges gilt durch das Gesetz zur Einführung einer elektronischen Prä-

1 Eingefügt durch das Gesetz zur Umsetzung der Digitalisierungsrichtlinie (DiRUG) v. 5.7.2021, BGBl 2021 I Nr. 52. Das DiRUG dient der Umsetzung der Richtlinie (EU) 2019/1151 des Europäischen Parlaments und des Rates vom 20.6.2019 zur Änderung der Richtlinie (EU) 2017/1132 im Hinblick auf den Einsatz digitaler Werkzeuge und Verfahren im Gesellschaftsrecht (ABl L 186 vom 11.7.2019, S. 80).

2 Hierzu *Stelmaszczyk/Kienzle*, ZIP 2021, 765; Reithmann/Martiny/*Reithmann/Stelmaszczyk*, Formvorschriften, Rn 5.211; BeckOK-BNotO/*Sander*, § 20 BNotO Rn 48b.

3 Hierzu etwa *Kienzle*, DNotZ 2021, 590.

senzbeurkundung für Urkunden, die nach dem dortigen Verfahren errichtet werden. Es handelt sich um die **Legaldefinition** der elektronischen Urkunde, in der Sache um eine gesetzliche Fiktion.[4] Als problematisch ist in diesem Kontext vor allem der fehlenden Unikatcharakters elektronischer Dokumente hervorzuheben. Während bei papierenen Urkunden die Rechtsnatur der Urschrift unmittelbar an die eigenhändige Unterzeichnung der Urkunde anknüpft, ist dies bei elektronischen Dokumenten per definitionem ausgeschlossen. Es muss daher zu Beweiszwecken ein konkretes elektronisches Dokument als Urschrift definiert werden. Hierzu bietet es sich an, auf die in der elektronischen Urkundensammlung verwahrte elektronische Urkunde zurückzugreifen, da nach § 78h Abs. 2 BNotO die Verfügbarkeit, die Integrität, die Authentizität, die Vertraulichkeit und die Transparenz der im Elektronischen Urkundenarchiv verwahrten elektronischen Dokumente für die gesamte Dauer der Aufbewahrungsfrist gewährleistet sein müssen. Außerdem muss die Bundesnotarkammer die erforderlichen technischen und organisatorischen Maßnahmen treffen, um die Erhaltung des Beweiswerts der verwahrten elektronischen Dokumente dauerhaft zu gewährleisten.[5]

Im Umkehrschluss zu § 45 Abs. 3 BeurkG sind elektronische Dokumente, die nicht nach § 8 Abs. 2, den §§ 16b, 36 Abs. 2 oder § 39a BeurkG erstellt wurden, damit auch keine elektronischen Urkunden i.S.d. BeurkG. Dies gilt selbst dann, wenn das elektronische Dokument im Zusammenhang mit einer Beurkundung nach den §§ 16a bis 16e BeurkG oder einer Signaturbeglaubigung nach §§ 39a, 40a BeurkG erstellt wurde, wie insb. die von dem Geschäftsführer einer im Online-Verfahren gegründeten GmbH oder UG (haftungsbeschränkt) mit einer qualifizierten elektronischen Signatur versehene Liste der Gesellschafter nach §§ 8 Abs. 1 Nr. 3, 40 GmbHG.[6]

3 Wie dargelegt „gilt" ein nach § 8 Abs. 2, den §§ 16b, 36 Abs. 2 bzw. § 39a BeurkG erstelltes elektronisches Dokument erst mit Einstellung in die elektronische Urkundesammlung als Urschrift, sodass konsequenterweise auch erst ab diesem Zeitpunkt Ausfertigungen und beglaubigte Abschriften erstellt werden können. Es besteht – trotz der theoretisch beliebigen Reproduzierbarkeit elektronischer Urkunden – auch ein nachvollziehbares schützenswertes Interesse und Bedürfnis an der Ausgabe beglaubigter Abschriften einer originär elektronischen Urkunde, da dieser nicht sämtliche qualifizierte elektronische Signaturen der Beteiligten (beispielsweise nach § 16b Abs. 4 BeurkG) beigefügt sind, sondern allein die Signatur des Notars. Dies kann in der Praxis eine deutliche Vereinfachung bedeuten, etwa weil bei der Verwendung des elektronischen Dokuments nur eine statt mehrerer Signaturprüfungen erforderlich ist.[7]

B. Verwahrung der Urschrift

4 Die Verwahrung der Urschrift einer notariellen Urkunde durch den Notar dient der Sicherung der Urkundenexistenz.[8] Sie kann nicht allein mit der Annahme, die Urschrift einer Niederschrift stehe im Eigentum des Staates, begründet werden.[9] Die Urschrift nimmt nicht am Rechtsverkehr teil. Sie wird deshalb vertreten durch die Ausfertigung (§ 47 BeurkG). Die Urkundenverwahrung bezweckt schließlich, die Urkunde für Urkundennachverfahren zur Verfügung zu halten.

5 Mit dem Gesetz zur Neuordnung der Aufbewahrung von Notariatsunterlagen und zur Einrichtung des Elektronischen Urkundenarchivs vom 1.6.2018[10] wurde mit den §§ 78h ff. BNotO die gesetzliche Grundlage für das Elektronische Urkundenarchiv und die Elektronische Urkundensammlung gelegt.[11] Gemäß § 55 Abs. 3 BeurkG werden die im elektronischen Urkundenverzeichnis[12] registrierten Urkunden nun in einer (herkömmlichen) Urkundensammlung und in einer Elektronischen Urkundensammlung verwahrt. Für die Verwahrung in der Elektronischen Urkundensammlung muss das in Papierform vorliegende Schriftstück nach Maßgabe des neuen § 56 BeurkG in die elektronische Form übertragen werden. Die in der elektronischen Urkundensammlung verwahrten elektronischen Dokumente stehen gem. § 56 Abs. 3 BeurkG den Dokumenten gleich, die nach Maßgabe des § 56 Abs. 1 BeurkG ordnungsgemäß

4 *Schöffler*, ZNotP 2019, 359.
5 Vgl. Reg.Begr. BT-Drucks 19/28177 S. 151.
6 Reg.Begr. BT-Drucks 19/28177 S. 151; *Freier*, NotBZ 2021, 164.
7 So zu Recht Reg.Begr. BT-Drucks 19/28177 S. 151.
8 Frenz/Miermeister/*Limmer*, § 45 BeurkG Rn 2.
9 Vgl. *Winkler*, § 45 Rn 3; a.A. *Ertl*, DNotZ 1967, 339, 358; *Lerch*, § 45 Rn 1; vgl. hierzu auch *Grziwotz*, MDR 2021, 1173.
10 BGBl I 2018, 1396.
11 Vgl. hierzu etwa *Püls*, DNotZ 2021 862.
12 Hierzu *Kersten*, ZNotP 2021, 158; ZNotP 2021, 19; *Genske*, notar 2020, 138; *Löffler*, notar 2020, 362.

im Wege eines qualifizierten Medientransfers in die elektronische Form übertragen wurden.[13] Dementsprechend steht gem. § 45 Abs. 2 BeurkG das in der elektronischen Urkundensammlung verwahrte elektronische Dokument, in das die Urschrift nach § 56 BeurkG übertragen wurde (und nur diese eine[14] digitale Datei – andere elektronische Fassungen der Urschrift sind entweder einfache elektronische Fassungen oder elektronisch beglaubigte Abschriften der Urschrift[15]), der Urschrift in Papierform gleich.[16] Es kann daher nur eine elektronische Fassung der Urschrift geben, so wie es auch nur eine Urschrift in Papierform gibt.[17]

Diese elektronische Fassung der Urschrift ist dementsprechend bspw. nach § 49 Abs. 1 2. Alt BeurkG eine taugliche Grundlage für eine (papierene) Ausfertigung der Urkunde, die im Rechtsverkehr gem. § 47 BeurkG die Urschrift vertritt; die elektronische Fassung der Urschrift kann insoweit auch unmittelbar für Handelsregisteranmeldungen und elektronische Grundbuchanträge verwendet werden.[18]

In elektronische Dokumente können nicht nur die Urkunden überführt werden, die unter der Geltung des BeurkG errichtet wurden, sondern ebenso die vor dem 1.1.1970 errichteten Urkunden; auch für diese Urkunden gilt nach § 73 BeurkG der gesamte § 45 BeurkG, also auch § 45 Abs. 2 BeurkG.[19] Mit dieser Gleichsetzung von Urschrift in Papier und elektronischem Dokument, in das die Urschrift nach § 56 BeurkG übertragen wurde, misst der Gesetzgeber der elektronischen Fassung der Urschrift den gleichen Beweiswert zu wie der dieser zugrundeliegenden Urschrift.[20] Für die Herstellung einer Abschrift, Beglaubigung oder Ausfertigung ist damit kein Rückgriff mehr auf die Papierfassung nötig.[21] Eine Beweisregel für den Fall der Abweichung der elektronischen Fassung der Urschrift von der eigentlichen Urschrift wurde angesichts der geringen Wahrscheinlichkeit eines solchen Szenarios nicht getroffen; sollte der nicht gänzlich ausgeschlossene Fall gleichwohl eintreten, bleibt die Beurteilung ausweislich der Regierungsbegründung der freien richterlichen Beweiswürdigung überlassen.[22]

Das vorstehende gilt spiegelbildlich für die Verwahrung originär elektronischer Urschriften. In diesen Fällen gilt die in der elektronischen Urkundensammlung eingestellte und verwahrte elektronische Niederschrift als Urschrift. In der analogen Urkundensammlung ist nach § 31 Abs. 1 Nr. 3 NotAktVV ein beglaubigter Ausdruck der originär elektronischen Urkunde zu verwahren. Eine papiergebundene Urschrift existiert in diesem Falle nicht mehr.

Zuständig zur Verwahrung ist grundsätzlich der Notar. Im Fall der vorläufigen Amtsenthebung hat die Notarkammer, in deren Bezirk der Notar seinen Amtssitz hat, die Urkunden in Verwahrung zu nehmen, wenn nicht ein Notarvertreter oder Notariatsverwalter bestellt ist (§ 55 BNotO). In dem Fall, dass für den abwesenden oder verhinderten Notar kein Vertreter bestellt sein sollte, lässt § 45 Abs. 1 BNotO es wiederum zu, dass für die Dauer der Abwesenheit oder Verhinderung der Notar, dem keine Vertretung bestellt ist, seine Akten und Verzeichnisse sowie die ihm amtlich übergebenen Urkunden und Wertgegenstände einem anderen Notar im Bezirk desselben oder eines benachbarten Amtsgerichts in seinem Amtsbezirk oder der Notarkammer, in deren Bezirk er seinen Amtssitz hat, in Verwahrung geben kann. Ist das Amt eines Notars erloschen oder ändert sich aufgrund der Verlegung seines Amtssitzes sein Amtsbereich, ist für die Verwahrung seiner Akten und Verzeichnisse sowie der ihm amtlich übergebenen Urkunden und Wertgegenstände die Notarkammer zuständig, in deren Bezirk sich der Amtssitz des Notars befunden hat (§ 51 Abs. 1 BNotO). Die Landesjustizverwaltung kann jedoch auch weiterhin bestimmen, dass die Verwahrung von einem Notar – was im Nurnotariat voraussichtlich die Regel sein bzw. bleiben wird – bzw. einer anderen Notarkammer übernommen wird. Gem. § 51a BNotO ist der Notar auch verpflichtet, die Akten und Verzeichnisse sowie die ihm amtlich übergebenen Urkunden und Wertgegen- 6

13 BReg-Begr BT-Drucks 18/10607, 39; vgl. Beschlussempfehlung BT-Drucks 18/11636, 1.

14 Sollten ausnahmsweise mehrere elektronische Fassungen in der elektronischen Urkundensammlung verwahrt sein, die alle den Anforderungen des § 56 Abs. 1 BeurkG entsprechen, steht nur die zeitlich jüngste Fassung – hierauf kann aus § 46 Abs. 2 S. 2 und 3 BeurkG geschlossen werden – der Urschrift gleich, vgl. Grziwotz/Sauer/Heinemann/*Heinemann/Grziwotz*, § 45 Rn 23.

15 Grziwotz/Sauer/Heinemann/*Heinemann/Grziwotz*, § 45 Rn 23.

16 *Löffler*, ZNotP 2019, 359.

17 *Winkler*, § 45 Rn 14.

18 Näher hierzu *Löffler*, notar 2020, 362.

19 Grziwotz/Sauer/Heinemann/*Heinemann/Grziwotz*, § 45 Rn 6.

20 Vgl. insofern Reg.Begr. BT-Drucks 18/10607, 86; *Löffler*, notar 2020, 362; zuvor *Fischer*, DNotZ-Sonderheft 2016, 124, 127.

21 *Löffler*, notar 2020, 362.

22 Reg.Begr. BT-Drucks 18/10607, 86; siehe auch *Winkler*, § 45 Rn 17.

stände bei der für die Verwahrung zuständigen Stelle abzuliefern und ihr den Zugang zu den elektronisch geführten Akten und Verzeichnissen zu ermöglichen.

7 Die **Fristen** der Aufbewahrung der Urschriften richten sich nach §§ 50, 51 NotAktVV (zuvor § 5 Abs. 4 DONot a.F.). Für „Altunterlagen" (bis 1.1.2022 erstellt) gilt die tradierte 100-jährige Aufbewahrungsfrist (§ 51 Abs. 1 Nr. 3 NotAktVV). Bei Unterlagen, die ab 1.1.2022 erstellt wurden, gilt demgegenüber eine differenzierte Regelung: für Eintragungen im Urkundenverzeichnis, für die in der elektronischen Urkundensammlung verwahrten Dokumente, für die in der Sondersammlung verwahrten Dokumente und für die in der Erbvertragssammlung verwahrten Dokumente 100 Jahre, für Eintragungen im Verwahrungsverzeichnis, für die in der Generalakte verwahrten Dokumente und für die in der Urkundensammlung verwahrten Dokumente 30 Jahre und für die in der Nebenakte verwahrten Dokumente und für die in der Sammelakte für Wechsel- und Scheckproteste verwahrten Dokumente 7 Jahre.

Die Fristen beginnen nach § 50 Abs. 2 NotAktVV jeweils mit dem Kalenderjahr, das auf die Beurkundung folgt. Die Verschiebung der Einführung der Elektronischen Urkundensammlung auf den 1.7.2022 hat daher auf die genannten Aufbewahrungsfristen keinerlei Einfluss. Theoretisch wirkt sich damit die Einführung des Elektronischen Urkundenarchivs bei den (verkürzten) Aufbewahrungsfristen ab 1.1.2053 aus, da dann die ersten Dokumente zur – zuvor undenkbaren – „verfrühten" Vernichtung nach 30 statt wie bisher 100 Jahren anstehen.[23]

8 Nach § 45 Abs. 1 BeurkG verwahrt werden **Niederschriften** über rechtsgeschäftliche Erklärungen unter Lebenden, Niederschriften über Tatsachenbeurkundungen, Eide und eidesstattliche Versicherungen. Dagegen werden Urkunden in **Vermerkform** (§§ 39 ff. BeurkG), zu denen im weiteren Sinne auch Scheck- und Wechselproteste gehören, grundsätzlich ausgehändigt, können aber auf Antrag der Beteiligten in der Verwahrung des Notars bleiben (§ 45a Abs. 2 BeurkG). Das ändert jedoch nichts daran, dass Ausfertigungen nicht erteilt werden. Soll die Vermerkurkunde im Rechtsverkehr in Erscheinung treten und reicht eine beglaubigte Abschrift nicht aus, muss die Urkunde aus der Verwahrung herausgegeben werden. Daraus folgt, dass das Verlangen der Beteiligten auf Verwahrung durch den Notar i.S.v. § 45a Abs. 2 BeurkG widerruflich ist.[24] Die Dokumentation im Urkundsverzeichnis ist im Einzelnen in § 7 Abs. 1 Nr. 2 NotAktVV geregelt (siehe Kommentierung dort).[25] Die Angaben zum (elektronischen) Verwahrungsverzeichnis sind demgegenüber in §§ 21 NotAktVV geregelt.[26]

9 **Verfügungen von Todes wegen** werden grundsätzlich in die besondere amtliche Verwahrung des Amtsgerichts gebracht (§ 34 Abs. 1, Abs. 2 BeurkG). Bei Erbverträgen können die Beteiligten die besondere amtliche Verwahrung ausschließen mit der Folge, dass die Urkunde in der Verwahrung des Notars verbleibt (§ 34 Abs. 2, Abs. 3 BeurkG). § 34 BeurkG geht also § 45 BeurkG vor.[27]

Vollstreckbare Anwaltsvergleiche (§ 796a ZPO) können von einem Notar für vollstreckbar erklärt und die Urkunde, in der der Vergleich niedergeschrieben ist, in Verwahrung genommen werden (§ 796c Abs. 1 S. 1 ZPO). Hierbei handelt es sich zwar um keine Tätigkeit der vorsorgenden Rechtspflege, sondern um eine auf den Notar verlagerte richterliche Aufgabe;[28] § 45 Abs. 1 BeurkG kann jedoch für die Verwahrung von Vergleichen entsprechend herangezogen werden.[29] Die Urschrift des Vergleichs ist nach § 7 Abs. 1 Nr. 4 NotAktVV in das Urkundenverzeichnis aufzunehmen.

23 *Löffler*, notar 2020, 364.

24 Grziwotz/Sauer/Heinemann/*Heinemann/Grziwotz*, § 45a Rn 19; vgl. auch OLG Hamm v. 5.2.2004 – 15 W 475/03, MittBayNot 2004, 465, 468.

25 Die bisher nach § 8 Abs. 1 DONot a.F. einzutragenden Amtsgeschäfte bleiben dabei in der Sache weitgehend unverändert in § 7 Abs. 1 NotAktVV aufgeführt; in § 7 Abs. 2 NotAktVV werden die Ausnahmen von der Eintragungspflicht definiert (*Püls/Gerlach*, Anm. zu § 7 NotAktVV).

26 *Löffler*, notar 2020, 362. In der Sache gibt es auch hier keine Änderungen zu § 10 DONot a.F. Es wird nunmehr jedoch klargestellt, dass eine Eintragung bzgl. eines Verwahrungsverhältnisses erst dann zu erfolgen hat, wenn tatsächliche Werte entgegengenommen wurden (*Püls/Gerlach*, Anm. zu § 21 NotAktVV).

27 Frenz/Miermeister/*Limmer*, § 45 BeurkG Rn 4.

28 Vgl. *Geimer*, DNotZ 1991, 266, 271; *Zimmer*, NotBZ 2000, 175; zur vollstreckbaren Ausfertigung allgemein vgl. *Winkler*, RNotZ 2019, 117; *Grimm*, MittBayNot 2020, 636.

29 *Anders/Gehle/Schmidt*, § 796c ZPO Rn 5; Frenz/Miermeister/*Limmer*, § 52 BeurkG Rn 25; Musielak/*Voit/Voit*, § 796c ZPO Rn 3.

C. Aushändigung, § 45a BeurkG

I. Grundsatz

§ 45a BeurkG wurde durch Art. 2 Nr. 11 des Gesetzes zur Neuordnung der Aufbewahrung von Notariatsunterlagen und zur Errichtung des Elektronischen Urkundenarchivs bei der Bundesnotarkammer sowie zur Änderung weitere Gesetze vom 1.6.2017[30] wortgleich mit dem früheren § 45 Abs. 2 und 3 übernommen und trat gem. Art. 11 Abs. 2 des besagten Gesetzes am 1.1.2022 in Kraft. **10**

Nur Vermerkurkunden werden nach § 45a Abs. 2 BeurkG im Regelfall ausgehändigt.[31] Im Übrigen gilt, dass die Urschriften in Verwahrung des Notars verbleiben, § 45 Abs. 1 BeurkG, § 31 Abs. 1 Nr. 1, 2 NotAktVV. Bei elektronischen Urkunden besteht zudem die Besonderheit, dass sie bereits per definitionem nicht ausgehändigt werden können, sodass folgerichtig § 45a BeurkG bei elektronischen Urkunden a priori keinen Anwendungsbereich besitzt.[32] Aber auch bei papierenen Urschriften, bei denen rein praktisch eine Aushändigung erfolgen könnten, ist diese im Regelfall ausgeschlossen. Auch die Beteiligten können keine Aushändigung verlangen;[33] schließlich stellt das Beurkundungsgesetz zur Verwendung im Rechtsverkehr die gem. § 49 Abs. 2 S. 2 BeurkG mit dem Siegel zu versehende Ausfertigung, die gem. § 39 BeurkG mit dem Siegel zu versehende beglaubigte Abschrift oder die gem. § 39a Abs. 2 BeurkG mit der Bestätigung der Notareigenschaft durch die zuständige Stelle zu verbindende elektronisch beglaubigte Abschrift zur Verfügung.[34] **11**

Die verwahrten Urkunden dürfen nach überwiegender Ansicht auch nicht, d.h. auch nicht vorübergehend, Gerichten, Behörden oder anderen Urkundspersonen überlassen werden (vgl. auch das Beschlagnahmeverbot nach § 97 Abs. 1 i.V.m. § 53 Abs. 1 Nr. 3 StPO).[35] Diese Folge ergibt sich aus der **Verschwiegenheitspflicht** nach § 18 BNotO. Der Beteiligte, der ein Recht auf Erteilung einer Ausfertigung und auf Einsicht in die Urschrift hat (§ 51 Abs. 1–3 BeurkG), kann jedoch im Zivilprozess, falls das Gericht die Urschrift verlangen sollte (§ 435 ZPO), **Urkundenbeweis** durch den Antrag auf ein Mitteilungsersuchen nach § 432 Abs. 1 ZPO antreten.[36] Praktisch relevant wird diese Art des Beweisantritts typischerweise nicht, da die Ausfertigung im Rechtsverkehr das Original vertritt und deshalb grundsätzlich als Urschrift i.S.d. § 435 S. 1 ZPO anzusehen ist.[37] Folglich ist es dem Beweisführer möglich, dass „Original im Rechtssinne" ohne Mitwirkung des Gerichts zu beschaffen und ein Vorlageersuchen deshalb von vornherein ausgeschlossen (§ 432 Abs. 2 ZPO). Sollte es für die Beweisführung ausnahmsweise auf die in notarieller Verwahrung befindliche Urschrift ankommen, muss bei der Beweisaufnahme die Pflicht des Notars, die in seiner Verwahrung befindliche Urschrift nicht herauszugeben, beachtet werden.[38] In diesem Fall müsste die Beweisaufnahme also in den Geschäftsräumen des Notars stattfinden (§ 219 ZPO), erforderlichenfalls unter Mitwirkung eines beauftragten oder ersuchten Richters (§ 434 ZPO).[39] Das LG Rostock hat in einem Ausnahmefall die Herausgabe an einen Gerichtssachverständigen zugelassen, um die Vornahme einer erforderlichen Laboruntersuchung (Unterschriftenvergleich) im Labor des Sachverständigen zu ermöglichen.[40]

30 BGBl I S. 1396.
31 *Grziwotz*, MDR 2021, 1173.
32 Reg.Begr. BT-Drucks 19/28177 S 151 f.
33 LG Memmingen v. 17.3.1993 – 4 T 144/93, MittBayNot 1993, 402; Grziwotz/Sauer/Heinemann/*Heinemann/Grziwotz*, § 45 Rn 17; *Winkler*, § 45a Rn 5.
34 *Kienzle*, DNotZ 2021, 590 (605).
35 Zöller/*Geimer*, § 435 ZPO Rn 3; Grziwotz/Sauer/Heinemann/*Heinemann/Grziwotz*, § 45a Rn 3; *Winkler*, § 45a Rn 5; Frenz/Miermeister//*Limmer*, § 45 BeurkG Rn 6; a.A. BeckOK-ZPO/*Krafka*, § 435 ZPO Rn 5 (Amtshilfe, vgl. § 432 ZPO); zur Problematik der Beschlagnahmefähigkeit notarieller Urkunden vgl. Frenz/Miermeister/*Bremkamp*, § 18 BNotO Rn 7 f.; Arndt/Lerch/Sandkühler/*Sandkühler*, § 18 BNotO Rn 29; Schippel/Görk/*Kanzleiter*, § 18 BNotO Rn 62: vgl. auch BGH v. 30.3.1987 – RiZ (R) 7/86, NJW 1987, 2441, 2442 (restriktiv zum Umfang des Beschlagnahmeverbots nach § 97 StPO).
36 BeckOK-BNotO/*Sander*, § 18 BNotO Rn 52.
37 MüKo-ZPO/*Schreiber*, § 432 ZPO Rn 4; Wieczorek/Schütze/*Ahrens*, § 432 ZPO Rn 7.
38 Vgl. *Winkler*, § 45a Rn 5; Zöller/*Feskorn*, § 435 ZPO Rn 2; a.A. BeckOK-ZPO/*Krafka*, § 435 ZPO Rn 5.
39 Grziwotz/Sauer/Heinemann/*Heinemann/Grziwotz*, § 45a Rn 5.
40 LG Rostock v. 23.5.2008 – 9 T 8/07, openJur 2012, 54519 (allerdings gestützt auf analoge Anwendung des § 45 Abs. 2 BeurkG); dagegen Grziwotz/Sauer/Heinemann/*Heinemann/Grziwotz*, § 45a Rn 5 (Notar könne Urkunde in die Laborräume verbringen, wo sie in seiner Anwesenheit untersucht werden dürften).

II. Verwendung im Ausland

12 § 45a Abs. 1 S. 1 BeurkG gestattet ausnahmsweise die Aushändigung der Urschrift, wenn der Antragsteller, der die Aushändigung beantragt, dem Notar darlegt, dass die Urkunde im **Ausland** verwendet werden soll. Voraussetzung ist allerdings, dass sämtliche Personen, die nach § 51 BeurkG eine Ausfertigung verlangen können, der Aushändigung zustimmen. Der Notar entscheidet über die Aushändigung nach **pflichtgemäßem Ermessen**.[41] Aus welchen Gründen die Urschrift im Ausland benötigt wird, ist nicht nachzuprüfen.[42] Meist wird sich dieses Erfordernis deshalb ergeben, weil das ausländische Recht die stellvertretende Funktion der Ausfertigung nicht anerkennt. Der Grundsatz des § 17 Abs. 3 BeurkG, wonach der Notar den Inhalt ausländischer Rechtsordnungen nicht zu kennen braucht, gilt allerdings auch im Rahmen des 45a Abs. 1 BeurkG. Der Notar kann sich auf die Angabe des Antragstellers verlassen, dass er die Urkunde tatsächlich im Ausland verwenden will.[43] Erforderlich ist keine Glaubhaftmachung, sondern lediglich die Darlegung der Verwendungsabsicht. Das Erfordernis der Zustimmung der Beteiligten muss der Notar sich ohne Beachtung einer besonderen Form nachweisen lassen.[44]

13 Die Verweigerung der Aushändigung kann nach § 54 BeurkG im **Beschwerdeverfahren** angefochten werden. Das Beschwerdegericht ist nicht berechtigt, sein Ermessen an die Stelle des Ermessens des Notars bei der Prüfung der dargelegten Verwendungsabsicht zu setzen. Es kann insoweit nur prüfen, ob der Notar ermessensfehlerfrei entschieden hat.

14 Während die Niederschrift, die in der Verwahrung des Notars bleibt, nur dann gesiegelt werden muss, wenn sie aus mehreren Blättern besteht, soll die ausgehändigte Urschrift auch dann, wenn sie nur aus einem Blatt oder Bogen besteht, mit dem **Siegel** des Notars versehen werden. Damit wird der Grundgedanke des Art. 54 Abs. 2 PrFGG aufgegriffen, wonach die Amtsbefugnisse des Notars nach außen hin durch sein Dienstsiegel symbolisiert werden. Die Vorschrift ist aber nur Sollvorschrift und kein Wirksamkeitserfordernis. Wird die Urschrift der Urkunde herausgegeben, so ist sie in der Sammlung durch eine Ausfertigung zu ersetzen. Diese Ausfertigung tritt an die Stelle der Urschrift; von ihr können nunmehr weitere Ausfertigungen erteilt werden. Auf der Ausfertigung ist zu vermerken, an wen und aus welchen Gründen die Urschrift ausgehändigt worden ist.

15 Abweichend von § 45 Abs. 1, Abs. 2 S. 1 BeurkG schreibt § 10 Abs. 3 Nr. 4 S. 1 KonsG vor, dass die Urschrift einer Niederschrift den Beteiligten **ausgehändigt** werden soll, wenn nicht einer von ihnen die **amtliche Verwahrung** verlangt. Die amtliche Verwahrung findet beim Amtsgericht Schöneberg in Berlin statt (§ 10 Abs. 3 Nr. 4 S. 2 KonsG).[45] Auch nach amtlicher Verwahrung der Urschrift beim AG Schöneberg kann die Aushändigung der Urschrift verlangt werden. Dann gilt allerdings § 45a Abs. 1 S. 1 BeurkG.[46]

III. Erbverträge

16 Eine Sonderregelung gilt für **Erbverträge**, die bei Ausschluss der besonderen amtlichen Verwahrung in der Verwahrung des Notars verbleiben (§ 34 Abs. 3 BeurkG). Gemäß § 2300 Abs. 2 BGB kann ein Erbvertrag, der nur Verfügungen von Todes wegen enthält,[47] aus der amtlichen oder der notariellen Verwahrung zurückgenommen und den Vertragschließenden zurückgegeben werden, wobei die Rückgabe allerdings nur an alle Beteiligten gemeinschaftlich erfolgen darf.[48] Die Vorschrift wurde durch Art. 25 Nr. 26 OLGVertÄndG vom 23.7.2002[49] in das BGB eingefügt. Mit der ausdrücklichen Regelung einer Rücknahmemöglichkeit hat der Gesetzgeber den Geheimhaltungsinteressen der Beteiligten Rechnung getragen.[50]

41 *Winkler*, § 45a Rn 10; *Lerch*, § 45 Rn 4; Grziwotz/Sauer/Heinemann/*Heinemann/Grziwotz*, § 45a Rn 9; Staudinger/*Hertel*, vor §§ 127a, 128 (BeurkG) Rn 6333; *Waldner*, Beurkundungsrecht, Rn 176; a.A. Beck'sches Notarhdb/*N. Zimmermann*, § 28 F Rn 50 (Notar müsse aushändigen).

42 *Winkler*, § 45a Rn 10; Frenz/Miermeister/*Limmer*, § 45 BeurkG Rn 7; Beck'sches Notarhdb/*N. Zimmermann*, § 28 F Rn 49.

43 Grziwotz/Sauer/Heinemann/*Heinemann/Grziwotz*, § 45a Rn 7; *Lerch*, § 45 Rn 2; Frenz/Miermeister/*Limmer*, § 45 BeurkG Rn 7; *Winkler*, § 45 Rn 6.

44 *Lerch*, § 45 Rn 2; Beck'sches Notarhdb/*Zimmermann*, § 28 F Rn 49.

45 Hierzu eingehend *Eickelberg*, DNotZ 2018, 332.

46 *Jansen*, § 2 Rn 60.

47 Vgl. hierzu DNotI-Report 2007, 100, 101; Würzburger Notarhdb/*Limmer/Frenz*, Teil 4 Kap. 1 Rn 41.

48 Hierzu DNotI-Gutachten DNotI-Report 2021, 89.

49 BGBl I 2002, 2850.

50 Vgl. BT-Drucks 14/9266, 49.

Die Zurücknahme des Erbvertrages aus der Verwahrung hat nach § 2300 Abs. 2 S. 3 i.V.m. § 2256 Abs. 1 BGB Aufhebungswirkung (vgl. § 34 BeurkG Rdn 26). Über diese Rechtsfolge ist nach § 2256 Abs. 1 S. 2 BGB zu belehren, was auf der Urkunde zu vermerken ist.[51] Beides ist überdies aktenkundig zu machen, vgl. § 33 Abs. 1 bis 3 NotAktVV.[52] Das Erfordernis der Rückgabe an die Vertragschließenden gemeinschaftlich verlangt ein gleichzeitiges Erscheinen der Vertragschließenden, schließt also eine sukzessive Rückgabe aus.[53] Die Rückgabe muss unmittelbar durch den Notar an die Vertragschließenden erfolgen; ein postalischer Versand reicht nicht aus.[54] Es ist umstritten, ob wegen der an die Rücknahme geknüpften Widerruffolgen die Testierfähigkeit der betroffenen Erbvertragsparteien vorausgesetzt werden muss. Nach einer Mindermeinung soll hierfür ein „natürlicher Rücknahmewille" ausreichen. Begründet wird dies v. a. damit, dass § 2256 BGB eine Fiktion enthalte, sodass es auf den Willen des Rücknehmenden gerade nicht ankomme; auch könne ein Testierunfähiger z.B. ein Testament vernichten.[55] Die h.M. sieht dies zu Recht anders; da die Rücknahme nicht nur ein tatsächliches, sondern auch sowohl ein rechtsgeschäftliches wie letztwilliges Element enthält,[56] kann ein wirksamer Widerruf nur dann erfolgen, wenn die Testierfähigkeit beider Erbvertragsparteien gegeben ist.[57] Da die Widerrufsfiktion dieselbe Folge hat wie das Widerrufstestament, muss dieses auch an dieselben Voraussetzungen geknüpft werden. Entfaltet ein Widerrufstestament wegen fehlender Testierfähigkeit keine Wirkung, muss dies auch für die Rückgabe gelten. Wenn die Beteiligten anschließend (oder noch bei dem Notar) den Erbvertrag vernichten, kommt ebenfalls kein wirksamer Widerruf in Betracht, da eine Vernichtung der Urkunde nur dann eine solche materiell-rechtliche Wirkung entfaltet, wenn sie mit Aufhebungswillen erfolgt (§ 2255 BGB), der bei den Erbvertragsparteien ebenfalls Testierfähigkeit voraussetzt.

§ 45b Verwahrung und Aushändigung elektronischer Urkunden

(1) [1]Die nach § 8 Absatz 2, den §§ 16b und 36 Absatz 2 erstellten elektronischen Dokumente bleiben in der Verwahrung des Notars. [2]Elektronische Vervielfältigungen dieses elektronischen Dokuments sollen nicht ausgehändigt werden.

(2) [1]Das nach § 39a erstellte elektronische Dokument bleibt nur dann in der Verwahrung des Notars, wenn die Verwahrung verlangt wird. [2]Die Verwahrung kann nur verlangt werden, wenn das Dokument den nach § 35 Absatz 4 der Verordnung über die Führung notarieller Akten und Verzeichnisse zu beachtenden Vorgaben für die Einstellung elektronischer Dokumente in die elektronische Urkundensammlung entspricht. [3]Elektronische Vervielfältigungen dieses elektronischen Dokuments können ausgehändigt werden. [4]Wird die Verwahrung nicht verlangt, ist das nach § 39a erstellte elektronische Dokument auszuhändigen.

51 Vgl. hierzu *Keim*, ZEV 2003, 55, 57.

52 Zum „notariellen Rücknahmeverfahren": Würzburger Notarhdb/*Limmer/Frenz*, Teil 4 Kap. 1 Rn 45 ff.

53 *Von Dickhut-Harrach*, RNotZ 2002, 384 ff.; *Frank*, NotBZ 2003, 8, 11; Frenz/Miermeister/*Limmer*, § 45 BeurkG Rn 11; *Keim*, ZEV 2003, 55, 56; Würzburger Notarhdb/*Limmer/Frenz*, Teil 4 Kap. 1 Rn 42.

54 BNotK-Rundschreiben Nr. 25/2002, DNotI-Report 2003, 3; *von Dickhut-Harrach*, RNotZ 2002, 384, 391; Frenz/Miermeister/*Limmer*, § 45 BeurkG Rn 11; *Reimann*, FamRZ 2002, 1383, 1385; *Winkler*, § 34 Rn 23; vgl. auch BT-Drucks 14/9266, 49 (Aushändigung).

55 Vgl. Reimann/Bengel/Dietz/*J. Mayer/Sammert*, Testament und Erbvertrag, § 2272 Rn 7; vgl. die Übersicht bei BeckOGK/*Braun*, Stand: 1.4.2022, § 2272 BGB Rn 13.2 ff.

56 Vgl. hierzu BayObLG v. 9.3.2005 – 1Z BR 108/04, NJW-RR 2005, 957; Grüneberg/*Weidlich*, § 2256 BGB Rn 1.

57 BayObLG v. 9.3.2005 – 1Z BR 108/04, ZEV 2005, 480 weitere Nachweise bei BeckOGK/*Braun*, Stand: 1.4.2022, § 2272 BGB Rn 13.3 ff.

A. Allgemeines

1 § 45b BeurkG wurde durch das DiRUG in das BeurkG integriert,[1] wobei die Vorschrift selbst erst im parlamentarischen Verfahren in das DiRUG integriert wurde.[2] Die Bestimmung regelt die Frage, wie mit der Verwahrung und Aushändigung (originär) elektronischer Urkunden[3] umzugehen ist. Bei elektronischen Urkunden knüpft § 45 Abs. 3 BeurkG die Eigenschaft als elektronische Urschrift im Wege einer gesetzlichen Fiktion an das elektronische Dokument, das in der elektronischen Urkundensammlung verwahrt wird (vgl. §§ 45–45a BeurkG Rdn 2). Ein „Aushändigen" der elektronischen Urschrift ist daher schon mangels verkörpertem Original-Unikat nicht möglich,[4] weshalb § 45a BeurkG a priori bei elektronischen Urkunden keine Anwendung finden kann (§§ 45–45a BeurkG Rdn 11).[5] Tatsächlich möglich und technisch realisierbar ist jedoch die **Überlassung einer elektronischen Vervielfältigung des zur Aufnahme einer elektronischen Niederschrift erstellten elektronischen Dokuments**.[6] Unter welchen Umständen dies möglich sein soll, bestimmt § 45b BeurkG; die Norm schließt damit eine (erst) im parlamentarischen Verfahren entdeckte Regelungslücke in Bezug auf den Umgang mit originär elektronisch erstellten Dokumenten.[7] Es wird in § 45b BeurkG – wiederum weitgehend analog zur papierenen Welt – differenziert zwischen den elektronischen Niederschriften nach § 16b BeurkG (Abs. 1, hierzu Rdn 2–4) und den einfachen elektronischen Zeugnissen nach § 39a BeurkG (Abs. 2, hierzu Rdn 5–8). Mit Inkrafttreten des Gesetzes zur Einführung einer elektronischen Präsenzbeurkundung gilt § 45b BeurkG gleichsam auch für elektronische Niederschriften (§ 8 Abs. 2 BeurkG) und einfache elektronische Zeugnisse, die im elektronischen Präsenzverfahren errichtet werden.[8]

B. Verwahrung und Aushändigung von elektronischen Niederschriften (Abs. 1)

2 Abs. 1 betrifft das zur Aufnahme einer elektronischen Niederschrift erstellte elektronische Dokument, das nach § 16b Abs. 4 BeurkG mit den qualifizierten elektronischen Signaturen sowohl der Beteiligten wie des Notars versehen ist. Analog zu § 45 Abs. 1 BeurkG bestimmt auch Abs. 1, dass das ein solches originäres elektronisches Dokument (stets) in der Verwahrung des Notars zu verbleiben hat (S. 1). Ausdrücklich wird dann noch bestimmt, dass etwaige elektronische Vervielfältigungen dieses elektronischen Dokuments nicht ausgehändigt werden sollen (S. 2).

3 Die elektronische Niederschrift ist zum Zwecke der Urkundensicherung zwingend und ausnahmslos vom Notar zu verwahren;[9] die diesbezügliche Vorgehensweise richtet sich nach den Bestimmungen der NotAktVV. Anders als bei Urschriften einer Niederschrift nach § 45a Abs. 1 i.V.m. § 45 Abs. 1 BeurkG und auch dem elektronischen Zeugnis nach § 39a BeurkG (Abs. 2, hierzu Rdn 5 ff.) darf die **originär elektronische Urschrift** jedoch **unter keinen Umständen an den/die Beteiligten oder Dritte herausgegeben** werden. Soweit Abs. 1 S. 1 ein „Aushändigen" der elektronischen Urschrift untersagt, gibt die Regelung zunächst eine technische Selbstverständlichkeit wieder. Da keine verkörperte Urschrift mit Unikatsfunktion besteht (sondern diese lediglich fingiert wird), kann eine solche auch nicht ausgehändigt werden. Ein beim Notar gespeichertes Dokument, das die Niederschrift enthält, kann dem Beteiligten schon technisch nur als (identische) Vervielfältigung ebendieser Datei überlassen werden. Dass auch dies grundsätzlich nicht geschehen soll, regelt Abs. 1 S. 2. Dies erscheint folgerichtig; schließlich rechtfertigt § 45a Abs. 1 BeurkG die ausnahmsweise Zulässigkeit der Aushändigung der dort behandelten „konventionellen" papierenen Urschrift mit dem Erfordernis, dass ebendiese Urschrift im Ausland verwendet werden soll und die Vorlage einer Ausfertigung, die nach deutschem Verständnis die Urschrift im Rechtsverkehr vertritt (§ 47 BeurkG), im betreffenden Ausland nicht als vollwertiges Äquivalent und Beweis anerkannt wird. Originär elektronische Dokumente eignen sich nach heutigem Stand der Technik

1 Art. 4 Nr. 10 des Gesetzes zur Umsetzung der Digitalisierungsrichtlinie (DiRUG). v. 5.7.2021, BGBl 2021I Nr. 52. Das DiRUG dient der Umsetzung der Richtlinie (EU) 2019/1151 des Europäischen Parlaments und des Rates vom 20.6.2019 zur Änderung der Richtlinie (EU) 2017/1132 im Hinblick auf den Einsatz digitaler Werkzeuge und Verfahren im Gesellschaftsrecht (ABl L 186 vom 11.7.2019, S. 80).

2 Vgl. Beschlussempfehlung des Rechtsausschusses, BT-Drucks 19/30523, 39. Vgl. *Genske*, notar 2022, 142, 143.

3 *Kienzle*, DNotZ 2021, 590, 603 spricht in diesem Kontext auch von der „gekorenen Urschrift".

4 BT-Drucks 19/28177, 129.

5 BT-Drucks 19/28177, 129, 131.

6 *Winkler*, § 45b Rn 1.

7 BT-Drucks 19/30523, 102.

8 Gesetz zur Einführung einer elektronischen Präsenzbeurkundung, BGBl. 2025 I Nr. 320, Reg.Begr. BT-Drucks 21/1505, S. 54.

9 *Kienzle*, DNotZ 2021, 590, 604.

aufgrund des prinzipiell fehlenden Unikatscharakters jedoch a priori weder als Ausfertigung noch als Urschrift, so dass diese Problematik durch eine etwaige Aushändigung der elektronischen Niederschrift auch nicht gelöst werden könnte.[10] Der Umstand der fehlenden Aushändigungsmöglichkeit stellt auch keine unbillige Benachteiligung oder Rechtsvereitelung zu Lasten der Beteiligten dar, da diese stets die Wahl zwischen einer konventionellen und einer Beurkundung nach § 16b BeurkG besitzen. Wenn eine Urkunde im Nachgang in einem Land verwendet werden soll, dass eine papierene Ausfertigung der (elektronischen oder papierenen) Urschrift nicht akzeptiert, sollte dementsprechend zwingend eine Beurkundung auf dem nichtdigitalen, herkömmlichen Wege nach §§ 8 ff. BeurkG gewählt werden, um eine Herausgabe der Urschrift nach § 45a BeurkG zu ermöglichen. Soweit der Notar diese Problematik erkennt, sollte er die Beteiligten auf diese Besonderheit hinweisen.

Vorab zur Klarstellung: Es besteht (auch) bei nach § 16b BeurkG erstellten elektronischen Dokumenten die Option, beglaubigte Abschriften der (elektronischen) Niederschrift in elektronischer Form, dann gemäß § 39a Abs. 2 BeurkG mit der Bestätigung der Notareigenschaft durch die zuständige Stelle verbunden, zu erteilen.[11] Auch können von der elektronischen Urschrift einer elektronischen Niederschrift nach allgemeinen Bestimmungen mit Siegel (§ 39 BeurkG) versehene papierene Ausfertigungen, beglaubigte und einfache Ausdrucke und Abschriften in Papierform gefertigt und ausgehändigt werden. Eine weitergehende, in § 45 Abs. 1 BeurkG bzw. § 45a Abs. 1 BeurkG keine Entsprechung findende Regelung betrifft indes die **elektronischen Vervielfältigungen des nach § 16b BeurkG erstellten elektronischen Dokuments**, die nach Abs. 1 S. 2 gerade nicht ausgehändigt werden sollen. Hiermit sind in Abgrenzung zu der o.g. Konstellation Kopien des elektronischen Dokumentes nebst allen qualifizierten elektronischen Signaturen gemeint, also mit der qualifizierten Signatur sowohl des Notars wie der Beteiligten.[12] Eine solche elektronische Vervielfältigung bei elektronischen Niederschriften zuzulassen, ist weder erforderlich noch sinnvoll: So könnten deren Rechtswirkungen angesichts des fehlenden Unikatscharakters elektronischer Dokumente ohnehin nicht über die einer elektronisch beglaubigten Abschrift hinausgehen.[13] Zudem ist zu beachten, dass zur wirksamen Errichtung einer elektronischen Niederschrift nach § 16b BeurkG zwar die qualifizierte elektronische Signatur (auch) des Notars Wirksamkeitsvoraussetzung ist (§ 16b Abs. 4 BeurkG), nicht aber die Verbindung einer Bestätigung der Notareigenschaft durch die zuständige Stelle mit dem elektronischen Dokument. Ohne diese Bestätigung ist das elektronische Dokument im Rechtsverkehr allerdings nicht als öffentliches elektronisches Dokument zu identifizieren, da im Rechtsverkehr immer klar ersichtlich sein muss, ob eine öffentliche Urkunde von einer amtierenden Urkundsperson erstellt wurde. Dies würde in gleicher Weise für elektronische Vervielfältigungen dieses elektronischen Dokuments gelten, weshalb diese zur Verwendung im Rechtsverkehr ungeeignet sind. Hintergrund dieser Norm ist damit, dass die notariellen Signaturen an elektronischen Urkunden nach § 16b BeurkG keine Bestätigung der Notareigenschaft durch die zuständige Stelle erfordern.[14] 4

C. Verwahrung und Aushändigung eines einfachen elektronischen Zeugnisses (Abs. 2)

Abs. 2 des § 45b BeurkG regelt den Umgang mit dem zur Errichtung eines einfachen elektronischen Zeugnisses nach § 39a BeurkG erstellten originär elektronischen Dokument. Dieses wird – anders als das nach § 16b BeurkG erstellte elektronische Dokument (Abs. 1) – grundsätzlich, soweit nicht die Verwahrung gewünscht wird, ausgehändigt (S. 1). Wenn (ausnahmsweise) eine solche Verwahrung erfolgen soll, müssen jedoch bestimmte (technische) Voraussetzungen erfüllt sein; diese werden in S. 2 erörtert. Schließlich befasst sich S. 3 noch mit der elektronischen Vervielfältigung eines einfachen elektronischen Zeugnisses. 5

Abs. 2 S. 1 i.V.m. S. 4 stellt klar, dass das nach § 39a BeurkG erstellte elektronische Dokument **grundsätzlich auszuhändigen** ist, soweit nicht (ausnahmsweise) die Verwahrung verlangt wird. Damit wird eine weitgehende Parallelität zu den konventionellen papierenen Urkunden hergestellt (§§ 45 Abs. 1 6

10 *Winkler*, § 45b Rn 4.

11 Zur Erinnerung: Elektronische Ausfertigungen existieren (noch) nicht.

12 BT-Drucks 19/30523, 111.

13 *Winkler*, § 45b Rn 5.

14 Dies ist insoweit konsequent, als auch papiergebundene Niederschriften nach §§ 8 ff. BeurkG nicht gesiegelt werden müssen (Beschlussempfehlung des Rechtsausschusses, BT-Drucks 19/30523, S. 111).

BeurkG, 45a Abs. 2 BeurkG); es bestehen bei elektronischen einfachen Zeugnissen keine Besonderheiten, die eine abweichende Vorgehensweise rechtfertigen würden.

7 Nicht in allen Fällen kann jedoch dem Verlangen des/der Beteiligten nach einer Verwahrung des einfachen elektronischen Zeugnisses nachgekommen werden; es müssen vielmehr besondere technische Voraussetzungen erfüllt sein. An dieser Stelle unterscheidet sich also die digitale von der analogen Welt. Das einfache elektronische Zeugnis muss schließlich die Vorgaben zu dem **Dateiformat** einhalten, die nach § 35 NotAktVV (s. dortige Kommentierung zu den Details) bei der Einstellung elektronischer Dokumente in die Urkundensammlung zu beachten sind, damit auch die avisierte Langzeitarchivierung von 100 Jahren gesichert ist. Soweit ebendiese Voraussetzungen im Einzelfall nicht erfüllt werden können, kann konsequenterweise auch keine Verwahrung erfolgen. Dem Ersuchen der Beteiligten um Verwahrung darf der Notar dann nicht nachkommen; dies ist auch gerechtfertigt, da ohne verbindliche Vorgaben zu dem Dateiformat für einzustellende Dokumente erhebliche Leistungseinbußen und ernste Sicherheitsprobleme beim elektronischen Urkundenarchiv zu befürchten wären.[15] Das Gesetz setzt dies um, indem es ausführt, dass in einem solchen Fall die Verwahrung nicht verlangt werden könne.

8 (Auch) Bei einfachen elektronischen Zeugnissen nach § 39a BeurkG können einfache und beglaubigte Ausdrucke und Abschriften in elektronischer Form nach den allgemeinen Grundsätzen erteilt werden. § 45b Abs. 2 S. 3 BeurkG befasst sich mit der weitergehenden Frage, ob für die nach § 39a BeurkG erstellten elektronischen Dokumente auch **elektronische Vervielfältigungen** ausgehändigt werden können. Anders als bei nach § 16b BeurkG erstellten elektronischen Dokumenten, bei denen eine elektronische Vervielfältigung nicht ausgehändigt werden soll (Rdn 4), wird die elektronische Vervielfältigung bei einfachen elektronischen Zeugnissen in Abs. 2 S. 3 ausdrücklich zugelassen. Dies ist konsequent, denn diese sind – anders bei den genannten nach § 16b BeurkG erstellten elektronischen Dokumenten (Rdn 4) – auch stets mit einer Bestätigung der Notareigenschaft durch die zuständige Stelle verbunden, so dass sie sich auch zur Verwendung im Rechtsverkehr eignen.[16]

§ 46 Ersetzung der Urschrift

(1) [1]Ist die Urschrift einer Niederschrift ganz oder teilweise zerstört worden oder abhanden gekommen und besteht Anlaß, sie zu ersetzen, so kann auf einer Ausfertigung oder beglaubigten Abschrift oder einer davon gefertigten beglaubigten Abschrift vermerkt werden, daß sie an die Stelle der Urschrift tritt. [2]Der Vermerk kann mit dem Beglaubigungsvermerk verbunden werden. [3]Er soll Ort und Tag der Ausstellung angeben und muß unterschrieben werden.

(2) [1]Ist die elektronische Fassung der Urschrift ganz oder teilweise zerstört worden, soll die Urschrift erneut nach § 56 in die elektronische Form übertragen und in der elektronischen Urkundensammlung verwahrt werden. [2]Ist die Urschrift nicht mehr vorhanden, gilt Absatz 1 entsprechend oder die Wiederherstellung erfolgt aus einer im Elektronischen Urkundenarchiv gespeicherten früheren elektronischen Fassung der Urschrift. [3]Für die Wiederherstellung aus einer früheren elektronischen Fassung gilt § 56 Absatz 1 entsprechend; in dem Vermerk soll zusätzlich die Tatsache der sicheren Speicherung im Elektronischen Urkundenarchiv angegeben werden.

(3) Ist die elektronische Urschrift ganz oder teilweise zerstört worden, so gilt Absatz 2 Satz 2 und 3 entsprechend.

(4) Die Ersetzung erfolgt durch die Stelle, die für die Erteilung einer Ausfertigung zuständig ist.

(5) [1]Vor der Ersetzung der Urschrift soll der Schuldner gehört werden, wenn er sich in der Urkunde der sofortigen Zwangsvollstreckung unterworfen hat. [2]Von der Ersetzung der Urschrift sollen die Personen, die eine Ausfertigung verlangen können, verständigt werden, soweit sie sich ohne erhebliche Schwierigkeiten ermitteln lassen.

15 BT-Drucks 19/30523, 103.

16 *Winkler*, § 45b R. 10.

A. Anwendungsbereich

§ 46 BeurkG ist für Niederschriften an die Stelle der VO über die Ersetzung zerstörter[1] oder abhandengekommener gerichtlicher oder notarischer Urkunden vom 18.6.1942[2] getreten (§ 57 Abs. 10 BeurkG a.F.). § 46 BeurkG betrifft also Urkunden von Notaren und solchen Urkundspersonen, die neben den Notaren für die Beurkundung zuständig sind oder waren.[3] § 46 BeurkG findet schließlich seine Ergänzung und Entsprechung in § 31 Abs. 5 NotAktVV, wonach anstelle der Urschrift eine Ausfertigung oder eine beglaubigte Abschrift in der Urkundensammlung zu verwahren ist, wenn nach dem Beurkundungsgesetz die Ausfertigung oder die beglaubigte Abschrift an die Stelle der Urschrift tritt. Die seit dem 1.1.2022 geltenden Ergänzungen der Norm betreffen die elektronischen Fassungen der Urschrift, die mit der Einführung des Elektronischen Urkundenarchivs und der Elektronischen Urkundensammlung vorliegen werden. Neben der Ersetzung einer in Papierform erstellten Urkunde wird auch die Ersetzung der im Elektronischen Urkundenarchiv verwahrten elektronischen Fassung der Urschrift in Betracht kommen, falls die elektronische Fassung ganz oder teilweise zerstört sein sollte.[4] Eine weitere Ergänzung erfolgte durch das Gesetz zur Umsetzung der Digitalisierungsrichtlinie (DiRUG);[5] es wurde ein neuer 3. Absatz hinzugefügt, wonach für den Fall, dass die elektronische Urschrift ganz oder teilweise zerstört wurden, Abs. 2 S. 2 und 3 betreffend die Wiederherstellung der elektronischen Fassung der Urschrift entsprechende Anwendung finden. 1

Der Anwendungsbereich des § 46 BeurkG beschränkt sich auf **Niederschriften,** also auf Urkunden, von denen Ausfertigungen erteilt werden können. Niederschrift i.d.S. sind auch die Schriftstücke, deren Inhalt als Inhalt der Niederschrift gilt (§§ 9 Abs. 1 S. 2 und 3, 14, 37 Abs. 1 S. 2 BeurkG), nicht aber andere, der bloßen Erläuterung dienende Anlagen (§§ 12, 16 Abs. 2 S. 2 BeurkG).[6] Für **Vermerkurkunden** (§ 39 BeurkG) kommt eine Ersetzung nicht in Betracht, weil sie dem Beteiligten i.d.R. ausgehändigt werden.[7] Die Ersetzung von Unterschriftsbeglaubigungsvermerken ergibt keinen Sinn, da die vor den Unterschriften und dem Beglaubigungsvermerk stehende Privaturkunde nicht ebenfalls ersetzt werden könnte. Privaturkunden sind nicht ersetzbar; § 46 BeurkG gilt nur für öffentliche Urkunden. 2

B. Verfahren

I. Zuständigkeit

Für die Ersetzung einer Urschrift ist der Notar zuständig, der für die Erteilung der Ausfertigung zuständig wäre (Abs. 4). An die Stelle des beurkundenden Notars tritt nach seinem Ausscheiden der Notariatsverwalter oder die sonstige konkret verwahrende Stelle, d.h. ein anderer Notar oder das Amtsgericht bzw. die Notarkammer, dem die Verwahrung der Notariatsurkunden übertragen worden ist (§§ 45 Abs. 1, 51 BNotO). Die Ersetzung gerichtlich verwahrter Urkunden fällt funktionell in den Zuständigkeitsbereich 3

1 Zu beachten ist: Eine vor Herstellung der Ausfertigungen und beglaubigten Abschriften abhandengekommene Anlage kann nicht mehr ersetzt werden: DNotI, DNotI-Report 2006, 167.

2 RGBl I 1942, 395.

3 Vgl. etwa zu Konsularbeamten, die nach § 10 ff. KonsG für Beurkundungen im Ausland zuständig sind und deren Urkunden nach § 10 Abs. 2 KonsG den von einem inländischen Notar aufgenommenen gleichstehen; hierzu *Eickelberg*, DNotZ 2018, 332.

4 Hierzu BT-Drucks 18/10607, 87 (auch zum Begriff der früheren elektronischen Fassung).

5 Gesetz zur Umsetzung der Digitalisierungsrichtlinie (DiRUG) v. 5.7.2021, BGBl 2021 I., 3338.

6 *Winkler*, § 46 Rn 4; *Lerch*, § 46 Rn 3; Grziwotz/Sauer/Heinemann/*Heinemann/Grziwotz*, § 46 Rn 8.

7 § 31 Abs. 1 Nr. 3b NotAktVV (vgl. bis 31.12.2021: § 19 DONot a.F.) schreibt indes bei Vermerkurkunden i.S.d. § 39 BeurkG, also insbesondere auch bei Unterschriftsbeglaubigungen gem. § 40 BeurkG, vor, dass eine Abschrift in der Urkundensammlung zu verwahren ist, wenn der Notar die Urkunde entworfen hat; hat er die Urkunde nicht selbst entworfen, steht es in seinem Ermessen, ob er eine Abschrift zurückbehält (Nr. 3c).

des Rechtspflegers nach § 3 Nr. 1 lit. f RPflG.[8] Für Urkunden von Urkundspersonen aus einem Gebiet, in dem deutsche Gerichtsbarkeit nicht mehr ausgeübt wird, ist nach §§ 1, 6 ZuständErgG für die Ersetzung das Amtsgericht zuständig, in dessen Bezirk der Antragsteller seinen allgemeinen Gerichtsstand hat.[9]

II. Voraussetzung

4 Das Ersetzungsverfahren wird formlos eingeleitet. Es setzt insbesondere keinen Antrag voraus. Die Ersetzung zerstörter oder abhanden gekommener Urkunden kann von Amts wegen erfolgen.[10] Eine **Amtspflicht**, die Urkunde zu ersetzen, besteht jedoch nur, wenn ein **Anlass** hierfür gegeben ist.[11] Nichts anderes gilt für die Ersetzung der elektronischen Fassung der Urschrift nach Abs. 2[12] und die Ersetzung der elektronischen Urschrift, Abs. 3. Ohne Anlass ist die Ersetzung **nicht unzulässig**, aber sie kann eben nicht verlangt werden.[13]

Um den Notar zur Ersetzung der Urschrift zu verpflichten, muss also ein **Rechtsschutzinteresse** bestehen.[14] Ein solches liegt etwa dann vor, wenn der Beteiligte nur eine beglaubigte Abschrift hat, aber eine Ausfertigung benötigt, weil er bspw. Dritten gegenüber den Besitz der Urkunde nachweisen muss (vgl. § 42 BeurkG Rdn 19).[15] Ferner kann die Ersetzung einer Ausfertigung für die Zwecke der Zwangsvollstreckung erforderlich sein.[16] Das Rechtsschutzbedürfnis ist jedoch i.d.R. dann zu verneinen, wenn die Ersetzung einer Verfügung von Todes wegen begehrt wird,[17] da auch eine Ausfertigung oder beglaubigte bzw. einfache Abschrift eröffnet werden kann, vgl. § 352 Abs. 3 FamFG.[18] Dagegen kann ein Rechtsschutzinteresse angenommen werden, wenn die Ersetzung der Urschrift dem Zweck dient, die Erfüllung der Ablieferungspflicht des Notars wieder möglich zu machen.[19]

1. Zu ersetzende Urschrift

5 Voraussetzung für eine Ersetzung der Urschrift ist, dass diese völlig **zerstört oder abhandengekommen** ist.[20] Eine teilweise zerstörte Urkunde steht der vollständig zerstörten Urkunde gleich, wenn sie so weit beeinträchtigt ist, dass von ihr eine vollständige Ausfertigung nicht mehr erteilt werden kann. Zerstört ist eine Urschrift z.B. auch, wenn sie versehentlich zerrissen wurde[21] Die einzelnen Stücke dürfen nicht etwa wieder zusammengeklebt und mit einer notariellen Bescheinigung über den Vorgang verbunden werden; es ist vielmehr nach § 46 BeurkG zu verfahren.[22] Abhandengekommen ist die Urschrift, wenn sie für die Erteilung einer Ausfertigung bei der dafür zuständigen Stelle (§ 48 BeurkG) nicht verfügbar ist. Dabei kommt es weder auf die Ursache (Diebstahl, Verlegen usw.) noch auf ein Verschulden an.[23] Auch eine

8 *Winkler*, § 46 Rn 15.
9 OLG Schleswig v. 9.9.1970 – 2 W 94/70, DNotZ 1971, 254, 255.
10 *Winkler*, § 46 Rn 7; *Lerch*, § 46 Rn 5; Grziwotz/Sauer/Heinemann/*Heinemann/Grziwotz*, § 46 Rn 22.
11 *Winkler*, § 46 Rn 12.
12 Vgl. Grziwotz/Sauer/Heinemann/*Heinemann/Grziwotz*, § 46 Rn 50.
13 BeckOGK-BeurkG/*Regler*, Stand: 1.7.2025, § 46 Rn 13; *Winkler*, § 46 Rn 12; DNotI-Report 2021, 89; Grziwotz/Sauer/Heinemann/*Heinemann/Grziwotz*, § 46 Rn 18.
14 Frenz/Miermeister/*Limmer*, § 46 BeurkG Rn 3.
15 Z.B. Besitz der Vollmachtsurkunde, § 172 Abs. 2 BGB, Frenz/Miermeister/*Limmer*, § 46 BeurkG Rn 3; Grziwotz/Sauer/Heinemann/*Heinemann/Grziwotz*, § 46 Rn 19.
16 *Lerch*, § 46 Rn 3; Grziwotz/Sauer/Heinemann/*Heinemann/Grziwotz*, § 46 Rn 19.
17 Frenz/Miermeister/*Limmer*, § 46 BeurkG Rn 3; *Lerch*, § 46 Rn 3; *Winkler*, § 46 Rn 13 Fn 7; Grziwotz/Sauer/Heinemann/*Heinemann/Grziwotz*, § 46 Rn 20.
18 Anschaulich OLG München v. 7.4.2021 – 31 Wx 108/21, NJW-RR 2021, 586: „Grundsätzlich ist nur das Original (die Urschrift) einer letztwilligen Verfügung, nicht aber eine einfache Kopie hiervon zu eröffnen. Aus dem Grundsatz, dass die Erbfolge aber auch aus einer nur noch in Kopie vorhandenen letztwilligen Verfügung festgestellt werden kann, folgt jedoch, dass in einem solchen Fall ausnahmsweise die Kopie zu eröffnen ist." Hierzu auch *Siebert*, NJW 2021, 2933; allgemein zu der Thematik des Erbscheins ohne Testament/Erbvertrag OLG Frankfurt v. 16.2.2021 – 21 W 165/20, RNotZ 2021, 619; OLG Düsseldorf v. 12.3.2021 – I-3 Wx 151/20, NJW 2021, 734; OLG Düsseldorf v. 29.11.2018 – 3 Wx 98/17: s. zuvor OLG Düsseldorf v. 16.11.2016 – I-3 Wx 250/15 und OLG Köln v. 2.12.2016 – 2 Wx 550/16; OLG Hamburg v. 25.1.2019 – 2 W 45/18, ZEV 2019, 175; OLG München v. 31.10.2019 – 31 Wx 398/17, ZEV 2020, 162.
19 Vgl. DNotI-Report 2021, 89 und zuvor DNotI-Report 2005, 129 ff.; *Winkler*, § 46 Rn 13; Grziwotz/Sauer/Heinemann/*Heinemann/Grziwotz*, § 46 Rn 21.
20 Vgl. etwa LG Potsdam v. 8.8.2000 – 5 T 393/99, RPfleger 2000, 545 zu einer Urkunde, die „infolge Kriegseinwirkung zerstört" wurde.
21 Vgl. für Testamente auch § 2255 BGB, wonach ein wirksamer Widerruf nicht nur die Vernichtung selbst als Realakt erfordert, sondern auch eine diesbezügliche Aufhebungsabsicht.
22 Grziwotz/Sauer/Heinemann/*Heinemann/Grziwotz*, § 46 Rn 12.
23 *Lerch*, § 46 Rn 3; Grziwotz/Sauer/Heinemann/*Heinemann/Grziwotz*, § 46 Rn 14.

vorsätzlich beiseite geschaffte Urkunde kann „abhanden gekommen" sein.[24] Eine langwierige Suche ist nicht erforderlich.[25] Es genügt die Tatsache, dass der Notar die Urschrift im Zeitpunkt der beabsichtigten Verwendung nicht findet.

2. Zu ersetzende elektronische Fassung der Urschrift und der elektronischen Urschrift

Abs. 2 regelt die Ersetzung der elektronischen Fassung der Urschrift, falls diese ganz oder teilweise zerstört worden sein sollte. Die Regelung bezieht sich auf die nach § 56 BeurkG erstellten elektronischen Fassungen der Urschrift. Da der Notar gem. § 55 Abs. 3 BeurkG die im Urkundenverzeichnis registrierten Urkunden auch in einer elektronischen Urkundensammlung verwahrt, muss hierfür eine taugliche elektronische Fassung der Urkunde vorhanden sein. Die elektronische Fassung der Urschrift steht gem. § 45 Abs. 2 BeurkG der Urschrift in Papierform gleich und kann insbesondere gem. § 49 Abs. 1 BeurkG als Grundlage für Ausfertigungen genutzt werden. Eine Zerstörung der elektronischen Fassung i.S.d. Abs. 2 liegt vor, wenn infolge einer technischen Ursache ein Auslesen nicht mehr möglich ist. Als Ursache kommen nicht nur Fehler der Datei, sondern bspw. auch dauerhafte Störungen des Elektronischen Urkundenarchivs in Betracht, die einen Zugriff auf die hinterlegten Dokumente verhindern.[26] In einem solchen Fall soll die Urschrift erneut nach § 56 BeurkG in die elektronische Form übertragen werden und das neue elektronische Dokument im Elektronischen Urkundenarchiv (als neue derivative elektronische Urschrift) verwahrt werden. Wenn nicht nur die elektronische, sondern auch die papierene Fassung der Urschrift (etwa nach Ablauf der 30-jährigen Aufbewahrungsfrist) vernichtet wurde, kann auch auf das Verfahren nach Abs. 1 zurückgegriffen werden (hierzu näher Rdn 8 f.). Alternativ kann in einem solchen Fall (insb. bei einer nur teilweise zerstörten Fassung der Urschrift) eine **Wiederherstellung** des elektronischen Ausgangsdokuments auch **aus einer früheren elektronischen Fassung** vorgenommen werden. Es gilt dann das nachfolgend (Rdn 7) dargestellte Verfahren. 6

Die Videobeurkundung nach DiRUG ermöglicht das Vorliegen einer **elektronischen Urschrift**, ebenso das Verfahren zur Errichtung originär elektronischer Urkunden im Präsenzverfahren nach dessen voraussichtlichen Inkrafttreten.[27] Auch diese kann zu ersetzen sein. Um auch für diesen Fall Vorkehrungen zu treffen, hat der Gesetzgeber Abs. 3 eingefügt. Hiernach gilt „unmittelbar" (da die für das Verfahren nach Abs. 2 S. 1 erforderliche papierene Urschrift per definitionem nicht existiert) das Prozedere entsprechend Abs. 2 S. 2 und 3. In einem solchen Fall ist also die elektronische Urschrift aus einer Ausfertigung oder einer beglaubigten Abschrift oder einer davon gefertigten beglaubigten Abschrift wiederherzustellen. Alternativ wird zugelassen, die elektronische Urkunde aus einer im Elektronischen Urkundenarchiv gespeicherten früheren Fassung der elektronischen Urschrift wiederherzustellen. Bei dieser früheren Fassung handelt es sich ausweislich der Regierungsbegründung „um die von der verwahrenden Stelle in die elektronische Urkundensammlung eingestellte elektronische Urkunde."– Hierzu heißt es: „Diese ist als ‚frühere Fassung' der elektronischen Urschrift zu behandeln, wenn der rechtliche Integritätswert kryptografisch reduziert ist und dadurch die abstrakte Gefahr eines Integritätsverlusts besteht." Dies kann der Fall sein, wenn sämtliche für die qualifizierte Signatur verwendeten Verfahren nicht mehr als sicher gelten oder der für die Signatur verwendete Signaturlogarithmus abgelaufen war, bevor eine Übersignatur erfolgte.[28] Dass an dieser Stelle ausnahmsweise eine nicht vollständig beweisbare elektronische Fassung als ausreichend angesehen werden könne, rechtfertige sich ebenso wie im Falle der Wiederherstellung der elektronischen Fassung der Urschrift nach § 46 Abs. 2 BeurkG[29] (Rdn 6) daraus, dass durch die zwingenden gesetzlichen Vorgaben sichergestellt sei, dass ebendiese frühere Fassung der elektronischen Urschrift im Elektronischen Urkundenarchiv sicher gespeichert war und daher keine konkrete Gefahr eines Integritätsverlusts bestehe.[30] Ein Rückgriff auf eine frühere elektronische Fassung der elektronischen 7

24 *Lerch*, § 46 Rn 3.

25 Grziwotz/Sauer/Heinemann/*Heinemann/Grziwotz*, § 46 Rn 14.

26 Grziwotz/Sauer/Heinemann/*Heinemann/Grziwotz*, § 46 Rn 49 (z.B. durch Hackerangriff, Virusbefall oder Kriegseinwirkung).

27 Reithmann/Martiny/*Reithmann/Stelmaszczyk*, Formvorschriften, Rn 5.218.

28 Reg.Begr. BT-Drucks 18/28177 S. 131.

29 Hierzu BT-Drucks 18/10607, S. 87.

30 Reg.Begr. BT-Drucks 18/28177 S. 131. In den nach § 36 Abs. 1 Nr. 3 und § 78h Abs. 4 BNotO erlassenen Rechtsverordnungen ist eine zertifizierte Dokumentarchivierung vorgeschrieben, die eine Manipulation an Daten durch technische und organisatorische Maßnahmen nach dem jeweiligen Stand der Technik zuverlässig und dauerhaft ausschließt.

Niederschrift dürfte zumindest mittelfristig kaum notwendig werden. Denn nach § 31 Abs. 1 Nr. 3, Nr. 5 lit. a) NotAktVV ist von originär elektronischen Niederschrift und von vielen originär elektronischen Vermerkurkunden eine analoge beglaubigte Abschrift in der analogen Urkundensammlung zu verwahren, aus der im Notfall die elektronische Urschrift entsprechend Abs. 3 ersetzt werden könnte.

Weiter heißt es: „Das Verfahren der Wiederherstellung richtet sich aufgrund des Verweises auf Abs. 2 S. 3 erneut nach § 56 Abs. 1 BeurkG n.F., wobei im Vermerk über die Wiederherstellung, neben der Bestätigung der bildlichen und inhaltlichen Übereinstimmung durch den Notar, die qualifiziert elektronisch signierte und mit der im Elektronischen Urkundenarchiv gespeicherten früheren Fassung der elektronischen Urschrift verbundene Erklärung der Bundesnotarkammer anzugeben ist, dass dieses Dokument im Elektronischen Urkundenarchiv für den gesamten Aufbewahrungszeitraum sicher gespeichert war. Damit gelten für eine Wiederherstellung einer elektronischen Urschrift aus einer früheren Fassung der elektronischen Urschrift nach Absatz 3 im Ergebnis weitgehend dieselben Grundsätze wie für eine Wiederherstellung einer elektronischen Fassung der Urschrift aus einer früheren elektronischen Fassung der Urschrift.“[31]

III. Grundlage der Ersetzung

1. Ersetzung der Urschrift

8 Die Ersetzung der Urkunde setzt voraus, dass noch eine Ausfertigung oder eine beglaubigte Abschrift vorhanden ist, aus der sich der Inhalt der Urkunde sicher ermitteln lässt (Abs. 1).[32] Eine einfache Abschrift genügt dagegen auch dann nicht, wenn sie zusätzlich durch andere Beweismittel, etwa eine eidesstattliche Versicherung, bekräftigt werden kann. Die Feststellung des Urkundeninhalts kann ausschließlich nach Maßgabe des Abs. 1, nicht aber durch Beschluss nach freiem Ermessen getroffen werden. Fehlt es an einer entsprechenden Grundlage, müssen die Beteiligten notfalls Klärung im streitigen Verfahren suchen.[33] Steht eine elektronische Fassung der Urkunde nach § 56 BeurkG zur Verfügung, kann diese für eine papierene Ausfertigung genutzt werden, die dann als Grundlage der Ersetzung dient; hierdurch ist dann auch die sichere Ermittlung des Inhaltes der Urschrift gewährleistet.[34] In diesem Sinne wurde in der nun geltenden Fassung des § 46 Abs. 1 BeurkG der vormalige Zusatz „noch vorhandenen“ (Ausfertigung) gestrichen.[35]

9 In wessen **Besitz** sich die als Grundlage der Ersetzung geeignete Ausfertigung oder beglaubigte Abschrift befindet, ist für die Zulässigkeit des Verfahrens ohne Bedeutung, wenn die die Urschrift beweisende Ersatzurkunde der Urkundsperson vorgelegt werden kann. Zwangsmittel stehen der Urkundsperson allerdings nicht zur Verfügung. Stellt der dritte (private) Besitzer die zur Ersetzung geeignete Ausfertigung oder beglaubigte Abschrift nicht freiwillig zur Verfügung, so muss derjenige, der die Ersetzung der Urschrift erreichen will, ggf. den Einsichtsanspruch nach § 810 BGB klageweise geltend machen.[36] Zur Verfolgung dieses Anspruchs hat er das rechtliche Interesse an der Ersetzung schlüssig darzulegen. Nach § 811 Abs. 1 S. 2 BGB kann auf Vorlage bei der zur Ersetzung zuständigen Urkundsperson geklagt werden; die Zuständigkeit nach Abs. 4 ist ein „wichtiger Grund“ i.S.v. § 811 Abs. 1 S. 2 BGB. Befindet sich die als Ersatzurkunde geeignete Ausfertigung oder beglaubigte Abschrift in Gerichts- oder Behördenakten, so kann nach den dafür bestehenden Vorschriften Akteneinsicht oder Erteilung einer beglaubigten Abschrift verlangt werden.[37]

2. Ersetzung der elektronischen Fassung der Urschrift

10 Abs. 2 regelt auch das Verfahren zur Ersetzung der elektronischen Fassung der Urschrift. Ist die Urschrift in Papierform noch vorhanden, erfolgt die Ersetzung der elektronischen Fassung der Urschrift schlicht in der Weise, dass aus der vorhandenen Urschrift erneut nach § 56 BeurkG eine elektronische Fassung er-

31 Reg.Begr. BT-Drucks 19/28177 S 131.
32 *Winkler*, § 46 Rn 10; Grziwotz/Sauer/Heinemann/*Heinemann/Grziwotz*, § 46 Rn 15; weiter *Huhn/von Schuckmann*, 3. Aufl. 1995 § 46 Rn 8.
33 BT-Drucks V/3282, 39.
34 Grziwotz/Sauer/Heinemann/*Heinemann/Grziwotz*, § 46 Rn 17.
35 Vgl. Reg.Begr. BT-Drucks 18/10607, 87.
36 *Lerch*, § 46 Rn 8; Grziwotz/Sauer/Heinemann/*Heinemann/Grziwotz*, § 46 Rn 16.
37 *Lerch*, § 46 Rn 8.

stellt wird (Abs. 2 S. 1). Andernfalls kann die Urschrift nach Maßgabe des Abs. 1 ersetzt werden (vgl. oben Rdn 8), so dass die Ersatz-Urschrift als Grundlage für die erneute Erstellung einer elektronischen Fassung der Urschrift (nunmehr der Ersatz-Urschrift) dienen kann (Abs. 2 S. 2 1. Alt.).

Alternativ lässt Abs. 2 S. 2 die Wiederherstellung der zerstörten elektronischen Fassung der Urschrift aus einer „im Elektronischen Urkundenarchiv gespeicherten früheren elektronischen Fassung der Urschrift" zu.[38] Aus den Materialien zu § 46 BeurkG ergibt sich folgende Erläuterung zum Begriff der „früheren elektronischen Fassung": „Hierbei handelt es sich um das von der verwahrenden Stelle als elektronische Fassung der Urschrift eingestellte elektronische Dokument. Dieses wird als ‚frühere elektronische Fassung' dann bezeichnet, wenn der rechtliche Integritätswert kryptographisch reduziert ist und dadurch die abstrakte Gefahr eines Integritätsverlusts besteht.[39] Dies kann der Fall sein, wenn sämtlich für die qualifizierte Signatur verwendeten Verfahren nicht mehr als sicher gelten oder der für die Signatur verwendete Signaturalgorithmus abgelaufen war, bevor eine Übersignatur erfolgte."[40] Der Notar hat die Übereinstimmung der Wiederherstellung mit der früheren elektronischen Fassung gem. § 46 Abs. 2 S. 3 Hs. 1 i.V.m. § 56 Abs. 1 BeurkG zu bestätigen.[41] Gemäß § 46 Abs. 2 S. 3 Hs. 2 BeurkG soll in dem Vermerk außerdem die „Tatsache der sichereren Speicherung im Elektronischen Urkundenarchiv" angegeben werden. Hierzu ist eine Bestätigung der sicheren Speicherung durch die Urkundenarchivbehörde, also die Bundesnotarkammer (§ 78h Abs. 1 BNotO), erforderlich.[42] 11

Ein solches Verfahren ist ausweislich der Gesetzesmaterialien „dem Verfahren nach § 3 Absatz 1 der Verordnung über die Ersetzung zerstörter oder abhanden gekommener gerichtlicher oder notarischer Urkunden in der im Bundesgesetzblatt Teil III, Gliederungsnummer 315–4, veröffentlichten bereinigten Fassung, die durch Artikel 35 des Gesetzes vom 17.12.2008 (BGBl I S. 2586) geändert worden ist, vorzuziehen. Danach kann die Notarin oder der Notar den Inhalt einer Urkunde, von der eine Ausfertigung oder beglaubigte Abschrift nicht (mehr) vorhanden ist, durch Beschluss feststellen. Der Beschluss tritt an die Stelle der Urschrift. Die Wiederherstellung aus einer früheren elektronischen Fassung ist demgegenüber vorzugswürdig, da die Bundesnotarkammer aufgrund von regelmäßig zu erstellenden Sicherheitskopien sowie der Speicherung sogenannter „*evidence records*" in der Lage sein wird, dem Notar ein genaues Abbild der Urschrift nebst detaillierten Aussagen zu einer theoretischen Kompromittierungsmöglichkeit des Dokuments zur Verfügung zu stellen."[43]

IV. Anhörung

Hat sich der Schuldner in der Urkunde der **Zwangsvollstreckung unterworfen** (§§ 794 Abs. 1 Nr. 5, 800 ZPO), ist er nach Abs. 4 S. 1 vor der Ersetzung der Urkunde zu hören. Hintergrund dieser Regelung war, dass die Erteilung einer vollstreckbaren Ausfertigung früher auf der Urschrift vermerkt wurde (§§ 734, 795 ZPO, § 49 Abs. 4 BeurkG).[44] Heute ist gem. § 15 NotAktVV im Urkundenarchiv (und nicht mehr auf der Urkunde selbst) zu vermerken, wem und an welchem Tag die Ausfertigung erteilt worden ist. Anders als zuvor darf der Mitarbeiter den Vermerk anlegen; im Unterschied zu § 49 Abs. 4 BeurkG (vgl. hierzu § 49 BeurkG Rdn 16) verlangt § 20 Abs. 1 Nr. 2 NotAktVV ausdrücklich die persönliche Bestätigung des Notars.[45] Handelt es sich bei der Ausfertigung um eine vollstreckbare oder eine weitere vollstreckbare Ausfertigung, so ist dies ebenfalls im Urkundenarchiv zu vermerken. Dies soll die Kontrolle erleichtern, wie viele Ausfertigungen hergestellt und welchen Personen sie ausgehändigt wurden.[46] Die Regelung des Abs. 4 soll verhindern, dass dem Gläubiger ohne Einhaltung der hierfür geltenden Verfahrensvoraussetzungen eine zweite vollstreckbare Ausfertigung erteilt wird.[47] Die Anhörungsfrist muss so bemessen sein, dass der Schuldner Einwendungen gegen die Ersetzung vorbringen kann. Der Notar wird 12

38 Zum technischen Verfahren der Wiederherstellung ausführlich: Reg.Begr. BT-Drucks 18/10607, 87.
39 Reg.Begr. BT-Drucks 18/10607, 87.
40 Reg.Begr. BT-Drucks 18/10607, 87.
41 Grziwotz/Sauer/Heinemann/*Heinemann/Grziwotz*, § 46 Rn 53; vgl. auch Reg.Begr. BT-Drucks 18/10607, 87 („bildliche und inhaltliche Übereinstimmung").
42 Reg.Begr. BT-Drucks 18/10607, 87; Grziwotz/Sauer/Heinemann/*Heinemann/Grziwotz*, § 46 Rn 53, 54.
43 Reg.Begr. 18/10607, 87 f.
44 *Winkler*, RNotZ 2019, 117; *Grimm*, MittBayNot 2020, 636.
45 *Püls/Gerlach*, Anm. zu § 15 NotAktVV; vgl. auch *Genske*, notar 2021, 166; *Löffler*, notar 2020, 362.
46 *Kersten*, ZNotP 2021, 158, 163.
47 Vgl. BT-Drucks V/3282, 48; *Winkler*, § 46 Rn 17; Frenz/Miermeister/*Limmer*, § 46 BeurkG Rn 4.

dabei die ihm zumutbaren Schritte unternehmen, um den Schuldner mit dem betreffenden Anliegen zu erreichen. Er wird sich dabei grundsätzlich bei fehlender anderweitiger Kenntnis an die in der Urkunde bzw. dem Urkundenverzeichnis, § 12 Abs. 2, 3 NotAktVV aufgeführte Adresse zu halten haben.

13 Welcher Bedeutung der Anhörung im Kontext des Abs. 4 S. 1 zukommt, wird in der Literatur nicht einheitlich beurteilt. Generell gilt, dass im Verfahren der Freiwilligen Gerichtsbarkeit zwischen der Anhörung zur Sachverhaltsaufklärung und der Anhörung zur Gewährung rechtlichen Gehörs (Art. 103 Abs. 1 GG) zu unterscheiden ist (§§ 26, 34 FamFG).[48] Eine Vorschrift kann dem Verfahrensträger die Anhörung als Aufklärungsmittel empfehlen, sie kann aber andererseits den Anspruch auf rechtliches Gehör konkretisieren.[49] Abs. 4 S. 1 wird z.T. als Ausprägung des Anspruchs auf rechtliches Gehörs verstanden, weil für den Schuldner die Gefahr einer doppelten Inanspruchnahme im Fall der Erteilung einer zweiten vollstreckbaren Ausfertigung drohe.[50] Nach a.A. soll das Gebot der Gewähr rechtlichen Gehörs schon deshalb nicht greifen, weil das Ersetzungsverfahren nach § 46 BeurkG weder ein gerichtliches noch ein gerichtsähnliches Verfahren darstelle.[51] Das Gebot der Gewähr rechtlichen Gehörs gilt allerdings für alle Bereiche der Freiwilligen Gerichtsbarkeit, auch soweit es sich um bloße „Rechtspflegeakte" handelt.[52] Gleichwohl kann die Anhörung aber unterbleiben, wenn der Aufenthalt des Schuldners dauernd unbekannt ist, da ansonsten eine Ersetzung der Urschrift von vornherein unmöglich wäre.[53] Für den Fall, dass noch keine vollstreckbare Ausfertigung erteilt wurde, würde dem Gläubiger faktisch die Vollstreckungsmöglichkeit entzogen. Es bleibt zu beachten, dass Abs. 4 S. 1 verhindern soll, dass der Gläubiger ohne Einhaltung der dafür geregelten Voraussetzungen eine weitere vollstreckbare Ausfertigung erhält (vgl. Rdn 12). Das Problem, möglicherweise ohne Anhörung des Schuldners eine weitere vollstreckbare Ausfertigung zu erteilen, wird vermieden, wenn in einem kritischen Zweifelsfall keine erste, sondern eine weitere vollstreckbare Ausfertigung erteilt wird, da in diesem Fall nach Maßgabe des § 733 Abs. 1 ZPO die Anhörung des Schuldners zu erfolgen hat.

V. Ersetzungsvermerk

14 Die Urkunde wird ersetzt, indem auf die vorhandene Ausfertigung oder beglaubigte Abschrift oder auf eine davon gefertigte beglaubigte Abschrift ein Vermerk angebracht wird, der besagt, dass die Ausfertigung oder beglaubigte Abschrift an die Stelle der Urschrift tritt (Abs. 1 S. 1). Der Vermerk muss unterschrieben werden;[54] er soll Ort und Zeit der Ausstellung angeben. Die Begründer dieses Kommentars haben darauf hingewiesen, dass die Anbringung eines Siegels hier nicht erforderlich sei, weil der Ersetzungsvermerk kein Vermerk i.S.v. § 39 BeurkG ist, sondern eine Ersatzurkunde für die ebenfalls nicht zu siegelnde Niederschrift erschaffe (Ausnahme: § 45 Abs. 1 S. 2 BeurkG).[55] Wenn die vorgelegte Ausfertigung oder beglaubigte Abschrift selbst nicht verwendet werden kann, etwa weil sie Bestandteil von Gerichtsakten ist, kann der Notar davon eine beglaubigte Abschrift fertigen und in diesem Falle den Beglaubigungsvermerk und den Vermerk über die Ersetzung zu einem Vermerk verbinden (Abs. 1 S. 2). Dieser Vermerk ist nach § 39 BeurkG zu siegeln.

15 Bei der Ersetzung der elektronischen Fassung der Urschrift gem. Abs. 2 S. 1 oder Abs. 2 S. 2 1. Alt. erfolgt die Ersetzung nicht im Wege des Ersetzungsvermerks, sondern durch die erneute Übertragung der Urschrift respektive der ersetzten Urschrift in die elektronische Fassung nach § 56 Abs. 1 BeurkG. In diesem Procedere muss die Übereinstimmung in einem Vermerk nach § 56 Abs. 1 S. 2 BeurkG bestätigt werden (zu den Einzelheiten des Verfahrens vgl. § 56 BeurkG Rdn 7 f.). Erfolgt die Ersetzung der elektronischen Fassung der Urschrift gem. Abs. 2 S. 2 2. Alt. im Wege der „Wiederherstellung", muss neben dem Übereinstimmungsvermerk auch die Bestätigung der sicheren Speicherung durch die BNotK angegeben wer-

48 Keidel/*Sternal*, § 26 FamFG Rn 38 m.w. Rechtsprechungsnachweisen.
49 Jansen/*Briesemeister*, § 12 NotAktVV Rn 77.
50 *Waldner*, Beurkundungsrecht, Rn 178.
51 *Lerch*, § 46 Rn 7.
52 *Habscheid*, Freiwillige Gerichtsbarkeit, § 20 II. 2.; a.A. *Bettermann*, in: FS Lent, 1957, S. 17, 42.
53 *Winkler*, § 46 Rn 18; Frenz/Miermeister/*Limmer*, § 46 BeurkG Rn 4; Grziwotz/Sauer/Heinemann/*Heinemann/Grziwotz*, § 46 Rn 30.
54 Frenz/Miermeister/*Limmer*, § 46 BeurkG Rn 5.
55 *Huhn/von Schuckmann*, 3. Aufl., § 46 Rn 12; ebenso *Lerch*, § 46 Rn 9; Frenz/Miermeister/*Limmer*, § 46 BeurkG Rn 5; *Winkler*, § 46 Rn 20; a.A. Grziwotz/Sauer/Heinemann/*Heinemann/Grziwotz*, § 46 Rn 33.

den, damit die Wiederherstellung an die Stelle der ursprünglichen elektronischen Fassung der Urkunde treten kann (vgl. oben Rdn 11).

VI. Mitteilungen

Von der Ersetzung der Urschrift soll den Personen, die eine Ausfertigung verlangen können, Mitteilung gemacht werden, auch das aber nur, wenn diese Verständigung ohne erhebliche Schwierigkeiten möglich ist (Abs. 3 S. 2). 16

C. Wirkung der Ersetzung, Aufhebung

Die Ersatzurkunde tritt an die Stelle der Urschrift, ist also wie die Urschrift in Verwahrung zu nehmen. Ausfertigungen und beglaubigte Abschriften können von ihr wie von der Urschrift erteilt werden. Die Wirkung der Ersetzung tritt mit Anbringung des Vermerks ein. Die Mitteilung an die Ausfertigungsberechtigten (Abs. 5 S. 2) hat keine konstitutive Bedeutung. Eine Übertragung in die elektronische Fassung der Urkunde ist nicht erforderlich, wenn die Ersatz-Urschrift ohnehin auf der Grundlage einer Ausfertigung hergestellt wurde, die aus der elektronischen Fassung der Urschrift transformiert wurde (vgl. oben Rdn 8). Die elektronische Urschrift ist in diesem Fall schließlich bereits vorhanden. 17

Wird die **Urschrift später aufgefunden**, stellt sich die Frage, ob die Urschrift ihre alte Stelle wieder einnimmt, der Ersetzungsvermerk also von Amts wegen aufgehoben werden kann, oder ob es bei der Ersetzungswirkung bleibt und die Urschrift eingezogen werden muss. Unter der Geltung des FGG konnte eine Aufhebung des Ersetzungsvermerks auf eine entsprechende Anwendung des § 18 Abs. 1 Hs. 1 FGG (Änderung gerichtlicher Verfügungen) gestützt werden; nunmehr wird § 48 FamFG entsprechend herangezogen.[56] Unter der Geltung des FamFG wird für die vorliegende Fallkonstellation eine Einziehung der Urschrift befürwortet, sofern eine Aufhebung des Ersetzungsvermerks nicht schon wegen dessen Unrichtigkeit geboten ist.[57] Eine § 18 Abs. 1 FGG entsprechende ausdrückliche Regelung einer generellen Abänderungsbefugnis enthält das FamFG in der Tat nicht, da das FamFG von der formellen Bestandskraft gerichtlicher Entscheidungen ausgeht.[58] Die Nachfolgeregelung § 48 FamFG steht in einem völlig anderen verfahrensrechtlichen Kontext als § 18 Abs. 1 FGG und betrifft rechtskräftige Endentscheidungen mit Dauerwirkung. Das FamFG bietet zwar nunmehr die allgemeinen Vorschriften für Verfahren der freiwilligen Gerichtsbarkeit, unterscheidet sich aber konzeptionell erheblich vom Urkundenverfahrensrecht. Vor diesem Hintergrund kann die Geltung bisheriger Prinzipien und Entwicklungen des Notarverfahrensrechts nicht von vornherein ausgeschlossen werden, weil sie keine Anknüpfungen mehr im FamFG-Verfahrensrecht finden. Wird die ersetzte Urkunde aufgefunden, muss urkundenverfahrensrechtlich eine klare Lösung erzielt werden, um die Doppelung von ersetzter Urschrift und ursprünglicher Urschrift zu verhindern. Eine Befugnis der Urkundsperson, den Ersetzungsvermerk aufzuheben, wenn die Urschrift wieder aufgefunden wird, ist eine mögliche Verfahrensweise, um diesen Zweck zu erreichen. Die Einziehung der Urschrift ist die andere mögliche Verfahrensweise. 18

D. Rechtsmittel

Gegen die Ersetzung oder gegen die Verweigerung der Ersetzung kann jeder, der nach § 51 BeurkG eine Ausfertigung zu fordern berechtigt wäre, nach § 54 BeurkG Beschwerde einlegen. Die Beschwerde ist auch dann der statthafte Rechtsbehelf, wenn der Rechtspfleger die Ersetzung vorgenommen oder verweigert hat (§ 11 Abs. 1 RPflG). Ausfertigungen von Ersatzurkunden können bereits vor Abschluss eines Beschwerdeverfahrens erteilt werden.[59] 19

56 *Winkler*, § 46 Rn 22.

57 Grziwotz/Sauer/Heinemann/*Heinemann/Grziwotz*, § 46 Rn 44 (Urschrift einzuziehen, mit der Ersetzungsurkunde dauerhaft zu verbinden und zu verwahren).

58 Vgl. Keidel/*Engelhardt*, § 48 FamFG Rn 1.

59 *Lerch*, § 46 Rn 12; Grziwotz/Sauer/Heinemann/*Heinemann/Grziwotz*, § 46 Rn 45 (unter Hinweis auf Aussetzungsmöglichkeit nach § 64 Abs. 3 FamFG).

§ 47 Ausfertigung

Die Ausfertigung der Niederschrift vertritt die Urschrift im Rechtsverkehr.

Literatur *Armbrüster*, Wirksamwerden beurkundungsbedürftiger Willenserklärungen gegenüber Abwesenden, NJW 1996, 438; *Danninger*, Das Blockchain-basierte Gültigkeitsregister für notarielle Vollmachten, RDi 2021, 109; *Danninger/Stepien*, Die elektronische Ausfertigung – Chancen, Herausforderungen und Lösungsideen, DNotZ 2021, 812; *Helms*, Zum Nachweis der Bevollmächtigung, RNotZ 2002, 235; *Kanzleiter*, Der Zugang beurkundeter Willenserklärungen – zugleich Anmerkungen zum Urteil des BGH v. 7.6.1995 – VIII ZR 125/94 –, DNotZ 1996, 931; *Kersten*, Ausfertigungen und Abschriften von notariellen Urkunden, ZNotP 2005, 205; *Löffler*, Die NotAktVV – Der Vorbote des Elektronischen Urkundenarchivs, notar 2020, 362; *Schippers*, Form und Erklärung – Verkörperungsform, Abgabeform, Zugangsform, DNotZ 2006, 726; *Waldner/Mehler*, Probleme des § 172 BGB, insbesondere bei der Vorsorgevollmacht, MittBayNot 1999, 261; *Waldner/Mehler*, Zur fehlenden Bezeichnung des Handelnden im Ausfertigungsvermerk einer notariellen Vollmachtsurkunde, Rpfleger 2002, 198.

A. Begriff und Funktion der Ausfertigung

1 Die Vorschrift regelt die Bedeutung der Ausfertigung einer notariellen Urkunde im Rechtsverkehr.[1] Die Ausfertigung tritt im Rechtsverkehr an die Stelle der Urschrift, fungiert hier also gewissermaßen als „Urschrift im Rechtssinne“.[2] Die Ausfertigung wird Eigentum dessen, dem die Ausfertigung erteilt wird.[3] Ausfertigungen nach § 47 BeurkG werden nur von der papierenen oder der elektronischen Niederschrift, nicht aber von Vermerkurkunden erteilt (Sonderfall: § 50 Abs. 3 BeurkG). Weil die Ausfertigung an die Stelle der Urschrift tritt, kann sie nur erteilt werden, wenn die Urschrift nicht am Rechtsverkehr teilnimmt. Das ist stets der Fall, wenn die Urschrift in der Verwahrung des Notars bleibt (hierzu § 46 BeurkG). Entwürfe mit Unterschriftsbeglaubigung, einfache Unterschriftsbeglaubigungen und einfache Zeugnisse werden den Beteiligten dagegen in Urschrift ausgehändigt, so dass eine „Vertretung“ dieser Urschriften im Rechtsverkehr nicht in Betracht kommt.[4] Abgesehen davon lässt sich von einer Unterschriftsbeglaubigung (Beglaubigungsvermerk in Verbindung mit Privaturkunde, vgl. § 40 BeurkG Rdn 35 ff.) schon dem Wesen nach keine Ausfertigung erstellen (vgl. auch § 46 BeurkG Rdn 2).[5]

Ausfertigungen können sowohl von analogen wie auch von elektronischen Urschriften erteilt werden. Die Ausfertigung selbst ist aber (noch) ausschließlich in Papierform zu erteilen. Denn anders als eine papiergebundene Ausfertigung, die ein verkörpertes, einmaliges Dokument darstellt, kann eine elektronische Ausfertigung beliebig häufig vervielfältigt werden, sodass ihr (derzeit) keine Unikatsfunktion zukommt.[6] Da die Erteilung einer elektronischen Ausfertigung derzeit technisch nicht möglich ist, ist zur Erteilung einer Ausfertigung (auch bei) einer elektronischen Niederschrift „herkömmlich“ nach § 49 Abs. 1 BeurkG zu verfahren.[7] Etwas anders ergibt sich auch nicht aus dem unglücklich formulierten § 34 Abs. 4 NotAktVV, der von einer „elektronischen Fassung der Ausfertigung“ spricht, die es zu verwalten gelte; dies ist indes so zu verstehen, dass eine elektronische Kopie (Scan) der in Papier vorliegenden Ausfertigung zu verwahren ist.[8] Wird von einer Urkunde eine Ausfertigung erteilt, so ist nicht mehr auf der Urschrift, sondern in dem (elektronischen) Urkundenverzeichnis zu vermerken, wem und an welchem Tag die Ausfertigung erteilt worden ist. Anders als zuvor darf der Mitarbeiter den Vermerk anlegen; im Un-

1 Frenz/Miermeister/*Limmer*, § 47 BeurkG Rn 1.
2 Vgl. BGH v. 9.6.2010 – XII ZB 132/09, NJW 2010, 2519 Rn 7 (Zustellung einer Urteilsausfertigung) und OLG Düsseldorf v. 18.11.2020 – I-3 Wx 200/20, FGPrax 2021, 26 (Zu den Anforderungen an auf Antrag zu erteilende und auf Verlangen zu beglaubigende Ausfertigungen und Abschriften eines Erbscheins).
3 OLG Frankfurt v. 14.3.2008 – 19 U 205/07, DNotZ 2009, 111 (kein § 952 BGB); Grziwotz/Sauer/Heinemann/*Heinemann/Grziwotz*, § 47 Rn 8.
4 *Winkler*, § 47 Rn 6.
5 Grziwotz/Sauer/Heinemann/*Heinemann/Grziwotz*, § 47 Rn 6.
6 *Löffler*, ZNotP 2019, 359; *Löffler*, notar 2020, 362; *Danninger*, RDi 2021, 109; BeckOGK/*Regler*, § 49 BeurkG Rn 15; vgl. LG Hamburg v. 10.9.2020 – 304 T 14/20 (n.v.). Zu den diesbezüglichen Herausforderungen und Lösungsideen instruktiv *Danninger/Stepien*, DNotZ 2021, 812. Zur Einreichung eines Erbscheinsantrags als elektronisches Dokument OLG Oldenburg v. 28.2.2019 – 3 W 12/19, FGPrax 2019, 138.
7 Reg.Begr. BT-Drucks 19/28177 S 153.
8 So zu Recht *Winkler*, § 47 Rn 14.

terschied zu § 49 Abs. 4 BeurkG (vgl. § 49 BeurkG Rdn 15) verlangt § 20 Abs. 1 Nr. 2 NotAktVV ausdrücklich die persönliche Bestätigung des Notars.[9] Handelt es sich bei der Ausfertigung um eine vollstreckbare Ausfertigung oder eine weitere vollstreckbare Ausfertigung, so ist dies ebenfalls zu vermerken, § 15 NotAktVV.

Von Niederschriften, die nicht in der Verwahrung des Notars bleiben, wie Testamente und von der amtlichen Verwahrung nicht ausgeschlossene Erbverträge, können keine Ausfertigungen erteilt werden. Die Urschriften dieser Niederschriften werden vom Nachlassgericht verwahrt. Vor dem Tod des Erblassers nehmen sie am Rechtsverkehr nicht teil. Deshalb besteht kein Anlass für die Erteilung von Ausfertigungen.[10] Zum Nachweis der Übereinstimmung mit der Testaments- oder Erbvertragsurkunde genügt eine beglaubigte Abschrift.[11] Selbst nach Eröffnung der Verfügung von Todes wegen reicht eine beglaubigte Abschrift zum Nachweis des Inhalts vor dem Grundbuchamt aus (zum Beweiswert der beglaubigten Abschrift vgl. auch § 42 BeurkG Rdn 19 ff.).[12] § 35 GBO verlangt nicht die Vorlage der Urschrift oder Ausfertigung der Verfügung von Todes wegen. 2

B. Hauptanwendungsfälle

Grundsätzlich ist eine Ausfertigung nur dann nötig, wenn es materiell- oder verfahrensrechtlich auf den **Besitz der Urkunde** ankommt und die Urschrift nicht am Rechtsverkehr teilnimmt.[13] Eine beglaubigte Abschrift beweist diese Tatsache nicht (vgl. § 42 BeurkG Rdn 19). Ein Hauptanwendungsfall ist der Nachweis der **Vollmacht** (§§ 172 ff. BGB).[14] Gemäß § 172 Abs. 2 BGB bleibt die Vertretungsmacht bestehen, bis die Vollmachtsurkunde dem Vollmachtgeber zurückgegeben oder für kraftlos erklärt wird.[15] Die für die Rechtsfolgen des § 172 BGB maßgebliche willentliche Aushändigung der Urkunde wird durch eine Ausfertigungsberechtigung des Bevollmächtigten nach Weisung des Vollmachtgebers (§ 51 Abs. 2 BeurkG) dokumentiert, da der Ausfertigungsvermerk in diesem Fall auf den Vertreter lautet (§ 49 Abs. 2 BeurkG).[16] Namentlich im Grundbuchverfahrensrecht wird deshalb in diesem Fall bei Vorlage einer Vollmachtsurkunde durch den Vertreter verlangt, dass die Urkunde einen auf den Vertreter lautenden Ausfertigungsvermerk trägt.[17] Wenn der Bevollmächtigte berechtigt ist, eine auf ihn als Bevollmächtigten lautende Ausfertigung zu verlangen, und sich gleichwohl mit einer nicht auf ihn lautenden Ausfertigung ausweist, kann nicht ohne weiteres davon ausgegangen werden, dass ihm diese Ausfertigung wil- 3

9 *Püls/Gerlach*, Anm. zu § 15 NotAktVV; vgl. auch *Genske*, notar 2021, 166; *Löffler*, notar 2020, 362.

10 *Winkler*, § 47 Rn 6.

11 *Winkler*, § 47 Rn 7.

12 KG v. 24.2.1938 – 1 Wx 26/38, JW 1938, 1411; KG v. 16.9.1997 – 1 W 4156/97, Rpfleger 1998, 108 (beglaubigte Abschrift einer beglaubigten Abschrift); *Demharter*, § 35 GBO Rn 45; Bauer/Schaub/*Schaub*, § 35 GBO Rn 122; Grziwotz/Sauer/Heinemann/*Heinemann/Grziwotz*, § 47 Rn 7; *Winkler*, § 47 Rn 7.

13 Vgl. OLG Zweibrücken v. 29.8.2012 – 3 W 86/12, FGPrax 2013, 24, 25 (verneint für Pfändungsverfügung des Finanzamtes).

14 AG Schwäbisch Hall v. 23.6.2020 – 1 M 571/20 (n.v.): „Dem Original der Vollmachtsurkunde steht die Ausfertigung einer öffentlich beurkundeten Vollmacht gleich (§ 47 BeurkG). Eine Kopie der Vollmachtsurkunde genügt nicht, selbst wenn sie notariell beglaubigt ist (beglaubigte Abschrift) und dem Notar bei der Beglaubigung der Kopie auch ein Beglaubigungsvermerk über die öffentliche Beglaubigung der auf der Urschrift vollzogenen Unterschrift vorlag. Anders als die Originalurkunde lässt die (beglaubigte) Kopie, auch wenn ihr eine öffentlich beglaubigte Urschrift zugrunde lag, nicht darauf schließen, dass die erteilte Vollmacht noch besteht und nicht zwischenzeitlich, beispielsweise durch Rückgabe der Vollmachtsurkunde nach § 172 Abs. 2 BGB, erloschen ist." Zu den Ausnahmen OLG München v. 10.9.2009 – 34 Wx 44/09, FGPrax 2009, 260; zur elektronischen Übermittlung AG Hamburg-Harburg v. 29.5.2020 – 615e M; 253/20 (n.v.); instruktiv OLG Karlsruhe v. 12.11.2014 – 11 Wx 61/14, NZG 2015, 242 (zum Vollmachtsnachweis bei einer Anmeldung zum Handelsregister).

15 Zu dem Streit, ob der Nachweis des Fortbestandes einer notariellen Vollmacht durch eine Ausfertigung der Urkunde, die einem anderen Urkundsbeteiligten erteilt wurde, erbracht werden kann vgl. bejahend OLG Köln v. 9.7.2001 – 2 Wx 41/01, Rpfleger 2002, 197 (wechselseitige Bevollmächtigung und Vorlage der Ausfertigung mit einem Ausfertigungsvermerk für den anderen Beteiligten) m. kritischer Anm. *Waldner/Mahler*; OLG Frankfurt v. 8.11.2012 – 20 W 324/12 (n.v.; für den Fall, dass die beiden nur gemeinsam vertretungsberechtigten Bankangestellten bei Abgabe ihrer Erklärungen eine Ausfertigung vorlegen, die der Bank als Vollmachtgeberin erteilt worden ist); verneinend: OLG München v. 23.11.2012 – 34 Wx 319/12 RNotZ 2013, 169; vgl. auch *Helms*, RNotZ 2002, 235; Meikel/*Hertel*, § 29 GBO Rn 47.

16 Zum Ausfertigungsvermerk und zum Rechtsschein wirksamer Bevollmächtigung vgl. auch DNotI-Report 2012, 85 ff.

17 OLG München v. 23.11.2012 – 34 Wx 319/12, DNotZ 2013, 372, 375 f. m.w.N.; großzügiger OLG Köln v. 9.7.2001, 2 Wx 42/01, RNotZ 2001, 407, 408; insoweit offengelassen: OLG Frankfurt v. 8.11.2012 – 20 W 324/12, FGPrax 2013, 103, 104 (Ausfertigung der Bank als Vollmachtgeberin erteilt).

lentlich überlassen wurde.[18] Um Unsicherheiten vorzubeugen, wird seitens der Praxis vorgeschlagen, bei der Bevollmächtigung mehrerer Personen im Text der Vollmacht klarzustellen, dass nur einer auf den Namen des Bevollmächtigten lautenden Ausfertigung die Legitimationswirkung zukommen soll.[19] Keine Zweifel am Fortbestand der Vollmacht bestehen im Übrigen dann, wenn ein Kreditinstitut einer Vielzahl von Angestellten Vollmachten für die Abwicklung von Geschäften mit Grundstücksbezug erteilt hat und die bevollmächtigten Bankangestellten eine auf die Bank als Vollmachtgeberin lautende Ausfertigung der Urkunde vorlegen.[20]

Weitere Beispiele für das Erfordernis der Erteilung einer Ausfertigung sind der Nachweis einer **Bestallung** (§§ 1791, 1893 Abs. 2, 1897, 1915 BGB) oder einer **Testamentsvollstreckung** (§ 2368 BGB), da diese Nachweise nur durch Urschrift oder Ausfertigung der entsprechenden Urkunde erbracht werden können.[21] Eine europarechtlich begründete Ausnahme besteht nur für das Europäische Nachlasszeugnis (Art. 70 EuErbVO).[22]

4 Bei einer **empfangsbedürftigen Willenserklärung,** die einer gesetzlichen **Formvorschrift** unterliegt, ist zu beachten, dass die h.M. erst dann den Zugang und damit das Wirksamwerden der Erklärung (§ 130 Abs. 1 BGB) annimmt, wenn sie dem Erklärungsgegner in der erforderlichen Form zugegangen ist, also in Urschrift oder Ausfertigung.[23] Aus diesem Grund wird für den **Rücktritt vom Erbvertrag** (§ 2296 Abs. 2 BGB)[24] oder den **Widerruf wechselseitiger Verfügungen** eines gemeinschaftlichen Testaments (§§ 2271 Abs. 1, 2296 Abs. 2 BGB) verlangt, die Rücktritts- oder Widerrufserklärung in Urschrift

18 OLG München v. 19.5.2008 – 34 Wx 023/08, DNotZ 2008, 844, 845 mit Anm. *Mehler/Braun*, DNotZ 2008, 810; OLG München v. 23.11.2012 – 34 Wx 319/12, DNotZ 2013, 372, 375 f.; vgl. auch *Helms*, RNotZ 2002, 235, 236 f.; *Waldner/Mehler*, MittBayNot 1999, 261, 262; *Waldner/Mehler*, Rpfleger 2002, 198 f.; *Waldner*, Beurkundungsrecht, Rn 182; a.A. OLG Köln v. 9.7.2001 – 2 W 42/01, RNotZ 2001, 407, 408 (wechselseitige Bevollmächtigung im Rahmen einer Vorsorgevollmacht).

19 *Waldner*, Beurkundungsrecht Rn 182; siehe auch DNotI-Report 2012, 85 ff.; *Winkler*, § 47 Rn 4a (könne durch Erteilung auszugsweiser Ausfertigungen geschehen, vorzugswürdig sei Errichtung eigener Vollmachtsurkunden für jeden Bevollmächtigten); Grziwotz/Sauer/Heinemann/*Heinemann/Grziwotz*, § 47 Rn 12.

20 OLG Frankfurt v. 8.11.2012 – 20 W 324/12, FGPrax 2013, 103, 104.

21 BGHZ 102, 60, 63; BGH v. 14.5.2002 – XI ZR 155/01, NJW 2002, 2325, 2326; *Winkler*, § 47 Rn 8.

22 Vgl. hierzu *Schmitz*, RNotZ 2017, 269; *Volmer*, Rpfleger 2013, 421.

23 Vgl. BGH v. 7.6.1995 – VIII ZR 124/95, NJW 1995, 2217; BGH v. 14.5.2002 – XI ZR 155/01, NJW 2002, 2325; OLG Koblenz v. 29.6.2017 – 1 U 1238/16, ZEV 2017, 713 (Besonderheit war hier: Der Widerruf eines gemeinschaftlichen Testaments befand sich nach einer vom Erklärenden nicht zu verantwortenden unwirksamen Zustellung (einer beglaubigten Abschrift) weiterhin „auf dem Weg" zum Erklärungsempfänger, solange der Zustellungsauftrag (einer Ausfertigung) vom Auftraggeber nicht als abgeschlossen betrachtet wird. Daher konnte durch alsbaldige nachfolgende Zustellung einer Ausfertigung der Widerruf noch wirksam erklärt werden; Vgl. schließlich auch OLG Oldenburg v. 19.12.2017 – 3 W 112/17, DNotI-Report 2018, 37: Wenn der widerrufende Ehegatte nach dem Widerruf (= der Abgabe der Willenserklärung), aber vor dem Zugang der Ausfertigung verstirbt, liegt ein rechtzeitiger Zugang zumindest dann vor, wenn der Notar die Zustellung binnen 12 Tagen nach dem Tod des Widerrufenden bewirkt. Dass der Widerrufende im Zeitpunkt der Erteilung des Zustellungsauftrags durch den Notar nicht mehr am Leben war, ist unschädlich); Grüneberg/*Ellenberger*, § 130 BGB Rn 10; a.A. mit beachtlichen Gründen etwa *Kanzleiter*, DNotZ 1996, 931, 934 ff., Staudinger/*Singer/Benedict*, § 130 BGB Rn 95; *Weidlich*, ZEV 2017, 715.

24 Vgl. OLG Hamm v. 15.1.1998 – 22 U 72/97, DNotZ 1999, 142 zur Formbedürftigkeit eines Rücktritts bei einer Vereinbarung mit (auch) erbvertraglichem Inhalt und vorbehaltenem Rücktrittsrecht und Unwirksamkeit einer vereinbarten Formerleichterung hinsichtlich des Rücktritts. Vgl. zu der Frage, ob ein Widerruf/Rücktritt auch an den Generalbevollmächtigten des Erbvertragspartners/Ehepartners beim gemeinschaftlichen Testament erfolgen kann: BGH v. 27.1.2021 – XII ZB 450/20, NJW 2021, 1455; hierzu *Zimmer*, NJW 2021, 1434; *Müller-Engels*, DNotZ 2021, 501; *Horn*, ErbR 2021, 414; *Litzenburger*, FD-ErbR 2021, 437203; *Reimann*, ZEV 2021, 249; *Wosgien*, BWNotZ 2021, 130; *Tersteegen*, notar 2021, 265; *Eickelberg*, ZEV 2019, 557; *Eickelberg/Schöneberg-Wessel*, ZErb 2022, 93; zu den zahlreichen hierzu im Zusammenhang stehenden Fragestellungen etwa DNotI-Report 2015, 51; 2015, 105; DNotI-Gutachten Report 2014, 97; vgl. auch OLG Nürnberg v. 6.6.2013 – 15 W 764/13, DNotZ 2013, 868; OLG Hamm v. 5.11.2013 – I-15 W 17/13, FGPrax 2014, 71; *Keim*, ZEV 2010, 358 (auch zur Frage, ob der Widerruf wechselbezüglicher Verfügungen eines gemeinschaftlichen Testamentes auch gegenüber dem Bevollmächtigten des anderen Ehegatten erfolgen kann); hierzu auch LG Leipzig v. 1.10.2009 – 4 T 549/08, FamRZ 2010, 403 und *Zimmer*, ZEV 2007, 159.

oder Ausfertigung zu übermitteln.[25] Gleiches gilt für die Anfechtungserklärung zur **Anfechtung eines Erbvertrages** (§ 2282 Abs. 3 BGB).[26]

Ausfertigungen werden ferner benötigt zur Herbeiführung der **Bindungswirkung nach § 873 Abs. 2 BGB**[27] und bei **Einwilligungserklärungen zur Adoption** (§§ 1746, 1747, 1749, 1750 BGB).[28] Auch die Annahme eines Angebots auf Abschluss eines beurkundungspflichtigen Rechtsgeschäfts (Grundstückskaufvertrag,[29] GmbH-Anteilskauf- bzw. -abtretungsvertrag,[30] Abschluss eines notariellen Schuldanerkenntnis[31] etc.) kann grds. nur wirksam erfolgen, wenn dem Annehmenden die Ausfertigung der Angebotsurkunde vorliegt. Die Übermittlung einer Ausfertigung wird auch dann verlangt, wenn die notarielle Beurkundung die gebotene Schriftform ersetzt (§ 126 Abs. 4 BGB); die Übermittlung einer beglaubigten Abschrift genügt nicht, um den Zugang der Erklärung zu bewirken.[32] Soll eine Ausfertigung nach § 132 Abs. 1 BGB durch den Gerichtsvollzieher zugestellt werden, empfiehlt es sich, dem Gerichtsvollzieher zwei Ausfertigungen zur Verfügung zu stellen.[33]

Das Erfordernis der Zustellung einer Ausfertigung gilt nicht ausnahmslos. Der BGH hat im Grundsatz anerkannt, dass die Parteien eine **Zugangserleichterung** vertraglich vereinbaren können.[34] In diesem Fall reicht der Zugang einer beglaubigten Abschrift, um die Rechtsfolge des § 130 Abs. 1 BGB herbeizuführen. 5

Eine Ausnahme von dem Grundsatz, dass (nur) die Ausfertigung die Urschrift im Rechtsverkehr ersetzt, besteht beim **Europäischen Nachlasszeugnis** (Art. 62 ff. EuErbVO, §§ 33 ff. IntErbRVG). Hier wird die Vermutungs- und Gutglaubenswirkung des Art. 69 Abs. 2 bis 4 EuErbVO ebenso wie die Nachweiswirkung gegenüber den Registern und sonstigen zuständigen Stellen nicht durch eine Ausfertigung, sondern durch beglaubigte Abschriften der Ausstellungsbehörde (Art. 70 EuErbVO) vermittelt, wobei zusätzlich zu beachten ist, dass ebendiese beglaubigten Abschriften im Regelfall nur für einen Zeitraum von sechs Monaten Gültigkeit besitzen, Art. 70 Abs. 3 EuErbVO. Das Nachlassgericht hat ein unrichtiges Nachlasszeugnis auf Antrag zu ändern oder zu widerrufen; der Widerruf hat auch von Amts wegen zu erfolgen (§ 38 IntErbRVG).[35] 6

Durch das Gesetz zur Einführung einer elektronischen Präsenzbeurkundung wird die Notwendigkeit zur Verwendung von Ausfertigungen stark reduziert.[36] § 130 BGB wurde ein Absatz 2 hinzugefügt, wonach bei notariell beurkundeten oder beglaubigten Willenserklärungen der Zugang einer öffentlich beglaubigten Abschrift genügt, damit die Erklärung gegenüber einem Abwesenden wirksam wird. Ebenso wurde in § 873 Abs. 2 und § 875 Abs. 2 BGB auf den Begriff des „Aushändigens" verzichtet, sodass auch dort die Übermittlung einer beglaubigten Abschrift genügt. Hierdurch soll jeweils der elektronische Rechtsverkehr vereinfacht werden, ohne eine Absenkung des Verkehrsschutzes zu bewirken.[37] Hintergrund ist, dass Ausfertigungen (bislang) lediglich analog erteilt werden können, da ihnen eine Unikatsfunktion zukommt, die (derzeit) technisch nicht abgebildet werden kann. Ohne entsprechende gesetzgeberische Anpassungen müssten daher in vielen Fällen analoge Ausfertigungen hergestellt und versendet werden, auch 7

25 BGH v. 28.9.1959 – III ZR 112/58, BGHZ 31, 5, 7 f.; 36, 201; Grüneberg/*Weidlich*, § 2296 BGB Rn 2; MüKo-BGB/*Musielak*, § 2296 BGB Rn 5 m.w.N.; *Waldner*, Beurkundungsrecht, Rn 181; a.A. Soergel/*M. Wolf*, § 2296 BGB Rn 4; kritisch auch Staudinger/*Kanzleiter*, § 2296 BGB Rn 8 m. umf. w.N.

26 BGH v. 28.9.1959 – III ZR 112/58, DNotZ 1960, 260, 261 f.; BGH v. 14.12.1961 – V ZB 20/61, DNotZ 1962, 324, 325; BayObLG v. 3.10.1963 – BReg 1 Z 132/63, DNotZ 1964, 635, 636; OLG Zweibrücken v. 18.4.2005 – 3 W 15/05, ZEV 2005, 483, 484.

27 *Ertl*, DNotZ 1969, 650.

28 *Waldner*, Beurkundungsrecht, Rn 181; *Winkler*, § 47 Rn 9; *Kersten*, ZNotP 2005, 205, 208.

29 BGH v. 7.11.1994 – II ZR 108/93, NJW 1995, 398.

30 Herrler/*Görner*, § 6 Rn 1234.

31 OLG Koblenz v. 18.3.2005 – 3 W 89/05, MittBayNot 2006, 35.

32 OLG Koblenz v. 18.3.2005 – 3 W 89/05, MittBayNot 2006, 35; Staudinger/*Hertel*, vor §§ 127, 128 (BeurkG) Rn 651; dagegen mit beachtlichen Argumenten *Schippers*, DNotZ 2006, 726, 737 ff.

33 *Kersten*, ZNotP 2005, 205, 208; *Winkler*, § 47 Rn 9 (eine Ausfertigung zur Bewirkung der Zustellung, eine Ausfertigung zur Verbindung mit der Zustellungsurkunde); Grziwotz/Sauer/Heinemann/*Heinemann/Grziwotz*, § 47 Rn 14.

34 BGH v. 7.6.1995 – VIII ZR 125/94, NJW 1995, 2217; vgl. dazu *Armbrüster*, NJW 1996, 438, 439; zu § 2296 BGB: Soergel/*M. Wolf*, § 2296 Rn 3.

35 Vgl. hierzu näher *Werner*, DNotZ 2016, 103; *Odersky*, notar 2015, 185; *Böhringer*, NotBZ 2015, 281; *Müller-Lukoschek*, NotBZ 2016, 441.

36 Gesetz zur Einführung einer elektronischen Präsenzbeurkundung, BGBl. 2025 I Nr. 320 v. 10.12.2025, Reg.Begr. BT-Drucks 21/1505, S. 34 f.

37 Gesetz zur Einführung einer elektronischen Präsenzbeurkundung, BGBl. 2025 I Nr. 320 v. 10.12.2025, Reg.Begr. BT-Drucks 21/1505, S. 35.

wenn die betreffende Urkunde originär elektronisch errichtet wurde. Um solche Medienbrüche zu vermeiden und in den meisten Fällen rein elektronische Vorgänge zu ermöglichen, ist der Zugang von Ausfertigungen nur dann zu verlangen, wenn es dem Zweck nach auf deren Unikatsfunktion ankommt. Insbesondere zur Herstellung des guten Glaubens (§ 172 BGB) ist daher auch weiterhin der Zugang einer Ausfertigung erforderlich.

§ 48 Zuständigkeit für die Erteilung der Ausfertigung

[1]Die Ausfertigung erteilt, soweit bundes- oder landesrechtlich nichts anderes bestimmt ist, die Stelle, welche die Urschrift verwahrt. [2]Wird die Urschrift bei einem Gericht verwahrt, so erteilt der Urkundsbeamte der Geschäftsstelle die Ausfertigung.

A. Grundsatz

1 S. 1 BeurkG weist die Zuständigkeit für die Erteilung der Ausfertigung im Grundsatz der Stelle zu, die die Urschrift verwahrt. Dies ist folgerichtig, weil die Ausfertigung aus einer Abschrift der Urschrift besteht (§ 49 Abs. 1 S. 1 BeurkG), auf der der Empfänger einer Ausfertigung vermerkt werden soll (§ 49 Abs. 4 BeurkG). Die die Urschrift verwahrende Stelle ist zur Erteilung der Ausfertigung zuständig, auch wenn sie selbst sonst keine Beurkundungsbefugnis besitzt. Die Zuständigkeit umfasst die Erteilung von **Abschriften** und die Gestattung der **Akteneinsicht** nach § 51 Abs. 3 BeurkG.[1] Zur Zuständigkeit bei Erlöschen des Notaramtes oder bei Änderung des Amtsbereichs s unten Rdn 5 ff.

B. Zuständigkeit des Notars, Notarvertreters, Notariatsverwalters

2 Verwahrende Stelle ist grundsätzlich der Notar, der die Niederschrift aufgenommen und zu seiner Urkundensammlung genommen hat. Die Erteilung von Ausfertigungen gehört zu den Amtsgeschäften des Notars. Der die Urschrift verwahrende Notar ist deshalb persönlich für die Erteilung von Ausfertigungen zuständig. Er hat dafür zu sorgen, dass im Rahmen eines ordnungsgemäßen Geschäftsbetriebes jederzeit eine Ausfertigung erteilt werden kann. Nach § 51 Abs. 4 BNotO bleibt der Notar im Fall der Amtssitzverlegung innerhalb derselben Stadtgemeinde auch dann zuständig, wenn sich dadurch der Amtsbereich ändert.[2]

3 Entfernt sich der Notar von seinem Amtssitz oder ist er an der Ausübung seiner Amtsgeschäfte verhindert, hat er für seine Vertretung zu sorgen (§§ 38, 39 BNotO). Der amtlich bestellte Vertreter hat die gleichen Rechte und Funktionen wie der Notar. Er hat seiner Unterschrift einen ihn als Vertreter kennzeichnenden Zusatz beizufügen und Siegel und Stempel des Notars zu gebrauchen (§ 41 Abs. 1 S. 2 BNotO). Um einen Zugang zu den Akten auch in dem Fall zu gewährleisten, in dem trotz der Verhinderung des Notars kein Notarvertreter bestellt ist, gestattet § 45 Abs. 1 BNotO die Inverwahrgabe der Akten für die Dauer der Abwesenheit oder Verhinderung. Der Notar, der die Akten verwahrt, hat anstelle des abwesenden oder verhinderten Notars die Ausfertigungen mit seiner Unterschrift und seinem Siegel zu erteilen (§ 45 Abs. 2 BNotO). In dem Ausfertigungsvermerk soll auf die Abwesenheit oder Verhinderung des Notars hingewiesen werden (§ 45 Abs. 4 BNotO). Eine weitere mögliche Verwahrstelle ist die Notarkammer, in deren Bezirk der Notar seinen Amtssitz hat (vgl. auch Rdn 5 ff.).

4 Ist das Amt des Notars erloschen, ist sein Amtssitz verlegt worden oder übt er im Falle des § 8 Abs. 1 S. 2 BNotO sein Amt nicht persönlich aus, kann ein Notariatsverwalter bestellt werden, der die Akten in Ver-

1 *Winkler*, § 48 Rn 6; Frenz/Miermeister/*Limmer*, § 48 BeurkG Rn 2; *Lerch*, § 48 Rn 4.

2 Vgl. hierzu Reg.Begr. BT-Drucks 18/10607, 60.

wahrung nimmt (§ 56 BNotO). Der Notariatsverwalter ist im gleichen Umfange wie der Notar berechtigt, Ausfertigungen zu erteilen (§ 58 BNotO).

C. Zuständigkeit der Notarkammer

Durch das Gesetz zur Neuordnung der Aufbewahrung von Notariatsunterlagen usw. vom 1.6.2017[3] wurde die Zuständigkeit zur Aufbewahrung, wenn das Amt eines Notars erloschen ist oder sich aufgrund der Verlegung seines Amtssitzes sein Amtsbereich ändert, neu geregelt. Die einschlägigen Regelungen der BNotO wurden dahin geändert, dass an die Stelle des Amtsgerichts grds. die Notarkammer tritt, in deren Bezirk der Notar seinen Amtssitz hat (s. § 51 BNotO).[4] Kleinere Änderungen erfolgten dann noch durch das Gesetz zur Modernisierung des notariellen Berufsrechts und zur Änderung weiterer Vorschriften (NotBRMoG),[5] insb. die Ersetzung des Wortes „Verwahrung“ durch „Aufbewahrung“. Von der Regelung unberührt bleibt der allgemeine Grundsatz, wonach sich die Notarkammern für die ordnungsgemäße Erfüllung ihrer Aufgaben im Rahmen der Selbstverwaltung auch externer Dienstleisterinnen und Dienstleister bedienen dürfen. 5

Die Landesjustizverwaltung kann die Zuständigkeit für die Verwahrung zudem auch einer anderen Notarkammer oder einem Notar übertragen.[6] § 35 Abs. 1 und § 45 Abs. 2, 4 und 5 BNotO gelten entsprechend. Mehrere Notarkammern können sich zur gemeinsamen Aufbewahrung von Akten und Verzeichnissen zusammenschließen; die eigene Verfügungsgewalt der Notarkammer muss gewahrt bleiben. Die gemeinsame Aufbewahrung ist der Landesjustizverwaltung mitzuteilen. 6

Die gesetzliche Neuregelung der Urkundenverwahrung führt damit zu einer Zuständigkeitsverlagerung von den Amtsgerichten zu den Notarkammern. Erstmals positivrechtlich normiert wurde in § 51a BNotO im Übrigen auch die ausdrückliche **Pflicht** des aus dem Amt scheidenden oder den Amtssitz verlegenden Notars **zur Ablieferung der Akten und Verzeichnisse**; ebenfalls ist ebenda auch das diesbezügliche Verfahren geregelt. Dies ist fraglos sinnvoll, weil es sich bei der Ablieferung der Akten um eine nachwirkende Amtspflicht handelt, so dass eine dienstrechtliche Regelung – etwa in der Dienstordnung für Notare – keine ausreichende Grundlage böte, wenn der Notar im relevanten Zeitpunkt nicht mehr im Amt ist. Wird ein Notar nach dem Erlöschen seines Amtes oder der Verlegung seines Amtssitzes erneut zum Notar bestellt und ihm als Amtssitz ein Ort innerhalb seines früheren Amtsbereichs zugewiesen, kann die Landesjustizverwaltung ihm die Zuständigkeit für die Verwahrung wieder übertragen. Die Akten, Verzeichnisse, amtlich übergebenen Urkunden und Wertgegenstände sind dem Notar von der Stelle zu übergeben, in deren Verwahrung sie sich zuletzt befunden haben, § 51 Abs. 3 BNotO.

Die Abgabe von Akten und Verzeichnissen, deren Aufbewahrungsfrist noch nicht abgelaufen ist, an ein öffentliches Archiv regelt nach § 51 Abs. 5 BNotO die Landesjustizverwaltung; hierdurch wird ein rein tatsächliches Aufbewahrungsverhältnis begründet. Sind Urkunden nach § 51 Abs. 5 BNotO an das **Staatsarchiv** abgegeben worden, lässt dies die über die Aufbewahrung hinausgehenden Zuständigkeiten der die Akten und Verzeichnisse verwahrenden Stelle unberührt. Die Einsicht in notarielle Urkunden und Verzeichnisse, die nach Satz 1 abgegeben wurden, bestimmt sich ausschließlich nach §§ 18a bis 18d BNotO sowie nach § 51 Abs. 3 BeurkG. 7

3 BGBl I 2017, 1396.

4 Dies ist eine bewusste Abweichung gegenüber der früheren Rechtslage. Diese Erweiterung des Anwendungsbereichs erschien dem Gesetzgeber angesichts der in einigen Bundesländern zu erkennenden Entwicklung zu einer Zusammenlegung von Amtsgerichtsbezirken angezeigt, die zum Teil zu sehr großen Amtsgerichtsbezirken führt. Würde dem Notar innerhalb eines besonders großen Amtsgerichtsbezirks ein anderer Amtssitz zugewiesen und dürften die Akten und Verzeichnisse behalten werden, wäre dies mit den Bedürfnissen einer geordneten Rechtspflege, insbesondere mit dem Bedürfnis nach Amtskontinuität bei einer ortsnahen Versorgung der Bevölkerung mit notariellen Dienstleistungen, nicht vereinbar, vgl. BT-Drucks 18/10607, S. 60.

5 BGBl I S. 2154 (Nr. 38); Geltung ab 1.8.2021.

6 Eine solche abweichende Bestimmung wird insbesondere dann zu treffen sein, wenn im Rahmen eines Amtsgeschäfts nach § 23 BNotO übernommene Gelder, Wertpapiere und Kostbarkeiten als amtlich übergebene Wertgegenstände zu verwahren sind. Wenn sich zeigt, dass im Zusammenhang mit Wertgegenständen ein Amtsgeschäft nach § 23 BNotO fortzuführen ist und kein Notariatsverwalter gemäß § 58 Absatz 2 BNotO bestellt wird, ist in der Regel die Übertragung der Zuständigkeit auf einen Notar angezeigt; vgl. BT-Drucks 18/10607, S. 60.

8 Soweit die notariellen Urkunden seit dem 1.1.2022 durch die Notarkammern verwahrt werden,[7] erteilt auch „die Notarkammer" Ausfertigungen und Abschriften (siehe auch die Verweisungen in §§ 51 Abs. 1 S. 3, 55 Abs. 1 S. 3 BNotO). Die Notarkammer ist als Behörde im Sinne des § 797 Abs. 2 S. 2 ZPO auch befugt, eine Klausel zu erteilen. Zur Bestimmung der funktionellen Zuständigkeit für die Erteilung von Ausfertigungen, vollstreckbaren Ausfertigungen und beglaubigten Abschriften der von der Notarkammer verwahrten Urkunden ist § 70 Abs. 1 BNotO heranzuziehen. Hierfür zuständig sind neben dem Präsidenten der Notarkammer (§ 70 Abs. 1 S. 1 BNotO) diejenigen Mitglieder des Vorstandes oder Mitarbeiter der Notarkammer, „die hierzu vom Präsidenten durch eine dauerhaft aufzubewahrende schriftliche oder elektronische Verfügung bestimmt worden sind". Für die Entscheidung über die Erteilung einer weiteren vollstreckbaren Ausfertigung nach § 797 Abs. 3 S. 2 ZPO, also die Entscheidung über Einwendungen, welche die Zulässigkeit der Vollstreckungsklausel und die Zulässigkeit der Erteilung einer weiteren vollstreckbaren Ausfertigung betreffen, bleibt das Verfahren unverändert so, wie es nach der bis zum 31.3.2013 geltenden Fassung der Vorschrift für jedwede Entscheidung über die Erteilung einer weiteren vollstreckbaren Ausfertigung einer notariellen Urkunde galt. Diese war bei dem Notar zu beantragen, der von Amts wegen die Entscheidung des Amtsgerichts (es besteht nach § 20 Abs. 1 Nr. 13 RPflG eine Rechtspflegerzuständigkeit) einholte und nach einer anweisenden Entscheidung die Klausel zu erteilen hatte.[8] Verwahrt die Notarkammer die Urschrift, wird der Antrag dort zu stellen sein und es ihr obliegen, dem Amtsgericht die ihm die Entscheidung ermöglichenden Unterlagen zur Verfügung zu stellen.

D. Zuständigkeit der Amtsgerichte

9 S. 2 stellt klar, dass es bei der funktionellen Zuständigkeit des Urkundsbeamten der Geschäftsstelle bezüglich der beim Amtsgericht verwahrten Urschriften gerichtlicher und notarieller Urkunden verbleibt. Im Rahmen dieser Vorschrift ist das Amtsgericht sowohl zuständig für die Ausfertigungserteilung bei Urschriften, die per se bei Gericht verwahrt werden (Testamente, von der amtlichen Verwahrung nicht ausgeschlossene Erbverträge) wie auch notarielle Urkunden, soweit diese bei dem Gericht verwahrt werden, etwa nach § 45 Abs. 1 BNotO.

§ 49 Form der Ausfertigung

(1) Die Ausfertigung besteht, jeweils mit einem Ausfertigungsvermerk versehen, in

1. einer Abschrift der Urschrift, der elektronischen Urschrift oder der elektronischen Fassung der Urschrift oder

2. einem Ausdruck der elektronischen Urschrift oder der elektronischen Fassung der Urschrift.

(2) [1]Der Ausfertigungsvermerk soll den Tag und den Ort der Erteilung angeben, die Person bezeichnen, der die Ausfertigung erteilt wird, und die Übereinstimmung der Ausfertigung mit der Urschrift, der elektronischen Urschrift oder der elektronischen Fassung der Urschrift bestätigen. [2]Er muß unterschrieben und mit dem Siegel der erteilenden Stelle versehen sein. [3]Besteht die Ausfertigung in einer Abschrift oder einem Ausdruck der elektronischen Urschrift oder der elektronischen Fassung der Urschrift, soll das Ergebnis der Signaturprüfung dokumentiert werden. [4]§ 39a Absatz 3 Satz 2 gilt entsprechend.

(3) Werden Abschriften von Urkunden mit der Ausfertigung durch Schnur und Prägesiegel verbunden oder befinden sie sich mit dieser auf demselben Blatt, so genügt für die Beglaubigung dieser Abschriften der Ausfertigungsvermerk; dabei soll entsprechend § 42 Abs. 3 und, wenn die Urkunden,

7 Zuvor handelte es sich bei der Verwahrung der Unterlagen ausgeschiedener Notare um ein gemischtes System. Grundsätzlich verwahrte zwar das Amtsgericht die Unterlagen auf Kosten der Allgemeinheit, jedoch konnte die Landesjustizverwaltung ihre Verwahrung (gegebenenfalls auf Antrag) auch einem Notar ohne Erstattung der ihm entstehenden Kosten übertragen. In der Praxis geschah dies vor allem im hauptberuflichen Notariat regelmäßig. Da staatliche Aufgaben als Selbstverwaltungsaufgaben übertragen werden können, sollte diese Vermischung aufgelöst und den Notarkammern die Verwahrung als Selbstverwaltungsaufgabe übertragen werden.

8 Zöller/*Geimer*, § 797 ZPO Rn 10; vgl. LG Leipzig v. 20.4.2011 – 05 T 240/11 (n.v.).

von denen die Abschriften hergestellt sind, nicht zusammen mit der Urschrift der ausgefertigten Urkunde verwahrt werden, auch entsprechend § 42 Abs. 1, 2 verfahren werden.

(4) Im Urkundenverzeichnis soll vermerkt werden, wem und an welchem Tage eine Ausfertigung erteilt worden ist.

(5) [1]Die Ausfertigung kann auf Antrag auch auszugsweise erteilt werden. [2]§ 42 Abs. 3 ist entsprechend anzuwenden.

Literatur *Berchtold*, Siegel ist gleich Siegel – oder etwa nicht?, BWNotZ 2019, 162; *Ertl*, Wirksamkeit und Widerruf der Eintragungsbewilligung, DNotZ 1967, 359; *Löffler*, Die NotAktVV, notar 2020, 362; *Kanzleiter*, Die nachträgliche Berichtigung notarieller Urkunden, DNotZ 1990, 478 ff.; *Kersten*, Ausfertigungen und Abschriften von notariellen Urkunden, ZNotP 2005, 205.; *ders.*, Urkunden- und Verwahrungsverzeichnis nach der Verordnung über die Führung notarieller Akten und Verzeichnisse – NotAktVV – Teil 1, ZNotP 2021, 153; Teil 2, ZNotP 2021, 197; *Kienzle*, Die Videobeurkundung nach dem, DNotZ 2021, 590; *Omlor/Blöcher*, DiRuG-Neuerungen im Beurkundungs- und Registerrecht, DStR 2021, 2352; *Stelmaszcyk/Kienzle*, Die Onlinegründung der GmbH nach dem DiRuG, GmbHR 2021, 849.

A. Allgemeines

1 Ausfertigungen können von Urschriften errichtet werden, also von Niederschriften nach den §§ 8 ff. oder 36 f. BeurkG. § 49 BeurkG regelt die äußere Form der Ausfertigung. Hiernach ist die Ausfertigung eine Abschrift der Urschrift, die sich von anderen Abschriften durch den Ausfertigungsvermerk unterscheidet. Zum 1.1.2022 wurde § 49 BeurkG umfassend umgestaltet und dem Umstand Rechnung getragen, dass neben die papierenen Urschrift eine gleichwertige elektronische Fassung der Urschrift getreten ist[1] und dass die Ausfertigungen nicht mehr auf der Urschrift, sondern im Urkundenverzeichnis vermerkt werden.[2] Zum 1.8.2022[3] wurde die Vorschrift dann noch einmal in Abs. 1 und Abs. 2 S. 3 und 4 ergänzt; hiermit wurde dem Umstand Rechnung getragen, dass im Rahmen der Online/Video-Beurkundung nur noch eine einzige originäre elektronische Niederschrift existiert.[4] Selbiges gilt durch das Gesetz zur Einführung einer elektronischen Präsenzbeurkundung für Urkunden, die in dem dortigen Verfahren errichtet werden, ohne dass hierfür eine erneute Anpassung des Gesetzestextes erforderlich ist. Die Ausfertigung besteht damit, jeweils mit einem Ausfertigungsvermerk versehen, in einer Abschrift der (papierenen) Urschrift oder der elektronischen Fassung der Urschrift aus der elektronischen Urkundensammlung oder einem Ausdruck der elektronischen Fassung der Urschrift.[5]

Für die Erstellung des Vermerks gilt § 39 BeurkG. Für die (herkömmliche) Ausfertigung können Abschriften im eigentlichen Sinne verwendet werden, aber auch Durchschriften, Abdrucke, Ablichtungen usw. (Definition: § 39 BeurkG). Auch für die Ausfertigung sind im Übrigen die Anforderungen des § 3 NotAktVV und § 12 DONot zu beachten (vgl. dort). Die einzelnen Blätter sind nach § 44 BeurkG und § 14 DONot zu heften. Die früher in § 154 Abs. 3 S. 2 KostO a.F. geregelte Pflicht zur Mitausfertigung der

1 Gesetz v. 1.6.2017 (BGBl I S 1396, geänd. durch G v. 30.11.2019, BGBl I S 1942); § 49 Abs. 1 wurde neu gefasst, Abs. 2 Satz 1 geänd., Satz 3 angefügt, Abs. 4 geänd.; Abs. 1 erneut neu gefasst, Abs. 2 S. 3 geänd. m.W.v. 1.1.2022 durch Gesetz v. 25.6.2021 (BGBl I S 2154).

2 Diese Änderungen sollten nach Art. 11 Abs. 5 Nr. 2 am 1.1.2020 in Kraft treten, der Zeitpunkt wurde dann aber auf den 1.1.2022 verschoben, so dass die Vorschriften zum elektronischen Urkundenarchiv – mit Ausnahme der elektronischen Urkundensammlungen, die erst ab 1.7.2022 galten – zum 1.1.2022 in Kraft traten (BGBl I 2019, S. 1942).

3 Eingefügt durch das Gesetz zur Umsetzung der Digitalisierungsrichtlinie (DiRUG) v. 5.7.2021, BGBl 2021 I Nr. 52. Das DiRUG dient der Umsetzung der Richtlinie (EU) 2019/1151 des Europäischen Parlaments und des Rates vom 20.6.2019 zur Änderung der Richtlinie (EU) 2017/1132 im Hinblick auf den Einsatz digitaler Werkzeuge und Verfahren im Gesellschaftsrecht (ABl L 186 vom 11.7.2019, S 80).

4 Reg.Begr. BT-Drucks 19/28177 S 151; *Omlor/Blöcher*, DStR 2021, 2352; *Stelmaszcyk/Kienzle*, GmbHR 2021, 849.

5 Hierzu *Kienzle*, DNotZ 2021, 590.

Kostenrechnung wurde nicht in die Nachfolgeregelung § 19 Abs. 6 GNotKG übernommen, so dass diese Verpflichtung seit Inkrafttreten des GNotKG entfallen ist.[6]

2 Die Struktur des § 49 BeurkG folgt weitgehend dem Vorbild des früheren bayerischen Landesrechts.[7] Die Vorschrift gilt nach § 73 Abs. 1 BeurkG auch für Urkunden, die vor dem Inkrafttreten des BeurkG am 1.1.1970 errichtet wurden; dabei ist es unerheblich, ob die seinerzeit beurkundende Stelle auch nach geltendem Recht für Beurkundungen zuständig ist. Eine vor dem Inkrafttreten des BeurkG erteilte Ausfertigung einer Niederschrift ist nach § 73 Abs. 2 BeurkG als von Anfang an wirksam anzusehen, wenn sie den Vorschriften des BeurkG genügt.

B. Erstellen der Ausfertigung

I. Grundlage der Ausfertigung

3 Grundlage der Ausfertigung ist eine Abschrift (bei einer papierenen Urschrift)[8] oder ein Ausdruck (bei der elektronischen Urschrift oder der elektronischen Fassung) der Urschrift. Die für die Ausfertigung verwendete Abschrift muss mit der Urschrift wörtlich übereinstimmen. Die Ausfertigungen sind so herzustellen, dass sie gut lesbar, dauerhaft und fälschungssicher sind (§ 3 Abs. 1 NotAktVV), insbesondere darf im Schriftbild der Urschrift einer Urkunde nichts unleserlich gemacht werden (§ 3 Abs. 2 NotAktVV). Auf jeder Ausfertigung einer Urkunde sind die Urkundenverzeichnisnummer und die Jahreszahl anzugeben (§ 3 Abs. 3 NotAktVV).[9] Den Notar trifft entsprechend eine Pflicht zur Überprüfung des inhaltlichen Gleichlauts. Im Regelfall genügt er dieser Pflicht, indem er im Rahmen seiner Organisationsverantwortung sicherstellt und überwacht, dass ihm ordnungsgemäß vorbereitete Ausfertigungen zur Unterschrift vorgelegt werden.[10] Dieser Grundsatz findet nun auch seinen legislativen Niederschlag in § 20 NotAktVV, wonach u.a. die Angaben zu den Ausfertigungen, unabhängig davon, wann diese erteilt werden, durch den Notar persönlich bestätigt werden müssen. Wie gesehen lässt Abs. 1 den „Ausdruck der elektronischen Fassung der Urschrift" als Grundlage für die Erstellung der Ausfertigung genügen. Gem. § 45 Abs. 2 BeurkG steht die „elektronische Fassung der Urschrift" der Urschrift in Papierform gleich (vgl. §§ 45–45a BeurkG Rdn 5). Es handelt sich damit um eine alternative Herstellungsform für die Ausfertigung der Urkunden.[11]

4 **Änderungen,** die der Notar vor Abschluss der Niederschrift vorgenommen hat (§ 44a Abs. 1 BeurkG), brauchen aus der Abschrift nicht ersichtlich zu sein. § 42 Abs. 2 BeurkG gilt hier nicht, weil die eigentliche Niederschrift, von der der Notar Ausfertigungen und beglaubigte Abschriften fertigt, keine dem Notar vorgelegte Urkunde i.S.d. Bestimmung ist, sondern sich in der Verwahrung des Notars befindet.[12] Damit besteht insbesondere die Möglichkeit, „Reinschrift"[13] direkt durch einen Vorgang der Datenverarbeitung zu generieren, indem das Notarsiegel nur dem Ort nach bezeichnet („Siegel", „locus sigilli", „loco sigilli" oder „l. s.")[14] und anstelle der bildlichen Wiedergabe der Unterschriften des Anmeldenden und des Notars neben ihren gedruckten Namen jeweils ein „gezeichnet" bzw. „gez." wiederzugeben; diese Bestandteile müssen jedoch zwingend vorhanden sein, weil nur dadurch die Reinschrift die Original-Papierurkunde vollständig widerspiegelt.[15] Es bedarf damit einer inhaltlichen, aber nicht zwingend auch einer bildlichen Übereinstim-

6 Reg.Begr. BT-Drucks 17/11471, 160 (unter Hinweis auf datenschutzrechtliche Bedenken und Verwaltungsaufwand); Grziwotz/Sauer/Heinemann/*Heinemann/Grziwotz*, § 49 Rn 22; s.a. Korintenberg/*Tiedtke*, § 19 GNotKG Rn 61: Im Hinblick auf die Verschwiegenheitspflicht des Notars sei davon abzuraten, die Praxis der Aufstellung von Kostenberechnungen unter Ausfertigungen und Beglaubigungsvermerken unbesehen fortzuführen.

7 Vgl. BT-Drucks V/3282, 40.

8 Gleichgültig ist, ob zur Herstellung der Ausfertigung eine Abschrift, eine Fotokopie oder eine sonstige Vervielfältigung verwendet wird, da das BeurkG jede Vervielfältigung als „Abschrift" bezeichnet (§ 39 BeurkG, vgl. § 12 DONot, § 3 Abs. 1 NotAktVV); vgl. BGH v. 11.11.2010 – V ZB 143/10, DNotZ 2011, 544.

9 Hier treten keine wesentlichen Änderungen für die Praxis in Kraft, da die §§ 28, 29 DONot a.F. inhaltlich überwiegend übernommen wurden: *Püls/Gerlach*, Anm. zu § 3 NotAktVV.

10 Vgl. Grziwotz/Sauer/Heinemann/*Heinemann/Grziwotz*, § 49 Rn 7.

11 *Winkler*, § 49 Rn 2.

12 Vgl. *Winkler*, § 49 Rn 8.

13 *Kanzleiter*, DNotZ 1990, 478, 484; Frenz/Miermeister/*Limmer*, § 49 BeurkG Rn 6; Grziwotz/Sauer/Heinemann/*Heinemann/Grziwotz*, § 49 Rn 8.

14 Gezeichnet, kurz „gez." samt Namen; vgl. MüKo HGB/*Krafka*, § 12 HGB Rn 14, 17–20 m.w.N.

15 Vgl. OLG Brandenburg v. 30.6.2021 – 7 W 75/20, NotBZ 2022, 40.

mung der Ausfertigung mit der Urschrift.[16] Eine einmal vorgenommene **Berichtigung der Urschrift** ändert die ursprüngliche Urkunde mit Rückwirkung.[17] Auch bei nachträglicher Berichtigung offensichtlicher Unrichtigkeiten nach § 44a Abs. 2 S. 1 BeurkG kann also in die Ausfertigung (und in die beglaubigte Abschrift) sofort der berichtigte Text aufgenommen werden.[18] Zu den Einzelheiten s. die Kommentierung zu § 44a BeurkG. Zu den Besonderheiten der Nachtragsbeurkundung s. die Kommentierung zu § 44b BeurkG.

Ist die Ausfertigung selbst fehlerhaft (z.B. weil eine Seite fehlt), muss sie durch eine berichtigte Fassung ersetzt werden.[19] Gleiches gilt, wenn die Ausfertigung wegen der Berichtigung der Urschrift unrichtig geworden ist.[20] Die Pflicht zur Berichtigung folgt aus der Pflicht zur Erteilung mit der Urschrift übereinstimmender Ausfertigungen. § 44a BeurkG findet keine Anwendung, weil der Ausfertigungsvermerk zwar eine öffentliche Urkunde, aber keine Niederschrift ist. Jeder, der eine falsche Ausfertigung besitzt, hat sie dem Notar im Austausch gegen die berichtigte Ausfertigung herauszugeben.[21] Ist die Ausfertigung falsch, weil die Urkunde nach § 44a Abs. 2 BeurkG berichtigt wurde, reicht es aus, den Beteiligten eine beglaubigte Abschrift des Berichtigungsvermerks zu erteilen.[22] 5

Die Ausfertigung soll mit einer **Überschrift** versehen werden, in der sie als solche bezeichnet wird. Zum Teil ist es üblich, mehrere Ausfertigungen zu nummerieren und entsprechend zu überschreiben („1., 2., 3. Ausfertigung"), und zwar auch dann, wenn derselbe Antragsteller die Ausfertigungen erhält.[23] Nach § 15 NotAktVV ist zudem im Urkundenverzeichnis zu vermerken, wem und an welchem Tag die Ausfertigung erteilt worden ist. Handelt es sich bei der Ausfertigung um eine vollstreckbare Ausfertigung oder eine weitere vollstreckbare Ausfertigung, so ist dies ebenfalls zu vermerken. Anders als zuvor darf der Mitarbeiter den Vermerk anlegen; im Unterschied zu Abs. 4 (siehe hierzu Rdn 16) verlangt § 20 Abs. 1 Nr. 2 NotAktVV ausdrücklich die persönliche Bestätigung des Notars.[24] 6

II. Ausfertigungsvermerk

Die Ausfertigung wird mit dem Ausfertigungsvermerk abgeschlossen. Erfolgt eine Ausfertigung mittels Ausdrucks der elektronischen Fassung der Urschrift (Abs. 1, siehe hierzu Rdn 3), ist dieser Ausdruck mit dem Ausfertigungsvermerk zu versehen. Der Vermerk muss zu seiner Wirksamkeit nach § 40 Abs. 2 S. 2 BeurkG zwingend unterschrieben[25] und mit dem Siegel (§ 39 BeurkG) des Notars bzw. der sonstigen erteilenden Stelle versehen werden.[26] Ist die Ausfertigung, weil sie aus mehreren Blättern besteht, gem. § 44 BeurkG mit Schnur und Siegel zu verbinden, genügt das zur Befestigung des Heftfadens verwendete Prägesiegel. Ein zusätzliches Siegel für den Ausfertigungsvermerk ist in diesem Falle nicht erforderlich. In Abs. 2 S. 1 wurde im gesetzgeberischen Verfahren offensichtlich übersehen, dass der Ausfertigungsvermerk nicht nur die Übereinstimmung mit der Urschrift und der elektronischen Fassung der Urschrift bestätigen soll, sondern auch die Übereinstimmung mit der elektronischen Urschrift, sofern diese verwendet wurde. Dass es sich um ein Redaktionsversehen handelt, verdeutlicht Abs. 2 S. 3, wonach zusätzliche Anforderungen einzuhalten sind, wenn es sich bei der Ausfertigung um einen Ausdruck „der elektronischen Urschrift oder der elektronischen Fassung der Urschrift" handelt. 7

16 BT-Drucks 19/26828, S. 216.
17 *Kanzleiter*, DNotZ 1990, 478, 484.
18 *Winkler*, § 49 Rn 8; Frenz/Miermeister/*Limmer*, § 49 BeurkG Rn 7; Staudinger/*Hertel*, vor §§ 127a, 128 (BeurkG) Rn 644; Grziwotz/Sauer/Heinemann/*Heinemann/Grziwotz*, § 49 Rn 8.
19 Frenz/Miermeister/*Limmer*, § 49 BeurkG Rn 8 (fehlerhafte Abschriften kann der Notar berichtigen); vgl. auch BGH v. 14.4.2005 – V ZB 4/05, DNotZ 2005, 845, 846.
20 *Kanzleiter*, DNotZ 1990, 478, 482.
21 *Kanzleiter*, DNotZ 1990, 478, 482; vgl. auch Grziwotz/Sauer/Heinemann/*Heinemann/Grziwotz*, § 49 Rn 9.
22 Grziwotz/Sauer/Heinemann/*Heinemann/Grziwotz*, § 49 Rn 9.
23 Siehe *Winkler*, § 49 Rn 23; *Höfer/Huhn*, S. 306; *Jansen*, § 49 Rn 4; *Lerch*, § 49 Rn 3; gegen diese Vorgehensweise Grziwotz/Sauer/Heinemann/*Heinemann/Grziwotz*, § 49 Rn 10.
24 *Püls/Gerlach*, Anm. zu § 15 NotAktVV; vgl. auch *Genske*, notar 2021, 166; *Löffler*, notar 2020, 362.
25 Ausfertigungen von Eigenerklärungen von Gerichten, wie etwa dem Erbschein oder Testamentsvollstreckerzeugnis, unterliegen nicht dem Anwendungsbereich des BeurkG (§ 1 BeurkG), so dass nach h.M. § 49 Abs. 2 S. 2 BeurkG auch nicht einschlägig ist (OLG München v. 4.7.2019 – 34 Wx 386/18, RNotZ 2019, 542; BeckOGK/*Forschner*, Stand: 1.8.2025, § 1 BeurkG Rn 25; a.A. OLG Nürnberg v. 26.7.2018, 12 W 1178/18, Rpfleger 2018, 621.
26 Zu den Folgen der Verwendung eines falschen Siegels durch einen Urkundenbeamten im Jugendamt DIJuF-Rechtsgutachten, JAmt 2019, 134; zu den maschinell mittels EDV aufgedruckten Siegeln OLG Nürnberg v. 26.7.2019 – 12 W 1178/18, MittBayNot 2019, 445; OLG München v. 4.7.2019 – 34 Wx 386/18, RNotZ 2019, 542; *Berchtold*, BWNotZ 2019, 162.

8 Besteht die Ausfertigung in einer Abschrift oder einem Ausdruck der elektronischen Fassung der Urschrift, soll zusätzlich auch noch das **Ergebnis der Signaturprüfung** dokumentiert werden.[27] Wie bei der Beglaubigung der elektronischen Abschrift eines elektronischen Dokuments nach § 39a Abs. 3 BeurkG oder des Ausdrucks oder der Abschrift eines elektronischen Dokuments nach § 42 Abs. 4 BeurkG soll aufgrund des Verweises in Abs. 2 S. 4 dabei auch hier die Dokumentation der Prüfung der Signatur des Notars genügen, wenn das elektronische Dokument neben der Signatur des Notars mit weiteren Signaturen versehen ist. Dies betrifft ausschließlich in der elektronischen Urkundensammlung verwahrte elektronische Niederschriften. Elektronische Fassungen einer Urschrift sind dagegen ohnehin ausschließlich mit der Signatur des Notars versehen (vgl. § 56 Abs. 1 S. 4 BeurkG).[28] § 39a Abs. 3 S. 2 BeurkG gilt entsprechend; vgl. im Übrigen die Kommentierung zu § 39a BeurkG.

9 Neben dieser Mussvorschrift sind weitere Sollvorschriften nach Abs. 2 S. 1 zu beachten, deren Nichteinhaltung allerdings nicht zur Unwirksamkeit des Vermerks führt.[29] Der Ausfertigungsvermerk soll zum einen den Tag und den Ort der Erteilung angeben sowie die Person bezeichnen, der die Ausfertigung erteilt wird (zur Ausfertigung für den Bevollmächtigten vgl. § 51 BeurkG Rdn 23). Diese Person erwirbt das **Eigentum an der Ausfertigung.**[30] Der Vermerk soll zum anderen die Übereinstimmung mit der Urschrift bestätigen. In S. 3 des Abs. 2 ist wie erörtert ergänzend vermerkt, dass die Ausfertigung, die in einem Ausdruck der elektronischen Fassung der Urschrift besteht, mit einer Dokumentation des Ergebnisses der Signaturprüfung zu versehen ist (Rdn 8).

III. Anlagen, Beifügung von Abschriften

10 Anlagen, die Teil der Niederschrift sind (§§ 9 Abs. 1 S. 2, 14, 37 Abs. 1 S. 2 BeurkG), sind als solche mitauszufertigen.[31]

11 Abschriften können mit einer Ausfertigung in der Weise verbunden werden, dass zur Feststellung der wörtlichen Übereinstimmung mit der Vorlage der einheitliche Ausfertigungsvermerk genügt; es ist also hierfür kein besonderer Beglaubigungsvermerk erforderlich (Abs. 3, vgl. auch § 42 Abs. 4 BeurkG).[32] Zulässig ist diese Verfahrensweise jedoch nur dann, wenn entweder Abschrift und Ausfertigung auf demselben Blatt stehen oder Ausfertigung und Abschrift durch Schnur und Prägesiegel miteinander verbunden sind (z.B. Verbindung der Abschrift des Verschmelzungsvertrages mit der Ausfertigung der Verschmelzungsbeschlüsse[33]). Der zwingende Charakter dieser Voraussetzungen folgt aus der Natur der Sache: Nur durch die Verbindung mit Schnur und Siegel entsteht aus Ausfertigung und Anlagen das einheitliche Dokument, das die Zusammenfassung in einem Vermerk rechtfertigt.

12 Der Anwendungsbereich von Abs. 3 ist sehr weit. Es können nicht nur solche Urkunden in die Ausfertigung einbezogen werden, die bei der Urschrift aufbewahrt werden (z.B. Vollmachten, Genehmigungserklärungen, Erbscheine), sondern auch jede andere Abschrift, sofern nur ein sachlicher Zusammenhang besteht.[34] Die für die Beglaubigung von Abschriften geltenden Regelungen des § 42 BeurkG sind bei der Mitausfertigung beigefügter Abschriften nicht generell zu beachten, sondern nur in den in Abs. 3 Hs. 2 genannten Fällen. Wird nur eine auszugsweise Abschrift beigefügt, soll der Notar in dem Ausfertigungsvermerk feststellen, dass die beigefügte Abschrift nur einen Auszug darstellt und dass die Vorlage über den betreffenden Gegenstand keine weiteren Bestimmungen enthält.[35]

13 Handelt es sich um Urkunden, die nicht bei der Hauptschrift[36] verwahrt werden, dann soll der Ausfertigungsvermerk die nach § 42 Abs. 1 und 2 BeurkG erforderlichen Angaben enthalten, also jedenfalls

27 Zur Kritik hieran *Winkler*, § 49 Rn 18 und *Löffler*, ZNotP 2019, 359.
28 Reg.Begr. BT-Drucks 19/28177 S. 125.
29 *Winkler*, § 49 Rn 16, 35; Grziwotz/Sauer/Heinemann/*Heinemann/Grziwotz*, § 49 Rn 12, 31; vgl. auch OLG Köln v. 9.7.2001 – 2 Wx 42/01, Rpfleger 2002, 197; OLG München v. 10.9.2009 – 34 Wx 44/09, FGPrax 2009, 260, 261.
30 OLG Frankfurt v. 14.3.2008 – 19 U 205/07, DNotZ 2009, 111 (kein § 952 BGB); OLG München. 25.1.1954 – 7 W 1949/53, DNotZ 1954, 552; *Ertl*, DNotZ 1967, 359; *Lerch*, § 49 Rn 4.
31 *Winkler*, § 49 Rn 10; Frenz/Miermeister/*Limmer*, § 49 BeurkG Rn 11; *Lerch*, § 49 Rn 7; *Kersten*, ZNotP 2005, 205, 209; Grziwotz/Sauer/Heinemann/*Heinemann/Grziwotz*, § 49 Rn 18.
32 Hierzu Reg.Begr. 18/10607, 88.
33 OLG Karlsruhe v. 2.3.1998 – 11 Wx 6/98, NZG 1998, 433, 434.
34 *Winkler*, § 49 Rn 10, 28 ff.; Grziwotz/Sauer/Heinemann/*Heinemann/Grziwotz*, § 49 Rn 20.
35 *Winkler*, § 49 Rn 28.
36 Zu dem Begriff *Boczek/Lührs*, JuS 2020, 916.

die Angabe, dass es sich um die Abschrift einer Urschrift, Ausfertigung oder einer beglaubigten oder einfachen Abschrift handelt. Ferner sind Lücken, Durchstreichungen, Einschaltungen, unleserliche Wörter und dergleichen ausdrücklich festzustellen, sofern der Mangel nicht schon aus der Abschrift ersichtlich ist.[37]

C. Auszugsweise Ausfertigung

Auf Antrag kann eine Ausfertigung unter entsprechender Anwendung des § 42 Abs. 3 BeurkG auszugsweise erteilt werden. Die Erteilung einer nur auszugsweisen Ausfertigung ist u.U. zur Sicherung der Beteiligten erforderlich, z.B. eine Ausfertigung des Kaufvertrages mit Eigentumsvormerkung, aber ohne **Auflassung**, weil die Mitausfertigung der Auflassung es einem unredlichen Käufer ermöglichte, die Eigentumsumschreibung ohne Deckung des Kaufpreises zu erreichen.[38] 14

Im Ausfertigungsvermerk ist anzugeben, auf welchen Gegenstand sich der Auszug bezieht und dass die Urkunde hierüber keine weiteren Feststellungen oder Erklärungen enthält. Die Vorlage des formgerechten Auszugs aus einer notariellen Urkunde, in der die Auflassungserklärung beurkundet und der Vertragsgegenstand genau bezeichnet ist, reicht für den grundbuchmäßigen Vollzug der Eigentumsumschreibung aus. Das Grundbuchamt ist in einem solchen Fall nicht berechtigt, durch Zwischenverfügung eine vollständige Ausfertigung zu fordern.[39]

Die Erteilung einer auszugsweisen Ausfertigung liegt im **pflichtgemäßen Ermessen** des Notars.[40] Im Einzelfall folgt also allein aus der Tatsache, dass eine auszugsweise Ausfertigung zulässig ist, kein Anspruch der Beteiligten gegen den Notar auf Vornahme einer derartigen Amtshandlung (§ 15 Abs. 1 BNotO). Nur die willkürliche Verweigerung einer auszugsweisen Ausfertigung kann also erfolgreich mit der Beschwerde angefochten werden. Manchmal kann es allerdings aus datenschutzrechtlichen Gründen angezeigt sein, nur eine auszugsweise Ausfertigung zu erteilen, etwa wenn in einer Urkunde die Erklärungen mehrerer Beteiligter zusammengefasst werden und die für die Ausfertigung relevanten Passagen auch unproblematisch ohne diese Erklärungen im Rechtsverkehr verwendet werden können (etwa bei der Zusammenfassung eines Ehe- und Erbvertrages in einer Urkunde).[41] 15

D. Vermerk auf der Urschrift bzw. im Urkundenverzeichnis

Nach Abs. 4 soll im Urkundenverzeichnis vermerkt werden, wem und an welchem Tage eine Ausfertigung erteilt worden ist (vgl. auch § 15 S. 1 NotAktVV).[42] Es sollte vermieden werden, dass der Vermerk künftig sowohl auf der Urschrift als auch auf der elektronischen Fassung der Urschrift nachgetragen werden muss.[43] Eine elektronische Signierung des Vermerks ist nicht erforderlich.[44] Es besteht an dieser Stelle eine Diskrepanz zwischen § 20 Abs. 1 S. 1 Nr. 2 NotAktVV, wonach die Angaben zu den Ausfertigungen durch den Notar persönlich bestätigt werden müssen, und Abs. 4, der wie gesehen nur einen Vermerk fordert, aber nicht (mehr) die Unterzeichnung des Notars.[45] 16

Nach § 76 Abs. 1 S. 1, 2 BeurkG soll für vor dem 1.1.2022 vorgenommene Beurkundungen abweichend von Abs. 4 auf der Urschrift vermerkt werden, wem und an welchem Tag eine Ausfertigung erteilt worden ist. Der Vermerk muss nicht vom Notar unterschrieben werden; Abs. 4 schreibt nicht vor, wer den Vermerk zu erstellen hat.[46] Der Vermerk auf der Urschrift ist vor allem für die Fälle von Bedeutung, in denen es auf den Besitz der Urkunde ankommt. So kann beispielsweise aufgrund des Vermerks ermittelt werden, von wem im Fall des Widerrufs einer Vollmacht die Urkunde zurückgefordert oder welche Urkunde für kraftlos erklärt 17

37 Grziwotz/Sauer/Heinemann/*Heinemann/Grziwotz*, § 49 Rn 21.
38 Vgl. BGH v. 14.9.2018 – V ZR 213/17, NJW 2018, 3523; OLG Hamm v. 26.3.1975 – 15 Wx 197/74, Rpfleger 1975, 250.
39 BayObLG v. 22.12.1980 – BReg. 2 Z 105/80, DNotZ 1981, 570.
40 *Winkler*, § 49 Rn 28; *Lerch*, § 49 Rn 5; Grziwotz/Sauer/Heinemann/*Heinemann/Grziwotz*, § 49 Rn 27.
41 Vgl. Grziwotz/Sauer/Heinemann/*Heinemann/Grziwotz*, § 49 Rn 24.
42 Eingehend *Kersten*, ZNotP 2021, 158; ZNotP 2021, 197.
43 Reg.Begr. BT-Drucks 18/10607, 88.
44 Grziwotz/Sauer/Heinemann/*Heinemann/Grziwotz*, § 49 Rn 29.
45 Hierzu *Löffler*, notar 2020, 362.
46 *Winkler*, § 49 Rn 20; Grziwotz/Sauer/Heinemann/*Heinemann/Grziwotz*, § 49 Rn 28.

werden muss, um die Wirksamkeit der Vollmacht zu beseitigen (§ 172 Abs. 2 BGB).[47] Wird die Ausfertigung einer vollstreckbaren Urkunde erteilt, ergibt sich dieses Erfordernis aus den §§ 734, 795 ZPO.

18 Da die Einführung der Elektronischen Urkundensammlung vom 1.1.2022 auf den 1.7.2022 verschoben worden ist,[48] bestand für die „Schwebephase" vom 1.1.2022 bis 30.6.2022 die Besonderheit, dass die Erteilung von Ausfertigungen doppelt zu vermerken war, zum einen nach dem weiterhin anwendbaren § 49 Abs. 4 BeurkG a.F. auf der Urschrift, zum anderen nach § 15 NotAktVV im Urkundenverzeichnis.

§ 50 Übersetzungen

(1) [1]Ein Notar kann die deutsche Übersetzung einer Urkunde mit der Bescheinigung der Richtigkeit und Vollständigkeit versehen, wenn er die Urkunde selbst in fremder Sprache errichtet hat oder für die Erteilung einer Ausfertigung der Niederschrift zuständig ist. [2]Für die Bescheinigung gilt § 39 entsprechend. [3]Der Notar soll die Bescheinigung nur erteilen, wenn er der fremden Sprache hinreichend kundig ist.

(2) [1]Eine Übersetzung, die mit einer Bescheinigung nach Abs. 1 versehen ist, gilt als richtig und vollständig. [2]Der Gegenbeweis ist zulässig.

(3) [1]Von einer derartigen Übersetzung können Ausfertigungen und Abschriften erteilt werden. [2]Die Übersetzung soll in diesem Fall zusammen mit der Urschrift verwahrt werden.

Literatur *Ott*, Die Errichtung von (zweispaltig-)zweisprachigen Niederschriften und die damit im Zusammenhang stehenden Verfahrensfragen, RNotZ 2015, 189.

A. Allgemeines

1 Eine Vermutung der Richtigkeit und Vollständigkeit der Übersetzung enthält § 142 Abs. 3 S. 2 ZPO für solche Übersetzungen, die ein nach den Richtlinien der Landesjustizverwaltung hierzu ermächtigter Übersetzer angefertigt hat. Die Vorschrift ersetzt § 2 der VO zur Vereinfachung des Verfahrens auf dem Gebiet des Beurkundungsrechts vom 21.10.1942, die durch Art. 87 des Ersten Gesetzes über die Bereinigung von Bundesrecht im Zuständigkeitsbereich des Bundesministers der Justiz[1] aufgehoben wurde. Die Vermutung der Vollständigkeit und Richtigkeit einer fremdsprachigen Urkunde knüpft an die besondere Bescheinigung des ermächtigten Übersetzers an. Die Voraussetzung liegt nicht vor, wenn der Notar nach Abs. 2 die fremdsprachige Urkunde selbst errichtet hat. Auf diesen Fall bezieht sich § 50 BeurkG. Der praktische Sinn der Vorschrift liegt aber nicht nur darin, dem Notar die Befugnis zur Bescheinigung der Vollständigkeit und Richtigkeit der Übersetzung seiner eigenen fremdsprachigen Urkunde einzuräumen. Sie bewirkt auch, dass der Notar von dieser Übersetzung Ausfertigungen und Abschriften erteilen Abs. 3 und damit die fremdsprachige Urkunde in Deutschland verwendbar machen kann. Im letzteren Fall soll die Übersetzung zusammen mit der Urschrift der Urkunde verwahrt werden.

47 Frenz/Miermeister/*Limmer*, § 49 BeurkG Rn 14; *Winkler*, § 49 Rn 21; Grziwotz/Sauer/Heinemann/*Heinemann/Grziwotz*, § 49 Rn 29.

48 BGBl II 2021 S. 1282. Hintergrund war die weltweite Chipkrise, vgl. *Winkler*, vor § 55 Rn 4.

1 BGBl I 2006, 866; dazu Reg.Begr. BT-Drucks 16/47, 65.

Die Erteilung des Übersetzungsvermerks wird nicht von der Urkundsgewährungspflicht nach § 15 Abs. 1 S. 1 BNotO erfasst. Da der Notar nach § 15 Abs. 1 S. 2 BNotO nicht verpflichtet ist, in einer anderen als der deutschen Sprache zu beurkunden, besteht auch keine Pflicht zur Bescheinigung der Richtigkeit einer Übersetzung.[2] 2

B. Voraussetzungen

§ 50 BeurkG gilt für Niederschriften und Vermerkurkunden (§ 39 BeurkG),[3] nach Abs. 1 S. 1 allerdings beschränkt auf eigene fremdsprachige Urkunden des Notars und von einem Notar verwahrte fremdsprachige Urkunden (§ 48 BeurkG, §§ 45 Abs. 2, 51 Abs. 1 S. 2, 3 BNotO).[4] Diese Einschränkung der Zuständigkeit stößt auf praktische Kritik.[5] De lege lata kann der Notar bei anderen Urkunden lediglich eine Betreuungstätigkeit (§ 24 BNotO) übernehmen, indem er eine Bestätigung darüber ausstellt, dass er die Übersetzung angefertigt hat und die Vollständigkeit und Richtigkeit bestätigt.[6] 3

Für die Erstellung einer Übersetzungsbescheinigung ist es unerheblich, wer die Übersetzung hergestellt hat und wann das geschehen ist.[7] Der Notar kann also auch die Vollständigkeit und Richtigkeit einer von einer anderen Person stammenden Übersetzung bescheinigen.[8] In jedem Fall verlangt Abs. 1 S. 3, dass der Notar die Bescheinigung nur erteilt, wenn er der fremden Sprache hinreichend kundig ist. Seine Sprachkenntnisse müssen also so weit reichen, dass er die Verantwortung für den Inhalt der Bescheinigung, also die Richtigkeit und Vollständigkeit der Übersetzung, übernehmen kann. 4

C. Übersetzungsvermerk

I. Form

Der Übersetzungsvermerk über die Vollständigkeit und Richtigkeit der Übersetzung ist der Sache nach eine Bescheinigung und kein Tatsachenzeugnis über eine amtliche Wahrnehmung.[9] Nach Abs. 1 S. 2 hat die Bescheinigung allerdings „entsprechend § 39 BeurkG" **in der Form des Vermerks** zu erfolgen. Der Notar muss die Bescheinigung mit seiner Unterschrift und seinem Dienststempel versehen. Er soll in ihr Tag und Ort der Erteilung angeben. 5

II. Wirkung

Die Bescheinigung verleiht der Übersetzung die Vermutung der Vollständigkeit und Richtigkeit; der Gegenbeweis ist zulässig (Abs. 2). Die Vermutung der Vollständigkeit und Richtigkeit der Übersetzung greift auch dann ein, wenn der Notar unter Verstoß gegen Abs. 1 S. 3 die Übersetzung hergestellt hat, ohne die Fremdsprache hinreichend zu beherrschen.[10] Die Übersetzung mit notarieller Übersetzungsbescheinigung kann wie ein deutschsprachiges Original insb. im Grundbuch- und Registerverfahren eingesetzt werden.[11] 6

2 *Winkler*, § 50 Rn 7; Grziwotz/Sauer/Heinemann/*Heinemann/Grziwotz*, § 50 Rn 11; *Ott*, RNotZ 2015, 189, 191. Zu den Besonderheiten bei einer zweispaltigen Urkunde BGH v. 20.3.2019 – XII ZB 310/18, DNotZ 2019, 830, 831 ff. zur Abgrenzung, wann bei Vorliegen einer deutschsprachigen und einer fremdsprachigen Fassung zwei gleichwertige Sprachfassungen vorliegen (Ausnahmefall) und wann ausschließlich die deutsche Sprachfassung für die Niederschrift verbindlich ist (auch zu Indizien wie dem Umstand einer fehlenden Verbindung nach § 44 BeurkG).

3 *Lerch*, § 50 Rn 3; Frenz/Miermeister/*Limmer*, § 50 BeurkG Rn 2; *Winkler*, § 50 Rn 3; Grziwotz/Sauer/Heinemann/*Heinemann/Grziwotz*, § 50 Rn 3.

4 Bei einer mehrsprachigen Urkunde ist § 50 daher nach einer Meinung im Zweifel nicht anwendbar: Grziwotz/Sauer/Heinemann/*Heinemann/Grziwotz*, § 50 Rn 14; a.A. Frenz/Miermeister/*Limmer*, § 50 Rn 3d, wonach im Zweifel anzunehmen sei, dass es sich um eine deutsche Urkunde in Kombination mit einer Übersetzung nach § 50 handele, wenn eine doppelsprachige Urkunde keinen Vermerk über die vorherrschende Sprache enthält; hierzu auch *Ott*, RNotZ 2015, 189 und BGH v. 20.3.2019 – XII ZB 310/18, DNotZ 2019, 830.

5 *Waldner*, Beurkundungsrecht, Rn 148; Beck'sches Notarhdb/*Zimmermann*, H Rn 46.

6 Beck'sches Notarhdb/*Zimmermann*, § 28 E Rn 46; Grziwotz/Sauer/Heinemann/*Heinemann/Grziwotz*, § 50 Rn 9; *Ott*, RNotZ 2015, 189, 190.

7 Vgl. Krafka/*Krafka*, Teil 1, 3. Abschnitt, A. II. 1. A), Rn 916.

8 *Lerch*, § 50 Rn 3; Grziwotz/Sauer/Heinemann/*Heinemann/Grziwotz*, § 50 Rn 10.

9 *Limmer*, ZNotP 2002, 261, 266, 267; a.A. Grziwotz/Sauer/Heinemann/*Heinemann/Grziwotz*, § 50 Rn 12.

10 Grziwotz/Sauer/Heinemann/*Heinemann/Grziwotz*, § 50 Rn 15.

11 *Ott*, RNotZ 2105, 189, 191.

§ 51 Recht auf Ausfertigungen, Abschriften und Einsicht

(1) Ausfertigungen können verlangen

1. bei Niederschriften über Willenserklärungen jeder, der eine Erklärung im eigenen Namen abgegeben hat oder in dessen Namen eine Erklärung abgegeben worden ist,

2. bei anderen Niederschriften jeder, der die Aufnahme der Urkunde beantragt hat,

sowie die Rechtsnachfolger dieser Personen.

(2) Die in Absatz 1 genannten Personen können gemeinsam in der Niederschrift oder durch besondere Erklärung gegenüber der zuständigen Stelle etwas anderes bestimmen.

(3) Wer Ausfertigungen verlangen kann, ist auch berechtigt, einfache oder beglaubigte Abschriften zu verlangen und die Urschrift einzusehen.

(4) Mitteilungspflichten, die auf Grund von Rechtsvorschriften gegenüber Gerichten oder Behörden bestehen, sowie das Recht auf Zugang zu Forschungszwecken nach § 18a der Bundesnotarordnung bleiben unberührt.

Literatur *App*, Zweckwidrige Verwertung von Kaufvertragsurkunden durch die Finanzämter, DNotZ 1988, 339; *Bous/Solveen*, Pflicht zur Verschwiegenheit gem. § 18 BNotO im Insolvenzverfahren, DNotZ 2005, 261; *Ehrl*, Die neue Geldwäschegesetzmeldepflichtverordnung-Immobilien im Überblick, notar 2020, 300; *Epple*, Betreuungsverfügung und Testament, BWNotZ 2008, 147; *Gottwald*, Angabe der steuerlichen Identifikationsnummer in der grunderwerbsteuerlichen Veräußerungsanzeige, DNotZ 2011, 83; *Kersten*, Unterstützung des Notars durch seine Mitarbeiter beim Urkundenvollzug, ZNotP 2003, 248; *Klarner*, Die Anzeigepflichten des ErbStG im Spiegel der neueren Rechtsprechung, ZEV 2019, 13; *Knittel*, Anerkennung von Scheinvaterschaften zwecks Aufenthaltssicherung von Ausländern, JAmt 2017, 339; *Küperkoch*, Notarielle Mitteilungspflichten, RNotZ 2002, 297; *Mehler/Braun*, Die „fremde" Ausfertigung einer Vollmachtsurkunde im Rahmen des § 172 BGB – Anmerkungen zum Beschl. des OLG München v. 19.5.2008 – 34 Wx 023/08, DNotZ 2008, 810; *Naumann*, Zu den Voraussetzungen der Akteneinsicht in notarielle Nebenakten, MittBayNot 2002, 524; *Röll*, Die Erteilung von Ausfertigungen und Abschriften an Rechtsnachfolger der an der Beurkundung beteiligten Personen, DNotZ 1970, 398; *Schuck*, Die Änderungen der Erbschaftssteuer-Durchführungsverordnung, ZEV 1999, 99; *Wachter*, Neue Anzeigepflichten für Notare im Gesellschaftsrecht, ZNotP 2008, 113; *Waldner/Mehler*, Probleme des § 172 BGB, insbesondere bei der Vorsorgevollmacht, MittBayNot 1999, 261; *Waldner/Mehler*, Zur fehlenden Bezeichnung des Handelnden im Ausfertigungsvermerk einer notariellen Vollmachtsurkunde, Rpfleger 2002, 198.

A. Allgemeines

1 § 51 BeurkG enthält eine bundesrechtliche Regelung des Anspruchs auf Erteilung von Ausfertigungen und Abschriften sowie auf Einsicht in die Urschrift. Die Vorschrift gilt auch für Urkunden, die vor Inkrafttreten des BeurkG (also vor dem 1.1.1970) errichtet worden sind (§ 73 Abs. 1 BeurkG). Nicht übernommen hat das BeurkG die Bestimmung aus manchen Landesrechten, wonach auch weiteren Personen Ansprüche auf Auskunft oder Erteilung von Abschriften für andere Personen zugesprochen wurden. Grund dafür war, dass der Gesetzgeber das Vertrauen des rechtsuchenden Publikums in die Verschwiegenheit der Notare nicht enttäuschen wollte.[1] Auch hat sich der Gesetzgeber gegen die Übernahme der Bestimmung des Art. 49 Abs. 3 PrFGG entschieden, wonach die Erteilung weiterer Ausfertigungen von Urkunden über Rechtsgeschäfte verweigert werden konnte, wenn rechtliche Bedenken entgegenstanden. Allerdings bezieht sich die Pflicht zur **Versagung der Amtstätigkeit**, wenn die Vornahme nicht mit den

1 Entwurfsbegründung in BT-Drucks V/3282, 41.

Amtspflichten des Notars vereinbar ist (§ 4 BeurkG, § 14 Abs. 2 BNotO), auch auf die Folgetätigkeit nach § 51 BeurkG. Erkennt der Notar später, dass er die Urkundstätigkeit nach § 4 BeurkG hätte ablehnen müssen, hat er nunmehr die Erteilung von Ausfertigungen oder Abschriften abzulehnen (vgl. § 4 BeurkG Rdn 18).[2] Im Ergebnis ist § 51 BeurkG grundsätzlich gegenüber der Verschwiegenheit des Notars lex specialis; die Norm formt die Verschwiegenheitspflicht näher aus.[3] Die letzte Änderung erfuhr die Norm durch das Gesetz zur Modernisierung des notariellen Berufsrechts und zur Änderung weiterer Vorschriften v. 25.6.2021,[4] wonach zum 1.8.2021 als Folgeänderung zur Einfügung der §§ 18a ff. BNotO Absatz 4 erweitert wurde; unberührt bleibt nunmehr auch das in § 18a BNotO geregelte Recht auf Zugang zu Forschungszwecken.

§ 51 BeurkG konkretisiert die in § 18 BNotO ausdrücklich normierte **Verschwiegenheitspflicht** des Notars.[5] Es steht nicht im Ermessen des Notars, den Anspruch auf Erteilung einer Ausfertigung oder Abschrift zu erfüllen.[6] Die Vorschrift zieht den Kreis der Berechtigten i.d.S. enger als die landesrechtlichen Vorgängerregelungen (z.B. Art. 50 PrFGG). Nur die in Abs. 1 Nr. 1 und 2 genannten Personen sowie deren Rechtsnachfolger können **Ausfertigungen und Abschriften** verlangen sowie **Einsicht** in die Urschrift nehmen, nicht aber derjenige, der lediglich geltend macht, die Urkunde sei in seinem Interesse errichtet.[7] § 13 FamFG findet keine Anwendung.[8] Der Notar muss in jedem Fall sorgfältig prüfen, ob der Antragsteller zu dem berechtigten Personenkreis gehört.[9] Im Gegensatz zu einigen früheren Landesrechten räumt § 51 BeurkG dem Notar insoweit **keinen Ermessensspielraum** ein.[10] Er unterliegt bei dieser Prüfung jedoch auch **keinen festen Beweisregeln**, sondern hat nach seinem pflichtgemäßen Ermessen zu entscheiden, wie er sich im Einzelfall die erforderliche Gewissheit über die Berechtigung des Antragstellers verschafft.[11] Beispielsweise ist die Vorlage eines Erbscheins zum Nachweis der Rechtsnachfolge nicht zwingend erforderlich.[12] Lediglich für die **Erteilung einer vollstreckbaren Ausfertigung**[13] verlangt § 727 ZPO den Nachweis der nicht bereits offenkundigen Rechtsnachfolge durch öffentliche oder öffentlich beglaubigte Urkunden. Gegen die Ablehnung einer Amtshandlung nach § 51 BeurkG ist die **Beschwerde** nach § 54 Abs. 1 BeurkG statthaft. Wie der Notar dann die betreffenden Ausfertigungen konkret herstellt, liegt hingegen in seinem pflichtgemäßen Ermessen und richtet sich nach § 49 sowie § 12 DONot und § 3 Abs. 1 NotAktVV.[14] 2

Die Verschwiegenheitspflicht des Notars gilt nicht ausnahmslos. Sie findet ihre Grenze insbesondere in gesetzlichen **Mitteilungs- und Offenbarungspflichten** gegenüber Gerichten und Behörden. Abs. 4 stellt klar, dass die Beschränkung des Kreises der Anspruchsberechtigten nach Abs. 1–3 diese Verpflichtungen unberührt lässt. Dagegen stünde § 18 BNotO einem etwaigen Informationsanspruch aufgrund eines landesrechtlichen Informationsfreiheitsgesetzes entgegen, falls der Anwendungsbereich eines solchen Gesetzes überhaupt Notare als informationspflichtige Stellen einschließen sollte.[15] 3

2 ThürOLG NotBZ 1998, 239, 240; Grziwotz/Sauer/Heinemann/*Heinemann/Grziwotz*, § 51 Rn 9; Staudinger/*Hertel*, vor §§ 127a, 128 BeurkG Rn 647; *Lerch*, § 51 Rn 2; *Winkler*, § 51 Rn 7.

3 OLG Karlsruhe v. 16.1.2007 – 14 Wx 51/06, Rpfleger 2007, 664; Frenz/Miermeister/*Limmer*, § 51 BeurkG Rn 1; *Kanzleiter*, DNotZ 1993, 434, 435.

4 BGBl I, S. 2153.

5 KG v. 12.8.1997 – 1 W 491/96, DNotZ 1998, 200, 201; Schippel/Görk/*Sander*, § 18 BNotO Rn 8; Diehn/*Schwipps*, § 18 BNotO Rn 10; zu Einsichtsrechten und Verschwiegenheitspflicht vgl. auch BGH v. 31.1.2013 – V ZB 168/12, DNotZ 2013, 711, 714 Rn 21 ff.; zur Vernehmung eines Notars als Zeugen OLG Frankfurt a.M. v. 18.3.2021 – 20 W 275/19, ZEV 2021, 525,

6 OLG Karlsruhe v. 16.1.2007 – 14 Wx 51/06, DNotZ 2008, 139; LG Darmstadt v. 19.5.2008 – 5 T 685/07, BeckRS 2009, 07009.

7 KG v. 12.8.1997 – 1 W 491/96, DNotZ 1998, 200, 201.

8 Vgl. BGH v. 30.11.1989 – III ZR 112/88, DNotZ 1990, 392 f.; *Lerch*, § 51 Rn 15.

9 Grziwotz/Sauer/Heinemann/*Heinemann/Grziwotz*, § 51 Rn 11.

10 KG v. 12.8.1997 – 1 W 491/96, DNotZ 1998, 200, 201 f.; Grziwotz/Sauer/Heinemann/*Heinemann/Grziwotz*, § 51 Rn 8; Frenz/Miermeister/*Limmer*, § 51 BeurkG Rn 1; *Winkler*, § 51 Rn 1.

11 KG v. 12.8.1997 – 1 W 491/96, DNotZ 1998, 200, 201; Staudinger/*Hertel*, vor §§ 127a, 128 (BeurkG) Rn 647; *Winkler*, § 51 Rn 6.

12 LG Stuttgart v. 2.6.2004 – 1 T 56/04, ZEV 2004, 339; zur Führung des Nachweises vgl. auch Grziwotz/Sauer/Heinemann/*Heinemann/Grziwotz*, § 51 Rn 12.

13 Zur Problematik einer weiteren vollstreckbare Ausfertigung LG Rostock v. 1.4.2020 – 10 T 227/19, NotBZ 2020, 403; *Genske*, notar 2021, 166.

14 *Winkler*, § 51 Rn 4.

15 Vgl. Frenz/Miermeister/*Bremkamp*, § 18 BNotO Rn 169 (zum Informationsfreiheitsgesetz Berlin).

B. Anspruchsgegenstand

I. Ausfertigungen und Abschriften

4 Ausfertigungen können nur von Niederschriften erteilt und deshalb auch nur Ausfertigungen von Niederschriften beantragt werden. Ist eine Ausfertigung an die Stelle der Urschrift getreten (§ 45 Abs. 2 S. 2, 3 BeurkG), bezieht sich der Anspruch auf die Ausfertigung, bei Errichtung einer Ersatzurkunde auf diese (§ 46 BeurkG). Ausfertigungen und Abschriften werden ferner von einer mit der Bescheinigung der Vollständigkeit und Richtigkeit versehenen Übersetzung erteilt (§ 50 Abs. 3 BeurkG). Wurde die Urschrift den Beteiligten ausgehändigt (Vermerkurkunden), kann nach Maßgabe des § 51 BeurkG die zur Urkundensammlung genommene beglaubigte Abschrift eingesehen oder hiervon eine Abschrift erstellt werden.[16]

Die **Anzahl** der Ausfertigungen und Abschriften, die verlangt werden können, ist nicht begrenzt.[17] Etwas anderes gilt lediglich für vollstreckbare Ausfertigungen (Erteilung weiterer vollstreckbarer Ausfertigungen: §§ 733, 797 Abs. 3 ZPO). Im Übrigen können Ermächtigungen nach Abs. 2 inhaltlich eingeschränkt werden, so dass der hiernach Ermächtigte nur eine bestimmte Anzahl von Ausfertigungen verlangen kann.[18]

Der Anspruch auf Erteilung von Ausfertigungen und Abschriften bezieht sich nur auf von dem Antragsteller bezeichnete Urkunden. Hinsichtlich des konkreten Umfangs der Auskunftspflicht des Notars gegenüber Urkundenbeteiligten und deren Rechtsnachfolgern ist zu beachten, dass § 51 BeurkG den Notar weder dazu verpflichtet, einem Urkundsbeteiligten oder seinem Rechtsnachfolger Auskunft darüber zu erteilen, ob er oder sein Rechtsvorgänger überhaupt an der Errichtung von Niederschriften beteiligt waren, die in dem Notariat errichtet wurden oder verwahrt werden, noch dazu, ihnen alle Niederschriften zu benennen, an denen diese beteiligt waren.[19] Der Notar ist auch nicht verpflichtet, einem pauschalen Antrag auf Erteilung von Abschriften aller Niederschriften zu entsprechen, die Erklärungen des Urkundsbeteiligten oder seines Rechtsvorgängers enthalten (Ausforschungsverbot).[20] Dies bedeutet etwa, dass der Notar gegenüber einem Insolvenzverwalter nicht dazu verpflichtet werden kann, nicht beglaubigte Zweitschriften sämtlicher Urkunden anzufertigen, die sich im Besitz des Notars befinden und den Insolvenzschuldner als Urkundsbeteiligten ausweisen, wenn dies nur dahingehend konkretisiert wird, dass es sich um Urkunden handeln soll, die „im Zusammenhang mit dem privaten und/oder geschäftlichen Vermögen des Nachlassschuldners stehen".[21] Der Anspruch auf Erteilung von Abschriften nach Abs. 1 und 3 bezieht sich vielmehr nur auf einzelne Urkunden, die konkret und so genau wie möglich bezeichnet werden müssen (vgl. § 27 FamFG).[22] Da sich aus § 51 BeurkG damit **keine allgemeine Auskunftspflicht** ergibt,[23] impliziert der Anspruch gerade nicht, dass der Notar zunächst ermitteln muss, bei welchen Urkundsgeschäften der Anspruchsteller beteiligt war.[24] Insoweit findet die Verpflichtung zur Erteilung von Ausfertigungen und Abschriften nach Maßgabe von § 51 BeurkG als Ausnahme von der notariellen Verschwiegenheitspflicht des Notars nach § 18 BNotO auch hier ihre Grenze.[25]

5 Nach Abs. 3 erstreckt sich der Erteilungsanspruch auch auf Abschriften, und zwar sowohl auf einfache als auch auf beglaubigte Abschriften der Urschrift. Abschriften einer Urkunde können auf verschiedene Art und Weise gefertigt werden, etwa durch eine Abschrift der Urschrift oder durch eine Abschrift bzw. einen Ausdruck der elektronischen Urschrift oder der elektronischen Fassung der Urschrift (vgl. § 42

16 Grziwotz/Sauer/Heinemann/*Heinemann/Grziwotz*, § 51 Rn 6.
17 Frenz/Miermeister/*Limmer*, § 51 BeurkG Rn 13; *Winkler*, § 51 Rn 4.
18 Grziwotz/Sauer/Heinemann/*Heinemann/Grziwotz*, § 51 Rn 15; vgl. hierzu den Fall OLG München v. 10.9.2009 – 34 Wx 44/09, FGPrax 2009, 260.
19 BGH v. 8.7.2021 – V ZB 41/19, ZEV 2021, 714; *Zimmer*, ZEV 2021, 628.
20 LG Passau v. 14.2.2019 – 2 T 131/18 (n.v.).
21 OLG Schleswig v. 14.5.2013 – 11 U 46/12, ZIP 2013, 1633.
22 OLG Düsseldorf v. 14.10.2005 – I-3Wx 212/05, RNotZ 2006, 72; LG Freiburg v. 28.4.2015 – 4 T 254/14, ZEV 2015, 669.; BeckOGK/*Regler*, Stand: 1.7.2025, § 51 BeurkG Rn 59; Grziwotz/Sauer/Heinemann/*Heinemann/Grziwotz*, § 51 Rn 11; Staudinger/*Hertel*, § 51 BeurkG Rn 649; *Winkler*, § 51 Rn 1; iE ebenso für Klage gegen den Notar: OLG Brandenburg v. 20.6.1995 – 6 W 5/95, AnwBl. 1996, 474; OLG Schleswig v. 14.5.2013 – 11 U 461/12, ZIP 2013, 1633; offenlassend LG Darmstadt v. 19.5.2008 – 5 T 685/07, ZIP 2008, 1783.
23 Vgl. BGH v. 31.1.2013 – V ZB 168/12, DNotZ 2013, 711, 712 Rn 11 m.w.N.
24 OLG Düsseldorf v. 14.10.2005 – I-3Wx 212/05, RNotZ 2006, 71, 72; offengelassen von LG Darmstadt v. 19.5.2008 – 5 T 685/07, BeckRS 2009, 07009.
25 BGH v. 8.7.2021 – V ZB 42/19, ZEV 2021, 714.

BeurkG). Da Abs. 3 lediglich Anspruch auf eine Abschrift gewährt, kann geschlossen werden, dass es prinzipiell im Ermessen des Notars steht, auf welche Weise er die Abschrift fertigen lässt.[26]

II. Einsichtsrecht

Gem. Abs. 3 sind die Personen, die eine Ausfertigung der Urschrift verlangen können, ebenfalls berechtigt, die bei dem Notar verwahrte Urschrift einzusehen. Ein Anspruch auf Einsicht in die **Notariatsnebenakten** besteht grundsätzlich nicht, da Abs. 3 ausdrücklich nur die Einsicht in die Urschrift gestattet.[27] Eine weitergehende Regelung sah nach früherem Landesrecht lediglich Art. 22 BayNotG vor. Da der Gesetzgeber ein Recht auf Einsicht in die Notariatsakten ausdrücklich nicht in das BeurkG übernommen hat, kann der Schluss gezogen werden, dass Abs. 3 das Einsichtsrecht abschließend regelt.[28] § 13 FamFG findet neben dieser speziellen Regelung keine Anwendung.[29] Wenn alle Beteiligten zustimmen, darf freilich Einsicht in die Nebenakten gewährt werden, da der Notar in diesem Fall von seiner Schweigepflicht (§ 18 BNotO) entbunden ist.[30] 6

Das BayObLG hat das Einsichtsrecht nach Abs. 3 darüber hinaus auch auf in Nebenakten niedergelegte Aktenvermerke erstreckt, deren Inhalt nach einer Sollvorschrift des BeurkG (hier: § 11 Abs. 1 S. 2 Abs. 2 BeurkG) in die Urschrift gehört hätten (siehe hierzu auch § 11 BeurkG Rdn 45).[31] Diese Auslegung des Abs. 3 ist in der Allgemeinheit, wie das Gericht sie getroffen hat, nicht zutreffend. Die Legitimation des Antragstellers ist nämlich zweifelhaft, wenn er sich nicht auf ein originäres Einsichtsrecht beruft, sondern sein Einsichtsrecht von einem Berechtigten ableitet (Abs. 2). Das abgeleitete Einsichtsrecht besteht nur in dem Umfang, in dem die Berechtigten es einem Dritten eingeräumt haben, und d.h. lediglich bezogen auf die Einsicht in die Urschrift.[32] Abs. 3 kann allerdings entsprechend herangezogen werden, wenn ein Urkundsbeteiligter Einsicht in die Schriftstücke verlangt, die von ihm selbst stammen und die einen konkreten Bezug zu den beurkundeten Willenserklärungen haben. Es besteht ein berechtigtes Interesse, die eigene Erklärung einzusehen, und es liegt kein sachlicher Grund vor, die Einsicht in diesem Fall zu verweigern.[33] 7

Nach § 18a Abs. 1 BNotO haben auch (natürliche und juristische) Personen, die **wissenschaftliche, insbesondere historische Forschungen** betreiben, ein Zugangsrecht zu Inhalten notarieller Urkunden und Verzeichnissen, soweit dies für die Durchführung eines wissenschaftlichen Forschungsvorhabens erforderlich ist und seit dem Tag der Beurkundung oder seit dem Tag der Eintragung in das Verzeichnis mehr als 70 Jahre vergangen sind. Der Zugang ist gem. § 18a Abs. 2 BNotO in Textform bei der verwahrenden Stelle oder bei der zuständigen Landesjustizverwaltung zu beantragen, wobei in dem Antrag neben der Angabe, warum der Zugang zur Durchführung des Forschungsvorhabens erforderlich ist, auch das Forschungsvorhaben und die Urkunden und Verzeichnisse, zu deren Inhalten Zugang begehrt wird, möglichst genau zu bezeichnen sind. Ausnahmsweise kann auch ein nicht anonymisierter Zugang (§ 18b Abs. 1 Nr. 1 BNotO) begehrt werden; die Gründe hierfür sind dann ebenfalls in dem Antrag darzulegen. Über den Antrag entscheidet gem. § 18a Abs. 3 S. 1 BNotO die zuständige Landesjustizverwaltung nach Anhörung des Notars; ein solcher Antrag kann nach § 18a Abs. 3 S. 2 BNotO abgelehnt werden, wenn die Ermittlung und Prüfung der notariellen Urkunden und Verzeichnisse einen unzumutbaren Aufwand erfordern würden. Sofern dem Antrag entsprochen wird, haben die Forscher die ihnen zu Forschungszwe- 8

26 Grziwotz/Sauer/Heinemann/*Heinemann/Grziwotz*, § 51 Rn 14; *Heinemann*, NotBZ 2003, 467; vgl. aber auch OLG Saarland v. 2.11.2006 – 5 W 241/06-72, DNotZ 2007, 228, 229 (Ablichtung von Grundaktenbestandteilen, die farbliche Markierung wiedergibt).

27 BGH v. 30.11.1989 – III ZR 112/88, DNotZ 1990, 392 f. mit zust. Anm. *Winkler*; Frenz/Miermeister/*Limmer*, § 51 BeurkG Rn 16; *Lerch*, § 51 Rn 15; *Naumann*, MittBayNot 2002, 524, 525; Grziwotz/Sauer/Heinemann/*Heinemann/Grziwotz*, § 51 Rn 45; a.A. Weingärtner/*Ulrich*, § 22 DONot a.F. Rn 13 (§ 51 Abs. 3 BeurkG analog); offengelassen: BGH v. 31.1.2013 – V ZB 168/12, DNotZ 2013, 711, 714 Rn 18.

28 *Winkler*, § 51 Rn 37.

29 BGH v. 31.1.2013 – V ZB 168/12, DNotZ 2013, 711, 713 f. Rn 17; vgl. auch BGH v. 30.11.1989 – III ZR 112/88, DNotZ 1990, 392 f. mit zust. Anm. *Winkler*.

30 BGH v. 30.11.1989 – III ZR 112/88, DNotZ 1990, 392 f. (i.E. offengelassen) mit zust. Anm. *Winkler*; BGH v. 31.1.2013 – V ZB 168/12, DNotZ 2013, 711, 713 f. Rn 18; OLG Zweibrücken v. 10.7.2002 – 3 W 137/02, DNotZ 2003, 126; Frenz/Miermeister/*Bremkamp*, § 18 BNotO Rn 28.

31 BayObLG v. 2.7.1992 – 3Z BR 58/92, DNotZ 1993, 471 473.

32 *Kanzleiter*, DNotZ 1993, 434, 435; *Winkler*, § 51 Rn 41.

33 LG Frankfurt v. 16.3.1988 – 2/9 T 1197/87, DNotZ 1990 393 mit zust. Anm. *Winkler*.

cken zugänglich gemachten Inhalte notarieller Urkunden und Verzeichnisse, die der Verschwiegenheitspflicht unterliegen, gegen unbefugte Kenntnisnahme zu schützen, was die Verschwiegenheitsverpflichtung der an dem Forschungsvorhaben mitwirkenden Personen ebenso wie die Vernichtung nicht mehr benötigter Inhalte einschließt (§ 18c Abs. 1 BNotO). Die Forscher dürfen die Inhalte der notariellen Urkunde nur veröffentlichen, wenn dies für die Darstellung des Forschungsergebnisses unerlässlich ist; eine Veröffentlichung bedarf überdies der vorherigen Zustimmung der Landesjustizverwaltung (§ 18c Abs. 3 S. 1, 2 BNotO).

C. Anspruchsberechtigte

9 Abs. 1 bestimmt den Kreis der Berechtigten, die Ausfertigungen und Abschriften verlangen und über diesen Anspruch disponieren können (Abs. 2).[34] Die Vorschrift differenziert danach, ob es sich um Niederschriften über Willenserklärungen oder sonstige Niederschriften handelt. Abs. 1 erstreckt die Berechtigung auf die Rechtsnachfolger der hiernach berechtigten Personen. Nach Abs. 2 kann der Kreis der Berechtigten erweitert oder beschränkt werden.

I. Berechtigte nach Abs. 1 Nr. 1

10 Abs. 1 Nr. 1 betrifft die Niederschriften über Willenserklärungen. Tatbestandlicher Anknüpfungspunkt für die Ausfertigungsberechtigung sind die **abgegebenen Erklärungen**.[35] Es kommt nicht darauf an, ob die Erklärung der Form der Niederschrift bedurfte oder nicht.[36] Einen Anspruch auf eine Ausfertigung hat nach Abs. 1 Nr. 1 derjenige, der eine **Erklärung im eigenen** Namen abgegeben hat, sowie der bei der Abgabe einer Erklärung **Vertretene**. Der Kreis der Berechtigten deckt sich also nicht mit dem Kreis der formell an der Beurkundung Beteiligten i.S.v. § 6 Abs. 2 BeurkG.[37] Wer Erklärungen in fremdem Namen abgibt, ist Beteiligter nach § 6 Abs. 2 BeurkG, hat aber keinen Anspruch auf eine Ausfertigung.[38] Schon das frühere Recht ging jedoch davon aus, dass die Vollmacht zum Abschluss eines Geschäftes regelmäßig auch die Vollmacht zur Entgegennahme der Ausfertigung der über das Geschäft errichteten Urkunde umfasst.[39] Daran kann als Auslegungsregel festgehalten werden.[40]

11 Für einen Anspruch auf Erteilung einer Ausfertigung reicht es dagegen nicht aus, dass die Erklärung in den Rechtskreis einer Person eingreift und diese Person bei der Beurkundung zugegen war.[41] Werden bei einem Vertrag Antrag und Annahme gesondert beurkundet (§ 128 BGB), so kann jeder Vertragsteil lediglich eine Ausfertigung der Urkunde verlangen, die seine eigenen Erklärungen enthält.[42] Die Tatsache, dass jeder Vertragsteil ein rechtliches Interesse an der Urkunde über die Erklärungen des anderen Vertragsteils hat, begründet kein Recht auf eine Ausfertigung der anderen Urkunde. (Nachlass-) Insolvenzverwalter,[43] Testamentsvollstrecker[44] und Nachlassverwalter (wenn der Gegenstand der Beurkundung zu der von ihm verwalteten Vermögensmasse gehört)[45] handeln als **Parteien kraft Amtes** und sind in dieser Eigenschaft berechtigt, Ausfertigungen zu fordern;[46] die Berechtigung des Rechtsinhabers wird hierdurch nicht berührt.[47] Verlangt der Insolvenzverwalter eine Ausfertigung, hat der Notar zu prüfen, ob

34 *Grziwotz*, MDR 2021, 1173.
35 Zu einem abgelehnten allgemeinen Einsichtsrecht der Presse *Grziwotz*, MDR 2021, 1173.
36 Frenz/Miermeister/*Limmer*, § 51 BeurkG Rn 3; Grziwotz/Sauer/Heinemann/*Heinemann/Grziwotz*, § 51 Rn 18.
37 Frenz/Miermeister/*Limmer*, § 51 BeurkG Rn 2.
38 OLG München v. 28.2.2019 – 34 Wx 324/18, NZI 2019, 544.
39 *Oberneck*, S. 285.
40 Grziwotz/Sauer/Heinemann/*Heinemann/Grziwotz*, § 51 Rn 19; *Lerch*, § 51 Rn 5; *Winkler*, § 51 Rn 9; Frenz/Miermeister/*Limmer*, § 51 BeurkG Rn 5.
41 OLG Frankfurt v. 13.2.1998 – 20 W 55/98, FamRZ 1998, 964 (Einwilligung der Mutter zu Vaterschaftsanerkenntnis); LG Nürnberg-Fürth MittBayNot 2012, 317 (Erteilung einer weiteren Ausfertigung der Vorsorgevollmacht); vgl. auch Grziwotz/Sauer/Heinemann/*Heinemann/Grziwotz*, § 51 Rn 18; *Winkler*, § 51 Rn 8.
42 OLG Hamm v. 13.7.2011 – 11 U 234/09, BeckRS 2012, 14881; *Lerch*, § 51 Rn 3; *Winkler*, § 51 Rn 8; *Müller-Magdeburg*, Rn 487 m.w.N.; Grziwotz/Sauer/Heinemann/*Heinemann/Grziwotz*, § 51 Rn 18.
43 LG Darmstadt notar 2009, 255.
44 BGH v. 8.7.2021 – V ZB 42/19, DNotZ 2022, 38; BGH v. 31.1.2013 – V ZB 168/12, NJW-RR 2013, 697 (zum Testamentsvollstrecker).
45 *Jansen*, § 51 Rn 5.
46 Frenz/Miermeister/*Limmer*, § 51 BeurkG Rn 6; Grziwotz/Sauer/Heinemann/*Heinemann/Grziwotz*, § 51 Rn 22; *Winkler* § 51 Rn 13.
47 *Bous/Solveen*, DNotZ 2005, 261, 280 f.; *Lerch*, § 51 Rn 5; Frenz/Miermeister/*Limmer*, § 51 BeurkG Rn 6; *Winkler*, § 51 Rn 10; Grziwotz/Sauer/Heinemann/*Heinemann/Grziwotz*, § 51 Rn 22; s.a. OLG Schleswig v. 14.5.2013 – 11 U 46/12, ZIP 2013, 1633; Frenz/Miermeister/*Bremkamp*, § 18 BNotO Rn 77 ff.

die in den betroffenen Urkunden niedergelegten Urkunden in der Tat einen Bezug zum Insolvenzverfahren haben.[48] Hiervon ist auszugehen, wenn Vermögensinteressen des Schuldners betroffen sind.[49]

Wer keinen verfahrensrechtlichen Anspruch auf Erteilung einer Ausfertigung oder Abschrift gegen den Notar hat, kann jedoch nach materiellem Recht unter den Voraussetzungen des **§ 810 BGB** berechtigt sein, von dem Ausfertigungsberechtigten Einsicht zu verlangen.[50] Wer Einsicht begehrt, ohne zu den Ausfertigungsberechtigten zu gehören, ist generell auf etwaige Auskunftsansprüche gegen einen Ausfertigungsberechtigten verwiesen. 12

II. Berechtigte nach Abs. 1 Nr. 2

Bei anderen Niederschriften, also Beurkundungen nach den §§ 36 ff. BeurkG, kann jeder eine Ausfertigung verlangen, der die Aufnahme der Urkunde beantragt hat. Es kommt hiernach nicht darauf an, ob Erklärungen abgegeben wurden, über die der Notar berichtet. Das Protokoll einer Gesellschafterversammlung erfolgt i.d.R. auf Antrag der Gesellschaft; deshalb kann ein Gesellschafter, etwa ein Aktionär, der Widerspruch zur Niederschrift des Notars erhoben hatte, sich nicht auf Abs. 1 Nr. 2 berufen.[51] 13

Von dem Recht, nach Abs. 1 Ausfertigungen und Abschriften zu verlangen bzw. Einsicht zu nehmen, ist die Registereinsicht nach § 9 HGB zu unterscheiden. § 9 Abs. 1, Abs. 4 HGB gewährt das Recht auf Registereinsicht und auf Erteilung beglaubigter Abschriften der Eintragungen sowie der zum Handelsregister eingereichten Schriftstücke. Ob weitergehende Informationsansprüche des Gesellschafters gegen die Gesellschaft bestehen, ist eine Frage des materiellen Rechts.[52] 14

III. Rechtsnachfolger

Einen Anspruch auf Ausfertigung haben auch die Rechtsnachfolger der nach Abs. 1 Nr. 1 oder 2 berechtigten Personen. Mit dem Begriff der Rechtsnachfolge sind nach dem gesetzlichen Sprachgebrauch sowohl Gesamtrechtsnachfolge als auch Sonderrechtsnachfolge gemeint.[53] Dabei ist nicht erforderlich, dass der Rechtsnachfolger dem Ausfertigungsberechtigten unmittelbar nachfolgt; vielmehr kann die Rechtsbeziehung auch durch eine oder mehrere weitere Personen vermittelt werden.[54] 15

Fälle der **Gesamtrechtsnachfolge** sind insb. die Erbfolge,[55] die Abtretung und Weiterveräußerung eines Erbteils (§§ 2033, 2037 BGB), die Vereinbarung einer Gütergemeinschaft (§ 1416 BGB), die Anwachsung nach Gesellschaftsrecht (§ 738 BGB) und Verschmelzungen nach dem UmwG. Sind mehrere Gesamtrechtsnachfolger vorhanden, z.B. mehrere Miterben in Erbengemeinschaft, stehen die Rechte aus § 51 BeurkG jedem von ihnen zu.[56] 16

Der **Sonderrechtsnachfolger** erlangt ein Recht auf Ausfertigung, wenn sich die Sonderrechtsnachfolge auf den Gegenstand der Urkunde bezieht und sich aus der Urkunde Rechte und Pflichten ergeben und noch fortbestehen, in die der Nachfolger eintritt.[57] Daraus folgt beispielsweise, dass der Erwerber eines 17

48 BGH v. 8.7.2021 – V ZB 42/19, ZEV 2021, 714; LG Mannheim v. 30.3.2001 – 6 T 12/01, ZInsO 2001, 380, 381; *Bous/Solveen*, DNotZ 2005, 261, 280; Grziwotz/Sauer/Heinemann/*Heinemann/Grziwotz*, § 51 Rn 27; *Winkler*, § 51 Rn 10.

49 LG Mannheim v. 30.3.2001 – 6 T 12/01, ZInsO 2001, 380, 381; LG Darmstadt v. 19.5.2008 – 5 T 685/07, BeckRS 2009, 07009.

50 Siehe auch *Müller-Magdeburg*, Rn 514, 515.

51 *Lerch*, § 51 Rn 7; Frenz/Miermeister/*Limmer*, § 51 BeurkG Rn 10; *Winkler*, § 51 Rn 11; Grziwotz/Sauer/Heinemann/*Heinemann/Grziwotz*, § 51 Rn 23.

52 Vgl. hierzu BGH v. 19.9.1994 – II ZR 248/92, BGHZ 127, 107 (Tonmitschnitt einer Hauptversammlung).

53 KG v. 12.8.1997 – 1 W 491/96, DNotZ 1998, 200, 202; Frenz/Miermeister/*Limmer*, § 51 BeurkG Rn 11; *Winkler*, § 51 Rn 13 ff.; Würzburger Notarhdb/*Kersten*, Teil 1 Kap. 4 Rn 218; Grziwotz/Sauer/Heinemann/*Heinemann/Grziwotz*, § 51 Rn 25; Beck'sches Notarhandbuch/*Kindler*, § 31 Rn 306; a.A. *Röll*, DNotZ 1970, 398, 399, der allerdings zu weitgehende Schlussfolgerungen hinsichtlich des Ausfertigungsanspruchs eines Sonderrechtsnachfolgers zieht.

54 *Lerch*, § 51 Rn 7; *Winkler*, § 51 Rn 19; Grziwotz/Sauer/Heinemann/*Heinemann/Grziwotz*, § 51 Rn 24.

55 Keinen Anspruch nach § 51 BeurkG hat dagegen der bloße Pflichtteilsberechtigte, LG München II MittBayNot 2011, 518; Staudinger/*Hertel*, vor §§ 127a, 128 (BeurkG) Rn 647; Grziwotz/Sauer/Heinemann/*Heinemann/Grziwotz*, § 51 Rn 25.

56 OLG Karlsruhe v. 16.1.2007 – 14 Wx 51/06, Rpfleger 2007, 664, 665; *Röll*, DNotZ 1970, 398, 399; *Winkler*, § 51 Rn 14; Grziwotz/Sauer/Heinemann/*Heinemann/Grziwotz*, § 51 Rn 25.

57 KG v. 12.8.1997 – 1 W 491/96, DNotZ 1998, 200, 202; Frenz/Miermeister/*Limmer*, § 51 BeurkG Rn 11; *Winkler*, § 51 Rn 15.

Grundstücks kein allgemeines Recht auf Ausfertigungen früherer Erwerbsurkunden hat;[58] er ist aber unter den oben genannten Voraussetzungen u.U. berechtigt, auszugsweise Ausfertigungen zu verlangen.[59] Er könnte also eine auszugsweise Ausfertigung einer Urkunde verlangen, durch die zugunsten des erworbenen Grundstücks eine noch bestehende Grunddienstbarkeit bestellt ist.[60]

18 Der Zessionar eines **Eigentumsverschaffungsanspruchs** ist zwar nur Sonderrechtsnachfolger hinsichtlich dieses Anspruchs, hat aber als solcher Anspruch auf Ausfertigung der Teile des Kaufvertrages, aus denen sich gegenwärtige oder künftige Belastungen des Grundstückes oder Belastungen des erworbenen Anspruchs ergeben.[61] Als Rechtsnachfolger des **Auflassungsempfängers** ist auch der Zweiterwerber bei einer sog. Auflassungskette zu behandeln. Der Auflassungsempfänger ist i.d.R. nach § 185 Abs. 1 BGB ermächtigt, das Grundstück ohne Zwischeneintragung in das Grundbuch weiterzuveräußern. Mit der Möglichkeit, das Grundstück unmittelbar vom Eigentümer zu erwerben, erhält der Zweiterwerber eine Rechtsposition, die der Rechtsnachfolge i.S.d. § 51 BeurkG gleich zu achten ist.[62]

19 Auf welchem Rechtsgrund die Rechtsnachfolge beruht, ist für den Ausfertigungsanspruch unerheblich. Auch **Pfand- und Pfändungsgläubiger**, die nicht in die gesamte Rechtsposition des Schuldners eintreten, denen aber wesentliche Befugnisse des Schuldners zugewiesen werden, sind als Rechtsnachfolger i.S.d. § 51 BeurkG anzusehen.[63] Das Antragsrecht des Schuldners bleibt daneben bestehen.

20 Der Rechtsnachfolger besitzt das Antragsrecht aus § 51 BeurkG nur solange, wie seine Rechtsstellung besteht, der Miterbe also bis zur Übertragung des Erbteils, der Vorerbe bis zum Eintritt des Nacherbfalls, der Pfand- oder Pfändungsgläubiger bis zur Befriedigung oder bis zur Aufhebung oder zum Verzicht auf das Pfandrecht.[64] Auch einer **Partei kraft Amtes** (siehe Rdn 11) steht die Befugnis im Grundsatz nur während der Dauer ihrer Amtsinhaberschaft zu; ausnahmsweise kann aber auch dann eine Abschrift verlangt werden, wenn die Urkunde zur Rechtfertigung der Amtsführung oder zur Abwehr von Schadensersatzansprüchen benötigt wird.[65]

IV. Abweichende Bestimmung der Ausfertigungsberechtigten

21 Die nach Abs. 1 Berechtigten können durch gemeinsame Erklärung den Kreis der Ausfertigungsberechtigten personell erweitern oder beschränken, aber auch die Erteilung von Ausfertigungen und Abschriften an weitere Voraussetzungen knüpfen (Abs. 2), wie z.B. an die Sicherung durch Übergabe einer Bürgschaftsurkunde.[66] In Grundstückskaufverträge kann eine Bestimmung der Beteiligten, nach der der Notar weder dem Grundbuchamt noch dem Käufer vor Kaufpreiszahlung eine vollständige Ausfertigung erteilen darf, als Mittel zur Absicherung des Verkäufers vor einem frühzeitigen Verlust seines Eigentums aufgenommen werden.[67] Eine solche abweichende Bestimmung kann in der Niederschrift selbst enthalten sein, sie kann aber auch vor oder nach Beurkundung gegenüber dem Notar abgegeben werden.[68] Dabei ist es möglich, dass der Berechtigte sich das **Eigentum** an der Urkunde vorbehält,[69] das ansonsten demjenigen zusteht, dem die Ausfertigung erteilt wird (vgl. § 49 BeurkG Rdn 9). § 51 BeurkG betrifft das Verfahrensrechtsverhältnis zwischen den Ausfertigungsberechtigten und dem Notar. Hiervon unberührt bleibt die Befugnis jedes Ausfertigungsberechtigten, die ihm antragsgemäß erteilte Ausfertigung weiterzureichen oder die beantragte Ausfertigung einer von ihm benannten Person aushändigen zu lassen.[70]

58 *Winkler*, § 51 Rn 16; Grziwotz/Sauer/Heinemann/*Heinemann/Grziwotz*, § 51 Rn 26.
59 KG v. 12.8.1997 – 1 W 491/96, DNotZ 1998, 200, 202; *Lerch*, § 51 Rn 7; Frenz/Miermeister/*Limmer*, § 51 BeurkG Rn 11; *Winkler*, § 51 Rn 16; Grziwotz/Sauer/Heinemann/*Heinemann/Grziwotz*, § 51 Rn 26.
60 Grziwotz/Sauer/Heinemann/*Heinemann/Grziwotz*, § 51 Rn 26.
61 Grziwotz/Sauer/Heinemann/*Heinemann/Grziwotz*, § 51 Rn 26; vgl. auch *Winkler*, § 51 Rn 17.
62 KG v. 12.8.1997 – 1 W 491/96, DNotZ 1998, 200, 202 f.
63 Frenz/Miermeister/*Limmer*, § 51 BeurkG Rn 11; *Winkler*, § 51 Rn 17.
64 *Winkler*, § 51 Rn 20.
65 Ausführlich hierzu *Winkler*, § 51 Rn 10a; a.A. Grziwotz/Sauer/Heinemann/*Heinemann/Grziwotz*, § 51 Rn 22 (Anspruch nach § 810 BGB).
66 *Winkler*, § 51 Rn 22; BeckOK-BeurkG/*Kleba*, § 51 Rn 20.
67 Ausführlich hierzu *Krauß*, Immobilienkaufverträge, Rn 1416 ff. Vgl. hierzu anschaulich OLG Celle v. 17.5.2018 – 18 W 18/18, MittBayNot 2019, 153. Zur Auslegung einer solchen „Vorlagesperre" auch BGH v. 26.9.2019 – V ZB 41/19, DNotZ 2020, 522.
68 BGH v. 26.9.2019 – V ZB 41/19, RNotZ 2020, 112; Grziwotz/Sauer/Heinemann/*Heinemann/Grziwotz*, § 51 Rn 29.
69 *Helms*, RNotZ 2002, 235, 238; *Waldner/Mehler*, MittBayNot 1999, 261, 263 (Vollmachtsurkunde).
70 Frenz/Miermeister/*Limmer*, § 51 BeurkG Rn 12; *Winkler*, § 51 Rn 30.

Die einem Dritten eingeräumte Befugnis, eine Ausfertigung zu verlangen, ist bis zur Ausfertigung grundsätzlich **widerruflich**.[71] Der die Bindungswirkung des § 873 Abs. 2 BGB auslösenden Aushändigung der Eintragungsbewilligung steht eine gewillkürte Ausfertigungsberechtigung nach Abs. 2 deshalb erst dann gleich, wenn der Notar die Ausfertigung für den Erwerber erstellt hat.[72] Selbiges gilt für die Übermittlung einer beglaubigten Abschrift da – durch das Gesetz zur Einführung einer elektronischen Präsenzbeurkundung eingeführt – § 873 Abs. 2 BGB die Übermittlung einer beglaubigten Abschrift genügen lässt. **22**

Ein Bedürfnis dafür, den Kreis der Ausfertigungsberechtigten zu erweitern, besteht insbesondere bei der Beurkundung eines **Schuldanerkenntnisses**;[73] in diesem Sinne kann der Gläubiger ermächtigt werden, sich eine Ausfertigung der Urkunde erteilen zu lassen (zur Problematik des Verhältnisses der §§ 51 und 52 BeurkG vgl. § 52 BeurkG Rdn 7 ff.).[74] Ein weiterer Anwendungsfall ist etwa die Ermächtigung des Bevollmächtigten, sich Ausfertigungen der **Vollmachtsurkunde** erteilen zu lassen. Der Vertretene muss allerdings bedenken, dass die Vertretungsmacht des Bevollmächtigten bis zur Rückgabe aller ihm erteilten Ausfertigungen[75] bzw. bis zur Kraftloserklärung der Vollmachtsurkunde fortbesteht (§ 172 Abs. 2 BGB).[76] Eine gewisse Kontrolle übt der Vollmachtgeber aus, wenn er den Notar beauftragt, ihn über ein Ausfertigungsbegehren des Bevollmächtigten zu informieren, damit er erforderlichenfalls von seiner Widerrufsmöglichkeit Gebrauch machen kann.[77] Nur wenn die Erteilung der Ausfertigung von der Ermächtigung gedeckt ist, handelt es sich um das für die Rechtsfolgen des § 172 BGB maßgebliche willentliche Inverkehrbringen der Urkunde.[78] Mit einem der Ausfertigungsermächtigung entsprechenden Ausfertigungsvermerk, der in diesem Fall auf den Vertreter lautet (§ 49 Abs. 2 BeurkG), wird die willentliche Aushändigung der Urkunde dokumentiert. § 172 BGB setzt zwar nicht per se voraus, dass die Vollmachtsurkunde, die der Vertreter im Rechtsverkehr vorlegt, einen auf ihn lautenden Ausfertigungsvermerk trägt.[79] Wenn der Bevollmächtigte berechtigt ist, eine auf ihn als Bevollmächtigten lautende Ausfertigung zu verlangen, sich im Rechtsverkehr aber gleichwohl mit einer nicht auf ihn lautenden Ausfertigung ausweist, so kann aber nicht ohne weiteres davon ausgegangen werden, dass ihm diese Ausfertigung willentlich überlassen wurde.[80] Missbrauchsmöglichkeiten und eventuelle Streitigkeiten über den Zeitpunkt der Rückgabe der Vollmachtsurkunde werden im Übrigen vermieden, wenn bei der Bevollmächtigung mehrerer in einer Urkunde die Wirksamkeit der Vollmacht ausdrücklich von dem Besitz einer auf den Bevollmächtigten lautenden Ausfertigung abhängig gemacht wird (vgl. auch § 47 BeurkG Rdn 3).[81] Wird der Notar angewiesen, dem Bevollmächtigten eine weitere Ausfertigung der Vorsorgevollmacht nur auf schriftliche Anweisung des Vollmachtgebers zu geben, muss eine solche Weisung auch dann beachtet werden, wenn der Vollmachtgeber inzwischen dauerhaft geschäftsunfähig ist.[82] **23**

71 OLG München v. 10.9.2009 – 34 Wx 44/09, FGPrax 2009, 260, 261; OLG Düsseldorf v. 30.1.2003 – 3 Wx 73/01, RNotZ 2001, 298, 299; OLG Hamm v. 24.6.1987 – 15 W 97/87, DNotZ 1988, 241, 243; OLG Hamburg v. 23.4.1986 – 2 W 61/85, DNotZ 1987, 356 f.; OLG Celle v. 17.1.1974 – 8 Wx 28/73, DNotZ 1974, 484, 485; *Lerch*, § 51 Rn 12; *Winkler*, § 51 Rn 21; Grziwotz/Sauer/Heinemann/*Heinemann/Grziwotz*, § 51 Rn 34.

72 BGH v. 25.1.1967 – V ZR 172/65, BGHZ 46, 398, 399 f.; *Ertl*, DNotZ 1967, 562 f.; Staudinger/*Gursky*, § 873 BGB Rn 166 m.w.N.

73 Beck'sches Notarhandbuch/*Kindler*, § 31 Rn 306.

74 Sie können den Kreis der Berechtigten auch dahingehend erweitern, dass dem dinglich materiell berechtigten Grundschuldgläubiger ein Anspruch auf Erteilung einer Ausfertigung eingeräumt wird (*Winkler*, § 51 Rn 23; Würzburg-NotarHB/*Kersten*, Teil 1 Kap. 4 Rn 219; BeckOK-BeurkG/*Kleba*, § 51 Rn 19 f.).

75 Vgl. zur Erteilung einer weiteren Ausfertigung nach Verlust der ersten Ausfertigung: LG Oldenburg v. 24.10.2007 – 9 T 965/07, BeckRS 2008, 13025.

76 Beck'sches Notarhandbuch/*Kindler*, § 31 Rn 304.

77 Formulierungsvorschlag: Kersten/Bühling/*Bischoff*, § 24 Rn 117 M.

78 OLG München v. 10.9.2009 – 34 Wx 44/09, FGPrax 2009, 260, 261; siehe auch DNotI-Report 2012, 85, 86.

79 OLG Köln v. 9.7.2001 – 2 Wx 42/01, RNotZ 2001, 407, 408; *Waldner/Mehler*, MittBayNot 1999, 261, 262; s.a. OLG München v. 19.5.2008 – 34 Wx 23/08, RNotZ 2008, 422, 423.

80 OLG München v. 19.5.2008 – 34 Wx 023/08, DNotZ 2008, 844, 845 mit Anm. *Mehler/Braun*, DNotZ 2008, 810; vgl. auch DNotI-Report 2012, 85, 86; *Helms*, RNotZ 2002, 235, 236 f.; *Waldner/Mehler*, MittBayNot 1999, 261, 262; *Waldner/Mehler*, Rpfleger 2002, 198 f.; *Waldner*, Rn 182; a.A. OLG Köln v. 9.7.2001 – 2 Wx 42/01, RNotZ 2001, 407, 408 (wechselseitige Bevollmächtigung im Rahmen einer Vorsorgevollmacht).

81 *Helms*, RNotZ 2002, 235, 237; *Waldner/Mehler*, MittBayNot 1999, 261, 262; zu Gestaltungsformen bei der Vorsorgevollmacht vgl. auch *Bühler*, BWNotZ 1990, 1, 4; *G. Müller*, DNotZ 1997, 100, 110 ff.; *Perau*, MittRhNotK 1996, 285, 297 f.

82 LG Nürnberg-Fürth v. 22.12.2011 – 12 T 7607/11, MittBayNot 2012, 317 (zur Auslegung einer entsprechenden Anordnung nach § 133 BGB); Grziwotz/Sauer/Heinemann/*Heinemann/Grziwotz*, § 51 Rn 30; *Winkler*, § 51 Rn 5.

24 Für den Inhalt einer **gemeinsamen Anweisung** der Urkundsbeteiligten an den Notar hinsichtlich der Erteilung von Ausfertigungen ist in erster Linie deren Wortlaut maßgeblich. Auf diesen kann es jedoch nicht ankommen, wenn eine Regelung bei wortlautgetreuer Anwendung keinen rechtlichen Sinn ergibt. Dann müssen der Notar und in einem Notarbeschwerdeverfahren auch das mit der Prüfung des Inhalts einer Anweisung befasste Beschwerdegericht das von den Urkundsbeteiligten Gewollte aus den übrigen dem Notar bekannten Umständen, insbesondere aus dem von den Urkundsbeteiligten mit einer Klausel erkennbar verfolgten Zweck erschließen und die Klausel auslegen.[83]

V. Ausfertigungsberechtigung Dritter

25 Andere Personen als die in Abs. 1 Nr. 1 und 2 Genannten, deren Rechtsnachfolger sowie die nach Abs. 2 bestimmten Personen können grundsätzlich keine Ausfertigungen und Abschriften verlangen. Sonderfälle sind in den §§ 792, 896 ZPO geregelt.

Der Gläubiger eines nach Abs. 1 Nr. 1 oder 2 Ausfertigungsberechtigten ist nach § 792 ZPO berechtigt, Ausfertigungen von Urkunden zu verlangen, die er zum Zwecke der Zwangsvollstreckung benötigt. Er muss dafür Inhaber eines Titels sein und darlegen, dass die Erteilung der Urkunde der Vollstreckung dient.[84] Benötigt der Grundpfandrechtsgläubiger den Nachweis der Finanzierungsvollmacht des Bestellers, schlägt das DNotI mit überzeugenden Gründen vor, den Anspruch auf eine auszugsweise Abschrift der Kaufvertragsurkunde bzgl. der Teile, die die Finanzierungsvollmacht zugunsten des Käufers enthalten, zu beschränken.[85]

Nach § 896 ZPO kann der Gläubiger, der auf der Grundlage einer nach § 894 ZPO fingierten Willenserklärung eine Eintragung in ein öffentliches Buch oder Register betreiben will, anstelle des Schuldners eine Ausfertigung der erforderlichen Urkunden verlangen.

D. Mitteilungspflichten, Einsichtsrechte

26 Durch Abs. 4 wird klargestellt, dass die aufgrund von Rechtsvorschriften gegenüber Gerichten oder Behörden bestehenden Mitteilungspflichten durch § 51 BeurkG unberührt bleiben. Diese Mitteilungspflichten knüpfen zwar unmittelbar an das Urkundsgeschäft an, dienen aber nicht im eigentlichen Sinn dem Vollzug dieses Geschäfts oder des Geschäfts der Beteiligten, sondern vielmehr einem **öffentlichen Informationsinteresse**. Im Übrigen gilt, dass der zur Amtsverschwiegenheit verpflichtete Notar (§ 18 BNotO) einem gerichtlichen oder behördlichen Einsichtnahme- oder Auskunftsersuchen nur in den Fällen nachkommen darf, in denen kraft gesetzlicher Anordnung das Geheimhaltungsinteresse hinter einem öffentlichen Offenbarungsinteresse zurückzutreten hat.[86] Finanzgerichte und Finanzbehörden sind nicht generell berechtigt, die Vorlage von Hand- oder Nebenakten zu fordern.[87] Das Recht dieser Stellen auf Vorlage von Urkunden oder Einsichtnahme in Akten geht nur so weit, wie eine Mitteilungspflicht des Notars besteht.[88] Auskunftsersuchen der Finanzbehörden über Tatsachen, die dem Notar in amtlicher Eigenschaft bekannt geworden sind, hat der Notar im Hinblick auf sein Auskunftsverweigerungsrecht (§ 84 Abs. 1 FGO i.V.m. § 102 Abs. 1 Nr. 3 lit. b, Abs. 4 AO) abzulehnen.[89]

83 BGH v. 26.9.2019 – V ZB 41/19, RNotZ 2020, 112 zu der Formulierung, wann der Notar eine Ausfertigung „dem zuständigen Grundbuchamt zu erteilen" hat.

84 Musielak/Voit/*Lackmann*, § 792 ZPO Rn 2; MüKo-ZPO/*K. Schmidt/Brinkmann*, § 792 ZPO Rn 10.

85 DNotI-Report 2004, 125 ff.; DNotI-Report 2008, 65, 67; s.a. Grziwotz/Sauer/Heinemann/*Heinemann/Grziwotz*, § 51 Rn 38.

86 Vgl. auch Grziwotz/Sauer/Heinemann/*Heinemann/Grziwotz*, § 51 Rn 47 (kein Einsichtsrecht in Nebenakten), 48 (keine allgemeine Mitteilungspflicht).

87 BFH v. 17.3.1982 – II B 58/81, DNotZ 1982, 505, 506; *Küperkoch*, RNotZ 2002, 297, 299; Grziwotz/Sauer/Heinemann/*Heinemann/Grziwotz*, § 51 Rn 47.

88 *Lerch*, § 51 Rn 15; Schippel/Görk/*Sander*, § 18 BNotO Rn 92; *Winkler*, § 51 Rn 38.

89 Grziwotz/Sauer/Heinemann/*Heinemann/Grziwotz*, § 51 Rn 48.

I. Mitteilungspflichten gegenüber dem Finanzamt

Der Notar unterliegt gewissen steuerlichen Beistandspflichten, die seine Verschwiegenheitspflicht nach § 18 BNotO zurücktreten lassen.[90] Nach den §§ 18, 20 GrEStG hat der Notar **grunderwerbsteuerpflichtige Vorgänge** bei dem Finanzamt anzuzeigen, in dessen Bezirk das Grundstück belegen ist (vgl. § 19 BeurkG Rdn 8 ff.).[91] Die Finanzämter sind nicht befugt, diese Urkunden für grundsteuerfremde Zwecke zu benutzen.[92] Urkunden über anzeigepflichtige Vorgänge darf der Notar den Beteiligten erst herausgeben sowie Ausfertigungen oder beglaubigte Abschriften erst erteilen, wenn er die Anzeige an das Finanzamt abgesandt hat (§ 21 GrEStG). Seit 14.12.2010 müssen auch die steuerlichen Identifikationsnummern des Veräußerers und des Erwerbers entsprechend § 139b AO angegeben werden.[93] 27

Eine Anzeigepflicht besteht weiter für Rechtsvorgänge, die möglicherweise der **Erbschafts-** oder der **Schenkungsteuer** unterliegen (§ 102 Abs. 4 AO, § 34 ErbStG, §§ 7, 8 ErbStDV[94]). Nach § 8 Abs. 1 S. 1 ErbStDV hat der Notar dem Finanzamt eine beglaubigte Abschrift der Urkunde über eine Schenkung oder Zweckzuwendung unter Lebenden unter Angabe des der Kostenberechnung zugrundeliegenden Werts (amtlicher Vordruck) zu übersenden (Ausnahme: § 8 Abs. 3 ErbStDV). Auf der Urschrift ist zu vermerken, wann diese beglaubigte Abschrift an welches Finanzamt gesandt wurde (§ 8 Abs. 1 S. 5, Abs. 4 ErbStDV). Die Anzeigepflicht erstreckt sich gem. § 8 Abs. 2 ErbStDV auch auf Urkunden über Rechtsgeschäfte, die z.T. oder der Form nach entgeltlich sind, bei denen aber Anhaltspunkte dafür vorliegen, dass eine Schenkung oder Zweckzuwendung vorliegt. 28

Nach § 54 EStDV unterliegt der Notar der Anzeigepflicht bei Geschäften, die die Gründung, Kapitalerhöhung, Kapitalherabsetzung, Umwandlung oder Auflösung von Kapitalgesellschaften (siehe § 1 Abs. 1 Nr. 1 KStG) sowie die Verfügung über Anteile an **Kapitalgesellschaften** zum Gegenstand haben. Die Mitteilung erfolgt durch Übersendung einer beglaubigten Abschrift der Urkunde[95] (§ 54 Abs. 1 S. 1 EStDV[96]). Einer fremdsprachigen Urkunde muss der Notar keine Übersetzung beifügen.[97] Die Beteiligten dürfen erst dann die Urschrift, eine Ausfertigung oder eine beglaubigte Abschrift der Urkunde erhalten, wenn die Abschrift an das Finanzamt abgesandt worden ist (§ 54 Abs. 3 EStDV). Nach § 54 Abs. 1 S. 2 EStDV besteht eine entsprechende Mitteilungspflicht auch hinsichtlich der Dokumente, die im Rahmen einer **Anmeldung der inländischen Zweigniederlassung einer Kapitalgesellschaft mit Sitz im Ausland** zur Eintragung in das Handelsregister dem Registergericht zu übersenden sind.[98] Im Fall der Verfügung über Anteile an einer Kapitalgesellschaft kann eine Anzeigepflicht nach Maßgabe des § 54 Abs. 4 EStDV ausgelöst werden. 29

II. Sonstige Mitteilungspflichten gegenüber Gerichten und Behörden

Dem **Registergericht** hat der Notar nach § 379 Abs. 1 FamFG **Mitteilung** zu machen, wenn er von einer **unrichtigen, unvollständigen oder unterlassenen Anmeldung** zum Handels-, Vereins-, Partnerschafts- oder Genossenschaftsregister erfährt. Hiervon zu unterscheiden ist die Einreichungspflicht nach § 40 Abs. 2 GmbHG. Die Vorschrift verpflichtet den Notar, nach dem Wirksamwerden einer Änderung des 30

90 *Küperkoch*, RNotZ 2002, 297, 300 ff.; siehe auch die Merkblätter über die steuerlichen Beistandspflichten der Notare (z.B. für Nordrhein-Westfalen Merkblatt der OFD Rheinland und Münster).

91 Zur bürotechnischen Ausführung vgl. *Kersten*, ZNotP 2003, 248, 253 f.

92 *App*, DNotZ 1988, 339, 342.

93 Hierzu näher *Gottwald*, DNotZ 2011, 83; *Klarner*, ZEV 2019, 13.

94 Vgl. hierzu *Schuck*, ZEV 1999, 99, 100 f.; zur bürotechnischen Ausführung vgl. *Kersten*, ZNotP 2003, 248, 254 f.

95 Wobei dem Gesetzgeber selbst dieses formale Erfordernis nicht gegenwärtig zu sein scheint, sieht er doch im Rahmen des Musterprotokolls (Anlagen a) und b) (zu § 2 Abs. 1a) des GmbHG) sub. 6. den folgenden (nicht zu verändernden!) Text vor: „Von dieser Urkunde erhält eine Ausfertigung der Gesellschafter, beglaubigte Ablichtungen die Gesellschaft und das Registergericht (in elektronischer Form) sowie eine **einfache Abschrift das Finanzamt – Körperschaftsteuerstelle** –." (Hervorhebung durch Verf.). Dieser unzutreffende Passus findet sich unverändert auch in den beiden „neuen" Musterprotokollen, die anlässlich des DiRUG in das GmbHG aufgenommen wurden (Eingefügt durch das Gesetz zur Umsetzung der Digitalisierungsrichtlinie (DiRUG) v. 5.7.2021, BGBl 2021 I Nr. 52. Das DiRUG dient der Umsetzung der Richtlinie (EU) 2019/1151 des Europäischen Parlaments und des Rates vom 20.6.2019 zur Änderung der Richtlinie (EU) 2017/1132 im Hinblick auf den Einsatz digitaler Werkzeuge und Verfahren im Gesellschaftsrecht (Abl. L 186 vom 11.7.2019, S. 80).

96 Zur bürotechnischen Ausführung vgl. *Kersten*, ZNotP 2003, 248, 255.

97 KG NJW-RR 2001, 1429 f.; vgl. hierzu auch *Ott*, RNotZ 2015, 189.

98 Hierzu *Wachter*, ZNotP 2008, 113, 115.

Gesellschafterbestandes „anstelle der Geschäftsführer" die geänderte Gesellschafterliste zum Handelsregister einzureichen, wenn er an den Veränderungen des Gesellschafterbestandes mitgewirkt[99] hat.[100] Die Einreichungspflicht nach § 40 Abs. 2 GmbHG trat an die Stelle der früheren Mitteilungspflicht des Notars (§ 40 Abs. 1 S. 2 GmbHG a.F.) und ist insofern nicht disponibel.[101] Systematisch handelt es sich um eine spezielle Vollzugspflicht (vgl. § 53 BeurkG Rdn 1).[102] Die Annahme einer im Zwangsgeldverfahren gegen den Notar durchsetzbaren Pflicht, wie sie zum Teil angenommen wird,[103] widerspricht dieser Systematik und steht nicht im Einklang mit dem amtlichen Charakter der notariellen Vollzugstätigkeit.[104]

31 Bei Beurkundung einer **Vaterschaftsanerkennung** hat der Notar nach § 1597 Abs. 2 BGB beglaubigte **Abschriften** der Anerkennung dem Vater, der Mutter, dem Kind und dem Standesbeamten **zu übersenden.**[105] Entsprechendes gilt für die anderen zur Wirksamkeit der Anerkennung erforderlichen Erklärungen (§ 1597 Abs. 2 BGB). Eine geheime Vaterschaftsanerkennung ist nicht zulässig und muss vom Notar, falls dieses Ansuchen gestellt wird, abgelehnt werden.[106] Die Anzeigepflicht für Mutterschaftsanerkennungen ergibt sich seit dem 1.1.2009 aus § 44 Abs. 3 PStG.[107] **Sorgeerklärungen** nach § 1626a Abs. 1 Nr. 1 BGB sind gem. § 1626d Abs. 2 BGB dem für den Geburtsort des Kindes zuständigen Jugendamt mitzuteilen. Personenstandsrechtliche Mitteilungspflichten nach landesrechtlichen Bestimmungen ergeben sich dann, wenn das Landesrecht regelt, dass Erklärungen nach dem LPartG vor dem Notar abgegeben werden können.[108] § 23 Abs. 1 S. 2 LPartG verlangt in diesem Sinne ausdrücklich, dass die landesrechtlichen Regelungen Gewähr dafür bieten, dass Mitteilungspflichten, die das PStG voraussetzt, erfüllt werden.

32 Besondere **notarielle Pflichten** im Zusammenhang mit der Beurkundung von **Vaterschaftsanerkennungen** sind in Fällen des § 1597a BGB zu beachten (zur Vaterschaftsanerkennung durch den leiblichen Vater siehe Rdn 35): Mit dem Gesetz zur besseren Durchsetzung der Ausreisepflicht[109] wurde eine neue gesetzliche Regelung bei der Vaterschaftsanerkennung eingeführt, die seit dem 29.7.2017 in Kraft ist. Hintergrund der Neuregelung war die Zunahme der missbräuchlichen Anerkennungen von Vaterschaften. Um dem entgegenzuwirken, wurde 2008 zunächst in § 1600 Abs. 1 Nr. 5 BGB ein Recht der Behörde auf Anfechtung der Vaterschaft vorgesehen. Das Bundesverfassungsgericht hat diese Norm jedoch mit Beschluss v. 17.12.2013[110] wegen Verstoßes gegen Art. 16 Abs. 1 GG (verbotene Entziehung der Staatsangehörigkeit) für verfassungswidrig erklärt – insbesondere, weil der weite Anfechtungstatbestand auch Vaterschaftsanerkennungen erfasste, die nicht die Umgehung des Aufenthaltsrechts bezweckten. Der hieraufhin in das BGB eingefügte § 1597a ersetzt dieses repressive Verfahren durch ein präventives Verfahren,[111] das auch den die Vaterschaftsanerkennung beurkundenden Notar unmittelbar tangiert.[112] So muss der beurkundende Notar nach dem neu gefassten § 1597a Abs. 2 BGB eine **Beurkundung aussetzen**, wenn konkrete Anhaltspunkte für eine **missbräuchliche Anerkennung der Vaterschaft** bestehen.[113] Es besteht kein Ermessen, ob eine Aussetzung erfolgt.[114] Wann eine missbräuchliche Anerken-

99 „Mitwirkung" im Sinne des § 40 Absatz 2 GmbHG liegt auch vor, wenn ein Notar nur das Angebot einer Anteilsabtretung beurkundet (OLG München vom 24.10.2012 – 31 Wx 400/12, MittBayNot 2013, 71).

100 Elektronisch beglaubigt nach § 39a BeurkG, vgl. OLG Thüringen v. 25.5.2010, 6 W 39/10 – GmbHR 2010, 760, wenn nicht originär elektronisch erstellt, KG v. 20.6.2011, 25 W 25/11. Vgl. zu diesem Verfahren eingehend *Eickelberg*, NZG 2015, 81.

101 Noack/Servatius/Haas/*Servatius*, § 40 GmbHG Rn 49; *Wachter*, ZNotP 2008, 378, 387.

102 Grziwotz/Heinemann/*Heinemann*, § 53 Rn 16.

103 So OLG Köln v. 19.7.2013 – I-2 Wx 170/13, NZG 2013, 1431, 1433; MüKo-FamFG/*Krafka*, § 388 Rn 22; *Müther*, FGPrax 2014, 275.

104 Vgl. auch Keidel/*Heinemann*, § 388 FamFG Rn 31; *Heinemann*, DNotZ 2014, 391 f.; Schulte-Bunert/Weinreich/*Nedden-Boeger*, § 388 FamFG Rn 27.

105 *Küperkoch*, RNotZ 2002, 297, 316; MüKo-BGB/*Wellenhofer*, § 1597 BGB Rn 7; Schippel/Bracker/*Püls*, Anh. zu § 24 BNotO Rn 108; vgl. auch BT-Drucks 13/4899, 85.

106 OLG Frankfurt v. 14.9.1972 – 20 W 91/72, FamRZ 1972, 657; OLG Hamm v. 31.5.1985 – 15 W 197/84, OLGZ 1985, 300; Schippel/Görk/*Sander*, § 18 BNotO Rn 115.

107 Art. 1 des Gesetzes zur Reform des Personenstandsrechts (Personenstandsrechtsreformgesetz, PStRG) vom 19.2.2007 (BGBl I 2007, 122).

108 Vgl. Art. 2 Bay. AGLPartG v. 7.7.2009, GVBl 2009, 261.

109 BGBl I S. 2780.

110 BVerfG v. 17.12.2013 – 1 BvL 6/10, NJW 2014, 1364.

111 *Grziwotz*, DNotZ 2019, 692.

112 Vgl. hierzu auch Rundschreiben der BNotK Nr. 8/2017 v. 7.7.2017.

113 Vgl. zur Verfahrensaussetzung wegen missbräuchlicher Vaterschaftsanerkennung OLG Köln v. 1.4.2019 – 21 Wx 2/18, DNotZ 2019, 688.

114 Grüneberg/*Siede*, § 1597a BGB Rn 2; Erman/*Hammermann*, § 1597a BGB Rn 41.

nung der Vaterschaft vorliegt, ist in § 1597a Abs. 1 BGB legal definiert.[115] Ein solcher Fall liegt danach u.a. dann vor, wenn die Vaterschaft gezielt gerade zu dem Zweck anerkannt wird, die rechtlichen Voraussetzungen für die erlaubte Einreise oder den erlaubten Aufenthalt des Kindes zu schaffen. Zu beachten ist, dass der Anerkennende nicht zwingend deutscher Staatsangehöriger sein muss, um die Voraussetzungen für einen erlaubten Aufenthalt des Kindes im Bundesgebiet zu vermitteln. Nach § 4 Abs. 3 S. 1 StAG erwirbt ein Kind die deutsche Staatsangehörigkeit auch, wenn der Anerkennende Ausländer ist, seit acht Jahren rechtmäßig seinen gewöhnlichen Aufenthalt in Deutschland hat und ein unbefristetes Aufenthaltsrecht oder eine Aufenthaltserlaubnis nach dem Freizügigkeitsabkommen EU/Schweiz besitzt. Voraussetzung ist, dass das Kind in Deutschland geboren wurde.[116] Sofern ausreichende Anhaltspunkte für eine missbräuchliche Anerkennung der Vaterschaft vorliegen (**Regelbeispiele** in § 1597a Abs. 2 S. 2 Nr. 1 bis 5 BGB), hat der Notar dies der **Ausländerbehörde**[117] nach Anhörung des Anerkennenden und der Mutter **mitzuteilen** und hiernach den **Anerkennenden, die Mutter und das Standesamt zu informieren.**[118] Nach h.M. bestehen allerdings keine Nachforschungspflichten für die Urkundsperson.[119] Auf die bloßen Versicherungen und Beteuerungen der Beteiligten kann sich der Notar bei einem Anzeichen für eine missbräuchliche Vaterschaftsanerkennung jedoch nur in eingeschränktem Umfang verlassen.[120] Das Deutsche Notarinstitut regt an, in der Praxis, soweit eine missbräuchliche Vaterschaftsanerkennung entfernt möglich erscheint, in die Niederschrift über die Vaterschaftsanerkennung eine Negativerklärung des Vaters, vergleichbar der Geschäftsführerversicherung (§ 8 Abs. 3 GmbHG), aufzunehmen, die sich auf die einzelnen Verdachtsgründe des § 1597a Abs. 2 BGB und die Sperrwirkungsvorschrift des § 1597a Abs. 3 BGB bezieht. Der Anerkennende könnte ausdrücklich erklären, dass keines der aufgeführten Regelbeispiele vorliegt. Der Notar könnte auf diese Weise dokumentieren, dass er die erforderliche Prüfung vorgenommen hat.[121]

Solange die Beurkundung aufgrund der dargestellten Zweifel ausgesetzt ist, kann die Anerkennung nicht wirksam – insbesondere auch nicht von einem anderen Notar oder Behörde – beurkundet werden (§ 1597a Abs. 3 BGB).[122] Die Ausländerbehörde prüft und stellt mittels Verwaltungsaktes fest, ob eine sogenannte missbräuchliche Anerkennung der Vaterschaft besteht (§ 85a AufenthG). Bei Unanfechtbarkeit dieser Entscheidung übersendet das Ausländeramt dem Notar sowie dem Standesamt eine beglaubigte Abschrift des Verwaltungsaktes (§ 85a Abs. 3 S. 1 AufenthG); die Beurkundung durch den Notar nunmehr zwingend (und endgültig) abzulehnen (§ 1597a Abs. 2 S. 4 BGB). Der Notar muss – auch wenn ihm etwa ein Abstammungsgutachten vorgelegt wird, nach dem der Antragsteller „zu 99,9999999 % der leibliche Vater des anzuerkennenden Kindes ist" – eine entsprechende Äußerung der Behörde abwarten, bevor die Anerkennung beurkundet wird.[123] Nach der Aussetzungsentscheidung obliegt die Herrschaft über das Verfahren allein der Ausländerbehörde; eine eigenmächtige „Rückholung" durch den Notar ist unzulässig. 33

115 Zur Frage, ob es sich bei § 1597a Abs. 1 BGB um eine Verbotsnorm i.S.v. § 134 BGB handelt, vgl. DNotI-Report 2017, 153, *Knittel*, JAmt 2017, 339, 340 (ablehnend); siehe auch DNotI-Report 2021, 84.

116 Vgl. Rundschreiben des Bundesministeriums des Innern und des Bundesministeriums der Justiz und für Verbraucherschutz zur Anwendung der Gesetzesregelungen zur Verhinderung missbräuchlicher Vaterschaftsanerkennungen v. 21.12.2017 (BMJV IVB2 – 1103/11 – 46 62/2017).

117 Die örtliche Zuständigkeit der Ausländerbehörde richtet sich nach Landesrecht; i.d.R. ist diejenige Ausländerbehörde örtlich zuständig, in deren Zuständigkeitsbereich die Person, für die durch die missbräuchliche Vaterschaftsanerkennung ein Aufenthaltsrecht erlangt werden soll, ihren gewöhnlichen Aufenthalt hat oder zuletzt hatte.

118 Sieht der Notar konkrete Anhaltspunkte für eine missbräuchliche Anerkennung, muss den Beteiligten, d.h. dem Anerkennenden und der Mutter, Gelegenheit gegeben werden, diese auszuräumen. Die Beteiligten trifft insoweit die Darlegungslast.

119 *Knittel*, JAmt 2017, 339, 341 f.; *Grziwotz*, in: Festschrift 25 Jahre DNotI 2018, 319, 328; *ders.*, DNotZ 2019, 692; zweifelnd: *Balzer*, NZFam 2018, 5, 6.

120 DNotI-Report 2017, 153, 155.

121 DNotI-Report 2017, 153, 155. Einer solchen Erklärung bedarf es aber nicht, wenn alle Beteiligte die deutsche Staatsangehörigkeit besitzen.

122 Nach der Begründung zur Beschlussempfehlung des Innenausschusses (BT-Drucks 18/12415, S. 21) wird in der Praxis die Umgehung effektiv insbesondere dadurch verhindert, dass das Standesamt, das den Geburteneintrag des Kindes führt, aufgrund der in § 1597a Abs. 2 S. 3 BGB und der in § 85a Abs. 3 AufenthG vorgesehenen Mitteilung Kenntnis darüber hat, ob bereits ein Verfahren zur Überprüfung eines Verdachts auf eine missbräuchliche Anerkennung bei einer Behörde eingeleitet oder mit der Feststellung eines Missbrauchs abgeschlossen wurde. Eine zeitlich nach diesen Mitteilungen abgegebenen Anerkennung ist hiernach „unwirksam und die Eintragung des Anerkennenden als Vater des Kindes (ist) daher vom Standesbeamten abzulehnen." (BT-Drucks 18/12415, S. 21).

123 DNotI-Report 2021, 84.

34 Nicht geregelt hat der Gesetzgeber den praxisrelevanten Fall, dass die Beteiligten den Beurkundungsauftrag (insb. nachdem die Zweifel des Notars offenkundig werden) zurücknehmen und von der Anerkennung der Vaterschaft bei der Urkundsperson Abstand nehmen. Eine erste Stellungnahme in der Literatur hält in diesem Fall eine Aussetzung des Verfahrens und eine Mitteilung der Anerkennung an die Ausländerbehörde nicht für möglich.[124] Dagegen spricht indes der Umstand, dass die Beteiligten den Schutz des § 1597a Abs. 2 BGB auf diese Weise sehr einfach ausschalten könnten.[125]

35 Für die Praxis bedeutsam ist, dass die vorliegenden Grundsätze nicht nur zur Anwendung gelangen, wenn der ausländische Vater seine Vaterschaft anerkennt, sondern auch in dem (ebenso praxisrelevanten) Fall, wenn die **Mutter ihre Zustimmung zur Vaterschaft** erklärt (§ 1597a Abs. 4 BGB). Die Regelungen finden indes stets dann keine Anwendung, wenn der Anerkennende der **leibliche Vater** des anzuerkennenden Kindes ist (§ 1597a Abs. 5 BGB).[126]

36 In **Nachlasssachen** sind die Mitteilungs- und Ablieferungspflichten nach § 34a BeurkG zu beachten (siehe Kommentierung dort).

37 Besondere Identifizierungs- und Meldepflichten, denen auch Notare unterliegen, ergeben sich aus dem **Geldwäschegesetz (GwG)**. Der Notar gehört gem. § 2 Abs. 1 Nr. 10 BeurkG zu den Verpflichteten i.S.d. GwG.[127] Er muss insbesondere der Identifizierungspflicht gem. § 11 GwG nachkommen (ausführlich zur Identifizierungspflicht § 10 BeurkG Rdn 17 ff.).[128] Die Pflicht zur Meldung von Verdachtsfällen an die Zentralstelle für Finanztransaktionsuntersuchungen ist in § 43 GwG geregelt. Die Meldepflicht an die FIU (**Zentralstelle für Finanztransaktionsuntersuchungen, engl.: Financial Intelligence Unit**), besteht dabei wenn entweder positive Kenntnis darüber besteht, dass die notarielle Amtstätigkeit für Zwecke der Geldwäsche, der Terrorismusfinanzierung oder einer anderen Straftat genutzt wurde oder wird („Wissensmeldung“) oder ein Sachverhalt vorliegt, der aufgrund der Geldwäschegesetzmeldepflichtverordnung-Immobilien (GwGMeldV-Immobilien)[129] gemäß § 43 Abs. 6 GwG stets zu melden ist („Sachverhaltsmeldung“).[130] Eine derartige Sachverhaltsmeldung besteht konkret dann, wenn der Anwendungsbereich des GwG eröffnet ist, ein Erwerbsvorgang nach § 1 GrEStG vorliegt, ein in der Verordnung aufgezählter meldepflichtiger Sachverhalt gegeben ist, dessen relevante Umstände dem Notar bekannt sind und keine entkräftenden Tatsachen i.S.d. § 7 GwGMeldV-Immobilien[131] vorliegen.[132]

38 Meldepflichtige Sachverhalte betreffen dabei insbesondere der Bezug zu **Risikostaaten** oder Sanktionslisten gem. § 3 GwGMeldV-Immobilien,[133] Auffälligkeiten im Zusammenhang mit den Beteiligten gem. § 4 GwGMeldV-Immobilien, Auffälligkeiten im Zusammenhang mit dem Preis einer Immobilie oder einer Kauf- oder Zahlungsmodalität (§ 6 GwGMeldV-Immobilie) und Auffälligkeiten im Zusammenhang mit Stellvertretung (§ 5 GwGMeldV-Immobilie).

124 *Knittel*, JAmt 2017, 339, 343.

125 DNotI-Report 2017, 153, 154.

126 Wird dementsprechend vorgetragen, der Anerkennende sei der leiblicher Vater, liegt es im pflichtgemäßen Ermessen des Notars, zu beurteilen, ob dadurch etwaige konkrete Anhaltspunkte für eine missbräuchliche Anerkennung oder Zustimmung ausgeräumt werden (so explizit das Rundschreiben des Bundesministerium des Innern und des Bundesministerium der Justiz und für Verbraucherschutz zur Anwendung der Gesetzesregelungen zur Verhinderung missbräuchlicher Vaterschaftsanerkennungen v. 21.12.2017 (BMJV IVB2 – 1103/11 – 46 62/2017). Die bloße Erklärung des Annehmenden, der biologische Vater zu sein, reicht indes in keinem Fall aus, etwaige Zweifel auszuräumen: DNotI 2017, 153, 155 (auch zu etwaigen Abstammungsunterlagen).

127 Vgl. *Genske*, notar 2020, 138.

128 Vgl. anschaulich zu dem Erfordernis nach § 12 Abs. 1 Nr. 1 GwG LG Dessau-Roßlau v. 9.4.2020 – 6 T 37/20, DNotZ 2020, 665 („Wir ..., Menschensohn des ... und der..., aus dem Hause..., zugleich oberster Souverän des...“ unter Vorlage eines „Diplomatenpasses“ und eines internationalen Pressepasses in Mehrfertigung); *Genske*, notar 2021, 166; zuvor *Bülte*, notar 2019, 75, 83.

129 BGBl 2020 I, 1965, am 1.10.2020 in Kraft getreten, am 31.8.2020 verkündet. Vgl. hierzu etwa *Genske*, notar 2021, 166.

130 Hierzu *Ehrl*, notar 2020, 300.

131 ... dem Notar also (ausnahmsweise) konkrete Tatsachen vorliegen, die die aufgrund des Sachverhalts vorhandenen Anzeichen entkräften. Sollte der Notar aus diesem Grund von einer Meldung absehen, hat er die Gründe entsprechend § 8 Abs. 1 S. 1 Nr. 4 GwG zu dokumentieren und die Dokumentation für Zwecke der aufsichtsrechtlichen Zwecke aufzubewahren.

132 Gemäß § 51 Abs. 8 GwG stellt die Aufsichtsbehörde den Verpflichteten regelmäßig aktualisierte Auslegungs- und Anwendungshinweise für die Umsetzung der geldwäscherechtlichen Pflichten zur Verfügung; die „Verteilung“ erfolgt bei den Notaren über die BNotK. Diese gibt den Notaren unter http://gwg.bnotk.de überdies ein GwG-Prüfungstool an die Hand, das im Frage-Antwort-Modus entlang eines digitalen Entscheidungsbaumes durch die Prüfung der geldwäscherechtlichen Pflichten führt.

133 Hinsichtlich der EU-Sanktionsliste besteht eine Suchmöglichkeit über die Seite http://www.finanz-sanktionsliste.de des Landes NRW.

Regelungen zu meldepflichtigen Zahlungsvorgängen finden sich in der aufgrund des § 11 Abs. 2 AWG erlassenen **Außenwirtschaftsverordnung.**[134] Unterliegt ein Beteiligter einer solchen Meldepflicht, kann die Meldung auch durch den Notar als Dritteinreicher erfolgen; betrifft der Zahlungsvorgang den Notar, kann er im Übrigen auch selbst einer Meldepflicht unterliegen.[135] 39

Gemäß § 195 Abs. 1 S. 1 **BauGB** ist eine Abschrift jedes Vertrages, durch den sich ein Beteiligter verpflichtet, das Eigentum an einem Grundstück oder Erbbaurecht gegen Entgelt zu übertragen, dem **Gutachterausschuss** zu übersenden. Noch nicht wirksame Verträge sind nicht mitzuteilen, sondern erst bei Wirksamkeit, also etwa mit Eintritt einer vereinbarten aufschiebenden Bedingung.[136] 40

Bildet der Notar einen **Teilhypotheken-, Teilgrundschuld- oder Teilrentenschuldbrief** (§ 20 Abs. 2 BNotO, §§ 61, 70 GBO), muss er dem Grundbuchamt, das den Stammbrief ausgestellt hat, die Herstellung unter Angabe der Gruppe und Nummer des Teilbriefs sowie des Betrags mitteilen.[137] 41

§ 52 Vollstreckbare Ausfertigungen

Vollstreckbare Ausfertigungen werden nach den dafür bestehenden Vorschriften erteilt.

Literatur *Armasow*, Die Zwangsvollstreckungsunterwerfung bei getrennter Beurkundung von Angebot und Annahme, RNotZ 2006, 464; *Armbrüster/Greis*, Mitwirkungsverbot des als Schiedsrichter vorbefassten Notars bei der Vollstreckbarerklärung eines Schiedsspruchs, DNotZ 2016, 818; *Basty*, Keine Berufung auf die Nichtigkeit von Unterwerfungserklärungen unter die sofortige Zwangsvollstreckung in Immobilienerwerbsmodellen, LMK 2004, 106; *Bolkart*, Zur Zustellung der Vollmacht bei Vertretung im Rahmen der Unterwerfung unter die sofortige Zwangsvollstreckung, MittBayNot 2007, 338; *Böttcher*, Entwicklung des Grundbuch- und Grundstücksrechts in den Jahren 2005–2007, NJW 2008, 2088; *Brambring*, Grundsätzliche Zustimmung des Amtsgerichts für weitere vollstreckbare Ausfertigung einer notariellen Urkunde, DNotZ 1977, 572; *Derleder*, Die neue Sicherungsgrundschuld – Die Beschränkungen des Zugriffs der Banken beim Immobiliarkredit, ZIP 2009, 2221; *Dieckmann*, Dingliche Zwangsvollstreckungsunterwerfung bei Abtretung der Sicherungsgrundschuld und Eigentümerschutz nach BGHZ 185, 133 oder: (Gelungenes?) Richterrecht durch obiter dictum im Versäumnisurteil? Einige kritische Überlegungen zum Urteil des Bundesgerichtshofs vom 30.3.2010 (XI ZR 200/2009), BWNotZ 2011, 42; *Esser*, Rechtsberatungsgesetz – höchstrichterliche Rechtsprechung und ausgewählte notarrelevante Probleme, RNotZ 2005, 69; *Everts*, Von gesetzlichen Verboten und zwingendem Recht – zur Zulässigkeit des Nachweisverzichts im Klauselerteilungsverfahren, DNotZ 2013, 730; *Franzmann*, Der Europäische Vollstreckungstitel für unbestrittene Forderungen – Hinweise für die notarielle Praxis, MittBayNot 2005, 470; *Geimer*, Notarielle Vollstreckbarerklärung von Anwaltsvergleichen, DNotZ 1991, 266; *Habersack*, Die Vollstreckungsunterwerfung des Kreditnehmers im Lichte des Risikobegrenzungsgesetzes, NJW 2008, 3173; *Herrler*, Grenzen des Schuldnerschutzes beim Forderungsverkauf, NJW 2011, 2762; *Hügel*, Das neue Wohnungseigentumsrecht, DNotZ 2007, 326; *Hügel/Grüner*, Verjährte Grundschuldzinsen und vollstreckbare Ausfertigungen – Handlungsbedarf im Notarbüro?, NotBZ 2024, 443; *Kesseler*, Die GbR und das Grundbuch, NJW 2011, 1909; *Klein*, Die befreiende Schuldübernahme in Grundstückskaufverträgen, RNotZ 2020, 1; *Kolling*, Aktuelle Rechtsprechung zur Zwangsvollstreckung durch den Zessionar einer Sicherungsgrundschuld, BKR 2011, 501; *Kratz*, Schuldanerkenntnisse in der notariellen Praxis, RNotZ 2021, 1; *Kremer*, Die Gesellschaft bürgerlichen Rechts im Grundbuchverkehr, RNotZ 2004, 239; *Lautner*, Alles wieder beim Alten? – Die gesetzliche Neuregelung zur Teilnahme der Gesellschaft bürgerlichen Rechts am Grundstücksverkehr, DNotZ 2009, 650; *Lautner*, Rechtsfähigkeit ohne Grundbuchfähigkeit? – Das Dilemma der Außengesellschaft bürgerlichen Rechts im Grundstücksrecht, MittBayNot 2005, 93; *Limmer*, Erweiterung der Vollstreckbarkeit aus notariellen Urkunden – Zweites Gesetz zur Änderung zwangsvollstreckungsrechtlicher Vorschriften, DNotI Report 1998, 9; *Lindemeier*, Unterwerfungserklärung durch Bevollmächtigte und § 79 ZPO bzw. § 13 FGG – ein Beispiel für Prozesshandlungen außerhalb eines streitigen Prozessrechtsverhältnisses, RNotZ 2009, 37; *Lindemeier*, Fragen der „Umschreibung" der Vollstreckungsklausel ohne Rechtsnachfolge, RNotZ 2002, 41; *Müller*, Notarielle Vollstreckungstitel, RNotZ 2010, 167; *Münch*, Der Anwendungsbereich der Vollstreckungsunterwerfung – Zum neuen Recht der vollstreckbaren Urkunde, ZNotP 1998, 474; *Paulus/Henkel*, Rechtsschein der Prozessvollmacht, NJW 2003, 1692; *Piekenbrock*, Das Sicherheitenpaket der Realkreditgläubiger: Ein juristisches Schauspiel, ZZP 125 (2012), 171; *Reithmann*, Grundpfandrechte heute – Rechtsentwicklung und Aufgaben des Notars, DNotZ 1982, 67; *Reithmann*, Zu den Bestimmtheitsanforderungen

134 AWV v. 2.8.2013 (BGBl I 2013, 2865).

135 Vgl. im Einzelnen Rundschreiben Nr. 6/2014 der BNotK zum Meldewesen bei außenwirtschaftsrechtlichen Zahlungsvorgängen von Notaranderkonten.

136 Gutachten DNotI-Report 2021, 52.

137 Vgl. *Küperkoch*, RNotZ 2002, 297, 311 m.w.N.

des § 794 Abs. 1 Nr. 5 ZPO sowie zur Frage der Zulässigkeit der Vollstreckungsgegenklage gegen einen unwirksamen Vollstreckungstitel, DNotZ 1992, 664; *Reul*, Zwangsvollstreckung bei Wertsicherungsklauseln in notariellen Urkunden, MittBayNot 2005, 265; *Reymann*, Immobiliarvollstreckung gegen GbR(–Gesellschafter), NJW 2011, 1412; *Scheel*, Zur Umschreibung von Vollstreckungsklauseln Teil V, NotBZ 2001, 286; *Schmieszek*, Der Nachweisverzicht – Unangemessene Benachteiligung des Kreditnehmers und gesetzlich verboten? WM 2014, 1804; *Sommer*, Das Risikobegrenzungsgesetz in der notariellen Praxis, RNotZ 2009, 578; *Soutier*, Die Umschreibung von Vollstreckungsklauseln – eine Anleitung für die Praxis (Teil I–III), MittBayNot 2011, 181, 275, 366; *Stöber*, Zwangsvollstreckungsunterwerfung durch Bevollmächtigten, NotBZ 2008, 209; *Veeser*, Der vollstreckbare Anwaltsvergleich (1996); *Volmer*, Die Kündigung der Sicherungsgrundschuld nach dem Risikobegrenzungsgesetz, MittBayNot 2009, 1; *Veeser*, Neues zur Auslandsvollstreckung aus notariellen Urkunden, MittBayNot 2016, 20; *von Rintelen*, Probleme und Grenzen der Vollstreckungsunterwerfung in der notariellen Urkunde, RNotZ 2001, 2; *Wagner*, Grundbuchfähigkeit der Gesellschaft bürgerlichen Rechts, ZIP 2005, 637; *Wagner*, Zur Grundbuchfähigkeit der Außen-GbR, ZNotP 2006, 408; *Wälzholz/Scheel*, Die Gesellschaft bürgerlichen Rechts in der Zwangsvollstreckung – praktische Fragen im Notariat, NotBZ 2005, 121; *Will*, Aufgaben und Pflichten des Notars im Zusammenhang mit dem vollstreckbaren außergerichtlichen Vergleich nach § 1044b ZPO, BWNotZ 1992, 89; *J. Winkler*, Die vollstreckbare Ausfertigung in der notariellen Praxis, RNotZ 2019, 117; *Wolf*, Der Vollmachtnachweis bei der Zwangsvollstreckungsunterwerfung, ZNotP 2007, 86; *Wolf*, Der „richtige" Zeitpunkt der Erteilung einer vollstreckbaren Ausfertigung, ZNotP 2007, 170; *Wolfsteiner*, Die vollstreckbare Urkunde nach der 2. Zwangsvollstreckungsnovelle, DNotZ 1999, 306; *Zimmer*, Der vollstreckbare Anwaltsvergleich in der notariellen Praxis, NotBZ 2000, 175; *Zimmer*, Rechtsgeschäftliche Vertretung und Vollstreckungsunterwerfung, NotBZ 2006, 302.

A. Anspruch auf Erteilung einer vollstreckbaren Ausfertigung

I. Allgemeines

§ 52 BeurkG regelt nicht die Voraussetzungen für die Erteilung einer vollstreckbaren Ausfertigung, sondern verweist auf die einschlägigen außerhalb des BeurkG bestehenden Vorschriften. Die Verweisung ist konsequent, da die Schaffung eines Vollstreckungstitels eine aus dem staatlichen (Zwangs-) Gewaltmonopol abgeleitete Tätigkeit ist, so dass es sich bei der Erteilung vollstreckbarer Ausfertigungen in der Sache nicht mehr um vorsorgende Rechtspflege, sondern um eine Maßnahme des Zivilprozessrechts handelt.[1] Allerdings darf nicht außer Acht gelassen werden, dass Grundlage des Vollstreckungstitels die **Unterwerfungserklärung des Schuldners** ist. Der Titel selbst wird in einem Beurkundungsverfahren, also in einem Verfahren der Freiwilligen Gerichtsbarkeit, errichtet.[2] 1

Die **vollstreckbare Ausfertigung** ist die mit der Vollstreckungsklausel versehene Ausfertigung des Titels (§ 724 ZPO). Mit der Vollstreckungsklausel wird dem Vollstreckungsorgan die **Vollstreckbarkeit des Titels in formalisierter Form vorgegeben**. Allenfalls bei grundlegenden, schweren Mängeln kann die Klausel nichtig und deshalb von vornherein unwirksam sein; ansonsten ist die Rechtmäßigkeit der Klauselerteilung im Wege der Klauselerinnerung (§ 732 ZPO) zu klären.[3] 2

Regelungen über die Erteilung der vollstreckbaren Ausfertigung einer notariellen Urkunde finden sich in den §§ 724 ff., 797 ZPO.[4] In der prozessrechtlichen Literatur werden diese Vorschriften – allerdings ohne besondere Betrachtung der notariellen Urkunde – auch dann herangezogen, wenn eine Urkunde ein Vollstreckungstitel nach § 86 Abs. 1 Nr. 3 FamFG i.V.m. § 794 Abs. 1 Nr. 5 ZPO ist,[5] da das FamFG keine eigenen Regelungen über die Erteilung der Klausel enthält.[6] Für das notarielle **Klauselerteilungsverfahren** ist vor allem von Interesse, und zwar unabhängig von der Rechtsnatur des titulierten Anspruchs, ob sich das Verfahren allgemein nach ZPO- oder FamFG-Grundsätzen richtet. Wohl überwiegend wird keine spezifische Prägung des notariellen Klauselerteilungsverfahrens durch das FamFG angenommen.[7] Nach a.A. sollen für das notarielle Verfahren für die Errichtung einer vollstreckbaren Urkunde i.S.v. § 794 Abs. 1 Nr. 5 ZPO sowie für das Antragsverfahren auf Erteilung der vollstreckbaren Ausfertigung generell die Grundsätze des FamFG Anwendung finden, sofern sich aus dem BeurkG oder aus den §§ 794 Abs. 1 Nr. 5, 797 ZPO keine abschließende Regelung ergibt.[8] Praktische Unterschiede ergeben sich kaum, so dass die Vorschriften z.T. auch schlicht parallel herangezogen werden.[9] Da § 52 BeurkG jedoch mit dem Verweis auf die für die Klauselerteilung bestehenden Vorschriften eine Trennung zwischen Beurkundungsverfahren und Klauselverfahren vollzieht (zur Einschränkung siehe Rdn 7), sprechen die besseren Gründe dafür, nicht per se zwischen dem gerichtlichen (ZPO) und dem notariellen (FamFG) Klauselerteilungsverfahren zu differenzieren, sondern das Klauselverfahren als ein ZPO-Verfahren zu qualifizieren. 3

Wenn der Umstand, dass es sich bei dem Vollstreckungstitel um eine – in einem Beurkundungsverfahren errichtete – notarielle Urkunde handelt, eine abweichenden Behandlung erfordert (vgl. Rdn 7), dann ist diese Abweichung im Hinblick auf das spezielle Titulierungsverfahren und die daran anknüpfende Zuständigkeit gesondert zu begründen. Lehnt der Notar die Erteilung einer vollstreckbaren Ausfertigung 4

1 Vgl. *Bohrer*, Rn 86; *Geimer*, DNotZ 1991, 266, 271 Fn 27a; *Wolfsteiner*, Urkunde, Rn 33.5.

2 Vgl. MüKo-ZPO/*Wolfsteiner/K. Volmer/M. Volmer*, § 794 ZPO Rn 151.

3 BGH v. 12.1.2012 – VII ZB 71/09, NJW-RR 2012, 1146, 1147 Rn 15 ff. (insb. nicht Aufgabe des Vollstreckungsorgans, die Wirksamkeit der Klausel am Inhalt des Titels zu messen und die erforderliche Abgrenzung zwischen unbedingt und bedingt vollstreckbaren Titeln vorzunehmen); BGH v. 23.5.2012 – VII ZB 31/11, NJW-RR 2012, 1148; BGH v. 16.5.2012 – I ZB 65/11, NJW 2012, 3518; BGH v. 25.10.2012 – VII ZB 57/11, NJW-RR 2013, 437 m.w.N.; BGH v. 6.6.2013 – V ZB 117/12, BeckRS 2013, 11008 Rn 7 gegen Zöller/*Herget*, § 794 Rn 38.

4 Zur Vollstreckung wegen eines Anspruchs, der öffentlich-rechtlicher Natur ist, vgl. BGH DNotZ 2006, 189 ff. mit krit. Anm. *Wolfjer*.

5 Zum Umfang des Verweises vgl. Sternal/*Giers*, § 86 FamFG Rn 11.

6 Sternal/*Giers*, § 86 Rn 17; MüKo-FamFG/*Zimmermann*, § 86 FamFG Rn 32.

7 Vgl. Frenz/Miermeister/*Limmer*, § 52 BeurkG Rn 1a; *Lerch*, § 52 Rn 1, 9 ff.; *Winkler*, § 52 Rn 3.

8 Grziwotz/Heinemann/*Heinemann/Grziwotz*, § 52 Rn 2; *Heinemann*, FamFG für Notare, Rn 37, 633 ff., zum Verfahren auf Erteilung einer vollstreckbaren Ausfertigung Rn 637 ff.; *Gaier*, ZNotP 2013, 322, 325 f. (§ 23 FamFG).

9 Vgl. Kersten/Bühling/*Wolfsteiner/Rebhan*, § 20 Rn 141 ff., der sich aber gleichwohl etwa für einen formlosen Antrag (ohne Rückgriff auf § 23 FamFG) ausspricht.

ab, richtet sich das **Beschwerdeverfahren gem. § 54 BeurkG** – wie das allgemeine Notarbeschwerdeverfahren (§ 15 Abs. 2 BNotO) – nach den Vorschriften des FamFG.

5 Die Erteilung vollstreckbarer Ausfertigungen ist eine **Amtshandlung des Notars**, die dieser in seinen Amtsräumen vorzunehmen hat. Der Anspruch auf Erteilung einer vollstreckbaren Ausfertigung impliziert keine Übersendung der vollstreckbaren Ausfertigung an den Gläubiger,[10] die aufgrund besonderer Weisung aber erfolgen kann.

6 Für die vollstreckbare Urkunde, die von einem Beamten oder Angestellten des **Jugendamtes** aufgenommen wird, gelten unter grundsätzlicher Verweisung auf die Vorschriften der ZPO die in § 60 SGB VIII geregelten Besonderheiten. Die Erteilung vollstreckbarer **Ausfertigungen konsularischer Urkunden** erfolgt nach § 10 Abs. 3 Nr. 5 S. 2 KonsG durch das Amtsgericht.

II. Vorab: Anspruch auf Erteilung der einfachen Ausfertigung

7 Nach der **Legaldefinition** des § 724 Abs. 1 ZPO ist eine vollstreckbare Ausfertigung eine mit der Vollstreckungsklausel versehene Ausfertigung des Titels. Die ZPO setzt also voraus, dass der Gläubiger über eine **einfache Ausfertigung** verfügen kann. Ist der Vollstreckungstitel eine notarielle Urkunde, stellt sich das Problem, dass es sich zwar um einen Vollstreckungstitel nach § 794 Abs. 1 Nr. 5 ZPO handelt, für den die Vorschriften der ZPO gelten, die notarielle Urkunde mit dem Inhalt des § 794 Abs. 1 Nr. 5 ZPO aber nach den Vorschriften des BeurkG geschaffen wird. Das BeurkG gewährt einen **Anspruch auf Erteilung einer einfachen Ausfertigung** nicht jedem, der ein berechtigtes Interesse darlegen kann, sondern nur den nach § 51 BeurkG ausdrücklich berechtigten Personen. Der Gläubiger, der nicht selbst eine Erklärung in der Urkunde abgegeben hat, könnte hiernach nur dann eine Ausfertigung verlangen, wenn der Schuldner eine entsprechende Bestimmung nach § 51 Abs. 2 BeurkG getroffen hat.

1. Meinungsstand

8 Nach **h.M.** richtet sich die Erteilung einer einfachen Ausfertigung nach den für den jeweiligen Vollstreckungstitel geltenden Regelungen, so dass der Gläubiger, dem gegenüber sich der Schuldner in einer notariellen Urkunde der Zwangsvollstreckung unterworfen hat, nur dann über eine für die Erteilung der vollstreckbaren Ausfertigung taugliche Ausfertigung verfügen kann, wenn er zu den gesetzlichen oder gewillkürten Ausfertigungsberechtigten gehört oder wenn der Schuldner ihm eine Ausfertigung ausgehändigt hat.[11]

9 Nach **a.A.** ist die vollstreckbare Urkunde dagegen nicht anders zu behandeln als die sonstigen Vollstreckungstitel der ZPO mit der Konsequenz, dass dem Gläubiger, dem mit der Unterwerfungserklärung des Schuldners ein Vollstreckungsrecht gewährt wird, unter den Voraussetzungen der §§ 724 ff. ZPO eine vollstreckbare Ausfertigung zu erteilen ist. Auf den beurkundungsrechtlichen Anspruch auf Erteilung einer Ausfertigung (§ 51 BeurkG) kommt es nach dieser Auffassung nicht an.[12]

2. Stellungnahme

10 Die zweite Ansicht kann mit ihrer strikten Trennung von Beurkundungsrecht und Zivilprozessrecht systematische Konsequenz für sich verbuchen und vermeidet überdies, dass irreführende Abschriften in den Rechtsverkehr geraten, die für eine Vollstreckung nicht tauglich sind und auf die sich der Gläubiger, der einen Vollstreckungstitel in Händen zu haben glaubt, vergeblich stützt. Gleichwohl ist es gerechtfertigt, mit der h.M. der notariellen Urkunde eine Sonderstellung unter den Vollstreckungstiteln der ZPO einzuräumen. Der Umstand, dass es sich hier um einen Titel handelt, der allein auf der freiwillig abgegebe-

10 OLG Düsseldorf RNotZ 2005, 374 (zur Versendung auf Anforderung des Beteiligten).

11 OLG Celle DNotZ 1974, 484, 485; OLG Düsseldorf RNotZ 2001, 298, 299; OLG Hamburg DNotZ 1987, 356 f.; OLG Hamm DNotZ 1988, 241, 242; OLG Rostock NotBZ 2002, 33; LG Kempten MittBayNot 2006, 523, 524; DNotI-Report 1996, 1, 2; BeckOGK/*Regler*, Stand: 1.7.2025, § 52 BeurkG Rn 4; Grziwotz/Sauer/Heinemann/*Heinemann/Grziwotz*, § 52 Rn 3; Musielak/Voit/*Lackmann*, § 797 ZPO Rn 3; Frenz/Miermeister/*Limmer*, § 52 BeurkG Rn 1b; *von Rintelen*, RNotZ 2001, 2, 13; Zöller/*Herget*, § 797 Rn 2; *Wolfsteiner*, Urkunde, Rn 11.55 ff.

12 LG Kempten MittBayNot 1986, 142; LG München II MittBayNot 1979, 192; *Winkler*, § 52 Rn 49 ff.; *Lerch*, § 52 Rn 5 f.

nen Unterwerfungserklärung des Schuldners beruht, ist auch verfahrensrechtlich zu berücksichtigen. Diesem Gesichtspunkt tragen nur die auf die freiwillige Inanspruchnahme der Urkundsperson zugeschnittenen Regelungen des BeurkG Rechnung. Ob der Gläubiger die für die Erteilung einer vollstreckbaren Ausfertigung vorausgesetzte **einfache Ausfertigung verlangen** kann, richtet sich deshalb allein nach **§ 51 BeurkG**.

B. Die vollstreckbare Urkunde

Die Verweisung des § 52 BeurkG betrifft Vollstreckungstitel, die in einem Beurkundungsverfahren errichtet werden. Vollstreckbare Urkunden i.S.d. § 794 Abs. 1 Nr. 5 ZPO müssen von einer **zuständigen Stelle** in der vorgeschriebenen **Form** aufgenommen sein, einen **vollstreckbaren Anspruch** zum Gegenstand haben und die **Unterwerfung** des Schuldners unter die sofortige Zwangsvollstreckung enthalten. Die Errichtung dieses Titels ist also nichts anderes als die Beurkundung der Unterwerfungserklärung wegen eines bezeichneten Anspruchs. 11

I. Beurkundung der Unterwerfungserklärung

1. Unterwerfungserklärung und materiell-rechtliche Verpflichtung

Die Erklärung des Schuldners, sich wegen eines bezeichneten Anspruchs der Zwangsvollstreckung zu unterwerfen, ist eine auf die Schaffung eines Vollstreckungstitels gerichtete einseitige **Prozesshandlung**.[13] Als solche unterliegt sie beispielsweise nicht dem Zustimmungserfordernis nach § 1365 BGB.[14] Die Unterwerfungserklärung bezieht sich auf einen nur **angeblichen Anspruch,** den sie weder verstärken noch bestätigen kann.[15] Von Erklärungen mit materiell-rechtlicher Wirkung, die den zur Vollstreckung gestellten Anspruch betreffen, muss die Unterwerfungserklärung strikt unterschieden werden. Die Wirksamkeit der Unterwerfungserklärung ist nicht vom Bestand der ihr zugrunde liegenden materiell-rechtlichen Verpflichtung abhängig.[16] Außerdem tritt auch **keine Änderung der Beweislast** ein. Als Beklagter einer **Vollstreckungsabwehrklage** muss der Gläubiger nach allgemeinen Beweislastregeln die Entstehungsvoraussetzungen seines Anspruchs nachweisen.[17] 12

Trotz des prozessualen Charakters der Unterwerfungserklärung können nach höchstrichterlicher Rspr. allerdings prinzipiell auch **materiell-rechtliche Erwägungen zur Unwirksamkeit der Unterwerfungserklärung** führen.[18] Insbesondere wird die Erklärung ggf. als **Allgemeine Geschäftsbedingung** behandelt und an den §§ 305 ff. BGB gemessen.[19] Für die praxisrelevante formularmäßige Zwangsvollstreckungsunterwerfung des mit dem persönlichen Kreditschuldner identischen Grundschuldbestellers in Grundschuldbestellungsformularen hat der BGH eine Unwirksamkeit nach § 307 BGB wiederholt verneint.[20] 13

Probleme bereitet die Bewertung von formularmäßigen Unterwerfungen im Rahmen von Sicherungsgrundschuldbestellungen, die vor Inkrafttreten des **Risikobegrenzungsgesetzes**[21] erklärt wurden. Für Grundschulden, deren Erwerb nach dem 19.8.2008 erfolgte, gilt § 1192 Abs. 1a BGB (Übergangsrege- 14

13 BGHZ 108, 372, 375 f.; BGH DNotZ 1985, 474, 475; BGH NJW 2002, 139; BGHZ 154, 283, 286 f. = NJW 2003, 1594; BGH NJW 2004, 844; BGH NZI 2008, 363; OLG Brandenburg BeckRS 2025, 8697; BeckRS 2025, 28484; Musielak/Voit/*Lackmann*, § 794 ZPO Rn 35; Stein/Jonas/*Kern*, § 794 ZPO Rn 125; Zöller/*Herget*, § 794 Rn 32; MüKo-ZPO/*Wolfsteiner/K. Volmer/M. Volmer*, § 794 ZPO Rn 158; ausführlich zur Rechtsnatur der Unterwerfungserklärung *Wolfsteiner*, Urkunde, Rn 11.8 ff.

14 BGH WM 2008, 1507.

15 Vgl. Stein/Jonas/*Kern*, § 794 ZPO Rn 105; *Wolfsteiner*, Urkunde, Rn 11.18.

16 BGH DNotZ 1985, 474, 475; BGH DNotZ 1991, 531, 532; BGH NJW 1994, 2755, 2756; BGH NJW 2001, 2096, 2098; BGH NJW 2004, 59, 60; BGH NZI 2008, 363; Musielak/Voit/*Lackmann*, § 794 ZPO Rn 35; Wieczorek/Schütze/*Paulus*, § 794 ZPO Rn 90; Thomas/Putzo/*Seiler*, § 794 ZPO Rn 54; Zöller/*Herget*, § 794 Rn 32; KK/*Walker/Gomille*, § 794 ZPO Rn 61a.

17 BGHZ 147, 203 = NJW 2001, 2096, 2098 = MittBayNot 2001, 386 mit Anm. *Heinemann*; NJW 2002, 138, 139; s.a. BGH NJW 2002, 139.

18 BGHZ 139, 387, 388 = NJW 1999, 51 (Bauträgervertrag); kritisch etwa *Wolfsteiner*, DNotZ 1999, 99 ff.; *Wolfsteiner*, Urkunde, Rn 31.58 ff.

19 Vgl. BGH NJW 2002, 138, 139 m.w.N; a.A. etwa MüKo-ZPO/*Wolfsteiner/M. Volmer*, § 794 ZPO Rn 144 ff. m.w.N. zum Streitstand.

20 S. etwa BGHZ 185, 133, 142 ff. = NJW 2010, 2041 Rn 27; BGH v. 15.2.2022 – XI ZR 646/20, BeckRS 2022, 2866 m.w.N.

21 G. v. 12.8.2008, BGBl I 2008, 1666.

lung: Art. 229 § 18 Abs. 2 EGBGB).[22] Nach der alten Rechtslage bestand allerdings die Möglichkeit eines gutgläubigen einredefreien Erwerbs der Grundschuld.[23] Vor diesem Hintergrund hatte sich der XI. Zivilsenat mit der Wirksamkeit der formularmäßigen Vollstreckungsunterwerfung wegen der Grundschuldansprüche zu befassen. Im Ergebnis hält die formularmäßige Unterwerfung selbst dann einer Wirksamkeitskontrolle gem. § 307 Abs. 1 BGB stand, wenn die Bank die Darlehensforderung nebst Grundschuld frei an beliebige Dritte abtreten kann, wobei dieser Würdigung der „kundenfeindlichste" Inhalt der Klausel zugrunde gelegt wurde, also die Unterwerfung wegen sämtlicher Grundschuldansprüche unabhängig von deren Bindung an den Sicherungszweck.[24] Der XI. Zivilsenat des BGH versteht die formularmäßige Vollstreckungsunterwerfung wegen der Grundschuldansprüche dahin, dass sie nur Grundschuldansprüche aus einer treuhänderisch gebundenen Sicherungsgrundschuld erfasst („kundenfreundlichster Inhalt", zum Klauselerteilungsverfahren siehe Rdn 55).[25]

15 Beruft der Schuldner sich auf die Unwirksamkeit der Unterwerfungserklärung und damit auf das Fehlen eines Titels mit gültigem Rechtsfolgenausspruch, wird eine der **Vollstreckungsabwehrklage entsprechende prozessuale Gestaltungsklage** mit dem Ziel, die Zwangsvollstreckung aus der Urkunde für unzulässig zu erklären, analog § 767 ZPO (sog. **Titelgegenklage**) zugelassen.[26] Da die **Klauselerinnerung** nach § 732 ZPO nicht verdrängt wird, besteht für den Schuldner ein Wahlrecht zwischen Klauselerinnerung und Vollstreckungsabwehrklage.[27] Dabei sind jedoch die eingeschränkten Überprüfungsmöglichkeiten im Klauselerteilungsverfahren (im Vergleich zur Klage) zu berücksichtigen.[28] Eine materielle Prüfungsbefugnis ist dem Notar als Klauselorgan im Klauselerteilungsverfahren grundsätzlich nicht eingeräumt.[29] Für die Klauselerteilung ist entscheidend, dass ein äußerlich wirksam erscheinender Titel vorliegt.[30] Ob materiell-rechtliche Unwirksamkeitsgründe in diesem Verfahren ausnahmsweise zu berücksichtigen sind, wenn die die Einwendung begründenden Umstände evident sind, hat der BGH bislang offengelassen,[31] zuletzt aber jedenfalls für die doppelt relevante Frage nach der fortbestehenden Existenz des Gläubigers bejaht.[32] Das einschlägige Verfahren, in dem die besonderen materiell-rechtlichen Voraussetzungen für die Erteilung einer erforderlichen qualifizierten Vollstreckungsklausel überprüft werden, ist im Übrigen das Verfahren der Klauselgegenklage gem. bzw. (bei ungeschriebenen Bedingungen) analog § 768 ZPO.[33]

2. Form

16 Die Trennung zwischen materiell-rechtlicher Verpflichtung und prozessualer Unterwerfungserklärung gilt auch für das Beurkundungsverfahren. Das Formerfordernis der Unterwerfungserklärung erstreckt sich nicht auf das der Erklärung zugrunde liegende Rechtsverhältnis.[34] Die Unterwerfungserklärung

22 Vgl. hierzu BGH NJW 2018, 3441, 3443.

23 Vgl. zu den materiell-rechtlichen Problemen: *Herrler*, NJW 2011, 2762, 2763 ff.

24 BGHZ 185, 133 = NJW 2010, 2041 Rn 28; s. auch BGH v. 6.7.2018 – V ZR 115/17, NJW 2019, 438, 440 Rn 18 = DNotZ 2020, 17 f. m Anm. *Soutier*.

25 BGHZ 185, 133 = NJW 2010, 2041 Rn 24; zu dieser „Korrektur" der Stichtagsregelung des Art. 229 § 18 Abs. 2 EGBGB zu Recht kritisch etwa *Kesseler*, ZIP 2011, 1442, 1443; *Stürner*, JZ 2010, 774, 776; *Wolfsteiner*, Urkunde, Rn 17.22.

26 BGH NJW 2002, 138, 139; BGH NJW 2004, 59, 60; BGH NJW 2004, 844; BGH DNotZ 2004, 707 f.; BGH NJW-RR 2004, 1275, 1276; DNotZ 2005, 132 f.; BGH NJW 2005, 1576, 1577; BGH NJW 2006, 695, 696; BGH NJW-RR 2008, 66, 67; BGH v. 30.3.2010 – XI ZR 200/09, BGHZ 185, 133 Rn 17 f.; BGH v. 19.12.2014 – V ZR 82/13, DNotI-Report 2015, 31, 32 Rn 7.

27 BGH DNotZ 2005, 132 f.

28 Vgl. BGH v. 19.12.2014 – V ZR 82/13, NJW 2015, 1181 f. Rn 7.

29 BGH, 7.10.2020 – VII ZB 56/18, NJW 2020, 3600, 3601 = DNotZ 2021, 692, 696 m Anm. *Reymann*; BGH, 7.10.2020 – VII ZB 2/20, BWNotZ 2020, 421, 423; BayObLG MittBayNot 1995, 484, 485; BayObLG DNotZ 1998, 194, 195; BayObLG DNotZ 2000, 368, 369; OLG Frankfurt a.M. MittRhNotK 1997, 269; OLG Frankfurt a.M. DNotZ 1990, 105 f.; OLG München DNotZ 2006, 204; OLG Oldenburg DNotZ 1995, 145 f.; LG Leipzig MittRhNotK 2000, 406 f.; *Winkler*, § 52 Rn 24; Frenz/Miermeister/*Limmer*, § 52 BeurkG Rn 12; *Lerch*, § 52 Rn 10; MüKo-ZPO/*Wolfsteiner/M. Volmer*, § 797 ZPO Rn 18, 19; *Wolfsteiner*, Urkunde, Rn 38.18 ff.

30 Musielak/Voit/*Lackmann*, § 797 ZPO Rn 4; *Wolfsteiner*, Urkunde, Rn 38.4.

31 Vgl. BGH DNotZ 2005, 132, 133; BGH NJW-RR 2006, 567; BGH NJW 2009, 1887, 1888; BGHZ 190, 172 = NJW 2011, 2803, 2805; vgl. auch BGH, 7.10.2020 – VII ZB 56/18, NJW 2020, 3600, 3601 m Anm. *Dierck*.

32 BGH v. 30.1.2025 – VII ZB 10/24, NJW-RR 2025, 425 Rn 20, 21.

33 BGH NJW 2011, 2803 Rn 27; BGH MittBayNot 2014, 268, 269 mit Anm. *Everts*; BGH v. 20.4.2018 – V ZR 106/17, NJW 2018, 3441, 3442 Rn 18; BGH v. 18.10.2018 – V ZA 22/18, DNotZ 2020, 20 m Anm. *Soutier*; BGH v. 30.1.2025 – VII ZB 10/24, NJW-RR 2025, 425 Rn 19.

34 DNotI-Report 1999, 9 (Mietvertrag).

kann isoliert abgegeben und beurkundet werden. Es ist nicht erforderlich, dass die Urkunde über die Unterwerfungserklärung auch die Willenserklärung enthält, die den vollstreckbar gestellten Anspruch begründet.[35] In der Regel unterwirft der Schuldner sich allerdings wegen eines bestimmten, in der Urkunde niedergelegten Anspruchs zugleich der Zwangsvollstreckung. Auch ein abstraktes Schuldversprechen mit Unterwerfung unter die sofortige Zwangsvollstreckung ist im Übrigen ein zulässiges und übliches Sicherungsmittel für den Gläubiger.[36]

Beurkundungsrechtlich handelt es sich bei der Unterwerfungserklärung um eine Willenserklärung, für deren Beurkundung die **Verfahrensvorschriften der §§ 6 ff.** BeurkG Anwendung finden. Die Unterwerfungserklärung ist also auch beurkundet, wenn sie als **Anlage i.S.d. § 9 Abs. 1 S. 2** BeurkG Teil der Niederschrift ist oder wenn notwendige Teile der Unterwerfungserklärung in einer anderen Niederschrift, auf die nach **§ 13c BeurkG verwiesen** wird, enthalten sind (zur Erteilung der vollstreckbaren Ausfertigung vgl. unten Rdn 75).[37] Dagegen ist es nicht möglich, die Unterwerfungserklärung in ein beigefügtes Schriftstück, das der eingeschränkten Vorlesungspflicht unterliegt, aufzunehmen (§ 14 Abs. 1 S. 3 BeurkG). Inwieweit im Rahmen der Unterwerfungserklärung auf **Privaturkunden** verwiesen werden kann, ist keine Frage der Form, sondern der hinreichenden Bezeichnung des vollstreckbar gestellten Anspruchs. Sofern die Identifizierungsmerkmale in der beurkundeten Unterwerfungserklärung bezeichnet sind, kann zur Identifizierung auch auf eine Privaturkunde Bezug genommen werden.[38] 17

3. Abgabe durch den Schuldner

Die Unterwerfungserklärung muss als einseitige Prozesshandlung vom Schuldner abgegeben werden. 18
Darauf ist zu achten, wenn bei einem Kaufvertrag **Angebot und Annahme in getrennten Urkunden** erklärt werden. Enthält die **Angebotserklärung des Verkäufers** die Unterwerfungserklärung wegen der Kaufpreisschuld, so gibt der Käufer mit der schlichten Annahmeerklärung keine Prozesserklärung ab. Die prozessuale Unterwerfungserklärung des Käufers muss in der Annahmeurkunde des Käufers selbst enthalten sein,[39] ggf. durch eine Verweisung auf die Angebotsurkunde nach § 13c BeurkG.[40] Der Verkäufer kann die Vollstreckungsunterwerfung des Käufers dadurch sicherstellen, dass er die Annahme des Angebots hiervon abhängig macht.[41]

Fehlt es nach diesen Grundsätzen an einer wirksamen Unterwerfungserklärung des Käufers, kann aber 19
mit der Annahme des Angebots eine schuldrechtliche Unterwerfungsverpflichtung erklärt worden sein.[42] Dem steht die Entscheidung des Bundesgerichtshofs vom 15.3.2005[43] nicht entgegen, weil es in dieser Entscheidung um die Vollstreckungsunterwerfung gegenüber dem finanzierenden Kreditinstitut ging. Eine dahingehende Verpflichtung konnte aus der Kaufvertragsurkunde nicht entnommen werden. Verneint hat der Senat im Übrigen lediglich die Umdeutung der unwirksamen Unterwerfungserklärung in eine Kausalvereinbarung, weil die Vollstreckungsunterwerfung als Sicherungsmittel ihren Rechtsgrund in sich trage.[44]

Gibt der **Käufer** das Vertragsangebot ab und erklärt er in dieser Angebotsurkunde die Unterwerfung unter 20
die Zwangsvollstreckung, so liegt eine Unterwerfungserklärung vor. Für die Erteilung einer vollstreck-

35 BGHZ 73, 156, 159 = NJW 1979, 928; DNotI-Report 1999, 9; MüKo-ZPO/*Wolfsteiner/M. Volmer*, § 794 ZPO Rn 158.
36 BGH DNotZ 1980, 307, 310; BGHZ 98, 256, 259 = DNotZ 1987, 210; BGH Urt. v. 6.7.2018 – V-ZR 115/17, NJW 2019, 438, 439 Rn 11 m.w.N.
37 Musielak/Voit/*Lackmann*, § 794 ZPO Rn 40; Wieczorek/Schütze/*Paulus*, § 794 ZPO Rn 88; MüKo-ZPO/*Wolfsteiner/M. Volmer*, § 794 ZPO Rn 230; *Wolfsteiner*, MittRhNotK 1985, 113; *Wolfsteiner*, Urkunde, Rn 13.6 ff.; a.A. Zöller/*Herget*, § 800 Rn 12 (wenn auf Beifügung nach § 13c Abs. 2 verzichtet wurde).
38 Vgl. DNotI-Report 1999, 9, 10; Kersten/Bühling/*Wolfsteiner/Rebhan*, § 20 Rn 80; *Wolfsteiner*, Urkunde, Rn 18.14.
39 OLG Dresden NotBZ 1999, 180, 181; Beck'sches Notarhdb/*Kindler*, § 31 Rn 434; *Winkler*, § 52 Rn 37; Wieczorek/Schütze/*Paulus*, § 794 ZPO Rn 88; *Wolfsteiner*, MittRhNotK 1985, 113; *Wolfsteiner*, Urkunde, Rn 11.65; a.A. („Unterwerfungsvertrag") *Armasow*, RNotZ 2006, 464 f.
40 *Von Rintelen*, RnotZ 2001, 2, 18; *Wolfsteiner*, MittRhNotK 1985, 113.
41 *Von Rintelen*, RNotZ 2001, 2, 18; *Wolfsteiner*, MittRhNotK 1985, 113, 114.
42 OLG Köln NJW-RR 1996, 1296 u. OLG Köln NJW-RR 1997, 336 [Korrektur des Ls]; *von Rintelen*, RNotZ 2001, 2, 17 f.; MüKo-ZPO/*Wolfsteiner/M. Volmer*, § 794 ZPO Rn 313.
43 BGH NJW 2005, 1576, 1577.
44 BGH NJW 2005, 1576, 1577; BGH NJW 2006, 2118, 2119; BGH NJW-RR 2008, 66, 68.

baren Ausfertigung ist allerdings grundsätzlich erforderlich, dass nach §§ 726 Abs. 1, 795 ZPO die Annahme des Angebots nachgewiesen wird.[45]

21 Die Unterwerfungserklärung unterliegt als prozessuale Willenserklärung **Prozesshandlungsvoraussetzungen,** deren Anforderungen allerdings nicht pauschal den Vorschriften des Zivilprozesses entnommen werden können, sondern den Besonderheiten der vollstreckbaren Urkunde entsprechend an die materiellen Wirksamkeitserfordernisse anzupassen sind.[46] Der Schuldner muss hiernach rechts- und geschäftsfähig sein.[47]

22 Bereits vor dem Inkrafttreten des MoPeG[48] am 1.1.2024 war seit der Anerkennung der partiellen Rechtsfähigkeit und der damit einhergehenden aktiven und passiven Parteifähigkeit der **BGB-Außengesellschaft** durch den Bundesgerichtshof[49] konsequenterweise auch deren Vollstreckungsunterwerfung zuzulassen. War die Gesellschaft passiv parteifähig, war ein Urteil gegen die Gesellschaft als Urteil „gegen alle Gesellschafter" i.S.d. § 736 ZPO a.F. anzusehen.[50] Umgekehrt führte die Anerkennung der Rechts- und Parteifähigkeit der BGB-Gesellschaft aber nicht dazu, dass § 736 ZPO vollständig bedeutungslos geworden wäre. Vielmehr war die Vorschrift dahin zu verstehen, dass der Gläubiger nicht nur aus einem gegen die Gesellschaft gerichteten Titel die Vollstreckung in das Gesellschaftsvermögen betreiben konnte, sondern ebenfalls aus einem gegen alle Gesellschafter gerichteten Titel.[51] Gerade diese Interpretation des § 736 ZPO a.F. sprach dafür, dass aus einem explizit gegen die Gesellschaft gerichteten Titel nicht die Vollstreckung in das gesellschaftsfreie Vermögen betrieben werden konnte, wie es bei einem Titel gegen die Gesellschafter der Fall war.[52] Da die Gesellschaft als solche sich verpflichten konnte, waren diese Grundsätze auch auf die Vollstreckungsunterwerfung in einer notariellen Urkunde anzuwenden. Dabei konnte sich aber die Schwierigkeit des formgerechten Nachweises der Vertretungsbefugnis der für die BGB-Gesellschaften handelnden Personen ergeben, eine Folge der Anerkennung eines nicht registrierten Rechtsträgers.[53] Besonderheiten galten, wenn ein im Grundbuch eingetragenes Recht Gegenstand der Zwangsvollstreckung sein sollte, da nach § 47 Abs. 2 GBO a.F. die BGB-Gesellschaft im Grundbuch über die Eintragung ihrer Gesellschafter identifiziert wurde (zur Erteilung der Vollstreckungsklausel siehe auch Rdn 94).[54] Für die dingliche Vollstreckungsunterwerfung konnte die Vermutungsregel des § 899a BGB herangezogen werden.[55]

23 Seit dem 1.1.2024 ist die **Rechtsfähigkeit** der **BGB**-Außengesellschaft ausdrücklich gesetzlich geregelt. So ist nach dem neu gefassten § 705 Abs. 2 BGB zwischen rechtsfähigen Gesellschaften, die am Rechtsverkehr teilnehmen sollen, und nicht rechtsfähigen Gesellschaften, die lediglich der Ausgestaltung des Rechtsverhältnisses der Gesellschafter untereinander dienen, zu unterscheiden. Für die rechtsfähige Gesellschaft eröffnet § 707 BGB nunmehr die Möglichkeit der Eintragung in einem neuen **Gesellschaftsregister** als „eingetragene Gesellschaft bürgerlichen Rechts" oder „eGBR". Die **Vertretung der Gesellschaft** ist in § 720 BGB geregelt. § 899a BGB wurde zugleich aufgehoben.

24 An die Stelle von § 736 ZPO a.F. ist § 722 Abs. 1 BGB n.F. getreten.[56] Danach ist zur Zwangsvollstreckung in das Vermögen der BGB-Gesellschaft – in Anlehnung an und § 129 Abs. 1 HGB n.F. – ein **gegen die Gesellschaft gerichteter Vollstreckungstitel** erforderlich. Ein solcher Titel kann auch eine vollstreckbare notarielle Urkunde sein, in der sich die Gesellschaft, vertreten durch die vertretungsberechtigten Gesellschafter, der Zwangsvollstreckung unterworfen hat. § 722 Abs. 2 BGB n.F. stellt – in Anleh-

45 Beck'sches Notarhdb/*Kindler*, § 31 Rn 434.
46 *Wolfsteiner*, Urkunde, Rn 11.10.
47 Musielak/Voit/*Lackmann*, § 794 ZPO Rn 36; MüKo-ZPO/*Wolfsteiner/M. Volmer*, § 794 ZPO Rn 162; *Wolfsteiner*, Urkunde, Rn 12.27 ff., 12.25 ff.; a.A. Stein/Jonas/*Kern*, § 794 ZPO Rn 125.
48 Gesetz zur Modernisierung des Personengesellschaftsrechts (Personengesellschaftsrechtsmodernisierungsgesetz – MoPeG) v. 10.8.2021, BGBl 2021 I Nr. 53, S. 3436 ff.
49 Grundlegend: BGHZ 146, 341 ff.
50 Zur Vollstreckungsabwehrklage der BGB-Gesellschaft BGH NJW 2006, 3716; zur Zustellung des Titels (an geschäftsführenden Gesellschafter oder einen der Gesellschafter) BGH NJW 2006, 2191 f.
51 BGH NJW 2004, 3632, 3634; NJW 2011, 1449, 1450; NJW 2011, 2048, 2049.
52 Für eine in diesem Sinne engere Auslegung der Unterwerfungserklärung: *Wälzholz/Scheel*, NotBZ 2005, 121, 123; a.A. *Kremer*, RNotZ 2004, 239, 243.
53 Vgl. *Wolfsteiner*, Urkunde, Rn 15.15 (Unterwerfungsurkunde nicht brauchbar, wenn die Vertretungsbefugnis nicht nachgewiesen werden kann).
54 Zur rechtlichen Bedeutung dieser Vorschrift: BGHZ 189, 274 = NJW 2011, 1958 (Erwerb eines Grundstücks durch die BGB-Gesellschaft).
55 *Wolfsteiner*, Urkunde, Rn 15.16.
56 BReg BT-Drucks 19/27635 S. 168.

nung an § 129 Abs. 2 HGB – klar, dass aus einen gegen die Gesellschaft gerichteten Vollstreckungstitel **nicht gegen die Gesellschafter vollstreckt** werden kann. Der neu gefasste § 736 ZPO eröffnet die Zwangsvollstreckung für oder gegen eine im Gesellschaftsregister eingetragene BGB-Gesellschaft auch aus Titeln, die auf eine nicht im Gesellschaftsregister eingetragene BGB-Gesellschaft lauten, wenn Name, Sitz oder Anschrift der registrierten und der nicht registrierten Gesellschaft identisch sind (Nr. 1); sollten in dem Titel zusätzlich die Gesellschafter aufgeführt sein, müssen auch diese mit den Gesellschaftern der registrierten Gesellschaft identisch sein (Nr. 2).[57] Es bedarf in diesen Fällen keiner Umschreibung des Titels; die Aufzählung der hierfür genannten Voraussetzungen ist abschließend.[58]

4. Abgabe durch einen Vertreter des Schuldners

Die Unterwerfung unter die sofortige Zwangsvollstreckung kann auch von einem **Vertreter des Schuldners** erklärt werden. Die Unterwerfungsvollmacht ist eine **Prozessvollmacht**, für die die §§ 78 ff. ZPO (bzw. im Anwendungsbereich des FamFG: § 11 FamFG) gelten, nicht dagegen die §§ 164 ff. BGB.[59] Insbesondere finden die §§ 171 ff. BGB keine Anwendung.[60] Der Bundesgerichtshof begründet diese Ansicht damit, dass die §§ 171–173 BGB eine Ausprägung des Prinzips der Rechtsscheinhaftung seien, das im Bereich der Prozessvollmacht keine Berücksichtigung gefunden habe.[61] Allerdings handelt der Vertretene arglistig, wenn er sich auf die Unwirksamkeit der Prozessvollmacht und damit auf das Fehlen einer wirksamen Unterwerfungserklärung beruft, obwohl er sich schuldrechtlich gerade zur Abgabe der Unterwerfungserklärung verpflichtet hatte (dolo-agit-Einwand).[62] § 79 ZPO (bzw. § 10 FamFG) findet im Beurkundungsverfahren keine Anwendung.[63] Das gilt aber nicht gleichermaßen für das Klauselerteilungsverfahren.[64] 25

Eine schriftliche Bevollmächtigung, wie § 80 ZPO sie für den Prozessvertreter im Zivilprozess verlangt, ist für die Abgabe der Unterwerfungserklärung nicht erforderlich (zum Klauselerteilungsverfahren s. unten Rdn 84).[65] Ob die Vollmacht zum Abschluss eines beurkundungsbedürftigen Rechtsgeschäfts auch eine bei derartigen Geschäften übliche Vollstreckungsunterwerfung umfasst,[66] ist überaus zweifelhaft (insb. zur Bevollmächtigung von Mitarbeitern des Notars siehe § 17 BeurkG Rdn 177 ff.). Eine **Belastungsvollmacht** sollte deshalb ausdrücklich als solche erklärt werden. Allerdings kann die Vollmacht, den Eigentümer eines Grundstücks dinglich der Zwangsvollstreckung zu unterwerfen, so verstanden werden, dass die Erklärung für den jeweiligen Eigentümer abgegeben werden kann.[67] 26

Eine **formularmäßige Vollmacht,** die auch eine persönliche Haftungsübernahme und Unterwerfung unter die sofortige Zwangsvollstreckung im Rahmen einer Grundschuldbestellung umfasst, ist nicht überraschend i.S.d. § 305c BGB; es liegt auch keine unangemessene Benachteiligung i.S.d. § 307 BGB vor, wenn der Haftende der Kreditnehmer ist. (Zur Abgabe eines abstrakten Schuldanerkenntnisses mit Unterwerfungserklärung vgl. auch unten Rdn 45).[68] 27

57 BReg BT-Drucks 19/27635 S. 203.

58 BReg BT-Drucks 19/27635 S. 202.

59 BGHZ 154, 283, 287 = NJW 2003, 1594; Grziwotz/Sauer/Heinemann/*Heinemann/Grziwotz*, § 52 BeurkG Rn 6; Stein/Jonas/*Kern*, § 794 ZPO Rn 126; a.A. MüKo-ZPO/*Wolfsteiner/M. Volmer*, § 794 Rn 165; *Wolfsteiner*, Urkunde, Rn 12.50 ff. m.w.N.; *Lindemeier*, RNotZ 2009, 37, 46; *Stöber*, NotBZ 2008, 209, 211.

60 BGHZ 154, 283, 287 = NJW 2003, 1594; BGH NJW 2004, 59, 60; BGH NJW 2004, 839, 840; BGH NJW 2004, 841, 843; BGH NJW 2004, 844, 845; BGH NJW 2006, 2118, 2119; BGH NZG 2007, 183, 184; a.A. *Paulus/Henkel*, NJW 2003, 1692, 1693; *Wolfsteiner*, Urkunde, Rn 12.59.

61 BGH NJW 2004, 839, 840.

62 BGH NJW 2004, 59, 61; BGH NJW 2004, 62, 63; BGH NJW 2004, 839, 840; BGH NJW 2004, 844, 845; BGH NJW-RR 2004, 1275, 1276; BGH NJW 2005, 1576, 1577; BGH NJW 2006, 2118, 2119; BGH NZG 2007, 183, 185; BGH NJW-RR 2008, 66, 67.

63 LG Bielefeld RNotZ 2008, 609 (Zulässigkeit der Erteilung einer Finanzierungsvollmacht zugunsten des Grundstückskäufers); LG Münster RNotZ 2009, 169, 170; Grziwotz/Sauer/Heinemann/*Heinemann/Grziwotz*, § 52 Rn 6; *Meyer/Bormann*, RNotZ 2009, 470, 475; *K. Müller*, RNotZ 2010, 167, 173; vgl. auch *Lindemeier*, RNotZ 2009, 37, 43; a.A. LG Osnabrück ZfIR 2009, 33.

64 Vgl. i.E. Grziwotz/Sauer/Heinemann/*Heinemann/Grziwotz*, § 52 Rn 13.

65 BGH (XI. ZS) NJW 2004, 844 (formlos möglich); Stein/Jonas/*Kern*, § 794 ZPO Rn 126; Wieczorek/Schütze/*Paulus*, § 794 ZPO Rn 93; s. aber auch BGH (V. ZS) NJW 2008, 2266, 2267 (Schriftform genüge) und Kindl/Meller-Hannich/Wolf/*Müller*, § 794 Rn 55.

66 So *Wolfsteiner*, Urkunde, Rn 12.51; a.A. OLG Düsseldorf Rpfleger 1988, 357; Musielak/Voit/*Lackmann*, § 794 ZPO Rn 36; zur Problematik vgl. auch DNotI-Report 1995, 29, 30 f. m.w.N.

67 OLG Düsseldorf Rpfleger 1989, 499; a.A. BayObLG Rpfleger 1987, 153 (Ls.).

68 BGH DNotZ 2003, 203, 204 = ZNotP 2003, 100, 101 (Bevollmächtigung einer Notariatsangestellten); BGH NJW-RR 2006, 490, 491.

28 Entsprechend dem Rechtsgedanken des § 89 ZPO kann der Notar die Unterwerfungserklärung eines Vertreters **ohne den Nachweis** der Vollmacht beurkunden.[69] Wird die Unterwerfung durch einen Vertreter ohne Vertretungsmacht erklärt, hängt die Wirksamkeit der Erklärung von der nicht beurkundungsbedürftigen Genehmigung des Vertretenen ab. Soll die auch für den Fall des § 800 ZPO erklärte Unterwerfung im Grundbuch eingetragen werden, ist die Vollmacht oder Genehmigung in der Form des § 29 GBO, also zumindest in öffentlich beglaubigter Form dem **Grundbuchamt** nachzuweisen (zur Frage des Nachweises der Vertretungsmacht bei der **Erteilung der vollstreckbaren Ausfertigung** vgl. unten Rdn 84).

5. Abgabe durch einen Nichtberechtigten, Unterwerfungserklärung des künftigen Eigentümers

29 Die prozessuale Unterwerfungserklärung ist keine Verfügung, so dass § 185 BGB konsequenterweise keine Anwendung findet. Hat ein **Nichtberechtigter** im eigenen Namen die Unterwerfung erklärt, ist eine Heilung durch Genehmigung des Berechtigten also nicht möglich.[70] Fälle, in denen an eine entsprechende Anwendung des § 185 BGB zu denken wäre, können auf andere Weise gelöst werden, nämlich durch Zwangsvollstreckungsunterwerfung des Veräußerers für den jeweiligen Eigentümer oder durch eine eigene Unterwerfungserklärung des Erwerbers.[71] Dementsprechend besteht auch keine planwidrige Regelungslücke, die eine analoge Anwendung der §§ 182 ff. BGB auf die Unterwerfungserklärung nach § 800 ZPO erforderlich macht.[72]

30 Bei der Abgabe einer dinglichen Unterwerfungserklärung will der derzeit nichtberechtigte Erwerber sich selbst als den **künftigen Eigentümer** (und eventuell nachfolgende Eigentümer) des Grundstücks der Zwangsvollstreckung unterwerfen. Eine solche Unterwerfungserklärung, die eine bedingte Unterwerfung wegen eines künftigen dinglichen Anspruchs zum Gegenstand hat und mit dem Eigentumserwerb wirksam wird, ist zulässig.[73] Für die erst mit der Grundbucheintragung wirksame Unterwerfung nach § 800 Abs. 1 S. 1 ZPO genügt es, dass der Erklärende spätestens gleichzeitig mit der Eintragung des Unterwerfungsvermerks im Grundbuch als Eigentümer eingetragen wird.[74] Möglich ist es auch, dass der derzeitige und der künftige Eigentümer nebeneinander die Vollstreckungsunterwerfung erklären (zur Erteilung der vollstreckbaren Ausfertigung vgl. unten Rdn 93). In der Rechtsprechung wird dabei teils davon ausgegangen, dass die dem Käufer von dem Verkäufer erteilte Vollmacht zur Bestellung von Grundpfandrechten „in vollstreckbarer Form" den Käufer zugleich dazu bevollmächtige, im Namen des Verkäufers die Unterwerfungserklärung nach § 800 Abs. 1 ZPO abzugeben.[75] Die eigene Unterwerfungserklärung des Käufers, der aufgrund einer Finanzierungsvollmacht des Verkäufers eine Grundschuld bestellt, macht bei der nach Eigentumsumschreibung betriebenen Vollstreckung die Zustellung einer Ausfertigung der Vollmachtsurkunde entbehrlich.[76]

II. Vollstreckbarer Anspruch

1. Inhalt

31 Der Anwendungsbereich der vollstreckbaren Urkunde (§ 794 Abs. 1 Nr. 5 ZPO) wurde mit der 2. Zwangsvollstreckungsnovelle vom 17.12.1997[77] erweitert und dem in den meisten europäischen Ländern des lateinischen Notariats herrschenden Standard angeglichen.[78] Der Vollstreckungsunterwerfung

69 RGZ 146, 308, 313; BayObLG DNotZ 1964, 573, 574; DNotI-Report 1999, 127 m.w.N.; Stein/Jonas/*Kern*, § 794 ZPO Rn 126; Wieczorek/Schütze/*Paulus*, § 794 ZPO Rn 93; Kersten/Bühling/*Wolfsteiner/Rebhan*, § 20 Rn 130; *Zimmer*, NotBZ 2006, 302, 303.

70 KG DNotZ 1988, 237, 238; BayObLG DNotZ 1971, 45 mit abl. Anm. *Wolfsteiner*, NJW 1971, 1141; OLG Frankfurt a.M. Rpfleger 1972, 140 mit zust. Anm. *Winkler*; Musielak/Voit/*Lackmann*, § 800 ZPO Rn 4; Wieczorek/Schütze/*Paulus*, § 794 ZPO Rn 94; Zöller/*Herget*, § 800 Rn 8; MüKo-ZPO/*Wolfsteiner/M. Volmer*, § 794 ZPO Rn 171; a.A. BayObLG MittRhNotK 1992, 86, 87; DNotI-Report 1995, 29, 32 m.w.N.; zu § 185 Abs. 1 BGB: OLG Köln DNotZ 1980, 628; OLG Köln Rpfleger 1991, 13, 14.

71 Stein/Jonas/*Kern*, § 794 ZPO Rn 127; KK/*Walker/Gomille*, § 800 ZPO Rn 3; vgl. auch BayObLG MittRhNotK 1992, 86, 87 (Vertretung des Veräußerers durch den Erwerber).

72 A.A. OLG Brandenburg BeckRS 2025, 8697.

73 BGH DNotZ 1990, 586, 587; BayObLG DNotZ 1987, 216; KG DNotZ 1988, 238, 239 f.; OLG Brandenburg BeckRS 2025, 8697; Musielak/Voit/*Lackmann*, § 800 ZPO Rn 4; Zöller/*Herget*, § 800 Rn 5; zur Unterwerfung wegen einer künftigen Forderung vgl. auch BGH NJW 1981, 2756 f.

74 BayObLG DNotZ 1987, 216; OLG Brandenburg BeckRS 2025, 8697.

75 OLG Brandenburg BeckRS 2025, 28484.

76 LG Erfurt NotBZ 2003, 478; LG Cottbus NotBZ 2007, 224; DNotI-Report 2008, 65, 66 m.w.N.; *Wolf*, ZNotP 2007, 86, 88.

77 BGBl I 1997, 3039.

78 Vgl. *Münch*, ZNotP 1998, 474, 475 f.

unterliegen alle Ansprüche, die einer **vergleichsweisen Regelung** zugänglich sind, sofern der Anspruch nicht auf die Abgabe einer Willenserklärung gerichtet ist oder den Bestand eines Mietverhältnisses über Wohnraum betrifft. Entscheidend ist, dass die Parteien im prozessualen Sinne über den Anspruch verfügen können.[79] Die vollstreckbare Urkunde ist also nicht nur für die Vollstreckung wegen einer Geldforderung ein tauglicher Titel, sondern ebenfalls für Vollstreckungen nach den §§ 883–889 ZPO.[80]

Die erste Ausnahme, also der Ausschluss der auf die Abgabe einer **Willenserklärung** gerichteten Ansprüche, zielt auf die Vollstreckungsregelung des § 894 ZPO, die auf nicht der Rechtskraft fähige Vollstreckungstitel nicht passt. Aus diesem Grund wird in der Literatur die Zulässigkeit der Vollstreckungsunterwerfung wegen eines Anspruchs auf Abgabe einer Willenserklärung erwogen, wenn die Vollstreckung nach § 888 ZPO erfolgen soll.[81] Der klare Wortlaut des § 794 Abs. 1 Nr. 5 ZPO spricht jedoch dafür, dass der Ausnahmetatbestand jeden auf die Abgabe einer Willenserklärung gerichteten Anspruch erfassen soll, und zwar unabhängig von der Art und Weise der Zwangsvollstreckung. Deshalb kann auch der Anspruch auf Eigentumsverschaffung, dessen Erfüllung die Abgabe einer Einigungserklärung voraussetzt, nicht nach § 794 Abs. 1 Nr. 5 ZPO vollstreckbar gestellt werden.[82] 32

Zu den ebenfalls einer Vollstreckungsunterwerfung nicht zugänglichen Ansprüchen, die den **Bestand eines Mietverhältnisses über Wohnraum** betreffen, zählen Herausgabe- und Räumungsansprüche sowie Ansprüche auf Fortsetzung des Mietverhältnisses, nicht aber Mietansprüche.[83] Wer nicht (auch) als Mieter besitzt, kann sich also wegen einer Räumungsverpflichtung der Zwangsvollstreckung unterwerfen.[84] Bei (untrennbaren) Mischmietverhältnissen ist darauf abzustellen, ob es sich hauptsächlich um Nutzung zu Wohnzwecken oder hauptsächlich um gewerbliche Nutzung handelt.[85] Das DNotI schlägt angesichts der kontroversen Beurteilung in der Literatur vor, zur Klarstellung in die Unterwerfungserklärung aufzunehmen, dass im Fall einer Unwirksamkeit der Unterwerfung zur Räumung der Wohnräume die Unterwerfungserklärung im Übrigen erhalten bleiben soll.[86] 33

2. Bestimmtheit und Bezeichnung des Anspruchs

Der vollstreckbare Anspruch muss inhaltlich bestimmt sein. Fehlt es an einem bestimmten Anspruch, wurde die vollstreckbare Urkunde nicht prozessual ordnungsgemäß errichtet.[87] Auch **bedingte und künftige Ansprüche** können Gegenstand der Vollstreckungsunterwerfung sein, wenn sie hinreichend bestimmt sind.[88] Der vollstreckbar gestellte Anspruch ist in der **Unterwerfungserklärung** überdies so genau zu **bezeichnen**, dass anhand der genannten Identifizierungsmerkmale eine eindeutige Unterscheidung von anderen Ansprüchen möglich ist (Bezeichnungs- bzw. Konkretisierungsgebot).[89] Eine Unterwerfung wegen „aller in dieser 34

79 Anders/Gehle/*Schmidt*, § 794 ZPO Rn 20; vgl. auch *von Rintelen*, RNotZ 2001, 2, 3; zur Kritik an der § 1025 Abs. 1 ZPO a.F. nachgebildeten Formulierung des Gesetzestextes vgl. *Münch*, ZNotP 1998, 474, 476 f.; *Wolfsteiner*, DNotZ 1999, 306, 311 ff.

80 Vgl. *Limmer*, DNotI-Report 1998, 9, 10 f. mit Formulierungsbeispielen.

81 MüKo-ZPO/*Wolfsteiner/M. Volmer*, § 794 ZPO Rn 251; *Wolfsteiner*, DNotZ 1999, 306, 314.

82 *Münch*, ZNotP 1998, 474, 477; *von Rintelen*, RNotZ 2001, 2, 4; Würzburger Notarhdb/*Volmer*, Teil 1 Kap. 3 Rn 18; a.A. *Wolfsteiner*, DNotZ 1999, 306, 315.

83 DNotI-Report 1998, 9, 10; *von Rintelen*, RNotZ 2001, 2, 4; Zöller/*Herget*, § 794 Rn 26.

84 AG Ingolstadt DGVZ 2001, 89 (Eigentümer bei Grundstücksveräußerung); Zöller/*Herget*, § 794 Rn 26; MüKo-ZPO/*Wolfsteiner/M. Volmer*, § 794 ZPO Rn 258; *Wolfsteiner*, DNotZ 1999, 306, 316 f.

85 BeckOGK/*Regler*, Stand: 1.7.2025, § 52 BeurkG Rn 12; *K. Müller*, RNotZ 2010, 167, 170; *von Rintelen*, RNotZ 2001, 2, 4; Zöller/*Herget*, § 794 Rn 26; *Wolfsteiner*, DNotZ 1999, 306, 317; *Wolfsteiner*, Urkunde Rn 23.11; Anders/Gehle/*Schmidt*, § 794 ZPO Rn 20; a.A. Musielak/Voit/*Lackmann*, § 794 ZPO Rn 32; Prütting/Gehrlein/*Scheuch*, § 794 Rn 52 (keine Unterwerfungsfähigkeit, wenn teilweise Wohnraum betroffen).

86 DNotI-Report 1999, 157, 158.

87 BGH MDR 2004, 471 (Klauselerinnerung); BGH v. 19.12.2014 – V ZR 82/13, DNotI-Report 2015, 30, 31 Rn 9.

88 RGZ 132, 6, 7 f.; BGHZ 88, 62, 65; Musielak/Voit/*Lackmann*, § 794 ZPO Rn 34; Zöller/*Herget*, § 794 Rn 28; vgl. auch MüKo-ZPO/*Wolfsteiner/M. Volmer*, § 794 ZPO Rn 183, die zu Recht darauf hinweisen, dass es nicht um die prozessuale Zulässigkeit der Unterwerfung wegen eines „künftigen Anspruchs" geht, sondern um die Identifizierbarkeit des Anspruchs.

89 BGH v. 5.9.2012 – VII ZB 55/11, DNotZ 2013, 120, 121 Rn 14 ff.; BGH v. 19.12.2014 – V ZR 82/13, NJW 2015, 1181, 1182 Rn 12; BGH Urt. v. 6.7.2018 – V ZR 115/17, NJW 2019, 438, 439 Rn 11; *Wolfsteiner*, Urkunde, Rn 14.20 ff. (Vergleich zu § 253 Abs. 2 Nr. 2 ZPO).

Urkunde enthaltenen, der Zwangsvollstreckung zugänglichen Ansprüche" genügt diesem Gebot nicht.[90] Die Unterwerfungserklärung ist bei einem Verstoß gegen das Bezeichnungsgebot unwirksam.[91]

35 Bei einem **Zahlungsanspruch** muss die Geldsumme, die auch auf eine fremde Währung oder eine legale Kryptowährung lauten darf, entweder ziffernmäßig festgelegt sein oder sich ohne weiteres aus den Angaben der Urkunde oder mit Hilfe offenkundiger, z.B. aus dem Grundbuch ersichtlicher Daten, ermitteln lassen.[92] Der Anspruch muss so bestimmt sein, dass er auch im Urkundenprozess (§ 592 ZPO) geltend gemacht werden könnte.[93] Möglich ist ebenfalls die Vollstreckungsunterwerfung wegen bestimmter **Dauerleistungen** (Renten, Raten, Miet- und Pachtforderungen usw.), und zwar unabhängig davon, ob diese auf bestimmte oder unbestimmte Zeit versprochen werden sollen.[94] Auch **Wertsicherungsklauseln** stehen der Bestimmtheit nicht entgegen, wenn die Höhe des Anspruchs mittels einer allgemein zugänglichen Bezugsgröße objektiv bestimmt wird.[95] Möglich ist die Anknüpfung an den vom Statistischen Bundesamt herausgegebenen **Verbraucherpreisindex**.[96]

36 Die Höhe eines Zinsanspruchs ist hinreichend bestimmt, wenn der Zinsanspruch sich nach dem **Basiszinssatz** (§ 247 BGB) richtet.[97] Wann die Grenze zulässiger Indexierung überschritten ist, ist im Einzelfall schwer zu entscheiden, zumal Grenzfälle (z.B. Beamtenbesoldung,[98] Düsseldorfer Tabelle) durchaus kontrovers beurteilt werden. Ist ein sachgerechter Bezugsfaktor, der eine Bestimmung anhand objektiver Umstände ermöglicht, nicht vorhanden, kann die Unterwerfung nur wegen des feststehenden Betrages erklärt werden, ggf. verbunden mit der Verpflichtung, sich wegen der Erhöhungsbeträge gesondert der Vollstreckung zu unterwerfen.[99]

37 Unbestimmtheit des Anspruchs ist von Bedingtheit i.S.d. § 726 ZPO zu unterscheiden. Vollstreckungsbedingungen sind allerdings ihrerseits so bestimmt zu fassen, dass bei der Klauselerteilung eindeutig festgestellt werden kann, ob die Bedingung eingetreten ist oder nicht.[100] Der Beginn der Laufzeit einer **laufenden Leistung** wie etwa eines **Zinsanspruchs** muss nicht jederzeit feststehen, sofern die Bestimmung zu einem Zeitpunkt ohne weiteres möglich ist.[101] Solche „Bestimmtheitsmängel" sind erst nach § 726 ZPO im Klauselverfahren zu prüfen.[102] Auch die Unterwerfung wegen Zinsen auf den Kaufpreis nach Baufortschrittsraten verstößt deshalb jedenfalls nicht gegen das Bestimmtheitsgebot.[103] Ein Nachweis in der Form des § 726 ZPO ist im Klauselverfahren nicht erforderlich, wenn der Schuldner einen sog. Nachweisverzicht erklärt hat (zur Problematik des Nachweisverzichts vgl. unten Rdn 58 f.). Um Zweifel hinsichtlich der Bestimmtheit des Anspruchs auszuschließen, ist es außerdem unbedenklich, den in der Unterwerfungserklärung **vollstreckbar gestellten Anspruch weiter zu fassen als die zugrunde liegende Forderung**.[104]

90 *Von Rintelen*, RNotZ 2001, 2, 5; *Wolfsteiner*, DNotZ 1999, 306, 323 f.

91 Explizit BGH v. 19.12.2014 – V ZR 82/13, NJW 2015, 1181, 1182 Rn 13 ff. m.w.N., 20 (Unterwerfung wegen der „in dieser Urkunde eingegangen Zahlungsverpflichtungen, die eine bestimmte Geldsumme zum Gegenstand haben").

92 BGH DNotZ 1995, 770; BGH DNotZ 2001, 379, 380 m.w.N. (Zinsbeginn ab Grundbucheintragung) mit z.T. krit. Anm. *Wolfsteiner*, S. 696 f.; BGH DNotZ 2005, 285, 286; BGH NJW 2006, 695, 697 („unter Anrechnung bereits bezahlter Beträge" nicht bestimmt genug); *Winkler*, § 52 Rn 30; Beck'sches Notarhdb/*Kindler*, § 31 Rn 439; Zöller/*Herget*, § 794 Rn 28; ausführlich hierzu *von Rintelen*, RNotZ 2001, 2, 11 m.w.N. zum Streitstand.

93 BGHZ 88, 62, 65 = DNotZ 1983, 679; BGH DNotZ 1990, 586, 587.

94 Beck'sches Notarhdb/*Kindler*, § 31 Rn 441.

95 Beck'sches Notarhdb/*Kindler*, § 31 Rn 441; ausführlich hierzu *von Rintelen*, RNotZ 2001, 2, 8 f. m.w.N. zum Streitstand; *Reul*, MittBayNot 2005, 265 ff. insb. zur Frage struktureller Veränderungen der Bezugsgröße; vgl. auch DNotI-Report 1996, 1, 2 f.

96 Vgl. BGH DNotZ 2004, 644, 645; 2005, 285, 286; Anders/Gehle/*Schmidt*, § 794 ZPO Rn 22; Zöller/*Herget*, § 794 Rn 28; MüKo-ZPO/*Wolfsteiner/M. Volmer*, § 794 ZPO Rn 196 jeweils m.w.N.

97 Anders/Gehle/*Schmidt*, § 794 ZPO Rn 22; Zöller/*Herget*, § 794 Rn 28, jeweils m.w.N.

98 Offengelassen: BGH DNotZ 2011, 33 (zwischenzeitliche grundlegende Änderung der Besoldungsregelungen).

99 *Winkler*, § 52 Rn 32.

100 Stein/Jonas/*Kern*, § 794 ZPO Rn 112.

101 MüKo-ZPO/*Wolfsteiner/M. Volmer*, § 794 Rn 199.

102 MüKo-ZPO/*Wolfsteiner/M. Volmer*, § 726 ZPO Rn 16; *Wolfsteiner*, DNotZ 2001, 696; vgl. auch KG DNotZ 1983, 681, 683; Stein/Jonas/*Kern*, § 794 ZPO Rn 112; *Reithmann/Albrecht*, Rn 820; a.A. OLG Düsseldorf DNotZ 1988, 243, 246; Zöller/*Herget*, § 794 Rn 28.

103 *Reithmann*, DNotZ 1992, 664; a.A. OLG Hamm DNotZ 1992, 662, 663 f.

104 BGH NJW 1996, 2165, 2166; BGH NJW 1997, 2887, 2888; BGH DNotZ 1999, 37, 39; BGH DNotZ 2000, 635, 638; Zöller/*Herget*, § 794 Rn 28.

3. Bestimmter Gläubiger

Der **Gläubiger** des vollstreckbar gestellten Anspruchs muss in der Unterwerfungserklärung bestimmt bezeichnet werden, wobei eine Identifizierung jedoch auch anders als über die Namensnennung zulässig ist.[105] Eine Unterwerfungserklärung gegenüber dem „jeweiligen Inhaber eines Rechts" ist dagegen grundsätzlich nicht möglich (zur Eigentümergrundschuld vgl. unten Rdn 49).[106] Eine solche Erklärung kann aber umgedeutet werden in eine Unterwerfung gegenüber dem gegenwärtigen Rechtsinhaber, bei der der Gläubigername nach § 726 ZPO zu ergänzen wäre; für titelumschreibende Klauseln gilt § 727 ZPO.[107] (Zur persönlichen Unterwerfung gegenüber „dem jeweiligen Gläubiger der Grundschuld" siehe Rdn 50). 38

III. Dingliche und persönliche Unterwerfung

Nach Maßgabe des § 794 Abs. 1 Nr. 5 ZPO können auch **dingliche Ansprüche** ohne weiteres vollstreckbar gestellt werden. Praktisch bedeutsam ist vor allem die bereits vor der II. Zwangsvollstreckungsnovelle vom 17.12.1997[108] mögliche Unterwerfung wegen des dinglichen Anspruchs auf Duldung der Zwangsvollstreckung (§ 1147 BGB) aus einer **Hypothek, Grundschuld oder Rentenschuld**. Für diese Fälle gelten die Sonderregelungen der §§ 799, 800 ZPO. Zwischen dem dinglichen und dem persönlichen Anspruch ist strikt zu unterscheiden, so dass bei einer dinglichen Unterwerfung wegen einer Grundschuld insbesondere auch die Auswechslung der durch die Grundschuld gesicherten Forderung möglich ist, ohne dass dadurch die Unterwerfungserklärung berührt würde.[109] 39

1. Zwangsvollstreckung für und gegen Rechtsnachfolger (§§ 799, 800 ZPO)

§ 799 ZPO lässt die Zwangsvollstreckung durch den im Grundbuch eingetragenen **Rechtsnachfolger des Gläubigers**, dem eine vollstreckbare Ausfertigung des Titels erteilt wurde, unter erleichterten Voraussetzungen zu. Er ist von dem Erfordernis, eine die Rechtsnachfolge nachweisende öffentliche oder öffentlich beglaubigte Urkunde zuzustellen, enthoben.[110] 40

Nach § 800 Abs. 1 ZPO kann die **Vollstreckungsunterwerfung des Grundstückseigentümers mit Wirkung gegen den jeweiligen Eigentümer** in das **Grundbuch** eingetragen werden. Möglich ist auch die Unterwerfung wegen eines **Teilbetrags**.[111] Die Regelung des § 800 ZPO erfasst nur die genannten Grundpfandrechte, nicht aber eine **Reallast**,[112] obwohl zwischen Reallast und Rentenschuld große wirtschaftliche Ähnlichkeit besteht. 41

Die Wirksamkeit der Unterwerfung ist nicht von der **Grundbucheintragung** abhängig. Vielmehr ist die Zwangsvollstreckung gegen den Eigentümer, der sich der Vollstreckung unterworfen hat, auch möglich, wenn die dingliche Unterwerfung nicht eingetragen ist.[113] Nichts anderes gilt, wenn die Vollstreckung gegen den Rechtsnachfolger betrieben werden soll. Entgegen der vielleicht missverständlichen, nicht an § 794 Abs. 1 Nr. 5 ZPO angepassten Formulierung des § 800 Abs. 1 S. 2 ZPO ist nicht etwa die Anwendung der allgemeinen Vorschriften ausgeschlossen, so dass eine Klauselerteilung gegen den neuen Eigentümer nur unter den Voraussetzungen des § 800 Abs. 1 ZPO zulässig wäre.[114] Zwar findet sich z.T. die Feststellung, die „dingliche Wirkung" des Titels setze eine Eintragung der Unterwerfungserklä- 42

105 Stein/Jonas/*Kern*, § 794 ZPO Rn 118 Fn 596; vgl. auch DNotI-Report 1997, 201, 202 (Vertrag zugunsten Dritter).

106 Vgl. KK/*Walker/Gomille*, § 794 ZPO Rn 61; MüKo-ZPO/*Wolfsteiner*, § 794 ZPO Rn 185; *Wolfsteiner*, Urkunde, Rn 15.44, 45 ff.; *Everts*, MittBayNot 2008, 356, 357.

107 *Wolfsteiner*, Urkunde, Rn 15.46; *Everts*, MittBayNot 2008, 356, 358.

108 BGBl I 1997, 3039.

109 BGH v. 27.3.2015 – V ZR 296/13, NJW-RR 2015, 915, 916 Rn 12.

110 Vgl. hierzu BGH v. 18.10.2018 – V ZA 22/18 Rn 10, DNotZ 2020, 20, 21, m Anm. *Soutier*.

111 BGHZ 108, 372, 376 f. („zuletzt zu zahlender Teilbetrag") = DNotZ 1990, 586 mit zu Recht krit. Anm. *Wolfsteiner*, (Tilgungsbestimmung kein Bestandteil der Unterwerfungserklärung); OLG Hamm DNotZ 1988, 231 f. mit zu Recht krit. Anm. *Wolfsteiner*; Zöller/*Herget*, § 800 Rn 2.

112 BayObLG Rpfleger 1960, 287; Musielak/Voit/*Lackmann*, § 800 ZPO Rn 2.

113 BGH NJW 1981, 2756, 2756; Zöller/*Herget*, § 800 Rn 14.

114 Musielak/Voit/*Lackmann*, § 800 ZPO Rn 2; Zöller/*Herget*, § 800 Rn 13; vgl. auch Stein/Jonas/*Kern*, § 800 ZPO Rn 5; offengelassen: BGH v. 12.4.2018 – V ZB 212/17, RNotZ 2018, 536, 537 f. Rn 9, 10 m.w.N. zum Streitstand.

rung voraus.[115] Das ändert aber nichts daran, dass der neue Eigentümer vollstreckungsrechtlich ohnehin Rechtsnachfolger ist. Zur Vollstreckung muss somit eine **vollstreckbare Ausfertigung gegen den neuen Eigentümer** erteilt (§ 727 ZPO) und dem neuen Eigentümer der Vollstreckungstitel zugestellt werden (§ 750 ZPO).[116] Wegen § 800 Abs. 2 ZPO ist lediglich die Zustellung der „den Erwerb nachweisenden öffentlichen oder öffentlich beglaubigten Urkunde" nicht erforderlich. Es handelt sich um eine Ausnahmeregelung zu § 750 Abs. 2 ZPO,[117] der seinerseits auf § 727 ZPO verweist und für den Fall, dass die Vollstreckungsklausel aufgrund öffentlicher oder öffentlich beglaubigter Urkunden erteilt wurde, eine Zustellung dieser Urkunden verlangt.[118] In diesem Sinne ist es irreführend, von einer spezifischen dinglichen Wirkung der in das Grundbuch eingetragenen Unterwerfungserklärung zu sprechen.[119]

43 Kein Fall der Rechtsnachfolge liegt vor, wenn sich sowohl der jetzige als auch der künftige Eigentümer der Vollstreckung unterwerfen. Vielmehr wird die Erklärung des künftigen Eigentümers als eigene Unterwerfungserklärung mit seinem Eigentumserwerb wirksam (vgl. Rdn 30; zur Erteilung der Vollstreckungsklausel vgl. Rdn 93).

2. Persönliche Unterwerfung insbesondere wegen der persönlichen Haftung aufgrund eines abstrakten Schuldversprechens oder abstrakten Schuldanerkenntnisses

44 Wenn der Eigentümer des Grundstücks nicht nur dinglich, sondern auch persönlich mit seinem gesamten Vermögen haftet, verlangt der Gläubiger regelmäßig neben der dinglichen auch eine sog. **persönliche Zwangsvollstreckungsunterwerfung**, um über einen Titel zu verfügen, der die einfachere und im Übrigen auch für den Schuldner i.d.R. weniger belastende Vollstreckung in das sonstige Vermögen ermöglicht. Ist der Eigentümer auch Schuldner der persönlichen Forderung, für die eine **Hypothek** bestellt wurde, so kann er sich zugleich wegen der Forderung und der Hypothek der Vollstreckung in sein gesamtes Vermögen unterwerfen mit der Maßgabe, dass in Ansehung der Hypothek die Zwangsvollstreckung auch gegen den jeweiligen Eigentümer des belasteten Grundstücks zulässig sein soll.

45 Insbesondere bei der zur Kreditsicherung gebräuchlicheren **Sicherungsgrundschuld** lässt der Gläubiger sich typischerweise als weitere Sicherheit ein abstraktes **Schuldversprechen** oder **Schuldanerkenntnis** (§§ 780, 781 BGB) des Inhalts, einen Betrag in Höhe der Grundschuld sowie sämtlicher Nebenleistungen zu zahlen, gewähren.[120] Die persönliche Vollstreckungsunterwerfung wird in diesem Fall wegen dieser Verpflichtung und nicht wegen einer bestimmten gesicherten Forderung erklärt. Die Bestimmung, dass der „jeweilige Gläubiger" den Schuldner schon vor der Vollstreckung in den Grundbesitz in Anspruch nehmen kann, legt der Bundesgerichtshof dahin aus, dass nur der jeweilige Inhaber der Grundschuld berechtigt sein soll, wegen der persönlichen Haftung gegen den Schuldner zu vollstrecken (zur Bestimmtheit vgl. Rdn 38); der Erwerb der Grundschuld bildet danach eine Vollstreckungsvoraussetzung, die nach § 726 Abs. 1 ZPO durch öffentliche oder öffentlich beglaubigte Urkunden nachgewiesen werden muss.[121]

46 Sind der Eigentümer und der Schuldner der persönlichen Forderung nicht identisch, stellt die **formularmäßige Vereinbarung** eines solchen abstrakten Zahlungsversprechens des Eigentümers mit Vollstreckungsunterwerfung einen Verstoß gegen § 307 BGB dar.[122] Wenn der persönliche Kreditschuldner mit dem Grundschuldbesteller identisch ist, liegt eine unangemessene Benachteiligung dagegen nicht vor (zur formularmäßigen Vollmacht vgl. oben Rdn 27).[123] Mit Rücksicht auf eine jahrzehntelange Kre-

115 Gaul/Schilken/Becker-Eberhard/*Becker-Eberhard*, § 13 IV. 6; Wieczorek/Schütze/*Paulus*, § 800 ZPO Rn 7, der den neuen Eigentümer deshalb als originären Titelschuldner und nicht als Rechtsnachfolger ansieht, gleichwohl aber § 727 ZPO anwenden will (Wieczorek/Schütze/*Paulus*, § 800 ZPO Rn 5).

116 BGH v. 12.4.2018 – V ZB 212/17, RNotZ 2018, 536, 538 Rn 11 ff. m.w.N.; zum Erfordernis der Zustellung des Vollstreckungstitels vgl. BGH NJW-RR 2011, 1018, 1019 (unterbliebene Zustellung der Vollmacht für eine Vollstreckungsunterwerfung).

117 Thomas/Putzo/*Seiler*, § 800 ZPO Rn 6; *Wolf*, ZNotP 2007, 170, 171.

118 Ob dieses Zustellungserfordernis bei der Rechtsnachfolge in das Grundstückseigentum überhaupt relevant ist, wird kontrovers beurteilt, vgl. zum Streitstand *Wolfsteiner*, Urkunde, Rn 28.10 ff., unter Hinweis auf § 1148 BGB.

119 *Wolfsteiner*, Urkunde, Rn 28.4 ff., sieht § 800 ZPO als überflüssig an und plädiert für eine ersatzlose Streichung der Norm.

120 Ausführlich hierzu *Kratz*, RNotZ 2021, 1, 13 ff.

121 BGH DNotZ 2012, 288, 289; hierzu *Everts*, DNotZ 2012, 245 ff.; vgl. bereits BGH DNotZ 2008, 833 („jeweiliger Gläubiger der Grundschuld") mit krit. Anm. *Wolfsteiner*.

122 BGHZ 114, 9, 13 = DNotZ 1992, 91 mit Anm. *Stürner*; vgl. hierzu DNotI-Report 1999, 161 ff.; *Kratz*, RNotZ 2021, 1, 15 f.; *von Rintelen*, RNotZ 2001, 2, 25 m.w.N. zum Streitstand.

123 BGH NJW 2003, 885, 886; BGH NJW 2004, 59, 61; BGH NJW-RR 2006, 490, 491.

ditsicherungspraxis hat der Bundesgerichtshof die persönliche Unterwerfung des Grundschuldbestellers im Übrigen auch nicht als überraschend i.S.v. § 305c Abs. 1 BGB gewertet.[124] Keine entsprechende Anwendung auf vollstreckbare abstrakte Schuldanerkenntnisse findet ferner das Wechsel- und Scheckverbot des § 496 Abs. 3 BGB (früher: Abs. 2).[125]

Wegen der rechtlichen Trennung von Grundschuld, abstrakter Zahlungsverpflichtung und im Übrigen auch kausaler Forderung ist zu berücksichtigen, dass die **Rechtsnachfolge** in einem Verhältnis nicht automatisch die Rechtsnachfolge in einem anderen Verhältnis nach sich zieht.[126] Das ist sowohl bei der Titelumschreibung als auch im Hinblick auf die Voraussetzungen der Zwangsvollstreckung zu beachten. Die Grundbucheintragung des Rechtsnachfolgers des Grundschuldgläubigers sagt beispielsweise nichts darüber aus, ob der Eigentümer dem Rechtsnachfolger auch aufgrund eines abstrakten Schuldversprechens oder Schuldanerkenntnisses haftet.[127] 47

Sollen bei einem Grundstückskauf bestimmte dingliche Belastungen sowie die korrespondierenden persönlichen Verpflichtungen übernommen werden, ist wegen der persönlichen Haftung eine erneute Unterwerfungserklärung des Erwerbers zu verlangen. Zum einen könnten sich ansonsten Unsicherheiten ergeben, weil der Bundesgerichtshof und die ihm folgende Literatur eine **befreiende Schuldübernahme**, allerdings bezogen auf Urteile, nicht als Rechtsnachfolge i.S.d. § 727 ZPO ansehen.[128] Da die hierzu vorgetragenen Argumente auf den Zivilprozess zugeschnitten sind, lassen allerdings sogar Befürworter der h.M. eine Ausnahme zu, wenn der fragliche Vollstreckungstitel eine notarielle Urkunde ist.[129] Gleichwohl wird für die Praxis empfohlen, auch bei einer vollstreckbaren Urkunde von einer eingeschränkten Anwendbarkeit des § 727 ZPO auszugehen.[130] Im Übrigen lässt sich auch der Nachweis der Genehmigung in der Form des § 727 ZPO kaum führen, so dass für den Gläubiger schon aus diesem Grund nur eine neue persönliche Unterwerfung praktikabel ist.[131] 48

3. Eigentümergrundschuld

Der Eigentümer kann sich anerkanntermaßen auch wegen einer **Eigentümergrundschuld dinglich unterwerfen**, obwohl er kein wirklicher Gläubiger und eine Vollstreckung aus der Grundschuld wegen § 1197 Abs. 1 BGB erst nach Umwandlung in eine Fremdgrundschuld[132] bzw. im Fall der Pfändung der Eigentümergrundschuld[133] möglich ist. Die rechtliche Konstruktion der Eigentümergrundschuld lässt eine solche Art der Verpflichtung gerade zu. 49

Problematisch ist lediglich die von der h.M. neben der dinglichen Unterwerfung des Eigentümers ebenfalls zugelassene **persönliche Unterwerfung** wegen einer selbstständigen persönlichen Verpflichtung, die der Eigentümer bei Übertragung der Grundschuld dem Grundschuldgläubiger antragen und die der Grundschuldgläubiger, wie aus dem Antrag auf Erteilung der Vollstreckungsklausel erkennbar, schlüssig angenommen haben soll.[134] Die Verpflichtung gegenüber dem jeweiligen Grundschuldgläubiger ist bereits materiell-rechtlich zumindest bedenklich, weil sie die persönliche Haftung zum Annex der dinglichen Haftung macht und damit dem Abstraktionsprinzip der Grundschuld widerspricht. Diese Bedenken greifen nur dann nicht, wenn das Angebot zur Begründung einer selbstständigen persönlichen Verpflichtung an den ersten Fremdgrundschuldgläubiger adressiert wird. Im Hinblick auf weitere Abtre- 50

124 BGH NJW 2003, 885, 886; BGH NJW 2004, 59, 61; BGH NJW-RR 2006, 490, 491; kritisch: *Basty*, LMK 2004, 106.

125 BGH NJW 2005, 1576, 1578; a.A. MüKo-BGB/*Weber*, § 496 Rn 19; *Vollkommer*, NJW 2004, 818, 819.

126 Allerdings sieht der Bundesgerichtshof das auf die Verstärkung des Sicherungswertes der Grundschuld gerichtete abstrakte Schuldversprechen jedenfalls als gegenstandslos an, wenn die Grundschuld auf einen anderen Gläubiger übergegangen ist, vgl. BGH MittRhNotK 1999, 383, 384.

127 Musielak/Voit/*Lackmann*, § 799 ZPO Rn 1; Stein/Jonas/*Kern*, § 799 ZPO Rn 1 Fn 2; *Soutier*, DNotZ 2020, 22, 25.

128 Vgl. BGHZ 61, 140, 142 = NJW 1973, 1700; Musielak/Voit/*Lackmann*, § 727 ZPO Rn 3; Stein/Jonas/*Bartels*, § 727 ZPO Rn 22; a.A. Zöller/*Seibel*, § 727 Rn 16; MüKo-ZPO/*Wolfsteiner/M. Volmer*, § 727 ZPO Rn 48 m.w.N.

129 Wieczorek/Schütze/*Paulus*, § 727 ZPO Rn 35; zur Schuldübernahme bei der persönlichen Unterwerfung s.a. *Winkler*, § 52 Rn 16.

130 Vgl. Beck'sches Notarhdb/*Kindler*, § 31 Rn 465; Kersten/Bühling/*Wolfsteiner/Rebhan*, § 19 Rn 189.

131 Vgl. *Klein*, RNotZ 2020, 1, 22; *Winkler*, § 52 Rn 16.

132 BGHZ 64, 316, 319 = NJW 1975, 1356; OLG Hamm Rpfleger 1987, 297, 298.

133 BGHZ 103, 30, 36 ff. m.w.N.

134 BGH DNotZ 1958, 579, 580 f. mit Anm. *Hieber*; BGH DNotZ 1976, 364, 365; BGH DNotZ 1991, 753, 754 f. = NJW 1991, 228; Zöller/*Herget*, § 794 ZPO Rn 31; vgl. auch BGH MittRhNotK 1999, 383, 384; DNotI-Report 2001, 37 ff.

tungen stellt sich allerdings das praktische Problem, dass das abstrakte Schuldversprechen im Fall der Abtretung an den Eigentümer wegen Konfusion erlischt, was der neue Gläubiger regelmäßig nicht erkennen kann.[135]

51 Schließlich kann die persönliche Zwangsvollstreckungsunterwerfung, also die prozessuale Erklärung, entgegen der h.M. in diesen Fällen nicht als zulässig angesehen werden. Da der Eigentümer keine persönliche Verpflichtung gegenüber sich selbst eingehen kann, fehlt es zum Zeitpunkt der Unterwerfungserklärung regelmäßig an einem bestimmten Gläubiger als **Adressaten der persönlichen Unterwerfungserklärung**. An wen sich das Angebot zur Begründung einer persönlichen Verpflichtung richtet, ist zum Zeitpunkt der Unterwerfungserklärung noch offen, so dass der Gläubiger nicht bezeichnet wird. Allein die Festlegung der Kriterien, nach denen sich entscheidet, wer Gläubiger sein wird, genügt dem Bestimmtheitserfordernis des § 794 Abs. 1 Nr. 5 ZPO nicht. Eine Unterwerfungserklärung kann also nicht „auf Vorrat" bzw. als Blankett zugunsten eines nachträglich einzusetzenden Gläubigers abgegeben werden.[136] Die persönliche Unterwerfung muss vielmehr im Rahmen der Abtretung erklärt werden.

IV. Vollstreckungsbedingungen und -beschränkungen

52 Der Schuldner bestimmt den Inhalt des Vollstreckungstitels. Er kann die Zwangsvollstreckung zeitlich, örtlich und gegenständlich beschränken.[137] Möglich sind beispielsweise Beschränkungen hinsichtlich der Art der Vollstreckung oder bezogen auf bestimmte Vermögensgegenstände.[138] Aus dem durch den Schuldner festgelegten Inhalt des Titels ergibt sich auch, unter welchen Voraussetzungen eine vollstreckbare Ausfertigung erteilt werden darf. Der Schuldner kann i.d.S. besondere Vollstreckungsbedingungen aufstellen.

1. Auslegung der Unterwerfungserklärung

53 Häufig beschränkt der Schuldner sich auf die Unterwerfung als solche. In diesem Fall ist im Wege der **Auslegung** zu ermitteln, ob **Bedingungen i.S.d. § 726 Abs. 1 ZPO** vorliegen oder nicht.[139] Dabei sind neben dem Wortlaut der Unterwerfungserklärung auch die aus der Urkunde ersichtlichen Zwecke und Interessen der Parteien berücksichtigungsfähig.[140] Auf außerhalb des Titels liegende Umstände kann allerdings nicht abgestellt werden.[141]

54 Insbesondere das KG hat eine stillschweigende Aussage, dass der Eintritt einer gesetzlichen **Fälligkeitsvoraussetzung** (hier: § 1193 BGB) nach § 726 ZPO nachzuweisen sei, verneint.[142] In der Literatur wird dagegen die Auslegungsregel vertreten, dass der Gläubiger, wenn die Urkunde auch das Rechtsgeschäft des materiellen Rechts enthält, im Zweifel alle Umstände vortragen und in der Form des § 726 ZPO nachweisen müsse, für die er im streitigen Verfahren die Beweislast trage.[143] In der Tat kann davon ausgegangen werden, dass der Schuldner, der sich ohne Rücksicht auf die Fälligkeitsvoraussetzungen des materiellen Geschäfts der Zwangsvollstreckung unterwerfen will, dies hinreichend zum Ausdruck bringt. Bezogen auf das **Kündigungserfordernis des § 1193 Abs. 1 S. 1 BGB** als gesetzliche Fälligkeitsvoraussetzung hat der Bundesgerichtshof explizit festgestellt, dass es sich bei dem materiellen Kündigungs-

135 Vgl. DNotI-Report 1998, 189, 190; *Reithmann*, DNotZ 1982, 67, 86; Kersten/Bühling/*Wolfsteiner/Rebhan*, § 77 Rn 10.

136 So auch KG DNotZ 1975, 718, 719; Stein/Jonas/*Kern*, § 794 ZPO Rn 118; *von Rintelen*, RNotZ 2001, 2, 5; vgl. auch KK/*Walker/Gomille*, § 794 ZPO Rn 61; MüKo-ZPO/*Wolfsteiner/M. Volmer*, § 794 ZPO Rn 293; *Wolfsteiner*, Urkunde, Rn 28.81.

137 Musielak/Voit/*Lackmann*, § 794 ZPO Rn 38; MüKo-ZPO/*Wolfsteiner/M. Volmer*, § 794 ZPO Rn 213; *Wolfsteiner*, Urkunde, Rn 17.6 ff.

138 Vgl. DNotI-Report 2000, 1 ff.; *von Rintelen*, RNotZ 2001, 2, 19; *Wolfsteiner*, Urkunde, Rn 17.10.

139 BGH v. 19.8.2010 – VII ZB 2/09, NJW-RR-2011, 424, 425 Rn 19 ff.; BGH v. 7.10.2020 – VII ZB 2/20, BWNotZ 2020, 421, 423; BGH, 7.10.2020 – VII ZB 56/18, NJW 2020, 3600, 3601, m Anm. *Dierck* = DNotZ 2021, 692 m Anm. *Reymann*; Stein/Jonas/*Bartels*, § 726 ZPO Rn 3.

140 BGH v. 19.8.2010 – VII ZB 2/09, NJW-RR-2011, 424, 425 Rn 19 ff. m.w.N.

141 BGH v. 7.10.2020 – VII ZB 56/18, NJW 2020, 3600, 3601, m Anm. *Dierck* = DNotZ 2021, 692 m Anm. *Reymann*.

142 KG DNotZ 1983, 699, 701 = ZZP 96 (1983), 368 mit zust. Anm. *Münzberg*; s. etwa auch *Habersack*, NJW 2008, 3173, 3176.

143 BGH, 7.10.2020 – VII ZB 56/18, NJW 2020, 3600, 3601 = DNotZ 2021, 692, m Anm. *Reymann*; *Von Rintelen*, RNotZ 2001, 2, 18; MüKo-ZPO/*Wolfsteiner/M. Volmer*, § 794 ZPO Rn 215; *Wolfsteiner*, Urkunde, Rn 17.21.

erfordernis zugleich um eine Vollstreckungsbedingung handelt, sofern sich aus der notariellen Grundschuldbestellungsurkunde nichts anderes ergibt.[144]

2. Auslegung der formularmäßigen Unterwerfungserklärung

Probleme ergeben sich bei formularmäßigen Vollstreckungsunterwerfungen wegen der Grundschuldansprüche aus Sicherungsgrundschulden, die vor Inkrafttreten des Risikobegrenzungsgesetzes[145] bestellt wurden (vgl. hierzu oben Rdn 14).[146] Eine Bedingung i.S.v. § 726 Abs. 1 ZPO kann generell auch dann vorliegen, wenn die Unterwerfungserklärung wegen der **Ansprüche aus einer Sicherungsgrundschuld** einschränkend dahin auszulegen ist, dass der Zessionar in die Sicherungsvereinbarung eingetreten sein muss, um die Vollstreckung betreiben zu können.[147] Im formalisierten Klauselerteilungsverfahren kann der Eintritt einer solchen Bedingung aber nur dann geprüft werden, wenn die Bedingung selbst hinreichend im Wortlaut des Titels angelegt ist, nicht aber, wenn es sich um eine „versteckte Vollstreckungsbedingung" handelt.[148] Dem Notar ist deshalb insbesondere die Auslegung verwehrt, die in einer notariellen Urkunde enthaltene Unterwerfungserklärung wegen Ansprüchen aus einer Grundschuld erstrecke sich nur auf Ansprüche aus einer treuhänderisch gebundenen Sicherungsgrundschuld, wenn diese Auslegung im Wortlaut der notariellen Urkunde nicht angelegt ist.[149] Für eine nicht formalisierte materiell-rechtliche Bewertung ist das Klauselerteilungsverfahren, wie der BGH treffend festgestellt hat, nicht vorgesehen.[150] 55

Da die typische Unterwerfungserklärung im Rahmen einer Sicherungsgrundschuldbestellung keine dahingehenden Anhaltspunkte enthält, findet im notariellen Klauselerteilungsverfahren folgerichtig im Regelfall **keine Prüfung des Eintritts des Zessionars in die Sicherungsvereinbarung** statt. Eine Prüfung des Schuldnereinwands, es liege eine „versteckte Bedingung" vor, die nicht eingetreten sei, muss erforderlichenfalls in einem kontradiktorischen Verfahren stattfinden. Die Einwendung des Schuldners, die Unterwerfungserklärung erfasse nur Ansprüche aus einer treuhänderisch gebundenen Sicherungsgrundschuld und der Zessionar sei in die Vereinbarung nicht eingetreten, kann mit der **Klage nach § 768 ZPO (Klauselgegenklage)** verfolgt werden.[151] 56

Der V. Senat hat in einem solchen Klauselgegenklageverfahren erkannt, dass der „Eintritt in den Sicherungsvertrag" und damit die Voraussetzung für den Übergang der Rechte aus der Vollstreckungsunterwerfung im Wege der Vertragsübernahme, des Schuldbeitritts, des Abschlusses eines Vertrags zwischen dem Zessionar und dem Zedenten zugunsten des Sicherungsgebers oder durch vergleichbare Vereinbarung erfolgen könne.[152] In einem anderen Klauselgegenklageverfahren hat der Senat festgestellt, 57

144 BGH, 7.10.2020 – VII ZB 56/18, NJW 2020, 3600, 3601, m Anm. *Dierck* = DNotZ 2021, 692, m Anm. *Reymann*; BGH, 7.10.2020 – VII ZB 2/20, BWNotZ 2020, 421, 423.

145 G. v. 12.8.2008, BGBl I 2008, 1666.

146 Für Grundschulden, deren Erwerb nach dem 19.8.2008 erfolgte, gilt § 1192 Abs. 1a BGB (Übergangsregelung: Art. 229 § 18 Abs. 2 EGBGB).

147 Siehe BGHZ (VII. ZS) 190, 172 = NJW 2011, 2803, 2805; vgl. bereits *Stürner*, JZ 2010, 774, 776; ebenso BGH v. 14.6.2013 – V ZR 148/12, BGH (V. ZS), MittBayNot 2014, 268, 270 („Der ‚Eintritt in den Sicherungsvertrag' ist eine Vollstreckungsbedingung und nicht […] eine Rechtsbedingung."); BGH v. 6.7.2018 – V ZR 115/17, DNotZ 2020, 17, 20 m Anm. *Soutier*; abweichend (Problem der Rechtnachfolge, § 727 ZPO); BGH v. 30.3.2010 – XI ZR 200/09, BGHZ (XI. ZS) 185, 133, 151 Rn 39 = NJW 2010, 2041 (obiter dictum).

148 BGH v. 29.6.2011 – VII ZB 89/10, BGHZ (VII. ZS) 190, 172 = NJW 2011, 2803, 2805 („Ist eine Vollstreckungsbedingung i.S. des § 726 Abs. 1 ZPO im Wortlaut der notariellen Urkunde nicht angelegt, verbietet sich für den Notar die Annahme einer solchen Bedingung. Er kann sie nicht allein aus einer Interessenabwägung ableiten."); zust. *Herrler*, NJW 2011, 2762, 2763; Hk-ZPO/*Kindl*, § 794 Rn 34 m.w.N.; s.a. BGH (V. ZS) NJW 2012, 2354, 2355.

149 BGH v. 29.6.2011 – VII ZB 89/10, BGHZ (VII. ZS) 190, 172 = NJW 2011, 2803, 2805.

150 BGH v. 29.6.2011 – VII ZB 89/10, BGHZ (VII. ZS) 190, 172 = NJW 2011, 2803, 2805; vgl. auch BGH, 7.10.2020 – VII ZB 56/18, NJW 2020, 3600, 3601 m Anm. *Dierck* = DNotZ 2021, 692 m Anm. *Reymann*; BGH, 7.10.2020 – VII ZB 2/20, BWNotZ 2020, 421, 423; anders noch – unter der unzutreffenden Prämisse der Zuordnung zu § 727 ZPO: BGH v. 30.3.2010 – XI ZR 200/09, BGHZ (XI. ZS) 185, 133, 151 Rn 39 = NJW 2010, 2041 (obiter dictum).

151 BGHZ (VII. ZS) 190, 172 = NJW 2011, 2803, 2805; hierzu *Piekenbrock*, LMK 2011, 323694; BGH (V. ZS) v. 6.7.2018 – V ZR 115/17, DNotZ 2020, 17, 20; BGH (V. ZS.) v. 18.10.2018 – V ZA 22/18, DNotZ 2020, 20, 22 m. Anm. *Soutier*; *Piekenbrock*, ZZP 125 (2012), 171, 191 ff.; s.a. BGH (V. ZS) NJW 2012, 2354, 2355; Bedenken hinsichtlich der Anwendung des § 768 ZPO etwa *Herrler*, NJW 2011, 2762, 2763 („Rechtsbehelfswirrwarr"); *Volmer*, MittBayNot 2011, 493, 394.

152 BGH v. 11.5.2012 – V ZR 237/11, BGH (V. ZS) NJW 2012, 2354, 2355; s.a. BGH v. 14.6.2013 – V ZR 148/12, MittBayNot 2014, 268, 269 m. Anm. *Everts*.

dass der Sicherungsgeber sich treuwidrig verhalte, wenn er ein Angebot des neuen Grundschuldgläubigers auf Beitritt zu der Sicherungsvereinbarung ablehne, obwohl er sich bei der Grundschuldbestellung der sofortigen Zwangsvollstreckung unterworfen und im Voraus der freihändigen Verwertung des Rechts durch Abtretung ohne seine Zustimmung zugestimmt habe.[153] Folge des Verstoßes gegen Treu und Glauben sei, dass der Schuldner sich so behandeln lassen müsse, als sei die Vollstreckungsbedingung (§ 726 ZPO) eingetreten (§ 162 Abs. 1 BGB analog).[154]

3. Nachweisverzicht und Nachweiserleichterungen

58 Die (negative) Bestimmung der Vollstreckungsvoraussetzungen, mit der der Schuldner zum Ausdruck bringt, dass die Zwangsvollstreckung ohne Rücksicht auf die Fälligkeitsvoraussetzungen des materiellen Geschäfts erfolgen soll, wird gemeinhin als **Nachweisverzicht** bezeichnet.[155] Ein solcher Nachweisverzicht ist grds. zulässig.[156] Ob es neben dem sog. Nachweisverzicht auch möglich ist, **Nachweiserleichterungen** für das Klauselerteilungsverfahren vorzusehen, wird nicht einheitlich beurteilt. Insbesondere einige Obergerichte haben die Bestimmung einer erleichterten Beweisführung durch den Schuldner als ein zulässiges Minus gegenüber dem Nachweisverzicht angesehen.[157] Die Gegenansicht hält dem mit Recht entgegen, dass Art und Umfang zulässiger Beweismittel im Vollstreckungsverfahren nicht disponibel sind.[158] Es geht in der Sache nicht um eine Modifizierung der zugelassenen Nachweismittel, sondern um eine Formulierung der Vollstreckungsvoraussetzungen.[159]

59 Der sog. Nachweisverzicht wirkt sich auf das Klauselerteilungsverfahren, nicht aber auf die Verteilung der **Beweislast** im Rahmen einer Vollstreckungsabwehrklage nach § 767 ZPO aus.[160] Im Erkenntnisverfahren hat der Gläubiger nach allgemeinen Beweislastregeln die Entstehungsvoraussetzungen seines Anspruchs nachzuweisen. Der **formularmäßige Nachweisverzicht** verstößt deshalb jedenfalls nicht aus diesem Grund gegen § 309 Nr. 12 BGB.[161] Nichts anderes gilt für das Klauselerteilungsverfahren, da hier gerade ein Titel geschaffen wurde, der nicht von dem Nachweis bestimmter Voraussetzungen abhängt.[162]

60 Der Bundesgerichtshof sieht allerdings in der Unterwerfungserklärung mit Nachweisverzicht wegen des **Werklohnanspruchs des Bauunternehmers** eine **unangemessene Benachteiligung** des Bestellers i.S.d. § 307 BGB, weil sie den Besteller der **Gefahr einer Vorleistung** aussetze, die der gesetzlichen Regelung des Werkvertrags (§§ 641, 320 BGB) fremd sei.[163] Die Unterwerfungserklärung mit Nachweisverzicht in einem **Bauträgervertrag** ist nach höchstrichterlicher Rspr. gem. § 134 BGB i.V.m. §§ 3, 12 MaBV unwirksam.[164]

61 Problematisch ist ein Verzicht auf den Nachweis (vgl. Rdn 58) der rechtzeitigen **Kündigung des Grundschuldkapitals** bei nach dem 19.8.2008 bestellten **Sicherungsgrundschulden** (§ 1193 Abs. 1 BGB). Die Einhaltung der Kündigungsfrist kann grds. als Vollstreckungsvoraussetzung i.S.v. § 726 Abs. 1 ZPO angesehen werden (vgl. Rdn 54).[165] Die praktische Relevanz eines solchen Verzichts ergibt sich daraus,

153 BGH v. 14.6.2013 – V ZR 148/12, BGH (V. ZS) MittBayNot 2014, 268, 269 m. Anm. *Everts*.

154 BGH v. 14.6.2013 – V ZR 148/12, BGH (V. ZS) MittBayNot 2014, 268, 270 m. Anm. *Everts* (mit krit. Hinweis darauf, dass das Vorliegen der Vollstreckungsbedingung im Verfahren wohl nicht geprüft worden sei); s.a. Hk-ZPO/*Kindl*, § 794 Rn 34.

155 Vgl. *Wolfsteiner*, Urkunde, Rn 6.44 ff., der schlüssig darlegt, dass es sich in der Sache nicht um einen Verzicht handelt, sondern darum, dass der Schuldner eine bestimmte Voraussetzung nicht positiv setzt.

156 BGH, 7.10.2020 – VII ZB 56/18, NJW 2020, 3600, 3601 m Anm. *Dierck* = DNotZ 2021, 692 m Anm. *Reymann.*

157 OLG München NJW-RR 1995, 763; OLG Stuttgart NJW-RR 1986, 549; s. dazu aus der Lit. *Hertel*, ZNotP 1999, 3, 9; *von Rintelen*, RNotZ 2001, 2, 19.

158 *Wolfsteiner*, Urkunde, Rn 46.40 ff. m.w.N.; Musielak/Voit/*Lackmann*, § 794 ZPO Rn 38.

159 OLG Bamberg NJW 2008, 2928 f.; LG Schwerin NotBZ 2005, 42, 43.

160 BGHZ 147, 203 = NJW 2001, 2096, 2098 unter Aufgabe von BGH NJW 1981, 2756.

161 Vgl. *Reymann*, DNotZ 2021, 697, 699.

162 BGH NJW 2002, 138, 139; s.a. *Everts*, DNotZ 2013, 730, 735.

163 BGH NJW 2002, 138, 139; zur Problematik der Inhaltskontrolle von Unterwerfungserklärungen ausf.: *von Rintelen*, RNotZ 2001, 2, 28 ff. m.w.N.

164 BGHZ 139, 387, 390 ff. = NJW 1999, 51; OLG Dresden DNotZ 2000, 126, 128 f. mit Anm. *Reithmann*, (Generalübernehmervertrag); kritisch etwa *Wolfsteiner*, DNotZ 1999, 99 ff.; *Wolfsteiner*, Urkunde, Rn 6.38 ff.; zu Alternativvorschlägen vgl. *von Rintelen*, RNotZ 2001, 2, 33 ff.; zu den Folgen der Entscheidung vgl. auch DNotI-Report 1999, 141 ff.; *Hertel*, ZNotP 1999, 3, 4 ff.

165 BGH, 7.10.2020 – VII ZB 56/18, NJW 2020, 3600, 3601 m Anm. *Dierck* = DNotZ 2021, 692 m Anm. *Reymann*; vgl. bereits *Everts*, DNotZ 2013, 730.

dass § 1191 Abs. 2 S. 2 BGB[166] materiell-rechtlich für Sicherungsgrundschulden eine von § 1193 Abs. 1 BGB abweichende Fälligkeitsbestimmung für das Grundschuldkapital (z.B. sofortige Fälligkeit) nicht zulässt.[167] Ob ein solcher Nachweisverzicht zulässig ist oder nicht, ist umstritten. Der BGH ist mittlerweile der Ansicht gefolgt, die den Nachweisverzicht als zulässig ansieht (und im Übrigen auch in einem formularmäßigen Verzicht auf den Nachweis der Kündigung keine unangemessene Benachteiligung des Schuldners i.S.d § 307 BGB erkennt).[168] Hierfür spricht in der Tat der verfahrensrechtliche Charakter des Nachweisverzichts, aber auch die Praktikabilität der Regelung. Der Vollstreckungsschuldner kann sich im Wege der Vollstreckungsabwehrklage (§ 767 ZPO) gegen eine verfrühte Vollstreckung wehren. Bis zur Entscheidung über die Vollstreckungsabwehrklage kommt überdies eine Einstellung der Zwangsvollstreckung mittels einstweiliger Anordnung in Betracht, und zwar gem. § 769 Abs. 1 S. 2 ZPO auch ohne Sicherheitsleistung, wenn der Schuldner hierzu nicht in der Lage ist und die Rechtsverfolgung durch ihn hinreichende Aussicht auf Erfolg hat. Die Gegner eines solchen Nachweisverzichts weisen demgegenüber darauf hin, dass nach § 1193 Abs. 2 S. 2 BGB durch das Kündigungserfordernis der Handlungsdruck vom Schuldner genommen werden solle, was mit der uneingeschränkten Zulässigkeit der Nachweisverzicht-Lösung nicht gewährleistet sei.[169] Zuweilen wurde der Nachweisverzicht explizit als Gesetzesverstoß (analog § 134 BGB) gewertet und aus diesem Grund als unwirksam angesehen.[170]

V. Änderungen

Nachträgliche Änderungen des Unterwerfungstitels sind prinzipiell möglich.[171] Einigen sich die Parteien über eine Reduzierung des vollstreckbar gestellten Anspruchs, wird der Titel hierdurch nicht berührt. Eine sonstige Änderung oder Erweiterung des vollstreckbar gestellten Anspruchs, die die Haftung modifiziert, macht jedoch eine erneute Unterwerfungserklärung des Schuldners erforderlich.[172] Für die dingliche Haftung bedeutet das beispielsweise, dass eine Vollstreckung aus dem alten Titel nicht mehr möglich ist, wenn sich eine Hypothek in eine **Eigentümergrundschuld** umgewandelt hat und diese durch Abtretung zu einer Fremdgrundschuld geworden ist, da mit der Umwandlung die Akzessorietät entfällt.[173] Eine **Änderung des Sicherungsvertrags** einer Sicherungsgrundschuld ist dagegen keine Änderung des Anspruchs aus der Grundschuld, so dass folglich auch keine neue Unterwerfungserklärung abgegeben werden muss.[174] 62

Wird ein vollstreckbares Grundpfandrecht geteilt, so bleiben die Teile vollstreckbar. Werden vollstreckbare Grundpfandrechte vereinigt, kommt es nicht zu einer Titelvereinigung, sondern es kann aus jedem Teiltitel vollstreckt werden.[175] Ist in der vollstreckbaren Urkunde als Haftungsgegenstand ein Grundstück genannt, kann in das daraus gem. §§ 3 oder 8 WEG entstandene **Wohnungseigentum** ohne Umschreibung der Vollstreckungsklausel vollstreckt werden.[176] 63

166 Eingefügt durch G. v. 12.8.2008, BGBl I 2008, 1666.

167 Z.T. wird aber eine Kündigung bereits bei Bestellung der Grundschuld als zulässig angesehen, vgl. Grüneberg/*Herrler*, § 1193 Rn 3; vgl. auch *Sommer*, RNotZ 2009, 578, 581; a.A. *Derleder*, ZIP 2009, 2221, 2225.

168 BGH, 7.10.2020 – VII ZB 56/18, NJW 2020, 3600, 3602 m Anm. *Dierck* = DNotZ 2021, 692 m Anm. *Reymann*; vgl. auch Beck'sches Notarhdb/*Herrler*, § 6 Rn 30; *Everts*, DNotZ 2013, 730733 ff.; Grüneberg/*Herrler*, § 1193 BGB Rn 3; *Schmidt/Voss*, DNotZ 2008, 740, 757; *Schmieszek*, WM 2014, 1804, 1805 ff.; *Winkler*, § 52 Rn 46 f.; vgl. auch zur Problematik *Piekenbrock*, ZZP 125 (2012), 171, 182 ff.; *Volmer*, MittBayNot 2009, 1, 8.

169 *Derleder*, ZIP 2009, 2221, 2224; *Dieckmann*, BWNotZ 2009, 144, 152 f.; MüKo-BGB/*Lieder*, § 1193 BGB Rn 10; *Sommer*, RNotZ 2009, 578, 585.

170 Zöller/*Stöber*, § 797 Rn 12 (Unwirksamkeit einer gleichwohl erteilten Klausel sei vom Vollstreckungsorgan zu beachten); im Anschluss hieran etwa: LG Hamburg, Beschl. v. 18.4.2013 – AZ 328 T 32/13, n.v.; zu weiteren n.v. Entscheidungen vgl. *Schmieszek* WM 2014, 1804 Fn 7; dagegen zu Recht *Everts*, DNotZ 2013, 730, 733 ff.; *Schmieszek*, WM 2014, 1804, 1806 ff.

171 Vgl. BGH DNotZ 1965, 544, 546.

172 BGH DNotZ 1965, 544, 546; Stein/Jonas/*Münzberg*, § 794 ZPO Rn 130; *Wolfsteiner*, Urkunde, Rn 30.8 f.; vgl. auch DNotI-Report 1997, 97, 98 (Änderung des Belastungsgegenstandes) m.w.N.

173 OLG Hamm Rpfleger 1987, 297, 298; Musielak/Voit/*Lackmann*, § 800 ZPO Rn 8. KK/*Walker/Gomille*, § 800 Rn 9; a.A. LG Düsseldorf DNotZ 1962, 97, 98; LG Bonn Rpfleger 1998, 34.

174 BGH DNotZ 1998, 575, 576; Musielak/Voit/*Lackmann*, § 800 ZPO Rn 8; Zöller/*Herget*, § 794 Rn 39.

175 *Wolfsteiner*, Urkunde, Rn 30.14.

176 LG Berlin Rpfleger 1985, 159 mit zust. Anm. *Witthinrich*; LG Essen Rpfleger 1986, 101; *Wolfsteiner*, Urkunde, Rn 30.18; a.A. LG Weiden Rpfleger 1984, 280.

64 Eine Erweiterung des Vollstreckungstitels liegt schließlich auch dann vor, wenn **Vollstreckungsbedingungen nachträglich wegfallen** oder ein sog. Nachweisverzicht aufgenommen werden soll. In diesen Fällen bedarf es also gleichfalls einer neuen Unterwerfungserklärung.[177]

C. Erteilung der vollstreckbaren Ausfertigung

I. Zuständigkeit

1. Zuständigkeitsregelungen

65 Zuständig für die Erteilung der (ersten) vollstreckbaren **Ausfertigung notarieller Urkunden** ist nach den §§ 797 Abs. 1 Nr. 2a), 802 ZPO der Notar, der die Urkunde verwahrt, grundsätzlich also der Notar, der die Urkunde errichtet hat (§ 45 Abs. 1 BeurkG; zur Zuständigkeit für die Erteilung von Ausfertigungen vgl. im Übrigen § 48 BeurkG). Hat der Grundstückseigentümer sein Grundstück mit einem Grundpfandrecht belastet und die Unterwerfung nach § 800 ZPO erklärt, so bleibt der Notar, der die Grundpfandrechtsbestellung mit der dinglichen Unterwerfung beurkundet hat, auch dann zuständig, wenn der Eigentümer das Grundstück auf einen Erwerber übertragen hat, und zwar unabhängig davon, wer den Grundstückskaufvertrag, in dem der Erwerber die Belastung übernommen hat, beurkundet hat.

66 Ist dem Notar für die Zeit seiner Abwesenheit oder Verhinderung ein **Notarvertreter** bestellt worden (§ 39 Abs. 1 BNotO), versieht dieser das Amt des Urkundsnotars und erteilt die vollstreckbare Ausfertigung. Er muss seiner Unterschrift den Vertreterzusatz beifügen, aber Siegel oder Stempel des Urkundsnotars gebrauchen (§ 41 Abs. 1 BNotO).

67 § 797 Abs. 1 Nr. 2b, 2c ZPO regelt die Zuständigkeit für die Erteilung der vollstreckbaren Ausfertigung bei Verwahrung der Urkunden durch das Amtsgericht oder durch die Notarkammer (zur Urkundenverwahrung bei Abwesenheit oder Verhinderung des Notars vgl. §§ 45–45a BeurkG Rdn 6, vgl. § 48 BeurkG Rdn 5 f.). Zum 1.1.2022 wurde gem. § 45 Abs. 1 BNotO die frühere Zuständigkeit des Amtsgerichts ersetzt durch die **Zuständigkeit der Notarkammer**, in deren Bezirk der Notar seinen Amtssitz hat. Die Notarkammer hat gem. § 45 Abs. 2 BNotO Ausfertigungen und Abschriften zu erteilen (s. auch die Verweisungen in § 51 Abs. 1 S. 3 BNotO, § 55 Abs. 1 S. 3 BNotO). Für die Klauselerteilung funktionell zuständig sind neben dem Präsidenten der Notarkammer diejenigen Mitglieder des Vorstandes oder Mitarbeiter der Notarkammer, „die hierzu vom Präsidenten durch eine dauerhaft aufzubewahrende schriftliche oder elektronische Verfügung bestimmt worden sind" (§ 70 Abs. 1 S. 1, 2 BNotO). Die in § 797 Abs. 1 Nr. 2c ZPO vorgesehene **Zuständigkeit der Amtsgerichte** für die Erteilung der vollstreckbaren Ausfertigung hat nur noch für Urkunden Bedeutung, die bis 2021 dort in Verwahrung gegeben wurden.[178]

68 Für die Erteilung vollstreckbarer Ausfertigungen von gerichtlichen oder notariellen Urkunden aus Gebieten, in denen deutsche Gerichtsbarkeit nicht mehr ausgeübt wird (§ 1 ZustErgG), war nach § 4 ZustErgG das Gericht des allgemeinen Gerichtsstandes des Schuldners oder in Ermangelung eines allgemeinen Gerichtsstandes im Geltungsbereich des ZustErgG das AG zuständig, in dessen Bezirk der Schuldner Vermögen hat. Durch Art. 48 des Ersten Gesetzes über die Bereinigung von Bundesrecht im Zuständigkeitsbereich des Bundesministeriums der Justiz vom 19.4.2006[179] wurden die §§ 2–4 ZustErgG aufgehoben, weil sie nach Einschätzung des Gesetzgebers den Anwendungsbereich verloren haben.[180]

69 Vollstreckbare Ausfertigungen vollstreckbarer Urkunden, die von einem Beamten oder Angestellten des **Jugendamtes** aufgenommen wurden (§ 60 SGB VIII, vgl. oben § 1 BeurkG Rdn 30), werden nach § 60 S. 3 Nr. 1 SGB VIII von den Beamten oder Angestellten erteilt, denen die Beurkundung der Verpflichtungserklärung übertragen ist. Dabei kommt es auf die Ermächtigung im Zeitpunkt der Klauselerteilung an.[181]

70 Der **Ratschreiber** in Baden-Württemberg war bis zum 31.12.2017 nach Maßgabe von § 32 Abs. 2 BW LFGG für unterschiedliche Beurkundungen namentlich in Grundbuchsachen zuständig. Davon war die Erteilung vollstreckbarer Ausfertigungen freilich schon deshalb nicht umfasst, weil der Ratschreiber

177 *Wolfsteiner*, Urkunde, Rn 29.20.
178 Zöller/*Herget*, § 797 Rn 1a.
179 BGBl I 2006, 866.
180 Vgl. Reg.Begr. BT-Drucks 16/47, 59.
181 *Jansen*, § 52 Rn 22, *Wolfsteiner*, Urkunde, Rn 34.12; a.A. *Knittel*, Rn 254 (§ 797 Abs. 2 ZPO).

keine Unterwerfungserklärungen beurkunden durfte. Eine Annex-Kompetenz auf dem Gebiet der ZPO musste aus diesem Grund von vornherein ausscheiden. § 32 BW LFGG wurde mit Wirkung vom 1.1.2018 aufgehoben. Nunmehr kann der Ratschreiber gemäß § 35b LFGG lediglich noch unterschiedliche Beglaubigungen vornehmen.

2. Mitwirkungsverbot, Besorgnis der Befangenheit

Dem Notar ist die Klauselerteilung untersagt, sofern er nach den §§ 16 Abs. 1 BNotO, 3 BeurkG einem **Mitwirkungsverbot** unterliegt.[182] Das Mitwirkungsverbot hat zur Folge, dass der Notar wegen der Befangenheit von seinem „**Recht zur Selbstablehnung**" (siehe § 4 BeurkG Rdn 3 ff.) Gebrauch machen muss. Infolge der Selbstablehnung ist er rechtlich verhindert (§§ 39, 45 BNotO), die Amtshandlung vorzunehmen. Tätig werden kann der Notarvertreter. Ansonsten muss die Urkunde der zuständigen Notarkammer übergeben werden (§ 45 Abs. 1 S. 1 2. Alt. BNotO). Die Übergabe an einen Ersatznotar nach Wahl des Notars (§ 45 Abs. 1 S. 1 1. Alt. BNotO) wäre wegen der Auswahl durch den befangenen Notar ebenfalls eine unzulässige Handlung.[183] Dem durch eine Selbstablehnung des Notars betroffenen Gläubiger steht überdies die Möglichkeit der Beschwerde zum Landgericht offen, wobei es im Ergebnis keine Rolle spielt, ob die Beschwerde nach § 15 Abs. 2 S. 1 BNotO[184] oder wegen der Amtshandlung, die der Notar infolge der Selbstablehnung nicht vornimmt, nach § 54 BeurkG als statthaft angesehen wird (zum Verhältnis der beiden Vorschriften vgl. § 54 BeurkG Rdn 2). 71

Im Klauselverfahren ist die Partei gem. §§ 797 Abs. 1 Nr. 2a, 802 ZPO an die Zuständigkeit des Notars gebunden, so dass verfahrensrechtlich eine Möglichkeit eingeräumt werden muss, den Notar wegen **Besorgnis der Befangenheit** abzulehnen. Der Notar trifft im Klauselerteilungsverfahren gewissermaßen als erste Instanz eine Entscheidung. Insofern unterscheidet sich die Aufgabe des Notars im Klauselerteilungsverfahren von der Aufgabe des Gerichtsvollziehers, der nach der Rechtsprechung des Bundesgerichtshofs[185] nicht wegen Befangenheit abgelehnt werden kann. Der Bundesgerichtshof hatte seine Entscheidung gerade damit begründet, dass ein Ablehnungsverfahren wegen der Formalisierung des Vollstreckungsverfahrens und der Möglichkeit umfassender gerichtlicher Kontrolle im Rahmen der Vollstreckungserinnerung (§ 766 ZPO) gesetzlich nicht vorgesehen sei. Diese Argumentation lässt sich auf das Klauselerteilungsverfahren vor dem Notar nicht übertragen. Da es vor dem Hintergrund des auf dem Gebiet der vorsorgenden Rechtspflege geltenden Prinzips der freien Notarwahl keine besonderen Verfahrensvorschriften für die Ablehnung eines Notars gibt, bietet sich eine **sinngemäße Anwendung der §§ 42 ff. ZPO** an (zur Ablehnung des Notars wegen Besorgnis der Befangenheit vgl. im Übrigen § 4 BeurkG Rdn 7 ff.).[186] Sowohl der Gläubiger als auch der Schuldner können den Notar wegen Besorgnis der Befangenheit ablehnen. 72

Im Hinblick auf das Recht zur Selbstablehnung kann der Notar als befugt angesehen werden, positiv über ein Ablehnungsgesuch zu entscheiden und sich für befangen zu erklären (§ 16 Abs. 2 BNotO). Damit ist er rechtlich verhindert, die Amtshandlung vorzunehmen (siehe oben Rdn 72). Dagegen kann der Notar wegen des Verbots der Selbstbescheidung grundsätzlich keine abschlägige Entscheidung über das Ablehnungsgesuch treffen.[187] Analog § 49 ZPO sowie §§ 10 S. 2, 28 RpflG müsste also eine richterliche Entscheidung des Amtsgerichts, in dessen Bezirk der Notar den Amtssitz hat, eingeholt werden.[188] Wird das Ablehnungsgesuch für unbegründet erklärt, ist hiergegen analog § 46 Abs. 2 ZPO die sofortige Beschwerde statthaft. Ist der Notar wegen Besorgnis der Befangenheit ausgeschlossen, liegt ein Fall der 73

182 Frenz/Miermeister/*Miermeister/de Buhr*, § 3 BeurkG Rn 5; Arndt/Lerch/Sandkühler/*Sandkühler*, § 16 BNotO Rn 8; *Winkler*, § 3 Rn 22a; MüKo-ZPO/*Wolfsteiner/M. Volmer*, § 797 ZPO Rn 9; *Wolfsteiner*, Urkunde, Rn 36.1 ff.

183 MüKo-ZPO/*Wolfsteiner/M. Volmer*, § 797 ZPO Rn 10; *Wolfsteiner*, Urkunde, Rn 36.8; a.A. Arndt/Lerch/Sandkühler/*Sandkühler*, § 16 BNotO Rn 8.

184 *Wolfsteiner*, Urkunde, Rn 36.7.

185 BGH NJW-RR 2005, 149, 150.

186 MüKo-ZPO/*Wolfsteiner/M. Volmer*, § 797 ZPO Rn 11; *Wolfsteiner*, Urkunde, Rn 36.11; allgemein zur Anwendung der §§ 41 ff. ZPO im FamFG-Verfahren s. Verweisung in § 6 FamFG.

187 Zur Zurückweisung des Ablehnungsgesuchs bei missbräuchlicher Ablehnung wegen Befangenheit: *Wolfsteiner*, Urkunde, Rn 36.14 sowie zur Rechtspflegerablehnung: BGH NJW-RR 2005, 1225; allgemein zu Ausnahmen vom Verbot der Selbstbescheidung: MüKo-ZPO/*Stackmann*, § 45 ZPO Rn 2.

188 A.A. *Wolfsteiner*, Urkunde, Rn 36.12, der die Entscheidung über das Ablehnungsgesuch gleich in das Beschwerdeverfahren analog § 15 Abs. 2 S. 1 BNotO verweist.

rechtlichen Verhinderung vor. Der Notar hat die Urkunde der Notarkammer zu übergeben (§ 45 Abs. 1 S. 1 2. Alt. BNotO, siehe oben Rdn 71).[189]

II. Erteilungsverfahren

1. Gegenstand und Verfahren

74 Die vollstreckbare Ausfertigung ist eine **Ausfertigung** des Titels mit **Vollstreckungsklausel** (§ 724 Abs. 1 ZPO). Eine vollstreckbare Ausfertigung wird also von der Urkunde erteilt, in der die Unterwerfungserklärung niedergelegt ist. Hat der Gläubiger auf eine andere notarielle Niederschrift verwiesen (§ 13a BeurkG, vgl. oben Rdn 17), so muss die Bezugsurkunde, die notwendige Bestandteile der Unterwerfungserklärung enthält, der vollstreckbaren Ausfertigung zumindest in beglaubigter Abschrift beigefügt werden, damit ein aussagekräftiger Titel zugestellt werden kann.[190]

75 Für das Erteilungsverfahren gelten nach § 52 BeurkG die allgemeinen Vorschriften, also die §§ 795, 724 ff. ZPO (str., vgl. Rdn 3). Die vollstreckbare Ausfertigung wird erteilt auf **Antrag** eines ausfertigungsberechtigten Gläubigers (vgl. oben Rdn 7).[191] Für die Antragsvollmacht gelten die §§ 80 ff. ZPO unmittelbar.[192] Konsequenterweise wird auch § 79 Abs. 2 ZPO (Beschränkung des Kreises möglicher Vertreter) anzuwenden sein (anders: Unterwerfungserklärung vgl. Rdn 25).[193] Gegenstand des Erteilungsverfahrens ist die Entscheidung über die Erteilung der Vollstreckungsklausel; sie ist der Ausfertigung am Schluss beizufügen, von dem Notar zu unterschreiben und zu siegeln (§§ 795, 725 ZPO).

2. Erteilung weiterer vollstreckbarer Ausfertigungen

76 Nach der Änderung des § 797 ZPO durch das Gesetz zur Übertragung von Aufgaben im Bereich der freiwilligen Gerichtsbarkeit auf Notare vom 26.6.2013[194] wurde den Notaren auch die Zuständigkeit zur Erteilung **weiterer vollstreckbarer Ausfertigungen** übertragen, die nach früherem Recht in den Zuständigkeitsbereich des Amtsgerichts fiel. Gemäß § 797 Abs. 2 Nr. 2a ZPO wird die Entscheidung über die Erteilung einer weiteren vollstreckbaren Ausfertigung der notariellen Urkunde von dem die Urkunde verwahrenden Notar getroffen,[195] gemäß § 797 Abs. 2 Nr. 2, Nr. 2c ZPO von der die Urkunde verwahrenden Notarkammer oder dem die Urkunde verwahrenden Amtsgericht.

77 Kein Fall der Erteilung einer weiteren vollstreckbaren Ausfertigung liegt vor, wenn dem Notar die erste vollstreckbare Ausfertigung zurückgegeben und später wiederum eine vollstreckbare Ausfertigung beantragt wird.[196] Gleiches gilt, wenn ein Rechtsnachfolgevermerk auf die bisherige vollstreckbare Ausfertigung gesetzt werden soll.[197] Der Notar darf schließlich von einer vollstreckbaren Urkunde mehrere Ausfertigungen über rangmäßig gegeneinander abgegrenzte **Teilbeträge** erteilen, ohne dass es sich hierbei um die Erteilung „weiterer vollstreckbarer Ausfertigungen" handeln würde.[198]

78 Ob im Fall der **Gesamtschuld** vollstreckbare Ausfertigungen gegenüber jedem Gesamtschuldner erteilt werden können oder nur eine vollstreckbare Ausfertigung gegen alle Gesamtschuldner, ist umstritten.[199] Namentlich *Wolfsteiner* hat sich mit überzeugenden Gründen für die Zulässigkeit der Erteilung (erster) vollstreckbarer Ausfertigungen gegenüber jedem Gesamtschuldner ausgesprochen.[200] Nach der Gegen-

189 *Wolfsteiner*, Urkunde, Rn 36.14.
190 Kersten/Bühling/*Wolfsteiner/Rebhan*, § 20 Rn 117; *Wolfsteiner*, Urkunde, Rn 37.11.
191 Zur Erteilung einer vollstreckbaren Ausfertigung bei Verkäufermehrheit vgl. DNotI-Report 2006, 117 ff. m.w.N.; zum „richtigen" Zeitpunkt der Erteilung vgl. *Wolf*, ZNotP 2007, 170 ff.
192 *Wolfsteiner*, Urkunde, Rn 35.1.; offengelassen von Grziwotz/Sauer/Heinemann/*Heinemann/Grziwotz*, § 52 Rn 13: §§ 10, 11 FamFG.
193 So i.E., aber unter Anwendung des § 10 Abs. 2 FamFG: Grziwotz/Heinemann/*Heinemann*, § 52 Rn 13; *Heinemann*, Rn 640.
194 BGBl I 2013, 1800.
195 Vgl. hierzu etwa *J. Winkler*, RNotZ 2019, 117, 136 ff.
196 Hk-ZPO/*Kindl*, § 733 Rn 2; Zöller/*Herget*, § 797 Rn 10; zur früheren Rechtslage: RGZ 50, 365, 366 f.; OLG Düsseldorf DNotZ 1977, 571 mit zust. Anm. *Brambring*; OLG Hamm MDR 1988, 592; *Wolfsteiner*, Urkunde, Rn 41.14.
197 Zöller/*Herget*, § 797 Rn 10.
198 *J. Winkler*, RNotZ 2019, 117, 139; *Winkler*, § 52 Rn 60 m.w.N.; vgl. auch BGH v. 9.10.2013 – XII RR 59/12, NJW-RR 2014, 195, 196.
199 Vgl. hierzu DNotI-Report 2015, 129 ff. mit umf. Nachw. zum Streitstand.
200 MüKo-ZPO/*Wolfsteiner/K. Volmer*, §§ 724 ZPO Rn 26; MüKo-ZPO/*Wolfsteiner/M. Volmer*, 733 ZPO Rn 5 f.; *Wolfsteiner*, Urkunde, Rn 41.6 ff.; zust. auch Frenz/Miermeister/*Limmer*, § 52 Rn 16a; Grziwotz/Sauer/Heinemann/*Heinemann/Grziwotz*, § 52 Rn 30.

ansicht würde es sich dagegen um weitere vollstreckbare Ausfertigungen i.S.v. § 733 ZPO handeln. Das LG Leipzig hat unter dieser Prämisse die Voraussetzungen für die Erteilung einer zweiten vollstreckbaren Ausfertigung bejaht, wenn der Titel gegen Gesamtschuldner ausgefertigt ist, der Gläubiger jedoch ein Interesse daran darlegen kann, gegen die einzelnen Schuldner selbstständig durch mehrere Vollstreckungsorgane vollstrecken zu können.[201] Der Bundesgerichtshof hat die Frage bislang offengelassen, allerdings auf den hinreichenden Schutz des Schuldners durch die Möglichkeit der Vollstreckungsabwehrklage sowie des einstweiligen Rechtsschutzes nach § 769 ZPO hingewiesen, um den Einwand der (teilweisen) Erfüllung durch erfolgreiche Vollstreckung eines Vollstreckungsgläubigers geltend zu machen.[202]

Für die Erteilung weiterer vollstreckbarer Ausfertigungen gilt **§ 733 ZPO**. Die besonderen Regelungen sind dem Umstand geschuldet, dass die konkrete Gefahr einer Doppelvollstreckung gegen den Schuldner vermieden werden soll. Die weitere vollstreckbare Ausfertigung wird ausdrücklich als solche gekennzeichnet (§ 733 Abs. 3 ZPO). Der Gläubiger muss ein berechtigtes Interesse an der Erteilung einer weiteren vollstreckbaren Ausfertigung haben, umgekehrt dürfen berechtigte Interessen des Schuldners der Erteilung nicht entgegenstehen.[203] Ein Bedürfnis für die Erteilung der weiteren vollstreckbaren Ausfertigung besteht, wenn die erste vollstreckbare Ausfertigung verloren gegangen ist, nicht mehr auffindbar ist oder aus anderen Gründen nicht (mehr) zur Verfügung steht.[204] Der Schuldner ist im Regelfall vor der Erteilung zu hören (§ 733 Abs. 1 ZPO);[205] ist die weitere vollstreckbare Ausfertigung erteilt, ist er hiervon in Kenntnis zu setzen (§ 733 Abs. 2 ZPO). Ausführliche Maßgaben zur Erteilung der weiteren vollstreckbaren Ausfertigung durch den Notar hat das DNotI erarbeitet.[206] 79

3. Umfang der Prüfungspflicht

Dem Notar kommen im Klauselerteilungsverfahren prinzipiell die gleichen Befugnisse zu wie dem Urkundsbeamten der Geschäftsstelle. Er hat somit zu prüfen, ob die **formellen Voraussetzungen** für die Erteilung der Vollstreckungsklausel vorliegen, also 80

– der Antrag eines Antragsberechtigten,
– ein wirksamer Vollstreckungstitel sowie
– der Eintritt der Vollstreckungsreife.[207]

Eine weitergehende **materielle Prüfungsbefugnis** ist dem Notar grundsätzlich nicht eingeräumt.[208] Es reicht also für die Erteilung einer vollstreckbaren Ausfertigung aus, dass ein äußerlich wirksam erscheinender Titel vorliegt.[209] Materielle Einwendungen sind mit der **Vollstreckungsabwehrklage** nach § 767 ZPO geltend zu machen. Sollen materiell-rechtliche Gründe, etwa ein Verstoß gegen § 307 BGB, der Wirksamkeit der Unterwerfungserklärung entgegenstehen ist eine Titelgegenklage analog § 767 ZPO mit dem Ziel, die Zwangsvollstreckung aus dem Titel für unzulässig zu erklären, statthaft (siehe Rdn 15).[210] Eine Pflicht des Notars, die Erteilung der Vollstreckungsklausel abzulehnen, kann sich allenfalls im Ausnahmefall aus § 14 Abs. 2 BNotO ergeben (dazu im Folgenden). 81

Der Ausschluss der materiellen Prüfungskompetenz gilt nicht ausnahmslos. Der Notar hat auch im Klauselerteilungsverfahren seine Tätigkeit zu versagen, wenn eine **Pflicht zur Amtsverweigerung** nach § 14 82

201 LG Leipzig JurBüro 2004, 559.
202 BGH v. 4.11.2020 – VII ZB 69/18, NJW 2021, 634, 636.
203 Hk-ZPO/*Kindl*, § 733 Rn 4 m.w.N.; Musielak/Voit/*Lackmann*, § 733 ZPO Rn 6 m.w.N.; zu zahlreichen Einzelproblemen vgl. auch *J. Winkler*, RNotZ 2019, 117, 137.
204 Vgl. Hk-ZPO/*Kindl*, § 733 Rn 2; *Grauel*, NotBZ 2013, 453.
205 BT-Drucks 17/1469, 19; Zöller/*Herget*, § 797 Rn 10.
206 DNotI-Report 2013, 153 ff.
207 Siehe BGH DNotZ 2009, 935, 937 m.w.N.
208 BGH v. 30.1.2025 – VII ZB 10/24 = NJW-RR 2025, 425 Rn 18; BGH v. 7.10.2020 – VII ZB 56/18, NJW 2020, 3600, 3601 = DNotZ 2021, 692, 696 m Anm. *Reymann*; BGH v. 7.10.2020 – VII ZB 2/20, BWNotZ 2020, 421, 423; BayObLG MittBayNot 1995, 484, 485; BayObLG DNotZ 1998, 194, 195; BayObLG DNotZ 2000, 368, 369; OLG Frankfurt a.M. MittRhNotK 1997, 269; OLG Frankfurt a.M. DNotZ 1990, 105 f.; OLG München DNotZ 2006, 204; OLG Oldenburg DNotZ 1995, 145 f.; LG Leipzig MittRhNotK 2000, 406 f.; *Winkler*, § 52 Rn 24; Frenz/Miermeister/*Limmer*, § 52 BeurkG Rn 12; *Lerch*, § 52 Rn 10; MüKo-ZPO/*Wolfsteiner/M. Volmer*, § 797 ZPO Rn 18, 19; *Wolfsteiner*, Urkunde, Rn 38.18 ff.
209 BGH v. 30.1.2025 – VII ZB 10/24 = NJW-RR 2025, 425 Rn 19; Musielak/Voit/*Lackmann*, § 797 ZPO Rn 4; *Wolfsteiner*, Urkunde, Rn 38.4.
210 BGH NJW 2002, 138, 139; BGH NJW 2004, 59, 60; BGH NJW 2004, 844; BGH DNotZ 2004, 707 f.; BGH NJW-RR 2004, 1275, 1276; BGH DNotZ 2005, 132 f.; BGH NJW 2005, 1576, 1577; BGH NJW 2006, 695, 696; BGH NJW-RR 2008, 66, 67; BGH, 7.10.2020 – VII ZB 56/18, NJW 2020, 3600, 3601 = DNotZ 2021, 692, 696 m Anm. *Reymann*.

Abs. 2 BNotO besteht (vgl. auch oben § 4 BeurkG Rdn 18).[211] Er muss die Erteilung der vollstreckbaren Ausfertigung etwa ablehnen, wenn **offenkundig** ist, dass der titulierte Anspruch nicht (mehr) besteht und das Begehren des Gläubigers deshalb rechtsmissbräuchlich ist.[212] Das ist beispielsweise der Fall, wenn der Notar positiv weiß, dass der Anspruch nicht mehr besteht, weil der Gläubiger im Klauselerteilungsverfahren die Zahlung selbst zugesteht oder weil die Zahlung über den Notar erfolgen sollte und aktenkundig erfolgt ist.[213] Gleiches gilt nach überwiegender Ansicht, wenn dem Notar durch eine öffentliche oder öffentlich beglaubigte Urkunde nachgewiesen wird, dass der materielle Anspruch nicht (mehr) besteht.[214] Insofern wird auf den Vergleich zu § 775 Nr. 4 ZPO verwiesen.[215] Der BGH hat eine Prüfungsbefugnis in Bezug auf materiellrechtliche Einwendungen jedenfalls insoweit für zulässig erachtet, als die zugrundeliegenden Tatsachen nach Maßgabe von § 291 ZPO offenkundig sind und sowohl für die Zulässigkeit des Antrags als auch für seine Begründetheit erheblich sind.[216] Eine Vollstreckung ist jedoch trotz urkundlichen Nachweises i.S.v. § 775 Nr. 4 ZPO fortzusetzen, wenn der Gläubiger die Befriedigung bestreitet.[217] Nichts anderes hätte für das Klauselverfahren zu gelten; bleibt der diesbezüglich angehörte Gläubiger bei seinem Antrag, dann muss die Klausel erteilt werden.[218] **Bloße Zweifel** genügen insgesamt nicht, um die Erteilung der Vollstreckungsklausel zu verweigern.[219] Hier ist vielmehr eine Klärung im Zivilprozess erforderlich.

4. Formelle Voraussetzungen

a) Nachweis der Vertretungsmacht

83 Die Erteilung der Vollstreckungsklausel setzt einen äußerlich wirksam scheinenden **Vollstreckungstitel** voraus. Es muss also eine ordnungsgemäß beurkundete Unterwerfungserklärung vorliegen. Wurde die Unterwerfungserklärung nicht durch den Schuldner selbst, sondern durch einen Vertreter abgegeben, so muss zur Wirksamkeit der Unterwerfungserklärung verlangt werden, dass der Vertreter mit **Vertretungsmacht** gehandelt hat oder die Erklärung vom Vertretenen genehmigt wurde. Die Beurkundung ist zwar zunächst ohne einen Nachweis der Vertretungsmacht zulässig (vgl. oben Rdn 28), so dass die Urkunde nicht notwendigerweise einen Nachweis der Vertretungsmacht enthält. Im Klauselerteilungsverfahren ist jedoch zu berücksichtigen, dass es sich bei der notariellen Urkunde um einen Titel handelt, der nicht nach den Vorschriften der ZPO, sondern in einem Verfahren der vorsorgenden Rechtspflege errichtet wurde, das allein auf die Initiative des Vertreters rechtshängig wird. Der vermeintliche Schuldner muss vor einer überraschenden Inanspruchnahme geschützt werden. Eine insofern hinreichende Gewähr besteht nur, wenn in den Fällen, in denen die Urkunde den Nachweis der Vertretungsmacht noch nicht enthält, die Vertretungsmacht oder die Genehmigung in Form der **öffentlichen oder öffentlich beglaubigten Urkunde nachgewiesen** wird.[220] Es reicht deshalb nicht aus, dass eine schriftliche Vollmacht bei

211 *J. Winkler*, RNotZ 2019, 117, 121 (mit Bsp. und w.N. zum Streitstand); Stein/Jonas/*Kern*, § 797 ZPO Rn 22.

212 BayObLG MittBayNot 2005, 63; Grziwotz/Sauer/Heinemann/*Heinemann/Grziwotz*, § 52 Rn 22; Frenz/Miermeister/*Limmer*, § 52 BeurkG Rn 13; Würzburger Notarhdb/*Volmer*, Teil 1 Kap. 3 Rn 72; *Winkler*, § 52 Rn 25; a.A. Musielak/Voit/*Lackmann*, § 797 ZPO Rn 4; differenzierend: Stein/Jonas/*Kern*, § 797 ZPO Rn 21, 22.

213 BayObLG DNotZ 1998, 194, 195; BayObLG DNotZ 2000, 368, 369; OLG München DNotZ 2006, 204; *Apfelbaum*, MittBayNot 2005, 64, 65; Würzburger Notarhdb/*Volmer*, Teil 1 Kap. 3 Rn 73; *Winkler*, § 52 Rn 25; MüKo-ZPO/*Wolfsteiner/K. Volmer*, § 724 ZPO Rn 49; *Wolfsteiner*, Urkunde, Rn 38.29; i.E. OLG Düsseldorf DNotZ 1991, 536 f. mit krit. Anm. *Wolfsteiner*; a.A. Musielak/Voit/*Lackmann*, § 797 ZPO Rn 4; Zöller/*Herget*, § 797 Rn 7.

214 BayObLG DNotZ 1997, 77, 79; BayObLG DNotZ 1998, 194, 195; BayObLG DNotZ 2000, 368, 369; OLG Frankfurt a.M. DNotZ 1995, 144, 145; OLG München DNotZ 2006, 204; *Apfelbaum*, MittBayNot 2005, 64, 65 m.w.N. zum Streitstand; Frenz/Miermeister/*Limmer*, § 52 BeurkG Rn 13; *Winkler*, § 52 Rn 25; a.A. *Wolfsteiner*, Urkunde, Rn 38.30 m.w.N. insbesondere zur früheren Entscheidungspraxis einiger Oberlandesgerichte.

215 *Apfelbaum*, MittBayNot 2005, 64, 65.

216 BGH v. 30.1.2025 – VII ZB 10/24, NJW-RR 2025, 425 Rn 21.

217 BGH v. 15.10.2015 – V ZB 62/15, NJW-RR 2016, 317; Musielak/Voit/*Lackmann*, § 775 ZPO Rn 13; MüKo-ZPO/*K. Schmidt/Brinkmann*, § 775 ZPO Rn 28; vgl. auch BGH v. 18.5.2017 – VII ZB 38/16, NJW 2017, 2202, 2203.

218 *Wolfsteiner*, Urkunde, Rn 38.30.

219 BayObLG MittBayNot 2005, 63; OLG München DNotZ 2006, 204 f.; *Wolfsteiner*, Urkunde, Rn 38.29.; vgl. auch zur Erteilung der vollstreckbaren Ausfertigung nach Vorpfändung des Kaufpreisanspruchs DNotI-Report 2010, 37 ff.

220 BGH DNotZ 2005, 132, 133; BGH DNotZ 2007, 33, 34; BGH NJW 2008, 2266, 2267; *Bolkart*, MittBayNot 2007, 338 f.; Zöller/*Herget*, § 794 Rn 33; *Winkler*, § 52 Rn 36; i.E. (arg. § 726 ZPO) BayObLG DNotZ 1964, 573 f. = Rpfleger 1965, 17 mit zust. Anm. *Haegele*; OLG Zweibrücken DNotZ 1970, 640; LG Bonn Rpfleger 1990, 374 m.w.N.; MüKo-ZPO/*Wolfsteiner/M. Volmer*, § 797 ZPO Rn 15; *Zimmer*, NotBZ 2006, 302, 304; a.A. OLG Köln MDR 1969, 150 (gegen § 726 ZPO).

der Beurkundung vorlag. Der Bestand der Vollmacht ist zwar keine Tatsache, von der die Vollstreckung nach ihrem Inhalt abhängt. Wie der Bundesgerichtshof klargestellt hat, ist die Vollmacht, von der die wirksame Titulierung abhängt, allerdings nicht anders zu behandeln, so dass wie in den Fällen des § 726 ZPO im Klauselerteilungsverfahren ein förmlicher Vollmachtnachweis erforderlich ist.[221]

Von einem förmlichen Nachweis im Klauselerteilungsverfahren kann abgesehen werden, wenn der Notar die Urschrift verwahrt und dem Bevollmächtigten hinsichtlich der Vertragsurkunde, in der die Vollmacht erklärt wurde, ein originärer Ausfertigungsanspruch (§ 51 Abs. 1 BeurkG) zusteht.[222] Benötigt wird der Nachweis der Vollmacht aber jedenfalls für das weitere Vollstreckungsverfahren. Die Urkunde über die Vollmacht oder die Genehmigung ist nach § 750 Abs. 2 ZPO mit dem Titel zuzustellen.[223] Abwicklungsprobleme werden vermieden, wenn bei der Beurkundung von Finanzierungsgrundschulden, die der Käufer aufgrund einer Belastungsvollmacht bestellt, eine beglaubigte Abschrift der Vollmacht beigefügt wird (siehe hierzu auch § 12 BeurkG Rdn 61 ff.). 84

Ausnahmefälle, in denen der Notar trotz urkundlichen Nachweises zu dem Ergebnis kommt, dass mangels einer den Vertretenen bindenden wirksamen Unterwerfungserklärung die Vollstreckungsklausel nicht zu erteilen ist, können nicht von vornherein ausgeschlossen werden.[224] Der Bundesgerichtshof hat es wiederholt dahinstehen lassen, ob die Erteilung der Vollstreckungsklausel abgelehnt werden kann, wenn sich der Mangel bereits aus der Urkunde, zu der die Klausel erteilt werden soll, ergibt.[225] Im Grundsatz hat jedoch zu gelten, dass der formalisierte Nachweis der Vertretungsmacht zwar erforderlich, aber auch hinreichend ist, um den Notar zu verpflichten, die Vollstreckungsklausel antragsgemäß zu erteilen. 85

b) Vollstreckungsreife

Eine vollstreckbare Ausfertigung darf nur bei **Vollstreckungsreife** erteilt werden. Ist die Vollstreckung aus der Urkunde ihrem Inhalt nach bedingt oder anders als kalendermäßig befristet, muss der Gläubiger den Eintritt der entsprechenden Umstände nach § 726 Abs. 1 ZPO durch öffentliche oder öffentlich beglaubigte Urkunden nachweisen, wenn er nach dem Titelinhalt oder nach den allgemeinen Beweislastregeln die Beweislast hierfür trägt.[226] In vielen Fällen ist es jedoch faktisch nicht möglich, über einen bestimmten Umstand einen Urkundenbeweis zu führen. 86

Ein praktikabler Vollstreckungstitel kann in solchen Fällen geschaffen werden, wenn die Vollstreckungsbedingungen in der Unterwerfungserklärung so formuliert werden, dass es auf den Nachweis durch öffentliche oder öffentlich beglaubigte Urkunden nicht mehr ankommt, insbesondere indem mit einem in der Unterwerfungserklärung enthaltenen sog. **Nachweisverzicht** ein Titel geschaffen wird, dessen Vollstreckbarkeit gerade nicht von dem Nachweis dieser Umstände abhängt (zu den Grenzen vgl. oben Rdn 58 ff.). Dem Gläubiger ist dann die Vollstreckungsklausel zu erteilen, ohne dass er den Nachweis der Fälligkeit oder sonstiger Vollstreckungsbedingungen im Klauselerteilungsverfahren erbringen müsste. Der Nachweisverzicht ist grds. zulässig, weil er sich nur auf das Klauselerteilungsverfahren bezieht.[227] Die **Beweislastverteilung** im Rahmen einer Vollstreckungsabwehrklage wird durch einen solchen Nachweisverzicht nicht berührt.[228] 87

5. Voraussetzungen des § 727 ZPO

a) Allgemeines

Eine vollstreckbare Ausfertigung für oder gegen einen **Rechtsnachfolger** ist nach den §§ 795, 727 ZPO zu erteilen,[229] wenn die Rechtsnachfolge offenkundig oder durch öffentliche oder öffentlich beglaubigte 88

221 BGH NJW 2008, 2266, 2267 mit Anm. *Zimmer*; BGH v. 16.5.2012 – I ZB 65/11, NJW 2012, 3518 f. = MittBayNot 2013, 163 m. Anm. *Volmer*.
222 *Bolkart*, MittBayNot 2007, 338, 340; *Wolf*, ZNotP 2007, 86; s. auch *Schöner/Stöber*, Rn 3585 m.w.N.
223 BGH DNotZ 2007, 33, 34; BGH NJW-RR 2008, 1018, 1019; hierzu *Böttcher*, NJW 2008, 2088, 2092; *Wolf*, ZNotP 2007, 86, 88; DNotI-Report 2008, 65, 66 m.w.N. zum Streitstand; zur Heilung des Zustellungsmangels im Vollstreckungsverfahren s. BGH NJW-RR 2008, 1018, 1019.
224 Vgl. *Wolfsteiner*, Urkunde, Rn 38.12.
225 BGH DNotZ 2005, 132, 133; BGH Rpfleger 2005, 612 = NJOZ 2005, 3298, 3299.
226 Vgl. zu den Nachweisanforderungen *J. Winkler*, RNotZ 2019, 117, 126 (mit Bsp.).
227 BGH v. 7.10.2020 – VII ZB 56/18, NJW 2020, 3600, 3601 = DNotZ 2021, 692, 696 m Anm. *Reymann*; BGH v. 28.4.2022 – V ZB 12/20 – Rn 9 = BWNotZ 2022, 426.
228 BGH NJW 2001, 2096, 2098 unter Aufgabe von BGH NJW 1981, 2756.
229 Zu Einzelfällen vgl. *J. Winkler*, RNotZ 2019, 117, 131 ff.

Urkunden nachgewiesen ist (zur Schuldübernahme vgl. aber oben Rdn 48).[230] Der Rechtsnachfolger muss dabei namentlich benannt werden (vgl. § 750 Abs. 1 ZPO). Wird die Vollstreckungsklausel wegen der **Offenkundigkeit der Rechtsnachfolge** erteilt, ist dieser Umstand nach § 727 Abs. 2 ZPO in der Vollstreckungsklausel anzugeben.[231] Dies gilt entsprechend für den **Nachweis durch Urkunden**.[232] Der erforderliche Nachweis ist geführt, wenn „aufgrund der Beweiskraft der öffentlichen oder öffentlich beglaubigten Urkunde mit dem Eintritt der nachzuweisenden Tatsache dem gewöhnlichen Geschehensablauf nach gerechnet werden kann".[233] Hat der Antragsteller Offenkundigkeit der Rechtsnachfolge geltend gemacht, wurde die Vollstreckungsklausel aber aufgrund urkundlichen Nachweises erteilt, liegt hierin eine teilweise Zurückweisung des Antrags; der Antragsteller ist beschwert, weil er bei einem urkundlichen Nachweis der Rechtnachfolge gem. § 750 Abs. 2 ZPO vor oder spätestens bei Beginn der Zwangsvollstreckung nicht nur die dem Titel beigefügte Vollstreckungsklausel, sondern auch Abschriften der Nachweisurkunden zustellen müsste (zur Zustellung unten Rdn 90).[234]

89 Der Bundesgerichthof ist in der Entscheidung vom 8.11.2012 davon ausgegangen, dass für den Nachweis der Rechtsnachfolge durch einen Registerauszug (hier: Genossenschaftsregister) die **Aktualität des Registerauszugs** zu verlangen ist, weil „der letzte Stand aller noch nicht gegenstandslos gewordenen Eintragungen im Zeitpunkt der Erteilung der Vollstreckungsklausel wiedergegeben werden" müsse.[235] Wird der Nachweis der Rechtsnachfolge durch einen Handelsregisterauszug geführt, ist jedoch zu beachten, dass nur die Rechtsnachfolge, nicht aber auch der Fortbestand der Rechtnachfolge nachzuweisen ist; aus diesem Grund kommt es auf den Ausstellungszeitpunkt richtigerweise nicht an.[236] Davon unabhängig sind Eintragungen im elektronisch geführten Handelsregister ohnehin als allgemeinkundig zu betrachten,[237] beschränkt freilich nur auf die Registereinträge, die aktuell noch einsehbar sind.[238] Gleiches gilt für Veröffentlichungen im Staatsanzeiger für Baden-Württemberg.[239]

90 Wird die **Rechtsnachfolge durch Urkunden nachgewiesen**, verlangt § 750 Abs. 2 ZPO als Voraussetzung der Zwangsvollstreckung auch die **Zustellung** einer (beglaubigten[240]) Abschrift „dieser" Urkunden. Der Bundesgerichtshof hatte dieses Erfordernis zunächst in einem Verschmelzungsfall auf einen Registerauszug bezogen, der den letzten Stand der Eintragung im Zeitpunkt der Klauselerteilung wiedergibt, obwohl der Notar als Klauselorgan sich nicht auf einen solchen Registerauszug (oder eine entsprechende Bescheinigung gem. § 21 Abs. 1 Nr. 2 BNotO) gestützt hatte.[241] Es handelte sich dabei somit nicht um den zuzustellenden Nachweis i.S.v. § 750 Abs. 2 ZPO.[242] Diese Rechtsprechung hat der Bundesgerichtshof mit Beschl. v. 13.10.2016 aufgegeben und richtiggestellt, dass das Zustellungserfordernis nach § 750 Abs. 2 ZPO allein sicherstellen soll, dass der Schuldner informiert wird, welche Urkunden dem Klauselorgan tatsächlich als Nachweis gedient haben, so dass er die Möglichkeit erhält, die Rechtmäßigkeit der Klauselerteilung zu überprüfen und erforderlichenfalls in dem dafür vorgesehenen Verfahren gegen die Klausel vorzugehen.[243]

230 Zur Problematik der Klauselumschreibung bei verlustigem Grundschuldbrief vgl. DNotI-Report 2004, 117 ff. m.w.N.
231 Zur Offenkundigkeit bei „Zugeständnis" des Schuldners vgl. BGH v. 5.7.2005 – VII ZB 23/05, DNotZ 2005, 917.
232 *Wolfsteiner*, DNotZ 2013, 193, 195; HK-ZPO/*Kindl*, § 727 Rn 12; Musielak/Voit/*Lackmann*, § 727 ZPO Rn 4; großzügiger MüKo-ZPO/*Heßler*, § 750 ZPO Rn 73.
233 BGH v. 30.8.2017 – VII ZB 23/14, MittBayNot 2018, 241, 242 Rn 15 m.w.N. (zum Nachweis der Freigabe eines Grundstücks aus dem Insolvenzbeschlag bei Löschung des Insolvenzvermerks im Grundbuch).
234 BGH v. 28.8.2020 – VII ZB 39/19, BGHZ 227, 1 Rn 18 = Rpfleger 2021, 55.
235 BGH v. 8.11.2012 – V ZB 124/12, NZG 2013, 33, 34.
236 OLG Karlsruhe v. 15.12.2020 – 10 W 6/20, NJW-RR 2021, 548 f. m.w.N. zum Streitstand.
237 BGH v. 24.5.2023 – VII ZB 69/21 – Rn 11 = BGHZ 237, 195; Musielak/Voit/*Lackmann*, § 727 ZPO Rn 4.
238 OLG Brandenburg MittBayNot 2024, 300.
239 BGH v. 31.1.2024 – VII ZB 57/21 – Rn 24 = DNotZ 2024, 508; Musielak/Voit/*Lackmann*, § 727 ZPO Rn 4.
240 Vgl. (insb. Auch zur Heilung des Zustellungsmangels nach § 189 ZPO) BGH, Beschl. V. 13.10.2016 – V ZB 174/15, BGHZ 212, 264 = NJW 2017, 411, 412 Rn 19 ff. m. Anm. *Ahrens*; BGH v. 28.8.2020 – VII ZB 39/19, BGHZ 227, 1 Rn 19 = Rpfleger 2021, 55.
241 BGH v. 8.11.2012 – V ZB 124/12, BGHZ 195, 293 = DNotZ 2013, 190, 192 Rn 9 mit krit. Anm. *Wolfsteiner*; s.a. BGH v. 21.11.2013 – V ZB 109/13, NJW-RR 2014, 400 f.
242 HK-ZPO/*Kindl*, § 750 Rn 12; *Wolfsteiner*, DNotZ 2013, 193, 194 mit dem zutreffenden Hinweis darauf, dass die Fehlerhaftigkeit der Klausel nicht durch nachträgliche Zustellung ausreichender Nachweise geheilt werden könne; ebenso *Volmer*, MittBayNot 2013, 164, 165; s. auch *Alff*, Rpfleger 2014, 173, 174 mit dem zutreffenden Hinweis auf die Möglichkeit der Notarbescheinigung nach § 21 BNotO (zum Sachverhalt BGH v. 21.11.2013 – V ZB 109/13, NJW-RR 2014, 400).
243 BGH v. 13.10.2016 – V ZB 174/15, BGHZ 212, 264 = NJW 2017, 411 f. Rn 13 ff. m. Anm. *Ahrens;* krit. hinsichtlich etwaiger Anforderungen an die Aktualität des Nachweises: *J. Winkler*, RNotZ 2019, 117, 127.

Keine Rechtsnachfolge i.S.d. § 727 ZPO liegt vor bei der formwechselnden **Umwandlung**, der Änderung der Haftungsform einer Personenhandelsgesellschaft oder dem Übergang einer Vor-GmbH in die GmbH; in diesen Fällen genügt vielmehr ein **„klarstellender Zusatz"** in der Klausel.[244] **91**

Auch eine **Namensänderung** ist kein Fall des § 727 ZPO.[245] Für das Vollstreckungsverfahren reicht es aus, wenn der Gläubiger dem zuständigen Vollstreckungsorgan die Personenidentität nachweist; das Vollstreckungsorgan hat insofern ein Prüfungsrecht, aber keine Ermittlungspflicht.[246] Um Zweifel hinsichtlich der Identität des Gläubigers im Vollstreckungsverfahren zu vermeiden, sollte jedoch bei der Erteilung der Vollstreckungsklausel eine nachgewiesene Namensänderung kenntlich gemacht werden.[247] Geboten ist ein solcher Vermerk nicht.[248] **92**

Haben sich Veräußerer und Erwerber eines Grundstücks in einer Verhandlung als **derzeitiger und künftiger Eigentümer** wegen eines dinglichen Anspruchs der Vollstreckung unterworfen (vgl. oben Rdn 30) und ist dem Gläubiger vor Eigentumsumschreibung eine vollstreckbare Ausfertigung erteilt worden, so bedarf es keiner Umschreibung des Titels, wenn die Vollstreckungsklausel keine ausdrückliche Schuldner- und Schuldgrundbezeichnung enthält. In diesem Fall liegt vielmehr wegen der eigenen Unterwerfungserklärung des Erwerbers bereits ein gegen diesen gerichteter Titel vor.[249] **93**

b) Vollstreckungsklausel gegen GbR

Bis zum Inkrafttreten den **MoPeG** (vgl. hierzu Rdn 23) am 1.1.2024 fand § 727 ZPO entsprechende Anwendung, wenn aus einem Titel in Grundeigentum einer **Gesellschaft bürgerlichen Rechts** vollstreckt wurde, der (noch) nicht die im Grundbuch eingetragenen Gesellschafter nennt. Solange die BGB-Gesellschaft im Grundbuchrecht über die eingetragenen Gesellschafter identifiziert wurde (§ 47 Abs. 2 GBO a.F.), war zu beachten, dass nach höchstrichterlicher Rechtsprechung Änderungen im Gesellschafterbestand – entgegen der materiellen Rechtslage – nicht als Änderung der internen gesellschaftsrechtlichen Verhältnisse, sondern wie eine Änderung der rechtlichen Verhältnisse zu behandeln waren.[250] Umgekehrt war nach Ansicht des BGH eine Rechtsnachfolgeklausel nicht erforderlich, solange sich die Änderung des Gesellschafterbestandes nicht aus dem Grundbuch ergab (§ 1148 S. 1 BGB analog).[251] Das galt auch, wenn die Gesellschaft durch den Tod eines (noch) im Grundbuch eingetragenen Gesellschafters aufgelöst wurde.[252] **94**

Mittlerweile wird die rechtsfähige GbR gemäß § 47 Abs. 2 GBO n.F. grundbuchrechtlich über ihre Eintragung in das Gesellschaftsregister identifiziert. Für die Zwangsvollstreckung gegen eine im Gesellschaftsregister eingetragene BGB-Gesellschaft gilt nunmehr der neu gefasste § 736 ZPO, der die Zwangsvollstreckung für und gegen eine registrierte BGB-Gesellschaft auch aus einem Vollstreckungstitel für und gegen die nicht registrierte Gesellschaft ermöglicht, wenn die hier geregelten Identifizierungsvoraussetzungen erfüllt sind. Name und Sitz oder Anschrift der Gesellschaft laut Vollstreckungstitel müssen hierfür identisch sein mit Namen und Sitz oder Anschrift der im Gesellschaftsregister eingetragenen Gesellschaft. Sind in dem Vollstreckungstitel die Gesellschafter aufgeführt, müssen diese identisch sein mit den im Gesellschaftsregister eingetragenen Gesellschaftern. Sollte das nicht der Fall sein, dürfte weiterhin eine qualifizierte Klausel entsprechend § 727 ZPO erforderlich sein. **95**

244 Thomas/Putzo/*Seiler*, § 727 ZPO Rn 4; Musielak/Voit/*Lackmann*, § 727 ZPO Rn 1a; s. auch MüKo-ZPO/*Wolfsteiner/K. Volmer*, § 724 ZPO Rn 28; zum DG Bank Umwandlungsgesetz: BGH NZG 2004, 728, 729; zur Problematik des Formwechsels einer GmbH in eine GbR ausführlich: DNotI-Report 2004, 41 ff.; zum Gesellschafterwechsel bei der BGB-Außengesellschaft vgl. *Wälzholz/Scheel*, NotBZ 2005, 125, 127 f.; vgl. insg. zu Veränderungen ohne Rechtsnachfolge *J. Winkler*, RNotZ 2019, 117, 130.

245 Vgl. BGH v. 13.1.2021 – VII ZB 30/, NJW-RR 2021, 226, 227 m.w.N. = MittBayNot 2021, 393 m Anm. *Reymann*; zu weiteren Fällen der sog. „Beischreibung" vgl. *J. Winkler*, RNotZ 2019, 117, 130.

246 BGH NJW-RR 2011, 1335; BGH v. 16.5.2012 – I ZB 65/11, NJW 2012, 3518, 3519; BGH v. 26.9.2013 – V ZB 42/13, BeckRS 2013, 21012 Rn 8.

247 Zöller/*Seibel*, § 727 Rn 31 ff.; BGH v. 21.7.2011 – I ZB 93/10, NJW-RR 2011, 1335, 1336; vgl. auch BayObLG DNotZ 1979, 55, 56; BayObLG 1987, 446, 448; HansOLG Bremen Rpfleger 1989, 172.

248 Vgl. BGH v. 26.9.2013 – V ZB 42/13, BeckRS 2013, 21012 Rn 9.

249 Vgl. KG DNotZ 1988, 238, 240; zum Verfahren vgl. DNotI-Report 2006, 1 ff. m.w.N.

250 BGH DNotZ 2011, 765, 767; hierzu *Reymann*, NJW 2011, 1412.

251 BGH NJW 2011, 1449, 1450; hierzu *Reymann*, NJW 2011, 1412; BGH DNotZ 2016, 368, 369 Rn 10.

252 BGH DNotZ 2016, 368, 369 Rn 10 ff.

c) Insolvenzverfahren

96 Wenn die Verwaltungs- und Verfügungsbefugnis des Schuldners oder Gläubigers auf eine **Partei kraft Amtes** übergegangen ist und der vollstreckbar gestellte Anspruch zu den Aktiva oder Passiva des verwalteten Vermögens gehört, findet § 727 ZPO entsprechende Anwendung.[253] Dabei soll der **Nachweis der Rechtsnachfolge des Insolvenzverwalters** nicht durch den Eröffnungsbeschluss oder durch die öffentliche Bekanntmachung der Entscheidungen des Insolvenzgerichts im Internet nachgewiesen werden; nach der Rechtsprechung des BGH ist die Vorlage der Bestallungsurkunde (oder einer entsprechenden gesiegelten Erklärung des Insolvenzgerichts) zu verlangen.[254] Das LG Schwerin hat diesbezüglich mit Recht darauf hingewiesen, dass der Nachweis des Fortbestands des Amtes, sollte dieser verlangt werden, auch mit der Urkunde nicht geführt werden könne.[255]

97 Wird über das Vermögen des Schuldners das **Insolvenzverfahren** eröffnet, ist zu beachten, dass das verwaltete Vermögen nunmehr Gegenstand einer Gesamtvollstreckung und die Einzelzwangsvollstreckung nur noch begrenzt möglich ist. Ein dinglicher Titel kann gegen den Insolvenzverwalter umgeschrieben werden, da der Gläubiger als **Absonderungsberechtigter** nach § 49 InsO trotz des laufenden Insolvenzverfahrens die Vollstreckung betreiben darf. Erforderlich ist eine Umschreibung aber nur, wenn die Zwangsvollstreckung in der Tat erst nach der Eröffnung des Insolvenzverfahrens betrieben werden soll.[256] Gibt der Insolvenzverwalter das Grundstück frei oder wird das Insolvenzverfahren mangels Masse eingestellt, ist nach der Umschreibung und Zustellung an den Insolvenzverwalter keine erneute Umschreibung auf den Schuldner und Zustellung an ihn erforderlich.[257]

98 Ein **Massegläubiger** unterliegt ebenfalls keinem grundsätzlichen Vollstreckungsverbot (siehe § 90 InsO), so dass die Insolvenzeröffnung der Erteilung einer vollstreckbaren Ausfertigung nicht entgegensteht.[258] Ob dagegen eine vollstreckbare Ausfertigung **gegen den Insolvenzverwalter** wegen einer **persönlichen Forderung** gegen den Schuldner erteilt werden kann, ist vor dem Hintergrund des **insolvenzrechtlichen Verbots der Einzelzwangsvollstreckung** (§ 89 Abs. 1 InsO) fraglich. Für eine Erteilung spricht der formale Gesichtspunkt, dass es sich bei der Erteilung der Vollstreckungsklausel um eine die Vollstreckung vorbereitende Maßnahme und noch nicht um eine Vollstreckungsmaßnahme i.S.d. § 89 Abs. 1 InsO handelt.[259] Die Gegenansicht verneint dagegen wegen des insolvenzrechtlichen Vollstreckungsverbots im Grundsatz zu Recht ein Rechtsschutzbedürfnis des Insolvenzgläubigers für die Erteilung einer vollstreckbaren Ausfertigung und lässt somit eine Umschreibung des Titels nicht zu.[260] Das Klauselverfahren ist darauf gerichtet, eine Vollstreckungsvoraussetzung zu schaffen. Dieses Verfahrensziel kann nicht erreicht werden kann, wenn aus dem umgeschriebenen Titel wegen der Eröffnung des Insolvenzverfahrens nicht vollstreckt werden darf. In diesem Fall hat der Notar seine Amtstätigkeit zu verweigern. Beruft der Gläubiger sich jedoch auf ein Vorzugsrecht, kann im Klauselverfahren nicht abschließend geklärt werden, ob dieses Vorzugsrecht besteht. Die **schlüssige Behauptung eines Vorzugsrechts** durch den Gläubiger muss deshalb für die Erteilung der Klausel gegen den Insolvenzverwal-

253 HK-ZPO/*Kindl*, § 727 Rn 6; Musielak/Voit/*Lackmann*, § 727 ZPO Rn 11; MüKo-ZPO/*Wolfsteiner/M. Volmer*, § 727 ZPO Rn 42; *Wolfsteiner*, Urkunde, Rn 44.32; vgl. auch KK/*Hake*, § 728 ZPO Rn 9 (§ 728 Abs. 2 ZPO) jeweils m.w.N.; ausführlich hierzu *J. Winkler*, RNotZ 2017, 117, 134 f.

254 BGH DNotZ 2006, 44 = RNotZ 2006, 144 mit krit. Anm. *Kesseler*; s. auch *Kesseler*, RNotZ 2004, 462; a.A. LG Bonn RNotZ 2004, 340 (Eröffnungsbeschluss genügt); ausf. zu dieser Problematik: DNotI-Report 2007, 98 ff.

255 LG Schwerin v. 6–9–2021 – 5 T 69/21, NZI 2021, 194, 195; siehe auch *Reul*, in Reul/Heckschen/Wienberg, § 10 Rn 6.

256 Vgl. BGH DNotZ 2005, 480, 481; BGH NJW 2011, 1818 (zur Umschreibung auf den englischen Insolvenzverwalter nach Eröffnung eines englischen Insolvenzverfahrens); Jaeger/*Eckardt*, § 89 Rn 56.

257 BGH DNotZ 2005, 840; BGH Rpfleger 2006, 423; a.A. LAG Düsseldorf ZIP 2005, 2176 = Rpfleger 2006, 90.

258 Vgl. LAG Düsseldorf Rpfleger 1997, 119; MüKo-InsO/*Flöther*, § 89 InsO Rn 10; *Soutier*, MittBayNot 2011, 366, 368 (empfiehlt aber i.E., Klausel nur bzgl. Der dinglichen Haftung zu erteilen).

259 Kübler/Prütting/Bork/*Lüke*, § 89 Rn 12 (2/11); Römermann/*Kruth*, § 89 Rn 15 (49/2024); MüKo-ZPO/*Wolfsteiner/M. Volmer*, § 727 ZPO Rn 43; *Wolfsteiner*, Urkunde, Rn 44.33; *Möller*, MittRhNotK 1989, 29; *Soutier*, MittBayNot 2011, 366, 368.

260 OLG München Rpfleger 2000, 76; OLG Hamburg KTS 1983, 599, 601 f.; LG Köln MittRhNotK 1988, 28, 29 mit abl. Anm. *Möller*; MüKoInsO/*Flöther*, § 89 InsO Rn 42 (der Klauselerteilung steht bereits § 87 InsO entgegen); Jaeger/*Eckardt*, § 89 Rn 56; *Kesseler*, RNotZ 2004, 462; *Scheel*, NotBZ 2001, 286, 293; Zöller/*Seibel*, § 727 Rn 18; vgl. *Reul*, in Reul/Heckschen/Wienberg § 10 Rn 13 m umf. w.N. zum Streitstand; siehe hierzu auch DNotI-Report 2003, 45 f. m.w.N., sowie zur praktischen Handhabung (trotz abw. Ansicht) *Soutier*, MittBayNot 2011, 366, 368 f.

ter ausreichen; bestreitet der Insolvenzverwalter das Vorzugsrecht, so ist es seine Aufgabe, zur Streitentscheidung Vollstreckungsabwehrklage zu erheben.[261] Hat der Notar vor der Eröffnung des Insolvenzverfahrens die Klausel gegen den Schuldner erteilt, so ist die Klauselerteilung nicht nach § 89 InsO unzulässig, wenn während des Klauselerinnerungsverfahrens das Insolvenzverfahren über das Vermögen des Schuldners eröffnet wird.[262]

D. Vollstreckbarerklärungen

I. Vollstreckbarerklärung eines Anwaltsvergleichs

1. Vollstreckbarer Anwaltsvergleich

Zu den Vollstreckungstiteln der ZPO zählt gem. § 794 Abs. 1 Nr. 4b ZPO der Beschluss, mit dem ein Anwaltsvergleich für vollstreckbar erklärt worden ist. Das Institut des vollstreckbaren Anwaltsvergleichs wurde mit dem Rechtspflege-Vereinfachungsgesetz vom 17.12.1990[263] eingeführt und mit dem SchiedsVfG vom 22.12.1997[264] novelliert und systematisch im Vollstreckungsrecht verankert. Vollstreckungstitel ist nicht der für vollstreckbar erklärte Anwaltsvergleich als solcher, sondern die **Vollstreckbarerklärung**. Sie ergeht gem. § 796b Abs. 2 S. 2, 3 ZPO durch unanfechtbaren **Beschluss**, der den Parteien zugestellt werden muss (§ 329 Abs. 3 ZPO). § 796c Abs. 1 ZPO lässt neben der gerichtlichen Vollstreckbarerklärung mit Zustimmung der Parteien auch eine **notarielle Vollstreckbarerklärung** zu.[265] Sie dient in gleicher Weise der Schaffung eines Vollstreckungstitels und ist nicht etwa als Maßnahme der Zwangsvollstreckung zu qualifizieren.[266] 99

Auf die notarielle Vollstreckbarerklärung finden gem. § 797 Abs. 6 ZPO die Sondervorschriften für das Verfahren bei vollstreckbaren Urkunden (§ 797 Abs. 2–5 ZPO) entsprechende Anwendung. Insbesondere ist im Fall einer Vollstreckungsabwehrklage § 767 Abs. 2 ZPO nicht anzuwenden. Die Vollstreckbarerklärung muss im Übrigen, nicht anders als andere Vollstreckungstitel, zum Zweck der Zwangsvollstreckung nach den §§ 795, 724 ff. mit einer **Vollstreckungsklausel** versehen werden. 100

Um den Anwaltsvergleich durch den Notar für vollstreckbar erklären zu können, müssen die Voraussetzungen eines Anwaltsvergleichs erfüllt sein: Ein vollstreckbarer Anwaltsvergleich setzt voraus, dass **Rechtsanwälte** im Namen und mit Vollmacht der von ihnen vertretenen Parteien einen **Vergleich** geschlossen haben und im Rahmen dieses Vergleichs eine **Unterwerfungserklärung** des Schuldners abgegeben wurde (§ 796a ZPO).[267] Ein Vergleich i.d.S. liegt bereits dann vor, wenn der Gläubiger auf Klärung im streitigen Verfahren verzichtet; ein Nachgeben im materiellen Bereich ist nicht erforderlich.[268] Die Unterwerfungserklärung unterliegt inhaltlich den gleichen Beschränkungen wie die Unterwerfungserklärung in einer notariellen Urkunde. Ein Anspruch auf Abgabe einer Willenserklärung oder ein Anspruch, der den Bestand eines Mietverhältnisses betrifft (vgl. oben Rdn 32 f.), kann nicht zum Gegenstand der Vollstreckungsunterwerfung gemacht werden (§ 796a Abs. 2 ZPO). 101

Außerdem verlangt § 796a Abs. 1 ZPO, der über § 796c Abs. 1 S. 2 ZPO entsprechend anzuwenden ist, eine Niederlegung des Vergleichs; das heißt, dass der Vergleich vom zuständigen Notar **in Verwahrung genommen** sein muss (zur Zuständigkeit vgl. unten Rdn 103). 102

2. Zuständigkeit des Notars

Der Notar kann die Vollstreckbarerklärung anstelle des Gerichts nur dann erteilen, wenn die Parteien dem zugestimmt haben. „**Zustimmung**" i.S.d. § 796c Abs. 1 ZPO heißt nicht nur, dass die Parteien in der Art einer Gerichtsstandsvereinbarung die Wahl zwischen dem zuständigen Gericht und einem zuständigen Notar treffen. Sie verschaffen dem Notar erst eine **sachliche Zuständigkeit**. Die Zustimmungen der Parteien zur Vollstreckbarerklärung durch den Notar und zur Verwahrung des Anwaltsver- 103

261 Wieczorek/Schütze/*Paulus*, § 727 ZPO Rn 37; s.a. *Wolfsteiner*, Urkunde, Rn 44.33.
262 BGH NJW 2008, 918, 919.
263 BGBl I 1990, 2847.
264 BGBl I 1997, 3224.
265 Vgl. hierzu DNotI-Report 2007, 66 ff.
266 Vgl. BGH v. 1.12.2020 – II ZR 160/19, NJOZ 2021, 726, 727 zu § 839 Abs. 2 BGB.
267 OLG Brandenburg NJW 2014, 643.
268 Stein/Jonas/*Kern*, § 796a ZPO Rn 1; *Veeser*, S. 79; Musielak/Voit/*Voit*, § 796a ZPO Rn 3; a.A. *Wieczorek/Schütze/Schütze*, § 796a ZPO Rn 6.

gleichs können innerhalb oder außerhalb des Vergleichs erklärt werden.[269] Notarielle Urkunde ist nur die Vollstreckbarerklärung.

104 Die Zuständigkeit muss zum Zeitpunkt der Entscheidung gegeben sein. Sind die Parteien nicht mehr übereinstimmend mit der Vollstreckbarerklärung einverstanden, weil die Voraussetzungen der Vollstreckbarerklärung zwischen den Parteien **streitig geworden** sind, muss der Notar die notarielle Vollstreckbarerklärung nach § 796 Abs. 2 S. 1 ZPO mangels Zuständigkeit als unzulässig ablehnen.[270]

105 Da der einzelne Notar seine Zuständigkeit allein aus der Zustimmung der Parteien ableitet, wird z.T. verlangt, dass die Zustimmung sich auf einen **bestimmten Notar** beziehen muss.[271] Nach a.A. kann die Zustimmung auch mittelbar erteilt werden, indem nur die Zuständigkeit eines (örtlich zuständigen) Notars vereinbart und die Auswahl jeder Partei überlassen wird.[272]

Dass die Zustimmung der Parteien doppelte Bedeutung hat, muss auch im Hinblick auf ihre **Widerruflichkeit** beachtet werden. Die Entscheidung der Parteien für den Notar (anstelle des Gerichts), der mit ihrer Zustimmung die Verwahrung (ggf. erst zum Zweck der Vollstreckbarerklärung) übernommen hat, kann nicht einseitig widerrufen werden.[273] Dagegen entfällt die sachliche Zuständigkeit des Notars, sobald sie ihm im Exequaturverfahren von einer Partei entzogen wird, indem diese die Vollstreckbarkeit des Anwaltsvergleichs bestreitet.

106 Umstritten ist schließlich, ob sich die **Ausschließung und Ablehnung eines Notars** ausschließlich nach den §§ 41 ff. ZPO richtet[274] oder ob die **Mitwirkungsverbote** des § 3 BeurkG, denen der Notar als Organ der vorsorgenden Rechtspflege unterliegt, auch für die Tätigkeit nach § 796c ZPO gelten.[275] Auch insofern ist zwischen der Kompetenzbegründung des einzelnen Notars durch Zustimmung der Parteien und Übernahme durch den Notar einerseits und der mit dieser Übernahme eingetretenen (eingeschränkten) richterlichen Funktion des Notars andererseits zu differenzieren. Der Notar leitet seine Kompetenz in gleicher Weise ausschließlich von der Wahl der Parteien ab wie es bei seinen Amtstätigkeiten auf dem Gebiet der vorsorgenden Rechtspflege der Fall ist. Das spricht dafür, die Kontrolle der Unabhängigkeit und Unparteilichkeit, wie sie durch die Mitwirkungsverbote des BeurkG gewährleistet wird, auch für die Entscheidung über die Übernahme einer Tätigkeit nach § 796c Abs. 1 ZPO anzuordnen. Hat der Notar die Verwahrung eines Anwaltsvergleichs aber übernommen und damit seine Zuständigkeit begründet, ist er wie ein Richter zu behandeln und unterliegt den Vorschriften der ZPO, kann also beispielsweise wegen Besorgnis der Befangenheit abgelehnt werden.

3. Prüfung und Entscheidung

107 Im Exequaturverfahren unterliegt der Vergleich nach Maßgabe des § 796a Abs. 2, 3 ZPO der **formellen und materiellen Überprüfung**. Die Zulässigkeit der Vollstreckbarerklärung setzt voraus, dass eine inhaltlich zulässige Unterwerfungserklärung abgegeben wurde (§ 796a Abs. 2 ZPO). Der Antrag auf Vollstreckbarerklärung ist in der Sache abzulehnen, wenn der Vergleich unwirksam ist oder wenn seine Anerkennung gegen die öffentliche Ordnung verstößt (§ 796a Abs. 3 ZPO). Die ZPO macht hinsichtlich der **Titulierungsfunktion** keinen Unterschied zwischen **gerichtlicher und notarieller Vollstreckbarerklärung**.[276] Der Notar nimmt im Erteilungsverfahren die Aufgaben eines Richters wahr, wobei allerdings durch die Zuständigkeitsbegrenzung nach § 796c Abs. 1 ZPO sichergestellt werden muss, dass die Parteien mit der Vollstreckbarerklärung durch ein nichtrichterliches Organ einverstanden sind.[277]

269 Stein/Jonas/*Kern*, § 796c ZPO Rn 2; *Winkler*, § 52 Rn 81.
270 Musielak/Voit/*Voit*, § 796c ZPO Rn 2; vgl. auch Zöller/*Herget*, § 796c Rn 3 (nur für „einvernehmliche Fälle"); a.A. MüKo-ZPO/*Wolfsteiner/M. Volmer*, § 796c ZPO Rn 5 (Einverständnis der Parteien ist nach Inverwahrungnahme durch den Notar jedenfalls unwiderruflich).
271 Vgl. *Will*, BWNotZ 1992, 89, 91.
272 Musielak/Voit/*Voit*, § 796c ZPO Rn 2; MüKo-ZPO/*Wolfsteiner/M. Volmer*, § 796c ZPO Rn 4.
273 Anders/Gehle/*Schmidt*, § 796c ZPO Rn 4; Frenz/Miermeister/*Limmer*, § 52 BeurkG Rn 21; a.A. *Will*, BWNotZ 1992, 89, 91.
274 So Zöller/*Herget*, § 796c Rn 1; *K. Müller*, RNotZ 2010, 167, 175.
275 So *Winkler*, § 52 Rn 81.
276 Vgl. BGH v. 1.12.2020 – III ZR 160/19, NJOZ 2021, 726, 727.
277 Vgl. Musielak/Voit/*Voit*, § 796c ZPO Rn 2.

Gegenstand der Prüfung sind die Voraussetzungen für die Erteilung einer Vollstreckbarerklärung.[278] Materielle Voraussetzung ist insbesondere das Vorliegen eines rechtlich wirksamen Anwaltsvergleichs.[279] Der Notar überprüft den Vergleich insoweit wie ein Richter.[280] Kommt er zu dem Ergebnis, dass die Voraussetzungen für eine Vollstreckbarerklärung nicht erfüllt sind, muss er die Vollstreckbarerklärung nach § 796c Abs. 2 S. 1 ZPO ablehnen. Diese Entscheidung kann mit dem **Antrag auf gerichtliche Entscheidung** nach § 796c Abs. 2 S. 2 ZPO angefochten werden. 108

II. Schiedsvergleich (Schiedsspruch mit vereinbartem Wortlaut)

Das Schiedsverfahrensrecht lässt es zu, dass das Schiedsgericht auf der Grundlage eines Schiedsvergleichs einen Schiedsspruch mit vereinbartem Wortlaut erlässt (§ 1053 ZPO). Der Schiedsspruch mit vereinbartem Wortlaut unterscheidet sich prinzipiell nicht von einem sonstigen Schiedsspruch, hat also insbesondere zwischen den Parteien die **Wirkung eines rechtskräftigen Urteils** (§ 1055 ZPO). Nach § 1053 Abs. 4 S. 1 ZPO kann mit Zustimmung der Parteien ein Notar, der seinen Amtssitz im Bezirk des für die Vollstreckbarerklärung zuständigen Oberlandesgerichts (§ 1062 Abs. 1 ZPO) hat, den Schiedsspruch mit vereinbartem Wortlaut für vollstreckbar erklären.[281] 109

Die **notarielle Vollstreckbarerklärung** des Schiedsspruchs mit vereinbartem Wortlaut ist der notariellen Vollstreckbarerklärung des Anwaltsvergleichs nachgebildet.[282] Auch hier gilt also, dass die Zuständigkeit des einzelnen Notars sich von der Zustimmung der Parteien ableitet und mit der Übernahme der Amtstätigkeit begründet wird (siehe oben Rdn 103 ff.). Für das Verfahren über die Vollstreckbarerklärung bedeutet das, dass die sachliche Zuständigkeit des Notars entfällt, wenn ausnahmsweise vor der Erteilung der Vollstreckbarerklärung die Vollstreckbarkeit zwischen den Parteien nicht unstreitig sein sollte. 110

Soweit der Notar zuständig ist, nimmt er im Exequaturverfahren richterliche Funktionen wahr und ist zur eingeschränkten **Sachprüfung** verpflichtet. Die Vollstreckbarerklärung setzt zum einen voraus, dass der Vollstreckungsschuldner Partei des Schiedsverfahrens war und dass das Schiedsgericht einen Schiedsspruch mit vereinbartem Wortlaut förmlich abgefasst hat.[283] Der Notar hat schließlich nach § 1053 Abs. 4 S. 2 ZPO zu prüfen, ob der Inhalt des Vergleichs mit dem „ordre public" zu vereinbaren ist. Stellt der Notar einen Verstoß fest, muss er die Vollstreckbarerklärung ablehnen. Den Parteien bleibt die Möglichkeit, eine **gerichtliche Entscheidung** über die Vollstreckbarerklärung (§§ 1060 ff. ZPO) zu beantragen.[284] Eine förmliche, mit dem Antrag auf gerichtliche Entscheidung anfechtbare Ablehnungsentscheidung, wie § 796c Abs. 2 ZPO sie vorsieht, ist im Schiedsverfahrensrecht allerdings nicht angeordnet.[285] 111

Die **Rechtsfolgen** der notariellen Vollstreckbarerklärung des Schiedsspruchs mit vereinbartem Wortlaut sind gesetzlich nicht ausdrücklich geregelt. In der Aufzählung der sonstigen **Vollstreckungstitel** der ZPO (§ 794 Abs. 1 ZPO) fehlt sie. Nach § 794 Abs. 1 Nr. 4a ZPO findet die Zwangsvollstreckung statt aus rechtskräftigen oder für vorläufig vollstreckbar erklärten Entscheidungen, mit denen ein Schiedsspruch für vollstreckbar erklärt wird. Diese Bestimmung ist auf die mit der Rechtsbeschwerde (§ 1065 ZPO) anfechtbare gerichtliche Entscheidung über die Vollstreckbarkeit zugeschnitten. Eine Rechtsbeschwerde gegen die notarielle Vollstreckbarerklärung sieht die ZPO nicht vor; sie wird allerdings in der Literatur z.T. analog § 1065 ZPO befürwortet.[286] Nach der Konzeption der ZPO bleibt vielmehr trotz Vollstreckbarerklärung des Notars ein **Antrag auf Aufhebung des Schiedsspruchs** nach § 1059 ZPO möglich, da 112

278 Zöller/*Herget*, § 796a Rn 20, 21 differenziert insoweit zwischen formellen (Zulässigkeit) und materiellen (Begründetheit) Voraussetzungen.

279 Zöller/*Herget*, § 796a Rn 21; Musielak/Voit/*Voit*, § 796a ZPO Rn 9; MüKo-ZPO/*Wolfsteiner/K. Volmer*, § 796a ZPO Rn 14; zur Frage des Vollmachtsnachweises s. DNotI-Report 2007, 66, 68.

280 BGH, 1.12.2020 – III ZR 160/19, NJOZ 2021, 726, 727; Zöller/*Herget*, § 796c Rn 5; Musielak/Voit/*Voit*, § 796c ZPO Rn 3.

281 Zur Problematik, ob der Notar, der als Schiedsrichter vorbefasst war, ausgeschlossen wäre vgl. *Armbrüster/Greis*, DNotZ 2016, 818 ff.

282 Vgl. BT-Drucks 13/5274, 55

283 Kersten/Bühling/*Wolfsteiner/Rebhan*, § 20 Rn 231.

284 Vgl. BT-Drucks 13/5274, 55; Kersten/Bühling/*Wolfsteiner*, § 20 Rn 233.

285 Für eine analoge Anwendung: Stein/Jonas/*Schlosser*, § 1053 ZPO Rn 8.

286 Vgl. Zöller/*Althammer*, § 1053 Rn 15 m.w.N.; Hk-ZPO/*Saenger*, § 1053 Rn 8.

§ 1059 Abs. 3 S. 4 ZPO nach seinem klaren Wortlaut den Aufhebungsantrag nur dann ausschließt, wenn der Schiedsspruch von einem Gericht für vollstreckbar erklärt wurde.[287] Die überwiegende Ansicht billigt der notariellen Vollstreckbarerklärung gleichwohl zu Recht Titulierungsfunktion zu.[288]

113 Die Zuständigkeit für die Erteilung der **Vollstreckungsklausel** ist in der ZPO nicht ausdrücklich geregelt. Im Klauselverfahren kann die Vollstreckbarerklärung jedoch wie eine notarielle Urkunde behandelt werden mit der Folge, dass der Notar, der den Schiedsspruch für vollstreckbar erklärt hat, entsprechend § 797 Abs. 2 ZPO für die Erteilung der Vollstreckungsklausel zuständig ist.[289]

III. Urkunden aus EU-Mitgliedstaaten

1. Vollstreckung ausländischer Urkunden nach der EuGVVO (Brüssel Ia-VO)

114 Die grenzüberschreitende Vollstreckbarkeit ausländischer Vollstreckungstitel ist für die Mitgliedstaaten der EU (Dänemark ausgenommen[290]) in der EuGVVO geregelt. Die Verordnung (EU) Nr. 1215/2012 über die gerichtliche Zuständigkeit und die Anerkennung und Vollstreckung von Entscheidungen in Zivil- und Handelssachen („Brüssel Ia") löste zum 10.1.2015 die frühere Verordnung (EG) Nr. 44/2001 über die gerichtliche Zuständigkeit und die Anerkennung und Vollstreckung von Entscheidungen in Zivil- und Handelssachen („Brüssel I") ab. Ein wesentlicher Gegenstand der Neufassung war die **Abschaffung des Exequaturverfahrens**.

115 Der **zeitliche Anwendungsbereich** der geltenden EuGVVO gegenüber der alten VO richtet sich nach Art. 66 EuGVVO. Gemäß Art. 66 Abs. 1 EuGVVO ist die Neufassung nur auf Verfahren, öffentliche Urkunden und Vergleiche anzuwenden, die am **10.1.2015 oder danach** eingeleitet, förmlich errichtet oder eingetragen bzw. gebilligt oder geschlossen worden sind. Im Verhältnis zu den in Art. 68 Abs. 1 EuGVVO ausgeschlossenen Territorien nach Art. 355 AEUV gilt im Übrigen weiter das Brüsseler Übereinkommen über die gerichtliche Zuständigkeit und die Vollstreckung gerichtlicher Entscheidungen (EuGVÜ) vom 27.9.1968.

a) Ab dem 10.1.2015 errichtete Urkunden

116 Für vollstreckbare notarielle Urkunden, die am oder nach dem Stichtag 10.1.2015 errichtet wurden, ist gem. Art. 66 Abs. 1 EuGVVO die geltende Fassung der EuGVVO anwendbar (zu vor dem Stichtag errichteten vollstreckbaren notariellen Urkunden siehe Rdn 118). Gemäß Art. 58 Abs. 1 S. 1 EuGVVO sind Urkunden, die im Ursprungsmitgliedstaat vollstreckbar sind, auch in den anderen Mitgliedstaaten vollstreckbar, ohne dass es einer Vollstreckbarerklärung bedarf. Nach dem Verweis in Art. 58 Abs. 1 und Abs. 2 EuGVVO sind die Art. 40 ff., 46 ff. und 52 ff. der Verordnung sinngemäß anzuwenden.[291] Gemäß Art. 41 Abs. 1 EuGVVO richtet sich die Vollstreckung – vorbehaltlich der Vorgaben der Verordnung – nach dem Recht des Vollstreckungsstaates. Die **Vollstreckung aus einer ausländischen Urkunde** kann im Einzelfall gem. Art. 58 Abs. 1 S. 2 EuGVVO versagt werden, wenn sie dem „ordre public" des Vollstreckungsstaates offensichtlich widerspricht. Ob dies der Fall ist, ist im Verfahren der Vollstreckungsversagung gem. Art. 58 Abs. 1 UAbs. 2 i.V.m Art. 46 ff. u Art. 45 EuGVVO zu prüfen.[292] Im Verfahren nach den Art. 46 ff. EuGVVO kann der Schuldner auch materielle Einwendungen gegen den titulierten Anspruch erheben.[293]

117 Im **Ursprungsmitgliedstaat** werden Bescheinigungen über den titulierten Anspruch nach Maßgabe der Formblätter im Anhang der Verordnung ausgestellt. Handelt es sich um eine vollstreckbare Urkunde, kann der zur Vollstreckung Berechtigte gem. Art. 60 EuGVVO eine **Bescheinigung** auf dem dafür vorgesehenen Formblatt (Anhang II der Verordnung) verlangen, die die öffentlich beurkundete vollstreck-

287 MüKo-ZPO/*Münch*, § 1053 ZPO Rn 55; Musielak/Voit/*Voit*, § 1053 ZPO Rn 14.
288 Zöller/*Herget*, § 794 Rn 23; Musielak/Voit/*Voit*, § 1053 ZPO Rn 14; MüKo-ZPO/*Wolfsteiner/K. Volmer*, § 794 ZPO Rn 134; a.A. MüKo-ZPO/*Münch*, § 1053 ZPO Rn 55 ff.
289 Kersten/Bühling/*Wolfsteiner/Rebhan*, § 20 Rn 232.
290 Im Verhältnis zu Dänemark ist das Abkommen zwischen der EG und dem Königreich Dänemark über die gerichtliche Zuständigkeit und die Vollstreckung von Entscheidungen in Zivil- und Handelssachen v. 19.10.2005 (ABl L 299 v. 16.11.2005, 62 ff.) zu beachten, das im Wesentlichen übereinstimmende Regeln enthält; zur Angleichung an die Brüsseler Ia-VO s. ABl 2013 L Nr. 79, 4; s. Hk-ZPO/*Dörner*, vor EuGVVO Rn 7.
291 Vgl. hierzu Hk-ZPO/*Dörner* Art. 58 EuGVVO Rn 6 ff.
292 S. Hk-ZPO/*Dörner* Art. 58 Rn 9 m.w.N.
293 Hk-ZPO/*Dörner* Art. 46 Rn 2, Art. 58 Rn 10.

bare Verpflichtung zusammenfasst.[294] Das deutsche Verfahrensrecht enthält Durchführungsbestimmungen zur EuGVVO im 11. Buch der ZPO, das mit Wirkung zum 10.1.2015 um einen 7. Abschnitt (§§ 1110–1117 ZPO) ergänzt wurde. Ist Deutschland der Vollstreckungsstaat, kommt ggf. auch eine Vollstreckungsabwehrklage in Betracht (§§ 1117, 795 S. 1, 1086 Abs. 1, 767 ZPO). Handelt es sich um eine von einem **deutschen Notar errichtete vollstreckbare Urkunde**, ist gem. § 1110 ZPO der Notar, dem die Erteilung einer vollstreckbaren Ausfertigung obliegt, ebenfalls zuständig für die **Ausstellung der Bescheinigung** nach Art. 60 EuGVVO. Für das **Verfahren** ist § 1111 ZPO maßgeblich. Eine Ausfertigung der Bescheinigung ist dem Schuldner gem. § 1111 Abs. 1 S. 3 ZPO von Amts wegen zuzustellen.

b) Vor dem 10.1.2015 errichtete Urkunden

Für vollstreckbare Urkunden, die **vor dem Stichtag des 10.1.2015** errichtet wurden, ist eine Vollstreckbarerklärung nach Maßgabe der EuGVVO a.F. („Brüssel I") erforderlich (Art. 66 Abs. 2 EuGVVO n.F.).[295] Das Exequaturverfahren ist in den Art. 38 f. EuGVVO a.F. geregelt. Nach Maßgabe des Art. 57 EuGVVO a.F. können auch **öffentliche Urkunden**,[296] die in einem Mitgliedstaat aufgenommen und vollstreckbar sind, für vollstreckbar erklärt werden.[297] Auf Antrag wird eine Bescheinigung, die in der Sprache des Staates der Vollstreckbarerklärung Kurzangaben zu dem Titel enthält, unter Verwendung des vorgesehenen Formblatts (Anhang VI der EuGVVO a.F.) erstellt (Art. 54, 57 Abs. 4 S. 2 EuGVVO a.F.). 118

Die Durchführung der EuGVVO a.F. war bis zur Geltung der Neufassung der EuGVVO in dem Anerkennungs- und Vollstreckungsausführungsgesetz (AVAG) vom 19.2.2001[298] geregelt; nunmehr finden sich die Durchführungsvorschriften der Neufassung, die kein Erfordernis der Vollstreckbarerklärung mehr kennt, in den §§ 1110–1117 ZPO. Da für die Vollstreckbarerklärungen von Titeln, die vor dem Stichtag des 10.1.2015 errichtet wurden, keine Übergangsvorschriften geschaffen wurden, gilt für diese Titel nicht nur die EuGVVO in der alten Fassung (Art. 66 Abs. 2 EuGVVO n.F.), sondern auch die dazugehörenden nationalen Ausführungsvorschriften in entsprechender Anwendung.[299] 119

2. Europäischer Vollstreckungstitel für unbestrittene Forderungen

Mit der VO (EG) Nr. 805 des Europäischen Parlaments und des Rates zur Einführung eines **Europäischen Vollstreckungstitels für unbestrittene Forderungen** vom 21.4.2004 (EuVTVO)[300] wurde ein erster ohne zwischengeschaltetes Exequaturverfahren vollstreckbarer Titel eingeführt. Für ab dem Stichtag des 10.1.2015 geschaffene Titel im Anwendungsbereich der EuGVVO wurde das Exequaturverfahren generell abgeschafft (siehe oben Rdn 114, 116).[301] Die EuVTVO gilt für alle Mitgliedstaaten außer Dänemark. Aus dem Europäischen Vollstreckungstitel, der in einem Mitgliedstaat erlassen wurde, kann in jedem anderen Mitgliedstaat vollstreckt werden, ohne dass es einer Vollstreckbarerklärung im Vollstreckungsmitgliedstaat bedürfte. 120

Vollstreckbare Urkunden (Begriff: Art. 4 Nr. 3 EuVTVO) über **Geldforderungen** (Begriff: Art. 4 Nr. 2 EuVTVO), die in einem Mitgliedstaat vollstreckbar sind, können zu diesem Zweck nach Art. 25 EuVTVO als Europäischer Vollstreckungstitel bestätigt werden. Dabei sind die **Formblätter** aus Anhang III der Verordnung zu verwenden.[302] 121

294 Hierzu *Volmer*, MittBayNot 2016, 20, 24 f.
295 Vgl. Hk-ZPO/*Dörner*, Art. 66 EuGVVO Rn 6.
296 Zum Begriff der öffentlichen Urkunde vgl. EuGH DNotZ 1999, 919, 921 f. mit Anm. *Fleischhauer*; *Geimer*, IPrax 2000, 366; *Wolfsteiner*, Urkunde, Rn 53.16 ff.
297 Vgl. hierzu etwa *Wolfsteiner*, Urkunde, Rn 53.4 ff., 53.16 ff.
298 BGBl I 2001, 288.
299 BGH v. 17.5.2017 – VII ZB 64/15, NJW-RR 2017, 1342, 1343 f. Rn 13; BGH v. 31.5.2017 – VII ZB 2/17, NJW-RR 2017, 1274, 1275 Rn 5; BGH v. 8.2.2018 – IX ZB 10/18 Rn 4 (insoweit nicht abgedr. in MDR 2018, 1526).
300 ABl L 143, 143, ber. ABl L 97/05, 64.
301 Zum Vergleich der danach vorliegenden Optionen: *Volmer*, MittBayNot 2016, 20, 23 f.
302 Zur Bestätigung einer notariellen Urkunde als Europäischer Vollstreckungstitel vgl. etwa *Franzmann*, MittBayNot 2005, 470 ff.; *Wolfsteiner*, Urkunde, Rn 53.57 ff.; DNotI-Report 2007 S. 121 ff.

§ 53 Einreichung beim Grundbuchamt oder Registergericht

Sind Willenserklärungen beurkundet worden, die beim Grundbuchamt oder Registergericht einzureichen sind, so soll der Notar dies veranlassen, sobald die Urkunde eingereicht werden kann, es sei denn, daß alle Beteiligten gemeinsam etwas anderes verlangen; auf die mit einer Verzögerung verbundenen Gefahren soll der Notar hinweisen.

Literatur *Amann*, Notarielle und gerichtliche Verfahren zur Durchsetzung des Eigentumsverschaffungsanspruchs des Immobilienkäufers, MittBayNot 2001, 150; *Armbrüster/Claussen*, Von getauschten Stellplätzen bis zu heimfallenden Erbbaurechten – Aktuelle Grenzfälle der notariellen Belehrungspflicht, NotBZ 2025, 81; *Attenberger*, § 378 Abs. 3 FamFG n.F. und § 15 Abs. 3 GBO n.F. – Notarielle Prüfung auf Eintragungsfähigkeit als Eintragungsvoraussetzung im Register- und Grundbuchverfahren und ausschließliche Einreichung über den Notar im Handelsregisterverfahren, MittBayNot 2017, 335; *Auer*, Die antizipierte Anmeldung bei der GmbH, DNotZ 2000, 498; *Balzer*, Die Verhinderung missbräuchlicher Vaterschaftsanerkennungen, NZFam 2018, 5; *Böcker*, Anmeldung einer in der Zukunft liegenden Geschäftsführerbestellung, MittRhNotK 2000, 61; *Britz*, Noch einmal: Anmeldung einer in der Zukunft liegenden Geschäftsführerbestellung, MittRhNotK 2000, 197; *Diehn/Rachlitz*, Notarielle Prüfungspflichten im Grundbuch- und Registerverkehr DNotZ 2017, 487; *Eickelberg/Böttcher*, Neue notarielle Prüfungspflichten im Handelsregister- und Grundbuchverfahren, FGPrax 2017, 145; *Everts*, Der „ablehnende" Vorbescheid im Beurkundungs- und Treuhandverfahren des Notars, ZNotP 2005, 220; *Grein*, Vollzugstätigkeiten des Notars, RNotZ 2004, 115; *Hariefeld*, Der notarielle Vorbescheid, RNotZ 2019, 365; *Kanzleiter*, Der Schutz des Grundstücksverkäufers vor vollständiger Zahlung des Kaufpreises. Zugleich Bemerkungen zum Beschluss des OLG Düsseldorf v. 8.11.1994 – 10 W 123/94, DNotZ 1996, 242; *Kasper*, Abwicklungsstörungen beim Grundstückskaufvertrag bei Konflikten zwischen den Vertragsparteien, RNotZ 2018, 133; *Keim*, Die notarielle Vorlagesperre – Begründung einer Vorleistungspflicht oder Sicherungsinstrument im Rahmen der Zug-um-Zug-Abwicklung? MittBayNot 2003, 21; *Lappe*, Im Zweifel namens aller Antragsberechtigten, Rpfleger 1984, 386; *Rademacher*, Die Bedeutung des Antrags und der Bewilligung im Grundbuchverfahren, MittRhNotK 1983, 81; *Reithmann*, Muss der Notar die Vollzugsnachrichten des Grundbuchamtes überprüfen? NotBZ 2004, 100; *Reithmann*, Der Vorbescheid im Beurkundungs- und im Treuhandverfahren des Notars, ZNotP 2005, 57; *Ressler*, Amtspflichten des Notars bei Unterverbriefung, NotBZ 1997, 86; *Schippel*, Von der Vorstellung des BGH zur Arbeitsgeschwindigkeit des Notariats, MittBayNot 1979, 35; *Schramm*, Urkundenvollzug mit Hindernissen, ZNotP 1999, 342; *Vollhardt*, Zur Zulässigkeit eines Vorbescheids, in dem der Notar unter Hinweis auf die Beschwerdemöglichkeit ein bestimmtes Verhalten ankündigt, MittBayNot 1996, 323; *Volmer*, AGB-Kontrolle von Vollzugsanweisungen an den Notar? In: FS 25 Jahre Deutsches Notarinstitut, 2018, S. 56 ff.; *Wachter*, GmbH-Reform: Auswirkungen auf die Übertragung von GmbH-Geschäftsanteilen, ZNotP 2008, 378; *Weber*, Anwendbarkeit des AGB-Rechts auf notarielle Vollzugsanweisungen: Klauseln zur Löschung der Auflassungsvormerkung – Zugleich Anmerkungen zum Beschl. des BGH v. 1.10.2015 – V ZB 171/14 –, DNotZ 2016, 85; *Weber/Wiesack*, Aufschiebend bedingte Bewilligung der Eigentumsumschreibung – Alternative zur Ausfertigungssperre und Bewilligungsvollmacht, DNotZ 2019, 164; *Winkler*, Der Notar im Spannungsverhältnis zwischen Tätigkeitspflichten und Amtsverweigerung, MittBayNot 1998, 141.

A. Urkundenvollzug

I. Vollzug durch Einreichung

1 § 53 BeurkG regelt den Urkundenvollzug durch **Einreichung einer beurkundeten Willenserklärung** beim Grundbuchamt oder Registergericht. Der Vollzug der notariellen Urkunde durch Einreichung gehört als Annex der notariellen Urkundstätigkeit zu den gesetzlichen Pflichtaufgaben des Notars, wenn die Rechtswirkungen der beurkundeten Willenserklärungen erst mit der **Eintragung in einem öffent-**

lichen Register eintreten.[1] In engem Zusammenhang hierzu stehen auch die Normen § 15 Abs. 3 GBO und § 378 Abs. 3 FamFG: Eine Eintragung in diese Register soll nur erfolgen, wenn die Eintragungsbewilligung durch einen Notar vorgeprüft wurde (vgl. hierzu unten Rdn 26). Dies bestärkt die Funktion des Notars als Filterstelle für die Justiz. Eine vergleichbare Annexaufgabe hatte das Gesetz zur Modernisierung des GmbH-Rechts und zur Bekämpfung von Missbräuchen eingeführt, indem es den Notar, der bei der Veränderung des Gesellschafterbestandes einer GmbH mitgewirkt hat, nach § 40 Abs. 2 GmbHG verpflichtet, die geänderte Gesellschafterliste zu unterschreiben oder qualifiziert elektronisch zu signieren und mit einer Notarbescheinigung versehen zum Handelsregister einzureichen.[2] Hierbei handelt es sich allerdings um eine von Amts wegen zu erfüllende Verpflichtung, die insofern nicht zur Disposition der Beteiligten steht.[3] Im Kontext des § 40 GmbHG stellt sich die Einreichungspflicht des Notars als Alternative zur Einreichungspflicht des Geschäftsführers dar, eine durchaus problembehaftete Hybridkonstruktion. Die im Regelfall eingreifende notarielle Einreichungspflicht soll und kann allerdings eine spezifische Richtigkeitsgewähr bieten, die vor dem Hintergrund der Aufwertung der Gesellschafterliste zu einem Rechtsscheinträger (§ 16 Abs. 3 GmbHG) von besonderer Bedeutung ist.

Weitere Vollzugstätigkeiten können als sonstige Betreuung auf dem Gebiet der vorsorgenden Rechtspflege gem. § 24 Abs. 1 BNotO übernommen werden. **Sonstige Betreuungstätigkeiten** werden nicht von der Urkundsgewährungspflicht nach § 15 Abs. 1 BNotO erfasst. Hat der Notar die Betreuungstätigkeit aber übernommen, ist er zur ordnungsgemäßen Durchführung verpflichtet. 2

Auch wenn der Notar nicht ausdrücklich mit dem Vollzug beauftragt ist, hat er zu prüfen, ob ein stillschweigender, über § 53 BeurkG hinausgehender „Auftrag" angenommen werden muss. Bei Beurkundung oder Beglaubigung einer zur Grundbucheintragung erforderlichen Erklärung ist es i.d.R. der Wille der Beteiligten, dass alles weiterhin zur Eintragung Erforderliche vom Notar erledigt wird.[4] Seit Einführung der §§ 15 Abs. 3 GBO und 378 Abs. 3 FamFG durch das Gesetz zur Neuordnung der Aufbewahrung von Notariatsunterlagen und zur Einrichtung des elektronischen Urkundenarchivs bei der Bundesnotarkammer wird dies umso mehr der Fall sein. Der dem Notar erteilte Vollzugsauftrag umfasst im Regelfall auch den Antrag zur Beschaffung der **Nebenerklärungen**[5] (vgl. unten Rdn 25). Diese – stets auch kostenrechtlich geführte Diskussion samt Spezialitäten des Vollzugsbegriffs der früheren KostO – dürfte sich mit Einführung des GNotKG freilich weitgehend ohnehin erledigt haben: Die **Vollzugsgebühr** entsteht allein durch das „Anfordern" von z.B. Lastenfreistellungserklärungen. Die Fertigung des Entwurfs dieser Erklärungen ist dann auch nicht mehr im Rahmen des § 53 BeurkG geschuldet, selbst wenn der Notar den Vollzug – ausdrücklich oder konkludent übernimmt. Da ohne eine solche Fertigung erhebliche Mehrkosten drohen können, wird der Notar in der Regel gut daran tun, dies als Service gleichwohl zu erledigen (vgl. unten Rdn 25). 3

Verweigert der Notar den Urkundenvollzug, ist hiergegen die Notarbeschwerde nach § 15 Abs. 2 BNotO statthaft. In Zweifelsfällen (vgl. Rdn 42) kann der Notar eine bestimmte Vorgehensweise durch einen Vorbescheid ankündigen, der ebenfalls beschwerdefähig ist (vgl. hierzu § 54 BeurkG Rdn 3).[6] 4

II. Vollzug durch Antragstellung

Von der in § 53 BeurkG vorgeschriebenen Vollzugstätigkeit durch **Einreichung** der Urkunden muss die **Stellung eines Antrags** auf Eintragung im Grundbuch oder Eintragung in sonstigen öffentlichen Registern unterschieden werden. § 53 BeurkG verpflichtet den Notar nicht zur Antragstellung, sondern ledig- 5

1 Vgl. OLG Hamm v. 7.8.2020 – 11 W 31/20 (n.v.).

2 S. zu Anwendungsproblemen – neben der umfangreichen Kommentarliteratur – z.B.: *W. Bayer*, GmbHR 2012, 1 ff.; *Hauschild*, ZIP 2012, *Löbbe*, GmbHR 2012, 7 ff.; *Omlor/Spies*, MittBayNot 2011, 353 ff.; *H. Schmidt*, RNotZ 2011, 148 ff.; *Wicke*, DB 2011, 1037 ff.

3 *Wachter*, ZNotP 2008, 378, 387.

4 *Luther*, DNotZ 1952, 87, 88; *Haug/Zimmermann*, Rn 630. Dies gilt insbesondere auch vor dem Hintergrund etwa der Gebühr des KV Nr. 22124: der Notar muss – wie stets – nicht gesondert auf das Anfallen dieser Gebühr hinweisen.

5 OLG Celle v. 4.2.2003 – Not 21/02, BeckRS 2003, 30304764; OLG Hamm v. 2.5.1995 – 15 W 46/95, FGPrax 1995, 171; OLG Hamm v. 18.6.1998 – 15 W 387/97, FGPrax 1998, 194; *Winkler*, § 53 Rn 12; *Tiedke*, MittBayNot 2008, 23, 24 (hier vor dem Hintergrund des § 146 KostO).

6 Frenz/Miermeister/*Limmer*, § 53 BeurkG Rn 15; Grziwotz/Sauer/Heinemann/*Grziwotz/Heinemann*, § 53 Rn 27; *Genske*, notar 2020, 138; *Hariefeld*, RNotZ 2019, 365; vgl. auch Regierungsbegründung FGG-Reformgesetz, BT-Drucks 16/6308, 324.

lich zur Einreichung der Urkunden. Kommt er dieser Verpflichtung nach, wird er lediglich als **Bote** des Antragstellers tätig. Es empfiehlt sich, dies im Anschreiben an das Gericht möglichst deutlich zu machen, „zum Vollzug", „zur weiteren Veranlassung" oder „mit der Bitte, den gestellten Anträgen stattzugeben",[7] besser: „als Bote". Das Programm XNotar sieht hierfür eine eigene Auswahloption vor. Nach § 55 Abs. 1 GBO erhält der Notar gleichwohl eine **Eintragungsnachricht**.

6 Der Notar kann den Eintragungsantrag jedoch auch als **Vertreter**[8] stellen mit der Folge, dass er den von ihm gestellten Antrag nach § 24 Abs. 3 BNotO zurücknehmen und ändern sowie erforderlichenfalls Rechtsbehelfe einlegen kann.[9] **Zwischenverfügungen und Zurückweisungsbeschlüsse** werden dem Notar bekannt gemacht, wenn er als Vertreter der Beteiligten den Antrag stellt und nicht lediglich als Bote einreicht.[10] Die Einreichung als Vertreter der Beteiligten dürfte dabei der Regelfall sein, wenn der Notar die Erklärung auch entworfen hat.

7 Stellt der Notar den Antrag als Vertreter, sieht die überwiegende Rechtsprechung eine **Vollzugsmitteilung** nur an den Notar selbst dann als ausreichend an, wenn der Vertretene ausdrücklich um Mitteilung an ihn selbst gebeten oder die Mitteilung an den Notar ausgeschlossen haben sollte.[11] Dies ist in der Regel interessengerecht, da typischerweise der Notar die Aufgabe der Prüfung der Vollzugsmitteilung übernimmt und die Urkundsbeteiligten vom Abschluss des Verfahrens informiert.[12] Die ganz herrschende Meinung sieht letztlich im Notar – mit Recht – die praeter legem entstandene faktisch alleinige Rechtsantragsstelle in Sachen Grundbuch, zum Vorteil der Justiz, da diese entsprechende Ressourcen einsparen kann. Mit Einführung der Vorprüfungspflicht durch einen Notar hat der Gesetzgeber dies im Ergebnis anerkannt. Der Ausschluss der Mitteilung an den Notar seitens der Beteiligten dürfte generell unzulässig sein, da in sich perplex: Soll der Notar den Vollzug im Auftrag der Beteiligten betreiben, wird er praktisch auch die Vollzugsmitteilung erhalten dürfen und müssen, und zwar schon allein deshalb, weil die Überwachung des Vollzugs unter Umständen ja Haftungsfolgen nach sich ziehen kann (zu den Auswirkungen auf die Vollzugsüberwachung vgl. unten Rdn 29). In der 6. Auflage wurde allerdings noch ein Widerspruch zum Charakter der Vollmacht kritisiert: Denn eine Vollmacht kann prinzipiell partiell beschränkt werden, eine verdrängende Vollmacht kennt das Recht nicht. Die für den Notar im Grundbuchverfahren geltende Vollmachtsvermutung gem. § 15 GBO macht hiervon keine Ausnahme; zwar handelt es sich nach einer in der Rechtsprechung insbesondere der Landgerichte verbreiteten Ansicht um eine Vollmacht mit gesetzlich festgelegtem standardisiertem Inhalt[13] (zur Vollmachtsvermutung nach § 15 GBO vgl. unten Rdn 11 f.). Jedenfalls wäre eine Vermutung aber widerlegbar. Mittlerweile dürfte allerdings die angesprochene Funktion des Notars als Rechtsantragsstelle in Sachen Grundbuch entscheidend sein.

Bei wortlautgetreuer Anwendung des § 55 Abs. 1 GBO wäre den Antragstellern, gleichgültig ob durch den Notar vertreten oder nicht, allerdings wohl ohnehin eine Eintragungsnachricht zu erteilen.[14] In der Praxis wird dies von den Grundbuchämtern – schon aus Gründen der eigenen Arbeitserleichterung – nur selten so gesehen. Einige Grundbuchämter fügen die Vollzugsmitteilung allerdings für den Notar in geeigneter Anzahl zur Weiterleitung bei.

7 BGH, Beschl. v. 25.6.1963 – VI ZR 309/62, DNotZ 1964, 434, 435; *Demharter*, § 15 GBO Rn 13 m.w.N.

8 Die Erklärung des Notars kann im Wege der Eigenurkunde abgegeben werden, solange der Notar erkennbar als Vertreter handelt: OLG Oldenburg, Beschl. v. 16.9.2011 – 12 W 193/11, FGPrax 2011, 311; Sternal/*Eickelberg*, § 378 FamFG Rn 14.

9 Zu § 80 Abs. 1 S. 3 GBO vgl. BGH v. 6.5.1999 – V ZB 15–99, NJW 1999, 2369.

10 Vgl. Bauer/Schaub/*Wilke*, § 15 GBO Rn 29.

11 BayObLG v. 5.10.1988 – 2 Z 93/88, Rpfleger 1989, 147, 148; OLG Oldenburg v. 22.11.2007 – 5 Wx 31/7, RNotZ 2008, 224, 225; OLG Düsseldorf v. 4.4.1984 – 3 W 17/84, Rpfleger 1984, 311; OLG Köln v. 20.11.2000 – 2 Wx 59/00, Rpfleger 2001, 123, 124; Thür. OLG, Beschl. v. 13.5.2002 – 6 W 203/02, FGPrax 2002, 150, 151; OLG Frankfurt v. 1.11.2004 – 20 W 53/04, NotBZ 2005, 366; LG Koblenz v. 12.8.1996 – 2 T 498/96, Rpfleger 1996, 449; s. aber OLG Saarbrücken v. 26.10.2010 – 5 W 214/10–82, DNotZ 2011, 549 (Bekanntmachung sowohl gegenüber dem Notar als auch gegenüber dem Vertretenen).

12 Zugleich dürfte für den Otto-Normal-Bürger die Vollzugsmitteilung des Grundbuchamtes bestenfalls mit dem Wort „kryptisch" zu umschreiben sein. Der Notar in seiner Übersetzerfunktion ist hier dringend gefordert.

13 LG Saarbrücken v. 20.3.2001 – 5 T 150/01, RNotZ 2001, 213, 214; LG Potsdam v. 16.7.2002 – 5 T 1008/01, NotBZ 2002, 386; Meikel/*Böttcher*, § 15 GBO Rn 14; vgl. auch OLG Düsseldorf v. 2.6.1997 – 3 Wx 529/96, Rpfleger 1997, 474, 475 (Eingrenzung der Ermächtigung möglich); ebenso Bauer/Schaub/*Wilke*, § 15 GBO Rn 16, 28; anders aber OLG Düsseldorf v. 3.11.2000 – 3 Wx 360/00, DNotZ 2001, 704, 705.

14 LG Schwerin v. 17.7.20003 – 5 T 423/02, NotBZ 2003, 401 mit zust. Anm. *Biermann-Ratjen*, ebenso OLG Saarland v. 26.10.2010 – 5 W 214/10–82, DNotZ 2011, 549, ausdrücklich hiergegen – und für die herrschende Meinung: OLG Frankfurt v. 23.8.2013 – 20 W 239/13, DNotZ 2013, 21.

Die für das Registerverfahren benötigten Anmeldeerklärungen werden typischerweise nicht nur beglaubigt, um den Formvorgaben der §§ 29 GBO, 12 HGB zu genügen, sondern auch (gebührenpflichtig) vom Notar entworfen (zum Belehrungserfordernis vgl. § 40 BeurkG Rdn 34). Wird dieser Umstand durch den Zusatz „Entwurf – Notar" auf der Anmeldung festgehalten, ist die mit diesem Zusatz versehene Anmeldung gleichwohl kein bloßer Entwurf, sondern der Eintragungsantrag selbst.[15] Typischerweise soll damit lediglich aus gebührentechnischer Sicht heraus die Entwurfsverfassung klargestellt werden. Zugleich erleichtert es dem Gericht die Kontaktaufnahme, statt aus Unterschrift und Siegel mühsam Informationen herauslesen zu müssen. Hat der Notar die Urkunde erkennbar entworfen, was bei einer Handelsregisteranmeldung durch einen solchen Vermerk erkennbar wird, so ist auch nicht zusätzlich ein Prüfvermerk nach § 15 Abs. 3 GBO, § 278 Abs. 3 FamFG anzubringen.[16] 8

III. Vollmacht und Vollmachtsvermutung

Der Notar bedarf zur Antragstellung als Vertreter des Antragsberechtigten einer **Vollmacht.** Der hoheitliche, öffentlich-rechtliche Charakter der notariellen Amtstätigkeit steht einem Rückgriff auf Modelle des Privatrechts insoweit nicht entgegen. Die Vollzugsvollmacht beinhaltet allerdings keine rechtsgeschäftliche Vertretungsmacht, sondern bleibt im öffentlichen Recht verwurzelt.[17] Der Rückgriff auf das Modell der rechtsgeschäftlichen Vertretungsmacht – unter entsprechender Anwendung der Vorschriften des Zivilrechts – ist sachgerecht, da es sich bei dem Antrag um die Abgabe einer verfahrensrechtlichen Erklärung handelt, die Rechtsfolgen herbeiführen soll. Sie darf dem Beteiligten nur zugerechnet werden, wenn er dem Notar die entsprechende Befugnis ausdrücklich oder stillschweigend eingeräumt hat, ggf. auch qua gesetzlicher Vermutung. Die Vollmacht muss also von dem generellen Ansuchen an den Notar, eine Amtstätigkeit zu übernehmen, unterschieden werden, sie wird in praxi hierin aber häufig konkludent liegen. 9

Die – quasi selbstverständliche – Erledigung der Vollzugstätigkeit (ob gebührenpflichtig oder nicht) ist kennzeichnend für das deutsche Notariat. Neben der Vollzugsvollmacht für den Notar selbst[18] kommen auch Durchführungs- und Vollzugsvollmachten zugunsten der Notariatsmitarbeiter in Betracht – wobei hier regionale Besonderheiten zu beachten sind, die tatsächlich nicht immer mit § 17 BeurkG in Einklang zu bringen sind (siehe auch § 17 BeurkG Rdn 179 ff.). Insgesamt ist bei solchen Vollmachten Zurückhaltung geboten, ggf. ist die Bevollmächtigung des Notars selbst – schon aus arbeitsrechtlichen Erwägungen – vorzugswürdig. Ein Gutteil aller relevanten Fälle (z.B. Identitätsfeststellung) ist hierüber lösbar.[19] Bei Vorkaufsfällen ist zu beachten, dass die Vollzugsvollmachten in dem Kaufvertrag mit dem Dritten nicht Inhalt des Kaufvertrags zwischen Verkäufer und Vorkaufsberechtigtem werden.[20]

Für das Registerverfahren gilt die **Vermutung**, dass dem Notar, der die zur Eintragung bestimmte Erklärung beurkundet oder beglaubigt hat, von den Antragsberechtigten Vollmacht zur Antragstellung erteilt wurde (§ 15 Abs. 2 GBO, § 25 SchRegO, § 378 Abs. 2 FamFG). Die Vermutung kann widerlegt werden.[21] Ein eigenes Antragsrecht wird dem Notar hiermit nicht eingeräumt;[22] dies ist insbesondere im Rechtsmittelverfahren von Bedeutung. Ein eigenes Beschwerderecht hat der Notar nicht. 10

Im Gegensatz zur tatsächlich erteilten Vollmacht, die nach den hier in das öffentliche Recht transformierten §§ 168, 672 BGB auch ohne ausdrückliche Bestimmung über den Tod des Vollmachtgebers hinaus

15 Vgl. zur Löschungsbewilligung mit Entwurfsvermerk: DNotI-Report 2004, 59 f.; zur (elektronischen) Handelsregisteranmeldung: LG Chemnitz v. 8.2.2007 – 2 HK T 88/07, MittBayNot 2007, 340, 341 m. Anm. *Strauß*.

16 Vgl. hierzu *Eickelberg*, FGPrax 2018 S. 5–8 m.w.N.

17 Vgl. *Winkler*, § 53 Rn 5.

18 Die als reine Vollzugsregelung keine Gebühren auslöst, LG Offenburg v. 16.5.2018 – 4 OH 14/16, BWNotZ 2018, 139.

19 Lediglich Erklärungen, welche der notariellen Beurkundung bedürfen, kann der Notar nicht per Eigenurkunde abgeben.

20 BGH v. 21.6.2012 – V ZB 283/11, DNotZ 2012, 826.

21 BGH v. 6.3.1959 – V ZB 3/59, BGHZ 29, 366, 372; BayObLG v. 11.10.1983 – BReg. 3 Z 108/83, Rpfleger 1984, 96, 97; OLG Frankfurt v. 8.5.1983 – 20 W 121, 83, NJW 1984, 620; Meikel/*Böttcher*, § 15 GBO Rn 13 m.w.N.; Sternal/*Eickelberg*, § 378 FamFG Rn 13; a.A. zu § 378 FamFG: Schulte-Bunert/Weinreich/*Nedden-Boeger*, § 378 FamFG Rn 14: unwiderlegliche gesetzliche Vertretungsermächtigung.

22 BayObLG v. 2.8.1989 – BReg 2 Z 86/89, NJW-RR 1989, 1495; OLG Nürnberg v. 5.2.2010 – 12 W 376/10, MittBayNot 2010, 404, 405 (zu § 59 FamFG); *Demharter*, § 15 GBO Rn 9; *Schöner/Stöber*, Rn 176; Sternal/*Eickelberg*, § 378 FamFG Rn 14; Schulte-Bunert/Weinreich/*Nedden-Boeger*, § 378 FamFG Rn 10.

wirken kann,[23] knüpft die Vollmachtsvermutung nach § 15 GBO an die Antragsberechtigung an, so dass diese Tatbestandsvoraussetzung streng genommen verneint werden muss, wenn der Antragsberechtigte vor der Antragstellung verstirbt.[24] Dem Sinn und Zweck der Vollmachtsvermutung entsprechend, die in der vorgehenden Urkundstätigkeit ein hinreichend starkes Indiz für eine dem Notar erteilte Vollmacht sieht, ist es jedoch nicht gerechtfertigt, die Antragstellung kraft vermuteter Vollmacht hier anders zu behandeln als die Antragstellung kraft erteilter Vollmacht, zumal die Abgrenzbarkeit auch kaum gegeben wäre. Das Erlöschen der Vollmacht stünde auch der Pflicht des Notars zur Einreichung entgegen, von der er nicht bereits durch den Tod eines Beteiligten befreit werden kann. Die Vollmacht wirkt also über den Tod des Antragstellers hinaus.[25]

Die Eröffnung des Insolvenzverfahrens führt hingegen zum Verlust der Verfügungsbefugnis und damit der Antragsbefugnis.[26] Eine dem Notar erteilte Vollmacht erlischt gem. § 117 Abs. 1 InsO mit der Eröffnung des **Insolvenzverfahrens.**[27] Da die Möglichkeit einer Vertretungsmacht damit ausscheidet, besteht auch die Vollmachtsvermutung des § 15 GBO nicht mehr.[28] Dies ist insbesondere auch für die häufig verwendete Vollmacht zur Bewilligung der Auflassung zu beachten.[29] Die Verwendung einer aufschiebend bedingten Bewilligung gekoppelt an eine Eigenurkunde des Notars soll dieses Problem vermeiden.[30]

1. Grundbuchverfahren

11 Die **Vollmachtsvermutung des § 15 GBO** gilt hinsichtlich sämtlicher **Antragsberechtigter** unabhängig davon, ob sie formell Urkundsbeteiligte sind oder nicht.[31] Hat der Notar eine Grundpfandrechtsbewilligung des Eigentümers beurkundet oder beglaubigt, gilt die Vollmachtsvermutung auch zugunsten des Gläubigers, weil dieser als Begünstigter antragsberechtigt ist (§ 13 Abs. 1 GBO). Erklärt der Notar bei Antragstellung nicht, für wen er tätig wird, und ist auch aus den Unterlagen nicht ersichtlich, in wessen Namen der Antrag gestellt wird, ist sein Antrag im Zweifel als im Namen aller Antragsberechtigten gestellt anzusehen.[32] Bei der Grundpfandrechtsbestellung empfiehlt sich die Klarstellung. Manche Grundschuldbestellungsformulare/-aufträge beauftragen den Notar ausdrücklich, für die Gläubigerin die Erklärung entgegenzunehmen bzw. Anträge im Namen der Gläubigerin zu stellen, was diese aufgrund Verkehrssitte dann wohl auch erwarten kann. Die Entgegennahme für die Gläubigerin löst allerdings eine zusätzliche Gebühr zu Lasten der Beteiligten aus (Betreuungstätigkeit).

12 Der **Umfang der Vollmachtsvermutung** ist auf die Stellung eines Antrags und antragsbezogene Verfahrenshandlungen beschränkt. Der Notar darf also in diesem Rahmen keine zur Eintragung erforderlichen Erklärungen abgeben, wie z.B. Bewilligungen, Briefausschluss, Zuschreibung als Bestandteil, Vereinigung, abweichende Bestimmungen der Briefaushändigung (§ 60 Abs. 2 GBO) oder Angabe des Gemeinschaftsverhältnisses (§ 47 GBO). Dagegen wird eine **Bestimmung nach § 16 Abs. 2 GBO** von der Vollmachtsvermutung erfasst; der Notar darf sich hierbei allerdings nicht in Widerspruch zu den Erklärungen der Beteiligten setzten.[33] Von einer stillschweigenden Bestimmung kann ausgegangen werden, wenn

23 Vgl. zu den Anforderungen im Einzelnen OLG Hamm v. 17.9.2002 – 15 W 338/02, DNotZ 2003, 120, 121 (für Altersvorsorgevollmacht abgelehnt; LG Aschaffenburg v. 24.5.1971 – T 92/71, Rpfleger 1971, 319; Meikel/*Böttcher*, § 15 GBO Rn 18; *Schöner/Stöber*, Rn 3569.

24 Vgl. OLG Celle v. 16.6.1980 – 4 Wx 16/80, Rpfleger 1980, 389.

25 Meikel/*Böttcher*, § 15 GBO Rn 18; *Demharter*, § 15 GBO Rn 10; s. auch OLG Köln v. 9.2.2005 – 2 Wx 41/04, FGPrax 2005, 103 (Tod des Antragstellers während des Rechtsmittelverfahrens).

26 BayObLG v. 3.9.2003 – 3Z BR 113/03, FGPrax 2003, 289, 290; *Demharter*, § 13 GBO Rn 9; Meikel/*Böttcher*, § 13 GBO Rn 54; *Schöner/Stöber*, Rn 88a.

27 BayObLG v. 3.9.2003 – 3Z BR 113/03, FGPrax 2003, 289, 290; MüKo-InsO/*Vuia*, § 117 InsO Rn 8; HK-InsO/*Marotzke*, § 117 Rn 5.

28 BayObLG v. 3.9.2003 – 3Z BR 113/03, FGPrax 2003, 289, 290; Meikel/*Böttcher*, § 15 GBO Rn 18.

29 Zur „Bewilligungslösung", vgl. *Piegsa*, RNotZ 2010, 433 ff.; ebenso OLG München v. 22.5.2017 – 34 Wx 87/17, MittBayNot 2018, 586.

30 Vgl. *Weber/Wesiack*, DNotZ 2019, 164 ff.

31 BayObLG v. 11.10.1983 – BReg. 3 Z 108/83, Rpfleger 1984, 96, 97; *Demharter*, § 15 GBO Rn 10; *Rademacher*, MittRhNotK 1983, 81, 86; a.A. *Lappe*, Rpfleger 1984, 386, 387.

32 BGH v. 24.1.1985 – V ZB 5/84, NJW 1985, 3070; BayObLG v. 18.9.1986 – BReg 3 Z 120/86, Rpfleger 1987, 14; BayObLG v. 9.12.1992 – 2Z BR 106/92, NJW-RR 1993, 530; OLG Bremen v. 1.10.1987 – 1 W 40/87, Rpfleger 1987, 494; OLG Köln v. 15.1.1986, 17 W 296/84, Rpfleger 1986, 411, 412; OLG Zweibrücken v. 11.7.1988 – 3 w 27/88, Rpfleger 1989, 17; *Demharter*, § 15 GBO Rn 11; Bauer/Schaub/*Wilke*, § 15 GBO Rn 9; a.A. *Lappe*, Rpfleger 1984, 386, 387.

33 Vgl. OLG Hamm v. 20.2.1996 – 15 W 257/95, MittRhNotK 1996, 330; *Demharter*, § 15 GBO Rn 15; Bauer/Schaub/*Wilke*, § 15 GBO Rn 22 m.w.N.

zwischen mehreren Anträgen ein innerer rechtlicher oder wirtschaftlicher Zusammenhang besteht, der die einheitliche Erledigung als gewollt vermuten lässt.[34]

Die Vollmachtsvermutung erstreckt sich auch auf die Festlegung der **Reihenfolge des Eingangs der Anträge**[35] sowie auf die Erklärung, dass ein in der überreichten Urkunde enthaltener Antrag dem Grundbuchamt nicht zugegangen sein soll.[36] Hieraus wird z.T. der Schluss gezogen, der Notar dürfe auch ausdrücklich den Rang zwischen mehreren gleichzeitig beantragten Eintragungen bestimmen.[37] Die h.M. unterscheidet dagegen konsequent zwischen der auf die Antragstellung beschränkten Vollmachtsvermutung mit ihren faktischen Konsequenzen und einer Erklärung, die auf den Inhalt der Rechte einwirkt, und lässt aus diesem Grund eine **Rangbestimmung** durch den Notar nicht zu.[38] Weitergehende Erklärungen bedürfen also einer gesonderten Bevollmächtigung. Regelmäßig enthalten vom Notar entworfene Erklärungen daher auch erweiterte „Vollzugsvollmachten" seitens der Beteiligten an den Notar, die dem Notar Bewilligungen, etc. namens der Beteiligten ermöglichen. Eine solche „Abwicklungsvollmacht" an den Notar ist unproblematisch als zulässig anzusehen.[39] Sie ist auch sachdienlich. Gibt der insoweit mit besonderer Vertretungsmacht ausgestattete Notar eine Eintragungsbewilligung in der Form der notariellen **Eigenurkunde** ab, so genügt diese Urkunde den Anforderungen des § 29 GBO.[40] Erklärungen, die der notariellen Beurkundung bedürfen, kann der Notar hingegen in dieser Form nicht abgeben, ggf. aber ein entsprechend bevollmächtigter Mitarbeiter (soweit berufsrechtlich zulässig, siehe auch oben Rdn 9). Eine „Abwicklungsvollmacht" für den Notar (oder auch dessen Mitarbeiter – soweit zulässig) löst als rein verfahrensrechtliche Erklärung in der Urkunde auch keine gesonderten Gebühren aus.[41]

Der Notar kann auch dann einen Eintragungsantrag unter Berufung auf die Vollmachtsvermutung stellen, 13
wenn in der Urkunde **Anträge der Berechtigten** enthalten sind. Wenn der Notar als Verfahrensbevollmächtigter auftritt, heißt das, dass „der Antrag" durch ihn als Vertreter gestellt werden soll. Die in der Urkunde enthaltenen Anträge können jedoch als Auslegungshilfe herangezogen werden, wenn der Notar in seinem Antrag nicht präzisiert, welchen Antrag und für welchen Antragsberechtigten er einen Antrag stellen will.[42] Die Rspr. geht allerdings überwiegend davon aus, dass ein Antrag durch den Antragsberechtigten selbst, vermittelt durch den Notar als Boten, und ein weiterer Antrag durch den Notar als Vertreter des Antragsberechtigten gestellt werden kann.[43] Auch auf dieser Grundlage ist es jedoch möglich, konkurrierende Anträge auszuschließen, indem der Vollzugsauftrag an den Notar dahin verstanden wird, dass die in der Urkunde enthaltenen Anträge der Beteiligten dem Grundbuchamt ohne anders lautende ausdrückliche Erklärung nicht zugehen sollen.[44] Dieser Ausschluss dürfte in praxi die übliche Gestaltung sein, um spätere Komplikationen bei Rücknahmen etc. zu vermeiden.

Will der Notar über die Einreichung der Urkunden hinaus selbst einen Antrag stellen, muss er entweder 14
den Antrag wörtlich formulieren oder die Urkunden „gem. § 15 GBO", „gem. § 25 SchRegO" usw. einreichen. Um die mit der Verwendung dieser Kurzformel verbundene Notwendigkeit zu vermeiden, den Inhalt der Erklärung des Notars im Wege der Auslegung zu ermitteln, sollte der Notar stets angeben,

34 OLG Hamm v. 1.3.1988 – 15 W 336/88, Rpfleger 1988, 404, 405; OLG Zweibrücken v. 14.1.1999 – 3 W 253/98, NJW-RR 1999, 1174, 1175.

35 *Demharter*, § 15 GBO Rn 15; Bauer/Schaub/*Wilke*, § 15 GBO Rn 22; a.A. hinsichtlich nur verbaler Festlegung OLG Frankfurt v. 27.3.1991 – 20 W 183/90, Rpfleger 1991, 362, 363.

36 OLG Köln v. 2.11.1989 – 2 Wx 35/89, Rpfleger 1990, 159.

37 KEHE/*Volmer*, § 15 GBO Rn 58; Meikel/*Böttcher*, § 15 GBO Rn 32.

38 OLG Hamm v. 2.5.1995 – 15 W 46/95, FGPrax 1995, 171; KG v. 27.6.2000 – 1 W 606/00, Rpfleger 2000, 453; *Demharter*, § 15 GBO Rn 15; Bauer/Schaub/*Wilke*, § 15 GBO Rn 27; vgl. auch OLG Frankfurt v. 27.3.1991 – 20 W 183/90, Rpfleger 1991, 362. Da der Notar – unstreitig die Reihenfolge des Eingangs der Anträge festlegen darf – überzeugt diese h.M. nur begrenzt.

39 Statt aller: OLG Düsseldorf v. 15.7.2009 – I-3 Wx 264/09, FGPrax 2009, 203.

40 OLG Frankfurt v. 11.1.2001 – 20 W 255/00, MittBayNot 2001, 225, 226. m.w.N. und Anm. *Reithmann*.

41 LG Offenburg v. 27.4.2018 – 4 OH 14/16, ZNotP 2018, 197.

42 Bauer/Schaub/*Wilke*, § 15 GBO Rn 9; vgl. auch OLG Zweibrücken v. 11.7.1988 – 3 W 27/88, Rpfleger 1989, 17.

43 Vgl. BayObLG v. 25.2.1955 – BReg. 2 Z 205/54, BayObLGZ 1955, 48, 53; BayObLG v. 5.10.1988 – 2 Z 93/88, Rpfleger 1989, 147, 148; OLG Hamm v. 1.3.1988 – 15 W 336/86, Rpfleger 1988, 404, 406; a.A. OLG Braunschweig v. 13.3.1961 – 2 W 16/61, DNotZ 1961, 413 (nur Antragstellung durch den Notar).

44 OLG Köln v. 2.11.1989 – 2 Wx 35/89, Rpfleger 1990, 159.

- dass er als Antragsteller auftritt,
- welche genau formulierten Anträge er stellt („Auflassung", „Vormerkung(en)" dürfte aber sicher ausreichend sein),
- welche von mehreren auf demselben Grundbuchblatt gebuchten Grundstücke gemeint sind,
- dass die (etwa) in der Urkunde enthaltenen Anträge als dem Grundbuchamt nicht zugegangen gelten sollen,
- welche Bestimmung gem. § 16 Abs. 2 GBO ggf. getroffen werden soll,
- welcher Geschäftswert für die Kostenrechnung angesetzt wird, soweit sich dies nicht aus der Urkunde selbst ergibt (Kaufvertrag, Grundschuld).
- Zur Vereinfachung der Büroabläufe und zur verbesserten Übersichtlichkeit für das Register haben sich Formularblätter als Deckblatt zur Einreichung eingebürgert oder die Zusammenfassung der Anträge z.B. am Ende der Urkunde in einer gesonderten Ziffer.

2. Registerverfahren

15 Für Anmeldungen in Registerverfahren (§ 374 FamFG) besteht nach Maßgabe von § 378 Abs. 2 FamFG eine Vollmachtvermutung zugunsten des Notars, der die zu einer Eintragung erforderliche Erklärung beurkundet oder beglaubigt hat.[45] Die Vollmachtvermutung gilt hiernach jedenfalls dann, wenn es sich bei dieser Erklärung um die materiell-rechtliche Eintragungsgrundlage (z.B. Gesellschaftsvertrag, Unternehmensvertrag, Gesellschafterbeschlüsse[46]) handelt.[47] Der Notar kann dann die zur Eintragung dieser Erklärung notwendige Anmeldung insgesamt durch Eigenurkunde abgeben. Eine gesonderte „Handelsregisteranmeldung" wäre an sich nicht mehr erforderlich. Nach überwiegender Ansicht stellt im Übrigen auch die Registeranmeldung, also die für die Eintragung erforderliche Verfahrenserklärung, eine Erklärung i.S.d. § 378 Abs. 2 FamFG dar, wenn es z.B. an der Beurkundung oder Beglaubigung der zur Eintragung erforderlichen Erklärung fehlt, etwa bei Personengesellschaften.[48] Bei sog. höchstpersönlichen Anmeldungen kann und muss differenziert werden zwischen der höchstpersönlich abzugebenden Versicherungserklärung (z.B. § 8 Abs. 2, 3 GmbHG) und der Anmeldungserklärung selbst.[49] Letztere kann durch einen Vertreter abgegeben werden, so dass nach im Vordringen befindlicher Ansicht auch hier die Anmeldungserklärung von der Vollmachtvermutung des § 378 Abs. 2 FamFG erfasst wird.[50]

B. Einreichungspflicht

I. Gegenstand

16 Der Einreichungspflicht nach § 53 BeurkG unterliegen **beurkundete Willenserklärungen**, deren Rechtswirkungen erst mit **Eintragung** im Grundbuch oder einem vom Registergericht geführten Register entstehen; zudem müssen die Urkunden vollzogen werden können, was voraussetzt, dass alle materiellrechtlichen und formellen Voraussetzungen für die Eintragung vorliegen.[51] Die **Beglaubigung** der Unterschrift löst die Einreichungspflicht nur dann aus, wenn der Notar auch den Entwurf gefertigt hat.[52] Die

45 Zu etwaigen Einschränkungen bei Eintragungen in das Güterrechtsregister: Schulte-Bunert/Weinreich/*Nedden-Boeger*, § 378 FamFG Rn 38: Notar könne die förmliche Registeranmeldung übernehmen; erforderlich sei aber nach wie vor eine materiell-rechtliche persönliche Erklärung der Ehegatten über ihr Eintragungsbegehren.

46 OLG Karlsruhe v. 31.1.2011 – 11 Wx 2/11, GmbHR 2011, 308, 309 f.; DNotI-Report 2010, 112, 113 f. m.w.N. zum Meinungsstand.

47 Sternal/*Eickelberg*, § 378 FamFG Rn 9; Haußleiter/*Schemmann*, § 378 FamFG Rn 8.

48 KG v. 15.1.1959 – 1 W 1830/58, NJW 1959, 1086, 1087; Sternal/*Eickelberg*, § 378 FamFG Rn 10; *Krafka*, Rn 123; Prütting/Helms/*Holzer*, § 378 FamFG Rn 12; Haußleiter/*Schemmann*, § 378 FamFG Rn 8; a.A. Ebenroth/Boujong/Joost/Strohn/*Schaub*, § 12 HGB Rn 127.

49 In formeller Hinsicht einschränkend: OLG München v. 23.7.2010 – 31 Wx 128/10, DNotZ 2011, 151, 152: Es werde zwar als zulässig angesehen, die Versicherung in einer gesonderten Erklärung abzugeben. Die Erklärung müsse dann aber ebenfalls der Form des § 12 Abs. 1 HGB entsprechen.

50 Sternal/*Eickelberg*, § 378 FamFG Rn 15; Prütting/Helms/*Holzer*, § 378 FamFG Rn 9; Haußleiter/*Schemmann*, § 378 FamFG Rn 14; siehe auch OLG Köln v. 1.10.1986 – 2 Wx 53/86, NJW 1987, 135; a.A. (keine Vertretung bei höchstpersönlichen Anmeldungen) BayObLG v. 12.6.1986 – BReg. 3 Z 29/86, NJW 1987, 136; Schmidt-Kessel/Leutner/*Müther*, § 12 HGB Rn 37.

51 BGH v. 19.9.2019 – V ZB 119/18, NJW 2020, 610; *Ganter*, DNotZ 2021, 402, 423.

52 BGH v. 26.10.1982 – VI ZR 229/80, DNotZ 1983, 450, 451; *Lerch*, § 53 Rn 2; Frenz/Miermeister/*Limmer*, § 53 BeurkG Rn 3; a.A. LG Hamburg v. 6.3.1952 – 4 O 262/51, DNotZ 1952, 440.

Prüfungs- und Vermerkpflicht nach §§ 15 Abs. 3 GBO, 378 Abs. 3 FamFG besteht jedoch auch im Fall der Unterschriftsbeglaubigung ohne Entwurf. Eine Pflicht zur Grundbucheinsicht, wie § 21 BeurkG sie bezogen auf die Beurkundungstätigkeit des Notars regelt, besteht im Zusammenhang mit der Einreichungspflicht nach § 53 BeurkG nicht.[53]

Der Notar ist schließlich nur dann zur Einreichung der Urkunde verpflichtet, wenn dies zum Vollzug beim Grundbuchamt oder Registergericht erforderlich ist. Auf **andere vollzugsbedürftige Willenserklärungen,** beispielsweise Erklärungen für das Vormundschaftsgericht oder das Nachlassgericht (Erbscheinsantrag), findet § 53 BeurkG keine Anwendung. Der Notar hat aber über das Vollzugserfordernis zu belehren.[54] Dazu gehört ggf. auch der Hinweis, dass er die Vollzugstätigkeit nicht übernimmt.[55] 17

Unter Geltung der KostO war lange Zeit umstritten, ob dem Vollzugsanspruch der Beteiligten ein **Zurückbehaltungsrecht des Notars** an den einzureichenden Urkunden nach § 10 Abs. 1 KostO entgegenstehen kann.[56] § 11 S. 2 GNotKG statuiert nun eindeutig den Vorrang des § 53 BeurkG, so dass der Notar ggf. auf die Erhebung von Vorschüssen verwiesen ist, sofern nicht entsprechende Anweisung aller Beteiligten vorliegt.[57] 18

II. Beteiligte

Die Amtspflicht zur Einreichung beurkundeter Willenserklärungen nach § 53 BeurkG besteht allerdings nur den Personen gegenüber, deren Erklärungen der Notar beurkundet hat.[58] Im Falle der Bestellung von Grundpfandrechten sind also die Gläubiger nicht beteiligt und damit auch keine Berechtigten i.S.v. § 53 BeurkG.[59] Dies gibt dem Grundstückseigentümer die rechtliche Möglichkeit, den Notar einseitig zur Nichtvorlage der Urkunde beim Grundbuchamt anzuweisen, ungeachtet der Möglichkeit des Notars, den Antrag auch im Namen des Gläubigers zu stellen, wozu er häufig von der Gläubigerin auch beauftragt wird.[60] 19

Hiervon zu unterscheiden ist das etwa von *Reithmann* beschriebene Treuhandverfahren, im Rahmen dessen auch das Interesse des Gläubigers an der Einreichung der Urkunde nach Eintritt bestimmter, festgelegter Voraussetzungen berücksichtigt wird: Um bei Finanzierungsgeschäften eine Darlehensauszahlung vor der Eintragung des Grundpfandrechts zu erreichen, erteilt der Notar nicht nur gegenüber dem Gläubiger eine Rangbestätigung, sondern wirkt zugleich dabei mit, die Voraussetzungen zu schaffen, um die erstrebte Eintragung zu erreichen. Der Gläubiger muss zu diesem Zweck selbst bzw. vertreten durch den Notar die Eintragung betreiben können, wozu er mit einer Ausfertigung der Grundschuldurkunde, die die Bewilligungserklärung enthält, in der Lage ist. Der Besteller des Grundpfandrechts überlässt dem Notar dabei die Verfügung über die Eintragungsbewilligung; zugleich übernimmt der Notar Pflichten gegenüber dem Grundpfandrechtsgläubiger, für den die Eintragung des Grundpfandrechts sichergestellt werden soll.[61] Gleichwohl steht die Einreichung immer noch zur Disposition der formellen Urkundsbeteiligten. Daher kann dem Gläubiger allenfalls aus der Rangbescheinigung ein Anspruch gegen den Notar zustehen. Der Notar wird diese daher nur abgeben, wenn er den Eintragungsantrag zuvor auch im Namen des Gläubigers gestellt hat. 20

53 BGH v. 29.11.1990 – IX ZR 107/90, DNotZ 1991, 757.
54 Frenz/Miermeister/*Limmer*, § 53 BeurkG Rn 4; *Haug/Zimmermann*, Rn 628.
55 *Jansen*, § 53 Rn 7.
56 **Dagegen:** statt vieler OLG Düsseldorf v. 26.10.1998 – 3 Wx 391/98, DNotZ 1999, 659; OLG Naumburg v. 29.1.2003 – 1 U 71/02300, MittBayNot 2004, 299, 300; *Lerch*, § 53 Rn 13a. **Dafür:** Frenz/Miermeister/*Limmer*, § 53 BeurkG Rn 16; *Grein*, RNotZ 2003, 115, 118; Grziwotz/Heinemann/*Heinemann*, § 53 Rn 24; *Otto*, NotBZ 2002, 346; *Schwarz*, MittBayNot 2004, 157 f.; s. auch OLG Dresden v. 5.1.2005 – 12 W 1347/04, NotBZ 2005, 111 (Zurückbehaltungsrecht an behördlichen Genehmigungen und Bestätigungen, die der Notar im Auftrag der Beteiligten zum Vollzug eingeholt hat).
57 Statt aller: Fackelmann/Heinemann/*Büringer*, GNotKG, § 11 Rn 29 f. Auch in einem noch zur KostO entschiedenen Fall hat sich der BGH nunmehr quasi posthum zur gleichlautenden Klärung der Frage entschlossen: BGH v. 16.10.2014 – V ZB 223/12, MittBayNot 2015, 166.
58 BGH v. 14.5.1992 – IZ ZR 262/91, DNotZ 1992, 813; Frenz/Miermeister/*Limmer*, § 53 BeurkG Rn 4.
59 *Reithmann/Albrecht*, Rn 340; *Grein*, RNotZ 2004, 115, 116.
60 I. E. ebenso *Winkler*, § 53 Rn 23.
61 Siehe *Reithmann/Albrecht*, Rn 341.

III. Vollzugsreife

21 Der Notar ist erst dann zur Einreichung verpflichtet, wenn die beurkundete Willenserklärung vollzugsreif ist, wenn also alle Eintragungsvoraussetzungen erfüllt sind.[62] Hierzu müssen die erforderlichen Eintragungsunterlagen in vorgeschriebener Form vollständig vorliegen. Zu diesen Unterlagen zählen auch Genehmigungen, Unbedenklichkeitsbescheinigungen des Finanzamts, Erklärungen über das Nichtbestehen oder die Nichtausübung der Vorkaufsrechte gem. §§ 24 ff. BauGB usw. In bestimmten Fällen, etwa im Hinblick auf die Voraussetzungen eines steuerrechtlichen Tatbestandes, muss der Notar jedoch ausnahmsweise der Weisung der Beteiligten zur vorzeitigen Einreichung Folge leisten.[63] Umgekehrt darf der Notar keine Vollzugstätigkeit vornehmen, wenn ihm nach der Beurkundung **Tatsachen bekannt werden, die ihn zur Ablehnung der Beurkundung verpflichtet hätten** (vgl. § 4 BeurkG Rdn 18). Erkennt er etwa, dass der beurkundete Vertrag unwirksam ist, muss er den Vollzug unterlassen (vgl. auch unten Rdn 35 ff.).[64]

22 Eine gewisse Unsicherheit hatte die Rezeption der Entscheidung des Bundesgerichtshofs vom 25.11.2004[65] zur **Immobilienschenkung der Eltern an minderjährige Kinder** mit sich gebracht. In dieser Entscheidung stellte der Senat klar, dass die Eltern bei der isoliert betrachtet rechtlich vorteilhaften Verfügung nicht deshalb aufgrund einer „Gesamtbetrachtung" von der Vertretungsmacht ausgeschlossen sind, weil das zugrunde liegende Verpflichtungsgeschäft nicht lediglich rechtlich vorteilhaft ist. Da die wirksame Verfügung somit keiner Genehmigung durch den Ergänzungspfleger bedarf, mithin für sich genommen vollzugsreif ist, wurde die Frage aufgeworfen, ob der Notar ohne ausdrückliche abweichende Weisung zur Einreichung verpflichtet ist. Im Ergebnis herrscht allerdings Einigkeit, dass **keine sofortige Vollzugspflicht** besteht, die – ohne weiteres mögliche – Weisung der Beteiligten zum sofortigen Vollzug vielmehr die Ausnahme darstellt.[66] Zur Begründung dieses zutreffenden Ergebnisses genügt es, auf den Sinn und Zweck der Vollzugspflicht zu verweisen. Die verfahrensrechtliche Vollzugspflicht ist Ausdruck eines gewissermaßen gesetzlich vermuteten Vollzugsinteresses der Beteiligten, dem der Urkundsnotar genügen muss. Dass wegen des Trennungs- und Abstraktionsprinzips eine Verfügung von der schwebenden Unwirksamkeit des zugrunde liegenden Verpflichtungsgeschäfts nicht berührt wird, bedeutet nicht, dass bei kausalen Verfügungsgeschäften ein vermutetes Vollzugsinteresse besteht, bevor der Schwebezustand des Kausalgeschäfts behoben wird. Das Gegenteil ist der Fall.

23 Nach § 53 BeurkG hat die Einreichung der Urkunden zu erfolgen, sobald Vollzugsreife eingetreten ist. Die Vorgängervorschrift § 37 BNotO verlangte ausdrücklich „unverzügliche" Einreichung. Eine inhaltliche Änderung der Pflicht ist aufgrund der Formulierung des § 53 BeurkG jedoch nicht eingetreten. Der Notar hat die Urkunde also **ohne schuldhaftes Zögern** (§ 121 BGB) einzureichen.[67] Dabei ist zu berücksichtigen, dass die Durchführung **jeder** Vollzugstätigkeit innerhalb der Büroorganisation eine gewisse Bearbeitungszeit und sachgerechte Koordination verlangt. Eine **sofortige Erledigung**, wie der BGH[68] sie in einem Haftpflichtfall verlangt hatte, ist als Regelfall gar nicht möglich und kann deshalb nicht zur Amtspflicht des Notars erklärt werden.[69] In einem späteren Haftpflichtfall heißt es dagegen, der Notar habe die beurkundete Erklärung mit der ihm zumutbaren und möglichen Beschleunigung einzureichen.[70] Das OLG München[71] hatte dem Notar im Einzelfall eine Vorlagefrist von drei Tagen zugestanden; das LG Duisburg[72] sieht vier Tage noch als ausreichend an.[73] Unter Berücksichtigung des normalen bürotechnischen Ablaufs dürfte schließlich eher die von *Kanzleiter* angegebene Vorlagefrist von zehn Tagen

62 LG Berlin v. 18.6.2020 – 84 T 256/19, ErbR 2021, 361.
63 Vgl. BGH v. 26.10.1982 – VI ZR 229/80, DNotZ 1983, 450, 451 ff. mit zust. Anm. *Becker-Berle*; *Haug/Zimmermann*, Rn 641 ff. mit weiteren Beispielen.
64 BGH v. 20.6.2000 – IX ZR 434/98, DNotZ 2001, 486, 488.
65 BGH v. 25.11.2004 – V ZB 13/04, BGHZ 161, 170, 175; hierzu *Krüger*, ZNotP 2006, 202 ff.
66 Frenz/Miermeister/*Limmer*, § 53 BeurkG Rn 6; *Böttcher*, NJW 2008, 2088, 2093; *Feller*, MittBayNot 2005, 412, 413; *Reiß*, RNotZ 2005, 224, 226 (§ 925a BGB analog).
67 BGH v. 16.11.2020 – NotSt(Brfg) 3/20, RNotZ 2021, 163; *Haug/Zimmermann*, Rn 654; *Winkler*, § 53 Rn 17; *Lerch*, § 53 Rn 9; Frenz/Miermeister/*Limmer*, § 53 BeurkG Rn 7.
68 BGH v. 7.11.1978 – VI ZR 171/77, DNotZ 1979, 311.
69 LG Nürnberg-Fürth v. 16.10.2003 – 4 O 5205/02211, MittBayNot 2004, 210, 211 f.; *Haug/Zimmermann*, Rn 654; *Kanzleiter*, DNotZ 1979, 314 f.; *Winkler*, § 53 Rn 18; *Schippel*, MittBayNot 1979, 35; vgl. auch LG Ingolstadt v. 25.10.2006 – 1 T 1449/06, MittBayNot 2007, 155 (zu § 156 KostO).
70 BGH v. 13.6.2002 – IX ZR 196/01, NJW 2002, 3391, 3392.
71 OLG München v. 13.12.1915 – 515/15, JW 1916, 688 – und dies in einer Zeit weit vor dem Gedanken an elektronische Datenverarbeitung oder auch nur einen Kopierer.
72 LG Duisburg v. 7.1.1993 – 2 T 178/92, MittRhNotK 1993, 76.
73 Weitere Beispiele (z.T. n.v. Haftpflicht-Entscheidungen): *Haug/Zimmermann*, Rn 654 ff.

im Rahmen der ordnungsmäßigen Erfüllung der Amtspflichten des Notars liegen.[74] Möglich ist darüber hinaus auch, dass die Beteiligten dem Notar hinsichtlich des Einreichungszeitpunkts einen Ermessensspielraum einräumen. Die pflichtgemäße Ermessensausübung setzt in diesem Fall voraus, dass der Notar den für Verträge dieser Art üblichen Geschäftsgang und die Verkehrssitte berücksichtigt.[75]

Beschleunigt zu betreiben sind etwa **Handelsregistereintragungen,** die **Haftungsausschlüsse** nach den §§ 25 Abs. 2, 28 Abs. 2 HGB, das **Erlöschen der Handelndenhaftung** nach § 11 Abs. 2 GmbHG oder den Eintritt der **Haftungsbeschränkung** nach § 176 Abs. 2 HGB herbeiführen.[76] Eine Vereinbarung über den Haftungsausschluss muss, um die Rechtsfolgen des § 25 Abs. 2 HGB auszulösen, unverzüglich nach dem Geschäftsübergang verlautbart werden. Eine dem Geschäftsübergang unverzüglich nachfolgende Anmeldung reicht aus, wenn Eintragung und Bekanntmachung in angemessenem Zeitabstand folgen.[77] Für die Einreichung durch den Notar hat das OLG Hamburg in der Entscheidung vom 7.3.1977 (10 U 92/76) eine Bearbeitungszeit von zwei bis drei Tagen als pflichtgemäß angesehen.[78] 24

IV. Herbeiführen der Vollzugsreife

Die Einreichungspflicht nach § 53 BeurkG verlangt nicht, dass der Notar die Vollzugsreife selbst herbeiführen muss (vgl. auch § 18 BeurkG Rdn 6).[79] Er hat lediglich alle Erklärungen entgegenzunehmen, die für den Eintritt der Vollzugsreife der Urkunde erforderlich sind. Das Herbeiführen der Vollzugsreife ist eine **sonstige Betreuungstätigkeit gem. § 24 BNotO**, die der Notar gesondert übernehmen kann. Insofern ist zwischen der unselbstständigen Vollzugstätigkeit nach § 53 BeurkG und einer selbstständigen Vollzugstätigkeit nach § 24 BNotO zu unterscheiden.[80] Im Rahmen des Urkundsgeschäfts ist der Notar allerdings verpflichtet, über die Voraussetzungen des Vollzugs zu belehren. 25

Wenn die Wirksamkeit des beurkundeten Rechtsgeschäfts von **behördlichen Genehmigungen** usw. abhängt, ist es üblich, dass der Notar die Beschaffung dieser Genehmigungen als Vollzugsaufgabe übernimmt.[81] Der Beurkundungsauftrag enthält i.d.S. regelmäßig zugleich das ausdrückliche oder stillschweigende Ansuchen an den Notar, **die erforderlichen Nebenerklärungen** einzuholen.[82] Will der Notar diese Aufgabe nicht übernehmen, hat er die Beteiligten ausdrücklich zu belehren, dass sie selbst tätig werden müssen.[83] Dies gilt aber nur für die Beschaffung dieser Erklärungen. Die Fertigung der Erklärungen ist weder von der Einreichungspflicht § 53 BeurkG noch von der selbstständigen Vollzugstätigkeit nach § 24 BNotO per se umfasst. Der Notar muss also nicht darüber belehren, dass er den Vollzug zwar betreibt durch Einholung z.B. einer Verwalterzustimmung beim WEG-Verkauf, aber diese nicht fertigt, so dass ggf. eine weitere 1,0 Gebühr zu Lasten der Beteiligten entsteht. Dies wird man als eindeutige Konsequenz der Entscheidung des Gesetzgebers im Bereich der Ziffer 22100 KV GNotKG ansehen dürfen. Fertigt der Notar solche Erklärungen, so ist dies aber mit der Vollzugsgebühr kostenmäßig abgegolten.

74 *Kanzleiter*, DNotZ 1979, 314 f.; zust. *Winkler*, § 53 Rn 17; Frenz/Miermeister/*Limmer*, § 53 BeurkG Rn 7; Grziwotz/Sauer/Heinemann/*Heinemann/Grziwotz*, § 53 Rn 11.

75 OLG München v. 28.11.2006 – 32 Wx 149/06, DNotZ 2007, 117 f. (Einreichung „zu gegebener Zeit").

76 Grziwotz/Sauer/Heinemann/*Heinemann/Grziwotz*, § 53 Rn 11 m.w.N.

77 BGH v. 1.12.1958 – II ZR 238/57, BGHZ 29, 1, 5 f.; BGH v. 16.1.1984 – II ZR 114/83, NJW 1984, 1186, 1187; BGH v. 20.1.1992 – II ZR 115/91, WM 1992, 736, 738; BayObLG v. 15.1.2003 – 3Z BR 225/02, DNotZ 2003, 453 f.; OLG Düsseldorf v. 6.6.2003 – 3 Wx 108/03, NZG 2003, 774, 775; OLG Frankfurt v. 1.6.1977 – 20 W 231/77, OLGZ 1978, 30, 31 f.; OLG Hamm v. 13.8.1991 – 15 W 195/91, OLGZ 1994, 282, 285 f.

78 Wortlaut auszugsweise zitiert bei *Haug/Zimmermann*, Rn 660 sowie *Haug*, DNotZ 1979, 725, 730.

79 *Grziwotz*, MietRB 2023, 148, 149 f.

80 BGH v. 6.7.2006 – III ZR 80/05, DNotZ 2006, 857 f. (zu § 19 BNotO); Frenz/Miermeister/*Hertel*, § 24 BNotO Rn 32 ff.; *Grein*, RNotZ 2004, 115, 117; vgl. auch OLG Hamm v. 5.2.2004 – 15 W 475/03, NotBZ 2004, 316 f. mit krit. Anm. *Otto*.

81 *Grziwotz*, MietRB 2023, 148, 150.

82 OLG Hamm v. 2.5.1995 – 15 W 46/95, FGPrax 1995, 171; OLG Hamm 18 6.1998 – 15 W 387/97, FGPrax 1998, 194, 195; *Winkler*, § 53 Rn 12; vgl. auch *Tiedke*, MittBayNot 2008, 23, 24 (hier vor dem Hintergrund des § 146 KostO); zu den üblichen Vollzugstätigkeiten bei der Abwicklung eines Immobilienkaufvertrages: *Grein*, RNotZ 2004, 115, 125 ff.

83 Frenz/Miermeister/*Hertel*, § 24 BNotO Rn 34; Frenz/Miermeister/*Limmer*, § 53 BeurkG Rn 7.

V. Vorprüfung (§ 15 Abs. 3 GBO, § 378 Abs. 3 FamFG)

26 Mit dem Gesetz zur Neuordnung der Aufbewahrung von Notariatsunterlagen und zur Errichtung des Elektronischen Urkundenarchivs vom 9.6.2017[84] wurden § 15 GBO und § 378 FamFG je in Abs. 3 dahin gehend ergänzt, dass Eintragungen in die betreffenden Register nur erfolgen dürfen, wenn die Eintragungsgrundlage durch einen Notar auf Eintragungsfähigkeit vorgeprüft wurde.[85] Nach der Gesetzesbegründung versprach sich der Gesetzgeber hiervon **die Entlastung der Justiz**, indem untaugliche Anträge bereits beim Notar „ausgefiltert" werden.[86] Dem Notar kommt hier die Funktion eines „Kommunikationsmittlers" zu, der gewährleistet, dass keine unzulässigen Erklärungen zur Eintragung in das Grundbuch bzw. Register gelangen und das Grundbuch bzw. Register keinen unzulässigen Inhalt aufweisen.[87] Der Gesetzgeber bestätigt damit die bereits bislang – praeter legem – entstandene Rolle des Notars im Vorfeld der von der Justiz geführten Register Grundbuch und Handelsregister.

Die Vornahme der Prüfung durch den Notar ist **formelle Eintragungsvoraussetzung**. Fehlt eine solche, bzw. fehlt der entsprechende Prüfungsvermerk, so darf die Eintragung nicht vorgenommen werden.[88] Gegebenenfalls ist die Nachholung durch Zwischenverfügung aufzugeben.[89] Ist der Notar der Auffassung, dass die Erklärung nicht eintragungsfähig ist, so ist der Notar gleichwohl nicht zur Ablehnung der Amtstätigkeit berechtigt. Er ist allerdings berechtigt und verpflichtet, in diesem Fall seine Rechtsauffassung in dem Prüfungsvermerk für die Registerbehörde zu dokumentieren.[90]

Die Prüfpflicht ist **Amtspflicht des Notars**, der die Erklärung (Grundbuchantrag, Handelsregisteranmeldung usw.) beglaubigt. Die Amtspflicht ist allerdings nicht drittschützend, denn sie besteht ausschließlich gegenüber der Registerbehörde.[91]

27 Inhalt der neu eingeführten Prüfpflicht ist die abstrakte Eintragungsfähigkeit der Eintragungsgrundlage.[92] **Außerhalb der Eintragungsgrundlage liegende Umstände** (z.B. das Versammlungsprotokoll einer Vereinsmitgliederversammlung) sind nicht von der Prüfpflicht umfasst.[93] Zu klären ist also, ob der formulierte Text der Anmeldung per se eintragungsfähig ist. Es handelt sich letztlich um ein verfahrensrechtliches und nicht um ein inhaltliches Element.[94] Die Abgrenzung kann natürlich im Einzelfall schwierig sein. Nach der Gesetzesbegründung würde dem Notar hierdurch kaum Mehraufwand auferlegt. In der Wirklichkeit verschiebt sich bei der bloßen Unterschriftsbeglaubigung die Rolle von der reinen Feststellung der Identität zu einer **partiellen Verantwortungsübernahme für den Inhalt der Erklärung**.[95]

Die Rechtsauffassung des Notars ist nach Durchführung dieser Prüfung nach zutreffender Auffassung **als Vermerk zu dokumentieren**.[96] Schließlich erfolgt die Prüfung gerade nicht gegenüber und zum Schutze der Beteiligten, sondern als „externe Rechtsantragsstelle" des Registergerichts/Grundbuchamtes[97] und damit ausschließlich im öffentlichen Interesse, also, wie erörtert „für das Registergericht/Grundbuchamt".[98] Diesem ist demzufolge auch die Erfüllung der Amtspflicht nachzuweisen.[99] Nur, wenn das Registergericht bzw. Grundbuchamt ohne eingehende Prüfung der eingereichten Unterlagen feststellen

84 BGBl I S. 13996.
85 Vgl. *Eickelberg/Böttcher*, FGPrax 2017, 145; *Diehn/Rachlitz*, DNotZ 2017, 487; *Attenberger*, MittBayNot 2017, 335.
86 Vgl. BGH v. 13.2.2020 – V ZB 3/16, NJW 2020, 1670.
87 BT-Drucks 18/20607, S. 109; DNotI-Gutachten DNotI-Report 2017, 89; *Damm*, notar 2017, 323, 324; *Kilian*, notar 2018, 13, 19.
88 Statt aller: Bauer/Schaub/*Wilke*, § 15 GBO Rn 37.
89 OLG München v. 9.4.2018 – 34 Wx 13/18, Beck RS 2018, 4822.
90 Vgl. *Diehn/Rachlitz*, DNotZ 2017, 495.
91 Allgemeine Meinung: Vgl. nur *Diehn/Rachlitz*, DNotZ 2017, 495, *Attenberger*, MittBayNot 2017, 335, 337; *Eickelberg/Böttcher*, FGPrax 2017, 145.
92 Vgl. Rundschreiben der BNotK Nr. 5/2017, 5; *Attenberger*, MittBayNot 2017, 335.
93 Streitig ist dies etwa hinsichtlich der Verwalterzustimmung: bejahend OLG Köln v. 3.7.2019, 2 Wx 169/19, DNotZ 2020, 630; *Attenberger*, MittBayNot 2017, 335, 337; MittBayNot 2020, 569; verneinend OLG Frankfurt v. 11.4.2019 – 20 W 14/19, NotBZ 2020, 356; *Weber*, RNotZ 2017, 427, 430.
94 Vgl. auch KEHE/*Volmer*, § 15 GBO Rn 83 f.
95 Kritisch daher z.B. *Volmer*, a.a.O. Rn 88 ff.
96 OLG Schleswig v. 28.7.2017 – 2 Wx 50/17, DNotZ 2017, 862; OLG Celle v. 6.11.2017 – 18 W 57/17; DNotZ 2018, 449; *Diehn/Rachlitz*, DNotZ 2017, 487, 491; *Rachlitz*, DNotZ 2017, 869; *Weber*, MittBayNot 2017, 579; *Eickelberg/Böttcher*, FGPrax 2017, 145; aA: *Heinemann*, ZNotP 2017, 166, 168; Grziwotz/Sauer/Heinemann/*Heinemann/Grziwotz*, § 53 Rn 5; *Zimmer*, NJW 2017, 1909, 1912.
97 DNotI-Report 2017, 89.
98 *Zimmer*, ZfIR 2020, 489 (491); *Herrler*, NJW 2017, 3605, 3607.
99 Zu § 15 Abs. 3 GBO: BeckOK-GBO/*Reetz*, § 15 Rn 88.

kann, dass die nunmehr gesetzlich normierte Prüfungspflicht eingehalten ist, kann auch der Zweck des Gesetzes, das formalisierte Grundbuchverfahren zu vereinfachen und zu beschleunigen, erreicht werden.[100] Schließlich kann auch nur auf diesem Wege einer etwaigen Unsicherheit begegnet werden, wenn mehrere Notare in den Vorgang involviert sind und unklar ist, welcher von ihnen die konkrete Prüfung übernommen hat.[101] Dass das Registergericht an einen positiven Prüfvermerk des Notars nicht gebunden ist, führt insoweit zu keiner anderen Einschätzung, sondern bestätigt die – denknotwendig bestehende – Unabhängigkeit der staatlichen Stellen von der „Vorabprüfung“ des Notars.

Diese Feststellung bedeutet indes nicht, dass zwingend stets ein ausdrücklicher Prüfvermerk erfolgen muss. Es muss lediglich erkennbar sein, dass der Notar die erforderliche Prüfung vorgenommen hat. So sind die erforderlichen Erklärungen dann ohne weiteres enthalten und erkennbar, wenn die **Anmeldung ausnahmsweise in einer Niederschrift nach den §§ 8 ff. BeurkG** enthalten sind, da hier die erfolgte Prüfung des Notars nach § 17 BeurkG für das Gericht von vornherein ersichtlich ist. Ein solches kann überdies auch im Falle einer **Unterschriftsbeglaubigung** angenommen werden, wenn klar und unmissverständlich feststeht und ohne Weiteres anhand des Äußeren der Urkunde erkennbar ist, dass die Erklärung, deren Unterzeichnung der einreichende Notar beglaubigt hat, auch von diesem entworfen worden ist.[102] In allen übrigen Fällen ist es grundsätzlich erforderlich, dass der Notar in einem Prüfvermerk die Eintragungsfähigkeit der zur Eintragung erforderlichen Erklärung für das Register bescheinigt, etwa in Form einer **Eigenurkunde** oder durch **Bestätigung in Antragsschreiben**.[103] Eine gänzlich formlose Bestätigung reicht indes nicht aus.[104] Da es sich bei der notariellen Prüfung um eine Eintragungsvoraussetzung handelt, ist der Nachweis in entsprechender notarieller Form zu erbringen.[105] Angesichts des dargestellten Zweckes des Vermerks sollte folglich die **Form der §§ 39, 39a BeurkG** (ggf. auch im Anschreiben) eingehalten werden.[106] Im Regelfall wird dabei der Prüfvermerk textlich mit dem Beglaubigungsvermerk verbunden.[107]

VI. Überwachung des Vollzugs

Auch im Hinblick auf die Vollzugsüberwachung ist zwischen der Einreichungspflicht nach § 53 BeurkG und sonstigen Betreuungstätigkeiten nach § 24 BNotO zu unterscheiden. Eine Pflicht, Eintragungsnachrichten auf ihre Richtigkeit zu überprüfen, resultiert nicht per se aus der gesetzlichen Einreichungspflicht, kann dem Notar aber als **besondere Betreuungsaufgabe** übertragen werden.[108] Die Überwachungspflicht als besondere Betreuungsaufgabe umfasst dann allerdings regelmäßig nicht nur die Pflicht zur genauen Prüfung der Eintragungsnachrichten, sondern auch die Pflicht, die zur Beseitigung von Hindernissen erforderlichen Schritte zu unternehmen und ggf. die Beteiligten zur Abgabe noch erforderlicher Erklärungen aufzufordern.[109] Davon unabhängig gilt, dass jeder Urkundsbeteiligte nach Kräften daran mitzuwirken hat, dass das Urkundsgeschäft gemäß seinem Inhalt vollzogen wird.[110] 28

100 *Diehn/Rachlitz,* DNotZ 2017, 487.
101 Vgl. BeckOK-FamFG/*Otto,* § 378 Rn 64; *Weber*, MittBayNot 2017, 578.
102 OLG Schleswig v. 28.7.2017 – 2 Wx 50/17, FGPrax 2017, 210; OLG Celle v. 6.11.2017 – 18 W 57/17, DNotZ 2018, 449.
103 OLG Celle v. 6.11.2017 – 18 W 57/17, DNotZ 2018, 449; Formulierungsvorschläge in dem Rundschreiben der BNotK Nr. 5/2017 v. 23.5.2017, S. 7; die verschiedenen beurkundungsrechtlichen Möglichkeiten werden erörtert bei *Diehn/Rachlitz*, DNotZ 2017, 487, 497.
104 AA OLG Köln v. 5.8.2019 – 2 Wx 220/19, 2 Wx 227–229/19, DNotZ 2020, 630 und OLG Celle v. 6.11.2017 – 18 W 57/17, DNotZ 2018, 449. Vgl. auch *Krafka*, Registerrecht, Rn 138b, der eine telefonische Auskunft des Notars genügen lässt.
105 *Weber*, MittBayNot 2017, 579; *Winkler*, § 53 Rn 85.
106 Zu § 378 FamFG: Bumiller/Harders/Schwamb/*Harders*, § 378 FamFG Rn 13; *Attenberger*, MittBayNot 2017, 335, 344; *Weber*, RNotZ 2017, 427, 436; *Rachlitz*, DNotZ 2017, 862, 870. Im Rahmen des § 15 Abs. 3 GBO wird das auf § 29 Abs. 1 S. 2 GBO gestützt (Ott BWNotZ 2017, 146 (151); *Eickelberg*, FGPrax 2018, 8; aA *Buchner*, ZfIR 2018, 136, 149; *Kahlfeld*, BWNotZ 2017, 158; krit. auch *Otto*, NotBZ 2018, 63, 67.).
107 BNotK Rundschreiben 5/2017 v. 23.5.2017; hier wird die Form der Vermerkurkunde als „sicherster Weg“ bezeichnet.
108 Zu dieser Unterscheidung vgl. BGH v. 9.7.1958 – V ZR 5/57, BGHZ 28, 104, 108 f.; BGH v. 30.6.1993 – III ZR 104/92, BGHZ 123, 1, 9; *Haug*, Rn 632 f.; Frenz/Miermeister/*Hertel*, § 24 BNotO Rn 37; Arndt/Lerch/Sandkühler/*Sandkühler*, § 24 BNotO Rn 41 f.; *Winkler*, § 53 Rn 56; *Reithmann*, NotBZ 2004, 100; a.A. (aus Einreichungspflicht resultierende Überwachungspflicht) *Huhn/von Schuckmann*, 3. Aufl. § 53 Rn 38.
109 BGH v. 14.11.1967 – VI ZR 45/66, DNotZ 1968, 318, 320; OLG Hamm v. 10.2.2023 – I-11 U 96/22 (juris); vgl. auch Grziwotz/Sauer/Heinemann/*Heinemann/Grziwotz*, § 53 Rn 25.
110 BGH v. 5.2.1974 – VI ZR 71/2, NJW 1974, 639, 640; BGH v. 24.4.2025 III ZR 18/24, WM 2025, 1440 Rn 16.

29 Weiter ist bei der unselbstständigen Vollzugstätigkeit nach § 53 BeurkG zu differenzieren. Wird der Notar als **Vertreter des Antragstellers** (insbesondere aufgrund gesetzlicher Vollmachtsvermutung) tätig, ist er in einer Weise in die Abwicklung eingebunden, die die Überwachung des registermäßigen Vollzugs regelmäßig impliziert.[111] Die Antragstellung durch den Notar kann als Indiz dafür angesehen werden, dass der Notar eine umfassende Betreuungstätigkeit stillschweigend übernommen hat.[112] Im Übrigen ist zu berücksichtigen, dass ein Beteiligter, der eine Vollzugsmitteilung oder die beantragte Urkunde kommentarlos aus den Händen des Notars erhält, i.d.R. davon ausgehen wird, dass der Notar vor der Weiterleitung eine Überprüfung vorgenommen hat.[113] Insofern ist es mit den Amtspflichten des Notars nicht zu vereinbaren, dass er mit dem ungeprüften Weiterleiten den **Anschein ordnungsgemäßen Vollzugs** erweckt.[114] Reicht der Notar lediglich in **Ausführung seiner Einreichungspflicht** einen Antrag als **Bote** bei dem Grundbuchamt oder Registergericht ein, so unterliegt er keiner weitergehenden Überwachungspflicht.[115] Daran ändert auch der Umstand nichts, dass er nach § 55 Abs. 1 S. 1 GBO von der Eintragung unterrichtet wird.[116] Die obligate Eintragungsnachricht ermöglicht es dem Notar zu überprüfen, ob er seiner Einreichungspflicht ordnungsgemäß nachgekommen ist,[117] ist aber nicht geeignet, das im BeurkG geregelte Pflichtenprogramm des Notars über § 53 BeurkG hinaus zu erweitern. Schließlich ändert auch die Prüfungs- und Vermerkpflicht nach § 15 Abs. 3 GBO, § 378 Abs. 3 FamFG hieran nichts: Die Prüfungs- und Vermerkpflicht besteht nur im Verhältnis zur Registerbehörde. Den Urkundsbeteiligten erwachsen hieraus (auch als Reflex) keine Ansprüche. Andererseits ist aber auch in dieser Konstellation nicht angeschlossen, dass besondere Umstände eine stillschweigende Übernahme der Vollzugsüberwachung nahelegen.[118]

30 Einen Sonderfall stellt die **Einreichung der Gesellschafterliste** nach § 40 Abs. 2 GmbHG dar. Die Amtspflicht des Notars ist diesem Fall noch nicht erfüllt, wenn das Registergericht die Liste zurückweist, weil sie den formalen und inhaltlichen Anforderungen nicht genügt.[119] Bei der Einreichung der Gesellschafterliste gem. § 40 Abs. 2 GmbHG wird dem Notar höchstrichterlich auch eine eigene Beschwerdebefugnis nach § 59 Abs. 1 FamFG zugebilligt,[120] obwohl in diesem Beschwerdeverfahren im Grunde in der Regel über die unterschiedliche Rechtsauffassung zweier Organe der freiwilligen Gerichtsbarkeit gestritten wird. Richtigerweise handelt es sich auch insoweit bei der Amtspflicht des Notars um eine solche, die der eines erstinstanzlichen Gerichts gleichkommt. Damit ist die Einreichung weder – z.B. mit Zwangsgeld – erzwingbar noch können dem Notar Kosten aus gerichtlichen Beschwerdeverfahren auferlegt werden.[121]

111 Frenz/Miermeister/*Hertel*, § 24 BNotO Rn 37; *Lerch*, § 53 Rn 14; *Winkler*, § 53 Rn 56; Grziwotz/Sauer/Heinemann/*Heinemann/Grziwotz*, § 53 Rn 25; Schulte-Bunert/Weinreich/*Nedden-Boeger*, § 378 FamFG Rn 36; siehe auch OLG Köln v. 20.11.2000 – 2 Wx 59/00, Rpfleger 2001, 123, 124; Brandenburg. OLG v. 22.11.2007 – 5 Wx 31/07, RNotZ 2008, 224, 225, die eine partielle Beschränkung der Vertretungsmacht nicht als zulässig ansehen.

112 OLG Hamm v. 10.2.2023 – I-11 U 96/22 (juris).

113 OLG Köln v. 20.11.2000 – 2 Wx 59/00, Rpfleger 2001, 123, 124; vgl. auch – in der Sache fehlgehend: BGH v. 11.6.1987 – IX ZR 87/86, DNotZ 1988, 372, 373 (zu Händen des Notars erteilter Erbschein als „antragsgemäß erteilt" weitergeleitet) mit krit. Anm. *Bernhard*; *Winkler*, § 53 Rn 56.

114 *Reithmann/Albrecht*, Rn 265; vgl. auch BGH v. 11.6.1987 – IX ZR 87/86, DNotZ 1988, 372 (folgert allerdings aus dem Gebot, eine nicht pflichtgemäße Amtshandlung zu unterlassen, im konkreten Haftpflichtfall zu weit gehend, der Notar müsse den Erbschein überprüfen und bei Fehlerhaftigkeit zurückhalten – insoweit wird die Amtshaftung des Staates zu Unrecht auf den Notar verlagert).

115 Vgl. *Winkler*, § 53 Rn 59; Schulte-Bunert/Weinreich/*Nedden-Boeger*, § 378 FamFG Rn 37.

116 A.A. *Grein*, RNotZ 2004, 115, 122 (Differenzierung zwischen Vertretung und Botenstellung sei vor dem Hintergrund des § 55 GBO obsolet).

117 Vgl. BT-Drucks 12/5553, 68.

118 Vgl. *Winkler*, § 53 Rn 60.

119 *Herrler*, NZG 2011, 536; BeckOK-GmbHG/*Heilmeier*, § 40 GmbHG Rn 201.

120 BGH v. 1.3.2011 – II ZB 6/10, NJW 2011, 1809, 1810; BGH v. 20.9.2011 – II ZB 17/10, FGPrax 2012, 26.

121 BGH v. 16.11.2020 – NotSt(Brfg) 3/20, RNotZ 2021, 163 Rn 10; OLG München v. 27.5.2009 – 31 Wx 38/09, DNotZ 2009, 637, Sternal/*Eickelberg*, § 379 FamFG Rn 21, § 388 FamFG Rn 36; Schulte-Bunert/Weinreich/*Nedden-Boeger*, FamFG, § 388 Rn 27; Henssler/Strohn/*Oetker*, GmbHG, § 40 Rn 31; *Wachter*, GmbHR 2014, S. 32; DNotI-Gutachten, DNotI-Report 2023, 132, 133; a.A. OLG Köln v. 19.7.2013 – 2 Wx 170/13, DNotZ 2014, 387 mit Anm. *Heinemann* zur überzeugenden h.M.

C. Aussetzung des Urkundenvollzugs

I. Aussetzung nach Weisung

31 § 53 BeurkG lässt die Aussetzung des Urkundenvollzugs auf **übereinstimmende Weisung der Beteiligten** zu.[122] Erfolgt die entsprechende Weisung dabei zu einem Zeitpunkt, zu dem die Urkunde bereits eingereicht ist, muss der Notar – sofern dies noch möglich ist – die Urkunde von dem Registergericht zurückerlangen.[123] Der Notar muss in diesem Fall allerdings auf die mit der Verzögerung verbundenen Gefahren **hinweisen** (§ 53 Hs. 2 BeurkG). Auch wenn der Notar diese Belehrung versäumen sollte, ist er an die Weisung gebunden.[124] Einer entsprechenden Pflicht zum Hinweis auf mögliche Gefahren unterliegt der Notar, der den Urkundenvollzug bereits eingeleitet hat, wenn die Beteiligten ihn zur **Zurücknahme des Antrags** anweisen.[125]

32 Die **einseitige Weisung** eines von mehreren Beteiligten befreit den Notar nicht von der Vollzugspflicht nach § 53 BeurkG.[126] Widerruft ein Beteiligter i.d.S. eine Weisung oder erteilt er eine Weisung, der andere Beteiligte nicht zustimmen, so ist dieser Widerruf oder diese Weisung für den Notar grundsätzlich unbeachtlich.[127] Es handelt sich jedoch um eine **Abwicklungsstörung**, die sich als solche auf das Verfahren auswirkt (vgl. unten Rdn 35 f.). Unter Umständen muss der Notar von Amts wegen den Vollzug aussetzen.

33 Die Möglichkeit der Aussetzung des Urkundenvollzugs wird insbesondere genutzt, um **Vorleistungsrisiken** bei der Vertragsabwicklung zu minimieren und damit dem berechtigten Sicherungsinteresse eines Beteiligten Rechnung zu tragen. Die Tatsache, dass der Kaufpreis für ein Grundstück noch nicht gezahlt worden ist, steht der Einreichungspflicht nicht grundsätzlich entgegen, birgt aber ein solches Vorleistungsrisiko in sich, zumal eine exakte Zug-um-Zug-Abwicklung wegen der Bedingungsfeindlichkeit der Auflassung (§ 925 Abs. 2 BGB) nicht möglich ist. Da der Verkäufer das Eigentum aber erst verlieren will, wenn der geschuldete Kaufpreis gezahlt ist, muss eine Sicherung gegen den vorzeitigen Eigentumsverlust getroffen werden, etwa durch getrennte Beurkundung von Kaufvertrag und Auflassung mit der Konsequenz erhöhter Notarkosten (sog. materiell-rechtlicher Weg[128]). Überzeugende Gründe für diese gesonderte Beurkundung der Auflassung sind heute freilich kaum mehr erkennbar.

34 Die Beteiligten können den Notar auch im Rahmen eines besonderen **Treuhandauftrags** anweisen, die Auflassungsurkunde dem Grundbuchamt erst dann vorzulegen, wenn der Verkäufer dem Notar die Kaufpreiszahlung mitgeteilt hat oder die Kaufpreiszahlung in sonstiger Weise nachgewiesen ist (sog. beurkundungsrechtlicher Weg, Vorbehalt der Eigentumsumschreibung bzw. Vorlagesperre[129]). In diesem Fall darf der Notar vor Eintritt dieser Voraussetzung keine Ausfertigungen oder beglaubigten Abschriften erteilen („Kopierlösung"). Andernfalls wäre der Sicherungseffekt der Anweisung gefährdet, da ein unredlicher Käufer es in der Hand hätte, durch einen einfachen Antrag beim Grundbuchamt die Eigentumsumschreibung zu erreichen, wenn er die übrigen Eintragungsunterlagen beschafft. Ist eine Ausfertigung

122 Ein einseitiges Verlangen reicht hierfür nicht aus: BGH v. 16.11.2020 – NotSt(Brfg) 3/20, RNotZ 2021, 163; OLG Hamm v. 7.8.2020 – 11 W 31/20 (n.v.).

123 DNotI-Gutachten, DNotI-Report 2023, 132, 133.

124 BGH v. 9.11.1989 – IX ZR 261/88, DNotZ 1990, 441, 442 m. zust. Anm. *Heinemann*.

125 Vgl. BGH v. 18.11.1999 – IX ZR 402/97, DNotZ 2001, 483, 485.

126 BGH v. 16.11.2020 – NotSt(Brfg) 3/20, RNotZ 2021, 163; *Genske*, notar 2020, 138.

127 Statt aller: BayObLG v. 28.11.1997 – 3Z BR 241/97, DNotZ 1998, 645; BayObLG v. 16.1.1998 – 3Z BR 514/97, DNotZ 1998, 646, 647 f.; BayObLG v. 27.5.1998 – 3Z BR 28/98649, DNotZ 1998, 648, 650; BayObLG v. 27.10.1999 – 3Z BR 316/99, DNotZ 2000, 372, 373; BayObLG v. 1.9.2003 – 1Z BR 68/03, DNotZ 2004, 194, 195; OLG Düsseldorf v. 7.11.2001 – 3 Wx 288/01, MittBayNot 2002, 206; OLG Hamm v. 24.6.1986 – 28 U 349/85, DNotZ 1987, 166; OLG Hamburg v. 11.1.2024 – 15 U 28/23, BeckRS 2024, 731; OLG Köln v. 13.6.1990 – 2 Wx 16/90, OLGZ 1990, 397, 401; OLG Köln v. 19.5.1999 – 2 Wx 18/99, MittRhNotK 1999, 318; Thür. OLG v. 4.11.1998 – 6 W 677/98, NotBZ 1998, 239, 240; OLG Zweibrücken v. 21.12.2001 – 3 W 301/01, MittBayNot 2002, 126; *Winkler*, § 53 Rn 25; Frenz/Miermeister/*Limmer*, § 53 BeurkG Rn 11; *Lerch*, § 53 Rn 13; Grziwotz/Sauer/Heinemann/*Heinemann/Grziwotz*, § 53 Rn 20.

128 Vgl. *Reithmann/Albrecht*, Rn 501; *Amann*, MittBayNot 2001, 150 ff.; *Kanzleiter*, DNotZ 1996, 242, 249 ff.; jedenfalls bei erhöhtem Sicherungsinteresse des Verkäufers keine fehlerhafte Sachbehandlung i.S.d. § 16 Abs. 1 KostO: BayObLG v. 27.9.2000 – 3Z BR 186/00, MittBayNot 2000, 575, 576 m.w.N. und Anm. *Tiedke*; a.A. OLG Düsseldorf v. 8.11.1994 – 10 W 123/94, DNotZ 1996, 324, 325. Zum grundbuchverfahrensrechtlichen Weg der Aussetzung der Eintragungsbewilligung vgl. OLG Köln v. 28.8.1996 – 2 Wx 37/95, MittRhNotK 1997, 328, 329 (§ 16 Abs. 2 KostO) mit krit. Anm. *Recker*.

129 Vgl. *Reithmann/Albrecht*, Rn 506 ff.; *Amann*, MittBayNot 2001, 150, 151 ff.; *Chr. Keim*, MittBayNot 2003, 21.

vorher zur Eintragung einer Eigentumsvormerkung erforderlich, wird das Vorleistungsrisiko durch die Weisung an den Notar ausgeschaltet, zunächst nur eine auszugsweise Ausfertigung ohne die Auflassung zu erteilen und diese zwecks Eintragung der Vormerkung einzureichen (vgl. § 49 BeurkG Rdn 14). Alternativ kann der Veräußerer den Notar bevollmächtigen, die Bewilligung zur Eigentumsumschreibung für ihn zu erklären und den Notar anweisen, dies erst nach Kaufpreiszahlung zu tun („Bewilligungslösung“[130]). Bei der Formulierung des Treuhandauftrags ist darauf zu achten, dass das Ziel der **Ausgestaltung einer Zug-um-Zug-Abwicklung** deutlich zum Ausdruck kommt.[131] Die der Weisung an den Notar zugrunde liegende Vollzugsvereinbarung der Parteien kann ansonsten u.U. zu einer unzulässigen Vorleistungspflicht des Käufers führen. Diese Gefahr wird etwa deutlich vor dem Hintergrund der Entscheidung des BGH vom 7.6.2001, in der der VII. Senat eine Klausel mit der Weisung, den Umschreibungsantrag erst zu stellen, wenn der „in bar zu entrichtende Kaufpreis gemäß § 3 MaBV voll gezahlt ist“, als eine der Inhaltskontrolle (§ 307 BGB) nicht standhaltende **Vorleistungsverpflichtung des Käufers im Bauträgervertrag** angesehen hatte.[132] Der an die verfahrensrechtliche Weisung der Beteiligen gebundene Notar würde also im Abwicklungsverfahren möglicherweise mit einer unwirksamen Vollzugsvereinbarung konfrontiert[133] (zur Aussetzung des Verfahrens von Amts wegen und zum Procedere bei Abwicklungsstörungen vgl. unten Rdn 35 ff.). In einer weiteren Entscheidung[134] hatte der BGH eine sogenannte „Schubladenlöschung“ in einem Bauträgervertrag zwar als zulässig gesehen, aber die Anweisung des Bauträgers diese zu vollziehen als AGB-widrige Weisung erkannt. Der Notar dürfe einer solch einseitigen Interessenwahrnehmung nicht die Hand reichen.[135]

II. Aussetzung von Amts wegen, Abwicklungsstörungen

35 Das Gebot, eine Amtstätigkeit zu verweigern, wenn sie mit den Amtspflichten des Notars nicht im Einklang steht (§§ 4 BeurkG, 14 Abs. 2 BNotO), kann den Notar zu einer Aussetzung des Urkundenvollzugs verpflichten.[136] Gelangt der Notar nachträglich zu der sicheren Erkenntnis, dass er die Urkundstätigkeit schon nicht hätte durchführen dürfen, muss er den Vollzug verweigern.[137] Das betrifft insbesondere auch den Fall der nachträglichen Erkenntnis über die bereits bei Errichtung der Urkunde fehlende Vertretungsmacht eines Urkundsbeteiligten.[138] Sieht der Notar es als **offensichtlich** an, dass das Rechtsgeschäft, auf das die Vollzugstätigkeit sich bezieht, **unwirksam** ist,[139] muss er den Urkundenvollzug suspendieren, um einen möglicherweise schädigenden Erfolg zu verhindern.[140] Es soll schließlich nicht Aufgabe des Notars – sondern der Gerichte im Zivilprozess – sein, über die materiell-rechtliche Wirksamkeit von Vertragsbestimmungen abschließend zu entscheiden.[141] **Bloße Zweifel** an der Rechtmäßigkeit reichen daher jeweils nicht aus.[142] So sind etwa Bescheide oder Gutachten über den Wert eines verkauften Grundstücks grundsätzlich unge-

130 Vgl. nur *Krauß*, Rn 1110; auch in der Rechtsprechung ist dieser Weg heute anerkannt, etwa OLG Frankfurt a.M., v. 11.1.2001 – 20 W 255/2000, MittBayNot 2001, 225.

131 Vgl. *Basty*, DNotZ 2002, 44 ff. mit Formulierungsbeispielen; *Chr. Keim*, MittBayNot 2003, 21, 26 f.

132 Zu § 9 AGBG a.F.: BGH v. 7.6.2001 – VII ZR 420/00, BGHZ 148, 85, 89 (obiter dictum); vgl. hierzu auch *Chr. Keim*, MittBayNot 2003, 21 ff.

133 Vgl. BayObLG v. 16.9.2002 – 1Z BR 108/02, MittBayNot 2002, 521, 522.

134 BGH v. 1.10.2015 – V ZB 171/14, DNotZ 2016, 151 ff. mit Anm. *Weber*.

135 Hierzu ausführlich: *Volmer*, in: FS 25 Jahre Deutsches Notarinstitut 2019, S. 56 ff.

136 Vgl. *Winkler*, § 53 Rn 29.

137 Vgl. auch OLG Frankfurt a.M. v. 21.2.2017 – 20 W 327/15, BeckRS 2017, 112560.

138 BGH v. 19.9,2019 – V ZB 119/18, NJW 2020, 610 Rn 15; BGH v. 24.5.2023 – V ZB 22/22, NJW-RR 2023, 1164 Rn 10.

139 Anschaulich BGH v. 19.9.2019 – V ZB 119/18, NJW 2020, 610; s. auch BGH v. 9.12.2021 – V ZB 25/21, NJW-RR 2022, 428 Rn 5; BGH v. 24.5.2023, NJW-RR 2023, 1164 Rn 11; OLG Koblenz v. 3.2.2022 – 1 U 651/21, MittBayNot 2022, 398, 403; Beispiele etwa bei BayObLG v. 16.1.1998 – 3Z BR 514/97, DNotZ 1998, 646; OLG Köln v. 13.6.1990 – 2 Wx 16/90, OLGZ 1990, 397; *Grein*, RNotZ 2004, 115.

140 BGH v. 16.2.1987 – NotSt (Brfg) 1/86, DNotZ 1987, 558, 559; BGH v. 20.6.2000 – IX ZR 434/98, DNotZ 2001, 486, 487 f.; OLG Düsseldorf v. 7.11.2001 – 3 Wx 288/01, MittBayNot 2002, 206, 207; OLG Frankfurt a.M. v. 9.7.1997 – 20 W 311/95197, DNotZ 1998, 196, 198; OLG Hamm v. 8.1.2008 – 15 W 195/07, FGPrax 2008, 128, 129; vgl. auch OLG Hamm v. 2.5.1995 – 15 W 46/95, FGPrax 1995, 171; OLG Zweibrücken v. 21.12.2001 – 3 W 301/01, MittBayNot 2002, 126 f.

141 BayObLG v. 27.10.1999 – 3Z BR 316/99, NJW-RR 2000, 1231; OLG Hamm v. 1.2.1994 – 15 W 38/94, MittRhNotK 1994, 183.

142 BayObLG v. 27.10.1999 – 3Z BR 316/99, DNotZ 2000, 372, 373; OLG Frankfurt v. 9.7.1997 – 20 W 311/95197, DNotZ 1998, 196, 198 f.; OLG Zweibrücken v. 21.12.2001 – 3 W 301/01, MittBayNot 2002, 126; *Lerch*, § 53 Rn 12; Frenz/Miermeister/*Limmer*, § 53 BeurkG Rn 14; *Winkler*, § 53 Rn 37; *Winkler*, MittBayNot 1998, 141, 146; Grziwotz/Sauer/Heinemann/*Heinemann/Grziwotz*, § 53 Rn 22; vgl. auch *Ganter*, DNotZ 2021, 402.

eignet, die evidente Unwirksamkeit eines über das Grundstück geschlossenen Kaufvertrags unter dem Gesichtspunkt eines wucherähnlichen Rechtsgeschäfts gegenüber dem Notar zu belegen; dieser muss sie daher im Rahmen seiner Vollzugstätigkeit nach § 53 BeurkG nicht prüfen.[143] Gleiches gilt, wenn die Vollzugsvereinbarung der Parteien, die der übereinstimmenden Weisung an den Notar zugrunde liegt, womöglich unwirksam ist.[144] Umgekehrt kann der Hinweis des Alleingesellschafters einer GmbH, der Geschäftsführer habe die Grenzen seiner Befugnisse überschritten, allein die Vollzugspflicht des Notars noch nicht entfallen lassen, denn er lässt noch nicht erkennen, dass im konkreten Fall die Voraussetzungen eines Missbrauchs der Vertretungsmacht erfüllt wären.[145]

So entschied der BGH im Jahr 2019 zu Recht, dass der **Prüfungsmaßstab hinsichtlich der materiell-rechtlichen Wirksamkeit einer Vollmacht**, wie z.B. der Änderungsvollmacht des Bauträgers, und der Wirksamkeit eines Widerrufs der Vollmacht a priori eingeschränkt ist. Der Notar hat die Vollziehung eines unter § 53 BeurkG fallenden Vertretergeschäfts daher nur dann zu unterlassen, wenn für ihn ohne jeden vernünftigen Zweifel erkennbar und offensichtlich ist, dass eine wirksame Vollmacht nicht (mehr) vorliegt. Ebenso liegt es, wenn ein **evidenter Missbrauch einer im Außenverhältnis unbeschränkten Vollmacht** aufgrund von Verstößen gegen im Innenverhältnis bestehende Beschränkungen gegeben ist. Der Notar, der seiner Amtspflicht zur Einreichung vollzugsreifer Urkunden gemäß § 53 BeurkG nachkommt, verstößt auch dann nicht gegen seine Pflicht zu unabhängiger und unparteiischer Betreuung aus § 14 Abs. 1 S. 2, Abs. 3 S. 2 BNotO, wenn **ein Beteiligter die Wirksamkeit der zu vollziehenden Erklärung mit beachtlichen Gründen bestreitet**.[146] Den beabsichtigten Vollzug einer Urkunde i.S.d. § 53 BeurkG muss der Notar allerdings regelmäßig in einem Vorbescheid ankündigen, wenn einer der Urkundsbeteiligten dem Vollzug widerspricht.[147] Mit dieser Entscheidung ist der BGH zu Recht abgewichen von einer problematischen und nicht überzeugenden Entscheidung aus dem Jahr 2015, in der er zwar einerseits dieses eingeschränkte Prüfungsprogramm der Notare bestätigte, andererseits aber erwog, dass der Notar trotz fehlender Evidenz der Unwirksamkeit von einer Vollzugsanweisung abweichen dürfe, wenn eine Partei deren Wirksamkeit mit beachtlichen Gründen bestreitet und der weitere Vollzug vollendete Tatsachen zulasten dieser Partei schaffen würde[148] Dies sollte sich nach der damaligen Ansicht des BGH aus der notariellen Amtspflicht zu unparteiischer Betreuung der Beteiligten nach § 14 Abs. 1 S. 2 BNotO ergeben.[149] Diese Rechtsprechung wurde zu Recht im Schrifttum kritisiert, denn schließlich verhält sich der Notar im Rahmen einer vollzugsbezogenen Streitigkeit gerade dann unparteiisch, wenn er es – mit welchen Folgen auch immer – vorzieht, die ihm erteilten, nicht evident unwirksamen Anweisungen zu befolgen, anstatt einem hiervon einseitig abweichenden Parteiverlangen Geltung zu verschaffen.[150] Es ist schließlich nicht Aufgabe des Notars, über die materiell-rechtliche Wirksamkeit einer beurkundeten Willenserklärung zu befinden.[151] Das mit § 53 BeurkG verfolgte Ziel einer zügigen Abwicklung wird verfehlt, wenn Zweifel an der Wirksamkeit des beurkundeten Geschäfts – mögen sie auch nicht offensichtlich unbegründet sein – genügten, den Vollzug auszusetzen. Die gebotene Unparteilichkeit hat der Notar vielmehr durch die Ausgestaltung des Verfahrens zu wahren.[152] Diese Kritik hat den BGH zu einem Umdenken bewogen. Er bestätigte seine (geänderte) Auffassung dann noch einmal in einer Entscheidung zur Aussetzung der Vollziehung eines Kaufvertrages zwischen Drittbeteiligten.[153] Die Pflicht, vollzugsreife Urkunden beim Grundbuchamt einzureichen, bestehe wie gesehen auch dann, wenn ein Beteiligter die Wirksamkeit der zu vollziehenden Erklärungen mit beachtlichen Gründen bestreitet – 36

143 BGH v. 9.12.2021 – V ZB 25/21, NJW-RR 2022, 428. Entsprechendes gilt für das zuständige Gericht, das im Rahmen einer Beschwerde nach § 15 Abs. 2 BNotO nur zu entscheiden hat, ob der Notar pflichtwidrig handelt.

144 BayObLG v. 16.9.2002 – 1Z BR 108/02, MittBayNot 2002, 521, 522 (Problem der Vorleistung des Käufers in AGB); vgl. auch LG Bonn v. 14.2.2002 – 4 T 801/01, MittBayNot 2002, 411.

145 OLG Koblenz v. 3.2.2022 – 1 U 651/21, MittBayNot 2022, 398, 403.

146 Anders noch BGH v. 1.10.2015 – V ZB 171/14, NJW-RR 2016, 695.

147 BGH v. 19.9.2019 – V ZB 119/18, RNotZ 2020, 237; BGH v. 5.6.2025 – V ZB 37/24, NJW 2025, 2916 Rn 19; *Hager/Müller-Teckhof*, NJW 2020, 1857; *Genske*, notar 2020, 138.

148 BGH v. 1.10.2015 – V ZB 171/14, NJW-RR 2016, 695.

149 Vgl. BGH v. 1.10.2015 – V ZB 171/14, NJW-RR 2016, 695, konkret betreffend die Anwendung einer Klausel zur Löschung der für den Käufer eines Grundstücks eingetragenen Auflassungsvormerkung.

150 *Weber*, DNotZ 2016, 85; *Kasper*, RNotZ 2018, 133; krit. auch *Heinemann*, ZfIR 2016, 108 mit Hinweis darauf, dass der BGH dem Notar letztlich doch eine materiell-rechtliche Wirksamkeitsprüfung der Vollzugsanweisung abverlangt hat.

151 So auch *Böttcher*, NJW 2021, 827.

152 Vgl. auch *Hager/Müller-Teckhof*, NJW 2020, 1857.

153 BGH v. 5.2.2020 – V ZB 6/20, RNotZ 2020, 354.

nichts anderes gelte indes auch dann, wenn die Wirksamkeit einer Vorkaufsrechtsausübung im Streit ist. Ob das Vorkaufsrecht von dem Antragsteller wirksam ausgeübt worden ist, müsse in einem zivilrechtlichen Verfahren geklärt werden. Um bei nachträglich aufkommenden Zweifeln an der Wirksamkeit von beurkundeten Erklärungen oder Vollzugsanweisungen abgesichert zu sein, bietet es sich in jedem Fall an, das weitere Vorgehen in einem **beschwerdefähigen Vorbescheid** anzukündigen.[154]

Aus diesem Grund rechtfertigt auch der bloße Umstand, dass das Schuldverhältnis sich möglicherweise wegen des Rücktritts einer Partei in ein Rückabwicklungsschuldverhältnis umgewandelt hat, noch keine Aussetzung des Vollzugs von Amts wegen.[155] Zu beachten ist in diesem Zusammenhang ferner, dass Vertragsänderungen nach Erklärung der Auflassung nach der Rechtsprechung des BGH nicht mehr dem Formzwang des § 311b BGB unterliegen.[156] Gegebenenfalls müsste der Notar also auch eine übereinstimmende privatschriftliche Änderung berücksichtigen.

37 Zwischenzeitlich hat der BGH auch zu den Fragen Stellung genommen, wie lange nach dem Erlass des Vorbescheids der Notar **mit dem angekündigten Vollzug zuzuwarten** hat und welche Rolle etwaige Rechtsmittel, welche der widersprechende Urkundsbeteiligte einlegt, dabei spielen.[157] Aufzulösen ist hier der Konflikt zwischen einerseits dem Interesse des widersprechenden Urkundsbeteiligten, effektiven Rechtsschutz gegen den Vorbescheid zu erlangen, und andererseits dem Interesse der übrigen Urkundsbeteiligten an einem zügigen Vollzug, dem die Pflicht aus § 53 BeurkG an sich Rechnung tragen soll. Eine allzu einseitige Bevorzugung der Interessen des widersprechenden Urkundsbeteiligten wäre es dabei jedenfalls, wenn man den Notar als verpflichtet ansähe, den Vollzug bis zum vollständigen Ausschöpfen des Instanzenzugs auszusetzen.[158] Zu beachten ist zunächst, dass der widersprechende Urkundsbeteiligte als Reaktion auf den Vorbescheid bei dem Prozessgericht eine **einstweilige Verfügung** des Inhalts beantragen kann, dem Notar den Vollzug der Urkunde zu untersagen (s. Rdn 42). Insoweit gewährt der BGH dem widersprechenden Urkundsbeteiligten eine Frist von zwei Wochen, um dem Notar nachzuweisen, dass er eine einstweilige Verfügung dieses Inhalts beantragt habe. Wird dieser Nachweis erbracht, hat der Notar zunächst die Entscheidung über den Antrag auf vorläufigen Rechtsschutz abzuwarten.[159] Idealerweise ist auf diese Frist in dem Vorbescheid hinzuweisen, mag solch ein Hinweis auch keine Rechtmäßigkeitsvoraussetzung sein.[160] Erweist sich der Antrag sodann als erfolgreich, ist der Notar an die entsprechende Entscheidung gebunden.[161] Weist der widersprechende Urkundsbeteiligte ein Ersuchen um einstweiligen Rechtsschutz nicht nach, ist die Urkunde zu vollziehen, sofern auch die weiteren Voraussetzungen für ihren Vollzug erfüllt sind.[162] Bleibt der Antrag in der ersten Instanz erfolglos, darf der Notar zum Vollzug schreiten und muss Rechtsmittel gegen den ablehnenden Beschluss jedenfalls regelmäßig nicht abwarten.[163] Alternativ mag der widersprechende Urkundsbeteiligte im Rahmen einer **Notarbeschwerde** aufgrund von § 15 Abs. 2 S. 3 BNotO i.V.m. § 64 Abs. 3 FamFG eine einstweilige Anordnung dahingehend beantragen, dass die Vollziehung der Urkunde ausgesetzt werde. Hier hat der Notar gem. § 68 Abs. 1 S. 1 FamFG zunächst über die Abhilfe zu entscheiden und im Fall der Verweigerung die Beschwerde unverzüglich dem Beschwerdegericht zur Entscheidung vorzulegen. Wegen der Fristen gelten die Überlegungen zur einstweiligen Verfügung beim Prozessgericht entsprechend. Zu beachten ist freilich, dass – anders als bei einem beim Prozessgericht gestellten Antrag auf Erlass einer einstweiligen Verfügung – im Verfahren nach § 15 Abs. 2 S. 3 BNotO i.V.m. § 64 Abs. 3 FamFG materiellrechtliche Einwendungen gegen das beurkundete Rechtsgeschäft nicht geltend gemacht werden können, es sei denn, ihr Eingreifen wäre evident.[164] Legt der widersprechende Urkundsbeteiligte eine Notarbeschwerde ein, ohne zugleich die Aussetzung der Vollziehung zu beantragen, so suspendiert dies die Pflicht aus § 53 BeurkG nicht.[165]

154 Vgl. *Kasper*, RNotZ 2018, 133; *Cramer*, NJW 2020, 616 in seiner Anmerkung zu BGH v.19.9.2019 – V ZB 119/18, NJW 2020, 610; allgemein zum Vorbescheid *Hariefeld*, RNotZ 2019, 365.

155 LG Karlsruhe v. 5.4.2023 – 11 T 268/22, NJOZ 2023, 747, 748; *Winkler*, § 53 Rn 32; vgl. auch LG Frankenthal v. 23.1.1996 – 1 T 61/96, MittBayNot 1996, 321, 322 mit Anm. *Vollhardt*, LG Hamburg v. 19.4.2017 – 321 T 1/17, BeckRS 2017, 131190.

156 BGH v.14.9.2018 – V ZR 213/17, NJW 2018, 3523; vgl. *Roemer*, RNotZ 2019, 192; *Weber/Wesiack*, DNotZ 2019, 164; *Keim/Scholz*, NJW 2022, 1486; *Müller*, NJW 2021, 2477.

157 BGH v. 5.6.2025 – V ZB 37/24, NJW 2025, 2916.

158 BGH v. 5.6.2025 – V ZB 37/24, NJW 2025, 2916 Rn 20.

159 BGH v. 5.6.2025 – V ZB 37/24, NJW 2025, 2916 Rn 21.

160 BGH v. 5.6.2025 – V ZB 37/24, NJW 2025, 2916 Rn 21.

161 BGH v. 5.6.2025 – V ZB 37/24, NJW 2025, 2916 Rn 22.

162 BGH v. 5.6.2025 – V ZB 37/24, NJW 2025, 2916 Rn 21.

163 BGH v. 5.6.2025 – V ZB 37/24, NJW 2025, 2916 Rn 25.

164 BGH v. 5.6.2025 – V ZB 37/24, NJW 2025, 2916 Rn 23.

165 BGH v. 5.6.2025 – V ZB 37/24, NJW 2025, 2916 Rn 24.

Gerade im Hinblick auf die notarielle Vollzugstätigkeit ist im Übrigen zu beachten, dass die Notartätigkeit als eine Art Vorverfahren die Durchführung des Registerverfahrens vorbereitet, dass also eine koordinierte Aufgabenverteilung zwischen verschiedenen Organen der Freiwilligen Gerichtsbarkeit stattfindet.[166] Der Notar hat deshalb wie gesehen den Vollzug auszusetzen, wenn er erkennt, dass der Vollzug der Urkunde mit hoher Wahrscheinlichkeit zu einem **unrichtigen Grundbuch** führen würde.[167] Auch wenn diese Folge nicht eintritt, weil mit der Eintragung ein Formmangel geheilt würde, heißt das jedoch nicht, dass der Notar mit dem Urkundenvollzug auf diese Heilung hinwirken dürfte. Da es die Aufgabe des Notars ist, im Wege des Beurkundungsverfahrens ein wirksames Rechtsgeschäft herbeizuführen, muss er den Vollzug jedenfalls dann aussetzen, wenn der angestrebte Rechtserfolg unter gezielter Ausnutzung der Heilungsmöglichkeit erreicht werden sollte.[168] 38

Für eine Aussetzung von Amts wegen spielt es weder eine Rolle, wie der Notar von dem Aussetzungsgrund erfahren hat, noch ob die Aussetzung von einem Beteiligten verlangt wurde. Zwar wird i.d.R. ein Beteiligter, der den Vollzug verhindern will, den Notar in Kenntnis setzen und ihn überdies anweisen, nicht zu vollziehen. Möglich ist es jedoch auch, dass der Notar sich auf andere **Erkenntnisquellen** stützt und den Vollzug sogar gegen den übereinstimmenden Willen der Beteiligten verweigern muss.[169] In diesem Sinne ist auch die seitens der Rechtsprechung vielfach aufgestellte Maßgabe zu würdigen, der Notar sei nur dann berechtigt, auf negative Weisung eines Beteiligten die Vollzugstätigkeit aufzuschieben, wenn ihm der Beteiligte einen „ausreichend substantiierten und glaubhaften Sachverhalt vorträgt, der einen Anfechtungs- oder Unwirksamkeitsgrund des Kaufvertrages oder einer seiner Bestimmungen als nahe liegend und offensichtlich gegeben erscheinen lässt".[170] Der Sachvortrag eines Beteiligten ist eine wesentliche Erkenntnisquelle und muss i.d.S. substantiiert, also aussagekräftig, und glaubhaft sein. Der Notar darf als Organ der vorsorgenden Rechtspflege jedoch nicht vorläufig streitentscheidend tätig werden, sondern er hat zu beurteilen, ob die Vollzugstätigkeit mit seinen Amtspflichten zu vereinbaren ist. 39

Es findet also **keine summarische Schlüssigkeitsprüfung** in der Art eines Erkenntnisverfahrens statt. Entscheidend ist, ob der Notar so deutliche Indizien für die Unwirksamkeit des zu vollziehenden Geschäfts vorfindet, dass er den Urkundenvollzug jedenfalls zunächst nicht verantworten kann. Dieser wesentliche Unterschied zum Erkenntnisverfahren darf nicht außer Acht gelassen werden, wenn das Verhalten des Notars im Nachhinein auf seine Pflichtmäßigkeit überprüft werden muss. In einem Haftpflichtprozess hat der Richter die materiell-rechtliche Frage für sich entschieden, bevor er die Erkennbarkeit der Unwirksamkeit oder Anfechtbarkeit eines Rechtsgeschäfts für den Notar beurteilt.[171] Dabei darf jedoch nicht aus der eigenen abweichenden Bewertung des Sachverhalts geschlossen werden, dass der Notar sich amtspflichtwidrig verhalten hat. Zur Überprüfung steht im Haftpflichtfall nicht das materielle Ergebnis der notariellen Entscheidung, sondern die Frage, ob der Notar eine **pflichtgemäße Verfahrensentscheidung** getroffen hat.[172] 40

Kommt der Notar zu dem Schluss, den Urkundenvollzug von Amts wegen verweigern zu müssen, steht den Beteiligten, die den Urkundenvollzug wünschen, gegen die Entscheidung des Notars die **Notar-** 41

166 Vgl. Frenz/Miermeister/*Frenz*, § 1 BNotO Rn 21.

167 BayObLG v. 28.11.1997 – 3Z BR 241/97, DNotZ 1998, 645; BayObLG v. 16.1.1998 – 3Z BR 514/97, DNotZ 1998, 646, 647 f.; BayObLG v. 27.5.1998 – 3Z BR 28/98649, DNotZ 1998, 648, 650; BayObLG v. 27.10.1999 – 3Z BR 316/99, DNotZ 2000, 372, 373; BayObLG v. 1.9.2003 – 1Z BR 68/03, DNotZ 2004, 194, 195; OLG Hamm v. 27.2.2003 – 15 W 398/02, FGPrax 2003, 186, 187; OLG Köln v. 13.6.1990 – 2 Wx 16/90, OLGZ 1990, 397, 401.

168 Vgl. BGH v. 16.2.1987 – NotSt (Brfg) 1/86, DNotZ 1987, 558, 559; BayObLG v. 28.11.1997 – 3Z BR 241/97, DNotZ 1998, 645, 646 (Unterverbriefung); *Schramm*, ZNotP 1999, 342, 343.

169 Vgl. *Winkler*, § 53 Rn 40; *Winkler*, MittBayNot 1998, 141, 147 sowie OLG Frankfurt a.M. v. 9.7.1997 – 20 W 311/95197, DNotZ 1998, 196, 198.

170 Vgl. BayObLG v. 16.1.1998 – 3Z BR 514/97, DNotZ 1998, 646, 647 f.; BayObLG v. 27.5.1998 – 3Z BR 28/98649, DNotZ 1998, 648, 650; BayObLG v. 1.9.2003 – 1Z BR 68/03, DNotZ 2004, 194, 195; OLG Hamm v. 1.2.1994 – 15 W 38/94, OLGZ 1994, 495, 498; ähnlich BayObLG v. 8.10.1997 – 3Z BR 300/97, DNotZ 1998, 196, 200; BayObLG v. 23.11.1997 – 3Z BR 241/9, DNotZ 1998, 645, 646. Vgl. auch BGH 19.9.2019 – V ZB 119/18, NJW 2020, 610; *Ganter*, DNotZ 2021, 402, 424.

171 Zum Drittschutz des § 53 BeurkG vgl. auch BGH NJOZ 2018, 908 Rn 15.

172 Vgl. hierzu LG Bamberg v. 2.11.2018 – 3 T 279/18 (n.v.); OLG Frankfurt v. 21.7.2017 – 20 W 327/17 – 20 W 327/15 (n.v.), *Genske*, notar 2020, 153; *Genske*, notar 2018, 175: Darf der Notar davon ausgehen, dass der Kaufvertrag wegen Schwarzgeldabrede mit hoher Wahrscheinlichkeit nichtig ist, darf er den Vollzug der Auflassung verweigern. Ein nichtiger Kaufvertrag kann nicht Grundlage für einen Eigentumserwerb sein, nichtige Urkunden darf ein Notar bereits wegen § 14 Abs. 2 BNotO nicht vollziehen.

beschwerde nach § 15 Abs. 2 BNotO zu. Verneint der Notar einen Grund für die Amtsverweigerung, weil er das vorgebrachte Vollzugshindernis nicht als in hohem Maße wahrscheinlich ansieht oder kein Grund vorgetragen wird, der die Aussetzung des Vollzugs von Amts wegen rechtfertigt, hat er grundsätzlich nach § 53 BeurkG zu vollziehen.

42 Im Fall einer **Abwicklungsstörung wegen divergierender Weisungen** der Beteiligten ist allerdings zu beachten, dass der Notar mit dem Urkundenvollzug möglicherweise zum Schaden des widersprechenden Beteiligten vollendete Tatsachen schaffen kann. Da es keine „Fortsetzungsfeststellungsbeschwerde" gibt, würde der Notar im Übrigen eine von dem Willen dieses Beteiligten nicht mehr gedeckte Verfahrensentscheidung ohne die Möglichkeit der unmittelbaren rechtlichen Überprüfung treffen. Obwohl gesetzlich nicht geregelt, hat deshalb im Notarverfahrensrecht der **Vorbescheid** mit der Möglichkeit der Beschwerde nach § 15 Abs. 2 BNotO gegen die angekündigte Vornahme einer Maßnahme Anerkennung gefunden.[173] Diese Möglichkeit besteht auch nach der FG-Reform 2009 (vgl. im Einzelnen § 54 BeurkG Rdn 3 m.w.N. zum Meinungsstand). Liegt eine Abwicklungsstörung vor, ist es i.d.R. sachgerecht, dem betroffenen Beteiligten die Gelegenheit zu geben, die Vollzugsentscheidung des Notars überprüfen zu lassen, und zu diesem Zweck zunächst einen Vorbescheid mit der Ankündigung des Urkundenvollzugs und dem Hinweis auf die Beschwerdemöglichkeit zu erlassen.[174] Dabei hat der Notar die Vorgaben des Beschwerderechts, also die Verfahrensvorschriften des FamFG, zu beachten, um den Beteiligten vor der Einlegung unzulässiger Beschwerden zu bewahren. Wird der Notar aufgrund der Beschwerde durch Beschluss des Landgerichts zu einer bestimmten Handlung angewiesen, kann ihm keine einen **Haftpflichtfall** auslösende Pflichtverletzung vorgeworfen werden;[175] machen die Beteiligten von ihrem Beschwerderecht keinen Gebrauch, scheitert eine spätere Inanspruchnahme des Notars an §§ 19 Abs. 1 S. 3 BNotO, 839 Abs. 3 BGB.[176]

43 Gegenstand des Beschwerdeverfahrens ist nur die Frage der pflichtgemäßen Verfahrensentscheidung des Notars, da das erstinstanzliche Notarverfahren zur Überprüfung steht. Eine abschließende Klärung der streitigen materiellen Rechtslage müssen die Beteiligten im zivilprozessualen Erkenntnisverfahren erreichen, d.h. zur schnellen Herbeiführung des Vollzugsaufschubs im Wege der **einstweiligen Verfügung**.[177] Ein im Wege der einstweiligen Verfügung erwirktes **Erwerbsverbot** untersagt dem Erwerber, einen Eintragungsantrag zu stellen; ist bereits oder wird gleichwohl ein Antrag gestellt, hat das Grundbuchamt das Erwerbsverbot von Amts wegen zu beachten.[178] Für das Notarverfahren heißt das, dass kraft gerichtlicher Anordnung nunmehr eine „übereinstimmende Weisung" der Beteiligten zur Aussetzung des Urkundenvollzugs vorliegt. Eine ähnliche Problematik hat der Gesetzgeber für das notarielle Verwahrungsverfahren mit der Verfahrensvorschrift des § 60 Abs. 3 BeurkG geregelt. Nach § 60 Abs. 3 S. 3 Nr. 2 BeurkG wird die Abwicklungsstörung beseitigt, wenn der Widersprechende nicht innerhalb einer vom Notar festzusetzenden angemessenen Frist nachweist, dass ein gerichtliches Verfahren zur Herbeiführung einer übereinstimmenden Weisung rechtshängig ist. Eine solche verfahrensrechtliche Instrumentalisierung der Verweisung auf ein Erkenntnisverfahren ist für das notarielle Vollzugsverfahren nicht vorgesehen.[179] Der Notar sollte die Beteiligten jedoch gleichwohl auffordern, auf den Erlass einer einstweiligen Verfügung hinzuwirken, um eine Aussetzung des Urkundenvollzugs zu erreichen, wenn er

173 BGH v. 19.9.2019 – V ZB 119/18, RNotZ 2020, 237; BayObLG v. 28.11.1997 – 3Z BR 241/97, DNotZ 1998, 646, 647; BayObLG v. 4.6.1998 – 3 Z BR 97/98, ZNotP 1998, 388; BayObLG v. 27.10.1999 – 3Z BR 316/99, DNotZ 2000, 372, 273; Frenz/Miermeister/*Limmer*, § 53 BeurkG Rn 15; Arndt/Lerch/Sandkühler/*Sandkühler*, § 15 BNotO Rn 52 ff. Anschaulich LG Bremen v. 3.9.2020 – 4 T 563/14 (n.v.) zu der Anweisung an den Notar, einen Kaufvertrag mit einer „Sprungauflassung" zu vollziehen.

174 Vgl. DNotI-Report 1997, 109, 111; *Winkler*, § 53 Rn 43; *Winkler*, MittBayNot 1998, 141, 147; Frenz/Miermeister/*Limmer*, § 53 BeurkG Rn 15.

175 *Winkler*, § 53 Rn 43.

176 OLG Düsseldorf v. 27.2.1986 – 18 U 174/85, DNotZ 1987, 562, 563 (im Grundsatz); *Winkler*, § 53 Rn 43; *Vollhardt*, MittBayNot 1996, 323, 324; *Haug/Zimmermann*, Rn 770.

177 BGH v. 19.9.2019 – V ZB 119/18, RNotZ 2020, 237; BayObLG v. 4.6.1998 – 3 Z BR 97/98, ZNotP 1998, 388, 389; BayObLG v. 27.10.1999 – 3Z BR 316/99, DNotZ 2000, 372, 373; OLG Frankfurt v. 9.7.1997 – 20 W 311/95197, DNotZ 1998, 196, 200; OLG Hamm v. 1.2.1994 – 15 W 38/94, OLGZ 1994, 495, 398; OLG Köln v. 13.6.1990 – 2 Wx 16/90, OLGZ 1990, 397, 401.; OLG Köln v. 19.5.1999 – 2 Wx 18/99, MittRhNotK 1999, 318; *Winkler*, § 53 Rn 45; *Winkler*, MittBayNot 1998, 141, 147; *Schramm*, ZNotP 1999, 342, 344.

178 BayObLG v. 31.1.1997 – 2Z BR 7/97, BayObLGZ 1997, 55, 57; MüKo-ZPO/*Drescher*, § 938 ZPO Rn 41 m.w.N. zum Streitstand; Zöller/*Vollkommer*, § 938 ZPO Rn 12 f.

179 Vgl. OLG Hamm v. 16.2.2006 – 15 W 268/05, DNotZ 2006, 682, 684.

eine Aussetzung von Amts wegen nicht für geboten erachtet.[180] Die – ggf. haftungsbewehrte – Amtspflicht, dies zu tun, trifft ihn allerdings nicht, dem stünde auch das Neutralitätsgebot entgegen.

§ 54 Rechtsmittel

(1) Gegen die Ablehnung der Erteilung der Vollstreckungsklausel oder einer Amtshandlung nach den §§ 45a, 46 und 51 sowie gegen die Ersetzung einer Urschrift ist die Beschwerde gegeben.
(2) [1]Für das Beschwerdeverfahren gelten die Vorschriften des Gesetzes über das Verfahren in Familiensachen und in den Angelegenheiten der freiwilligen Gerichtsbarkeit. [2]Über die Beschwerde entscheidet eine Zivilkammer des Landgerichts, in dessen Bezirk die Stelle, gegen die sich die Beschwerde richtet, ihren Sitz hat.

Literatur *Everts*, Der „ablehnende" Vorbescheid im Beurkundungs- und Treuhandverfahren des Notars, ZNotP 2005, 220; *Hariefeld*, Der notarielle Vorbescheid, RNotZ 2019, 365; *Heinemann*, FamFG für Notare, 2009; *E. Maass*, Freiwillige Gerichtsbarkeit: Der Entwurf für ein „Gesetz zur Reform des Verfahrens in Familiensachen und in den Angelegenheiten der freiwilligen Gerichtsbarkeit" – ein gelungener Versuch einer umfassenden Verfahrensreform? ZNotP 2006, 282; *Müller-Magdeburg*, Rechtsschutz gegen notarielles Handeln, 2005; *Müller-Magdeburg*, Die Untätigkeitsbeschwerde nach § 15 Abs. 2 BNotO im Lichte des FamFG, ZNotP 2009, 216; *Preuß*, Das neue Beschwerdeverfahren der freiwilligen Gerichtsbarkeit unter Berücksichtigung der Besonderheiten der Notarbeschwerde, DNotZ 2010, 265; *Regler*, Die Notarbeschwerde nach § 15 Abs. 2 BNotO – Änderungen durch das Gesetz über das Verfahren in Familiensachen und in Angelegenheiten der freiwilligen Gerichtsbarkeit (FamFG), MittBayNot 2010, 261; *Reithmann*, Aussetzung eines Treuhandverfahrens, ZNotP 2009, 370; *Reithmann*, Der Vorbescheid im Beurkundungs- und im Treuhandverfahren des Notars, ZNotP 2005, 57; *Reithmann*, Zur Beurkundung einer unwiderruflichen Vollmacht, DNotZ 1999, 358; *Sandkühler*, Zur Zulässigkeit notarieller Vorbescheide unter der Geltung des FamFG, DNotZ 2009, 595; *Weber*, Rechtseinheit im Beurkundungswesen, DRiZ 1970, 45.; *Winkler*, Die vollstreckbare Ausfertigung in der notariellen Praxis, RNotZ 2019, 117.

A. Allgemeines

Eine inhaltliche Überprüfung durch eine übergeordnete Instanz mit konkreter Weisungsbefugnis ist dem Wesen der notariellen Rechtspflegetätigkeit an sich fremd. Der Notar trifft als Organ der vorsorgenden Rechtspflege im Rahmen seiner Beratungs- und Beurkundungstätigkeit „Entscheidungen", die seinem gestalterischen Ermessen überlassen sind. An die Stelle der Korrektur tritt in diesem Konzept die Kompensation, also die Haftung des Amtsträgers, der durch amtspflichtwidriges Verhalten, etwa eine unterlassene Belehrung, schuldhaft einen Schaden verursacht hat (§ 19 Abs. 1 BNotO). Verfahrensentscheidungen, bei denen dem Notar kein gestalterisches Ermessen eingeräumt ist, unterliegen dagegen der Beschwerde. Verweigert der Notar eine Urkundstätigkeit, kann im **Beschwerdeverfahren nach § 15 Abs. 2 BNotO** überprüft werden, ob ein ausreichender Grund hierfür gegeben ist.[1] § 15 Abs. 2 BNotO i.d.F. des 3. Gesetzes zur Änderung der BNotO[2] erstreckt die Beschwerdemöglichkeit auf die Verweigerung sonstiger Amtstätigkeiten, die der Notar übernommen hat (für die notarielle Verwahrung vgl. § 60 BeurkG Rdn 50 f.), etwa auf die – gerade nicht in das Ermessen des Notar gestellte – wortgetreue Ausführung von Treuhandaufträgen. 1

180 *Winkler*, MittBayNot 1998, 141, 147; vgl. auch OLG Hamm v. 16.2.2006 – 15 W 268/05, DNotZ 2006, 682, 684.
1 Als **förmlicher** Rechtsbehelf gegen den Notar, mit dem eine Handlungsanweisung erwirkt werden kann, kommt für die Notartätigkeit nur die Notarbeschwerde (§ 15 Abs. 2 BNotO, § 54 BeurkG) in Betracht, *Haug/Zimmermann*, Rn 232; § 54 wiederum verdrängt in seinem Anwendungsbereich den allgemeine(re)n § 15 Abs. 2 BNotO: OLG Köln v. 11.9.2006 – 2 Wx 13/06, DNotZ 2007, 218; OLG München v. 9.5.2008 – 31 Wx 31/08, FGPrax 2008, 174.
2 BGBl I 1998, 2585.

2 Im Hinblick auf die notariellen Amtspflichten im **Beurkundungsnachverfahren** ist die Beschwerdemöglichkeit speziell in § 54 BeurkG geregelt. Die Beschwerde nach § 54 BeurkG verdrängt insoweit als das **speziellere Rechtsmittel** die Beschwerde nach § 15 Abs. 2 BNotO.[3] Die Differenzierung nach zwei Beschwerdeverfahren hat keinen sachlichen Grund, sondern ist eher historisch zu erklären.[4] Die in der Kommentarliteratur zu findende Aussage, dass § 54 BeurkG das Urkundsverfahrensrecht, § 15 Abs. 2 BNotO dagegen das Berufsrecht der Notare betreffe,[5] kann deshalb auch nicht dahin verstanden werden, dass § 15 Abs. 2 BNotO keine Verfahrensakte des Notars zum Gegenstand hätte. Der Unterschied liegt allein darin, dass das für das Urkundsnachverfahren vorgesehene Beschwerdeverfahren sich nicht auf die notarielle Urkundstätigkeit beschränkt, sondern auch die Urkundstätigkeit anderer zuständiger Stellen (§ 1 Abs. 2 BeurkG) erfasst. Richtet sich die Beschwerde gegen eine Amtshandlung des Notars, kann sich die **Abgrenzung zwischen den beiden Beschwerdearten** schwierig gestalten. Da es sich jeweils um Beschwerden im Verfahren der freiwilligen Gerichtsbarkeit handelt, ist eine Beschwerde **nicht als unstatthaft zurückzuweisen**, wenn der Beschwerdeführer die Spezialität des § 54 BeurkG nicht beachtet oder umgekehrt gestützt auf § 54 BeurkG Beschwerde einlegt, obwohl der Anwendungsbereich der Spezialnorm nicht eröffnet ist.[6] Vielmehr gilt auch in diesem Zusammenhang, dass das Beschwerdegericht im Wege der Auslegung zunächst das wahre Begehren zu ermitteln hat.[7] Folglich ist auch im umgekehrten Fall, dass der Antragsteller seine Anfechtung trotz der Einschlägigkeit von § 54 BeurkG auf § 15 Abs. 2 BNotO stützt, die Beschwerde nicht allein deshalb unzulässig.[8]

3 Vor der FG-Reform 2009 war anerkannt, dass der Notar in Zweifelsfällen zunächst einen **Vorbescheid** mit der Ankündigung der Vornahme einer Maßnahme erlassen kann, gegen den gleichfalls die Beschwerde nach § 15 Abs. 2 BNotO oder § 54 BeurkG (seinerzeit mit dem Verweis auf das Verfahren nach dem FGG) statthaft ist.[9] Da § 58 FamFG die Beschwerdemöglichkeit allerdings im Grundsatz auf Endentscheidungen konzentriert und der notarielle Vorbescheid keine „klassische" Endentscheidung darstellt,[10] ergab sich das Problem, ob bzw. inwieweit das vor der Reform entwickelte notarielle Vorbescheidsverfahren auch vor dem Hintergrund der geänderten Rechtslage durchführbar ist.[11] Der Regierungsbegründung zum FamFG ist zu entnehmen, dass auch im reformierten Recht die Möglichkeit, einen beschwerdefähigen Vorbescheid zu erlassen, unberührt bleiben sollte;[12] an der bereits zuvor fehlenden gesetzlichen Normierung des Vorbescheids änderte sich freilich auch durch das Inkrafttreten des FamFG nichts.[13] Grundlage seiner Geltung, jenseits der gesetzlichen ausdrücklich geregelten Sonderfälle, ist dementsprechend nach wie vor eine Rechtsfortbildung praeter legem.[14] Ein praktisches Bedürfnis

3 OLG Köln v. 11.9.2006 – 2 Wx 13/06, DNotZ 2007, 218, 219; Frenz/Miermeister/*Frenz*, § 15 BNotO Rn 17; *Müller-Magdeburg*, Rn 443, 461; *Wolfsteiner*, Urkunde, Rn 47.8; *Winkler*, RNotZ 2019, 117.

4 Frenz/Miermeister/*Frenz*, § 15 BNotO Rn 17.

5 Arndt/Lerch/Sandkühler/*Sandkühler*, § 15 BNotO Rn 91.

6 A.A. OLG Düsseldorf v. 21.9.1998 – 3 Wx 188/98, DNotZ 1999, 356, 357 (ohne Berücksichtigung des § 15 Abs. 2 BNotO) mit (zu Recht) krit. Anm. *Reithmann*.

7 Sternal/*Sternal*, § 64 FamFG Rn 37.

8 LG Gera v. 27.4.2025 – 7 T 19/24, NJOZ 2024, 1406, 1407.

9 BayObLG v. 16.1.1998 – 3Z BR 514/97, DNotZ 1998, 646, 647; BayObLG v. 4.6.1998 – 3 Z BR 97/98, ZNotP 1998, 388; BayObLG v. 27.10.1999 – 3Z BR 316/99, DNotZ 2000, 372, 373; Frenz/Miermeister/*Limmer*, § 53 Rn 15; Arndt/Lerch/Sandkühler/*Sandkühler*, § 15 BNotO Rn 52 f.; vgl. eingehend *Hariefeld*, RNotZ 2019, 365.

10 *Regler*, MittBayNot 2010, 261, 263.

11 Eingehend hierzu *Sandkühler,* DNotZ 2009, 595. Im Registerrecht eröffnet § 382 Abs. 4 FamFG die Möglichkeit der beschwerdefähigen Zwischenverfügung (mit individueller Fristsetzung), wobei allerdings umstritten ist, ob die Beschwerde abweichend von § 63 FamFG unbefristet zulässig sein soll; für die Geltung des § 63 FamFG: OLG Braunschweig v. 18.3.2020 – 3 W 4/20, 3 W 5/20, NZG 2020, 1112; Sternal/*Eickelberg*, § 382 FamFG Rn 37; vgl. auch OLG Stuttgart v. 6.9.2011 – 8 W 319/11, FGPrax 2011, 312; gegen die Geltung des § 63 FamFG: Haußleiter/*Schemmann*, § 382 FamFG Rn 17. Im Erbscheinverfahren ist dem (zuvor richterrechtlich entwickelten) Vorbescheid durch § 352 FamFG die Grundlage entzogen; § 352 Abs. 2 S. 2 FamFG ordnet stattdessen an, bei streitigen Sachen die Wirksamkeit des Beschlusses auszusetzen und die Erbscheinserteilung bis zur Rechtskraft des Beschlusses zurückzustellen.

12 Regierungsbegründung FGG-Reformgesetz (BT-Drucks 16/6308, 324).

13 *Sandkühler*, DNotZ 2009, 595.

14 Arndt/Lerch/Sandkühler/*Sandkühler*, § 15 BNotO Rn 91.

für notarielle Vorbescheide besteht nach wie vor,[15] auch im Rahmen des primären Anwendungsbereichs des § 54 BeurkG.[16]

Ganz verbreitet wird vor diesem Hintergrund zu Recht die Ansicht vertreten, dass die bisherigen Grundsätze des **notariellen** Vorbescheids weiter Geltung beanspruchen, also im Wesentlichen „traditionelle“ Vorbescheide erlassen und mit der Notarbeschwerde nach § 15 Abs. 2 BNotO angefochten werden können, zumal die Statthaftigkeit der Notarbeschwerde speziell in § 15 Abs. 2 BNotO geregelt ist.[17] Hierfür sprechen auch ganz „praktische“ Gründe: So dient das notarielle Vorbescheidsverfahren dem Primärrechtsschutz, indem es gegenteilige Beteiligteninteressen bzw. das Interesse des Notars an rechtlich korrekter Vorgehensweise, welches möglicherweise im Widerspruch zu dem faktischen Vollzugsinteresse des Beteiligten steht, auf ein vorbeugendes Rechtsschutzverfahren vorverlagert.[18] Dogmatisch ist das insbesondere auch deshalb unproblematisch, weil § 58 FamFG für das notarielle Verfahren nicht unmittelbar gilt.[19] Als Alternative zur herkömmlichen Vorbescheidslösung wird eine entsprechende Anwendung des § 352 FamFG erwogen, also ein beschwerdefähiger Feststellungsbeschluss über die Vornahme einer notariellen Amtstätigkeit, dessen Wirksamkeit bis zur Rechtskraft des Beschlusses ausgesetzt werden soll.[20] Diese unterschiedlichen Ansätze können sich – allerdings auch nur – bei der **Formulierung des Vorbescheids** auswirken. Für den traditionellen Vorbescheid wird überdies z.T. nach wie vor eine individuelle Fristsetzung als sinnvoll erachtet, wobei sich allerdings das Problem der Vereinbarkeit mit der Beschwerdefrist des § 63 FamFG ergibt (zur generellen Problematik der Beschwerdefrist vgl. Rdn 15).[21] Eine etwaige Kollision mit § 63 FamFG kann aber nur vermieden werden, wenn die gesetzte Frist an die Beschwerdefrist des § 63 FamFG angepasst wird. 4

B. Anwendungsbereich

I. Sachlicher Anwendungsbereich

§ 54 BeurkG gewährt die Beschwerde in folgenden Fällen: 5

– Ablehnung der Vollstreckungsklausel, also der Verweigerung[22] der Erteilung einer vollstreckbaren Ausfertigung der Urkunde nach § 52 BeurkG – auch durch bloßes Unterlassen;[23]

15 *Hariefeld*, RNotZ 2019, 365.

16 Beispiel LG Stuttgart v. 6.12.2001 – 1 T 51/00, RNotZ 2002, 417: „Im Rahmen der Entscheidung, wem Abschriften und Ausfertigungen der beurkundeten Erklärungen zu erteilen sind, darf der Notar einen Vorbescheid erlassen“ (Ls.). Der Notar hatte hier noch keine Entscheidung darüber getroffen, wem Abschriften/Ausfertigungen zu erteilen sind; er kündigte nur vorab an, welche konkrete Endentscheidung er treffen werde. Anders aber zu Recht LG Freiburg v. 5.9.2006 – 4 T 122/06, RNotZ 2006, 368: „Die Zulässigkeit eines Vorbescheids, durch den der Notar die Umschreibung einer Vollstreckungsklausel ankündigt, erscheint nicht zweifelsfrei. Jedenfalls hat das LG im Rahmen der Beschwerde gegen einen solchen Vorbescheid im Verfahren der freiwilligen Gerichtsbarkeit weder über formelle noch über materielle Einwendungen des Vollstreckungsschuldners gegen die Klauselerteilung oder die Klauselumschreibung zu entscheiden. § 54 Abs. 2 BeurkG eröffnet nur dem Gläubiger das Rechtsmittel der Beschwerde zum LG zur Durchsetzung seines Anspruchs auf Erteilung oder Umschreibung der Vollstreckungsklausel. Der Vollstreckungsschuldner hat weder bei Erteilung oder bei Umschreibung der Klausel noch bei entsprechender Ankündigung ein vergleichbares Beschwerderecht. Nach Erteilung bzw. Umschreibung der Klausel ist er auf das Erinnerungsverfahren beim hierfür ausschließlich zuständigen AG beschränkt.“

17 *Regler*, MittBayNot 2010, 261, 263 (mit eingehender Analyse des Wesens des notariellen Vorbescheidsverfahrens); *Sandkühler*, DNotZ 2009, 595, 597 (mit der zutreffenden Erwägung, dass die Statthaftigkeit der Notarbeschwerde – auch gegen Vorbescheid – sich nicht aus § 58 FamFG ergebe, sondern aus § 15 Abs. 2 BNotO); zust. Frenz/Miermeister/*Frenz*, § 15 BNotO Rn 20; Frenz/Miermeister/*Limmer*, § 53 BeurkG Rn 15; *Preuß*, DNotZ 2010, 265, 271; BeckOK-BNotO/*Sander*, § 15 BNotO Rn 114 ff.; *Reithmann*, ZNotP 2009, 370, 371.

18 *Regler*, MittBayNot 2010, 261. Durch die Vermeidung nicht mehr zu beseitigender Folgen dient der notarielle Vorbescheid damit dem Interesse eines effektiven Rechtsschutzes und auch dem verfassungsrechtlich gebotenen Anspruch des Einzelnen auf rechtliches Gehör (*Everts*, ZNotP 2005, 220; *Winkler*, MittBayNot 1998, 141). Durch den Erlass eines Vorbescheids kann der Notar auch seiner Stellung als unparteiliches Organ der vorsorgenden Rechtspflege Ausdruck verleihen und der Anschein einer unangebrachten Stellungnahme des Notars vermieden werden (vgl. OLG Zweibrücken v. 13.12.2000 – 3 W 208/00, ZNotP 2001, 165; *Sandkühler*, DNotZ 2009, 595).

19 Frenz/Miermeister/*Limmer*, § 53 BeurkG Rn 15.

20 Grziwotz/Sauer/Heinemann/*Heinemann/Grziwotz*, § 54 Rn 53 ff.

21 *Haug/Zimmermann*, Rn 763.

22 Wird hingegen von dem Notar eine vollstreckbare Ausfertigung erteilt (oder umgeschrieben) und will sich der Schuldner gegen die Erteilung zur Wehr setzen, so ist weder die Beschwerde nach § 54 BeurkG noch nach § 15 Abs. 2 BNotO statthaft (*Regler*, MittBayNot 2010, 26) S. im Nachfolgenden Rdn 18.

23 Vgl. hierzu LG Bremen v. 1.2.2018 – 4 T 576/17, BeckRS 2018, 2529.

- Ablehnung der Erteilung einer einfachen Ausfertigung, einer beglaubigten oder einfachen Abschrift oder Verweigerung der Einsicht in die Urkundensammlung (§ 51 BeurkG);[24]
- Ablehnung der Herausgabe einer Urschrift für den Gebrauch im Ausland (§ 45a BeurkG);
- Ablehnung der Ersetzung einer Urschrift (§ 46 BeurkG) sowie Ersetzung der Urschrift.

Die weitere vollstreckbare Ausfertigung erteilt ebenfalls der Notar, § 797 Abs. 3 ZPO. Wiederum ist im Fall der Verweigerung die Beschwerde gemäß § 54 BeurkG der für den Gläubiger statthafte Rechtsbehelf.[25] Für den Schuldner gelten demgegenüber auch hier (Rdn 7) die Rechtsbehelfe der ZPO.[26]

6 Der sachliche Anwendungsbereich der Beschwerde nach § 54 BeurkG ist **auf die genannten Fälle beschränkt**. Die Entscheidung, wem Abschriften und Ausfertigungen zu erteilen sind, ist somit nicht generell mit der Beschwerde nach § 54 BeurkG angreifbar.[27] Hat ein Ausfertigungsberechtigter die Bestimmung weiterer Ausfertigungsberechtigter (§ 51 Abs. 2 BeurkG) widerrufen und steht die Beachtlichkeit dieses Widerrufs in Streit, kann der Ausfertigungsberechtigte sein Rechtsschutzbegehren deshalb nicht mit der Beschwerde nach § 54 BeurkG verfolgen.[28] Hier geht es vielmehr um die Frage der richtigen Ausführung einer Betreuungstätigkeit, die allerdings im Beschwerdeverfahren nach § 15 Abs. 2 BNotO geklärt werden kann,[29] so dass die Beschwerde an sich nicht unstatthaft ist (vgl. oben Rdn 2). Ein ähnliches Problem stellt sich, wenn die Beteiligten darüber streiten, ob eine Vertretung wirksam geworden ist und der Vertretene somit einen Anspruch auf Erteilung einer Ausfertigung nach § 51 BeurkG hat. Kündigt der Notar die Erteilung der Ausfertigung an den vermeintlich wirksam Vertretenen in einem Vorbescheid an, dann wehrt sich der Beschwerdeführer nicht gegen die Ablehnung einer Amtshandlung i.S.d. § 54 BeurkG (zum Vorbescheid siehe Rdn 3). Gleichwohl hat das LG Stuttgart zu Recht die Beschwerde nach § 54 BeurkG zugelassen,[30] da es hier in der Sache um die Voraussetzungen des Anspruchs auf Erteilung der Ausfertigung nach § 51 Abs. 1 Nr. 1 BeurkG ging. Die Zulassung der Beschwerde gründet sich darauf, dass das Landgericht den Erlass eines Vorbescheids mit der Ankündigung, die Ausfertigung zu erteilen, gebilligt hat. Wenn der Notar bei zweifelhafter Rechtslage auf der Grundlage seiner Prüfung zu dem Ergebnis gelangt, dass eine Ausfertigung zu erteilen ist, erscheint der Erlass eines Vorbescheids in der Tat sachgerechter als die Ablehnung des Gesuchs unter Verweis auf die zweifelhafte Rechtslage und die Klärungsmöglichkeit nach § 54 BeurkG. Dass dabei die Initiativlast dem anderen Beteiligten, der sich gegen die Erteilung der Ausfertigung wehrt, aufgebürdet wird, ist im Hinblick auf die rechtliche Vorprüfung durch die 1. Instanz, den Notar, in Kauf zu nehmen.

7 Wendet der **Schuldner** sich gegen die **Erteilung einer vollstreckbaren Ausfertigung**, handelt es sich um ein Verfahren der ZPO.[31] Der Schuldner kann die allgemeinen vollstreckungsrechtlichen Rechtsbehelfe geltend machen, etwa eine Klauselerinnerung nach den §§ 732, 795 ZPO.[32] Die Entscheidung über die Einwendungen des Schuldners ergeht durch Beschluss, gegen den die sofortige Beschwerde nach § 567 Abs. 1 ZPO statthaft ist. Auf die Klauselerinnerung oder die Vollstreckungsgegenklage ist der Schuldner auch dann verwiesen, wenn der Notar durch das LG zur Erteilung der vollstreckbaren Ausfertigung angewiesen wurde und der Schuldner vorträgt, dass ihm in diesem Verfahren kein rechtliches Gehör gewährt worden sei.[33] Kündigt der Notar zunächst in einem **Vorbescheid** an, eine vollstreckbare Ausfertigung zu erteilen, steht dem Schuldner systematisch folgerichtig ebenfalls weder die Beschwerde nach § 54 BeurkG noch die Beschwerde nach § 15 Abs. 2 BNotO zu.[34] Auch in diesem Fall sind die Belange des Schuldners hinreichend gewahrt, da er sich gegen die erteilte Vollstreckungsklausel wehren kann.[35]

24 In den Fällen des § 54 BeurkG kann der Notar auch einen Vorbescheid erlassen, s. *Hariefeld*, RNotZ 2019, 365.
25 Musielak/Voit/*Lackmann*, § 797 ZPO Rn 8; Stein/Jonas/*Kern*, § 797 ZPO Rn 28.
26 Musielak/Voit/*Lackmann*, § 797 Rn 9.
27 Insofern zu pauschal: LG Stuttgart v. 6.12.2001 – 1 T 51/00, MittBayNot 2003, 158, 159.
28 OLG Düsseldorf v. 21.9.1998 – 3 Wx 188/98, DNotZ 1999, 356, 357 (gewillkürte Ausfertigungsberechtigung des Vollmachtnehmers); *Winkler*, § 54 Rn 9; vgl. auch LG Nürnberg-Fürth v. 22.12.2011 – 12 T 7607/11, NJOZ 2012, 1995.
29 *Reithmann*, DNotZ 1999, 358.
30 LG Stuttgart v. 6.12.2001 – 1 T 51/00, MittBayNot 2003, 158, 159; zust. *Winkler*, § 51 Rn 34a.
31 *Regler*, MittBayNot 2010, 26; OLG Frankfurt v. 2.3.1981 – 20 W 157/81, DNotZ 1982, 320 f.
32 OLG Frankfurt v. 2.3.1981 – 20 W 157/81, DNotZ 1982, 320 f.; OLG Köln v. 11.9.2006 – 2 Wx 13/06, DNotZ 2007, 218, 220; *Winkler*, § 54 Rn 7; *Lerch*, § 54 Rn 7; *Müller-Magdeburg*, Rn 451 ff. m.w.N.
33 OLG Hamm v. 11.9.2006 – 2 Wx 13/06, NJW-RR 1999, 861; *Winkler*, § 54 Rn 7.
34 Ausführlich hierzu *Heggen*, RNotZ 2008, 369, 370 f.
35 OLG Köln v. 11.9.2006 – 2 Wx 13/06, DNotZ 2007, 218, 220; OLG München v. 9.5.2008 – 31 Wx 31/08, FGPrax 2008, 174, 175; LG Freiburg v. 5.9.2006 – 4 T 122/06, RNotZ 2008, 368 f. m. Anm. *Heggen*; *Müller-Magdeburg*, Rn 455 ff. m.w.N.; Grziwotz/Sauer/Heinemann/*Heinemann/Grziwotz*, § 54 Rn 11.

II. Persönlicher Anwendungsbereich

8 § 54 BeurkG gilt nicht nur für die Urkundstätigkeit der **Notare**, sondern unter Berücksichtigung des Anwendungsbereichs des BeurkG auch für die Urkundstätigkeit anderer Stellen, die i.S.d. § 1 Abs. 2 BeurkG neben dem Notar für Beurkundungen zuständig sind, also insbesondere für die Urkundstätigkeit der **Gerichte**.[36]

9 Ob das Beschwerdeverfahren nach § 54 BeurkG auch dann eröffnet ist, wenn die **Urkundsperson des Jugendamts** tätig geworden ist, wird im Hinblick auf die Behördeneigenschaft des Jugendamts kontrovers beurteilt. Unter Hinweis auf die Begründung des Regierungsentwurfs[37] verneinen manche insoweit die Anwendbarkeit des § 54 BeurkG, weil es für die Überprüfung der Entscheidungen einer Verwaltungsbehörde im Urkundsnachverfahren an einer „ausdrücklichen Zuweisung" zur ordentlichen Gerichtsbarkeit i.S.d. § 40 Abs. 1 VwGO fehle.[38] Im Anschluss an das KG setzt sich die zwischenzeitlich wohl h.M. über diesen die Qualität der Urkundstätigkeit nicht hinreichend berücksichtigenden Hinweis im Regierungsentwurf mit guten Gründen hinweg und lässt § 1 Abs. 2 BeurkG mit der generellen Verweisung auf die Vorschriften des BeurkG als ausdrückliche Zuweisung zur ordentlichen Gerichtsbarkeit genügen.[39] Die „ausdrückliche Zuweisung" findet sich für alle Verfahrensträger in den §§ 45, 46, 51, 54 Abs. 1 BeurkG. Die zunächst zur Entscheidung berufene Urkundsperson fungiert in dem Verfahren der Freiwilligen Gerichtsbarkeit, das als solches der ordentlichen Gerichtsbarkeit zugehört, als erste Instanz, ein Gericht der ordentlichen Gerichtsbarkeit systemkonform als Rechtsmittelinstanz. Für die Qualifizierung des Urkundsverfahrens als Verfahren der Freiwilligen Gerichtsbarkeit spielt es dabei keine Rolle, aus welchem Bereich, Gericht, Verwaltung oder Notariat, sich das Organ rekrutiert, das als Urkundsperson und damit als Funktionsträger der Freiwilligen Gerichtsbarkeit zum Einsatz kommt.

C. Beschwerdeverfahren

I. Grundlagen

1. Notar als Vorinstanz

10 Das Beschwerdeverfahren richtet sich ebenso wie die Notarbeschwerde gemäß § 15 Abs. 2 S. 1 BNotO nach den Vorschriften des **FamFG** (Abs. 2 S. 1). Der Notar ist kein Beteiligter des Beschwerdeverfahrens, sondern **Vorinstanz**.[40] Die Beschwerde nach Abs. 2 S. 1 i.V.m. § 64 Abs. 1 S. 1 FamFG kann ausschließlich beim Notar eingelegt werden.[41] Der Umfang der Prüfungsbefugnis des Beschwerdegerichts entspricht der Prüfungsbefugnis des Notars.[42] Aus der verfahrensrechtlichen Stellung des Notars als Vorinstanz folgt schließlich, dass ihm keine Kosten auferlegt werden können.[43] Geschieht das dennoch, so steht dem Notar ein auf die Kostenentscheidung beschränktes Beschwerderecht zu.[44]

11 Der Notar kann der Beschwerde abhelfen (Abs. 2 S. 1 i.V.m. § 68 Abs. 1 S. 1 FamFG). Ansonsten ergeht auf eine zulässige und begründete Beschwerde die **Anweisung an den Notar**, die Ausfertigung oder Abschrift zu erteilen, Einsicht zu gewähren usw. Da der Notar Vorinstanz und kein Beschwerdegegner ist,

36 Siehe auch *Müller-Magdeburg*, Rn 444.
37 BT-Drucks V/3282, 41.
38 *Jansen*, § 54 Rn 3; *Winkler*, § 54 Rn 1; *Weber*, DRiZ 1970, 49; vgl. auch *Lerch*, § 54 Rn 4, der allerdings eine entsprechende Anwendung für sinnvoll erachtet.
39 KG v. 20.11.1973 – 1 W 125/73, NJW 1974, 910, 911; so auch *Müller-Magdeburg*, Rn 444; Stein/Jonas/*Kern*, § 797 ZPO Rn 28; MüKo-ZPO/*Wolfsteiner/M. Volmer*, § 797 ZPO Rn 50; Grziwotz/Sauer/Heinemann/*Heinemann/Grziwotz*, § 54 Rn 4; offengelassen von BeckOGK/*Regler*, Stand: 1.1.2026, § 54 BeurkG Rn 7.
40 Vgl. BayObLG v. 4.1.1972 – BReg 2 Z 127/72, DNotZ 1972, 371, 372; KG v. 27.10.1970 – 1 W 12222/70 DNotZ 1971, 494, 495 f.; OLG Düsseldorf v. 25.4.1990 – 3 Wx 59/90, DNotZ 1991, 557, 558; OLG Düsseldorf v. 3.7.1995 – 3 Wx 168/95, DNotZ 1996, 539, 541; BeckOGK/*Regler*, § 54 BeurkG Rn 5; *Müller-Magdeburg*, Rn 476; zur Verweisung vom streitigen Verfahren in das Verfahren der freiwilligen Gerichtsbarkeit analog § 17a GVG: BGH v. 5.4.2001 – III ZB 48/00, NJW 2001, 2181.
41 LG Lübeck v. 22.1.2021 – 7 T 486/20 (n.v.).
42 BayObLG v. 6.7.1995 – 3Z BR 64/95, DNotZ 1997, 78; *Müller-Magdeburg*, Rn 485.
43 BayObLG v. 4.1.1972 – BReg 2 Z 127/72, DNotZ 1972, 371, 372; OLG Düsseldorf v. 3.7.1995 – 3 Wx 168/95, DNotZ 1996, 539, 541; BVerfG v. 7.2.2013 – 1 BvR 639/12, NJW 2013, 1588; BeckOGK/*Regler*, Stand: 1.1.2026, § 54 BeurkG Rn 5.
44 BayObLG v. 4.1.1972 – BReg 2 Z 127/72, DNotZ 1972, 371, 372; vgl. auch OLG Düsseldorf v. 25.4.1990 – 3 Wx 59/90, DNotZ 1991, 557, 558; OLG Naumburg v. 18.5.2005 – 10 Wx 6/05, FGPrax 2005, 272, 273; OLG Köln v. 5.9.2007 – 2 Wx 39/07, FGPrax 2007, 285, 286.

wird er durch eine solche Anweisung nicht beschwert und ist folglich **nicht anfechtungsbefugt**.[45] Etwas anderes gilt jedoch, wenn ihm Verfahrenskosten auferlegt werden sollten (vgl. oben Rdn 10) oder wenn die Anweisung seine Gebührenansprüche beeinträchtigt.[46]

12 Hat das Landgericht auf Beschwerde des Gläubigers den Notar angewiesen, eine **vollstreckbare Ausfertigung** der von ihm errichteten Urkunde zu erteilen, so steht dem Schuldner dagegen die Beschwerde nicht zu, weil diese Einwendungen nicht mehr Gegenstand des Verfahrens der Freiwilligen Gerichtsbarkeit sind, sondern im streitigen Verfahren überprüft werden. Der Schuldner kann seine Einwendungen nach den §§ 797 Abs. 3 S. 1, 5, 732 oder 768 ZPO geltend machen.[47] Er genießt also den Schutz, den er auch genießen würde, wenn die vollstreckbare Ausfertigung gleich ohne gerichtliche Anweisung erteilt worden wäre.

2. Probleme bei der Anwendung der FamFG-Vorschriften

13 Durch Art. 26 FGG-Reformgesetz wurde § 54 BeurkG an die Vorschriften über die Beschwerde nach dem FamFG angepasst. Hinter dieser „Anpassung der Gesetzesbezeichnung“[48] verbirgt sich der Verweis auf die Neuregelung des Beschwerdeverfahrens. Lediglich die spezielle Zuständigkeitsregelung des Abs. 2 S. 2 ist unberührt geblieben. Eine vergleichbare Anpassung des § 15 Abs. 2 BNotO wurde mit Art. 24 Nr. 1 FGG-Reformgesetz vollzogen. Im Grundsatz gilt also, dass die Verfahrensvorschriften des FamFG, obwohl sie sich in unmittelbarer Anwendung auf (förmliche) Beschlüsse in FamFG-Verfahren beziehen, auch für die Beschwerden nach § 54 BeurkG und nach § 15 Abs. 2 BNotO Geltung beanspruchen. Dabei ist zu beachten, dass das FGG-Reformgesetz eine Harmonisierung und Vereinheitlichung des Verfahrens in den Angelegenheiten der freiwilligen Gerichtsbarkeit anstrebte, so dass auch vor diesem Hintergrund eine möglichst bruchlose Einpassung der außerhalb des FamFG geregelten Beschwerdearten in die Systematik des Beschwerderechts der freiwilligen Gerichtsbarkeit erfolgen sollte. Gleichwohl darf aber nicht übersehen werden, dass die Entscheidungen im Urkundsverfahren eine besondere Natur haben, die einer pauschalen Übertragung der Verfahrensregeln des FamFG entgegenstehen kann. Folgerichtig ergibt sich aus der Verweisung des § 54 Abs. 2 S. 1 BeurkG auch keine unmittelbare, sondern nur eine entsprechende Anwendung der §§ 58 ff. FamFG.[49] Das FamFG ist vom Modell des familiengerichtlichen Verfahrens geprägt und verfolgt kein Gesamtkonzept, bei dem sämtlichen „klassischen Materien“ der freiwilligen Gerichtsbarkeit gleichermaßen Rechnung getragen wurde.[50] Im Gesetzgebungsverfahren blieb dieses Problem weitgehend unbeachtet. Deshalb sollte die Anwendbarkeit einzelner **Regelungen des FamFG** nicht ohne **kritische Prüfung** bejaht werden.[51] Dabei sind jedoch von vornherein zwei unterschiedliche Perspektiven zu unterscheiden: Das Beschwerdegericht, das über die Zulässigkeit einer Beschwerde zu befinden hat, müsste sich in einem wirklichen Zweifelsfall die Frage stellen, ob eine Zulässigkeitsvoraussetzung des FamFG-Beschwerdeverfahrens ihrem Sinn und Zweck nach überhaupt auf das Notarverfahren passt oder ob die Änderung des Beschwerdeverfahrensrechts zu einer Verschlechterung der Rechtsschutzmöglichkeit geführt hat, die der Gesetzgeber so vielleicht gar nicht anordnen wollte. Der Notar hat dagegen im Hinblick auf die Beachtung der FamFG-Regelungen darauf zu achten, dass der Beteiligte nicht eine womöglich unzulässige Beschwerde einlegt, und ist deshalb gehalten, soweit er gefragt ist, den **sichersten Weg** zu wählen.

14 Die Anwendung der Verfahrensvorschriften des FamFG auf die Beschwerde nach § 54 BeurkG bringt einige **Ungereimtheiten** mit sich. Beispielsweise ist das formalisierte, an der ZPO orientierte **Beschwerdeverfahren des FamFG auf Endentscheidungen** zugeschnitten, die in der in den §§ 38 ff. FamFG vor-

45 OLG Frankfurt v. 8.6.1993 – 20 W 206/93, OLGZ 1994, 254, 255 f.; *Winkler*, § 54 Rn 21 m.w.N.; Frenz/Miermeister/*Limmer*, § 54 BeurkG Rn 4.

46 *Winkler*, § 54 Rn 22; Frenz/Miermeister/*Limmer*, § 54 BeurkG Rn 4; *Müller-Magdeburg*, Rn 477.

47 BayObLG v. 7.3.1971 – BReg. 2 Z 17/71, DNotZ 1971, 497; *Winkler*, § 54 Rn 25; *Lerch*, § 54 Rn 9; vgl. auch OLG Düsseldorf v. 16.4.1973 – 3 W 68/73, DNotZ 1974, 99, 100.

48 Regierungsbegründung FGG-Reformgesetz, BT-Drucks 16/6308, 324.

49 Vgl. BeckOGK/*Regler*, Stand: 1.1.2026, § 54 BeurkG Rn 12; Frenz/Miermeister/*Limmer*, § 53 BeurkG Rn 15.

50 Insofern kritisch: *Maass*, ZNotP 2006, 282, 283 (zum Referentenentwurf).

51 Vgl. *Preuß*, DNotZ 2010, 265, 286. Kritisch zur Übertragung der ZPO- und FamFG-Rechtsbehelfe auf die vollstreckbare Urkunde: *Wolfsteiner*, Urkunde, Rn 47.5 („Man hat den Eindruck, dass sich der Gesetzgeber die Schuhe, die er in diesen Gesetzen schematisch über einen Leisten schlägt, mit keinem Blick angesehen hat.“).

gesehenen förmlichen Weise ergehen. Zwar wird man den Notar als verpflichtet ansehen müssen, die Ablehnung einer Amtshandlung in der Form eines **„Ablehnungsbeschlusses"** zu fassen, eine Verpflichtung, der der Notar in der Sache – wie auch immer bezeichnet – ebenso vor der FGG-Reform unterlag. Ein förmlicher Ablehnungsbescheid ist aber keine Voraussetzung für die Notarbeschwerde jedenfalls nach § 15 Abs. 2 BNotO;[52] vielmehr ist ebenfalls bei der **Amtsverweigerung in Form bloßer Untätigkeit** eine Notarbeschwerde statthaft.[53] Insofern müssen bei der Übertragung des Beschwerderechts des FamFG jedenfalls Konzessionen gemacht werden.[54] Problematisch bleibt in der besonderen Konstellation der Untätigkeit die Anwendung des § 64 Abs. 1 FamFG, also die Einlegung der Beschwerde bei dem Notar als Vorinstanz, wenn der untätige Notar auch im Beschwerdeverfahren untätig bleibt.[55] Mit der generellen Verweisung an die Aufsichtsbehörde oder die Notarkammer würde dem Rechtsschutzbedürfnis der Betroffenen im Fall der Amtsverweigerung des Notars womöglich nicht Genüge getan.[56] Die Sinnhaftigkeit einer Untätigkeitsbeschwerde nach § 15 Abs. 2 BNotO wegen fehlender Vorlage der Beschwerde nach § 54 BeurkG zum Beschwerdegericht darf bezweifelt werden, wäre aber wohl die konsequente Lösung.[57] Vertretbar erscheint daher die Annahme, es müsste das Verfahrensrecht dem Beschwerdeführer insoweit entgegenkommen (vgl. Rdn 17).

Ein weiteres Problem liegt in der **Befristung der Beschwerde (§ 63 FamFG)** und in der Frage des **Beschwerdewertes (§ 61 FamFG)**. In der Literatur und in den Instanzgerichten fanden sich hierzu unterschiedlichste Stellungnahmen mit unterschiedlichsten Argumenten. So wurde bereits diskutiert, ob die Entscheidung des Notars mangels Mindestwert die Entscheidung im Ergebnis jeder gerichtlichen Prüfung entzogen sein sollte. Auch wurde gefragt, ob die Anwendung der Beschwerdefrist des § 63 FamFG auf Notarbeschwerden,[58] zu einer formellen Rechtskraftwirkung führen würde, obwohl das (freilich nicht durchweg kodifizierte[59]) Notarverfahrensrecht für sich genommen keine § 45 FamFG entsprechende Rechtskraftregelung enthält. Im Allgemeinen widerspricht es dem Charakter der Urkundsgewährungspflicht, dass die Verweigerung der Amtshandlung „in Rechtskraft erwachsen" soll oder eines Mindestwertes unterläge,[60] und zwar sowohl im Verhältnis zu den Beteiligten als auch in Hinblick auf eine Bindung des Notars. Auch eine nur formelle Rechtskraftwirkung ist aber übertragen auf die Notartätigkeit nicht unbedenklich, wenngleich nicht völlig wesensfremd. Auch bei jeder – normal gerichtlich – formell in Rechtskraft erwachsenden Entscheidung steht es ja im Belieben der Beteiligten, sich einvernehmlich darüber hinwegzusetzen. Wirkte die formelle Rechtskraft nur „pro forma", wäre die Frage nach dem Sinn einer solchen Regelung und den Konsequenzen einer dennoch erfolgten gerichtlichen Entscheidung zu stellen.[61] Sollte die Verfristung der Beschwerde dagegen nicht folgenlos bleiben, wäre die sachliche Rechtfertigung einer solchen Folge in Bezug auf notarielle Entscheidungen zu hinterfragen. 15

52 *Wolfsteiner*, Urkunde, Rn 47.09 differenziert hier zwischen der Beschwerde nach § 54 BeurkG und der Beschwerde nach § 15 Abs. 2 BNotO.

53 LG Gera, Beschl. v. 27.4.2025 – 7 T 19/24, NJOZ 2024, 1406, 1407; Frenz/Miermeister/*Frenz*, § 15 BNotO Rn 21; *Heinemann*, Rn 620; *Regler*, MittBayNot 2010, 261, 264; *Preuß*, DNotZ 2010, 265, 270.

54 Vgl. *Heinemann*, Rn 620; *Regler*, MittBayNot 2010, 261, 264 (keine Beschwerdefrist); anders *Müller-Magdeburg*, ZNotP 2009, 216 (es komme darauf an, zu welchem Zeitpunkt die Verweigerung konkludent zum Ausdruck kommt).

55 Hinweis auf dieses Problem: *Haug/Zimmermann*, Rn 756.

56 Frenz/Miermeister/*Frenz*, § 15 BNotO Rn 21.

57 Gegen ein untätiges erstinstanzliches FamFG-Gericht bestünde ja auch nur die Möglichkeit der Dienstaufsichtsbeschwerde etc. Allen hier diskutierten Problemen liegt daher stets die Frage zugrunde, wie ernst man die – teilweise vielleicht nicht vollständig durchdachte – Entscheidung des Gesetzgebers nehmen möchte, den Notar i.S.d. FamFG als erstinstanzliches Gericht anzusehen.

58 Dafür z.B. LG Bielefeld v. 18.10.2010 – 23 T 676/10, BKR 2011, 333 (allerdings mit Hinweisen zur Begründetheit der Beschwerde); *Müller-Magdeburg*, ZNotP 2009, 216; Grziwotz/Sauer/Heinemann/*Heinemann/Grziwotz*, § 54 Rn 20; *Regler*, MittBayNot 2010, 261, 264; a.A. Frenz/Miermeister/*Frenz*, § 15 BNotO Rn 37; *Preuß*, DNotZ 2010, 265, 279; Ganter/Hertel/Wöstmann/*Ganter*, Rn 792.

59 Vgl. etwa zum Treuhandverfahren: BeckOK-BNotO/*Sander*, § 24 BNotO Rn 32 ff.

60 *Wolfsteiner*, Urkunde, Rn 47.5, denkt derartige Wirkungen allerdings an und kritisiert dabei die Fristbindung der FamFG-Rechtsbehelfe. Es sei „nur schwer erträglich, dass eine mühsam errichtete vollstreckbare Urkunde durch bloße Fristversäumnis endgültig und irreparabel ihre Vollstreckbarkeit verlieren" könne. Auch durch förmliche Zustellung und Rechtsbehelfsbelehrung könnten diese „unnötigen Fallbeil-Folgen" nur unzureichend abgemildert werden.

61 Plastisches Beispiel bei LG Bielefeld v. 18.10.2010 – 23 T 676/10, BKR 2011, 333: Der Beschwerdeführer war von dem Notar nicht auf die Frist hingewiesen worden. Die Beschwerde wurde zwar wegen Verfristung als unzulässig verworfen (unter Hinweis auf die Möglichkeit einer Wiedereinsetzung in den vorigen Stand), der Notar aber wurde für das weitere Verfahren darauf hingewiesen, dass die Beschwerde „aus nachfolgenden Gründen" begründet sei. Der Notar konnte seine Handlungsanweisung nicht aus einem Entscheidungstenor, aber doch aus diesem Hinweis entnehmen.

16 Der **Bundesgerichtshof** hat in einer Grundsatzentscheidung[62] diese Fragen derart entschieden, dass die Notarbeschwerde **nicht fristgebunden** ist und **keinen Mindestbeschwerdewert** voraussetzt. So spreche bereits der Wortlaut des Gesetzes dafür, dass die Statthaftigkeit der Notarbeschwerde in § 15 Abs. 2 S. 1 BNotO abschließend geregelt sei und mit der Verweisung des § 15 Abs. 2 Satz 3 BNotO auf das FamFG nur das Verfahren des Landgerichts gemeint sei, das nach § 15 Abs. 2 S. 2 BNotO über die Notarbeschwerde entscheidet. Im Rahmen der Untersuchung der Gesetzgebungsgeschichte kommt der BGH dann zu dem Ergebnis, dass die Notarbeschwerde wie nach früherem Recht gemäß § 15 Abs. 2 S. 2 BNotO a.F. i.V.m. §§ 19 ff. FGG weder an eine Frist noch an einen Beschwerdewert gebunden war und die Gesetzesmaterialien zum FamFG ihrerseits nicht erkennen ließen, dass der Gesetzgeber dies für die Notarbeschwerde ändern wollte. Das Argument, dass § 15 Abs. 2 S. 1 BNotO eine abschließende Regelung für die Notarbeschwerde enthalte, wird auf der systematischen Ebene noch einmal wiederholt und dahingehend verstärkt, die Stellung des Notars als I. Instanz des Notarbeschwerdeverfahrens stelle demgegenüber lediglich eine „rechtstechnische Gleichstellung" zur Ermöglichung der Überprüfung des notariellen Handelns im Beschwerdeverfahren nach dem FamFG dar. Im Hinblick auf den Zweck des § 15 Abs. 2 BNotO schließlich, will sagen: die Beurkundungspflicht des Notars gemäß § 15 Abs. 1 BNotO durchzusetzen, argumentiert der BGH, dass die Anwendung der Beschwerdefrist gemäß § 63 Abs. 1 FamFG eine Gefährdung der Justizgewährungsgarantie gemäß Art. 19 Abs. 4 GG darstelle. Dies ergebe sich (auch) daraus, dass die Parteien oft nicht oder nur schwer erkennen (könnten), wann die nicht beschwerdefähige Korrespondenz mit einem Notar in eine beschwerdefähige Amtsverweigerung umschlägt. Es fehle damit des Öfteren an der für den Fristbeginn erforderlichen Kenntnis. Die Regelungen zum Beschwerdewert in vermögensrechtlichen Streitigkeiten gemäß § 61 FamFG passe schließlich generell nicht zur Notarbeschwerde. Die Notarbeschwerde würde sonst gerade bei der Verweigerung von Beurkundungen oder sonstigen Amtstätigkeiten mit geringerem Wert als Instrument der Durchsetzung der Beurkundungspflicht versagen, also in einem Bereich, in dem die Versuchung am größten ist, die Amtstätigkeit wegen des mit der Erledigung verbundenen Aufwandes zu verweigern.[63] Die in § 61 Abs. 1 FamFG enthaltene Wertgrenze von 600 EUR in vermögensrechtlichen Angelegenheiten ist demnach nicht anzuwenden.[64]

II. Ablauf des Verfahrens nach dem FamFG

17 Die Beschwerde ist nach § 64 Abs. 1 FamFG bei dem Gericht einzulegen, dessen Beschluss angefochten wird. Beschwerden nach § 54 BeurkG (oder § 15 Abs. 2 BNotO) **müssen** also **bei dem Notar eingelegt** werden, der die Vornahme der Amtshandlung abgelehnt hat. Hierauf hat der Notar hinzuweisen. Einen Problemfall stellte die fälschlich bei dem Beschwerdegericht eingelegte Beschwerde dar. Für das gerichtliche Verfahren wird allerdings auch unter der Geltung des FamFG vertreten, dass das Beschwerdegericht wegen der gerichtlichen Fürsorgepflicht gehalten ist, fristgerecht eingelegte Beschwerden an das Gericht weiterzuleiten, dessen Beschluss angefochten wird.[65] Es sind aber auch andere Fallkonstellationen denkbar (insb. Untätigkeitsbeschwerde nach § 15 Abs. 2 BNotO, vgl. hierzu Rdn 14), in denen eine derartige Weiterleitung in Betracht gezogen werden sollte.

18 Die **Beschwerdefrist des § 63 FamFG** findet auf die Notarbeschwerde **keine Anwendung**. Damit ist dem Notar aber für die Gestaltung seines Verfahrens noch nicht weitergeholfen. So wird der Notar Fristen setzen müssen, um etwa in einem Vorbescheidsverfahren weitere Verfahrensschritte einleiten zu können. Richtigerweise wird man im Verstreichen solcher angemessenen Fristen zwar keine Verfristung von Rechtsmitteln gegen die Verfahrensentscheidungen des Notars sehen können, wohl aber haftungsrechtliche Weichenstellungen: Lässt ein Beteiligter entsprechend vom Notar gesetzte angemes-

62 BGH v. 1.10.2015 – V ZB 67/15, DNotZ 2016, 220.

63 *Schönemann*, DNotZ 2016, 223, 226; *Winkler*, § 54 Rn 15a.

64 Grziwotz/Sauer/Heinemann/*Heinemann/Grziwotz*, § 54 Rn 19; Frenz/Miermeister/*Frenz*, § 15 BNotO Rn 37; *Preuß*, DNotZ 2010, 265, 272.

65 Prütting/Helms/*Abramenko*, § 64 FamFG Rn 3; Schulte-Bunert/Weinreich/*Roßmann*, § 64 FamFG Rn 3; vgl. auch allgemein Sternal/*Sternal*, § 64 FamFG Rn 13. *Müther* meint demgegenüber, dass eine Weiterleitung der Beschwerdeschrift an das erstinstanzliche Gericht zwar üblich sei, aber aus Fürsorgegründen lediglich eine Hinweispflicht an den Beschwerdeführer und keine weitere Handlungspflicht bestehe, Dutta/Jacoby/Schwab/*Müther*, § 64 FamFG Rn 13.3.

sene Fristen in einem Vorbescheidsverfahren verstreichen, so exkulpiert dies den Notar in einem etwaigen Haftpflichtprozess.

Die **Form** der Beschwerde ist in § 64 Abs. 2 FamFG geregelt. Nach § 64 Abs. 2 S. 2 FamFG muss die Beschwerde insbesondere die „Bezeichnung des angefochtenen Beschlusses" sowie die „Erklärung, dass Beschwerde gegen diesen Beschluss eingelegt wird", enthalten. Es muss erkennbar sein, gegen welche Entscheidung der Beschwerdeführer sind wendet und dass er eine Überprüfung durch die nächsthöhere Instanz bezweckt.[66] Die **Begründung** der Beschwerde (§ 65 Abs. 1 FamFG) ist kein Zulässigkeitserfordernis.[67] 19

Nach Eingang der Beschwerde bei dem Notar (§ 64 Abs. 1 FamFG) hat der Notar über die **Abhilfe oder Nichtabhilfe** zu befinden. Wenn der Notar die Beschwerde für begründet hält, hat er ihr nach § 68 Abs. 1 S. 1 Hs. 1 FamFG abzuhelfen. Andernfalls hat er die Beschwerde gem. § 68 Abs. 1 S. 1 Hs. 2 FamFG unverzüglich dem Beschwerdegericht vorzulegen. Ob hierfür – wie im gerichtlichen Abhilfeverfahren[68] – ein Nichtabhilfebeschluss erlassen werden muss, wird kontrovers beurteilt.[69] Jedenfalls wird eine Begründung der Nichtabhilfeentscheidung nicht verlangt werden können, wenn der Ablehnungsbescheid des Notars bereits die maßgebliche Begründung enthält und die Sach- und Rechtslage sich nicht geändert hat.[70] 20

Beschwerdegericht ist nach Abs. 2 S. 2 das Landgericht; Gleiches gilt gem. § 15 Abs. 2 S. 2 BNotO für die Beschwerde wegen Amtsverweigerung. 21

Das Beschwerdegericht prüft nach § 68 Abs. 2 S. 1 FamFG zunächst die Zulässigkeit der Beschwerde. Fehlt es an einer Zulässigkeitsvoraussetzung, ist die Beschwerde gem. § 68 Abs. 2 S. 2 FamFG als unzulässig zu verwerfen. Ist die zulässige Beschwerde wegen der Amtsverweigerung des Notars begründet, ergeht eine entsprechende Handlungsanweisung an den Notar. 22

66 Sternal/*Sternal*, § 64 FamFG Rn 36, 37; Schulte-Bunert/Weinreich/*Roßmann*, § 64 FamFG Rn 18, 20.

67 Dutta/Jacoby/Schab/*Müther*, § 64 FamFG Rn 7.1; Sternal/*Sternal*, § 64 FamFG Rn 39, § 65 FamFG Rn 6; Schulte-Bunert/Weinreich/*Roßmann*, § 65 FamFG Rn 4.

68 Für das gerichtliche Abhilfeverfahren gilt nach überwiegender Ansicht, dass die Entscheidung über die Abhilfe grds. durch einen begründeten Beschluss zu erfolgen hat, der den Beteiligten nach § 41 FamFG zumindest formlos bekanntzugeben ist, siehe Keidel/*Sternal*, § 68 m.w.N. Das OLG Düsseldorf hat in einer Registersache jedoch – trotz Befürwortung dieses Grundsatzes – einen vom Registergericht erstellten Vermerk genügen lassen, da eine Rückgabe der Sache an das Amtsgericht zur Nachholung des Beschlusses „reine, damit überflüssige Förmelei" bedeutet hätte, vgl. OLG Düsseldorf v. 30.11.2009 – I-3 W 232/09, FGPrax 2010, 43.

69 Nichtabhilfebeschluss: *Regler*, MittBayNot 2010, 261, 266; dagegen Grziwotz/Sauer/Heinemann/*Heinemann/Grziwotz*, § 54 Rn 27. Unklar ist auch die Konsequenz eines unterlassenen Nichtabhilfebeschlusses.

70 Grziwotz/Sauer/Heinemann/*Heinemann/Grziwotz*, § 54 Rn 27; *Preuß*, DNotZ 2010, 265, 281; *Regler*, MittBayNot 2010, 261, 266.

§ 55 Verzeichnis und Verwahrung der Urkunden

(1) Der Notar führt ein elektronisches Verzeichnis über Beurkundungen und sonstige Amtshandlungen (Urkundenverzeichnis).

(2) Das Urkundenverzeichnis und die elektronische Urkundensammlung sind vom Notar im Elektronischen Urkundenarchiv (§ 78h der Bundesnotarordnung) zu führen.

(3) Die im Urkundenverzeichnis registrierten Urkunden verwahrt der Notar in einer Urkundensammlung, einer elektronischen Urkundensammlung und einer Erbvertragssammlung.

1 Im Rahmen des Urkundenarchivgesetzes[1] wurde auch § 55 BeurkG vollständig neu gefasst. Konkretisiert wird § 55 BeurkG durch die §§ 7 bis 20 NotAktVV. Die bis dahin geltende Norm war rund viereinhalb Jahrzehnte nach dem Inkrafttreten des BeurkG nur noch von historischem Interesse.[2] Die Norm befasst sich mit der Verwahrung der Urkunden im engeren Sinne.

2 **Abs. 1** enthält in erster Linie eine **Legaldefinition** des ausschließlich elektronisch zu führenden **Urkundenverzeichnisses**. Das Urkundenverzeichnis wird zwar technisch zentral bei der Bundesnotarkammer geführt, es handelt sich jedoch nicht um ein Zentralverzeichnis, sondern um ein Verzeichnis des einzelnen Notars. Zugang zum Notarverzeichnis haben nur der jeweilige Notar sowie eine etwa nachfolgende Verwahrstelle (im hauptberuflichen Notariat insbesondere der sog. Amtsnachfolger).[3]

3 Das **Urkundenverzeichnis** ersetzt die bisherige Urkundenrolle, das Namensverzeichnis zur Urkundenrolle und das Erbvertragsverzeichnis und stellt gewissermaßen das Inhaltsverzeichnis[4] der elektronischen Urkundensammlung dar. Da die Urschrift der Urkunde nach dem Scanvorgang nicht mehr ergänzt oder in sonstiger Weise verändert werden darf, sind viele Informationen, die in der Zeit vor Inkrafttreten des Elektronischen Urkundenarchivs noch auf der Urschrift selbst zu vermerken waren (z.B. der Ausfertigungsvermerk (§ 49 Abs. 4 BeurkG i.V.m. § 15 NotAktVV)) nun ebenfalls im Urkundenverzeichnis einzutragen.[5] Detaillierte Vorgaben zur Führung des Urkundenverzeichnisses enthalten die §§ 7 ff. NotAktVV.

4 Während der Gesetzgeber in § 78h BNotO die Bundesnotarkammer mit der Errichtung und dem Betrieb des Elektronischen Urkundenarchivs beauftragt hat, regelt **Abs. 2** den Anschuss- und Benutzungszwang auf Seiten der Notare.[6] Einziger zugelassener Weg, um Eintragungen im Urkundenverzeichnis vornehmen zu können, ist die von der Bundesnotarkammer herausgegebene Software XNP in Verbindung mit einer Datenverbindung über das sog. Notarnetz.[7]

5 Das Urkundenverzeichnis ist ausschließlich in elektronischer Form und ausschließlich im Elektronischen Urkundenarchiv zu führen. Ein – rechtlich unverbindlicher – Ausdruck aus dem technischen System dürfte jederzeit möglich und zulässig sein. Geführt im eigentlichen Sinne wird das Urkundsverzeichnis jedoch ausschließlich elektronisch. Führt ein Notar daneben einen Ausdruck dieses Verzeichnisses in Papierform und nimmt er hierauf Änderungen vor, so sind diese rechtlich irrelevant.[8] Gemäß § 35 Abs. 2 S. 1 BNotO kann der Notar zwar Akten und Verzeichnisse grundsätzlich in Papierform oder elektronisch (oder auch gemischt in Form einer sog. Hybridakte) führen; dies gilt jedoch nur, soweit die elektronische Führung nicht durch oder aufgrund eines Gesetzes zwingend vorgeschrieben ist, was insbesondere für das Urkundenverzeichnis der Fall ist.[9]

1 Gesetz zur Neuordnung der Aufbewahrung von Notariatsunterlagen und zur Einrichtung des Elektronischen Urkundenarchivs bei der Bundesnotarkammer, BGBl I 2017, 1396 ff.
2 Vgl. dazu Armbrüster/Preuß/Renner/*Piegsa*, BeurkG, 8. Aufl., § 55.
3 BeckOK-BeurkG/*Frohn*, § 55 Rn 2.
4 So passend Kilian/Sandkühler/v. Stein/*Frohn*, § 7 Rn 21.
5 BeckOK-BeurkG/*Franken*, § 55 Rn 3.
6 So treffend Frenz/Miermeister/*Löffler*, § 55 BeurkG, Rn 2.
7 Vgl. weitergehend auch BeckOK-BeurkG/*Frohn*, § 55 Rn 1.
8 Nicht ganz eindeutig Grziwotz/Sauer/Heinemann/*Heinemann/Sauer*, § 55 Rn 5; wie hier: Kilian/Sandkühler/v. Stein/*Frohn*, § 7 Rn 21.
9 Ebenso Kersten/Bühling/*Büttner*, § 12a Rn 21 f.

Abs. 3 bestimmt schließlich, in welchen Sammlungen der Notar die von ihm errichteten Urkunden zu verwahren hat: die Urschriften in der **Urkundensammlung**, die gem. § 56 Abs. 1 BeurkG erstellten elektronischen Fassungen in der elektronischen Urkundensammlung im **Elektronischen Urkundenarchiv** und die Erbverträge in einer **Erbvertragssammlung**. Ganz abschließend ist die Aufzählung der Sammlungen in § 55 BeurkG indes nicht: Gem. dem auf Grundlage des § 36 Abs. 1 Nr. 4 BNotO erlassenen § 37 NotAktVV ist darüber hinaus eine **Sondersammlung** für solche Dokumente zu führen, die eigentlich in die elektronische Urkundensammlung zu übernehmen gewesen wären, bei denen aufgrund ihrer Beschaffenheit (vor allem aufgrund ihrer Größe) eine Übertragung in die elektronische Form jedoch unmöglich oder unzumutbar war. 6

Die bisher lediglich fakultative (§ 18 Abs. 4 der bis 2022 geltenden DONot) Verwahrung der Erbverträge in einer gesonderten **Erbvertragssammlung** ist nun obligatorisch,[10] da § 34 Abs. 4 BeurkG die Verwahrung elektronischer Fassungen der Urschriften von Verfügungen von Todes wegen in der elektronischen Urkundensammlung untersagt.[11] Daher müssen notariell verwahrte Erbverträge für die gesamte Aufbewahrungszeit in Papierform verwahrt und beim Tod eines testierenden Erblassers auch in dieser Form an das Nachlassgericht abgeliefert werden. Bei Erbverträgen umfasst das Verbot der Übertragung und Verwahrung alle in der Urkunde mit dem Erbvertrag verbundenen Verträge und Erklärungen, so etwa bei einem Ehe- und Erbvertrag auch den ehevertraglichen Teil.[12] 7

Nicht ausgeschlossen ist freilich die Verwahrung von (beglaubigten) Abschriften in der elektronischen Urkundensammlung; gem. § 31 Abs. 1 S. 1 lit. a) NotAktVV kann dies auf Wunsch der Beteiligten geschehen.

§ 56 Übertragung der Papierdokumente in die elektronische Form; Einstellung der elektronischen Dokumente in die elektronische Urkundensammlung

(1) [1]Bei der Übertragung der in Papierform vorliegenden Schriftstücke in die elektronische Form soll durch geeignete Vorkehrungen nach dem Stand der Technik sichergestellt werden, dass die elektronischen Dokumente mit den in Papierform vorhandenen Schriftstücken inhaltlich und bildlich übereinstimmen. [2]Diese Übereinstimmung ist vom Notar in einem Vermerk unter Angabe des Ortes und des Tages seiner Ausstellung zu bestätigen. [3]Durchstreichungen, Änderungen, Einschaltungen, Radierungen oder andere Mängel des Schriftstücks sollen im Vermerk angegeben werden, soweit sie nicht aus dem elektronischen Dokument eindeutig ersichtlich sind. [4]Das elektronische Dokument und der Vermerk müssen mit einer qualifizierten elektronischen Signatur versehen werden. [5]§ 13a Absatz 4 Satz 1 und 2 und § 39a Absatz 2 Satz 1 gelten entsprechend.

(2) Werden nach der Einstellung der elektronischen Fassung einer in der Urkundensammlung zu verwahrenden Urschrift oder Abschrift in die elektronische Urkundensammlung Nachtragsvermerke, weitere Unterlagen oder andere Urschriften der Urschrift oder Abschrift beigefügt, sind die Nachtragsvermerke, die weiteren Unterlagen und die anderen Urschriften nach Absatz 1 in elektronische Dokumente zu übertragen und zusammen mit der elektronischen Fassung der Urschrift oder Abschrift in der elektronischen Urkundensammlung zu verwahren.

(3) [1]Werden der elektronischen Urschrift Unterlagen oder andere Urschriften beigefügt, so gelten die Absätze 1 und 2 entsprechend. [2]§ 44a Absatz 2 Satz 5 und § 44b Absatz 1 Satz 2 bleiben unberührt.

10 Kilian/Sandkühler/v. Stein/*Frohn*, § 7 Rn 22; Kersten/Bühling/*Büttner*, § 12a Rn 21; so ausdrücklich auch der RegE zum Urkundenarchivgesetz: BT-Drucks 18/10607, 88.

11 Anders zunächst noch Grziwotz/Heinemann/*Heinemann*, 3. Aufl., § 55 Rn 11, der die Verwahrung der Erbverträge auch außerhalb einer gesonderten Erbvertragssammlung für zulässig hielt, sofern bei Aufbewahrung in der allgemeinen Urkundensammlung sichergestellt sei, dass die Erbverträge weiterhin auffindbar seien und nicht mit den nach Ablauf der Aufbewahrungsfrist für die Papierurkunde zu vernichtenden Urschriften vermengt würden. Wie hier Frenz/Miermeister/*Löffler*, § 55 BeurkG, Rn 7.

12 RegE zum Urkundenarchivgesetz, BT-Drucks 18/10607, 84.

(4) Die von dem Notar in der elektronischen Urkundensammlung verwahrten elektronischen Dokumente stehen den Dokumenten gleich, aus denen sie nach den Absätzen 1 und 2 übertragen worden sind.

Literatur *Gaul*, Das elektronische Urkundenarchiv – technische Grundlagen, DNotZ-Sonderheft 2016, 130.

A. Allgemeines

1 Die Norm wurde im Rahmen des Urkundenarchivgesetzes[1] vollständig neu gefasst und durch das DiRUG[2] bereits wieder geändert. Die bisherige Norm war knapp fünf Jahrzehnte nach dem Inkrafttreten des BeurkG nur noch von historischem Interesse.[3]

2 § 56 BeurkG regelt das Herzstück[4] des Elektronischen Urkundenarchivs: den Transfer der in Papierform vorhandenen Dokumente in elektronische Dokumente und deren Einstellung in die elektronische Urkundensammlung sowie ihre rechtliche Gleichstellung mit der zugrundeliegenden Papierurkunde. Weitere Einzelheiten zum anzuwendenden Verfahren wurden in der NotAktVV und der zum 1.1.2022 neu gefassten DONot geregelt.

B. Die Übertragung von der Papierform in die elektronische Form (Abs. 1)

3 Abs. 1 definiert die Anforderungen, die an das **Ergebnis des Medientransfers** zu stellen sind. Nach S. 1 soll der Prozess der Übertragung technisch so gestaltet werden, dass die Darstellung des elektronischen Dokuments auf dem Wiedergabemedium inhaltlich und bildlich mit dem die Grundlage des Medientransfers bildenden und in Papierform vorhandenen Dokument übereinstimmt.[5] Die Regelung ist angelehnt an § 128 Abs. 3 GBO und an §§ 97 und 98 GBV.

4 Welches **Dateiformat** das elektronische Dokument erhalten muss, um in das elektronische Urkundenarchiv eingestellt werden zu können, definiert die Norm nicht. Dies macht an dieser Stelle Sinn, können sich die diesbezüglichen technischen Anforderungen doch mit der Zeit ändern und sind in einer Rechtsverordnung dann einfacher anzupassen. Gem. § 35 Abs. 4 NotAktVV hat die Einstellung von Dokumenten in die elektronische Urkundensammlung in einer für die Langzeitarchivierung geeigneten Variante des PDF-Formats zu erfolgen. Derzeit ist dies nur das sog. PDF/A-1b-Format.

5 Wie der Notar diesen Anforderungen technisch genügt, gibt die Norm nicht vor;[6] der RegE zum Urkundenarchivgesetz nannte beispielhaft nur die Möglichkeit, das in Papierform vorhandene Schriftstück **einzuscannen**. Auch NotAktVV und DONot machen hierzu keinerlei Vorgaben. Gem. § 13 DONot hat der Notar lediglich zu belegen, dass bei der Übertragung der Papierdokumente in die elektronische Form geeignete Maßnahmen im Sinne von § 56 Abs. 1 BeurkG getroffen wurden. Da das Scanverfahren von vornherein darauf abzielt, die Papierurkunde nach einer Übergangszeit zu ersetzen,[7] handelt es sich um sog. „ersetzendes Scannen".[8] Die Bundesnotarkammer hat hierzu das Muster einer „Verfahrensdokumentation für die

1 Gesetz zur Neuordnung der Aufbewahrung von Notariatsunterlagen und zur Einrichtung des Elektronischen Urkundenarchivs bei der Bundesnotarkammer, BGBl I 2017, 1396 ff.

2 Gesetz zur Umsetzung der Digitalisierungsrichtlinie, BGBl I 2021 3338 ff.

3 Vgl. dazu die Kommentierung von Armbrüster/Preuß/Renner/*Piegsa*, 7. Aufl., § 56 BeurkG.

4 So sehr treffend Frenz/Miermeister/*Löffler*, § 56 BeurkG Rn 1.

5 RegE zum Urkundenarchivgesetz, BT-Drucks 18/10607, 89.

6 Vgl. die Ausführungen von *Gaul*, DNotZ-Sonderheft 2016, 130 ff. zum künftigen möglichen Büroablauf.

7 Gem. § 50 Abs. 1 Nr. 3 NotAktVV gilt für in der Urkundensammlung verwahrte Dokumente eine Aufbewahrungsfrist von 30 Jahren.

8 BeckOK-BeurkG/*Frohn*, § 56 Rn 3.

Umsetzung des Scanverfahrens nach dem Stand der Technik im Sinne von § 56 Abs. 1 BeurkG" (**Musterverfahrensdokumentation**) herausgegeben, die ihrerseits auf der **Technischen Richtlinie RESISCAN** des Bundesamts für Sicherheit in der Informationstechnik (BSI)[9] basiert, die bereits in der öffentlichen Verwaltung und in der Justiz zum Einsatz kommt.

Ob es zum Einscannen des Papierdokuments tatsächlich andere, praxistaugliche Alternativen geben wird, scheint zweifelhaft.[10] Zwar ist zumindest bei reinen Textdokumenten grundsätzlich denkbar, das in der Notarsoftware in Textform (d.h. in aller Regel im Wordformat) gespeicherte Dokument direkt als PDF-Dokument auszugeben bzw. auszudrucken. Zu beachten ist aber, dass gem. **Abs. 1 S. 1** das elektronische Dokument mit den in Papierform vorhandenen Schriftstücken **inhaltlich und bildlich übereinstimmen** muss. Eine vollständige bildliche Übereinstimmung der Papierurkunde mit der elektronischen Urkunde lässt sich auf diese Weise jedoch nicht herbeiführen, fehlen doch die Unterschriften der Urkundsbeteiligten und des Notars sowie das Siegel. Bei der Erstellung von Ausfertigungen ist diese Vorgehensweise weit verbreitet, Unterschriften und Siegel werden dabei durch entsprechende Texthinweise ersetzt. Bei einer Ausfertigung reicht jedoch nach allgemeiner Ansicht eine lediglich inhaltliche Übereinstimmung mit der Originalurkunde aus.[11] Indes: Zumindest das Siegel fehlt auch beim Scannen gem. Ziffer 2.5 der Musterverfahrensdokumentation. Diese sieht ausdrücklich vor, dass die Verbindung der Urkunde mit Schnur und Prägesiegel grundsätzlich erst nach dem Scannen erfolgen soll. Zumindest die Bundesnotarkammer scheint das Erfordernis der inhaltlichen und bildlichen Übereinstimmung daher eher großzügig zu interpretieren.[12] 6

Sollte man darauf aufbauend nicht nur das Siegel, sondern auch die Unterschriften für eine vollständige bildliche Übereinstimmung für entbehrlich halten, käme das vorbeschriebene Verfahren als Alternative zum Scannen grundsätzlich in Betracht,[13] jedoch vor allem für Notare, die ihre Urschriften um etwaige während der Beurkundung vorgenommene Änderungen vor der Unterzeichnung noch bereinigen, sodass die Urschrift nur den gedruckten Text, die Unterschriften des Notars und der Urkundsbeteiligten sowie das Siegel enthält. Bei **unbereinigten Papierurschriften**, die zusätzlich noch die handschriftlichen Änderungen des Notars enthalten, stellte sich grundsätzlich jedoch erneut die Frage der Zulässigkeit dieser Vorgehensweise, denn die handschriftlichen Änderungen in der Papierurschrift gehen aus der elektronischen Fassung ja gerade nicht hervor, stimmen also nicht bildlich überein. Selbst wenn man auch insofern großzügig sein wollte – vom Erfordernis der inhaltlichen **und bildlichen** Übereinstimmung bliebe dann indes kaum etwas übrig – wären gem. **Abs. 1 S. 3** sämtliche handschriftlichen Änderungen im Rahmen des Übereinstimmungsvermerks zu vermerken (vgl. dazu sogleich nachfolgende Rdn 7). Letzteres kann kaum automatisiert geschehen und wäre daher derart aufwendig und ineffizient, dass wohl kaum ein seine Urschriften nicht vorab bereinigender Notar hierauf zurückgreifen dürfte.

Gemäß **Abs. 1 S. 2** ist der Notar verpflichtet, die inhaltliche und bildliche Übereinstimmung bei dem elektronischen Dokument im Rahmen eines Vermerks, in dem Ort und Zeit seiner Ausstellung anzugeben sind, zu vermerken. Auch wenn der Gesetzgeber die Gelegenheit zu einer Korrektur im Rahmen des DiRUG und des Gesetzes zur Einführung einer elektronischen Präsenzbeurkundung verstreichen ließ, dürfte es sich bei dem Erfordernis der Angabe der „Zeit" statt „Tag" wohl um ein bloßes Redaktionsversehen handeln. Gründe, warum es hier anders als beim Beglaubigungsvermerk oder bei sonstigen Vermerkurkunden auf die Angaben von Stunden oder Minuten ankommen sollte, sind nicht ersichtlich.[14] Auch die Musterverfahrensdokumentation sieht in ihrem Muster-Übereinstimmungsvermerk nur eine Tagesangabe, keine 7

9 BSI Technische Richtlinie 03138 Ersetzendes Scannen, abrufbar unter https://www.bsi.bund.de/DE/Publikationen/TechnischeRichtlinien/tr03138/index_htm.html.

10 Der RegE zum Urkundenarchivgesetz scheint davon auszugehen, vgl. BT-Drucks 18/10607, 89; skeptisch auch Grziwotz/Sauer/Heinemann/*Heinemann/Sauer*, § 56 Rn 5; ablehnend dagegen Frenz/Miermeister/*Löffler*, § 56 BeurkG Rn 4.

11 Statt aller: BeckOK-BeurkG/*Regler*, § 49 Rn 6 m.w.N.; vgl. auch die Kommentierung bei *Tebben*, § 49 BeurkG Rdn 4 ff.

12 Die Praxis verfährt diesbezüglich oft in der Weise, dass vor dem Scannen zunächst das Farbdrucksiegel aufgebracht wird, das beim späteren Binden dann mit dem Prägesiegel überklebt wird.

13 Sollte man zumindest die Wiedergabe der Unterschriften für erforderlich halten, wäre theoretisch eine Kombination aus PDF-Druck aus der Notarsoftware und Scannen der Unterschriften denkbar. Auch diese Vorgehensweise erscheint jedoch zeitaufwendig und angesichts der Vielzahl notarieller Urkunden, die jeden Tag gem. § 56 BeurkG zu behandeln sind, im Ergebnis wenig effizient.

14 Ebenso Frenz/Miermeister/*Löffler*, § 56 BeurkG Rn 7, mit weiteren Ausführungen zur Ursache dieses Redaktionsversehens.

Zeitangabe vor. In dem **Übereinstimmungsvermerk** sind gem. **Abs. 1 S. 3** auch Durchstreichungen, Änderungen, Einschaltungen, Radierungen oder andere Mängel des eingescannten Schriftstücks festzuhalten, soweit diese nicht aus dem elektronischen Dokument (also dem Ergebnis des Scanprozesses) ersichtlich sind. Die Vorschrift ähnelt in dieser Hinsicht stark **§ 42 Abs. 2 BeurkG, insofern kann auf die Ausführungen von *Tebben*, § 42 Abs. 2 BeurkG verwiesen werden.**

8 Nach **Abs. 1 S. 4** i.V.m. **§ 16b Abs. 4 S. 2 und 4** sowie **§ 39a Abs. 2 S. 1 BeurkG** sind das elektronische Dokument und der Bestätigungsvermerk mit einer **qualifizierten elektronischen Signatur** zu versehen. Die Norm wurde durch das DiRUG noch einmal geändert; es handelte sich insofern jedoch nur um eine Folgeänderung zu § 16b Abs. 4 und § 39a Abs. 1 BeurkG, mit der keine inhaltlichen Änderungen verbunden sein sollten.[15] Vgl. hierzu die diesbezüglichen Ausführungen zu § 39a BeurkG.

9 Fraglich ist, welche Rechtsfolgen **Verstöße** gegen **Abs. 1** haben. Unzweifelhaft keine Auswirkungen haben Verstöße gleich welcher Art auf die Wirksamkeit der Papierurkunde.[16] Ebenso unzweifelhaft dürfte die von **Abs. 1** angeordnete Gleichstellungswirkung zwischen Papierurkunde und elektronischem Dokument nicht eintreten, wenn der Übereinstimmungsvermerk ganz fehlt, oder er nicht signiert wurde oder wenn die Signatur nicht persönlich durch den Notar aufgebracht wurde.[17] Andere Verstöße gegen **Abs. 1**, z.B. das Fehlen von Angaben über Mängel der Urschrift nach Abs. 1 S. 3 oder die Nichtverwendung eines dauerhaft prüfbaren Zertifikats, dürften wohl keinen Einfluss auf die Gleichstellungswirkung haben.[18] Gemäß **§§ 371b, 437 ZPO** haben solche Urkunden die **Vermutung der Echtheit** für sich. Zweifel an der Echtheit können über § 437 Abs. 2 ZPO geltend gemacht werden. Auch dienstrechtlich sind Verstöße gegen Abs. 1 zu ahnden.[19]

C. Ausnahmen von der Übertragungspflicht

10 Gem. § 36 Abs. 1 Nr. 4 BNotO können **Ausnahmen von der Übertragungspflicht** zugelassen werden, wenn die Übertragung aufgrund der Beschaffenheit eines Schriftstücks unzumutbar ist.[20] Hiervon ausgehend bestimmt § 37 Abs. 1 NotAktVV, dass als unzumutbar unter anderem die Übertragung sämtlicher Dokumente gilt, die größer als DIN A3 sind. Das stattdessen anzuwendende Ersatzprozedere ist ebenfalls in § 37 NotAktVV geregelt.

11 Auch wenn dies im RegE zum Urkundenarchivgesetz an verschiedenen Stellen anders anklingt, muss der Notar die einzelnen von § 56 Abs. 1 BeurkG vorgeschriebenen Schritte bei der Überführung der Papierurkunde in die elektronische Form grundsätzlich **nicht höchstpersönlich** vornehmen (eine Ausnahme gilt nur für die Erzeugung der qualifizierten elektronischen Signatur gem. **§§ 56 Abs. 1 S. 5, 16b Abs. 4 S. 4 BeurkG**). Der Notar genügt seinen diesbezüglichen Pflichten grundsätzlich dadurch, dass er durch geeignete organisatorische Maßnahmen fortlaufend gewährleistet, dass ihm nur ordnungsgemäß gescannte, kontrollierte und mit Übereinstimmungsvermerk versehene Dokumente zum abschließenden Signieren vorgelegt werden.[21]

D. Nachtragsvermerke, weitere Unterlagen und Urschriften (Abs. 2)

12 **Abs. 2** regelt den Fall, dass eine in der elektronischen Urkundensammlung bereits verwahrte Urschrift oder Abschrift zu einem späteren Zeitpunkt mit einem **Nachtragsvermerk** gem. § 44a Abs. 2 BeurkG oder § 44b BeurkG versehen oder ihr eine andere Urschrift oder weitere Unterlage beigefügt wird. Gem. § 35 Abs. 3 S. 1 NotAktVV dürfen auf der Urschrift oder Abschrift, die in der Urkundensammlung verwahrt wird, keine Vermerke mehr angebracht werden, nachdem ein Dokument in elektronischer Form in die elektronische Urkundensammlung eingestellt wurde. Sinn und Zweck der Vorschrift ist es, die dau-

15 RegE zum DiRUG, BT-Drucks 19/28177, 154.
16 Grziwotz/Sauer/Heinemann/*Heinemann/Sauer*, § 56 Rn 24.
17 Ebenso Grziwotz/Sauer/Heinemann/*Heinemann/Sauer*, § 56 Rn 24; vgl. zu den Rechtsfolgen der nicht persönlich durch den Notar aufgebrachten Signatur auch den RegE zum Urkundenarchivgesetz, BT-Drucks 18/10607, 85.
18 Ebenso Grziwotz/Sauer/Heinemann/*Heinemann/Sauer*, § 56 Rn 24; nicht ganz eindeutig insofern Frenz/Miermeister/*Löffler*, § 56 BeurkG Rn 8; im Ergebnis wohl eher wie hier *Winkler*, § 56 Rn 3.
19 Ebenso BeckOK-BeurkG/*Frohn*, § 56 Rn 4.
20 RegE zum Urkundenarchivgesetz, BT-Drucks 18/10607, 58.
21 So BeckOK-BeurkG/*Regler*, § 49 Rn 7 m.w.N. zum Verfahren bei der Erstellung von Ausfertigungen.

erhafte elektronische Verknüpfung der Urschrift mit den in § 44a Abs. 2 BeurkG genannten Vermerken und den in § 45b BeurkG genannten Nachtragsurkunden herzustellen.[22] Hierfür muss jedoch nicht die gesamte Urkunde nebst den hinzugekommenen Unterlagen neu digitalisiert werden, sondern lediglich die hinzukommenden Unterlagen gem. **Abs. 1** übertragen, in die elektronische Urkundensammlung übermittelt und dort mit der Ausgangsurkunde technisch verknüpft werden. Bei noch nicht in der elektronischen Urkundensammlung verwahrten Urschriften oder Abschriften können Nachtragsvermerke etc. wie gehabt ausschließlich auf der Papierurkunde vermerkt werden. Bei der späteren Übertragung in die elektronische Form und Übermittlung in die elektronische Urkundensammlung werden diese automatisch miterfasst; die Gefahr nicht ausreichender Verknüpfung der Nachtragsvermerke etc. mit der Ausgangsurkunde besteht hier nicht.

E. Beifügung von Unterlagen und anderen Urschriften (Abs. 3)

Neu eingefügt durch das DiRUG wurde **Abs. 3**, der den Fall regelt, dass einer nach den neuen §§ 16a ff. BeurkG elektronisch errichteten und nach § 55 Abs. 3 BeurkG in der elektronischen Urkundensammlung zu verwahrenden Urkunde Unterlagen oder andere Urschriften beizufügen sind. Die Vorschrift erfasst daher z.B. eine im Rahmen einer GmbH-Online-Gründung verwendete Vollmacht in Papierform oder Anlagen zu einer Handelsregisteranmeldung. 13

Für solche Dokumente gelten nach **Abs. 3 S. 1** die Abs. 1 und 2 entsprechend. Auch Papierdokumente, die einer elektronisch errichteten Urschrift (nachträglich) beizufügen sind, sind daher nach Maßgabe dieser Bestimmungen inhaltlich und bildlich übereinstimmend in die elektronische Form zu übertragen sowie mit einem Übertragungsvermerk und einer qualifizierten elektronischen Signatur zu versehen.

Abs. 3 S. 2 betrifft den Nachtragsvermerk zu einer elektronisch errichteten Urkunde und stellt lediglich klar, dass derartige Nachtragsvermerke – selbstverständlich – nicht erst in Papierform zu errichten und dann gem. Abs. 1 in die elektronische Form zu überführen, sondern originär elektronisch zu errichten sind. Die Übertragung eines Papierdokuments in die elektronische Form erübrigt sich damit, was durch Satz 2 klargestellt werden sollte.[23] 14

F. Gleichstellung der elektronischen Dokumente mit der Papierurkunde (Abs. 4)

Abs. 4 ordnet die **rechtliche Gleichstellung** der in der elektronischen Urkundensammlung verwahrten elektronischen Dokumente mit den in Papierform vorliegenden Original-Dokumenten an, sofern das elektronische Dokument nach Abs. 1 und 2 erstellt wurde und im Elektronischen Urkundenarchiv verwahrt wird. 15

Das elektronische Dokument teilt mithin die Qualität des in Papierform vorliegenden Schriftstücks. Handelt es sich beispielsweise bei dem in Papierform vorliegenden Schriftstück um die einfache Abschrift einer notariellen Urkunde, steht das entsprechende im Elektronischen Urkundenarchiv verwahrte elektronische Dokument einer einfachen Abschrift der notariellen Urkunde gleich; handelt es sich bei dem in Papierform vorliegenden Schriftstück um die Urschrift eines notariellen Beschlusses, steht das entsprechende im Elektronischen Urkundenarchiv verwahrte elektronische Dokument der Urschrift dieses Beschlusses gleich.

Der Gesetzgeber sah die Gleichstellung der im Elektronischen Urkundenarchiv verwahrten elektronischen Dokumente mit den in Papierform vorhandenen Schriftstücken zurecht als zwingende Voraussetzung für eine Verkürzung der Aufbewahrungsfrist für die in der Urkundensammlung in Papierform aufzubewahrenden Schriftstücke. Nach Ablauf der Aufbewahrungsfrist für die Papierurkunde und deren Vernichtung wird der Inhalt der Urkundensammlung ausschließlich im Elektronischen Urkundenarchiv verwahrt. Auch wenn sich 30 Jahre (vgl. § 50 Abs. 1 S. 1 Nr. 3 NotAktVV) nach der Errichtung der Urkunde deren rechtliche Relevanz in vielen Fällen bereits vollständig erledigt haben dürfte, muss der Inhalt der notariellen Urkundensammlung dem Rechtsverkehr selbstverständlich weiterhin uneingeschränkt zur Verfügung stehen. Dies wiederum setzt zwingend voraus, dass die in der elektronischen Urkunden- 16

22 Grziwotz/Sauer/Heinemann/*Heinemann/Sauer*, § 56 Rn 12.

23 RegE zum DiRUG, BT-Drucks 19/28177, 154.

sammlung verwahrten elektronischen Dokumente den in Papierform vorhandenen Schriftstücken rechtlich gleichstehen.

17 Die Gleichstellung zwischen dem in der elektronischen Urkundensammlung verwahrten elektronischen Dokument und dem in Papierform vorhandenen Schriftstück besteht dabei **von Anfang an**, d.h. sofort nach der Einstellung des elektronischen Dokuments in das Elektronische Urkundenarchiv und nicht erst nach Ablauf der Verwahrfrist oder gar Vernichtung der Papierurkunde.[24] Dem elektronischen Dokument wird hierdurch von vornherein der Status bei der Verwahrung beigemessen, den es spätestens nach Vernichtung des in Papierform vorhandenen Schriftstücks ohnehin erhalten müsste.

18 Bei der **Erstellung von Ausfertigungen und Abschriften** kann der Notar künftig von vornherein auf die elektronische Fassung der Urschrift zurückzugreifen (vgl. dazu den speziell aus diesem Grund angepassten § 49 BeurkG). Insbesondere gilt § 47 BeurkG auch für die aus der elektronischen Fassung erstellte Ausfertigung. Wohlgemerkt: Ausfertigungen können nach wie vor nur in Papierform erstellt werden. Elektronische Ausfertigungen gibt es nicht.

19 Anstelle einer beglaubigten Abschrift kann zukünftig grundsätzlich auch eine elektronische Kopie der elektronischen Fassung der Urschrift vorgelegt werden. Denn der nach **Abs. 1 S. 2** bei der Übertragung der Papierdokumente in die elektronische Form zu erstellende **Übereinstimmungsvermerk** hat rechtlich stets zugleich auch die Qualität eines **einfachen elektronischen Zeugnisses i.S.d. § 39a BeurkG**, welches die inhaltliche und – über die allgemeinen Anforderungen an beglaubigte Abschriften hinaus sogar die bildliche – Übereinstimmung des elektronischen Dokuments mit der Urschrift bescheinigt. Da jede „Kopie" der elektronischen Fassung der Urschrift mit dem Original vollständig identisch ist, deswegen auch den Übereinstimmungsvermerk enthält und sich von dieser nur durch ihren Speicherort unterscheidet, stellt die Kopie außerhalb des Elektronischen Urkundenarchivs eine elektronische beglaubigte Abschrift der Urschrift dar. Die Kopie der elektronischen Fassung der Urschrift genügt damit insbesondere auch den registerrechtlichen Anforderungen, z.B. in § 137 GBO und § 12 HGB.[25]

Wohlgemerkt: Dies gilt freilich nur, solange die eigentliche elektronische Urkunde nebst Übereinstimmungsvermerk von der originären, d.h. vom Notar aufgebrachten Signaturdatei nebst den durch das Urkundenarchiv ggf. zur Erhaltung des Beweiswerts später aufgebrachten Übersignaturen (= Zeitstempeln) verbunden bleibt (vgl. zu den Konsequenzen einer Trennung der Dateien die Ausführungen zu § 39a BeurkG Rdn 36).

20 Bei dem Übereinstimmungsvermerk handelt es sich darüber hinaus zugleich um ein **öffentliches elektronisches Dokument i.S.v. § 371a Abs. 3 ZPO**, auf das die Vorschriften über die Beweiskraft öffentlicher Urkunden entsprechende Anwendung finden,[26] so dass auch im Zivilprozess gem. § 435 S. 1 Alt. 2 ZPO eine Kopie der elektronischen Fassung der Urschrift anstelle der Urschrift vorgelegt werden kann.

§ 56a (aufgehoben)

24 Frenz/Miermeister/*Löffler*, § 56 BeurkG Rn 13; *Winkler*, § 56 Rn 8; Grziwotz/Sauer/Heinemann/*Heinemann/Sauer*, § 56 Rn 17.

25 RegE zum Urkundenarchivgesetz, BT-Drucks 18/10607, 91.

26 *Winkler*, § 56 Rn 11.

Abschnitt 6: Verwahrung

Vorbemerkungen zu §§ 57 ff.

Literatur Monographien zur Verwahrung: *Bräu*, Verwahrungstätigkeit des Notars, 1991; *Dornis*, Kaufpreiszahlung auf Notaranderkonto, 2005; *Kawohl*, Notaranderkonto, 1995; *Preuß*, Die notarielle Hinterlegung, 1994; *Weingärtner*, Das notarielle Verwahrungsgeschäft, 1998; **Aufsätze zur Verwahrung:** *Brambring*, Kaufpreiszahlung über Notaranderkonto, DNotZ 1990, 615; *Dickert*, Inhalt und Grenzen der staatlichen Aufsicht über Notare, MittBayNot 1995, 421; *Franken*, Rechtsprobleme nach Kaufpreishinterlegung auf Notaranderkonto beim Grundstückskauf, RNotZ 2010, 597; *Galke*, Ausgewählte Fragen des notariellen Berufsrechts, ZNotP 2015, 242; *Kasper*, Abwicklungsstörungen beim Grundstückskaufvertrag bei Konflikten zwischen den Vertragsparteien, RNotZ 2018, 133; *Meyer/Meyer*, Anwaltliche und notarielle Tätigkeit beim Anwaltsnotar, NotBZ 2004, 289; *Reithmann*, Mehrseitige Treuhandverfahren beim Grundstückskauf – Kaufpreisfinanzierung über Notar-Anderkonto, NotBZ 1999, 57; *Reithmann*, Erfüllungswirkung bei Kaufpreiszahlung auf Notaranderkonto, NJW 1996, 3327; *Schmidt*, Risikoverteilung bei der Abwicklung von Immobilienkäufen über Notaranderkonto, ZfIR 2001, 701; *Schubert*, Notarkosten und Auslandsberührung, MittBayNot 2005, 357; *Volhard*, Amtspflichten des Notars bei Eingriffen in den Vertragsvollzug, DNotZ 1987, 523; *Zimmermann*, Weisungen der Beteiligten bei Verwahrungsgeschäften nach § 23 BNotO, DNotZ 1980, 451; *Zimmermann*, Die Neufassung der Dienstordnung für Notare, DNotZ 1985, 5.

A. Einführung

I. Geschichte

Im 19. Jahrhundert war die Verwahrung durch Notare teilweise in landesrechtlichen Bestimmungen geregelt. Erst die Reichsnotarordnung (RNotO) vom 13.2.1937 schuf eine einheitliche Rechtsgrundlage für das gesamte Deutsche Reich.[1] Die Regelung in § 25 RNotO wurde später gleichlautend in **§ 23 BNotO** übernommen. Damit war eine **Zuständigkeitsbestimmung** gegeben. Die RNotO stellte auch klar, dass die Verwahrung von Wertgegenständen Amtstätigkeit ist. Im BeurkG fanden sich früher keine Bestimmungen zur Verwahrung. Regelungen enthielt nur die DONot. 1

Diese Rechtslage konnte angesichts der Bedeutung der notariellen Verwahrung in der Praxis nicht länger befriedigen. Sie war auch verfassungsrechtlich äußerst problematisch.[2] Wesentliche verfahrensrechtliche Regelungen und zentrale Berufspflichten bedürfen der gesetzlichen Normierung und können nicht

1 Zur Geschichte ausführlich: *Bräu*, Verwahrungstätigkeit, Rn 13 f.; Handbuch Notarhaftung/*Hertel*, Kap. 4 Rn 4 ff.

2 Vgl. bereits *Huhn/von Schuckmann*, 3. Aufl., § 11 DONot Rn 1 m.w.N.

allein in Verwaltungsvorschriften geregelt werden. Je mehr in grundrechtlich geschützte Bereiche eingegriffen wird, „desto deutlicher muss das gesetzgeberische Wollen zum Ausdruck kommen".[3] Durch das am 8.9.1998 in Kraft getretene **Dritte Gesetz zur Änderung der BNotO[4] vom 31.8.1998** wurde die **Verwahrung gesetzlich geregelt**. Die detaillierten Bestimmungen haben ihren Platz richtigerweise nicht in der BNotO gefunden, die die Berufsordnung festlegt.[5] Sie wurden ins BeurkG eingefügt, dessen Gegenstand nach § 1 Abs. 1 BeurkG das notarielle Verfahrensrecht bei öffentlichen Beurkundungen und Verwahrungen ist.[6] Dies hatte die BNotK seit langem gefordert.[7] Keine wesentlichen inhaltlichen Änderungen bei der Verwahrung brachte das „Gesetz zur Neuordnung der Aufbewahrung von Notariatsunterlagen und zur Einrichtung des Elektronischen Urkundenarchivs bei der Bundesnotarkammer sowie zur Änderung weiterer Gesetze vom 1.6.2017 („**Gesetz über das elektronische Urkundenarchiv**").[8] Seine hier interessierenden Teile traten im Wesentlichen am 9.6.2017 in Kraft. Aus den §§ 54a ff. BeurkG a.F. wurden die praktisch inhaltsgleichen §§ 57 ff. BeurkG. Der inhaltlich neue § 59 BeurkG wurde mit Erlass der Verordnung über die Führung von Akten und Verzeichnissen durch Notare (NotAktVV) vom 13.10.2020, die zum 1.1.2022 in Kraft trat, bundeseinheitlich umgesetzt (vgl. Kommentierung zu § 59 BeurkG). Der ebenfalls neue § 59a BeurkG trat am 1.1.2022 in Kraft.

II. Verhältnis zur NotAktVV, DONot und zu den Richtlinien der Notarkammern

2 Die §§ 57 ff. BeurkG stellen keine abschließende Regelung dar, sondern lassen Raum für ergänzende Regelungen in der DONot. Dies ergab sich bereits aus der Begründung des Gesetzesentwurfs zu §§ 54a bis 54e a.F. BeurkG.[9] Soweit **ergänzende Bestimmungen** lediglich die Durchführung der Aufsicht erleichtern sollen, kann und darf dies in der **DONot** erfolgen.[10] Vor allem gilt das für die Dokumentationspflichten.[11] Diese waren bis zum 31.12.2021 in den §§ 10–14, 22, 25 und 27 DONot a.F. geregelt. Auf die damit verbundene verfassungsrechtliche Problematik wird an anderer Stelle ausführlich eingegangen (vgl. Vor §§ 1–21 DONot Rdn 28 ff.). Mit Erlass der NotAktVV sind die Vorschriften über die nunmehr zu erfolgende elektronische Erfassung der Verwahrung und deren geschäftsmäßiger Abwicklung einer bundeseinheitlichen Regelung in den §§ 21 ff. NotAktVV zugeführt worden. Die neue DONot vom 24.11.2021[12] enthält nur noch Vorschriften über die zum 31.1. eines jeden Kalenderjahres zu erstellenden Übersichten über den Stand der Verwahrungsgeschäfte (§ 9 DONot) sowie die Durchführung der Verwahrungsgeschäfte (insb. Anderkontenbedingungen, Belegführung und Abrechnung, § 10 DONot) als berufsrechtliche Verwaltungsvorschriften.

3 Nach § 67 Abs. 2 S. 3 Ziff. 3 BNotO können die **Notarkammern durch Satzung nähere Regelungen** zur Verwahrung fremder Vermögensinteressen treffen. Die Richtlinienempfehlungen der BNotK,[13] die – im Wesentlichen wörtlich – in Kammerrecht „umgesetzt" wurden,[14] sehen vor, dass der Notar anvertraute Vermögenswerte mit besonderer Sorgfalt behandeln muss und Treuhandaufträge sorgfältig auszuführen hat (III.1.). Er darf auch nicht dulden, dass sein Amt zur Vortäuschung von Sicherheiten benutzt wird (III.2. S. 1). Anforderungen, die „qualitativ" über die Erfordernisse des BeurkG hinausgehen, ergeben sich daraus nicht.[15]

4 Regelungen zur Verwahrung und deren Abwicklung finden sich nunmehr in folgenden Rechtsquellen:

1. BNotO (§ 23)
2. BeurkG (§§ 57 ff.)
3. NotAktVV (insbesondere §§ 21 ff., 41)

3 So BVerfG v. 9.8.2000 – 1 BvR 647/98, DNotZ 2000, 787, 790; vgl. auch BVerfG v. 13.7.2004 – BvR 1298/94 u.a., DNotZ 2004, 942 ff. (zu den Rechtsgrundlagen von Notarkasse und Ländernotarkasse).
4 BGBl I 1998, 2585 ff.
5 A.A. *Lerch*, vor § 54a Rn 3.
6 Vgl. *Winkler*, vor § 57 Rn 2.
7 Vgl. Tätigkeitsbericht der BNotK (1992) in DNotZ 1993, 634, 638.
8 BGBl I 2017, 1396 ff.
9 BT-Drucks 13/4184 S. 37 ff.
10 Vgl. *Vaasen/Starke*, DNotZ 1998, 661, 677; *Winkler*, vor § 57 Rn 1; Frenz/Miermeister/*Hertel*, BNotO § 23 Rn 4.
11 Vgl. Beck'sches Notarhdb/*Trömer*, § 1 Rn 754.
12 Abrufbar unter www.bnotk.de/intern; zu den Umsetzungen in den Dienstordnungen in den einzelnen Bundesländern vgl. vor DONot.
13 DNotZ 1999, 258 ff.; zur Rechtsnatur BeckOK-BNotO, RLEmBNotK Rn 2; *Frenz/Miermeister*, RLEmBNotK Einl. Rn 2 ff.
14 Die Richtlinien der einzelnen Notarkammern sind abrufbar unter www.bnotk.de.
15 Vgl. Haug/Zimmermann/*Zimmermann*, Rn 683.

4. Richtlinien der einzelnen Notarkammern (Abschnitt III)
5. DONot (§§ 9, 10)

III. Terminologie

Anders als die DONot früher verwendet das Gesetz nicht mehr den Begriff der „Hinterlegung", sondern spricht von „Verwahrung". Damit soll auch sprachlich eine klare Abgrenzung der zivilrechtlichen Hinterlegung i.S.d. §§ 372 ff. BGB von der notariellen Verwahrung erfolgen.[16] Hinterlegungsstellen sind die Amtsgerichte, so dass die notarielle Verwahrung keine Hinterlegung i.S.d. früheren Hinterlegungsordnung bzw. nunmehr der landesrechtlichen Hinterlegungsgesetze ist (vgl. unten § 58 BeurkG Rdn 33).[17] Wo keine Missverständnisse zu befürchten sind, kann weiterhin statt von „Verwahrung" von „Hinterlegung" gesprochen werden. 5

B. Notarielle Verwahrung als Amtsgeschäft

Bei der notariellen Verwahrung handelt es sich um ein Amtsgeschäft, auch wenn der Notar grundsätzlich nicht zur Übernahme von Verwahrungsgeschäften verpflichtet ist. 6

I. Amtsgeschäft

Nach § 23 BNotO umfasst die Zuständigkeit der Notare auch die Aufbewahrung und Ablieferung bestimmter Wertgegenstände. Diese Vorschrift findet sich im 3. Abschnitt der BNotO unter der Überschrift „Amtstätigkeit". Schon daraus wird deutlich, dass Verwahrungsgeschäfte Amtsgeschäfte des Notars sind.[18] Gleichwohl gehört die Verwahrung dabei nicht zu den Urkundstätigkeiten nach § 10a Abs. 2 BNotO, sondern zur sonstigen notariellen Rechtsbetreuung i.S.v. § 24 Abs. 1 BNotO.[19] Die Verwahrung ist dennoch **Kernbestandteil** der notariellen Tätigkeit im Bereich vorsorgender Rechtspflege. Anders als bei der Verwahrung durch einen Rechtsanwalt besteht zwischen den Beteiligten und dem Notar **kein privatrechtliches Vertragsverhältnis**.[20] Die notarielle Verwahrung ist hoheitlicher, d.h. **öffentlich-rechtlicher Natur**.[21] 7

Daraus ergeben sich unter anderem folgende Konsequenzen:

– Die Normen des Privatrechts finden grundsätzlich keine Anwendung im Rahmen der öffentlichen Verwahrung.[22] Nur ausnahmsweise sollen auch bei einem vertragsähnlichen öffentlich-rechtlichen Verhältnis zivilrechtliche Vorschriften anwendbar sein (z.B. Rechnungslegung und Auskunftspflicht entsprechend § 666 BGB).[23] Der Notar ist somit nicht Treuhänder im bürgerlich-rechtlichen Sinne, selbst wenn er als objektiver Sachwalter die Interessen aller an dem Verwahrungsgeschäft Beteiligten in gleicher Weise zu wahren hat und zivilrechtlich „Eigentümer" wird.[24]
– Die Haftung des Notars richtet sich ausschließlich nach den **Grundsätzen der Amtshaftung** (§ 19 BNotO). Er haftet niemals nach Vertragsrecht.[25]
– Dem Notar können zwar von den Beteiligten bestimmte Weisungen erteilt werden, die er zu beachten hat. Die Privatautonomie findet aber dort ihre Grenze, wo die zwingenden Regelungen der notariellen Verwahrung zu beachten sind. Der Rahmen, den die §§ 57 ff. BeurkG abstecken, unterliegt nicht der Parteidisposition. So darf der Notar keine Verwahrungsanweisung annehmen, die ihn ermächtigt aufgrund mündlicher Weisung zu handeln (Verstoß gegen § 57 Abs. 4 BeurkG). Es stellt eine Amtspflichtverletzung dar, wenn ein Anwaltsnotar sich bereit erklärt, eine Kaufgeldmasse in seiner Eigen-

16 Vgl. *Brambring*, DNotZ 1999, 381 f.; *Reithmann*, NotBZ 1999, 57, 58.
17 Vgl. *Kawohl*, Notaranderkonto, Rn 10; Arndt/Lerch/Sandkühler/*Sandkühler*, § 23 Rn 10.
18 Grundlegend *Brambring*, DNotZ 1990, 615, 623 ff.; vgl. auch *Dornis*, Kaufpreiszahlung, S. 7; *Kawohl*, Notaranderkonto, Rn 11; Frenz/Miermeister/*Hertel*, BNotO § 23 Rn 9.
19 Vgl. Arndt/Lerch/Sandkühler/*Sandkühler*, § 23 Rn 2.
20 Vgl. Handbuch Notarhaftung/*Hertel*, Kap. 4 Rn 13; *Zimmermann*, DNotZ 1980, 451, 453.
21 Vgl. BVerfG v. 19.6.2012 – 1 BvR 3017/09, DNotZ 2012, 945, 951 Rn 54.
22 Vgl. *Kawohl*, Notaranderkonto, Rn 11.
23 Vgl. Schlüter/Knippenkötter/*Knippenkötter*, Rn 383.
24 Vgl. *Weingärtner*, Verwahrungsgeschäft, Rn 42.
25 Vgl. *Weingärtner*, Verwahrungsgeschäft, Rn 29; Diehn/*Kilian*, BNotO, § 23 Rn 22; a.A. LG Dortmund v. 4.2.2022 – 3 O 379/22, unveröffentlicht.

schaft als Rechtsanwalt zu verwahren (Verstoß gegen § 24 Abs. 2 S. 1 BNotO; vgl. unten Rdn 16S. 1 BNotO; vgl. unten Rdn 16 ff.). Der Notar darf sich auch nicht darauf einlassen, dass ihm über ein Fremdgeldkonto nur ein Mitverfügungsrecht eingeräumt wird (Verstoß gegen § 58 Abs. 3 S. 1 BeurkG).

– Gegen den Notar vor einem Zivilgericht erhobene Klagen, die auf eine bestimmte Form der Sachbehandlung gerichtet sind, sind unzulässig. Ein Zivilgericht darf einem Notar kein bestimmtes Verhalten vorschreiben. Der richtige Verfahrensweg gegen den Notar ist das Beschwerdeverfahren nach § 15 Abs. 2 BNotO (ausführlich unten vgl. § 60 BeurkG Rdn 50 ff.).[26]

8 Teilweise wird vertreten, die Verwahrung sei im Wesentlichen keine Aufgabe der vorsorgenden Rechtspflege, sondern **administrative Tätigkeit**. Daraus soll sich ableiten, dass dem Notar keine oder nur sehr wenig sachliche Unabhängigkeit zusteht; die staatliche Aufsicht werde im Wesentlichen nicht beschränkt.[27] Dem kann nicht gefolgt werden.[28] Die Verwahrung stellt eine sonstige Rechtsbetreuung i.S.v. § 24 Abs. 1 BNotO dar, die zum Kernbereich der notariellen Amtstätigkeit gehört. Der Notar ist und bleibt insoweit sachlich unabhängig.[29] Richtig ist allerdings, dass die notarielle Verwahrung sehr „engmaschig" im Gesetz geregelt ist. Die Spielräume für die sachliche Unabhängigkeit sind daher erheblich eingeschränkt. Die Gestaltungsmöglichkeiten sind eng. Auch mit Einverständnis der Beteiligten kann der Notar nicht von seinen Amtspflichten befreit werden.[30]

II. Keine Pflicht zur Übernahme von Verwahrungsgeschäften

9 § 23 BNotO berechtigt den Notar, Verwahrungen durchzuführen. Daraus leitet sich aber **keine grundsätzliche Pflicht zur Übernahme von Verwahrungsgeschäften** ab. Die Rechtslage ist anders als bei Beurkundungen, die der Notar nicht ohne ausreichenden Grund verweigern darf (vgl. § 15 Abs. 1 S. 1 BNotO). Verwahrungen darf er dagegen – wenigstens nach pflichtgemäßem Ermessen – regelmäßig ablehnen.[31] Das sichert seine Unabhängigkeit. Bestehen die Beteiligten auf einem bestimmten Urkundsinhalt, kann (und muss gegebenenfalls) der Notar seine Zweifel an der Zweckmäßigkeit in der Urkunde festhalten und über Risiken belehren – die Beurkundung darf er jedoch in der Regel nicht ablehnen. Bei der Verwahrung sieht es hingegen anders aus: Die genaue Befolgung einer von den Beteiligten erteilten Verwahrungsanweisung ist Amtspflicht des Notars. Daher muss der Notar das Recht haben, die Zweckmäßigkeit der Verwahrungsbedingungen zu beurteilen und eine Verwahrungstätigkeit abzulehnen, die ihm unangemessen, unklar oder unpraktikabel erscheint.[32] Er ist hier frei in seiner Entscheidung. Eine andere praktische Konsequenz liegt auf der Hand: Regelmäßig nimmt der Notar erheblichen Einfluss auf den Inhalt der Verwahrungsvereinbarungen, die er später ausführen muss.[33] Ein gutes Beispiel bietet ein vom KG[34] entschiedener Fall: Das KG hält eine AGB-Klausel, die den Mieter von Gewerberaum verpflichtet, bei Geltendmachung von Minderungsrechten den entsprechenden Betrag auf einem Notaranderkonto zu verwahren, für wirksam und mit § 307 BGB vereinbar. Ein Notar, der eine solche Verwahrung vornehmen soll, aber die AGB-Problematik sieht, wird mit guten Gründen von seinem Ablehnungsrecht Gebrauch machen. Es ist erwartbar, dass der verwaltete Betrag streitbehaftet ist und über einen längeren Zeitraum verwahrt werden muss, wobei ein berechtigtes Sicherungsinteresse nicht erkennbar ist.

10 Nur ganz ausnahmsweise besteht eine **Pflicht zur Übernahme eines Verwahrungsgeschäfts**. Das ist zum Beispiel der Fall, wenn ein Urkundsgeschäft ohne notarielle Verwahrung nicht sinnvoll durchgeführt

26 Vgl. Arndt/Lerch/Sandkühler/*Sandkühler*, § 23 Rn 12.
27 So *Dickert*, MittBayNot 1995, 421, 426; *Blaeschke*, Rn 1507.
28 Vgl. auch BGH v. 16.11.2020 – NotSt (Brfg) 2/19, DNotZ 2021, 508.
29 Vgl. *Zimmermann*, DNotZ 1985, 5, 8.
30 Vgl. *Bräu*, Verwahrungstätigkeit, Rn 84.
31 Vgl. *Brambring*, DNotZ 1990, 615, 625; *Zimmermann*, DNotZ 1980, 451, 453; *Winkler*, Einl. Rn 31; § 57 Rn 5; Arndt/Lerch/Sandkühler/*Sandkühler*, § 23 Rn 86; *Weingärtner*, Verwahrungsgeschäft, Rn 7; Grziwotz/Sauer/Heinemann/*Grziwotz*, § 57 Rn 22; Frenz/Miermeister/*Hertel*, BNotO § 23 Rn 7.
32 Vgl. *Kawohl*, Notaranderkonto, Rn 13.
33 Vgl. *Brambring*, DNotZ 1990, 615, 625.
34 KG v. 11.7.2013 – 8 U 243/12, NotBZ 2013, 434 f.

werden kann oder wenn sich bei der Rückabwicklung eines Vertrages nicht anders lösbare Probleme ergeben. In solchen Fällen **reduziert sich das pflichtgemäße Ermessen des Notars auf „0“.**[35] Auf sein allgemeines Ablehnungsrecht darf sich der Notar auch dann nicht mehr berufen, wenn er einen Kaufvertrag mit Verwahrungsvereinbarung bereits beurkundet hat. In diesem Fall hat er den Verwahrungsantrag schon angenommen – der Notar hat kein freies „Kündigungsrecht“.[36]

Eine **Ablehnungspflicht** besteht für den Notar, wenn die Verwahrung mit seinen Amtspflichten nicht vereinbar ist, z.B. weil kein berechtigtes Interesse an der Verwahrung besteht (vgl. unten § 57 BeurkG Rdn 7 ff.). Auf keinen Fall darf ein Notar ein Verwahrungsgeschäft übernehmen, wenn er erkennbar nur deshalb eingeschaltet wird, um eine Sicherheit vorzutäuschen oder dem Geschäft den Anschein der Seriosität zu geben (vgl. unten § 57 BeurkG Rdn 35 ff.). Die ins Kammerrecht umgesetzten Richtlinienempfehlungen der BNotK bestätigen dies in Abschnitt III.2[37] ausdrücklich.

III. Öffentlich-rechtliche Verwahrungsanweisung – zivilrechtliche Verwahrungsvereinbarung

Auch wenn die notarielle Verwahrung selbst öffentlich-rechtlicher Natur ist, gibt es bei Verwahrungsgeschäften ein wichtiges zivilrechtliches Element. Dogmatisch muss nämlich streng unterschieden werden zwischen der **zivilrechtlichen Verwahrungsvereinbarung** der Beteiligten einerseits (Verhältnis der Beteiligten untereinander) und der **öffentlich-rechtlichen Verwahrungsanweisung** (Verhältnis zum Notar).[38] In der notariellen Urkunde fallen die Regelungen allerdings meist zusammen.[39] **11**

Der Unterschied lässt sich am Beispiel eines typischen Kaufvertrags mit Kaufpreisverwahrung auf dem Notaranderkonto verdeutlichen:

– Der beurkundete schuldrechtliche Kaufvertrag enthält die **Verwahrungsvereinbarung** (auch Hinterlegungsvereinbarung genannt). In ihr regeln Käufer und Verkäufer zunächst, unter welchen Voraussetzungen die Kaufpreishinterlegung erfolgen soll. Weiterhin wird festgelegt, unter welchen Voraussetzungen die Auszahlungen vorgenommen werden. Zwischen Käufer und Verkäufer werden insoweit vertragliche Vereinbarungen getroffen, die für beide Seiten bindend sind. Die Verwahrungsvereinbarung ist zivilrechtlicher Natur.
– Die **Verwahrungsanweisung** (auch Hinterlegungsanweisung genannt) hat ihre Grundlage ebenfalls in dem beurkundeten Kaufvertrag. Die Betonung liegt jedoch auf einem anderen Aspekt: Es geht um das Verhältnis zum Notar. Jeder Beteiligte weist den Notar an, eine genau ausgestaltete Betreuungstätigkeit zu übernehmen. Die Verwahrungsanweisung wird bei einem Kaufvertrag sowohl vom Käufer als auch vom Verkäufer getrennt erteilt.[40] Die Rechtsbeziehung zum Notar ist öffentlich-rechtlicher Natur.

Früher spielte die Frage eine große Rolle, **wie eng „Verwahrungsvereinbarung“ und „Verwahrungsanweisung“ miteinander verknüpft** sind. Die Antwort entschied im Wesentlichen darüber, ob und inwieweit der einseitige Widerruf einer Weisung für den Notar beachtlich war. **12**

Eine Meinung[41] betonte die rechtliche Unabhängigkeit von privatrechtlicher Hinterlegungsvereinbarung und verfahrensrechtlicher Hinterlegungsanweisung. Daraus ließ sich insbesondere die jederzeitige Widerruflichkeit der Verwahrungsanweisung ableiten. **13**

35 Frenz/Miermeister/*Hertel*, BNotO § 23 Rn 7; Arndt/Lerch/Sandkühler/*Sandkühler*, § 23 Rn 86; Diehn/*Kilian*, BNotO, § 23 Rn 14; *Suppliet*, NotBZ 2007, 150; Haug/Zimmermann/*Zimmermann*, Rn 686; Handbuch Notarhaftung/*Hertel*, Kap. 4 Rn 25; wohl eher ablehnend: *Winkler*, Einl. Rn 33a und § 57 Rn 47; wohl weitergehend: Grziwotz/Sauer/Heinemann/*Grziwotz*, § 57 Rn 6.
36 Frenz/Miermeister/*Hertel*, BNotO § 23 Rn 7a.
37 DNotZ 1999, 258, 260.
38 Vgl. z.B. Arndt/Lerch/Sandkühler/*Sandkühler*, § 23 Rn 26 f.; *Winkler*, vor § 57 Rn 7; *Kasper*, RNotZ 2018, 133, 138; grundlegend: *Zimmermann*, DNotZ 1980, 451, 453 ff.; *Brambring*, DNotZ 1990, 615, 623 ff.
39 Vgl. Frenz/Miermeister/*Hertel*, BNotO § 23 Rn 11; Handbuch Notarhaftung/*Hertel*, Kap. 4 Rn 20.
40 So z.B. *Lerch*, vor § 54a Rn 7.
41 So im Ansatz noch immer Arndt/Lerch/Sandkühler/*Sandkühler*, § 23 Rn 23; vgl. auch *Volhard*, DNotZ 1987, 523, 527 ff.

14 In einem grundlegenden Beitrag verband *Zimmermann*[42] „Verwahrungsvereinbarung" und „-anweisung". Von primärer Bedeutung sei die Vereinbarung, an die sich verfahrensrechtlich die Anweisung der Beteiligten anschließe. Der „Doppeltatbestand" führe zwar nicht zwingend zu einem einheitlichen Schicksal; dennoch schließe die im Vordergrund stehende zweiseitige Vereinbarung die Möglichkeit des einseitigen Widerrufs vielfach aus. *Brambring*[43] leitet aus dem „Doppeltatbestand" ab, dass Vereinbarung und Anweisung nicht voneinander getrennt werden könnten; sie bildeten ein Ganzes, weil sie sich wechselseitig bedingten.

15 Die dogmatischen Überlegungen[44] sind seit der BNotO-Reform im Jahre 1998 für die Praxis bedeutungslos geworden. Die Diskussion hatte rechtlich nur Folgen für die Frage der Beachtlichkeit des Widerrufs von Hinterlegungsanweisungen. Dieses Problem wurde mit Einführung des § 54c BeurkG (heute § 60 BeurkG) einer positivrechtlichen Lösung zugeführt.[45] Auf eine Auseinandersetzung mit der Problematik, die nur noch von theoretischem Interesse ist, kann daher verzichtet werden.

IV. Abgrenzung von notarieller und rechtsanwaltlicher Verwahrung

16 Notarielle und anwaltliche Verwahrung sind streng zu trennen. Ein Anwaltsnotar ist grundsätzlich berechtigt, auch in seiner Eigenschaft als Rechtsanwalt Verwahrungsgeschäfte zu übernehmen.[46] Die Abgrenzung von notarieller und anwaltlicher Tätigkeit kann im Einzelfall schwierig sein. **§ 24 Abs. 2 BNotO** enthält hierfür folgende Festlegungen: Nimmt ein Rechtsanwaltsnotar sonstige Betreuungstätigkeiten auf dem Gebiet der vorsorgenden Rechtspflege vor, so ist nach S. **1** anzunehmen, dass er als Notar tätig wird, wenn die Handlung dazu bestimmt ist, eine Beurkundung oder eine notarielle Verwahrung vorzunehmen. Diese Regelung ist zwingend.[47] In den übrigen Fällen ist nach S. **2** im Zweifel anzunehmen, dass er als Rechtsanwalt handelt. Das ist der Fall, wenn die Verwahrung mit einer Prozessangelegenheit oder einem einseitigen anwaltlichen Vertretungsmandat im Zusammenhang steht.[48] Für die Abgrenzung kommt es nicht auf den subjektiven Willen des Rechtsanwaltsnotars an; maßgeblich sind die objektiven Umstände und wie sich das Geschäft in seiner Außenwirkung aus der Sicht der Beteiligten (nicht deren Rechtsvertreter) darstellt.[49]

17 Somit darf der Rechtsanwaltsnotar notarielle Verwahrungsgeschäfte in der Durchführung nicht als anwaltliche Verwahrungsgeschäfte behandeln. Von den Verpflichtungen des BeurkG können auch Einverständniserklärungen der Beteiligten den Notar nicht befreien. Das war bereits vor Inkrafttreten des 3. ÄndG im Jahre 1998 anerkannt.[50]

18 Die Abgrenzung ist von erheblicher praktischer Bedeutung (vgl. NotAndKont Rdn 25 ff.): Die Qualifizierung der Verwahrung hat Auswirkungen auf die Art der Abwicklung, auf die Haftung und auf die Gebühren. Die Bestimmungen der §§ 57 ff., der NotAktVV zum Verwahrungsverzeichnis sowie der DONot zu Verwahrungs- und Massenbuch und des § 124 GNotKG gelten nur für die notarielle Verwahrung.

19 Banken führen Anderkonten eines Rechtsanwaltsnotars grundsätzlich als Rechtsanwaltsanderkonten (vgl. NotAndKont Rdn 27). Soll ein Notaranderkonto eingerichtet werden, muss dies ausdrücklich beantragt werden.

V. Persönliche Durchführung der Verwahrung durch den Notar

20 Verwahrungsgeschäfte sind Amtstätigkeit. Daher muss der Notar sie persönlich abwickeln. Seine Pflichten aus den §§ 57 ff. BeurkG sind nicht delegierbar. Eine Verwahrungsanweisung (vgl. § 57 Abs. 5 und 6 BeurkG) darf er deshalb nur selbst und nicht der Bürovorsteher annehmen.

42 DNotZ 1980, 451 ff.; ihm z.B. folgend: *Weingärtner*, Verwahrungsgeschäft, Rn 26; vgl. *Kasper*, RNotZ 2018, 133, 138.
43 DNotZ 1990, 615, 625.
44 Ausführlich *Bräu*, Verwahrungstätigkeit, Rn 87 ff.
45 Vgl. Handbuch Notarhaftung/*Hertel*, Kap. 4 Rn 354.
46 Vgl. Arndt/Lerch/Sandkühler/*Sandkühler*, § 23 Rn 5.
47 Vgl. BeckOK-BNotO/*Sander*, § 24 Rn 84; Diehn/*Kilian*, BNotO, § 23 Rn 10 (Umgehungsverbot); ausführlich zur Problematik: *Meyer*, S. 153 ff.
48 Vgl. *Weingärtner*, Verwahrungsgeschäft, Rn 14 f.; Diehn/*Kilian*, BNotO § 23 Rn 9.
49 Vgl. Arndt/Lerch/Sandkühler/*Sandkühler*, § 23 Rn 5: Haug/Zimmermann/*Zimmermann*, Rn 687.
50 Vgl. *Weingärtner*, Verwahrungsgeschäft, Rn 18; vgl. *Huhn/von Schuckmann*, 3. Aufl., § 12 DONot Rn 2.

Die rein „technische Abwicklung“ – nämlich die Führung des Verwahrungsverzeichnisses – darf der Notar dagegen von Dritten vornehmen lassen. Da im Bereich der Verwahrung peinliche Genauigkeit und Sorgfalt von entscheidender Bedeutung sind und Verstöße dagegen schwer geahndet werden, muss der Notar die mit dieser Aufgabe betrauten Angestellten besonders sorgfältig einweisen und regelmäßig überwachen. Es empfiehlt sich, das Verwahrungsverzeichnis – und für vor dem 1.1.2022 entgegengenommene Verwahrmassen das Verwahrungs- und Massebuch – allein durch einen ausgewählten Angestellten und nur bei dessen Verhinderung durch eine Urlaubs- und Krankheitsvertretung führen zu lassen. Stellt ein Notarprüfer fest, dass ein Notar sein Verwahrungsverzeichnis bzw. nach altem Recht seine Bücher entgegen früherer Praxis und ohne nachvollziehbaren Grund selbst und nicht mehr durch Mitarbeiter führen lässt, kann dies für den Prüfer ein Indiz für mögliche vorsätzliche Pflichtverletzungen darstellen.

C. Eintritt der Erfüllungswirkung bei Verwahrung

Immer wieder wird die Frage diskutiert, **wann bei der Verwahrung Erfüllungswirkung** eintritt. Die Antwort ist nicht nur von dogmatischem Interesse. Sie wirkt sich auf die Lösung einiger praktischer Fragen aus. **21**

Weitgehend unbestritten ist, dass die **Verwahrung selbst** nur dann zur Erfüllung führt, wenn dies ausnahmsweise von den Parteien ausdrücklich vereinbart wurde.[51] Dann ist der Notar als Dritter i.S.v. § 362 Abs. 2 i.V.m. § 185 BGB zur Entgegennahme der Leistung mit befreiender Wirkung berechtigt. Von einer derartigen Parteivereinbarung ist abzuraten: Das folgt aus dem Risiko des Käufers bei Insolvenz des Verkäufers und der Tatsache, dass zu diesem frühen Zeitpunkt noch gar nicht feststeht, ob der Vertrag überhaupt erfüllt werden kann.[52] **22**

Weitaus praktischer und streitiger ist die Frage, ob die Erfüllungswirkung im Regelfall erst eintritt, wenn die vertragskonforme **Auszahlung an den Verkäufer** erfolgt[53] oder bereits dann, wenn **Auszahlungsreife**[54] vorliegt. Der BGH hat die Frage ausdrücklich nicht allgemein beantwortet.[55] Nur in einer Einzelfallentscheidung[56] ist er im Wege der Vertragsauslegung zu dem Ergebnis gekommen, dass die Auszahlungsreife zur Erfüllung geführt habe. Die Interessenlage der Beteiligten spricht regelmäßig dafür, auf den Eintritt der Auszahlungsreife abzustellen. Kommt es danach zu Verzögerungen, liegen diese nicht mehr in der Sphäre des Käufers. Er hat alles seinerseits Erforderliche getan. Die Wirkungen der Erfüllung sollten ihm nicht versagt bleiben. In der Literatur wird dagegen geltend gemacht, für das Abstellen auf die tatsächliche Auszahlung spreche, dass der Verkäufer nicht die Gefahr des zufälligen Untergangs der Leistung (Insolvenz der Bank; Veruntreuung durch den Notar) zu tragen habe.[57] Überzeugen kann das aus meiner Sicht nicht: Warum soll der Käufer dieses Risiko auch noch nach Auszahlungsreife tragen? **23**

Unstreitig können die Beteiligten vertraglich vereinbaren, wann Erfüllung eintritt. Daher empfiehlt es sich, in der Verwahrungsvereinbarung klarstellend z.B. wie folgt zu formulieren: **24**

„Die Erfüllung des Kaufpreisanspruchs tritt mit Auszahlungsreife ein.“[58]

51 BGH v. 25.3.1983 – V ZR 168/81, DNotZ 1983, 549 ff. mit Anm. *Zimmermann*; BGH DNotZ 1995, 125, 127 mit Anm. *Knoche*; Beck'sches Notarhandbuch/*Trömer*, § 1 Rn 851; Arndt/Lerch/Sandkühler/*Sandkühler*, § 23 Rn 209; *Winkler*, § 58 Rn 15; *Kawohl*, Notaranderkonto, Rn 39 f.; Handbuch Notarhaftung/*Hertel*, Kap. 4 Rn 341; OLG Jena v. 28.4.2010 – 8 U 478/09, BeckRS 2010, 10970; a.A. allerdings: *Reithmann*, NJW 1996, 3327 f.; *Schmidt*, ZfIR 2001, 701, 703 ff.

52 Vgl. Frenz/Miermeister/*Hertel*, BNotO § 23 Rn 23; Beck'sches Notarhandbuch/*Trömer*, § 1 Rn 851; *Franken*, RNotZ 2010, 597, 602.

53 So OLG Köln v. 29.4.1988 – 2 Wx 33/87, DNotZ 1989, 257, 261 mit Anm. *Zimmermann*; ähnlich OLG Hamburg v. 6.12.1995 – 5 U 153/95, NJW 1996, 1289, 1290 (keine Erfüllung, wenn der Notar an den Verkäufer auszahlt und die eingetragenen Gläubiger nicht ablöst); *Dornis*, Kaufpreiszahlung, S. 22 ff. (insb. S. 47, 54; der Gefahrübergang soll aber bereits mit Auszahlungsreife eintreten); Frenz/Miermeister/*Hertel*, BNotO § 23 Rn 23; Arndt/Lerch/Sandkühler/*Sandkühler*, § 23 Rn 212 (als Auslegungsergebnis aus Gründen der Rechtsklarheit); *Weingärtner*, Verwahrungsgeschäft, Rn 123.

54 Vgl. *Bräu*, Verwahrungstätigkeit, Rn 150 (Ergebnis der Auslegung im Regelfall); *Kawohl*, Notaranderkonto, Rn 42; *Brambring*, DNotZ 1990, 615, 633; *Zimmermann*, MittRhNotK 1994, 171 f.; *Lerch*, § 54c Rn 4; Haug/Zimmermann/*Zimmermann*, Rn 706; *Franken*, RNotZ 2010, 597, 602; Kersten/Bühling/*Zimmermann*, § 9 Rn 6.

55 BGH v. 25.3.1983 – V ZR 168/81, DNotZ 1983, 549, 552 mit Anm. *Zimmermann*.

56 BGH v. 17.2.1994 – IX ZR 158/93, DNotZ 1995, 125, 128 mit Anm. *Knoche*; *Lerch*, vor § 54c Rn 4.

57 Vgl. *Weingärtner*, Verwahrungsgeschäft, Rn 123.

58 Vgl. statt vieler: Beck'sches Notarhandbuch/*Trömer*, § 1 Rn 851; Frenz/Miermeister/*Hertel*, BNotO § 23 Rn 23; *Franken*, RNotZ 2010, 597, 602; *Lerch*, vor § 54c Rn 4.

Probleme bereitet gelegentlich der Fall, dass der Käufer vereinbarungswidrig nicht auf das Anderkonto, sondern direkt an den Verkäufer zahlt. Sind keine Gläubiger abzulösen, dürfte die Direktzahlung in der Regel zur Erfüllung führen.[59]

D. Folgen des Verstoßes gegen die Regelungen der §§ 57 ff. BeurkG

25 Ein Verstoß gegen die Regelungen der §§ 57 ff. BeurkG kann unterschiedlichste haftungs- und berufsrechtliche Konsequenzen nach sich ziehen, die über die direkte persönliche Amtshaftung hinaus im Ausnahmefall schwerwiegender Verstöße vom Verlust des Versicherungsschutzes, über Disziplinarstrafen bis zur Strafbarkeit gehen können.

I. Zivilrechtliche Wirksamkeit des Verwahrungsgeschäfts

26 Die zugrundeliegenden zivilrechtlichen Rechtsgeschäfte werden durch die Missachtung der Vorschriften der §§ 57 ff. BeurkG nicht berührt. Der Verstoß gegen die Verwahrungsvorschriften führt nicht zur Unwirksamkeit des übernommenen Verwahrungsgeschäfts. Es liegt ein wirksames notarielles Amtsgeschäft vor. Dies war bereits zu Zeiten unstreitig, als die Verwahrung noch in der DONot geregelt war. § 134 BGB kann zwar im öffentlichen Recht analog angewendet werden. Die Bestimmung findet aber nur dann Anwendung, wenn sich das Verbot gegen beide Vertragsteile richtet.[60]

II. Amtshaftung

1. Primärhaftung des Notars

27 Bei der Verletzung der sich aus den §§ 57 ff. BeurkG ergebenden Amtspflichten haftet der Notar **primär**. Zwar kann er bei fahrlässigen Amtspflichtverletzungen gem. § 19 Abs. 1 S. 1 Hs. 1 BNotO grundsätzlich nur dann in Anspruch genommen werden, wenn der Geschädigte nicht auf andere Weise Ersatz zu erlangen vermag (sog. subsidiäre Haftung des Notars). Etwas anderes gilt jedoch nach § 19 Abs. 1 S. 1 Hs. 2 BNotO. Bei **Verwahrungsgeschäften** (§ 23 BNotO) und sonstigen Betreuungstätigkeiten (§ 24 BNotO) **ist der Auftraggeber berechtigt, den Notar unmittelbar in Anspruch zu nehmen**.[61] Dem Auftraggeber kann der Notar nicht entgegenhalten, dass der Verletzte auf andere Weise Ersatz erlangen kann.

28 Der gesetzgeberische Hintergrund der Primärhaftung liegt in der angenommenen fehlenden Schutzbedürftigkeit des Notars. Er kann die Übernahme von Betreuungsgeschäften ablehnen (vgl. oben Rdn 9).[62] Im Übrigen gibt es historische Gründe für die unmittelbare Haftung. Vor Inkrafttreten der BNotO wurde die Verwahrung durch den Notar nicht als hoheitlich, sondern als vertragsrechtlich eingestuft. Daher haftete der Notar nicht subsidiär. Die „Umqualifizierung" sollte den Geschädigten nicht schlechter stellen.[63] Neben der notariellen Verwahrung sind beispielsweise auch die Fälligkeitsmitteilung und die Umschreibungsüberwachung durch den Notar selbstständige Betreuungstätigkeiten; eventuelle Amtshaftungsansprüche sind in diesen Bereichen also nicht subsidiär.[64] Ob die gesetzlich geregelte Primärhaftung stets interessengerecht ist, erscheint jedenfalls insoweit fraglich, als der Notar unter Umständen bei einer Ermessensreduzierung auf Null zur Durchführung der Verwahrung verpflichtet sein kann (vgl. Rdn 10, 30).

29 Der Anwendungsbereich der Ausnahmebestimmung war **ursprünglich** vergleichsweise gering, da der **Begriff des „Auftraggebers" eng ausgelegt** wurde. Als Auftraggeber wurde nur derjenige angesehen, der den Notar um eine Tätigkeit ersuchte. Die Rechtsprechung hat den Begriff des Auftraggebers kontinuierlich erweitert. Zunächst hat der BGH[65] auch denjenigen als Auftraggeber angesehen, gegenüber dem

59 Vgl. OLG Nürnberg v. 9.11.2017 – 15 W 1859/17, MittBayNot 2018, 128, 130; Frenz/Miermeister/*Hertel*, BNotO § 23 Rn 23a.
60 So Arndt/Lerch/Sandkühler/*Sandkühler*, § 23 Rn 56 ff.
61 Vgl. statt vieler: Diehn/*Kilian*, BNotO, § 23 Rn 23.
62 Vgl. BGH v. 21.11.1996 – IX ZR 182/95, DNotZ 1997, 221, 227; *Franken*, RNotZ 2010, 597, 598.
63 Vgl. Frenz/Miermeister/*Frenz*, BNotO § 19 Rn 36.
64 Vgl. Frenz/Miermeister/*Frenz*, BNotO § 19 Rn 36; OLG Brandenburg v. 4.7.2002 – 5 U 175/01, DNotI-Rep. 2002, 133; BGH v. 6.7.2006 – III ZR 80/05, DNotZ 2006, 857 f.
65 BGH v. 21.11.1996 – IX ZR 182/95, DNotZ 1997, 221, 227.

der Notar ausdrücklich und selbstständig Amtspflichten übernommen hat. Später hat er recht deutlich zu erkennen gegeben, dass sogar Dritte, die am Amtsgeschäft zwar nicht unmittelbar oder mittelbar beteiligt sind, aber dennoch in ihren rechtlichen Interessen berührt werden, als Auftraggeber angesehen werden können. Der BGH begründet seine Auffassung im Wesentlichen mit der Gleichbehandlung aller Rechtsberater: Soweit z.B. ein Rechtsanwalt aufgrund eines Vertrages zugunsten Dritter oder mit Schutzwirkung zugunsten Dritter haften müsse, könne für den Notar nichts anderes gelten. Folgt man dieser Auffassung, wird das **Privileg der subsidiären Haftung** in dem noch immer haftungsträchtigen Bereich der Verwahrungsgeschäfte **weitgehend gegenstandslos**.

Diese Position des BGH überzeugt nicht:[66] Zwischen der Rechtsbetreuung durch Notare und durch andere Rechtsberater gibt es erhebliche Unterschiede: Zwar darf der Notar Betreuungsgeschäfte nach §§ 23, 24 BNotO, anders als Beurkundungen, ablehnen. In der Praxis besteht jedoch in vielen Fällen ein so enger Bezug zwischen der Beurkundung und dem sich anschließenden Betreuungsgeschäft, dass das Ablehnungsrecht eher theoretischer Natur ist. Dies gilt insbesondere bei Fällen, in denen das Ermessen zur Übernahme eines Verwahrungsgeschäfts auf „Null" reduziert ist. Die subsidiäre Haftung des Notars ist Ausgleich dafür, dass de facto eine Pflicht zur Übernahme des Geschäfts besteht. Und dies geschieht zu einer Gebühr, über die – anders als bei Rechtsanwälten – keine Vereinbarung zulässig ist. Hätte der Gesetzgeber tatsächlich eine Ausweitung der Primärhaftung der Notare im Bereich von Verwahrungs- und sonstigen Betreuungsgeschäften gewollt, dann hätte er dies bei der Novelle der BNotO im Jahre 1998 sprachlich zum Ausdruck bringen können und müssen. 30

Zivilrechtliche Ansprüche wegen Schlecht- oder Nichterfüllung gegen den Notar sind dagegen ausgeschlossen. Die Haftung richtet sich nur nach § 19 BNotO.[67] **§ 19 BNotO regelt ursprünglich eine Haftung für eigenes Verschulden.** Dies kann aber auch in einem Auswahl- oder Überwachungsverschulden bei Hilfspersonen liegen. Hier wurden und werden oft sehr strenge Maßstäbe angelegt. Früher war unstreitig, dass den Notar keine Haftung nach §§ 278, 831 BGB trifft.[68] Hier hat sich – zumindest in Teilbereichen – allmählich ein Wandel in der Rechtsprechung vollzogen. Diese neigt immer stärker zur Anwendung von § 278 BGB und findet dabei vielfach Zustimmung in der Literatur.[69] Große praktische Bedeutung hat die Frage im Bereich der Anderkonten, mit Ausnahme von Fehlern des kontoführenden Kreditinstituts, nicht, da die Pflichten gem. §§ 57 ff. BeurkG vom Notar selbst zu erfüllen und somit im Wesentlichen nicht delegierbar sind. 31

2. Voraussetzung eines Schadenersatzanspruchs

Hat der Notar bei der Übernahme oder Abwicklung eines Verwahrgeschäfts eine Amtspflicht verletzt, setzt das Bestehen einer Schadensersatzpflicht gem. § 19 Abs. 1 BNotO weiter voraus, dass die Amtspflicht generell drittschützende Wirkung entfaltet und die Pflicht gegenüber dem Anspruchsteller bestand. Längst nicht jede Regelung der §§ 57 ff. BeurkG hat drittschützende Wirkung. Insoweit kommt es jeweils auf den Schutzweck der verletzten Norm an. Während dies z.B. dann der Fall ist, wenn der Notar die ihm erteilte Verwahrungsanweisung missachtet, haben verfahrensrechtliche Vorschriften keine drittschützende Wirkung. Dies gilt vor allem für reine Dokumentationspflichten wie das Erfordernis der Schriftform in § 57 Abs. 4 BeurkG.[70] Ungeklärt ist dagegen, ob beispielsweise das „berechtigte Sicherungsinteresse"[71] oder das Verbot der Bargeldannahme nach § 57 Abs. 1 BeurkG[72] eine solche Wirkung haben und wie weit der Schutzzweck ggf. reicht. Für eine enge Auslegung spricht, dass viele Regelungen in den §§ 57 ff. BeurkG ihren Platz ursprünglich in der DONot hatten (§§ 11–14 DONot a.F.), die für den Notar grundsätzlich keine Amtspflichten mit Drittwirkung begründet.[73] 32

66 Zur Problematik: *Zugehör*, ZNotP 2000, 250 ff.; ablehnend auch: Haug/Zimmermann/*Zimmermann*, Rn 688.

67 Vgl. Arndt/Lerch/Sandkühler/*Sandkühler*, § 23 Rn 20.

68 BGH v. 23.11.1995 – IX ZR 213/94, DNotZ 1976, 506, 508; so auch jetzt noch Diehn/*Kilian*, BNotO § 23 Rn 22.

69 Vgl. BGH v. 23.11.1995 – IX ZR 213/94, NJW 1996, 464 ff.; vgl. auch (weitgehend offengelassen) BGH v. 30.4.2008 – III ZR 262/07, ZNotP 2008, 286 f. = DNotI-Rep. 2008, 111 f. = NotBZ 2008, 302 f.; Arndt/Lerch/Sandkühler/*Sandkühler*, § 23 Rn 22 ff., § 19 Rn 20 f.; Würzburger Notarhandbuch/*Ganter*, Teil 1 Kap. 5 Rn 14 f.

70 Vgl. z.B. Haug/Zimmermann/*Zimmermann*, Rn 719.

71 Eher ablehnend Haug/Zimmermann/*Zimmermann*, Rn 684, 694, 700; vgl. auch Handbuch Notarhaftung/*Hertel*, Kap. 4 Rn 62.

72 Eher ablehnend: Handbuch Notarhaftung/*Hertel*, Kap. 4 Rn 33.

73 Vgl. Handbuch Notarhaftung/*Hertel*, Kap. 4 Rn 3.

Damit haben insbesondere die Regelungen zur Durchführung der Verwahrung in § 58 BeurkG – anders als z.B. das Verbot der Vermischung von Fremd- und Eigengeldern – überwiegend keine drittschützende Wirkung.[74]

Wirkt der Notar mit der Verwahrung an unerlaubten oder unredlichen Zwecken mit, wird die Verwahrung zwar regelmäßig auch den Sicherungsinteressen der Beteiligten nicht genügen. Für die Frage, ob diese geschützte Dritte sind, ist dann aber auf die strafrechtlichen Vorschriften über die Teilnahme an Straftaten abzustellen. Damit besteht in diesen Fällen keine Notwendigkeit zum Schutz etwaiger Betroffener, allein auf Basis des mitverwirklichten Verstoßes gegen die §§ 57 ff. BeurkG zu einer Inanspruchnahme des Notars zu gelangen.[75]

3. Schaden- und Haftungsrisiko

33 Fehler bei der Abwicklung von Anderkonten sind oft **schadensträchtig**. Dazu kommt, dass die Gerichte in diesem Bereich strenge Maßstäbe anlegen. Diese können **bis zum Verlust des Haftpflichtversicherungsschutzes** führen, wenn das Handeln als wissentliche Pflichtverletzung eingestuft wird. Von besonderer praktischer Bedeutung sind Fälle, in denen Treuhandauflagen nicht penibel beachtet werden.

Nicht jeder Verstoß gegen Treuhandauflagen ist vorsätzlich, auch wenn dies bei der Inanspruchnahme von Notaren wegen vermeintlicher Fehler bei der Einrichtung und Abwicklung von Anderkonten gerne behauptet wird. Fehler im Zuge der Abwicklung von Anderkonten beruhen in erster Linie auf **Fahrlässigkeit**, weil Einzelheiten der Verwahranweisung oder der Treuhandauflage übersehen wurden. Der Grad des Verschuldens wird im Einzelfall und abhängig von der verletzten Amtspflicht bestimmt. Maßgeblich dafür ist der Vortrag des Notars im Prozess. Weicht der Notar bewusst, wenn auch in bester Absicht und nur geringfügig von einem Treuhandauftrag ab, so stellt dies eine wissentliche – und damit nicht mehr versicherte – Pflichtverletzung dar: Diese liegt beispielsweise vor, wenn der Notar zu begründen versucht, warum er den Treuhandauftrag nicht wörtlich beachtet hat (= wissentlicher Verstoß).

34 Die strengen Maßstäbe, die Gesetz und Dienstaufsicht bei Notaranderkonten anlegen, sind im Hinblick auf die Erfahrungen des Notarversicherungsfonds (früher: Vertrauensschadenfonds) bis zum Beginn der 2000er Jahre gerechtfertigt. Der Anteil der Schadenmeldungen, die sich auf wissentlich falsche Auszahlungen vom Notaranderkonto beziehen, ist seit Jahren kleiner geworden. Vor einigen Jahren konnte man noch sagen: In den wenigen verbliebenen Unterschlagungsfällen spielten ein gewisses Abhängigkeitsverhältnis von Notar und Mandant oder persönliche Schicksalsschläge eine Rolle. Nur selten bestand bereits am Anfang die Absicht des Notars, Mandanten zu schädigen. Die Notare hofften zunächst, dass „es schon gut gehen werde" und deckten Kontenfehlbestände aus anderen Massen, bis das „System" zusammenbrach. Der Blick auf die letzten Jahre zeigt, dass Fälle aus dem Bereich der Anderkonten eine untergeordnete Rolle bei den Vertrauens- und Haftpflichtschäden spielen (ca. 2 bis 3 % aller Schadensmeldungen hatten einen Bezug zu Anderkonten). Dies beruht maßgeblich auf dem Rückgang der notariellen Verwahrungsgeschäfte im Allgemeinen (vgl. unten § 57 BeurkG Rdn 45), kontinuierlichen Fortbildungsmaßnahmen des Notarstandes und der damit einhergehenden Sensibilisierung der Notare im Umgang mit Anderkonten[76] sowie einer verbesserten Dienstaufsicht. Die Prüfung der Notaranderkonten wird von ihr sehr ernst genommen. Prüfungen werden genau durchgeführt und bei Verstößen wird schnell und hart reagiert. Die präventive Wirkung ist nicht zu unterschätzen.

III. Disziplinarvergehen

35 Der Notar, der gegen die §§ 57 ff. BeurkG verstößt, macht sich **disziplinarrechtlich** einer Verletzung seiner Amtspflichten schuldig und begeht ggf. ein Dienstvergehen. Verstöße sind regelmäßig schwerwiegend, wenn auch nicht zwangsläufig. Während eine Missachtung der Verwahranweisung eine Amtspflichtverletzung darstellt, die eine Schadensersatzpflicht gem. § 19 Abs. 1 BNotO auslösen kann, gilt letzteres mangels drittschützender Wirkung nicht bei einem Verstoß gegen die verfahrensrechtlichen

74 Haug/Zimmermann/*Zimmermann*, Rn 720.
75 Vgl. Haug/Zimmermann/*Zimmermann*, Rn 694.
76 Vgl. *Zimmermann*, RNotZ 2021, 337, 338.

Vorschriften. Dieser kann aber ein Dienstvergehen darstellen.[77] Nach der Rechtsprechung ist bei der Einhaltung der Verfahrensvorschriften in gleicher Weise wie bei der Erfüllung materiell-rechtlicher Treuhandauflagen peinliche Genauigkeit geboten.[78] Allerdings hat die Dienstaufsicht bei der Frage, ob der Einsatz von Anderkonten ein Dienstvergehen darstellt, nur ein eingeschränktes Prüfungsrecht. Ein Einschreiten der Dienstaufsicht kommt nur in eindeutigen Fällen in Betracht, etwa wenn der Notar seinen Beurteilungsspielraum ersichtlich nicht ausgeübt oder überschritten hat oder sich allein von dem nicht berechtigten Wunsch der Beteiligten hat leiten lassen; der Aufsichtsbehörde ist es insoweit verwehrt, ihr eigenes Beurteilungsermessen an die Stelle derjenigen des Notars zu setzen[79]

Welche Bedeutung der Gesetzgeber der ordnungsgemäßen Verwahrung beimisst, wird aus § 50 Abs. 1 Nr. 8 BNotO deutlich. Danach ist ein Notar seines Amtes zu entheben, wenn die Art der Durchführung von Verwahrungsgeschäften die Interessen der Rechtsuchenden gefährdet. Wenn die Aufsichtsbehörde die Voraussetzungen des § 50 Abs. 1 BNotO für gegeben hält, ist nach § 54 Abs. 1 BNotO eine vorübergehende Amtsenthebung möglich. Nicht jeder Verstoß gegen die §§ 57 ff. BeurkG hat drittschützende Wirkung. Insoweit kommt es jeweils auf den Schutzweck der verletzten Norm an (s.o. Rdn 32). 36

IV. Strafrechtliche Folgen

Strafrechtlich kann der Notar sich z.B. wegen Untreue gem. § 266 StGB strafbar machen, wenn er über verwahrte Beträge treuwidrig – etwa in Kenntnis von Kreditmanipulationen – verfügt.[80] Falls die Verwahrung z.B. der Vortäuschung von Sicherheiten durch Dritte dient, kommt auch eine Strafbarkeit wegen Beihilfe zu Vermögensdelikten der Initiatoren z.B. zum Betrug gem. § 263 StGB, in Betracht. Dabei sind die Voraussetzungen hinsichtlich der Schuldform des Notars zwar auf der einen Seite weiter, auf der anderen Seite aber enger gefasst als beim Ausschlusstatbestand der wissentlichen Pflichtverletzung, den die Allgemeinen Versicherungsbedingungen der Vermögensschaden-Haftpflichtversicherer standardmäßig vorsehen. 37

Der Ausschlusstatbestand der wissentlichen Pflichtverletzung führt zum Verlust des Haftpflichtversicherungsschutzes, wenn der Notar mit Wissen und Wollen (dolus directus 1. Grades) gegen seine Amtspflichten verstoßen hat. Hierfür muss der Notar seine Pflichten positiv erkannt haben und bewusst davon abgewichen sein. Unerheblich ist es, welche Schuldform hinsichtlich der Schadenszufügung vorliegt, auf die sich der Vorsatz des Notars nicht beziehen muss.

Etwas anderes gilt hinsichtlich der Voraussetzungen einer strafrechtlichen Verurteilung wegen eines der genannten Vorsatzdelikte. Hierfür reicht es zwar aus, wenn der Notar den tatbestandlichen Erfolg mit dolus eventualis herbeiführt. Der Vorsatz (mindestens dolus eventualis) muss sich aber auch auf die Schadenszufügung erstrecken.

Die Ergebnisse eines Strafverfahrens entfalten im Übrigen keine präjudizielle Wirkung für die zivilrechtliche Bewertung oder die Entscheidung über eine Regulierung aus Mitteln der Vertrauensschadenvorsorge. Zu Grunde liegt u.a., dass Angeklagte im „abgestimmten“ Strafverfahren nicht selten Erklärungen abgeben, die den Sachverhalt nur verkürzt wiedergeben.[81]

E. Einsichtsrechte in Notaranderkonten

I. Einsichtsrecht der Dienstaufsicht

Die Dienstaufsicht hat ein Einsichtsrecht in die Unterlagen zu den vom Notar geführten Notaranderkonten. Dies ergibt sich aus § 93 Abs. 1 BNotO. Zweifelhaft ist dagegen, ob die Dienstaufsicht ein unmittelbares Einsichts- oder Auskunftsrecht gegenüber den Banken hat. Die Banken pflegen sich regelmäßig auf das Bankgeheimnis zu berufen. Keinesfalls lässt sich das Einsichtsrecht aus der Tatsache ableiten, dass die Dienstaufsicht über den Treuhänder die gleichen Rechte wie der Treuhänder selbst haben müsse.[82] Folgerichtig wird auch von niemandem vertreten, dass die Dienstaufsicht die Anderkonten im Falle der Verhinderung des Notars führen dürfe. Mangels Rechtsgrundlage und Fehlens einer entsprechenden 38

77 Vgl. Weingärtner/*Ulrich*, 11. Aufl. 2022, § 23 Rn 20.
78 BGH DNotZ 2015, 224, 226.
79 BGH v. 16.11.2020 – NotSt(Brfg) 2/19, DNotZ 2021, 508.
80 BGH 2 StR 153/09; NJW 2010, 1764.
81 Haug/Zimmermann/*Mayer*, Rn 892.
82 So aber Weingärtner/*Ulrich*, DONot § 10 Rn 32 f.; *Weingärtner*, Verwahrungsgeschäft, Rn 150; *Winkler*, § 58 Rn 52.

Regelung in den NotAndKont besteht daher kein unmittelbarer Einsichts- und/oder Auskunftsanspruch der Dienstaufsicht gegenüber den Kreditinstituten (vgl. unten NotAndKont Rdn 15; vgl. auch § 58 BeurkG Rdn 22).

39 Der Dienstaufsicht bleibt kein anderer Weg, als sich vom Notar zu entsprechenden Auskünften ermächtigen zu lassen. Dabei können (und müssen) ggf. weitergehende Maßnahmen angedroht werden.[83]

II. Einsichtsrecht des Finanzamtes

40 Die Finanzämter dürfen keine Einsicht in die Anderkontenunterlagen nehmen. Bei Auskunftsersuchen ist der Notar gem. § 102 Abs. 1 Nr. 3 AO zur Verweigerung der Auskunft berechtigt und nach § 18 BNotO auch verpflichtet.[84] Etwas anderes gilt nur, wenn er von seiner Verschwiegenheitspflicht von den Beteiligten entbunden wurde. Unberührt bleiben natürlich die speziellen Beistands- und Auskunftspflichten auf dem Gebiet des Steuer-, Finanz- und Wirtschaftsrechts.[85]

III. Durchsuchungen und Beschlagnahmen

41 Nach § 18 BNotO ist der Notar grundsätzlich zur Verschwiegenheit verpflichtet. Ihm steht insoweit ein Zeugnisverweigerungsrecht zu, § 53 Abs. 1 Nr. 3 StPO. In Umsetzung der Verschwiegenheitsverpflichtung verbietet § 97 Abs. 1 StPO die Beschlagnahme von schriftlichen Mitteilungen an den Notar, von Aufzeichnungen des Notars über ihn gemachte Mitteilungen sowie von anderen Gegenständen, auf die sich das Zeugnisverweigerungsrecht des Notars erstreckt. Somit unterliegen Buchungsunterlagen[86] zu Notaranderkonten oder Datenträger, auf denen sich entsprechende Informationen befinden, nicht der Beschlagnahme (vgl. § 97 Abs. 4, 5 StPO).[87]

F. Auskunfts- und Meldepflichten

I. Auskunftspflichten gegenüber der Dienstaufsicht

42 Über die Verwahrgeschäfte hat der Notar der Dienstaufsicht (§ 93 BNotO) und der Notarkammer (§ 74 BNotO) auf Verlangen Auskunft zu erteilen. Die ordnungsgemäße Führung des Verwahrungsverzeichnisses (früher des Verwahrungs- und Massebuches sowie der Anderkontenliste) ist regelmäßig ein Schwerpunkt der Prüfung.

II. Meldepflichten

1. Meldepflichten nach Geldwäschegesetz (GwG)[88]

43 Nach § 2 Nr. 10 GwG unterfallen notarielle Verwahrungsgeschäfte, unabhängig davon, ob Geld, Wertpapiere oder sonstige Vermögenswerte in die Verwahrung genommen werden, dem Geldwäschegesetz (vgl. dazu ausführlich § 10 BeurkG Rdn 17 ff.). Die nach § 43 Abs. 2 S. 1 GwG bestehenden Meldepflichten von Verpflichteten gelten für Notare nach § 43 Abs. 2 S. 1 GwG jedoch grundsätzlich nicht, wenn sich der meldepflichtige Sachverhalt auf Informationen bezieht, die der Notar im Rahmen seiner Amtstätigkeit[89] erhalten hat. Insoweit gehen die Verschwiegenheitspflichten des Notars nach § 18 BNotO vor. Eine unverzügliche Meldepflicht an die FIU (Financial Intelligence Unit) besteht jedoch in zwei Fällen in der Durchbrechung der Verschwiegenheitspflicht des § 18 BNotO:

44 1. Der Notar ist zum einen zur Meldung verpflichtet, wenn er weiß, dass einer der am Verwahrungsgeschäft Beteiligten dieses für den Zweck der Geldwäsche, der Terrorismusfinanzierung oder einer

83 Vgl. *Weingärtner*, Verwahrungsgeschäft, Rn 150.
84 Vgl. Weingärtner/*Ulrich*, DONot § 10 Rn 34 (mit Hinweisen auf die Probleme, die sich aus § 147 Abs. 6 AO ergeben, der der Finanzverwaltung die Befugnis erteilt, im Rahmen der Außenprüfung Einsicht in gespeicherte Daten der Buchführung zu nehmen).
85 Vgl. zum Ganzen BeckOK-BNotO/*Sander*, § 18 Rn 91 ff.
86 Vgl. LG Aachen v. 23.1.1998 – 86 Qs 94/97, DNotZ 1999, 171 ff.
87 Vgl. zum Ganzen ausführlich Armbrüster/Preuß/Renner/*Eickelberg*, 8. Aufl., DONot § 6 Rn 17 ff.
88 Gesetz über das Aufspüren von Gewinnen aus schweren Straftaten v. 23. 6.2017 (BGBl I S. 1822), zuletzt geändert durch Art. 8 Finanzmarktdigitalisierungsgesetz vom 27.12.2024, BGBl 2024 I 438.
89 BNotK, Auslegungs- und Anwendungshinweise GwG 2021, 46.

anderen Straftat genutzt hat oder nutzt (§ 43 Abs. 2 S. 2 Alt. 1 GwG). Ein Verdacht reicht dabei für eine Meldepflicht grundsätzlich nicht aus, vielmehr handelt es sich um eine **Wissensmeldung**, die **positive Kenntnis** einer Geldwäsche voraussetzt.[90]

2. Zum anderen kann sich eine Meldepflicht aus § 43 Abs. 6 GwG ergeben (§ 43 Abs. 2 S. 1 Alt. 2 GwG). Danach kann das Bundesministerium der Finanzen im Einvernehmen mit dem Bundesministerium der Justiz und für Verbraucherschutz durch **Rechtsverordnung** ohne Zustimmung des Bundesrates Sachverhalte bei Erwerbsvorgängen nach **§ 1 des Grunderwerbsteuergesetzes** bestimmen, die von Notaren stets zu melden sind. Von dieser Ermächtigung wurde mit Erlass der **Geldwäschegesetzmeldepflichtverordnung-Immobilien (GwGMeldV-Immobilien)**[91] Gebrauch gemacht. Danach hat der Notar in bestimmten Fällen bei Erwerbsvorgängen nach § 1 GrEStG **Sachverhalts-/Verdachtsmeldungen** abzugeben. Eine Meldepflicht besteht dann,
   - wenn einer der Beteiligten oder wirtschaftlich Berechtigten in einem **Risikostaat** ansässig ist oder einen sonstigen engen Bezug zu diesem hat (§ 3 Abs. 1 GwGMeldV-Immobilien);
   - wenn ein Geschäftsgegenstand oder ein Bankkonto einen engen Bezug zu einem Risikostaat hat (§ 3 Abs. 2 GwGMeldV-Immobilien);
   - wenn ein Beteiligter oder wirtschaftlich Berechtigter auf einer (in Deutschland rechtlich beachtlichen) **Sanktionsliste** geführt wird (§ 3 Abs. 3 GwGMeldV-Immobilien);
   - wenn **Auffälligkeiten** im Zusammenhang mit den beteiligten Personen oder dem wirtschaftlich Berechtigten vorliegen, sei es, dass diese Mitwirkungs-, Auskunfts- oder Nachweispflichten nach § 11 Abs. 6 GwG nicht erfüllen oder falsche Angaben hierzu machen oder ein grobes Missverhältnis zwischen legalem Einkommen und Vermögen und Kaufpreis der Immobilie vorliegt (§ 4 GwGMeldV-Immobilien);
   - wenn **Auffälligkeiten** hinsichtlich der **Stellvertretung** bestehen (§ 5 GwGMeldV-Immobilien), bspw wenn der Bevollmächtigte aufgrund einer Vollmacht handelt, die nicht der Schriftform genügt (§ 126 BGB), und dem Notar nicht innerhalb von zwei Monaten nach dessen Aufforderung die Vollmacht schriftlich nachgewiesen wird; dem Notar eine gefälschte Vollmacht vorgelegt wird oder ein Zusammenhang der Vollmacht mit dem Grundverhältnis der Vollmacht nicht erkennbar ist;
   - wenn Auffälligkeiten im Zusammenhang mit dem Kaufpreis oder den Zahlungsmodalitäten vorliegen, inbes. Barzahlung, Zahlung mit Kryptowerten, Zahlungen vor Vertragsschluss, Zahlung an am Rechtsgeschäft Unbeteiligte, Weiterveräußerung binnen drei Jahren mit 25 % oder mehr Kaufpreisabweichung oder Rückveräußerungen (§ 6 GwGMeldV-Immobilien).

Eine Sachverhaltsmeldung entfällt, wenn ausnahmsweise nach § 7 GwGMeldV-Immobilien, wenn Tatsachen vorliegen, die den Verdacht der Geldwäsche entkräften. Wenn der Notar meldet, hat er drei Tage abzuwarten und darf den Beteiligten nichts von der Meldung sagen.[92]

Die dargestellten Meldepflichten erfahren bei der Abwicklung über Anderkonto insofern eine besondere Bedeutung, als der Notar Erkenntnisse zu Geldquellen, Zahlungsströmen und Bankdaten (insb. Zahlungsempfängern, Ansässigkeit der Bank, Kontoinhabern) erhält. Darüber hinaus ergibt sich von diesem besonderen Amtsgeschäft her eine größere Geldwäschegefahr als bei anderen Amtsgeschäften, da der Notar direkt in den Zahlungsfluss eingebunden ist[93] und Anderkonten dazu dienen können, die wahre Mittelherkunft zu verschleiern.[94] **45**

2. Meldepflichten nach Außenwirtschaftsgesetz

Der Geldverkehr in Deutschland ist grundsätzlich frei. Das gilt auch für Zahlungen in und aus dem Ausland. (vgl. § 1 Abs. 1 S. 1 AWG). Es bestehen jedoch bestimmte Meldepflichten. Diese sind gegenüber der Deutschen Bundesbank zu erfüllen. Die Einzelheiten richten sich nach dem Außenwirtschaftsgesetz i.V.m. der Außenwirtschaftsverordnung (AWV)[95] (vgl. oben § 51 BeurkG Rdn 39). Regelmäßig berühren **46**

90 BNotK, Auslegungs- und Anwendungshinweise GwG 2021, 46; Frenz/Miermeister/*Hertel*, BeurkG § 57 Rn 126.
91 V. 20.8.2020, BGBl I 1965.
92 Frenz/Miermeister/*Hertel*, BeurkG § 57 Rn 127a.
93 Frenz/Miermeister/*Hertel*, BeurkG § 57 Rn 110a.
94 BNotK, Auslegungs- und Anwendungshinweise GwG 2021, 45.
95 Außenwirtschaftsgesetz v. 6.6.2013 (BGBl I 2013, S. 1482) und Außenwirtschaftsverordnung v. 2.8.2013 (BGBl I 2013, S. 2865) in der Fassung vom 1.1.2025 (BGBl 2024 I 411); vgl. BeckOK-BNotO/*Sander*, § 18 Rn 100; vgl. Frenz/Miermeister/*Hertel*, BeurkG § 58 Rn 47.

diese Meldepflichten den Notar nicht, soweit er lediglich Beurkundungen vornimmt, die Auslandsberührung haben.[96] Auskunftspflichtig ist gem. § 23 Abs. 5 AWG nur, wer unmittelbar oder mittelbar am Außenwirtschaftsverkehr teilnimmt. Vor allem im Zusammenhang mit der Verwahrung kann der Notar selbst Teilnehmer am Außenwirtschaftsverkehr werden, wenn er Zahlungen aus dem Ausland entgegennimmt bzw. Zahlungen ins Ausland vornimmt. Diese Meldepflichten durchbrechen die notarielle Verschwiegenheitspflicht gem. § 18 BNotO.[97]

47 Der Notar wird meldepflichtig, wenn er Wertpapiere, Kostbarkeiten, oder Zahlungen von Ausländern entgegennimmt, deren Wert die nach dem AWG in der AWV festgelegten Grenzen überschreitet. Das gleiche gilt, wenn er an Ausländer leistet (vgl. § 67 AWV). Meldepflichtig ist demnach, wenn der Notar auf eine Notarkostenrechnung mit einem Betrag über 50.000 EUR eine Zahlung von einem Ausländer auf sein Geschäftskonto erhält. Betroffen sind u.a. Zahlungen von Geldern an oder von Ausländern, die 50.000 übersteigen (§ 67 AWV).[98] Soweit den Notar danach Meldepflichten treffen, hat er sie als Kontoinhaber selbst zu erfüllen. Er kann sie grundsätzlich nicht den Beteiligten überantworten.[99]

In der Praxis führt die Tatsache, dass auch der wirtschaftlich Berechtigte oder Verpflichtete meldepflichtig ist, zu „Doppelmeldungen“, die von der Deutschen Bundesbank nicht erkannt werden und Verwerfungen in der Statistik zur Folge haben. Aus Sicht der Deutschen Bundesbank und der BNotK empfiehlt sich folgendes Vorgehen:

– In der Regel sollte die außenwirtschaftliche Meldung nur durch eine Person erfolgen. Der Notar sollte mit den Beteiligten verbindlich abstimmen, ob die Meldung durch den Notar oder die Beteiligten selbst durchgeführt wird.
– Sofern der Notar die Meldung übernimmt, muss er diese in offener Stellvertretung vornehmen, d.h. im Namen und unter der Meldenummer des vertretenen inländischen Beteiligten. Bei Privatpersonen, die über keine von der Deutschen Bundesbank erteilte Meldenummer verfügen, kann dies unter der Sammelkennung 00999995 erfolgen, sofern es sich nicht um Zahlungsmeldungen über Unternehmensbeteiligte handelt.

Diese Vorgehensweise wurde den Notaren im Rundschreiben Nr. 6/2014 vom 28.5.2014 mitgeteilt.[100] Auch die Banken leisten dem Notar hier oft Hilfestellung.[101] Anwendungshinweise und Formulare finden sich auf der Homepage der Bundesbank.[102]

3. Meldepflichten nach der Zinsinformationsverordnung

48 Meldepflichten des Notars ergeben sich seit dem 1.7.2005 auch aus der Zinsinformationsverordnung (ZIV).[103] Aus § 102 Abs. 4 S. 1 AO ergibt sich: Die Anderkonten führenden Berufe und damit auch Notare sind vom Geltungsbereich der ZIV umfasst. Eine Meldepflicht gem. § 8 ZIV besteht insbesondere bei verzinslichen Anderkonten, wenn die Zinsen einer natürlichen Person zustehen, die ihren Wohnsitz in einem anderen europäischen Mitgliedstaat hat. Die Meldung hat spätestens bis zum 31.5. des Folgejahres gegenüber dem Bundeszentralamt für Steuern zu erfolgen.[104]

§ 57 Antrag auf Verwahrung

(1) Der Notar darf Bargeld zur Aufbewahrung oder zur Ablieferung an Dritte nicht entgegennehmen.

96 Vgl. Arndt/Lerch/Sandkühler/*Sandkühler* § 18 Rn 78.
97 Vgl. BeckOK-BNotO/*Sander*, § 18 Rn 101 f.
98 Betrag gültig seit dem 1.1.2025. Bis zum 31.12.2024 lag die Meldeschwelle bei 12.500 EUR.
99 Vgl. allerdings auch *Schubert*, MittBayNot 2005, 357, 362.
100 Vgl. auch notar 2014, 279 f.
101 Vgl. Frenz/Miermeister/*Hertel*, BeurkG § 58 Rn 47.
102 Abrufbar unter: www.bundesbank.de, dort Menüpunkt „Service“, Unterpunkt „Meldewesen“, sodann Stichwort „Außenwirtschaft“.
103 BGBl I 2004, S. 128 ff.
104 Zu den Einzelheiten vgl. Rdschr. BNotK 31/2007 (unveröffentlicht); BNotK-Intern 5/2007 S. 5; ausführlichere Darstellung bei *Winkler*, § 58 Rn 33b.

(2) Der Notar darf Geld zur Verwahrung nur entgegennehmen, wenn
1. hierfür ein berechtigtes Sicherungsinteresse der am Verwahrungsgeschäft beteiligten Personen besteht,
2. ihm ein Antrag auf Verwahrung verbunden mit einer Verwahrungsanweisung vorliegt, in der hinsichtlich der Masse und ihrer Erträge der Anweisende, der Empfangsberechtigte sowie die zeitlichen und sachlichen Bedingungen der Verwahrung und die Auszahlungsvoraussetzungen bestimmt sind,
3. er den Verwahrungsantrag und die Verwahrungsanweisung angenommen hat.

(3) Der Notar darf den Verwahrungsantrag nur annehmen, wenn die Verwahrungsanweisung den Bedürfnissen einer ordnungsgemäßen Geschäftsabwicklung und eines ordnungsgemäßen Vollzugs der Verwahrung sowie dem Sicherungsinteresse aller am Verwahrungsgeschäft beteiligten Personen genügt.

(4) Die Verwahrungsanweisung sowie deren Änderung, Ergänzung und Widerruf bedürfen der Schriftform.

(5) Auf der Verwahrungsanweisung hat der Notar die Annahme mit Datum und Unterschrift zu vermerken, sofern die Verwahrungsanweisung nicht Gegenstand einer Niederschrift (§§ 8, 36) ist, die er selbst oder seine Notarvertretung aufgenommen hat.

(6) Die Absätze 3 bis 5 gelten entsprechend für Treuhandaufträge, die dem Notar im Zusammenhang mit dem Vollzug des der Verwahrung zugrundeliegenden Geschäfts von Personen erteilt werden, die an diesem nicht beteiligt sind.

Literatur *Basty*, Das Notaranderkonto im Bauträgervertrag, FS Thode (2005) 217; *Blank*, Zulässigkeit einer Notaranderkontoregelung für die letzte Kaufpreisrate im Bauträgervertrag, DNotZ 1997, 298; *Bohrer*, Vormerkung – Vorleistung – Vorratslöschung, DNotZ 2007, 500; *Böttcher*, Die Entwicklung des Grundbuchs- und Grundstücksrechts bis Juni 2018, NJW 2018, 2936; *Brambring*, Kaufpreiszahlung über Notaranderkonto, DNotZ 1990, 615; *Brambring*, Das „berechtigte Sicherungsinteresse" als Voraussetzung für notarielle Verwahrungstätigkeit, DNotZ 1999, 381; *DNotI*, Rückzahlung einer Teileinzahlung auf Notaranderkonto nach Käuferinsolvenz, DNotI-Rep. 2004, 32; *DNotI*, Bauträgervertrag: Freistellungsversprechen eines Privatgläubigers; Freistellungsversprechen bei „nicht soliden Grundpfandrechtsgläubigern"; Löschungsvormerkung; Abwicklung über Notaranderkonto, DNotI-Rep. 2015, 25; *Franken*, Rechtsprobleme nach Kaufpreishinterlegung auf Notaranderkonto beim Grundstückskauf, RNotZ 2010, 597; *Ganter*, Aktuelle Rechtsprechung zum Notarhaftungsrecht, DNotZ 2013, 165; *Genske*, Beurkundungs- und Berufsrecht, notar 2018, 175; *Hartmann*, Grundstückserwerb von einer GbR nach § 899a BGB – sicher gestaltbar und kondiktionsfest, ZNotP 2011, 139; *Heinemann*, Die vorzeitige Beendigung von Realkreditverträgen im Zusammenhang mit Grundstücksveräußerungen, NotBZ 2006, 109; *Heinemann*, Schriftform der Verwahrungsanweisung, ZNotP 2002, 104; *Jursnik*, Veräußerung von Grundbesitz nach Anordnung der Zwangsversteigerung, MittBayNot 1999, 125; *Karlowski*, Einseitige Treuhandaufträge der Finanzierungsgläubiger im Widerspruch zu Sinn und Zweck der Verwahrung, NotBZ 2002, 133; *Keilich/Schönig*, Die Notarbestätigung bei Darlehensauszahlung vor Eintragung der Grundschuld, NJW 2012, 1841; *Kemp*, Notarielles Treuhandverfahren bei Ablösung, RNotZ 2004, 460; *Kemp*, Nochmals: Zum Begriff Sicherstellung in Treuhandauflagen, ZNotP 2003, 27; *Krauß*, Immobilienkaufvertrag, notar 2017, 312 und 2018, 315; *Maaß*, Sorgfaltspflichten und Haftungsrisiken des Notars bei widersprechenden Treuhandauflagen des finanzierenden Kreditinstituts, ZNotP 1998, 58; *Möhrle*, Kaufpreisabwicklung über Notaranderkonto – Auslaufmodell oder Maßanzug? DB 2000, 605; *Möller*, Die Sicherung des Grundstückskäufers bei Vorleistungen, MittRhNotK 1990, 33; *Müller-Magdeburg*, Notarielle Pflichten bei finanzierten Grundstückskaufverträgen, ZNotP 2003, 213; *Oppermann*, Treuhandauflagen der finanzierenden Bank, ZNotP 2006, 176; *Pelikan*, Beurkundungs- und Berufsrecht, notar 2015, 153; *Rack*, Das Sicherungsinteresse für eine Verwahrung auf Notaranderkonten, ZNotP 2008, 474; *Reithmann*, Die Bindung im notariellen Treuhandverfahren, ZNotP 2004, 319; *Reithmann*, Beitritt der finanzierenden Bank zum Anderkontoverfahren, DNotZ 2002, 247; *Reithmann*, Notarielle Verwahrung bei der Finanzierung des Grundstückskaufs, WM 2002, 683; *Renner*, Zum „berechtigten Sicherungsinteresse" bei der Verwahrung, NotBZ 2008, 142; *Sandkühler*, Zum Bestehen eines berechtigten Sicherungsinteresses für die Abwicklung eines Grundstückskaufvertrages über ein Notaranderkonto (Urteilsanmerkung), MittBayNot 2005, 432; *Schilling*, Gefahren beim Widerruf des Treuhandauftrages des abzulösenden Gläubigers bei der „Bayerischen Methode", ZNotP 2004, 138; *Schilling*, Ein Risiko der Direktzahlungsmethode bei partieller Fremdfinanzierung, ZNotP 2009, 138; *Schmidt*, Risikoverteilung bei der Abwicklung von Immobilienkäufen über Notaranderkonto, ZfIR 2001, 701; *Sommer*, GwG 2017 aus notarieller Sicht, Dai – 16. Jahresarbeitstagung des Notariats (4.–6.10.2018), 501; *Stavorinus*, Das Gesetz zur Einführung eines Datenbankgrundbuchs und die Änderung der Grundstücksverkehrsordnung, DNotZ 2014, 340; *Tersteegen*, Die Bautenstandsmitteilung in der Praxis des Bauträgervertrages, NotBZ 2005, 233; *Tönnies*, Kaufpreisabwicklung über Notaranderkonto – gem. § 54a Abs. 2 Nr. 1 BeurkG ein Auslaufmodell, ZNotP 1999, 419; *Tröder*, Pro und Contra Anderkonto nach neuem Beurkundungsrecht, AnwBl 1999, 633; *Tröder*, Verwahrung auf Anderkonto, ZNotP 1999, 419; *Viefhues*, Die Geschäftsprüfung in den Notariaten – Teil 2; ZNotP 2018, 205; *Volmer*, Zu den Sorgfaltspflichten des Notars bei Einrichtung eines Notaranderkontos, EWiR 2006, 249; *Wehrstedt*, Zum Begriff der Sicherstellung in Treuhandauflagen, ZNotP 2002, 461; *Weimer/Mihm*, Schriftform der Verwahrungsanweisung, DNotI-Rep. 1998, 222; *Weingärtner*, Berechtigtes Sicherungsinteresse i.S.d. § 54a Abs. 2 BeurkG, DNotZ 1999, 393; *Zimmermann*, Nochmals: Das „berechtigte" Sicherungsinteresse bei Übernahme einer Verwahrungstätigkeit, DNotZ 2000, 164.

A. Einleitung

1 § 57 BeurkG entspricht inhaltlich dem bis zum 8.6.2017 geltenden § 54a BeurkG. Dieser wurde im Zuge der BNotO-Reform 1998 neu ins Gesetz eingeführt.[1, 2] Durch das Urkundenarchivgesetz[3] rückten die Vorschriften über die Verwahrung in den jetzigen Abschnitt 6. Eine weitere Änderung ohne inhaltliche Folgen wurde 2021 in das Gesetz eingeführt, indem in Abs. 5 der Wortlaut von „amtlich bestellte Vertreter" in „Notarvertretung" geändert wurde.[4]

1 Gesetz v. 31.8.1998, BGBl I S. 2585.
2 BeckOK-BeurkG/*Kämper*, BeurkG § 57 Rn 3.
3 Gesetz v. 1.6.2017, BGBl I S. 1396.
4 Gesetz v. 1.8.2021, BGBl I S. 2154.

B. Geld als Gegenstand der Verwahrung

I. Verwahrung von Buchgeld

Die §§ 57–60 BeurkG regeln ausschließlich die **Verwahrung von Geld**. Dies wird aus § 61 BeurkG deutlich, der die Bestimmungen auch für Wertpapiere und Kostbarkeiten für anwendbar erklärt. Geld bedeutet dabei Buchgeld. Bargeld darf der Notar nicht verwahren (vgl. unten Rdn 3 f.). Eine Beschränkung auf den EURO sieht das Gesetz dagegen nicht vor. Ein Notaranderkonto kann deshalb auch ein **Fremdwährungskonto** sein, wie auch aus § 28 Abs. 1 Nr. 3 NotAktVV folgt, wonach bei jedem Notaranderkonto die Währung einzutragen ist, in der geführt wird.[5] 2

II. Verbot der Bargeldannahme (Abs. 1)

Gem. Abs. 1 darf der Notar Bargeld zur Aufbewahrung oder zur Ablieferung an Dritte nicht entgegennehmen. Das **Verbot der Bargeldannahme** ist umfassend und betrifft alle gesetzlichen Zahlungsmittel allgemein.[6] 3

Früher war es dem Notar nicht generell verboten, Bargeld zu Verwahrungszwecken anzunehmen. Mit Einführung des wortgleichen § 54a Abs. 1 BeurkG a.F. im Zuge der BNotO-Reform 1998 hat sich dies grundlegend geändert. Nach der Gesetzesbegründung soll das Verbot der Bargeldannahme den Notar vor missbräuchlicher Inanspruchnahme für Geldwäschezwecke bewahren und die Vertraulichkeit der Amtsführung des Notars im Hinblick auf die durch das GwG eingeführten Dokumentations-, Mitteilungs- und Offenbarungspflichten bei Bargeldgeschäften weitgehend erhalten".[7] Danach ist die Entgegennahme von Bargeld stets ausgeschlossen.

So weit wollen viele Autoren jedoch nicht gehen. Unzulässig soll nur die Aufbewahrung und spätere Auskehr von Bargeld sein, nicht dagegen die reine Empfangnahme zur anschließenden Verwahrung auf Notaranderkonto.[8] Ein **Bedürfnis zur Anerkennung einer solchen Ausnahme besteht jedoch nicht**. Fälle, in denen die Beteiligten ein sachgerechtes Interesse an der Einzahlung von Bargeld beim Notar haben könnten, kommen in der Praxis nicht vor.[9] Die in der Literatur zu findenden Beispiele wirken konstruiert. Das klare gesetzliche Verbot der Bargeldannahme, von dem keine Ausnahmen zulässig sind, bewahrt den Notar am ehesten davor, in Geldwäschegeschäfte hineingezogen zu werden.[10] Somit beziehen sich die §§ 57 bis 61 BeurkG im praktischen Ergebnis nur auf Buch- und nicht auf Bargeld (vgl. jedoch für Auszahlungen § 58 Abs. 3 S. 5 und 6 BeurkG). 4

Die – in der Praxis zwischenzeitlich völlig bedeutungslose – Bezahlung mit Bargeld an den Notar als Protestbeamten nach den Vorschriften über den Wechselprotest (§ 84 WG) wird von den Vorschriften der §§ 57 ff. BeurkG nach allgemeiner Auffassung nicht erfasst.[11] 5

C. Voraussetzungen der Verwahrung

Abs. 2–4 regeln die verfahrensrechtlichen Voraussetzungen der Verwahrung. Der Notar darf Geld zur Verwahrung nur annehmen, wenn hierfür ein berechtigtes Sicherungsinteresse der am Verwahrgeschäft beteiligten Personen besteht (Abs. 2 Nr. 1, Rdn 7 ff.), ein Antrag auf Verwahrung mit einer Verwahranweisung vorliegt (Abs. 2 Nr. 2, Rdn 48 ff.), die der Notar angenommen hat (Abs. 2 Nr. 3, Rdn 91 ff.). Die Annahme ist ihm dabei nur gestattet, wenn die Anweisung den Bedürfnissen einer ordnungsgemäßen Geschäftsabwicklung und eines ordnungsgemäßen Vollzugs der Verwahrung und dem Sicherungsinteresse aller am Verwahrgeschäft beteiligten Personen genügt. Insoweit trifft den Notar 6

5 Vgl. Frenz/Miermeister/*Hertel*, BeurkG § 57 Rn 3.
6 BeckOK-BeurkG/*Kämper*, § 57 Rn 3.
7 BT-Drucks 13/4184, S. 37.
8 So: *Weingärtner*, Verwahrungsgeschäft, Rn 59, 110; *Lerch*, § 54a Rn 1; Haug/Zimmermann/*Zimmermann*, Rn 692; Grziwotz/Sauer/Heinemann/*Grziwotz*, § 57 Rn 2 ff.; Handbuch Notarhaftung/*Hertel*, Kap. 4 Rn 31.
9 Vgl. Frenz/Miermeister/*Hertel*, BeurkG § 57 Rn 2 Fn 6.
10 So auch Arndt/Lerch/Sandkühler/*Sandkühler*, § 23 Rn 34; Schlüter/Knippenkötter/*Knippenkötter*, Rn 395; Kilian/Sandkühler/vom Stein/*Elsing*, § 13 Rn 30, *Sommer*, GwG 2017 aus notarieller Sicht, S. 545; *Winkler*, § 57 Rn 8.
11 Ausf. Arndt/Lerch/Sandkühler/*Sandkühler*, § 23 Rn 39 f; vgl. auch Frenz/Miermeister/*Hertel*, BeurkG § 57 Rn 2; vgl. Schlüter/Knippenkötter/*Knippenkötter*, Rn 397; Diehn/*Kilian*, BNotO, § 23 Rn 5.

eine Prüfungspflicht (Abs. 3, Rdn 94 ff.). Die Verwahranweisung, deren Änderungen oder Widerruf müssen zudem schriftlich erfolgen (Abs. 4, Rdn 97 ff.).

I. Berechtigtes Sicherungsinteresse (Abs. 2 Nr. 1)

1. Die Problematik

7 Abs. 2 Nr. 1 enthält eine wichtige Voraussetzung für die verfahrensrechtliche Zulässigkeit der Verwahrung, nämlich das „berechtigte Sicherungsinteresse". Aus dem Gesetzeswortlaut wird deutlich, dass die Verwahrung nur unter engen und genau bestimmten Voraussetzungen zulässig ist. Der Notar ist **keine Einrichtung zur Aufbewahrung fremden Vermögens** oder zur Ablieferung an Dritte.[12] Mit der Einschaltung des rechtskundigen Notars zur Prüfung und Überwachung soll eine zusätzliche Sicherheit für die Beteiligten geschaffen werden.[13] Da es sich um eine verfahrensrechtliche Voraussetzung handelt, ist ein Verwahrungsgeschäft, für das kein berechtigtes Interesse vorliegt, nach allgemeiner Auffassung zwar **amtspflichtwidrig**, aber nicht **nichtig**.[14] Es führt auch nicht automatisch zu einer Haftung des Notars,[15] sondern zieht ggf. dienstrechtliche Konsequenzen nach sich.

8 Die **Risiken der Verwahrungstätigkeit,** die nicht dem Haftungsprivileg des § 19 Abs. 1 S. 2 BNotO (Subsidiärhaftung bei Fahrlässigkeit) unterliegt (vgl. Vor §§ 57–62 BeurkG Rdn 27 ff.), sind vielfältig. Meist banale Fehler können zu Auszahlungsfehlern mit erheblichen Schadenfolgen führen.[16] Verwahrungsgeschäfte sind für den Notar risikoreicher und haftungsträchtiger.[17] Fehlgeschlagene Anderkontenabwicklungen haben die Gerichte „erstaunlich oft" beschäftigt.[18] Die Verfahrensvorschriften zur Verwahrung sind daher teleologisch allein generalpräventiv zu verstehen.[19]

9 Das einfache Beispiel der Auszahlung vom Notaranderkonto soll die Haftungsträchtigkeit verdeutlichen: Bei Kaufvertragsabwicklungen ohne Anderkonto fällt es regelmäßig in die „Risikosphäre" der Bank, die Auszahlung erst vorzunehmen, wenn das Grundpfandrecht der den Kaufpreis finanzierenden Bank an rangrichtiger Stelle eingetragen ist. Eine Notarhaftung kommt nur in Betracht, wenn der Notar eine fehlerhafte Rangbescheinigung erteilt hat. Anders sieht es bei der Vertragsabwicklung über Anderkonto aus: Die Bank hinterlegt den Kaufpreis und weist den Notar treuhänderisch an, die Auszahlung erst nach Vorliegen bestimmter Voraussetzungen vorzunehmen. Das Risiko der vorzeitigen Auszahlung liegt nunmehr beim Notar.[20] Die Praxis beweist, dass es dabei auch bei sorgfältig arbeitenden Notaren zu Fehlern kommen kann, bspw. in der Form versehentlich verspäteter Auszahlungen. Bei größeren Summen kann das zu erheblichen „Verzugsschäden" führen. Es überrascht, wie Beteiligte nach solchen Fehlern manchmal geradezu „suchen". Zudem kommt es zu Fehlern bei der Berechnung der Auszahlungsbeträge oder der Überweisung von Verwahrungszinsen an den im Vertrag genannten Berechtigten. Die Haftungsträchtigkeit ist in der Praxis im Fall der verfrühten/verspäteten Auszahlung m.E. jedoch nicht wesentlich höher als im Fall der verspäteten oder verfrühten Fälligkeitsmitteilung des Notars, für die der Notar ebenfalls primär haftet, jedoch nicht in einem vergleichbaren Fokus steht.

2. Unbestimmter Rechtsbegriff

10 Der Begriff des „berechtigten Sicherungsinteresses" ist ein **unbestimmter Rechtsbegriff.**[21] Mit dem Inkrafttreten von § 54a BeurkG a.F. als inhaltsgleiche Vorgängerbestimmung entbrannte daher eine heftige dogmatische Diskussion um die Auslegung dieses Begriffes. Geführt wurde die Diskussion zum einen vor dem Hintergrund des regional sehr unterschiedlichen Einsatzes von Anderkonten bei der Urkundenabwicklung sowie zum anderen vor dem Hintergrund des Gesetzesentwurfs. Bis zum Erlass der Regelung bestand vor allem im norddeutschen Raum eine weit verbreitete Praxis, Grundstückskaufverträge unter-

12 Vgl. *Winkler*, § 57 Rn 8.
13 Vgl. Arndt/Lerch/Sandkühler/*Sandkühler*, § 23 Rn 48.
14 BGH, v. 2.8.2023, VII ZB 28/20, MittBayNot 2024, 191; Arndt/Lerch/Sandkühler/*Sandkühler*, § 23 Rn 58; vgl. auch Frenz/Miermeister/*Hertel*, BeurkG § 57 Rn 24.
15 Vgl. Haug/Zimmermann/*Zimmermann*, Rn 694, 703.
16 *Haug*, DNotZ 1982, 539, 551.
17 Vgl. BNotK Rundscheiben 31/2000, abgedr. z.B. in ZNotP 2000, 488 f.; Arndt/Lerch/Sandkühler/*Sandkühler*, § 23 Rn 49; Handbuch Notarhaftung/*Hertel*, Kap. 4 Rn 21.
18 So *Schmidt*, ZfIR 2001, 701.
19 *Volmer*, DNotZ 2025, 184, 192.
20 Vgl. z.B. OLG Düsseldorf v. 17.7.2002 – 18 U 246/01, ZNotP 2002, 486 ff.
21 BGH, Urt. v. 16.11.2020 – NotSt(Brfg) 2/19, Rn 27; Miermeister/Frenz/*Hertel*, BeurkG § 57 Rn 5.

schiedslos über Notaranderkonto abzuwickeln. Demgegenüber sahen Grundstückskaufverträge im süddeutschen Raum standardmäßig die Direktzahlung vor.[22] Zeitgleich führten – gemessen an der Gesamtzahl der Notare und dem Urkundenaufkommen vereinzelte – Amtshaftungsfälle bei der Durchführung der Verwahrung zu beträchtlichen Schäden und einer öffentlichkeitswirksam geführten Diskussion um Verursachung und Schadenersatz. Daher war es erkennbares Ziel des Gesetzgebers, den formularmäßigen Einsatz von Anderkonten zu verhindern.[23] Auch der Berufsstand war im Hinblick auf Ehre und Ansehen des Notaramtes sowie das in Eigenleistung getragene Vertrauensschadenvorsorgesystem bestrebt, weitere schadenträchtige Haftungsfälle zu vermeiden.

Die Anstrengungen, die Verwahrung von Geld zum Ausnahmefall werden zu lassen, führten zu einer im- 11
mer engeren Auslegung des Begriffs des „berechtigten Sicherungsinteresses". Der „Verruf", in den die Verwendung von notariellen Anderkonten nicht zuletzt durch die Warnungen und Kommentierungen im Berufsstand selbst gekommen ist, wird dem Notaramt, der Verwahrung als Amtsgeschäft und den Interessen des rechtssuchenden Publikums nicht gerecht. Die überaus kritischen Ausführungen zu Anderkonten verleiteten Gerichte zu der irrtümlichen Annahme, die der Verwahrung zugrunde liegende öffentlich-rechtliche Verwahrungsanweisung an den Notar und die zivilrechtliche Verwahrungsvereinbarung der Vertragsparteien mangels berechtigten Sicherungsinteresses für unwirksam zu erachten.[24] In der Haftungspraxis des Notarversicherungsfonds finden sich nicht selten Ausführungen in Anspruchsschreiben, die die vermeintliche „unordentliche Amtsführung/Gesinnung" anlässlich einer behaupteten Pflichtverletzung des Notars mit der Verwendung eines Notaranderkontos zu begründen versuchen, auch wenn die Abwicklung der Verwahrmasse bei Vorliegen eines berechtigten Sicherungsinteresses tatsächlich reibungslos verlief. Auch haben Diskussionen mit der Dienstaufsicht über Anderkonten dazu geführt, dass Notare Anderkonten teilweise grundsätzlich gar nicht mehr führen, auch wenn es im Einzelfall zweckmäßig wäre. Insoweit scheint das Pendel der Auslegung mit dem Ziel der Haftungs- und Schadensvermeidung zu weit einseitig ausgeschlagen zu sein. Zu begrüßen ist, dass die obergerichtliche Rechtsprechung dieser sehr engen Auslegung nicht uneingeschränkt gefolgt ist (Rdn 20).

a) Beurteilungsspielraum

Die Inhaltsbestimmung des unbestimmten Rechtsbegriffs „berechtigtes Sicherungsinteresse" unterliegt 12
dem klassischen Auslegungskanon von Wortlaut (grammatikalische Auslegung), Stand der Norm im Gesetzesgefüge (systematische Auslegung), Entstehungsgeschichte (historische Auslegung) sowie Sinn und Zweck der Regelung (teleologische Auslegung). Da es sich um einen unbestimmten Rechtsbegriff handelt, ist die inhaltliche Bestimmung vom **konkreten Sachverhalt abhängig** und die Anwendung im Einzelfall stark **situationsabhängig** (vgl. Fallgruppenbildung, Rdn 21 ff. sowie Wandelbarkeit der Anwendung, Rdn 46 ff.). Daher steht dem Notar bei der Auslegung des Begriffs im Rahmen einer **Risikoprognose** (von Vorleistungs- und Abwicklungsrisiken für die Beteiligten, Absicherungsmöglichkeiten und Berücksichtigung der Vor-[25] und Nachteile[26] der Verwahrung) im Einzelfall ein **Beurteilungsspielraum** zu, den er nach persönlicher Beratung und aufgrund seiner Erfahrungen in **eigener Verantwortung** wahrnimmt.[27] Aufgrund der sachlichen Unabhängigkeit des Notars ist dieser Beurteilungsspielraum **durch die Dienstaufsicht nur eingeschränkt überprüfbar**.[28]

b) Allgemeine Anwendungsgrundsätze

Auf dieser allgemeinen Basis lassen sich für die Auslegung des Begriffes des **berechtigten Sicherungs-** 13
interesses folgende Anwendungsgrundsätze festhalten:

Nach dem Wortlaut der Norm darf der Notar Geld zur Verwahrung nur entgegennehmen, wenn „hierfür", d.h. für die Verwahrung auf Anderkonto, ein berechtigtes Sicherungsinteresse besteht. Nach der Geset-

22 BGH, Urt. v. 16.11.2020 – NotSt(Brfg) 2/19, Rn 34; vgl. zur regional unterschiedlichen Handhabung auch Handreichung der Schleswig-Holsteinischen Notarkammer zur ordnungsgemäßen Durchführung von Verwahrungsgeschäften gemäß §§ 54a–54e BeurkG (Stand Mai 2002).
23 Vgl. BT-Drucks 13/4184, S. 37 f.
24 LG Berlin v. 25.8.2020, 84 T 28/20 als Vorinstanz zu BGH, v. 2.8.2023, VII, ZB 28/20, MittBayNot 2024, 191.
25 Zu den Vorteilen *Brambring*, DNotZ 1999, 381, 385.
26 Zu den Nachteilen Armbrüster/Preuß/Renner/*Renner*, BeurkG § 57 Rn 25.
27 Vgl. *Weingärtner*, Verwahrungsgeschäft, Rn 62d; Arndt/Lerch/Sandkühler/*Sandkühler*, § 23 Rn 52; *Zimmermann*, DNotZ 2000, 164, 167.
28 BGH v. 16.11.2020 – NotSt (Brfg) 2/19, DNotZ 2021, 508; hierzu Anm. *Zimmermann*, RNotZ 2021, 337, 338.

zesbegründung ist das „berechtigte Sicherungsinteresse" grundsätzlich nach **objektiven Kriterien** zu bestimmen.[29] **Der bloß einvernehmliche (subjektive) Wunsch** der Beteiligten **reicht** für die Annahme des Berechtigten Sicherungsinteresses **nicht** aus (vgl. dazu auch Rdn 18).[30]

14 Zudem war der Gesetzgeber bestrebt, die Verwendung von Notaranderkonten einzuschränken.[31] Einer „formularmäßigen Verwahrung" sollte mit dem Erlass der Norm entgegengewirkt werden.[32] Daraus folgt, dass nach dem Willen des Gesetzgebers bei Kaufvertragsabwicklungen die Verwahrung **nicht mehr den Regelfall** darstellen soll.[33] **Das „Standardkaufvertragsmuster" des Notars darf die Verwahrung des Kaufpreises nicht vorsehen.**[34]

15 Ein berechtigtes Sicherungsinteresse ist auf dieser Grundlage dann anzunehmen, wenn die notarielle Verwahrung gegenüber der Direktzahlung eine **Absicherung der Beteiligten** zumindest **deutlich erleichtert**.[35]

16 Einige Autoren wollten der gesetzlichen Neuregelung in der Vergangenheit eine geringere Bedeutung beimessen. So wurde beispielsweise vertreten, im Hinblick zur früheren Rechtslage habe sich **praktisch nichts verändert**.[36] Damit wird jedoch der Sinn der Regelung verkannt. Er verkehrt sich ins Gegenteil, wenn ein „berechtigtes Sicherungsinteresse" nur dann verneint wird, wenn offensichtlich Sicherungsinteressen für eine Verwahrung fehlen, die Bedeutung der Regelung also auf „Evidenzfälle" beschränkt wird. Es ist auch nicht zutreffend, dass „die Direktzahlung in der Praxis nur selten eine gleich sichere Abwicklungsmöglichkeit" darstellt.[37] Teilweise wird vertreten, § 54a Abs. 2 Nr. 1 a.F. BeurkG solle **„großzügig"** angewendet werden[38] oder der Begriff „weit auszulegen" sein.[39] Dies lässt sich dem Wortlaut und der Gesetzesbegründung genauso wenig entnehmen, wie die Forderung nach einer „engen" Auslegung. So soll es nach einer Ansicht für die Zulässigkeit der Verwahrung neben den objektiven Kriterien zusätzlich auch auf die Zweckmäßigkeit ankommen: Die Verwahrung sei zulässig und zweckmäßig, wenn sie im Einzelfall zur Lösung eines sich im Rahmen der Gestaltung und Abwicklung ergebenden Problems beiträgt und dieses besser zu lösen vermag, d.h. sicherer oder effizienter (zeitsparender) als eine andere Gestaltung sei.[40] Soweit die Zweckmäßigkeit als zusätzliches Kriterium über das festgestellte berechtigte Sicherungsinteresse hinaus gefordert wird, fehlen dafür sowohl im Wortlaut als auch in der Gesetzesbegründung die Anhaltspunkte für diese einschränkende Auslegung. Zudem ist die Frage der Zweckmäßigkeit (Effizienz, Zeitersparnis) im Rahmen der Risikoprognose regelmäßig nicht einfach zu bestimmen, sodass bei einer ex-post-Betrachtung im Fall von Abwicklungsschwierigkeiten Raum für andere Interpretationen besteht.

c) Berechtigtes Sicherungsinteresse bei gleichwertiger Sicherheit

17 Teilweise wird vertreten, dass die Einrichtung eines Notaranderkontos bereits dann zulässig ist, wenn es nur eine **gleichwertige Sicherheit** bietet.[41] Das Anderkonto müsse also – nach Durchführung der notwendigen Risikoprognose – keine zusätzlichen Sicherheiten bringen. Die herrschende Meinung[42] lehnt diese Auffassung ab. Das berechtigte Sicherungsinteresse fehle bereits dann, wenn die „direkte" Kauf-

29 BT-Drucks 13/4181, 38.; grdl. *Brambring*, DNotZ 1999, 381 ff.; Arndt/Lerch/Sandkühler/*Sandkühler*, § 23 Rn 50; Grziwotz/Sauer/Heinemann/*Grziwotz*, § 57 Rn 5; Beck'sches Notarhandbuch/*Trömer*, § 1 Rn 767; *Winkler*, § 57 Rn 10; *Lerch*, § 54a Rn 2; Haug/Zimmermann/*Zimmermann*, Rn 695; gute Gesamtdarstellung des Meinungsstandes: Handbuch Notarhaftung/*Hertel*, Kap. 4 Rn 35 ff.; BGH v. 16.11.2020 – NotSt (Brfg) 2/19, DNotZ 2021, 508.
30 Handreichung der Schleswig-Holsteinischen Notarkammer zur ordnungsgemäßen Durchführung von Verwahrungsgeschäften gemäß §§ 54a–54e BeurkG (Stand Mai 2002).
31 Vgl. BT-Drucks 13/4181, 37 f.; statt vieler *Reithmann*, WM 2002, 683.
32 BT-Drucks 13/4184, 37 f.
33 Auslegungsgrundsätze des Präsidenten des OLG Hamm und der Notarkammer Hamm (jetzt Westfälische Notarkammer), abgedr. in ZNotP 2002, 137 f.
34 So *Brambring*, DNotZ 1999, 381, 383; Beck'sches Notarhandbuch/*Tönnies*, 6. Aufl., A I Rn 762; *Winkler*, § 57 Rn 11.
35 BGH v. 2.8.2023 – VII ZB 28/20, MittBayNot 2024, 191; BGH v. 16.11.2020 – NotSt (Brfg) 2/19 Rz. 29, NJW-RR 2021, 784.
36 So *Tröder*, ZNotP 1999, 462 f.
37 So aber *Möhrle*, DB 2000, 605, 606.
38 So *Blaeschke*, 2. Aufl., Rn 1711.
39 So *Rack*, ZNotP 2008, 474, 478.
40 Beck'sches Notarhandbuch/*Trömer*, § 1 Rn 769.
41 I.d.S. *Weingärtner*, Verwahrungsgeschäft, Rn 62.
42 Statt aller Frenz/Miermeister/*Hertel*, BeurkG § 57 Rn 18; Armbrüster/Preuß/Renner/*Renner*, 8. Aufl., BeurkG, § 57 Rn 10; BGH v. 16.11.2020 – NotSt (Brfg) 2/19, DNotZ 2021, 508.

preiszahlung ebenso sicher ist. Der Gesetzgeber verlange ein Sicherungsinteresse gerade für die Verwahrung („hierfür"); daran fehle es, wenn gleichwertige Möglichkeiten der Absicherung vorhanden seien. Die Verwahrung müsse ein „Plus an Sicherheit" bieten. Ein berechtigtes Sicherungsinteresse werde insbesondere dann fehlen, wenn die Voraussetzungen für die Einzahlung auf Notaranderkonto praktisch „deckungsgleich" mit den Voraussetzungen der Auszahlung seien – in solchen Fällen müsse eine Direktzahlung vorgesehen werden.[43] Die Verwahrung sei daher auf Situationen zu beschränken, in denen keine gleichwertigen Sicherungsmöglichkeiten bestehen oder in denen die Verwahrung zumindest Vorteile gegenüber anderen Absicherungsmöglichkeiten aufweist. Sicherungsinteressen, wie sie bei jedem oder fast jedem Kaufvertrag bestehen würden, reichen nicht.[44]

In dieser Allgemeinheit scheint die Auslegung zu eng. Richtig ist, dass nach den allgemeinen Anwendungsgrundsätzen (vgl. Rdn 8 ff.) und dem gesetzgeberischen Willen Sicherungsinteressen eines Standardkaufvertrages nicht zur Begründung eines objektiven Sicherungsinteresses ausreichen. In den nicht standardisierten Fällen entfällt m.E. ein berechtigtes Sicherungsinteresse der Beteiligten nicht dadurch, dass eine andere „gleichwertige" Sicherungsmöglichkeit vorhanden ist. Wenn die Verwahrung zwar gleich sicher, aber effizienter ist, dann liegt keine Gleichwertigkeit vor und der Notar kann sie als Sicherungsmöglichkeit in Betracht ziehen. Die notarielle Verwahrung ist ein Amtsgeschäft. Wenn sie gegenüber anderen Sicherungsmöglichkeiten immer zurückstehen muss, würde dies dem Charakter und der systematischen Stellung als „Amtsgeschäft" nicht gerecht und nähme eine nicht bestehende „Minderwertigkeit" der Sicherungsmöglichkeit über Anderkonto an. Das kommt in Gesetzeswortlaut und -begründung nicht zum Ausdruck und hätte einer ausdrücklichen Klarstellung im Gesetz bedurft.[45] Im Fall zweier gleichwertiger Sicherheiten sollte der Notar m.E. die Wahl haben, ob er die Verwahrung durchführen will, und ggf. die Beteiligten nach Belehrung über die Sicherungsmöglichkeiten die Entscheidung treffen lassen.

d) Berücksichtigung subjektiver Kriterien

Umstritten ist, ob die Abwicklung über Notaranderkonto dann zulässig ist, wenn allein subjektive Kriterien hierfür sprechen, es **objektiv aber keine Notwendigkeit** dafür gibt. 18

Der übereinstimmende Wunsch der am Verwahrungsgeschäft beteiligten Personen nach Einrichtung eines Anderkontos reicht nach h.M. zu Recht nicht aus.[46] Dies folgt sowohl aus der Entstehungsgeschichte als auch aus dem Wortlaut der Regelung. Die durch Abs. 2 Nr. 1 begründete Amtspflicht des Notars unterliegt nicht der Disposition der Beteiligten.[47] Der übereinstimmende Wunsch der am Verwahrungsgeschäft Beteiligten allein gestattet nicht die Einrichtung eines Notaranderkontos, vielmehr ist ein objektives Sicherungsinteresse erforderlich. Die m.M. will die Verwahrung auf Anderkonto ausnahmsweise zulassen, wenn die Beteiligten „nachhaltig" darauf „beharren".[48] Aufgabe des Notars ist es nicht, notwendige Beurkundungen zu verhindern. Auch die Rechtsprechung hat sich teilweise für die subjektive Betrachtungsweise ausgesprochen.[49] Der Grundsatz der Privatautonomie bzw. der Vertragsfreiheit zwinge dazu, dem Wunsch der Beteiligten zu entsprechen. Der Vertrag müsse dann jedoch entsprechende Belehrungshinweise enthalten. Zuletzt hat der BGH zu Recht ausgeführt, dass sich subjektive Interessen eines Vertragsbeteiligten zu einem objektiven Sicherungsinteresse verdichten können, wenn die Abwicklung über Anderkonto Bedingung für den Abschluss des Geschäfts ist[50] (vgl. Rdn 34).

43 Vgl. *Blaeschke*, § 14 Rn 37; so auch *Möhrle*, DB 2000, 605, 610.

44 Vgl. Beck'sches Notarhandbuch/*Tönnies*, 6. Aufl., A I Rn 762.

45 Ähnlich Frenz/Miermeister/*Hertel*, BeurkG § 57 Fn 44.

46 Frenz/Miermeister/*Hertel*, BeurkG § 57 Rn 6; Handbuch Notarhaftung/*Hertel*, Kap. 4 Rn 1 („nicht haltbar"); *Viefhues*, ZNotP 2018, 205, 2015; *Winkler*, § 57 Rn 10; ähnlich: OLG Jena v. 28.4.2010 – 8 U 478/09, BeckRS 2010, 10970; ebenso im Grundsatz Leitlinien der Notarkammer Hamm und des Präsidenten des OLG Hamm ZNotP 2002, 137; grds. auch Arndt/Lerch/Sandkühler/*Sandkühler*, § 23 Rn 50; *Krauß*, Immobilienkaufverträge, Rn 2383.

47 BGH v. 16.11.2020 – NotSt (Brfg) 2/19, NJW-RR 2021, 784; vgl. *Brambring*, DNotZ 1999, 381, 384; Arndt/Lerch/Sandkühler/*Sandkühler*, § 23 Rn 50.

48 BGH v. 16.11.2020 – NotSt (Brfg) 2/19, NJW-RR 2021, 784; *Weingärtner*, DNotZ 1999, 393 ff.; *ders.*, Verwahrungsgeschäft, Rn 62a; Weingärtner/Löffler/*Weingärtner*, 10. Aufl., Rn 427; Grziwotz/Sauer/Heinemann/*Grziwotz*, § 57 Rn 5 f.

49 LG Dortmund v. 7.1.2002 – 9 T 581/01, NotBZ 2002, 187 f. mit Anm. *Weingärtner*; vgl. auch OLG Frankfurt v. 29.10.2008 – 2 Not 5/08, BeckRS 2010, 20197.

50 BGH v. 16.11.2020 – NotSt (Brfg) 2/19, NJW-RR 2021 784.

Durchaus praxisbedeutsam ist die Frage, ob der einseitige Wunsch der Finanzierungsbank des Käufers ein „berechtigtes Sicherungsinteresse" begründen kann. Auch hier sind die Meinungen geteilt.[51]

19 Auch sonstige subjektive Kriterien in der Person eines Verwahrungsbeteiligten können sich zu einem objektiven Sicherungsinteresse verdichten. Dies kann der Fall seien, wenn die Beteiligten bei der Erfüllung der erforderlichen Mitwirkungspflichten erkennbar überfordert wären, beispielsweise wegen Geschäftsungewandtheit, Alters, Krankheit oder Ortsabwesenheit.[52]

e) Rechtsprechung

20 Die bisher zu Fragen des objektiven Sicherungsinteresses ergangenen Gerichtsentscheidungen lassen keine eindeutige Tendenz zur Auslegung des Begriffs erkennen. Das **LG Dortmund**[53] hat die Abwicklung über Notaranderkonto in einem Fall gebilligt, in dem diese Abwicklungsform von den Beteiligten **ausdrücklich gewünscht** worden war. Die Entscheidung enthält aber keine vertiefte Auseinandersetzung mit der Problematik. Dazu mag beigetragen haben, dass es rechtlich – wie in fast allen anderen Entscheidungen – allein um die Anwendung bzw. Nichtanwendung von § 21 GNotKG (früher: § 16 KostO) ging. Eine **strenge Position** hat dagegen das **OLG Bremen**[54] eingenommen: Im konkreten Fall waren mehrere Grundpfandrechte abzulösen; der Käufer beglich den Kaufpreis aus Eigenmitteln. Aus der Sicht des OLG fehlte hier ein berechtigtes Interesse für die Einrichtung eines Treuhandkontos; das Gericht betonte dabei, dass das Ergebnis kein anderes gewesen wäre, wenn der Käufer den Kaufpreis ganz oder zum Teil über eine Bank finanziert hätte. Zum gleichen Ergebnis kommt das **Schleswig-Holsteinische OLG**:[55] Ein abzulösendes Grundpfandrecht und eine Finanzierungsbank begründen noch kein rechtliches Interesse für ein Anderkonto. Das **OLG Köln**[56] hat demgegenüber ein berechtigtes Sicherungsinteresse allein aus der Tatsache abgeleitet, dass zugunsten des Käufers eine Vormerkung eingetragen wurde. In den veröffentlichten Entscheidungsgründen bleibt nicht nur der Sachverhalt unklar; auch die Begründung ist teilweise nicht nachvollziehbar. Das **OLG Frankfurt**[57] und das **OLG Celle**[58] betonen, dass ein objektives Sicherungsinteresse gegeben sein muss. Auch das **KG**[59] weist zunächst darauf hin, dass ein objektives Interesse vorliegen muss; dann lässt es aber für die Abwicklung über Anderkonto ausreichen, dass eine Gläubigerbank des Verkäufers abzulösen war und der Käufer den Kaufpreis über eine Bank finanzierte. Nur am Rande beschäftigt sich das **LG Schwerin**[60] mit dem berechtigten Sicherungsinteresse, da es um einen eindeutigen Fall ging, in dem dem Käufer mit der Hinterlegung der Besitz am Kaufgegenstand eingeräumt wurde. Das LG betont jedoch, dass der Notar in einem solchen Fall nicht über Mehrkosten belehren muss. In einem anderen Fall kommt das **Schleswig-Holsteinische OLG**[61] zu dem Ergebnis, dass ein Notaranderkonto unzulässig ist, das allein der Sicherstellung der Zahlung der Grunderwerbsteuer dient. Zu Recht führt das **OLG Düsseldorf**[62] aus, dass ein Verstoß gegen Abs. 2 keinesfalls automatisch zu einer unrichtigen Sachbehandlung im Sinne von § 21 GNotKG führt. Das sei nur bei eklatanten Fehlern des Notars gegeben. Zuletzt hat der BGH in einem disziplinarrechtlichen Verfahren dem Notar einen weiten Beurteilungsspielraum hinsichtlich der Frage zuerkannt, ob eine Verwahrung

51 Zust.: Weingärtner/Gassen/Sommerfeldt/*Weingärtner/Ulrich*, vor § 27 Rn 5; Arndt/Lerch/Sandkühler/*Sandkühler*, § 23 Rn 55; Kilian/Sandkühler/vom Stein/*Elsing*, § 13 Rn 17; abl.: *Winkler*, § 57 Rn 13; Handbuch Notarhaftung/*Hertel*, Kap. 4 Rn 58; *Sandkühler*, MittBayNot 2005, 432, 433.

52 Handreichung der Schleswig-Holsteinischen Notarkammer zur ordnungsgemäßen Durchführung von Verwahrungsgeschäften gemäß §§ 54a–54e BeurkG (Stand: Mai 2002), Beilage des Mitteilungsblattes II aus 2002.

53 V. 7.1.2002 – 9 T 581/01, NotBZ 2002, 187 f. mit Anm. *Weingärtner*.

54 V. 18.3.2004 – 1 W 1/04, MittBayNot 2005, 428 ff. mit zustimmender Anm. *Sandkühler*; ähnlich: Thüringer OLG v. 28.4.2010 – 8 U 478/09, BeckRS 2010/10970.

55 V. 6.10.2009 – 9 W 74/09, notar 2010, 21 f. mit Anm. *Wudy*.

56 V. 1.10.2007 – 2 Wx 30/05, NotBZ 2008, 160 f. = ZNotP 2008, 255 f. mit Anm. *Tiedtke*; vgl. dazu *Renner*, NotBZ 2008, 142 ff.

57 V. 17.9.2003 – 4 U 12/03, DNotZ 2004, 203 ff. In einem Urt. v. 24.6.2014 – 2 Not 1/13, BeckRS 2014, 16741, räumt das OLG Frankfurt dem Notar einen Beurteilungsspielraum ein (vgl. dazu auch *Pelikan*, notar 2015, 153, 160).

58 V. 16.2.2011 – Not 24/10, NotBZ 2011, 214 ff. mit Anm. *Renner*.

59 V. 25.5.2004 – 1 W 472/01, MittBayNot 2005, 430 mit abl. Anm. *Sandkühler*.

60 V. 12.4.2014 – 4 T 4/11, NotBZ 2012, 279 f.

61 V. 29.10.2014 – 9 W 196/13, notar 2015, 130 mit Anm. *Mohr*.

62 OLG Düsseldorf v. 29.9.2016 – I-10 W 262/16; NotBZ 2017, 53 f.; Anm. von *Fackelmann*, in: ZNotP 2017, 38 f.; im gleichen Sinne Würzburger Notarhandbuch/*Hertel*, Teil 2 Kap. 2, Rn 714, vgl. auch *Tiedtke/Sikora*, DNotZ 2017, 673, 677.

im Einzelfall zulässig ist. Er hat bestätigt, dass sich der ernsthafte subjektive Wunsch der Beteiligten zu einem Sicherungsinteresse verdichten kann, wenn das Anderkonto zur Bedingung für den Vertragsschluss gemacht wird. Dienstrechtlich unbeachtlich ist auch, wenn die rechtliche Betrachtung des Notars über die Notwendigkeit eines Anderkontos nicht zutreffend ist, ihm aber dienstrechtlich kein Vorwurf gemacht werden kann,[63] d.h. er seinen Beurteilungsspielraum erkennbar genutzt hat.

3. Der pragmatische Ansatz: Fallgruppenbildung

Für die Frage, ob die Verwahrung zulässig ist, werden in der Literatur wegen der Praktikabilität[64] regelmäßig Fallgruppen gebildet.[65] Der Weg der Fallgruppenbildung deutete sich bereits in dem Rundschreiben 1/96 der BNotK vom 11.1.1996[66] an – also lange vor Inkrafttreten des § 54a BeurkG a.F. Durch das Rundschreiben 31/2000 vom 4.9.2000[67] wurde er bestätigt. Auch die Gemeinsamen Leitlinien des Präsidenten des OLG Hamm und der Notarkammer Hamm sowie die Handreichung der Schleswig-Holsteinischen Notarkammer[68] folgen diesem Ansatz. Einigkeit besteht, dass – wegen der situationsabhängigen Anwendung der Norm (vgl. oben Rdn 12) – kein abschließender Positiv- oder Negativkatalog aufgestellt werden kann.[69] Die in den Rundschreiben und Richtlinien enthaltenen Fallgruppen stellen lediglich Auslegungshilfen dar.[70] Die Entscheidung über die Zulässigkeit hat der Notar in jedem Einzelfall selbst zu treffen.[71] 21

a) Fälle ohne „berechtigtes Sicherungsinteresse“

- Das verkaufte Grundstück ist lastenfrei, die Belastungen werden vom Käufer übernommen oder sie werden vom Verkäufer mit eigenen Mitteln zur Löschung gebracht.[72] 22
- Der Käufer kann den Kaufpreis aus eigenen Mitteln aufbringen bzw. die kaufpreisfinanzierende Bank verlangt keine grundbuchmäßige Absicherung auf dem Kaufobjekt.
- Das verkaufte Grundstück ist mit Grundpfandrechten belastet, die aus dem Kaufpreis abgelöst werden sollen. Gleichzeitig verlangt die den Kaufpreis finanzierende Bank die Eintragung eines neuen Grundpfandrechts vor Auszahlung des Darlehens. Selbst in dieser Fallsituation ist die Einrichtung eines Notaranderkontos in der Regel nicht erforderlich. Ausgestaltung und Abwicklung des Kaufvertrages können wie folgt erfolgen: Der Kaufpreis wird erst fällig, wenn die Vormerkung rangrichtig eingetragen ist und alle erforderlichen Genehmigungen und Negativatteste vorliegen. Nach Beurkundung schreibt der Notar die abzulösenden Gläubiger an und bittet um Zuleitung der Löschungsunterlagen zu treuen Händen und Mitteilung der Ablöseforderungen. Sobald alle genannten Voraussetzungen vorliegen, teilt der Notar dies dem Käufer mit, der nunmehr die Kaufpreiszahlung zu veranlassen hat. Nach Maßgabe der Fälligkeitsmitteilung werden die Grundpfandrechtsgläubiger abgelöst. Der verbleibende Restbetrag wird unmittelbar an den Verkäufer gezahlt. Die Umschreibung darf der Notar aufgrund der vertraglichen Vereinbarung erst dann beantragen, wenn ihm die Kaufpreiszahlung nachgewiesen ist. Soweit der Käufer den Kaufpreis über eine Bank finanziert, muss der Kaufvertrag eine sog. Belastungsvollmacht/Finanzierungsvollmacht enthalten. Dabei hat sich das finanzierende Kreditinstitut zu verpflichten, Valutierungen bis zur vollständigen Kaufpreiszahlung nur an den Verkäufer bzw. an abzulösende Gläubiger vorzunehmen und die Grundschuld nur insoweit als Sicherheit zu verwerten, als sie tatsächlich Zahlungen mit Tilgungswirkung auf die Kaufpreisschuld des Käufers geleistet hat.[73] Die Bank ist verpflichtet, bei Nichtdurchführung des Vertrages das Grundpfandrecht zu löschen.[74] Die „vorgezogene“ Eintragung eines Grundpfandrechts zugunsten einer inländischen

63 BGH v. 16.11.2000 – NotSt (Brfg) 2/19, RNotZ 2021, 155 mit Anm. *Zimmermann*, RNotZ 2021, 337.
64 So *Lerch*, § 54a Rn 6.
65 Vgl. z.B.: *Brambring*, DNotZ 1999, 381, 386 ff.; *Winkler*, § 57 Rn 16 ff.; Würzburger Notarhandbuch/*Hertel*, Teil 2 Kap. 2 Rn 703 ff.; Handbuch Notarhaftung/*Hertel*, Kap. 4 Rn 41 ff.; Arndt/Lerch/Sandkühler/*Sandkühler*, § 23 Rn 53 ff.; *Blaeschke*, § 14 Rn 35 ff.
66 Abgedr. bei *Weingärtner*, Anhang 5.
67 Abgedr. in ZNotP 2000, 488 f.
68 Beilage des Mitteilungsblattes II aus 2002.
69 Vgl. BeckOK-BeurkG/*Kämper*, § 57 Rn 17.
70 Vgl. Handbuch Notarhaftung/*Hertel*, Kap. 4 Rn 42.
71 BeckOK-BeurkG/*Kämper*, § 57 Rn 17; Leitlinien der Notarkammer Hamm, ZNotP 2002, 137 f.
72 Vgl. z.B. Handbuch Notarhaftung/*Hertel*, Kap. 4 Rn 59.
73 Probleme können im Einzelfall auftreten, wenn der Käufer nur einen Teil des Kaufpreises über eine Bank finanziert dazu *Reymann*, MittBayNot 2008, 272 ff.
74 Vgl. dazu Beck'sches Notarhandbuch/*Everts*, § 1 Rn 274.

Bank ist dabei keine Vorleistung des Verkäufers, die ein berechtigtes Sicherungsinteresse begründet.[75] Das ist auch dann der Fall, wenn der Kaufpreis niedriger ist als das einzutragende Grundpfandrecht.[76] Scheitert die Vertragsabwicklung, ist die Löschung des Grundpfandrechts regelmäßig problemlos zu erreichen.[77]

- Sieht der Kaufvertrag die Eintragung einer **Vormerkung** zugunsten des Käufers vor, so ist dies regelmäßig kein ausreichender Grund für die Einrichtung eines Anderkontos. Zwar führt die Vormerkung zu einer Belastung des Grundstücks, ohne dass der Käufer schon eine Leistung erbracht hätte.[78] Es handelt sich aber **nicht um eine ungesicherte Vorleistung**, da der Verkäufer die Verfügungsmacht über das Grundstück nicht verliert und die Vormerkung nicht verkehrsfähig, sondern an den zu sichernden Anspruch gebunden ist.[79] Die mit der Vormerkung verbundene Belastung ist im Regelfall zu geringfügig, um eine vorherige Hinterlegung des Kaufpreises auf Anderkonto zu rechtfertigen.[80] In Ausnahmefällen kann einen andere Bewertung angezeigt sein (siehe Rdn 23). Allgemeine Zweifel des Verkäufers an der Bonität des Käufers rechtfertigen die Hinterlegung auf Anderkonto in der Regel nicht.[81] Zu gering ist die Wahrscheinlichkeit, dass der Käufer eine doppelte Pflichtwidrigkeit begeht: Nichtzahlung des Kaufpreises und spätere Nichtbewilligung der Löschung der Vormerkung.[82] Diese Risiken bestehen typischerweise bei jedem Kaufvertrag. Um die Löschung der Auflassungsvormerkung bei Nichtabwicklung des Vertrages zu ermöglichen, hat man in der Praxis Wege entwickelt, bei denen eine Mitwirkung des Käufers in der Regel nicht mehr erforderlich ist. In Betracht kommen die Löschungsvollmacht und der „Schubladenlöschungsantrag".[83] Ganz unproblematisch sind diese, die Neutralität des Notars in Frage stellenden und mit zusätzlichen Haftungsgefahren verbundenen, Lösungswege allerdings nicht.[84] Sie sollten in der Vertragspraxis auf Ausnahmefälle beschränkt bleiben. Sie „helfen" zudem nicht in allen Fällen: Bei der Löschung einer Vormerkung, die zugunsten einer ausländischen Gesellschaft eingetragen wurde, deren Existenz und Vertretungsberechtigung zweifelhaft ist, reicht der „in der Schublade" befindliche Löschungsantrag nicht aus.[85] Ausnahmsweise kann hier unter Berücksichtigung eines subjektiven Verkäuferwillens die Absicherung über Anderkonto angezeigt sein.[86]

b) Fälle mit „berechtigtem Sicherungsinteresse"

23 Auf Seiten des **Käufers** sind **mehrere Finanzierungsgläubiger** beteiligt. Gleichzeitig muss der Kaufpreis auf mehrere Verkäuferkonten oder an **mehrere abzulösende Gläubiger** gezahlt werden. Die in solchen Fällen bei direkter Zahlung erforderliche Koordinierung auf der Käuferseite ist nicht selten mit erheblichen Problemen verbunden. Das kann zu einem „berechtigten" Interesse an der notariellen Verwahrung führen; zwingend „geboten" ist sie damit allerdings nicht.[87] Möglich sind auch die Einschaltung einer „Zentralbank" oder entsprechende Absprachen zwischen den Banken.[88] In den Leitlinien des

75 Vgl. auch Handbuch Notarhaftung/*Hertel* Kap. 4 Rn 57; a.A.: *Schilling*, ZNotP 2009, 138 ff. (in den Fällen teilweiser Fremdfinanzierung; die Grundschuld soll eine ungesicherte Vorausleistung sein (a.a.O., S. 140)); vgl. auch *Frenz*, ZNotP 2012, 122, 127.
76 A.A. wohl *Viefhues*, ZNotP 2018, 205, 215.
77 Vgl. *Reithmann*, DNotZ 2002, 247, 252; vgl. auch Armbrüster/Preuß/Renner/*Renner*, BeurkG § 57 Rn 13.
78 Vgl. *Rohs/Heinemann*, Rn 277.
79 Vgl. BGH v. 27.5.1993 – IX ZR 66/92, DNotZ 1994, 485, 488; Beck'sches Notarhandbuch/*Trömer*, § 1 Rn 771; *Reithmann*, DNotZ 2002, 247, 252; vgl. auch *Frenz*, ZNotP 2012, 122, 125 f.; a.A.: *Möller*, MittRhNotK 1990, 33, 34; *Bohrer*, DNotZ 2007, 500 ff. (die Vormerkung verschafft eine „überschießende Sicherheit" (S. 501); sie führt zu einer „augenscheinlichen Asymmetrie" zulasten des Verkäufers (S. 502)).
80 Vgl. Arndt/Lerch/Sandkühler/*Sandkühler*, § 23 Rn 53; Beck'sches Notarhandbuch/*Trömer*, § 1 Rn 773; Handbuch Notarhaftung/*Hertel*, Kap. 4 Rn 55; a.A.: *Rack*, ZNotP 2008, 474, 477; kritisch auch *Bohrer*, DNotZ 2007, 500 ff.; wohl OLG Köln v. 1.10.2007 – 2 Wx 30/05, NotBZ 2008, 160 f.
81 Vgl. Leitlinien des Präsidenten des OLG Hamm und der Notarkammer Hamm, ZNotP 2002, 137 f.
82 Vgl. Beck'sches Notarhandbuch/*Tönnies*, 6. Aufl., A I Rn 782.
83 Vgl. Beck'sches Notarhandbuch/*Everts*, A I Rn 424 ff.; *Möller*, MittRhNotK 1990, 33, 34 ff.; *Bohrer*, DNotZ 2007, 500, 502.
84 Vgl. aus der Rspr. BGH v. 1.10.2015 – V ZB 171/14, DNotZ 2016, 151 ff. = NotBZ 2016, 104 ff. mit Anm. *Szalai*; vgl. Frenz/Miermeister/*Hertel*, BeurkG § 57 Rn 16 Fn 31; *Bohrer*, DNotZ 2007, 500, 508 ff.; OLG Köln NotBZ 2008, 160, 161; Rdschr. BNotK 1/96, abgedr. bei *Weingärtner*, Anhang 5.
85 Vgl. Frenz/Miermeister/*Hertel*, BeurkG § 57 Rn 16 Fn 38.
86 Frenz/Miermeister/*Hertel*, BeurkG § 57 Rn 16–16c.
87 Ebenso: Beck'sches Notarhandbuch/*Trömer*, § 1 Rn 805 f.; eher a.A.: *Rohs/Heinemann*, Rn 280; *Dornis*, Kaufpreiszahlung, S. 2; *Winkler*, § 57 Rn 24; Frenz/Miermeister/*Hertel*, BeurkG § 57 Rn 15; vgl. auch *Lerch*, § 54a Rn 6; Grziwotz/Sauer/Heinemann/*Grziwotz*, § 57 Rn 11 f.; Handbuch Notarhaftung/*Hertel*, Kap. 4 Rn 50.
88 Beck'sches Notarhandbuch/*Trömer*, § 1 Rn 805; BeckOK-BeurkG/*Kämper*, § 57 Rn 21 m.w.N.

Präsidenten des OLG Hamm und der Notarkammer Hamm[89] heißt es vorsichtig, der „bayerischen Lösung" der direkten Kaufpreiszahlung brauche „in diesen Fällen nicht der Vorzug gegeben zu werden." In der Praxis sind derartige Fälle ohnehin selten geworden. Die meisten Käufer finanzieren heute „aus einer Hand". Da Banken regelmäßig bei der Zahlung des Kaufpreises eingeschaltet sind, macht auch die Beachtung etwas komplexerer Treuhandaufträge (mit Tageszinses etc.) der abzulösenden Gläubiger in der Praxis nur wenig Probleme.[90]

Jeder Notar kennt Fälle, in denen ihm seine Erfahrung schon bei der Vertragsvorbereitung sagt, dass mit einer **höheren Wahrscheinlichkeit der Nichtabwicklung** gerechnet werden kann und/oder die in diesem Fall erforderliche Löschung der Vormerkung mit Schwierigkeiten verbunden sein könnte, bspw. 24

- eine GmbH i.G., bei der die Stammeinlagen nicht eingezahlt sind, tritt als Käufer auf;
- der Käufer hat seinen Wohnsitz im Ausland;
- der Käufer hat bereits bei anderen Verträgen den Kaufpreis nicht gezahlt.

Um in solchen Fällen des „überdurchschnittlichen Nichterfüllungsrisikos"[91] den Verkäufer zu schützen, kann es sinnvoll sein, zunächst die Verwahrung des Kaufpreises vorzusehen und davon die Eintragung der Vormerkung abhängig zu machen.[92] So hat der BGH bei der zugunsten einer ausländischen Gesellschaft mit unklarer Vertretungsmacht einzutragenden Vormerkung eine Pflicht des Notars bejaht, auf die Schwierigkeiten hinzuweisen, die mit der Durchsetzung des Löschungsanspruchs im Fall des Scheiterns des Vertrages verbunden sind.[93] Erfahrung und Einschätzung des Notars spielen in diesen Fällen eine wichtige Rolle.

Der **Käufer will den Kaufpreis erst bezahlen**, wenn das **Kaufobjekt geräumt** übergeben wurde. Umgekehrt ist der Verkäufer nicht bereit, das Kaufobjekt zu verlassen, bevor der Kaufpreis bezahlt ist. Ein „do ut des" dahingehend, dass Schlüssel und „Geldkoffer" gleichzeitig ausgetauscht werden, ist i.d.R. nicht möglich. In einigen – in der Praxis seltenen – Fällen wird man den Interessen der Beteiligten nur dadurch Rechnung tragen können, dass zunächst die Kaufpreishinterlegung erfolgt und die Auszahlung von der vorherigen Übergabe abhängig gemacht wird.[94] Meist genügt es jedoch, die Zahlungspflicht des Käufers davon abhängig zu machen, dass der Käufer das Kaufobjekt geräumt hat.[95] 25

Wünschen die Beteiligten **kurzfristig die Besitzübergabe**, kann für die Verwahrung des Kaufpreises auf Anderkonto ebenfalls ein berechtigtes Sicherungsinteresse bestehen.[96] Mit der Verwahrung ist aufgezeigt, dass der Kaufpreis vorhanden ist und zu gegebener Zeit ausgezahlt werden kann. Nicht vergessen darf man allerdings, dass die den Kaufpreis hinterlegenden Finanzierungsgläubiger des Käufers die Verwahrung durch weitgehende Treuhandauflagen praktisch „entwerten" können Die vom Verkäufer gewünschte Sicherheit kann ggf. auch eine Finanzierungszusage der Bank des Käufers geben. In der Praxis werden in solchen Fällen oft Anzahlungen – als unmittelbare Pflicht oder als Option – vereinbart, mit deren Entrichtung der Käufer den Besitzübergang vorzeitig herbeiführen kann.[97] Die Vereinbarung der Kaufpreishinterlegung bei gleichzeitigem Besitzwechsel ist in diesen Fällen im Übrigen für den Käufer oft mit Risiken verbunden, die schnell übersehen werden: Wird eine staatliche Genehmigung nicht erteilt oder übersteigen die Gläubigerforderungen den Kaufpreis, so ist eine Vertragsabwicklung kaum möglich; gleichzeitig kann auch die Rückabwicklung Probleme bereiten, etwa wenn der Käufer schon Investitionen in das Kaufobjekt vorgenommen hat.[98] Das Anderkonto suggeriert in diesen Fällen für die Beteiligten nicht selten eine Sicherheit der Vertragsabwicklung, die in Wirklichkeit nicht besteht. In der Praxis hat man es gelegentlich am Jahresende mit Fällen zu tun, in denen aus steuerlichen Gründen der Besitzüber- 26

89 ZNotP 2002, 137, 138.
90 Vgl. Beck'sches Notarhandbuch/*Tönnies*, 6. Aufl., A I Rn 798.
91 So *Rack*, ZNotP 2008, 474, 477; vgl. auch Handbuch Notarhaftung/*Hertel*, Kap. 4 Rn 54.
92 Vgl. *Renner*, NotBZ 2008, 142, 145.
93 BGH v. 27.5.1993 – IX ZR 66/92, DNotZ 1994, 485, 488 f.; vgl. Haug/Zimmermann/*Zimmermann*, Rn 702; Grziwotz/Sauer/Heinemann/*Grziwotz*, § 57 Rn 10.
94 Vgl. dazu Kilian/Sandkühler/vom Stein/*Elsing*, § 13 Rn 9; Grziwotz/Sauer/Heinemann/*Grziwotz*, § 57 Rn 9.
95 Vgl. Beck'sches Notarhandbuch/*Trömer*, § 1 Rn 786.
96 Vgl. *Lerch*, § 54a Rn 6; Beck'sches Vertragshandbuch/*Trömer*, § 9 Rn 781; Handbuch Notarhaftung/*Hertel*, Kap. 4 Rn 46; Grziwotz/Sauer/Heinemann/*Grziwotz*, § 57 Rn 8; BGH v. 24.1.2008 – III ZR 156/07, DNotZ 2008, 925 ff. mit Anm. *Krebs*.
97 Vgl. Beck'sches Notarhandbuch/*Trömer*, § 1 Rn 781 f. mit Hinweis auf bestehende Nachteile dieser Gestaltung.
98 Vgl. Beck'sches Notarhandbuch/*Trömer*, § 1 Rn 780.

gang und/oder die Zahlung noch im alten Kalenderjahr erfolgen sollen. Auch steuerliche Erwägungen können ein berechtigtes Sicherungsinteresse begründen.[99] Eine Differenzierung nach rechtlichen, wirtschaftlichen und steuerlichen Gründen wäre nicht sachgerecht.[100] Ausnahmsweise kann ein Sicherungsinteresse deshalb vorliegen, wenn die öffentliche Hand aus „haushaltsrechtlichen" oder „fördermittelbezogenen" Gründen Geld noch im Dezember ausgeben möchte und deshalb die Zahlung auf Notaranderkonto wünscht.

27 Es gibt Fälle, bei denen im Rahmen der vertraglich vereinbarten Pflichten **einzelne Leistungen erst später erbracht** werden sollen oder können, bspw.

- der Verkäufer soll Erschließungskosten tragen, die von der Gemeinde noch nicht abgerechnet wurden;[101]
- ein Grundstück mit einem abbruchreifen Haus, das der Verkäufer noch auf eigene Kosten abreißen soll, wird verkauft;
- der Verkäufer soll noch Renovierungsarbeiten vornehmen;[102]
- die Löschung eines Briefgrundpfandrechts verzögert sich, da erst ein Aufgebotsverfahren durchgeführt werden muss, weil der Brief verloren gegangen ist[103]).

In solchen Situationen kann es die Interessenlage der Beteiligten gebieten, dass ein Teilbetrag für die erst später zu erbringende Leistung als „Sicherungseinbehalt" zunächst treuhänderisch verwahrt und erst nach Erfüllung ausgekehrt wird.[104]

28 Wird ein Grundstück verkauft, bei dem bereits ein **Zwangsversteigerungsverfahren** betrieben wird, kommt die Verwahrung des Kaufpreises auf Anderkonto als Vertragsgestaltungsmöglichkeit in Betracht.[105] Dies gilt manchmal auch in Fällen, in denen sich abzeichnet, dass mehrere abzulösende Gläubiger zu befriedigen sind, deren Forderungen den Kaufpreis übersteigen.[106]

Wird ein Grundstück verkauft, auf dem brieflose **Grundpfandrechte zugunsten von Privatpersonen** eingetragen sind, kann die Zahlungsabwicklung (zumindest von Kaufpreisteilen) über Anderkonto sachgerecht sein: Der oben (vgl. Rdn 22) beschriebene Mechanismus lässt sich nämlich vom Gläubiger leicht „aushebeln", indem dieser das Grundpfandrecht abtritt. Die dem Notar zu treuen Händen übergebene Löschungsbewilligung ist dann praktisch wertlos (wenn die Löschung nicht durch Vormerkung sichergestellt wird), da im Grundbuch ein neuer Gläubiger vermerkt ist. Hier kann es sachgerecht sein, die Verwahrung der geforderten Ablösesumme auf Anderkonto zu vereinbaren, nach der Hinterlegung die Löschung zu veranlassen und erst dann die Auszahlung an den Gläubiger vorzunehmen.[107] Ähnlich ist der Fall zu beurteilen, in dem die Finanzierungsgrundschuld zugunsten einer Privatperson eingetragen werden soll,[108] vor allem wenn diese ihren Sitz im Ausland hat.[109]

29 Weiterhin hat die Literatur ein berechtigtes Sicherungsinteresse bei Verkauf eines Grundstückes durch eine **Gesellschaft bürgerlichen Rechts (GbR)** intensiv diskutiert, nachdem der BGH die Rechtsfähigkeit der **GbR** anerkannt hatte. Trotz der Einfügung von § 899a BGB, dem von Teilen der Literatur keine Bedeutung für das schuldrechtliche Rechtsgeschäft beigemessen wird, soll es beim Verkauf eines Grund-

99 So auch Haug/Zimmermann/*Zimmermann*, Rn 701.
100 Ausf. Beck'sches Notarhandbuch/*Tönnies*, 6. Aufl., A I Rn 796.
101 Vgl. BGH v. 17.1.2008 – III ZR 136/07, DNotZ 2008, 280 ff. mit Anm. *Grziwotz*.
102 Vgl. Handbuch Notarhaftung/*Hertel*, Kap. 4 Rn 47.
103 Vgl. *Blaeschke*, § 14 Rn 36; Kilian/Sandkühler/vom Stein/*Elsing*, § 13 Rn 14; Handbuch Notarhaftung/*Hertel*, Kap. 4 Rn 47.
104 Vgl. Frenz/Miermeister/*Hertel*, BeurkG § 57 Rn 12; Grziwotz/Sauer/Heinemann/*Grziwotz*, § 57 Rn 14.
105 Vgl. *Jursnik*, MittBayNot 1999, 125, 136 (mit Gestaltungshinweisen); *Winkler*, § 57 Rn 25; Arndt/Lerch/Sandkühler/*Sandkühler*, § 23 Rn 53; *Lerch*, § 54a Rn 6; Grziwotz/Sauer/Heinemann/*Grziwotz*, § 57 Rn 13; Frenz/Miermeister/*Hertel*, BeurkG § 57 Rn 14; Kilian/Sandkühler/vom Stein/*Elsing*, § 13 Rn 15; Handbuch Notarhaftung/*Hertel*, Kap. 4 Rn 50; vgl. auch *Weirich*, DNotZ 1989, 143 ff.
106 Vgl. dazu auch OLG Bremen v. 18.3.2004 – 1 W 1/04, MittBayNot 2005, 428 f.; *Lerch*, § 54a Rn 6; Handbuch Notarhaftung/*Hertel*, Kap. 4 Rn 52.
107 Vgl. Grziwotz/Sauer/Heinemann/*Grziwotz*, § 57 Rn 11.
108 Handbuch Notarhaftung/*Hertel*, Kap. 4 Rn 54.
109 In der Schadenpraxis sind Fälle aufgetreten, in denen Grundstücke nur zum Schein gekauft wurden. Nach der Eintragung der Grundschuld wird der Kaufpreis nicht gezahlt. Es kommt zur Rückabwicklung. Die Finanzierungsgläubigerin ist ins Ausland gezogen oder dort umgezogen, Zustellungen scheitern. Später meldet sich die Gläubigerin elektronisch und ist erst nach Zahlung einer „Ablösesumme" durch den Verkäufer zur Löschung der eingetragenen Grundschuld bereit.

stücks durch eine BGB-Gesellschaft der sicherste Weg der Vertragsgestaltung sein, den Kaufpreis auf Anderkonto zu hinterlegen und ihn (frühestens) nach der Umschreibung des Eigentums auf den Erwerber auszuzahlen. Dann erwirbt der Käufer wenigstens gutgläubig nach § 899a S. 2 i.V.m. § 892 BGB.[110] Die Diskussion dürfte sich durch Einführung des Gesellschaftsregisters zum 1.1.2024 im Rahmen der Publizitätswirkung des Registers (§§ 707 Abs. 3 BGB, 15 HGB) erledigt haben.[111]

Ein weiterer diskutierter Fall hat die Praxis nur zum Teil erreicht: Es geht um die entgeltliche Veräußerung von Grundbesitz durch den befreiten **Vorerben** – es bestehen Restrisiken für den Erwerber, wenn die Entgeltlichkeit im Nachhinein bestritten wird. Hier wird die Anderkontenlösung empfohlen, um vollständige Rechtssicherheit zu geben. Das bedeutet: Einzahlung des Kaufpreises bei Eintragung des Wirksamkeitsvermerks, Auszahlung erst nach Löschung des Nacherbenvermerks und erfolgter Umschreibung des Eigentums auf den Käufer.[112] 30

Elsing[113] trägt einen weiteren Fall vor, der ein Anderkonto rechtfertigen soll. Er geht von der frei widerruflichen **WEG-Verwalterzustimmung** aus. Der sicherste Weg gebiete, den Kaufpreis auf einem Anderkonto zu hinterlegen und die Auszahlung erst nach Umschreibung vorzunehmen. Dabei wird jedoch verkannt, dass die Verwalterzustimmung nach Wirksamwerden des Vertrages nicht mehr widerruflich ist.[114] 31

Von theoretischer Bedeutung dürfte der von *Krauß*[115] genannte und allein Verträge in den neuen Bundesländern berührende Fall sein, der nach der Änderung der GVO zum 1.7.2018 noch Bedeutung haben soll: Werde auf die Eintragung einer Vormerkung verzichtet, so sei die Abwicklung über Notaranderkonto (mit Auszahlung nach anmeldevermerkfreier Umschreibung) der sicherste Weg der Vertragsgestaltung. Eine solche Vertragsgestaltung ist ohne praktische Bedeutung, weil der Vertragsgestalter in solchen Fällen immer eine Vormerkung zur Eintragung bringen wird. 32

Folgt man der (wohl noch) h.M.,[116] die für die Eintragung der Finanzierungsgrundschuld die Voreintragung des Erben verlangt (§ 39 GBO), dann kommt die Abwicklung eines Grundstückskaufvertrages über Notaranderkonto auch in Fällen in Betracht, in denen **Erben nicht voreingetragen** werden sollen oder können,[117] z.B. bei Veräußerung durch einen transmortal Bevollmächtigten. Einige jüngere Gerichtsurteile lassen allerdings die Eintragung eines Finanzierungsgrundpfandrechts ohne Voreintragung der Erben zu.[118] 33

Ein in der Praxis immer wieder auftretender Fall ist der Erwerb von **Gewerbeimmobilien oder größere Immobilientransaktionen**, bei denen auf beiden Seiten anwaltlich beratene **Unternehmen** stehen, die in dem von ihnen im Vorfeld im Einzelnen ausgehandelten Grundstückskaufvertrag, die Verwahrung eines Teils des Kaufpreises (5–10 %) als **Anzahlung** auf Notaranderkonto vorsehen. Die Anzahlung ist Voraussetzung für den Abschluss des Grundstückkaufvertrages, üblicherweise bei Fälligkeit unter Anrechnung auf den Kaufpreis auszukehren, dient im Fall eines berechtigten Rücktritts des Verkäufers jedoch auch als pauschaler Schadenersatz oder unter bestimmten Bedingungen als Vertragsstrafe. Hier steht es im Ermessen des Notars, ob er den Verwahrungsauftrag annimmt und ein Anderkonto einrichtet oder die Beurkundung des vorgelegten Vertragsentwurfes ablehnt. In derartigen Konstellationen kann nach Einzelfallprüfung ein berechtigtes Sicherungsinteresse angenommen werden, wenn der Verkäufer nicht bereit ist, ohne Hinterlegung den Grundstückskaufvertrag überhaupt zu unterzeichnen. Wie der BGH ausgeführt hat, steht die Vereinbarung einer Anzahlung zur Disposition der Beteiligten. In einem solchen Fall dürfte sich die subjektive Weigerung eines Vertragsbeteiligten zu einem objektiven Sicherungsinteresse verdichten, weil sonst kein Vertragsschluss möglich ist.[119] Auch der Käufer kann ein Interesse an der An- 34

110 Vgl. z.B.: *Böttcher*, notar 2012, 111, 113; *Lautner*, DNotZ 2009, 650, 671; *Hartmann*, ZNotP 2011, 139, 145; Kilian/Sandkühler/vom Stein/*Elsing*, § 13 Rn 10 f.; Frenz/Miermeister/*Hertel*, BeurkG § 57 Rn 17a; ausf. Würzburger Notarhandbuch/*Hertel*, Teil 2 Kap. 2 Rn 679 ff. (mit Vertragsmuster für die Abwicklung über Anderkonto).

111 Frenz/Miermeister/*Hertel*, BeurkG § 57 Rn 17b.

112 Vgl. *Spieker*, notar 2018, 210, 216; *Spieker*, notar 2017, 206, 211; *Hartmann*, DNotZ 2017, 28, 37; Frenz/Miermeister/*Hertel*, BeurkG § 57 Rn 17c.

113 In Kilian/Sandkühler/vom Stein/*Elsing*, § 13 Rn 16a; *Spieker*, notar 2017, 28, 37.

114 BGH v. 29.6.2017 – V ZB 144,16, NotBZ 2018, 46; dazu *Spieker*, NotBZ 2018, 210, 214 f.

115 *Krauß*, notar 2018, 315, 316; vgl. auch *Winkler*, § 57 Rn 28.

116 Statt vieler: Schöner/Stöber/*Riedel/Volmer/Wilsch*, Rn 142.

117 Vgl. dazu *Böttcher*, NJW 2018, 2936, 2939.

118 OLG Frankfurt v. 27.6.2017 – 20 W 179/17 – MittBayNot 2018, 247; OLG Köln v 16.3.2018 – 2 WX 123/18 – FamRZ 2019, 320; OLG Stuttgart v. 17.10.2018 – 8 W 311/18 – DNotZ 2019, 194.

119 BGH v. 16.11.2020 – NotSt (Brfg) 2/19 Rn 46, MittBayNot 2021, 515 mit Anm. *Vilgertshofer*.

zahlung haben, um sich durch diese Vorleistung das Objekt zu sichern. Vereinbaren die Parteien eine von der Eintragung einer Auflassungsvormerkung unabhängige Anzahlung auf den Kaufpreis, so schützt die Verwahrung nach dem BGH die Interessen des Käufers an dieser ungesicherten Vorleistung. Einem berechtigten Sicherungsinteresse stehe nicht entgegen, dass die Vereinbarung einer Anzahlung (im unternehmerischen Verkehr) ein – rechtlich zulässiges – wirtschaftliches Druckmittel des Verkäufers sei, den Käufer zu ordnungsgemäßer Vertragserfüllung anzuhalten, sondern begründe dieses gerade. Dem ist insoweit zuzustimmen als derartige Verträge meist bereits im Vorfeld für alle Beteiligten sehr aufwendig und kostenintensiv sind und bei einem Scheitern, auch durch die (zeitliche) Bindung des Objektes in einer Rückabwicklungsphase, hohe Schäden drohen, so dass ein besonderes Interesse des Verkäufers an der Sicherung des Erfüllungsinteresses angenommen werden kann. Ausdrücklich offen gelassen hat der BGH die Frage, ob eine alleinige Absicherung der Sekundäransprüche bei Nichterfüllung ein berechtigtes Sicherungsinteresse begründen kann, da jedenfalls eine objektive Anzahlung auf den Kaufpreis erfolgte.

c) Unstreitiger Sonderfall: Das Vortäuschen von Sicherheiten

35 Ein berechtigtes Sicherungsinteresse fehlt selbstverständlich auch dann, wenn **Sicherheiten nur vorgetäuscht** werden. Gem. § 14 Abs. 2 BNotO (vgl. auch III.2 der Richtlinien der BNotK)[120] hat der Notar seine Amtstätigkeit zu versagen, wenn seine Mitwirkung an Handlungen verlangt wird, mit denen erkennbar unerlaubte oder unredliche Zwecke verfolgt werden. Dazu gehört im Bereich der Verwahrung insbesondere das Vortäuschen von Sicherheiten. Immer wieder hat man versucht, Notare in betrügerische **Anlagegeschäfte** einzubinden, um diesen den **Anschein von Seriosität** zu geben.[121]

36 Notare genießen in der Bevölkerung großes Vertrauen. Sobald ein Notar eingeschaltet ist, nehmen viele Menschen an, dass es sich um ein sicheres und geprüftes Geschäft handelt. Notare sollten angetragene Verwahrungsgeschäfte dann besonders kritisch prüfen, wenn diese nicht im unmittelbaren Zusammenhang mit einer Beurkundung stehen.[122] Dabei darf der Notar sich nicht auf die Prüfung beschränken, ob die unmittelbar von ihm verlangte Handlung, d.h. das Verwahrungsgeschäft selbst, rechtlich korrekt abgewickelt wird. Es kommt vielmehr entscheidend darauf an, **welche Zwecke** möglicherweise **Dritten gegenüber verfolgt werden** und wie die Hinterlegung Dritten gegenüber begründet wird. Deutet sich auch nur an, dass durch die Verwahrung Sicherheiten vorgetäuscht werden, muss der Notar die Verwahrung ablehnen, wenn er die Zweifel nicht ausräumen kann. Dass es um das Vortäuschen von Sicherheiten geht, ist vielfach zu vermuten, wenn außerhalb eines konkreten Urkundengeschäfts Verwahrungsaufträge erteilt werden, ohne dass der wirtschaftliche Sinn der Verwahrung erkennbar wird. Dann fehlt das berechtigte Sicherungsinteresse.[123] Eine Sicherheit wird bereits vorgetäuscht, wenn das Notaranderkonto objektiv keine Sicherheit gewährt.[124] In einigen Fällen haben sich Notare später darauf berufen, den konkreten Hintergrund des Geldanlagegeschäfts oder der Finanztransaktion unter Einschaltung eines Anderkontos nicht verstanden zu haben. Das entlastet sie nicht. Zwar ist der Notar nicht wirtschaftlicher Berater der Beteiligten, doch verpflichtet das BeurkG ihn positiv festzustellen, dass die Verwahrung den Sicherungsinteressen aller beteiligten Person dient.[125]

37 Das Vertrauen in den Notar wurde vielfach in den sog. **„Geldsammelstelle"-Fällen** ausgenutzt. Betrügerischen Anlagefirmen ging es darum, auf Notaranderkonten Gelder von privaten Anlegern zu „akquirieren". Der Notar wurde als „Geldsammelstelle" eingeschaltet. Die Auszahlung der Gelder war meist im Ergebnis allein vom Willen der Anlagegesellschaften abhängig. Die Verwahrung beim Notar gab in diesen Fällen keine tatsächliche zusätzliche Sicherheit. Die gleiche Wirkung hätte i.d.R. auch mit der Beauftragung anderer Institutionen, z.B. Banken, erreicht werden können. Immer wenn Banken, Steuerberater oder Rechtsanwälte in gleicher Weise mit der Verwahrung beauftragt werden könnten, ist daher höchste Vorsicht geboten.[126] Denn durch die Einschaltung des Notars soll den meist undurchsichtigen Finanzgeschäften bei den Anlegern ein „Anstrich von Seriosität" vermittelt werden. Das ist der einzige „Mehr-

120 DNotZ 1999, 258, 259 ff.
121 Vgl. die Bsp. bei *Blaeschke*, § 14 Rn 1726 ff.; vgl. auch Haug/Zimmermann/*Zimmermann*, Rn 697 f.; Handbuch Notarhaftung/*Hertel*, Kap. 4 Rn 84 ff.
122 Vgl. Handbuch Notarhaftung/*Hertel*, Kap. 4 Rn 88.
123 Vgl. Frenz/Miermeister/*Hertel*, BeurkG § 57 Rn 27; Handbuch Notarhaftung/*Hertel*, Kap. 4 Rn 88.
124 Vgl. *Weingärtner*, Verwahrungsgeschäft, Rn 10.
125 Vgl. Grziwotz/Sauer/Heinemann/*Grziwotz*, § 57 Rn 19.
126 Vgl. Arndt/Lerch/Sandkühler/*Sandkühler*, § 23 Rn 88; *Winkler*, § 57 Rn 42 f.; Haug/Zimmermann/*Zimmermann*, Rn 697; Kersten/Bühling/*Zimmermann*, § 9 Rn 3.

wert", den der Notar erbringt.[127] Notare, die sich in dieser Weise einschalten lassen, handeln pflichtwidrig.[128] Der Pflichtenverstoß leitet sich sowohl aus § 14 Abs. 2 BNotO als auch § 57 Abs. 2 Nr. 1 bzw. Abs. 3 BeurkG ab.

4. Die streitigen Fälle

a) Bauträgervertrag

Umstritten ist, ob und inwieweit beim Bauträgervertrag die Einschaltung eines Notaranderkontos zulässig ist.[129] Der Schwerpunkt der bisherigen Diskussion liegt allerdings nicht beim „berechtigten Sicherungsinteresse" und damit im Bereich von § 57 BeurkG. Argumentiert wird vor allem mit den Sonderregelungen der MABV, den Klauselverboten im Formular- und Verbrauchervertrag gem. §§ 307 ff. BGB und den Wertungen des § 648a BGB.[130] Aus einem BGH-Urteil[131] ergibt sich noch ein anderer diskussionswürdiger Aspekt: Übernimmt der Verkäufer in einem Bauträgervertrag die von der Gemeinde noch nicht festgesetzten Erschließungs- und Anschlusskosten und richten sich die Zahlungspflichten des Käufers wie üblich nach dem Baufortschritt, so enthält diese Vertragsgestaltung nach Auffassung des BGH eine ungesicherte Vorleistung – den Notar trifft die doppelte Belehrungspflicht. Als Sicherung des Erwerbers kommt hier eine Zahlung auf Notaranderkonto in Betracht. Dies setzt aber eine Absprache mit der Globalgläubigerin voraus. Gleichzeitig müssen Regelungen getroffen werden, wann und wie die Auszahlung zu erfolgen hat.[132] 38

Praktisch unstreitig ist zunächst, dass eine Abwicklung **aller Kaufpreisraten über Notaranderkonto in aller Regel nicht in Betracht** kommt.[133] Dabei spielt – neben der möglichen Umgehung der Vorleistungspflicht des Bauträgers und den Einschränkungen der Gewährleistungsrechte des Käufers – vor allem die Schwerfälligkeit eine Rolle, mit der Auszahlungen nur möglich wären: Die Fälligkeit der Raten ist vom tatsächlichen Baufortschritt abhängig. Dieser kann dem Notar nicht allein durch eine Mitteilung des Bauträgers oder des bauleitenden Architekten als Erfüllungsgehilfe nachgewiesen werden.[134] 39

Streitig ist, ob eine **Abwicklung der letzten oder der beiden letzten Raten** über Anderkonto zulässig ist. In der Verpflichtung zur Hinterlegung der beiden letzten Raten nach MABV a.F. ohne Rücksicht auf Baumängel und vor der Übergabe hat der BGH schon 1984 einen Verstoß gegen § 11 Nr. 2a AGBG a.F. (nunmehr § 309 Nr. 2a BGB) gesehen.[135] Gleiches gilt auch, wenn der Käufer verpflichtet wird, Zug um Zug mit Besitzübergang die letzte Rate zu hinterlegen: Im Streitfall wäre der Erwerber gezwungen, zur Durchsetzung von Gewährleistungsansprüchen (insb. Minderung und Ersatzvornahme) auf Freigabe der hinterlegten Schlussrate zu klagen, anstatt sich gegenüber dem Vergütungsanspruch des Bauträgers auf Minderungs- und Leistungsverweigerungsrechte berufen zu können.[136] Wenn der zugesagte Fertigstellungstermin noch nicht erreicht ist, ist der Verkäufer allerdings berechtigt, die Übergabe zu verweigern. Er kann das Objekt erst vollständig fertig stellen und dann die Zahlung der beiden letzten Raten Zug um Zug gegen Übergabe verlangen. Im Hinblick auf die Beeinträchtigung der Zurückbehaltungsrechte sind **Verwahrungsvereinbarungen** im formularmäßigen Bauträgervertrag grundsätzlich unzulässig.[137] In Verbraucherverträgen folgt die Unwirksamkeit der Verwahrung aus § 309 Nr. 2 BGB, da sie geeignet ist, den Erwerber von der Geltendmachung von Mängelrechten abzuhalten und ihm die prozessuale Initiativlast sowie bei Selbstvornahme der Mängelbeseitigung eine Vorfinanzierungslast aufzubürden.[138] 40

127 Vgl. Haug/Zimmermann/*Zimmermann*, Rn 696, 699; Grziwotz/Sauer/Heinemann/*Grziwotz*, § 57 Rn 18.

128 Vgl. OLG Frankfurt v. 17.9.2003 – 4 U 12/03, DNotZ 2004, 203 ff.; OLG Celle v. 7.6.1999 – Not 10/98, MittRhNotK 1999, 355 f.; OLG Hamm v. 27.9.1996 – 11 U 6/96, DNotZ 1997, 228, 230 f. mit Anm. *Reithmann*; vgl. *Zimmermann*, DNotZ 1982, 90, 108 ff.; vgl. auch BGH v. 21.11.1996 – IX ZR 182/95, DNotZ 1997, 221 ff. mit Anm. *Reithmann*.

129 Ausf. *Basty*, Bauträgervertrag, Rn 88.

130 Vgl. *Tersteegen*, NotBZ 2005, 233, 237 f.; Handbuch Notarhaftung/*Hertel*, Kap. 4 Rn 80; ausf. *Basty*, in: FS Thode, 2005, S. 217 ff.

131 BGH v. 17.1.2008 – III ZR 136/07, DNotZ 2008, 280 ff. mit Anm. *Grziwotz*.

132 Vgl *Basty*, Bauträgervertrag, Rn 751 ff. (mit alternativen Gestaltungsmöglichkeiten); vgl. auch *Frenz*, ZNotP 2012, 122, 129.

133 Vgl. *Brambring*, DNotZ 1999, 381, 391; *Winkler*, § 57 Rn 39 ff., *Blaeschke*, § 14 Rn 37; Beck'sches Notarhandbuch/*Esbjörnsson*, § 2 Rn 206.

134 Dazu Frenz/Miermeister/*Hertel*, BeurkG § 57 Rn 26.

135 V. 11.10.1984 – VII ZR 248/83, DNotZ 1985, 287, 290 ff. mit Anm. *Reinartz*.

136 KG v. 20.08.2019 – 21 W 17/19, RNotZ 2020, 178.

137 Grziwotz/Sauer/Heinemann/*Grziwotz*, § 57 Rn 15; *Winkler*, § 57 Rn 41; ebenso im Grundsatz: *Basty*, Bauträgervertrag, Rn 89, 96; offen gelassen in BGH v. 10.7.2008 – III ZR 292/07, DNotZ 2009, 45, 47.

138 Beck'sches Notarhandbuch/*Esbjörnsson*, § 2 Rn 208.

41 Von dem Grundsatz lassen viele Autoren jedoch **Ausnahmen** zu:

- **Fallbeispiel** nach *Brambring*:[139] Dem Käufer wird die Option eingeräumt, die letzte Rate auf Notaranderkonto zu hinterlegen, wenn das **Kaufobjekt zwar bezugsfertig** ist, **aber noch nicht vollständig fertig gestellt oder noch Mängel** zu beseitigen sind.[140] Enthält der Vertrag eine solche Verwahrungsoption, hat der Käufer vor vollständiger Zahlung an den Verkäufer einen Anspruch auf Besitzübergabe auch vor dem zugesagten Fertigstellungstermin. Zu Recht weist *Brambring*[141] allerdings darauf hin, dass dann die Löschung der vom Bauträger bestellten Grundpfandrechte und die Eigentumsumschreibung nach Zahlung von 96,5 % des Kaufpreises und Hinterlegung der Schlussrate gewährleistet sein müssen. Die Auszahlung der Schlussrate ist davon abhängig zu machen, dass der Käufer die vollständige Fertigstellung und die Beseitigung der bei der Abnahme gerügten Mängel bestätigt hat.
- **Fallbeispiel** nach *Basty*:[142] Die **Einzahlungen** auf Anderkonto sind rein **nach Maßgabe des Baufortschritts** zu leisten. Die Auszahlung darf der Notar vornehmen, wenn die Sicherheiten nach § 3 Abs. 1 MABV vorliegen.
- **Fallbeispiel** nach *Basty*:[143] Die Verwahrung eines Teilbetrages soll ganz ausnahmsweise dann vereinbart werden dürfen, wenn die Verwahrmasse nicht Vergütung für die vom Bauträger noch zu erbringenden Leistungen, sondern **Sicherheit gegen das mit dem Abschluss des Vertrages für den Bauträger verbundene Risiko** darstellt. Das kann z.B. bei besonderen Zweifeln an der Zahlungsfähigkeit des Erwerbers der Fall sein. Eine Verwahrung kann auch in Fällen in Betracht kommen, in denen ein **ausländischer Privatinvestor** ein großes „Wohnungspaket" erwerben will und sich damit für den Bauträger ein völlig atypisches „**Klumpenrisiko**" ergibt.
- **Fallbeispiel** nach *Bischoff*:[144] Er behandelt einen Fall, in **dem kein „solider Grundpfandrechtsgläubiger" abzulösen** ist, sondern statt einer Bank ein privater ausländischer Grundpfandrechtsgläubiger. Hier soll zutreffend die Abwicklung über ein Notaranderkonto in Betracht kommen.

Gegen jede Möglichkeit der Anderkontenregelung spricht sich dagegen z.B. *Blank*[145] aus.

b) Verwahrung als Option

42 In „Grenzfällen" steht dem Notar auch die Möglichkeit offen, die **Verwahrung lediglich als Option** in den Vertrag aufzunehmen, also grundsätzlich eine vertragliche Regelung ohne Anderkonto vorzusehen, ausnahmsweise dem Käufer jedoch das Recht zur Hinterlegung zu geben, wenn sich hierfür nachträglich ein berechtigtes Sicherungsinteresse ergeben sollte.[146] In solchen Fällen muss der gesetzliche Mindestinhalt der Verwahrungsvereinbarung in die Urkunde aufgenommen werden. Das gilt auch dann, wenn die Auflassung mitbeurkundet wurde. Zwar ist nach erklärter Auflassung eine spätere Änderung nach h.M. nicht mehr beurkundungsbedürftig (vgl. unten Rdn 100). Eine spätere Änderung liegt aber nicht vor, wenn die Verwahrung bereits von Anfang an als Option vorgesehen wird. Eine (knappe) Musterformulierung für eine solche fakultative Verwahrungsvereinbarung findet sich bei *Trömer*.[147] Ein Vertrag mit Option zwingt dazu, die Zahlungs- bzw. Auszahlungsmodalitäten „doppelt" auszugestalten. Das macht den Vertrag unübersichtlich. Die Gestaltungsform kommt daher nur ausnahmsweise in Betracht.[148]

c) Altersteilzeitgesetz und Elektro- und Elektronikgerätegesetz

43 Gelegentlich wurden Notare gebeten, Anderkonten im Zusammenhang mit der Bildung von Wertguthaben nach dem Altersteilzeitgesetz (AltTZG) einzurichten. In anderen Fällen wurde gefragt, ob der Notar

139 DNotZ 1999, 381, 392; vgl. auch DNotZ 2005, 234, 235; *Basty*, Bauträgervertrag, Rn 97.
140 Bejahend für die letzte Rate auch Frenz/Miermeister/*Hertel*, BeurkG § 57 Rn 26; Handbuch Notarhaftung/*Hertel*, Kap. 4 Rn 80 f; Arndt/Lerch/Sandkühler/*Sandkühler*, § 23 Rn 53.
141 DNotZ 1999, 381, 392.
142 In: FS *Thode*, 2005, S. 217, 231 f.; *ders.*, Bauträgervertrag, Rn 97.
143 In: FS *Thode*, 2005, S. 217, 232; *ders.*, Bauträgervertrag, Rn 97.
144 Vgl. Grziwotz/*Bischoff*, § 3 Rn 44; vgl. dazu auch DNotI-Rep. 2014, 25, 26, 28.
145 DNotZ 1997, 298 ff.; Grziwotz/Sauer/Heinemann/*Grziwotz*, § 57 Rn 15; im Ergebnis ähnlich *Winkler*, § 57 Rn 41; Kilian/Sandkühler/vom Stein/*Elsing*, § 13 Rn 20.
146 Vgl. Arndt/Lerch/Sandkühler/*Sandkühler*, § 23 Rn 55; Würzburger Notarhandbuch/*Hertel*, Teil 2 Kap. 2 Rn 713; Frenz/Miermeister/*Hertel*, BeurkG § 57 Rn 21; Beck'sches Notarhandbuch/*Trömer*, § 1 Rn 846 ff.
147 In: Beck'sches Notarhandbuch/*Trömer*, § 1 Rn 849.
148 Vgl. Würzburger Notarhandbuch/*Hertel*, Teil 2 Kap. 2 Rn 713; Handbuch Notarhaftung/*Hertel*, Kap. 4 Rn 60.

Sicherheitsleistungen nach dem Elektro- und Elektronikgerätegesetz (ElektroG) auf Notaranderkonto verwahren kann. Das DNotI hat sich in der Vergangenheit mehrfach gutachterlich mit der Problematik befasst.[149] Es kommt zu dem Ergebnis, dass eine Absicherung über Notaranderkonto rechtlich zulässig ist. Empfehlenswert erscheint sie jedoch nicht, insbesondere im Hinblick auf die voraussichtliche Dauer der Führung des Anderkontos.[150] In der jüngsten Zeit spielen derartige Anfragen wohl keine Rolle mehr.

5. Dienstaufsicht

Die Diskussion um das berechtigte Sicherungsinteresse sollte in ihrer Bedeutung nicht überbewertet werden: **Wenn Beteiligte ein Anderkonto unbedingt wollen**, werden sie **fast immer objektive Gründe** finden können, die die Einrichtung rechtfertigen. Das „berechtigte Interesse" ist ein unbestimmter Rechtsbegriff. Der Notar hat im Einzelfall einen von der Dienstaufsicht nur begrenzt überprüfbaren Beurteilungsspielraum.[151] Die Dienstaufsicht darf nur bei eindeutigen Verstößen eingreifen, insbesondere systematischer Abwicklung der Mehrzahl der Kaufverträge über Notaranderkonto[152] oder wenn der Notar seinen Beurteilungsspielraum ersichtlich nicht ausgeübt oder überschritten oder sich allein von dem nicht berechtigten Wunsch der Beteiligten hat leiten lassen.[153] 44

In Fällen, in denen die Einrichtung eines Notaranderkontos nicht „auf der Hand" liegt", empfiehlt sich, dass der Notar die Gründe für die Einrichtung des Anderkontos in der Verwahrungsanweisung oder in der Nebenakte zum Verwahrungsgeschäft.[154] Eine **allgemeine Pflicht zur Dokumentation** der Prüfung des Sicherungsinteresses und der begründenden Faktoren gibt es dagegen **nicht**.[155] Die Dienstaufsicht darf auch nicht systematisch für jeden Einzelfall eine Begründung verlangen, warum die Abwicklung über Anderkonto gewählt wurde.[156] Sonst wäre die Unabhängigkeit des Amtes des Notars in Frage gestellt.[157]

Die Gesetzesreform hat zu einer **Änderung der Praxis geführt**. Das Notaranderkonto wird nunmehr als Ausnahmegestaltung für Problem- und Sonderfälle, nicht aber als Regelform für Kaufvertragsabwicklungen verstanden.[158] Dies sollte auch der Prüfungsmaßstab der Dienstaufsicht sein, die nur bei eindeutigen Verstößen einschreiten darf.[159] Maßgeblich ist vor allem, dass ein bundesweit einheitlicher Maßstab für die Dienstaufsicht gefunden wird. Pauschale Vorgaben, wie viele Verträge in einem Notariat mit oder ohne Anderkonto abgewickelt werden dürfen, verbieten sich m.E. 45

6. Wandlungsfähigkeit der Auslegung des „berechtigten Sicherungsinteresses"

Zukünftige rechtliche oder faktische Entwicklungen sollten bei der Frage der Zulässigkeit der Verwahrung auf Notaranderkonto und der Auslegung des „berechtigten Sicherungsinteresses" im Blick behalten werden, insbesondere da die **Auslegung unbestimmter Rechtsbegriffe einem zeitlichen Wandel unterliegen kann**. Bei der Auslegung können daher grundsätzlich auch anderweitige oder ergänzende Regelungen, wie etwaige Sicherheitsvorkehrungen bei der Anderkontenabwicklung im Rahmen des berechtigten Sicherungsinteresses Berücksichtigung finden. Insbesondere die Ausgestaltung des elektronischen Anderkontos könnte – je nach Ausgestaltung – dazu führen, dass das Anderkonto eine bessere Siche- 46

149 Abrufbar im Internet: DNotI-Gutachten – Anfrage Nr. 11431 (letzte Aktualisierung: 19.12.2005) und Nr. 64303 (letzte Aktualisierung: 25.4.2006) (AltZG) und Anfrage Nr. 11502 (letzte Aktualisierung: 18.12.2007) (ElektroG).

150 Armbrüster/Preuß/Renner/*Renner*, 8. Aufl., BeurkG § 57 Rn 21.

151 BGH v. 16.11.2020 – NotSt (BRFG) 2/19, DNotZ 2021, 508. Vgl. Weingärtner/*Ulrich*, NotAktVV vor § 21 Rn 11; Weingärtner/Ulrich/Löffler/*Weingärtner/Ulrich*, Rn 457; Arndt/Lerch/Sandkühler/*Sandkühler*, § 23 Rn 52; Haug/Zimmermann/*Zimmermann*, Rn 702; Handbuch Notarhaftung/*Hertel*, Kap. 4 Rn 39; Kersten/Bühling/*Zimmermann*, § 9 Rn 3.

152 So allerdings der Fall des OLG Celle v.16.2.2011 – Not 24/10, NotBZ 2011, 214 ff. mit Anm. *Renner*.

153 BGH v. 16.11.2020 – NotSt (Brfg) 2/19, NJW-RR 2021, 784; Würzburger Notarhandbuch/*Hertel*, Teil 2 Kap. 2 Rn 714.

154 Weingärtner/*Ulrich*, NotAktVV vor § 21 Rn 16 a.E.

155 Vgl. Frenz/Miermeister/*Hertel*, BeurkG § 57 Rn 8; Handbuch Notarhaftung/*Hertel*, Kap. 4 Rn 39; Haug/Zimmermann/*Zimmermann*, Rn 702. *Viefhues*, ZNotP 2018, 205, 215, empfiehlt die Dokumentation.

156 Vgl. zum Ganzen Würzburger Notarhandbuch/*Hertel*, Teil 2 Kap. 2 Rn 714.

157 In diesem Sinne Kersten/Bühling/*Zimmermann*, § 9 Rn 3.

158 Vgl. auch Rdschr. 31/2000, abgedr. in ZNotP 2000, 488 f.; vgl. auch *Lerch*, vor § 54a Rn 1; So Handbuch Notarhaftung/*Hertel*, Kap. 4 Rn 40 Fn 33; vgl. auch Schlüter/Knippenkötter/*Knippenkötter*, Rn 403 (unter Verweis auf JMBl. NRW 2002, 177 und 2003, 168); *Sandkühler*, MittBayNot 2005, 432.

159 Vgl. Kersten/Bühling/*Zimmermann*, § 9 Rn 3; *Zimmermann*, Anm. zu BGH v. 16.11.2020 – NotSt (Brfg) 2/19, RNotZ 2021, 337 f.

rungsmöglichkeit für die Beteiligten darstellt (Bejahung eines objektives Sicherungsinteresses bzw. Veränderung der Gleichwertigkeitsbeurteilung) und dabei gleichzeitig erhöhte Haftungs- und Schadenrisiken minimiert werden. Dies wäre m.E. beispielsweise der Fall, wenn Auszahlungen vom elektronischen Anderkonto beteiligtenorientiert

- nur nach (elektronischem) Vorbescheid durch den Notar oder
- durch (elektronische) Zustimmung der am Verwahrgeschäft Beteiligten freigegeben werden können.

Beteiligten könnten im Zeitalter des Online-Banking Einsichts- oder Freigaberechte eingeräumt werden. Soweit Missbrauchsgefahren minimiert werden sollen, könnte dem dadurch begegnet werden, dass

- Empfangsberechtigte für Auszahlungen vom Anderkonto nur die im Vertrag direkt benannten Beteiligten sein können;
- alle Kontoinformationen direkt aus dem Vertrag übernommen werden (wo sie dementsprechend aufgeführt sein müssen);
- Beteiligte über jede Änderung der hinterlegten Daten automatisch informiert werden und
- der Notar die Beteiligten über das Vorliegen der Fälligkeitsvoraussetzungen, die beabsichtigte Auszahlung und deren Termin informiert und um Freigabe innerhalb einer zuvor vertraglich bestimmten Frist bittet. Die Beteiligten erteilen je nach Regelung/Möglichkeit selbst (elektronisch) die Freigabe oder bei fehlendem Widerspruch gilt die Freigabe nach den vertraglichen Vereinbarungen als erteilt.

Je nach Ausgestaltung hätten die Beteiligten die volle Transparenz und Kontrolle über Auszahlungen. Fehlerhafte oder verzögerte Auszahlungen lägen wegen der Prüfungsmöglichkeiten damit nicht in der primären Risikosphäre des Notars. Soweit ergänzende Regelungen die Haftungsträchtigkeit sowie Schäden zu Lasten der Beteiligten reduzieren, wäre dem Sinn und Zweck der Regelung des Abs. 2, Schäden zu vermeiden, auch dann genüge getan, wenn im Fall einer ungesicherten Vorleistung (als berechtigtes Sicherungsinteresse) im Übrigen nur subjektive Interessen der Beteiligten an der Verwendung des Anderkontos bestehen und die Beteiligten andere Absicherungsmöglichkeiten ablehnen.

47 Meines Erachtens ist es an der Zeit, dass hinsichtlich der Anforderungen an das berechtigte Sicherungsinteresse weitestgehend einseitig in Richtung einer strengen Auslegung ausgeschlagene Pendel wieder zu zentrieren. Für Beteiligte ist nicht immer einsichtig, warum der Notar nicht im Wege einer Art „One-Stop-Shop" die gesamte Abwicklung auf Wunsch übernehmen kann und sie sich selbst mit Banken etc. auseinandersetzen sollen. Die notarielle Verwahrung ist ein der Absicherung der Beteiligteninteressen dienendes Amtsgeschäft. Jedenfalls *de lege ferenda* sollte ein berechtigtes Sicherungsinteresse bei Einsatz eines bestimmten Kriterien entsprechenden elektronischen Anderkontos erwogen werden. Zum einen gehört nach meinem Empfinden – unabhängig von den gesetzlichen Regelungen – aus Sicht eines großen Kreises des rechtssuchenden Publikums (insbesondere der Verbraucher) – die Verwahrung weiterhin zum traditionellen Geschäft des Notars. Die Verwahrung stellt eine besondere vertrauensbildende Leistung dar. Die Verwahrung über Notaranderkonto könnte ein wirksames Mittel sein, wie die Praxis beispielsweise in Österreich gezeigt hat, die besondere Stellung des Notars bei der Abwicklung von Immobilien- und gesellschaftsrechtlichen Transaktionen (über seine gesetzlich notwendige Einbindung hinaus) zu stärken. Zum anderen überzeugt der in § 57 BeurkG steckende Ansatz, das berechtigte Sicherungsinteresse als Instrument der notariellen (und auch dienstaufsichtsrechtlichen) Haftungsvermeidung zu verstehen, als rechtsfolgenseitig gedachtes Ziel nicht. Treuhandverstöße sind m.E. in der Vergangenheit nicht häufiger vorgekommen als andere Pflichtverletzungen. Sie waren vielmehr deshalb verstärkt im Fokus der Diskussionen und Gegenstand von Gerichtsentscheidungen und Regulierungen, weil zum einen die Haftung nicht subsidiär ist und Haftungsprozesse direkt mit dem Notar und nicht den Vertragspartnern geführt worden sind und insoweit ein höheres Haftungsrisiko besteht. Dies bedeutet aber nicht zwingend, dass diese Verstöße gegenüber anderen Treuhandverstößen oder Pflichtverletzungen überproportional auftreten. Zum anderen betreffen Notaranderkontenfälle, soweit es um wissentliche Pflichtverletzungen (Untreue) geht, im Hinblick auf das größere Schadenpotential im verstärkten Maße Verträge und berufsständische Einrichtungen des Notarstandes (sprich den Notarversicherungsfonds). Die besonders schadenträchtigen Haftungsfälle der Vergangenheit unter Einsatz von Anderkonten beinhalteten, soweit ich dies überblicke, immer eine besondere kriminelle Energie der Beteiligten/Notare (sei es aus Notsituationen heraus, sei es aus besonderer Abhängigkeit vom Mandanten). Soweit diese ausnahmsweise vorhanden ist, wird sie sich auch über andere rechtliche Konstruktionen Bahn brechen. Jedenfalls

derartige Untreuefälle ließen sich bei Einsatz eines bestimmte Spezifikationen erfüllenden elektronischen Anderkontos nahezu ausschließen. Schließlich sind auch die Anforderungen der notariellen Ausbildung, das Fortbildungsniveau sowie die Strenge der Dienstaufsicht bei Verwendung von Anderkonten aufgrund der Schadenerfahrungen der Vergangenheit gestiegen und Notare zunehmend in diesen Fragen sensibilisiert. Die Tätigkeit des Berufsstandes in einem bestimmten Bereich wegen einer möglichen (und zunächst den Notar selbst treffenden) erhöhten Fehleranfälligkeit oder Schadensträchtigkeit einzuschränken, scheint mir nicht nachhaltig, insbesondere auch im Hinblick auf andere Bestrebungen, den Notar als „One-Stop-Shop" zu etablieren.[160]

II. Verwahrungsantrag, Verwahrungsanweisung und Verwahrungsvereinbarung (Abs. 2 Nr. 2)

1. Grundlagen

Im Gesetz ist nur von Verwahrungsantrag und Verwahrungsanweisung die Rede. Der Begriff Verwahrungsvereinbarung findet sich dort nicht. Dennoch wird regelmäßig entsprechend differenziert. Dabei ist es nicht ganz einfach, Verwahrungsantrag, Verwahrungsanweisung und Verwahrungsvereinbarung voneinander zu unterscheiden: Es geht im Kern um den gleichen Lebenssachverhalt; in der notariellen Urkunde fallen die Regelungen meist zusammen.[161] Letztlich wird der gleiche Sachverhalt aus verschiedenen Perspektiven betrachtet. Im Wesentlichen lässt sich Folgendes festhalten (vgl. hierzu Vor §§ 57–62 BeurkG Rdn 11 ff.): 48

Der **Verwahrungsantrag** ist der **reine Antrag (das „Ob")**, also die Aufforderung/Bitte an den Notar, die Verwahrung vorzunehmen. Er betrifft das Verhältnis zwischen Antragsteller und Notar und ist **öffentlich-rechtlicher Natur**. Es handelt sich nicht um einen Vertrag zwischen Antragsteller und Notar. Anders als für die Verwahrungsanweisung ist eine bestimmte Form nicht vorgesehen (Umkehrschluss aus Abs. 4).[162] Der Notar kann den Antrag grundsätzlich ablehnen. 49

Die **Verwahrungsanweisung** gestaltet die beantragte Verwahrung **inhaltlich** näher aus **(das „Wie")**. Aus ihr ergeben sich die Bedingungen der Verwahrung. Auch die Verwahrungsanweisung betrifft nur das Verhältnis zwischen dem Anweisenden bzw. den Anweisenden einerseits und dem Notar andererseits. Sie ist **öffentlich-rechtlicher Natur** und formgebunden (vgl. Abs. 4). 50

Die **Verwahrungsvereinbarung** bezieht sich auf das Verhältnis der am Verwahrungsgeschäft **beteiligten Personen** untereinander. Sie betrifft also das **Innenverhältnis** bzw. die materiell-rechtlichen Abreden zwischen den Beteiligten. Sie ist rein **zivilrechtlicher Natur** und streng zu unterscheiden von dem Verhältnis zum Notar, das öffentlich-rechtlicher Natur ist. BNotO, BeurkG, NotAktVV und DONot regeln den hoheitlichen und dienstrechtlichen Teil des Verwahrungsverfahrens. Die zivilrechtliche Verwahrungsvereinbarung wird nicht unmittelbar ausgestaltet. 51

2. Bestimmtheit/Auslegung

Abs. 2 Nr. 2 legt den Mindestinhalt einer Verwahrungsanweisung fest. Durch die Verankerung im BeurkG (und nicht wie früher in der DONot) werden nicht allein Dienstpflichten, sondern Amtspflichten begründet, deren Verletzung einen Schadensersatzanspruch begründen kann.[163] Die **Verwahrungsanweisung** und in diesem Zusammenhang erteilte **Treuhandaufträge** (vgl. Abs. 6) hat der Notar **„peinlich genau"**[164] und regelmäßig wörtlich[165] auszuführen. 52

160 Ähnlich *Zimmermann*, Anm. zu BGH v. 16.11.2020 – NotSt (Brfg) 2/19, RNotZ 2021, 337, 338 mit Blick auf den Mehrwert und die Zukunftsfähigkeit der notariellen Dienstleistung.

161 Vgl. statt vieler Frenz/Miermeister/*Hertel*, BeurkG § 57 Rn 29.

162 BGH v. 24.7.2017 – NotSt (Brfg) 1/17, DNotZ 2018, 44, 46; vgl. auch *Galke*, ZNotP 2018, 387, 394.

163 Vgl. *Winkler*, § 57 Rn 65.

164 BGH v. 13.10.1986 – NotSt (Brfg) 2/86, DNotZ 1987, 556, 557; BGH v. 20.1.2011 – V ZB 219/10, RNotZ 2011, 328; vgl. Weingärtner/*Ulrich*, DONot § 10 Rn 50.

165 BGH v. 10.2.2000 – IX ZR 41/99, DNotZ 2001, 856, 857; vgl. auch OLG Düsseldorf v. 17.7.2002 – 18 U 246/01, ZNotP 2002, 486 ff.; vgl. *Viefhues/Bücker*, ZNotP 2005, 91, 94; vgl. *Ritter*, NJW 2004, 2137, 2138.

53 **Ermessensspielräume** stehen dem Notar **grundsätzlich nicht** zu.[166] Eine ergänzende Auslegung ist ihm nicht gestattet.[167] Allenfalls ist die Auslegung einer mehrdeutigen Weisung innerhalb der Wortlautgrenzen oder in Fällen der „falsa demonstratio" erlaubt.[168] Eine Ausnahme soll auch in Fällen gemacht werden dürfen, in denen es an einer Regelung fehlt, die Beteiligten sich jedoch ausdrücklich oder konkludent mit einer Ermessensausübung einverstanden erklärt haben.[169] Ein mutmaßliches Einverständnis reicht für ein Abweichen von der erteilten Anweisung nicht aus.[170] Die Anweisungen müssen so klar formuliert sein, dass Auslegungsfragen gar nicht erst auftreten. Selbst dann, wenn Schäden nicht zu befürchten sind, darf der Notar bei der Ausführung von Verwahrungsaufträgen nicht von den ihm erteilten Weisungen abweichen. Er verletzt sonst eine Amtspflicht. Die Dienstaufsicht muss ein solches Verhalten ggf. beanstanden.[171]

54 Der Pflicht, die Verwahrungsanweisung und alle damit zusammenhängenden **Treuhandaufträge** peinlich genau auszuführen, ist die Pflicht vorgelagert, für eine **möglichst genaue Ausgestaltung** Sorge zu tragen. Auslegungsfragen sollten möglichst gar nicht erst auftreten. Auch einem äußerst sorgfältig arbeitenden Notar ist das jedoch nicht immer möglich. Wird beispielsweise eine Genehmigungspflicht nach der Beurkundung überraschend aufgehoben (Beispiele: Wegfall der Teilungsgenehmigungen nach Bundes- und Landesrecht; Aufhebung eines Sanierungsgebiets) und sieht die Urkunde die Erteilung der entsprechenden Genehmigung noch als Auszahlungsvoraussetzung vor, darf der Notar diese Auszahlungsvoraussetzung nicht einfach im Wege ergänzender Vertragsauslegung „entfallen" lassen und die Verwahrungsmasse auskehren.[172] Er muss zunächst versuchen, eine einvernehmliche Weisung herbeizuführen. Solange keine Änderung vorliegt, darf er nicht auszahlen. Ist jedoch eine einvernehmliche Anweisung nicht zu erreichen, kann er das von ihm sachgerecht erscheinende Vorgehen im Wege eines Vorbescheides ankündigen. In der Literatur wird auch vertreten, dass der Notar dann einen Ermessensspielraum habe, wenn sich die erteilten Weisungen als nicht durchführbar erweisen.[173] Diese Auffassung könnte in dem beschriebenen Fall des Wegfalls eines Genehmigungserfordernisses zu einem anderen Ergebnis kommen.

55 In einem vom BGH[174] entschiedenen Fall war die Auszahlung durch den Notar unter anderem von einer schriftlichen Bestätigung des Käufers abhängig, dass der Kaufgegenstand übergeben ist. Dem Notar wurde die tatsächlich erfolgte Übergabe des Kaufobjektes nachgewiesen. Er zahlte aus, obwohl der Käufer sich weigerte, die schriftliche Bestätigung abzugeben. Der BGH bejahte eine Pflichtverletzung. Der Notar dürfe grundsätzlich den Inhalt einer Verwahrungsanweisung nicht entgegen dem Wortlaut der Verwahrungsvereinbarung durch Auslegung ermitteln. Die zunächst möglicherweise „formalistisch" anmutende Entscheidung wird verständlich, wenn man den Hintergrund kennt: Der Käufer weigerte sich, die schriftliche Übergabebestätigung abzugeben, weil er Baumängel behauptete. Die Auszahlung verschlechterte seine Rechtsstellung. Ihm war es nicht mehr möglich, sein Einverständnis mit der Auszahlung von einem Rückbehalt angemessener Kaufpreisteile abhängig zu machen.

56 Die Tatsache, dass Verwahrungsaufträge penibel genau auszuführen sind, hat noch eine weitere Konsequenz: Schon ein geringfügiges Abweichen von den erteilten Weisungen, kann von den Gerichten als vorsätzlicher oder zumindest grob fahrlässiger Verstoß bewertet werden. Der Notar haftet und verliert bei wissentlicher Pflichtverletzung seinen Versicherungsschutz (vgl. oben Vor §§ 57–62 BeurkG

166 Vgl. *Blaeschke*, § 14 Rn 57; *Winkler*, § 57 Rn 76; OLG Celle v. 14.3.1988 -Not 17/87, DNotZ 1989, 55 ff.; Weingärtner/*Ulrich*, DONot § 10 Rn 50; Kilian/Sandkühler/vom Stein/*Elsing*, § 13 Rn 47.

167 BGH v. 16.3.2015 – NotSt (Brfg) 2/14, DNotZ 2015, 545, 547; vgl. BGH v. 10.2.2000 – IX ZR 41/99, DNotZ 2001, 856, 857 mit Anm. *Hertel*; BGH v. 20.1.2011 – V ZB 219/10, RNotZ 2011, 326; OLG Hamm v. 26.11.2001 – 15 W 329/01, ZNotP 2002, 240, 241; vgl. aber auch OLG Düsseldorf v. 17.7.2002 – 18 U 246/01, ZNotP 2002, 486, 488; BGH v. 8.5.2003 – III ZR 294/02, DNotZ 2004, 218 ff. mit Anm. *Hertel*.

168 Vgl. Handbuch Notarhaftung/*Hertel*, Kap. 4 Rn 317 f.; Haug/Zimmermann/*Zimmermann*, Rn 724; vgl. Grziwotz/Sauer/Heinemann/*Grziwotz*, § 58 Rn 20.

169 So Arndt/Lerch/Sandkühler/*Sandkühler*, § 23 Rn 133.

170 Vgl. Frenz/Miermeister/*Hertel*, BNotO § 23 Rn 60; *Weingärtner*, Verwahrungsgeschäft, Rn 157.

171 Vgl. *Weingärtner*, Verwahrungsgeschäft, Rn 157, 188.

172 So auch Handbuch Notarhaftung/*Hertel*, Kap. 4 Rn 137, Rn 318.

173 So Arndt/Lerch/Sandkühler/*Sandkühler*, § 23 Rn 144.

174 V. 10.2.2000 – IX ZR 41/99, DNotZ 2001, 856 ff. mit Anm. *Hertel*.

Rdn 33), denn auf eine Schädigungsabsicht kommt es beim Verlust des Versicherungsschutzes nicht an.[175] Strafrechtlich kann Untreue gegeben sein.

3. Mindestinhalt

a) Anweisende

Anweisender ist zumindest der Hinterleger.[176] Im Übrigen sind Anweisende regelmäßig alle an der Verwahrungsvereinbarung Beteiligten, d.h. bei einem Kaufvertrag i.d.R. Verkäufer und Käufer.[177] Dringend empfiehlt sich – um Auslegungsprobleme zu vermeiden – ausdrücklich klarzustellen, welche Anweisungen einseitig (z.B. die Angabe des Verkäuferkontos) und welche Anweisungen mehrseitig (z.B. die Auszahlungsvoraussetzungen) sind.[178] Dabei spielen die in Frage stehenden Sicherungsinteressen der Beteiligten die entscheidende Rolle. Das Ergebnis kann regelmäßig recht einfach durch die gewählte Formulierung zum Ausdruck gebracht werden („Die Parteien weisen den Notar an …" oder „Der (Ver)käufer weist den Notar an…"). 57

b) Empfangsberechtigte

Empfangsberechtigte sind diejenigen, an die die verwahrten Gelder zur Auszahlung kommen sollen. Bei einem Kaufvertrag ist dies zumeist der **Verkäufer**. Empfänger können aber auch **abzulösende Gläubiger** und sonstige Personen sein, an die der Zahlungsanspruch beispielsweise abgetreten wurde. 58

Sind **mehrere Verkäufer** vorhanden, empfehlen sich dringend klarstellende Angaben zu ihrer Berechtigung. Es hat sich bewährt und kann sich für den Notar sogar zu einer Amtspflicht verdichten (und dann auch Haftungsansprüche ausschließen),[179] schon in der Verwahrungsvereinbarung die Erlösverteilung so präzise wie möglich zu regeln und klarzustellen, ob und inwieweit es sich um mehrseitige Anweisungen handelt (vgl. unten § 60 BeurkG Rdn 7).[180] In der Praxis spielt die Erlösverteilung bei Erbengemeinschaften und getrennt lebenden Ehegatten eine besondere Rolle.[181] Immer wenn **Auszahlungen an „Dritte"** (z.B.: Makler, nicht grundbuchmäßig gesicherte Gläubiger des Verkäufers, sonstige Zahlungsempfänger) vorzunehmen sind, sollte klargestellt werden, ob es sich um eine einseitige Anweisung des Verkäufers oder eine mehrseitige von Käufer und Verkäufer handelt. So lassen sich Abwicklungsprobleme bei Pfändungen oder bei späteren abweichenden Anweisungen von Beteiligten am besten vermeiden (vgl. unten § 60 BeurkG Rdn 11 ff.). Bei mehreren Verkäufern kann es die Vertragsabwicklung erleichtern, wenn Auszahlungen nur an einen von ihnen mit schuldbefreiender Wirkung erfolgen dürfen. Hat die Auszahlung an einen Dritten zu erfolgen, sollte sich aus der Verwahrungsanweisung ergeben, ob dieser nur Zahlstelle ist oder ob ihm ein eigener Auszahlungsanspruch zusteht.[182] 59

Besteht dennoch – was immer wieder vorkommt – **Unklarheit über den Empfangsberechtigten**, sollte der Notar die beabsichtigte Auszahlungsweise ankündigen. In dem **Vorbescheid** (vgl. unten § 60 BeurkG Rdn 50 ff.) ist ausdrücklich auf die Beschwerdemöglichkeit nach § 15 Abs. 2 BNotO hinzuweisen. Wird sodann keine Beschwerde eingelegt und zahlt der Notar wie angekündigt aus, ist ein späterer Amtshaftungsanspruch nach § 839 Abs. 3 BGB weitgehend ausgeschlossen.[183] Die gerichtliche Hinterlegung kann allenfalls ultima ratio (ausführlich vgl. unten § 58 BeurkG Rdn 33 ff.) in seltenen Sonderfällen sein.[184] 60

In der Verwahrungsvereinbarung sollte unbedingt geregelt werden, **wem die Zinsen aus der Verwahrmasse** zustehen. Erfolgen bei einem Grundstückskaufvertrag der Besitz- und Nutzungsübergang an den 61

175 Zu den Folgen vgl. Haug/Zimmermann/*Mayer*, Frenz/Miermeister/*Hertel*, BNotO § 23 Rn 65.
176 Vgl. *Weingärtner*, Verwahrungsgeschäft, Rn 65.
177 Vgl. *Winkler*, § 57 Rn 66.
178 Vgl. Frenz/Miermeister/*Hertel*, BeurkG § 57 Rn 43; Handbuch Notarhaftung/*Hertel*, Kap. 4 Rn 109 ff.; Grziwotz/Sauer/Heinemann/*Grziwotz*, § 60 Rn 12 f.; *Franken*, RNotZ 2010, 597, 599.
179 Vgl Haug/Zimmermann/*Zimmermann*, Rn 705; *Franken*, RNotZ 2010, 597, 599; Handbuch Notarhaftung/*Hertel*, Kap. 4 Rn 145.
180 Vgl. Handbuch Notarhaftung/*Hertel*, Kap. 4 Rn 142 ff.; *Winkler*, § 57 Rn 66; Frenz/Miermeister/*Hertel*, BeurkG § 57 Rn 45; Würzburger Notarhandbuch/*Hertel*, Teil 2 Kap. 2 Rn 738.
181 Vgl. Handbuch Notarhaftung/*Hertel*, Kap. 4 Rn 143; Würzburger Notarhandbuch/*Hertel*, Teil 2 Kap. 2 Rn 739 ff.
182 Vgl. Arndt/Lerch/Sandkühler/*Sandkühler*, § 23 Rn 65.
183 Vgl. Frenz/Miermeister/*Hertel*, BNotO § 23 Rn 62 f. (mit Darstellung des Meinungsstandes); zum Verfahren nach § 15 Abs. 2 BNotO vgl. noch unten § 60 BeurkG Rdn 56 ff.
184 Vgl. *Winkler*, § 58 Rn 26 f

Käufer Zug um Zug mit der Hinterlegung, ist es meist sachgerecht, dem Verkäufer auch die Zinserträgnisse zuzuordnen. Keiner Vertragspartei sollten nämlich gleichzeitig die Zinsen aus der Verwahrung und die Nutzungen des Vertragsobjekts zustehen.[185] Praktisch ist es, die Zinsen nur einheitlich dem Verkäufer oder dem Käufer zukommen zu lassen.[186] Eine Aufteilung nach Zeitabschnitten sollte möglichst vermieden werden.[187] Daraus können sonst leicht Probleme bei der Berechnung der Auszahlungsbeträge entstehen; auch die Erstellung der Steuerbescheinigungen wird komplizierter (vgl. § 58 BeurkG Rdn 13 ff.). Eine Vereinbarung, wonach ein Zinsertrag dem Notar zufallen soll, ist nicht zulässig. Selbst wenn die Verwahrungsvereinbarung keine Festgeldanlage vorsieht, darf auf eine Zinsregelung nicht verzichtet werden. Der Vertrag enthält sonst eine Lücke, denn auch auf Girokonten können Banken Zinsen gewähren.

62 In der Praxis wird nicht selten vergessen in der Verwahrungsvereinbarung zu regeln, wer für die Zinsen empfangsberechtigt sein soll. Eine eindeutige gesetzliche Regelung, wie dann zu verfahren ist, fehlt; eine „Regelfallauslegung" ist kaum möglich.[188] Eine ergänzende, den hypothetischen Parteiwillen prüfende, Auslegung ist dem Notar grundsätzlich verboten.[189] Der Notar darf nicht selbstständig „wie ein Richter" entscheiden.[190] Fehlt eine ausdrückliche Regelung in der Verwahrungsvereinbarung, so darf der Notar die Zinsen nur dann auszahlen, wenn das Ergebnis unter Berücksichtigung von Sinn und Zweck der vertraglichen Vereinbarung völlig eindeutig, klar und zweifelsfrei ist. So stehen Zinsen nach Auszahlungsreife dem Verkäufer zu.[191] In allen anderen Fällen sollte der Notar pragmatisch (auch im Hinblick darauf, dass es meist nur um kleine Beträge geht) vorgehen. Er sollte den Beteiligten das Ergebnis seiner Auslegung mitteilen und ihnen ankündigen, an wen er auszuzahlen beabsichtigt. Gleichzeitig sollte er darum bitten, das Einverständnis mit dem vorgeschlagenen Verfahren schriftlich zu bestätigen. Ein Hinweis auf mögliche „Rechtsmittel" erscheint nicht unbedingt erforderlich.[192] Sind die Beteiligten einverstanden (so wird es im Regelfall sein), kann er die Auszahlung wie angekündigt vornehmen. In allen anderen Fällen muss er dagegen zunächst versuchen, eine übereinstimmende Erklärung der Beteiligten einzuholen.[193] Gelingt das nicht, muss er sich zunächst jeder Verfügung über die Zinsen enthalten. Er hat ggf. eine gerichtliche Entscheidung abzuwarten. Es empfiehlt sich in solchen Fällen, die Beteiligten auf den Beschwerdeweg nach § 15 Abs. 2 BNotO oder den Zivilrechtsweg zu verweisen.[194] Die gerichtliche Hinterlegung kommt auch hier allenfalls in seltenen Sonderfällen in Betracht (vgl. unten § 58 BeurkG Rdn 33 ff.).[195]

63 Sieht die Verwahrungsvereinbarung vor, dass die Auszahlungen an den Empfänger über einen längeren Zeitraum in mehreren Teilbeträgen zu erfolgen haben, sollte auch geregelt werden, wann die gutgeschriebenen Zinsen auszukehren sind.

c) Masse

64 Es ist eine Selbstverständlichkeit, dass die Verwahrungsanweisung klare Angaben zu der zu verwahrenden Masse enthalten muss. In der Regel wird dies der in der Urkunde ausgewiesene Kaufpreis sein.

d) Bedingungen der Einzahlung

65 Obwohl dies im Gesetz nicht ausdrücklich festgehalten ist, muss zumindest die Verwahrungsvereinbarung klare Regelungen zur **Einzahlung** enthalten. Teilweise wird vertreten, dass die Einzahlung voraussetzt, dass der **Vertrag rechtswirksam** geworden ist. Vorher könne keine wirksame und bindende

185 Vgl. Beck'sches Notarhandbuch/*Trömer*, § 1 Rn 860.
186 Vgl. *Weingärtner*, Verwahrungsgeschäft, Rn 75.
187 A.A. wohl Arndt/Lerch/Sandkühler/*Sandkühler*, § 23 Rn 75.
188 Anders wohl *Lerch*, vor § 54a Rn 21; *Weingärtner*, Verwahrungsgeschäft, Rn 74.
189 Vgl. Arndt/Lerch/Sandkühler/*Sandkühler*, § 23 Rn 121; Haug/Zimmermann/*Zimmermann*, Rn 708; a.A. *Bräu*, Verwahrungstätigkeit, Rn 177 (ergänzende Vertragsauslegung entspr. dem hypothetischen Parteiwillen).
190 Vgl. *Weingärtner*, Verwahrungsgeschäft, Rn 73; Weingärtner/*Ulrich*, DONot vor § 27 Rn 32.
191 Vgl. Weingärtner/Ulrich/Löffler/*Weingärtner/Ulrich*, Fehler Rn 474; Handbuch Notarhaftung/*Hertel*, Kap. 4 Rn 150.
192 A.A. Weingärtner/*Ulrich* DONot § 10 Rn 91, der immer den Weg des § 15 BNotO empfiehlt.
193 Vgl. *Rohs/Heinemann*, Rn 285; Weingärtner/Ulrich/Löffler/*Weingärtner/Ulrich*, Fehler Rn 474; KG v. 28.3.1972 – 1 W 1387/71, DNotZ 1973, 498 ff.
194 Vgl. Arndt/Lerch/Sandkühler/*Sandkühler*, § 23 Rn 121; *Weingärtner*, Verwahrungsgeschäft, Rn 75.
195 A.A. wohl *Weingärtner*, Verwahrungsgeschäft, Rn 75.

Verwahrungsanweisung bestehen.[196] Dies wird in der Regel zutreffen, wenn es um die Genehmigung des Vertrages durch einen vollmachtlos vertretenen Vertragsteil oder eine gerichtliche Genehmigung geht.[197] Nicht selten vereinbaren die Beteiligten jedoch einen festen Termin, zu dem die Hinterlegung erfolgen soll. Dabei wissen sie, dass zu diesem Zeitpunkt voraussichtlich noch nicht alle Genehmigungen vorliegen werden, die zur Wirksamkeit des Vertrages erforderlich sind (Beispiele: Genehmigung nach dem GrdstVG; sanierungsrechtliche Genehmigung). Hier ergibt die Auslegung der getroffenen Vereinbarungen, dass die Hinterlegung unabhängig vom Wirksamwerden des Vertrages im Übrigen erfolgen soll.[198]

Dem BGH lag folgender aus den neuen Bundesländern stammender Fall vor:[199] Trotz eines kalendermäßig in der Urkunde bestimmten Termins hatte der Käufer die Hinterlegung nicht vorgenommen. Der Verkäufer machte einen Verzugsschaden geltend. Der Käufer meinte darauf, wegen fehlender GVO-Genehmigung sei der Vertrag noch gar nicht wirksam geworden. Ein Verzugsschaden könne bei einem unwirksamen Vertrag nicht entstehen. Der BGH ist dem nicht gefolgt und hat letztlich eine „geteilte" Wirksamkeit des Vertrages angenommen: Selbst wenn der Vertrag insgesamt noch nicht rechtswirksam war, hatte die Verwahrungsvereinbarung bereits Bestand. Ihre Nichterfüllung begründet Verzug. In der Praxis wird es oft nicht sinnvoll sein, die Hinterlegung zu einem Zeitpunkt zu vereinbaren, zu dem der Vertrag noch nicht wirksam geworden ist.[200] Ganz selten sind die Fälle aber nicht: Die – manchmal langwierige – Erteilung der zum Wirksamwerden eines Vertrages erforderlichen behördlichen Genehmigungen wird von den Vertragsbeteiligten oft als reiner „Formalismus" empfunden. Sie wollen den wirtschaftlichen „Vollzug" des Vertrages durch Kaufpreishinterlegung einerseits und Besitzübergabe andererseits schon früher herbeiführen. Natürlich muss der Notar in solchen Fällen auf die besonderen Risiken hinweisen, die mit einer solchen Gestaltung verbunden sind. 66

Grundsätzlich sollte fallbezogen entschieden werden, ob ein **fester Hinterlegungstermin** vereinbart **oder die Hinterlegung vom Vorliegen bestimmter Voraussetzungen** abhängig gemacht wird. Dabei gilt für die Vertragsgestaltung der Grundsatz: Erst wenn die Sicherungsinteressen der Beteiligten es erforderlich machen, sollte der Hinterleger zur Einzahlung verpflichtet werden. Fehlt beispielsweise noch die nachträgliche Genehmigung eines vollmachtlos vertretenen Beteiligten, sollte noch keine Einzahlungspflicht vereinbart werden.[201] Soweit jedoch ein fester Einzahlungstermin vereinbart wird, empfiehlt es sich dringend, ausdrücklich festzulegen, dass das Geld zu diesem Zeitpunkt dem Anderkonto gutgeschrieben sein muss.[202] Das vermeidet jede Diskussion über die Frage, ob das Geld bereits nach allgemeinen Regeln zu dem festgelegten Tag gutgeschrieben sein muss oder ob es genügt, wenn der Schuldner zu diesem Zeitpunkt lediglich die Überweisung vornimmt (vgl. dazu unten § 58 BeurkG Rdn 40 ff.). Die Rspr. hat sich mit der Frage nicht erkennbar befasst.[203] In der Verwahrungsvereinbarung sollte daher klargestellt werden, dass die Gutschrift spätestens zu dem vereinbarten Termin erfolgen muss. 67

Fraglich ist weiterhin, inwieweit es sich empfiehlt, zusätzliche Vereinbarungen für die **verspätete bzw. nicht vertragsgemäße Hinterlegung** mit in die Verwahrungsvereinbarung aufzunehmen. In der Regel ist dies nicht notwendig. Die gesetzlichen Regelungen zum **Verzug** enthalten einen meist sachgerechten Interessenausgleich zwischen Käufer und Verkäufer. Bei einem bestimmten Verwahrungszeitpunkt oder der Fristsetzung durch den Notar kommt der Käufer gemäß § 286 Abs. 2 Nr. 1 bzw. Nr. 2 BGB **ohne Mahnung** in Verzug.[204] Darüber hinaus besteht in manchen Fällen die Gefahr, dass die vertragliche Vereinbarung einer Inhaltskontrolle (§ 307 BGB) unterworfen wird, der sie u.U. nicht standhält. Wird von den Beteiligten dagegen ausdrücklich eine Verzugsregelung gewünscht oder geben die Fallumstände dazu besonderen Anlass, sollte nach einer konkreten situationsbezogenen Formulierung gesucht werden, die 68

196 So im Ausgangspunkt *Winkler*, § 57 Rn 73; ebenso Beck'sches Notarhandbuch/*Trömer*, § 1 Rn 858.
197 Vgl. Würzburger Notarhandbuch/*Hertel*, Teil 2 Kap. 2 Rn 732.
198 Handbuch Notarhaftung/*Hertel*, Kap. 4 Rn 118 ff.; *Vieffhues*, ZNotP 2018, 205, 220.
199 BGH v. 20.11.1998 – V ZR 17/98, DNotZ 1999, 477 ff.
200 Vgl. Arndt/Lerch/Sandkühler/*Sandkühler*, § 23 Rn 67; Würzburger Notarhandbuch/*Hertel*, Teil 2 Kap. 2 Rn 732; Beck'sches Notarhandbuch/*Trömer*, § 1 Rn 858; *Franken*, RNotZ 2010, 597, 600.
201 Vgl. Handbuch Notarhaftung/*Hertel*, Kap. 4 Rn 121.
202 So Armbrüster/Preuß/Renner/*Renner*, 8. Aufl., BeurkG § 57 Rn 49; Beck'sches Notarhandbuch/*Trömer*, § 1 Rn 855.
203 Vgl. Armbrüster/Preuß/Renner/*Renner*, 8. Aufl., BeurkG § 57 Rn 49; Beck'sches Notarhandbuch/*Tönnies*, 6. Aufl., A I Rn 844.
204 Ebenso Beck'sches Notarhandbuch/*Trömer*, § 1 Rn 880.

dann sorgfältig auszugestalten ist.[205] Fraglich ist, ob eine verspätete Verwahrung auf Anderkonto (die nicht zu Verzögerungen bei der Auszahlung führt) den Verkäufer berechtigt, die gesetzlichen Verzugszinsen nach § 288 Abs. 3 BGB geltend zu machen. Das dürfte abzulehnen sein.[206]

e) Sonderproblem: Einbeziehung eines Finanzierungsgläubigers

69 Kaufpreise werden vielfach bankfinanziert. Die Banken verlangen regelmäßig die Eintragung eines Grundpfandrechts. Aus Bankensicht stellt die Verwahrung des Kaufpreises auf Anderkonto in solchen Fällen kein Problem dar: Die Überweisung durch die Bank an den Notar erfolgt dann nicht auflagenfrei, sondern „zu treuen Händen". Sieht der Kaufvertrag allerdings eine auflagenfreie Hinterlegung zu einem bestimmten Termin vor und hinterlegt die Bank mit Treuhandauflagen, so hat der Käufer seine vertraglichen Pflichten nicht erfüllt. Er hat (noch) nicht vertragsgemäß hinterlegt und befindet sich in Verzug.[207] Das Geld liegt zwar auf dem Notaranderkonto, steht aber noch nicht zur freien Verfügung des Notars. In der Literatur wird oft nur am Rande oder gar nicht erörtert, **wie** eine **interessengerechte Ausgestaltung** des Kaufvertrages in solchen Fällen aussehen kann.[208] Die Gerichtsurteile sind einzelfallbezogen. Sie gehen wohl davon aus, dass es sich um eine Frage der Auslegung der jeweiligen Verwahrungsvereinbarung handelt.[209]

70 Als Beispiel soll ein **typischer Praxisfall** dienen: Um den Besitzübergang schnell herbeizuführen, wird der Käufer zur kurzfristigen Hinterlegung des Kaufpreises verpflichtet. Die Auszahlung darf aber erst dann erfolgen, wenn die Vormerkung rangrichtig eingetragen ist und alle staatlichen Genehmigungen vorliegen. Dem Verkäufer ist bekannt, dass der Käufer den Kaufpreis über eine Bank finanziert. Viele Notarverträge halten in solchen Fällen nur fest, wann die Verwahrung vorzunehmen ist. Es bleibt offen, ob und inwieweit eine vertragsgemäße Verwahrung auch dann vorliegt, wenn vorrangige Treuhandauflagen von finanzierenden Gläubigern zu beachten sind.

71 Selbst wenn es bei der Antwort auf diese Frage nicht um die Auszahlung des verwahrten Betrages geht, dürfte eine Vertragsgestaltung, die die Problematik nicht behandelt, fehlerhaft sein. **Verschiedene Gestaltungen** kommen in Betracht:

– Die **„Mindestlösung"** besteht darin, in die Urkunde wenigstens den **Hinweis** aufzunehmen, dass kaufpreisfinanzierende Banken regelmäßig die Auszahlung von bestimmten Bedingungen abhängig machen, die der Notar vorrangig zu beachten hat.[210] Ergänzt werden sollte die Verwahrungsvereinbarung in solchen Fällen auf jeden Fall um die Formulierung, dass eine vertragsgemäße Hinterlegung auch dann vorliegt, wenn sie nur **mit „üblichen" Treuhandauflagen finanzierender Banken** verbunden ist und dass diese bis zum Vorliegen der Auszahlungsvoraussetzungen erfüllt sein müssen.[211] Ein anderer – aber durchaus mit Auslegungsfragen verbundener – Lösungsansatz besteht darin, im Vertrag festzuhalten, dass die Treuhandauflagen der Banken mit den Bestimmungen des Vertrages „vereinbar" sein müssen.[212] Ist dem Notar bekannt, dass der Käufer den Kaufpreis über eine Bank finanziert, ist es auf jeden Fall nicht sachgerecht, ihn zur auflagenfreien Hinterlegung zu verpflichten. Als „übliche" Treuhandauflagen einer finanzierenden Bank sind i.d.R. anzusehen:[213] a) die Sicherstellung der ranggerechten Grundpfandrechtseintragung, b) die vollständige Einzahlung des Kaufpreises, c) die Beachtung der im Kaufvertrag genannten Auszahlungsvoraussetzungen, d) eine üblichen Abwicklungszeiträumen entsprechende Befristung.

205 Vgl. Armbrüster/Preuß/Renner/*Renner*, 8. Aufl., BeurkG § 57 Rn 49; Beck'sches Notarhandbuch/*Trömer*, § 1 Rn 882.

206 So auch Armbrüster/Preuß/Renner/*Renner*, 8. Aufl., BeurkG § 57 Rn 49.

207 Vgl. Grziwotz/Sauer/Heinemann/*Grziwotz*, § 57 Rn 34; DNotI-Gutachten-Abruf-Dienst Nr. 103187.

208 Vgl. *Franken*, RNotZ 2010, 597, 601 f.

209 Überblick über die Rspr: *Oppermann*, ZNotP 2006, 176, 177 f.; grdl. BGH v. 7.3.1997 – V ZR 4/96, NJW 1997, 2104 ff.

210 I.d.S. Weingärtner/Ulrich/Löffler/*Weingärtner/Ulrich Fehler*, Rn 471; vgl. Haug/Zimmermann/*Zimmermann*, Rn 709; vgl. auch BGH v. 12.10.2001 – V ZR 338/00, DNotZ 2002, 213, 214 (zur Problematik der Qualität und Bedeutung eines bloßen „Hinweises").

211 Vgl. BGH v. 12.10.2001 – V ZR 338/00, DNotZ 2002, 213 ff.; krit. dazu *Müller-Magdeburg*, ZNotP 2003, 213. Gegen eine ausdrückliche Regelung im Vertrag: Würzburger Notarhandbuch/*Hertel*, Teil 2 Kap. 2 Rn 794 (die Dogmatik sei „zu sehr im Fluss").

212 Vgl. *Franken*, RNotZ 2010, 597, 602 (mit Formulierungsmuster).

213 Vgl. Formulierungsvorschlag BNotK, DNotZ 1999, 369, 370 f.; vgl. Würzburger Notarhandbuch/*Hertel*, Teil 2 Kap. 2 Rn 785.

– Vielfach **empfiehlt sich** eine **genaue Ausgestaltung**. Das ist vor allem der Fall, wenn sich an die Verwahrung unmittelbar weitere Handlungen des Notars knüpfen (Beispiel: Die Eintragung der Vormerkung soll erst erfolgen, wenn der Kaufpreis hinterlegt ist). Soweit das möglich ist, sollte bereits die Verwahrungsvereinbarung genau beschreiben, welchen Inhalt die Treuhandauflagen der finanzierenden Bank haben dürfen.[214] In der Praxis können mit einer sehr genauen Ausgestaltung natürlich auch Probleme verbunden sein. Weicht der Treuhandauftrag der Bank später auch nur geringfügig vom Inhalt der Verwahrungsvereinbarung ab, muss der Notar vor der Annahme das Einverständnis aller Beteiligten einholen; ggf. ist sogar eine Nachtragsbeurkundung erforderlich. Mit einer „weichen" Formulierung kann das u.U. vermieden werden.
– Eine Verwahrungsvereinbarung, die die beschriebene Problematik regelt, kann z.B. wie folgt aussehen:[215]

„Die Beteiligten wurden darüber belehrt, dass die Verwendung der Beträge auch von der Erfüllung der Auflagen der Finanzierungsgläubiger der Käuferseite abhängt, deren Weisungen bezüglich des durch sie überwiesenen Betrages vor den Weisungen der Vertragsbeteiligten Vorrang haben. Es ist Sache des Käufers, eine zur Erfüllung des Vertrages geeignete Verwendung der Mittel sicherzustellen und insbesondere das Finanzierungsgrundpfandrecht ohne schuldhaftes Zögern zu bestellen und zur Eintragung zu bringen. Folgenden Treuhandauflagen der kaufpreisfinanzierenden Gläubiger stimmt der Verkäufer schon jetzt zu: a) Auszahlung des hinterlegten Kaufpreises erst nach Eintragung bzw. Sicherstellung der Eintragung des Finanzierungsgrundpfandrechts des Käufers, b) vollständige Hinterlegung des Kaufpreises, c) Auszahlung des hinterlegten Kaufpreises nur nach Vorliegen der in dieser Urkunde vereinbarten Auszahlungsvoraussetzungen, d) Widerruf des Treuhandauftrags frühestens nach Ablauf von … Monaten nach Hinterlegung."

– Die Frist sollte auf jeden Fall so bemessen sein, dass der Treuhandauftrag mit hoher Wahrscheinlichkeit innerhalb der Frist erfüllt werden kann.[216] In der Praxis sind lange Treuhandlaufzeiten bei Banken oft nur schwer zu erreichen. Unbefristete Treuhandauflagen gibt es praktisch nicht.[217] Ist die Frist abgelaufen und der Treuhandauftrag noch nicht erfüllt, dann kann die Bank die Rücküberweisung des hinterlegten Betrages fordern, allerdings müssen Zug um Zug die Grundschuld und die Vormerkung gelöscht und der Besitz rückgewährt werden.[218]

Auf eine mögliche „Sicherungslücke" zum Nachteil des Verkäufers soll noch hingewiesen werden:[219] **72**
Hinterlegt die Bank den Kaufpreis und erteilt sie dem Notar eine Treuhandauflage mit dem beschriebenen Inhalt (vgl. Rdn 71), ergeben sich Probleme, wenn der Käufer die Grundschuld überhaupt nicht bestellt oder wenn der Käufer den Notar anweist, die Grundschuld nicht zur Eintragung zu beantragen. Dann hat man es mit einem Fall zu tun, in dem das Geld zwar vertragsgerecht hinterlegt ist und dennoch dem Verkäufer nur „vorgezeigt" wird. Wird die Grundschuld nicht eingetragen, kann es nie zur Auszahlungsreife kommen. Der Verkäufer selbst kann die Eintragung des Grundpfandrechts nicht erreichen. *Oppermann* schlägt vor, die Verwahrungsvereinbarung wie folgt zu ergänzen:

„Den genannten Auflagen kaufpreisfinanzierender Gläubiger wird jedoch nur dann zugestimmt, wenn der Käufer das Grundpfandrecht auch bestellt hat. Für diesen Fall weisen Käufer und Verkäufer den Notar einvernehmlich an, den Eintragungsantrag nur mit Zustimmung von Verkäufer und Käufer zurückzunehmen."

Aus meiner Sicht ist eine derart umfangreiche Ergänzung jedoch zumeist nicht geboten, da die einfache Auslegung des Vertrages bereits zu dieser Lösung führt. Anders mag es in Fällen aussehen, in denen der Antrag auf Eintragung des Finanzierungsgrundpfandrechts voraussichtlich lange Zeit nicht gestellt werden kann (Beispiel: Der Vollzug einer Vorurkunde muss abgewartet werden) oder erhebliche Zweifel an der Seriosität des Käufers bestehen. Im Übrigen versucht der obige Formulierungsvorschlag (siehe Rdn 71 a.E.) das Problem einer sprachlich knappen und möglichst verständlichen Lösung zuzuführen.

214 Ausführlich Handbuch Notarhaftung/*Hertel*, Kap. 4 Rn 184 ff. (Auslegungsproblem); vgl. *Müller-Magdeburg*, ZNotP 2003, 213 f.; vgl. *Maaß*, ZNotP 1998, 58 ff. mit Formulierungsvorschlägen; wohl eher ablehnend: Würzburger Notarhandbuch/*Hertel*, Teil 2 Kap. 2 Rn 794.
215 Vgl. z.B. auch das Formulierungsmuster bei *Krauß*, Immobilienkaufverträge, Rn 2454.
216 So auch *Oppermann*, ZNotP 2006, 176, 180.
217 Handbuch Notarhaftung/*Hertel*, Kap. 4 Rn 202.
218 Vgl. *Franken*, RNotZ 2010, 597, 602.
219 Ausf. dazu: *Oppermann*, ZNotP 2006, 176 ff.

f) Art und Weise der Verwahrung

73 Notaranderkonten dienen grundsätzlich nicht der länger- oder langfristigen Anlage von Geldern. Der Aspekt der Verfügbarkeit hat Vorrang vor dem des Zinsertrages.[220] Daher ist der Notar zu einer bestimmten Art der Anlage nur bei einer entsprechenden Anweisung der Beteiligten verpflichtet. Im Übrigen ist das Konto als Girokonto zu führen (vgl. § 58 Abs. 1 S. 2 BeurkG). Von sich aus darf der Notar keine **Festgeldanlage** vornehmen.[221] Auch auf einseitige Weisung ist der Notar grundsätzlich nicht berechtigt, eine Festgeldanlage zu veranlassen.[222] Etwas anderes gilt allerdings, wenn in der Verwahrungsanweisung eine entsprechende Regelung enthalten ist oder wenn sich die Weigerung einer Partei als rechtsmissbräuchlich darstellt. Eine einseitige Anweisung sollte auch dann ausreichen, wenn schutzwürdige Belange anderer Beteiligter in keiner Weise berührt werden. Die Verweigerung ist dann allerdings gleichzeitig rechtsmissbräuchlich.

74 Wegen des gegenwärtig bereits länger andauernden Niedrigzinsumfeldes hat die Frage, ob Notare verpflichtet sind, auf die Möglichkeit einer Festgeldanlage hinzuweisen, keine große praktische Bedeutung. Sollte die Niedrigzinsphase enden, bleibt der Grundsatz bestehen, dass **Notare grundsätzlich nicht verpflichtet sind auf, die Möglichkeit einer Festgeldanlage hinzuweisen**. Der Notar muss sich auch nicht um möglichst günstige Bankkonditionen bemühen. Allenfalls in **Ausnahmefällen** – z.B. bei völlig unerfahrenen Beteiligten[223] – kann eine solche Pflicht bestehen.

Nach einer Einzelfallentscheidung des BGH[224] sollte der Notar unter bestimmten Voraussetzungen verpflichtet sein, auf die Möglichkeit der Festgeldanlage hinzuweisen. Dies ist der Fall, wenn der Notar weiß, dass eine Festgeldanlage bei der Bank dergestalt möglich ist, dass die jederzeitige freie Verfügbarkeit bestehen bleibt und lediglich für den letzten Anlagezeitraum keine Festgeldverzinsung mehr erfolgte. Das Gericht nahm eine Hinweispflicht an. Als Einzelfallentscheidung mag man das Urteil hinnehmen. In seiner Tendenz ist es fraglich. Am Ende könnte der Notar stehen, der mit Banken über die besten Anlageformen verhandeln muss und als Vermögensberater der Beteiligten angesehen wird. Die Gepflogenheiten und Konditionen seiner Hausbank(en) sollte der Notar kennen; Erkundigungen bei anderen Banken muss er nicht vornehmen.[225]

75 Dennoch muss man wohl von einer gewissen **(Mit)Verantwortung des Notars für den Ertrag der hinterlegten Gelder** ausgehen.[226] Ein Belehrungshinweis auf Anlagemöglichkeiten darf allenfalls dann fehlen, wenn die Beteiligten wirtschaftlich und juristisch erfahren sind.[227] Nicht übersehen werden sollte, dass Beteiligte möglicherweise eine verzinsliche Anlage (über mittlerweile übliche Tagesgeldkonten) als selbstverständlich unterstellen. Im Vordergrund müssen auf jeden Fall immer die jederzeitige Verfügbarkeit der Gelder (soweit nicht mit einer langen Verwahrungszeit zu rechnen ist) und die Sicherheit der Anlage stehen. Der Notar ist nicht der Wirtschaftsberater der Beteiligten.[228] Dringend anzuraten ist daher, in der Verwahrungsvereinbarung immer klar zu regeln, ob und ggf. wie eine Festgeldanlage erfolgen soll.[229] Sollen die Beteiligten dem Notar dazu später noch Weisungen geben dürfen, ist auch zu regeln, inwieweit diese Weisungen nur gemeinsam oder auch durch eine Vertragspartei allein (meist den Verkäufer) erteilt werden dürfen.[230] In der Vergangenheit waren viele Banken bereit, bei Anderkonten auch ohne Festgeldanlage günstige Zinskonditionen einzuräumen; der Unterschied zur Festgeldanlage verschwand fast.[231] Im derzeit noch geltenden Niedrigzinsumfeld bieten allerdings weder Anderkonto noch Festgeldanlage derartige Konditionen, so dass bereits eine spesenfreie Kontenführung ein Erfolg ist.

76 Sieht die Verwahrungsvereinbarung keine Festgeldanlage vor und ergeben sich später bei der Vertragsabwicklung zunächst nicht vorausgesehene Verzögerungen bei der Auszahlung, sollte der Notar u.U. die

220 Vgl. statt vieler *Winkler*, § 57 Rn 68.
221 Vgl. Handbuch Notarhaftung/*Hertel*, Kap. 4 Rn 291; a.A. Haftpflichtecke, DNotZ 1973, 406, 409.
222 Vgl. *Haug*, DNotZ 1982, 539, 546.
223 LG Koblenz v. 13.1.1983 – 1 O 344/82, DNotZ 1983, 705, 706; OLG Schleswig v. 2.4.1976 – 3 U 183/75, DNotZ 1978, 183, 184.
224 BGH v. 29.2.1996 – IX ZR 150/95, DNotZ 1997, 53 ff. mit Anm. *Tönnies*; vgl. *Schlee*, NotBZ 1997, 24 f.; vgl. Haug/Zimmermann/*Zimmermann*, Rn 708; Handbuch Notarhaftung/*Hertel*, Kap. 4 Rn 155 ff.
225 So auch Arndt/Lerch/Sandkühler/*Sandkühler*, § 23 Rn 71.
226 Vgl. Beck'sches Notarhandbuch/*Tönnies*, 6. Aufl., A I Rn 857; wohl eher abl. Grziwotz/Sauer/Heinemann/*Grziwotz*, § 58 Rn 13.
227 Vgl. *Weingärtner*, Verwahrungsgeschäft, Rn 129.
228 So z.B. *Winkler*, § 57 Rn 68; vgl. auch Handbuch Notarhaftung/*Hertel*, Kap. 4 Rn 154.
229 Formulierungsbeispiele: Beck'sches Notarhandbuch/*Trömer*, § 1 Rn 865 ff.; *Weingärtner*, Verwahrungsgeschäft, Rn 129.
230 Vgl. Beck'sches Notarhandbuch/*Trömer*, § 1 Rn 865.
231 Handbuch Notarhaftung/*Hertel*, Kap. 4 Rn 156.

Beteiligten nachträglich auf die Möglichkeit der Festgeldanlage hinweisen. Dies kann sogar dann gelten, wenn der Vertrag den ausdrücklichen Hinweis enthält, dass keine Festgeldanlage erfolgen soll.[232] In der Praxis bietet sich gegebenenfalls an, dem späteren Empfänger das Recht einzuräumen, den Notar schriftlich zu einer Festgeldanlage anzuweisen.[233] In einem Niedrig- oder sogar Nullzins-Umfeld kann man nicht erwarten, dass Zinsfragen in besonderer Weise behandelt und geregelt werden.[234] Wenn es nur um marginale Beträge geht, treffen den Notar keine besonderen Pflichten.

Nicht geregelt ist, ob auch eine Anlage von Verwahrgeldern in **Geldmarktfonds** rechtlich zulässig ist. Dies verspricht geringfügig höhere Renditen; die Mittel sind kurzfristig verfügbar. Die BNotK hält die Anlage bei ausdrücklicher Weisung und nach Belehrung wegen der Verlustrisiken zwar nicht für empfehlenswert, aber gleichwohl für zulässig.[235] Dies erscheint aus verschiedenen Gründen zweifelhaft.[236] Die Beteiligung in Geldmarktfonds ist mehr als eine „Anlage" des verwahrten Geldes. Der Notar übt dabei für die Beteiligten eine wirtschaftliche Tätigkeit mit Gewinnerzielungsabsicht aus. Es geht um (unzulässige) Vermögensverwaltung, in deren Mittelpunkt die Mehrung des Vermögens steht. Die Treuhandgelder werden dabei qualitativ durch etwas anderes, ein neues Treugut, ersetzt bzw. ausgetauscht. Daher stellt sich auch die von Rspr. und Literatur praktisch nicht erörterte Frage, ob die Verwahrungsgebühr nach § 124 GNotKG mehrfach anfällt, nämlich zunächst beim Kauf der Fondsanteile, später beim Verkauf und zuletzt bei der Auszahlung an den Verwahrungsempfänger. Entscheidend ist jedoch, dass Wertverluste nicht auszuschließen sind, selbst wenn das Kursrisiko aufgrund der Anlagepolitik der Fondsgesellschaften begrenzt ist; die Einlagensicherungsfonds der Banken sichern die hinterlegten Gelder nicht ab. Das Sicherungsinteresse aller Beteiligten ist nicht gewährleistet. Abs. 3 ist eine zwingende Vorschrift und unterliegt nicht der Parteidisposition. Was für die Anlage in Geldmarktfonds gilt, gilt erst recht für sonstige Wertpapieranlagen. Zulässig ist dagegen bei einer entsprechenden Anweisung durch alle Beteiligten die Verwahrung auf einem **Fremdwährungskonto**. Dieses muss gem. § 58 Abs. 2 S. 1 BeurkG aber im Inland geführt werden.[237] Bankkosten sind heute oft vielfach höher als Zinserträgnisse. 77

Wird der Einlagezins (wie in der Vergangenheit bereits passiert) negativ, können Banken u.U. „**Negativzinsen**" auf Einlagebeträge erheben.[238] Durch Negativzinsen können Situationen eintreten, in denen der Auszahlungsbetrag vom Anderkonto niedriger ist als die vom Verwahrer geschuldete und tatsächlich hinterlegte Summe. Insoweit sind ergänzende Festlegungen in der Verwahrungsvereinbarung zu treffen. Nachzahlungen von Kleinstbeträgen durch den Verwahrer sollten jedenfalls möglichst ausgeschlossen werden, indem das Risiko von Negativzinsen auf die „Empfängerseite" verlagert wird. In der Literatur finden sich Formulierungsmuster für die Problematik[239] (vgl. dazu auch NotAndKont Rdn 12). 78

g) Kosten

Sowohl bei der Bank als auch beim Notar entstehen Kosten. Zu beidem muss die Verwahrungsanweisung wie zu einem etwaigen Negativzins Regelungen enthalten. Bankkosten sind heute oft vielfach höher als Zinserträgnisse, wenn diese überhaupt anfallen. 79

Aus Praktikabilitätsgründen (Banken ziehen die Spesen sofort ab) sollte unbedingt vereinbart werden, dass die **Bankkosten von demjenigen getragen werden, dem die Zinsen zufließen**.[240] Fehlt versehentlich eine Regelung in der Verwahrungsanweisung, darf allerdings ebenso verfahren werden.[241] In der Praxis zeigt sich übrigens, dass die unter Wettbewerbsdruck stehenden Banken vielfach bereit sind, Notaranderkonten spesenfrei zu führen. Von dieser Möglichkeit sollte unbedingt Gebrauch gemacht werden. Der 80

232 Vgl. *Weingärtner*, Verwahrungsgeschäft, Rn 130; Haug/Zimmermann/*Zimmermann*, Rn 708; vgl. auch Grziwotz/Sauer/Heinemann/*Grziwotz*, § 58 Rn 13.
233 Vgl. Handbuch Notarhaftung/*Hertel*, Kap. 4 Rn 157.
234 Handbuch Notarhaftung/*Hertel*, Kap. 4 Rn 157.
235 Handbuch Notarhaftung/*Hertel*, Kap. 4 Rn 160 ff.; im gleichen Sinn: Frenz/Miermeister/*Hertel*, BeurkG § 58 Rn 8; *Munzig*, MittBayNot 1996, 282; vgl. Tätigkeitsbericht BNotK (1996) DNotZ 1997, 514, 521; wohl auch Grziwotz/Sauer/Heinemann/*Grziwotz*, § 58 Rn 13.
236 Im gleichen Sinn: Arndt/Lerch/Sandkühler/*Sandkühler*, § 23 Rn 73; *Weingärtner*, Verwahrungsgeschäft, Rn 132.
237 Vgl. Handbuch Notarhaftung/*Hertel*, Kap. 4 Rn 158.
238 DNotI-Gutachten Nr. 183830 v. 21.6.2021.
239 So bspw. *Krauß*, notar 2017, 312, 315; *Krauß*, Immobilienkaufverträge, Rn 2404.
240 Beck'sches Notarhandbuch/*Trömer*, § 1 Rn 861 (Banken nehmen oft keine getrennte Ausweisung vor).
241 Im gleichen Sinne: Arndt/Lerch/Sandkühler/*Sandkühler*, § 23 Rn 134; *Weingärtner*, Verwahrungsgeschäft, Rn 79; *Winkler*, § 57 Rn 72; Handbuch Notarhaftung/*Hertel*, Kap. 4 Rn 151.

Verwaltungsaufwand bei der Führung des Verwahrungsverzeichnisses, in das alle Kontenbewegungen einzutragen sind, verringert sich dadurch erheblich. Ein Urteil des Amtsgerichts Aachen,[242] wonach es einer Sparkasse nicht erlaubt ist, Kontoführungsgebühren vom (Sammel)-Anderkonto eines Rechtsanwalts einzuziehen, dürfte auf Notare nicht übertragbar sein.

81 Werden kleine Beträge auf Notaranderkonto verwahrt, sollte der Notar versuchen, mit der Bank die spesenfreie Führung des Anderkontos zu vereinbaren, bei niedriger Verzinsung im Gegenzug zum Verzicht auf Guthabenzinsen. Gerade im Hinblick auf die dann nicht erforderlichen Bescheinigungen nach dem Zinsabschlagsteuergesetz wird die Abwicklung erheblich vereinfacht. In der Verwahrungsvereinbarung sollte dies auf jeden Fall festgehalten werden.[243] Allerdings bedarf der Verzicht auf die Guthabenzinsen, soweit sie denn anfallen, der Zustimmung der Berechtigten.[244]

82 Wer die **Notarkosten für das Notaranderkonto** trägt, ist zwischen den Beteiligten auszuhandeln. In der Praxis hat sich eingebürgert, dass die Kosten des Kaufvertrags regelmäßig vom Käufer zu tragen sind, die Lastenfreistellungskosten dagegen vom Verkäufer. Sind aus dem Kaufpreis mehrere Gläubiger abzulösen, so führt die Auszahlung an mehrere Empfänger zu – allerdings geringfügigen – Mehrkosten. Ob es daher jedoch richtig ist, vertraglich zu vereinbaren, dass Vertrags- und Verwahrungskosten grundsätzlich vom Käufer zu tragen sind, die Kosten der Lastenfreistellung einschließlich hierdurch bedingter Mehrkosten der Verwahrung jedoch vom Verkäufer,[245] erscheint zweifelhaft. Eine solche Quotelung ist „rechnungstechnisch" zunächst kompliziert. Im Übrigen berücksichtigt sie unzureichend, dass vielfach nur deshalb eine Abwicklung über Notaranderkonto vereinbart wird, weil verschiedene Belastungen abzulösen sind. In der Praxis sollten daher möglichst einfache, den „gordischen Knoten" zerschlagende, Regelungen angeregt werden, z.B. die hälftige Teilung der Kosten der Abwicklung über Notaranderkonto.[246]

83 Regelmäßig sind die Grundbuchkosten für die Löschung abzulösender Grundpfandrechte vom Verkäufer zu bezahlen. Die Löschung erfolgt nach der Befriedigung der Gläubiger aus der verwahrten Masse und der Auszahlung des Restkaufpreises an den Verkäufer. Der Notar ist nicht verpflichtet, **aus dem hinterlegten Kaufpreis Gelder „zurückzuhalten", um die Löschungskosten beim Grundbuchamt begleichen** zu können. Zwar kann nicht grundsätzlich ausgeschlossen werden, dass der Käufer die Löschungskosten übernehmen muss, wenn der Verkäufer seiner Zahlungspflicht gegenüber dem Grundbuchamt nicht nachkommt und der Käufer die Lastenfreiheit des Grundstücks erreichen will. Bei Nebenpflichten ist der Notar jedoch nur dann gehalten, durch entsprechende vertragliche Gestaltung ihre Erfüllung sicherzustellen, wenn Hinweise dafür vorliegen, dass der Schuldner die Sekundärpflichten mit einer gewissen Wahrscheinlichkeit nicht erfüllen wird bzw. kann.

h) Auszahlungsvoraussetzungen

84 Bei einem Kaufvertrag mit Abwicklung über Notaranderkonto wird die Auszahlung in vielen Fällen dann erfolgen, wenn bei einem Kaufvertrag mit Direktzahlung die Kaufpreiszahlung durch den Käufer erfolgen müsste. Leider gelegentlich noch zu finden (meist allerdings in Treuhandaufträgen von Banken) und dennoch regelmäßig falsch ist dabei folgende Formulierung: „Der Notar darf die Auszahlung erst vornehmen, wenn alle Umschreibungsvoraussetzungen erfüllt sind." Zu den Umschreibungsvoraussetzungen gehört das Vorliegen der steuerlichen Unbedenklichkeitsbescheinigung. Diese wird erst erteilt, wenn die Grunderwerbsteuer gezahlt ist. Da die Zahlung – trotz gesamtschuldnerischer Haftung – regelmäßig Pflicht des Käufers ist, könnte er beeinflussen, ob bzw. wann es zur Auszahlung des Kaufpreises kommt.[247] Dies ist nicht sachgerecht; eine derartige Vertragsgestaltung kann sogar zu einer Haftung des Notars führen.[248]

242 V. 20.12.2017 – 107 C 452/17, NJW-Spezial 2018, 95.
243 Vgl. *Weingärtner*, Verwahrungsgeschäft, Rn 163; vgl. auch Weingärtner/*Ulrich*, DONot § 10 Rn 83.
244 Weingärtner/*Ulrich*, DONot § 10 Rn 81.
245 Vgl. Beck'sches Notarhandbuch/*Trömer*, § 1 Rn 885.
246 So Beck'sches Notarhandbuch/*Trömer*, § 1 Rn 885; ähnlich *Winkler*, § 57 Rn 72.
247 Vgl. Arndt/Lerch/Sandkühler/*Sandkühler*, § 23 Rn 79; vgl. auch *Blaeschke*, § 14 Rn 61; Grziwotz/Sauer/Heinemann/*Grziwotz*, § 57 Rn 35; Handbuch Notarhaftung/*Hertel*, Kap. 4 Rn 129.
248 Vgl. OLG Hamm v. 21.2.1992 – 11 U 168/91, DNotZ 1992, 821 ff.; *Weingärtner*, Verwahrungsgeschäft, Rn 89; Weingärtner/Ulrich/Löffler/*Weingärtner/Ulrich*, Fehler, Rn 477; Weingärtner/*Ulrich*, DONot § 10 Rn 47 (mit alternativen Musterformulierungen); *Winkler*, § 57 Rn 75; Handbuch Notarhaftung/*Hertel*, Kap. 4 Rn 129.

Vielfach wird empfohlen, ausdrücklich zu vereinbaren, dass **Auszahlungen erst erfolgen dürfen, wenn der Kaufpreis vollständig hinterlegt** ist.[249] Es spricht manches dafür, auf diese Formulierung zu verzichten. Sonst „blockiert" das in der Praxis gelegentlich vorkommende Fehlen von geringen Differenzbeträgen die Abwicklung als Ganzes. So geschieht es immer wieder, dass aufgrund von Missverständnissen zwischen finanzierenden Banken oder aufgrund nicht berücksichtigter Bankspesen (vor allem bei Überweisungen aus dem Ausland) die auf dem Anderkonto eingehenden Beträge geringfügig hinter dem geschuldeten Gesamtbetrag zurückbleiben. Dann sollten Auszahlungen nicht deshalb unmöglich sein, weil noch ein Differenzbetrag zu hinterlegen ist. Natürlich kommt eine Auszahlung vor vollständiger Kaufpreishinterlegung nicht in Betracht, wenn die finanzierenden Banken des Käufers dies (wie in der Praxis häufig) zur Auflage gemacht haben oder der hinterlegte Betrag noch nicht ausreicht, um die Forderungen aller abzulösenden Gläubiger zu erfüllen.[250] Eine nur teilweise Kaufpreishinterlegung kann, insbesondere wenn größere Beträge ausstehen, ein Indiz dafür sein, dass der Käufer den Gesamtkaufpreis nicht zahlen kann. Das ist jedoch kein Grund, die Auszahlung auszusetzen: Das Notaranderkonto soll keinen Beteiligten vor der eigenen Nichterfüllung schützen. Im Übrigen kann auch bei unmittelbarer Kaufpreiszahlung nicht verhindert werden, dass der Käufer nur eine Teilzahlung vornimmt.[251] Deutet sich die Nichtabwicklung an, kann es allerdings sachgerecht sein, wenn der Notar die Auszahlung nicht sofort vornimmt, sondern zunächst bei den Beteiligten nachfragt, ob sie mit der vorübergehenden Aussetzung bis zur vollständigen Hinterlegung einverstanden sind. Stimmt einer der Vertragspartner der Aussetzung jedoch nicht zu, hat der Notar auszuzahlen. Gleichwohl ist die Rückabwicklung einfacher, wenn es noch zu keiner Auszahlung gekommen ist.[252] Wird die Auszahlung von der vollständigen Kaufpreishinterlegung abhängig gemacht, empfiehlt sich eine Klarstellung, dass es allein auf die Kaufpreiszahlung – also ohne Verzugszinsen – ankommt. Anders sieht es nur aus, wenn der Notar den Verzugseintritt eindeutig feststellen kann.[253] 85

Wie die gesamte Verwahrungsanweisung müssen auch die Auszahlungsvoraussetzungen klar und unzweideutig formuliert sein.[254] Die Formulierungen dürfen nicht auslegungsbedürftig sein. Es empfiehlt sich, die zur Auszahlung erforderlichen Voraussetzungen enumerativ aufzuführen und abstrakte Formulierungen möglichst zu vermeiden. Leider zeigt die Praxis, dass gerade Banken bei Treuhandaufträgen die gegenständlichen und exakten Formulierungen vermeiden, sondern darauf abstellen, ob die Eintragung z.B. des Grundpfandrechts **„gewährleistet"** oder **„sichergestellt"** ist. Derartige Formulierungen sind schon deshalb problematisch, weil es dem Notar gem. § 14 Abs. 4 S. 1 BNotO verboten ist, Gewährleistungen zu übernehmen.[255] Der Notar sollte i.d.R. darauf hinwirken, dass ausdrücklich klargestellt wird, was unter „Sicherstellung" zu verstehen ist. Zwischenzeitlich ist jedoch davon auszugehen, dass gerade bei diesen Begriffen akzeptable „Kompromisse" zwischen den Wünschen der Notare und den Bedürfnissen der Kreditwirtschaft gefunden worden sind, die zu einer ausreichenden Konkretisierung geführt haben. Dies wird unten im Einzelnen dargestellt (ausführlich dazu vgl. Rdn 130 ff.). 86

Geradezu „gefährlich" sind **Auszahlungsvoraussetzungen (insbesondere tatsächlicher Art), die der Notar nur eingeschränkt überprüfen kann**.[256] Der Notar sollte sich immer vor Augen halten, wie leicht er sich irren oder getäuscht werden kann, wenn seine Beurteilung in Bereichen erforderlich ist, in denen er kein Fachmann ist. Äußerst problematisch ist auch, wenn die Auszahlung davon abhängig gemacht wird, dass der Bauleiter (wie soll der Notar beurteilen, wer Bauleiter ist?) einen bestimmten Bautenstand bestätigt. Das ist allenfalls zulässig, wenn dem Vertragspartner bewusst ist, dass der Bauleiter kein neutraler Dritter ist.[257] 87

Folgender Fall ereignete sich vor einigen Jahren in einer deutschen Großstadt: Ein Notar hatte sich verpflichtet, den Bautenstand eines Hauses festzustellen und dann die Auszahlungen vom Anderkonto vor-

249 So *Brambring*, DNotZ 1990, 615, 629; ähnlich Handbuch Notarhaftung/*Hertel*, Kap. 4 Rn 130 f.
250 Vgl. Beck'sches Notarhandbuch/*Trömer*, § 1 Rn 875; *Winkler*, § 57 Rn 77.
251 Vgl. Beck'sches Notarhandbuch/*Trömer*, § 1 Rn 876.
252 Vgl. Handbuch Notarhaftung/*Hertel*, Kap. 4 Rn 131.
253 Vgl. Handbuch Notarhaftung/*Hertel*, Kap. 4 Rn 132.
254 Vgl. statt vieler: Weingärtner/*Ulrich*, DONot § 10 Rn 43; Handbuch Notarhaftung/*Hertel*, Kap. 4 Rn 133.
255 Vgl. *Blaeschke*, § 14 Rn 62; Weingärtner/*Ulrich*, DONot § 10 Rn 54.
256 Vgl. *Weingärtner*, Verwahrungsgeschäft, Rn 86 f.; Weingärtner/Löffler/Ulrich/*Weingärtner*, Fehler, Rn 448; Weingärtner/*Ulrich*, DONot § 10 Rn 46; *Blaeschke*, § 14 Rn 60 f.; Handbuch Notarhaftung/*Hertel*, Kap. 4 Rn 135 ff.; Kersten/Bühling/*Zimmermann*, § 9 Rn 6.
257 BGH v. 10.7.2008 – III ZR 292/07, DNotZ 2009, 45 ff. = NotBZ 2008, 391 f. mit Anm. *Suppliet*.

zunehmen. Arglistig zeigte ihm der Verkäufer ein anderes Haus in der gleichen Straße, nachdem vorher die Schilder mit den Hausnummern ausgewechselt worden waren. Fahrlässigkeit des Notars lässt sich nicht in Abrede stellen. Dennoch ist es ein Fehler, der vielen Notaren in derselben Situation unterlaufen wäre. Hätte der Notar die Feststellungen nicht selbst getroffen, sondern auf ein Sachverständigengutachten oder die Bestätigung des Käufers über das Erreichen eines bestimmten Bautenstandes abgestellt, wäre ihm die Haftung mit hoher Wahrscheinlichkeit erspart geblieben. In einem vom BGH[258] entschiedenen Fall hatte der Notar die Pflicht übernommen, das Vorliegen der Baugenehmigung als Voraussetzung der Fälligkeit zu prüfen. Die vom Bauträger präsentierte Baugenehmigung betraf nicht das Kaufobjekt. Der Notar bemerkte dies nicht. Zu Recht hat der BGH Fahrlässigkeit angenommen. Eine andere Vertragsgestaltung hätte dem Notar auch hier die Haftung erspart: Das Vorliegen der Baugenehmigung sollte der Notar nicht als eigene Prüfungspflicht übernehmen.

88 Regelmäßig sind aus dem Kaufpreis zunächst eingetragene Grundpfandrechtsgläubiger abzulösen; nur der verbleibende Restkaufpreis steht dem Verkäufer zu. Auseinandersetzungen über die Höhe der Ablöseforderungen im Verhältnis zwischen Verkäufer und Gläubiger sollten die Vertragsabwicklung nicht belasten. Daher empfiehlt sich folgende Klarstellung in der Verwahrungsanweisung:

„Zu einer Überprüfung der Ablöseforderungen ist der Notar nicht verpflichtet."[259]

Dies gilt zumindest, soweit Kreditinstitute Gläubiger sind. Auch empfiehlt sich der Zusatz, dass Streitigkeiten zwischen dem Verkäufer und der Bank zu klären sind. Bei Privatgläubigern sind ggf. einzelfallbezogene Lösungen zu suchen. Bei Privatpersonen sollte möglichst vor Beurkundung geklärt werden, welche Forderungen sie voraussichtlich geltend machen werden.[260] Vor allem bei Kreditinstituten besteht keine allgemeine Pflicht, dem Verkäufer die Auflagen des eingetragenen Gläubigers mitzuteilen. Nur wenn sich aus den Umständen tatsächliche Hinweise ergeben, dass die Ablöseforderung höher ist als vom Verkäufer erwartet, kann die Unterrichtung des Verkäufers zur Amtspflicht werden (vgl. auch Rdn 130).[261]

i) Rückzahlung

89 Das Gesetz verlangt nicht, **Regelungen über die Rückerstattung für den Fall der Nichtabwicklung** des Vertrages in die Verwahrungsvereinbarung aufzunehmen. Das ist sachgerecht: Die Umstände, die zum Nichteintritt der Auszahlungsvoraussetzungen führen, können so vielgestaltig sein, dass es kaum möglich ist, praktikable und alle Situationen erfassende Formulierungen für die Verwahrungsvereinbarung zu finden.[262] Zu Recht wird daher empfohlen, die vertraglichen Vereinbarungen auf den Fall der ordnungsgemäßen Durchführung zu beschränken und im Übrigen bei Abwicklungsstörungen, soweit erforderlich, eine neue Vereinbarung der Beteiligten herbeizuführen. Notfalls müssen die Gerichte entscheiden.[263]

90 Vereinbarungen für den Fall des Nichteintritts der Auszahlungsbedingungen empfehlen sich dann, wenn die Durchführung des Vertrages aus ganz konkreten, schon bei Beurkundung erkennbaren Gründen unsicher erscheint.[264] Das kann der Fall sein, weil Unsicherheit über die Erteilung bestimmter Genehmigungen besteht oder weil sich einer oder beide Beteiligten vertragliche Rücktrittsrechte vorbehalten haben.[265] In solchen Fällen sollte jedoch zunächst besonders sorgfältig geprüft werden, ob nicht eine Vertragsabwicklung ohne Anderkonto möglich ist oder die Verwahrung erst dann erfolgen kann, wenn das „Unsicherheitsmoment" geklärt ist.[266] In seltenen Ausnahmefällen können sich Vereinbarungen zur

258 V. 11.7.2002 – IX ZR 68/01, DNotZ 2002, 716 ff. mit Anm. *Basty*.
259 Ausf. zur Rolle des Notars im Zusammenhang mit der Ablösung von Grundpfandrechtsgläubigern: *Heinemann*, NotBZ 2006, 109, 114 f.
260 Vgl. dazu Beck'sches Notarhandbuch/*Trömer*, § 1 Rn 859; vgl. Frenz/Miermeister/*Hertel*, BeurkG § 57 Rn 44: schlägt Widerspruchsrecht des Verkäufers gegen Höhe des verlangten Ablösebetrages vor Annahme des Treuhandauftrags durch Notar vor.
261 Wohl strenger *Schilling*, ZNotP 2004, 138, 142; vgl. auch Grziwotz/Sauer/Heinemann/*Grziwotz*, § 57 Rn 32.
262 Vgl. *Reithmann*, WM 2002, 683, 685; *Franken*, RNotZ 2010, 596, 608; ähnlich Haug/Zimmermann/*Zimmermann*, Rn 710.
263 Vgl. *Brambring*, DNotZ 1990, 615, 631; vgl. auch Beck'sches Notarhandbuch/*Trömer*, § 1 Rn 879.
264 Vgl. *Weingärtner*, Verwahrungsgeschäft, Rn 83; Würzburger Notarhandbuch/*Hertel*, Teil 2 Kap. 2 Rn 737; Handbuch Notarhaftung/*Hertel*, Kap. 4 Rn 138 ff.
265 Vgl. *Winkler*, § 57 Rn 80.
266 Vgl. Beck'sches Notarhandbuch/*Trömer*, § 1 Rn 879; *Franken*, RNotZ 2010, 596, 608.

Rückzahlung sogar zu einer Amtspflicht verdichten.[267] Werden Vereinbarungen zur Rückzahlung getroffen, müssen diese mit der gleichen Sorgfalt und unter Berücksichtigung der Sicherungsinteressen der Beteiligten ausgearbeitet werden wie die sonstigen Einzahlungs- und Auszahlungsvoraussetzungen.[268]

III. Annahme von Verwahrungsantrag und Verwahrungsanweisung (Abs. 2 Nr. 3)

§ 57 Abs. 2 Nr. 3 BeurkG regelt im Grundsatz eine **Selbstverständlichkeit**. Da der Notar nicht verpflichtet ist, Gelder zu verwahren, muss er Verwahrungsantrag und Verwahrungsanweisung angenommen haben, bevor er Geld zur Verwahrung entgegennimmt. Treuhandgelder soll der Notar nicht verwahren, ohne dass die Bedingungen der Verwahrung geregelt sind. 91

Soweit die Verwahrungsanweisung Gegenstand einer notariellen **Niederschrift** (§§ 8, 36 BeurkG) ist, wird die **Annahme** bereits in der Urkunde – regelmäßig **konkludent** – erklärt. Im Übrigen ist die Annahme gem. Abs. 5 (vgl. Rdn 108 ff.) auf der Verwahrungsanweisung mit Datum und Unterschrift zu vermerken (Dokumentationspflicht). 92

Verwahrungsantrag und -anweisung müssen dem Notar vorliegen, bevor er Geld entgegennimmt.[269] Dennoch zeigt die Praxis, dass **bei Notaren immer wieder Einzahlungen** – z.B. auf dem Geschäftskonto – **eingehen**, obwohl noch **keine oder nur eine unzureichende oder nicht schriftliche Verwahrungsanweisung** vorliegt. Grundsätzlich ist der Notar verpflichtet, solche Gelder unverzüglich zurückzuüberweisen. Nur wenn er damit rechnen kann, dass ihm in Kürze Verwahrungsantrag und -anweisung in wirksamer Form zugehen, kann er die Rücküberweisung zunächst unterlassen. Er muss sich dann aber aktiv darum bemühen, schnellstmöglich die näheren Bedingungen der Verwahrung zu klären und eine schriftliche Verwahrungsanweisung zu erhalten.[270] Gelingt das nicht, hat er den hinterlegten Betrag ohne weiteres Zögern zurückzuüberweisen, sofern nicht gute Gründe für die Annahme bestehen, dass damit schutzwürdige Interessen Dritter verletzt werden. Erfolgt keine kurzfristige Rücküberweisung, darf das Geld nicht auf dem Geschäftskonto verbleiben. Der Notar muss es auf einem Anderkonto hinterlegen.[271] Für eine Verwahrung, die ohne wirksame Verwahrungsanweisung durchgeführt wird, sollen die §§ 58 ff. BeurkG entsprechend gelten.[272] 93

IV. Prüfungspflicht des Notars (Abs. 3)

Verwahrungsgeschäfte darf der Notar nach Abs. 3 nur tätigen, wenn die Verwahrungsanweisung den „Bedürfnissen einer ordnungsgemäßen Geschäftsabwicklung", sowie eines „ordnungsgemäßen Vollzugs der Verwahrung" und dem „Sicherungsinteresse aller ... beteiligten Personen" dient. Diese Aspekte stehen als Voraussetzungen nicht isoliert nebeneinander, sondern „überschneiden" sich vielfältig. Das gilt auch für das Verhältnis zu den in Abs. 2 formulierten Voraussetzungen für die Entgegennahme von Geld. So ist das „berechtigte Sicherungsinteresse der am Verwahrungsgeschäft beteiligten Personen" bereits oben (vgl. Rdn 7 ff.) Gegenstand der Ausführungen zu Abs. 2 Nr. 1 gewesen. Bei Abs. 2 Nr. 1 geht es allein um die Frage, ob überhaupt ein Interesse an der Einrichtung eines Anderkontos besteht. Abs. 3 legt dem Notar jedoch, insoweit weitergehend als Abs. 2, auch eine Pflicht zur **umfassenden inhaltlichen Prüfung der Verwahrungsanweisung** auf. Das Sicherungsinteresse **aller** am Verwahrungsgeschäft Beteiligten muss gewährleistet sein.[273] Sieht eine Verwahrungsanweisung beispielsweise vor, dass Zahlungen an den Verkäufer zu einem Zeitpunkt erfolgen sollen, zu dem die Ablösung aller eingetragenen Gläubiger noch nicht geklärt ist, so können die Voraussetzungen des Abs. 2 durchaus erfüllt sein. Dennoch darf der Notar die Verwahrungsanweisung nicht annehmen, da eine solche Vertragsgestaltung weder der ordnungsgemäßen Geschäftsabwicklung noch dem ordnungsgemäßen Vollzug dient. Den Sicherungsinteressen des Auftraggebers genügt es regelmäßig nicht, wenn die 94

267 So Handbuch Notarhaftung/*Hertel*, Kap. 4 Rn 138.
268 Vgl. dazu Würzburger Notarhandbuch/*Hertel*, Teil 2 Kap. 2 Rn 737; Handbuch Notarhaftung/*Hertel*, Kap. 4 Rn 141.
269 Vgl. *Blaeschke*, § 14 Rn 15.
270 OLG Celle v. 7.6.1999 – Not 10/98, MittRhNotK 1999, 355; vgl. auch *Winkler*, § 57 Rn 82.
271 Vgl. *Weingärtner*, Verwahrungsgeschäft, Rn 60.
272 So wohl BayObLG v. 14.8.2003 – 1Z BR 46/03, DNotZ 2004, 193 f.
273 Vgl. *Weingärtner*, Verwahrungsgeschäft, Rn 96.

Auszahlung vom Anderkonto von einer Bautenstandsbestätigung durch einen nicht neutralen Bauleiter abhängig gemacht wird (vgl. oben Rdn 87).[274]

95 Zu Recht wird Abs. 3 als Konkretisierung bzw. Parallelnorm zu § 17 BeurkG verstanden.[275] Daraus ergibt sich deshalb die Verantwortung des Notars, auf eine Änderung einer ihm erteilten Verwahrungsanweisung zu drängen, wenn diese den genannten Voraussetzungen nicht genügt. Auch wenn der Notar die Verwahrungsanweisung nicht selbst entworfen hat, darf er sie nämlich nur annehmen, wenn die Voraussetzungen des Abs. 2 bis 4 erfüllt sind. In einigen Fällen wird es genügen, wenn der Notar auf die Risiken der von den Beteiligten gewünschten Gestaltung hinweist und Wege zu ihrer Vermeidung aufzeigt.[276] In anderen Fällen ist der Notar nicht nur berechtigt, sondern sogar verpflichtet, die Verwahrungstätigkeit abzulehnen.[277]

D. Schriftform von Verwahrungsanweisung, Änderung, Ergänzung und Widerruf (Abs. 4)

96 Das BeurkG verlangt für die Verwahrungsanweisung die **Schriftform**. Diese reicht jedoch nicht immer aus, soweit das Gesetz eine Beurkundung der Verwahrungsvereinbarung vorsieht. Ob die Beurkundungsbedürftigkeit sich auf die nachträgliche Änderung oder Vereinbarung einer Verwahrungsvereinbarung bezieht, ist ebenso klärungsbedürftig (dazu Rdn 97 ff.) wie die Frage, wann die Schriftform eingehalten ist (dazu Rdn 102 ff.).

I. Beurkundungsbedürftigkeit der Verwahrungsvereinbarung

97 Bei **Grundstücksübertragungen** (vgl. **§ 311b Abs. 1 S. 1 BGB**) oder bei der Abtretung von Geschäftsanteilen (vgl. § 15 Abs. 4 GmbHG) ist die **Verwahrungsvereinbarung zu beurkunden**. In der Vertragsurkunde darf man sich nicht auf die Formulierung beschränken, dass die Zahlungsabwicklung über Notaranderkonto erfolgen soll. Die vollständigen Verwahrungsbedingungen gehören zu den essentiellen Bestandteilen des Kaufvertrages.[278]

98 Fraglich ist, ob eine Nachtragsbeurkundung geboten ist, wenn sich **nach Beurkundung eines Kaufvertrages ein Anpassungs- oder Ergänzungsbedarf** ergibt. Dies kann in zwei Konstellationen der Fall sein: Zum einen, wenn schon der Kaufvertrag eine Verwahrungsvereinbarung erhält, sich jedoch im Nachhinein ein Änderungsbedürfnis ergibt. Zum anderen, wenn der Kaufvertrag eine Direktzahlung des Kaufpreises vorsieht, später eintretende Umstände jedoch dazu führen, dass die Einrichtung eines Anderkontos verlangt wird.

99 Die Antwort kann nur auf der Grundlage der allgemeinen von der Rspr. zu nachträglichen Änderungen entwickelten Grundsätze gegeben werden. Danach sind **nachträgliche Änderungen bei Grundstücksübertragungen in einigen Fällen formfrei** möglich:[279]

100 – Vereinbarungen, die die Veräußerungs- oder Erwerbspflicht weder mittelbar noch unmittelbar verschärfen bzw. verändern, sind formfrei möglich. Als Beispiel wird regelmäßig nur die Fristverlängerung bei einem vertraglichen Rücktrittsrecht genannt.

– Nach ganz allgemeiner Meinung lässt der Schutzzweck des § 311b Abs. 1 S. 1 BGB (Übereilungsschutz, Beratung, Beweissicherheit) solche Änderungen formfrei zu, die sich lediglich auf die Behebung von Abwicklungsproblemen des Vertrages beziehen und durch die der Inhalt der Leistungspflichten im Wesentlichen nicht berührt wird.[280] Zu Recht wird jedoch betont, dass diese Ausnahme restriktiv zu handhaben ist.[281] Die Abgrenzung im Einzelfall ist schwierig, wenn nicht unmöglich.[282] Eine nicht geringfügige Änderung der Leistungspflichten soll bereits vorliegen, wenn

274 BGH v. 10.7.2008 – III ZR 292/07, DNotZ 2009, 45 ff. = NotBZ 2008, 391 f. mit Anm. *Suppliet*; *Lerch*, Vor § 54a Rn 26.

275 So Frenz/Miermeister/*Hertel*, BeurkG § 57 Rn 42.

276 Vgl. Frenz/Miermeister/*Hertel*, BeurkG § 57 Rn 42.

277 Vgl. *Winkler*, § 57 Rn 83 ff.; Grziwotz/Sauer/Heinemann/*Grziwotz*, § 57 Rn 36.

278 So zu Recht *Kawohl*, Notaranderkonto, Rn 31; a.A. wohl *Lerch*, vor § 54a Rn 29.

279 Vgl. z.B. Grüneberg/*Grüneberg*, § 311b Rn 42 ff.; *Schmidt-Troschke*, NotBZ 2002, 157, 158 f.; *Winkler*, § 57 Rn 55 ff.

280 Vgl. BGH v. 4.5.2001 – VII ZR 119/99, DNotZ 2001, 798 f. mit Anm. *Kanzleiter*.

281 Vgl. *Kawohl*, Notaranderkonto, Rn 32; Grüneberg/*Grüneberg*, § 311b Rn 43.

282 Vgl. *Kanzleiter*, DNotZ 2001, 800, 801.

Änderungen der Zahlungsmodalitäten vereinbart werden[283] oder von der gesetzlichen oder vertraglichen Regelung abweichende Vereinbarungen zur Verteilung der Verwahrungszinsen oder zur Kostentragung der Verwahrung getroffen werden.[284] Auch die nachträgliche Vereinbarung, dass die Eigentumsumschreibung nunmehr vor der vollständigen Kaufpreiszahlung erfolgen soll, ist beurkundungsbedürftig.[285] Kurzfristige Stundungen sind dagegen formfrei möglich.[286] In der Praxis hat man es oft mit Stundungen zu tun: So können die Auflagen der kaufpreisfinanzierenden Banken dazu führen, dass sich die vertragsgemäße Einzahlung auf das Anderkonto verzögert oder keine Auszahlung an den Verkäufer möglich ist. Ist der Verkäufer damit einverstanden, stundet er mittelbar den Kaufpreis. Einer Nachtragsbeurkundung bedarf es hier – wenigstens bei kleinen Verzögerungen – regelmäßig nicht.[287] Anders sieht es dagegen aus, wenn der beurkundete Kaufvertrag keine Anderkontenabwicklung vorsieht, diese jedoch später zwischen den Parteien – z.B. auf Drängen einer finanzierenden Bank (vgl. aber Rdn 18 a.E.) – vereinbart wird. Zwar geht es auch in diesem Fall um die Behebung von Abwicklungsproblemen, aber es liegt doch regelmäßig eine wesentliche und damit beurkundungsbedürftige Änderung der Vereinbarungen vor. Wenn bereits in Fällen, in denen die Anderkontenabwicklung von Anfang an vorgesehen war, die spätere Änderung der Kostentragungsregel oder der Verteilung der Verwahrungszinsen beurkundungsbedürftig ist, kann die erst nachträglich erfolgende Vereinbarung der Abwicklung über Notaranderkonto (in der diese Punkte im Zweifel erstmalig geregelt werden müssen) nicht formlos erfolgen. Die Vertragsabwicklung über Notaranderkonto hat eine völlig andere Qualität als die direkte Zahlung vom Käufer an den Verkäufer. Darüber können sich die Beteiligten, sofern nicht der nachfolgend beschriebene Fall der erfolgten Auflassung vorliegt, nicht erst nach Beurkundung privatschriftlich verständigen.[288]

– Die h.M. geht davon aus, dass nach Beurkundung der Auflassung erfolgende Änderungen formfrei möglich sind.[289] Da – mit Ausnahme von Teilflächenverkäufen – in der notariellen Praxis regelmäßig die Auflassung bereits mit dem Kaufvertrag beurkundet und lediglich der Vollzug ausgesetzt wird, sind nachträgliche Vertragsergänzungen und Änderungen vielfach privatschriftlich möglich.[290] Zur Begründung trägt die h.M. vor, dass mit der Auflassung die Übereignungs- und Erwerbspflicht durch Erfüllung erloschen seien. Damit sei der Anwendungsbereich des § 311b Abs. 1 S. 1 BGB verlassen.[291] Überzeugend ist das nicht. Die Mitbeurkundung der Auflassung im Kaufvertrag erfolgt aus Praktikabilitäts- und Kostengründen. Zumindest solange die Umschreibung „gesperrt" ist, kann von einer „Erfüllung" nicht die Rede sein. Vielleicht dogmatisch, nicht aber nach Sinn und Zweck, ist begründbar, warum beim Verkauf eines Gesamtgrundstücks („mit Auflassung") nachträgliche Änderungen praktisch immer formfrei möglich sein sollen, nicht dagegen beim Teilflächenverkauf („ohne Auflassung"), bei dem die Auflassung meist erst nach Vorliegen des Veränderungsnachweises erfolgt. Die h.M. ermöglicht es, dass die mit der Beurkundung verbundenen Schutzfunktionen unterlaufen werden können. Die juristisch versierte Vertragspartei kann grundlegende Vertragsänderungen nachträglich formfrei durchsetzen.[292] Auch führt die h.M. zu Zufallsergebnissen. Sie ist weder mit dem Wortlaut noch mit dem Schutzzweck des § 311b Abs. 1 S. 1 BGB zu begründen.[293] Richtig ist, dass Änderungen erst formfrei möglich sind, wenn der Umschreibungsantrag gestellt ist.[294]

Ist die Änderung der Verwahrungsvereinbarung beurkundungsbedürftig, so muss der Notar alles daransetzen, damit die Beteiligten einen Nachtrag beurkunden (vgl. dazu auch § 60 BeurkG Rdn 20 ff.). **101**

283 Vgl. *Lerch*, NJW 1998, 3697.
284 Vgl. *Kawohl*, Notaranderkonto, Rn 32; a.A. *Weingärtner*, Verwahrungsgeschäft, Rn 100.
285 So *Weingärtner*, Verwahrungsgeschäft, Rn 100; Schlüter/Knippenkötter/*Knippenkötter*, Rn 414 (jeweils unter Verweis auf eine ältere Entscheidung des LG Limburg).
286 Vgl. *Kawohl*, Notaranderkonto, Rn 33; für langfristige Stundungen besteht Formzwang: BGH v. 6.11.1981 – V ZR 138/80, NJW 1982, 434 f.
287 So auch *Kawohl*, Notaranderkonto, Rn 33.
288 Vgl. Frenz/Miermeister/*Hertel*, BeurkG § 57 Rn 32; a.A. *Kawohl*, Notaranderkonto, Rn 34.
289 Vgl. statt vieler: Frenz/Miermeister/*Hertel*, BeurkG § 57 Rn 32; *Winkler*, BeurkG, § 57 Rn 57; *Weingärtner*, Verwahrungsgeschäft, Rn 102.
290 Vgl. *Kawohl*, Notaranderkonto, Rn 35.
291 Vgl. *Winkler*, § 57 Rn 57; Grüneberg/*Grüneberg*, § 311b Rn 44; *Weingärtner*/Verwahrungsgeschäft, Rn 102.
292 Vgl. *Schmidt-Troschke*, NotBZ 2002, 157, 159.
293 Vgl. MüKo-BGB/*Ruhwedel*, § 311b Rn 67.
294 Vgl. z.B. *Schmidt-Troschke*, NotBZ 2002, 157, 159, vgl. dazu auch BGH v. 14.9.2018 – V ZR 213/17, DNotZ 2019, 183 ff. mit Anm. *Raff* = NJW 2018, 3532 ff. mit Anm. *Böttcher* = notar 2019, 56 mit krit. Anm. *Thebille*.

II. Bedeutung der Schriftlichkeit

102 In den Fällen, in denen die Schriftlichkeit für die Verwahrungsanweisung oder deren Änderung, Ergänzung oder Widerruf ausreicht, stellt sich die Frage, was unter Schriftlichkeit zu verstehen ist. § 126 Abs. 1 BGB verlangt zur Einhaltung der schriftlichen Form, dass die Urkunde von dem Aussteller „eigenhändig durch Namensunterschrift … unterzeichnet“ werden muss. § 126 BGB wurde jedoch bereits im Jahre 2001 um Abs. 3 ergänzt: „Die schriftliche Form kann durch die elektronische Form ersetzt werden, wenn sich nicht aus dem Gesetz ein anderes ergibt.“ Die elektronische Form wird in § 126a Abs. 1 BGB näher definiert. Sie ist nur gewahrt, wenn das elektronische Dokument mit einer qualifizierten elektronischen Signatur nach dem SignG versehen ist. Dies kann die Schriftform wenigstens teilweise ersetzen. Darüber hinaus kennt das BGB gem. § 126b BGB die sog. Textform. Sie tritt neben die Schriftform, ist aber in der Anwendung im Wesentlichen auf solche Fälle beschränkt, in denen es um die Information des Empfängers geht. Ein Dokument in Textform erfüllt daher keinesfalls automatisch die schriftliche Form.

103 Die §§ 126 ff. BGB haben jedoch keine zwingenden Auswirkungen auf die Auslegung von Abs. 4. Bei Abs. 4 handelt es sich **nicht um eine materielle Formvorschrift, sondern um eine solche des Verfahrensrechts**.[295] Es geht um öffentliches Recht, nicht um Zivilrecht.[296] Im öffentlichen Recht findet der zivilrechtliche § 126 BGB keine unmittelbare Anwendung.[297] Eine ihm nicht schriftlich erteilte Verwahrungsanweisung darf ein Notar nicht annehmen.[298]

104 Was unter Schriftform i.S.d. Abs. 4 zu verstehen ist, muss durch Auslegung unter Berücksichtigung des Normzwecks ermittelt werden. Das Schriftformerfordernis stellt niemals einen Selbstzweck dar.[299] Abs. 4 hat eine doppelte Funktion: Einerseits soll die Schriftform die inhaltlichen Anforderungen an die Verwahrungstätigkeit dokumentieren;[300] andererseits sollen Authentizität und Zurechenbarkeit der Erklärung gewährleistet bleiben.[301] Nur die Berücksichtigung beider Aspekte führt zu der erforderlichen Sicherheit und Klarheit im Verhältnis der am Verwahrungsgeschäft Beteiligten. Dies erleichtert die Dienstaufsicht und reduziert Manipulations- und Fälschungsgefahren. Ob das Schriftformerfordernis des Abs. 4 erfüllt ist, prüft der Notar nach hier vertretener Auffassung in einem **zweistufigen Verfahren**:

105 – Bei **Abs. 4** handelt es sich um eine **Regelung des Verfahrensrechts**.[302] Als solches ist es öffentlich-rechtlicher Natur. Der BGH[303] hat daher zurecht entschieden, dass die §§ 125, 126 BGB auf das Schriftformerfordernis des § 57 BeurkG nicht anzuwenden sind. Deshalb reicht **im Rahmen des § 57 BeurkG** die Wahrung der **„prozessualen Schriftform“** aus.[304] Für die Auslegung der Schriftlichkeit lassen sich daher die Grundsätze heranziehen, die die Rspr. für **bestimmende Schriftsätze in Prozessen** entwickelt hat.[305] Ausgangspunkt ist dabei noch immer die handschriftliche, d.h. eigenhändige Unterschriftsleistung.[306] Jedoch werden – unter Hinweis auf Sinn und Zweck des prozessualen Schriftlichkeitserfordernisses – seit langem in erheblichem Umfang Ausnahmen zugelassen. Angesichts der praktischen Bedeutungslosigkeit ist heute fast vergessen, dass schon das Reichsgericht die Übermittlung einer Rechtsmittelschrift aufgrund eines mittels Fernsprechers aufgegebenen Telegramms anerkannt hat.[307] Begründet wurde dies bereits im Jahre 1932 mit der Notwendigkeit, dass „sich die Rspr. auch den technischen Fortschritten anpassen“ müsse.[308] Die Gerichte sprechen selbst von Gewohnheitsrecht.[309] Was für Telegramme gilt, ist nach der Rspr. bei Fernschreiben und **Telefaxschreiben** nicht anders zu bewerten. Fristwahrende Schriftsätze können so übertragen wer-

295 So z.B. Frenz/Miermeister/*Hertel*, BeurkG § 57 Rn 34; Arndt/Lerch/Sandkühler/*Sandkühler*, § 23 Rn 77.
296 Vgl. *Heinemann*, ZNotP 2002, 104 f.
297 *Dästner*, NJW 2001, 3469; a.A. LG Schwerin v. 10.10.2001 – 4 T 5/01, NotBZ 2001, 471; a.A. wohl nunmehr auch Weingärtner/*Ulrich*, DONot vor § 21 NotAktVV Rn 29 ff.
298 BGH v. 24.7.2017 – NotSt (Brfg) 1/17, DNotZ 2018, 44, 47.
299 Vgl. BGH v. 5.4.2000 – GmS-OBG 1/98, NJW 2000, 2340, 2341.
300 Vgl. *Weimer*, DNotI-Rep. 1998, 222.
301 Vgl. *Mihm*, DNotI-Rep. 1998, 223.
302 Zur grds. Bedeutung und Unverzichtbarkeit der Schriftform: BGH v. 24.11.2014 – NotSt (Brfg) 6/14, DNotZ 2015, 224 ff.
303 V. 28.7.2005 – III ZR 416/04, DNotZ 2006, 56 f.
304 Vgl. *Winkler*, § 57 Rn 52; vgl. auch Haug/Zimmermann/*Zimmermann*, Rn 717; Weingärtner/Löffler/*Weingärtner*, Rn 435; Arndt/Lerch/Sandkühler/*Sandkühler*, § 23 Rn 83.
305 A.A. Weingärnter/*Ulrich*, NotAktVV vor § 21 Rn 29 ff.
306 Zur Unterschrift vgl. *Renner*, NotBZ 2003, 178 ff.
307 V. 28.11.1932 – IV b 4/32; RGZ 139, 45 ff.; vgl. auch RG v. 15.5.1936 – V 62/35, RGZ 151, 82, 83 ff.
308 RG v. 28.111982 – IV b 4/82, RGZ 139, 145, 147.
309 Vgl. BGH v. 9.3.1982 – 1 StR 817/81, NJW 1982, 1470.

den. Der Gemeinsame Senat der obersten Gerichtshöfe des Bundes hat im Jahre 2000 entschieden,[310] dass bestimmende Schriftsätze auch durch **elektronische Übertragung einer Textdatei mit eingescannter Unterschrift auf ein Faxgerät** des Gerichts fristgerecht eingereicht werden können. In der Beschlussbegründung wird auch nicht zusätzlich verlangt, dass ein handschriftlich unterschriebener Schriftsatz unverzüglich nachgereicht wird.[311] Die Grundidee dürfte folgende sein: Wenn ein technisches Medium sich durchgesetzt hat, aber ein „unterschreiben" im traditionellen Sinn nicht möglich ist, müssen Abstriche beim Schriftlichkeitserfordernis gemacht werden. Dem technischen Fortschritt wird der Vorrang eingeräumt.[312] „Strenger" erscheinen andere BGH-Entscheidungen: Ist die Unterschrift des Prozessbevollmächtigten auf einem Computerfax nicht eingescannt, sondern in Computerschrift beigefügt, so stellt das keine den Anforderungen des § 130 Nr. 6 Hs. 2 ZPO genügende Unterschrift unter der Berufungsbegründung dar.[313] Eine eingescannte Unterschrift des Prozessbevollmächtigten genügt den prozessualen Formerfordernissen nicht, wenn der Schriftsatz mithilfe eines normalen Faxgerätes und nicht unmittelbar aus dem Computer versandt wurde.[314] Untergerichtliche Entscheidungen lassen teilweise unterschiedliche Tendenzen erkennen.[315] Mit § 54a Abs. 4 a.F. BeurkG war dabei lediglich das LG Schwerin[316] befasst: Es war der Auffassung, dass eine mit Faksimile unterzeichnete Verwahrungsanweisung den Anforderungen des § 54a a.F. BeurkG nicht entspricht. Widersprüche in der Rspr. sind übrigens nicht zu verkennen. Das BVerfG hielt es für mit Art. 3 Abs. 1 und Art. 2. Abs. 1 GG vereinbar, dass bei der elektronischen Übermittlung eines verfahrensbestimmenden Schriftsatzes eine gescannte Unterschrift genügt, bei der traditionellen Übergabe eines Briefs jedoch nur eine Originalunterschrift und kein Faksimile.[317] Dokumente in elektronischer Form (§ 126a Abs. 1 BGB) und in Textform (§ 126b BGB) genügen übrigens den verfahrensrechtlichen Anforderungen an die Schriftform, spätestens sobald der Notar das Dokument ausdruckt. Jedenfalls hat der BGH den Ausdruck eines verfahrensleitenden Schriftsatzes genügen lassen, bei dem ein PDF des unterschriebenen Schriftstücks der einfachen E-Mail beigefügt war.[318] Auch das OLG Naumburg[319] lässt bspw. **übereinstimmende E-Mail-Anweisungen** zur Änderung einer gemeinsamen Verwahranweisung genügen, weil der Normzweck der Dokumentation und Urheberschaft gewahrt ist.[320]

– In einem zweiten Schritt hat der Notar zu prüfen, ob das verfahrensrechtlichen Erfordernissen genügende **Schriftstück auch tatsächlich vom Anweisenden** oder seinem Bevollmächtigten[321] stammt Auf dieser Prüfungsebene gewinnt der Aspekt der „Eigenhändigkeit" an Bedeutung. Der Notar darf sich nicht einfach auf eine E-Mail oder eine eingescannte Unterschrift verlassen. Die meisten genannten Gerichtsentscheidungen bezogen sich auf Prozesshandlungen. Manipulierte Schriftsätze sind in Prozessen kaum vorstellbar; sie bleiben auch nicht lange „unentdeckt". Eine gefälschte Verwahrungsanweisung kann dagegen sehr schnell zu gewaltigen Schäden führen. Dies bedeutet: Je „schwächer" die Schriftform, umso mehr Vorsicht muss der Notar walten lassen. Der Notar ist z.B. bei einem Telefax i.d.R. gut beraten, **sich das eigenhändig unterschriebene Original nachreichen zu lassen**, um Manipulationsrisiken zu reduzieren:[322] Gerade bei Telefaxen sind Unterschriften leicht zu fälschen. Den Notar treffen Nachforschungspflichten, wenn er auch nur geringste Zweifel an der Authentizität und Zurechenbarkeit des Treuhandauftrags hat.[323] Die Umstände des Einzelfalls spielen

310 BGH v. 5.4.2000 – GmS-OBG 1/98, NJW 2000, 2340 f.; vgl. auch BGH v. 10.10.2000 – XI ZR 367/97, NJW 2001, 831 f.

311 So aber LG Berlin v. 5.5.2000 – 18 O 205/00, NJW 2000, 3291 f.

312 Vgl. OLG Hamm v. 4.4.2016 – 14 UF 204/15, NJW 2016, 1896.

313 So BGH v. 10.5.2005 – XI ZR 128/04, NJW 2005, 2086 ff.; vgl. auch BGH v. 15.7.2008 – X ZB 8/08 NJW 2008, 2649 ff.

314 So BGH v. 10.10.2006 – XI ZB 40/05, NJW 2006, 3784 ff.

315 Vgl. LG Wiesbaden v. 16.5.2001 – 5 S 72/00; NJW 2001, 3636 f.; OLG München v. 11.9.2003 – 2 Ws 880/03, NJW 2003, 3429 f.; OLG Braunschweig v. 26.2.2004 – 1 U 42/03, NJW 2004, 2024 ff.; LG Köln v. 9.9.2004 – 6 S 183/04, NJW 2005, 79 f.

316 V. 19.10.2001 – 4 T 5/01, NotBZ 2001, 471; krit. auch *Heinemann*, ZNotP 2002, 104 ff.

317 V. 18.4.2007 – 1 BvR 110/07, NJW 2007, 3117 f.; krit. dagegen *Düwell*, NJW 2000, 3334.

318 BGH v. 8.5 2019 – XII ZB 8/19, NJW 2019, 2096.

319 OLG Naumburg v. 13.10.2021 – 5 U 78/21 (unveröffentlicht).

320 A.A. Frenz/Miermeister/*Hertel*, § 57 BeurkG Rn 34b.

321 Vgl. dazu Haug/Zimmermann/*Zimmermann*, Rn 717 f. (das Schriftformerfordernis soll insoweit verzichtbar sein).

322 So auch Weingärtner/*Ulrich*, NotAktVV vor § 10 Rn 33; Frenz/Miermeister/*Hertel*, BeurkG § 57 Rn 34; Arndt/Lerch/Sandkühler/*Sandkühler*, § 23 Rn 83; *Kersten*, ZNotP 2003, 334, 340; kritisch dazu Grziwotz/Sauer/Heinemann/*Grziwotz*, § 57 Rn 26.

323 So auch *Heinemann*, ZNotP 2002, 104, 105 f.

dabei eine große Rolle. Beispiel: Erreicht die Verwahrungsanweisung einer Bank den Notar auf dem Postweg und stellt der Notar sodann fest, dass diese in einzelnen Punkten ergänzungs- oder änderungsbedürftig ist, so wird er oft versuchen, kurzfristig telefonisch die erforderliche Änderung zu bewirken. Wenn der Anweisende nunmehr seinen Treuhandauftrag abändert und diese Änderung unter Bezugnahme auf den schriftlich erteilten Treuhandauftrag und das geführte Telefonat per E-Mail an den Notar sendet, bestehen keine Bedenken, den in der Akte befindlichen Ausdruck der E-Mail des Kreditinstituts als ausreichend anzuerkennen. Die Wirksamkeit des Treuhandauftrags einer Bank, der den Notar mit faksimilierter Unterschrift erreicht, muss er ebenfalls im Regelfall nicht anzweifeln.[324] *Weingärtner*[325] meint allerdings, dass der Notar berücksichtigen muss, dass wirksame Erklärungen von Kreditinstituten regelmäßig zwei Unterschriften aufweisen müssen. Der dem BGH Jahre 2005[326] vorliegende Fall, war im Ausgangspunkt völlig anders: Der Notar war durch ein nicht unterzeichnetes Fax aus der Dominikanischen Republik angewiesen worden, den Verkaufserlös auf das Konto eines Dritten in Florida zu überweisen. Der Tatrichter der Vorinstanz hatte diese Anweisung wohl für authentisch gehalten und den Beweis dafür als erbracht angesehen.

106 Die Frage nach der Schriftlichkeit sollte nicht überbewertet werden. Sie hat vorrangig dienstaufsichtsrechtliche Bedeutung. Eine **rein mündlich erteilte Anweisung** ist nicht unbeachtlich, da die Schriftlichkeit keine Wirksamkeitsvoraussetzung ist. Der Notar muss allerdings auf schriftliche Erteilung drängen und den Antrag gegebenenfalls zurückweisen[327] und auch eingezahlte Gelder zurücküberweisen.[328] Der Notar darf eine mündliche Anweisung beachten.[329] Ihn trifft allerdings die volle Beweislast für die Rechtmäßigkeit seines Verhaltens, wenn er sich nicht auf eine schriftliche Anweisung beziehen kann.[330]

107 Zusammenfassend bedeutet dies: Der Begriff Schriftform ist zunächst verfahrensrechtlich und damit weit auszulegen. Auch per Fax oder E-Mail zugegangene Erklärungen sind schriftlich i.S.v. § 57 Abs. 4 BeurkG.[331] Keinesfalls genügt der Notar jedoch seinen Amtspflichten, wenn er jede ihm per Fax oder E-Mail zugegangene Erklärung unmittelbar anerkennt und ausreichen lässt. Es ist Aufgabe des Notars, für ein Höchstmaß an Rechtssicherheit zu sorgen und Erklärungen nur dann anzuerkennen, wenn sie mit höchster Wahrscheinlichkeit vom angegebenen Absender stammen. Im Zweifel sollte der Notar darauf drängen, dass die Beteiligten ihm die Weisung unterschrieben im Original, per Brief oder Telefax, nachreichen.[332] Dabei spielt die „Eigenhändigkeit" der Erklärung eine maßgebliche Rolle. Das Schriftformerfordernis betrifft natürlich nicht nur die erste Erteilung einer Verwahrungsanweisung, sondern auch spätere Änderungen.[333]

E. Annahme von Verwahrungsantrag und Verwahrungsanweisung (Abs. 5)

108 Meist ist die Verwahrungsanweisung in einer beurkundeten Niederschrift enthalten – dann bedarf es keiner schriftlichen Annahme, da diese konkludent mit der Beurkundung erfolgt. In anderen Fällen hat der Notar die **Annahme mit Datum und Unterschrift auf der Anweisung zu vermerken** (Abs. 5). In der Praxis geht es dabei fast ausschließlich um Treuhandaufträge von Banken (vgl. Abs. 6). Der Vermerk bringt zum Ausdruck, dass der Notar die Verwahrungsanweisung geprüft und inhaltlich bestätigt hat. Bei Änderungen und Ergänzungen ist in gleicher Weise zu verfahren.

324 So auch *Heinemann*, ZNotP 2002, 104, 106.
325 *Weingärtner*, Verwahrungsgeschäft, Rn 99b.
326 V. 28.7.2005 – III ZR 416/04, DNotZ 2006, 56 f.; vgl. auch *Ganter*, ZNotP 2006, 42, 45.
327 Vgl. Arndt/Lerch/Sandkühler/*Sandkühler*, § 23 Rn 77; *Winkler*, § 57 Rn 52; *Weingärtner*, Verwahrungsgeschäft, Rn 97; OLG Jena v. 28.4.2010 – 8 U 478/09, BeckRS 2010, 10970; wohl weniger streng: Haug/Zimmermann/*Zimmermann*, Rn 717; *Franken*, RNotZ 2010, 597, 603.
328 BGH v. 24.7.2017 – NotSt (Brfg) 1/17, DNotZ 2018, 44, 47; vgl. auch *Pelikan*, notar 2015, 153, 158; *Genske*, notar 2018, 175, 184.
329 BGH v. 24.11.2015 – NotSt (Brfg) 6/14; DNotZ 2015, 224 ff.; v. 28.7.2005 – III ZR 416/04, DNotZ 2006, 56 f.
330 BGH v. 28.7.2005 – III ZR 416/04, DNotZ 2006, 56 f., ebenso Weingärtner/*Ulrich*, NotAktVV vor § 21 Rn 39; Grziwotz/Sauer/Heinemann/*Grziwotz*, § 57 Rn 27; Arndt/Lerch/Sandkühler/*Sandkühler*, § 23 Rn 83.
331 Vgl. auch BeckOK BeurkG/*Kämper*, 6. Ed. 1.5.2021, BeurkG § 57 Rn 89 f.; Frenz/Miermeister/*Hertel*, § 57 Rn 34; *Munzig*, MittBayNot 1999, 51, 52; Haug/Zimmermann/*Zimmermann*, Rn 717; a.A. bei E-Mail: *Krauß*, Immobilienkaufverträge, Rn 2396.
332 Frenz/Miermeister/*Hertel*, § 57 Rn 34a f.
333 So ausdrücklich BGH v. 24.11.2014 – NotSt (Brfg) 6/14, DNotZ 2015, 224 ff.

Die Annahme darf nach dem Wortlaut des Gesetzes **nicht in getrennter Erklärung** in die Akte aufgenommen werden, sondern muss grundsätzlich **auf dem Original der Anweisung** erfolgen.[334] Der **Wortlaut** erscheint jedoch **zu eng**: Sinn und Zweck der Regelung liegen darin, dass die Annahme eindeutig und aktenkundig dokumentiert ist. Im Übrigen ist die Annahme ein Internum des Notars, dem keine unmittelbar rechtsgestaltende Bedeutung zukommt.[335] Es genügt daher, wenn der Notar die Annahmeerklärung oder das datierte und unterschriebene Annahmeschreiben im Original (vgl. § 41 Abs. 5 S. 2 NotAktVV) zur Nebenakte nimmt[336] oder sie je nach gewählter Form der Aktenführung in die elektronische Form überführt[337] (vgl. auch unten Rdn 133, § 41 NotAktVV Rdn 11). Für die Notarprüfung ist entscheidend, dass aus der Nebenakte die Annahme der Treuhandaufträge durch den Notar zweifelsfrei ersichtlich ist.[338] 109

Ein Eingangsstempel genügt, selbst wenn er unterschrieben oder abgezeichnet ist, nicht als Annahme. Er dokumentiert nur den Erhalt des Verwahrungsantrages, nicht jedoch die Annahme nach vorangegangener inhaltlicher Prüfung.[339] Der Annahmevermerk selbst kann jedoch knapp sein. Es genügt völlig, wenn der Notar am Ende der Verwahrungsanweisung vermerkt: „angenommen am … (Unterschrift) Notar“. Nach dem Wortlaut genügt kein Handzeichen, es bedarf der Unterschrift.[340] Im Hinblick auf den „internen“ Charakter der Annahme erscheint das nicht zwingend. Die Annahmeerklärung ist zur Nebenakte des Verwahrungsgeschäfts zu nehmen (§ 41 Abs. 2 Nr. 4 NotAktVV). 110

F. Treuhandaufträge dritter Personen (Abs. 6)

Bei einem Kaufvertrag mit Notaranderkonto sind Beteiligte der Verwahrungsvereinbarung Verkäufer und Käufer. Wenn Grundpfandrechte abzulösen sind und/oder der Erwerber den Kaufpreis über eine Bank finanziert, sind auch Kreditinstitute in die Vertragsabwicklung einbezogen. Die Gläubiger des Verkäufers übersenden dem Notar die Löschungsbewilligungen für die zu ihren Gunsten eingetragenen Grundpfandrechte „zu treuen Händen“. Auch die finanzierende Bank überweist den Kaufpreis „treuhänderisch“. Beide machen dem Notar Auflagen für die Verwendung der übersandten Löschungsunterlagen bzw. überwiesenen Geldmittel. Man spricht von Treuhandaufträgen der Banken an den Notar, wobei es sich natürlich um kein privatrechtliches Rechtsverhältnis, sondern um notarielle Amtstätigkeit handelt.[341] Die Banken sind die „nicht Beteiligten“, für die nach Abs. 6 die Absätze 3 bis 5 entsprechend gelten. 111

Fragen, die sich aus „Treuhandaufträgen Dritter“ ergeben können, betreffen in der Praxis vielfach nicht nur Vertragsabwicklungen mit Notaranderkonto, denn Treuhandaufträge von Banken gibt es regelmäßig auch bei Kaufverträgen mit Direktzahlung. Die Probleme sind oft dieselben.

I. Materielle Voraussetzungen der Annahme des Treuhandauftrags (Verweis auf Abs. 3)

1. Grundsätze

Der Notar hat den Treuhandauftrag vor seiner Annahme zu prüfen. Dieser muss einer ordnungsgemäßen Geschäftsabwicklung, einem ordnungsgemäßen Vollzug der Verwahrung und dem Sicherungsinteresse aller beteiligten Personen genügen.[342] Probleme ergeben sich insbesondere dann, wenn sich – wie in der Praxis häufig[343] – die Verwahrungsvereinbarung einerseits und der Treuhandauftrag des Dritten andererseits widersprechen und ihre gleichzeitige Beachtung ausgeschlossen ist. In solchen Fällen **kollidierender Verwahrungsanweisungen** darf der Notar den Treuhandauftrag weder annehmen noch i.d.R. einfach kommentarlos zurückweisen, sondern er muss sich aktiv um seine Abänderung bemühen.[344] 112

334 Vgl. *Blaeschke*, § 14 Rn 50; Grziwotz/Sauer/Heinemann/*Grziwotz*, § 57 Rn 45.
335 So *Blaeschke*, § 14 Rn 50.
336 So wohl auch *Winkler*, § 57 Rn 94, 60; Würzburger Notarhandbuch/*Hertel*, Teil 2 Kap. 2, Rn 725; strenger: *Weingärtner*, Verwahrungsgeschäft, Rn 298 f.; Grziwotz/Sauer/Heinemann/*Grziwotz*, § 57 Rn 45; anders im Ausgangspunkt *Blaeschke*, § 14 Rn 50.
337 Vgl. Weingärtner/*Ulrich*, NotAktVV § 41 Rn 5.
338 So auch *Blaeschke*, § 14 Rn 50.
339 Vgl. *Winkler*, § 57 Rn 58.
340 I.d.S. *Blaeschke*, § 14 Rn 49.
341 Vgl. *Winkler*, § 57 Rn 89.
342 Vgl. *Winkler*, § 57 Rn 92; vgl. auch LG Schwerin v. 12.1.2007 – 4 T 6/06, NotBZ 2007, 149 f. mit Anm. *Suppliet*.
343 Angeblich in bis zu 50 % aller Fälle (so *Maaß*, ZNotP 1998, 58).
344 Vgl. Würzburger Notarhandbuch/*Hertel*, Teil 2 Kap. 2, Rn 783; vgl. Arndt/Lerch/Sandkühler/*Sandkühler*, § 23 Rn 84, 87; vgl. auch Haug/Zimmermann/*Zimmermann*, Rn 713; *Blaeschke*, § 14 Rn 53.

Annehmen darf der Notar einen Treuhandauftrag erst dann, wenn er mit der Verwahrungsvereinbarung „vereinbar" ist. Nur wenn es überhaupt nicht gelingt, vertragsgemäße Auflagen zu erreichen, hat der Notar in letzter Konsequenz den Treuhandauftrag endgültig abzulehnen und den hinterlegten Betrag zurückzuüberweisen bzw. die Löschungsunterlagen zurückzusenden.[345]

2. Sorgfalts- und Unterrichtungspflichten

113 Den Notar treffen **besondere Sorgfaltspflichten**. Einen Treuhandauftrag, den er erhält, hat er sofort zu prüfen. Kann er ihn nicht annehmen, muss er unverzüglich Änderungen erbitten bzw. ihn zurückweisen. Ein mutmaßliches Einverständnis der Beteiligten mit einem Treuhandauftrag, der nicht genau zu den vertraglichen Vereinbarungen „passt", darf er nicht unterstellen. Sich widersprechende Weisungen darf er keinesfalls eigenmächtig in Einklang bringen.[346]

In der Praxis wird oft wenig beachtet, dass insoweit auch Informations- und Mitteilungspflichten gegenüber den anderen Beteiligten des Verwahrungsgeschäfts bestehen können.[347] Sieht ein Vertrag beispielsweise die auflagenfreie Verwahrung des Kaufpreises zu einem bestimmten Termin vor und erfolgt diese zwar fristgemäß, aber mit einer Auflage der kaufpreisfinanzierenden Gläubigerin, so liegt keine vertragsgemäße Erfüllung vor. Es genügt in solchen Fällen nicht, dass der Notar sich mit der Gläubigerin in Verbindung setzt, sondern er hat auch den Käufer unverzüglich über den Sachverhalt zu informieren. Diesem ist es unter Umständen viel leichter möglich, eine Änderung des Treuhandauftrags herbeizuführen. So kann möglicherweise vermieden werden, dass der Verkäufer von seinen vertraglichen Rechten, z.B. zum Rücktritt, Gebrauch macht. Die Rspr. hat die Anforderungen an den Notar allerdings teilweise „überspannt". So hat der BGH einem Notar zum Vorwurf gemacht, den Käufer nicht bereits am Tag des Eingangs des Treuhandauftrags telefonisch unterrichtet zu haben.[348] In dem entschiedenen Fall war der Kaufpreis bis zu einem festen Termin zu hinterlegen; die Gutschrift erfolgte einen Tag vor Fristablauf; sie war jedoch mit vertragswidrigen Treuhandauflagen verbunden. Der BGH führte aus: „Wegen des unmittelbar bevorstehenden Fristablaufs hätte der Beklagte (Notar) versuchen müssen, den Kläger (Käufer), dessen Anschrift ihm bekannt war, noch am 30.3. fernmündlich zu erreichen. Ergab sich dessen Telefonanschluss nicht aus den Notariatsunterlagen, war der Beklagte gehalten, die Teilnehmernummer aus dem Telefonbuch oder durch eine Rückfrage bei der überweisenden Bank zu ermitteln." So viel Schnelligkeit mag wünschenswert sein, eine Amtspflicht ist sie nicht. Es kann auch nicht gefordert werden, dass in derartigen Fällen grundsätzlich alle am Verwahrungsgeschäft Beteiligten zu informieren sind.[349] Der Notar hat einzelfallbezogen zu entscheiden, wem gegenüber Benachrichtigungspflichten bestehen und wie kurzfristig er reagieren muss. In die Abwägung einzubeziehen sind insbesondere seine Verschwiegenheitspflicht und seine Pflicht zur Unparteilichkeit. Es empfiehlt sich auf jeden Fall, bereits in den der Verwahrung zugrunde liegenden Kaufvertrag Hinweise auf die Möglichkeit widersprechender Treuhandaufträge aufzunehmen, wenn der Sachverhalt dazu Anlass gibt, und dies auch bei der Ausgestaltung zu berücksichtigen. Darauf wurde bereits oben hingewiesen (vgl. Rdn 69 ff.).

3. „Verspätete" Treuhandaufträge

114 Der Treuhandauftrag wird von der finanzierenden Bank regelmäßig vor oder zeitgleich mit der Einzahlung erteilt werden. Fraglich war lange Zeit, wie Fälle zu behandeln sind, in denen der **Treuhandauftrag dem Notar erst zugeht, nachdem die Gutschrift auf dem Treuhandkonto bereits erfolgt ist**. Der BGH[350] hat im Jahre 2002 mit einem für viele überraschenden Urteil Klarheit geschaffen.

Es ging um folgenden Fall: Die Bank kündigte mit Fax am 12.6.1996 an, den Kaufpreis auf das „im Kaufvertrag vorgesehene Anderkonto … zu treuen Händen (zu) überweisen". Die Gutschrift erfolgte am 13.6.1996. Auf dem Überweisungsformular war angegeben: „Kaufpreiszahlung … zu treuen Händen."

345 Vgl. *Blaeschke*, § 14 Rn 56; Arndt/Lerch/Sandkühler/*Sandkühler*, § 23 Rn 87; *Müller-Magdeburg*, ZNotP 2003, 213, 214 f.; Handbuch Notarhaftung/*Hertel*, Kap. 4 Rn 169.

346 Vgl. *Weingärtner*, Verwahrungsgeschäft, Rn 36; Arndt/Lerch/Sandkühler/*Sandkühler*, § 23 Rn 87; Handbuch Notarhaftung/*Hertel*, Kap. 4 Rn 169.

347 Vgl. Arndt/Lerch/Sandkühler/*Sandkühler*, § 23 Rn 78; *Müller-Magdeburg*, ZNotP 2003, 213, 215.

348 BGH v. 3.6.1993 – IX ZR 119/92, DNotZ 1995, 489, 490 ff. mit abl. Anm. *Haug*.

349 So aber wohl *Blaeschke*, § 14 Rn 55.

350 V. 25.10.2001 – IX ZR 427/98, DNotZ 2002, 269 ff. mit Anm. *Reithmann*, S. 247 ff.

Mit Schreiben vom 14.6., das dem Notar am 19.6. zuging, erteilte die Bank dem Notar einen umfangreichen Treuhandauftrag, der unter anderem die Eintragung einer Finanzierungsgrundschuld vorsah und bis zum 30.8.1996 befristet war. Später wurde der Käufer zahlungsunfähig. Die Bank widerrief Ende Juli 1996 den Treuhandauftrag, den der Vertreter des Notars vorher angenommen hatte. Der BGH entschied, dass die Bank den Treuhandauftrag nicht „nachschieben" konnte. Im Einzelnen führt das Gericht aus:

- Die Bank ist nicht berechtigt, einen Treuhandauftrag nachträglich innerhalb der üblichen Postlaufzeiten zu erteilen.[351] Ein „Nachholungsspielraum" würde die Sicherheit notaramtlicher Verwahrungen erheblich belasten. Es handele sich „lediglich um nachlässige Geschäftsführung der Banken", die nicht zu Lasten der Vertragsbeteiligten gehen dürfe.
- Die Bank hatte sich bei der Hinterlegung des Kaufpreises die Erteilung von nachträglichen Weisungen nicht erkennbar vorbehalten. Dazu reicht die Formulierung „zu treuen Händen" nicht aus. In ihrer Mitteilung, die als Leistungsanzeige gedacht war, hätte sie nach den Grundsätzen der §§ 133, 157 BGB einen die Erfüllung hindernden Vorbehalt deutlicher zum Ausdruck bringen müssen.
- Den späteren Treuhandauftrag durfte der Notar nicht mehr annehmen. Der Notar war verpflichtet, die Bank „darauf hinzuweisen, dass sie die Rechtsstellung als vorrangige Treugeberin … infolge ihrer verspäteten Verwahrungsanweisungen nicht mehr zu erlangen vermochte".

Die Entscheidung war und ist für die Praxis von erheblicher Bedeutung[352] Sie hat das Verhalten der Banken stark verändert. Das Urteil macht die haftungsrechtliche Tragweite für den Notar deutlich. Früher kam es häufig vor, dass Treuhandaufträge erst mit zeitlicher Verzögerung nach der Kaufpreishinterlegung eingingen. Geschah dies innerhalb normaler Postlaufzeiten, wurden sie regelmäßig akzeptiert.[353] Auch heute kann es ausnahmsweise noch passieren, dass ein Treuhandauftrag verspätet eingeht. Der Notar muss dann sehr genau prüfen, ob er ihn noch annehmen kann. Geht der Treuhandauftrag der finanzierenden Bank verspätet ein, darf er nur noch mit Zustimmung des Käufers (Darlehensnehmers) und – wenigstens nach Kaufpreisfälligkeit – des Verkäufers angenommen werden. **115**

Das Urteil des BGH überzeugt nur teilweise. In dem entschiedenen Fall hatte die Bank auf dem Überweisungsträger vermerkt „zu treuen Händen". Dies reichte dem BGH nicht aus, um einen Treuhandauftrag noch nachträglich erteilen zu können. Anders ist wohl der Fall zu bewerten, wenn bereits auf dem Überweisungsträger vermerkt ist, dass der „Treuhandauftrag folgt" oder die Bank außerhalb des Überweisungsträgers zeitgleich den Treuhandauftrag ankündigt. Zweifelhaft erscheinen dagegen die Fallsituationen, in denen der angegebene Verwendungszweck auf dem Überweisungsträger nur allgemein auf ein Treuhandverhältnis hinweist. Das OLG Frankfurt/Main[354] hat es nicht genügen lassen, dass auf dem Überweisungsträger der Bank als Verwendungszweck „Treuhandzahlung, i.A. Käufer" angegeben war: Dies könne auch als bloßer Verweis auf die vereinbarte Anderkontenabwicklung verstanden werden. Es fragt sich, ob sich an solche – eher semantischen – Unterschiede derart weit reichende Rechtsfolgen anknüpfen sollten. In der Praxis darf man nicht vergessen, dass es nach der Lebenserfahrung praktisch ausgeschlossen ist, dass die Hinterlegung durch die Bank auflagenfrei erfolgen soll, wenn ein Kaufvertrag eine Belastungsvollmacht enthält, der Käufer eine Grundschuld bestellt und/oder dem Notar die Grundpfandrechtsbestellungsunterlagen bereits vorliegen und die finanzierende Bank sodann den Kaufpreis „zu treuen Händen" auf das Notaranderkonto überweist. Der Begriff „zu treuen Händen" mag mehrdeutig sein; aber das ist kein Grund, ihn im Ergebnis als „auflagenfrei" zu verstehen. **116**

Geht ein Treuhandauftrag verspätet ein, darf sich der Notar im Übrigen auch nicht einfach darüber „hinwegsetzen". *Hertel*[355] erörtert ausführlich, wie sich der Notar in einem solchen Fall zu verhalten hat: Der Notar muss sich bemühen, das Einverständnis der betroffenen Beteiligten mit dem nachgeschobenen Treuhandauftrag einzuholen. Die Verpflichtung dazu könne sich im Verhältnis der Parteien konkludent aus dem Kaufvertrag ergeben – z.B. wenn dieser eine Finanzierungsvollmacht enthält. Auch wenn für die Beteiligten eine schuldrechtliche Verpflichtung bestehe, den verspäteten Treuhandauftrag zu akzeptieren, sei dies verfahrensrechtlich für den Notar nicht ausreichend. Meist wird der Notar das nachträgliche **117**

351 So z.B. noch Eylmann/Vaasen/*Hertel*, 1. Aufl., § 54c Rn 9 Fn 27.
352 Kritisch *Karlowski*, NotBZ 2002, 133 ff.
353 Vgl. zur früheren Praxis: Handbuch Notarhaftung/*Hertel*, Kap. 4 Rn 171.
354 V. 24.11.2010 – 4 U 17/10, RNotZ 2011, 317, 321; im gleichen Sinne *Ganter*, DNotZ 2013, 165, 180 f.
355 In: Handbuch Notarhaftung/*Hertel*, Kap. 4 Rn 174 ff.

Einverständnis der Beteiligten einholen können. Gelingt das ausnahmsweise nicht, zeigen auch *Hertels* Ausführungen keinen Lösungsweg auf. Dann gilt wohl im Ergebnis: Wer zu spät kommt (hier der Treuhandauftrag der Bank), den bestraft das Leben! Im Hinblick auf die nicht auszuschließenden Schadensersatzansprüche kann sich allerdings empfehlen, das Geld zunächst auf dem Anderkonto zu behalten und einen Vorbescheid nach § 15 Abs. 2 BNotO zu erlassen.[356]

118 Unten (vgl. § 60 BeurkG Rdn 60) wird dargestellt, dass der Treuhandauftrag einer kaufpreisfinanzierenden Bank dann frei widerruflich oder abänderbar ist, wenn noch keine schutzwürdigen Interessen der Kaufvertragsparteien berührt sind. Was für den Widerruf gilt, könnte auch für die erstmalige Erteilung eines Treuhandauftrags gelten. Geht der Treuhandauftrag der Bank zwar „verspätet" zu, fügt er sich aber in das „System" der Verwahrungsvereinbarung von Käufer und Verkäufer ein, könnte man ihn schon aus diesem Grund für beachtlich halten. Das ist jedoch nicht der Fall: Die auflagenfreie Hinterlegung des Kaufpreises hat eine andere Qualität als die Änderung oder der Widerruf eines Treuhandauftrags. Hinterlegt die Bank auflagenfrei, so valutiert sie das Käuferdarlehen. Die Bank hat den Darlehensauszahlungsanspruch des Käufers durch Überweisung auf das Anderkonto erfüllt.[357] Dies kann nachträglich nicht mehr geändert werden. Die Bank hat kein einseitiges „vorgeschaltetes" Treuhandverhältnis begründet. Das Geld ist sofort auf der Stufe der mehrseitigen Verwahrung für die Vertragsparteien gelangt. Das kann die Bank nicht mehr korrigieren.[358]

4. Befristungen von Treuhandaufträgen

119 In der Praxis von besonderer Bedeutung sind **Befristungen** (vgl. dazu auch § 60 BeurkG Rdn 67 ff.). Die Verwahrungsvereinbarungen selbst enthalten dazu vielfach keine Aussagen. Kreditinstitute befristen ihre Treuhandaufträge jedoch regelmäßig. Ist die gesetzte Frist so knapp bemessen, dass eine Abwicklung bereits mit einer gewissen Wahrscheinlichkeit nicht möglich erscheint, muss der Notar sich sofort um eine Fristverlängerung bemühen.[359] Ergibt sich erst später, dass die Frist nicht ausreichen dürfte, muss der Notar sich spätestens dann um die Verlängerung bemühen. In der Praxis kommt es immer wieder vor, dass der Notar erst beim Schreiben der Fälligkeitsmitteilung oder der Vorbereitung der Auszahlung bemerkt, dass ein Treuhandauftrag abgelaufen ist. Dann hat er sich schnellstmöglich um die Fristverlängerung zu bemühen. Die Büroorganisation sollte allerdings so ausgerichtet sein, dass solche Situationen möglichst nicht entstehen und es bereits früher zur „Wiedervorlage" der Akte kommt, denn die Haftungsgefahren liegen auf der Hand: Gelingt es nicht, die Verlängerung des Treuhandauftrags zu erreichen, muss der Notar unter Umständen die Löschungsunterlagen zurückgeben oder die überwiesenen Gelder zurück überweisen. Die Beteiligten sind auf jeden Fall zu unterrichten. Dabei muss berücksichtigt werden, dass Fristverlängerungen grundsätzlich freiwillig sind. Nur in Ausnahmefällen dürfte ein Anspruch darauf bestehen. Daher darf der Notar sich nicht in eine Situation bringen lassen, in der er den Vollzug des Vertrages bereits teilweise eingeleitet oder durchgeführt hat und danach durch eine verweigerte Fristverlängerung die Gesamtabwicklung in Frage gestellt wird.

5. Problem der „Sicherstellung"

120 Im Treuhandaufträgen und Notarbestätigungen wird vielfach der Begriff **„Sicherstellung"** verwendet. Das ist problematisch. Der Begriff „Sicherstellung" vermittelt den Eindruck, als könne der Notar rechtlich und/oder tatsächlich dafür einstehen, dass eine bestimmte Tatsache eintritt (meist geht es um Eintragungen ins Grundbuch). Einer unbedingten Einstandspflicht steht jedoch das Verbot der Garantieübernahme durch den Notar nach § 14 Abs. 4 BNotO entgegen. Dem Notar ist es lediglich gestattet, gutachterlich Tatsachen festzustellen und rechtliche Folgen daraus abzuleiten. Für die Richtigkeit einer derartigen gutachterlichen Tätigkeit kann und muss der Notar haften. Früher war die BNotK daher der Auffassung, dass Treuhandaufträge, in denen die „Sicherstellung" einer Eintragung verlangt werde, grundsätzlich nicht annehmbar seien. Die Verwendung dieser Formulierung bedeute eine unzulässige

356 So Haug/Zimmermann/*Zimmermann*, Rn 716.
357 Vgl. Arndt/Lerch/Sandkühler/*Sandkühler*, § 23 Rn 212 f.; vgl. Haug/Zimmermann/*Zimmermann*, Rn 716.
358 Vgl. Handbuch Notarhaftung/*Hertel*, Kap. 4 Rn 172; *Franken*, RNotZ 2010, 596, 610.
359 LG Schwerin v. 12.1.2007 – 4 T6/06; vgl. Weingärtner/*Ulrich*, NotAktVV vor § 21 Rn 48; Weingärtner/Ulrich/Löffler/*Weingärtner/Ulrich*, Fehler, Rn 473.

Gewährübernahme durch den Notar.[360] Von dieser Betrachtungsweise ist die BNotK dann immer mehr abgerückt. Letztmalig im Jahre **1999** wurden die **Formulierungsvorschläge für Notarbestätigungen und Treuhandaufträge** überarbeitet und veröffentlicht.[361] Diese sind an die Stelle früherer Empfehlungen getreten.[362] Der Neufassung der Vorschläge waren intensive Gespräche mit den im Zentralen Kreditausschuss zusammengeschlossenen Verbänden der deutschen Kreditwirtschaft vorausgegangen. Diese haben die Neufassung einschließlich der zugehörigen Erläuterungen zustimmend zur Kenntnis genommen.

In der Musterformulierung eines Treuhandauftrags, den eine kaufpreisfinanzierende Bank dem Notar erteilt, heißt es nunmehr auszugsweise:[363] „… Über diesen Betrag dürfen Sie nur verfügen, wenn die Eintragung des … für uns bestellten **Grundpfandrechts sichergestellt** ist. … Wir sehen die Eintragung als sichergestellt an, wenn **121**

a) Sie beim Grundbuchamt die Urkunde zur Bestellung des Grundpfandrechts vorgelegt und Eintragungsanträge im zulässigen Umfang auch in unserem Namen gestellt haben;
b) Ihnen zur Bereitstellung des vorstehend verlangten Rangs der Grundschuld sämtliche erforderlichen Unterlagen zur Verfügung stehen. Der Gebrauch dieser Unterlagen muss Ihnen spätestens nach Zahlung der Ablösebeträge gestattet sein, die von den Berechtigten verlangt werden. Die Ablösung muss aus dem bei Ihnen hinterlegten Betrag möglich sein;
c) Ihnen auf der Grundlage Ihrer Akten und der Einsicht in das Grundbuch und/oder die Grundakten (ohne Geschäftseingang) oder die Markentabelle eines elektronisch geführten Grundbuchs keine sonstigen Umstände bekannt geworden sind, die der Eintragung des Grundpfandrechts im vorstehend verlangten Rang entgegenstehen."

Die Verwendung des Begriffs „Sicherstellung" ist damit heute für sich allein kein hinreichender Grund, die Annahme eines Treuhandauftrags abzulehnen. Der Treuhandauftrag ist immer dann annahmefähig, wenn sich aus dem Kontext ergibt, was unter Sicherstellung im konkreten Fall zu verstehen ist. Dabei muss es sich um Tatsachenfeststellungen und daraus abgeleitete Rechtsfolgen handeln (Rechtsgutachten), nicht aber eine Garantieübernahme. Von Bedeutung ist, dass der Begriff „Sicherstellung" bei Berücksichtigung der Verkehrsanschauung in Notariat und Kreditwirtschaft eine weitgehende Konkretisierung erfahren hat. Danach ist eine Eintragung regelmäßig dann **sichergestellt**, wenn sie **nur noch von dem pflichtgemäßen Handeln von Notar und Grundbuchamt abhängig** ist.[364] Dies gilt natürlich nur, soweit es – wie regelmäßig – um den **Verkehr mit Banken** geht, bei denen nicht nur Sach- und Rechtskenntnisse in Grundstücksangelegenheiten, sondern auch der verbleibenden Restrisiken vorausgesetzt werden können.[365] Die **Zahlung von Eintragungsgebühren** ist damit weiterhin keine Voraussetzung für die Sicherstellung der Eintragung.[366] Die Eintragung ist dagegen nicht sichergestellt, wenn sie vom pflichtgemäßen Verhalten eines weiteren Notars abhängig ist, dem gegenüber kein Treuhandauftrag besteht.[367] **122**

Für die praxisrelevanten Fallgruppen lässt sich zusammenfassen:[368]

– **„Sicherstellung der Lastenfreiheit"**: Diese Treuhandauflage kann der Notar annehmen, auch wenn eine konkrete Formulierung vorzugswürdig ist. Gemeint ist damit: Dem Notar müssen alle Unterlagen vorliegen, um den Grundbesitz von den Rechten freizustellen, die im Grundbuch vor oder gleich- **123**

360 Vgl. DNotZ 1974, 643, 644.
361 DNotZ 1999, 369 ff., abgedr. auch bei *Weingärtner*, Anhang 6.
362 Vgl. DNotZ 1974, 643 ff.; DNotZ 1987, 1 ff.
363 Formulierungsvorschläge für Notarbestätigungen und Treuhandaufträge der BNotK, DNotZ 1999, 370 f.
364 Vgl. Arndt/Lerch/Sandkühler/*Sandkühler*, § 23 Rn 80; Haug/Zimmermann/*Zimmermann*, Rn 713; *Blaeschke*, § 14 Rn 63; Weingärtner/*Ulrich*, DONot § 27 Rn 23 ff.; vgl. weiter BGH v. 19.3.1987 – IX ZR 166/86, DNotZ 1987, 560, 561; BGH v. 10.7.2008 – III ZR 255/07, ZNotP 2008, 372 ff.; BGH v. 8.5.2003 – III ZR 294/02, DNotZ 2004, 218 mit Anm. *Hertel*; strenger *Lerch*, vor § 54a Rn 23 („Sicherstellung bedeutet dabei, dass der Grundbuchbeamte bereits die Eintragung verfügt hat oder dem Notar die alsbaldige Eintragung bestätigt.").
365 Handbuch Notarhaftung/*Hertel*, Kap. 4 Rn 226.
366 Vgl. Handbuch Notarhaftung/*Hertel*, Kap. 4 Rn 225; OLG Celle v. 26.10.1992 – Not 58/91, DNotZ 1994, 117 (der Notar muss aber zur Kostenzahlung bereit und in der Lage sein); ähnlich: KG v. 7.8.1990 – Not 2/90, DNotZ 1991, 762; a.A.: KG v. 21.9.2007 – 9 U 123/06, DNotZ 2008, 687 f.
367 *Blaeschke*, § 14 Rn 63; Handbuch Notarhaftung/*Hertel*, Kap. 4 Rn 216; BGH v. 10.7.2008 – III ZR 255/07, ZNotP 2008, 372 ff.; zu diesem Urteil: *Herrmann*, ZNotP 2010, 82, 86 ff.
368 Ausf.: Handbuch Notarhaftung/*Hertel*, Kap. 4 Rn 216 ff.

zeitig mit der Vormerkung eingetragen wurden und die nicht vom Käufer übernommen werden. Diese Unterlagen müssen dem Notar auflagenfrei oder nur mit Auflagen vorliegen, die aus dem Kaufpreis erfüllt werden können.[369]

- **„Sicherstellung der ranggerechten Grundpfandrechtseintragung“**: Auch diese Formulierung hat vor dem beschriebenen Hintergrund in der Verkehrsanschauung eine hinreichende Konkretisierung bzw. Konkretisierbarkeit erfahren. Sie ist i.S.d. oben zitierten Musterformulierung der BNotK zu verstehen. Die rangrichtige Grundbucheintragung ist übrigens nicht erst dann gesichert, wenn die Löschung der Vorlasten beim Grundbuchamt beantragt ist, sondern bereits dann, wenn dem Notar die Unterlagen vorliegen.[370] Das entspricht der üblichen Praxishandhabung und den Grundgedanken der Musterformulierung der BNotK. Wartet der Notar jedoch die rangrichtige Eintragung des Grundpfandrechts ab und nimmt erst dann die Auszahlung vor, handelt er damit nicht unbedingt pflichtwidrig.[371]
- **„Sicherstellung der Eigentumsumschreibung“**: In den Formulierungsvorschlägen der BNotK wird dieser Fall nicht ausdrücklich angesprochen. Das OLG Düsseldorf[372] hatte darüber zu entscheiden. Die kaufpreisfinanzierende Bank hatte verlangt, den hinterlegten Kaufpreis erst nach Sicherstellung der Eigentumsumschreibung auszukehren. Der Kaufvertrag hatte die Fälligkeit ausdrücklich nicht davon abhängig gemacht, dass die steuerliche Unbedenklichkeitsbescheinigung vorlag. Der Notar zahlte aus, obwohl die steuerliche Unbedenklichkeitsbescheinigung noch nicht erteilt war. Nach Meinung des OLG geschah dies zu Recht. Das Gericht legte den Treuhandauftrag aus. Dieser sei dahingehend zu verstehen, dass sämtliche Fälligkeitsvoraussetzungen des Kaufvertrages erfüllt sein müssten. Es widerspräche der notariellen – und mit der Kreditwirtschaft abgestimmten – Praxis und den vernünftigen Interessen der beteiligten Kreise, weitergehend auch die steuerliche Unbedenklichkeitsbescheinigung zu verlangen. Das Urteil hat in der Literatur Zustimmung,[373] aber auch Widerspruch[374] erfahren. Der BGH[375] hat bereits vor einigen Jahren das „letzte Wort“ gesprochen: Die Interessenlage der Bank sei von der der Kaufvertragsparteien zu unterscheiden. Der Begriff „Sicherstellung“ könne nicht im Sinne der im Kaufvertrag vereinbarten Auszahlungsvoraussetzungen verstanden werden. Es müsse streng zwischen den beiden Treuhandverhältnissen (Notar-Kaufvertragsparteien; Notar-Bank) unterschieden werden. Das eine dürfe nicht im Sinne des anderen ausgelegt werden. Die Entscheidung ist konsequent. Die Umschreibung ist in solchen Fällen tatsächlich nicht allein von Notar und Grundbuchamt abhängig. Allerdings wäre ein einheitliches Verständnis des Begriffs Sicherstellung in allen hier beschriebenen Fallgruppen wünschenswert. In der Praxis sollte der Notar in einem solchen Fall unbedingt versuchen, eine Änderung des Treuhandauftrags der Bank herbeizuführen.[376]

124 Bereits wegen Abs. 2 dürfte folgendes Verfahren nur noch selten vorkommen: Die den Kaufpreis finanzierende Bank überweist den Kaufpreis auf Treuhandkonto und weist den Notar an, Auszahlungen nur vorzunehmen, wenn die erstrangige **Eintragung des** vom Käufer – nicht aufgrund von Belastungsvollmacht – bestellten **Grundpfandrechts „sichergestellt“ ist**. Nimmt der Notar nach Vorliegen aller Umschreibungsvoraussetzungen nun einerseits die Auszahlung des Kaufpreises vom Anderkonto vor und beantragt er andererseits die Ablösung der Gläubigergrundpfandrechte, die Umschreibung und die Eintragung des Finanzierungsgrundpfandrechts, so begibt er sich in eine gefährliche Situation:[377] Wenn nämlich der Anspruch des Käufers auf Eigentumsverschaffung zwischenzeitlich wirksam gepfändet worden ist (§ 829 Abs. 3 ZPO), was dem Notar nicht unbedingt bekannt werden muss, so erhält der Pfandgläubiger mit dem Eigentumsübergang eine Sicherungshypothek. Diese entsteht außerhalb des Grundbuchs (§ 848 Abs. 2 S. 2 ZPO). Sie erhält Rang vor dem Finanzierungsgrundpfandrecht. Gegen

369 Vgl. z.B. Handbuch Notarhaftung/*Hertel*, Kap. 4 Rn 217 f.
370 H.M. (vgl. statt vieler): Handbuch Notarhaftung/*Hertel*, Kap. 4 Rn 224; a.A.: *Weingärtner*, Verwahrungsgeschäft, Rn 92; Weingärtner/*Ulrich*, DONot § 10 Rn 61 (unter Verweis auf Restrisiken).
371 I.d.S. KG v. 12.12.1986 – 9 U 817/86, DNotZ 1987, 576; Grziwotz/Sauer/Heinemann/*Grziwotz*, § 57 Rn 40; zur Rangbescheinigung: *Keilich/Schönig*, NJW 2012, 1841 ff.
372 V. 17.7.2002 – 18 U 246/01, ZNotP 2002, 486 ff.
373 So *Wehrstedt*, ZNotP 2002, 461 f.
374 So *Kemp*, ZNotP 2003, 27 f.
375 V. 8.5.2003 – III ZR 294/02, DNotZ 2004, 218 ff. mit abl. Anm. *Hertel*; vgl. auch Handbuch Notarhaftung/*Hertel*, Kap. 4 Rn 227.
376 Vgl. auch Arndt/Lerch/Sandkühler/*Sandkühler*, § 23 Rn 82; *Hertel*, DNotZ 2004, 220, 222; Handbuch Notarhaftung/*Hertel*, Kap. 4 Rn 229.
377 S. dazu Beck'sches Vertragshandbuch/*Trömer*, § 1 Rn 809.

die Treuhandauflage der finanzierenden Bank wurde dann verstoßen.[378] Spätestens bei Beurkundung sollte der Notar den Käufer fragen, ob der Kaufpreis über eine Bank finanziert wird. Ist das auch nur möglicherweise der Fall, sollte der Notar eine Belastungsvollmacht in die Urkunde aufnehmen.

6. Treuhandaufträge mit Vorbehalt sich ändernder Ablösebeträge

Nicht selten sind die Treuhandaufträge aus dem Kaufpreis abzulösender Banken so formuliert, dass sie zwar vordergründig eine feste oder genau zu berechnende Ablösesumme ausweisen, bei genauerer Betrachtung jedoch zusätzliche Einschränkungen enthalten, die der Notar nicht prüfen kann. So wird die **Ablöseforderung immer wieder mit dem Vorbehalt versehen**, dass der Kreditnehmer bis zur Tilgung der Ablöseforderung die Forderungen aus dem Darlehensvertrag noch ordnungsgemäß bedient. Einen solchen Treuhandauftrag darf der Notar nicht annehmen. Er muss darauf dringen, dass der Vorbehalt entfällt.[379] Gegebenenfalls muss die Bank in solchen Fällen ihre Ablöseforderung erhöhen. Eine „Überzahlung" kann sie im Innenverhältnis problemlos mit ihrem Kunden ausgleichen. 125

7. Treuhandauflagen mit „Gebührenvorbehalt"

In der Praxis kommt es vielfach vor, dass **Löschungsunterlagen von den Notaren**, die darauf Unterschriften beglaubigt haben, **mit der Treuhandauflage übersandt** werden, von den Unterlagen erst nach **Begleichung der Notargebühren** Gebrauch zu machen. Dieses Verfahren könnte bedenklich sein, denn Kostenschuldner gegenüber dem Notar ist regelmäßig nur derjenige, dessen Unterschrift beglaubigt wurde. Wird der Notar durch die Treuhandauflage nicht zur Inkassostelle? Wird das notarielle Zurückbehaltungsrecht nach § 11 S. 1 GNotKG nicht unzulässigerweise letztlich gegenüber einem Dritten eingesetzt? 126

Die Diskussion konzentriert sich auf einen speziellen Fall. Erörtert wird vor allem, ob der beglaubigende Notar die Verwalterzustimmung nach § 12 WEG an den mit dem Vollzug des Kaufvertrages beauftragten Notar mit der Auflage übersenden darf, die Urkunde erst nach dem Ausgleich der Beglaubigungskosten zu verwenden.[380] Das in der Praxis weit verbreitete Verfahren führt dazu, dass der Käufer Kosten übernimmt, die eigentlich die Wohnungseigentümergemeinschaft zu tragen hat.[381] Vielfach wird vertreten, der Notar müsse einen solchen Treuhandauftrag zurückweisen.[382] Die Vertreterversammlung der BNotK[383] hat das beschriebene Verfahren für weitgehend unzulässig gehalten. Es begründe den Anschein der Abhängigkeit und Parteilichkeit, da der Käufer materiell-rechtlich praktisch nie Zahlungsverpflichteter sei. Berufsrechtlich dürfe das Zurückbehaltungsrecht nach § 11 S. 1 GNotKG gegenüber Dritten nicht eingesetzt werden. Es komme nicht darauf an, ob die Rechnung mit „Zahlungsauflage" oder der „Bitte um Zahlungsvermittlung" übersandt werde. Das erscheint „überzogen": Der Notar sichert durch das gewählte Verfahren seinen eigenen Gebührenanspruch. Er treibt nicht die Forderungen eines Dritten ein.[384] Meist geht es um Grundbeträge zwischen 20 EUR und 70 EUR. Das Standesrecht der Notare ist nicht dazu da, Verwalter zu WEG-konformen Verhalten zu veranlassen. Zu Recht hält das KG[385] eine Übersendung mit der Bitte um Zahlungsvermittlung für dienstrechtlich unbedenklich. Anders sieht es allerdings aus, soweit der Notar mit der Treuhandauflage nicht nur seine Kosten, sondern z.B. eine Verwaltergebühr, „durchsetzen" soll. Der Notar darf sich nicht zum Interessenvertreter eines Dritten machen. Nach hier vertretener Auffassung bestehen im Übrigen jedoch keine Bedenken, wenn Notare Verwalterzustimmungen, Löschungsunterlagen oder Genehmigungen unter der Treuhandauflage der Begleichung der Notargebühren übersenden. 127

378 Wohl anders i.E.: Haug/Zimmermann/*Zimmermann*, Rn 714.
379 Vgl. *Weingärtner*, Verwahrungsgeschäft, Rn 38; vgl. Haug/Zimmermann/*Zimmermann*, Rn 714.
380 Dazu bereits ausf. DNotI-Rep. 1997, 209 ff.
381 Vgl. z.B. *Hügel*, ZWE 2018, 402, 403.
382 Vgl. dazu *Weingärtner*, Verwahrungsgeschäft, Rn 13; *Blaeschke*, § 14 Rn 61; Frenz/Miermeister/*Hertel*, BeurkG § 57 Rn 105; Notarhaftung/*Hertel*, Kap. 4 Rn 254.
383 Vgl. Rundschreiben BNotK 9/2018 v. 9.11.2018, abrufbar im Internet auf der Homepage der BNotK; vgl. auch DNotI-Rep. 1997, 209, 212; vgl. auch Ländernotarkasse, NotBZ 2008, 339.
384 So auch *Wochner*, ZNotP 1998, 489 f.
385 V. 21.2.2017 – Not 4/16, NJOZ 2018, 714, 717.

128 Somit ist von folgenden Grundsätzen auszugehen:

- Der Notar hat, soweit möglich, im Vorfeld zu prüfen, wer die Kosten im Innenverhältnis zu tragen hat. Die Weiterleitung unter dem Vorbehalt der Kostenzahlung sollte nur erfolgen, wenn die Vertragsabwicklung dadurch nicht erschwert wird. Sieht beispielsweise der Kaufvertrag vor, dass dem mit dem Urkundsvollzug beauftragten Notar die Löschungsunterlagen auflagenfrei vorliegen müssen, ist es nicht sinnvoll, die Löschungsunterlagen mit der Treuhandauflage der Kostentragung zu übersenden. Hier entspricht es der Kollegialität, die Unterlagen gegebenenfalls erst zu übersenden, wenn die Kosten bei dem mit der Beglaubigung beauftragten Notar beglichen sind. Gegen die Weiterleitung von Unterlagen mit der reinen Bitte um Zahlungsvermittlung sollten standesrechtlich regelmäßig keine Bedenken bestehen.
- Übersendungen per Nachnahme sind grundsätzlich unkollegial. Der die Nachnahmesendung erhaltende Notar wird die Annahme i.d.R. nicht verweigern können. Es widerspricht kollegialer Fairness, einen anderen Notar auf diese Weise zur „Vorkasse" zu zwingen. Ausnahmen sind nur vorstellbar, wenn tatsächlich eine abweichende regionale Übung besteht.[386]

8. Treuhandauflagen mit Einverständniserklärung für Vorfälligkeitsentschädigung

129 Abzulösende Gläubigerbanken machen gelegentlich die Verwendung von Löschungsunterlagen davon abhängig, dass ihr Kreditnehmer (Verkäufer) eine dem Notar gleichzeitig übersandte **Einverständniserklärung mit der geforderten Vorfälligkeitsentschädigung** unterzeichnet. Materiell-rechtlich besteht gem. § 490 Abs. 2 S. 3 BGB regelmäßig ein Anspruch auf Vorfälligkeitsentschädigung. Fraglich ist jedoch, ob die Bank über dessen Höhe im Rahmen der Kaufvertragsabwicklung ein „Anerkenntnis" verlangen kann. Das ist zu verneinen. Den Sicherungsinteressen der Bank ist Genüge getan, wenn sie die von ihr verlangte Vorfälligkeitsentschädigung in die Ablöseforderung einbezieht. Über die Höhe muss dann ggf. später gerichtlich gestritten werden. Ein Verzicht auf gerichtliche Überprüfung ist unzulässig.[387] Daraus wird in der Literatur abgeleitet, dass der Notar die Treuhandauflage ablehnen muss. Er dürfe sich nicht zur Durchsetzung des Anspruchs der Bank missbrauchen lassen.[388] Das erscheint in dieser ausschließlichen Konsequenz zweifelhaft. Denn eine abschließende rechtliche Beurteilung des Rechtsverhältnisses zwischen Bank und Darlehensnehmer ist dem Notar regelmäßig nicht möglich. Seine Neutralitätspflicht darf er weder gegenüber der Bank noch gegenüber dem Darlehensnehmer verletzen. Zwei Wege bieten sich an: Der Notar kann die ihm zugeleitete Einverständniserklärung an den Darlehensnehmer weiterleiten, jedoch verbunden mit dem ausdrücklichen Hinweis, dass er weder Höhe und Berechtigung der Ablöseforderung zu beurteilen vermag noch die Wirksamkeit der verlangten Einverständniserklärung. Empfehlenswerter ist es, wenn der Notar die Einverständniserklärung an das Kreditinstitut zurückschickt mit der Bitte, eine Klärung unmittelbar mit dem Darlehensnehmer herbeizuführen und ihm sodann einen Treuhandauftrag zu erteilen, der sich auf die Ablöseforderung beschränkt. Aus meiner Sicht ist es auch nicht geboten, im Kaufvertrag und/oder im notariellen Anschreiben an abzulösende Gläubiger klarzustellen, dass der Notar nicht beauftragt ist, den Darlehensvertrag zu kündigen oder ein Angebot auf Änderung abzugeben.[389] Gläubigerbanken kennen die Stellung des Notars. Sie können nicht davon ausgehen, dass der Notar einen entsprechenden Auftrag hat.

9. Mitteilungspflicht des Notars über geforderte Ablösebeträge

130 Eine allgemeine **Verpflichtung des Notars**, die von Gläubigern, insbesondere Banken, **geforderten Ablösebeträge vor der Auszahlung** vom Anderkonto den Beteiligten, insbesondere dem Verkäufer, **mitzuteilen, besteht nicht**.[390] In einem vom OLG Schleswig[391] entschiedenen Fall hatten geschiedene Eheleute ein Grundstück verkauft. Bei der Ermittlung der Ablöseforderung hatte die Bank auch Verbindlichkeiten miteinbezogen, für die allein der Ehemann haftete. Nach Auffassung des Gerichts kommt eine Benachrichtigungspflicht nur in Betracht, wenn Anhaltspunkte dafür bestehen, dass die von Gläubigern

386 So auch bereits die Vertreterversammlung der BNotK; vgl. DNotI-Rep. 1997, 209, 212.

387 Vgl. Frenz/Miermeister/*Hertel*, BeurkG § 57 Rn 105 Fn 262.

388 So Handbuch Notarhaftung/*Hertel*, Kap. 4 Rn 254; im gleichen Sinne *Heinemann*, NotBZ 2006, 109, 116.

389 Dies empfiehlt jedoch *Heinemann*, NotBZ 2006, 109, 113, 116.

390 Einschränkend Haug/Zimmermann/*Zimmermann*, Rn 709.

391 V. 7.9.2000 – 11 U 53/99, DNotI-Rep. 2001, 86.

geforderten Ablösebeträge überprüfungsbedürftig sind.[392] Bei Banken wird man davon regelmäßig nicht ausgehen können, bei privaten Gläubigern eher. In der Vertragspraxis ist dem Notar zu empfehlen, in die Kaufvertragsurkunde vorsorglich bereits einen entsprechenden Hinweis aufzunehmen. Dieser könnte lauten: *„Zu einer Überprüfung der geforderten Ablösebeträge ist der Notar nicht verpflichtet“*. Sind Privatgläubiger im Grundbuch eingetragen, sollte möglichst im Vorfeld eine Klärung über deren Forderungen erfolgen und die Urkunde entsprechende Angaben enthalten (vgl. oben Rdn 88).

II. Schriftform des Treuhandauftrags (Verweis auf Abs. 4)

Das **Schriftformerfordernis** macht in der Praxis grundsätzlich keine Schwierigkeiten. Hier kann auf die Ausführungen oben zu Abs. 4 (siehe Rdn 97 ff.) verwiesen werden. „Grenzsituationen“ können allerdings auftreten, wenn Treuhandaufträge nicht ganz eindeutig formuliert sind und daher über den zu klärenden Punkt ein Telefonat geführt wird, über dessen Inhalt eine Aktennotiz im Notariat gefertigt wird. Die Aktennotiz selbst ist zwar schriftlich, stammt jedoch nicht von dem den Treuhandauftrag Erteilenden und erfüllt daher das Schriftformerfordernis i.S.d. Vorschrift nicht. Der Notar ist gut beraten, sich den Inhalt des Telefonats noch einmal kurz schriftlich bestätigen zu lassen. Gerade angesichts der Entwicklung der elektronischen Medien dürfte dies nicht unzumutbar sein. Übrigens handelt es sich hier um Fälle, in denen auch die reine Telefax- oder E-Mail-Bestätigung genügt, ohne dass noch einmal ein Original nachzureichen ist. In seltenen Ausnahmefällen kann auch eine Aktennotiz ausreichend sein, wenn sie rein klarstellenden Charakter hat. So kommt es gelegentlich vor, dass ein Treuhandauftrag eine andere Ablöseforderung vorsieht, als die Aufzeichnungen in der Nebenakte es erwarten lassen. Fällt dem Notar dies auf und setzt er sich vorsorglich noch einmal mit der Bank in Verbindung, die sodann die Angaben im Treuhandauftrag bestätigt, so bedarf es keiner erneuten schriftlichen Bestätigung. Hier genügt ein Aktenvermerk. Der Treuhandauftrag selbst liegt bereits in der erforderlichen Form vor. 131

III. Formelle Voraussetzungen der Annahme des Treuhandauftrags (Verweis auf Abs. 5)

Die **Annahme** des Treuhandauftrags hat der Notar persönlich mit Datum und Unterschrift zu **vermerken** (vgl. auch Rdn 108 ff.). Das ist qualitativ mehr als eine Eingangsbestätigung. Auf dem in den Notarakten befindlichen Treuhandauftrag muss es also heißen: „angenommen, (Ort), den (Datum), (Unterschrift) Notar“. Keinesfalls muss das Dienstsiegel beigefügt werden. 132

Häufig senden Banken den Treuhandauftrag dem Notar zusammen mit einer Zweitschrift oder einer Kopie zu und bitten um eine Bestätigung der Annahme. Dann hat der Notar der Bank gegenüber die Annahme zu bestätigen und gleichzeitig auf dem in seinen Akten verbleibenden Treuhandauftrag den nach Abs. 5 geforderten Vermerk anzubringen. Entgegen dem Wortlaut genügt es auch, wenn der Notar auf der Kopie oder Zweitschrift die Annahme gegenüber der Bank mit Datum und Unterschrift bestätigt und diese im Original (gem. § 41 Abs. 5 S. 2 NotAktVV) in seinen Akten behält (vgl. Rdn 109).[393] Ausreichend ist ebenso, wenn der Notar in gesondertem Schreiben der Bank die Annahme des Treuhandauftrags schriftlich mit Datum und Unterschrift bestätigt und von diesem Schreiben eine Kopie in seinen Akten behält.[394] Wichtig ist i.E., dass sich nicht nur der Treuhandauftrag, sondern auch seine Annahme bei den Akten befinden müssen. 133

In der Praxis kommt es immer wieder vor, dass ein Treuhandauftrag in der ursprünglichen Form nicht angenommen wird, sondern erst nach einer Änderung. Hier genügt es, wenn der Annahmevermerk sich allein auf der geänderten Fassung des Treuhandauftrags befindet, auch wenn die Änderung nur im Zusammenhang mit dem früheren, zunächst nicht angenommenen Treuhandauftrag verständlich ist. 134

Übrigens unterscheidet sich insoweit die Kaufvertragsabwicklung mit und ohne Anderkonto in erheblichem Maße: Abs. 6 gilt nur für die notarielle Verwahrung. Erfolgt die **Vertragsabwicklung** dagegen **ohne Notaranderkonto,** überreichen die Gläubiger des Verkäufers dem Notar die Löschungsunterlagen 135

392 Ähnlich *Schilling*, ZNotP 2004, 138, 142; vgl. auch Handbuch Notarhaftung/*Hertel*, Kap. 4 Rn 243.

393 Vgl. auch *Winkler*, § 57 Rn 94 (Abschrift des Treuhandauftrags mit Annahmevermerk muss bei den Nebenakten aufbewahrt werden); Frenz/Miermeister/*Hertel*, BeurkG § 57 Rn 61.

394 Abl. *Blaeschke*, § 14 Rn 50.

ebenfalls zu treuen Händen und teilen ihre Ablöseforderungen mit. Auf dieser Grundlage erfolgt später die Fälligkeitsmitteilung. Hier handelt es sich nicht um ein Verwahrungsgeschäft i.S.d. §§ 57 ff. BeurkG; ein **Annahmevermerk** ist in diesen Fällen **weder vorgeschrieben noch üblich**;[395] Abs. 6 ist nicht analogiefähig.

§ 58 Durchführung der Verwahrung

(1) [1]Der Notar hat anvertraute Gelder unverzüglich einem Sonderkonto für fremde Gelder (Notaranderkonto) zuzuführen. [2]Der Notar ist zu einer bestimmten Art der Anlage nur bei einer entsprechenden Anweisung der Beteiligten verpflichtet. [3]Fremdgelder sowie deren Erträge dürfen auch nicht vorübergehend auf einem sonstigen Konto des Notars oder eines Dritten geführt werden.
(2) [1]Das Notaranderkonto muss bei einem im Inland zum Geschäftsbetrieb befugten Kreditinstitut oder der Deutschen Bundesbank eingerichtet sein. [2]Die Anderkonten sollen bei Kreditinstituten in dem Amtsbereich des Notars oder den unmittelbar angrenzenden Amtsgerichtsbezirken desselben Oberlandesgerichtsbezirks eingerichtet werden, sofern in der Anweisung nicht ausdrücklich etwas anderes vorgesehen wird oder eine andere Handhabung sachlich geboten ist. [3]Für jede Verwahrungsmasse muss ein gesondertes Anderkonto geführt werden. [4]Sammelanderkonten sind nicht zulässig.
(3) [1]Über das Notaranderkonto dürfen nur der Notar persönlich, die Notarvertretung, der Notariatsverwalter oder der nach § 51 Absatz 1 Satz 2 der Bundesnotarordnung mit der Aktenverwahrung betraute Notar verfügen. [2]Die Landesregierungen oder die von ihnen bestimmten Stellen werden ermächtigt, durch Rechtsverordnung zu bestimmen, dass Verfügungen auch durch einen entsprechend bevollmächtigten anderen Notar oder im Land Baden-Württemberg durch Notariatsabwickler erfolgen dürfen. [3]Verfügungen sollen nur erfolgen, um Beträge unverzüglich dem Empfangsberechtigten oder einem von diesem schriftlich benannten Dritten zuzuführen. [4]Sie sind grundsätzlich im bargeldlosen Zahlungsverkehr durchzuführen, sofern nicht besondere berechtigte Interessen der Beteiligten die Auszahlung in bar oder mittels Bar- oder Verrechnungsscheck gebieten. [5]Die Gründe für eine Bar- oder Scheckauszahlung sind von dem Notar zu vermerken. [6]Die Bar- oder Scheckauszahlung ist durch den berechtigten Empfänger oder einen von ihm schriftlich Beauftragten nach Feststellung der Person zu quittieren. [7]Verfügungen zugunsten von Privat- oder Geschäftskonten des Notars sind lediglich zur Bezahlung von Kostenforderungen aus dem zugrundeliegenden Amtsgeschäft unter Angabe des Verwendungszwecks und nur dann zulässig, wenn hierfür eine notarielle Kostenrechnung erteilt und dem Kostenschuldner zugegangen ist und Auszahlungsreife des verwahrten Betrages zugunsten des Kostenschuldners gegeben ist.
(4) Eine Verwahrung soll nur dann über mehrere Anderkonten durchgeführt werden, wenn dies sachlich geboten ist und in der Anweisung ausdrücklich bestimmt ist.
(5) [1]Schecks sollen unverzüglich eingelöst oder verrechnet werden, soweit sich aus den Anweisungen nichts anderes ergibt. [2]Der Gegenwert ist nach den Absätzen 2 und 3 zu behandeln.

Literatur *Bülte*, Grundlagen der Geldwäschestrafbarkeit und Geldwäschecompliance für Notare, notar 2019, 75; *DNotI*, Aufhebung eines Pfändungs- und Überweisungsbeschlusses nach Auszahlung vom Notaranderkonto an den Pfändungsgläubiger, DNotI-Rep. 2004, 9; *DNotI*, Insolvenz des Verkäufers bei Kaufpreisabwicklung über Notaranderkonto, DNotI-Rep. 2001, 147; *DNotI*, Rückzahlung einer Teileinzahlung auf Notaranderkonto nach Käuferinsolvenz, DNotI-Rep. 2004, 32; *DNotI*, Pfändung in Notaranderkonto, DNotI-Rep. 2001, 161; *DNotI*, Abtretung bzw. Pfändung des Kaufpreisanspruchs bei Hinterlegung, DNotI-Rep. 1996, 93; *DNotI*, Pfändung des Kaufpreisanspruchs bei Hinterlegung, 17/1994 S. 1; *DNotI*, Einlagensicherung für Notaranderkonten bei Insolvenz der verwahrenden Bank, DNotI-Rep. 2008, 169; *Hager/Müller-Teckhof*, Die Entwicklung des Notarrechts in den Jahren 2013/2014, NJW 2014, 1918; *Hager/Müller-Teckhof*, Die Entwicklung des Notarrechts in den Jahren 2017 bis 2018, NJW 2018, 1853; *Heinze*, Pfändungen in das Notaranderkonto und Reaktion durch gerichtliche Hinterlegung – insbesondere eine Untersuchung des § 853 ZPO, notar 2018, 407; *Lange*, Treuhandkonten in Zwangsvollstreckung und Insolvenz, NJW 2007, 2513; *Lappe*, Entnahme der Hinterlegungsgebühr, NotBZ 2001, 418; *Litzenburger*, Die Gläubigermehrheit an der Kaufpreisforderung aus einem Grundstückskaufvertrag, NotBZ 2003, 296; *Preuß*, Abwicklung notarieller Ver-

395 Vgl. Handbuch Notarhaftung/*Hertel*, Kap. 4 Rn 241.

wahrungsgeschäfte in der Insolvenz eines Beteiligten; FS (2018), 25 Jahre Deutsches Notarinstitut, S. 357; *Rellermeyer*, Varianten der landesrechtlichen Hinterlegungsgesetze, Rpfleger 2011, 129; *Rellermeyer*, Varianten der landesrechtlichen Hinterlegungsgesetze, Rpfleger 2014, 579; *Schlee*, Notarielle Hinweispflicht auf Festgeldanlagemöglichkeit? NotBZ 1997, 24; *Schmitt*, Zinsabschlaggesetz und Anderkonten, NJW 1993, 1569; *Sommer*, GwG 2017 aus notarieller Sicht, DAI – 16. Jahresarbeitstagung (4.–6.10.2018), 501; *Starke*, Erbnachweis durch notarielles Testament, NJW 2005, 3184; *Wegner*, Das Geldwäschebekämpfungsgesetz – Neue Pflichten für rechtsberatende Berufe und verfahrensrechtliche Besonderheiten, NJW 2002, 2276; *Wegner*, Die Reform der Geldwäsche-Richtlinie und die Auswirkungen auf rechtsberatende Berufe, NJW 2002, 794; *Wiedemann/Armbruster*, Das neue Hinterlegungsrecht in Bayern, Rpfleger 2012, 1; *Winkler*, Keine Insolvenzanfechtung wegen inkongruenter Deckung bei Überweisung vom Notaranderkonto auf Anweisung des Insolvenzschuldners, BB 2012, 3096; *Zenker*, Hebegebühr, Anderkontokosten und Zinsabschlag, NJW 2003, 3459.

A. Vorbemerkungen

1 Die vielfältigen **Risiken bei der Abwicklung** und leider auch die **Gefahren des Missbrauchs** machen es erforderlich, die Führung von Notaranderkonten strengen Regeln zu unterwerfen. So wird die Dienstaufsicht erleichtert, Fehler werden schneller entdeckt und Manipulationen von Anfang an erschwert. Gerade die Anforderungen des § 58 BeurkG sollen Notaranderkonten transparent und damit kontrollierbar machen. Das Missbrauchsrisiko soll so weit wie möglich reduziert werden. Die Regelungen tragen auch zum **Schutz des Notars** bei. Er kann auf seine Amtspflichten verweisen und sich so vor dubiosen und zweifelhaften Geschäften, die möglicherweise nur der Geldwäsche oder dem Anlagebetrug dienen, schützen.

2 Der Zweck eines Notaranderkontos liegt darin, **ein Guthaben treuhänderisch** zu verwalten. Ein **debitorisches Anderkonto** kann es von daher grundsätzlich nicht geben.[1] Eine Ausnahme besteht für neu angelegte Anderkonten. Soweit auf diesen noch keine Gutschrift erfolgt ist, geraten sie durch Kontogebühren, Bankspesen und/oder sog. „Negativzinsen" gelegentlich geringfügig in die „roten Zahlen". Das ist unschädlich (genauer vgl. NotAndKont Rdn 12).

B. Verwahrung auf Notaranderkonto (Abs. 1 und 2)

I. Das Anderkonto

3 Abs. 1 S. 1 enthält eine **Legaldefinition** des Notaranderkontos: Es handelt sich um ein **Sonderkonto** für fremde Gelder, die dem Notar anvertraut worden sind. Fremde Gelder hat der Notar unverzüglich dem Anderkonto zuzuführen. **Jede Vermischung mit Eigengeldern ist unzulässig** und – bei Vorsatz – als Untreue strafbar.

Das Anderkonto muss nach den von der Generalversammlung der BNotK beschlossenen Bedingungen für Anderkonten und Anderdepots für Notare sowie – im Fall der elektronischen Anderkontenführung – der Ergänzenden Sonderbedingungen für die elektronische Notaranderkontenführung eingerichtet werden (vgl. auch § 10 Abs. 2, 3 DONot). Auf die Kommentierung der NotAndKont wird verwiesen. Diese Bedingungen regeln die Rechtsbeziehungen zwischen Notar und Bank sowie die technischen Voraussetzungen und Sorgfaltspflichten bei der elektronischen Anderkontenführung bundesweit einheitlich als Mindeststandard, wobei der Notar berechtigt ist, die Bedingungen durch Vereinbarung mit der kontoführenden Bank zu verbessern.[2]

II. Einrichtung des Anderkontos

1. Grundsatz: Girokonto

4 Das Notaranderkonto wird grundsätzlich als Girokonto geführt.[3] Zu einer bestimmten **Art der Anlage** ist der Notar gem. Abs. 1 S. 2 nur bei einer entsprechenden Anweisung der Beteiligten verpflichtet. In den letzten Jahren hat sich dennoch im Hinblick auf die Betreuungspflichten des Notars ein gewisser Wandel ergeben. Dies wurde bereits oben angesprochen (vgl. § 57 BeurkG Rdn 73 ff.). Es ist nicht gestattet, das Fremdgeld oder seine Erträge auch nur vorübergehend auf einem sonstigen Konto des Notars oder gar eines Dritten zu führen (Abs. 1 S. 3).

2. Auswahl des Kreditinstituts

5 Notaranderkonten dürfen nur bei der **Deutschen Bundesbank** oder einem **im Inland zum Geschäftsbetrieb befugten Kreditinstitut** eingerichtet werden. Zulässig ist die Verwahrung bei der inländischen Filiale einer ausländischen Bank.[4] Aus der Regelung muss abgeleitet werden, dass das Anderkonto nicht im Ausland geführt werden darf, selbst wenn es sich um die Filiale einer inländischen Bank handelt oder das Kreditinstitut auch im Inland zum Geschäftsbetrieb befugt ist. Der Wortlaut ist insoweit

1 Vgl. *Blaeschke*, § 14 Rn 118.
2 Vgl. Gutachten DNotI vom 21.6.2021, Abruf-Nr. 183800.
3 Vgl. Haug/Zimmermann/*Zimmermann*, Rn 690.
4 Vgl. Frenz/Miermeister/*Hertel*, BeurkG § 58 Rn 3.

zwar nicht ganz eindeutig.[5] Sinn und Zweck sprechen jedoch für eine restriktive Auslegung. Nur wenn das Notaranderkonto in Deutschland geführt wird, kann die Dienstaufsicht in kritischen Situationen schnell genug reagieren.[6]

Wird das Notaranderkonto bei einer ausländischen Bank geführt, die im Inland zum Geschäftsbetrieb befugt ist, so muss dieses ebenfalls nach den NotAndKont eingerichtet und geführt werden (vgl. § 10 Abs. 2 DONot). 6

Anderkonten sollen nach Abs. 2 S. 2 bei **Kreditinstituten im Amtsbereich des Notars** oder den **unmittelbar angrenzenden Amtsgerichtsbezirken** desselben OLG-Bezirks eingerichtet werden. Die Auswahl unter den örtlichen Instituten trifft der Notar nach seinem **Ermessen**.[7] Weder die Aufsichtsbehörden noch die Standesorganisationen dürfen bestimmte Kreditinstitute vorschreiben oder auch nur empfehlen. Von dem „Ortsprinzip" kann abgewichen werden, wenn in der **Anweisung ausdrücklich etwas anderes vorgesehen** wird oder eine andere Handhabung **sachlich geboten ist**. 7

Ein sachliches Gebot, das Konto außerhalb des Amtsbereichs zu führen, kann vorliegen, wenn Käufer und Verkäufer über die gleiche Bank finanzieren, das Anderkonto bei dieser eingerichtet werden soll, die Bank aber im Amtsgerichtsbezirk des Notars keine Zweigstelle hat. Eine „engherzige" Verfahrensweise empfiehlt sich nicht.[8] Dies gilt in Zeiten zunehmender Digitalisierung, Filialschließungen und Personalabbau umso mehr, wenn das ortsansässige Kreditinstitut ungünstige Konditionen hat oder schwerfällig arbeitet. Daher kann es u.U. geboten sein, Konten bei mit Anderkonten erfahrenen, im Inland ansässigen Online-Banken in Erwägung zu ziehen. Unabhängig davon zeigt die praktische Erfahrung, dass es i.d.R. vorteilhaft ist, Notaranderkonten bei Banken einzurichten, zu denen regelmäßige Kontakte bestehen.[9] Dies werden zumeist am Ort vertretene Institute sein. Nicht zuletzt die strengen Anforderungen des GwG führen dazu, dass die erstmalige Einrichtung eines Notaranderkontos bei einem Bankinstitut meist mit erheblichem Aufwand verbunden ist. Beachtet der Notar eine von den Beteiligten bzgl. der Bankauswahl vorgenommene Weisung nicht und ergibt sich daraus ein Schaden (z.B. aufgrund einer niedrigeren Verzinsung), so haftet der Notar.[10] 8

Früher galt praktisch uneingeschränkt, dass der Notar von der Sicherheit eines für den Bankbetrieb zugelassenen Instituts ausgehen und sich auf die Wirksamkeit der Bankaufsicht verlassen durfte. Eigene Prüfungen, ob eine Bank die notwendige Sicherheit für eine Verwahrung von Geldern bietet, musste der Notar regelmäßig nicht vornehmen. Anderes galt nur, wenn konkrete Verdachtsmomente für die Unzuverlässigkeit eines Bankinstituts vorlagen.[11] 2005 nahm der BGH[12] eine wichtige Einschränkung vor: Bei der Annahme anvertrauter Gelder muss der Notar bei der Auswahl der Bank aufgrund allgemeiner Sorgfaltsanforderungen auch die Sicherungen für den **Insolvenzfall** berücksichtigen. Bei Verwahrungsbeträgen über 20.000 EUR, die nicht ohnehin gesetzlich abgesichert sind, gehört es mithin seither zu den Amtspflichten des Notars zu prüfen, ob die Bank einer die gesetzliche Mindestsicherung übersteigenden Einlagensicherungseinrichtung angehört (vgl. unten NotAndKont Rdn 16).[13] Das gilt zumindest, seit § 23a Abs. 1 Kreditwesengesetz (KWG) die Kreditinstitute verpflichtet, Kunden umfassend über die **Zugehörigkeit zu Sicherungseinrichtungen** zu informieren. Die gesetzlichen Informationspflichten ermöglichen es dem Notar, die Unterschiede zwischen Banken zu erkennen. Diese muss er berücksichtigen, denn er ist zu größtmöglicher Sorgfalt bei der Auswahl der Bank verpflichtet. In Zweifelsfällen sollte er das Einverständnis der Beteiligten einholen.[14] Das Gesetz verpflichtet Banken, zur Sicherung ihrer Einlagen und Verbindlichkeiten einer Entschädigungseinrichtung anzugehören.[15] 9

5 Vgl. *Weingärtner*, Verwahrungsgeschäft, Rn 133; Frenz/Miermeister/*Hertel*, BeurkG § 58 Rn 10.
6 Vgl. *Winkler*, § 58 Rn 7; Frenz/Miermeister/*Hertel*, BeurkG § 58 Rn 10 Fn 28; *Lerch*, § 54b Rn 2; Weingärtner/*Ulrich*, DONot § 10 Rn 5; Grziwotz/Sauer/Heinemann/*Grziwotz*, § 58 Rn 7.
7 Vgl. Frenz/Miermeister/*Hertel*, BeurkG § 58 Rn 12; Arndt/Lerch/Sandkühler/*Sandkühler*, § 23 Rn 101; Handbuch Notarhaftung/*Hertel*, Kap. 4 Rn 288.
8 So Arndt/Lerch/Sandkühler/*Sandkühler*, § 23 Rn 98; vgl. auch Grziwotz/Sauer/Heinemann/*Grziwotz*, § 58 Rn 7.
9 Vgl. Beck'sches Notarhandbuch/*Trömer*, § 1 Rn 854.
10 So Frenz/Miermeister/*Hertel*, BeurkG § 58 Rn 12.
11 Vgl. z.B. *Weingärtner*, Verwahrungsgeschäft, Rn 135.
12 BGH v. 8.12.2005, III ZR 324/04, DNotZ 2006, 358 ff.; vgl. dazu auch *Kapsa*, ZNotP 2007, 2, 4 f.
13 Näheres zu den Sicherungssystemen: Arndt/Lerch/Sandkühler/*Sandkühler*, § 23 Rn 99; Gutachten DNotI-Rep. 2008, 169 ff.; vgl. auch Grziwotz/Sauer/Heinemann/*Grziwotz*, § 58 Rn 8 Fn 11.
14 So auch Haug/Zimmermann/*Zimmermann*, Rn 720; Grziwotz/Sauer/Heinemann/*Grziwotz*, § 54b Rn 8.
15 Arndt/Lerch/Sandkühler/*Sandkühler*, § 23 Rn 99.

3. Verbot von Sammelanderkonten

10 Für jede Verwahrungsmasse muss ein gesondertes Anderkonto eingerichtet werden. Diese Bestimmung ist zwingend. **Sammelanderkonten** sind **unzulässig** (Abs. 2 S. 3 und 4). Ein Verstoß gegen diese Regelung stellt eine schwere Dienstpflichtverletzung dar und ist streng zu ahnden.[16] Die Praxis des Notarversicherungsfonds in den 1990er Jahren belegt, dass im Zusammenhang mit sog. „Geldsammelfällen", bei denen Notare in betrügerische Anlagegeschäfte verwickelt wurden, häufig gegen dieses Prinzip verstoßen wurde. Diese Vorschrift mit Drittschutzwirkung[17] hat auch eine materiell-rechtliche Funktion. Bei Vermischung mehrerer Massen auf einem einzigen Anderkonto wären Vertragsabwicklungen bei Zwangsvollstreckungsmaßnahmen gegen einen Beteiligten erheblich erschwert.[18]

11 Von dem Grundsatz, dass je „Vorgang – ein Konto einzurichten ist", gibt es in der Praxis einige Ausnahmen bzw. Einschränkungen:

- So kann nach Abs. 4, eine Verwahrung über mehrere Anderkonten durchgeführt werden (vgl. hierzu Rdn 54 f.). Dafür wird es nur selten einen praktischen Grund geben.
- Zulässig ist es auch, wenn Banken für Notaranderkonten **Stammnummern** (auch Hauptnummer genannt) vergeben und jede Masse dann auf einem eigenen selbstständigen und separat abgerechneten Unterkonto geführt wird.[19] Bei den Unterkonten handelt es sich nach Auffassung der Kreditwirtschaft insoweit um selbstständige Konten.[20]
- In der Praxis kommt es häufig vor, dass Banken nach Abschluss einer Masse die **gleiche Kontonummer für ein späteres Verwahrungsgeschäft noch einmal vergeben**. Das ist dann unproblematisch, wenn keine „Verwirrung" zu besorgen ist. Die Neuvergabe darf erst dann erfolgen, wenn die frühere Masse vollständig abgewickelt ist, insbesondere auch alle Quartalsabschlüsse und Steuerbescheinigungen vorliegen (vgl. unten NotAndKont Rdn 21).[21] Das ist fallabhängig. Die Diskussion über die Länge der „Wartefrist" ist überflüssig.

4. Vorherige Überweisung auf ein Geschäftskonto

12 Kommt es offenkundig **irrtümlich zu einer Gutschrift auf einem Geschäftskonto** des Notars (oder einem falschen Anderkonto), ist der hinterlegte Betrag unverzüglich auf das richtige Anderkonto zu überweisen.[22] Eine besondere Klarstellung durch den Hinterleger ist in der Regel entbehrlich. Ist der Notar abwesend, so muss er die Überweisung sofort nach seiner Rückkehr vornehmen. Regelmäßig kann nicht verlangt werden, dass der Notar einem Mitarbeiter Kontovollmacht für das Geschäftskonto erteilt, um die „Umbuchungen" vornehmen zu können. Etwas anderes gilt nur, wenn der Notar abwesend ist und mit einer Einzahlung auf sein Geschäftskonto rechnet, die auf ein Anderkonto umzubuchen ist.[23] Im Verwahrungsverzeichnis ist die Buchung (mit Angabe der jeweils empfangenden Person) zu verzeichnen (vgl. § 25 Abs. 3 NotAktVV). Für den Fall der Einzahlung auf einem falschen Anderkonto enthält nunmehr § 28 Abs. 2 NotAktVV eine Regelung[24] (vgl. § 28 NotAktVV Rdn 10). Zu der Umbuchung sollten im Verwahrverzeichnis unter Bemerkungen weitere Angaben gemacht werden (vgl. § 25 Abs. 4 NotAktVV).

Abzugrenzen ist diese Situation übrigens von dem in der Praxis gar nicht so seltenen Fall, dass der Käufer bei direkter Kaufpreiszahlung den Kaufpreis nach erfolgter Fälligkeitsmitteilung statt auf das angegebene Konto des Verkäufers auf ein Konto des Notars überweist. Hier sollte der Notar den Kaufpreis nur mit schriftlichem Einverständnis des Käufers und ggf. der finanzierenden Bank an den Verkäufer weiterleiten. Es kann nämlich nicht ausgeschlossen werden, dass der Käufer den Kaufpreis ganz bewusst nicht sofort an den Verkäufer, sondern zunächst nur „zu treuen Händen" an den Notar zahlen wollte.

16 Vgl. auch BGH v. 17.3.2014 – NotSt (Brfg) 1/13, DNotZ 2014, 470 ff. (Sonderfall).
17 Vgl. Haug/Zimmermann/*Zimmermann*, Rn 720.
18 Vgl. *Steuer*, DNotZ 1979, 208, 209.
19 Vgl. *Blaeschke*, § 12 Rn 120; *Weingärtner*, Verwahrungsgeschäft, Rn 137.
20 Vgl. Frenz/Miermeister/*Hertel*, BeurkG § 58 Rn 3, der von der Verwendung von Unterkonten abrät.
21 Ähnlich *Blaeschke*, § 12 Rn 121; eher kritisch: Frenz/Miermeister/*Hertel*, BeurkG § 58 Rn 13; Grziwotz/Sauer/Heinemann/*Grziwotz*, § 58 Rn 12; Handbuch Notarhaftung/*Hertel*, Kap. 4 Rn 269 („Wartefrist" von mindestens einem Jahr).
22 Vgl. Frenz/Miermeister/*Hertel*, BeurkG § 58 Rn 6; Haug/Zimmermann/*Zimmermann*, Rn 715, 720; Grziwotz/Sauer/Heinemann/*Grziwotz*, § 58 Rn 6; Handbuch Notarhaftung/*Hertel*, Kap. 4 Rn 265.
23 Vgl. *Weingärtner*, Verwahrungsgeschäft, Rn 110; Frenz/Miermeister/*Hertel*, BeurkG § 58 Rn 6 Fn 18.
24 Vgl. *Blaeschke*, § 12 Rn 35, 30.

5. Zinsen und Zinsbesteuerung

Wem Zinsen aus der Hinterlegung zustehen, ist grundsätzlich in der Verwahrungsvereinbarung zu regeln (vgl. hierzu auch § 57 BeurkG Rdn 61 f.). 13

Seit dem 1.1.2009 ist auf Kapitalerträge auf Sichteinlagen Kapitalertragsteuer i.H.v. **25 % nebst Solidaritätszuschlag als Abgeltungssteuer** zu zahlen.[25] Die Abgeltungssteuer bei Privatkonten ist keine Vorauszahlung auf die Einkommensteuer, sondern eine endgültige Abgeltung der Steuer auf Kapitaleinkünfte.[26] Seit dem 1.1.2015 erfolgt die Erhebung der Kirchensteuer automatisiert auf die Kapitalertragsteuer. Auf Anregung der BNotK hin wurden jedoch u.a. Notaranderkonten von der automatisierten Abführung ausgenommen. Die geschuldete Kirchensteuer ist über die persönliche Einkommensteuererklärung zu erfassen und festzusetzen. Der Beantragung eines sog. Sperrvermerks (Widerspruch beim Bundeszentralamt für Steuern gegen den automatisierten Datenabruf der Religionszugehörigkeit) bedarf es nicht.[27]

a) Verfahrensgrundsätze des BMF

Das BMF hat mit Schreiben vom 24.11.2008 an die BNotK die bisherigen Verfahrensgrundsätze bestätigt. Die BNotK hat diese im Rundschreiben 3/2009[28] vom 13.1.2009 zusammengefasst dargestellt. Danach gelten für das Verfahren der Erteilung der Steuerbescheinigung folgende Grundsätze: 14

1. Die Steuerbescheinigung ist vom Kreditinstitut auf den Namen des Notars auszustellen und durch den Hinweis „Notaranderkonto“ zu kennzeichnen.
2. Der Notar leitet das Original der Steuerbescheinigung an den Auszahlungsberechtigten weiter. „Auszahlungsberechtigter“ ist derjenige, der nach der Verwahrungsanweisung Anspruch auf die Auszahlung laufender Zinsen hat. In den Fällen, in denen auf der Steuerbescheinigung des Kreditinstituts der Hinweis „Notaranderkonto“ fehlt, erteilt der Notar dem Berechtigten zusätzlich eine Bestätigung darüber, dass er für ihn treuhänderisch tätig geworden ist. Der Berechtigte hat die Steuerbescheinigung und die Bestätigung, soweit sie erteilt wurde, dem für ihn zuständigen Finanzamt vorzulegen.
3. Wenn die auf dem Notaranderkonto erzielten kapitalertragsteuerpflichtigen Zinsen anteilig auf Verkäufer und Käufer entfallen, stellt der Notar eine der Anzahl der Beteiligten entsprechende Zahl beglaubigter Abschriften der Originalbescheinigung her. Er vermerkt auf der an den jeweiligen Beteiligten auszuhändigenden Abschrift, in welcher Höhe er diesem Zinsen gutgeschrieben hat. Die Berechtigten haben diese beglaubigten Abschriften dem für sie zuständigen Finanzamt vorzulegen.
4. Wenn die auf einem Notaranderkonto erzielten kapitalertragsteuerpflichtigen Zinsen in sonstigen Fällen mehreren Berechtigten zustehen, die nicht zusammen veranlagt werden, gilt Folgendes:
   a) Sind dem Notar die zivilrechtlichen Anteilsverhältnisse bekannt, teilt er die Kapitalerträge und die Kapitalertragsteuern auf die Berechtigten nach Maßgabe dieser zivilrechtlichen Anteilsverhältnisse auf; die Ausführungen unter 3. gelten im Übrigen entsprechend. Unter „zivilrechtlichen Anteilsverhältnissen“ sind die „zivilrechtlichen Vereinbarungen“ zu verstehen.
   b) Sind dem Notar die Anteilsverhältnisse nicht bekannt, sind die Kapitalerträge und die hierauf entfallende Kapitalertragsteuer einheitlich und gesondert nach § 180 Abs. 1 Nr. 2a AO festzustellen. Die Beteiligten haben eine entsprechende Erklärung abzugeben. Zu diesem Zweck händigt der Notar dem die Steuererklärung abgebenden Berechtigten die über die Kapitalertragsteuer erteilte Steuerbescheinigung aus.

Zusammenfassend ist festzustellen, dass der Notar die Steuerbescheinigung in vielen Fällen nicht nur an einen Beteiligten weiterzuleiten hat. Er muss vielmehr davon beglaubigte Abschriften fertigen und „Bestätigungen“ bzw. „Vermerke“ machen, die die Qualität einer notariellen Bescheinigung haben.[29]

25 Vgl. *Blaeschke*, § 14 Rn 112; *Krauß*, Immobilienkaufverträge, Rn 2452.
26 Vgl. Arndt/Lerch/Sandkühler/*Sandkühler*, 7. Aufl., § 23 BNotO Rn 133.
27 Vgl. BNotK Rundschreiben Nr. 8/2014 vom 6.6.2014; abrufbar im Internet auf der Homepage der BNotK; vgl. auch BNotK-intern 2/2014 S. 5 f.
28 Abrufbar im Internet: DNotI – Stichwort: „Arbeitshilfen“. Inhaltlich haben sich keine Änderungen zu den früheren Verfahrensgrundsätzen ergeben (vgl. DNotZ 1993, 1 ff.).
29 Vgl. zum Ganzen: Frenz/Miermeister/*Hertel*, DONot § 10 Rn 54; *Winkler*, § 58 Rn 33a; *Krauß*, Immobilienkaufverträge, Rn 2452; vgl. auch *Blaeschke*, § 14 Rn 114.

b) Pflicht des Notars zur „Aufteilung" der Steuerbescheinigung

15 Die **Pflicht, die Steuerbescheinigung zwischen mehreren Beteiligten „aufzuteilen"**, ist an keiner Stelle gesetzlich ausdrücklich geregelt. Auch Schreiben des BMF können keine solche Pflicht begründen. Es handelt sich jedoch um eine Nebenpflicht zu der allgemeinen Pflicht, Anderkonten abzurechnen. Sie lässt sich auch steuerrechtlich mit der Stellung des Notars als Treuhänder begründen.

Allerdings sollte der Notar bei der „Aufteilung" zurückhaltend sein. Unproblematisch sind regelmäßig die Fälle, in denen die Überweisung schon nach Maßgabe der Verwahrungsvereinbarung auf mehrere Empfängerkonten erfolgen soll. In allen Fällen, in denen die Urkunde keine Aussage enthält, sollte der Notar vorsichtig sein, da er regelmäßig keine „amtliche Kenntnis" von der internen Aufteilung unter den Empfängern hat. Eine in der Praxis hilfreiche „Kompromisslösung" kann es darstellen, wenn der Notar in der Bescheinigung die Grundlage für die Ermittlung des Anteils angibt (z.B.: „Auf Herrn A entfallen die Zinsen in Höhe von ¼-Anteil entsprechend seinem durch Erbschein dokumentierten Anteil an der Erbengemeinschaft"). Komplikationen wegen unklarer Anteilsverhältnisse können in der Regel vermieden werden, wenn in der Verwahrungsvereinbarung auch die Verteilung der Zinsen zwischen den Beteiligten eindeutig und genau geregelt ist. Beispiel: Nicht selten kommt es in der Praxis – z.B. bei verkaufenden Erbengemeinschaften – vor, dass die Auszahlungen vom Anderkonto nur auf das Konto eines Miterben oder ein Gemeinschaftskonto erfolgen sollen. Soweit möglich sollte die Erlösaufteilung zwischen den Miterben dennoch ergänzend in die Urkunde mit aufgenommen werden. Die „zivilrechtlichen Vereinbarungen" sind dann klar. Es kann nach Ziff. 4.a) (vgl. oben Rdn 14) verfahren werden.

c) Zeitpunkt des Zinszuflusses

16 Nicht endgültig geklärt ist, wann der Zinszufluss unter steuerrechtlichen Aspekten stattfindet. Richtigerweise ist der steuerliche Zuflusszeitpunkt der Zeitpunkt der „Auszahlungsfälligkeit".[30] Diese Auffassung führt zu in der Praxis überzeugenderen Ergebnissen und ist in der Handhabung einfacher.

d) Zeitpunkt der Weiterleitung der Steuerbescheinigung

17 Mehrere **Steuerbescheinigungen eines Jahres** können **zusammengefasst** versandt werden. Die Aufteilung kann in diesen Fällen einheitlich bescheinigt werden. Nicht endgültig geklärt ist, **wann** der Notar die Steuerbescheinigung weiterzuleiten hat, wenn die Abwicklung des Anderkontos im laufenden Kalenderjahr nicht mehr möglich ist. Möglich erscheint, die im Laufe eines Kalenderjahres eingegangenen Bescheinigungen sofort an die Beteiligten weiterzuleiten. Das wäre aber nur dann richtig, wenn der Zinszufluss steuerlich in dem Jahr als erzielt gilt, in dem die Gutschrift auf dem Anderkonto erfolgte. Folgt man der hier vertretenen Auffassung, dass die Zinsen erst im Zeitpunkt der Auszahlungsfälligkeit zufließen, dürfen die Steuerbescheinigungen erst nach vollständiger Vertragsabwicklung an die Empfangsberechtigten versandt werden. Erst dann stehen die Zinsempfänger endgültig fest. Der Weg ist verfahrenstechnisch einfach. Er ermöglicht eine einmalige „Schlussabrechnung".

e) Entgegennahme von Freistellungsaufträgen

18 Die **Entgegennahme von Freistellungsaufträgen** ist dem Notar nach Meinung des BMF unter Verweis auf § 44a Abs. 6 EStG verwehrt, weil er das Anderkonto im eigenen Namen führt, also der Gläubiger der Zinsen und der Kontoinhaber nicht identisch sind.[31] Diese Betrachtungsweise kommt einem praktischen Bedürfnis entgegen. Erst bei der Auszahlung ist endgültig klar, wem die Zinsen zustehen. Wird ein Vertrag, bei dem die Zinsen ab Hinterlegung eigentlich dem Verkäufer zustehen sollen, rückabgewickelt, kommt es regelmäßig zur Rücküberweisung des hinterlegten Kaufpreises nebst Zinsen an die finanzierende Bank des Käufers. Hätte hier ein Freistellungsauftrag des Verkäufers Beachtung gefunden, wäre keine Kapitalertragsteuer abgeführt worden, obwohl nur der Verkäufer den Freistellungsauftrag erteilt hatte. Der den Freistellungsauftrag Erteilende und der Zinsempfänger fielen im Ergebnis auseinander. Dies wäre ein unbefriedigendes und unrichtiges Ergebnis, das seine Ursache in der falschen Erwartung über den voraussichtlichen Zahlungs- und Zinsempfänger hätte. Aus der notariellen Verschwiegenheits-

30 So auch Frenz/Miermeister/*Hertel*, DONot § 10 Rn 53 mit Verweis auf verschiedene Finanzgerichtsentscheidungen.

31 So auch Frenz/Miermeister/*Hertel*, DONot § 10 Rn 55; vgl. *Blaeschke*, § 14 Rn 113; vgl. *Schmitt*, NJW 1993, 1569.

pflicht lässt sich das Verbot, bei Anderkonten Freistellungsaufträge zu erteilen,[32] nicht mehr ableiten. Das GwG hat die Verschwiegenheitspflicht des Notars gegenüber Banken weitgehend „aufgeweicht".

f) Behandlung der Kapitalerträge im Zusammenhang mit Verwahrungsgebühren

19 Die Abbuchung der Kapitalertragsteuer löst keine Verwahrungsgebühren aus, da es sich um gesetzlich vorgeschriebene automatische Abbuchungsvorgänge handelt, die nicht vom Notar beeinflusst werden und damit nicht Grundlage für die Abrechnung von Verwahrungsgebühren sein können.[33]

C. Persönliche Verfügung über Notaranderkonten

I. Die Verfügungsbefugnis (Abs. 3 S. 1 bis 3)

1. Verfügungsberechtigte

20 Verfügungsbefugt über Notaranderkonten sind nach Abs. 3 S. 1 nur der **Notar** persönlich, seine **amtlich bestellte Notarvertretung** der **Notariatsverwalter oder der mit der Aktenverwahrung gem. § 51 Abs. 1 S. 2 BNotO betraute Notar**. Dies gilt für den mit der Aktenverwahrung gem. § 51 Abs. 1 S. 2 BNotO betrauten Notar nur, soweit ihm die Verfügungsbefugnis über Anderkonten ausdrücklich übertragen worden ist. Dazu ist die Landesjustizverwaltung berechtigt.[34] Dieses Verfahren wird häufig gewählt, um die Bestellung eines Notariatsverwalters zu vermeiden.[35] Der **Grundsatz der persönlichen Verfügungsbefugnis** schließt auch jede Möglichkeit der Einrichtung von Gemeinschaftskonten (Und- sowie Oder-Konten)[36] oder der Einräumung von Verfügungsbefugnissen des Notars an Drittkonten[37] aus.

21 Kraft Gesetzes (§ 55 Abs. 3 S. 3 BNotO) verliert der Notar seine Verfügungsbefugnis über Notaranderkonten, wenn er **vorläufig des Amtes enthoben** wird. Es handelt sich um ein **absolutes Verfügungsverbot** gem. § 134 BGB. Das war schon bislang ganz herrschende Lehre (vgl. auch NotAndKont Rdn 63).[38] Der BGH[39] hat sich dem in einer ausführlich begründeten Entscheidung im Jahre 2005 angeschlossen. Das Gericht begründet seine Auffassung mit dem Wortlaut und der systematischen Stellung der Norm. Vor allem aber verweist es auf den Regelungszweck, nämlich den effektiven Schutz vor missbräuchlichen Verfügungen des Notars; mit einem nur relativen Verfügungsverbot sei dieser nicht gewährleistet. Die Interessen der Kreditwirtschaft seien auch bei einem absoluten Verfügungsverbot gewahrt. Neben anderen Ersatzansprüchen komme ein Amtshaftungsanspruch gegen die Justizverwaltung in Betracht, wenn diese die Kreditinstitute nicht unverzüglich von einer vorläufigen Amtsenthebung in Kenntnis setzt. Im Übrigen entspreche diese Betrachtungsweise der von der Kreditwirtschaft selbst anerkannten Regelung in Nr. 11 Abs. 2 NotAndKont.

22 Teilweise wird vertreten, dass die Dienstaufsicht das alleinige Verfügungsrecht des Notars, z.B. beim Verdacht von Straftaten, im Schutzinteresse der Bürger dahingehend einschränken könne, dass er nur mit Zustimmung der Dienstaufsicht oder einer von ihr benannten Person über Anderkonten verfügen kann.[40] Der Bank müsse diese Beschränkung natürlich mitgeteilt werden. Sie entfalte sonst keine Wirkung im Außenverhältnis. Zu Recht werden gegen eine derartige Beschränkung durch die Dienstaufsicht Bedenken im Hinblick auf die fehlende berufsrechtliche Ermächtigungsgrundlage geltend gemacht.[41] In solchen Fällen muss die Dienstaufsicht kurzfristig prüfen, ob die Voraussetzungen der vorläufigen Amtsenthebung vorliegen. Schäden lassen sich u.U. auch durch gezielte Mitteilungen an die Kreditinstitute über einen etwa bestehenden Untreue- oder Unterschlagungsverdacht verhindern.

32 Vgl. dazu noch *Huhn/von Schuckmann*, 3. Aufl., § 12 DONot Rn 15.

33 Vgl. dazu *Zenker*, NJW 2003, 3459 ff. (noch zur Hebegebühr, die durch die Verwahrungsgebühr im GNotKG abgelöst wurde).

34 Vgl. Arndt/Lerch/Sandkühler/*Sandkühler*, § 23 BNotO Rn 202; vgl. Frenz/Miermeister/*Bremkamp*, BNotO § 51 BNotO Rn 14; *Winkler*, § 58 Rn 18; Weingärtner/*Ulrich*, DONot § 10 Rn 25.

35 Vgl. *Weingärtner*, Verwahrungsgeschäft, Rn 145; Weingärtner/*Ulrich*, DONot § 10 Rn 25.

36 Vgl. Frenz/Miermeister/*Hertel*, BeurkG § 58 Rn 14; *Winkler*, § 58 Rn 18; Weingärtner/*Ulrich*, DONot § 10 Rn 18.

37 Vgl. Haug/Zimmermann/*Zimmermann*, Rn 720.

38 So auch Arndt/Lerch/Sandkühler/*Lerch*, § 55 Rn 21; Weingärtner/*Ulrich*, DONot § 10 Rn 30 f.

39 V. 11.10.2005 – XI ZR 85/04, DNotZ 2006, 201 ff.; vgl. dazu auch *Ganter*, ZNotP 2006, 42, 45.

40 Vgl. *Weingärtner*, Verwahrungsgeschäft, Rn 143; Weingärtner/*Ulrich*, DONot § 10 Rn 23; *Lerch*, vor § 54a Rn 40.

41 Vgl. Arndt/Lerch/Sandkühler/*Sandkühler*, § 23 Rn 104; i.E. auch bereits *Zimmermann*, DNotZ 1985, 717, 718.

Rechtspolitisch wünschenswert wäre es, wenn die Dienstaufsicht schnellere Eingriffsmöglichkeiten in Verdachtsfällen hätte.[42]

Teilweise ungeklärt ist die Rechtslage in Fällen, in denen ein Notar vorläufig des Amtes enthoben wird, aber nicht gleichzeitig oder kurzfristig danach eine Vertretung oder ein Notariatsverwalter bestellt wird. Die NotAndKont versuchen, die Lücke pragmatisch zu schließen – die Notarkammer wird Kontoinhaber und erlangt die Verfügungsbefugnis (ausführlich vgl. unten NotAndKont Rdn 68 f.).[43]

2. Unzulässigkeit von Vollmachten

23 Die klare gesetzliche Regelung **schließt jede Möglichkeit der Erteilung von Vollmachten aus**. Dies gilt sowohl für Kontovollmachten als auch sonstige Vollmachten.[44] Das Vertrauen, das dem Notar entgegengebracht wird, indem er allein und ohne unmittelbare Kontrolle Dritter über Treuhandgelder verfügen kann, ist einzigartig. Damit korrespondiert die Tatsache, dass er diese Tätigkeit nur höchstpersönlich, nicht aber durch Bevollmächtigte, ausüben kann. Jede Möglichkeit der Delegation würde die Bedeutung der pflichtgemäßen Wahrnehmung der Aufgabe durch den Notar entwerten. Eine entgegen Abs. 3 S. 1 erteilte Vollmacht ist nicht nur unzulässig, sondern auch unwirksam. Sie verstößt gegen ein gesetzliches Verbot i.S.v. § 134 BGB.[45] Folge ist die absolute Unwirksamkeit der Verfügungen eines Bevollmächtigten über das Anderkonto. Um dies noch klarer zum Ausdruck zu bringen, hätte der Gesetzgeber in Abs. 3 S. 1 allerdings besser von „kann nur" statt von „darf nur" gesprochen.[46]

24 Ebenso unzulässig ist die Erteilung einer „deklaratorischen" Vollmacht, die der Notar dem amtlichen Vertreter lediglich zur Legitimation gegenüber der Bank erteilt:[47] Der amtlich bestellte Vertreter kann sich durch Vorlage seiner Bestallungsurkunde legitimieren. Eine zusätzlich erteilte Vollmacht erweitert lediglich die Missbrauchsgefahren. Im Übrigen lassen sich solche deklaratorischen Vollmachten praktisch nicht auf die Vertretungszeiträume begrenzen.[48] Verlangt die Bank dennoch eine privatschriftliche Vollmacht, darf der Notar diesem Wunsch nicht nachgeben; daraus sich ergebende Schäden, etwa wegen verspäteter Auszahlung, sind in vollem Umfang von der Bank zu ersetzen. Auf ein Mitverschulden des Notars kann sich die Bank nicht berufen.

25 Eine schwere Dienstpflichtverletzung stellt es auch dar, wenn der Notar **blanko unterschriebene Überweisungsträger** bereithält, die in Zeiten seiner Abwesenheit benutzt werden.[49] Die Verfügungen sind allerdings nicht unwirksam.[50]

26 Eine **Ausnahme vom Verbot der Vollmachtserteilung** enthält Abs. 3 S. 2. Danach werden die Landesregierungen bzw. die von ihnen bestimmten Stellen ermächtigt, durch Rechtsverordnung zu bestimmen, dass Verfügungen auch durch einen entsprechend bevollmächtigten anderen Notar erfolgen dürfen. Von dieser Ermächtigung wurde nach Inkrafttreten des Gesetzes bis heute nur in Hamburg Gebrauch gemacht.[51] Dort bestand bereits früher eine entsprechende Regelung.[52] Es erscheint zweifelhaft, ob für ein solches Verfahren ein praktisches Bedürfnis besteht.[53] Die Möglichkeit, einen Vertreter zu bestellen, dürfte ausreichen. Im Übrigen ist der Personenkreis der möglichen Notarvertreter erheblich weiter als der eines Vertreters nach § 58 Abs. 3 S. 2 BeurkG.

42 Vgl. auch Weingärtner/*Ulrich*, DONot § 10 Rn 30.

43 Vgl. zum Ganzen: *Weingärtner*, Verwahrungsgeschäft, Rn 144a; Arndt/Lerch/Sandkühler/*Sandkühler*, § 23 Rn 199 ff.; Frenz/Miermeister/*Hertel*, BeurkG § 58 Rn 14; Grziwotz/Sauer/Heinemann/*Grziwotz*, § 58 Rn 18.

44 Vgl. *Winkler*, § 58 Rn 19; Arndt/Lerch/Sandkühler/*Sandkühler*, § 23 Rn 103; *Krauß*, Immobilienkaufverträge, Rn 2406; Weingärtner/*Ulrich*, DONot § 10 Rn 18; Grziwotz/Sauer/Heinemann/*Grziwotz*, BeurkG, § 58 Rn 14; vgl. auch *Bunte*, AGB-Banken und Sonderbedingungen, SB Ander Notar, Rn 56.

45 So auch Haug/Zimmermann/*Zimmermann*, Rn 721; a.A. Weingärtner/*Ulrich*, DONot § 10 Rn 18; unklar Arndt/Lerch/Sandkühler/*Sandkühler*, § 23 Rn 103.

46 Zu Kritik an den Formulierungen von Sollvorschriften im Hinblick auf Rechtsfolgen anschaulich *Volmer*, DNotZ 2025, 184.

47 A.A.: Weingärtner/*Ulrich*, DONot § 10 Rn 25; *Weingärtner*, Verwahrungsgeschäft, Rn 44, 144; ebenso auch noch *Huhn/von Schuckmann*, 3. Aufl., NotAndKont Rn 60.

48 Vgl. Frenz/Miermeister/*Hertel*, BeurkG § 58 Rn 15 Rn 40.

49 Vgl. *Winkler*, § 58 Rn 19; Eylmann/Vaasen/*Hertel*, § 54b BeurkG Rn 17; Grziwotz/Sauer/Heinemann/*Grziwotz*, § 58 Rn 15.

50 Vgl. BGH v. 11.10.2005 – XI ZR 85/04, NotBZ 2005, 431, 434; vgl. auch *Kapsa*, ZNotP 2007, 2, 4; Haug/Zimmermann/*Zimmermann*, Rn 721.

51 VO vom 13.10.1998, Hamburger GVBl. 1998, 209.

52 Vgl. Frenz/Miermeister/*Hertel*, BeurkG § 58 Rn 15 Fn 39.

53 Vorauflage/*Renner*, BeurkG Rn 25; so auch Grziwotz/Sauer/Heinemann/*Grziwotz*, § 58 Rn 14 Fn 23.

II. Auszahlungen vom Treuhandkonto (Abs. 3 S. 4 bis 7)

1. Empfangsberechtigung und Prüfungsanforderungen

Hinterlegte Gelder hat der Notar nach Vorliegen der Auszahlungsvoraussetzungen **unverzüglich dem Empfangsberechtigten** oder einem von diesem schriftlich benannten Dritten **zuzuführen**. Die Empfangsberechtigung bestimmt sich nach den **Weisungen der Beteiligten**. Der Notar ist zu einer äußerst sorgfältigen Prüfung verpflichtet. Auf keinen Fall darf er sich dem Druck von Beteiligten beugen und sich über Auszahlungsbedingungen hinwegsetzen: Er handelt dann regelmäßig vorsätzlich und verliert seinen Versicherungsschutz.[54] Je genauer die Regelungen bereits in der Verwahrungsanweisung sind, umso eher lassen sich später Folgeprobleme vermeiden.[55] Eine **Auslegung** unklarer Auszahlungsausweisungen ist dem Notar (mit Ausnahme völlig eindeutiger fehlerhafter Formulierungen) **nicht gestattet**.[56] Üblich und zweckmäßig ist es, wenn der Notar die Bank anweist, den hinterlegten Betrag zu bestimmten von ihm angegebenen Anteilen an mehrere Empfänger auszuzahlen. Auf keinen Fall muss der Notar zunächst die genaue Höhe des hinterlegten Betrages feststellen, um dann „punktgenau" die Überweisungsaufträge zu erteilen. Praktisch wäre das im Hinblick auf noch erfolgende Zinsgutschriften, Kontoführungsgebühren etc. kaum umsetzbar. 27

Häufige Einzelfälle aus der Praxis:

a) Änderungen und nachträgliche Angaben zum Empfängerkonto

Regelmäßig kann der Verkäufer einseitig nachträglich die Angaben zu dem Konto ändern, auf das der Kaufpreis zu überweisen ist (sofern dieses nicht der Lastenfreistellung dient).[57] Dabei sollte der Notar auf einer ausdrücklichen schriftlichen Anweisung bestehen. Verkaufen Ehegatten ein Grundstück und regelt der Vertrag noch nicht, auf welches Konto der Kaufpreis auszukehren ist, so darf sich der Notar nicht damit begnügen, dass ihm einer der Ehegatten das Empfängerkonto mitteilt.[58] Zu fordern sind hier gleich lautende Schreiben der Ehegatten oder eine Anweisung, die von beiden unterzeichnet ist. Übersteigerte Anforderungen, z.B. die öffentliche Beglaubigung der Unterschriften, wird man jedoch i.d.R. nicht stellen dürfen.[59] Eine allgemeine Pflicht des Notars, die Solvenz von Vertragsbeteiligten zu prüfen, gibt es nicht. Deshalb begründet das Vorliegen von bloßen Verdachtsmomenten, dass ein Insolvenzverfahren über das Vermögen des Verkäufers eröffnet worden sein könnte, auch keine Pflicht des Notars, weitergehende Nachforschungen anzustellen.[60] Weist der Empfangsberechtigte den Notar an, aus dem hinterlegten Betrag einen seiner Gläubiger abzulösen und meldet wenig später Insolvenz an, so berechtigt dies den Insolvenzverwalter regelmäßig nicht zu einer Anfechtung wegen inkongruenter Deckung gem. § 131 Abs. 1, 2. Alt. InsO. Die in § 58 Abs. 3 S. 4 BeurkG ausdrücklich vorgesehene „abgekürzte" Zahlung stellt keine ungewöhnliche Zahlungsweise dar.[61] 28

b) Empfangsberechtigung von Erben

Die Empfangsberechtigung von **Erben** wird regelmäßig durch Vorlage eines **Erbscheins** nachgewiesen. Im Grundbuchverkehr genügt als Nachweis auch die Vorlage eines notariellen Testaments mit Eröffnungsprotokoll.[62] Der Gutglaubensschutz, der sich an den Erbschein knüpft, ist damit jedoch nicht verbunden. Dennoch darf auch der Notar, wenn sich aus den Gesamtumständen keine Anhaltspunkte für Zweifel ergeben, regelmäßig das **notarielle Testament mit Eröffnungsprotokoll** als Nachweis der Erbenstellung ausreichen lassen. Der Rechtsgedanke des § 35 GBO ist insoweit übertragbar.[63] In diesem 29

54 Vgl. Haug/Zimmermann/*Zimmermann*, Rn 721, 724.
55 Zu den möglichen Bereichungsansprüchen bei Falschauszahlung vgl. Handbuch Notarhaftung/*Hertel*, Kap. 4 Rn 332.
56 Vgl. Haug/Zimmermann/*Zimmermann*, Rn 724; ähnlich Weingärtner/*Ulrich*, DONot § 10 Rn 43, 50 f.; etwas weniger streng: Handbuch der Notarhaftung/*Hertel*, Kap. 4 Rn 317 (Auslegung innerhalb der Wortlautgrenzen ist zulässig).
57 Vgl. z.B. Frenz/Miermeister/*Hertel*, BeurkG § 60 Rn 4.
58 Vgl. *Weingärtner*, Verwahrungsgeschäft, Rn 158; Weingärtner/*Ulrich*, DONot § 10 Rn 72; vgl. auch *Winkler*, § 58 Rn 24.
59 Vgl. Frenz/Miermeister/*Hertel*, BeurkG § 58 Rn 30 Fn 70.
60 So auch Frenz/Miermeister/*Hertel*, BeurkG § 58 Rn 30; wohl weitergehend: OLG Zweibrücken v. 27.7.2006 – 4 U 111/05, MittBayNot 2007, 240 mit abl. Anm. *Sandkühler*; vgl. auch Weingärtner/*Ulrich*, DONot § 10 Rn 64.
61 Vgl. *Winkler*, BB 2012, 3096 ff.
62 Vgl. DNotI-Rep. 2008, 153 f.; Schleswig-Holstein OLG Rpfleger 2008, 643 f.
63 So auch: Haug/Zimmermann/*Zimmermann*, Rn 723; a.A.: Frenz/Miermeister/*Hertel*, BeurkG § 58 Rn 30 Fn 72 (*Hertel* empfiehlt, vorher zumindest das schriftliche Einverständnis der Zahlungsverpflichteten einzuholen); Handbuch Notarhaftung/*Hertel*, Kap. 4 Rn 330.

Sinne urteilte auch der BGH im Jahr 2005, der ausführte, dass die Anforderungen an den Nachweis der Erbenstellung nicht „überspannt" werden dürfen.[64] Im konkreten Fall hatte die Bank die Auszahlung an die Erben von der Vorlage eines Erbscheins abhängig gemacht. Die Erben legten zunächst nur ein notarielles Testament mit Eröffnungsprotokoll vor. Erst auf Verlangen der Bank beantragten sie den Erbschein. Später forderten sie von der Bank, die Kosten des Erbscheins zu übernehmen. Zu Recht meinte der BGH, dass keinen allgemeinen Rechtssatz gebe, dass der Erbnachweis nur durch Erbschein geführt werden könne. Dies sei auch in anderer Weise möglich. Bei den Anforderungen an den Nachweis der Rechtsnachfolge ist auch den berechtigten Interessen der Erben an einer möglichst raschen kostengünstigen Abwicklung des Nachlasses Rechnung zu tragen.[65] Diese Rechtsprechung setzte das Gericht fort. Auch im Registerverfahren kann der Nachweis der Erbfolge durch öffentliches Testament mit Eröffnungsniederschrift geführt werden.[66] Allgemeine Geschäftsbedingungen von Banken, die vorsehen, dass ein Erbnachweis nur durch Erbschein oder sonstige gerichtliche Zeugnisse geführt werden kann, sind wegen Verstoßes gegen § 307 Abs. 1, Abs. 2 Nr. 1 BGB unwirksam.[67] Die Interessen der Erben, zusätzliche Kosten und zeitliche Verzögerungen in einfachen Fällen zu vermeiden, sind nach der Rechtsprechung höher zu bewerten als das Interesse der Bank an den Rechtswirkungen der §§ 2366 f. BGB. Ein BGH-Urteil[68] aus dem Jahre 2016 geht noch einen Schritt weiter: Gegenüber der Bank kann der Erbe sein Erbrecht durch ein eröffnetes eigenhändiges Testament belegen, wenn dieses die Erbfolge mit der im Rechtsverkehr erforderlichen Eindeutigkeit nachweist.

30 Enthält die Verwahrungsanweisung die Angabe eines Empfängerkontos, ist der Empfangsberechtigte zwischenzeitlich verstorben, das Konto aber noch vorhanden, so darf der Notar grundsätzlich davon ausgehen, dass das Konto zum Nachlass gehört und der Erbengemeinschaft zusteht. Mit der Auszahlung auf dieses Konto erfüllt er somit seine Amtspflichten.

c) Benennung eines anderen Empfängers

31 Auf die Problematik, inwieweit spätere Änderungen der Verwahrungsanweisung, insbesondere einseitige, beachtlich sind, wird an anderer Stelle ausführlicher eingegangen (vgl. unten § 60 BeurkG Rdn 30 ff.). Wenn **der Empfangsberechtigte selbst einen anderen Empfänger benennt**, gilt Folgendes: Der Notar muss die Auszahlung nicht mehr an den Empfangsberechtigten vornehmen, wenn ihm dieser selbst schriftlich eine andere Person benannt hat. Damit ist aber noch ungeklärt, ob der Notar in diesem Fall verpflichtet ist, der Weisung des Empfangsberechtigten zu folgen oder ob er auch weiterhin an den Empfangsberechtigten auszahlen kann. Insoweit ist zu unterscheiden: Ist die Weisung des Empfangsberechtigten eindeutig dahingehend zu verstehen, dass die Zahlung an den Dritten erfolgen soll bzw. muss (z.B. weil sie mit einer Forderungsabtretung an den Dritten begründet wird) und ist die Weisung selbst unzweifelhaft, ist der Notar verpflichtet, an den benannten Dritten zu zahlen. Bleibt dagegen offen, ob die Zahlung auch an den Empfangsberechtigten selbst erfolgen darf oder ist die Herkunft der Weisung zweifelhaft, kann der Notar weiterhin an den Empfangsberechtigten selbst zahlen. Zweifel an der Benennung eines anderen Empfangsberechtigten gehen zu Lasten des Anweisenden – nicht dagegen zu Lasten des Notars! Der Notar hat allerdings das Recht – und wohl auch die Pflicht –, sich in solchen Zweifelsfällen zunächst Klarheit über die Situation zu verschaffen, auch wenn damit möglicherweise zeitliche Verzögerungen verbunden sind. Der Notar muss auch keinesfalls jede ihm vorgelegte **Vollmacht** anerkennen.[69] In Zweifelsfällen kann er eine öffentlich beglaubigte Vollmacht verlangen.[70] Sind Beteiligte ausweislich des Schriftverkehrs anwaltlich vertreten, so reichen entsprechende Erklärungen des Rechtsanwalts regelmäßig aus. Verlangt der Rechtsanwalt jedoch Zahlung an sich, kann es angemessen sein, sich diese Anweisung von den Vertretenen bestätigen zu lassen oder – ausnahmsweise – die Vorlage einer öffentlich beglaubigten Vollmacht zu verlangen.[71]

64 V. 7.6.2005 – XI ZR 311/04, DNotZ 2006, 300 ff.; vgl. auch *Starke*, NJW 2005, 3184 ff.; vgl. auch LG München I v. 5.2.2007 – 13 T 13484/06, NJW-Spezial 2007, 471.
65 BGH v. 7.6.2005 – XI ZR 311/04, DNotZ 2006, 300, 301.
66 V. 17.1.2006 – 1 W 175/05, DNotZ 2006, 550 ff.; zum Problemkreis ausf. DNotI-Rep. 2006, 109 ff.
67 BGH v. 8.10.2013 – XI ZR 401/12, DNotZ 2014, 53; vgl. dazu *Hager/Müller-Teckhof*, NJW 2014, 1918, 1919 f.
68 V. 5.4.2016 – XI ZR 440/15, DNotZ 2016, 708 ff.
69 Vgl. *Winkler*, § 58 Rn 24.
70 Vgl. Arndt/Lerch/Sandkühler/*Sandkühler*, § 23 Rn 115; Weingärtner/*Ulrich*, DONot § 10 Rn 77.
71 Vgl. OLG Hamm v. 23.3.1962 – 4 U 136/61, DNotZ 1963, 635 f.; vgl. Haug/Zimmermann/*Zimmermann*, Rn 723; vgl. auch *Winkler*, § 58 Rn 24.

2. Verbot der weiteren Verwahrung trotz Auszahlungsreife

Aus Abs. 3 S. 4 ist abzuleiten, dass der Notar nach Vorliegen der Auszahlungsvoraussetzungen selbst auf Weisung des Empfangsberechtigten den hinterlegten Betrag nicht weiter auf dem Anderkonto belassen und z.B. als Festgeld für den Empfänger günstig anlegen darf. Dies wäre eine Tätigkeit, die mit Sinn und Zweck der Verwahrung nicht mehr zu vereinbaren ist. Es fehlt ein berechtigtes Interesse. Der Notar muss daher alles Erforderliche und Zumutbare tun, um bei Vorliegen der Auszahlungsvoraussetzungen die Auszahlung baldmöglichst vorzunehmen. 32

3. Hinterlegung nach §§ 372 ff. BGB

Bestehen **Zweifel, an wen auszuzahlen ist**, kommt als letztes Mittel eine **Hinterlegung beim Amtsgericht nach §§ 372 ff. BGB** in Betracht. Eine Hinterlegung nach § 372 S. 2 BGB erfordert, dass sich der Notar in einer von ihm nicht zu vertretenden Unwissenheit über die Person des Empfangsberechtigten befindet. Eine Hinterlegung kommt aber auch in Betracht, wenn die Auszahlung wegen eines sonstigen **in der Person des Berechtigten liegenden Grundes** nicht erfolgen kann. Das Hinterlegungsverfahren regeln die (teilweise) inhaltsgleichen Hinterlegungsgesetze der einzelnen Bundesländer.[72] Eine Verpflichtung zur Hinterlegung besteht für den Notar unstreitig nicht.[73] Umstritten war früher, ob die Hinterlegung überhaupt zulässig ist. Dies wurde im Grundsatz schon immer von der h.M. bejaht,[74] von anderen dagegen bestritten.[75] In der neueren Literatur wird die grundsätzliche Möglichkeit der Hinterlegung kaum noch in Frage gestellt. Richtig dürfte nach wie vor folgende Differenzierung sein: Die Hinterlegung bei Gericht durch den Notar ist grundsätzlich zulässig. In der Praxis ist die Hinterlegung jedoch vielfach nicht sachgerecht, da der Notar sich seiner verantwortlichen Entscheidung nicht einfach durch gerichtliche Hinterlegung entziehen darf.[76] An die Frage, ob der Notar sich als Berufsträger in Unkenntnis im Sinne des § 372 S. 2 befindet, sind erhöhte Anforderungen zu stellen.[77] 33

Gegen eine Hinterlegung beim Amtsgericht spricht regelmäßig, dass der Verbleib des Geldes auf dem Anderkonto für die Beteiligten den Vorteil hat, dass es als Festgeld angelegt werden kann. Es bringt dann meist höhere Erträge als sie nach den Hinterlegungsgesetzen erreichbar sind. In einigen Bundesländern ist sogar jede Verzinsung ausgeschlossen.[78] Zudem enthält das BeurkG enthält in den §§ 60 und 61 BeurkG Regelungen, die einerseits geeignet sind, die hinterlegten Gelder ohne Risiko bis zu einer endgültigen Klärung auf dem Anderkonto zu belassen, und andererseits die Anderkontenabwicklung zu einem Ende zu führen. Im Übrigen kann der Notar die Beteiligten auf den Zivilrechtsweg verweisen[79] und erst einmal „abwarten". Eine dauerhafte Ungewissheit über den Empfangsberechtigten, die die gerichtliche Hinterlegung sachgerecht erscheinen lässt, tritt im Rahmen der notariellen Verwahrung nach den Neuregelungen im BeurkG nur noch selten auf.[80] Angesichts der verfahrensrechtlichen Möglichkeiten berechtigen daher vom Notar selbst nicht aufklärbare Zweifel über die Person des Empfangsberechtigten, die nicht auf Fahrlässigkeit beruhen, nicht mehr allein zur Hinterlegung beim Amtsgericht.[81] 34

Eine gerichtliche Hinterlegung kommt in Betracht, wenn der Berechtigte **unbekannten Aufenthalts** ist[82] oder Verrechnungsschecks nicht einlöst oder **kein Empfangskonto** angibt,[83] die empfangsberechtigte 35

72 Überblick über die Landesgesetze in Grziwotz/Sauer/Heinemann/*Grziwotz*, § 58 Rn 22; vgl. auch *Rellermeyer*, Rpfleger 2011, 129 ff. (Auflistung von Landesgesetzen dort in Fn 4); ergänzend *Rellermeyer*, Rpfleger, 2014, 579 f.; zu den Besonderheiten in Bayern vgl. *Wiedemann/Armbruster*, Rpfleger 2012, 1 ff.

73 Vgl. *Kawohl*, Notaranderkonto, Rn 163; Frenz/Miermeister/*Hertel*, BNotO § 23 Rn 58.

74 Vgl. Arndt/Lerch/Sandkühler/*Sandkühler*, § 23 Rn 182; Frenz/Miermeister/*Hertel* BNotO § 23 Rn 55; *Winkler*, § 58 Rn 26; Weingärtner/*Ulrich*, DONot § 10 Rn 77; Grziwotz/Sauer/Heinemann/*Grziwotz*, § 58 Rn 22.

75 Vgl. *Dornis*, Kaufpreiszahlung, S. 72 f. (Hauptargument: Behörden dürfen nur hinterlegen, wenn es dafür eine besondere gesetzliche Ermächtigung gibt); ähnlich *Blaeschke*, § 14 Rn 192; *Volhard*, DNotZ 1987, 523, 530 Fn 41; *Kawohl*, Notaranderkonto, Rn 164; OLG Hamm v. 29.4.1982 – 28 W 1/82, DNotZ 1983, 61, 64; *Heinze*, notar 2018, 407, 408.

76 Vgl. *Weingärtner*, Verwahrungsgeschäft, Rn 154; Frenz/Miermeister/*Hertel*, BNotO § 23 Rn 59; Weingärtner/*Ulrich*, DONot § 10 Rn 77; Diehn/*Kilian*, BNotO, § 23 Rn 15.

77 *Heinze* notar, 407, 408f.

78 Vgl. Weingärtner/*Ulrich*, vor DONot § 10 Rn 77, DONot § 10 Rn 64; *Rellermeyer*, Rpfleger 2011, 129, 131.

79 Vgl. OLG Frankfurt v. 28.1.1998 – 20 W 125/96, DNotI-Rep. 1998, 80, 81; vgl. Frenz/Miermeister/*Hertel*, BNotO § 23 Rn 56.

80 Vgl. bereits *Kawohl*, Notaranderkonto, Rn 164.

81 A.A. wohl *Weingärtner*, Verwahrungsgeschäft, Rn 159.

82 Nachfragen beim Einwohnermeldeamt sind dem Notar zuzumuten (so Frenz/Miermeister/*Hertel*, BNotO § 23 Rn 56). Vgl. auch *Franken*, RNotZ 2010, 596, 608.

83 Vgl. Diehn/*Kilian*, BNotO, § 23 Rn 15.

Gesellschaft **im Handelsregister gelöscht** wurde[84] oder der **Empfänger nicht mehr geschäftsfähig** ist und gleichzeitig ein Vertreter fehlt.[85] Richtigerweise kann nicht hinterlegt werden, wenn bspw. eine liquidierte Gesellschaft sich nach Klärung als Empfangsberechtigter herausstellt. In diesem Fall ist eine Nachtragsliquidation zu beantragen.[86] Die Hinterlegung kann auch in Betracht kommen, wenn der Empfangsberechtigte **verstorben** und die Rechtsnachfolge völlig unklar ist. Wichtig ist in allen Fällen **ein zeitlicher Aspekt**: Eine über viele Jahre oder gar Jahrzehnte dauernde Verwahrung, deren Ende nicht absehbar ist, kann dem Notar nicht zugemutet werden. Die Hinterlegung bei Gericht kommt daher z.B. in Betracht, wenn die Beteiligten keine Klärung anstreben und der Notar gezwungen wäre, das Konto über viele Jahre fortzuführen. Gerade bei kleinen Hinterlegungsbeträgen kommt dies immer wieder vor. Etwas verkürzt kann man sagen: Die Hinterlegung bei Gericht ist als **„ultima ratio"** dann zulässig und sinnvoll, wenn völlig unabsehbar ist, ob und wann mit einer Klärung der Empfangsberechtigten zu rechnen ist und die Beteiligten keine Klärung betreiben. §§ 60, 61 BeurkG wollen nämlich den Notar nicht verpflichten, ein Verwahrungsgeschäft auf unabsehbar lange Zeit fortzuführen.[87] Zulässig ist die gerichtliche Hinterlegung übrigens auch dann, wenn **alle Beteiligten sie fordern**. Eine Verwahrungsvereinbarung jedoch, in der geregelt wird, dass der Notar bereits nach Ablauf einer bestimmten Frist zur gerichtlichen Hinterlegung berechtigt ist, erscheint problematisch: Eine feste Frist kann die engen Voraussetzungen, unter denen eine Hinterlegung nur erfolgen darf, nicht ersetzen. Das käme einer Umgehung gleich.[88] Wenn es nicht um Bagatellbeträge geht, sollte die beabsichtigte Hinterlegung den Beteiligten – soweit möglich – durch Vorbescheid gemäß § 15 Abs. 2 BNotO angekündigt werden.[89] Hat der Notar berechtigt hinterlegt, hat er keine Pflicht den hinterlegten Betrag nach Ablauf der 30-jährigen Frist (§ 382 BGB) wieder zurückzunehmen.[90] Dem Notar bzw. seinem Amtsnachfolger ist eine dies berücksichtigende Aktenführung nicht zuzumuten.

4. Unverzügliche Auszahlung

36 **Auszahlungen** sind grundsätzlich **unverzüglich**, d.h. ohne schuldhaftes Zögern, vorzunehmen, wenn die Auszahlungsreife gegeben ist. Dennoch muss man dem Notar eine angemessene Überleg- und Prüfungsfrist zubilligen.[91] Auszahlungen noch am Tag der Auszahlungsreife oder am Folgetag können regelmäßig nicht erwartet werden. Ein angemessener Prüfungszeitrahmen wird, insbesondere in komplexen Fällen, mehrere Tage ausmachen. Soweit keine zusätzlichen Klärungen, bei denen Dritte eingeschaltet werden müssen, mehr erforderlich sind, sollten maximal fünf Arbeitstage ausreichen, um die Auszahlungen zu verfügen.[92]

37 Problematisch ist es, wenn der Notar verzögerte Auszahlungen mit Unklarheiten der Verwahrungsanweisung begründet. Damit räumt er unter Umständen ein, die Verwahrungsanweisung unzureichend formuliert und somit gegen § 57 Abs. 3 BeurkG verstoßen zu haben.[93] Wenn dem Notar keine besondere Anweisung vorliegt, kann er die Überweisung grundsätzlich im normalen Zahlungsverkehr vornehmen. Auch bei hohen Beträgen ist keine Blitzgiroüberweisung geboten.[94] Verzögerungen ergeben sich in der Praxis immer wieder, weil der Notar erst bei Prüfung der Auszahlungsvoraussetzungen feststellt, dass ein Treuhandauftrag abgelaufen ist. In solchen Fällen darf der Notar auch bei geringfügigen Fristüberschreitungen auf keinen Fall Auszahlungen vornehmen, sondern muss zunächst auf eine **Verlänge-**

84 Vgl. Frenz/Miermeister/*Hertel*, BNotO § 23 Rn 56.
85 Vgl. Frenz/Miermeister/*Hertel*, BNotO § 23 Rn 56; vgl. Haug/Zimmermann/*Zimmermann*, Rn 724.
86 Vgl. Noack/Servation/Haas/*Haas*, GmbH § 60 Rn 104.
87 Vgl. Arndt/Lerch/Sandkühler/*Sandkühler*, § 23 Rn 186.
88 A.A. wohl *Krauß*, Immobilienkaufverträge, Rn 2419 (mit Formulierungsvorschlag).
89 Vgl. *Winkler*, § 58 Rn 26a.
90 *Winkler*, § 58 Rn 26a.
91 Vgl. Arndt/Lerch/Sandkühler/*Sandkühler*, § 23 Rn 113; strenger: Haug/Zimmermann/*Zimmermann*, Rn 721.
92 Vgl. *Winkler*, § 58 Rn 22 („5 Tage im Einzelfall durchaus angemessen"); Weingärtner/*Ulrich*, DONot § 10 Rn 64 („Überlegungsfrist von 5 Tagen … Im Einzelfall durchaus angemessen …"); *Krauß*, Immobilienkaufverträge, Rn 2411 („im Regelfall zwischen 2 und 5 Werktagen"); Frenz/Miermeister/*Hertel*, BeurkG § 58 Rn 34 („innerhalb von 2 bis 5 Werktagen"); Kilian/Sandkühler/vom Stein/*Elsing*, § 13 Rn 30 („innerhalb von 5 Werktagen"); *Weingärtner*, Verwahrungsgeschäft, Rn 154 („5 Tage im Einzelfall"); Grziwotz/Sauer/Heinemann/*Grziwotz*, § 58 Rn 21 (3 bis 5 Werktage im Regelfall, ausnahmsweise 10 Arbeitstage); Weingärtner/*Ulrich*, DONot § 10 Rn 64; *Lerch*, § 54b Rn 11 („Überlegungsfrist … etwa bei einer Woche"); Haug/Zimmermann/*Zimmermann*, Rn 725 („zwei bis fünf Werktagen"); LG Frankfurt v. 13.2.1996 – 2/19 O 377/95, MittBayNot 1996, 231, 232.
93 Vgl. Frenz/Miermeister/*Hertel*, BeurkG § 58 Rn 31; vgl. Haug/Zimmermann/*Zimmermann*, Rn 724.
94 Vgl. Frenz/Miermeister/*Hertel*, BeurkG § 58 Rn 34; *Weingärtner*, Verwahrungsgeschäft, Rn 155; Haug/Zimmermann/*Zimmermann*, Rn 725; Weingärtner/*Ulrich*, DONot § 10 Rn 64.

rung des Treuhandauftrags hinwirken.[95] Natürlich sollten derartige Situationen vermieden und Akten so geführt werden, dass bei befristeten Treuhandaufträgen möglichst bereits etwa zwei Wochen vor Fristablauf der Gläubiger angeschrieben und um eine Verlängerung des Treuhandauftrags gebeten wird. Stellt sich der Fristablauf dennoch erst bei im Übrigen vorliegender Auszahlungsreife heraus, ist dem Notar dringend zu empfehlen, die Verlängerung des Treuhandauftrags schnellstmöglich, z.B. durch sofortige telefonische Kontaktaufnahme mit dem Gläubiger, zu erreichen. Die Behauptung verspäteter Auszahlung vom Anderkonto gehört – wie verzögerte Fälligkeitsmitteilungen – zu den in der Praxis häufigsten Beschwerden gegen Notare bei Verwendung von Anderkonten.

38 Vielfach findet sich in Urkunden und Treuhandaufträgen die Anweisung an den Notar, die **Auszahlung** vom Anderkonto **„Zug um Zug"** mit der **Vornahme anderer Handlungen**, z.B. der Einreichung von Grundbuchanträgen, vorzunehmen. Dies bedeutet nicht, dass beide Handlungen zwingend am gleichen Tag erfolgen müssen. Es muss jedoch auf jeden Fall ein enger zeitlicher Zusammenhang bestehen; die eine Handlung muss „unverzüglich" nach Vornahme der anderen Handlung erfolgen.[96]

5. Berechnung von Tageszinsen bei Gläubigerablösungen

39 Häufig liegen dem Notar Treuhandaufträge vor, in denen abzulösende Gläubiger eine Hauptforderung benennen und daneben Tageszinsen angeben, die ab einem bestimmten Datum zu entrichten sind. Hier stellt sich die Frage, wie diese zu ermitteln sind. Kommt es auf die Einreichung des Überweisungsauftrags bei der Bank oder auf die Wertstellung bei der abzulösenden Gläubigerin an? Bei der Beantwortung dieser Frage ist Folgendes zu berücksichtigen:

a) Hintergrund: Die gesetzlichen Regelungen

40 Für die Durchführung und Wertstellung von Überweisungen gelten gemäß § 675s BGB folgende Ausführungsfristen: 1 Tag für Überweisungen in EUR innerhalb des Europäischen Wirtschaftsraumes, 2 Tage für beleghafte Überweisungen (mittels Überweisungsvordruck) und 4 Tage für Überweisungen im Europäischen Wirtschaftsraum, die nicht auf EUR lauten. Die Wertstellung ist in § 675t BGB geregelt. Der Grundsatz lautet zwischenzeitlich: Die Gutschrift ist so vorzunehmen, dass die Wertstellung zu dem Tag erfolgt, an dem das Geld bei der Bank einging.

b) Rechtliche Qualifikation der Ablösepflicht

41 Bei der Zahlung einer Geldschuld tritt Erfüllung mit der Gutschrift ein. Früher war weitgehend unstreitig:[97] Sofern nichts anderes vereinbart wurde, ist die Leistungshandlung bei Überweisungen bereits dann rechtzeitig, wenn der Schuldner die Überweisung in Auftrag gegeben hat. Abgestellt wurde auf die Rechtzeitigkeit der Vornahme der Leistungshandlung. Auf den Zeitpunkt der Gutschrift beim Empfänger kam es nicht an. Europarechtliche Regelungen und die Rechtsprechung des EUGH[98] haben zu einer Neubewertung geführt. Wenigstens im Anwendungsbereich des Gesetzes zur Bekämpfung von Zahlungsverzug im Geschäftsverkehr geht die h.M.[99] nunmehr davon aus, dass der Schuldner nur dann rechtzeitig zahlt, wenn der Gläubiger den Geldbetrag innerhalb der Zahlungsfrist auch tatsächlich erhalten hat.

c) Umsetzung auf die Abwicklung des Treuhandauftrags

42 Soweit der abzulösende Gläubiger in seinem Treuhandauftrag festgelegt hat, dass die Gutschrift auf dem Empfängerkonto für die Berechnung von Tageszinsen maßgeblich ist, ist dies selbstverständlich immer zu beachten. Aber auch wenn nur allgemein ein Zahlungstermin angegeben ist, muss die Überweisung rechtzeitig beim Empfänger eingehen. Die Berechnung der Tageszinsen hat der Notar unter Berücksichtigung der gesetzlichen Regelungen zu den Überweisungsfristen vorzunehmen. Die frühere Regel, nach der der Schuldner seine Pflicht erfüllt, wenn er die Überweisung rechtzeitig vornimmt, gilt also nicht mehr.[100]

95 Vgl. *Blaeschke*, Rn 1846.

96 Vgl. *Weingärtner*, Verwahrungsgeschäft, Rn 156, 157a; Beispiele aus der Rechtsprechung bei Weingärtner/*Ulrich*, DONot § 10 Rn 64.

97 Vgl. noch Armbrüster/Preuß/Renner/*Renner*, 6. Aufl., § 54b BeurkG Rn 40.

98 V. 3.4.2008 – C-306/06, NJW 2008, 1935 ff.

99 Vgl. z.B.: Grüneberg/*Grüneberg*, § 270 Rn 5 f.; P/W/W/*Zöchling-Jud*, § 270 Rn 1, 7.

100 Vgl. nunmehr z.B. Haug/Zimmermann/*Zimmermann*, Rn 725.

6. Form der Auszahlung

43 Auszahlungen sollen grundsätzlich im bargeldlosen Zahlungsverkehr durchgeführt werden (Abs. 3 S. 5). Das erleichtert die Dienstaufsicht und beugt Missbrauchsmöglichkeiten vor. Gerade die Vorschriften des GwG lassen erkennen, dass im „Bargeldverkehr" erhöhte Risiken stecken. Es müssen berechtigte Interessen für die ausnahmsweise erfolgende **Auszahlung in bar oder mittels eines Verrechnungsschecks** vorliegen. Diese sind nur in seltenen **Ausnahmefällen** vorstellbar. Zu beachten ist dabei die Wortwahl des Gesetzgebers. Bar- und Scheckauszahlungen sind nicht mehr nur ausnahmsweise zulässig (so § 12 Abs. 3 S. 5 DONot a.F.), sondern sie müssen durch besondere berechtigte Interessen „geboten" sein. Es muss einen wichtigen Grund geben, der die Überweisung nicht sachgerecht erscheinen lässt. Solche Fälle sind **kaum vorstellbar**. Praktisch jeder hat heute die Möglichkeit ein Girokonto zu eröffnen. Besonders eilbedürftige Überweisungen können per Blitzgiro so getätigt werden, dass die Gutschrift noch am gleichen Tag erfolgt. Im Regelfall ist jedoch keine Blitzgiroüberweisung (vgl. bereits oben Rdn 37) geschuldet. Nur wenn es um sehr kleine Auszahlungsbeträge geht, können die Aufforderung, ein Konto einzurichten, oder die Mehrkosten, die mit einer Blitzüberweisung verbunden sind, unverhältnismäßig sein. Eine Scheckauszahlung kommt auch in Betracht, wenn im Empfängerland Zahlungen grundsätzlich nur per Scheck erfolgen oder mit einer extrem langen Überweisungsdauer zu rechnen ist.[101] Ist kein Empfängerkonto, sondern nur die Empfängeradresse bekannt, wird man vom Notar auch bei kleineren Summen erwarten können, dass er zunächst versucht, die Kontoverbindung in Erfahrung zu bringen.[102] Auf jeden Fall treffen den Notar bei Bar- oder Scheckauszahlungen erhöhte **Dokumentationspflichten**. Es besteht eine **Vermerkpflicht** (Abs. 3 S. 6) bezüglich der Gründe. Dies geschieht am besten durch einen Hinweis im Reiter Vermerke des Verwahrungsverzeichnisses. Aus Platzgründen kann man diesen knapp fassen und auf einen ausführlicheren Vermerk in der Nebenakte zum Verwahrungsgeschäft verweisen. Einige Autoren lassen den Hinweis in der Nebenakte ausreichen.[103] Dagegen bestehen keine grundsätzlichen Bedenken. Scheckauszahlungen spielen und spielten in der Praxis auch deswegen keine Rolle, weil die Banken regelmäßig für Anderkonten keine Schecks ausgeben.[104]

44 Die Auszahlung an den berechtigten Empfänger oder einen von ihm schriftlich Beauftragten ist nach Feststellung der Person und sorgfältiger Prüfung der Empfangsberechtigung zu **quittieren** (Abs. 3 S. 7). Bei der Feststellung der Person des Empfängers sind die Vorgaben des GwG (vgl. ausführlich unten Rdn 58 ff.) zu beachten. Im Übrigen kann auf die in § 10 DONot dargestellten Grundsätze zurückgegriffen werden. Die Quittung muss eine eindeutige Zuordnung zu dem Verwahrungsgeschäft ermöglichen und vom Empfänger unterschrieben sein.[105]

7. Das mit Fremdgeldern aufgefüllte Anderkonto

45 Fraglich ist, wie Anderkonten – bspw. von einem Notariatsverwalter – abzuwickeln sind und Auszahlungen zu erfolgen haben, wenn der (ehemalige) Notar das Anderkonto amtspflichtwidrig mit Fremdgeldern ausgefüllt hat. Einen solchen Fall hatte der BGH 2017 zu entscheiden.[106] Der später verstorbene Notar hatte das Anderkonto A weitgehend geräumt. Später füllte er das Konto durch rechtswidrige Zahlungen vom Anderkonto B auf. Dann starb er. Der eingesetzte Notariatsverwalter fragte sich, ob er Auszahlungen vom Konto A vornehmen dürfe, nachdem die Auszahlungsvoraussetzungen vorlagen. Er lehnte das ab, da der hinterlegte Betrag nicht von den Vertragsbeteiligten stammte. Darüber wurde sodann gerichtlich gestritten. Hier sollen alle Verfahrensfragen ausgeklammert bleiben. Das materiell-rechtliche Ergebnis des BGH lautet: Geld ist Geld – der Notariatsverwalter kann und muss die Auszahlungen von dem wiederaufgefüllten Anderkonto A vertragskonform vornehmen. Das Auffüllen des Kontos durch den später verstorbenen Notar sei nicht rein zufällig und ohne Ziel erfolgt. Vielmehr wollte der Notar den alten Zustand wiederherstellen. Die Umbuchung sei zwar pflichtwidrig, aber nicht unwirksam. Im Übrigen betont der

101 Vgl. Frenz/Miermeister/*Hertel*, BeurkG § 58 Rn 37; Grziwotz/Sauer/Heinemann/*Grziwotz*, § 58 Rn 23.

102 A.A. bei geringen Summen: Frenz/Miermeister/*Hertel*, BeurkG § 58 Rn 37.

103 Vgl. *Blaeschke*, § 14 Rn 126; *Kersten*, ZNotP 2001, 470, 471; Würzburger Notarhandbuch/*Kersten*, Teil 1 Kap. 4 Rn 110.

104 Vgl. *Weingärtner*, Verwahrungsgeschäft, Rn 167.

105 Vgl. *Weingärtner*, Verwahrungsgeschäft, Rn 169 f. (mit Formulierungsbeispiel); vgl. auch Weingärtner/*Ulrich*, DONot § 10 Rn 86, Rn 96 (mit genauen Hinweisen zu den Anforderungen an die Quittung).

106 BGH v. 16.2.2017 – V ZB 181/15, DNotZ 2017, 788 ff. mit Anm. *Hertel* = ZNotP 2017, 118 ff.; vgl. dazu *Hager/Müller-Teckhof*, NJW 2018, 1853, 1855.

BGH praktische Bedürfnisse. Meist geht es in derartigen Fällen um eine Vielzahl von unrechtmäßigen Buchungen. Eine Rückabwicklung der Zahlungen wäre kaum durchführbar. Insbesondere bei bereits geschlossenen Anderkonten wäre sie nicht mehr umsetzbar. Auch eine Berufung auf den heutigen § 62 Nr. 1 BeurkG scheidet aus, da die Vertragsparteien weder kollusiv zusammenwirkten noch dem Vertrag selbst ein unredlicher Zweck anhafte.

III. Verfügungen zugunsten von Privat- und Geschäftskonten des Notars (Abs. 3 S. 8)

Nur unter sehr **engen Voraussetzungen** darf der Notar zulasten des Anderkontos und zu seinen eigenen Gunsten Verfügungen vornehmen. Dabei betrifft Abs. 3 S. 8 nur „eigenmächtige" Verfügungen des Notars. Mit ausdrücklichem Einverständnis des Empfangsberechtigten sind in weiter gehendem Umfang Auszahlungen auf eigene Konten des Notars zulässig (vgl. unten Rdn 53). Nicht den „strengen" Voraussetzungen von Abs. 3 S. 8 unterliegen auch offensichtliche „Irrtumsfälle", z.B. wenn der Kostenschuldner versehentlich die Notarkosten nicht auf das Geschäftskonto des Notars, sondern das eingerichtete Anderkonto überweist. Die Überweisung vom Anderkonto auf das Geschäftskonto kann in einem solchen Fall sofort erfolgen. Aus „Transparenzgründen" empfehlen sich eine Eintragung in der Spalte „Bemerkungen" im Verwahrungsverzeichnis (vgl. § 25 Abs. 4 NotAktVV) und ein erläuternder Brief an den „Hinterleger" für die Nebenakte. 46

Folgende Voraussetzungen müssen im Übrigen gem. Abs. 3 S. 8 kumulativ vorliegen:[107]

1. Kostenforderungen

Es muss sich zunächst um **Kostenforderungen** handeln, deren Begleichung die Verfügung dient. Sonstige Ansprüche des Notars gegen den Empfangsberechtigten erlauben es nicht, dass der Notar Auszahlungen auf eigene Konten vornimmt. 47

2. „Aus dem zugrunde liegenden Amtsgeschäft"

Die Kostenforderungen müssen **„aus dem zugrunde liegenden Amtsgeschäft"** stammen. Hat der Notar gegen den Empfangsberechtigten noch Kostenforderungen aus einer anderen Notariatssache oder gar aus rechtsanwaltlicher Tätigkeit, darf er nicht zugunsten eines seiner Konten den Ausgleich herbeiführen. Der Begriff des „zugrunde liegenden Amtsgeschäfts" ist eng zu verstehen. Es muss um das Beurkundungsgeschäft (einschließlich seines Vollzugs) gehen, für das das Notaranderkonto eingerichtet wurde.[108] Darunter fallen auch die Kosten für Änderungsurkunden oder Genehmigungserklärungen. Hat dagegen beispielsweise ein Bauträger die Kosten der Teilungserklärung noch nicht beglichen, kann der Notar bei der späteren Abwicklung der einzelnen Wohnungskaufverträge nicht auf die von den Käufern hinterlegten Gelder Zugriff nehmen, um die Gebühr der Teilungserklärung abzurechnen.[109] Zwischen der Teilungserklärung und den Kaufverträgen gibt es zwar einen sachlichen wirtschaftlichen Zusammenhang. Es geht aber nicht um dasselbe zugrunde liegende Amtsgeschäft. Das Gleiche gilt für die Finanzierungsgrundschuld im Zusammenhang mit einem Kaufvertrag: Auch hier gibt es zwar eine wirtschaftliche Verknüpfung; es liegt aber ein anderes Amtsgeschäft vor.[110] 48

3. Angabe des Verwendungszwecks

Der Notar muss, wenn er die Überweisung tätigt, den **Verwendungszweck angeben:** Wird ein Überweisungsträger ausgefüllt, bedeutet dies, dass zumindest die Rechnungsnummer bzw. die Urkundenrollen-Nummer der Kostenrechnung anzugeben sind, um eine sichere Zuordnung zu ermöglichen.[111] Wird die Überweisung durch ein Schreiben an die Bank veranlasst, müssen darin dieselben Mindestangaben enthalten sein. Der Verwendungszweck ist auch im Verwahrungs- und Massenbuch anzugeben.[112] 49

107 Zum „Nachrang" von §§ 94, 96 InsO: *Winkler*, § 58 Rn 32a.

108 Vgl. Frenz/Miermeister/*Hertel*, BeurkG § 58 Rn 39; Arndt/Lerch/Sandkühler/*Sandkühler*, § 23 Rn 118; Haug/Zimmermann/*Zimmermann*, Rn 726; zweifelnd *Lappe*, NJW 1999, 1432, 1438.

109 A.A: *Winkler*, § 58 Rn 31; *Weingärtner*, Verwahrungsgeschäft, Rn 172.

110 So auch Frenz/Miermeister/*Hertel*, BeurkG § 58 Rn 39.

111 Vgl. *Blaeschke*, § 14 Rn 121 ff.

112 Vgl. Frenz/Miermeister/*Hertel*, BeurkG § 58 Rn 40.

4. Zugang der Kostenrechnung

50 Die **Kostenrechnung**, die aus dem Notaranderkonto beglichen wird, muss **erteilt und dem Kostenschuldner** vor der Entnahme **zugegangen** sein. Diese Regelung soll Klarheit schaffen und Manipulationsmöglichkeiten ausschließen. Dem rechtswidrig zulasten von Anderkonten und zugunsten von eigenen Konten verfügenden Notar wird so die Möglichkeit genommen, nachträglich Forderungen zu „erfinden". Die Verrechnung kann „kurzfristig" erfolgen. Der Notar muss keine Frist einhalten, um dem Kostenschuldner die Möglichkeit zu geben, die Schuld direkt zu begleichen oder noch Einwendungen zu erheben.[113] Natürlich sollte der Notar mit der Übersendung der Kostenrechnung ankündigen, dass er die Entnahme aus dem Anderkonto beabsichtigt.

5. Auszahlungsreife

51 **Auszahlungsreife** bzgl. des verwahrten Betrages zugunsten des Kostenschuldners muss gegeben sein. Dies beschreibt eine Selbstverständlichkeit. Der Notar darf die Auszahlung an sich selbst nur verfügen, wenn er die Auszahlung auch an den Empfangsberechtigten und gleichzeitigen Kostenschuldner vornehmen könnte. Vorher hat er allerdings ein Zurückbehaltungsrecht.[114] Auszahlungen an den Notar sind also niemals zulässig, bevor nicht an den Empfangsberechtigten gezahlt werden könnte. Dies bedeutet auch, dass der Notar keine Überweisung an sich vornehmen darf, wenn die Auszahlung an einen Dritten, der nicht Kostenschuldner ist, zu erfolgen hat.[115]

6. Die Entnahme der Verwahrungsgebühr

52 Grundsätzlich nicht von Abs. 3 S. 7 erfasst wird der in der Praxis vielleicht wichtigste Fall der Entnahme aus dem Anderkonto, nämlich **die Überweisung der angefallenen Verwahrungsgebühr** vom Anderkonto **auf das Geschäftskonto** des Notars.[116] Abs. 3 S. 7 bezieht sich vom Wortlaut her nur auf die Gebühren „aus dem zugrunde liegenden Amtsgeschäft". Die Verwahrungsgebühr folgt dagegen aus der Verwahrung selbst, nicht aus der ihr zugrunde liegenden Vereinbarung. § 149 Abs. 1 S. 3 KostO a.F. als lex specialis, der heute wortgleich in Nr. 25300 KV zu finden ist, ist mit der Neuregelung der notariellen Verwahrung nicht geändert worden. Diese Bestimmung gestattet dem Notar, die Hinterlegungsgebühr bei der Ablieferung an den Auftraggeber zu entnehmen.[117] Der Gesetzgeber wollte Überweisungen vom Anderkonto auf ein eigenes Konto des Notars nur ausnahmsweise zulassen. Missbräuche sollen verhindert werden. Solche Missbrauchsgefahren bestehen nicht, wenn es lediglich um die Abbuchung der Verwahrungsgebühren geht. Diese betrifft meist kleinere Beträge. Für den Notarprüfer ist die Rechtmäßigkeit der Entnahme problemlos feststellbar. Wäre Abs. 3 S. 7 auch auf die Verwahrungsgebühren anwendbar, wäre die Schlussabwicklung von Anderkonten in unverständlicher Weise erschwert. Die Verwahrungsgebühr wird nämlich erst mit der Auszahlung fällig. Bei oder vor der Entnahme kann also zulässigerweise noch gar keine Kostenrechnung erstellt werden.

7. Einverständnis mit der Auszahlung an den Notar

53 Die Beschränkungen der Auszahlung auf eigene Konten des Notars gelten dann nicht, wenn der Empfangsberechtigte ausdrücklich und schriftlich (vgl. § 57 Abs. 4 BeurkG) sein **Einverständnis** dazu gegeben hat. Dies kann bereits in der Verwahrungsanweisung oder später geschehen[118] und folgt aus Sinn und Zweck von Abs. 3 S. 7: Diese Regelung will „eigenmächtige" Verfügungen des Notars ausschließen, nicht aber Auszahlungen an den Notar, denen der Empfangsberechtigte zugestimmt hat. Liegt kein Einverständnis vor, bleibt dem Notar bei eigenen Forderungen gegen den Auszahlungsberechtigten u.U. kein

113 Für sinnvoll hält das Einräumen einer angemessenen Frist allerdings Weingärtner/Löffler/*Weingärtner/Ulrich*, Rn 499; vgl. auch *Lerch*, § 54b Rn 16.

114 Vgl. Frenz/Miermeister/*Hertel*, BeurkG § 58 Rn 40.

115 Vgl. *Weingärtner*, Verwahrungsgeschäft, Rn 174; Weingärtner/Löffler/*Weingärtner/Ulrich*, Rn 500.

116 So bereits zur KostO OLG Celle v. 28.2.2013 – Not. 12/12 – Rn 16 ff. (juris); *Krauß*, Immobilienkaufverträge, Rn 2412; Haug/Zimmermann/Zimmermann, Rn 726; a.A. die h.M.: Frenz/Miermeister/*Hertel*, BeurkG § 58 Rn 39 f.; Arndt/Lerch/Sandkühler/*Sandkühler*, § 23 Rn 118 (vorheriger Zugang der Kostenrechnung soll jedoch nicht erforderlich sein); *Weingärtner*, Verwahrungsgeschäft, Rn 172.

117 So auch *Lappe*, NotBZ 2001, 418.

118 In diesem Sinne: Haug/Zimmermann/*Zimmermann*, Rn 726; Frenz/Miermeister/*Hertel*, BeurkG § 58 Rn 41; *Blaeschke*, § 14 Rn 124; *Weingärtner*, Verwahrungsgeschäft, Rn 176; Arndt/Lerch/Sandkühler/*Sandkühler*, § 23 Rn 119; *Winkler*, § 58 Rn 29.

anderer Weg, als den Kaufpreisanspruch zu pfänden und dabei auch eine Hilfspfändung des gegen sich selbst gerichteten Auszahlungsanspruchs vorzunehmen.[119]

D. Verwahrung über mehrere Anderkonten (Abs. 4)

Abs. 2 S. 4 enthält das ausdrückliche Verbot von Sammelanderkonten. Mehrere Vorgänge dürfen also, auch wenn eine sachliche Verknüpfung besteht, niemals nur über ein Anderkonto abgewickelt werden. Umgekehrt ist es nicht generell verboten, **eine Verwahrung über mehrere Anderkonten** abzuwickeln.[120] Um Missbräuchen vorzubeugen und um die Kontrollmöglichkeiten zu verbessern,[121] muss dies gem. § 57 Abs. 1 Nr. 3, Abs. 4 bereits in der Anweisung ausdrücklich bestimmt sein und ein sachlicher Grund vorliegen. Derartige Fälle sind in der notariellen Praxis außerordentlich selten. Als Beispiele werden in der Kommentarliteratur folgende Fälle genannt: 54

- Ein später auszahlbarer Teil der Masse ist zunächst als Festgeld anzulegen.
- Beträge in unterschiedlichen Währungen sollen verwahrt werden.[122]
- Ein Teil des hinterlegten Kaufpreises soll in einer anderen Währung auf einem Fremdwährungskonto geführt werden.
- In dem erstgenannten Fall dürfte es allerdings fast immer möglich sein, nur ein Anderkonto anzulegen und verschiedene Unterkonten einzurichten. Kein Fall von Abs. 4 liegt nämlich vor, wenn Festgelder zu einer Masse auf einem buchungstechnisch unselbstständigen Unterkonto geführt werden.[123]
- Ein Bedürfnis für mehrere Anderkonten kann dagegen bestehen, wenn mehrere eigentlich getrennt abwicklungsfähige Verträge mit unterschiedlichen Beteiligten nur aus Kostengründen in einer Urkunde zusammengefasst werden oder
- mehrere den Kaufpreis finanzierende Banken die Abwicklung über ein jeweils bei ihnen geführtes Anderkonto fordern.
- Zu denken ist auch an den „ängstlichen" Mandanten, der die mehrfache Ausnutzung der meist auf einen Höchstbetrag begrenzten Einlagensicherung bei Banken wünscht.[124]

Der bloße Wunsch der Beteiligten rechtfertigt die Einrichtung mehrerer Anderkonten nicht. Es müssen **objektive** für den Notar nachvollziehbare **Gründe** bestehen. Der Notar ist allerdings nicht verpflichtet, die Gründe in der Akte schriftlich festzuhalten. Dennoch hat die Dienstaufsicht das Recht, eine Begründung zu verlangen. Ein Eingriff in die Unabhängigkeit des Notars ist darin noch nicht zu sehen.[125] Die Mitwirkung des Notars allein lässt die Zweckmäßigkeit einer solchen Abwicklungsform noch nicht unwiderleglich vermuten.[126] 55

E. Schecks (Abs. 5)

Das Ersuchen um die Verwahrung von Schecks ist, soweit die Beteiligten nicht ausdrücklich andere Weisungen erteilen, **wie ein Ersuchen um die Verwahrung von Geldbeträgen** zu behandeln. Der Scheck ist also einzulösen; der Gegenwert ist nach Abs. 2 und 3 zu behandeln. Dasselbe muss gelten, wenn ein Sparbuch zu Zahlungszwecken übergeben wird. Soll der Scheck ausnahmsweise als Wertpapier verwahrt werden, so hat der Notar gem. § 62 BeurkG entsprechend §§ 57, 60 und 61 BeurkG vorzugehen. In solchen Ausnahmefällen kann der Scheck ein taugliches Wertpapier im Sinne von § 62 BeurkG sein (vgl. auch unten § 62 BeurkG Rdn 4).[127] 56

Um Täuschungen im Rechtsverkehr auszuschließen, muss der Notar sich bei der Urkundsgestaltung darüber im Klaren sein, dass das Einlösen eines Schecks eine andere Qualität hat als der Auftrag, einen Scheck lediglich in Verwahrung zu nehmen. Wird der Scheck eingelöst, lässt sich kurzfristig feststellen, 57

119 Vgl. Frenz/Miermeister/*Hertel*, BeurkG § 58 Rn 41; Arndt/Lerch/Sandkühler/*Sandkühler*, § 23 Rn 119; *Winkler*, § 58 Rn 30.
120 Vgl. z.B. *Krauß*, Immobilienkaufverträge, Rn 2410.
121 Vgl. *Weingärtner*, Verwahrungsgeschäft, Rn 136.
122 Vgl. Frenz/Miermeister/*Hertel*, BeurkG § 58 Rn 48; Arndt/Lerch/Sandkühler/*Sandkühler*, § 23 Rn 94, BeckOGK/*Franken*, Stand: 1.1.2026, BeurkG § 58 Rn 48, 49.
123 Vgl. §§ 10 Abs. 2 Hs. 2, 12 Abs. 2 S. 1 DONot.
124 Vgl. Grziwotz/Sauer/Heinemann/*Grziwotz*, § 58 Rn 9.
125 Anders noch *Huhn/von Schuckmann*, 3. Aufl., § 12 DONot Rn 13.
126 So aber *Zimmermann*, DNotZ 1985, 5, 13.
127 Vgl. Frenz/Miermeister/*Hertel*, BeurkG § 58 Rn 50; *Winkler*, § 62 Rn 5.

ob das Konto gedeckt ist. Außer beim „bankbestätigten" Scheck bleibt im Fall der reinen Verwahrung dagegen völlig offen, ob das Konto gedeckt ist oder der Scheck später gesperrt wird.[128]

F. Anforderungen des Geldwäschegesetzes

58 Verwahrungsgeschäfte unterfallen stets dem Anwendungsbereich des GwG (vgl. § 2 Nr. 10 GwG). Die Anforderungen des GwG werden an anderer Stelle ausführlich dargestellt (vgl. oben § 10 BeurkG Rdn 17 ff.). Nach der Neufassung des GwG zum 26.6.2017[129] kam es zur Veröffentlichung umfangreicher Anwendungsempfehlungen der BNotK.[130] Bereits früher hatte die BNotK Anwendungsempfehlungen zum GwG herausgegeben sowie nach mehrfachen Änderungen des GwG zuletzt im Oktober 2021.[131] Da die Sach- und Rechtslage immer unübersichtlicher geworden ist und angesichts der Erkenntnis, nicht alle Fälle über einen Kamm scheren zu können, schafft man nun mit Risikoeinschätzungen und davon abhängiger Prüfintensität äußerst komplexe Strukturen. Die Risikobewertungen sind auf jeden Fall zu dokumentieren (vgl. § 5 Abs. 2 GwG, § 8 GwG).[132]

59 Hier soll nur auf Folgendes hingewiesen werden:

a) Der Notar muss die Beteiligten an der Verwahrung (meist Käufer und Verkäufer) nach den spezifischen Anforderungen des GwG identifizieren und dies dokumentieren (ausführlich oben § 10 BeurkG Rdn 17 ff.). Die Identifizierung hat grundsätzlich „vor Begründung der Geschäftsbeziehung" zu erfolgen, also bevor das Geld auf dem Anderkonto hinterlegt wird (§ 11 Abs. 1 GwG). Keine Identifizierungspflicht besteht gegenüber abzulösenden Gläubigern oder der kaufpreisfinanzierenden Bank. Keine Rolle spielt übrigens, ob der hinterlegte Betrag niedriger als 15.000 EUR ist, da Notare keine Verwahrungen außerhalb von bestehenden Geschäftsbeziehungen vornehmen (vgl. § 10 Abs. 3 Nr. 2b) GwG).[133]

b) Der Notar muss gem. § 10 Abs. 1 Nr. 2 GwG klären, ob die Beteiligten auf eigene oder auf fremde Rechnung handeln (ausführlich oben § 10 BeurkG Rdn 30 ff.). Wird auf fremde Rechnung gehandelt, ist auch derjenige zu erfassen, für den gehandelt wird. Ein entsprechender Vermerk ist anzufertigen. In einem beschränkten Umfang bestehen Pflichten zur Abgabe einer Verdachtsmeldung (vgl. § 43 GwG) und zur Abgabe einer Unstimmigkeitsmeldung an das Transparenzregister,[134] die elektronisch gegenüber der Zentralstelle für Finanztransaktionsuntersuchungen vorzunehmen sind.

c) Der Notar muss die von ihm getroffenen Feststellungen festhalten und regelmäßig 5 Jahre aufbewahren (§ 8 GwG). Dazu kann er bei natürlichen Personen die entsprechenden Ausweisseiten kopieren oder einen Vermerk fertigen, der die Angaben enthält. Der Vermerk kann in die Urkunde aufgenommen oder zu den Nebenakten genommen werden (ausführlich oben § 10 BeurkG Rdn 39).

d) Gegenüber der kontoführenden Bank kommt der Notar seinen Offenlegungspflichten nach GwG durch die Eröffnung des Kontos als Anderkonto nach, für einen wirtschaftlich Berechtigten zu handeln.[135] Die am 21.8.2008 in Kraft getretene Neufassung des GwG hat insoweit eine Vereinfachung für den Notar mit sich gebracht (vgl. § 5 Abs. 2 Nr. 3 a.F. i.V.m. Abs. 1 GwG), die auch in Ziffer 2 NotAndKont (vgl. NotAndKont Rdn 18) ihren Niederschlag gefunden hat: Die Mitteilung über die Person des (vom Notar festzustellenden) wirtschaftlich Berechtigten muss nicht mehr automatisch bei Eröffnung des Anderkontos erfolgen. Zur Verfahrensvereinfachung ist der Notar nur noch verpflichtet, auf Anfrage der Bank die entsprechende Mitteilung vorzunehmen. Wirtschaftlich Berechtigter ist derjenige, der die Verwahranweisung erteilt hat, d.h. bei Kaufpreisabwicklung über Anderkonto regelmäßig beide Kaufvertragsparteien,[136] nicht jedoch Empfangsberechtigte wie abzulösende Gläubiger oder die finanzierende Bank.[137]

128 Vgl. Frenz/Miermeister/*Hertel*, BeurkG § 58 Rn 50; Grziwotz/Sauer/Heinemann/*Grziwotz*, § 58 Rn 2 f.
129 BGBl I 2017, 1822.
130 Rundschreiben 7/2017 v. 23.6.2017.
131 Auslegungs- und Anwendungshinweise zum Geldwäschegesetz 2021, abrufbar im Internet im internen Bereich der Homepage der BNotK.
132 *Sommer*, MittBayNot 2019, 107 112; *Bülte*, notar 2019, 75, 80.
133 Vgl. Frenz/Miermeister/*Hertel*, BeurkG § 57 Rn 110.
134 Würzburger Notarhandbuch/*Limmer*, Teil 1 Kap. 2 Rn 75 ff.
135 Vgl. Frenz/Miermeister/*Hertel*, BeurkG § 58 Rn 4c.
136 Vgl. Auslegungs- und Anwendungshinweise für Notarinnen und Notare, Geldwäschegesetz 2021, 45.
137 Vgl. Haug/Zimmermann/*Zimmermann*, Rn 614; zum „wirtschaftlich Berechtigten" vgl. *Sommer*, GwG 2017 aus notarieller Sicht, DAI-Jahresarbeitstagung, S. 501, 546.

In der Praxis spielen **Vorratskonten** eine wichtige Rolle. Dabei weist die Bank dem Notar eine Reihe von Konten (Unterkonten) zu, die er bei Bedarf kurzfristig verwenden kann. Obwohl die Konten von Anfang an existent sind, müssen und können die Angaben zur Person natürlich erst dann der Bank mitgeteilt werden, sobald das Konto für einen Vorgang tatsächlich Gebrauch fand. 60

G. Pfändungen in das Notaranderkonto

Fast immer geht es in der Praxis um **Pfändungen durch Gläubiger des Verkäufers**. Pfändungen durch Gläubiger des Käufers spielen dagegen nur eine geringe Rolle und bleiben hier ausgeklammert.[138] Wirtschaftlich betrachtet ist Gegenstand der Pfändung meist der aus dem Verkauf erzielte Erlös. Wickelt der Notar einen Kaufvertrag ohne Einschaltung eines Anderkontos ab, berührt ihn die Pfändung der Kaufpreisforderung nur mittelbar. Die Pfändung kann Auswirkungen auf die Fälligkeitsmitteilung und auf den Zahlungsnachweis im Rahmen der Umschreibungsüberwachung haben. Anders sieht es dagegen aus, wenn die Vertragsabwicklung über Anderkonto erfolgt. Dann ergeben sich eine Vielzahl von dogmatischen und praktischen Fragestellungen, die Literatur und Gerichte immer wieder beschäftigt haben und beschäftigen. Hier sollen nur einige wichtige, vorrangig praktische, Aspekte angesprochen werden.[139] Dasselbe gilt für die in der Praxis selten vorkommenden **Pfändungen wegen Forderungen gegen den Notar**. 61

I. Prinzip der „Doppelpfändung"

Hinterlegt der Käufer den Kaufpreis auf Anderkonto, so erlischt der Kaufpreisanspruch des Verkäufers regelmäßig noch nicht. Die Hinterlegung hat nach h.M. grundsätzlich keine Erfüllungswirkung (m.w.N. vgl. oben Vor §§ 57–62 BeurkG Rdn 21 ff.). Dies hat zur Folge, dass der **materiell-rechtliche Kaufpreiszahlungsanspruch** gegen den Käufer weiter besteht. 62

Daneben besteht der **Auskehrungs- bzw. Auszahlungsanspruch gegen den Notar**.[140] Er ist öffentlich-rechtlicher Natur. Grundsätzlich ist er auch abtretbar. Er stellt nach ganz h.M. im Verhältnis zu der zugrunde liegenden Kaufpreisforderung jedoch nur ein unselbstständiges Nebenrecht i.S.v. § 401 BGB dar.[141] Zwischen beiden Ansprüchen besteht nach ganz überwiegender Ansicht **Akzessorietät**. 63

Daraus folgt zunächst, dass der Auszahlungsanspruch nicht ohne den zugrunde liegenden Kaufpreisanspruch abgetreten werden kann. Weitere Folge der **Akzessorietät** ist, dass die Abtretung des Kaufpreisanspruchs einen Übergang auch des Auszahlungsanspruchs auf den Zessionar zur Folge hat.[142] 64

Die Rspr. hat daraus weiter abgeleitet, dass eine wirksame Pfändung durch den Gläubiger des Verkäufers voraussetzt, dass grundsätzlich sowohl der eine wie der andere Anspruch gepfändet werden müssen. Es bedarf der sog. **„Doppelpfändung"**.[143] Die Literatur hat sich dieser Betrachtungsweise überwiegend angeschlossen.[144] Bei der Pfändung in ein Notaranderkonto darf also keinesfalls nur der Auskehrungsanspruch, sondern es muss auf jeden Fall (auch) der zugrunde liegende Kaufpreisanspruch gepfändet werden. Im umgekehrten Fall der isolierten Pfändung des Kaufpreisanspruchs erstreckt sich das Pfandrecht auch auf den Auszahlungsanspruch des Käufers gegen den Notar; der Auszahlungsanspruch geht über.[145] In Folge der ordnungsgemäßen „Doppelpfändung" ist dem Käufer und dem Notar nach §§ 412, 401 BGB als Nebenrecht jeweils als Drittschuldner gem. § 829 ZPO verboten, an den Gläubiger zu leisten. Der No- 65

138 Vgl. dazu: *Franken*, RNotZ 2010, 597, 615; Frenz/Miermeister/*Hertel*, BNotO § 23 Rn 32; vgl. auch OLG Dresden v. 6.10.2009 – 3 W 930/09, DNotZ 2010, 115.

139 Eine umfangreiche dogmatische Darstellung findet sich bei *Dornis*, Kaufpreiszahlung, 55 ff.

140 Grundlegend BGH v. 19.3.1998 – IX ZR 242/97, DNotZ 1999, 126, 128 f.

141 Vgl. statt vieler: Arndt/Lerch/Sandkühler/*Sandkühler*, § 23 Rn 187; ablehnend: *Dornis*, Kaufpreiszahlung, 63.

142 Vgl. statt vieler: Arndt/Lerch/Sandkühler/*Sandkühler*, § 23 Rn 187; *Winkler*, § 58 Rn 35.

143 Vgl. BGH v. 30.6.1988 – IX ZR 66/87, DNotZ 1989, 234, 235 f.; BGH v. 19.3.1998 – IX ZR 242/97, DNotZ 1999, 126, 128.

144 Z.B. *Winkler*, § 58 Rn 41; Handbuch Notarhaftung/*Hertel*, Kap. 4 Rn 412 ff.; Eylmann/Vaasen/*Hertel*, § 23 BNotO Rn 28; Würzburger Notarhandbuch/*Hertel*, Teil 2 Kap. 2 Rn 810 ff.; Haug/Zimmermann/*Zimmermann*, Rn 745; Grziwotz/Sauer/Heinemann/*Grziwotz*, § 58 Rn 28 f.; krit. *Schmidt*, ZfIR 2001, 701, 704 ff.

145 BGH v. 9.6.2015 – V ZB 37/15, DNotZ 2016, 957 ff.

tar hat die Drittschuldnererklärung gem. § 840 ZPO, § 316 AO abzugeben.[146] Auszahlungen an den Gläubiger der Pfändung darf der Notar erst vornehmen, wenn diesem die Forderung zumindest zur Einziehung gem. § 835 f. ZPO überwiesen worden ist.[147] Zahlt der Notar an den Gläubiger aus, obwohl der Pfändungs- und Überweisungsbeschluss zwischenzeitlich aufgehoben wurde, der Notar dies jedoch nicht wusste, so ist die Auszahlung gem. § 836 Abs. 2 ZPO rechtmäßig.[148]

66 In seltenen Fällen wird gepfändet, wenn bereits **Erfüllung** eingetreten und somit die Kaufpreisforderung erloschen ist. Dann besteht nur noch der Auskehrungsanspruch des Verkäufers gegen den Notar. Dieser ist nunmehr ein selbstständig pfändbares Recht; einer „Doppelpfändung" bedarf es nicht mehr.[149] Wann Erfüllung eintritt, ist allerdings umstritten (siehe Vor §§ 57–62 BeurkG Rdn 21 ff.). Folgt man der Auffassung, dass Erfüllung regelmäßig bereits mit der Auszahlungsreife – und nicht erst mit der Auszahlung selbst – eintritt, gibt es mehr Fälle, in denen die isolierte Pfändung des Auszahlungsanspruchs ausreichend aber auch erforderlich ist. Da der Gläubiger regelmäßig nicht beurteilen kann, ob bereits Erfüllung eingetreten ist, empfiehlt sich praktisch immer die „Doppelpfändung".[150] Erfolgt eine Pfändung erst nach der Auszahlung, geht sie auf jeden Fall ins Leere.[151] Dasselbe gilt, wenn der Verkäufer bereits vor der Pfändung die Forderung an einen Dritten abgetreten hat.[152] Ist ein Kaufvertrag materiell-rechtlich unwirksam oder wandelt er sich, z.B. in Ausübung eines gesetzlichen oder vertraglichen Rücktrittsrechts, in ein Rückgewährschuldverhältnis um, geht auch eine Pfändung des Kaufpreisanspruchs ins Leere. Der Notar muss den bereits hinterlegten Kaufpreis in den letztgenannten Fällen grundsätzlich an den Käufer zurückzahlen.[153] Die genaue Prüfung des Sachverhalts ist Pflicht des Notars im Rahmen der ihm zur Verfügung stehenden Erkenntnismöglichkeiten; dazu gehören auch Anerkenntnisurteile.[154]

67 Erfolgt die **Pfändung vor der Hinterlegung,** ist der Käufer ebenfalls geschützt: Die Pfändung verschafft dem Gläubiger nicht mehr Rechte als der Verkäufer selbst hat. Der Käufer kann also trotz erfolgter Pfändung den Kaufpreis beim Notar hinterlegen.[155]

II. Vertragsabwicklung bei Kaufpreispfändung

1. Grundsätze

68 Erfolgt die Pfändung nach Abschluss des Kaufvertrages und vor der Einzahlung auf Anderkonto, so berührt diese Pfändung – wie gerade dargestellt (siehe Rdn 67) die Vertragsabwicklung zunächst nicht. Der Käufer bzw. seine kaufpreisfinanzierende Bank müssen den Kaufpreis auf dem Anderkonto hinterlegen. Erst im Zusammenhang mit Auszahlungen an den Verkäufer spielt die Pfändung eine Rolle. Dasselbe gilt natürlich, wenn die Pfändung erst nach der Hinterlegung erfolgt. Die Pfändung hat einen teilweisen „Austausch" der am Verwahrungsgeschäft Beteiligten zur Folge: Der Notar hat nunmehr die Interessen des Pfändungsgläubigers zu beachten.[156] Er hat die Auszahlung an den Pfändenden vorzunehmen. Letzteres gilt allerdings nur und erst dann, wenn der Auszahlungsanspruch an den Pfändungsgläubiger überwiesen wurde.[157] Gegenüber dem Pfändungsgläubiger treffen den Notar Amtspflichten. Er haftet ihm gegenüber nach § 19 BNotO.[158]

69 Ist dem Notar der Pfändungs- und Überweisungsbeschluss zugegangen, sollte er die Vertragsbeteiligten, soweit sie von der Pfändung berührt sind, **benachrichtigen**. Wen er benachrichtigt, entscheidet der Notar dabei nach pflichtgemäßem Ermessen.[159] Der Notar sollte sie auch über die beabsichtigte weitere Vorgehensweise unterrichten. Zahlt der Notar nicht an den Pfändungsgläubiger aus, so hat dieser zwei Mög-

146 Vgl. *Winkler*, § 58 Rn 42; Würzburger Notarhandbuch/*Hertel*, Teil 2 Kap. 2 Rn 773; Haug/Zimmermann/*Zimmermann*, Rn 745; *Ganter*, DNotZ 2004, 421, 432 f.; a.A. nunmehr: Grziwotz/Sauer/Heinemann/*Grziwotz*, BeurkG, § 58 Rn 30; *Franken*, RNotZ 2010, 597, 614.
147 Vgl. Weingärtner/Löffler/*Weingärtner/Ulrich*, Rn 505; *Winkler*, § 58 Rn 43.
148 Vgl. dazu *Franken*, RNotZ 2010, 597, 614; *Winkler*, § 58 Rn 44b.
149 Vgl. *Franken*, RNotZ 2010, 596, 613.
150 Vgl. *Weingärtner*, Verwahrungsgeschäft, Rn 52.
151 Vgl. Grziwotz/Sauer/Heinemann/*Grziwotz*, § 58 Rn 30.
152 Vgl. Weingärtner/Löffler/*Weingärtner/Ulrich*, Rn 506.
153 Vgl. KG v. 2.9.1997 – 1 W 4351/97, DNotZ 1998, 204 ff.; OLG Zweibrücken v. 30.7.2004 – 3 W 152/04, NotBZ 2005, 115 f.
154 OLG München v. 17.12.2008 – 31 Wx 080/08, DNotZ 2009, 537 ff.
155 Vgl. *Kawohl*, Notaranderkonto, Rn 106.
156 Vgl. Würzburger Notarhandbuch/*Hertel*, Teil 2 Kap. 2 Rn 813; *Ganter*, DNotZ 2004, 421, 430.
157 Vgl. Arndt/Lerch/Sandkühler/*Sandkühler*, § 23 Rn 189.
158 OLG Hamm v. 5.5.1983 – 28 W 13/83, DNotZ 1983, 702; *Weingärtner*, Verwahrungsgeschäft, Rn 50; vgl. auch Handbuch Notarhaftung/*Hertel*, Kap. 4 Rn 422.
159 Strenger *Weingärtner*, Verwahrungsgeschäft, Rn 50.

lichkeiten: Er kann einerseits nach § 15 BNotO vorgehen. Er kann aber auch, sofern die Nichtauszahlung durch den Notar auf dem Widerspruch eines Beteiligten ruht, auf Zustimmung klagen.[160]

2. Ablösung von Gläubigern

Bei vielen Kaufvertragsabwicklungen sind aus dem Kaufpreis Gläubiger abzulösen. Im Regelfall handelt es sich um abzulösende Grundpfandrechtsgläubiger. Für die Lösung dieser Fälle wurde bis heute keine in sich schlüssige und überzeugende Dogmatik entwickelt. Die Gerichtsentscheidungen aber auch die Literatur sind ergebnisorientiert: Die Vertragsabwicklung soll durch spätere Pfändungen möglichst nicht gefährdet werden. 70

Zum **„Schutz" der Vertragsabwicklung** haben Literatur und Rspr. den Grundsatz entwickelt, dass pfändende Gläubiger Tilgungsabreden, die die Kaufvertragsparteien im Rahmen der Zweckvereinbarung getroffen haben, regelmäßig gegen sich gelten lassen müssen. Sowohl die zwischen den Vertragsbeteiligten getroffene Verwahrungsvereinbarung als auch Verwahrungsanweisungen wirken daher gegenüber Pfändungsgläubigern.[161] Nach h.M. erfassen Pfändungen nur die „freie Spitze", also den nach Gläubigerablösung noch verbleibenden an den Verkäufer auszukehrenden Teil des Kaufpreises. Dem Pfändenden stehen nur die Beträge zu, die auch nach der Verwahrungsanweisung an den Verkäufer ausgekehrt worden wären.[162] **Die Pfändung kann dem Pfändungsgläubiger nicht mehr Rechte als dem Verkäufer verschaffen.**[163] Der Pfändungsgläubiger rückt lediglich in die Stellung des Verkäufers ein. Dies gilt unabhängig davon, ob die Pfändung vor oder nach Auszahlungsreife erfolgte. 71

Denken kann man zunächst an eine im Kaufvertrag bereits konkludent erklärte teilweise Abtretung des Kaufpreisanspruchs an abzulösende Gläubiger. Überzeugend ist das nicht, denn nur selten wird es gelingen, alle Voraussetzungen für das Vorliegen einer wirksamen Abtretung nachzuweisen. Teilweise wird vorgetragen, es handele sich um eine Zweckvereinbarung nach § 851 Abs. 1 ZPO, die i. Erg. zur Unpfändbarkeit führt.[164] Von anderen wird das Ergebnis aus § 404 BGB abgeleitet.[165] Ein weiterer Gedanke ist, dass es sich hier regelmäßig um eine mehrseitige Verwahrungsanweisung handelt, die nicht von einer Seite geändert werden könne.[166] Eine dogmatisch überzeugende Begründung für den allgemeinen „Vorrang von Tilgungsabreden" wurde bis heute nicht entwickelt. Gut begründen lässt sich nur die vorrangige Ablösung von Gläubigern, die durch Grundpfandrechte gesichert sind. Die vorliegenden Gerichtsentscheidungen betreffen fast immer solche Fallsituationen. In diesen Fällen kann man problemlos mit der mehrseitigen – also von Verkäufer und Käufer gemeinsam erteilten – nicht einseitig abänderbaren Verwahrungsanweisung argumentieren. Sind jedoch andere Gläubiger abzulösen, die nicht grundbuchmäßig abgesichert sind, hilft diese Begründung nicht unbedingt weiter: Eine mehrseitige Verwahrungsanweisung von Verkäufer und Käufer wird vielfach kaum festzustellen sein, denn für den Käufer spielt es grundsätzlich keine Rolle, wie der Verkäufer den Kaufpreis verwendet.[167] 72

3. Behandlung typischer Fallsituationen

Fallsituation 1: 73

Im Grundbuch eingetragene Gläubiger sind ausweislich der im Kaufvertrag getroffenen Vereinbarungen abzulösen. Der Kaufpreisanspruch wird wirksam gepfändet. Der hinterlegte Betrag reicht nicht aus, um sowohl die Gläubigerablösungen vorzunehmen als auch den Anspruch des pfändenden Gläubigers zu erfüllen. Hier hat der Notar zunächst die Grundpfandrechtsgläubiger abzulösen. Nur der Restbetrag ist an den pfändenden Gläubiger auszuzahlen.

160 Vgl. dazu *Weingärtner*, Verwahrungsgeschäft, Rn 51.

161 Vgl. Arndt/Lerch/Sandkühler/*Sandkühler*, § 23 Rn 192; *Winkler*, § 58 Rn 44; Würzburger Notarhandbuch/*Hertel*, Teil 2 Kap. 2 Rn 820 f.; *Franken*, RNotZ 2010, 596, 613; BGH, DNotZ 1998, 626 ff. mit Anm. *Albrecht*.

162 Vgl. *Blaeschke*, § 14 Rn 138; *Krauß*, Immobilienkaufverträge, Rn 2440.

163 Vgl. Handbuch Notarhaftung/*Hertel*, Kap. 4 Rn 423 f.; DNotI-Rep. 1996, 93, 94; *Winkler*, § 58 Rn 44; BGH v. 31.1.1985 – IX ZR 48/84, DNotZ 1985, 633, 634; BGH v. 20.11.1997 – IX ZR 162/96, DNotZ 1998, 626 ff. mit Anm. *Albrecht*; *Franken*, RNotZ 2010, 596, 613; *Weingärtner*, Verwahrungsgeschäft, Rn 51.

164 Vgl. *Weingärtner*, Verwahrungsgeschäft, Rn 49.

165 So *Kawohl*, Notaranderkonto, Rn 106; *Bräu*, Verwahrungstätigkeit, Rn 235.

166 Vgl. Handbuch Notarhaftung/*Hertel*, Kap. 4 Rn 423; Würzburger Notarhandbuch/*Hertel*, Teil 2 Kap. 2 Rn 820 f.

167 Darauf verweist *Hückstädt*, NotBZ 2005, 339, 341.

74 **Fallsituation 2:**

Der Kaufvertrag sieht ausdrücklich vor, dass aus dem Kaufpreis Verbindlichkeiten abzulösen sind. Anders als in Fallsituation 1 sind diese allerdings nicht im Grundbuch eingetragen. Folgt man der Kommentarliteratur, kann der Notar auch hier zunächst die im Vertrag vorgesehene Gläubigerablösung vornehmen und nur den Restbetrag an den Pfändungsgläubiger auszahlen.[168] Das soll auch gelten, wenn im Vertrag vereinbart ist, dass aus dem verwahrten Betrag Notar- und Grundbuchgebühren für die Löschung abzulösender Belastungen oder die Grunderwerbsteuer zu begleichen sind.[169] Gerichtsentscheidungen gibt es fast nicht. Durch die vertragliche Ausgestaltung kann jedoch die Rechtssicherheit erhöht werden: Die Zahlungen an Dritte müssen ausdrücklich zum Gegenstand der mehrseitigen Verwahrungsanweisung gemacht werden.[170]

75 **Fallsituation 3:**

Die Urkunde sieht keine Ablösung von Gläubigern vor; die Festlegungen zur Auskehr des Erlöses sind nicht mehrseitig. Der Verkäufer teilt dem Notar später mit, dass er den Kaufpreisanspruch ganz oder teilweise an einen Dritten abgetreten hat. Dann kommt es zur Pfändung wie in den beiden ersten Fallsituationen. Ein Vorrang der Zahlung an den Zessionar lässt sich hier nicht mit einer bereits im Kaufvertrag enthaltenen Tilgungsvereinbarung begründen. Das „Prioritätsprinzip" führt aber dazu, dass die Pfändung – wenn sie tatsächlich nach der Abtretung erfolgte – ganz oder teilweise ins Leere geht.[171] Für den Notar wird eine abschließende Beurteilung in diesen Fällen oft nicht möglich sein. Dann hat er sich so zu verhalten wie in anderen Situationen, in denen Unklarheit über die Person des Auszahlungsempfängers besteht. Im Wege des Vorbescheids (§ 15 Abs. 2 BNotO) mit Hinweis auf die Beschwerdemöglichkeit sollte er ankündigen, wie er zu verfahren beabsichtigt.

76 **Fallsituation 4:**

Die Urkunde sieht keine Ablösung von Gläubigern vor; die Festlegungen zur Auskehr des Erlöses sind nicht mehrseitig. Der Verkäufer teilt dem Notar später mit, dass ein Teil des Kaufpreises an einen Dritten gezahlt werden soll. Dann kommt es zur Pfändung wie in den vorstehenden Fällen. Nur wenn eine vor der Pfändung erfolgte Abtretung des Anspruchs an den Dritten ausgeschlossen werden kann, sollte der Notar vorrangig an den Pfändungsgläubiger zahlen. In allen anderen Fällen kann der Notar dagegen kaum zu einem sicheren Ergebnis kommen. Er hat sich dann ebenso (vgl. oben Rdn 75) zu verhalten wie in sonstigen Fällen, in denen Unklarheit über die Person des Empfangsberechtigten besteht.

77 **Fallsituation 5:**

Die Urkunde sieht die Ablösung eines nicht eingetragenen Gläubigers vor. Ausdrücklich ist vereinbart, dass der Verkäufer die Weisungen einseitig ändern kann, dass er dazu jedoch der Zustimmung des Gläubigers bedarf. Eine Abtretung des Anspruchs an den Gläubiger erfolgt nicht. Es kommt zur Pfändung der Kaufpreisforderung; der Kaufpreis wird auf Anderkonto hinterlegt. Über diesen Sonderfall hatte das OLG Rostock[172] zu entscheiden. Nach seiner Auffassung geht es hier um die Frage der Zulässigkeit eines späteren einseitigen Widerrufs. Der spätere einseitige Widerruf durch den Verkäufer (bzw. des an seine Stelle getretenen Pfändungsgläubigers) ist unzulässig und damit für den Notar unbeachtlich, wenn der Gläubiger nicht zustimmt. *Hückstädt*[173] meint, das OLG Rostock habe mit seiner Entscheidung einen neuen Fall des unbeachtlichen einseitigen Widerrufs gem. § 60 Abs. 1 BeurkG geschaffen: Immer dann, wenn als Voraussetzung für den Widerruf einer notariellen Verwahrungsanweisung die Zustimmung eines nicht beteiligten Dritten vorgesehen ist, darf der Notar den Widerruf nur berücksichtigen, wenn der Dritte zugestimmt hat.

168 So *Winkler*, § 58 Rn 44; *Weingärtner*, Verwahrungsgeschäft, Rn 49; vgl. auch Handbuch Notarhaftung/*Hertel*, Kap. 4 Rn 424.
169 So ausdr. Würzburger Notarhandbuch/*Hertel*, Teil 2 Kap. 2 Rn 821.
170 Vgl. Handbuch Notarhaftung/*Hertel*, Kap. 4 Rn 423.
171 Vgl. *Hückstädt*, NotBZ 2005, 340, 342; vgl. *Winkler*, § 60 Rn 15.
172 V. 13.7.2005 – 1 W 25/05, NotBZ 2005, 339 f.
173 NotBZ 2005, 340, 342.

III. Fehlerhafte Pfändung

Wenn der Notar prüft, ob die Pfändung zu beachten ist und an wen ggf. Auszahlungen vorzunehmen sind, muss er sich zunächst mit der Frage der **Wirksamkeit der Pfändung** auseinandersetzen. 78

1. Pfändung „nur" des Kaufpreisanspruchs

Immer wieder kommt es in der Praxis vor, dass **nur der Kaufpreisanspruch,** nicht aber der Auszahlungsanspruch gepfändet wird. Es fragt sich, ob der Notar diese fehlerhafte Pfändung beachten muss. Nach ganz h.M. ist auch diese fehlerhafte Pfändung uneingeschränkt beachtlich, da der Auskehrungsanspruch ein Nebenrecht des Kaufpreiszahlungsanspruchs i.S.v. § 401 BGB ist und deshalb vom Pfändungspfandrecht erfasst wird. Der Notar hat deshalb an den Pfändungsgläubiger auszuzahlen.[174] 79

2. Pfändung „nur" des Auszahlungsanspruchs

Wird dagegen **nur der Auszahlungsanspruch,** also das unselbstständige Nebenrecht, gepfändet, so ist diese Pfändung unwirksam und damit nach ganz h.M. für den Notar grundsätzlich unbeachtlich.[175] Allerdings ist die isolierte Pfändung des Auskehrungsanspruchs ausnahmsweise dann wirksam, wenn der Kaufpreisanspruch bereits erfüllt und damit erloschen ist und deshalb nur noch der Auszahlungsanspruch besteht.[176] 80

Zu Recht verweist *Ganter*[177] darauf, dass der Notar bei einer unwirksamen Pfändung materiell-rechtlich zu nichts verpflichtet ist. Er muss sich daher in der Sache nicht äußern. Dem pfändenden Gläubiger gegenüber hat der Notar keine Amtspflichten; eine Haftung nach § 840 Abs. 2 S. 2 ZPO scheidet aus, da die Pfändung unwirksam ist. Im Hinblick auf das Ansehen des Notars hält *Ganter* den Notar jedoch für berechtigt, dem pfändenden Gläubiger mitzuteilen, dass er die Pfändung für unwirksam halte. Gibt der Notar in einem solchen Fall also die Drittschuldnererklärung ab (bei wirksamen Pfändungen ist er dazu nach § 840 ZPO, § 316 Abs. 1 AO verpflichtet), sollte er sich auf den Hinweis beschränken, dass er die Pfändung für unwirksam hält. Eine Begründung sollte der Notar nicht geben; sie stellen seine Neutralität und unter Umständen seine Verschwiegenheitspflicht in Frage.[178] Die Empfehlung von *Sandkühler,*[179] der Notar solle dem Pfändungsgläubiger Gelegenheit geben, ihm innerhalb einer angemessenen Nachfrist nachzuweisen, dass auch der Vertragsanspruch gepfändet ist, ist daher problematisch. *Sandkühler* verweist darauf, dass die Pfändung des Vertragsanspruchs zwischenzeitlich nachgeholt sein könnte, ohne dass dies dem Notar bekannt geworden ist. Das trifft zwar zu, jedoch muss der Notar keine Pfändungen beachten, von denen er keine Kenntnis hat. 81

Die Drittschuldnererklärung muss gemäß § 840 Abs. 1 ZPO innerhalb von zwei Wochen abgegeben werden. Umstritten ist, ob es sich um eine Erklärungsfrist handelt, so dass für die Rechtzeitigkeit der Zugang beim Empfänger maßgeblich ist, oder eine Überlegungsfrist, so dass für die Rechtzeitigkeit die Absendung ausreicht.[180] 82

3. „Erstarken" einer unwirksamen zu einer wirksamen Pfändung

Gelegentlich ergibt sich folgendes Problem: Der Gläubiger pfändet zunächst isoliert den Auszahlungsanspruch. Diese Pfändung geht ins Leere, da es einer „Doppelpfändung" bedurft hätte. Zeitlich später tritt Erfüllung des Kaufpreisanspruchs ein. Hier fragt sich, ob die zunächst unwirksame Pfändung nachträglich zu einer wirksamen erstarkt. In Rechtsprechung und Literatur wird die Frage praktisch nicht erörtert. Richtig erscheint, eine Parallele zur Pfändung eines künftigen Anspruchs zu ziehen. Nach allgemeiner 83

174 Vgl. *Winkler*, § 58 Rn 41; *Krauß*, Immobilienkaufverträge, Rn 2439; Frenz/Miermeister/*Hertel*, BNotO § 23 Rn 29; Würzburger Notarhandbuch/*Hertel*, Teil 2 Kap. 2 Rn 772; Arndt/Lerch/Sandkühler/*Sandkühler*, § 23 Rn 190; Haug/Zimmermann/*Zimmermann*, Rn 745; Grziwotz/Sauer/Heinemann/*Grziwotz*, § 58 Rn 29; *Ganter*, DNotZ 2004, 421, 432; *Franken*, RNotZ 2010, 596, 613.

175 Vgl. Arndt/Lerch/Sandkühler/*Sandkühler*, § 23 Rn 191; *Winkler*, § 58 Rn 41.

176 So Würzburger Notarhandbuch/*Hertel*, Teil 2 Kap. 2 Rn 810; Handbuch Notarhaftung/*Hertel*, Kap. 4 Rn 413.

177 DNotZ 2004, 421, 433 f.

178 Vgl. Frenz/Miermeister/*Hertel*, BNotO § 23 Rn 30 Fn 74; Handbuch Notarhaftung/*Hertel*, Kap. 4 Rn 421; Würzburger Notarhandbuch/*Hertel*, Teil 2 Kap. 2 Rn 811; Kilian/Sandkühler/vom Stein/*Elsing*, § 13 Rn 49; Grziwotz/Sauer/Heinemann/*Grziwotz*, § 58 Rn 31; *Franken*, RNotZ 2010, 597, 614; *Blaeschke*, § 14 Rn 146.

179 In Arndt/Lerch/Sandkühler, § 23 Rn 191.

180 Vgl. mit Begründung: MüKo-ZPO/*Smid*, § 840 Rn 11.

Meinung treten die Wirkungen der Pfändung nachträglich mit dem Entstehen des Anspruchs ein.[181] In beiden Fällen entsteht der Anspruch dem Grunde nach bereits vorher.

4. Vorzulegende Nachweise bei Pfändungen

84 Nicht endgültig geklärt ist, welche Nachweise der Notar im Zusammenhang mit der Prüfung der Wirksamkeit der Pfändung beim Drittschuldner (Käufer) verlangen kann bzw. muss. Sicher ausreichend sind Unterlagen, die die Zustellung des Pfändungsbeschlusses beim Käufer dokumentieren. Sinnvoll ist daher im Regelfall, wenn der Notar zunächst vom Käufer eine Kopie der Zustellungsurkunde erbittet.[182] Es genügt aber auch, wenn der Käufer schriftlich bestätigt, dass ihm der Pfändungsbeschluss zugestellt wurde.[183] Nur wenn der Käufer nicht erreichbar ist oder eine Stellungnahme verweigert, sollte der Notar den Pfändungsgläubiger auffordern, den entsprechenden Nachweis kurzfristig zu führen.[184] Das Interesse an einer sachgerechten Entscheidung ist insoweit höher zu bewerten als Neutralitätsaspekte.[185] Nachfragepflichten des Notars bestehen dagegen nicht, wenn schon der dem Notar zugestellte Beschluss erkennen lässt, dass keine Doppelpfändung eingeleitet wurde.[186]

5. Fehlende Bestimmtheit der gepfändeten Forderung

85 Ein weiteres Problem in der Praxis stellt die **Bestimmtheit** der gepfändeten Forderung dar. Ist nach pflichtgemäßer Prüfung nicht festzustellen, welche Forderung Gegenstand der Pfändung ist, so geht die Pfändung ins Leere; sie muss vom Notar nicht beachtet werden. In diesem Sinne wurde beispielsweise ein Fall entschieden, in dem der Gläubiger den Auszahlungsanspruch des Schuldners gegen die Bank, bei der das Notaranderkonto geführt wurde, gepfändet hatte. Einen solchen Anspruch des Schuldners gibt es nicht (nur der Notar hat einen Anspruch gegen die Bank). Die Pfändung blieb daher ohne Rechtswirkungen.[187]

6. Mehrheit von Gläubigern der Kaufpreisforderung/Pfändung eines Anteils

86 Schwierigkeiten bereitet die Pfändung in Fällen, in denen der Kaufpreis mehreren Verkäufern zusteht.[188] Nach h.M. handelt es sich in der Regel um eine gemeinschaftliche Kaufpreisforderung, die rechtlich den Charakter einer unteilbaren Leistung gem. § 432 BGB hat. Im Innenverhältnis sind die Verkäufer Bruchteilsberechtigte nach §§ 741 ff. BGB; im Außenverhältnis sind sie Mitgläubiger nach § 432 BGB. Der Schuldner kann nur an alle gemeinschaftlich leisten; der Gläubiger kann nur Leistung an alle fordern. Eine Gesamtgläubigerschaft (§ 428 BGB) bedarf dagegen einer besonderen vertraglichen Vereinbarung. Der pfändende Gläubiger darf daher (außer bei der erwähnten Gesamtgläubigerschaft) nicht „den Kaufpreisanspruch" pfänden, wenn sich sein Anspruch nur gegen einen Verkäufer richtet. Auch „ein dem Beteiligungsverhältnis des Schuldners entsprechender Anteil" an der Forderung ist nicht pfändbar. In solchen Fällen ist regelmäßig im Wege der Forderungspfändung der Schuldneranteil an der Bruchteilsgemeinschaft zu pfänden.[189] Ein insoweit fehlerhafter Beschluss ist allerdings wegen seiner Auslegungsfähigkeit nicht unwirksam.[190] Einfacher ist die Rechtslage, wenn die vertraglichen Vereinbarungen bereits eine Auseinandersetzung der Verkäufer enthalten, also insbesondere die Erlösverteilung zwischen den Verkäufern in der Urkunde ausdrücklich geregelt ist. Hier kann der Gläubiger eine Pfändung des Kaufpreisanteils vornehmen und sodann die Auszahlung des auf den Vollstreckungsschuldner entfallenden Bruchteiles des Kaufpreises verlangen.[191]

181 Vgl. MüKo-ZPO/*Smid*, § 829 Rn 12.
182 Vgl. *Franken*, RNotZ 2010, 596, 613.
183 So auch Handbuch Notarhaftung/*Hertel*, Kap. 4 Rn 417; a.A.: *Ganter*, DNotZ 2004, 421, 435 (immer Kopie der Zustellungsurkunde).
184 Für eine unmittelbare Kontaktaufnahme mit dem Gläubiger: Arndt/Lerch/Sandkühler/*Sandkühler*, § 23 Rn 191; vgl. auch Handbuch Notarhaftung/*Hertel*, Kap. 4 Rn 418.
185 Vgl. aber *Ganter*, DNotZ 2004, 421, 435.
186 Ausf. dazu Handbuch Notarhaftung/*Hertel*, Kap. 4 Rn 418.
187 Vgl. BayObLG v. 22.12.1999 – 3 Z BR 378/99, DNotZ 2000, 376, 377.
188 Vgl. OLG Rostock v. 12.7.2005 – 1 W 4/04, NotBZ 2005, 449; grds. zum Problemkreis: *Litzenburger*, NotBZ 2003, 296 ff.; Handbuch Notarhaftung/*Hertel*, Kap. 4 Rn 425 f.; *Winkler*, § 58 Rn 43a; vgl. auch DNotI-Rep. 2006, 117 ff.
189 Vgl. dazu DNotI-Rep. 2004, 9, 10; *Winkler*, § 58 Rn 43a; Handbuch Notarhaftung/*Hertel*, Kap. 4 Rn 426; *Franken*, RNotZ 2010, 597, 614.
190 *Franken*, RNotZ 2010, 597, 614; vgl. ausf. DNotI-Rep. 2004, 9, 10.
191 Vgl. Handbuch Notarhaftung/*Hertel*, Kap. 4 Rn 425; *Franken*, RNotZ 2010, 597, 614.

7. Mehrheit von Pfändungen

Über den Rang bei mehreren Pfändungen[192] entscheidet gem. § 804 Abs. 3 ZPO der Zeitpunkt des Wirksamwerdens. Pfändungen werden nach hier vertretener Auffassung gem. § 829 Abs. 3 ZPO wirksam allein mit Zustellung an den Käufer als Drittschuldner. Hält man auch die Pfändung des Auskehrungsanspruchs für ein Wirksamkeitserfordernis, so bedarf es der Zustellung an den Käufer und an den Notar.[193] Sind mehrere Pfändungen gleichrangig und reicht der Erlös zur Befriedigung aller nicht aus, richtet sich die Verteilung entsprechend § 10 Abs. 1 Hs. 2 ZVG nach dem „Verhältnis ihrer Beträge".[194] Bei einer Mehrfachpfändung kann der Notar gem. § 853 ZPO auch hinterlegen. Es handelt sich um eine eng auszulegende Ausnahmevorschrift.[195] 87

IV. Pfändungen wegen Forderungen gegen den Notar

Ist der Notar Schuldner und pfändet ein Gläubiger des Notars in das Anderkonto, so steht dem Treugeber die **Drittwiderspruchsklage gem. § 771 ZPO** zu. Das Verwahrungsgut gehört wirtschaftlich dem oder den Hinterlegern.[196] Die Beteiligten der Verwahrung sind deshalb unverzüglich zu benachrichtigen, damit sie die Freigabe betreiben können[197] (vgl. unten NotAndkont Rdn 52). 88

H. Abtretung von Auszahlungsansprüchen

Ebenso wie der Kaufpreiszahlungsanspruch pfändbar ist, ist er auch abtretbar. Wird der Kaufpreis auf Anderkonto hinterlegt, so stellen sich ähnliche Probleme wie bei der Pfändung. Denn auch insoweit müssen der zivilrechtliche Kaufpreisanspruch gegen den Käufer und der öffentlich-rechtliche Auskehrungsanspruch gegen den Notar unterschieden werden. Zu klären ist, welche Rechtsfolgen sich daraus ergeben. 89

Der Auszahlungsanspruch gegen den Notar ist wie bei der Pfändung ein akzessorisches Nebenrecht gem. § 401 BGB zum Kaufpreisanspruch.[198] Damit wird eine „Verdoppelung" der Ansprüche vermieden. Eine „isolierte" Abtretung nur eines Anspruchs ist nicht möglich. So hat auch der BGH klargestellt, dass der öffentlich-rechtliche Auszahlungsanspruch nur zusammen mit der Kaufpreisforderung abgetreten werden kann, solange diese nicht erfüllt ist.[199] Neben das „Gebot der Doppelpfändung" tritt somit das **„Gebot der Doppelabtretung"**.[200] Infolge der Abtretung tritt der Zessionar materiell-rechtlich und verfahrensrechtlich als Verwahrungsbeteiligter an die Stelle des Zedenten. Zu einer Änderung der Verwahrungsanweisung ist somit seine Zustimmung erforderlich.[201] 90

Wird nur der Kaufpreiszahlungsanspruch abgetreten, so ergeben sich die Rechtsfolgen aus der Akzessorietät des Auszahlungsanspruchs: Letzterer geht als unselbstständiges Sicherungs- bzw. Hilfsrecht automatisch ohne weitere Voraussetzungen auf den neuen Gläubiger über.[202] Anders sieht es aus, wenn der Auszahlungsanspruch gegen den Notar abgetreten wird: Lässt sich der Vereinbarung nicht konkludent entnehmen, dass die Beteiligten auch den Kaufpreisanspruch abtreten wollten, geht die Abtretung ins Leere. Ist der Kaufpreisanspruch jedoch erloschen, da Auszahlungsreife eingetreten ist (vgl. oben Vor §§ 57–62 BeurkG Rdn 21 ff.), kann der Auskehrungsanspruch isoliert abgetreten werden.[203] 91

192 Vgl. dazu Handbuch Notarhaftung/*Hertel*, Kap. 4 Rn 427 f.; *Franken*, RNotZ 2010, 597, 614.
193 Vgl. Frenz/Miermeister/*Hertel*, BNotO § 23 Rn 41 Fn 96; Handbuch Notarhaftung/*Hertel*, Kap. 4 Rn 427.
194 Vgl. Grüneberg/*Wicke*, § 1209 BGB Rn 1; Handbuch Notarhaftung/*Hertel*, Kap. 4 Rn 428.
195 Vgl. *Heinze*, notar 2018, 407 ff.; abrufbar im Internet: DNotI-Gutachten – Anfrage Nr. 162815.
196 Vgl. Frenz/Miermeister/*Hertel*, BNotO § 23 Rn 45; Arndt/Lerch/Sandkühler/*Sandkühler*, § 23 Rn 184; *Winkler*, § 58 Rn 47; Handbuch Notarhaftung/*Hertel*, Kap. 4 Rn 446.
197 Vgl. *Weingärtner*, Verwahrungsgeschäft, Rn 43; Arndt/Lerch/Sandkühler/*Sandkühler*, § 23 Rn 184.
198 BGH v. 2.8.2023, VII ZB 28/20, MittBayNot 2024, 191, Rz. 35.
199 Vgl. BGH v. 19.3.1998 – IX ZR 242/97, DNotZ 1999, 126, 128.
200 Vgl. *Weingärtner*, Verwahrungsgeschäft, Rn 47; *Winkler*, § 58 Rn 35; Handbuch Notarhaftung/*Hertel*, Kap. 4 Rn 429; *Franken*, RNotZ 2010, 597, 615.
201 Vgl. Würzburger Notarhandbuch/*Hertel*, Teil 2 Kap. 2 Rn 777.
202 Vgl. Frenz/Miermeister/*Hertel*, BNotO § 23 Rn 33 f.; Würzburger Notarhandbuch/*Hertel*, Teil 2 Kap. 2 Rn 815; Handbuch Notarhaftung/*Hertel*, Kap. 4 Rn 431; Haug/Zimmermann/*Zimmermann*, Rn 747; Arndt/Lerch/Sandkühler/*Sandkühler*, § 23 Rn 187; *Winkler*, § 58 Rn 35.
203 Vgl. auch DNotI-Rep. 1996, 93, 96.

92 Eine besondere **Form** ist für die Abtretung nicht vorgesehen. Die Abtretung kann somit auch mündlich erfolgen. In der Praxis ist es dann allerdings kaum möglich, sie zu beweisen. Praktisch wird der Notar daher verlangen können (und müssen), dass ihm die Abtretung wenigstens in schriftlicher Form nachgewiesen wird.[204] Dazu genügt verfahrensrechtlich eine Anzeige des Zedenten über die erfolgte Abtretung und Änderung der Empfangsberechtigung.[205] Die Vorlage der schriftlichen Abtretungserklärung durch den Zessionar reicht grundsätzlich ebenso aus. In Zweifelsfällen darf der Notar allerdings auch die Vorlage einer öffentlich beglaubigten Abtretungserklärung verlangen.[206] Bei erheblichen Zweifeln an der Authentizität des Unterzeichners wird er dies sogar tun müssen.[207] Mit der Abtretung tritt der Zessionar grundsätzlich in das Treuhandverhältnis des Zedenten ein.[208]

93 Die Ausführungen zur Abtretung gelten entsprechend für eine **rechtsgeschäftliche Verpfändung** des Kaufpreisanspruchs. Über das Rangverhältnis bei mehreren Abtretungen oder Verpfändungen entscheidet grundsätzlich allein die zeitliche Reihenfolge. Nach diesseitiger Auffassung ist dogmatisch unzulässig, die Abtretung (entsprechend § 829 Abs. 3 ZPO) erst mit dem Zeitpunkt des Eingangs beim Notar wirksam werden zu lassen.[209] Allerdings treten schwierige Fragen dann auf, wenn der Verdacht von Rückdatierungen besteht. Das ist beispielsweise dann der Fall, wenn der Kaufpreisanspruch wirksam im Wege der Doppelpfändung gepfändet wird und einige Tage später legt der Verkäufer eine Vereinbarung mit einem Dritten (z.B. einem Familienmitglied) vor, in der der Kaufpreisanspruch abgetreten wird. Das Datum der Abtretung liegt vor dem der Pfändung. Im Streit um die Auskehrung des Verkaufserlöses stehen die Rechtsbehelfe der Notarbeschwerde und die Drittwiderspruchsklage nebeneinander; im Hinblick auf die unterschiedlichen Verfahrensgegenstände schließen sie sich nicht aus.[210] In Zweifelsfällen sollte der Notar durch Vorbescheid mit Hinweis auf die Beschwerdemöglichkeit gem. § 15 Abs. 2 BNotO ankündigen, wie er zu verfahren beabsichtigt.[211] Er kann aber auch entsprechend § 60 Abs. 3 S. 3 Nr. 2 BeurkG eine Fristsetzung vornehmen.[212]

I. Insolvenz eines Beteiligten

94 Schwierigkeiten können Fälle bereiten, in denen einer der an der Verwahrung Beteiligten, i.d.R. der Verkäufer oder der Käufer, insolvent wird. Auch die Insolvenz eines Notars kommt gelegentlich vor. Außer Frage steht zunächst, dass im Fall der Insolvenz eines Beteiligten **die beim Notar verwahrten Gelder nicht in die Insolvenzmasse fallen**,[213] denn Inhaber der Verwahrungsmasse ist allein der Notar. Er hat die Pflicht gegenüber den Vertragsbeteiligten, die Auszahlungen unter den in der Verwahrungsvereinbarung geregelten Voraussetzungen vorzunehmen.

95 Man könnte daran denken, dass mit der Eröffnung des Insolvenzverfahrens die Verwahrungsanweisung an den Notar gem. § 116 InsO wie ein Geschäftsbesorgungsvertrag kraft Gesetzes erlischt. Das ist aber nicht der Fall. Die Verwahrung hat hoheitlichen Charakter. Sie ist keine privatrechtliche Tätigkeit. § 116 InsO ist nach allgemeiner Auffassung auf die hoheitliche Tätigkeit eines Amtsträgers im Verfahren der freiwilligen Gerichtsbarkeit nicht übertragbar.[214] Eine ältere BGH-Entscheidung[215] ist überholt. In Fäl-

204 So Frenz/Miermeister/*Hertel*, BNotO § 23 Rn 35; Handbuch Notarhaftung/*Hertel*, Kap. 4 Rn 434; *Winkler*, § 58 Rn 36; *Franken*, RNotZ 2010, 597, 615.
205 Vgl. *Winkler*, § 58 Rn 36; Handbuch Notarhaftung/*Hertel*, Kap. 4 Rn 434.
206 Vgl. Frenz/Miermeister/*Hertel*, BNotO § 23 Rn 36 Fn 87 („ausnahmsweise"); Würzburger Notarhandbuch/*Hertel*, Teil 2 Kap. 2 Rn 776; Handbuch Notarhaftung/*Hertel*, Kap. 4 Rn 434; Kilian/Sandkühler/vom Stein/*Elsing*, § 13 Rn 49.
207 Vgl. *Franken*, RNotZ 2010, 597, 616.
208 So Haug/Zimmermann/*Zimmermann*, Rn 748.
209 *Hertel* hält dies für möglich (in: Würzburger Notarhandbuch Teil 2 Kap. 2 Rn 818; Handbuch Notarhaftung, Kap. 4 Rn 437); abl. auch *Franken*, RNotZ 2010, 597, 616; vgl. auch *Krauß*, Immobilienkaufverträge, Rn 2441.
210 OLG München v. 12.9.2008 – 31 Wx 018/08 und 020/08, DNotZ 2009, 113.
211 Vgl. Frenz/Miermeister/*Hertel*, BNotO § 23 Rn 41; Würzburger Notarhandbuch/*Hertel*, Teil 2 Kap. 2 Rn 818; Handbuch Notarhaftung/*Hertel*, Kap. 4 Rn 437; *Franken*, RNotZ 2010, 597, 616; vgl. auch OLG Schleswig v. 15.3.2006 – 2 W 16/06, NotBZ 2007, 146.
212 Vgl. OLG München v. 12.9.2008 – 31 Wx 018/08 und 020/08, DNotZ 2009, 113.
213 Vgl. z.B.: *Kawohl*, Notaranderkonto, Rn 116; Arndt/Lerch/Sandkühler/*Sandkühler*, § 23 Rn 193.
214 Vgl. Frenz/Miermeister/*Hertel*, BNotO § 23 Rn 44; Würzburger Notarhandbuch/*Hertel*, Teil 2 Kap. 2 Rn 823; *Dornis*, Kaufpreiszahlung, S. 94 ff.; DNotI-Rep. 2004, 32; *Winkler*, § 58 Rn 48, Kilian/Sandkühler/vom Stein/*Elsing*, § 13 Rn 53; *Franken*, RNotZ 2010, 597, 616.
215 V. 25.4.1962 – VIII ZR 43/61, NJW 1962, 1200, 1201.

len wie diesen ist streng zwischen der zivilrechtlichen Verwahrungsvereinbarung einerseits und den öffentlich-rechtlichen Verwahrungsanweisungen zu unterscheiden.

Die Eröffnung des Insolvenzverfahrens über das Vermögen von Verkäufer oder Käufer hat zur Folge, dass sie nicht mehr über das zur Insolvenzmasse gehörende Vermögen verfügen dürfen. An ihre Stelle tritt der Insolvenzverwalter. Für die zivilrechtliche Verwahrungsvereinbarung bedeutet dies, dass der Insolvenzverwalter grundsätzlich ein **Wahlrecht nach § 103 InsO** hat. Entweder wird der Vertrag erfüllt oder seine Erfüllung abgelehnt. Die Ablehnung setzt jedoch voraus, dass der gegenseitige Vertrag noch gar nicht oder nur teilweise erfüllt worden ist. Für das öffentlich-rechtliche Verwahrungsverhältnis stellt die Ablehnung letztlich einen einseitigen Widerruf dar, sodass der Anwendungsbereich des § 60 BeurkG und gegebenenfalls § 61 BeurkG eröffnet ist.[216] Im Einzelnen gilt: 96

I. Insolvenz des Verkäufers

Wie dargestellt fällt das Notaranderkonto (dabei geht es letztlich um die Forderungen des Notars gegen die Bank) nicht in die Insolvenzmasse. Deshalb stellt die Auszahlung vom Anderkonto auch keine Verfügung über das Vermögen des Gemeinschuldners dar. Auszahlungen vom Notaranderkonto unterliegen daher weder einem allgemeinen Verfügungsverbot noch einem Zustimmungsvorbehalt des vorläufigen Insolvenzverwalters (§ 21 Abs. 2 Nr. 2 InsO). In die **Insolvenzmasse fallen** dagegen **der Kaufpreisanspruch und der** damit akzessorisch verbundene **Auskehrungsanspruch** (vgl. oben Rdn 63).[217] 97

Der Insolvenzverwalter hat grundsätzlich ab Eröffnung des Insolvenzverfahrens das Wahlrecht nach § 103 InsO. Dieses ist jedoch in der Praxis bei Grundstückskaufverträgen zumeist ausgeschlossen, da zugunsten des Käufers eine **Vormerkung** eingetragen (oder beantragt) wurde. Das **Wahlrecht geht dann unter** (§ 106 Abs. 1 InsO i.V.m. § 878 BGB). Gegen die Insolvenz des Verkäufers schützt also nicht die Einschaltung eines Notaranderkontos, sondern die Eintragung der Vormerkung.[218] Kann der Insolvenzverwalter ausnahmsweise die Erfüllung wirksam ablehnen, so ist das bereits hinterlegte Kaufgeld zurückzuzahlen.[219] Dem Käufer bleibt es unbenommen, weitergehende Schadensersatzansprüche zur Tabelle anzumelden. 98

Auch wenn das Insolvenzverfahren über das Vermögen des Verkäufers eröffnet wird, ist folglich die **Abwicklung des Grundstückskaufvertrages in der Regel** möglich. Die Ablösung dinglicher Gläubiger erfolgt in der im Kaufvertrag vorgesehenen Weise. Im Übrigen erfolgt die Auszahlung an den Insolvenzverwalter.[220] Auf einige Besonderheiten ist hinzuweisen: 99

– Die kaufvertragliche Verwahrungsvereinbarung enthält regelmäßig bereits die Auszahlungsregelungen. Da dem Verkäufer die (alleinige) Verfügungsbefugnis fehlt, bedarf es der Mitwirkung des (vorläufigen) Insolvenzverwalters, wenn der Kaufpreis ganz oder teilweise an den Verkäufer auszuzahlen ist.[221] Weist ein Verkäufer den Notar an, bei Auszahlungsreife den Kaufpreis nicht an ihn, sondern an einen Gläubiger zu zahlen und wird er später insolvent, liegt regelmäßig kein zur Anfechtung berechtigender Fall inkongruenter Deckung vor. Es handelt sich nicht um eine unübliche Verfahrensweise – das Gegenteil ist gem. Abs. 3 S. 4 der Fall.[222] 100
– Probleme kann die Löschung von eingetragenen Grundpfandrechten bereiten, da der Verkäufer nicht mehr verfügungsbefugt ist. Auch wenn der Verkäufer im Kaufvertrag die Löschung beantragt hat, fehlt ihm nunmehr die Befugnis, die Zustimmungserklärung nach § 1183 BGB abzugeben. Hat die finanzierende Bank den Notar angewiesen, die Auszahlung erst vorzunehmen, wenn die Löschung der abzulösenden Grundpfandrechtsgläubiger „sichergestellt" ist, kann der Notar die Auszahlung eigentlich nicht vornehmen. Er müsste zunächst die Zustimmung gem. § 1183 BGB des (vorläufigen)

216 Vgl. *Preuß*, FS 25 Jahre Deutsches Notarinstitut, S. 357, 359 f., 363 ff.

217 Vgl. *Weingärtner*, Verwahrungsgeschäft, Rn 54.

218 Vgl. *Winkler*, § 58 Rn 49; Würzburger Notarhandbuch/*Hertel*, Teil 2 Kap. 2 Rn 823; *Preuß*, FS 25 Jahre Deutsches Notarinstitut, S. 357, 366; Handbuch Notarhaftung/*Hertel*, Kap. 4 Rn 440; DNotI-Rep. 2001, 147; *Franken*, RNotZ 2010, 597, 617.

219 Vgl. *Preuß*, FS 25 Jahre Deutsches Notarinstitut, S. 357, 366.

220 Vgl. Kilian/Sandkühler/vom Stein/*Elsing*, § 13 Rn 53; Grziwotz/Sauer/Heinemann/*Grziwotz*, § 58 Rn 25.

221 Vgl. DNotI-Rep. 2001, 147. Zu der Frage, an wen in Insolvenzfällen auszuzahlen ist, vgl. *Preuß*, FS 25 Jahre Deutsches Notarinstitut, S. 357, 367 ff.

222 *Winkler*, BB 2012, 3096 ff.

Insolvenzverwalters einholen. Das Problem lässt sich in der Praxis meist anders lösen: Der Notar beantragt beim Grundbuchamt zunächst die Umschreibung auf den Käufer und anschließend die Löschung der Grundpfandrechte (durch den Käufer als neuen Eigentümer). Die Grundbuchanträge sollten dabei nach § 16 Abs. 2 GBO verknüpft werden. Der Weg funktioniert allerdings nur, wenn der Kaufvertrag bereits die Löschungszustimmung des Käufers als künftigem Eigentümer enthält. Der Notar sollte auf jeden Fall die Zustimmung des Käufers und der finanzierenden Bank zu dem beschriebenen Verfahren einholen.[223]

101 Eine Pfändung in das Notaranderkonto im Wege der Zwangsvollstreckung, die nach Eröffnung des Insolvenzverfahrens erfolgt, ist unwirksam (§ 89 Abs. 1 InsO). Unwirksam wird auch eine Pfändung, wenn sie innerhalb eines Monats vor dem Antrag auf Eröffnung des Insolvenzverfahrens erfolgte (§ 88 InsO). Bei der Monatsfrist kommt es auf den Zugang beim Käufer an.

II. Insolvenz des Käufers

1. Grundsätze

102 Der hinterlegte Kaufpreis fällt in diesem Fall nicht in die Insolvenzmasse. Die Wahrscheinlichkeit, dass der Vertrag nicht zur Abwicklung kommt, ist in Fällen der Käuferinsolvenz allerdings größer als im Fall der Verkäuferinsolvenz: Der **Insolvenzverwalter des Käufers hat zumeist das Wahlrecht nach § 103 InsO**, da dieses erst mit vollständiger Erfüllung durch den Käufer untergeht. Beim Immobilienkauf beinhaltet Erfüllung neben der Auszahlung bzw. Auszahlungsreife des Kaufpreises (vgl. oben Vor §§ 57–62 BeurkG Rdn 21 ff.) die Erklärung der Auflassung und den Übergang des Besitzes.[224]

2. Rückabwicklung bei bereits erfolgter Hinterlegung

103 Lehnt der Insolvenzverwalter die Erfüllung ab, geht der Kaufpreiszahlungsanspruch regelmäßig unter. Sind bereits Gelder auf dem Anderkonto hinterlegt, stellt sich die Frage, wie die Rückabwicklung zu erfolgen hat. Dabei muss man streng zwischen dem notariellen Verwahrungsverfahren und der materiellen Rechtslage unterscheiden.[225]

Im **notariellen Verwahrungsverfahren** gilt diesseitiger Auffassung § 116 InsO nach ganz h.M. nicht (vgl. oben Rdn 95). Die Verwahrungsanweisungen erlöschen nicht automatisch.[226] Regelmäßig verlangt jedoch der Insolvenzverwalter, dass der hinterlegte Betrag zurückgezahlt wird; der Verkäufer verlangt ggf. Auszahlung an sich. Die Rechtsfolgen ergeben sich nach aus § 60 Abs. 3 BeurkG:[227] Der einseitige Widerruf durch einen Verwahrungsbeteiligten (hier: der Insolvenzverwalter anstelle des Käufers) ist beachtlich, wenn er damit begründet wird, dass das zugrunde liegende Rechtsverhältnis unwirksam oder rückabzuwickeln ist. Die Konsequenz ist nur eine vorläufige: Der Notar hat das Verfahren anzuhalten; ein (zumindest) vorübergehender Stillstand tritt ein.[228] Kommt es dagegen zu einer einvernehmlichen Anweisung beider Vertragsparteien (an die Stelle des Käufers tritt der Insolvenzverwalter), muss der Notar diese befolgen und beispielsweise die Rückzahlung des hinterlegten Kaufpreises an den Insolvenzverwalter vornehmen. In der Praxis ist zu beachten, dass die Kaufpreishinterlegung vielfach treuhänderisch durch kaufpreisfinanzierende Banken erfolgt. Deren Auflagen und Weisungen sind regelmäßig vorrangig zu beachten; sie können den Treuhandauftrag meist einseitig widerrufen.[229]

Nach der **materiellen Rechtslage** ist der Verkäufer regelmäßig verpflichtet, der Rückzahlung an den Insolvenzverwalter zuzustimmen. Allerdings können dem Verkäufer Gegenansprüche zustehen (z.B.: Anspruch auf Löschung der Vormerkung). Schadensersatzansprüche kann der Verkäufer nur zur Tabelle anmelden. Vorrangige Rechte an der Verwahrungsmasse, die einem Absonderungsrecht gleichkämen, hat er nicht.[230]

223 Vgl. dazu *Franken*, RNotZ 2010, 597, 617 f.
224 Ausf.: Handbuch Notarhaftung/*Hertel*, Kap. 4 Rn 444; *Franken*, RNotZ 2010, 597, 616 f.
225 Ausf. Darstellung des Problems: DNotI-Rep. 2004, 32 ff.; *Franken*, RNotZ 2010, 597, 617.
226 Vgl. Arndt/Lerch/Sandkühler/*Sandkühler*, § 23 Rn 193.
227 So auch *Franken*, RNotZ 2010, 597, 617; a.A.: *Krauß*, Immobilienkaufverträge, Rn 2443, 4962 (er wendet § 61 Nr. 2 an).
228 Vgl. statt vieler: *Winkler*, § 60 Rn 39 f.; Arndt/Lerch/Sandkühler/*Sandkühler*, § 23 Rn 195.
229 Vgl. *Preuß*, FS 25 Jahre Deutsches Notarinstitut, S. 357, 362; *Rohs/Heinemann*, Rn 323.
230 Vgl. *Rohs/Heinemann*, Rn 324; *Franken*, RNotZ 2010, 597, 617, DNotI-Rep. 2004, 32, 34.

Wird dagegen Erfüllung gewählt, so hat der Insolvenzverwalter den Vertrag mit allen Rechten und Pflichten auszuführen. Es tritt lediglich ein Beteiligtenwechsel ein, bei dem der Insolvenzverwalter an die Stelle des Käufers tritt.[231] 104

III. Insolvenz des Notars

Selbst im Fall der Insolvenz des Notars fällt das Verwahrungsgut nicht in die Insolvenzmasse. Die am Verwahrungsverhältnis Beteiligten haben ein **Aussonderungsrecht** nach § 47 InsO. Die Vertragsabwicklung wird dadurch gestört, aber nicht endgültig verhindert.[232] 105

§ 59 Verordnungsermächtigung

[1]Das Bundesministerium der Justiz und für Verbraucherschutz hat durch Rechtsverordnung mit Zustimmung des Bundesrates die näheren Bestimmungen zu treffen über den Inhalt, den Aufbau und die Führung des Verwahrungsverzeichnisses einschließlich der Verweismöglichkeiten auf die im Urkundenverzeichnis zu der Urkunde gespeicherten Daten sowie über Einzelheiten der Datenübermittlung und -speicherung sowie der Datensicherheit. [2]Die Verordnung kann auch Ausnahmen von der Eintragungspflicht anordnen. [3]Die technischen und organisatorischen Maßnahmen zur Gewährleistung der Datensicherheit müssen denen zur Gewährleistung der Datensicherheit des Elektronischen Urkundenarchivs entsprechen.

Literatur *Püls/Gerlach*, NotAktVV und elektronisches Urkundenarchiv, 2021.

A. Einleitung

1 § 59 BeurkG wurde durch das „Gesetz zur Neuordnung der Aufbewahrung von Notariatsunterlagen und zur Einrichtung des Elektronischen Urkundenarchivs bei der Bundesnotarkammer sowie zur Änderung weiterer Gesetze" vom 1.6.2017[1] (nachfolgend kurz: **„Gesetz über das elektronische Urkundenarchiv"**) beschlossen. § 59 BeurkG – obwohl zunächst „inhaltsleer" – trat als rechtstechnische Vorschrift am Tag nach der Verkündung, d.h. am 9.6.2017 in Kraft.

B. Verordnungsermächtigung (§ 59 BeurkG)

2 Es erscheint nicht logisch, dass die Verordnungsermächtigung in § 59 BeurkG gesetzestechnisch vor der Grundlagenregelung in § 59a BeurkG zu finden ist.[2] Dies kann nur mit dem Datum des Inkrafttretens erklärt werden: Vor der Umsetzung des Großprojekts „elektronisches Verzeichnis der Verwahrungsmassen", d.h. vor seinem endgültigen Wirksamwerden zum 1.1.2022, mussten zunächst die verwaltungstechnischen Voraussetzungen auf dem Verordnungsweg geschaffen werden. Einen Paragraphen mit „a"-Nummer kann es erst dann geben, wenn vorher schon ein Paragraph ohne „a" vorhanden ist.

3 Die **Zuständigkeit (S. 1)** für die Verordnung zum Erlass von Bestimmungen zum Verwahrverzeichnis nach § 59a BeurkG liegt nach dem Wortlaut der Norm beim Bundesministerium der Justiz und für Verbraucherschutz (nachfolgend **BMJV**). Dieses kann durch Rechtsverordnung die näheren Bestimmungen erlassen, die jedoch der Zustimmung des Bundesrates bedürfen. Das BMJV hat von der Ermächtigung

231 Vgl. *Preuß*, FS 25 Jahre Deutsches Notarinstitut, S. 357, 360.

232 Vgl. *Weingärtner*, Verwahrungsgeschäft, Rn 45; Arndt/Lerch/Sandkühler/*Sandkühler*, § 23 Rn 185; Frenz/Miermeister/*Hertel*, BNotO § 23 Rn 46; Handbuch Notarhaftung/*Hertel*, Kap. 4 Rn 446; Würzburger Notarhandbuch/*Hertel*, Teil 2 Kap. 2 Rn 824; *Winkler*, § 58 Rn 51; Grziwotz/Sauer/Heinemann/*Grziwotz*, § 58 Rn 25; vgl. auch *Lange*, NJW 2007, 2513, 2514.

1 BGBl I 2017, 1396 ff.

2 Auch der Bundesrat hatte seine Schwierigkeiten mit dieser Reihenfolge (vgl. BT-Drucks 602/16 S. 6 – Stellungnahme des Bundesrates zum Gesetzentwurf der Bundesregierung).

Gebrauch gemacht und mit Zustimmung des Bundesrates die Verordnung über die Führung von Akten und Verzeichnissen durch Notare (**NotAktVV**) vom 13.10.2020 erlassen.[3] Am 1.1.2022 trat die Verordnung in Kraft. Rechtsgrundlage der Verordnung ist neben § 59 BeurkG auch § 36 BNotO, der als Regelungsauftrag die gesamte Führung von notariellen Akten und Verzeichnissen umfasst,[4] daher sind die Regelungen zum Verwahrverzeichnis nur ein beschränkter Teil der neuen Verordnung. Ende des Jahres 2021 wurde das BMJV umbenannt in Bundesjustizministerium (nachfolgend **BMJ**) und die Zuständigkeit für den Verbraucherschutz auf das Umweltministerium übertragen. Da das Verwahrungsverzeichnis Teil der vorsorgenden Rechtspflege des Notariats ist, verbleibt die Zuständigkeit für die Verordnung und deren Änderung oder Ergänzung im Bundesjustizministerium.

4 Regelungen zu den bei der Verwahrung auf Notaranderkonto zu führenden Verzeichnissen enthielt bis zum Erlass der NotAktVV nur die DONot. Durch Regelung in der Rechtsverordnung nach § 59 BeurkG werden die Vorschriften über die zu führenden Verzeichnisse, die sich nun nicht mehr in der DONot, sondern in der NotAktVV finden, erstmalig einer bundeseinheitlichen Regelung zugeführt. Die DONot, die von den jeweiligen Landesjustizverwaltungen als Landesrecht erlassen wird, regelt nun nicht mehr im Einzelnen die Führung der (elektronischen) Verzeichnisse. In der DONot finden sich jedoch weiterhin die Regelungen zur geschäftsmäßigen Behandlung von Verwahrgeschäften, vgl. §§ 10, 11 DONot (entspricht weitestgehend §§ 25, 27 DONot a.F.) (vgl. hierzu § 10 DONot Rdn 1).

5 Die Ermächtigung in § 59 BeurkG gibt **detailliert den Regelungsbereich** der Verordnung vor

- zu Inhalt, Aufbau und Führung des Verwahrungsverzeichnisses,
- zu Verweismöglichkeiten auf die im Urkundenverzeichnis zu der Urkunde gespeicherten Daten (insoweit ist die Verknüpfung von Urkundenverzeichnis und Verwahrungsverzeichnis betroffen) sowie
- zu Einzelheiten der Datenübermittlung und -speicherung und der Datensicherheit.

Die Umsetzung der Vorgaben erfolgte in Abschnitt 3 §§ 21–30 der NotAktVV.

Ausnahmen von der Pflicht zur Eintragung im Verwahrverzeichnis sind nach der Verordnungsermächtigung möglich **(S. 2)**. Diese Regelung ist wohl weniger als Hinweis auf den Grundsatz der Datensparsamkeit zu verstehen, sondern funktional wie der § 10 Abs. 1 S. 2 DONot a.F.[5] Nicht alles, was Notare verwahren, muss auch in Verzeichnisse eingetragen werden. Es hat sich bewährt, dass dies bei Grundpfandrechten nicht der Fall ist. Geldbeträge, die Notare als Protestbeamte erhalten, sind dagegen wohl nur noch von akademischer Bedeutung. Gleiches gilt weitgehend für Wechsel und Schecks, die Notare zwecks Erhebung des Protests erhalten. Die Regelungen des § 10 Abs. 1 S. 2 DONot a.F. wurden dementsprechend in § 21 S. 2 NotAktVV überführt (vgl. hierzu § 21 NotAktVV Rdn 2).

6 Am Ende der Bestimmung **(S. 3)** geht es um die Datensicherheit. Eindeutig wird festgelegt, dass für das Verwahrungsverzeichnis die gleichen strengen Maßstäbe der Datensicherheit wie für das Elektronische Urkundenarchiv selbst zu gelten haben. Die „technischen und organisatorischen Maßnahmen" zur Gewährleistung der Datensicherheit beider Bereiche müssen einander entsprechen.

§ 59a Verwahrungsverzeichnis

(1) Der Notar führt ein elektronisches Verzeichnis über Verwahrungsmassen, die er nach § 23 der Bundesnotarordnung und nach den §§ 57 und 62 entgegennimmt (Verwahrungsverzeichnis).

(2) [1]Das Verwahrungsverzeichnis ist im Elektronischen Urkundenarchiv (§ 78h der Bundesnotarordnung) zu führen. [2]Erfolgt die Verwahrung in Vollzug eines vom Notar in das Urkundenverzeichnis einzutragenden Amtsgeschäfts, soll der Notar im Verwahrungsverzeichnis auf die im Urkundenverzeichnis zu der Urkunde gespeicherten Daten verweisen, soweit diese auch in das Verwahrungsverzeichnis einzutragen wären.

Literatur *Damm*, Die Digitalisierung des Notariats, DNotZ 2017, 426; *Fischer*, Das Elektronische Urkundenarchiv – rechtliche Grundlagen, DNotZ (SoH) 2016, 124; *Gaul*, Das Elektronische Urkundenarchiv – technische Grundlagen,

3 BGBl I 2020, 2246.
4 Vgl. Weingärtner/*Löffler*, Einleitung NotAktVV Rn 1.
5 Vgl. Grziwotz/Sauer/Heinemann/*Grziwotz*, § 59 Rn 3.

DNotZ (SoH) 2016, 130; *Kersten*, Urkunden- und Verwahrungsverzeichnis nach der Verordnung über die Führung notarieller Akten und Verzeichnisse – NotAktVV – Teil 1, ZNotP 2021, 158; *Kersten*, Urkunden- und Verwahrungsverzeichnis nach der Verordnung über die Führung notarieller Akten und Verzeichnisse – NotAktVV – Teil 2, ZNotP 2021, 197; *Kirchner*, Das Notariat auf dem Weg ins Digitale Zeitalter? DNotZ (SoH) 2016, 115 *Püls/Gerlach*, NotAktVV und elektronisches Urkundenarchiv, 2021.

A. Inkrafttreten

Die Einführung des Verwahrungsverzeichnisses wurde durch das „Gesetz zur Neuordnung der Aufbewahrung von Notariatsunterlagen und zur Einrichtung des Elektronischen Urkundenarchivs bei der Bundesnotarkammer sowie zur Änderung weiterer Gesetze“ vom 1.6.2017[1] (nachfolgend kurz: „**Gesetz über das elektronische Urkundenarchiv**“) beschlossen. Nicht alle Bestimmungen des Gesetzes traten gleichzeitig in Kraft. Während § 59 BeurkG den Tag nach der Verkündung in Kraft trat, sollte § 59a BeurkG ab dem 1.1.2020 Geltung beanspruchen; die übrigen Vorschriften zum Elektronischen Urkundenarchiv dagegen erst ab dem 1.1.2022. Die fakultative Führung elektronischer Nebenakten, zu denen das Verwahrverzeichnis gehört, wurde jedoch zurückgestellt und als einheitlicher Starttermin sowohl für die Führung elektronischer Akten in den Notariaten als auch für die Inbetriebnahme des Urkundenarchivs der 1.1.2022 festgelegt.[2] Hintergrund waren Erkenntnisse aus dem Projektverlauf, nach denen die schrittweise Inbetriebnahme zu zusätzlichen Anforderungen an das technische System und in der Folge zu einer Steigerung der Komplexität geführt hätten.[3] 1

Für alle ab dem 1.1.2022 entgegengenommenen Verwahrmassen ist ein Verwahrungsverzeichnis gemäß § 59a BeurkG zu führen. Die nähere Ausgestaltung regelt die NotAktVV im Abschnitt 3, §§ 21–30, vgl. Kommentierung dort. Für alle vor dem 1.1.2022 entgegengenommenen Verwahrmassen verbleibt es gemäß § 76 Abs. 3 S. 1, 2 BeurkG bei der Führung von Verwahrungsbuch, Massebuch, Namensverzeichnis zum Massebuch und der Anderkontenliste nach den bis zum 31.12.2021 geltenden Vorschriften[4] (insbesondere §§ 10–12, 22, 27 DONot a.F.). Der Notar hat jedoch gemäß § 76 Abs. 3 S. 3–5 BeurkG die Möglichkeit, alle zum Stichtag bereits bestehenden Massen gleichzeitig in das Verwahrungsverzeichnis zu überführen; dies ist jedoch immer nur zum Schluss eines Kalenderjahres und für alle Verwahrmassen einheitlich möglich, vgl. § 41 Abs. 3 NotAktVV (s. § 41 NotAktVV Rdn 6 f.). 2

B. Allgemeines

Das Elektronische Urkundenarchiv ist für die BNotK und alle sonst Beteiligten die größte Herausforderung der letzten und der nächsten Jahre. Mit ihr verbindet sich der endgültige Einzug des Notariats ins digitale Zeitalter – die Digitalisierung des Notariats findet statt.[5] Mit der elektronischen Erfassung soll vor allem ein Gewinn an Effizienz verbunden sein, erleichtert werden soll aber auch die Dienstaufsicht. Das Elektronische Urkundenarchiv ist dabei nur Teil eines größeren Ganzen – *Gaul*[6] spricht von der „Anwendungsarchitektur“ in der zukünftigen „Fachverfahrenslandschaft“. 3

Bereits vor Einführung des Elektronischen Urkundenarchivs und des elektronischen Verwahrverzeichnisses führten Notare Verwahrungs- und Massebuch über die Notariatssoftware in elektronischer Form.[7] Dabei handelte es sich jedoch um eine automationsgestützte Führung (vgl. § 17 DONot a.F.), bei der nach den zu dieser Zeit gültigen Grundsätzen (§ 6 Abs. 1 DONot a.F.) der papiergebundene Ausdruck maßgeb- 4

1 BGBl I 2017, 1396 ff.
2 *Püls/Gerlach*, NotAktVV und elektronisches Urkundenarchiv, § 1 Rn 3. Die Änderung erfolgte mit Gesetz zur Änderung von Vorschriften über die außergerichtliche Streitbeilegung in Verbrauchersachen und zur Änderung weiterer Gesetze v. 30.11.2019, BGBl I 2019, 1942.
3 Vgl. BT-Drucks 197/19, 18 (Begründung zum Gesetzesentwurf der Verschiebung).
4 Vgl. BeckOK-BeurkG/*Frohn*, BeurkG § 76 Rn 7.
5 Vgl. *Kirchner*, DNotZ (SoH) 2016, 115 ff.
6 In DNotZ (SoH) 2016, 130, 132 ff.
7 Büttner/Frohn/Seebach/*Frohn*, ELRV im Notariat Kap. 6 Rn 34.

lich war.[8] Mit der Anwendung des § 59a BeurkG tauschen Papierausdruck und elektronische Buchung die Rechtsqualität: die elektronische Datei wird maßgeblich und der Papierausdruck zum Hilfsmittel.[9]

C. Legaldefinition des Verwahrungsverzeichnisses (Abs. 1)

5 Abs. 1 enthält die Legaldefinition des (neuen) Verwahrungsverzeichnisses. Für bis zum 31.12.2021 entgegengenommene Verwahrmassen bestehen das Verwahrungsbuch, das Massebuch, die Anderkontenliste und die Namensliste zum Massenbuch nebeneinander. Diese werden für nach dem 1.1.2022 entgegengenommene Verwahrmassen nunmehr gebündelt und in einem einheitlichen elektronischen Verzeichnis zusammengeführt. Das Verwahrungsverzeichnis übernimmt die Funktion der bisherigen Einzelverzeichnisse.[10] Gleichzeitig wird das Verwahrungsverzeichnis mit dem Urkundenverzeichnis verknüpft. Der Gesetzgeber verspricht sich damit eine „sehr effiziente Dokumentation notarieller Verwahrungsgeschäfte".[11]

D. Führung des Verwahrungsverzeichnisses (Abs. 2)

6 Das Verwahrungsverzeichnis ist ein Teil des Elektronischen Urkundenarchivs der BNotK.[12] In elektronischer Form wird es dort – genauso wie das Urkundenverzeichnis – geführt **(S. 1)**. Das erklärte gesetzgeberische Ziel ist es, eine einheitliche Datenstruktur und eine einheitliche Sicherheitsarchitektur zu schaffen.[13]

7 Verwahrungsverzeichnis und Urkundenverzeichnis sind miteinander zu verknüpfen **(S. 2)**. Insoweit geht es nicht nur um eine „Kann"-Regelung, sondern um eine verbindliche Vorgabe: Soweit die Verwahrung im Rahmen des Vollzugs eines Amtsgeschäfts erfolgt, das der Notar ins Urkundenverzeichnis einzutragen hat, darf die Bezugnahme nicht fehlen: Der Notar soll im Verwahrungsverzeichnis auf die im Urkundenverzeichnis zu der Urkunde gespeicherten Daten verweisen – wenigstens insoweit wie sie auch in das Verwahrungsverzeichnis einzutragen wären. Bei der Bezugnahme auf die Daten im Urkundenverzeichnis handelt es sich um eine *Sollvorschrift*. Faktisch gibt die Notarsoftware die Daten zum zugrundeliegenden Urkundengeschäft – soweit dieses besteht – und damit die Verweisung vor. Zweifaches Ziel der Verweisungsvorgabe ist wie beschrieben zum einen die Erhöhung der Zuverlässigkeit und Aussagekraft durch Nutzung der Synergieeffekte (z.B. keine Verdoppelung von Fehlerquellen durch doppelte Erfassung);[14] und zum anderen die Erleichterung des Zugangs und der Kontrollmöglichkeiten für die Dienstaufsicht durch erhöhte Transparenz.[15] Wichtig war dem Gesetzgeber insbesondere auch der Sicherheitsaspekt: Für das Verwahrungsverzeichnis gelten die gleichen hohen Sicherheitsanforderungen und Sicherheitsstandards des Elektronischen Urkundenarchivs.[16]

8 Das Verwahrverzeichnis ist ein Verzeichnis des einzelnen Notars oder Notarin (vgl. § 78i BNotO).[17] Die Einzelheiten der Führung sowie die maßgeblichen Angaben regelt die Verordnung über die Führung notarieller Akten und Verzeichnisse vom 13.10.2020 (NotAktVV) in Abschnitt 3 (§§ 21–30 NotAktVV), die das Bundesministerium der Justiz und Verbraucherschutz (vgl. hierzu § 59 BeurkG Rdn 3) mit Zustimmung des Bundesrates im Hinblick auf Inhalt, Aufbau, Führung sowie Datenübermittlung, -speicherung und -sicherheit auf Grundlage von § 59 BeurkG erlassen hat. Auf die Kommentierung dieser Vorschriften wird verwiesen.

8 Büttner/Frohn/Seebach/*Frohn*, ELRV im Notariat Kap. 6 Rn 34; Frenz/Miermeister/*Hertel*, § 59a Rn 7 f.
9 Vgl. Frenz/Miermeister/*Hertel*, § 59a Rn 9.
10 So Grziwotz/Sauer/Heinemann/*Grziwotz*, § 59 Rn 2; § 59a Rn 2; vgl. *Fischer*, DNotZ (SoH) 2016, 124, 126; *Damm*, DNotZ 2017, 426, 427.
11 Vgl. BT-Drucks 602/16 S. 105 (Begründung zum Gesetzentwurf der Bundesregierung).
12 Vgl. *Fischer*, DNotZ (SoH) 2016, 124, 126; *Winkler*, § 59a Rn 4.
13 Vgl. BT-Drucks 602/16 S. 105 (Begründung zum Gesetzentwurf der Bundesregierung).
14 Vgl. z.B. *Damm*, DNotZ 2017, 426, 427; *Winkler*, § 59a Rn 3 f.
15 Vgl. BT-Drucks 18/10607 S. 92 (Begründung zum Gesetzentwurf der Bundesregierung); Grziwotz/Sauer/Heinemann/*Grziwotz*, § 59a Rn 4.
16 Vgl. BT-Drucks 602/16 S. 105 (Begründung zum Gesetzentwurf der Bundesregierung).
17 Weingärtner/*Löffler*, Einleitung NotAktVV Rn 5.

§ 60 Widerruf

(1) Den schriftlichen Widerruf einer Anweisung hat der Notar zu beachten, soweit er dadurch Dritten gegenüber bestehende Amtspflichten nicht verletzt.

(2) Ist die Verwahrungsanweisung von mehreren Anweisenden erteilt, so ist der Widerruf darüber hinaus nur zu beachten, wenn er durch alle Anweisenden erfolgt.

(3) [1]Erfolgt der Widerruf nach Absatz 2 nicht durch alle Anweisenden und wird er darauf gegründet, daß das mit der Verwahrung durchzuführende Rechtsverhältnis aufgehoben, unwirksam oder rückabzuwickeln sei, soll sich der Notar jeder Verfügung über das Verwahrungsgut enthalten. [2]Der Notar soll alle an dem Verwahrungsgeschäft beteiligten Personen i.S. des § 57 hiervon unterrichten. [3]Der Widerruf wird jedoch unbeachtlich, wenn

1. eine spätere übereinstimmende Weisung vorliegt oder

2. der Widerrufende nicht innerhalb einer von dem Notar festzusetzenden angemessenen Frist dem Notar nachweist, daß ein gerichtliches Verfahren zur Herbeiführung einer übereinstimmenden Anweisung rechtshängig ist, oder

3. dem Notar nachgewiesen wird, daß die Rechtshängigkeit der nach Nummer 2 eingeleiteten Verfahren entfallen ist.

(4) Die Verwahrungsanweisung kann von den Absätzen 2 und 3 abweichende oder ergänzende Regelungen enthalten.

(5) § 15 Abs. 2 der Bundesnotarordnung bleibt unberührt.

Literatur *Von Campe*, Der Widerruf des Treuhandauftrags des finanzierenden Kreditinstituts bei Kaufpreisabwicklung über Notaranderkonto, NotBZ 2001, 208; *DNotI*, Auszahlung vom Notaranderkonto bei Minderung durch Käufer aufgrund vorgetragener arglistiger Täuschung durch den Verkäufer, DNotI-Rep. 2007, 44; *Everts*, Der „ablehnende" Vorbescheid im Beurkundungs- und Treuhandverfahren des Notars, ZNotP 2005, 220; *Franken*, Rechtsprobleme nach Kaufpreishinterlegung auf Notaranderkonto beim Grundstückskauf, RNotZ 2010, 597; *Ganter*, Notarielle Pflichten und Gläubigerschutz, DNotZ 2004, 421; *Karlowski*, Zur Befristung von Treuhandaufträgen, NotBZ 1998, 225; *Kasper*, Abwicklungsstörungen beim Grundstückskaufvertrag bei Konflikten zwischen den Vertragsparteien, RNotZ 2018, 133; *Kasper*, Abwicklungsstörungen beim Grundstückskaufvertrag bei Konflikten zwischen den Vertragsparteien, RNotZ 2018, 133; *Kemp*, Notarielles Treuhandverfahren bei Ablösung, RNotZ 2004, 460; *Milzer*, Die Bewältigung von Entscheidungssituationen bei der notariellen Betreuungs- und Beurkundungstätigkeit dem Instrumentarium des Schiedsverfahrens gem. §§ 1025 ff. ZPO (Teil II), ZNotP 2001, 290; *Müller-Magdeburg*, Die Untätigkeitsbeschwerde nach § 15 Abs. 2 BNotO im Licht des FamFG, ZNotP 2009, 216; *Pelikan*, Beurkundungs- und Berufsrecht, notar 2014, 160; *Preuß*, Das neue Beschwerdeverfahren der freiwilligen Gerichtsbarkeit unter Berücksichtigung der Besonderheiten der Notarbeschwerde, DNotZ 2010, 265; *Regler*, Die Notarbeschwerde nach § 15 Abs. 2 BNotO – Änderungen durch das FamFG, MittBayNot 2010, 261; *Reithmann*, Die Bindung im notariellen Treuhandverfahren, ZNotP 2004, 319; *ders.*, Der Vorbescheid im Beurkundungs- und im Treuhandverfahren des Notars, ZNotP 2005, 57; *ders.*, Notarielle Verwahrung bei der Finanzierung des Grundstückskaufs, WM 2002, 683; *ders.*, Mehrseitige Treuhandverfahren beim Grundstückskaufvertrag – Kaufpreisfinanzierung über Notar-Anderkonto, NotBZ 1999, 57; *Sandkühler*, Zum einseitigen Widerruf von Vollzugs- und Verwahrungsanweisungen, DNotZ 2009, 164; *ders.*, Zur Zulässigkeit notarieller Vorbescheide unter der Geltung des FamFG, DNotZ 2009, 595; *Schilling*, Gefahren beim Widerruf des Treuhandauftrags des abzulösenden Gläubigers bei der „Bayerischen Methode", ZNotP 2004, 138; *Schlee*, Einseitiger Widerruf von übereinstimmend erteilten Hinterlegungsanweisungen, NotBZ 1997, 95; *Schmidt*, Risikoverteilung bei der Abwicklung von Immobilienkäufen über Notaranderkonto, ZfIR 2001, 701; *Sudmann*, Rückzahlungspflicht des Notars für bereits auf das Anderkonto geleistete Beträge gegenüber dem den Rücktritt erklärenden Grundstückskäufer, DNotZ 1996, 13; *Volhard*, Amtspflichten des Notars bei Eingriffen in den Vertragsvollzug, DNotZ 1987, 523; *Volmer*, AGB-Kontrolle von Vollzugsanweisungen an den Notar, FS (2018), 25 Jahre Deutsches Notarinstitut, S. 357; *Weingärtner*, Der Widerruf der Verwahrungsanweisung nach der BNotO-Novelle, NotBZ 1998, 127; *Wettach*, Einseitige Weisungen im Rahmen der notariellen Verwahrung, DNotZ 1996, 2; *Zimmermann*, Weisungen der Beteiligten bei Verwahrungsgeschäften nach § 23 BNotO, DNotZ 1980, 451.

A. Vorbemerkungen

1 Immer wieder ergeben sich Abwicklungsprobleme bei Anderkonten aus der Tatsache, dass einseitig Weisungen widerrufen werden. Literatur und Rspr. mussten sich in der Vergangenheit vielfach mit dieser Problematik beschäftigen. Eine gesetzliche Regelung fehlte früher; auch die DONot schwieg sich aus. Daher wurden sehr unterschiedliche Auffassungen vertreten. Dogmatisch betrachtet geht es dabei vor allem um die Qualität der Bindungswirkung der Verwahrungsanweisung (Hinterlegungsvereinbarung).[1]

I. Entwicklung der Widerrufsregelungen

2 Der **BGH**[2] hat in einer **grundlegenden Entscheidung aus dem Jahre 1959** die **Beachtlichkeit des einseitigen Widerrufs** festgestellt. Bereits der Widerruf nur eines von mehreren Beteiligten hindere den Notar daran, den gemeinsam erteilten Vollzugsauftrag weiterhin durchzuführen. Der Notar müsse es den übrigen Beteiligten überlassen, den „widerstrebenden Beteiligten zur Erfüllung seiner Verpflichtungen oder erforderlichenfalls zur Rücknahme bzw. Änderung der Widerrufserklärung zu veranlassen oder durch Urteil zu zwingen".[3] Ganz wohl scheint den Richtern schon damals bei dieser Aussage nicht gewesen zu sein. Sie ließen ausdrücklich offen, „ob diese für den Grundbuch- und Registerverkehr entwickelten Grundsätze in allen Fällen notarieller Amtshandlungen ausnahmslos anwendbar sind …".[4] Für die Fälle der Kaufpreishinterlegung merkte der BGH an, es könne „vielleicht Fälle geben, in denen die Beteiligten das einseitige Widerrufsrecht beschränken und dem Notar eine Rechtsmacht verleihen wollen, die eine Abwicklung gemäß der beurkundeten Einigung der Beteiligten unabhängig von späteren Widersprüchen ermöglichen soll".[5] Die Rspr. hat sich daher später vielfach von dem Grundsatz gelöst. Sie blieb jedoch uneinheitlich und hat die verfahrensrechtliche Bindungswirkung teilweise bejaht und teilweise verneint.[6] Auch in der Literatur wurde über viele Jahre kein anderes Problem der Anderkontenabwicklung so kontrovers diskutiert.[7]

1 Vgl. statt vieler *Kawohl*, Notaranderkonto, Rn 52.
2 BGH v. 21.12.1959 – III ZR 180/58, DNotZ 1960, 265 ff.
3 BGH v. 21.12.1959 – III ZR 180/58, DNotZ 1960, 269.
4 BGH v. 21.12.1959 – III ZR 180/58, DNotZ 1960, 269.
5 BGH v. 21.12.1959 – III ZR 180/58, DNotZ 1960, 270.
6 Überblick bei *Kawohl*, Notaranderkonto, Rn 53 bis 61.
7 Vgl. z.B. *Winkler*, § 60 Rn 2.

Das BeurkG hat seit dem Jahre 1998 im heutigen § 60 BeurkG (früher § 54c BeurkG) die Problematik einer **positivrechtlichen Lösung** zugeführt, um so „grundsätzliche Klarheit in Zweifelsfragen zu schaffen".[8] Viele, aber nicht alle, Probleme wurden dadurch gelöst. Die gesetzgeberische Lösung orientiert sich an der bereits vorher herrschenden Meinung in Literatur und Rspr. Der Grundsatz ist dabei die Widerruflichkeit der Verwahrungsanweisung. Überzeugender wäre es vielleicht gewesen, von der grundsätzlichen Unwiderruflichkeit auszugehen, denn der Grundsatz wird in vielerlei Hinsicht eingeschränkt. Dogmatische Erwägungen treten aber angesichts der positivrechtlichen Ausgestaltung in den Hintergrund. Sie werden deshalb im Folgenden ausgeklammert. 3

Die **Grundzüge** der Widerrufsregelung stellen sich wie folgt dar: 4

- Unterschieden wird zunächst zwischen Anweisungen, die nur von einer Person erteilt werden (einseitige Verwahrungsanweisung) und solchen, die von mehreren erteilt werden (mehrseitige Verwahrungsanweisung).
- Innerhalb der Gruppe der mehrseitigen Verwahrungsanweisungen wird sodann zwischen dem gemeinsamen Widerruf und dem einseitigen Widerruf differenziert.
- Beim einseitigen Widerruf mehrseitiger Verwahrungsanweisungen werden zwei weitere Fallgruppen gebildet: Der Widerruf kann darauf gegründet sein, dass das mit der Verwahrung durchzuführende Rechtsverhältnis „aufgehoben, unwirksam oder rückabzuwickeln sei"; er kann aber auch in sonstiger Weise begründet werden.

Jede **Änderung oder Ergänzung** einer erteilten Treuhandanweisung verändert die ursprüngliche Treuhandanweisung. Sie wird also in ihrer ursprünglichen Form widerrufen. Daher gilt § 60 BeurkG auch für nachträgliche Änderungen und Ergänzungen.[9] 5

§ 60 BeurkG regelt nicht nur, wann der Widerruf einer Verwahrungsanweisung beachtlich und wann er unbeachtlich ist. Gleichzeitig sieht das Gesetz auch ein Verfahren vor, um die Durchführung des Verwahrungsgeschäfts nicht dauerhaft zu blockieren. In vielerlei Hinsicht zeichnet der Gesetzgeber die in der Praxis bereits früher gefundenen Lösungen nach.[10] 6

II. Die Abgrenzung von einseitiger und mehrseitiger Verwahrungsanweisung

Ausgangspunkt der Art und Weise des Widerrufs und seiner Maßgeblichkeit ist die Unterscheidung von einseitiger und mehrseitiger Verwahrungsanweisung. Maßgebliches **Abgrenzungskriterium** sind die gegenseitigen **Sicherungsinteressen** der Vertragsparteien. 7

Einseitig sind beim Kaufvertrag allein die Anweisungen, die nur den Käufer oder nur den Verkäufer betreffen, ohne dass das Schutzbedürfnis des jeweils anderen berührt ist.

Mehrseitig sind dagegen die Anweisungen, bei denen die Interessen beider Seiten berührt und betroffen sind.[11]

Einseitige Anweisungen kommen auch im Rahmen mehrseitiger Treuhandverhältnisse in Betracht.[12] Bei der Vertragsgestaltung empfiehlt sich klarzustellen, welche Anweisungen einseitig und welche mehrseitig sind. Im Übrigen muss die Verwahrungsanweisung ausgelegt werden.

Am **Beispiel der Kaufpreisverwahrung** lassen sich die Abgrenzungsfragen verdeutlichen: 8

- **Zahlt der Käufer vor Eintritt der Fälligkeit** den Kaufpreis auf das Anderkonto, handelt es sich nach vielfach vertretener Auffassung bis zum Fälligkeitstermin regelmäßig um eine einseitige Verwahrung.[13] Das hat beispielsweise zur Folge, dass der Käufer den hinterlegten Betrag zurückfordern kann. Dies gilt allerdings dann nicht mehr, wenn der Verkäufer im Vertrauen auf die 9

8 Vgl. BT-Drucks 13/4184 S. 38; grundlegend Haug/Zimmermann/*Zimmermann*, Rn 736; vgl. *Kasper*, RNotZ 2018, 133, 138 f.; vgl. auch *Sandkühler*, DNotZ 2009, 164, 168.

9 Vgl. *Winkler*, § 60 Rn 2.

10 Vgl. *Weingärtner*, Verwahrungsgeschäft, Rn 182 ff.; vgl. Frenz/Miermeister/*Hertel*, BeurkG § 60 Rn 1; Würzburger Notarhandbuch/*Hertel*, Teil 2 Kap. 2 Rn 723; Haug/Zimmermann/*Zimmermann*, Rn 736.

11 Vgl. z.B. *Winkler*, § 60 Rn 10; Haug/Zimmermann/*Zimmermann*, Rn 737.

12 Vgl. z.B. Arndt/Lerch/Sandkühler/*Sandkühler*, § 23 Rn 145.

13 Vgl. *Weingärtner*, Verwahrungsgeschäft, Rn 27, 189; Weingärtner/*Ulrich*, NotAktVV vor § 21 Rn 56; *Winkler*, § 60 Rn 12; kritisch: *Kawohl*, Notaranderkonto, Rn 75; Grziwotz/Sauer/Heinemann/*Grziwotz*, § 60 Rn 6, 11; eher ablehnend: Frenz/Miermeister/*Hertel*, BeurkG § 60 Rn 16.

vorzeitige Einzahlung bereits seinerseits schutzwürdige Dispositionen vorgenommen hat.[14] Beispiel: Im Kaufvertrag ist vereinbart, dass mit der Hinterlegung des Kaufpreises der Besitz auf den Käufer übergeht. Eine einseitige Verwahrung liegt auch bei einer summenmäßig überhöhten Hinterlegung vor, also in Fällen, wo der Käufer einen höheren Betrag als den vertraglich geschuldeten hinterlegt.[15]

– **Liegen die Auszahlungsvoraussetzungen vom Anderkonto vor**, so entfallen die Sicherungsinteressen des Käufers: Von diesem Moment an sind allein die Weisungen des Verkäufers beachtlich.[16] Deswegen kann der Verkäufer beispielsweise ohne Zustimmung des Käufers ein anderes Empfängerkonto benennen;[17] diese Anweisung kann der Verkäufer bereits vor Auszahlungsreife geben. Das gilt natürlich nur, soweit keine Abtretungen oder Pfändungen erfolgt sind (vgl. oben § 58 BeurkG Rdn 61 ff., 89 ff.).[18] Sind mehrere Verkäufer vorhanden, so kann eine im Vertrag enthaltene Erlösverteilung nicht einseitig durch einen der Verkäufer geändert werden. Im Verhältnis der Verkäufer zueinander liegt insoweit eine mehrseitige Verwahrungsanweisung vor (vgl. dazu auch Rdn 23).[19]
– Oben (siehe oben Vor §§ 57–62 BeurkG Rdn 21 ff.) wurde bereits dargestellt, dass noch immer umstritten ist, wann **bei einer Hinterlegung Erfüllung** eintritt. Sicher ist nur, dass eine ausdrückliche Regelung im Vertrag Vorrang hat. Im Übrigen wird diskutiert, ob bereits die **Auszahlungsreife** oder erst die zeitlich oft sehr viel spätere **tatsächliche Auszahlung** zur Erfüllung führt. Nimmt man an, dass bereits mit Auszahlungsreife die Erfüllungswirkung eintritt, sind alle Weisungen des Verkäufers, die den Zeitraum danach betreffen, einseitig. Weisungen des Hinterlegers (i.d.R. der Käufer) können keine Rolle mehr spielen, da Erfüllung eingetreten ist. Der hinterlegte Betrag unterliegt nur noch der Disposition des Empfängers (i.d.R. der Verkäufer). Anders sieht es aus, wenn man nicht auf die Auszahlungsreife, sondern die tatsächliche Auszahlung abstellt. Für die Praxis kann daraus nur der Ratschlag abgeleitet werden, in der Verwahrungsvereinbarung klarzustellen, wann die Erfüllungswirkung eintritt. Sachgerecht erscheint, regelmäßig auf die Auszahlungsreife abzustellen (vgl. oben Vor §§ 57–62 BeurkG Rdn 23).
– Soweit es dagegen um den **Zeitraum zwischen vertragsgemäßer Kaufpreishinterlegung und Auszahlungsreife** geht, sind alle Anweisungen grundsätzlich mehrseitig. Dies gilt insbesondere für die Auszahlungsvoraussetzungen und die Vereinbarungen zur Ablösung von Gläubigern.[20] In der genannten Zeitspanne sind sowohl die Interessen des Käufers als auch des Verkäufers berührt: Der Käufer ist vor einer Auszahlung ohne lastenfreie Umschreibung zu schützen, der Verkäufer vor einem Eigentumsverlust ohne Erhalt des Kaufpreises. Erteilt jedoch der Käufer im Zusammenhang mit der Hinterlegung des Kaufpreises eine weitere im Vertrag nicht vorgesehene Treuhandauflage, so ist diese zusätzliche Weisung einseitig. Sie ist für den Notar beachtlich, selbst wenn sie vertragswidrig ist.[21] Nimmt der Notar sie nicht an, bleibt ihm u.U. nichts anderes übrig, als den hinterlegten Betrag zurück zu überweisen. Auf keinen Fall kann und darf der Notar insoweit von einer mehrseitigen Verwahrungsanweisung ausgehen und die Treuhandauflage einfach nicht beachten.[22]
– **Einseitige Verwahrungsanweisungen** bei Kaufvertragsabwicklungen sind grundsätzlich die **Treuhandaufträge der kaufpreisfinanzierenden** Banken und der **abzulösenden Grundpfandrechtsgläubiger**. Dies entspricht der ganz h.M. (vgl. dazu Rdn 57 ff.).

B. Schriftlichkeit des Widerrufs (Abs. 1)

10 Abs. 1 stellt noch einmal ausdrücklich klar, was schon in § 57 Abs. 4 BeurkG geregelt ist: Nicht nur die Verwahrungsanweisung, ihre Änderung und ihre Ergänzung, sondern auch ihr Widerruf bedürfen der

14 Vgl. z.B. *Winkler*, § 60 Rn 12; *Weingärtner*, Verwahrungsgeschäft, Rn 189.
15 Vgl. *Kawohl*, Notaranderkonto, Rn 74; *Weingärtner*, Verwahrungsgeschäft, Rn 190; Arndt/Lerch/Sandkühler/*Sandkühler*, § 23 Rn 146; *Winkler*, § 60 Rn 12.
16 Vgl. *Kawohl*, Notaranderkonto, Rn 71; *Winkler*, § 60 Rn 11; *Weingärtner*, Verwahrungsgeschäft, Rn 27, 189, 195; Weingärtner/*Ulrich*, NotAktVV vor § 21 Rn 56; Haug/Zimmermann/*Zimmermann*, Rn 705; kritisch dazu: Grziwotz/Sauer/Heinemann/*Heinemann/Sauer*, § 60 Rn 11; KG v. 23.11.2010 – 9 W 165/09, DNotZ 2011, 758, 759.
17 Arndt/Lerch/Sandkühler/*Sandkühler*, § 23 Rn 146; *Winkler*, § 60 Rn 11; Haug/Zimmermann/*Zimmermann*, Rn 737.
18 Vgl. *Winkler*, § 60 Rn 11.
19 Vgl. Handbuch Notarhaftung/*Hertel*, Kap. 4 Rn 371, 1673 ff.; OLG Hamm v. 18.11.1999 – 15 W 309/99, DNotZ 2000, 379, 381; a.A.: KG Berlin v. 18.9.2001 – 1 W 185/01, NotBZ 2001, 425 mit abl. Anm. *Hertel* und DNotZ 2001, 865 f. mit abl. Anm. *Wegerhoff*.
20 Vgl. Handbuch Notarhaftung/*Hertel*, Kap. 4 Rn 371.
21 Vgl. Frenz/Miermeister/*Hertel*, BeurkG § 60 Rn 4, 15.
22 Vgl. Arndt/Lerch/Sandkühler/*Sandkühler*, § 23 Rn 149.

Schriftform. Insoweit kann daher auf die Ausführungen zu § 57 BeurkG verwiesen werden (siehe § 57 BeurkG Rdn 96 ff.). Dort wurde dargestellt, dass der Schriftformbegriff des BGB (§ 126 BGB) nicht gilt. In der Praxis von besonderer Bedeutung ist, dass Schriftlichkeit auch vorliegt, wenn der Widerruf den Notar per Fax oder als E-Mail erreicht. Zu Beweiszwecken ist dem Notar allerdings zu empfehlen, sich ein handschriftlich unterzeichnetes Original des Widerrufs unverzüglich nachreichen zu lassen.[23] Auch der mündliche, insbesondere der telefonische, Widerruf sind indirekt beachtlich. Erreicht den Notar, z.B. unmittelbar bevor er die Auszahlung vornimmt, ein telefonischer Widerruf, so muss er den Widerrufenden auf das Formerfordernis hinweisen[24] und ihm gegebenenfalls die notwendige Zeit einräumen, um den Widerruf schriftlich zu erklären.[25] Unterlässt der Notar dies und zahlt sofort aus, verhält er sich wenigstens dann amtspflichtwidrig, wenn der zeitliche Aufschub der Auszahlung noch innerhalb eines vertragskonformen „Zeitfensters" bleiben würde.

C. Der Widerruf einer einseitigen Verwahrungsanweisung (Abs. 1)

Abs. 1 regelt den Grundsatz, dass eine Verwahrungsanweisung **frei widerruflich ist**. Zwischen einseitigen und mehrseitigen Verwahrungsanweisungen wird zunächst nicht unterschieden.[26] Abs. 2 und 3 enthalten dann allerdings wichtige Beschränkungen des Widerrufsrechts bei mehrseitigen Verwahrungsanweisungen. Im Ergebnis ist die freie Widerruflichkeit nur für einseitige Verwahrungsanweisungen von praktischer Bedeutung. Der Widerruf einer einseitigen Anweisung ist bereits dann beachtlich, wenn er schriftlich erfolgt und Dritten gegenüber bestehende Amtspflichten nicht verletzt werden. 11

Amtspflichten gegenüber Dritten bestehen, wenn andere am Verwahrungsgut Sicherungsinteressen haben, deren Beachtung sich zu einer Amtspflicht des Notars verdichtet.[27] Wann das der Fall ist, ist noch nicht abschließend geklärt. Regelmäßig wird man verlangen können, dass die Einzahlung bei einem Dritten einen berechtigten Vertrauenstatbestand geschaffen hat, der Dritte im Vertrauen darauf Dispositionen trifft und ihm durch die Rückgängigmachung der Hinterlegung ein Schaden entsteht.[28] In der Literatur versucht man pragmatisch, bestimmte Fallsituationen bzw. Fallgruppen herauszuarbeiten.[29] 12

Einzelfälle:

- Gibt der Verkäufer dem Notar ein **anderes Empfängerkonto** an, so ist dies als einseitige Weisung grundsätzlich beachtlich (vgl. oben Rdn 9). 13
- Etwas anderes gilt jedoch, wenn dem Notar bekannt ist, dass der Kaufpreis an einen Dritten **abgetreten oder verpfändet** wurde. Man kann dies damit begründen, dass sich in diesem Fall das Sicherungsinteresse des Dritten zu einer Amtspflicht des Notars verdichtet hat.[30] Richtigerweise folgt die fehlende Weisungsbefugnis des Verkäufers vielfach bereits aus den Wirkungen von Abtretung und Verpfändung (vgl. oben § 58 BeurkG Rdn 61 ff., 89 ff.).
- Ist im Kaufvertrag vereinbart, dass aus dem hinterlegten Kaufpreis bei Auszahlungsreife auch die vom Verkäufer geschuldete **Maklerprovision** zu bezahlen ist, kann der einseitige Widerruf durch den Verkäufer unbeachtlich sein.[31] Hier können Amtspflichten gegenüber dem an der Verwahrungsvereinbarung selbst nicht beteiligten Makler bestehen. Man denke an den Fall, dass der Makler zu der Stundung des Provisionsanspruchs nur bereit war, weil die Auszahlungsanweisung in den Vertrag aufgenommen wurde. Dasselbe gilt, wenn der zur Zahlung der Provision verpflichtete Käufer neben dem Kaufpreis auch die Courtage hinterlegt und diese erst bei Auszahlungsreife des Kaufpreises an den Makler ausgekehrt werden soll. Drittinteressen des Käufers sind auch berührt, wenn der Kauf-

23 Vgl. *Winkler*, § 60 Rn 13.
24 Vgl. *Winkler*, § 60 Rn 13; Frenz/Miermeister/*Hertel*, BeurkG § 60 Rn 2.
25 Strenger als hier Grziwotz/Sauer/Heinemann/*Grziwotz*, § 60 Rn 3.
26 So auch Arndt/Lerch/Sandkühler/*Sandkühler*, § 23 Rn 141.
27 Vgl. *Winkler*, § 60 Rn 14; Frenz/Miermeister/*Hertel*, BeurkG § 60 Rn 6; Grziwotz/Sauer/Heinemann/*Grziwotz*, § 60 Rn 9.
28 Vgl. ausführlich KG v. 23.11.2010 – 9 W 165/09, DNotZ 2011, 758, 762 f.
29 Vgl. Frenz/Miermeister/*Hertel*, BeurkG § 60 Rn 7; vgl. auch *Lerch*, § 54c Rn 1.
30 Vgl. *Winkler*, § 60 Rn 15.
31 Vgl. Frenz/Miermeister/*Hertel*, BeurkG § 60 Rn 7 (unter Verweis auf eine unveröffentlichte BGH-Entscheidung).

preis teilweise zur Begleichung von Hausgeldrückständen zu verwenden ist. Eine solche Regelung dient auch dem Schutz des Käufers.[32]

- Erfolgt die Hinterlegung **zur Ablösung einer Grundschuld** und löscht der Gläubiger sodann die Grundschuld im Vertrauen auf die erfolgte Hinterlegung (also nicht durch Erteilung der Löschungsbewilligung zu treuen Händen des Notars), so ist der anschließend erfolgende einseitige Widerruf des Hinterlegers unbeachtlich. Hier wurde für den Grundpfandrechtsgläubiger ein Vertrauenstatbestand geschaffen, der auch vom Notar beachtet werden muss.[33]
- Nimmt der Käufer die Hinterlegung **vor der Kaufpreisfälligkeit** vor, so handelt es sich zunächst um eine einseitige Verwahrung. Der Käufer kann den hinterlegten Betrag zurückfordern. Das gilt allerdings nicht, wenn der Verkäufer im Vertrauen auf die vorzeitige Einzahlung seinerseits bereits schutzwürdige Dispositionen vorgenommen hat oder die vertraglichen Vereinbarungen solche enthalten (m.w.N. vgl. oben Rdn 9). Beispiel: Der Kaufvertrag sieht vor, dass mit der Hinterlegung des Kaufpreises der Besitz auf den Käufer übergeht.
- Eine einseitige Verwahrungsanweisung wird mit dem ausdrücklichen Zusatz erteilt, dass eine **Änderung oder Rücknahme nur mit Zustimmung eines nicht am Vertrag beteiligten Dritten** möglich ist. Damit werden Schutzpflichten gegenüber dem Dritten begründet. Der Notar darf einen Widerruf nur berücksichtigen, wenn der Dritte seine Zustimmung erteilt.[34]
- Nach Auszahlungsreife weist der **Verkäufer** den Notar an, einen **Teilbetrag** zunächst nicht an ihn auszuzahlen, sondern noch Rechnungen für Arbeiten am Grundstück damit zu begleichen. Später widerruft er die von ihm einseitig dem Notar erteilte Weisung. Das KG[35] hatte über eine solche Situation zu entscheiden und meinte: Selbst wenn durch die einseitige Verwahrungsanweisung beim Käufer ein Vertrauenstatbestand geschaffen wurde, sei nicht erkennbar, dass der Käufer in seinem Vertrauen bestimmte Dispositionen getroffen habe und ihm ein Schaden entstanden sei. Der einseitige Widerruf sei daher beachtlich gewesen. Für die notarielle Praxis empfiehlt sich dringend, dass sich Notare in derartigen Fällen um eine gemeinsame Verwahrungsvereinbarung der Beteiligten bemühen.
- Ein nicht an der Verwahrungsanweisung unmittelbar beteiligter **Dritter** tätigt im Vertrauen auf deren Durchführung **erhebliche Aufwendungen** in ein Bauvorhaben. Dem Notar ist dies erkennbar (im entschiedenen Fall: Fertigstellung eines Hotels).[36]
- In einigen Fallsituationen schließt das **Sicherungsinteresse des Dritten** den Widerruf zwar nicht vollständig aus, schränkt ihn aber dahingehend ein, dass der Widerruf nur beachtlich ist, wenn der Widerrufende Zug um Zug eine bereits an ihn geflossene Leistung zurückgibt.[37]

14 In allen beschriebenen Fällen ist dem Notar im Hinblick auf die bestehenden rechtlichen und tatsächlichen Unsicherheiten dringend zu empfehlen, den Weg des **Vorbescheids** nach § 15 Abs. 2 BNotO (siehe unten Rdn 50 ff.) zu wählen.[38]

15 Die wichtigste Fallgruppe einseitiger Verwahrungsanweisungen stellen nach h.M. die Treuhandaufträge von Banken dar. Dabei kann es sich um abzulösende Gläubiger des Verkäufers oder die kaufpreisfinanzierenden Institute des Erwerbers handeln (vgl. § 57 Abs. 6 BeurkG i.V.m. § 60 Abs. 1 BeurkG). Dieser Fragenkreis wird unten (vgl. Rdn 56 ff.) ausführlich behandelt werden.

32 *Franken*, RNotZ 2010, 597, 600.
33 Vgl. Arndt/Lerch/Sandkühler/*Sandkühler*, § 23 Rn 150; *Winkler*, § 60 Rn 14, 65; Frenz/Miermeister/*Hertel*, BeurkG § 60 Rn 7.
34 Vgl. OLG Rostock v. 13.7.2005 – 1 W 25/05, NotBZ 2005, 339 f. mit krit. Anm. *Hückstädt*; (in: Frenz/Miermeister/*Hertel*, BeurkG § 60 Rn 29) meint, dass die einseitige Verwahrungsanweisung in solchen Fällen zur mehrseitigen wird; *Krauß*, Immobilienkaufverträge, Rn 2414.
35 V. 23.11.2010 – 9 W 165/09, DNotZ 2011, 758 ff.
36 Schleswig-Holsteinisches OLG v. 20.6.2013 – 11 U 73/12, BeckRS 2014, 1461; vgl. dazu *Pelikan*, notar 2014, 160, 163 f.
37 Vgl. Frenz/Miermeister/*Hertel*, BeurkG § 60 Rn 7.
38 Vgl. Regierungsbegründung BT-Drucks 13/4184 S. 38; vgl. auch Grziwotz/Sauer/Heinemann/*Grziwotz*, § 60 Rn 10.

D. Widerruf mehrseitiger Verwahrungsanweisungen

I. Gemeinsamer Widerruf (Abs. 2)

1. Grundsätze

Der Widerruf mehrseitiger Verwahrungsanweisungen ist beachtlich, wenn er **durch alle Anweisenden gemeinsam** erfolgt. Ausnahmen können sich lediglich aus § 61 BeurkG ergeben. Beim einvernehmlichen Widerruf ist es grundsätzlich nicht möglich, schutzwürdige Interessen der Beteiligten zu verletzen. 16

Auch beim gemeinsamen Widerruf gelten zusätzlich die Voraussetzungen des Abs. 1: Der Widerspruch bedarf der **Schriftform** und **Dritten gegenüber bestehende Amtspflichten** dürfen nicht verletzt werden. Soll beispielsweise im Rahmen einer Kaufvertragsabwicklung die Ablösung einer Grundschuld erfolgen und löscht der Gläubiger die Grundschuld bereits im Vertrauen auf die erfolgte Hinterlegung (also nicht durch Erteilung der Löschungsbewilligung zu treuen Händen des Notars), so ist der anschließend von Käufer und Verkäufer gemeinsam ausgesprochene Widerruf unbeachtlich. Hier wurde für den Grundpfandrechtsgläubiger ein Vertrauenstatbestand geschaffen, der vom Notar beachtet werden muss (vgl. den geschilderten Parallelfall des einseitigen Widerrufs, siehe Rdn 13).[39] 17

2. Praxisprobleme

a) Kaufvertragsaufhebungen

Die **einvernehmliche Anweisung** zur Rückzahlung des Kaufpreises **wegen Vertragsaufhebung** soll nach teilweise vertretener Auffassung erst möglich sein, wenn der Aufhebungsvertrag beurkundet ist. Das soll zumindest in den Fällen gelten, in denen der Kaufvertrag bereits die Auflassung enthält und zugunsten des Käufers eine Vormerkung eingetragen wurde. Eine nur privatschriftliche Aufhebung des Kaufvertrages i.V.m. der Weisung an den Notar, den aus Privatmitteln hinterlegten Kaufpreis zurückzuzahlen, soll für den Notar unbeachtlich sein.[40] Begründet wird dies mit der in diesen Fällen nach materiellem Recht bestehenden Beurkundungsbedürftigkeit des Aufhebungsvertrages und der Verletzung von Amtspflichten, wenn der Kaufpreis ohne gleichzeitige Löschung der Vormerkung zurückgezahlt wird.[41] Zwingend ist diese Auffassung nicht: Die einvernehmliche Aufforderung an den Notar, den Kaufpreis zurück zu überweisen, ist für den Notar verfahrensrechtlich nämlich auch dann beachtlich, wenn materiell-rechtlich kein entsprechender Anspruch besteht.[42] Das heißt allerdings nicht, dass der Notar in einem solchen Fall verpflichtet ist, die gemeinschaftliche Anweisung unverzüglich durchzuführen. Das Gegenteil ist der Fall: Erst wenn er die Beteiligten auf die Rechtslage, insbesondere die Beurkundungsbedürftigkeit des Aufhebungsvertrages und die Zweckmäßigkeit einer Zug-um-Zug-Löschung der Vormerkung, hingewiesen hat und diese dennoch auf der sofortigen Rückzahlung bestehen, wird er die Rücküberweisung vom Anderkonto auf das Konto des Käufers vornehmen dürfen. 18

In der Praxis ist dem Notar allerdings dringend zu empfehlen, möglichst auch verfahrensrechtlich einen „Gleichlauf" mit dem materiellen Recht herbeizuführen. Für die häufigen Fälle der Aufhebung von Grundstückskaufverträgen bedeutet dies (soweit man der jeweils h.M. zur **Beurkundungsbedürftigkeit** folgt):[43] 19

- Ist der Kaufvertrag noch nicht vollzogen und hat der Käufer auch kein Anwartschaftsrecht, so kann der Vertrag grundsätzlich formfrei aufgehoben werden. Abs. 1 verlangt allerdings Schriftlichkeit für eine geänderte Verwahrungsanweisung.
- Hat der Käufer ein Anwartschaftsrecht erlangt, weil die Urkunde bereits die Auflassung enthält und der Umschreibungsantrag bzw. der Antrag auf Eintragung der Vormerkung gestellt ist, so ist die Aufhebung nach materiellem Recht beurkundungsbedürftig. Der Notar sollte darauf hinwirken, dass die Aufhebung beurkundet wird. Wie oben (vgl. Rdn 18) aufgezeigt wurde, hat er jedoch letztlich auch eine schriftlich erteilte einvernehmliche Weisung zu beachten.

39 So auch *Lerch*, BeurkG § 54c Rn 2; vgl. auch Grziwotz/Sauer/Heinemann/*Grziwotz*, § 60 Rn 15; *Franken*, RNotZ 2010, 597, 604.

40 So *Winkler*, § 60 Rn 21; vgl. zu dem Problemkreis ausführlich *Kasper*, RNotZ 2018, 133, 141.

41 So *Winkler*, § 60 Rn 21.

42 Ähnlich *Lerch*, § 54c Rn 3; *Franken*, RNotZ 2010, 597, 605.

43 Vgl. zu den Fallgruppen: Grüneberg/*Grüneberg*, § 311b Rn 39 ff.; *Schmidt-Troschke*, NotBZ 2002, 157 ff.

b) Kaufvertragsänderungen

20 Insoweit stellt sich die gleiche Problematik wie bei Kaufvertragsaufhebungen. Ergänzungen eines Kaufvertrages sind grundsätzlich gem. § 311b Abs. 1 S. 1 BGB formbedürftig. Es kommt nicht darauf an, ob es sich um wesentliche oder unwesentliche Änderungen handelt. Der Notar sollte daher darauf hinwirken, dass die Änderung beurkundet wird, bevor er einen geänderten Treuhandauftrag annimmt. Auch hier gilt jedoch das oben Gesagte: Weigern sich die Beteiligten die Beurkundung vorzunehmen, muss der Notar eine ihm einvernehmlich und schriftlich erteilte Weisung letztlich beachten.

21 Vom Grundsatz der Beurkundungspflicht von Kaufvertragsänderungen macht die h.M. drei in der Praxis sehr wichtige Ausnahmen (vgl. hierzu auch § 57 BeurkG Rdn 91 ff.):

- Formfrei sind Änderungen möglich, die die Veräußerungs- oder Erwerbspflicht weder mittelbar noch unmittelbar verschärfen bzw. verändern.
- Formfrei können auch alle Änderungen vorgenommen werden, durch die Abwicklungsschwierigkeiten beseitigt werden sollen.
- Formfrei sind alle Änderungen, die zeitlich nach Beurkundung der Auflassung vereinbart werden. Die h.M. begründet dies damit, dass die Übereignungs- und Erwerbspflicht mit der Auflassung erlischt; dagegen wurde bereits (vgl. § 57 BeurkG Rdn 100) Stellung bezogen.

22 In den drei genannten Fallgruppen kann die Änderung nach h.M. grundsätzlich formfrei erfolgen; der Notar hat allerdings das Schriftformerfordernis nach Abs. 1 zu beachten.[44] In vielen Fällen wird es dem Notar nicht abschließend möglich sein zu entscheiden, ob es sich um einen Fall der beurkundungspflichtigen oder nicht beurkundungspflichtigen Änderung handelt. Auch das spricht dafür, dass der Notar den Beteiligten aus Rechtssicherheitsgründen die Beurkundung zwar empfehlen sollte,[45] die übereinstimmende schriftliche Anweisung aber letztlich ausreichen lassen muss.

c) Erlösverteilung bei mehreren Verkäufern

23 Einen Fall der **mehrseitigen Verwahrungsanweisung** stellt auch die in einem Kaufvertrag enthaltene **Erlösverteilung zwischen mehreren Verkäufern** dar. Das KG Berlin[46] sah dies allerdings anders. Ihm lag ein Fall vor, in dem eine im Kaufvertrag festgelegte Auszahlung nach Quoten später von einem Teil der verkaufenden Miterben widerrufen worden war. Ohne in seinem Beschluss auf den heutigen § 60 BeurkG überhaupt einzugehen, bejaht das Gericht zunächst die Unwiderruflichkeit von Weisungen, die die Auszahlungsvoraussetzungen im Verhältnis zwischen Käufer und Verkäufer betreffen. Begründet wird dies mit den gegenläufigen Sicherungsinteressen der Parteien; ohne Bindung könne der Zweck der Verwahrung nicht erreicht werden. Weiter stellt es fest: „Im Verhältnis der Verkäufer untereinander betreffend ihre anteilige Berechtigung am Kaufpreis fehlt es indessen an einer vergleichbaren Interessenlage." Daher müsse es bei dem allgemeinen Grundsatz im Verfahren der freiwilligen Gerichtsbarkeit bleiben, dass auch übereinstimmende Weisungen mehrerer Beteiligter durch einen Beteiligten widerrufen werden können. Dieser Entscheidung kann nicht gefolgt werden.[47] Das KG verkennt, dass der „einheitliche" Kaufvertrag letztlich zwei Elemente enthält. Einerseits geht es um die kaufvertraglichen Vereinbarungen zwischen Käufer und Verkäufer; insoweit haben Käufer und Verkäufer gegenläufige Interessen; bei den Verkäufern untereinander besteht zunächst die gleiche Interessenlage. Andererseits geht es aber regelmäßig auch um die Auseinandersetzung der Gemeinschaft. Die Regelungen zur Erlösverteilung unter den Verkäufern betreffen allein die Auseinandersetzung dieser Gemeinschaft nach Vorliegen der Auszahlungsvoraussetzungen. Hier sind gegenläufige und schutzwürdige Interessen der Verkäufer berührt. Die Praxis beweist, dass gerade von zerstrittenen Eigentümergemeinschaften häufig die Einschaltung eines Anderkontos zur Sicherung der Erlösverteilung gewünscht wird. Ein Widerruf oder eine Änderung der Erlösverteilung zwischen den Verkäufern bedarf daher zwar nicht der Zustimmung des Käufers. Gem. Abs. 2 ist er jedoch grundsätzlich nur beachtlich, wenn alle Verkäufer mitwirken.[48]

44 Vgl. BGH v. 24.11.2014 – NotSt(Brf) 6/14, DNotZ 2015, 224 ff.

45 Problematisch daher OLG Hamm v. 1.4.2008 – I-10 Wx 13/08, notar 2008, 332 mit krit. Anm. *Wudy*.

46 V. 18.9.2001 – 1 W 185/01, DNotZ 2001, 865 f. mit abl. Anm. *Wegerhoff*, NotBZ 2001, 425 mit abl. Anm. *Hertel*.

47 Vgl. auch Handbuch Notarhaftung/*Hertel*, Kap. 4 Rn 147; *Sandkühler*, DNotZ 2009, 164, 167.

48 Vgl. Eylmann/Vaasen/*Hertel*, § 54c BeurkG Rn 18; *Hertel*, NotBZ 2001, 425, 426; *Winkler*, § 60 Rn 11; *Wegerhoff*, DNotZ 2001, 867 f.

Dennoch ist für die Vertragsgestaltung dringend zu empfehlen, ausdrücklich zu regeln, dass die Aufteilung des Erlöses als mehrseitige, nicht einseitig widerrufliche Anweisung erfolgt.[49]

Nicht selten tritt der Fall auf, dass in Scheidung lebende Ehegatten ihr Haus verkaufen. In der Urkunde sollte die Auskehr des Erlöses in einer mehrseitigen Anweisung zweifelsfrei geregelt und ggf. zusätzlich klargestellt werden, dass dies noch keine abschließende ehegüterrechtliche Auseinandersetzung darstellt. In manchen Fällen kann man die ehegüterrechtlichen bzw. ehevermögensrechtlichen Vereinbarungen mit in die Urkunde aufnehmen.[50]

II. Einseitiger Widerruf einer mehrseitigen Verwahrungsanweisung

1. Grundsatz der Unbeachtlichkeit

Eine mehrseitige Verwahrungsanweisung kann grundsätzlich nur durch alle Anweisenden gemeinsam widerrufen werden. Von diesem Grundsatz regelt Abs. 3 S. 1 für bestimmte Fallgruppen eine Ausnahme. Dies bedeutet im Umkehrschluss, dass der **einseitige Widerruf einer mehrseitigen Verwahrungsanweisung** – soweit nicht ein Ausnahmefall nach Abs. 3 S. 1 (oder § 61 BeurkG) vorliegt – **unbeachtlich** ist. Dieses Regel-Ausnahme-Verhältnis entspricht auch der ständigen Rechtsprechung vor Inkrafttreten der Reform des BeurkG im Jahre 1998.[51] In einem Fall, der nach „altem Recht" zu entscheiden war, führte der BGH[52] aus: „Die Anweisung als gemeinschaftliche Verfahrenshandlung kann grundsätzlich ebenfalls nur gemeinsam geändert oder zurückgenommen werden; denn der gemeinschaftlich erklärten Unwiderruflichkeit käme im Ergebnis keinerlei Bedeutung zu, wenn der Notar schon den Widerruf eines einzelnen Beteiligten ohne weiteres zu beachten hätte." Dahinter steht ein allgemeiner Grundsatz des notariellen Verfahrensrechts, den das OLG Düsseldorf[53] in einer Entscheidung, die kein Verwahrungsgeschäft betraf, wie folgt formuliert hat: „Eine einseitige Weisung bloß eines von mehreren Beteiligten kann für den Notar nur in Ausnahmefällen und unter ganz besonderen Umständen beachtlich sein, wenn etwa ein Sachverhalt schlüssig vorgetragen wird, der einen Unwirksamkeitsgrund oder die Anfechtung des Rechtsgeschäfts … als nahe liegend oder offensichtlich gegeben erscheinen lässt". 24

2. Ausnahmsweise Beachtlichkeit (Abs. 3 S. 1)

Nach Abs. 3 S. 1 sind für den Notar nur die Widerrufsgründe beachtlich, bei denen der Bestand des Rechtsgeschäfts in Frage gestellt wird. Der Widerrufende muss sich schon darauf stützen, dass das der Verwahrung zugrunde liegende **Rechtsverhältnis aufgehoben, unwirksam oder rückabzuwickeln** sei. Behauptete **Vollzugsstörungen berechtigen dagegen nicht zum Widerruf**. Schuldrechtliche Einwendungen, die die Verwahrungsanweisung in ihrer Wirksamkeit nicht berühren, sind unbeachtlich.[54] Beruft sich einer der Vertragsbeteiligten beispielsweise auf einen Sachmangel oder macht er einen Minderungsanspruch geltend, so ist das für den Notar somit unbeachtlich.[55] Dasselbe gilt, wenn der Beteiligte ein Anfechtungs- oder Rücktrittsrecht behauptet, ohne die Erklärung abzugeben.[56] Unbeachtlich ist auch, wenn der Widerruf mit der Aufrechnung mit einer Gegenforderung, einem Zurückbehaltungsrecht nach § 273 BGB oder der Einrede des nicht erfüllten Vertrages nach § 320 BGB begründet wird.[57] 25

Ein Fall aus der Rechtsprechung:[58] Ein Kaufvertrag sah die Abwicklung über Anderkonto vor. Nur ein Teil des Kaufpreises wurde hinterlegt. Der Verkäufer setzte eine Frist mit Ablehnungsandrohung. Dann pfändete ein Gläubiger des Käufers dessen Rückzahlungsansprüche. Dieser Gläubiger widersprach nun der Auszahlung an den Verkäufer mit der Begründung, der Vertrag sei rückabzuwickeln. Der Notar 26

49 So auch Frenz/Miermeister/*Hertel*, BeurkG § 60 Rn 18; Handbuch Notarhaftung/*Hertel*, Kap. 4 Rn 148.

50 Vgl. dazu auch Handbuch Notarhaftung/*Hertel*, Kap. 4 Rn 143 f.

51 Vgl. Handbuch Notarhaftung/*Hertel*, Kap. 4 Rn 376 m.w.N.

52 BGH v. 18.11.1999 – IX ZR 153/98, DNotZ 2000, 365, 368; vgl. auch LG Frankenthal v. 18.9.2001 – 1 T 136/01, MittBayNot 2001, 580, 581.

53 V. 7.11.2001 – 3 Wx 288/01, RNotZ 2002, 112, 113.

54 Vgl. *Kasper*, RNotZ 2018, 133, 140 f.; *Weingärtner*, Verwahrungsgeschäft, Rn 196; Weingärtner/*Ulrich*, NotAktVV vor § 21 Rn 99; *Franken*, RNotZ 2010, 597, 605.

55 Vgl. *Winkler*, § 60 Rn 33; *Weingärtner*, Verwahrungsgeschäft, Rn 196 f.; Handbuch Notarhaftung/*Hertel*, Kap. 4 Rn 378; *Kasper*, RNotZ 2018, 133, 140; DNotI-Rep. 2007, 44.

56 Vgl. *Winkler*, § 60 Rn 34; Handbuch Notarhaftung/*Hertel*, Kap. 4 Rn 380.

57 Vgl. z.B. *Bleeschke*, § 14 Rn 179; Haug/Zimmermann/*Zimmermann*, Rn 740; *Kasper*, RNotZ 2018, 133, 141.

58 BayObLG v. 17.12.2004 – 1 Z BR 064/04, DNotI-Rep. 2005, 87.

setzte die Auszahlung aus – nach Ansicht des BayObLG in diesem Fall zu Recht, da ein einseitiger Widerruf einer mehrseitigen Verwahrungsanweisung vorliege. Der Widerruf sei im konkreten Fall auf die Unwirksamkeit des zugrunde liegenden Vertragsverhältnisses gestützt worden und damit ausnahmsweise beachtlich.

3. Prüfungsumfang des Notars

27 Bei Prüfung der Beachtlichkeit eines Widerrufs kann dem Notar keine richterähnliche Entscheidung abverlangt werden. Eine Sach- und Begründetheitsprüfung kann und muss er nicht vornehmen.[59] Zutreffend stellt das Gesetz nur darauf ab, dass der Widerruf auf Aufhebung, Unwirksamkeit oder Rückabwicklung „gegründet" wird. Dies bedeutet, dass der **Vortrag**, mit dem der Widerruf begründet wird, **im Grundsatz schlüssig sein muss**.[60] Schlüssig ist ein Vortrag, der – seine sachliche Richtigkeit unterstellt – dazu führt, dass das Rechtsverhältnis tatsächlich aufgehoben, unwirksam oder rückabzuwickeln ist. Es genügt daher z.B. nicht, wenn sich aufgrund des Vortrags lediglich ein Anfechtungsrecht ergibt. Schlüssigkeit liegt nur dann vor, wenn auch die Erklärung der Anfechtung Teil des Sachvortrags ist. Dabei darf man allerdings nicht die strengen Maßstäbe der zivilprozessualen Schlüssigkeitsprüfung anlegen, denn vom Notar wird erwartet, dass er kurzfristig über den weiteren Verfahrensfortgang entscheidet. Es genügt, wenn der Notar nach einer knappen sachlichen und rechtlichen Analyse des Vortrags des Widerrufenden die Möglichkeit sieht, dass das der Verwahrung zugrunde liegende Rechtsverhältnis tatsächlich aufgehoben, unwirksam oder rückabzuwickeln ist. Eine treffende Beschreibung gibt der Begriff **„Plausibilitätsprüfung"**.[61] Eine Schlüssigkeitsprüfung nach den gleichen Maßstäben, wie sie vom Zivilrichter vorgenommen wird, braucht der Notar daher nicht zu leisten. Eine Unschlüssigkeit, die bloß auf Lückenhaftigkeit des Sachvortrags beruht, macht den Widerruf nicht unbeachtlich.[62] Unbeachtlich ist der Widerruf dagegen dann, wenn schon die Darstellung des Widerrufenden deutlich macht, dass kein Widerrufsgrund bestehen kann.[63] Noch viel weniger muss der Notar eine Sachprüfung vornehmen; diese bleibt dem Klageverfahren vorbehalten. Nicht einmal glaubhaft muss der Widerrufende seine Behauptungen machen. Das bedeutet: Sobald der Widerrufsgrund schlüssig vorgetragen wird, aber erhebliche Zweifel an der Richtigkeit der Sachdarstellung bestehen, sollte der Notar den Widerruf beachten. Er ist neutraler unparteiischer Sachwalter, aber kein Richter.[64]

28 Da der Widerruf regelmäßig von juristischen Laien erklärt wird, ist der Notar vielfach zu einer **Auslegung der Erklärungen** gezwungen. Ein wichtiges Indiz bei der Beurteilung des Widerrufs des Käufers kann dabei sein, ob der Käufer den Kaufpreis endgültig nicht zahlen will (dann ist der Widerruf beachtlich, weil Aufhebung, Unwirksamkeit oder Rückabwicklung in Frage stehen) oder ob er nur vorübergehend nicht zahlungsbereit ist bzw. Minderung begehrt (dann ist der Widerruf unbeachtlich). Man kann dem Notar auch keine Parteilichkeit vorwerfen, wenn er den Widerrufenden – insbesondere den nicht anwaltlich Beratenen – zu ergänzenden Erläuterungen auffordert. Der Notar ist auch Betreuer der Beteiligten, daraus folgen auch entsprechende Informations- und Aufklärungspflichten über die Rechtslage.[65] Er verstößt nicht gegen das Neutralitätsgebot, wenn der Notar einen Beteiligten darauf hinweist, dass die Behauptung eines Anfechtungsgrundes eine Auszahlung vom Anderkonto nicht verhindert und er erst nach erklärter Anfechtung die Auszahlung aussetzen kann. Dies ist nur eine zulässige Belehrung über die Rechtslage.[66] Die Grenzziehung kann im Einzelfall dennoch schwierig sein. In der Praxis bewährt sich, wenn der Notar seine Schreiben in Kopie möglichst auch den anderen Beteiligten zur Kenntnisnahme übersendet (vgl. Abs. 3 S. 2) und im Übrigen eine anwaltliche Beratung empfiehlt.

59 So Würzburger Notarhandbuch/*Hertel*, Teil 2 Kap. 2 Rn 768; *Franken*, RNotZ 2010, 597, 605; vgl. Gesetzbegründung BT-Drucks 13/4184,38.

60 So grundsätzlich auch: *Winkler*, § 60 Rn 26; *Lerch*, § 54c Rn 8; Grziwotz/Sauer/Heinemann/*Grziwotz*, § 60 Rn 16; ähnlich *Kasper*, RNotZ 2018, 133, 141 f.; eher ablehnend: Handbuch Notarhaftung/*Hertel*, Kap. 4 Rn 379; Frenz/Miermeister/*Hertel*, BeurkG § 60 Rn 21; vgl. auch OLG München v. 14.3.2008 – 31 Wx 010/08, DNotZ 2008, 777, 778.

61 Vgl. Arndt/Lerch/Sandkühler/*Sandkühler*, § 23 Rn 155; *Winkler*, § 60 Rn 27; Frenz/Miermeister/*Hertel*, BeurkG § 60 Rn 21.

62 So auch *Winkler*, § 60 Rn 28; ähnlich *Kasper*, RNotZ 2018, 133, 142; *Franken*, RNotZ 2010, 597, 606.

63 Vgl. Frenz/Miermeister/*Hertel*, BeurkG § 60 Rn 21a; *Weingärtner*, Verwahrungsgeschäft, Rn 201.

64 So auch *Kasper*, RNotZ 2018, 133, 141.

65 Vgl. *Rohs/Heinemann*, Rn 315 f.

66 So auch *Winkler*, § 60 Rn 35; ähnlich: *Lerch*, § 54c Rn 10; Haug/Zimmermann/*Zimmermann*, Rn 740; *Franken*, RNotZ 2010, 597, 606.

29 In allen **Grenz- und Zweifelsfällen** ist der Notar im Hinblick auf die unsicherere Rechtslage schon aus haftungsrechtlichen Gründen gut beraten, keine Verfügung über das Verwahrgut vorzunehmen und die Beteiligten auf den Rechtsweg zu verweisen.[67] Teilweise wird dies schon bei „geringsten Zweifeln" empfohlen.[68] Nur in eindeutigen Fällen sollte der Notar den Widerruf für unbeachtlich halten.[69]

4. Die Fallsituationen des beachtlichen Widerrufs

30 Abs. 3 S. 1 benennt **drei Fälle**, in denen der einseitige Widerruf beachtlich ist, nämlich die behauptete Aufhebung, Unwirksamkeit und Rückabwicklung des der Verwahrung zugrundeliegenden Rechtsverhältnisses.

Eine **Aufhebung** setzt immer eine einvernehmliche vertragliche Vereinbarung voraus. Der Widerrufende muss also behaupten, der Vertrag sei im Einvernehmen aufgehoben worden. Schon der Sachvortrag wird eine wirksame Aufhebung, die bei Grundstückskaufverträgen nicht selten formgebunden ist (vgl. oben Rdn 20 ff.), oft zweifelhaft erscheinen lassen. Dann können den Notar zunächst Hinweispflichten zu den maßgeblichen gesetzlichen Bestimmungen treffen. In Zweifelsfällen ist dem Notar zu empfehlen, den in Abs. 3 beschriebenen Verfahrensweg einzuschlagen und den Widerruf nicht sofort für unbeachtlich zu erklären.[70]

Unwirksamkeit des Rechtsverhältnisses ist z.B. gegeben bei behaupteter Geschäftsunfähigkeit eines Beteiligten, Sittenwidrigkeit, einem Scheingeschäft oder einem Verstoß gegen gesetzliche Vorschriften nach § 134 BGB. Auch der Eintritt einer auflösenden oder aufschiebenden Bedingung begründet die Unwirksamkeit. Gleiches dürfte für die behauptete AGB-Widrigkeit einer Auszahlungsvereinbarung gelten.[71] Die schwebende Unwirksamkeit reicht dagegen nicht aus, solange das Rechtsgeschäft noch wirksam werden kann.[72] Da ein anfechtbares Rechtsgeschäft erst nach erfolgter Anfechtung unwirksam wird, muss auch diese im Grundsatz vorgetragen werden; es genügt nicht ein Vortrag der Gründe, die zur Anfechtung berechtigen (vgl. aber Rdn 28).

Eine **Rückabwicklung** liegt vor, wenn ein vertragliches oder gesetzliches Rücktrittsrecht ausgeübt wurde oder sonst gesetzlich die Rücktrittsfolgen eingetreten sind.[73] Auch hier muss nicht nur der Rücktrittsgrund behauptet werden, sondern der Rücktritt selbst.[74]

31 Nicht zur Anwendung soll Abs. 3 S. 1 in folgendem Fall kommen: Die Ehefrau erteilt ihrem Mann in notarieller Urkunde Vollmacht, ihren Miteigentumsanteil am gemeinschaftlichen Haus zu verkaufen. Die Vollmacht wird widerrufen, ohne dass der Käufer dies erfährt. Der Ehemann verkauft sodann unter Vorlage der Vollmacht das Hausgrundstück. In der Urkunde wird der Notar angewiesen, den hinterlegten Kaufpreis allein an den Ehemann auszukehren. Als die Ehefrau von dem Kaufvertrag erfährt, verlangt sie die hälftige Erlösauszahlung an sich. Das OLG Hamm[75] lehnte die Anwendung von Abs. 3 (damals: § 54c) ab: Das mit der Verwahrung durchzuführende Rechtsverhältnis sei der Kaufvertrag, nicht dagegen die in der Regelung zur Erlösverteilung liegende gleichzeitige Vermögensauseinandersetzung. Für eine erweiternde Anwendung auf diese Fallkonstellation bestehe kein sachliches Bedürfnis. Ganz überzeugend ist das nicht, denn nach Vorliegen der Auszahlungsreife und bei Vorhandensein mehrerer Verkäufer beschränkt und „verdichtet" sich das durchzuführende Rechtsverhältnis der noch Beteiligten auf die Verteilung des Erlöses. Abs. 3 sollte hier zumindest entsprechend angewendet werden. In der notariellen Praxis zeigt sich, dass Anderkontoabwicklungen unter anderem deshalb immer wieder gewünscht werden, weil die Erlösverteilung mit Problemen verbunden ist. Dann aber muss auch sie Teil des durchzuführenden Rechtsverhältnisses sein, auf das Abs. 3 anwendbar ist (vgl. oben Rdn 23).

67 Grziwotz/Sauer/Heinemann/*Grziwotz*, § 60 Rn 16; *Lerch*, NJW 1998, 3697, 3698.
68 Vgl. *Weingärtner*, Verwahrungsgeschäft, Rn 201.
69 Vgl. *Winkler*, § 60 Rn 28; Weingärtner/*Ulrich*, NotAktVV vor § 21 Rn 73.
70 Vgl. *Winkler*, § 60 Rn 30; vgl. *Lerch*, § 54c Rn 12; *Kasper*, RNotZ 2018, 133, 141; *Franken*, RNotZ 2010, 597, 605.
71 Vgl. *Volmer*, FS (2018) 25 Jahre Deutsches Notarinstitut, S. 371, 382.
72 Vgl. Arndt/Lerch/Sandkühler/*Sandkühler*, § 23 Rn 153; *Lerch*, § 54c Rn 13; *Franken*, RNotZ 2010, 597, 605.
73 So Arndt/Lerch/Sandkühler/*Sandkühler*, § 23 Rn 153; *Franken*, RNotZ 2010, 597, 605; vgl. auch *Winkler*, § 60 Rn 32; *Lerch*, § 54c Rn 14.
74 Vgl. *Kasper*, RNotZ 2018, 133, 142.
75 V. 18.11.1999 – 15 W 309/99, DNotZ 2000, 379, 382.

III. Das Verfahren bei beachtlichem einseitigem Widerruf

1. Verfügungsverbot (Abs. 3 S. 1)

32 Die gesetzliche Regelung ist unmissverständlich: **Der Notar hat (so ist das „soll" zu verstehen) sich jeder Verfügung über das Verwahrungsgut zu enthalten**. Es kommt zu einem vorläufigen Stillstand des Verfahrens.[76] Der Notar darf den hinterlegten Betrag nicht zurück überweisen.[77] Das gilt selbst dann, wenn der Kaufvertrag nach materiellem Recht offenkundig rückabzuwickeln ist.[78] Es handelt sich für den Notar um keine Ermessensregelung, sondern um eine zwingende Amtspflicht.[79] Das Verbot, über das Verwahrungsgut zu verfügen, trägt dabei regelmäßig zu einer Minimierung des potentiellen Schadens bei. Es besteht lediglich das Risiko von Verzögerungsschäden, nicht dagegen die Gefahr der Haftung mit dem vollen Kapitalvermögen.[80]

2. Unterrichtungspflicht (Abs. 3 S. 2)

33 Kommt der Notar zu dem Ergebnis, dass er sich jeder Verfügung über das Verwahrungsgut zu enthalten hat, so muss er **alle an dem Verwahrungsgeschäft Beteiligten i.S. des § 57 BeurkG davon unterrichten**. Dies sind die am Verwahrungsgeschäft unmittelbar Beteiligten, also regelmäßig Käufer und Verkäufer (vgl. § 57 Abs. 2 BeurkG), aber auch die finanzierende Bank des Käufers und die abzulösenden Gläubiger (vgl. § 57 Abs. 6 BeurkG), soweit sie noch nicht erledigte Treuhandaufträge erteilt haben.[81] Diese gesetzlich verankerte Unterrichtungspflicht ist sehr weitgehend. *Beispiel*: Eine Gläubigerbank des Verkäufers hat dem Notar die Löschungsbewilligung für ein Grundpfandrecht mit einem unbefristeten Treuhandauftrag, der die Zahlung eines bestimmten Betrages vorsieht, übersandt. Der Käufer behauptet die Unwirksamkeit des Vertrages.

Es fragt sich im Beispielsfall, warum auch die Gläubigerbank über den Widerruf der Verwahrungsanweisung unterrichtet werden muss. Ein echtes Informationsbedürfnis dürfte hier vielfach nicht gegeben sein. Zumindest besteht kein Bedürfnis für eine kurzfristige Benachrichtigung. Es gibt – schon unter Datenschutzaspekten – keinen Rechtsanspruch, die Gründe der „Aussetzung" zu erfahren. Dem Notar, der sich entschließt, sich zunächst jeder Verfügung über das Verwahrgut zu enthalten, steht daher insoweit ein Ermessen zu: Nur die unmittelbar von der Entscheidung Betroffenen sind kurzfristig zu unterrichten. Ein Zeitraum von einer Woche sollte dabei nicht überschritten werden.[82] Bei einer abzulösenden Gläubigerbank genügt es, wenn sie erst später informiert wird.[83] Erledigt sich der Widerruf und kommt es später zur Vertragsabwicklung, ist es auch amtspflichtwidrig, wenn die Benachrichtigung gänzlich unterbleibt. Kommt es dagegen aufgrund des Widerrufs zur Nichtabwicklung, dürfte es regelmäßig ausreichen, wenn der Notar mit einem entsprechenden Hinweis die Löschungsbewilligung wieder an die Gläubigerin zurücksendet.

34 Praktisch kann der Notar seine Unterrichtungspflicht am einfachsten dadurch erfüllen, dass er den Beteiligten eine **Kopie des Widerrufschreibens** übersendet und im Übrigen kurz auf die Gesetzeslage verweist.[84] Auf diese Weise erfüllt der Notar am ehesten seine Neutralitätspflicht, denn Zurückhaltung in der eigenen Bewertung ist in solchen Fällen geboten. Der Widerrufende kann den Notar nicht anweisen, die von ihm abgegebene Begründung des Widerrufs zu verschweigen.[85]

76 Vgl. Arndt/Lerch/Sandkühler/*Sandkühler*, § 23 Rn 158.

77 Vgl. Frenz/Miermeister/*Hertel*, BeurkG § 60 Rn 23; Handbuch Notarhaftung/*Hertel*, Kap. 4 Rn 382.

78 Offen gelassen BGH v. 2.8.2023 – VII ZB 28/20, MittBayNot 2024, 191 Rn 26; a.A. KG v. 30.7.2002 – 1 W 59/02, DNotI-Rep. 2002, 175; KG v. 2.9.1997 – 1 W 4351/97, DNotZ 1998, 204 (wenigstens wenn die zugunsten des Käufers eingetragene Vormerkung gelöscht wurde).

79 Vgl. *Winkler*, § 60 Rn 40; Frenz/Miermeister/*Hertel*, BeurkG § 60 Rn 23 („unbedingte Amtspflicht"); Weingärtner/*Ulrich*, NotAktVV vor § 21 Rn 62.

80 Vgl. *Winkler*, § 60 Rn 39; *Weingärtner*, Verwahrungsgeschäft, Rn 199.

81 Vgl. Frenz/Miermeister/*Hertel*, BeurkG § 60 Rn 24; Handbuch Notarhaftung/*Hertel*, Kap. 4 Rn 383; *Lerch*, § 54c Rn 15; Haug/Zimmermann/*Zimmermann*, Rn 742; Weingärtner/*Ulrich*, NotAktVV vor § 21 Rn 62.

82 So *Lerch*, § 54c Rn 15.

83 Keine Differenzierung macht *Lerch*, § 54c Rn 15.

84 Vgl. *Winkler*, § 60 Rn 41; Haug/Zimmermann/*Zimmermann*, Rn 742; Arndt/Lerch/Sandkühler/*Sandkühler*, § 23 Rn 157; Würzburger Notarhandbuch/*Hertel*, Teil 2 Kap. 2 Rn 769; *Kasper*, RNotZ 2018, 133, 142; Grziwotz/Sauer/Heinemann/*Grziwotz*, § 60 Rn 19.

85 Grziwotz/Sauer/Heinemann/*Grziwotz*, § 60 Rn 19.

3. Das weitere Verfahren: Vom beachtlichen zum unbeachtlichen Widerruf (Abs. 3 S. 3 Nr. 1 bis 3)

Liegt ein beachtlicher Widerruf vor, muss sich der Notar jeder Verfügung über das Verwahrungsgut enthalten (S. 1). Dadurch entsteht eine Situation, die als Dauerzustand unbefriedigend ist. Der Gesetzgeber hat daher ein Verfahren festgelegt, durch das die dauernde Verwahrung verhindert werden soll. S. 3 regelt, wie und wann der zunächst beachtliche Widerruf unbeachtlich wird. Der Widerruf wird unbeachtlich, wenn eine spätere übereinstimmende Weisung vorliegt oder der Widerrufende die Ernsthaftigkeit desselben nach Fristsetzung durch den Notar prozessual nachgewiesen hat. 35

a) Übereinstimmende neue Weisung

Der Widerruf wird gegenstandslos, wenn dem Notar **später** eine **übereinstimmende Anweisung** zugeht. 36
Der Notar würde seine Neutralitätspflicht falsch verstehen, wenn er passiv darauf wartet, dass es zu einer übereinstimmenden Weisung kommt. Er muss im Rahmen seiner betreuenden Rolle auf eine Verständigung der Beteiligten hinarbeiten[86] und ihnen dabei angemessene Bedenkzeiten einräumen. Die Dauer ist einzelfallbezogen festzulegen.[87] Im Ergebnis sind drei Wege denkbar:

- Die Anweisenden widerrufen die ursprüngliche Anweisung gemeinsam. Dann liegt ein Fall von Abs. 2 vor.
- Die Beteiligten können sich auch dahingehend verständigen, dass der Widerruf zurückgenommen wird. Dann liegt wieder eine einvernehmliche – nämlich die ursprüngliche – Anweisung vor.
- Als weiterer Weg verbleibt den Beteiligten, gemeinsam die ursprüngliche Verwahrungsanweisung zu ändern.
- Zu den Pflichten des Notars gehört es auch, zu einer Schadensminderung beizutragen. Der Notar wird den Beteiligten daher in Fällen, in denen mit Auszahlungsverzögerungen zu rechnen ist, eine Festgeldanlage anraten, soweit dies nicht ohnehin vereinbart ist.[88] Eigenmächtig ist er dazu grundsätzlich nicht berechtigt. Kann der Notar jedoch eine Festgeldanlage vereinbaren, die später nicht mit Auszahlungsverzögerungen verbunden ist und verweigert eine Partei dennoch ihre Zustimmung, so handelt sie rechtsmissbräuchlich. Der Notar darf sich in einem solchen Fall ausnahmsweise über die fehlende Zustimmung hinwegsetzen (vgl. oben § 57 BeurkG Rdn 73).

b) Fristsetzung

Ist eine Verständigung nicht möglich oder scheitert sie, kann (nicht muss) der Notar **dem Widerrufenden eine angemessene Frist** setzen. Dies hat deutlich zu geschehen.[89] Innerhalb dieser Frist muss der Widerrufende dem Notar nachweisen, dass ein gerichtliches Verfahren zur Herbeiführung einer einvernehmlichen Anweisung rechtshängig ist. Der Gesetzgeber hat sich insoweit für eine „verfahrensrechtliche" Lösung der Problematik des einseitigen Widerrufs entschieden. Der Notar ist regelmäßig nicht in der Lage zu entscheiden, ob der Widerruf berechtigt oder unberechtigt ist. Er verfügt weder über die rechtlichen noch die tatsächlichen Möglichkeiten, um die Rechtslage zwischen den Beteiligten zu klären[90] und ist im Übrigen zur Neutralität verpflichtet. Die Klärung muss ggf. den Gerichten vorbehalten bleiben. Der Notar kann auch nicht gezwungen oder veranlasst werden, selbst eine gerichtliche Entscheidung herbeizuführen. Durch die Fristsetzung wird der Widerrufende zur Initiative verpflichtet. Leitet er innerhalb der Frist kein gerichtliches Verfahren ein, so wird der Widerruf unbeachtlich. Der Gesetzgeber hat damit mehrere Vorteile verwirklicht: Der Notar wird seiner Neutralitätspflicht gerecht. Die Gefahr eines missbräuchlichen Widerrufs ist klein, da der Widerrufende selbst zur Einleitung eines gerichtlichen Verfahrens gezwungen ist; ansonsten ist sein Widerruf unbeachtlich. Im Übrigen trägt der gesetzlich geregelte Weg zur Verfahrensbeschleunigung bei.[91] 37

Zu Recht hat der Gesetzgeber nicht geregelt, **innerhalb welchen Zeitraums** der Notar die **Fristsetzung** vorzunehmen hat und **wie lange diese zu bemessen** ist. Selbst das „ob" der Fristsetzung steht im Ermes- 38

86 Vgl. Weingärtner/*Ulrich*, NotAktVV vor § 21 Rn 76.
87 Vgl. Arndt/Lerch/Sandkühler/*Sandkühler*, § 23 Rn 161.
88 Vgl. *Winkler*, § 60 Rn 47; *Weingärtner*, Verwahrungsgeschäft, Rn 200, 206, 213; *ders.*, NotBZ 1998, 127, 131; Weingärtner/*Ulrich*, NotAktVV vor § 21 Rn 77.
89 OLG München v. 14.3.2008 – 31 Wx 010/08, DNotZ 2008, 777, 778 f.
90 Vgl. *Vaasen/Starke*, DNotZ 1998, 661, 679; Arndt/Lerch/Sandkühler/*Sandkühler*, § 23 Rn 160.
91 Vgl. *Weingärtner*, Verwahrungsgeschäft, Rn 203; vgl. Würzburger Notarhandbuch/*Hertel*, Teil 2 Kap. 2 Rn 770.

sen des Notars.[92] Es kommt voll und ganz auf die Umstände des Einzelfalls an. Dem Notar steht ein weiter Ermessenspielraum zu. Sieht der Notar berechtigte Chancen, eine einvernehmliche Lösung zu finden, sollte er von der Fristsetzung zunächst absehen. Das Suchen nach einer Verständigungslösung und die Fristsetzung schließen sich aber nicht aus: So wird der Notar eine vergleichsweise weiträumige Fristsetzung vornehmen, wenn er noch die Möglichkeit einer Verständigung zwischen den Beteiligten sieht. In allen anderen Fällen erscheint eine **Frist zwischen zwei und vier Wochen** angemessen.[93] Dem Notar steht es auch frei, die gesetzte Frist nachträglich zu verlängern.[94] Ist die Frist abgelaufen, ohne dass der Widerrufende die die Rechtshängigkeit begründende Einleitung eines gerichtlichen Verfahrens nachgewiesen hat, wird der Widerruf der Anweisung unbeachtlich. Der Notar hat nunmehr unverzüglich, sofern alle weiteren Voraussetzungen vorliegen, die Auszahlung vorzunehmen. Wird dem Notar allerdings nach Fristablauf, jedoch noch vor der Auszahlung des hinterlegten Betrages die Einleitung eines Gerichtsverfahrens nachgewiesen, sollte der Notar dies beachten und von einer Auszahlung absehen.

39 Das in Abs. 3 beschriebene Fristsetzungsverfahren ist ein besonderes Vorbescheidsverfahren,[95] das nur unter den gesetzlich genannten Voraussetzungen zulässig ist. Es setzt immer voraus, dass der schriftliche Widerruf auf die Aufhebung, Unwirksamkeit oder Rückabwicklung des mit der Verwahrung durchzuführenden Rechtsverhältnisses gegründet wird. In allen anderen Fällen muss der Notar entweder den Widerruf unbeachtet lassen oder den Verfahrensweg nach § 15 Abs. 2 BNotO beschreiten.[96]

40 Das **Gerichtsverfahren**, zu dessen Einleitung der die Anweisung Widerrufende durch die Fristsetzung gezwungen werden kann, ist kein Verfahren, an dem der Notar als Partei beteiligt ist. Es geht keinesfalls darum, den Notar gerichtlich anzuweisen, eine Auszahlung zu veranlassen oder zu unterlassen. Dies verbietet insoweit seine Stellung als Träger eines öffentlichen Amtes.[97] Schon aus der gesetzlichen Formulierung wird deutlich, dass Prozessparteien die Beteiligten der Anweisung sein müssen, denn Ziel ist die Herbeiführung einer einvernehmlichen Anweisung. Nicht geeignet in diesen Fällen ist daher ein Verfahren nach § 15 Abs. 2 BNotO. Mit ihm könnte nur geprüft werden, ob der Notar berechtigt war, das Verfahren anzuhalten, nicht dagegen, ob das Rechtsgeschäft tatsächlich aufgehoben, unwirksam oder rückabzuwickeln ist.[98]

41 Wird allerdings ein unzulässiger Rechtsweg beschritten, indem das Verfahren gegen den Notar eingeleitet wird, so kann das angerufene Gericht eine Verweisung an das nach § 15 BNotO zuständige Gericht vornehmen.[99]

42 Bei dem gerichtlichen Verfahren kann es sich um ein **ordentliches Klageverfahren** oder einen **Antrag auf einstweilige Verfügung** handeln. Prozessual bestehen also zwei Möglichkeiten:[100]

– Der Widerrufende kann im ordentlichen Klageverfahren darauf klagen, dass der Vertragspartner sein Einverständnis zur Rückzahlung gibt. In diesem Fall muss dem Notar die Rechtshängigkeit nachgewiesen werden. Diese liegt vor mit Klagezustellung an den Gegner (§§ 253, 261 ZPO).[101] Der Nachweis erfolgt durch die Zustellungsurkunde (§ 190 ZPO) oder schriftliche Bestätigung der Gegenpartei.

92 Vgl. Eylmann/Vaasen/*Hertel*, § 54c BeurkG Rn 25; *Kasper*, RNotZ 2018, 133, 143.

93 Regierungsbegründung BT-Drucks 13/4184, 38; Eylmann/Vaasen/*Hertel*, § 54c BeurkG Rn 25; Würzburger Notarhandbuch/*Hertel*, Teil 2 Kap. 2 Rn 730; Haug/Zimmermann/*Zimmermann*, Rn 742; *Vaasen/Starke*, DNotZ 1998, 661, 679; *Blaeschke*, § 14 Rn 177; Arndt/Lerch/Sandkühler/*Sandkühler*, § 23 Rn 161; *Weingärtner*, Verwahrungsgeschäft, Rn 203; Weingärtner/*Ulrich*, NotAktVV vor § 21 Rn 75; *Winkler*, § 60 Rn 45; Grziwotz/Sauer/Heinemann/*Grziwotz*, § 60 Rn 20; *Lerch* (vor § 54a Rn 51) hält in schwierigen Fällen sechs bis acht Wochen für angemessen.

94 Vgl. Frenz/Miermeister/*Hertel*, BeurkG § 60 Rn 25; Grziwotz/Sauer/Heinemann/*Grziwotz*, § 60 Rn 20; Arndt/Lerch/Sandkühler/*Sandkühler*, § 23 Rn 161.

95 Vgl. *Sandkühler*, DNotZ 2009, 595 f.

96 Vgl. *Winkler*, § 60 Rn 45; *Reithmann*, NotBZ 1999, 57, 59; *Kasper*, RNotZ 2018, 133, 146.

97 Vgl. *Winkler*, § 60 Rn 44; *Weingärtner*, Verwahrungsgeschäft, Rn 205; Weingärtner/*Ulrich*, NotAktVV vor § 27 Rn 76; Haug/Zimmermann/*Zimmermann*, Rn 744; vgl. BGH v. 20.11.1979 – VI ZR 248/77, DNotZ 1980, 496, 497.

98 Vgl. Arndt/Lerch/Sandkühler/*Sandkühler*, § 23 Rn 164; *Weingärtner*, Verwahrungsgeschäft, Rn 211.

99 Vgl. *Weingärtner*, Verwahrungsgeschäft, Rn 206; *Winkler*, § 60 Rn 44.

100 Vgl. *Winkler*, § 60 Rn 48 f.; *Weingärtner*, Verwahrungsgeschäft, Rn 204; *Kasper*, RNotZ 2018, 133, 143; Weingärtner/*Ulrich*, NotAktVV vor § 21 Rn 76; Würzburger Notarhandbuch/*Hertel*, Teil 2 Kap. 2 Rn 770; Handbuch Notarhaftung/*Hertel*, Kap. 4 Rn 387 f.

101 Vgl. Arndt/Lerch/Sandkühler/*Sandkühler*, § 23 Rn 166.

– Der Widerrufende kann auch den Erlass einer einstweiligen Verfügung beantragen (§§ 935, 940 ZPO). Dadurch lässt sich nur eine vorläufige, den Status quo wahrende Entscheidung herbeiführen. Daher wird Antragsziel regelmäßig das Einverständnis des Vertragspartners mit dem Verbleib der Verwahrungsmasse auf dem Anderkonto bis zur Entscheidung in der Hauptsache sein.[102] Der Antrag wird rechtshängig mit Eingang bei Gericht.[103] Dies ist dem Notar nachzuweisen.

Hat der **Widerrufende gerichtlich Erfolg,** so darf der Notar keine Auszahlung entsprechend der ursprünglichen Verwahrungsanweisung mehr vornehmen. Mit Rechtskraft der Entscheidung (§ 894 ZPO) liegt eine übereinstimmende Anweisung der Beteiligten i.S.v. Abs. 3 S. 3 Nr. 1 vor.[104] **43**

Der zunächst beachtliche Widerruf verliert seine Bedeutung, wenn dem Notar die Einleitung des gerichtlichen **Verfahrens** nach Abs. 3 S. 3 Nr. 2 **nicht** innerhalb der Frist **nachgewiesen wird.** Dann hat der Notar entsprechend den ursprünglichen Anweisungen zu verfahren. Das Gleiche gilt, wenn dem Notar nachgewiesen wird, dass die Rechtshängigkeit des eingeleiteten Verfahrens nachträglich entfallen ist (Abs. 3 S. 3 Nr. 3). Dies kann der Fall sein, weil die Klage oder der Antrag auf einstweilige Verfügung zurückgenommen wurden, aber auch, weil die Klage rechtskräftig abgewiesen wurde.[105] **44**

Denkbar sind Fälle, in denen zunächst Klage erhoben und damit das Verwahrungsverfahren „angehalten", später das Gerichtsverfahren aber nicht mehr betrieben wird. Ein „hängender" Vertrag ist dann möglich. Anstatt sich auf eine entsprechende Anwendung von Abs. 3 S. 3 Nr. 2 oder 3 zu stützen, sollte der Notar in einer solchen Situation aus Rechtssicherheitsgründen gem. § 60 Abs. 5 BeurkG i.V.m. § 15 Abs. 2 BNotO vorgehen und die Beteiligten auf die Beschwerdemöglichkeit beim Landgericht hinweisen.[106] Der Verfahrensweg nach Abs. 3 ist nämlich nicht abschließend. Möglich soll auch der Erlass eines rechtsmittelfähigen Beschlusses gem. §§ 58 ff. FamFG sein.[107] **45**

Setzt der Notar keine Frist, können auch die anderen nicht widerrufenden Beteiligten an der Verwahrung den Schwebezustand beenden: Sie müssen gegen den Widerrufenden auf Zustimmung zur Auszahlung klagen. Dadurch werden zwar prozessual die Rollen anders verteilt, die Beweislast ändert sich jedoch nicht. Derjenige, der widerruft, ist immer beweispflichtig für die Beachtlichkeit seines Widerrufs.[108] **46**

E. Abweichende und ergänzende Regelungen in der Verwahrungsanweisung (Abs. 4)

Die Regelungen zum Widerruf der Verwahrungsanweisung in Abs. 2 und 3 stellen **dispositives Recht** dar. Damit wollte der Gesetzgeber eine interessengerechte Lösung für den Regelfall anbieten. Er war keinesfalls der Auffassung, die einzig mögliche und sachgerechte Regelung für jeden Einzelfall entwickelt zu haben. Daher steht es den Beteiligten immer frei, ergänzende oder auch abweichende Regelungen zu treffen.[109] Selbst ein völliger Ausschluss des einseitigen Widerrufsrechts nach Abs. 3 kann vereinbart werden.[110] Modifizierende Regelungen bieten sich z.B. dann an, wenn der Vertrag Rücktrittsrechte für Beteiligte enthält, die noch nach der Hinterlegung ausgeübt werden können.[111] **47**

Abs. 4 verweist nicht auf Abs. 1. Dieser ist also im Grundsatz nicht abdingbar. Daraus folgt: **48**

– Dritten gegenüber bestehende Amtspflichten hat der Notar immer vorrangig zu beachten. Etwas Abweichendes kann nicht vereinbart werden.[112]
– Das Schriftformerfordernis ist zwingend.

102 Vgl. dazu OLG Schleswig v. 24.10.2007 – 1 W 52/07, NotBZ 2008, 205.
103 Vgl. Arndt/Lerch/Sandkühler/*Sandkühler*, § 23 Rn 166; *Winkler*, § 60 Rn 50.
104 Frenz/Miermeister/*Hertel*, BeurkG § 60 Rn 26; Handbuch Notarhaftung/*Hertel*, Kap. 4 Rn 388; *Kasper*, RNotZ 2018, 133, 146.
105 Vgl. *Kasper*, RNotZ 2018, 133, 146.
106 Vgl. *Weingärtner*, Verwahrungsgeschäft, Rn 207; Weingärtner/*Ulrich*, NotAktVV vor § 21 Rn 77; vgl. auch *Winkler*, § 60 Rn 51; vgl. auch Haug/Zimmermann/*Zimmermann*, Rn 742.
107 Zu den Verfahrensmöglichkeiten: Haug/Zimmermann/*Zimmermann*, Rn 742; *Preuß*, DNotZ 2010, 265, 270 f.; *Heinemann*, DNotZ 2009, 6, 38; *Sandkühler*, DNotZ 2009, 595, 599.
108 Vgl. Frenz/Miermeister/*Hertel*, BeurkG § 60 Rn 25a; Handbuch Notarhaftung/*Hertel*, Kap. 4 Rn 384; vgl. auch *Kasper*, RNotZ 2018, 133, 143.
109 Vgl. *Winkler*, § 60 Rn 52; *Weingärtner*, Verwahrungsgeschäft, Rn 208; *ders.*, NotBZ 1998, 127, 131; Weingärtner/*Ulrich*, NotAktVV vor § 21 Rn 78; Eylmann/Vaasen/*Hertel*, § 54c BeurkG Rn 28.
110 Abrufbar im Internet: DNotI-Gutachten-Anfrage Nr. 11422.
111 Vgl. Frenz/Miermeister/*Hertel*, BeurkG § 60 Rn 28; Handbuch Notarhaftung/*Hertel*, Kap. 4 Rn 390.
112 Vgl. Arndt/Lerch/Sandkühler/*Sandkühler*, § 23 Rn 168.

– Einseitige Verwahrungsanweisungen sind grundsätzlich frei widerruflich. Auch mehrseitige Verwahrungsanweisungen können grundsätzlich durch alle Beteiligten gemeinschaftlich widerrufen werden.[113] Dies entspricht den allgemeinen Grundsätzen des FamFG-Verfahrensrechts, wonach Anträge ohne Beschränkung zurückgenommen werden können.[114] Wird eine einseitige Verwahrungsanweisung dergestalt erteilt, dass sie nur mit Zustimmung eines bestimmten Dritten abänderbar oder widerruflich ist, so soll es sich in Wirklichkeit um eine mehrseitige Anweisung handeln.[115] Zwingend ist diese Betrachtungsweise aber nicht. Man kann hier auch von einer einseitigen Verwahrungsanweisung ausgehen, bei der die Widerrufsmöglichkeiten im Hinblick auf die gegenüber Dritten bestehenden Amtspflichten nach Abs. 1 ausgeschlossen sind.[116] Wird die einseitige Anweisung einfach „unwiderruflich" erteilt, ist bei einem dennoch ausgesprochenen Widerruf ganz genau zu prüfen, ob nicht Amtspflichten gegenüber einem Dritten bestehen.[117] Diese Problematik hat praktische Bedeutung beim Widerruf von Treuhandanweisungen kaufpreisfinanzierender oder abzulösender Gläubiger (vgl. unten Rdn 56 ff.).

49 Mit § 60 BeurkG hat der Gesetzgeber Regelungen geschaffen, die im Vergleich zur früheren Rechtslage ein erhebliches Maß an **zusätzlicher Rechtssicherheit** geben. Es wurde bereits aufgezeigt und wird in den Ausführungen zu § 61 BeurkG noch erkennbar, dass dennoch viele Fälle bleiben, in denen dem Notar quasi-richterliche Entscheidungen abverlangt werden. In der Literatur wird als flexible und für den Notar mit der Haftungsprivilegierung nach § 839 Abs. 2 BGB verbundene Lösung angeregt, verstärkt **Schiedsabreden** zu treffen. Abs. 4 eröffnet dazu den erforderlichen Gestaltungsspielraum. *Milzer*[118] schlägt eine Vereinbarung vor, nach der der Notar als Schiedsrichter im Schiedsverfahren gem. §§ 1025 ff. ZPO bei Meinungsverschiedenheiten und Streitigkeiten entscheiden soll. Die Praxis hat – soweit erkennbar – den Vorschlag nicht aufgegriffen. Das nachfolgend beschriebene Vorgehen nach § 15 Abs. 2 BNotO (vgl. Rdn 50 ff.) wird als ausreichend angesehen. Problematisch ist auch, ob der Notar in eigener Sache – es geht ja regelmäßig um einen von ihm gestalteten Vertrag – als Schiedsrichter bestimmt werden kann.[119]

F. Das Verfahren nach § 15 Abs. 2 BNotO (Abs. 5)

50 Nach § 15 Abs. 2 BNotO findet gegen die Verweigerung der Urkunds- oder sonstigen Tätigkeit des Notars die Beschwerde statt. Beschwerdegericht ist eine Zivilkammer des Landgerichts, in dessen Bezirk der Notar seinen Amtssitz hat. Für das Verfahren gelten die Vorschriften des Gesetzes über das Verfahren in Familiensachen und in den Angelegenheiten der freiwilligen Gerichtsbarkeit. Der Zweck der Regelung besteht nicht in einer reinen Regelung der Zuständigkeit bzw. des Rechtswegs, vielmehr wird eine **Untätigkeitsklage gegen Notare** ermöglicht. Der Notar soll ein gewünschtes Handeln nicht weiter unterlassen, sondern zur Vornahme im Klagewege gezwungen werden können. Gegenstand des Verfahrens ist der öffentlich-rechtliche Anspruch eines Beteiligten auf Vornahme einer Amtshandlung des Notars.[120] Dem Notar eröffnet § 15 BNotO einen **„Königsweg", sich gegen spätere Amtshaftungsansprüche zur Wehr zu setzen**.[121]

51 Das Verfahren, das einen effektiven Rechtsschutz ermöglicht, ist vergleichsweise einfach:[122] Der Notar, der sich der Bewertung der Sachlage nicht sicher ist oder der sich einer unklaren Rechtslage gegenüber sieht, kündigt den Beteiligten im Wege des – im Gesetz nicht unmittelbar geregelten – **Vorbescheides**[123] an, wie er zu verfahren beabsichtigt, sofern die Beteiligten nicht innerhalb der Frist von einem Monat (§ 63 FamFG) Beschwerde nach § 15 Abs. 2 BNotO einlegen. So kann der Notar beispielsweise ankün-

113 Vgl. Frenz/Miermeister/*Hertel*, BeurkG § 60 Rn 29.
114 Vgl. Frenz/Miermeister/*Hertel*, BeurkG § 60 Rn 29 Fn 71.
115 So Frenz/Miermeister/*Hertel*, BeurkG § 60 Rn 29.
116 Vgl. OLG Rostock v. 13.7.2005 – 1 W 25/05, NotBZ 2005, 339 f. mit krit. Anm. *Hückstädt*.
117 Vgl. auch Frenz/Miermeister/*Hertel*, BeurkG § 60 Rn 29 Fn 71.
118 Formulierungsmuster in ZNotP 2001, 290, 291 f.
119 Vgl. ausführlich Frenz/Miermeister/*Hertel*, BeurkG § 60 Rn 28; Grziwotz/Sauer/Heinemann/*Grziwotz*, § 60 Rn 24.
120 Vgl. BGH v. 19.3.1998 – IX ZR 242/97, DNotZ 1999, 126, 127; OLG Hamm v. 18.11.1999 – 15 W 309/99, DNotZ 2000, 379, 380; OLG Düsseldorf v. 4.6.1983 – 10 W 49/93, JurBüro 1994, 177.
121 Vgl. z.B.: Handbuch Notarhaftung/*Hertel*, Kap. 4 Rn 454 ff.; vgl. auch Schippel/Görk/*Sander*, § 15 BNotO Rn 110; BGH v. 9.6.2016 – V ZB 37/15, DNotZ 2016, 957.
122 Formulierungshilfen: *Regler*, MittBayNot 2010, 261, 267.
123 Vgl. *Sandkühler*, DNotZ 2009, 595 ff.; *Reithmann*, ZNotP 2009, 370, 371; kritisch zum Vorbescheid (contra legem), der ihn aber dennoch zulässt: *Heinemann*, DNotZ 2009, 6, 39, 43.

digen, dass er den hinterlegten Kaufpreis bei Fristablauf an einen bestimmten Empfänger auszuzahlen beabsichtigt. Oder er kündigt an, dass er bis auf weiteres nicht bereit ist, die Auszahlung vom Anderkonto zu veranlassen. Der Vorbescheid sollte, auch wenn es keine gesetzliche Pflicht gibt, begründet werden.[124] Der Bescheid ist den Beteiligten zuzusenden und mit einer Rechtsmittelbelehrung nach § 39 FamFG zu versehen.[125] Der Vorbescheid kann durch einfachen Brief übersandt werden.[126] Der Notar sollte jedoch dafür Sorge tragen, dass der Empfänger zumindest den Eingang bestätigt. Die förmliche Zustellung wird allerdings unter Beweisaspekten vielfach empfohlen.[127] Ist einer der Beteiligten mit dem angekündigten Verfahren nicht einverstanden, muss er Beschwerde einlegen. Dies geschieht nunmehr ausschließlich beim Notar (§ 64 FamFG).[128] Hält der Notar die Beschwerde für begründet, so wird er ihr abhelfen, ansonsten hat er die Beschwerde im Wege eines Nichtabhilfebeschlusses unverzüglich dem zuständigen Beschwerdegericht – Zivilkammer des LG – vorzulegen (§ 68 Abs. 1 S. 1 FamFG).[129] **Nach ganz h.M. ist der Vorbescheid** nämlich – anders als im Grundbuchverfahren – **beschwerdefähig**.[130] Der Antrag hat darauf zu lauten, den Kaufpreis nicht an den vorgesehenen Empfänger auszuzahlen bzw. die Auszahlung doch entgegen der Ankündigung des Notars an eine bestimmte Person vorzunehmen. Das Verfahren nach § 15 Abs. 2 BNotO greift also nicht nur dann ein, wenn der Notar jede Amtstätigkeit verweigert, sondern auch dann, wenn eine andere als die vom Notar beabsichtigte Amtshandlung begehrt wird. Der Weg gem. § 15 Abs. 2 BNotO ist immer dann eröffnet, wenn ein Berechtigter geltend macht, der Notar erfülle eine ihm im Rahmen seiner Tätigkeit nach §§ 23, 24 BNotO obliegende amtliche Aufgabe nicht.[131] Der Notar hat darauf zu achten, dass er die von ihm beabsichtigte Handlung genau ankündigt. So soll es nicht genügen, wenn der Notar den Beteiligten lediglich mitteilt, „den Vollzug des Treuhandverfahrens fortzusetzen".[132] Vielmehr muss die beabsichtigte Maßnahme konkret benannt werden.

Einen „Königsweg" stellt das Verfahren nach § 15 Abs. 2 BNotO dar, weil es den Notar im Hinblick auf § 19 Abs. 1 S. 3 BNotO i.V.m. § 839 Abs. 3 BGB weitgehend von späteren Amtshaftungsansprüchen wegen unberechtigter Auszahlung oder Auszahlungsverweigerung ausnimmt. Der **Notar ist nämlich nicht schadensersatzpflichtig, wenn der Geschädigte es vorsätzlich oder fahrlässig unterlassen hat, ein Rechtsmittel einzulegen**.[133] Hat also der Notar die von ihm vorgesehene Verfahrensweise angekündigt, die Beschwerdefrist mitgeteilt (§ 63 FamFG) und eine Rechtsmittelbelehrung gegeben (§ 39 FamFG), so haftet er – auch wenn sich später ergibt, dass das angekündigte Verhalten rechtswidrig war – nicht mehr. Haben die Beteiligten kein Rechtsmittel eingelegt und hat der Notar wie angekündigt gehandelt, so ist ein Ersatzanspruch ausgeschlossen, weil die Beteiligten den Gebrauch eines Rechtsmittels unterlassen haben. Legen die Beteiligten dagegen ein Rechtsmittel ein, so muss der Notar die gerichtliche Entscheidung abwarten. Wird seine Auffassung bestätigt, ist eine Haftung auf jeden Fall ausgeschlossen. Ist das Gericht anderer Auffassung, kann der Notar nun nach Maßgabe der gerichtlichen Entscheidung verfahren. Ein Schaden ist regelmäßig noch nicht entstanden.[134] Gegen die Entscheidung des Beschwerdegerichts ist übrigens nur noch die Rechtsbeschwerde beim BGH möglich, die jedoch vom Beschwerdegericht zugelassen worden sein muss (§ 70 FamFG).[135] 52

124 Handbuch Notarhaftung/*Hertel*, Kap. 4 Rn 459 f.

125 Weingärtner/*Ulrich*, NotAktVV vor § 21 Rn 79; *Franken*, RNotZ 2010, 597, 607; *Regler*, MittBayNot 2010, 261, 264.

126 Vgl. DNotI-Rep. 2007, 84 f. (zu der teilweise vergleichbaren Problematik der Versendung der notariellen Fälligkeitsmitteilung).

127 Weingärtner/*Ulrich*, NotAktVV vor § 21 Rn 80; *Regler*, MittBayNot 2010, 261, 264. Auch die öffentliche Zustellung ist möglich (abrufbar im Internet: DNotI-Gutachten-Anfrage Nr. 71592).

128 Vgl. *Regler*, MittBayNot 2010, 261, 263 f.; *Franken*, RNotZ 2010, 596, 607.

129 Weingärtner/*Ulrich*, NotAktVV vor § 21 Rn 79; *Regler*, MittBayNot 2010, 261, 266; *Heinemann*, DNotZ 2009, 6, 36 ff.

130 Vgl. BayObLG v. 22.12.1999 – 3Z BR 378/99, DNotZ 2000, 376; OLG Zweibrücken v. 13.12.2000 – 3 W 208/00, DNotI-Rep. 2001, 43; vgl. auch Handbuch Notarhaftung/*Hertel*, Kap. 4 Rn 455; *Reithmann*, ZNotP 2005, 57, 59; Weingärtner/Löffler/*Weingärtner/Ulrich*, Rn 514; *Regler*, MittBayNot 2010, 261, 265; *Heinemann*, DNotZ 2009, 6, 36 ff.

131 Vgl. BayObLG v. 22.12.1999 – 3Z BR 378/99, DNotZ 2000, 376.

132 So das Pfälzische OLG Zweibrücken v. 3.11.2003 – 3 W 198/03, DNotZ 2004, 364 ff.; zustimmend *Reithmann*, ZNotP 2005, 57, 59.

133 Vgl. z.B. Frenz/Miermeister/*Hertel*, BNotO § 23 Rn 62; Handbuch Notarhaftung/*Hertel*, Kap. 1 Rn 213, Kap. 4 Rn 456; Grziwotz/Sauer/Heinemann/*Grziwotz*, § 60 Rn 23; Weingärtner/Löffler/*Weingärtner/Ulrich*, Rn 515; a.A. (nur anspruchsminderndes Mitverschulden): Handbuch Notarhaftung/*Ganter*, Kap. 3 Rn 360; Handbuch Notarhaftung/*Wöstmann*, Kap. 8 Rn 2.

134 Vgl. *Weingärtner*, Verwahrungsgeschäft, Rn 214 f.; DNotI-Rep. 2001, 161, 162 f.

135 Vgl. *Müller-Magdeburg*, ZNotP 2009, 216, 221.

53 Verfahrenstechnisch ist zu beachten, dass der Notar im Verfahren nach § 15 Abs. 2 BNotO nicht Prozessgegner oder Partei ist, sondern „Eingangsinstanz“.[136] Das LG als Beschwerdegericht entscheidet quasi in „2. Instanz“. Daher kann sich auch nur ein Beteiligter, nicht dagegen der Notar, gegen die landgerichtliche Entscheidung wehren.[137]

54 Aus Abs. 5 wird ganz deutlich: Der **Betroffene hat ein Wahlrecht,** ob er nach § 15 Abs. 2 BNotO Beschwerde gegen die angekündigte Amtshandlung des Notars einlegt (diese Beschwerde betrifft das öffentlich-rechtliche Verwahrungsverhältnis) oder zivilrechtlich gegen die anderen Verwahrungsbeteiligten auf Erteilung einer gemeinschaftlichen Anweisung klagt (diese Klage betrifft die zivilrechtliche Verwahrungsvereinbarung). Durch die **zivilrechtliche Klage** kann der Notar niemals unmittelbar gezwungen werden, hinterlegtes Geld zur Auszahlung zu bringen. Denn aus dem hoheitlichen Charakter der notariellen Verwahrung ergibt sich, dass eine auf eine bestimmte Handlung gerichtete Klage gegen den Notar vor einem Zivilgericht unzulässig ist.[138] Abs. 5 stellt ausdrücklich klar, dass neben der zivilrechtlichen Klagemöglichkeit auch der Verfahrensweg nach § 15 Abs. 2 BNotO eröffnet ist.[139] Sind materiell-rechtliche Fragen berührt, sollte der Notar vorrangig auf den zivilrechtlichen Klageweg hinweisen.[140] Das Verfahren nach **§ 15 Abs. 2 BNotO** ermöglicht nur eine **eingeschränkte Klärung der Rechtslage**, da nur das Handeln des Notars auf seine Rechtmäßigkeit überprüft wird.[141] Im Verfahren nach § 15 Abs. 2 BNotO wird nicht entschieden, ob das der Verwahrung zugrundeliegende Rechtsverhältnis aufgehoben, unwirksam oder rückabzuwickeln ist. Wichtig ist auch, dass der Notar deutlich macht, auf welchen Verfahrensweg er die Beteiligten verweist: Ein Vorbescheid nach § 15 BNotO ist qualitativ etwas anderes als eine Fristsetzung nach Abs. 3 S. 2 Nr. 2. Fährt der Notar „zweigleisig“ sowohl nach § 15 Abs. 2 BNotO als auch Abs. 3 S. 3 Nr. 2 und setzt eine Frist, so muss er die „doppelte“ Fristsetzung unmissverständlich deutlich machen.[142]

55 Sind Sachverhalt oder Rechtslage dagegen klar und eindeutig, darf der Notar nicht nach § 15 Abs. 2 BNotO verfahren: Führt das Verfahren zu Kosten und Verzögerungen, ohne dass es dafür einen berechtigten Grund gibt, haftet der Notar für den eingetretenen Schaden.[143]

G. Der Widerruf von Treuhandaufträgen Dritter (abzulösender und finanzierender Gläubiger)

I. Fehlen einer ausdrücklichen gesetzlichen Regelung

56 § 57 Abs. 6 BeurkG bezieht sich auf Treuhandaufträge Dritter. Das sind solche, die dem Notar in Zusammenhang mit dem Vollzug des der Verwahrung zugrunde liegenden Geschäfts von Personen erteilt werden, die an diesem nicht beteiligt sind. Es wurde schon gezeigt, dass damit in der Praxis fast immer die Treuhandaufträge abzulösender und finanzierender Gläubiger im Rahmen von Kaufvertragsabwicklungen gemeint sind (vgl. oben § 57 BeurkG Rdn 111). Die Gläubiger, zumeist Banken, sind am Verwahrungsgeschäft nicht direkt beteiligt. Verwahrungsantrag und Verwahrungsanweisung im Kaufvertrag betreffen sie nur mittelbar. § 57 Abs. 6 BeurkG ordnet an, dass für solche Treuhandaufträge die Abs. 3 bis 5 des § 57 BeurkG entsprechend gelten. Eine vergleichbare Regelung fehlt bei § 60 BerukG für den Widerruf derartiger Treuhandaufträge. Ein versteckter Verweis ergibt sich aus § 57 Abs. 6 i.V.m. Abs. 4 BeurkG, wo wenigstens die Form des Widerrufs angesprochen ist. I. Erg. entspricht es **allgemeiner Meinung,** dass **§ 60 BeurkG auf den Widerruf von Treuhandaufträgen i.S.d. § 57 Abs. 6 BeurkG zumin-**

136 Vgl. *Müller-Magdeburg*, ZNotP 2009, 216; Grziwotz/Sauer/Heinemann/*Grziwotz*, § 60 Rn 21; *Regler*, MittBayNot 2010, 261, 263; Diehn/*Kilian*, BNotO, § 23 Rn 17.

137 Vgl. Grziwotz/Sauer/Heinemann/*Grziwotz*, § 60 Rn 21; *Winkler*, § 60 Rn 55; *Müller-Magdeburg*, ZNotP 2009, 216, 221.

138 Vgl. Arndt/Lerch/Sandkühler/*Sandkühler*, § 23 Rn 12; Diehn/*Kilian*, BNotO, § 23 Rn 17.

139 Vgl. Frenz/Miermeister/*Hertel*, BeurkG § 60 Rn 30.

140 Diehn/*Kilian*, BNotO, § 23 Rn 19; Arndt/Lerch/Sandkühler/*Sandkühler*, § 23 Rn 12; vgl. auch OLG Schleswig v. 30.1.2008 – 2 W 252/07, NotBZ 2008, 203, 204.

141 Vgl. DNotI-Rep. 2001, 161, 163; *Weingärtner*, Verwahrungsgeschäft, Rn 211; Weingärtner/*Ulrich*, NotAktVV vor § 21 Rn 79; Haug/Zimmermann/*Mayer*, Rn 884; Arndt/Lerch/Sandkühler/*Sandkühler*, § 23 Rn 12; *Franken*, RNotZ 2010, 596, 608.

142 So OLG München v. 14.3.2008 – 31 Wx 010/08, DNotZ 2008, 777 ff.; vgl. Haug/Zimmermann/*Mayer*, Rn 884; vgl. *Kasper*, RNotZ 2018, 133, 146; Handbuch Notarhaftung/*Hertel*, Kap. 4 Rn 386; Frenz/Miermeister/*Hertel*, BeurkG § 60 Rn 30.

143 DNotI-Rep. 2001, 161, 163; Eylmann/Vaasen/*Hertel*, § 23 BNotO Rn 51; Weingärtner/*Ulrich*, NotAktVV vor § 21 Rn 80.

dest entsprechend anzuwenden ist.[144] Jedes andere Ergebnis wäre unbefriedigend. Dieser in der Praxis außerordentlich wichtige Fall des Widerrufs wäre sonst gesetzlich nicht geregelt.[145] Gewonnen ist mit dieser Feststellung aber noch nicht viel. Entscheidender ist die Beantwortung der Frage, **wie** § 60 BeurkG zur Anwendung kommt. Angesichts der nach wie vor bestehenden Unsicherheiten und Streitfragen empfiehlt es sich in der Praxis immer, dass der Notar das beabsichtigte Vorgehen im Wege des Vorbescheids (vgl. oben Rdn 50 ff.) ankündigt.

II. Einseitigkeit oder Mehrseitigkeit des Treuhandauftrags

Wie oben aufgezeigt wurde, unterscheidet § 60 BeurkG zwischen einseitigen und mehrseitigen Verwahrungsanweisungen. Der Widerruf einer einseitigen Verwahrungsanweisung ist in Abs. 1 geregelt, der Widerruf einer mehrseitigen vorrangig in den Abs. 2 bis 4. Lange war umstritten, ob die Treuhandaufträge von abzulösenden oder finanzierenden Gläubigern einseitig oder mehrseitig sind. Die **Gerichte** haben zwar versucht, dogmatische Festlegungen zu vermeiden; sie gingen bereits **vor Inkrafttreten der BNotO-Novelle im Jahre 1998** jedoch regelmäßig von **einseitigen Treuhandaufträgen** aus[146] und tun das weiterhin.[147] Die ältere **Literatur** nahm dagegen vielfach **mehrseitige Treuhandaufträge** an.[148] Gelegentlich ist dabei selbst die BGH-Rechtsprechung missverständlich: So deutet der BGH[149] in einer Entscheidung die Möglichkeit eines mehrseitigen Treuhandverhältnisses an. In dem entschiedenen Fall war nach Auffassung des BGH die Überweisung auf das Anderkonto des Notars durch die Bank „auflagenfrei“ erfolgt. Deshalb erreichte die Hinterlegung sofort die „Stufe der gleichrangigen, mehrseitigen Treuhandverwahrung“ (vgl. zu der Entscheidung oben § 57 BeurkG Rdn 114 ff.). 57

Ohne die dogmatische Diskussion hier zu vertiefen, dürfte die von der Literatur vorgenommene rechtliche Einordnung stark ergebnisorientiert gewesen sein. Die Einordnung als einseitige Verwahrungsanweisung führte dazu, dass Gläubiger grundsätzlich frei widerrufen konnten. Dieses Ergebnis erschien nicht interessengerecht und gefährdete die Rechtssicherheit bei der Vertragsabwicklung. Daher neigte man in der Literatur dazu, die Treuhandaufträge von finanzierenden und abzulösenden Gläubigern als mehrseitig zu qualifizieren. Dogmatisch überzeugend war das zu keiner Zeit. 58

Nunmehr ist der Widerruf einseitiger Treuhandanweisungen in **Abs. 1** geregelt. Daraus folgt zwar die grundsätzliche **jederzeitige Widerruflichkeit**. Gleichzeitig ist jedoch festgeschrieben, dass der Notar **„Dritten gegenüber bestehende Amtspflichten“** nicht verletzen darf. Diese Beschränkung gibt ein flexibles Instrumentarium zu sachgerechten Lösungen im Einzelfall.[150] Die Widerruflichkeit findet ihre Schranke in den zu berücksichtigenden Sicherungsinteressen der Vertragspartner.[151] In der neueren Literatur werden die Treuhandaufträge finanzierender Banken und abzulösender Gläubiger daher überwiegend als „einseitig“ qualifiziert.[152] Die Gegenauffassung[153] verkennt, dass Käufer und/bzw. Verkäufer durch solche Treuhandaufträge zwar „berührt“ werden, weil sie die Abwicklung des Kaufvertrages beeinflussen können. Das bedeutet aber noch nicht, dass sie an dem Treuhandverhältnis auch „beteiligt“ sind. Selbst wenn der Gesetzgeber die Frage wohl nicht entscheiden wollte,[154] spricht § 57 Abs. 6 BeurkG für 59

144 *Winkler*, § 60 Rn 58; Frenz/Miermeister/*Hertel*, BeurkG § 60 Rn 10; *Reithmann*, NotBZ 1999, 57, 59 f.; *Franken*, RNotZ 2010, 596, 611.

145 Vgl. *von Campe*, NotBZ 2001, 208, 210.

146 Vgl. BGH, v. 19.3.1987 – IX ZR 166/86, DNotZ 1987, 560, 561; BGH v. 7.3.1997 – V ZR 4/96, NJW 1997, 2104, 2106; a.A.: KG v. 14.10.1997 – 1 W 5741/97, ZNotP 1998, 251, 252.

147 Vgl. z.B. LG Schwerin v. 25.6.2004 – 4 T 8/04, NotBZ 2004, 446.

148 Vgl. *Bräu*, Verwahrungstätigkeit, Rn 130 f.; *Kawohl*, Notaranderkonto, Rn 143 ff.; a.A. *Brambring*, DNotZ 1990, 615, 643.

149 BGH v. 25.10.2001 – IX ZR 427/98, DNotZ 2002, 269, 271 mit Anm. *Reithmann*, 247 ff.

150 Kritisch zu dieser Formulierung: *Schilling*, ZNotP 2004, 138, 140.

151 Vgl. *von Campe*, NotBZ 2001, 208, 210.

152 Vgl. Frenz/Miermeister/*Hertel*, BeurkG § 60 Rn 4, 10, 13; Kilian/Sandkühler/vom Stein/*Elsing*, § 13 Rn 39, 45; Würzburger Notarhandbuch/*Hertel*, Teil 2 Kap. 2 Rn 777 ff.; *Winkler*, § 60 Rn 59; Arndt/Lerch/Sandkühler/*Sandkühler*, § 23 Rn 143, *Blaeschke*, § 14 Rn 171; grds. auch *Weingärtner*, Verwahrungsgeschäft, Rn 32, 108a ff., 191a; Weingärtner/*Ulrich*, NotAktVV vor § 21 Rn 52; *Franken*, RNotZ 2010, 596, 610.

153 Vgl. insb. *Reithmann*, NotBZ 2002, 62 f.; DNotZ 2002, 247, 248; ebenso *Dornis*, Kaufpreiszahlung, S. 108 ff. (er argumentiert stark mit den Vorteilen der Anwendung von nunmehr § 60 Abs. 3 BeurkG); vgl. auch LG Berlin v. 14.10.1998 – 84 T 708/98, ZNotP 2000, 325 f.

154 BT-Drucks 13/4184 S. 38.

die hier vertretene Auffassung. Er bezieht sich auf Treuhandaufträge Dritter, die am Verwahrungsgeschäft „nicht beteiligt" sind.

III. Grundsatz der freien Widerruflichkeit

60 Versteht man den Treuhandauftrag kaufpreisfinanzierender oder abzulösender Gläubiger als einseitig, so ist ein **Widerruf grundsätzlich jederzeit möglich** und für den Notar beachtlich.[155] Dies gilt auch für Änderungen des Treuhandauftrags, die ein „Minus" zum Widerruf darstellen.

61 Widerruflich sind damit – wenigstens im Grundsatz – sogar diejenigen Treuhandaufträge, bei denen die Bank **ausdrücklich oder konkludent auf das Recht zum Widerruf verzichtet** hat.[156] Ein einfaches *Beispiel* macht dies deutlich:[157]

Eine abzulösende Gläubigerbank übersendet dem Notar die Löschungsbewilligung für das Grundpfandrecht zu treuen Händen. Bezüglich der Ablöseforderung erteilt sie dem Notar „unwiderruflich" einen Treuhandauftrag. Kurze Zeit später stellt die Bank fest, dass sie einen „Rechenfehler" gemacht und den Ablösebetrag zu niedrig festgelegt hat. Sie erhöht ihre Ablöseforderung. Die Änderung des Treuhandauftrags erreicht den Notar, bevor die Auszahlung des Kaufpreises vom Treuhandkonto erfolgt ist. Der hinterlegte Kaufpreis reicht auch nach der Änderung aus, um alle Ablöseforderungen zu erfüllen.

Selbst wenn der Treuhandauftrag unter Verzicht auf das Widerrufsrecht erteilt wurde, hat der Notar die Änderung zu berücksichtigen.[158] Es ist nämlich kein Grund erkennbar, warum die „Unwiderruflichkeit" in diesem Fall die Gläubigerbank an der Änderung des Treuhandauftrags hindern sollte, solange schutzwürdige Interessen Dritter nicht betroffen sind.

62 Wird der Widerruf wirksam erklärt, so hat der Notar grundsätzlich den eingezahlten Kaufpreis an die finanzierende Bank zurückzuzahlen bzw. den abzulösenden Gläubigern die Löschungsbewilligungen zurückzusenden.[159] Wie zu verfahren ist, wenn schutzwürdige Belange Dritter zu berücksichtigen sind, wird nachfolgend erörtert (vgl. Rdn 72 ff.).

IV. Ausschluss des Widerrufs nach Erledigung

63 Treuhandaufträge an den Notar verpflichten diesen zu einem bestimmten Vorgehen. Beispielsweise darf er den hinterlegten Kaufpreis erst nach Vorliegen bestimmter Voraussetzungen auszahlen oder er darf eine Löschungsbewilligung erst nach Leistung der geforderten Ablösesumme dem Grundbuchamt vorlegen. Zahlt der Notar den Kaufpreis nach Vorliegen der Voraussetzungen aus (Treuhandauftrag des Finanzierungsgläubigers) oder nimmt er die Ablösung vor (Treuhandauftrag des abzulösenden Gläubigers), so hat er den Treuhandauftrag erfüllt. Er hat alles seinerseits Erforderliche und ihm Auferlegte getan. Der Treuhandauftrag ist abgewickelt. Es liegt auf der Hand, dass **der Widerruf eines Treuhandauftrags, der ein erledigtes Geschäft betrifft, nicht mehr beachtlich** sein kann.[160] Dem Notar erteilte Treuhandaufträge sollen sein Verhalten steuern. Hat der Notar jedoch das ihm zur Pflicht Gemachte getan, ist der Widerruf gegenstandslos. Er geht ins Leere, weil es bereits vor dem Widerruf keine aufgrund des Treuhandauftrags noch fortbestehende Pflicht gibt. Ob Erledigung eingetreten ist, hängt entscheidend vom jeweiligen Inhalt des Treuhandauftrags ab. Dieser ist genau zu prüfen. Sind noch nicht alle dem Notar auferlegten Pflichten erfüllt, kann der Treuhandauftrag grundsätzlich widerrufen werden.

155 Vgl. LG Schwerin v. 3.4.2001 – 4 T 36/00, NotBZ 2001, 231; Arndt/Lerch/Sandkühler/*Sandkühler*, § 23 Rn 142; *Winkler*, § 60 Rn 59; Kilian/Sandkühler/vom Stein/*Elsing*, § 13 Rn 44 f.

156 A.A. z.B. *von Campe*, NotBZ 2001, 208, 210 („Die Befristung eines Treuhandauftrags ist regelmäßig so auszulegen, dass während des Laufs der Frist ein Widerruf unzulässig ist.").

157 Dieses Beispiel wird von *Kemp* (in: RNotZ 2004, 460, 461) mit gleichem Ergebnis aufgegriffen.

158 *Hertel* (in: Frenz/Miermeister, BeurkG § 60 Rn 13 Fn 28) meint, dass in diesem Fall zumindest die Zustimmung des Verkäufers einzuholen sei; Die ist jedoch nur dann erforderlich, wenn diese Zustimmung auch zu dem ursprünglichen Treuhandauftrag eingeholt wurde bzw. einzuholen war. A.A.: *Franken*, RNotZ 2010, 596, 611.

159 So *Winkler*, § 60 Rn 63.

160 Vgl. Arndt/Lerch/Sandkühler/*Sandkühler*, § 23 Rn 143; *von Campe*, NotBZ 2001, 208, 210; Frenz/Miermeister/*Hertel*, BeurkG § 60 Rn 10 ff.; Kilian/Sandkühler/vom Stein/*Elsing*, § 13 Rn 44 f.; *Franken*, RNotZ 2010, 596, 611.

Im Einzelfall kann es schwierig sein festzustellen, zu welchem **Zeitpunkt die Erledigung** eintritt. Der Treuhandauftrag der finanzierenden Bank ist dann erledigt, wenn der Notar alle ihm im Treuhandweg auferlegten Pflichten erfüllt hat. Es muss noch nicht zur Auszahlung des hinterlegten Geldes oder zur Weitergabe der Löschungsunterlagen ans Grundbuchamt gekommen sein. 64

Beispiel: Die kaufpreisfinanzierende Bank macht nur die Auflage, die Auszahlung nicht vor der Eintragung ihres Grundpfandrechts im Grundbuch vorzunehmen. Später, nach Eintragung des Grundpfandrechts aber vor Auszahlung, widerruft sie den Treuhandauftrag.

Hier wurde der Treuhandauftrag erfüllt; der Notar hat ihn abgewickelt. Der hinterlegte Kaufpreis steht ihm auflagenfrei zur Verfügung; ein Widerruf ist unbeachtlich.[161] Bei einem nach dem Muster der BNotK[162] formulierten Treuhandauftrag der kaufpreisfinanzierenden Bank tritt Erledigung dann ein, wenn das Grundpfandrecht eingetragen ist (bzw. die Eintragung sichergestellt ist) und die Löschungsbewilligungen für abzulösende Grundpfandrechte vorliegen (auflagenfrei oder mit Auflagen, die aus dem hinterlegten Kaufpreis erfüllt werden können).[163] Dem ist zuzustimmen. Ansonsten besteht die Gefahr eines Widerrufs. Ein sachgerechtes Ergebnis lässt sich aber auch über Abs. 1 (vgl. unten Rdn 72 ff.) erreichen.

Vielfach tritt die Erledigung mit der Auszahlung vom Anderkonto ein. Maßgeblich für die Beachtlichkeit des Widerrufs ist in diesen Fällen die Absendung des Überweisungsauftrags und nicht der Eingang der Zahlung beim Empfänger:[164] Der Widerruf soll den Notar in seinem Verhalten beeinflussen. Dies kann er regelmäßig nicht mehr, wenn die Überweisung bereits getätigt ist. Der Notar ist nicht verpflichtet, eine bereits getätigte Überweisung wegen eines ihm erst danach zugehenden Widerrufs rückgängig zu machen.[165] Eine Ausnahme kann in Fällen des § 61 BeurkG vorliegen, wenn beispielsweise der Eintritt eines unwiederbringlichen Schadens droht. Dann darf sich der Notar, wenn noch Möglichkeiten der Rückgängigmachung bestehen, nicht auf Erledigung berufen. 65

Fallbeispiel: Der Notar, dem der Kaufpreis auf Anderkonto überwiesen wurde und der Gläubigerablösungen vorzunehmen hat, hat die Auszahlung verfügt. Er hat insoweit alles getan, um die „Dinge auf den Weg zu bringen". Nun widerruft die abzulösende Gläubigerbank den Treuhandauftrag. Der Widerruf erfolgt zu einer Zeit, zu der noch die Möglichkeit besteht, den Überweisungsauftrag zurückzunehmen. 66

Grundsätzlich ist der Notar in solchen Fällen nicht mehr verpflichtet, den erklärten Widerruf zu beachten. Mit der Auszahlung hat er alles getan, was er tun sollte. Er hat seine Pflicht erfüllt, der Treuhandauftrag hat sich erledigt.[166] Ein ähnliches Problem stellt sich bei Vertragsabwicklungen ohne Anderkonto. Hat der Notar den Kaufpreis fällig gestellt, kann ein abzulösender Grundpfandrechtsgläubiger den Treuhandauftrag nicht mehr einseitig widerrufen oder ändern.[167] Dennoch ist es aus meiner Sicht zulässig, dem Käufer eine geänderte Fälligkeitsmitteilung zuzusenden, wenn der Notar davon ausgeht, dass der Erwerber noch nicht gezahlt hat. Zahlt der Käufer entsprechend der ursprünglichen Fälligkeitsmitteilung, weil ihn der Brief des Notars erst später erreicht, ist die Zahlung selbstverständlich vertragsgerecht und schuldbefreiend.

V. Befristung und Widerruf

Einseitige Treuhandaufträge sind – wie aufgezeigt – grundsätzlich frei widerruflich. Das kann sogar dann der Fall sein, wenn der den Treuhandauftrag Erteilende auf sein Widerrufsrecht verzichtet hat, also einen „unwiderruflichen" Treuhandauftrag erteilt hat (vgl. oben Rdn 61). Das mag widersprüchlich erscheinen. Es ist jedoch kein Grund erkennbar, einen Widerruf nicht zu berücksichtigen, obwohl Interessen Dritter 67

161 Vgl. Handbuch der Notarhaftung/*Hertel*, Kap. 4 Rn 233. Die Problematik des „erledigten" Treuhandauftrags übersieht die Entscheidung des LG Rostock v. 25.6.2004 – 4 T 8/04, in NotBZ 2004, 446, 447.

162 DNotZ 1999, 369, 370 f.

163 In Frenz/Miermeister/*Hertel*, BeurkG § 60 Rn 11.

164 Vgl. *Winkler*, § 60 Rn 62; Frenz/Miermeister/*Hertel*, BeurkG § 60 Rn 13.

165 So Frenz/Miermeister/*Hertel*, BeurkG § 60 Rn 13 Fn 29; a.A. wohl Haug/Zimmermann/*Zimmermann*, Rn 738, Grziwotz/Sauer/Heinemann/*Grziwotz*, § 60 Rn 5 („… Auszahlung … nicht mehr rücknehmbar auf den Weg gebracht ist.").

166 Vgl. Eylmann/Vaasen/*Hertel*, § 54c BeurkG Rn 13 Fn 32.

167 Vgl. Handbuch der Notarhaftung/*Ganter*, Kap. 4 Rn 593.

offensichtlich nicht berührt sind.[168] Sobald jedoch schützenswerte Drittinteressen bestehen, sind diese bei einem „unwiderruflich" erteilten Treuhandauftrag stärker und setzen sich gegenüber dem Widerruf durch. Dieser ist dann unbeachtlich. In der Praxis werden Treuhandaufträge nur in seltenen Fällen ausdrücklich unwiderruflich erteilt. Üblich ist es dagegen, Treuhandaufträge zeitlich zu befristen. Die verständlichen Interessen der Banken, insbesondere der den Kaufpreis finanzierenden, lassen unbefristete und unwiderrufliche Treuhandaufträge praktisch nicht zu.[169] Die Banken müssen sich jedoch wenigstens für den Zeitraum binden, in dem üblicherweise die Erfüllung der Treuhandauflagen möglich ist. Fraglich ist, wie befristete und zeitlich nicht ausdrücklich befristete Treuhandaufträge zu verstehen sind. Es geht dabei um ein Problem der **Auslegung**. Dabei ist wie folgt zu unterscheiden:

1. Der Treuhandauftrag ist zeitlich ausdrücklich befristet

68 Vielfach heißt es in Anschreiben von Banken:

„An diesen Treuhandauftrag halten wir uns bis zum … gebunden." Ein solcher Treuhandauftrag ist zunächst dahingehend zu verstehen, dass der Widerruf während des Befristungszeitraums ausgeschlossen ist, soweit schutzwürdige Interessen Dritter berührt sind. Insoweit ist der Verzicht beachtlich. Soweit Drittinteressen nicht berührt sind, bleibt es dagegen bei der freien Widerruflichkeit.

69 Fraglich ist weiterhin, **ob der Treuhandauftrag nach Ablauf der Bindungsfrist automatisch erlischt.** Insoweit sind zwei Auslegungen möglich.[170]

- Der Treuhandauftrag kann dahingehend zu verstehen sein, dass sich die Bank den Widerruf nach Fristablauf vorbehält. Dann gilt der Treuhandauftrag weiter, kann aber jederzeit widerrufen werden, soweit nicht Erledigung eingetreten ist.
- Die Befristung kann aber auch dahingehend zu verstehen sein, dass der Treuhandauftrag nach Ablauf der Frist automatisch endet, also nicht länger fortbesteht. Die Konsequenz ist beispielsweise, dass der hinterlegte Kaufpreis zurückzuüberweisen ist oder die Löschungsunterlagen an die Gläubigerin zurückzusenden sind. Ein Widerruf ist dann überflüssig. Ein Fall von § 60 BeurkG, der das Bestehen eines Treuhandauftrags voraussetzt, liegt nicht vor. Was nicht mehr besteht, kann auch nicht widerrufen werden. Die Gefahr der „Umgehung" von Abs. 1, nämlich der Wahrung der Interessen Dritter, besteht nicht unbedingt:[171] Der Notar muss die Annahme eines solchen Treuhandauftrags ablehnen, wenn die Vertragsabwicklung damit nicht möglich erscheint.

70 Die Ausführungen deuten an, dass eine **auflösende Bedingung i.d.R. nicht** gewollt sein dürfte. Im Zweifel ist ein befristeter Treuhandauftrag dahingehend auszulegen, dass er nach Fristablauf frei widerrufen werden kann, nicht aber so, dass er automatisch gegenstandslos wird.[172] Es handelt sich dabei aber um ein Problem der Auslegung. Für die Bewertung sind die Umstände des Einzelfalls maßgeblich. Ist dem Treuhandauftrag zu entnehmen, dass er nach Fristablauf endgültig und tatsächlich erlöschen soll, bedarf es keines Widerrufs. In der Praxis ist dem Notar dennoch bei allen Treuhandaufträgen, in denen es heißt „bis zum … halten wir uns an diesen Treuhandauftrag gebunden" dringend anzuraten, sich nach (besser noch: kurz vor) Ablauf der Frist um eine Verlängerung zu bemühen.

2. Der Treuhandauftrag ist zeitlich unbefristet

71 Ein zeitlich nicht befristeter Treuhandauftrag ist so zu behandeln wie ein zeitlich befristeter Treuhandauftrag während des Befristungszeitraums. Der den Treuhandauftrag Erteilende hat mit seinem unbefristeten Treuhandauftrag zu verstehen gegeben, dass er sich an den Treuhandauftrag halten will, soweit schutzwürdige Interessen Dritter berührt sind. Insoweit ist also der Widerruf ausgeschlossen. Er ist an den Treuhandauftrag gebunden. Soweit Drittinteressen nicht berührt sind, bleibt es dagegen bei der freien Widerruflichkeit.

168 Deshalb ist die Empfehlung von *Schilling* (ZNotP 2004, 138, 141), schon bei der Vertragsgestaltung vorzusehen, dass die Treuhandaufträge abzulösender Gläubiger unwiderruflich erteilt werden, nur von eingeschränktem Wert (so zu Recht auch *Kemp*, RNotZ 2004, 460, 461).

169 A.A.: *Karlowski*, NotBZ 1998, 225.

170 Vgl. *von Campe*, NotBZ 2001, 208, 211; Frenz/Miermeister/*Hertel*, BeurkG § 57 Rn 102.

171 So aber *von Campe*, NotBZ 2001, 208, 211.

172 Vgl. Würzburger Notarhandbuch/*Hertel*, Teil 2 Kap. 2 Rn 800; Frenz/Miermeister/*Hertel*, BeurkG § 57 Rn 102; *Franken*, RNotZ 2010, 596, 611.

VI. Flexible Rückabwicklungsmöglichkeiten nach Abs. 1

Der Grundsatz der freien Widerruflichkeit (vgl. Rdn 60) stößt, wie die obigen Ausführungen bereits gezeigt haben, sehr schnell an Grenzen. Die Verwahrungsanweisung von Käufer und Verkäufer im Kaufvertrag einerseits und die Treuhandaufträge der abzulösenden Banken und der finanzierenden Gläubiger andererseits stehen in einem engen Zusammenhang. Sie müssen daher „zusammenpassen", da anderenfalls keine Abwicklung des Vertrages möglich ist. 72

Nach Abs. 1 ist der Widerruf einer Anweisung beachtlich, soweit nicht Dritten gegenüber bestehende Amtspflichten verletzt werden. Aus dem Gedanken des Abs. 1 ergeben sich wesentliche Beschränkungen für die Widerruflichkeit von Treuhandaufträgen abzulösender oder finanzierender Gläubiger. Letztere wissen, dass der Treuhandauftrag im Zusammenhang mit einer Kaufvertragsabwicklung steht. Sie wissen daher auch, dass der Widerruf oder die Abänderung eines erteilten Treuhandauftrags die Vertragsabwicklung gefährden können. Die Wahrung der Interessen von Käufer und Verkäufer im Rahmen der Kaufvertragsabwicklung ist i.S.v. Abs. 1 eine „Dritten gegenüber bestehende Amtspflicht" des Notars.[173] Die Anwendung von Abs. 1 ermöglicht flexible und einzelfallgerechte Ergebnisse.[174] 73

Die „Lösung" bzw. Behandlung einiger in der Praxis wichtiger Fälle stellt sich daher wie folgt dar:

- **Hinterlegung als Voraussetzung für den Besitzübergang:** Die Parteien vereinbaren die kurzfristige Hinterlegung des Kaufpreises. Mit der Hinterlegung gehen Besitz, Nutzen und Lasten über. Die Auszahlung soll nach Eintragung der Vormerkung und Vorliegen aller Genehmigungen und Vorkaufsrechtsverzichtserklärungen erfolgen. Der Kaufvertrag enthält eine Belastungsvollmacht für den Käufer. Dieser bestellt eine Grundschuld zugunsten einer Bank. Das Grundpfandrecht wird rangrichtig eingetragen. Die Bank erteilt den unbefristeten Treuhandauftrag, den Kaufpreis erst nach rangrichtiger Eintragung des Grundpfandrechts und Vorliegen der Auszahlungsvoraussetzungen auszuzahlen. Die Erteilung der Genehmigungen verzögert sich. Die Bank widerruft nunmehr ihren Treuhandauftrag und verlangt vom Notar die Rückzahlung des Kaufpreises. Auch wenn oben ausgeführt wurde, dass selbst zeitlich nicht befristete Treuhandaufträge grundsätzlich widerrufen werden können, ist das hier nicht der Fall. Mit der Hinterlegung hat der Verkäufer den Besitz am Kaufobjekt aufgegeben. Die Hinterlegung sollte seiner Sicherung dienen. Wäre der Widerruf wirksam würde der Verkäufer seine „Sicherheit" verlieren. Die Bindungswirkung des Treuhandauftrags tritt daher mit der Hinterlegung und dem Besitzübergang ein. Das LG Berlin[175] hat in einem ähnlichen Fall anschaulich ausgeführt: „Der Verkäufer wäre in der Schwebezeit überhaupt nicht gesichert, von einer Hinterlegung des Kaufpreises zu seinen Gunsten, geschweige einer vertragsgerechten, könnte nicht die Rede sein; der Käufer wäre deshalb der Zwangsvollstreckung aus der Kaufvertragsurkunde oder nach Wahl des Verkäufers auch dem Vorgehen aus § 326 BGB ausgeliefert, und zwar regelmäßig ganz hilflos, weil zu weiterer Kreditaufnahme gar nicht in der Lage; ...". Zutreffend führt das Gericht weiter aus, dass der hinterlegte Kaufpreis, die Widerruflichkeit unterstellt, „dem Darlehensnehmer und dem Verkäufer gleichsam von der Bank nur vorgezeigt wird". Der Widerruf der Bank geht also ins Leere. Die schutzwürdigen Belange von Käufer und Verkäufer sind Amtspflichten, die der Notar nach Abs. 1 vorrangig zu berücksichtigen hat. Anders ist der Fall allerdings zu bewerten, wenn die Bank den **Treuhandauftrag ausdrücklich zeitlich befristet** hat. Dann ist es der Bank nicht verwehrt, den Treuhandauftrag nach Fristablauf zu widerrufen, denn sie hat sich den Widerruf ausdrücklich vorbehalten. Die nachteiligen Konsequenzen für Verkäufer und Käufer sind zwar die gleichen. Fehlerhaft hat insoweit jedoch u.U. der Notar gehandelt. Er hätte den befristeten und der Verwahrungsvereinbarung möglicherweise widersprechenden Treuhandauftrag nicht, oder nur nach ausdrücklicher Zustimmung der Kaufvertragsbeteiligten, annehmen dürfen. Die praktischen Probleme, die sich bei der „Umsetzung" in die Vertragsgestaltung ergeben, wurden bereits (oben § 57 BeurkG Rdn 64 f.) dargestellt. 74
- **Auszahlung in mehreren Teilbeträgen:** Nicht selten wird bei Kaufvertragsabwicklungen über Treuhandkonto eine Auszahlung in mehreren Teilbeträgen vereinbart. Die nach Abs. 1 beachtlichen

173 Vgl. auch *Hertel*, ZNotP Beilage 3/98, S. 13 (Beilage zu 12/98); Handbuch Notarhaftung/*Hertel*, Kap. 4 Rn 364; Weingärtner/*Ulrich*, NotAktVV vor § 21 Rn 52.

174 Kritisch dazu *Schilling*, ZNotP 2004, 138, 140.

175 V. 14.10.1998 – 84 T 708/98, ZNotP 2000, 325, 326.

schutzwürdigen Belange der Vertragsparteien führen dazu, dass die kaufpreisfinanzierende Bank regelmäßig den von ihr erteilten Treuhandauftrag zumindest dann nicht mehr widerrufen kann, wenn die erste Auszahlung vom Anderkonto erfolgt ist.[176]

– **Hinterlegung als Voraussetzung für die Eintragung der Vormerkung:** Ist die Hinterlegung des Kaufpreises Voraussetzung dafür, dass der Notar die Vormerkung zugunsten des Käufers beantragen darf, ist die Widerruflichkeit des Treuhandauftrags ebenfalls eingeschränkt bzw. „vorverlagert". Sobald die Vormerkung beantragt ist, kann die finanzierende Bank (zumindest wenn sie weiß, dass die Vormerkung erst nach Hinterlegung beantragt werden soll) ihren Treuhandauftrag nicht mehr einseitig beliebig widerrufen.[177] Die schutzwürdigen Interessen des Verkäufers nach Abs. 1 sind stärker. In solchen Fällen soll eine Rückzahlung aufgrund eines Widerrufs allerdings möglich sein, wenn **gleichzeitig die Löschungsbewilligung** für die Vormerkung erteilt wird.[178] Die gleichen Grundsätze gelten, wenn die Hinterlegung auf Anderkonto davon abhängig ist, dass von allen eingetragenen Grundpfandrechtsgläubigern Löschungsbewilligungen vorliegen und die Ablöseforderungen den Kaufpreis nicht übersteigen. Wird der Kaufpreis sodann hinterlegt und ändert eine Gläubigerin nunmehr ihren Treuhandauftrag dergestalt ab, dass der Kaufpreis zur Ablösung nicht mehr ausreicht, ist die Änderung des Treuhandauftrags unbeachtlich. Die schutzwürdigen Interessen des Käufers setzen sich durch. Keine Bedenken bestehen bei Änderungen der Ablöseforderungen, die die Vertragsabwicklung nicht in Frage stellen.
– **Rückabwicklung nur Zug um Zug:** In einem vom LG Schwerin[179] entschiedenen Fall widerrief die finanzierende Bank nach Ablauf der Befristung den Treuhandauftrag, da gegen den Käufer ein vorläufiges Insolvenzverfahren eröffnet worden war. Das LG hielt zunächst den Widerruf des Treuhandauftrags für jederzeit möglich. Entscheidungserheblich war das nicht, weil im konkreten Fall der Treuhandauftrag ohnehin zeitlich befristet und im Zeitpunkt des Widerrufs bereits abgelaufen war. Aus der Wirksamkeit des Widerrufs folge allerdings nicht, dass der Notar den hinterlegten Betrag sofort an die finanzierende Bank zurückzahlen müsse. Der Notar dürfe nämlich seine Dritten gegenüber bestehenden Amtspflichten – hier gegenüber dem Verkäufer – nicht verletzen; dies sei auch deshalb billig, weil die Bank ihren Treuhandauftrag in Kenntnis des Kaufvertrages und der Sicherungsinteressen erteilt habe. Dem Rückzahlungsverlangen dürfe der Notar daher nur Folge leisten, wenn die im Vertrauen auf die Sicherstellung des Kaufpreises erbrachten Vorleistungen des Verkäufers gleichzeitig rückgängig gemacht werden. Im konkreten Fall kam das Gericht zu dem Ergebnis, dass der Notar die Rückzahlung des hinterlegten Betrages nur gegen Erteilung der Löschungsunterlagen für das zugunsten der kaufpreisfinanzierenden Gläubigerin eingetragene Grundpfandrecht vornehmen müsse.[180] Im konkreten Fall war weiterhin ausweislich der Urteilsbegründung die Beantragung der Vormerkung von der Hinterlegung auf Anderkonto abhängig gemacht worden;[181] in einer solchen Situation sei die Rückzahlung auch von der Erteilung der Löschungsbewilligung für die Vormerkung abhängig.

§ 61 Absehen von Auszahlung

Der Notar hat von der Auszahlung abzusehen und alle an dem Verwahrungsgeschäft beteiligten Personen i.S. des § 57 hiervon zu unterrichten, wenn

1. hinreichende Anhaltspunkte dafür vorliegen, daß er bei Befolgung der unwiderruflichen Weisung an der Erreichung unerlaubter oder unredlicher Zwecke mitwirken würde, oder

176 Vgl. *Blaeschke*, § 14 Rn 181; vgl. *Brambring*, DNotZ 1990, 615, 644; vgl. auch Würzburger Notarhandbuch/*Hertel*, Teil 2 Kap. 2 Rn 764.

177 Vgl. Frenz/Miermeister/*Hertel*, BeurkG § 60 Rn 7; vgl. *Brambring*, DNotZ 1990, 615, 644.

178 Vgl. Frenz/Miermeister/*Hertel*, BeurkG § 60 Rn 7; *Winkler*, § 54c Rn 66; Weingärtner/*Ulrich*, NotAktVV vor § 27 Rn 52.

179 V. 3.4.2001 – 4 T 36/00, NotBZ 2001, 231 f. mit Anm. *von Campe*, NotBZ 2001, 208 ff.

180 Ähnlich auch LG Schwerin v. 25.6.2004 – 4 T 8/04, NotBZ 2004, 446, 447.

181 Nach *von Campe* (NotBZ 2001, 208, 209 Fn 2) war dies allerdings nicht der Fall.

2. **einem Auftraggeber i.S. des § 57 durch die Auszahlung des verwahrten Geldes ein unwiederbringlicher Schaden erkennbar droht.**

Literatur *DNotI*, Auszahlung vom Notaranderkonto bei Minderung durch Käufer aufgrund vorgetragener arglistiger Täuschung durch den Verkäufer, DNotI-Rep. 2007, 44; *Franken*, Rechtsprobleme nach Kaufpreishinterlegung auf Notaranderkonto beim Grundstückskauf, RNotZ 2010, 597; *Hager/Müller-Teckhof*, Die Entwicklung des Notarrechts in den Jahren 2013/2014, NJW 2014, 1918; *Kasper*, Abwicklungsstörungen beim Grundstückskaufvertrag bei Konflikten zwischen den Vertragsparteien, RNotZ 2018, 133, *Krauß*, Immobilienkaufvertrag, notar 2013, 331; *Pelikan*, Beurkundungs- und Berufsrecht, notar 2014, 160; *Schlick*, Aktuelle Rechtsprechung des III. Zivilsenats des BGH zur Notarhaftung, ZNotP 2014, 322.

A. Vorbemerkungen

1 § 14 Abs. 2 BNotO fordert den Notar auf, seine Amtstätigkeit zu versagen, wenn sie mit seinen Amtspflichten nicht vereinbar wäre, insbesondere wenn seine Mitwirkung an Handlungen verlangt wird, mit denen erkennbar unerlaubte oder unredliche Zwecke verfolgt werden. Im Zusammenhang mit der notariellen Verwahrung präzisieren die Richtlinienempfehlungen der BNotK,[1] die insoweit fast gleichlautend von allen Notarkammern verabschiedet wurden, in Abschnitt III.2 (Wahrung fremder Vermögensinteressen) weiter, dass der Notar nicht dulden darf, dass sein Amt zur Vortäuschung von Sicherheiten benutzt wird. Der Notar darf insbesondere Geld, Wertpapiere und Kostbarkeiten nicht zur Aufbewahrung oder zur Ablieferung an Dritte übernehmen, wenn der Eindruck von Sicherheiten entsteht, die durch die Verwahrung nicht gewährt werden. Anlass für eine entsprechende Prüfung besteht insbesondere, wenn die Verwahrung nicht im Zusammenhang mit einer Beurkundung erfolgt.

2 Erkennt ein Notar erst, nachdem er die Verwahrungsmasse entgegengenommen hat, dass damit möglicherweise **unerlaubte oder unredliche Zwecke** verfolgt werden, so regelt **Nr. 1** spezialgesetzlich, wie er zu verfahren hat. Dies war früher bereits quasi gewohnheitsrechtlich anerkannt, „denn die Pflicht dem Unrecht zu wehren, geht dem Schutz des Notargeheimnisses vor".[2] Auch **Nr. 2** enthält einen bereits früher anerkannten Grundsatz: Drohen **unwiederbringliche Schäden**, muss der Notar seine Mitwirkung versagen. Er darf nicht „sehenden Auges" bei der Entstehung kaum wiedergutzumachender Schäden mitwirken. Die Grundsätze der früheren Rspr. sind in den Entscheidungen des OLG Düsseldorf[3] und des BayObLG[4] zusammengefasst und haben die Regelung in § 61 BeurkG (früher § 54d) stark beeinflusst.[5]

3 Liegen die Voraussetzungen von Nr. 1 oder 2 vor, hat der Notar Auszahlungen zu verweigern. Diese Pflicht hat er **von Amts wegen** zu beachten. Eine quasirichterliche Entscheidung trifft er allerdings nicht: Er wird weder auf Antrag tätig noch ist seine Funktion streitentscheidend,[6] denn das Geld bleibt auf seinem Anderkonto. Auf den Widerruf der Verwahrungsanweisung oder eine Anweisung durch einen der Beteiligten kommt es nicht an. Formerfordernisse gibt es nicht (anders z.B. § 60 Abs. 1 BeurkG).[7] Schon die Schwierigkeiten, die Entscheidungen nach § 61 BeurkG mit sich bringen, stellen einen Grund für Notare dar, Vertragsabwicklungen mit Anderkonto auf Einzelfälle zu beschränken.

1 DNotZ 1999, 258 ff.
2 So BGH v. 22.11.1977 – VI ZR 176/76, DNotZ 1978, 373, 375; vgl. Schippel/Görk/*Sander*, § 18 Rn 131 ff.
3 V. 2.3.1994 – 3 Wx 211/93, DNotZ 1995, 497 f.
4 V. 1.6.1995 – 3 Z BR 49/76, MittBayNot 1995, 331, 333.
5 Vgl. *Weingärtner*, Verwahrungsgeschäft, Rn 216.
6 Vgl. Frenz/Miermeister/*Hertel*, BeurkG § 61 Rn 2.
7 Vgl. Grziwotz/Sauer/Heinemann/*Grziwotz*, § 61 Rn 2.

B. Anhaltspunkte für die Mitwirkung an der Verfolgung unerlaubter oder unredlicher Zwecke (Nr. 1)

4 Nr. 1 regelt die zu § 4 BeurkG „komplementäre Situation“, dass auf die Ausführungen zu § 4 BeurkG (siehe § 4 BeurkG Rdn 20 ff.) verwiesen werden kann. Nach § 4 i.V.m. § 14 Abs. 2 BNotO hat der Notar bereits die Beurkundung abzulehnen. In den Fällen des Nr. 1 erfährt er erst nach Vorliegen der Verwahrungsanweisung bzw. dem Eingang des Geldes von der mutmaßlichen Mitwirkung an einem unerlaubten oder unredlichen Zweck. Natürlich kann der Notar (und muss der Notar) ebenfalls nach § 61 BeurkG verfahren und den weiteren Vollzug stoppen, wenn er erst nachträglich erkennt, dass er die Situation zunächst (wohl) falsch eingeschätzt hat.[8] § 61 BeurkG ist nicht deshalb ausgeschlossen, weil dem Notar bereits bei der Beurkundung klar war, dass mit dem Geschäft unerlaubte oder unredliche Zwecke verfolgt werden.[9]

5 Angesprochen werden an dieser Stelle lediglich einige Fälle, die im Zusammenhang mit notariellen Verwahrungsgeschäften von besonderer Bedeutung sind.

6 Ein **unerlaubter Zweck** liegt dann vor, wenn gesetzeswidrige Ziele verfolgt werden,[10] insbesondere wenn es um die Verwirklichung von Straftaten geht. In der Praxis tritt immer wieder der Fall auf, dass überhöhte oder zu niedrige Kaufpreise beurkundet werden. Dies ist für den Notar vielfach bei Beurkundung nicht erkennbar – sonst muss er bereits die Beurkundung ablehnen. Mitunter ergeben sich jedoch die Verdachtsmomente später, insbesondere wenn es zu einer zweiten oder dritten Beurkundung nach dem gleichen „Strickmuster“ kommt. Folgender Fall tritt in der Praxis ab und zu auf: Der zunächst beurkundete Kaufpreis soll in einer Nachtragsurkunde herabgesetzt oder erhöht werden, ohne dass dafür nachvollziehbare Gründe genannt werden. Wird ein zu niedriger Kaufpreis beurkundet, kann es sich um (versuchte) Steuerhinterziehung handeln. Wird ein zu hoher Kaufpreis beurkundet, kann (versuchter) Betrug vorliegen. Die Beurkundung zu hoher Kaufpreise erfolgt gelegentlich, um Finanzierungen in Fällen zu ermöglichen, in denen die Bank eine hundertprozentige Finanzierung des Kaufpreises abgelehnt hat. Bekannt sind auch Situationen, in denen Banken im Kapitalanlegerbereich getäuscht wurden und völlig überhöhte Kaufpreise finanziert haben, ohne zu erkennen, dass zwischen Käufer und Verkäufer ein barer Kapitalrückfluss vereinbart war (sog. „Kick-Back-Zahlung“). So wird künstlich kurzfristig zusätzliche Liquidität des Käufers herbeigeführt.[11] Misstrauisch sollte der Notar in folgenden Fällen sein:

a) Der Käufer hinterlegt nur einen Teil des Kaufpreises auf Anderkonto; über den Restbetrag wird dem Notar eine Empfangsbestätigung des Verkäufers zugeleitet oder der Verkäufer überweist erkennbar den Differenzbetrag selbst auf das Anderkonto;[12]
b) Der Verkäufer schuldet nach Vertrag Renovierungsarbeiten, die in einer Nachtragsurkunde gegen Kaufpreisreduzierung wieder aufgehoben werden;
c) „Kettenkaufverträge“ mit sehr unterschiedlichen Kaufpreisen;[13]
d) Verträge, bei denen sich der Verdacht illegaler Firmenbestattungen aufdrängt.[14]

Nur eine geringe praktische Rolle spielen (wenigstens bislang) Fälle, in denen der Notar nachträglich erkennt, dass er an im Zusammenhang mit der Terrorismusbekämpfung verbotenen Geschäften mitwir-

8 Vgl. Haug/Zimmermann/*Zimmermann*, Rn 728.

9 BGH v. 17.11.2008 – NotZ 13/08, DNotZ 2009, 290 ff.; vgl. dazu *Schlick*, ZNotP 2009, 450, 455 f.; BGH v. 7.4.2010 – 2 StR 153/09, NJW 2010, 1764 f. = ZNotP 2010, 277 ff.

10 Vgl. Weingärtner/*Ulrich*, NotAktVV vor § 21 Rn 82; *Franken*, RNotZ 2010, 597, 608; *Krauß*, Immobilienkaufverträge, Rn 2421.

11 Vgl. BGH v. 17.8.2005 – 2 StR 8/05, DNotZ 2006, 182 f.; vgl. auch BGH v. 14.7.2000 – 3 StR 454/99, DNotZ 2001, 566 f.; BGH v. 22.11.1977 – VI ZR 176/76, DNotZ 1978, 373 ff.; LG Kiel v. 2.3.2021 – 3 O 124/15 (unveröffentlicht); vgl. weiter *Lerch*, § 54d Rn 2; *Franken*, RNotZ 2010, 597, 609.

12 Vgl. dazu KG v. 12.4.2013 – 6 U 132/11, MittBayNot 2014, 86 ff.; dazu auch *Hager/Müller-Teckhof*, NJW 2014, 1918, 1923 f.; dazu auch *Pelikan*, notar 2014, 160, 164; *Krauß*, notar 2013, 2013, 331, 333.

13 Vgl. Haug/Zimmermann/*Zimmermann*, Rn 729; vgl. aber auch BGH v. 17.7.2014 – III ZR 514/13, ZNotP 2014, 232, 235 (mit interessanten Ausführungen zum Schutzzweck notarieller Amtspflichten); dazu auch *Schlick*, ZNotP 2014, 322, 329 f; Schleswig-Holsteinisches OLG v. 10.2.2022 – 11 U7/21 (unveröffentlicht).

14 Vgl. BGH v. 23.11.2015 – NotSt (Brfg) 4/15, DNotZ 2016, 227 ff. (im konkreten Fall ging es nicht um eine Verwahrung).

ken soll[15] oder bei denen es um Geldwäsche[16] geht. Ein Anwendungsfall des Nr. 1 liegt auch vor, wenn der Notar erkennt, dass die Auszahlung an eine auf einer Sanktionsliste geführte Person erfolgen soll oder dem Vollzug eines sanktionierten Geschäftes dient. Nicht in den Anwendungsbereich von Nr. 1 fallen dagegen Fälle, in denen der Käufer lediglich behauptet, über einen Sachmangel arglistig getäuscht worden zu sein.[17]

Indem der Gesetzgeber auch die Mitwirkung an dem Erreichen **unredlicher Zwecke** untersagt, beschränkt er die Pflicht zur Amtsverweigerung nicht auf Situationen der Gesetzeswidrigkeit. Eine exakte Abgrenzung von unerlaubtem und unredlichem Zweck ist „müßig".[18] Ein Zweck ist unredlich, wenn er zwar nicht verboten, aber mit den Wertungen der Rechts- und Sittenordnung nicht zu vereinbaren ist.[19] Es genügt auch ein Verstoß gegen die Standesethik oder die Grundsätze von Treu und Glauben.[20] Ein unredlicher Zweck liegt beispielsweise vor, wenn die Einrichtung des Notaranderkontos zur Täuschung im Rechtsverkehr geeignet ist, weil es um ein wirtschaftlich unsinniges Geschäft geht. Den Notarversicherungsfonds haben immer wieder Fälle beschäftigt, in denen Notare in betrügerische Anlagegeschäfte verwickelt wurden. Das hohe Ansehen der Notare wurde gezielt eingesetzt, um **Graumarktgeschäfte** mit zumeist betrügerischem Hintergrund abzuwickeln. Wenn der Notar nicht in der Lage ist, den rechtlichen und wirtschaftlichen Sinn der Verwahrung nachzuvollziehen, hat er die Verwahrung abzulehnen. Es mag vorkommen, dass der Notar zunächst nicht erkennt, dass es für die Verwahrung keine nachvollziehbaren berechtigten Gründe gibt. Spätestens nachdem ihm dies jedoch deutlich geworden ist, muss er die „Notbremse" ziehen und jede weitere Mitwirkung versagen. Der Notar hat hier einen strengen Maßstab anzulegen. Es entschuldigt den Notar nicht, wenn er sich z.B. bei einem Kapitalanlagemodell darauf beruft, er habe zwar den wirtschaftlichen Sinn der Verwahrung nicht verstanden, sei jedoch davon ausgegangen, das Konzept sei geprüft und das hinterlegte Geld für den Kunden gesichert. Vom Notar wird erwartet, dass er prüft, ob die Verwahrung sinnvoll und interessengerecht ist. Das ergibt sich bereits aus § 57 Abs. 2 Nr. 1, wonach Geld nur dann entgegengenommen werden darf, wenn hierfür ein berechtigtes Sicherungsinteresse der am Verwahrungsgeschäft beteiligten Personen besteht (vgl. oben § 57 BeurkG Rdn 7 ff.). 7

Teilweise wird vertreten, dass ein unerlaubter bzw. unredlicher Zweck auch dann vorliegt, wenn ein **Vertrag aus materiell-rechtlichen Gründen unwirksam** ist.[21] Das allein dürfte nicht immer genügen: Beurkunden die Parteien eines Kaufvertrages beispielsweise eine Sondervereinbarung zum Besitzübergang nicht mit, ohne dass der Notar davon Kenntnis hat, dürfte der Vertrag materiell-rechtlich nach § 311b Abs. 1 S. 1 BGB unwirksam sein. Erfährt der Notar später von der Sondervereinbarung, kann er aus meiner Sicht die Auszahlung nicht einfach aussetzen, es sei denn, die Beteiligten wünschen dies ausdrücklich.[22] Vielfach wird es dem Notar auch gar nicht möglich sein, die Rechtslage sicher zu bewerten. Auf jeden Fall muss er die Beteiligten auf die Unsicherheiten hinweisen und alles vermeiden, was einen falschen Rechtsschein erzeugen und einen Schaden verursachen kann.[23] Kommt es im Rahmen des Vollzugs des formunwirksamen Vertrages zur Umschreibung, ist der Formfehler gem. § 311b Abs. 1 S. 2 BGB geheilt; ein unerlaubter oder unredlicher Zweck verwirklicht sich nicht. 8

Hinreichende Anhaltspunkte liegen nicht erst dann vor, wenn der Notar davon überzeugt ist, dass unerlaubte oder unredliche Ziele verfolgt werden. Ein vager Verdacht reicht umgekehrt ebenso wenig aus.[24] 9

15 Vgl. EuGH v. 11.10.2007 – Rs. C-/117/06, DNotZ 2008, 688 mit Anm. *Schmucker*; Frenz/Miermeister/*Hertel*, BeurkG § 61 Rn 4.
16 Vgl. Grziwotz/Sauer/Heinemann/*Grziwotz*, § 57 Rn 19; Frenz/Miermeister/*Hertel*, BeurkG § 61 Rn 4; die Auslegungs- und Anwendungsempfehlungen der BNotK zum GwG 2021 (Stand: Oktober 2021) sind im Internet abrufbar auf der Homepage der BNotK.
17 Vgl. *Franken*, RNotZ 2010, 597, 609.
18 So *Weingärtner*, Verwahrungsgeschäft, Rn 221; Weingärtner/*Ulrich*, NotAktVV vor § 21 Rn 84.
19 Vgl. Arndt/Lerch/Sandkühler/*Sandkühler*, § 23 Rn 171; Kilian/Sandkühler/vom Stein/*Elsing*, § 13 Rn 41; Weingärtner/*Ulrich*, NotAktVV vor § 21 Rn 84, *Franken*, RNotZ 2010, 597, 608.
20 Vgl. *Weingärtner*, Verwahrungsgeschäft, Rn 221; Beispiel bei Haug/Zimmermann/*Zimmermann*, Rn 729.
21 So *Winkler*, § 61 Rn 6; er gibt als Beispiel allerdings im Wesentlichen nur den Schwarzkauf an, bei dem, wie unter Rn 6 bereits dargestellt, meist noch zumindest ein versuchtes Betrugsdelikt dazu tritt; a.A. *Kasper*, RNotZ 2018, 133 145.
22 Vgl. aber BGH v. 20.6.2000 – IX ZR 434/98, DNotZ 2001, 486, 488.
23 *Kasper*, RNotZ 2018, 133, 145.
24 Vgl. Arndt/Lerch/Sandkühler/*Sandkühler*, § 23 Rn 172; *Lerch*, § 54d Rn 3.

Es genügt eine begründete Gefahr,[25] d.h. konkrete Hinweise, die den Verdacht nicht als reine Spekulation erscheinen lassen. Zu eigenen der Sachverhaltserforschung dienenden Ermittlungshandlungen ist der Notar nicht verpflichtet und praktisch kaum in der Lage.[26] Kenntnisse, die er nicht in amtlicher Eigenschaft sondern privat erlangt hat, muss er allerdings berücksichtigen.[27] Behauptet eine Vertragspartei das Vorliegen eines unerlaubten oder unredlichen Zwecks, so darf sich der Notar nicht auf eine reine Schlüssigkeitsprüfung beschränken. Er ist verpflichtet, in den vorbezeichneten Grenzen selbst in die Sachprüfung nach „hinreichenden Anhaltspunkten“ einzusteigen und die Beteiligten ggf. näher zu befragen.[28] Der Grundsatz des rechtlichen Gehörs verlangt ohnehin, dass der Notar vor einer endgültigen Entscheidung den Beteiligten Gelegenheit zur Stellungnahme gibt.[29]

10 Vielfach wird der von dem Notar vermutete unredliche oder unerlaubte Zweck von den Beteiligten gemeinsam verfolgt. Verweigert der Notar dann aus diesem Grund die Amtstätigkeit, sind Kollisionen mit der Schweigepflicht im Verhältnis zu diesen Beteiligten nicht vorstellbar. In anderen Fällen kann das Absehen von Auszahlungen nach § 61 BeurkG zu **Kollisionen mit der Schweigepflicht** führen. Zu denken ist an den Fall, dass die Vertragsparteien einen zu hohen Kaufpreis beurkunden, um zu Lasten der Bank einen höheren Kredit zu erhalten. Hier ist zunächst zu berücksichtigen, dass die Verletzung der Schweigepflicht durch eine Kontaktaufnahme mit der Bank nicht im Verhältnis zu einem völlig außen stehenden Dritten, sondern zu einem anderen an dem Verwahrungsgeschäft ebenfalls Beteiligten erfolgt. Die Schweigepflicht ist das schwächere Rechtsgut, wenn es gleichzeitig um den Schutz der Interessen der anderen Beteiligten geht. Die Pflicht, Unrecht (= strafbare Handlungen) zu verhindern, geht dem Schutz des Notargeheimnisses vor.[30] Dabei kann und muss der Notar die Umstände des Einzelfalls unter Berücksichtigung der Gefährdungssituation berücksichtigen. In dem geschilderten Beispiel genügt es völlig, wenn der Notar die Bank auffordert „aus gegebenem Anlass“ noch einmal besonders die Beleihungsfähigkeit des Objekts zu prüfen.[31] In Zweifelsfällen über den Umfang der Verschwiegenheitspflicht kann der Notar die Aufsichtsbehörde um eine Entscheidung ersuchen (§ 18 Abs. 3 BNotO). Deren Entscheidung kann nach einem BGH-Urteil jedoch nur der Notar – nicht dagegen ein Urkundsbeteiligter – anfechten.[32]

11 Insbesondere in Fällen, in denen **kein „kollusives“ Zusammenwirken** der am Verwahrungsgeschäft Beteiligten vorliegt, ist eine genaue Prüfung erforderlich, ob überhaupt ein Fall des Nr. 1 gegeben ist. Erfährt der Notar z.B. nach der Beurkundung, dass der Käufer den hinterlegten Kaufpreis aus einer Straftat erlangt hat, so erscheint fraglich, ob ein Fall von Nr. 1 vorliegt. Die gleiche Frage stellt sich, wenn der Käufer den Kaufpreis von seiner Bank durch betrügerische Vorspiegelungen erlangt hat. Dem Vertrag selbst „haftet“ in solchen Fällen kein unredlicher oder unerlaubter Zweck an; durch ihn selbst wird kein unerlaubter oder unredlicher Zweck verfolgt. Nach Sinn und Zweck der Vorschrift wird man differenzieren müssen: Ist der Vertragspartner seinerseits schutzwürdig (z.B. weil er im Hinblick auf die Hinterlegung bereits Leistungen erbracht hat), kann der Notar die Auszahlung nicht verweigern. Sind noch keine schutzwürdigen Positionen berührt, darf der Notar dagegen an der „Vertiefung“ des kriminellen Unrechts nicht mitwirken.[33]

25 So *Winkler*, § 61 Rn 6; ähnlich Grziwotz/Sauer/Heinemann/*Grziwotz*, § 61 Rn 4; vgl. auch DNotI-Rep. 2007, 44.

26 Vgl. Arndt/Lerch/Sandkühler/*Sandkühler*, § 23 Rn 176; *Lerch*, § 54d Rn 3; *Winkler*, § 61 Rn 14; Weingärtner/*Ulrich*, NotAktVV vor § 21 Rn 85; Frenz/Miermeister/*Hertel*, BeurkG, § 61 Rn 11; Grziwotz/Sauer/Heinemann/*Grziwotz*, § 61 Rn 4; *Franken*, RNotZ 2010, 597, 609; problematisch daher OLG Zweibrücken v. 27.7.2006 – 4 U 111/05, MittBayNot 2007, 240 mit abl. Anm. *Sandkühler*.

27 Vgl. *Winkler*, § 61 Rn 7; *Weingärtner*, Verwahrungsgeschäft, Rn 223; Weingärtner/*Ulrich*, NotAktVV vor § 21 Rn 85, 88; Frenz/Miermeister/*Hertel*, BeurkG § 61 Rn 10; Grziwotz/Sauer/Heinemann/*Grziwotz*, § 61 Rn 4; vgl. auch *Lerch*, § 54d Rn 2.

28 Vgl. *Weingärtner*, Verwahrungsgeschäft, Rn 223 f.; Weingärtner/*Ulrich*, NotAktVV vor § 21 Rn 85; *Winkler*, § 61 Rn 14.

29 Vgl. auch *Winkler*, § 61 Rn 7; Frenz/Miermeister/*Hertel*, BeurkG § 61 Rn 12; *Franken*, RNotZ 2010, 597, 609; nur Option: Grziwotz/Sauer/Heinemann/*Grziwotz*, § 61 Rn 5.

30 Vgl. Weingärtner/*Ulrich*, NotAktVV vor § 21 Rn 83; *Winkler*, § 4 Rn 29 und § 61 Rn 8; Haug/Zimmermann/*Zimmermann*, Rn 730; Kilian/Sandkühler/vom Stein/*Elsing*, § 13 Rn 41; *Franken*, RNotZ 2010, 596, 610.

31 Vgl. *Weingärtner*, Verwahrungsgeschäft, Rn 220; Weingärtner/*Ulrich*, NotAktVV vor § 21 Rn 83; Haug/Zimmermann/*Zimmermann*, Rn 730; vgl. auch Frenz/Miermeister/*Hertel*, BeurkG § 61 Rn 5.

32 V. 2.12.2002 – NotZ17/02, DNotZ 2003, 233 f.

33 Ähnlich im Ergebnis Frenz/Miermeister/*Hertel*, BeurkG § 61 Rn 5 Fn 10; *Kasper*, RNotZ 2018, 133, 145.

C. Erkennbares Drohen eines unwiederbringlichen Schadens (Nr. 2)

Wie bereits oben (vgl. Rdn 2) aufgezeigt wurde auch diese Fallgruppe von der Rspr. bereits vor Inkrafttreten des neu gefassten BeurkG im Jahre 1998 entwickelt und anerkannt. Im Wesentlichen geht es um zwei Situationen, in denen ein **unwiederbringlicher Schaden** drohen kann.[34] Beides sind seltene Ausnahmefälle. Die Fallgruppen können sich „überschneiden". Grundgedanke ist dabei immer, dass der Notar weder verpflichtet noch berechtigt ist, „sehenden Auges" an dem Entstehen eines unwiederbringlichen Schadens mitzuwirken: 12

- Häufig verzichten Beteiligte – trotz Belehrung des Notars über die Gefahren und Risiken – auf Sicherheiten und erbringen ungesicherte Vorleistungen. Zeigt sich erst nach Beurkundung, dass sich die **wirtschaftliche Lage** des Vertragspartners, dem die ungesicherten Vorleistungen zufließen, **dramatisch verschlechtert** hat und Vermögenslosigkeit droht, liegt ein Fall von Nr. 2 vor.
- In anderen Fällen geht es im Kern um Situationen, in denen der Vertragspartner des Auszahlungsempfängers glaubhaft vorträgt, dass ihm **Gegenansprüche** zustehen. Dies können z.B. Minderungs- oder Schadensersatzansprüche sein. Weiterhin muss die spätere **Durchsetzbarkeit** dieser Ansprüche nicht oder nur **sehr schwer möglich** erscheinen. Als Beispiele werden die drohende Vermögenslosigkeit des Schuldners genannt und der Fall, dass sich der Schuldner in einen ausländischen Staat begibt, in dem die Verfolgung von Ansprüchen oder die Vollstreckung nicht oder kaum möglich sind.[35]

Ein Fall von Nr. 2 liegt jedoch nur vor, wenn die besondere Gefährdungssituation sich erst **nachträglich** ergeben hat. Dabei kommt es nicht auf die objektiven Verhältnisse an. Maßgeblich ist, dass die Gefährdungslage für den gefährdeten Vertragspartner erst nach Vertragsabschluss erkennbar wurde. Es handelt sich insoweit um ein ungeschriebenes Tatbestandsmerkmal.[36] 13

Gemeinsam ist allen Fällen, dass ein unwiederbringlicher **Schaden** für einen der **Auftraggeber** i.S.v. § 57 BeurkG **erkennbar drohen muss**. Auftraggeber können bei einem Kaufvertrag Käufer und Verkäufer (vgl. § 57 Abs. 2 Nr. 2 BeurkG), aber auch die finanzierende oder die abzulösende Bank (vgl. § 57 Abs. 6 BeurkG) sein. Der Begriff ist eng auszulegen. Es reicht nicht aus, wenn der Schaden einem sonstigen Dritten droht.[37] Im Übrigen muss die Möglichkeit bestehen, dass der potentiell Geschädigte überhaupt Ersatzansprüche gegen den potentiellen Auszahlungsempfänger hat. Dies muss glaubhaft vorgetragen werden.[38] 14

Zur Wahrscheinlichkeit, mit der die „unwiederbringliche Schadensgefahr" drohen muss, kann auf die Ausführungen oben (siehe Rdn 9) verwiesen werden. Dem Notar müssen auch hier genügende Anhaltspunkte vorliegen. Ein **konkreter Verdacht** ist erforderlich.[39] § 61 BeurkG ist ein Ausnahmetatbestand und die Rspr. setzt zu Recht eine „hohe Messlatte" an. Anderenfalls würde die zusätzlich gewonnene Rechtssicherheit, die § 60 BeurkG gewährt, durch § 61 BeurkG weitgehend wieder genommen.[40] Die Nachteile, die sich allein aus der Tatsache ergeben, einen Schadensersatzprozess führen zu müssen, reichen nicht aus.[41] 15

D. Das vom Notar zu beachtende Verfahren

I. Sachverhaltsaufklärung

Schon oben (siehe Rdn 9) wurde angesprochen, wie sich der Notar zu verhalten hat, wenn Hinweise auf einen Fall des § 61 BeurkG bestehen, sich der Verdacht aber (noch) nicht konkretisiert hat. Der Notar muss versuchen, mit den ihm zur Verfügung stehenden begrenzten **Aufklärungsmöglichkeiten** fest- 16

34 Vgl. zu den verschiedenen Fällen: *Winkler*, § 61 Rn 9 f.; Arndt/Lerch/Sandkühler/*Sandkühler*, § 23 Rn 174; Frenz/Miermeister/*Hertel*, BeurkG § 61 Rn 6; kritisch *Lerch*, § 54d Rn 4.

35 Vgl. *Winkler*, § 61 Rn 9; Haug/Zimmermann/*Zimmermann*, Rn 732; *Franken*, RNotZ 2010, 597, 609 f.

36 Vgl. Frenz/Miermeister/*Hertel*, BeurkG § 61 Rn 7; *Winkler*, § 61 Rn 11; *Kasper*, RNotZ 2018, 133, 145; Haug/Zimmermann/*Zimmermann*, Rn 732; Grziwotz/Sauer/Heinemann/*Grziwotz*, § 61 Rn 6; *Franken*, RNotZ 2010, 597, 609.

37 Vgl. Arndt/Lerch/Sandkühler/*Sandkühler*, § 23 Rn 175.

38 Vgl. dazu Frenz/Miermeister/*Hertel*, BeurkG § 61 Rn 8.

39 Vgl. *Weingärtner*, Verwahrungsgeschäft, Rn 229; Weingärtner/*Ulrich*, NotAktVV vor § 21 Rn 88.

40 Vgl. Beck'sches Notarhandbuch/*Tönnies*, A I Rn 880 f. (kritisch zu der gesetzlichen Regelung); *Kasper*, RNotZ 2018, 133, 144.

41 *Kasper*, RNotZ 2018, 133, 145.

zustellen, ob sich die Verdachtsmomente erhärten oder ob sie nicht konkretisierbar sind. Regelmäßig hat er den unmittelbar Betroffenen insoweit das Recht zur Stellungnahme einzuräumen. Er muss ihnen rechtliches Gehör gewähren und dabei auch Gelegenheit geben, Verdachtsmomente zu beseitigen.[42] Bei einer Entscheidung nach § 61 BeurkG muss der Notar intensiver als bei einer Aussetzung des Verfahrens nach § 60 Abs. 3 BeurkG in die Sachprüfung einsteigen.[43]

II. Aussetzung

17 Liegen aus der Sicht des Notars die Voraussetzungen nach Nr. 1 oder 2 vor, hat er zunächst **kein Ermessen bzgl. des weiteren Verfahrensweges**. Er muss von Amts wegen tätig werden und die **Auszahlung verweigern**. Auf den Widerruf eines der Beteiligten kommt es nicht an.[44] Regelmäßig wird er auch den übrigen Urkundenvollzug einstellen.[45] Eine Zurückzahlung des hinterlegten Geldes ist ihm nicht gestattet. Im Zweifel sollte der Notar die Auszahlung aussetzen, da der bei Nichtauszahlung drohende Zinsschaden niedriger ist als der bei einer Auszahlung drohende „Totalverlust".[46]

III. Unterrichtungspflicht

18 Sodann hat der Notar die am Verwahrungsgeschäft Beteiligten i.S. des § 57 BeurkG zu **unterrichten**. Dies sind also nicht nur die an der Verwahrungsanweisung unmittelbar Beteiligten,[47] sondern beim Kaufvertrag auch die abzulösenden Gläubiger und die kaufpreisfinanzierende Bank, soweit die Treuhandaufträge noch nicht erledigt sind. Insoweit ist, wie oben bereits ausgeführt wurde (siehe Rdn 10) die **Verschwiegenheitspflicht** nach § 18 BNotO eingeschränkt.[48] In der Regel sollte sich die Information der Drittbeteiligten auf die reine Benachrichtigung über die Aussetzung der Auszahlung beschränken. Soweit die Verschwiegenheitspflicht eingeschränkt ist, ist der Notar auch zu weitergehenden Informationen berechtigt. Die kaufpreisfinanzierenden und abzulösenden Gläubiger haben jedoch keinen Rechtsanspruch auf Information über die Gründe der Aussetzung. In Zweifelsfällen kann die Aufsichtsbehörde eingeschaltet werden (vgl. oben Rdn 10).

IV. Rechtsschutz

19 Verweigert der Notar die Auszahlung nach § 61 BeurkG, so können die Beteiligten nach § 15 Abs. 2 BNotO vorgehen. Obwohl das Gesetz es nicht ausdrücklich erwähnt, sollte der Notar die Beteiligten auf ihre rechtlichen Möglichkeiten ausdrücklich hinweisen. Insbesondere kann er die Beteiligten darauf verweisen, die Angelegenheit von den ordentlichen Gerichten klären zu lassen. Dies ergibt sich aus den Materialien zum BeurkG.[49] Streben die Beteiligten keine Klärung vor einem Gericht an, kann die weitere Verwahrung allerdings zu einem unbefriedigenden Dauerzustand werden. Der Notar ist nicht berechtigt, eine Klärung des Schwebezustands durch Setzung einer Frist zur Erhebung der Klage zu erzwingen. Dazu fehlt es in § 61 BeurkG an einem Verweis auf § 60 BeurkG.[50] Allerdings kann der Notar durch beschwerdefähigen Vorbescheid ankündigen, dass er von der Auszahlung absehen will, wenn nicht innerhalb einer bestimmten Frist Beschwerde nach § 15 Abs. 2 BNotO eingelegt wird.[51] In unklaren Fallsituationen sollte es dem Notar auch möglich sein, die Auszahlung für eine kurze Zeit auszusetzen, um dem sich dagegen

42 Vgl. Arndt/Lerch/Sandkühler/*Sandkühler*, § 23 Rn 177; Frenz/Miermeister/*Hertel*, BeurkG § 61 Rn 12; Weingärtner/Gassen/Sommerfeldt/*Weingärtner*, vor § 27 Rn 48; *Kasper*, RNotZ 2018, 133, 145.

43 *Kasper*, RNotZ 2018, 133, 145.

44 Vgl. *Winkler*, § 61 Rn 12; Grziwotz/Sauer/Heinemann/*Grziwotz*, § 61 Rn 8; *Kasper*, RNotZ 2018, 133, 144.

45 Vgl. *Blaeschke*, § 14 Rn 188; *Weingärtner*, Verwahrungsgeschäft, Rn 219.

46 Vgl. *Weingärtner*, Verwahrungsgeschäft, Rn 229.

47 Vgl. Schleswig-Holsteinisches OLG v. 19.3.2020 – 11 U 77/18 (unveröffentlicht).

48 So Frenz/Miermeister/*Hertel*, BeurkG § 61 Rn 13, *Winkler*, § 61 Rn 15 (jeweils unter Verweis auf die Stellungnahme des Rechtsausschusses).

49 Vgl. *Vaasen/Starke*, DNotZ 1998, 661, 679; vgl. auch *Kasper*, RNotZ 2018, 133, 147.

50 *Kasper*, RNotZ 2018, 133, 147; Frenz/Miermeister/*Hertel*, BeurkG § 61 Rn 13; *Blaeschke*, § 14 Rn 188; Haug/Zimmermann/*Zimmermann*, Rn 733 Weingärtner/*Ulrich*, NotAktVV vor § 21 Rn 88.

51 Vgl. *Winkler*, § 61 Rn 18; vgl. auch Arndt/Lerch/Sandkühler/*Sandkühler*, § 23 Rn 179; Grziwotz/Sauer/Heinemann/*Grziwotz*, § 61 Rn 8.

wehrenden Beteiligten die Möglichkeit zu geben, im einstweiligen Rechtsschutzverfahren gegen die beabsichtigte Auszahlung vorzugehen.[52]

§ 62 Verwahrung von Wertpapieren und Kostbarkeiten

(1) Die §§ 57, 60 und 61 gelten entsprechend für die Verwahrung von Wertpapieren und Kostbarkeiten.

(2) Der Notar ist berechtigt, Wertpapiere und Kostbarkeiten auch einer Bank im Sinne des § 58 Absatz 2 in Verwahrung zu geben, und ist nicht verpflichtet, von ihm verwahrte Wertpapiere zu verwalten, soweit in der Verwahrungsanweisung nichts anderes bestimmt ist.

Literatur *Bömer*, „Hinterlegung" von Software, NJW 1998, 3321; *DNotI*, Notarielle Prioritätsverhandlung (Prioritätsfeststellung) für Musikkassette (CD), DNotI-Rep. 2001, 69; *DNotI*, Prioritätsfeststellung; notarielle Verwahrung, DNotI-Rep. 1996, 45; *Heyn*, Notarielle Prioritätsverhandlung und Schutz von Datenbanken, DNotZ 1998, 177; *Leistner*, Notarielle Prioritätsverhandlungen im Urheber- und Computerrecht, MittBayNot 2003, 3; *Menzel*, Prioritätsfeststellung durch notarielle Verwahrung, DNotI-Rep. 1997, 132; *Meyer*, Die Hinterlegung von Quellcodes und Prioritätsverhandlungen in der notariellen Praxis, RNotZ 2011, 385; *Milzer*, Software Escrow-Agreements als notarielle Hinterlegungsvereinbarungen, ZNotP 2004, 348; *Schreindorfer*, Verwahrung zugunsten Dritter, MittBayNot 2015, 282; *Terner*, in: *Kersten/Bühling*, FGG, 26. Auflage 2019, § 15 Rn 50 ff. (Prioritätsfeststellungen – mit Mustern); *Zugehör*, Aktuelle Fragen der Notarhaftung, ZNotP 2000, 250.

A. Einleitung

1 Nach § 23 BNotO sind die Notare nicht nur zuständig, Geld, das ihnen von den Beteiligten übergeben wird, zur Aufbewahrung und Ablieferung an Dritte zu übernehmen, sondern auch **Wertpapiere und Kostbarkeiten**. Die Übernahme einer solchen Verwahrungstätigkeit steht im Ermessen des Notars. Eine Pflicht zur Amtsausübung besteht wie bei der Verwahrung von Geld nicht.[1] In der notariellen Praxis spielt die Verwahrung von Wertpapieren und Kostbarkeiten nur eine geringe Rolle.[2] Im Übrigen verweist § 62 BeurkG weitgehend auf die Vorschriften über die Verwahrung von Geld. Daher sollen die Anmerkungen sich insoweit auf die wenigen in der Praxis gelegentlich vorkommenden Fälle beschränken.

2 Neben Geld, Wertpapieren und Kostbarkeiten darf der Notar auch **andere Gegenstände** verwahren. Diese Befugnis leitet sich aus der allgemeinen Regelung des § 24 Abs. 1 S. 1 BNotO ab.[3] Die §§ 57 ff. BeurkG gelten insoweit grundsätzlich nicht analog. Sie enthalten jedoch Grundgedanken, deren Berücksichtigung dem Notar dringend anzuraten ist, wenn er keine Amtspflichten verletzen will.

52 So Frenz/Miermeister/*Hertel*, BeurkG § 61 Rn 14; vgl. auch *Kasper*, RNotZ 2018, 133, 147.

1 Vgl. Grziwotz/Sauer/Heinemann/*Grziwotz*, § 62 Rn 2; *Winkler*, § 62 Rn 7.

2 Vgl. Grziwotz/Sauer/Heinemann/*Grziwotz*, § 62 Rn 1; Frenz/Miermeister/*Hertel*, BeurkG § 62 Rn 1; Handbuch Notarhaftung/*Hertel*, Kap. 4 Rn 466.

3 Vgl. OLG Hamm v. 18.10.2005 – 15 W 298/05, NotBZ 2006, 59; Frenz/Miermeister/*Hertel*, BeurkG § 62 Rn 18 ff.; *Winkler*, § 62 Rn 6; *Schreindorfer*, MittBayNot 2015, 282, 290.

B. Wertpapiere

3 Nach herrschender Meinung ist der **Begriff „Wertpapiere" weit zu verstehen.**[4] Erfasst werden nicht nur die Papiere im Sinne des Wertpapierrechts bzw. des § 372 BGB. Was unter Wertpapier zu verstehen ist, ergibt sich nämlich nicht allein aus einer begrifflichen Auslegung des Wortes „Wertpapier". Erforderlich ist vielmehr eine teleologische, den Zweck der Verwahrung berücksichtigende Betrachtungsweise. § 62 BeurkG bezweckt eine Verwahrung aller Papiere von Wert.[5] Zu prüfen ist auch, ob der Notar die Papiere zu Verwahrungszwecken erhält oder ob er sie nur im Zusammenhang mit dem Vollzug einer Urkunde oder zu einer anderen Treuhandtätigkeit bekommt.[6] Deshalb können auch reine Beweisurkunden, die zwar objektiv keinen Marktwert haben, aber für Beteiligte von Bedeutung sind, als Wertpapiere behandelt werden.[7]

4 Unter Berücksichtigung von Sinn und Zweck der notariellen Verwahrung sind dagegen folgende **Papiere** von Notaren regelmäßig **nicht** als **Wertpapiere i.S.v. § 62** BeurkG zu behandeln:[8]

- Geldscheine: Aus § 57 Abs. 1 BeurkG ergibt sich das Verbot, sie entgegenzunehmen (vgl. oben § 57 BeurkG Rdn 3 ff.).
- Schecks und Sparbücher: Sie sind regelmäßig unverzüglich einzulösen oder zu verrechnen (vgl. § 58 Abs. 5 BeurkG) und als Geld zu behandeln. In Ausnahmefällen, wenn Schecks oder Sparbücher ausdrücklich zur Verwahrung und nicht nur zur Zahlung übergeben werden, können sie jedoch auch als Wertpapiere verwahrt werden (vgl. oben § 58 BeurkG Rdn 56).[9] Werden Schecks oder Sparbücher als Zahlungsmittel entgegengenommen, so werden sie nach § 27 Abs. 1 S. 1 NotAktVV im Verwahrungsverzeichnis als Einnahme eingetragen. Näheres regeln § 27 Abs. 1 S. 2 und Abs. 2 bis 4 NotAktVV.
- Schecks und Wechsel, die der Notar zur Protesterhebung erhält:[10] Nach § 21 S. 2 Nr. 2 NotAktVV müssen diese nicht in das Verwahrungsverzeichnis eingetragen werden. Gleiches gilt nach § 21 S. 2 Nr. 1 NotAktVV für Geldbeträge, die der Notar als Protestbeamter empfangen hat, wenn sie unverzüglich, d.h. ohne schuldhaftes Zögern (§ 121 Abs. 1 S. 1 BGB), an den Berechtigten herausgegeben werden.[11]
- Grundpfandrechtsbriefe, soweit ihre Verwendung dem Grundbuchvollzug und nicht der Aufbewahrung und Ablieferung dient:[12] In diesem Fall sind sie kein zu verwahrender Gegenstand im Sinne von § 62 BeurkG. Verwahrt werden sie bei den betreffenden Notariats- bzw. Nebenakten. Entsprechend muss nach § 21 S. 2 Nr. 3 NotAktVV keine Eintragung in das Verwahrungsverzeichnis erfolgen.[13]
- Urkunden, die der Notar zur Ausführung von Betreuungsaufträgen erhält (z.B.: Löschungsbewilligungen, Vollmachten etc.):[14] Sie unterfallen weder dem Wertpapierbegriff noch liegt ein Verwahrungszweck vor.
- Aktien, die nach § 123 Abs. 3 AktG für die Dauer der Hauptversammlung bei einem Notar verwahrt bleiben:[15] Vorrangiger Zweck ist die Verhinderung einer Mehrfachausübung des Stimmrechts und nicht die Verwahrung.

4 Vgl. mit Abweichungen im Einzelnen: Weingärtner/*Ulrich*, NotAktVV vor § 21 Rn 89; Arndt/Lerch/Sandkühler/*Sandkühler*, § 23 Rn 62; *Weingärtner*, Verwahrungsgeschäft, Rn 234; Grziwotz/Sauer/Heinemann/*Grziwotz*, § 62 Rn 3; für eine eher restriktive Definition: Frenz/Miermeister/*Hertel*, BeurkG § 62 Rn 2; Schippel/Görk/*Sander*, § 23 Rn 9 ff., 4; vgl. zum Ganzen auch Handbuch Notarhaftung/*Hertel*, Kap. 4 Rn 467.

5 Vgl. *Winkler*, § 62 Rn 2; a.A. Frenz/Miermeister/*Hertel*, BeurkG § 62 Rn 2.

6 So Frenz/Miermeister/*Hertel*, BeurkG § 62 Rn 5; vgl. auch *Winkler*, § 62 Rn 2.

7 So auch *Weingärtner*, Verwahrungsgeschäft, Rn 234; *Bräu*, Verwahrungstätigkeit, Rn 2; a.A.: Frenz/Miermeister/*Hertel*, BeurkG § 62 Rn 3; Handbuch Notarhaftung/*Hertel*, Kap. 4 Rn 469; Arndt/Lerch/Sandkühler/*Sandkühler*, § 23 Rn 42; *Winkler*, § 62 Rn 2; *Blaeschke*, § 14 Rn 205.

8 Vgl. Frenz/Miermeister/*Hertel*, BeurkG § 62 Rn 5; Weingärtner/*Ulrich*, NotAktVV vor § 21 Rn 89; Grziwotz/Sauer/Heinemann/*Grziwotz*, § 61 Rn 3.

9 Vgl. *Winkler*, § 62 Rn 5; Handbuch Notarhaftung/*Hertel*, Kap. 4 Rn 468.

10 Vgl. Frenz/Miermeister/*Hertel*, BeurkG § 62 Rn 5.

11 Vgl. Arndt/Lerch/Sandkühler/*Sandkühler*, § 23 Rn 40; *Winkler*, § 62 Rn 4.

12 Vgl. Frenz/Miermeister/*Hertel*, BeurkG § 62 Rn 5.

13 Vgl. *Winkler*, § 62 Rn 3a.

14 Vgl. Weingärtner/*Ulrich*, NotAktVV vor § 21 Rn 89; Frenz/Miermeister/*Hertel*, BeurkG § 62 Rn 5; *Winkler*, § 62 Rn 2.

15 Kersten/Bühling/*Zimmermann*, § 9 Rn 9; Frenz/Miermeister/*Hertel*, BeurkG § 62 Rn 5; *Winkler*, § 62 Rn 2.

- Zinsabgeltungssteuerbescheinigungen: Sie erhält der Notar nicht zum Zwecke der Verwahrung, sondern als Inhaber des Notaranderkontos.[16]
- Bürgschaften nach MaBV.[17]

C. Kostbarkeiten

5 Kostbarkeiten i.S.d. § 23 BNotO und § 62 BeurkG sind Gegenstände, deren **Wert im Verhältnis zum Umfang besonders hoch (klein und wertvoll)** ist und die im allgemeinen Verkehr als solche bezeichnet werden (z.B.: Juwelen, Gold- und Silbersachen, Kunstwerke, Antiquitäten, Münzsammlungen,[18] Briefmarken, Manuskripte).[19] Zum Begriffsinhalt gehört auch, dass sie leicht aufzubewahren und unverderblich sind.[20]

D. Analoge Anwendung von §§ 57, 60 und 61 BeurkG

6 Der Notar darf Wertpapiere und Kostbarkeiten nach § 62 Abs. 1 i.V.m. § 57 Abs. 2–4 BeurkG nur unter denselben einschränkenden Voraussetzungen entgegennehmen, die er auch bei Geld zu beachten hat. Es bedarf also entsprechend § 57 BeurkG **eines berechtigten Sicherungsinteresses** sowie eines **Verwahrungsantrags** und einer **Verwahrungsanweisung**. Von den ursprünglich getroffenen Vereinbarungen/Anweisungen darf der Notar nur unter den Voraussetzungen der §§ 61 und 62 BeurkG abweichen.[21]

7 Besonders genau sollte der Notar prüfen, welche **Zwecke** mit der Verwahrung bei ihm verfolgt werden. Die Gefahr des Missbrauchs (Verwahrung von Diebesgut oder von Gegenständen, die den Finanzbehörden nicht bekannt werden sollen) erscheint in diesen Fällen besonders groß (vgl. § 14 Abs. 2 BNotO).[22] Der Notar hat vor allem darauf zu achten, dass er keinen falschen Anschein vermittelt. Insbesondere wird er zu den bei ihm hinterlegten Kostbarkeiten regelmäßig keine eigenen Feststellungen (Original oder Fälschung) treffen können. Er sollte sich pedantisch auf eine **Beschreibung im Tatsächlichen** beschränken.[23] Auch bei Wertpapieren wird der Notar eine Fälschung nicht unbedingt erkennen können. Sofern sich jedoch keine Verdachtsmomente aus den Umständen aufdrängen, darf er regelmäßig davon ausgehen, dass die Papiere keine Fälschungen darstellen. Dennoch empfiehlt es sich – insbesondere bei größeren Werten – entsprechende Erkundigungen einzuholen.

E. Durchführung der Verwahrung von Wertpapieren und Kostbarkeiten

8 § 58 BeurkG passt für die Verwahrung von Wertpapieren und Kostbarkeiten offenkundig nicht. Daher enthält das Gesetz in Abs. 1 auch ausdrücklich keine entsprechende Verweisung. Abs. 2 regelt lediglich einen Sonderfall. § 10 Abs. 1 DONot legt fest, dass bei Wertpapieren und Kostbarkeiten die Massenummer auf dem Verwahrungsgut oder auf Hüllen und Ähnlichem anzugeben ist.

9 Nach § 62 Abs. 1 i.V.m. § 57 Abs. 4 BeurkG bedarf die Verwahrungsanweisung der Schriftform. Weil BeurkG, DONot und NotAktVV keine weitergehenden Vorgaben machen, ist es Aufgabe des Notars sicherzustellen, dass die Lücken des Gesetzes durch eine **ausführliche Verwahrungsanweisung** geschlossen werden. In ihr sollten einerseits die näheren Bedingungen der Verwahrung selbst, aber auch die Voraussetzungen, unter denen die Rückgabe der verwahrten Gegenstände zu erfolgen hat, im Detail geregelt

16 Vgl. Grziwotz/Sauer/Heinemann/*Grziwotz*, § 62 Rn 3; Frenz/Miermeister/*Hertel*, BeurkG § 62 Rn 5.

17 Vgl. zu BGH v. 11.1.2007 – VII ZR 229/05, DNotZ 2007, 376 ff.; vgl. auch Arndt/Lerch/Sandkühler/*Sandkühler*, § 23 Rn 43.

18 Vgl. dazu Grziwotz/Sauer/Heinemann/*Grziwotz*, § 62 Rn 4, 7.

19 Vgl. z.B. Weingärtner/*Ulrich*, NotAktVV vor § 21 Rn 91; Arndt/Lerch/Sandkühler/*Sandkühler*, § 23 Rn 44; Frenz/Miermeister/*Hertel*, BeurkG § 62 Rn 6; *Winkler*, § 62 Rn 3; Diehn/*Kilian*, BNotO, § 23 Rn 7.

20 Frenz/Miermeister/*Hertel*, BeurkG § 62 Rn 6; kritisch zu der Beschränkung auf kleine Gegenstände: Grziwotz/Sauer/Heinemann/*Grziwotz*, § 62 Rn 5.

21 Vgl. Grziwotz/Sauer/Heinemann/*Grziwotz*, § 62 Rn 19.

22 Vgl. auch Frenz/Miermeister/*Hertel*, BeurkG § 62 Rn 7; *Winkler*, § 62 Rn 8.

23 Beispiele bei *Weingärtner*, Verwahrungsgeschäft, Rn 241; vgl. auch Arndt/Lerch/Sandkühler/*Sandkühler*, § 23 Rn 46; Frenz/Miermeister/*Hertel* BeurkG § 62 Rn 9; *Winkler*, § 62 Rn 9; Grziwotz/Sauer/Heinemann/*Grziwotz*, § 62 Rn 11; Diehn/*Kilian*, BNotO § 23 Rn 7; *Blaeschke*, § 14 Rn 204.

werden. Musterformulierungen gibt es nur wenige. Der Notar muss die Vereinbarungen einzelfallbezogen ausarbeiten. Hinzuweisen ist auf Folgendes:

10 – Wertpapiere und Kostbarkeiten darf der Notar bei einem im Inland zum Geschäftsbetrieb befugten Kreditinstitut verwahren. Zulässig ist einerseits die sog. „offene Verwahrung" durch die Bank. In diesem Fall erhält die Bank den unmittelbaren Alleinbesitz am Verwahrgut.[24] Andererseits kann der Notar die Wertpapiere oder Kostbarkeiten auch in einem von ihm angemieteten Banksafe aufbewahren. Der Alleinbesitz bleibt in diesem Fall beim Notar.[25] Aus dem Grundsatz der persönlichen Amtsausübung folgt, dass allein der Notar Zugang zu dem Safe haben darf.[26] Auf jeden Fall muss es sich um eine inländische Filiale einer im Inland zum Geschäftsbetrieb befugten Bank handeln (Rechtsgedanke von § 58 Abs. 2 BeurkG).[27]
– Der Notar kann die Verwahrung auch in seinem Büro vornehmen. Mit den Beteiligten sollte er besprechen, ob und welche Sicherheiten dort vorhanden sind (z.B. Safe, feuersicherer Stahlschrank, Versicherungen) bzw. noch geschaffen werden sollen (z.B. Neuabschluss einer Versicherung). Es empfiehlt sich dringend, entsprechende Regelungen (z.B. zur Versicherungspflicht) und Aussagen (insbesondere zu den vorhandenen Sicherheitsvorkehrungen) in die Verwahrungsvereinbarung mit aufzunehmen.[28] So lässt sich vermeiden, dass die Beteiligten dem Notar später Pflichtwidrigkeiten vorwerfen können. Über den Schlüssel zum Safe darf nur der Notar oder eine zuverlässige Bürokraft verfügen, die der Notar regelmäßig überwacht.[29] Aufgrund der fehlenden Verweisung in § 62 BeurkG auf das Verbot von Sammelanderkonten in § 58 Abs. 2 S. 3 BeurkG ist die Verwahrung mehrerer Verwahrungsgegenstände in demselben Safe zulässig.[30]
– Ausdrücklich legt das Gesetz fest, dass der Notar verwahrte Wertpapiere grundsätzlich nicht verwalten muss (Abs. 2 Hs. 2). Die DONot sah früher noch eine entsprechende Hinweispflicht vor. Trotz Entfalls dieser Regelung ist der Notar gut beraten, auf die fehlende Pflicht zur Verwaltung ausdrücklich hinzuweisen.[31]
– Klare Aussagen sollten insbesondere zu der Frage getroffen werden, wer wann und unter welchen Voraussetzungen berechtigt ist, die verwahrten Gegenstände abzuholen. Zu vermeiden ist, dass die Verwahrung sich über einen zu langen Zeitraum erstreckt. Klargestellt werden sollte weiterhin, dass der Empfangsberechtigte nicht nur berechtigt, sondern auch verpflichtet ist, die verwahrten Wertpapiere bzw. Kostbarkeiten in Empfang zu nehmen. Tut er es nicht, gerät der Empfangsberechtigte in Annahmeverzug. Der Notar kann dann nach § 372 S. 1 BGB beim Amtsgericht hinterlegen.[32]
– Nach § 26 Abs. 1 NotAktVV sind Wertpapiere unter Angabe der Gattung, des Nennbetrages, der Stückzahl, der Serien und der Nummern im Verwahrungsverzeichnis einzutragen. Zins-, Renten- und Gewinnanteilscheine oder Erneuerungsscheine müssen durch Angabe der Fälligkeitstermine oder der Nummern näher bezeichnet werden. Kostbarkeiten sind gem. § 26 Abs. 2 NotAktVV aussagekräftig zu bezeichnen und mit einem Schätzwert einzutragen.

24 Vgl. *Weingärtner*, Verwahrungsgeschäft, Rn 238; Weingärtner/*Ulrich*, NotAktVV vor § 21 Rn 93; *Winkler*, § 62 Rn 11; Grziwotz/Sauer/Heinemann/*Grziwotz*, § 62 Rn 13; *Blaeschke*, § 14 Rn 208; Frenz/Miermeister/*Hertel*, BeurkG § 62 Rn 11.

25 Vgl. *Weingärtner*, Verwahrungsgeschäft, Rn 239; Weingärtner/*Ulrich*, NotAktVV vor § 21 Rn 94; *Winkler*, § 62 Rn 12; *Blaeschke*, § 14 Rn 209.

26 Vgl. BGH v. 21.11.1996 – IX ZR 182/95, DNotZ 1997, 221, 225; Frenz/Miermeister/*Hertel*, BeurkG § 62 Rn 11.

27 So Frenz/Miermeister/*Hertel*, BeurkG § 62 Rn 11; Grziwotz/Sauer/Heinemann/*Grziwotz*, § 62 Rn 14.

28 Vgl. Frenz/Miermeister/*Hertel*, BeurkG § 62 Rn 11, 13; Grziwotz/Sauer/Heinemann/*Grziwotz*, § 62 Rn 15 f.

29 Vgl. *Weingärtner*, Verwahrungsgeschäft, Rn 240; Weingärtner/*Ulrich*, NotAktVV vor § 21 Rn 95; *Winkler*, § 62 Rn 13; Grziwotz/Sauer/Heinemann/*Grziwotz*, § 62 Rn 15; *Lerch* (§ 54e Rn 1) warnt vor dem Zugang durch Mitarbeiter.

30 Frenz/Miermeister/*Hertel*, BeurkG § 62 Rn 12.

31 So auch Frenz/Miermeister/*Hertel*, BeurkG § 62 Rn 14; Arndt/Lerch/Sandkühler/*Sandkühler*, § 23 Rn 128; vgl. auch Grziwotz/Sauer/Heinemann/*Grziwotz*, § 62 Rn 18.

32 Vgl. Frenz/Miermeister/*Hertel*, BeurkG § 62 Rn 16; Grziwotz/Sauer/Heinemann/*Grziwotz*, § 62 Rn 17.

F. Verwahrung sonstiger Gegenstände

I. Allgemeines

Der Notar darf neben Geld, Wertpapieren und Kostbarkeiten auch **andere Gegenstände** verwahren.[33] Eine Verpflichtung zur Übernahme der Verwahrung besteht auch bei diesen Gegenständen nicht. Die Befugnis des Notars leitet sich aus der allgemeinen Regelung des § 24 Abs. 1 S. 1 BNotO ab. Die §§ 57 ff. BeurkG gelten insoweit nicht unmittelbar analog. Sie enthalten jedoch teilweise übertragbare Grundgedanken.[34] Deren Berücksichtigung ist dem Notar dringend anzuraten, wenn er keine Amtspflichten verletzen will. *Sandkühler*[35] will die §§ 57 ff. BeurkG immer dann analog anwenden, wenn die Verwahrung von Urkunden zwecks Aufbewahrung oder Ablieferung an Dritte erfolgt. 11

Beispielsweise können im Rahmen einer Geschäftsanteilsübertragung die Beteiligten ein Interesse daran haben, später den Nachweis führen zu können, welche Unterlagen dem Käufer im Vorfeld für die Duediligence-Prüfung vom Verkäufer zur Einsicht vorgelegt worden waren. Nicht selten sind derartige Unterlagen sehr umfangreich. Zunächst sollte der Notar klären, dass kein Fall einer Mitbeurkundungspflicht vorliegt. Soll Gegenstand der Verwahrung nicht wie inzwischen üblich ein elektronischer Datenträger, sondern ein Konvolut in Papierform sein, empfiehlt es sich, dass der Notar die Unterlagen im Beisein beider Vertragsparteien in Empfang nimmt und in ein Behältnis verstaut, das sodann versiegelt wird. In einer Verwahrungsvereinbarung ist zu regeln, wer unter welchen Voraussetzungen Einsicht nehmen darf und wie lange die Unterlagen aufzubewahren sind. Zuvor sollten sich die Parteien in der Geschäftsanteilsübertragungsurkunde zu diesem Vorgehen wechselseitig vertraglich verpflichtet haben. 12

II. Elektronische Datenträger/Quellcodes/Prioritätsnachweis

Vor allem wird heute die **Verwahrung von elektronischen Datenträgern** beim Notar gewünscht. Dabei kann es sich um einen **Quellcode** handeln, der im Rahmen einer zweiseitigen Verwahrungsvereinbarung hinterlegt werden soll.[36] Der Lizenznehmer sichert sich durch die Verwahrung den Zugriff auf das Programm. Andererseits gibt der Lizenzgeber den Quellcode (auch Source Code genannt) durch die Verwahrung nicht vollständig „aus der Hand".[37] In den meisten Fällen geht es aber um die Möglichkeit des sog. **Prioritätsbeweises**. Hierbei handelt es sich um eine einseitige Verwahrung. Das Vorhandensein eines bestimmten Werkes zu einem bestimmten Zeitpunkt soll nachweisbar gemacht werden. Diese zeitliche Komponente ist urheberrechtlich von Bedeutung. Ein Komponist will z.B. seine Autorenschaft beweisen können, indem er einen Tonträger oder eine Notenschrift bei einem Notar in Verwahrung gibt.[38] 13

Umstritten ist, ob **elektronische Datenträger** in entsprechender Anwendung zu den **Kostbarkeiten** gerechnet werden können. Es gibt gute Gründe, das zu tun:[39] Ob die Datenträger tatsächlich wertvoll sind, kann der Notar genauso wenig wie bei anderen ihm übergebenen Kostbarkeiten sagen. Er muss sich insoweit auf die Mitteilungen der Beteiligten verlassen. Die h.M. wendet § 62 BeurkG dagegen nicht unmittelbar an, hält die Tätigkeit aber im Rahmen der sonstigen Betreuung im Bereich der vorsorgenden Rechtspflege für zulässig.[40] Für den Notar hat die h.M. einen praktischen Vorteil: Kostbarkeiten sind 14

33 OLG Hamm v. 18.10.2005 – 15 W 298/05, NotBZ 2006, 59; Frenz/Miermeister/*Hertel*, BeurkG § 62 Rn 18; *Schreindorfer*, MittBayNot 2015, 282, 290.

34 Ähnlich Frenz/Miermeister/*Hertel*, BeurkG § 62 Rn 18; Handbuch Notarhaftung/*Ganter*, Kap. 4 Rn 530; Handbuch Notarhaftung/*Hertel*, Kap. 4 Rn 490; *Winkler*, § 62 Rn 6; Haug/Zimmermann/*Zimmermann*, Rn 691; OLG Hamm v. 18.10.2005 – 15 W 298/05, NotBZ 2006, 59; *Schreindorfer*, MittBayNot 2015, 282, 290.

35 In Arndt/Lerch/Sandkühler/*Sandkühler*, § 23 Rn 41.

36 Ein ausführliches Muster eines Software-Hinterlegungsvertrags findet sich bei *Milzer*, ZNotP 2004, 348, 353 ff.; vgl. auch: Würzburger Vertragshandbuch/*Limmer*, Teil 1 Kap. 2 Rn 226; *Bömer*, NJW 1998, 3321, 3322 f.

37 Vgl. Frenz/Miermeister/*Hertel*, BeurkG § 62 Rn 22; ausführlich *Meyer*, RNotZ 2011, 385 ff.

38 Vgl. Frenz/Miermeister/*Hertel*, BeurkG § 62 Rn 26.

39 Vgl. Arndt/Lerch/Sandkühler/*Sandkühler*, § 23 Rn 45.

40 Weingärtner/*Ulrich*, NotAktVV vor § 21 Rn 98; *Weingärtner*, Verwahrungsgeschäft, Rn 242; Frenz/Miermeister/*Hertel*, BeurkG § 62 Rn 22 Fn 36; *Milzer*, ZNotP 2004, 348, 350, 352; Würzburger Notarhandbuch/*Limmer*, Teil 1 Kap. 2 Rn 223; vgl. *Leistner*, MittBayNot 2003, 3 ff.; vgl. auch OLG Hamm v. 18.10.2005 – 15 W 298/05, NotBZ 2005, 59 f.

gem. § 21 S. 1 NotAktVV ins Verwahrungsverzeichnis einzutragen. Ist der Datenträger keine Kostbarkeit, muss er nicht eingetragen werden.[41]

15 Bei **Prioritätsfeststellungen** hat der Notar das „passende" Verfahren im Einzelfall unter Berücksichtigung des Verwahrungszwecks zu finden (vgl. auch § 43 BeurkG Rdn 2 f.).[42] Hier kommt einerseits die Verwahrung in Betracht, indem das vorgelegte Werk selbst in Verwahrung genommen wird. In anderen Fällen kann eine notarielle Tatsachenbescheinigung (§§ 43, 39 BeurkG), eine Niederschrift nach §§ 36 ff. oder eine Unterschriftsbeglaubigung (§ 40 BeurkG)[43] weiterhelfen. Denkbar ist auch die Aufnahme einer eidesstattlichen Versicherung (§ 38 BeurkG), deren Zulässigkeit im Hinblick auf § 22 Abs. 2 BNotO wohl kaum noch streitig ist (siehe auch § 38 BeurkG Rdn 12).[44] Gegebenenfalls müssen die Möglichkeiten kombiniert werden.[45] Das praktische Hauptproblem ist regelmäßig die „Verbindung" des zu schützenden Werks mit der notariellen Urkunde. Die Schwierigkeit liegt vor allem darin, dass die „Umsetzung" insbesondere von Datenträgern in eine zweidimensionale Schrift- oder Bildform vielfach nicht möglich ist.[46] Deshalb muss eine beweiskräftige Verbindung zwischen dem in einem Umschlag versiegelten Werk einerseits und einer Tatsachenbescheinigung und/oder eidesstattlichen Versicherung andererseits geschaffen werden.[47]

16 Vor allem die Verwahrungsvereinbarung bei **Quellcodes** bedarf genauer Ausgestaltung: Das betrifft die Art der Aufbewahrung. In diesem Zusammenhang sollte z.B. die Wärme- und Feuchtigkeitsempfindlichkeit von Datenträgern nicht vergessen werden. Ein wichtiges Regelungselement ist die Beschreibung der Herausgabefälle, wobei vor allem die – bislang höchst umstrittene – Insolvenzfestigkeit von besonderer Bedeutung ist. Praktische Probleme kann auch die Identifikation und Verifikation des Verwahrungsgegenstandes bereiten.[48] Nicht selten wird in der Praxis bei **Prioritätsfeststellungen** von den Notaren übersehen, das Ende der Verwahrung zu regeln. Eine Aufbewahrung über viele Jahre oder gar Jahrzehnte ist meist weder im Interesse der Beteiligten noch des Notars. Zu berücksichtigen ist, dass die Beteiligten oft nach einigen Jahren nicht mehr erreichbar sind oder nicht antworten. Eine Hinterlegung beim Amtsgericht scheidet meist aus, da sie nur bei Wertpapieren oder Kostbarkeiten in Betracht kommt. Eine Befristung der Verwahrung und eine Regelung, wohin der Gegenstand bei Fristablauf zu senden ist, empfehlen sich deshalb dringend.[49] Der Notar kann darin auch ermächtigt werden, den Gegenstand nach Fristablauf zu vernichten. Diese Möglichkeit sollte insbesondere bei elektronischen Datenträgern auf jeden Fall vorgesehen werden.[50]

17 Auch die Gerichte beschäftigen „Prioritätsurkunden". Dem OLG Hamm[51] lag folgender Fall vor: Der Notar hatte Musik-CDs in Verwahrung genommen. In der Verwahrungsanweisung hieß es: „Die Gegenstände können an den Hinterleger oder einen Dritten ausgehändigt werden, wenn dem Notar die beglaubigte Abschrift dieser Niederschrift ausgehändigt wird." Später verlangte der Hinterleger persönlich die CDs selbst zurück, die beglaubigte Abschrift der Verwahrungsanweisung hatte er verloren. Der Notar verweigerte die Herausgabe. Das OLG hat den Fall wie folgt beurteilt: § 62 BeurkG ist nicht unmittelbar anwendbar, da eine Musik-CD keine Kostbarkeit ist. Bei einer „untechnischen" Verwahrung sind die §§ 57 ff. BeurkG jedoch weitgehend entsprechend anwendbar. Der „Rückgriff" auf § 57 BeurkG bedeutet: Die Verwahrungsanweisung bindet den Notar grundsätzlich. Allerdings sind auch die Grundsätze des

41 Vgl. Würzburger Notarhandbuch/*Limmer*, Teil 2 Kap. 2 Rn 179. Weingärtner/*Ulrich*, NotAktVV vor § 21 Rn 98, und Frenz/Miermeister/*Hertel*, BeurkG § 62 Rn 21, und *Meyer* (RNotZ 2011, 385, 388) empfehlen dennoch die Führung eines Eingangs- und Ausgangsbuchs bzw. die Sammlung der Empfangsquittungen.

42 Vgl. *Winkler*, § 43 Rn 3 ff.; DNotI-Rep. 2001, 69 f.; Frenz/Miermeister/*Hertel*, BeurkG § 62 Rn 26 ff.; *Meyer*, RNotZ 2011, 385, 397 ff.

43 Kritisch dazu *Meyer*, RNotZ 2011, 385, 397.

44 Vgl. Arndt/Lerch/Sandkühler/*Sandkühler*, § 23 Rn 45, *Meyer*, RNotZ 2011, 385, 398 (es genügt die Absicht zukünftiger Verwendung vor Gericht); Frenz/Miermeister/*Hertel*, BeurkG § 62 Rn 28 Fn 43 (unter Aufgabe der bis zur 2. Aufl. ablehnenden Ansicht); Kersten/Bühling/*Terner*, § 15 Rn 50 ff. (mit Muster).

45 Muster für eine Kombination von Tatsachenbescheinigung und Verwahrung: Kersten/Bühling/*Terner*, § 15 Rn 54 f.

46 Vgl. DNotI-Rep. 1996, 45 ff.; Frenz/Miermeister/*Hertel*, BeurkG § 62 Rn 29; *Hayn*, DNotZ 1998, 177, 182 ff.; Würzburger Notarhandbuch/*Limmer*, Teil 1 Kap. 2 Rn 223.

47 Ausführlich *Leistner*, MittBayNot 2003, 3, 7 ff.; *Meyer*, RNotZ 2011, 385, 399.

48 Ausführlich zu diesen Fragen: *Meyer*, RNotZ 2011, 385, 388 ff.

49 Vgl. Frenz/Miermeister/*Hertel*, BeurkG § 62 Rn 29; Haug/Zimmermann/*Zimmermann*, Rn 691.

50 Vgl. Handbuch Notarhaftung/*Ganter*, Kap. 4 Rn 534.

51 V. 18.10.2005 – 15 W 298/05, NotBZ 2006, 59 f.

§ 60 BeurkG übertragbar. Bei einer einseitigen Verwahrungsanweisung gilt der Grundsatz der freien Widerruflichkeit (§ 60 Abs. 1 BeurkG). Eine Ausnahme besteht nur, wenn Amtspflichten gegenüber Dritten verletzt werden. Dafür gab es im konkreten Fall für das OLG Hamm keine Hinweise. Das bedeutete: Der Hinterleger konnte seine Verwahrungsanweisung einseitig widerrufen und der Notar war zur Rückgabe der CDs verpflichtet.

III. Kryptowerte

In der Literatur ist ersichtlich noch nicht diskutiert worden, wie mit Kryptowerten zu verfahren wäre, die in die Verwahrung gegeben werden sollen. Ein praktisches Bedürfnis dazu besteht anders als im Erbrecht wohl nicht. Mögliche Anwendungsfälle sind reduziert, da sowohl bei Immobiliengeschäften als auch beim Erwerb von Anteilen an Gesellschaften, zu deren Vermögen unmittelbar oder mittelbar eine inländische Immobilie gehört, ein Kauf oder Tausch mit Kryptowerten nach § 16a GwG verboten ist. Unter den Begriff „Kryptowerte" fallen unterschiedlichste digitale Darstellungen von Werten oder Rechten (Token), die unter Verwendung der Distributed-Ledger-Technologie (DLT) oder ähnlicher Technologien elektronisch übertragen und gespeichert werden können und die unterschiedlichsten Funktionen erfüllen können. Zu den Kryptowerten gehören bspw. Zahlungsmittel-Token (Kryptowährungen wie BITCOIN, Ethereum etc.), die klassischem Geld ähneln; Kapitalanlage-Token (Investment-Token), die Ähnlichkeiten mit einem Wertpapier haben und Rechte gegenüber einem Emittenten vermitteln (bspw. Dividenden- oder Stimmrechte) oder Nutzwert-Token (Utility Token), die einem Gutschein ähneln, weil sie auf bestimmten Plattformen zum Bezug von Waren oder Dienstleistungen genutzt werden können.[52] Darüber hinaus gibt es auch sog. nicht fungible Token (NFT), die fälschungssicher den Besitz an digitalen oder physischen Objekten wie Kunst, Musik, Videos etc. bestätigen. 18

Fraglich ist, wie diese Token im Rahmen der Verwahrung rechtlich einzuordnen sind und zu behandeln wären. Zivilrechtliche Regelungen gibt es hierzu bisher nicht ausreichend. Solche bestehen vor allem im Kapitalanlagebereich für elektronische Wertpapiere, die in einem zentralen Register geführt werden (vgl. §§ 2, 4, 10 eWPG), so dass eine Verwahrung nicht notwendig ist. Für andere Token gilt Folgendes: Nach h.M. sind Token keine Sache im Sinne von § 90 BGB, rechtliches Bezugsobjekt und Vermögenswert ist vielmehr ein privater (digitaler Schlüssel), der den Zugriff auf den Token ermöglicht.[53] Dabei handelt es sich um einen Datensatz. Eine Verwahrung ist daher nur bei Verkörperung möglich, sei es in ausgedruckter Form auf Papier, sei es auf einem Datenstick/physischem Träger. Vorstellbar wäre daher, diesen Schlüssel – bei berechtigtem Sicherungsinteresse – parallel zu Quellcodes zu behandeln. Naturgemäß kann der Notar den Inhalt des Sticks oder die Richtigkeit des Schlüssels weder prüfen noch dessen Wert bemessen. Wegen der erhöhten Geldwäschegefahren und Missbrauchsmöglichkeiten ist bei der Verwahrung von Token daher äußerste Vorsicht geboten. Eine Verwahrung sollte nur bei klarem Verständnis des Zwecks erfolgen. 19

52 Zum Ganzen ausführlich *Thelen*, RNotZ 2023, 425 ff. (427).

53 *Thelen*, RNotZ 2023, 425 ff. (429) m.w.N.

Abschnitt 7: Schlussvorschriften

Unterabschnitt 1: Verhältnis zu anderen Gesetzen

§ 63 Beseitigung von Doppelzuständigkeiten

(1) u. (2) (Änderungsvorschriften)

(3) (aufgehoben)

(4) Auch wenn andere Vorschriften des bisherigen Bundesrechts die gerichtliche oder notarielle Beurkundung oder Beglaubigung oder die Erklärung vor einem Gericht oder Notar vorsehen, ist nur der Notar zuständig.

A. Normzweck

1 Durch Art. 2 Nr. 25 des Gesetzes zur Neuordnung der Aufbewahrung von Notariatsunterlagen und zur Einrichtung des Elektronischen Urkundenarchivs bei der Bundesnotarkammer sowie zur Änderung weiterer Gesetze vom 1.6.2017[1] wurde § 56 BeurkG a.F. in den inhaltsgleichen § 63 BeurkG überführt. Abs. 1 und 2 ändern diejenigen – hier nicht abgedruckten – Vorschriften des Bundesrechts, die neben der Zuständigkeit des Notars auch diejenige des **Gerichts** für Beurkundungsakte vorsahen. Die Gerichte sind seit Inkrafttreten des BeurkG nur noch in seltenen Ausnahmefällen für Beurkundungen zuständig. Der früher gebräuchliche Begriff der „gerichtlichen oder notariellen Beurkundung" ist seit dem BeurkG durch den Begriff der „notariellen Beurkundung" ersetzt.[2] Abs. 3 des § 56 BeurkG a.F. wurde durch Art. 5 des Gesetzes zum Internationalen Erbrecht und zur Änderung von Vorschriften zum Erbschein sowie zur Änderung sonstiger Vorschriften vom 29.6.2015[3] als bereits vollzogener „Änderungsbefehl" bzw. als gegenstandslos aufgehoben.[4] Abs. 4 stellt sicher, dass auf Bundesrecht beruhende Doppelzuständigkeiten zwischen Gericht und Notar auch dann zugunsten des **Beurkundungsmonopols des Notars** beseitigt sind, wenn sie nicht ausdrücklich in Abs. 1 und 2 aufgeführt werden.

Zu landesrechtlichen Doppelzuständigkeiten siehe §§ 66 und 68 BeurkG.

B. Beseitigung bestimmter Doppelzuständigkeiten

2 Abs. 2 Nr. 3 hat § 129 BGB geändert. Diese Vorschrift stellt seit dem BeurkG für das Recht der Geschäftsformen klar, dass **„öffentliche Beglaubigung"** i.S.d. § 129 BGB nur die Unterschriftsbeglaubigung durch einen Notar ist. Von der öffentlichen Beglaubigung ist die amtliche Beglaubigung zu unterscheiden (siehe § 70 BeurkG). Behörden sind zu einer Unterschriftsbeglaubigung i.S.d. § 129 BGB gem. § 34 Abs. 1 S. 2 Nr. 2 VwVfG nicht befugt.

Eine Ausnahme vom Prinzip der Exklusivzuständigkeit des Notars findet sich in § 7 BtOG (entspricht im Wesentlichen § 6 Abs. 2 BtBG a.F.). Die Vorschrift regelt die Beglaubigungszuständigkeit der **Urkundsperson bei der Betreuungsbehörde**. Diese ist befugt, Unterschriften oder Handzeichen auf Betreuungsverfügungen und auf von natürlichen Personen erteilten Vollmachten öffentlich zu beglaubigen (s. auch

1 BGBl I 2017, 1396.
2 RegBegr, BT-Drucks V/3282, 42.
3 BGBl I 2015, 1042.
4 BT-Drucks 18/4201, 57.

§ 1 BeurkG Rdn 31). Die Wirkung dieser Beglaubigung[5] endet allerdings mit dem Tod des Vollmachtgebers (anders noch § 6 Abs. 2 BtBG a.F.). Weitere Voraussetzungen für die Beglaubigung durch die Urkundsperson der Betreuungsbehörde, deren Einhaltung allerdings keine Wirksamkeitsvoraussetzung ist,[6] sind in § 7 Abs. 2 BtOG geregelt. Nach § 7 Abs. 3 BtOG muss die – sachlich unabhängige[7] – Urkundsperson zudem bestimmten Qualifikationsanforderungen genügen, um ordnungsgemäße Beglaubigungen unter Beachtung der Vorschriften des BeurkG und des Familienrechts zu gewährleisten.[8]

C. Generalklausel (Abs. 4)

I. Reichweite

Abs. 4 enthält die einzige das Bundesrecht betreffende Generalklausel des BeurkG. Die Vorschrift hatte in der Vergangenheit praktische Bedeutung erlangt im Hinblick auf das Gesetz zur Ergänzung der handelsrechtlichen Vorschriften über die Änderung der Unternehmensform vom 15.8.1969,[9] das nicht ausdrücklich berücksichtigt worden war. Abs. 4 begründete daher die ausschließliche Zuständigkeit des Notars insbesondere für zahlreiche Fälle eines Beurkundungserfordernisses nach dem UmwG a.F. Seit der Neufassung des UmwG durch das Gesetz zur Bereinigung des Umwandlungsrechts vom 28.10.1994[10] ist dieser Anwendungsfall des Abs. 4 entfallen. 3

Zu beachten ist, dass die Generalklausel nur gerichtliche Beurkundungszuständigkeiten beseitigt, die zum Zeitpunkt des Inkrafttretens des BeurkG schon bestanden. Später vom Bundesgesetzgeber geschaffene gerichtliche Beurkundungszuständigkeiten werden von der Generalklausel von vorneherein nicht berührt (siehe § 65 BeurkG).

II. Einschränkungen

1. Eigenständige gerichtliche Zuständigkeiten

Abs. 4 beseitigte die gerichtliche Zuständigkeit zur Beurkundung oder Entgegennahme einer Erklärung nur insofern, als sie **neben der Zuständigkeit des Notars** gegeben war, also nicht insofern, als es sich um eine Zuständigkeit innerhalb eines bestimmten gerichtlichen Verfahrens oder um eine ausschließliche Zuständigkeit des Gerichts handelte.[11] 4

Die Gerichte behielten daher insbesondere ihre Zuständigkeit für die Protokollierung in straf-, zivil- und verwaltungsgerichtlichen Verfahren.[12] Daneben blieb aber auch ihre ausschließliche Beurkundungszuständigkeit in den Verfahren der freiwilligen Gerichtsbarkeit erhalten.[13]

2. Behördliche Eigenurkunden

Auf sog. **behördliche Eigenurkunden**, in denen eine Behörde ihre eigenen Anordnungen, Verfügungen, Entscheidungen oder Willenserklärungen kundgibt (§ 417 ZPO), findet Abs. 4 schon deshalb keine Anwendung, weil dieser nur auf die Beseitigung einer gerichtlichen Doppelzuständigkeit gerichtet ist.[14] Zudem kommt für die Errichtung behördlicher Eigenurkunden begrifflich eine konkurrierende Zuständigkeit des Notars von vornherein nicht in Betracht. Auch deshalb hat das BeurkG durch die Generalklausel des Abs. 4 insoweit eine Zuständigkeit des Notars nicht eingeführt. 5

5 Zur Tauglichkeit für das Grundbuchverfahren vgl. BGH Beschl. v. 12.11.2020 – V ZB 148/19, DNotZ 2021, 710, 711.

6 Reg.Begr. BT-Drucks 19/24445 S. 350.

7 BGH Beschl. v. 12.11.2020 – V ZB 148/19, DNotZ 2021, 710, 718 f.

8 Vgl. *Böhringer*, BWNotZ 2025, 2, 3; zu gleichwohl verbleibenden rechtspolitischen Vorbehalten vgl. Armbrüster/Preuß/*Piegsa*, 9. Aufl., § 63 Rn 2; BeckOK-BeurkG/*Schmitz*, § 63 Rn 3, 5; vgl. auch Grziwotz/Sauer/Heinemann/*Heinemann/Grziwotz*, § 63 Rn 4.

9 BGBl I 1969, 1171.

10 BGBl I 1994, 3210.

11 Grziwotz/Sauer/Heinemann/*Heinemann/Grziwotz*, § 67 Rn 12.

12 *Winkler*, § 1 Rn 31.

13 *Winkler*, § 1 Rn 31.

14 Grziwotz/Sauer/Heinemann/*Heinemann/Grziwotz*, § 63 Rn 13.

3. Eidesstattliche Versicherung im Erbscheinsverfahren (Abs. 3 S. 2 a.F.)

6 Abs. 3 ist mit Wirkung ab dem 17.8.2015 außer Kraft getreten (Art. 5 des Gesetzes zum Internationalen Erbrecht und zur Änderung von Vorschriften zum Erbschein sowie zur Änderung sonstiger Vorschriften[15]). Weil der Gesetzgeber die Doppelzuständigkeit aber letztendlich doch nicht beseitigte, verblieb es für die zur Erlangung eines Erbscheins notwendige **eidesstattliche Versicherung** neben der notariellen Zuständigkeit bei der gerichtlichen Zuständigkeit (§ 2356 Abs. 2 BGB a.F. = § 352 Abs. 3 S. 3 FamFG).[16] Die Zuständigkeit des Gerichts kann als Annexkompetenz im Erbscheinsverfahren eingeordnet werden.[17] Zuständig ist deshalb das Nachlassgericht,[18] wobei im Wege der Rechtshilfe auch jedes AG die eidesstattliche Versicherung abnehmen kann.[19] Auch für das Verfahren zur Ausstellung eines Europäischen Nachlasszeugnisses findet sich eine vergleichbare Doppelzuständigkeit zur Abnahme der eidesstattlichen Versicherung in § 36 Abs. 2 IntErbRVG. Der Anwendungsbereich des § 63 BeurkG war insofern von vornherein nicht betroffen, weil es sich um eine neue Regelung handelte.[20]

7 Art. 239 EGBGB ermächtigt die Länder, für den Antrag auf Erteilung des Erbscheins sowie für die eidesstattliche Versicherung nach § 352 Abs. 3 S. 3 FamFG und § 36 Abs. 2 IntErbRVG ausschließlich die Zuständigkeit der Notare vorzusehen. Hintergrund der Regelung sind die Ziele der Effektivierung des Verfahrens sowie der Justizentlastung, denen durch notariell vorgeprüfte Anträge und die Lieferung von Strukturdaten im elektronischen Verfahren gedient werden könnte.[21] Bisher hat kein Bundesland von der Ermächtigung Gebrauch gemacht.

§ 64 Beurkundungen nach dem Personenstandsgesetz

Dieses Gesetz gilt nicht für Beurkundungen nach dem Personenstandsgesetz.

A. Allgemeines

1 § 64 BeurkG ordnet an, dass die Verfahrensregeln des BeurkG nicht für Beurkundungen durch Standesbeamte nach dem Personenstandsgesetz gelten. Ist der Standesbeamte ausschließlich für die Beurkundung zuständig, gilt das BeurkG ohnehin nicht. Handelt es sich hingegen um einen Fall, in dem der Standesbeamte neben dem Notar zuständig ist, kommt § 64 BeurkG Bedeutung zu, da hier sonst das BeurkG über § 1 Abs. 2 BeurkG Geltung hätte. Sind Standesbeamte und Notare konkurrierend zuständig, unterliegt die notarielle Beurkundung nach § 1 Abs. 2 BeurkG selbstverständlich den Regelungen des BeurkG.

B. Ausschließliche Zuständigkeit des Standesbeamten

2 Der Standesbeamte ist für die Beurkundungen zum Zwecke des Personenstandswesens ausschließlich zuständig.[1] Hierzu gehören die Beurkundung der Eheschließung (§ 14 Abs. 3 PStG) und der Begründung einer Lebenspartnerschaft (§ 17 PStG) sowie die Beurkundungen in den Personenstandsregistern, nämlich der Eheschließung im Eheregister (§ 15 PStG), der Begründung der Lebenspartnerschaft im Lebens-

15 BGBl I 2015, 1052.
16 Zur Gesetzeshistorie vgl. Grziwotz/Sauer/Heinemann/*Heinemann/Grziwotz*, § 63 Rn 8.
17 Grziwotz/Sauer/Heinemann/*Heinemann/Grziwotz*, § 63 Rn 8; vgl. auch BeckOK-BeurkG/*Schmitz*, § 63 Rn 6.
18 Sternal/*Lamberz*, § 352 FamFG Rn 73.
19 OLG Schleswig SchlHA 1971, 17; OLG Celle MDR 1970, 930 = MittBayNot 1970, 170; OLG Frankfurt Rpfleger 1970, 206; Burandt/Rojahn/*Gierl*, § 352 FamFG Rn 34; MüKo-FamFG/*Grziwotz*, § 352 FamFG Rn 91; Sternal/*Lamberz*, § 352 FamFG Rn 73.
20 BeckOK-BeurkG/*Schmitz*, § 63 Rn 7; Grziwotz/Sauer/Heinemann/*Heinemann/Grziwotz*, § 63 Rn 9.
21 Vgl. *Preuß*, DNotZ 2013, 740, 749 f.; ausführlich zu den Vorteilen einer solchen Lösung vor dem Hintergrund eines Kostenvergleichs *Kollmeyer*, DNotZ 2020, 653, 656 ff., 661 ff.
1 Grziwotz/Sauer/Heinemann/*Heinemann/Grziwotz*, § 64 Rn 5.

partnerschaftsgesetz (§ 17 PStG), der Geburt im Geburtenregister (§ 21 PStG) und des Sterbefalls im Sterberegister (§ 31 PStG).

Daneben ist der Standesbeamte für die Ausstellung von Personenstandsurkunden ausschließlich zuständig (§ 55 PStG). Personenstandsurkunden genießen dieselbe Beweiskraft wie die Beurkundungen in den Personenstandsregistern (§ 54 Abs. 2 PStG). Zwar ordnet § 2 Abs. 1 S. 2 PStG ausdrücklich an, dass die Zuständigkeit der Notare für öffentliche Beurkundungen und Beglaubigungen unberührt bleibt. Gleichwohl ist eine vom Notar erstellte beglaubigte Abschrift einer Personenstandsurkunde nicht selbst Personenstandsurkunde.[2] Dies ändert aber nichts daran, dass auch eine notariell beglaubigte Abschrift einer Personenstandsurkunde den Beweis der in der Personenstandsurkunde bezeugten Tatsache in öffentlicher Urkunde erbringt.[3] Lediglich dann, wenn die Beglaubigung länger zurückliegt, kann eine Personenstandsurkunde verlangt werden.[4] 3

C. Konkurrierende Zuständigkeit Standesbeamter/Notar

Für bestimmte familienrechtliche Beurkundungen besteht eine konkurrierende Zuständigkeit zwischen dem Standesbeamten und dem Notar. So ist der Standesbeamte neben dem Notar zuständig für die Beurkundung von Erklärungen zur Namensführung von Ehegatten (§ 41 PStG) und Lebenspartnern (§ 42 PStG), von Erklärungen zur Namensangleichung nach Art. 47 EGBGB und § 94 Bundesvertriebenengesetz (§ 43 PStG), von Erklärungen zur Anerkennung von Vaterschaft und Mutterschaft (§ 44 PStG) sowie von Erklärungen zur Namensführung des Kindes (§ 45 PStG). 4

D. Verfahren des Standesbeamten

Die Regelung des § 64 BeurkG beschränkt sich darauf, für das standesamtliche Verfahren die Anwendung des BeurkG auszuschließen. Das Beurkundungsverfahren des **Standesbeamten** in Personenstandssachen ist nur rudimentär im PStG und der PStV gesetzlich geregelt. Darüber hinaus beruht das Verfahren auf einer Verwaltungsvorschrift, nämlich der Allgemeinen Verwaltungsvorschrift zum Personenstandsgesetz vom 29.3.2010 (PStG-VwV). Welchen verfahrensrechtlichen Mindestanforderungen die standesamtliche Beurkundung genügen muss, wird danach nicht einheitlich beurteilt.[5] 5

§ 65 Unberührt bleibendes Bundesrecht

Soweit in diesem Gesetz nichts anderes bestimmt ist, bleiben bundesrechtliche Vorschriften über Beurkundungen unberührt.

Die Vorschrift, die den früheren § 59 BeurkG a.F. ersetzt, betrifft nicht nur solche bundesrechtlichen Vorschriften, die das Beurkundungsverfahren abweichend vom BeurkG regeln, sondern gilt auch für solche, die **Beurkundungszuständigkeiten** begründen. Soweit solche bundesrechtlichen Vorschriften das Verfahren zum Gegenstand haben, regelt die Vorschrift die subsidiäre Geltung des BeurkG gegenüber sonstigen **bundesrechtlichen Vorschriften über Beurkundungen**, soweit sie nicht durch das BeurkG aufgehoben worden sind.[1] Die umgekehrt nicht berücksichtigtes Bundesrecht aufhebende Vorschrift des § 63 Abs. 4 BeurkG bezieht sich lediglich auf die Konkurrenz gerichtlicher mit notariellen Beurkundungszuständigkeiten. 1

Landesrechtliche Vorschriften über Beurkundungen werden nicht von § 65 BeurkG erfasst. Sie sind vielmehr durch § 60 BeurkG a.F. außer Kraft gesetzt worden, soweit nicht der in § 66 BeurkG aufgeführte Katalog der Vorbehalte für das Landesrecht eingreift. 2

2 Grziwotz/Sauer/Heinemann/*Heinemann/Grziwotz*, § 64 Rn 6; *Winkler*, § 64 Rn 8.
3 BeckOK-BeurkG/*Schmitz*, § 64 Rn 5; Grziwotz/Sauer/Heinemann/*Heinemann/Grziwotz*, § 64 Rn 6.
4 Grziwotz/Sauer/Heinemann/*Heinemann/Grziwotz*, § 64 Rn 6.
5 Vgl. Grziwotz/Sauer/Heinemann/*Heinemann/Grziwotz*, § 64 Rn 8 m.w.N. zum Meinungsstand.
1 Grziwotz/Sauer/Heinemann/*Heinemann/Grziwotz*, § 65 Rn 1.

3 **Anwendungsfälle:** § 65 BeurkG gilt für die Aufnahme von Wechsel- und Scheckprotesten (Art. 79–87 WG; Art. 55 Abs. 3 ScheckG), für die Beurkundung von Hauptversammlungsbeschlüssen der AG (§ 130 AktG, siehe auch § 37 BeurkG Rdn 7 ff.),[2] der KGaA (§ 278 Abs. 3 AktG) oder der obersten Vertretung des VVaG (Verweis auf § 130 AktG in § 191 S. 1 VAG).

4 § 65 BeurkG steht neuen gesetzlichen Regelungen, die Beurkundungsregelungen außerhalb des BeurkG regeln, nicht entgegen; es bedarf also nicht etwa immer (auch) einer Änderung des BeurkG.[3] Anwendungsfälle sind etwa Verweise auf § 130 Abs. 2 bis 4 AktG (§ 16 Abs. 3 SchVG zur Niederschrift über den Beschluss der Gläubigerversammlung).

§ 66 Unberührt bleibendes Landesrecht

(1) Unbeschadet der Zuständigkeit des Notars bleiben folgende landesrechtliche Vorschriften unberührt:

1. Vorschriften über die Beurkundung von freiwilligen Versteigerungen; dies gilt nicht für die freiwillige Versteigerung von Grundstücken und grundstücksgleichen Rechten;

2. Vorschriften über die Zuständigkeit zur Aufnahme von Inventaren, Bestandsverzeichnissen, Nachlaßverzeichnissen und anderen Vermögensverzeichnissen sowie zur Mitwirkung bei der Aufnahme solcher Vermögensverzeichnisse;

3. Vorschriften, nach denen die Gerichtsvollzieher zuständig sind, Wechsel und Scheckproteste aufzunehmen sowie das tatsächliche Angebot einer Leistung zu beurkunden;

4. Vorschriften, nach denen die Amtsgerichte zuständig sind, außerhalb eines anhängigen Verfahrens die Aussagen von Zeugen und die Gutachten von Sachverständigen, die Vereidigung sowie eidesstattliche Versicherungen dieser Personen zu beurkunden;

5. Vorschriften, nach denen Beurkundungen in Fideikommißsachen, für die ein Kollegialgericht zuständig ist, durch einen beauftragten oder ersuchten Richter erfolgen können;

6. Vorschriften, nach denen die Vorstände der Vermessungsbehörden, die das amtliche Verzeichnis i.S. des § 2 Abs. 2 der Grundbuchordnung führen, und die von den Vorständen beauftragten Beamten dieser Behörden zuständig sind, Anträge der Eigentümer auf Vereinigung oder Teilung von Grundstücken zu beurkunden oder zu beglaubigen;

7. Vorschriften über die Beurkundung der Errichtung fester Grenzzeichen (Abmarkung);

8. Vorschriften über die Beurkundung von Tatbeständen, die am Grund und Boden durch vermessungstechnische Ermittlungen festgestellt werden, durch Behörden, öffentlich bestellte Vermessungsingenieure oder Markscheider;

9. Vorschriften über Beurkundungen in Gemeinheitsteilungs- und agrarrechtlichen Ablösungsverfahren einschließlich der Rentenübernahme- und Rentengutsverfahren;

10. Vorschriften über Beurkundungen im Rückerstattungsverfahren;

11. Vorschriften über die Beglaubigung amtlicher Unterschriften zum Zwecke der Legalisation;

12. Vorschriften über Beurkundungen in Kirchenaustrittssachen.

(2) Auf Grund dieser Vorbehalte können den Gerichten Beurkundungszuständigkeiten nicht neu übertragen werden.

(3) Auf Grund anderer bundesrechtlicher Vorbehalte kann

1. die Zuständigkeit der Notare für öffentliche Beurkundungen (§ 20 der Bundesnotarordnung) nicht eingeschränkt werden,

2. nicht bestimmt werden, dass für öffentliche Beurkundungen neben dem Notar andere Urkundspersonen oder sonstige Stellen zuständig sind, und

2 *Luther*, RNotZ 2023, 317, 323 ff.; *Maaß*, ZNotP 2005, 377, 379 f.

3 BeckOK-BeurkG/*Schmitz*, § 65 Rn 2 (mit dem zutreffenden Hinweis auf den Grundsatz lex posterior derogat legi prori); vgl. auch Grziwotz/Sauer/Heinemann/*Heinemann/Grziwotz*, § 65 Rn 2.

3. keine Regelung getroffen werden, die den Vorschriften der Abschnitte 1 bis 4 dieses Gesetzes entgegensteht.

A. Allgemeine Regelungen

1 Landesrechtliche Bestimmungen über die Zuständigkeit für Beurkundungen und über das Beurkundungsverfahren sollten mit Einführung des BeurkG grundsätzlich außer Kraft treten, soweit sie nicht im Ausnahmekatalog des § 66 BeurkG aufgeführt sind.[1] Infolgedessen ordnete § 60 BeurkG a.F. in Abs. 1 S. 1 im Wege einer Generalklausel das Außerkrafttreten solcher landesrechtlicher Bestimmungen an und bestimmte zudem in Abs. 1 S. 2 Nr. 1–68 zusätzlich in einer Einzelaufzählung außer Kraft tretende landesrechtliche Bestimmungen. Nachdem die konkurrierenden landesrechtlichen Bestimmungen aufgehoben sind, sah der Gesetzgeber in § 60 BeurkG a.F. keinen Inhalt mehr,[2] so dass die Vorschrift des § 60 BeurkG a.F. durch Art. 2 Nr. 28 des Gesetzes zur Neuordnung der Aufbewahrung von Notariatsunterlagen und zur Einrichtung des Elektronischen Urkundenarchivs bei der Bundesnotarkammer sowie zur Änderung weiterer Gesetze vom 1.6.2017[3] aufgehoben wurde.

In Abs. 1 sind diejenigen **landesrechtlichen Vorschriften** aufgeführt, die von der Aufhebung der landesrechtlichen Bestimmungen unberührt bleiben, wobei die genannten Vorbehalte einen unterschiedlichen **Umfang** haben. Teils betreffen sie nur Beurkundungszuständigkeiten, teils aber auch das Beurkundungsverfahren.

2 Nach Art. 1 Abs. 2 EGBGB ist der Landesgesetzgeber jedoch nach wie vor berechtigt, im Rahmen der Vorbehalte neues Recht zu erlassen.[4] Abs. 2 verbietet dem Landesgesetzgeber lediglich, aufgrund der in Abs. 1 aufgeführten Vorbehalte den Gerichten Beurkundungszuständigkeiten neu zu übertragen. Ebenso wenig ist es, wie Abs. 3 klarstellt, dem Landesgesetzgeber gestattet, die Zuständigkeit des Notars einzuschränken oder auszuschließen.

B. Einzelregelungen

3 **Abs. 1 Nr. 1** erhält die Vorschriften des Landesrechtes über die Zuständigkeit für die Beurkundung **freiwilliger Versteigerungen** aufrecht. Dadurch soll erreicht werden, dass die Amtsperson, die die Versteigerung vorzunehmen hat, sie auch beurkunden kann.[5] Auch die landesrechtlichen Vorschriften über das Verfahren bei der Beurkundung freiwilliger Versteigerungen bleiben grundsätzlich unberührt, weil die Vorschriften des BeurkG dafür nicht passen. Dies gilt allerdings nach Abs. 1 Nr. 1 Hs. 2 ausdrücklich nicht für die Beurkundung freiwilliger Versteigerungen von **Grundstücken** und grundstücksgleichen Rechten (z.B. Hauberganteilen),[6] weil hier Gebot und Zuschlag nach materiellem Recht formbedürftig sind. Deshalb sind in diesem letzteren Fall auch ausschließlich die Notare zur Beurkundung der Versteigerung zuständig.[7] Abs. 1 Nr. 1 erhält mithin die landesrechtlichen Vorschriften über die Zuständigkeit zur Beurkundung der freiwilligen Versteigerung anderer Gegenstände als Grundstücken und grundstücksgleichen Rechten aufrecht, also die Vorschriften über die Beurkundung der freiwilligen Versteigerung von anderen Rechten (z.B. Aktien, GmbH-Anteilen, Holz auf dem Stamm, Früchte auf dem Halm usw.), von Forderungen, beweglichen Sachen.[8]

4 **Abs. 1 Nr. 2** lässt die landesrechtlichen Vorschriften über die Zuständigkeit zur Aufnahme von **Inventaren** und **Bestandsverzeichnissen** bestehen, weil mit solchen Beurkundungen rechtliche Schwierigkei-

1 BT-Drucks V/3282, 45.
2 BT-Drucks 18/10607, 92.
3 BGBl I 2017, 1396.
4 *Winkler*, § 66 Rn 1.
5 So die amtliche Begründung: BT-Drucks V/3282, 45.
6 Dazu BGHZ 23, 241, 244.
7 Ebenso *Lerch*, § 61 Rn 2; zu den verfahrensrechtlichen Anforderungen vgl. BGH Urt. v. 24.11.2014 – NotSt (Brfg) 3/14, DNotZ 2015, 314, 316 f.
8 BeckOK-BeurkG/*Schmitz* § 66 Rn 2; Grziwotz/Sauer/Heinemann/*Heinemann/Grziwotz*, § 66 Rn 10.

ten i.d.R. nicht verbunden sein sollten und deshalb die Zuständigkeit anderer Stellen als der Notare gerechtfertigt erschien.[9] Solche Zuständigkeiten bestehen landesrechtlich für Gerichtsvollzieher und Urkundsbeamte der Geschäftsstelle.

5 Für das amtliche **Nachlassinventar** sind die Änderungen durch das Gesetz zur Übertragung von Aufgaben im Bereich der freiwilligen Gerichtsbarkeit auf Notare[10] zu beachten. Nach § 2003 Abs. 1 BGB besteht für die amtliche Inventarerrichtung bundeseinheitlich eine ausschließliche Zuständigkeit der Notare, die im Auftrag des Nachlassgerichts tätig werden.[11] Landesrechtliche Regelungen sind weiter beachtlich für die nach § 2002 BGB erforderliche amtliche Mitwirkung bei der Aufnahme des durch den Erben selbst errichteten Inventars.[12]

6 Nach Art. 79 WG sind Notare[13] und „Gerichtsbeamte" zur Aufnahme von Wechselprotesten zuständig („Protestbeamte"); über den Verweis in Art. 55 Abs. 3 ScheckG findet die Vorschrift entsprechende Anwendung für den Scheckprotest. **Abs. 1 Nr. 3** hält landesrechtliche Vorschriften aufrecht, nach denen die Gerichtsvollzieher zuständig sind, **Wechsel-** und **Scheckproteste** aufzunehmen sowie das tatsächliche Angebot einer Leistung zu beurkunden. Die im Entwurf eines Gesetzes zur Aufgabenübertragung auf Notare noch vorgesehene Zuständigkeitskonzentration bei den Notaren[14] durch Streichung des Zusatzes „oder Gerichtsbeamten" in Art. 79 WG wurde in der letztendlich verabschiedeten Fassung des Rechtsausschusses[15] gestrichen. Die Befugnis der Gerichtsvollzieher, empfangsbedürftige Willenserklärungen unter Abwesenden auf Antrag eines Beteiligten zuzustellen und die Zustellung zu beurkunden, ergibt sich bereits aus § 132 Abs. 1 BGB und bedurfte daher keines besonderen Vorbehalts.

7 Durch Abs. **1 Nr. 4** lässt das BeurkG die landesrechtlichen Zuständigkeiten der Amtsgerichte, **Aussagen und Gutachten** außerhalb anhängiger Verfahren zu beurkunden, als Ergänzungen zu § 410 Nr. 1 und 2 FamFG bestehen.

8 **Abs. 1 Nr. 5** ergänzte die VO zur Durchführung des Gesetzes zur Vereinheitlichung der Fideikommissauflösung vom 24.8.1935,[16] die bis zur Aufhebung durch Art. 64 § 1 des Zweiten Gesetzes zur Bereinigung von Bundesrecht im Zuständigkeitsbereich der Justiz als vorkonstitutionelles Bundesrecht weitergalt. Die Zulässigkeit entsprechender landesrechtlicher Zuständigkeitsregelungen wurde durch die Aufhebung nicht berührt. Die Aufhebung erfolgte im Übrigen vor dem Hintergrund, dass ein Bedürfnis für eine bundeseinheitliche Regelung nicht gesehen und die übergangsweise Fortgeltung verfahrensrechtlicher Regelungen in Art. 64 § 2 Abs. 2 nur im Hinblick darauf vorgesehen wurde, dass in einem Bundesland diese Regelung benötigt werden könnte.[17]

9 **Abs. 1 Nr. 6** ließ das als Landesrecht fortgeltende Gesetz über die Beurkundungs- und Beglaubigungsbefugnis der **Vermessungsbehörden** vom 15.11.1937[18] unberührt. Mittlerweile ist das Vermessungs- und Katasterwesen in den Ländern jeweils neu geregelt. Die vorbehaltene **Beurkundungsbefugnis** der beauftragten Beamten der Vermessungsbehörden erstreckt sich auf Anträge des Eigentümers auf Vereinigung (§ 890 Abs. 1 BGB) oder Teilung von Grundstücken, nicht jedoch auf Anträge auf Zuschreibung als Bestandteil (§§ 890 Abs. 2, 1131 BGB, § 6 GBO).

10 Durch **Abs. 1 Nr. 7**, **8** bleiben Vorschriften über die Beurkundung von **Abmarkungen** und von vermessungstechnischen Ermittlungen am Grund und Boden unberührt, damit der Amtsträger, der diese Geschäfte auszuführen hat, sie gleichzeitig beurkunden kann. Die landesrechtlichen Regelungen des Beurkundungsverfahrens, die den Besonderheiten der hier genannten Geschäfte angepasst sind,

9 So die amtliche Begründung: BT-Drucks V/3282, 45; kritisch Grziwotz/Sauer/Heinemann/*Heinemann/Grziwotz*, § 66 Rn 14.

10 G. v. 26.6.2013, BGBl I, 1800.

11 BeckOGK/*Leiß*, Stand: 1.9.2025, § 2003 BGB Rn 10; BeckOK-BeurkG/*Schmitz*, § 66 Rn 5; *Preuß*, DNotZ 2013, 740, 742 f.; siehe auch Begr. BT-dR. 17/1469 S. 13; a.A. (Doppelzuständigkeit bestehe fort) *Heinemann*, FGPrax 2013, 139, 140.

12 BeckOGK/*Leiß*, Stand: 1.9.2025, § 2002 BGB Rn 8 ff.; BeckOK-BeurkG/*Schmitz*, § 66 Rn 5; MüKo-BGB/*Küpper*, § 2002 Rn 3 (mit Übersicht über die landesrechtlichen Zuständigkeiten); a.A. BeckOK-BGB/*Lohmann*, § 2002 Rn 2.

13 Zur Aufnahme des Protestes durch den Notar vgl. *Becker*, notar 2015, 387, 396 f.

14 Vgl. BT-Drucks 17/1469, S. 23.

15 BT-Drucks 17/13136, S. 23.

16 RGBl I 1935, 1103, bereinigt durch Art. 193 des Ersten Gesetzes über die Bereinigung von Bundesrecht im Zuständigkeitsbereich des Bundesministeriums der Justiz v. 19.4.2006, BGBl I, S. 866.

17 Vgl. BT-Drucks 16/5051, S. 47.

18 RGBl I 1937, 1257.

bleiben aufrechterhalten. Darüber hinaus werden die Länder in die Lage versetzt, derartige Vorschriften auch neu zu erlassen.

Der Vorbehalt des **Abs. 1 Nr. 9** zu **Gemeinheitsteilungs- und agrarrechtlichen Ablösungsverfahren** schließt sich an die Vorbehalte der Art. 62, 113–115 EGBGB, § 143 GBO (§ 136 GBO a.F.) an. 11

Abs. 1 Nr. 10 zu **Rückerstattungsverfahren** betraf vor allem § 2 der Hessischen 9. Verordnung zur Durchführung des Militärregierungsgesetzes Nr. 59 (Rückerstattungsgesetz) vom 28.4.1950.[19] Vergleiche vor Wiedergutmachungsämtern ersetzten die notarielle Beurkundung. 12

Der Vorbehalt von **Abs. 1 Nr. 11** ist überflüssig, weil die für die Legalisation zuständigen Stellen nicht neben dem Notar zuständig sind.[20] Die Vorschrift sollte der Klarstellung dienen.[21] 13

Abs. 1 Nr. 12 ist durch Art. 3 Nr. 2 des Gesetzes vom 27.6.1970[22] in das BeurkG eingefügt worden. Damit sollten die zuvor aufgetretenen Zweifel daran ausgeräumt werden, ob die Zuständigkeit der Gerichte zur Aufnahme von **Kirchenaustrittserklärungen** durch § 60 Abs. 1 BeurkG a.F. beseitigt worden sei. 14

§ 67 Zuständigkeit der Amtsgerichte; Zustellung

(1) Unbeschadet der Zuständigkeit sonstiger Stellen sind die Amtsgerichte zuständig für die Beurkundung von
1. Erklärungen über die Anerkennung der Vaterschaft,
2. Verpflichtungen zur Erfüllung von Unterhaltsansprüchen eines Kindes,
3. Verpflichtungen zur Erfüllung von Unterhaltsansprüchen nach § 1615l des Bürgerlichen Gesetzbuchs.

(2) Die Zustellung von Urkunden, die eine Verpflichtung nach Absatz 1 Nr. 2 oder 3 zum Gegenstand haben, kann auch dadurch vollzogen werden, daß der Schuldner eine beglaubigte Abschrift der Urkunde ausgehändigt erhält; § 174 Satz 2 und 3 der Zivilprozeßordnung gilt entsprechend.

A. Anwendungsbereich

Die mit Abs. 1 Nr. 1 begründete Zuständigkeit des AG für die Beurkundung von **Vaterschaftsanerkenntnissen** (§ 1597 Abs. 1 BGB) umfasst auch die zu ihrer Wirksamkeit **sonst erforderlichen Erklärungen**: die Zustimmungserklärung der Mutter (§ 1595 Abs. 1 BGB) und gegebenenfalls zusätzlich des Kindes (§ 1595 Abs. 2 BGB). Unklar ist, ob die Zuständigkeit des Amtsgerichts sich auch auf Widerrufserklärungen nach § 1597 Abs. 3 BGB bezieht, wogegen der Wortlaut des Abs. 1 zu sprechen scheint.[1] Allerdings ist § 1597 Abs. 3 S. 2 BGB mit dem Verweis auf die vorangehenden Absätze zu entnehmen, dass das Formerfordernis gleichermaßen gilt. Die Zuständigkeitsregelung kann entsprechend ausgelegt und auf alle in § 1597 BGB geregelten Beurkundungsgegenstände erstreckt werden, also auch auf die Widerrufserklärung.[2] Das Formerfordernis für Sorgeerklärungen (§ 1626d BGB) kann mit einer im gerichtlich protokollierten Prozessvergleich enthaltenen Elternvereinbarung erfüllt werden.[3] 1

Außer den Amtsgerichten (und gem. § 20 BNotO den Notaren) sind zur Beurkundung von Anerkenntnis- und Zustimmungserklärungen i.S.v. § 1597 Abs. 1 BGB zuständig: Standesbeamte, § 44 Abs. 1, 2 2

19 HessGVBl 1950, 65.
20 *Lerch*, § 61 Rn 8; *Winkler*, § 66 Rn 15.
21 BT-Drucks V/3282, S. 46.
22 BGBl I 1970, 911.
1 So Armbrüster/Preuß/*Rezori*, BeurkG, 8. Aufl. § 67 Rn 1.
2 BeckOGK/*Bernauer*, Stand: 1.12.2025, § 67 BeurkG Rn 2; BeckOGK/*Balzer*, Stand: 1.11.2025, § 1597 BGB Rn 27; BeckOK-BeurkG/*Schmitz*, § 67 Rn 4; Grziwotz/Sauer/Heinemann/*Heinemann/Grziwotz*, § 67 Rn 3 unter Hinweis auf § 180 Abs. 1 FamFG, § 59 Abs. 1 S. 1 Nr. 1 SGB VIII und § 44 Abs. 1 S. 2 PStG.
3 BGH NJW 2011, 2360; BeckOGK/*Osthold*, Stand: 1.1.2026, § 1626d BGB Rn 8 unter Hinweis auf § 155a Abs. 5 FamFG; Grziwotz/Sauer/Heinemann/*Heinemann/Grziwotz*, § 67 Rn 3.

PStG, § 58 BeurkG; die Jugendämter, §§ 59 f. SGB VIII, § 59 BeurkG; Familiengericht, § 180 FamFG, im Ausland: die Konsularbeamten (§§ 2, 10 KonsG).

3 Amtsgerichte sind nicht mehr für die nach ausländischem Recht eventuell erforderlichen Mutterschaftsanerkenntnisse zuständig. Dies ergibt sich aus der Aufhebung des § 29b Abs. 3 PStG a.F. und vor dem Hintergrund des Wortlauts von § 59 Abs. 1 S. 1 Nr. 2 SGB VIII und § 44 Abs. 2 PStG, die diese Zuständigkeit dem Jugendamt bzw. dem Standesbeamten zuweisen.[4]

4 Die Beurkundungszuständigkeit nach Abs. 1 Nr. 2 erstreckt sich auf sämtliche Unterhaltsverpflichtungen väterlicher und mütterlicher Verwandter (so schon für die vor Inkrafttreten der Neufassung durch Art. 4 Abs. 4 des Ges. zur Vereinheitlichung des Unterhaltsrechts minderjähriger Kinder v. 6.4.1998[5]). Ferner sind hierfür (neben Notaren) auch die Urkundsbeamten des Jugendamtes zuständig, diese aber nur für Unterhaltsansprüche eines Kindes, das das 21. Lebensjahr noch nicht vollendet hat (§ 59 Abs. 1 S. 1 Nr. 3 SGB VIII).

5 Abs. 1 Nr. 3 regelt eine konkurrierende Beurkundungszuständigkeit der Amtsgerichte auch für die Beurkundung von Verpflichtungen zur Erfüllung von Unterhaltsansprüchen nach § 1615l BGB (ggf. i.V.m. § 1615n BGB[6]). Das gilt auch dann, wenn diese Ansprüche kraft Gesetzes oder durch Verwaltungsakt auf einen anderen übergegangen sind, obwohl sich in § 67 BeurkG keine diesbezüglich klare Regelung wie in § 59 Abs. 1 Nr. 4 SGB VIII findet.[7]

B. Sachliche und funktionelle Zuständigkeit

6 **Sachlich zuständig** ist nicht nur das Familiengericht, sondern jedes Amtsgericht.[8] Landesrechtlich kann die Zuständigkeit nicht beseitigt werden (§ 57 Abs. 4 Nr. 2 BeurkG).

7 Innerhalb des Amtsgerichtes als Gericht der Freiwilligen Gerichtsbarkeit ist grundsätzlich der Rechtspfleger funktionell zuständig (§ 3 Nr. 1 lit. f RPflG). Er kann die Sache gem. § 5 Abs. 2 RPflG dem Richter vorlegen (d.h.: das Beurkundungsersuchen an ihn verweisen), wenn **ausländisches** Recht in Betracht kommt.[9] Dies ist schon im Hinblick auf die Ausübung der Belehrungspflicht nach § 17 geboten (siehe § 17 BeurkG Rdn 261 ff.). Eine Entscheidung des Richters nach § 5 Abs. 3 S. 2 RPflG (Rückgabe an den Rechtspfleger) scheidet aus tatsächlichen und rechtlichen Gründen praktisch aus, weil die Belehrungspflicht nach § 17 BeurkG ihrer Natur nach nur in der Verhandlung selbst auszuüben ist.

8 Das **Beurkundungsverfahren** des AG richtet sich nach den Vorschriften des BeurkG; § 5 Abs. 2 BeurkG gilt jedoch nicht (vgl. § 1 Abs. 2 sowie § 1945 Abs. 2 BGB). § 180 FamFG lässt überdies für die Anerkennung der Vaterschaft, die Zustimmung der Mutter sowie den Widerruf der Anerkennung alternativ die Erklärung zur Niederschrift des Gerichts zu; die Protokollierung im Verfahren (vgl. § 28 Abs. 4 FamFG) ersetzt die Beurkundung.[10]

C. Zustellung

9 Die Zustellungserleichterung in **Abs. 2** wurde eingefügt durch das Rechtspflege-Vereinfachungsgesetz vom 17.12.1990.[11] Die Zustellung der Urkunde im Parteibetrieb kann damit entfallen. Dem Schuldner wird stattdessen vom beurkundenden Beamten eine **beglaubigte Abschrift** ausgehändigt. Der Beamte hat in den Akten und auf dem zuzustellenden Schriftstück einen von ihm unterzeichneten Vermerk anzubringen, aus dem hervorgeht, wann und wem er die Urkunde ausgehändigt hat (**Zustellungsvermerk**; Abs. 2 Hs. 2 i.V.m. § 174 S. 2, 3 ZPO).

4 BeckOGK/*Bernauer*, Stand: 1.12.2025, § 67 BeurkG Rn 2; BeckOK-BeurkG/*Schmitz*, § 67 Rn 4; Grziwotz/Sauer/Heinemann/*Heinemann/Grziwotz*, § 67 Rn 4.

5 BGBl S. 666.

6 BeckOK-BeurkG/*Schmitz*, § 67 Rn 6; Grziwotz/Sauer/Heinemann/*Heinemann/Grziwotz*, § 67 Rn 6.

7 BeckOK-BeurkG/*Schmitz*, § 67 Rn 6; a.A. Grziwotz/Sauer/Heinemann/*Heinemann/Grziwotz*, § 67 Rn 6 (unter Verweis auf § 59 Abs. 1 Nr. 4 SGB VIII).

8 BeckOGK/*Bernauer*, Stand: 1.12.2025, § 67 BeurkG Rn 5; Grziwotz/Sauer/Heinemann/*Heinemann/Grziwotz*, § 67 Rn 8.

9 Grziwotz/Sauer/Heinemann/*Heinemann/Grziwotz*, § 67 Rn 9.

10 Grziwotz/Sauer/Heinemann/*Heinemann/Grziwotz*, § 67 Rn 10; vgl. BGH Beschl. v. 27.3.2013 – XII ZB 71/12, NJW-RR 2013, 705.

11 BGBl S. 2847.

§ 68 Übertragung auf andere Stellen

Die Länder sind befugt, durch Gesetz die Zuständigkeit für die öffentliche Beglaubigung von Abschriften oder Unterschriften anderen Personen oder Stellen zu übertragen.

A. Normzweck; Grenzen des Vorbehalts

1 Die Vorschrift ermöglicht den **Ländern** die Begründung neuer, neben die Zuständigkeit der Notare tretender Beglaubigungszuständigkeiten. Mit dem System des BeurkG ist sie nur schwer in Einklang zu bringen.[1]

2 § 68 BeurkG ermächtigt die Länder nicht, eine abweichende Zuständigkeit zur Beglaubigung von **Handzeichen** i.S.v. § 126 Abs. 1 BGB oder zur Beglaubigung einer Namensunterschrift i.S.v. § 41 BeurkG zu begründen.[2] Ebenso unzulässig ist die Delegation der Befugnis für die Erstellung von Abschrifts- oder Unterschriftsbeglaubigungen in elektronischer Form (§ 39a BeurkG) oder für die Beglaubigung nach § 42 Abs. 4 BeurkG.[3]

3 Die Norm ist als eine nach den Motiven des Gesetzgebers auf einen besonderen Fall bezogene Ausnahme **eng auszulegen**. Insbesondere räumt sie den Ländern nicht die Möglichkeit ein, Beglaubigungsbefugnisse von **Gerichten** zu begründen.[4] Dies folgt zwar nicht schon aus dem Wortlaut der Vorschrift, wohl aber aus ihrer systematischen Stellung außerhalb der für Gerichtszuständigkeiten geltenden Vorschrift des § 67 BeurkG.[5]

4 Geeignete Personen und Stellen i.S.v. § 68 BeurkG müssen ein Mindestmaß an sachlicher und persönlicher Unabhängigkeit aufweisen, um eine Vergleichbarkeit mit der Beurkundungszuständigkeit der Notare zu gewährleisten. Daher scheiden Verwaltungsbehörden aus, da diese weisungsabhängig handeln.[6] Auch dem Ziel des BeurkG, die Beurkundungszuständigkeit möglichst weitgehend den Gerichten zu entziehen und auf den Notar zu konzentrieren, liefe es entgegen, wenn die Länder insoweit die Gerichte für zuständig erklären könnten.

5 Die Übertragung der Zuständigkeit zur Unterschriftsbeglaubigung durch Landesrecht auf Gemeindestellen ist auch bei gleichzeitiger genereller Erhebung der **Mindestgebühr** nach § 34 Abs. 5 GNotKG nicht verfassungswidrig.[7]

B. Landesrechtliche Anwendungsfälle

6 Der Beweggrund des Gesetzgebers für § 68 BeurkG war die **Hessische Ortsgerichtsbarkeit**. Sie ist jetzt geregelt durch das Hessische Ortsgerichtsgesetz i.d.F. vom 2.4.1980.[8] Die Ortsgerichte sind danach sog. „Hilfsbehörden der Justiz auf dem Gebiete der Freiwilligen Gerichtsbarkeit und des Schätzungswesens" (vgl. § 2 HessOrtsGG). Jedes Ortsgericht hat als Mitglieder den/die Ortsgerichtsvorsteher/in und als Beisitzer Ortsgerichtsschöffen.

a) der Ortsgerichtsvorsteher allein für **Beglaubigung** von Unterschriften und Abschriften (§ 13 HessOrtsGG); Sterbefallanzeigen (§ 14 Hess OrtsGerGG); die Aufnahme von **Vermögensverzeichnissen** und Nachlassinventaren (§ 15 Nr. 3 Hess OrtsGG);

1 *Wochner*, JZ 1970, 110; *Winkler*, § 68 Rn 1: „verfehlt".
2 BeckOGK/*Bernauer*, Stand: 1.12.2025, § 68 BeurkG Rn 2; *Dumoulin*, DNotZ 1973, 53, 56; *Lerch*, § 63 Rn 1; *Winkler*, § 68 Rn 1.
3 BeckOGK/*Bernauer*, Stand: 1.12.2025, § 68 BeurkG Rn 2; Grziwotz/Sauer/Heinemann/*Heinemann/Grziwotz*, § 68 Rn 3.
4 *Lerch*, § 63 Rn 2; *Schippel*, DNotZ 1970, 61, 62; *Weber*, DRiZ 1970, 45, 47; *Winkler*, § 68 Rn 2; a.A. *Haegele*, Rpfl 1969, 365, 371; *Zimmermann*, Rpfl 1970, 189.
5 Grziwotz/Sauer/Heinemann/*Heinemann/Grziwotz*, § 68 Rn 6.
6 Grziwotz/Sauer/Heinemann/*Heinemann/Grziwotz*, § 68 Rn 5.
7 So zum Beglaubigungsgesetz Rhld.-Pf. BVerfG DNotZ 1982, 611.
8 GVBl. Hessen S. 114.

b) der Ortsgerichtsvorsteher und ein Ortsgerichtsschöffe bei der **Nachlasssicherung** (§ 16 HessOrtsGG);
c) der Ortsgerichtsvorsteher und zwei Ortsgerichtsschöffen für Mitwirkung bei der Feststellung von Grundstücksgrenzen und bei **Wertschätzungen** von Grundstücken und beweglichen Sachen (§§ 17, 18 Hess OrtsGG).

7 Auch das **rheinland-pfälzische** Landesgesetz über die Beglaubigungsbefugnis vom 21.7.1978[9] kennt entsprechende Zuständigkeiten. Nach § 2 dieses Gesetzes sind für die öffentliche Beglaubigung von Unterschriften dort neben den Notaren auch die Ortsbürgermeister, die Verbandsgemeindeverwaltungen und die Gemeindeverwaltungen der verbandsfreien Gemeinden sowie die Stadtverwaltungen der kreisfreien und großen kreisangehörigen Städte zuständig (vgl. § 1 BeurkG Rdn 33).

8 **Baden-Württemberg** hat von der nach § 68 BeurkG bestehenden Befugnis noch in § 35b LFGG[10] (**Ratschreiber**) Gebrauch gemacht (vgl. § 1 BeurkG Rdn 32).

§ 69 (aufgehoben)

§ 70 Amtliche Beglaubigungen

[1]Dieses Gesetz gilt nicht für amtliche Beglaubigungen, mit denen eine Verwaltungsbehörde zum Zwecke der Verwendung in Verwaltungsverfahren oder für sonstige Zwecke, für die eine öffentliche Beglaubigung nicht vorgeschrieben ist, die Echtheit einer Unterschrift oder eines Handzeichens oder die Richtigkeit der Abschrift einer Urkunde bezeugt, die nicht von einer Verwaltungsbehörde ausgestellt ist. [2]Die Beweiskraft dieser amtlichen Beglaubigungen beschränkt sich auf den in dem Beglaubigungsvermerk genannten Verwendungszweck. [3]Die Befugnis der Verwaltungsbehörden, Abschriften ihrer eigenen Urkunden oder von Urkunden anderer Verwaltungsbehörden in der dafür vorgeschriebenen Form mit uneingeschränkter Beweiskraft zu beglaubigen, bleibt unberührt.

Literatur *Schröder*, Die Akzeptanz beglaubigter Unterschriften im Bundesstaat, DÖV 2009, 280; *Janssen*, Kirchenbehördlich beglaubigte Abschriften in der weltlichen Rechtspraxis, DVBl 2018, 692.

A. Amtliche Beglaubigung, öffentliche Beglaubigung, öffentliche Urkunde; Zuständigkeiten

1 Die **amtliche Beglaubigung** hat sich durch Verwaltungsübung herausgebildet und ist mittlerweile in §§ 33, 34 VwVfG (Bund) geregelt, wonach bestimmte Behörden Abschriften und Unterschriften beglaubigen können. § 33 VwVfG (Bund) unterscheidet dabei zwischen der Beglaubigung von Abschriften eigener und der fremder Urkunden, wobei letztere lediglich von bestimmten Behörden auf Bundesebene (gemäß BeglVO) und bestimmten landesrechtlich ermächtigten Behörden vorgenommen werden darf.[1] § 1 BeglVO räumt die Befugnis allerdings allen Behörden i.S.d. § 1 Abs. 1 Nr. 1 VwVfG ein. Zum Begriff und zu der Frage, ob und ggf. wann die von einer juristischen Person des öffentlichen Rechtes herrührenden Urkunden der Unterschriftsbeglaubigung durch einen Notar bedürfen (siehe § 40 BeurkG Rdn 8 f.), zu behördlichen Eigenurkunden vgl. auch § 63 BeurkG (siehe § 63 BeurkG Rdn 5).

9 GVBl. Rhld.-Pf. S. 597.
10 GBl 1995, 116; § 35b LFGG geändert durch G. v. 6.12.2022, GBl S. 617, 622.
1 Zu den landesrechtlichen Regelungen der Beglaubigungen von Abschriften fremder Urkunden vgl. *Schröder*, DÖV 2009, 280.

2 Die Beglaubigung einer **fremden** Urkunde durch eine Behörde schafft niemals eine öffentliche Beglaubigung. § 34 VwVfG (Bund) regelt die Beglaubigung von Unterschriften durch Behörden und stellt klar, dass diese nicht öffentliche Beglaubigung gem. § 129 BGB ist (vgl. zur Sonderregelung für die Beglaubigungszuständigkeit der Urkundsperson der Betreuungsbehörde § 1 BeurkG Rdn 31). Zuständig sind lediglich die durch bundesrechtliche Verordnung (BeglVO)[2] bzw. die nach dem jeweiligen Landesrecht bestimmten Behörden.

3 Nicht identisch mit den Begriffen amtliche Beglaubigung/öffentliche Beglaubigung ist der Begriff **öffentliche Urkunde**.[3] Nach § 415 ZPO sind öffentliche Urkunden Erklärungen, die Behörden im Rahmen ihrer Zuständigkeit und in den vom öffentlichen Recht vorgeschriebenen Formen abgeben. Sie begründen vollen Beweis des beurkundeten Vorgangs, wenn sie über eine vor der Behörde abgegebene Erklärung errichtet sind (§ 415 ZPO, vgl. auch §§ 417, 418 ZPO). Dies gilt auch für die von dieser Behörde erstellte **beglaubigte Abschrift**.[4] Beweiskraft in diesem Sinne kommt der amtlichen Beglaubigung gem. S. 2 grundsätzlich nicht zu, so dass Beglaubigungen außerhalb der den Behörden durch Gesetz eingeräumten Befugnisse keine Beweiskraft entfaltet.[5] Eine Ausnahme gilt – begrifflich zwingend – nach S. **3** nur dann, wenn die amtliche Beglaubigung inhaltlich die Abschriftsbeglaubigung von Urkunden ist, die ohnehin die Qualität öffentlicher Urkunden besitzen (vgl. auch § 33 Abs. 1 VwVfG).

4 Die amtliche Beglaubigung ist nur für Zwecke des Verwaltungsverfahrens zulässig und – anders als die öffentliche Beglaubigung – nicht für den allgemeinen Rechtsverkehr bestimmt.[6] Nur wo sie durch Gesetz oder Verordnung zugelassen ist, kann sie als Nachweis dienen (z.B. § 411 S. 1 BGB, § 64 Abs. 1 Nr. 1 FeV; § 123 Abs. 2 FlurbG). Die amtliche Beglaubigung ist auch dann **ausreichend**, wenn der Stelle, der die Urkunde vorgelegt wird, diese Form der Bezeugung für ihre Zwecke ausreichend erscheint. Praktisch bedeutsame Anwendungsfälle sind die Beglaubigung von Zeugnissen, die Erteilung und Beglaubigung von Zeugnisabschriften durch die Stelle (Schule), die die Zeugnisse erteilt hat.[7]

B. Verfahren bei der amtlichen Beglaubigung

5 Die Regelungen der Verwaltungsverfahrensgesetze des Bundes und der Länder enthalten Regelungen zu dem jeweils einzuhaltenden Verfahren bei der Beglaubigung von Abschriften und Unterschriften. Für die Abschriftsbeglaubigung enthält § 33 VwVfG (Bund) im Wesentlichen Regelungen über den Beglaubigungsvermerk. § 34 VwVfG (Bund) bestimmt neben Regelungen zum Beglaubigungsvermerk zudem, dass die Unterschriftsbeglaubigung nur in Gegenwart des beglaubigenden Bediensteten vollzogen oder anerkannt werden soll. Unzulässig ist die Beglaubigung einer Unterschrift ohne zugehörigen Text (Blankobeglaubigung) oder in Fällen, in denen das Gesetz die öffentliche Beglaubigung nach § 129 BGB verlangt. Die Norm gilt auch für die Beglaubigung von Handzeichen, § 34 Abs. 4 VwVfG (Bund).

C. Beglaubigungsbefugnis kirchlicher Stellen

6 **Kirchliche Stellen** besitzen keine Befugnis zur amtlichen Beglaubigung.[8] Das VwVfG gilt nicht für die Tätigkeit der Kirchen, der Religionsgesellschaften und Weltanschauungsgemeinschaften sowie ihrer Verbände und Einrichtungen (§ 2 Abs. 1 VwVfG), und zwar wegen des verfassungsmäßig garantierten Rechts auf selbstständige Ordnung und Verwaltung ihrer Angelegenheiten (Art. 140 GG i.V.m. Art. 137 WRV). Einer solchen ausdrücklichen Ausnahmeregelung hätte es allerdings nicht bedurft, weil § 1 VwVfG den Anwendungsbereich klar begrenzt auf die öffentlich-rechtliche Verwaltungstätigkeit der Behörden des Bundes, der Länder und Gemeinden sowie der juristischen Personen des öffentlichen Rechtes, wenn sie Bundesrecht im Auftrag des Bundes ausführen. Der Rechtsstatus der Körperschaft öffentlichen Rechtes allein gibt den Religionsgesellschaften noch keine Befugnis zur

2 Verordnung über die zu Beglaubigungen befugten Behörden (Beglaubigungsverordnung – BeglVO) v. 13.3.2003, BGBl I, S. 361.
3 BeckOK-BeurkG/*Soester*, § 70 Rn 7; vgl. auch *Winkler*, § 70 Rn 3.
4 BeckOGK/*Bernauer*, Stand: 1.12.2025, § 70 BeurkG Rn 4; *Winkler*, § 70 Rn 4.
5 BeckOK-BeurkG/*Soester*, § 70 Rn 6; Grziwotz/Sauer/Heinemann/*Heinemann/Grziwotz*, § 70 Rn 8.
6 BT-Drucks 5/3282, S. 44; BeckOGK/*Bernauer*, Stand: 1.12.2025, § 70 BeurkG Rn 2.
7 Vgl. RGSt 63, 148, 149; 66, 132, 134.
8 Ausführlich *Janssen*, DVBl 2018, 692 ff.

Ausführung der in § 1 VwVfG genannten Verwaltungstätigkeit.[9] Deshalb bedurfte es z.B. auch keiner dem § 2 Abs. 1 VwVfG entsprechende Vorschrift in den Landesverwaltungsgesetzen.

7 Die Religionsgesellschaften sind dagegen nach wie vor zur Beglaubigung in Angelegenheiten berechtigt, die ausschließlich die **(kirchliche) Verwaltungstätigkeit** gegenüber den eigenen Mitgliedern betreffen.[10] Solche Beglaubigungen sind aber weder öffentliche Beglaubigungen nach § 129 BGB noch amtliche Beglaubigungen i.S.v. § 70 BeurkG, sondern haben als **kirchliche Beglaubigungen** einen engeren Anwendungsbereich. Die Vorschriften des VwVfG sind auch dafür nicht heranziehbar. Wenn die Religionsgesellschaften jedoch als **Beliehene** allgemeine Staatsaufgaben wahrnehmen, die nicht nur ihre Mitglieder betreffen, ist das VwVfG des Bundes und des jeweiligen Landes anzuwenden.[11]

§ 71 Eidesstattliche Versicherungen in Verwaltungsverfahren

Dieses Gesetz gilt nicht für die Aufnahme eidesstattlicher Versicherungen in Verwaltungsverfahren.

1 Zur Aufnahme **eidesstattlicher Versicherungen** sind die Notare gem. § 22 Abs. 2 BNotO nur dann zuständig, wenn einer Behörde oder sonstigen Dienststelle eine tatsächliche Behauptung oder Aussage glaubhaft gemacht werden soll. Andererseits kann in dem **Verwaltungsverfahren** der zur Entgegennahme eidesstattlicher Versicherungen befugten Behörde oder Dienststelle eine solche Erklärung auch mündlich abgegeben und von der **Behörde** zu Protokoll genommen werden. Ein solches Behördenprotokoll ist keine Urkunde i.S.d. BeurkG, sodass die Regelung im Grunde überflüssig ist.[1] § 71 BeurkG stellt in diesem Sinne klar, dass das BeurkG für diese Fälle nicht gilt.

2 Das **notarielle Verfahren** bei der Abnahme von Eiden und Aufnahme eidesstattlicher Versicherungen ist in § 38 BeurkG geregelt. Zuständigkeit und Verfahren der **Verwaltungsbehörden** regeln bundesrechtlich § 27 VwVfG sowie die damit vergleichbaren Vorschriften des § 23 SGB X und des § 95 AO; für Landesbehörden finden sich entsprechende Regelungen in den Verwaltungsverfahrensgesetzen der Länder.

§ 72 Erklärungen juristischer Personen des öffentlichen Rechts

Die bundes- oder landesrechtlich vorgeschriebene Beidrückung des Dienstsiegels bei Erklärungen juristischer Personen des öffentlichen Rechts wird durch die öffentliche Beurkundung ersetzt.

Literatur *Basty/Wolff*, Verpflichtungserklärungen der Gemeinde bei notarieller Beurkundung, MittBayNot 2004, 21; *Böhringer*, Formelle „Spitzfindigkeiten" im Grundstücksverkehr, BWNotZ 2017, 30; *Neumayer*, Die Vertretung öffentlich-rechtlicher Körperschaften, RNotZ 2001, 249; *Römer*, Formen und Vertretungsmacht bei Privatrechtsgeschäften der öffentlichen Hand, DNotZ 1956, 359.

1 In Gemeindeordnungen, Landkreisordnungen und anderen Gesetzen ist regelmäßig zur Wirksamkeit schriftlicher Erklärungen ihrer Organe und Vertreter die Beidrückung des **Dienstsiegels** in formeller Hinsicht zwingend vorgeschrieben. Schon vor Inkrafttreten des BeurkG vertrat die Rspr. weitgehend die Auffassung, dass die notarielle Beurkundung die in Gemeindeordnungen festgelegten bes. Formvorschriften des öffentlichen Rechtes ersetze.[1] Die Frage war aber keineswegs unstreitig.[2] Durch § 72 BeurkG ist klar-

9 *Obermayer*, DVBl 1977, 437, 438.
10 *Janssen*, DVBl 2018, 692, 694.
11 BeckOK-BeurkG/*Soester*, § 70 Rn 4; Grziwotz/Sauer/Heinemann/*Heinemann/Grziwotz*, § 70 Rn 10; *Obermayer*, DVBl 1977, 437, 439.

1 BeckOGK/*Bernauer*, Stand: 1.12.2025, § 71 BeurkG Rn 2; Grziwotz/Sauer/Heinemann/*Heinemann/Grziwotz*, § 1 Rn 2 (Teil des Verwaltungsverfahrens); *Winkler*, § 71 Rn 1 (abgrenzend Hinweis auf Natur des Verwaltungsverfahrens).

1 OLG Schleswig SchlHA 1960, 340; LG Düsseldorf MittRhNotK 1977, 216; LG Koblenz NJW 1961, 222; näher *Scherer*, DNotZ 1965, 27 ff.
2 Gegen die Ersetzungswirkung etwa Innenministerium Rheinland-Pfalz, Runderlass v. 22.7.1958; so auch *Scherer*, DNotZ 1965, 27 ff.

gestellt, dass die öffentliche Beurkundung als die stärkste Form, in der privatrechtliche Erklärungen abgegeben werden können, die Beidrückung des Dienstsiegels ersetzt.[3]

Problematisch bleibt die Angabe der **Amtsbezeichnung**, wie sie z.B. in Art. 38 Abs. 2 BayGO vorgesehen ist. Verbreitet wird die Ansicht vertreten, dass die Angabe der Amtsbezeichnung der Beidrückung des Dienstsiegels i.S.v. § 72 BeurkG nicht gleichgestellt werden könne, weil es sich dabei um ein Aliud und nicht um ein Minus handelte.[4] Hintergrund ist das Verständnis der einschlägigen Regelungen als vertretungsrechtliche Vorschriften, für die § 72 BeurkG nicht gelte, und nicht als öffentlich-rechtliche Formvorschriften. Weil dem Landesgesetzgeber die Gesetzgebungskompetenz für privatrechtliche Formvorschriften fehlt, wird die Rechtmäßigkeit solcher Regelungen damit begründet, dass es diese bestimmten, „in welcher Weise" die öffentlich-rechtliche Körperschaft durch ihre Organe vertreten werde.[5] Nach aA soll der Rechtsgedanke der Vorschrift entsprechende Anwendung auf andere formale Erfordernisse des Kommunalrechts wie die Beifügung der Amtsbezeichnung finden.[6] Der Prämisse folgend, dass es sich um Vertretungsregelungen handelt, liegt der Lösungsansatz im Sinn und Zweck der kommunalrechtlichen Regelung zur formalen „Art und Weise" der Vertretung. Diese Normzwecke werden durch eine notarielle Beurkundung hinreichend erfüllt,[7] sodass eine Vertretung „in richtiger Weise" auch dann vorliegt, wenn der Erklärung der vertretungsberechtigten Person zwar keine Amtsbezeichnung formal beigefügt wurde, die Erklärung aber öffentlich beurkundet wurde. § 72 BeurkG zeigt insofern an, dass die öffentliche Beurkundung tauglich ist, um die Zwecke zu erfüllen, die sonst mit den einschlägigen kommunalrechtlichen Förmlichkeiten der Vertretung erfüllt werden sollen.[8] 2

In diesem Sinne erfüllt die notarielle Beurkundung ebenso die Nachweisfunktion, wenn Behördenerklärungen i.S.v. § 29 Abs. 3 GBO (z.B. Nichtausübung des kommunalen Vorkaufsrechts oder Bescheinigung, dass kommunales Vermögen nicht unter Wert veräußert wird) in der Niederschrift aufgenommen sind.[9] § 29 Abs. 3 GBO stellt keine zusätzliche formelle Hürde auf, sondern dient dem erleichterten Nachweis behördeninterner Zuständigkeit und Vertretungsbefugnis, der auch durch die notarielle Beurkundung erfüllt werden kann.[10] 3

§ 72 BeurkG bezieht sich nur auf die Beurkundung von Willenserklärungen i.S.d. zweiten Abschnitts des BeurkG. Die **notarielle Unterschriftsbeglaubigung** hat die der öffentlichen Beurkundung zugeschriebene Ersetzungsfunktion nicht.[11] Die notariell beglaubigte, aber nicht mit dem Dienstsiegel oder Stempel versehene Erklärung erfüllt deshalb auch nicht die Form des § 29 Abs. 3 GBO. Solche Erklärungen von Behördenvertretern reichen deshalb für die Grundbucheintragung nach § 29 Abs. 1 GBO nicht aus; nur Erklärungen nach § 29 Abs. 3 GBO haben die Vermutung der Vertretungsbefugnis der Unterzeichner für sich.[12] Erklärungen von Behördenvertretern nach § 29 Abs. 1 GBO in unterschriftsbeglaubigter Form bedürfen infolgedessen eines besonderen Vertretungsnachweises. 4

§ 72 BeurkG gilt für in- und ausländische juristische Personen des **öffentlichen Rechts**. Auf juristische Personen des **Privatrechts** ist die Vorschrift schon nach ihrem Tatbestand nicht anwendbar. Öffentlich-rechtliche Universitäten und Hochschulen, sonstige öffentlich-rechtliche Körperschaften und Anstalten (auch die mittelbaren wie z.B. die öffentlich-rechtlichen Rundfunkanstalten), öffentlich-rechtliche Stiftungen fallen unter § 72 BeurkG ebenso wie die Gebietskörperschaften (Bund, Länder, 5

3 BeckOGK/*Bernauer*, Stand: 1.12.2025, § 72 BeurkG Rn 2; Grziwotz/Sauer/Heinemann/*Heinemann/Grziwotz*, § 72 Rn 1.

4 Armbrüster/Preuß/Renner/*Rezori*, 8. Aufl., BeurkG § 72 Rn 2; BeckOK-BeurkG/*Soester*, § 72 Rn 4; *Basty/Wolff*, MittBayNot 2004, 21, 23.

5 BGHZ 147, 381 = NJW 2001, 2626; vgl. hierzu *Basty/Wolff*, MittBayNot 2004, 21, 22 m.w.N.; **str.**, aA etwa MüKo-BGB/*Einsele*, § 125 Rn 32 m.w.N. zum Streitstand.

6 Grziwotz/Sauer/Heinemann/*Heinemann/Grziwotz*, § 72 Rn 5.

7 *Basty/Wolff*, MittBayNot 2004, 21, 24; vgl. auch *Böhringer*, BWNotZ 2017, 30, 32.

8 Vgl. Grziwotz/Sauer/Heinemann/*Heinemann/Grziwotz*, § 72 Rn 5.

9 BeckOK-GBO/*Otto*, § 29 Rn 196; BeckOK-BeurkG/*Soester*, § 72 Rn 4.1; Grziwotz/Sauer/Heinemann/*Heinemann/Grziwotz*, § 72 Rn 6; a.A. OLG Dresden, NJW-RR 2016, 140; OLG Jena Rpfleger 2001, 22.

10 *Böhringer*, BWNotZ 2017, 30, 32.

11 KG DNotZ 1975, 425; BeckOGK/*Bernauer*, Stand 1.12.2025, § 72 BeurkG Rn 4; BeckOK-BeurkG/*Soester*, § 72 Rn 5; Grziwotz/Sauer/Heinemann/*Heinemann/Grziwotz*, § 72 Rn 8; *Winkler*, § 72 Rn 1.

12 KG Rpfleger 1974, 399; *Römer*, DNotZ 1956, 359, 363; vgl. auch BeckOGK/*Bernauer*, Stand: 1.12.2025, § 72 BeurkG Rn 5.

Gemeinden, Landkreise, Bezirke) sowie Zweckverbände. – Für die **Kirchen** und ihre Gliederungen gilt § 72 BeurkG entsprechend.[13]

§ 73 Bereits errichtete Urkunden

(1) [1]§§ 45 bis 49, 51, 52, 54 dieses Gesetzes gelten auch für Urkunden, die vor dem Inkrafttreten dieses Gesetzes errichtet worden sind. [2]Dies gilt auch, wenn die Beurkundungszuständigkeit weggefallen ist.

(2) Eine vor dem Inkrafttreten dieses Gesetzes erteilte Ausfertigung einer Niederschrift ist auch dann als von Anfang an wirksam anzusehen, wenn sie den Vorschriften dieses Gesetzes genügt.

(3) § 2256 Abs. 1, 2 des Bürgerlichen Gesetzbuchs gilt auch für Testamente, die vor dem Inkrafttreten dieses Gesetzes vor einem Richter errichtet worden sind.

A. Geltungsbereich

1 Das BeurkG ist für die alten Bundesländer und Berlin (West) am 1.1.1970 in Kraft getreten, für die neuen Bundesländer und Berlin (Ost) am 3.10.1990. § 73 BeurkG (§ 68 BeurkG a.F.) regelt die Anwendung von Vorschriften des BeurkG für Alturkunden. Urkunden, die vor Inkrafttreten des BeurkG im Gebiet der **früheren DDR** und in Berlin (Ost) von den dort zuständigen Stellen (Staatliches Notariat, Einzelnotare, Notare in eigener Praxis) nach den für sie gültigen verfahrensrechtlichen Vorschriften wirksam waren, sind auch seit dem 3.10.1990 selbst dann als beurkundungsrechtlich wirksam zu behandeln, wenn sie den Vorschriften des BeurkG nicht entsprechen.[1]

B. Rückwirkende Geltung

2 Das BeurkG hat sich grds. keine rückwirkende Kraft beigemessen. Die Notwendigkeit, Formvorschriften des Gesetzes auch auf die **Vergangenheit** zurückzubeziehen, ergibt sich aber bei der **Behandlung der Urkunden** sowie der **Erteilung von Ausfertigungen**. Für die diesbezüglichen Vorschriften (einschließlich der Regelung zum statthaften Rechtsmittel, § 54 BeurkG) ordnet Abs. 1 S. 2 BeurkG deshalb die rückwirkende Geltung an.

Die §§ 45–49, 51, 52, 54 BeurkG gelten auch, wenn die Beurkundungszuständigkeit weggefallen, die Urkunde aber in der Verwahrung der ursprünglichen Urkundsperson geblieben ist, **Abs. 1 S. 2**. Die die Urkunde verwahrende Stelle muss den nach § 51 BeurkG Berechtigten also insbesondere trotz des Wegfalls der Beurkundungszuständigkeit Ausfertigungen erteilen.[2]

3 **Abs. 2** hebt hervor, dass eine vor dem Inkrafttreten des BeurkG erteilte Ausfertigung einer Niederschrift als von Anfang an wirksam anzusehen ist, wenn sie den Vorschriften dieses Gesetzes genügt. Praktisch bedeutsam ist dies für **Ablichtungen**, die zur Herstellung von Ausfertigungen verwendet wurden; sie sind nach dem BeurkG zu diesem Zweck tauglich, da sie gem. § 39 BeurkG zu den Abschriften zählen.[3] Die durch einige obergerichtliche Entscheidungen[4] aufgekommenen Zweifel wurden damit auch bzgl. solcher Ausfertigungen, die bereits vor dem 1.1.1970 erteilt worden sind, beseitigt.[5]

13 BeckOGK/*Bernauer*, Stand: 1.12.2025, § 72 BeurkG Rn 3; Grziwotz/Sauer/Heinemann/*Heinemann/Grziwotz*, § 72 Rn 7; *Neumayer*, RNotZ 2001, 249, 268.

1 Vgl. Grziwotz/Sauer/Heinemann/*Heinemann/Grziwotz*, § 73 Rn 2.

2 BeckOGK/*Bernauer*, Stand: 1.12.2025, § 73 BeurkG Rn 3; BeckOK-BeurkG/*Soester*, § 73 Rn 4.

3 *Winkler*, § 73 Rn 2.

4 KG OLGZ 1966, 492 = Rpfl 1967, 50; Rpfl 1969, 133; OLG Frankfurt Rpfl 1968, 153.

5 *Winkler*, vor §§ 27 ff. Rn 11.

Abs. 3 ist durch Art. 3 des Ges. zur Änderung des RPflG, des BeurkG und zur Umwandlung des Offenbarungseides in eine eidesstattliche Versicherung vom 27.6.1970[6] eingefügt worden. Durch diese Regelung wurde klargestellt, dass auch die vor Inkrafttreten des BeurkG vor einem Richter errichteten Testamente durch Rücknahme aus der amtlichen Verwahrung widerrufen werden können.[7] 4

C. Grenzen der Rückwirkung

Außer den in § 73 BeurkG genannten Vorschriften hat keine Regelung des BeurkG rückwirkende Geltung. Auch wichtigen Formerleichterungen des BeurkG hat der Gesetzgeber diese Wirkung nicht beigemessen. **Beispiele:** 5

a) Eine vor dem Inkrafttreten des BeurkG errichtete Niederschrift, die den damals zwingend vorgeschriebenen **Schlussvermerk**: „vorgelesen, genehmigt, unterschrieben" nicht enthält, bleibt nichtig, auch nachdem für die seit dem 1.1.1970 errichteten Urkunden die Vermutung des § 13 Abs. 1 S. 2 BeurkG gilt.
b) Nichtig bleiben Niederschriften, bei deren Herstellung die seinerzeit zwingend vorgeschriebene Zuziehung von **Zeugen** unterblieben ist, obwohl insoweit seit dem 1.1.1970 überwiegend nur noch Sollvorschriften gelten.

Für die **Formerleichterung des § 35 BeurkG** fehlt eine dem § 51 TestamentsG vom 31.7.1938[8] entsprechende Übergangsregelung. Allerdings ist diese Vorschrift nach Maßgabe der Art 213, 214 Abs. 1 EGBGB auf vor dem 1.1.1970 errichtete letztwillige Verfügungen entspr. anzuwenden.[9] Dies gilt insbesondere auch für § 51 Abs. 3 TestamentsG. Der Vorschrift ist der Grundsatz zu entnehmen – jedenfalls für Erbvertrag und öffentliches Testament –,[10] dass Formerleichterungen nach neuem Recht (hier: § 35 BeurkG) auch für bereits zuvor errichtete Verfügungen gelten.[11] 6

§ 74 Verweisungen

Soweit in Gesetzen oder Verordnungen auf die durch dieses Gesetz aufgehobenen oder abgeänderten Vorschriften verwiesen ist, treten die entsprechenden Vorschriften dieses Gesetzes an ihre Stelle.

§ 74 BeurkG (§ 69 BeurkG a.F.) ordnet für sämtliche Gesetze und Verordnungen, in denen auf Vorschriften der Freiwilligen Gerichtsbarkeit und des bundesrechtlichen und landesrechtlichen Beurkundungsrechts **alter Fassung** verwiesen wird, die Geltung der entsprechenden Bestimmungen des BeurkG an. 1

Die Anwendung von § 74 BeurkG setzt voraus, dass – was durch Auslegung zu ermitteln ist –[1] das verweisende Recht sich auf das jeweils geltende (Beurkundungsverfahrens-)Recht beziehen will (sog. **dynamische Verweisung**). Meint die Verweisung dagegen – was im hier interessierenden Kontext nur ausnahmsweise der Fall sein wird – das ältere Recht (sog. statische Verweisung), dann bleibt es trotz § 74 BeurkG in Kraft.[2] 2

6 BGBl 1970 I, 944.

7 BeckOGK/*Bernauer*, Stand: 1.12.2025, § 73 BeurkG Rn 6; Grziwotz/Sauer/Heinemann/*Heinemann/Grziwotz*, § 73 Rn 8; *Zimmermann*, Rpfl 1970, 193.

8 RGBl 1938 I, 973.

9 OLG Frankfurt DNotZ 1971, 498; Frenz/Miermeister/*Baumann*, § 35 BeurkG Rn 3 f.; Grziwotz/Sauer/Heinemann/*Heinemann/Grziwotz*, § 35 Rn 6; *Johannsen*, WM 1971, 402, 405; Staudinger/*Mittelstädt*, Art 214 EGBGB Rn 6; *Winkler*, vor §§ 27 ff. Rn 12.

10 BayObLGZ 1976, 275, 277 = DNotZ 1977, 432.

11 BeckOK-BeurkG/*Seebach*, § 35 Rn 6; Frenz/Miermeister/*Baumann*, § 35 Rn 4; Grziwotz/Sauer/Heinemann/*Heinemann/Grziwotz*, § 35 Rn 6; *Johannsen*, WM 1971, 402, 405.

1 BeckOGK/*Bernauer*, Stand: 1.12.2025, § 74 BeurkG Rn 2; BeckOK-BeurkG/*Soester*, § 74 Rn 2; Grziwotz/Sauer/Heinemann/*Heinemann/Grziwotz*, § 74 Rn 1; *Winkler*, § 74 Rn 1.

2 BeckOGK/*Bernauer*, Stand: 1.12.2025, § 74 BeurkG Rn 2; Grziwotz/Sauer/Heinemann/*Heinemann/Grziwotz*, § 74 Rn 1.

Unterabschnitt 2: Übergangsvorschrift

§ 75 Übergangsvorschrift zur Einführung des Elektronischen Urkundenarchivs

(1) [1]Für Beurkundungen und sonstige Amtshandlungen, die vor dem 1. Januar 2022 vorgenommen worden sind, sind die §§ 55 und 56 nicht anzuwenden. [2]Abweichend von § 49 Absatz 4 ist auf der Urschrift zu vermerken, wem und an welchem Tag eine Ausfertigung erteilt worden ist. [3]Zusätze und Änderungen sind nach den vor dem 1. Januar 2022 geltenden Bestimmungen vorzunehmen.

(2) [1]Die Urkundensammlung und die Erbvertragssammlung für Urkunden, die vor dem 1. Januar 2022 errichtet wurden, werden von dem Notar nach Maßgabe der vor dem 1. Januar 2022 geltenden Vorschriften geführt und verwahrt. [2]Zusätze und Änderungen sind nach den vor dem 1. Januar 2022 geltenden Bestimmungen vorzunehmen.

(3) [1]Für Verwahrungsmassen, die der Notar vor dem 1. Januar 2022 entgegengenommen hat, ist § 59a vorbehaltlich der Sätze 3 bis 5 nicht anzuwenden. [2]Für diese Verwahrungsmassen werden die Verwahrungsbücher, die Massenbücher, die Namensverzeichnisse zum Massenbuch und die Anderkontenlisten nach den vor dem 1. Januar 2022 geltenden Bestimmungen geführt und verwahrt. [3]Der Notar kann jedoch zum Schluss eines Kalenderjahres alle Verwahrungsmassen im Sinne des Satzes 1 in das Verwahrungsverzeichnis übernehmen und insoweit die Verzeichnisführung nach den vor dem 1. Januar 2022 geltenden Bestimmungen abschließen. [4]Dazu sind für die zu übernehmenden Verwahrungsmassen die nach den Vorschriften des Abschnitts 3 der Verordnung über die Führung notarieller Akten und Verzeichnisse erforderlichen Angaben in das Verwahrungsverzeichnis einzutragen. [5]Dabei sind sämtliche in den Massenbüchern und Verwahrungsbüchern verzeichneten Eintragungen zu übernehmen.

(4) Die Urkundenrollen, die Erbvertragsverzeichnisse und die Namensverzeichnisse zur Urkundenrolle für Urkunden, die vor dem 1. Januar 2022 errichtet wurden, werden von dem Notar nach Maßgabe der vor dem 1. Januar 2022 geltenden Vorschriften geführt und verwahrt.

(5) [1]Für Beurkundungen und sonstige Amtshandlungen, die vom 1. Januar bis zum 30. Juni 2022 vorgenommen werden, gilt § 55 Absatz 2 nur im Hinblick auf das Urkundenverzeichnis und sind § 55 Absatz 3 sowie § 56 nicht anzuwenden. [2]Im Übrigen gelten für die vom 1. Januar bis zum 30. Juni 2022 vorgenommenen Beurkundungen und sonstigen Amtshandlungen Absatz 1 Satz 3 und Absatz 2 entsprechend.

A. Allgemeines

1 Im Rahmen des Urkundenarchivgesetzes[1] wurde auch § 76 BeurkG vollständig neu gefasst. Die bisherige Norm regelte das Inkrafttreten des BeurkG zum 1.1.1970 und war knapp fünf Jahrzehnte danach nur noch von historischem Interesse. Im Rahmen des DiRUG wurde der bisherige § 76 BeurkG zu § 75 BeurkG.

2 Dem Gesetzgeber war bewusst, dass die Errichtung des Elektronischen Urkundenarchivs für das deutsche Notariat einen Epochenwechsel darstellen würde, der in seiner Intensität und seinen Auswirkungen mit keiner Änderung vergleichbar sein dürfte, die der notarielle Berufsstand in den letzten Jahrzehnten erfahren hat. Die Übergangsvorschrift sah daher von Anfang an eine gestaffelte Einführung des Elektronischen Urkundenarchivs dergestalt vor, dass die weniger komplexen Teile, wie z.B. die Führung des Urkunden-

1 Gesetz zur Neuordnung der Aufbewahrung von Notariatsunterlagen und zur Einrichtung des Elektronischen Urkundenarchivs bei der Bundesnotarkammer, BGBl I 2017, 1396 ff.

verzeichnisses und des Verwahrungsverzeichnisses, zeitlich vor der Führung der elektronischen Urkundensammlung beginnen sollten.

Während der Übergangsphase sollten einerseits zunächst die erforderlichen sicheren Kommunikationswege geschaffen bzw. ausgebaut und das komplexe Schlüssel- und Berechtigungsmanagement eingeführt werden, andererseits die Ausstattung der Notariate mit technisch geeigneten Scannern sowie der Aufbau der zentralen Rechenzentren und die notwendigen Schulungen in den Notariaten erfolgen. Auch die Hersteller von Notarsoftware sollen auf diese Weise in die Lage versetzt werden, ihre Programme rechtzeitig auf die vom Elektronischen Urkundenarchiv bereitgestellten Schnittstellen einzustellen.

Die ursprüngliche Zeitplanung erwies sich jedoch als zu optimistisch, weshalb es Ende 2019 bereits zu einer ersten Änderung des Zeitplans kam.[2] Coronakrise und der daraus resultierende Chipmangel führten dann dazu, dass die vollständige Inbetriebnahme des Elektronischen Urkundenarchivs mehr oder weniger in letzter Minute noch einmal um sechs Monate verschoben wurde.[3]

Da die Führung des Urkundenverzeichnisses und des Verwahrungsverzeichnisses technisch weniger anspruchsvoll sind als eine langfristige, beweiswerterhaltende Speicherung elektronischer Dokumente in der elektronischen Urkundensammlung, wurde am 1.1.2022 mit diesen begonnen **(Abs. 3 und 5)**. Die elektronische Urkundensammlung begann am 1.7.2022.

B. Vor dem 1.1.2022 vorgenommene Amtshandlungen

Vor dem 1.1.2022 vorgenommene Beurkundungen und Amtshandlungen unterfallen nicht den neuen §§ 55, 56 BeurkG, d.h. sie müssen nicht in das Urkundenverzeichnis aufgenommen werden und werden nicht elektronisch in der elektronischen Urkundensammlung verwahrt. Solche Urkunden sind gem. **Abs. 2 und 4** ausschließlich in die Urkundenrolle nach altem Recht einzutragen und in der Urkundensammlung nach bisheriger Rechtslage aufzubewahren. 3

Vorgenommen ist die Beurkundung am letzten Tag der Verhandlung, an dem die Niederschrift vollständig verlesen, genehmigt und unterschrieben wurde. Bei Niederschriften nach den §§ 35 ff. BeurkG ist entscheidend der Tag, an dem der Notar die Niederschrift bzw. den Vermerk unterschrieben und gesiegelt hat.[4] 4

Gemäß **Abs. 3** findet für Verwahrungsmassen, die der Notar vor dem 1.1.2022 entgegengenommen hat, **§ 59a BeurkG** keine Anwendung. Für diese Verwahrungsmassen werden die Verwahrungsbücher, die Massenbücher, die Namensverzeichnisse zum Massenbuch und die Anderkontenlisten nach den vor dem 1.1.2022 geltenden Bestimmungen geführt und verwahrt. Für am 1.1.2022 bereits entgegengenommene Verwahrungsmassen, deren Verwahrung über den 1.1.2022 hinaus geht, sieht Abs. 3 entgegen der ursprünglichen Planung[5] nun ein Wahlrecht vor: Der Notar kann diese nach den bisherigen Bestimmungen fortführen und muss diese nicht nachträglich im Verwahrungsverzeichnis erfassen, er kann jedoch auch alle Verwahrungsmassen in das Verwahrungsverzeichnis überführen. Diese Option besteht dabei gem. **Abs. 3 S. 3** stets zum Schluss eines Kalenderjahres, nicht nur einmalig. 5

C. Zwischen dem 1.1.2022 und dem 30.6.2022 vorgenommene Amtshandlungen

Für nach dem 1.1.2022, jedoch vor dem 1.7.2022 vorgenommene Beurkundungen und sonstige Amtshandlungen gilt gem. **Abs. 5** § 55 Abs. 2 BeurkG nur im Hinblick auf das Urkundenverzeichnis. Urkundenrolle, Erbvertragsverzeichnis und Namensverzeichnis zur Urkunderolle werden ab dem 1.1.2022 durch das Urkundenverzeichnis ersetzt. Die Urkunden selbst werden jedoch noch nicht in der elektro- 6

2 Gesetz zur Änderung von Vorschriften über die außergerichtliche Streitbeilegung in Verbrauchersachen und zur Änderung weiterer Gesetze, BGBl I 2019, 1942, 1946.

3 Gesetz zum Vorschlag für eine Verordnung des Rates zur Änderung der Verordnung (EG) Nr. 168/2007 zur Errichtung einer Agentur der Europäischen Union für Grundrechte und zur Inbetriebnahme der elektronischen Urkundensammlung, BGBl II 2021, 1282.

4 Grziwotz/Sauer/Heinemann/*Heinemann*, § 76 Rn 6.

5 Grziwotz/Sauer/Heinemann/*Heinemann*, § 76 Rn 12, der allerdings auch zuvor schon von der Möglichkeit einer freiwilligen Überführung der Massen ausging.

nischen Urkundensammlung, sondern weiterhin ausschließlich in der papiergebundenen Urkundensammlung verwahrt.

7 Auch die durch das Urkundenarchivgesetz eingefügten Änderungen in den §§ 44 ff. BeurkG gelten für vor dem 1.1.2022 errichtete Urkunden noch nicht.[6] Insbesondere können Vermerke bis zum 1.7.2022 auf der Urschrift angebracht werden und sind noch nicht auf einem gesonderten Blatt niederzulegen (§ 35 Abs. 3 NotAktVV). Eine kleinere Änderung tritt jedoch aufgrund der Einführung des Urkundenverzeichnisses ein: Der Vermerk über die Erteilung von Ausfertigungen erfolgt nicht mehr gemäß § 49 Abs. 4 BeurkG a.F. auf der Urschrift. Dass eine Ausfertigung erteilt wurde, wem sie erteilt wurde und wann dies erfolgte, ist ab dem 1.1.2022 in das Urkundenverzeichnis einzutragen (§ 49 Abs. 4 BeurkG, § 15 NotAktVV). Bis zum 1.7.2022 ist es aber unschädlich, zusätzlich einen Vermerk auf der Urschrift anzubringen.[7]

8 Für Verwahrungsvorgänge, die nach dem 1.1.2022 beginnen, gilt bereits § 59a BeurkG. Entsprechende Verwahrungsmassen sind nicht mehr im Verwahrungs- und Massenbuch sowie ggf. in der Anderkontenliste zu führen, sondern ausschließlich im neuen Verwahrungsverzeichnis.

D. Fortführung von Sammlungen und Verzeichnisses

9 Die **Abs. 2 und 4** stellen schließlich klar, dass nach dem bisherigen Recht erforderliche, nach der Neufassung so aber nicht mehr zu führende Unterlagen für Alturkunden weiter verwahrt werden müssen. Eine obligatorische Überführung in das neue System ist ausdrücklich nicht vorgesehen. Dies macht Sinn: denn nur, wenn der Notar Urkundenrolle, Erbvertragsverzeichnis und Namensverzeichnis zur Urkundenrolle für diese weiterführt, ist er in der Lage, sich die Urkundensammlung und eine ggf. gesondert geführte Erbvertragssammlung zu erschließen. Diese Unterlagen bleiben für die Dauer der Aufbewahrung der Urkunden unerlässlich und sind deswegen entsprechend den nach bisherigem Recht geltenden Aufbewahrungsfristen aufzubewahren. In dieser Zeit sind sie so zu behandeln, wie sie nach dem bis zur Einführung des Elektronischen Urkundenarchivs geltenden Recht zu behandeln waren.

E. Freiwillige Nacherfassung verwahrter Unterlagen der Jahrgänge vor 2022

10 Gemäß § 119 BNotO können Notare, Notarkammern und Amtsgerichte von ihnen verwahrte Unterlagen aus den Jahrgängen vor 2022 auch nachträglich freiwillig in das Elektronische Urkundenarchiv einstellen. Für die Übertragung der Papierdokumente in die elektronische Fassung gilt § 56 BeurkG entsprechend. Die Papierdokumente können dann nach einer Übergangszeit ebenso vernichtet werden wie diejenigen der Jahrgänge ab 2022.

Schlußformel

Die verfassungsmäßigen Rechte des Landes Baden-Württemberg aus Artikel 138 des Grundgesetzes sind gewahrt.

6 Vgl. Art. 11 des Urkundenarchivgesetzes (BGBl I 2017, 1411); im Ergebnis ebenso Grziwotz/Sauer/Heinemann/*Heinemann*, § 76 Rn 7; missverständlich heißt es insofern allerdings im RegE zum Urkundenarchivgesetz (BT-Drucks 18/10607, 93), dass sich die Behandlung der Urkunden nach dem 4. Abschnitt des BeurkG mit Ausnahme der auf das Urkundenverzeichnis zugeschnittenen Neufassung des § 49 Abs. 4 BeurkG bereits nach dem insoweit nicht wesentlich geänderten neuen Recht richten „kann".

7 Vgl. auch BNotK-Rundschreiben Nr. 17/2021 vom 13.12.2021.

II. Verordnung über die Führung notarieller Akten und Verzeichnisse (NotAktVV)
Vom 13.10.2020 BGBl I, 2246 (Nr. 48)

zuletzt geändert durch Artikel 7 Gesetz zur Einführung einer elektronischen Präsenzbeurkundung vom 10.12.2025 BGBl 2025 I Nr. 320

Abschnitt 1: Allgemeine Bestimmungen

§ 1 Verzeichnisse

Der Notar führt die folgenden Verzeichnisse:
1. das Urkundenverzeichnis,
2. das Verwahrungsverzeichnis.

A. Einleitung

§ 1 NotAktVV trat am 1.1.2022 in Kraft und regelt die Verzeichnisse, die der Notar zu führen verpflichtet ist. Zum Erlass der Norm ermächtigen § 59 S. 1 BNotO sowie § 36 Abs. 1 S. 1 BNotO. Inhaltlich ersetzt § 1 NotAktVV den § 5 Abs. 1 S. 1 DONot-a.F., welcher zum 1.1.2022 außer Kraft trat. 1

Mit dem Urkunden- und Verwahrungsverzeichnis nennt § 1 NotAktVV die Verzeichnisse, welche von Notaren zu führen sind. Das Urkunden- sowie das Verwahrungsverzeichnis werden **ausschließlich elektronisch** geführt.[1] Der Begriff „Rolle" wird wegen des Wechsels in die digitale Welt nicht mehr verwendet. 2

B. Urkundenverzeichnis

Das **Urkundenverzeichnis** tritt an die Stelle der Urkundenrolle, dem dazu gehörenden Namensverzeichnis und dem Erbvertragsverzeichnis. In dem elektronisch zu führenden Urkundenverzeichnis, § 55 Abs. 1 BeurkG, werden die in der Urkundensammlung und künftig auch in der elektronischen Urkundensammlung enthaltenen Dokumente erfasst. Das bisherige Namensverzeichnis sowie das Erbvertragsverzeichnis müssen nicht mehr gesondert geführt werden, da deren Inhalt sich durch die elektronische Führung des Urkundenverzeichnisses anhand der Suchfunktion in der Urkundenverzeichnis-Software jederzeit darstellen lässt. Näheres zum Urkundenverzeichnis regelt Abschnitt 2 der NotAktVV. 3

C. Verwahrungsverzeichnis

Das elektronische **Verwahrungsverzeichnis**, § 59a BeurkG, tritt an die Stelle des Verwahrbuchs, des Massenbuchs, des dazu gehörenden Namensverzeichnisses und der Anderkontenliste. Näheres zum Verwahrungsverzeichnis regelt Abschnitt 3 der NotAktVV. Indem nun nicht mehr mehrere Bücher für die Darstellung desselben Inhalts anhand verschiedener Kriterien benötigt werden, stellt das Verwahrungsverzeichnis eine „moderne, effiziente und manipulationssichere Dokumentation der notariellen Verwahrungsgeschäfte"[2] dar.[3] 4

1 *Kersten*, ZNotP 2021, 158, S. 158.
2 BR-Drucksache 420/20 (neu), S. 32.
3 *Kersten*, ZNotP 2021, 197, S. 197.

D. Sonstige Verzeichnisse

5 Das **Beteiligtenverzeichnis** (§ 15 Abs. 1 S. 1 DONot-a.F.) wird nicht genannt, da dessen Führung lediglich eine Möglichkeit für die Anwaltsnotare zur Erfüllung der Pflichten aus § 28 BNotO zur Wahrung der Unabhängigkeit und Unparteilichkeit darstellt.[4]

6 Das **Kostenregister** (§ 16 DONot-a.F.) wird ebenfalls nicht genannt. Die Notare im Tätigkeitsbereich der Notarkasse in München[5] und der Ländernotarkasse in Leipzig[6] treffende Pflicht zur Führung des Kostenregisters ergibt sich nicht unmittelbar aus der BNotO, sondern aus den Abgabensatzungen der Kassen. Dem Gesetzgeber erschien es daher sinnvoll, „die Bestimmung und Ausgestaltung der Pflicht zur Führung eines Kostenregisters […] vollständig den Abgabensatzungen der Kassen [zu] überlassen".[7]

§ 2 Akten

Der Notar führt die folgenden Akten:

1. **die Urkundensammlung,**
2. **die Erbvertragssammlung,**
3. **die elektronische Urkundensammlung,**
4. **die Sondersammlung,**
5. **die Nebenakten,**
6. **die Sammelakte für Wechsel- und Scheckproteste und**
7. **die Generalakte.**

A. Einleitung

1 § 2 NotAktVV trat am 1.1.2022 in Kraft und ersetzte § 5 Abs. 1 S. 2 DONot-a.F.[1] Verordnungsermächtigung ist § 36 Abs. 1 S. 1 BNotO.[2] Aus § 55 Abs. 3 BeurkG ergibt sich bereits die Führung der Urkundensammlung, der elektronischen Urkundensammlung sowie der Erbvertragssammlung.[3]

B. Sammlungen

2 An Stelle der Urkundensammlung treten nun **vier Sammlungen**: Die Urkundensammlung (Nr. 1) und die Erbvertragssammlung (Nr. 2), welche in Abschnitt 4 der NotAktVV behandelt werden. Ferner gibt es noch die elektronische Urkundensammlung (Nr. 3) und die Sondersammlung (Nr. 4), die in Abschnitt 5 der NotAktVV behandelt werden.

3 Die Urkundensammlung ist eine Sammlung in Papierform aller Urkunden, die darin 30 Jahre lang aufbewahrt werden (§ 50 Abs. 1 S. 1 Nr. 3 NotAktVV). Davon ausgenommen sind Erbverträge. Diese werden in der Erbvertragssammlung in Papierform 100 Jahre lang aufbewahrt (§ 50 Abs. 1 S. 1 Nr. 4 NotAktVV). Dadurch wird die elektronische Urkundensammlung nach Ablauf von 30 Jahren der alleinige Aufbewahrungsort für die jeweilige Urkunde. Maßgeblicher Zweck ist, die Aufbewahrungsstellen bei der Verwahrung der Papierurkunden zu entlasten.[4]

4 BR-Drucksache 420/20 (neu), S. 33; Weingärtner/*Frohn*, § 1 NotAktVV Rn 6.
5 § 113 Abs. 1 BNotO: Freistaat Bayern und Bezirk des Pfälzischen OLG Zweibrücken.
6 § 113 Abs. 2 BNotO: Bezirke der Notarkammern Brandenburg, Mecklenburg-Vorpommern, Sachsen, Sachsen-Anhalt und Thüringen.
7 BR-Drucksache 420/20 (neu), S. 32.
1 BR-Drucksache 420/20 (neu), S. 33.
2 Weingärtner/*Frohn*, § 2 NotAktVV Rn 1.
3 Weingärtner/*Frohn*, § 2 NotAktVV Rn 1; BeckOGK/*Bernauer*, Stand: 1.12.2025 § 55 BeurkG Rn 5.
4 BR-Drucksache 420/20 (neu), S. 30; Weingärtner/*Frohn*, § 2 NotAktVV Rn 3.

Die elektronische Urkundensammlung hat den gleichen Inhalt wie die Urkundensammlung und gewährleistet die elektronische Aufbewahrung der dort enthaltenen Urkunden für 100 Jahre (§ 50 Abs. 1 S. 1 Nr. 5 NotAktVV). In der Sondersammlung werden in Papierform diejenigen Urkunden verwahrt, deren Übertragung in die elektronische Form aufgrund ihrer Beschaffenheit nicht möglich oder unzumutbar ist.[5] Das sind insbesondere Urkunden, deren 100-jährige Verfügbarkeit nicht durch den Elektronisierungsprozess herbeigeführt werden kann. **4**

C. Andere Akten

Die Nr. 5 bis 7 stellen keine Neuerungen gegenüber § 5 Abs. 1 S. 2 DONot-a.F. dar. Auch künftig haben Notare Nebenakten, Sammelakten für Wechsel- und Scheckproteste sowie eine Generalakte zu führen. Diese Bereiche werden in den Abschnitten 6 bis 8 der NotAktVV behandelt.[6] **5**

§ 3 Urschriften, Ausfertigungen, Abschriften und elektronische Urkunden

(1) [1]Urschriften, Ausfertigungen und beglaubigte Abschriften von Urkunden sind so herzustellen, dass sie gut lesbar, dauerhaft und fälschungssicher sind. [2]Satz 1 gilt für die Erstellung elektronischer Urkunden entsprechend.

(2) Im Schriftbild der Urschrift einer Urkunde darf nichts unleserlich gemacht werden.

(3) [1]Auf jeder Urschrift, Ausfertigung oder Abschrift einer Urkunde sind die Urkundenverzeichnisnummer und die Jahreszahl anzugeben. [2]Satz 1 gilt für das nach § 39a des Beurkundungsgesetzes erstellte elektronische Dokument entsprechend. [3]Auf einem nach § 8 Absatz 2, § 16b oder § 36 Absatz 2 des Beurkundungsgesetzes erstellten elektronischen Dokument müssen die Urkundenverzeichnisnummer und die Jahreszahl nicht angegeben werden.

A. Einleitung

I. Normhistorie, Regelungsziel

§ 3 NotAktVV übernimmt im Wesentlichen die Bestimmungen aus § 29 DONot a.F. Genügte bisher diese – in der Normenhierarchie des Berufsrechts eher am unteren Ende der Skala angesiedelte – Ausformung in einer Verwaltungsvorschrift, war mit der Einführung des ERV im Bereich der notariellen Aktenführung, insbesondere mit der Einführung eines elektronischen Urkundenverzeichnisses und dem Anspruch an den Wesentlichkeitsgrundsatz für die zu regelnden Materie, die eine Bestimmung in der NotAktVV geboten. Ausgangsnorm ist dabei § 35 Abs. 1 BNotO, in der Umsetzung beruft sich § 3 NotAktVV auf die Ermächtigungsgrundlage in § 36 Abs. 1 BNotO. **1**

5 BR-Drucksache 420/20 (neu), S. 33.

6 Weingärtner/*Frohn*, § 2 NotAktVV Rn 5.

Die ab 1.8.2022 geltende Fassung enthält in Abs. 1 S. 2 sowie Abs. 3 S. 2 und S. 3 Regelungen, die für die Einführung der elektronischen Urkunde im Zusammenhang mit dem OVGR (Onlineverfahren im Gesellschaftsrecht) notwendig geworden sind.[1] Mit Einführung der elektronischen Präsenzbeurkundung war die Erweiterung in Abs. 3 S. 3 auf § 8 Abs. 2 und § 36 Abs. 2 BeurkG erforderlich geworden.[2] Rein elektronische Urkunden erfahren hier insoweit eine Sonderbehandlung, als die Befreiung von der Angabe der Urkundenverzeichnisnummer und der Jahreszahl bei elektronischen Vermerken nach § 8 Abs. 2, § 16b oder § 36 Abs. 2 BeurkG als Systembruch unverändert bestehen bleibt.

Auch wenn das Regelungsziel mit den genannten Gattungen/Substraten der Urkunde die ursprünglichen Papierdokumente (Urschrift, Ausfertigung und beglaubigte Abschrift als „Papierurkunden" im weiteren Sinne) sind, lassen sich die Grundsätze freilich auf elektronisch gebundene Substrate der Urschrift nur teilweise übertragen. Sie sind deswegen nicht explizit in den Fokus der Norm einbezogen, sieht man von Abs. 3 S. 2 und S. 3 ab.

II. Regelungsursprung DONot a.F.

2 Abs. 1 stimmt inhaltlich unverändert mit § 29 Abs. 1 DONot a.F. überein. Insoweit können bisher verfassten Kommentierungen auch herangezogen werden: Abs. 2 und 3 übernehmen unverändert § 28 Abs. 1 S. 1 und Abs. 2 DONot a.F. Lediglich auf die bisherige Regelung in § 28 Abs. 1 S. 2 DONot a.F., wonach wichtige Zahlen in Ziffern und Buchstaben zu schreiben waren, wurde angepasst. Zukünftig genügt es, wenn Zahlen notarieller Urkunden alleine durch Ziffern wiedergegeben werden; sie müssen nicht mehr zusätzlich in Buchstabenform angegeben werden.

III. Bezug zu anderen Normen

3 Abs. 1 hat mit den physischen Anforderungen an die „Urkunden" jedenfalls einen klaren Bezug auch zu § 44 f. BeurkG, der in bestimmter Weise die Behandlung von Papierurkunden festschreibt.

Weitere Anforderungen ergeben sich aus den aktuellen Bestimmungen der DONot, dort insbesondere im fünften Abschnitt über die Herstellung der notariellen Urkunden und Dokumente. § 12 DONot enthält die technischen Vorgaben für die Erstellung von Papierurkunden, § 14 Abs. 1 und Abs. 2 DONot füllen die vorstehend genannte Norm des § 44 BeurkG aus.

B. Anforderungen an Papierurkunden

I. Anwendungsbereich

1. Urschriften

4 Die in der Norm vorausgesetzten Urschriften sind in ihrem Anforderungsprofil nirgends definiert. Auch das BeurkG enthält zum Begriff der Urschrift keine näheren Ausführungen, vielmehr wird die Urschrift als das Ergebnis des Beurkundungsverfahrens auch vom BeurkG vorausgesetzt. Die §§ 44 BeurkG und 44a BeurkG enthalten Regelungen zur physischen Behandlung der Urschriften. Während der Begriff Urkunde als Oberbegriff für unterschiedliche Ausformungen gilt, handelt es sich bei der Urschrift der Urkunde um das papiergebundene Exemplar der (verlesenen) notariellen Beurkundung mit den Unterschriften der Beteiligten und des Notars[3] bei der klassischen Beurkundung durch Niederschrift (§§ 8 ff. BeurkG, der Urkunde in Form einer Niederschrift mit Unterschrift des Notars beim Tatsachenprotokoll (§§ 36 ff. BeurkG) sowie die papiergebundenen Vermerkurkunden im Sinne der §§ 39 ff. BeurkG).

2. Ausfertigungen

5 Die stets papiergebundene Ausfertigung wird in § 47 BeurkG als die Fassung der Urschrift definiert, die an deren Stelle im Rechtsverkehr zirkuliert. Der Weg zur Ausfertigung erfolgt entweder durch die Ab-

1 BGBl I 2021 Nr. 85 vom 23.12.2021.

2 Vgl. BT-Drucks 21/1505, S. 55 (im Referentenentwurf fälschlich als Änderung von § 3 Abs. 3 Satz 2 NotAktVV bezeichnet).

3 Wobei hier Ausnahmen bei schreibunfähigen Beteiligten und der entsprechenden Hinzuziehung von Zeugen bestehen.

schrift der Urschrift, die mit einem klassischen Ausfertigungsvermerk versehen wird (§ 49 Abs. 1 Alt. 1 BeurkG), oder durch einen Ausdruck der elektronischen Fassung der Urschrift, die mit einem (besonderen) Ausfertigungsvermerk versehen wird (§ 49 Abs. 1 Alt. 2 BeurkG).

Das Gesetz geht dabei davon aus, dass die Ausfertigung keine bildliche Übereinstimmung mit der Urschrift erfordert.[4]

3. Beglaubigte Abschriften

Beglaubigte Abschriften sind in der Papierwelt üblich, werden aber zunehmend durch die elektronisch beglaubigten Abschriften verdrängt, insbesondere was seit 2007 den Registerverkehr mit den Handelsregistern und in den Ländern, welche den elektronischen Rechtsverkehr mit den Grundbuchämtern eingeführt haben, auch die Grundbuchämter anbelangt. § 39 i.V.m. § 42 BeurkG hält die entsprechenden Vorschriften bereit. Beglaubigte Abschriften können inzwischen auch aus elektronischen Dokumenten gefertigt werden, § 42 Abs. 4 BeurkG. 6

Kennzeichnend für die beglaubigte Abschrift ist die Bestätigung der inhaltlichen (nicht der bildlichen) Übereinstimmung mit dem Hauptdokument, welche durch einen entsprechenden Vermerk des Notars festgestellt wird. Immerhin wird der beglaubigten Abschrift eine solche Qualität vom Gesetzgeber in § 46 Abs. 1 BeurkG beigemessen, dass eine beglaubigte Abschrift an die Stelle der Urschrift treten kann.

4. Andere Substrate in Papierform bzw. elektronischer Form

Für andere als die vorgenannten Substrate,[5] die aus der Urschrift als Urkunde resultieren, gilt § 3 NotAktVV dem Wortlaut nach nicht. Für die Erstellung von Reinschriften, die eine bloße Hilfsfunktion beispielsweise auf dem Weg zur Herstellung „sauberer" beglaubigter Abschriften bzw. Ausfertigungen darstellen, gilt § 3 NotAktVV so lange nicht, bis der Status der „Urkundsqualität" erreicht ist. In der Sprache von XNP wurde für solche „Reinschriften" (aka Kopiervorlage, wenn eventuell noch Anlagen eingebunden wurden, die im Beurkundungsverfahrens selbst keine handschriftlichen Änderungen erfahren haben, dem Ausdruck der „Reinschrift" aber beigefügt werden und neu eingescannt werden bzw. nach PDF-rendering an die entsprechende Datei angehängt werden) ein eigener Dokumententyp begründet: Reinschrift (beglaubigt) oder Reinschrift (nicht beglaubigt). Im Grunde handelt es sich bei dem Dokumententyp „Reinschrift (beglaubigt)" aber um nichts anderes als den Dokumententyp elektronische Abschrift (beglaubigt), bei dem Dokumententyp „Reinschrift (nicht beglaubigt)" um nichts anderes als den Dokumententyp elektronische Abschrift (einfach). 7

Mit der ersten Änderung der NotAktVV wurde klargestellt, dass mit Blick auf die eindeutige Zuordnung die Anbringung von UVZ-NR sowie der Jahreszahl zu erfolgen hat, was wiederum für die elektronische Niederschrift (§§ 8 Abs. 2, 36 Abs. 2 BeurkG) und deren „Endprodukt", die elektronische notarielle Urkunde **nicht** gilt, § 3 Abs. 3 S. 3 BeurkG.

Abs. 2 und 3 sind grundsätzlich nicht auf den technischen Prozess[6] der **elektronischen Urkunde**[7] (vgl. § 45 Abs. 3 BeurkG Rdn 2) anwendbar. Bei der eNU (elektronische notarielle Urkunde) ist die Vergabe von UVZ-Nummer und Jahreszahl technisch bedingt vor Abschluss der Beurkundung erforderlich.[8] Außerdem sind im Elektronischen Urkundenarchiv Urkundenverzeichnis und elektronische Urkundensammlung technisch derart miteinander verknüpft, dass die dort verwahrte elektronische Urkunde nur zusammen mit dem Datensatz der zugehörigen Eintragung im Urkundenverzeichnis abgerufen werden kann. Auf diese Weise ist im Elektronischen Urkundenarchiv auch ohne Angabe der Urkundenverzeichnisnummer in dem originären elektronischen Dokument selbst eine eindeutige Identifizierung und Zuordnung der dort verwahrten elektronischen Urkunde sichergestellt. Insoweit sind für die eFU (elektronische

4 Vgl. die Klarstellung zu § 49 Abs. 2 S. 3 BeurkG durch Gesetz zur Modernisierung des notariellen Berufsrechts und zur Änderung weiterer Vorschriften (NotBRMoG); BGBl I 2021, 2154; BGBl I 2022, 666 m.W.v. 1.1.2022.

5 Vgl. *Püls/Gerlach*, NotAktVV, § 6 Abschnitt D.

6 Zum Verfahren der Beurkundung bei elektronischer Niederschrift vgl. §§ 16a ff. BeurkG sowie Rdn 1 ff.

7 Vgl. *Kienzle*, in: Herrler, Gesellschaftsrecht in der Notar- und Gestaltungspraxis, 3. Aufl. 2025, § 18a, Rn 61 ff.

8 Während auf der Urschrift einer in Papierform errichteten notariellen Urkunde die Urkundenverzeichnisnummer und die Jahreszahl ohne weiteres nach der Beurkundung angebracht werden können, ist dies bei einer elektronischen Urkunde technisch ausgeschlossen, vgl. BT-Drucks 774/21. S. 47, https://dserver.bundestag.de/brd/2021/0774–21.pdf

Fassung der Urschrift, § 45 Abs. 2 BeurkG) und für die ebA (Hauptanwendungsfall elektronisch beglaubigte Abschrift, aber auch für die dort definierten einfachen elektronischen Zeugnisse/Vermerke, § 39a BeurkG), und eben auch für die eNS (elektronischen Niederschrift, § 16b BeurkG) die Anforderungen jeweils gesondert definiert. Für die ebA bzw. die in § 39a Abs. 1 BeurkG genannten Vermerke (elektronische Dokumente) gilt hingegen das „technische" Erfordernis der Anbringung von Urkundenverzeichnisnummer und Jahreszahl, § 3 Abs. 3 S. 2 NotAktVV **vor dem Medientransfer** (ebA) bzw. vor der Vermerkerstellung (enV elektonische notarielle Vermerkurkunde, einfache elektronische Zeugnisse). Dies lässt sich technisch nur durch eine Aufnahme dieser Angaben (auf die Urschrift bei papiergebundenen Dokumenten, in das elektronische Dokument bei rein elektronischen Vermerken/einfachen Zeugnissen) **vor Anbringung der Signatur** an dem digitalen Substrat ersetzen. Auf diese Angabe kann bei einfachen elektronischen Zeugnissen nicht verzichtet werden. Der Grund hierfür ist, dass bei diesen das originäre elektronische Dokument selbst nach § 45b Abs. 2 S. 4 BeurkG regelmäßig ausgehändigt wird und nachfolgend regelmäßig in den Rechtsverkehr gelangt.[9] Anders als bei einfachen elektronischen Zeugnissen bleibt bei elektronischen Niederschriften, das originäre elektronische Dokument nach § 45b Abs. 1 S. 1 BeurkG stets in der Verwahrung des Notars. Auch elektronische Vervielfältigungen dieses elektronischen Dokuments werden nach § 45b Abs. 1 S. 2 BeurkG nicht ausgehändigt.

II. Anforderungen an papiergebundene „Urkunden"

1. Gute Lesbarkeit

8 „Dass er [der Notar] aber gut, deutlich und leserlich schreibe, ist eine Eigenschaft, die weit mehr empfiehlt, als man glaubt."[10] Daran hat sich auch in den letzten 200 Jahren nichts geändert. Aufgrund der gut 2000-jährigen Sozialisierung der abendländischen Gesellschaft mit der Schriftkultur mag man das als gegeben voraussetzen; es gleichwohl an prominenter Stelle zu betonen, dürfte nicht schaden. Dass alles, was zu Unleserlichkeit und damit zu einem Mangel an der Verfügbarkeit des Urkundsinhalts führt, unzulässig ist, hebt Abs. 2 nochmals besonders hervor, vgl. unten Rdn 12.

Die Lesbarkeit umfasst grundsätzlich drei Kriterien: die Erkennbarkeit (Typografie), die Lesbarkeit als solche (Satzbau und Sprachstil) und die Nachvollziehbarkeit (Komplexität).[11]

Die Lesbarkeit im Sinne der NotAktVV verfolgt weniger einen stilistischen Aspekt, wenngleich auch insoweit bei der Herstellung von Urkunden auf „gute Lesbarkeit" geachtet werden sollte.[12] Im Normzusammenhang steht das Schriftbild als solches im Vordergrund, was angesichts des technischen Einsatzes heutzutage allerdings keine grundlegenden Probleme mehr aufwirft. Bei umfangreichen Urkunden, insbesondere Bezugsurkunden, kann die Frage auftauchen, welcher Schriftgrad (in Verbindung mit welcher Typografie) noch den Anforderungen an die Lesbarkeit genügt. In der Regel gilt hier allerdings, dass auch die Zuhilfenahme optischer Geräte (Lupen) für die Erfassung der Schriftzeichen einer Urkunde vorausgesetzt werden kann.

9 Auch kann das Kriterium der Lesbarkeit unter Berücksichtigung einer Sehbehinderung zu einer Skalierung der Schriftgröße in der Urschrift Anlass geben. Wenn es einem sehbehinderten Urkundsbeteiligten leichter fällt, größere Schriftgradtypen auch in der Urschrift noch erfassen zu können, bietet sich eine Skalierung an. Im Zweifel entscheidet der Notar nach seiner Einschätzung im Lichte von § 22 Abs. 1 S. 1 BeurkG, ob die Skalierung noch ausreicht oder ein Zeuge hinzuzuziehen ist.

Häufiger kann die Lesbarkeit durch technische Unzulänglichkeiten der verwendeten Materialien erschwert werden, etwa verblasste Ausdrucke (wenig Toner in den Druckern) etc., was dann regelmäßig auch die Frage der Dauerhaftigkeit der Urkunde berührt. Mit Blick auf die entsprechende Geltung für

9 Vgl. BT-Drucks 774/21, S. 47; was freilich der elektronischen Archivierung einer (elektronischen Kopie) ebA im eUA (elektronische Urkundensammlung – eUSL) nicht entgegensteht.

10 *J. S. Göbel*, Handbuch für Notarien, besonders in Kursachsen, Freiberg 1793, S. 18. Die Tendenz zur Verwendung von Normzeichen in der Schrift ist bereits in § 19 Kaiserliche Notariatsverordnung 1512 enthalten.

11 Https://de.wikipedia.org/wiki/Lesbarkeit.

12 Zur Bedeutung des Schreibstils vergleiche *Göbel*, a.a.O. § 6; zur Frage der gendergerechten Sprache in Rechtstexten vgl. *Allgayer*, Der rechtliche Rahmen des Genderns, NJW 2022, 452 und zum Verhältnis zu einer guten Lesbarkeit vgl. Gendergerechte Sprache in Verträgen – wie kann das gehen? – Das Vertragsblog, besucht am 10.4.2022.

elektronische Fassungen im Sinne des § 56 BeurkG ist auf hinreichende Scanqualität zu achten. Dies gilt natürlich auch für „normale“ elektronische beglaubigte Abschriften im Sinne des § 39a BeurkG.

2. Dauerhaftigkeit

Angesichts der Aufbewahrungsfristen[13] wird deutlich, dass öffentliche Urkunden die in ihnen niedergelegten Erklärungen oder Feststellungen über längere Zeiträume vorhalten sollen. Dies war seit jeher Voraussetzung für die Qualität und den Rang der Urkunde als Beweismittel.[14] § 12 DONot führt die eher technischen Aspekte mit den Anforderungen an das zu verwendende Papier (inzwischen durch Festlegung der entsprechenden Norm DIN EN ISO 9706), die zu verwendende Tinte bzw. Farbe, die für kopieren zu verwendenden elektrografischen oder elektrofotografischen Verfahren näher aus, wobei auch hier deutlich wird, dass Dauerhaftigkeit auch unmittelbaren Einfluss auf die Fälschungssicherheit hat. 10

3. Fälschungssicherheit

Die Forderung nach einer fälschungssicheren Herstellung von Urkunden hat ebenso wie die Dauerhaftigkeit mit der nachhaltigen Funktion der Urkunde im Rechtsverkehr und insbesondere als Beweismittel zu tun. Neben den genannten Bestimmungen in § 12 DONot ist es insbesondere § 14 DONot, der über die Verwendung von und funktionalen Anforderungen für Farb- und Prägesiegel hohe Kriterien der Fälschungssicherheit einer notariellen Urkunde festlegt. 11

Der Umstand, dass Zahlen ausgeschrieben werden mussten, war zuletzt auch noch in § 28 Abs. 1 DONot a.F. festgelegt und galt über Jahrhunderte hinweg als Mittel, um einerseits Fehler in der Darstellung zu vermeiden, andererseits Fälschungssicherheit zu gewährleisten.[15] Zutreffend geht der Gesetzgeber und auch die amtliche Begründung davon aus, das oft fraglich sein kann, welche Zahlen in einer Urkunde als so wichtig anzusehen sind, dass sie ausgeschrieben werden müssen. Hinzu kommt die Gefahr von Auslegungsschwierigkeiten bei Abweichungen zwischen Zahlen in Ziffern und ausgeschriebenen Zahlen. Auch das eingangs beschriebene Fälschungsrisiko wird auch angesichts der verwendeten Drucktechniken bei der Erstellung von Urschriften für vernachlässigbar erachtet.[16] Weder § 3 NotAktVV noch die Bestimmungen der DONot sehen daher vor, dass Zahlen ausgeschrieben werden müssen. Freilich ist es unverändert zulässig, so wie bisher zu verfahren.

4. Keine Unleserlichkeit im Schriftbild der Urschrift

Der ebenfalls allen Notariatsordnungen immanente Grundsatz, dass Veränderungen und Einfügungen eine notarielle Urkunde entwerten und daher zu unterlassen sind, ist in Abs. 2 niedergelegt.[17] So gibt es auch grundsätzliche Anforderungen an die Lesbarkeit im Falle von handschriftlichen Änderungen und Ergänzungen.[18] 12

C. Angabe von UVZ-Nummer und Jahreszahl

I. Grundsatz

Bei Urkunden, die in den Rechtsverkehr gelangen können, ist die Angabe der Urkundenverzeichnisnummer und der Jahreszahl erforderlich, um eine eindeutige Zuordnung zu einer bestimmten Eintragung im Urkundenverzeichnis gewährleisten zu können. Dies gilt auch beispielsweise für elektronisch beglaubigte Abschriften im Sinne des § 39a BeurkG, vgl. Abs. 3 S. 2. Anders ist dies nur bei **rein elektronischen Urschriften**, wie sie ab 1.8.2022 im Rahmen des OVGR im Gesellschaftsrecht erstellt werden können. Diese rein elektronischen Niederschriften i.S.d. § 16b BeurkG können anders als bisher einfache elektronische Zeugnisse oder elektronisch beglaubigte Abschriften nicht in den Rechtsverkehr gelangen. Ent- 13

13 Vgl. § 50 NotAktVV.

14 Kaiserliche Notariatsverordnung 1512, § 19.

15 Zu letzterem Aspekt: *J. S. Göbel*, Handbuch für Notarien, besonders in Kursachsen, Freiberg 1793, § 17 S. 1: „Die vorkommenden Zahlen dürfen nicht bloß mit Ziffern geschrieben werden, sondern man muss solche mit Buchstaben völlig ausdrücken, damit keine Verfälschungen vorgenommen werden können.“

16 Vgl. amtl. Begründung, abgedr. bei *Püls/Gerlach*, NotAktVV, § 5 Abschnitt B, zu § 3 NotAktVV.

17 Auch hier kann § 18 Kaiserliche Notariatsverordnung 1512 als historische Ausgangsnorm genannt werden.

18 HK-NotarR/*Strauß*, § 3 Rn 3; Vorauflage/*Heidelberg*, § 29 DONot Rn 6.

scheidender ist allerdings die Tatsache, dass im Elektronischen Urkundenarchiv das Urkundenverzeichnis und die elektronische Urkundensammlung technisch derart miteinander verknüpft sind, dass die dort verwahrte elektronische Urkunde nur zusammen mit dem Datensatz der zugehörigen Eintragung im Urkundenverzeichnis abgerufen werden kann. So ist technisch zwischen diesen rein elektronischen Dokumenten bzw. Datensätzen die (logische) Verknüpfung stets gewährleistet.[19] Andererseits ist nicht zu verkennen, dass auch Vergabe einer (in der NSW) vorreservierten Urkundenverzeichnisnummer auf einer rein elektronisch erzeugten Urkunde nicht schädlich ist und wenig dagegen spricht, auch in Zukunft so zu verfahren. Hintergrund des Wegfalls der Pflicht zur Angabe einer Nummer auf dem elektronischen Dokument ist neben der oben geschilderten technischen Verknüpfung mit dem UVZ auch der Umstand, dass die rein elektronische erzeugte „Urschrift“ keine Urkunde im körperlichen Sinne mehr darstellt.

II. UVZ-Nummer

14 Jeder Urkunde wird via Notariatssoftware (via Export zu XNP) oder direkt durch Eingabe in XNP eine Nummer aus dem Urkundenverzeichnis zugewiesen. Diese Nummer ist auf der Urschrift anzugeben. Logischerweise findet sich diese (identische) Angabe dann auf den Ausfertigungen bzw. beglaubigten Abschriften wieder. Die Nummer kann dabei mehrstellig mit führenden Nullen angegeben werden. Zum Formatierungsbeispiel vgl. unten Rdn 16.

Mit der Einführung des Urkundenverzeichnisses zum 1.1.2022 hat die im Notariat individuell bis dahin geführte Urkundenrolle ihre Funktion verloren. Dementsprechend ist es angezeigt, nicht mehr von Urkundenrollen-Nummer zu sprechen. Im notariellen Sprachgebrauch war allerdings durchaus die Abkürzung UR-NR (in allen Formen und Abwandlungen) gebräuchlich für Urkundennummer. Dass diese Nummer in der Urkundenrolle eingetragen wurde, änderte nichts daran, dass es die Urkunde ist, die mit der Nummer versehen wird. So ist es ohne weiteres zulässig, die Urkunden wie bisher zu überschreiben mit UR-Nr. gefolgt von der Nummer der Urkunde, die im UVZ dafür vergeben wurde, sowie der Jahreszahl. Natürlich ist es auch zulässig, sämtliche Urkunden fortan im Rubrum mit einer Überschrift UVZ-NR (wiederum in allen Formen und Abwandlungen) gefolgt von der entsprechenden Nummer und der Jahreszahl zu versehen. Wichtiger als die Abkürzung ist der Umstand, dass stets die richtige Nummer vergeben wird!

III. Jahreszahl

15 Da Urkunden unverändert jahrgangsweise in der Registratur geführt werden, ist auch die Urkundenverzeichnisnummer mit dem entsprechenden Jahrgang zu ergänzen. Die Jahreszahl vierstellig anzugeben.

Es ist zulässig und zweckmäßig, zwischen der UVZ-NR und dem Jahrgang ein Trennzeichen anzubringen. In welcher Form der Notar dies für sein Büro festlegt, bleibt ihm unbenommen. Die entsprechende Nummerierung sollte dann nur jahrgangsweise stringent durchgehalten werden. Die alphanumerische Anordnung, die insbesondere auch für die Vergabe von Dateinamen systematisch als die sinnvollere erscheint – also in der umgekehrten Reihenfolge [Jahreszahl] [Trennzeichen] [UVZ-Nummer] – ist ebenso zulässig. Abs. 3 gibt hier keine zwingende Reihenfolge vor. Allerdings ist bei alphanumerischer Reihenfolge die Voranstellung führenden Nullen ratsam, auch um eine Verwechslung zwischen vierstelliger UVZ-NR (Urkundsnummer) und vierstelligen Jahreszahlen zu vermeiden.

IV. Beispiele zulässiger Formate/Nomenklatur

16 Zulässig sind also beispielsweise folgende Formate:

UVZ-NR. 1/2026

UVZ-NR. 0001/2026

UVZ-NR. 00001p2026

19 Vgl. Begründung (Referentenentwurf Stand 15.10.2021), zu Nr. 2 (Änderung von § 3 NotAktVV), abgedr. bei *Püls/Gerlach*, a.a.O. oder Referentenentwurf NotAktVV des BMJuV.

UVZ NR. 2026p00001

URNr. 2026/00001

Praktische Informationen zur Festlegung des Nummernformates finden sich in der Onlinehilfe der Bundesnotarkammer/interner Bereich (UVZ-Nummernformat festlegen oder ändern). Grundsätzlich ist es zulässig, dass auch Mitarbeiter des Notars mit der entsprechenden Berechtigung (VVZ/VVZ) das Nummernformat festlegen; wegen der organisatorischen Bedeutung für Arbeitsabläufe, die Einheitlichkeit im Büro und eventuell auch das Zusammenspiel der elektronischen Aktenzeichen mit den Abläufen bei den Gegenstellen in der Justiz und perspektivisch der öffentlichen Verwaltung sollte die Festlegung aber „Chefsache" sein. Angesichts der Vielzahl der Möglichkeiten hat sich noch keine Best-Practice ausgebildet. Mit Blick auf digitale Formate bieten sich aber alphanumerische Befreiungen bei der Vergabe der Kundennummer an, so wie beispielsweise beim vorletzten Beispiel. Wegen der Bedeutung des **Dateinamens**, der nach der Signatur durch den Notar im elektronischen Verfahren nicht mehr geändert werden kann, sollte für die Dateibezeichnung eine Nomenklatur gewählt werden, die sich idealerweise auch im Dateinamen gut abbilden lässt und die vorzugsweise eine alphanumerische Sortierung erlaubt. Dies ist bei dem oben durch die Betonung hervorgehobenen Aufbau des UVZ-Formates möglich, beispielsweise: 2026p00215_eUR.pdf. Wird dieser Aufbau gewählt, wird auch im Dateinamen die wichtige Information in Übereinstimmung mit der Eintragung im UVZ hervorgehoben, im Beispiel also Urkunde 215/2026 (der Mittelbuchstabe als Trennung ermöglicht den Hinweis auf den beurkundenden Notar in einer Sozietät). Außerdem wird durch den Zusatz eUR (oder einen vergleichbaren Zusatz) deutlich, dass die Urkunde im Wege einer ePB erstellt wurde.

V. Entsprechende Geltung bei elektronischen Fassungen

1. Elektronisch beglaubigte Abschriften, § 39a BeurkG

§ 3 Abs. 3 S. 2 NotAktVV stellt klar, dass auch auf elektronisch errichteten Beglaubigungen und einfachen elektronischen Zeugnissen (die eben rein elektronisch errichtet werden können) bei der Visualisierung die UVZ-NR erkennbar sein muss. Da ein nachträgliches Anbringen wie bei einer Papierurkunde bei einem mit qeS versehenen Dokument im Sinne des § 39a BeurkG nicht möglich ist, muss die zu signierende Datei bereits vorab, d.h. vor Anbringung der Signatur, die UVZ-Nummer sowie die Jahreszahl entsprechend den obigen Ausführungen enthalten (vgl. Rdn 7). Eine nachträgliche Veränderung im Text der Datei würde zum Verlust der Qualität als ebA führen. Für die eFU (elektronische Fassung der Urschrift) ist eine entsprechende Normierung **nicht** notwendig, da diese entsprechend den einschlägigen Verfahren von der Papierurkunde durch das in § 56 BeurkG beschriebene Verfahren erstellt wird. Diese Notwendigkeit, eine UVZ-NR vorab anzubringen, besteht auch nicht in den Fällen, in denen elektronische Urkunden (also nicht nur Vermerke) rein digital errichtet werden. 17

2. Elektronische Niederschrift, §§ 8 Abs. 2, 16b, 36 Abs. 2, BeurkG

Die zum 1.8.2022 in Kraft getretene Änderung mit der weiteren Ergänzung im Jahr 2025[20] in Abs. 3 S. 3 stellt fest, dass die Angabe der UVZ-Nummer auf der nunmehr möglichen rein elektronischen „Urschrift", die erstmals in § 16b BeurkG für die Videokommunikationsverfahren als elektronische Niederschrift bezeichnet wird, nicht erforderlich ist, ebenso wenig bei den jetzt generell eingeführten elektronischen Niederschriften im Präsenzverfahren, vgl. § 8 Abs. 2, 36 Abs. 2 BeurkG). Zum einen, weil von dieser rein elektronisch errichteten Urschrift Exemplare in der Regel nicht direkt in den Rechtsverkehr gelangen. Mit Blick auf eine Vorlage der Urschrift, was auch bei einem rein elektronisch erzeugten Dokument durch Augenscheinnahme vor Gericht vorstellbar ist, ist die amtliche Begründung nicht ganz überzeugend. Stichhaltiger ist der Hinweis der amtlichen Begründung, dass im Elektronischen Urkundenarchiv Urkundenverzeichnis und elektronische Urkundensammlung technisch derart miteinander verknüpft sind, dass die dort verwahrte elektronische Urkunde nur zusammen mit dem Datensatz der zugehörigen Eintragung im Urkundenverzeichnis abgerufen werden kann.[21] In jedem Fall bleibt die Vergabe einer reservierten UVZ-Nummer 18

20 Einführung der elektronischen Präsenzbeurkundung, vgl. oben Rdn 1.

21 Vgl. Begründung (Referentenentwurf Stand 15.10.2021), zu Nr. 2 Buchstabe c (Änderung von § 3 NotAktVV), oben Fn 13.

vor Signierung der Urkunde durch die Beteiligten und den Notar möglich, auch wenn sie wie ausgeführt, nicht erforderlich ist. Der notariellen Praxis ist in jedem Fall zu raten – denn so sind wir die letzten 2000 Jahre sozialisiert – eine Urkunde vorab zu reservieren und in das digitale Dokument einzutragen, so dass auch ohne Rückgriff auf irgendwelche UVZ-Register etc. oder technische Hilfsmittel das Dokument „optisch“ schon bei einer einfachen Visualisierung einem bestimmten Vorgang zugeordnet werden kann. Die in der Datei enthaltene UVZ-Nummer wird eine spätere Zuordnung losgelöst von weiteren technischen Hilfsmitteln (die man dann zusätzlich sicher noch benötigen wird, um eben Ausfertigungen beglaubigte Abschriften etc. zu erstellen) erleichtern.[22]

Fehlt eine vorab reservierte UVZ-Nummer, erfolgt die Zuordnung der rein elektronischen Urkunde technisch über die systemseitige Verknüpfung im elektronischen Urkundenarchiv. Während dies für den Urkundsnotar oder den Aktenverwahrer in der digitalen Umgebung kein Problem darstellt, erschwert es bei einer bloßen Visualisierung, die gewohnte „optische“ Zuordnung für externe Betrachter. Daher empfiehlt es sich, vor dem Speichern des finalen, zu beurkundenden Dokuments die Identität der Urkunde durch Vergabe der UVZ-Nummer explizit kenntlich zu machen.[23] Es wird dringend empfohlen, die (reservierte) UVZ-Nummer im UVZ nur zu speichern (also zu „reservieren“), nicht aber „einzutragen“. Dann kann diese (ggf. auch tags darauf) ohne Korrekturvermerk für eine andere Urkunde verwendet werden, falls das Beurkundungsverfahren unterbrochen oder abgebrochen wird. Dementsprechend sieht § 3 Abs. 3 NotAktVV für die **elektronische Unterschriftsbeglaubigung** auf jeden Fall das Anbringen auf der Urkunde vor, für Beurkundungsverfahren sollte die somit erst recht gelten. Ebenso dringend geboten ist nach Auffassung des Autors, die Datei vor der Signatur mit einem **Dateinamen** zu versehen, der die UVZ-Nummer erkennen lässt. Nach der Signatur durch den Notar ist eine Änderung der Datei nicht mehr möglich, ohne die Integrität der Urkunde zu zerstören. Zum Beispiel einer praktikablen „Nomenklatur“ vgl. oben Rdn 16.

VI. Fehler bei der Nummernvergabe

19 Wurde beispielsweise für zwei Urkunden dieselbe UVZ-Nummer vergeben, ist aufgrund des strengen numerischen Aufbaus des UVZ und seiner Bedeutung für die Verknüpfung mit der eUSL nur die Vergabe der nächsten freien Nummer im UVZ für einen der beiden versehentlich doppelt nummerierten Urkundsvorgänge möglich und zulässig. Es ist sicherzustellen, dass es zu keiner Doppelvergabe kommt.[24] Wurde eine Nummer vergessen, wird die nächste freigewordene Nummer des Tages verwendet, an dem die fehlende Vergabe festgestellt wurde (Reihenfolge Fehler); die Registrierung erfolgt unter dem Tag der Beurkundung. Zu weiteren Fällen vergleiche § 8 NotAktVV Rdn 7.

§ 4 Form und Übergabe elektronischer Aufzeichnungen

(1) [1]Ist die Verwendung eines bestimmten Dateiformats oder eines bestimmten Systems nicht durch andere oder aufgrund anderer Rechtsvorschriften vorgeschrieben, so sind elektronische Akten und Verzeichnisse (elektronische Aufzeichnungen) in einem Dateiformat zu führen, das allgemein gebräuchlich ist. [2]Elektronische Aufzeichnungen können auch in einem anderen Dateiformat geführt

22 Wenn es schon eine Binsenweisheit ist, dass Bilder effektiver als Worte sind, so ist für die tägliche Arbeit dann auch die UVZ-Nr. in visuell erkennbarer Form effektiver als rein virtuelle Links, jedenfalls so lange auch noch an der Schnittstelle zwischen Mensch und Maschine gearbeitet wird. Freilich ist entscheidend nicht die aufgedruckte UVZ-Nr., sondern die logisch im System hinterlegte Verknüpfung zu dieser Nummer. Diese sollte und muss dann natürlich übereinstimmen.

23 So auch die Empfehlung der BNotK, Onlinehilfe/FAQ: „Vor dem Speichern sollte geprüft werden, ob in dem Dokument eine UVZ-Nummer eingefügt werden soll. In diesem Fall empfehlen wir, die UVZ-Nummer VOR dem Abspeichern des Dokuments und dem anschließenden Öffnen im Modul eBeurkundung einzufügen. Das Modul eBeurkundung sieht keine Möglichkeit vor, die UVZ-Nummer einzufügen. Das Einfügen der UVZ-Nummer nach Anbringen der qualifizierten elektronischen Signatur durch die Notarin oder den Notar würde zur Ungültigkeit der Signatur führen und die Verwendbarkeit der Urkunde im Rechtsverkehr beeinträchtigen.“

24 Vergleiche auch die Hinweise in der Onlinehilfe der BNotK/interner Bereich (FAQ/Urkundenverzeichnis allgemein).

werden, wenn dieses ohne erheblichen zeitlichen oder finanziellen Aufwand in ein allgemein gebräuchliches Dateiformat überführt werden kann.

(2) [1]Geht die Zuständigkeit für die Verwahrung von Akten und Verzeichnissen auf eine andere Stelle über, so hat die bisher zuständige Stelle der künftig zuständigen Stelle elektronische Aufzeichnungen auf einem allgemein gebräuchlichen Datenträger zu übergeben. [2]Handelt es sich um elektronische Aufzeichnungen, die im Elektronischen Urkundenarchiv oder im Elektronischen Notariatsaktenspeicher vorliegen, so hat die bisher zuständige Stelle an der Einräumung des Zugangs für die künftig zuständige Stelle mitzuwirken, soweit dies erforderlich ist.

A. Einleitung

I. Normhistorie, Regelungsziel

§ 35 Abs. 2 S. 1 BNotO lässt nunmehr auch die Führung elektronischer Akten und Verzeichnisse zu, deren Verfügbarkeit, Integrität, Transparenz und Vertraulichkeit gemäß § 35 Abs. 1 S. 2 BNotO zu gewährleisten ist. Die Einzelheit und die Maßnahmen dazu sind gemäß § 36 Abs. 1 Nr. 3 BNotO der vorliegenden Verordnung vorbehalten. Diesen Regelungsauftrag setzt § 4 NotAktVV um, soweit es die Form und Übergabe elektronischer Akten und Verzeichnisse betrifft. 1

Da die Regelungen des § 51a BNotO zur Überlassung der Amtsbestände bei Übergang der Verwahrzuständigkeit auch elektronische Akten und Verzeichnisse umfassen, gibt es insoweit schon eine Übergabepflicht und bestand Regelungsbedarf nur hinsichtlich der Modalitäten. Diese Regelung ist auch hinsichtlich der Übergabe elektronischer Aufzeichnungen von der Verordnungsermächtigung des § 36 Abs. 1 Nr. 3 BNotO gedeckt, die ausdrücklich eine Regelung „über die Amtszeit des Notars hinaus" vorsieht.

§ 4 NotAktVV definiert gleichzeitig elektronische Akten und Verzeichnisse als „elektronische Aufzeichnungen". Die Legaldefinition umfasst also alle in den §§ 1 und 2 NotAktVV genannten Akten und Verzeichnisse, soweit sie elektronisch geführt werden.[1] Abs. 2 ist jedoch über die Verweisung in § 48 S. 2 NotAktVV auch auf elektronische Hilfsmittel anwendbar. 2

Zweck der Regelung ist es vor allem, die **jederzeitige Übernahmefähigkeit** der elektronischen Aufzeichnungen durch eine nachfolgende Verwahrstelle (siehe näher Rdn 6) sicherzustellen, was im öffentlichen Interesse an einer funktionsfähigen vorsorgenden Rechtspflege liegt (siehe näher § 40 NotAktVV Rdn 4 ff.).[2] Da die Notwendigkeit einer Übernahme der Aufzeichnungen jederzeit unvorgesehen auftreten kann, beschränkt sich die Vorschrift nicht auf die Übergabe, sondern erfasst in deren Vorfeld auch schon die Führung der elektronischen Aufzeichnungen.[3] Die Regelung dient damit vorrangig der Gewährleistung von **Verfügbarkeit** und **Transparenz** (vgl. § 35 Abs. 2 S. 1 BNotO).[4] 3

Der Referentenentwurf sah zunächst die umgekehrte Reihenfolge der Absätze vor. Sie wurden jedoch im Regierungsentwurf getauscht, so dass die Führung der elektronischen Aufzeichnungen in den Vordergrund und deren Übergabe in den Hintergrund rückt. Dadurch wird deutlich, dass sich der Zweck der Vorschrift nicht in der Sicherstellung der geordneten Übergabe an folgende Verwahrstellen erschöpft, sondern **auch** die **Funktionsfähigkeit der Notarstelle und des Notariats als Ganzes** im Blick hat. Denn der Wettbewerb auf dem Markt für Notarfachsoftware funktioniert nicht richtig: Die vorhandenen Soft- 4

1 BR-Drs 420/20 (neu), 34.
2 Weingärtner/*Löffler*, § 4 NotAktVV Rn 6; BeckOK-BeurkG/*Eble*, § 4 NotAktVV Rn 1; Frenz/Miermeister/*Sudhof*, § 4 NotAktVV Rn 1.
3 Weingärtner/*Löffler*, § 4 NotAktVV Rn 6; Heinemann/Trautrims/*Strauß*, § 4 NotAktVV Rn 1.
4 Weingärtner/*Löffler*, § 4 NotAktVV Rn 7; BeckOK-BeurkG/*Eble*, § 4 NotAktVV Rn 1.

wareprodukte basieren überwiegend auf proprietären Datenbankstrukturen, sind also nicht interoperabel. Es erfordert jedenfalls aus Kundensicht einen unverhältnismäßig hohen Aufwand, die Software zu wechseln und die vorhandenen Daten in die neue Software zu migrieren, so dass in vielen Fällen ein eigentlich vernünftig erscheinender Wechsel unterbleibt und faktisch eine dauerhafte Abhängigkeit und Bindung an den gewählten Softwareanbieter besteht (sog. **Vendor Lock-in**). Gleichzeitig existieren für einen Berufsstand mit recht wenigen Angehörigen verhältnismäßig viele Notarsoftwareanbieter bzw. -produkte, so dass es aus Sicht der Anbieter kaum wirtschaftlich erscheint, für einen kleinen Kundenstamm, der aufgrund des Vendor Lock-in auch schwer zu vergrößern ist, die an fachlich gebotenen Investitionen in bessere Produkte und Dienstleistungen zu tätigen. Es ist deshalb im Sinne der Funktionsfähigkeit des Notariats wünschenswert und durch Abs. 1 ebenfalls bezweckt, durch die Beschränkung auf allgemein gebräuchliche Dateiformate zu einem deutlich **höheren Grad an Interoperabilität** der verschiedenen Notarsoftwareprodukte zu gelangen und so den Vendor Lock-in zu durchbrechen, in der Annahme, dass dies zur Belebung des Wettbewerbs zwischen den Softwareanbietern und zur Bereinigung des Marktes führt.

II. Regelungsursprung DONot a.F.

5 Die Materie war in der DONot a.F. ungeregelt, da diese keine elektronische Führung von Akten und Verzeichnissen zuließ.[5]

III. Bezug zu anderen Normen

6 Die Vorschrift wendet sich an alle für die Verwahrung elektronischer Aufzeichnungen zuständigen Stellen. Der Begriff der zuständigen Verwahrstelle wird von § 78i BNotO vorausgesetzt und meint sowohl den Notar, der die im Rahmen der eigenen Amtsausübung entstandenen Akten und Verzeichnisse verwahrt, als auch nachfolgende Verwahrstellen.[6] Nach Erlöschen des Amtes oder Verlegung des Amtssitzes kann nachfolgende Verwahrstelle ein anderer Notar oder eine Notarkammer sein (§ 51 BNotO), nach § 58 Abs. 1 BNotO auch ein Notariatsverwalter. Weitere Fälle nachfolgender Verwahrstellen sind in §§ 45, 55 BNotO geregelt, und auch die Notarvertretung ist im zeitlichen und sachlichen Umfang ihrer Bestellung Verwahrstelle in diesem Sinne.[7]

7 Durch die Verweisung in § 48 S. 2 NotAktVV gilt Abs. 2 auch für elektronische Hilfsmittel. Siehe näher dort Rdn 6 ff.

B. Form elektronischer Aufzeichnungen (Abs. 1)

8 Grundsätzlich sind deshalb nach Abs. 1 S. 1 elektronische Aufzeichnungen in einem allgemein gebräuchlichen Dateiformat zu führen.

9 Der **Anwendungsbereich** ist **eingeschränkt** auf solche elektronischen Aufzeichnungen, bei denen das Dateiformat oder ein bestimmtes System nicht schon durch andere oder aufgrund anderer Rechtsvorschriften vorgeschrieben ist.[8] Das ist insbesondere der Fall beim Urkundenverzeichnis, beim Verwahrungsverzeichnis und beim Elektronischen Urkundenarchiv; hier gibt die Bundesnotarkammer die zu verwendenden Dateiformate und -strukturen vor. Auch das für den nach § 43 Abs. 1 S. 1 NotAktVV zur Führung elektronischer Nebenakten erforderlichen beschreibenden Strukturdatensatz zu verwendende Schemadatei ist von der Bundesnotarkammer vorgegeben. Sollte die Bundesnotarkammer auch noch von der Möglichkeit nach § 43 Abs. 1 S. 2 Alt. 2 NotAktVV Gebrauch machen, Dateiformate für elektronische Nebenakten vorzugeben, wäre auch insoweit der Anwendungsbereich des Abs. 1 begrenzt.

10 Die Vorschrift ist bewusst zukunfts- und technikoffen gestaltet und nennt deshalb keine bestimmten Dateiformate.[9] Allgemein gebräuchlich dürften Dateiformate sein, die für die Speicherung und den Aus-

5 Diehn/*Diehn*, § 35 Rn 12.
6 Weingärtner/*Löffler*, § 4 NotAktVV Rn 1 ff.; Frenz/Miermeister/*Löffler*, § 78i BNotO Rn 3 ff.
7 Frenz/Miermeister/*Löffler*, § 78i BNotO Rn 5; Diehn/*Diehn*, § 78i Rn 2.
8 Ausführlich Heinemann/Trautrims/*Strauß*, § 4 NotAktVV Rn 4.
9 BR-Drs 420/20 (neu), 34.

tausch elektronischer Daten im professionellen Gebrauch, insbesondere im elektronischen Rechtsverkehr,[10] **marktüblich** sind oder zumindest einen hohen **Verbreitungsgrad** erreicht haben und mit den meisten marktüblichen informationstechnischen Systemen **kompatibel** sind, auf denen die Dateien verwendet werden sollen, also auf Standard-Büro-Computersystemen mit Standard-Anwendungen verwendet werden können.[11] Die Bundesnotarkammer hat in ihrem Rundschreiben 8/2020 eine schon recht umfangreiche Liste von Dateiformaten veröffentlicht, die sie – ohne jedoch den Anspruch auf Ausschließlichkeit zu erheben – als allgemein gebräuchlich ansieht; dieser Einschätzung ist nach hiesiger Ansicht zuzustimmen.

Nach Abs. 1 S. 2 sind ausnahmsweise auch nicht allgemein gebräuchliche Dateiformate zulässig, wenn diese ohne erheblichen zeitlichen und finanziellen Aufwand in ein allgemein gebräuchliches Dateiformat konvertiert werden können. Diese Ausnahme berücksichtigt die Realität der proprietären Dateiformate der bestehenden Notarfachsoftware, ist aber vor dem oben (Rdn 3 f.) geschilderten Zweck der Interoperabilität und angesichts dessen, dass der Wechsel der Verwahrzuständigkeit jederzeit eintreten kann, eng auszulegen.[12] Sieht die Spezialsoftware keine Exportfunktion vor, mit der alle Daten unter Wahrung ihres Zusammenhangs (also die Datenbank) problemlos in gebräuchliche Dateiformate konvertiert werden können, dürfte die Datenübernahme für die nachfolgende Verwahrstelle in aller Regel einen unzumutbaren Aufwand bedeuten. In Bezug auf Notarfachsoftware dürfte damit praktisch nur ein Export in das XML-Datenschema in Betracht kommen, das die Bundesnotarkammer gemäß § 43 Abs. 1 S. 2 Alt. 1 NotAktVV bekannt gemacht hat, vorausgesetzt, die in der XML-Struktur exportierten Dokumente haben wiederum auch ein allgemein gebräuchliches Format. 11

C. Übergabe elektronischer Aufzeichnungen (Abs. 2)

Abs. 2 regelt die Übergabe elektronischer Akten und Verzeichnisse bei einem **Übergang der Verwahrzuständigkeit**. Die Vorschrift ist folglich anwendbar in den Fällen der §§ 51 Abs. 1 und 3, 45 Abs. 1 und 58 Abs. 1 BNotO. 12

Im Fall des § 55 BNotO erfolgt gerade keine Amtsfortführung durch eine Notarvertretung oder einen Notariatsverwalter, so dass auch keine Übergabe elektronischer Aufzeichnungen erfolgt. Eine Notarvertretung hingegen ist für die Dauer und im Umfang ihrer Amtsbefugnis eine zur Verwahrung zuständige Stelle, so dass sie den Zugriff auf die elektronischen Aufzeichnungen benötigt, so dass grundsätzlich die Regelungen des Abs. 2 auch im Fall der Amtsübernahme durch die Notarvertretung gelten. In der Praxis wird sich die Anwendung jedoch auf die Einräumung des Zugangs zum Elektronischen Urkundenarchiv und zum Elektronischen Notariatsaktenspeicher beschränken, da die Notarvertretung im Übrigen ihr Amt mit den personellen und sachlichen Ressourcen des vertretenen Notars ausübt, wozu auch dessen IT-Systeme mitsamt den elektronischen Aufzeichnungen und dazugehörigen Hilfsmitteln gehören.

I. Übergabe von Datenträgern (Abs. 2 S. 1)

Elektronische Akten und Verzeichnisse (und aufgrund des Verweises in § 48 S. 2 NotAktVV auch elektronische Hilfsmittel, s. dort) sind beim Übergang der Verwahrzuständigkeit der künftig zuständigen Verwahrstelle auf einem Datenträger zu übergeben. Es hat also eine **physische Übergabe** des Datenträgers zu erfolgen. Die Speicherung der Daten in einer Cloud und die Einräumung des Zugangs zu dieser ist – außerhalb des Anwendungsbereichs des Abs. 2 S. 2 – schon aufgrund des Verbots in § 35 Abs. 4 BNotO kein zulässiger Ersatz für eine Übergabe. 13

Auch wenn die Vorschrift keine ausdrückliche Regelung zur Eigentumszuordnung des Datenträgers enthält, dürfte „Übergabe" doch jedenfalls bedeuten, dass der Datenträger der künftigen Verwahrstelle **dau-** 14

10 Dabei sind die einschlägigen Verordnungen und Bekanntmachungen zum Teil sehr eng (vgl. etwa § 2 Abs. 1 ERVV, der nur PDF, ausnahmsweise TIFF zulässt), so dass die Menge der allgemein gebräuchlichen Dateiformate sicherlich nicht auf die dort genannten Formate beschränkt ist, aber die Zulässigkeit im elektronischen Rechtsverkehr jedenfalls ein Indiz für die Gebräuchlichkeit sein kann.

11 BR-Drs 420/20 (neu), 34; Weingärtner/*Löffler*, § 4 NotAktVV Rn 15; BeckOK-BeurkG/*Eble*, § 4 NotAktVV Rn 3; Heinemann/Trautrims/*Strauß*, § 4 NotAktVV Rn 5; Frenz/Miermeister/*Sudhof*, § 4 NotAktVV Rn 3.

12 Weingärtner/*Löffler*, § 4 NotAktVV Rn 16; BeckOK-BeurkG/*Eble*, § 4 NotAktVV Rn 4; Frenz/Miermeister/*Sudhof*, § 4 NotAktVV Rn 3.

erhaft und endgültig zu überlassen ist.[13] Auch hinsichtlich der in Papierform geführten Akten und Verzeichnisse ist allgemein anerkannt, dass Papier, Aktendeckel oder -ordner und Urkundenkästen – auch sie sind letztlich nur Datenträger für die darauf oder darin befindlichen inhaltlichen Informationen – der neuen Verwahrstelle dauerhaft zu überlassen sind,[14] ohne dass es insoweit auf die Eigentumszuordnung ankäme.[15] Da Abs. 2 die Regelungen des § 51a BNotO bezüglich der Überleitung elektronischer Amtsbestände konkretisiert (s.o. Rdn 1), gilt also auch bei der Übergabe der Datenträger, dass es sich um eine **Bringschuld** der bisherigen Verwahrstelle auf ihre Kosten handelt.[16]

15 Auch Abs. 2 ist wie Abs. 1 bewusst technikoffen gehalten und verzichtet folglich auf die Benennung bestimmter Arten von Datenträgern.[17] Vorgeschrieben ist nur, dass der Datenträger nach der **Verkehrsanschauung** allgemein gebräuchlich sein muss.[18] Hierbei dürfte des auf den **Verbreitungsgrad** und die **Marktüblichkeit** des Datenträgers und die **Kompatibilität** mit für den Bürogebrauch marktüblichen IT-Systemen ankommen.[19] Derzeit dürften dafür jedenfalls per USB anschließbare externe Festplatten (HDD oder SSD) und USB-Sticks in Frage kommen. Ob auch CD-ROM, DVD oder BluRay noch allgemein gebräuchlich sind, erscheint nicht zweifelsfrei, da – anders als noch vor wenigen Jahren – kaum noch ein PC, Mac oder Laptop mit einem entsprechenden Laufwerk ausgeliefert wird.[20] Das Gleiche gilt für SD-Karten und Magnetbänder.

16 Zur allgemeinen Gebräuchlichkeit des zu übergebenden Datenträgers gehört nicht nur seine äußere Beschaffenheit, sondern auch seine **logische Formatierung**, also das Dateisystem.[21] Auch das logische Format des Datenträgers muss demnach allgemein gebräuchlich sein, was derzeit voraussetzen dürfte, dass es von den im Bürobereich nahezu ausschließlich verwendeten Betriebssystemen Microsoft Windows und MacOS ohne weiteres gelesen werden kann.[22] Damit dürften derzeit nur FAT16, FAT32, exFAT und NTFS in Betracht kommen.

II. Zugang zum Elektronischen Urkundenarchiv und zum Elektronischen Notariatsaktenspeicher (Abs. 2 S. 2)

17 Soweit elektronische Aufzeichnungen im **Elektronischen Urkundenarchiv** geführt werden (nämlich das Urkundenverzeichnis, das Verwahrungsverzeichnis und die elektronische Urkundensammlung), besteht aufgrund der zentralen Infrastruktur der Bundesnotarkammer und den diese flankierenden Regelungen der §§ 55, 58 ff. NotAktVV weder eine Notwendigkeit noch eine Möglichkeit, diese Daten auf einem Datenträger zu übergeben.[23] Insoweit sieht bereits § 51a Abs. 1 S. 1 BNotO eine Verpflichtung vor, der neuen Verwahrstelle den Zugang zu den elektronisch geführten Akten und Verzeichnissen zu ermöglichen. Diese berufsrechtliche, **an die bisherige Verwahrstelle adressierte Verpflichtung** wird durch Abs. 2 S. 2 konkretisiert. Danach ist die bisherige Verwahrstelle verpflichtet, an der Einräumung des Zugangs zum Elektronischen Urkundenarchiv zugunsten der künftigen Verwahrstelle **mitzuwirken**, „soweit dies erforderlich ist“. Dass dies erforderlich ist, ergibt sich nunmehr aus den (zeitlich nach § 4 NotAktVV erlassenen) Regelungen des § 55 Abs. 1 und 3 i.V.m. § 58 Abs. 1 und 3 NotAktVV. Dieses Regelungskonzept folgt dem in § 78i BNotO verankerten Prinzip, dass allein die jeweilige Verwahrstelle die Herrschaft über den Zugang haben soll und es keine zentrale Zugangsmöglichkeit für die Bundesnotarkammer oder die Notarkammer geben darf. Es muss zur Gewährleistung der Verfügbarkeit der ge-

13 Weingärtner/*Löffler*, § 4 NotAktVV Rn 8; Diehn/*Dahlkamp*, § 51 Rn 15.
14 Diehn/*Dahlkamp*, § 51 Rn 15; BeckOK-BNotO/*Frisch*, § 51 BNotO Rn 20.
15 Zwar handelt es sich nach allgemeiner Ansicht bei den notariellen Urkunden um öffentliche Sachen im Eigentum des Landes. Für die übrigen Akten und Verzeichnisse wird dies jedoch – nach hiesiger Ansicht zu Recht – ersichtlich nicht vertreten. Träfe dies zu, müssten folglich auch alle Datenträger, auf denen der Notar elektronische Aufzeichnungen speichert, z.B. auch der Server des Notariats, im Eigentum des Landes stehen; das würde zu weit führen. A.A. WG § 4 Rn 8, der auch die Datenträger als im Eigentum des Landes stehend ansieht.
16 BT-Drs 18/10607, 61; BeckOK-BNotO/*Frisch*, § 51a BNotO Rn 2; Diehn/*Dahlkamp*, § 51a Rn 2.
17 BR-Drs 420/20 (neu), 34.
18 BeckOK-BeurkG/*Eble*, § 4 NotAktVV Rn 6; Frenz/Miermeister/*Sudhof*, § 4 NotAktVV Rn 5.
19 BR-Drs 420/20 (neu), 34; Weingärtner/*Löffler*, § 4 NotAktVV Rn 9; BeckOK-BeurkG/*Eble*, § 4 NotAktVV Rn 6; Heinemann/Trautrims/*Strauß*, § 4 NotAktVV Rn 7; Frenz/Miermeister/*Sudhof*, § 4 NotAktVV Rn 5.
20 A.A. Frenz/Miermeister/*Sudhof*, § 4 NotAktVV Rn 5.
21 Weingärtner/*Löffler*, § 4 NotAktVV Rn 10; BeckOK-BeurkG/*Eble*, § 4 NotAktVV Rn 5.
22 Weingärtner/*Löffler*, § 4 NotAktVV Rn 10.
23 Weingärtner/*Löffler*, § 4 NotAktVV Rn 11; Heinemann/Trautrims/*Strauß*, § 4 NotAktVV Rn 7.

speicherten Inhalte dennoch eine technische Möglichkeit geben, auf die Daten einer bestimmten Verwahrstelle (nicht jedoch aller Verwahrstellen) auch ohne deren Mitwirkung zuzugreifen, insbesondere wenn diese zur Mitwirkung außerstande oder (pflichtwidrig) nicht bereit ist.[24] Diese Fälle sollen aber Ausnahmecharakter behalten, da die Hürden für eine Überleitung durch die Notarkammer zur Gewährleistung der Sicherheit hoch sein müssen und deshalb einen höheren Aufwand bedeuten.[25]

Für den Zugang zum (künftigen) **Elektronischen Notariatsaktenspeicher gilt grundsätzlich das Gleiche**. Im Rückschluss aus § 54 Abs. 2 Nr. 1 NotAktVV liegt insoweit jedoch nahe, dass die Bundesnotarkammer den Elektronischen Notariatsaktenspeicher nicht von vornherein so ausgestaltet, dass eine Überleitung des Zugangs auf eine neue Verwahrstelle technisch möglich ist. Solange eine solche Überleitungsmöglichkeit nicht zum Funktionsumfang gehört, hat die **Übergabe** der im Elektronischen Notariatsaktenspeicher geführten elektronischen Aufzeichnungen an die neue Verwahrstelle **außerhalb des Elektronischen Notariatsaktenspeichers**, also **auf einem physischen Datenträger** gemäß Abs. 2 S. 1 zu erfolgen. Der neuen Verwahrstelle steht es dann frei, die Daten von dort erneut unter Nutzung ihrer eigenen technischen Zugangsberechtigung in den Elektronischen Notariatsaktenspeicher hochzuladen oder die elektronischen Akten in der Geschäftsstelle zu speichern. 18

§ 5 Sicherheit elektronischer Aufzeichnungen

(1) Systeme, die zum Umgang mit elektronischen Aufzeichnungen verwendet werden, sind durch geeignete und dem Stand der Technik entsprechende Maßnahmen gegen unbefugten Zugang zu schützen.

(2) Elektronische Aufzeichnungen sind durch geeignete Vorkehrungen gegen unzulässigen Verlust, unzulässige Veränderung und unzureichende Verfügbarkeit zu sichern.

(3) [1]Körperliche Zugangsmittel, die der Notar für den Zugang zum Elektronischen Urkundenarchiv und zum Elektronischen Notariatsaktenspeicher verwendet, sind sicher zu verwahren. [2]Sie dürfen keiner anderen Person überlassen werden.

(4) Der Notar darf Wissensdaten, die er für den Zugang zum Elektronischen Urkundenarchiv und zum Elektronischen Notariatsaktenspeicher benutzt, keiner anderen Person preisgeben.

(5) Der Notar muss durch geeignete Vorkehrungen sicherstellen, dass die bei ihm beschäftigten Personen mit den ihnen überlassenen Zugangsmitteln und mit ihren Wissensdaten den Absätzen 3 und 4 entsprechend umgehen.

24 BT-Drs 18/10607, 68 f.; BR-Drs 774/21, 36.

25 Vgl. BR-Drs 774/21, 36.

A. Einleitung

I. Normhistorie, Regelungsziel

1 Die Führung der Akten und Verzeichnisse ermöglicht dem Notar und seinen Mitarbeitenden sowie nachfolgenden Verwahrstellen (vgl. § 51 Abs. 1 BNotO) die geordnete und für sie selbst und die Aufsichtsbehörden (Dienstaufsicht, Datenschutzaufsicht, Aufsicht nach § 50 GwG) nachvollziehbare und überprüfbare Amtsführung. Die Akten- und Verzeichnisführung ist demnach ein **zentrales Element der Qualitätssicherung** im Notariat und dient somit nicht allein den Interessen des Notars selbst, sondern auch dem öffentlichen Interesse (siehe ausführlich § 40 NotAktVV Rdn 4 ff.). Die im öffentlichen Interesse liegenden Anforderungen an die Führung von Akten und Verzeichnissen legen § 35 BNotO und – aufgrund der Verordnungsermächtigung in § 36 BNotO – die NotAktVV fest.[1] Diesen **Rahmen** muss der Notar **einhalten; im Übrigen** ist er in der Gestaltung seiner Akten- und Verzeichnisführung **frei**.

2 Die §§ 5 und 6 NotAktVV konkretisieren dabei die von § 35 Abs. 1 und 2 BNotO (für alle Akten und Verzeichnisse ungeachtet ihrer Form) geforderten Maßnahmen zur Gewährleistung der Vertraulichkeit, Integrität, Transparenz und Verfügbarkeit im Hinblick auf elektronische Aufzeichnungen (d.h. elektronisch geführte Akten und Verzeichnisse, siehe die Legaldefinition in § 4 Abs. 1 NotAktVV) einschließlich der zu ihrer Führung verwendeten elektronischen Hilfsmittel (zum Begriff der Hilfsmittel und ihrer Abgrenzung zu Akten und Verzeichnissen siehe § 40 NotAktVV Rdn 8 ff.). Damit setzt der Verordnungsgeber den Regelungsauftrag des § 36 Abs. 1 S. 2 Nr. 3 BNotO um.

3 Abs. 1 betrifft allgemein den Zugang zu Systemen, mit den elektronische Aufzeichnungen geführt werden, Abs. 2 die Datensicherheit bezüglich der elektronischen Aufzeichnungen selbst. Bei Abs. 3 und 4 handelt es sich um Spezialregelungen zu Abs. 1 und 2 betreffend die Sicherung des Zugangs zum Elektronischen Urkundenarchiv und zum Elektronischen Notariatsaktenspeicher; sie werden durch Abs. 5 im Hinblick auf den Zugang der Mitarbeitenden ergänzt.

§ 6 NotAktVV schließlich ermöglicht die weitere Konkretisierung der nach Abs. 1 und 2 erforderlichen Maßnahmen durch Verhaltensregeln.

II. Regelungsursprung DONot a.F.

4 Die Materie war in der DONot a.F. ungeregelt, da diese keine elektronische Führung von Akten und Verzeichnissen zuließ.[2]

III. Bezug zu anderen Normen

1. Verhältnis zum allgemeinen Datenschutzrecht

5 Die datenschutzrechtliche Verpflichtung, geeignete technische und organisatorische Maßnahmen zur Gewährleistung der Datensicherheit zu ergreifen, ergibt sich für den Notar bereits unmittelbar aus Art. 32 Abs. 1 DSGVO.[3] Bei den §§ 35, 36 BNotO und den auf ihrer Grundlage geschaffenen §§ 5 und 6 NotAktVV handelt es sich – wie bei allen Regelungen des notariellen Berufs- und Verfahrensrechts (einschließlich der DONot), die einen Bezug zur Verarbeitung personenbezogener Daten im Anwendungsbereich der DSGVO haben – aus datenschutzrechtlicher Sicht um die Anforderungen der DSGVO präzisierende, ausgestaltende und anpassende Regelungen des nationalen Rechts im Sinne des Art. 6 Abs. 3 S. 3 und 4 i.V.m. Erwägungsgrund 45 Satz 5 DSGVO.[4]

2. In Papierform geführte Akten und Verzeichnisse

6 Für in Papierform geführte Akten und Verzeichnisse gilt § 5 NotAktVV **nicht**. Hierfür gelten unmittelbar die Regelungen des § 35 Abs. 1–3 BNotO und über die allgemeine Verordnungsermächtigung des § 36 Abs. 1 S. 1 BNotO sowie § 36 Abs. 1 S. 2 Nr. 1 und 2 BNotO die übrigen Regelungen der NotAktVV, die sich auch oder nur auf papierförmige Akten und Verzeichnisse beziehen.

1 Weingärtner/*Löffler*, § 5 NotAktVV Rn 1 f.
2 Diehn/*Diehn*, § 35 Rn 12; Frenz/Miermeister/*Frohn*, § 35 BNotO Rn 11.
3 Vgl. Diehn/*Diehn/Schwipps*, § 18 Rn 61.
4 Vgl. BNotK-Rundschreiben 5/2018, 5.

3. Speicherort elektronischer Aufzeichnungen (§ 35 Abs. 4 BNotO)

§ 35 Abs. 4 BNotO enthält bereits eine abschließende gesetzliche Regelung zum Speicherort elektronischer Aufzeichnungen. Dadurch, dass eine Speicherung außerhalb der Geschäftsstelle nur im Elektronischen Urkundenarchiv oder im Elektronischen Notariatsaktenspeicher zulässig ist, wird insoweit bereits im Vorgriff auf die §§ 5, 6 NotAktVV effektiv ein weitgehender Schutz vor unbefugtem Zugang, unzulässigem Verlust, unzulässiger Veränderung und unzureichender Verfügbarkeit bezweckt und bewirkt.[5] Dieser Schutz wird ergänzt durch die Regelungen in Abs. 3 und 4; weitere, eigene Schutzmaßnahmen des Notars sind bei Einhaltung dieser Vorschriften bezüglich der außerhalb der Geschäftsstelle gespeicherten elektronischen Aufzeichnungen nicht mehr erforderlich[6] (mit der nachfolgend in Rdn 22 f. genannten Ausnahme im Hinblick auf die Verfügbarkeit). Der Anwendungsbereich des Abs. 1 und 2 beschränkt sich also im Ergebnis auf die Datensicherheit der **in der Geschäftsstelle** geführten elektronischen Aufzeichnungen. 7

Die Ausführungen zum Speicherort gelten jedoch **nicht für Hilfsmittel** (zum Begriff siehe § 40 NotAktVV Rdn 8 ff.), auf die § 35 Abs. 4 BNotO nicht anwendbar ist. Bei ihnen kommt eine Speicherung in der Cloud in Betracht, solange Vertraulichkeit, Verschwiegenheit und Datenschutz gewährleistet sind. Die Voraussetzungen für eine solche Cloud-Nutzung führt die Bundesnotarkammer in ihren Rundschreiben 04/2021 vom 22.4.2021 und 1/2026 vom 2.2.2026 aus; siehe dazu näher § 40 NotAktVV Rdn 13. 8

4. Schutz der Signaturerstellungskomponenten des Notars (§ 33 Abs. 4 BNotO)

§ 33 Abs. 4 BNotO enthält eine im Wesentlichen dem Abs. 3 und 4 entsprechende Regelung für die qualifizierte elektronische Signaturerstellungseinheit oder die kryptografische Hardwarekomponente, die der Notar zur Erstellung qualifizierter elektronischer Signaturen verwendet. Gemeint ist die „Signaturkarte". Soweit – was derzeit von der Bundesnotarkammer vorgesehen ist – dieselbe Karte als Sicherheitsmedium für die qualifizierte elektronische Signatur und den Zugang zum Elektronischen Urkundenarchiv und zum Elektronischen Notariatsaktenspeicher verwendet, überschneiden sich also die beiden Regelungen. Siehe auch unten Rdn 32 ff. 9

5. Meldepflichten (§ 34 S. 1 Nr. 3, S. 3 BNotO)

Die Regelungen zur Sicherung des Zugangs zum Elektronischen Urkundenarchiv und zum Elektronischen Notariatsaktenspeicher in Abs. 3 und 4 werden ergänzt durch die gesetzlichen Meldepflichten in § 34 S. 1 Nr. 3 und S. 3 BNotO. Siehe näher unten Rdn 35. 10

B. Allgemeine Zugangskontrolle (Abs. 1)

Abs. 1 verpflichtet den Notar, für eine **effektive Sicherung des Zugangs zu allen informationstechnischen Systemen** zu sorgen, mit denen elektronische Aufzeichnungen verarbeitet werden; das Verarbeiten schließt auch die bloße Speicherung (etwa für Zwecke der Datensicherung oder Archivierung) mit ein. 11

Die Regelung erfasst zwar nach Wortlaut und Systematik Hilfsmittel nicht unmittelbar, ist aber nach ihrem Sinn und Zweck (vgl. §§ 35 Abs. 1, 36 Abs. 1 S. 2 Nr. 3 BNotO) weit auszulegen, was auch in dem sehr weit formulierten Wortlaut angelegt ist („zum Umgang mit elektronischen Aufzeichnungen verwendet werden"). Der Notar verwendet regelmäßig keine getrennten IT-Systeme für elektronische Aufzeichnungen und Hilfsmittel, sondern ein einheitliches IT-System, das dann auch insgesamt den Anforderungen des Abs. 1 genügen muss. Zum Einen besteht ohnehin bezüglich der Hilfsmittel unmittelbar aus § 35 Abs. 2 S. 2 BNotO die Verpflichtung zur Sicherung gegen unbefugten Zugang, zum Anderen gilt es zu vermeiden, dass sich ein unbefugter Zugang zu Hilfsmitteln die Sicherheit der elektronischen Aufzeichnungen kompromittiert, die in demselben IT-System verarbeitet werden. Lediglich auf getrennte IT-Systeme, in denen ausschließlich Hilfsmittel, aber keine elektronischen Aufzeichnungen verarbeitet werden, dürfte Abs. 1 nicht anwendbar sein.[7] 12

5 BeckOK-BNotO/*Hushahn*, § 35 Rn 15.
6 BR-Drs 420/20 (neu), 35; BeckOK-BeurkG/*Eble*, § 5 NotAktVV Rn 6.
7 Ähnlich Heinemann/Trautrims/*Strauß*, § 5 NotAktVV Rn 7.

13 Durch die Verweisung auf den **Stand der Technik** ist die Regelung technikoffen gestaltet. Dadurch sind **Mindestanforderungen** vorgegeben, die **jedoch durch den Notar durch konkrete technisch-organisatorische Maßnahmen (TOM) ausgestaltet** werden müssen, die auf seine Notarstelle zugeschnitten sind.[8] Dabei sollen die nach § 6 NotAktVV zu erlassenden Verhaltensregeln eine praktische Hilfestellung geben und gleichzeitig dem Notar ermöglichen, die Einhaltung der abstrakt formulierten Anforderungen des Abs. 1 nachzuweisen.

14 Der Begriff des „Zugangs" im Sinne der Vorschrift ist nicht im Sinne der vor Inkrafttreten der Datenschutz-Grundverordnung hergebrachten Terminologie zu verstehen, die zwischen Zutrittskontrolle und Zugangskontrolle unterschied. Vielmehr erfasst die Regelung nicht nur den Zugang zu IT-Systemen i.e.S. (also die technische Eröffnung der Möglichkeit zur Bedienung solcher Systeme), sondern nach dem Regelungszweck auch Maßnahmen zur Zutrittskontrolle (also die Verhinderung unbefugter physischer Zugriffsmöglichkeit auf die IT-Systeme).[9]

15 **Geeignete (und in der Regel erforderliche) Maßnahmen sind etwa**

- die Aufstellung von IT-Systemkomponenten wie Server, Router etc. nur in Räumen, die angemessen gegen Einbruch geschützt und nicht von Publikumsverkehr betroffen sind,
- der Schutz mobiler Speichermedien (z.B. Verschlüsselung, gesicherte Verwahrung bei Nichtgebrauch),
- der Schutz des Büronetzwerks gegen unbefugten Zugang (z.B. keine Verwendung von WLAN oder effektive Sicherung des WLAN, Deaktivierung nicht benötigter Netzwerkdosen),
- die Verwendung sicherer Passwörter für den Zugang zu IT-Anlagen einschließlich technischer und organisatorischer Regeln zu ihrem Schutz (keine Gruppenpasswörter, keine Weitergabe von Passwörtern, unterschiedliche Passwörter für unterschiedliche Zugänge, ausreichende Komplexität, regelmäßige Änderung, Sperrung bei mehrfacher Falscheingabe, Verwendung eines Passwort-Managers, keine Speicherung im Browser, Änderung voreingestellter Passwörter).

C. Sicherung der elektronischen Aufzeichnungen (Abs. 2)

16 Abs. 2 betrifft die **Datensicherheit der elektronischen Aufzeichnungen selbst**. Das beschränkt sich nicht auf die Zugriffs- und Verfügbarkeitskontrolle im hergebrachten Sinn, sondern ist mit Blick auf die durch die Vorschrift zu konkretisierende Regelung des § 35 BNotO und die dazugehörige Verordnungsermächtigung des § 36 Abs. 1 S. 2 Nr. 3, die allgemein vom Schutz der Integrität und der Verfügbarkeit sprechen, umfassend zu verstehen.[10] Auch insoweit zwingt die abstrakte, technikoffene Regelung den Notar zu einer konkreten **Ausgestaltung** der für seine Amtsstelle erforderlichen **technischen und organisatorischen Maßnahmen** zur Gewährleistung der Datensicherheit,[11] und bieten die nach § 6 NotAktVV zu erlassenden Verhaltensregeln eine weitere Konkretisierung und Hilfestellung (siehe oben Rdn 13).

I. Sicherung der Verfügbarkeit

17 In der Welt der papiergebundenen Aktenführung war die Verfügbarkeit – auch wegen der physischen Verkörperung der Akten – bislang kein beherrschendes Thema. Insbesondere sind bei der Übernahme von Papierakten durch nachfolgende Verwahrstellen selten Probleme bekannt geworden. Durch die nunmehr gegebene Möglichkeit zur elektronischen Aktenführung wird die Sicherung der Verfügbarkeit jedoch mangels Verkörperung deutlich anspruchsvoller.

18 Wenn es um die Sicherheit elektronischer Daten geht, fokussiert sich die berufsrechtliche und berufspolitische Diskussion über Datensicherheit – vermutlich aufgrund der prägenden Bedeutung der notariellen Verschwiegenheitspflicht für den Berufsstand – häufig reflexartig allein auf Aspekte der Vertraulichkeit.

8 BNotK-Rundschreiben 5/2018, 25; Weingärtner/*Löffler*, § 5 NotAktVV Rn 4.
9 BR-Drucks 420/20 (neu), 35; Weingärtner/*Löffler*, § 5 NotAktVV Rn 3; BeckOK-BeurkG/*Eble*, § 5 NotAktVV Rn 3.
10 Weingärtner/*Löffler*, § 5 NotAktVV Rn 4.
11 Weingärtner/*Löffler*, § 5 NotAktVV Rn 4.

§ 35 Abs. 1 BNotO zählt jedoch die Verfügbarkeit der Akten und Verzeichnisse nicht ohne Grund als den ersten der zu gewährleistenden Aspekte der Datensicherheit auf und die Vertraulichkeit zuletzt. Die Führung von Akten hat schließlich zuvorderst den Zweck, dass die aktenführende Stelle darauf zurückgreifen und mit ihnen arbeiten kann, sowohl im eigenen Interesse als auch im Qualitäts-, Dokumentations- und Beweisinteresse Dritter (im Notarkontext sind dies unmittelbar die nachfolgenden Verwahrstellen und die Dienstaufsicht, mittelbar auch die Beteiligten und der Rechtsverkehr, siehe ausführlich § 40 NotAktVV Rdn 4 ff.). Das setzt **zuallererst die Verfügbarkeit** der Akte voraus; diesem Hauptzweck muss sich das **Bedürfnis nach Vertraulichkeit** (aber auch nach Integrität) **unterordnen**. Wäre die Vertraulichkeit des Akteninhalts absolut und kompromisslos zu gewährleisten, wäre die logische Schlussfolgerung, dass man erst gar keine Akten führt, sondern unmittelbar nach Abschluss des Amtsgeschäfts alle Aufzeichnungen restlos vernichtet und den Notar als Informationsträger tötet – vertraulicher ginge es nicht. Die mit der Führung von Akten verfolgten Zwecke lassen sich jedoch bei einer solchen absoluten Vertraulichkeit überhaupt nicht verwirklichen; auch bezüglich der Vertraulichkeit gilt folglich der Verhältnismäßigkeitsgrundsatz.

Die Maßnahmen, die der Notar zum Schutz der **Vertraulichkeit und der Integrität** seiner elektronischen 19
Aufzeichnungen ergreift, stehen also in einem **Spannungsverhältnis** zu deren **Verfügbarkeit**. Je stärker die Vertraulichkeit elektronischer Aufzeichnungen geschützt ist, desto geringer wird in der Regel ihre Verfügbarkeit sein. Das wird insbesondere dann zum Problem, wenn die elektronischen Aufzeichnungen verschlüsselt sind, was im Hinblick auf ihre Vertraulichkeit in den meisten Fällen geboten sein wird (siehe dazu Rdn 24), oder der Zugriff auf die Aufzeichnungen sonst Wissensdaten voraussetzt. Ist die bisherige Verwahrstelle nicht willens oder – etwa aufgrund plötzlichen Versterbens – in der Lage, der nachfolgenden Verwahrstelle den Zugriff auf die Aufzeichnungen zu gewähren, hilft keine physische Inbesitznahme von Datenträgern und kein physischer Zwang. Denn ohne die erforderlichen Wissensdaten ist der Zugriff auf elektronische Aufzeichnungen nicht oder nur mit unverhältnismäßigem Aufwand möglich. Insbesondere ist eine nach dem jeweiligen Stand der Technik durchgeführte Verschlüsselung auch mit ausgezeichneten Fachkenntnissen und enormen Ressourcen nicht zu überwinden.

Bei der Gestaltung der zum Schutz von Integrität und Vertraulichkeit elektronischer Aufzeichnungen zu 20
treffenden Vorkehrungen hat der Notar also stets im Blick zu halten, dass die **Verfügbarkeit für nachfolgende Verwahrstellen jederzeit gewährleistet** sein muss. Wie dies genau erfolgt, hängt davon ab, wo und wie die elektronischen Aufzeichnungen geführt werden:

1. Elektronisches Urkundenarchiv

Bei den im elektronischen Urkundenarchiv geführten elektronischen Aufzeichnungen (Urkundenver- 21
zeichnis, Verwahrungsverzeichnis und elektronische Urkundensammlung) wird die Zugriffsmöglichkeit für nachfolgende Verwahrstellen bei gleichzeitig angemessener Sicherung von Integrität und Vertraulichkeit durch die von den §§ 54 Abs. 1, 55–62 NotAktVV vorgegebene technische Gestaltung gewährleistet. Insbesondere ermöglicht § 58 Abs. 5 NotAktVV die Einräumung einer technischen Zugangsberechtigung im Ausnahmefall auch ohne Mitwirkung der bisherigen Verwahrstelle.

2. Elektronische Nebenakten und sonstige elektronische Akten

Die Nebenakten, die Sammelakte für Wechsel- und Scheckproteste und die Generalakte darf der Notar 22
elektronisch führen. Als Ort für die elektronische Führung dieser Akten kommen nur die Geschäftsstelle und der Elektronische Notariatsaktenspeicher in Betracht (§ 35 Abs. 4 BNotO). Gleich, für welchen Ort sich der Notar entscheidet, hat er sicherzustellen, dass der Zugriff auf die elektronischen Akten auch ohne seine Mitwirkung für nachfolgende Verwahrstellen möglich ist. Das gilt also auch für den Elektronischen Notariatsaktenspeicher, insbesondere solange dieser keine Möglichkeit zur Überleitung der technischen Zugangsberechtigung entsprechend § 58 Abs. 5 NotAktVV vorsieht, und auch dann für eine etwaige durch den Notar selbst erfolgte Verschlüsselung der in dem Elektronischen Notariatsaktenspeicher gespeicherten Akten.

Namentlich müssen die zum Schutz der Vertraulichkeit getroffenen **Vorkehrungen für die nachfol-** 23
gende Verwahrstelle überwindbar sein. Soweit also der Zugriff auf die elektronischen Akten Wissensdaten (wie etwa eine Verschlüsselungs-PIN) voraussetzt, ist sicherzustellen, dass diese so dokumentiert

sind, dass die nachfolgende Verwahrstelle – aber eben auch nur diese und kein unbefugter Dritter – sie auffindet (etwa durch Hinterlegung in einem versiegelten Umschlag in einem Tresor in der Geschäftsstelle) und damit Zugriff auf die elektronischen Amtsbestände möglich ist. Die gemäß § 6 NotAktVV von der Bundesnotarkammer aufgestellten Verhaltensregeln (siehe § 6 NotAktVV Rdn 4) machen hierzu lediglich allgemeine Vorgaben, soweit es die Aufbewahrung von Passwörtern (Abschnitt II, Ziffer 1 Buchst. b, drittletzter Punkt der Verhaltensregeln) und das Vorhalten eines Notfallkonzepts (Abschnitt III, erster Punkt der Verhaltensregeln) betrifft. Diese Vorgaben sind vom einzelnen Notar mit Blick auf die konkret implementierten Schutzmaßnahmen „mit Leben zu füllen", wobei die Abwägung stets so auszufallen hat, dass die Maßnahmen zum Schutz der Vertraulichkeit hinter die Gewährleistung der dauerhaften Verfügbarkeit zurücktreten müssen. Hierzu wird die Praxis mit beginnender Verbreitung der elektronischen Aktenführung sicherlich gangbare Lösungen entwickeln.

II. Konkrete Vorkehrungen

24 Einige wichtige zur Sicherung der elektronischen Aufzeichnungen geeigneten (und in aller Regel erforderlichen) Vorkehrungen sind z.B.

- **redundante Auslegung** kritischer Systemkomponenten,
- Schutz wichtiger Systemkomponenten vor Feuchtigkeit, Staub, hohen oder niedrigen Temperaturen und Temperaturschwankungen sowie Stromausfällen und Spannungsschwankungen,
- regelmäßige Wartung und angemessene **Aktualisierung der Hardware**, regelmäßige **Sicherheits-Updates** aller relevanten Software,
- Erstellung und Umsetzung eines **Backup-Konzepts** mit vollständigem und verschlüsselten Backup nach dem Stand der Technik (auf verschiedenen Backup-Medien, davon eines an einem ausreichend gesicherten Standort außerhalb der Geschäftsstelle, vgl. die „3–2-1-Regel"),
- **Speicherung** von Daten **nicht lokal** auf dem Arbeitsplatzrechner, sondern nur auf dem Server oder anderen zentralen Speicherorten, die Gegenstand des Backups sind,
- **Verschlüsselung** der Festplatten und sonstigen Datenträger auch in der Geschäftsstelle (Server, Arbeitsplatzrechner), es sei denn, die Datensicherheit ist durch andere Maßnahmen angemessen gesichert,
- Begrenzung von Zugriffsberechtigungen auf den für die Aufgaben des jeweiligen Nutzenden erforderlichen Umfang, insbesondere durch ein entsprechendes **Rechte- und Rollenkonzept**, etwa im Rahmen des Active Directory bei Microsoft Windows Server,
- Einrichtung einer **Firewall**, effektiver **Schutz vor Schadsoftware** und Exploit Prävention, insbesondere Verwendung stets aktueller Virenschutzprogramme und technische (d.h. automatisierte) Überprüfung eingehender E-Mails auf Spam und Schadsoftware,
- Schutz des Netzwerks (Bildung von **Netzsegmenten** (VLAN) zu Trennung solcher Geräte, die keinen Serverzugriff benötigen, keine Verbindung privater Geräte von Mitarbeitenden zum Netzwerk, externer Zugriff nur über sichere **VPN-Verbindung**),
- automatische **Bildschirmsperre** mit Passwortschutz und andere ortsbezogene Maßnahmen, um den Inhalt des Bildschirm vor dem Einblick Unbefugter zu schützen,
- Beaufsichtigung von Dienstleistern bei Arbeiten an IT-Systemen und **Schutz vor Missbrauch bei Fernwartungsarbeiten** (z.B. Möglichkeit des Starts und der Beendigung der Fernwartungsverbindung von der Notarstelle aus, umfassende Protokollierung des Zugriffs, Fernwartung nur über sichere, verschlüsselte Verbindung),
- fachgerechte Löschung und Vernichtung von Datenträgern.

D. Umsetzung und Kontrolle der Maßnahmen

25 Die Maßnahmen sind durch **organisatorische Anweisungen** an und Unterweisungen der Nutzenden zu flankieren und sollten regelmäßig auf ihre Einhaltung und Aktualität **geprüft** werden. Außerdem sollte der Datenschutzbeauftragte in die Gestaltung einbezogen werden.

26 Die Gestaltung und Umsetzung der Maßnahmen dürften ohne **professionelle Unterstützung** durch einen IT-Dienstleister (und/oder bei großen Notarstellen einen eigenen IT-Administrator) für kaum einen Notar

umsetzbar sein. Es gibt eine Reihe auf die Bedürfnisse von Notariaten **spezialisierte IT-Dienstleister**, auch solche, die ein umfassendes Full-Service-Konzept anbieten, bei dem der Dienstleister die gesamte IT-Hardware und Software an den Notar vermietet und im Rahmen eines entsprechenden Service Level Agreements sozusagen das dauerhafte Funktionieren des gesamten Systems vertraglich schuldet, so dass er für die Konfiguration und deren Anpassung, die Betriebsbereitschaft, Instandhaltung und Instandsetzung und den regelmäßigen Austausch von Komponenten verantwortlich ist.

Angesichts der Bedeutung der Nebenakten für die Funktionsfähigkeit der Notarstelle und des hohen Risikos der Unwiederbringlichkeit der Akten bei Verlust etwaiger für den Zugriff erforderlichen Wissensdaten sollte die **Dienstaufsicht** bei den Notaren, die ihre Nebenakten elektronisch führen, auf die **Gewährleistung der Verfügbarkeit** besonderes Augenmerk legen. 27

E. Sicherung des persönlichen Zugangs des Notars zum Elektronischen Urkundenarchiv und zum Elektronischen Notariatsaktenspeicher (Abs. 3 und 4)

I. Allgemeines

Abs. 3 und 4 enthalten Sonderregelungen zur Sicherung des persönlichen Zugangs des Notars zum Elektronischen Urkundenarchiv und zum Elektronischen Notariatsaktenspeicher. Da die Bundesnotarkammer aufgrund der an sie gerichteten Regelungen der §§ 78h, 78k BNotO, §§ 54–57, 63–66 NotAktVV für die Sicherheit des Authentisierungsverfahrens gegenüber ihren Systemen und die Sicherheit der in ihren Systemen gespeicherten elektronischen Aufzeichnungen der Notare Sorge trägt, bleibt für eigene Gestaltungen des Notars insoweit wenig Raum. Soweit es allerdings die zum Schutz der für den Zugang zu den Systemen der Bundesnotarkammer lokal verwendeten Hard- und Software erforderlichen technisch-organisatorischen Maßnahmen in der Geschäftsstelle des Notars betrifft, ist gleichwohl auf die Grundsätze der Abs. 1 und 2 sowie die Verhaltensregeln nach § 6 NotAktVV zurückzugreifen. 28

Die Sicherheit des Authentisierungsverfahrens und der im Elektronischen Urkundenarchiv und dem Elektronischen Notariatsaktenspeicher hängt maßgeblich davon ab, dass der einzelne Notar mit den ihm von der Bundesnotarkammer zur Verfügung gestellten Authentisierungsmitteln ordnungsgemäß umgeht, damit keine Unbefugten Zugang zu den Systemen erlangen. Es kommt hinzu, dass bestimmte Vorgänge im Elektronischen Urkundenarchiv und im Elektronischen Notariatsaktenspeicher nur durch den Notar persönlich vorgenommen werden dürfen.[12] Bei der früher papiergebundenen Führung z.B. der Urkundenrolle wurden Authentizität und Integrität durch Heften, Siegeln und die persönliche Unterschrift des Notars bei Änderungen[13] gewährleistet. Im elektronischen Medium hingegen hängt der Schutz der Authentizität und Integrität (aber auch der Vertraulichkeit und Verfügbarkeit) davon ab, dass keine Unbefugten Zugang erlangen, aber mit Blick auf die dem Notar persönlich vorbehaltenen Funktionen eben auch davon, dass die technische Benutzerrolle „Notar" der Person des Notars eindeutig zugeordnet werden kann. 29

II. 3-Faktor-Authentisierung

Der Zugang zum Elektronischen Urkundenarchiv und dem Elektronischen Notariatsaktenspeicher wird aufgrund des besonders hohen Schutzbedarfs durch eine 3-Faktor-Authentisierung gesichert: 30

1. Notarnetz/Registerbox

Der erste Faktor ist das **Notarnetz**. Das Elektronische Urkundenarchiv und der Elektronische Notariatsaktenspeicher sind – wie die meisten Systeme der Bundesnotarkammer – nur aus dem Notarnetz erreichbar,[14] was derzeit das Vorhandensein der von der Bundesnotarkammer zur Verfügung gestellten, individuell auf die Amtstätigkeit des einzelnen Notars konfigurierten **Registerbox**[15] voraussetzt. Wird die Registerbox entfernt oder kompromittiert, dürfte dies zeitnah auffallen, da im Notariat zahlreiche, vom Zugang zu den Systemen und Diensten der Bundesnotarkammer abhängige Arbeitsabläufe nicht mehr 31

12 Insbesondere die persönlichen Bestätigungen gemäß §§ 20, 30 NotAktVV.

13 Vgl. § 14 Abs. 1 i.Vm. § 30 DONot a.F.

14 Vgl. § 57 NotAktVV.

15 Oder einer Notarnetz-Box, falls der Notar die entsprechenden Zusatzleistungen bei der NotarNet GmbH gebucht hat. Der Begriff „Registerbox" schließt im Folgenden auch die Notarnetz-Box ein.

funktionieren. Die Registerbox kann zwar nicht ohne Weiteres an einem anderen Ort als der Notarstelle betrieben werden, für die sie konfiguriert ist, aber doch mit entsprechenden Kenntnissen der Konfiguration. Bei der Registerbox handelt es sich folglich um ein körperliches Zugangsmittel i.S.d. Abs. 3, das keiner anderen Person überlassen werden darf. „**Sicher verwahren**" bedeutet in diesem Kontext, dass den örtlichen Gegebenheiten angemessene Maßnahmen zu ergreifen sind, um ein Entwenden der Box, ein unbefugtes Anschließen daran oder sonstige Manipulationen zu verhindern;[16] „**Überlassen**" bedeutet, dass der Notar die Registerbox weder einem Unbefugten aushändigen noch ihm den Anschluss daran gestatten darf.[17]

2. Chipkarte

32 Der zweite Faktor ist ebenfalls den Regelungen des Abs. 3 unterliegendes körperliches Zugangsmittel, nämlich die individuelle **Chipkarte** des Notars, die von der Zertifizierungsstelle der Bundesnotarkammer ausgegeben wird. Auch sie muss der Notar sicher verwahren und darf sie keiner anderen Person überlassen. Der Begriff „**andere Personen**" schließt dabei auch die beim Notar beschäftigten Personen sowie mit ihm zur gemeinsamen Berufsausübung verbundene Notare ein. „**Sicher verwahren**" und „**nicht überlassen**" bedeutet bei einer Chipkarte, dass der Notar unmittelbaren Alleinbesitz haben muss. Es ist nicht zulässig, die Chipkarte ständig im Kartenleser gesteckt zu lassen, jedenfalls wenn der Notar sich mehr als nur kurzzeitig davon entfernt, oder sie sonst unverschlossen im Notariat aufzubewahren; der Schutzbedarf ist mit dem der notariellen Siegel vergleichbar.

3. Wissensdaten (PIN)

33 Bei dem dritten Faktor handelt es sich um **Wissensdaten** i.S.d. Abs. 4, nämlich um die **PIN**, die für die Nutzung des auf der Chipkarte gespeicherten Authentisierungszertifikate erforderlich ist. Diese PIN darf ausschließlich dem Notar selbst bekannt sein; auch hier ist jede Preisgabe (d.h. unmittelbare oder mittelbare Offenbarung) der Wissensdaten an Mitarbeitende oder Sozien unzulässig.

34 Die Regelungen der Abs. 3 und 4 sind im Ergebnis inhaltsgleich mit der Regelung des § 33 Abs. 4 BNotO zur Signaturkarte. In der Praxis wird der Notar ein- und dieselbe Chipkarte zum Signieren und zur Authentisierung gegenüber dem Elektronischen Urkundenarchiv bzw. Elektronischen Notariatsaktenspeicher verwenden. Selbst wenn es – wie auf den bisherigen Signaturkarten der Bundesnotarkammer – möglich sein sollte, Authentisierungs-PIN und Signatur-PIN unterschiedlich zu vergeben, dürfte eine solche unterschiedliche Vergabe jedoch die Sicherheit nicht oder jedenfalls nicht nennenswert erhöhen, da der Notar sowohl nach § 33 Abs. 4 BNotO als auch nach Abs. 3 und 4 die Karte und die PINs ohnehin niemandem überlassen bzw. preisgeben darf. Die Sicherheit würde bei Verwendung unterschiedlicher PINs vermutlich eher geringer sein, da dann das Risiko des Vergessens und folglich auch die Versuchung, die PINs irgendwo zu notieren, größer sind. Es ist deshalb zulässig, aber nicht zwingend, für die Signaturfunktion und die Authentisierungsfunktion der Chipkarte die gleiche PIN zu verwenden.

III. Meldepflicht

35 Sollte trotz der beschriebenen Maßnahmen der Notar feststellen oder begründeten Anlass zu der Annahme haben, dass **Wissensdaten** oder **Hardware oder Software zur Authentifizierung** (also insbesondere Registerbox, Kartenlesegerät, Chipkarte)[18] **missbraucht, manipuliert oder Unbefugten zugänglich** geworden sind, besteht eine Meldepflicht an die Aufsichtsbehörde und die Notarkammer nach § 34 S. 1 Nr. 3 BNotO. Die Pflicht besteht auch schon dann, wenn nur die PIN einem Dritten zur Kenntnis gelangt ist, ohne dass dieser Zugriff auf die Chipkarte nehmen konnte, es sei denn, der Notar hat die PIN unverzüglich sicher geändert und niemand konnte Zugriff auf die Karte nehmen, so dass Missbrauch denklogisch ausgeschlossen ist.[19]

16 Anhaltspunkte für geeignete Maßnahmen bieten die nach § 6 NotAktVV zu erlassenden Verhaltensregeln.

17 Siehe dazu auch die von der Bundesnotarkammer herausgegebenen „Hinweise für Administratoren zur Inbetriebnahme und zum Betrieb der Registerbox", abrufbar auf der Website der NotarNet GmbH, www.notarnet.de.

18 Diehn/*Diehn*, § 34 Rn 16; Frenz/Miermeister/*Frohn*, § 34 BNotO Rn 6 ff.

19 Vgl. Diehn/*Diehn*, § 34 Rn 11; Frenz/Miermeister/*Frohn*, § 34 BNotO Rn 5.

F. Sicherung des persönlichen Zugangs der Beschäftigten (Abs. 5)

Angesichts der hohen Sicherheitsanforderungen an das EUA und den ENA gilt die 3-Faktor-Authentisierung **auch für die beim Notar beschäftigten Personen** (körperliches Zugangsmittel = Chipkarte, Wissensdatum = PIN, zusätzlich das Notarnetz). Auch über die persönliche Verantwortung des Notars für bestimmte Vorgänge (s. Abs. 3, 4) hinaus soll allgemein **nachvollziehbar** sein, wer wann welche Änderungen im Urkundenverzeichnis, im Verwahrungsverzeichnis, in der elektronischen Urkundensammlung und im Elektronischen Notariatsaktenspeicher vorgenommen hat. Auch insoweit ist der Notar in der Verantwortung, indem er durch geeignete (technisch-organisatorische) Vorkehrungen sicherzustellen hat, dass die Beschäftigten ihre Zugangsmittel und Wissensdaten nur persönlich nutzen und nicht an andere Personen – und damit auch nicht an andere Beschäftigte – weitergeben. Ein gemeinsam genutztes Benutzerkonto für mehrere Beschäftigte ist damit unzulässig, was jedoch ohnehin nach dem Stand der Technik regelmäßig schon nach Abs. 1 und 2 erforderlich sein wird,[20] wenn es nicht ein von den übrigen IT-Systemen des Notars getrenntes IT-System für den Zugang zum Elektronischen Urkundenarchiv bzw. Elektronischen Notariatsaktenspeicher gibt, was kaum der Fall sein dürfte. Der Notar hat also (im Stammdatenverzeichnis der BNotK) für diejenigen Beschäftigten, denen er nach seinem Organisationsermessen Zugang zu diesen Systemen einräumen möchte, jeweils **personenbezogene Zugänge** einzurichten. 36

Die Regelung des Abs. 5 wird ergänzt durch **§ 55 Abs. 5 NotAktVV**.[21] Danach gelten die vorstehend beschriebenen Verpflichtungen nach Abs. 3 und 4 auch unmittelbar für die Beschäftigten, denen nach § 55 Abs. 4 NotAktVV eine technische Zugangsberechtigung im Sinne des § 55 NotAktVV eingeräumt wurde. Hinzu kommt, dass die §§ 56, 57 NotAktVV die Bundesnotarkammer unmittelbar zu technisch-organisatorischen Maßnahmen zum Schutz des Zugangs zum Elektronischen Urkundenarchiv und zum Elektronischen Notariatsaktenspeicher verpflichten. Der Handlungsspielraum und die **Verantwortung des Notars** aus Abs. 5 **beschränkt** sich also darauf, die Beschäftigten auf die für sie unmittelbar geltenden Pflichten und sonstigen Regelungen – insbesondere die Vorgaben der Bundesnotarkammer zum sicheren Zugang zu ihren Systemen – **hinzuweisen**, sie zu deren Einhaltung **zu verpflichten**, die Einhaltung (in angemessener Weise, d.h. anlassbezogen, ansonsten stichprobenartig) **zu kontrollieren** und ggf. die Nichteinhaltung **zu sanktionieren**.[22] 37

§ 6 Technische und organisatorische Maßnahmen

Die Bundesnotarkammer präzisiert durch Verhaltensregeln nach Artikel 40 Absatz 2 Buchstabe h der Verordnung (EU) 2016/679 des Europäischen Parlaments und des Rates vom 27. April 2016 zum Schutz natürlicher Personen bei der Verarbeitung personenbezogener Daten, zum freien Datenverkehr und zur Aufhebung der Richtlinie 95/46/EG (Datenschutz-Grundverordnung) (ABl L 119 vom 4.5.2016, S. 1; L 314 vom 22.11.2016, S. 72; L 127 vom 23.5.2018, S. 2) die technischen und organisatorischen Maßnahmen, die nach Artikel 32 der Verordnung (EU) 2016/679 zu treffen sind, um die Sicherheit der personenbezogenen Daten zu gewährleisten, die in den elektronischen Aufzeichnungen und den zu ihrer Führung verwendeten elektronischen Hilfsmitteln verarbeitet werden.

20 BeckOK-BeurkG/*Eble*, § 5 NotAktVV Rn 7; Weingärtner/*Löffler*, § 5 NotAktVV Rn 6; Heinemann/Trautrims/*Strauß*, § 5 NotAktVV Rn 6.

21 BT-Drs 774/21, 33 f.

22 Das ergibt sich schon allgemein, d.h. im Hinblick auf alle elektronischen Aufzeichnungen und die zum Umgang mit ihnen verwendeten Systeme, aus Abs. 1 und 2 und den technisch-organisatorischen Maßnahmen nach § 6 NotAktVV. Ähnlich Weingärtner/*Löffler*, § 5 NotAktVV Rn 6.

A. Normzweck, Hintergrund

1 Die Vorschrift verlagert über die Regelungen des § 5 Abs. 1 und 2 NotAktVV hinaus und über deren Anwendungsbereich hinaus die weitere inhaltliche Konkretisierung der Pflichten aus § 35 Abs. 1 BNotO auf die Bundesnotarkammer. Auch dies dient der Umsetzung des Regelungsauftrages des § 36 Abs. 1 S. 2 Nr. 3 BNotO.[1]

2 Dazu bedient sich die Vorschrift des Instruments der Verhaltensregeln nach Art. 40 Abs. 2 Buchst. h DSGVO. Solche Verhaltensregeln können durch Verbände, die Kategorien von datenschutzrechtlich Verantwortlichen vertreten, die Anwendung der DSGVO etwa in Bezug auf die Datensicherheit (Art. 32 DSGVO) ausgearbeitet werden. Sie sind nach dem in Art. 40 festgelegten Verfahren durch die Datenschutzaufsichtsbehörde zu genehmigen und entfalten sodann die Wirkung des Art. 32 Abs. 3 DSGVO, nämlich dass die Einhaltung der Verhaltensregeln die Erfüllung der Anforderungen an die Gewährleistung von Datensicherheit nach Art. 32 Abs. 1 DSGVO präjudiziert.

3 Eine Regelung der erforderlichen technischen und organisatorischen Maßnahmen unmittelbar in der Rechtsverordnung würde entweder deren Rahmen sprengen oder müsste sich auf einen so geringen Detaillierungsgrad beschränken und angesichts des statischen Charakters einer Rechtsverordnung so abstrakt und technikoffen bleiben, dass sie mangels Hilfestellung für die Rechtsanwendenden keinen effektiven Nutzen für die Datensicherheit im Notariat hätte. Demgegenüber hat die Verlagerung in Verhaltensregeln, die von der mit der entsprechenden rechtlichen und fachlichen Kompetenz ausgestatteten Bundesnotarkammer erlassen werden, den Vorteil, dass die Regeln flexibel dem jeweiligen Stand der Technik angepasst werden und die recht unterschiedlichen Strukturen der verschiedenen Notariate berücksichtigen können.[2]

4 Die Bundesnotarkammer hat den Regelungsauftrag des § 6 NotAktVV erfüllt, indem sie die von ihrer Generalversammlung am 8.4.2022 verabschiedeten und vom Bundesbeauftragten für Datenschutz und die Informationssicherheit am 5.5.2022 genehmigten Verhaltensregeln im Juni 2022 veröffentlicht hat.[3]

B. Regelungsgehalt

5 Die ohnehin unmittelbar geltenden Vorschriften der DSGVO bleiben durch § 6 NotAktVV unberührt.[4] Der Regelungsgehalt des § 6 NotAktVV geht indes über das allgemeine Datenschutzrecht hinaus:

Auch wenn die Schaffung von Verhaltensregeln nach Art. 40 Abs. 2 DSGVO durch Verbände freiwillig ist, wird sie hier – vor dem Hintergrund der Eigenschaft der Notare als Träger eines (entsprechend regulierten) öffentlichen Amtes – durch das nationale Berufsrecht zur Pflicht gemacht. Die Bundesnotarkammer ist also verpflichtet, derartige Regeln auszuarbeiten und deren Genehmigung durch die oder den Bundesbeauftragten für Datenschutz und Informationsfreiheit (vgl. Art. 40 Abs. 5 S. 1, Art. 55 DSGVO, § 9 Abs. 1 BDSG) zu betreiben.[5]

6 Wenn auch für die Ausarbeitung der Verhaltensregeln nach Art. 40 Abs. 2 DSGVO noch andere Verbände in Betracht kämen, die Kategorien von Verantwortlichen vertreten (z.B. die Notarkammern), begründet das nationale Recht hier – unter Verweis auf ein bundeseinheitliches Bedürfnis des Rechtsverkehrs und der Beteiligten nach Verfügbarkeit, Integrität, Authentizität und Vertraulichkeit der von den Notaren verarbeiteten Daten[6] – eine ausschließliche Zuständigkeit der Bundesnotarkammer. Im Anwendungsbereich der Vorschrift ist daher der Erlass gleichartiger Verhaltensregeln durch andere Verbände (insbesondere die Notarkammern) ausgeschlossen.[7] Auch über den Anwendungsbereich des § 6 NotAktVV hinaus

1 Weingärtner/*Löffler*, § 6 NotAktVV Rn 2; Frenz/Miermeister/*Sudhof*, § 6 NotAktVV Rn 1.

2 BR-Drs 420/20 (neu), 36; Weingärtner/*Löffler*, § 6 NotAktVV Rn 2; Frenz/Miermeister/*Sudhof*, § 6 NotAktVV Rn 2.

3 DNotZ 2022, 405; https://www.bnotk.de/intern/datenschutz/datenschutzrechtliche-verhaltensregeln.

4 BR-Drs 420/20 (neu), 36.

5 Weingärtner/*Löffler*, § 6 NotAktVV Rn 5; BeckOK-BeurkG/*Eble*, § 6 NotAktVV Rn 1; Heinemann/Trautrims/*Strauß*, § 6 NotAktVV Rn 3.

6 BR-Drs 420/20 (neu), 36; Weingärtner/*Löffler*, § 6 NotAktVV Rn 5; BeckOK-BeurkG/*Eble*, § 6 NotAktVV Rn 1.

7 BR-Drs 420/20 (neu), 36; Weingärtner/*Löffler*, § 6 NotAktVV Rn 5; BeckOK-BeurkG/*Eble*, § 6 NotAktVV Rn 1; Heinemann/Trautrims/*Strauß*, § 6 NotAktVV Rn 3; Frenz/Miermeister/*Sudhof*, § 6 NotAktVV Rn 1.

dürfte es jedoch wenig sinnvoll sein, dass Notarkammern oder gar andere Verbände Verhaltensregeln ausarbeiten, da das Argument des Verordnungsgebers, dass der Schutzbedarf für die notariellen elektronischen Aufzeichnungen bundeseinheitlich gleich sei, in gleicher Weise für den Schutzbedarf anderer Datenverarbeitung (insbesondere papierförmiger Datenverarbeitung) gilt.

Auch wenn die Einhaltung der Verhaltensregeln aus datenschutzrechtlicher Sicht freiwillig ist und dem Verantwortlichen gemäß Art. 32 Abs. 3 DSGVO lediglich als Mittel zu seiner Exkulpation dienen kann, ist die Einhaltung der Verhaltensregeln nach § 6 NotAktVV für die Notare berufsrechtlich verbindlich, also eine Dienstpflicht.[8] Die Verhaltensregeln haben insoweit einen Hybridcharakter: Datenschutzrechtlich vermögen sie dem Notar gegenüber der Datenschutzaufsicht oder sonst zum Nachweis der Einhaltung seiner datenschutzrechtlichen Pflichten hilfreich sein, den er sonst nur unter großen Schwierigkeiten erbringen könnte.[9] Gleichzeitig unterliegt die Einhaltung der genehmigten Verhaltensregeln der notariellen Dienstaufsicht (vgl. § 93 Abs. 2 S. 1 BNotO, § 18 Abs. 2 Nr. 12 DONot). 7

Soweit die Bundesnotarkammer mit ihren Verhaltensregeln über den Regelungsrahmen des § 6 NotAktVV hinausgeht (indem sie etwa auch die Verarbeitung von elektronischen Hilfsmitteln regelt, die der Führung papierförmiger Akten und Verzeichnisse dienen), erfolgt dies freiwillig im Rahmen der von Art. 40 Abs. 2 DSGVO, § 78 Abs. 3 Nr. 3 BNotO vermittelten Kompetenz und hat folglich für die Notare keinen verbindlichen Charakter.[10] Dennoch ist die Einhaltung auch dieser „freiwilligen" Verhaltensregeln dem Notar dringend zu empfehlen, da ihm dies datenschutzrechtlich die Segnungen des Art. 32 Abs. 3 DSGVO beschert und aufgrund ihres Gewichts de facto auch insoweit ohne Weiteres geeignet sein dürfte, gegenüber der Dienstaufsicht und im Falle von Amtshaftungsansprüchen der Beteiligten die Einhaltung der Pflichten nach § 5 Abs. 1 und 2 NotAktVV nachzuweisen.[11] 8

8 BR-Drs 420/20 (neu), 36; Weingärtner/*Löffler*, § 6 NotAktVV Rn 5; BeckOK-BeurkG/*Eble*, § 6 NotAktVV Rn 1; Heinemann/Trautrims/*Strauß*, § 6 NotAktVV Rn 3; Frenz/Miermeister/*Sudhof*, § 6 NotAktVV Rn 1.

9 BR-Drs 420/20 (neu), 36.

10 BR-Drs 420/20 (neu), 35; BeckOK-BeurkG/*Eble*, § 6 NotAktVV Rn 1.

11 Vgl. BR-Drs 420/20 (neu), 36; Heinemann/Trautrims/*Strauß*, § 6 NotAktVV Rn 2; Frenz/Miermeister/*Sudhof*, § 6 NotAktVV Rn 2.

Abschnitt 2: Urkundenverzeichnis

§ 7 Urkundenverzeichnis

(1) In das Urkundenverzeichnis einzutragen sind
1. Niederschriften (§ 8 Absatz 1 und 36 Absatz 1 des Beurkundungsgesetzes),
2. elektronische Niederschriften (§ 8 Absatz 2, §§ 16b und 36 Absatz 2 des Beurkundungsgesetzes),
3. Vermerke im Sinne des § 39 des Beurkundungsgesetzes, die Folgendes enthalten:
a) die Beglaubigung einer Unterschrift oder eines Handzeichens,
b) die Beglaubigung der Zeichnung einer Namensunterschrift,
c) die Feststellung des Zeitpunkts, zu dem eine Privaturkunde vorgelegt worden ist,
d) sonstige einfache Zeugnisse im Sinne des § 39 des Beurkundungsgesetzes,
4. elektronische Vermerke im Sinne des § 39a des Beurkundungsgesetzes, die Folgendes enthalten:
a) die Beglaubigung einer qualifizierten elektronischen Signatur, einer elektronischen Unterschrift oder eines elektronischen Handzeichens,
b) die Feststellung des Zeitpunkts, zu dem eine Privaturkunde vorgelegt worden ist,
c) sonstige einfache Zeugnisse im Sinne des § 39 des Beurkundungsgesetzes,
5. Vollstreckbarerklärungen nach § 796c Absatz 1 und § 1053 Absatz 4 der Zivilprozessordnung und
6. Einigungen, Abschlussprotokolle, Vertragsbeurkundungen und Vertragsbestätigungen nach § 96 Absatz 3 Satz 1 und Absatz 5 Satz 2, § 98 Absatz 2 Satz 1 und § 99 Satz 1 des Sachenrechtsbereinigungsgesetzes.
(2) Nicht in das Urkundenverzeichnis einzutragen sind insbesondere
1. Niederschriften über Wechsel- und Scheckproteste,
2. Vermerke im Sinne des § 39 des Beurkundungsgesetzes, die im Zusammenhang mit einer anderen Beurkundung erstellt werden und
a) die auf die betreffende Urschrift oder eine Ausfertigung der Urkunde oder ein damit zu verbindendes Blatt gesetzt werden oder
b) deren elektronische Fassung zusammen mit einer elektronischen Urschrift verwahrt wird, und
3. elektronische Vermerke im Sinne des § 39a des Beurkundungsgesetzes, die im Zusammenhang mit einer anderen Beurkundung erstellt werden und
a) deren Ausdruck mit einer Urschrift oder einer Ausfertigung der Urkunde verbunden wird oder
b) die zusammen mit einer elektronischen Urschrift verwahrt werden.

Literatur *Berthold*, Die Beglaubigung qualifizierter elektronischer Signaturen in Präsenz, DNotZ 2022, 813; *Echternach*, Plädoyer für die konsequente Nutzung der originär elektronischen Gesellschafterlistenbescheinigung und der originär elektronischen Satzungsbescheinigung, DNotZ 2021, 928; *Frohn*, Elektronisches Urkundenarchiv und Aktenführung im Notariat, notar 2020, 3; *Ihrig*, Vermittlung der Auseinandersetzung des Nachlasses durch den Notar, MittBayNot 2012, 353; *Kersten*, Urkunden- und Verwahrungsverzeichnis nach der Verordnung über die Führung notarieller Akten und Verzeichnisse – NotAktVV, ZNotP 2021, 158 (Teil 1) und 197 (Teil 2); *Löffler*, Die NotAktVV – Der Vorbote des Elektronischen Urkundenarchivs, notar 2020, 362; *Püls*, Digitaler Quantensprung – Der Weg zum Elektronischen Urkundenarchiv, DNotZ 2021, 862; *Stelmaszczyk/Kienzle*, Die Onlinegründung der GmbH nach dem DiRUG, GmbHR 2021, 849; *Wicke*, Inhalts- und Verfahrensfragen der Gesellschafterliste – ein aktueller Überblick, NotBZ 2022, 401.

A. Allgemeines

Nach § 55 Abs. 1 BeurkG, § 1 Nr. 1 NotAktVV hat der Notar ein elektronisches Verzeichnis über Beurkundungen und sonstige Amtshandlungen zu führen, das sog. Urkundenverzeichnis. Das Urkundenverzeichnis ist **mit Wirkung vom 1.1.2022**[1] als einheitliches Verzeichnis an die Stelle der bislang in Papierform geführten Urkundenrolle, des dazu gehörenden Namensverzeichnisses und des Erbvertragsverzeichnisses getreten. Die Vorschriften des 2. Abschnitts der NotAktVV (§§ 7 ff. NotAktVV) gestalten die **Führung des Urkundenverzeichnisses** auf der Grundlage des § 36 Abs. 1, 2 BNotO im Einzelnen aus. Dabei wurden die zuvor im Wesentlichen in § 8 DONot a.F.[2] enthaltenen Vorschriften zur Führung der Urkundenrolle begrifflich an das Urkundenverzeichnis angepasst und in die NotAktVV selbst aufgenommen. Im Unterschied zur DONot wird dem Urkundenverzeichnis hierbei ein eigener Abschnitt gewidmet. Dies fördert die Übersichtlichkeit der Normen und trägt letztlich der großen Bedeutung des Elektronischen Urkundenarchivs sowie den damit einhergehenden Anforderungen namentlich auch an die Führung des Urkundenverzeichnisses Rechnung. Mit der Einführung der elektronischen Präsenzbeurkundung wurde insbesondere der Katalog der in das Urkundenverzeichnis einzutragen Amtsgeschäfte erweitert.[3] 1

Das Urkundenverzeichnis ist **rechtlich verbindlich im Elektronischen Urkundenarchiv** bei der Bundesnotarkammer als Urkundenarchivbehörde **zu führen** (§ 55 Abs. 2 BeurkG, § 78h BNotO).[4] Neben dem Verwahrungsverzeichnis (§ 59a BeurkG, §§ 1 Nr. 2, 21 ff. NotAktVV) bildet das Urkundenverzeichnis damit eines von zwei verpflichtend im Elektronischen Urkundenarchiv zu führenden Verzeichnissen des Notars. 2

Hinweis: Die Nutzung des – derzeit noch nicht zur Verfügung stehenden – Elektronischen Notariatsaktenspeichers (§ 78k BNotO, §§ 63 ff. NotAktVV) für die Führung aller weiteren Akten und Verzeichnisse, insbesondere der Nebenakten, ist demgegenüber im Grundsatz freiwillig, wobei eine (freiwillige) elektronische **Nebenaktenführung** aufgrund des Erfordernisses der jederzeitigen Verfügbarkeit insbesondere für nachfolgende Verwahrstellen dann im Notariatsaktenspeicher erfolgen muss, wenn die elektronischen Daten nicht auf lokal betriebenen Servern des Notars, sondern außerhalb der Geschäftsstelle gespeichert und aufbewahrt werden sollen (§ 35 Abs. 4 BNotO). Die Interpretation im Rundschreiben Nr. 1/2026 der Bundesnotarkammer[5] stellt mit der Zulässigkeit der Führung von Nebenakten über cloudbasierte NSW diese Grundsätze nicht in Frage. Denn insoweit handelt es sich unverändert um **Hilfsmittel**[6] bei der Aktenführung, was auch dadurch deutlich wird, dass durch ununterbrochene Rücksicherung der Zugriff auf die Systeme im Notariat (auch etwa bei Abschaltung einer Cloud, etc.) die Arbeitsfähigkeit im Notariat gewährleistet sein muss. An diesem Maßstab muss sich die verwendete NSW messen lassen. Eine ausschließliche „Führung“ von Nebenakten in der Cloud mit einer bloßen *Datensicherung* (ohne Funktionalitäten mit Blick auf die erforderliche Aktenbearbeitung) im lokalen System des Notariats dürfte derzeit nicht den gesetzlichen Anforderungen genügen. Denn Daten sichern bedeutet nicht Akten führen.[7]

1 § 76 Abs. 1 BeurkG i.d.F. von Art. 13 des Gesetzes vom 30.11.2019, BGBl I 2019, 1942, und § 76 Abs. 5 Satz 1 BeurkG i.d.F. von Art. 2 Nr. 2 des Gesetzes v. 21.12.2021, BGBl II 2021, 1282. Zur Historie *Püls*, DNotZ 2021, 862 ff.

2 Niedersächsische Fassung: AV d. MJ v. 21.11.2000 (Nds. Rpfl. v. 15.12.2000, Nr. 12, S. 340), zuletzt geändert durch AV d. MJ v. 12.1.2017 (Nds. Rpfl. v. 15.2.2017, Nr. 2, S. 41), abrufbar unter: https://www.notar.de/der-notar/berufsrecht/dienstordnung.

3 G. v. 10.12.2025 BGBl. 2025 I Nr. 320, vgl. dazu BT-Drucks 21/1505, S. 55.

4 *Löffler*, notar 2020, 362, 366.

5 BNotK Rundschreiben Nr. 1/2026 vom 2.2.2026, Cloud-Nutzung im Notariat.

6 BNotK aaO „Die erforderliche Verfügbarkeit von Daten setzt voraus, dass Notarinnen und Notare selbst im Fall eines vollständigen Zugriffsverlusts auf Hilfsmittel in der Cloud unmittelbar arbeitsfähig bleiben und es in der Konsequenz nicht zu einem Datenverlust kommt, der im laufenden Betrieb nicht mehr ausgeglichen werden kann.“

7 Die alleinige Nutzung einer externen Cloud war auch nach alter Lesart unzulässig, vgl. Rundschreiben Nr. 4/2021 der BNotK v. 22.4.2021; Frenz/Miermeister/*Frohn*, BNotO § 35 Rn 22 ff.; BeckOK-BNotO/*Hushahn*, § 35 Rn 15 f. Dies schloss zusätzliche inhaltsgleiche Speicherungen als Hilfsmittel im Sinne des § 35 Abs. 2 S. 2 BNotO unter Beachtung der datenschutz- und verschwiegenheitsrechtlichen Anforderungen allerdings in einer Cloud – und nach Lesart des aktuellen BNotK Rundschreibens auch eine produktive Aktenführung (als Hilfsmittel) – nicht aus.

Das **Urkundenverzeichnis existiert nur in elektronischer Form.**[8] Eine Papierfassung (vergleichbar §§ 6 Abs. 1, 7, 14 DONot a.F.) oder eine Pflicht zum Ausdrucken (§ 17 Abs. 1 S. 3 DONot a.F.) ist neben den Eintragungen im Urkundenverzeichnis nicht vorgesehen.[9] Der jährliche Export nach § 19 NotAktVV ersetzt den Abschluss der Urkundenrolle bzw. die Heftung und Siegelung der Einlageblätter nach Ablauf des Kalenderjahres (§ 14 Abs. 1 S. 5 DONot a.F.).

Eine **hilfsweise papierförmige oder elektronische Aufzeichnung** (z.B. in der Notarsoftware) ist daneben – wie bislang – zulässig (vgl. § 35 Abs. 2 S. 2 BNotO), aber rechtlich nicht maßgeblich. Werden die Urkunden zunächst in der Notarsoftware verzeichnet, sieht die Software des Elektronischen Urkundenarchivs (Basisanwendung XNP) für die rechtsverbindliche Eintragung im Urkundenverzeichnis die Möglichkeit eines Imports (im Datenformat ‚JSON') aus der Notarsoftware vor, um Doppeleingaben zu vermeiden.

Während undokumentierte Änderungen in der früheren Urkundenrolle nicht erlaubt waren (§ 7 Abs. 2 DONot a.F.) sind sie aufgrund des technischen Aufbaus des Urkundenverzeichnisses schlicht gar nicht möglich (§ 20 NotAktVV).[10]

3 Bei dem Elektronischen Urkundenarchiv und seinen einzelnen Bestandteilen handelt es sich **nicht** um ein **„Urkundenzentralarchiv"**.[11] Zwar laufen Urkundenverzeichnis, Verwahrungsverzeichnis und elektronische Urkundensammlung aller Amtsträger in den Systemen der Bundesnotarkammer als zentraler technischer Infrastruktur zusammen. Zugriff auf die eigenen Eintragungen im Urkundenverzeichnis und die in der elektronischen Urkundensammlung eingestellten Urkunden hat aber jeweils nur der betreffende Amtsträger selbst, dessen Amtsnachfolger oder – im jeweiligen Zeitraum – die Notarvertretung (§ 78i BNotO, sog. Grundsatz der funktional dezentralen Verwahrung[12]).

4 Jedem zum Zeitpunkt des Inkrafttretens amtierenden Notar (Notariatsverwalter) wurde seitens der Bundesnotarkammer unter Mitwirkung der Notarkammern gemäß § 78i BNotO, § 55 Abs. 1 NotAktVV im Rahmen seiner jeweiligen Verwahrzuständigkeit und nach Maßgabe der von der Bundesnotarkammer als Urkundenarchivbehörde getroffenen technischen und organisatorischen Maßnahmen eine **technische Zugangsberechtigung** für das Elektronische Urkundenarchiv eingeräumt. Grundlegende Voraussetzung hierfür ist die Eintragung der jeweiligen Amtsperson durch die Notarkammern im Notarverzeichnis (vgl. § 78l Abs. 1 S. 2, Abs. 3 BNotO, § 1, 6 Abs. 1 NotVPV). Auch in Fällen der Vertretung und der Amtsnachfolge ist für den Zugriff neben der amtlichen Bestellung bzw. der Übertragung der Verwahrzuständigkeit und der Eintragung im Notarverzeichnis die Einräumung der technischen Zugangsberechtigung notwendig, die im Regelfall durch den Amtsvorgänger (§ 58 Abs. 1 i.V.m. § 55 Abs. 1 NotAktVV) bzw. durch die vertretene Amtsperson selbst (§ 58 Abs. 2 i.V.m. § 55 Abs. 1, 2 NotAktVV) erfolgen wird und im Ausnahmefall von der zuständigen Notarkammer (§ 58 Abs. 5 NotAktVV) veranlasst werden kann.

5 Grundelement des Urkundenverzeichnisses bildet die Erfassung aller wesentlichen Informationen zu notariellen Urkunden in Form von strukturierten Datensätzen. Die **Datenbankstruktur**[13] erlaubt hierbei eine zielgerichtete Recherche sowie – je nach Verwendungszweck – eine Filterung der gespeicherten Daten für individuelle Auswertungen.[14] Auf diese Weise bildet das Urkundenverzeichnis die rechtliche und technische Grundlage für das Auffinden sämtlicher Urkunden des Notars und dient – gewissermaßen als „Inhaltsverzeichnis"[15] – der Erschließung der seit dem 1.7.2022[16] zu führenden elektronischen Urkundensammlung (vgl. § 35 Abs. 1 NotAktVV). Wegen seiner Durchsuchbarkeit nach bestimmten Kriterien (z.B. Namen der Beteiligten, Urkundenart, Geschäftsgegenstand) kann das Urkundenverzeichnis auch das Namensverzeichnis zur Urkundenrolle[17] sowie das Erbvertragsverzeichnis[18] ersetzen.

8 *Frohn*, notar 2020, 3, 5; *Löffler*, notar 2020, 362, 366.
9 *Kersten*, ZNotP 2021, 158.
10 *Löffler*, notar 2020, 362, 366.
11 Frenz/Miermeister/*Löffler*, BNotO § 78i Rn 1; *ders.*, notar 2020, 362, 365.
12 Frenz/Miermeister/*Löffler*, BNotO § 78i Rn 1; Heinemann/Trautrims/*Strauß*, Notarrecht, NotAktVV § 7 Rn 1.
13 *Löffler*, notar 2020, 362, 364.
14 RefE NotAktVV, BR-Drucks 420/20 (neu), 36 f.; Heinemann/Trautrims/*Strauß*, Notarrecht, NotAktVV § 7 Rn 1.
15 *Frohn*, notar 2020, 3, 5.
16 § 76 Abs. 5 S. 1 BeurkG, § 39a NotAktVV i.d.F. von Art. 2 Nr. 2, Art. 5 des Gesetzes v. 21.12.2021, BGBl II 2021, 1282.
17 § 5 Abs. 1 Nr. 6, § 13 DONot a.F.
18 § 5 Abs. 1 Nr. 4, § 9 DONot a.F. Zwingend vorgeschrieben ist aber seit dem 1.7.2022 die getrennte Aufbewahrung von notariell verwahrten Erbverträgen in der (Papier-)Erbvertragssammlung (§ 32 NotAktVV, dazu *Gerlach*, § 32 NotAktVV Rdn 1).

Im Urkundenverzeichnis sind auch solche Informationen zur Urkunde zu erfassen, die in der Vergangenheit auf der Urschrift zu vermerken waren (z.B. die Erteilung von Ausfertigungen gemäß § 49 Abs. 4 BeurkG, § 15 NotAktVV oder die Verbringung einer Verfügung von Todes wegen in die amtliche Verwahrung nach § 16 Abs. 1 NotAktVV; künftig auch die Erfüllung der steuerlicher Anzeigepflichten nach § 18 Abs. 4 GrEStG sowie § 7 Abs. 5 und § 8 Abs. 4 ErbStDV[19] und – für den Fall, dass sich der Gesetzgeber konsequenterweise noch für die Schaffung einer entsprechenden Regelung entscheidet – auch nach § 54 EStDV). Wie schon bislang die Urkundenrolle stellt das Urkundenverzeichnis damit im Ergebnis auch ein wesentliches Hilfsmittel für Zwecke der Dienstaufsicht dar.[20] Die Einzelheiten werden durch die Vorschrift des § 17 DONot näher ausgestaltet, in welcher das Prinzip einer effektiven und kooperativen Amtsprüfung zum Ausdruck kommt. 6

Um das Auffinden und den Zugriff dauerhaft abzusichern, sieht die NotAktVV sowohl für das Urkundenverzeichnis (§ 50 Abs. 1 Nr. 1 NotAktVV) als auch für die in der elektronischen Urkundensammlung verwahrten Dokumente (§ 50 Abs. 1 Nr. 5 NotAktVV) eine **Aufbewahrungsfrist von 100 Jahren** vor. Auch dies entspricht der Rechtslage für die vor dem 1.1.2022 bzw. 1.7.2022 praktizierte papierförmige Führung und Aufbewahrung von Urkundenrolle und Urkundensammlung (§ 5 Abs. 4 DONot a.F.). Im Gegenzug kann die Frist zur Aufbewahrung der (Papier-)Urschriften im Grundsatz auf zunächst 30 Jahre verkürzt werden (§ 50 Abs. 1 Nr. 3 NotAktVV; Ausnahme: notariell verwahrte Erbverträge gemäß § 50 Abs. 1 Nr. 4 NotAktVV – 100 Jahre). Näher zu den Aufbewahrungsfristen *Püls*, § 50 NotAktVV Rdn 5 ff., 12 ff. 7

B. In das Urkundenverzeichnis einzutragende Urkunden

I. Regelungsgegenstand des § 7 NotAktVV

§ 7 NotAktVV regelt in Anlehnung an die nach alter Rechtslage in § 8 Abs. 1 DONot a.F. enthaltene Bestimmung, welche **Beurkundungen und sonstigen Amtshandlungen** in das Urkundenverzeichnis einzutragen sind (Abs. 1, abschließend) und welche nicht (Abs. 2, nicht abschließend – „insbesondere"). Die Vorschrift ist gegenüber der Vorläuferregelung in § 8 DONot lediglich redaktionell überarbeitet, entzerrt und damit übersichtlicher gestaltet worden. So sind die bislang in den einzelnen Ziffern des § 8 Abs. 1 DONot a.F. enthaltenen Ausnahmen von der Eintragungspflicht nunmehr Gegenstand eines eigenen Absatzes (§ 7 Abs. 2 NotAktVV). Die weiteren Regelungsgegenstände des § 8 Abs. 3 bis 7 DONot a.F. (betreffend das „Wie" der Eintragung) wurden in die nachfolgenden Paragrafen (§§ 8 ff. NotAktVV) ausgelagert. 8

Eine Erweiterung hat die Vorschrift im Zuge der Einführung der Online-Verfahren im Gesellschaftsrecht auf der Grundlage des DiRUG[21] und des DiREG[22] mit Wirkung vom 1.8.2022 und zuletzt auch mit der Einführung der elektronischen Präsenzbeurkundung[23] erfahren. Entsprechend der durch **§ 16b Abs. 1 BeurkG** erstmals geschaffenen Möglichkeit der **Aufnahme einer (originär) elektronischen Niederschrift** wird durch Abs. 1 Nr. 2 (in der seit 1.8.2022 gültigen Fassung) klargestellt, dass auch elektronische Niederschriften im Urkundenverzeichnis zu erfassen sind. Dies ergibt sich zwar auch ohne gesonderte Auflistung bereits aus der Gleichstellung der im Verfahren nach §§ 16a ff. BeurkG errichteten Niederschriften mit gewöhnlichen Niederschriften (§ 16b Abs. 1 S. 2 BeurkG), trägt aber dem Umstand Rechnung, dass es sich bei dem Online-Verfahren um ein besonderes Verfahren und bei der elektronischen Niederschrift um ein besonderes „Urkundsprodukt" handelt. 9

19 RefE eines Gesetzes zur Digitalisierung des Vollzugs von Immobilienverträgen, der gerichtlichen Genehmigungen von notariellen Rechtsgeschäften und der steuerlichen Anzeigen der Notare (auch: eNoVA) vom 9.7.2025, veröffentlicht unter: https://www.bmjv.de/SharedDocs/Gesetzgebungsverfahren/DE/2025_eNoVA.html?nn=110490, dort Artikel 6 Nummer 1 lit. c) und Artikel 8 Nummer 1 und 2. Für die Anzeigepflicht nach § 54 EStDV ist eine entsprechende Regelung im Referentenentwurf nicht vorgesehen.

20 BeckOK-BeurkG/*Echternach*, NotAktVV, § 7 Rn 3; Frenz/Miermeister/*von Campe*, DONot § 8 Rn 2.

21 Gesetz zur Umsetzung der Digitalisierungsrichtlinie vom 5.7.2021, BGBl 2021 I, S. 3338.

22 Gesetz zur Ergänzung der Regelungen zur Umsetzung der Digitalisierungsrichtlinie und zur Änderung weiterer Vorschriften vom 15.7.2022, BGBl 2022 I, S. 1146.

23 BT-Drucks 21/1505; RefE-elPrBU vom 13.6.2025 sowie RegE-elPrBU vom 16.7.2025, jeweils veröffentlicht unter https://www.bmjv.de/SharedDocs/Gesetzgebungsverfahren/DE/2025_Elektronische_Praesenzbeurkundung.html.

10 Mit Inkrafttreten des **Gesetzes zur Einführung einer elektronischen Präsenzbeurkundung**[24] wird § 7 NotAktVV in Abs. 1 Nr. 1, Nr. 2 und Nr. 4 lit. a) kleinere redaktionelle Anpassungen erfahren, in welchen sich ungleich bedeutsamere Änderungen des Beurkundungsgesetzes und des Beurkundungsverfahrens abbilden. Infolge der Schaffung weitreichender Möglichkeiten zur (fakultativen) Errichtung elektronischer Urkunden[25] werden elektronische Niederschriften auch gesetzessystematisch vom Ausnahmefall (§ 16b BeurkG) zu einer parallel neben der klassischen papiernen Niederschrift stehenden Variante weiterentwickelt. Die papierne Niederschrift ist künftig in § 8 Abs. 1 bzw. § 36 Abs. 1 BeurkG-RegE normiert, die elektronische Niederschrift erhält mit § 8 Abs. 2 bzw. § 36 Abs. 2 BeurkG-RegE jeweils einen eigenen Absatz. Entsprechendes gilt für die Beglaubigung elektronischer Unterschriften (§ 40b BeurkG -RegE) im Verhältnis zur klassischen Unterschriftsbeglaubigung (§ 40 BeurkG) und zur Signaturbeglaubigung (§ 40a BeurkG).

Die eigenständige Nennung des § 38 BeurkG in § 7 Abs. 1 Nr. 1 bzw. Nr. 2 NotAktVV entfällt, da bei der Abnahme von Eiden und bei der Aufnahme eidesstattlicher Versicherungen die Vorschriften über die Beurkundung von Willenserklärungen entsprechend gelten und die entsprechende Niederschrift danach entweder in Papierform (§ 8 Abs. 1) oder aber elektronisch (§ 8 Abs. 2) aufgenommen werden kann.[26] Hingegen bleibt die separate Nennung der nach § 16b BeurkG aufgenommenen Niederschriften in § 7 Abs. 1 Nr. 2 NotAktVV erhalten, was sachgerecht ist, weil es sich bei dem Online-Verfahren weiterhin um ein besonderes, nur bestimmten gesellschaftsrechtlichen Angelegenheiten vorbehaltenes Verfahren handelt, welches ausnahmsweise gerade keine physische Präsenz der Beteiligten vor dem Notar erfordert.

II. Eintragungspflichtige Amtsgeschäfte

11 Inhaltlich bleibt es dabei, dass grundsätzlich alle Amtsgeschäfte in das Urkundenverzeichnis einzutragen sind, welche zu einer **urkundlichen Niederlegung der amtlichen Wahrnehmungen des Notars** führen, sich also in einem weiteren Sinne als Beurkundungstätigkeit darstellen.[27] Diese Definition deckt sich im Wesentlichen mit den in §§ 20, 22 BNotO genannten Amtstätigkeiten. Einzelheiten, namentlich die Behandlung bestimmter Bescheinigungen und Vermerkurkunden, sind aber durchaus umstritten und werden in der Praxis unterschiedlich gehandhabt (siehe dazu insbesondere nachfolgend Rdn 21 f.). Nicht zu erfassen sind von vornherein solche Angelegenheiten, die unter §§ 23, 24 BNotO fallen, also insbesondere nicht die Beratung, die reine Entwurfsfertigung oder die Verwahrungstätigkeit sowie gutachterliche Stellungnahmen (wie z.B. Rangbescheinigungen, Fälligkeitsmitteilungen und Prüfvermerke nach § 15 Abs. 3 GBO, § 378 Abs. 3 FamFG).[28]

12 Namentlich handelt es sich um die folgenden, in dem abschließenden[29] **Positivkatalog** genannten Vorgänge:

1. Niederschriften (§ 8 Abs. 1 u. § 36 Abs. 1 BeurkG)

13 Als eintragungspflichtige Amtsgeschäfte fasst § 7 Abs. 1 Nr. 1 NotAktVV **alle Arten von (analogen) Niederschriften** unter einer Ziffer zusammen. Die im früheren § 8 Abs. 1 Nr. 1 bis 3 DONot a.F. nachgezeichnete Unterscheidung zwischen

- Niederschriften über die **Beurkundung von Willenserklärungen** (§§ 8 ff. BeurkG) einerseits
- (z.B. die Beurkundung von Verträgen, Verfügungen von Todes wegen, Vollstreckungsunterwerfungen, Urkunden über die Vermittlung von Nachlass- und Gesamtgutauseinandersetzungen, soweit sich

24 BT-Drucks 21/1505; RefE-elPrBU vom 13.6.2025 sowie RegE-elPrBU vom 16.7.2025, jeweils veröffentlicht unter https://www.bmjv.de/SharedDocs/Gesetzgebungsverfahren/DE/2025_Elektronische_Praesenzbeurkundung.html.

25 Ausgenommen sind lediglich Verfügungen von Todes wegen, für die eine Errichtung im elektronischen Verfahren auch künftig ausgeschlossen sein soll (§ 31 BeurkG-RegE).

26 RegE-elPrBU, S. 61 (zu Artikel 7 Nummer 2 Buchstabe a).

27 Zur Definition der Beurkundungstätigkeit auch *Preuß*, § 1 BeurkG Rn 13; Frenz/Miermeister/*Limmer*, BeurkG, § 1 Rn 4.

28 Frenz/Miermeister/*von Campe*, NotAktVV, § 7 Rn 12; Heinemann/Trautrims/*Strauß*, Notarrecht, NotAktVV § 7 Rn 5, 10; Weingärtner/*Weingärtner/Ulrich*, DONot a.F., § 8 Rn 2 und NotAktVV, § 7 Rn 4.

29 Frenz/Miermeister/*von Campe*, NotAktVV, § 7 Rn 7; BeckOK-BeurkG/*Echternach*, NotAktVV § 7 Rn 4; Heinemann/Trautrims/*Strauß*, Notarrecht, NotAktVV § 7 Rn 2.

das Beurkundungsverfahren nach dem BeurkG richtet,[30] aber auch von Gebot und Zuschlag im Rahmen freiwilliger Versteigerungen[31] – vgl. zu Letzterem auch *Piegsa*, § 15 BeurkG Rdn 19 ff.); Niederschrift nach § 8 Abs. 1 BeurkG ist auch die bei gemischter („hybrider") Beurkundung im Online-Verfahren nach § 16e Abs. 1 BeurkG mit den bei dem Notar körperlich anwesenden Beteiligten zusätzlich errichtete inhaltsgleiche Niederschrift) und

- Niederschriften über die **Beurkundung anderer (Wissens-)Erklärungen, sonstiger Tatsachen und Vorgänge** (§ 36 Abs. 1 BeurkG) andererseits
- (darunter fallen insbesondere Versammlungsbeschlüsse (zu gemischten Beurkundungen und zur Wahl des „sichersten Weges" über §§ 8 ff. BeurkG, s. *Tebben*, § 36 BeurkG Rdn 7 f.),[32] aber auch die Aufnahme von Vermögensverzeichnissen,[33] Verlosungen,[34] Prioritätsverhandlungen[35] und Lebensbescheinigungen.[36] Die Aufnahme von Wechsel- und Scheckprotesten ist nach § 7 Abs. 2 Nr. 1 NotAktVV von der Eintragung im Urkundenverzeichnis ausgeschlossen. Dennoch sind sie nach § 7 Abs. 2 Nr. 1 Hs. 1 DONot in die Übersicht der Urkundsgeschäfte aufzunehmen.) sowie
- Niederschriften über die **Abnahme von Eiden und die Aufnahme von eidesstattlichen Versicherungen**, für die nach § 38 Abs. 1 BeurkG die Vorschriften der §§ 8 ff. BeurkG entsprechend gelten; Nach § 38 BeurkG gelten bei der Abnahme von Eiden und bei der Aufnahme eidesstattlicher Versicherungen die Vorschriften über die Beurkundung von Willenserklärungen und somit auch § 8 BeurkG entsprechend. Nach § 38 BeurkG in Verbindung mit § 8 BeurkG kann die Niederschrift sowohl in Papierform (Abs. 1) aufgenommen werden als auch elektronisch (Abs. 2). Bei der in Papierform aufgenommenen Niederschrift zur Beurkundung eines Eides oder einer eidesstattlichen Versicherung handelt es sich daher um eine Niederschrift nach § 8 Abs. 1 BeurkG.
- (z.B. Erbscheinsanträge, Anträge auf Erteilung eines Testamentsvollstreckerzeugnisses, Anträge auf Erteilung eines Überweisungszeugnisses nach § 36 GBO),

spielt für deren Erfassung im Urkundenverzeichnis – vorbehaltlich der Pflicht zur unterscheidungskräftigen Bezeichnung des Geschäftsgegenstandes (§ 13 NotAktVV) sowie zur Angabe der richtigen Urkundenart (§ 14 NotAktVV) – keine Rolle. Die entsprechende Geltung der Vorschriften über die Beurkundung von Willenserklärungen für die Abnahme von Eiden und die Aufnahme von eidesstattlichen Versicherungen wird künftig systematisch auch dadurch stärker zum Ausdruck gelangen, dass die Vorschrift des § 38 BeurkG nunmehr weder in § 7 Abs. 1 Nr. 1 noch in § 7 Abs. 1 Nr. 2 NotAktVV eigenständig genannt wird. Auch durch die Änderung der Präzisierung im Klammerzusatz mit Einführung der elektronischen Präsenzbeurkundung ergibt sich somit keine Änderung der Rechtslage. Es sind danach weiterhin sämtliche nach dem BeurkG aufgenommenen Niederschriften im Urkundenverzeichnis einzutragen.[37] Der Klammerzusatz präzisiert die Niederschriften durch Angabe der betreffenden Bestimmungen des BeurkG, die Bezugnahme auf § 38 BeurkG ist entfallen.

2. Elektronische Niederschriften (§§ 8 Abs. 2, 16b und 36 Abs. 2 BeurkG)

Nach den Vorschriften des Beurkundungsgesetzes aufgenommene Niederschriften sind unabhängig von der Form ihrer Errichtung – Papierform oder elektronische Form – in das Urkundenverzeichnis einzutragen. Diese selbstverständliche Aussage stellt § 7 Abs. 1 Nr. 2 NotAktVV sowohl für im notariellen Online-Verfahren nach §§ 16a ff. BeurkG aufgenommene Niederschriften (Rdn 15 f.) als auch für die künftig 14

30 Heinemann/Trautrims/*Strauß*, Notarrecht, NotAktVV § 7 Rn 11, der daneben auch die nach dem FamFG zu fassenden Beschlüsse (z.B. Bestätigungsbeschlüsse) in entsprechender Anwendung des § 7 Abs. 1 Nr. 6 NotAktVV als eintragungspflichtig ansieht. Ebenso im Ergebnis *Ihrig*, MittBayNot 2012, 353, 356 unter analoger Anwendung von § 7 Abs. 2 Nr. 5 NotAktVV.

31 Vgl. Leitfaden der BNotK v. 20.1.2005, DNotZ 2005, 161, 164; *Rachlitz*, MittBayNot 2015, 457, 458.

32 OLG Celle v. 13.2.2017 – 9 W 13/17, NZG 2017, 422; *Faßbender*, RNotZ 2009, 425, 429 f., 440 ff.; *Grotheer*, RNotZ 2015, 4; Frenz/Miermeister/*Limmer*, BNotO § 36 BeurkG, Rn 1; *Nordholtz/Hupka*, DNotZ 2018, 404 ff.; *Winkler*, BeurkG § 36 Rn 5; jeweils m.w.N.

33 Exemplarisch für Nachlassverzeichnisse BeckOGK/*Meier*, Stand: 1.8.2025, § 36 BeurkG Rn 26; *Winkler*, BeurkG § 36 Rn 7 ff.

34 Differenzierend *Winkler*, BeurkG § 36 Rn 9.

35 Frenz/Miermeister/*von Campe*, NotAktVV § 7 Rn 8; BeckOGK/*Meier*, Stand: 1.8 2025, § 36 BeurkG Rn 29 ff.; BeckOK-BeurkG/*Echternach*, NotAktVV § 7 Rn 4.1.

36 BeckOGK/*Meier*, Stand: 1.8.2025, § 36 BeurkG Rn 35.1; BeckOK-BeurkG/*Boor*, § 36 Rn 18; Muster bei Kersten/Bühling/*Terner*, Formularbuch, § 16 Rn 10 f., der hierfür die vereinfachte Vermerkform des § 39 BeurkG wählt.

37 G. v. 10.12.2025 BGBl. 2025 I Nr. 320, vgl. dazu BT-Drucks 21/1505, S. 55.

nach § 8 Abs. 2 bzw. § 36 Abs. 2 BeurkG-RegE im Präsenzverfahren als elektronisches Dokument aufgenommene Niederschriften (Rdn 17) klar.[38]

15 Seit dem 1.8.2022 sehen die §§ 16a ff. BeurkG erstmals ein Beurkundungsverfahren zur **Aufnahme (originär) elektronischer Niederschriften** vor. Die Wahl dieses besonderen Beurkundungsverfahrens bedarf allerdings der ausdrücklichen gesetzlichen Zulassung. Nach dem Rechtsstand des DiRUG in der Fassung des DiREG können im Online-Verfahren im Wege der Videokommunikation (spätestens) seit dem 1.8.2023 folgende **elektronische Urkunden** im Gesellschaftsrecht errichtet werden (zu gesellschafts- und registerrechtlichen Beglaubigungen siehe Rdn 25):

- Bargründungen von UG (haftungsbeschränkt) sowie Bar- und Sachgründungen von GmbH, jeweils einschließlich der notariellen Beurkundung des Gesellschaftsvertrages, sofern andere Formvorschriften (z.B. § 311b BGB, § 15 Abs. 3, 4 GmbHG) nicht entgegenstehen (§ 2 Abs. 3 S. 1 Hs. 1 GmbHG). Der Gesellschaftsvertrag darf hierbei nach § 2 Abs. 3 S. 1 Hs. 2 GmbHG auch Verpflichtungen zur (zwangsweisen) Abtretung von Geschäftsanteilen an der Gesellschaft enthalten, während die Abtretung von Geschäftsanteilen selbst gemäß § 15 GmbHG mit Rücksicht auf die Formzwecke nicht im Verfahren nach §§ 16a ff. BeurkG erfolgen kann.
- Gründungs- und Vollzugsvollmachten („Mitarbeitervollmachten"), § 2 Abs. 2 S. 2 GmbHG.
- einstimmige satzungsändernde Beschlüsse (§ 53 Abs. 3 S. 2 GmbHG) einschließlich Übernahmeerklärung bei Kapitalerhöhung (§ 55 Abs. 1 S. 2 GmbHG).
- weitere – jeweils nicht beurkundungsbedürftige – Willenserklärungen (z.B. Gesellschaftervereinbarungen und Erfüllungsgeschäfte zu Sacheinlagen), wenn diese in die Niederschrift über Gründung bzw. Satzungsänderung mit aufgenommen werden (§§ 2 Abs. 3 S. 3, 53 Abs. 3 S. 2 GmbHG;
- einstimmig gefasste Gesellschafterbeschlüsse, wenn diese in die Niederschrift über die Gründung bzw. Satzungsänderung mit aufgenommen werden (§§ 2 Abs. 3 S. 4, 53 Abs. 3 S. 2 GmbHG).
- Für andere Gegenstände steht die Beurkundung im Wege der Videokommunikation mangels gesetzlicher Zulassung derzeit nicht zur Verfügung. Namentlich die Beurkundung von Geschäftsanteilsabtretungen, von Maßnahmen nach dem Umwandlungsgesetz (UmwG) sowie sämtlicher notarieller Vorgänge außerhalb des Gesellschaftsrechts sind damit im Online-Verfahren nicht zulässig.[39] Die Einhaltung des gesetzlichen Anwendungsbereichs bestimmt über die verfahrensrechtliche Wirksamkeit der Beurkundung und damit – jedenfalls – bei beurkundungsbedürftigen Rechtsgeschäften zugleich über deren materiell-rechtliche Wirksamkeit (§ 125 S. 1 BGB).[40]

16 Die in dem vorgenannten Online-Verfahren aufgenommenen elektronischen Niederschriften wären ohne Sonderregelung bereits dem bisherigen Abs. 1 Nr. 1 (i.V.m. § 16b Abs. 1 S. 2 BeurkG) zuzuordnen gewesen. Da § 16a BeurkG das Verfahren zur Errichtung elektronischer Niederschriften auf die Beurkundung von Willenserklärungen beschränkt, handelt es sich bei den bislang von Abs. 1 Nr. 2 erfassten elektronischen Niederschriften nach §§ 16a ff. BeurkG der Sache nach um Niederschriften, für die abgesehen von verfahrensspezifischen Besonderheiten ausschließlich die §§ 8 ff. BeurkG entsprechend gelten. Beschlüsse einer Gesellschafterversammlung, die im Präsenzverfahren an sich ein Fall von §§ 36, 37 BeurkG sind,[41] können mittels notarieller Videokommunikation nur als Willenserklärung unter Beachtung der §§ 8 ff. protokolliert werden. Die Nennung unter einer gesonderten Ziffer trägt der – künftig weiter wachsenden (siehe nachfolgend Rdn 17) – Bedeutung elektronischer Niederschriften als eigenständiges, neben die papierne Urschrift tretendes „Urkundsprodukt" Rechnung.

17 Nunmehr lässt die Einführung der **elektronischen Präsenzbeurkundung** mit den entsprechenden Verweisen auf die §§ 8 Abs. 2 und 36 Abs. 2 BeurkG elektronische Niederschriften umfassender zu. Das Beurkundungsverfahren wird auf der Grundlage des Gesetzes zur Einführung einer elektronischen Präsenzbeurkundung künftig in nahezu allen Bereichen notarieller Tätigkeit – mit Ausnahme lediglich der Verfügungen von Todes wegen (§ 31 BeurkG-RegE) – für die Aufnahme (originär) elektronischer Niederschriften geöffnet. Die Aufnahme als elektronisches Dokument ist fakultativ, steht im Ermessen des

38 Vgl. RegE-elPrBU, S. 61 (zu Artikel 7 Nummer 2 Buchstabe b).

39 BeckOK-BeurkG/*Rachlitz*, § 16a Rn 135 f.; *Winkler*, BeurkG § 16a Rn 1; Beck'sches Notar-Handbuch/*Stelmaszczyk*, § 31 Rn 538 ff.

40 BeckOK-BeurkG/*Bremkamp*, § 16a Rn 110 ff.; Frenz/Miermeister/*Kienzle*, BeurkG § 16a Rn 38 ff.; *Stelmaszczyk/Kienzle*, GmbHR 2021, 849, 853 f.

41 S. nur Frenz/Miermeister/*Limmer*, BeurkG § 36 Rn 1 m.w.N.

Notars und kann sowohl für die Beurkundung von Willenserklärungen (§ 8 Abs. 2 BeurkG-RegE) als auch für die Beurkundung anderer Erklärungen als Willenserklärungen sowie sonstiger Tatsachen oder Vorgänge (§ 36 Abs. 2 BeurkG-RegE) zur Anwendung gebracht werden. Durch die Änderung in § 7 Abs. 1 Nr. 2 NotAktVV-RegE wird klargestellt, dass auch als elektronische Dokumente aufgenommene Niederschriften in das Urkundenverzeichnis einzutragen sind. Hinsichtlich der nach § 7 Abs. 1 Nr. 2 NotAktVV eintragungspflichtigen elektronischen Niederschriften kann entsprechend auf die vorstehenden Ausführungen (Rdn 13) verwiesen werden.

3. Vermerke im Sinne des § 39 BeurkG

Abs. 1 Nr. 3 erklärt inhaltlich unverändert die nach alter Rechtslage in § 8 Abs. 1 Nr. 4 und 5 DONot a.F. getrennt aufgeführten Vermerke im Sinne des § 39 BeurkG zu eintragungspflichtigen Geschäften. Genannt werden im Einzelnen: **18**

- die Beglaubigung von Unterschriften und Handzeichen (lit. a, vgl. § 40 BeurkG),
- die Beglaubigung der Zeichnung einer Namensunterschrift (lit. b, vgl. § 41 BeurkG),
- die Feststellung des Zeitpunkts, zu dem eine Privaturkunde vorgelegt worden ist (lit. c, vgl. § 43 BeurkG), und
- **sonstige einfache Zeugnisse** im Sinne des § 39 BeurkG (lit. d).

Nicht in das Urkundenverzeichnis einzutragen ist die **Beglaubigung von Abschriften** (§ 42 BeurkG), die zwar in § 39 BeurkG, nicht jedoch in der – abschließenden – partiellen Verweisung in Abs. 1 Nr. 3 genannt werden.[42] Insbesondere kann die Abschriftsbeglaubigung aufgrund ihrer ausdrücklichen Nennung in § 39 BeurkG und ihrer spezialgesetzlichen Regelung in § 42 BeurkG nicht als „sonstiges einfaches Zeugnis" angesehen werden. **19**

Abs. 1 Nr. 3 lit. d) ist zudem im Zusammenhang mit Abs. 2 Nr. 2 zu lesen, sodass solche Vermerke von der Eintragungspflicht ausgenommen sind, die im Zusammenhang mit einer anderen Beurkundung erstellt und auf die betreffende Urschrift oder eine Ausfertigung der Urkunde oder ein damit zu verbindendes Blatt gesetzt oder aber die als elektronische Fassung zusammen mit der elektronischen Urschrift verwahrt werden. Hierunter fallen insbesondere die in § 21 BNotO normierten **Register- und Vollmachtsbescheinigungen**, aber auch andere Bescheinigungen, die der Notar im Rahmen seiner Zuständigkeit nach § 24 BNotO ausstellt.[43] **20**

Die Behandlung bestimmter **Bescheinigungen** als eintragungspflichtige Amtsgeschäfte namentlich **im Rahmen der Erstellung von Gesellschafterlisten** nach § 40 Abs. 2 S. 2 GmbHG sowie **Satzungsbescheinigungen** im Sinne der § 54 Abs. 1 S. 2 Hs. 2 GmbHG, § 181 Abs. 1 S. 2 AktG ist dagegen umstritten,[44] wenngleich im Ergebnis überwiegend beide Vorgehensweisen als zulässig betrachtet werden.[45] Gegen eine Eintragungsfähigkeit werden der abschließende Charakter der Vorschrift des § 7 Abs. 1 NotAktVV sowie der Umstand angeführt, dass es sich im Kern nicht um die Niederschrift von Tatsachenwahrnehmungen im Sinne des § 36 BeurkG, sondern um verschriftlichte rechtliche Beurteilungen handele.[46] Als Argumente für die Aufnahme in das Urkundenverzeichnis werden das praktische Bedürfnis der langfristigen Verfügbarkeit und Auffindbarkeit der Bescheinigungen genannt.[47] Außerdem trete in diesen besonderen Fällen der Bescheinigung das Element der tatsächlichen Wahrnehmung derart in den Vordergrund, dass keine rechtliche Subsumtion vorliege.[48] **21**

42 Frenz/Miermeister/*von Campe*, NotAktVV § 7 Rn 11. Im Ergebnis auch BR-Drucks 420/20 (neu), 37.
43 Heinemann/Trautrims/*Strauß*, Notarrecht, NotAktVV § 7 Rn 5.
44 Für eine Eintragung etwa Armbrüster/Preuß/Renner/*Eickelberg*, 8. Aufl. DONot § 8 Rn 7; Weingärtner/*Weingärtner/Ulrich*, DONot a.F. § 8 Rn 4; *Wicke*, NotBZ 2022, 401,413; dagegen *Kersten*, ZNotP 2001, 388; *ders.*, in: Würzburger Notarhandbuch, Teil 1 Kap. 4 Rn 62; *Link*, RNotZ 2009, 207; in der Tendenz auch BeckOK-BeurkG/*Echternach*, NotAktVV § 7 Rn 8; Frenz/Miermeister/*von Campe*, NotAktVV § 7 Rn 13.
45 Vgl. BeckOK-BNotO/*Sauer*, NotAktVV § 7 Rn 14; Heinemann/Trautrims/*Strauß*, Notarrecht, NotAktVV § 7 Rn 6.
46 BeckOK-BNotO/*Sauer*, NotAktVV § 7 Rn 14; Frenz/Miermeister/*von Campe* NotAktVV § 7 Rn 13.
47 8. Auflage/*Eickelberg*, DONot § 8 Rn 7; BeckOK-BNotO/*Sauer*, NotAktVV § 7 Rn 14.
48 Heinemann/Trautrims/*Strauß*, Notarrecht, NotAktVV § 7 Rn 6; BeckOK-BNotO/*Sauer*, NotAktVV § 7 Rn 14.

Sofern man von einer Eintragungspflichtigkeit (als sonstiges einfaches Zeugnis nach § 39 BeurkG oder – bei elektronischer Errichtung – nach § 39a BeurkG) ausgeht, erfolgt die Zuordnung der Bescheinigungen zur Urkundenart der sonstigen Beurkundungen und Beschlüsse (§ 14 Abs. 1 S. 1 Nr. 5 NotAktVV).

22 Bezüglich der genannten Bescheinigungen existierten schon in der Vergangenheit regional unterschiedliche Verfahrensweisen: So waren diese Bescheinigungen in Bayern und Rheinland-Pfalz aufzuführen,[49] in anderen Bundesländern dagegen nicht[50] oder jedenfalls nicht verpflichtend. Teilweise wird die Eintragung von Amtsstelle zu Amtsstelle verschieden praktiziert. Die unterschiedliche Handhabung der genannten Grenzfälle soll nach der Begründung zur NotAktVV auch zukünftig möglich bleiben.[51] Ob die Bescheinigungen in das Urkundenverzeichnis eingetragen werden, bleibt damit weiterhin regionalen Gepflogenheiten bzw. der individuellen Entscheidung des Notars überlassen.

Da die Eintragung der Bescheinigungen Auswirkungen auf das – der Notarstellenplanung als ein nach § 4 BNotO maßgebliches Kriterium zugrunde liegende – Urkundenaufkommen hat, ist es zu begrüßen, dass § 7 Abs. 2 Nr. 9 DONot es der jeweiligen Landesjustizverwaltung ermöglicht, durch entsprechende Bekanntmachung die *gesonderte* Aufnahme in die Übersicht der Urkundsgeschäfte anzuordnen. Die Vorschrift hat lediglich statistische Bedeutung, entscheidet die zugrunde liegende beurkundungsrechtliche Vorfrage der Eintragungspflichtigkeit indes nicht.[52] Das heißt: Auch wenn eine entsprechende Bekanntmachung existiert, hat ein Ausweis nur dann zu erfolgen, wenn in den eingetragenen sonstigen Beurkundungen tatsächlich Bescheinigungen enthalten sind (weil der Notar die Vorfrage zugunsten einer Eintragung entschieden hat; hat er sich dagegen entschieden, muss auch kein Ausweis erfolgen). Fehlt es umgekehrt an einer solchen Bekanntmachung, ist die Anzahl der Bescheinigungen, die in den „sonstigen Beurkundungen und Beschlüssen“ je nach Handhabung aber durchaus (versteckt) enthalten sein kann, lediglich nicht gesondert auszuweisen. Aus organisationsrechtlicher Sicht ist der Erlass einer entsprechenden Bekanntmachung durchaus erwägenswert, da diese eine statistische „Bereinigung“ ermöglicht und damit geeignet ist, die Aussagekraft des (bereinigten) Urkundenaufkommens zu erhöhen. Freilich sollten solche „Sonderausweisungen“ aber auf Ausnahmefälle beschränkt bleiben.

23 Die XNP-Anwendung der Bundesnotarkammer sieht im Modul „Urkundenverzeichnis“ zum Zwecke der landesspezifischen Umsetzung für Bescheinigungen eine eigene „Urkundenart“ mit der Bezeichnung „Bescheinigungen des Notars“ vor.[53] Entgegen *Ulrich*[54] ist diese Umsetzung rechtlich nicht zu beanstanden, weil es § 14 Abs. 2 NotAktVV der Bundesnotarkammer ausdrücklich ermöglicht, weitere Differenzierungen vorzusehen. Selbst wenn es diese Vorschrift nicht gäbe oder man sie hier nicht für anwendbar hielte, wäre zu berücksichtigen, dass es sich hierbei nicht im eigentlichen Sinne um eine von der Bundesnotarkammer rechtlich neu geschaffene Urkundenart, sondern lediglich um eine technische Hilfskategorie handelt, die zu einer rechtlich und technisch einwandfreien Umsetzung der NotAktVV unter Beachtung der landesspezifischen Vorgaben zu § 7 DONot im Rahmen der jährlichen Erstellung der Übersicht über die Urkundsgeschäfte nach dem Muster 1 der Anlage zur DONot führt, und zwar sowohl als Zählobjekt bei der zutreffenden Urkundenart („sonstigen Beurkundungen und Beschlüssen“) als auch – sofern eine Bekanntmachung der Landesjustizverwaltung existiert – statistisch gesondert als Zählobjekt der zutreffenden Untergliederung („Bescheinigungen des Notars“). Durch diese Gestaltung wird zugleich einer versehentlich fehlerhaften Erfassung vorgebeugt.

24 Nicht in das Urkundenverzeichnis aufzunehmen sind **Eigenurkunden des Notars**, die weder beurkundete Willenserklärungen (der Beteiligten) noch sonstige Wahrnehmungen des Notars enthalten und im Katalog des Abs. 1 auch nicht erwähnt werden.[55] Beispiele sind Berichtigungsvermerke nach § 44a BeurkG, Identitätserklärungen, Erklärungen gegenüber Grundbuchamt und Registergericht oder die Mit-

49 Bayern: Änderung der NotBek v. 22.12.2009, JMBl Nr. 1/2010, 2; Rheinland-Pfalz: DONot i.d.F. der ÄndVwV, JBl. RhPf 2010, 29.

50 Mecklenburg-Vorpommern: s. Rundschreiben der Notarkammer Mecklenburg-Vorpommern Nr. 1/2009, B 3.

51 RefE NotAktVV, BR-Drucks 420/20 (neu), 37.

52 Anders hier noch die Vorauflage sowie Weingärtner/*Ulrich*, NotAktVV § 7 Rn 10.

53 S. zum Ganzen auch die nichtamtliche Begründung zur DONot n.F., S. 10 (abrufbar unter: https://www.notar.de/der-notar/berufsrecht/dienstordnung).

54 Weingärtner/*Ulrich*, DONot § 7 Rn 21 f. sowie NotAktVV § 14 Rn 7 ff.

55 BeckOK-BNotO/*Sauer*, NotAktVV § 7 Rn 15 f.; Frenz/Miermeister/*von Campe*, NotAktVV § 7 Rn 14; Heinemann/Trautrims/*Strauß*, Notarrecht, NotAktVV § 7 Rn 7.

teilung und Entgegennahme familien- und betreuungsgerichtlicher Genehmigungen. Die Gegenansicht[56] beruht letztlich auf der Annahme, Notare würden in der Praxis *„in einem sehr viel weiteren Verständnis des Begriffs der ‚Eigenurkunde' die ihnen erteilten Vollmachten auch dazu nutzen, inhaltliche* [Anm.: und damit materiell-rechtlich beurkundungspflichtige] *Änderungen an den zuvor beurkundeten Verträgen vorzunehmen.“*[57] Damit die letzte Fassung des jeweiligen Vertrages vollständig dokumentiert werde, müsse dann zumindest eine Eintragung erfolgen. Dieser Gedanke ist nachvollziehbar. Bei dem beschriebenen Fall dürfte es sich indes um seltene Ausnahmen handeln, die nicht den Standardfall einer Eigenurkunde repräsentieren. Eine generelle Pflicht zur Eintragung von Eigenurkunden lässt sich daraus jedenfalls nicht ableiten.[58] Die Erfassung sämtlicher Eigenurkunden im Urkundenverzeichnis ist darüber hinaus geeignet, die Aussagekraft der Urkundszahlen als Kriterium im Rahmen der Bedürfnisprüfung nach § 4 BNotO und damit die Notarstellenplanung zu beeinträchtigen. Das Modell der gesonderten Ausweisung in der Übersicht der Urkundsgeschäfte (wie im Fall der „Bescheinigungen“ nach § 7 Abs. 2 Nr. 9 DONot, siehe Rdn 22) eignet sich nicht als generelles Korrektiv und sollte auf Ausnahmefälle, wie etwa den Fall historisch gewachsener unterschiedlicher regionaler Gepflogenheiten beschränkt bleiben.

4. Elektronische Vermerke im Sinne des § 39a BeurkG

Abs. 1 Nr. 4 greift gegenüber den in Abs. 1 Nr. 3 geregelten Eintragungstatbeständen namentlich dann ein, **25** wenn keine papierförmige Ausgangsurkunde existiert, sondern der jeweilige Vermerk originär elektronisch erstellt wird.[59] Wie schon § 8 Abs. 1 Nr. 4a, Nr. 5a DONot enthält damit auch Abs. 1 Nr. 4 im Ergebnis lediglich die Klarstellung, dass dieselben Arten von Zeugnisurkunden, die bislang auf der Grundlage von § 8 DONot in die Urkundenrolle einzutragen waren, auch dann in das Urkundenverzeichnis einzutragen sind, wenn sie in elektronischer Form gefertigt werden.

In der Praxis gab es in diesem Bereich bislang nur wenige relevante Anwendungsfälle, zumal der Hauptanwendungsfall eines elektronischen Vermerks – die Fertigung elektronisch beglaubigter Abschriften für den elektronischen Rechtsverkehr – ebenso wenig wie Abschriftsbeglaubigungen einen eintragungspflichtigen Vorgang darstellt (Rdn 19).[60] Auch die Umwandlung elektronisch beglaubigter Abschriften in eine Papierurkunde ist trotz der Pflicht zur Dokumentation des Ergebnisses der Signaturprüfung (§ 42 Abs. 4 BeurkG) nicht eintragungspflichtig.[61] Bei den elektronischen Bestätigungen im Sinne von lit. b) sowie sonstigen eintragungspflichtigen Vermerken (wie z.B. elektronische notarielle Lebensbescheinigungen) dürfte es sich demgegenüber praktisch gesehen um seltene Ausnahmen handeln. Sofern man Gesellschafterlisten und Satzungsbescheinigungen als eintragungspflichtig oder zumindest eintragungsfähig ansieht, besteht zumindest auch insoweit ein Anwendungsbereich, der nicht zu unterschätzen ist. Zur Vermeidung unnötiger Medienbrüche und der damit verbundenen Arbeitsschritte wird es sich jedenfalls im elektronischen Registerverkehr regelmäßig empfehlen, die jeweiligen Bescheinigungen originär elektronisch zu erstellen und zu signieren und nicht den Umweg über den Ausdruck eines Papierdokuments und dessen anschließender Rückübertragung in die elektronische Welt zu gehen.[62]

Stark an Bedeutung dürften elektronische Vermerke außerdem mit Inkrafttreten des Gesetzes zur Einführung einer elektronischen Präsenzbeurkundung gewinnen. Wird eine zu beglaubigende Unterschrift oder **26** ein Handzeichen im Beisein des Notars auf elektronischem Wege vollzogen (§§ 39a, 40b BeurkG), ist künftig auch der dazugehörige Beglaubigungsvermerk des Notars zwingend in elektronischer Form durch Anbringung einer qualifizierten elektronischen Signatur zu erstellen (§ 39a Abs. 1 S. 1 Hs. 2 BeurkG).[63]

56 Weingärtner/*Ulrich*, NotAktVV § 7 Rn 12 ff., 19 ff.

57 *Blaeschke*, Praxishandbuch Notarprüfung, Rn 491, der Eigenurkunden im Grundsatz ebenfalls nicht als eintragungspflichtig ansieht, s. dort, Rn 489; vgl. ebenso *Bücker/Viefhues*, ZNotP 2003, 451.

58 Zu weitgehend daher Weingärtner/*Ulrich*, NotAktVV § 7 Rn 19 ff., der wegen möglicher Abgrenzungsschwierigkeiten nunmehr sämtliche Eigenurkunden als eintragungspflichtig behandelt wissen will. Es genüge insoweit allein die Eigenschaft als wirksame öffentliche Urkunde gemäß § 415 Abs. 1 ZPO.

59 Heinemann/Trautrims/*Strauß*, Notarrecht, NotAktVV § 7 Rn 8.

60 *Bettendorf/Apfelbaum*, DNotZ 2008, 19, 33 f.

61 Missverständlich daher Weingärtner/*Weingärtner/Ulrich*, DONot a.F., § 8 Rn 3, es biete sich an, den Vorgang des Medientransfers in der Urkundenrolle zu dokumentieren. Einzutragen sei ein Vermerk über die Erstellung des elektronischen Beglaubigungsvermerks nach § 39a BeurkG oder – im umgekehrten Fall – die Eintragungen nach § 8 Abs. 1 Nr. 4 oder Nr. 5 DONot (a.F.).

62 *Echternach*, DNotZ 2021, 928, 929.

63 RegE-elPrBU, S. 56 ff. (zu Artikel 3 Nummer 17 und Nummer 18).

Die auf diese Weise ausgeübte Amtstätigkeit ist nach § 7 Abs. 1 Nr. 4 lit. a) NotAktVV im Urkundenverzeichnis einzutragen.[64]

27 Auch für den Fall der **Signaturbeglaubigung** (Abs. 1 Nr. 4 lit. a) gab es vor dem 1.8.2022 keinen praktischen Anwendungsfall, da es an einer vergleichbaren Formvorschrift zu § 129 BGB für eine elektronisch öffentliche Beglaubigung fehlte. Dies hat sich mit dem Inkrafttreten des DiRUG in der Fassung des DiREG zum 1.8.2022 geändert. Nach § 129 Abs. 1 S. 1 Nr. 2 BGB können öffentliche Beglaubigungen auch in elektronischer Form abgefasst werden, wobei dann die von dem Erklärenden entweder in Gegenwart des Notars (Präsenzbeglaubigung[65]) oder mittels des von der Bundesnotarkammer nach § 78p BNotO betriebenen Videokommunikationssystems anerkannte – qualifizierte – elektronische Signatur zu beglaubigen ist. Zu den Varianten der Signaturbeglaubigung und zum Verfahren im Einzelnen § 40a BeurkG (siehe dort, *Kruse*, § 40a BeurkG Rdn 2 ff.). Das Verfahren der Beglaubigung mittels Videokommunikation ist **seit dem 1.8.2022 für sämtliche Registeranmeldungen** von Kapital- und Personengesellschaften (§ 12 Abs. 1 S. 2 HGB), Partnerschaftsgesellschaften (§ 5 Abs. 2 PartGG) und Genossenschaften (§ 157 S. 2 GenG) zugelassen. Zum 1.8.2023 sind Vereinsregisteranmeldungen (§ 77 Abs. 2 BGB) hinzugetreten.

5. Weiteres

28 Zusätzlich zu den vorgenannten Urkunden sind im Urkundenverzeichnis einzutragen: **Vollstreckbarerklärungen** (beim Anwaltsvergleich, § 796c Absatz 1 ZPO, und schiedsrichterlichen Vergleich, § 1053 Abs. 4 ZPO) sowie aus dem Vermittlungsverfahren des Sachenrechtsbereinigungsgesetzes die **Einigung** (§ 98 Abs. 2 S. 1 SachenRBerG) bzw. das **Abschlussprotokoll** (§ 99 SachenRBerG), die **Vertragsbeurkundung** (§ 96 Abs. 3 S. 1 SachenRBerG) und die **Vertragsbestätigung** (§ 96 Abs. 5 S. 2 SachenRBerG).

III. Nicht Eintragungspflichtige Amtsgeschäfte

29 § 7 Abs. 2 NotAktVV enthält eine (nicht abschließende) Aufzählung der Amtsgeschäfte, die im Umkehrschluss zum Positivkatalog nicht in das UVZ eintragungspflichtig sind. Über den Wortlaut der „insbesondere“ genannten Fälle hinaus sind mithin folgende Geschäfte des Notars nicht eintragungspflichtig:

- Rangbescheinigung (Notarbestätigung, § 122 GNotKG[66])
- legal opinion[67]
- notarielle Eigenurkunde[68]
- Nachtragsvermerkte gem. § 44a Abs. 2 BeurkG[69]
- Anmeldung zum Handelsregister oder sonstigen öffentlichen Registern durch den Notar gem. § 378 Abs. 2 FamFG

Gerade bei den beiden letztgenannten Arten von Amtsgeschäften spricht allerdings nichts gegen die **Eintragungsfähigkeit**, insbesondere mit Blick auf die Wiederauffindbarkeit derartiger Urkunden/Bescheinigungen.[70] In diesem Zusammenhang sei auch auf die unterschiedliche Praxis bei Satzungsbescheinigungen und Gesellschafterlisten hingewiesen, vgl. oben Rdn 21 ff.[71]

§ 8 Führung des Urkundenverzeichnisses

(1) [1]Das Urkundenverzeichnis wird getrennt nach Kalenderjahren geführt. [2]Die Eintragungen jedes Kalenderjahres sind mit fortlaufenden Nummern zu versehen.

64 G. v. 10.12.2025 BGBl. 2025 I Nr. 320, vgl. dazu BT-Drucks 21/1505, S. 55.
65 Dazu *Berthold*, DNotZ 2022, 813 ff.
66 Vgl. BR-Drucks 517/12, 279; BeckOK-Kostenrecht/*Diehn*, § 122 GNotKG Rn 4.
67 Beispiele bei *Diehn*, Notarkostenberechnungen, Rn 210 ff.
68 Grundlegend: *Reithmann*, Zur notariellen Eigenurkunde, DNotZ 1983, 438; *Limmer*, Notarielle Bescheinigungen und Bestätigungen, ZNotP 2002, 261 f.; BeckNotar-HdB/*Püls* § 34 Rn 101.
69 Diese sind aber mit der ursprünglichen Urkunde zu verbinden und im eUSL abzulegen.
70 § 7 Rn 9.
71 Vgl. Heinemann/Trautrims/*Strauß*, Notarrecht, § 7 Rn 6 NotAktVV.

(2) [1]Die Beurkundungen und sonstigen Amtshandlungen sind in der Reihenfolge des Datums ihrer Vornahme einzutragen. [2]Ist eine Eintragung versehentlich unterblieben, so ist sie unter der nächsten fortlaufenden Nummer nachzutragen. [3]Ist eine Eintragung versehentlich mehrfach erfolgt, so ist die wiederholte Eintragung als gegenstandslos zu kennzeichnen.

A. Allgemeines

§ 8 NotAktVV bestimmt, wie und für welche zeitlichen Abschnitte das Urkundenverzeichnis zu führen ist (Abs. 1) und in welcher Reihenfolge die in § 7 Abs. 1 NotAktVV definierten Eintragungstatbestände zu erfassen sind (Abs. 2 S. 1). An die Stelle der auf jeder Urkunde, Ausfertigung oder Abschrift anzugebenden Urkundenrollennummer (UR-Nr.) tritt begrifflich die Urkundenverzeichnisnummer („UVZ-Nr.", § 3 Abs. 3 NotAktVV, dazu *Püls*, § 3 NotAktVV Rdn 14). Die Handhabung (zunächst) unterbliebener Eintragungen (Abs. 2 S. 2) und versehentlicher Mehrfacheintragungen (Abs. 2 S. 3) hat nunmehr erstmals eine ausdrückliche Regelung erfahren. Nennenswerte Unterschiede zur früheren Praxis der Urkundenrolle (vgl. im Wesentlichen § 8 Abs. 3 DONot a.F.) ergeben sich nicht. 1

Auf die verbindliche Vorgabe eines Musters zur Führung des Urkundenverzeichnisses kann seit dem 1.1.2022 verzichtet werden (anders noch für die Urkundenrolle § 8 Abs. 2 DONot a.F. i.V.m. Muster 2), da durch entsprechende Gestaltung der Software der Bundesnotarkammer in Umsetzung der Bestimmungen der §§ 9 ff. NotAktVV ohnehin eine einheitliche Struktur der Datensätze im Urkundenverzeichnis vorgegeben wird. 2

B. Einzelheiten

I. Jahrgangsweise Führung (Abs. 1)

Wie bei der **Führung** der Urkundenrolle (siehe bislang § 8 Abs. 2, 3 DONot in der bis zum 31.12.2021 geltenden Fassung) haben Eintragungen auch im Urkundenverzeichnis **getrennt nach Kalenderjahren mit jeweils fortlaufenden Nummern** zu erfolgen, Abs. 1 S. 1, 2. Jeder eintragungspflichtige Vorgang erhält eine UVZ-Nummer und eine Jahrgangsbezeichnung; Auslassungen oder Mehrfacheintragungen sind unzulässig. 3

Die anhand der Jahrgangsbezeichnung ersichtliche Trennung nach Kalenderjahr ändert nichts daran, dass es sich bei dem Urkundenverzeichnis um ein fortlaufend geführtes Verzeichnis handelt. Anders als bei der Urkundenrolle (§ 7 Abs. 1 S. 3 bzw. § 14 Abs. 1 S. 5 DONot a.F.) erfolgt nach Ende des jeweiligen Kalenderjahres kein förmlicher Abschluss des Verzeichnisses selbst. Als Äquivalent sieht § 19 Abs. 1 NotAktVV insoweit nach Abschluss eines jeden Kalenderjahres einen Export aller Eintragungen des jeweiligen Jahrgangs in eine Datei vor (näher *Püls/Hofmann*, § 19 NotAktVV Rdn 1, 4 ff.). Die Eintragungen in dem Urkundenverzeichnis als fortlaufende Datenbank sind aber darüber hinaus (auch) jahresübergreifend miteinander verknüpft, was insbesondere im Fall wechselseitiger Verweise nach § 17 Abs. 1 NotAktVV oder nachträglicher Änderungen und Zusätze nach § 20 Abs. 1 Nr. 1 NotAktVV Auswirkungen hat. Im Falle nachträglicher Änderungen und Zusätze an Eintragungen früherer Jahrgänge sind nach Ablauf des jeweils aktuellen Kalenderjahres nicht nur die Eintragungen dieses Kalenderjahres, sondern auch die Eintragungen des früheren Jahrgangs (erneut) zu exportieren, wobei es genügt, wenn der erneute Export nur die geänderten Eintragungen umfasst (siehe im Einzelnen § 19 Abs. 3 NotAktVV und Kommentierung *Püls/Hofmann*, § 19 NotAktVV Rdn 11 f.).

4 Die fortlaufende Registrierung hat sich bewährt und bezweckt eine **eindeutige Zuordnung** einer notariellen Urkunde im Urkundenverzeichnis des jeweiligen Amtsträgers.[1] Daneben dient sie insbesondere auch der Prüfung der **Vollzähligkeit und Vollständigkeit** der Urkundensammlung.[2]

Hinweis: In Sozietäten oder bei innerhalb desselben Kalenderjahres an derselben Amtsstelle aufeinanderfolgenden Amtstätigkeiten kann es zweckmäßig sein, zusätzlich zu der fortlaufenden Nummer und zur Jahreszahl (zu den zulässigen Formaten *Püls*, § 3 NotAktVV Rdn 16) individualisierende Zusätze (z.B. Buchstaben) in der UVZ-Nr. zu verwenden. Eine solche Vorgehensweise ist weiterhin rechtlich unproblematisch und technisch möglich.[3]

II. Eintragungsreihenfolge im Kalenderjahr; Eintragungsfehler (Abs. 2)

1. Eintragung unter dem Datum der Vornahme (Abs. 2 S. 1)

5 Abs. 2 S. 1 sieht vor, dass die eintragungspflichtigen Amtshandlungen innerhalb eines Kalenderjahres **in der Reihenfolge des Datums ihrer Vornahme** in das Urkundenverzeichnis einzutragen sind. Unter dem Datum der Vornahme ist der Tag zu verstehen, an dem die Beurkundung erfolgte und abgeschlossen wurde. Hinsichtlich der unter demselben Datum errichteten Urkunden muss die Reihenfolge der Eintragungen nicht zwingend chronologisch gehandhabt werden, da sich die Regelung des Abs. 2 S. 1 auf das Kriterium des Datums beschränkt und nicht etwa auch die Uhrzeit einbezieht.[4]

Hinweis: Bei Beurkundungen nach §§ 8 ff. BeurkG sowie nach § 36 f. BeurkG schließt grundsätzlich die Unterschrift (Signatur) des Notars die Niederschrift ab; erst dann wird die Urkunde wirksam (dazu und zum Problem der „offenen" Urkunde siehe § 13 BeurkG Rdn 69 ff.[5]). Auch wenn bei Vermerken nach §§ 39, 39a BeurkG, insbesondere Unterschriftsbeglaubigungen, für die Wirksamkeit zusätzlich die Anbringung des Siegels erforderlich ist, wird für die Zwecke der Eintragung im Urkundenverzeichnis auch in diesen Fällen der Tag der letzten Unterschriftsleistung als Datum der Vornahme angesehen.[6] Dies überzeugt vor allem im Hinblick darauf, als das Erfordernis der Anbringung des Siegels in erster Linie auf die Verwendung der Urschrift der Urkunde im Rechtsverkehr zielt.[7] In der elektronischen Welt fällt die Anbringung des Siegels (des im Signaturzertifikat enthaltenen Notarattributs nach § 39a Abs. 2 BeurkG) ohnehin mit der elektronischen Signatur zeitlich zusammen.

6 Die nach § 33 Abs. 5 DONot früher vorgesehene **Eintragung von Vertretungszeiträumen** in der Urkundenrolle ist mit Einführung des Urkundenverzeichnisses entfallen. Die Angabe ist **nicht mehr erforderlich**, weil der Umstand der Vertretung aus dem neu aufgenommenen Eintrag zur Amtsperson (§§ 9 Nr. 2, 11 NotAktVV) ohne weiteres ersichtlich ist.[8]

2. Eintragungsfehler (Abs. 2 S. 2, 3)

7 Aufgrund der einheitlichen Gestaltung der Software des Elektronischen Urkundenarchivs werden einige denkbare Fehlerquellen bei der Erfassung von Urkunden im Urkundenverzeichnis bereits von vornherein ausgeschlossen. So sind Doppelbelegungen (Verwendung ein und derselben UVZ-Nr. für mehrere Eintragungen) sowie Auslassungen („Überspringen" einer UVZ-Nr.) schon technisch im Verzeichnis selbst nicht mehr möglich. Dementsprechend enthält die NotAktVV zu diesen Fällen keine Regelung. Weiterhin denkbar sind das Übersehen einer Urkunde, mit der Folge, dass die Eintragung nicht fortlaufend erfolgen kann, sowie die mehrfache Erfassung einer Urkunde unter verschiedenen UVZ-Nummern.

Beide Fallgruppen führt Abs. 2 S. 2, 3 einer ausdrücklichen Regelung zu:

8 **Übersehene Urkunden**, die versehentlich nicht am Beurkundungstag in das Urkundenverzeichnis eingetragen wurden, sind nunmehr ausdrücklich unter der bei Entdeckung des Fehlers nächsten freien Urkundenverzeichnisnummer einzutragen (Abs. 2 S. 2). Eine nachträgliche Vergabe einer Zwischen- oder Unternummer (z.B. 1234a/2022) vom Tag der Beurkundung ist nicht zulässig. Die Urkunde ist unter dem –

1 Heinemann/Trautrims/*Strauß*, Notarrecht, NotAktVV § 8 Rn 1.
2 BeckOK-BeurkG/*Echternach*, NotAktVV § 7 Rn 3.
3 So auch Heinemann/Trautrims/*Strauß*, Notarrecht, NotAktVV § 8 Rn 2.
4 BR-Drucks 420/20 (neu), 38.
5 Ferner: Heinemann/Trautrims/*Strauß*, Notarrecht, NotAktVV § 8 Rn 3; *Schemmann*, DNotZ 2018, 816 ff.
6 Heinemann/Trautrims/*Strauß*, Notarrecht, NotAktVV § 8 Rn 3.
7 BT-Drucks V/3282, 37.
8 Vgl. BR-Drucks 420/20 (neu), 38.

tatsächlichen – Datum der Amtshandlung zu registrieren (vgl. § 9 Nr. 1 NotAktVV), auch wenn vor der nachträglich zu vergebenden UVZ-Nummer für weitere Amtshandlungen schon weitere UVZ-Nummern eines nachfolgenden Beurkundungstages vergeben wurden. Diesem Fall ist gleichgestellt die **Doppelvergabe** einer Nummer auf den Papierexemplaren der vorgenommenen Beurkundungen, vergleiche § 3 NotAktVV Rdn 19.

Wurde eine **Urkunde mehrfach** im Urkundenverzeichnis **erfasst**, ist die Eintragung mit der höheren Nummer als gegenstandslos zu kennzeichnen (Abs. 2 S. 3). Die UVZ-Nr. der gegenstandslosen Eintragung steht aber nicht mehr für andere Eintragungen zur Verfügung.[9] 9

Aufgrund der Programmgestaltung von XNP und der gängigen Notarsoftware ist ein „**Überspringen" von Urkundennummern** zwar nicht ausgeschlossen, jedoch praktisch sehr unwahrscheinlich. Wurde eine Nummer dennoch zunächst übersprungen und sodann bereits eine höhere Nummer unter einem späteren Datum vergeben, darf die entstandene Lücke nicht durch eine andere (spätere) Urkunde geschlossen werden.[10] 10

Praktisch erfolgt die Dokumentation sowohl in den Fällen der Rdn 9 als auch in den Fällen der Rdn 10 über das in der Basisanwendung XNP im Modul Urkundenverzeichnis hinterlegte Feld „UVZ-Nr. nicht vergeben";[11] die Lücke ist dann aus dem UVZ selbst heraus erklärbar. 11

C. Eintragungen im Zusammenhang mit elektronischen Urkunden

I. Grundsatz

Wie oben in § 3 BeurkG Rdn 7 und 18 ausgeführt, besteht bei der Errichtung einer Urkunde im Rahmen des Onlineverfahrens oder der elektronischen Präsenzbeurkundung aufgrund der technischen Verknüpfung grundsätzlich keine Notwendigkeit, eine UVZ-Nummer vor Abschluss der Beurkundung zu reservieren, um diese in die Datei einzutragen. Nachträgliche Einfügungen sind aufgrund der technischen Gegebenheiten nicht mehr möglich. 12

II. Empfehlung für die Praxis

Auch wenn gerade bei komplexen Beurkundungsvorgängen beispielsweise der Beurkundung von Beteiligungsvereinbarungen mit mehreren miteinander verbundenen Urkunden (Bezugsurkunde, Beteiligungsvertrag, Satzungsänderung, Abtretungsvertrag, Registeranmeldung etc.) die vorherige Reservierung von UVZ-Nummern durchaus arbeitsintensiv scheint, ist sie doch durchaus empfehlenswert. Zum einen aus Gründen der späteren leichteren visuellen Zuordnung (Optik des Substrats der Beurkundung), zum anderen für die eigene Struktur im Notariat (damit für die eigenen Übersichtlichkeit und Kontrolle). Zudem werden Abgrenzungsschwierigkeiten für die Büropraxis für die rein elektronischen Vermerk nach § 39a BeurkG vermieden. 13

§ 9 Angaben im Urkundenverzeichnis

Die Eintragung im Urkundenverzeichnis enthält folgende Angaben:

1. **das Datum und den Ort oder die Orte der Beurkundung oder der sonstigen Amtshandlung (§ 10),**
2. **die Amtsperson (§ 11),**
3. **die Beteiligten (§ 12),**
4. **den Geschäftsgegenstand (§ 13),**
5. **die Urkundenart (§ 14),**
6. **gegebenenfalls Angaben zu Ausfertigungen (§ 15),**

9 So auch Weingärtner/*Ulrich*, NotAktVV, § 8 Rn 5.
10 Frenz/Miermeister/*von Campe*, NotAktVV, § 8 Rn 6.
11 Auf diese Funktion weist auch BeckOK-BNotO/*Sauer*, NotAktVV § 8 Rn 4 hin, wobei nicht ganz klar ist, warum nach *Sauer* zusätzlich eine Erläuterung durch einen Vermerk in der Generalakte notwendig sein soll.

7. gegebenenfalls weitere Angaben zu Verfügungen von Todes wegen (§ 16) und
8. gegebenenfalls sonstige Angaben (§ 17).

1 Gewissermaßen vor die Klammer gezogen regelt § 9 NotAktVV, welche Angaben zum jeweiligen Amtsgeschäft in das Urkundenverzeichnis einzutragen sind. Die Vorschrift beschränkt sich dabei auf eine **schlagwortartige Auflistung aller einzutragenden Angaben** mit dem entsprechenden Verweis auf die jeweilige Detailregelungen der §§ 10 ff. NotAktVV, welche die aufzunehmenden Angaben konkretisieren. Gegenüber der früheren Norm des § 8 DONot a.F. ist mit dieser neuen Struktur ein deutlicher Gewinn an Übersichtlichkeit verbunden.

2 § 9 NotAktVV selbst erwähnt erstmals ausdrücklich, dass der **Tag des jeweiligen Amtsgeschäfts** in das Urkundenverzeichnis aufzunehmen ist (Nr. 1). Die Angabe wurde bislang nur durch das Muster 2 zur DONot a.F. vorgegeben. Eine weitergehende Regelung hierzu enthält die NotAktVV andernorts nicht. Maßgeblich ist der Tag der Vornahme des Amtsgeschäfts, wobei es grundsätzlich auf den Zeitpunkt der Unterschrift (Signatur) des Notars ankommt, durch die in der Regel die Urkunde abgeschlossen wird (näher *Püls/Hofmann*, § 8 NotAktVV Rdn 5).

3 Zusätzlich zur bisher nach § 8 DONot a.F. geltenden Rechtslage sind **Angaben zur Amtsperson** (§§ 9 Nr. 2, 11 NotAktVV), zur **Urkundenart** (§§ 9 Nr. 5, 14 NotAktVV; früher nur im Rahmen des § 24 DONot a.F. i.V.m. Muster 7 für die Erstellung der Geschäftsübersichten vorgegeben) und zur **Erteilung von Ausfertigungen** (§§ 9 Nr. 6, 15 NotAktVV – in der Software des Elektronischen Urkundenarchivs unter „Ausfertigungen") aufzunehmen. Zu allen **Verfügungen von Todes** wegen sind künftig verwahrrelevante Angaben über Verbringung, Rückgabe und Ablieferung zu machen (§§ 9 Nr. 7, 16 NotAktVV – derzeit in der Software des Elektronischen Urkundenarchivs im Freitextfeld unter „Bemerkungen").[1]

Die Angaben zu den Ausfertigungen wurden vormals nach § 49 Abs. 4 BeurkG a.F. auf der Urschrift bzw. in der Praxis meist auf einem Beiblatt vermerkt. Bei Erbverträgen und anderen Verfügungen von Todes wegen waren nach Maßgabe der §§ 18 Abs. 4 S. 2, 20 Abs. 1 S. 1 DONot a.F. Vermerkblätter anzufertigen. (Wenigstens) ein Vermerkblatt war z.B. auch bei Beglaubigungen ohne Entwurf zur Urkundensammlung zu nehmen, wenn sie weder in Urschrift noch in Abschrift bei der Notarin oder dem Notar zurückblieben (§ 19 Abs. 2 S. 1 DONot a.F.). Sämtliche der vorgenannten, auf der Urschrift oder gesondert zu vermerkenden Angaben werden nunmehr im Urkundenverzeichnis selbst eingetragen und als Datensatz angelegt. Damit vermittelt bereits das Urkundenverzeichnis selbst ein einheitliches und vollständiges Bild zu jedem Amtsgeschäft, sodass die **Anfertigung von Hinweis-, Vermerk- und Beiblättern nicht mehr verpflichtend vorgesehen** ist.[2]

4 Einen **Sonderfall** stellt insoweit bis zu einer entsprechenden gesetzlichen Anpassung noch § 18 Abs. 4 GrEStG dar, wonach bei grundstücksbezogenen Rechtsvorgängen die **Absendung der Veräußerungsanzeige** an die Grunderwerbsteuerstelle nach wie vor auf der Urschrift bzw. auf einem Beiblatt zu vermerken ist. Entsprechendes gilt nach §§ 7 Abs. 1 S. 4, 8 Abs. 1 S. 4 ErbStDV und § 54 Abs. 2 S. 3 EStDV für die steuerlichen Anzeigepflichten gegenüber der Erbschaft- und Schenkungsteuerstelle sowie der Körperschaftsteuerstelle, jeweils im Rahmen ihres Geltungsbereichs. Die Eingabe des Datums der Absendung der jeweiligen Anzeige im Urkundenverzeichnis (als Angabe im Sinne des § 17 Abs. 2 NotAktVV in dem dafür in der Software des Elektronischen Urkundenarchivs vorgesehenen Eingabefeld unter „Anzeigen/Registrierungen") ist daher derzeit nach wie vor nur optional und ersetzt prinzipiell nicht den Vermerk auf der Urschrift. Gleichwohl werden die mit dem Vermerk auf der Urschrift verfolgten Zwecke vollumfänglich und noch dazu deutlich effektiver und in für die Aufsichtsbehörde leichter nachvollziehbarer Form durch die Eintragung im Urkundenverzeichnis erfüllt. Zweck des Urkundenverzeichnisses ist es gerade, alle wesentlichen Informationen zu notariellen Urkunden in leicht nachvollziehbarer und nachprüfbarer Weise in Form von strukturierten Datensätzen zusammenzufassen (vgl. § 7 NotAktVV

1 *Püls/Gerlach*, NotAktVV und Elektronisches Urkundenarchiv, § 1 Rn 6 sehen dieses zwingende Erfordernis als systemwidrig und aus Sicht der Praxis wenig nachvollziehbar an. Mit dem Nachweis der Registrierung (vgl. § 31 Abs. 1 Nr. 1 lit. b NotAktVV) handele es sich nicht mehr um ein wichtiges oder zu überprüfendes Datum.

2 Vgl. BR-Drucks 420/20 (neu), 38 (zu § 9, betreffend Angaben zur Erteilung von Ausfertigungen), 51 f., 53 (zu § 31 Abs. 1, zu § 33, betreffend die Erstellung und Verwahrung von Vermerkblättern).

Rdn 5 f.). Der mit dem an sich überflüssig gewordenen Vermerk auf der Urschrift verbundene Aufwand (zusätzliches Scannen wegen des Erfordernisses der Spiegelbildlichkeit gemäß § 56 Abs. 1 BeurkG) steht in keinem Verhältnis zu dem – nicht gegebenen – Nutzen. Der derzeitige Rechtszustand ist allein jahrelanger, jedenfalls seit dem Jahr 2021 andauernder gesetzgeberischer Untätigkeit im Grenzbereich verschiedener Ressortzuständigkeiten geschuldet und für den Praktiker nur schwer einzusehen. Viel spricht vor diesem Hintergrund dafür, dem einzelnen Amtsträger im Wege teleologischer Auslegung der zugrunde liegenden Rechtsvorschriften das Recht zuzubilligen, sich durch Eintragung eines Vermerks nach § 17 Abs. 2 NotAktVV im Urkundenverzeichnis von der Verpflichtung eines Vermerks auf der jeweiligen Urschrift befreien zu können.

Einen Lichtblick stellt insoweit der Referentenentwurf eines Gesetzes zur Digitalisierung des Vollzugs von Immobilienverträgen, der gerichtlichen Genehmigungen von notariellen Rechtsgeschäften und der steuerlichen Anzeigen der Notare (kurz: RefE-eNoVA) dar, welcher in Artikel 6 Nr. 1 lit. c) (für die Grunderwerbsteuer) und Artikel 8 Nr. 1 und 2 (für die Erbschaft- und Schenkungsteuer) jeweils den Vermerk im Urkundenverzeichnis an die Stelle des Vermerks auf der Urschrift setzt. Allerdings fehlt im derzeit vorliegenden Referentenentwurf eine entsprechende Regelung für die Anzeigepflicht nach § 54 EStDV, was hoffentlich im weiteren Gesetzgebungsverfahren noch behoben werden wird. 5

Nicht in die endgültige Fassung des § 9 NotAktVV übernommen wurden die noch im Entwurf enthaltenen Nummern 9 und 10. Diese sahen bei Urkunden, die im ZTR registriert sind (Nr. 9), bzw. bei Urkunden, die im ZVR registriert sind (Nr. 10), die **zwingende Aufnahme der mitgeteilten Registernummer** in das Urkundenverzeichnis vor.[3] Erst im Bundesratsverfahren wurden diese Regelungen gestrichen.[4] Eine freiwillige Eingabe dieser Informationen ist aber dennoch möglich (als Angabe im Sinne des § 17 Abs. 2 NotAktVV in den dafür in der Software des Elektronischen Urkundenarchivs vorgesehenen Eingabefeldern unter „Anzeigen/Registrierungen").[5] 6

§ 10 Ortsangabe

[1]Ist das Amtsgeschäft in der Geschäftsstelle vorgenommen worden, genügt als Ortsangabe die Angabe „Geschäftsstelle". [2]Andernfalls ist die genaue Bezeichnung des Ortes oder der Orte, an dem oder an denen das Amtsgeschäft vorgenommen wurde, einzutragen. [3]Hierbei ist soweit möglich die Anschrift anzugeben.

Literatur *Bremkamp*, Zum Ort der Urkundstätigkeit im Onlineverfahren und im gemischten Präsenz- und Onlineverfahren, RNotZ 2025, 139.

A. Regelungsursprung in der DONot a.F.; Regelungszweck

§ 10 NotAktVV betrifft die Angabe des Ortes des Amtsgeschäfts im Urkundenverzeichnis und stimmt im Wesentlichen mit der Vorläuferregelung in **§ 8 Abs. 4 DONot a.F.** überein. 1

Die Vorschrift ist im Zusammenhang zu den unterschiedlichen Vorgaben einer Urkundstätigkeit außerhalb der Geschäftsstelle zu sehen und bezweckt, der Aufsichtsbehörde die Überwachung von deren Einhaltung zu erleichtern. Für Zwecke der Aufsicht ist die rasche Erkennbarkeit des Ortes und auch der Anschrift der Vornahme des Amtsgeschäfts aus dem Urkundenverzeichnis unerlässlich: 2

– Die Amtstätigkeit des Notars ist in der Regel auf den **jeweiligen Amtsbereich** zu beschränken, **§ 10a Abs. 2 BNotO**. Im Ausnahmefall kann eine Tätigkeit außerhalb des Amtsbereichs aber durch berechtigte Interessen der Rechtssuchenden geboten sein. Hierzu enthalten sowohl die Richtlinienempfehlungen der Bundesnotarkammer (unter Ziffer IX Nr. 2 der Richtlinienempfehlungen der Bundes-

3 BR-Drucks 420/20 (neu), 7.
4 BR-Drucks 420/20 (Beschluss), dort Ziffer 2 lit. c).
5 *Püls/Gerlach*, NotAktVV und Elektronisches Urkundenarchiv, § 4 (Erläuterung zu § 9 NotAktVV).

notarkammer – RLE) als auch die Richtlinien der einzelnen Notarkammern jeweils einen – nicht abschließenden („insbesondere“) – Katalog an Regelbeispielen (vor allem Gefahr im Verzug, nach Entwurfsfertigung auftretende Hinderungsgründe, Vornahme einer nach § 21 GNotKG zu behandelnden Urkundstätigkeit sowie Bestehen einer besonderen Vertrauensbeziehung, welche sich konkret auch im vorzunehmenden Amtsgeschäft niederschlägt. Hinzukommen muss in der Regel, dass den Beteiligten ein Aufsuchen der Geschäftsstelle des Notars unzumutbar ist).[1] Eine (beabsichtigte) Beurkundung außerhalb des Amtsbereichs ist nach § 10a Abs. 4 BNotO (i.V.m. den jeweiligen landesrechtlichen Ausführungsbestimmungen) der Aufsichtsbehörde bzw. der Notarkammer unverzüglich und unter Angabe der Gründe anzuzeigen.
Nur in seltenen Ausnahmefällen gestattet sind nach Maßgabe des **§ 11 Abs. 2 BNotO** Beurkundungen **außerhalb des Amtsbezirks**. Das Gesetz selbst nennt als Voraussetzung entweder das Vorliegen von Gefahr im Verzug oder der Genehmigung der Aufsichtsbehörde. Für das Merkmal „Gefahr im Verzug“ genügt der drohende Eintritt eines Schadens (Schadensprognose) für sich genommen nicht. Erforderlich ist vielmehr auch, dass ein ortsnaher Notar nicht rechtzeitig zur Verfügung stünde (Unerreichbarkeitsprognose).
Beide Einschränkungen sichern die flächendeckende Versorgung mit notariellen Leistungen und die Verlässlichkeit der Notarstellenplanung auf der Grundlage der nach § 4 BNotO anzustellenden Bedürfnisprüfung.[2]

– Aus Ziffer IX Nr. 1 der RLE folgt ferner, dass der Notar auch innerhalb seines Amtsbereichs Amtsgeschäfte nicht völlig beliebig **außerhalb seiner Geschäftsstelle** vornehmen darf; die Zulässigkeit von Auswärtsbeurkundungen innerhalb des Amtsbereichs knüpfen die Richtlinienempfehlungen an das Vorliegen sachlicher Gründe.[3] Eine Amtstätigkeit außerhalb der Geschäftsstelle ist unter Berücksichtigung der hierzu ergangenen Rechtsprechung[4] im Wesentlichen dann als unzulässig anzusehen, wenn durch sie der **Anschein von amtswidriger Werbung** (§ 29 BNotO), der **Abhängigkeit oder Parteilichkeit** (§§ 14 Abs. 1 S. 2, Abs. 3 S. 2, 28 BNotO) entsteht oder der **Schutzzweck eines Beurkundungserfordernisses gefährdet** wird (vgl. Ziffer IX Nr. 1.2 RLE). Im Falle einer regelmäßigen Durchführung von Amtsgeschäften an einem bestimmten Ort außerhalb der Geschäftsstelle mag zudem der **Eindruck einer weiteren Geschäftsstelle oder eines auswärtigen Sprechtages** entstehen, wofür nach § 10 Abs. 4 S. 1, 2 BNotO indes die Genehmigung der Aufsichtsbehörde erforderlich ist. Die Richtlinienempfehlungen der Bundesnotarkammer beziehen sich deshalb nunmehr ausdrücklich auch auf diesen Fall (Ziffer IX Nr. 1.2 RLE).

Durch die genaue Eintragung des Ortes der jeweiligen Amtsgeschäfte des Notars im Urkundenverzeichnis lässt sich nachvollziehen, ob von einer zulässigen Auswärtstätigkeit oder von einem Verstoß gegen die vorgenannten Vorgaben auszugehen ist. Die NotAktVV lässt offen, wie dieser Zweck im Falle der Erstellung einer elektronischen Urkunde im Onlineverfahren nach §§ 16a bis 16e und § 40a BeurkG zu realisieren ist (dazu näher Rdn 5).

Schließlich wird darauf hingewiesen, dass die Angabe des Ortes im Urkundsverzeichnis die **ordnungsgemäße Erhebung der Auswärtsgebühren** nach Nr. 26002 und Nr. 26003 KV GNotKG ermögliche.[5]

B. Einzelheiten

3 Der Ort der Verhandlung soll gemäß § 9 Abs. 2 BeurkG auch in die Niederschrift selbst aufgenommen werden, wobei eine allgemeine Angabe, etwa der Gemeinde genügt (näher *Tebben*, § 9 BeurkG Rdn 60). Entsprechend seines Zwecks geht § 10 NotAktVV hinsichtlich des Detailgrades der in das Ur-

1 Darüber hinaus wird z.B. in Baden-Württemberg und Bayern der Aufenthalt eines Beteiligten mit Wohnsitz im Amtsbereich in einem Krankenhaus außerhalb des Amtsbereichs genannt (Ziff. IX Nr. 1 lit. e RLE), in Mecklenburg-Vorpommern die Vornahme von Nebengeschäften zu einer Beurkundung, wenn die Betreuung durch den Notar des Hauptgeschäfts zweckmäßig erscheint (Ziff. IX Nr. 2.1 lit. e RL).

2 Im Einzelnen Frenz/Miermeister/*Bremkamp*, BNotO, §§ 10a, 11 Rn 1 ff.

3 Richtlinienempfehlungen der Bundesnotarkammer v. 26.9.1999 (DNotZ 1999, 258), zuletzt geändert durch Beschl. v. 2.10.2020 (DNotZ 2020, 801).

4 BVerfG v. 9.8.2000 – 1 BvR 647/98, DNotZ 2000 787, 789 ff. mit Anm. *Eylmann*; ferner OLG Köln v. 20.6.2007 – 2 X (Not) 15/06, DNotZ 2008, 149.

5 BeckOK-BeurkG/*Echternach*, § 10 vor Rn 1.

kundenverzeichnis einzutragenden Ortsangabe über das Erfordernis des § 9 Abs. 2 BeurkG hinaus. Einzutragen ist – bei Vornahme des Amtsgeschäfts in der Geschäftsstelle – der Ort „**Geschäftsstelle**" (§ 10 S. 1 NotAktVV)[6] und – bei Auswärtsbeurkundungen – der **genau zu bezeichnende Ort**, an dem das Amtsgeschäft vorgenommen wird (§ 10 S. 2 NotAktVV). Die Anschrift ist soweit möglich anzugeben (§ 10 S. 3 NotAktVV). Verfügt der jeweilige Ort nicht über eine Anschrift, können auch andere Kennzeichnungsmerkmale (z.B. Flurstücke) und sonstige beschreibende Angaben verwendet werden.[7]

Hinweis: Bei größeren Anwesen sollen nach der Verordnungsbegründung gegebenenfalls weitere Angaben aufgenommen werden, um eine nähere Eingrenzung vornehmen zu können. Beispielhaft nennt die Begründung hier Altenheime oder Kliniken,[8] bei denen sich die zusätzliche Aufnahme von Station und Zimmernummer etc. empfehlen kann. Weitere Zusätze können etwa auch bei großen Gewerbeimmobilien, WEG-Anlagen oder Apartmenthäusern veranlasst sein.[9]

Gegenüber der Vorläuferregelung in § 8 Abs. 4 DONot a.F. ist neu, dass in S. 2 der einzutragende Ort nunmehr ausdrücklich auch im Plural genannt wird, um klarzustellen, dass bei verschiedenen Orten eines Amtsgeschäfts sämtliche Orte einzutragen sind.[10] Es kommt also nicht lediglich auf den Ort des Abschlusses der Amtshandlung an. Vielmehr sind **alle Orte aufzunehmen, an denen der Notar amtliche Wahrnehmungen macht**, die sodann in der betreffenden Urkunde niedergelegt werden.[11] 4

Beispiele:[12] (1) Der Notar beglaubigt mehrere Unterschriften in einer Urkunde, allerdings an verschiedenen Orten. Hier kommt es sowohl auf den jeweiligen Ort der Entgegennahme der einzelnen Unterschriften als auch auf die Unterzeichnung durch den Notar (= Vornahme im Sinne des § 8 Abs. 2 S. 1 NotAktVV, dazu *Püls/Hofmann*, § 8 NotAktVV Rdn 5) an.[13]

(2) Eine Hauptversammlung wird am Sitz der Aktiengesellschaft protokolliert, die Niederschrift sodann in der Geschäftsstelle abgeschlossen.

(3) Im Rahmen der Erstellung eines notariellen Nachlassverzeichnisses wird die Wohnung des Erblassers besichtigt. Die weiteren Feststellungen werden von der Geschäftsstelle des Notars aus getroffen, wo dieser das Nachlassverzeichnis auch unterschreibt.

Nicht in § 10 NotAktVV geregelt ist der Ort von seit dem 1.8.2022 im Wege der Videokommunikation im Rahmen der Online-Verfahren im Gesellschaftsrecht (§§ 16a ff., 40a BeurkG) vorgenommenen Amtsgeschäften. Diesbezüglich kann – im Grundsatz – jedoch auf die Regelungen im BeurkG zurückgegriffen werden. Ort der Amtshandlung ist nach § 16b Abs. 3 S. 1 BeurkG der Ort der Aufnahme der elektronischen Niederschrift. Dies meint den **Ort, an dem sich der Notar körperlich befindet**; die (unterschiedlichen) Aufenthaltsorte der Beteiligten sind nicht maßgeblich.[14] 5

Hinweis: Da der Notar die Online-Verfahren regelmäßig von seiner Geschäftsstelle aus durchführen wird,[15] dürfte in aller Regel nur die Geschäftsstelle als Ort des Amtsgeschäfts zu verzeichnen sein. Befindet sich der Notar während der beiden Teilakte einer jeden Urkundstätigkeit[16] ausnahmsweise 6

6 Heinemann/Trautrims/*Strauß*, Notarrecht, NotAktVV, § 10 Rn 2 weist zutreffend auf die entsprechende Anwendung von § 10 S. 1 NotAktVV im Falle eines genehmigten **Sprechtags** nach § 10 Abs. 4 S. 2 BNotO hin (dann Ort „Sprechtag"). Gleiches dürfte im Falle einer genehmigten **weiteren Geschäftsstelle** (§ 10 Abs. 4 S. 1 BNotO) gelten, wobei in diesem Fall neben dem Wort „Geschäftsstelle" zum Zwecke der eindeutigen Zuordnung zumindest noch die Bezeichnung der Gemeinde aufnehmen werden sollte.

7 Vgl. BR-Drucks 420/20 (neu), 39.

8 BR-Drucks 420/20 (neu), 39.

9 Beispiele auch bei Weingärtner/*Ulrich*, NotAktVV, § 10 Rn 3.

10 BR-Drucks 420/20 (neu), 39.

11 Heinemann/Trautrims/*Strauß*, Notarrecht, NotAktVV, § 10 Rn 3.

12 S. auch Heinemann/Trautrims/*Strauß*, Notarrecht, NotAktVV, § 10 Rn 3.

13 In diesem Sinne auch Heinemann/Trautrims/*Strauß*, Notarrecht, NotAktVV, § 10 Rn 3; anders offenbar Weingärtner/*Weingärtner/Ulrich*, DONot, § 8 Rn 11 (nur Ort der Entgegennahme, nicht aber Ort der Erstellung des Beglaubigungsvermerks entscheidend).

14 Heinemann/Trautrims/*Schmitt*, Notarrecht, BeurkG, § 16b Rn 12.

15 BeckOGK/*Rachlitz*, Stand: 1.8.2024, § 16b BeurkG Rn 54; *Forschner*, MittBayNot 2022, 536, 540; *Stelmaszczyk/Strauß*, GmbHR 2022, 833, 846.

16 D.h. Wahrnehmung von Tatsachen (z.B. Abgabe von Erklärungen, Geschehensabläufe, Anerkennung einer Unterschrift) einerseits, Niederlegung der Wahrnehmungen in der Urkunde (durch Anbringung von Unterschrift bzw. Signatur) andererseits, siehe dazu im Einzelnen *Bremkamp*, RNotZ 2025, 139 ff.

an unterschiedlichen Orten, findet die Urkundstätigkeit an jedem dieser Orte statt und ist jeder dieser Orte im UVZ zu vermerken.[17] Hierbei dürfte es sich um einen eher theoretischen Fall handeln.

Im Hinblick auf die Besonderheiten der Onlineverfahren im Gesellschaftsrecht hat der Gesetzgeber die beurkundungsrechtlichen Regelungen um berufsrechtliche Vorgaben ergänzt (§§ 10a Abs. 3, 11 Abs. 3 BNotO), welche in örtlicher Hinsicht einschränkende Anknüpfungspunkte enthalten, auch und gerade um das Amtsbereichsprinzip im Bereich der Onlineverfahren im Interesse einer verlässlichen Notarstellenplanung (§ 4 BNotO) zu wahren.[18] Nach §§ 10a Abs. 3, 11 Abs. 3 BNotO *gelten* Urkundstätigkeiten danach (nur dann) als im Amtsbereich bzw. im Amtsbezirk ausgeübt, wenn sich zumindest entweder der Sitz der Gesellschaft, der betroffenen Zweigniederlassung oder der Wohnsitz des Einzelkaufmanns (§ 10a Abs. 3 S. 1 Nr. 1, 2 BNotO), der Sitz bzw. Wohnsitz des organschaftlichen Vertreters (§ 10a Abs. 3 S. 1 Nr. 3 BNotO) oder aber der Sitz bzw. Wohnsitz eines aus dem Register ersichtlichen Gesellschafters (§ 10a Abs. 3 S. 1 Nr. 4 BNotO) innerhalb seines Amtsbereichs (Amtsbezirks) befindet. Um die Vereinbarkeit der mittels Videokommunikation vorgenommenen Amtsgeschäfte mit diesen Vorgaben und den daran anknüpfenden Mitteilungs- und Rechtfertigungspflichten (§§ 10a Abs. 2, 4, 11 Abs. 2 BNotO) prüfen zu können, müssen neben dem im Urkundenverzeichnis eingetragenen Ort des Amtsgeschäfts daher zusätzlich auch die Angaben zu den Beteiligten und zur betroffenen Gesellschaft, namentlich (Wohn-)Sitz (§ 12 Abs. 2 S. 1 Nr. 5, S. 3, 4, Abs. 5 NotAktVV) und (Geschäfts-)Anschrift (§ 12 Abs. 3 Nr. 1, Abs. 5 NotAktVV) sowie die in der Nebenakte vorhandenen Registerdokumente (insbesondere Registerauszug und Gesellschafterliste) in den Blick genommen werden.

Nach *Bremkamp* sollen die Vorgaben außerdem unmittelbar Auswirkungen auf den nach § 10 NotAktVV einzutragenden Ort des Amtsgeschäfts selbst haben. Bei Fehlen eines Anknüpfungspunktes im Sinne der §§ 10a Abs. 3, 11 Abs. 3 BNotO, und nur dann, sei im Urkundenverzeichnis zu vermerken, dass der Ort der Beurkundung nach § 10a Abs. 3 (bzw. § 11 Abs. 3 BNotO) als außerhalb des Amtsbereichs (bzw. Amtsbezirks) gilt.[19] Dies dürfte aus den von *Bremkamp* sehr detailliert aufgeführten und überzeugenden Gründen zulässig sein. Eine Verpflichtung hierzu lässt sich der NotAktVV indes derzeit[20] nicht entnehmen. § 10 S. 2, 3 NotAktVV verlangt gerade die *genaue* Bezeichnung des Orts – soweit möglich auch unter Angabe der Anschrift –, an dem das Amtsgeschäft vorgenommen wird. Diese Vorgabe wird durch die von *Bremkamp* vorgeschlagene „Fiktionseintragung" naturgemäß gerade nicht gewahrt. In Betracht kommt die Eintragung daher nur als – freiwillige – weitere Angabe nach § 17 Abs. 2 S. 1 NotAktVV, und zwar zusätzlich zur Angabe eines konkreten Ortes im Sinne des § 10 S. 2 NotAktVV (in der Regel „Geschäftsstelle"). Auch aus der von *Bremkamp* als Hauptargument angeführten effektiven Überprüfung von Amtsbereichs- bzw. Amtsbezirksüberschreitungen lässt sich eine Verpflichtung zur Eintragung nicht herleiten, weil die Kontrolle in diesen Fällen ohnehin stets eine ergänzende Hinzuziehung der Nebenakte erfordert und dadurch hinreichend gewahrt werden kann.

§ 11 Angaben zur Amtsperson

Zur Amtsperson sind anzugeben

1. **der Familienname,**
2. **der Vorname oder die Vornamen, soweit diese im Rahmen der amtlichen Tätigkeit üblicherweise verwendet werden, und**
3. **die Amtsbezeichnung.**

17 Zutreffend *Bremkamp*, RNotZ 2025, 139, 140 (für das Präsenzverfahren) und 142 (für das Onlineverfahren).

18 BR-Drucks 144/21, S. 118 ff. (zum DiRUG) sowie BR-Drucks 171/22, S. 14 ff. (zum DiREG). Vgl. zum Aspekt der Wahrung des Amtsbereichs- und Amtsbezirksprinzips auch *Bremkamp*, RNotZ 2025, 139, 141.

19 *Bremkamp*, RNotZ 2025, 139, 142.

20 Zu begrüßen ist aber insoweit grundsätzlich der von *Bremkamp*, RNotZ 2025, 139, 143 unterbreitete Regelungsvorschlag.

A. Allgemeines

Für die gemäß § 11 NotAktVV bei jeder Urkunde gesondert im Urkundenverzeichnis zu erfassende Angabe zur Amtsperson gab es in der Urkundenrolle nach früherem Recht keine Entsprechung. Nach § 33 Abs. 5 S. 1 DONot a.F. mussten lediglich Beginn und Ende der Notariatsverwaltung und der Notarvertretung in der Urkundenrolle vermerkt werden. Diese Funktion übernimmt nunmehr die Eintragung der Amtsperson nach § 11 NotAktVV. Aufgrund der Regelung ist seit dem 1.1.2022 aus jeder einzelnen Eintragung im Urkundenverzeichnis stets ohne weiteres ersichtlich, wer die konkrete Amtshandlung vorgenommen hat, und zwar unabhängig von der Reihenfolge ihrer Erfassung unter dem jeweiligen Datum. Die nach § 33 Abs. 5 S. 1 DONot a.F. früher vorgesehene Eintragung von Vertretungszeiträumen in der Urkundenrolle konnte mit Einführung des Urkundenverzeichnisses daher entfallen. Auch Vertretungszeiträume ohne Beurkundungen müssen nicht mehr angegeben werden (§ 33 Abs. 5 S. 2 DONot a.F.). 1

B. Einzelheiten

Die Amtsperson ist mit den in § 11 NotAktVV genannten Angaben zu erfassen. Vornamen sind jedoch nach Nr. 2 der Vorschrift nur einzutragen, soweit sie im Rahmen der amtlichen Tätigkeit üblicherweise verwendet werden. Bei mehreren Vornamen sind daher die nicht geführten Vornamen wegzulassen. Eine vergleichbare Regelung enthält § 2 Abs. 3 NotVPV für die Eintragung der Amtsperson im Notarverzeichnis, was eine Übereinstimmung der entsprechenden Angaben im Notarverzeichnis und im Urkundenverzeichnis sicherstellt.[1] 2

Das in der Basisanwendung XNP der Bundesnotarkammer geführte Urkundenverzeichnis greift im Hintergrund auf das Notarverzeichnis (§ 78l BNotO, §§ 1 ff. NotVPV) in Form eines Abgleichs mit den dort hinterlegten Daten zu, so dass Amtstätigkeiten (Notar, Notariatsverwaltung, Notarvertretung) bei der Eingabe im Urkundenverzeichnis nur dann ausgewählt werden können, wenn diese auch als solche im Notarverzeichnis hinterlegt sind. Namentlich im Falle von Notarvertretungen kann eine automatische Auswahl nur erfolgen, wenn der Notarvertreter (§ 5 NotVPV) zuvor auf der Grundlage der Vertreterbestellung durch den Präsidenten des Landgerichts für den jeweiligen Vertretungszeitraum durch die örtliche Notarkammer in das Notarverzeichnis eingepflegt wurde. Anderenfalls wird eine Fehlermeldung ausgegeben. Eine manuelle Eingabe der Vertretungsperson ist aber möglich, um im Ausnahmefall Eintragungen dennoch vornehmen zu können. 3

§ 12 Angabe der Beteiligten

(1) [1]Als Beteiligte sind einzutragen

1. **bei Niederschriften nach § 8 Absatz 1 des Beurkundungsgesetzes und elektronischen Niederschriften nach § 8 Absatz 2 und § 16b des Beurkundungsgesetzes die Erschienenen, deren Erklärungen beurkundet worden sind,**
2. **bei Beglaubigungen (§§ 39 bis 41 des Beurkundungsgesetzes) diejenigen, welche die Unterschrift, die qualifizierte elektronische Signatur, das Handzeichen oder die Zeichnung vollzogen oder anerkannt haben,**
3. **bei Vollstreckbarerklärungen (§ 796c Absatz 1 und § 1053 Absatz 4 der Zivilprozessordnung) die Parteien,**
4. **bei Amtshandlungen nach § 96 Absatz 3 Satz 1 und Absatz 5 Satz 2, § 98 Absatz 2 Satz 1 und § 99 Satz 1 des Sachenrechtsbereinigungsgesetzes die Beteiligten im Sinne des Sachenrechtsbereinigungsgesetzes,**
5. **bei allen übrigen Beurkundungen (§§ 36, 39, 39a und 43 des Beurkundungsgesetzes) diejenigen, welche die Beurkundung veranlasst haben.**

1 BR-Drucks 420/20 (neu), 39.

[2]Sind mehr als 20 Beteiligte einzutragen, genügt auch eine zusammenfassende Bezeichnung, es sei denn, dass die Beteiligten in den Fällen der §§ 8 oder 16b des Beurkundungsgesetzes Erklärungen zur Niederschrift abgegeben haben.

(2) [1]Zu den Beteiligten sind anzugeben

1. der Vorname oder die Vornamen,

2. der Familienname,

3. der Geburtsname, wenn dieser nicht der Familienname ist,

4. das Geburtsdatum und

5. der Wohnort.

[2]Sofern dies zur Unterscheidung der Beteiligten erforderlich ist, sind weitere Angaben aufzunehmen. [3]Haben Beteiligte in Vertretung für eine andere Person gehandelt und wurde dabei in eine Niederschrift oder elektronische Niederschrift statt des Wohnorts eines Beteiligten ein Dienst- oder Geschäftsort aufgenommen, so tritt dieser auch im Urkundenverzeichnis an die Stelle des Wohnorts. [4]Bei Beteiligten, die keine natürlichen Personen sind, sind statt der in Satz 1 genannten Angaben ihr Name und ihr Sitz anzugeben.

(3) Zu den Beteiligten kann angegeben werden

1. die Anschrift,

2. die steuerliche Identifikationsnummer,

3. die Wirtschafts-Identifikationsnummer und

4. die Registernummer.

(4) [1]Haben Beteiligte in Vertretung für eine andere Person gehandelt, sind neben den Beteiligten auch die vertretenen Personen aufzuführen. [2]Absatz 2 Satz 1, 2 und 4 und Absatz 3 gelten insoweit entsprechend. [3]Sind mehr als 20 vertretene Personen aufzuführen, genügt auch eine zusammenfassende Bezeichnung. [4]Vertretende und vertretene Personen sollen jeweils als solche gekennzeichnet werden.

(5) [1]In gesellschaftsrechtlichen Angelegenheiten ist die Gesellschaft auch dann einzutragen, wenn sie nicht Beteiligte ist. [2]Absatz 2 Satz 4 und Absatz 3 gelten entsprechend.

A. Allgemeines

I. Regelungsgegenstand und -zweck

1 § 12 NotAktVV regelt, welche Personen bei den nach § 7 Abs. 1 NotAktVV einzutragenden Amtsgeschäften als **Urkundsbeteiligte** im Urkundenverzeichnis zu erfassen sind und welche dazugehörigen persönlichen Daten angegeben werden müssen bzw. können. Hinsichtlich ihres Regelungsgegenstandes und ihres wesentlichen Inhalts entspricht die Vorschrift damit der früheren Bestimmung des **§ 8 Abs. 5 DONot a.F.** Die Norm wurde aber insgesamt übersichtlicher gestaltet, teilweise modifiziert und um einige wenige Neuerungen ergänzt. Neu ist insbesondere die Differenzierung zwischen Pflichtangaben (Abs. 2) und fakultativen Angaben (Abs. 3) zu den Beteiligten.

Hinweis: Korrespondierend regelt § 5 DONot (§ 26 Abs. 2 DONot a.F.), welche Angaben der Notar zur Bezeichnung der Beteiligten in die Niederschrift oder sonstige Urkunde aufzunehmen hat. Aus § 5 Abs. 2 DONot lässt sich nunmehr schlussfolgern, dass neben den formell Beteiligten auch die materiell urkundsbeteiligten Personen in der Niederschrift anzugeben sind.[1] Die in die Urkunde aufzunehmenden Angaben zu den Beteiligten wurden dabei hinsichtlich des „Namens“ sowie der „Wohnung“ präzisiert und zwischen § 5 DONot und § 12 NotAktVV insgesamt ein weitgehender Gleichlauf hergestellt (vgl. auch Abs. 2 S. 3).[2] Zur Verbesserung des Datenschutzes bei zu öffentlichen Registern einzureichenden Urkunden wurden die Bestimmungen der DONot im Jahr 2023 ergänzt (vgl. § 5 Abs. 1 S. 4 und § 5a DONot n.F.), um für Notarinnen und Notare eine Grundlage für eine datensparsamere Handhabung zu schaffen. Im Hinblick auf die Eintragung im UVZ ergibt sich hieraus kein Handlungsbedarf, weil die Wohnanschrift nach § 12 Abs. 3 Nr. 1 NotAktVV lediglich zu den „Kann“-Eintragungen gehört und im Übrigen – selbst bei Erfassung von Wohnanschriften im UVZ – die Eintragungen nicht für die Öffentlichkeit bestimmt sind. Regelmäßig wird eine Eintragung von Angaben aber unterbleiben, soweit diese auch nicht in die Urkunde aufgenommen werden, um dem Gleichlauf von Urkunde und Urkundenverzeichnis Rechnung zu tragen.

Wie die meisten Vorschriften im 2. Abschnitt der NotAktVV dient § 12 NotAktVV (auch) **Zwecken der Aufsicht**, wobei die strukturierte Erfassung der Beteiligtendaten insbesondere für die Prüfung der Einhaltung von absoluten (§§ 6 f. BeurkG) und relativen (§ 3 BeurkG) Ausschließungsgründen des Notars, des Beurkundungsverhaltens mit Vertretern (vgl. etwa § 17 Abs. 2a S. 2 Nr. 1 BeurkG)[3] sowie für die Prüfung der Anknüpfungspunkte im Falle der Videobeurkundung im Gesellschaftsrecht nach §§ 10a Abs. 3, 11 Abs. 3 BNotO von Bedeutung ist. Zu diesem Zweck kann die Aufsichtsbehörde nach § 17 Abs. 3 DONot eine Beteiligtenübersicht[4] beim Notar anfordern, für deren Erstellung die Eintragungen im Urkundenverzeichnis die Grundlage bilden. Daneben wird das **Auffinden von Eintragungen und Vorgängen**, bei denen nur die Beteiligten bekannt sind, durch den Notar selbst wesentlich erleichtert.[5] 2

II. Systematik

Abs. 1 S. 1 listet ausgehend von den nach § 7 Abs. 1 NotAktVV eintragungspflichtigen Amtsgeschäften diejenigen Personen auf, die bei den jeweiligen Amtshandlungen als Beteiligte einzutragen sind (Rdn 8 ff.). § 12 Abs. 1 S. 2 NotAktVV ermöglicht wie vormals § 8 Abs. 5 S. 3 DONot a.F., mehrere Beteiligte unter einer Sammelbezeichnung einzutragen, wobei das Gebrauchmachen von dieser Möglichkeit nunmehr eine Anzahl von mehr als 20 Beteiligten voraussetzt (Rdn 15 ff.). 3

Abs. 2 S. 1 überträgt die zu den Beteiligten zu erfassenden Pflichtangaben (vormals § 8 Abs. 5 S. 2 DONot a.F.) mit geringfügigen Modifikationen in die Verordnung. Neu ist, dass nunmehr zwingend auch Vorname(n) und Geburtsdatum einzutragen sind (Rdn 18). Nach Abs. 2 S. 2 sind über Abs. 1 S. 1 hinaus unter Umständen weitere Angaben aufzunehmen, wenn und soweit dies zur Unterscheidung der Beteiligten erforderlich ist. 4

Erstmals benennt § 12 NotAktVV in Abs. 3 weitere Angaben zu den Beteiligten, die fakultativ in das Urkundenverzeichnis eingetragen werden können, aber nicht müssen (Rdn 21 f.). 5

Abs. 4 S. 1 bezieht sich – wie schon § 8 Abs. 5 S. 4 DONot a.F. – auf Vertretungsfälle und stellt klar, dass neben dem Vertreter (als formell Beteiligtem) auch die vertretene Person (als materiell an dem Urkundsgeschäft beteiligte Person) in das Urkundenverzeichnis einzutragen ist. Nach der neu eingefügten Bestimmung des Abs. 4 S. 4 sollen demnach Vertreterinnen und Vertreter einerseits und die Vertretenen andererseits gesondert gekennzeichnet werden (Rdn 24). 6

Abs. 5 S. 1 befasst sich wie schon bislang § 8 Abs. 5 S. 4 Hs. 2 DONot mit den in gesellschaftsrechtlichen Angelegenheiten vorzunehmenden Eintragungen namentlich in Bezug auf die Gesellschaft, selbst wenn diese nicht als Beteiligte anzusehen ist. Abs. 5 S. 2 präzisiert die obligatorisch und fakultativ zur Gesellschaft einzutragenden Angaben (Rdn 29 ff.). 7

1 Anders zu § 26 Abs. 2 DONot a.F. bislang etwa BeckOK-BeurkG/*Bremkamp*, § 10 Rn 17 f.; 92 f., sowie DONot, § 26 Rn 1 im Kontext zum Beteiligtenbegriff des § 10 BeurkG.

2 Dazu Heinemann/Trautrims/*Strauß*, Notarrecht, NotAktVV, § 12 Rn 2.

3 Heinemann/Trautrims/*Strauß*, Notarrecht, NotAktVV, § 12 Rn 1.

4 Entspricht dem früheren und nunmehr abgeschafften Namensverzeichnis nach §§ 5 Abs. 1 S. 1 Nr. 6 und 13 DONot a.F.

5 BeckOK-BNotO/*Bracker*, DONot, § 13 Rn 1.

B. Einzelheiten

I. Beteiligte (Abs. 1)

1. Formell Beteiligte

8 Bei der **Beurkundung von Willenserklärungen** (§ 8 Abs. 1 und 2 BeurkG), denen aufgrund der Verweisung in § 38 Abs. 1 BeurkG auch **Eide und eidesstattliche Versicherungen** (§ 38 BeurkG) gleich zu behandeln sind, sind als Beteiligte nach Abs. 1 S. 1 Nr. 1 – in Übereinstimmung zu § 6 Abs. 2 BeurkG – zunächst die Erschienenen einzutragen, die im Rahmen der Beurkundung selbst eine Erklärung abgegeben haben, ohne Rücksicht darauf, ob dies in eigenem oder in fremdem Namen erfolgte. Maßgeblich ist hierfür, wer bei der Beurkundung gehandelt hat. Abs. 1 S. 1 Nr. 1 geht somit zunächst von dem – engen – formellen Beteiligtenbegriff aus, sodass in Fällen der Stellvertretung die anwesenden gesetzlichen, organschaftlichen oder rechtsgeschäftlichen Vertreter aufzunehmen sind. Die Vorschrift ist aber im Zusammenhang zu Abs. 4 zu sehen, der die einzutragenden Beteiligten in Fällen der Stellvertretung um die Vertretenen als materielle Beteiligte erweitert (näher mit Einzelfällen Rdn 26 ff.).

9 Im Ergebnis spielt die beurkundungsrechtliche Differenzierung zwischen formell und materiell Beteiligten damit für das Urkundenverzeichnis praktisch keine entscheidende Rolle.[6] Zur Erfüllung der mit der Bestimmung verfolgten Zwecke (Rdn 2) ist die Erfassung beider Formen der Beteiligung unabdingbar. Dementsprechend unterscheidet auch die Eingabemaske in der XNP-Software des Elektronischen Urkundenarchivs nicht weiter zwischen formeller und materieller Beteiligung. Wegen Abs. 4 S. 4 muss in Fällen der Stellvertretung neben den Daten des Beteiligten lediglich die jeweilige Rolle gekennzeichnet werden, wofür die Software mehrere Checkboxen („Vertreter/in", „Vertretene/r" bzw. „im eigenen Namen") vorsieht, wobei die Checkboxen auch kumulativ ausgewählt werden können.

10 Handelt es sich bei dem einzutragenden Amtsgeschäft um eine **Unterschrifts- oder Signaturbeglaubigung** nach §§ 39 bis 41 BeurkG, sind als Beteiligte diejenigen Personen zu erfassen, die die Unterschrift (bzw. die elektronische Unterschrift, die qualifizierte elektronische Signatur, das Handzeichen oder die Zeichnung) vollzogen oder anerkannt haben, Abs. 1 S. 1 Nr. 2. Der Vorschrift liegt insoweit ebenfalls der formelle Beteiligtenbegriff zugrunde. Auch hier ist wiederum Abs. 4 zu beachten.

2. Sonstige Beteiligte

11 Die weiteren Fällen des Abs. 1 S. 1 Nr. 3 bis 5 lassen sich demgegenüber nicht sinnvoll einheitlich kategorisieren und insbesondere nicht den Kategorien der formellen oder materiellen Beteiligung zuordnen.[7]

12 Bei **Vollstreckbarkeitserklärungen** von Anwalts- und Schiedsvergleichen nach §§ 796c Abs. 1, 1053 Abs. 4 ZPO sind nach Abs. 1 S. 1 Nr. 3 die Parteien anzugeben, nicht aber deren Prozessvertreter.[8]

13 Soweit bestimmte **Amtshandlungen im Vermittlungsverfahren nach SachenRBerG** (§ 96 Abs. 3 S. 1, Abs. 5 S. 2, § 98 Abs. 2 S. 1 und § 99 S. 1 SachenRBerG) betroffen sind, ist auf den Beteiligtenbegriff des SachenRBerG abzustellen. Einzutragen sind somit Grundstückseigentümer und Nutzer (siehe die Legaldefinition in § 96 Abs. 1 SachenRBerG).

14 Bei allen **sonstigen Urkunden, die keine Willenserklärungen enthalten**, also insbesondere Niederschriften nach § 36 BeurkG (*Püls/Hofmann*, § 7 NotAktVV Rdn 13) sowie sonstigen einfachen Vermerkurkunden im Sinne der §§ 39, 39a und 43 BeurkG, sind diejenigen Personen als Beteiligte einzutragen, welche die Beurkundung veranlasst haben (Abs. 1 S. 1 Nr. 5).

> **Beispiel:** Bei der Beurkundung von Versammlungsbeschlüssen (ohne Willenserklärung) hat dies zur Folge, dass nur die jeweilige Gesellschaft (mit Namen und Sitz, Abs. 2 S. 4), nicht aber die für diese handelnden Organe oder gar sämtliche Gesellschafter einzutragen sind.[9]

6 BeckOK-BeurkG/*Echternach*, NotAktVV, vor § 12.
7 S. etwa auch Heinemann/Trautrims/*Strauß*, Notarrecht, NotAktVV, § 12 Rn 4.
8 Armbrüster/Preuß/Renner/*Eickelberg*, 8. Aufl., DONot, § 8 Rn 24. A.A. Frenz/Miermeister/*von Campe*, DONot, § 8 Rn 22.
9 Beck'sches Notar-Hdb/*Püls*, § 34 Rn 111; Armbrüster/Preuß/Renner/*Eickelberg*, 8. Aufl., DONot, § 8 Rn 26. Anders dagegen beispielsweise bei GmbH-Gründungen oder Handelsregisteranmeldungen (dazu noch Rdn 29).

3. Zusammenfassende Bezeichnung

Nach Abs. 1 S. 2 genügt bei **mehr als 20 Beteiligten** die Eintragung einer zusammenfassenden Bezeichnung. Diese Möglichkeit lässt freilich die Pflicht unberührt, die Beteiligten in der Urkunde selbst einzeln und vollständig aufzuführen.[10] Die Vorschrift geht auf § 8 Abs. 5 S. 3 DONot a.F. zurück, erhöht die Schwelle für die Anwendbarkeit allerdings von mindestens elf auf 21 Beteiligte. Hintergrund hierfür ist, dass selbst bei einer Vielzahl von Beteiligten wegen der elektronischen Führung des Urkundenverzeichnisses keine Beeinträchtigung der Übersichtlichkeit mehr auftreten kann. Abs. 1 S. 2 verfolgt damit jetzt in erster Linie den Zweck, dem Notar bei der Erfassung der Beteiligten im Urkundenverzeichnis unverhältnismäßigen Aufwand zu ersparen.[11] 15

Nach der erkennbaren Intention des Verordnungsgebers[12] sollte von der Möglichkeit der zusammenfassenden Bezeichnung der Beteiligten – ihre Zulässigkeit vorausgesetzt – **grundsätzlich zurückhaltend** und nur in Fällen Gebrauch gemacht werden, in denen der Aufwand für die Eingabe sämtlicher Beteiligter unverhältnismäßig und die Eintragung ohne erkennbaren Nutzen wäre.[13] Hierbei ist zu vergegenwärtigen, dass bei einer Sammeleintragung zu einem späteren Zeitpunkt nicht auf die sonst zu jedem Eintrag im Urkundenverzeichnis erzeugten Strukturdaten zurückgegriffen werden kann. 16

Beispiel: Als typischer Anwendungsfall der Regelung wird die Beglaubigung von Handelsregisteranmeldungen bei großen Publikums-Kommanditgesellschaften genannt.[14]

Ausgeschlossen ist eine Zusammenfassung nach Abs. 1 S. 2 (nicht aber die Zusammenfassung von mehr als 20 vertretenen Personen nach Abs. 4 S. 3, dazu Rdn 25), **soweit Beteiligte im Rahmen von Beurkundungen im Sinne des S. 1 Nr. 1 eigene Willenserklärungen zur** (papierförmigen oder elektronischen) **Niederschrift abgegeben haben**. In diesen Fällen überwiegt das Interesse an der strukturierten Erfassung der einzelnen Beteiligten (etwa zum Zwecke der Überprüfung der Mitwirkungsverbote). Ohnehin dürfte es sich hierbei nur um Ausnahmefälle handeln. 17

II. Pflichtangaben (Abs. 2)

Wie bislang sind zu den Beteiligten der **Familienname**, ggf. der **Geburtsname** und der **Wohnort** bzw. – bei Beteiligten, die keine natürlichen Personen sind – ihr Name und Sitz anzugeben (vgl. § 8 Abs. 5 S. 2 DONot a.F.; jetzt Abs. 2 S. 1 Nr. 2, 3, 5 und S. 4). Als zusätzliche verpflichtende Angaben sind in Abs. 2 S. 1 für natürliche Personen nunmehr der oder die **Vorname(n)** (Nr. 1) sowie das **Geburtsdatum** (Nr. 4) vorgesehen. Alle vorgenannten Angaben in ihrer Summe ermöglichen regelmäßig eine verlässliche, sichere Identifizierbarkeit der Beteiligten anhand des Urkundenverzeichnisses ohne Rückgriff auf die Urkunde selbst,[15] die aber parallel hierzu nach § 5 DONot (vormals § 26 Abs. 2 DONot a.F.) entsprechende Angaben zu enthalten hat. 18

Besitzt ein Beteiligter mehrere Vornamen, steht es im pflichtgemäßen Ermessen des Notars zu entscheiden, wie viele davon er im Interesse einer hinreichenden Unterscheidung in das Urkundenverzeichnis einträgt.

Da nach § 10 Abs. 2 S. 2 Nr. 2 des Gesetzes über die Selbstbestimmung in Bezug auf den Geschlechtseintrag (SBGG)[16] nach dem Beurkundungsgesetz errichtete Dokumente, namentlich also notarielle Urkunden, nicht neu ausgestellt werden müssen (und dementsprechend auch nicht neu ausgestellt werden dürfen, vgl. § 267 Abs. 1 Var. 2 StGB), verbietet sich auch eine nachträgliche Änderung der Angaben in dem zur Urkunde gehörenden Urkundenverzeichniseintrag.

Zulässig ist nach Abs. 1 S. 2 (wie schon nach § 8 Abs. 5 S. 2 a.E. DONot a.F.) die **Aufnahme weiterer Angaben**, soweit dies zur Unterscheidung der Beteiligten erforderlich ist. Weitere kennzeichnende An- 19

10 Heinemann/Trautrims/*Strauß*, Notarrecht, NotAktVV, § 12 Rn 5 a.E.
11 Vgl. BR-Drucks 420/20 (neu), 40.
12 BR-Drucks 420/20 (neu), 40.
13 Weingärtner/*Ulrich*, NotAktVV, § 12 Rn 3.
14 BR-Drucks 420/20 (neu), 40.
15 BR-Drucks 420/20 (neu), 40.
16 Gesetz vom 19.6.2024, BGBl I 2024, Nr. 206; Begründung zu BT-Drucks 20/11004, S. 35.

gaben könnten etwa der Geburtsort oder die Wohnanschrift[17] sein. Die Notwendigkeit weiterer Zusätze dürfte sich aufgrund des erweiterten Katalogs der Pflichtangaben nur auf seltene Ausnahmefälle beschränken.

20 Abs. 2 S. 3 überträgt schließlich die bislang ausdrücklich nur für Niederschriften geltende Regelung zur Angabe einer **Dienst- oder Geschäftsanschrift** anstelle des Wohnortes und der Wohnung (vgl. § 5 Abs. 1 S. 5 DONot; vormals § 26 Abs. 2 S. DONot a.F.) auf die Eintragungsmodalitäten für das Urkundenverzeichnis. Für die Urkundenrolle fehlte es in § 8 Abs. 5 DONot a.F. an einer entsprechenden Regelung.[18] Durch die Anpassung besteht jetzt ein sinnvoller Gleichlauf zwischen den Angaben in der Niederschrift und im Urkundenverzeichnis, so dass einheitlich entweder der Wohnort oder aber die Dienst- oder Geschäftsanschrift anzugeben sind.

III. Fakultative Angaben (Abs. 3)

21 Nach pflichtgemäßem Ermessen kann der Notar nach Abs. 3 weitere Angaben im Urkundenverzeichnis eintragen. Der entsprechende **Katalog** der freiwillig zu erfassenden Daten ist **abschließend**; darüberhinausgehende Angaben dürfen mithin nicht aufgenommen werden.

22 Im Einzelnen können angegeben werden:

– über den Ort im Sinne der politischen Gemeinde hinaus – die **Anschrift** (Nr. 1)
  Diese Möglichkeit besteht auch in den Fällen, in denen zum Schutz gefährdeter Beteiligter oder ihrer Haushaltsangehörigen (§ 5 Abs. 1 S. 3 DONot) sowie in denen eine Übermittlung der Urkunde an ein öffentliches Register erfolgt (§ 5 Abs. 1 S. 4 DONot), von der Angabe der Anschrift in der Urkunde selbst abzusehen ist bzw. abgesehen werden kann. Das Urkundenverzeichnis ist für Dritte nicht einsehbar.
– die **steuerliche Identifikationsnummer** (Nr. 2) bzw. die **Wirtschafts-Identifikationsnummer** (Nr. 3)
  Die Aufnahme dieser steuerlichen Identifikationsmerkmale soll etwa dann in Betracht kommen, wenn die Daten für Mitteilungen und Anträge gegenüber Behörden genutzt werden sollen, bei denen die Angabe der steuerlichen Identifikationsmerkmale verpflichtend sind.[19]
– bei juristischen Personen: die **Registernummer** im Handelsregister oder einem anderen staatlichen Register (Nr. 4).
  Die Angabe ist sinnvoll und erleichtert – gerade auch in Verbindung mit Abs. 5 – das Auffinden von Vorgängen, an denen eine bestimmte Gesellschaft beteiligt ist.

IV. Vertretungsfälle (Abs. 4)

23 Nach Abs. 4 S. 1 sind in Fällen der Stellvertretung nicht nur die Vertreter als formell Beteiligte selbst, sondern auch die **Vertretenen als (rein) materiell Beteiligte** mit den entsprechenden Pflichtangaben sowie ggf. fakultativen Angaben (s. Verweis in Abs. 4 S. 2) in das Urkundenverzeichnis **einzutragen**. Auf die Art der Vertretung kommt es hierbei nicht an. Die Vorschrift gilt gleichermaßen für die gesetzliche, organschaftliche und die rechtsgeschäftliche einschließlich der vollmachtlosen Vertretung.[20]

24 **Hinweis:** Die **Rolle** als „Vertretene/r" ist dabei wie auch diejenige des Vertreters **gesondert zu kennzeichnen** (Abs. 4 S. 4). Nicht erforderlich und derzeit technisch nicht vorgesehen ist eine Zuordnung des Vertreters zu dem jeweils durch ihn Vertretenen.[21] Handelt ein Beteiligter sowohl im eige-

17 Ist die Angabe der Anschrift zur Unterscheidbarkeit erforderlich, ist diese Angabe bereits nach § 12 Abs. 2 S. 2 NotAktVV zu erfassen. Die Vorschrift geht § 12 Abs. 3 Nr. 1 NotAktVV vor. Vgl. Weingärtner/*Ulrich*, NotAktVV, § 12 Rn 10.

18 Teilweise wurde die Aufnahme des Dienst- oder Geschäftsorts anstelle des Wohnorts schon bislang für zulässig erachtet, s. etwa Armbrüster/Preuß/Renner/*Eickelberg*, 8. Aufl. DONot, § 8 Rn 31; Frenz/Miermeister/*von Campe*, DONot, § 8 Rn 27.

19 BR-Drucks 420/20 (neu), 41. Kritisch insbesondere zu dieser Angabe unter Hinweis auf die Möglichkeit der Aufbewahrung der entsprechenden Informationen in der Nebenakte Weingärtner/*Ulrich*, NotAktVV, § 12 Rn 11.

20 BR-Drucks 420/20 (neu), 41; Heinemann/Trautrims/*Strauß*, Notarrecht, NotAktVV, § 12 Rn 8.

21 S. auch BeckOK-BeurkG/*Echternach*, NotAktVV, § 12 Rn 7.

nen Namen als auch im Namen einer anderen Person, ist dieser deswegen aber nicht doppelt im Urkundenverzeichnis zu erfassen. Da die Differenzierung zwischen formell und materiell Beteiligten durch die technische Umsetzung im Urkundenverzeichnis nicht streng nachgezeichnet wird (s. auch schon Rdn 9), genügt die einmalige Erfassung als Beteiligter. Wegen Abs. 4 S. 4 ist zudem die Vertreterrolle zu kennzeichnen.

Mehr als 20 vertretene Personen dürfen mit einer **zusammenfassenden Bezeichnung** erfasst werden, wobei die Rückausnahme für Beurkundungen nach §§ 8 Abs. 1 und 2, 16b BeurkG hier nicht gilt.[22] Da eine Vertretung bei der Abgabe von Willenserklärungen erfolgt, bilden die Fälle des Abs. 1 S. 1 Nr. 1 neben den Fällen der Beglaubigung (Abs. 1 S. 1 Nr. 2) in der Praxis den Hauptanwendungsfall des Abs. 4. Nach der Begründung zur Änderungsverordnung trägt die Annahme, dass in einem Beurkundungsverfahren in der Regel nur wenige Beteiligte vor der Notarin oder dem Notar erscheinen, in diesen Fällen von vornherein nicht. Vertretene Personen erscheinen gerade nicht zum Beurkundungsvorgang.[23] *Strauß*[24] will die Vorschrift aber insoweit einschränken, als eine Zusammenfassung nur zulässig sein soll, sofern ein einziger Vertreter mehr als 20 Personen vertritt. Würden danach zwar mehr als 20 Personen vertreten, vertrete aber kein Vertreter mehr als 20 Personen, erscheine eine zusammenfassende Bezeichnung unangemessen. Dies überzeugt m.E. nicht. Einerseits findet eine solche Einschränkung im Wortlaut der Vorschrift keine Stütze. Andererseits wollte der Verordnungsgeber gerade in Fällen mit einer großen Anzahl von vertretenen Personen die damit einhergehenden, nicht unerheblichen Belastungen für die Praxis verhindern. Hierfür spielt es indes keine Rolle, ob die Vertretenen gebündelt durch eine Person oder aber durch mehrere Personen vertreten werden. Im Urkundenverzeichnis erfolgt zudem ohnehin keine Zuordnung der vertretenen Personen zu einem Vertreter.

Bei **gestuften Vertretungsverhältnissen** dürften – entgegen der bislang wohl h.M.[25] – im Hinblick auf den Zweck des § 12 NotAktVV, das Bestehen von Mitwirkungsverboten feststellen und prüfen zu können, unabhängig von der aus materiell-rechtlicher Sicht dogmatisch jeweils „richtigen“ Konstruktion als „Durchgangsvertretung“ oder „Direktvertretung“,[26] immer alle Vertreter in der Kette sowie der Vertretene einzutragen sein.[27] 25

Während im Falle der Abgabe von Erklärungen (ausschließlich) im eigenen Namen formelle und materielle Beteiligung grundsätzlich zusammenfallen, bestehen jedoch Besonderheiten bei **Parteien kraft Amtes** (z.B. Insolvenzverwalter, Testamentsvollstrecker, Nachlassverwalter). Diese handeln zwar ebenfalls nur im eigenen Namen und gerade nicht als Vertreter. Auch hier spricht das Bestehen möglicher Mitwirkungsverbote im Hinblick auf den jeweiligen Vermögensinhaber, dessen Rechte und Pflichten durch das Handeln der Partei kraft Amtes unmittelbar betroffen werden, für eine Erfassung auch des Vermögensinhabers als Beteiligten im Urkundenverzeichnis (Rolle „Vertretene/r“; Partei kraft Amtes: „Vertreter/in“).[28] Die praktische Handhabung im Urkundenverzeichnis weicht damit von der materiell-rechtlichen Lage ab. 26

Sofern dem Notar eine **mittelbare Stellvertretung** bekannt ist, dürfte das Bestehen möglicher Mitwirkungsverbote schließlich auch hier für eine Erfassung des „mittelbar Vertretenen“ sprechen.[29] 27

22 Dies wurde erst durch die ÄndVO v. 17.12.2021, BGBl I, 5219 (dort Art. 1 Nr. 3) geändert.
23 BR-Drucks 774/21, 28.
24 Heinemann/Trautrims/*Strauß*, Notarrecht, NotAktVV, § 12 Rn 8.
25 Frenz/Miermeister/*von Campe*, DONot, § 8 Rn 22; Armbrüster/Preuß/Renner/*Eickelberg*, 8. Aufl., DONot, § 8 Rn 22; Beck-NotHdb/*Püls*, § 34 Rn 111; BeckOK-BeurkG/*Soester*, DONot, § 8 Rn 11.
26 Während im Falle rechtsgeschäftlicher (Unter-)Bevollmächtigung üblicherweise von einer „Direktvertretung“ des Geschäftsherrn durch den Unterbevollmächtigten auszugehen sein soll, wird für nicht gewillkürte mehrstufige Vertretungsverhältnisse eine „Durchgangsvertretung“ angenommen, vgl. Frenz/Miermeister/*von Campe*, DONot § 8 Rn 22; Armbrüster/Preuß/Renner/*Eickelberg*, 8. Aufl DONot, § 8 Rn 22.
27 So Heinemann/Trautrims/*Strauß*, Notarrecht, NotAktVV § 12 Rn 9.
28 Heinemann/Trautrims/*Strauß*, Notarrecht, NotAktVV, § 12 Rn 10 m.w.N.
29 Heinemann/Trautrims/*Strauß*, Notarrecht, NotAktVV, § 12 Rn 11.

V. Gesellschaftsrechtliche Angelegenheiten (Abs. 5)

28 Abs. 5 entspricht inhaltlich im Wesentlichen dem früheren § 8 Abs. 5 S. 4 Hs. 2 DONot. Nach der Bestimmung sind Gesellschaften in gesellschaftsrechtlichen Angelegenheiten selbst dann im Urkundenverzeichnis zu erfassen, wenn sie nicht Beteiligte, sondern nur „Objekt" sind, um eine gezielte Suche und eine Zuordnung unterschiedlicher Vorgänge zur Gesellschaft als Rechtsträgerin zu ermöglichen.[30]

29 Raum für die Anwendung des Abs. 5 bleibt grundsätzlich nur bei Amtsgeschäften, bei denen die Gesellschaft weder formell noch materiell Beteiligte ist, aber dennoch unmittelbar betroffen ist. Die Beteiligung der Gesellschaft ist somit logisch vorrangig zu prüfen, wobei die Abgrenzung namentlich zur Stellvertretung (Abs. 4) schwierig sein kann.

Beispiele: Jedenfalls unter Abs. 5 fallen die **Gründung der Gesellschaft, Satzungsänderungen** sowie **Anteilsabtretungen. Bei Versammlungsniederschriften** ist die Gesellschaft unter Umständen nach Abs. 1 S. 1 Nr. 5 bereits selbst Beteiligte, wenn die Aufnahme der Niederschrift in Form eines Tatsachenprotokolls erfolgt.

Bei **Handelsregisteranmeldungen** ist im Einzelnen umstritten, ob bzw. inwieweit ein Fall der Stellvertretung vorliegt. Teilweise wird bei der GmbH im Hinblick auf § 78 GmbHG zwischen deklaratorischen und konstitutiven Eintragungen differenziert, wobei die Geschäftsführer nach dieser teilweise vertretenen Auffassung nur bei konstitutiven Eintragungen im Namen der Gesellschaft als deren organschaftliche Vertreter handeln sollen.[31] Nach anderer Ansicht wird auch bei deklaratorischen Eintragungen eine organschaftliche Vertretung angenommen, da die Pflicht zur Anmeldung auch dann eine Folge der Organstellung sei und der Geschäftsführer die Anmeldungen in Angelegenheiten der Gesellschaft für diese im Rahmen der ihm zustehenden Vertretungsmacht vorzunehmen habe.[32] Teilweise wird die Einordnung davon abhängig gemacht, ob vom Geschäftsführer eine Versicherung nach § 39 Abs. 3 GmbHG (bei Geschäftsführerbestellung) bzw. § 81 Abs. 3 AktG (Vorstandsänderung) abzugeben ist.[33] Nach der Verordnungsbegründung soll es vor diesem Hintergrund auch vertretbar sein, eine Eintragung der Gesellschaft nach Maßgabe des Abs. 5 vorzunehmen, ohne die logisch vorrangige Frage, ob eine Beteiligung bzw. Stellvertretung der Gesellschaft vorliegt, entscheiden zu müssen.[34]

Abs. 5 ist vor diesem Hintergrund und mit Blick auf den Normzweck tendenziell weit auszulegen,[35] so dass die Vorschrift nicht nur für juristische Personen, sondern auch für andere Personenvereinigungen gilt. Namentlich sind insbesondere bei Registeranmeldungen – unabhängig von der materiellrechtlichen Rechtslage (organschaftliche Vertretung oder eigene Erklärung des Vertretungsorgans) jedenfalls nach Abs. 5 – in das Urkundenverzeichnis einzutragen: Vereine, Genossenschaften, rechtsfähige Personengesellschaften und die WEG-Gemeinschaft.[36]

30 Aus dem Verweis in S. 2 auf Abs. 2 S. 4 folgt, dass die Gesellschaft mit Namen und Sitz eingetragen werden muss. Möglich, naheliegend und sinnvoll ist zudem die Aufnahme der Geschäftsanschrift (Abs. 3 Nr. 1) sowie der Registernummer (Abs. 3 Nr. 4).

30 BR-Drucks 420/20 (neu), 41 f.
31 Hopt/*Merkt*, HGB, § 14 Rn 2.
32 MüKo-GmbHG/*Herrler*, § 78 Rn 8; Noack/Servatius/Haas/*Beurskens*, GmbHG, § 39 Rn 11 und § 78 Rn 20.
33 BeckOK-BeurkG/*Echternach*, NotAktVV, § 12 Rn 11.
34 BR-Drucks 420/20 (neu), 41 f. So auch schon Armbrüster/Preuß/Renner/*Eickelberg*, 8. Aufl., DONot, § 8 Rn 27.
35 BeckOK-BeurkG/*Echternach*, NotAktVV, § 12 Rn 20; BeckOK-BNotO/*Sauer*, NotAktVV, § 12 Rn 19; Frenz/Miermeister/*von Campe*, NotAktVV, § 12 Rn 14.
36 Wie hier Heinemann/Trautrims/*Strauß*, Notarrecht, NotAktVV, § 12 Rn 12; BeckOK-BNotO/*Sauer*, NotAktVV, § 12 Rn 19; für die WEG-Gemeinschaft anders Frenz/Miermeister/*von Campe*, NotAktVV, § 12 Rn 14, der darauf hinweist, dass gesellschaftsrechtlichen Angelegenheiten vergleichbare Angelegenheiten (Registeranmeldungen, Anteilsabtretungen etc.) bei der WEG nicht vorkämen und die Vorschrift deswegen nicht auf sie übertragbar sei. Diese Argumentation übersieht, dass die „Anmeldung" von Beschlüssen zur Eintragung in das Grundbuch (nach §§ 7 Abs. 2, 10 Abs. 3 S. 1, 12 Abs. 4 WEG) eine vergleichbare Situation darstellt. Aufgrund der Ausgestaltung der Vertretung der WEG durch den Verwalter kommt eine Eintragung der WEG hier wohl schon nach § 12 Abs. 4 NotAktVV in Betracht (s. nur *Hügel/Elzer*, WEG, § 7 Rn 66). Bei der Verwalterzustimmung dürfte es hingegen auf die genaue Ausgestaltung des Zustimmungserfordernisses in der Gemeinschaftsordnung ankommen. Über § 12 Abs. 5 NotAktVV können auch hier Abgrenzungsschwierigkeiten im Interesse einer einheitlichen Eintragungspraxis vermieden werden.

§ 13 Angabe des Geschäftsgegenstands

[1]Der Geschäftsgegenstand ist stichwortartig und hinreichend unterscheidungskräftig zu bezeichnen. [2]Hat die Bundesnotarkammer für den Geschäftsgegenstand eine bestimmte Formulierung vorgesehen, so ist diese zu verwenden.

A. Allgemeines

Die Vorschrift betrifft die **Bezeichnung des Geschäftsgegenstands** und entspricht im Wesentlichen § 8 Abs. 6 DONot a.F. Die NotAktVV unterscheidet allerdings klarer zwischen Geschäftsgegenstand und Urkundenart, was in der Software des Elektronischen Urkundenarchivs durch getrennte Eingabefelder abgebildet wird. Vorgaben zur Eintragung der Urkundenart, die nach altem Recht teilweise ebenfalls in § 8 Abs. 6 S. 2 DONot a.F. sowie in § 24 DONot a.F. i.V.m. Muster 7 – betreffend die Aufstellung der jährlichen Geschäftsübersichten – enthalten waren, finden sich nunmehr in § 14 NotAktVV. 1

Eine Bezeichnung des Geschäftsgegenstands ist **auch bei Unterschriftsbeglaubigungen ohne Entwurf** anzugeben, da § 13 NotAktVV insoweit – anders als noch § 8 Abs. 6 S. 2 DONot a.F. – keine Differenzierung mehr vornimmt.[1]

Eine möglichst genaue Bezeichnung des Geschäftsgegenstands erleichtert es der **Aufsicht**, in sachlicher Hinsicht gezielt nach bestimmten Urkundsgeschäften zu suchen und die **Einhaltung gegenstandsspezifischer Amtspflichten** (z.B. §§ 19, 20 BeurkG – Hinweis auf erforderliche Unbedenklichkeitsbescheinigung und mögliche gesetzliche Vorkaufsrechte bei Grundstücksveräußerung; § 20a BeurkG – Hinweis auf die Möglichkeit der Registrierung im ZVR bei Vorsorgevollmacht) zu prüfen. 2

Insbesondere seit der Neufassung der DONot ist der Geschäftsgegenstand – neben der Urkundenart (§ 14 NotAktVV) – ferner **von Bedeutung für die Erstellung der Übersicht der Urkundsgeschäfte** nach § 7 DONot (i.V.m. Muster 1). Denn nach § 7 Abs. 2 Nr. 7 bzw. Nr. 8 DONot sind nunmehr Anträge auf Erteilung eines Erbscheins oder eines Europäischen Nachlasszeugnisses sowie isolierte Auflassungserklärungen im Rahmen der sonstigen Beurkundungen und Beschlüsse gesondert auszuweisen. Gleiches gilt in Bundesländern, in denen die Landesjustizverwaltung eine entsprechende Bekanntmachung erlassen hat, für Bescheinigungen (§ 7 Abs. 2 Nr. 9 DONot; insbesondere Gesellschafterlisten und Satzungsbescheinigungen – siehe dazu § 7 NotAktVV Rdn 21 ff.). Aufgrund der unterschiedlichen Behandlung in den einzelnen Bundesländern – und teilweise auch von Amtsstelle zu Amtsstelle – erfolgt die Erfassung der zuletzt genannten „Bescheinigungen des Notars" über die Eingabemaske in XNP technisch nicht über den Geschäftsgegenstand, sondern über eine besondere „Urkundenart", die jedoch im Kern nur eine Hilfskategorie darstellt. Im UVZ und in der Übersicht der Urkundsgeschäfte werden die Bescheinigungen zutreffend erfasst, so dass die Ausgestaltung der Software – an sich schon wegen § 14 Abs. 2 NotAktVV – nicht zu beanstanden ist (siehe schon § 7 NotAktVV Rdn 23).[2]

B. Einzelheiten

Nach S. 1 ist der Geschäftsgegenstand **stichwortartig und unterscheidungskräftig** zu bezeichnen. Vorbehaltlich des S. 2 (Rdn 4) besitzt der Notar hierbei Spielräume, die auch die Berücksichtigung regionaler Gepflogenheiten ermöglichen.[3] Werden in der Urkunde aus rechtlichen oder praktischen Gründen mehrere Rechtsgeschäfte gebündelt, genügt grundsätzlich ein prägnanter zusammenfassender Begriff oder eine Zuordnung nach dem Schwerpunkt.[4] 3

1 Weingärtner/*Ulrich*, NotAktVV, § 13 Rn 4 f.
2 Zu streng daher Weingärtner/*Ulrich*, DONot, § 7 Rn 21 f. und NotAktVV, § 14 Rn 7 ff.
3 Vgl. Beck'sches Notar-Hdb/*Püls*, § 34 Rn 116; Armbrüster/Preuß/Renner/*Eickelberg*, 8. Aufl., DONot, § 8 Rn 35.
4 Hierzu mit Beispielen Heinemann/Trautrims/*Strauß*, Notarrecht, NotAktVV, § 13 Rn 1.

Hinweis: Teilweise wird angenommen, dass mangels Übernahme einer § 8 Abs. 6 S. 3 DONot a.F. entsprechenden Bestimmung in die NotAktVV die **Verwendung von Abkürzungen** nicht mehr zulässig ist.[5] M.E. ist zweifelhaft, ob der Verordnungsgeber die Verwendung von Abkürzungen tatsächlich bewusst ausschließen wollte. Letztlich dürften zumindest gebräuchliche Abkürzungen nicht von vornherein ungeeignet sein, um den Geschäftsgegenstand hinreichend konkret und deutlich unterscheidbar zu beschreiben. Die Frage besitzt – wie im Übrigen alle bislang um die Anforderungen an die Bezeichnung des Geschäftsgegenstandes geführten Diskussionen[6] – im Hinblick auf S. 2 (sogleich, Rdn 4) allerdings nur noch untergeordnete Bedeutung.[7]

4 Allerdings ist nach S. 2 grundsätzlich eine seitens der Bundesnotarkammer als Urkundenarchivbehörde für den jeweiligen Geschäftsgegenstand **vorgegebene Formulierung zu verwenden**, wenn diese auf das konkret betroffene Urkundsgeschäft passt.[8] Im Interesse einer möglichst einheitlichen Handhabung hat die Bundesnotarkammer von der Möglichkeit, bestimmte gängige Formulierungen vorzusehen, durch entsprechende Gestaltung der Software des Elektronischen Urkundenarchivs Gebrauch gemacht.[9] Neben den vorgegebenen Geschäftsgegenständen, die vorrangig Verwendung finden sollen, steht für außergewöhnliche Urkunden jeweils auch ein Freitextfeld für eine individuell zutreffende oder ergänzende Bezeichnung zur Verfügung.

§ 14 Angabe der Urkundenart

(1) [1]Als Urkundenarten sind zu unterscheiden

1. **Beglaubigungen von Unterschriften, Handzeichen oder qualifizierten elektronischen Signaturen mit Anfertigung eines Urkundenentwurfs,**
2. **Beglaubigungen von Unterschriften, Handzeichen oder qualifizierten elektronischen Signaturen ohne Anfertigung eines Urkundenentwurfs,**
3. **Verfügungen von Todes wegen,**
4. **Vermittlungen von Auseinandersetzungen und**
5. **sonstige Beurkundungen und Beschlüsse.**

[2]Ist die Beurkundung mittels Videokommunikation oder im Wege der gemischten Beurkundung (§ 16e des Beurkundungsgesetzes) erfolgt, so ist dies anzugeben.

(2) Die Bundesnotarkammer kann innerhalb der in Absatz 1 Satz 1 genannten Urkundenarten weitere Differenzierungen vorsehen.

A. Allgemeines

1 Abs. 1 S. 1 macht die den jährlichen Übersichten über die Urkundsgeschäfte (§ 7 DONot i.V.m. Muster 1) zugrunde liegenden **Urkundenarten** zum **Gegenstand einer eigenständigen Angabe im Urkundenverzeichnis**. In der Urkundenrolle war die Urkundenart nach früherem Recht nur bei Unterschriftsbeglaubigungen mit und ohne Entwurf zu erfassen (§ 8 Abs. 6 S. 2 DONot a.F.). Wie die Angabe des Geschäftsgegenstandes (§ 13 NotAktVV; Rdn 2) dient auch die Angabe der Urkundenart in erster Linie Zwecken der Aufsicht (vgl. § 17 Abs. 4 DONot).[1] Darüber hinaus stellt die Angabe zur Urkundenart maßgebliche Grundlage für die Erstellung der jährlichen Urkundsübersichten nach § 7 DONot (i.V.m. Muster 1) dar, die aus dem Urkundenverzeichnis heraus exportiert werden können.

5 Weingärtner/*Ulrich*, NotAktVV, § 13 Rn 3.
6 Armbrüster/Preuß/Renner/*Eickelberg*, 8. Aufl., DONot, § 8 Rn 37; Weingärtner/*Weingärtner/Ulrich*, DONot, § 8 Rn 16 f.
7 So zu Fragen der Detailgenauigkeit Heinemann/Trautrims/*Strauß*, Notarrecht, NotAktVV, § 13 Rn 1.
8 BR-Drucks 420/20 (neu), 42.
9 Die Liste der Geschäftsgegenstände ist abrufbar unter: https://onlinehilfe.bnotk.de/fileadmin/urkundenarchiv/uvz/urkundenverzeichnis_liste_der_geschaeftsgegenstaende.pdf.
1 BR-Drucks 420/20 (neu), 42.

Innerhalb der in Abs. 1 S. 1 Nr. 1 bis 5 genannten Urkundenarten können nach Abs. 2 durch die Bundesnotarkammer als Urkundenarchivbehörde **weitere Differenzierungen** vorgenommen werden. Dies mag sich insbesondere für solche Urkundsgeschäfte anbieten, bei denen nach § 7 Abs. 2 DONot innerhalb der jeweiligen Urkundenart enthaltene „Unterarten" gesondert auszuweisen sind (z.B. Erbscheinsanträge – Nr. 7, isolierte Auflassungserklärungen – Nr. 8 und ggf. Bescheinigungen – Nr. 9). Inwieweit sich die „Urkundenunterart" dann aber von dem nach § 13 NotAktVV einzutragenden Geschäftsgegenstand unterscheidet, bleibt zumindest in den genannten Fällen offen. Die auf dieser Grundlage für die vorgenannten Urkundsgeschäfte jeweils gefundene technische Umsetzung in XNP ist rechtlich nicht zu beanstanden (vgl. dazu schon § 7 NotAktVV Rdn 23 sowie § 13 NotAktVV Rdn 2). 2

B. Einzelheiten

Während S. 1 Nr. 1 bis 3, 5 und S. 2 an die äußerliche Form bzw. an das Verfahren des Zustandekommens der Urkunde anknüpfen, weisen S. 1 Nr. 3 und 4 einen materiellen Bezug zum Gegenstand des Urkundsgeschäfts auf.[2] **Verfügungen von Todes wegen** (Nr. 3) werden dabei nicht zuletzt deswegen aus den „sonstigen Beurkundungen und Beschlüssen" herausgehoben, weil mit Blick auf deren beurkundungsrechtliche Behandlung, Verwahrung und Registrierung Sonderregelungen zu beachten sind.[3] Bei Urkunden, die sowohl erbfolgerelevante Regelungen als auch weitere Bestandteile enthalten (z.B. Erb- und Ehevertrag),[4] kann es – theoretisch – zu Überschneidungen kommen. Der Eintragung als Verfügung von Todes wegen sollte in diesen Fällen der Vorrang eingeräumt werden.[5] 3

Mit der Änderungsverordnung zur NotAktVV[6] wurden Abs. 1 S. 1 Nr. 1 und 2 an die im Zuge der Einführung der Online-Verfahren im Gesellschafsrecht durch das DiRUG neu geschaffene Möglichkeit der **Signaturbeglaubigung** (§ 129 BGB n.F., § 40a BeurkG n.F.) angepasst (dazu schon *Püls/Hofmann*, § 7 NotAktVV Rdn 25). Mit Blick auf die Urkundenart wird die Beglaubigung einer qualifizierten elektronischen Signatur zwar gesondert erwähnt, aber systematisch überzeugend der gewöhnlichen Unterschriftsbeglaubigung zugeordnet und im Übrigen nur nach einer Urkundstätigkeit mit oder ohne Entwurf unterschieden. 4

Eine entsprechende Anpassung im Wortlaut des Abs. 1 S. 1 Nr. 5 im Hinblick auf das zum 1.8.2022 neu eingeführte **Beurkundungsverfahren mittels Videokommunikation** nach §§ 16a bis 16e BeurkG war entbehrlich, weil es sich bei den in diesem Verfahren vorgenommenen Amtshandlungen ebenfalls um „sonstige Beurkundungen und Beschlüsse" handelt. Dennoch wurde Abs. 1 in diesem Zusammenhang um einen Satz 2 ergänzt, wonach bei **Amtshandlungen nach §§ 16a ff., 40a BeurkG n.F. gesondert anzugeben** ist, dass diese mittels Videokommunikation oder im Wege der gemischten Beurkundung vorgenommen wurden, um eine gezielte Suche nach derartigen Vorgängen zu ermöglichen.[7]

Hinweis: Nach S. 2 gesondert ausgewiesen werden müssen dabei **auch Beglaubigungen** qualifizierter elektronischer Signaturen im Sinne des § 40a Abs. 1 S. 2 BeurkG. Zwar verwendet die Vorschrift nur den Begriff „Beurkundungen", während die NotAktVV sonst sorgfältig zwischen Beurkundungen, Beglaubigungen und sonstigen Amtshandlungen differenziert. Die Verordnungsbegründung lässt jedoch erkennen, dass an dieser Stelle gerade nicht unterschieden werden sollte[8] und der Terminus „Beurkundung" hier offenbar als Oberbegriff verwendet wurde. Dieses Ergebnis wird letztlich sowohl durch die systematische Stellung der Vorschrift als separater, theoretisch auf alle vorgenannten Urkundenarten bezogener Satz 2 als auch durch den Regelungszweck, der auf Beurkundungen und Beglaubigungen unterschiedslos zutrifft, bestätigt.

Weitere Anpassungen der Norm sind – auch im Hinblick auf die Einführung der elektronischen Präsenzbeurkundung – nicht vorgesehen. Sie werden auch nicht benötigt, weil eine der jeweiligen Urkundenart 5

2 Hierauf weist auch Heinemann/Trautrims/*Strauß*, Notarrecht, NotAktVV, § 14 Rn 1 hin.

3 BR-Drucks 420/20 (neu), 42; *Lüninghöner/Woinar*, NotBZ 2023, 281, 285.

4 Diesen Fall wird z.B. von § 34a Abs. 3 S. 2 BeurkG vorausgesetzt.

5 BR-Drucks 420/20 (neu), 42; ferner Heinemann/Trautrims/*Strauß*, Notarrecht, NotAktVV, § 14 Rn 2. Generell sollte eine Vermischung von Verfügungen von Todes wegen mit anderen Urkundenarten vermieden werden, vgl. auch *Lüninghöner/Woinar*, NotBZ 2023, 281, 285.

6 VO v. 17.12.2021, BGBl I 2021, 5219, dort Art. 2 Nr. 5 lit. a).

7 BR-Drucks 774/21, 50.

8 BR-Drucks 774/21, 50.

nach dem bestehenden Wortlaut zweifelsfrei zuzuordnende Niederschrift nach §§ 8, 36 BeurkG bzw. Unterschriftsbeglaubigung nach §§ 39 ff. BeurkG unabhängig davon vorliegt, ob diese klassisch auf papiernem oder aber auf elektronischem Wege erzeugt wird.

§ 15 Angaben zu Ausfertigungen

[1]Wird von einer Urkunde eine Ausfertigung erteilt, so ist zu vermerken, wem und an welchem Tag die Ausfertigung erteilt worden ist. [2]Handelt es sich bei der Ausfertigung um eine vollstreckbare Ausfertigung oder eine weitere vollstreckbare Ausfertigung, so ist dies ebenfalls zu vermerken.

1 S. 1 hat keine Entsprechung in der früheren DONot. Die Vorschrift bildet im Wesentlichen den Regelungsinhalt des geänderten § 49 Abs. 4 BeurkG-2022 ab, wonach die **Erteilung einer Ausfertigung** nicht mehr auf der Urschrift (§ 49 Abs. 4 BeurkG a.F.), sondern nunmehr lediglich **im Urkundenverzeichnis zu vermerken** ist. Die Verschiebung der Einführung der elektronischen Urkundensammlung hatte auf das Inkrafttreten der Vorschrift **zum 1.1.2022** keinen Einfluss (vgl. § 76 Abs. 5 BeurkG[1]). Unschädlich ist es im Grundsatz aber, die Erteilung von Ausfertigungen weiterhin – zusätzlich – auf der Urschrift bzw. einem Beiblatt hierzu zu vermerken. Ein entsprechendes Vorgehen ist seit dem 1.7.2022 jedoch nicht mehr zweckmäßig (dazu sogleich, Rdn 2).

Wie schon durch den früheren Vermerk auf der Urschrift soll durch die Eintragung im Urkundenverzeichnis nachvollziehbar gemacht werden, welche Ausfertigungen einer Urkunde in den Rechtsverkehr gelangt sind und wem sie wann erteilt wurden (zur Herstellung von Ausfertigungen *Schmitt*, § 49 BeurkG Rdn 3 ff.; *Püls*, § 3 NotAktVV Rdn 5).[2] Praktisch bedeutsam ist dies vor allem in Fällen, in denen es auf den Besitz der Urkunde ankommt (z.B. bei Vollmachten und vollstreckbaren Ausfertigungen).[3] Bei vollstreckbaren Ausfertigungen ist im Hinblick auf die besonderen Anforderungen des § 733 ZPO die Eigenschaft als Vollstreckungstitel nach S. 2 im Urkundenverzeichnis gesondert auszuweisen.[4] Für den Zeitpunkt der Eintragung dürfte § 18 NotAktVV entsprechend Anwendung finden (§ 18 NotAktVV Rdn 1 f.), da auch insoweit die Aktualität des Urkundenverzeichnisses eine große Rolle spielt.

2 **Hintergrund für die Verlagerung der Vermerkpflicht** von der Urschrift in das Urkundenverzeichnis ist **§ 56 Abs. 1 BeurkG**: Danach müssen die in der Urkundensammlung verwahrte Urschrift und die in die elektronische Urkundensammlung eingestellte elektronische Fassung der Urschrift inhaltlich und bildlich übereinstimmen. Würde nun nachträglich eine Ausfertigung erteilt und der Vermerk wie bislang auf die Urschrift gesetzt, müsste dies auch in der elektronischen Fassung der Urschrift nachgetragen werden.[5] Dies würde nicht nur zu Doppelaufwand führen, sondern auch Fehlerquellen eröffnen. Aus diesem Grund schließt **§ 35 Abs. 3 S. 1 NotAktVV** Vermerke nach dem Einstellen der elektronischen Fassung der Urschrift in die elektronische Urkundensammlung sogar gänzlich aus.

Aber auch das bislang in der Praxis verbreitete Anbringen des Vermerks auf einem Beiblatt zur Urschrift wäre letztlich nicht zweckmäßig. Denn dieses Beiblatt müsste wegen der erforderlichen Spiegelbildlichkeit von Urkundensammlung und elektronischer Urkundensammlung (§ 34 Abs. 1 NotAktVV) mit jeder Erteilung einer (weiteren) Ausfertigung erneut gescannt und eingestellt werden. Durch § 49 Abs. 4 BeurkG (n.F.) und § 15 S. 1 NotAktVV wird das Verfahren letztendlich vereinfacht und der Gefahr eines versehentlichen Auseinanderfallens des Inhalts von Urschrift und Urkundensammlung einerseits und elektronischer Fassung der Urschrift und elektronischer Urkundensammlung andererseits begegnet.[6]

Schließlich lässt sich ein Vermerk auf der Urschrift bei originär elektronisch erstellten Urkunden (§§ 16a ff. BeurkG) nicht darstellen, sodass eine Eintragung im Urkundenverzeichnis auch aus diesem Grund sachgerecht ist.

1 I.d.F. von Art. 2 Nr. 2 des Gesetzes v. 21.12.2021, BGBl II 2021, 1282.
2 BeckOK-BeurkG/*Echternach*, NotAktVV, § 15 vor Rn 1.
3 Armbrüster/Preuß/Renner/*Preuß*, 8. Aufl., BeurkG, § 49 Rn 15; *Winkler*, BeurkG, § 49 Rn 21.
4 BR-Drucks 420/20 (neu), 42.
5 Vgl. auch Frenz/Miermeister/*Limmer*, BeurkG, § 49 Rn 14a.
6 BeckOK-BeurkG/*Winnen*, § 49 Rn 22a.

Hinweis: Bei der Erteilung von vollstreckbaren Ausfertigungen erfolgte das Erfordernis, einen Vermerk auf die Urschrift zu setzen, bislang (auch) aus §§ 734 S. 1, 795 ZPO.[7] Die Vorschrift wurde nicht geändert. Allerdings wird sie bei der Erteilung von vollstreckbaren Urkunden durch den Notar durch § 49 Abs. 4 BeurkG überlagert, wovon ersichtlich auch S. 2 ausgeht. § 52 BeurkG steht der Geltung des § 49 Abs. 4 BeurkG nicht entgegen, da nicht das Verfahren zur Erteilung der vollstreckbaren Ausfertigung selbst, sondern nur die Form der Dokumentation der Erteilung in den Akten und Verzeichnissen des Notars betroffen ist. Im Übrigen dürfte das Urkundenverzeichnis jedenfalls auch als elektronische Prozessakte im Sinne des § 734 S. 2 ZPO anzusehen sein, sodass die Eintragung den Vermerk auf der Urschrift ersetzt.[8]

Eine Unterschrift des Notars unter dem Vermerk über die Erteilung der Ausfertigung war bislang nicht erforderlich.[9] § 20 Abs. 1 Nr. 2 NotAktVV sieht aufgrund der besonderen Bedeutung der Ausfertigung im Rechtsverkehr nunmehr grundsätzlich die **persönliche Bestätigung** der Angaben zu Ausfertigungen im Urkundenverzeichnis durch den Notar vor.[10] 3

Eine **Öffnungsklausel für Erleichterungen** enthält insoweit aber § 20 Abs. 2 Nr. 3 NotAktVV: Danach ist eine persönliche Bestätigung der Angaben nicht erforderlich, wenn durch entsprechende technische Vorkehrungen aus dem Urkundenverzeichnis jederzeit nachvollziehbar ist, durch wen Angaben welchen Inhalts zu welchem Zeitpunkt erfolgt sind. Für Angaben zu Ausfertigungen sieht die Software des Elektronischen Urkundenarchivs eine solche Erleichterung vor und setzt sie in der Weise um, dass nur **speziell vom Notar hierfür autorisierte Mitarbeiter** entsprechende Angaben veranlassen können.[11] Eine qualifizierte elektronische Signatur durch den Notar erfolgt dann erst im Rahmen des Jahresexports nach § 19 NotAktVV.

§ 16 Weitere Angaben bei Verfügungen von Todes wegen

(1) Ist Gegenstand der Eintragung eine Verfügung von Todes wegen, deren Verbringung in die besondere amtliche Verwahrung der Notar veranlasst hat (§ 34 Absatz 1 und 2 des Beurkundungsgesetzes), so ist zu dieser Eintragung die Verbringung der Verfügung von Todes wegen in die besondere amtliche Verwahrung unter Angabe des Datums zu vermerken.

(2) Ist Gegenstand der Eintragung ein notariell verwahrter Erbvertrag, so ist dies zu vermerken.

(3) Zu der Eintragung eines notariell verwahrten Erbvertrags sind jeweils unter Angabe des Datums zu vermerken

1. **dessen nachträgliche Verbringung in die besondere amtliche Verwahrung des Amtsgerichts,**
2. **dessen Rückgabe aus der notariellen Verwahrung und**
3. **dessen Ablieferung an das Amtsgericht nach Eintritt des Erbfalls.**

A. Allgemeines

Die Vorschrift des § 16 NotAktVV ist **zum 1.1.2022 in Kraft getreten**. Von der Verschiebung der elektronischen Urkundensammlung war sie nicht betroffen (vgl. § 76 Abs. 5 S. 1 BeurkG). 1

7 Armbrüster/Preuß/Renner/*Preuß*, 8. Aufl., BeurkG, § 49 Rn 15.
8 So BeckOK-BeurkG/*Echternach*, NotAktVV, § 15 Rn 3.
9 Armbrüster/Preuß/Renner/*Preuß*, 8. Aufl., BeurkG, § 49 Rn 15.
10 BR-Drucks. 420/20 (neu), 45; Heinemann/Trautrims/*Strauß*, Notarrecht, NotaktVV, § 20 Rn 4.
11 Siehe Heinemann/Trautrims/*Strauß*, Notarrecht, NotaktVV, § 20 Rn 8.

2 Gegenstand der Bestimmung sind die **Besonderheiten**, die sich **bei Verfügungen von Todes wegen** aufgrund der Anforderungen an die amtliche Verwahrung (§ 34 BeurkG) sowie aus dem über das Zentrale Testamentsregister der Bundesnotarkammer organisierten Meldewesen (§ 34a BeurkG) für die notarielle Akten- und Verzeichnisführung und mithin auch für das Urkundenverzeichnis ergeben.[1]

Ursprünglich waren nur die jetzigen Absätze 2 und 3 betreffend notariell verwahrte Erbverträge als Bestandteil der Regelung vorgesehen.[2] Mit Einfügung des Absatzes 1 in die finale Fassung der Verordnung während des Verfahrens im Bundesrat[3] wurden auch alle übrigen Verfügungen von Todes wegen einschließlich solcher Erbverträge, die nicht in notarieller Verwahrung verbleiben sollen, in den Anwendungsbereich einbezogen. Redaktionell wurde die Regelung durch Neufassung des Absatzes 1 später noch an die Terminologie des in Bezug genommenen § 34 Abs. 1, 2 BeurkG angepasst und klargestellt, dass es sich in den von der Bestimmung umfassten Fällen richtigerweise nicht um eine „Ablieferung", sondern eine „Verbringung" handelt.[4]

3 Aus dem Urkundenverzeichnis soll damit im Ergebnis jederzeit erkennbar sein, an welcher Stelle eine Verfügung von Todes wegen aktuell verwahrt wird,[5] um im Erbfall ein schnelles und sicheres Auffinden zu ermöglichen.[6] Zu diesem Zweck sind über § 16 NotAktVV hinaus auch weitergehende Angaben zulässig (vgl. § 17 Abs. 2 NotAktVV).

B. Einzelheiten

I. Besondere amtliche Verwahrung von Verfügungen von Todes wegen (Abs. 1)

4 Nach Abs. 1 ist bei Testamenten, die der Notar gemäß § 34 Abs. 1 S. 4 BeurkG in die besondere amtliche Verwahrung beim Amtsgericht zu bringen hat, sowie bei Erbverträgen, die der Notar gemäß § 34 Abs. 2 BeurkG in die besondere amtliche Verwahrung verbringen kann, die Tatsache der **Verbringung unter ihrem Datum im UVZ zu vermerken**. Die entsprechende Eingabe erfolgt in der Software des elektronischen Urkundenverzeichnisses unter „Bemerkungen" (vgl. auch § 17 Abs. 2 NotAktVV).

Hinweis: Abs. 1 stellt aus systematischer Sicht einen Fremdkörper dar und ist für die Praxis mit unnötigem Mehraufwand verbunden.[7] Durch die Eintragung soll **für Zwecke der Aufsicht** die Einhaltung der notariellen Amtspflicht aus § 34 Abs. 1 S. 4, Abs. 2 BeurkG dokumentiert werden. Über diesen Umstand könnte allerdings in geeigneter und ausreichender Weise ebenso die Aufbewahrung eines Ausdrucks der ZTR-Registrierungsbestätigung in der Nebenakte (§ 40 NotAktVV) Aufschluss geben. Die Nebenakte (und nicht die Urkundensammlung – so jetzt aber zwingend §§ 31 Abs. 1 Nr. 1 lit. b, 34 Abs. 1 NotAktVV) wäre hier – wie auch sonst bei Informationen zur internen Dokumentation der Einhaltung beurkundungsrechtlicher Pflichten und zur ordnungsgemäßen Durchführung eines Amtsgeschäfts – systematisch richtiger Ort für die Aufbewahrung entsprechender Nachweise.[8]

5 Die Angabe des Verbringungsdatums ersetzt in Verbindung mit den weiteren Angaben im Urkundenverzeichnis die Angaben auf dem vormals in § 20 Abs. 1 S. 1, 2 DONot a.F. vorgesehenen **Vermerkblatt**. Dementsprechend **kann** das Vermerkblatt nach Einführung des Urkundenverzeichnisses grundsätzlich **entfallen**;[9] Informationslücken entstehen insoweit nicht. Soweit dennoch nach Verbringung der Verfügung von Todes wegen in die besondere amtliche Verwahrung in der (elektronischen) Urkundensammlung eine „Dokumentenlücke" entsteht, wird diese jedenfalls durch die Verwahrung eines Ausdrucks der Registrierungsbestätigung des ZTR (§§ 31 Abs. 1 Nr. 1 lit. b, 34 Abs. 1 NotAktVV) sowie – auf Wunsch der Beteiligten – zusätzlich einer beglaubigten Abschrift (§§ 31 Abs. 1 Nr. 1 lit. a, 34 Abs. 1 NotAktVV) geschlossen (im Einzelnen *Gerlach*, § 31 NotAktVV Rdn 3 ff.).

1 Heinemann/Trautrims/*Strauß*, Notarrecht, NotAktVV, § 16 Rn 1.
2 BR-Drucks 420/20 (neu), 10, 43.
3 BR-Drucks 420/20 (Beschluss), dort Ziffer 1 lit. b).
4 S. BR-Drucks 774/21, dort Art. 1 Nr. 5 mit Begründung auf S. 28 f.
5 BeckOK-BeurkG/*Echternach*, NotAktVV, § 16 vor Rn 1.
6 Frenz/Miermeister/*von Campe*, NotAktVV, § 16 Rn 1.
7 So auch *Püls/Gerlach*, NotAktVV, § 1 Rn 6; Heinemann/Trautrims/*Strauß*, Notarrecht, NotAktVV, § 16 Rn 3. Zur Systemwidrigkeit der zwingenden Aufnahme der Registrierungsbestätigung des ZTR in die Urkundensammlung auch Heinemann/Trautrims/*Strauß*, Notarrecht, NotAktVV, § 31 Rn 4.
8 Vgl. zum Inhalt der Nebenakte Heinemann/Trautrims/*Strauß*, Notarrecht, NotAktVV, § 40 Rn 1.
9 Dies gilt selbst dann, wenn keine beglaubigte Abschrift der Verfügung nach § 31 Abs. 1 Nr. 1 lit. a) NotAktVV zur Urkundensammlung genommen werden sollte.

Hinweis: Die Vermerkblätter waren nach § 76 Abs. 5 S. 2, Abs. 2 BeurkG i.V.m. § 20 Abs. 1 DONot a.F. für bis einschließlich 30.6.2022 errichtete Verfügungen von Todes wegen weiterhin zur Urkundensammlung zu nehmen. In einem Übergangszeitraum waren die Angaben zu Verfügungen von Todes wegen und insbesondere das Datum der Verbringung in die besondere amtliche Verwahrung folglich überflüssigerweise doppelt zu erfassen, nämlich auf dem Vermerkblatt nach § 20 Abs. 1 DONot a.F. und zusätzlich im Urkundenverzeichnis (§ 16 Abs. 1 NotAktVV).

II. Notariell verwahrte Erbverträge (Abs. 2, 3)

1. Erfassung im Urkundenverzeichnis

Indem nach Abs. 2 notariell verwahrte Erbverträge im Urkundenverzeichnis selbst ausdrücklich als solche gekennzeichnet werden müssen, bildet die Norm die **Grundlage für den Wegfall des** früher gesondert neben der Urkundenrolle zu führenden **Erbvertragsverzeichnisses** (§§ 5 Abs. 1 S. 1 Nr. 4, 9 DONot a.F.). Wird der Vermerk[10] ordnungsgemäß in das Urkundenverzeichnis aufgenommen, ermöglicht dies aufgrund der Datenbankstruktur eine **gezielte Suche und Filterung** nach verwahrten Erbverträgen. Auf dieser Grundlage können sodann entsprechende Auswertungen, etwa eine Liste aller sich in der Verwahrung des Amtsträgers befindlichen Erbverträge, erstellt werden.[11] 6

Nicht ersetzt, sondern für notariell verwahrte Erbverträge zwingend ausgestaltet wird die Führung einer separaten Erbvertragssammlung (§ 32 NotAktVV, dazu *Gerlach*, § 32 NotAktVV Rdn 1 ff.).

2. Nachträglich zu vermerkende Tatsachen

Um den Verbleib notariell verwahrter Erbverträge auch im Falle nachträglicher **Änderungen im Zusammenhang mit der Verwahrung** dauerhaft nachvollziehen zu können, müssen diese nach § 9 Abs. 3 NotAktVV unter dem Datum ihres Eintritts im Urkundenverzeichnis vermerkt werden. Für den Zeitpunkt der Eintragung dürfte § 18 NotAktVV entsprechend Anwendung finden, da auch insoweit die Aktualität des Urkundenverzeichnisses eine große Rolle spielt. 7

§ 16 Abs. 3 enthält eine Vermerkpflicht namentlich für den Fall, dass ein notariell verwahrter Erbvertrag 8

- **nachträglich** in die **besondere amtliche Verwahrung** des Amtsgerichts verbracht wird (Nr. 1),
- Die Vorschrift entspricht in der Sache dem bisherigen § 9 Abs. 3 DONot a.F. (1. Variante). Die nachträgliche Verbringung in die besondere amtliche Verwahrung unterscheidet sich im Übrigen hinsichtlich ihrer Behandlung nicht von Fällen, in denen ein Erbvertrag von vornherein nach § 34 Abs. 1, 2 BeurkG in die besondere amtliche Verwahrung gegeben wird.
- an die Beteiligten nach §§ 2300 Abs. 2, 2256 Abs. 1 BGB **zurückgegeben** wird (Nr. 2) oder
- Die entsprechende Eintragung im Urkundenverzeichnis tritt an die Stelle des bislang nach § 20 Abs. 3 S. 6 DONot a.F. vorgesehenen Vermerks im Erbvertragsverzeichnis bzw. in der Kartei nach § 9 Abs. 2 DONot a.F.
- Die übrigen bislang in § 20 Abs. 3 DONot enthaltenen Pflichten des Notars werden durch § 33 NotAktVV im Wesentlichen übernommen. Ein Vermerkblatt ist immer, also nunmehr – anders als nach der Vorläuferregelung in der DONot – selbst dann anzufertigen, wenn über die Rückgabe des Erbvertrages eine Niederschrift errichtet wird (näher *Gerlach*, § 33 NotAktVV Rdn 1 f., 4). Der Fall der Rückgabe eines notariell verwahrten Erbvertrages ist damit (neben dem seltenen Sonderfall des § 33 Abs. 5 NotAktVV) der einzige Fall, für den nach Einführung des Elektronischen Urkundenarchivs noch Bedarf für eine besondere Dokumentation in Gestalt eines Vermerkblatts gesehen wird.[12]
- Zu beachten ist außerdem die Pflicht zur Mitteilung der Rückgabe des Erbvertrages an das ZTR, § 34a Abs. 2 BeurkG.
- nach Eintritt des (ersten) Erbfalls in Erfüllung seiner Pflicht aus § 34a Abs. 3 BeurkG **an das Amtsgericht abgeliefert** wird (Nr. 3).

10 Weingärtner/*Ulrich*, NotAktVV, § 16 Rn 4 bezeichnet die Eintragung als „Verwahrungsvermerk".

11 Vgl. auch BT-Drucks 420/20 (neu), 43.

12 BR-Drucks 420/20 (neu), 53.

- Die entsprechende Eintragung im Urkundenverzeichnis tritt an die Stelle des bislang nach § 9 Abs. 3 DONot a.F. (2. Variante) vorgesehenen Vermerks im Erbvertragsverzeichnis bzw. in der Kartei nach § 9 Abs. 2 DONot a.F. Durch die Eintragung wird wiederum die Einhaltung der Amtspflicht aus § 34a Abs. 3 S. 1 BeurkG für Zwecke der Aufsicht dokumentiert.[13]
- Eine beglaubigte Abschrift bleibt entsprechend § 31 Abs. 1 Nr. 1 lit. a) NotAktVV – anders als nach § 20 Abs. 4 DONot a.F. – nur zurück, wenn die Beteiligten dies gewünscht haben.[14]

9 Die Aufzählung in Abs. 3 ist aber augenscheinlich nicht abschließend. Nicht ausdrücklich normiert, aber in zweckentsprechender Weise ebenfalls einzutragen ist beispielsweise auch die Ablieferung nach § 351 S. 2 FamFG zum Zwecke der Eröffnung der Verfügung, wenn sich das Fortleben bzw. Versterben nicht aufklären lässt.[15] Daneben sind weitere – zugegeben eher exotische – nachträgliche Änderungen denkbar. Diesbezüglich wird auf den Fall verwiesen, dass ein Erbvertrag auf Wunsch aller Beteiligten aus der zunächst gewählten Verwahrung beim Amtsgericht zurück an den Urkundsnotar gegeben wird.[16] Über seinen Wortlaut hinaus begründet Abs. 3 damit seinem Sinn und Zweck nach eine **Vermerkpflicht für alle denkbaren Fälle eines nachträglichen Ausscheidens der Urschrift des Erbvertrages aus der notariellen Verwahrung**. Bei dieser Auslegung bedarf es m.E. dann auch keines gesonderten Vermerkblatts in analoger Anwendung des § 33 NotAktVV in der Erbvertragssammlung, wenn und weil sich die Erklärung dafür, dass und warum sich ein notariell verwahrter Erbvertrag nicht mehr in der Verwahrung des Notars befindet, bereits hinreichend nachvollziehbar aus der im UVZ anzubringenden Bemerkung ergibt.[17] Es ist nicht ersichtlich, welchen Mehrwert ein Vermerkblatt gegenüber der Eintragung im UVZ haben sollte, wenn mit dem Vermerk nicht – wie im Fall des § 33 Abs. 2 NotAktVV – weitere Umstände, wie etwa die Vornahme der Belehrung über die Rechtsfolgen der Rücknahme nach §§ 2256 Abs. 1 S. 2, 2300 Abs. 2 BGB, dokumentiert werden sollen. Eine planwidrige Regelungslücke besteht angesichts der aus der Verordnungsbegründung klar ersichtlichen Entscheidung, von Vermerkblättern weitgehend Abstand zu nehmen, nicht.[18] Davon zu unterscheiden ist die Frage, ob es sich nicht dennoch empfiehlt, anstelle der Urschrift des abgelieferten Erbvertrages eine beglaubigte Abschrift in der Erbvertrags- oder Urkundensammlung aufzubewahren (dazu *Gerlach*, § 32 NotAktVV Rdn 6).

§ 17 Sonstige Angaben

(1) Wird durch eine Urkunde der Inhalt einer anderen Urkunde berichtigt, geändert, ergänzt oder aufgehoben, so ist bei den Eintragungen zu diesen Urkunden auf die jeweils andere Eintragung zu verweisen.

(2) [1]Zu jeder Eintragung können weitere Angaben aufgenommen werden, soweit diese der Erfüllung der Amtspflichten dienen. [2]Solche Angaben sind strukturiert zu erfassen, soweit die Bundesnotarkammer dies vorsieht.

A. Allgemeines

1 Die Vorschrift des § 17 NotAktVV ist **zum 1.1.2022 in Kraft getreten**. Von der Verschiebung der elektronischen Urkundensammlung war sie nicht betroffen (vgl. § 76 Abs. 5 S. 1 BeurkG). Sie bezieht sich auf sonstige in das Urkundenverzeichnis aufzunehmende Eintragungen, die keinem der in den §§ 10 ff. NotAktVV normierten Tatbestände zuzuordnen sind.

13 BR-Drucks 420/20 (neu), 43.
14 So auch Heinemann/Trautrims/*Eble*, Notarrecht, BeurkG, § 34a Rn 12 a.E.
15 BeckOK-BNotO/*Sauer*, NotAktVV, § 16 Rn 13; Frenz/Miermeister/*von Campe*, NotAktVV, § 16 Rn 7; Weingärtner/*Ulrich*, NotAktVV, § 16 Rn 6.
16 BeckOK-BeurkG/*Echternach*, NotAktVV, § 16 Rn 5; Frenz/Miermeister/*von Campe*, NotAktVV, § 16 Rn 8.
17 Frenz/Miermeister/*Ellefret*, NotAktVV, § 32 Rn 9.
18 Frenz/Miermeister/*Ellefret*, NotAktVV, § 32 Rn 9 mit Fn 11.

Abs. 1 betrifft aufzunehmende Querverweise zwischen Folge- und Ursprungsurkunden. Abs. 2 sieht als Auffangtatbestand die Aufnahme weiterer Angaben vor, soweit dies zur Erfüllung der Amtspflichten erforderlich oder dienlich ist. Von Vorteil ist, dass auch diese Angaben in strukturierter Form erfasst werden können.

B. Kommentierung der Vorschrift

I. Wechselseitige Verweisung (Abs. 1)

2 In Abs. 1 hat die frühere Norm des § 8 Abs. 7 S. 1 DONot a.F. ihre Entsprechung gefunden. Danach ist bei Urkunden, die den Inhalt einer anderen Urkunde desselben Notars berichtigen, ändern, ergänzen oder aufheben (sog. Nachtragsbeurkundungen, §§ 44a Abs. 3, 44b BeurkG), nach wie vor ein – wechselseitiger – Verweis anzubringen. Durch die **Querverweise** soll vermieden werden, dass bei einem späteren Rückgriff auf Urkunden eine zwischenzeitlich erfolgte Berichtigung, Ergänzung oder Änderung übersehen wird.[1]

3 Bei der Anbringung der Verweise (in XNP unter dem Reiter „Verbindungen") ist – je nachdem, ob die frühere Urkunde noch nach altem Recht in der Urkundenrolle erfasst oder bereits nach neuem Recht im Urkundenverzeichnis eingetragen ist – **wie folgt vorzugehen**:

- Wurde die **frühere Urkunde bereits** nach dem 1.1.2022 **im Urkundenverzeichnis erfasst**, wird der Verweis auf die spätere Urkunde durch die Software des Elektronischen Urkundenarchivs automatisch gesetzt, wenn zuvor bei der späteren Urkunde der Verweis auf die frühere Urkunde gesetzt wurde. Es sollte deshalb bei der Eintragung des Querweises in jedem Fall mit der späteren Urkunde begonnen werden, auch um technische Fehler auszuschließen.
- Nach Erfassung des Querverweises wird eine sog. „Verbindung" erzeugt. Die auf diese Weise verbundenen Urkunden können im Elektronischen Urkundenarchiv infolge der sich an die Eintragung anschließenden gemeinsamen Verwahrung (§ 31 Abs. 4 NotAktVV, entspricht dem früheren § 18 Abs. 2 DONot a.F.) nur noch zusammen abgerufen werden, sodass eine verknüpfte Urkunde nicht übersehen werden kann. Eine Auswahl der auszufertigenden Bestandteile bleibt jedoch möglich.
- Bezieht sich eine im Urkundenverzeichnis einzutragende Urkunde auf eine frühere, noch nicht im Urkundenverzeichnis eingetragene **Alturkunde**, muss der Verweis bei der späteren Urkunde im Urkundenverzeichnis „von Hand" als sonstige Angabe nach Abs. 2 unter „Bemerkungen" erfasst werden Das hierfür in der Software vorgesehene Feld ersetzt die frühere Bemerkungsspalte.[2] Der Rückverweis ist in der Urkundenrolle bei der Alturkunde händisch in der vor dem 1.1.2022 üblichen Art und Weise nachzutragen.

4 Infolge der Eintragung im Urkundenverzeichnis ist bei gemeinsamer Verwahrung von Urkunde und Änderungs- bzw. Nachtragsurkunde nicht mehr die Erstellung eines zusätzlichen Hinweis- oder Vermerkblatts und auch nicht die Aufnahme einer Abschrift der bei der anderen Urschrift verwahrten Urkunde notwendig.[3]

5 Nicht von Abs. 1 erfasst werden bloße Nachtragsvermerke im Sinne des § 44a Abs. 2 BeurkG sowie **Folgeurkunden**, die nicht in einer im Sinne der §§ 44a Abs. 3, 44b BeurkG zwingenden Beziehung zur Ausgangsurkunde stehen, sondern eigenständige Rechtsgeschäfte darstellen, auch wenn sie einen rechtlichen oder wirtschaftlichen Zusammenhang zur Ursprungsurkunde aufweisen (z.B. Auflassung zu einem Kaufvertrag, Finanzierungsgrundschuld zum Kaufvertrag, Rücktritt von einem Erbvertrag).

Bei diesen Folgegeschäften kann aber dennoch freiwillig in der Software des Urkundenverzeichnisses unter Nutzung derselben Funktion wie für die Erzeugung von Verweisen nach Abs. 1 (Reiter „Verbindungen") eine Verknüpfung vorgenommen werden.[4] Abs. 2 S. 2 ermöglicht es der Bundesnotarkammer eine besondere strukturierte Erfassung mittels Schaffung besonderer Datenfelder für das „Wie" von zusätzlichen Eintragungen vorzusehen, welche vom Notar im Interesse einer geordneten und einheitlichen Verzeichnisführung dann grundsätzlich – anstelle der allgemeinen Bemerkungsspalte (Reiter „Bemerkungen") – für die im

1 BR-Drucks 420/20 (neu), 43.
2 Vgl. dazu auch schon *Püls/Gerlach*, NotAktVV, § 4 (zu § 17).
3 BR-Drucks 420/20 (neu), 52; Heinemann/Trautrims/*Strauß*, Notarrecht, NotAktVV, § 31 Rn 14.
4 BeckOK-BNotO/*Sauer*, NotAktVV, § 17 Rn 7.

Übrigen (hinsichtlich des „Ob“) freiwillige und in seinem Ermessen stehende Dateneingabe zu nutzen sind.[5] Mit der speziellen „Verbinden“-Funktion existiert eine solche Funktion zur strukturierten Erfassung, welche somit auch für freiwillige Verbindungen zu nutzen ist. Eine Eingabe über die allgemeine Bemerkungsspalte (Reiter „Bemerkungen“) wäre demgegenüber nicht in gleicher Weise funktional, weil dadurch technisch keine Verknüpfung der Urkunden zustande käme.

II. Weitere Angaben (Abs. 2)

6 Abs. 2 S. 1 bildet die Bemerkungsspalte der Urkundenrolle nach und dient der Flexibilisierung der im Übrigen stark standardisierten Erfassung von Angaben im Urkundenverzeichnis.[6] Hierunter fallen können – neben den schon genannten freiwilligen Verbindungen – beispielsweise Angaben zur Verbringung eines Dokuments wegen Überformats in die Sondersammlung oder die Einziehung der Ausfertigung einer Vollmachtsurkunde. Sofern für die Eingabe keine besonderen Datenfelder zur strukturierten Erfassung nach Abs. 2 S. 2 in XNP zur Verfügung stehen, kann die allgemeine Bemerkungsspalte (Reiter „Bemerkungen“) genutzt werden.

§ 18 Zeitpunkt der Eintragungen

[1]Eintragungen in das Urkundenverzeichnis sind zeitnah, spätestens 14 Tage nach der Beurkundung oder der sonstigen Amtshandlung vorzunehmen. [2]Sofern technische Probleme dies verhindern, sind die Eintragungen unverzüglich nach Behebung der technischen Probleme vorzunehmen.

1 S. 1 greift im Hinblick auf die Frist zur Eintragung der Amtshandlungen in das Urkundenverzeichnis den Regelungsgehalt der § 8 Abs. 3 DONot a.F. (Urkundenrolle) bzw. § 9 Abs. 1 S. 2 DONot a.F. (Erbvertragsverzeichnis) auf. Eintragungen haben danach **zeitnah, spätestens 14 Tage nach der Beurkundung oder Vornahme der sonstigen Amtshandlung** zu erfolgen. An der früher für die Urkundenrolle geltenden Rechtslage hat sich mithin nichts geändert. Innerhalb des 14-Tages-Zeitraumes liegt es im Ermessen des Notars, die Eintragung entsprechend den organisatorischen oder personellen Gegebenheiten vorzunehmen;[1] dem Adjektiv „zeitnah“ kommt insoweit lediglich „Appellfunktion“[2] zu.

2 Die Eintragungsfrist soll sicherstellen, dass das Urkundenverzeichnis stets die notwendige Aktualität hat. Damit wird zugleich gewährleistet, dass die beurkundeten Vorgänge stets aufgefunden und über das Urkundenverzeichnis erschlossen werden können.[3] Indem § 35 Abs. 1 NotAktVV zudem die Frist für das Einstellen der elektronischen Fassung der Urschrift und weiterer Dokumente in die elektronische Urkundensammlung an die Eintragung in das Urkundenverzeichnis koppelt, mindert eine frühzeitige Eintragung zugleich das nach der Beurkundung grundsätzlich bestehende Informations- und Urkundenverlustrisiko.[4]

> **Hinweis:** Aufgrund der vorbeschriebenen Zwecke dürfte die Vorschrift über die „Ersteintragung“ hinaus **auch auf ergänzende Eintragungen anwendbar** sein.[5] Werden zu einem späteren Zeitpunkt (weitere) Ausfertigungen erteilt (§ 15 NotAktVV) oder Erbverträge nachträglich in die besondere amtliche Verwahrung verbracht (§ 16 Abs. 3 Nr. 1 NotAktVV), dürfte die jeweilige Information daher ebenfalls spätestens innerhalb einer Frist von 14 Tagen im Urkundenverzeichnis zu erfassen sein.

5 Unter ausdrücklicher Hervorhebung des Ziels, der Bundesnotarkammer hinsichtlich der (Aus-)Gestaltung des Urkundenverzeichnisses gewisse Flexibilität einzuräumen BR-Drucks 420/20 (neu), 43. Zur Nutzungspflicht besonderer Datenfelder bei im Übrigen freiwilliger Dateneingabe auch Frenz/Miermeister/*von Campe*, NotAktVV, § 17 Rn 9 f.

6 BR-Drucks 420/20 (neu), 43; *Püls/Gerlach*, NotAktVV, § 4 (zu § 17); Heinemann/Trautrims/*Strauß*, Notarrecht, NotAktVV, § 17 Rn 4.

1 BeckOK-BeurkG/*Echternach*, NotAktVV, § 18 Rn 1.

2 Heinemann/Trautrims/*Strauß*, Notarrecht, NotAktVV, § 18 Rn 1.

3 BR-Drucks 420/20 (neu), 43.

4 Heinemann/Trautrims/*Strauß*, Notarrecht, NotAktVV, § 18 Rn 1.

5 So auch Frenz/Miermeister/*von Campe*, NotAktVV, § 18 Rn 1; Heinemann/Trautrims/*Strauß*, Notarrecht, NotAktVV, § 18 Rn 1.

Da nur die Eintragung der Amtshandlungen im elektronisch bei der Bundesnotarkammer geführten Urkundenverzeichnis rechtlich verbindlich ist (§ 55 Abs. 2 BeurkG, § 78h BNotO; dazu *Püls/Hofmann*, § 7 NotAktVV Rdn 2), genügt für die Wahrung der Frist weder eine Erfassung in der lokalen Notariatssoftware noch eine einfache (Zwischen-)Speicherung der vorbereiteten Eintragung in der Software des Urkundenverzeichnisses (in XNP zu erkennen am Status „In Vorbereitung"), selbst wenn alle notwendigen Informationen darin bereits vollständig erfasst sind. Die Eintragung (und Übertragung in das Urkundenverzeichnis) muss über die entsprechende Schaltfläche „Eintragen" in der Software des Urkundenverzeichnisses verbindlich veranlasst werden. Erst diese Eintragung (in XNP zu erkennen am Status „Eingetragen") entspricht dem früher maßgeblichen Eintrag in der Papier-Urkundenrolle (§§ 6 Abs. 1, 8 Abs. 3 DONot a.F.) bzw. dem Ausdruck aus der Notariatssoftware (§ 17 Abs. 1 S. 3 DONot a.F.). 3

Infolge der elektronischen Führung des Urkundenverzeichnisses nimmt S. 2 folgerichtig auf **technische Probleme** Bezug, die eine Eintragung vorübergehend hindern. Denkbar sind sowohl Störungen in der technischen Infrastruktur des Notariats, auf Seiten des Telekommunikationsdienstleisters oder der Urkundenarchivbehörde.[6] Die Eintragungen müssen in diesem Fall **unverzüglich**, d.h. ohne schuldhaftes Zögern (§ 121 BGB), **nach Behebung der technischen Probleme nachgeholt** werden. In der Zwischenzeit sind ersatzweise papierförmige oder elektronische Aufzeichnungen zu führen (§ 49 Abs. 1 NotAktVV). Diese Aufzeichnungen besitzen aber nur Hilfsfunktion und sind nach Behebung der Störung zu vernichten bzw. zu löschen (§ 49 Abs. 2 NotAktVV). Als Nachweis gegenüber der Dienstaufsicht empfiehlt es sich aber in jedem Fall, die technischen Probleme zu dokumentieren und an geeigneter Stelle (z.B. in der Generalakte) aufzubewahren.[7] 4

Hinweis: Werden innerhalb des 14-Tages-Zeitraums auftretende technische Probleme noch innerhalb dieses Zeitraums wieder behoben, ist S. 2 nicht anwendbar, sodass sich die Höchstfrist nicht verlängert und die Eintragung unmittelbar vorzunehmen ist.[8]

§ 19 Export der Eintragungen

(1) [1]Nach Abschluss jedes Kalenderjahres sind die Eintragungen, die für dieses Kalenderjahr im Urkundenverzeichnis vorgenommen wurden, zeitnah in eine Datei zu exportieren. [2]Die Datei ist mit der qualifizierten elektronischen Signatur des Notars zu versehen.

(2) [1]Die in die Datei exportierten Eintragungen sind bis zum Ablauf ihrer jeweiligen Aufbewahrungsfristen zu speichern. [2]Die Speicherung hat im Elektronischen Urkundenarchiv zu erfolgen, wenn die Bundesnotarkammer eine besondere Funktion dafür vorsieht.

(3) [1]Werden an den Eintragungen im Urkundenverzeichnis Änderungen vorgenommen, so dass diese nicht mehr mit den in die Datei exportierten Eintragungen übereinstimmen, sind die Eintragungen erneut zu exportieren. [2]Die Absätze 1 und 2 gelten insoweit entsprechend. [3]Die Datei mit den früher exportierten Eintragungen bleibt gespeichert. [4]Es genügt, wenn der erneute Export nur die Eintragungen umfasst, an denen die Änderungen vorgenommen wurden.

6 S. auch BR-Drucks 420/20 (neu), 43 f.
7 Weingärtner/*Ulrich*, NotAktVV, § 18 Rn 2.
8 Heinemann/Trautrims/*Strauß*, Notarrecht, NotAktVV, § 18 Rn 2.

A. Einleitung

I. Normhistorie, Regelungsziel

1 Wie bei der Führung der Bücher in papiergebundene Weise bis zum Inkrafttreten der NotAktVV, gilt auch für die Führung des Urkundenverzeichnisses, dass unabhängig von der Speicherung im UVZ bei der Urkundenarchivbehörde eine jahrgangsweise Sicherungsdatei zu erstellen ist. Die Begründung geht dabei von einer jahrgangsweisen Sicherung in Form von PDF-Dateien aus.[1] Ziel ist die Sicherung der Verfügbarkeit des Verzeichnisses (im Sinne eines schnellen, authentischen Zugriffes und der Auffindbarkeit) und damit auch von Urkunden, die dann über die PDF-Dateien auch in der analog bestehenden Urkundensammlung gefunden werden können. Die Norm zielt aber auch auf die Vorlage des Repräsentats im Zusammenhang mit der Geschäftsprüfung durch die Aufsichtsbehörden ab.[2] Diesen können dann diese PDF-Dateien vorgelegt oder für Jahresexporte ab dem Jahr 2025 in XNP selbst unter der „Übersicht Berichte" angezeigt werden.[3] Die vom Notar zu signierende PDF-Datei erfüllt die Abschlussfunktion der bisherigen Regelungen in der papiergebundenen Welt. Die Vornahme unterjähriger Eintragungen kann – vorbehaltlich des § 20 NotAktVV – freilich weitgehend an Notarangestellte delegiert werden.[4] Dies entspricht der bisherigen Rechtslage bei der Urkundenrolle und stellt eine praxisnahe Umsetzung dar. Die Begründung führt insoweit an, dass mit dem in § 19 NotAktVV geregelten Verfahren auch die persönliche Amtsausübung Ausdruck findet, indem der Notar durch die persönliche Signatur die Verantwortung für das auch im Delegationswege über das Jahr hindurch geführte Urkundenverzeichnis übernimmt.[5]

II. Regelungsursprung DONot a.F.

2 § 7 Abs. 1 DONot a.F. sah als Regelfall den Abschluss der Urkundenrolle dadurch gewährleistet, dass nur Bücher in gebundener Form mit festem Einband zu verwenden waren. § 6 Abs. 2 DONot a.F. sah auch die Führung als Sammlung von losen Blättern vor, die nummeriert wurden und nach Ablauf des Kalenderjahres unverzüglich gemäß § 30 DONot a.F. zu heften und zu siegeln waren.[6]

III. Bezug zu anderen Normen

3 § 29 Abs. 2 NotAktVV enthält eine inhaltlich entsprechende Regelung für das Verwahrungsverzeichnis und den Verweis auf die analoge Geltung von Abs. 2 und 3.

Die Bedeutung der jahrgangsweisen Bestätigung liegt auch darin, dass damit die in § 20 Abs. 2 Nr. 3 NotAktVV enthaltene Generalausnahme von der Bestätigungspflicht in Einzelfällen erreicht werden kann. Nämlich dann, wenn der Notar unter Beachtung der dort vorgeschriebenen Anforderungen für eine Vielzahl von Änderungen bzw. Eintragungen bei Ausfertigungen verfährt und – nach Prüfung und Überwachung – hierfür mit der Bestätigung nach Abschluss des Jahres die persönliche Verantwortung übernimmt.

B. Export nach Abschluss des Kalenderjahres

I. Eintragungen in das UVZ

4 Bezüglich des Umfanges der Datensätze, die jahrgangsweise zu exportieren sind, kann auf die Vorgaben in §§ 9 ff. NotAktVV Bezug genommen werden. Der komplette Datenbestand des Urkundenverzeichnisses ist zu exportieren.

1 BR-Drucks 420/20 S. 44 f. bzw. *Püls/Gerlach*, NotAktVV, Teil B, § 19 NotAktVV.
2 Zum Zugang der Aufsichtsbehörden zu den Akten und Verzeichnissen vgl. § 17 DONot sowie die nichtamtliche Begründung dazu.
3 Die Bedeutung der Urkundenrolle in der Papierwelt wurde von Weingärtner in der 13. Aufl. DONot a.F., § 7 Rn 2 wie folgt beschrieben: „Die Rolle dient dem schnellen Auffinden der Urkunden, der Eigenkontrolle und der Kontrolle der Dienstaufsicht. Sie ist zudem eine wichtige Hilfe zur Rekonstruktion, wenn Urkunden verloren gegangen sind."
4 Weingärtner/*Frohn*, NotAktVV, § 19 Rn 2.
5 BR-Drucks 420/20 (neu), S. 44.
6 Vgl. insoweit die Kommentierung bei § 14 DONot a.F. in dem in Fußnote 1 angegebenen Werk.

II. Zeitpunkt des Exportes

Wie auch bisher die Urkundenrolle, wird auch das Urkundenverzeichnis jahrgangsweise für jeden Notar geführt. Das Jahrgangsprinzip ermöglicht eine sachgerechte und schnelle Zuordnung der Daten. Der Export ist „zeitnah" nach Abschluss des Kalenderjahres vorzunehmen. Auch über das Jahresende hinweg gelten die Grundsätze für die Eintragung in das UVZ.[7] So muss spätestens am 14. Januar des Folgejahres die letzte Eintragung für eine am 31. Dezember des Vorjahres vorgenommene Beurkundung eingetragen werden. Der zeitnahe Abschluss im Sinne von Abs. 1 ist sodann im Sinne von „unverzüglich" zu verstehen, vergleiche dazu den Wortlaut von § 14 Abs. 1 S. 5 DONot a.F. Die amtliche Begründung betont ausdrücklich, dass Abs. 2 der bisherigen Praxis nachgebildet ist, sodass aus dem Wort zeitnah kein anderer Zeitrahmen ableitbar ist als der bisherige. Freilich wird der Export der Datei aus dem System der Urkundenarchivbehörde (XNP) einfacher erfolgen als die klassische Bindung, die etwa bei den in Loseblattform geführten Büchern der Notare üblich war und die nun (leider) als Auftrag für Buchbinder, aber damit auch als „Zeitfaktor" wegfällt. 5

III. Exportfunktion, qeS

Da die Speicherung der Daten im UVZ bei der Urkundenarchivbehörde erfolgt und die NSW insoweit nur ein Hilfsmittel bei der Vorbereitung der erforderlichen Exportdaten darstellt, liegt es nahe, dass diese Exportfunktion auch von der Urkundenarchivbehörde im Programm XNP bereitgestellt wird. Diese Funktion steht für Jahresabschlüsse ab dem Jahr 2025 für das Urkundenverzeichnis zur Verfügung. Die Speicherung im Urkundenarchiv liegt nahe, denn sie erleichtert auch bei einer Ämterübergabe den Zugriff des Amtsnachfolgers und sorgt somit für Ämterkontinuität. Unbenommen bleibt es dem Notar freilich, eine entsprechend signierte Datei auch in seinem IT-System zu hinterlegen, um unabhängig von der Onlinefunktion auch offline auf diese PDF-Dateien zugreifen zu können. Praktische Hinweise zum Export des Kalenderjahres finden sich in der Onlinehilfe der Bundesnotarkammer/interner Bereich (Export der Eintragungen eines Kalenderjahres (§ 19 Abs. 1 NotAktVV). 6

So wie in der Papierwelt für die Führung die Abschlussfunktion durch den Notar entscheidend war,[8] kommt es nach dem Export auf die höchstpersönliche Signatur der erstellten Datei durch den Notar an. Dieses Verfahren unterscheidet sich praktisch nicht von der Signierung einer elektronisch beglaubigten Abschrift. Mit Blick auf die Generalausnahme in § 20 Abs. 2 Nr. 3 NotAktVV, die den Notar von einer Vielzahl von Einzelbestätigungen durch verantwortungsvolle Delegation enthebt, wird die persönliche Verantwortung und Überwachung durch den Notar mit der Signatur der Exportdatei unterstrichen.

Bei der Exportdatei handelt sich dann nicht mehr um das UVZ selbst, somit ist die Datei selbst nicht unmittelbar das Verzeichnis. Aufgrund der Pflicht zur Speicherung sowie der Notwendigkeit der Signatur wird man allerdings von Aktenwürdigkeit im Sinne von § 35 BNotO ausgehen müssen und nicht nur eine Qualifizierung als Hilfsmittel im Sinne von § 35 Abs. 2 S. 2 BNotO ausgehen dürfen.[9]

C. Aufbewahrungsfrist; Speicherort

I. Aufbewahrungsfrist, Datenlöschung

Die nach Abs. 2 S. 1 zu beachtende Aufbewahrungsfrist für die Aufbewahrung von Daten im UVZ beträgt regelmäßig 100 Jahre, vgl. die Kommentierung bei § 50 Abs. 1 Nr. 1 NotAktVV. Dies gilt auch für lokal gespeicherte Sicherungen. Für nachträgliche Änderungen beginnt diese Frist nicht neu zu laufen. Sie ist streng jahrgangsbezogen. 7

7 Vergleiche die Fristen bei *Püls/Gerlach*, NotAktVV, § 6 Abschnitt B und die Kommentierung oben § 18 NotAktVV Rn 2.

8 Vgl. § 14 Abs. 5 DONot a.F. in Verbindung mit § 30 DONot a.F. und § 7 Abs. 3 DONot a.F.

9 A.A. HK-NotarR/*Strauß*, NotAktVV § 20 Rn 5, ohne die Exportdatei ausdrücklich nur zum Hilfsmittel zu deklarieren. Mit Blick auf die Geltung identischer technischer und organisatorischer Maßnahmen gem. § 6 NotAktVV, identischer Aufbewahrungsfristen gem. § 48 NotAktVV und auch der Pflicht zur Übergabe elektronischer Hilfsmittel an verwahrende Stellen (§ 48 S. 2 NotAktVV in Verbindung mit § 4 Abs. 2 NotAktVV) führt die Qualifizierung im Ergebnis nicht zu praktischen Unterschieden. Denn die von *Strauß* für Hilfsmittel zurecht reklamierte frühere Vernichtungsmöglichkeit (a.a.O., § 48 Rn 1) wird ausdrücklich durch den Wortlaut von § 19 NotAktVV ausgeschlossen.

Nach Ablauf der Frist hat die datenschutzkonforme Löschung der jahrgangsweisen Sicherungsdatei zu erfolgen. Bei einer Speicherung im elektronischen Urkundenarchiv wird von einer entsprechenden Funktion im Programm der Urkundenarchivbehörde auszugehen sein, das auf die entsprechenden Löschungsfristen hinweist. Jedoch steht die Durchführung der Löschung in der Verantwortlichkeit des Amtsinhabers im Zeitpunkt des Ablaufs der Löschungsfrist. Dies gilt auch für lokale Sicherungen.

II. Speicherort

8 Gemäß Abs. 2 S. 2 hat die Speicherung im elektronischen Urkundenarchiv zu erfolgen, wenn eine besondere Funktion durch die Bundesnotarkammer als Urkundenarchivbehörde vorgesehen ist. Dies ist für Jahresabschlüsse seit dem Jahr 2025 der Fall. Bis dato war eine lokale Speicherung im IT-System des Notars erforderlich, was auf jeden Fall als zusätzliche Möglichkeit auch weiterhin zulässig ist. Die allgemeinen Anforderungen (§ 4 NotAktVV) sind zu beachten.

D. Änderungen, erneuter Export

I. Anwendungsbereich bei Änderungen

1. Änderungen

9 Nachträgliche Änderungen an im UVZ vorgenommen Eintragungen sind – ähnlich wie bei der Urkundenrolle in der Papierwelt – nicht zu vermeiden bzw. aufgrund von zeitlicher Abfolge im Büroablauf praktisch vorprogrammiert (z.B. Zugang von Genehmigungen zu Urkunden nach Ablauf der Frist von 14 Tagen für die Registrierung im UVZ; zu nachträglichen Änderungen und deren Bestätigung durch den Notar vergleiche § 20 NotAktVV Rdn 4 ff.).

2. Zeitpunkt

10 Hinsichtlich des Zeitpunktes, zu dem die Sicherungsdateien (auch aus Vorjahren) nach Änderungen, die sich im Lauf eines Kalenderjahres ereignet haben, erneut vom Notar zu signieren sind, gelten die Ausführungen oben unter B. I. 2 entsprechend. Eine unterjährige zusätzliche Sicherung ist nicht vorgeschrieben. Insoweit wird auf die Nachvollziehbarkeit der entsprechenden Änderungen im System UVZ bei der Urkundenarchivbehörde vertraut.

II. Erneuter Export

11 Abs. 3 S. 3 sieht vor, dass die bisherigen jahrgangsweisen Dateien gespeichert bleiben, sodass letztlich nur eine inkrementelle Sicherung erforderlich ist, Abs. 3 S. 4. Ein Vorteil der inkrementellen Sicherung ist, dass nur diejenigen Datensätze übertragen werden müssen, die verändert wurden, was auch bei einer Prüfung eine leichtere Nachvollziehbarkeit der vorgenommenen Änderungen bedeutet. Nachteil ist, dass die Konsistenz des in sich eigentlich immer „stimmigen" Urkundenverzeichnisses durch eine solche isolierte Sicherung nicht gegeben ist. Soweit es die technischen Möglichkeiten in XNP perspektivisch zulassen, wird es dem Notar unbenommen bleiben, sowohl eine inkrementelle als auch zusätzlich eine komplette Sicherung des Jahrgangs vorzunehmen. Praktische Hinweise zu diesem Thema finden sich in der Onlinehilfe der BNotK/interner Bereich (Export der Änderungen eines Kalenderjahres (§ 19 Abs. 3 NotAktVV))

III. Analoge Anwendungen von Abs. 1 und 2

12 Auch für die inkrementelle oder komplette Neusicherung nach jeweiligem Jahresschluss bei festgestellten Veränderungen im Lauf des vorangegangenen Jahres, gelten die formalen und technischen Anforderungen wie oben unter B beschrieben.

§ 20 Persönliche Bestätigung

(1) [1]Durch den Notar persönlich bestätigt werden müssen
1. Änderungen und Zusätze, die eine Eintragung im Urkundenverzeichnis betreffen, und
2. Angaben zu Ausfertigungen (§ 15), unabhängig davon, wann diese erteilt werden.
[2]Der Inhalt von Änderungen oder Zusätzen und das Datum ihrer Vornahme müssen dauerhaft dokumentiert werden.

(2) Einer persönlichen Bestätigung nach Absatz 1 bedürfen nicht
1. die Löschung von Verzeichnisinhalten nach Ablauf der Aufbewahrungsfrist,
2. die Hinzufügung von weiteren Angaben zu Verfügungen von Todes wegen nach § 9 Nummer 7, soweit es sich um Angaben nach § 16 Absatz 1 handelt, und von weiteren Angaben nach § 9 Nummer 8 oder
3. Änderungen und Zusätze sowie Angaben zu Ausfertigungen, bei denen aus dem Urkundenverzeichnis jederzeit nachvollziehbar ist,
a) durch wen sie erfolgt sind,
b) wann sie erfolgt sind und
c) welchen Inhalt sie haben.

A. Einleitung

I. Normhistorie, Regelungsziel

Regelungsziel der Norm sind die Anforderungen an einer direkten Mitwirkung des Notars als Amtsperson bei insbesondere nachträglichen Änderungen im Urkundenverzeichnis, aber auch bei der Erteilung von Ausfertigungen, die für den Rechtsverkehr wegen des besonderen Charakters der Ausfertigung als Ersatz der Urschrift von besonderer Bedeutung sind. Grundsätzlich kann der Notar die Führung des UVZ delegieren. Die Begründung betont aber die Verantwortung des Notars oder der Notarin bei der nachträglichen Änderung und auch Fertigung von Zusätzen. Die Bestätigung derartiger Änderungen muss ausdrücklich vom Willen des Amtsträgers umfasst sein und ist somit Ausdruck der Höchstpersönlichkeit des Amtes.[1] 1

II. Regelungsursprung DONot a.F.

Die Norm greift in der Funktionalität auf § 7 Abs. 2 DONot a.F. zurück. 2

1 Vgl. dazu *Püls/Kalbitz*, NotBZ 2022, S. 206 ff., 214 zu Ziff. 2.

III. Bezug zu anderen Normen

3 Nachträgliche Änderungen unterliegen regelmäßig besonderen Formanforderungen mit Blick auf die Authentizität und Integrität, vergleiche beispielsweise § 44a BeurkG. § 30 NotAktVV verweist wegen der Regelungssystematik bei Änderungen im Verwahrungsverzeichnis auf die vorliegende Bestimmung.

Mit Blick auf die generelle Gegenausnahme einer Bestätigungspflicht in Abs. 2 Nr. 3 erlangt die jahrgangsweise Bestätigung durch den Notar gemäß § 19 NotAktVV besondere Bedeutung.

B. Persönliche Bestätigung

I. Anwendungsbereich

1. Änderungen, Zusätze

4 Im Rahmen der Ersterfassung bei Eintragungen in das UVZ werden sämtliche erforderlichen Angaben (vgl. §§ 9 ff. NotAktVV) zunächst gespeichert, um dann spätestens innerhalb der vorgeschriebenen Frist von 14 Tagen nach Beurkundung durch Eintragung verbindlich gespeichert zu werden. Die Vorbereitung des Speichervorgangs erfolgt regelmäßig in der NSW (Notar Software). Mit dem Vorgang des Exports aus der NSW in das System der Urkundenarchivbehörde (XNP) und der dort vorgesehenen Speicherfunktion wird der Eintrag somit verbindlich. Jedwede **spätere** Änderung an einer so vorgenommenen Eintragung kann nur noch in einem separaten Arbeitsschritt erfolgen, der auch durch die Mitarbeiter des Notars vorbereitet wird. Die Bestätigung vom Notar sollte – aus büropraktischen Gründen – zeitnah erfolgen, da ohne Bestätigung ein Übertrag in das eUSL in der Regel nicht erfolgt.

2. Angaben zu Ausfertigungen

5 Abs. 1 Nr. 2 sieht ausdrücklich eine derartige Bestätigungspflicht für die Erteilung von Ausfertigungen gemäß § 15 NotAktVV vor. Also nicht nur, wenn beispielsweise ein fälschliches Datum für die Erteilung einer Ausfertigung zunächst registriert wurde und dies dann berichtigt wird. Im Ergebnis läuft dies darauf hinaus, dass der Notar sämtliche Vorgänge, bei denen **Ausfertigungen** erteilt werden, gleichwohl ob im Zusammenhang mit einer ersten Eintragung oder zu einem späteren Zeitpunkt (als nachträglicher Eintrag), im UVZ bestätigen muss. Unter Beachtung bestimmter Grundsätze sieht allerdings Abs. 2 Nr. 3 eine Generalausnahme vor, die sich der Notar mit sorgfältig ausgewähltem und geschultem Personal unter Beachtung der dortigen Vorgaben zunutze machen kann.

II. Dokumentation von Inhalt und Datum

1. Inhaltliche Anforderungen an die Dokumentation

6 Sind **Zusätze/Änderungen** im Rahmen eines Eintrags UVZ anzubringen, sollen diese in knapper Weise deutlich machen, worum es bei der konkreten Änderung ging. Bei Angaben zu **Ausfertigungen** liegt dies auf der Hand, es handelt sich um Angaben zur Person, der die Ausfertigung erteilt wurde, die Nummer der Ausfertigung sowie das Datum der Ausfertigung (Erteilungsdatum, also das Datum, unter dem der Notar die Ausfertigung in der Papierform unterschrieben hat).

2. Zeitpunkt

7 Regelmäßig sind die Änderungen unverzüglich dann anzubringen, wenn der Bedarf im Büroablauf festgestellt wird. Dies können höchst **unterschiedliche Zeitpunkte** sein. Bei Ausfertigungen, die zwangsläufig erteilt werden – wie etwa bei Vorsorgevollmachten – wird der Zeitpunkt für die Erteilung (Unterschrift des Notars unter der papiergebundenen Ausfertigung) zeitnah nach der Beurkundung liegen, also regelmäßig noch innerhalb der 14-Tagesfrist, in der die Eintragung in das UVZ abgeschlossen werden muss. Somit kann eine Ersteintragung diese Angabe bei einer Ausfertigung gleich mitenthalten.

3. Höchstpersönlichkeit

8 Wie auch § 7 DONot a.F., geht auch die aktuelle Fassung der NotAktVV davon aus, dass die Bestätigungen von Änderungen und Zusätzen höchstpersönlich vom Notar zu verantworten sind. In der Papierwelt geschah dies durch abzeichnen, im UVZ erfolgt dies durch die Bestätigung, die freilich von einem Mit-

arbeiter inhaltlich vorbereitet werden kann. Mit der Bestätigung übernimmt der Notar dann die Verantwortung. Die Ausgestaltung der Bestätigung ist technisch im System der Urkundenarchivbehörde im Sinne der amtlichen Begründung gelöst. Der Gesetzgeber hat der Urkundenarchivbehörde die Ausgestaltung des Verfahrens überlassen. Die Zuordnung der Bestätigung an den Notar ist technisch gewährleistet.

4. Fehlerkorrektur

Wurde bei einer Änderung bzw. einem Zusatz oder einem Ausfertigungsdatum ein Fehler in der Eintragung begangen, kann eine Korrektur unter Beachtung der vorstehenden Grundsätze in entsprechender Weise selbstverständlich erfolgen. 9

5. Dauerhaftigkeit

Durch die Hinterlegung der Bestätigung im UVZ mit den dort vorgeschriebenen Aufbewahrungsfristen ist das Merkmal der **Dauerhaftigkeit** automatisch gewährleistet. Für die im Rahmen der Generalausnahme nach Abs. 2 Nr. 3 zu beachtende Dauerhaftigkeit wird diese über die jahrgangsweise vom Notar zu signierende Exportdatei gewährleistet, vgl. § 19 NotAktVV Rdn 1, 11 f. 10

C. Ausnahmen von der persönlichen Bestätigung

I. Ohnehin bestehende Ausnahmen

Ersteintragungen bedürfen – soweit es sich nicht um die erforderlichen Angaben im Zusammenhang mit der Erteilung von Ausfertigungen handelt – grundsätzlich keiner Bestätigung durch den Notar. Der Gesetzgeber geht hier von einer gewissenhaften Ersterfassung der relevanten Angaben im UVZ im Eigeninteresse und auch zur Vermeidung von Haftungsgefahren aus. Alle Änderungen, die im System der Urkundenarchivbehörde (XNP) im Stadium „Speichern" vorgenommen wurden, können ohne weiteres und jederzeit geändert werden. Mit der Funktion „Eintragen" entsteht ein verbindlicher Eintrag im UVZ, für den dann die Norm sowie die nachstehenden Gegenausnahmen gelten. 11

II. Ausdrückliche Ausnahmen durch Abs. 2

1. Löschung von Verzeichnisinhalten nach Ablauf der Aufbewahrungsfrist, Abs. 2 Nr. 1

Ab diesem Zeitpunkt – nach Ablauf der Aufbewahrungsfrist – besteht kein schützenswertes Interesse an der Erhaltung der zu löschenden Inhalte. Die amtliche Begründung sieht vor, dass Ausnahmen, die die Relevanz etwa für öffentliche Archive, keine Interessen der Beteiligten und des Beurkundungsverfahrens als solches betreffen und daher organisatorisch anderweitig gelöst werden können.[2] 12

2. Hinzufügung von Angaben Abs. 2 Nr. 2

Bei **Verfügungen von Todes** wegen sind die nach § 9 Nr. 7 NotAktVV i.V.m. § 16 NotAktVV geforderten weiteren Angaben nicht zu bestätigen. Hier wird in der Begründung[3] ausdrücklich darauf verwiesen, dass es vom Büroablauf abhängt, ob die Eintragung zusammen mit der Ersteintragung oder zeitlich versetzt erfolgt. Die Eintragung wird mit Blick auf die Höchstpersönlichkeit des Amtes nicht für so wesentlich erachtet, als es einer besonderen Bestätigung bedürfte, gleichviel ob Ersteintragung oder nachträgliche Änderung. Dieses Argument ließe sich freilich im Grunde auch für die Erteilung von Ausfertigungen verwenden, da auch hier büroorganisatorisch eine Erfassung mit der Ersteintragung in vielen Fällen sichergestellt werden kann. Aber anders als bei den hinzuzufügenden Angaben bezüglich der amtlichen Verwahrung etc., handle es sich bei Ausfertigungen um für den weiteren Vollzug und insbesondere wegen der Rechtswirkung im Außenverhältnis umso bedeutsame Vorgänge, dass die Unterscheidung gerechtfertigt erscheint. 13

2 BR-Drucks 420/20 S. 45 f. bzw. *Püls/Gerlach*, NotAktVV, Teil B, § 20 NotAktVV.

3 Diese Gegenausnahmen wurde erst mit einer späteren Änderung aufgenommen, vgl. BR-Drucks 774/21, S. 29.

Auch bei **Querverweisen** im Sinne des § 9 Nr. 8 NotAktVV in Verbindung mit § 17 NotAktVV sowie **fakultativen Angaben**, die aus büroorganisatorischen Erwägungen etwa mit in das UVZ aufgenommen werden, bedarf es keiner zusätzlichen persönlichen Bestätigung.[4]

3. Generelle Entbehrlichkeit der Bestätigung: Nachvollziehbarkeit aus dem UVZ

14 Der Regelungsbereich umfasst im Sinne der Praktikabilität, aber auch weil der Notar für die sachliche Organisation seiner Notarstelle die persönliche Verantwortung trägt, eine grundsätzliche Gegenausnahme für **Änderungen und Zusätze** zu Eintragungen, aber auch für **Angaben zu Ausfertigungen**, wenn folgende Gegebenheiten beachtet werden.

Die nachträglichen Änderungen oder Zusätze, aber auch die im Zuge einer Ersteintragung bei Ausfertigungen vorgenommenen Feststellungen (beispielsweise zur Ausfertigungsnummer, Ausfertigungsempfänger, Tag der Ausfertigung) sind nicht vom Notar zu bestätigen, wenn die entsprechenden Eintragungen im UVZ erkennen lassen

a) durch wen sie erfolgt sind, d.h. welche Mitarbeiter konkret damit betraut war,
b) wann sie erfolgt sind, d.h. das genaue Datum der Bestätigung durch den Mitarbeiter, und
c) welchen Inhalt sie haben d.h. welche Änderung/welcher Zusatz vorgenommen wurde bzw. ob es sich um die Erteilung einer Ausfertigung mit den vorstehend genannten Daten handelt.

Die vorstehenden Punkte kann der Notar im Rahmen seiner Organisationshoheit der Notarstelle festlegen und sollte sie verantwortungsvoll überprüfen. Die technischen Möglichkeiten, die die amtliche Begründung[5] dazu anspricht, sind im System der Bundesnotarkammer (vgl. § 78h Abs. 1 BNotO) über das Programm XNP gegeben.

15 Werden Ausfertigungen – beispielsweise bei Vollmachten – zeitnah, d.h. also auch innerhalb der 14-Tagesfrist, die für die Ersteintragung in das UVZ vorgeschrieben ist, gefertigt und dementsprechend im System gespeichert, ist dies zwar eine erste Eintragung, die automatisch mit dem in der NSW vorbereiteten Datensatz zum UVZ übertragen wird. Trotzdem bedarf sie einer Bestätigung durch den Notar.

Wurde das vorstehend beschriebene Verfahren eingehalten, ist diese Bestätigung im Einzelfall entbehrlich. An die Stelle der Bestätigung im Einzelfall tritt die jahrgangsweise Bestätigung gemäß § 19 Abs. 1, Abs. 3 NotAktVV. Zu diesem Zwecke kann es sich empfehlen – gerade wenn unterschiedliche Personen die zu exportierenden Datensätze in der NSW vorbereiten – nach der Speicherung der Daten im System der Urkundenarchivbehörde (via XNP) die Eintragung, die zur verbindlichen Registrierung im UVZ führt, durch eine besonders ausgewählte Gruppe von Mitarbeitern vornehmen zu lassen. Dies dient der Qualitätssicherung und hilft, fehlerhafte Eintragungen und somit nachträgliche Mehrarbeit zu vermeiden.[6]

4 Vgl. HK-NotarR/*Strauß*, NotAktVV § 20 Rn 7.
5 BR-Drucks 420/20 S. 45 f. bzw. *Püls/Gerlach*, NotAktVV, Teil B, § 20 NotAktVV.
6 Ausführlich dazu *Püls/Kalbitz*, Die elektronische Fassung der Urschrift: Vom Beurkundungstisch zur elektronischen Urkundensammlung, NotBZ 2022, S. 206 ff.

Abschnitt 3: Verwahrungsverzeichnis

§ 21 Verwahrungsverzeichnis

[1]Verwahrungsmassen, die nach § 23 der Bundesnotarordnung und nach den §§ 57 und 62 des Beurkundungsgesetzes entgegengenommen werden, sind in das Verwahrungsverzeichnis einzutragen, sobald dem Notar Werte zugeflossen sind. [2]Nicht eingetragen werden müssen

1. **Geldbeträge, die der Notar als Protestbeamter empfangen hat, wenn sie unverzüglich an die Berechtigten herausgegeben werden,**
2. **Wechsel und Schecks, die zum Zweck der Erhebung des Protestes übergeben wurden, und**
3. **Hypotheken-, Grundschuld- und Rentenschuldbriefe.**

Literatur Allgemeine Hinweise und Antworten zu den FAQs auf den Seiten der Bundesnotarkammer, FAQ – Verwahrungsverzeichnis (VVZ) | Onlinehilfe der Bundesnotarkammer (bnotk.de)

A. Einleitung

I. Normhistorie, Regelungsziel

Mit der Einführung des rein elektronisch geführten Verwahrungsverzeichnisses gehen Erleichterungen einher, denn die bisher übliche doppelte Führung in zwei Büchern für Verwahrungsmassen (Verwahrungsbuch und Massenbuch) gehört durch die Vorzüge der elektronischen Führung der Vergangenheit an. Weiterhin entfallen Vorgaben, etwa für gesonderte Spalten bei Einnahmen und Ausgaben aufgrund der elektronischen Saldierungsmöglichkeiten und unterschiedliche Möglichkeiten der bildlichen Darstellung. 1

Umgekehrt wird das Verwahrungsverzeichnis, wie auch das Urkundenverzeichnis, zentraler Bestandteil der digital unterstützten Amtsführung im Notariat.

Neben der automationsgestützten Führung in XNP kommt es für die praktische Umsetzung insbesondere auf die Unterstützung/Exportmöglichkeit aus der im Notariat im Regelfall verwendeten Notariatssoftware an. Derartige praktisch bedeutsame Aspekte sind freilich nicht Regelungsinhalt der konkreten Norm.

Der Normzweck des Verwahrungsverzeichnisses ist eng verbunden mit dem Normzweck der Verwahrung als solcher: Zweck der Entgegennahme durch den Notar sollte im Anwendungsbereich der Norm die Aufbewahrung und Ablieferung des Verwahrungsgutes sein und damit die Nachvollziehbarkeit und Struktur auch mit Blick auf Amtsprüfungen und Ämterkontinuität.

II. Regelungsursprung DONot a.F.

Die Norm orientiert sich an den Regelungen des § 10 Abs. 1 DONot a.F., allerdings unter Berücksichtigung der Besonderheiten der Digitalisierung des Verwahrungsverzeichnisses. 2

III. Bezug zu anderen Normen

3 § 23 BNotO ist die Grundlage für die Verwahrungstätigkeit der Notare. Die gesetzliche Ausformung der Zuständigkeit in verfahrenstechnischer Hinsicht findet sich in §§ 57 ff. BeurkG sowie den Bestimmungen der §§ 21 ff. NotAktVV; § 9 DONot legt die Anforderungen fest, die der Notar bei der Einreichung der Übersichten über die Verwahrgeschäfte zu beachten hat. Übergangsbestimmungen enthält § 20 Abs. 3 DONot.

B. Verwahrungsverzeichnis

I. Anwendungsbereich

1. Verwahrungsmassen, § 23 BNotO

4 Nach § 23 BNotO sind Notare für die Aufbewahrung und Ablieferung bestimmter Wertgegenstände zuständig: **Geld, Wertpapiere und Kostbarkeiten**. Notare sind damit zur Vornahme solcher (sonstiger) Amtstätigkeiten berechtigt, aber nicht verpflichtet.[1] Neben den zu verwahrenden Gütern, die § 23 BNotO aufzählt, gibt es sonstige Gegenstände, die der Notar auf Grundlage von § 24 Abs. 1 S. 1 BNotO in Verwahrung nehmen kann.[2] Solche sonstigen, nicht auf der Grundlage des § 23 BNotO (der explizit in § 21 NotAktVV genannt wird) in die Verwahrung durch den Notar übernommen Gegenstände müssen nicht in das VVZ eingetragen werden, was dann auch nicht zu entsprechenden Kostenfolge für den Notar führt. Insoweit wird auch von einer **sog. untechnischen Verwahrung** gesprochen.[3] Wird dann andererseits betont, dass der Notar auch bei dieser Form der Verwahrung für eine „sorgfältige bürointerne Dokumentation" sorgen muss,[4] stellt sich die Frage, was außer den anfallenden Kosten für die Eintragung in das VVZ gegen die Nutzung desselben bei derartigen Gegenständen, die im Einzelfall durchaus „Kostbarkeiten" sein können, spricht.

2. Behandlung der Verwahrungsmasse „Geld", § 57 BeurkG

5 Die Verfahrensvorschriften für die Verwahrung von **Geld** entsprechend der eröffneten Zuständigkeit richtet sich nach den § 57 ff. BeurkG. Insbesondere die Entgegennahme von Bargeld zur Verwahrung ist dem Notar untersagt, § 57 Abs. 1 BeurkG.

3. Behandlung der Verwahrungsmassen Wertpapiere und Kostbarkeiten, § 62 BeurkG

6 Auch für die weiteren, vom Notar entsprechend der eröffneten Zuständigkeit in die Verwahrung genommenen Gegenstände wie **Wertpapiere** und **Kostbarkeiten** gelten gemäß § 62 BeurkG die Bestimmungen der §§ 57, 60 und 61 BeurkG entsprechen. Weitere Angaben sind hier gemäß § 26 NotAktVV erforderlich.

4. Gegenausnahmen

7 S. 2 zählt abschließend die Gegenausnahmen auf, bei denen keine Eintragung in das Verwahrungsverzeichnis erfolgen muss.

a) Geldbeträge, die der Notar als Protestbeamter empfangen hat, wenn sie unverzüglich an die Berechtigten herausgegeben werden,
b) Wechsel und Schecks, die zum Zweck der Erhebung des Protestes übergeben wurden, und
c) Hypotheken-, Grundschuld- und Rentenschuldbriefe.

Die Formulierung der Norm steht aber einer fakultativen Eintragung nicht entgegen, dient aber der erleichterten Führung und Übersichtlichkeit des Verwahrungsverzeichnisses. Damit knüpft dieser Teil der Norm auch wieder an den Zweck der Norm an, nämlich die Entgegennahme durch den Notar

1 Vgl. BeckOK-BNotO/*Sander*, Ed. 1.8.2025, § 23 Rn 2; die Beschwerdemöglichkeit gemäß § 15 Abs. 2 S. 1 BNotO greift somit nicht.
2 Zur Unterscheidung und den teilweise verschwindenden Grenzen (zust. BeckOK-BNotO/*Sander*, Ed. 1.8.2025, § 23 Rn 13) bei Kostbarkeiten, die dogmatisch von Interesse sein mögen, aber für die praktische Handhabung er geringere Auswirkung haben dürften vgl. BeckOK-BNotO/*Sander*, Ed. 1.8.2025, § 15 Rn 93; BeckOK-BNotO/*Sander*, Ed. 1.8.2025, § 23 Rn 15 sowie § 26 Rn 6.
3 HK-NotarR/*Strauß*, NotAktVV § 21 Rn 3 m.w.N.
4 So zu Recht HK-NotarR/*Strauß*, NotAktVV § 21 Rn 3 unter Verweis auf weitere Stellen im Schrifttum.

im Sinne einer Aufbewahrung späteren Ablieferung in Abgrenzung zur Verwendung im Rahmen der Vollzugstätigkeit.

II. Eintragungszeitpunkt

1. Zufluss der Werte

8 Entscheidend für den Zeitpunkt der Eintragung in das Verwahrungsverzeichnis ist Zufluss der Werte bzw. die tatsächliche Entgegennahme derselben (Kostbarkeiten etc.). Alleine die schriftliche Entgegennahme des Verwahrungsantrages gemäß § 57 Abs. 5 BeurkG führt noch nicht zur Eintragung in das Verwahrungsverzeichnis.

Eine Eintragung auf „Vorrat", bevor beispielsweise eine Einzahlung auf einem Notaranderkonto erfolgt ist, ist nicht möglich. Zulässig und programmtechnisch vorgesehen ist allerdings die Vorbereitung der entsprechenden Verwahrungsmassen über den Funktionseintrag „speichern" in XNP. Weitere praktische Hinweise finden sich in der Onlinehilfe BNotK/interner Bereich (Verwahrungsmasse eintragen).

2. Spätere Änderungen

9 Zur Wahrung der Übersichtlichkeit und Nachvollziehbarkeit gehört es, dass nach dem Eintragungszeitpunkt vorgenommene Änderungen an ursprünglichen Eintragungen entsprechend den Bestimmungen des § 30 NotAktVV kenntlich gemacht werden müssen.
Die Bestätigungspflicht gilt selbstverständlich nicht für die Eintragungen, die im Rahmen der laufenden Abwicklung der Verwahrungsmasse erforderlich sind.

C. Verwahrungsverzeichnis – XNP; Kosten

10 Praktische Hinweise zum Programm der Urkundenarchivbehörde finden sich in den einschlägigen Anleitungen sowie in der Onlinehilfe unter https://www.elektronisches-urkundenarchiv.de/intern/faq dort unter Urkundenverzeichnis und Verwahrungsverzeichnis.

Für die Eintragungen in das Verwahrungsverzeichnisses werden **Gebühren** erhoben (§ 78j Abs. 1 Nr. 2 BNotO i.V.m. § 1 Abs. 2 UA-GebS). Diese betragen pro eingetragener Verwahrungsmasse 32 EUR (§ 2 Abs. 3 UA-GebS), wobei – anders als bei der elektronischen Urkundensammlung – der Notar Gebührenschuldner ist, § 78j Abs. 1 S. 2 Nr. 2 i.V.m. Abs. 2.[5] Diese Gebühren sind nicht auslagefähig.

§ 22 Angaben im Verwahrungsverzeichnis

Jede Eintragung einer Verwahrungsmasse enthält folgende Angaben:

1. die Massenummer,

2. wenn die Verwahrung im Zusammenhang mit einem Geschäft steht, das im Urkundenverzeichnis eingetragen ist, die Urkundenverzeichnisnummer; andernfalls ein sonstiges eindeutiges Zeichen,

3. die Beteiligten des Verwahrungsverhältnisses (§ 24),

4. das Datum des Tages, an dem der Notar die Verwahrungsanweisung angenommen hat,

5. die Einnahmen und die Ausgaben (§ 25) und

6. den Abschluss des Verwahrungsgeschäfts.

5 Zu den kostenrechtlichen Fragen rund um das elektronische Urkundenarchiv ausführlich *Thelen*, DNotZ 2022, S. 105 ff., 113.

A. Einleitung

I. Normhistorie, Regelungsziel

1 Auch diese Norm orientiert sich an den Vorgaben der DONot a.F. und sorgt für die Eindeutigkeit und Zuordenbarkeit von Verwahrungsmasse im Verwahrungsverzeichnis. Durch die technischen Vorgaben findet hier im praktischen Notariatsbetrieb eine „nutzergeführte Steuerung" im Sinne der vom Gesetz vorgeschriebenen Angaben statt.

II. Regelungsursprung DONot a.F.

2 Auch wenn mit dem Verwahrungsverzeichnis die Bestimmungen zu Massenbuch und Verwahrungsbuch entfallen sind, lässt sich der Gedanke, der sich in der Papierwelt hinter den einschlägigen Bestimmungen der DONot findet, auch im Bereich der digital geführten Register wiederfinden. So auch bei den eintragungspflichtigen Angaben innerhalb des Verwahrungsverzeichnis.

III. Bezug zu anderen Normen

3 Was Gegenstand einer Verwahrungsmasse ist, legt § 21 NotAktVV fest. Bezüglich der Angaben gibt es Überschneidungen mit § 9 NotAktVV, so insbesondere zu den Daten der Beteiligten des Verwahrungsverhältnisses.

B. Angaben zu den Verwahrungsmassen

I. Enumerativer Katalog

1. Massenummer

4 Die Massenummer dient der eindeutigen Zuordnung von Verwahrungsmassen, Buchungen und Belegen. Entsprechend dem Zuflussprinzip (§ 21 NotAktVV Rdn 8) setzte sich aus einer fortlaufenden Nummer und dem Jahr, in dem die Verwahrungsmasse entgegengenommen wurde, zusammen. Diese Nummer wird vom Programm XNP programmseitig vorgegeben, wobei eine Exportfunktion aus der NSW grundsätzlich möglich ist, vergleiche dazu und auch zum Kollisionsfall § 23 NotAktVV Rdn 4.

2. Bezug zur Urkundenverzeichnisnummer; sonstige Fälle

5 Im Regelfall wird eine Verwahrung immer auch im Zusammenhang mit einer Urkunde des Notars stehen. Schon aus Ordnungsgesichtspunkten empfiehlt sich dies, könnte aber auch wegen der leichteren Nachvollziehbarkeit in Bezug auf Geldwäscheprävention etc. tunlich sein.

Sollte die Entgegennahme von Verwahrungsgegenständen ohne entsprechende Urkunde und somit ohne Eintrag in das Urkundenverzeichnis erfolgen, sieht § 22 Nr. 2 NotAktVV die Angabe eines „eindeutigen Zeichens" vor, das die Identifizierung des Verwahrungsgutes ohne weiteres für Amtsnachfolger, Aufsicht, aber auch im Geschäftsbetrieb des Notars für seine Mitarbeiter erkennbar werden lässt.

3. Beteiligten des Verwahrungsverhältnisses (§ 24 NotAktVV)

6 Die einfache Feststellung der Beteiligten an einem Verwahrungsgeschäft ist nur sichergestellt, wenn die Beteiligten auch in diesem Verzeichnis mit den erforderlichen Angaben enthalten sind. Insoweit wird auf die Kommentierung zu § 24 NotAktVV in Verbindung mit § 12 Abs. 2 und 3 NotAktVV verwiesen.

Derzeit ist eine programmtechnische Übernahme der Daten aus dem UVZ derzeit nicht möglich. Die separate Anlage der Beteiligten kann auch daraus resultieren, dass für den konkreten Verwahrungsvorgang keine Urkunde anzulegen war, vergleiche vorstehende Rdn 5. Einmal bereits im Verwahrungsverzeichnis erfasste Personen werden in einer entsprechenden Auswahlliste des Programms vorgeschlagen.

Das Programm für die Eingabe der entsprechenden Daten sieht auch Angaben zu Steuermerkmalen (Wirtschaft-Identifikationsnummer oder Identifikationsnummer), Bankverbindungen sowie die Rolle als Hinterleger oder Empfänger vor.

4. Datum des Tages (Annahme der Verwahrungsanweisung)

Eine Verwahrungsanweisung kann entweder isoliert vor Begründung eines Verwahrungsverhältnisses erteilt werden oder, was in der Vielzahl der Fälle die Regel ist, innerhalb der notariellen Urkunde. 7

Das Datum der Annahme durch den Notar ist, sofern es sich nicht aus einer notariellen Niederschrift ergibt, nach § 57 Abs. 5 BeurkG auf der Verwahrungsanweisung zu vermerken. Durch die Aufnahme in das Verwahrungsverzeichnis wird ein Bezug zur rechtlichen Grundlage der Verwahrung hergestellt.

5. Einnahmen und die Ausgaben (§ 25 NotAktVV)

a) Einnahmen 8

b) Ausgaben

Insbesondere bei der Verwahrung von Geld, aber auch bei Kostbarkeiten (dort zur Eintragung des Schätzwertes, § 26 Abs. 2 NotAktVV) sind in die vorgegebenen Felder der von der Urkundenarchivbehörde zur Verfügung gestellten Software XNP die entsprechenden Angaben zu machen. Durch die Möglichkeit der elektronischen multiplen Auswertung dieser Felder und der Möglichkeit der Saldierung entfällt die entsprechende Spaltendarstellung, die bisher bei der DONot a.F. gegolten hat.

6. Abschluss des Verwahrungsgeschäfts

Nach vollständiger Abwicklung der Verwahrungsmasse ist der Abschluss entsprechend zeitnah einzutragen. Durch entsprechende Auswertung ist somit eine schnelle Übersicht über abgeschlossene Verwahrungen im laufenden Jahr möglich. Die Führung gesonderter Tabellen ist damit entbehrlich geworden. 9

II. Anforderungen an die Eintragung

Der Zeitpunkt für die Eintragung der vorgegebenen Daten in das Verwahrungsverzeichnis ergibt sich aus § 25 Abs. 2 S. 1 NotAktVV: da jede Einnahme und Ausgabe unverzüglich[1] einzutragen ist und die entsprechenden Angaben in Verwahrungsverzeichnis mit dem Zufluss der ersten Einnahme vorzunehmen sind, gilt dies auch für die übrigen von § 22 NotAktVV geforderten Angaben. 10

C. Verfahren bei Änderungen

Änderungen und Zusätze, die die nach § 22 NotAktVV zu machenden Angaben betreffen, sind entsprechend § 30 Abs. 1 S. 1 NotAktVV vom Notar zu bestätigen. 11

D. Bezug zu XNP – VVZ

Auch wenn bestimmte Daten bereits im Rahmen des Urkundenverzeichnisses angelegt wurden, ist derzeit eine gesonderte, **zusätzliche Eingabe bei XNP** aus datenschutztechnischen Gründen für die Eintragung in das Verwahrungsverzeichnis erforderlich. Da in der Regel aber der Export sowohl in das UVZ als auch das VVZ aus der Notariatssoftware heraus erfolgt, sind die damit verbundenen praktischen Nachteile zu 12

1 Zum Zeitpunkt der Unverzüglichkeit vgl. die Ausführungen bei Abs. 2 S. 1 in § 25 NotAktVV Rdn 8.

vernachlässigen. Außerdem sind einmal hinterlegte Beteiligte im Verwahrungsverzeichnis auf einer entsprechenden Auswahlliste hinterlegt und können so programmtechnisch leicht eingeprägt werden.

Die systemseitig vorgegebene **Massenummer** lässt sich in den Einstellungen des Programms auf die vom Notar gewünschten Ordnungskriterien bezüglich des Aufbaus der Nummer noch gestalten.

Verwahrungsmassen können in jedem Status noch bearbeitet werden. Dabei ist allerdings zu differenzieren zwischen einer Verwahrungsmasse in Vorbereitung,[2] die also nur gespeichert wurde, oder einer bereits erfolgten (und damit abgeschlossenen) Eintragung in das Verwahrungsverzeichnis. Mit der Eintragung wird die Übergabe der Daten rechtsverbindlicher Inhalt des Verwahrungsverzeichnisses. Da bei **Änderungen** und **Zusätzen** eine dauerhafte Dokumentation gefordert wird, sieht das von der Urkundenarchivbehörde zur Verfügung gestellte Programm die automatische Erzeugung von Korrekturvermerken nach entsprechender Eingabe vor.[3]

§ 23 Massenummer und Buchungsnummer

(1) Die Massenummer setzt sich zusammen aus der Jahreszahl des Jahres, in dem die Verwahrungsmasse in das Verwahrungsverzeichnis eingetragen wird, und einer für dieses Jahr fortlaufenden Nummer.
(2) Die Buchungsnummern werden für jede Verwahrungsmasse gesondert und in fortlaufender Reihenfolge vergeben.

A. Einleitung

I. Normhistorie, Regelungsziel

1 Mit der automatisierten Anlage des VVZ und den Möglichkeiten der Vernetzung entfallen viele zusätzliche Angaben, die in der Papierwelt noch für das Verhältnis von Verwahrungs- und Massenbuch deutlich waren. Die Regelung ist Ausdruck der reduzierten Erfordernisse mit Blick auf die Führung der Massen im VVZ. Ein separates Massenbuch gibt es in der elektronischen Registerführung nicht mehr, die bisher praktizierte Doppelerfassung in Verwahrungsbuch und Massenbuch fällt weg.

Die Zuordnung der Masse im VVZ erfolgt über die zu vergebende Massennummer. Aus der Kombination von Massennummer und Buchungsnummer ist eine eindeutige Zuordnung von Buchungsvorgängen nebst zugehörigen Belegen möglich.

II. Regelungsursprung DONot a.F.

2 In § 12 DONot a.F. waren die Eintragungen im Massenbuch geregelt. Der Grundsatz der Eintragung (jahrgangsweise und einer laufenden Nummer) war in § 12 Abs. 2 S. 1 DONot a.F. festgeschrieben.[1] Zusätzliche Angaben für die Masse, um auch eine Beziehung zwischen Verwahrung und Massenbuch herzustellen, sind durch die automatisierte Verknüpfung entbehrlich.

2 Solche können jederzeit noch ohne zusätzliche Dokumentation bearbeitet und korrigiert werden. Lediglich die vergebene Masse Nummer bleibt fix, ebenso wie dies für die Nummer im UVZ der Fall ist. Ausführlich zu Bearbeitungsmöglichkeiten vergleiche die Onlinehilfe zur Bearbeitung von Verwahrungsmassen.

3 Zur Korrekturvermerken und deren listenhafte Darstellung in XNP vergleiche die Onlinehilfe zu Vermerken/Dokumentation (vergleiche auch bei § 21 NotAktVV Rdn 9).

1 Vergleich dazu beispielsweise Armbrüster/Preuß/Renner/*Renner*, 8. Aufl., § 12 Rn 3 DONot mit weiteren Hinweisen auf die historische Entwicklung.

Die in § 11 Abs. 3 S. 3 DONot a.F. in Verbindung mit § 12 Abs. 3 S. 3 DONot a.F. für Wertpapiere vorgesehene Bezeichnung im Massenbuch ist aufgrund der vorgeschriebenen Verknüpfung nur noch für das VVZ und die dortigen Eintragungen notwendig, vgl. § 27 Abs. 1 NotAktVV. Natürlich erhalten auch solche Verwahrgegenstände eine entsprechende Massennummer.

III. Bezug zu anderen Normen

§ 57 BeurkG setzt den Antrag auf Anlegung einer Masse im Rahmen der Verwahrungsanweisung voraus. 3
§ 58 Abs. 2 S. 3 BeurkG sieht den Grundsatz der gesonderten Verwahrungsmassen vor. § 20 Abs. 3 DONot enthält eine Übergangsregelung zu den Übersichten für Verwahrungsmassen die nach den vor dem 1.1.2022 geltenden Bestimmungen geführt werden.

§ 41 Abs. 4 NotAktVV sieht vor, dass die Kontoauszüge mit den entsprechenden Massennummern, die Belege mit den Massennummern sowie den Buchungsnummern zu versehen sind.

§ 10 Abs. 1 DONot legt fest, wie die Massennummern bei Wertpapieren und Kostbarkeiten anzubringen sind.

B. Massennummer

I. Grundsatz

Abs. 1 beschreibt die Zusammensetzung der Massennummer. Die entsprechende Nummer wird systembedingt vorgegeben, sie kann aber auch aus der NSW generiert und über XNP zum VVZ exportiert werden. 4

Im Kollisionsfall – sollte die Nummer bereits vergeben sein im VVZ – ist ein Überschreiben durch eine Exportfunktion aus der NSW via XNP nicht möglich.

II. Ausgestaltung

Ähnlich wie bei der Angabe der UVZ-Nummer sind für die Vermerke auf den Belegen sowie in Hilfsmitteln etc. die Konfigurationsmöglichkeiten für den Notar nach dessen Ermessen grundsätzlich weit, solang die Grundanforderungen des Abs. 1 eingehalten sind: Jahreszahl und fortlaufenden Nummer innerhalb des Jahres. Um Verwechslungen mit der Urkundennummer zu vermeiden, dürfte sich Notariats intern ein davon unterscheidbarer Aufbau in der Ziffernfolge anbieten. 5

Mögliche Darstellungsformen sind beispielsweise:

Massen-Nummer 0001/2022

Massen NR. 1p2002

MNr. 2022p0001

Die Anbringung sollte in übersichtlicher Form an geeigneter Stelle erfolgen. Werden Wertpapiere und Kostbarkeiten verwahrt, ist die Massennummer auf dem Verwahrungsgut oder auf Hüllen und Ähnlichem anzugeben, § 10 Abs. 1 DONot.

C. Buchungsnummer

Die Buchungsnummern gemäß Abs. 2 werden für jeden Buchungsvorgang, der zu einer definierten Masse gehört, fortlaufend vergeben. Auch hier gilt das oben für die Nummernvergabe Gesagte entsprechend – eine Generierung erfolgt in der Regel aus der Notariatssoftware (NSW) und Abgleich mit der entsprechenden Nummer im Verwahrungsverzeichnis. Die entsprechende Nummer wird dann durch die Software des Urkundenarchivs übernommen. Durch die so vorgegebene redundante Kontrolle soll es zu keinen Doppelvergaben oder Fehlern kommen. 6

Anders als noch § 11 Abs. 2 DONot a.F. werden hier die Buchungsnummern nicht mehr über die Massen hinweg geführt, sondern jede Buchung innerhalb einer einzelnen Masse erhält ihre fortlaufenden Nummern. Das ist übersichtlich und führt auch bei einer Vielzahl von Massen nicht zu ausufernden Buchungsnummern.

Die Voranstellung einer führenden Null oder mehrerer führender Nullen bei der Buchungsnummer ist zulässig.

D. Verfahren bei Änderungen

I. Falscheingaben/Korrekturen

7 Bis zur Eintragung sind Korrekturen ohne weiteres möglich.

II. Nachträgliche Änderungen

8 Nachträgliche Korrekturen bedürfen der persönlichen Bestätigung durch den Notar, vgl. § 30 NotAktVV.

§ 24 Angaben zu den Beteiligten

Für die zu den Beteiligten einzutragenden Angaben gilt § 12 Absatz 2 und 3 entsprechend.

A. Einleitung

I. Normhistorie, Regelungsziel

1 Die in das VVZ einzutragenden Angaben richten sich nach denjenigen, die in § 12 Abs. 2 und 3 NotAktVV niedergelegt sind.

II. Regelungsursprung DONot a.F.

2 In § 11 und § 12 DONot a.F. fanden sich Vorgaben zu den Eintragungen, § 13 Abs. 1 DONot a.F. sah dann noch zusätzlich die Führung von alphabetischen Namensverzeichnissen für die Massenbücher vor. Der grundsätzlich andere Aufbau und die automationsgestützte Führung sowie die entsprechende Anwendung der Bestimmungen des UVZ erleichtern die praktische Handhabung bei der Anlage der Verwahrungsmasse im VVZ.

B. Angaben zu den Beteiligten

3 Die Unterscheidung von Pflichtangaben gemäß § 12 Abs. 2 NotAktVV und fakultativ möglichen Angaben gemäß § 12 Abs. 3 NotAktVV ist für das VVZ übernommen worden.

Zur Vermeidung von Doppellungen wird hier auf die Kommentierung zu § 12 Abs. 2 und Abs. 3 NotAktVV verwiesen.

§ 25 Angaben zu Einnahmen und Ausgaben

(1) Die Einnahmen und die Ausgaben sind jeweils gesondert einzutragen für

1. **Wertpapiere und Kostbarkeiten, die zur Aufbewahrung oder Ablieferung an Dritte entgegengenommen wurden,**
2. **Schecks oder Sparbücher, die zur Einlösung entgegengenommen wurden,**
3. **Schecks, die zur Auszahlung ausgestellt wurden, und**
4. **jedes Notaranderkonto.**

(2) [1]Jede Einnahme und jede Ausgabe ist im Verwahrungsverzeichnis unverzüglich unter Angabe der Buchungsnummer einzutragen. [2]Einnahmen werden mit positivem Vorzeichen, Ausgaben mit negativem Vorzeichen eingetragen. [3]Eintragungen erfolgen unter dem Datum ihrer Vornahme. [4]Weicht in den Fällen des Absatzes 1 Nummer 1 bis 3 das Datum der Einnahme oder der Ausgabe oder im Fall des Absatzes 1 Nummer 4 das Datum der Wertstellung vom Datum der Eintragung ab, so ist auch das abweichende Datum einzutragen.

(3) [1]Zu jeder Einnahme ist anzugeben, wer die auftraggebende Person ist; zu jeder Ausgabe ist anzugeben, wer die empfangende Person ist. [2]Ist an einer Einnahme oder einer Ausgabe eine dritte Person unmittelbar beteiligt, so soll auch diese mit den in § 12 Absatz 2 genannten Angaben eingetragen werden; § 12 Absatz 3 gilt entsprechend.

(4) [1]Zu jeder Eintragung können weitere Angaben aufgenommen werden, sofern diese der Erfüllung der Amtspflichten dienen. [2]Solche Angaben sind strukturiert zu erfassen, soweit die Bundesnotarkammer dies vorsieht.

A. Einleitung

I. Normhistorie, Regelungsziel

1 § 25 NotAktVV regelt in konsistenter Form die notwendigen Angaben sowie Zeitpunkte und Gegenstände der Eintragungen für Einnahmen und Ausgaben im Zusammenhang mit Verwahrungsmasse. So schreibt Abs. 1 die Trennung bezüglich bestimmter Verwahrungsarten vor, Abs. 2 enthält Bestimmungen über die konkrete Buchung der Einnahmen und Ausgaben, Abs. 3 regelt die Angabe von Personen bei Buchungen und Abs. 4 trifft Aussagen über weitere Angaben zu einer Buchung.

II. Regelungsursprung DONot a.F.

2 Aufgrund der doppelten Führung von Verwahrungsbuch und Massenbuch gab es Regelungen in § 11 DONot a.F. sowie § 12 DONot a.F. zu Eintragungen.

III. Bezug zu anderen Normen

3 Für die Durchführung der Verwahrungsgeschäfte enthält § 10 DONot weitere ausführende Vorschriften.

B. Einnahmen und Ausgaben

I. Verbot der Vermischung

1. Verwahrungsmassen § 23 Abs. 1 BNotO

4 Der in Abs. 1 aufgestellte Grundsatz, dass Einnahmen und Ausgaben im Verwahrungsverzeichnis jeweils gesondert für Wertpapiere und Kostbarkeiten (Nr. 1), für Schecks und Sparbücher (Nr. 2 und Nr. 3) und für jedes als Notaranderkonto geführte Bankkonto (Nr. 4) einzutragen sind, sorgt für Übersichtlichkeit der Eintragungen und Nachvollziehbarkeit der Buchungen.

2. Trennung der Verwahrungen

5 Üblicherweise wird jede Form der Verwahrung, die nach der NotAktVV als solche zu erfassen ist, einen gesonderten Verfahrensvorgang darstellen und damit auch eine separate Verwahrungsmasse, die mit ihrer jeweiligen Buchungsnummer nach § 23 Abs. 2 NotAktVV zu trennen ist. Sollten ausnahmsweise mehrere Arten der Verwahrung innerhalb einer Verwahrungsmasse erfolgen, ergibt sich aus Abs. 1, dass eine Vermögensverschiebung zwischen beispielsweise einem Anderkonto und einem Scheck mit separaten Einnahmen und separaten Ausgaben bei der Verwahrungsart Scheck und der Verwahrungsart Anderkonto zu erfassen ist.[1] Dies gilt auch für Umbuchungen zwischen verschiedenen Anderkonten, wenn diese ausnahmsweise zu einer Verwahrungsmasse gehören (vgl. § 28 Abs. 2 S. 1 NotAktVV).

II. Eintragung von Einnahmen und Ausgaben

6 Innerhalb jeder Verwahrungsart werden Einnahmen und Ausgaben eingetragen. Vorweggenommene Saldierungen (Saldobuchungen) sind unzulässig.[2]

C. Eintragungsgrundsätze

I. Vorbemerkung

7 Die automationsgestützte Führung der Verwahrungsmasse nun wird in der Regel durch die NSW vorbereitet und über Exportfunktionen via XNP zum bei der BNotK (Urkundenarchivbehörde) geführten VVZ exportiert. Daneben ist natürlich auch der direkte Eintrag über die Benutzungsoberfläche in XNP in das VVZ möglich. Bei exakter Schnittstellenprogrammierung sowie Beachtung der bürointern vorgegebenen Prinzipien für die Reihenfolge der Eintragungen entsprechen den Anforderungen der NotAktVV, dürfte es nur selten zu Fehleintragungen kommen. Sollte es im Einzelfall dazu kommen, wird insoweit auf Rdn 12 verwiesen.

II. Anforderungen im Einzelnen

1. Unverzügliche Eingabe, Abs. 2 S. 1

8 Jede Einnahme und jede Ausgabe ist unverzüglich und unter Angabe der Buchungsnummer einzutragen, Abs. 2 S. 1. Wie im allgemeinen juristischen Verständnis ist auch hier unverzüglich so zu verstehen, dass die Eintragung ohne schuldhaftes Zögern (§ 121 BGB) nach Kenntnis über den jeweiligen Buchungsvorfall zu erfolgen hat. Dies kann bei dem Notar unmittelbar persönlich übergebenen Wertgegenständen in der Regel nur der Tag sein, an dem er sie in Empfang nimmt. **In jedem Fall sind die Buchungen von Einnahmen/Ausgaben immer unter dem Tagesdatum vorzunehmen, an dem die Eintragung erfolgt.**

Bei der Buchung aufgrund von Kontoauszügen in Papierform oder dem Abruf von elektronischen Kontoauszügen ist „unverzüglich" der sich anschließende Zeitraum. Ausweislich der Begründung ist für die Unverzüglichkeit auch die Kenntniserlangung zu üblichen Geschäftszeiten maßgeblich. Daraus kann auch geschlossen werden, dass es auf einen Geschäftsbetrieb unter normalen Bedingungen ankommt. Dieser kann beispielsweise in Pandemiezeiten durch Quarantäneregelungen etc. gegenüber dem üblichen Ablauf zeitliche Verschiebungen erfahren. Das bedeutet nicht Belieben, sondern pflichtgemäßes Ermessen des Notars, der auch sonst die organisatorische Sachherrschaft über seine Amtsstelle ausübt und ausüben muss.

Kommt es zu Abweichungen zwischen dem Eintragungsdatum der Buchung (welche im Idealfall der „Unverzüglichkeit" auch der Tag der tatsächlichen Einnahme/Ausgabe bzw. derjenige der Wertstellung gem. § 25 Abs. 2 S. 2 Nr. 4 NotAktVV wäre, was bei der Buchung von Notaranderkonten regelmäßig der Fall sein wird, wenn nicht ausnahmsweise taggenauer Abruf und taggenaue Eintragung büroorganisatorisch sichergestellt sind), ist nach Abs. 2 S. 4 **zusätzlich auch das abweichende Datum (der Wertstellung) einzutragen**. Die Wertstellung als Buchungsdatum ermöglicht nicht nur eine exaktere Berechnung im Falle aufgelaufener Zinsen etc., sie stellt auch die Buchungsvorgänge für die Beteiligten übersicht-

1 HK-NotarR/*Strauß*, § 25 NotAktVV Rn 2.

2 Vgl. Armbrüster/Preuß/Renner/*Renner*, 8. Aufl. DONot § 12 Rn 3.

licher und nachvollziehbarer dar.[3] Im Bereich der Notarkammer Sachsen war die Buchung unter dem Datum der Wertstellung bereits unter der DONot a.F. zulässig und das in der Praxis präferierte Datum, unter dem die Eintragung vorgenommen wurde.

2. Buchung mit positiven/negativen Vorzeichen, Abs. 2 S. 2

Was in der Papierwelt noch durch Buchung in bestimmten Spalten zu einer übersichtlichen Darstellung führte, kann in der automatisierten Verzeichnisführung getrost durch die Wiedergabe von positiven Zahlen mit entsprechendem Vorzeichen bei Einnahmen sowie negativen Zahlen mit entsprechendem Vorzeichen bei Ausgaben belegt werden. 9

3. Angabe der Auftrag gebenden Person, Abs. 3

Für die Nachvollziehbarkeit von Einnahmen und Ausgaben ist es auch wichtig, dass aus der Eintragung ins VVZ die jeweils auftraggebende (bei Einnahmen) bzw. empfangende (bei Ausgaben) Person hervorgeht, Abs. 3 S. 1. Insoweit orientiert sich auch die Regelung an der bisher bestehenden Praxis in der DONot a.F. Handelt es sich um Umbuchungen bei Anderkonten tritt an die Stelle der Personenangaben der Hinweis auf die Umbuchungen, § 28 Abs. 2 S. 2 NotAktVV. 10

Dies gilt nach Abs. 3 S. 2 als **Soll-Vorschrift**[4] auch wenn Dritte, d.h. nicht am Urkundsgeschäft unmittelbar beteiligte Personen, in die Abwicklung der Verwahrung eingeschaltet sind. In der Regel handelt es sich dabei um eine eingeschaltete Bank, die hier die Zahlstellenfunktion übernimmt. Für diese sind die gemäß § 12 Abs. 2 NotAktVV für die Beteiligten erforderlichen Pflichtangaben einzutragen, wenn sie an einer Einnahme oder Ausgabe unmittelbar mitwirken. Der Charakter der Vorschrift als Soll-Vorschrift lässt Abweichungen zu, wenn der Notarin oder dem Notar bestimmte Angaben fehlen bzw. diese nicht aus den Kontounterlagen erkennbar sind. Gewährt eine Bank hingegen Zinsen auf das beigefügte Anderkonto, wäre sie nicht als Dritter sondern als Auftraggeber zu erfassen, str.[5]

Die eröffnete Möglichkeit, zusätzliche Angaben im Sinne von § 12 Abs. 3 NotAktVV eintragen zu können, dürfte in der Praxis ins Leere laufen. In Betracht kommen solche Angaben ja ohnehin nur, soweit sie dem Notar bekannt sind. Dies wiederum ist nur hinsichtlich der Beteiligten an dem einer Verwahrung zugrundeliegenden Amtsgeschäft denkbar.[6]

Bekannt sind auch Fallgestaltungen, wo im Rahmen der Abrechnung von Notaranderkonten die Beteiligten ein Interesse daran haben, die Herkunft der Mittel vor ihren Vertragspartnern geheim zu halten. Dies ändert nichts daran, dass diese Dritten auch in das Verzeichnis aufzunehmen sind. Jedoch kann für die Zwecke der Abrechnung gegenüber den Vertragsbeteiligten durch einen entsprechenden Ausdruck aus dem Verwahrungsverzeichnis eine entsprechende Schwärzung der dritten Personen vorgenommen werden.

4. Fakultative Angaben, Abs. 4

Da das VVZ – wie sämtliche Bücher des Notars – eine transparente, praktische und effiziente Führung der Amtsgeschäfte ermöglichen soll, sieht Abs. 4 konsequenterweise auch vor, dass weitere Angaben zur Eintragung gelangen können. Die Begründung nennt hier als Beispiel den Fall einer zulässigen Auszahlung mittels Scheck gem. § 58 Abs. 3 S. 5 BeurkG, welche an dieser Stelle im Verwahrungsverzeichnis vermerkt werden kann. Ähnlich wären Hinweise auf Korrekturbuchungen bei der Abwicklung über Notaranderkonten im Rahmen der Vorschrift möglich und zulässig. Auch sollten Verweise nach § 27 Abs. 2 S. 2 NotAktVV und § 27 Abs. 4 S. 4 NotAktVV erfasst werden können.[7] 11

Auch derartige fakultative Eintragungen sind in **strukturierter Form** vorzunehmen, soweit dies die BNotK (Urkundenarchivbehörde) vorsieht. Sind in XNP also dafür bestimmte Felder vorgesehen, sind diese dafür auch zu verwenden.

3 Zur Sachgerechtigkeit des Abstellens auf die Wertstellung vgl. auch Weingärtner/*Löffler*, DONot/NotAktVV, § 25 NotAktVV Rn 5.

4 Anders als bei beurkundungsrechtlichen Soll-Vorschriften begründet diese Bestimmung keine Dienstpflicht des Notars, sondern eröffnet ihm einen entsprechenden Spielraum, vgl. HK-NotarR/*Strauß*, § 25 NotAktVV Rn 10.

5 HK-NotarR/*Strauß*, § 25 NotAktVV Rn 10 m.w.N.

6 Möglicherweise ergibt sich eine solche doppelte Eintragung von Angaben aber aus den Exportfunktionen der dabei verwendeten Software, vgl. Weingärtner/*Löffler* DONot/NotAktVV – Kommentar, 14. Aufl. 2021, § 25 NotAktVV Rn 6.

7 HK-NotarR/*Strauß*, § 26 NotAktVV Rn 11.

D. Änderungen oder Ergänzungen

12 Abs. 4 gilt auch für Bemerkungen bei falschen Buchungen. Zum Erfordernis der persönlichen Bestätigung vergleiche die Kommentierung bei § 30 NotAktVV.

§ 26 Angaben zu Wertpapieren und Kostbarkeiten

(1) [1]Wertpapiere sind unter Angabe der Gattung, des Nennbetrages, der Stückzahl, der Serien und der Nummern einzutragen. [2]Zins-, Renten- und Gewinnanteilscheine oder Erneuerungsscheine sind durch Angabe der Fälligkeitstermine oder der Nummern näher zu bezeichnen.

(2) Kostbarkeiten sind aussagekräftig zu bezeichnen und mit einem Schätzwert einzutragen.

A. Einleitung

I. Normhistorie, Regelungsziel

1 Die Regelung enthält Anforderungen für die besonderen Angaben bei Wertpapieren und Kostbarkeiten im Rahmen des VVZ. Da es sich hier um dem Notar anvertraute Gegenstände handelt, ist besondere Sorgfalt geboten, insbesondere auch mit Blick auf ein geordnetes Verfahren sowie die Ämterkontinuität (Wiederauffinden bei Amtsnachfolger etc.).

II. Regelungsursprung DONot a.F.

2 Abs. 1 übernimmt die bisherigen Regelungen aus § 12 Abs. 3 S. 3 DONot a.F. und stellt die Vollständigkeit der erforderlichen Angaben zur Individualisierung fest. Die Angaben gemäß Abs. 2 ergaben sich bisher inhaltsgleich aus den Mustern 3–6 der Anlage zur DONot a.F.

III. Bezug zu anderen Normen

3 § 23 BNotO legt die grundsätzliche Zuständigkeit der Notare auch für die Verwahrung von Wertpapieren und Kostbarkeiten fest, verweist aber bezüglich der Durchführung auf die Bestimmungen des BeurkG. § 62 Abs. 1 BeurkG verweist auf die entsprechende Anwendung der §§ 57, 60 und 61 BeurkG für die Verwahrung von Wertpapieren und Kostbarkeiten. § 62 Abs. 2 BeurkG enthält weitere Regelungen, insbesondere auch die Möglichkeit der Verwahrung bei einer Bank. § 10 Abs. 1 DONot enthält Regelungen für die Anbringung der Massennummer auf dem entsprechenden Verwahrungsgut.

B. Angaben zu Wertpapieren

I. Wertpapiere im Sinne des § 23 BNotO

4 Der Begriff der **Wertpapiere** ist weit zu fassen. Daher können in die amtliche Verwahrung nicht nur Wertpapiere im engeren Sinn (Aktien, Kuxe, Inhaberschuldverschreibungen), sondern auch Dispositions- oder Traditionspapiere sowie alle Formen von Legitimationspapieren, Sparbüchern oder auch Schecks,[1] Grundschuld- oder Hypothekenbriefe (als „Papiere von Wert") genommen werden.

1 Zur Besonderheit bei der Entgegennahme von Schecks oder Sparbüchern als Zahlungsmittel vgl. § 27 NotAktVV.

Keine Wertpapiere sind reine **Beweisurkunden**, die im Rahmen der notariellen Betreuung in die Verwahrung genommen werden können oder die dem Notar zum Vollzug zugeleitet werden.[2]

Mag der Streit über die Befugnis des Notars zur Vornahme einer Verwahrung müßig sein,[3] da § 24 Abs. 1 BNotO auch eine Zuständigkeit der Notare für die Verwahrung sonstiger Gegenstände begründet, die keine Wertpapiere im engeren oder weiteren Sinn sind, hat die **richtige Einordnung** doch für die verfahrensmäßige Behandlung und insbesondere die Eintragung in das VVZ Bedeutung.[4] Soweit sonstige „Wertpapiere" dem Notar nicht nur im Rahmen des Vollzuges (wie beispielsweise Grundschuldbriefe) zur Verwahrung übergeben werden, wird zwar für die Verwahrung der nicht von § 23 BeurkG erfassten Gegenständen die (teilweise) entsprechende Anwendung der §§ 57 ff. BeurkG empfohlen; die herrschende Meinung in der Literatur ging allerdings nicht von einer Pflicht zur Eintragung in das Verwahrungsbuch aus.[5] Dies gilt auch für die neue Rechtslage. Allerdings ist immer zu bedenken, dass bei Wertpapieren, bei denen vor allem die Verwahrung und weniger die temporäre Sachherrschaft im Rahmen des Vollzugs im Vordergrund steht, schon aus Gründen der Nachvollziehbarkeit, des Wiederauffindens und somit der Ämterkontinuität eine Eintragung im VVZ vorzugswürdig sein kann.[6]

II. Konkrete Angaben

Aus dem Wortlaut von Abs. 1 ergeben sich die jeweils in das VVZ einzutragenden Angaben abschließend. Für ergänzende Eintragungen ist die Nutzung des Freifeldes in XNP im Modul VVZ möglich. Weitere Hinweise finden sich in der Onlinehilfe BNotK/interner Bereich (Sachverwahrung hinzufügen). 5

C. Angaben zu Kostbarkeiten

I. Kostbarkeiten im Sinne des § 23 BNotO

Gegenständen, bei denen der Wert im Verhältnis zum Umfang als hoch eingeschätzt wird, werden als Kostbarkeiten im Sinne des § 23 BNotO verstanden.[7] Dabei kann als ergänzendes Einschätzungskriterium die allgemeine Verkehrsanschauung hinzugezogen werden. Beispiele für Kostbarkeiten sind Gold- und Silbersachen, Edelsteine, Antiquitäten, Sammlungen, Manuskripte. Gerade bei Letzteren kann die Beurteilung des Wertverhältnisses schwierig sein, in Zweifel sprechen die auch oben in Rdn 4 am Ende genannten Argumente (geordnetes Verfahren, Nachvollziehbarkeit, Auffindbarkeit, Ämterkontinuität) für eine Einordnung als Kostbarkeit und damit für die Behandlung entsprechend den Bestimmungen des BeurkG sowie der NotAktVV. 6

Auch Datenträger können deshalb aus dem vorgenannten Grund Verwahrungsgegenstände sein.[8] Wegen der Vielzahl der Ausgestaltungen derartiger Verwahrungen, die in der Regel ohnehin mit der Beurkundung einer Hinterlegungsvereinbarung einhergehen, verbietet sich aber eine schematische Zuordnung. Allerdings dürfte auch hier das in Rdn 4 erwähnte Prinzip der Wiederauffindbarkeit und Ordnung für eine großzügige Auslegung des Begriffs „Kostbarkeit" sprechen. Solange eine rein elektronische Verwahrung beim Notar im elektronischen Urkundenarchiv noch nicht möglich ist, wird die Verwahrung von Datenträgern zunehmend eine Rolle spielen. Hinter solchen Datenträgern verbergen sich regelmäßig nicht unerhebliche Werte. Diese auch zügig wieder aufzufinden, sollte Ziel der Verzeichnisse im Notariat sein.

II. Aussagekräftige Bezeichnung

Soweit Wertgegenstände als Kostbarkeiten mit besonderen Kennzeichen versehen sind, wie etwa Punzen, Seriennummern oder ähnliche Merkmale, sind diese anzugeben.[9] Mangels solcher charakteristi- 7

2 Vgl. Arndt/Lerch/Sandkühler/*Sandkühler*, § 23 BNotO Rn 41.
3 Vgl. *Diehn*, § 23 BNotO Rn 7.
4 Zutreffend Schippel/Görk/*Sander*, § 23 BNotO Rn 13.
5 Vgl. Schippel/Görk/*Sander*, § 24 BNotO Rn 46 mit weiteren Nachweisen.
6 Schippel/Görk/*Sander*, § 24 BNotO Rn 46 spricht von sachgerechter Durchführung und Dokumentation der in diesen Fällen vorgenommenen Verwahrung.
7 Vgl. Arndt/Lerch/Sandkühler/*Sandkühler*, § 23 BNotO Rn 44.
8 Zutreffend Arndt/Lerch/Sandkühler/*Sandkühler*, § 23 BNotO Rn 45.
9 Beispiele hierfür sind in Muster 2 zu § 9 DONot aufgeführt („Goldbarren, 100 g gegossen, Feinheit 0,9999"; „Armbanduhr, Marke „Luxus 2000", Gold, Durchmesser des Ziffernblatts 4,3 cm").

schen Kennzeichen hat eine möglichst exakte Beschreibung zu erfolgen, wobei der Notar aus bekannten Gründen die Vermeidung eines falschen Anscheins beachten sollte: So sollten etwa die Bescheinigungen einer besonderen Qualität bestimmter Steine (Diamant anstelle geschliffener Stein mit funkelnden Eigenschaften) oder diejenige von Edelmetallen (goldener Armreif anstelle goldfarbener Armreif) durch den Notar vermieden werden. Seine Expertise liegt eher auf anderen Feldern.

III. Schätzwert

8 Die Angabe eines Schätzwertes ist für den Notar nicht nur wegen versicherungsrechtlicher Fragen sowie der Erstellung der Kostenberechnung von Bedeutung. Sie kann auch Aufschluss über die Eigenschaft des überlassenen Gegenstandes als Kostbarkeit überhaupt geben und ist daher regelmäßig von den Beteiligten zu erfragen und sollte regelmäßig in die Verwahrungsanweisung aufgenommen werden.

§ 27 Angaben zu Schecks und Sparbüchern

(1) [1]Werden Schecks oder Sparbücher als Zahlungsmittel entgegengenommen, so werden sie hierbei als Einnahme eingetragen. [2]Dabei sind der Nennbetrag sowie die Nummer des Schecks und die Bezeichnung des Kreditinstituts oder die Bezeichnung des Sparbuchs und dessen Nummer anzugeben.
(2) [1]Ein Scheck oder ein Sparbuch ist als Ausgabe einzutragen, wenn die Einlösung erfolgt ist. [2]Dabei ist auf die entsprechende Eintragung der Einnahme auf dem Notaranderkonto zu verweisen.
(3) Stellt sich ein Scheck als ungedeckt heraus, ist er als Ausgabe einzutragen.
(4) [1]Ein zur Auszahlung ausgestellter Scheck ist als Ausgabe einzutragen, wenn er zur Auszahlung weitergegeben worden ist. [2]Absatz 1 Satz 2 gilt hierbei entsprechend. [3]Wird der Scheck zulasten des Notaranderkontos eingelöst, ist er als Einnahme einzutragen. [4]Dabei ist auf die entsprechende Eintragung der Ausgabe auf dem Notaranderkonto zu verweisen.

A. Einleitung

I. Normhistorie, Regelungsziel

1 Die Norm greift die Besonderheiten bei der Entgegennahme von Schecks bzw. Sparbüchern **als Zahlungsmittel** auf. Divergenzen aus dem zeitlichen Versatz zwischen Entgegennahme des Schecks sowie dessen Einlösung werden durch § 27 NotAktVV aufgelöst.

II. Regelungsursprung DONot a.F.

2 Die Vorschrift knüpft an § 10 Abs. 4 der DONot a.F. an, trägt aber den Möglichkeiten der Erfassung im VVZ durch eine differenziertere Ausgestaltung Rechnung.

III. Bezug zu anderen Normen

3 § 58 Abs. 3 BeurkG und § 58 Abs. 5 BeurkG enthalten Bestimmungen für die Entgegennahme sowie die Begebung von Schecks. Bezüglich der Auszahlung mittels Bar- oder Verrechnungsscheck enthält § 10 Abs. 4 DONot den expliziten Hinweis auf § 58 Abs. 3 S. 6 BeurkG.

B. Schecks und Sparbücher als Zahlungsmittel

I. Eintragung bei Entgegennahme

1. Schecks bzw. Sparbücher als Zahlungsmittel

Werden Schecks bzw. Sparbücher nur in die Verwahrung gemäß § 23 BNotO, § 62 BeurkG, § 26 NotAktVV gegeben, gilt das dort beschriebene Verfahren (Sachverwahrung). 4

Davon abzugrenzen ist die Entgegennahme eines Schecks **als Zahlungsmittel**, die in Abs. 1 geregelt ist. § 58 Abs. 5 BeurkG sieht die unverzügliche Einlösung bei Schecks vor. Praktische Hinweise finden sich in der Onlinehilfe der BNotK/interner Bereich (Zahlungsmittelverwahrung)

2. Pflichtangaben im VVZ

Bei der Entgegennahme sind bei Schecks im VVZ Nennbetrag, Nummer des Schecks und die Bezeichnung des Kreditinstitutes einzutragen. Bezüglich des Eintragungszeitpunktes vergleiche oben § 25 NotAktVV Rdn 8. 5

Bei der Entgegennahme sind bei Sparbüchern im VVZ der Nennbetrag des Sparbuchs sowie dessen Bezeichnung und Nummer sowie das Kreditinstitut einzugeben.

In beiden Fällen erfolgt die Eintragung als Einnahme auf dem nach § 25 Abs. 1 Nr. 2 NotAktVV zu führenden Buchungskonto.

II. Eintragungen bei Einlösung

Insoweit kann auf die amtliche Begründung verwiesen werden:[1] 6

> Wird der Scheck zugunsten des Notaranderkontos eingelöst, ist dies in dem Buchungskonto [für den entgegengenommenen Scheck, der Verf.] nach § 25 Abs. 1 Nr. 2 als Ausgabe zu verbuchen (Abs. 2 S. 1). Dazu korrespondierend ist in dem für das Notaranderkonto nach § 25 Abs. 1 Nr. 4 geführten Buchungskonto die Einlösung als Einnahme zu verbuchen. Hierauf ist bei der Eintragung der Scheckeinlösung zu verweisen (Abs. 2 S. 2). Die Erfassung der Schecks in dem Buchungskonto nach § 25 Abs. 1 Nr. 2 spiegelt somit nur den vorübergehenden Zustand von der Entgegennahme der Schecks bis zu dessen Einlösung wider. Im Gegenzug können bei den **Notaranderkonten** künftig alle Einnahmen und Ausgaben grundsätzlich so erfasst werden, wie sie sich aus den Kontoauszügen beziehungsweise den elektronisch mitgeteilten Kontoumsätzen ergeben. Für als Zahlungsmittel entgegengenommene Sparbücher gelten die vorstehenden Ausführungen entsprechend.

Die entsprechende Erfassung ist in XNP technische umgesetzt.[2]

III. Eintragung bei ungedeckten Schecks

Stellt sich der entgegengenommene Scheck als ungedeckt heraus, so ist er im Verwahrungsverzeichnis, in das er bereits bei der Entgegennahme als Einnahme eingetragen wurde, als Ausgabe zu verbuchen. Eine Gegenbuchung für ein Notaranderkonto erübrigt sich in diesem Fall. 7

1 Vgl. amtliche Begründung abgedr. bei *Püls/Gerlach*, NotAktVV, Abschnitt B § 5, S. 83.

2 Vgl. BeckOK-BNotO/*Sauer/Eschwey*, NotAktVV § 27 Rn 7.

IV. Eintragung bei Auszahlung mittels Scheck

8 Insoweit kann auf die amtliche Begründung verwiesen werden:[3]

> Die Ausstellung eines Schecks zur Auszahlung ist nur ausnahmsweise zulässig und stellt einen eng begrenzten Sonderfall dar (§ 58 Abs. 3 S. 5 BeurkG). Abs. 4 regelt, wie der Scheck in einem solchen Fall zu behandeln ist. Die Weitergabe des zur Auszahlung ausgestellten Schecks ist zunächst als Scheckausgabe auf einem (getrennt vom Notaranderkonto zu führenden) Buchungskonto nach § 25 Abs. 1 Nr. 3 zu verbuchen und entsprechend Abs. 1 S. 2 zu kennzeichnen. Sobald der Scheck zulasten des Notaranderkontos eingelöst wird, ist der Ausgleich des negativen Schecksaldos auf diesem Buchungskonto als Scheckeinnahme zu verbuchen. Zugleich ist eine Ausgabe auf dem Notaranderkonto zu buchen, worauf in dem Buchungskonto des Schecks zu verweisen ist. Hierdurch wird sichergestellt, dass der Saldo des Notaranderkontos im Verwahrungsverzeichnis zu jedem Zeitpunkt dem tatsächlichen Kontostand entspricht und die Ausstellung und Weitergabe des Schecks gesondert abgebildet wird.

§ 28 Angaben zu Notaranderkonten

(1) Zu jedem Notaranderkonto sind einzutragen
1. das Kreditinstitut unter Angabe des Sitzes und des Bank Identifier Codes (BIC),
2. die International Bank Account Number (IBAN),
3. die Währung, in der das Notaranderkonto geführt wird, sowie
4. die Angabe, ob es sich um ein Giro- oder um ein Festgeldkonto handelt.

(2) [1]Umbuchungen zwischen Notaranderkonten sind jeweils wechselseitig als Einnahmen und als Ausgaben einzutragen. [2]Anstelle der auftraggebenden Person und der empfangenden Person ist anzugeben, dass eine Umbuchung stattgefunden hat.

(3) Werden Notaranderkonten elektronisch geführt, so sind die von den Kreditinstituten übermittelten Kontoauszüge, Umsatzdaten und sonstigen Mitteilungen, die die Führung der Notaranderkonten betreffen, und diesbezügliche Aufträge und Mitteilungen an Kreditinstitute im Verwahrungsverzeichnis zu speichern, soweit die Bundesnotarkammer dies vorsieht.

A. Einleitung

I. Normhistorie, Regelungsziel

1 Die Norm legt in Abs. 1 den Inhalt der in das VVZ einzutragenden Angaben bezüglich des zu führenden Notaranderkontos fest. Zu den sonstigen Angaben vergleiche § 22 NotAktVV. Außerdem sind in Abs. 2 Regelungen für Umbuchungen und in Abs. 3 Regelungen zur elektronischen Führung enthalten.

3 Vgl. amtliche Begründung abgedr. bei *Püls/Gerlach*, NotAktVV, Abschnitt B § 5, S. 83.

II. Regelungsursprung DONot a.F.

Die Norm regelt die in das nunmehr einheitlich existierende Verwahrungsverzeichnis einzutragenden Daten und fasst die bisher in § 11 und 12 DONot a.F. geregelten Sachverhalte zusammen. 2

III. Bezug zu anderen Normen

§ 58 Abs. 4 BeurkG betont den Ausnahmecharakter einer Verwahrung von Buchgeld über mehrere Notaranderkonten; Abs. 2 enthält die korrespondierende Vorschrift für dann erforderliche Umbuchungen. § 10 Abs. 3 DONot enthält Vorgaben für die elektronische Führung der Notaranderkonten und regelt insoweit das „ob" einer elektronischen Führung nach den landesrechtlichen Bestimmungen und geht insoweit normenlogisch dem Abs. 3 vor. § 45 Abs. 5 NotAktVV sieht korrespondierend zu Abs. 3 als Erleichterung den Verzicht einer zusätzlichen (papiergebundenen) Belegaufbewahrung bei elektronischer Notaranderkontoführung und Speicherung dieser Belegdaten im VVZ vor. Allerdings muss die entsprechende Speicherpflicht von der Urkundenarchivbehörde vorgesehen sein. Dies ist soweit ersichtlich bisher noch nicht erfolgt. 3

B. Angaben zu einem Notaranderkonto, Abs. 1

Zur eindeutigen Identifizierung und Unterscheidung der beim Notar geführten Notaranderkonten enthält Abs. 1 die entsprechenden Vorgaben, die selbsterklärend sind. Anders als in der Vergangenheit ist die Anschrift der kontoführenden Institution nicht mehr anzugeben, da diese in der Regel ohne weiteres ermittelt werden kann. Soll das Konto in einer Fremdwährung geführt werden, ist dies gesondert anzugeben. Auch die Angabe der Kontenart ist vorgeschrieben. Dabei spielten in der jüngeren Vergangenheit Festgeldkonten keine Rolle, da Zinsen nicht geleistet wurden. Die ältere Vergangenheit lehrt aber, dass es für den Notar sehr wohl bedeutsam sein kann, auf diese Verwahrungsmöglichkeit hinzuweisen.[1] 4

C. Umbuchungen, Abs. 2

Während es generell verboten ist, mehrere Vorgänge, für die ein Bedürfnis nach Hinterlegung auf einem Notaranderkonto besteht, über nur ein (Sammel-)Anderkonto abzuwickeln (§ 58 Abs. 2 S. 4 BeurkG), ist es nicht unzulässig, eine Verwahrung über mehrere Anderkonten abzuwickeln. 5

Diese Fälle waren in der Praxis jedoch sehr selten.[2] Umbuchungen auf andere Notaranderkonten innerhalb einer Verwahrung waren folglich in der Praxis ebenfalls sehr selten. Aufgrund der Transparenz und Nachvollziehbarkeit muss in den – wenigen – Ausnahmefällen, die nach § 58 Abs. 4 BeurkG zulässig sind, die Offenlegung entsprechend den Bestimmungen von Abs. 2 S. 1 und 2 erfolgen. Das in der Vergangenheit zu einer Masse geführte Giro- und Festgeldkonto löste nach § 10 DONot a.F. keine Umbuchungen aus, weil nur ein Gesamtsaldo ausgewiesen wurde und beide Konten im Ergebnis wie ein Konto behandelt wurden.[3]

Da in § 25 Abs. 1 NotAktVV vorgesehen ist, dass jedes Anderkonto separat verbucht wird, sind Umbuchungen nun häufiger zu erwarten, so etwa für den in vorstehender Randnummer beschriebenen Fall, dass eine Masse ein Giro- und ein Festgeldkonto umfasst.

D. Elektronische Führung, Abs. 3

I. Vorbemerkung

Die Frage, ob der Notar elektronische Notaranderkonten führen darf, ist nicht in der NotAktVV geregelt. Vielmehr bedarf es dazu der Umsetzung auf der Grundlage von § 10 Abs. 3 DONot auf landesrechtlicher Ebene.[4] § 10 Abs. 3 DONot enthält dementsprechend auch eine Legaldefinition der elektronischen No- 6

1 Vgl. BGH v. 29.2.1996 – IX ZR 150/95, DNotI-Report 1996, 78.
2 Vgl. die Kommentierung bei § 58 BeurkG.
3 HK-NotarR/*Strauß*, § 28 NotAktVV Rn 3.
4 Wobei hier theoretisch Abweichungen von der bundeseinheitlichen Vorgabe vorstellbar sind; solche sind soweit ersichtlich nicht vorgenommen worden.

taranderkontenführung, nämlich die Führung mittels Datenfernübertragung. Somit geht es nicht um die Art und Weise der Verbuchung in den Verzeichnissen des Notars, welche in der NotAktVV geregelt ist, sondern um die Frage der zahlungstechnischen Abwicklung, die traditionell Papier mit Überweisungsträgern/Aufträgen per Telefax erfolgte, künftig auch mittels Datenfernübertragung gestattet ist.

Gegenüber der bisherigen Fassung in § 27 Abs. 3 DONot a.F. geht die aktuelle Fassung der DONot von der grundsätzlichen Zulässigkeit der elektronischen Notaranderkontoführung aus, wobei die Anforderungen an Einrichtung und Führung des Datentransfers den ergänzenden Sonderbedingungen für die elektronische Führung gemäß den Beschlüssen der Generalversammlung der Bundesnotarkammer entsprechen müssen. Diese Beschlüsse liegen vor.[5] Somit ist eine elektronische Notaranderkontenführung zulässig. Zu den Anforderungen vergleiche die Begründung[6] zu § 10 Abs. 3 DONot und die Ausführungen im Rundscheiben Nr. 11/2022 der BNotK.

II. Speicherung im VVZ

1. Vorkehrungen der BNotK

7 Ist nach Vorstehendem die Führung elektronischer Anderkonten aufgrund der landesrechtlichen Bestimmungen der DONot einmal zugelassen und hat sich der Notar für diesen Weg der elektronischen Kontoführung entschieden, legt Abs. 3 die Speicherpflicht bezüglich derjenigen „Belege" fest, die bisher in der papiergebundenen Nebenakte (Blattsammlung) enthalten waren.

Dabei ist zum einen das „ob" der Speicherung bei der Bundesnotarkammer Voraussetzung, zum anderen auch der Umfang, also mithin das „wie". Dies ergibt sich aus der Formulierung „... soweit die Urkundenarchivbehörde dies vorsieht." Hinweise zum konkreten Verfahren ergeben sich aus der Onlinehilfe der BNotK zum Thema „Verwahrungsmasse anlegen und eintragen".[7]

2. Speicherort

8 Werden Notaranderkonten elektronisch geführt, ist der Speicherort für die entsprechenden Belege nur bei der Urkundenarchivbehörde möglich. Eine fakultative Speicherung im elektronischen System des Notars wäre dem nicht ebenbürtig. Insoweit weicht dieses System von der Führung elektronischer Nebenakten im Notariat ab. Dieser Umstand rechtfertigt sich aber ohne weiteres aus der Bedeutung der Stringenz und Transparenz der Führung von Notaranderkonten sowie dem Grundsatz der Ämterkontinuität, die gerade in diesem sensiblen Bereich durch die Vorgaben und die entsprechende Führung bei der Urkundenarchivbehörde eine besondere Fundierung erfährt.

Im Übrigen stellt dieses Verfahren für den Notar eine Erleichterung dar, da er gemäß § 41 Abs. 5 NotAktVV Kontoauszüge und sonstige Mitteilungen im Zusammenhang mit der Führung des Notaranderkontos nicht mehr in einer Nebenakte aufbewahren muss, weil die elektronische Führung in Verbindung mit der Speicherung bei der Urkundenarchivbehörde einen hohen Standard gewährleistet, der eine Redundanz entbehrlich macht.

Dies schließt nicht aus, dass Nebenakten zusätzlich derartige (nach den Vorgaben der BNotK auch elektronisch bereits gespeicherten) Mitteilungen enthalten dürfen. So kann die elektronisch geführte Nebenakte für ein Verwahrungsgeschäft innerhalb des Notariats, aber auch im Rahmen der elektronischen Nebenaktenführung bei der Urkundenarchivbehörde[8] jeweils die kompletten Aktenbestandteile sowie Hilfsmittel enthalten.

Ohnehin sieht § 41 Abs. 2 NotAktVV Dokumentenarten vor (Nr. 1 Verwahrungsanträge und -anweisungen; Nr. 2 Treuhandaufträge und Verwahrungsanweisungen; Nr. 3 Änderungen oder Ergänzungen derartiger Anweisungen oder Aufträge; Nr. 4 die Annahmeerklärung des Notars), die unbeschadet der Art der Führung in Verbindung mit § 42 NotAktVV (papiergebundene Führung: Nebenakten in Papier-

5 BNotK Rundschreiben Nr. 11/2022 vom 13.12.2022.
6 Notar.de>>Notar/-in Notar/-in>>Berufsrecht>>Dienstordnung (DONot): Nicht amtlichen Begründung, 211124_DONot_Begruendung_final.pdf (notar.de).
7 https://onlinehilfe.bnotk.de/einrichtungen/elektronisches-urkundenarchiv/verwahrungsverzeichnis-vvz/einstiegshilfen/neue-verwahrungsmasse-anlegen-und-eintragen-in-fuenf-schritten.html.
8 Vgl. § 35 Abs. 4 BNotO.

form) bzw. in Verbindung mit § 43 NotAktVV (elektronisch geführte Nebenakten), in eine Nebenakte aufzunehmen sind. Ob und inwieweit hier die Bundesnotarkammer als Urkundenarchivbehörde umfangreiche Möglichkeiten der direkten rein elektronischen Führung anbietet, ist derzeit offen. Explizit ist nur in § 41 Abs. 5 S. 2 NotAktVV die Rede von Belegen, Kontoauszügen und Erklärungen nach § 41 Abs. 2 Nr. 4 NotAktVV (also die Annahmeerklärungen des Notars über die Anweisungen und Aufträge). Es ist aber wohl zutreffend davon auszugehen, dass sämtliche Inhalte von Nebenakten in die elektronische Form überführt werden können.[9] Besondere Modalitäten sind dafür derzeit nicht vorgesehen.

3. Angaben

Hinsichtlich der Angaben oder möglicher Zusätze zu den abzusichernden Dokumenten ergeben sich allenfalls Besonderheiten der Zuordnung/Begrifflichkeiten aus den entsprechenden Vorgaben der Bundesnotarkammer, die aber zum gegenwärtigen Zeitpunkt noch nicht existieren. 9

4. Zeitpunkt

Hinsichtlich des Zeitpunktes, zu dem die entsprechenden Angaben zu tätigen sind, ergeben sich keine Besonderheiten. Aus den zeitlichen Vorgaben gemäß § 25 Abs. 2 NotAktVV (vergleiche § 25 NotAktVV Rdn 8) folgt, dass spätestens zu diesem Zeitpunkt natürlich auch die entsprechenden Angaben zum Notaranderkonto vorliegen müssen und entsprechend eingetragen sein müssen. 10

5. Ausführende Person

Ebenso gibt es hinsichtlich der ausführenden Personen keine Besonderheiten. Die Eintragung erfolgt im Zweifel durch den vom Notar bestimmten Mitarbeiter, so er die entsprechenden Eintragungen nicht selbst vornimmt. Hierzu erfolgt die Autorisierung über das Modul Stammdatenverwaltung, in dem die Berechtigung zur Eintragung in das VVZ freigeschaltet wird. 11

III. Änderungen

Für nachträgliche Änderungen und deren Bestätigung durch den Notar gelten die Bestimmungen des § 30 NotAktVV bzw. des § 20 Abs. 1 Nr. 1 NotAktVV, weswegen die dortige Kommentierung herangezogen werden kann. 12

§ 29 Export der Eintragungen

(1) [1]Nach Abschluss jedes Kalenderjahres sind alle Eintragungen im Verwahrungsverzeichnis, die sich auf ein Verwahrungsgeschäft beziehen, das nicht bereits vor Beginn dieses Kalenderjahres abgeschlossen war, zeitnah in eine Datei zu exportieren. [2]Die Datei ist mit der qualifizierten elektronischen Signatur des Notars zu versehen.
(2) § 19 Absatz 2 und 3 gilt entsprechend.

9 HK-NotarR/*Strauß*, § 41 NotAktVV Rn 7.

A. Einleitung

I. Normhistorie, Regelungsziel

1 Ziel ist der rasche Zugriff auf offene Verwahrungsgeschäften am Jahresende und die Kontrolle und Rechenschaft über die ordnungsgemäße Führung der Amtsgeschäfte in diesem Bereich.

II. Regelungsursprung DONot a.F.

2 Die Norm knüpft an § 12 Abs. 4 DONot a.F. über den jährlichen Abschluss des Massenbuches an.

III. Bezug zu anderen Normen

3 Bezüglich der Exportfunktion entspricht die Norm § 19 NotAktVV, weswegen die dortigen Ausführungen heranzuziehen sind. Durch die Ausführung der entsprechenden Exportfunktion wird der Notar ohne weiteres in die Lage versetzt, die von § 9 DONot geforderte Übersicht über die Verwahrungsgeschäfte in der dort vorgeschriebenen Frist dem Präsidenten des Landgerichtes zu übersenden. Die in § 9 DONot geforderten Angaben werden bei Ausführung der Exportfunktion erzeugt und können so zur Grundlage für die Übersicht verwendet werden. Vergleiche dazu auch unten Abschnitt C.

B. Export bei nicht geschlossenen Verwahrungsmassen

I. Nicht abgeschlossene Verwahrungsgeschäfte

4 Gemäß Abs. 1 S. 1 findet die Norm nur Anwendungen auf Verwahrungsgeschäfte, die nicht bereits **im alten Kalenderjahr abgeschlossen** waren. Insofern setzt die Norm voraus, dass bei Fertigung des Jahresabschlusses noch offene Verwahrungsmassen für das neu angebrochene Kalenderjahr existieren. Zu bereits abgeschlossenen Verwahrungsmassen sind keine Einträge aus dem VVZ zu exportieren.[1]

II. Export in eine Datei

5 Die offenen Verwahrungsgeschäfte sind mit den im VVZ einzutragenden Angaben in eine separate Datei zu exportieren. Die entsprechende **Exportfunktion** stellt die Anwendungssoftware XNP der Bundesnotarkammer als Urkundenarchivbehörde zur Verfügung, vgl. unten Abschnitt C. Das Dateiformat ist hier regelmäßig (nach dem derzeitigen Stand der Planung) das Format PDF/A-1b. Hinweise zum konkreten Verfahren ergeben sich aus der Onlinehilfe der BNotK zum Thema „Exporte und Übersichten zum Jahresabschluss".[2]

III. Signierung der Datei mit qeS des Notars, Abs. 1 S. 2

6 Um die Abschlussfunktion der Datei revisionssicher – auch für Fälle der Amtsnachfolger – zu dokumentieren, ist eine entsprechende Signatur durch den Notar erforderlich. Die Signatur kann auch von dem amtlich bestellten Vertreter angebracht werden. Die **persönliche Signatur** ist Ausdruck der persönlichen Amtsführung des Notars. Damit übernimmt der Notar auch die Gewähr für die von ihm delegierten Änderungen (§ 30 Abs. 2 Nummer 3 NotAktVV) und folgt somit der Regelungssystematik von § 20 Abs. 1 und Abs. 2 NotAktVV i.V.m. § 19 Abs. 1 NotAktVV. Dies macht deutlich, dass bei einer Delegation der vorbereitenden (nicht im Einzelfall vom Notar zu bestätigenden) Änderungen eine gewissenhafte Unterrichtung und Überwachung des eingesetzten Mitarbeiters zu erfolgen hat.[3] Im Falle einer Änderung empfiehlt sich immer ein entsprechender erläuternder Hinweis.[4]

1 Ebenso HK-NotarR/*Strauß*, NotAktVV § 30 Rn 1.
2 Siehe https://onlinehilfe.bnotk.de/einrichtungen/elektronisches-urkundenarchiv/verwahrungsverzeichnis-vvz/weitere-funktionen/jahresabschluss/exporte-und-uebersichten-zum-jahresabschluss.html?brly_source=branchly&brly_medium=navigator#c5431.
3 Für den Bereich des UVZ vgl. *Püls/Kalbitz*, NotBZ 2022, S. 206 ff., 214 zu Ziff. 2.
4 HK-NotarR/*Strauß*, NotAktVV § 30 Rn 1.

IV. Zeitpunkt der Signatur

Die Datei ist zeitnah zu exportieren und damit auch zeitnah zu signieren. Dies gibt dem Notar einen gewissen **Spielraum**, der Rücksicht auf die büroorganisatorischen Abläufe um den Jahreswechsel nimmt. So finden in der Regel noch Kontrollen über die korrekte Erfassung der letzten Registrierungsvorgänge des abgelaufenen Jahres etc. statt, die sich natürlich auch noch bis zum letzten Tag des Jahres ergeben können und deswegen entsprechend den dafür vorgesehenen Fristen kontrolliert und überprüft werden können. Ansonsten bedeutet zeitnah auch ohne weiteres schuldhaftes Zögern. Die Begründung von § 19 NotAktVV verweist im Zusammenhang mit dem Begriff „zeitnah" ausdrücklich auf die „geordnete Amtsführung und erhöhte Verfügbarkeit". Eine Höchstfrist ist hingegen nicht erforderlich, vergleiche dazu auch die Begründung zu § 19 Abs. 1 NotAktVV. 7

Zum üblichen Zeitpunkt der **Eintragung** in das VVZ hingegen vergleiche die Kommentierung bei § 25 Abs. 2 S. 1 NotAktVV.

V. Aufbewahrungsort der signierten Datei

Hier enthält der Wortlaut des Gesetzes **keine Vorgaben**. Allerdings ergibt sich aus der Verweisung in Abs. 2 auf § 19 Abs. 2 und 3 NotAktVV das Nähere. So ist eine **Speicherung im elektronischen Urkundenarchiv** dann zu beachten, wenn die Bundesnotarkammer die entsprechende Funktion vorsieht, § 19 Abs. 2 NotAktVV. Im Falle von Störungen gilt die allgemeine Bestimmung des § 49 NotAktVV. Eine elektronische Speicherung im System zum Jahresbeginn wäre unter den dort genannten Voraussetzungen zulässig. 8

VI. Keine Exportpflicht bei Änderung an laufenden Verwahrungsmassen innerhalb eines Jahres

Durch den Verweis auf § 19 Abs. 3 NotAktVV könnte der Eindruck entstehen, es müsste bei jeder Änderung an einer Verwahrungsmasse eine neue Exportdatei mit entsprechender Signatur des Notars an den Aufbewahrungsort (perspektivisch wohl auch das elektronische Urkundenarchiv) geladen werden. Dies kann vernünftigerweise mit der Verweisung nicht für die laufenden Massen, an denen sich logischerweise ständig Veränderungen ergeben, gemeint sein. 9

Vielmehr meint die Verweisung solche Verwahrungsmassen, die auch dann im Jahr nicht abgeschlossen werden, für die zum Beginn des übernächsten Jahres freilich wieder die Exportfunktion wie vorstehend beschrieben mit allen stattgefundenen Veränderungen durchgeführt werden muss.

VII. Zugriff auf exportierte und signierte Dateien; Transfer in die Papierform

Da der Export wie in der Norm angeordnet nicht bloß reiner Selbstzweck ist, hat der Notar selbstverständlich Zugriff auf die von ihm exportierten Dateien, etwa um Unstimmigkeiten abzuklären, oder um gegenüber den Aufsichtsbehörden Rechenschaft zu den offenen Vorgängen am Jahresende zu geben. Dazu kann er die Dateien **jederzeit vom Speicherort herunterladen** und – soweit ausnahmsweise Bedarf besteht – diese entsprechend den Bestimmungen über den Transfer von qualifiziert signierten Dokumenten wieder in Papierform überführen. Das Einlesen von XML-Daten zu derart dokumentierten, exportierten Vorgängen ist hingegen nicht erforderlich und nicht vorgesehen. 10

C. Exportfunktion in XNP

Wegen der entsprechenden Exportfunktion sowie der einstellbaren Parameter (auch für einen Ausdruck der Übersicht gem. § 9 DONot) wird auf die entsprechende Verfahrensdokumentation zum Programm der Bundesnotarkammer als Urkundenarchivbehörde verwiesen. Auf die entsprechende Darstellung in der Onlinehilfe der BNotK sei an dieser Stelle hingewiesen. Sind Änderungen, die vom konkreten Exportumfang betroffen sind, noch nicht bestätigt, erscheint eine Fehlermeldung. Nach vom Notar vorgenommener Bestätigung etwaiger Änderungen kann dann der Prozess „Erstellen des Jahresabschluss" neu gestartet werden. 11

§ 30 Persönliche Bestätigung

(1) [1]Änderungen und Zusätze, die eine Eintragung im Verwahrungsverzeichnis betreffen, müssen durch den Notar persönlich bestätigt werden. [2]Der Inhalt der Änderung oder des Zusatzes und das Datum ihrer Vornahme müssen dauerhaft dokumentiert werden.

(2) Absatz 1 gilt nicht für

1. die Löschung von Verzeichnisinhalten nach Ablauf der Aufbewahrungsfrist,

2. die Hinzufügung eines Verweises auf eine andere Einnahme oder Ausgabe und

3. Änderungen und Zusätze, bei denen aus dem Verwahrungsverzeichnis jederzeit nachvollziehbar ist,

a) durch wen sie erfolgt sind,

b) wann sie erfolgt sind und

c) welchen Inhalt sie haben.

A. Einleitung

I. Normhistorie, Regelungsziel

1 Auch hier fordert der Grundsatz der persönlichen Amtsausübung sowie der Grundsatz der Überwachung der Ordnungsmäßigkeit der vom Notar zu führenden Verzeichnisse eine persönliche Bestätigung bei bestimmten Vorgängen. Sie stehen damit in der Tradition der Bestimmungen über die papiergebundene Bücher-Führung gemäß den Bestimmungen der DONot a.F.

II. Regelungsursprung DONot a.F.

2 Die Anforderungen in Abs. 1 greifen inhaltlich die bisherige Vorschrift des § 7 Abs. 2 DONot a.F. auf und passen diese für die Speicherung im Verwahrungsverzeichnis an.

III. Bezug zu anderen Normen

3 In Aufbau und Systematik entspricht Abs. 1 dem für das Urkundenverzeichnis geltenden § 20 Abs. 1 Nr. 1 NotAktVV, weswegen die dortige Kommentierung heranzuziehen ist. Dies gilt auch für die Rückausnahme von Abs. 2, die inhaltlich § 20 Abs. 2 NotAktVV entspricht.

B. Persönliche Bestätigung bei Änderungen etc.

4 Wie oben Rdn 3 ausgeführt, kann vollumfänglich auf die entsprechende Kommentierung in § 20 NotAktVV verwiesen werden. Auch die Ausnahmen von der persönlichen Bestätigung sind von der Zielrichtung deckungsgleich.

C. Persönliche Bestätigung in XNP

5 Sind Änderungen durch Mitarbeiter vorbereitet worden, so sind diese vom Notar im Programm zu bestätigen. Dafür ist eine entsprechende Filterfunktion vorgesehen. Der bei XNP ordnungsgemäß angemeldete Notar sieht die von ihm zu bestätigenden Vorgänge in einer Maske und muss die Bestätigung aktiv durch Anwählen des entsprechenden Feldes auslösen. Sollten einzelne Massen noch nicht im VVZ mit dem Status „eingetragen“ versehen sein, so wird spätestens im Falle des Exports gemäß § 29 NotAktVV eine Fehlermeldung ausgegeben. Der Notar muss dann zuvor die etwa noch offenen Änderungen bestätigen.

Abschnitt 4: Urkundensammlung, Erbvertragssammlung

§ 31 Urkundensammlung

(1) In der Urkundensammlung sind zu verwahren

1. bei Niederschriften über eine Verfügung von Todes wegen
   a) eine beglaubigte Abschrift, wenn die Beteiligten dies wünschen, und
   b) ein Ausdruck der Bestätigung oder der Bestätigungen über die Registrierung im Zentralen Testamentsregister,

2. bei sonstigen Niederschriften, die in das Urkundenverzeichnis einzutragen sind, die Urschrift,

3. bei elektronischen Niederschriften ein beglaubigter Ausdruck des elektronischen Dokuments,

4. bei Vermerken im Sinne des § 39 des Beurkundungsgesetzes, die in das Urkundenverzeichnis einzutragen sind,
   a) die Urschrift, wenn diese in notarieller Verwahrung verbleibt,
   b) eine Abschrift, wenn die Urschrift ausgehändigt wird und der Notar die Urkunde entworfen hat,
   c) in den übrigen Fällen nach Ermessen des Notars eine Abschrift,

5. bei einfachen elektronischen Zeugnissen im Sinne des § 39a des Beurkundungsgesetzes, die in das Urkundenverzeichnis einzutragen sind,
   a) ein beglaubigter Ausdruck des elektronischen Dokuments, wenn dieses in notarieller Verwahrung verbleibt,
   b) ein Ausdruck des elektronischen Dokuments, wenn dieses ausgehändigt wird und der Notar die Urkunde entworfen hat,
   c) in den übrigen Fällen nach Ermessen des Notars ein Ausdruck des elektronischen Dokuments,

6. bei Vollstreckbarerklärungen nach § 796c Absatz 1 der Zivilprozessordnung die Urschrift mit der Urschrift des Vergleichs,

7. bei Vollstreckbarerklärungen nach § 1053 Absatz 4 der Zivilprozessordnung die Urschrift mit einer beglaubigten Abschrift des Schiedsspruchs,

8. bei Einigungen, Abschlussprotokollen, Vertragsbeurkundungen und Vertragsbestätigungen nach § 96 Absatz 3 Satz 1 und Absatz 5 Satz 2, § 98 Absatz 2 Satz 1 und § 99 Satz 1 des Sachenrechtsbereinigungsgesetzes die Urschrift.

(2) Die Urkundensammlung ist nach der Reihenfolge der Eintragungen im Urkundenverzeichnis zu ordnen.

(3) [1]Nachweise für die Vertretungsberechtigung, die nach § 12 Absatz 1 Satz 1 des Beurkundungsgesetzes der Niederschrift beigefügt werden sollen, werden der Urschrift beigefügt und mit ihr in der Urkundensammlung verwahrt. [2]Nachweise, die nach § 12 Absatz 1 Satz 2 des Beurkundungsgesetzes der elektronischen Niederschrift beigefügt werden sollen, werden dem in der Urkundensammlung verwahrten beglaubigten Ausdruck der elektronischen Niederschrift in Urschrift oder in beglaubigter Abschrift beigefügt und mit ihm in der Urkundensammlung verwahrt.

(4) Einem in der Urkundensammlung verwahrten Dokument können andere Urschriften oder Unterlagen beigefügt und mit ihm verwahrt werden, wenn

1. diese mit dem verwahrten Dokument inhaltlich derart zusammenhängen, dass das verwahrte Dokument ohne die anderen Urschriften oder Unterlagen nicht in zweckdienlicher Weise verwendet werden kann, oder

2. sie für die Rechtswirksamkeit oder die Durchführung des beurkundeten Rechtsvorgangs bedeutsam sind.

(5) [1]Anstelle der Urschrift ist eine Ausfertigung oder eine beglaubigte Abschrift in der Urkundensammlung zu verwahren, wenn nach dem Beurkundungsgesetz die Ausfertigung oder die beglaubigte Abschrift an die Stelle der Urschrift tritt. [2]Anstelle eines beglaubigten Ausdrucks der elektro-

nischen Urschrift ist eine Ausfertigung oder eine beglaubigte Abschrift in der Urkundensammlung zu verwahren, wenn nach dem Beurkundungsgesetz die elektronische Fassung einer Ausfertigung oder einer beglaubigten Abschrift an die Stelle der elektronischen Urschrift tritt und die Verwahrung eines beglaubigten Ausdrucks der elektronischen Urschrift nicht möglich ist.

A. Einleitung

1 § 31 NotAktVV spezifiziert § 2 Nr. 1 NotAktVV und regelt den Inhalt der Urkundensammlung. Im Rahmen der NotAktVV bezeichnet „Urkundensammlung" immer die physische Urkundensammlung; die elektronische Urkundensammlung wird explizit als solche genannt. § 31 NotAktVV tritt an die Stelle der §§ 18 bis 20 DONot-a.F. und trat in seiner jetzigen Form am 1.8.2022 in Kraft. Die Vorschrift wurde im Zuge der fortschreitenden Digitalisierung der notariellen Tätigkeit gegenüber der seit dem 1.1.2022 geltenden Fassung noch einmal geändert.[1] Insbesondere wurde dabei auf die Einführung der elektronischen Niederschrift (§§ 16a ff. BeurkG) und die grundsätzliche Gleichstellung von öffentlich beglaubigten elektronischen Signaturen mit öffentlich beglaubigten Unterschriften (vgl. § 129 Abs. 1 S. 1 BGB) reagiert. Somit hat die Urkundensammlung auch bei elektronischen Niederschriften und einfachen elektronischen Zeugnissen einen körperlichen Inhalt.[2] Die Verfahrensweise bezüglich der bis zum 31.12.2021 errichteten Urkunden und Erbverträge regelt nun § 75 Abs. 2 S. 1 BeurkG. Diese sind entsprechend den Regelungen in §§ 18 bis 20 DONot a.F. zu führen und zu verwahren.[3]

Durch das Gesetz zur Einführung einer elektronischen Präsenzbeurkundung wurde in Abs. 1 Nr. 3 die Angabe „im Sinne des § 16b des Beurkundungsgesetzes", gestrichen.[4]

Durch das Gesetz zur Einführung einer elektronischen Präsenzbeurkundung hat der Abs. 3 folgenden Wortlaut erhalten:

> Nachweise für die Vertretungsberechtigung, die nach § 12 Absatz 1 Satz 1 des Beurkundungsgesetzes der Niederschrift beigefügt werden sollen, werden der Urschrift beigefügt und mit ihr in der Urkundensammlung verwahrt. Nachweise, die nach § 12 Absatz 1 Satz 2 des Beurkundungsgesetzes der elektronischen Niederschrift beigefügt werden sollen, werden dem in der Urkundensammlung verwahrten beglaubigten Ausdruck der elektronischen Niederschrift in Urschrift oder in beglaubigter Abschrift beigefügt und mit ihm in der Urkundensammlung verwahrt.[5]

B. Abs. 1: Inhalt der Urkundensammlung

2 In der Urkundensammlung muss sich das wiederfinden, was Gegenstand der Eintragung im Urkundenverzeichnis ist.[6]

I. Nr. 1: Niederschriften über Verfügungen von Todes wegen

3 Wird auf Wunsch der Beteiligten eine beglaubigte Abschrift in die Verwahrung des Notars gegeben (Abs. 1 Nr. 1 Buchst. a), so gilt: Während gem. § 20 DONot-a.F. die offene Aufbewahrung (d.h. nicht

1 Artikel 2 PatAnwVVEVuaÄÖndV, BGBl I, S. 5219 (Nr. 85).
2 Weingärtner/*Ulrich*, § 31 NotAktVV Rn 2.; siehe auch BeckOK-BNotO/*Sauer*, § 31 NotAktVV Rn 2.
3 Weingärtner/*Ulrich*, § 31 NotAktVV Rn 1.
4 Gesetz zur Einführung einer elektronischen Präsenzbeurkundung, BGBl. 2025 Teil I Nr. 320, Artikel 7 Nr. 4 sowie RegE vom 16.7.2025, S. 12.
5 Gesetz zur Einführung einer elektronischen Präsenzbeurkundung, BGBl. 2025 Teil I Nr. 320, Artikel 7 Nr. 4 sowie RegE vom 16.7.2025, S. 12.
6 BR-Drucksache 420/20 (neu), S. 51.

im verschlossenen Umschlag) letztwilliger Verfügungen das schriftliche Einverständnis der Beteiligten voraussetzte, ist dieses Einverständnis nun schon in der Zustimmung zur Verwahrung enthalten. Es genügt, wenn vorzugsweise in der Urkunde die folgende Formulierung aufgenommen wird: *„Der Notar soll eine beglaubigte Abschrift der Verfügung von Todes wegen in seiner Urkundensammlung aufbewahren.“* Stimmen die Beteiligten also der Verwahrung durch den Notar zu, so ist die beglaubigte Abschrift offen aufzubewahren.[7] Ferner ist aus § 33 Abs. 4 NotAktVV als Umkehrschluss abzuleiten, dass die Zustimmung eines Beteiligten zur notariellen Verwahrung einer beglaubigten Abschrift ausreicht.[8]

Zur Registrierung aller Verfügungen von Todes wegen im ZTR ist der Notar gem. § 34a Abs. 1 S. 1 BeurkG verpflichtet. Die Registrierungsbestätigung (Abs. 1 Nr. 1 Buchst. b) muss mit in der Urkundensammlung verwahrt werden.[9] 4

Das gemäß § 20 Abs. 1 DONot-a.F. vorgesehene Vermerkblatt über die Ablieferung der Verfügung von Todes wegen in die besondere amtliche Verwahrung des Amtsgerichts entfällt, da aus der Registrierungsbestätigung bereits alle persönlichen Daten des Verfügenden sowie das Datum der Registrierung ersichtlich werden.[10] Das Vermerkblatt ist also auch nicht mehr zur Urkundensammlung zu nehmen.[11] 5

Die Urschrift von Testamenten muss ausnahmslos dem Nachlassgericht unverzüglich in die amtliche Verwahrung gebracht werden (§ 34 Abs. 1 S. 4 BeurkG) und wird gemäß § 34 Abs. 4 BeurkG nicht elektronisiert. Zur Behandlung von Erbverträgen siehe § 32 NotAktVV. 6

II. Nr. 2: sonstige papiergebundene Niederschriften

Abs. 1 Nr. 2 korrespondiert mit der bisherigen Regelung in § 18 Abs. 1 S. 1 DONot-a.F. und regelt, dass bei allen in das Urkundenverzeichnis einzutragenden Niederschriften, die keine Verfügung von Todes wegen enthalten, die in Papierform vorhandene Urschrift in der Urkundensammlung zu verwahren ist.[12] Welche Niederschriften in das Urkundenverzeichnis einzutragen und wessen Urschrift somit in die Urkundensammlung gehören, regelt § 7 Abs. 1 Nr. 1 NotAktVV. 7

III. Nr. 3: elektronische Niederschriften

Der im Gesetz zur Umsetzung der Digitalisierungsrichtlinie (DiRUG) zum 1.8.2022 hinzugekommene Abs. 1 Nr. 3 verwies auf § 16b BeurkG und umfasste folglich elektronische Niederschriften, die bei der Beurkundung von Willenserklärungen mittels Videokommunikation aufgenommen werden müssen (§ 16b Abs. 1 S. 1 BeurkG). Eine solche Beurkundung ist bspw. für GmbH-Gründungen zulässig, gleich ob Bar- oder Sachgründung, sofern bei Letzterer andere Formvorschriften nicht entgegenstehen.[13] Durch die Streichung der Bezugnahme auf § 16b BeurkG durch das Gesetz zur Einführung einer elektronischen Präsenzbeurkundung wurde wiederum klargestellt, dass Abs. 1 Nr. 3 für sämtliche elektronischen Niederschriften gilt. Auch bei elektronischen Niederschriften im Sinne von § 8 Abs. 2 BeurkG und § 36 Abs. 2 BeurkG ist somit in der Urkundensammlung ein beglaubigter Ausdruck des elektronischen Dokuments zu verwahren.[14] 8

Die so entstandene elektronische Urkunde muss ausgedruckt, beglaubigt und in der Urkundensammlung verwahrt werden.[15]

Durch die parallele Verwahrung der elektronischen Niederschrift in Urkundensammlung und elektronischer Urkundensammlung wird deren jederzeitige Verfügbarkeit auch bei eventuellen technischen Störungen des elektronischen Urkundenarchivs gesichert.[16] Der in der Urkundensammlung verwahrte be-

7 BR-Drucksache 420/20 (neu), S. 51.
8 Weingärtner/*Ulrich*, § 33 NotAktVV Rn 9; BeckOK-BNotO/*Sauer*, § 33 NotAktVV Rn 9.
9 Weingärtner/*Ulrich*, § 31 NotAktVV Rn 6; so auch *Siegel/Berthold* DNotZ 2022, 429, S. 441.
10 BR-Drucksache 420/20 (neu), S. 51.
11 Weingärtner/*Ulrich*, § 31 NotAktVV Rn 6.
12 BR-Drucksache 420/20 (neu), S. 51.
13 U.a. *Stelmaszczyk/Strauß*, GmbHR 2022, 833 (835); *Stelmaszczyk/Strauß*, ZIP 2022, 1077 (1083).
14 RegE: Gesetz zur Einführung einer elektronischen Präsenzbeurkundung vom 16.7.2025, S. 62.
15 BT-Drucksache 774/21. S. 50.
16 BT-Drucksache 774/21. S. 51.

glaubigte Ausdruck kann auch Grundlage der Ersetzung einer ganz oder teilweise zerstörten elektronischen Urschrift nach § 46 BeurkG sein.[17]

IV. Nr. 4: Vermerke

9 Bei den einfachen Zeugnissen im Sinne des § 39 BeurkG, also insbesondere bei Unterschriftsbeglaubigungen sowie Feststellungen, wird wie folgt differenziert:

Bleibt der Vermerk in der notariellen Verwahrung, ist die Urschrift des Vermerks zur Sammlung zu nehmen (Abs. 1 Nr. 4 Buchst. a).[18]

Bei Aushändigung der Urschrift einer selbst entworfenen Vermerkurkunde ist für die Urkundensammlung eine einfache Abschrift zurückzubehalten. Ob die Urschrift eines Vermerks ausgehändigt wird (Abs. 1 Nr. 4 Buchst. b), richtet sich nach § 45a Abs. 2 BeurkG.

Abs. 1 Nr. 4 Buchst. c regelt den Fall, dass eine Urkunde gemäß § 39 BeurkG ausgehändigt wird, **die der Notar nicht selbst entworfen hat**. Der praxisrelevanteste Fall dürfte die Unterschriftsbeglaubigung zur Genehmigung eines bei einem anderen Notar beurkundeten Vertrags sein.[19] In dem Fall bestimmt der Notar durch Ausübung pflichtgemäßen Ermessens, ob eine Abschrift zur Urkundensammlung genommen wird.[20]

Dieses Ermessen muss insbesondere die Möglichkeit zur Kostenprüfung berücksichtigen. Dies ist laut Gesetzesbegründung Sinn und Zweck der Regelung in Abs. 1 Nr. 4 Buchst. b,[21] sinnvollerweise jedoch auch für Abs. 1 Nr. 4 Buchst. c.

Entscheidet der Notar sich gegen die Aufnahme einer Abschrift in der Urkundensammlung, so ist die Konsequenz, dass der Vorgang zwar ins Urkundenverzeichnis, jedoch kein dazugehöriges Dokument in die Urkundensammlung aufgenommen wird.[22] Dies dürfte sich insbesondere bei Massenbeglaubigungen wie Löschungsbewilligungen von Banken für Grundpfandrechte anbieten. Für Einzelbeglaubigungen von Fremd-Entwürfen dürfte alleine aus Beweisgründen grundsätzlich die Aufnahme einer Abschrift in die Urkundensammlung angezeigt sein.

V. Nr. 5 bis 8

10 Gemäß Abs. 1 Nr. 5 ist ein beglaubigter oder einfacher Ausdruck von einem einfachen elektronischen Zeugnis i.S.d. § 39a BeurkG zur Urkundensammlung zu nehmen. Diese sind gem. § 39a Abs. 1 BeurkG Beglaubigungen und sonstige Zeugnisse, die in § 39 BeurkG beispielhaft[23] aufgezählt sind.

11 Gemäß Abs. 1 Nr. 6 werden bei Vollstreckbarerklärungen nach § 796c Abs. 1 ZPO die Urschrift der Vollstreckbarkeitserklärung mit der Urschrift des Vergleichs zur Urkundensammlung genommen. Erklärt die Notarin oder der Notar einen Anwaltsvergleich für vollstreckbar, so ist diese Erklärung in das Urkundenverzeichnis einzutragen und der Vergleich nach § 796c Abs. 1 S. 1 ZPO in Verwahrung zu nehmen.[24]

12 Gemäß Abs. 1 Nr. 7 werden bei Vollstreckbarerklärungen nach § 1053 Abs. 4 ZPO die Urschrift mit einer beglaubigten Abschrift des Schiedsspruchs zur Urkundensammlung genommen.

13 Abs. 1 Nr. 8 bezieht sich auf Vorgänge nach dem SachenRBerG und kann daher nur auf dem Gebiet der neuen Bundesländer Anwendung finden (§ 1 Abs. 1 SachenRBerG).

C. Abs. 2: Ordnung der Urkundensammlung

14 Die Urkundensammlung ist nach der Reihenfolge der Eintragungen im Urkundenverzeichnis, mithin nach der Urkundenverzeichnisnummer zu ordnen.

17 BT-Drucksache 774/21, S. 51.
18 Weingärtner/*Ulrich*, § 31 NotAktVV Rn 22.
19 BeckOK-BNotO/*Sauer*, § 31 NotAktVV Rn 14; siehe auch Weingärtner/*Ulrich*, § 31 NotAktVV Rn 22.
20 *Püls/Gerlach*, S. 84; siehe auch *Berthold*, RNotZ 2023, 73, S. 78.
21 BR-Drucksache 420/20 (neu), S. 51.
22 Weingärtner/*Ulrich*, § 31 NotAktVV Rn 22.
23 Armbrüster/Preuß/*Tebben*, § 39 BeurkG Rn 3.
24 BR-Drucksache 420/20 (neu), S. 51.

D. Abs. 3: Vertretungsnachweise

Nachweise für die Vertretungsberechtigung gem. § 12 BeurkG (d.h. vorgelegte Vollmachten und Ausweise über die Berechtigung, § 12 S. 1 BeurkG) werden mit der Urschrift der Urkunde in der Urkundensammlung verwahrt. 15

Im Falle der elektronischen Niederschrift nach Beurkundung mittels Videokommunikation wird ein dazugehöriger Nachweis für die Vertretungsberechtigung sowohl der elektronischen Niederschrift als auch deren beglaubigtem Ausdruck als Original oder als beglaubigte Abschrift beigefügt und mit dem Ausdruck in der Urkundensammlung verwahrt.[25] 16

Durch die Streichung der Bezugnahme auf § 16b BeurkG wurde klargestellt, dass Abs. 1 Nr. 3 für sämtliche elektronischen Niederschriften gilt. Auch bei elektronischen Niederschriften im Sinne von § 8 Abs. 2 BeurkG und § 36 Abs. 2 BeurkG ist somit in der Urkundensammlung ein beglaubigter Ausdruck des elektronischen Dokuments zu verwahren.[26]

E. Abs. 4: Beifügung von anderen Urschriften oder Unterlagen

Fakultativ können weitere Dokumente einem in der Urkundensammlung verwahrten Dokument beigefügt werden. Dazu nennt Abs. 4 S. 1 Dokumente mit inhaltlichem Zusammenhang zum verwahrten Dokument dergestalt, dass das Dokument ohne die Urschrift nicht zweckdienlich verwendet werden kann. Dies sind etwa Angebot und Annahme, eine Genehmigung vollmachtloser Vertretung oder eine spätere Auflassung.[27] 17

Gemäß Abs. 4 S. 2 können dem verwahrten Dokument auch für seine Rechtswirksamkeit oder die Durchführung bedeutsame Dokumente beigefügt werden, etwa Genehmigungen, behördliche Beschlüsse und Bescheinigungen, Erbscheine, Eintragungsbewilligungen.[28] 18

Die Eintragungsbestätigung des Zentralen Vorsorgeregisters ist, anders als die Registrierungsbestätigung im Zentralen Testamentsregisters nach Abs. 1 Nr. 1 Buchst. b, nicht zwingend zur Urkundensammlung zu nehmen. Sie könnte jedoch gemäß Abs. 4 Nr. 2 freiwillig beizufügen sein, um nachvollziehbar zu machen, ob der Wille des Vorsorgenden sichergestellt ist.[29] Dies liegt aber im Ermessen des Notars. 19

F. Abs. 5: Ersatz der Urschrift

Ob eine Ausfertigung oder beglaubigte Abschrift an die Stelle der grundsätzlich zu verwahrenden Urschrift tritt, richtet sich nach § 46 BeurkG, der dies in Fällen des Abhandenkommens oder der teilweisen oder vollständigen Zerstörung der Urschrift vorsieht, falls Anlass besteht, sie zu ersetzen. Abs. 5 hat damit lediglich klarstellende Funktion. 20

Anstelle der Urschrift ist eine Ausfertigung oder eine beglaubigte Abschrift in der Urkundensammlung zu verwahren, wenn nach § 46 BeurkG die Ausfertigung oder die beglaubigte Abschrift an die Stelle der Urschrift tritt (Abs. 5 S. 1).

Anstelle eines beglaubigten Ausdrucks der elektronischen Urschrift ist eine Ausfertigung oder eine beglaubigte Abschrift in der Urkundensammlung zu verwahren, wenn nach § 46 BeurkG die elektronische Fassung einer Ausfertigung oder einer beglaubigten Abschrift an die Stelle der elektronischen Urschrift tritt und die Verwahrung eines beglaubigten Ausdrucks der elektronischen Urschrift nicht möglich ist (Abs. 5 S. 2).

25 BT-Drucksache 774/21, S. 52.
26 RegE: Gesetz zur Einführung einer elektronischen Präsenzbeurkundung vom 16.7.2025, S. 62.
27 Weingärtner/*Ulrich*, § 31 NotAktVV Rn 25; BR-Drucksache 420/20 (neu), S. 52.
28 BR-Drucksache 420/20 (neu), S. 52.
29 Weingärtner/*Ulrich*, § 31 NotAktVV Rn 25; BeckOK-BNotO/*Sauer*, § 31 NotAktVV Rn 19.

§ 32 Erbvertragssammlung

Erbverträge, deren besondere amtliche Verwahrung ausgeschlossen wurde, werden nach der Nummernfolge der Eintragungen im Urkundenverzeichnis in der Erbvertragssammlung verwahrt.

A. Einleitung

1 § 32 NotAktVV ersetzt § 18 Abs. 4 S. 1 DONot-a.F. und regelt abweichend davon die **zwingende** Aufbewahrung von Erbverträgen in der Erbvertragssammlung. Die Erbvertragssammlung ist neu geschaffen worden (§ 55 Abs. 3 BeurkG). Sie ist erforderlich, da (i) die Urschrift von Erbverträgen gemäß § 34 Abs. 4 BeurkG nicht elektronisiert werden darf und (ii) die Aufbewahrung über 100 Jahre aber gewährleistet sein muss.[1] Das Erbvertragsverzeichnis ist im Urkundenverzeichnis aufgegangen.[2]

B. Erbverträge in amtlicher Verwahrung

2 Die Behandlung eines Erbvertrags in amtlicher Verwahrung richtet sich nach § 31 Abs. 1 NotAktVV: Die Urschrift wird in die amtliche Verwahrung des Nachlassgerichts gebracht,[3] der Erbvertrag wird im ZTR registriert (§ 34a Abs. 1 S. 1 BeurkG), die Registrierungsbestätigung und ggf. eine beglaubigte Abschrift zur Urkundensammlung genommen.

C. Erbverträge ohne amtliche Verwahrung

3 Ist die amtliche Verwahrung ausgeschlossen, so wird die Urschrift des Erbvertrags zur Erbvertragssammlung, die Registrierungsbestätigung jedoch unverändert zur Urkundensammlung genommen. Grund für diese Diskrepanz ist die Vermeidung einer Situation, in der ein Notar keinen einzigen Erbvertrag selbst verwahrt, aber dennoch eine Erbvertragssammlung führen müsste, in der sich ausschließlich Registrierungsbestätigungen befinden.[4]

D. Gemischte Verträge

4 Die Behandlung gemischter Verträge bzw. kombinierte Verträge mit einem erbvertraglichen Teil sowie einem sonstigen Teil gestaltet sich wie folgt: Die amtliche Verwahrung ist gem. § 34 Abs. 2 Hs. 2 BeurkG im Zweifel ausgeschlossen, sodass die Urschrift in der Verwahrung des Notars verbleibt.

Der nicht-erbvertragliche Teil müsste gem. § 31 Abs. 1 Nr. 2 NotAktVV in die Urkundensammlung, der erbvertragliche hingegen gem. § 32 NotAktVV zur Erbvertragssammlung genommen werden. Unter Berücksichtigung der unterschiedlichen Aufbewahrungsfristen ergibt sich, dass die Erbvertragssammlung vorzugswürdig ist: denn das Verbot der Elektronisierung von Erbverträgen aus § 34 Abs. 4 BeurkG erstreckt sich auch auf gemischte Verträge bzw. kombinierte Verträge.[5] Um eine lange Aufbewahrung dennoch zu gewährleisten, kommt also nur die Erbvertragssammlung in Frage. In jedem Fall wird die Registrierungsbestätigung zur Urkundensammlung genommen.

1 BR-Drucksache 420/20 (neu), S. 53, *Püls/Gerlach*, S. 46. Für vom Notar in Erbvertragssammlung verwahrten Dokumente gelten gemäß § 50 Abs. 1 Nr. 4 NotAktVV die 100 Jahre.
2 Weingärtner/*Ulrich*, § 32 NotAktVV Rn 3.
3 Gibt der Notar den Erbvertrag nach Beurkundung zur amtlichen Verwahrung zum Nachlassgericht, so *bringt* er ihn. Gibt er ihn hingegen nach dem Erbfall oder vermutetem Erbfall (§ 351 FamFG) zum Nachlassgericht, so *liefert* er ihn *ab*, Referentenentwurf S. 30.
4 Kritische Ansicht dazu Weingärtner/*Ulrich*, § 31 NotAktVV Rn 10.
5 BeckOGK/*Grziwotz*, Stand: 1.4.2025, § 34 BeurkG Rn 57; BR-Drucksache 602/16, S. 94.

E. Ablieferung ans Nachlassgericht (ohne amtliche Verwahrung)

Gem. § 351 S. 2 FamFG ist, wenn nach 30-jähriger Verwahrung der letztwilligen Verfügung nicht ermittelt werden kann, dass der Erblasser noch lebt, die Verfügung zu eröffnen. Dazu muss der Notar die Urschrift ans Nachlassgericht abliefern. Nach alter Rechtslage (§ 20 Abs. 5 S. 2, Abs. 4 DONot-a.F.) nahm der Notar anschließend statt der Urschrift eine beglaubigte Abschrift in die Urkundensammlung. Auf eine gleiche Regelung in der NotAktVV wurde ausdrücklich verzichtet, da „ohnehin bei jeder Verfügung von Todes wegen eine beglaubigte Abschrift zur Urkundensammlung und zur elektronischen Urkundensammlung zu nehmen" sei.[6] Dies trifft jedoch nicht zu: die beglaubigte Abschrift wird nur auf Wunsch der Beteiligten zur Urkundensammlung genommen (§ 31 Abs. 1 Nr. 1 lit. a) NotAktVV). Und wenn aufgrund des Ausschlusses amtlicher Verwahrung bereits die Urschrift beim Notar bleibt, werden die Beteiligten regelmäßig nicht zusätzlich die Verwahrung einer beglaubigten Abschrift wollen.[7] Dasselbe Problem stellt sich bei der Ablieferung der Urschrift eines Erbvertrags ans Nachlassgericht anlässlich des Erbfalls. 5

Ferner stellt sich die Frage, ob der Notar nach der Ablieferung der Urschrift ans Nachlassgericht eine beglaubigte Abschrift zur Erbvertragssammlung nehmen oder ein Vermerkblatt anfertigen muss. 6
Die Pflicht zur Anfertigung eines Vermerkblatts für die Erbvertragssammlung ließe sich aus einer Analogie zu § 33 Abs. 1 NotAktVV herleiten.[8] Auf diese Weise lässt sich die Ablieferung nachvollziehen. Zudem ist es empfehlenswert, dem Willen des Gesetzgebers zu folgen – auch wenn er dessen Normierung versäumte – und eine beglaubigte Abschrift zur Erbvertragssammlung zu nehmen.

Für gemischte Verträge stellt sich das Problem nicht, da gem. § 34a Abs. 3 S. 2 BeurkG nicht dessen Urschrift, sondern nur eine beglaubigte Abschrift ans Nachlassgericht abgeliefert wird und die Urschrift daher in der Erbvertragssammlung bleibt. 7

§ 33 Sonderbestimmungen für Verfügungen von Todes wegen

(1) Wird ein Erbvertrag aus der notariellen Verwahrung zurückgegeben, so ist anstelle des Erbvertrags ein Vermerk mit den Angaben nach § 9 Nummer 1 bis 3 und der Urkundenverzeichnisnummer zur Erbvertragssammlung zu nehmen.

(2) [1]Wird über die Rückgabe des Erbvertrags keine Niederschrift errichtet, soll der Notar in dem Vermerk die Erfüllung der ihm nach § 2300 Absatz 2 Satz 3 in Verbindung mit § 2256 Absatz 1 Satz 2 des Bürgerlichen Gesetzbuchs obliegenden Pflichten aktenkundig machen. [2]Die Personen, an die der Erbvertrag zurückgegeben wurde, sind mit den in § 12 Absatz 2 Satz 1 und 2 genannten Angaben zu bezeichnen.

(3) Der Notar hat den Vermerk zu unterschreiben.

(4) Auf Antrag aller Beteiligten ist diesen die in der Urkundensammlung verwahrte beglaubigte Abschrift einer Verfügung von Todes wegen auszuhändigen.

(5) Wird bei einer Verfügung von Todes wegen vor deren Registrierung im Zentralen Testamentsregister die Aushändigung der Urschrift zum Zwecke des Widerrufs durch Vernichtung verlangt, so sind die Absätze 1 bis 3 mit der Maßgabe entsprechend anzuwenden, dass der Vermerk zur Urkundensammlung zu nehmen ist.

6 BR-Drucksache 420/20 (neu), S. 53.
7 Weingärtner/*Ulrich*, § 32 NotAktVV Rn 4.
8 Weingärtner/*Ulrich*, § 32 NotAktVV Rn 5.

A. Einleitung

1 Die Vorschrift ist gemäß § 39a NotAktVV seit dem 1.7.2022 anzuwenden. Ihre Absätze eins bis drei ersetzen § 20 Abs. 3 DONot-a.F. Die Vorschrift enthält Sonderbestimmungen zur Behandlung von Verfügungen von Todes wegen in der Erbvertragssammlung und der Urkundensammlung.[1]

Die Rückgabe eines Erbvertrags aus der amtlichen Verwahrung der Notarin oder des Notars ist der einzige Fall, in dem die Urschrift einer Verfügung von Todes wegen aus der notariellen Verwahrung entfernt wird, und für den daher besondere Dokumentationspflichten bestehen, die an die Belehrungspflicht anknüpfen. Für die verschiedenen anderen Vermerkblätter, die die DONot kannte, besteht mit Ausnahme der in Abs. 5 geregelten Fälle kein Bedürfnis mehr, weil die Informationen sämtlich im Urkundenverzeichnis vorliegen.[2]

B. Rückgabe vor Registrierung im Zentralen Testamentsregister (Abs. 1 bis Abs. 3)

2 Gemäß Abs. 1 ist, wenn der Erbvertrag aus der Erbvertragssammlung zurückgegeben wird, stattdessen ein Vermerk zur Erbvertragssammlung zu nehmen. Zudem muss der Notar die Rückgabe gem. § 34a Abs. 2 BeurkG ans Zentrale Testamentsregister melden und die neue Registrierungsbestätigung gem. § 31 Abs. 1 Nr. 1b NotAktVV zur Urkundensammlung nehmen.[3] Der den Notar treffenden Pflicht zur Belehrung über die Folgen der Rückgabe aus §§ 2300 Abs. 2 S. 3, 2256 Abs. 1 S. 2 BGB wird mit der Dokumentation auf der Niederschrift genüge getan.

3 Die Niederschrift über die Rückgabe des Erbvertrags sollte auch in der Erbvertragssammlung verwahrt werden.[4] Für eine Verwahrung in der Urkundensammlung spricht zwar, dass der anzufertigende Vermerk bereits ein Platzhalter für den zurückgegebenen Erbvertrag in der Erbvertragssammlung ist[5] und es sich bei der neuen Niederschrift gem. § 2278 Abs. 2 BGB nicht um einen Erbvertrag handelt.

Gegen eine Verwahrung in der Urkundensammlung spricht aber die kürzere Aufbewahrungsfrist. Es handelt sich auch bei der neuen Niederschrift um eine Verfügung von Todes wegen,[6] deren Urschrift gemäß § 34 Abs. 4 BeurkG nicht elektronisiert werden darf.

4 Wird keine Niederschrift über die Rückgabe errichtet, so ist nach Abs. 2 der unverändert zur Erbvertragssammlung zu nehmende Vermerk um den Nachweis der Erfüllung der Belehrungspflicht zu ergänzen. Darin sind die empfangenden Personen in der Form wie im Urkundenverzeichnis zu bezeichnen.

Zudem muss auch hier – wie bei Abs. 1 – die Rückgabe an das Zentrale Testamentsregister gemeldet und die neue Registrierungsbestätigung in der Urkundensammlung verwahrt werden.

C. Aushändigung der beglaubigten Abschrift (Abs. 4)

5 Ist eine beglaubigte Abschrift der Verfügung von Todes wegen gemäß § 31 Abs. 1 lit. a NotAktVV in der Urkundensammlung verwahrt, so ist diese auf den Wunsch aller Beteiligten ebenfalls auszuhändigen. Die Übereinstimmung aller Beteiligten ist erforderlich, da andernfalls das Dokumentationsinteresse, die beglaubigte Abschrift zu bewahren, das Vertraulichkeitsinteresse eines Einzelnen, die Abschrift aus der notariellen Aufbewahrung zu entfernen, überwiegt.

D. Rückgabe vor Registrierung im Zentralen Testamentsregister (Abs. 5)

6 Wird der Erbvertrag oder das Testament noch vor der Eintragung ins ZTR zurückgeben, so ist der Vermerk darüber nicht zur Erbvertrags-, sondern zur Urkundensammlung zu nehmen. In diesem Vermerk sind die Angaben nach § 9 Nr. 1 bis 3 NotAktVV zu machen; er ist vom Notar zu unterschreiben. In dem Fall ist der Vermerk das einzige Dokument, das vom Notar verwahrt wird. Dieser Vermerk ist zu elektronisieren, § 38 Abs. 2 NotAktVV.

1 BR-Drucksache 420/20 (neu), S. 53.
2 BR-Drucksache 420/20 (neu), S. 53.
3 Weingärtner/*Ulrich*, § 33 NotAktVV Rn 6.
4 BeckOK-BNotO/*Sauer*, § 33 NotAktVV Rn 7; Im Ergebnis ebenso *Püls/Gerlach*, S. 140; offen gelassen Weingärtner/*Ulrich*, § 33 NotAktVV Rn 6.
5 Weingärtner/*Ulrich*, § 33 NotAktVV Rn 6; BeckOK-BNotO/*Sauer*, § 33 NotAktVV Rn 7.
6 BayObLG, NJW-RR 2005, 957.

Abschnitt 5: Elektronische Urkundensammlung, Sondersammlung

§ 34 Elektronische Urkundensammlung

(1) In der elektronischen Urkundensammlung werden die Dokumente in elektronischer Form verwahrt, die nach § 31 in der Urkundensammlung verwahrt werden.

(2) Dokumente, die in Papierform erstellt wurden, können verwahrt werden als

1. elektronische Fassung (§ 56 des Beurkundungsgesetzes),

2. elektronisch beglaubigte Abschrift, wenn es sich bei ihnen um Ausfertigungen, beglaubigte Abschriften oder einfache Abschriften handelt, oder

3. elektronische Abschriften, wenn es sich bei ihnen um einfache Abschriften handelt.

(3) [1]Dokumente, die in elektronischer Form erstellt wurden, können in dieser Form oder als elektronische Fassung des Ausdrucks, der in der Urkundensammlung verwahrt wird, verwahrt werden. [2]In der Form, in der sie erstellt wurden, sind zu verwahren:

1. elektronische Niederschriften und

2. einfache elektronische Zeugnisse im Sinne des § 39a des Beurkundungsgesetzes, wenn das zu ihrer Errichtung erstellte elektronische Dokument in notarieller Verwahrung verbleibt.

(4) Nachweise für die Vertretungsberechtigung, die nach § 12 Absatz 1 Satz 2 des Beurkundungsgesetzes der elektronischen Niederschrift beigefügt werden sollen, werden zusammen mit der elektronischen Urschrift in der elektronischen Urkundensammlung verwahrt.

(5) [1]Tritt nach dem Beurkundungsgesetz eine Ausfertigung oder eine beglaubigte Abschrift an die Stelle der Urschrift, so ist die elektronische Fassung der Urschrift zu verwahren. [2]Ist eine Verwahrung der elektronischen Fassung der Urschrift nicht möglich, so ist eine elektronische Fassung der Ausfertigung oder der beglaubigten Abschrift zu verwahren, die an die Stelle der Urschrift getreten ist. [3]Tritt nach dem Beurkundungsgesetz die elektronische Fassung einer Ausfertigung oder einer beglaubigten Abschrift an die Stelle der elektronischen Urschrift, so ist diese anstelle der elektronischen Urschrift zu verwahren.

(6) In der elektronischen Urkundensammlung kann neben einer Niederschrift oder einer elektronischen Niederschrift auch eine vollständige oder auszugsweise Reinschrift von dieser verwahrt werden.

A. Einleitung

Verordnungsermächtigung für § 34 NotAktVV ist § 36 Abs. 1 S. 2 Nr. 3 BNotO. Eine gesetzliche Regelung der elektronischen Urkundensammlung findet sich in § 55 Abs. 3 Alt. 2 BeurkG. Die Rechtswirkung elektronischer Dokumente ist in § 56 Abs. 3 BeurkG geregelt: Demnach stehen elektronische Dokumente den papierenen, aus denen sie entstanden sind, gleich. Von der Bezeichnung „Dokument" sind dabei sowohl die elektronische als auch die papierene Speicherform umfasst.[1] 1

Durch das Gesetz zur Einführung einer elektronischen Präsenzbeurkundung wurde in Abs. 3 S. 2 Nr. 1 die Angabe „im Sinne des § 16b des Beurkundungsgesetzes" gestrichen und in Abs. 4 die Angabe „§ 16d" durch die Angabe „§ 12 Absatz 1 Satz 2" ersetzt.[2]

1 Weingärtner/*Löffler*, § 34 NotAktVV Rn 2.

2 Gesetz zur Einführung einer elektronischen Präsenzbeurkundung, BGBl. 2025 Teil I Nr. 320, Artikel 7 Nr. 4 sowie RegE vom 16. Juli 2025, S. 12 f.

2 Zweck der elektronischen Urkundensammlung ist, nach Ablauf der Aufbewahrungsfrist in der Urkundensammlung ein vollumfänglicher Ersatz für diese zu sein. Dazu wird der inhaltliche Gleichlauf von Urkundensammlung und elektronischer Urkundensammlung angestrebt.[3]

B. Gleichlauf mit der Urkundensammlung (Abs. 1)

3 Grundsätzlich enthält die elektronische Urkundensammlung alles, was sich auch in der Urkundensammlung befinden muss. Es wird auf § 31 NotAktVV verwiesen.[4]

Dokumente betreffend Verfügungen von Todes wegen, die keine Urschriften der Niederschrift sind, werden hingegen elektronisiert; etwa die Registrierungsbestätigung, der Vermerk über die Rückgabe und die auf Wunsch der Beteiligten verwahrte beglaubigte Abschrift.

Unbeachtlich für die Anwendung der Vorschrift ist, ob die Dokumente zwingend in die Urkundensammlung aufzunehmen sind oder freiwillig aufgenommen wurden. Entscheidend ist, dass sie tatsächlich aufgenommen wurden.[5]

C. Dokument in Papierform erstellt (Abs. 2)

4 Die NotAktVV sieht verschiedene Formen der Elektronisierung vor. Die strengste ist in § 56 BeurkG geregelt und verlangt sowohl inhaltliche als auch bildliche Übereinstimmung (§ 56 Abs. 1 S. 1 BeurkG). Diese Form wird in der NotAktVV als „elektronische Fassung“ bezeichnet. Alle Arten von Papierdokumenten können, Urschriften müssen in diese Form übertragen werden (Abs. 2 Nr. 1).

5 Von Ausfertigungen, beglaubigten Abschriften und einfachen Abschriften können elektronisch beglaubigte Abschriften hergestellt werden. Diese müssen die Form des § 56 BeurkG nicht einhalten,[6] weil es bei der Herstellung einer Ausfertigung nicht auf die bildliche, sondern nur auf die inhaltliche Übereinstimmung ankommt.[7] Ebenso garantiert auch der Beglaubigungsvermerk nur die inhaltliche, nicht die bildliche Übereinstimmung mit der Urschrift.[8]

Ausfertigungen, beglaubigte oder einfache Abschriften, die in die elektronische Urkundensammlung aufgenommen werden müssen, sind etwa Beifügungen gem. § 31 Abs. 3 oder 4 NotAktVV.[9]

6 Bei der Herstellung einer einfachen elektronischen Abschrift aus einer einfachen papierenen Abschrift ist die Form des § 56 BeurkG ebenfalls nicht erforderlich, da die einfache Abschrift ohnehin einen geringen Beweiswert hat.[10]

D. Scanprozess

7 Die Bundesnotarkammer hat Materialien zum Scanprozess veröffentlicht, die detaillierte Informationen etwa zum Vorgehen, zur Dokumentation und zur technischen Einrichtung enthalten.[11]

Bei der Herstellung einer elektronischen Fassung gem. § 56 Abs. 1 S. 1 BeurkG erstreckt sich die geforderte bildliche Übereinstimmung nicht auf leere Seiten: Laut der Bundesnotarkammer werden leere Seiten „im Rahmen der Nachbearbeitung“,[12] also manuell von dem mit dem Scanprozess betrauten Mitarbeiter gelöscht. Die automatische Erkennung von Leerseiten kann zweckmäßig sein;[13] da „Seiten mit ausschließlich handschriftlichen Vermerken, wie Paraphen, u.U. schlecht von Leerseiten unterschieden werden“ können, ist eine manuelle Überprüfung dennoch ratsam.[14]

3 Weingärtner/*Löffler*, § 34 NotAktVV Rn 2; BT-Drucksache 18/10607, S. 86.
4 BR-Drucksache 420/20 (neu), S. 54.
5 BeckOK-BNotO/*Sauer*, § 34 NotAktVV Rn 4.
6 BR-Drucksache 420/20 (neu), S. 55.
7 Weingärtner/*Löffler*, § 34 NotAktVV Rn 5.
8 BR-Drucksache 420/20 (neu), S. 55.
9 *Püls/Gerlach*, S. 87; BR-Drucksache 420/20 (neu), S. 55.
10 BR-Drucksache 420/20 (neu), S. 55.
11 https://www.elektronisches-urkundenarchiv.de/scanprozess (Zugang nur aus dem Notarnetz).
12 https://www.elektronisches-urkundenarchiv.de/scanprozess (Zugang nur aus dem Notarnetz), „Muster-Verfahrensdokumentation“ (Dokument 02), S. 17 (Abruf am 9.2.2026).
13 https://www.elektronisches-urkundenarchiv.de/scanprozess (Zugang nur aus dem Notarnetz), „Anlage 2 zur MVD – Systemanforderungen“ (Dokument 04), S. 2 (Abruf am 9.2.2026).
14 BSI TR-03138 Ersetzendes Scannen (RESISCAN), S. 22 (anwendbar gemäß Verweis im ersten Kapitel des „Leitfadens“ (Dokument 06)).

E. Elektronisch erstellte Dokumente (Abs. 3)

8 Gelangen Dokumente in elektronischer Form zum Notar, etwa behördliche oder gerichtliche Genehmigungen zu einem Urkundsgeschäft,[15] so hat der Notar gemäß Abs. 3 S. 1 die Wahl, ob er sie gleich in dieser Form in der elektronischen Urkundensammlung verwahrt, oder den Ausdruck davon, den er gem. § 31 Abs. 4 NotAktVV in der Urkundensammlung verwahren kann, aber nicht muss, erneut elektronisiert.

Abweichend davon ist die Behandlung von elektronischen Urschriften geregelt (Abs. 3 S. 2), die zwingend in der elektronischen Form, in der sie erstellt wurden, in der elektronischen Urkundensammlung verwahrt werden müssen. Die Möglichkeit, stattdessen den Scan des Ausdrucks zu verwahren, besteht nicht. Das betrifft die (i) Niederschriften im Sinne des § 16b BeurkG und (ii) einfache elektronische Zeugnisse im Sinne des § 39a BeurkG, wenn das zu ihrer Errichtung erstellte elektronische Dokument in notarieller Verwahrung verbleibt.

Durch die Streichung der Bezugnahme auf § 16b BeurkG durch das Gesetz zur Einführung einer elektronischen Präsenzbeurkundung wurde klargestellt, dass Abs. 3 S. 2 Nr. 1 für sämtliche elektronischen Niederschriften gilt. Auch im Fall von elektronischen Niederschriften im Sinne von § 8 Abs. 2 BeurkG und § 36 Abs. 2 BeurkG ist somit stets das zur Errichtung der elektronischen Urkunde erstellte originäre elektronische Dokument in der elektronischen Urkundensammlung zu verwahren. Diese bislang allein für elektronische Niederschriften in Sinne des § 16b BeurkG geltende Bestimmung wurde somit auf die weiteren elektronischen Niederschriften erstreckt.[16]

F. Ersatz der Urschrift (Abs. 4)

9 Ersetzt eine Ausfertigung oder beglaubigte Abschrift die Urschrift in der Urkundensammlung gemäß § 46 Abs. 1 S. 1 BeurkG, wird die elektronische Fassung der Urschrift dennoch weiter in der elektronischen Urkundensammlung verwahrt. Zwischen Urkundensammlung und elektronischer Urkundensammlung besteht insofern kein Gleichlauf mehr.

Existiert keine elektronische Fassung der Urschrift, so wird stattdessen eine elektronische beglaubigte Abschrift der Ausfertigung oder der beglaubigten Abschrift, die an die Stelle der Urschrift getreten ist, in der elektronischen Urkundensammlung verwahrt. Die papierene beglaubigte Abschrift wird dazu gem. Abs. 2 Nr. 1 in der Form des § 56 BeurkG, nicht gem. Abs. 2 Nr. 2 elektronisiert, da sie gem. § 46 Abs. 1 BeurkG als Urschrift gilt.[17]

Durch die Streichung von „im Sinne des § 16b des Beurkundungsgesetzes" und Ersetzung durch die Angabe „§ 12 Absatz 1 Satz 2" handelt es sich um eine Folgeänderung zu § 12 Abs. 1 S. 2 BeurkG, der die bisher in § 16d BeurkG enthaltene Regelung zum Umgang mit Vertretungsnachweisen bei Aufnahme einer elektronischen Niederschrift ersetzt. In der Sache ergeben sich keine Änderungen.[18]

G. Reinschrift (Abs. 5)

10 Die Verwahrung einer Reinschrift mit dem Zweck, händische Änderungen in der Urkunde in Abschriften mit sauberem Druckbild wiederzugeben,[19] ist erlaubt. Wird davon eine Ausfertigung oder eine beglaubigte Abschrift gemacht, so kann diese nur aus einer Abschrift gem. § 49 Abs. 1 Nr. 1 BeurkG bestehen Ein Ausdruck der elektronischen Reinschrift gem. § 49 Abs. 1 Nr. 2 BeurkG ist nicht zulässig.[20]

15 BR-Drucksache 420/20 (neu), S. 55.
16 RegE: Gesetz zur Einführung einer elektronischen Präsenzbeurkundung vom 16. Juli 2025, S. 62.
17 Weingärtner/*Löffler*, § 34 NotAktVV Rn 9.
18 RegE: Gesetz zur Einführung einer elektronischen Präsenzbeurkundung vom 16. Juli 2025, S. 62.
19 BR-Drucksache 420/20 (neu), S. 55 f.
20 BR-Drucksache 420/20 (neu), S. 56.

§ 35 Einstellung von Dokumenten

(1) Dokumente, die nach § 34 in der elektronischen Urkundensammlung zu verwahren sind, sollen unverzüglich nach der Eintragung in das Urkundenverzeichnis in die elektronische Urkundensammlung eingestellt werden.

(2) Elektronische Dokumente, die nach dem Beurkundungsgesetz zusammen mit der elektronischen Fassung einer Urschrift oder Abschrift oder einer elektronischen Urschrift in der elektronischen Urkundensammlung zu verwahren sind, sollen unverzüglich in die elektronische Urkundensammlung eingestellt werden.

(3) [1]Nachdem ein Dokument in elektronischer Form in die elektronische Urkundensammlung eingestellt wurde, dürfen auf der Urschrift oder Abschrift, die in der Urkundensammlung verwahrt wird, keine Vermerke mehr angebracht werden. [2]Ergibt sich aus einer Rechtsvorschrift die Pflicht, auf der Urschrift oder Abschrift, die in der Urkundensammlung verwahrt wird, etwas zu vermerken, so ist der Vermerk

1. auf einem gesonderten Blatt niederzulegen, welches mit der in der Urkundensammlung verwahrten Urschrift oder Abschrift zu verbinden ist, wenn die betreffende Urkunde in Papierform errichtet wurde, oder

2. in einem gesonderten elektronischen Dokument niederzulegen, welches zusammen mit der in der elektronischen Urkundensammlung verwahrten Urkunde zu verwahren ist, wenn die betreffende Urkunde in elektronischer Form errichtet wurde.

[3]Von einem elektronischen Vermerk, der zusammen mit einer elektronischen Urkunde in der elektronischen Urkundensammlung verwahrt wird, ist ein Ausdruck mit dem in der Urkundensammlung verwahrten Ausdruck der elektronischen Urkunde zu verbinden.

(4) [1]Die Einstellung von Dokumenten in die elektronische Urkundensammlung hat in einer für die Langzeitarchivierung geeigneten Variante des PDF-Formats zu erfolgen. [2]Hat die Bundesnotarkammer in ihrem Verkündungsblatt weitere Vorgaben zu dem Dateiformat, das bei der Einstellung in die elektronische Urkundensammlung zu verwenden ist, bekannt gemacht, so sind diese zu beachten.

A. Einleitung

1 Die Vorschrift hat ihre Ermächtigungsgrundlage in § 36 Abs. 1 S. 2 Nr. 3 BNotO und regelt den Weg, wie elektronische Dokumente ihren Weg in die elektronische Urkundensammlung zu finden haben.

B. Unverzügliches Einstellen von Dokumenten (Abs. 1)

2 Im Unterschied zu Abs. 2 sind bei Abs. 1 Dokumente gemeint, die bereits zum Zeitpunkt der Beurkundung bzw. unmittelbar nach der Beurkundung vorliegen.[1] Gemäß Abs. 1 sind diese Dokumente unverzüglich nach Eintragung in das Urkundenverzeichnis in die elektronische Urkundensammlung einzustellen. „Unverzüglich", d.h. ohne schuldhaftes Zögern,[2] legt dem Notar pflichtgemäßes Ermessen auf:[3] solange noch keine Schuldhaftigkeit gegeben ist, kann der Notar die Einstellung herauszögern. Für eine solche Verzögerung können büroorganisatorische Gründe sprechen oder etwa das Warten auf eine Vertretungsberechtigung, welche gemäß § 31 Abs. 3 NotAktVV der Urschrift beizufügen ist.[4] Andererseits ist ein

1 Weingärtner/*Löffler*, § 35 NotAktVV Rn 3.
2 § 121 Abs. 1 S. 1 BGB
3 BR-Drucksache 420/20 (neu), S. 56.
4 Weingärtner/*Löffler*, § 35 NotAktVV Rn 4.

möglichst rasches Einstellen anzustreben, damit im Falle eines plötzlichen Amtswechsels die elektronische Urkundensammlung vollständig ist.[5]

C. Einstellen von später erlangten Dokumenten (Abs. 2)

Abs. 2 regelt den Zeitpunkt der Einstellung beizufügender Dokumente. Welche und wie diese Dokumente einzustellen sind, regelt § 56 Abs. 2 BeurkG. Abs. 2 umfasst Dokumente, die nicht zum Zeitpunkt der Beurkundung, sondern erst nach dem Einstellen der Urkunde in die elektronische Urkundensammlung vorliegen, wie etwa Genehmigungen.[6] Diese sind unverzüglich, nachdem ihre Papierversion der Papierurschrift in der Urkundensammlung beigefügt wurde, in die elektronische Urkundensammlung einzustellen.[7] 3

D. Nachträgliche Vermerke zur Dokumentation (Abs. 3)

Sobald ein Dokument in die elektronische Urkundensammlung eingestellt wurde, darf es in der Urkundensammlung nicht mehr verändert werden, um den Gleichlauf der beiden Sammlungen zu gewährleisten.[8] War es früher üblich, Vermerke auf der Urkunde anzubringen (etwa das Vorliegen der Genehmigungserklärung, den Widerruf der erklärten Vollmacht, die Abtretung der beurkundeten Grundschuld, den Verteiler), oder ist der Notar sogar gesetzlich zu einem Vermerk verpflichtet (etwa durch § 18 Abs. 4 GrEstG oder § 54 Abs. 2 EStDV),[9] so ist wie folgt vorzugehen: wurde die Urkunde in Papierform errichtet, was den Regelfall darstellt, so müssen Vermerke auf einem Extrablatt vermerkt, dieses mit der Urschrift verbunden und in die Urkundensammlung gegeben werden. Anschließend ist das Blatt zu elektronisieren und der elektronischen Urkundensammlung beizufügen. Alternativ hat sich in der Praxis bewährt, den Vermerk über den Versand an das Finanzamt mittels eines Stempels auf der Urschrift noch vor dem Scannen anzubringen. Dadurch wird die Büroorganisation erleichtert und der Ausdruck eines gesonderten Vermerkblatts kann unterbleiben. 4

Wurde die Urkunde elektronisch errichtet (gemäß § 16b BeurkG), ist der Vermerk als eigenes elektronisches Dokument der elektronischen Urschrift in der elektronischen Urkundensammlung hinzuzufügen. Außerdem ist gem. Abs. 3 S. 3 ein Ausdruck des Vermerks mit dem Ausdruck der Urkunde in der Urkundensammlung zu verwahren, eine Vorschrift, die eigentlich systematisch zu § 31 NotAktVV gehört.

Eine Ausnahme bildet die Dokumentation der Erteilung von Ausfertigungen. Darüber wird kein Vermerk erstellt und der Urschrift beigefügt, sondern die Dokumentation erfolgt durch Eintragung im Urkundenverzeichnis (§ 15 NotAktVV).[10] Es wäre wünschenswert, wenn § 18 Abs. 4 GrEStG sowie § 54 Abs. 2 EStDV an § 49 Abs. 4 BeurkG angepasst werden.[11] Allerdings dürfte es schon nach heutiger Rechtslage zulässig sein, einen elektronischen Vermerk im Urkundenverzeichnis für den erfolgten Versand an das Finanzamt anzubringen. § 18 Abs. 4 GrEStG sowie § 54 Abs. 2 EStDV sprechen ausdrücklich von der „Urschrift der Urkunde" und diese ist durch die Aufnahme in das Urkundenverzeichnis nun mal die elektronische Fassung der Urschrift.

Für das Scannen bietet es sich an, für die jeweilige Dateibezeichnung innerhalb der Büroorganisation eine einheitliche Struktur vorzugeben. Sofern die Notarsoftware wie bspw. ProNotar hierfür Vorgaben macht sollten diese beachtet werden. So können in ProNotar durch die Verwendung der korrekten Dateinamen die neuen Arbeitsschritte sehr stark automatisiert werden. Sofern die Notarsoftware keine Vorgaben macht könnte die Struktur – ohne Anspruch auf Vollständigkeit – wie folgt aussehen:

5 BR-Drucksache 420/20 (neu), S. 56.
6 Weingärtner/*Löffler*, § 35 NotAktVV Rn 3, 5; BeckOK-BNotO/*Sauer*, § 34 NotAktVV Rn 4.
7 BR-Drucksache 420/20 (neu), S. 56; ebenso Weingärtner/*Löffler*, § 35 NotAktVV Rn 6.
8 *Püls/Gerlach*, S. 89; BR-Drucksache 420/20 (neu), S. 56.
9 BR-Drucksache 420/20 (neu), S. 57.
10 BR-Drucksache 420/20 (neu), S. 57.
11 Ebenso Weingärtner/*Löffler*, § 35 NotAktVV Rn 9.

Dateiname (*„G" steht für das Notarkürzel, „.pdf" wird der Scanner automatisch hinzufügen)*	**Erläuterung**
2022G0001.pdf	Bezeichnung für die Urschrift. Ggf. liegen schon Dokumente wie ein Berichtigungsvermerk oder eine Nachgenehmigung zum Zeitpunkt des Scannens vor. Letztere müssen dann nicht gesondert gescannt werden.
2022G0001_efba.pdf	Bezeichnung für die Elektronische Fassung der begl. Abschrift.
2022G0001_kovo.pdf	Bezeichnung für eine Reinschrift bzw. Kopiervorlage.
2022G0001_kovo o A.pdf	Bezeichnung für eine Reinschrift bzw. Kopiervorlage, **jedoch ohne Anlage**.
2022G0001_pverm.pdf	Schreibfehlerberichtigung mit Datum zur Unterscheidbarkeit.
2022G0001_gen.pdf	Genehmigung zur Urkunde (nachdem die elektronische Urschrift schon eingestellt wurde).
2022G0001_BP.pdf	Beiblatt, welches die Erfüllung der Pflichten nach § 18 GrEStG, § 54 Abs. 2 EStDV sowie ggf. auch die Vorgaben zur Dokumentation der Kostenberechnung enthält (vgl. § 19 Abs. 6 GNotKG; *Hinweis: Die Vorgaben des § 19 Abs. 6 GNotKG müssen nicht zwingend in der (elektronischen) Urkundensammlung dokumentiert werden. Nunmehr dürfte es sich anbieten, das Kostenbeiblatt nur in der Nebenakte zu verwahren, um Arbeitsprozesse im Büroablauf zu optimieren.*).
2022G0001_sp.pdf	Sonstiges Papierdokument bzw. Vermerk zur Urkunde, bspw. der Widerruf einer Vollmacht, mit Datum zur Unterscheidbarkeit.

E. Dateiformat (Abs. 4)

5 Abs. 4 S. 1 bestimmt das Portable Document Format (PDF) in der für Archivzwecke bestimmten Fassung als Dateiformat für die Dokumente in der elektronischen Urkundensammlung. Derzeit wird diese Variante als PDF/A bezeichnet.[12] Abs. 4 S. 2 verweist bezüglich der Einzelheiten auf die Bekanntmachung der Urkundenarchivbehörde. Diese Delegation soll verhindern, dass die NotAktVV mit technischen Einzelheiten überfrachtet wird und bei kleineren technischen Neuerungen jedes Mal geändert werden muss.[13] Die Regelung ist dynamisch gestaltet, sodass das Dateiformat ohne Verordnungsänderung zu gegebener Zeit durch die Bundesnotarkammer geändert werden kann.

12 BR-Drucksache 420/20 (neu), S. 57.

13 Weingärtner/*Löffler*, § 35 NotAktVV Rn 11; BR-Drucksache 420/20 (neu), S. 57.

§ 36 Löschung von Dokumenten

[1]Die Löschung von Dokumenten, die in der elektronischen Urkundensammlung verwahrt werden, muss durch den Notar persönlich bestätigt werden. [2]Dies gilt nicht für die Löschung von Dokumenten nach Ablauf der Aufbewahrungsfrist.

A. Einleitung

1 Die Vorschrift findet ihre Grundlage in § 36 Abs. 1 S. 2 Nr. 3 BNotO, wonach der Verordnungsgeber die Maßnahmen zur Gewährleistung der Vertraulichkeit, Integrität und Transparenz der Akten und Verzeichnisse zu regeln hat.[1]

B. Löschung nur mit persönlicher Bestätigung des Notars (S. 1)

2 Die Vorschrift hat wegen der unterschiedlichen Aufbewahrungsfristen in Urkundensammlung (30 Jahre, § 50 Abs. 1 Nr. 3 NotAktVV) und elektronischer Urkundensammlung (100 Jahre, § 50 Abs. 1 Nr. 5 NotAktVV) besondere Relevanz. Denn sind die 30 Jahre abgelaufen, hängt die Verfügbarkeit der Urkunde allein von der elektronischen Urkundensammlung ab.[2] Daher ist die Löschung aus der elektronischen Urkundensammlung nur mit persönlicher Bestätigung durch den Notar möglich. Einerseits betrifft dies Löschungen gemäß § 38 Abs. 1 NotAktVV, wenn die Beteiligten nach § 33 Abs. 4 NotAktVV die in der Urkundensammlung verwahrte beglaubigte Abschrift der Verfügung von Todes wegen ausgehändigt wird. Andererseits betrifft dies Löschungen, wenn ein Dokument fehlerhaft eingestellt wurde, bspw. zur falschen UVZ-Nr. hochgeladen wurde.[3]

3 Die Vorschrift macht keine Vorgaben dazu, wie die persönliche Bestätigung zu erfolgen hat und überlässt die technische Ausgestaltung damit der Bundesnotarkammer. Aufgrund des Zwecks der Vorschrift muss aber sichergestellt sein, dass aus der persönlichen Bestätigung die Eigenschaft als Notarin oder als Notar hervorgeht.[4] Die Vorschrift zeigt im Umkehrschluss, dass die elektronische Urkundensammlung in allen anderen Fällen ohne persönliche Beteiligung des Notars von dessen Mitarbeitenden geführt werden kann.[5]

C. Löschung ohne persönliche Bestätigung des Notars (S. 2)

4 Nach Ablauf der Aufbewahrungsfrist des in der elektronischen Urkundensammlung verwahrten Dokuments ist keine persönliche Bestätigung des Notars erforderlich, weil nach Ablauf der Aufbewahrungsfrist kein zu schützendes Interesse an der Erhaltung der zu löschenden Dokumente mehr besteht.[6]

Sollte im Einzelfall ein besonderes öffentliches Interesse an einer weitergehenden Archivierung bestehen, so können anderweitige Organisationsmaßnahmen zur Sicherung der Urkunden getroffen werden; so besteht beispielsweise in der Software XNP in Umsetzung von § 17 Abs. 2 NotAktVV die Möglichkeit, einen Urkundenverzeichniseintrag als „Relevant für öffentliche Archive" zu kategorisieren.[7]

1 Weingärtner/*Frohn*, § 36 NotAktVV Rn 3.
2 BR-Drucksache 420/20 (neu), S. 57.
3 *Püls/Gerlach*, S. 90; BR-Drucksache 420/20 (neu), S. 57.
4 BR-Drucksache 420/20 (neu), S. 57.
5 Weingärtner/*Frohn*, § 36 NotAktVV Rn 2; BeckOK-BNotO/*Sauer*, § 36 NotAktVV Rn 4.
6 BR-Drucksache 420/20 (neu), S. 57.
7 BR-Drucksache 420/20 (neu), S. 57.

§ 37 Sondersammlung

(1) [1]Wenn die Übertragung in ein elektronisches Dokument aufgrund der Beschaffenheit des Dokuments unmöglich oder unzumutbar ist, unterbleibt die Einstellung in die elektronische Urkundensammlung. [2]Die Übertragung von Dokumenten, die nicht größer als das Format DIN A3 sind, ist nicht allein wegen ihrer Größe unzumutbar.

(2) [1]In den Fällen des Absatzes 1 Satz 1 soll der Notar in einem elektronischen Vermerk nach § 39a des Beurkundungsgesetzes das Dokument bezeichnen und feststellen, dass die Übertragung in ein elektronisches Dokument unmöglich oder unzumutbar ist. [2]Der Vermerk soll mit einer elektronisch beglaubigten Abschrift des Dokuments verbunden werden, wenn deren Herstellung nicht unmöglich oder unzumutbar ist. [3]Der Vermerk und gegebenenfalls die elektronische Abschrift sollen in der elektronischen Urkundensammlung verwahrt werden.

(3) [1]Dokumente, deren Übertragung in ein elektronisches Dokument unterblieben ist, sind nach der Reihenfolge ihrer Eintragung im Urkundenverzeichnis in einer gesonderten Sammlung zu verwahren (Sondersammlung). [2]Auf den Dokumenten ist zu vermerken, zu welcher Urkundenverzeichnisnummer sie gehören. [3]Eine vollständige oder auszugsweise Abschrift der Dokumente kann in die Urkundensammlung aufgenommen werden. [4]Auf der Abschrift ist zu vermerken, dass es sich um die Abschrift eines Dokuments aus der Sondersammlung handelt.

A. Einleitung

1 Die Vorschrift setzt § 36 Abs. 1 S. 2 Nr. 4 BNotO um, wonach die Voraussetzungen zu bestimmen sind, unter denen die durch oder aufgrund eines Gesetzes vorgesehene Übertragung eines in Papierform vorliegenden Schriftstücks in die elektronische Form unterbleiben kann.

B. Unmöglichkeit oder Unzumutbarkeit (Abs. 1)

2 Abs. 1 S. 1 befreit die Notarin oder den Notar vom Medientransfer und der Einstellung eines Dokuments in die elektronische Urkundensammlung, wenn es aufgrund der Beschaffenheit eines Papierdokuments unmöglich oder unzumutbar ist, dieses in ein elektronisches Dokument zu übertragen.[1] Der entscheidende Maßstab dürfte in der Praxis die Unzumutbarkeit sein, da Fälle der objektiven Unmöglichkeit (mithin vollständig Unmöglichkeit) einer Übertragung in die elektronische Form schwer denkbar sind.[2]

3 Abs. 1 S. 2 regelt, dass bei Dokumenten, die kleiner gleich DIN A3 sind, im Zweifel eine Übertragung zumutbar ist. Im Umkehrschluss ist die Übertragung bei Dokumenten die größer als DIN A3 sind im Zweifel unzumutbar.[3] Diese Regelung beruht auf der Tatsache, dass handelsübliche Scangeräte in den Notarbüros größere Dokumente als DIN A3 nicht verarbeiten können.[4]

4 Allgemein ist die Elektronisierung unzumutbar, wenn das Dokument mit handelsüblichen Geräten nicht mehr ohne vorherige Veränderung gescannt werden kann.[5] Unzumutbarkeit liegt nicht bereits deshalb vor, weil das Dokument nicht mit dem Stapeleinzug gescannt werden kann.[6] Soweit wegen bestimmter Eigenschaften der Vorlage (insbesondere die Bindung) das Scannen jeder einzelnen Seite notwendig ist, dürfte auch aufgrund des Zeit- und Personalaufwands eine Unzumutbarkeit gegeben sein.[7] Dies ist ins-

1 BR-Drucksache 420/20 (neu), S. 58.
2 Weingärtner/*Löffler*, § 37 NotAktVV Rn 3.
3 Weingärtner/*Löffler*, § 37 NotAktVV Rn 4; BR-Drucksache 420/20 (neu), S. 58.
4 *Püls/Gerlach*, S. 90; BR-Drucksache 420/20 (neu), S. 58.
5 Weingärtner/*Löffler*, § 37 NotAktVV Rn 5; BR-Drucksache 420/20 (neu), S. 58.
6 *Püls/Gerlach*, S. 90, BR-Drucksache 420/20 (neu), S. 58.
7 Weingärtner/*Löffler*, § 37 NotAktVV Rn 5; BeckOK-BNotO/*Sauer*, § 37 NotAktVV Rn 5.

besondere bei dreistelligen Seitenzahlen denkbar. Hingewiesen sei aber darauf, dass dies grundsätzlich nur bei „Fremdurkunden" der Fall sein dürfte, die schon in gebundener Form zum Notar gelangen.[8]

Grundlegend gilt: Wenn aus der Urkunde auch nur eine Seite nicht übertragen werden kann, erstreckt sich die Rechtsfolge des Abs. 1 auf die gesamte Urkunde. Für die Herstellung einer elektronischen beglaubigten Abschrift nach § 39a BeurkG wird nur die inhaltliche und nicht die bildliche Übereinstimmung verlangt. Damit können bspw. für große Baupläne direkt die elektronischen Dateien (i.d.R. PDF) verwendet werden. Dokumente dürfen nicht teilweise elektronisiert werden: entweder sie gelangen vollständig in die elektronische Urkundensammlung oder vollständig in die Sondersammlung.[9] In der Praxis kann dieses Problem durch die Verwendung von Bezugsurkunden (§ 13a BeurkG) abgemildert werden. 5

C. Dokumentation in der elektronischen Urkundensammlung (Abs. 2)

Ist die Elektronisierung unmöglich oder unzumutbar, soll gem. Abs. 2 S. 1 ein elektronischer Vermerk darüber hergestellt werden. Dieser hat die Form des § 39a BeurkG und wird in der elektronischen Urkundensammlung verwahrt. 6

Wenn möglich und zumutbar soll eine elektronisch beglaubigte Abschrift des Dokuments mit dem Vermerk verbunden und verwahrt werden. Eine elektronisch beglaubigte Abschrift kann möglich und zumutbar sein, obwohl die Elektronisierung des Papierdokuments es nicht ist, da die elektronisch beglaubigte Abschrift nur inhaltliche, nicht auch bildliche Übereinstimmung erfordert.[10] Dies ist etwa bei elektronisch vorliegenden Plandokumenten denkbar, die für die Papierurkunde ausgedruckt wurden.[11] 7

D. Sondersammlung (Abs. 3)

Durfte die Elektronisierung gem. Abs. 1 unterbleiben, so ist das Papierdokument unter Nennung der Urkundenverzeichnisnummer in der Sondersammlung zu verwahren. Gemäß Abs. 3 kann zusätzlich eine Abschrift zur Urkundensammlung genommen werden, auf der angegeben werden muss, dass sich die Urschrift in der Sondersammlung befindet. Ohne Übertragung in die elektronische Form kann kein Ersatz der Papierfassung durch das elektronische Dokument erfolgen.[12] Daher unterliegt die Sondersammlung nach § 50 Abs. 1 Nr. 6 NotAktVV der 100-jährigen Aufbewahrungsfrist. 8

§ 38 Sonderbestimmungen für Verfügungen von Todes wegen

(1) Wird den Beteiligten nach § 33 Absatz 4 die in der Urkundensammlung verwahrte beglaubigte Abschrift einer Verfügung von Todes wegen ausgehändigt, so ist auch die elektronisch beglaubigte Abschrift, die in der elektronischen Urkundensammlung verwahrt wird, zu löschen.
(2) Ein Vermerk nach § 33 Absatz 5 ist auch in die elektronische Urkundensammlung aufzunehmen.

A. Einleitung

Gemäß § 34 Abs. 4 BeurkG wird von Verfügungen von Todes wegen keine elektronische Fassung der Urschrift hergestellt. In der Praxis wird jedoch im Regelfall (weiterhin) eine beglaubigte Abschrift der Verfügung von Todes wegen zur Urkundensammlung sowie eine elektronisch beglaubigte Abschrift zur elektronischen Urkundensammlung genommen werden (§ 31 Abs. 1 Nr. 1 lit. a i.V.m. § 34 NotAktVV). 1

8 Weingärtner/*Löffler*, § 37 NotAktVV Rn 5.
9 *Püls/Gerlach*, S. 49.
10 BR-Drucksache 420/20 (neu), S. 58.
11 BR-Drucksache 420/20 (neu), S. 58.
12 Weingärtner/*Löffler*, § 37 NotAktVV Rn 10.

Abs. 1 sichert das Interesse der Beteiligten auf Beseitigung einer unwirksam gewordenen Urkunde.[1] Abs. 2 sorgt für den Gleichlauf von Urkundensammlung und elektronischer Urkundensammlung und für die Verfügbarkeit des Rückgabevermerks für 100 Jahre.[2]

B. Löschung der elektronisch beglaubigten Abschrift (Abs. 1)

2 Abs. 1 setzt den Gedanken des § 33 Abs. 4 NotAktVV in der elektronischen Welt fort: Die Beteiligten sollen grundsätzlich das Recht haben, auch die Abschriften einer Verfügung von Todes wegen zu beseitigen. Dies gilt für in der besonderen amtlichen Verwahrung befindliche Testamente und Erbverträge und für Erbverträge, die sich in notarieller Verwahrung befunden haben.[3]

C. Dokumentation der Löschung (Abs. 2)

3 Spiegelbildlich zu § 33 Abs. 5 NotAktVV soll die Aushändigung bzw. Löschung einer Verfügung von Todes wegen vor deren Registrierung im Zentralen Testamentsregister auch in der elektronischen Urkundensammlung durch die Aufnahme des Vermerks dokumentiert werden.[4] Der Rückgabevermerk unterliegt dann auch der 100-jährigen Aufbewahrungsfrist.

§ 39 Behandlung nach Ablauf der Aufbewahrungsfrist für die Urkundensammlung

[1]Erhält oder erstellt der Notar in Papierform ein Dokument, für das die Frist zur Aufbewahrung in der Urkundensammlung bereits abgelaufen ist, so ist dieses Dokument in elektronischer Form in die elektronische Urkundensammlung einzustellen und dort zu verwahren. [2]Das in Papierform vorliegende Dokument darf nach der Einstellung in die elektronische Urkundensammlung vernichtet werden, es sei denn, dass das Interesse der Beteiligten oder Dritter an dessen Erhaltung eine weitere Aufbewahrung gebietet.

A. Einleitung

I. Regelungsziel; Bezug zu anderen Normen

1 Die Norm beruht auf der Umstellung der Verwahrung von Urschriften als elektronische Fassung der Urschrift in der elektronischen Urkundensammlung und der Vernichtung der Papierurkunden nach Ablauf der Aufbewahrungsfrist.

Damit wird die Norm wohl erst zum 1.7.2052 praktische Bedeutung erlangen, denn dann läuft für die ersten Dokumente, die in der papiergebundenen Urkundensammlung (parallel) zu verwahren sind, (frühestens) die Aufbewahrungsfrist gemäß § 50 Abs. 1 Nr. 3 NotAktVV ab. Daraufhin stellt sich die Frage, wie dann mit Dokumenten zu verfahren ist, die papiergebundenen beim Notar eingehen und die historisch mit der Papierurkunde verbunden worden wären. Die entsprechende Handlungsanweisung dafür enthält § 39 NotAktVV.

1 Weingärtner/*Löffler*, § 38 NotAktVV Rn 2.
2 BR-Drucksache 420/20 (neu), S. 59.
3 BR-Drucksache 420/20 (neu), S. 59.
4 Weingärtner/*Löffler*, § 38 NotAktVV Rn 4; BeckOK-BNotO/*Sauer*, § 38 NotAktVV Rn 1.

II. Praktische Bedeutung

Werden beispielsweise **nach Ablauf der papiergebundenen Verwahrungsfrist** noch offensichtliche Unrichtigkeiten festgestellt, die üblicherweise gemäß § 44a Abs. 2 BeurkG auf einem gesonderten Blatt, das zur papiergebundenen Urkunde genommen wird, berichtigt werden, so fällt diese Möglichkeit nach dem genannten Datum weg. Auch das Anbringen von später eingegangenen Genehmigungen zu solchen Urkunden (nach Ablauf von 30 Jahren praktisch kaum vorstellbar) wäre wegen Wegfall der papiergebundenen Urkunde nicht mehr möglich. 2

Die Norm behandelt damit erkennbar eine **Ausnahmesituation** und dürfte aufgrund der Möglichkeiten der elektronischen Speicherung auch derartiger Nachträge kaum besondere praktische Bedeutung erlangen.

B. Einstellung in elektronischer Form, S. 1

I. Voraussetzung

Ein papiergebundenes Dokument zu einer in der Urkundensammlung verwahrten Urkunde geht nach Ablauf der Aufbewahrungsfrist beim Notar ein. Es handelt sich dabei nicht um Dokumente, die üblicherweise zur Nebenakte genommen werden, sondern es muss sich um solche handeln, die klassisch mit der Urschrift verbunden werden. 3

II. Pflicht zur elektronischen Einstellung

Unter den vorstehend genannten Voraussetzungen hat der Notar zwingend das nachträglich im Papier zugegangene (oder im Wege der Berichtigung erstellte) Dokument für die betreffende Urkunde gemäß § 34 Abs. 2 NotAktVV in die entsprechende elektronische Form zu überführen und sodann der elektronischen Urkundensammlung zuzuführen. 4

Dafür gelten die allgemeinen Bestimmungen über die Einstellung von Urkunden entsprechend, vgl. § 35 NotAktVV. Auf elektronische Dokumente, die nach Fristablauf eingehen, findet § 39 NotAktVV entsprechende Anwendung, die Dokumente sind entsprechend auch elektronisch einzustellen.

C. Vernichtung des papiergebundenen Dokuments, S. 2

I. Grundsatz: Pflicht zur Vernichtung

Das Gesetz spricht nach dem Wortlaut von der **Möglichkeit**, dass eingegangene, papiergebundene Dokument zu vernichten, denn nach der Einstellung wie oben beschrieben darf der Notar grundsätzlich das Dokument vernichten. Aus datenschutzrechtlichen Gründen stellt sich aber die Frage, ob nicht auch eine Pflicht zur Vernichtung besteht, da ein geeigneter Aufbewahrungsort – nämlich die bisher papiergebundene Urkunde, an welcher derartige Dokumente im Zweifel angesiedelt wurden – nicht mehr existiert.[1] Außerdem spricht S. 2 davon, dass die weitere Aufbewahrung in Papier „geboten sein" muss, was für eine restriktive Ausübung des Ermessens des Notars zur weiteren Verwahrung spricht. 5

Eine Pflicht zur Dokumentation der Vernichtung besteht nicht.

II. Ausnahme von der Vernichtungspflicht

1. Weitere Aufbewahrung in Papier

S. 2 geht davon aus, dass die Möglichkeit zur Vernichtung, die wie oben ausgeführt als Pflicht zur Vernichtung zu sehen ist, in Ausnahmefällen durchbrochen werden kann. Die Begründung nennt hier den Fall eines besonderen Erhaltungsinteresses, weil es besondere Umstände gebieten, die Urkunde den Beteiligten zurückzugeben. Oder auch nur, weil die Urkunde noch für einen anderen Vollzug benötigt wird. 6

1 Zur Möglichkeit der Verwahrung im Sonderbestand vergleiche unten Rdn 7.

2. Aufbewahrungsort des papiergebundenen Dokuments

7 Geht man davon aus, dass der Notar Gründe hat, das Papier amtlich weiter aufzubewahren (z.B. weil eine Rückgabe an die Beteiligten nicht tunlich erscheint oder diese auch nicht erreichbar sind) stellt sich die Frage, wo das papiergebundene Dokument zu verwahren ist. Die eigentlich dafür vorhergesehene Stelle, nämlich die Urkunde in der Papiersammlung ist nach Ablauf der Aufbewahrungsfrist zu vernichten. Eine Verlängerungsmöglichkeit – so sie bis dahin nicht noch gesetzlich vorgesehen wird – existiert nach derzeitiger Rechtslage nicht.

Es bietet sich in diesem Fall an, für derartige Dokumente § 37 NotAktVV analog anzuwenden und die Verwahrung in der Sondersammlung zuzulassen. Hier beträgt die papiergebundene Aufbewahrungsfrist 100 Jahre, § 50 Abs. 1 Nr. 6 NotAktVV. Sollte die Papierurkunde noch nicht vernichtet sein, dürfte es auch zulässig sein, die Urkunde samt nachträglich zugegangenem Papierdokument (insgesamt) in die Sondersammlung zu überführen. In diesen Fällen wäre ein Vermerk entsprechend § 37 Abs. 2 NotAktVV bei der elektronisch verwahrten Urkunde sowie dem eingestellten, nachträglich zugegangenen Dokument anzubringen, um über den Verbleib des papiergebundenen Dokuments aufzuklären.

3. Weitere Aufbewahrungsdauer

8 Im Zweifel laufen für derartige Dokumente die Verwahrungsfristen dann erneut an. Ähnlich wie bei den Bestimmungen zur Nebenakte dürfte es allerdings zulässig sein, hier eine kürzere Frist als eine nochmalige 30-jährige Frist zu bestimmen. Praktisch wird eine Einsicht in die Sondersammlung in diesen Fällen eher unwahrscheinlich sein.

§ 39a (aufgehoben)

Abschnitt 6: Nebenakten

§ 40 Nebenakten

(1) [1]Zu allen Amtsgeschäften können Nebenakten geführt werden. [2]Eine Nebenakte muss geführt werden, soweit dies zur Vornahme eines Amtsgeschäfts geboten ist. [3]Die Nebenakten können als Sammelakten geführt werden, wenn ein sachlicher Grund hierfür besteht und die geordnete Aktenführung sichergestellt ist.

(2) Nebenakten können insbesondere enthalten

1. die Kontaktdaten der Beteiligten,

2. Daten, die zur Identifizierung der Beteiligten erforderlich sind, einschließlich Kopien vorgelegter Ausweisdokumente,

3. Schriftverkehr mit den Beteiligten, mit den Gerichten und den Behörden sowie andere Dokumente, die nicht zur Urkundensammlung zu nehmen sind,

4. personenbezogene Daten besonderer Kategorien, insbesondere Informationen zur Gesundheit der Beteiligten, soweit diese zur Erfüllung von Amtspflichten erforderlich sind, und

5. weitere Informationen, die zur Erfüllung der beurkundungsrechtlichen Pflichten oder sonst zur Vornahme des Amtsgeschäfts erforderlich sind.

A. Einleitung

I. Normhistorie, Regelungsziel

Abschnitt 6 ist am 29.10.2020 in Kraft getreten, mit Ausnahme von § 41 Abs. 4 und 5 NotAktVV, die nur im Zusammenhang mit dem Verwahrungsverzeichnis Sinn ergeben und daher erst mit dessen Einführung am 1.1.2022 in Kraft getreten sind. 1

Da § 35 Abs. 2 BNotO nunmehr neben der früher allein zulässigen Führung in Papierform (das wurde daraus geschlossen, dass § 22 DONot a.F. von einer „Blattsammlung" sprach) auch das elektronische Führen der Nebenakte sowie das Führen teils in elektronischer, teils in Papierform zulässt, ergab sich zusätzlicher Regelungsbedarf.

Die Regelungen der §§ 40 ff. NotAktVV sind daher nur nicht nur klarer strukturiert und zeitgemäßer formuliert als der frühere § 22 DONot, sondern in Wortlaut und Systematik auf die Möglichkeit der elektronischen und hybriden Nebenaktenführung sowie auf das heutige Datenschutzrecht abgestimmt. Im Übrigen ergeben sich durch die Neuregelung jedoch keine größeren inhaltlichen Unterschiede für die Praxis der Nebenaktenführung, so dass über die folgenden Ausführungen hinaus auch weiterhin auf die zu § 22 DONot entwickelte Rechtsprechung und Literatur zurückgegriffen werden kann.[1]

II. Regelungsursprung DONot a.F.

2 Abschnitt 6 ersetzt den bis dahin geltenden § 22 DONot, der folglich bei der Neufassung der DONot entfallen ist.

III. Bezug zu anderen Normen

3 Der Abschnitt 6 konkretisiert die Regelungen des § 35 BNotO im Hinblick auf die Nebenakten. § 40 NotAktVV enthält die allgemeinen Anforderungen an die Führung von Nebenakten, ungeachtet ihrer Form. § 41 NotAktVV enthält Sonderbestimmungen zu den für Verwahrungsgeschäfte zu führenden Nebenakten und entspricht im Wesentlichen dem früheren § 22 Abs. 2 DONot. Die §§ 42–44 NotAktVV enthalten die besonderen Regelungen für die Führung in Papierform, in elektronischer Form, in gemischter Form und als Hybridakte.

B. Funktionen der Nebenakte

4 Die Nebenakte ermöglicht in erster Linie eine **geordnete, reibungslose Abwicklung** der Amtsgeschäfte des Notars, indem sie dem Notar und seinen Mitarbeitenden einen schnellen und vollständigen Überblick über die für die Durchführung des Amtsgeschäfts erforderlichen oder zweckmäßigen Informationen bietet.[2] Das dient der **Selbstorganisation** und **Selbstkontrolle** und ermöglicht auch längerfristig die angemessene Reaktion auf Nachfragen von Beteiligten, Gerichten oder Behörden.[3] Genauso dient die Nebenakte einerseits dem Notar zur langfristigen und beweissicheren **Dokumentation** und zum (entlastenden) Nachweis, dass er seine Amtspflichten ordnungsgemäß erfüllt hat, was nicht nur disziplinarrechtlich, sondern auch im Hinblick auf etwaige **Amtshaftungsansprüche** von Bedeutung ist.[4] Andererseits ermöglicht die Nebenakte als zentrale Erkenntnisquelle der Aufsichtsbehörde die **Kontrolle der Einhaltung der Amtspflichten** des Notars.[5] Die Nebenakte dient dabei auch zur Kontrolle der ordnungsgemäßen Gebührenerhebung (wobei allerdings § 19 Abs. 6 GNotKG nicht zwingend die Führung einer Nebenakte erfordert, sondern die Kopie der Kostenberechnung kann auch anderweitig aufbewahrt werden, s.u. Rdn 18).

5 Die Nebenakten sind damit ein **unerlässliches Mittel zur Qualitätssicherung im Notariat**. Sie dienen damit zwar in erster Linie, aber eben nicht ausschließlich internen Zwecken und eigenen Interessen des Notars, sondern auch dem **öffentlichen Interesse** – insbesondere der Beteiligten, des Berufsstandes und der übrigen Organe der Rechtspflege – an einem funktionsfähigen Notariat allgemein und an der ordnungsgemäßen Behandlung der Anliegen der rechtssuchenden Bevölkerung.[6]

6 Es kommt hinzu, dass das Amt des Notars ein höchstpersönliches ist und damit der Diskontinuität unterliegt, anders als typischerweise bei Behörden. Dem Amt des Notars ist deshalb immanent, dass die Zuständigkeit für die Verwahrung seiner Unterlagen jederzeit wechseln kann, unter Umständen auch plötzlich und unerwartet. Da das vorstehend beschriebene Interesse der Allgemeinheit sich jedoch nicht mit der persönlichen Amtsbeendigung des einzelnen Notars erschöpft, muss die Nebenakte ihre Funktionen auch **über einen Wechsel der Verwahrzuständigkeit hinaus** erfüllen.[7]

1 Armbrüster/Preuß/Renner/*Eickelberg*, 8. Aufl., § 22 DONot Rn 13–30.
2 Frenz/Miermeister/*Ellefret*, § 40 NotAktVV Rn 4; Heinemann/Trautrims/*Strauß*, § 40 NotAktVV Rn 1.
3 BeckOK-BeurkG/*Kleba*, § 40 NotAktVV Rn 1; Frenz/Miermeister/*Ellefret*, § 40 NotAktVV Rn 4.
4 BGH, DNotZ 2024, 673; BeckOK-BNotO/*Hushahn*, § 35 BNotO Rn 1; BeckOK-BeurkG/*Kleba*, § 40 NotAktVV Rn 1; Frenz/Miermeister/*Frohn*, § 35 BNotO Rn 2; Frenz/Miermeister/*Ellefret*, § 40 NotAktVV Rn 4; Heinemann/Trautrims/*Strauß*, § 40 NotAktVV Rn 1.
5 Frenz/Miermeister/*Ellefret*, § 40 NotAktVV Rn 5; Heinemann/Trautrims/*Strauß*, § 40 NotAktVV Rn 1.
6 BGH, DNotZ 2024, 673; Diehn/*Diehn*, § 35 Rn 4; Frenz/Miermeister/*Frohn*, § 35 BNotO Rn 1; BeckOK-BNotO/*Hushahn*, § 35 BNotO Rn 1.
7 BeckOK-BNotO/*Hushahn*, § 35 BNotO Rn 1; Frenz/Miermeister/*Frohn*, § 35 BNotO Rn 2; Diehn/*Diehn*, § 35 Rn 4, 6.

Im Interesse der Qualitätssicherung und im Hinblick auf den jederzeit möglichen Wechsel der Verwahrzuständigkeit kann deshalb das Ob und das Wie der Nebenaktenführung nicht allein dem Notar überlassen werden, sondern ist es geboten, **Mindeststandards** festzulegen, die es folgenden Verwahrstellen, den Mitarbeitenden und der Dienstaufsicht zu jedem Zeitpunkt ermöglichen, die Nebenakten zu finden, zu erschließen und weiter zu bearbeiten.[8] Diesen Standard setzen u.a. die Regelungen des § 35 BNotO i.V.m. den §§ 40 ff. NotAktVV. Innerhalb dieses Rahmens ist der Notar in der Organisation der Nebenaktenführung frei.[9] 7

C. Hilfsmittel und ihre Abgrenzung von den Nebenakten

Je nach Art der Akte wird es Informationen geben, die entweder aufgrund ausdrücklicher gesetzlicher Regelung oder aufgrund des Zwecks der betreffenden Akte und der Bedeutung der Information **zwingende Aktenbestandteile** sind. Regelmäßig wird eine Akte darüber hinaus **weitere Informationen** enthalten, die aufgrund ihrer konkreten Bedeutung allgemein oder im Einzelfall, aus berufsrechtlichen, materiellrechtlichen oder arbeitsorganisatorischen Erwägungen **aktenwürdig** sind; insoweit hat der Notar einen weiten **Ermessensspielraum**.[10] 8

In Abgrenzung zu diesen zwingenden oder gewillkürten Aktenbestandteilen setzt das Gesetz in § 35 Abs. 2 S. 2 BNotO – ebenso wie schon § 6 Abs. 1 DONot a.F. – voraus, dass es sog. **Hilfsmittel** gibt. Eine treffende und anschauliche **Definition** solcher Hilfsmittel bietet die Bundesnotarkammer in ihrem Rundschreiben 04/2021 vom 22.4.2021, Seite 3:[11] 9

In Anlehnung an den bisherigen § 6 Abs. 1 DONot geht der Gesetzgeber davon aus, dass es neben den amtlichen Unterlagen, also über den Inhalt der Akten und Verzeichnisse hinaus „Hilfsmittel" gibt, deren Vorhandensein bzw. Verarbeitung aus rechtlichen, technischen oder organisatorischen Erwägungen erforderlich oder zweckmäßig ist, um den Notar bei der Führung der Akten und Verzeichnisse zu unterstützen. Das können einerseits Informationen sein, die schon nicht akten- bzw. verzeichniswürdig sind, etwa weil sie nicht bedeutsam genug sind und deshalb allenfalls zeitweise unterstützend, aber nicht für die gesamte „Lebensdauer" der amtlichen Unterlagen benötigt werden. Hilfsmittel können andererseits aber z.B. auch Informationen sein, die ganz oder teilweise inhaltsgleich mit den (gewidmeten) Akten- und Verzeichnisbestandteilen sind und der Gewinnung oder Sicherung deren Inhalte dienen oder auf andere Weise „die Tätigkeit des Notars im weitesten Sinne unterstützen".

Beispiele für Hilfsmittel sind etwa eine Datensicherung („Backup") auf einem anderen Speichermedium, die Datensätze der Notarfachsoftware, aus denen die in den Akten und Verzeichnissen festgehaltenen Informationen generiert werden, oder (bei elektronischer Aktenführung) die nach dem Einscannen zur Akte noch für eine Zeitlang zur Qualitätssicherung aufbewahrten originalen Papierunterlagen. Den Unterschied zwischen Akten und Verzeichnissen einerseits und Hilfsmitteln andererseits verdeutlicht besonders gut das abschließende Beispiel eines Urkundenentwurfs:

- *Sofern der Notar die Nebenakten in Papierform führt, kann die Entwurfsdatei von vornherein nur ein Hilfsmittel sein. Als Hilfsmittel darf sie grundsätzlich in einer Cloud gespeichert werden. Die Entwurfsdatei kann daher zum Beispiel mit einer Cloud-basierten Notarsoftware erstellt werden, auf einem externen Mailserver liegen oder an einem Online-Backup teilnehmen.*
- *Sofern der Notar die Nebenakte bereits elektronisch führt, muss er die Entwurfsdatei zu ihrer Aufnahme in die elektronische Nebenakte an dem für Nebenakten bestimmten Speicherort in der Geschäftsstelle oder im künftigen Elektronischen Notaraktenspeicher speichern (vgl. § 35 Abs. 4 BNotO). Mit dieser speziellen Speicherung widmet er die Datei zum Bestandteil der Nebenakten.*

8 BT-Drucks 18/10607, 53; BeckOK-BNotO/*Hushahn*, § 35 BNotO Rn 2.

9 BGH, DNotZ 2024, 671; Armbrüster/Preuß/Renner/*Eickelberg*, 8. Aufl., § 22 DONot Rn 1, 14; Weingärtner/*Ulrich*, § 40 NotAktVV Rn 7; Frenz/Miermeister/*Ellefret*, § 40 NotAktVV Rn 10, § 42 NotAktVV Rn 2 f.

10 Frenz/Miermeister/*Ellefret*, § 40 NotAktVV Rn 11; Schönenberg-Wessel/Plottek/Sikora/*Püls*, § 35 BNotO Rn 29 ff.

11 Die Bundesnotarkammer geht dabei zutreffend davon aus, dass – auch wenn der Wortlaut des § 35 Abs. 2 S. 2 BNotO nur von Hilfsmitteln „zur Aktenführung" spricht, damit nach der Systematik und dem Sinn und Zweck des Gesetzes Hilfsmittel zur Aktenführung i.w.S., nämlich zur Führung sowohl der Akten als auch der Verzeichnisse gemeint sind. Vgl. BT-Drucks 18/10607, 54, wo bei der Abgrenzung der Hilfsmittel jeweils von Akten und Verzeichnissen die Rede ist.

Sie ist gewissermaßen das digitale Äquivalent des physischen Ausdrucks für die Nebenakte. Daneben kann der Notar die Entwurfsdatei – als Hilfsmittel – an beliebigen zusätzlichen Orten speichern und dabei auch die genannten Cloud-Lösungen nutzen.

10 Hilfsmittel können daher sowohl Informationen sein, die inhaltlich identisch sind mit Bestandteilen der (förmlichen) Akten und Verzeichnisse, als auch Informationen, die nicht Inhalt der (förmlichen) Akten und Verzeichnisse sind, sondern die den Notar nur **in irgendeiner Weise bei ihrer Führung unterstützen**. Ihrer Funktion entsprechend sind die Inhalte der verpflichtend zu führenden Akten und Verzeichnisse hinsichtlich ihrer Verfügbarkeit, Integrität, Transparenz und Vertraulichkeit im Interesse der Funktionsfähigkeit der Notarstelle zu sichern (§ 35 Abs. 1 BNotO), wohingegen die Hilfsmittel lediglich vom Notar nach seinem freien Ermessen und seinen Bedürfnissen gewählt und verwendet werden, so dass sie nur hinsichtlich ihrer Vertraulichkeit zu sichern sind (§ 35 Abs. 2 S. 2 BNotO, wobei sich dies auch bereits aus § 18 BNotO ergibt).

11 Eine Akte – gleich, ob sie in Papierform, elektronisch oder teilweise in Papierform, teilweise elektronisch („hybride Aktenführung") geführt wird – setzt begrifflich eine räumliche, strukturelle oder sonstige Verknüpfung der in ihr gespeicherten Informationen voraus, die die einzelnen Aktenbestandteile als zusammengehörig – nämlich als Gesamtheit – erscheinen lässt. Das kann z.B. ein (in der Regel beschrifteter) Aktendeckel, ein Verzeichnis in einer Dateistruktur oder eine datenbankmäßige Verknüpfung von Informationen zu einem Datensatz sein. Ohne eine derartige Verknüpfung würden die Informationen keine Akte bilden, sondern blieben einzeln und unzusammenhängend. Man muss daher erkennen können, was zu einer Akte (zusammen) gehört, und zwar auch dann, wenn die Akte als Hybridakte geführt wird (siehe näher § 44 NotAktVV Rdn 3). Mit der Aufnahme einer aktenwürdigen Information in diesen Verknüpfungszusammenhang widmet der Notar die Information zum Akteninhalt. **Je nach Art und Weise der Aktenführung lassen sich nur durch diese funktionale Widmung die Hilfsmittel von dem rechtlich verbindlichen Akteninhalt unterscheiden**;[12] dies wird in den folgenden Erläuterungen sowie mit Blick auf papierförmige Nebenakten, elektronisch geführte Nebenakten und Hybridakten in der Kommentierung der §§ 42–44 NotAktVV näher ausgeführt.

12 Eine solche weite Auslegung ist schon nach dem Gesetzeswortlaut[13] geboten, ist aber auch gleichzeitig Spiegelbild des dem Notar bei der Gestaltung seiner Aktenführung innerhalb des durch die §§ 40 ff. NotAktVV vorgegebenen Rahmens (siehe oben Rdn 8) eingeräumten weiten Organisationsermessens.

13 Die Unterscheidung zwischen echten Nebenaktenbestandteilen und Hilfsmitteln hat auch Bedeutung für die Frage nach ihrem **Aufbewahrungs- bzw. Speicherort**. Die Führung von Nebenakten in Papierform ist außerhalb der Geschäftsstelle nur unter den Voraussetzungen des § 35 Abs. 3 BNotO, die Führung elektronischer Nebenakten gemäß § 35 Abs. 4 BNotO nur in der Geschäftsstelle oder im Elektronischen Notariatsaktenspeicher zulässig. Für Hilfsmittel hingegen gelten diese Einschränkungen nicht. Bei ihnen kommt daher auch die Verarbeitung und **Speicherung in einer Cloud** in Frage, solange Vertraulichkeit, Verschwiegenheit und Datenschutz gewährleistet sind. Die Voraussetzungen für eine solche Cloud-Nutzung hat die Bundesnotarkammer erstmals in ihrem Rundschreiben 04/2021 vom 22.4.2021 näher ausgeführt. Mit ihrem neuen Rundschreiben 01/2026 vom 2.2.2026 zur Cloud-Nutzung im Notariat rückt die Bundesnotarkammer zwar nicht von der „Hilfsmittel-Doktrin" ab, die aufgrund unveränderter Rechtslage fortgilt. Auch das aktuelle Rundschreiben geht daher von den hier geschilderten Grundsätzen aus. Es geht jedoch auf für die notarielle Praxis relevante Aspekte der Cloud-Nutzung in dem seit dem letzten Rundschreiben veränderten technologischen Umfeld näher ein. Deutlicher und liberaler als in dem ursprünglichen Rundschreiben 4/2021 tritt dabei die Klarstellung in den Vordergrund, dass der Begriff „Hilfsmittel" nicht in seinem engen Wortsinn dahingehend zu verstehen ist, dass die Hilfsmittel gegenüber den Akten eine praktisch untergeordnete Bedeutung haben müssen. Vielmehr ist auch ein sehr weitgehender Rückgriff auf Hilfsmittel dahingehend denkbar, dass womöglich der Großteil des laufenden Betriebes des Notariats (z.B. das „Einsammeln" von Auftragsdaten durch Webanwendungen, die

12 Weingärtner/*Löffler*, § 48 NotAktVV Rn 3; *Siegel/Berthold*, DNotZ 2023, 647.

13 § 35 Abs. 2 S. 2 BNotO spricht sehr allgemein von Hilfsmitteln „zur Aktenführung", setzt also als einzige Voraussetzungen einen funktionalen Bezug voraus. So auch Weingärtner/*Löffler*, § 48 NotAktVV Rn 2, BeckOK-BNotO/*Hushahn*, § 35 BNotO Rn 9.

Terminvereinbarung mit Beteiligten, die Entwurfserstellung und die Vorgangsabwicklung) unter Verwendung von Hilfsmitteln erfolgt, die dann – die Einhaltung der Anforderungen an Vertraulichkeit, Verschwiegenheit und Datenschutz vorausgesetzt – auch mittels Cloud-Diensten genutzt werden können. Nur die durch entsprechende Widmung (s.o. Rdn 11) als Aktenbestandteile bestimmten Daten dürfen eben nicht in der Cloud geführt und gespeichert werden, wofür es aber nach Auffassung der Bundesnotarkammer ausreicht, die für die Akte bestimmten, zunächst als Hilfsmittel in der Cloud verarbeiteten Daten in regelmäßigen Abständen in die elektronische Akte in der Geschäftsstelle zu speichern. Die Bundesnotarkammer geht dabei davon aus, dass die Speicherung „beispielsweise einmal pro Arbeitstag, mindestens aber einmal in der Woche" erfolgen muss, ohne dies näher auszuführen. Dem ist grundsätzlich zu folgen. Allerdings wäre eine schematische Betrachtung verfehlt, denn der Hauptzweck des Verbots der Führung elektronischer Akten in der Cloud ist die Sicherung der Verfügbarkeit, und daran muss sich auch das Intervall messen lassen, in dem aktennotwendige oder aktenwürdige Hilfsmittel aus der Cloud als Aktenbestandteile in der Geschäftsstelle gespeichert werden. Das Speicherintervall sollte deshalb davon abhängen, um welche Art von Hilfsmitteln es sich handelt, insbesondere, welche Bedeutung die Verfügbarkeit der jeweiligen Daten für die Aufrechterhaltung des Betriebs des Notariats und der Bearbeitung der verakteten Vorgänge hat. Je stärker es auf die kurzfristige Verfügbarkeit der als Hilfsmittel verwendeten Daten für die Vorgangsbearbeitung ankommt, umso kürzer sollte der regelmäßige Zeitraum sein, in dem sie der elektronischen Akte in der Geschäftsstelle zugeführt werden. Letztlich kommt es darauf an, ob bei einem vollständigen Zugriffsverlust auf die Cloud der Vorgang mit Hilfe der in der Geschäftsstelle gespeicherten elektronischen Akte in angemessener Zeit und mit angemessenem Aufwand weiter bearbeitet werden kann.[14]

Die zur Führung von Akten und Verzeichnissen sowie zur Verarbeitung elektronischen Hilfsmitteln eingesetzte Hardware und Software gehört selbst nicht zu den Hilfsmitteln im Sinne des § 35 Abs. 2 S. 2 BNotO, sondern nur die Nutzdaten selbst.[15] **14**

D. Regelungsinhalt

I. Möglichkeit und Verpflichtung zur Führung von Nebenakten

Abs. 1 S. 1 eröffnet dem Notar nunmehr ausdrücklich die Möglichkeit zur Führung von Nebenakten zu allen Amtsgeschäften. Auch § 22 DONot a.F. ging von dieser Möglichkeit aus, ohne dass sich dies ausdrücklich aus dem Wortlaut ergab. Die Klarstellung ist im Hinblick auf die Entwicklung des datenschutzrechtlichen Bewusstseins zu begrüßen, da sie nunmehr unmissverständlich eine **datenschutzrechtliche Ermächtigung** für den Notar enthält, personenbezogene Daten in Nebenakten zu verarbeiten. **15**

Wie schon bei Geltung des § 22 DONot a.F. sieht auch Abs. 1 S. 2 vor, dass eine Nebenakte geführt werden muss, soweit dies zur Vornahme eines Amtsgeschäfts geboten ist. Im Hinblick auf die oben (siehe Rdn 4 ff.) beschriebenen Funktionen der Nebenakte wird das **Führen einer Nebenakte in der Regel** schon unter folgenden Aspekten **geboten** sein:[16] **16**

- Die Nebenakte dürfte bei den meisten Amtsgeschäften geboten sein, um die Erteilung des Auftrags, seinen Inhalt und seine Hintergründe sowie den Kostenschuldner oder die Kostenschuldnerin zu dokumentieren.
- Die Nebenakte ermöglicht außerdem die Dokumentation, dass und wie der Notar die Beteiligten identifiziert hat, insbesondere die Aufbewahrung von Kopien der vorgelegten Ausweisdokumente (siehe unten Rdn 35). Hierbei ist jedoch die Aufbewahrung in der zum Vorgang gehörigen Nebenakte nicht zwingend; die Kopien können auch an anderer Stelle (z.B. in einer nur für Ausweiskopien bestimmten Sammelakte) aufbewahrt werden. Dabei ist jedoch sicherzustellen, dass die Aufbewahrungsfristen eingehalten und die Ausweiskopien nach deren Ablauf vernichtet werden
- Im Anwendungsbereich des Geldwäschegesetzes ist die Erfüllung der entsprechenden Pflichten zur Identifizierung der wirtschaftlich Berechtigten und zur Risikoanalyse zu dokumentieren.[17]

14 Vgl. BNotK-Rundschreiben 1/2026, 3 f.
15 Weingärtner/*Löffler*, § 48 NotAktVV Rn 8.
16 Vgl. auch *Püls/Gerlach*, § 6 Rn 103; Heinemann/Trautrims/*Strauß*, § 40 NotAktVV Rn 3.
17 Weingärtner/*Ulrich*, § 40 NotAktVV Rn 3; Frenz/Miermeister/*Ellefret*, § 40 NotAktVV Rn 3; Würzburger Notarhandbuch/*Kersten*, Teil 1 Kap. 4 Rn 7.

– Bei der Beurkundung von Willenserklärungen wird die Erfüllung der Amtspflichten nach § 17 BeurkG (Willenserforschung, Sachverhaltserklärung) dem Notar ohne Unterstützung durch eine Nebenakte regelmäßig kaum möglich sein, geschweige denn die Dokumentation der Erfüllung dieser Pflichten.

17 Die Führung einer Nebenakte ist hingegen in der Regel **nicht geboten**, wenn kein Schriftverkehr angefallen ist oder eine Dokumentation der vorgenannten Aspekte wegen geringer Bedeutung oder aus anderen Gründen nicht erforderlich scheint (z.B. bei der Beglaubigung der Abschrift eines Prüfungszeugnisses).[18]

18 Die Führung einer Nebenakte ist auch nicht allein deshalb für jeden Vorgang geboten, weil nach § 19 Abs. 6 GNotKG eine Kopie oder ein Ausdruck der Kostenberechnung „zu den Akten" zu nehmen oder die Berechnung elektronisch aufzubewahren ist. Damit ist nicht zwingend eine Nebenakte gemeint, sondern die Aufbewahrung kann bei Vorgängen, zu denen es keine (Einzel-)Nebenakte gibt, in einer entsprechenden Sammelakte oder auch völlig außerhalb der Nebenakten (z.B. nur in der Notarfachsoftware oder in der Buchhaltung) erfolgen, wobei die Einhaltung der Aufbewahrungsfrist und die anschließende Vernichtung sicherzustellen ist.[19]

II. Einzelakten und Sammelakten

1. Einzelakten als Regelfall

19 Während der Wortlaut des § 22 Abs. 1 DONot a.F. noch gleichrangig von „Blattsammlungen für jede einzelne Angelegenheit" und „Sammelakten" sprach, geht Abs. 1 nunmehr davon aus, dass Einzelakten – wie auch bisher in der notariellen Praxis – der Regelfall sind. Der Begriff „Blattsammlung" aus § 22 DONot a.F. wird in der NotAktVV allerdings nicht mehr verwendet, da er aufgrund der Möglichkeit der elektronischen Aktenführung unpassend geworden ist.

2. Sammelakten

20 Sammelakten sind nach wie vor zulässig, jedoch nur unter den Voraussetzungen des Abs. 1 S. 3, nämlich wenn ein **sachlicher Grund** dafür besteht und die **geordnete Aktenführung sichergestellt** ist. Die Abgrenzung zwischen Einzelakten und Sammelakten erlangt damit größere Bedeutung als unter der Geltung des § 22 Abs. 1 DONot a.F., der keine solchen Voraussetzungen formulierte. Frühere Kommentierungen zu § 22 DONot a.F. schienen teilweise zu unterstellen, dass es nur eine (chronologisch oder jahrgangsweise geführte) Sammelakte geben könne, in die – sozusagen als „Auffangbecken" – alle Vorgänge gelangen, zu denen keine einzelne Blattsammlung geführt wird, oder dass die Führung von Sammelakten nur zu Vorgängen zulässig ist, die keine Urkundsgeschäfte betreffen. Dieses Verständnis einer Sammelakte kann nach der Systematik und dem Wortlaut des Abs. 1 keinen Bestand mehr haben: Zunächst spricht Abs. 1 S. 3 von „Sammelakten" im Plural. Außerdem würden die Voraussetzungen des Abs. 1 S. 3 keinen Sinn ergeben, wenn der Verordnungsgeber lediglich vom Vorhandensein einer einzigen Sammelakte für alle nicht einzeln verakteten Vorgänge ausginge. Ebenso wenig würde dann die Regelung des § 52 Abs. 1 NotAktVV Sinn ergeben.

21 Nach hiesiger Auffassung versteht die NotAktVV unter Sammelakten vielmehr **alle Nebenakten, die mehr als nur ein einzelnes Amtsgeschäft betreffen.**[20] Die Führung zahlreicher Sammelakten ist also nicht ausgeschlossen, solange sie nur die Voraussetzungen des Abs. 1 S. 3 erfüllen. Zweck der Beschränkungen des Abs. 1 S. 3 ist lediglich, die willkürliche Zusammenfassung (etwa ausschließlich mit dem Ziel, durch Gebrauchmachen von den Regelungen in § 52 Abs. 1 und 2 NotAktVV eine faktisch immerwährende Aufbewahrung zu erreichen, siehe aber § 52 NotAktVV Rdn 4 f.) ebenso wie eine willkürliche Aufteilung der Sammelakten zu verhindern. Die Anforderungen des Abs. 1 S. 3 wirken daher nur auf den ersten Blick wie eine Verschärfung gegenüber der Rechtslage nach § 22 DONot a.F.; in Wirklichkeit bieten sie dem Notar einen sehr großen Spielraum bei der Nutzung von Sammelakten.[21]

18 Weingärtner/*Ulrich*, § 40 NotAktVV Rn 6; Frenz/Miermeister/*Ellefret*, § 40 NotAktVV Rn 6.
19 BT-Drucks 17/11471, 160; BDS/*Neie*, § 19 GNotKG Rn 45.
20 Das legt nunmehr auch der Wortlaut des § 40 Abs. 1 S. 1 nah („zu allen Amtsgeschäften").
21 A.A. Frenz/Miermeister/*Ellefret*, § 40 NotAktVV Rn 8.

a) Sachlicher Grund

22 Ein sachlicher Grund für eine Sammelakte liegt insbesondere in folgenden Fällen vor:

- bei Beurkundungen, die einen **engen sachlichen Zusammenhang** zueinander haben (z.B. Kaufvertrag und Finanzierungsgrundschuld),[22]
- bei der **Zusammenfassung gleichförmiger Geschäfte**, jedenfalls dann, wenn die einzelnen Vorgänge regelmäßig keinen größeren Umfang haben (bloße Abschriftsbeglaubigung, Verwalterprotokolle, Kirchenaustritte),[23]
- für isolierte Grundbucheinsichten,[24]
- bei der Sammlung sonstiger Vorgänge, die jeweils einen so geringen Umfang haben, dass die gesonderte Anlage einer Handakte oder einer elektronischen Vorgangsakte unverhältnismäßig aufwändig wäre,[25]
- bei Beurkundungen, die einen **personenbezogenen und zugleich sachlichen Zusammenhang** haben (z.B. alle gesellschaftsrechtlichen Vorgänge, die dieselbe Gesellschaft betreffen).[26]

b) Sicherstellung der geordneten Aktenführung

23 Es gelten die allgemeinen, an den vorbeschriebenen (siehe Rdn 4 ff.) Funktionen der Nebenakte zu messenden Anforderungen an Verfügbarkeit, Integrität und Transparenz (siehe näher unten Rdn 24 ff.). Damit ist im Hinblick auf die Besonderheiten der Sammelakte vor allem gemeint, dass eine **Zuordnung der Aktenstücke zu den einzelnen Amtsgeschäften** möglich sein muss.[27]

Dazu gehört auch, dass der einzelne in der Sammelakte befindliche Vorgang mit angemessenem Aufwand **auffindbar** sein muss. Dies ergibt sich bezüglich der in Papierform geführten Sammelakte bereits ausdrücklich aus § 42 S. 2 NotAktVV (s. § 42 NotAktVV Rdn 8). Bei elektronisch geführten Sammelakten bedeutet die Sicherstellung der geordneten Aktenführung, dass der nach § 43 Abs. 1 NotAktVV erforderliche Strukturdatensatz (s. § 43 NotAktVV Rdn 9 ff.) so ausgenutzt werden muss, dass das Auffinden der einzelnen in der elektronischen Sammelakte aufgenommenen Vorgänge und der einzelnen zum jeweiligen Vorgang gehörigen Dokumente anhand der strukturierten Beschreibung mit angemessenem Aufwand möglich ist.

III. Verfügbarkeit, Integrität, Transparenz

24 Wie alle Akten und Verzeichnisse sind auch die Nebenakten so zu führen, dass ihre Verfügbarkeit, Integrität und Transparenz gewährleistet ist (§ 35 Abs. 1 S. 1 BNotO).[28] Auch dies gehört zu den im Hinblick auf die beschriebenen Funktionen der Nebenakte (s.o. Rdn 4 ff.) gebotenen **Qualitätsstandards**. Innerhalb dieser Grenzen kann der Notar die Aktenführung frei gestalten.[29]

25 Auch wenn die Begriffe Verfügbarkeit, Transparenz und Integrität aus der sprachlichen Welt der Informationssicherheit und des Datenschutzes stammen, sind sie allgemein gültig und beziehen sich nicht nur auf elektronische Nebenakten, sondern **auch auf solche in Papierform**.[30]

1. Verfügbarkeit

26 Verfügbarkeit bedeutet im Zusammenhang mit der Nebenakte die **tatsächliche und unmittelbare Zugriffsmöglichkeit** auf die Akte und ihre Inhalte für den Notar, die Mitarbeitenden und die Dienstaufsicht. Dazu gehört auch die Auffindbarkeit mit geringem Aufwand. Auch eine folgende Verwahr-

22 Frenz/Miermeister/*Ellefret*, § 40 NotAktVV Rn 9; Weingärtner/*Ulrich*, § 40 NotAktVV Rn 10.
23 Weingärtner/*Ulrich*, § 40 NotAktVV Rn 10.
24 Frenz/Miermeister/*Ellefret*, § 40 NotAktVV Rn 9; Weingärtner/*Ulrich*, § 40 NotAktVV Rn 10.
25 Weingärtner/*Ulrich*, § 40 NotAktVV Rn 10.
26 Heinemann/Trautrims/*Strauß*, § 40 NotAktVV Rn 5; a.A. Frenz/Miermeister/*Ellefret*, § 40 NotAktVV Rn 8.
27 BR-Drs 420/20 (neu), 60.
28 § 35 Abs. 1 S. 1 BNotO fordert außerdem die Gewährleistung der Vertraulichkeit, was sich für den Notar bereits aus § 18 BNotO und dem allgemeinen Datenschutzrecht von selbst versteht und keinen eigenen Regelungsgehalt hat (so auch Frenz/Miermeister/*Frohn*, § 35 BNotO Rn 4). Auf diesen Aspekt soll hier nicht näher eingegangen werden.
29 Weingärtner/*Ulrich*, § 40 NotAktVV Rn 7, s.a. Fn 9.
30 BT-Drs 18/10607, 57; Frenz/Miermeister/*Frohn*, § 35 BNotO Rn 3.

stelle muss die Nebenakten jederzeit und ohne unverhältnismäßigen Aufwand lesbar machen und mit ihnen weiter arbeiten können.[31]

2. Integrität

27 Mit Integrität ist der **Schutz vor unbemerkten Veränderungen** gemeint. Den insoweit stärksten Schutz bietet für elektronische Daten die qualifizierte elektronische Signatur, die deshalb zu Recht u.a. für die im elektronischen Urkundenarchiv zu speichernde elektronische Fassung der Urschrift vorgeschrieben ist. Weder für die papierförmige noch für die elektronische Nebenakte ist jedoch ein derart hohes Schutzniveau erforderlich; es reichen insoweit den vorbeschriebenen Funktionen der Nebenakte angemessene technische und/oder organisatorische Maßnahmen aus.[32] Der Verordnungsgeber hat sich dafür entschieden, über die auf die jeweilige Art und Form der Nebenaktenführung zugeschnittenen Regelungen der §§ 41–44 NotAktVV hinaus keine ausdrücklichen Anforderungen an den Integritätsschutz zu stellen.

Bei papierförmigen Nebenakten reichen daher (wie bisher unter der Geltung des § 22 DONot a.F.) organisatorische Maßnahmen zum Integritätsschutz aus, z.B. die (gelegentlich stichprobenartig zu kontrollierende) Anweisung an die Mitarbeitenden, dass bzw. ggf. welche Aktenbestandteile der Nebenakte nicht ohne Erlaubnis entnommen oder an einer nicht bestimmungsgemäßen Stelle abgelegt werden dürfen und dass bei etwaigen handschriftlichen Vermerken auf Aktenbestandteilen zu vermerken ist, durch wen und wann diese erfolgt sind.

Auch bei elektronisch geführten Nebenakten wird aus § 43 NotAktVV deutlich, dass ein Integritätsschutz deutlich niedrigschwelliger sein kann als die qualifizierte elektronische Signatur des Notars: Hier schreibt § 43 Abs. 2 NotAktVV vor, dass ein Aktenrepräsentat im Dateiformat PDF/A (siehe dazu § 43 NotAktVV Rdn 21 ff.), das schon für sich einen guten Integritätsschutz bietet, nur jederzeit erstellbar sein muss, aber nicht laufend oder regelmäßig erstellt werden muss. Das würde zwar Änderungen der Akte stets nachvollziehbar machen, aber die Führung einer laufenden Nebenakte unverhältnismäßig erschweren. Jedenfalls bei einer noch in Bearbeitung befindlichen Nebenakte ist deshalb ein Integritätsschutz unterhalb dieser Schwelle durch technisch-organisatorische Maßnahmen ausreichend. Bei einer abgeschlossenen Nebenakte ist es als Integritätsschutz zweckmäßig, aber eben durch § 43 Abs. 2 NotAktVV gerade nicht zwingend vorgeschrieben, den Zustand der elektronischen Nebenakte bei Abschluss des Amtsgeschäfts durch Erstellung eines PDF-Aktenrepräsentats zu dokumentieren (siehe dazu näher § 43 NotAktVV Rdn 25).

3. Transparenz

28 Mit Transparenz ist die **Nachvollziehbarkeit** im weitesten Sinne gemeint, nämlich der Zusammenhang und die Zusammengehörigkeit der Aktenbestandteile und ihrer Unterscheidbarkeit von den Bestandteilen anderer Akten und Verzeichnisse, das Vorhandensein einer nachvollziehbaren inneren Struktur und die Übersichtlichkeit.

4. Umsetzung der Anforderungen

29 Die Begrifflichkeiten (Verfügbarkeit, Integrität, Transparenz) mögen – was der Möglichkeit der elektronischen und hybriden Aktenführung und der anderen Systematik der NotAktVV geschuldet ist – andere sein als die des § 22 DONot a.F., bei der praktischen Umsetzung der Nebenaktenführung ändern sie jedoch wenig:

30 Die Nebenakten bedürfen einer sachlichen, einheitlichen und nachvollziehbaren Ordnung. Als **Ordnungsmerkmale** kommen z.B.

- ein Bezug zur UVZ-Nummer,
- ein gesondertes Akten- oder Vorgangszeichen (wie es die meisten Notarsoftwareprodukte vorsehen), das numerisch-chronologisch, alphanumerisch oder wie auch immer beschaffen sein kann oder

31 Frenz/Miermeister/*Frohn*, § 35 BNotO Rn 7.

32 BT-Drs 18/10607, 53; Frenz/Miermeister/*Frohn*, § 35 BNotO Rn 5.

– eine alphabetische Ordnung nach Namen der Beteiligten, ggf. in Verbindung mit einer Kurzbezeichnung des Geschäftsgegenstandes

in Betracht.[33]

Die Eigenschaft als Akte muss erkennbar sein. Bei Papierakten bedeutet dies eine **physische Zusammengehörigkeit**, also in der Regel einen Aktendeckel oder einen Aktenordner, auf dem die beschreibenden Ordnungsmerkmale (etwa das Aktenzeichen, zweckmäßig ist auch eine Kurzbezeichnung, z.B. „AZ 3027 – Müller/Meier KV") angebracht sind, mindestens eine Heftung auf einer Heftlasche o.ä. mit einem beschreibenden Deckblatt. In die Akte dürfen Dokumente nicht einfach hineingelegt werden, sondern sollten abgeheftet oder in Dokumententaschen abgelegt sein, so dass sie nicht durcheinandergeraten. 31

Bei elektronischen Nebenakten wird die **Zusammengehörigkeit** als Akte **durch den begleitenden Strukturdatensatz** (siehe § 43 NotAktVV Rdn 9 ff.) gewährleistet.

Zu den formabhängigen Anforderungen an die Verfügbarkeit, Integrität und Transparenz papierförmiger, elektronischer, gemischter und hybrider Nebenakten und von Verwahrungsnebenakten siehe die §§ 41–44 NotAktVV. 32

IV. Inhalt der Nebenakten (Abs. 2)

1. Allgemeines

Auch bezüglich des Inhalts der Nebenakten führt die Neuregelung im Ergebnis zu keinen nennenswerten Änderungen, so dass insoweit auf die bisherige Rechtsprechung und Literatur zu § 22 Abs. 1 DONot a.F. verwiesen werden kann.[34] 33

2. Bedeutung der Aufzählung des Abs. 2

Die Aufzählung dessen, was die Nebenakten enthalten können, in Abs. 2 dient vor allem der Konkretisierung der bereits in § 35 Abs. 1 S. 2 und 3 BNotO enthaltenen datenschutzrechtlichen Ermächtigung. Die Unsicherheiten, die die Tauglichkeit und Reichweite der DONot a.F. als datenschutzrechtliche Ermächtigungsgrundlage betrafen,[35] sind damit erfreulicherweise beseitigt. Nunmehr besteht unmissverständlich eine Rechtsgrundlage des nationalen Rechts im Sinne des Art. 6 Abs. 3 DSGVO, die dem Notar in datenschutzrechtlicher Hinsicht ausdrücklich und unmittelbar die Verarbeitung der in dem Katalog des Abs. 2 beschriebenen personenbezogenen Daten in der Nebenakte erlaubt. Das führt dazu, dass die **Datenverarbeitung in der Nebenakte auch ohne Einwilligung der Beteiligten zulässig** ist, wobei dahinstehen mag, ob dies unter Art. 6 Abs. 1 Buchst. c oder e DSGVO zu subsumieren ist.[36] 34

Von besonderer Bedeutung ist dabei die **Generalklausel** des Abs. 2 Nr. 5, der „alle weiteren Informationen, die zur Erfüllung der beurkundungsrechtlichen Pflichten oder sonst zur Vornahme des Amtsgeschäfts erforderlich sind", erfasst. Dazu gehören u.a. alle Informationen, die der Notar nach den Vorschriften des Beurkundungsgesetzes erhält oder erfragt. Das schließt auch § 17 Abs. 1 S. 1 BeurkG ein, wonach der Notar u.a. den Willen der Beteiligten erforschen und den Sachverhalt klären soll. Dabei hat der Notar schon aufgrund der durch § 1 BNotO gewährleisteten Unabhängigkeit und Freiheit der rechtlichen Entscheidung einen **sehr weiten Ermessensspielraum**, welche Daten er für die Erfüllung seiner Amtspflichten für erforderlich hält.[37] Im Ergebnis dürfte die Aufzählung in Abs. 2 somit die Aufnahme fast aller Dokumente und Informationen in die Nebenakte datenschutzrechtlich ermöglichen, bei denen der Notar ein sachliches Bedürfnis verspürt, sie zur Nebenakte zu nehmen.

Der Katalog des Abs. 2 ist m.E. also nicht überflüssig[38] und dient auch nicht vorrangig dem Zweck der Kontrolle der Erfüllung datenschutzrechtlicher Pflichten des Notars,[39] und er ist zwar nicht abschließend, aber eben auch nicht nur eine unvollständige Beispielsammlung.[40] Vielmehr unterstützt die Aufzählung den Notar in erheblicher Weise bei seiner Amtsausübung, indem sie ihm die **umfassende datenschutz-**

33 Weingärtner/*Ulrich*, § 40 NotAktVV Rn 9.
34 Armbrüster/Preuß/Renner/*Eickelberg*, 8. Aufl., § 22 DONot Rn 1 ff. m.w.N.
35 *Klingler*, RNotZ 2013, 59, 67.
36 Vgl. BNotK-Rundschreiben 5/2018, 5 f.
37 BGH, DNotZ 2024, 671; siehe ausführlich *Klingler*, RNotZ 2013, 64 f., 66 f.; BNotK-Rundschreiben 5/2018, 6.
38 A.A. Weingärtner/*Ulrich*, § 40 NotAktVV Rn 5.
39 A.A. Weingärtner/*Ulrich*, § 40 NotAktVV Rn 3 a.E.
40 BGH, DNotZ 2024, 672.

rechtliche Möglichkeit zur Erhebung und weiteren Verarbeitung der von ihm für sein Amtsgeschäft für zweckmäßig gehaltenen personenbezogenen Daten in der Nebenakte einräumt.

3. Aufnahme von Ausweiskopien in die Nebenakte

35 Durch Einfügung des § 10 Abs. 1 BeurkG besteht nunmehr[41] auch hinsichtlich der Identifizierung der Beteiligten – und zwar auch außerhalb des Anwendungsbereichs des Geldwäschegesetzes – eine eindeutige **Ermächtigungsgrundlage** für den Notar, die dazu erforderlichen Daten der Beteiligten zu erheben und weiter zu verarbeiten und dabei auch Ausweiskopien **ohne Einwilligung der Beteiligten** anzufertigen und zur Dokumentation aufzubewahren.[42]

Abs. 2 Nr. 2 ergänzt diese Regelung dahingehend, dass sie die Nebenakten als den Ort für die Aufbewahrung der zur Identifizierung der Beteiligten erhobenen Daten festlegt und den Notar zu deren Speicherung ermächtigt. Zu begrüßen ist angesichts in der Praxis immer wieder erhobener, jedoch auch schon nach früherer Rechtslage unberechtigter Zweifel die Klarstellung auch an dieser Stelle, dass der Notar auch Kopien der vorgelegten Ausweisdokumente aufbewahren darf.[43] Es handelt sich dabei i.V.m. der Regelung des § 10 Abs. 1 BeurkG um eine spezialgesetzliche Ausnahme zur Kopierbeschränkung aus § 20 Abs. 2 S. 1 PAuswG und § 18 Abs. 3 S. 1 PassG und stellt eine zur Datenverarbeitung ermächtigende Regelung im Sinne des Art. 6 Abs. 1 Buchst. c DSGVO dar.[44]

4. Abgrenzung zu Hilfsmitteln

36 Zur Abgrenzung des Nebenakteninhalts von den Hilfsmitteln siehe oben Rdn 8 ff.

E. Geheimhaltungsschutz, Einsichtsrechte

37 Auch wenn der Zweck der Regelungen der §§ 40 ff. NotAktVV aus öffentlichen Interessen abgeleitet ist (s.o. Rdn 4 ff.), sind die Nebenakten nicht öffentlich. Ihr Inhalt unterliegt wie die gesamte Amtstätigkeit des Notars der notariellen Verschwiegenheitspflicht (§ 18 BNotO).[45] Im Einzelnen:

I. Zeugnisverweigerungsrecht und Beschlagnahmeschutz

38 Die Zeugnisverweigerungsrechte des Notars und seines Personals nach § 53 Abs. 1 Nr. 3 StPO sowie nach § 383 Abs. 1 Nr. 6 ZPO (und den darauf verweisenden weiteren Verfahrensordnungen, vgl. § 98 VwGO, § 46 Abs. 2 ArbGG, § 118 SGG, § 29 Abs. 2 FamFG sowie § 65 Abs. 1 VwVfG) und nach § 84 Abs. 1 FGO i.V.m. § 102 Abs. 1 Nr. 3 Buchst. b AO erstrecken sich auch auf die Nebenakten.[46] Sie dürfen daher gemäß § 97 Abs. 1 Nr. 2 StPO auch nicht beschlagnahmt werden; das gilt ebenso für die zu ihrer Führung verwendeten Hilfsmittel.[47]

II. Einsichtsrecht der Dienstaufsicht

39 Die **Dienstaufsicht** hat nach Maßgabe des § 93 Abs. 4 BNotO im Rahmen ihrer Aufgaben ein **umfassendes Einsichtsrecht** in die Nebenakten.[48] Insoweit ist die notarielle Verschwiegenheitspflicht durchbrochen[49] und besteht folglich auch kein Zeugnisverweigerungsrecht, sondern eine Offenbarungspflicht.[50]

41 Was früher nicht völlig unzweifelhaft war, vgl. *Klingler*, RNotZ 2013, 63.

42 Heinemann/Trautrims/*Strauß*, § 40 NotAktVV Rn 8; ausführlich: DNotI-Gutachten Nr. 143489.

43 Heinemann/Trautrims/*Strauß*, § 40 NotAktVV Rn 8. Im Anwendungsbereich des Geldwäschegesetzes ergibt sich diese Befugnis bereits unmittelbar aus § 8 Abs. 2 S. 2 GwG.

44 Die NotAktVV als Verordnung vermag zwar normenhierarchisch die Regelungen des PAuswG und des PassG nicht zu verdrängen, aber der Gesetzgeber des § 10 Abs. 1 BeurkG hat die Zulässigkeit der einwilligungsfreien Anfertigung und Aufbewahrung von Ausweiskopien und gleichzeitig die Möglichkeit, in der Rechtsverordnung nach § 36 Abs. 1 S. 1 Nr. 1 BNotO deren Aufbewahrung in den Nebenakten vorzusehen, bereits unterstellt (vgl. BT-Drs 18/10607, 57; BeckOK-BeurkG/*Bremkamp*, § 10 Rn 121).

45 BGH, DNotZ 2024, 670, DNotZ 2013, 714 m.w.N.

46 Frenz/Miermeister/*Ellefret*, § 40 NotAktVV Rn 23; BeckOK-BNotO/*Sander*, § 18 BNotO Rn 192; Grziwotz/Sauer/Heinemann/*Heinemann*, § 51 Rn 48.

47 ALS/*Sandkühler*, § 18 BNotO Rn 29.

48 Frenz/Miermeister/*Ellefret*, § 40 NotAktVV Rn 22; Weingärtner/*Ulrich*, § 40 NotAktVV Rn 12.

49 Frenz/Miermeister/*Bremkamp*, § 18 BNotO Rn 82 f; Diehn/*Diehn/Schwipps*, § 18 Rn 42; BeckOK-BNotO/*Sander*, § 93 BNotO Rn 91.

50 Frenz/Miermeister/*Bremkamp*, § 18 BNotO Rn 83.

Die Einzelheiten des Zugangs der Aufsichtsbehörde zu den Akten und Verzeichnissen des Notars – insbesondere mit Blick auf die inzwischen zulässige elektronische Aktenführung und die Grenzen des Rechts auf Aushändigung der Nebenakten – regelt nunmehr § 17 DONot; siehe ausführlich dort.

Die **Notarkammer** kann gemäß § 74 Abs. 1 S. 1 BNotO in Ausübung ihrer Befugnisse auch die Vorlage 40
von Nebenakten verlangen.[51] Weiter als die Befugnisse der Dienstaufsicht im Rahmen des § 17 DONot wird dieses Vorlagerecht allerdings nicht reichen können, denn was schon die Dienstaufsicht nicht darf, darf erst recht nicht die Notarkammer.[52]

III. Einsichtsrecht sonstiger Behörden und von Gerichten

Auch soweit den Notar Mitteilungs-, Anzeige oder Auskunftspflichten gegenüber Behörden treffen, be- 41
deutet dies **nicht** gleichzeitig, dass diese Stellen ein Einsichtsrecht in die Nebenakte haben.[53] Die Durchbrechung der notariellen Verschwiegenheitspflicht reicht nur genau so weit wie die jeweilige gesetzliche Mitteilungs-, Anzeige- oder Auskunftspflicht, so dass der Inhalt der Nebenakten im Übrigen weiter der Verschwiegenheitspflicht unterliegt (s. auch § 51 BeurkG Rdn 26 m.w.N.). Das betrifft z.B. die Finanzbehörden,[54] den Gutachterausschuss oder die Zentralstelle für Finanztransaktionsuntersuchungen nach dem GwG.[55]

Im Fall einer Notarbeschwerde nach § 15 Abs. 2 BNotO oder § 54 Abs. 2 BeurkG nimmt der Notar in 42
entsprechender Anwendung der Regelungen des FamFG die Stellung der ersten Instanz ein.[56] In dieser Funktion hat er dem Landgericht als Beschwerdegericht gemäß § 68 Abs. 1 S. 1 Hs. 2 FamFG die für die Beschwerdeentscheidung erheblichen Umstände mitzuteilen.[57] Dafür kann ihm das Landgericht die Vorlage der Nebenakten jedoch nur aufgeben, soweit dies sachdienlich ist.[58] Ein solcher Beschluss des Gerichts ist für den Notar nicht anfechtbar.[59] Der Notar verstößt auch nicht gegen seine Verschwiegenheitspflicht, soweit er dem Gericht nur die Informationen aus der Nebenakte zur Verfügung stellt, die für dessen Entscheidung relevant sein können.[60] Fordert das Gericht die Vorlage der gesamten Nebenakte (was die Regel sein dürfte), sollte der Notar daraus nur die entscheidungsrelevanten Bestandteile entnehmen und vorlegen und im Übrigen auf seine Verschwiegenheitspflicht hinweisen.[61] Hat der Notar Zweifel bezüglich der Relevanz bestimmter Nebenaktenbestandteile für die Beschwerdeentscheidung und damit über die Reichweite der Verschwiegenheitspflicht, empfiehlt sich die Einholung der Entscheidung seiner Aufsichtsbehörde gemäß § 18 Abs. 3 BNotO.[62]

Ähnliches gilt im Ergebnis für Kostenbeschwerdeverfahren (§ 127 Abs. 1 GNotKG). Hier ist zwar der 43
Notar nicht erste Instanz, sondern Beteiligter (§ 130 Abs. 3 S. 1 GNotKG i.V.m. § 7 Abs. 2 Nr. 1 FamFG). Um ihm rechtliches Gehör zu verschaffen, muss der Notar sich äußern können, so dass insoweit, als es für die Entscheidung über die Kostenbeschwerde relevant ist, die Verschwiegenheitspflicht durchbrochen ist.[63] Allerdings kann die Zivilkammer in Kostenbeschwerdeverfahren die Vorlage von Nebenakten auch nur in dem Umfang verlangen, in dem dies für die Entscheidung relevant ist, so dass der Notar

51 Siehe näher Frenz/Miermeister/*Bremkamp*, § 18 BNotO Rn 84.

52 Vgl. zum Zweck der Regelung ALS/*Lerch*, § 74 BNotO Rn 2. Im Ergebnis ähnlich BeckOK-BNotO/*von Stralendorff*, § 74 BNotO Rn 4.

53 Siehe auch § 51 BeurkG Rdn 26; BeckOK-BeurkG/*Kleba*, § 51 BeurkG Rn 25.

54 BFH DNotZ 1982, 506; *Küperkoch*, RNotZ 2002, 299; Grziwotz/Sauer/Heinemann/*Heinemann*, § 51 BeurkG Rn 48; Frenz/Miermeister/*Ellefret*, § 40 NotAktVV Rn 23; Weingärtner/*Ulrich*, § 40 NotAktVV Rn 19; Diehn/*Diehn/Schwipps*, § 18 BNotO Rn 39, 48; ausführlich Frenz/Miermeister/*Bremkamp*, § 18 BNotO Rn 100 ff.

55 BeckOK-BNotO/*Sander*, § 18 BNotO Rn 103; BeckOK-GwG/*Ziegner*, § 30 Rn 15. Eine Auskunftspflicht – und damit möglicherweise auch das Recht auf Einsicht in die Nebenakte oder zumindest auf Überlassung von Informationen daraus – besteht jedoch bei Kenntnis des Notars, dass der Beteiligte seine Tätigkeit für den Zweck der Geldwäsche oder der Terrorismusfinanzierung in Anspruch genommen hat oder nimmt.

56 Allg. M., vgl. nur BVerfG NJW 2013, 1589; BGH NJW 2017, 1112; NJW 2001, 2182; Frenz/Miermeister/*Frenz*, § 15 BNotO Rn 33 m.w.N.; Diehn/*Seger*, § 15 BNotO Rn 47; BeckOK-BNotO/*Sander*, § 15 BNotO Rn 133.

57 Frenz/Miermeister/*Bremkamp*, § 18 BNotO Rn 94; BeckOK-BNotO/*Sander*, § 18 BNotO Rn 97.

58 Frenz/Miermeister/*Bremkamp*, § 18 BNotO Rn 94 f.

59 OLG Frankfurt am Main, OLGZ 1994, 256; Weingärtner/*Ulrich*, § 40 NotAktVV Rn 18.

60 OLG Hamm, MittBayNot 2004, 467; Frenz/Miermeister/*Bremkamp*, § 18 BNotO Rn 94; BeckOK-BNotO/*Sander*, § 18 BNotO Rn 97.

61 Frenz/Miermeister/*Bremkamp*, § 18 BNotO Rn 95.

62 Frenz/Miermeister/*Bremkamp*, § 18 BNotO Rn 95; a.A BeckOK-BNotO/*Sander*, § 18 BNotO Rn 97.

63 Frenz/Miermeister/*Bremkamp*, § 18 BNotO Rn 97 f.; BeckOK-BNotO/*Sander*, § 18 BNotO Rn 99.

ggf. auch in diesem Fall nur die entscheidungsrelevanten Informationen entnehmen und dem Landgericht unter Hinweis auf seine im Übrigen bestehende Verschwiegenheitspflicht übersenden sollte.[64] Auch insoweit kann der Notar bei Zweifeln gemäß § 18 Abs. 3 BNotO die Entscheidung der Aufsichtsbehörde nachsuchen.[65]

44 Im Zivilprozess kann das Gericht nach § 142 Abs. 1 ZPO die Vorlage von Urkunden und sonstigen Unterlagen, auf die sich eine Partei bezogen hat, anordnen. Richtet sich die Anordnung gegen einen Dritten – etwa gegen einen Notar, der nicht Partei ist –, ist dieser gemäß § 142 Abs. 1 S. 1 ZPO zur Vorlegung nicht verpflichtet, soweit er zur Zeugnisverweigerung gemäß den §§ 383 bis 385 ZPO berechtigt ist. Das ist hinsichtlich der Nebenakten der Fall (s.o. Rdn 38), so dass der Notar in diesem Fall zur Vorlage der Nebenakte bei Gericht nicht verpflichtet ist, es sei denn, er ist von der Verschwiegenheitspflicht entbunden (§ 142 Abs. 2 S. 2 i.V.m. § 385 Abs. 2 ZPO). Richtet sich die Vorlageanordnung des Gerichts allerdings gegen den Notar als Partei des Zivilprozesses (also im Amtshaftungsprozess) und beruft sich der Notar auf die Verschwiegenheitspflicht, gilt § 142 Abs. 2 S. 1 ZPO nicht und hat das Gericht die Verschwiegenheitspflicht bei seiner Ermessensausübung betreffend die Anordnung der Aktenvorlage zu berücksichtigen.[66]

IV. Einsichtsrecht der Datenschutzaufsicht

45 Zwar würden die Untersuchungsbefugnisse nach Art. 58 Abs. 1 Buchst. e und f DSGVO dem jeweiligen Landesdatenschutzbeauftragten als der für die Notare zuständigen Datenschutzaufsichtsbehörde grundsätzlich auch das Recht auf Einsicht in die Nebenakten einschließen. Gemäß § 29 Abs. 3 S. 1 BDSG und entsprechender Regelungen mehrerer Landesdatenschutzgesetze, die insoweit zu Recht von der Öffnungsklausel des Art. 90 Abs. 1 DSGVO Gebrauch machen,[67] bestehen diese Untersuchungsbefugnisse jedoch nicht gegenüber Notaren, soweit die Inanspruchnahme der Befugnisse zu einem Verstoß gegen die notarielle Verschwiegenheitspflicht führen würde. Soweit entsprechende Regelungen in den Datenschutzgesetzen einiger Länder fehlen, gilt § 29 Abs. 3 S. 1 BDSG unmittelbar.[68] Da praktisch alle in den Nebenakten enthaltenen Informationen der notariellen Verschwiegenheitspflicht unterliegen, besteht also **kein Recht der Datenschutzaufsichtsbehörden auf Einsicht in die Nebenakten**.[69] Eine Ausnahme kommt demnach nur in Betracht, wenn die Datenschutzaufsichtsbehörde dem Notar Erklärungen aller in Betracht kommenden Beteiligten über die Entbindung von der Verschwiegenheitspflicht vorlegt.

46 Zwar umfasst die Geschäftsprüfung durch die **Landesjustizverwaltung** auch die ordnungsgemäße automatisierte Verarbeitung personenbezogener Daten (§ 93 Abs. 2 S. 2 BNotO), so dass das umfassende Einsichtsrecht der Dienstaufsicht (s.o. Rdn 39 f.) letztlich doch gewisse Möglichkeiten zur Kontrolle der Einhaltung datenschutzrechtlicher Vorschriften mittels der Nebenakten ermöglicht. Die Prüfungskompetenz der Dienstaufsicht ist dabei jedoch beschränkt auf die *automatisierte* Datenverarbeitung. Außerdem eröffnet § 93 Abs. 2 S. 2 BNotO **keine allgemeine Ersatzzuständigkeit** der Landesjustizverwaltung für eine umfassende datenschutzrechtliche Aufsicht über die Notare neben oder anstelle der Datenschutzaufsicht zum Zwecke der Kontrolle und Ahndung von Datenschutzverstößen im Zusammenhang mit konkreten Amtsgeschäften; eine solche Auslegung würde schon der vom Gesetzgeber mit der Regelung des § 29 Abs. 3 S. 1 BDSG verfolgte Zweck verbieten. § 18 Abs. 2 Nr. 12 DONot sieht folglich die Überprüfung von „Maßnahmen nach dem Datenschutzrecht" – gemeint sind allgemeine Regelungen oder Maßnahmen wie die Erfüllung von Informationspflichten (Art. 13 DSGVO), die Benennung eines Datenschutzbeauftragten (Art. 37 DSGVO), die Führung des Verzeichnisses der Verarbeitungstätigkeiten (Art. 30 DSGVO) sowie die Festlegung und Dokumentation technischer und organisatorischer Maßnahmen zur Gewährleistung der Datensicherheit (Art. 32 DSGVO) – auch **nur als Gegenstand der regelmäßigen Prüfung** vor (s. § 18 DONot Rdn 55 ff.).

64 Frenz/Miermeister/*Bremkamp*, § 18 BNotO Rn 99.
65 Frenz/Miermeister/*Bremkamp*, § 18 BNotO Rn 99; a.A. BeckOK-BNotO/*Sander*, § 18 BNotO Rn 99.
66 BGH DNotZ 2014, 838 f. Vgl. dazu Musielak/Voit/*Stadler*, § 142 ZPO Rn 7 a.E.
67 Gola/Heckmann/*Piltz*, Art. 90 Rn 3; BeckOK-Datenschutzrecht/*Uwer*, Art. 90 DSGVO Rn 14, Kühling/Buchner/*Herbst*, Art. 90 DSGVO Rn 20.
68 BNotK-Rundschreiben 5/2018, 15; BeckOK-BNotO/*Sander*, § 18 BNotO Rn 111.
69 BeckOK-BNotO/*Sander*, § 18 BNotO Rn 112.

V. Einsichtsrecht der Beteiligten

47 Ein Einsichtsrecht der Beteiligten in die Nebenakten besteht **grundsätzlich nicht**.[70] Zwar sind gemäß § 51 Abs. 3 BeurkG die Personen, die eine Ausfertigung der Urschrift verlangen können, das Recht, die beim Notar verwahrte Urschrift einzusehen. Diese Vorschrift ist jedoch eine auf die Einsicht in die Urschrift beschränkte, nicht analogiefähige Spezialregelung, die sich nicht in Bezug auf andere Akten und Verzeichnisse des Notars verallgemeinern lässt.[71] Es lässt sich gesetzeshistorisch herleiten, dass der Gesetzgeber kein allgemeines Einsichtsrecht begründen wollte.[72] Aus § 51 Abs. 3 BeurkG lässt sich also nicht – sozusagen als Annex – auch ein Einsichtsrecht in die Nebenakten ableiten.[73] Auch § 13 FamFG findet keine entsprechende Anwendung.[74] Siehe hierzu auch § 51 BeurkG Rdn 6 f.

48 Für eine Einsicht in die Nebenakten bedarf es jedenfalls einer Entbindung des Notars von der Verschwiegenheitspflicht durch **alle Beteiligten**.[75] Ob dann der Notar zur Gewährung von Einsicht verpflichtet oder lediglich dazu berechtigt ist, war lange ungeklärt.[76] Inzwischen hat der BGH[77] sich der h.M. angeschlossen, wonach auch bei Einverständnis aller Beteiligten der Notar lediglich berechtigt, aber nicht verpflichtet ist, Einsicht in die Nebenakte zu gewähren, und die Entscheidung darüber im pflichtgemäßen Ermessen des Notars stehe. Dem ist zuzustimmen.

Ausnahmsweise kann der Notar auch ohne eine Befreiung von der Verschwiegenheitspflicht einem Beteiligten Einsicht in solche Dokumente gewähren, die von diesem Beteiligten selbst stammen und einen konkreten Bezug zu den beurkundeten Willenserklärungen haben.[78] Ein Anspruch darauf besteht jedoch allenfalls dann, wenn der Beteiligte Einsicht in ein konkretes von ihm stammendes Dokument begehrt, nicht aber, wenn er allgemein im Wege der Ausforschung pauschal Einsicht in alle von ihm stammenden, in der Nebenakte befindlichen Dokumente verlangt; das ist dem Notar schon angesichts des damit verbundenen Aufwandes und des damit einhergehenden Risikos der versehentlich Erfassung anderer, im Interesse der anderen Beteiligten geheim zu haltenden Informationen nicht zuzumuten und vom Zweck der Nebenakte nicht gedeckt.[79]

49 Eine weitere Ausnahme soll nach Ansicht des BayObLG bestehen, wenn der Notar einen gebotenen Vermerk verfahrenswidrig nicht in die Urschrift (die der Beteiligte einsehen dürfte, § 51 Abs. 3 BeurkG), sondern in die Nebenakte aufgenommen hat.[80] Siehe hierzu näher § 51 BeurkG Rdn 7.

§ 41 Sonderbestimmungen für Verwahrungsgeschäfte

(1) [1]Zu jedem Verwahrungsgeschäft ist eine Nebenakte zu führen. [2]Die Führung von Sammelakten ist für Verwahrungsgeschäfte nicht zulässig.

(2) Zu den Nebenakten für Verwahrungsgeschäfte sind insbesondere zu nehmen

1. sämtliche Verwahrungsanträge und -anweisungen (§ 57 Absatz 2 bis 4 des Beurkundungsgesetzes),

70 H.M.; BGH, DNotZ 2024, 669; BGH, DNotZ 2013, 713 f., DNotZ 1990, 392; KG, DNotZ 2004, 202; OLG Zweibrücken, DNotZ 2003, 126; LG Frankfurt a.M., DNotZ 1990, 393 m. zust. Anm. *Winkler*; B. vom 13.11.2014 (2–17 OH 1/14); Grziwotz/*Heinemann*, § 51 Rn 45; Frenz/Miermeister/*Ellefret*, § 40 NotAktVV Rn 16; Frenz/Miermeister/*Limmer*, § 51 BeurkG Rn 16. Schlechthin ablehnend BeckOK-BNotO/*Bracker*, § 40 NotAktVV Rn 3.

71 BGH, DNotZ 2013, 713 f., DNotZ 1990, 392.

72 LG Frankfurt a.M., B. vom 13.11.2014 (2–17 OH 1/14); Grziwotz/*Heinemann*, § 51 Rn 45; jeweils m.w.N.

73 A.A. Weingärtner/*Ulrich*, § 40 NotAktVV Rn 13.

74 BGH, DNotZ 2013, 713, DNotZ 1990, 393.

75 BGH, DNotZ 2013, 713 f., DNotZ 1990, 393; OLG Zweibrücken, DNotZ 2003, 127; Grziwotz/*Heinemann*, § 51 Rn 45. Auch dann ablehnend für Einsicht Dritter: KG, DNotZ 2004, 203.

76 BeckOK-BeurkG/*Kleba*, § 51 BeurkG Rn 26; offen gelassen von BGH DNotZ 2013, 713 f.; kritisch Frenz/Miermeister/*Ellefret*, § 40 NotAktVV Rn 16; ablehnend BeckOK-BNotO/*Bracker*, § 40 NotAktVV Rn 3.

77 DNotZ 2024, 669 m. Anm. *Regler*.

78 LG Frankfurt a.M., DNotZ 1990, 393 m. zust. Anm. *Winkler*; BeckOK-BeurkG/*Kleba*, § 51 BeurkG Rn 26; Frenz/Miermeister/*Limmer*, § 51 BeurkG Rn 16; Grziwotz/*Heinemann*, § 51 Rn 46.

79 Ähnlich OLG Zweibrücken, DNotZ 2003, 127; BeckOK-BNotO/*Bracker*, § 40 NotAktVV Rn 6.

80 BayObLG DNotZ 1993, 474; Frenz/Miermeister/*Limmer*, § 51 BeurkG Rn 16a; einschränkend Grziwotz/*Heinemann*, § 51 Rn 46.

2. die Treuhandaufträge und die Verwahrungsanweisungen, die dem Notar im Zusammenhang mit dem Vollzug desjenigen Geschäfts erteilt worden sind, das der Verwahrung zugrunde liegt (§ 57 Absatz 6 des Beurkundungsgesetzes),

3. Änderungen oder Ergänzungen der Verwahrungsanweisungen und der Treuhandaufträge,

4. Annahmeerklärungen (§ 57 Absatz 2 Nummer 3 und Absatz 5 des Beurkundungsgesetzes) und

5. Belege, Kontoauszüge und Abschriften von Abrechnungen und Kostenberechnungen, die die Verwahrung betreffen.

(3) [1]Sämtliche Nebenakten zu laufenden Verwahrungsgeschäften sind einheitlich in Papierform oder elektronisch zu führen. [2]Ein Wechsel der Form der Aktenführung ist nur zu Beginn eines Kalenderjahres zulässig. [3]Für Verwahrungsmassen, die vor einem Wechsel nach Satz 2 in das Verwahrungsverzeichnis eingetragen wurden, kann es abweichend von Satz 1 bei der früheren Form der Aktenführung verbleiben. [4]Ist das Verwahrungsverhältnis beendet, so ist es zulässig, zunächst in Papierform geführte Nebenakten nur noch elektronisch aufzubewahren. [5]Die Aufsichtsbehörde kann Ausnahmen von den Regelungen der Sätze 1 und 2 zulassen.

(4) [1]Kontoauszüge sind mit der Massenummer zu versehen. [2]Belege für Einnahmen und Ausgaben sind jeweils mit der Massenummer und der Buchungsnummer zu versehen. [3]Führt der Notar aufgrund einer Übertragung der Verwahrzuständigkeit nach § 51 Absatz 1 und 3 der Bundesnotarordnung die Verwahrungsgeschäfte eines anderen Notars fort, so soll der Buchungsnummer ein Zusatz vorangestellt werden, der eine Unterscheidung zwischen den vor und den nach der Übertragung der Verwahrzuständigkeit zu den Nebenakten genommenen Dokumenten erlaubt.

(5) [1]Kontoauszüge und sonstige Mitteilungen von Kreditinstituten und an Kreditinstitute, die die Führung der Notaranderkonten betreffen, müssen nicht in den Nebenakten aufbewahrt werden, wenn sie elektronisch im Verwahrungsverzeichnis gespeichert sind. [2]Im Übrigen sind Belege und Kontoauszüge sowie Erklärungen nach Absatz 2 Nummer 4 im Original aufzubewahren, sofern sie nicht aufgrund der für die Führung der Nebenakte gewählten Form in eine andere Form übertragen werden müssen.

A. Einleitung

I. Normhistorie, Regelungsziel

1 Die Vorschrift enthält die **besonderen** Regelungen für **Nebenakten**, die **zu Verwahrungsgeschäften** geführt werden.

Die Absätze 1 bis 3 sind am 29.10.2020 in Kraft getreten, die Absätze 4 und 5 mit dem Start des Verwahrungsverzeichnisses und den dazugehörigen Vorschriften am 1.1.2022.

Die treuhänderische Verwahrung von Geldern durch den Notar ist sehr eng mit dem besonderen Vertrauen der einzelnen Beteiligten sowie des Gesetzgebers und der Allgemeinheit in die Zuverlässigkeit, Neutralität und Unabhängigkeit des Notars verbunden, gleichzeitig aber auch in erhöhtem Maße fehleranfällig und deshalb ein besonders sensibler Bereich notarieller Tätigkeit. Die hohe Regelungsdichte und eine besonders strenge Kontrolle der Dienstaufsicht in diesem Bereich stehen zu diesem Vertrauen in einer Wechselwirkung und sind deshalb angezeigt.

II. Regelungsursprung DONot a.F.

Die Norm ist der neuen Systematik und Diktion der Regelungen zu Nebenakten angepasst, entspricht aber inhaltlich fast unverändert dem bisherigen § 22 Abs. 2 DONot, soweit er Verwahrungsgeschäfte betrifft. 2

III. Bezug zu anderen Normen

§ 10 DONot trifft nähere Regelungen zur Durchführung von Verwahrungsgeschäften. Insbesondere § 10 Abs. 4 und 5 DONot enthalten Regelungen zu den Belegen und Abrechnungen, die gemäß Abs. 2 Nr. 5 zwingend zur Verwahrungsnebenakte zu nehmen sind. 3

B. Allgemeines (Abs. 1)

Wie bisher § 22 Abs. 2 DONot a.F. schreibt Abs. 1 – in Abweichung von der allgemeinen Regelung in § 40 Abs. 1 NotAktVV – bei Verwahrungsgeschäften die Führung von Nebenakten **zwingend** vor und **schließt** die Führung von **Sammelakten** insoweit **aus**. 4

Genau wie schon nach § 22 Abs. 2 S. 1 DONot a.F.[1] ist auch nach Abs. 1 S. 1 die **Verwahrungsnebenakte gesondert** zu führen, d.h. getrennt von der für das zugehörige Beurkundungsverfahren oder sonstige Amtsgeschäft zu führenden Nebenakte.[2] Die separate Führung soll die Dienstaufsicht erleichtern.[3] Die Aufbewahrung der Nebenakte für das Beurkundungsgeschäft und der Verwahrungsnebenakte in einer gemeinsamen Papierakte ist jedoch ebenso zulässig wie die Verwahrung mehrerer Verwahrungsnebenakten in einer Papierakte.[4] 5

C. Form der Verwahrungsnebenakten (Abs. 3)

I. Einheitlichkeit der Form

Da die Verfügbarkeit, Zuverlässigkeit und einfache Erschließung der Nebenakte für die Notarvertretung, für folgende Verwahrstellen und für die Dienstaufsicht bei Verwahrungsgeschäften einen noch höheren Stellenwert hat als bei anderen Amtsgeschäften (siehe Rdn 1),[5] schreibt Abs. 3 S. 1 vor, dass der Notar sich für alle Verwahrungsgeschäfte einheitlich für die papierförmige oder elektronische Nebenaktenführung entscheiden muss. Damit ist folglich **für Verwahrungsgeschäfte die Führung von Hybridakten ausgeschlossen**. Die Aufsichtsbehörde kann gemäß Abs. 3 S. 5 Ausnahmen vom Grundsatz der Formeinheitlichkeit zulassen. Ein Bedürfnis nach allgemeinen derartigen Ausnahmen ist derzeit nicht erkennbar, könnte sich aber bei künftigen technischen Entwicklungen ergeben (etwa bei einer technischen Verzahnung der elektronischen Notaranderkontenführung mit dem Verwahrungsverzeichnis). 6

II. Wechsel der einheitlichen Form

Ein Wechsel der einheitlichen Form soll nach Abs. 3 S. 2 **nur zu Beginn eines Kalenderjahres** erfolgen dürfen. Auch davon kann die Aufsichtsbehörde gemäß Abs. 3 S. 5 Ausnahmen zulassen. Der Zweck der Regelung liegt lediglich darin, einen Missbrauch der Wechselmöglichkeit auszuschließen; ein häufiger Wechsel wäre für den Notar ohnehin unpraktikabel. Liegt ein sachlicher Grund für einen unterjährigen Wechsel vor (etwa die Umstellung auf eine neue Notarfachsoftware oder die Einführung der auf elektronische Aktenführung für alle Nebenakten des Notars), steht einer Ausnahmegenehmigung durch die Aufsichtsbehörde insoweit nichts entgegen. 7

Bei einem Wechsel der einheitlichen Form dürfen die Nebenakten für die zum Zeitpunkt des Wechsels laufenden Verwahrungsmassen auch weiterhin in der vor dem Wechsel geltenden Form weitergeführt werden, Abs. 3 S. 3. Genauso darf der Notar aber auch die Akten zu die laufenden Massen beim Wechsel auf die neue Form umstellen.

1 Weingärtner/*Ulrich*, § 41 NotAktVV Rn 1.

2 Weingärtner/*Ulrich*, § 41 NotAktVV Rn 1; Frenz/Miermeister/*Ellefret*, § 41 NotAktVV Rn 2.

3 *Lerch*, ZNotP 2001, 210, 215; kritisch: *Zimmermann*, DNotZ 1985, 5, 19.

4 *Kersten*, ZNotP 2001, 470, 474.

5 BR-Drucks 420/20 (neu), 61; Heinemann/Trautrims/*Strauß*, § 41 NotAktVV Rn 4.

III. Ausnahme bei Archivierung

8 Eine weitere Erleichterung bietet Abs. 3 S. 4, wonach der Notar für bereits beendete Verwahrungsverhältnisse die für diese in Papierform geführten Nebenakten nur noch **elektronisch aufbewahren darf**. Eine rein elektronische Archivierung abgeschlossener Verwahrungsgeschäfte ist also auch dann möglich, wenn der Notar sich für die papierförmige Verwahrungsnebenaktenführung entschieden hat, und jederzeit auch unterjährig. Für diese elektronisch archivierten Verwahrungsnebenakten gelten dann die allgemeinen Grundsätze der §§ 40 und 43 NotAktVV. Eine Hybridaktenführung ist dann jedoch weiterhin nicht zulässig. Ebenso wenig ist die Archivierung elektronisch geführter Verwahrungsnebenakten in Papierform zulässig.[6]

D. Inhalt der Verwahrungsnebenakte (Abs. 2)

I. Katalog der aufzunehmenden Dokumente

9 Der notwendige **Inhalt** der Verwahrungsnebenakte ist gegenüber dem Katalog des § 22 Abs. 2 S. 2 DONot unverändert geblieben. Lediglich die bisher in § 22 Abs. 2 S. 2 Nr. 5–8 DONot a.F. enthaltenen Akteninhalte sind nunmehr zusammengefasst worden zu Abs. 2 Nr. 5, ohne dass damit eine inhaltliche Änderung verbunden wäre.[7]

Der **Katalog** ist selbsterklärend. Er ist **nicht abschließend**; die Aufnahme weiterer Dokumente ist nicht nur zulässig, sondern kann erforderlich sein. So wird ggf. die Aufnahme von Erklärungen zur Entlassung aus Treuhandverträgen, Anweisungen zur Festgeldanlage, Pfändungs- und Überweisungsbeschlüssen, Vermerke zur Begründung von Barauszahlungen und ähnlicher die Abwicklung des Verwahrungsverhältnisses betreffenden Dokumente in aller Regel geboten sein.[8]

10 Darüber hinaus ergeben sich aus Abs. 4 und 5 die nachfolgend geschilderten geringfügigen Änderungen gegenüber § 22 Abs. 2 S. 2 DONot a.F.; sie sind der Einführung des Verwahrungsverzeichnisses (§§ 22 ff. NotAktVV) und der Möglichkeit der elektronischen Aktenführung und der elektronischen Notaranderkontenführung (§ 10 Abs. 3 DONot) geschuldet.

II. Aufbewahrung von Originalen oder Kopien

11 **Belege, Kontoauszüge und die Annahmeerklärungen** (Abs. 2 Nr. 4 i.V.m. § 57 Abs. 2 Nr. 3 und Abs. 5 BeurkG) sind gemäß Abs. 5 S. 2 im Original aufzubewahren, sofern sie nicht aufgrund der für die Verwahrungsnebenakte gewählten Form in eine andere Form übertragen werden müssen. Das bedeutet im Umkehrschluss, dass bei **allen übrigen** in Abs. 2 Nr. 1 bis 5 genannten Dokumenten eine **Kopie** ausreicht.[9]

E. Kontoauszüge, sonstige Mitteilungen an Kreditinstitute und von Kreditinstituten, Belege (Abs. 4 und 5)

12 Kontoauszüge sind mit der Massenummer, Belege für Einnahmen und Ausgaben jeweils mit der Massenummer ***und*** der Buchungsnummer (§§ 23 Abs. 2, 25 Abs. 2 S. 1 NotAktVV) zu versehen (Abs. 4 S. 1). Das entspricht im Wesentlichen den bisherigen Regelungen der DONot a.F. Deren § 22 Abs. 2 S. 2 Nr. 5 und 6 ist zwar mit Inkrafttreten des § 41 Abs. 2 am 29.10.2021 obsolet geworden. Die inhaltsgleiche Regelung des § 27 Abs. 4 S. 6 DONot a.F. galt allerdings bis zu ihrer Derogation durch Inkrafttreten des Abs. 4 am 1.1.2022 fort, so dass eine zeitliche Regelungslücke nicht entstanden ist.

13 Angesichts dessen, dass die entsprechenden Daten bereits im Verwahrungsverzeichnis erfasst werden, ist es zwar zulässig, aber **nicht mehr erforderlich, Kontoauszüge oder Belege mit ihrem Eingangsdatum zu versehen** (so für die Kontoauszüge noch § 10 Abs. 3 S. 3 DONot a.F.).[10]

6 Frenz/Miermeister/*Ellefret*, § 41 NotAktVV Rn 5.
7 BR-Drucks 420/20 (neu), 61.
8 Weingärtner/*Ulrich*, § 41 NotAktVV Rn 2; *Blaeschke*, S. 738; *Kersten*, ZNotP 2001, 470, 474.
9 Vgl. BR-Drucks 420/20 (neu), 62.
10 BR-Drucks 420/20 (neu), 62; BeckOK-BeurkG/*Kämper*, § 41 NotAktVV Rn 5; Heinemann/Trautrims/*Strauß*, § 41 NotAktVV Rn 5.

Geht die Verwahrzuständigkeit nach § 51 Abs. 1 oder 3 BNotO auf einen anderen Notar oder die Notarkammer **über**, ist bei allen danach zur Nebenakte genommenen Belegen der jeweiligen Buchungsnummer ein **Unterscheidungskennzeichen** voranzustellen, das erkennen lässt, dass der Beleg von der neuen Verwahrstelle zur Akte genommen wurde. 14

Kontoauszüge und sonstige Mitteilungen von Kreditinstituten und an Kreditinstitute betreffend die Anderkontenführung **müssen nicht in die Verwahrungsnebenakte** aufgenommen werden, wenn sie **elektronisch im Verwahrungsverzeichnis gespeichert** sind (Abs. 5 S. 1). 15

§ 42 Führung in Papierform

[1]Werden die Nebenakten in Papierform geführt, müssen die aufgenommenen Dokumente nachvollziehbar geordnet sein. [2]Werden Sammelakten geführt, so ist erforderlichenfalls durch besondere Vorkehrungen dafür zu sorgen, dass die Verfügbarkeit aller Inhalte sichergestellt ist und die Dokumente, die zu einzelnen Amtsgeschäften gehören, aufgefunden werden können.

A. Einleitung

1 Die Vorschrift regelt über die allgemeinen Regelungen der §§ 40, 41 NotAktVV hinaus die **besonderen Anforderungen** an eine Nebenakte, die in **Papierform** geführt wird. Sie konkretisiert die Anforderungen des § 35 Abs. 1 S. 1 BNotO an Verfügbarkeit, Integrität und Transparenz (siehe § 40 NotAktVV Rdn 24 ff.).

2 Eine Nebenakte, in die die Unterlagen wie in den häufig beschworenen „Schuhkarton" völlig unstrukturiert hineingeworfen werden, wäre schon deshalb wertlos, weil sie die oben (§ 40 NotAktVV Rdn 4 ff.) beschriebenen Funktionen einer Nebenakte nicht erfüllen könnte, und folglich mangels Transparenz schon unmittelbar aus § 35 Abs. 1 S. 1 BNotO heraus unzulässig. Dieser allgemeine Grundsatz gilt nicht nur für papierförmig geführte, sondern gleichermaßen für elektronische Nebenakten und Hybridakten (ist für diese jedoch, den Besonderheiten der jeweiligen Form angemessen, in §§ 43, 44 geregelt). Was schon unter § 22 DONot a.F. anerkannt war, ist nun in § 42 NotAktVV ausdrücklich geregelt.

B. Nachvollziehbare Ordnung (S. 1)

3 S. 1 regelt nur die **Ordnung innerhalb einer Nebenakte** (Einzelakte oder Sammelakte). Zu den Anforderungen an die Ordnung der Nebenakten untereinander und deren geordnete Aufbewahrung siehe § 40 NotAktVV Rdn 26 ff.

4 Zweckmäßig ist neben der äußeren **Beschriftung** (mit einem Aktenzeichen und einer Kurzbezeichnung) ein **Aktendeckblatt**, aus dem sich nähere Angaben ergeben (neben dem Aktenzeichen die Kurzbezeichnung, ein Anlagedatum, Ablagedatum, evtl. auch der Ablauf der Aufbewahrungsfrist zur leichteren Aussonderung, die Namen der Beteiligten, das Ergebnis der Risikoeinschätzung nach dem GwG (hoch/üblich/gering).

In aller Regel ist die **chronologische Sortierung** der Dokumente zweckmäßig.[1] So können zur besseren Übersichtlichkeit etwa auch innerhalb der Akte verschiedene **Sinnabschnitte** gebildet werden, z.B. ein Verfügungsbogen und eine Reinschrift der Urkunde als erster Abschnitt, ein Abschnitt mit Grundbuchauszügen bzw. mit Registerauszügen/Satzung/Gesellschafterliste und sodann der Hauptabschnitt mit

1 BeckOK-BeurkG/*Kleba*, § 42 NotAktVV Rn 3; Frenz/Miermeister/*Ellefret*, § 42 NotAktVV Rn 2; Weingärtner/*Ulrich*, § 42 NotAktVV Rn 1.

Korrespondenz und Zwischenständen des Urkundenentwurfs, wobei die Dokumente innerhalb dieser Abschnitte wiederum chronologisch sortiert sind.[2]

5 Das **Heften** durch Heftklammern oder Büroklammern wird in der Regel sinnvoll sein, um die Zusammengehörigkeit mehrerer Seiten als ein Dokument oder ein Dokumentenkonvolut zu markieren (so etwa bei dem Ausdruck einer E-Mail nebst ihrer Anlagen), aber kann nicht verlangt werden, jedenfalls solange sich der Zusammenhang der Seiten aus ihrem Inhalt oder aus der chronologischen Sortierung ergibt.[3]

6 Das **Nummerieren** der Seiten ist **nicht erforderlich**.[4] Es würde ganz erheblichen bürokratische Aufwand bedeuten, ohne einen erkennbaren Mehrwert zu schaffen. Es ist schon nicht zu befürchten, dass ein Notar oder seine Mitarbeitenden Akteninhalte vorsätzlich vernichten oder unterdrücken; vielmehr wird dem Notar in der Regel selbst daran gelegen sein, zur eigenen Haftungsvermeidung und zur Dokumentation der Erfüllung seiner Amtspflichten einen möglichst lückenlosen Akteninhalt zu bewahren. Selbst wenn man dem Notar ein Manipulationsinteresse unterstellen wollte, würde die Nummerierung vor dem Austausch von Aktenseiten praktisch nicht schützen und damit auch keinen effektiven Schutz der Integrität der Akte (siehe § 40 NotAktVV Rdn 27) gewährleisten. Es gibt auch nicht – wie etwa bei Gerichtsakten – ein Beweisinteresse der Beteiligten, welche Dokumente zu welchem Zeitpunkt in die Nebenakte des Notars gelangt ist; die Beteiligten haben schließlich nicht einmal ein Einsichtsrecht (siehe § 40 NotAktVV Rdn 47 ff.).

7 Der Notar hat die **Entscheidungshoheit** und ein **weites Ermessen bezüglich der Ordnung** der papierförmigen Nebenakten, solange deren **Nachvollziehbarkeit gewährleistet** ist.[5] Allenfalls dann, wenn der Notar erheblich von der in der Praxis üblichen Sortierung und sonstigen Gestaltung abweicht, bei der damit gerechnet werden kann, dass sie sich Mitarbeitenden, nachfolgenden Verwahrstellen und der Dienstaufsicht aus eigener Anschauung erschließt, kann es erforderlich werden, die Nachvollziehbarkeit der gewählten Sortierung durch eine schriftliche Aktenordnung zu dokumentieren, die dann in der Generalakte aufzubewahren wäre.

C. Innere Ordnung von Sammelakten (S. 2)

8 Bei Sammelakten, die sich definitionsgemäß über mehrere Amtsgeschäfte erstrecken, ist typischerweise die Menge der darin zusammen verwahrten Schriftstücke größer als bei einzeln geführten Nebenakten. Deshalb ist bei Sammelakten über die Anforderungen des S. 1 hinaus durch **besondere Vorkehrungen** dafür zu sorgen, dass der Akteninhalt auch für „Uneingeweihte" nachvollziehbar bleibt und die einzelnen Amtsgeschäfte innerhalb der Sammelakte ohne weiteres auffindbar sind.[6] Es steht auch hier im **Ermessen** des Notars, welche Vorkehrungen dazu getroffen werden.[7] Das Anlegen eines detaillierten Inhaltsverzeichnisses ist denkbar, dürfte aber bei Papierakten in der Regel nicht praktisch sein, da es bei jedem Vorgang geändert und neu ausgedruckt und in der Sammelakte abgeheftet werden müsste, so dass sich eher eine **Sortierung nach Aktenzeichen oder Beteiligtennamen** empfiehlt.[8]

§ 43 Elektronische Führung

(1) [1]Werden die Nebenakten elektronisch geführt, müssen die Nebenakten und die darin aufgenommenen Dokumente durch einen strukturierten Datensatz beschrieben sein. [2]Hat die Bundesnotarkammer in ihrem Verkündungsblatt nähere Angaben zu dem strukturierten Datensatz sowie zu den Dateiformaten bekannt gemacht, die bei der Führung der Nebenakten zu verwenden sind, so

2 Frenz/Miermeister/*Ellefret*, § 42 NotAktVV Rn 2.
3 Frenz/Miermeister/*Ellefret*, § 42 NotAktVV Rn 2.
4 Frenz/Miermeister/*Ellefret*, § 42 NotAktVV Rn 2; BeckOK-BeurkG/*Kleba*, § 42 NotAktVV Rn 3; Heinemann/Trautrims/*Strauß*, § 42 NotAktVV Rn 1; a.A. Rohs/*Heinemann*, Rn 370.
5 BR-Drucks 420/20 (neu), 63; BeckOK-BeurkG/*Kleba*, § 42 NotAktVV Rn 1; Heinemann/Trautrims/*Strauß*, § 42 NotAktVV Rn 1; Frenz/Miermeister/*Ellefret*, § 42 NotAktVV Rn 2.
6 BR-Drucks 420/20 (neu), 63; Heinemann/Trautrims/*Strauß*, § 42 NotAktVV Rn 2.
7 BR-Drucks 420/20 (neu), 63; Frenz/Miermeister/*Ellefret*, § 42 NotAktVV Rn 4.
8 Weingärtner/*Ulrich*, § 42 NotAktVV Rn 2; ähnlich Frenz/Miermeister/*Ellefret*, § 42 NotAktVV Rn 4.

sind diese zu beachten. [3]Die Bekanntmachung im Verkündungsblatt kann zu technischen Einzelheiten auf eine Veröffentlichung im Internet Bezug nehmen.

(2) Eine elektronisch geführte Nebenakte muss jederzeit in das Dateiformat überführt werden können, das für Dokumente in der elektronischen Urkundensammlung vorgeschrieben ist.

A. Einleitung

I. Normhistorie, Regelungsziel

1 Die Vorschrift dient der Umsetzung der Verordnungsermächtigung in § 36 Abs. 1 S. 2 Nr. 3 BNotO, indem sie die Anforderungen des § 35 Abs. 1 S. 1 BNotO an Verfügbarkeit, Integrität und Transparenz elektronisch geführter Nebenakten konkretisiert.

II. Bezug zu anderen Normen

1. Anwendungsbereich

2 Die Regelung gilt **für elektronisch geführte Nebenakten**. Auf elektronische **Hilfsmittel** (siehe § 40 NotAktVV Rdn 8 ff.) – gleich ob sie einer papierförmigen oder elektronischen Nebenakte dienen – ist die Regelung hingegen **nicht anwendbar**, sondern nur auf die rechtsverbindliche („führende") elektronische Nebenakte.[1]

3 Die Vorschrift ist auch auf den **elektronischen Teil von Hybridakten** anwendbar, für die jedoch zusätzlich die Anforderungen des § 44 NotAktVV gelten.

4 Da elektronisch geführte Nebenakten zu den elektronischen Aufzeichnungen im Sinne des § 4 Abs. 1 S. 1 NotAktVV zählen, gelten für sie **außerdem die §§ 4–6 NotAktVV**.

2. Speicherort für elektronische Nebenakten (§ 35 Abs. 4 BNotO)

5 Wie für alle elektronisch geführten Akten und Verzeichnisse (mit Ausnahme des Urkundenverzeichnisses und des Verwahrungsverzeichnisses, die Gegenstand der besonderen Regelungen der §§ 55 Abs. 1 und 2, 59 BeurkG sind) gilt, dass elektronisch geführte Nebenakten **ausschließlich in der Geschäftsstelle** oder in dem von der Bundesnotarkammer gemäß § 78k BNotO zur Verfügung gestellten **Elektronischen Notariatsaktenspeicher** (§ 78k Abs. 1 BNotO) geführt werden dürfen (§ 35 Abs. 4 BNotO).

6 Der Zweck und die Rechtfertigung dieser Beschränkung liegen in den erhöhten Anforderungen nicht nur an die Vertraulichkeit und die Transparenz, sondern vor allem an die Verfügbarkeit der Nebenakten.[2] Nur bei einer auf die entsprechenden rechtlichen und fachlichen Anforderungen ausgerichteten und durch eine besonders vertrauenswürdige öffentlich-rechtliche Körperschaft auf einem ähnlichen Sicherheitsniveau wie das Elektronische Urkundenarchiv betriebenen, streng regulierten Einrichtung wie dem Elektronischen Notariatsaktenspeicher ist davon auszugehen, dass diese erhöhten Anforderungen in gleicher Weise wie in der Geschäftsstelle des Notars eingehalten werden können.[3] Soweit es die Erfüllung der Anforderungen in der Geschäftsstelle betrifft, werden diese durch die nachfolgend erläuterten Regelungen des § 43 NotAktVV i.V.m. § 11 Abs. 1 DONot gewährleistet.

1 Weingärtner/*Frohn*, § 43 NotAktVV Rn 2.
2 BT-Drucks 18/10607, 55; BT-Drucks 18/11936, 39 (noch zu § 5 Abs. 3 DONot); BeckOK-BNotO/*Hushahn*, § 35 BNotO Rn 15; Weingärtner/*Frohn*, § 43 NotAktVV Rn 3.
3 BT-Drucks 18/10607, 55; Weingärtner/*Frohn*, § 43 NotAktVV Rn 3; Diehn/*Diehn*, § 78k Rn 5 f.; BeckOK-BNotO/*Hushahn*, § 35 BNotO Rn 15.

7 Die Regelung bezieht sich nur auf die rechtsverbindliche und als solche gewidmete und geltende elektronisch geführte Nebenakte, **nicht** hingegen auf **Hilfsmittel**.[4] Die Nutzung von Hilfsmitteln ist – anders als die Führung der Nebenakte – nicht obligatorisch, so dass es auf ihre Verfügbarkeit nicht im gleichen Maße ankommt. Sie können deshalb grundsätzlich auch außerhalb der Geschäftsstelle gespeichert werden, solange die Anforderungen an Datenschutz, Vertraulichkeit und Verschwiegenheit gewahrt sind,[5] wobei hier schon aufgrund der Komplexität dieser Anforderungen Zurückhaltung geboten ist; siehe hierzu im Einzelnen § 40 NotAktVV Rdn 13. Zur Abgrenzung von Hilfsmitteln zur Nebenakte und den Anforderungen an deren Speicherung siehe ausführlich oben (§ 40 NotAktVV Rdn 8 ff.).

8 Der Elektronische Notariatsaktenspeicher ist derzeit noch nicht verfügbar. Gesetz- und Verordnungsgeber haben es bewusst der Bundesnotarkammer als Selbstverwaltungsangelegenheit überlassen, wie umfassend sie das Leistungsangebot des Elektronischen Notariatsaktenspeichers ausgestaltet.[6] Es ist deshalb auch denkbar, dass die Bundesnotarkammer – zumindest erst einmal – lediglich die Speicherung von Hilfsmitteln (z.B. Datensicherungen des Notars) im Elektronischen Notariatsaktenspeicher ermöglicht. Solange die von der Bundesnotarkammer angebotenen Funktionen des Elektronischen Notariatsaktenspeicher (noch) nicht die nachfolgend beschriebenen Anforderungen des § 43 NotAktVV (begleitender Strukturdatensatz, Möglichkeit der Herstellung eines formatgerechten Aktenrepräsentats) erfüllen, darf er zur Führung elektronischer Nebenakten nicht verwendet werden. Im Übrigen wird die Bundesnotarkammer den Elektronischen Notariatsaktenspeicher jedoch nach den Anforderungen des Abschnitts 11 NotAktVV gestalten, auf die der einzelne Notar keinen Einfluss hat, auf die er sich aber insbesondere hinsichtlich Datenschutz, Datensicherheit und Vertraulichkeit wird verlassen dürfen.

B. Beschreibung durch strukturierten Datensatz (Abs. 1)

9 Da elektronische Nebenakten nicht verkörpert sind, sind sie einer chronologischen oder sonstigen physischen Ordnung nicht in gleicher Weise zugänglich wie Papierakten (§ 42 NotAktVV Rdn 4 ff.), so dass zwischen elektronischen Aktenbestandteilen auf andere Weise ein **logischer Zusammenhang** hergestellt werden muss, der eine **innere Struktur und Ordnung** der Akte erkennen lässt.

10 Daher besteht die Pflicht zur Beschreibung der elektronischen Nebenakte mit einem **strukturierten Datensatz**, und zwar unabhängig davon, ob die elektronische Nebenakte im Elektronischen Notariatsaktenspeicher oder in der Geschäftsstelle geführt wird.

11 S. 2 bestimmt, dass die Bundesnotarkammer in ihrem Verkündungsblatt nähere Angaben zu dem Strukturdatensatz bekannt machen kann, denen der eine elektronische Nebenakte beschreibende Strukturdatensatz dann auch genügen muss.

Der **Zweck** dieser Standardisierung liegt vor allem in der Interoperabilität: Werden die Nebenakten durch eine folgende Verwahrstelle (§ 51 BNotO) übernommen, die möglicherweise eine andere Büroorganisation pflegt oder ein anderes Betriebssystem, andere Bürosoftware und vor allem andere Notarfachsoftware verwendet, muss diese auch damit in der Lage sein, die übernommenen elektronischen Nebenakten mit zumutbarem Aufwand weiter zu führen. Das Gleiche gilt, wenn die folgende Verwahrstelle die Nebenakten in den Elektronischen Notariatsaktenspeicher überführen möchte; selbstverständlich muss auch der zukünftige Elektronische Notariatsaktenspeicher auf Grundlage desselben Strukturdatensatzes operieren. Aber auch dann, wenn ein Wechsel der Notarsoftware bei derselben Verwahrstelle ansteht, muss die Migrationsfähigkeit, also die Übersetzbarkeit, der elektronischen Nebenakteninhalte in das Datenformat der neuen Notarsoftware gewährleistet sein.[7]

12 Die weitere Funktion des Strukturdatensatzes besteht in der **Abgrenzung** des Nebenakteninhalts zu bloßen elektronischen **Hilfsmitteln**: Da es nunmehr möglich ist, Nebenakten in Papierform oder elektronisch oder in hybrider Form zu führen und daneben zur Aktenführung Hilfsmittel in Papierform oder in elektronischer Form zu führen, wird es nötig, die vom Notar als rechtsverbindlichen Nebenakten-

4 Weingärtner/*Frohn*, § 43 NotAktVV Rn 2; BeckOK-BNotO/*Hushahn*, § 35 BNotO Rn 16.
5 *Siegel/Berthold*, DNotZ 2023, 655.
6 BR-Drucks 774/21, 31 f.; Diehn/*Diehn*, § 78k Rn 7.
7 Weingärtner/*Frohn*, § 43 NotAktVV Rn 5; Frenz/Miermeister/*Sudhof*, § 43 NotAktVV Rn 8; *Siegel/Berthold*, DNotZ 2023, 652.

inhalt gewidmeten „echten" elektronischen Aktenbestandteile von den bloßen (elektronischen) Hilfsmittel abzugrenzen.[8]

Die Vorschrift daher ihrem Zweck entsprechend **einschränkend** dahingehend **auszulegen**, dass der Strukturdatensatz **nicht jederzeit** während der laufenden Bearbeitung der Nebenakte vorzuliegen hat (das wäre auch nicht mit vertretbarem Aufwand technisch zu bewerkstelligen und reiner Selbstzweck, da der Strukturdatensatz keine unmittelbaren zur menschlichen Wahrnehmung sinnvollen Inhalte bietet, sondern nur maschinell ausgelesen werden kann), sondern nur jederzeit durch die Anwendenden aus der Notariatssoftware generiert werden kann.[9] Denn es reicht für die beschriebenen Zwecke völlig aus, wenn die Strukturdaten vorliegen, wenn und sobald eine Übergabe an eine andere Verwahrstelle erfolgt, wenn eine Aufbereitung für die Kontrolle durch die Dienstaufsicht erfolgen soll oder wenn die Daten – sei es als elektronische Nebenakte, sei es als Hilfsmittel zur Nebenaktenführung – in eine andere Notarfachsoftware oder in den ENA migriert werden sollen. Der Export muss dann aber auch ohne großen zeitlichen und technischen Aufwand möglich sein, so dass ihn mit durchschnittlichen IT-Fähigkeiten und entsprechenden Benutzerrechten versehene Anwendende programmgeführt vornehmen können. (Im Hinblick auf die Übergabe an eine andere Verwahrstelle muss deshalb auch das Exportprodukt – der Strukturdatensatz und die darin in Bezug genommenen Dateien – jedenfalls auch den Anforderungen des § 4 Abs. 1 NotAktVV genügen, soweit nicht ohnehin die zulässigen Dateiformate nach Abs. 1 S. 2 festgelegt sind, und außerdem auf einem Datenträger im Sinne des § 4 Abs. 2 S. 1 NotAktVV übergeben werden können.) 13

Von der Möglichkeit der Bekanntmachung eines solchen Strukturdatensatzes hat die Bundesnotarkammer am 3.11.2020 Gebrauch gemacht.[10] Sie lautet: 14

Bekanntmachung zu § 43 Absatz 1 Satz 2 der Verordnung über die Führung notarieller Akten und Verzeichnisse (Nebenakten-Datensatz-Bekanntmachung-2020)

Gemäß § 43 Absatz 1 Satz 2 der Verordnung über die Führung notarieller Akten und Verzeichnisse vom 13.10.2020 (BGBl I, 2246) wird bekannt gemacht, dass ab dem Tag nach der Bekanntmachung für den strukturierten Datensatz zur Führung notarieller Nebenakten sowie für die Dateiformate, die bei der Führung der Nebenakten zu verwenden sind, Folgendes gilt:

1. *Bei der Führung einer elektronischen Nebenakte muss der strukturierte Datensatz zugrunde gelegt werden, der dem auf www.bnotk.de/veroeffentlichungen veröffentlichten Schema entspricht.*
2. *Für die in die elektronische Nebenakte aufzunehmenden Dokumente müssen allgemein gebräuchliche Dateiformate verwendet werden (§ 4 Absatz 1 der Verordnung über die Führung notarieller Akten und Verzeichnisse).*
3. *Es genügt, wenn ein vollständiger Export des Datensatzes und der in den Dateiformaten im Sinne der Ziffer 2 vorliegenden Nebenakteninhalte in das Dateisystem jederzeit hergestellt werden kann. Der Export muss bei Bedarf erfolgen, insbesondere im Fall des § 4 Absatz 2 der Verordnung über die Führung notarieller Akten und Verzeichnisse. Ein täglicher oder sonst regelmäßiger Export ist nicht erforderlich.*

Berlin, den 3.11.2020

Der Präsident der Bundesnotarkammer
Prof. Dr. Jens Bormann

Auch von der Möglichkeit nach Abs. 1 S. 3 hat die Bundesnotarkammer Gebrauch gemacht und mit der Bekanntmachung des Strukturdatensatzes auf eine Veröffentlichung der technischen Einzelheiten im Internet verwiesen, die unter www.bnotk.de/veroeffentlichungen abrufbar ist. Dort ist eine sogenannte **Schemadatei** im Format XML (Extensible Markup Language) abrufbar, einem allgemein gebräuchlichen Format für strukturierte Datensätze. Auch wenn die Verordnung den Notar unmittelbar verpflichtet, den Strukturdatensatz zu verwenden, dürfte sie mangels technischer Fachkenntnisse für kaum einen Notar verständlich sein und ist praktisch nur für diejenigen relevant, die die Software zur elektronischen 15

8 Vgl. etwa BNotK-Rundschreiben 04/2021, 3. Siehe auch § 40 NotAktVV Rdn 11.

9 Weingärtner/*Frohn*, § 43 NotAktVV Rn 5; Frenz/Miermeister/*Sudhof*, § 43 NotAktVV Rn 9. Davon geht auch die Bundesnotarkammer in ihrer Bekanntmachung des Strukturdatensatzes aus, siehe Rdn 14 f.

10 Nebenakten-Datensatz-Bekanntmachung-2020, DNotZ 2020, 881.

Nebenaktenführung programmieren, also insbesondere die Notarfachsoftwarehersteller. Denn jede für die elektronische Nebenaktenführung verwendete Software muss in der Lage sein, aus ihrer Datenbank für die elektronischen Nebenakte(n) einen strukturierten Datensatz zu generieren, der der von der Bundesnotarkammer veröffentlichten Schemadatei entspricht. **Eine Software, die dazu nicht in der Lage ist, darf der Notar nicht zur elektronischen Nebenaktenführung verwenden, sondern allenfalls als Hilfsmittel**. Damit dürfte jede Art von Standardsoftware, etwa Dokumentenmanagementsysteme oder auch andere allgemein zur elektronischen Aktenführung (ohne Zuschnitt auf die hier beschriebenen Anforderungen des Notariats) angebotene Software ausscheiden (siehe auch unten Rdn 27 ff.). Genauso ist die elektronische Nebenaktenführung in einer einfachen Ordnerstruktur im Dateisystem des Betriebssystems (z.B. Windows Explorer, MacOS Finder) unzulässig. Auch die Führung elektronischer Nebenakten als „sonstige Dokumente" im Urkundenverzeichnis bzw. in der Elektronischen Urkundensammlung kommt nicht in die Frage, da das Urkundenverzeichnis keine Funktion bietet, die einen Export in das vorgeschriebene strukturierte Datenformat ermöglicht.

16 Die **Schemadatei** lässt sich vereinfacht beschreiben **als technisches Inhaltsverzeichnis** der Nebenakte mit Metadaten für die Nebenakte selbst und für die in ihr enthaltenen Dokumente.[11] Es handelt sich um eine sehr generische, offene Beschreibung einer Aktenstruktur. Die Schemadatei sieht Pflichtangaben und optionale Elemente und Datenfelder vor. Dabei handelt es sich um logisch-technische Anforderungen, nicht um rechtliche Vorgaben. Die Entscheidung, ob eine Nebenakte geführt wird und welchen Inhalt sie hat, liegt im pflichtgemäßen Ermessen des Notars.[12] Die Schemadatei begründet auch keine Verpflichtung des Notars, bestimmte Akteninhalte in strukturierter Form zu beschreiben. Der Notar kann sich darauf beschränken, die Strukturdaten zu verwenden, die für die logische Mindeststruktur einer Nebenakte und ihrer etwaigen Untergliederungen unerlässlich sind, und die übrigen Akteninhalte (unstrukturiert) zum Inhalt der in der Nebenakte gespeicherten Dokumente zu machen. Jedoch muss zu jeder elektronischen Nebenakte der strukturierte Datensatz **mindestens** ein Aktenzeichen, den Amtsträger, das Anlagedatum und mindestens einen sog. Vorgang enthalten, ein Vorgang wiederum mindestens ein Vorgangszeichen, ein Anlagedatum und eine Aufbewahrungsfrist. (Man mag sich allerdings die Frage stellen, welchen Mehrwert für den Notar die elektronische Aktenführung dann noch gegenüber der papiergebundenen Aktenführung hat, wenn man sich auf diese Minimalangaben beschränkt.) Will der Notar aber in Ausübung seines Ermessens bestimmte Angaben in strukturierter Form in die elektronische Nebenakte aufnehmen, weil er dies für zweckmäßig hält, so muss er dafür die von der Bundesnotarkammer vordefinierte Struktur einschließlich der technisch als optional definierten Datenfelder verwenden.[13]

17 Eine Nebenakte kann **ein oder mehrere Dokumente** im technischen Sinne enthalten. Insoweit muss sich also der Notar entscheiden, wie fein er seine Nebenakte mit dem Datenschema strukturiert, wobei er dies nicht willkürlich festlegen darf, sondern sich an den vorstehend (§ 40 NotAktVV Rdn 4 ff.) geschilderten Zwecken der Nebenaktenführung zu orientieren hat. Vor diesem Hintergrund dürfte es zulässig sein, mehrere Dokumente zu einem Dokument im technischen Sinne **zusammenzufassen**, wenn dafür ein **sachlicher Grund** besteht.[14] Ein solcher Grund kann z.B. darin liegen, dass bereits abgeschlossene Nebenakten, die während ihrer aktiven Bearbeitung zunächst in Papierform geführt wurden, nach Abschluss der Angelegenheit eingescannt und elektronisch weiter verwahrt werden.[15] Sind aber die Dokumente bereits einzeln elektronisch vorhanden und in der Notarsoftware (Hilfsmittel) einzeln erfasst, ist kein Grund ersichtlich, diese in der elektronischen Nebenakte zusammenfassen, sondern die in der Notarfachsoftware vorhandene Struktur ist auch in dem die Nebenakte begleitenden Strukturdatensatz abzubilden.[16] Entsprechendes gilt bei anderen in elektronischer Form als Hilfsmittel strukturiert vorhandenen, der Nebenakte gewidmeten Daten; eine insoweit willkürliche Verkürzung des Strukturdatensatzes würde nicht dem Sinn und Zweck des Abs. 1 entsprechen.

11 Weingärtner/*Frohn*, § 43 NotAktVV Rn 7.
12 Weingärtner/*Frohn*, § 43 NotAktVV Rn 7.
13 So wohl auch Weingärtner/*Frohn*, § 43 NotAktVV Rn 7.
14 Weingärtner/*Frohn*, § 43 NotAktVV Rn 7 a.E.
15 Weingärtner/*Frohn*, § 43 NotAktVV Rn 7; siehe näher § 44 NotAktVV Rn 13 ff.
16 Weingärtner/*Frohn*, § 43 NotAktVV Rn 7.

C. Zulässige Dateiformate (Abs. 1 S. 2)

Abs. 1 S. 2 erlaubt es der Bundesnotarkammer zudem, in gleicher Weise wie die Angaben zum Strukturdatensatz auch die Dateiformate, die für die elektronische Nebenaktenführung verwendet werden dürfen, bekannt zu machen. 18

Davon hat die Bundesnotarkammer bislang keinen Gebrauch gemacht und plant dies meines Wissens derzeit auch nicht. Soweit Ziffer 2 der vorstehend (Rdn 14) wiedergegebenen Bekanntmachung die Verwendung allgemein gebräuchlicher Dateiformate im Sinne des § 4 Abs. 1 NotAktVV für die elektronische Nebenaktenführung vorschreibt, hat dies keinen eigenen Regelungsgehalt, da sich dies bereits für alle elektronischen Aufzeichnungen des Notars – also auch für die elektronisch geführten Nebenakten – bereits unmittelbar aus der allgemeinen Regelung des § 4 Abs. 1 NotAktVV ergibt.

Allerdings hat die Bundesnotarkammer ihrem **Rundschreiben** zur elektronischen Nebenaktenführung (Nr. 08/2020 vom 18.12.2020) eine **Liste mit Dateiformaten** beigefügt, die nach dortiger und auch nach meiner Auffassung derzeit allgemein gebräuchlich im Sinne des § 4 Abs. 1 NotAktVV sind.[17] Auch wenn die Liste nicht das Vorhandensein weiterer allgemein gebräuchlicher Dateiformate präkludiert, ist sie m.E. weitgehend, wenn nicht erschöpfend, und lässt dem Notar ausreichend großen Spielraum bei der Frage, welche Arten von Dateien in die elektronische Nebenakte aufgenommen werden können. 19

Die Tauglichkeit der Dateiformate zur Langzeitarchivierung ist hier kein vordringlich entscheidender Faktor, da die Nebenakten im Regelfall nur für sieben Jahre aufbewahrt werden und darüber hinaus die Möglichkeit der jederzeitigen Überführung der Nebenakte in ein zur Langzeitarchivierung geeignetes Format ohnehin nach Abs. 2 vorgeschrieben ist.[18] 20

D. Überführung in ein Repräsentat (Abs. 2)

Abs. 2 fordert die Möglichkeit, eine elektronisch geführte Nebenakte **jederzeit** in das Dateiformat zu überführen, das für Dokumente in der elektronischen Urkundensammlung vorgeschrieben ist. Gemäß § 35 Abs. 4 S. 1 NotAktVV ist dies eine für die Langzeitarchivierung geeignete Variante des PDF-Formats. Die Bundesnotarkammer hat hierzu gemäß § 35 Abs. 4 S. 2 NotAktVV das Format PDF/A-1b vorgeschrieben,[19] das demnach nicht nur für die Einstellung von Dokumenten in die elektronische Urkundensammlung, sondern auch als Dateiformat für das nach Abs. 2 vorgeschriebene Repräsentat maßgeblich ist. 21

Das Konzept eines solchen Akten-Repräsentats findet sich in vergleichbaren Vorschriften zur elektronischen Aktenführung. Ihnen ist die Herausforderung gemeinsam, dass in verschiedenen Dateiformaten und Datenbankstrukturen vorliegende elektronische Akten auch von anderen als der (ursprünglich) aktenführenden Stelle gelesen oder übernommen werden können müssen. Das Erfordernis eines Repräsentats ist gewissermaßen der Preis dafür, dass der aktenführenden Stelle verschiedene (hier: alle allgemein gebräuchlichen) Dateiformate zur Wahl stehen.[20] 22

Nach dem Sinn und Zweck eines solchen Repräsentats muss dieses ermöglichen, dass bislang an der Aktenführung Unbeteiligte sich den Akteninhalt **problemlos erschließen** können. Das bedeutet: 23

- Das Repräsentat muss grundsätzlich den **gesamten Akteninhalt** wiedergeben. mit Ausnahme der nur für die Datenverarbeitung notwendigen Struktur-, Definitions- und Schemadateien (vgl. Abs. 1).[21]
- In der Regel wird der Akteninhalt **chronologisch**[22] oder **auf eine andere Weise sachbezogen geordnet** wiederzugeben sein.

17 Ebenso Weingärtner/*Frohn*, § 43 NotAktVV Rn 8.
18 BR-Drucks 420/20 (neu), 63.
19 DNotZ 2021, 916.
20 Vgl. RegE BStrafAktFV, 10.
21 RegE BStrafAktFV, 10 f.; Weingärtner/*Frohn*, § 43 NotAktVV Rn 10; Frenz/Miermeister/*Sudhof*, § 43 NotAktVV Rn 14.
22 Weingärtner/*Frohn*, § 43 NotAktVV Rn 10; weitergehend Frenz/Miermeister/*Sudhof*, § 43 NotAktVV Rn 14, der dies offenbar stets für erforderlich hält.

– Das Repräsentat sollte außerdem **druckbar**, **kopierbar** und, soweit technisch möglich, **durchsuchbar** sein, soweit dies nicht ohnehin durch das aufgrund der Verweisung auf die Bekanntmachung nach § 35 Abs. 4 S. 2 NotAktVV vorgeschriebene Dateiformat gegeben ist.
– In der Regel wird das Repräsentat aus einer **einzelnen Datei** bestehen, zumal dies in der Herstellung einfacher und für die Leserin oder den Leser leichter zu erschließen ist. Die **Aufteilung** des Repräsentats **auf mehrere Dateien** ist aber **zulässig**, wenn sich deren Zusammenhang und Struktur wiederum problemlos erschließen lässt.[23]

24 Auf die notarielle Nebenakte bezogen liegt der Zweck dieser Konvertierbarkeit vor allem darin, dass die Aufsichtsbehörde die Nebenakten in einer auf gebräuchlichen Systemen lesbaren Version – unmittelbar als PDF/A-Datei oder als Ausdruck derselben – erhalten kann.[24] Das Erfordernis eines Repräsentats ermöglicht es darüber hinaus nachfolgenden Verwahrstellen, anstelle einer – womöglich unter Kosten-Nutzen-Aspekten für unzweckmäßig gehaltenen – Migration der strukturierten Nebenaktendaten in das eigene elektronische Nebenaktensystem (siehe Rdn 11) sich beim Zugriff auf bereits abgeschlossene Nebenakten der Amtsvorgängerin oder des Amtsvorgängers mit deren Repräsentaten zu begnügen und im Übrigen für die Auswertung der übernommenen Amtsbestände auf etwa ebenfalls übernommene elektronische Hilfsmittel zurückzugreifen.

25 Außerdem bietet das Repräsentat dem Notar eine **einfache Möglichkeit**, den Zustand einer Nebenakte zu einem beliebigen Zeitpunkt – insbesondere **zum Zeitpunkt des Abschlusses des Amtsgeschäfts** – zu **dokumentieren**, um später einen rechtssicheren Nachweis der Einhaltung von Amtspflichten erbringen zu können. Das ist empfehlenswert, aber nicht vorgeschrieben.[25]

26 Das Repräsentat muss **nicht laufend oder regelmäßig erstellt** werden, sondern seine Erstellung muss **lediglich jederzeit möglich** sein.[26] Zu den diesbezüglichen Anforderungen an die Notarsoftware s.u.E.

E. Anforderungen an Notariatssoftware

27 Ohne **geeignete Notarfachsoftware** wird die Umsetzung der Anforderungen der Abs. 1 und 2 dem Notar mangels vertiefter IT-Kenntnisse schon nicht selbst möglich sein, jedenfalls aber wäre dies unzweckmäßig. Besonders die geforderte jederzeitige Exportmöglichkeit des elektronischen Nebenakteninhalts in die nach Abs. 1 vorgeschriebene Datenstruktur dürfte weder mit „Bordmitteln" des Notars noch mit allgemeinen Software-Tools noch mit marktüblicher Dokumentenmanagement-Software technisch machbar sein. Um die Verwendung einer auf die elektronische Aktenführung ausgerichteten Notarfachsoftware wird daher faktisch kein Weg herumführen, wenn der Notar von der Möglichkeit der elektronischen Aktenführung Gebrauch machen will.[27]

28 Gleichzeitig **muss** die verwendete Notarfachsoftware zur **Umsetzung der Anforderungen** des § 43 NotAktVV in der Lage sein, wenn sie zur elektronischen Aktenführung verwendet werden soll.[28] Eine Notarfachsoftware, die die elektronische Aktenführung in ihrem Leistungsumfang anbietet, die Anforderungen des § 43 NotAktVV hingegen nicht erfüllt, wäre mangelhaft und ihre Verwendung zu diesem Zweck unzulässig. Die mit einer solchen Software erstellten oder gespeicherten vermeintlichen „Nebenakteninhalte" hätten allenfalls den Charakter von Hilfsmitteln und stellen keine Nebenakten dar. Das ist auch von den Notarsoftwareanbietern zu berücksichtigen, wenn sie mit dem Leistungsmerkmal „elektronische Aktenführung" werben; eine derartige Werbung wäre irreführend, wenn die Software die Anforderungen des § 43 NotAktVV nicht unterstützt.

29 § 11 Abs. 1 DONot schreibt deshalb vor, dass der Notar sich bei elektronischer Nebenaktenführung **vom Hersteller bescheinigen** lassen muss, dass die Notarfachsoftware die Anforderungen des § 43 NotAktVV erfüllt. Die entsprechenden Empfehlungen[29] haben damit zwingenden Charakter erhalten.

23 Weingärtner/*Frohn*, § 43 NotAktVV Rn 10.
24 BR-Drucks 420/20 (neu), 63.
25 BR-Drucks 420/20 (neu), 63 f.; Weingärtner/*Frohn*, § 43 NotAktVV Rn 12.
26 Weingärtner/*Frohn*, § 43 NotAktVV Rn 11.
27 Ebenso Weingärtner/*Frohn*, § 43 NotAktVV Rn 13; *Siegel/Berthold*, DNotZ 2023, 653.
28 Weingärtner/*Frohn*, § 43 NotAktVV Rn 4; Heinemann/Trautrims/*Strauß*, § 43 NotAktVV Rn 5.
29 BNotK-Rundschreiben 08/2020, 3; Weingärtner/*Frohn*, § 43 NotAktVV Rn 12.

§ 44 Führung in Papierform und elektronische Führung

(1) Werden die Nebenakten zu einzelnen Amtsgeschäften in Papierform und zu anderen Amtsgeschäften elektronisch geführt, so ist durch geeignete Vorkehrungen sicherzustellen, dass die jeweiligen Nebenakten problemlos auffindbar und zugänglich sind.
(2) Wird die Nebenakte zu einem Amtsgeschäft teilweise in Papierform und teilweise elektronisch geführt, so ist durch geeignete Vorkehrungen die Transparenz, die Vollständigkeit und die Verfügbarkeit des Akteninhalts sicherzustellen.

A. Einleitung

1 Die Vorschrift regelt den Fall, dass Nebenakten **teils in Papierform, teils elektronisch** geführt werden. Das ist gemäß § 35 Abs. 2 S. 2 BNotO grundsätzlich zulässig, und zwar sowohl derart, dass der Notar die Nebenakten zu einigen Amtsgeschäften in Papierform, zu anderen Amtsgeschäften elektronisch führt („**gemischte Aktenführung**“, diesen Fall regelt Abs. 1 der Vorschrift), als auch in der Weise, dass die Nebenakte zu einem Amtsgeschäft teilweise in Papierform und teilweise elektronisch führt (sog. „**Hybridakte**“ i.e.S., diesen Fall regelt Abs. 2).

2 Den Anforderungen an Verfügbarkeit und Transparenz (§ 35 Abs. 1 S. 1 BNotO) kann einfacher genügt werden, wenn die Aktenführung einheitlich in Papierform oder einheitlich elektronisch erfolgt.[1] § 44 NotAktVV adressiert die **besonderen** Herausforderungen, die sich bei gemischter Aktenführung oder bei einer Hybridakte ergeben, und setzt damit den Regelungsauftrag des § 36 Abs. 1 S. 2 Nr. 3 BNotO um.[2]

3 Die recht abstrakt formulierte Vorschrift ist für die konkrete Anwendung nur verständlich, wenn man sich den Hintergrund dieser besonderen Herausforderungen bewusst macht:

– Bei der früher gebotenen und noch immer den Regelfall darstellenden einheitlichen Aktenführung in Papierform gibt es in aller Regel auch einen einheitlichen Ablageort, ggf. auch mehrere, aber wenige Ablageorte, z.B. in jedem Mitarbeiterbüro einen Aktenschrank, daneben ein zentrales Aktenarchiv für abgelegte Akten des Notars und ein weiteres Archiv für abgelegte Akten der Amtsvorgängerinnen und Amtsvorgänger in außerhalb angemieteten Lagerräumen. Die Anforderungen an Transparenz und Verfügbarkeit der Aktenführung gebieten es dann, dass sich regelmäßig alle nicht in aktueller, konkreter Bearbeitung befindlichen Nebenakten an diesen dafür gewidmeten Orten befinden und nicht noch anderswo verstreut aufbewahrt werden. Bei einheitlicher Aktenführung in elektronischer Form wird es regelmäßig der Fall (und grundsätzlich unter dem Aspekt der Transparenz und Verfügbarkeit geboten) sein, dass die elektronischen Nebenakten an einem einheitlichen logischen Speicherort auffindbar sind, sei es auf einem bestimmten logischen Laufwerk, in einem bestimmten logischen Verzeichnis, in einer dazu bestimmten Datenbank oder Unterdatenbank der Notarfachsoftware oder im Elektronischen Notariatsaktenspeicher. Die Auffindbarkeit begegnet dann keinen besonderen Schwierigkeiten, weil Dritten klar ist, wo sie suchen müssen. Bei gemischter Aktenführung und Hybridaktenführung ist diese Auffindbarkeit nicht ohne weiteres, insbesondere nicht ohne die Einhaltung der in § 44 NotAktVV genannten Anforderungen, gegeben.
– Das Gesetz erlaubt dem Notar ausdrücklich die Verwendung von Hilfsmitteln zur Aktenführung (§ 35 Abs. 2 S. 2 BNotO, Näheres s. § 40 NotAktVV Rdn 8 ff.), deren Verwendung an sich wie auch ihre Form (in Papierform oder elektronisch) in das freie Ermessen des Notars gestellt ist und die weder den strengen Grundsätzen der Aktenführung noch der diesbezüglichen Kontrolle der Dienstaufsicht un-

1 BT-Drucks 18/10607, 54.
2 Weingärtner/*Frohn*, § 44 NotAktVV Rn 2.

terliegen. Diese für den Notar sehr komfortable Möglichkeit und Freiheit lässt vielfältige Kombinationen zu: Einzelnebenakten in Papierform mit papierförmigen und/oder elektronischen Hilfsmitteln, elektronische Einzelnebenakten mit papierförmigen und/oder elektronischen Hilfsmitteln, Papiersammelakten mit papierförmigen und/oder elektronischen Hilfsmitteln, elektronische Sammelakten mit papierförmigen und/oder elektronischen Hilfsmitteln, hybride Einzelnebenakten mit papierförmigen und/oder elektronischen Hilfsmitteln sowie hybride Sammelakten mit papierförmigen und/oder elektronischen Hilfsmitteln, außerdem Mischungen aus allen diesen Kombinationen. Es muss dabei in jedem Moment objektiv – nämlich im Interesse der Funktionsfähigkeit der Notarstelle für Mitarbeitende, Notarvertretung, folgende Verwahrstellen und die Dienstaufsicht – transparent sein, welche Unterlagen und Daten der Notar zum Inhalt der (rechtsverbindlichen) Nebenakte gewidmet hat und welche bloße Hilfsmittel sind (s. dazu auch schon § 40 NotAktVV Rdn 11 f.; § 43 NotAktVV Rdn 12). Es liegt auf der Hand, dass bei gemischten und hybriden Akten die Gefahr besonders groß ist, dass für einen Außenstehenden diese Unterscheidung nicht gelingt. Die große Freiheit des Notars bei der Verwendung von Hilfsmitteln darf also nicht zu einer Verwässerung der Transparenz der Nebenakte oder gar zu Willkür oder Missbrauch führen. Der Notar soll nicht nach Belieben in jedem Moment neu entscheiden können, welche Unterlage oder Information er gerade zum Hilfsmittel und welche er zum Akteninhalt erklärt, weil es ihm subjektiv gerade besser „in den Kram passt". In diesem Sinne ist die Vorschrift des § 44 NotAktVV anzuwenden, mithin eng auszulegen.

4 Die hybride Aktenführung soll zwar nach der Vorstellung des Gesetzgebers erlaubt, jedoch die **Ausnahme** sein; der Notar ist nur dann zu einer hybriden Aktenführung berechtigt, wenn der Stand der Technik die Einhaltung der Anforderungen des § 35 Abs. 1 BNotO ermöglicht.[3] Das begegnet den oben beschriebenen, im Folgenden konkretisierten und – wie sich zeigen wird – sehr **anspruchsvollen Herausforderungen**.

Damit sie nicht in einem schwer reparablen Durcheinander münden, sind die gemischte und die hybride Aktenführung deshalb **nur informationstechnisch versierten Notaren zu empfehlen**, die sich auf eine effektive Büroorganisation, entsprechend geschultes Personal und eine dazu besonders geeignete (derzeit jedoch noch nicht verfügbare) Notarfachsoftware verlassen können.[4]

B. Gemischte Aktenführung (Abs. 1)

5 Abs. 1 betrifft den Fall, dass der Notar sich bezüglich einiger Nebenakten für die Papierform, bezüglich anderer Nebenakten für die elektronische Form entscheidet.

Es ist in diesem Fall durch geeignete Vorkehrungen sicherzustellen, dass die jeweiligen Nebenakten **problemlos auffindbar und zugänglich** sind. Gefordert ist, dass die Nebenakten zu den Amtsgeschäften gleichwohl – durch einen Dritten (Notarvertretung, folgende Verwahrstelle, Dienstaufsicht) aufgefunden werden können, ohne dass über ein nicht dokumentiertes Wissen verfügt oder ein besonderer Suchaufwand betrieben werden muss.[5] Welche Vorkehrungen der Notar dafür zu treffen hat, muss er für seine konkrete Büroorganisation nach pflichtgemäßem Ermessen entscheiden.[6] Verhältnismäßig einfach umsetzbar könnte sein, dass der Notar durch eine allgemeine Verfügung, die in der Generalakte aufzubewahren wäre, bestimmte Arten von Amtsgeschäften festlegt, für die die Akten stets elektronisch geführt werden, wohingegen für alle anderen Amtsgeschäfte eine papierförmige Führung erfolgt,[7] oder bis zu einem bestimmten Zeitpunkt die papierförmige und ab diesem Zeitpunkt die elektronische Aktenführung. Eine einzelfallbezogene Entscheidung dürfte hingegen sehr **anspruchsvoll** sein, was sich an folgendem Beispiel zeigt: Der Notar führt den Großteil seiner Nebenakten elektronisch in seiner Notarfachsoftware und einen anderen Teil der Nebenakten in Papierform, wobei er jedoch dieselbe Datenbank der Notarfachsoftware als Hilfsmittel zur Aktenführung benutzt. Wie soll nun ein Dritter bei Einblick in die Notarfachsoftware erkennen können, dass zu dem einen Amtsgeschäft die in der Notarfachsoftware gespeicherten Daten die komplette Nebenakte darstellen, bei dem anderen Amtsgeschäft jedoch nur (unvollständige) Hilfsmittel sind und sich außerhalb der Software der vollständige Akteninhalt in Papierform befindet? Wie soll der Dritte umgekehrt, wenn

3 BT-Drucks 18/10607, 54.
4 BeckOK-BeurkG/*Kleba*, § 43 NotAktVV Rn 2; Heinemann/Trautrims/*Strauß*, § 44 NotAktVV Rn 3.
5 BR-Drucks 420–20 (neu), 64.
6 BR-Drucks 420–20 (neu), 64.
7 So *Siegel/Berthold*, DNotZ 2023, 655 f.

er vor dem Schrank mit den Papierakten steht, erkennen können, welche weiteren (nämlich elektronischen) Nebenakten es noch gibt? Hier dürfte dann eine gesonderte Dokumentation erforderlich sein, welche Nebenakten elektronisch und welche in Papierform geführt werden, und zwar so, dass dies auch dem Anwender der Software mitsamt der Unterscheidung zu den Hilfsmitteln sofort ins Auge springt, was kaum praktikabel sein dürfte,[8] jedenfalls aber technisch recht anspruchsvoll.

C. Hybridakten im eigentlichen Sinn (Abs. 2)

Abs. 2 regelt die Anforderungen an Hybridakten im eigentlichen Sinn, nämlich eine einzelne Nebenakte, 6
die teilweise in Papierform und teilweise elektronisch geführt wird.[9]

I. Kumulation der Anforderungen

Es liegt auf der Hand, dass bezüglich des papierförmigen Teils einer Hybridakte die Anforderungen gel- 7
ten, die § 42 NotAktVV an papierförmig geführte Nebenakten stellt, und bezüglich des elektronischen Teils einer Hybridakte die Anforderungen des § 43 NotAktVV (begleitender Strukturdatensatz, Möglichkeit der jederzeitigen Überführung in ein Repräsentat).[10]

II. Besondere Anforderungen an Transparenz, Vollständigkeit und Verfügbarkeit

Dass der Notar bei der Führung von Nebenakten die Transparenz, die Vollständigkeit und die Verfügbar- 8
keit sicherstellen muss, ergibt sich bereits unmittelbar aus § 35 Abs. 1 S. 1 BNotO. Dass der Verordnungsgeber mit Abs. 2 lediglich den Gesetzeswortlaut in anderer Formulierung wiedergeben wollte, liegt fern; der Regelungsgehalt der Vorschrift liegt vielmehr in der Bedeutung des Begriffs „geeignete Vorkehrungen", der auf die vorstehend (Rdn 3) beschriebenen Risiken abzielt, nämlich das einer Hybridakte immanente Risiko, dass bei Vorliegen nur des papierförmigen oder nur des elektronischen Aktenteils Informationen über den jeweils anderen Aktenteil fehlen[11] und sich der gewidmete Inhalt der Hybridakte nicht hinreichend von den zu ihrer Führung verwendeten Hilfsmitteln unterscheidet (siehe Rdn 5).

Es müssen also über die allgemeinen Anforderungen an Transparenz, Integrität und Verfügbarkeit hinaus 9
(zur Bedeutung dieser Begriffe im Rahmen der Nebenaktenführung siehe § 40 NotAktVV Rdn 24 ff.) bei Hybridakten **besondere Vorkehrungen** getroffen werden, die Folgendes sicherstellen:

- **Transparenz** bedeutet bei einer Hybridakte zusätzlich, dass die Aktenteile so strukturiert sein müssen, dass der Charakter als Hybridakte so erkennbar ist, dass sich aus jedem Teil die gesamte Akte, also auch der jeweils andere Teil, problemlos erschließen lässt, und dass sich der gewidmete Akteninhalt von bloßen Hilfsmitteln erkennbar unterscheidet.[12]
- **Vollständigkeit** bedeutet bei einer Hybridakte zusätzlich, dass der jeweils andere Aktenteil nicht übersehen werden darf.[13]
- **Verfügbarkeit** bedeutet bei einer Hybridakte zusätzlich, dass auf jeden Aktenteil jederzeit tatsächlich und unmittelbar zugegriffen werden kann.[14]

Transparenz, Vollständigkeit und Verfügbarkeit bedingen sich bei Hybridakten also gewissermaßen ge- 10
genseitig:

- Jeder Teil der Hybridakte muss **jederzeit tatsächlich und unmittelbar vollständig und erkennbar verfügbar** sein. Dazu wird in der Regel von dem elektronischen auf den papierförmigen Teil und um-

8 Heinemann/Trautrims/*Strauß*, § 44 NotAktVV Rn 2 schlägt z.B. vor, die Form der Aktenführung im Urkundenverzeichnis zu vermerken. Das wäre nicht nur in der Handhabung umständlich, sondern schon deshalb nicht umsetzbar, weil die Nebenakte in aller Regel deutlich vor der Beurkundung und der Eintragung im Urkundenverzeichnis anzulegen sein wird. Auch ein Gesamtverzeichnis dürfte unpraktisch sein, da hier für jeden papierförmigen wie elektronischen Posteingang jedes Mal das Verzeichnis eingesehen werden müsste, bevor entschieden werden kann, wohin der Posteingang zu verakten ist.

9 Weingärtner/*Frohn*, § 44 NotAktVV Rn 4.

10 Weingärtner/*Frohn*, § 44 NotAktVV Rn 6.

11 BR-Drucks 420–20 (neu), 64.

12 Weingärtner/*Frohn*, § 44 NotAktVV Rn 5–7; zum Kriterium der Verfügbarkeit vgl. auch die Verhaltensregeln der Bundesnotarkammer gemäß § 6 NotAktVV (Datenschutzrechtliche Verhaltensregeln), S. 19 ff.

13 Weingärtner/*Frohn*, § 44 NotAktVV Rn 5.

14 Weingärtner/*Frohn*, § 44 NotAktVV Rn 5.

gekehrt zu **verweisen** sein.[15] Bei einer hauptsächlich in Papierform geführten Nebenakte, bei der lediglich ein Teil der Dokumente elektronisch vorgehalten werden (etwa weil sie dem Notar nur elektronisch übermittelt wurden und ein Ausdrucken aufgrund ihres Umfangs oder Formats nicht zweckmäßig erscheint), muss in der Papierakte transparent (d.h. an passender Stelle und deutlich erkennbar) vermerkt sein, dass es weitere, elektronische Aktenbestandteile gibt und wo und wie diese auffindbar sind. Die elektronischen Aktenbestandteile müssen dann nicht nur entsprechend den Regelungen des § 43 NotAktVV abgelegt sein, sondern ihre Zugehörigkeit zu der Papierakte muss klar nachvollziehbar sein; das dürfte sich jedoch mittels der ohnehin gemäß § 43 Abs. 1 NotAktVV erforderlichen begleitenden Strukturdaten problemlos bewerkstelligen lassen.

– Es muss – gerade bei der gegenseitigen Verweisung auf den jeweils anderen Aktenteil – **jederzeit nachvollziehbar** sein, **welche Informationen Aktenbestandteil sind** und bei welchen Unterlagen oder elektronischen Daten es sich **lediglich um Hilfsmittel** handelt. Insbesondere darf der erforderliche Verweis aus dem in Papierform geführten Aktenteil auf den elektronischen geführten Teil nur die zum Akteninhalt bestimmten elektronischen Aktenbestandteile und nicht etwa elektronische Hilfsmittel erfassen, die davon klar abgegrenzt sein müssen.[16]

D. Anwendung auf Sammelakten

11 Auch die Führung von Sammelnebenakten als Hybridakten ist **nicht ausgeschlossen**,[17] jedenfalls nicht, wenn man dem hier vertretenen weiten Verständnis des Begriffs „Sammelakte“ folgt (s. § 40 NotAktVV Rdn 20 f.). Nach seinem Wortlaut regelt Abs. 2 zwar die hybride Führung einer Nebenakte „zu einem Amtsgeschäft“ und erfasst damit gerade keine Sammelakten. Der Wortlaut des § 35 Abs. 2 S. 1 BNotO schließt dies ebenso wenig aus wie die Gesetzesbegründung, so dass es für den Verordnungsgeber angezeigt gewesen wäre, die Führung von Sammelakten als Hybridakten ausdrücklich auszuschließen, wenn er dies beabsichtigt hätte. Weder der Wortlaut noch die Systematik noch der Sinn und Zweck der Regelungen der NotAktVV zur Aktenführung gebieten eine solche Auslegung. Da § 45 Abs. 3 S. 2 NotAktVV – dem Gedanken des § 41 Abs. 3 S. 1 und 2 NotAktVV folgend – anordnet, dass die Nebenakten für Wechsel- und Scheckproteste, die zwingend als Sammelakte zu führen sind, für ein Kalenderjahr nur einheitlich in einer Form geführt werden können, muss man im Umkehrschluss vielmehr annehmen, dass Sammelakten grundsätzlich als Hybridakten geführt werden können, da die Vorschrift sonst keinen Sinn ergäbe. Dass Abs. 2 nur von „einer Nebenakte zu einem Amtsgeschäft“ spricht, dürfte eher ein redaktionelles Versehen und auf die notwendige sprachliche Abgrenzung des Anwendungsbereichs des Abs. 2 (Hybridakte i.e.S.) vom Anwendungsbereich des Abs. 1 (gemischte Aktenführung) zurückzuführen sein.

12 Nach ihrem Sinn und Zweck sind deshalb sowohl Abs. 1 als auch Abs. 2 **auf Sammelakten entsprechend anzuwenden**:

– Bei Vorhandensein mehrerer (in sich abgeschlossener) Sammelakten, von denen die eine in Papierform und die andere in elektronischer Form geführt wird, gilt Abs. 1 entsprechend. Das könnte z.B. der Fall sein, wenn der Notar eine separate Sammelakte für von ihm beglaubigte WEG-Verwalterprotokolle in elektronischer Form und daneben eine laufende Sammelakte für „allgemeine geringfügige“ Amtsgeschäfte nach Jahrgängen in Papierform führt.

– Wird eine einzelne Sammelakte (z.B. die Sammelakte, in der der Notar alle isolierten Grundbucheinsichten dokumentiert, oder die Sammelakte, in der ein Grundstückskaufvertrag und die dazugehörige Finanzierungsgrundschuld zusammengefasst werden, oder die Sammelakte, in der alle gesellschaftsrechtlichen Amtsgeschäfte die X GmbH betreffend zusammengefasst werden) als Hybridakte geführt, gilt für sie Abs. 2 entsprechend.

15 Weingärtner/*Frohn*, § 44 NotAktVV Rn 6.

16 Ähnlich Heinemann/Trautrims/*Strauß*, § 44 NotAktVV Rn 3.

17 Frenz/Miermeister/*Ellefret*, § 44 NotAktVV Rn 11; a.A. Weingärtner/*Frohn*, § 44 NotAktVV Rn 8; *Siegel/Berthold*, DNotZ 2023, 655.

E. Wechsel einer Nebenakte von der Papierform in die elektronische Form und umgekehrt

Aus der Systematik der §§ 40–44 NotAktVV folgt auch, dass es **zulässig** ist, eine Nebenakte grundsätzlich **jederzeit** von der Papierform in die elektronische Form und umgekehrt (oder sogar von der Papierform oder elektronischen Form in eine hybride Nebenakte und umgekehrt) **zu überführen**. Auch eine solche Entscheidung ist von dem offenen Wortlaut und dem Sinn und Zweck des § 35 Abs. 2 S. 1 BNotO gedeckt, solange nur zu jeder Zeit die – durch die §§ 41–44 NotAktVV konkretisierten – Anforderungen des § 35 Abs. 1 S. 1 BNotO an Verfügbarkeit, Integrität, Transparenz und Vertraulichkeit eingehalten sind. Das Erfordernis der Transparenz schließt bereits denklogisch einen willkürlichen und missbräuchlichen Wechsel der Form durch den Notar aus, der auf Verschleierung abzielen oder sonst zu einer nicht nachvollziehbaren Aktenstruktur – und damit dem Gegenteil von Transparenz – führen würde. 13

Insbesondere ist es also ohne Weiteres zulässig, **nach Abschluss eines Amtsgeschäfts** eine in Papierform geführte Nebenakte in die elektronische Form zu überführen. Hieran sind **keine höheren Anforderungen** zu stellen, als wenn die Nebenakte von vornherein in elektronischer Form geführt worden wäre. Folglich zählt allein, ob ein den Anforderungen des § 43 Abs. 1 NotAktVV genügender Strukturdatensatz vorhanden ist, und ob die Voraussetzungen des § 43 Abs. 2 NotAktVV erfüllt sind.[18] Dabei hat der Verordnungsgeber mit der Regelung des Repräsentats in § 43 Abs. 2 NotAktVV zu erkennen gegeben, dass er es für ausreichend hält, wenn eine Nebenakte – ggf. auch von vornherein und dauerhaft – in dem dort vorgesehenen „Repräsentats"-Format vorliegt. Denn selbst bei Übernahme einer noch laufenden Nebenakte durch eine neue Verwahrstelle würde es ausreichen, wenn der neuen Verwahrstelle die Nebenakte in dem in § 43 Abs. 2 NotAktVV vorgesehenen Format zusammen mit dem Strukturdatensatz zur weiteren Führung übergeben würde. Dies muss also erst recht gelten, wenn der Notar eine abgeschlossene Nebenakte in dieses Format überführt. 14

Auch § 56 Abs. 1 BeurkG ist hier nicht einschlägig; er gilt nur für die Übertragung papierförmiger Urschriften notarieller Urkunden in die elektronische Fassung der Urschrift, die in der elektronischen Urkundensammlung zu verwahren ist.

Es reicht also jedenfalls nach Abschluss eines Amtsgeschäfts insbesondere aus, wenn ein Strukturdatensatz vorhanden ist, der sich auf die von der Bundesnotarkammer festgelegte logische Mindeststruktur beschränkt, und wenn dazu die in der papierförmigen Nebenakte enthaltenen Dokumente in der bestehenden Reihenfolge insgesamt zu einem einzigen Dokument in das in § 43 Abs. 2 NotAktVV vorgesehene Format eingescannt werden (vgl. § 43 NotAktVV Rdn 17).

Dem steht auch nicht ein Rückschluss aus § 41 Abs. 3 S. 4 NotAktVV entgegen: Diese Regelung ist allein vor dem Hintergrund des § 41 Abs. 3 S. 1 NotAktVV zu sehen, der bestimmt, dass alle Nebenakten zu *laufenden* Verwahrungsgeschäften einheitlich in Papierform oder elektronisch zu führen sind, also die gemischte Aktenführung und die hybride Aktenführung i.e.S. ausschließt (zur Unterscheidung siehe Rdn 1). Das soll die einfache Überprüfbarkeit durch die Notarvertretung, für folgende Verwahrstellen und für die Aufsichtsbehörde gewährleisten (siehe § 41 NotAktVV Rdn 6). Dieses Bedürfnis besteht bei abgeschlossenen Verwahrungsgeschäften nicht mehr, so dass § 41 Abs. 3 S. 4 NotAktVV eine Ausnahme vom Verbot der gemischten Aktenführung bei Verwahrungsnebenakten begründet. Für sonstige Nebenakten sehen die §§ 42 ff. NotAktVV aber gerade kein solches Verbot vor, sondern § 44 NotAktVV erlaubt ausdrücklich die gemischte und hybride Aktenführung, so dass mangels Vergleichbarkeit kein Raum für eine analoge Anwendung des § 41 Abs. 3 S. 1 NotAktVV besteht. 15

18 Siehe zu den Anforderungen an den Strukturdatensatz und die „Granularität" und sonstige Struktur der in der Nebenakte enthaltenen Dokumente näher § 43 NotAktVV Rdn 16 f.

§ 45 Sammelakte

(1) Beglaubigte Abschriften von Protesturkunden, die bei der Aufnahme von Wechsel- oder Scheckprotesten zurückbehalten wurden, und Vermerke, die über den Inhalt des Wechsels, der Wechselabschrift oder des Schecks aufgenommen wurden (Artikel 85 Absatz 2 Satz 2 und 3 des Wechselgesetzes, Artikel 55 Absatz 3 des Scheckgesetzes), sind in einer Sammelakte zu vereinigen.
(2) [1]Die beglaubigten Abschriften der Protesturkunden und die Vermerke sind möglichst auf dasselbe Blatt zu setzen und nach der Reihenfolge ihrer Erstellung zu ordnen. [2]Die beglaubigten Abschriften der Protesturkunden sind mit fortlaufenden Nummern zu versehen.
(3) [1]Anstelle der in Absatz 1 bezeichneten Abschriften und Vermerke können auch elektronisch beglaubigte Abschriften in dem Dateiformat aufbewahrt werden, das für Dokumente in der elektronischen Urkundensammlung vorgeschrieben ist. [2]Die Aufbewahrung muss für die in einem Kalenderjahr angefallenen Urkunden einheitlich in Papierform oder in elektronischer Form erfolgen.

A. Einleitung

1 Abs. 1 und 2 der Norm entsprechen § 21 DONot-a.F.[1] Abs. 3 ermöglicht schließlich neben der papiergebundenen auch die elektronische Aktenführung.[2]

Die Zuständigkeit des Notars für Protesturkunden ergibt sich für Wechsel aus Art. 79 Abs. 1 WechselG, für Schecks aus Art. 55 Abs. 3 ScheckG i.V.m. Art. 79 Abs. 1 WechselG sowie § 20 Abs. 1 BNotO.

B. Verfahren mit Protesturkunden (Abs. 1 und Abs. 2)

2 Der Notar hat eine beglaubigte Abschrift von der Protesturkunde herzustellen. Diese besteht aus dem Protest und dem damit verbundenen Wechsel oder Scheck. Die Verbindung kann dergestalt sein, dass der Protest auf dem Wechsel/Scheck steht (Art. 81 Abs. 1 WechselG), oder dergestalt, dass Protest und Wechsel/Scheck auf unterschiedlichen Blättern stehen und mit Siegel verbunden sind (Art. 81 Abs. 3 WechselG).

Was in die Protesturkunde aufzunehmen ist, bestimmt sich nach Art. 80 WechselG und Art. 55 ScheckG. Zudem ist ein Vermerk anzufertigen, dessen Inhalt sich nach Art. 85 Abs. 2 WechselG (ggf. durch Verweis in Art. 55 Abs. 3 ScheckG) richtet. Beide Dokumente sind in der Sammelakte aufzubewahren und dabei gemäß Abs. 2 S. 2 fortlaufen zu nummerieren.

C. Elektronische Sammelakte (Abs. 3)

3 Die elektronische Aufbewahrung der Protesturkunden und Vermerke ist nicht zusätzlich, sondern alternativ zur Papieraufbewahrung vorgesehen. Wird die elektronische Form gewählt, so ist das Dateiformat dasselbe wie in der elektronischen Urkundensammlung. Nach § 34 Abs. 2 NotAktVV bedarf es also mindestens der Form der elektronisch beglaubigten Abschrift.[3]

1 BR-Drucksache 420/20 (neu), S. 64.
2 BeckOK-BNotO/*Sauer*, § 45 NotAktVV Rn 1.
3 BR-Drucksache 420/20 (neu), S. 65.

Innerhalb eines Kalenderjahres darf die Aufbewahrungsform (elektronisch oder papiernen) nicht gewechselt werden, um die Auffindbarkeit zu gewährleisten.[4] Diese Begründung überzeugt nicht vollends, da § 44 Abs. 2 NotAktVV ausdrücklich eine hybride Führung der Nebenakte zu einem Amtsgeschäft vorsieht, soweit Transparenz, Vollständigkeit und Verfügbarkeit des Akteninhalts durch geeignete Vorkehrungen gewährleistet sind.[5] Auch § 35 Abs. 2 BNotO erlaubt grundsätzlich eine Aktenführung in elektronischer oder papierner Form, vgl. § 35 Abs. 1 S. 1 BNotO.

4 BR-Drucksache 420/20 (neu), S. 65.

5 BeckOK-BNotO/*Sauer*, § 45 NotAktVV Rn 9.

Abschnitt 8: Generalakte

§ 46 Generalakte

(1) [1]Für Vorgänge, die die Amtsführung im Allgemeinen betreffen, ist eine Generalakte zu führen. [2]Sie enthält insbesondere

1. **Schriftverkehr mit den Aufsichtsbehörden, insbesondere zu Nebentätigkeiten, Verhinderungsfällen und Vertretungsbestellungen,**
2. **Berichte über die Prüfung der Amtsführung und den dazugehörigen Schriftverkehr,**
3. **Schriftverkehr mit der Notarkammer sowie der Notarkasse und der Ländernotarkasse,**
4. **Unterlagen über die Einhaltung der datenschutzrechtlichen Vorgaben,**
5. **Unterlagen über die Einhaltung der geldwäscherechtlichen Vorgaben,**
6. **Originale oder Kopien der Unterlagen über die Berufshaftpflichtversicherung einschließlich des Versicherungsscheins und der Belege über die Prämienzahlung, soweit nicht eine Gruppenberufshaftpflichtversicherung nach § 113 Absatz 3 Nummer 3 der Bundesnotarordnung besteht,**
7. **Niederschriften über Verpflichtungen nach § 26 der Bundesnotarordnung,**
8. **Verträge im Sinne des § 26a Absatz 3 der Bundesnotarordnung und Nachweise über Verpflichtungen im Sinne des § 26a Absatz 6 Satz 1 der Bundesnotarordnung,**
9. **Anzeigen nach § 27 der Bundesnotarordnung,**
10. **Prüfzeugnisse, Bescheinigungen und vergleichbare Erklärungen,**
11. **mit einer Zertifizierung verbundene Schriftstücke und**
12. **generelle Bestimmungen über die Verlängerung der Aufbewahrungsfrist von Nebenakten.**

(2) Die Generalakte ist entweder nach Sachgebieten geordnet zu gliedern oder mit fortlaufenden Seitenzahlen und einem Inhaltsverzeichnis zu versehen.

A. Einleitung

1 Die Vorschrift trat am 29.10.2020 in Kraft und ersetzt § 23 DONot-a.F.[1] Sie betrifft die Verwahrung von nicht auf bestimmte Amtsgeschäfte, sondern auf das Amt des Notars allgemein bezogenen Unterlagen.[2] Diese hat insbesondere für die Geschäftsprüfung Bedeutung.[3] Im Unterschied zu § 23 DONot-a.F. wurden die Unterlagen zur Geldwäscheprävention (Nr. 5) hinzugefügt, die insbesondere die allgemeine Risikoanalyse und die im Anschluss daran getroffenen Maßnahmen beinhalten. Weiterhin ergänzt werden die Unterlagen, die bei der Inanspruchnahme von Dienstleistungen nach § 26a BNotO in der Generalakte aufzubewahren sind (Nr. 8).[4]

B. Inhalt der Generalakte (Abs. 1)

2 **Zwingend** zu verwahren sind alle in den Regelbeispielen des Abs. 1 S. 2 angesprochenen Dokumentationen, die zum Nachweis der Erfüllung einer Amtspflicht geeignet sind.[5] Die Verwahrung nicht genannter Dokumente, die zum Nachweis der Erfüllung einer Amtspflicht geeignet sind, steht im Ermessen des Notars.[6] Dieses ist auf null reduziert bezüglich Genehmigungen, Anzeigen und Dokumentationen, zu denen

1 BR-Drucksache 420/20 (neu), S. 65.
2 BeckOK-BNotO/*Sauer*, § 46 NotAktVV Rn 3.
3 Weingärtner/*Ulrich*, § 46 NotAktVV Rn 6.
4 BR-Drucksache 420/20 (neu), S. 65.
5 BeckOK-BNotO/*Bracker*, § 23 DONot Rn 5; Weingärtner/*Ulrich*, § 46 NotAktVV Rn 8.
6 Armbrüster/Preuß/Renner/*Eickelberg*, 8. Aufl., DONot § 23 Rn 2; Weingärtner/*Ulrich*, § 46 NotAktVV Rn 8.

er nach der BNotO verpflichtet ist.[7] Grundsätzlich sollen nur bedeutsame Angelegenheiten in die Generalakte aufgenommen werden, damit diese nicht überfrachtet wird.[8]

Nr. 1 bis 3: Die ersten drei Nummern entsprechen den ersten drei Spiegelstrichen aus § 23 S. 2 DONot -a.F. Dabei ist zu beachten, dass **Veröffentlichungen** und **Rundschreiben** von Kammern und Kassen nicht von der Nr. 3 erfasst werden.[9] Aufgrund deren Häufigkeit und Umfang ist eine Aufbewahrung in der Generalakte nicht sinnvoll. Es empfiehlt sich die Veröffentlichungen und Rundschreiben von Kammern und Kassen – meist gehen diese sowieso nur noch digital ein – an einem zentralen Ort auf dem Server des Notariats und für alle Mitarbeiter zugänglich abzulegen. 3

Unter die Nr. 1 sind 2 sind auch alle erforderlichen Genehmigungen zu fassen: **Nebentätigkeit** (§ 8 BNotO), **gemeinsame Berufsausübung** (§ 9 BNotO), **Sprechtage** (§ 10 BNotO), **Urkundstätigkeit außerhalb des Amtsbereiches** (§ 10a BNotO), **Urkundstätigkeit außerhalb des Amtsbezirks** (§ 11 BNotO), Entscheidungen über die **Pflicht zur Verschwiegenheit** (§ 18 BNotO), Beschäftigung **juristischer Mitarbeiter** (§ 25 BNotO), **Abwesenheit vom Amtssitz** für mehr als einen Monat (§ 38 S. 2 BNotO), Übernahme der **Geschäftsräume eines anderen Notars** (§ 53 BNotO).

Sollte die Generalakte für jeden Mitarbeiter zugänglich aufbewahrt werden, dürfte es sich anbieten den den Notar betreffenden Schriftverkehr zu **Disziplinarvorgängen** getrennt aufzubewahren.[10]

Nr. 4: Aufgrund der zum Teil recht umfangreichen Unterlagen zum **Datenschutz** empfiehlt sich hier insbesondere die gesonderte Verwahrung als Sachgebiet im Sinne von Abs. 2.[11] 4

Nr. 5: In den letzten Jahren wurden die **geldwäscherechtlichen Verpflichtungen** der Notare ausgeweitet und erheblich verschärft. Die Bundesnotarkammer stellt den Notaren hierzu im Notarnetz umfangreiche Materialien[12] zur Verfügung. Zur Generalakte gehört auf jeden Fall die jährlich zu aktualisierende allgemeine Risikoanalyse. Ferner gehören die Dokumentation über die Unterweisung der Mitarbeiter, spezifische Fortbildungen und der internen Sicherungsmaßnahmen zur Geldwäscheprävention.[13] Als nicht praktikabel dürfte es sich erweisen, jede Verdachtsmeldung auch in die Generalakte zu überführen. Die jeweilige Verdachtsmeldung sollte vielmehr in der jeweiligen Fallakte verarbeitet werden.[14] 5

Nr. 6: Für Notare im Tätigkeitsbereich der Notarkassen (§ 113 BNotO) besteht eine **Berufshaftpflichtversicherung**, die von den Notarkassen abgeschlossen wird. Nur über den Versicherungsschutz der Kassen hinausgehende Anschlussversicherungen müssen in der Generalakte aufbewahrt werden.[15] 6

Nr. 8: Neben den Verpflichtungsniederschriften verlangt Nr. 8 auch die Aufnahme der vertraglichen Verschwiegenheitsverpflichtung externer Dienstleister nach § 26a Abs. 3 BNotO zur Generalakte. Es dürfte aber die Aufnahme einer Kopie der entsprechenden Vertragsbestimmungen genügen, damit die zum Teil umfangreichen Verträge selbst andernorts verwahrt werden können.[16] 7

Nr. 9: Die Anzeigepflichten bei der Verbindung zur gemeinsamen Berufsausübung werden wie auch in der DONot in einer gesonderten Nummer erfasst, obwohl diese sich auch unter Nr. 1 und 2 des § 46 Abs. 1 S. 2 NotAktVV subsumieren lassen würden. 8

Nr. 10: Zu den **Prüfzeugnissen**, **Bescheinigungen** und vergleichbare Erklärungen gehören insbesondere das **Prüfzeugnis der Papiertechnischen Stiftung Heidenau** (§ 12 Abs. 1 Nr. 5 DONot), die **Software-Herstellerbescheinigungen** (§ 11 DONot), die **Hersteller-/Vertreiberbescheinigung** (§ 13 DONot). 9

7 BeckOK-BNotO/*Bracker*, § 23 DONot Rn 5 mit Beispielen.
8 Armbrüster/Preuß/Renner/*Eickelberg*, 8. Aufl., DONot § 23 Rn 2; Weingärtner/*Ulrich*, § 46 NotAktVV Rn 8.
9 BeckOK-BNotO/*Bracker*, § 23 DONot Rn 4; Armbrüster/Preuß/Renner/*Eickelberg*, 8. Aufl. DONot § 23, Rn 9; Weingärtner/*Ulrich*, § 46 NotAktVV Rn 9.
10 Armbrüster/Preuß/Renner/*Eickelberg*, 8. Aufl., DONot, § 23 Rn 4; BeckOK-BNotO/*Bracker*, § 23 DONot Rn 2; Weingärtner/*Ulrich*, § 46 NotAktVV Rn 10.
11 Zum Umfang der geldwäscherechtlichen Vorgaben siehe auch Armbrüster/Preuß/Renner/*Piegsa*, BeurkG, 8. Aufl., § 10 Rn 17 ff.
12 Abrufbar unter: https://www.bnotk.de/intern/geldwaeschebekaempfung (abgerufen am 9.2.2026).
13 Armbrüster/Preuß/Renner/*Eickelberg*, 8. Aufl., DONot § 23 Rn 14; Weingärtner/*Ulrich*, § 46 NotAktVV Rn 14.
14 So aber wohl Armbrüster/Preuß/Renner/*Eickelberg*, 8. Aufl., DONot § 23 Rn 13.
15 BeckOK-BNotO/*Bracker*, § 23 DONot Rn 6.
16 BeckOK-BNotO/*Bracker*, § 23 DONot Rn 6.

10 **Nr. 11:** Darunter fallen insbesondere die Zertifizierungsunterlagen der elektronischen Signatur.[17] Der wesentliche Schriftwechsel mit der Zertifizierungsstelle ist zu den Generalakten zu nehmen. Davon ausgenommen sind freilich die zur Verwendung der Signaturkarte erforderliche Codes, welche dem persönlichen Wissen des Notars vorbehalten sind (§ 33 Abs. 4 BNotO sowie § 5 Abs. 3 bis 5 NotAktVV).[18]

11 **Nr. 12:** Die genannten generellen Bestimmungen beziehen sich insbesondere auf § 52 Abs. 2 und Abs. 3 NotAktVV. Diese Erklärungen werden für eine Vielzahl von künftigen Fällen getroffen bzw. abgegeben, sodass sie nicht bei den Nebenakten zu den einzelnen Amtsgeschäften verwahrt werden können. Ihre Auffindbarkeit und damit die Nachvollziehbarkeit amtspflichtgerechten Verhaltens wird durch die Aufbewahrung bei den Generalakten gewährleistet.[19]

12 **Optional** könnten auch Miet- und Arbeitsverträge, Buchhaltungs- und Steuerunterlagen in der Generalakte verwahrt werden.[20] Da diese aber nicht der Kontrolle durch die Aufsichtsbehörden unterliegen, empfiehlt es sich diese alleine schon zur Wahrung der Übersichtlichkeit gesondert zu verwahren.

Dagegen dürfte es sich empfehlen auch die **Fortbildungsnachweise** (§ 14 Abs. 6 BNotO) in der Generalakte gesammelt aufzunehmen.[21]

13 **Keinesfalls in der Generalakte verwahrt** werden dürfen die Signaturkarte oder deren PIN (siehe vorstehend Nr. 11). Ein Anwaltsnotar darf Dokumente, die die Anwaltstätigkeit betreffen, ebenfalls nicht zur Generalakte nehmen.[22]

C. Form der Generalakte (Abs. 2)

14 Abs. 2 sieht zwei mögliche Formen der Führung der Generalakte vor:
In der ersten Variante wird die Generalakte nach Sachgebieten und die Dokumente innerhalb des Sachgebiets chronologisch geordnet. Für die Wahl dieser Führungsform spricht, dass dann keine Gefahr besteht, ein kurzes Dokument zwischen umfangreichen Unterlagen zu anderen Themen zu übersehen.[23] Auch bei Dienstprüfungen dürfte diese wohl übersichtlichere Form begrüßt werden. Für die Ordnung der Sachgebiete kann die Gliederung des Abs. 1 unmittelbar verwendet werden. Innerhalb der jeweiligen Nummern des Abs. 1 bietet es sich wiederum an, Untergliederungen zu bilden. Bspw. sollten die Notarvertreter-Bestellungen zusammenhängend und chronologisch hintereinander verwahrt werden, um jederzeit eine übersichtliche Prüfung und Kontrolle zu gewährleisten.

In der zweiten Variante werden die Dokumente ohne Sachgebietsgliederung chronologisch aufbewahrt und dazu ein Inhaltsverzeichnis erstellt.

§ 47 Elektronische Führung

(1) Soll die Generalakte teilweise in Papierform und teilweise elektronisch geführt werden, so ist die jeweilige Form auf ganze Jahrgänge, ganze Sachgebiete oder ganze Jahrgänge ganzer Sachgebiete zu erstrecken.
(2) Im Übrigen gilt für die elektronische Führung der Generalakte § 43 entsprechend.

17 Armbrüster/Preuß/Renner/*Eickelberg*, 8. Aufl., DONot § 23 Rn 6.
18 BeckOK-BNotO/*Bracker*, § 23 DONot Rn 7.
19 BeckOK-BNotO/*Bracker*, § 23 DONot Rn 6.
20 Weingärtner/*Ulrich*, § 46 NotAktVV Rn 21; Armbrüster/Preuß/Renner/*Eickelberg*, 8. Aufl., DONot § 23 Rn 9.
21 BeckOK-BNotO/*Bracker*, § 23 DONot Rn 8.
22 Armbrüster/Preuß/Renner/*Eickelberg*, 8. Aufl., DONot § 23 Rn 2.
23 Weingärtner/*Ulrich*, § 46 NotAktVV Rn 2; BR-Drucksache 420/20 (neu), S. 65.

A. Einleitung

1 Zukünftig dürften die in der Generalakte aufzubewahrenden Dokumente vermehrt originär schon **in der elektronischen Form** vorliegen. Der Gesetzgeber erlaubt daher gemäß § 35 Abs 2 S. 1 BNotO die Führung der Akten in elektronischer sowie hybrider Form. Die Vorschrift verfolgt den Zweck, dass die Generalakte auch bei elektronischer oder hybrider Führung leicht verfügbar und übersichtlich ist.[1]

B. Hybride Führung (Abs. 1)

2 Die Generalakte kann **hybrid**, d.h. teils in Papierform, teils elektronisch geführt werden. Die Aufbewahrungsform muss jedoch einheitlich sein: entweder für den Jahrgang, das Sachgebiet oder den Jahrgang eines Sachgebiets. Die Sachgebiete können dabei, müssen aber nicht nach den Kategorien des § 46 Abs. 1 NotAktVV gebildet werden; ebenso können neue Sachgebiete gebildet werden, wenn die Dokumente darin „in einem diesen Kategorien vergleichbaren Sachzusammenhang stehen."[2] Dieses Verlangen nach Einheitlichkeit dient der Verfügbarkeit und Übersichtlichkeit der verwahrten Dokumente[3] sowie der geordneten Dienstaufsicht.[4]

3 Innerhalb von Sachgebieten ist ein Wechsel zwischen papiergebundener und elektronischer Aktenführung (oder auch umgekehrt) zulässig, allerdings immer nur zum Beginn eines neuen Jahrgangs.[5]

C. Regelungen zur elektronischen Führung (Abs. 2)

4 Abs. 2 verweist auf § 43 NotAktVV und dessen **Vorgaben zu Dateiformat** und Ordnung der Akten.[6] Die Bundesnotarkammer hat aus diesem Grund die „Generalakte-Datensatz-Bekanntmachung 2023"[7] erlassen.

1 BR-Drucksache 420/20 (neu), S. 65.
2 Weingärtner/*Frohn*, § 47 NotAktVV Rn 3.
3 BR-Drucksache 420/20 (neu), S. 65.
4 Weingärtner/*Frohn*, § 47 NotAktVV Rn 2.
5 Weingärtner/*Frohn*, § 47 NotAktVV Rn 3.
6 BR-Drucksache 420/20 (neu), S. 65.
7 DNotZ 2023, S. 881.

§ 48 Hilfsmittel

[1]Hilfsmittel dürfen so lange wie die dazugehörigen Unterlagen aufbewahrt werden. [2]Für die Übergabe elektronisch geführter Hilfsmittel gilt § 4 Absatz 2 entsprechend.

A. Einleitung

1 Die Vorschrift regelt die Frist zur Aufbewahrung der zur Aktenführung verwendeten Hilfsmittel sowie die Übergabe elektronischer Hilfsmittel. Zum Begriff der Hilfsmittel siehe § 40 NotAktVV Rdn 8 ff.

Bis zur Einfügung des § 35 Abs. 2 S. 3 BNotO und zum Inkrafttreten der NotAktVV enthielten weder das Gesetz noch die DONot a.F. eine Regelung zur Aufbewahrungsfrist von Hilfsmitteln oder zu ihrer Übergabe an nachfolgende Verwahrstellen. Einzelheiten hierzu waren in der Literatur umstritten bzw. nur in den aufgrund der Empfehlungen der Bundesnotarkammer erlassenen Richtlinien der Notarkammern geregelt. Die nunmehr klare Regelung im bzw. aufgrund eines Gesetzes ist deshalb zu begrüßen.

B. Aufbewahrungsfrist (S. 1)

2 § 5 Abs. 4 DONot a.F. regelte lediglich die Aufbewahrungsfrist und eine Vernichtungspflicht für die Bücher und Verzeichnisse des Notars, jedoch – zumindest nicht ausdrücklich – nicht für die zu ihrer Führung verwendeten Hilfsmittel. In der Literatur war zur früheren Rechtslage umstritten,[1] ob und inwieweit eine Aufbewahrungsfrist und eine Vernichtungspflicht für Hilfsmittel galt. Dies stellt nunmehr S. 1 klar.

3 Da keine Verpflichtung zur Verwendung von Hilfsmitteln besteht, wird auch keine Aufbewahrungspflicht wie für die obligatorisch zu führenden Akten und Verzeichnisse (vgl. §§ 50–53 NotAktVV) angeordnet, sondern S. 1 **beschränkt** sich darauf, die **Zulässigkeit der Aufbewahrung von Hilfsmitteln** und deren **Dauer** zu regeln.[2]

4 Die Zulässigkeit der Verwendung von Hilfsmitteln an sich ist bereits in § 35 Abs. 2 S. 2 BNotO geregelt; damit besteht auch datenschutzrechtlich eine entsprechende Ermächtigungsgrundlage.[3] Der Gesetzgeber hat jedoch die Regelung der Aufbewahrungsfristen zu Hilfsmitteln dem Verordnungsgeber im Rahmen der Verordnungsermächtigung nach § 36 Abs. 1 S. 2 Nr. 2 BNotO überlassen und dabei auch Vorgaben zu deren Dauer gemacht, dahingehend, dass Hilfsmittel spätestens mit der unterstützten Akte vernichtet werden sollten.[4]

5 Diese Vorgabe setzt die Verordnung mit S. 1 um, indem sie eine entsprechende **Akzessorietät** anordnet: Ein Hilfsmittel ist demnach dann zu vernichten, wenn nach den Regelungen des 11. Abschnitts auch die Akte bzw. das Verzeichnis zu vernichten ist, deren bzw. dessen Führung das Hilfsmittel dient. Die Regelung erstreckt sich auf papierförmige ebenso wie auf elektronische Hilfsmittel. So sind beispielsweise Daten in der Notarsoftware, die ausschließlich der Führung einer Nebenakte dienen (z.B. eine elektronisch gespeicherte E-Mail[5]), mit dieser nach Ablauf der gemäß § 50 Abs. 1 Nr. 7, Abs. 2 Nr. 4 i.V.m. § 52 NotAktVV zu bestimmenden Frist zu vernichten. Daten in der Notarsoftware, die der Führung des Urkundenverzeichnisses und damit auch der Erschließung der elektronischen Urkundensammlung dienen (und

1 Zur Aufbewahrungsfrist bzw. Vernichtungspflicht siehe Armbrüster/Preuß/Renner/*Eickelberg*, 8. Aufl., § 5 DONot Rn 29 m.w.N; Frenz/Miermeister/*Rabiya*, § 48 NotAktVV Rn 4.
2 Heinemann/Trautrims/*Strauß*, § 48 NotAktVV Rn 1; BeckOK-BeurkG/*Kleba*, § 48 NotAktVV Rn 2; Weingärtner/*Löffler*, § 48 NotAktVV Rn 6.
3 BT-Drucks 18/10607, 54; zur Datensicherheit vgl. *Danninger/Walch*, DNotZ 2022, 413.
4 BT-Drucks 18/10607, 54.
5 Siehe näher Weingärtner/*Löffler*, § 48 NotAktVV Fn 2.

das sind die allermeisten Beteiligtendaten sowie deren Verknüpfung mit den Vorgängen), sind hingegen erst nach 100 Jahren zu vernichten (§ 48 S. 1 i.V.m. § 50 Abs. 1 Nr. 1 und 5 NotAktVV). Dient ein Hilfsmittel unterschiedlichen Akten und Verzeichnissen, ist die längste Aufbewahrungsfrist maßgeblich.

C. Übergabe elektronischer Hilfsmittel (S. 2)

Fast alle Notariate sind heute zur Führung ihrer Akten und Verzeichnisse in großem Umfang auf bestimmte elektronische Hilfsmittel angewiesen, insbesondere auf die in einer Notariatsfachsoftware gespeicherten Daten.[6] Die Neuschaffung dieses Hilfsmittel-Datenbestandes oder seine Rückgewinnung aus dem elektronischen Urkundenverzeichnis, der elektronischen Urkundensammlung und den papierförmigen Nebenakten wäre mit erheblichem Aufwand verbunden, wenn nicht praktisch unmöglich. Die elektronischen Hilfsmittel haben deshalb nicht bloß einen erheblichen wirtschaftlichen Wert, sondern ihre Übernahme ermöglicht in aller Regel erst eine nahtlose und geordnete Fortführung der Amtstätigkeit durch die nachfolgende Verwahrstelle und dient daher dem öffentlichen Interesse an einer funktionsfähigen vorsorgenden Rechtspflege.[7] 6

Eine gesetzliche Regelung zur Übergabe der Hilfsmittel – gleich welcher Form – bei Übergang der Verwahrzuständigkeit gab es dennoch lange Zeit nicht. Zwar sah und sieht auch weiterhin Abschnitt XI Ziffer 3.2 der Richtlinienempfehlungen der Bundesnotarkammer eine Verpflichtung vor, dem nachfolgenden Notariatsverwalter oder Notar die kostenlose Übernahme der elektronischen Hilfsmittel zu ermöglichen. Diese Richtlinienempfehlung haben jedoch nicht alle Notarkammern umgesetzt, und die rechtliche Qualität der Richtlinien bleibt hinter der einer gesetzlichen Anordnung zurück. Es ist deshalb zu begrüßen, dass § 35 Abs. 2 S. 3 BNotO nunmehr[8] ausdrücklich eine Verpflichtung zur Übergabe von Hilfsmitteln – gleich in welcher Form sie geführt werden – vorsieht und damit die Regelung des § 51a BNotO zur Übergabe der Amtsbestände bei Wechsel der Verwahrzuständigkeit ergänzt.[9] 7

Soweit es die Übergabe elektronischer Hilfsmittel betrifft, regelt S. 2 Einzelheiten. Dies ist auch von der Verordnungsermächtigung des § 36 Abs. 1 S. 2 Nr. 3 BNotO gedeckt, da diese ausdrücklich eine Regelung „über die Amtszeit des Notars hinaus" gebietet.[10] Es ist fraglich, ob für Abschnitt XI Ziffer 3.2 der Richtlinienempfehlungen der Bundesnotarkammer dennoch weiter Raum bleibt. Ihr Regelungsgehalt dürfte sich nach Einfügung des § 35 Abs. 2 S. 3 BNotO allenfalls darin erschöpfen, dass die Überlassung kostenlos bzw. unentgeltlich zu erfolgen hat. Allerdings dürfte sich auch die Unentgeltlichkeit der Überlassung bzw. Zugangseinräumung ebenso wie der Umstand, dass der überlassende Notar nicht die Kosten einer etwa notwendigen Konvertierung der Daten zu tragen hat, nunmehr schon direkt aus § 35 Abs. 2 S. 3 BNotO und § 48 S. 2 i.V.m. § 4 Abs. 2 NotAktVV ergeben.[11]

Die Regelung des S. 2 erschöpft sich in einer Verweisung auf § 4 Abs. 2 NotAktVV. Dadurch wird die **Verpflichtung** begründet, **elektronische Hilfsmittel** an die nachfolgende Verwahrstelle auf einem **allgemein gebräuchlichen Datenträger zu übergeben**.[12] Zu den Einzelheiten siehe die Erläuterungen zu § 4 Abs. 2 NotAktVV. Angesichts der – unter bestimmten Voraussetzungen zulässigen (siehe dazu näher § 40 NotAktVV Rdn 13) – Nutzung von Hilfsmitteln in der Cloud stellt sich die Frage, wie die Verpflichtung praktisch umgesetzt werden kann bei cloud-basierten Hilfsmitteln, deren technische Beschaffenheit die Speicherung auf einem übergabefähigen Datenträger ausschließt. Dies kann beispielsweise cloud-basierte Webanwendungen zur formular- oder KI-gestützten Erfassung und Übermittlung von Aufträgen und vorgangsbezogenen Daten zwischen Beteiligten und dem Notarbüro betreffen. Hierzu verhalten sich auch die Cloud-Rundschreiben der Bundesnotarkammer (siehe dazu § 40 NotAktVV Rdn 13) nicht. Ist die Speicherung von Hilfsmitteln in der Cloud zulässig, die Speicherung auf einem übergabefähigen Datenträger aber technisch ausgeschlossen, wird man § 48 S. 2 NotAktVV insoweit einschränkend dahingehend auslegen müssen, dass der nachfolgenden Verwahrstelle die Zugangsdaten zu dem cloud-basier- 8

6 *Püls/Gerlach*, § 6 Rn 25; Weingärtner/*Löffler*, § 48 NotAktVV Rn 7.
7 Weingärtner/*Löffler*, § 48 NotAktVV Rn 7.
8 Seit 1.1.2022; eingefügt durch das Gesetz zur Modernisierung des notariellen Berufsrechts und zur Änderung weiterer Vorschriften vom 25.6.2021 (BGBl I 2021, 2154).
9 Frenz/Miermeister/*Rabiya*, § 48 NotAktVV Rn 6.
10 Weingärtner/*Löffler*, § 48 NotAktVV Rn 3; Frenz/Miermeister/*Rabiya*, § 48 NotAktVV Rn 7.
11 Vgl. zu § 51a BeckOK-BNotO/*Frisch*, § 51a BNotO Rn 2f.
12 Weingärtner/*Löffler*, § 48 NotAktVV Rn 7; Frenz/Miermeister/*Rabiya*, § 48 NotAktVV Rn 2.

ten Hilfsmittel (ggf. mit einer entsprechenden Anleitung) analog § 4 Abs. 2 S. 1 NotAktVV auf einem allgemein gebräuchlichen Datenträger zu übergeben sind oder analog § 4 Abs. 2 S. 2 NotAktVV die bisher zuständige Stelle an der Einräumung des Zugangs für die künftig zuständige Stelle mitzuwirken hat.

9 Da keine Verpflichtung zur Verwendung von Hilfsmitteln besteht, sind nur **die Daten** zu überlassen, **die auch vorhanden sind**,[13] wobei es nicht zulässig ist, den Bestand der elektronischen Hilfsmittel anlässlich des bevorstehenden Übergangs der Verwahrzuständigkeit außerhalb des gewöhnlichen Geschäftsgangs zu verändern, insbesondere Hilfsmittel, die man zuvor genutzt hat, vor dem Übergang ohne sachlichen Grund zu löschen und sich so der Übergabeverpflichtung zu entziehen. Da § 4 Abs. 1 NotAktVV für Hilfsmittel gerade nicht gilt, sind die Nutzdaten in dem Format zu übergeben, in dem der ausscheidende Notar sie geführt hat. Die zur Datenverarbeitung eingesetzte Hard- und Software zählt nicht zu den Hilfsmitteln und ist von der Regelung nicht erfasst.[14] Die Übergabe der Hilfsmittel ersetzt nicht die Übergabe der Akten und Verzeichnisse.[15]

10 Die **Verweisung** beschränkt sich nicht auf § 4 Abs. 2 S. 1 NotAktVV, sondern **erfasst § 4 Abs. 2 NotAktVV insgesamt**.[16] Soweit also das Elektronische Urkundenarchiv und der Elektronische Notariatsaktenspeicher die technische Möglichkeit bieten, über den obligatorischen Inhalt des Urkundenverzeichnisses, des Verwahrungsverzeichnisses, der elektronischen Urkundensammlung und der im Elektronischen Notariatsaktenspeicher geführten Nebenakten hinaus weitere Angaben zu speichern, die als Hilfsmittel zu qualifizieren sind (diese Möglichkeiten sehen § 54 Abs. 1 S. 2 bzw. § 54 Abs. 2 Nr. 3 NotAktVV vor), besteht entsprechend § 4 Abs. 2 S. 2 NotAktVV auch insoweit eine Verpflichtung der bisher zuständigen Stelle zur Mitwirkung an der Zugangseinräumung für die künftig zuständige Stelle.[17]

§ 49 Ersatzaufzeichnungen

(1) Ist ein Zugriff auf das Elektronische Urkundenarchiv oder auf andere für die elektronische Verzeichnisführung verwendete Systeme nicht möglich, so sind die für diese Systeme bestimmten Aufzeichnungen ersatzweise in Papierform oder in elektronischer Form vorzunehmen.
(2) Sobald ein Zugriff auf das Elektronische Urkundenarchiv oder auf andere für die elektronische Verzeichnisführung verwendete Systeme wieder möglich ist, sind die ersatzweise vorgenommenen Aufzeichnungen unverzüglich nachzutragen und anschließend zu vernichten oder zu löschen.

A. Einleitung, Normzweck

1 Die Vorschrift regelt den Fall, dass dem Notar ein Zugriff auf das Elektronische Urkundenarchiv oder andere Systeme, die für die elektronische Führung der Akten und Verzeichnisse verwendet werden, aufgrund einer technischen Störung nicht möglich ist.

2 § 18 S. 1 NotAktVV bestimmt, dass der Notar Eintragungen in das Urkundenverzeichnis „zeitnah, spätestens 14 Tage nach der Beurkundung oder sonstigen Amtshandlung" vornehmen soll. Sofern jedoch technische Probleme dies verhindern, sind die Eintragungen unverzüglich – also ohne schuldhaftes Zögern (§ 121 Abs. 1 S. 1 BGB) – nach Behebung der technischen Probleme vorzunehmen (§ 18 S. 2

13 Weingärtner/*Löffler*, § 48 NotAktVV Rn 3.
14 Siehe aber XI. Ziffer 3.1 der Richtlinienempfehlungen der Bundesnotarkammer. Wie hier Weingärtner/*Löffler*, § 48 NotAktVV Rn 8.
15 Weingärtner/*Löffler*, § 48 NotAktVV Rn 8; Frenz/Miermeister/*Rabiya*, § 48 NotAktVV Rn 8.
16 Wie hier Frenz/Miermeister/*Rabiya*, § 48 NotAktVV Rn 9; von einer Verweisung nur auf Satz 1 scheint Weingärtner/*Löffler*, § 48 NotAktVV Rn 7 auszugehen. Es war zwar im Verordnungsentwurf zunächst die Verweisung nur auf Satz 1 vorgesehen. Auf Beschlussempfehlung des Rechtsausschusses des Bundesrates wurde die Verweisung allerdings aus den hier genannten Erwägungen bewusst auf Satz 2 erstreckt; siehe BR-Drucks 420/1/20, 4.
17 Frenz/Miermeister/*Rabiya*, § 48 NotAktVV Rn 9.

NotAktVV). Auch die Eintragungen in das Verwahrungsverzeichnis sind unverzüglich vorzunehmen (§ 25 Abs. 2 S. 1 NotAktVV), ebenso wie die Einstellung der Dokumente, die in der elektronischen Urkundensammlung zu verwahren sind (§ 35 Abs. 1 und 2 NotAktVV). Da sich nach den genannten Vorschriften die Eintragungs- bzw. Einstellungsfristen bei technischen Störungen ohnehin um den Zeitraum der Störung verlängern, kann Zweck des § 49 NotAktVV also nicht sein, die Pflicht des Notars zur fristgemäßen Eintragung bzw. Einstellung der Aufzeichnungen im Fall einer technischen Störung zu suspendieren oder sonst zu regeln. Die Vorschrift schreibt vielmehr eine Ersatzaufzeichnung vor, die **sicherstellen** soll, dass der jeweilige **Zweck der normalerweise elektronisch geführten Akten oder Verzeichnisse trotz der technischen Störung erfüllt werden kann**, solange die Störung andauert.[1]

B. Tatbestand

Der Zugriff auf ein System zur Führung elektronischer Akten oder Verzeichnisse muss unmöglich sein. 3

Auch wenn der Wortlaut der Vorschrift sich nur auf die Verzeichnisführung bezieht, erfasst sie auch Systeme zur Führung von Akten.[2] Es dürfte sich bei der Einschränkung des Wortlauts um ein redaktionelles Versehen handeln. Der Verordnungsgeber ist jedenfalls von einer Erstreckung der Vorschrift auf die **Akten- und Verzeichnisführung**, d.h. auf alle elektronischen Aufzeichnungen (§ 4 Abs. 1 S. 1 NotAktVV) ausgegangen.[3] Das erscheint auch nach dem vorstehend geschilderten Sinn und Zweck der Vorschrift geboten. Es gibt nach § 1 NotAktVV nur zwei Verzeichnisse, nämlich das Urkundenverzeichnis und das Verwahrungsverzeichnis. Es wäre widersinnig, wenn die Regelung sich auf Störungen des Zugriffs auf das Urkundenverzeichnis beschränken, aber die ebenfalls im Elektronischen Urkundenarchiv geführte, aber zu den Akten im Sinne des § 2 NotAktVV zählende elektronische Urkundensammlung ausklammern würde. Neben diesen zwingend elektronisch geführten Verzeichnissen und Akten gibt es weitere Akten, die zwar zwingend zu führen sind, aber nicht zwingend in elektronischer Form, nämlich die Nebenakten (vgl. § 43 NotAktVV), die Sammelakte für Wechsel- und Scheckproteste (vgl. § 45 Abs. 3 NotAktVV) und die Generalakte (vgl. § 47 NotAktVV). Auch der Zweck der Führung dieser Akten gebietet es in gleicher Weise wie bei den Verzeichnissen, dass dann, wenn sie elektronisch geführt werden, Regelungen für den Fall einer technischen Störung existieren. 4

Die Anknüpfung an den „**Zugriff**" schließt also sowohl Störungen der Systeme selbst auch der Übermittlungswege zu diesen Systemen[4] ein. Erfasst sind also auch Störungen des Internetzugangs, des Notarnetzes, der Registerbox, von XNP oder auch der lokalen IT-Infrastruktur des Notars. Es kommt auch nicht darauf an, ob es sich um eine allgemeine Störung (zentral bei der Bundesnotarkammer oder beim Netzbetreiber) oder eine individuelle Störung (bezogen auf das einzelne Notariat) handelt.[5] Insoweit kommt es nicht darauf an, wo und in wessen Verantwortung die Ursache der Störung liegt.[6] 5

Die „**Unmöglichkeit**" des Zugriffs ist allerdings nicht in einem rein objektiven (aber auch nicht in einem rein subjektiven) Sinn zu verstehen:[7] Selbstverständlich muss der Notar grundsätzlich die Hardware und Software und die Kommunikationszugänge vorhalten, die nach dem Stand der Technik und den ggf. von der Bundesnotarkammer für ihre Systeme genannten Voraussetzungen erforderlich sind, um Zugriff auf die Systeme zu erhalten. Dazu gehört auch die Einhaltung der gemäß § 6 NotAktVV für die Verfügbarkeit der Datenverarbeitung geforderten technisch-organisatorischen Maßnahmen. Probleme, die der Notar und seine Beschäftigten ohne Weiteres „mit Bordmitteln", also mit den durchschnittlich zu erwartenden Anwenderkenntnissen oder kurzfristig durch angemessene Inanspruchnahme eines etwa ohnehin vorhandenen IT-Dienstleisters oder IT-Administrators beheben können, begründen also ebenso wenig eine „Unmöglichkeit des Zugriffs" aus wie bloße Anwendungsfehler des Notars oder seiner Beschäftigten, die sich 6

1 Heinemann/Trautrims/*Strauß*, § 49 NotAktVV Rn 2; Frenz/Miermeister/*Rabiya*, § 49 NotAktVV Rn 3.
2 Frenz/Miermeister/*Rabiya*, § 49 NotAktVV Rn 4; BeckOK-BeurkG/*Kleba*, § 49 NotAktVV Rn 1; a.A. wohl Weingärtner/*Löffler*, § 49 NotAktVV Rn 3, der jedoch im Ergebnis dann auch die Anwendbarkeit des § 49 auf Systeme wie den Elektronischen Notariatsaktenspeicher oder lokal zur Datenspeicherung genutzte Systeme erstrecken will, die nicht der (zwingend im Elektronischen Urkundenarchiv stattfindenden) Verzeichnisführung, sondern nur der Aktenführung dienen können.
3 BR-Drucks 420/20 (neu), 66.
4 BR-Drucks 420/20 (neu), 66.
5 Weingärtner/*Löffler*, § 49 NotAktVV Rn 1; Frenz/Miermeister/*Rabiya*, § 49 NotAktVV Rn 5.
6 Weingärtner/*Löffler*, § 49 NotAktVV Rn 3; Frenz/Miermeister/*Rabiya*, § 49 NotAktVV Rn 5.
7 Frenz/Miermeister/*Rabiya*, § 49 NotAktVV Rn 6 f.

durch Blick in die Anwendungsdokumentation oder eine Rückfrage beim Support einfach beseitigen ließen. Insoweit hängt die Frage, was „unmöglich" im Sinne der Vorschrift ist, also durchaus davon ab, welches System gestört ist, wer die Möglichkeit zur Behebung der Störung hat und welchen zeitlichen und materiellen Aufwand die Feststellung der Ursache und die Behebung (voraussichtlich) erfordern. Es geht gleichwohl bei der Regelung nicht um eine Haftungszuweisung, sondern allein darum, die Erfüllung der im öffentlichen Interesse liegenden Zwecke der Akten- und Verzeichnisführung sicherzustellen (s.o. Rdn 2). Dafür ist es letztlich unbeachtlich, ob der Notar zu verschulden hat, dass der Zugriff nicht möglich ist. Hat der Notar es im Vorfeld pflichtwidrig unterlassen, für eine funktionierende Zugriffsmöglichkeit zu sorgen, soll er sich nach dem Willen des Verordnungsgebers jedenfalls nicht einfach damit exkulpieren können, die Führung der Akten und Verzeichnisse sei ihm unmöglich, und sich so aus der Pflicht zur Akten- und Verzeichnisführung befreien, sondern er wird durch § 49 NotAktVV auf eine Ersatzaufzeichnung verwiesen. Solange der Notar die Wiederherstellung des Zugriffs nicht bewirken kann oder (pflichtwidrig) nicht bewirken will, dauert die Pflicht zur Ersatzaufzeichnung an. An dieser Stelle besteht demnach eine Wechselwirkung des § 49 NotAktVV mit dem Tatbestandsmerkmal des „schuldhaften Zögerns" im Rahmen der Pflicht zur unverzüglichen Eintragung bzw. Einstellung nach den §§ 18 S. 2, 25 Abs. 2 S. 1 und § 35 Abs. 1 und 2 NotAktVV.

7 Die Unmöglichkeit des Zugriffs muss demnach auf einer nicht in angemessener Zeit und mit angemessenem Aufwand durch den Notar zu beseitigenden **technischen Störung** beruhen, also einer Fehlfunktion von Hardware oder Software, die zu einer unerwünschten Veränderung oder einem unerwünschten Abbruch der planmäßigen Abläufe führt.

8 Aus dem oben (Rdn 2) beschriebenen Sinn und Zweck der Vorschrift folgt allerdings (auch ohne, dass dies ausdrücklich geregelt ist), dass **nicht jede Störung** des Zugriffs dazu verpflichtet, Ersatzaufzeichnungen zu führen. Dauert die Störung (voraussichtlich) **nur für einen unwesentlichen Zeitraum** an, ist der Zugriff nicht „unmöglich" im Sinne der Regelung. Die Wesentlichkeit des Störungszeitraums misst sich an der Funktion des jeweiligen Verzeichnisses bzw. der jeweiligen Akte.[8] Eine Störung ist also jedenfalls unwesentlich, wenn sie nicht länger dauert als die Zeit, in der nach der Wertung des Gesetz- bzw. Verordnungsgebers die Eintragung in das Verzeichnis bzw. die Akte regelmäßig vorgenommen werden soll.[9] Für das Urkundenverzeichnis soll eine Eintragung, wenn nicht technische Probleme dies verhindern, spätestens nach 14 Tagen erfolgen (§ 18 NotAktVV). Eine Störung des Zugriffs auf das Urkundenverzeichnis, die nicht länger als 14 Tage dauert, wird also noch nicht dazu zwingen, ein Ersatzverzeichnis nach § 49 NotAktVV zu führen. Bei einer elektronisch geführten Nebenakte zu einem laufenden Vorgang kann die Frist hingegen – je nach den Umständen des Einzelfalls und in Abhängigkeit von den Zugriffsmöglichkeiten auf eine Datensicherungskopie – auch kürzer sein, da ihre Funktion nicht gewahrt wäre, wenn während der Störungszeit Dokumente, Anfragen o.ä. eingehen, die ein kurzfristiges Handeln des Notars erforderlich machen. Bei einer elektronisch geführten Generalakte wiederum, die in erster Linie den Zwecken der Geschäftsprüfung dient, die in aller Regel mit längerer Frist vorangekündigt wird, kann es gerechtfertigt sein, auch bei einer länger als 14 Tage andauernden Störung auf eine Ersatzaufzeichnung zu verzichten. Bei der Beurteilung der Frage, wann die konkrete Störung länger als nur unwesentlich andauert, hat der Notar also einen **Ermessensspielraum.**[10] Jedenfalls wird es nur sehr selten Störungen geben, die derartig lange andauern, dass der Zweck der Akten- und Verzeichnisführung nicht ohne eine Ersatzaufzeichnung erfüllt werden kann. Der praktische Anwendungsbereich des § 49 NotAktVV wird folglich gering sein.

C. Rechtsfolgen

I. Ersatzaufzeichnung (Abs. 1)

9 Liegen die Voraussetzungen des Abs. 1 vor, ist als **vorläufiger Ersatz** für die dem Zugriff entzogenen Akten bzw. Verzeichnisse eine **anderweitige Aufzeichnung** zu führen. Diese kann auf Papier oder elek-

8 BeckOK-BeurkG/*Kleba*, § 49 NotAktVV Rn 2.
9 Frenz/Miermeister/*Rabiya*, § 49 NotAktVV Rn 8.
10 BeckOK-BeurkG/*Kleba*, § 49 NotAktVV Rn 2; Frenz/Miermeister/*Rabiya*, § 49 NotAktVV Rn 8. Vgl. auch BR-Drucks 420/20 (neu), 66: „… und dauert [die Störung] so lange, dass die Notarin oder der Notar die Aufzeichnungen nicht mehr weiter aufschieben **kann oder möchte**, …".

tronisch geführt werden.[11] Auch Daten, die bislang als Hilfsmittel dienten, können als anderweitige Aufzeichnung gewidmet werden (z.B. wenn die Notarsoftware – wie üblich – eine Funktion zur Vorbereitung und zum Export der Eintragungen in das Urkundenverzeichnis bietet. Diese als Hilfsmittel zu qualifizierenden Daten könnten ggf. für die Zeit der Störung als Ersatzaufzeichnung dienen, wenn die Software die Voraussetzungen der §§ 4 und 5 NotAktVV und des § 35 Abs. 1 und 4 BNotO erfüllt. Ansonsten würde man sie ausdrucken können und den Ausdruck als Ersatzaufzeichnung verwenden). Allerdings sind für elektronische Ersatzaufzeichnungen stets die allgemeinen Regelungen der §§ 4 und 5 NotAktVV sowie des § 35 Abs. 1 und 4 BNotO zu beachten.[12]

II. Verfahren nach Behebung der Störung (Abs. 2)

Ist der Zugriff wieder möglich, müssen die Aufzeichnungen im eigentlich vorgesehenen System zeitnah **nachgetragen** werden, so dass dieses wieder vollständig ist und im Sinne der Einheitlichkeit und Übersichtlichkeit keine doppelte Akten- und Verzeichnisführung entsteht.[13] Die Ersatzaufzeichnungen sind zu **vernichten** bzw. zu löschen, es sei denn, es handelt sich nach Umwidmung (wieder) um zulässige Hilfsmittel zur Führung der eigentlich vorgesehenen Aufzeichnungen (s.o. Rdr. 9).[14] 10

11 BR-Drucks 420/20 (neu), 66.

12 Weingärtner/*Löffler*, § 49 NotAktVV Rn 5; Frenz/Miermeister/*Rabiya*, § 49 NotAktVV Rn 10.

13 BR-Drucks 420/20 (neu), 66; Heinemann/Trautrims/*Strauß*, § 49 NotAktVV Rn 3; Frenz/Miermeister/*Rabiya*, § 49 NotAktVV Rn 11.

14 Frenz/Miermeister/*Rabiya*, § 49 NotAktVV Rn 11; BeckOK-BeurkG/*Kleba*, § 49 NotAktVV Rn 2.

Abschnitt 10: Aufbewahrungsfristen

§ 50 Aufbewahrungsfristen

(1) Für Unterlagen, die ab dem 1. Januar 2022 erstellt werden, gelten folgende Aufbewahrungsfristen:

1. für Eintragungen im Urkundenverzeichnis 100 Jahre,
2. für Eintragungen im Verwahrungsverzeichnis 30 Jahre,
3. für die in der Urkundensammlung verwahrten Dokumente 30 Jahre,
4. für die in der Erbvertragssammlung verwahrten Dokumente 100 Jahre,
5. für die in der elektronischen Urkundensammlung verwahrten Dokumente 100 Jahre,
6. für die in der Sondersammlung verwahrten Dokumente 100 Jahre,
7. für die in der Nebenakte verwahrten Dokumente 7 Jahre,
8. für die in der Sammelakte für Wechsel- und Scheckproteste verwahrten Dokumente 7 Jahre und
9. für die in der Generalakte verwahrten Dokumente 30 Jahre.

Satz 1 Nummer 3 bis 6 ist auf vom 1. Januar bis zum 30. Juni 2022 erstellte Unterlagen nicht anzuwenden.

(2) Die Aufbewahrungsfristen beginnen:

1. für Eintragungen im Urkundenverzeichnis mit dem Kalenderjahr, das auf die Eintragung folgt,
2. für Eintragungen im Verwahrungsverzeichnis mit dem Kalenderjahr, das auf den Abschluss des Verwahrungsgeschäfts folgt,
3. für Dokumente, die in der Urkundensammlung, der Erbvertragssammlung, der elektronischen Urkundensammlung, der Sondersammlung oder der Sammelakte für Wechsel- und Scheckproteste verwahrt werden, mit dem Kalenderjahr, das auf die Beurkundung oder die sonstige Amtshandlung folgt,
4. für die in der Nebenakte verwahrten Dokumente mit dem Kalenderjahr, das auf den Abschluss des Amtsgeschäfts folgt, zu dem die Nebenakte geführt wurde, und
5. für die in der Generalakte verwahrten Dokumente mit dem Kalenderjahr, das auf das Erlöschen des Amtes des Notars oder die Verlegung seines Amtssitzes in einen anderen Amtsgerichtsbezirk folgt.

A. Einleitung

I. Normhistorie, Regelungsziel

Die Festlegung der **Aufbewahrungsfristen** ist gleich in mehrerlei Hinsicht bedeutsam. Zum einen war die Dauer der Aufbewahrung der Papierakten seinerzeit der Hauptauslöser für die Initiative zur Umstellung auf eine elektronische Verwahrung der notariellen Urkunden.[1] Zum anderen ist die Begrenzung der Fristen – wie auch schon in der DONot a.F. – Ausdruck der Bedeutung der notariellen Akten und insbesondere der notariellen Urkunden; anders als bei vielen steuerliche Unterlagen etc. sind hier die Aufbewahrungsfristen deutlich länger und werden auch im Bereich der fakultativen Mindestverwahrungsfristen (wie etwa für Nebenakten gemäß Abs. 1 Nr. 7) in der Regel verlängert. Andererseits sind die gesetzten Obergrenzen auch für die **Beachtung der datenschutzrechtlich gebotenen Vernichtung** bedeutsam. Nach Ablauf der Aufbewahrungsfrist ist der Notar grundsätzlich verpflichtet, die Unterlagen, soweit sie papiergebundenen sind, zu vernichten bzw. elektronisch geführte Unterlagen zu löschen, § 35 Abs. 6 Hs. 1 BNotO. 1

Stets zu beachten ist allerdings, dass aufgrund des Amtscharakters des Notariats **Verfügbarkeit und Präsenz, der vom Notar rechtmäßig erhobenen Daten Vorrang vor einer unreflektierten Vernichtung** hat. Anders ausgedrückt: das beim Notar vorausgesetzte und erwartbare hohe Datenschutzniveau stützt sich auf das Vertrauen der Bürger, Rechtsuchenden sowie der vorsorgenden Rechtspflege insgesamt auf die Datensicherheit und mithin Verfügbarkeit, auch über längere Zeiträume hinweg. Am Beispiel des Grundbuches und der dort gespeicherten Daten und verfügbaren Akten, die ebenfalls wichtigen Bestandteiles der ordentlichen (vorsorgenden) Rechtspflege sind, wurde dies besonders in den Jahren nach der Wiedervereinigung deutlich. 2

Bezüglich der Gründe für die jeweilige Fristdauer bzw. Ausgestaltung wird auf die amtliche Begründung verwiesen, die sehr ausführlich ist und hier im Wortlaut identisch wiedergegeben wird. In der amtlichen Begründung heißt es dazu:

„Die Nr. 3 bis 9 knüpfen als Gegenstand der Verwahrung – ähnlich wie die Nr. 1 und 2 – nicht mehr an die jeweilige Sammlung oder Akte an, sondern an die in diesen jeweils verwahrten Dokumente. Da der überwiegende Teil dieser Sammlungen und Akten fortlaufend elektronisch geführt wird, erschiene eine auf einer jahrgangsbezogenen Betrachtungsweise beruhende Anknüpfung an die physische Akte oder Sammlung unpassend. Stattdessen ist es regelungstechnisch präziser, an die einzelnen Dokumente anzuknüpfen und den Gleichlauf der Frist für alle Dokumente eines Jahrgangs über einen einheitlichen Fristbeginn herzustellen. Soweit die in den Nr. 3 bis 9 genannten Dokumente nicht in elektronischer Form geführt werden, führt diese Regelungssystematik ebenfalls zu dem gewünschten Ergebnis.“[2]

Bereits an dieser Stelle sei auf die Sonderregelungen in § 52 NotAktVV, § 35 Abs. 6 S. 3 NotAktVV sowie in § 53 NotAktVV hingewiesen, die zeitliche Verschiebungen/Durchbrechungen des Fristengerüstes ermöglichen bzw. vorsehen.

1 Vgl. dazu *Püls/Gerlach*, § 1 NotAktVV Rn 2.

2 BR-Drucks 420/20 S. 67 ff. bzw. *Püls/Gerlach*, Teil B, § 50 NotAktVV mit entsprechender Verlinkung zur Begründung.

II. Regelungsursprung DONot a.F.

3 Bislang waren die Aufbewahrungsfristen für notarielle Unterlagen in § 5 Abs. 4 DONot a.F. geregelt. Mit der Umstellung auf die elektronische Registerführung zum 1.1.2022 wurde die Normierung in der NotAktVV unter Vornahme einzelner Anpassungen erforderlich.

III. Bezug zu anderen Normen

4 Mit Blick auf **unterschiedliche Aktenbestände** (papiergebundenen oder elektronisch) innerhalb eines Notariats, bedingt durch die stichtagsbezogene Einführung der elektronischen Registerführung (zum 1.1.2022, aber auch der elektronischen Urkundensammlung zum 1.7.2022) gelten auch unterschiedliche Fristen bzw. Normen bezüglich der Aufbewahrung von Altbeständen, vgl. § 51 NotAktVV.

§ 35 Abs. 6 BNotO enthält die Regelungen für das Verfahren nach Ablauf der jeweiligen Aufbewahrungsfrist. Insbesondere § 35 Abs. 6 S. 3 BNotO ermöglicht es der verwahrenden Stelle, im Einzelfall eine weitere Verwahrung für jede Art der zu verwahrenden Unterlagen anzuordnen.

§ 51a Abs. 3 BNotO enthält weitere Regelungen bezüglich der Vernichtungspflicht durch den Notar vor Ablieferung seiner Unterlagen (gleichviel ob papiergebundenen oder elektronischen) bei Amtsaufgabe oder Amtssitzverlegung (§ 51 BNotO) und sieht auch Kostentragungsregelungen vor.

B. Fristen

I. Vorbemerkung

1. Sinn der Fristen

5 Wie oben unter Rdn 1 ausgeführt, haben die Fristen unterschiedliche Wirkungsweisen im Ordnungsgefüge des Notariats. Sie stellen zum einen sicher, dass die Verfügbarkeit[3] der entsprechenden Unterlagen bzw. Dateien für eine bestimmte Zeit gewährleistet ist, sie verpflichten den Notar andererseits auch, nach Ablauf der Fristen die entsprechenden Dokumente unter Beachtung des Datenschutzes zu vernichten bzw. Daten zu löschen. Um beiden Zwecken zu genügen wird der **jahrgangsbezogene Ansatz** gewählt. Alles andere wäre – so zurecht die amtliche Begründung[4] – nicht leistbar. Der Ablauf der jeweiligen Aufbewahrungsfrist muss somit nur einmal jährlich überprüft werden.[5]

2. Ausgenommene Daten/Dokumente

6 Folgende Sonderbestimmungen nehmen a priori die dort genannten Unterlagen vom Regelungskreis des § 50 NotAktVV aus:

a) Sonderbestimmung: Unterlagen, die vor dem 1.1.1950 entstanden sind

7 Für diese papiergebundenen Unterlagen gilt § 51 Abs. 4 NotAktVV.

b) Sonderbestimmung: Unterlagen, die zwischen dem 1.1.1950 und dem 31.12.2021 erstellt wurden

8 Für diese papiergebundenen Unterlagen gelten § 51 Abs. 1 und 2 NotAktVV.

c) Nebenakten

9 Für diese gelten – gleichviel ob papiergebunden oder elektronisch – die Bestimmungen des § 52 NotAktVV.

d) Letztwillige Verfügungen

10 Für die Urschriften von Verfügungen von Todes wegen ist die Verwahrung in papiergebundene Form weiterhin dauerhaft vorgesehen, in diesen Fällen gibt es keine elektronische Fassung der Urschrift. Tes-

3 Zum Stellenwert der Datensicherheit/Verfügbarkeit vgl. BeckNotar-HdB/*Püls*, 8. Aufl. 2024, § 34 Rn 63, beck-online.

4 Zu § 50 Abs. 2 NotAktVV, BR-Drucks 420/20 S. 67 ff. bzw. *Püls/Gerlach*, Teil B, § 50 NotAktVV mit entsprechender Verlinkung zur Begründung.

5 HK-NotarR/*Strauß*, NotAktVV § 50 Rn 6.

tamente sind danach in die amtliche Verwahrung bei den Nachlassgerichten zu geben. **Erbverträge** können in der Verwahrung des Notars verbleiben oder auch in die Verwahrung des Nachlassgerichtes gegeben werden. Bezüglich der vom Notar verwahrten Erbverträge gelten die Bestimmungen des § 351 FamFG in Verbindung mit § 8 DONot ergänzend bezüglich der Überwachung der Ablieferungspflicht. Zur Frage einer gesonderten Erbvertragsammlung oder der Verwahrung im Rahmen der Urkundensammlung vergleiche oben § 31 NotAktVV Rdn 2.[6]

Besonderheiten gibt es allerdings bezüglich der Testamente, dass insoweit kein Vermerkblatt mehr zu Urkundensammlung des Notars zu nehmen ist. Die Registrierung im Urkundenverzeichnis ersetzt diese, lässt freilich die freiwillige Übernahme von beglaubigten Abschriften in die Urkundensammlung des Notars unberührt. Erfolgt eine entsprechende Übernahme, gilt die Frist von 100 Jahren entsprechend, Abs. 1 Nr. 5.

3. Allgemeine Berechnung

Der Fristbeginn ist in Abs. 2 für die jeweilige Art der Unterlage/des Verzeichnisses geregelt. Dabei handelt es sich ausnahmslos um jahrgangsweise laufende Fristen: Einerseits um eine komplizierte Berechnung im Einzelfall entbehrlich zu machen, andererseits um die Umsetzung der Vernichtung einigermaßen handhabbar zu machen. 11

II. Fristen im Einzelnen – Dauer und Beginn, amtl. Begründung, Kommentierung

1. Eintragungen im Urkundenverzeichnis 100 Jahre

a) Dauer und Beginn

Die Frist für Eintragungen in das Urkundenverzeichnis beginnt mit dem Kalenderjahr, dass auf die Eintragung folgt (Abs. 1 Nr. 1 in Verbindung mit Abs. 2 Nr. 1) und beträgt dann 100 Jahre. 12

b) Amtliche Begründung

„Nach Nr. 1 beträgt die Aufbewahrungsfrist für die Eintragungen im Urkundenverzeichnis 100 Jahre. Dies entspricht der bisherigen Aufbewahrungsfrist für die Urkundenrolle, an deren Stelle das Urkundenverzeichnis tritt. Anders als bisher stellt die Vorschrift jedoch nicht mehr allgemein auf die Urkundenrolle beziehungsweise nun das Urkundenverzeichnis als Gegenstand der Aufbewahrung ab, sondern auf die darin enthaltenen Eintragungen. Der Grund hierfür ist, dass das Urkundenverzeichnis ein elektronisches Verzeichnis ist, das zwar nach Kalenderjahren untergliedert ist, jedoch als solches laufend fortgeführt wird. Anders als die Urkundenrolle findet es keinen physischen Abschluss am Ende eines Kalenderjahres. Daher erscheint es regelungstechnisch präziser, die Aufbewahrungsfrist nicht auf das Verzeichnis insgesamt, sondern auf die darin enthaltenen Eintragungen zu beziehen. In der Sache ergibt sich dadurch jedoch keine Änderung, weil die Aufbewahrungsfrist für alle Eintragungen eines Kalenderjahres stets einheitlich mit dem Beginn des darauffolgenden Kalenderjahres zu laufen beginnt (Abs. 2 Nr. 1). Somit ist – wie bisher auch – ein einheitliches Ende der Aufbewahrungsfrist für alle Eintragungen eines Kalenderjahres sichergestellt.“[7] 13

c) Kommentierung

[Vorläufig nicht belegt.] 14

2. Eintragungen im Verwahrungsverzeichnis 30 Jahre

a) Dauer und Beginn

Für Eintragungen im Verwahrungsverzeichnis stellt Nr. 2 auf den Beginn des Kalenderjahres, das auf den Abschluss des Verwahrungsgeschäfts folgt, ab, Abs. 2 Nr. 2. Dies ist sachgerecht, weil die im Verwahrungsverzeichnis erfassten Daten in jedem Fall benötigt werden, so lange das Verwahrungsgeschäft noch 15

6 Ausführlich zum Verhältnis von Urkundensammlung zur Erbvertragssammlung Weingärtner/*Löffler*, § 31 NotAktVV, Rn 9.

7 BR-Drucks 420/20 S. 66 ff. bzw. *Püls/Gerlach*, Teil B, § 50 NotAktVV mit entsprechender Verlinkung zur Begründung.

nicht abgeschlossen ist. Daher soll die zur Löschung führende Aufbewahrungsfrist von 30 Jahren gemäß Abs. 1 Nr. 2 nicht vor diesem Zeitpunkt beginnen.

b) Amtliche Begründung

16 *Nach Nr. 2 beträgt die Aufbewahrungsfrist für die Eintragungen im Verwahrungsverzeichnis 30 Jahre. Dies entspricht der bisherigen Aufbewahrungsfrist für das Verwahrungsbuch, an dessen Stelle das Verwahrungsverzeichnis tritt. Die Vorschrift stellt – wie auch Nr. 1 hinsichtlich des Urkundenverzeichnisses – nunmehr auf die darin enthaltenen Eintragungen als Gegenstand der Aufbewahrung ab. Die vorstehenden Ausführungen zu Nr. 1 gelten insoweit entsprechend.*

c) Kommentierung

17 [Vorläufig nicht belegt.]

3. In der Urkundensammlung verwahrte Dokumente 30 Jahre

a) Dauer und Beginn

18 Hinsichtlich der Dokumente, die in der Urkundensammlung, der Erbvertragssammlung, der elektronischen Urkundensammlung, der Sondersammlung und der Sammelakte für Wechsel- und Scheckproteste verwahrt werden, beginnt gemäß Abs. 2 Nr. 3 die Aufbewahrungsfrist von 30 Jahren nach Abs. 1 Nr. 3 mit dem Kalenderjahr, das auf die Beurkundung oder die sonstige Amtshandlung folgt.

b) Amtliche Begründung

19 *Nach Nr. 3 wird die Aufbewahrungsfrist für Dokumente, die in der Urkundensammlung in Papierform verwahrt werden, von bislang 100 Jahren auf 30 Jahre verkürzt. Die Möglichkeit der Verkürzung der Aufbewahrungsfrist für die in Papierform verwahrten Dokumente war einer der tragenden Gründe für die Einführung des Elektronischen Urkundenarchivs, in dem diese Dokumente künftig vorrangig in elektronischer Form verwahrt werden. Die zeitweise parallele Beibehaltung der Dokumente in Papierform ist der Unabdingbarkeit des sicheren Erhalts dieser Dokumente für den Rechtsverkehr geschuldet. Denn das Elektronische Urkundenarchiv bietet nach seiner Konstruktion zwar die Gewähr dafür, dass die in ihm verwahrten elektronischen Dokumente sicher auf Dauer zur Verfügung stehen. Erst ein dauerhafter Betrieb des Elektronischen Urkundenarchivs wird jedoch zeigen können, ob diese Erwartung auch im Hinblick auf technische Fortentwicklungen und dem sich daraus ergebenden Erneuerungsbedarf an Hardware und Software sowie die Unwägbarkeit nicht absehbarer technischer Probleme gerechtfertigt ist. Erst wenn sich diese Erwartung zu einer mit an Sicherheit grenzenden Wahrscheinlichkeit verdichtet hat, erscheint es im Interesse der Rechtssicherheit verantwortbar, auf eine dreißigjährige parallele Verwahrung in Papierform zu verzichten. Ergibt sich die vorgenannte Wahrscheinlichkeit bereits vor Ablauf von 30 Jahren, kann die dreißigjährige Frist gegebenenfalls auf eine solche verkürzt werden, die aufgrund der in der Praxis des Elektronischen Urkundenarchivs gewonnenen Erkenntnisse und der Bedeutung der notariellen Urkunden für den Rechtsverkehr angemessen und vertretbar erscheint.*[8]

c) Kommentierung

20 [Vorläufig nicht belegt.]

4. In der Erbvertragssammlung verwahrte Dokumente 100 Jahre

a) Dauer und Beginn

21 Vergleiche die Kommentierung Rdn 18.

8 BR-Drucks 420/20 S. 67 ff. bzw. *Püls/Gerlach*, Teil B, § 50 NotAktVV mit entsprechender Verlinkung zur Begründung.

b) Amtliche Begründung

Nach Nr. 4 beträgt die Aufbewahrungsfrist für die in der Erbvertragssammlung verwahrten Dokumente 100 Jahre. Dies entspricht ebenfalls der bisherigen Frist. Für die in der Erbvertragssammlung verwahrten Erbverträge existiert keine der Urschrift gleichgestellte elektronische Fassung, so dass eine Verkürzung der Aufbewahrungsfrist nicht in Betracht kommt.[9] 22

c) Kommentierung

[Vorläufig nicht belegt.] 23

5. In der elektronischen Urkundensammlung verwahrte Dokumente 100 Jahre

a) Dauer und Beginn

Vergleiche die Kommentierung Rdn 18. 24

b) Amtliche Begründung

Nach Nr. 5 beträgt die Aufbewahrungsfrist für die in der elektronischen Urkundensammlung verwahrten Dokumente 100 Jahre. Dies entspricht der bisherigen Aufbewahrungsfrist für die Urkundensammlung und ist die Rechtfertigung dafür, dass die Aufbewahrungsfrist für die in der Urkundensammlung verwahrten Dokumente verkürzt werden kann.[10] 25

c) Kommentierung

[Vorläufig nicht belegt.] 26

6. In der Sondersammlung verwahrte Dokumente 100 Jahre

a) Dauer und Beginn

Vergleiche die Kommentierung bei Rdn 18. 27

b) Amtliche Begründung

Dokumente, die statt in der elektronischen Urkundensammlung in der Sondersammlung verwahrt werden, weil ihre Übertragung in die elektronische Form nicht möglich oder zumutbar ist, sind nach Nr. 6 ebenfalls für 100 Jahre zu verwahren. Da die Existenz einer elektronischen Fassung die Rechtfertigung dafür ist, die derzeitigen Aufbewahrungsfristen für die in Papierform vorliegenden Dokumente zu verkürzen, verbleibt es für nicht in die elektronische Urkundensammlung überführte Schriftstücke bei der bisher für die Urkundensammlung geregelten und nunmehr für die elektronisch verwahrten Dokumente geltenden Aufbewahrungsfrist von 100 Jahren.[11] 28

c) Kommentierung

[Vorläufig nicht belegt.] 29

7. In der Nebenakte verwahrte Dokumente sieben Jahre

a) Dauer und Beginn

Abs. 2 Nr. 4 stellt für die zur Nebenakte genommenen Dokumente bezüglich des Fristbeginns auf das dem Abschluss des Amtsgeschäfts folgenden Kalenderjahr ab. Mit Abschluss des Amtsgeschäfts ist die letzte inhaltliche Bearbeitung im Rahmen des Vollzugs gemeint.[12] Die Frist beträgt dann sieben Jahre, wobei die Bestimmung des § 52 NotAktVV mit der entsprechenden Verlängerungsmöglichkeit zu beachten ist. 30

9 BR-Drucks 420/20 S. 67 bzw. *Püls/Gerlach*, Teil B, § 50 NotAktVV mit entsprechender Verlinkung zur Begründung.

10 BR-Drucks 420/20 S. 67 bzw. *Püls/Gerlach*, Teil B, § 50 NotAktVV mit entsprechender Verlinkung zur Begründung.

11 BR-Drucks 420/20 S. 67 bzw. *Püls/Gerlach*, Teil B, § 50 NotAktVV mit entsprechender Verlinkung zur Begründung.

12 Vgl. amtliche Begründung, a.a.O.

b) Amtliche Begründung

31 *Nr. 7 bestimmt die regelmäßige Aufbewahrungsfrist für Nebenakten auf unverändert sieben Jahre. Ergänzende Sonderbestimmungen für die Aufbewahrungsfrist von Nebenakten finden sich in § 52 (siehe dort).*

c) Kommentierung

32 [Vorläufig nicht belegt.]

8. In der Sammelakte für Wechsel- und Scheckproteste verwahrten Dokumente sieben Jahre

a) Dauer und Beginn

33 Vergleiche die Kommentierung bei Rdn 18 allerdings mit der Frist von sieben Jahren.

b) Amtliche Begründung

34 *Nr. 8 legt die Aufbewahrungsfrist für die in der Sammelakte für Wechsel- und Scheckproteste verwahrten Dokumente abweichend von der bisherigen Bestimmung des § 5 Abs. 4 DONot nicht mehr auf fünf, sondern auf sieben Jahre fest. Damit besteht bei der Aufbewahrungsfrist nunmehr ein Gleichlauf zu der Regelaufbewahrungsfrist von Nebenakten.*[13]

c) Kommentierung

35 [Vorläufig nicht belegt.]

9. In der Generalakte verwahrte Dokumente 30 Jahre

a) Dauer und Beginn

36 Dokumente in der Generalakte sind 30 Jahre zu verwahren, Abs. 1 Nr. 9. Die Frist für die Dokumente der Generalakte beginnt gemäß Abs. 2 Nr. 5 beginnt nunmehr einheitlich mit dem **Kalenderjahr, das auf das Erlöschen des Amtes oder die Verlegung des Amtssitzes in einen anderen Amtsgerichtsbezirk folgt**.

b) Amtliche Begründung

37 *Nach Nr. 9 verbleibt es für die in der Generalakte verwahrten Dokumente bei der auch bisher bereits geltenden Aufbewahrungsfrist von 30 Jahren.*[14]

c) Kommentierung

38 Der Beginn der Aufbewahrungsfrist der in der Generalakte geführten Dokumente ist der Beginn des Kalenderjahres, das auf das Erlöschen des Amtes oder die Verlegung des Amtssitzes in einen anderen Amtsgerichtsbezirk folgt. In der ersten Fassung war noch der Beginn Kalenderjahres, in dem Dokumente zur Generalakte genommen werden, vorgesehen. Das hätte eine jährliche Durchsicht und sukzessive jährliche Vernichtung – verbunden mit nicht unerheblichem Aufwand – bedeutet. Mit dieser Änderung des Wortlauts gegenüber der ursprünglichen Fassung der NotAktVV beginnt die Aufbewahrungsfrist für die gesamte Generalakte einheitlich. Ein schrittweises Vernichten oder Löschen ist damit nicht erforderlich.

III. Hilfsmittel

1. Dauer und Beginn

39 Gemäß § 48 S. 1 NotAktVV dürfen Hilfsmittel so lange wie die dazugehörigen Unterlagen aufbewahrt werden. Damit gelten die vorstehenden Ausführungen für die entsprechenden Aufbewahrungs- bzw. Vernichtungspflichten entsprechend.

13 BR-Drucks 420/20 S. 68 bzw. *Püls/Gerlach*, Teil B, § 50 NotAktVV mit entsprechender Verlinkung zur Begründung.

14 BR-Drucks 420/20 S. 68 bzw. *Püls/Gerlach*, Teil B, § 50 NotAktVV mit entsprechender Verlinkung zur Begründung.

Der Gesetzgeber hat in § 48 S. 2 NotAktVV auch für diese Hilfsmittel mit Blick auf die Ämterkontinuität den wichtigen Ansatz der Übergabe derartiger Hilfsmittel betont. Vergleiche insoweit die Kommentierung bei § 48 NotAktVV Rdn 6.

2. Amtliche Begründung

S. 1 verweist für die Aufbewahrungsfrist von Hilfsmitteln im Sinne des § 35 Abs. 2 S. 2 BNotO auf die für die für die betreffenden Unterlagen geltenden Fristen. In der Regel werden Hilfsmittel zu den Nebenakten verwendet, so dass die für diese geltenden Fristen auch für die Hilfsmittel gelten. Die Regelung ist dennoch allgemein gefasst, da auch Hilfsmittel zur Führung anderer Akten denkbar sind, etwa zur Urkundensammlung (zum Beispiel Ausdrucke aus dem Urkundenverzeichnis, die zu Urkundenkästen genommen werden). Da die Führung von Hilfsmitteln nicht verpflichtend ist, wird nur geregelt, wie lange diese aufbewahrt werden dürfen, jedoch keine verpflichtende Mindestaufbewahrungszeit festgelegt.[15] 40

3. Kommentierung

[Vorläufig nicht belegt.] 41

§ 51 Aufbewahrungsfristen für Altbestände

(1) [1]Für Unterlagen, die vom 1. Januar 1950 bis zum 31. Dezember 2021 erstellt wurden, gelten folgende Aufbewahrungsfristen:

1. für die Urkundenrolle, das Erbvertragsverzeichnis und das Namensverzeichnis zur Urkundenrolle 100 Jahre,

2. für das Verwahrungsbuch, das Massenbuch, das Namensverzeichnis zum Massenbuch und die Anderkontenliste 30 Jahre,

3. für die in der Urkundensammlung verwahrten Dokumente einschließlich der gesondert aufbewahrten Erbverträge 100 Jahre,

4. für die in der Nebenakte verwahrten Dokumente 7 Jahre,

5. für die in Sammelbänden für Wechsel- und Scheckproteste verwahrten Dokumente 7 Jahre und

6. für die in der Generalakte verwahrten Dokumente 30 Jahre.

[2]Satz 1 Nummer 3 gilt auch für die dort bezeichneten Dokumente, die vom 1. Januar bis zum 30. Juni 2022 erstellt wurden.

(2) Die Aufbewahrungsfristen beginnen

1. für die Urkundenrolle, das Erbvertragsverzeichnis, das Namensverzeichnis, das Verwahrungsbuch, das Massenbuch, das Namensverzeichnis zum Massenbuch und die Anderkontenliste mit dem Kalenderjahr, das auf das Kalenderjahr folgt, für das sie geführt wurden,

2. für die in der Urkundensammlung verwahrten Dokumente einschließlich der gesondert aufbewahrten Erbverträge mit dem Kalenderjahr, das auf die Beurkundung folgt,

3. für die in der Nebenakte verwahrten Dokumente mit dem Kalenderjahr, das auf den Abschluss des Amtsgeschäfts folgt, zu dem die Nebenakte geführt wurde,

4. für die in Sammelbänden für Wechsel- und Scheckproteste verwahrten Dokumente mit dem Kalenderjahr, das auf die Amtshandlung folgt, und

5. für die in der Generalakte verwahrten Dokumente mit dem Kalenderjahr, das auf das Erlöschen des Amtes des Notars oder die Verlegung seines Amtssitzes in einen anderen Amtsgerichtsbezirk folgt.

(3) Werden bei den Nebenakten beglaubigte Abschriften von Verfügungen von Todes wegen aufbewahrt, die auf Wunsch des Erblassers oder der Vertragsschließenden zurückbehalten wurden

15 BR-Drucks 420/20 S. 67 ff. bzw. *Püls/Gerlach*, Teil B, § 50 NotAktVV mit entsprechender Verlinkung zur Begründung.

und von denen keine beglaubigte Abschrift in der Urkundensammlung verwahrt wird, so gelten für diese abweichend von Absatz 1 Nummer 4 und Absatz 2 Nummer 3 die Bestimmungen des Absatzes 1 Nummer 3 und des Absatzes 2 Nummer 2 entsprechend.

(4) [1]Vor dem 1. Januar 1950 entstandene Unterlagen sind dauernd aufzubewahren. [2]Eine Pflicht zur Konservierung besteht nicht. [3]Werden solche Unterlagen nach § 119 der Bundesnotarordnung in die elektronische Form übertragen, sind die elektronischen Dokumente dauernd aufzubewahren. [4]Für die übertragenen Dokumente gelten die Fristen, die anwendbar wären, wenn die Dokumente zum Zeitpunkt der Übertragung erstmals zu den Unterlagen der verwahrenden Stelle gelangt wären. [5]Die Landesjustizverwaltung kann abweichend von Satz 1 eine Aufbewahrungsfrist anordnen, wenn die Belange der Rechtspflege und die Rechte der Betroffenen gewahrt sind. [6]Die Aufbewahrungsfrist darf nicht vor dem Ablauf des 31. Dezember 2049 enden.

A. Einleitung

I. Normhistorie, Regelungsziel/Anwendungsbereich

1 Vgl. die Anmerkungen zu § 50 NotAktVV und der daraus resultierende Regelungsgehalt für papiergebundene Altbestände aus der Zeit zwischen dem 1.1.1950 und dem 31.12.2021. Durch die Ergänzung, die die Norm in § 50 Abs. 1 S. 2 NotAktVV erfahren hat, sind auch die papiergebundenen Urkunden erfasst, die in der Zeit zwischen dem ursprünglich geplanten Start am 1.1.2022 und dem aktualisierten Startdatum 1.7.2022 entstanden sind.

II. Regelungsursprung DONot a.F.

2 Die Norm knüpft im Wesentlichen an § 5 Abs. 4 S. 2 ff. DONot a.F. an, vermeidet jedoch den komplizierten Rückgriff für die Regelungen in Abs. 3 auf die Bestimmungen des § 20 Abs. 1 S. 3 DONot a.F. bzw. § 16 Abs. 1 S. 5 DONot a.F.

3 [Vorläufig nicht belegt.]

B. Altbestände mit Erstellungsdatum zwischen dem 1.1.1950 und dem 31.12.2021, Ergänzung 30.6.2022

I. Anwendungsbereich

Abs. 1 S. 1 erfasst die Urkunden die zwischen dem 1.1.1950 und dem 31.12.2021 erstellt wurden, wobei die Erweiterung in Abs. 1 S. 2 auch die papiergebundene Urkundensammlung bis einschließlich 30.6.2022 einbezieht.[1] 4

II. Fristen im Einzelnen – Dauer und Beginn, amtl. Begründung, Kommentierung

1. Urkundenrolle, Erbvertragsverzeichnis und Namensverzeichnis zur Urkundenrolle 100 Jahre

a) Dauer und Beginn

Für die in Abs. 1 Nr. 1 genannten Verzeichnisse des Notars (Altbestände) gilt eine Aufbewahrungsfrist von 100 Jahren, die gemäß Abs. 2 Nr. 1 mit dem Kalenderjahr beginnt, in dem die jeweiligen Verzeichnisse geführt (und in der Regel) abgeschlossen wurden. 5

b) Amtliche Begründung

„Anders als in § 5 Abs. 4 S. 2 DONot, der lediglich den Fristbeginn in generalklauselartiger Form bestimmt, legt Abs. 2 diesen nun konkret fest. Dies dient der Rechtsklarheit. Nennenswerte inhaltliche Änderungen sind damit aber nicht verbunden.“[2] 6

c) Kommentierung

[Vorläufig nicht belegt.] 7

2. Verwahrungsbuch, das Massenbuch, das Namensverzeichnis zum Massenbuch und die Anderkontenliste 30 Jahre

a) Dauer und Beginn

Für die in Abs. 1 Nr. 2 genannten Bücher und Verzeichnisse des Notars (Altbestände) gilt eine Aufbewahrungsfrist von 30 Jahren, die gemäß Abs. 2 Nr. 1 mit dem Kalenderjahr beginnt, in dem die jeweiligen Verzeichnisse geführt (und in der Regel) abgeschlossen wurden. 8

b) Amtliche Begründung

„Anders als in § 5 Abs. 4 S. 2 DONot, der lediglich den Fristbeginn in generalklauselartiger Form bestimmt, legt Abs. 2 diesen nun konkret fest. Dies dient der Rechtsklarheit. Nennenswerte inhaltliche Änderungen sind damit aber nicht verbunden.“[3] 9

c) Kommentierung

[Vorläufig nicht belegt.] 10

3. In Urkundensammlung verwahrte Dokumente aus der Zeit 1.1.1950 bis 30.6.2022 einschließlich der gesondert aufbewahrten Erbverträge 100 Jahre

a) Dauer und Beginn

Für die in Abs. 1 Nr. 3 genannte Urkundensammlung sowie die Sammlung der Erbverträge des Notars (Altbestände) gilt eine Aufbewahrungsfrist von 100 Jahren, die gemäß Abs. 2 Nr. 2 mit dem Kalenderjahr beginnt, das auf die Beurkundung folgt. 11

1 S. 2 ist der Verschiebung des für den 1.1.2022 geplanten Starts der elektronischen Urkundensammlung geschuldet, vergleiche die Kommentierung bei § 35 BNotO sowie *Püls/Gerlach*, NotAktVV, Teil A, Abschnitt I.

2 BR-Drucks 420/20 S. 68 f. bzw. *Püls/Gerlach*, Teil B, § 50 NotAktVV mit entsprechender Verlinkung zur Begründung.

3 BR-Drucks 420/20 S. 68 f. bzw. *Püls/Gerlach*, Teil B, § 50 NotAktVV mit entsprechender Verlinkung zur Begründung.

b) Amtliche Begründung

12 *„Anders als in § 5 Abs. 4 S. 2 DONot, der lediglich den Fristbeginn in generalklauselartiger Form bestimmt, legt Abs. 2 diesen nun konkret fest. Dies dient der Rechtsklarheit. Nennenswerte inhaltliche Änderungen sind damit aber nicht verbunden.“*[4]

c) Kommentierung

13 [Vorläufig nicht belegt.]

4. In Nebenakten verwahrten Dokumente sieben Jahre

a) Dauer und Beginn

14 Für die in Abs. 1 Nr. 4 genannten Nebenakten des Notars (Altbestände) gilt eine Aufbewahrungsfrist von sieben Jahren, die gemäß Abs. 2 Nr. 3 mit dem Kalenderjahr beginnt, welches auf den Abschluss des Amtsgeschäftes folgt, zu dem die Nebenakte angelegt wurde.[5]

b) Amtliche Begründung

15 *„Anders als in § 5 Abs. 4 S. 2 DONot, der lediglich den Fristbeginn in generalklauselartiger Form bestimmt, legt Abs. 2 diesen nun konkret fest. Dies dient der „Rechtsklarheit. Nennenswerte inhaltliche Änderungen sind damit aber nicht verbunden.“*[6]

c) Kommentierung

16 [Vorläufig nicht belegt.]

5. In Sammelbänden für Wechsel- und Scheckproteste verwahrte Dokumente sieben Jahre

a) Dauer und Beginn

17 Für die in Abs. 1 Nr. 5 genannten Sammelbände für Wechsel- und Scheckproteste des Notars (Altbestände) gilt eine Aufbewahrungsfrist von sieben Jahren, die gemäß Abs. 2 Nr. 4 mit dem Kalenderjahr beginnt, welches auf die Amtshandlung folgt.

b) Amtliche Begründung

18 *„Anders als in § 5 Abs. 4 S. 2 DONot, der lediglich den Fristbeginn in generalklauselartiger Form bestimmt, legt Abs. 2 diesen nun konkret fest. Dies dient der Rechtsklarheit. Nennenswerte inhaltliche Änderungen sind damit aber nicht verbunden.“*[7]

c) Kommentierung

19 Die Frist für Sammelbände für Wechsel- und Scheckproteste wird nach Abs. 1 Nr. 5 – parallel zu der Neuregelung für die Neubestände in § 50 Abs. 1 Nr. 8 NotAktVV – von fünf auf sieben Jahre verlängert. Zudem wird dort jetzt – ebenfalls parallel zu den sonstigen Neuregelungen – klarstellend auf die einzelnen in den Sammelbänden verwahrten Dokumente und nicht mehr auf den Sammelband als solchen abgestellt. Diese Änderungen dienen der Vereinheitlichung der zu beachtenden Fristen.

6. In der Generalakte verwahrten Dokumente 30 Jahre

a) Dauer und Beginn

20 Für die in Abs. 1 Nr. 6 genannten Generalakten des Notars (Altbestände) gilt eine Aufbewahrungsfrist von 30 Jahren, die gemäß Abs. 2 Nr. 5 mit dem Kalenderjahr beginnt, das auf das Erlöschen des Amtes des Notars oder die Verlegung seines Amtssitzes in einen anderen Amtsgerichtsbezirk folgt.

4 BR-Drucks 420/20 S. 68 f. bzw. *Püls/Gerlach*, Teil B, § 50 NotAktVV mit entsprechender Verlinkung zur Begründung.

5 Vgl. zum Abschluss des Amtsgeschäftes die entsprechende Kommentierung bei § 50 NotAktVV Rn 29.

6 BR-Drucks 420/20 S. 68 f. bzw. *Püls/Gerlach*, Teil B, § 50 NotAktVV mit entsprechender Verlinkung zur Begründung.

7 BR-Drucks 420/20 S. 68 f. bzw. *Püls/Gerlach*, Teil B, § 50 NotAktVV mit entsprechender Verlinkung zur Begründung.

b) Amtliche Begründung

„Anders als in § 5 Abs. 4 S. 2 DONot, der lediglich den Fristbeginn in generalklauselartiger Form bestimmt, legt Abs. 2 diesen nun konkret fest. Dies dient der Rechtsklarheit. Nennenswerte inhaltliche Änderungen sind damit aber nicht verbunden."[8] 21

c) Kommentierung

[Vorläufig nicht belegt.] 22

C. Fristen für Verfügungen von Todes wegen in Nebenakten

I. Sonderregelungen bei Verwahrung in der Nebenakte

Regelmäßig werden auf Wunsch der Beteiligten – welche auch nach Jahr und Tag beim Notar einen schnellen Zugriff auf ihre ursprünglichen Verfügungen ohne den gefährlichen Weg der Rückgabe derselben aus der amtlichen Verwahrung erwarten – beglaubigte Abschriften von Verfügungen von Todes wegen in Nebenakten verwahrt. 23

Abs. 3 knüpft an § 5 Abs. 4 S. 2 DONot a.F. an und enthält eine Sonderregelung für solche beglaubigten Abschriften von Verfügungen von Todes wegen, die derzeit in Nebenakten verwahrten werden. Für diese soll nicht die sonst für in der Nebenakte verwahrte Dokumente übliche siebenjährige Aufbewahrungsfrist, sondern die hundertjährige Aufbewahrungsfrist für Dokumente in der Urkundensammlung gelten. Im Anschluss daran soll zudem für den Beginn der Aufbewahrungsfrist die Regelung für Dokumente gelten, die in der Urkundensammlung verwahrt werden.

Verfügt ein Beteiligter die Aufbewahrung einer beglaubigten Abschrift in der Urkundensammlung des Notars, so erstreckt sich dies auch auf die Aufbewahrung in der eUSL (Spiegelbildprinzip). In diesem Fall kann die Nebenakte ohne weiteres zu einem früheren Zeitpunkt vernichtet werden,[9] auch wenn sich bei letztwilligen Verfügungen längere Aufbewahrungsfristen grundsätzlich empfehlen.

II. Amtliche Begründung

„Die Regelung bezieht sich inhaltlich auf solche beglaubigten Abschriften, die auf Wunsch der Beteiligten im Sinne des § 20 Abs. 1 S. 3 DONot von der Notarin oder dem Notar zurückbehalten wurden. Während solche Abschriften nach dem derzeit geltenden (je nach Land 2000 oder 2001 in Kraft getretenen) § 20 Abs. 1 S. 4 DONot in der Urkundensammlung zu verwahren sind, enthielt die dem § 20 Abs. 1 S. 3 DONot vorangegangene Regelung (§ 16 Abs. 1 S. 5 der DONot fur Notare in der in Bayern ab dem 1.2.1985 geltenden Fassung (BayJMBl. 1985, S 6 – DONot a.F.)) keine Bestimmung darüber, wo entsprechende Abschriften aufzubewahren waren. Die Verwahrung konnte daher auch in der Nebenakte erfolgen. In Anbetracht dessen ist derzeit in § 5 Abs. 4 S. 2 DONot vorgesehen, dass solche Abschriften von Verfügungen von Todes wegen, die nach § 16 Abs. 1 S. 5 DONot a.F. zu den Nebenakten genommen wurden, abweichend von § 5 Abs. 4 S. 1 DONot 100 Jahre aufzubewahren sind. Diese Klarstellung war auch deshalb erforderlich, weil die 2000 beziehungsweise 2001 erfolgte Novellierung der DONot erstmals eine Vernichtungspflicht von Unterlagen nach Ablauf der vorgegebenen Aufbewahrungsfristen vorsah. Mit Abs. 3 wird die Regelung des § 5 Abs. 4 S. 2 DONot inhaltlich nahezu unverändert übernommen, jedoch sprachlich und redaktionell angepasst, um die Verweisung auf den nur schwer auffindbaren § 16 Abs. 1 S. 5 DONot a.F. zu vermeiden und den Regelungsgehalt stattdessen aus der Vorschrift selbst hervorgehen zu lassen. Inhaltlich berücksichtigt die Neuregelung zudem, dass dann, wenn zusätzlich zu der in der Nebenakte verwahrten beglaubigten Abschrift der Verfügung von Todes wegen auch eine beglaubigte Abschrift in der Urkundensammlung verwahrt wird, kein Anlass besteht, die Abschrift in der Nebenakte weiterhin zu verwahren. Etwaige zusätzlich in der Nebenakte verwahrte Abschriften können also ver- 24

8 BR-Drucks 420/20 S. 68 f. bzw. *Püls/Gerlach*, Teil B, § 50 NotAktVV mit entsprechender Verlinkung zur Begründung.

9 Ebenso HK-NotarR/*Strauß*, NotAktVV § 51 Rn 3.

nichtet werden, da bei Bedarf jederzeit eine weitere Abschrift der in der Urkundensammlung verwahrten beglaubigten Abschrift hergestellt werden könnte.“[10]

D. Fristen für vor dem 1.1.1950 entstandene Unterlagen

I. Anwendungsbereich

1. Vor dem 1.1.1950 erstellte Unterlagen

25 Weitere Sonderbestimmungen gelten für alle **Unterlagen** aus der Zeit bis einschließlich 31.12.1949. Während die Begründung nur von **Urkunden** spricht, fasst der Wortlaut der Verordnung den Begriff weiter und spricht insgesamt von Unterlagen, sodass damit auch eventuell noch nicht verrichtete Nebenakten etc. erfasst sein könnten. Die Sonderregelung resultiert daraus, dass bedingt durch Kriegsereignisse viele der auch notariell verwahrten Urkunden an anderen Verwahrungsstellen nicht mehr vorhanden sind.[11]

2. Amtliche Begründung

26 *Die Regelungen in [§ 51 Abs. 4] S. 1 und 2 orientieren sich an § 5 Abs. 4 S. 3 DONot. Die dauernde Aufbewahrung der vor dem Jahr 1950 entstandenen Urkunden hat den Hintergrund, dass durch Kriegsereignisse bedingt diese Urkunden an anderen Verwahrstellen teilweise nicht mehr vorhanden sind. Im Falle einer nachträglichen Übertragung in die elektronische Form müssen nach S. 3 nur die elektronischen Dokumente dauerhaft aufbewahrt werden, während für die Papierdokumente die Regelung des S. 4 gilt. S. 5 ermöglicht künftig den Landesjustizverwaltungen, auch für vor 1950 entstandene Bestände Aufbewahrungsfristen vorzusehen. Damit wird der Tatsache Rechnung getragen, dass die Bedeutung derart alter Bestände immer mehr abnehmen wird und eine dauerhaft unbefristete Aufbewahrung der Bestände nicht angezeigt erscheint. Nach S. 6 kann eine solche Regelung aber frühestens ab 2050 Wirkung entfalten.*

II. Kommentierung

27 Die von Abs. 4 erfassten Altbestände sind grundsätzlich dauernd aufzubewahren. Bei einer Überführung in die elektronische Form wird auf § 119 BNotO Bezug genommen. Wird ein derartiger Medientransfer vorgenommen, genügt es, wenn der elektronischen Dokumente *dauernd* aufbewahrt werden, § 51 Abs. 4 S. 3 NotAktVV. Praktisch wird damit festgelegt, dass stets die Fristen anzuwenden sind, die zum Zeitpunkt der Übertragung für die neu errichteten/erfassten Bestände gelten. Auch der Fristbeginn richtet sich dann nach den gesetzlichen Bestimmungen für die eilige Erfassungsart.[12] Gem. § 51 Abs. 4 S. 5 und 6 NotAktVV können auch diese Fristen durch die Landesjustizverwaltungen angepasst werden, sie dürfen jedoch nicht vor dem 31.12.2049 enden.

§ 52 Sonderbestimmungen für Nebenakten

(1) Werden die Nebenakten für mehrere Amtsgeschäfte gemeinsam geführt, darf ihr gesamter Inhalt bis zum Ablauf der Aufbewahrungsfrist des letzten Amtsgeschäfts aufbewahrt werden.

(2) [1]Der Notar kann im Einzelfall, für einzelne Arten von Rechtsgeschäften oder für einzelne Arten von Amtsgeschäften eine längere Aufbewahrungsfrist für die Nebenakten bestimmen, wenn er hieran ein berechtigtes Interesse hat oder ein berechtigtes Interesse der Beteiligten oder des Rechtsverkehrs anzunehmen ist. [2]Der Notar hat eine solche Aufbewahrungsfrist nach pflichtgemäßem Ermessen zu bestimmen; sie darf höchstens 30 Jahre betragen. [3]Eine nachfolgend für die Verwahrung zuständige Stelle ist an die Bestimmung einer längeren Aufbewahrungsfrist gebunden.

(3) [1]Ordnet der Notar nach § 35 Absatz 6 Satz 3 der Bundesnotarordnung an, dass eine Nebenakte nach Ablauf der Aufbewahrungsfrist im Einzelfall weiter aufzubewahren ist, so ist dies mit dem Grund der weiteren Aufbewahrung auf der Akte zu vermerken. [2]Wird die Nebenakte elektronisch

10 BR-Drucks 420/20 S. 68 ff. bzw. *Püls/Gerlach*, Teil B, § 50 NotAktVV mit entsprechender Verlinkung zur Begründung.

11 BeckOK-BNotO/*Bracker*, DONot § 5 Rn 14.

12 Vgl. das Beispiel bei HK-NotarR/*Strauß*, 1. Aufl. 2022, § 51 NotAktVV Rn 5, beck-online.

geführt, sind die Anordnung der weiteren Aufbewahrung und der Grund für die Anordnung in einer dem Vermerk gleichwertigen Form zu dokumentieren.

A. Einleitung

I. Normhistorie, Regelungsziel

Die Norm ist den Bestimmungen der DONot a.F. nachempfunden. Anders als bei Büchern und Verzeichnissen des Notars steht bei den Akten des Notars die ordnungsmäßige Struktur nicht primär im Vordergrund. Diese Akten dienen der Abwicklung der Amtsgeschäfte und sind damit auch mit einer größeren Flexibilität versehen. Sie sind letzten Endes auch Ausdruck der sachlichen Unabhängigkeit des Notars,[1] der die Form der Aktenführung, Aktenanlage etc. weitestgehend selbst bestimmen kann und sollte. So sind die Bestimmungen über die Flexibilisierung der Aufbewahrungsfrist insbesondere in diesem Lichte und vor dem Hintergrund möglicher Haftungsgefahren und deren Begegnung durch ordnungsgemäße Aktenführung (zu der gegebenenfalls auch eine verlängerte Aufbewahrungsfrist gehört) zu sehen. 1

II. Regelungsursprung DONot a.F.

Die Bestimmungen für die Führung der Nebenakten waren in § 22 DONot a.F. geregelt, die Dauer der Aufbewahrungsfrist in § 5 Abs. 4 dritter Spiegelstrich DONot a.F. 2

III. Bezug zu anderen Normen

Die wesentlichen Regelungen zu den Nebenakten finden sich im 6. Abschnitt der NotAktVV in §§ 40 ff. 3
Die grundsätzliche Regelung für die Mindestaufbewahrungsdauer von sieben Jahren für Nebenakten findet sich in § 50 Abs. 1 Nr. 7 NotAktVV. Für die Altbestände ergibt sich die entsprechende Regelung aus § 51 Abs. 1 Nr. 4 NotAktVV. § 11 Abs. 1 DONot sieht für den Fall der elektronischen Führung die Herstellerbescheinigung vor.

Zur generellen Verlängerungsmöglichkeit im Einzelfall auch nach Ablauf der Aufbewahrungsfrist vergleiche § 35 Abs. 6 NotAktVV. Diese Form der Verlängerung gilt kraft gesetzlicher Option für sämtliche Arten von zu verwahrenden Unterlagen.

B. Gemeinsame Führung (Sammelakten), Abs. 1

I. Anwendungsbereich

Die Führung von Sammelakten (d.h. der Schriftwechsel/die Dokumente zu einer Vielzahl von Vorgängen 4
wird zusammen aufbewahrt, vgl. § 42 NotAktVV Rdn 8) ist grundsätzlich zulässig, wohl aber nur in be-

1 Beck'sches Notarhandbuch/*Püls/Weingärtner/Löffler*, § 22 DONot Rn 9.

sonderen Einzelfällen zweckmäßig.[2] Dementsprechend setzt § 42 S. 2 NotAktVV weitere Voraussetzungen für die Führung von Sammelakten auf.

II. Aufbewahrungsfrist

5 Die Aufbewahrungsfrist beträgt hier grundsätzlich – wie für andere Nebenakten auch – sieben Jahre. Diese Frist kann gemäß den Bestimmungen des Abs. 2 verlängert werden. Für eine Verlängerung wird in der Regel aber kein Bedarf bestehen, da bei Sammelakten – auch wegen des geringen Umfangs der darin enthaltenen Vorgänge (Wesensvoraussetzung einer Sammelakte) die Frist zur (gesamten) Vernichtung erst mit Ablauf der Aufbewahrungsfrist für das letzte betroffene Amtsgeschäft erreicht ist.

Aufgrund der organisatorischen Hoheit des Notars im Bereich der Aktenführung bleibt es ihm natürlich unbenommen, einzelne Vorgänge, für die die Mindestverweildauer bereits abgelaufen ist, auszusondern.

C. Verlängerungsoption der Aufbewahrungsfrist für Nebenakten, Abs. 2

I. Anwendungsbereich

6 Im Lichte des Regelungsziels des § 52 (vgl. oben Rdn 1), welches insbesondere Rücksicht auf die Organisationshoheit des Notars im sachlichen Bereich der Amtsführung nimmt, eröffnet Abs. 2 die Möglichkeit, für einzelne Arten von Rechtsgeschäften oder auch für einzelne Arten von Amtsgeschäften die Regelaufbewahrungsfrist von sieben Jahren zu verlängern.

II. Ausgestaltung

1. Entscheidung im Einzelfall

7 Hier geht der Normgeber davon aus, dass für eine einzelne konkrete Akte eine entsprechende Verfügung bei deren Archivierung vom Notar ausgesprochen wird. Dies kann und muss im Lichte der weiteren Voraussetzungen insbesondere dann sein, wenn ein berechtigtes Interesse des Notars (Haftungsgefahren) ein berechtigtes Interesse der Beteiligten oder des Rechtsverkehrs anzunehmen ist.

2. Entscheidung für einzelne Arten von Rechtsgeschäften/Amtsgeschäften

8 Nicht nur der übliche Verlauf der haftungsrechtlichen Inanspruchnahme der Notare kennt bestimmte zeitliche Gesetzlichkeiten, die für eine entsprechende Anordnung bei bestimmten Rechtsgeschäften ausschlaggebend sein kann. Auch die Bedeutung, die aus dem Rechtsgeschäft selbst resultiert kann dafür ausschlaggebend sein.

3. Bestimmung durch pflichtgemäßes Ermessen

9 Das pflichtgemäße Ermessen ist durch die vorstehend genannten Kriterien des jeweils berechtigten Interesses der genannten Verkehrskreise (Notar, Beteiligte, Rechtsverkehr insgesamt) in seinem Umfang geprägt. So sind beispielsweise pauschale Verfügungen für gesamte Aktenbestände bereits per Definition unzulässig, für eine Vielzahl von Amtsgeschäften möglicherweise auch dann, wenn es sich zwar noch um Einzelfälle handelt, aber keine nachvollziehbaren Gründe im Lichte der vorgenannten Kriterien erkennbar sind und allenfalls beispielsweise eine pauschale Angst vor Haftung den Ausschlag für eine entsprechende Anordnung des Notars gegeben haben könnte.

Die Begründung nennt als mögliche Kriterien, die aus Sicht der genannten Rechtskreise eine Rolle spielen können, die mögliche Relevanz von in der Nebenakte enthaltenen Dokumenten für Zwecke der Auslegung, Dokumentation und Beweiserbringung, die ergänzend zur Urschrift herangezogen werden können.[3]

2 Armbrüster/Preuß/Renner/*Eickelberg*, 8. Aufl., § 22 DONot Rn 5 f. Mit dem Beispiel von Sammelakten für die Protokolle über isolierte Grundbucheinsichten.

3 BR-Drucks 420/20 S. 70 f. bzw. *Püls/Gerlach*, Teil B, § 52 NotAktVV mit entsprechender Verlinkung zur Begründung.

Mit Blick auf die Bindung der nachfolgenden Stellen (vergleiche unten Rdn 11) ist eine weitere Schranke für die Ausübung des Ermessens gegeben. Sowohl nach zeitlichem als auch nach aktenmäßigem Umfang besteht hier eine eingrenzende Wirkung für das vom Notar auszuübende Ermessen.

Eine Dokumentationspflicht für das Ermessen besteht hingegen nicht. Vergleiche allerdings die Dokumentationspflicht bei wiederholter Verlängerung, unten Rdn 13.

4. Höchstfrist

Die vorgesehene Mindestfrist für die Aufbewahrung, die für den Regelfall gleichzeitig auch eine Höchstaufbewahrungsdauer festlegt, beträgt sieben Jahre. Aufgrund und infolge des ausgeübten Ermessens ist eine Verlängerung dieser Frist auf bis zu 30 Jahren möglich. Für den Fristbeginn vergleiche oben § 51 NotAktVV Rdn 4 ff. **10**

5. Bindung der nachfolgend für die Verwahrung zuständigen Stelle

Die Anordnung der Bindung an die vom Amtsvorgänger in der Verwahrung getroffene Verfügung über die Aufbewahrungsdauer ist Ausdruck zum einen der Ämterkontinuität, zum anderen aber auch Ausdruck für die Fürsorgepflicht der die Verwahrung übernehmenden Stelle in Bezug auf die Entscheidung über Aufbewahrung oder Vernichtung. Damit unterstützt die Norm den Amtsvorgänger auch im Falle einer notwendigen Verteidigung gegen Amtshaftungsansprüche. Für die zuvor zur alten Rechtslage geäußerten Auffassungen, wonach der die Verwahrung übernehmende Notar nicht gehindert sei, die Aufbewahrungsfrist neu und kürzer zu bestimmen, ist damit kein Raum mehr.[4] **11**

D. Ausdehnung der Aufbewahrungsfrist für Unterlagen im Einzelfall, Abs. 3

I. Anwendungsbereich

§ 35 Abs. 6 S. 1 und 2 BNotO ordnen das vom Notar zu beachtende Verfahren nach Ablauf der Aufbewahrungsfrist an. § 35 Abs. 6 S. 3 BNotO enthält eine zusätzliche Option für die verwahrende Stelle, im Einzelfall – auch nach Ablauf der ursprünglich angeordneten Verwahrungsfristen inklusive Verlängerungsoptionen – abermals eine Verlängerung der Verwahrung anzuordnen.[5] Für diesen Fall enthält Abs. 3 weitere Verfahrensvorschriften. **12**

II. Ermessen und Dokumentationspflicht

Auch wenn § 35 Abs. 6 S. 3 BNotO keine weiteren Vorgaben enthält, ist davon auszugehen, dass das pflichtgemäße Ermessen der verwahrenden Stelle (vgl. Rdn 9) der Maßstab für eine abermalige Verlängerung zu sein hat. Während Abs. 2 nur die Ausübung des Ermessens voraussetzt und keine Dokumentation verlangt, ist im Fall der abermaligen Verlängerung der Grund (und somit die Grundlage für die Ausübung des pflichtgemäßen Ermessens) auf der Akte zu vermerken bzw. bei elektronisch geführten Akten in der für die Aktenführung maßgeblichen Form entsprechend anzubringen. **13**

§ 53 Sonderbestimmungen beim Übergang der Verwahrzuständigkeit

[1]Ist die Zuständigkeit für die Verwahrung von Akten und Verzeichnissen auf eine andere Stelle übergegangen, so darf diese die Akten und Verzeichnisse mindestens bis zum Ende des siebten Kalenderjahres aufbewahren, das auf die Übernahme der Verwahrzuständigkeit für diese Akten und Verzeichnisse folgt. [2]Satz 1 gilt nicht

1. **für Akten und Verzeichnisse, die im elektronischen Urkundenarchiv geführt werden,**
2. **für andere elektronisch geführten Akten und Verzeichnisse, zu denen die Aufbewahrungsfristen so strukturiert erfasst wurden, dass eine Löschung ohne größeren Aufwand möglich ist, und**

4 BeckOK-BNotO/*Bracker*, § 5 DONot Rn 11.

5 Die Norm ist insoweit § 5 Abs. 4 S. 5 DONot a.F. nachgebildet.

3. für den Fall, dass die Zuständigkeit an die Stelle zurückfällt, die ursprünglich für die Verwahrung zuständig war.

[3]Fällt die Zuständigkeit an eine sonstige Stelle zurück, die bereits einmal für die Verwahrung zuständig war, so reduziert sich für diese die Frist nach Satz 1 um die Zeit, die sie bereits für die Verwahrung zuständig war.

A. Einleitung

I. Normhistorie, Regelungsziel

1 Die Übernahme der Aktenbestände stellt die jeweils verwahrende Stelle in der Regel vor nicht unerhebliche logistische und organisatorische Probleme. § 53 NotAktVV soll hier eine Erleichterung vorsehen und macht damit deutlich, dass die Vernichtungspflicht (auch mit ihren datenschutzrechtlichen Bezügen) bedeutsam ist, aber die Organisationshoheit des Notars bzw. der verwahrenden Stelle durchaus nicht außer Acht gelassen werden darf. Insbesondere sollen Stellen, die die Akten und Verzeichnisse (wie etwa in den Fällen von § 45 BNotO und § 58 BNotO) nur relativ kurze Zeit in Gewahrsam nehmen, von der Pflicht befreit werden, den gesamten übernommenen Bestand komplett danach durchsehen zu müssen, ob eine Vernichtung von Akten oder Verzeichnissen oder die Löschung von Daten erforderlich ist.[1]

II. Bezug zu anderen Normen

2 Grundnorm für die Möglichkeit der Übertragung der Verwahrung von Unterlagen des Notars ist § 51 BNotO. § 51a BNotO in der seit 1.1.2022 gültigen Fassung regelt die Modalitäten der Ablieferung bzw. Vernichtung bei Übergabe von Unterlagen, bei denen die Aufbewahrungsfristen abgelaufen sind,[2] vergleiche auch § 50 NotAktVV Rdn 4 – Teil A III.

B. Moratorium bei Übergang der Verwahrzuständigkeit

I. Grundsatz

1. Anwendungsbereich

3 Die Vorschrift gilt für **Akten und Verzeichnisse**. Mit der Aufzählung der Akten in § 2 NotAktVV ist der entsprechende Anwendungsbereich umrissen, Verzeichnisse sind im § 1 NotAktVV beschrieben.

2. Moratorium von sieben Jahren

4 Die Norm sieht nicht ausdrücklich eine Verlängerung der Aufbewahrungsfristen durch individuelle Entscheidung vor, stellt aber faktisch eine Befreiung von der Pflicht zur Vernichtung von Akten und Verzeichnissen für die neue Verwahrstelle dar (Moratorium), denn nach S. 1 dürfen die übergebenen Unterlagen in den Fällen solcher Übertragungen in der Regel für einen Zeitraum von sieben Jahren ab der Übernahme durch die nachfolgende Verwahrstelle aufbewahrt werden. Damit entfällt eine Durchsicht der Aktenbestände und insbesondere auch eine Aussonderung einzelner Nebenakten vor Ablauf von sieben Jahren für die neue Verwahrstelle.

1 BR-Drucks 420/20, 71 bzw. *Püls/Gerlach*, NotAktVV, Teil B, § 52 NotAktVV mit entsprechender Verlinkung zur Begründung.

2 Vgl. BeckOK-BNotO/*Frisch*, § 51a Rn 7, 8.

3. Fristbeginn und Dauer

Die Frist beginnt – nur so macht die Norm mit Blick auf den an anderer Stelle ebenfalls praxisorientierten Verfahrensablauf Sinn – mit Ablauf des Jahres, in dem die dokumentierte Übernahme durch die neue Verwahrstelle erfolgt ist. 5

Die Frist von sieben Jahren resultiert aus dem volumenmäßig größten Teil bei der Verwahrung von Unterlagen durch die neue Verwahrstelle, nämlich der Verwahrung der Nebenakten, vergleiche § 50 Abs. 1 Nr. 7 NotAktVV. Damit wird auch klar, dass bezüglich der beispielsweise papiergebundenen Verzeichnisse/Bücher die dort geltenden Fristen nach Ablauf von sieben Jahren spätestens zu überprüfen sind.

II. Ausnahmen vom Moratorium

Für die in S. 2 aufgezählten Fallgruppennummern 1–3 gilt die Verlängerungsmöglichkeit ohne Einzelfallprüfung nicht. 6

Im Fall von S. 2 Nr. 1 für **Akten und Verzeichnisse, die im elektronischen Urkundenarchiv** geführt werden, ist aufgrund der programmtechnischen Vorkehrungen der Urkundenarchivbehörde im Programm XNP eine Löschung ohne weiteren Aufwand möglich.

Im Falle von S. 2 Nr. 2 unterstellt der Normgeber, dass aufgrund der Möglichkeiten elektronisch automatisierte Routinen die Löschung **anderer elektronisch geführter Akten und Verzeichnisse** (also insbesondere elektronisch geführter Nebenakten) ohne weiteres möglich sein wird, wenn die sprechenden Akten elektronisch geführt werden. Hier ist allerdings durchaus auf das praktische Problem bei bestehenden Notariats-Softwareprodukten hinzuweisen, dass die Datenbestände – mangels zwingender gesetzlicher oder datenschutzrechtlicher Vorgaben in der Vergangenheit – nicht sauber abgespalten werden können und eine automatisierte Trennung damit in vielen Fällen praktisch ausscheidet. Auch insoweit sollte man zum Schutz der Verwahrstellen vor Überlastung eine entsprechende Anwendung von S. 1 erwägen bzw. praeter legem zulassen.

Im Fall von S. 2 Nr. 3 schließlich soll **im Falle von kurzzeitigen Unterbrechungen** der eigenen Verwahrung durch einen Notar, beispielsweise in den Fällen von § 45 Abs. 1 BNotO oder § 58 Abs. 3 BNotO, ein wiederholter Lauf der Siebenjahresfrist und damit einer Hemmung der Pflicht zur Aktenvernichtung/Datenlöschung vermieden werden.[3]

3 BR-Drucks 420/20 S. 71 bzw. *Püls/Gerlach*, NotAktVV, Teil B, § 52 NotAktVV mit entsprechender Verlinkung zur Begründung.

Abschnitt 11: Elektronisches Urkundenarchiv und Elektronischer Notariatsaktenspeicher

Unterabschnitt 1: Allgemeine Vorschriften

§ 54 Funktionen des Elektronischen Urkundenarchivs und des Elektronischen Notariatsaktenspeichers

(1) [1]Das Elektronische Urkundenarchiv ermöglicht

1. diejenigen Eintragungen in das Urkundenverzeichnis und das Verwahrungsverzeichnis, zu denen die zuständige Stelle verpflichtet ist, und

2. die Aufnahme derjenigen elektronischen Dokumente, die die zuständige Stelle in der elektronischen Urkundensammlung aufzubewahren hat.

[2]Die Bundesnotarkammer kann weitere Eintragungen in das Urkundenverzeichnis und das Verwahrungsverzeichnis sowie die Aufnahme weiterer elektronischer Dokumente in die elektronische Urkundensammlung zulassen.

(2) Die Bundesnotarkammer kann über die Funktion des Elektronischen Notariatsaktenspeichers nach § 78k Absatz 1 der Bundesnotarordnung hinaus weitere ergänzende Funktionen anbieten, insbesondere

1. die Überleitung der gespeicherten Inhalte bei einer Änderung der Verwahrungszuständigkeit, ohne dass es der Übergabe eines physischen Datenträgers bedarf,

2. die strukturierte Speicherung derjenigen Akten und Verzeichnisse, zu deren Führung eine Verpflichtung besteht,

3. die strukturierte Speicherung von Hilfsmitteln (§ 35 Absatz 2 Satz 2 der Bundesnotarordnung),

4. die Erhaltung des Beweiswerts der gespeicherten elektronischen Dokumente, ohne dass es einer erneuten Signatur durch die verwahrende Stelle bedarf, und

5. die Übermittlung von gespeicherten elektronischen Dokumenten durch und an die für die Verwahrung elektronischer Aufzeichnungen zuständige Stelle sowie die sichere Möglichkeit der Einsichtnahme durch befugte Dritte.

(3) Die Gestaltung des Elektronischen Urkundenarchivs und des Elektronischen Notariatsaktenspeichers einschließlich des Zugangs zu diesen soll die Anforderungen der Barrierefreiheit im Sinne der Barrierefreie-Informationstechnik-Verordnung berücksichtigen.

A. Einleitung

I. Normhistorie, Regelungsziel

1 Der **Abschnitt 11** der NotAktVV mit seinen drei Unterabschnitten wurde eingeführt durch eine Änderungsverordnung im Jahr 2021 mit Wirkung und Geltung ab 1.1.2022.[1] Die Gesetzesmaterialien[2] sind ein Beispiel für die überholende Gesetzgebung, denn in den Materialien stehen in Art. 1 Änderungen, die die NotAktVV in ihrer Fassung aus dem Jahr 2020 betreffen und unter anderem auch den neuen Abschnitt Nummer 11 in Wortlaut und Begründung enthalten (Art. 1). Im Art. 2 der gleichen Bundesratsdrucksache sind dann weitere Änderungen bezüglich der NotAktVV enthalten, die wiederum in den Nrn. 1–8 die vorhergehenden Paragrafen (Art. 1) teilweise ändern, teilweise ergänzen (nicht jedoch den vorliegenden Abschnitt). Diese weiteren Änderungen waren der Einführung der Online-Beurkundung im Gesellschaftsrecht mit den Anpassungen durch das DiRUG geschuldet.[3] In der allgemeinen Begründung findet Art. 1 bezüglich der 13 neu eingefügten Paragrafen dieses Abschnittes 11 nicht mal eine Erwähnung, obschon die Regelungsinhalte dieser Paragrafen bei aller Technizität für die notarielle Praxis von grundlegender Bedeutung sind. Keine Änderungen erfuhr hingegen der 11 Abschnitt der NotAktVV durch das Gesetz zur Einführung einer elektronischen Präsenzbeurkundung.[4]

2 Die **Regelungen in Abschnitt 11** der NotAktVV dienen der Umsetzung der Verordnungsermächtigungen in § 78h Abs. 4 BNotO für das **Elektronische Urkundenarchiv (ELUA)** und in § 78k Abs. 5 BNotO für den **Elektronischen Notariatsaktenspeicher (eNAS)**.[5]

Diese Vorschriften verpflichten das BMJV, nähere Bestimmungen zur Einrichtung, zur Führung, zum technischen Betrieb, zu den Einzelheiten der Datenübermittlung, -speicherung und -sicherheit sowie zur Erteilung und Entziehung der technischen Verwaltungs- und Zugangsberechtigungen zu treffen. Wegen des Sachzusammenhangs zu den bereits verkündeten Bestimmungen der NotAktVV über die Aufbewahrung von Aufzeichnungen im Elektronischen Urkundenarchiv und im Elektronischen Notariatsaktenspeicher wurde diese als Regelungsstandort gewählt. Solche Regelungen über die nähere Bestimmung zur Einrichtung und Führung sind bisher nicht publiziert.

3 Abs. 1 gibt der BNotK als **Urkundenarchivbehörde**[6] die Möglichkeit, auch Eintragungen in das UVZ[7] zuzulassen, die über die Pflichteintragungen (vgl. § 9 NotAktVV) hinausgehen, im praktischen Notariatsbetrieb erforderlich oder zweckdienlich sind und weitere Dokumente in die eUSL hochzuladen. Analog regelt dies Abs. 2 für die Aufnahme weiterer elektronischer Dokumente in den eNAS sowie die Vorgabe zur Beachtung von Strukturen, die für den Grundsatz der Ämterkontinuität unerlässlich sind, hier allerdings im Rahmen einer **Selbstverwaltungsangelegenheit** der Notare.[8]

II. Bezug zu anderen Normen

4 Durch § 78 Abs. 2 Nr. 3 BNotO wird das Betreiben des Elektronischen Urkundenarchivs (mit den drei Komponenten UVZ, VVZ und eUSL) als Pflichtaufgabe der BNotK definiert; den so gespannten Rahmen füllt § 78h BNotO aus. Durch die Einführung des **Elektronischen Urkundenarchivs**, legaldefiniert in § 78h BNotO, werden die drei Hauptrichtungen der Digitalisierung vorgegeben: digitale Speicherung der Urkunde, Verwendung der digital gespeicherten Medien ohne Medienbrüche und digitale Medien-

1 §§ 54 ff. NotAktVV in der am 1.1.2022 geltenden Fassung durch Artikel 1 V. v. 17.12.2021 BGBl I S. 5219 ff., v. 23.12.2021, online abrufbar unter: https://www.bgbl.de/xaver/bgbl/start.xav?startbk=Bundesanzeiger_BGBl&jumpTo=bgbl121s5219.pdf.

2 Verordnung zur Änderung der Verordnung über die Führung notarieller Akten und Verzeichnisse, der Notarfachprüfungsverordnung, der Notarverzeichnis- und -postfachverordnung, der Rechtsanwaltsverzeichnis- und -postfachverordnung und der Patentanwaltsausbildungs- und -prüfungsverordnung sowie zur Einführung der Patentanwaltsverzeichnisverordnung, 20. Wahlperiode, 26.10.2021, BR-Drucks 774/21 (Verordnung Bundesministerium der Justiz und für Verbraucherschutz), https://dserver.bundestag.de/brd/2021/0774–21.pdf.

3 Vgl. BR-Drucks 774/21, 24.

4 Entwurf eines Gesetzes zur Einführung einer elektronischen Präsenzbeurkundung, 21. Wahlperiode, 15.8.2025, BR-Drucks 372/25 (Gesetzentwurf Bundesregierung), https://dserver.bundestag.de/brd/2025/0372–25.pdf

5 Vgl. BR-Drucks 774/21, 31; Legaldefinition des Elektronischen Notariatsaktenspeichers in § 78k BNotO (gebräuchliche Abkürzung: eNAS).

6 Legaldefinition § 78h Abs. 1 BNotO.

7 Legaldefinition § 55 Abs. 1 BeurkG.

8 Keine Regelung zur Aufsicht, es bleibt bei der allgemeinen Regelung des § 77 Abs. 2 BNotO, vgl. auch BeckOK-BNotO/*Hushahn*, 12. Ed. 1.8.2025, § 78k BNotO Rn 2.

speicher (elektronisches Urkundenarchiv) als conditio sine qua non für die Erzeugung originär elektronischer Urkunden.[9] § 34 S. 1 Nr. 3 NotAktVV nimmt wiederum Bezug auf die besonderen Vorkehrungen unter anderem für den elektronischen Notariatsaktenspeicher entsprechend den Bestimmungen nach § 78 Abs. 1 S. 2 Nr. 11 BNotO.

Die durch die § 78h Abs. 4 Nr. 1–5 BNotO definierten Regelungsmaterien sind kaum trennscharf voneinander abzugrenzen, da die Datensicherheit (§ 78h Abs. 4 Nr. 4 BNotO) z.B. wesentlich von der Verwendung geeigneter Datenwege und Speicherorte (§ 78h Abs. 4 Nr. 3 BNotO) und eines adäquaten Zugangsmanagements (§ 78h Abs. 4 Nr. 5 BNotO) abhängen dürfte.

B. ELUA und eNAS (Abs. 1)

I. Technische Ermöglichung (Abs. 1 S. 1)

5 Nach Abs. 1 S. 1 soll die Bundesnotarkammer als Urkundenarchivbehörde ihre Verpflichtung zur Bereitstellung der Komponenten des elektronischen Urkundenarchivs nachkommen. Nur so können die berufsrechtlichen Pflichten, wie in den Abschnitten 2, 3 und 5 der NotAktVV niedergelegt, der Notare hinsichtlich der notwendigen Eintragungen/Speicherungen erfüllt werden. In der Begründung wird ausdrücklich klargestellt, dass die Bundesnotarkammer selbst keine Verwahrstelle der betreffenden Daten ist, sondern nur die technische Infrastruktur bereitstellt.[10]

II. Erweiterung (Abs. 1 S. 2)

6 Abs. 1 S. 2 stellt klar, dass die Komponenten im Urkundenarchiv für (fakultative) Erweiterungen durch die Urkundenarchivbehörde zugänglich sind, was den Umfang sowohl der einzutragenden Daten als auch den Umfang der einzustellenden Dokumente anbelangt. Die Einzelheiten zu den möglichen Eintragungs- und Aufnahmeoptionen sind im Funktions- und Sicherheitskonzept nach § 61 Abs. 2 NotAktVV festzulegen. Die weiteren Eintragungen und die Aufnahme weiterer Dokumente müssen berufsrechtlich zulässig sein (vgl. etwa § 17 Abs. 2 und § 31 Abs. 4 NotAktVV), was der Prüfungshoheit des jeweils einstellenden/hochladenden Notars obliegt.

C. eNAS (Abs. 2)

I. Grundsatz der technischen Bereitstellung

7 § 35 Abs. 4 BNotO sieht vor, dass **elektronische Akten** außerhalb der Geschäftsstelle nur im eNAS geführt werden dürfen.[11] Tatsächlich soll diese Bestimmung sicherstellen, dass jenseits der Verwendung von elektronischen Aufzeichnungen als Hilfsmittel durch die besonderen technischen Anforderungen und Strukturvorgaben die Qualität, Integrität und hohe Verfügbarkeit der notariellen Nebenakten sichergestellt ist und auch dem **Grundsatz der Ämterkontinuität** Rechnung getragen wird. Das wiederum setzt allerdings dann voraus, dass die Bundesnotarkammer eine entsprechende Infrastruktur zur Verfügung stellt, wenngleich die Nutzung des eNAS für die Notare rein freiwillig ist und die elektronische Aktenführung im eigenen Amt ohne weiteres möglich ist. Mit Einführung der elektronischen Präsenzbeurkundung und der damit einhergehenden Zunahme von rein elektronisch geführten Akten im Notariat wird perspektivisch auch die rein elektronische **Führung** von „lebenden" Akten im Notariat außerhalb der Geschäftsstelle, also in der Cloud notwendig werden. Neben dem eNAS oder eben der Führung im Büro, kann eine Führung auch in der Cloud als Hilfsmittel erfolgen, was Abs. 2 aufgreift.[12] Soweit im Rundschreiben Nr. 1/2026 der Bundesnotarkammer die Führung in der Cloud für zulässig erachtet wird, kann dies zwar auch lebende Akten betreffen, aber eine bloße (Rück-)Sicherung von Daten ohne die Möglichkeit, diese auch im System des Notariats weiter zu verarbeiten, nicht ausreichen.[13] Mithin ist ein ex-

9 Schönenberg-Wessel/Plottek/Sikora/*Püls*, § 78h BNotO Rn 2 ff.

10 BR-Drucks 774/21, 31, online abrufbar unter: https://dserver.bundestag.de/brd/2021/0774–21.pdf.

11 Schönenberg-Wessel/Plottek/Sikora/*Püls*, § 35 BNotO Rn 41 ff., insbesondere auch zur Abgrenzung zu den Hilfsmitteln. Vgl. dazu auch die Kommentierung zu § 48 NotAktVV.

12 Ausführlicher dazu die Fundstelle in der vorhergehenden Fußnote.

13 Vgl. die Ausführungen bei § 7 NotAktVV Rdn 2.

klusives Führen von Notariatsakten *ausschließlich cloudbasiert* nicht in einer beliebigen Cloud-Umgebungen möglich, was § 35 Abs. 2 BNotO festschreibt.[14] Freilich sollte es technische Lösungen bei cloudbasierten Anwendungen (Hilfsmittel) geben, die dem vorstehenden Grundsatz der Führung auch im Notariat Rechnung tragen. Ein Zugriffsverlust im Notariat darf im Falle der Abschaltung der Cloud gerade nicht passieren. Was im Umkehrschluss bedeutet, dass der eNAS genau diese Sicherheit und Funktionalität im Falle seiner Etablierung bieten muss.

II. Fakultative Bestandteile des eNAS – ergänzende Funktionen

1. Überleitung bei Änderung der Verwahrungszuständigkeit (Abs. 2 Nr. 1)

Mit Blick auf die bereits mehrfach betonte **Ämterkontinuität** handelt es sich hier um einen zentralen Ansatz, der mit § 51 Abs. 1 BNotO korreliert. Die hier angesprochenen Funktionen ermöglichen den reibungslosen Übergang bei einer Amtsnachfolge, also von einer Verwahrstelle zu einer anderen. Dabei handelt es sich um komplexe Funktionalitäten, die unter Beteiligung der Notarkammern als Aufgabe der berufsständischen Selbstverwaltung umgesetzt werden. 8

2. Strukturierte Speicherung bei Pflichtangaben/-upload (Abs. 2 Nr. 2)

Die Norm regelt die Möglichkeit zur **Bereitstellung von Aktenführungs- oder Content-Management-Systemen** als Fachverfahren zur Unterstützung der Amtsausübung durch die Bundesnotarkammer. Mit Blick auf die rasche Ausbreitung des ERV im Bereich der vorsorgenden Rechtspflege, an deren Schnittstelle die Notare tätig sind, ist hier vorrangiger Handlungsbedarf zu sehen und eröffnet der Bundesnotarkammer einen großen Ermessensspielraum bei der Gestaltung der Funktionen. Die Funktionstiefe kann dabei unterschiedlich ausgestaltet werden. So ist auch eine Ausgestaltung denkbar, bei der die Nutzer nur mit Drittsoftware arbeiten und der Elektronische Notariatsaktenspeicher nur die Backend-Infrastruktur bereitstellt.[15] Sollte beispielsweise der Markt der Anbieter nicht in der Lage sein, auf die Erfordernisse im praktischen Notariatsbetrieb einzugehen, ist es der Bundesnotarkammer auf Grundlage von Abs. 2 Nr. 2 in Verbindung mit § 78k Abs. 1 BNotO möglich, auf vorhandene Marktdefizite zu reagieren, um die **Funktionsfähigkeit der vorsorgenden Rechtspflege** zu erhalten. Zu betonen ist an dieser Stelle, dass die Ausgestaltung dieser Funktionalität als Selbsterhaltungsangelegenheit der Notare im Umkehrschluss zur (begrenzten) Kontrollbefugnis gemäß § 77 Abs. 2 S. 2 BNotO eine weite Einschätzungsprärogative der Bundesnotarkammer als Körperschaft voraussetzt. 9

3. Strukturierte Speicherung von Hilfsmitteln (Abs. 2 Nr. 3)

Hier gelten die Ausführungen in vorausgegangener Randnummer entsprechend. Der Verweis auf § 35 Abs. 2 S. 2 BNotO verdeutlicht, dass auch für Hilfsmittel im täglichen Notariatsbetrieb erhöhte Anforderungen gelten und zu beachten sind,[16] die in den Fokus der fakultativen Funktionalitäten im Angebotsspektrum der Bundesnotarkammer fallen. Hierzu gehören insbesondere auch Module, die den reibungslosen ERV mit Urkundsbeteiligten vom Beginn der ersten Kontaktaufnahme bis hin zur Abwicklung ermöglichen. 10

4. Erhaltung des Beweiswerts (Abs. 2 Nr. 4)

Damit besteht die Möglichkeit zur Realisierung von Systemen zur beweiswerterhaltenden Speicherung wie sie beispielsweise im eUSL vorgesehen ist und auch für den Notariatsaktenspeicher (skalierbar) Anwendung finden könnten. 11

14 Missverständlich insoweit einzelne Ausführungen bei Anbietern von Notariats-Software (NSW).

15 BR-Drucks 774/21, 32, online abrufbar unter: https://dserver.bundestag.de/brd/2021/0774–21.pdf.

16 Schönenberg-Wessel/Plottek/Sikora/*Püls*, § 35 BNotO Rn 11, 30.

5. Übermittlung von Dokumenten (Abs. 2 Nr. 5)

12 Hier geht es – anders als in Nr. 1 – um die Kommunikationsstrukturen mit (sonstigen) zuständigen und befugten Stellen (also nicht Verwahrstellen), die durch die Urkundenarchivbehörde als engem Annex zu Aktenführung technisch umgesetzt werden können.

D. Barrierefreiheit (Abs. 3)

13 Die in Anlehnung an § 6 Abs. 4 RAVPV gestaltete Norm gebietet die nach Möglichkeit barrierefreie Ausgestaltung der entsprechenden Verfahren. Die Barrierefreiheit stößt aber dort an Grenzen und ist nicht zu beachten, wenn die mit der konkreten Speicherung verbundenen Zwecke beispielsweise der Integrität und Authentizität nicht anders exakt abgebildet werden können.[17]

§ 55 Technische Zugangsberechtigung zum Elektronischen Urkundenarchiv und zum Elektronischen Notariatsaktenspeicher

(1) [1]Dem Notar ist eine technische Zugangsberechtigung für diejenigen elektronischen Aufzeichnungen zu gewähren, für deren Verwahrung er zuständig ist. [2]Gleiches gilt für den Notariatsverwalter.

(2) Der Notarvertretung ist eine technische Zugangsberechtigung für diejenigen elektronischen Aufzeichnungen einzuräumen, für deren Verwahrung der vertretene Notar zuständig ist.

(3) Den Personen, die die Notarkammer bei der Erteilung von Ausfertigungen und beglaubigten Abschriften vertreten, ist eine technische Zugangsberechtigung für diejenigen elektronischen Aufzeichnungen zu gewähren, für deren Verwahrung die Notarkammer zuständig ist.

(4) [1]Sonstigen Personen, die bei einer für die Verwahrung elektronischer Aufzeichnungen zuständigen Stelle beschäftigt sind, kann eine technische Zugangsberechtigung für die von dieser Stelle verwahrten Aufzeichnungen eingeräumt werden. [2]Technische Zugangsberechtigungen nach Satz 1 können in ihrem Umfang eingeschränkt werden.

(5) Für Personen nach den Absätzen 3 und 4 gilt § 5 Absatz 3 und 4 entsprechend.

A. Allgemeines

1 § 55 NotAktVV ist – wie der gesamte Abschnitt 11 – **zum 1.1.2022 in Kraft getreten** (insgesamt zum Abschnitt 11 und zur Normhistorie *Püls*, § 54 NotAktVV Rdn 1 ff.). Die Vorschrift regelt auf der Grundlage des § 78h Abs. 4 BNotO, insbesondere dessen Nr. 5, die Voraussetzungen, unter denen eine Person eine technische Zugangsberechtigung zum Elektronischen Urkundenarchiv und zum Elektronischen Notariatsaktenspeicher erhalten muss oder darf, und implizit zugleich auch, dass auf Rechtsfolgenseite tatsächliche Handlungen zu ergreifen sind, die den Zugang ermöglichen.[1] Die Norm ist in technischer Hinsicht Ausprägung des Grundsatzes, dass es sich bei dem Elektronischen Urkundenarchiv und seinen einzelnen Bestandteilen nicht um ein „Urkundenzentralarchiv“ handelt (vgl. *Püls/Hofmann*, § 7 NotAktVV Rdn 3) und somit nur die jeweils zuständige Amtstätigkeit – Verwahrstelle – Zugang zu den in ihrer eigenen Verwahrung befindlichen elektronischen Aufzeichnungen haben darf (§ 78i S. 1 BNotO).

Im Hinblick auf die Rechtsfolgenseite steht die Vorschrift in einem untrennbaren Zusammenhang zu den §§ 58 und 63 Abs. 3 NotAktVV, die festlegen, welche Stelle unter welchen (abgestuften) Voraussetzun-

17 BR-Drucks 774/21, 32, online abrufbar unter: https://dserver.bundestag.de/brd/2021/0774–21.pdf.

1 BR-Drucks 774/21, S. 32.

gen für die Einräumung bzw. Überleitung der Zugangsberechtigung jeweils zuständig ist. Spiegelbildlich regeln §§ 59, 63 Abs. 3 S. 1 NotAktVV wann eine technische Zugangsberechtigung endet bzw. wann, unter welchen Umständen und durch welche Stelle sie wieder entzogen werden kann bzw. muss (Einzelheiten bei § 59 NotAktVV).

Den Prozess (das „Wie") der Einräumung, Überleitung und Entziehung der technischen Zugangsberechtigung normieren die Vorschriften des Abschnitts 11 der NotAktVV selbst nicht. Der Urkundenarchivbehörde in Gestalt der Bundesnotarkammer steht diesbezüglich ein technischer Umsetzungsspielraum zu, welcher sich im Wesentlichen jedoch am jeweiligen Stand der Technik zu orientieren hat (vgl. § 78i S. 2 BNotO: *„Hierzu trifft die Urkundenarchivbehörde geeignete technische und organisatorische Maßnahmen"*). Die NotAktVV beschränkt sich darauf, allgemeine Vorgaben zu Sicherungsmaßnahmen gegen Missbrauch (siehe § 56 NotAktVV), zur Zugänglichkeit allein über sichere informationstechnische Netze (siehe § 57 NotAktVV) und zur Dokumentation entsprechender Handlungen und Maßnahmen (siehe §§ 60, 65 NotAktVV) zu treffen. Zur Wahrung der Anforderungen an Datenschutz, Datensicherheit und Vertraulichkeit sind – neben § 6 NotAktVV – im Abschnitt 11 ebenso allgemeine Vorgaben dafür vorgesehen, wie die Sicherheit und die Vertraulichkeit der im Elektronischen Urkundenarchiv und im Elektronischen Notariatsaktenspeicher gespeicherten und zu speichernden Daten. der damit verbundenen Datenübermittlungen sowie der elektronischen Kommunikation zu gewährleisten und zu schützen sind (siehe §§ 61, 66 NotAktVV). Sicherheit und Vertraulichkeit sind dabei unter anderem auch durch besondere Anforderungen an den Zugang zum Elektronischen Urkundenarchiv und zum Elektronischen Notariatsaktenspeicher (vgl. §§ 61 Abs. 1 Nr. 1, 66 Abs. 2 S. 2 NotAktVV) und an die Zuverlässigkeit der mit deren technischen Betrieb befassten Personen (vgl. §§ 61 Abs. 1 Nr. 6, 66 Abs. 2 S. 1 NotAktVV) umzusetzen.

Auf diese Weise bleiben die Normen „offen" zur Anpassung an den jeweils aktuellen Stand der Technik, namentlich im Hinblick auf das hinter den Zugriffsberechtigungen stehende Berechtigungsmanagement, die Verschlüsselungstechnologie und flankierende organisatorische Vorkehrungen.

Einräumung einer technischen Zugangsberechtigung bedeutet, dass die tatsächlichen Voraussetzungen dafür geschaffen werden, dass eine bestimmte natürliche Person auf elektronische Inhalte zugreifen kann, die im Elektronischen Urkundenarchiv oder im Elektronischen Notariatsaktenspeicher gespeichert sind.[2] Die Zugangsberechtigungen leiten sich ausgehend von der Bundesnotarkammer als Urkundenarchivbehörde und damit als Anbieterin der technischen Infrastruktur und Betreiberin der dazugehörigen Systeme über die regionalen Notarkammern als „amtstätigkeitsverwaltende" Stellen (vgl. § 67 Abs. 3 Nr. 4 BNotO) bis hin zum einzelnen Amtsträger ab; Letzterer ist innerhalb seines Büros berechtigt, sich von ihm ableitende Berechtigungen für seinen eigenen Archivbereich zu vergeben. Zugang zu den im Archiv gespeicherten Daten selbst haben dabei im Grundsatz nur der Amtsträger und diejenigen Mitarbeiter, denen er entsprechende Berechtigungen eingeräumt hat. 2

Neben der wirksamen Bestellung des Amtsträgers ist grundlegende Voraussetzung für die Gewährung einer technischen Zugangsberechtigung nach Abs. 1 und 2 die Eintragung im Notarverzeichnis (§ 78l BNotO).[3] Diese wird gemäß § 78l Abs. 3 S. 2 BNotO von den Notarkammern unverzüglich vorgenommen, nachdem diese von der entsprechenden Bestellung Kenntnis erhalten haben (vgl. § 6 Abs. 1 S. 1 NotVPV). Die Bundesnotarkammer ist verpflichtet, den Notarkammern hierfür eine Anwendung zur Verfügung zu stellen und im Übrigen die technischen Voraussetzungen zu schaffen, dass der im Notarverzeichnis eingetragenen Amtsperson oder Notarvertretung die technischen Zugangsberechtigungen zum Elektronischen Urkundenarchiv und zum Elektronischen Notariatsaktenspeicher erteilt werden können. Pro Amtstätigkeit bzw. Verwahrstelle gibt es jeweils nur eine Zugangsberechtigung zum Elektronischen Urkundenarchiv und zum Elektronischen Notariatsaktenspeicher. Wie die Verwaltung der Amtstätigkeiten selbst erfolgt auch die Verwaltung und Zuordnung der Verwahrbestände über die regionalen Notarkammern durch entsprechende Eintragungen im Notarverzeichnis (§ 78l BNotO, § 6 Abs. 1 NotVPV). Auf diese Weise wird sichergestellt, dass die jeweilige Verwahrstelle Zugang sowohl zu ihren originären eigenen Verwahrbeständen als auch zu den Verwahrbeständen ihres Amtsvorgängers und ggf. zu weiteren, diesem nach § 51 Abs. 1 S. 2 BNotO zur Verwahrung übertragenen elektronischen Aufzeichnungen

2 BR-Drucks 774/21, S. 32.

3 BR-Drucks 774/21, S. 33.

erhält.[4] Soweit neben dem Amtsträger (Verwahrstelle) Beschäftigte Zugriff auf die Daten nehmen, leiten sie ihre Zugangsberechtigung ausschließlich über die dem Amtsträger zugeordnete Berechtigung ab; sie erhalten keine eigene vollwertige technische Zugangsberechtigung; insofern ist der Fall des Abs. 4 von den übrigen Fällen der technischen Zugangsberechtigung nach Abs. 1 bis 3 zu differenzieren.[5] Die Einräumung des Zugangs kann in abgestufter Form erfolgen (Vollzugriff, eingeschränkter verwaltender Zugriff, reiner Lesezugriff etc., vgl. Abs. 4 S. 2).

B. Einzelheiten

3 Folgende Zugangsberechtigungen sind – anknüpfend an die jeweilige Amtstätigkeit im Sinne einer Verwahrstelle der eigenen und der zur Verwahrung übertragenen elektronischen Aufzeichnungen – denkbar:

I. Notare/Notariatsverwalter (Abs. 1)

4 Jedem zum Zeitpunkt des Inkrafttretens amtierenden Notar (Notariatsverwalter) wurde seitens der Bundesnotarkammer unter Mitwirkung der Notarkammern gemäß § 78i BNotO, § 55 Abs. 1 NotAktVV im Rahmen seiner jeweiligen Verwahrzuständigkeit und nach Maßgabe der von der Bundesnotarkammer als Urkundenarchivbehörde getroffenen technischen und organisatorischen Maßnahmen eine **technische Zugangsberechtigung** für das Elektronische Urkundenarchiv eingeräumt. Grundlegende Voraussetzung hierfür ist die Eintragung der jeweiligen Amtsperson durch die Notarkammern im Notarverzeichnis (vgl. § 78l Abs. 1 S. 2, Abs. 3 BNotO, § 1, 6 Abs. 1 NotVPV). Auch in Fällen der Vertretung und der Amtsnachfolge ist für den Zugriff neben der amtlichen Bestellung bzw. der Übertragung der Verwahrzuständigkeit und der Eintragung im Notarverzeichnis die Einräumung der technischen Zugangsberechtigung notwendig, die im Regelfall durch den Amtsvorgänger (§ 58 Abs. 1 i.V.m. § 55 Abs. 1 NotAktVV) bzw. durch die vertretene Amtsperson selbst (§ 58 Abs. 2 i.V.m. § 55 Abs. 1, 2 NotAktVV) erfolgen wird und im Ausnahmefall von der zuständigen Notarkammer (§ 58 Abs. 5 NotAktVV) veranlasst werden kann.

II. Notarvertretungen (Abs. 2)

5 Abs. 2 betrifft die Einräumung einer technischen Zugangsberechtigung an den Notarvertreter. Der Notarvertreter ist den Systemen der Bundesnotarkammer meist entweder als eigene Amtstätigkeit oder als potenzielle künftige Notarperson (insbesondere Notarassessoren) durch Anlage im Notarverzeichnis bekannt. Im Falle einer Vertretung wird der vertretenen Amtstätigkeit die Person des Vertreters über eine Eintragung im Notarverzeichnis für einen konkreten Vertretungszeitraum zugeordnet. Unter der Voraussetzung dieser Eintragung ist es sodann möglich, dass der Notarvertreter über sein eigenes Zugangsmedium (N-Karte) im Vertretungszeitraum allgemein Zugang zu den Anwendungen der vertretenen Amtstätigkeit (XNP) erhält. Die Zugangsmedien der vertretenen Amtstätigkeit dürfen ihm gemäß § 33 Abs. 4 BNotO für diesen Zweck nicht zur Verfügung gestellt werden.[6]

6 Für den Vertretungsfall steht im XNP-Modul Kartenverwaltung im Bereich Schlüsselverwaltung für die vertretene Amtstätigkeit darüber hinaus die Funktion „**Schlüsselübergabe**" zur Verfügung, mit welcher Notarvertretungen der Zugriff auf die in der elektronischen Urkundensammlung archivierten Dokumente ermöglicht werden kann. Dies ist insbesondere bei längeren oder regelmäßigen Vertretungen zweckmäßig.

Mit der neuen Funktion ist es möglich, den auf der N-Karte der vertretenen Amtstätigkeit befindlichen Schlüssel für die elektronische Urkundensammlung auf die N-Karte der Notarvertretung zu übertragen. Die Schlüsselübergabe erfolgt zunächst **asynchron**, das heißt, Notar und Notarvertretung müssen nicht gleichzeitig tätig werden, sondern können die erforderlichen Schritte nacheinander zu verschiedenen Zeiten (ggf. auch aus verschiedenen Büros) ausführen.

Nach einer durchgeführten Schlüsselübergabe hat die Notarvertretung während des Vertretungszeitraums die Zugriffsberechtigung für alle in der elektronischen Urkundensammlung der vertretenen Amts-

4 BR-Drucks 774/21, 33; BeckOK-BNotO/*Sauer*, § 55 NotAktVV Rn 3.

5 Frenz/Miermeister/*Kühnelt*, § 55 NotAktVV Rn 8.

6 Frenz/Miermeister/*Kühnelt*, § 55 NotAktVV Rn 11.

tätigkeit archivierten Dokumente. Die Schlüsselübergabe kann – vorausgesetzt, die Notarvertretung ist durch die zuständige Notarkammer bereits in das Notarverzeichnis eingetragen – frühestens 28 Tage vor dem Beginn der Notarvertretung erfolgen. Die technische Zugangsberechnung endet gemäß § 59 Abs. 1 Nr. 2 NotAktVV, sobald der Vertretungszeitraum abgelaufen ist.

Insbesondere bei ständigen Vertretungen besteht darüber hinaus das Bedürfnis, die technische Zugangsberechtigung der Vertretung vorübergehend auch während eines laufenden Vertretungszeitraums entziehen zu können, solange keine Amtsbefugnis nach § 44 Abs. 1 S. 1 BNotO besteht, die Vertretung also nicht aktiv ausgeübt wird (vgl. § 59 Abs. 2 NotAktVV). In der XNP-Benutzerverwaltung existiert zu diesem Zweck ein Schieberegler, mit welchem die technische Zugangsberechtigung zu allen Anwendungen der Bundesnotarkammer entzogen und bei Bedarf wieder eingeräumt werden kann.

III. Sonderfall Verwahrung durch die Notarkammern (Abs. 3)

Abs. 3 betrifft den vor allem im Anwaltsnotariat häufigen Anwendungsfall der Verwahrung durch die Notarkammern. Da die technische Zugangsberechtigung nur einer natürlichen Person erteilt werden kann, bestimmt § 70 Abs. 1 S. 2 BNotO, dass die Notarkammern als Verwahrstellen jeweils von denjenigen Personen vertreten werden, die hierzu vom Präsidenten durch eine dauerhaft aufzubewahrende schriftliche oder elektronische Verfügung bestimmt worden sind, wobei die persönliche und fachliche Eignung sowie eine organisatorische Anbindung an die Notarkammer vorausgesetzt werden (vgl. § 70 Abs. 1 S. 3 BNotO: Mitglied des Vorstands oder mitarbeitende Person der Notarkammer). Den auf diese Weise bestimmten Personen werden dann die technischen Zugangsberechtigungen für die elektronischen Verwahrbestände erteilt. 7

Dies schließt auch im Falle der Notarkammern eine abgeleitete Zugangsmöglichkeit für Mitarbeiter der Notarkammern nicht aus, sofern der Inhaber der Zugangsberechtigungen entsprechende Berechtigungen erteilt hat.

IV. Mitarbeiter von Verwahrstellen (Abs. 4)

Die abgeleiteten Zugangsberechtigungen für Mitarbeiter werden von Abs. 4 erfasst. Voraussetzung ist nach der Bestimmung, dass die betreffende Person, welcher eine solche Zugangsberechtigung eingeräumt werden soll, bei dem Amtsträger bzw. der betreffenden Verwahrstelle beschäftigt ist. Die Möglichkeit der Einräumung abgeleiteter Zugangsberechtigungen entspricht dem Bedürfnis nach einem arbeitsteiligen Zusammenwirken bei den Verwahrstellen und vor allem der Ermöglichung vorbereitender Arbeiten durch zuverlässiges Personal. Bestimmte Tätigkeiten, wie das qualifizierte elektronische Signieren oder das Löschen von Dokumenten, bleiben selbstverständlich auch dann dem betreffenden Amtsträger vorbehalten.[7] 8

Die Verwaltung der abgeleiteten Zugangsberechtigungen erfolgt durch den Amtsträger bzw. die Verwahrstelle selbst über das XNP-Modul „Benutzerverwaltung".

Die Einräumung des Zugangs kann in abgestufter Form erfolgen (Vollzugriff, eingeschränkter verwaltender Zugriff, reiner Lesezugriff etc., vgl. Abs. 4 S. 2). Hierzu existieren in der Benutzerverwaltung bestimmte Nutzerprofile, welche vom Amtsträger (Verwahrstelle) noch individuell angepasst werden können.

V. Verweisung (Abs. 5)

Aus dem Verweis in Abs. 5 auf § 5 Abs. 3 bis 5 folgt klarstellend, dass jede für die Notarkammer als Verwahrstelle handelnde Person (im Sinne des § 70 Abs. 1 S. 2 BNotO) sowie jede bei einer Verwahrstelle beschäftigte sonstige mitarbeitende Person, welcher Zugangsberechtigungen zum Elektronischen Urkundenarchiv eingeräumt sind, ihre eigenen Zugangsmittel (Wissensdaten und ggf. Hardwarekomponente in Gestalt der sog. „M-Karte") erhält und nutzen muss. Diese dürfen – wie beim Amtsträger selbst – nicht weitergegeben werden. 9

7 Frenz/Miermeister/*Kühnelt*, § 55 NotAktVV Rn 14.

§ 56 Sicherungsmaßnahmen gegen Missbrauch

Die Bundesnotarkammer hat geeignete technische und organisatorische Maßnahmen zur Verhinderung der missbräuchlichen Einräumung, Überleitung, Entziehung oder Ausübung von technischen Zugangsberechtigungen zu treffen.

A. Einleitung

I. Normhistorie, Regelungsziel

1 Vergleiche zur Entstehungsgeschichte § 55 NotAktVV Rdn 1.

2 [Vorläufig nicht belegt.]

II. Bezug zu anderen Normen

3 Das Elektronische Urkundenarchiv und der Elektronische Notariatsaktenspeicher sind zwar in technischer Hinsicht zentrale Systeme, jedoch funktional dezentral aufgebaut, wie in § 78i BNotO und § 64 Abs. 1 NotAktVV klargestellt ist.

B. Sicherungsmaßnahmen gegen Missbrauch

I. Grundsatz

4 Die Bundesnotarkammer hat durch geeignete Maßnahmen sicherzustellen, dass ein Missbrauch auszuschließen ist und grundsätzlich nur die für die Verwahrung zuständige Stelle Zugriff auf die entsprechenden Daten hat. Diese Grundkonzeption und deren Verankerung war zentraler Bestandteil und Ergebnis der langjährigen Diskussion im Vorfeld der Etablierung sowohl des elektronischen Urkundenarchivs als auch der Schaffung der Möglichkeit eines elektronischen Notariatsaktenspeichers.[1] Demgemäß hat die Bundesnotarkammer die Funktions- und Sicherheitskonzepte nach § 61 Abs. 2 NotAktVV bzw. § 66 Abs. 1 NotAktVV vorzusehen und eine regelmäßige Überprüfung des Funktions- und Sicherheitskonzepts vorzunehmen.

II. Ausgestaltung

5 Infrage kommen insbesondere technische und organisatorische Sicherungsmaßnahmen wie ein Vieraugenprinzip oder die Festlegung bestimmter Entscheidungswege. Wegen der laufenden Weiterentwicklung der Technik und den damit verbundenen ständig neuen Bedrohungen und Risiken für die Integrität der technischen Zugangsberechtigungen ist es nicht geboten, den Inhalt der Sicherungsmaßnahmen im Einzelnen zum Gegenstand der NotAktVV zu machen.[2]

1 Zum Entstehungsprozess *Püls*, DNotZ 2021, 862 ff.

2 So ausdrücklich BR-Drucks 774/21, 34, online abrufbar unter: https://dserver.bundestag.de/brd/2021/0774–21.pdf.

§ 57 Sichere informationstechnische Netze

Das Elektronische Urkundenarchiv und der Elektronische Notariatsaktenspeicher sind nur über solche informationstechnischen Netze zugänglich, die durch eine staatliche Stelle oder im Auftrag einer staatlichen Stelle oder einer juristischen Person des öffentlichen Rechts betrieben werden und die mit dem Elektronischen Urkundenarchiv oder dem Elektronischen Notariatsaktenspeicher gesichert verbunden sind.

Die Vorschrift betrifft die Integration des Elektronischen Urkundenarchivs sowie des Elektronischen Notariatsaktenspeichers in und den Betrieb der beiden Systeme ausschließlich aus sicheren und vertrauenswürdigen informationstechnischen Netzen heraus, die durch eine staatliche Stelle, im Auftrag einer staatlichen Stelle oder einer juristischen Person des öffentlichen Rechts betrieben werden und mit den Systemen gesichert verbunden sind. Sie gewährleistet, dass die beiden Anwendungen zum Schutz der Vertraulichkeit und Integrität der in den Archiven gespeicherten Daten nur aus entsprechend sicheren Netzen zugänglich sind. Vorbild der Vorschrift ist § 12 Abs. 1 der Testamentsregister-Verordnung (ZTRV).[1] 1

Die Schaffung der informationssicherheitstechnischen Voraussetzungen obliegt der Bundesnotarkammer als zentraler Urkundenarchivbehörde, die diese für das Elektronische Urkundenarchiv zum 1.1.2022 umgesetzt hat. Ein Elektronischer Notariatsaktenspeicher wird derzeit noch nicht angeboten. 2

Praktisch ist das Elektronische Urkundenarchiv in die Basisanwendung XNP eingebunden, die nur von einem PC innerhalb des sog. Notarnetzes[2] erreicht werden kann. Für den Zugang zum Notarnetz ist eine besondere Hardwarekomponente (Notarnetzbox) erforderlich, die von anderen Personen als Standesorganisationen und Notarkammern grundsätzlich nur auf der Grundlage einer entsprechenden, im Falle des einzelnen Amtsträgers über Eintragungen im Notarverzeichnis (§ 78l BNotO, §§ 1 ff. NotVPV) verwalteten Berechtigung (gültige Amtstätigkeits-ID) bestellt werden kann. Die Einzelheiten sind in den Nutzungsbedingungen Notarnetz der Bundesnotarkammer näher ausgestaltet. 3

Die Vorgaben des § 57 NotAktVV schließen eine im Interesse der Arbeitserleichterung, insbesondere zur Vermeidung von Doppeleingaben, mögliche Anbindung an nicht durch die Urkundenarchivbehörde oder in deren Auftrag betriebene (weitere) Notarsoftware (Drittsoftware) nicht per se aus, wenn die Einhaltung der allgemeinen Anforderungen an die Verfügbarkeit, Integrität, Transparenz und Vertraulichkeit der Systeme (§ 35 Abs. 1 S. 1 BNotO) gewährleistet ist. Die Anbindung von und die Interaktion mit Drittsoftware (namentlich in Gestalt des Datenim- und -exports) darf dabei nur über die von der Bundesnotarkammer bereitgestellten Schnittstellen erfolgen und entsprechend der Vorgaben der Bundesnotarkammer umgesetzt werden. Hierüber hat der Notar zum Nachweis eine Herstellerbescheinigung gemäß § 11 Abs. 2 DONot einzuholen und in seiner Generalakte aufzubewahren (§ 46 Abs. 1 S. 1 Nr. 10 NotAktVV). Ausgeschlossen ist jedoch eine Vollintegration des Urkundenarchivs in Drittsoftware.[3] 4

Unterabschnitt 2: Elektronisches Urkundenarchiv

§ 58 Einräumung und Überleitung der technischen Zugangsberechtigung

(1) Die technische Zugangsberechtigung zum Elektronischen Urkundenarchiv nach § 55 Absatz 1 soll in dem Fall, in dem zuvor eine andere Stelle für die Verwahrung der elektronischen Aufzeichnungen zuständig war, von dieser Stelle übergeleitet werden.

(2) Die technische Zugangsberechtigung nach § 55 Absatz 2 soll von der nach § 55 Absatz 1 zugangsberechtigten Person eingeräumt werden.

1 BR-Drucks 774/21, S. 34.
2 Zur weiteren Erläuterung s. https://www.elrv.info/it-nutzung-im-notarbuero/notarnetz (zuletzt abgerufen am 6.2.2026).
3 Frenz/Miermeister/*Kühnel*, § 57 NotAktVV Rn 4.

(3) Die technische Zugangsberechtigung nach § 55 Absatz 3 soll von der zuvor für die Verwahrung der elektronischen Aufzeichnungen zuständigen Stelle übergeleitet werden.

(4) [1]Die technische Zugangsberechtigung nach § 55 Absatz 4 ist durch die für die Verwahrung der elektronischen Aufzeichnungen zuständige Stelle einzuräumen. [2]Diese Stelle kann den bei ihr beschäftigten Personen auch die Befugnis einräumen, weitere technische Zugangsberechtigungen zu erteilen. [3]Befugnisse nach Satz 2 können in ihrem Umfang eingeschränkt werden.

(5) [1]Wird die technische Zugangsberechtigung in den Fällen des § 55 Absatz 1 bis 3 nicht durch die in den Absätzen 1 bis 3 bezeichneten Stellen übergeleitet oder eingeräumt, so ist sie durch die Notarkammer einzuräumen. [2]Die Einräumung erfolgt in den Fällen, in denen ein Zugang zu denjenigen elektronischen Aufzeichnungen eingeräumt wird, für deren Verwahrung zuvor eine andere Stelle zuständig war, aufgrund eines Beschlusses des Vorstands der Notarkammer. [3]Kann ein Beschluss des Vorstands nicht rechtzeitig herbeigeführt werden, so entscheidet der Präsident der Notarkammer. [4]In diesem Fall ist die Entscheidung des Vorstands unverzüglich nachzuholen.

A. Allgemeines

1 Während § 55 NotAktVV regelt, wem eine technische Zugangsberechtigung einzuräumen ist, ist Gegenstand des § 58 NotAktVV, welche Stelle für die Erteilung bzw. Überleitung der entsprechenden Berechtigung zuständig ist und grundsätzlich auch handeln muss,[1] sofern Handlungsfähigkeit besteht. Dabei differenziert die Vorschrift übersichtlich in ihren einzelnen Absätzen (Abs. 1 bis 4) nach den unterschiedlichen Fällen der technischen Zugangsberechtigung gemäß § 55 Abs. 1 bis 4 NotAktVV. Abs. 5 enthält eine Grundlage für die Einräumung und Überleitung der technischen Zugangsberechtigung in dem Fall, dass die eigentlich zuständige Stelle nach § 55 Abs. 1 bis 3 NotAktVV die Einräumung bzw. Überleitung entweder nicht vornimmt, der Prozess aus technischen Gründen fehlschlägt oder die Stelle hierzu außer Stande ist.

2 Jedem zum Zeitpunkt des Inkrafttretens amtierenden Notar (Notariatsverwalter) wurde seitens der Bundesnotarkammer unter Mitwirkung der Notarkammern gemäß § 78i BNotO, § 55 Abs. 1 NotAktVV im Rahmen seiner jeweiligen Verwahrzuständigkeit und nach Maßgabe der von der Bundesnotarkammer als Urkundenarchivbehörde getroffenen technischen und organisatorischen Maßnahmen eine technische Zugangsberechtigung für das Elektronische Urkundenarchiv – erstmals – eingeräumt und der Bestand an aktiven Amtstätigkeiten (Verwahrstellen) in das neue System des Elektronische Urkundenarchiv überführt. Alle weiteren Überleitungs- und Einräumungsvorgänge richten sich seither nach der Vorschrift des § 58 NotAktVV.

3 Nach der Systematik des § 58 NotAktVV wird zwischen Überleitung und Einräumung unterschieden.[2] Die **Überleitung** (vgl. Abs. 1 und 3) betrifft den Wechsel der Verwahrstelle, insbesondere im Falle des Erlöschens des Notaramtes und Übertragung des Verwahrbestandes an einen Amtsnachfolger oder die Notarkammer. Von **Einräumung** spricht die Verordnung in § 58 NotAktVV hingegen immer dann, wenn die Amtstätigkeit und die daran anknüpfende Verwahrzuständigkeit nicht wechselt, sondern lediglich weitere Personen „unterberechtigt“ werden sollen. Dies trifft nach Abs. 2 i.V.m. § 55 Abs. 2 NotAktVV auf den Fall der Notarvertretung sowie nach Abs. 4 i.V.m. § 58 Abs. 4 NotAktVV auf die abgeleiteten Zugangsberechtigungen von bei der jeweiligen Amtstätigkeit (Verwahrstelle) beschäftigten Personen zu.

1 Frenz/Miermeister/*Kühnelt*, § 58 NotAktVV Rn 2.

2 Dazu etwa auch Frenz/Miermeister/*Kühnelt*, § 58 NotAktVV Rn 3; BeckOK-BNotO/*Sauer*, § 58 NotAktVV Rn 1.

B. Einzelheiten

Entsprechend der korrespondierenden Systematik in §§ 55, 58 NotAktVV sind folgende Fälle denkbar: 4

- Überleitung der technischen Zugangsberechtigung der Amtstätigkeiten im eigentlichen Sinne (Notare, Notariatsverwalter) auf eine andere Amtstätigkeit im Falle des Wechsels der Verwahrzuständigkeit (nach § 45 Abs. 1 S. 1 bzw. § 51 Abs. 1 S. 2 sowie BNotO, insbesondere bei Amtsnachfolge), Abs. 1 i.V.m. § 55 Abs. 1 NotAktVV:
  Zuständig für die Überleitung ist die bislang zuständige Verwahrstelle, welche die „Amtsübergabe" über die Basisanwendung XNP in den Modulen Urkundenverzeichnis und Verwahrungsverzeichnis anstoßen kann, sobald die nachfolgende Amtstätigkeit unter Zuordnung der entsprechenden Verwahrung von der Notarkammer im Notarverzeichnis eingetragen wurde und die die nachfolgende Amtstätigkeit selbst ihre „N-Karten" für diese Amts- bzw. Verwahrtätigkeit „initialisiert" hat.[3] Der Initialisierungsvorgang lässt sich technisch vereinfacht mit der Einrichtung eines virtuellen Archivraums der neuen Amtstätigkeit vergleichen, in welche die elektronischen Aufzeichnungen der bisherigen Amtstätigkeit angeliefert und übergeben werden können. Die initialisierten N-Karten stellen den Schlüssel zum Archivraum dar, welche den Zugang ermöglichen. Der Überleitungsprozess von dem Amtsvorgänger auf die nachfolgende Amtstätigkeit muss sodann grundsätzlich bis zum letzten Tag der Amtstätigkeit des Amtsvorgängers durchgeführt werden. Technisch wird hierdurch der gesamte Verwahrbestand (Einträge in den Verzeichnissen und Dokumente in der elektronischen Urkundensammlung) übergeben und „umgeschlüsselt", so dass danach nur noch die neue Verwahrstelle Zugriff besitzt. Die ordnungsgemäße Amtsübergabe wird in XNP unter zahlenmäßiger Angabe der übergebenen Verwahrbestände (UVZ und VVZ getrennt) dokumentiert.
- Einräumung der technischen Zugangsberechtigung an einen Notarvertreter während des Vertretungszeitraums, Abs. 2 i.V.m. § 55 Abs. 2 NotAktVV:
  Zuständig für die Einräumung ist grundsätzlich die vertretene Amtstätigkeit. Der Notarvertreter erhält für die Dauer seiner Vertretung eine zusätzliche Zugriffsberechtigung, mit der er innerhalb der fortbestehenden Verwahrzuständigkeit des vertretenen Amtsträgers auf dessen Verwahrbestand zugreifen kann.[4] Bei der ständigen Notarvertretung sollte beachtet werden, dass die Vertretung während des gesamten Zeitraums im Notarverzeichnis hinterlegt und aktiv bleibt. Die vertretene Amtstätigkeit soll den Zugriff des ständigen Vertreters nach Ende jeder Vertretungstätigkeit daher über die Schlüsselverwaltung wieder entziehen (vgl.§ 59 Abs. 2 NotAktVV; siehe im Einzelnen schon § 55 NotAktVV Rdn 6).
- Überleitung der Verwahrzuständigkeit nicht auf eine nachfolgende Amtstätigkeit, sondern auf die Notarkammer als Verwahrstelle, Abs. 3 i.V.m. § 55 Abs. 3 NotAktVV: Auch in diesem, vor allem im Bereich des Anwaltsnotariats häufig anzutreffenden Anwendungsfall ist für die Überleitung die bisherige Verwahrstelle zuständig. Es gelten die Ausführungen zu Abs. 1 im Wesentlichen entsprechend.
- Einräumung abgeleiteter technischer Zugangsberechtigungen an bei der Verwahrstelle beschäftigte Personen, Abs. 4 i.V.m. § 55 Abs. 4 NotAktVV: Die Überleitung hat durch den Amtsinhaber bzw. durch die nach § 70 Abs. 1 S. 2 BNotO vom Präsidenten der Notarkammer zum Vertretungsberechtigten bestimmten Person zu erfolgen. Der Umfang der Berechtigung (§ 55 Abs. 4 S. 2 NotAktVV) kann ebenso festgelegt werden wie die Befugnis, selbst Zugangsberechtigungen für Beschäftigte einzuräumen (Abs. 4 S. 2, sog. Administratorfunktion).

Um die Handlungsfähigkeit und den jederzeitigen Zugriff der jeweiligen Verwahrstelle auch in unvorhergesehenen „Störfällen" abzusichern, sieht Abs. 5 anstelle der Überleitung oder Einräumung der Zugangsberechtigung durch die nach Abs. 1 bis 3 eigentlich zuständige Stelle unter bestimmten Voraussetzungen die Möglichkeit der Einräumung durch die jeweils zuständige regionale Notarkammer vor. Die Verschaffung der Zugangsberechtigung durch die Notarkammer auf der Grundlage des Abs. 5 ist begrifflich nie „Überleitung", sondern stets „Einräumung", weil die Notarkammer selbst in diesen Fällen nicht Verwahrstelle ist 5

Abs. 5 S. 1 spricht hinsichtlich der Voraussetzungen für die Ersatzzuständigkeit der Notarkammern lediglich davon, dass die Zugangsberechtigung von der in Abs. 1 bis 3 bezeichneten (zuständigen) Stelle nicht 6

3 Einzelheiten finden sich in der Onlinehilfe der Bundesnotarkammer https://onlinehilfe.bnotk.de/einrichtungen/elektronisches-urkundenarchiv/urkundenverzeichnis-uvz/dauerhafte-uebergabe-51–58-bnoto.html (zuletzt abgerufen am 6.2.2026).

4 Frenz/Miermeister/*Kühnelt*, § 58 NotAktVV Rn 9.

übergeleitet oder eingeräumt wird. Denkbare Anwendungsfälle können insoweit etwa der Tod oder eine schwere Erkrankung des bisherigen Amtsinhabers, der Verlust sämtlicher Zugangskarten oder technische Probleme beim Überleitungsvorgang sein.

7 Zu beachten ist, dass die Ersatzzuständigkeit nach Abs. 5 nur für Fälle der Amtsnachfolge, Notarvertretung und Übergabe des Verwahrbestandes an die Notarkammer als Verwahrstelle vorgesehen ist. Einen „Durchgriff" auf die abgeleiteten Zugangsberechtigungen an Mitarbeiter einer Verwahrstelle ermöglicht die Vorschrift nicht unmittelbar. Dies ist sachgerecht, weil es sich hierbei um interne Vorgänge der jeweiligen Verwahrstelle handelt. Eine aufgrund der Ersatzzuständigkeit nach Abs. 5 mit technischer Zugangsberechtigung ausgestattete nachfolgende Verwahrstelle kann selbstverständlich dann auch die abgeleiteten Zugangsberechtigungen ändern und anpassen.

8 An das Gebrauchmachen von der Ersatzzuständigkeit sind wegen der Durchbrechung des Prinzips des dezentralen Zugriffs (§ 78i BNotO) hohe Anforderungen zu stellen. Die NotAktVV sieht in § 58 Abs. 5 S. 2 die Notwendigkeit eines Vorstandsbeschlusses der zuständigen regionalen Notarkammer vor. In Eilfällen kann der Präsident der Notarkammer die Entscheidung über die Ersatzzuständigkeit treffen, wobei ein Vorstandsbeschluss dann unverzüglich nachzuholen ist (§ 58 Abs. 5 S. 3, 4 NotAktVV).

Zum Schutz gegen Missbrauch sehen die technischen und organisatorischen Maßnahmen der Bundesnotarkammer zusätzlich ein Vieraugenprinzip vor, welches ein Handeln mehrerer Personen auf Ebene der Notarkammer erforderlich macht.

§ 59 Wegfall und Entziehung der technischen Zugangsberechtigung

Die Bundesnotarkammer hat im Zusammenwirken mit den Notarkammern sicherzustellen, dass eine technische Zugangsberechtigung endet, wenn

1. **im Fall des § 55 Absatz 1 das Amt erlischt oder der Amtssitz in einen anderen Amtsgerichtsbezirk verlegt wird,**
2. **im Fall des § 55 Absatz 2 oder 3 die Vertretung endet und**
3. **im Fall des § 55 Absatz 4 die für die Verwahrung der elektronischen Aufzeichnungen zuständige Stelle wechselt.**

(2) Die technische Zugangsberechtigung nach § 55 Absatz 2 soll im Fall einer ständigen Vertretung von der nach § 55 Absatz 1 zugangsberechtigten Person vorübergehend entzogen werden, solange keine Amtsbefugnis nach § 44 Absatz 1 Satz 1 der Bundesnotarordnung besteht.

(3) Eine technische Zugangsberechtigung nach § 55 Absatz 4 kann jederzeit durch die für die Verwahrung der elektronischen Aufzeichnungen zuständige Stelle oder eine von dieser entsprechend befugte Person entzogen werden.

(4) [1]Wird der Notar vorläufig seines Amtes enthoben, ohne dass sich die Zuständigkeit für die Verwahrung der amtlichen Bestände ändert, so hat ihm die Notarkammer die technische Zugangsberechtigung zu entziehen, soweit nicht ausnahmsweise ein Zugang geboten ist. [2]Weitere technische Zugangsberechtigungen und Befugnisse im Sinne des § 55 Absatz 4 und des § 58 Absatz 4 Satz 2 bleiben von der Entziehung der Zugangsberechtigung nach Satz 1 unberührt. [3]Sie können von dem Notar nicht mehr geändert oder widerrufen werden.

(5) [1]Die Bundesnotarkammer oder die Notarkammer können einer Person die technische Zugangsberechtigung vorübergehend entziehen, wenn die Gefahr einer missbräuchlichen Verwendung besteht. [2]Die vorübergehende Entziehung ist unverzüglich zu beenden, wenn diese Gefahr nicht mehr besteht.

1 Als gemeinsame Verpflichtung sowohl der Bundesnotarkammer als auch der regionalen Notarkammern hat der Verordnungsgeber die Pflicht ausgestaltet, den Wegfall der technischen Zugangsberechtigung sicherzustellen, wenn die jeweilige Amtstätigkeit oder eine Notarvertretung endet, der Amtssitz verlegt wird oder die Verwahrstelle (aus sonstigen Gründen) wechselt (Abs. 1 Nr. 1 bis 3).

Abs. 2 trägt in diesem Kontext den Besonderheiten einer ständigen Vertretung Rechnung (siehe dazu schon § 55 NotAktVV Rdn 6). Insbesondere bei ständigen Vertretungen besteht das Bedürfnis, die technische Zugangsberechtigung der Vertretung vorübergehend auch während eines laufenden Vertretungszeitraums entziehen zu können, solange keine Amtsbefugnis nach § 44 Abs. 1 S. 1 BNotO besteht, die Vertretung also nicht aktiv ausgeübt wird. In der XNP-Benutzerverwaltung existiert zu diesem Zweck ein Schieberegler, mit welchem die technische Zugangsberechtigung zu allen Anwendungen der Bundesnotarkammer entzogen und bei Bedarf wieder eingeräumt werden kann. 2

Abs. 3 betrifft die Entziehung abgeleiteter Zugangsberechtigungen für bei Verwahrstellen beschäftigte Personen. 3

Abs. 4 regelt die Entziehung im Sonderfall der vorläufigen Amtsenthebung. 4

Die Möglichkeit der vorübergehenden Entziehung von Zugangsberechtigungen in Fällen des Missbrauchs normiert Abs. 5.

Die Vorschrift sieht im Grundsatz keine technischen Einzelheiten dafür vor, wie die Entziehung in den einzelnen Fällen zu erfolgen hat. Das System kann bei in zeitlicher Hinsicht vorhersehbaren Beendigungstatbeständen, namentlich in den in Abs. 1 beschriebenen Situationen, so ausgestaltet werden, dass die technische Zugangsberechtigung automatisch endet.[1] Grundlage für die Entziehung der Zugangsberechtigung sind in den meisten Anwendungsfällen wiederum die von den regionalen Notarkammern vorzunehmenden Eintragungen im Notarverzeichnis. 5

§ 60 Dokumentation der technischen Zugangsberechtigungen

(1) [1]Die Bundesnotarkammer hat im Hinblick auf die Einräumung, die Überleitung und die Entziehung der technischen Zugangsberechtigungen zum Elektronischen Urkundenarchiv den jeweiligen Zeitpunkt und die jeweils beteiligten Personen und Notarkammern zu dokumentieren. [2]Die Bundesnotarkammer kann weitere Dokumentationstatbestände vorsehen. [3]Die Dokumentation nach Satz 1 ist für 100 Jahre aufzubewahren und sodann unverzüglich zu löschen.

(2) [1]Die Bundesnotarkammer kann den für die Verwahrung elektronischer Aufzeichnungen zuständigen Stellen und den Notarkammern Informationen über die erteilten technischen Zugangsberechtigungen übermitteln. [2]Soweit die Dokumentation nach Absatz 1 für eine rechtliche Überprüfung dahingehend erforderlich ist, welche Person welche Eintragungen vorgenommen hat, hat die Bundesnotarkammer der für die Überprüfung zuständigen Stelle die notwendigen Informationen zur Verfügung zu stellen.

A. Allgemeines

Zur Umsetzung der Vorgaben der Bundesnotarordnung zur Zugriffsbeschränkung des Elektronischen Urkundenverzeichnisses auf die zuständigen Verwahrstellen (§ 78i BNotO) und zur Transparenz der darin gespeicherten Daten (§ 78h Abs. 2 BNotO) enthält Abs. 1 die Verpflichtung der Bundesnotarkammer, die Einräumung, Überleitung und Entziehung von technischen Zugangsberechtigungen zum Elektronischen Urkundenarchiv (zum Elektronischen Notariatsaktenspeicher siehe § 62 NotAktVV) in ihrem historischen Verlauf angemessen zu dokumentieren (**Dokumentationspflicht**). 1

Nach Abs. 2 S. 1 kann (und soll) die Bundesnotarkammer den für die Verwahrung elektronischer Aufzeichnungen zuständigen Stellen sowie den Notarkammern Informationen über die erteilten technischen 2

1 BR-Drucks 774/21, S. 36. Beispielsweise kann als spätestes Datum des Erlöschens des Amtes – vorbehaltlich der Eintragung früherer Erlöschensgründe nach § 6 NotVPV im Notarverzeichnis – in Anknüpfung an das Geburtsdatum des jeweiligen Amtsträgers automatisiert der Ablauf des Monats des Erreichens der gesetzlichen Altersgrenze hinterlegt werden.

Zugangsberechtigungen übermitteln (**Mitteilungspflicht**). Von der Mitteilungspflicht nach Abs. 2 S. 2 sind die in der nach Abs. 1 anzulegenden Dokumentation enthaltenen Informationen zu den im Zuge von Berechtigungsmaßnahmen handelnden Personen erfasst. Diese Informationen dürfen unter Umständen auch an Dritte („zuständige Stelle") **beauskunftet** und übermittelt werden.

3 Dokumentations- und Mitteilungspflichten dienen dem Zweck, die einzelnen Berechtigungsvorgänge dauerhaft transparent und nachvollziehbar zu machen, eine wechselseitige Kontrolle der beteiligten Institutionen und Personen zu ermöglichen[1] und damit insgesamt das Vertrauen der Bevölkerung das ordnungsgemäße Funktionieren und die Integrität des Elektronischen Urkundenarchivs zu schützen.[2] Nur über eine entsprechende Dokumentation kann jederzeit nachvollzogen werden, wer zu welchem Zeitpunkt auf die im Elektronischen Urkundenarchiv gespeicherten Daten zugreifen konnte.[3]

B. Inhalt der Dokumentation (Abs. 1)

4 Die Dokumentationspflicht erstreckt sich auf jeden einzelnen der in den §§ 55, 59 NotAktVV geregelten Berechtigungsvorgänge. Verpflichtend zu dokumentieren sind der jeweilige Zeitpunkt und die jeweils beteiligten Personen und Notarkammern des jeweiligen Berechtigungsvorgangs. Dem Zweck der Dokumentation entsprechend sollte aus den Aufzeichnungen nach S. 1 jeweils hervorgehen, welche technischen Zugangsberechtigungen erteilt wurden, wann dies erfolgte, von wem und gegebenenfalls in wessen Namen die Zugangsberechtigung erteilt wurde und wem die Berechtigung eingeräumt, übergeleitet oder entzogen wurde.[4]

5 Die Bundesnotarkammer kann gemäß S. 2 nach eigenem Ermessen weitere zweckmäßige Dokumentationstatbestände vorsehen, etwa um die ordnungsgemäße Ausübung von technischen Zugangsberechtigungen und ggf. ihren Missbrauch nachvollziehen zu können.[5]

6 Die Dokumentation nach S. 1 ist 100 Jahre aufzubewahren (Abs. 1 S. 3). Die Dauer der Aufbewahrung erklärt sich vor dem Hintergrund, dass die technischen Zugangsberechtigungen während der ganzen Aufbewahrungsdauer der von ihr potentiell betroffenen Inhalte (vgl. § 50 NotAktVV) nachvollzogen werden können sollen.[6] Die Aufbewahrungsfrist für weitere Dokumentationstatbestände nach Abs. 1 S. 2 darf hiervon abweichen.

C. Mitteilung und Beauskunftung (Abs. 2)

7 Abs. 2 S. 1 sieht die Berechtigung zur Weitergabe der Informationen über erteilte technische Zugangsberechtigungen an die Verwahrstellen, namentlich an die Notarinnen und Notare, sowie die Notarkammern vor. Mitteilungen können in Form einer regelmäßigen Information der Verwahrstellen oder aber auch auf Anfrage erfolgen, um der Verwahrstelle einen Abgleich der tatsächlich erteilten Berechtigungen mit dem eigenen Informationsstand zu ermöglichen und etwa bestehenden Handlungsbedarf im Rahmen der Berechtigungsverwaltung zu prüfen und gegebenenfalls Maßnahmen zu veranlassen. Namentlich soll den Notarkammern ermöglicht werden, ihrer Pflicht zur ordnungsgemäßen Verwaltung der technischen Zugangsberechtigungen nach § 67 Abs. 3 Nr. 4 BNotO nachzukommen.[7]

8 Demgegenüber stellt die in S. 2 enthaltene Bestimmung klar, dass die Bundesnotarkammer zur Weitergabe der in ihrer Dokumentation enthaltenen (gegebenenfalls auch personenbezogenen) Daten auch an „Dritte" ermächtigt ist, wobei es sich hierbei um eine „zuständige Stelle" handeln muss, welche die jeweilige Information für eine dahingehende Überprüfung, welche Person welche Eintragungen vorgenommen hat, benötigt. In der Verordnungsbegründung wird beispielhaft der Fall genannt, dass in einem gerichtlichen Verfahren zu prüfen ist, ob eine Urkunde nachträglich verändert wurde.[8]

1 BeckOK-BNotO/*Sauer*, § 60 NotAktVV Rn 1.
2 BR-Drucks 774/221, S. 38.
3 Frenz/Miermeister/*Kühnelt*, § 60 NotAktVV Rn 2.
4 BR-Drucks 774/221, S. 38.
5 Frenz/Miermeister/*Kühnelt*, § 60 NotAktVV Rn 3.
6 BR-Drucks 774/221, S. 38.
7 BR-Drucks 774/221, S. 38.
8 BR-Drucks 774/221, S. 38.

§ 61 Datenschutz, Datensicherheit und Vertraulichkeit

(1) Zum Schutz und zur Gewährleistung der Sicherheit und Vertraulichkeit der im Elektronischen Urkundenarchiv gespeicherten und zu speichernden Daten, der damit verbundenen Datenübermittlungen sowie der elektronischen Kommunikation hat die Bundesnotarkammer insbesondere sicherzustellen, dass

1. die Anmeldung zum Elektronischen Urkundenarchiv mit mindestens zwei voneinander unabhängigen Sicherungsmitteln erfolgt, wobei für den Zugang zur elektronischen Urkundensammlung ein auf einer kryptographischen Hardwarekomponente gespeicherter Schlüssel zu verwenden ist,

2. die im Elektronischen Urkundenarchiv gespeicherten Daten für die Dauer der in dieser Verordnung bestimmten Aufbewahrungsfristen verfügbar sind,

3. für den Fall, dass Eintragungen im Urkundenverzeichnis oder im Verwahrungsverzeichnis geändert werden, Inhalt und Datum der Änderung nachvollziehbar bleiben,

4. für den Fall, dass Dokumente aus der elektronischen Urkundensammlung vor Ablauf der Aufbewahrungsfrist gelöscht werden sollen,

a) die Dokumente unverzüglich gesperrt und 150 Tage nach Erteilung des Löschungsbefehls gelöscht werden und

b) die Tatsache der Löschung und deren Datum nachvollziehbar bleiben,

5. die im Elektronischen Urkundenarchiv gespeicherten Daten in angemessenen Intervallen in Datensicherungen aufgenommen werden, welche ohne Anbindung an informationstechnische Netze aufbewahrt werden, und

6. die Zuverlässigkeit der mit dem technischen Betrieb des Elektronischen Urkundenarchivs befassten Personen gewährleistet ist, insbesondere wenn für diese die Möglichkeit zur Kenntnisnahme der im Urkundenverzeichnis oder im Verwahrungsverzeichnis gespeicherten Daten besteht.

(2) [1]Die Bundesnotarkammer hat ein Funktions- und Sicherheitskonzept zu erstellen und umzusetzen. [2]In diesem sind die nach § 54 Absatz 1 Satz 2 zugelassenen weiteren Aufzeichnungen zu bestimmen. [3]Zudem sind in ihm die einzelnen technischen und organisatorischen Maßnahmen festzulegen, die nach dem Stand der Technik Folgendes gewährleisten:

1. den Datenschutz,

2. die Datensicherheit,

3. die Wahrung der Integrität, Authentizität, Verkehrsfähigkeit, Verfügbarkeit, Lesbarkeit und Vertraulichkeit sowie

4. die Umsetzung der Vorgaben dieser Verordnung.

[4]Das Funktions- und Sicherheitskonzept und dessen Umsetzung sind durch die Bundesnotarkammer regelmäßig zu überprüfen.

(3) [1]Die Bundesnotarkammer hat in dem Funktions- und Sicherheitskonzept geeignete technische und organisatorische Maßnahmen festzulegen, um die Übermittlung und Speicherung der im Elektronischen Urkundenarchiv zu speichernden Daten zu ermöglichen. [2]Bei der Festlegung der Struktur, der technischen Architektur, der Datenformate, der maximalen Dateigrößen, der Schnittstellen und der Speichermedien für das Elektronische Urkundenarchiv hat die Bundesnotarkammer insbesondere zu berücksichtigen, welche Auswirkungen die genannten Faktoren auf die Datenübermittlung und die Funktionsfähigkeit des Elektronischen Urkundenarchivs sowie auf die Transparenz, die dauerhafte Verfügbarkeit, die Integrität, die Authentizität und die Verkehrsfähigkeit der gespeicherten Daten haben. [3]Hat die Bundesnotarkammer in dem Funktions- und Sicherheitskonzept bestimmte Dateiformate oder maximale Dateigrößen oder damit verbundene Verfahren für das Elektronische Urkundenarchiv festgelegt, so sind diese Vorgaben im Verkündungsblatt der Bundesnotarkammer bekanntzumachen. [4]Die von der Bundesnotarkammer bekanntgemachten Vorgaben sind bei der Nutzung des Elektronischen Urkundenarchivs zu beachten.

(4) [1]Daten zu Änderungen und Löschungen nach Absatz 1 Nummer 3 und 4 sind von der Bundesnotarkammer so lange zu speichern, wie die entsprechende Eintragung aufzubewahren ist und sodann unverzüglich zu löschen. [2]Daten, die nicht zu den gesetzlich vorgeschriebenen Inhalten des Elektronischen Urkundenarchivs gehören, können von der Speicherung ausgenommen werden.
(5) [1]Die Bundesnotarkammer ist für die technischen und organisatorischen Maßnahmen der Datensicherheit verantwortlich. [2]Im Übrigen ist die für die Verwahrung elektronischer Aufzeichnungen zuständige Stelle datenschutzrechtlich verantwortlich. [3]Personen nach Absatz 1 Nummer 6 sind befugt, auf die im Elektronischen Urkundenarchiv gespeicherten Daten zuzugreifen, wenn dies zur Durchführung von Wartungsarbeiten oder zur Beseitigung von Störungen des technischen Systems erforderlich ist.

A. Einleitung

I. Normhistorie, Regelungsziel, -aufbau

1 Mit der Etablierung der Bundesnotarkammer als Urkundenarchivbehörde[1] sind im Interesse des Schutzes der vorsorgenden Rechtspflege grundlegende Anforderungen an Datenschutz, Datensicherheit sowie die weiteren Grundsätze zum Aufbau und zur Bewahrung des Vertrauens in den Prozess der Digitalisierung zu beachten.[2] § 78k BNotO schafft die Rechtsgrundlage der Vorschrift. § 61 NotAktVV fasst die hier zu beachtenden Anforderungen und Grundsätze zusammen, lässt aber Raum für technikoffene Weiterentwicklungen (Stand der Technik). Die ausführlichen Gesetzesmaterialien finden sich in der entsprechenden Bundestagsdrucksache.[3]

2 Abs. 1 formuliert gezielte Voraussetzungen im Zusammenhang mit der Sicherheit und Vertraulichkeit der im ELUA gespeicherten Daten. Abs. 2 stellt die Anforderung an das **Funktions- und Sicherheitskonzept** sowie deren Überprüfung mit Blick auf die in Rdn 3 genannten Prinzipien auf, Abs. 4 enthält die Bestimmungen über Aufbewahrung und Löschung der gespeicherten Daten. Abs. 5 schließlich bestimmt die Verantwortung der Urkundenarchivbehörde für **technische und organisatorische Maßnahmen der Datensicherheit unmittelbar im Zusammenhang** mit der Speicherung/Aufbewahrung.

II. Bezug zu anderen Normen

3 Die in Abs. 1 der Norm angesprochenen Grundsätze der **Sicherheit und Vertraulichkeit** finden sich auch in anderen berufsrechtlichen Anforderungsnormen (teilweise) wieder, ebenso die in Abs. 2 genannten Anforderungen an **Datenschutz, Datensicherheit, Wahrung der Integrität, Authentizität, Verkehrsfähigkeit, Verfügbarkeit, Lesbarkeit und Vertraulichkeit**.[4] Die in Abs. 1 Nr. 6 aufgeführte Bestimmung nimmt mit ihrem Regelungsinhalt Bezug auf die in § 78i BNotO enthaltene Bestimmung, nach der grundsätzlich ausschließlich die für die Verwahrung zuständige Stelle Zugang zu den gespeicherten

1 Legaldefinition § 78h Abs. 1 BNotO.
2 Vgl. zu dem mit der Digitalisierung verbundenen Kulturumbruch bereits *Püls*, 26. Deutscher Notartag 2002, Sonderheft, S. 168 ff., 173 mit weiteren Nachweisen.
3 BR-Drucks 774/21 (Verordnung Bundesministerium der Justiz und für Verbraucherschutz), https://dserver.bundestag.de/brd/2021/0774–21.pdf.
4 Vgl. zu den letztgenannten Begriffen beispielsweise § 35 BNotO sowie etwa die Kommentierung bei Schönenberg-Wessel/Plottek/Sikora/*Püls*, § 35 BNotO Rn 16 ff.

Daten haben darf – eines der absoluten Grundprinzipien des ELUA. § 66 NotAktVV rekurriert für den Notariatsaktenspeicher auf die Vorgaben des § 61 NotAktVV.

B. Anforderungen an Sicherheit und Vertraulichkeit (Abs. 1)

I. Mindestanforderungen

Abs. 1 listet die Mindestanforderungen auf, die von der Bundesnotarkammer zur Gewährleistung der Datensicherheit und Vertraulichkeit zu erfüllen sind. Erfasst sind sowohl Speicherung als auch Übermittlung der Daten. Durch den Verweis auf den Stand der Technik soll eine zukunftsoffene möglichst sichere Ausgestaltung ermöglicht werden. 4

II. Zwei-Faktor-Authentisierung (Abs. 1 Nr. 1)

Der Zugang durch Zwei-Faktor-Authentisierung wird in Anlehnung an § 16 Abs. 1 NotVPV festgelegt und greift damit die klassische Sicherung durch die Elemente Herrschaft (über das kartographische Hardwareelement) und Wissen (Passwort, PIN) auf. Dabei wird diese Vorgabe aber nicht starr verstanden, sondern auch hier technikoffen, um Sicherungsmittel dem Stand der Technik anpassen zu können. 5

III. Aufbewahrung und Verfügbarkeit (Abs. 1 Nr. 2)

Die in § 78h Abs. 2 BNotO enthaltenen technischen Anforderungen werden in dieser Nummer konkretisiert. Die Vorschrift regelt insbesondere auch, dass die Daten während der gesamten Aufbewahrungsdauer transparent auffindbar und verfügbar sein müssen. 6

IV. Protokollierung von Änderungen (Abs. 1 Nr. 3)

Zur Transparenz (und damit auch zur Missbrauchsvermeidung) gehört auch die Nachvollziehbarkeit von vorgenommenen Änderungen im UVZ. So sieht denn auch XNP in der Praxis an verschiedenen Stellen Bestätigungsvermerke vor, was auch den Regelungen in § 20 und § 30 NotAktVV entspricht.[5] 7

V. Schutz gegen versehentliche Löschung (Abs. 1 Nr. 4)

Abs. 1 Nr. 4a) sieht einen Sicherheitsmechanismus gegen die versehentliche Löschung von Dokumenten aus der eUSL vor. Der Löschungsbefehl durch die zuständige Verwahrstelle führt nicht unmittelbar zum Datenverlust, sondern verschiebt gelöschte Inhalte in ein gesperrtes System, in dem die Daten für 150 Tage noch abrufbar sind.[6] In dieser Zeit können sie wiederhergestellt werden (BNotK-Onlinehilfe: Dokument löschen oder gelöschtes Dokument wiederherstellen). Auch Löschungen müssen dauerhaft nachvollziehbar sein. Diese Vorgabe in Abs. 1 Nr. 4b) dient damit dem bereits in vorstehender Nr. 3 normierten Zweck. Nach Ablauf der gesetzlichen Aufbewahrungsfrist (§ 36 NotAktVV) sind derartige Sicherungsmechanismen nicht mehr erforderlich. 8

VI. Datensicherungen (Abs. 1 Nr. 5)

Eine hohe Verfügbarkeit von Daten ist Kernelement der Datensicherheit und damit auch des Datenschutzes. Deswegen sieht Abs. 1 Nr. 5 als weitere Sicherung vor, dass in angemessenen Intervallen Datensicherungen vorgenommen werden, die auch ohne Anbindung an informationstechnische Netze zu erfolgen haben. Die amtliche Begründung[7] nimmt dabei Bezug auf die Umsetzungshinweise des BSI (Bundesamt für Sicherheit in der Informationstechnik) und den dortigen Baustein CON.3 Datensicherungskonzept. 9

5 Vergleiche Onlinehilfe-BNotK: Korrekturvermerk bestätigen, verwerfen oder zurückweisen.

6 BR-Drucks 774/21, 39, online abrufbar unter: https://dserver.bundestag.de/brd/2021/0774–21.pdf; BeckOK-BNotO/*Sauer*, 12. Ed. 1.8.2025, § 61 NotAktVV Rn 6.

7 BR-Drucks 774/21, 39, online abrufbar unter: https://dserver.bundestag.de/brd/2021/0774–21.pdf.

VII. Zuverlässigkeit des Personals (Abs. 1 Nr. 6)

10 Die Fülle der bei der Urkundenarchivbehörde gespeicherten Daten, insbesondere die hinterlegten Hauptdokumente, hätte im Falle eines unberechtigten Zugriffs im Zeitalter von KI und maschinengesteuerter Auswertung von Datenbeständen verheerende Auswirkungen. Deswegen ist hier das Schutzniveau so hoch wie in dem geforderten technischen Rahmen leistbar.[8] Gleichwohl ist der Zugriff auf bestimmte Metadaten, die für die Ordnung und damit eben auch für die hohe Verfügbarkeit Voraussetzung sind, notwendig und einer Regelung zuzuführen. Die Bundesnotarkammer soll in solchen Fällen verpflichtet sein, sicherzustellen, dass die Zuverlässigkeit der mit dem technischen Betrieb des Elektronischen Urkundenarchivs befassten Personen (Abs. 5 S. 3) gewährleistet ist, insbesondere wenn diese die Möglichkeit der Kenntnisnahme von im Elektronischen Urkundenverzeichnis gespeicherten Daten haben. Durch die dezentrale verschlüsselte Speicherung haben die Mitarbeitenden der BNotK schon von vornherein keinen Zugriff auf die Daten des eUA. Die dort gespeicherten Daten lassen sich nur über die N- oder M-Karten mit dem jeweils passenden kryptografischen Material auslesen (Ausnahme nur nach Abs. 5). Als mögliche Maßnahmen i.S. der Norm kommen neben der Prüfung der Zuverlässigkeit organisatorische Maßnahmen, wie beispielsweise Zugangsbeschränkungen für Mitarbeitergruppen oder die Kontrolle bestimmter Tätigkeiten in Betracht, damit die technische Einsichtsmöglichkeit durch Mitarbeitende oder beauftragte Unternehmen nicht missbraucht wird.[9]

C. Funktions- und Sicherheitskonzept (Abs. 2)

11 Jeder, der IT mit der notwendigen Ernsthaftigkeit betreibt, weiß, dass er ohne eine IT-Konzeption bzw. auch Analyse der vorhandenen Systeme etc. im täglichen Betrieb und erst recht im Ernstfall einer Gefahrenlage hilflos ist.[10] Demgemäß erwartet der Gesetzgeber von der Urkundenarchivbehörde die Niederlegung der technischen Architektur, der Datenformate, der Schnittstellen und der Speichermedien etc. in einem Funktions- und Sicherheitskonzept, was bereits von § 12 Abs. 2 ZTRV bekannt ist. Dieses Konzept muss in Konkretisierung von § 78h Abs. 2 BNotO den Anforderungen der vorliegenden Bestimmung der NotAktVV in ihren Absätzen 1, 3 und 4 genügen.

D. Integrität, Authentizität und Dateiformate (Abs. 3)

12 Die Regelung betont einmal mehr die Bedeutung der Integrität und Authentizität der gespeicherten Daten. Die Bundesnotarkammer ist gehalten, die technische Entwicklung zu beobachten und sicherzustellen, dass die angewandten Sicherungsmechanismen auch nach künftigen Maßstäben höchste technische Standards nach dem Stand der Technik erfüllen. Die Einhaltung des Stands der Technik wird jedenfalls dann vermutet, wenn die entsprechenden Verlautbarungen des BSI eingehalten werden und europäische Standards beachtet werden.

13 Die Festlegungen zu den Dateiformaten und zu den maximalen Dateigrößen für das Elektronische Urkundenarchiv sind im Verkündungsblatt der Bundesnotarkammer bekanntzumachen. Insoweit orientiert sich die Vorschrift an der Regelung in § 35 Abs. 4 S. 2 NotAktVV. Die bekanntgemachten Vorgaben sind für die Verwahrstellen verbindlich und von diesen zu beachten.

E. Speicherfristen (Abs. 4)

14 In Abs. 4 ist festgelegt, dass die Daten über Vornahme von Änderungen und Löschungen gem. Abs. 1 Nr. 3 und Nr. 4 ebenso lange zu speichern sind, wie die eigentliche Eintragung einer Aufbewahrungsfrist/

8 Vgl. *Semmelroggen*, Elektronisches Urkundenarchiv – Grundlagen der Verschlüsselungstechnik, 8. Dresdner Forum für Notarrecht, 4.6.2021, https://www.notarkammer-sachsen.de/veranstaltungen/dresdner-forum-fuer-notarrecht dort Veranstaltung 2021.

9 BR-Drucks 774/21, 41, online abrufbar unter: https://dserver.bundestag.de/brd/2021/0774–21.pdf.

10 So die explizite Empfehlung der GNotDS für die angeschlossenen Notarinnen und Notare, zur Führung einer EDV-Dokumentation (interner Bereich). Umfassender und daher komplexer: https://www.bsi.bund.de/DE/Themen/Unternehmen-und-Organisationen/Standards-und-Zertifizierung/IT-Grundschutz/BSI-Standards/BSI-Standard-200–4-Business-Continuity-Management/bsi-standard-200–4_Business_Continuity_Management_node.html.

Speicherfrist unterliegt. Dies wiederum dient der Transparenz und Nachvollziehbarkeit (vgl. oben Rdn 8). Für nicht verpflichtende Verzeichnisinhalte können Ausnahmen vorgesehen werden, so etwa die Angabe, ob ein Datensatz streng vertraulich oder bedeutsam für die öffentliche Archivierung ist, oder die sonstigen Angaben nach § 17 Abs. 2 NotAktVV.

F. Datenschutzrechtliche Verantwortlichkeit (Abs. 5)

S.1 und S. 2 der Bestimmung regeln das Verhältnis zwischen datenschutzrechtlicher Verantwortung der Bundesnotarkammer und der Verwahrstelle. Dabei soll die Bundesnotarkammer für die technischen und organisatorischen Maßnahmen der Datensicherheit zuständig sein. Die für die Verwahrung elektronischer Aufzeichnungen zuständigen Stellen sollen alle übrigen Aufgaben des datenschutzrechtlich Verpflichteten tragen.[11] 15

Der notwendige Zugriff auf Metadaten im Rahmen von Wartungsarbeiten/Störungen (vgl. oben Rdn 10) durch Mitarbeiter der Bundesnotarkammer ist in Abs. 5 S. 3 vorgesehen und erfährt wiederum durch die Zugriffsbeschränkung und Kontrolle gem. Abs. 1 Nr. 6 eine Beschränkung. 16

§ 62 Maßnahmen bei technischer Handlungsunfähigkeit der Notarkammern

[1]Sind bei einer Notarkammer die technischen Voraussetzungen für die Wahrnehmung ihrer Aufgaben im Zusammenhang mit dem Elektronischen Urkundenarchiv nicht mehr gegeben, so trifft die Bundesnotarkammer die zur Wiederherstellung der technischen Handlungsfähigkeit der Notarkammer notwendigen Maßnahmen. [2]Diese Maßnahmen sollen in dem Funktions- und Sicherheitskonzept nach § 61 Absatz 2 beschrieben werden.

Innerhalb des mehrstufigen Systems der Berechtigungsverwaltung für das Elektronische Urkundenarchiv nehmen die regionalen Notarkammern eine zentrale Rolle ein. So sind die Notarkammern unter bestimmten Voraussetzungen anstelle einer Amtstätigkeit (Verwahrstelle) für die Einräumung und Überleitung von Zugangsberechtigungen zuständig, wenn etwa die Einräumung oder Überleitung von der eigentlich zuständigen Stelle fehlschlägt oder aus anderen Gründen nicht möglich ist (vgl. § 58 Abs. 5 NotAktVV). Daneben haben die Notarkammern eingeräumte technische Zugangsberechtigungen für das Elektronische Urkundenarchiv unter bestimmten Voraussetzungen zu entziehen (vgl. § 59 NotAktVV). 1

Die Vorschrift des § 62 NotAktVV zielt vor diesem Hintergrund auf die Erhaltung der Handlungsfähigkeit der Notarkammern auch bei technischen Störungen, Fehlbedienungen oder Unglücksfällen und damit der dauerhaften und ununterbrochenen Verfügbarkeit der Daten des Elektronischen Urkundenarchivs (§ 78h Abs. 2 S. 1 BNotO). Sollte bedingt durch derartige Ereignisse die jeweils zuständige Notarkammer nicht mehr zur Einräumung, Überleitung oder Entziehung von Berechtigungen in der Lage sein, ist die Bundesnotarkammer nach der Vorschrift verpflichtet, die Handlungsfähigkeit wieder herzustellen.

Unbeschadet der gesetzlichen Beschränkung des Zugriffs auf das Elektronische Urkundenarchiv auf die für die Verwahrung zuständige Stelle (§ 78i BNotO) ist die Bundesnotarkammer in den vorstehend beispielhaft genannten Fällen der Handlungsunfähigkeit der regionalen Notarkammern befugt, die notwendigen Maßnahmen zu ergreifen und insbesondere die Zugangsberechtigungen (temporär) selbst zu organisieren, bis die Handlungsfähigkeit der betroffenen Notarkammer wieder hergestellt ist. Im Spannungsfeld zwischen dezentralem Zugriff auf die im Elektronischen Urkundenarchiv gespeicherten Daten (§ 78i BNotO) und dem zentralisierten Betrieb der technischen Infrastruktur (§ 78h Abs. 1 i.V.m. § 67 Abs. 3 Nr. 4 BNotO) handelt es sich bei den unter § 62 NotAktVV fallenden Maßnahmen um ein **Notzugriffsrecht**, dessen tatbestandliche Voraussetzungen eng definiert und präzise niedergelegt werden müssen.[1] 2

11 BR-Drucks 774/21, 42, online abrufbar unter: https://dserver.bundestag.de/brd/2021/0774–21.pdf.

1 BeckOK-BNotO/*Sauer*, § 62 NotAktVV Rn 2.

3 Die in Betracht kommenden Maßnahmen sind möglichst in dem nach § 61 Abs. 2 NotAktVV aufzustellenden Funktions- und Sicherheitskonzept zu beschreiben, um den mit der Wiederherstellung befassten Mitarbeitern der Bundesnotarkammer eine vorab geprüfte und transparente Reaktion auf derartige Umstände zu ermöglichen. Gleichzeitig sind technische und organisatorische Maßnahmen zu treffen, die der Verhinderung einer missbräuchlichen Nutzung der Zugriffsmöglichkeiten dienen.[2]

Unterabschnitt 3: Elektronischer Notariatsaktenspeicher

§ 63 Nutzungsverhältnis und technische Zugangsberechtigung

(1) [1]Für den Elektronischen Notariatsaktenspeicher kann die Bundesnotarkammer ein Nutzungsverhältnis nur mit Notaren, Notariatsverwaltern oder Notarkammern begründen. [2]Das Nutzungsverhältnis ist auf die amtlichen Tätigkeiten der Nutzenden beschränkt.

(2) Die Bundesnotarkammer hat den Nutzenden eine technische Zugangsberechtigung zum Elektronischen Notariatsaktenspeicher einzuräumen.

(3) [1]§ 58 Absatz 2 und 4 sowie § 59 gelten entsprechend. [2]Im Fall des § 54 Absatz 2 Nummer 1 gilt zudem § 58 Absatz 1 und 3 entsprechend.

A. Einleitung

I. Normhistorie, Regelungsziel

1 Vergleiche zur Entstehungsgeschichte § 55 NotAktVV Rdn 1.

2 [Vorläufig nicht belegt.]

II. Bezug zu anderen Normen

3 Zur Entstehung der Gebührenschuld für das begründete Nutzungsverhältnis vgl. § 78k Abs. 2 BNotO.[1]

B. Nutzungsverhältnis (Abs. 1)

I. Anwendungsbereich

4 Die gesamte Konzeption der elektronischen Aktenführung im Bereich der vorsorgenden Rechtspflege bezieht sich im Bereich der fakultativen Anwendung auf die Amtstätigkeit der Notare. Auch der elektronische Notariatsaktenspeicher **eNAS** ist mit seinem Regelungsansatz in § 35 Abs. 4 BNotO, § 78k Abs. 1 BNotO Kern von berufsrechtlich basierten Pflichten und Anforderungen. Gleichwohl benennt Abs. 1 ausdrücklich, wer für die **Nutzung des eNAS** in Frage kommt: Notare, Notariatsverwalter oder Notarkammern.[2] Die Einbeziehung der Notarkammern liegt nicht nur mit Blick auf die Selbstverwaltungsangelegenheiten dieser Körperschaften nahe. Sie ist mit Blick auf beispielsweise die Verwahrzuständigkeit nach § 45 Abs. 1 S. 1 oder § 51 Abs. 1 S. 2 BNotO unverzichtbar.

2 Vgl. § 56 NotAktVV. S. auch BR-Drucks 774/21, S. 42; BeckOK-BNotO/*Sauer,* § 62 NotAktVV Rn 1.

1 Schönenberg-Wessel/Plottek/Sikora/*Püls*, § 78k BNotO Rn 10 ff.

2 BR-Drucks 774/21, 43, online abrufbar unter: https://dserver.bundestag.de/brd/2021/0774–21.pdf.

II. Nutzungsverhältnis

Abs. 1 S. 2 stellt klar, dass die Nutzung des eNAS auf die **amtliche Tätigkeit** des Notars beschränkt ist. Diese ist – mit Blick auf die Funktion des Notars im Bereich der vorsorgenden Rechtspflege – weit aufzufassen.[3] Die Grenzen der Amtstätigkeit sind bei rein privater Nutzung oder für andere Tätigkeiten, etwa anwaltliche Tätigkeiten bei Anwaltsnotaren, überschritten. Im Missbrauchsfall können die Zugriffsrechte entzogen werden. 5

C. Technische Zugangsberechtigung (Abs. 2)

Die Möglichkeit der **Überleitung einer technischen Zugangsberechtigung** analog zu den Bestimmungen für das Elektronische Urkundenarchiv (§ 58 Abs. 1 und 3 NotAktVV) ist inzwischen eingerichtet. Daneben bleibt die Möglichkeit der Übertragung von Aufzeichnungen im Rahmen der (echten) elektronischen Aktenführung auf einen physischen Datenträger. Die Umsetzung der technischen Zugangsberechtigung ist ein weiterer Beitrag zur Erreichung der Ämterstabilität. 6

D. Verweisung (Abs. 3)

Ergänzend zu Abs. 2 legt Abs. 3 S. 1 fest, dass in entsprechender Anwendung des § 58 Abs. 2 NotAktVV den **Notarvertretungen** von den nach § 55 Abs. 1 NotAktVV zugangsberechtigten Personen eine technische Zugangsberechtigung zum Elektronischen **Notariatsaktenspeicher** eingeräumt werden soll. Dies erfolgt in entsprechender Anwendung von § 58 Abs. 4 S. 1 NotAktVV für die Einräumung durch die Verwahrstelle an die bei ihr beschäftigten Personen. Auch die Möglichkeit, Befugnisse zur Einräumung der technischen Zugangsberechtigung zu erteilen (§ 58 Abs. 4 S. 2 NotAktVV), soll im Rahmen des Elektronischen Notariatsaktenspeichers bestehen.[4] 7

Mit der Verweisung auf § 59 NotAktVV gilt die Regelung zum Wegfall und zur **Entziehung der technischen Zugangsberechtigung** beim Elektronischen Urkundenarchiv für den **Elektronischen Notariatsaktenspeicher** entsprechend. 8

Nach Abs. 3 S. 2 finden § 58 Abs. 1 und 3 NotAktVV entsprechende Anwendung für die bestehende Funktion der Überleitung einer technischen Zugangsberechtigung nach § 54 Abs. 2 Nr. 1 NotAktVV, sofern diese auch für den **Elektronischen Notariatsaktenspeicher** besteht. Diese Funktionalität ist bei der Bundesnotarkammer bereits gegeben und hat zur Folge, dass entsprechend § 58 Abs. 1 und 3 NotAktVV in den dort genannten Fällen die **Überleitung** durch die bisherige Verwahrstelle den Regelfall darstellt. Damit gelten für den Elektronischen Notariatsaktenspeicher insgesamt weitestgehend die gleichen Vorschriften, die auch für die Einräumung und Überleitung der technischen Zugangsberechtigungen beim Elektronischen Urkundenarchiv vorgesehen sind. 9

§ 64 Zugang

(1) [1]Der Zugang zu den im Elektronischen Notariatsaktenspeicher gespeicherten Aufzeichnungen steht ausschließlich der für die Verwahrung der elektronischen Aufzeichnungen zuständigen Stelle zu. [2]Die Bundesnotarkammer hat hierzu geeignete technische und organisatorische Maßnahmen zu treffen.
(2) [1]Abweichend von Absatz 1 kann die für die Verwahrung der elektronischen Aufzeichnungen zuständige Stelle Beteiligten oder von diesen ermächtigten Personen sowie der Notarkasse oder der Ländernotarkasse einen zeitlich beschränkten Zugang zu einzelnen im Elektronischen Notariatsaktenspeicher gespeicherten Aufzeichnungen einräumen. [2]Abweichend von § 57 muss der Zugang in diesem Fall nicht über sichere informationstechnische Netze erfolgen.

3 Grundlegend: *Reithmann*, DNotZ 1975, 324 (325 ff.).

4 BR-Drucks 774/21, 44, online abrufbar unter: https://dserver.bundestag.de/brd/2021/0774–21.pdf.

A. Normhistorie, Regelungsziel

1 Wegen der **dezentralen Konzeption** des Elektronischen Notariatsaktenspeichers (wie auch des Urkundenarchivs) als **Kerngedanken** bei der Entstehung der NotAktVV und Ausgestaltung der Funktionalitäten wird auf die Kommentierung in § 56 NotAktVV Rdn 3 verwiesen.

B. Zugang durch zuständige Stelle (Abs. 1)

2 Bezüglich der Akten und Verzeichnisse sowie der Hilfsmittel im Sinne des § 35 Abs. 2 S. 2 BNotO gibt es immer eine für die Verwahrung nach der BNotO zuständige Stelle. Nur dieser ist der Zugang zu gewähren. Mit Blick auf die in § 78k Abs. 1 BNotO vorgesehenen Möglichkeiten zur Speicherung von (sonstigen) Dokumenten im eNAS, die keinen Aufbewahrungspflichten und/oder berufsrechtlichen Regelungen unterliegen, ist als zuständige Stelle diejenige anzusehen, die die Speicherung der Daten vorgenommen hat. Im Falle der Amtsnachfolge wäre das dann konsequenterweise der dann für die Verwahrung der gesamten Akten und Verzeichnisse zuständige Notar.[1]

C. Ausnahme: temporärer Zugang (Abs. 2)

3 Mit Blick auf die weitere Entwicklung im ERV im Bereich der vorsorgenden Rechtspflege ist die Gegenausnahme, die **Zugriffe auf gespeicherte Inhalte zum Zwecke der Abwicklung**, insbesondere auch mit Beteiligten, auf Inhalte des eNAS ermöglicht, durchaus von praktischer Bedeutung, wenn auch noch nicht in der Praxis tatsächlich angekommen und umgesetzt. Tatsächlich werden dafür bislang andere Kommunikationskanäle genutzt.

4 Neben der zuvor in Rdn 3 genannten praktisch bedeutsamen Zugriffsmöglichkeit, die anwendungstechnisch von der Bundesnotarkammer bereitgestellt werden kann,[2] hat der Zugriff für andere Stellen, wie die im Gesetz ausdrücklich benannte **Notarkasse** bzw. **Ländernotarkasse**, eine in der Außenwirkung eher untergeordnete Funktion. Die amtliche Begründung nennt als Beispiele für diesen Zugriff etwa den Fall, dass eine Kasse nach Beendigung einer Notariatsverwaltung offene Kostenforderungen einer Notariatsverwalterin oder eines Notariatsverwalters einzieht (§ 64 Abs. 4 BNotO i.V.m. § 113 Abs. 3 Nr. 7 BNotO) und sich die Kostenrechnung sowie etwaige weitere für die Kostenberechnung relevante Dokumente im Elektronischen Notariatsaktenspeicher der Amtsnachfolgerin oder des Amtsnachfolgers der Notariatsverwalterin oder des Notariatsverwalters befinden. Die zeitliche Dauer des Zugriffs dürfte auch hier vom Umfang und von der Komplexität des Vorgangs abhängen.[3]

5 Abs. 2 S. 2 bestimmt, dass dieser temporäre Zugriff **nicht zwingend aus einem sicheren Netz** im Sinne des § 57 NotAktVV erfolgen muss. Werden derartige Zugriffe durch den Notar eröffnet, unterliegen diese trotz dieser Erleichterung dennoch den allgemein üblichen Anforderungen des Datenschutzrechtes. Die Art und Weise, wie die Bundesnotarkammer den Zugriff gewährt, muss eine Gefährdung der Inhalte, auf die zugegriffen wird, sowie selbstverständlich von weiteren, nicht preisgegebenen Inhalten ausschließen (Integrität).

§ 65 Dokumentation der technischen Zugangsberechtigungen

[1]Die Bundesnotarkammer kann vorsehen, dass die Einräumung, die Überleitung und die Entziehung der technischen Zugangsberechtigungen zum Elektronischen Notariatsaktenspeicher dokumentiert werden. [2]Im Fall des Satzes 1 gilt § 60 Absatz 2 entsprechend.

1 BR-Drucks 774/21, 44, online abrufbar unter: https://dserver.bundestag.de/brd/2021/0774–21.pdf. Unklar ist an dieser Stelle, was für sonstige Dokumente mit Bezug zur (weit gefassten) Amtstätigkeit des Notars gemeint sein können, wo doch die Hilfsmittel, die eben gerade keine Aktenqualität erlangt haben, in § 35 Abs. 2 S. 2 BNotO mitgeregelt sind.

2 Zur weiten Einschätzungsprärogative, die die Bundesnotarkammer bei dieser Ausgestaltung hat, vergleiche die Kommentierung in § 54 NotAktVV Rdn 9.

3 BR-Drucks 774/21, 45, online abrufbar unter: https://dserver.bundestag.de/brd/2021/0774–21.pdf.

Während § 60 Abs. 1 S. 1 NotAktVV für die technischen Zugangsberechtigungen zum Elektronischen Urkundenarchiv eine Dokumentationspflicht hinsichtlich der Einräumung, Überleitung und Entziehung von Berechtigungen vorsieht, ist dies gemäß S. 1 für den Elektronischen Notariatsaktenspeicher lediglich optional. Grund hierfür ist, dass auch die Nutzung des Elektronischen Notariatsaktenspeichers – anders als die Nutzung des Elektronischen Urkundenarchivs – für die Notarinnen und Notare freiwillig ist. Die Entscheidung hierüber obliegt der Bundesnotarkammer, die angemessene Aufzeichnungen vornehmen und – gemäß des in diesem Fall entsprechend anzuwendenden § 60 Abs. 2 NotAktVV – den Verwahrstellen und den Notarkammern zur Verfügung stellen kann. Grundsätzlich besteht also ein freies Ermessen der Bundesnotarkammer, ob und in welchem Umfang eine Dokumentation erfolgt und darüber hinaus auch, wie lange diese Aufzeichnungen aufbewahrt werden.[1] Festlegungen hierzu sind in dem nach § 66 Abs. 1 S. 1 NotAktVV aufzustellenden Funktions- und Sicherheitskonzept niederzulegen.[2] 1

Ziel einer derartigen Dokumentation ist die Erhöhung der Transparenz der Berechtigungsvorgänge in ihrem historischen Verlauf.[3]

Im Übrigen soll an dieser Stelle auf die Ausführungen zu § 60 NotAktVV verwiesen werden. 2

§ 66 Datenschutz, Datensicherheit und Vertraulichkeit

(1) [1]Die Bundesnotarkammer hat ein Funktions- und Sicherheitskonzept für den Elektronischen Notariatsaktenspeicher zu erstellen und umzusetzen. [2]In diesem sind die im Rahmen des § 54 Absatz 2 bereitgestellten Funktionen zu bestimmen. [3]Zudem sind in ihm die einzelnen technischen und organisatorischen Maßnahmen festzulegen, die nach dem Stand der Technik Folgendes gewährleisten:

1. den Datenschutz,

2. die Datensicherheit,

3. die Wahrung der Integrität, Authentizität, Verkehrsfähigkeit, Verfügbarkeit, Lesbarkeit und Vertraulichkeit sowie

4. die Umsetzung der Vorgaben dieser Verordnung.

(2) [1]§ 61 Absatz 1 Nummer 5 und 6, Absatz 2 Satz 4 sowie Absatz 3 gilt entsprechend. [2]§ 61 Absatz 1 Nummer 1 gilt außer in den Fällen des § 64 Absatz 2 entsprechend.

A. Normhistorie, Bezug zu anderen Normen

1 Es handelt sich hier um eine Parallelvorschrift zu § 61 NotAktVV, der für das Urkundenarchiv maßgeblich ist, insoweit aber auch die Grundlage für die Umsetzung des **Elektronischen Notariatsaktenspeichers eNAS** in seinen Funktionalitäten und Anforderungen liefert.

B. Funktions- und Sicherheitskonzept (Abs. 1)

2 Wie für das Urkundenarchiv, ist auch für die Umsetzung des Notariatsaktenspeichers ein Funktionskonzept und ein Sicherheitskonzept zu entwickeln. Bezüglich der Funktionalitäten sind die in § 54 Abs. 2 NotAktVV festgelegten Vorgaben zu beachten. Die Schutzziele bezüglich des Sicherheitskonzepts entsprechen wiederum § 61 Abs. 2 S. 3 NotAktVV.

1 BR-Drucks 774/21, S. 45.
2 BR-Drucks 774/21, S. 45; Frenz/Miermeister/*Kühnelt*, § 65 NotAktVV Rn 2.
3 BeckOK-BNotO/*Sauer*, § 65 NotAktVV Rn 1.

C. Verweis (Abs. 2)

3 Mit Bezug auf die Verweisung auf § 61 NotAktVV wird auch auf die dortige Kommentierung verwiesen. Abweichend von der Zwei-Faktor-Authentifizierung kann für den eNAS nach § 64 Abs. 2 NotAktVV der Zugriff Dritter erleichtert werden, was etwa Erleichterungen mit Blick auf Zugriffe Urkundsbeteiligter auf Entwürfe darstellen könnte. Klar ist, dass die Schaffung eines sicheren Zugriffsystems auch hier oberste Priorität hat und die hohen Anforderungen an begrenzte Einsichtsrechte etc. in die Notariatsakten umfassend beachtet werden. Für Zugriffe auf Entwürfe oder beispielsweise den Vollzugsstand einzelner Akten dürften sich daher wohl eher andere technische Systeme anbieten, die von den eigentlichen Notariatsakten entkoppelt sind oder jedenfalls in einer insoweit demilitarisierten Zone liegen. Umsetzungen bei der Bundesnotarkammer sind bisher hierzu noch nicht erfolgt.

III. Dienstordnung für Notarinnen und Notare (DONot)

Vorbemerkungen zu §§ 1–21 DONot

Literatur *Abel/Maaß*, Datenschutz in Anwaltschaft, Notariat und Justiz, 117; *Benesch*, Mit dem Notarnetz sicher ins Internet, MittBayNot 2001, 548; *Bengel*, Das deutsche Notariat im Lichte der Berufsqualifikationsrichtlinie, DNotZ 2012, 26; *Bettendorf*, Die Neufassung der Dienstordnung für Notarinnen und Notare, RNotZ-Sonderheft zu Heft 10/2001; *Bettendorf*, Beck'sches Notarhandbuch, Abschnitt M: Dienstordnung und Büro; *Bettendorf*, Notariat und Technik, DNotZ 2011, 331; *Bettendorf*, Die Entwicklung des elektronischen Rechtsverkehrs im Notariat, DNotZ-Sonderheft 2011, 9; *Bettendorf/Apfelbaum*, Elektronischer Rechtsverkehr und das Berufsrecht des Notars, DNotZ 2008, 19; *Bettendorf/Wegerhoff*, Die Änderung der Dienstordnung für Notarinnen und Notare und die ergänzenden EDV-Empfehlungen, DNotZ 2005, 484; *Bormann*, Das Zentrale Testamentsregister in der notariellen Praxis, ZEV 2011, 628; *Bormann/Böttcher*, Notare und Beliehene zwischen Grundrechtsträgerschaft und staatlichem Funktionsverhältnis, NJW 2011, 2758; *Brand*, EuGH öffnet EU-Ausländern den Weg zum Notariat (C-54/08 Kommission/Deutschland), DRiZ 2011, 237; *Buggisch*, Fälschung beweiserheblicher Daten durch Verwendung einer falschen E-Mail-Adresse?, NJW 2004, 3519; *Büttner*, Zukunftsfragen des Notariats – Internationalisierung und E-Justiz, DNotZ 2017, 879; *Büttner/Frohn*, Elektronischer Rechtsverkehr in Grundbuchsachen DNotZ-Sonderheft 2016, 157; *von Campe*, Zur Neufassung der Dienstordnung für Notare, NotBZ 2000, 366; *Damm*, die Digitalisierung des Notariats, DNotZ 2017, 426; *Damm*, Die Digitalisierung des Notariats, DNotZ 2017, 26; *Diehn*, Das Zentrale Testamentsregister in der notariellen Praxis, DNotZ 2011, 676; *Diehn*, Das Zentrale Testamentsregister, NJW 2011, 481; *Diehn*, Entwurf der Kostenordnung der Expertenkommission „Reform der Notarkosten", MittBayNot 2009, 333; *Diehn*, Anmerkung zum EuGH: Staatsangehörigkeitserfordernis für Notare, LMK 2011, 320422; *Eickelberg*, Die DONot aus verfassungsrechtlicher Sicht, NotBZ 2012, 338; *Eickelberg*, Der Homo Oeconomicus und die staatlichen Register, Rpfleger 2013, 253; *Eickelberg*, SUP, EGVP, ePerso und XML – Die schöne neue (digitale) Welt der GmbH-Gründung, NZG 2015, 81; *Eickelberg*, Mitgliedstaatliche Kompetenzen im Registerverfahren im Spannungsfeld zum europäischen Primär- und Sekundärrecht, GPR 2016, 93; *Eickelberg*, Besonderheiten der konsularischen Beurkundung und ihr Einfluss auf die Zusammenarbeit der Konsularbeamten mit inländischen Notaren, DNotZ 2018, 332; *Elsing*, Überblick über das Transparenzregister, notar 2018, 71; *Fischer*, Das elektronische Urkundenarchiv – rechtliche Grundlagen, DNotZ-Sonderheft 2016, 124; *Flache*, Die Apokalypse der notariellen Welt findet nicht statt (Teil 1), notar 2018, 343; *Fischer*, Die Apokalypse der notariellen Welt findet nicht statt (Teil 2), notar 2018, 383; *Frohn*, Das „besondere elektronische Notarpostfach", notar 2016, 30; *Ganter*, Die Rechtsprechung zum Notarhaftungsrecht 2013 bis 2015, DNotZ 2016, 483; *Gassen*, Das Notarnetz: Zukunftsmodell mit Startschwierigkeiten, DNotZ 2006, 582; *Gassen/Mödl*, Der elektronische Rechtsverkehr in Grundbuchsachen, ZRP 2009, 77; *Gassen/Mödl*, Sichere IT-Nutzung im Notarbüro, ZNotP 2009, 474; *Gaul*, Das elektronische Urkundenarchiv – technische Grundlagen, DNotZ-Sonderheft 2016, 130; *Genske*, Beurkundungs- und Berufsrecht – Aktuelle Entwicklungen, notar 2017, 169; *Genske*, Beurkundungs- und Berufsrecht – Aktuelle Entwicklungen, notar 2018, 175; *Hager/Müller-Teckhof*, Die Entwicklung des Notarrechts in den Jahren 2008 bis 2010, NJW 2011, 1716; *Hager/Müller-Teckhof*, Die Entwicklung des Notarrechts 2011/2012, NJW 2012, 2081; *Hager/Müller-Teckhof*, Die Entwicklung des Notarrechts in den Jahren 2012/2013, NJW 2013, 1917; *Hager/Müller-Teckhof*, Die Entwicklung des Notarrechts in den Jahren 2013/2014, NJW 2014, 1918; *Hager/Müller-Teckhof*, Die Entwicklung des Notarrechts in den Jahren 2014/2015, NJW 2015, 1857; *Hager/Müller-Teckhof*, Die Entwicklung des Notarrechts in den Jahren 2015 bis 2016, NJW 2016, 1857; *Hager/Müller-Teckhof*, Die Entwicklung des Notarrechts in den Jahren 2016 bis 2017, NJW 2017, 1860; *Hager/Müller-Teckhof*, Die Entwicklung des Notarrechts in den Jahren 2017/2018, NJW 2018, 1953, 1918; *Harborth/Lau*, Die Mitwirkungsverbote des § 3 BeurkG und das Instrumentarium zur Kontrolle ihrer Einhaltung, DNotZ 2002, 412; *Henssler/Kilian*, Das deutsche Notariat im Europarecht – Zeitenwende durch den EuGH oder „business as usual"? NJW 2012, 481; *Hushahn*, Aktuelle Projekte und Vorhaben der Bundesnotarkammer, DNotZ 2016, 166; *Huttenlocher/Wohlrab*, Der Notar (weiterhin) als Hoheitsträger, EuZW 2012, 779; *Kanzleiter*, Die Dienstordnung für Notare – Auswirkungen ihrer Rechtsnatur als Verwaltungsverordnung, DNotZ 1972, 519; *Kirchner*, Das Notariat auf dem Weg ins digitale Zeitalter, DNotZ-Sonderheft 2016, 115; *Klein*, Das neue GwG (2017) aus notarieller Perspektive, BWNotZ 2018, 35; *Klingler*, Datenschutz im Notariat, RNotZ 2013, 57; *Krebs*, Jüngste Änderungen der Dienstordnung und ihre Auswirkungen auf die Praxis, MittBayNot 2005, 363; *Lange*, Das geplante Europäische Nachlasszeugnis, DNotZ 2012, 168; *Lerch*, Die neue Dienstordnung für Notare und Notarinnen, ZNotP 2001, 210; *Lerch*, Änderungen der Dienstordnung für Notarinnen und Notare, NotBZ 2005, 175; *Maaß*, Erneut: Berufsrechtsrichtlinien der Notarkammern und DONot – (weiterhin) ein neues Spannungsfeld, ZNotP 2002, 335; *Masing*, Herausforderungen des Datenschutzes, NJW 2012, 2305; *Meyer*, Die Hinterlegung von Quellcodes und Prioritätsverhandlungen in der notariellen Praxis, RNotZ 2011, 385; *Meyer/Mödl*, Die Einführung des elektronischen Rechtsverkehrs im Grundbuchverfahren, DNotZ 2009, 743; *Mihm*, Datenschutzaufsicht durch den Landesbeauftragten für Datenschutz und Aufsichtsbehörde im Notariat, NJW 1998, 1591; *Mihm*, Datenschutzrecht im Notariat, ZNotP 2000, 62; *Mihm/Bettendorf*, Neufassung der Dienstordnung für Notare, DNotZ 2001, 22; *Neie*, Reform der Notarkosten – Entwurf der Expertenkommission, DNotZ 2010, 410; *Oertel*, Der elektronische Rechtsverkehr in der notariellen Praxis, MittRhNotK 2000, 181; *Oertel*, Elektronische Form und notarielle Aufgaben im elektronischen Rechtsverkehr, MMR 2001, 419; *Paul*, Die geldwäscherechtliche Identifizierung der für einen Vertragspartner auftretenden Person, GWR 2018, 147; *Pelikan*, Beurkundungs- und Berufsrecht – Aktuelle Entwicklungen, notar 2013, 165; *Pelikan*, Beurkundungs- und Berufsrecht – Aktuelle Entwicklungen, notar 2014, 160; *Pelikan*, Beurkundungs- und Berufsrecht – Aktuelle Entwicklungen, notar 2015, 153; *Pelikan*, Beurkundungs- und Berufsrecht – Aktuelle Entwicklungen, notar 2016, 152; *Preuß*, Das Notar-Urteil des EuGH und seine Folgen, ZNotP 2011, 322; *von Proff*, Der „scheinmaschinelle" Grundpfandrechtsbrief: Problemstellung und Praxishinweise, RNotZ 2010, 384; *Püls*, Die Digitale Verschwiegenheitspflicht: Datenschutz und Datensicherheit im Notariat, DNotZ-Sonderheft 2012, 120; *Ring*, Werberecht und Nur-Notare, NJOZ 2009, 448; *Roßnagel*, Das De-Mail Gesetz, NJW 2011, 1473; *Roßnagel*, Die digitale notarielle Form, DNotZ-Sonderheft 2016, 142; *Rüpke*, Das spezifische Datenschutzrecht des Notars, NJW 1991, 548; *Sandkühler/Klingler*, Das Elektronische Urkundenarchiv – nicht nur ein digitaler Keller, DNotZ-Sonderheft 2012, 139; *Schmoeckel*, Die Geschäfts- und Testierfreiheit von Demenzerkrankten, NJW 2016, 433; *Schubert*, Das neue Geldwäschegesetz – Versuch einer ersten Annäherung aus Sicht des rechtlichen Beraters und Kautelarjuristen – Teil 1, NJOZ 2018, 41; *Schubert*, Das neue Geldwäschegesetz – Versuch einer ersten Annäherung aus Sicht des rechtlichen Beraters und Kautelarjuristen – Teil 2, NJOZ 2018, 81; *Seiler*, Zur datenschutzrechtlichen Kontrolle notarieller Daten, DNotZ 2002, 693; *Serr*, Notar-Compliance, CCZ 2014, 269; *Sikora/Schwab*, Das EHUG in der notariellen Praxis, MittBayNot 2007, 1; *Starke*, Zugang zum Notariat: Das Organisationsermessen der Justizverwaltung und seine Grenzen- Zugleich Anmerkungen zu den Beschlüssen des BVerfG v. 1.7.2002 – 1 BvR 152/02 sowie v. 20.9.2002 – 1 BvR 819/01 und 1 BvR 826/01, DNotZ 2002, 831; *Steiner*, Der Notar im Kraftfeld des deutschen und europäischen Rechts, MittBayNot-Sonderhefte 2011, 10; *Stürner*, Die Zukunft des deutschen Notariats in Europa, notar 2016, 143; *Terner*, Gedanken zum Amt und zur Amtsnachfolge, RNotZ 2014, 523; *Vollrath*, Qualität und Qualitätssicherung im Notariat, MittBayNot 2001, 1; *Wagner*, Aufgabenübertragung auf Notare – Kosten und Nutzen, RNotZ 2010, 316; *Waldhoff*, Notarvorbehalt im Grundstückverkehr europarechtskonform, EuZW 2017, 382; *Warnecke*, Das Bürgerportalgesetz – Vertrauliche Kommunikation im E-Government und E-Commerce?, MMR 2010, 227; *Watoro*, Kontrollrechte des Landesbeauftragten für den Datenschutz im Notariat, NotBZ 2003, 187; *Winkelmann*, Digitalisierung in der notariellen Praxis, MittBayNot 2017, 646; *Wolf*, Grenzüberschreitende Mobilität von Gesellschaften in Europa – Entwicklungslinien der Niederlassungsfreiheit zwischen Vale, Brexit und Digitalisierung, MittBayNot 2018, 510; *Zwerger/Höpfl*, Die staatliche Aufsicht über das Notariat in Bayern, MittBayNot-Sonderhefte 2011, 14. Die in Bezug genommenen Websites wurden im September 2022 letztmalig abgerufen.

A. Systematische Einordnung

1 Die Regelungsdichte im Bereich von Notar-[1] und Beurkundungsrecht ist außerordentlich hoch. Sie ist sowohl bundes- wie landesrechtlicher Art:

- In der **BNotO** wird das Amtsrecht des Notars ausgestaltet. § 1 BNotO enthält dabei die Magna Charta des Berufsrecht, den Status des Notars: Der Notar ist der unabhängige Träger eines öffentlichen Amts.
- Im **BeurkG** wird das von den Notaren zu beachtende Beurkundungsverfahren geregelt.
- In den landesrechtlichen **AVNot**s werden die Einzelheiten des Verhältnisses der Notare zu den Landesjustizverwaltungen ausgestaltet, insbesondere die Bestellung, Vertretung und Beaufsichtigung der Notare.

1 Zu der Frage, welche Normen des Notar- und Beurkundungsrechts im Rahmen der Beurkundung in deutschen Konsulaten gelten vgl. *Eickelberg*, DNotZ 2018, 332.

- In den **Richtlinien** der einzelnen Notarkammern werden die Amtspflichten der Notare, soweit sie nicht bundesgesetzlich geregelt sind, festgelegt (§ 67 Abs. 2 BNotO). Die Bundesnotarkammer besitzt hier eine Empfehlungskompetenz (§ 78 Abs. 1 Nr. 5 BNotO).
- In der **NotAktVV** sind Vorschriften zur Führung der notariellen Bücher und Verzeichnisse enthalten
- Die **DONot** regelt daneben als Verwaltungsvorschrift (vgl. unten Rdn 24 ff.) vor allem die Einzelheiten der sonstigen Amtsausübung der Notare und der Dienstaufsicht. Das Notarrecht und das Beurkundungsrecht sind zwar grundsätzlich bundesrechtlich in BNotO und BeurkG geregelt. Die Verwaltung des Notariatswesens ist gleichwohl Ländersache. Daraus resultiert ein **Vereinheitlichungsinteresse**. Die DONot soll dies befriedigen. Nach der Rechtsprechung des BGH liegt „dieses Mindestmaß an Einheitlichkeit im ganzen Bundesgebiet bei sonst durchaus vorherrschender Verschiedenartigkeit des Notariatswesens (…) im Interesse einer geordneten Rechtspflege“.[2]

B. Geschichte der DONot bis zur Novelle 2000/2001

Die **DONot** wurde am **13.12.1960** von den Justizverwaltungen der einzelnen Bundesländer als bundeseinheitliche Verwaltungsvorschrift beschlossen. Erstmalig ist sie 1961 zusammen mit der BNotO in Kraft getreten. Sie hat die vom Reichsjustizminister erlassene DO für Notare vom 5.6.1937, geändert durch die AV vom 25.4.1939, abgelöst.[3] Da letztere (wie erläutert vor allem verfahrensrechtliche) Regelungen erkennbar nicht von nationalsozialistischem Gedankengut geprägt waren, wurden zahlreiche Regelungen der DO aus dem Jahre 1937 in späteren Fassungen praktisch unverändert übernommen.[4] 2

1985 wurde die DONot nach einer umfassenden Überarbeitung neu bekannt gemacht. Geändert wurden vor allem die Vorschriften über die Verwahrungsgeschäfte. Diese erschienen nach einigen aufsehenerregenden Veruntreuungsfällen dringend reformbedürftig.[5] Kleinere Änderungen waren bereits 1970 und 1975 erfolgt. 3

Das **Dritte Gesetz zur Änderung der BNotO** und anderer Gesetze vom **31.8.1998** konnte ebenfalls nicht ohne Auswirkungen auf die DONot bleiben. Zahlreiche Vorschriften, die früher in der DONot enthalten waren, sind ganz oder zum Teil in die BNotO oder das BeurkG übernommen worden. In der DONot waren sie infolgedessen zu streichen (vgl. dazu auch Rdn 8). 4

Hiernach erfolgte dann eine grundlegende Neufassung der DONot, bei der das Niedersächsische Justizministerium federführend tätig war. Die Endfassung entstand erst im Jahre 2000. Im Jahre 2001 wurde sie praktisch in allen Bundesländern[6] in Kraft gesetzt (hier auch **Novelle 2000/2001** genannt). Die Neufassung berücksichtigt nicht nur die Änderungen der BNotO und des BeurkG. Sie enthält gleichzeitig eine weitgehende Überarbeitung des alten Textes. Die DONot wurde neu strukturiert und veränderten praktischen und technischen Gegebenheiten angepasst.[7] Ihr waren drei Arbeitsentwürfe aus den Jahren 1998, 1999 und 2000 vorausgegangen. Die Justizverwaltungen aller Bundesländer mussten sich, da es sich um eine bundeseinheitliche Verwaltungsvorschrift handelt, abstimmen. Nicht selten waren Kompromisse die Folge. In die Entscheidungsfindung wurden die BNotK und die Notarkammern einbezogen. Nicht zu verkennen ist auch der Einfluss der Datenschutzbeauftragten der einzelnen Bundesländer. 5

Nur noch von historischer Bedeutung ist die Tatsache, dass die DONot im **Gebiet der ehemaligen DDR** (mit Ausnahme von Berlin-Ost) vom 4.9.1990 bis zum 1.3.1999 mit Gesetzescharakter galt (vgl. Art. 13 Abs. 1 Nr. 3 des Dritten Gesetzes zur Änderung der BNotO vom 31.8.1998[8]). Sie war durch Verordnung des DDR-Ministerrates vom 22.8.1990[9] in Kraft gesetzt worden und galt als partielles Bundesrecht mit Gesetzeskraft nach dem Einigungsvertrag fort. Erst mit Inkrafttreten der BNotO im ganzen Bundesgebiet am 8.9.1998 (bis dahin galt in den neuen Bundesländern die NVO) wurde die Rechtseinheit in diesem Bereich endgültig hergestellt. 6

Seit 2001 galt die Neufassung der DONot in allen Bundesländern. Nach § 34 DONot a.F. trat sie jeweils am ersten Tag des sechsten auf ihre Verkündung folgenden Kalendermonats in Kraft. 7

2 BGH v. 5.5.1980 – NotZ 9/79, DNotZ 1980, 708, 709.
3 Fundstellen bei Weingärtner/*Weingärtner/Ulrich*, Einl. Rn 1.
4 Allgemein zu früheren Fassungen der DONot vgl. *Kanzleiter*, DNotZ 1970, 581; *Zimmermann*, DNotZ 1985, 5.
5 Vgl. Weingärtner/*Weingärtner/Ulrich*, Einl. Rn 1; *Zimmermann*, DNotZ 1985, 5.
6 Ausnahme: Baden-Württemberg (Inkrafttreten am 1.2.2002).
7 Vgl. *von Campe*, NotBZ 2000, 366.
8 Gesetz v. 31.8.1998 (EGBl I 1998, 2585; BGBl I 1999, 194); aufgehoben durch Artikel 40 Gesetz v. 19.4.2006 (BGBl I 2006, 866).
9 GBl DDR I 1990, 1332.

C. Wesentliche Elemente der Novelle 2000/2001

8 Eine Reihe von Regelungen, die sich früher in der DONot befanden, wurde 1998 in gesetzliche Bestimmungen übernommen. Insbesondere ist auf Folgendes hinzuweisen:

- Der Bezug von Zeitschriften ist in § 32 BNotO geregelt (früher § 4 DONot a.F.).
- Die Berichtigung notarieller Urkunden wird von § 44a BeurkG erfasst (früher § 30 DONot a.F.).
- § 26 BNotO (heute §§ 26, 26a BNotO) enthält Aussagen zur förmlichen Verpflichtung von Angestellten (früher § 6 DONot a.F.).
- Die Prüfung und Überwachung der notariellen Amtsführung durch die Dienstaufsicht ist in § 93 BNotO ausführlicher als früher geregelt (vgl. § 32 DONot a.F.).
- Dass die Geschäftsstelle während der üblichen Geschäftsstunden offen zu halten ist, legt § 10 Abs. 3 BNotO fest. Die Regelung von Beurkundungen außerhalb des Amtsbereichs und der Geschäftsstelle ist Gegenstand der Kammerrichtlinien (§ 67 Abs. 2 S. 3 Nr. 9 BNotO).[10] § 5 DONot a.F. konnte ersatzlos gestrichen werden.
- Das Verwahrungsverfahren wird in den §§ 57–62 BeurkG ausführlich geregelt und teilweise neugestaltet (früher §§ 11–13 a.F.).

9 Hintergrund dieser Änderungen war, wenigstens zum Teil, die Rechtsprechung des BVerfG, die dem Grundsatz des **„Vorbehalts des Gesetzes“** zunehmend größere Bedeutung beimisst.[11] Mit der Übernahme in gesetzliche Regelungen ist auch eine qualitative Änderung verbunden. Während die in der DONot begründeten Pflichten grundsätzlich nur das Verhältnis zur Dienstaufsicht betreffen, handelt es sich bei den nunmehr in förmlichem Gesetz, der BNotO bzw. dem BeurkG, geregelten Pflichten um „echte Amtspflichten“ i.S.v. § 19 BNotO.[12] Ihre Verletzung kann Schadensersatzansprüche Dritter begründen.[13]

D. Gradueller Einfluss der EDV auf die DONot

10 Die zunehmende **Bedeutung der elektronischen Datenverarbeitung** im Notariat wurde bei der grundlegenden Novelle 2000/2001 zwar durchaus erkannt.[14] Dennoch hatte man sich zunächst bewusst nicht vom Grundsatz der „papiergebundenen Bücherführung“ getrennt.[15] Die DONot folgte auch nach der Novelle 2000/2001 dem Grundsatz, dass die Führung der Bücher und Verzeichnisse auf dauerhaftem Papier zu erfolgen habe. Zwar breitete sich die elektronische Datenverarbeitung bereits zu diesem Zeitpunkt immer weiter aus,[16] allerdings sollte die Umsetzung der DONot-Novelle nicht verzögert werden, was bei der Regelung der automationsgestützten Akten- und Bücherführung kaum vermeidbar gewesen wäre.[17]

11 Allen Verantwortlichen war jedoch bewusst, dass im Bereich der EDV kurz- und mittelfristig neue Antworten gefunden werden mussten.[18] Deshalb hat sich auch eine von den Landesjustizverwaltungen im Jahre 2001 gebildete EDV-Arbeitsgruppe unter Beteiligung von Vertretern der BNotK mit den „Zukunftsfragen“ des EDV-Einsatzes im Notariat befasst.[19] 2005 veröffentlichte diese Arbeitsgruppe EDV-Empfehlungen für Notare, Notarprüfer und Softwarehersteller im Hinblick auf eine dienstord-

10 Vgl. auch BVerfG v. 9.8.2000 – 1 BvR 647/98, DNotZ 2000, 787 mit Anm. *Eylmann*.

11 Vgl. z.B. BVerfG v. 21.6.1989 – 1 BvR 32/87, DNotZ 1989, 623; BVerfG v. 9.8.2000 – 1 BvR 647/98, DNotZ 2000, 787, 790.

12 BGH vom 26.10.2009 – NotZ 6/09, BeckRS 2009, 86147.

13 Vgl. *Lerch*, ZNotP 2001, 210.

14 Vgl. zu der Entwicklung des elektronischen Rechtsverkehrs allgemein *Bettendorf*, DNotZ-Sonderheft 2011, 9; zuvor *Oertel*, MMR 2001, 419.

15 Eingehend hierzu: Beck'sches Notar-Hdb/*Püls*, M Rn 19.

16 Spätestens mit der Einführung des elektronischen Handelsregisters (BGBl I 2006, S. 2553) und dem Zwang zur elektronischen Anmeldung hat die elektronische Datenverarbeitung in jedes Notariat Einzug gehalten, vgl. *Sikora/Schwab*, MittBayNot 2007, 1.

17 Vgl. ausführlich Armbrüster/Preuß/Renner/*Eickelberg*, 8. Aufl., vor §§ 1 bis 34 DONot, Rn 13.

18 So untersuchte etwa in einem vom Freistaat Bayern geförderten Forschungsprojekt unter der Bezeichnung STERN (Sichere Teilnahme am Elektronischen Rechtsverkehr für Notare) die Fachhochschule Deggendorf in Kooperation mit der Bundesnotarkammer die geschützte Kommunikation der Notare mit privaten und öffentlichen Stellen. Gegenstand des Projekts war die Konzeption einer vielseitigen, strukturierten und sicheren elektronischen Kommunikationsinfrastruktur für Notare (Bericht der BNotK 2010, DNotZ 2011, 561, 564).

19 Die Arbeitsgruppe konnte hierbei anknüpfen an die Tätigkeit des EDV-Arbeitskreises, den die BNotK bereits 1979 einrichtete. Dieser hat seine Ergebnisse in einer Vielzahl von Rundschreiben, Empfehlungen und Stellungnahmen veröffentlicht; vgl. ausführlich *Bettendorf*, RNotZ-Sonderheft zu Heft 10/2001, 7.

nungsgerechte Führung der Bücher, Verzeichnisse und Übersichten im Notariat, die auch Auswirkungen auf die DONot hatten.[20]

Vor diesem Hintergrund überrascht es nicht, dass **weitere Änderungen der DONot** in den Jahren **2005 und 2007** vorgenommen wurden.[21] Die Änderungen betrafen folgende Bereiche: die Aufbewahrungsfristen, das Verbot nachträglicher Änderungen bei automatisationsgestützter Buchführung, das Verfahren bei der Rückgabe von Erbverträgen und die in die Urkunde aufzunehmenden Angaben zur Person. Die weiteren Änderungen beruhten hauptsächlich auf der Einführung des elektronischen Rechtsverkehrs und der elektronischen Vermerkurkunde. Im Zuge dieser Reformen wurden erstmals Regelungen zu den heute selbstverständlichen Signaturkarten und dem Nachweis der Amtseigenschaft mittels Notarattribut eingeführt. 12

Im Jahr 2011 wurden dann Anpassungen vor dem Hintergrund der Einführung des **Zentralen Testamentsregisters** in § 20 DONot a.F. vorgenommen. 13

Weitere **Änderungen** sind **2013** erfolgt und der Einführung des GNotKG geschuldet, womit gleichzeitig die KostO aufgehoben wurde. 14

Zum 1.9.2013 wurde die DONot Sachsen durch Verwaltungsverfügung vom 27.8.2013 aufgehoben.[22] Sie galt seit diesem Tag vielmehr entsprechend Abschnitt 2, Nr. 31 als Anlage 3 der „Verwaltungsvorschrift des Sächsischen Staatsministeriums der Justiz und für Europa zur Ausführung der Bundesnotarordnung und über die Dienstordnung für Notarinnen und Notare (VwV Notarwesen)“.[23] Inhaltlich hatte diese unterschiedliche Verortung keine Veränderung gebracht. 15

Weitere Änderungen der DONot folgten dann im Jahr 2017. Seit 2013 hat sich das notarielle Berufsrecht zum Teil recht grundlegend geändert. Zuvörderst gilt es hier, das bereits erwähnte „Gesetz zur Neuordnung der Aufbewahrung von Notariatsunterlagen und zur Einrichtung des **Elektronischen Urkundenarchivs** bei der Bundesnotarkammer sowie zur Änderung weiterer Gesetze“[24] zu erwähnen, das den Übergang des herkömmlichen Notariats in ein digitales Zeitalter ermöglichen soll. Hierneben haben etwa auch die Einführung der Datenschutzgrundverordnung (DSGVO, vgl. hierzu Rdn 50 ff.)[25] und die grundlegende Änderung des Geldwäschegesetzes (GwG)[26] eine mindestens mittelbare Auswirkung auf das deutsche Notariat.[27] 16

Der Beschluss des „Gesetzes zur Neuordnung der Aufbewahrung von Notariatsunterlagen und zur Einrichtung des Elektronischen Urkundenarchivs bei der Bundesnotarkammer sowie zur Änderung weiterer Gesetze“ brachte zunächst keinen unmittelbaren Handlungsbedarf für die einzelnen Landesjustizverwaltungen, hinsichtlich der DONot tätig zu werden. Die Änderungen, die das Gesetz mit sich brachte, bauten kaskadenförmig[28] aufeinander auf und traten zum Teil erst sehr viel später in Kraft, 17

20 EDV-Empfehlungen für Notarinnen und Notare, Notarprüferinnen und Notarprüfer und Softwarehersteller im Hinblick auf eine dienstordnungsgerechte Führung der Bücher, Verzeichnisse und Übersichten im Notariat – erstellt von der Bundesnotarkammer in Zusammenarbeit mit der Arbeitsgruppe „EDV im Notariat“ der Landesjustizverwaltungen und der Bundesnotarkammer, mit den Landesjustizverwaltungen abgestimmt, DNotZ 2005, 497; vgl. hierzu eingehend *Bettendorf/Wegerhoff*, DNotZ 2005, 484 und *Krebs*, MittBayNot 2005, 363.

21 Vgl. BNotK-Bericht 2007, DNotZ 2008, 561, 566; vgl. zur Umsetzung z.B. in Thüringen: VV des ThürJM vom 23.6.2005 (JMBl 2005, 45) und VV des ThürJM vom 22.8.2007 (JMBl 2007, 38); *Bettendorf/Apfelbaum*, DNotZ 2008, 19.

22 SaJMBl 2013, 77.

23 VwV des Sächsischen Justizministeriums vom 27.8.2013 – 3831-III.4–737/98 (SächsJMBl 2013, 77).

24 BGBl I 2017, 1396; vgl. hierzu nur BNotK-Bericht 2012, DNotZ 2013, 562, 565; Bericht der BNotK 2013, DNotZ 2014, 561, 563; Bericht der BNotK 2015, DNotZ 2016, 561, 563; Bericht der BNotK 2016, DNotZ 2017, 564; *Hushahn*, DNotZ-Sonderheft 2016, 166; *Kirchner*, DNotZ-Sonderheft 2016, 115; *Fischer*, DNotZ 2016, 124; *Gaul* DNotZ 2016, 130; *Bormann*, Editorial notar 2017, 233 *Schmitz*, Editorial notar 2017, 81; zu dem „Urkundenarchiv 2.0“ siehe *Winkelmann*, MittBayNot 2017, 646.

25 Verordnung (EU) 2016/679 des Europäischen Parlaments und des Rates vom 27.4.2016 zum Schutz natürlicher Personen bei der Verarbeitung personenbezogener Daten, zum freien Datenverkehr und zur Aufhebung der Richtlinie 95/46/EG (Datenschutz-Grundverordnung), ABl Nr. L 119 S. 1, ber. ABl Nr. L 314, S. 72 und ABl 2018 Nr. L 127, S. 2.

26 Gesetz über das Aufspüren von Gewinnen aus schweren Straftaten (Geldwäschegesetz – GwG (BGBl I 2018, 1822), zuletzt geändert durch Art. 10 Gesetz zur Ausübung von Optionen der EU-ProspektVO und zur Anpassung weiterer Finanzmarktgesetze vom 10.7.2018 (BGBl I 2018, 1102).

27 Vgl. etwa zum GwG; Rundschreiben der BNotK Nr. 7/2017 vom 23.6.2017 und die geänderten Anwendungsempfehlungen vom März 2018.

28 Vgl. *Genske*, notar 2018, 175.

was zu Rechts- und Planungssicherheit, vor allem für die BNotK, jedoch auch für die jeweiligen Notare und die rechtssuchende Bevölkerung führte. Die materiellen Gesetzgeber konnte sich zunächst darauf beschränken, im Jahr 2017 nur partielle Änderungen an der DONot im Hinblick auf die elektronische Datenverarbeitung und zur Vorbereitung der elektronischen Notaranderkontoführung[29] vorzunehmen. Die zahlreichen Vorarbeiten hierzu wurden von der BNotK zunächst in einem Konzept zur Online-Führung von Anderkonten vom 20.5.2010 zusammengefasst.[30] Im Nachgang wurde ein ENA-Pilotprojekt für ausgewählte Notare in Hamburg und Nordrhein-Westfalen implementiert.[31] Die teilnehmenden Notare konnten aufgrund eines ausdrücklichen Dispenses von den damals geltenden Regelungen der DONot im Echtzeitbetrieb die entsprechende Online-Banking-Anwendungen testen und ihre Anderkonten elektronisch führen. Unter Federführung des Landes Niedersachsen haben die Bundesländer dann evaluiert, ob sie einen Bedarf für eine flächendeckende Einführung elektronischer Notaranderkonten sehen.[32] Die Evaluierung führte zu dem Ergebnis, dass die DONot in den Ländern dergestalt geändert werden sollte, dass sie nunmehr unter bestimmten Voraussetzungen die Führung von Notaranderkonten mittels Datenfernübertragung gestattet.[33] Die betreffenden Änderungen der DONot sollten in allen Ländern im Jahr 2017 erfolgen.[34]

E. Die Novelle 2021/2022

18 Die mit Spannung erwartete auf Grundlage von § 36 BNotO und § 59 BeurkG zu erlassende Verordnung über „die vom Notar zu führenden Akten und Verzeichnisse, über deren Inhalt sowie die Art und Weise ihrer Führung“ wurde vom Bundesministerium der Justiz und für Verbraucherschutz am 13.10.2020 als „Verordnung über die Führung notarieller Akten und Verzeichnisse (NotAktVV)“ erlassen.[35] Die bis dato in der DONot enthaltenen Vorschriften zur Führung der Bücher, Akten und Verzeichnisse wurden damit mit Wirkung zum 1.1.2022 inhaltlich tiefgreifend umgestaltet und aus der DONot ausgegliedert. Große Teile der DONot – insbesondere der gesamte zweite Abschnitt – wurden damit obsolet, sodass nun auch die DONot einer umfassenden Neugestaltung zu unterziehen war. Neben einer grundlegenden Konsolidierung musste auch die in der DONot verbleibende Regelungsmaterie an die durch das Elektronische Urkundenarchiv veränderte Rechtslage angepasst werden. Ohnehin war eine Bereinigung der Dienstordnung angezeigt, die aufgrund der fortschreitenden Kodifizierung in formelles Recht an unzähligen Stellen lediglich den Regelungsgehalt höherrangigen Rechts wiedergab.

19 Die Folge war die bislang wohl grundlegendste Reform der DONot (hier auch DONot-Novelle 2022).[36] Neben der Streichung der Vorschriften zur Führung der Bücher und Verzeichnisse und der redaktionellen Konsolidierung der verbleibenden Regelungen betrafen die wesentlichen Änderungen die Ermöglichung technisch gestützter Kollisionsprüfungssystem („conflict checks“, § 6 Abs. 2 DONot), die Neugestaltung der Übermittlung einer Übersicht der Verwahrungsgeschäfte (§ 9 DONot, sowie das neue Muster 2), die grundsätzliche Erlaubnis der elektronischen Führung von Notaranderkonten über marktübliche Online-Bankingsoftware (§ 10 Abs. 3 DONot), sowie die Konkretisierung der Regelungen zur Notaraufsicht (§§ 17, 18 DONot).

20 Wiederum unter Federführung des Landes Niedersachsen einigten sich die Landesjustizverwaltungen der Länder unter Beteiligung des Bundesministeriums der Justiz und für Verbraucherschutz und der Bundesnotarkammer auf eine entsprechende Neufassung der DONot, deren endabgestimmter Entwurf am 24.11.2021 finalisiert werden konnte.[37] Der endabgestimmte Text der Dienstordnung wurde in den Ländern einheitlich umgesetzt. Auf die wenigen abweichenden Verlautbarungen wird bei der Kommentierung der jeweiligen Paragraphen hingewiesen. Die Neufassung der DONot-Novelle 2022 wurde zum

29 Vgl. hierzu Bericht der BNotK 2017, DNotZ 2018, 562, 565; Bericht der BNotK 2016, DNotZ 2015, 561, 563; Bericht der BNotK 2015, 561, 563; Bericht der BNotK 2014, DNotZ 2015, 562, 565; *Genske*, notar 2017, 169.
30 BNotK-Bericht 2010, DNotZ 2011, 562, 564.
31 Bericht der BNotK 2012, DNotZ 2013, 563, 565; Bericht der BNotK 2013, DNotZ 2014, 561; BNotK der Bericht 2015, DNotZ 2016, 561, 563; Bericht der BNotK 2016, DNotZ 2017, 564, 567; Bericht der BNotK 2017, DNotZ 2018, 562, 565.
32 Bericht der BNotK 2015, DNotZ 2016, 561, 563.
33 Bericht der BNotK 2017, DNotZ 2018, 562, 565.
34 Bericht der BNotK 2016, DNotZ 2017, 564, 567 f.
35 BGBl I 2020, S. 2246.
36 Heinemann/Trautrims/*Strauß*, vor §§ 1–21 DONot, Rn 6.
37 Vgl. https://www.notar.de/der-notar/berufsrecht/dienstordnung, zuletzt abgerufen im März 2026.

1.8.2022 nochmals in wenigen Punkten angepasst. Inhalt der Änderung waren im Wesentlichen redaktionelle Anpassungen und die Berücksichtigung der zum 1.8.2022 in Kraft getretenen Regelungen zu den notariellen Online-Verfahren. Als prominenteste inhaltliche Neuerung wurde in bestimmten Fällen die Möglichkeit eingeführt, alternativ zur Herstellerbescheinigung eine Bescheinigung des Vertreibers einzuholen (hierzu ausführlicher § 6 DONot Rdn 36). Zum Redaktionsschluss war die Änderung in den meisten Ländern bereits umgesetzt und verkündet. Bei den übrigen Ländern ist mit einer zeitnahen Umsetzung zu rechnen. Der vorliegenden Kommentierung liegt daher der Text der DONot-Novelle 2022 in der Form ihrer Änderung zum 1.8.2022 zugrunde. Als Arbeits- und Diskussionsgrundlage der DONot-Novelle 2022 und ihrer Änderung dienten jeweils eine nicht-amtliche Begründung, auf die an geeigneter Stelle verwiesen wird.

F. Spannungsfeld von Registerpublizität und personenbezogenen Daten

Nach der umfassenden Reform der DONot im Zuge der Einführung des elektronischen Urkundenarchivs führte die Digitalisierung des Rechtsverkehrs bereits im zweiten Halbjahr 2022 dazu, dass sich die Justizverwaltungen der Länder unter einem neuen Gesichtspunkt hinsichtlich einer Erweiterung der Dienstordnung austauschten. Zum 1.8.2022 trat das „Gesetz zur Umsetzung der Digitalisierungsrichtlinie (DiRUG) in Kraft.[38] Dessen Herzstück bildete die Einführung elektronischer Online-Beurkundungen im Gesellschaftsrecht. Darüber hinaus enthielt es aber auch Regelungen, die – entsprechend der Richtlinienvorgaben – beim Abruf von Auszügen und Dokumenten aus Handels-, Partnerschafts-, Genossenschafts- und Vereinsregister auf die Registrierungspflicht der Abrufenden verzichtet und diese Abrufe kostenfrei stellt. Seither können Einsichten in das Register sowie in den Registerordner (§ 9 HRV) über www.handelsregister.de von jedermann in Echtzeit kostenlos vorgenommen werden. Dieses führte teilweise zu Bedenken, die unbeschränkte Einsicht in personenbezogene Daten wie Wohnanschriften, Kontoverbindungen o.ä. könne für Betrugstaten missbraucht werden.[39] 21

Datenschutzrechtlich ist dabei zwischen der Übermittlung von Daten durch den Notar an das Gericht und die Veröffentlichung der Daten durch Einstellung in den Registerordner durch das Gericht zu unterscheiden.[40] § 9 Abs. 1 S. 2 HRV, der im Zuge der politischen Diskussionen um die Transparenz im Handelsregister eingeführt wurde, ordnet programmatisch an, dass nur solche Dokumente vom Gericht in den Registerordner aufgenommen werden sollen, deren Einreichung zum Handelsregister durch Rechtsvorschriften besonders angeordnet ist.[41] Um die Registergerichte bei der Erfüllung ihrer gesetzlichen Aufgaben zu unterstützen, wurde von den Justizverwaltungen parallel eine Anpassung des § 5 DONot sowie die Einführung des neuen § 5a DONot erarbeitet. Durch die Anpassung der notariellen Dienstordnung soll gewissermaßen ein „Vorfilter" geschaffen werden, die den Gerichten die zeitlich nachgelagerte Erfüllung ihrer Pflichten bei der Einstellung von Dokumenten in den Registerordner erleichtern. Die Neuregelungen haben dabei – neben der Umsetzbarkeit der Filterung in den Notarstellen – vor allem im Blick, die Überprüfungs- und Ermittlungsmöglichkeiten der Registergerichte bei der gerichtlichen Kontrolle der von den Notarinnen und Notaren eingereichten Dokumente nicht zu schwächen. So sind bspw. Unterschriften weiterhin an das Registergericht übermittelbar, da diese für die gerichtliche Überprüfung von Vertretungsfehlern im Wege der materiellen Nachprüfung erforderlich sein können.[42] 22

Die DONot der einzelnen Bundesländer wurde in den einzelnen Ländern wie folgt erlassen und verkündet: 23

Baden-Württemberg: Verwaltungsvorschrift des Ministeriums der Justiz und für Migration über die Dienstordnung für Notarinnen und Notare vom 27. Dezember 2021 (JUM-3830–25), Die Justiz 2022, Nr. 2, S. 36, geändert durch Verwaltungsvorschrift des Justizministeriums zur Änderung der Verwaltungsvorschrift über die Dienstordnung für Notarinnen und Notare vom 28. Juli 2022 (JUM-3830–25), Die Justiz 2022, Nr. 9, S. 225, zuletzt geändert durch Verwaltungsvorschrift des Justizministeriums

38 BGBl I 2021, S. 3338.
39 Vgl. *Strauß*, DNotZ 2023, 496; Rundschreiben Nr. 3/2023 der BNotK vom 25.5.2023.
40 Zur Bedeutung des Datenschutzrechts im Notariat vgl. unten Abschnitt K.
41 Verordnung über die Einrichtung und Führung des Gesellschaftsregisters und zur Änderung der Handelsregisterverordnung, BGBl 2022 I S. 2422.
42 Vgl. dazu *Krafka*, Registerrecht, Rn 151.

zur Änderung der Verwaltungsvorschrift über die Dienstordnung für Notarinnen und Notare vom 23. Dezember 2025 – Az.: JUM-3830–25.

Bayern: Bekanntmachung des Bayerischen Staatsministeriums der Justiz vom 6. Dezember 2021 (A4 – 3830a – IV – 14277/2020), Bayerisches Ministerialblatt 2021 Nr. 946, geändert durch Bekanntmachung des Bayerischen Staatsministeriums der Justiz vom 28. Juli 2022 (Az. A4 – 3830a E – IV – 6448/2022), Bayerisches Ministerialblatt 2022, Nr. 466, sowie zuletzt geändert durch Bekanntmachung des Bayerischen Staatsministeriums der Justiz vom 15. Mai 2023 (Az. A4 – 3830a – IV – 10171/2022), Bayerisches Ministerialblatt 2023, Nr. 270, zuletzt geändert durch Bekanntmachung des Bayerischen Staatsministeriums der Justiz vom 16. Oktober 2025 (Az. A4 – 3830a – IV – 794/2024), Bayerisches Ministerialblatt 2025, Nr. 454.

Berlin: Verwaltungsvorschrift der Senatsverwaltung für Justiz, Vielfalt und Antidiskriminierung zum Neuerlass der Dienstordnung für Notarinnen und Notare (DONot) vom 21. Dezember 2021 (JustV A I A 2), Amtsblatt für Berlin 2022 S. 51, geändert durch die Erste Verwaltungsvorschrift zur Änderung der Dienstordnung für Notarinnen und Notare (DONot) vom 20. Juli 2022, Amtsblatt für Berlin 2022, Nr. 32, S. 2135, geändert durch die Zweite Verwaltungsvorschrift zur Änderung der Dienstordnung für Notarinnen und Notare (DONot) vom 11. April 2023, Amtsblatt für Berlin 2023, Nr. 21, S. 2201, sowie zuletzt geändert durch die Dritte Verwaltungsvorschrift zur Änderung der Dienstordnung für Notarinnen und Notare (DONot) vom 24. November 2023, Amtsblatt für Berlin 2023, Nr. 52, S. 4794, zuletzt geändert durch Vierte Verwaltungsvorschrift zur Änderung der Dienstordnung für Notarinnen und Notare (DONot) vom 7. Oktober 2025 (JustV ZS A 2).

Brandenburg: Allgemeine Verfügung des Ministeriums der Justiz des Landes Brandenburg vom 17. Dezember 2021, Justizministerialblatt für das Land Brandenburg vom 17. Januar 2022, Nr. 1, S. 2, geändert durch die Allgemeine Verfügung der Ministerin der Justiz zur Änderung der Allgemeinen Verfügung vom 17. Dezember 2021 vom 3. August 2022, Justizministerialblatt für das Land Brandenburg, Nr. 8, S. 82, sowie zuletzt geändert durch die Allgemeine Verfügung der Ministerin der Justiz zur Änderung der Allgemeinen Verfügung vom 17. Dezember 2021 vom 5. Mai 2023, zuletzt geändert durch die Allgemeine Verfügung des Ministers der Justiz und für Digitalisierung zur Änderung der Allgemeinen Verfügung vom 17. Oktober 2025, Justizministerialblatt für das Land Brandenburg 2025, 87.

Bremen: Allgemeinverfügung der Senatorin für Justiz und Verfassung vom 15. Dezember 2021, Amtsblatt der Freien Hansestadt Bremen vom 29. Dezember 2021, Nr. 296, S. 1322, geändert durch Allgemeinverfügung der Senatorin für Justiz und Verfassung vom 28. Juli 2022, Amtsblatt der Freien Hansestadt Bremen vom 3. August 2022, Nr. 141, S. 668, zuletzt geändert durch die Allgemeine Verfügung der Senatorin für Justiz und Verfassung zur Änderung der Dienstordnung für Notarinnen und Notare (DONot) vom 10. November 2025, Amtsblatt der Freien Hansestadt Bremen vom 25. November 2025, Nr. 203, S. 1038.

Hamburg: Allgemeinverfügung der Behörde für Justiz und Verbraucherschutz Nr. 30/2021 vom 9. Dezember 2021 (3831/1/2), Hamburgisches Justizverwaltungsblatt 2021, S. 138, geändert durch Allgemeinverfügung der Behörde für Justiz und Verbraucherschutz Nr. 14/2022 vom 26. Juli 2022 (3831/1/2), Hamburgisches Justizverwaltungsblatt 2022, S. 73, sowie zuletzt geändert durch Allgemeinverfügung der Behörde für Justiz und Verbraucherschutz Nr. 8/2023 vom 26. April 2023 (3831/1/2), zuletzt geändert durch AV der Behörde für Justiz und Verbraucherschutz Nr. 69/2025 vom 30. Oktober 2025 (Az. 3831/1/2), Hamburgisches Verwaltungsblatt vom 12. Dezember 2025, Nr. 6, S. 70.

Hessen: Allgemeinverfügung des Hessischen Ministeriums der Justiz Nr. 10/2021 vom 13. Dezember 2021 (3830–2), Justizministerialblatt für das Land Hessen 2022, S. 23, geändert durch Runderlass des Hessischen Ministeriums der Justiz Nr. 49/2022 vom 21. Juli 2022, Justizministerialblatt für das Land Hessen 2022, S. 596, sowie zuletzt geändert durch Runderlass des Hessischen Ministeriums der Justiz Nr. 32/2023 vom 15. Mai 2023, Justizministerialblatt für das Land Hessen 2023, S. 463, zuletzt geändert durch Erl. d. HMdJ v. 10.11.2025 (3830 – II/C 1 – 2020/24620 – II/A), Justiz-Ministerial-Blatt für Hessen vom 28. November 2025, Nr. 12, S. 584.

Mecklenburg-Vorpommern: Verwaltungsvorschrift des Ministeriums für Justiz, Gleichstellung und Verbraucherschutz vom 30. Dezember 2021 (III – 3830–76SH/8–001), Amtsblatt für Mecklenburg-

Vorpommern 2022, S. 26, geändert durch Artikel 1 der Verwaltungsvorschrift des Ministeriums für Justiz, Gleichstellung und Verbraucherschutz vom 16. August 2022 (III 103 – 3830–76SH/9), Amtsblatt für Mecklenburg-Vorpommern 2022, S. 507, sowie zuletzt geändert durch Artikel 1 der Verwaltungsvorschrift des Ministeriums für Justiz, Gleichstellung und Verbraucherschutz vom 2. Mai 2023 (III 103 – 3830–76SH/10), Amtsblatt für Mecklenburg-Vorpommern 2023, S. 419, zuletzt geändert durch Verwaltungsvorschrift des Ministeriums für Justiz, Gleichstellung und Verbraucherschutz vom 12. November 2025 – III 3830–76SH/12, Amtsblatt für Mecklenburg-Vorpommern vom 1. Dezember 2025, Nr. 48, S. 614.

Niedersachsen: Allgemeine Verfügung des Ministeriums der Justiz vom 10. Dezember 2021 (3831–201.138), Niedersächsische Rechtspflege vom 17. Januar 2022, Nr. 1, S. 11, geändert durch Allgemeine Verfügung des Ministeriums der Justiz vom 22. Juli 2022 (3831–201.138), Niedersächsische Rechtspflege vom 15. September 2022, Nr. 9, S. 316, sowie zuletzt geändert durch Allgemeine Verfügung des Ministeriums der Justiz vom 26. April 2023 (3831–201.138), Niedersächsische Rechtspflege vom 15. Mai 2023, Nr. 5, S. 338, zuletzt geändert durch AV d. MJ v. 13.10.2025 (3831-MJ-6328/2019), Niedersächsische Rechtspflege vom 17. November 2025, Nr. 11, S. 368.

Nordrhein-Westfalen: Allgemeinverfügung des Ministeriums der Justiz des Landes Nordrhein-Westfalen vom 14. Dezember 2021 (3830 – Z. 54), Justizministerialblatt für das Land Nordrhein-Westfalen 2022, S. 7, geändert durch Allgemeinverfügung des Ministeriums der Justiz des Landes Nordrhein-Westfalen vom 25. Juli 2022 (3830 – Z. 54), Justizministerialblatt für das Land Nordrhein-Westfalen 2022, S. 392, zuletzt geändert durch Allgemeinverfügung des Ministeriums der Justiz des Landes Nordrhein-Westfalen vom 17. April 2023 (3830-Z. 54), Justizministerialblatt für das Land Nordrhein-Westfalen 2023, S. 536, zuletzt geändert durch AV d. JM vom 13. Oktober 2025 (3830-Z. 54), JMBl. NRW S. 2382.

Rheinland-Pfalz: Verwaltungsvorschrift des Ministeriums der Justiz vom 2. Dezember 2021 (3831–0002), Justizblatt Rheinland-Pfalz 2021, Nr. 11, S. 100, geändert durch Verwaltungsvorschrift des Ministeriums der Justiz vom 26. Juli 2022 (3831–0002), Justizblatt Rheinland-Pfalz 2022, Nr. 8, S. 103, sowie zuletzt geändert durch Verwaltungsvorschrift des Ministeriums der Justiz vom 6. April 2023 (3831–0002), Justizblatt Rheinland-Pfalz 2023, Nr. 4, S. 32, zuletzt geändert durch Verwaltungsvorschrift des Ministeriums der Justiz vom 7. Oktober 2025 (3831–000), Justizblatt Rheinland-Pfalz vom 10. November 2025, Nr. 10, Seite 250.

Saarland: Allgemeine Verfügung des Ministeriums der Justiz Nr. 10/2021 vom 13. Dezember 2021, Elektronisches Verwaltungsvorschriften-Informationssystem Saarland – ELVIS, geändert durch Allgemeine Verfügung des Ministeriums der Justiz Nr. 8/2022 vom 25. Juli 2022, Elektronisches Verwaltungsvorschriften-Informationssystem Saarland – ELVIS, sowie zuletzt geändert durch Allgemeine Verfügung des Ministeriums der Justiz Nr. 2/2023 vom 12. Mai 2023, Elektronisches Verwaltungsvorschriften-Informationssystem Saarland – ELVIS.

Sachsen: Verwaltungsvorschrift des Sächsischen Staatsministeriums der Justiz und für Demokratie, Europa und Gleichstellung zur Neuordnung des Notarwesens im Freistaat Sachsen vom 17. Dezember 2021 (3831 – 201.138), Sächsisches Justizministerialblatt 2021, S. 121, geändert durch die Verwaltungsvorschrift des Sächsischen Staatsministeriums der Justiz und für Demokratie, Europa und Gleichstellung zur Änderung der VwV Notardienstordnung vom 29. August 2022, Sächsisches Justizministerialblatt 2022, S. 274, sowie zuletzt geändert durch die Verwaltungsvorschrift des Sächsischen Staatsministeriums der Justiz und für Demokratie, Europa und Gleichstellung zur Änderung der VwV Notardienstordnung vom 4. Mai 2023, Sächsisches Justizministerialblatt 2023, S. 88, zuletzt geändert durch Dritte Verwaltungsvorschrift des Sächsischen Staatsministeriums der Justiz zur Änderung der VwV Notardienstordnung vom 11.11.2025, Sächsisches Justizministerialblatt vom 18. Dezember 2025, Nr. 12, S. 318.

Sachsen-Anhalt: Allgemeinverfügung des Ministeriums für Justiz und Verbraucherschutz vom 7. Dezember 2021, Justizministerialblatt für das Land Sachsen-Anhalt 2021, S. 224, geändert durch Allgemeinverfügung des Ministeriums für Justiz und Verbraucherschutz vom 29. Juli 2022, Justizministerialblatt für das Land Sachsen-Anhalt 2022, S. 144, sowie zuletzt geändert durch Allgemeinverfügung des Ministeriums für Justiz und Verbraucherschutz vom 28. April 2023, Justizministerialblatt für das Land

Sachsen-Anhalt 2023, S. 241, zuletzt geändert durch AV des MJ vom 29. Oktober 2025 – 3830–205–2/3, Justizministerialblatt für das Land Sachsen-Anhalt vom 10. November 2025, Nr. 11, S. 101.

Schleswig-Holstein: Allgemeine Verfügung des Ministeriums für Justiz, Europa und Verbraucherschutz vom 30. Dezember 2021 (II 334/3831–2-2), Amtsblatt für Schleswig-Holstein 2022, S. 10, geändert durch Allgemeine Verfügung des Ministeriums für Justiz, Europa und Verbraucherschutz vom 23. August 2022 (II 334/3831–2-2), Amtsblatt für Schleswig-Holstein 2022, S. 334, zuletzt geändert durch Allgemeine Verfügung des Ministeriums für Justiz und Gesundheit vom 18. April 2023 (II 334/3831–2-5), Schleswig-Holsteinische Anzeigen 5/2023, S. 178.

Thüringen: Verwaltungsvorschrift des Thüringer Ministeriums für Migration, Justiz und Verbraucherschutz vom 17. Dezember 2021 (3831/E-2483/2006), Justizministerialblatt für Thüringen 2022, S. 5, geändert durch Verwaltungsvorschrift des Thüringer Ministeriums für Migration, Justiz und Verbraucherschutz vom 28. Juli 2022 (3831/E-2483/2006), Justizministerialblatt für Thüringen 2022, S. 50 sowie zuletzt geändert durch Verwaltungsvorschrift des Thüringer Ministeriums für Migration, Justiz und Verbraucherschutz vom 12. Mai 2023 (3831/E-2483/2006), zuletzt geändert durch Verwaltungsvorschrift des Thüringer Ministeriums für Justiz, Migration und Verbraucherschutz vom 19. November 2025 (1030–13–3831/66–10–66818/2025), Justiz-Ministerialblatt für Thüringen vom 16. Dezember 2025, Nr. 6, S. 116.

G. Rechtsnatur und Verhältnis zu anderen Normen

24 Die Rechtsnatur der DONot ist schwierig zu bestimmen. Sie ist weder Gesetz noch Rechtsverordnung, sondern eine an die Notare gerichtete **Verwaltungsanordnung**, die von allen Landesjustizverwaltungen im Wesentlichen inhaltsgleich erlassen worden ist.[43] Sie betrifft damit im Ergebnis das bloße Verwaltungsinnenrecht.[44] Die Terminologie schwankt bei Einhelligkeit in der Sache. Verwendung finden beispielsweise die Bezeichnungen „Verwaltungsvorschrift“,[45] „Dienstanweisung“[46] und „Verwaltungsverordnung“.[47] Dabei ist klarzustellen: Die DONot ist keine Verwaltungsvorschrift des Bundes, sondern der Bundesländer. Es handelt sich also um eine im Wesentlichen inhaltsgleiche Verwaltungsvorschrift jedes einzelnen Bundeslandes.

25 Aus der Rechtsnatur der DONot als landesrechtlicher Verwaltungsvorschrift folgt auch, dass die **gesetzlichen Regelungen des BeurkG und der BNotO stets vorgehen**. Da die Notare als unabhängige Amtsträger das BeurkG und die BNotO selbstständig anzuwenden und auszulegen haben, können der DONot auch keine verbindlichen Interpretationen entnommen werden. Im Übrigen ist die DONot für den Notar verbindlich. Zur Begründung wird meist vorgetragen, dass Notare der Dienstaufsicht des Landes unterstehen.[48] Daher findet die DONot auch ihre **Rechtsgrundlage** in dem Recht und der Pflicht der Landesjustizverwaltung zur Aufsicht über ihre Notare, §§ 92 ff. BNotO (vgl. hierzu auch Rdn 30 f.).[49] *Harborth/Lau*[50] verweisen demgegenüber darauf, dass die Aufsicht kein Recht zum Aufstellen von Regelungen begründet, sondern nur das Recht auf Kontrolle anderweitig begründeter Regelungen beinhaltet. *Harborth/Lau*[51] leiten die Befugnis der Landesjustizverwaltungen zum Erlass der DONot aus der Organisationsgewalt der Exekutive ab. Die Exekutive könne aus originärer Zuständigkeit Organisationsregelungen erlassen. Die notarielle Unabhängigkeit werde durch von der Exekutive erlassene Regelungen für den innerdienstlichen Betrieb nicht berührt. Der Gesetzesvorbehalt solle angesichts der Nähe des

43 BVerfG v. 19.6.2012 – 1 BvR 3017/09, NJW 2012, 2639.
44 So *Starke*, ZNotP-Sonderheft 2002 Rn 4.
45 BGH v. 22.10.1979 – NotZ 4/79, DNotZ 1980, 181, 182; BGH v. 15.2.1971 – NotSt. Brfg. 1/70, DNotZ 1972, 551, 552; Weingärtner/*Weingärtner/Ulrich*, Einl. Rn 2; BeckOK-BNotO/*Salzmann*, DONot Einl. Rn 1; Frenz/Miermeister/*Miermeister*, DONot Einl. Rn 1.
46 BGH v. 6.10.1960 – V ZR 142/60, NJW 1960, 2336; Arndt/Lerch/Sandkühler/*Sandkühler*, § 14 Rn 23.
47 Vgl. *Kanzleiter*, DNotZ 1972, 519.
48 So Arndt/Lerch/Sandkühler/*Sandkühler*, § 14 Rn 23.
49 BGH v. 26.10.2009 – NotZ 6/09, BeckRS 2009, 86147: „Die Landesjustizverwaltung ist nach § 93 BNotO befugt, im Rahmen der ihr obliegenden Dienstaufsicht den Notaren durch Verwaltungsvorschriften allgemeine Weisungen zu erteilen. Sie verlässt dabei den ihr zustehenden Gestaltungsspielraum nicht, wenn sie den Notaren vorgibt, dass bei bargeldlosem Zahlungsverkehr Eintragungen in das Verwahrungsbuch und in das Massebuch unter dem Datum des Eingangs des Kontoauszugs beim Notar zu erfolgen haben.“; BeckOK-BNotO/*Salzmann*, DONot Einl. Rn 3; *Kanzleiter*, DNotZ 1972, 519.
50 *Harborth/Lau*, DNotZ 2002, 412, 428.
51 *Harborth/Lau*, DNotZ 2002, 412, 428 ff.

Notaramtes zum öffentlichen Dienst nicht gelten. Die Exekutive könne dem Notar die Gestaltung interner Geschäftsabläufe vorschreiben.[52]

Was im Verhältnis zu gesetzlichen Regelungen gilt, trifft auch zu für das **Verhältnis zwischen der DONot** und den als Satzung erlassenen **Kammerrichtlinien** zur Berufsausübung. Letztere sind gegenüber der DONot höherrangiges Recht (vgl. hierzu auch Rdn 30 ff.).[53] Nach § 67 Abs. 2 S. 1 BNotO obliegt es nämlich den Notarkammern, in Richtlinien die Amtspflichten und sonstige Pflichten der Notare durch Satzung näher zu bestimmen. In S. 3 folgt dann ein Katalog der Bereiche, in denen die Richtlinien Regelungen treffen können. Im Vorentwurf zu § 67 Abs. 2 S. 1 BNotO war noch folgende Formulierung vorgesehen: „Der Notarkammer obliegt es, in Richtlinien die Amtspflichten und sonstigen Pflichten ihrer Mitglieder im Rahmen der gesetzlichen Vorschriften und auf deren Grundlage erlassenen landesrechtlichen Bestimmungen durch Satzung näher zu bestimmen." Bei dieser Formulierung hätte man die DONot als „landesrechtliche Bestimmung" verstehen und darin eine spezialgesetzliche Durchbrechung der generellen Normenhierarchie sehen können. In der nunmehrigen Gesetzesfassung heißt es jedoch ausdrücklich „im Rahmen der gesetzlichen Vorschriften und auf deren Grundlage erlassenen Verordnungen." Dazu gehört die DONot zweifellos nicht. Die Kammerrichtlinien verdrängen also in ihrem Anwendungsbereich die Regelungen der DONot.[54] Dies wird allgemein anerkannt, auch wenn die im Verfassungsrecht entwickelten Grundsätze der Normenhierarchie wegen der unterschiedlichen Rechtsnormqualität auf das Verhältnis zwischen den Richtlinien der Notarkammern und der DONot nicht ohne weiteres übertragbar sind.[55] 26

Spielräume für Regelungen in der DONot als Verwaltungsvorschrift bestehen damit nur dann, wenn die Richtlinien keine hinreichenden Konkretisierungen enthalten.[56] Derartige Interpretationsspielräume können durch die DONot ausgefüllt werden.[57] Soweit dagegen die Richtlinienbestimmungen dem Notar bewusst und erkennbar Entscheidungsspielräume bzw. -freiheiten einräumen, dürfen diese nicht durch Regelungen der DONot verengt oder ausgehöhlt werden („bewusste Lücken").[53] Nicht gefolgt werden kann dagegen der Auffassung, dass der gesamte Bereich der Richtlinienkompetenz der Notarkammern, d.h. alle im Katalog des § 67 Abs. 2 S. 3 BNotO aufgeführten Tätigkeitsfelder, der Gestaltung durch die DONot entzogen ist.[59] Soweit die Notarkammern ihre Richtlinienzuständigkeit nicht wahrnehmen und dem Notar auch nicht erkennbar Entscheidungsspielräume belassen wollen, gibt es keinen Grund, der es verböte, diese „unbewusste Lücke" durch Vorschriften der DONot zu schließen. § 67 Abs. 2 S. 3 BNotO entfaltet also keine generelle Sperrwirkung.[60] Durch dieses Ergebnis werden die Notarkammern auch nicht in ihren Kompetenzen eingeschränkt, da sie in dem ihnen zugewiesenen Bereich jederzeit von ihrer Satzungsbefugnis Gebrauch machen und „höherrangiges" – die DONot verdrängendes Recht schaffen können.[61] 27

Aus dem Rechtscharakter der DONot folgt weiter, dass die Aufsichtsbehörden zwar durch allgemeine Anordnungen oder besondere Weisungen grundsätzlich von ihr abweichen dürfen. Die Ausübung dieser Möglichkeit ist aber erheblich durch den Grundsatz der **Selbstbindung der Verwaltung** eingeschränkt.[62] 28

Die DONot gilt selbstverständlich nicht nur für den Notar selbst, sondern auch für Notariatsverwalter und Notarvertreter (vgl. Abs. 1 in § 19 DONot Rdn 1 ff.). 29

H. Verfassungsmäßigkeit der DONot/Eingriff in Grundrechte

Das **Bundesverfassungsgericht** hatte 2012 über die Frage zu entscheiden, ob die Regelung in **§ 10 Abs. 3 DONot** und die dort normierten verbindlichen Vorgaben zur Führung von Aufzeichnungen über die Verwahrungstätigkeit der Notare – konkret des Verwahrungs- und Massebuches – verfassungswidrig in die 30

52 Kritisch dazu *Maaß*, ZNotP 2002, 335, 338; auch BeckOK-BNotO/*Salzmann*, DONot Einl. Rn 3.
53 Vgl. Weingärtner/*Weingärtner/Ulrich*, Einl. Rn 3; *Blaeschke*, Rn 8; Arndt/Lerch/Sandkühler/*Sandkühler*, § 14 Rn 24; *Harborth/Lau*, DNotZ 2002, 412, 435 f.
54 Vgl. *Bettendorf*, RNotZ-Sonderheft zu Heft 10/2001, 2.
55 So *Lerch*, ZNotP 2002, 166, 167; *Starke*, ZNotP-Sonderheft 2002 Rn 5 Fn 12.
56 Vgl. *Mihm/Bettendorf*, DNotZ 2001, 22, 38 f.
57 Vgl. *Starke*, ZNotP Sonderheft 2002 Rn 36.
58 Vgl. *Mihm/Bettendorf*, DNotZ 2001, 22, 39; *Starke*, in: FS Bezzenberger, 2000, S. 611, 625.
59 So aber Arndt/Lerch/Sandkühler/*Sandkühler*, § 14 BNotO Rn 24; ähnlich *Maaß*, ZNotP 2002, 217, 222 f.
60 Vgl. *Starke*, ZNotP-Sonderheft 2002 Rn 6 Fn 13; *Lerch*, § 3 Rn 43.
61 Vgl. *Starke*, ZNotP-Sonderheft 2002 Rn 6 f.
62 Vgl. *Kanzleiter*, DNotZ 1972, 518, 524 ff.

Berufsfreiheit der Notare eingreift und/oder im Übrigen **mit dem Grundgesetz (GG) zu vereinbaren** ist.[63] Der Beschluss war mit Spannung erwartet worden, musste sich das Gericht doch (auch) mit der generellen Rechtsnatur der DONot auseinandersetzen. Die Entscheidung wird aufgrund dieser grundsätzlichen Bedeutung und den weitreichenden Folgen für das Amtsverständnis des (deutschen) Notars nachfolgend detailliert dargestellt:

31 Das Bundesverfassungsgericht stellte im Ergebnis fest, dass es verfassungsrechtlich nicht zu beanstanden sei, wenn den Aufsichtsbehörden im Rahmen ihrer Befugnisse nach §§ 92, 93 BNotO ein Weisungsrecht gegenüber den Notaren zugebilligt werde. Überdies begegneten die Regelungen der DONot zur Dokumentation von Verwahrungsgeschäften keinen verfassungsrechtlichen Bedenken (**Leitsätze**).

32 Zur Begründung führt das Gericht hierbei zunächst aus, dass die angegriffenen Regelungen **keine Verletzung der Berufsfreiheit** des betroffenen Notars bedeuteten. Zwar könne sich auch der Notar im Grundsatz auf dieses Grundrecht berufen, allerdings übe der Notar als selbstständiger Berufsträger Aufgaben aus, die der Gesetzgeber auch dem eigenen Verwaltungsapparat vorbehalten könne.[64] Die Nähe solcher „staatlich gebundener Berufe“ zum öffentlichen Dienst lasse spezifische Sonderregeln zu Art. 12 Abs. 1 GG zu.[65]

33 In Anlehnung an Art. 33 Abs. 5 GG[66] müssten die Notare es daher hinnehmen, dass für sie die Wirkungen der Berufsfreiheit zurückgedrängt würden.[67] Der konkret zulässige Umfang der Zurückdrängung hänge hierbei vom Grad der **Annäherung an den öffentlichen** Dienst ab. In solchen Bereichen, bei denen das Notaramt eine besonders große Distanz zum öffentlichen Dienst besitze, müsse der Berufsfreiheit besondere Bedeutung zuerkannt werden. Dies gelte insbesondere für alle Regelungen, die unmittelbar in die wirtschaftliche Selbstständigkeit des Notars (der schließlich nicht vom Dienstherrn alimentiert werde) eingriffen bzw. zumindest mittelbar wirtschaftliche Auswirkungen besäßen (etwa durch entsprechende organisatorische Rahmenbedingungen). Je näher die in Rede stehenden Tätigkeiten andererseits dem öffentlichen Dienst stünden, desto stärker könnten diese Sonderregelungen in den grundsätzlich grundrechtlich geschützten Bereich eingreifen.[68]

34 Bei den streitgegenständlichen Vorschriften über die **Führung der Bücher** in der DONot handele es sich hiernach um den übertragenen Bereich der Wahrnehmung öffentlicher Aufgaben, der Sonderregelungen in Anlehnung an Art. 33 Abs. 5 GG zugänglich sei. Schließlich sei es nicht zu beanstanden, dass die notarielle Verwahrung nach Auffassung des BGH[69] ausschließlich als hoheitliche Tätigkeit angesehen werde. Betroffen sei damit unmittelbar (nur) die Erledigung dienstlicher Aufgaben. Die vorgenannten Regelungen besäßen überdies auch keine erheblichen wirtschaftlichen Auswirkungen für die betroffenen Notare.[70]

35 Nachdem das Gericht somit einen Grundrechtseingriff verneinte, lehnte es überdies auch das Argument ab, die **DONot** stelle keine (ausreichende) **gesetzliche Grundlage** für die in Rede stehende aufsichtsrechtliche Maßnahme dar. So scheide § 10 Abs. 3 S. 1 DONot zwar als eigenständige gesetzliche Grundlage aus, weil diese Bestimmungen als Verwaltungsvorschriften keine dem Gesetzesvorbehalt genügende Rechtsnormqualität beinhalte.[71] Die Regelungen innerhalb der DONot ließen sich allerdings

63 BVerfG v. 19.6.2012 – 1 BvR 3017/09, NJW 2012, 2639; siehe auch *Eickelberg*, NotBZ 2012, 338; *Huttenlocher/Wohlrab*, EuZW 2912, 779; *Hager/Müller-Teckhof*, NJW 2013, 1917, 1922.

64 BVerfG v. 19.6.2012 – 1 BvR 3017/09, NJW 2012, 2639; hierzu auch *Eickelberg*, NotBZ 2012, 43; ergänzend: BVerfG v. 24.5.1995 – 2 BvF 1/92, NJW 1996, 2149 (zu den verfassungsrechtlichen Grenzen der Personalvertretung).

65 Vgl. bereits zuvor BVerfG v. 20.4.2004 – 1 BvR 838/01, NJW 2004, 1935 (zum Zugang zum Beruf des Notars im Nebenamt) und BVerfG v. 12.7.2005 – 1 BvR 972/04, 1 BvR 1858/04, DNotZ 2006, 69 zur verfassungsrechtlichen Überprüfung einer Auswahlentscheidung im Bereich des hauptberuflichen Notariats bei länderübergreifender Bewerbung; allgemein: *Huttenlocher/Wohlrab*, EuZW 2012, 779.

66 „Das Recht des öffentlichen Dienstes ist unter Berücksichtigung der hergebrachten Grundsätze des Berufsbeamtentums zu regeln und fortzuentwickeln.“

67 Vgl. BVerfG v. 1.7.1986 – 1 BvL 26/83, NVwZ 1987, 401 zu der Zulassung öffentlich bestellter Vermessungsingenieure.

68 BVerfG v. 19.6.2012 – 1 BvR 3017/09, NJW 2012, 2641.

69 BGH v. 3.6.1993 – IMX ZR 119/92, NJW 1993, 2317 zur Benachrichtigungspflicht des Notars bei Banküberweisung mit Auflagen.

70 BVerfG v. 19.6.2012 – 1 BvR 3017/09, NJW 2012, 2641.

71 BVerfG v. 21.6.1989 – 1 BvR 32/87, NJW 1989, 2614 zur Unzulässigkeit der generellen Bestimmung eines Höchstalters für Bestellung zum Anwaltsnotar durch Allgemeine Verwaltungsverfügung.

auf die Befugnisse der Landesjustizverwaltung zur Erteilung allgemeiner Weisungen nach Maßgabe des § 93 BNotO stützen. So ermächtigten diese Regelungen die Aufsichtsbehörde dazu, nähere Vorgaben zur konkreten Ausgestaltung technischer Einzelfragen der Dokumentation zu machen, die den betroffenen Notar in seinen Grundrechten nicht wesentlich betreffen. § 93 BNotO stelle nach ihrem Zweck und Sinnzusammenhang eine hinreichend bestimmte gesetzliche Grundlage dar, um Einzelheiten für die Dokumentation notarieller Verwahrungsgeschäfte durch allgemeine Weisung der Aufsichtsbehörde zu regeln.[72]

Die DONot verstoße insoweit auch nicht gegen höherrangiges Recht. Insbesondere komme dem Katalog des § 67 Abs. 2 S. 3 BNotO zur Satzungskompetenz der Notarkammer keine Sperrwirkung für Regelungen der Dienstaufsicht zu. Dies ergebe sich nicht zuletzt aus § 67 Abs. 1 BNotO, wonach die Notarkammern die Aufsichtsbehörden bei deren Tätigkeit nur unterstützten. Die Kompetenz der Notarkammern als Selbstverwaltungskörperschaft könne die unmittelbare staatliche Aufsicht in diesem Bereich aufgrund der o.g. Nähe zum öffentlichen Dienst nicht verdrängen.[73] 36

Besonders bemerkenswert sind schließlich noch die Ausführungen des Bundesverfassungsgerichts zu der „Einordnung“ des Notaramtes im **europarechtlichen Kontext**.[74] Das Gericht betont noch einmal ausdrücklich, dass der Notar nach (deutschem) Gesetzesrecht ein öffentliches Amt ausübe. Mit den ihm in § 1 BNotO übertragenen Aufgaben der vorsorgenden Rechtspflege stehe er dem Richter nahe.[75] Ein großer Teil seiner Geschäfte könne auch von den Gerichten erledigt werden.[76] An dieser Ausgestaltung des Notarberufs habe sich auch durch das Unionsrecht – konkret: die Entscheidung des EuGH vom 24.5.2011[77] – nichts geändert. So mache die Auffassung des EuGH, notarielle Tätigkeiten seien nicht mit der Ausübung öffentlicher Gewalt im Sinne des Art. 51 Abs. 1 AEUV (Art. 45 Abs. 1 EGV) verbunden, die hier in Rede stehenden Bestimmungen des § 1 BNotO zur notariellen Amtsträgereigenschaft im Allgemeinen und zu den notariellen Amtstätigkeiten in §§ 20 ff. BNotO im Speziellen nicht unanwendbar. Schließlich fordere die Entscheidung nur, dass die europarechtlich gewährleistete Niederlassungsfreiheit nicht an der Staatsangehörigkeit scheitere. Der Einschätzung des Bundesverfassungsgerichts ist in dieser Frage uneingeschränkt zuzustimmen. Die vorgenannte Entscheidung des EuGH[78] bedeutet gerade nicht, dass der Notar im nationalen Recht nicht mehr Träger eines öffentlichen Amtes sein bzw. das Notariat nicht mehr öffentlich-rechtlich ausgestaltet werden kann.[79] Hierauf weist auch der EuGH selbst hin, indem er betont, dass die streitgegenständliche Rüge „weder den Status und die Organisation des Notariats in der deutschen Rechtsordnung betrifft noch die Voraussetzungen, die neben der Staatsangehörigkeit für den Zugang zum Beruf des Notars in diesem Mitgliedstaat bestehen.“[80] Es steht dem nationalen Gesetzgeber damit (noch immer) frei, Notare als Träger eines öffentlichen Amtes anzusehen.[81] Die Notare erfüllen mithin auch weiterhin als selbstständige Funktionsträger originär öffentlich-rechtliche Aufgaben.[82] Dem Notar werden 37

72 BVerfG v. 19.6.2012 – 1 BvR 3017/09, NJW 2012, 2643.

73 BVerfG v. 19.6.2012 – 1 BvR 3017/09, NJW 2012, 2643.

74 BVerfG v. 19.6.2012 – 1 BvR 3017/09, NJW 2012, 2640 f.; vgl. hierzu eingehend: *Bormann/Wohlrab*, EuZW 2012, 779; zu Recht auch betont von *Pelikan*, notar 2013, 165, 171.

75 Vgl. *Eickelberg*, Rpfleger 2013, 253 (auch zu dem Verhältnis des Notars zu den staatlichen Registern).

76 Vgl. bereits zuvor BVerfG v. 5.5.1964 – 1 BvL 8/62, BVerfGE 17, 371, 377 zur Begrenzung der Zahl der Notarstellen.

77 EuGH v. 24.5.2011 – C-54/08, NJW 2011, 2941 (Kommission/Bundesrepublik Deutschland); eingehend hierzu – mit einer Betrachtung der Rechtsentwicklung im Rechtsraum des lateinischen Notariats und seiner Bedeutung für das deutsche Notariat etwa *Stürner*, notar 2016, 143; vgl. auch EuGH v. 9.3.2017 – C342/15, DNotZ 2017, 447, m. Anm. *Piringer* (Notarsvorbehalt für Unterschriftsbeglaubigungen in Grundstückssachen europarechtskonform); hierzu *Genske*, notar 2018, 175, 183; *Wolf*, MittBayNot 2018, 510; *Waldhoff*, EuZW 2017, 382; *Eickelberg*, GPR 2016, 93.

78 Eine vertiefte Auseinandersetzung mit der Entscheidung in all ihren Facetten würde den hiesigen Rahmen sprengen. Es muss insoweit auf die angegebenen Fundstellen verwiesen werden: vgl. hierzu nur *Steiner*, MittBayNot-Sonderhefte 2011, 10; *Bengel*, DNotZ 2012, 26; *Henssler/Kilian*, NJW 2012, 481; *Diehn*, LMK 2011, 320422; *Pelikan*, notar 2011, 259; *Vossius*, notar 2011, 219; *Preuß*, ZNotP 2011, 322; *Bormann*, EWS 6/2011, I; *Brand*, DRiZ 2011, 237; *Fuchs*, EuZW 2011, 475; *Hager/Müller-Teckhoff*, NJW 2012, 2081, 2085; z.T. a A.: *Schmid/Pinkel*, NJW 2011 2928; *Ritter*, EuZW 2011, 707 m.w.N.

79 *Henssler/Kilian*, NJW 2012, 481, 484.

80 EuGH v. 24.5.2011 – C54/08, NJW 2011, 2941, Rn 75: vgl. EuGH v. 9.3.2017 – C342/15, DNotZ 2017, 447.

81 Vgl. *Pelikan*, notar 2013, 165, 171.

82 Vgl. Frenz/Miermeister/*Vaasen*, Einl. BNotO Rn 40.

hierbei Zuständigkeiten übertragen, die nach der „geltenden Rechtsordnung hoheitlich ausgestaltet sein müssen."[83]

38 Die Entscheidung des Bundesverfassungsgerichts kann auch insgesamt inhaltlich überzeugen. Das Gericht stellt durch seine klaren Worte sowohl Rechtssicherheit her hinsichtlich der zuvor umstrittenen Frage nach der konkreten Befugnis der Aufsichtsbehörden zum Erlass allgemeiner Weisungen – ohne indes auch ein deutliches STOP-Schild zu setzen für solche Maßnahmen, die sich für den betroffenen Notar unmittelbar wirtschaftlich auswirken und bei denen in geringerem Maße Sonderregelungen zulässig sind als in den Bereichen, die die unmittelbare Wahrnehmung öffentlicher Aufgaben betreffen.[84] Dies bedeutet umgekehrt, dass durch die Entscheidung gerade nicht alle Regelungen der DONot im Wege einer „Generalamnestie" für verfassungsrechtlich unbedenklich erklärt wurden,[85] sondern anhand der vordargestellten Maßstäbe des Bundesverfassungsgerichts im Einzelfall zu klären ist, ob die jeweils betroffene Regelung von der Rechtssetzungsbefugnis umfasst ist.[86] Womit bereits übergeleitet wird zu der zweiten, nicht minder gewichtigen „allgemeinen" Kernaussage des Bundesverfassungsgerichts: Die Ausgestaltung des (deutschen) Notars als hoheitlicher Träger eines öffentlichen Amtes wird durch die Entscheidung des EuGH nicht infrage gestellt. Der Gesetzgeber hat damit auch zu Recht nach der Entscheidung aus Brüssel nur einen unmittelbaren Handlungsbedarf hinsichtlich einer Anpassung des § 5 BNotO und der Streichung des dort zuvor normierten Staatsangehörigkeitsvorbehalts gesehen.[87] Eine weitergehende Verpflichtung zum Tätigwerden, das hat das Bundesverfassungsgericht mit eindeutigen Worten nun noch einmal klargestellt, besteht aufgrund angeblicher europarechtlicher Vorgaben nicht.[88] Es bleibt zu hoffen, dass die Entscheidung auch insoweit befriedend wirkt und sich

83 BVerfG vom 5.5.1964 – 1 BvL 8/62, NJW 1964, 1516. Aus dieser rechtlichen Qualifikation folgt denknotwendig, dass die Beurkundungszuständigkeit des (deutschen) Notars aufgrund des Territorialitätsgrundsatzes auch an der deutschen Staatsgrenze endet (vgl. auch § 2 BeurkG; vgl. allgemein: Graf Vitzhum/*Hailbronner/Kau*, Rn 151; EGMR v. 7.7.2011 – 55721/07, NJW 2012, 283 (Al-Skeini u.a./Vereinigtes Königreich); BGH v. 25.3.2010 – I ZB 116/08, NJW 2010, 1883, 1884; konkret auf Notare bezogen etwa: *Schütze*, DNotZ 1922, 66; Staudinger/*Hertel*, vor zu §§ 127a, 128 BeurkG, Rn 258; Würzburger Notarhandbuch/*Limmer*, S. 39 ff. m.w.N.; Urkundsakten eines deutschen Notars im Ausland sind unwirksam (so ausdrücklich BGH v. 30.4.1998 – IX ZR 150/97, NJW 1998, 2830 zu einer im Ausland unterschriebenen Urkunde). Die Beurkundung ist schließlich als Ausübung hoheitlicher Gewalt anzusehen, die dem Notar von seinem Staat, genauso wie dem Richter, originär verliehen wurde und daher die Staatsgrenzen einhalten muss. Dies hat das Kammergericht in einer jüngst veröffentlichten Entscheidung (KG Berlin v. 1.6.2012 – Not 27/11, NotBZ 2012, 35 f.; hierzu *Eickelberg*, NotBZ 2012, 338) – ohne den kurze Zeit später veröffentlichten Beschluss des BVerfG berücksichtigen zu können – noch einmal klargestellt. Im Ergebnis ging es hierbei darum, dass ein in Berlin bestellter Anwaltsnotar plante, in den Niederlanden Beurkundungen vorzunehmen und hierfür eine Genehmigung durch die Präsidentin des KG erstrebte. Das Gericht stellte im Ergebnis fest, dass weder im konkreten Einzelfall noch generell eine Genehmigung für Beurkundungen in den EU-Mitgliedstaaten erteilt werden könne. Eine Ausnahme nach § 11 Abs. 2 BNotO liege nicht vor; auch im Hinblick auf europäische Regelungen (und insbesondere der Dienstleistungsfreiheit nach Art. 56 AEUV) sei es nicht geboten, von den diesbezüglichen strengen Anforderungen des deutschen Rechts abzuweichen. Das KG stellt an dieser Stelle ebenfalls noch einmal klar, dass auch besagte Entscheidung des EuGH nichts daran ändere, dass der Staat die vorsorgende Rechtspflege als staatliche Aufgabe übernommen und auf die Notare übertragen habe – mit der Folge der öffentlich-rechtlichen Ausgestaltung des Notaramtes. Gegen die Entscheidung des KG wurde beim BGH (unter dem Az. NotZ (Brfg) 9/12) Berufung eingelegt. Das Gericht wird dann auch auf die vorgenannten Erwägungen des BVerfG zurückgreifen können.

84 Derartige Regelungen müssen insbesondere dem betroffenen Grundrecht angemessen Rechnung tragen, dem Verhältnismäßigkeitsgrundsatz genügen und wegen des Grundsatzes des Vorbehaltes des Gesetzes in einem formellen Gesetz (regelmäßig der BNotO) normiert werden.

85 *Bracker*, MittBayNot 2014, 231, 232; vgl. aber auch Beck'sches NotarHdb/*Püls*, M Rn 1: „Das BVerfG hat im Jahr 2012 die Zulässigkeit solcher dienstrechtlicher Regelungen ausdrücklich für zulässig erklärt."

86 So zu Recht *Bracker*, MittBayNot 2014, 231, 232 unter Hinweis auf die verfassungsrechtlichen Bedenken hinsichtlich § 5 Abs. 4 S. 5 DONot.

87 Mit Wirkung vom 1.4.2012 durch Gesetz vom 6.12.2011 (BGBl I 2011, 2515).

88 Vgl. auch Bericht der BNotK 2011, DNotZ 2012, 561, 568; durch das „Gesetz zur Übertragung von Aufgaben im Bereich der freiwilligen Gerichtsbarkeit auf Notare" (BGBl I 2013, 1800), das mit seinen wesentlichen Bestimmungen am 1.9.2013 in Kraft getreten ist, sind die Zuständigkeiten der Notare sogar noch erweitert worden: So sieht das Gesetz die notarielle Zuständigkeit für Nachlassvermittlungsverfahren vor und ermöglicht den Ländern, die Beurkundung der eidesstattlichen Versicherung bei der Beantragung eines Erbscheins zentral bei den Notaren anzusiedeln (Art. 239 EGBGB). Ebenfalls neu eingeführt durch das Gesetz wurde u.a. die Befugnis der Notare, Bescheinigungen über durch Rechtsgeschäft begründete Vertretungsmacht auszustellen (§ 21 Abs. 3 BNotO). Die Kompetenz tritt neben die bereits bestehende Befugnis, Bescheinigungen über eine gesetzliche Vertretungsberechtigung auszustellen (§ 21 Abs. 1 S. 1 Nr. 1 BNotO). Vgl. hierzu eingehend Bericht der BNotK 2013, DNotZ 2014, 561, 563; *Preuß*, DNotZ 2013, 740; *Heinemann*, FGPrax 2013, 139; *Zimmermann*, FamRZ 2014, 11.

der Notarstand wieder statt mit der Innensicht mit den derzeitigen wie kommenden Herausforderungen der Stellung des Notars als Träger eines öffentlichen Amtes auseinandersetzen wird.

Die in Rede stehende Frage nach der Grundrechtsrelevanz der Bestimmungen der DONot kann unterstützend auch durch eine **Übertragung der Grundsätze**, die für **Beliehene** gelten, begründet werden.[89] Da der Notar sich, wie gesehen, in einem besonderen „sachlich bedingten Näheverhältnis zum öffentlich Dienst" befindet und „nach der Art der von ihm zu erfüllenden Aufgaben (...) dem Richter nahesteht",[90] ist er insoweit einem Beliehenen vergleichbar.[91] Dies sind allgemein natürliche Personen, die unmittelbar mit der Wahrnehmung der hoheitlichen Aufgabe betraut sind.[92] Als Beliehene werden z.B. angesehen die amtlich anerkannten Prüfingenieure (z.B. §§ 12 ff., 18 ff. BauPrüfVO NW),[93] Feld- und Forstaufseher (z.B. § 16 NdsFFOG), Fischereiaufseher (z.B. § 54 LFischG NW), Flugkapitäne (§ 29 Abs. 3 LuftVG, nicht dagegen das Betriebspersonal privatisierter Verkehrsunternehmen),[94] Kfz-Werkstätten für die Ausführung der Abgassonderuntersuchungen gem. § 47a, b StVZO, Sachverständige für den Kraftfahrzeugverkehr bei der Prüfung von Kraftfahrzeugen (§ 29 StVZO) sowie bei der Abnahme von Fahrprüfungen (§§ 10, 11 StVZO),[95] Schiffskapitäne (§ 75 Abs. 1, §§ 101, 106 SeemannsG) und öffentlich bestellten Vermessungsingenieure (z.B. § 1 Abs. 2 VermKatG NW).[96] 39

Bei Beliehenen haben sog. bloße **innerorganisatorische Maßnahmen** keine Grundrechtsrelevanz.[97] Dies bedeutet, dass dem Beliehenen übergeordnete Behörden in ihrem Zuständigkeitsbereich im sogenannten Betriebsverhältnis sowohl generell-abstrakte Verwaltungsvorschriften erlassen können, als auch Einzelanweisungen im konkreten Fall erteilen können.[98] Dies ergibt sich bereits aus den allgemein bestehenden Aufsichts- und Weisungsbefugnissen. Hieraus ergibt sich auch, sofern nichts anderes ausdrücklich gesetzlich normiert wurde, das Recht zum Erlass besagter Verwaltungsvorschriften,[99] ohne dass es hierzu einer gesonderten Ermächtigungsgrundlage bedürfte. Anders ist dies indes dann, wenn der Beliehene in seiner **Eigenschaft als Amtsträger** (also als eine Person, die dem Staat wie andere Grundrechtsträger auch als Rechtsperson statt als bloße innerorganisatorische Einheit gegenübertritt) betroffen ist oder wenn die Maßnahme in dessen individuelle Rechtssphäre eingreift.[100] Dies gilt etwa dann, wenn die finanzielle Komponente der Amtsausübung des Beliehenen – vorliegend im übertragenen Sinne also des Notars – betroffen ist.[101] Schließlich ist der Notar – ähnlich anderen Beliehenen – zur Bestreitung seines Lebensunterhalts auf die Gebühren seiner wirtschaftlich selbstständigen Tätigkeiten angewiesen.[102] Maßnahmen, die unmittelbar wirtschaftliche Interessen des Notars mit einer gewissen Intensität betreffen und damit unmittelbare Relevanz für die Entwicklung des Geschäftsaufkommens des Notars besitzen, wird man daher als grundrechtsrelevant anzusehen haben.[103] Diese bedürfen immer auch einer gesetzlichen Grundlage und betreffen nicht das bloße Betriebsverhältnis.[104] Damit gelangt man auch über diese Herleitung zu denselben Abgrenzungskriterien wie das Bundesverfassungsgericht. 40

Der VGH Kassel entschied hiernach ausdrücklich, dass Vorgaben zu „**Verwaltungs- und Verfahrensabläufen**" lediglich die Einzelheiten der Art und Weise der dem Beliehenen übertragenen Tätigkeit regelten (Betriebsverhältnis) und daher keine Grundrechtsrelevanz besäßen.[105] Dies lässt sich ohne weiteres auch auf die DONot übertragen. Diese regelt schließlich nicht das „Ob", sondern nur das „Wie", also die konkrete Art und Weise der Erledigung der übertragenen Hoheitsaufgaben. Die DONot enthält 41

89 Angelehnt an *Bormann/Böttcher*, NJW 2011, 2758.
90 BVerfG v. 5.5.1964 – 1 BvL 8/62, NJW 1964, 1516; BVerfG v. 18.6.1986 – 1 BvR 787/80, NJW 1987, 887.
91 Schoch/Schmidt-Aßmann/Pietzner/*Ehlers*, § 40 VwGO Rn 440 wollen Notare sogar unmittelbar als Beliehene ansehen; a.A. zu Recht *Bormann/Böttcher*, NJW 2011, 2758, 2760: Der Notar dürfte in seiner Rechtsstellung „zwischen dem Beliehenen und dem Beamten anzusiedeln sein".
92 Schoch/Schmidt-Aßmann/Pietzner/*Meissner*, § 78 VwGO Rn 32.
93 OLG Hamm v. 24.11.1988 – 21 U 7/88, NVwZ 1989, 502 f.
94 BVerwG v. 7.6.1984 – 7 B 153/83, NVwZ 1985, 48.
95 *Ossenbühl*, VVDStRL 29 (1971), 137, 195.
96 BVerwG v. 11.11.1988 – 8 C 9/87, NVwZ-RR 1989, 359 f.; BGH v. 14.1.1993 – I ZB 24/91, NJW 1993, 1659; BGH v. 4.10.1990 – I ZR 299/88, NJW-RR 1991, 363 f.
97 OVG Koblenz v. 9.7.1991 – 6 A 10189/91, NVwZ-RR 1993, 23.
98 *Maurer*, Allgemeines Verwaltungsrecht, § 24 Rn 1.
99 BVerwG v. 9.6.1983 – 2 C 34/80, NJW 1983, 2589.
100 OVG Koblenz v. 9.7.1991 – 6 A 10189/91, NVwZ-RR 1993, 23, 24.
101 Vgl. *Kämmerer*, NJW 2006, 2729, 2730.
102 Vgl. *Starke*, DNotZ 2002, 831, 833.
103 BVerwG v. 15.12.1994 – 4 C 11/94, NVwZ 1995, 484, 485.
104 Vgl. BVerfG v. 8.3.2005 – 1 BvR 2561/03, NJW 2005, 1483 (zur Gestaltung der Geschäftspapiere von Anwaltsnotaren).
105 VGH Kassel v. 21.3.1989 – 11 UE 795/86, BeckRS 2011, 52844.

auch keine unmittelbar gebührenrelevanten Regelungen. Dies gilt auch und insbesondere für die vom Bundesverfassungsgericht zu beurteilenden Vorschriften zum Verwahrungs- und Massebuch in § 10 DONot. Ein Beteiligter wird weder die Entscheidung für das generelle Ersuchen an einen Notar noch die konkrete Auswahl eines bestimmten Notars von diesen Bestimmungen abhängig machen. Aufsichtsrechtlichen Vorschriften zur buchhalterischen Abwicklung von Verwahrungsgeschäften, die alle Amtsinhaber binden, helfen dem Staat jedoch, die Sicherheit und Kontrollierbarkeit des inneren Geschäftsbetriebs und seiner Ergebnisse zu gewährleisten.[106] Die §§ 10 ff. DONot regeln insoweit keine Sorgfaltspflichten gegenüber Dritten, sondern lediglich Dokumentationspflichten bei der internen Buchführung des Notars und damit allein die „technische" bzw. „buchhalterische" Seite der Durchführung von Verwahrungsgeschäften.[107] Es besteht folglich auch keine Außenwirkung. Die Regelung besitzt vielmehr einen ausschließlich innerorganisatorischen Charakter[108] und konkretisiert die Verfahrensvorschriften, die den Notar als Teil der öffentlichen Rechtspflegeorganisation einem Beliehenen ähnlich treffen.[109] Mangels Grundrechtsbetroffenheit besteht mithin auch kein Eingriff in Art. 12 GG des betroffenen Notars. Bei § 10 Abs. 3 DONot handelt es sich damit „um ein typisches Beispiel der zulässigen Setzung von Innenrecht durch Aufsichtsbehörden."[110]

42 Insgesamt bleibt festzuhalten, dass durch die begrüßenswerte Entscheidung des Bundesverfassungsgerichts bedeutsame allgemeine berufsrechtliche Fragestellungen im Anschluss an das EuGH-Urteil entschieden und die Stellung des Notars als unabhängiger Träger eines öffentlichen Amtes bestätigt wurden.[111] Unabhängig von der berechtigten Kritik an dem Regelungsbereich des § 10 Abs. 3 S. 1 DONot a.F. im Einzelnen,[112] begegnen die Regelungen zur Dokumentation von Verwahrungsgeschäften keinen verfassungsrechtlichen Bedenken.[113]

43 Die wenigen „Störfeuer", die in den letzten Jahren noch gegen die juristische Einordnung des Notars als Träger eines öffentlichen Amtes vorgebracht wurden,[114] sind von den (deutschen) Gerichten sodann stets in begrüßenswerter Klarheit und Deutlichkeit abgewehrt worden. Insgesamt ist, von den vorgenannten Entscheidungen einmal abgesehen, in dieser Frage eine bemerkenswert „wohltuende Ruhe"[115] eingekehrt. Dies ist zu begrüßen, gilt es doch, angesichts der mannigfaltigen vor dem Notarstand stehenden Herausforderungen der nächsten Jahre und Jahrzehnte – Digitalisierung, Globalisierung, Einfluss des EU-Rechts etc.[116] – die Anstrengungen auf die Zukunfts- und Wettbewerbsfähigkeit des (deutschen) Notariats zu konzentrieren,[117]

106 *Harborth/Lau*, DNotZ 2002, 413, 429.
107 *Bettendorf*, RNotZ-Sonderheft zu Heft 10/2001, 13.
108 Ergänzend sei noch auf § 93 Abs. 2 S. 2 BNotO hingewiesen, nach dem sich die Aufsicht insbesondere und ausdrücklich auf die „Führung und Aufbewahrung der Bücher, Verzeichnisse und Akten" bezieht. Dementsprechend unterliegt dieser Dienstbetrieb, der überdies von dem Amtsgeschäft losgelöst ist und sich, wie gesehen, auf seine Erledigung höchstens mittelbar auswirkt, uneingeschränkt der – durch § 10 DONot konkretisierten – Aufsicht: *Bormann/Böttcher*, NJW 2011, 2758, 2761.
109 Vgl. BGH v. 26.10.2009 – NotZ 6/09, NotBZ 2010, 93.
110 *Bormann/Böttcher*, NJW 2011, 2758, 2761.
111 Zustimmend: *Huttenlocher/Wohlrab*, EuZW 2012, 779; *Serr*, CCZ 2014, 274 Fn 101; vgl. *Hager/Müller-Teckhof*, NJW 2013, 1917, 1922.
112 Vgl. Armbrüster/Preuß/Renner/*Eickelberg*, 8. Aufl., § 10 DONot Rn 9.
113 Vgl. nachfolgend BGH v. 17.3.2014 – NotZ(Brfg) 18/13, DNotZ 2014, 475 zu der Pflicht des Notars, entsprechend § 93 Abs. 2 BNotO im Rahmen der Geschäftsprüfung Unterlagen vorzulegen: „Eine unverhältnismäßige und damit rechtswidrige Beeinträchtigung der Berufsausübungsfreiheit des Klägers (Art. 12 Abs. 1 S. 2 GG), die aufgrund der staatlichen Bindungen des Notaramtes von vornherein besonderen Beschränkungen unterliegt (st. Rspr., vgl. Senatsbeschl. v. 18.7.2011 – NotZ(Brfg) 1/11, ZNotP 2011, 394, Rn 13 m.w.N.; siehe auch BVerfGE 131, 140 f.), war damit nicht verbunden" und BGH v. 24.11.2014 – NotSt (Brfg) 6/14, DNotZ 2015, 224: „Nach der vom BVerfG bestätigten Rechtsauffassung des Senats (vgl. Senatsbeschl. v. 26.10.2009 – NotZ 6/09, ZNotP 2010, 37; bestätigt durch Beschl. des BVerfG v. 19.6.2012 – 1 BvR 3017/09, BVerfGE 131, 130 Rn 78), deren Änderung nicht veranlasst ist, verlässt die Landesjustizverwaltung den ihr zustehenden Gestaltungsspielraum nicht, wenn sie den Notaren vorgibt, dass bei bargeldlosem Zahlungsverkehr Eintragungen in das Verwahrungsbuch und in das Massenbuch unter dem Datum des Eingangs des Kontoauszugs beim Notar zu erfolgen haben."
114 Vgl. insbesondere BGH v. 23.7.2012 – NotZ (Brfg) 15/11, DNotZ 2013, 76; BGH v. 25.11.2013 – NotZ (Brfg) 8/13, n.v.; BGH v. 25.11.2013 – NotZ (Brfg) 11/13, DNotZ 2014, 313; BGH v. 25.11.2013 – NotZ (Brfg) 12/13, n.v.; BGH v. 21.7.2014 – NotZ (Brfg) 15/13, MittBayNot 2015, 67; BGH v. 24.11.2014 – NotZ (Brfg) 5/14, DNotZ 2015, 227; BGH v. 16.3.2015 – NotZ (Brfg) 10/14, DNotZ 2015, 633; BGH v. 20.7.2015 – NotZ (Brfg) 13/14, MittBayNot 2016, 72; vgl. hierzu etwa *Genske*, notar 2016152, 158; *Hager/Müller-Teckhoff*, NJW 2016, 1857.
115 So *Huttenlocher*, MittBayNot 2016, 78.
116 Vgl. Stellungnahme des DAV zum Entwurf eines Gesetzes zur Neuordnung der Aufbewahrung von Notariatsunterlagen und zur Errichtung des Elektronischen Urkundenarchivs, Pressmitteilung v. 13.10.2016, becklink 2004623.
117 Vgl. *Stürner*, notar 2016, 143, der hier lautmalerisch von der „Behauptungsfähigkeit" des deutschen Notariats spricht.

um den Bürgern auch weiterhin eine rechtliche Betreuung auf höchstem Niveau zukommen zu lassen, statt sich in überkommenen Grabenkämpfen zu verlieren.[118]

I. Verstöße gegen die DONot

44 Die Nichtbeachtung der Regeln der DONot ist für die Gültigkeit des notariellen Amtsgeschäfts grundsätzlich ohne Bedeutung.[119] Da die Notare als unabhängige Amtsträger das BeurkG selbstständig anzuwenden und auszulegen haben, können der DONot auch **keine verbindlichen Interpretationen** entnommen werden, soweit es um das materielle Beurkundungsrecht geht. Das Ergebnis einer sachgerechten Gesetzesauslegung ist stärker als eine ggf. abweichende Regelung in der DONot (vgl. oben Rdn 24 ff.). Die DONot unterscheidet zwar, ebenso wie das BeurkG, zwischen Soll- und Mussvorschriften, große praktische Bedeutung hat diese Differenzierung allerdings (anders als im BeurkG) nicht.[120]

45 Da gegen die Wirksamkeit einer notariellen Urkunde also aus der DONot unmittelbar nichts hergeleitet werden kann, **beeinträchtigt ein Verstoß an sich auch den Beweiswert einer notariellen Urkunde nicht**. Insbesondere darf kein Gericht und somit auch kein Grundbuchamt den Beweiswert einer notariellen Urkunde allein wegen des Verstoßes gegen die DONot verneinen. Nur der Verstoß gegen gesetzliche Vorschriften, hier insbesondere das BeurkG, kann solche Konsequenzen zeitigen.[121] Vertreten wird jedoch, dass der Verstoß gegen eine Mussvorschrift der DONot den Beweiswert der Urkunde einschränken und in Ausnahmefällen sogar vollständigen beseitigen kann.[122] Verwiesen wird in diesem Zusammenhang vor allem auf eine Entscheidung des OLG Schleswig.[123] Es ist hierbei jedoch zu beachten, dass das Gericht seine Entscheidung auch auf einen Verstoß gegen eine Vorschrift des BeurkG fußt.

46 Die genaue und vollständige Beachtung der DONot ist dennoch eine **Amtspflicht des Notars**.[124] Die Aufsichtsbehörden können die DONot authentisch und für den Notar grundsätzlich verbindlich auslegen.[125] In einer Verletzung der DONot liegt daher ein disziplinarrechtlich zu ahndendes Dienstvergehen des Notars. Wegen der Bedeutung und der leichten Zugänglichkeit der DONot besteht für den Notar überdies das Risiko, dass ein Verstoß als grob fahrlässig oder gar als vorsätzlich bewertet wird.[126]

47 **Haftungsrechtlich** von Bedeutung ist, dass die dem Notar durch die DONot auferlegten **Pflichten nicht gegenüber Dritten** bestehen.[127] Die Pflichten der DONot sind dem Notar in aller Regel im Interesse der Aufsichtsbehörde oder allgemein zur Sicherung des Rechtsverkehrs mit öffentlichen Urkunden auferlegt und nicht im Interesse eines Dritten.[128] Die Begründung einer drittschützenden Bestimmung wäre überdies nur durch ein Gesetz möglich, nicht aber durch eine reine Verwaltungsvorschrift.[129] Verletzungen der DONot können daher für sich allein auch keine Schadensersatzansprüche nach § 19 BNotO begründen.[130] Selbst wenn eine Verwaltungsvorschrift gezielt dem Schutz der Interessen eines Dritten dienen soll, kann sie allein nicht schadensersatzbegründend sein; dazu bedarf es einer gesetzlichen Ermächtigung. Zwar können einem Beamten i.S.v. § 839 BGB drittbezogene Amtspflichten nach allgemeiner Ansicht auch durch Verwaltungsvorschrift auferlegt werden.[131] Diese Rechtsmeinung ist jedoch auf Notare wegen ihrer andersartigen Rechtsstellung nicht übertragbar. Notare sind schließlich gerade nicht in das

118 Vgl. ähnlich *Huttenlocher*, MittBayNot 2016, 78.
119 BGH v. 6.10.1960 – V ZR 142/60, NJW 1960, 2336; OLG Hamm v. 17.4.2012 – 15 W 110/12, NJOZ 2012, 1434; Frenz/Miermeister/*Miermeister*, Einl. DONot Rn 5.
120 Vgl. Weingärtner/*Weingärtner/Ulrich*, Einl. Rn 6.
121 So bereits *Kanzleiter*, DNotZ 1972, 519, 523; vgl. auch Frenz/Miermeister/*Miermeister*, Einl. DONot Rn 5.
122 Vgl. Weingärtner/*Weingärtner/Ulrich*, Einl. Rn 7 f.
123 OLG Schleswig v. 1.9.1970 – 2 W 68/70, DNotZ 1972, 556 f.
124 BGH v. 15.2.1971 – NotSt. Brfg. 1/70, DNotZ 1972, 551, 553; OLG Hamm v. 17.4.2012 – 15 W 110/12, NJOZ 2012, 1434; BeckOK-BNotO/*Bracker*, (5. Edition), DONot Einl. Rn 8; *Starke*, ZNotP-Sonderheft 2002 Rn 4; keine Amtspflicht: Handbuch Notarhaftung/*Hertel*, Rn 1551, 1554; im Ergebnis wohl auch BeckOK-BNotO/*Salzmann*, DONot Einl. Rn 4.
125 Vgl. *Kanzleiter*, DNotZ 1972, 519, 525.
126 BGH v. 15.2.1971 – NotSt. Brfg. 1/70, DNotZ 1972, 551, 553; Weingärtner/*Weingärtner/Ulrich*, Einl. Rn 9; vorsichtiger: BeckOK-BNotO/*Bracker*, (5. Edition), DONot Einl. Rn 8, eine Amtspflichtsverletzung ablehnend BeckOK-BNotO/*Salzmann*, DONot Einl. Rn 4.
127 Vgl. Weingärtner/*Weingärtner/Ulrich*, Einl. Rn 11; *Zugehör/Ganter/Hertel*, Rn 1853; Frenz/Miermeister/*Miermeister*, Einl. DONot Rn 8; *Starke*, ZNotP-Sonderheft 2002, Rn 4.
128 So ausdrücklich BeckOK-BNotO/*Bracker*, (5. Edition), DONot Einl. Rn 9.
129 So ausdrücklich BeckOK-BNotO/*Bracker*, (5. Edition), DONot Einl. Rn 9; widersprüchlich Weingärtner/*Weingärtner/Ulrich*, Einl. Rn 10 und Rn 11.
130 Grundsätzlich ebenso: BeckOK-BNot/*Bracker*, (5. Edition) DONot Einl. Rn 9; implizit BeckOK-BNotO/*Salzmann* DONot Einl. Rn 4; a.A. Weingärtner/*Weingärtner/Ulrich*, Einl. Rn 11.
131 Vgl. Grüneberg/*Sprau*, § 839 BGB Rn 32.

Haftungssystem einbezogen, in dem die beamteten Amtsträger zum Staat stehen. Sie sind unabhängige Träger eines öffentlichen Amtes, für die drittschützende Amtspflichten zwingend in Gesetzen normiert sein müssen.[132] Letztlich ist die Frage jedoch ohnehin eher akademischer Natur, weil i.d.R. in Haftungsfällen Verstöße gegen die DONot mit Verstößen gegen ausdrücklich durch Gesetz begründete Amtspflichten einhergehen.[133] Die DONot kann dabei als Auslegungshilfe zur Feststellung von drittbezogenen gesetzlich geregelten Amtspflichten herangezogen werden.

48 Die DONot kann nicht Gegenstand von Normenkontrollverfahren sein.[134] Die Anwendung des § 47 VwGO ist in § 111b BNotO ausdrücklich ausgenommen.[135] Einzelne Verwaltungsakte, die sich auf die DONot stützen, sind vielmehr im Verfahren nach § 111 BNotO anzufechten. Inzidenter können hier die Vorschriften der DONot auf ihre Geltungskraft überprüft werden.[136]

J. Muster

49 An den Text der DONot schließen sich Muster als Anlagen an. Sie sind Teil der DONot und besitzen im Grundsatz die gleiche Qualität bzw. Rechtsverbindlichkeit wie der Text selbst. Soweit sie jedoch inhaltlich über den denselben Sachverhalt betreffenden Text der DONot hinausgehen, besitzen sie **nur den Charakter von erleichternden Vorschlägen oder Empfehlungen der Justizverwaltungen**.[137]

K. Datenschutz

I. Frühere Geltung der Datenschutzgesetze auch im Bereich des Notariats

50 Der Notar ist zur strengen Verschwiegenheit verpflichtet (§ 18 BNotO);[138] geschützt wird damit das Grundrecht auf informationelle Selbstbestimmung der Beteiligten.[139] Die Bedeutung der **Verschwiegenheitspflicht** drückt sich in den strafrechtlichen Sanktionen, dem Zeugnisverweigerungsrecht aber auch der Dienstaufsicht aus, die nur von Richtern auf Lebenszeit vorgenommen werden darf (§ 93 Abs. 3 BNotO, § 32 Abs. 2 DONot).[140] Der Datenschutz ist insoweit bereits traditionell in den entsprechenden Bestimmungen der BNotO,[141] des BeurkG, den Kammerrichtlinien und der DONot verankert. Früher wurde das Datenschutzgesetz darüber hinaus abschließend im BDSG[142] und den Landesdatenschutzgesetzen geregelt. Diese galten grundsätzlich auch für Notare.[143] Auch wenn Notare dem hoheitlichen Bereich zuzurechnen sind und daher auch ein traditionell engeres Verständnis als für den privaten Datenschutz in Betracht kommt,[144] konnte der notarielle Datenschutz nicht ohne Rücksicht auf die besondere Rolle des Notars als Vertrauensperson gedacht werden.[145] Problematisch war dabei stets die Feststellung im Einzelfall, in welchem Umfang Notare konkret von den Datenschutzgesetzen betroffen sind.[146] Auch

132 Vgl. *Kanzleiter*, DNotZ 1972, 519, 521 f.; a.A. wohl *Haug/Zimmermann*, Rn 11.
133 So auch *Kanzleiter*, DNotZ 1972, 519, 522.
134 BGH v. 22.10.79 – NotZ 4/79, DNotZ 1980, 181, 183.
135 Vgl. BGH v. 22.10.1979 – NotZ 4/79, DNotZ 1980, 181: „Die Bundesnotarordnung kennt im Gegensatz zur Verwaltungsgerichtsordnung kein Normenkontrollverfahren (entschieden zu § 3). Die Dienstordnung für Notare ist kein Verwaltungsakt, sondern eine allgemeine Verwaltungsvorschrift" (ergangen allerdings zu der früheren Fassung der DONot).
136 BeckOK-BNotO/*Salzmann*, DONot Einl. Rn 4.
137 So *Bettendorf*, RNotZ-Sonderheft zu Heft 10/2001, 14.
138 Vgl. *Püls*, DNotZ 2012, 120 mit dem passenden Bonmot von Konrad Adenauer: „Es gibt Dinge, über die spreche ich nicht einmal mit mir selbst". Beispiel aus der Rechtsprechung etwa BGH v. 17.7.2014 – III ZR 514/13, DNotZ 2014, 837; zu einem praktischen Anwendungsfall im Rahmen der Einholung der Vorkaufsrechtsverzichtserklärung (sog. zweistufiges Verfahren) vgl. DNotI-Report 2018, 130.
139 Vgl. *Bettendorf*, RNotZ-Sonderheft zu Heft 10/2001, 27.
140 Vgl. Beck'sches Notar-Hdb/*Püls*, M Rn 34; von *Hager/Müller-Teckhoff*, NJW 2014, 1918, 1923 als „eine der Kardinalspflichten" des Notars bezeichnet. Die Verschwiegenheitspflicht umfasst auch die Nebenakten: BGH v. 31.1.2013 – V ZB 168/12, DNotZ 2013, 711.
141 Vgl. etwa § 34 BNotO: Die Norm ergänzt die Regelungen zur Vertraulichkeit und Datensicherheit um eine Meldepflicht bei bestimmten Verletzungen oder Risiken für die Sicherheit der notariellen Datenverarbeitung: vgl. eingehend *Genske*, notar 2018, 175, 176 und §§ 26, 26a BNotO (eingefügt durch das Gesetz zur Neuregelung des Schutzes von Geheimnissen bei der Mitwirkung Dritter an der Berufsausübung schweigepflichtiger Personen, BGBl I 2017, 3618).
142 BGBl I 2003, 66.
143 BGH v. 30.7.1990 – NotZ 19/89, BGHZ, 112, 178, 181; vgl. hierzu eingehend: *Watoro*, NotBZ 2003, 187, 188; Abel/*Maaß*, § 7 Rn 9 ff.; *Klingler*, RNotZ 2013, 57. Die Einhaltung der gesetzlichen Vorschriften wird durch die Dienstaufsicht überprüft und überwacht (zu den Kompetenzabgrenzungen mit dem Datenschutzbeauftragten sogleich). Eingehend zu der gesamten Problematik auch Beck'sches-Notar-Hdb/*Püls*, M Rn 4 ff.
144 Zu dieser Unterscheidung siehe *Masing*, NJW 2012, 2305, 2308.
145 Beck'sches Notar-Hdb/*Püls*, M Rn 4.
146 Vgl. Weingärtner/*Weingärtner/Ulrich*, § 6 Rn 8; *Püls*, DNotZ-Sonderheft 2012, 120; *Klingler*, RNotZ 2013, 57.

galt es, Schnittstellen wie Unterschiede zwischen dem Geheimnisschutz des § 18 BNotO[147] und dem Datenschutz zu berücksichtigen;[148] so erfasst der Datenschutz etwa auch die Daten der Lieferanten, Beteiligten und Mitarbeiter des Notars, er geht insoweit weiter als der Schutz des § 18 BNotO.[149]

II. Die Auswirkungen der Datenschutz-Grundverordnung (DSGVO)

Die Datenschutz-Grundverordnung (DSGVO)[150] hat das Datenschutzrecht in Deutschland auf neue legislative Füße gestellt. Durch die europaweite Regelung soll der Datenschutz an die geänderten Gegebenheiten des 21. Jahrhunderts angepasst werden. Die DSGVO führt jedoch nicht, wie häufig zu lesen ist, zu einem einheitlichen und lückenlosen supranationalen Schutzniveau; sie besitzt vielmehr an zahlreichen Stellen **Öffnungsklauseln** für die Mitgliedstaaten. In Art. 23 DSGVO ist darüber hinaus eine allgemeine Ermächtigung an die Mitgliedstaaten enthalten, in einzelnen Bereichen von den Vorgaben der VO abzuweichen. Aus diesem Grund besteht in Deutschland das nationale Datenschutzrecht fort, das im Zuge der Implementation der DSGVO grundlegend überarbeitet und auf die „Lückenfüllungsfunktion" zugeschnitten wurde.[151] Dabei hat der Gesetzgeber aufgrund der konkurrierenden Gesetzgebung im Datenschutzrecht die bereits bislang existierende, nicht besonders anwenderfreundliche Aufteilung in das BDSG einerseits und die **landesrechtlichen Datenschutzgesetze** beibehalten. Der legislative Komplexitätsgrad in diesem Bereich hat sich damit durch die DSGVO nicht verringert. Der Notar ist vom Grundsatz her als Amtsträger des Landes auch als öffentliche Stelle des betreffenden Landes i.S.d. Datenschutzrechts[152] anzusehen und damit dem für ihn geltenden Landesdatenschutzgesetz unterworfen.[153] Soweit das BDSG darüber hinaus weitere Regelungen für öffentliche Stellen enthält, sind auch diese zu berücksichtigen. Im Gegensatz etwa zur DONot liegt den Landesdatenschutzgesetzes jedoch kein Musterentwurf zugrunde, weshalb die jeweiligen Gesetze im Regelungsumfang zum Teil sehr unterschiedlich ausfallen. 51

Der Notar ist als „Verantwortlicher" für das Schutzgut „**personenbezogene Daten**" verantwortlich.[154] Diese beinhalten nach Art. 1 Abs. 2, Art. 4 Nr. 1 Hs. 1 DSGVO alle Informationen, die „sich auf eine identifizierte oder identifizierbare natürliche Person (im Folgenden „betroffene Person") beziehen. Als identifizierbar wird eine natürliche Person angesehen, die direkt oder indirekt, insbesondere mittels Zuordnung zu einer Kennung wie einem Namen, zu einer Kennnummer, zu Standortdaten, zu einer Online-Kennung oder zu einem oder mehreren besonderen Merkmalen, die Ausdruck der physischen, physiologischen, genetischen, psychischen, wirtschaftlichen, kulturellen oder sozialen Identität dieser natürlichen Person sind, identifiziert werden kann". Da der Notar per definitionem in mannigfaltiger Art mit derartigen Daten in Kontakt kommt, wird grds. die gesamte berufliche Tätigkeit des Notars von der DSGVO erfasst, solange die Verarbeitung computergestützt oder in einem nummerierten bzw. alphabetisch geordneten Akten- bzw. Archivierungssystem erfolgt.[155] Er ist dabei als für die Verarbeitung der Daten und die Einhaltung der Maßnahmen zum Schutz der Daten Verantwortlicher im Sinne des Art. 4 Nr. 7 DSGVO anzusehen.[156] 52

147 Die Verschwiegenheitsverpflichtung führt etwa dazu, dass Dritte keine Informations- und Auskunftsrechte (etwa nach § 15 DSGVO) haben entsprechend § 29 Abs. 1 S. 1 BDSG (bzw. den vergleichbaren Landesregelungen), wenn die entsprechenden Daten nach dem Gesetz geheim zu halten sind. Dies bedeutet damit: Sofern der Notar Daten von Personen verarbeitet, die nicht Beteiligte i.S.d. § 18 BNotO sind, muss er diese Personen (wie bisher) weder über die Datenverarbeitung informieren, noch muss er bei Anfragen durch solche Personen Auskunft über die Verarbeitung geben: *Flache*, notar 2018, 343, 350.

148 Vgl. etwa *Rüpke*, NJW 1991, 548.

149 *Flache*, notar 2018, 343.

150 Verordnung (EU) 2016/679 des Europäischen Parlaments und des Rates vom 27.4.2016 zum Schutz natürlicher Personen bei der Verarbeitung personenbezogener Daten, zum freien Datenverkehr und zur Aufhebung der Richtlinie 95/46/EG (Datenschutz-Grundverordnung), ABl Nr. L 119, S. 1, ber. ABl Nr. L 314, S. 72 und ABl 2018 Nr. L 127, S. 2.

151 Bundesdatenschutzgesetz (BDSG), vom 30.6.2017 (BGBl I 2017, 2097).

152 Vgl. *Lüke/Dutt*, Rpfleger 1984, 293; BGH v. 30.7.1990 – NotZ 19/89, BGHZ 112, 178.

153 Zu den Besonderheiten vor der Geltung der DSGVO vgl. eingehend *Klingler*, RNotZ 2013, 57; *Bettendorf*, RNotZ-Sonderheft zu Heft 10/2001, 29.

154 Vgl. zu den folgenden Erwägungen insbesondere das Rundschreiben der BNotK Nr. 5/2018, *Genske*, notar 2018, 175, 176 f.; *Flache*, notar 2018, 343 und *Flache*, notar 2018, 383.

155 *Flache*, notar 2018, 343, 345.

156 Zu der Fragestellung, inwiefern zu einer „Verdoppelung" der Aufsicht über die Tätigkeit der Notare kommen kann *Seiler*, DNotZ 2002, 693, 695 ff.; vgl. auch *Abel/Maaß*, § 7 Rn 25 ff.

53 Bei der Verarbeitung allgemeiner[157] personenbezogener Daten hat sich der Notar dabei vor allem[158] an den folgenden beiden Kriterien zu orientieren (Art. 5 Abs. 1 DSGVO):

– **Rechtmäßigkeit:**
Dieser Grundsatz besagt, dass jede Datenverarbeitung einer spezifischen gesetzlichen Grundlage bedarf (Art. 6 DSGVO). Nach Art. 6 Abs. 1 lit. c DSGVO ist demnach eine Datenverarbeitung rechtmäßig, soweit die Verarbeitung zur Erfüllung einer rechtlichen Verpflichtung erforderlich ist, der der Verantwortliche, sprich: der Notar, unterliegt.[159] Überdies gilt dies entsprechend Art. 6 Abs. 1 lit. e DSGVO auch dann, wenn die Verarbeitung für die Wahrnehmung einer Aufgabe erforderlich ist, die im öffentlichen Interesse liegt oder in Ausübung öffentlicher Gewalt erfolgt, die dem Verantwortlichen übertragen wurde. Insbesondere letztere Regelung dürfte alle Verarbeitung der Daten beim Notar erfassen, die der Ausübung originär hoheitlicher Tätigkeiten entsprechend § 1 BNotO dient.[160] Die vorgenannte Generalermächtigung bedarf entsprechend Art. 6 Abs. 3 DSGVO einer „Festlegung" (wohl eher: Ausgestaltung) durch nationales Recht, hier vor allem durch § 17 BeurkG, der alle für die Erfüllung der Amtspflicht aus ebendieser Norm zusammenhängenden verhältnismäßigen Datenerhebungen erlauben dürfte.[161] Ähnliches gilt für die weitere Verarbeitung bis zur Archivierung, die expressis verbis durch den Gesetzgeber angeordnet wird (§§ 5 Abs. 1, 22 Abs. 1 DONot, § 133a GBO, § 14b UStG, 147 Abs. 1 AO). Um derartige Datenverarbeitung zu legitimieren, bedarf der Notar dementsprechend keiner Einwilligung.[162]

– **Datenminimierung:**
Selbstverständlich ist auch das (europäische) Datenschutzrecht von dem Grundsatz der Verhältnismäßigkeit beherrscht, wonach insbesondere nur solche Daten verarbeitet und aufgenommen werden dürfen, die dem Zweck der Datenverarbeitung, vulgo: der Erfüllung der konkreten Amtstätigkeit, dienen. Eine „überbordende" Speicherdauer der Daten gilt es zu vermeiden. In der Praxis kann indes nur der konkret mit dem Amtsgeschäft befasste Notar entscheiden, welche Daten er in welchem Umfang hierfür (etwa auch im Hinblick auf den späteren Vollzug) benötigt. Innerhalb des gesetzlich vorgegebenen Rahmens ist ihm insoweit ein Ermessen zuzugestehen, das nur bei offensichtlich nicht erforderlichen Angaben verletzt wird.[163]

54 Zu beachten ist dabei stets, dass auch alle mit der Datenverarbeitung betrauten **Mitarbeiter** – unabhängig von (bzw. trotz) der ohnehin gesetzlich aufgenommenen Verpflichtung zur Verschwiegenheit – auf das Datengeheimnis **zu verpflichten** sind, Art. 29, 32 Abs. 4 DSGVO. Im Gegensatz zur alten Rechtslage bedarf es (nun) also einer entsprechenden Belehrung, da in § 4 BDSG a.F. eine solche Verpflichtung

157 Es existieren überdies nach Art. 9 DSGVO auch besonders sensible Daten; diese betreffen nach Abs. 1 „Daten, aus denen die rassische und ethnische Herkunft, politische Meinungen, religiöse oder weltanschauliche Überzeugungen oder die Gewerkschaftszugehörigkeit hervorgehen, sowie (...) genetische Daten, biometrische Daten zur eindeutigen Identifizierung einer natürlichen Person, Gesundheitsdaten oder Daten zum Sexualleben oder der sexuellen Orientierung einer natürlichen Person". Bei derartigen Angaben – es ist insoweit insbesondere an die Aufnahme des Gesundheitszustandes eines Beteiligten in die Urkunde zu denken – ist besondere Sensibilität gefordert; anders als im Rahmen des § 17 Abs. 1 BeurkG liegt es gerade nicht im Ermessen des Notars, derartige Daten zu erheben. Es muss vielmehr, wie in §§ 11, 28 BeurkG normiert, eine konkrete Norm existieren, die explizit die Verarbeitung solcher Daten im erheblichen öffentlichen Interesse vorsieht, § 9 Abs. 2 lit. g DSGVO i.V.m. Erwägungsgrund 54, und die Erhebung muss zwingend erforderlich sein.

158 Neben den o.g. ist insbesondere der (selbstverständliche) Grundsatz der Transparenz zu beachten nach Art. 5 Abs. 1 lit. a DSGVO. Hiernach müssen personenbezogene Daten müssen auf rechtmäßige Weise nach Treu und Glauben und in einer für die betroffene Person nachvollziehbare Weise verarbeitet werden.

159 Vgl. zu dem sog. Subsidiaritätsprinzip im Datenschutzrecht *Abel/Maaß*, § 7 Rn 22 ff. und *Mihm*, NJW 1998, 1591, 1593; *Mihm*, ZNotP 2000, 62, 63.

160 Sofern der Notar sich außerhalb dieses Bereichs bewegt, also etwa zu einem Vortragsabend einlädt, gilt Art. 6 Abs. 1 lit. c und e DSGVO nicht, er benötigt mithin eine taugliche (andere) Rechtsgrundlage, etwa eine vertragliche Vereinbarung oder eine Einwilligung. Besonderes Augenmerk gilt es hier, auf die betreffenden Löschungsfristen zu legen. Zu den Besonderheiten der sog. Mitarbeiterdaten vgl. *Flache*, notar 2018, 383.

161 Vgl. bereits *Püls*, DNotZ 2012, 120, 121 und nun auch Art. 5 Abs. 1 lit. b DSGVO, wonach personenbezogene Daten nur „für festgelegte, eindeutige und legitime Zwecke erhoben (...) und (...) nicht in einer mit diesen Zwecken nicht zu vereinbarenden Weise weiterverarbeitet werden" dürfen (Grundsatz der „Zweckbindung").

162 So auch *Flache*, notar 2018, 343, 346, der überdies generell dazu rät, Zustimmungen zur Datenverarbeitung in Urkunden zu vermeiden.

163 *Flache*, notar 2018, 343, 346; Als Beispiel können Angaben zum Güterstand gewertet werden, wenn dies offensichtlich für die konkrete Urkunde ohne jegliche Relevanz ist; ähnliches dürfte auch für die Angabe des Berufes des/der Beteiligten bei zahlreichen Amtsgeschäften gelten.

nur für Beschäftigte nicht-öffentlicher Stellen bestand. Eine derartige Verpflichtung kann mit der ohnehin bestehenden nach Verpflichtungsgesetz verbunden werden (aber auch §§ 26, 26a BNotO[164]); es existieren hierzu taugliche Muster im Netz.[165]

Die Datenschutz-Grundverordnung sieht überdies an zahlreichen Stellen eine **Pflicht zur (Vorab-) Information** des Verantwortlichen (des Notars) vor, etwa hinsichtlich der Rechtsgrundlage, dem Zweck der Datenverarbeitung, der Speicherdauer, dem Bestehen von Auskunftsrechten und dem Beschwerderecht bei der Datenschutzaufsicht.[166] Entsprechend Art. 13 Abs. 1 DSGVO muss die Information zum „Zeitpunkt der Erhebung" und damit der Zeitpunkt der ersten Verarbeitungsform, erfolgen, Art. 4 Nr. 2 DSGVO. Soweit die Aufnahme, wie häufig, per E-Mail oder per Online-Kontaktformular erfolgt, sollte es daher genügen, wenn die betreffenden Informationen auf der frei zugänglichen Website des Notars verfügbar sind (und z.B. durch einen Link in der Signatur bei einer E-Mail-Kommunikation hierauf verwiesen wird).[167] Problematischer erscheinen die sonstigen „Erstkontakte" via Telefon, postalisch, per Fax oder persönlich. Hier ist fraglich, ob die reine Abrufbarkeit auf der Website (und damit ein entsprechender Medienbruch) ausreichend ist. Dies erschient gerade bei älteren Beteiligten oder Personen ohne „Internetaffinität" zweifelhaft. Den sichersten Weg dürfte es darstellen, einen jeweils auf den Einzelfall passenden Kommunikationskanal der Informationen zu wählen, also etwa bei papiergebundener Kommunikation dem ersten Antwortschreiben ein Hinweisblatt beizufügen, dieses zudem am Empfang/im Besprechungsraum auszuhängen bzw. zur jederzeitigen Übergabe vorzuhalten.[168] In der Anlage zu dem Rundschreiben der BNotK Nr. 5/2018 finden sich zu diesen Vorgehensweisen hilfreiche und angemessen knapp gehaltene Formulierungshilfen bzw. -vorschläge. 55

Der betroffene Beteiligte (zu den Daten von Personen, die nicht Beteiligte i.S.d. § 18 BNotO sind s.o.) besitzt grundsätzlich ein **Auskunftsrecht** gegen den Notar u.a. darüber, ob und welche betreffende personenbezogene Daten verarbeitet werden (Art. 15 DSGVO). Dieses Auskunftsrecht jedoch dann nicht, wenn die Daten nur noch aufgrund gesetzlicher oder satzungsmäßiger Aufbewahrungspflichten gespeichert sind. Soweit sich diese Beschränkung nicht bereits aus dem jeweiligen Landesdatenschutzgesetz ergibt (etwa § 9 Abs. 1 i.V.m. § 8 Abs. 1 Nr. 2 LDSG-BW,[169] § 18 Abs. 5 Nr. 3 SächsDSG[170]) folgt sie aus § 34 Abs. 1 Nr. 1 lit. a BDSG. Wenn keine Rechtsgrundlage mehr für eine Verarbeitung der Daten gegeben ist (etwa §§ 5 Abs. 4, 22 Abs. 1 DONot, § 147 AO), hat der Verpflichtete die Löschung der personenbezogenen Daten vorzunehmen, sog. „Recht auf Vergessenwerden". Die nähere Ausgestaltung regelt dabei Art. 17 Abs. 1 DSGVO.[171] Durch ein entsprechendes Wiedervorlagesystem sollte sichergestellt werden, dass insbesondere Nebenakten überwacht werden. Eine mittelbare Aufbewahrungspflicht hinsichtlich anwaltlicher Tätigkeit kann sich dabei für Anwaltsnotare aus der gesetzlichen Verpflichtung zur Kollisionsprüfung wegen einer etwaigen Vorbefassung aus § 3 Abs. 1 Nr. 7 BeurkG ergeben.[172] 56

164 Hierzu näher *Genske*, notar 2018, 175, 176; Bericht der BNotK 2017, DNotZ 2018, 562.

165 *Flache*, notar 2018, 343, 347.

166 Eine Ausnahme besteht indes dann. wenn die Information dem Betroffenen bereits vorliegt, Art. 13 Abs. 4, 14 Abs. 5 lit. a DSGVO, also etwa bei Dauermandanten. Von dieser Ausnahme sollte jedoch aufgrund der engen Tatbestandsmerkmale (positive Kenntnis des Betroffenen etc.) nur zurückhaltend Gebrauch gemacht werden. Näher hierzu: Kühling/Buchner/*Bäcker*, Art. 13 DSGVO Rn 31, 34, 84 f. Auch kann die Information entfallen, wenn die Daten nicht beim Betroffenen selbst erhoben werden, sondern z.B. von dem Beteiligten benannt wurden (Erben in Testament etc.), wenn die Offenlegung – wie z.B. hinsichtlich des Zentralen Testamentsregisters – auf einer gesetzlichen Anordnung beruht, vgl. *Flache*, notar 2018, 343, 350.

167 Vgl. BeckOK-DatenschutzR/*Quas*, Art. 12 DSGVO Rn 16.

168 *Flache*, notar 2018, 343, 349. Da der Notar die Verantwortung dafür trägt, dass die Belehrung auch erfolgt ist, sollte der Notar mindestens eine generelle Handlungsanweisung an die Mitarbeiter im Hinblick auf die Erfüllung der Informationspflichten erteilen und diese dann regelmäßig und stichprobenartig überprüfen; überdies könnte die Übermittlung bzw. Aushändigung der Informationen durch die Mitarbeiter in der Akte vermerkt werden. Eine aktive Zustimmung zu den Informationen bedarf es jedoch nicht. Zu alledem: *Flache*, notar 2018, 343, 349.

169 Landesdatenschutzgesetz (LDSG) Baden-Württemberg vom 12.6.2018 (GBl 2018, 173), zuletzt geändert durch Art. 3 des Gesetzes zur Änderung des FinanzausgleichsG und des KindertagesbetreuungsG v. 18.12.2018 (GBl 2018, 1549).

170 Gesetz zum Schutz der informationellen Selbstbestimmung im Freistaat Sachsen (Sächsisches Datenschutzgesetz – SächsDSG) vom 25.8.2003 (SächsGVBl 2003, 330) BS Sachsen 212–2, zuletzt geändert durch Art. 46 Gesetz zur Anpassung landesrechtlicher Vorschriften an die Datenschutz-Grundverordnung vom 26.4.2018 (SächsGVBl 2018, 198).

171 *Keppler/Berning*, ZD 2017, 314.

172 Hierzu eingehend *Flache*, notar 2018, 343, 351.

57 Entsprechend Art. 5 Abs. 2 DSGVO ist der Notar „für die Einhaltung des Abs. 1 (und damit der generellen Grundsätze der Datenverarbeitung, der Verfasser) verantwortlich und muss dessen Einhaltung nachweisen können („**Rechenschaftspflicht**")".[173] Diese Pflicht besteht nicht in erster Linie gegenüber dem Betroffenen, sondern gegenüber den Aufsichtsbehörden (was jedoch nicht per se ausschließt, dass eine Verletzung dieser Amtspflicht(en) bei etwaigen Schadensersatzforderungen Berücksichtigung finden kann). Die Verordnung verpflichtet den Verantwortlichen, sprich: den Notar, generell dazu, technische (also insbesondere Software, Geräte und Anlagen, die zum **Schutz der Daten** eingesetzt werden[174]) und organisatorische (also die Implementation standardisierter Handlungsabläufe) Maßnahmen zu erstellen und dokumentieren. Der konkrete Umfang der Dokumentationspflichten gerade bei kleineren Wirtschaftseinheiten wie Notaren (und nicht den „Primäradressaten" wie Google, Apple oder Amazon) ist indes noch weitgehend ungeklärt.[175] Die konkreten Maßnahmen insbesondere zur Datensicherung dürften von dem notwendigen Sicherheitsniveau und dem Risiko für die Rechte des Betroffenen im jeweiligen Einzelfall abhängen (Art. 32 Abs. 1 DSGVO). Es bedarf daher stets Maßnahmen zur Zutrittssicherung, Zugangssicherung, Zugriffsicherung, Weitergabekontrolle, Eingabesicherung, Verfügbarkeitssicherung, Vernichtungssicherung und Trennungskontrolle.[176]

58 Nach Art. 30 DSGVO hat jeder Verantwortliche und ggf. sein Vertreter ein Verzeichnis aller Verarbeitungstätigkeiten, die ihrer Zuständigkeit unterliegen, zu führen.[177] Dieses soll durch eine Dokumentationspflicht der Erfüllung der materiellen Anforderungen der DSGVO auf verfahrensrechtlicher Ebene dienen.[178] Die BNotK hat mit Rundmail vom 29.11.2018 die Verzeichnisse an die Kammern versandt. Unter www.bnotk.de/intern sind die Verzeichnisse aller Verarbeitungstätigkeiten über die Rubrik Vordrucke abrufbar.[179]

59 Sofern der Notar sich zur Erfüllung seiner Aufgaben bzw. zur Erbringung seiner Leistungen (zum Teil) nicht in die eigene Struktur eingegliederter Hilfskräften bedient,[180] gelten grundsätzlich die Regelungen zu der sog. **Auftragsverarbeitung** (Art. 28 DSGVO); diese Pflichten sind nicht deckungsgleich mit denjenigen aus § 26a BNotO.[181] Es gilt hier insbesondere, dass der Auftragsverarbeiter, wenn er tatsächlich Daten verarbeitet und nicht nur bei Gelegenheit ihrer Tätigkeit Daten wahrnehmen können, vertraglich an grundlegende Pflichten (vgl. den Mindestinhalt nach Art. 28 Abs. 3 DSGVO) gebunden sein muss. Da es in der Praxis regelmäßig der Auftragsverarbeiter ist, der Verträge mit dem Notar (nur) unter Verwendung seiner Muster abschließen wird, wird der Notar dementsprechend grundsätzlich keine[182] eigenen Vertragsentwürfe zur Auftragsverarbeitung entwerfen müssen. Der Notar wird jedoch die Art. 28 Abs. 3 und Abs. 4 DSGVO als Checkliste verwenden können, die es zur Prüfung der Fremdentwürfe heranzuziehen gilt.[183]

60 Überdies müssen alle öffentlichen Stellen – und damit auch der Notar (§ 1 BNotO) – einen **Datenschutzbeauftragten** benennen[184] (Art. 37 Abs. 1 lit. a DSGVO). Er soll den Notar und seine Mitarbeiter unterrichten und beraten, die Einhaltung der Pflichten nach DSGVO, BDSG etc. und der technisch organisa-

173 *Veil*, VD 2018, 9, Fn 2 rechnet hier mit nicht weniger als beeindruckenden 46 verschiedenen zu dokumentierenden Pflichten.

174 Im Ergebnis führen die in Art. 32 DSGVO niedergelegten Gesichtspunkte zu der generellen Pflicht des Notars, die technische Ausstattung, die Büroabläufe und den Umgang der Mitarbeiter mit den Daten so zu gestalten, dass ein unberechtigter oder auch nur unbeabsichtigter Zugriff von außen weitestgehend ausgeschlossen und dokumentiert wird.

175 Zum Diskussionsstand: *Flache*, notar 2018, 343, 351.

176 Eingehend hierzu und zu den einzelnen Maßnahmen in der Praxis: *Flache*, notar 2018, 383, 384 ff.

177 Vgl. zuvor Art 18 f. der Richtlinie 95/46/EG des Europäischen Parlaments und des Rates vom 24.10.1995 zum Schutz natürlicher Personen bei der Verarbeitung personenbezogener Daten und zum freien Datenverkehr.

178 Paal/Pauly/*Martini*, Art. 30 DSGVO Rn 2.

179 Vgl. im Übrigen auch das Muster unter https://datenschutz zentrum.de/uploads/dsgvo/Muster-Verarbeitungsverzeich nis-Verantwortlicher.docx.

180 Der Notar selbst kann als Amtsträger, der selbstständig, unabhängig und eigenverantwortlich Dienstleistungen höherer Art erbringt, selbst kein Auftragsverarbeiter sein: vgl. Gierschmann/Schlender/Stenzel/Veil/*Kramer*, Art. 4 Nr. 8 Rn 17.

181 Im internen Bereich hat die BNotK unter der Rubrik „Vordrucke" ein Muster hierzu veröffentlicht.

182 Sollte dies gleichwohl einmal der Fall sein, können z.B. die nachfolgenden Muster als Grundlage herangezogen werden, etwa: https://www.gdd.de/downloads/praxishilfen/prax-praxishilfen-neustrukturierung/gdd-praxishilfe-ds-gvo-mustervertrag-zur-auftragsverarbeitung-gemaess-art-28-ds-gvo.

183 Näher hierzu: *Flache*, notar 2018, 343, 353. Zu beachten ist, dass Auftragsverarbeitungsvereinbarungen, die noch unter Geltung des § 11 BDSG a.F. verfasst wurden, den aktuellen und weitergehenden Anforderungen des Art. 28 DSGVO nicht mehr genügen.

184 Eine spezielle Form ist hierfür zwar nicht vorgesehen, aber zur Beweissicherung sinnvoll.

torischen Maßnahmen überwachen und als Anlauf- und Kontaktstelle zu der Datenschutzaufsicht fungieren. Der Datenschutzbeauftragte wird auf der Grundlage seiner beruflichen Qualifikation und insbesondere des Fachwissens benannt, das er auf dem Gebiet des Datenschutzrechts und der Datenschutzpraxis besitzt, sowie auf der Grundlage seiner Fähigkeit zur Erfüllung der vorgenannten Aufgaben (Art. 37 Abs. 5 DSGVO). Es ist sowohl möglich, einen Mitarbeiter des Notars wie auch einen externen Datenschutzbeauftragten[185] zu benennen, sofern er die o.g. Anforderungen erfüllt und keine Kollision mit seiner sonstigen Tätigkeit für den Notar droht (wie dies etwa für den Systemadministrator angenommen wird).[186] In ersterem Fall ist besonderes Augenmerk auf die Sicherstellung der Unabhängigkeit des Mitarbeiters bei der Erfüllung seiner Aufgaben als Datenschutzbeauftragter zu legen (Art. 38 Abs. 3 S. 1 DSGVO).[187] Die Reflexwirkung des besonderen Kündigungsschutzes des Datenschutzbeauftragten[188] nach § 6 Abs. 4 BDSG gilt es zu beachten; unklar ist, ob eine befristete Bestellung möglich ist.

185 Zu beachten ist: Die notarielle Verschwiegenheitspflicht ist immer dann berührt, wenn die Datenschutzbeauftragten Auskünfte über konkrete Vorgänge verlangen. Das Vertrauen der Beteiligten, dass der Notar über das ihm Anvertraute schweigt, darf m.E. auch nicht durch landesrechtliche Datenschutzgesetze ausgehebelt werden. § 18 Abs. 1 BNotO geht dem Landesdatenschutzrecht daher unmittelbar vor. Im Zweifel sollte der betreffende Notar eine gerichtliche Klarstellung erwirken. Solange die Beteiligten den Notar nicht von seiner Verschwiegenheitspflicht befreien, ist er zu Auskünften gegenüber dem Datenschutzbeauftragten weder berechtigt noch verpflichtet. Diese Argumentation greift natürlich dann nicht, wenn der Datenschutzbeauftragte nur anonymisierte abstrakte Auskünfte verlangt.

186 *Flache*, notar 2018, 343, 354.

187 Vgl. BeckOK-DatenschutzR/*Moss*, Art. 37 DSGVO Rn 10.

188 Insbesondere zeitlich gestreckte Abberufung nur bei Vorliegen eines wichtigen Grundes i.S.d. § 626 BGB.

§ 1 Amtliche Unterschrift

[1]Die Notarin oder der Notar hat die Unterschrift, die sie oder er bei Amtshandlungen anwendet, der Präsidentin oder dem Präsidenten des Landgerichts einzureichen. [2]Die Unterschrift kann in der Regel auf den Nachnamen beschränkt werden. [3]Bei der Unterschrift soll die Amtsbezeichnung angegeben werden.

A. Einleitung

1 § 1 DONot entspricht inhaltlich weitgehend unverändert § 1 DONot a.F. Es wurden lediglich redaktionelle Anpassungen vorgenommen.[1]

Die Unterschrift des Notars ist Voraussetzung für die materiell-rechtliche Wirksamkeit von Urkunden (siehe § 13 BeurkG Rdn 69 ff.). Fehlt die Unterschrift, ist die Urkunde unwirksam, soweit die Unterschrift nicht noch nachgeholt werden kann (vgl. § 13 BeurkG Rdn 72 ff.). Materiell-rechtlich ist die Unterschrift abschließend im BeurkG geregelt. **§ 1 DONot hat rein verfahrensrechtliche Bedeutung**, geht jedoch zum Teil über die Anforderungen des BeurkG hinaus und erstreckt sich auf sämtliche Unterschriften, die der Notar im Rahmen seiner Amtstätigkeit leistet (vgl. Rdn 6 ff.).

B. Unterschrift und Einreichungspflicht (S. 1)

2 Der Notar hat eine Unterschriftsprobe beim Landgerichtspräsidenten einzureichen. Dies hat spätestens unverzüglich nach Aufnahme der Amtstätigkeit zu geschehen.[2] Gleiches gilt bei einer Verlegung seines Amtssitzes in einen anderen Landgerichtsbezirk. Aus dem Zweck der Vorschrift, eine Überprüfung der Unterschrift zu ermöglichen, lässt sich ableiten, dass die eingereichte Unterschriftsprobe den Anforderungen von § 12 Abs. 1 S. 1 und S. 2 Nr. 2 DONot entsprechen muss.[3] Trotz der Digitalisierung im Notariat genügt damit insbesondere ein Scan der Unterschrift nicht.

Eine entsprechende Pflicht trifft gem. § 19 Abs. 1 DONot auch Notarvertreter und Notariatsverwalter.[4] In der Literatur wird zum Teil vertreten, die Einreichung einer Unterschriftsprobe bei Amtsantritt des Notars sei entbehrlich, wenn beim Präsidenten des Landgerichts bereits eine aktuelle Unterschriftsprobe vorhanden ist, etwa aus vorangegangener Tätigkeit als Notariatsverwalter oder Notarvertreter.[5] Dem ist insoweit zuzustimmen, dass auch eine solche Schriftprobe die Überprüfung der Unterschrift des Notars ermöglichen kann. Allerdings verlangt S. 3 ausdrücklich die Angabe der (nicht notwendig handschriftlichen) Amtsbezeichnung *bei* der Unterschrift, sodass zumindest der Wortlaut für eine erneute Einreichung spricht.

3 Da § 1 DONot nur verfahrenstechnische Bedeutung hat, ist es für die Wirksamkeit von Amtshandlungen, insbesondere Beurkundungen, ohne Bedeutung, ob der Notar einen **abweichenden Unterschriftszug** gegenüber demjenigen verwendet, den er nach S. 1 beim Landgerichtspräsident eingereicht hat. Weicht bei einer Beurkundung die Unterschrift des Notars von der Unterschriftsprobe ab, so hat dies mithin auf die

1 Begründung DONot 2022, S. 3; Heinemann/Trautrims/*Strauß*, § 1 DONot Rn 1.
2 Vgl. Frenz/Miermeister/*Blaeschke*, § 1 DONot Rn 4.
3 Heinemann/Trautrims/*Strauß*, § 1 DONot Rn 4; BeckOK-BeurkG/*Schmitz*, § 1 DONot Rn 4.
4 Insbesondere bei der Bestellung von Notarvertretern ist insoweit ein praktisches Vollzugsdefizit zu beobachten, vgl. hierzu sowie zur berufsrechtlichen Bewertung insb. *Peterßen*, RNotZ 2008, 181, 194 f.
5 So Heinemann/Trautrims/*Strauß*, § 1 DONot Rn 4.

Wirksamkeit der Beurkundung keinen Einfluss, falls an der Identität der Unterschrift kein Zweifel besteht.[6]

Aus S. 1 kann die Pflicht folgen**, erneut eine Unterschriftsprobe vorzulegen**. Ausgangspunkt ist der Wortlaut, wonach *die* Unterschrift beim Präsidenten des Landgerichts eingereicht werden muss, die der Notar bei Amtsgeschäften anwendet. Weicht die bei Amtsgeschäften verwendete Unterschrift wesentlich und dauerhaft von der zuletzt eingereichten ab, so ist nach S. 1 auch ohne Aufforderung des Landgerichtspräsidenten eine neue Unterschriftsprobe vorzulegen.[7]

Eine wesentliche Abweichung, die diese Pflicht auslöst, liegt zum Beispiel vor, wenn sich der Name des Notars etwa durch Heirat dauerhaft ändert.[8] Eine entsprechende Abweichung kann sich auch durch Krankheit, Alter oder geänderte Gewohnheit ergeben.[9]

Der insoweit in die Begründung der DONot 2022 aufgenommene Verweis kann naturgemäß keine vollständige Klarheit bringen.[10] Wann der angewandte Schriftzug demjenigen der letzten Einreichung „im Wesentlichen"[11] nicht mehr entspricht, bleibt unscharf. Die Anforderungen hieran dürfen nicht überspannt werden. Hier stehen sich das Bedürfnis des Präsidenten des Landgerichts als Aufsichtsbehörde, die Unterschrift des Notars prüfen zu können, einerseits und nicht unerhebliche praktische Probleme der rechtssicheren Grenzziehung andererseits gegenüber. Dies gilt besonders für Änderungen im Schriftzug der Unterschrift, die sich graduell und über einen langen Zeitraum hinweg (etwa aufgrund Alters oder veränderter Gewohnheit) ergeben. Hier darf eine Pflicht des Notars zur initiativen Unterschriftseinreichung (mit der Folgefrage, welche Konsequenzen eine Verletzung der Pflicht zeitigen soll) nicht vorschnell angenommen werden. Auch wenn der geänderte Unterschriftszug z.B. aufgrund einer heilbaren Handverletzung absehbar nur vorübergehenden Charakter hat, wird bei kurzen Zeiträumen nicht ohne Weiteres eine Pflicht zur Einreichung einer neuen Unterschriftsprobe bestehen.[12]

Den Abgrenzungsschwierigkeiten in den genannten Fällen begegnet die Pflicht des Notars, eine erneute Unterschriftsprobe einzureichen, wenn der Präsident des Landgerichts ihn in begründeten Fällen dazu auffordert – etwa, wenn bei einer Apostille oder eine Legalisation über die Urheberschaft der Unterschrift Unklarheit besteht (vgl. Rdn 4).

Praktische Bedeutung hat S. 1 vor allem im Zusammenhang mit der **Apostille** bzw. der **Legalisation notarieller Urkunden** durch den Landgerichtspräsidenten[13] (vgl. § 1 BeurkG Rdn 43 ff.). Hier muss die Unterschrift des Notars genau geprüft werden, denn nicht selten werden die notariellen Urkunden dem Landgerichtspräsidenten unmittelbar durch die Beteiligten vorgelegt.[14] Der Landgerichtspräsident muss sich sodann von der Echtheit der Unterschrift des Notars überzeugen. Die eingereichte Unterschrift des Notars stellt hier ein wichtiges Indiz im Rahmen der Prüfung dar. 4

Begründete Zweifel an der Echtheit können sich aber auch aus anderen Umständen ergeben. In diesem Fall sind gegebenenfalls weitergehende Nachforschungen (insbesondere: Rückfrage bei dem betroffenen Notar) vorzunehmen. Sofern (nunmehr) keine Zweifel an der Echtheit der Unterschrift (mehr) bestehen,

6 Weingärtner/*Ulrich*, § 1 Rn 7.

7 So nun ausdrücklich die Begründung zur DONot 2022, S. 3.

8 So auch Frenz/Miermeister/*Blaeschke*, § 1 DONot Rn 4.

9 Heinemann/Trautrims/*Strauß*, § 1 DONot Rn 3; Frenz/Miermeister/*Blaeschke*, § 1 Rn 4; BeckOK-BeurkG/*Schmitz*, § 1 DONot Rn 5; BeckOK-BNotO/*Salzmann*, § 1 DONot Rn 2.

10 In der Entwurfsfassung vom Juni 1999 war zunächst noch eine entsprechende Klarstellung im Wortlaut des § 1 DONot für notwendig gehalten worden, die i.E. unterblieb.

11 So der Wortlaut der Begründung zur DONot 2022, S. 3.

12 Hierfür noch: BeckOK-BNotO/*Bracker*, (5. Edition) § 1 DONot Rn 2; bei nur vorübergehender Änderung der Unterschrift lehnt *Salzmann* die Pflicht zur Abgabe einer neuen Unterschriftsprobe nunmehr ab, BeckOK-BNotO/*Salzmann*, § 1 DONot Rn 2.

13 Vgl. zu dem Fall der Anerkennung ausländischer Urkunden in Deutschland jüngst KG v. 26.7.2018 – 22 W 2/18, NZG 2018, 1195; siehe hierzu *Heckschen*, GWR 2018, 393; *Weber*, MittBayNot 2018, 215; *Szalia*, GWR 2018, 137; *Reuter*, WuB 2018 Heft 7, 357; *Mayer*, IWRZ 2018, 128; *Cziupka*, EWiR 2018, 137; zur notariellen Prüfungspflicht der Vertretungsmacht für ausländische Unternehmen vgl. BGH NJW-RR 2017, 2018, 443; OLG Nürnberg v. 26.1.2015 – 12 W 46/15, FGPrax 2015, 124; zur Vertretungsbefugnis einer Limited im Grundbuchverfahren: OLG Jena v. 22.1.2018 – 3 W 322/17, NZG 2018, 908; zum Nachweis der Vertretungsberechtigung eines „directors" einer englischen Private Limited Company siehe OLG Düsseldorf v. 21.8.2014 – I-3 Wx 190/13, FGPrax 2015, 12.

14 Vgl. BeckOK-BNotO/*Bracker*, (5. Edition) § 1 DONot Rn 1; Heinemann/Trautrims/*Strauß*, § 1 DONot Rn 2; vgl. zu den kollisionsrechtlichen Problemen einer durch einen ausländischen Notar beurkundeten Erbausschlagungserklärung *Margonski*, ZEV 2015, 141.

wird der Landgerichtspräsident die erbetene Amtshandlung nach h.M. nicht ablehnen dürfen.[15] Dies gilt selbst dann, wenn der Notar mit einer anderen als der eingereichten Unterschrift unterzeichnet hat.[16] Der Landgerichtspräsident ist in einem solchen Fall aber berechtigt, den Notar zur Einreichung einer neuen Unterschriftsprobe aufzufordern (siehe Rdn 3).

5 Die Unterschrift braucht im Übrigen nicht leserlich zu sein.[17] Sie muss nach der Rechtsprechung jedoch mittels eines individuellen Schriftzuges in der Lage sein, die Identität des Schreibenden hinreichend zu kennzeichnen. Erforderlich, aber auch genügend, ist das Vorliegen eines die Identität des Unterschreibenden ausreichend kennzeichnenden individuellen Schriftzuges, der einmalig ist, entsprechende charakteristische Merkmale aufweist, und sich als Unterschrift eines Namens darstellt,[18] und die Nachahmung durch einen beliebigen Dritten mindestens erschwert.[19] Eine bloß gekrümmte Linie reicht hierfür nicht.[20] Einzelne Buchstaben oder zumindest die Andeutung davon muss erkennbar sein.[21]

C. Beschränkung auf den Nachnamen (S. 2)

6 Zentrales Element der Unterschrift ist der **Familienname**.[22] Insoweit enthält S. 2 nur eine Klarstellung: Die Unterschrift kann auf den Nachnamen beschränkt werden; der Vorname muss der Unterschrift also nicht beigefügt werden.[23] Diese Klarstellung erschien sinnvoll, weil traditionell in anderen Zusammenhängen der Name des Notars vielfach mit dem Vornamen angegeben wird, zum Beispiel im Urkundseingang.

Die materiell-rechtlichen Anforderungen an eine wirksame Unterschrift wurden bereits oben dargestellt (siehe § 13 BeurkG Rdn 36 ff.). Für Notare gelten nach hier vertretener Auffassung keine anderen Regelungen als für andere Beteiligte (siehe § 13 BeurkG Rdn 69 ff.).[24]

Ergänzend ist auf Folgendes hinzuweisen: Die Unterschrift nur mit dem Vornamen kann zur Unwirksamkeit der Urkunde führen.[25] Bei einem Doppelnamen genügt es dagegen, wenn mit einem der beiden Namen unterschrieben wird;[26] im Urkundseingang, im Amtssiegel und auf Briefbögen ist jedoch

15 Frenz/Miermeister/*Blaeschke*, § 1 DONot Rn 3; a.A. *Keidel*, DNotZ 1956, 101.

16 Frenz/Miermeister/*Blaeschke*, § 1 DONot Rn 3; a.A. *Keidel*, DNotZ 1956, 101.

17 BGH v. 7.1.1959 – 2 StR 550/58, NJW 1959, 734; BeckOK-GBO/*Otto*, § 29 Rn 146.

18 BGH v. 11.2.1982 – III ZR 39/81, NJW 1982, 1467; vgl. auch OLG Frankfurt a.M. v. 5.7.1995 – 20 W 263/95, NJW-RR 1995, 1421: „Für eine Unterschrift, die beglaubigt worden ist, genügt ein die Identität des Unterschreibenden ausreichend kennzeichnender, individueller Schriftzug mit entsprechenden charakteristischen Merkmalen, der sich als Unterschrift des vollen Namens und nicht nur als Abzeichnung mit einer Abkürzung des Namens darstellt; lesbar braucht die Unterschrift nicht zu sein. Gegen die Annahme, eine undeutliche Unterschrift stelle lediglich ein Handzeichen oder eine Paraphe dar, spricht der Umstand, daß sich das erkennbar auf die Zeichnung des Vor- und Zunamens bezogene Schriftbild jeweils über mehrere Zentimeter Raum erstreckt."

19 BGH v. 7.1.1959 – 2 StR 550/58, NJW 1959, 734.

20 BGH v. 21.3.1974 – VII ZB 2/74, NJW 1974, 1090.

21 BGH v. 11.10.1984 – X ZB 11/84, NJW 1985, 1227.

22 Zu den Anforderungen an die Unterzeichnung einer notariellen Urkunde hinsichtlich der Beteiligten vgl. OLG Düsseldorf v. 10.5.2017 – I-3 Wx 315/15, FGPrax 2017, 267: „Die Wirksamkeit einer notariellen Beurkundung nach § 13 Abs. 1 S. 1 Hs. 1 BeurkG erfordert u.a., dass die Beteiligten als formelles Zeichen ihrer Verantwortungsübernahme für Geltung und Gültigkeit des beurkundeten Rechtsgeschäfts und für die Echtheit und Ernstlichkeit des beurkundeten Willens eigenhändig unterschreiben. Führt die Erblasserin tatsächlich den Familienamen B…, beginnt ihr Vorname mit der Initiale „A." und hatte sie demgemäß alle letztwilligen Verfügungen in der Vergangenheit auf diese Weise unterschrieben, so genügt ihre Unterzeichnung nicht den Anforderungen an eine wirksame Unterschrift, wenn sie bei einem späteren notariellen Testament nach der Initiale mit dem – sie nicht kennzeichnenden – Namen „C…", nämlich den ersten drei Buchstaben ihres Geburtsnamens und den letzten vier Buchstaben ihres tatsächlichen Nachnamens, unterschreibt." (Leitsätze); vgl. hierzu *Genske*, notar 2018, 175, 182.

23 § 1 S. 2 DONot (2001) nahm noch Bezug auf den Vornamen und nicht auf den Nachnamen. Es handelt sich lediglich um eine redaktionelle Anpassung, die nicht mit einer inhaltlichen Änderung der Norm verbunden ist, vgl. Begründung DONot 2022, S. 3.

24 Vgl. zur Beglaubigung: OLG Frankfurt a.M. v. 5.7.1995 – 20 W 263/95, NJW-RR 1995, 1421; aus dem Straf(prozess) recht jüngst: OLG Köln v. 11.4.2018 – 1 RVs 76/18, n.v.; zur Unterschrift unter einem Beschluss vgl. BFH v. 25.4.2017 – X B 109/16, n.v.; zu den Anforderungen an eine Unterschrift nach § 130 Abs. 6 ZPO BGH v. 29.11.2016 – VI ZB 16/16, NJW-RR 2017, 445.

25 Vgl. BGH v. 25.10.2002 – V ZR 279/01, DNotZ 2003, 269 ff. (das Urteil betrifft allerdings die Unterschrift eines Beteiligten, nicht die des Notars); **a.A.** *Kanzleiter*, MittBayNot 2003, 197; ausführlich zum Meinungsstand: *Renner*, NotBZ 2003, 178.

26 BGH v. 18.1.1996 – III ZR 73/95, NJW 1996, 997 (im Hinblick auf die Unterschrift eines Anwalts); OLG Frankfurt v. 20.7.1989 – 3 Ws 575/89, NJW 1989, 3030; *Köhler*, in: FS Schippel, 1996, S. 210.

immer der Doppelname anzugeben.[27] Akademische Titel müssen nicht hinzugefügt werden. Zulässig ist es jedoch, der Unterschrift den Doktortitel, den Professorentitel und den Titel „Justizrat“ beizufügen. Andere, nicht im Notarberuf erworbene Titel dürfen nicht im Zusammenhang mit der Amtsbezeichnung „Notar“ verwendet werden.[28]

Das überobligatorische Beifügen des Vornamens wird von S. 2 nicht untersagt. Der Vorname ist hinzuzufügen, wenn der Notar mit einer Person gleichen oder ähnlichen Nachnamens in Sozietät oder Bürogemeinschaft verbunden ist.[29] Das Hinzufügen des Vornamens empfiehlt sich ferner bei kurzen Nachnamen, bei denen die Abgrenzung zur Paraphe sonst besonders schwierig ist. Der Notar sollte im eigenen Interesse darauf achten, dass sein Unterschriftszug keine Abgrenzungsfragen aufwirft. Ein Urteil, das das Vorliegen einer wirksamen Unterschrift verneint, kann schließlich ungeahnte Schadensfolgen für den Notar haben.

D. Unterschrift und Amtsbezeichnung (S. 3)

§ 1 S. 3 DONot sieht vor, dass bei der Unterschrift zusätzlich die Amtsbezeichnung, also „Notar“ oder „Notarin“, angegeben werden soll. Dies entspricht § 13 Abs. 3 S. 2 BeurkG. Damit wird ein „Gleichlauf“ zwischen der Unterschriftsprobe und der bei notariellen Niederschriften geleisteten Unterschrift angestrebt.[30] Nach hiesiger Auffassung beziehen sich S. 2 und S. 3 des § 1 DONot indes nicht nur auf die einzureichende Unterschrift nach S. 1. Dies ergibt sich aus dem Zusatz „die sie bei Amtshandlungen anwenden“ in S. 1, der deutlich macht, dass die in der Praxis verwendete Unterschrift – mit Amtsbezeichnung – stets mit der nach S. 1 verwendeten Unterschrift übereinstimmen soll. Damit werden die Anforderungen aus S. 3 auf alle anderen Amtshandlungen (etwa: Rangbescheinigungen, Vermerkurkunden, Ausfertigungsvermerken, Randvermerken nach § 44a BeurkG,[31] Fälligkeitsmitteilungen und sonstigen Schriftwechsel mit den Beteiligten) erstreckt.[32] Der Notar soll damit auch hier seiner Unterschrift die Amtsbezeichnung beifügen. Besondere Bedeutung erlangt die Vorschrift damit auch für Handlungen des Anwaltsnotars. Die fehlende Hinzufügung der Amtsbezeichnung nach S. 3 kann hier ein bedeutendes Indiz dafür darstellen, dass der Anwaltsnotar in seiner Eigenschaft als Rechtsanwalt tätig wurde.[33] Da der verwendete Briefkopf bei Schreiben eines Anwaltsnotars zumeist keinen Ausschluss über dessen ausgeübte Tätigkeit gibt,[34] wird in erster Linie durch den Zusatz „Notarin“ bzw. „Notar“ klargestellt, dass der Unterzeichner als Notar handelt.[35] 7

27 KG v. 22.4.2002 – Not 1/02, DNotZ 2003, 794 ff. An dieser Stelle ist zwischen der Frage des Auftretens des Notars im Rechtsverkehr und den Anforderungen an die Unterschrift zu unterscheiden.

28 Weingärtner/*Ulrich*, § 1 Rn 11, unter zutreffendem Hinweis auf die diesbezüglichen Regelungen in VII 2 der übereinstimmenden Richtlinien für die Berufsausübung von Notaren.

29 Begründung DONot 2022, S. 3; Heinemann/Trautrims/*Strauß*, § 1 DONot Rn 5.

30 Zu dem Fall, dass ein Notar nach Erreichen der Altersgrenze zum Verwalter des eigenen Notariats bestellt wird und seine Urkundstätigkeit nach Erlöschen des Notaramts nahtlos fortsetzt, dabei allerdings weiter das Notarsiegel und eine Signaturkarte mit Notarattribut verwendet (und eine fehlerhafte Amtsbezeichnung verwendet): DNotI-Report 2019, 15.

31 Vgl. hierzu jüngst OLG München v. 22.9.2017 – 34 Wx 68/17, n.v.: „Offensichtliche Unrichtigkeiten i.S.d. § 44a Abs. 2 S. 1 und 3 BeurkG können u.a. auch versehentliche Auslassungen und Unvollständigkeiten sein.“ Zu den Berichtigungsmöglichkeiten bei fehlenden Pflichtangaben in der Hauptversammlungsmitschrift: BGH v. 10.10.2017 – II ZR 375/15, NJW 2018, 52; hierzu etwa *Herrler*, NJW 2018, 585. Zu der Art und Weise der Berichtigung und Verwahrung der Nachtragsvermerke in der elektronischen Urkundensammlung vgl. § 44a Abs. 2 S. 4 BeurkG in der ab 1.1.2022 geltenden Fassung; hierzu Grziwotz/Heinemann/*Heinemann*, (Grziwotz/Sauer/Heinemann/*Heinemann/Grziwotz*) § 44a BeurkG Rn 33; BT-Drucks 18/10607, 85; zu dem ab 1.1.2022 geltenden § 44b BeurkG Grziwotz/Sauer/Heinemann/*Heinemann/Grziwotz*, § 44b BeurkG Rn 1 ff.; BT-Drucks 18/10606, 86.

32 So weitgehend einhellig BeckOK-BNotO/*Salzmann*, § 1 DONot Rn 4; Frenz/Miermeister/*Blaeschke*, § 1 DONot Rn 9; BeckOK-BeurkG/*Schmitz*, § 1 DONot Rn 3; Heinemann/Trautrims/*Strauß*, § 1 DONot Rn 1; für § 1 Satz 3 DONot ausdrücklich auch die Begründung der DONot 2022, S. 3.

33 Frenz/Miermeister/*Blaeschke*, § 1 DONot Rn 10; vgl. Ziff. I Nr. 3 der Richtlinienempfehlungen der Bundesnotarkammer und die entsprechenden Richtlinien der Notarkammern.

34 BVerfG v. 21.7.2005 – 1 BvR 2561/03, DNotZ 2005, 931.

35 Zu der Unzulässigkeit der Amtsbezeichnung „Notariat“ vgl. BGH v. 23.4.2018 – NotZ (Brfg) 6/17, MittBayNot 2018, 482 (hier auch zur amtswidrigen Gestaltung der Homepage durch reklamehafte Herausstellung der persönlichen Qualitäten); hierzu *Günther*, GRUR-Prax 2018, 390; *Görk*, NJW 2018, 2567.

Die Wirksamkeit der Amtshandlung wird dadurch aber nicht berührt.[36] Einigkeit besteht zudem darüber, dass der Zusatz **nicht eigenhändig** erfolgen muss, sondern etwa auch vorgedruckt, maschinenschriftlich, gestempelt (§ 12 Abs. 2 DONot) oder auf andere Weise angebracht sein kann.[37]

§ 2 Amtssiegel

(1) [1]Die Notarin oder der Notar führt ein Amtssiegel als Farbdrucksiegel und als Prägesiegel in Form der Siegelpresse oder des Petschafts für Lacksiegel nach den jeweiligen landesrechtlichen Vorschriften. [2]Die Umschrift enthält den Namen der Notarin oder des Notars nebst den Worten „Notarin in … (Ort)" oder „Notar in … (Ort)". [3]Bestehen der Name, die Amtsbezeichnung und die Ortsangabe zusammen aus mehr als 30 Schreibstellen einschließlich der Leerzeichen, können unwesentliche Bestandteile weggelassen werden.

(2) Ein Abdruck eines jeden Siegels ist der Präsidentin oder dem Präsidenten des Landgerichts einzureichen.

(3) Die Notarin oder der Notar hat dafür zu sorgen, dass die Amtssiegel nicht missbraucht werden können.

Literatur *Böhringer*, Formelle „Spitzfindigkeiten" im Grundstücksverkehr, BWNotZ 2017, 30; *Frohn*, Anmerkung zu BGH, Beschl. v. 14.12.2016 – V ZB 88/16, DNotZ 2017, 463; *Schmidt-Thomé*, Vom Notarsignet zum Notarsiegel – ein Beitrag zur Geschichte des Notariats und der Notarurkunde, DNotZ 1964, 455; *Wörner*, Prägesiegel und Farbdrucksiegel in der notariellen Praxis, JurBüro 1981, 327.

A. Einleitung

1 § 2 DONot entspricht inhaltlich weitgehend unverändert § 2 DONot a.F.[1] Lediglich zur Klarstellung wurde in Abs. 1 S. 1 zwischen den beiden Arten des Prägesiegels die Konjunktion „und" durch ein „oder" ersetzt, ohne dass damit Änderungen in der bisherigen Auslegung der Norm verbunden wären. Neu hinzugefügt wurde Abs. 1 S. 3, der es bei besonders langen Umschriften ermöglicht, unwesentliche Bestandteile wegzulassen. § 2 Abs. 3 S. 2 DONot a.F. ist entfallen. Die darin enthaltene Pflicht, Verlust oder Fälschung des Amtssiegels dem Präsidenten des Landgerichts anzuzeigen, ist seit dem Inkrafttreten des § 34 S. 1 Nr. 2 BNotO 2017 auf einfachgesetzlicher Ebene geregelt; die parallele Regelung in der DONot war seither obsolet.[2]

36 Vgl. Frenz/Miermeister/*Blaeschke*, § 2 DONot Rn 13; auch § 13 Abs. 3 S. 2 BeurkG ist eine Sollvorschrift.

37 Vgl. Weingärtner/*Ulrich*, § 1 Rn 14; BeckOK-BNotO/*Salzmann*, § 1 DONot Rn 4; Frenz/Miermeister/*Blaeschke*, § 2 DONot Rn 5, 12; Heinemann/Trautrims/*Strauß*, § 1 DONot Rn 6.

1 § 2 Abs. 1 S. 1 DONot wurde in Sachsen mit abweichendem Wortlaut bekannt gegeben (vgl. SächsJMBl. 2021, S. 121) und lautet dort: „Die Notarin oder der Notar führt ein Amtssiegel als Farbdrucksiegel und als Prägesiegel in Form der Siegelpresse oder des Petschafts für Lacksiegel nach der Verordnung der Sächsischen Staatsregierung über die Verwendung des Wappens des Freistaates Sachsen (Wappenverordnung – WappenVO) vom 4.3.2005 (SächsGVBl. S. 40) und der Verwaltungsvorschrift des Sächsischen Staatsministeriums des Innern über die Gestaltung und Verwendung der Dienstsiegel (VwV Dienstsiegel) vom 16.2.2001 (SächsABl S. 351), zuletzt geändert durch die Verwaltungsvorschrift vom 16.12.2014 (SächsABl 2015 S. 82), zuletzt enthalten in der Verwaltungsvorschrift vom 27.11.2019 (SächsABl SDr. S. S 339) in der jeweils geltenden Fassung."

2 Begründung DONot 2022, S. 4.

Notarinnen und Notare sind nach § 2 S. 2 BNotO berechtigt, ein Amtssiegel zu führen. Das Siegel ist das traditionelle äußere Zeichen der staatlichen Beleihung des Notars und Ausdruck seiner hoheitlichen Tätigkeit.[3] Ergänzend zu § 2 S. 2 BNotO trifft § 2 DONot nähere Bestimmungen zur Gestaltung des Amtssiegels, zur Siegelprobe und zu der mit der Befugnis zur Siegelführung verbundenen Sorgfaltspflicht. In landesrechtlichen Vorschriften werden erläuternde, abweichende und ergänzende Regelungen zur Ausgestaltung und zur Führung des Siegels getroffen.[4] In Baden-Württemberg sind hinsichtlich der Notariatsabwickler übergangsweise weitere Besonderheiten zu beachten.[5] Dienstrechtliche Vorgaben zum Anbringen des Siegels sind in § 14 Abs. 3 DONot enthalten.

Materiell-rechtlich ist das Anbringen des Siegels Wirksamkeitsvoraussetzung notarieller Vermerkurkunden nach § 39 BeurkG; der Begriff des Siegels wird daher ergänzend bereits oben erläutert (vgl. § 39 BeurkG Rdn 23).

3 Vgl. Weingärtner/*Ulrich*, § 2 Rn 2; BeckOK-BNotO/*Bracker*, (5. Edition), § 2 DONot Rn 1; *Eickelberg*, NZG 2015, 81.

4 **Baden-Württemberg (VwV Notarwesen, Die Justiz 2017, S. 357 i.d.F. vom 16.10.2020):** „Maßgebliche landesrechtliche Vorschriften sind das Landeshoheitszeichengesetz und die Verwaltungsvorschrift des Innenministeriums zur Gestaltung, Verwendung und Sicherung von Dienstsiegeln in ihrer jeweils geltenden Fassung."
Bayern (NotBek, JMBl. 2001, S. 32 i.d.F. vom 24.3.2025): „Die Verwendung von Gummistempeln ist unzulässig. Das Staatsministerium des Innern hat nach § 6 Abs. 3 der Verordnung zur Ausführung des Gesetzes über das Wappen des Freistaates Bayern (AVWpG) vom 22.12.1998 (GVBl 1999 S. 29, BayRS 1130–2–2-I) die Genehmigung erteilt, in der Umschrift der Dienstsiegel für Notare in Abweichung von § 6 Abs. 1 Satz 2 AVWpG das Wort ‚Bayern' wegzulassen."
Bremen (Erlaß über Dienstsiegel für die bremischen Dienststellen und Behörden, Brem.GBl 1948, 77): „Zur Führung des mittleren bremischen Wappens in ihren Siegeln sind berechtigt (…) die Notare. (…) In der Umschrift der Stempel der Notare [ist] anzugeben (…): „Name, Notar, Bremen"."
Hamburg (HbgDONot, JVBl. 2021, S. 138): „§ 2 Absatz 1 der nachstehenden Dienstordnung für Notarinnen und Notare ist mit der Maßgabe anzuwenden, dass im Amtssiegel das kleine hamburgische Landeswappen erscheint. Die Umschrift enthält den Namen der Notarin oder des Notars und das Wort „Notariatssiegel" sowie über dem Landeswappen das Wort „Hamburg"."
Niedersachsen (AVNot, Nds. Rpfl. 2001, S. 100 i.d.F. vom 9.6.2020): „Gemäß § 2 Abs. 1 Satz 1 DONot, Nr. 2.4 Buchst. f des Runderlasses d. StK betr. Ausführungsbestimmungen zum Niedersächsischen Wappengesetz vom 20.2.2019 (Nds.MBl. S. 514 führen die Notarinnen und Notare als Amtssiegel das kleine Landessiegel. (…) Für die Führung, die Ausgestaltung, die Herstellung und den Bezug der Amtssiegel sind ferner neben § 2 DONot die vom Niedersächsischen Landesarchiv erlassenen und auf seiner Internetseite (www.nla.niedersachsen.de) veröffentlichten verbindlichen Anordnungen sowie die in der Anlage 1 zu dem Runderlass d. StK betr. Ausführungsbestimmungen zum Niedersächsischen Wappengesetz vom 20.2.2019 (Nds.MBl. S. 514) abgedruckten Muster maßgebend (vgl. Nr. 2.2 Satz 4 des Runderlasses)."
Nordrhein-Westfalen (DONotNRW, JMBl. 2022, S. 7): „Die Notarin und der Notar sowie die Notariatsverwalterin und der Notariatsverwalter führen das kleine Landessiegel (§ 4 Abs. 2 in Verbindung mit § 2 Abs. 1 Buchstabe k der Verordnung über die Führung des Landeswappens vom 16.5.1956 (GV. NW. S. 140/SGV. NW. 113), zuletzt geändert durch Verordnung vom 21.11.2016 (GV. NW. S. 1036)."
Sachsen (VwV DONot, JMBl. 2021, S. 121): „Die Notarin oder der Notar führt ein Amtssiegel als Farbdrucksiegel und als Prägesiegel in Form der Siegelpresse oder des Petschafts für Lacksiegel nach der Verordnung der Sächsischen Staatsregierung über die Verwendung des Wappens des Freistaates Sachsen (Wappenverordnung – WappenVO) vom 4.3.2005 (SächsGVBl. S. 40) und der Verwaltungsvorschrift des Sächsischen Staatsministeriums des Innern über die Gestaltung und Verwendung der Dienstsiegel (VwV Dienstsiegel) vom 16.2.2001 (SächsABl S. 351), zuletzt geändert durch die Verwaltungsvorschrift vom 16.12.2014 (SächsABl 2015 S. 82), zuletzt enthalten in der Verwaltungsvorschrift vom 27.11.2019 (SächsABl SDr. S. S 339) in der jeweils geltenden Fassung."
Sachsen-Anhalt (AVBNotODONot, JMBl. 1998, 499 i.d.F. vom 7.12.2021): „Die Notarinnen und Notare sowie die Notariatsverwalterinnen und Notariatsverwalter führen ihre Amtssiegel mit dem Landeswappen (§ 2 Abs. 1 Nr. 9 HzG LSA)."
Schleswig-Holstein (AVDONot, SchlHA 2022, S. 19): „Als Amtssiegel (Farbdrucksiegel und Prägesiegel) ist das Landessiegel nach § 2 der Hoheitszeichenverordnung vom 26.1.2012 (GVOBl. Schl.-H. S. 272), zuletzt geändert durch Landesverordnung vom 20.12.2016 (GVOBl. Schl.-H. 2017 S. 6) zu führen. Die Siegelinschrift gibt als Umschrift den Namen und den Amtssitz der siegelführenden Notarin oder des siegelführenden Notars an (Muster 1 und 2 der Anlage). Der Amtssitz ist entsprechend der in der Anlage 1 zu § 30 Absatz 1 des Landesjustizgesetzes vom 17.4.2018 (GVOBl. Schl.-H. S. 231, ber. S. 441) verwendeten Schreibweise anzugeben."

5 Hierzu führt die baden-württembergische VwV Notarwesen (Die Justiz 2017, S. 357 i.d.F. vom 16.10.2020) aus: „Die Notariatsabwicklerin und der Notariatsabwickler führen das Amtssiegel des aufgehobenen staatlichen Notariats, dessen Abteilung oder Referat sie abwickeln. Die Notariatsabwicklerinnen und die Notariatsabwickler sollen ihrer Unterschrift einen sie kennzeichnenden Zusatz beifügen."

B. Allgemeines

I. Formen des Siegels

2 Unterschieden wird zwischen dem Prägesiegel und dem Farbdrucksiegel:

Das **Prägesiegel** kann entweder als Siegelpresse oder als Petschaft für Lacksiegel vorgehalten werden.[6] Bei der Siegelpresse wird das in Metall eingravierte Siegel in das Urkundspapier oder in den mit einer Oblate aufgeklebten Siegelstern eingeprägt. Dies erfolgt mit Hilfe einer Hebelpresse. Beim Lacksiegel wird in den noch nicht erkalteten Siegellack das Handsiegel mit geringem Druck eingeprägt.[7] Der Siegellack besteht regelmäßig aus einer Mischung aus Kolophonium, Schellack, Terpentin und rotem Farbstoff.[8] Beide Arten des Prägesiegels sind grundsätzlich gleichwertig,[9] wobei die Siegelpresse heutzutage deutlich verbreiteter ist.[10] Das Prägesiegel in Form des Petschafts für Lacksiegel spielt praktisch nur noch im Zusammenhang mit dem Schließen von Testamentsumschlägen eine Rolle, wobei auch hierfür nach § 34 Abs. 1 S. 1 BeurkG grundsätzlich auch das Prägesiegel mittels Siegelpresse ausreichend ist.[11]

Neben dem Prägesiegel gibt es das **Farbdrucksiegel**,[12] das wie ein Stempel gestochen ist. Das Siegel selbst kann aus Metall oder Gummi gefertigt sein. Vor allem in Bayern sind Besonderheiten zu beachten: Zu § 2 DONot ist dort ergänzend bestimmt, dass die Verwendung von Gummistempeln unzulässig ist.[13] Überdies ist zu beachten, dass das bayerische Staatsministerium des Innern nach § 6 Abs. 3 AVWpG[14] die Genehmigung erteilt, in der Umschrift der Dienstsiegel für Notare in Abweichung von § 6 Abs. 1 S. 2 AVWpG das Wort ‚Bayern' wegzulassen. In Sachsen ist demgegenüber neben Gummi auch die Fertigung aus Polymer gestattet.[15]

3 Der **Notarvertreter** führt das Siegel des vertretenen Notars (§ 41 Abs. 1 S. 2 BNotO), der Notariatsverwalter führt ein eigenes Amtssiegel (§ 19 Abs. 1, Abs. 2 S. 1 DONot).

Erlischt das Amt eines Notars oder wird sein Amtssitz in einen anderen Amtsbereich verlegt, so hat der Präsident des Landgerichts die Siegel zu vernichten (§ 51 Abs. 2 BNotO).

II. „Hierarchie" der Siegel

4 Das Prägesiegel ist die **„höherrangige" Form** im Vergleich zum Farbdrucksiegel. Das bedeutet: Während das Prägesiegel immer benutzt werden darf, ist die Verwendung des Farbdrucksiegels in den Fällen nicht gestattet, in denen der Gesetzgeber ausdrücklich die Benutzung des Prägesiegels angeordnet hat: Das ist der Fall bei der Verbindung von mehreren Schriftstücken zu einer Urkunde (§§ 44 i.V.m. § 9 Abs. 1 S. 2, 14, 37 Abs. 1 S. 2 und 3 BeurkG) und beim Verschließen von Testamenten (§ 34 Abs. 1 S. 1 BeurkG[16]). Im Zweifel sollte der Notar daher das Prägesiegel verwenden.[17]

5 § 2 DONot enthält indes keine Aussage zu der Frage, **welche Siegel** der Notar in seinem Büro **vorhalten muss**. Er muss nur diejenigen Siegel tatsächlich besitzen, zu deren Verwendung ihn das Beurkundungsrecht verpflichtet. Auf den Einsatz von Petschaft und Siegellack kann er dementsprechend (theoretisch) verzichten. Ihr Einsatz ist an keiner Stelle zwingend vorgeschrieben. Traditionell werden Testamentsumschläge zwar mit Siegellack und Lacksiegel verschlossen, zulässig ist jedoch auch die Verwendung

6 Bei Neufassung der DONot 2022 wurde die Konjunktion „und" zwischen den Arten des Prägesiegels in § 2 Abs. 1 Satz 1 DONot durch ein „oder" ersetzt, um zum Ausdruck zu bringen, dass Notare nicht verpflichtet sind, beide Arten des Prägesiegels vorrätig zu halten, vgl. Begründung DONot 2022, S. 4.

7 Vgl. Kersten/Bühling/*Eickelberg*, § 11 Rn 37.

8 Vgl. *Püls*, DNotZ 2002 Sonderheft, 168, 170.

9 So nun auch ausdrücklich die Begründung zur DONot 2022, S. 4; vgl. auch LG Berlin v. 15.11.1983 – 83 T 413/83, DNotZ 1984, 640; Heinemann/Trautrims/*Strauß*, § 2 DONot Rn 3.

10 Heinemann/Trautrims/*Strauß*, § 2 DONot Rn 3.

11 Begründung DONot (2022), S. 4; Heinemann/Trautrims/*Strauß*, § 2 DONot Rn 3; Kersten/Bühling/*Eickelberg*, § 11 Rn 42.

12 Vgl. Weingärtner/*Ulrich*, § 10 Rn 10.

13 Ziff. 18.2.1 der Bekanntmachung betreffend die Angelegenheiten der Notare (NotBek) vom 25.1.2001 (JMBl. S. 32), die zuletzt durch Bekanntmachung vom 24.3.2025 (BayMBl. Nr. 151) geändert worden ist.

14 Verordnung zur Ausführung des Gesetzes über das Wappen des Freistaates Bayern (AVWpG) vom 22.12.1998 (GVBl 1999, 29; BayRS 1130–2–2-I).

15 Vgl. Nr. 2a) der sächsischen „VwV Dienstsiegel" (SaABl 2001, 351).

16 „Die Niederschrift über die Errichtung eines Testaments soll der Notar in einen Umschlag nehmen und diesen mit dem **Prägesiegel** verschließen."

17 Vgl. Weingärtner/*Ulrich*, § 2 Rn 10; *Rohs/Heinemann*, Rn 242.

der Siegelpresse mit Siegelstern und Oblate.[18] Die Dienstaufsicht kann den Notar daher beispielsweise nicht auffordern, ein Lacksiegel anzuschaffen. Die Neufassung des Abs. 1 S. 1 stellt dies ausdrücklich klar, indem zwischen den Arten des Prägesiegels die Konjunktion „und" durch ein „oder" ersetzt wurde.[19]

III. Verwendung des Siegels

In welchen Fällen Siegel zu verwenden sind, ist im Wesentlichen im BeurkG geregelt (vgl. §§ 34, 39, 44, 45a Abs. 1 S. 2, 49 Abs. 2 S. 2, 50 Abs. 1 S. 2 BeurkG). Daneben ist auf folgende Vorschriften hinzuweisen: § 24 Abs. 3 S. 2 BNotO (Rücknahme von Anträgen), §§ 795, 794 Abs. 1 Nr. 5, 797 Abs. 2, 725 ZPO, § 52 BeurkG (Erteilung der Vollstreckungsklausel), §§ 56, 61, 62, 70 GBO (Grundpfandbriefe) und § 80 Abs. 3 WG,[20] Art. 55 Abs. 3 ScheckG i.V.m. Art. 80 Abs. 3 WG (Protesturkunde). Nicht gesiegelt werden muss eine Urschrift, die nur aus einer Seite besteht und die in der Verwahrung des Notars verbleibt (§§ 44 S. 1, 45a Abs. 1 S. 2 BeurkG), denn Siegel und Stempel kennzeichnen die öffentliche Urkunde primär nach außen.[21] 6

Eine Urkunde, der das vorgeschriebene[22] Siegel fehlt, ist keine öffentliche Urkunde im Sinne des § 415 ZPO.[23] Sie besitzt mithin nicht mehr die Vermutung der Echtheit für sich (§ 437 Abs. 1 ZPO).[24] 7

Außerhalb der vorgeschriebenen Anwendungsfälle **darf das Siegel nur mit äußerster Zurückhaltung benutzt werden**:[25] Wenn der Notar in seiner amtlichen Eigenschaft tätig wird, also Aufgaben auf dem Gebiet der vorsorgenden Rechtspflege wahrnimmt, kann nicht grundsätzlich beanstandet werden, wenn das Siegel Schreiben überobligatorisch beigefügt wird. So können etwa Grundbuchanträge oder sonstige wichtige Erklärungen (etwa Fälligkeitsmitteilungen) mit dem Amtssiegel versehen werden. Obwohl gesetzlich nicht geregelt, kann der Notar auch Rangbescheinigungen zur Identifizierung des Ausstellers siegeln.[26] Dadurch darf allerdings nicht der Eindruck entstehen, dass es sich um eine öffentliche Urkunde handelt. Die Rangbescheinigung bleibt eine Privaturkunde des Notars; sie hat keinen Urkundscharakter.[27] Ein Anspruch der Banken auf Beifügung des Siegels besteht nicht. 8

Eine Siegelung darf jedoch nicht erfolgen, wenn der Notar nicht in amtlicher Eigenschaft tätig wird, wenn er also keine Aufgaben auf dem Gebiet der vorsorgenden Rechtspflege wahrnimmt. Anwaltsnotare dürfen von ihrem Amtssiegel daher keinen Gebrauch machen, wenn sie als Rechtsanwalt tätig werden.[28] Unzulässig ist es auch, das Dienstsiegel bei der normalen Post oder im Briefkopf zu verwenden.[29] Dasselbe gilt auch für die konkrete graphische Darstellung des Siegels des Notars auf seiner Homepage im Internet. Zweifelhaft erscheint allerdings, ob es auch unzulässig ist, eine Photographie des Prägesiegels zusammen mit dem Abdruck im Internet zu zeigen. In diesem Fall ist für jeden erkennbar, dass nicht das Siegel selbst verwendet wird, sondern nur eine Abbildung desselben gezeigt wird. Gleiches gilt für dargestellte Phantasiesiegel.[30]

Farbdrucksiegel lassen sich mit Hilfe moderner Kopiergeräte relativ leicht fälschen. Daher wurde immer wieder die Frage aufgeworfen, ob nicht generell für Notare nur noch die Verwendung von Prä- 9

18 Ausdrücklich LG Berlin v. 15.11.1983 – 83 T 413/83, DNotZ 1984, 640 (Ls.): „Die Voraussetzungen des Prägesiegels i.S. des § 34 Abs. 1 S. 1 BeurkG erfüllt auch die Siegelung mittels Oblate und Siegelpresse."; Heinemann/Trautrims/*Strauß*, § 2 DONot, Rn 3.

19 Begründung DONot 2022, S. 4.

20 „Der Protest ist von dem Protestbeamten zu unterschreiben und mit dem Amtssiegel oder dem Amtsstempel zu versehen."

21 Vgl. Weingärtner/*Ulrich*, § 2 Rn 4; BeckOK-BNotO/*Bracker*, (5. Edition), § 2 DONot Rn 1.

22 Es ist hier zu differenzieren zwischen der notariellen Niederschrift, für die die Siegelung nicht zwingend vorgeschrieben ist, und der Vermerkurkunde, die nach § 39 BeurkG gesiegelt werden muss: BeckOK-BNotO/*Bracker*, (5. Edition), § 2 DONot, Rn 1.

23 MüKo-ZPO/*Schreiber*, § 415 Rn 21; vgl. OLG Schleswig v. 1.9.1970 – 2 W 68/70; DNotZ 1972, 556 („Sind mehrere Bogen einer Ausfertigung nicht durch Schnur und Siegel, sondern durch Klebestreifen miteinander verbunden, so ist die Urkunde nicht ‚in der vorgeschriebenen Form' i.S.d. § 415 ZPO aufgenommen").

24 Weingärtner/*Ulrich*, § 2 Rn 6.

25 Vgl. BeckOK-BNotO/*Salzmann*, § 2 Rn 6; Heinemann/Trautrims/*Strauß*, § 2 DONot, Rn 8; im Sinne eines generellen Verbots allerdings: *Huhn/von Schuckmann*, 3. Aufl., § 2 DONot Rn 4; Frenz/Miermeister/*Blaeschke*, § 2 DONot Rn 13.

26 Vgl. Weingärtner/*Ulrich*, § 2 Rn 7.

27 Vgl. statt vieler: *Winkler*, § 39 Rn 18, Fn 9.

28 Heinemann/Trautrims/*Strauß*, § 2 DONot, Rn 8.

29 Vgl. auch § 14 Abs. 3 S. 2 BNotO. Hiernach hat der Notar jeden falschen Anschein über die Rechtsqualität der gesiegelten Schriftstücke zu vermeiden.

30 Etwa dasjenige mit dem Umrandungstext „Beratung inklusive – die Notare" des deutschen Notarverlages: www.notarverlag.de/infobroschueren, zuletzt abgerufen im August 2025.

gesiegeln zulässig sein sollte. Dem muss widersprochen werden: Auch Prägesiegel sind nicht vollkommen fälschungssicher. Werden Siegelsterne verwendet, besteht die zusätzliche Gefahr, dass sich das Siegel vom Papier löst; wird das Prägesiegel dagegen unmittelbar ins Urkundspapier gedrückt, ist es auf Ablichtungen praktisch nicht erkennbar. Zudem ist die Verwendung von Farbdrucksiegeln wesentlich praktischer als die von Prägesiegeln. Nicht zuletzt hat die neben das Siegel zu setzende Unterschrift des Notars in den bisher bekannt gewordenen Fällen Fälschungen von Farbdrucksiegeln regelmäßig offenbar werden lassen. Sollte der Gesetzgeber – wie bereits der Verordnungsgeber in Bayern für das Gummisiegel – dennoch Farbdrucksiegel verbieten wollen, so darf sich die Regelung zumindest nicht auf die Notare beschränken. Von ihr müssen dann auch sonstige öffentliche Urkunden, zum Beispiel Erbscheine, erfasst werden.

IV. Exkurs: Maschinelles Siegel

10 Ein maschinelles Siegel lässt die DONot nach § 14 Abs. 3 S. 5 DONot ausdrücklich nicht ausreichen. Der Satz wurde im Zuge der umfassenden DONot-Reform 2022 eingefügt. Er ist lediglich klarstellend. Ein schlichter maschineller Abdruck eines Siegels gewährleistet keine Fälschungssicherheit und ist damit auch ohne eine solche Klarstellung ungeeignet, die Funktionen zu erfüllen, die der Gesetzgeber dem notariellen Siegel zugeschrieben hat.[31] Hierauf hatte die Bundesnotarkammer bereits in ihrer Stellungnahme vom 23.7.2001 hingewiesen. Aufgrund der heutigen EDV-technischen Möglichkeiten würde die Einführung eines maschinellen Siegels ein hohes Fälschungsrisiko mit sich bringen, welchem vor einer entsprechenden Einführung durch geeignete Vorkehrungen Rechnung getragen werden müsste. Bei mehrseitigen Urkunden, die mit Schnur und Prägesiegel verbunden werden (§ 44 S. 1 BeurkG),[32] kommt ein maschinelles Siegel indes ohnehin kaum in Betracht, da die Verbindung von Schnur und maschinellem Siegel derzeitig technisch kaum realisierbar erscheint. Die Mehrzahl aller notariellen Urkunden entsteht „individuell"; ein mit einem maschinellen Siegelungsverfahren verbundener Rationalisierungseffekt ist nicht zu erkennen.

11 Der Gesetzgeber lässt jedoch **in anderen Bereichen die maschinelle Siegelung** mittels eines drucktechnisch erzeugten Abdrucks des Dienstsiegels ausdrücklich zu, so etwa in § 703b Abs. 1 ZPO (für das gerichtliche Mahnverfahren), in § 169 Abs. 3 ZPO (für die Beglaubigung einer Abschrift), in § 258 Abs. 1 und 2 FamFG (für das vereinfachte Verfahren über den Unterhalt Minderjähriger), in § 37 Abs. 3 SchRegO (für Eintragungsersuchen im Schiffsregister), in § 30a Abs. 3 HRV (für den amtlichen Ausdruck aus dem Handelsregister), in § 32 Abs. 2 VRV (für den amtlichen Ausdruck aus dem maschinell geführten Vereinsregister) und in § 78 Abs. 2 GBV (für den Ausdruck aus dem maschinell geführten Grundbuch).

Kritisch muss die Verwendung lediglich drucktechnisch erzeugter Siegel im Registerverkehr bewertet werden.[33] Bis zu einer Gesetzesänderung zum 5.5.2017[34] ließ § 29 Abs. 3 GBO für den Nachweis von Eintragungsvoraussetzungen den lediglich drucktechnisch erzeugten Abdruck eines Behördensiegels nicht genügen.

Entsprechend entschied der BGH, dass ein lediglich drucktechnisch erzeugtes Behördensiegel den im **Grundbuchverfahren** geltenden Formanforderungen des § 29 Abs. 3 GBO a.F. für ein Behördenersuchen nicht genügt.[35] Erforderlich ist vielmehr eine individuelle Siegelung mit einem Prägesiegel oder einem Farbdruckstempel. Das Verfahrensrecht lasse zwar in einzelnen Normen auch einen amtlichen Ausdruck mit einem Dienstsiegel zu. Dieser weite Begriff der Siegelung lasse sich jedoch nicht auf § 29 Abs. 3 GBO übertragen. Im Verfahren nach der GBO sei die maschinelle Bearbeitung bislang lediglich im Zusammenhang mit der Erteilung von amtlichen Ausdrucken aus dem elektronischen Grundbuch eingeführt worden (§ 131 Abs. 1 GBO). Diese bewusste Entscheidung des Gesetzgebers dürfe nicht durch eine erweiterte Auslegung des § 29 Abs. 3 GBO unterlaufen werden.

31 Begründung DONot 2022, S. 23.
32 Vgl. OLG München v. 15.5.2013 – 20 U 5004/12, n.v.
33 Vgl. *Frohn*, DNotZ 2017, 463, 469.
34 Gesetz zur Reform des Bauvertragsrechts, zur Änderung der kaufrechtlichen Mängelhaftung, zur Stärkung des zivilprozessualen Rechtsschutzes und zum maschinellen Siegel im Grundbuch- und Schiffsregisterverfahren vom 28.4.2017, BGBl I 2017, 969.
35 BGH v. 14.12.2016 – V ZB 88/16, NJW 2017, 1951; vgl. hierzu auch die Besprechung von *Frohn*, DNotZ 2017, 463.

Der Gesetzgeber reagierte auf diese Rechtsprechung überstürzt,[36] indem er mit Art. 8 des Gesetzes zur Reform des Bauvertragsrechts, zur Änderung der kaufrechtlichen Mängelhaftung, zur Stärkung des zivilprozessualen Rechtsschutzes und zum maschinellen Siegel im Grundbuch- und Schiffsregisterverfahren vom 28.4.2017[37] u.a. § 29 Abs. 3 S. 2 GBO einfügte, nach dem „anstelle der Siegelung … maschinell ein Abdruck des Dienstsiegels eingedruckt oder aufgedruckt werden" kann.[38] Das OLG Nürnberg nahm diese gesetzgeberische Entscheidung wiederum zum Anlass, die Ausfertigung eines Erbscheins mit maschinell aufgedrücktem Dienstsiegel durch EDV als eine öffentliche Urkunde im Sinne des § 415 Abs. 1 ZPO anzusehen, die zum Nachweis der Rechtsnachfolge im Handelsregisterverfahren gemäß § 12 Abs. 1 S. 4 HGB geeignet sei.[39] Zum Hintergrund: Regelmäßig ist ein Dienstsiegel bekanntlich entweder als Farbdrucksiegel, als Prägesiegel, als Lacksiegel (Petschaft) oder auch als Klebesiegel (Siegelmarke) ausgestaltet.[40] Das für die Fertigung von Siegeln mit bayerischen Hoheitszeichen zuständige Bayerische Hauptmünzamt weist daneben als weitere Siegelart ausdrücklich auch das „Digitalisierte Siegel" aus.[41] 12

Bei dieser Art der Siegelung wird eine elektronische Siegeldatei in Reinschrift wiedergegeben und zusammen mit dem zu siegelnden Dokument ausgedruckt. Das Gericht führt aus, dass die Rechtsprechung zwar den lediglich drucktechnisch maschinell erzeugten Ausdruck eines Dienstsiegels als nicht den im Grundbuchverfahren nach § 29 Abs. 3 GBO a.F. geltenden Formanforderungen genügend bewertet habe;[42] die gesetzgeberische Entscheidung, in § 29 Abs. 3 S. 2 GBO ausdrücklich auch den maschinellen Abdruck eines Siegels genügen zu lassen, könne analog für andere registergerichtlichen Eintragungsverfahren herangezogen werden. Das Gericht hielt mit dieser Begründung den Umstand, dass sich auf einem Erbschein „lediglich" ein maschinell aufgedrucktes Dienstsiegel befindet, nicht für den Nachweis der Rechtsnachfolge ausschließend; vielmehr erachtete es ein derartiges Siegel grundsätzlich für geeignet.[43]

Die Entscheidung des Gesetzgebers, in § 29 Abs. 3 S. 2 GBO zum Nachweis der Eintragungsvoraussetzung den maschinellen Abdruck eines Siegels genügen zu lassen, kann nicht überzeugen.[44] In der Konsequenz ist auch die dargestellte Argumentation des OLG Nürnberg abzulehnen. § 29 Abs. 3 GBO dient dazu, dem Grundbuchamt die Prüfung zu erleichtern, ob die Erklärung einer Behörde ordnungsgemäß zustande gekommen ist.[45] Die aus der Siegelung resultierende Vermutung wird unter anderem dadurch gerechtfertigt, dass durch die strenge Regulierung der physischen Dienstsiegel sichergestellt wird, dass eine gesiegelte Erklärung aus der Sphäre der siegelführenden Stelle herrührt.[46] Diese Authentifizierungsfunktion kann eine maschinell erzeugte Abbildung eines Siegels auch dann nicht erfüllen, wenn der Ge- 13

36 Zu dieser Bewertung BeckOK-GBO/*Otto*, § 29 Rn 194a.1; ablehnend auch *Frohn*, DNotZ 2017, 463, 469 ff.; Heinemann/Trautrims/*Strauß*, § 14 DONot Rn 10.

37 BGBl I 2017, 969, 978.

38 In der Gesetzesbegründung ist hierzu ausgeführt, dass es modernen Organisationsabläufen widerspräche, wenn in Verfahren, in denen die Schriftguterstellung teilweise automatisiert erfolgt, für Grundbuchzwecke zwingend eine manuelle Siegelung erforderlich wäre. Obwohl die Richtigkeit des Grundbuchs und damit die Sicherheit des grundbuchbezogenen Rechtsverkehrs als geschützte Rechtsgüter keine Absenkung des Echtheitsnachweises zuließen und obwohl die Siegelung als besondere Form der Echtheitsbeglaubigung gerade die Verlässlichkeit des Dokuments und die Gewähr für die Ordnungsgemäßheit der darin verlautbarten Behördenerklärung erhöhen solle, solle das Aufdrucken eines Siegels in dem Prozess der Herstellung des amtlichen Dokuments dann zulässig sein, wenn die Risiken einer Fälschung und des unbefugten Zugriffs nicht größer seien als bei manueller Siegelung. Diesen besonderen Sicherheitserfordernissen sei durch Gestaltung des Organisationsablaufs Rechnung zu tragen, insbesondere, indem der Fachanwender nur dann Zugriff auf die Siegeldatei erhalte, wenn er sich im System anmelde oder über ein Passwort legitimiere (BT-Drucks 18/11437, 46–47).

39 OLG Nürnberg v. 26.7.2018 – 12 W 1178/18, RPfleger 2018, 621; vgl. auch *Böhringer*, BWNotZ 2017, 30.

40 Vgl. § 39 BeurkG, § 2 Abs. 1 DONot, § 8 Abs. 1 und 3 der Bayerischen Verordnung zur Ausführung des Gesetzes über das Wappen des Freistaates Bayern (AVWpG) vom 22.12.1998 (GVBl 1999, 29; BayRS 1130–2–2-I).

41 Vgl. https://hauptmuenzamt.bayern/wp-content/uploads/2022/05/12.-Digitalisierte_Dienstsiegel_Merkblatt.pdf, zuletzt abgerufen im August 2025.

42 Insoweit sei vielmehr eine individuelle Siegelung mit einem Prägesiegel oder einem Farbdruckstempel erforderlich (OLG München v. 24.5.2016 – 34 Wx 16/16, FGPrax 2016, 152 sowie nachfolgend BGH v. 14.12.2016 – V ZB 88/16, FGPrax 2017, 56; OLG München v. 20.1.2017 – 34 Wx 413/16, NJW-RR 2017, 265).

43 Zum Hintergrund: Bei der Erteilung von Ausfertigungen eines Erbscheins durch den Urkundsbeamten der Geschäftsstelle eines bayerischen Amtsgerichts wird den bestehenden Sicherheitserfordernissen durch die Gestaltung des Organisationsablaufs dadurch Rechnung getragen, dass der Urkundsbeamte nur dann Zugriff auf die Siegeldatei erhält, wenn er sich hierzu im dienstlichen, gegen unbefugten Zugriff besonders gesicherten EDV-System anmeldet und sich hierbei über ein Passwort zu legitimieren hat.

44 *Frohn*, DNotZ 2017, 463, 469 ff.; *Püls/Gerlach*, NotBZ 2019, 81; Heinemann/Trautrims/*Strauß*, § 14 DONot Rn 10.

45 BeckOK-GBO/*Otto*, § 29 Rn 193.

46 BGH v. 14.12.2016 – V ZB 88/16, NJW 2017, 1951 (Rn 22); *Frohn*, DNotZ 2017, 463, 469.

brauch einer „Siegeldatei" durch behördeninterne Organisationsabläufe geschützt wird.[47] Richtigerweise verlangt der Gesetzgeber bei elektronischen Signaturen zusätzlich ein Zertifikat oder ein Attribut, das die signierende Behörde erkennen lässt. Es stellt einen teleologischen Widerspruch dar, wenn bei analog einzureichenden Nachweisen ein maschineller Abdruck ohne hinreichende Authentifizierungsfunktion genügen soll.[48]

C. Mehrzahl von Siegeln; Inhalt der Umschrift (Abs. 1)

14 Abs. 1 enthält keine Beschränkung hinsichtlich der Anzahl an Siegel, die der Notar je Siegelart vorhalten darf. Das ergibt sich aus der Entstehungsgeschichte der Regelung und lässt sich auch aus der offenen Pluralformulierung ableiten. Auch die nichtamtliche Begründung der DONot-Reform 2022 bestätigt diese Ansicht.[49] Somit ist davon auszugehen, dass der Notar sowohl Präge- wie Farbdrucksiegel grundsätzlich **in jeweils mehreren Exemplaren** führen kann; der Notar ist nicht auf die Führung „je eines" Amtssiegels beschränkt;[50] Etwas anderes kann sich aber aus landesrechtlichen Bestimmungen ergeben.[51] Ist danach das Führen mehrerer gleichartiger Siegel erlaubt, so empfiehlt sich die Beifügung zusätzlicher Kennungen, etwa Nummerierungen der Siegel. Eine solche Kennung hat erhebliche Vorteile, wenn eines der Siegel verloren geht und für unwirksam erklärt werden soll.[52] Die Frage der Nummerierung mehrerer Siegel bzw. der zusätzlichen Kennzeichnung eines Ersatzsiegels ist in den Ländern unterschiedlich geregelt.[53] Dass mehrere gleiche Siegel verwendet werden dürfen, entspricht im Übrigen der bisherigen Handhabung in den meisten Bundesländern.[54]

15 In den in Bezug genommenen landesrechtlichen Vorschriften finden sich u.a. Aussagen zu **Größe und Form** sowie insbesondere zur **Darstellung des Landeswappens** im **Amtssiegel**.[55] Diese Regelungen werden durch die DONot nicht berührt. Die einheitliche Gestaltung der Dienstsiegel liegt im öffentlichen Interesse.[56] Der Notar ist dazu angehalten, die (staats-)rechtlichen Vorgaben (etwa auch zu der vorgeschriebenen Ortsangabe)[57] genauestens einzuhalten.

16 In der Umschrift ist der **Name des Notars** anzugeben. Zum Namen gehören – ohne dass dies ausdrücklich in der DONot gesagt wird – traditionell Vor- und Zuname.[58] Ergänzend dürfen der Doktortitel, der Professorentitel und die Bezeichnung „Justizrat" beigefügt werden. Auch wenn einem Notar in großen Städten ein bestimmter Stadtteil oder Amtsgerichtsbezirk nach § 10 Abs. 1 S. 2 BNotO als Amtssitz zugewiesen wurde, ist in der Umschrift die Stadtgemeinde anzugeben.[59] Auf dem Siegel des **Notariatsverwalters**[60] findet sich demgegenüber nicht der Name des Verwalters, damit es ggf. auch noch von anderen Verwaltern benutzt werden kann (vgl. § 19 DONot Rdn 3). Der **Notarvertreter** benötigt kein eigenes Siegel, er verwendet dasjenige des vertretenen Notars.

17 Nicht eindeutig geregelt ist, **ob eine Notarin auch berechtigt ist**, in der Umschrift statt der Bezeichnung „Notarin" **die Bezeichnung „Notar in … (Ort)" zu verwenden**.[61] Dies wird in der notarrechtlichen Literatur zum Teil im Sinne eines Wahlrechts der jeweiligen Amtsträgerin diskutiert. Hintergrund dieser Ausführungen ist, dass bis zur DONot-Novelle 2000/2001 die Amtsbezeichnung auch für weibliche Amtsträger zwingend „Notar in … (Ort)" lautete. Da nach Änderung der einschlägigen Vorgabe bei einzelnen Amtsträgerinnen teilweise der Wunsch bestand, die bisherige Amtsbezeichnung „Notar in … (Ort)" fortzuführen, beschäftigt sich die notarrechtliche Literatur noch heute mit der Frage, ob insoweit ein Wahlrecht der Amts-

47 *Frohn*, DNotZ 2017, 463, 469; anders aber BT-Drucks 18/11437, S. 53; BR-Drucks 162/1/17, S. 14f.
48 *Frohn*, DNotZ 2017, 463, 470.
49 Begründung DONot 2022, S. 4.
50 Vgl. *Mihm/Bettendorf*, DNotZ 2001, 22, 25; *Bettendorf*, RNotZ Sonderheft zu Heft 10/2001, 5; BeckOK-BNotO/*Salzmann*, § 2 DONot Rn 1; Frenz/Miermeister/*Blaeschke*, § 2 DONot Rn 11; Heinemann/Trautrims/*Strauß*, § 2 DONot Rn 5.
51 Vgl. § 16 AVNot Nds. (Nds. Rpfl. 2005, 52).
52 Vgl. Weingärtner/*Ulrich*, § 2 Rn 17.
53 Vgl. *Bettendorf*, RNotZ Sonderheft zu 10/2001, 5.
54 Vgl. *von Campe*, NotBZ 2000, 366 f.
55 Der Hinweis auf die jeweiligen landesrechtlichen Vorschriften ist bloß deklaratorischer Natur.
56 Vgl. *Rinne*, ZNotP 2002, 326, 331.
57 Instruktiv: BGH v. 8.7.2002 – NotZ 5/02, JurionRS 2002, 18888.
58 A.A. Weingärtner/*Ulrich*, § 2 Rn 13: Der Nachname soll ausreichen.
59 So auch Weingärtner/*Ulrich*, § 2 Rn 13.
60 Zu der Situation für den Amtsnachfolger vgl. *Kindler*, RNotZ 2015, 465.
61 Vgl. hierzu auch Frenz/Miermeister/*Blaeschke*, § 2 DONot Rn 10 (kein Wahlrecht bei der Gestaltung des Siegels) und Frenz/Miermeister/*Blaeschke*, § 1 DONot Rn 6 f. (keine Pflicht zur geschlechtsspezifischen Amtsbezeichnung).

trägerinnen besteht. Zwar sei den Gesetzgebungsmaterialien ein eindeutiger Verbotswille nicht zu entnehmen. Allerdings spreche § 2 S. 2 BNotO, der Wortlaut von § 2 DONot, sowie der personale, auf die jeweilige Amtsinhaberin bezogene Charakter des Dienstsiegels dafür, dass Amtsinhaberinnen die Bezeichnung „Notarin" verwenden müssen und insoweit kein Wahlrecht besteht.[62] Systematisch ist jedenfalls bei der Notarvertretung festgelegt, dass eine Notarvertreterin – sofern sie nicht unter dem geschlechtsneutralen „Notarvertretung" agiert – die weibliche Form zu führen hat (vgl. § 19 Abs. 3 DONot).

Abs. 1 S. 3 wurde im Zuge der DONot-Reform 2022 neu eingefügt und trägt praktischen Problemen bei **besonders langen Umschriften** Rechnung. Erreicht die Umschrift eine Länge von mehr als 30 Schreibstellen, können unwesentliche Bestandteile weggelassen werden. Unwesentlich können sowohl Namensbestandteile des Notars als auch des Ortes sein.[63] Der Richtwert von 30 orientiert sich an der für die maschinenlesbare Zone im Bundespersonalausweis technisch mögliche Höchstzahl von Schreibstellen für Namen.[64] Namensbestandteile sind unwesentlich, wenn sie die Erkennbarkeit des Namens nicht beeinträchtigen. Weggelassen werden können damit etwa Professorentitel, akademische Grade, weitere Vornamen oder Adelszusätze. Bei Ortsnamen können ggf. Zusätze unwesentlich sein und weggelassen werden.[65] 18

Die Regelung kann auch für den Urkundeneingang, das Elektronische Urkundenarchiv und das Notarverzeichnis von Bedeutung sein.[66] Insoweit sind allerdings auch § 2 Abs. 3 NotVPV und § 11 Nr. 2 NotAktVV zu beachten, die für das Notarverzeichnis und das Elektronische Urkundenarchiv bereits regeln, dass Vornamen nur anzugeben sind, soweit diese im Rahmen der amtlichen Tätigkeit üblicherweise verwendet werden. Die Führung weiterer Vornamen in Urkundeneingang und Siegelumschrift ist also (bei ausreichender Unterscheidbarkeit) trotz Einführung des Abs. 1 S. 3 auch dann in das Ermessen des Notars gestellt, wenn der Richtwert von 30 Schreibstellen nicht erreicht wird.

D. Vorlagepflicht beim Landgerichtspräsidenten (Abs. 2)

Ein Abdruck eines jeden Siegels ist dem Landgerichtspräsidenten einzureichen. Natürlich gilt dies auch, wenn ein Siegel neu angeschafft wird. Der Landgerichtspräsident muss jeweils über Abdrücke der aktuell verwendeten Siegel verfügen. Dadurch wird erreicht, dass alle verwendeten Siegel textlich und gestalterisch einen zulässigen Inhalt haben.[67] Im Übrigen ist bei Zweifeln an der Echtheit eines Siegels dem Landgericht ein schneller Vergleich möglich. 19

E. Verhinderung des Siegelmissbrauchs (Abs. 3)

Der Notar hat dafür zu sorgen, dass die **Amtssiegel nicht missbraucht** werden können. Die missbräuchliche Verwendung des Siegels infolge Verschuldens des Notars kann ihn gegenüber denjenigen ersatzpflichtig machen, die auf die Echtheit einer derartigen Urkunde vertrauen.[68] 20

Die **Sorgfaltsanforderungen** an den Notar dürfen dabei nicht überspannt werden. Die abendliche Verwahrung der Siegel in einem Stahlschrank oder Tresor ist nicht erforderlich,[69] wenn der Zugang zu den Büroräumen in üblicher Weise gesichert ist und die Siegel ausreichend sicher verwahrt sind. Während der Öffnungszeiten des Büros ist dafür Sorge zu tragen, dass Mandanten oder sonstige Besucher die Siegel nicht in einem unbeobachteten Moment problemlos entwenden oder benutzen können. Nichts spricht dagegen, dass das Amtssiegel in den Büroräumen durch zuverlässige Mitarbeiter verwendet wird.[70] Die DONot verlangt gerade nicht, dass das Siegel nur unter Aufsicht des Notars benutzt wird;[71] eine dem 21

62 Vgl. *Bettendorf*, ZNotP 2001, 42; Frenz/Miermeister/*Blaeschke*, § 2 DONot Rn 9; vgl. auch die Verfügung des Sächsischen MdJ vom 13.3.2002, wonach eine weibliche Amtsträgerin nicht gehindert ist, im Siegel und auf dem Namensschild die Amtsbezeichnung „Notar" zu führen.
63 Begründung DONot 2022, S. 4.
64 Begründung DONot 2022, S. 4.
65 Begründung DONot 2022, S. 4.
66 Heinemann/Trautrims/*Strauß*, § 2 DONot Rn 7; Begründung DONot 2022, S. 4.
67 Vgl. Weingärtner/*Ulrich*, § 2 Rn 14.
68 So bereits RG DNotZ 1936, 196 ff.
69 Vgl. Heinemann/Trautrims/*Strauß*, § 2 DONot Rn 11; Frenz/Miermeister/*Blaeschke*, § 2 DONot Rn 14; BeckOK-BNotO/*Salzmann*, § 2 DONot Rn 5.
70 *Lerch*, ZNotP 2001, 210, 211; *Bücker/Viefhues*, ZNotP 2003, 331.
71 Vgl. *Lerch*, ZNotP 2001, 210, 211; Heinemann/Trautrims/*Strauß*, § 2 DONot Rn 8.

ersten Arbeitsentwurf der DONot noch zugrunde liegende andere Ansicht wurde schließlich aufgegeben.[72] Dies entspricht der Praxis anderer siegelführender Stellen. Es wäre in unserer Zeit lebensfremd zu erwarten, dass der Notar die Benutzung des Siegels jederzeit persönlich kontrolliert und es im Übrigen in der eigenen Schreibtischschublade aufbewahrt.[73] Das ändert allerdings nichts daran, dass der Notar für sichere Aufbewahrung und ordnungsgemäßen Gebrauch persönlich verantwortlich bleibt.

22 Der **Verlust** des Siegels oder das **Bekanntwerden einer Fälschung** verpflichten den Notar zur unverzüglichen **Anzeige beim Landgerichtspräsidenten**. Diese Amtspflicht ist seit 1.6.2017 in § 34 S. 1 Nr. 1 BNotO geregelt.[74] Die inhaltsgleiche Regelung in § 2 Abs. 3 S. 2 DONot a.F. ist damit obsolet geworden und in der DONot (2022) entfallen.[75] Die Aufsichtsbehörden können das Siegel nach entsprechender Anzeige für kraftlos erklären.[76] Damit allein kann dem Missbrauch eines Amtssiegels nur bedingt entgegengewirkt werden. Wichtig ist auch, dass in Fällen, in denen ein Siegel verloren geht oder eine Fälschung bekannt wird, die „notarinternen" Warnsysteme, zum Beispiel in der Form von Kammerrundschreiben, funktionieren. Auch müssen bei konkreten Verdachtsmomenten diejenigen Ämter, Behörden und sonstigen Stellen informiert werden, denen gegenüber das gefälschte oder entwendete Siegel möglicherweise verwendet wird. In der Neufassung der DONot 1984/85 war zusätzlich geregelt worden, dass der Landgerichtspräsident im Falle des Verlusts oder des Umlaufs einer Fälschung verfügen kann, dass der Notar ein Amtssiegel mit zusätzlicher Kennung zu verwenden hat. Als Kennung kamen Buchstaben oder Zahlen in Betracht. Zwischen den Landesjustizverwaltungen konnte kein Einvernehmen darüber erreicht werden, ob sich diese Regelung in der Praxis bewährt hat. Sie wurde daher in der DONot ersatzlos gestrichen. Dadurch wird allerdings nicht ausgeschlossen, dass die Länder durch Verwaltungsvorschrift entsprechende Regelungen treffen.[77] Wird ein für ungültig erklärtes Amtssiegel wieder aufgefunden, so ist dies umgehend dem Landgerichtspräsidenten mitzuteilen. Im Regelfall ist das Amtssiegel in Absprache mit dem Landgerichtspräsidenten als unbrauchbar zu vernichten.[78]

23 Im Fall der **vorläufigen Amtsenthebung** eines Notars hat die örtlich zuständige Notarkammer, wenn weder ein Notarvertreter noch ein Notariatsverwalter bestellt ist, seine Akten und Verzeichnisse sowie Siegel, Stempel und Amtsschild für die Dauer der vorläufigen Amtsenthebung in Verwahrung zu nehmen, § 55 Abs. 1 S. 2 BNotO. **Erlischt** das **Amt** des Notars oder **verlegt** er seinen **Amtssitz** in einen anderen Amtsgerichtsbezirk,[79] so sind die Siegel beim Präsidenten des Landgerichts abzuliefern, der diese hieraufhin vernichtet, § 51a Abs. 1 S. 2 BNotO. Wird der Amtssitz eines Notars innerhalb derselben Stadtgemeinde verlegt, bleibt der Notar demgegenüber für die Verwahrung auch dann zuständig, wenn sich dadurch der Amtsbereich ändert. Die Siegel und Stempel sind nicht abzuliefern (§ 51 Abs. 4 BNotO).

F. Exkurs: Verwendung des Landeswappens

24 In engem Zusammenhang mit dem Problem, in welchem Umfang das Dienstsiegel eingesetzt werden darf, steht die Frage, **in welchem Umfang das Landeswappen Verwendung finden kann**. Die Entscheidung über die Berechtigung zum Führen des Wappens leitet sich direkt aus den jeweiligen Landesverfassungen ab. Das Ob und Wie des Führens des Wappens obliegt daher den Landesgesetzgebern. Somit sind einerseits landesrechtliche Vorgaben zum Wappenrecht zu beachten. Andererseits können sich Grenzen aus dem notariellen Berufsrecht, speziell dem Werbeverbot des § 29 BNotO ergeben.[80] Unbestritten ist, dass es auf notariellen **Urkunden bzw. auf den Urkundsdeckeln** (Urkundsumschläge) zulässig ist,

72 Vgl. *Bettendorf*, RNotZ (Sonderheft zu 10/2001), 5.
73 Vgl. Frenz/Miermeister/*Ehrlich*, § 2 DONot Rn 14; vgl. auch *Viefhues/Bücker*, ZNotP 2003, 331, 332.
74 Gesetz zur Neuregelung der Aufbewahrung von Notariatsunterlagen und zur Einrichtung des Elektronischen Urkundenarchivs bei der Bundesnotarkammer sowie zur Änderung weiterer Gesetze, BGBl 2017 I, S. 1396.
75 Begründung DONot 2022, S. 4.
76 Vgl. Heinemann/Trautrims/*Strauß*, § 2 DONot Rn 11; Frenz/Miermeister/*Blaeschke*, § 2 DONot Rn 15.
77 Hamburgisches JVBl vom 28.2.2001, Nr. 2, 13; vgl. auch die vorgenannte Regelung in Schleswig-Holstein.
78 Frenz/Miermeister/*Blaeschke*, § 2 DONot Rn 16.
79 Da das Siegel auf den „Ort" und nicht den Amtsgerichtsbezirk abstellt, sind die Siegel nicht abzuliefern, wenn der Amtssitz des Notars in einen anderen Amtsgerichtsbezirk innerhalb derselben Stadtgemeinde verlegt wird (§ 51 Abs. 4 S. 2 BNotO).
80 Vgl. etwa OLG Schleswig v. 8.6.2006 – VA (Not) 8/05, MDR 2006, 1379, das entschied, dass die Werbung eines Notars auf einer Uhrensäule an einem Marktplatz unter Verwendung der Amtsbezeichnung und des Landeswappens reklamehaft sei. Hierzu: Handbuch Multimedia-Recht/*Boemke*, 47. EL Oktober 2018, Teil 11 Nr. 3, Rn 149 ff.

allerdings nicht in „verfremdeter“ Form.[81] Selbst im Anwaltsnotariat besteht keinerlei Gefahr, dass das Wappen auf der Urkunde dem anwaltlichen Tätigkeitsbereich zugeordnet werden könnte.

Komplizierter ist die Rechtslage, wenn es um **Briefköpfe** geht. Die DONot macht hierzu keine Vorgaben; der Landesgesetzgeber ist nach den dargelegten Grundsätzen befugt, Regelungen zur Führung des Landeswappens zu treffen; die nähere Ausgestaltung ist regelmäßig im Wege der Verordnungsermächtigung der Landesregierung übertragen.[82] Im Bereich des hauptberuflichen Notariats bestehen soweit ersichtlich umfassende Erlaubnisregelungen zur Verwendung des Landeswappens im Briefkopf.[83] Im Bereich des Anwaltsnotariats wird die Führung des Wappens in Briefköpfen zum Teil ausdrücklich erlaubt,[84] zum Teil untersagt.[85] Soweit im Bereich des Anwaltsnotariats eine entsprechende Berechtigung durch Landesgesetz gewährt wird, müssen aber zwei Voraussetzungen gewährleistet sein:[86] Einerseits muss der Schriftverkehr eine notarielle Angelegenheit betreffen.[87] Andererseits muss der Briefkopf so gestaltet sein, dass das Landeswappen sich erkennbar nur auf das Notaramt und nicht auf die anwaltliche Tätigkeit bezieht (§ 3 Abs. 2 S. 3 DONot). In einem Erlass des JuMin NW vom 11.5.2000[88] heißt es zunächst: „Das (hier wird auf die landesrechtliche Verordnung über die Führung des Wappens Bezug genommen, Anm. d. Verf.) schließt im Grundsatz die Befugnis ein, das Wappen in abgewandelter Form auf Briefbögen zu verwenden, sofern die Korrespondenz ausschließlich der Erledigung von ‚echten' Notariatsangelegenheiten dient.“ Weitergehend führt der Justizminister aus: „Deshalb hege ich bei einem Anwaltsnotar nur dann keine Bedenken gegen die Verwendung des Landeswappens auf den Briefbögen, wenn seine Stellung als Rechtsanwalt und die Soziierung oder Bürogemeinschaft mit weiteren Rechtsanwälten räumlich und drucktechnisch so deutlich zurücktreten, dass das Landeswappen verständigerweise nur auf die notarielle Tätigkeit bezogen werden kann.“ 25

Wenig erkenntnisreich ist in diesem Zusammenhang die Entscheidung des BGH, in der das Gericht die Untersagungsverfügung der Aufsichtsbehörde in Niedersachsen gegenüber einer Anwaltsnotarin aufhob.[89] Anders als nach der derzeitigen Rechtslage war die Verwendung des Wappens auf sonstigen Schriftstücken noch nicht ausdrücklich untersagt. Die Untersagungsverfügung war nicht auf einen Verstoß gegen notarielles Berufsrecht gestützt; der BGH beschäftigte sich ausschließlich mit dem Wappenrecht des Landes Niedersachsen. Er hob den Untersagungsbescheid auf, weil die Aufsichtsbehörde in ihrem Ermessen nicht berücksichtigt habe, dass das Niedersächsische Innenministerium den öffentlich bestellten Vermessungsingenieuren die Führung des Landeswappens auf ihren Briefbögen gestattete. Das Urteil ist also nur bedingt verallgemeinerungsfähig.[90] Es enthält insbesondere keine Bedenken, bei der Berechtigung zur Führung des Wappens zwischen notariellen und anwaltlichen Angelegenheiten zu differenzieren.

G. Exkurs: Siegeln im Rahmen der Elektronischen Urkundensammlung

Zur Einstellung von Schriftstücken, die in Papierform vorliegen, in die elektronische Urkundensammlung verlangt § 56 Abs. 1 S. 1 BeurkG, dass die zu erstellenden elektronischen Dokumente mit den in Papierform vorhandenen Schriftstücken **inhaltlich und bildlich übereinstimmen**. Ein automatischer Stapeleinzug beim Scannen hat erhebliche praktische Vorteile gegenüber einem seitenweise Scanvorgang. Dieser ist bei ausgefertigten Urkunden aber nicht mehr möglich, wenn diese aus mehreren Blättern bestehen, die ordnungsgemäß mittels Schnur und Prägesiegel verbunden wurden (§ 44 S. 1 BeurkG). 26

81 Vgl. Weingärtner/*Ulrich*, § 2 Rn 23.
82 Vgl. *Mihm*, DNotZ 2000, 554.
83 Vgl. Weingärtner/*Ulrich*, § 2 Rn 25 f.; vgl. auch § 3 Abs. 2 Hoheitszeichenverordnung Mecklenburg-Vorpommern; § 2 sächsische Wappenverordnung.
84 Schleswig-Holstein: § 1 Abs. 3 HoheitsVO (GVOBl. 2012, S. 272, i.d.F. vom 11.1.2022).
85 Bremen: § 30 Satz 2 AVNot (Brem.ABl 2021, S. 1172); Hessen: §§ 3 Abs. 1, 2 HohZVO (GVBl. 2014, S. 212); Niedersachsen: § 15 Satz 2 AVNot (Nds. Rpfl. 2001, S. 100 i.d.F. vom 9.6.2020).
86 Wie hier Hoeren/Sieber/Holznagel/*Boemke*, Mulitimedia-Recht (2014), Teil 11, Rn 149; für ein grundsätzliches Verbot der Führung des Landeswappens, soweit das Land keine Befugnis erteilt: *Wöstmann*, ZNotP 2004, 298, 305.
87 Vgl. *Mihm*, DNotZ 2000, 555.
88 Abgedruckt in MittRhNotK 2000, 266.
89 BGH DNotZ 2000, 551, 553 f. mit Anm. *Mihm*.
90 So auch Weingärtner/*Ulrich*, § 2 Rn 25 ff.; *Mihm*, DNotZ 2000, 551, 554.

Aus diesem Grund wird in der Literatur teilweise empfohlen, die Urkunde vor der Ausfertigung mittels Stapeleinzug zu scannen und vor dem Scanvorgang ein Farbdrucksiegel anzubringen, dass dann nach der Ausfertigung durch ein Prägesiegel ergänzt wird.[91] Durch das Beidrücken des Farbdrucksiegels sei die inhaltliche und bildliche Übereinstimmung gewährleistet.

Dieses Vorgehen begegnet grundsätzlich keinen Bedenken. Zur Erreichung der inhaltlichen und bildlichen Übereinstimmung bedarf es des Beidrückens des Farbdrucksiegels allerdings nicht. Stattdessen können die Urschriften von Urkunden, die aus mehreren Blättern bestehen, bereits **vor der Verbindung mit Schnur und Siegel** gescannt werden.[92] Die vom Bundesamt für Sicherheit in der Informationstechnik (BSI) zertifizierte Muster-Verfahrensdokumentation empfiehlt dieses Vorgehen im Sinne eines praktischen Vorgehens und lässt damit eine Ausnahme vom Grundsatz der bildlichen Übereinstimmung zu.[93] Die Ausnahme scheint auch aus Sicht des Normzwecks von § 56 Abs. 1 S. 1 BeurkG konsequent: Die Übereinstimmung des elektronischen Dokuments mit dem in Papierform vorliegenden Schriftstück muss vom Notar in einem Vermerk bestätigt werden (§ 56 Abs. 1 S. 2 BeurkG) und das elektronische Dokument und der Vermerk mit einer qualifizierten elektronischen Signatur nach Maßgabe des § 39a Abs. 1 S. 3–5, Abs. 2 BeurkG versehen werden. Die qualifizierte elektronische Signatur enthält dann durch kryptographische Verfahren die Gewähr, dass die Urkunde, auf die sie sich bezieht, seit Vornahme der Signatur inhaltlich nicht verändert wurde. Der Zweck, der der Verbindung mit Schnur und Prägesiegel nach § 44 S. 1 BeurkG zukommt, wird damit bereits durch die qualifizierte elektronische Signatur erreicht.

Sofern dennoch vor dem Scannen ein Farbdrucksiegel aufgebracht wurde, sollte das spätere Prägesiegel so aufgebracht werden, dass es das Farbdrucksiegel nicht verdeckt. Die fehlende bildliche Übereinstimmung mit dem elektronischen Dokument ist dann aus den vorgenannten Gründen zwar nicht unzulässig. Ein „Übersiegeln" des Farbdrucksiegels mit dem Prägesiegel würde die fehlende Übereinstimmung aber schwerer nachvollziehbar machen.[94]

§ 3 Amtsschild, Namensschild

(1) [1]Die Notarin oder der Notar ist berechtigt, am Eingang zu der Geschäftsstelle und an dem Gebäude, in dem sich die Geschäftsstelle befindet, ein Amtsschild oder, sofern es die besonderen örtlichen Verhältnisse gebieten, Amtsschilder anzubringen. [2]Amtsschilder enthalten das Landeswappen und die Amtsbezeichnung „Notarin" oder „Notar". [3]Bei einer Verbindung zur gemeinsamen Berufsausübung können je nach Art der Verbindung die Amtsbezeichnungen im Plural geführt oder beide Amtsbezeichnungen aufgenommen werden.

(2) [1]Die Notarin oder der Notar kann auch Namensschilder anbringen. [2]Ist kein Amtsschild angebracht, so muss durch ein Namensschild auf die Geschäftsstelle hingewiesen werden. [3]Auf dem Namensschild an der Geschäftsstelle kann das Landeswappen geführt werden, wenn der Bezug zu dem Notaramt und zu der dieses Amt ausübenden Person auch bei mehreren Berufsangaben deutlich wird.

Literatur *Decku*, Amt und Werbung im Bezirk der Notarkammer Koblenz, ZNotP 2000, 290; *Decku*, Die Werbung des Notars im Bezirk der Notarkammer Koblenz im Lichte der Berufsfreiheit, ZNotP 2001, 19; *Eylmann*, Amt und Werbung – Überlegungen zu einem ungeklärten Verhältnis, ZNotP 2000, 170; *Eylmann*, Erneut: Die Werbung des Notars im Lichte der Berufsfreiheit, ZNotP 2001, 17; *Galke*, Ausgewählte Fragen des notariellen Berufsrechts, ZNotP 2013, 81; *Hermanns*, Das Hinweisschild des Amtsnachfolgers, ZNotP 1999, 313; *Kämmerer*, Freiheit und Staatsgebundenheit der Notare, NJW 2006, 2727; *Ring*, Werberecht der Nur-Notare, NJOZ 2009, 448; *Schippel*, Anmerkung zu BVerfG, Beschl. v. 24.7.1997 – 1 BvR 1863/96, DNotZ 1998, 69; *Terner*, Gedanken zum Amt und zur Amts-

91 In diesem Sinne etwa Heinemann/Trautrims/*Strauß*, § 2 DONot Rn 4.

92 Vgl. hierzu die FAQ der Bundesnotarkammer „Darf die Urschrift vor dem Binden und Siegeln eingescannt werden?", https://www.elektronisches-urkundenarchiv.de/intern/faq, zuletzt abgerufen im August 2025.

93 Muster-Verfahrensdokumentation für das Scannen von Urkunden (Version 1.0), S. 11.

94 Vgl. die FAQ der Bundesnotarkammer „Darf die Urschrift vor dem Binden und Siegeln eingescannt werden?", https://www.elektronisches-urkundenarchiv.de/intern/faq, zuletzt abgerufen im August 2025.

nachfolge, RNotZ 2014, 523; *Vollhardt*, Die Auslegung des § 29 BNotO durch das Bundesverfassungsgericht, MittBayNot 2006, 205; *Vollhardt*, Auftreten des Notars in der Öffentlichkeit und Werbung, MittBayNot 2002, 482.

A. Einleitung

1 § 3 DONot entspricht inhaltlich grundsätzlich § 3 DONot a.F. In Abs. 1 wurden allerdings Klarstellungen vorgenommen, um Unklarheiten zu beseitigen, die der Literatur Anlass gegeben hatten zu unterschiedlichen Auslegung der zulässigen Anzahl und Gestaltung von Amtsschildern. Die jeweiligen Vorschriftgeber der DONot-Reform 2022 nehmen damit Stellung zur Frage, ob bei besonderen örtlichen Gegebenheiten auch mehr als zwei Amtsschilder zulässig sein können (vgl. dazu Rdn 13), sowie zu der Frage, welche Ausgestaltungen bei der Verbindung zur gemeinsamen Berufsausübung zulässig sind (vgl. dazu Rdn 14–16). In Abs. 2 S. 3 wurde eine Klarstellung eingefügt, wonach das Landeswappen nur auf dem Namensschild geführt werden dürfe, das sich an der Geschäftsstelle befindet. Die DONot vollzieht damit lediglich die Einordnung nach, die auf einfachgesetzlicher Ebene durch die Einführung der § 29 Abs. 3 und Abs. 4 BNotO für Namensschilder und Geschäftsschilder vorgenommen wurde (vgl. dazu Rdn 11, 19).

B. Allgemeines

I. Notar und Werbung

2 Nach § 29 Abs. 1 BNotO ist dem Notar eine „dem öffentlichen Amt widersprechende Werbung“ untersagt. Nähere Regelungen können gem. § 67 Abs. 2 S. 2 Nr. 7 BNotO die Notarkammern in ihren Richtlinien treffen. Diese müssen dabei die einschlägige Rechtsprechung des BVerfG berücksichtigen. Zwar stellt ein Werbeverbot lediglich einen Eingriff in die Berufsausübungsfreiheit dar und bewegt sich daher auf der untersten Eingriffsstufe des Art. 12 Abs. 1 GG.[1] Dennoch hat das Gericht in diesem Spannungsfeld der Berufsfreiheit zunehmend größere Bedeutung beigemessen. Noch vor Inkrafttreten des 3. Änderungsgesetzes zur Änderung der Bundesnotarordnung, mit dem in § 29 BNotO erstmals ein *ausdrückliches* Werbeverbot eingeführt wurde, hatte das BVerfG bereits 1997 zwar gebilligt, dass aus der Gesamtschau der das notarielle Berufsbild prägenden Normen zwar ein Werbeverbot abgeleitet werden könne. Dieses sei allerdings „verfassungskonform in dem Sinne auszulegen, dass **nur die berufswidrige Werbung unzulässig** ist“.[2] In einer weiteren Entscheidung hat das BVerfG klargestellt, dass es keine verfassungsmäßige Grundlage gebe, dem Notar die Eintragung in ein Telefonbuch zu untersagen, das seinen Amtssitz nicht einschließt.[3] Überdies entschied das Gericht, dass § 29 Abs. 3 S. 1 BNotO a.F. mit Art. 12 Abs. 1 GG unvereinbar sei, soweit Anwaltsnotaren in überörtlichen Sozietäten untersagt wird, die Amtsbezeichnung als Notar auf Geschäftspapieren anzugeben, die nicht von der Geschäftsstelle des Notars aus versandt werden.[4] Später entschied der BGH, dass zu den überörtlich verwendeten Verzeichnissen im Sinne des § 29 Abs. 3 S. 2 BNotO a.F., in denen der Angabe der Amtsbezeichnung ein Hinweis auf den Amtssitz des Notars hinzuzufügen ist, auch

1 BVerfGE 71, 162 (ärztliches Werbeverbot), 173.
2 BVerfG v. 24.7.1997 – 1 BvR 1863/96, DNotZ 1998, 69, 71 mit Anm. *Schippel*.
3 BVerfG v. 24.11.2005 – 1 BvR 1870/04, DNotZ 2006, 226; dazu auch *Wöstmann*, ZNotP 2005, 402, 409 f.
4 BVerfG v. 8.3.2005 – 1 BvR 2561/03, DNotZ 2005, 931 mit Anm. *Armasow*. Durch Beschl. v. 19.8.2008 (BVerfG DNotZ 2009, 792) hat das Bundesverfassungsgericht eine Verfassungsbeschwerde gegen ein auf § 29 Abs. 3 S. 1 Alt. 2 BNotO beruhendes Urteil des Kammergerichts nicht zur Entscheidung angenommen. Das Bundesverfassungsgericht hat in diesem Beschluss im Ergebnis dahinstehen lassen, ob die mit dem Beschl. v. 8.3.2005 für Geschäftspapiere angestellten Erwägungen auf die Geschäftsschilder einer Rechtsanwaltskanzlei zu übertragen sind, dies aber als naheliegend bezeichnet.

Telefonbücher gehören.[5] Ein Anwaltsnotar hatte in einem Telefonbuch, welches den Ort seiner anwaltlichen Zweigstelle, nicht jedoch den Ort seines notariellen Amtssitzes umfasste, einen Telefoneintrag unter der Rubrik „Rechtsanwalt und Notar" veröffentlicht, ohne klarzustellen, dass sich an der anwaltlichen Zweigstelle nicht sein notarieller Amtssitz befand. Dieser Telefoneintrag wurde dann von der zuständigen Aufsichtsbehörde unter Hinweis auf § 29 Abs. 3 S. 2 BNotO a.F. untersagt.[6] Der BGH bestätigte dies; § 29 Abs. 3 S. 2 BNotO a.F. schränke die Anwaltsnotare in ihrer von Art. 12 Abs. 1 GG umfassten beruflichen Außendarstellung – wenn überhaupt – nur geringfügig ein. Diese allenfalls geringfügige Einschränkung werde durch das legitime Ziel des Gesetzgebers gerechtfertigt, irreführende Werbung zu verhindern. Der Eintrag eines Anwaltsnotars in einem seinen Amtssitz nicht einschließenden Telefonbuch, in dem auf das Notaramt, nicht hingegen auf den Amtssitz hingewiesen wird, könne ebenso wie ein außerhalb der Geschäftsstelle des Notars an einer Rechtsanwaltskanzlei angebrachtes Geschäftsschild eine Irreführung der Rechtsuchenden bewirken (vgl. Rdn 11 ff.). Es könne der unzutreffende Eindruck entstehen, dass an der im Telefonbuch bezeichneten Zweigstelle der Rechtsanwaltskanzlei auch notarielle Dienste in Anspruch genommen werden können. Auch von Telefonbüchern gehe eine Werbewirkung auf auswärtige Rechtsuchende aus.

3 Im Anschluss an die vorgenannten Entscheidungen war **§ 29 Abs. 3 BNotO** dementsprechend **neu zu fassen**,[7] wobei in diesem Rahmen auch sogleich Änderungen im anwaltlichen Berufsrecht eingearbeitet werden konnten. Namentlich galt es, die Aufhebung des Verbotes der Zweigstellen für Rechtsanwälte[8] und die ermöglichte Berufstätigkeit eines Rechtsanwalts in mehreren Sozietäten[9] zu berücksichtigen.[10] Mit Wirkung zum 18.5.2017[11] wurde schließlich Abs. 3 des § 29 BNotO neu gefasst. Gleichzeitig wurde ein neuer Abs. 4 beigefügt, der den Gebrauch von notariellen Amtsschildern und mit Landeswappen versehenen[12] Namensschildern von der Liberalisierung ausnimmt. Die Absätze 3 und 4 des § 29 BNotO besitzen seither den folgenden Wortlaut:

> „(3) [1]Ein Anwaltsnotar, der sich nach § 9 Abs. 2[13] mit nicht an seinem Amtssitz tätigen Personen verbunden hat oder der weitere Kanzleien oder Zweigstellen unterhält, darf auf Geschäftspapieren, in Verzeichnissen, in der Werbung und auf nicht an einer Geschäftsstelle befindlichen Geschäftsschildern seine Amtsbezeichnung als Notar nur unter Hinweis auf seinen Amtssitz angeben. [2]Der Hinweis muss der Amtsbezeichnung unmittelbar nachfolgen, ihr im Erscheinungsbild entsprechen und das Wort „Amtssitz" enthalten. [3]Satz 1 gilt nicht, soweit die Geschäftspapiere, die Verzeichnisse oder die Werbung keinen Hinweis auf die Verbindung nach § 9 Abs. 2 oder weitere Kanzleien oder Zweigstellen enthalten.
>
> (4) Amts- und Namensschilder dürfen nur an Geschäftsstellen geführt werden."

4 Insbesondere Abs. 4 des § 29 BNotO beeinflusst die Auslegung des § 3 DONot als höherrangiges Recht (vgl. die Ausführungen zu dem Verhältnis zwischen der BNotO und der DONot: Vor §§ 1–21 DONot Rdn 15 ff.). Es gilt damit Folgendes zu berücksichtigen:

§ 29 Abs. 3 S. 1 BNotO zielt generell ab auf einen angemessenen Ausgleich der Befugnis des (Anwalts-)Notars zur Führung seiner Amtsbezeichnung (§ 2 S. 2 BNotO) und dem Schutz der Rechtsuchenden vor einer Irreführung darüber, an welchen Standorten notarielle Dienstleistungen in Anspruch genommen werden können.[14] Aufgrund der mit der oben genannten Aufhebung des Verbots anwaltlicher Zweigstellen und des Verbots der Sternsozietät erweiterten Möglichkeiten anwaltlicher Berufsausübung ist der Anwendungsbereich der Norm dabei auf vom Anwaltsnotar betriebene **weitere Kanzleien und**

5 BGH v. 21.11.2011 – NotZ (Brfg) 9/11, NJW-RR 2012, 299.

6 Vgl. *Pelikan*, notar 2013, 165, 175.

7 *Genske*, notar 2018, 175; Frenz/Miermeister/*Miermeister/de Buhr*, § 29 BNotO Rn 16 ff.

8 Erfolgt durch das Gesetz zur Stärkung der Selbstverwaltung der Rechtsanwaltschaft vom 26.3.2007 (BGBl I 2007, 358).

9 Durch das Gesetz zur Neuregelung des Rechtsberatungsrechts vom 12.12.2007 (BGBl I 2007, 2840).

10 Vgl. insoweit die Einführung der „weiteren Kanzlei" in § 27 Abs. 2 BRAO.

11 Durch das Gesetz zur Umsetzung der Berufsanerkennungsrichtlinie und zur Änderung weiterer Vorschriften im Bereich der rechtsberatenden Berufe vom 12.5.2017 (BGBl I 2017, 1121).

12 BR-Drucks 431/16, 265; Heinemann/Trautrims/*Strauß*, § 3 DONot Rn 5.

13 Der geänderte Verweis (zuvor auf § 9 Abs. 3 BNotO) ergibt sich daraus, dass die Zulässigkeit der Verbindung von Anwaltsnotaren mit anderen Personen (nunmehr) in § 9 Abs. 2 BNotO geregelt ist.

14 BT-Drucks 18/9521, 219.

anwaltliche Zweigstellen erstreckt worden.[15] Zur Erläuterung: Während anwaltliche Zweigstellen stets organisatorisch an eine Hauptkanzlei angegliedert sind, dienen „weitere Kanzleien" der eigenständigen, von der anderen Kanzlei in Büroorganisation und Auftreten im Rechtsverkehr unabhängigen anwaltlichen Berufsausübung.[16] Bis zum 17.5.2017[17] musste ein Rechtsanwalt seine Kanzlei innerhalb des räumlichen Bezirks der Rechtsanwaltskammer unterhalten, bei der er Mitglied war. Außerhalb des räumlichen Bezirks seiner Rechtsanwaltskammer konnte er lediglich rechtsanwaltliche Zweigstellen unterhalten. Diese Rechtslage hat sich mit Wirkung zum 18.5.2017 geändert. Gemäß § 27 Abs. 1 BRAO unterhält der Rechtsanwalt heute im räumlichen Bezirk der Rechtsanwaltskammer, bei der er Mitglied ist, seine „Zulassungskanzlei".[18] Außerhalb des Bezirks seiner Rechtsanwaltskammer kann er neben einer „Zweigstelle" gemäß § 27 Abs. 2 BRAO nunmehr auch eine „weitere Kanzlei" unterhalten. Durch die Einfügung des Begriffs der „weiteren Kanzlei" in die Bundesrechtsanwaltsordnung soll klargestellt werden, dass der Rechtsanwalt den Schwerpunkt seiner Tätigkeit nicht mehr zwingend in seiner Zulassungskanzlei innerhalb der geografischen Grenzen seiner Rechtsanwaltskammer ausüben muss.[19] Die oben genannten Grundsätze gelten insoweit entsprechend.

Durch den oben genannten geänderten Wortlaut des § 29 Abs. 3 BNotO wurde die Rechtsprechung des Bundesverfassungsgerichts aus dem Jahre 2005[20] zu Geschäftspapieren auch auf „**Verzeichnisse**" übertragen. Dies überzeugt: aufgrund der zunehmenden, Landesgrenzen überschreitenden Verbreitung elektronisch geführter und über das Internet abrufbarer Verzeichnisse kann per definitionem keine ausreichend klare Abgrenzung zwischen örtlich und überörtlich verwendeten Verzeichnissen erfolgen. Gleichwohl muss eine denkbare Irreführung des Rechtsverkehrs ausgeschlossen werden. Der Gesetzgeber der BNotO hat sich daher dazu entschlossen, dass in Verzeichnissen neben der Amtsbezeichnung grundsätzlich immer auch der Amtssitz aufzuführen ist, ohne dass es darauf ankommt, ob das betreffende Verzeichnis örtlich oder überörtlich verwendet wird.[21] 5

Einer Hinzufügung des Amtssitzes zu der Amtsbezeichnung bedarf es dann jedoch per se nicht, wenn eine **Irreführung** im Rechtsverkehr **ausgeschlossen** werden kann. Dies ist entsprechend § 29 Abs. 3 S. 2 BNotO dann der Fall, wenn der Anwaltsnotar in Geschäftspapieren oder Verzeichnissen nicht unter Hinweis auf die Verbindung nach § 9 Abs. 2 BNotO oder weitere Kanzleien oder Zweigstellen, sondern unter alleiniger Nennung des Standorts der von ihm unterhaltenen Geschäftsstelle aufgeführt wird. Der Angabe des Amtssitzes auf Geschäftspapieren bedarf es folglich auch dann nicht, wenn diese nur die an der Geschäftsstelle unterhaltene Zulassungskanzlei nach § 27 Abs. 1 BRAO erwähnen, aber keinen Hinweis auf weitere Kanzleien oder Zweigstellen des Anwaltsnotars unterhalten. Ebenso ist kein Hinweis auf den Amtssitz erforderlich bei Verzeichniseinträgen bezüglich des Standorts der notariellen Geschäftsstelle und der Zulassungskanzlei, wenn der Eintrag unterhaltene weitere Kanzleien oder anwaltliche Zweigstellen nicht erwähnt.[22] 6

Der Anwendungsbereich des § 29 BNotO ist weiterhin erkennbar erweitert worden auf alle **werbenden** Maßnahmen des (Anwalts-)Notars. Insbesondere aus dem Internetauftritt (aber natürlich auch zum Beispiel in gedruckten Broschüren) muss damit stets ersichtlich sein, an welchen Standorten Mandanten notarielle Dienstleistungen in Anspruch nehmen können und an welchen nicht.[23]

Der BGH bestätigte schließlich seine generelle Rechtsprechung zum Werbeverbot der Notare noch einmal in seiner Grundsatzentscheidung aus dem Jahr 2018.[24] Der Notar hatte auf seiner Website nach Auf- 7

15 Überwiegend wurde indes bereits zu § 29 BNotO a.F. eine entsprechende Anwendung des § 29 Abs. 3 BNotO auf anwaltliche Zweigstellen befürwortet (vgl. BeckOK-BNotO/*Bracker*, (5. Edition), § 3 DONot Rn 5a; BeckOK-BNotO/*Frisch*, § 29 BNotO Rn 24). Die Gesetzesänderung besaß damit vor allem eine klarstellende Funktion; überdies konnte eine Konvergenz mit der Terminologie in der BRAO hergestellt werden.

16 BT-Drucks 18/9521, 219.

17 Am 17.5.2017 ist das Gesetz zur Umsetzung der Berufsanerkennungsrichtlinie und zur Änderung weiterer Vorschriften im Bereich der rechtsberatenden Berufe verkündet worden (BGBl I 2017, 1121). Unter anderem wurden durch dieses Gesetz § 27 BRAO und §§ 10, 47 BNotO geändert, vgl. hierzu allgemein *Genske*, notar 2018, 175.

18 BR-Drucks 431/16, 116 f.

19 BR-Drucks 432/16, 116 ff. und insbesondere 119, 261.

20 BVerfG v. 8.3.2005 – 1 BvR 2561/03, DNotZ 2005, 931 mit Anm. *Armasow*.

21 BT-Drucks 18/9521, 221.

22 BT-Drucks 18/9521, 222.

23 Vgl. BT-Drucks 18/9521, 221.

24 BGH v. 23.4.2018 – NotZ (Brfg) 6/17, MittBayNot 2018, 482; hierzu: *Günther*, GRUR-Prax 2018, 390; *Görk*, NJW 2018, 2567.

fassung des Gerichts reklamehafte Hinweise und wertende Selbstdarstellungen vorgenommen.[25] Das Gericht bestätigte an dieser Stelle noch einmal, dass **Werbung**, die eine **wertende Selbstdarstellung** des Notars oder seiner Dienste enthält, per se verboten sei, wie etwa die Herausstellung besonderer Leistungen, besonderer Qualitäten oder reklamehafte – maßlos übertreibende oder anpreisende – Hinweise.[26] Der Notar darf auch nicht unmittelbar oder mittelbar um bestimmte Aufträge oder Auftraggeber werben oder andere Personen veranlassen, ihm Aufträge oder Auftraggeber zuzuführen.[27] Etwas anderes galt indes nach Auffassung des OLG Zweibrücken dann, wenn ein Bauträger einen Notar, ohne dass dieser dies veranlasst oder gefördert hat, auf seiner Internetseite zusammen mit anderen, namentlich genannten Firmen als seinen „Partner" bezeichnet.[28] Weder aus dem Werbeverbot aus § 29 Abs. 1 BNotO noch aus der Verpflichtung des Notars zur gewissenhaften und unparteiischen Amtsausübung aus § 14 Abs. 3 S. 2 BNotO ergebe sich in einem solchen Fall eine aktive Pflicht des Notars, gerichtlich gegen den Bauträger vorzugehen oder Beurkundungen unter dessen Beteiligung abzulehnen. In der Neufassung der Richtlinienempfehlung der Bundesnotarkammer wurde der einschlägige Abschnitt VII Nr. 1.4 insoweit nachgeschärft.[29] Der Wortlaut enthält nun ausdrücklich eine aktive Pflicht des Notars, darauf hinzuwirken, dass unzulässige Drittwirkung unterlassen wird.[30]

Überdies verneinte der BGH in dem oben genannten Urteil die grundsätzliche Frage, ob ein Notar dazu befugt ist, sein Amt oder seinen Amtssitz nach außen hin – weder auf seinem Praxisschild noch auf dem Briefbogen oder in seiner Internetadresse – als **Notariat** zu bezeichnen.[31] Grund für das unterschiedslos für alle Notare geltende Gebot ist, dass sie als Träger eines öffentlichen Amts mit einer gesetzlich bestimmten Amtsbezeichnung nicht berechtigt sind, diese durch eine andere (Amts-)Bezeichnung zu ersetzen. Der vom Gesetzgeber vorgegebenen Amtsbezeichnung kommt schließlich eine Doppelfunktion zu. Sie verdeutlicht nach außen die Bedeutung des Amts des Notars unter Berücksichtigung des Amtsinhalts zur Unterscheidung von anderen Ämtern. Es entspricht den Erfordernissen einer geordneten Rechtspflege, dass Anwaltsnotar und Nur-Notar in einheitlicher und der personengebundenen Natur ihres Amts entsprechender Weise in Erscheinung treten. Zudem erweckt der Begriff „Notariat" in der konkreten Verwendung in unzutreffender und irreführender Weise den Eindruck einer vom Amtsträger und seiner Geschäftsstelle losgelösten eigenständigen Institution und des Vorhandenseins einer weiteren (juristischen) Person.[32]

8 Eine weitere Präzisierung erfuhren die Regelungen zum Werbeverhalten vor allem von Anwaltsnotaren durch das Gesetz zur Modernisierung des notariellen Berufsrechts und zur Änderung weiterer Vorschriften vom 25.6.2021.[33] Um trotz des liberaleren Werberechts der rechtsberatenden freien Berufe negative

25 So hieß es etwa im mittleren Bereich der Startseite: „Notarielle Tätigkeiten für Ihren individuellen Fall. Für Privatpersonen, Unternehmer und Existenzgründer – qualitativ, schnell und verlässlich, Beratung inklusive. In Hannover und Niedersachsen pflege ich ein starkes Netzwerk von Steuerberatern, Banken, Insolvenzverwaltern und Vermögensberatern, denn Ihr Anliegen ist zu wichtig für eine eindimensionale Beratung. (…)" Durch das Anklicken der Bezeichnung „Notariat" öffnet sich ein weiteres Menü mit den Unterpunkten „Notar", „Beurkundungen", „Geschäftsstelle" und „Gebühren". Unter dem Menüpunkt „Beurkundungen" findet sich folgender Text: „Bei der Gestaltung von Beurkundungen und deren Lokalität bin ich innerhalb meines Amtsbereichs flexibel. Spezielle Anforderungen an Ort und Zeit ermögliche ich gerne. Mein Notariat setzt bei der Büroinfrastruktur auf neueste Technik und hochspezialisierte Software, damit ich Ihr Anliegen höchst professionell bearbeiten kann. Ein dominanter Vorteil, gerade wenn die Beurkundung nicht in meinen Räumen stattfindet. Wer nicht zum Notar kommen kann, den besuche ich zu Hause, im Krankenhaus oder im Heim – wo immer Sie sich gerade befinden."

26 Vgl. BeckOK-BNotO/*Frisch*, § 29 BNotO Rn 11; Frenz/Miermeister/*Miermeister/de Buhr*, § 29 BNotO Rn 16 ff., RL-E VII Rn 11; Diehn/*Diehn*, § 29 Rn 22, 43; vgl. auch BGH v. 16.7.2001 – NotZ 12/01, NJW-RR 2002, 58.

27 BeckOK-BNotO/*Frisch*, § 29 BNotO Rn 9.

28 Eine entsprechende Verpflichtung werde auch nicht durch Nr. VII 1.4 der Richtlinien der Notarkammer … begründet, nach welcher der Notar eine dem öffentlichen Amt widersprechende Werbung durch Dritte nicht dulden darf: OLG Zweibrücken v. 8.4.2016 – 1 Not 1/15, NJW-RR 2016, 1527.

29 DNotZ 2020, 801.

30 Die Regelung einer aktiven Hinwirkungspflicht dürfte entsprechend dem Zweck und der rechtshistorischen Entwicklung des Werbeverbotes von der Satzungskompetenz des § 67 Abs. 2 Satz 2 Nr. 7 BNotO umfasst sein (vgl. Diehn/*Diehn*, § 29 Rn 19; BeckOK-BNotO/*Strauß*, RLEmBNotK VII Rn 37 ff.; a.A. wohl OLG Zweibrücken v. 8.4.2016 – 1 Not 1/15, NJW-RR 2016, 1527).

31 Vgl. hierzu auch LG Duisburg v. 26.6.2018 – 22 O 25/18, n.v.: Die Verwendung des Begriffs „Notariat" verstößt gegen § 3a UWG, da es sich bei § 29 BNotO um eine Marktverhaltensregelung handelt.

32 Vgl. BGH v. 23.4.2018 – NotZ (Brfg) 6/17, NJW-Spezial 2018, 447.

33 BGBl I 2021, 2154.

Auswirkungen auf die Wahrnehmung der Notare als öffentliche Amtsträger zu vermeiden, wurden im neu gefassten § 29 Abs. 2 BNotO das **Trennungsgebot** (Satz 1) und das **Klarstellungsgebot** (Satz 2) geregelt.

Übt der Notar eine nach § 8 BNotO erlaubte Tätigkeit – etwa als Rechtsanwalt – aus und ist ihm in dieser Rolle ein Werbeverhalten erlaubt, das ihm in der Eigenschaft als Notar untersagt ist, so liegt ein **überschießendes Werbeverhalten** vor, das den Beschränkungen des § 29 Abs. 2 BNotO unterfällt.[34] Dieses ist von seinem Auftreten als Notar zu trennen. Dem Zweck des neuen § 29 Abs. 2 S. 1 BNotO folgend muss die Trennung in der allgemein verstandenen Außenwahrnehmung dazu führen, dass die Eigenschaft als Notar kommunikativ von dem überschießenden Werbeverhalten getrennt wird. Das Trennungsgebot ist insoweit medienoffen ausgestaltet. Für den Online-Auftritt eines Anwaltsnotars bedeutet § 29 Abs. 2 S. 1 BNotO beispielsweise, dass das Auftreten als Rechtsanwalt und das als Notar nur dann auf einer einheitlichen Unterseite dargestellt werden dürfen, wenn sich auch das Auftreten als Rechtsanwalt innerhalb der Grenzen des § 29 Abs. 1 BNotO bewegt. Ist dies nicht der Fall, müssen zwei getrennte Unterseiten angelegt werden, die aber aufeinander verweisen dürfen.[35] § 29 Abs. 2 S. 2 enthält mit dem Trennungsgebot eine notwendige Ergänzung: Ein Anwaltsnotar darf die Bezeichnung als „Rechtsanwalt und Notar" auch führen, wenn er überschießend wirbt.[36] Damit ein solches überschießendes Werbeverhalten keine negativen Auswirkungen auf die öffentliche Wahrnehmung des Notars als unparteilicher und unabhängiger Träger eines öffentlichen Amtes hat, muss in der öffentlichen Wahrnehmung des Verhaltens kommunikativ hinreichend klargestellt werden, dass das überschießende Auftreten lediglich in Bezug auf die rechtsanwaltliche Tätigkeit erfolgt.

Vor dem Hintergrund der oben dargestellten Rechtsprechung des Bundesverfassungsgerichts zum Werbeverbot als Einschränkung der Berufsausübungsfreiheit dürfte die Regelung keinen Bedenken begegnen. In den vergleichsweise liberalen Entscheidungen zu § 29 Abs. 3 BNotO lagen keine Fälle berufswidriger Werbung vor. Streitentscheidend waren dort viel eher der irreführende Eindruck, an einer außerhalb der Geschäftsstelle eines Notars befindlichen Rechtsanwaltskanzlei könnten Urkundstätigkeiten in Anspruch genommen werden[37] bzw. die Kenntniserlangung von einem Notaramt.[38] Hingegen dient § 29 Abs. 2 BNotO – indem die Regelung lediglich die Trennung unterschiedlicher Werbeniveaus verlangt – dem legitimen Zweck, die Unparteilichkeit und Unabhängigkeit des Notars als Träger eines öffentlichen Amtes zu sichern. Dass das Werbeverbot, dessen Durchsetzung § 29 Abs. 2 BNotO damit dient, als flankierende Maßnahme zur Erreichung dieses Zweckes gerechtfertigt ist, entspricht gerade der ständigen Rechtsprechung des BVerfG.[39]

II. Bedeutung von § 3 DONot

Im Lichte des neugefassten § 29 BNotO steht im Vordergrund von § 3 DONot, neben der Garantie einer gewissen (Mindest-)Einheitlichkeit des Auftretens der Amtsträger, die Ausgestaltung des „öffentlichen Amtes". Das mit dem Landeswappen versehene Amtsschild verkörpert schließlich unmittelbar die Ausübung hoheitlicher Tätigkeit. Auch im Lichte der zwischenzeitlich z.T. deutlich liberaleren Rechtsprechung darf das Amtsschild nicht als „Werbeträger" eingesetzt werden.[40] Aus dem „öffentlichen Amt" ergibt sich auch, dass Notare für die Rechtssuchenden erreichbar – und erkennbar – sein müssen. Es besteht die Pflicht des Notars zur Amtstätigkeit (§ 15 Abs. 1 BNotO). Deshalb haben die Notare auch eine Geschäftsstelle einzurichten, die während der üblichen Geschäftsstunden offen zu halten ist (§ 10 Abs. 2, 3 BNotO). Die Geschäftsstelle muss durch eine entsprechende Ausschilderung auffindbar sein. Mit der **Kennzeichnungspflicht** korrespondiert ein **Kennzeichnungsrecht**.[41] Dessen Einzelheiten regeln § 29 BNotO und § 3 DONot. Vorrangig vor § 3 DONot sind in den Richtlinien einzelner Notarkammern wei- 9

34 BT-Drucks 19/26828, 134.
35 Zum Online-Auftritt ausdrücklich BT-Drucks 19/26828, 134.
36 BT-Drucks 19/26828, 135.
37 BVerfG, DNotZ 2009, 792 Rn 17.
38 BVerfGE 112, 255, Rn 24 ff.
39 BVerfG v. 24.7.1997 – 1 BvR 1863/96, DNotZ 1998, 69, 70; BVerfGE 112, 255 Rn 26; BVerfG, DNotZ 2009, 792, Rn 17.
40 Vgl. allgemein: *Decku*, ZNotP 2000, 290; *Decku*, ZNotP 2001, 19; *Eylmann*, ZNotP 2000, 170; *Eylmann*, ZNotP 2001, 17.
41 BGH v. 16.7.2001 – NotZ 12/01, DNotZ 2002, 232, 233; *Rinne*, ZNotP 2002, 326, 331; vgl. hierzu auch Heinemann/Trautrims/*Strauß*, § 3 DONot Rn 4.

tere Regelungen zu Amts- und Namensschildern enthalten. In einigen Ländern wurden ergänzende Ausführungsbestimmungen zu Größe und Gestaltung des Amtsschildes getroffen. Bei Auslegung von § 3 DONot ist die genannte höchstrichterliche Rechtsprechung (insbesondere des BVerfG) zu berücksichtigen;[42] Zahl, Art und Größe der Schilder allein können keinen Verstoß gegen das Verbot berufswidriger Werbung begründen, solange neben dem werblichen Effekt ein legitimes Informationsinteresse befriedigt wird.[43]

Soweit erkennbar waren Gerichte in den letzten Jahren eher selten mit (der Zulässigkeit von) Amts- und Namensschildern beschäftigt. In einer medialen Gesellschaft ist das Interesse an der „Haustür" einer Geschäftsstelle von zunehmend geringer Bedeutung. Wichtiger sind heute Fragen des „Außenauftritts" in den Medien, sei es in Telefonbüchern, in Informationsbroschüren, im Internet und in Zeitungsannoncen.[44] Es überrascht vor diesem Hintergrund nicht, dass sich die jüngeren Entscheidungen in erster Linie mit solchen lokal nicht präzise zu verortenden Außendarstellungen (vor allem Internetadressen[45] und Telefonbucheinträge[46]) beschäftigten.

III. Verhältnis zur Richtlinienkompetenz

10 Gem. § 67 Abs. 2 S. 2 Nr. 7 BNotO können die Richtlinien der Notarkammern nähere Regelungen zu Amts- und Namensschildern enthalten. Vor diesem Hintergrund hatte die BNotK vergeblich angeregt, auf detaillierte Regelungen in der DONot zu verzichten. Bis heute haben die Kammern von ihren Kompetenzen jedoch nur vereinzelt Gebrauch gemacht. Soweit das geschehen ist, gilt wie stets: Abweichende Richtlinienbestimmungen sind gegenüber der DONot vorrangig.[47] Die Regelung in § 29 BNotO geht wiederum auch diesen Richtlinienbestimmungen vor.

IV. Unterscheidung von Amts-, Namens- und Geschäftsschildern

11 Die DONot unterscheidet zwischen Amts- und Namensschildern. Dabei gelten für das Amtsschild wesentlich strengere Anforderungen als für das Namensschild. Dies ergibt sich daraus, dass das **Amtsschild** charakterisiert ist durch das – nicht stilisierte oder sonst wie verfremdete – Landeswappen und eine „corporate identity" der Notare für den rechtssuchenden Bürger ermöglichen soll.[48] Ergänzt wird es um die Bezeichnung „Notar" bzw. „Notarin". Amtsschilder dürfen nach § 29 Abs. 4 BNotO nur an den notariellen Geschäftsstellen geführt werden. Vergleiche zu den Anforderungen an Amtsschilder unten Rdn 13 ff.

Daneben gibt es **Namensschilder**. Sie enthalten grundsätzlich den (vollständigen)[49] Namen des Notars und die Amtsbezeichnung. Bei besonders langen Namen dürfte die Regelung des § 2 Abs. 1 S. 3 DONot

42 BVerfG v. 24.7.1997 – 1 BvR 1863/96, DNotZ 1998, 69 (Logo-Entscheidung).

43 BeckOK-BNotO/*Salzmann*, § 3 DONot Rn 3.

44 Vgl. insbesondere OLG Schleswig v. 9.2.2009 – Not 4/08, BeckRS 2009, 16405. Hier hatte ein Notar eine Anzeige des Inhalts geschaltet: „Wir schließen uns zusammen – Sie profitieren von erhöhter Leistung! Seit dem 1.1.2007 betreiben wir unsere Kanzleien gemeinsam unter/H.V./ Notar Rechtsanwälte." In einem Freiraum vor der Zeile vor den fettgedruckten Nachnamen war das Landeswappen abgedruckt. Das Gericht entschied, dass die Verwendung des Landeswappens in abgewandelter Form in Schleswig-Holstein grundsätzlich für jedermann zulässig sei. Gründe dafür, einen Notar außerhalb seiner eigentlichen Amtsausübung, bei der er das Landeswappen zu führen habe, oder gar einen Rechtsanwalt nicht als „jedermann" in diesem Sinne anzusehen, seien nicht ersichtlich. Auch aus § 3 DONot folge keine Einschränkung, da anerkannt sei, dass die Verwendung des Landeswappens nicht auf das Amtsschild beschränkt sei. Rückschlüsse auf die Verwendung eines abgewandelten Landeswappens lasse die DONot nicht zu, weshalb die Auslegung anhand § 29 BNotO i.V.m. den Richtlinien der Notarkammer (die eine Werbung des Notars verbieten, wenn sie Zweifel an der Unabhängigkeit oder Unparteilichkeit des Notars zu wecken geeignet oder aus anderen Gründen mit seiner Stellung in der vorsorgenden Rechtspflege als Träger eines öffentlichen Amtes nicht vereinbar ist) vorgehe (wobei klarzustellen ist, dass die BNotO bzw. die Richtlinien stets gegenüber den Bestimmungen der DONot vorrangig sind).

45 BGH v. 23.4.2018 – NotZ (Brfg) 6/17, MittBayNot 2018, 482; hierzu *Günther*, GRUR-Prax 2018, 390; *Görk*, NJW 2018, 2567; BGH v. 11.7.2005 – NotZ 8/05, DNotZ 2006, 72.

46 BGH v. 20.11.2006 – NotZ 30/06, DNotZ 2007, 152.

47 Zum Verhältnis von DONot und Richtlinien vgl. vor § 1 DONot Rn 25 ff.

48 Vgl. BGH v. 5.5.1980 – NotZ 9/79, DNotZ 1980, 708.

49 Frenz/Miermeister/*Blaeschke*, § 3 DONot Rn 8; BeckOK-BNotO/*Salzmann*, § 3 DONot Rn 8; Für Briefbögen: BGH v. 2.12.2002 – NotZ 18/02, BeckRS 2002, 30296246: „Dass die Verwendung eines anderen oder nur eines Teils des richtigen Namens des Notars im geschäftlichen Schriftverkehr jedenfalls die Möglichkeit von Verwechslungen und Irrtümern birgt, lässt sich nicht in Abrede stellen."; a.A. (auf Namensschild nur Nachname ausreichend): Heinemann/Trautrims/*Strauß*, § 3 DONot Rn 3.

entsprechend anwendbar sein. Dazu können weitere Angaben (insbesondere Öffnungszeiten, Telefonnummer, Internetadresse) treten. Auch auf dem Namensschild kann das Landeswappen geführt werden, solange der Bezug zum Amtsinhaber eindeutig bleibt. Sonst darf das Landeswappen dagegen nicht verwendet werden, soweit das Landesrecht dies nicht ausdrücklich zulässt (vgl. § 2 DONot Rdn 24 f.).[50] Nach § 29 Abs. 4 BNotO dürfen auch Namensschilder, wenn sie das Landeswappen enthalten, nur an der Geschäftsstelle geführt werden. Ein Namensschild ohne Landeswappen darf von Anwaltsnotare innerhalb der Grenzen des § 29 BNotO auch an Kanzleistandorten geführt werden, die von der notariellen Geschäftsstelle verschieden sind (es handelt sich nach der Gesetzessystematik dann um ein Geschäftsschild im Sinne des § 29 Abs. 3 BNotO).[51] Vergleiche zu den Anforderungen an Namensschilder unten Rdn 18 ff.

Daneben kennt § 29 Abs. 3 BNotO den Begriff des **Geschäftsschildes**. Nach der Konzeption des Gesetzes ist die Abgrenzung zwischen Geschäfts- und Namensschildern örtlich vorzunehmen. Danach beschränkt sich der Begriff des Namensschildes auf die an der Geschäftsstelle befindlichen Schilder, während Geschäftsschilder alle Schilder umfasst, die (u.a.) den Namen des Anwaltsnotars enthalten, sich aber an Kanzleistandorten befinden, die von der notariellen Geschäftsstelle verschieden sind.[52] Auf solchen Geschäftsschildern darf der Anwaltsnotar seine Amtsbezeichnung als Notar nur unter Hinweis auf seinen Amtssitz angeben. Der Hinweis muss der Amtsbezeichnung unmittelbar nachfolgen, ihr im Erscheinungsbild entsprechen und das Wort „Amtssitz“ enthalten.[53] Vergleiche zu den Anforderungen an Geschäftsschilder unten Rdn 23 ff.

V. Ausscheiden aus dem Amt; Verlegung der Geschäftsräume

Scheidet der Notar aus dem Amt oder verlegt er seine Geschäftsräume, wird das **Amtsschild** (wie auch 12
das **Namensschild mit Hoheitswappen**) nicht „nur“ bloß unrichtig. Da die Verwendung des Wappens zwingend an die Ausübung eines öffentlichen Amtes gebunden ist, sind die betreffenden Schilder sofort zu entfernen, wenn nicht ein anderer Amtsträger (Notariatsverwalter, Amtsnachfolger) die hoheitliche Tätigkeit vor Ort fortführt.[54] Die DONot ordnet dies zwar nicht ausdrücklich an,[55] die Führung des Amtsschildes und des Landeswappens sind aber unmittelbar an das Tragen des öffentlichen Amtes und damit an die Stellung des Notars geknüpft, sodass die Berechtigung zur Führung gleichzeitig mit dem Erlöschen des Amtes oder der Verlegung der Geschäftsräume erlischt. Für die lediglich vorläufige Amtsenthebung muss § 55 Abs. 1 BNotO entsprechend eine ausdrückliche Regelung zur Ablieferung des Amtsschildes treffen, wobei die dortige Regelung auf Namensschilder mit Hoheitswappen entsprechend anzuwenden sein dürfte.

Bei der Entfernung der **Namensschilder ohne Hoheitswappen**, Geschäftsschilder und sonstiger Hinweisschilder ist demgegenüber in besonderem Maße auf die Interessen der rechtsuchenden Bevölkerung und des Notars (wie auch dessen etwaigen Amtsnachfolgers) Rücksicht zu nehmen. Um die zum Teil divergierenden Interessen[56] in Einklang zu bringen, enthalten die Richtlinien der Notarkammern zumeist recht detaillierte Regelungen zu dieser Frage. Dabei ist zwischen dem Ausscheiden aus dem Amt, der Verlegung von Geschäftsräumen am Amtssitz selbst und der Verlegung von Geschäftsräumen an einen neuen Amtssitz zu unterscheiden. Ein Überblick über die unterschiedlichen Regelungen findet sich bei *Blaeschke*.[57] Die Duldungspflicht für den Vermieter ergibt sich aus dem Mietvertrag als nachvertragliche Pflicht. Ist der ausgeschiedene Notar Eigentümer der früheren Geschäftsräume, folgt die Duldungspflicht aus öffentlichem Recht.[58]

50 Vgl. *Rohs/Heinemann*, Rn 139.
51 BR-Drucks 431/16, 265; Heinemann/Trautrims/*Strauß*, § 3 DONot Rn 5.
52 BR-Drucks 431/16, 263.
53 BeckOK-BeurkG/*Schmitz*, § 3 DONot Rn 17.
54 Vgl. BeckOK-BNotO/*Salzmann*, § 3 DONot Rn 11; Weingärtner/*Ulrich*, § 3 DONot Rn 17.
55 Hierauf weist *Ulrich* ausdrücklich hin, Weingärtner/*Ulrich*, § 3 DONot Rn 17.
56 Etwa zwischen dem den Amtssitz verlegenden Notar und dem Amtsnachfolger im Hinblick auf ein Hinweisschild auf die neuen Geschäftsräume.
57 *Blaeschke*, Praxishandbuch, Rn 104; überzeugend: Frenz/Miermeister/*Blaeschke*, § 3 DONot Rn 15 ff.
58 Vgl. LG Aachen v. 18.5.1999 – 1 O 187/99, ZNotP 1999, 334; *Hermanns*, ZNotP 1999, 313 f.

C. Amtsschilder (Abs. 1)

13 In Abs. 1 wird die **Verwendung des Amtsschildes** geregelt. Der Notar ist berechtigt, aber nicht verpflichtet (vgl. Abs. 2 S. 2), Amtsschilder anzubringen. Die DONot gestattet dem Notar die Verwendung von in der Regel zwei Amtsschildern, eines davon am Eingang zu der Geschäftsstelle und eines an dem Gebäude, in dem sich die Geschäftsstelle befindet. Nach dem Wortlaut von § 3 Abs. 1 S. 1 DONot a.F. war die Verwendung von Amtsschildern stets auf höchstens zwei begrenzt.[59] Im Zuge der DONot-Reform 2022 wurde am Ende von Abs. 1 S. 1 ein Halbsatz ergänzt, wonach mehr als zwei Amtsschilder zulässig sein können, sofern es die örtlichen Gegebenheiten gebieten. Damit hängt die Anzahl der zulässigen Amtsschilder grundsätzlich vom Einzelfall ab. Auch nach der Reform ist die Regelung indes restriktiv auszulegen. Denn die übermäßige Verwendung der nur mit dem Wappen und der Amtsbezeichnung versehenen Amtsschilder steht in besonderer Weise im Widerspruch zum Charakter des öffentlichen Amtes.[60] Hierfür spricht sich auch die nichtamtliche Begründung der DONot aus, indem sie klarstellt, dass die Änderung des Wortlautes lediglich dahingehend zu verstehen sei, dass mehr als zwei Amtsschilder nicht von vornherein unzulässig sind.[61] Auch nach der DONot-Reform 2022 besteht damit ein qualitativer Unterschied zwischen Amtsschildern und Namensschildern.

In der Regel zulässig ist daher die Anbringung eines Amtsschildes am Eingang des Gebäudes, in dem sich die Geschäftsstelle befindet. Handelt es sich dabei um ein Gebäude mit mehreren abgeschlossenen Einheiten, sodass der Außeneingang nicht gleichzeitig den Eintritt unmittelbar zur Geschäftsstelle ermöglicht, darf ein weiteres Amtsschild am Eingang zu der Geschäftsstelle angebracht werden. Verfügt ein Gebäude über mehrere Außeneingänge, die nach der Verkehrsauffassung hinsichtlich des Zugangs zur Geschäftsstelle „gleichberechtigt"[62] wahrgenommen werden, dürfen nun beide Eingänge mit einem Amtsschild versehen werden. Bei einem Eckeingang kann – je nach Darstellung des Einzelfalles – die Anbringung von Amtsschildern zu beiden Straßenfronten hin zulässig sein.[63]

Notariatsverwalter haben kein eigenes Amtsschild. An den Geschäftsräumen ist zu Informationszwecken der Öffentlichkeit das Amtsschild desjenigen Notars anzubringen bzw. zu belassen, dessen Geschäfte abgewickelt werden.[64]

14 Das Amtsschild enthält neben dem Landeswappen lediglich die **Aufschrift „Notar" oder „Notarin"**. Dies gilt insbesondere auch für Anwaltsnotare.[65] Im Übrigen sind die landesrechtlichen Vorschriften[66] zu beachten, in denen Größe, Farbe und Wappengestaltung geregelt werden. Aus den oben (vgl. § 2 DONot Rdn 17) dargelegten Gründen spricht vieles dafür, dass Amtsinhaberinnen die Bezeichnung „Notarin" zu verwenden haben.

Sind mehrere Notare zur gemeinsamen Berufsausübung verbunden, so stellen sich im Hinblick auf Anzahl und Gestaltung der Amtsschilder zwei Fragen, die Abs. 1 nur zum Teil beantwortet: In diesen Fällen wurde zum Teil vertreten, am Außeneingang bzw. am Eingang der gemeinsamen Geschäftsstelle dürfe jeweils nur ein eigenes, gemeinsames Amtsschild angebracht werden.[67] Richtig ist, dass die Dienstordnung verbundenen Notaren gestattet, lediglich ein **gemeinsames Amtsschild** anzubringen. Dies stellt Abs. 1 S. 3 und stellte § 3 Abs. 1 S. 2 DONot a.F. ausdrücklich klar. Mehrere verbundene Notare können nach hiesiger Ansicht aber auch mehrere Amtsschilder nebeneinander anbringen.[68] So können beispielsweise zwei Notare, die bislang in getrennten Geschäftsräumen amtierten und nunmehr eine Sozietät eingehen, ihre bisherigen Amtsschilder nebeneinander aufhängen. In anderem Zusammenhang wird betont, dass die Personenbezogenheit des Notaramtes auch bei Sozietäten im Vordergrund stehen muss. Nichts spricht deshalb dagegen, am Eingang des Hauses und der Geschäftsstelle jeweils zwei Amtsschilder anzubringen. Wo größere Sozietäten erlaubt sind, können es auch mehr als zwei Schilder sein.[69] Grenzen

59 Vgl. *Blaeschke*, Rn 98; im Ergebnis auch: *Bettendorf*, RNotZ (Sonderheft zu 10/2001), 6; a.A. bereits: Schippel/Bracker/*Bracker*, § 3 DONot Rn 3.
60 Heinemann/Trautrims/*Strauß*, § 3 Rn 2.
61 Begründung DONot 2022, S. 5.
62 Vgl. BeckOK-BeurkG/*Schmitz*, § 3 DONot Rn 3.
63 Ausdrückliche Begründung DONot 2022, S. 5.
64 Vgl. Weingärtner/*Ulrich*, § 3 Rn 19.
65 Weingärtner/*Ulrich*, § 3 DONot Rn 6; Frenz/Miermeister/*Blaeschke*, § 3 DONot Rn 3.
66 Vgl. die vorgenannten Vorschriften.
67 Vgl. den Nachweis bei Frenz/Miermeister/*Blaeschke*, § 3 DONot Rn 7; DNotZ 1986, 187; DNotZ 1980, 186.
68 Vgl. Frenz/Miermeister/*Blaeschke*, § 3 DONot Rn 7.
69 Das ist im Hinblick auf Nur-Notare traditionell in Hamburg der Fall (vgl. hierzu vor allem BGH v. 26.11.2007 – NotZ 6/07, ZNotP 2008, 89).

ergeben sich freilich aus dem generellen Verbot gewerblichen Verhaltens. Bei einer größeren Zahl verbundener Notare scheint eine Vielzahl von Amtsschildern geeignet, in der Außenwahrnehmung plakativ zu wirken und damit dem öffentlichen Amt zu widersprechen. Ob auch unter der Grenze gewerblichen Verhaltens ein solches Vorgehen für den Amtsträger ein sinnvolles (und – im positiven Sinne – „werbewirksames") Auftreten ermöglicht, steht ohnehin auf einem anderen Blatt.

Die Frage, ob bei der Zusammenschließung mehrerer Amtsträgerinnen oder Amtsträger zu einer Sozietät die Pluralform **„Notare" oder „Notarinnen"** zulässig ist (zu der unzulässigen Bezeichnung als Notariat vgl. Rdn 7), bejaht § 3 Abs. 1 S. 3 DONot eindeutig. Sie war aufgrund der uneindeutigen Sprachfassung der DONot bis zur Reform 2022 umstritten. Handelt es sich um die Sozietät eines männlichen und eines weiblichen Amtsinhabers, so dürfte lediglich der Fall vorliegen, in dem nach § 3 Abs. 1 S. 3 DONot „beide Amtsbezeichnungen" Verwendung finden können. 15

Nach Abs. 1 S. 3 ist es je nach Art der Verbindung zur gemeinsamen Berufsausübung nun ausdrücklich zulässig, die Amtsbezeichnungen im Plural zu führen oder beide Amtsbezeichnungen aufzunehmen. Je nach Anzahl und Geschlecht der verbundenen Amtsträger sind damit auf den Amtsschildern verschiedene Kombinationen möglich.[70] So können die Pluralformen „Notare" und „Notarinnen" gewählt werden. Bei Sozietäten bestehend aus mehr als zwei Amtsträgern sind auch die Kombination beider Pluralformen oder einer Pluralform mit einer Singularform nebeneinander oder untereinander möglich. Aus den oben (vgl. § 2 DONot Rdn 17) dargelegten Gründen dürfte bei gemischtgeschlechtlichen Sozietäten die Nutzung nur einer Pluralform im Sinne eines generischen Maskulinums oder generischen Femininums nicht zulässig sein. 16

Unterhält der Notar mehrere Geschäftsstellen (§ 10 Abs. 4 S. 1 BNotO), so umfasst der Wortlaut von Abs. 1 S. 1 zu Recht auch die weitere Geschäftsstelle und erlaubt dort das Anbringen von Amtsschildern. In der DONot nicht ausdrücklich geregelt ist die Frage, ob auch auf genehmigte **auswärtige Sprechtage** (§ 10 Abs. 4 S. 2 BNotO) an der Örtlichkeit mit einem Amtsschild hingewiesen werden darf. Der Wortlaut von Abs. 1 steht dem grundsätzlich entgegen. Dort ist ausdrücklich von der Geschäftsstelle die Rede, während § 10 Abs. 4 S. 1 und S. 2 BNotO systematisch zwischen weiteren Geschäftsstellen als örtlich verselbstständigten Einheiten und bloßen auswärtigen Sprechtagen unterscheidet. Auch der 2017 neu eingeführte § 29 Abs. 4 BNotO spricht ausdrücklich davon, dass Amts- und Namensschilder nur an Geschäftsstellen geführt werden dürfen. In der Begründung des dazugehörigen Regierungsentwurfes wurden weitere Geschäftsstellen im Sinne des § 10 Abs. 4 S. 1 BNotO ausdrücklich in den Anwendungsbereich der Norm aufgenommen.[71] Zum § 10 Abs. 4 S. 2 BNotO äußert sich die Entwurfsbegründung hingegen nicht. Dies legt den Schluss nahe, dass nach Willen des Gesetz- wie auch der Verwaltungsvorschriftengeber ein Amtsschild oder ein mit einem Landeswappen versehenes Namensschild nicht pauschal an Gebäuden und Räumlichkeiten geführt werden dürfen, in denen auswärtige Sprechtage abgehalten werden. Der Entwurfsbegründung ist argumentativ entgegen zu halten, dass der Notar als Träger eines öffentlichen Amt dieses eben auch bei auswärtigen Sprechtagen im Sinne des § 10 Abs. 4 S. 2 BNotO ausübt. Die gesetzgeberische Entscheidung erscheint insoweit allerdings zu eindeutig, als dass die Inkonsequenz Raum für eine Regelungslücke lassen könnte. Jedenfalls wenn der auswärtige Sprechtag in Räumlichkeiten abgehalten werden, die nicht überwiegend dem notariellen Sprechtag gewidmet sind oder die von sich aus dem Charakter des Amtsschildes als Hoheitszeichen widersprechen, ist der Regelung zuzustimmen. 17

In der Praxis dürfte das Anbringen von Namensschildern (das von § 29 Abs. 4 BNotO nicht vollständig untersagt ist) ohnehin sachgerechter sein, da hierauf auch die Sprechstunden selbst angegeben werden können und damit dem Informationsinteresse der Öffentlichkeit angemessen Rechnung getragen werden kann.

Schließlich ist darauf hinzuweisen, dass auch nach Einführung des § 29 Abs. 4 BNotO ein erheblicher Teil der Literatur davon ausgeht, dass das Anbringen von Amtsschildern an den Räumlichkeiten auswärtiger Sprechtage pauschal zulässig sein soll.[72]

70 Heinemann/Trautrims/*Strauß*, § 3 DONot Rn 2.
71 BR-Drucks 431/16, 265.
72 Heinemann/Trautrims/*Strauß*, § 3 DONot Rn 2; BeckOK-BNotO/*Salzmann*, § 3 DONot Rn 10; BeckOK-BeurkG/*Schmitz*, § 3 DONot Rn 4; Frenz/Miermeister/*Blaeschke*, § 3 DONot Rn 6.

D. Namensschilder (Abs. 2)

18 Zunächst gestattet Abs. 2 dem Notar, an Geschäftsstellen auch **Namensschilder** anzubringen (S. 1). Ein Namensschild enthält mindestens die Berufsbezeichnung „Notar" (wobei es hier angesichts der fehlenden ausdrücklichen Anweisung in der DONot im Ermessen der Amtsträgerin stehen dürfte, ob sie sich als „Notarin" oder als „Notar" bezeichnen möchte bzw. ob mehrere Notare als „Notare" oder „Notarinnen" aufgeführt werden) und den Namen. Zusätzlich können alle Angaben des Notars aufgenommen werden, die nach dem notariellen Berufsrecht zulässig sind, wie akademische Titel, nicht dagegen Ehrenämter oder Nebentätigkeiten.[73] Anwaltsnotare dürfen auf ihren Anwaltsberuf und die von ihnen sonst nach § 8 Abs. 2 S. 1 BNotO zulässigerweise ausgeübten sonstigen Berufe hinweisen.[74] Bei Anwaltssozietäten muss bei gemeinsamen Schildern jedoch immer klar erkennbar sein, wer als Rechtsanwalt und Notar und wer ausschließlich als Rechtsanwalt tätig ist. Zudem muss dem Schein begegnet werden, eine besondere Qualifikation des Rechtsanwalts (etwa: Interessenschwerpunkt Familienrecht) beziehe sich auch auf die notarielle Tätigkeit. Namensschilder sind neben Amtsschildern zulässig. Soweit der Notar nicht mit einem Amtsschild auf die Geschäftsstelle hinweist, muss er dies wenigstens mit einem Namensschild tun (S. 2):[75] Das öffentliche Amt des Notars verlangt, wie erläutert, dass er der Öffentlichkeit zur Verfügung steht. Der Notar muss nicht nur seine Geschäftsstelle während der üblichen Geschäftsstunden offenhalten, sondern auch durch alle Rechtssuchenden aufgefunden werden können.

19 Ausdrücklich ist dem Notar nunmehr erlaubt, auch auf einem Namensschild das Landeswappen zu führen (S. 3). Durch das sogenannte **„Kombinationsschild"** verliert die Trennungslinie zwischen Amts- und Namensschild erheblich an Schärfe. Allerdings muss der Bezug zum Notaramt und der dieses Amt ausübenden Person deutlich bleiben. Das Landeswappen darf auf einem gemeinsamen Namensschild nur verwendet werden, wenn der räumliche Bezug auf den Notar eindeutig ist (Abs. 2 S. 3). Einen besonderen Trennungsstrich oder räumlichen Abstand zum Landeswappen verlangt das jedoch nicht unbedingt.[76] Die Möglichkeit der Zuordnung ist insbesondere dann von Bedeutung, wenn das Namensschild (bei Sozietäten von Anwaltsnotaren) mehrere Berufsangaben enthält. In Abs. 2 S. 3 ist außerdem klargestellt, dass das Landeswappen nur auf dem Namensschild geführt werden darf, das an der Geschäftsstelle geführt wird. Die DONot vollzieht damit die Vorgabe des § 29 Abs. 4 BNotO.[77] Selbstverständlich dürfen auch an Kanzleistandorten, die von der notariellen Geschäftsstelle verschieden sind, Namensschilder geführt werden, sofern sie keine Landeswappen enthalten; es handelt sich nach der Gesetzessystematik dann um ein Geschäftsschild im Sinne des § 29 Abs. 3 BNotO (vgl. dazu oben Rdn 11).

20 Anders als bei Amtsschildern ist eine **Höchstzahl der Namensschilder** nicht festgelegt. Das bedeutet aber nicht, dass Namensschilder in beliebiger Zahl angebracht werden dürfen. Ihre Zahl hat sich an den örtlichen Gegebenheiten und dem sich daraus ergebenden Informationsbedürfnis der Rechtssuchenden zu orientieren (etwa: im Aufzug oder Parkhaus des Gebäudes, auf Wegweisern an oder im Gebäude etc.). Die Grenze zur unzulässigen Werbung darf nicht überschritten werden. Dabei spielen die Umstände des Einzelfalls eine gewichtige Rolle. Befindet sich das Notariat in einem verwinkelten großen Gebäudekomplex mit mehreren Zugängen, sind mehr Namensschilder zulässig als bei einem Geschäftshaus mit einem einzigen von der Straße aus unmittelbar zu erreichendem Eingang.

21 Auch die **zulässige Größe und das sonstige Erscheinungsbild des Namensschildes** werden, sofern keine besonderen landesrechtlichen Vorschriften bestehen, vom Sinn und Zweck der Ausschilderung bestimmt: Der Rechtssuchende soll einerseits das Notariat problemlos auffinden können; andererseits darf das Notariat dem Passanten nicht wie ein Werbeplakat „ins Auge springen". Bei Geschäftshäusern mit mehreren gewerblichen Mietern sind vielfach im Eingangsbereich in ihrem äußeren Erscheinungsbild einheitlich gestaltete Hinweistafeln auf die verschiedenen Nutzer zu finden. Soweit das Namensschild des Notars sich „einfügt", kann es von der Dienstaufsicht nicht beanstandet werden. Ein mannsgroßes

73 Ziff. VII Nr. 2.1–2.2: RL-Entwurf der Bundesnotarkammer sowie die entsprechenden Richtlinien der Notarkammern.

74 Frenz/Miermeister/*Blaeschke*, § 3 DONot Rn 9. Auch die Angaben, die nach dem Berufsrecht dieser weiteren Berufe zulässig sind, können gemacht werden (z.B. Fachanwalt, anwaltliche Tätigkeits- oder Interessenschwerpunkte).

75 Vgl. *Bücker/Viefhues*, ZNotP 2003, 331, 332.

76 Vgl. *von Campe*, NotBZ 2000, 366, 367; BeckOK-BNotO/*Bracker*, (5. Edition), § 2 DONot Rn 5.

77 Begründung DONot 2022, S. 5.

Schild hat der BGH[78] als „reklamehaft" bezeichnet und für unzulässig erklärt. Es widerspricht der von einem Notar zu erwartenden „Zurückhaltung". Nicht die werbewirksame Ausschilderung als solche ist verboten, sondern nur die aufdringliche.[79] Bei einem „Namensschild" muss es sich im Übrigen nicht um ein traditionelles Schild handeln; die beschriebenen Anforderungen gelten beispielsweise auch für die Folienbeschriftung an der gläsernen Eingangstür eines Notariats. Im Hinblick auf die neuere Rechtsprechung zu werbendem Verhalten von Notaren vgl. Rdn 7.

Weitere inhaltliche Vorgaben für Namensschilder enthält die DONot nicht. Allerdings haben einige Länder zusätzliche Ausführungsbestimmungen erlassen.[80] 22

E. (Geschäfts-) Schilder bei überörtlichen Sozietäten, Zweigstellen oder weiteren Kanzleien

Überörtliche Verbindungen spielen im Bereich der Rechtsanwälte eine große Rolle. Auf sie wird nach außen häufig hingewiesen. § 29 Abs. 3 BNotO enthält insoweit eine neue klarstellende Regelung, deren Terminologie an die Begrifflichkeiten der BRAO angeglichen wurde. Detailliert zu dem Inhalt der Neufassung bereits oben (siehe Rdn 3 ff.). 23

Zur Erinnerung: Entsprechend der oben genannten Entscheidung des Bundesverfassungsgerichts[81] genügt es zur Vermeidung einer Irreführung der Rechtsuchenden darüber, dass notarielle Leistungen der in den Geschäftspapieren angeführten Anwaltsnotare an jedem Kanzleistandort der überörtlichen Sozietät verfügbar seien, die Anwaltsnotare in den Geschäftspapieren mit ihrem jeweiligen Amtssitz aufzuführen. Das Bundesverfassungsgericht hatte es dem Gesetzgeber dabei ausdrücklich offengelassen, ob die zu den Geschäftspapieren angestellten Erwägungen auch auf die **Geschäftsschilder** einer Rechtsanwaltskanzlei übertragen werden sollten.[82]

Die Literatur war uneins in dieser Frage.[83] Der Gesetzgeber war dann der Auffassung, es sprächen keine verfassungsrechtlich tragfähigen Gründe dagegen, die vom Bundesverfassungsgericht für Geschäftspapiere angestellten Erwägungen nicht auch auf Geschäftsschilder einer Rechtsanwaltskanzlei zu übertragen. Schließlich habe das Bundesverfassungsgericht in zahlreichen Urteilen und Beschlüssen bereits eindringlich auf die hohe Bedeutung des Art. 12 Abs. 1 GG hingewiesen und zum anderen bereits in seiner Entscheidung vom 19.8.2008 klargestellt, dass die Tatsache, dass ein Anwaltsnotar auf einem nicht an seiner Geschäftsstelle angebrachten Geschäftsschild auf seine Eigenschaft als Notar hinweise, keine Zweifel an der Unparteilichkeit oder Gewissenhaftigkeit des Notars begründen könne, insbesondere nicht signalisiere, er sei bereit, seine Amtstätigkeit außerhalb seines Amtsbereichs oder Amtsbezirks auszuüben.[84] Einer etwaigen denkbaren Irreführung könne durch entsprechende Hinweise entgegengewirkt werden.[85]

Dementsprechend findet sich nunmehr in § 29 Abs. 3 S. 1 und 2 BNotO eine Regelung, wonach eine Verwirrung des Rechtsverkehrs über die Möglichkeit, an einem Standort notarielle Dienstleistungen des Anwaltsnotars in Anspruch nehmen zu können, dadurch ausgeschlossen wird, dass die Amtsbezeichnung auf nicht an den notariellen Geschäftsstellen befindlichen Geschäftsschildern nur unter gleichzeitiger Nennung des Amtssitzes erfolgt und Amtsbezeichnung und Amtssitz eindeutig bezogen aufeinander und in gleichwertiger Weise dargestellt werden. Dies gilt unabhängig davon, ob sich die Geschäftsräume noch innerhalb des Amtsbereichs oder Amtsbezirks befinden.[86] Zur Klarstellung wurde in § 29 Abs. 3 BNotO nicht mehr wie bisher auf „Namensschilder", sondern auf „Geschäftsschilder" abgestellt. Dies ergab sich nach dem Willen des Gesetzgebers daraus, dass der Begriff „Namensschild" nach Abs. 2 der notariellen 24

78 BGH DNotZ 2002, 233 ff.; vgl. *Rinne*, ZNotP 2002, 326, 331.
79 Vgl. BVerfG v. 17.4.2000 – 1 BvR 721/99, NJW 2000, 3195 (für Rechtsanwälte).
80 Vgl. Weingärtner/*Ulrich*, § 3 Rn 9 und die vorgenannten landesrechtlichen Bestimmungen.
81 BVerfG v. 8.3.205 – 1 BvR 2561/03, DNotZ 2005, 931, 932.
82 BVerfG v. 8.3.205 – 1 BvR 2561/03, DNotZ 2005, 931, 932.
83 Befürwortet etwa von BeckOK-BNotO/*Frisch*, § 29 BNotO Rn 24, abgelehnt etwa von BeckOK-BNotO/*Bracker*, (5. Edition), § 3 DONot Rn 5, 5a; *Görk*, DNotZ 2009, 794, 796; *Ring*, NJOZ 2009, 448, 451; vgl. zuvor bereits *Armasow*, DNotZ 2005, 935, 938.
84 BVerfG v. 19.8.2008 – 1 BvR 623/08, DNotZ 2009, 792, 793 (Rn 16).
85 BT-Drucks 18/9521, 220.
86 Eine § 4 S. 2 BNotO widersprechende, zielgerichtete Verlagerung notarieller Amtsgeschäfte schließen dabei die §§ 10a, 11 und 14 Abs. 4 BNotO sowie § 3 Abs. 1 S. 1 Nr. 7 i.V.m. Nr. 4 BeurkG aus.

Geschäftsstelle zugeordnet werde, wohingegen § 29 Abs. 3 BNotO anwaltliche Schilder betreffe, die nicht an notariellen Geschäftsstellen angebracht sind und die u.a. auch in den angeführten Entscheidungen des Bundesverfassungsgerichts als „Geschäftsschilder" bezeichnet werden.[87]

25 Nach dem im Jahr 2017 § 29 BNotO angefügten Abs. 4 dürfen wie erläutert (vgl. Rdn 3 ff.) **Amts- und Namensschilder nur an Geschäftsstellen** geführt werden. Die früher geführte Auseinandersetzung hinsichtlich der Namens- und Geschäftsschilder ist damit obsolet.[88]

Hintergrund der Regelung ist, dass Amts- und Namensschilder, die entsprechend § 3 DONot das Landeswappen enthalten, von Notaren stets nur an einer notariellen Geschäftsstelle geführt werden dürften. Dies überzeugt: Die Verwendung des Landeswappens im Amts- oder Namensschild verdeutlicht schließlich die Stellung des Notars als Träger eines öffentlichen Amtes[89] (vgl. Rdn 2 ff.), das dieser grundsätzlich in seiner nach § 10 Abs. 2 S. 1 BNotO am Amtssitz zu unterhaltenden oder weiteren Geschäftsstelle nach § 10 Abs. 4 S. 1 BNotO ausübt. Zur Erinnerung: Dem Anwaltsnotar verbleibt auch weiterhin die Möglichkeit, die Amtsbezeichnung unter Zusatz des Amtssitzes auf Geschäftsschildern führen zu dürfen (siehe Rdn 3 ff.). Es ist zu begrüßen, dass nunmehr auch im Gesetzestext die klare Unterscheidung der notariellen Amts- oder Namensschilder einerseits und anwaltlichen Geschäftsschilder andererseits abgebildet wird.

F. Sonderproblem „Notariat"

26 Namens- und – erst recht – Amtsschilder mit der Bezeichnung „Notariat" waren nach ganz h.M. mit dem Wortlaut der DONot, der von einer personenbezogenen Beschilderung ausgeht, nicht vereinbar.[90] Das galt auch für verwandte Bezeichnungen wie „Notariatsbüro" oder „Notariatskanzlei". Begründet wurde dies regelmäßig damit, dass der „personale" Charakter notarieller Tätigkeit nicht in den Hintergrund gedrängt werden dürfe.[91] Fehlschlüssen der rechtssuchenden Bevölkerung über die Personenbezogenheit des Notaramtes sollte vorgebeugt werden. Vollständig überzeugt hat dies indes nicht:[92] So ist in Hamburg vorgeschrieben, dass die Umschrift des Siegels den Namen des Notars bzw. der Notarin und das Wort „Notariatssiegel" sowie über dem Landeswappen das Wort „Hamburg" zu enthalten hat.[93] Damit verbundene Ansehensverluste des Notarstandes oder grundsätzliche Fehlvorstellungen in der Bevölkerung waren nicht zu erkennen. Zweifellos ist es wichtig, dass Notare die Eigenständigkeit und Höchstpersönlichkeit des Notaramtes in zunehmend größeren und „entpersonalisierten" Kanzleistrukturen bewahren.[94] Das kann jedoch kaum geschehen, indem man Trennlinien sucht, die zum Beispiel zwischen den Begriffen „Notarkanzlei" und „Notariatskanzlei" verlaufen sollen. Solche Unterscheidungen muten wenn nicht rabulistisch, so doch zumindest kasuistisch und formalistisch an.[95]

87 BT-Drucks 18/9521, 220.

88 Vgl. KG v. 15.2.2008 – Not 26/07, DNotZ 2008, 632; BVerfG v. 19.8.2008 – 1 BvR 623/08, DNotZ 2009, 792 m. Anm. *Görk*; Bericht BNotK 2009, DNotZ 2010, 561, 563.

89 BeckOK-BNotO/*Salzmann*, § 3 DONot Rn 4.

90 Vgl. *Lerch*, ZNotP 2001, 210, 211 (der diese Aussage allerdings auf das Anwaltsnotariat beschränkt); BeckOK-BNotO/*Bracker*, § 2 DONot Rn 4; vgl. *Rohs/Heinemann*, Rn 138; vgl. auch BGH v. 12.11.1984 – NotZ 12/84, DNotZ 1986, 186 ff.

91 BGH v. 8.7.2002 – NotZ 28/01, DNotZ 2003, 376, 377 m. Anm. *Görk*; vgl. *Rinne*, ZNotP 2002, 326, 331; LG Essen v. 23.8.2012 – 4 O 95/12, n.v. (hier stellt das Gericht zudem fest, dass die Regelung in § 3 DONot als marktbezogen im Sinne des § 4 Nr. 11 UWG anzusehen sei; die Untersagung der Bezeichnung „Notariat", die nach der Rechtsprechung des BGH eine Irreführung des Verbrauchers verhindern solle, stelle damit eine marktbezogene Regelung dar).

92 Vgl. auch die eingehende Untersuchung von *Terner*, RNotZ 2014, 523 und der dort vorgenommenen Differenzierung zwischen der individuellen Komponente des öffentlichen Amtes (d.h. die dem Hoheitsträger verliehenen Befugnisse) einerseits und der institutionellen Komponente des öffentlichen Amtes (d.h. der dem Notar konkret übertragene staatliche Aufgabenkreis). *Terner* kommt hiernach zu dem Ergebnis, dass die Rechtsprechung, nach der die Verwendung der Bezeichnung „Notariat" schlechthin unzulässig ist, zwar zutreffend sein möge, soweit es um die individuelle Komponente des Notaramtes gehe, die Auffassung, dass der Begriff insgesamt eine unzutreffende Institutionalisierung zum Ausdruck bringe, vor dem Hintergrund der vorgenannten institutionellen Komponente jedoch nicht überzeugen könne.

93 AV der Justizbehörde vom 17.1.2001 (HmbJVBl 2001, 13, vor zur DONot); Es ist auch festzuhalten, dass der Begriff „Notariat" auch in der Bundesnotarordnung zumindest dann selbst verwandt wird, wenn es um die institutionelle Komponente, etwa die Akten und Bücher des Notars (vgl. insbesondere § 51 Abs. 5 und 56 Abs. 2 BNotO: „Notariatsakten"), die Fortführung der Amtsgeschäfte, verstanden als staatliche Rechtspflegeaufgaben (siehe §§ 56 ff. BNotO: „Notariatsverwalter" bzw. „Notariatsverwaltung") oder den institutionellen Ordnungsrahmen (vgl. § 67 Abs. 1 BNotO: „Notariatsrecht") geht, worauf *Terner* (RNotZ 2014, 523, 525 f.) zu Recht hinweist.

94 Vgl. *Görk*, DNotZ 2003, 378, 379.

95 Vgl. *Görk*, DNotZ 2003, 377, 378.

Der BGH hat sich zu der oben genannten Streitfrage wie bereits erläutert (siehe Rdn 7) jüngst noch einmal eindeutig positioniert und entschieden, dass ein Notar generell nicht dazu berechtigt ist, anstatt der gesetzlich bestimmten Amtsbezeichnung („Notar“) eine andere Bezeichnung („Notariat“) zu verwenden.[96] Das Gericht führt hier noch einmal aus, dass es ständiger Rechtsprechung entspreche, dass der Begriff „Notariat“ im Sinne einer Bezeichnung für sein Amt und seinen Amtssitz weder auf dem Briefkopf noch im etwaigen Internetauftritt zulässig ist.[97] Danach ist ein Notar auch nicht befugt, sein Amt oder seinen Amtssitz nach außen hin – weder auf seinem Praxisschild[98] noch auf dem Briefbogen[99] oder in seiner Internetadresse[100] als Notariat zu bezeichnen. Diese Argumentation überzeugt vor dem Hintergrund der obigen Erwägungen nicht. 27

§ 4 Verpflichtung der Beschäftigten sowie der Dienstleisterinnen und Dienstleister

Die Verpflichtung nach den §§ 26 oder 26a BNotO hat auch zu erfolgen, wenn zwischen denselben Personen bereits früher ein Beschäftigungs- oder ein sonstiges Vertragsverhältnis bestanden hat oder Beschäftigte oder Dienstleisterinnen oder Dienstleister einer anderen Notarin oder eines anderen Notars übernommen worden sind.

A. Allgemeines zur Verpflichtung

I. Gesetzliche Grundlagen

1 **§ 26 S. 1 BNotO** bestimmt, dass der Notar die bei ihm beschäftigten Personen mit Ausnahme der Notarassessoren und der ihm zur Ausbildung zugewiesenen Referendare bei der Einstellung nach § 1 des Verpflichtungsgesetzes[1] (VerpflG) förmlich zu verpflichten hat. Nach **§ 26a Abs. 3 S. 1 BNotO** sind auch Dienstleister zur Verschwiegenheit zu verpflichten, dem der Notar zur Inanspruchnahme der Dienstleistung Zugang zu Tatsachen eröffnet, auf die sich die Verpflichtung zur Verschwiegenheit nach § 18 BNotO bezieht.

Die Verwahrung der Verpflichtungen in der Generalakte ist nach der DONot-Reform 2022 in § 46 Abs. 1 S. 1 Nr. 7 bzw. Nr. 8 NotAktVV geregelt. § 4 Abs. 1 DONot a.F. konnte entsprechend entfallen. Der jetzige § 4 DONot entspricht § 4 Abs. 2 DONot a.F. und regelt Details der Ausführung von §§ 26, 26a BNotO.

2 Bei der Verpflichtung nach § 26 BNotO muss der Notar gem. § 26 S. 2 BNotO insbesondere auf die **Verschwiegenheitspflicht** (§ 18 BNotO) und das Verbot, Darlehen sowie Grundstücksgeschäfte zu vermitteln (§ 14 Abs. 4 BNotO), hinweisen (vgl. zur generellen Verschwiegenheitspflicht des Notars die Ausführungen: Vor §§ 1–21 DONot Rdn 50 ff.). In § 26 S. 3 BNotO ist weiterhin geregelt, dass es bei einem einheitlichen Beschäftigungsverhältnis zu mehreren Notaren genügt, wenn einer von ihnen die Verpflichtung vornimmt. Die Privilegierung greift nur, wenn tatsächlich ein „einheitliches“ Beschäftigungsverhältnis vorliegt. Das ist z.B. nicht der Fall, wenn ein Mitarbeiter jeweils halbtags in zwei Notariaten arbeitet.[2] Besonderes Augenmerk hat der Notar – auch im Hinblick auf die Prüfung durch die Dienstaufsicht – darauf zu legen, dass die Verpflichtung zeitnah, d.h. unmittelbar vor oder nach Beginn

96 BGH v. 23.4.2018 – NotZ (Brfg) 6/17, NJW 2018, 2567.
97 BGH v. 26.9.1983 – NotZ 7/83, DNotZ 1984, 246 (zu „Anwalts- und Notariatskanzlei“); BGH v. 11.7.2005 – NotZ 8/05, NJW 2005, 2693; BGH v. 20.11.2006 – NotZ 30/06, NJW-RR 2007, 408.
98 BGH v. 26.9.1983 – NotZ 7/83, DNotZ 2003, 376.
99 BGH v. 20.11.2006 – NotZ 30/06, NJW-Spezial 2007, 95.
100 BGH v. 11.7.2005 – NotZ 8/05, NJW 2005, 2693.
1 Gesetz über die förmliche Verpflichtung nichtbeamteter Personen (Verpflichtungsgesetz) vom 2.3.1974 (BGBl I 1974, 547), geändert durch § 1 Nr. 4 des Gesetzes zur Änderung des Einführungsgesetzes zum Strafgesetzbuch (EGStGB) vom 15.8.1974 (BGBl I 1974, 1942).
2 Arndt/Lerch/Sandkühler/*Sandkühler*, § 26 Rn 12.

des Beschäftigungsverhältnisses, vorgenommen wird. Grob standeswidrig wäre es, Mitarbeiter zurückdatierte Verpflichtungserklärungen unterschreiben zu lassen.

II. Abgrenzungskriterium von Auswärtsbeurkundung innerhalb des eigenen Amtsbereichs zur weiteren Geschäftsstelle/zum auswärtigen Sprechtag

3 Nach Auffassung des OLG Köln[3] soll zur Abgrenzung von Auswärtsbeurkundung innerhalb des eigenen Amtsbereichs zur weiteren Geschäftsstelle und zum auswärtigen Sprechtag u.a. maßgeblich darauf abgestellt werden, ob an dem betreffenden Ort Personen beschäftigt sind, die gem. § 26 BNotO, § 4 DONot förmlich zur Verschwiegenheit verpflichtet worden sind.[4] Dies kann im Ergebnis indes nicht überzeugen. Weder § 26 BNotO noch § 4 DONot trifft eine Aussage zu der Frage, ab welchem Umfang von Amtstätigkeiten der Notar an einem anderen Ort als der (Stamm-)Dienststelle eine (faktische) weitere Geschäftsstelle unterhält bzw. einen auswärtigen Sprechtag abhält. Die Normen sind dieser Entscheidung insoweit nachgelagert, als sie festlegen, welche Anforderungen der Notar zu erfüllen hat, wenn er eine (bereits zulässigerweise errichtete) Geschäftsstelle unterhält. Nach der zutreffenden Auffassung ist demgegenüber im Zweifel zu vermuten, dass der Notar an einer bestimmten Örtlichkeit eine weitere Geschäftsstelle betreibt, wenn er dort ständig einen Raum unterhält und in diesem Raum im vorangegangenen Kalenderjahr mehr als ein Fünftel (bei der Berechnung des Anteils sind die Amtsgeschäfte im Sinne des § 8 Abs. 1 und 5 DONot zu berücksichtigen) seiner Amtsgeschäfte vorgenommen hat.

Unterhält der Notar an dieser Örtlichkeit nicht ständig einen Raum, ist unter den entsprechenden Voraussetzungen im Zweifel zu vermuten, dass er dort auswärtige Sprechtage im Sinne von § 10 Abs. 4 S. 2 BNotO abhält. Um dem Notarprüfer die aufgrund dieser Kriterien erforderliche Prüfung zu ermöglichen, wie oft und regelmäßig Amtsgeschäfte an einer bestimmten anderen Örtlichkeit außerhalb der Geschäftsstelle vorgenommen werden, ist nach §§ 9 Nr. 1, 10 NotAktVV der Ort der Beurkundung oder der sonstigen Amtshandlung in das Urkundenverzeichnis einzutragen. Ist das Amtsgeschäft in der Geschäftsstelle vorgenommen worden, genügt als Ortsangabe „Geschäftsstelle", andernfalls sind die genaue Bezeichnung des Ortes, an dem das Amtsgeschäft vorgenommen wurde, und dessen Anschrift aufzuführen. Bei Beurkundungen und Beglaubigungen, die mittels des von der Bundesnotarkammer betriebenen Videokommunikationssystems vorgenommen werden, ist nach § 16b Abs. 3 S. 1 BeurkG Ort der Verhandlung der Ort, an dem die elektronische Niederschrift aufgenommen wird, also der Ort, an dem der Notar sich bei Beurkundung bzw. Beglaubigung befindet. Hieraus folgt, dass der Notar sich auch bei Online-Beurkundungen und Online-Beglaubigungen grundsätzlich innerhalb seiner Geschäftsstelle aufzuhalten hat.

III. Der zu verpflichtende Personenkreis

4 **„Beschäftigte Personen"** sind grundsätzlich alle für den Notar tätigen und in die Büroorganisation eingegliederten Personen.[5] Die Pflicht ist allgemein weit zu verstehen, denn § 26 S. 1 BNotO stellt nicht auf die „von (dem Notar) beschäftigten", sondern auf die „bei ihm beschäftigten Personen" ab. Auf die Dauer und den Umfang des Beschäftigungsverhältnisses kommt es nicht an. Zu verpflichten sind deshalb auch der Student und der Schüler, die nur während der Ferien oder stundenweise im Notariat mitarbeiten. Gleiches gilt für Praktikanten.

Als „beschäftigte Personen" nach § 26 BNotO nicht zu verpflichten sind dagegen **selbstständige Unternehmer**, die für den Notar Aufträge ausführen sowie **deren Mitarbeiter**, wenn sie im Notariat tätig wer-

3 OLG Köln v. 20.6.2007 – X (Not) 15/06, DNotZ 2008, 149.

4 Vgl. auch hiernach: OLG Celle v. 25.5.2010 – Not 19/09, NJOZ 2011, 731: Beurkundet ein Notar außerhalb seiner Geschäftsstelle, aber innerhalb seines Amtsbereichs, in den Räumlichkeiten der überörtlichen Sozietät, bei der er gleichzeitig als Anwalt tätig ist, ohne dass er eine Genehmigung zur Unterhaltung einer weiteren Geschäftsstelle hat, verstößt er jedenfalls dann gegen das Verbot aus § 10 Abs. 4 BNotO, wenn er es gleichzeitig unterlässt, die Urkundsbeteiligten auf die Entstehung einer Auswärtsgebühr hinzuweisen und nach außen den Eindruck erweckt, gebührenrechtlich mache es keinen Unterschied, ob er an seiner Geschäftsstelle oder in den auswärtigen Kanzleiräumen beurkundet.

5 Vgl. *Mihm*, ZNotP 2000, 62, 65; Arndt/Lerch/Sandkühler/*Sandkühler*, § 26 Rn 7; BeckOK-BNotO/*Hushahn*, § 26 BNotO Rn 3.

den (Handwerker, Monteure), vgl. hierzu aber sogleich § 26a BNotO.[6] Ebenfalls nicht zu verpflichten, da nicht beschäftigt, sind auch diejenigen, die auf partnerschaftlicher Basis (in Sozietät oder Bürogemeinschaft) mit dem Notar zusammenarbeiten. **Rechtsanwälte**, mit denen der Notar in Sozietät oder Bürogemeinschaft zusammenarbeitet, sind nicht bei ihm „beschäftigt" und daher nicht zu verpflichten. Angestellte Volljuristen oder Diplom-Juristen (§ 25 BNotO) sind dagegen, selbst wenn sie gleichzeitig zugelassene Rechtsanwälte sein sollten, zu verpflichten.[7]

Die Art eines Beschäftigungsverhältnisses oder das Einsatzgebiet des Beschäftigten spielt dagegen keine Rolle.[8] Daher sind bei Anwaltsnotaren auch die überwiegend mit Anwaltssachen beschäftigten Mitarbeiter nach § 26 BNotO zu verpflichten.[9] Eine Ausnahme kann auch dann nicht gelten, wenn die Mitarbeiter im Anwaltsbereich keinerlei Möglichkeit haben (sollen), in den Notarbereich Einblick zu nehmen.[10] Bei Sozietäten oder Bürogemeinschaften von Notaren sind, unabhängig von der arbeitsvertraglichen Zuordnung, alle Beschäftigten zu verpflichten. Dabei kommt es für die Bejahung eines „einheitlichen Beschäftigungsverhältnisses" im Sinne von § 26 S. 3 BNotO nicht darauf an, ob arbeitsvertraglich nur ein oder mehrere Notare Arbeitgeber sind.

Seit dem 9.11.2017 erfasst § 26a BNotO ausweislich der amtlichen Überschrift die „**Inanspruchnahme von Dienstleistungen durch den Notar**".[11] Der Notar muss hiernach betreffende Dienstleister[12] sorgfältig auswählen und diesen generell[13] ohne Einwilligung der Beteiligten den Zugang zu Tatsachen, auf die sich die Verpflichtung zur Verschwiegenheit gemäß § 18 BNotO bezieht, nur dann eröffnen, soweit dies für die Inanspruchnahme der Dienstleistung erforderlich ist (Verhältnismäßigkeitsgrundsatz). Nach dem Wortlaut des § 26a Abs. 3 S. 1 BNotO bedarf der gesamte Vertrag mit dem Dienstleister der Textform. Indes spricht einiges dafür, dass es unabhängig von der Form des Vertrages genügt, wenn die Verschwiegenheitsverpflichtung der Textform genügt.[14] In dieser Verpflichtung ist der Dienstleister unter Belehrung über die strafrechtlichen Folgen einer Pflichtverletzung zur Verschwiegenheit zu verpflichten. Weiterhin ist er zu verpflichten, sich nur insoweit Kenntnis von fremden Geheimnissen zu verschaffen, als dies zur Vertragserfüllung erforderlich ist. Schließlich ist vertraglich festzulegen, ob der Dienstleister befugt ist, weitere Personen zur Erfüllung des Vertrags heranzuziehen; für diesen Fall ist dem Dienstleister aufzuerlegen, diese Personen in Textform zur Verschwiegenheit zu verpflichten. Die Verpflichtung ist nicht notwendig, sofern entweder eine förmliche Verpflichtung nach § 26 BNotO stattgefunden hat, oder sofern der Dienstleister seinerseits qua Gesetzes zur Verschwiegenheit verpflichtet ist, § 26 Abs. 6 BNotO. Für Letzteres ist maßgeblich die Einbeziehung einer Person oder Personengruppe in den Anwendungsbereich des § 203 StGB. Neben den Berufsgeheimnisträgern sind von § 26 Abs. 6 BNotO damit auch Gerichtsvollzieher, sowie Post- und Telekommunikationsdienstleister erfasst. Da das Bankgeheimnis nicht von § 203 StGB geschützt wird, ist bei der Beauftragung von Banken und Kreditinstituten eine Verpflichtung zur Verschwiegenheit nicht entbehrlich. 5

Gem. § 26 S. 6 BNotO sind **Notarassessoren** und zur Ausbildung zugewiesene **Rechtsreferendare** nicht förmlich zu verpflichten. Ihre Verschwiegenheitspflicht ergibt sich bereits aus ihrem öffentlich-rechtlichen Dienstverhältnis. Das gilt nicht nur für Stationsreferendare, sondern auch für sonstige Rechtsreferendare, die bei dem Notar vorübergehend tätig sind.[15] Die in § 26 S. 4 BNotO enthaltene Überwachungspflicht gilt hingegen auch gegenüber Notarassessoren und Rechtsreferendaren. 6

6 Vgl. zum Beispiel BeckOK-BNotO/*Hushahn*, § 26 BNotO Rn 3.

7 A.A. *Blaeschke*, Rn 210 (für Rechtsanwälte, da sie bereits von Berufs wegen zur Verschwiegenheit verpflichtet sind).

8 Vgl. Arndt/Lerch/Sandkühler/*Sandkühler*, § 26 BNotO Rn 7.

9 Vgl. *Blaeschke*, Rn 210.

10 BeckOK-BNotO/*Hushahn*, § 26 BNotO Rn 3.

11 Vgl. zu den Hintergründen *Grosskopf/Mommsen*, CCZ 2018, 98.

12 Als Dienstleister wird nach § 26a Abs. 1 S. 2 BNotO eine andere Person oder Stelle definiert, die vom Notar im Rahmen seiner Berufsausübung mit Dienstleistungen beauftragt wird.

13 Bei der Inanspruchnahme von Dienstleistungen, die unmittelbar einem **einzelnen** Amtsgeschäft dienen, darf der Notar dem Dienstleister den Zugang zu fremden Geheimnissen nur dann eröffnen, wenn der Beteiligte darin eingewilligt hat (§ 26a Abs. 4 BNotO).

14 Sowohl in BT-Drucks 18/11936, S. 39 als auch in BT-Drucks 19/26828, S. 134 steht, bezogen auf die Formvorschrift, lediglich die „Verpflichtung zur Verschwiegenheit" in Rede.

15 Vgl. Arndt/Lerch/Sandkühler/*Sandkühler*, § 26 BNotO Rn 10.

7 Zu den datenschutzrechtlichen Anforderungen hinsichtlich der Mitarbeiter eines EDV-Unternehmens (insbesondere bei Anlagen-Installation und -Wartung) vgl. die obigen Ausführungen zu § 26a BNotO (Rdn 5), die generellen Ausführungen zum Datenschutz im Notariat in Vorbemerkung zur DONot (siehe Vor §§ 1–21 DONot Rdn 50) und die auf Grundlage von § 6 NotAktVV i.V.m. Art. 40 Abs. 2 DS-GVO erlassenen datenschutzrechtlichen Verhaltensregeln.[16]

8 Weitere Schwierigkeiten können sich bei der Speicherung bürointerner Daten auf Cloud-Systemen ergeben. Für amtliche Unterlagen scheidet die Nutzung von Datenspeicherungen außerhalb der Geschäftsstelle bzw. außerhalb bestimmter von der Bundesnotarkammer zur Verfügung gestellten Systeme aus. Dies ergibt sich aus § 35 Abs. 4 BNotO, wonach der Notar elektronische Akten und Verzeichnisse nur in der Geschäftsstelle, im Elektronischen Urkundenarchiv oder (künftigen) im Elektronischen Notaraktenspeicher führen darf. Für sämtliche in den §§ 1, 2 NotAktVV genannten Akten und Verzeichnisse scheidet die Nutzung von Cloud-Technologien daher aus. Auch bei der **Vernetzung von Datensystemen** in überörtlichen Sozietäten sind die Akten und Verzeichnisse daher einzig innerhalb der Geschäftsstelle des jeweiligen Notars zu führen. Etwas anderes gilt für **(elektronische) Hilfsmittel**. Dies sind sämtliche Informationen, die „die Tätigkeit des Notars im weitesten Sinne unterstützen".[17] Auch Dateien, die mit Akten und Verzeichnissen letztlich inhaltsgleich sind (etwa in der Notarsoftware gefertigte und dort für eine Übergangszeit „aufbewahrte" Entwürfe), stellen damit elektronische Hilfsmittel im Sinne des § 35 Abs. 2 S. 2 BNotO dar und können daher außerhalb der Geschäftsstelle geführt werden und mithin in Cloud-Services gespeichert werden. Für Hilfsmittel kommt daher eine Cloud-Nutzung – auch in einem vernetzten Datensystem – in Frage, sofern die Vorgaben des Datenschutzes eingehalten werden und Vertraulichkeit und Verschwiegenheit gewahrt werden.

IV. Inhalt einer Verpflichtungserklärung

9 Die BNotK hat sowohl für den Zweck der förmlichen Verpflichtung (§ 26 BNotO) als auch für die Verschwiegenheitsvereinbarung mit Dienstleistern (§ 26a BNotO) ein **Muster einer Verpflichtungserklärung** ausgearbeitet und veröffentlicht.[18] Sie kann über die Website der Bundesnotarkammer abgerufen werden.[19] Wichtig ist, dass der Notar die förmliche Verpflichtung nicht nur „formularmäßig" vornimmt, indem er den Beschäftigten den Erklärungstext unterschreiben lässt. Das wörtliche Vorlesen des Textes ist zwar nicht erforderlich,[20] aber sinnvoll – insbesondere, weil der Notar ohnehin dazu verpflichtet ist, die Bedeutung der Verpflichtung inhaltlich in einer Weise vermitteln, die der Belehrte versteht und die sich ihm nachhaltig einprägt. Bei einem Auszubildenden sind die mündlichen Hinweise mit anderen Schwerpunkten vorzunehmen als bei einem neu eingestellten Bürovorsteher. Entscheidend sind immer die Verständlichkeit und Eindringlichkeit.

Der Notar sollte den Beschäftigten insbesondere davor warnen, Dritten Vorgänge aus dem Notariat zu schildern und dabei lediglich die Namen der Beteiligten wegzulassen. Interessierten Personen sind Zuordnungen nämlich vielfach möglich, selbst wenn die Schilderung „anonym" erfolgt. Die Verschwiegenheitspflicht ist in solchen Fällen auch dann verletzt, wenn keine Namen genannt wurden. Nicht fehlen sollte der Belehrungshinweis, dass die Verschwiegenheitspflicht fortbesteht, wenn der Beschäftigte aus dem Dienst des Notars ausscheidet. Die Verpflichtung erfolgt formell per Handschlag. Der Verpflichtete hat die Niederschrift der Verpflichtung überdies mit zu unterschreiben (§ 1 Abs. 3 S. 1 VerpflG). Die Bedeutung der eingegangenen Verpflichtungen soll dem Beschäftigten dadurch besonders deutlich vor Augen geführt werden. Der Notar sollte die Wirkung nicht durch eine „laxe" Handhabung abschwächen. Es versteht sich von selbst, dass die Verpflichtung vom Notar selbst oder seinem amtlich bestellten Vertreter vorgenommen werden muss. Die Aufgabe kann und darf nicht an den Bürovorsteher delegiert werden.[21] Zu den Anforderungen an die Verschwiegenheitsverpflichtung nach DSGVO vgl. Vor §§ 1–21 DONot Rdn 50 ff.

16 DNotZ 2022, 405; dazu instruktiv *Danninger/Walch*, DNotZ 2022, 413.
17 BT-Drucks 18/10607, S. 54.
18 Rundschreiben der BNotK 2/1999 vom 1.2.1999, abgedr. bei Weingärtner/*Ulrich*, § 4 Rn 21; Kersten/Bühling/*Terner*, § 10 Rn 50.
19 www.bnotk.de (zuletzt abgerufen im August 2025).
20 Vgl. *von Campe*, RNotZ 2001, 539; a.A. *Blaeschke*, Rn 209.
21 Vgl. Weingärtner/*Ulrich*, § 4 Rn 3.

B. Aufbewahrung der Verpflichtungserklärungen (§ 46 NotAktVV)

Die Niederschrift über die **Verpflichtung muss in der Generalakten aufbewahrt werden**. Dadurch soll der Dienstaufsicht eine effektive und schnelle Kontrollmöglichkeit über die Beachtung dieser Vorschrift gegeben werden. Die Verpflichtung ist nach § 1 VerpflG mündlich vorzunehmen; dabei ist auf die strafrechtlichen Folgen einer Pflichtverletzung hinzuweisen (§ 1 Abs. 2 VerpflG). Über die Verpflichtung wird eine Niederschrift aufgenommen, die der Verpflichtete mitunterzeichnet (§ 1 Abs. 3 S. 1 VerpflG). Er erhält auch eine Abschrift der Niederschrift (§ 1 Abs. 3 S. 2 VerpflG). Materiell ist die Verpflichtung allerdings auch ohne Niederschrift wirksam. Zu der Verpflichtungserklärung nach DSGVO vgl. Vor §§ 1–21 DONot Rdn 50 ff. 10

In der Praxis bewährt sich auch in kleineren Notarstellen, wenn die Verpflichtungserklärungen **nicht chronologisch in die Generalakte** aufgenommen, sondern als „Sachgebiet" ausgegliedert und alphabetisch geordnet werden (§ 46 Abs. 2 NotAktVV). Nach § 26 S. 3 BNotO genügt es bei einem **einheitlichen Beschäftigungsverhältnis zu mehreren Notaren**, wenn nur einer von ihnen die Verpflichtung vornimmt. Um der Dienstaufsicht die Arbeit zu erleichtern und die Eigenkontrolle zu vereinfachen, empfiehlt es sich, wenn der andere Notar entweder eine Abschrift der Belehrung oder einen entsprechenden Vermerk zu seinen Generalakten nimmt.[22] 11

Die Verpflichtung eines Dienstleisters zur Verschwiegenheit bedarf nach § 26a BNotO der Textform. Sie ist nun verpflichtend nach § 46 Abs. 1 S. 1 Nr. 8 NotAktVV – ggf. mitsamt des mit dem Dienstleister geschlossenen Vertrages – in die Generalakte mit aufzunehmen. 12

C. Erneute Verpflichtung (Abs. 2)

Gemäß § 26 S. 1 BNotO hat der Notar die Verpflichtung der bei ihm beschäftigten Personen **bei der Einstellung** vorzunehmen. § 26 S. 1 BNotO verknüpft unmittelbar die Begründung eines Anstellungsverhältnisses mit der Notwendigkeit der Verpflichtung des Mitarbeiters. § 26a Abs. 3 BNotO stellt entsprechend auf den Zeitpunkt des Vertragsschlusses mit dem beauftragten Dienstleister ab. § 4 DONot gibt hierfür eine Interpretationshilfe, ohne die in der BNotO und dem VerpflG geregelten Pflichten unmittelbar zu erweitern oder einzuschränken. Die Norm beschäftigt sich mit zwei Sonderfällen: Danach muss ein Angestellter bzw. ein Dienstleister auch dann „neu" verpflichtet werden, wenn bereits früher ein Vertragsverhältnis zu demselben Notar bestanden hat oder der Angestellte oder Dienstleister von einem anderen Notar übernommen wird. Dies kann etwa der Fall sein, wenn ein einmal ausgeschiedener Mitarbeiter erneut eingestellt wird. Gleiches dürfte auch gelten, wenn eine Aushilfskraft wiederkehrend befristet (etwa über die Weihnachtstage) angestellt wird. Nach Sinn und Zweck der Regelung muss dagegen keine erneute Verpflichtung erfolgen, wenn ein befristetes Arbeitsverhältnis verlängert oder ein Auszubildender unmittelbar nach der Ausbildung vom Ausbildungsnotar übernommen wird.[23] Dagegen muss der „Amtsnachfolger" eines ausgeschiedenen Notars die Verpflichtungen neu vornehmen. 13

Die Stellung eines **Notariatsverwalters** ist „janusköpfig": Einerseits besteht noch eine unmittelbare Verbindung mit dem Amt des ausgeschiedenen Notars (vgl. § 56 BNotO) und seine Tätigkeit ist zeitlich befristet. Andererseits ist er nicht Vertreter des ausgeschiedenen Notars. Trotz der unklaren Formulierung von § 26 BNotO spricht viel dafür, dass die Verpflichtung bei unverändertem Beschäftigungsverhältnis für den Notariatsverwalter wirksam bleibt.[24] Zur Sicherheit sollte der Notariatsverwalter die übernommenen Mitarbeiter allerdings neu verpflichten.[25] Anders kann dies wiederum dann zu beurteilen sein, wenn der Notariatsverwalter in einer Sozietät mit anderen Notaren tätig wird. Wird der Notariatsverwalter später zum Notar an der verwalteten Amtsstelle bestellt, muss er die Mitarbeiter dagegen nicht noch einmal verpflichten, weil weder ein neues Beschäftigungsverhältnis vorliegt, noch hat die Person des Amtsinhabers gewechselt. Anders ist dies indes für den dem Notariatsverwalter anschließenden Amtsnachfolger. Dieser muss die Mitarbeiter erneut verpflichten. In diesem Fall kann es mithin zu einer Kumulation von Verpflichtungen (durch den Amtsvorgänger, den Notariatsverwalter und den Amtsnachfolger) kommen. 14

22 Vgl. Weingärtner/*Ulrich*, § 4 Rn 11; BeckOK-BNotO/*Salzmann*, § 4 DONot Rn 2.

23 Vgl. Frenz/Miermeister/*Bremkamp*, § 26 BNotO Rn 14.

24 Vgl. BeckOK-BNotO/*Hushahn*, § 26 BNotO Rn 6.

25 Vgl. Arndt/Lerch/Sandkühler/*Sandkühler*, § 26 Rn 13.

15 Fraglich könnte sein, wie Mitarbeiter zu behandeln sind, die nach den Vorschriften des Gesetzes zum Schutze der erwerbstätigen Mutter (**Mutterschutzgesetz** – MuSchG)[26] oder des Gesetzes zum Elterngeld und zur **Elternzeit** (Bundeselterngeld- und Elternzeitgesetz – BEEG)[27] aus dem Dienst vorübergehend ausscheiden bzw. Elternzeit nehmen. In beiden Fällen endet das Beschäftigungsverhältnis nicht, es wird lediglich temporär vollständig oder teilweise „suspendiert". Da das Beschäftigungsverhältnis hier indes gleichgeblieben ist und gerade kein Beschäftigungsverhältnis „bestanden hat", sondern noch immer fortbesteht, bedarf es in diesen Fällen keiner neuen Verpflichtung.

16 Nicht ganz unproblematisch ist das Verfahren in **Sozietäten**.[28] Bei einem einheitlichen Beschäftigungsverhältnis zu mehreren Notaren genügt es gemäß § 26 S. 3 BNotO grundsätzlich, wenn einer von ihnen die Verpflichtung vornimmt. Fraglich ist jedoch, wie dann vorzugehen ist, wenn ein weiterer Notar in die Sozietät eintritt oder derjenige, der die Verpflichtung vorgenommen hat, ausscheidet. Nach § 26 S. 3 BNotO genügt es in dem Fall, in dem ein einheitliches Beschäftigungsverhältnis zu mehreren Notaren besteht, wenn einer von ihnen die Verpflichtung vornimmt. Damit wirkt die Verpflichtung durch einen Notar für die anderen Notare „mit". Dementsprechend braucht die Verpflichtung des Mitarbeiters nicht wiederholt zu werden, wenn ein neues Mitglied in die Gemeinschaft eintritt. Gleiches dürfte auch dann gelten, wenn ein Notar, der nicht die Verpflichtung vorgenommen hat, aus der Gemeinschaft ausscheidet.[29] Nur in dem Fall, wenn der Notar, der die Verpflichtung vorgenommen hat, aus der Sozietät ausscheidet, sollten die von ihm vorgenommenen Verpflichtungen zur Sicherheit erneuert werden. Wie auch sonst gilt hier der allgemeine Grundsatz: Eine (wiederholende) Verpflichtung zu viel ist allemal besser als eine Verpflichtung zu wenig.

17 Anders stellt sich das Verfahren in Sozietäten bei der Verpflichtung von Dienstleistern dar. § 26a BNotO enthält keine Norm, die § 26 S. 3 BNotO entspricht, sodass grundsätzlich jeder Amtsträger eine eigene Verschwiegenheitsverpflichtung mit dem Dienstleister abschließen muss. Zum Teil wird argumentiert, § 26 S. 3 BNotO sei auf diese Sachverhalte entsprechend anwendbar.[30] Allerdings darf bezweifelt werden, ob angesichts des offensichtlichen Fehlens einer entsprechenden Regelung in § 26a BNotO tatsächlich von einer *planwidrigen* Regelungslücke ausgegangen werden kann. Während sich die nach § 1 Abs. 1 VerpflG in einem hoheitlichen Verfahren förmlich durchgeführte Verpflichtung sodann auf das Beschäftigungsverhältnis als solches bezieht, handelt es sich bei der Verschwiegenheitsverpflichtung nach § 26a Abs. 3 BNotO letztlich um eine privatrechtliche Vereinbarung, die jeder Notar zur Erfüllung seiner amtsbezogenen Pflichten selbst abschließen muss. Freilich kann in einer Sozietät die Verschwiegenheitsvereinbarung aller Amtsträger in einem Dokument zusammengefasst werden.

18 Eine gesetzliche Pflicht, die **Verpflichtung der Angestellten in regelmäßigen Abständen zu wiederholen**, besteht nicht.[31] Grundsätzlich gilt – von den vorgenannten Ausnahmefällen abgesehen – eine einmal vorgenommene Verpflichtung reicht für das ganze (Arbeits-)Leben. Gleichwohl kann es sinnvoll sein, die besondere Bedeutung der Verschwiegenheit – insbesondere bei Gesetzesänderungen, aktuellen Anlässen in dem betreffenden oder anderen Büros – noch einmal eindringlich zu wiederholen. Das erscheint sinnvoller als jährlich einmal im „Umlaufverfahren" auf die Verschwiegenheitspflicht hinzuweisen. Wie und in welchem Rhythmus der Notar solche „erneuten Verpflichtungen" konkret vornimmt, steht jedoch in seinem eigenen Organisationsermessen.[32] Gleiches gilt auch für die Frage, ob, beziehungsweise auf welche Weise, er dies „aktenkundig" macht.

26 Gesetz zum Schutz von Müttern bei der Arbeit, in der Ausbildung und im Studium (Mutterschutzgesetz [MuSchG]) vom 23.5.2017 (BGBl I 2017, 1228, verkündet als Art. 1 des Gesetzes zur Neuregelung des Mutterschutzrechts vom. 23.5.2017 (BGBl I 2017, S. 1228); Inkrafttreten am 1.1.2018 gemäß Art. 10 Abs. 1 S. 1 dieses Gesetzes mit Ausnahme von § 32 Abs. 1 Nr. 6 (Inkrafttreten gem. Art. 10 Abs. 1 S. 3 am 1.1.2019). Siehe bis zum 31.12.2017 das Mutterschutzgesetz i.d.F. der Bekanntmachung. vom. 20.6.2002 (BGBl I 2002, S. 2318).

27 In der Fassung der Bekanntmachung vom 27.1.2015 (BGBl I 2015, S. 33), zuletzt geändert durch Art. 6 Abs. 9 des Gesetzes zur Neuregelung des Mutterschutzes vom 23.5.2017 (BGBl I 2017, 1228).

28 Vgl. dazu BeckOK-BNotO/*Hushahn*, § 26 BNotO Rn 6; BeckOK-BNotO/*Salzmann*, § 4 DONot Rn 2.

29 Wie hier: BeckOK-BNotO/*Salzmann*, § 4 DONot Rn 2.

30 Vgl. Weingärtner/*Ulrich*, § 4 Rn 5; für § 26a BNotO: Frenz/Miermeister/*Bremkamp*, § 26a Rn 41.

31 So nun auch Weingärtner/*Ulrich*, § 4 Rn 5.

32 So *Preuß*, ZNotP 2008, 98, 99.

§ 5 Bezeichnung der Beteiligten in Urkunden

(1) [1]Bei der Bezeichnung natürlicher Personen sind der Vorname oder die Vornamen, der Familienname, das Geburtsdatum, der Wohnort und die Anschrift anzugeben [2]Weicht der zur Zeit der Beurkundung geführte Familienname von dem Geburtsnamen ab, ist auch der Geburtsname anzugeben. [3]Von der Angabe der Anschrift ist abzusehen, wenn dies in besonders gelagerten Ausnahmefällen zum Schutz gefährdeter Beteiligter oder ihrer Haushaltsangehörigen erforderlich ist. [4]Von der Angabe der Anschrift kann abgesehen werden, wenn die Urkunde zur Übermittlung an das Handelsregister oder ein ähnliches Register bestimmt ist und Zweifel und Verwechslungen ausgeschlossen sind. [5]Bei natürlichen Personen, die geschäftlich oder dienstlich auftreten, kann anstelle von deren Wohnort und Anschrift deren Geschäfts- oder Dienstanschrift einschließlich des Ortes angegeben werden.

(2) [1]Bei der Bezeichnung Beteiligter, die keine natürlichen Personen sind, sind der Name oder die Firma, die Rechtsform, eine Dienst- oder Geschäftsanschrift und gegebenenfalls ein davon abweichender Sitz anzugeben. [2]Sind Beteiligte in einem Register eingetragen, sind auch die registerführende Stelle und die Registernummer aufzunehmen.

Literatur *Bohrer*, Identität und Identifikation, MittBayNot 2005, 460; *Böhringer*, Datenschutz im Grundbucheintragungsverfahren durch entsprechende Urkundengestaltung, DNotZ 2012, 413; *Borges*, Der neue Personalausweis und der elektronische Identitätsnachweis, NJW 2010, 3334; *Bosch/Strauß*, Identitätsfeststellung bei ausländischen Beteiligten ohne Ausweispapiere, DNotZ 2020, 4; *Bücker/Viefhues*, Notarprüfung: Häufige Fehler bei der notariellen Amtsführung (Teil 5), ZNotP 2004, 345; *Eickelberg*, SUP, EGVP, ePerso und XML – Die schöne neue (digitale) Welt der GmbH-Gründung, NZG 2015, 81; *Glaab*, Gesetz zur Optimierung der Geldwäscheprävention gebilligt – Umfang der neuen Pflichten bleibt überschaubar, BB 2011, 3073; *Grüner/Köhler*, Falschbeurkundung im Amt und notarielle Sprachkundigkeitsprüfungs- und Identifizierungspflichten, notar 2018, 105; *Klein*, Das Neue GwG (2017) aus notarieller Perspektive, BWNotZ 2018, 35; *Klingler*, Datenschutz im Notariat, RNotZ 2013, 57; *Klugmann*, Das Gesetz zur Optimierung der Geldwäscheprävention und seine Auswirkung auf die anwaltliche Praxis, NJW 2012, 641; *Renner*, Die Angaben zu den Beteiligten in der Urkunde – Was verlangt die neue DONot?, NotBZ 2002, 432; *Schubert*, Das neue Geldwäschegesetz – Versuch einer ersten Annäherung aus Sicht des rechtlichen Beraters und Kautelarjuristen (Teil 1), NJOZ 2018, 41; *Schubert*, Das neue Geldwäschegesetz – Versuch einer ersten Annäherung aus Sicht des rechtlichen Beraters und Kautelarjuristen (Teil 2), NJOZ 2018, 81; *Sommer*, Das GwG 2017 aus notarieller Sicht – Teil 1: Anwendungsbereich und Risikomanagement, MittBayNot 2019, 107; *Sommer*, Das GwG 2017 aus notarieller Sicht – Teil 2: Sorgfaltspflichten und sonstige notarrelevante Neuerungen, MittBayNot 2019, 226; *Stauder*, Praktische Folgen der neuen Geldwäschegesetzgebung für Unternehmen und Rechtsanwälte, GWR 2012, 330812; *Strauß*, Die Neufassung der DONot zum Datenschutz im Handelsregister, DNotZ 2023, 496; *Thelen*, Das Transparenzregister- und Finanzinformationsgesetz aus notarieller Sicht, notar 2021, 333; *Thelen*, Die Unstimmigkeitsmeldung an das Transparenzregister in der notariellen Praxis, NotBZ 2021, 129; *Thelen*, Geldwäscherecht in der notariellen Praxis; *Zentes/Glaab*, Novellierung des Geldwäschegesetzes (GwG): Ausblick auf das Gesetz zur Optimierung der Geldwäscheprävention, BB 2011, 1475.

A. Einleitung und Geschichte

1 Abs. 1 entspricht im Wortlaut § 26 Abs. 2 DONot a.F., an dem lediglich redaktionelle Anpassungen vorgenommen wurden. § 26 Abs. 1 DONot a.F., der die besondere Sorgfaltspflicht der Notare bei der Feststellung der Beteiligten wiederholte, wurde nicht übernommen, da ein über § 10, § 40 Abs. 4 BeurkG hinausgehender Regelungsgehalt nicht ersichtlich gewesen sei.[1]

Abs. 2 wurde im Zuge der DONot-Reform 2022 neu eingefügt und hat in den bisherigen Fassungen der Dienstordnung kein Vorbild. Er regelt die Bezeichnung von Beteiligten, die keine natürlichen Personen sind. Solche sind meist – außer in Fällen von Untervertretungen – nach dem Beurkundungsrecht materiell Beteiligte.[2] Die Einfügung des Abs. 2 hat damit Auswirkungen auf die Auslegung der gesamten Norm. Während § 26 Abs. 2 DONot a.F. dahingehend ausgelegt wurde, dass lediglich die Bezeichnung formell Beteiligter erfasst werde, bezieht sich § 5 DONot nun in beiden Absätzen auf materiell Beteiligte.[3]

2 § 5 DONot ergänzt die § 10 Abs. 2, § 40 Abs. 4 BeurkG. Die vergangenen Reformen von Beurkundungsrecht und Dienstordnung haben im Wesentlichen zu einer Konsolidierung des § 10 BeurkG und einer Kürzung des jetzigen § 5 DONot geführt, was in der Literatur zuvor lange als sinnvoll angeregt wurde.[4] So waren noch vor der vorvergangenen grundlegenden Reform der DONot in den Jahren 2000/2001 im damaligen § 25 DONot a.F. Regelungen dazu enthalten, auf welche Weise sich der Notar Gewissheit über die Identität der Person verschaffen soll. Diese wurden im Hinblick auf die höherrangigen Regelungen im Beurkundungsrecht für entbehrlich gehalten und sind entfallen. Der § 26 Abs. 1 DONot a.F. enthielt aber nach wie vor die Wiederholung der besonderen Sorgfaltspflicht der Notare bei der Feststellung der Beteiligten. 2017 wurde insoweit eine Ergänzung des § 10 BeurkG vorgenommen, sodass dessen Abs. 1 nun ausdrücklich als Amtspflicht anordnet, der Notar solle sich Gewissheit über die Person der Beteiligten verschaffen. Spätestens seither hatte § 26 Abs. 1 DONot a.F. keine eigenständige Bedeutung mehr, sodass die Wiederholung der Amtspflicht in der Dienstordnung im Zuge der DONot-Reform 2022 gestrichen werden konnte, ohne dass dies Auswirkungen auf die hohen Anforderungen an die notarielle Sorgfalt bei der Identifizierung der Beteiligten hätte.

3 Auch daneben besitzt § 5 DONot eine bemerkenswerte Gesetzgebungsgeschichte:[5] So machte die DONot in ihrer Fassung aus den Jahren 2000/2001 dem Notar in § 26 DONot a.F. zur Pflicht, grundsätzlich bei allen Beteiligten die **Wohnanschrift** in die Urkunde aufzunehmen. Ausgenommen wurden nur „gefährdete Personen". Diese Regelung stand indes im Widerspruch zu einer langjährigen Tradition der notariellen Praxis, bei Vertretern insbesondere von Personenhandels- und Kapitalgesellschaften in vielen Fällen nur die Geschäftsadresse, nicht jedoch die Wohnanschrift anzugeben. Gegen die Neuregelung erhoben sich daher in der Praxis erhebliche Widerstände. Zum Teil ging dies soweit, dass versucht wurde, die Bestimmung „teleologisch" zu reduzieren.[6] Die Kritik blieb nicht ungehört und fand ihren Niederschlag in der DONot-Novelle aus dem Jahre 2005. Hier wurde klargestellt, dass bei Vertretern von juristischen Personen des öffentlichen Rechts und bei Notarmitarbeitern die Angabe der Dienst- oder Geschäftsadresse genügt. Nach anhaltender und massiver Kritik, insbesondere unter Gleichbehandlungsaspekten, wurde § 26 DONot a.F. im Jahre 2007 ein weiteres Mal geändert: Auch bei Vertretern von juristischen Personen des Privatrechts genügt nunmehr die Angabe der Geschäftsadresse in der Urkunde. In ähnlichem Kontext standen schließlich auch die Anpassung bzw. Einführung von § 5 Abs. 1 S. 4 und S. 5 DONot im Sommer 2023. Nachdem die Einsichtnahme in die Registerordner zur Förderung der Transparenz liberalisiert wurde, wurden die Möglichkeiten der Notarinnen und Notare erweitert, auf die Angabe personenbezogener Daten zu verzichten, um die Gerichte bei der Erfüllung ihrer datenschutzrechtlichen Aufgaben zu unterstützen (s. hierzu Vor §§ 1–21 DONot Rdn 23 f.).

1 Begründung DONot 2022, S. 6 f.
2 Begründung DONot 2022, S. 7.
3 Begründung DONot 2022, S. 6; Heinemann/Trautrims/*Strauß*, § 5 DONot Rn 3.
4 Vgl. bereits *Kanzleiter*, DNotZ 1972, 519; *Bohrer*, Rn 181.
5 Zur Auffassung des Gesetzgebers bei der Schaffung des § 10 BeurkG siehe *Kanzleiter*, DNotZ 1970, 581, 585.
6 Vgl. *Renner*, NotBZ 2002, 432, 433 ff.; *Bücker/Viefhues*, ZNotP 2004, 345, 346 f.

Im Kontext der Pflicht zur Identifizierung der Beteiligten ist stets auch das Gesetz über das Aufspüren von Gewinnen aus schweren Straftaten – **Geldwäschegesetz (GwG)** – zu beachten.[7] Durch Ihre gesetzlich vorgeschriebene Hinzuziehung bei Immobilientransaktionen nehmen die Notare seit jeher eine zentrale Rolle in der Geldwäscheprüfung ein, indem sie die Identität der Beteiligten zuverlässig prüfen und dokumentieren, notarielle Urkunden langjährig aufbewahren, steuerliche Meldungen an die Finanzämter abgeben und in Zusammenarbeit mit den Grundbuchämtern Transparenz schaffen.[8] Es erscheint daher naheliegend, dass das Geldwäschegesetz spezifische Pflichten an die Notare stellt. Die traditionellen Formzwecke, denen zivilrechtliche Formvorschriften dienen, werden insoweit durch den öffentlichen Zweck der Geldwäscheprävention ergänzt. 4

Das Geldwäschegesetz ist in jüngerer Vergangenheit gleich mehrmals, zum Teil grundlegend, reformiert worden. Als „Startschuss" eines neuen geldwäscherechtlichen Regimes dürfte die Vierte EU-Geldwäscherichtlinie[9] bezeichnet werden. Durch das „Gesetz zur Umsetzung der Vierten EU-Geldwäscherichtlinie, zur Ausführung der EU-Geldtransferverordnung und zur Neuorganisation der Zentralstelle für Finanztransaktionsuntersuchungen", das am 26.6.2017 in Kraft trat,[10] wuchs der Regelungskatalog des GwG von 17 auf 59 (!) Paragraphen an. Die nächste Verschärfung brachte das „Gesetz zur Umsetzung der Änderungsrichtlinie zur Vierten EU-Geldwäscherichtlinie", das zum 1.1.2020 in Kraft trat.[11] Darin enthalten waren aus notarieller Sicht vor allem die Einführung zweier **Beurkundungsverbote**[12] sowie eine Erweiterung der **Meldepflichten**[13] der rechtsberatenden Berufe. Zur Konkretisierung der Meldepflichten erließ das Bundesministerium der Finanzen aufgrund von § 43 Abs. 6 GwG zum 1.10.2020 eine Meldepflichtverordnung mit einem Katalog von Sachverhalten, bei deren Vorliegen der Notar stets eine Meldung an die Zentralstelle für Finanztransaktionsuntersuchungen abgeben muss.[14] Zum 25.6.2021 erfolgte schließlich eine weitere Reform des GwG durch das Transparenzregister- und Finanzinformationsgesetz.[15] Mit diesem wurde das Transparenzregister zu einem Vollregister ausgebaut, was sich auf die Pflichten der Notare zur Einholung eines Transparenzregisterauszuges (§ 12 Abs. 3 S. 2 GwG) und zur Abgabe von Unstimmigkeitsmeldungen (§ 23a GwG) auswirkte.[16] 5

Gemäß § 2 Abs. 1 Nr. 10 lit. a GwG findet das GwG Anwendung auf Notare, u.a. „soweit sie für den Mandanten an der Planung oder Durchführung von folgenden Geschäften mitwirken: 6

aa) Kauf und Verkauf von Immobilien oder Gewerbebetrieben,

(...)

ee) Gründung, Betrieb oder Verwaltung von Treuhandgesellschaften, Gesellschaften oder ähnlichen Strukturen".

Daneben sind sie nach § 2 Abs. 1 Nr. 10 lit. d GwG betroffen, soweit sie „Beratung oder Dienstleistungen im Zusammenhang mit Zusammenschlüssen oder Übernahmen erbringen".

Im Immobilienrecht erfasst sind damit alle unmittelbaren oder mittelbaren entgeltlichen Transaktionen von Grundstücken, grundstücksgleichen Rechten und Miteigentumsanteilen.[17] Im Gesellschaftsrecht werden der Kauf von Gewerbebetrieben, die Gründung, der Betrieb oder die Verwaltung von Gesellschaften sowie die Beratung im Zusammenhang mit Zusammenschlüssen und Übernahmen ausdrücklich genannt. Da unter den Begriff der „Verwaltung einer Gesellschaft" sämtliche gesellschaftsrechtlichen Vorgänge gefasst werden können, die im Zusammenhang mit Geldwäsche und Ter-

7 Hierzu instruktiv *Thelen*, Geldwäscherecht in der notariellen Praxis.

8 *Thelen*, Geldwäscherecht in der notariellen Praxis, V.

9 Amtsblatt der Europäischen Union vom 5.6.2015 – L 141/73, abrufbar unter http://eur-lex.europa.eu/legal-content/DE/TXT/PDF/?uri=CELEX:32015L0849&from=DE, letzter Abruf im April 2022.

10 BGBl 2017 I, 1822.

11 BGBl 2019 I, 2602.

12 Vgl. *Thelen*, Geldwäscherecht in der notariellen Praxis, Rn 412 ff.; Auslegungs- und Anwendungsempfehlungen der Bundesnotarkammer 2021, S. 43 ff.

13 Vgl. *Thelen*, Geldwäscherecht in der notariellen Praxis, Rn 445 ff.; Auslegungs- und Anwendungsempfehlungen der Bundesnotarkammer 2021, S. 46 ff.

14 BGBl 2020 I, 1965.

15 BGBl 2021 I, 2083.

16 Vgl. Auslegungs- und Anwendungsempfehlungen der Bundesnotarkammer 2021, S. 5; *Thelen*, notar 2021, 333; *ders.*, NotBZ, 2021, 129.

17 Vgl. *Thelen*, Geldwäscherecht in der notariellen Praxis, Rn 72; *Schubert*, NJOZ 2018, 81; *Sommer*, MittBayNot 2019, 107.

rorismusfinanzierung stehen könnten, empfiehlt es sich, die geldwäscherechtlichen Pflichten im Gesellschaftsrecht stets zu beachten.[18] Spezialvollmachten im Zusammenhang mit den genannten Geschäften fallen damit auch in den Anwendungsbereich des GwG. Gleiches gilt für Unterschriftsbeglaubigungen im Sinne des § 40 BeurkG, die ein Geschäft im Anwendungsbereich des GwG betreffen.[19]

7 Nach § 10 Abs. 1 Nr. 1 GwG besteht dabei stets eine besondere Pflicht zur rechtssicheren Identifizierung des „Vertragspartners". Hierbei handelt es sich stets um den formell Beteiligten an der Urkunde (§ 6 Abs. 2 BeurkG), also den Erschienen. Bei Beglaubigungen nach § 40, § 40a BeurkG ist die Person maßgeblich, welche die Unterschrift vollzieht oder die Unterschrift oder qualifizierte elektronische Signatur anerkennt.[20] In Vertretungsfällen muss also nur der Vertreter entsprechend §§ 11 Abs. 4 Nr. 1, 12 Abs. 1, 13 Abs. 1 GwG identifiziert werden. Hinsichtlich des Vertretenen ist lediglich entsprechend § 11 Abs. 5 GwG der wirtschaftlich Berechtigte zu identifizieren. Die geldwäscherechtliche Identifizierung der formell Beteiligten setzt sich zusammen aus der **Feststellung der Identität und der Überprüfung der Identität** (§ 1 Abs. 3 GwG). Zu erheben sind der Vorname und der Nachname, der Geburtsort und das Geburtsdatum, die Staatsangehörigkeit und die Wohnanschrift. Gemäß § 12 Abs. 1 Nr. 1 GwG stellt der Notar die Identität dabei grundsätzlich fest anhand eines gültigen amtlichen Lichtbildausweises, mit dem im Inland die Pass- und Ausweispflicht erfüllt wird.[21] Das ist für einen deutschen Staatsangehörigen u.a. der Personalausweis und der Reisepass (§ 1 Abs. 1 S. 1, S. 3 PAuswG, § 1 Abs. 1 S. 1 PassG).[22] Im zum 1.8.2022 eingeführten notariellen Online-Verfahren erfolgt die geldwäscherechtliche Überprüfung durch das Prüfen der elektronischen Identitätsnachweise, die nach § 16c S. 1 BeurkG zur Feststellung der Beteiligten zugelassen sind, vgl. § 12 Abs. 1 S. 1 Nr. 2, Nr. 4, § 13 Abs. 1 Nr. 2 GwG. Zu beachten ist, dass diese strengen Vorgaben bei geringerem Geldwäscherisiko im Einzelfall dahingehend entsprechend § 14 Abs. 2 Nr. 2 GwG gelockert werden können, dass im Einzelfall die Identifizierung auch auf Grundlage von sonstigen Dokumenten, Daten oder Informationen einer glaubwürdigen und unabhängigen Quelle durchgeführt werden kann, d.h. insbesondere aufgrund von abgelaufenen Ausweisdokumenten, die jedoch eine Identifizierung noch ermöglichen.

8 Sollte ein **Beteiligter dem Notar bereits bekannt** sein, bedarf es grundsätzlich keiner erneuten Identifizierung, wenn ein Beteiligter bereits bei früherer Gelegenheit nach dem GwG identifiziert wurde und Ausweiskopien (§ 8 Abs. 1 S. 1 Nr. 1 GwG) noch vorliegen.[23] Ein Absehen von einer erneuten Identifizierung dürfte aber voraussetzen, dass bei der konkreten Akte festgehalten wird, wo die frühere Dokumentation zu finden ist (z.B. Verweis auf früheren Vorgang und die Nebenakte), und dass die Aufbewahrung der Dokumentation für die entsprechende Aufbewahrungsfrist (i.d.R. dürften dies fünf Jahre ab Schluss des Jahres sein, in dem die „Geschäftsbeziehung" endet, i.d.R. durch Abschluss des Urkundsvollzugs) sichergestellt wird.[24] Zu beachten ist überdies: Auch seit Jahren bekannte Personen müssen einmalig den Anforderungen des GwG genügend identifiziert werden, sofern nicht aufgrund der Anwend-

18 Vgl. *Thelen*, Geldwäscherecht in der notariellen Praxis, Rn 78; Auslegungs- und Anwendungsempfehlungen der Bundesnotarkammer 2021, S. 14; *Klein*, BWNotZ 2018, 35. Auf die Frage, ab wann es sich bei Anteilsveräußerungen um einen Fall des § 2 Abs. 1 Nr. 10 lit. a GwG handelt, kommt es daher nicht an.

19 *Schubert*, NJOZ 2018, 81; Auslegungs- und Anwendungsempfehlungen der Bundesnotarkammer 2021, S. 14.

20 Auslegungs- und Anwendungsempfehlungen der Bundesnotarkammer 2021, S. 24 f.; zustimmend: *Klein*, BWNotZ 2018, 35, 41.

21 Ein Führerschein reicht dementsprechend nicht aus. Dies bedeutet damit indes auch, dass das betreffende Dokument nicht zwingend alle für die Feststellung erforderlichen Angaben enthalten muss – so findet sich insbesondere im Reisepass keine Angabe zum Wohnort.

22 Vgl. hierzu die Anwendungsempfehlungen der BNotK zum Geldwäschegesetz (2017, S. 15): Für Staatsangehörige eines Mitgliedstaates der Europäischen Union und eines Vertragsstaates des Abkommens über den Europäischen Wirtschaftsraum (Island, Liechtenstein und Norwegen) sowie Staatsangehörige der Schweiz wird die inländische Ausweispflicht ebenfalls mit einem von diesen Staaten ausgestellten Personalausweis oder Reisepass erfüllt (§ 8 Abs. 1 FreizügigkeitsG/EU i.V.m. § 3 Abs. 1 S. 1 AufenthaltsVO; Art. 3 i.V.m Anlage I Art. 1 Abs. 1 S. 1 Freizügigkeitsabkommen Schweiz-EU). Ein nicht freizügigkeitsberechtigter Drittstaatsangehöriger kann die inländische Ausweispflicht hingegen grundsätzlich nur durch einen in Deutschland durch zwischenstaatliche Vereinbarung oder Allgemeinverfügung des Bundesinnenministeriums anerkannten ausländischen Pass oder einen von deutschen Behörden ausgestellten Passersatz (§§ 3, 4 AufenthaltG) bzw. eine Bescheinigung über die Aufenthaltsgestattung (§ 64 Abs. 1 AsylVfG) erfüllen; vgl. hierzu auch DNotI-Gutachten 145516/15 und 154337/17.

23 *Klein*, BWNotZ 2018, 35, 43; Auslegungs- und Anwendungsempfehlungen der Bundesnotarkammer 2021, S. 27.

24 *Klein*, BWNotZ 2018, 35, 43.

barkeit vereinfachter Sorgfaltspflichten gemäß § 14 Abs. 2 Nr. 2 GwG eine Überprüfung der Identität auf der Grundlage von sonstigen Dokumenten, Daten oder Informationen durchgeführt werden kann, die von einer glaubwürdigen und unabhängigen Quelle stammen und für die Überprüfung geeignet sind.

Besonders zu beachten ist, dass bei der **Feststellung eines geringeren Risikos**[25] die Sorgfaltspflichten im Einzelfall angemessen verringert werden können – so kann etwa die Identifizierung mittels eines anderen amtlichen Lichtbildausweises erfolgen als desjenigen, mit dem im Inland die Pass- und Ausweispflicht erfüllt wird. Die nicht abschließende Aufzählung in der Anlage 1 zum GwG ist zu beachten.[26] Der gesetzgeberische Ausgangsfall ist die Annahme eines üblichen Geldwäscherisikos. Wird hiervon im Falle eines hohen oder geringen Risikos abgewichen, sind die maßgeblichen Abwägungsgesichtspunkte mit der Bewertung zu dokumentieren (§ 8 Abs. 1 S. 1 Nr. 2 GwG).[27] Zur Vornahme und Dokumentation der Risikobewertung dient auch das GwG-Prüfungstool, das von der Bundesnotarkammer bereitgestellt wird.[28] Der Notar hat entsprechend § 10 Abs. 1 Nr. 2 GwG auch etwaige „**wirtschaftliche Berechtigte**" zu identifizieren. Es handelt sich dabei stets und definitionsgemäß um natürliche Personen.[29] Bei offenen Vertretungen natürlicher Personen wird der wirtschaftlich Berechtigte damit ohnehin kenntlich gemacht (zur abweichenden Lage bei Treuhandkonstellationen sogleich), weitere Maßnahmen sind daher regelmäßig nicht erforderlich. Bei der Vertretung von Kapital- oder Personengesellschaften wird als wirtschaftlich Berechtigter angesehen, wer unmittelbar oder mittelbar mehr als 25 % der Kapital- oder Stimmanteile hält oder auf vergleichbare[30] Art und Weise Kontrolle über die Gesellschaft ausüben kann. Liegt hier – wie regelmäßig – kein erhöhtes Geldwäscherisiko vor, kann der Notar grundsätzlich auf die Richtigkeit der Angaben der Beteiligten vertrauen.[31] Die Namenserhebungs- und -dokumentationspflicht kann der Notar erfüllen, indem er einen Handelsregisterauszug bzw. eine Gesellschafterliste oder vergleichbare Registerdokumente der betroffenen Gesellschaft abruft[32] und in der Nebenakte (bzw. elektronisch) ablegt. Im Rahmen von Erwerbsvorgängen nach § 1 GrEStG ist dem Notar die Identität der wirtschaftlich Berechtigten vor der Beurkundung in Textform anhand einer Dokumentation der Eigentums- und Kontrollstruktur offenzulegen. 9

Besonderheiten sind demgegenüber im Rahmen von **Treuhandkonstellationen** – in denen also der Treugeber und nicht der -händer als wirtschaftlich Berechtigter aufzufassen ist – zu beachten. *Schubert*[33] schlägt für die betreffende Erklärung, die stets gesondert erfolgen müsse und nicht in der Urkunde festgehalten werden dürfe, da andernfalls der Treuhänder gegen seine Verschwiegenheitspflicht aus dem Treuhandverhältnis verstoßen würde, folgenden Text vor: 10

Muster: Treuhandkonstellationen 11

Hiermit erkläre ich, ..., im Rahmen der Urkunde ... aufgrund eines Treuhandverhältnisses für den wirtschaftlich Berechtigten (Vorname Nachname Geburtsdatum Wohnort) zu handeln. Eine Ausweiskopie der vorgenannten Person füge ich bei.

Um etwaige Treuhandkonstellationen aufzudecken, bietet es sich nach der Bundesnotarkammer (BNotK) an, in möglichen Treuhandfällen standardmäßig eine Erklärung der betroffenen formell Beteiligten in die 12

25 Ein solches besteht regelmäßig insbesondere bei Immobiliengeschäften natürlicher Personen für eigene Wohn-/Geschäftszwecke (auch bei Zweit- oder Ferienwohnungen), sowie für Vermietungszwecke und bei gesellschaftsrechtlichen Vorgängen, wenn dem Notar das Unternehmen aus seiner bisherigen Tätigkeit bekannt ist und ihm bekannt ist, dass es sich um ein tatsächlich betriebenes Unternehmen handelt.

26 Im Hinblick auf das Kundenrisiko eine auftretende öffentliche Behörde oder ein öffentliches Unternehmen, ein börsennotiertes Unternehmen, das Transparenzpflichten hinsichtlich seiner wirtschaftlichen Eigentümer unterliegt, oder Beteiligte mit geografischem Sitz in einem Mitgliedstaat der EU (offen bleibt, ob dies auf den EWR zu übertragen ist); weiterhin sind – was weniger griffig sein dürfte – Beteiligte genannt, die einen geografischen Sitz in einem Drittstaat mit gut funktionierenden Systemen zur Verhinderung, Aufdeckung und Bekämpfung von Geldwäsche und von Terrorismusfinanzierung bzw. in einem Drittstaat, in dem die Empfehlungen der FATF laut glaubwürdigen Quellen wirksam umgesetzt werden, oder in einem Drittstaat, in dem Korruption und andere kriminelle Tätigkeiten laut glaubwürdigen Quellen schwach ausgeprägt sind, haben.

27 *Thelen*, Geldwäscherecht in der notariellen Praxis, Rn 177.

28 Abrufbar aus dem Notarnetz unter https://gwg.bnotk.de; zuletzt abgerufen im August 2025.

29 Bei Stiftungen kann wirtschaftlich berechtigt auch eine Gruppe von Personen sein, § 3 Abs. 3 Nr. 4 GWG.

30 Zur geldwäscherechtlichen Bewertung verschiedener Fallgruppen *Thelen*, Geldwäscherecht in der notariellen Praxis, Rn 238 ff.

31 *Sommer*, MittBayNot 2019, 226, 231.

32 Bei der Vertretung nicht im Handelsregister eingetragener Gesellschaften sollten die Gesellschaftsverträge/Satzungen bzw. Gesellschafterbeschlüsse verwendet werden.

33 *Schubert*, NJOZ 2018, 81, 86.

Urkunde aufzunehmen, wonach diese auf eigene Rechnung bzw. – in Vertretungsfällen – auf Rechnung des auf eigene Rechnung handelnden Vertretenen handeln.[34]

13 Bei der **Begründung neuer Geschäftsbeziehungen** hat der Notar seit dem 1.1.2020 einen Auszug aus dem **Transparenzregister** einzuholen (§ 12 Abs. 3 S. 2 GwG). Eine „neue Geschäftsbeziehung" wird dabei begründet, wenn ein Beteiligter die Notarstelle vor dem 1.1.2020 weder anlässlich der vorliegenden noch einer früheren Amtstätigkeit aufgesucht hat. Nach § 11 Abs. 3 S. 1 GwG ist keine Einholung eines Transparenzregisterauszuges erforderlich bei Beteiligten, bei denen bereits ein Transparenzregisterauszug vorliegt. Nach § 20 Abs. 2 GwG a.F. galt die Pflicht zur Einholung eines Auszuges als erfüllt, wenn sich die Angaben zum wirtschaftlich Berechtigten aus einem anderen Register ergaben (etwa aus der Gesellschafterliste, die im Handelsregister hinterlegt ist). Seit dem 1.8.2021 gilt diese Mitteilungsfiktion nicht mehr. Die Pflicht zur Einholung eines Transparenzregisterauszuges besteht damit unabhängig von einer etwaigen Eintragung im Handelsregister.

14 Die Aufsichtsbehörde ist nach § 51 Abs. 3 GwG jederzeit zu einer anlassunabhängigen Prüfung berechtigt. Im Falle eines Pflichtverstoßes drohen empfindliche **Bußgelder** (§ 56 GwG).[35] Besonders bemerkenswert ist überdies die „Prangervorschrift" (auch: „name and shame"[36]) des § 57 GwG, wonach unanfechtbare Bußgeldbescheide auf der Internetseite der Aufsichtsbehörde bekanntzumachen sind. Neben diesen spezialgesetzlichen Maßnahmen drohen dem Notar schließlich auch die „normalen" dienstaufsichtsrechlichen Maßnahmen.

B. Feststellung der Identität der Beteiligten

I. Sorgfaltsanforderungen

15 § 10 Abs. 1 BeurkG verlangt vom Notar, sich Gewissheit über die Person der Beteiligten zu verschaffen.[37] Die Sicherheit des Rechtsverkehr, der die vom Notar errichteten öffentlichen Urkunden dienen, steht und fällt mit der sorgfältigen Ermittlung der Identität der Urkundsbeteiligten und ihrer Feststellung in der Urkunde.[38] Es ist daher selbstverständlich, dass der Notar an dieser Stelle eine besondere Aufmerksamkeit und Sorgfalt walten lassen muss. Nach § 26 Abs. 1 DONot a.F. hat der Notar dabei „besondere Sorgfalt", nach der Rechtsprechung des BGH sogar „äußerste Sorgfalt" anzuwenden.[39] Da durch diese Anforderungen ein bedeutender Mehrwert gegenüber der Regelung des § 10 Abs. 2 BeurkG nicht generiert wird, wonach an die Feststellungen der Personenidentität hohe Anforderungen zu stellen sind,[40] erscheint die Streichung des § 26 Abs. 1 DONot a.F. als konsequent, ohne dass damit eine Abwertung der zentralen notariellen Sorgfaltspflicht verbunden wäre.

16 Die Wirkungen der Feststellungen des Notars in der Urkunde ergeben sich aus § 415 ZPO. Die Identitätsfeststellung ist Teil der öffentlichen Urkunde und erbringt daher den „vollen Beweis" der Tatsache (§ 415 Abs. 1 ZPO),[41] ohne dass allerdings der Gegenbeweis ausgeschlossen wäre (§ 415 Abs. 2 ZPO).[42]

17 Die Dienstaufsicht hat auch im Bereich der Identitätsfeststellung die **sachliche Unabhängigkeit** des Notars zu beachten. Sie kann und darf nicht nachprüfen, ob ein vorgelegter Ausweis die Identität einer Person in ausreichendem Umfang sicherstellt.[43] Der Notar hat seine Überzeugung mit äußerster Sorgfalt und

34 Auslegungs- und Anwendungsempfehlungen der Bundesnotarkammer 2021, S. 34.
35 Bußgelder von bis zu 100.000 EUR, bei schwerwiegenden, wiederholten oder systematischen Verstößen sogar bis zu 1.000.000 EUR.
36 *Thelen*, Geldwäscherecht in der notariellen Praxis, Rn 764; *Klein*, BWNotZ 2018, 35, 48.
37 Zu den speziellen Anforderungen bei Abweichungen und Änderungen des Musterprotokolls vgl. *Wicke*, DNotZ 2012, 15, 17.
38 BeckOK-BNotO/*Bracker*, (5. Edition), § 26 DONot Rn 1.
39 Vgl. BGH DNotZ 1956, 502, 503; hierzu – im Zusammenhang mit den notariellen Online-Verfahren – insbesondere auch die Begründung des Regierungsentwurfes zum Gesetz zur Umsetzung der Digitalisierungsrichtlinie, BT-Drucks 19/28177, S. 119 f.
40 Die Bestimmung erinnert insoweit fatal an § 17 Abs. 2a S. 1 BeurkG.
41 Vgl. grundsätzlich: BGH v. 29.9.2010 – XII ZR 41/09, DNotZ 2011, 340: „Die Feststellung der Identität der erklärenden Person in notariellen Urkunden ist Teil des an der Beweiskraft teilnehmenden Inhalts der Urkunde, soweit nicht gemäß § 10 Abs. 2 S. 2 BeurkG in ihr vermerkt ist, dass sich der Notar keine Gewissheit über die Person verschaffen konnte." Allgemein zu der Beweiswirkung von Vertragsentwurf und beurkundetem Vertrag siehe BGH v. 10.6.2016 – V ZR 295/14, NJW 2017, 175.
42 Vgl. z.B.: Weingärtner/*Weingärtner/Ulrich*, § 26 Rn 3.
43 Vgl. *Dickert*, MittBayNot 1995, 421, 426.

nach gewissenhafter Prüfung frei zu bilden.[44] Bei der Beurteilung spielt nach h.M. auch die Natur des Rechtsgeschäfts eine Rolle. Die Manipulationsgefahren bei einer Generalvollmacht sind anders zu bewerten als bei der Löschungsbewilligung des Eigentümers für eine Hypothek.[45] Die Feststellung, wie der Notar sich Gewissheit über die Identität verschafft hat, gehört zuletzt auch nicht zu den rechtlichen erheblichen Tatsachen i.S.v. § 348 Abs. 1 StGB.[46]

II. Möglichkeiten der Identitätsfeststellung

1. Amtliche Lichtbildausweise

Welches Mittel der Notar zur Feststellung der Person nutzt, liegt in seinem pflichtgemäßen Ermessen.[47] Die Feststellung erfolgt regelmäßig durch Vorlage eines **amtlichen Lichtbildausweises**.[48] Meist handelt es sich dabei um den **Personalausweis** oder den **Reisepass**. Auch ein **Führerschein**, dessen Lichtbild die Person zweifelsfrei erkennen lässt, genügt.[49] Bei älteren Führerscheinen ist das allerdings oft nicht der Fall. Ausreichend können auch die von sonstigen öffentlichen Stellen im Rahmen ihrer Funktionen ausgestellten Lichtbildausweise sein, z.B. Dienstausweise oder Schwerbehindertenausweise. Das gilt vor allem dann, wenn die Dokumente eigenhändig unterschrieben sind und das Lichtbild nicht problemlos ausgewechselt werden kann. Wegen der besonderen Fälschungsrisiken reichen Kopien grundsätzlich nicht aus.[50] Problematisch sind **Passersatzpapiere (§ 4 Abs. 1 AufenthV)**,[51] die für Ausländer, die über keinen Pass verfügen, nach der Aufenthaltsverordnung (AufenthV, vormals Verordnung zur Durchführung des Zuwanderungsgesetzes)[52] ausgestellt werden können.[53] Die in diesen Dokumenten enthaltenen Angaben können oft nur auf den Angaben der betroffenen Personen beruhen. Nach § 4 Abs. 6 AufenthV können Passersatzpapier mit dem Hinweis versehen werden, dass die Personendaten nur auf den eigenen Angaben des Papierinhabers beruhen oder dass ernsthafte Zweifel an den Identitätsangaben des Antragstellers beruhen. Ist ein solcher Hinweis enthalten, genügt das Dokument in der Regel nicht zur zweifelsfreien Identifizierung der Person.[54] Der Notar sollte in solchen Fällen, wenn er die Beurkundung nicht ablehnen will, das vorgelegte Ausweispapier in der Urkunde genau bezeichnen und auf die Unsicherheiten hinweisen (§ 10 Abs. 3 S. 2 BeurkG). Bei Beglaubigungen ist ein Zweifelsvermerk nach § 10 Abs. 3 S. 2 BeurkG aus systematischen und teleologischen Gründen hingegen nicht zulässig und die Urkundstätigkeit bei Vorlegen der genannten Dokumente in der Regel abzulehnen.[55] Keinen ausreichenden Lichtbildausweis stellt der vorläufige Nachweis der Fahrberechtigung gemäß § 22 Abs. 4 S. 6 („Die Fahrerlaubnis wird durch die Aushändigung des Führerscheins oder, wenn der Führerschein nicht vorliegt, ersatzweise durch eine nur im Inland als Nachweis der Fahrerlaubnis geltende befristete Prüfungsbescheinigung nach Anlage 8a erteilt") der Verordnung über die Zulassung von Personen zum Straßenverkehr (Fahrerlaubnis-Verordnung – FeV)[56] dar.[57] Dieser enthält kein Lichtbild und ist aus diesem Grund 18

44 Vgl. *Rohs/Heinemann*, Rn 150; *Winkler*, § 10 Rn 15; *Bettendorf*, RNotZ Sonderheft zu Heft 10/2001, 23.
45 Vgl. *Winkler*, § 10 Rn 15; BeckOK-BNotO/*Bracker*, (5. Edition), § 26 DONot Rn 2.
46 So BGH v. 6.8.2004 – 2 StR 241/04, NJW 2004, 3195.
47 Sonderregelungen bestehen allerdings bei der Identifizierung nach dem Geldwäschegesetz (vgl. dazu ausführlich oben Rdn 4) sowie im Rahmen der notariellen Online-Verfahren nach § 16c BeurkG (vgl. dazu ausführlich unten Rdn 20 ff.).
48 Vgl. bereits BGH v. 20.3.1956 – III ZR 11/55, DNotZ 1956, 502.
49 Vgl. *Lerch*, § 10 BeurkG Rn 6; Soergel/*J. Mayer*, § 10 BeurkG Rn 5 (nach § 2264 BGB).
50 Vgl. Frenz/Miermeister/*Limmer*, § 10 BeurkG Rn 9.
51 Zur Identitätsfeststellung bei ausländischen Beteiligten ohne Ausweispapiere allgemein vgl. *Bosch/Strauß*, DNotZ 2020, 4.
52 Aufenthaltsverordnung, verkündet als Art. 1 der Verordnung zur Durchführung des Zuwanderungsgesetzes vom 25.11.2004 (BGBl I 2004, 2945), zuletzt geändert durch Art. 4 der Verordnung zu automatisierten Datenabrufen aus den Pass- und Personalausweisregistern sowie zur Änderung der Passverordnung, der Personalausweisverordnung und der Aufenthaltsverordnung vom 20.8.2021 (BGBl I 2021, 3682).
53 Durch deutsche Behörden ausgestellte Passersatzpapiere für Ausländer sind der Reiseausweis für Ausländer (§ 5 Abs. 1 AufenthV), der Notreiseausweis (§ 13 Abs. 1 AufenthV), der Reiseausweis für Flüchtlinge (§ 1 Abs. 3), der Reiseausweis für Staatenlose (§ 1 Abs. 4 AufenthV), die Schülersammelliste (§ 1 Abs. 5 AufenthV), die Bescheinigung über die Wohnsitzverlegung (§ 43 Abs. 2 AufenthV) und das Europäische Reisedokument für die Rückkehr (§ 1 Abs. 8 AufenthV).
54 BeckOGK/*Bora*, § 10 BeurkG Rn 25.4.
55 *Bosch/Strauß*, DNotZ 2020, 4, 5; BeckOGK/*Bord*, § 10 BeurkG Rn 25.4; Frenz/Miermeister/*Limmer*, § 40 BeurkG Rn 18.
56 Verordnung über die Zulassung von Personen zum Straßenverkehr (Fahrerlaubnis-Verordnung – FeV) vom 13.12.2010 (BGBl I 2010, 1980), zuletzt geändert durch Art. 1 15. ÄndVO vom 18.3.2022 (BGBl I 2022, 498).
57 OLG Celle v. 22.11.2005 – 4 W 179/05, DNotZ 2006, 297.

auch nur in Verbindung mit einem amtlichen Lichtbildausweis gültig. Ebenfalls untaugliches Identifikationsmittel ist etwa das Familienstammbuch der Eltern mit der Geburtsurkunde des Berechtigten.[58]

Nach der Neufassung des § 20 Abs. 2 PAuswG[59] und des § 18 Abs. 3 PassG[60] dürfen Personalausweis bzw. Reisepass **gescannt und fotokopiert** werden, vorausgesetzt, dies geschieht mit Zustimmung des Inhabers. Die Ablichtung des Ausweises darf der Notar zwar zu seinen Nebenakten nehmen, jedoch ohne ausdrückliche Einwilligung des Inhabers nicht an Dritte (z.B. Banken, Makler[61]) weitergeben.[62] Etwas anderes gilt im Anwendungsbereich des Geldwäschegesetzes (vgl. dazu oben Rdn 6). Wegen der dort geregelten Pflichten zur Identifizierung (§ 11 GWG) sowie zur Aufzeichnung und Aufbewahrung (§ 8 GWG) sind dort die zur Überprüfung der Identität vorgelegten Dokument entweder als Kopie zur Nebenakte oder in einen Sammelordner zu nehmen oder digital abzulegen. Da nach § 8 Abs. 2 GWG auch die ausstellende Behörde aufzuzeichnen ist, sind bei Personalausweisen Vorder- und Rückseite zu kopieren bzw. einzuscannen.

2. Persönliche Feststellung durch den Notar

19 Die Feststellungen zur Person hat der Notar selbst zu treffen.[63] Der Notar muss darauf bestehen, dass ihm der Ausweis persönlich vorgelegt wird. Er darf sich nicht damit zufriedengeben, dass ihm der Beteiligte lediglich die amtlichen Daten des Personalausweises übermittelt. Die Amtspflicht kann überdies auch **nicht auf Mitarbeiter delegiert** werden. Selbstverständlich können die Ausweise bereits vor der Beurkundung von den Mitarbeitern entgegengenommen und die Angaben mit der vorbereiteten Urkunde verglichen werden. Der Notar darf die Ausweise dann aber erst während der Beurkundung im Rahmen des Vorlesens der Personalien und nach dem Vergleichen zurückgeben. Die Feststellung der Identität der Beteiligten ist Teil des Beurkundungsaktes, also der hoheitlichen Tätigkeit des Notars. Solche Funktionen darf der Notar nicht auf Dritte übertragen. Beurkundet ein Notarvertreter und hat ein Beteiligter seinen Ausweis vergessen, kann er sich nachträglich nur gegenüber dem Vertreter, nicht gegenüber dem Notar ausweisen.[64]

3. Gültigkeit des Ausweises

20 Etwas missverständlich heißt es gelegentlich, die Beteiligten müssten sich durch **gültige Ausweise** identifizieren.[65] Soweit darunter verstanden wird, dass man sich nicht aufgrund von gefälschten Papieren ausweisen kann, ist diese Aussage zutreffend. Insoweit trifft den Notar auch eine Prüfungspflicht, wobei von ihm keine Expertenkenntnisse erwartet werden können. Dem Fahrlässigkeitsvorwurf setzt er sich daher nicht aus, wenn er von einer „gut gemachten" Fälschung getäuscht wird. Ein für die Identifikation des Beteiligten ausreichender Ausweis kann jedoch auch dann vorliegen, wenn dieser bereits „abgelaufen" ist.[66] Entscheidend ist, dass der Notar sich aufgrund des amtlichen Dokuments von der Identität der Person überzeugen kann. Dabei spielt es keine Rolle, wie alt der Ausweis ist. Wichtig ist, dass der Notar aufgrund des Lichtbildes, ggf. auch i.V.m. der Unterschriftsleistung, keine Zweifel an der Identität des Erschienenen hat.[67] Dies gilt jedoch nicht, soweit es sich um eine **Amtshandlung im Anwendungsbereich des GWG** handelt (§ 12 Abs. 1 S. 1 Nr. 1 GwG: „anhand eines **gültigen** amtlichen Ausweises, der ein Lichtbild des Inhabers enthält und mit dem die Pass- und Ausweispflicht im Inland erfüllt wird"; siehe

58 OLG Celle v. 22.11.2005 – 4 W 179/05, DNotZ 2006, 297.

59 Vgl. Personalausweisgesetz vom 18.6.2009 (BGBl I 2009, 1346), das zuletzt durch Artikel 4 des Gesetzes vom 18.7.2017 (BGBl I 2017, 2745) geändert worden ist.

60 Siehe Paßgesetz vom 19.4.1986 (BGBl I 1986, 537), das zuletzt durch Artikel 2 des Gesetzes vom 7.7.2017 (BGBl I 2017, 2310) geändert worden ist.

61 Zu den Amtspflichten des Notars bei Maklerklauseln nach Inkrafttreten des Gesetzes über die Verteilung der Maklerkosten bei der Vermittlung von Kaufverträgen über Wohnungen und Einfamilienhäuser (BGBl I 2020, 1245), vgl. Rundschreiben der Bundesnotarkammer Nr. 05/2020; zur vorherigen Rechtslage vgl. BGH v. 24.11.2014 – NotSt (Brfg) 1/14, DNotZ 2015, 461 mit Anm. *Rachlitz, Leitmeier*, DNotZ 2019, 648.

62 BeckOK-BGB/*Litzenburger*, 48. Edition, Stand: 1.11.2018, § 10 BeurkG Rn 1a.

63 Vgl. *Winkler*, § 10 Rn 16; Bamberger/Roth/*Litzenburger*, § 10 BeurkG Rn 3 (nach § 2233 BGB).

64 Vgl. *Winkler*, § 10 Rn 16.

65 Vgl. *Weingärtner/Ulrich/Löffler*, Fehler, Rn 344.

66 Vgl. Bamberger/Roth/*Litzenburger*, § 10 BeurkG Rn 3 (nach § 2233 BGB); *Winkler*, § 10 Rn 18; *Lerch*, § 10 Rn 6; OLG Frankfurt v. 10.10.1988 – Not 4/88, DNotZ 1989, 640, 642; *Kanzleiter*, DNotZ 1970, 581, 585.

67 Vgl. *Weingärtner/Ulrich/Löffler*, Fehler, Rn 344; *Lerch*, § 10 BeurkG Rn 6; *Rohs/Heinemann*, Rn 151.

eingehend Rdn 4 ff.). Hier muss der Notar entsprechend auf der Vorlage eines gültigen Personalausweises oder Reisepasses bestehen (vgl. oben Rdn 7 und § 10 BeurkG Rdn 24 ff.). An dieser Stelle sei auch noch einmal auf die besonderen Aufzeichnungs- und Aufbewahrungspflichten nach § 8 GwG hingewiesen (vgl. eingehend § 10 BeurkG Rdn 40).

4. Ausländische Personaldokumente

Auch **ausländische Personalausweise oder Reisepässe** reichen regelmäßig zur Identifizierung aus. Vorsicht sollte der Notar jedoch walten lassen, wenn ihm ein Ausländer weder einen nationalen Lichtbildausweis noch einen Personal- oder Reisepass vorlegen kann, sondern sich beispielsweise mit einem ausländischen Führerschein ausweist. Hier wird der Notar i.d.R. nicht beurteilen können, ob es sich um eine Fälschung handelt. In solchen Fällen ist dem Notar, wenn er nicht auf Vorlage eines anderen Dokuments besteht bzw. die Amtshandlung ablehnt, wenigstens zu empfehlen, das vorgelegte Dokument in der Urkunde genau zu benennen[68] und im Übrigen nach § 10 Abs. 3 S. 2 BeurkG zu verfahren. 21

5. Bezeichnung in der Niederschrift

In der Niederschrift bzw. im Beglaubigungsvermerk muss das **Dokument grundsätzlich nicht genau bezeichnet** werden, durch das sich der Notar Gewissheit über die Person verschafft hat. Ausreichend und in der Praxis vielfach verwendet ist die Feststellung des Notars in der Urkunde: „Die Erschienenen wiesen sich aus durch amtliche Lichtbildausweise".[69] Höhere Anforderungen lassen sich weder aus § 10 Abs. 3 BeurkG noch aus § 5 DONot ableiten. Das Gesetz verlangt nur, dass der Notar angibt, durch welches Hilfsmittel er sich Gewissheit über die Identität der Beteiligten verschafft hat. Weitere Erklärungen und Erläuterungen dazu sind nicht erforderlich.[70] In der Literatur wird demgegenüber zur Erhöhung des Beweiswertes der Urkunde teilweise empfohlen bzw. gefordert, genaue Angaben (ausstellende Behörde, Datum der Ausstellung) in die Urkunde aufzunehmen.[71] Richtigerweise sollte differenziert werden: Wenn der Ausweis nicht von einer deutschen Behörde stammt oder wenn es sich um selten vorgelegte Ausweispapiere (z.B. einen Dienstausweis) handelt, empfiehlt es sich, das Dokument in der Urkunde zu benennen und ggf. auch nähere Angaben (Ausstellungsdatum, -behörde, Dokumentennummer) zu machen.[72] 22

Bei deutschen Personalausweisen und Reisepässen sind solche Angaben dagegen entbehrlich. Es überzeugt nicht, wenn ausgeführt wird, dass der Notar so leichter nachweisen könne, dass ihm der Ausweis tatsächlich vorgelegen habe,[73] wenn man nicht gleichzeitig unterstellen will, bei gegenteiliger Verfahrensweise setze er sich dem Verdacht der Falschbeurkundung aus. Gerichtlich geklärt ist, dass die Aufsichtsbehörde einen Notar nicht anweisen darf, eine durch Vorlage eines Personalausweises erfolgte Identitätsfeststellung in der Niederschrift durch Aufnahme der Ausweisnummer oder Ähnlichem zu konkretisieren.[74] Etwas anderes ergibt sich indes erneut im Anwendungsbereich des GwG (§ 8 Abs. 2 S. 1 GWG).[75] Hier sind auch die Art, die Nummer und die ausstellende Behörde des zur Überprüfung vorgelegten Dokuments aufzuzeichnen; dies kann jedoch auch in der Nebenakte – insbesondere durch die Anfertigung von Kopien der vorgelegten Dokumente und Unterlagen – geschehen (siehe § 10 BeurkG Rdn 40). 23

6. Vorlage sonstiger Ausweise und Dokumente

Nur in ganz seltenen Ausnahmesituationen kommt die Feststellung der Identität **durch nicht amtliche Ausweise oder sonstige Dokumente** in Betracht.[76] In der Literatur werden insoweit Vereinsausweise 24

68 Vgl. *Rohs/Heinemann*, Rn 151.
69 Vgl. Bamberger/Roth/*Litzenburger*, § 10 BeurkG Rn 3 (nach § 2233 BGB); *Bettendorf*, RNotZ Sonderheft zu Heft 10/2001, 23; vgl. OLG Frankfurt a.M. v. 10.10.1988 – Not 4/88, DNotZ 1989, 640, 641.
70 Vgl. *Dickert*, MittBayNot 1995, 421, 426.
71 *Grüner/Köhler*, notar 2018, 105, 110 ff. plädieren vor dem Hintergrund von BGH DNotZ 2016, 628 dafür, jedenfalls klarzustellen, ob es sich bei dem amtlichen Lichtbildausweis um einen Personalausweis oder einen Reisepass gehandelt hat, weil hierdurch erkennbar werde, dass der angegebene Wohnort auf den Angaben des Beteiligten beruht, vgl. zustimmend BeckOGK/*Bord*, § 10 BeurkG Rn 26.
72 Vgl. *Rohs/Heinemann*, Rn 151.
73 Vgl. demgegenüber allerdings *Weingärtner/Ulrich/Löffler*, Fehler, Rn 344.
74 Vgl. OLG Frankfurt a.M. v. 10.10.1988 – Not 4/88, DNotZ 1989, 640, 641 f.
75 Vgl. Erbs/Kohlhaas/*Haeberle*, § 4 GWG Rn 11.
76 Vgl. *Winkler*, § 10 Rn 19.

beispielhaft erwähnt, aber auch Sparkassenbücher und Hypothekenbriefe, da diese vom Inhaber regelmäßig sorgfältig verwahrt werden. In der Praxis kommt es manchmal vor, dass Beteiligte sich durch Kreditkarten oder Kundenkarten ausweisen wollen, die mit einem Lichtbild versehen sind und regelmäßig auch vom Inhaber unterschrieben werden. Bei Beteiligten kann es auf Unverständnis stoßen, wenn solche Dokumente nicht als Ausweispapier anerkannt werden. Dennoch begegnet es größten Bedenken, sie zur Feststellung der Identität genügen zu lassen, da der Notar nicht beurteilen kann, auf welchem Wege die „Ausweise" zustande gekommen sind.[77] In der Praxis hilft zur Lösung vielfach der Weg der nachträglichen Identitätsfeststellung (vgl. unten Rdn 47).

7. Elektronische Verfahren der Identifizierung

25 Für die Feststellung der Beteiligten bei Online-Beurkundungen und -Beglaubigungen über das von der Bundesnotarkammer betriebene Videokommunikationssystem sieht § 16c BeurkG spezielle Anforderungen vor. Der Notar ist auch im Online-Verfahren Herr des Verfahrens, dem die Ausgestaltung des Identifizierungsverfahrens obliegt. Während für das Präsenzverfahren § 10 Abs. 1 BeurkG keine gesetzlichen Beweisregeln enthält, schreibt § 16c BeurkG für das Online-Verfahren die Mittel vor, mit denen der Notar sich Gewissheit über die Person der formell Beteiligten verschaffen muss. Die Beteiligten müssen sich zum einen über einen elektronischen Identitätsnachweis ausweisen. Zum anderen muss aus einem Ausweisdokument ein elektronisches Lichtbild übermittelt werden, das der Notar mit dem per Videokonferenz übertragenen Erscheinungsbild der Beteiligten vergleicht. Hierdurch ergeben sich Vorgaben sowohl für die Art der Dokumente, die für die Identifizierung geeignet sind, als auch für das Verfahren der Identifizierung.

26 Für die Identifizierung im Online-Verfahren können nur solche Dokumente genutzt werden, die den Anforderungen des § 16c BeurkG genügen und die daher technisch in der Lage sind, den elektronischen Identitätsnachweis durch Übermittlung der eID-Daten und das Übermitteln des Lichtbildes zu erbringen.

Für das Auslesen der eID können genutzt werden der deutsche Personalausweis (§ 18 PersAuswG), der elektronische Aufenthaltstitel (§ 78 Abs. 5 AufenthG) oder die Unionsbürgerkarte (§ 12 eIDKG). Daneben können anerkannte eIDs verwendet werden, die von einem Mitgliedsstaat der Europäischen Union ausgestellt wurden und die mindestens dem Sicherheitsniveau „hoch" im Sinne des Art. 8 Abs. 2 lit. c) eIDAS-VO[78] entsprechen. Dies trifft neben Deutschland momentan auf Ausweisdokumente aus Belgien, Estland, Italien, Kroatien, Lettland, Litauen, Luxemburg, Niederlande, Portugal, Slowakei, Spanien und Tschechien zu. Elektronische Dokumente, die von Drittstaaten ausgestellt wurden, enthalten keine eID und können zur Identifizierung im Online-Verfahren nicht genutzt werden.

Für das Auslesen des elektronisch gespeicherten Lichtbildes können Dokumente genutzt werden, mit denen die Pass- und Ausweispflicht im jeweiligen Inland erfüllt wird. Von § 16c S. 2 BeurkG denknotwendig vorausgesetzt wird, dass das Dokument über ein elektronisches Speicher- und Verarbeitungsmedium verfügt, das einer automatisierten Echtheits-, Gültigkeits- und Sicherheitsüberprüfung zugänglich ist. Dies trifft jedenfalls zu auf deutsche Personalausweise, die nach dem 2.8.2021 ausgestellt wurden, sämtliche gültige deutschen Reisepässe oder elektronische Aufenthaltstitel sowie auf die gültigen Reisepässe der anderen 29 EWR-Staaten.

Ist einer der Beteiligten dem Notar bereits bekannt, ist die elektronische Übermittlung des Lichtbildes nicht erforderlich, § 16c S. 3 BeurkG. Das Auslesen der eID bleibt aber auch dann notwendig, nicht zuletzt weil die Angaben zur Person, die aus der eID übermittelt werden, für das kryptografische Verfahren benötigt werden, aufgrund dessen die in § 16b Abs. 4 S. 1 BeurkG vorgeschriebene individuelle und eindeutig zuordenbare qualifizierte elektronische Signatur erzeugt wird.

77 Ablehnend Bamberger/Roth/*Litzenburger*, § 10 BeurkG Rn 3 (nach § 2233 BGB); vgl. allgemein zur Identifizierungspflicht durch nichtstaatliche Stellen: *Eickelberg*, NZG 2015, 81.

78 Verordnung (EU) Nr. 910/2014 des Europäischen Parlaments und des Rates vom 23.7.2014 über elektronische Identifizierung und Vertrauensdienste für elektronische Transaktionen im Binnenmarkt und zur Aufhebung der Richtlinie 1999/93/EG (ABl L 257, 73, berichtigt in Abl. 2015 L 23, 19 und ABl 2016 L 155, 44).

Abweichend von dem grundsätzlich freien Ermessen, das § 10 BeurkG den Notaren bei der Wahl der Mittel der Identitätsfeststellung überlässt, ordnet § 16c BeurkG daher erstmals relativ kleinteilig an, aufgrund welches Verfahrens sich der Notar persönlich Gewissheit von der Person der Beteiligten verschaffen muss. Die Kombination der beiden in § 16c BeurkG vorgesehenen Faktoren sorgt jedoch dafür, dass auch in dem Online-Verfahren die verlässliche Identifizierung der Beteiligten sichergestellt ist. Die Regelung ist eine der maßgeblichen Voraussetzungen dafür, dass die Online-Beurkundungen und -Beglaubigungen nicht qualitativ hinter dem Präsenzverfahren zurückbleiben, sondern das hohe Niveau der notariellen Amtspflichten funktionsäquivalent in ein digitales Umfeld übertragen wird. Andere Verfahrensweisen zur Identifizierung mittels Fernkommunikation fallen in ihrem Sicherheitsniveau hingegen deutlich ab. Zu nennen sind hier so genannte Video-Ident-Verfahren, bei denen das Lichtbild eines Ausweis- oder Passdokuments mittels Webcam oder Smartphone-Kamera abgefilmt wird. Da sich eine Manipulation des Lichtbildes auf diese Weise kaum feststellen lässt, sind sie nach allgemeiner Auffassung für notarielle Verfahren ungeeignet. Auch die bloße Beschränkung auf die Verwendung eines elektronischen Identifizierungsmittels (ohne Abgleich des Erscheinungsbildes mit dem übermittelten Lichtbildes) würde den Rechtswirkungen notarieller Urkunden im Rechtsverkehr nicht für sich genügen. 27

Derzeit (teilweise) noch Zukunftsmusik, irgendwann aber vielleicht notarielle Praxis sind technisch ausgefeilte Identifizierungstechniken mittels **biometrischer Verfahren**.[79] Sie beruhen auf der Erkennung unveränderlicher körperlicher Merkmale (z.B. Iris-, Gesichts-, Handgeometrie-, Fingerabdruck- und Stimmerkennung). Es ist anzunehmen, dass diese Verfahren in Zukunft vermehrt etwa beim Zugang zu Sicherheitseinrichtungen (Flughäfen), bei Ein- und Ausreisen (wie bereits in den USA praktiziert; für die Einreise von Drittstaatlern in die Europäische Union wird an der Einführung des EES gearbeitet) und im polizeilichen Bereich zum Einsatz kommen werden. Es wird sich zeigen müssen, ob diese Verfahren auch im notariellen Bereich, bzw. konkret: für die Identifikation der Beteiligten, eine gangbare Alternative zu der derzeitigen Praxis bieten. So setzen sie zum einen eine aufwendige und kostenintensive technische Ausstattung voraus. Zum anderen sind zahlreiche datenschutzrechtliche Bedenken aus dem Weg zu räumen (allgemein zum Datenschutzrecht im Notariat vgl. Vor §§ 1–21 DONot Rdn 50 ff.). Ob – und durch welche Vorkehrungen – biometrische Verfahren damit eine Alternative zu dem derzeitigen Vorgehen darstellen (werden), bleibt abzuwarten. 28

8. Erkennungszeugen

Der Notar kann sich über die Identität einer Person auch durch sog. **Erkennungszeugen** Gewissheit verschaffen. Bis zur Novelle 2000/2001 war dazu in § 25 Abs. 1 S. 3 DONot a.F. ausgeführt: „Als Erkennungszeugen sind regelmäßig nur solche Personen geeignet, die der Notar selbst als zuverlässig kennt und die nicht an der den Gegenstand der Amtshandlung bildenden Angelegenheit beteiligt sind oder zu einem Beteiligten in näheren verwandtschaftlichen oder sonstigen, dem Notar bekannten Beziehungen stehen." Durch die Streichung dieses Passus hat sich an der Gültigkeit der zu dieser Vorschrift entwickelten Grundsätze nichts geändert, wobei sich der Notar nach hiesiger Ansicht von der Identität des Erkennungszeugen grundsätzlich, sofern keine andere Identitätsfeststellung möglich ist, auch durch die Vorlage eines amtlichen Lichtbildausweises vergewissern dürfte.[80] Dies ist sodann unter Angabe der konkreten Umstände in die Urkunde aufzunehmen (hierzu sogleich). Ebenfalls ist darauf hinzuweisen 29

79 *Bohrer*, MittBayNot 2005, 460, 461; *Bettendorf/Apfelbaum*, DNotZ 2008, 219 (zur Bedeutung biometrischer Daten im elektronischen Datenverkehr); zur allgemeinen Relevanz vgl. etwa BPatG: Beschl. v. 1.6.2005 – 19 W (pat) 305/05, BeckRS 2012, 00854. An dieser Stelle ist auch auf den „neuen" Personalausweis hinzuweisen, der als Chipkarte im Scheckkartenformat ausgestaltet ist, und dessen integrierter Chip auch den elektronischen Identitätsnachweis und die Verwendung des Personalausweises als Signaturkarte ermöglicht. Die Chipkarte kommuniziert über eine Funkschnittstelle und benötigt daher keinen Kontakt zum Lesegerät (vgl. eingehend: *Borges*, NJW 2010, 3334).

80 So auch BeckOGK/*Bord*, § 10 BeurkG Rn 29; Fallbeispiel: Der Notar wird zu einem todkranken Beteiligten gerufen, um dessen letztwillige Verfügung zu beurkunden. Der Beteiligte besitzt jedoch keinen amtlichen Lichtbildausweis. Anwesend in der Wohnung des Beteiligten ist jedoch ein Nachbar, der den Beteiligten eindeutig identifizieren kann. Dieser Nachbar weist sich dem Notar gegenüber durch Vorlage seines Lichtbildausweises aus. A.A: OLG Celle, v. 22.11.2005 – 4 W 179/05, DNotZ 2006, 297 (unter unrichtigem Hinweis auf Frenz/Miermeister/*Limmer*, § 10 BeurkG Rn 10): „Als Erkennungszeugen kommen nur solche Personen in Betracht, die der Notar selbst als zuverlässig kennt (...) Laut des Beurkundungsvermerks hat sich J. S. durch gültigen Bundespersonalausweis ausgewiesen, woraus zu schließen ist, dass er dem Notar nicht persönlich bekannt war. Damit scheidet auch eine abgeleitete Legitimation durch einen Erkennungszeugen aus."

dass unter den genannten Voraussetzungen die betroffenen Personen nur „regelmäßig", also nicht in allen Fällen, als Erkennungszeugen ungeeignet sind.[81] Es kommt insoweit immer auf die Umstände des Einzelfalls an, wobei die Person des Erkennungszeugen einerseits (Vertrauenswürdigkeit) und die Art und Bedeutung des Rechtsgeschäfts andererseits eine besondere Rolle spielen. In der Urkunde sollte bei Erkennungszeugen nicht nur formularmäßig festgestellt werden „vorgestellt durch den Erkennungszeugen A". Vorzugswürdig ist eine eingehendere Formulierung: „Herr X (Angaben zur Person) konnte keinen amtlichen Lichtbildausweis vorlegen. Er wurde jedoch durch den mir seit persönlich bekannten Herrn A (Angaben zur Person) vorgestellt; dadurch habe ich mir Gewissheit über seine Person verschafft".[82] In der Praxis fungieren häufig die Mitarbeiter des Notars als Erkennungszeugen, insbesondere wenn ein Notarvertreter amtiert oder bei erst vor kurzem ernannten Amtsnachfolgern bzw. Notariatsverwaltern.

9. Persönlich bekannte Beteiligte

30 Dem Notar können Beteiligte auch **persönlich bekannt** sein. In diesem Fall braucht er keine weiteren Ermittlungen anzustellen. Die Feststellung, dass er einen Beteiligten kennt, darf der Notar aber nur treffen, wenn er – und nicht seine Mitarbeiter – tatsächlich weiß, um wen es sich konkret handelt und welche personenbezogenen Angaben er besitzt. Das setzt grundsätzlich voraus, dass der Beteiligte sich ihm gegenüber zu einem früheren Zeitpunkt bereits mindestens einmal ausgewiesen hat und bei dieser Gelegenheit auch die personenbezogenen Angaben festgehalten wurden. Erinnert sich der Notar aufgrund einer früheren Beurkundung genau an die Beteiligten und liegen die personenbezogenen Angaben in seinem Büro vor, so kann er sie als „von Person bekannt" bezeichnen. Der Zugehörigkeit zum „Bekanntenkreis" des Notars bedarf es nicht. Umgekehrt darf ein rein „gesellschaftlicher" früherer Kontakt nicht wie selbstverständlich zu dem Vermerk „von Person bekannt" führen.[83] Insbesondere sind dem Notar dann regelmäßig nicht Geburtsdatum und Wohnanschrift bekannt. Besitzt der Notar ein gutes Erinnerungsvermögen, kann beispielsweise ein Käufer, der sich bei der Kaufvertragsbeurkundung durch Personalausweis ausgewiesen hat, bei der zwei Wochen später erfolgenden Grundschuldbeurkundung als „von Person bekannt" bezeichnet werden. Besondere Gefahren ergeben sich, wenn die Angabe „von Person bekannt" leichtfertig auf einen Ehe- oder Lebenspartner erstreckt wird, den der Notar praktisch nicht oder kaum kennt (Stichwort: „der untergeschobene Ehemann"). Keine Bedenken bestehen, wenn der Notar „Personen der Zeitgeschichte", deren Bild ihm aus den Medien vertraut ist, als „von Person bekannt" bezeichnet. Auch von ihm aus den lokalen Medien bekannten Landesministern und Oberbürgermeistern muss sich der Notar nicht zwingend einen Ausweis zeigen lassen. Etwas anderes gilt natürlich, wenn sich aus den Fallumständen auch nur geringste Zweifel an der Identität ergeben.

31 Die Entscheidung, ob ihm ein Beteiligter bekannt ist, trifft der Notar **in eigener Verantwortung**.[84] Daher kann sogar ein Beteiligter, der dem Notar bei einer Begegnung vor der Beurkundung von einem persönlich zuverlässigen guten Bekannten vorgestellt wurde, ausnahmsweise „persönlich bekannt" sein.[85] Der Notar sollte insoweit jedoch äußerst zurückhaltend sein. Die Feststellung, dass der Notar den Beteiligten kennt, stellt ein „aliud" zur Legitimation durch Ausweise und Erkennungszeugen dar. Sie bedeutet keinen höheren Grad von Gewissheit. Wenn der Notar den Beteiligten kennt, so soll er das gem. § 10 Abs. 2 S. 2 BeurkG in der Niederschrift feststellen. Das gilt gem. § 40 Abs. 4 BeurkG auch für die Beglaubigung einer Unterschrift.

10. Identitätsfeststellung durch Sachkunde

32 Praktisch bedeutungslos ist die in der Literatur noch immer behandelte Fallgruppe der Identitätsfeststellung durch **Sachkundenachweis**.[86] Fälle, in denen allein das Sonderwissen eines Beteiligten die Identitätsfeststellung tatsächlich möglich macht und eine Manipulation auszuschließen ist, sind in der Praxis kaum vorstellbar.[87]

81 Ausführlich *Winkler*, § 10 Rn 22; vgl. auch Frenz/Miermeister/*Limmer*, § 10 BeurkG Rn 10; *Bücker/Viefhues*, ZNotP 2004, 345; Soergel/*J. Mayer*, § 10 BeurkG Rn 6 (nach § 2264 BGB).
82 Vgl. *Rohs/Heinemann*, Rn 152.
83 Vgl. Frenz/Miermeister/*Limmer*, § 10 BeurkG Rn 8.
84 Vgl. Frenz/Miermeister/*Limmer*, § 10 BeurkG Rn 8.
85 So auch *Winkler*, § 10 Rn 17.
86 Vgl. noch Weingärtner/*Weingärtner/Ulrich*, 14. Aufl., § 26 Rn 18.
87 Vgl. *Rohs/Heinemann*, Rn 152; Frenz/Miermeister/*Limmer*, § 10 BeurkG Rn 11; *Winkler*, § 10 Rn 23.

11. Personen ohne Personalausweis

Vor allem ältere Menschen in Pflegeheimen können oft **keine Ausweise** vorlegen, da sie einen solchen nicht mehr besitzen. Gelegentlich werden Notaren sogar ausdrückliche behördliche Bescheinigungen vorgelegt, aus denen sich ergibt, dass die Betreffenden von der Pflicht befreit sind, einen Ausweis zu besitzen (§ 1 Abs. 3 ThürPAuswG). In solchen Fällen kann und darf der Notar nichts Unzumutbares verlangen. Er kann sich beispielsweise den Betreffenden vom Pflegepersonal des Heimes (oder – vorzugswürdig –, sofern möglich, eine ihm persönlich bekannte Person) vorstellen lassen (siehe oben Rdn 29). 33

C. In die Urkunde aufzunehmenden Angaben natürlicher Personen (Abs. 1)

In Abs. 1 ist geregelt, welche Angaben bei der Bezeichnung natürlicher Personen in die Urkunde aufzunehmen sind. Die zahlreichen Veränderungen, die die Regelungen in den letzten Jahren erfahren hat, wurden schon (vgl. oben Rdn 2) beschrieben.[88] Seit der DONot-Reform 2022 beziehen sich die Vorgaben des § 5 DONot auf die Angaben formeller und materieller Beteiligter.[89] Die in Abs. 1 genannten Angaben laufen grundsätzlich mit den in § 12 Abs. 2 S. 1 NotAktVV genannten gleich.[90] 34

I. Grundsätze

Bei natürlichen Personen sind zunächst der **Vorname** oder die Vornamen und der **Familienname** vollständige anzugeben. Bei mehreren Vornamen reicht die Angabe des Rufnamens oder des ersten Namens grundsätzlich aus; der Notar soll nach pflichtgemäßem Ermessen entscheiden, wie viele Vornamen er für eine sichere Identifizierung angibt.[91] Häufig wird in der Praxis bei mehreren Namen der (untechnisch zu verstehende[92]) Rufname unterstrichen. Führt die Person einen Künstlernamen, kann auch dieser ergänzend (nicht alternativ) angegeben werden.[93] Gleiches gilt für einen „Spitznamen" (Hans, genannt „Hansi", Müller). Der **Geburtsname** ist anzugeben, wenn er von dem zur Zeit der Beurkundung geführten Familiennamen abweicht. 35

Weiterhin ist das **Geburtsdatum** anzugeben.[94] Es ist eines der sichersten und zuverlässigsten Merkmale zur Feststellung der Identität, selbst wenn nicht jeder Beteiligte es gerne in die Urkunde aufgenommen sieht. An dieser Stelle besteht auch ein begrüßenswerter „Gleichlauf" mit § 15 GBV: Danach ist das Geburtsdatum stets im Grundbuch anzugeben, wenn es sich aus den Eintragungsunterlagen ergibt.[95] 36

88 Zu der Frage, ob die Landesjustizverwaltung die Kompetenz dafür besitzt, selbstständige beurkundungsrechtliche Vorschriften zu schaffen vgl. eingehend: *Dickert*, MittBayNot 1995, 421, 425.

89 Begründung DONot 2022, S. 6.

90 Heinemann/Trautrims/*Strauß*, § 5 DONot Rn 5.

91 Vgl. DNotI-Report 2006, 93 f.; Weingärtner/*Ulrich*, § 12 NotAktVV Rn 7; Begründung des Referentenentwurfs der Verordnung über die Führung notarieller Akten und Verzeichnisse sowie zur Änderung der Verordnung über die notarielle Fachprüfung, S. 41.

92 Zum Hintergrund: In den Geburtsurkunden wurde bis in die 1960er-Jahre ein Vorname durch Unterstreichung besonders hervorgehoben (§ 172 I 4 der Dienstanweisung (DA) 1958); spätestens im Jahre 1968 wurde diese Praxis mit Änderung der für die Standesbeamten geltenden Dienstanweisung bundesweit aufgegeben (Scholz/Kleffmann/Doering-Striening/*Weber*, Praxishandbuch Familienrecht Werkstand: 35. Ergänzungslieferung September 2018, Teil U Rn 289; anders in der DDR, vgl. § 6 Abs. 2 S. 4 Durchführungsbestimmungen zum PStG, StAZ 1967, 41). Die in den alten Geburtsurkunden zu findenden Unterstreichungen sind gegenstandslos geworden. Auch dem öffentlichen Melderecht ist der Begriff des Rufnamens fremd. Zusammenfassend gilt daher: Rufnamen existieren rechtlich nicht (Staudinger/*Coester*, § 1616 BGB Rn 31; OLG Düsseldorf v. 3.4.1998 – 3 Wx 90–98, StAZ 1998, 343; AG Ulm v. 24.10.1989 – 3 GR 112/89, StAZ 1990, 74; BayVGH v. 6.5.1997 – 5 B 97.180, StAZ 1997, 383).

93 Vgl. Weingärtner/*Ulrich*, § 5 DONot Rn 20.

94 Vgl. zum Grundbuchverfahren *Schöner/Stöber*, Rn 229; zum Nachlassrecht siehe *Firsching/Graf*, Rn 1.81b.

95 Nach zutreffender Ansicht *Kanzleiters* (DNotZ 1975, 30) mindert ein Verstoß gegen § 25 DONot a.F. (§ 26 Abs. 2 S. 1 DONot n.F.) die Beweiskraft der vom Notar errichteten Urkunde nicht. Vgl. insoweit OLG Celle v. 22.11.2005 – 4 W 179/05, DNotZ 2006, 297: „Das Grundbuchamt ist zwar grundsätzlich auch zur Überprüfung der Identität des Erklärenden berufen, wenn es um die Eintragung einer Löschung im Grundbuch geht; diese grundsätzliche Prüfungskompetenz erlaubt ihm jedoch keine freie Beweiswürdigung i.S. des § 286 ZPO. Vielmehr muss auch das Grundbuchamt den Beweisregeln des Urkundsbeweises Rechnung tragen; hat es keine konkreten Anhaltspunkte dafür, dass die in einer öffentlichen Urkunde durch einen Notar erfolgte Identitätsfeststellung falsch ist, ist es an die Beweiskraft der öffentlichen Urkunde gebunden." (zu einer Identifizierung mittels eines vorläufigen Nachweises der Fahrberechtigung gemäß § 22 Abs. 4 S. 7 FeV). Die Prüfungskompetenz des Grundbuchamtes wurde noch offengelassen von OLG Hamm v. 17.12.1963 – 15 W 488/63, DNotZ 1965, 46, 47.

37 Die Angabe des **Berufs** ist in der DONot nicht vorgesehen.[96] Im amtlichen Muster zur DONot war bis zur Neufassung 1984/85 auch die Berufsangabe vorgesehen. Noch heute ist es bei einigen Notaren üblich, dies in die Urkunde aufzunehmen. Durch gesellschaftliche und soziale Veränderungen hat die Berufsangabe jedoch zunehmend an Bedeutung verloren. Überdies stellt sich die Frage, ob die Berufsangabe nicht mit datenschutzrechtlichen Bestimmungen kollidiert (Grundsatz der Datensparsamkeit, vgl. Vor §§ 1–21 DONot Rdn 50 ff.). Sofern der bzw. die Beteiligten zustimmen, dürfte die Aufnahme indes unproblematisch sein.[97] Gleichwohl kann es in bestimmten Fällen sinnvoll sein, Angaben zum Beruf der Beteiligten aufzunehmen. Zu denken ist hier an die Besonderheiten bei Verbraucherverträgen (§ 17 Abs. 2a BeurkG)[98] und an Eheverträge, die einer besonderen gerichtlichen Kontrolldichte unterliegen.[99] In einigen Fällen können auch Angaben zum **Güterstand,**[100] **zum (wahrscheinlichen) gewöhnlichen Aufenthalt**[101] oder zur **Staatsangehörigkeit** zweckmäßig sein.[102]

II. Angabe von Wohnort und Anschrift

38 Weiterhin sind **Wohnort und die Anschrift** anzugeben. Aus der Formulierung von Abs. 1 S. 1 ergibt sich, dass die Angabe des Wohnortes allein nicht ausreicht. Die DONot erwartet also, dass die politische Gemeinde (der Wohnort), die Straße und die Hausnummer in der Urkunde angegeben werden. Die Angabe der Postleitzahl wird, obwohl in der Praxis üblich und hilfreich, nicht verlangt.[103] Bei Wohnorten, die mehrfach in Deutschland vorkommen, sollte auf die Angabe der Postleitzahl oder einer näheren geographischen Bezeichnung jedoch nicht verzichtet werden.

39 Nach Abs. 1 S. 3 ist von der Angabe der Anschrift (nicht aber des Wohnortes) abzusehen, wenn dies in „besonders gelagerten Ausnahmefällen" zum **Schutz gefährdeter Beteiligter** oder ihrer Haushaltsangehörigen erforderlich ist.[104] Eigene Ermittlungspflichten zur Gefährdungssituation treffen den Notar nicht. Trägt ein Beteiligter einen Sachverhalt vor, aus dem sich die Gefährdung schlüssig ergibt, so hat der Notar von der Angabe von Straße und Hausnummer in der Urkunde abzusehen. Etwas anderes gilt nur, wenn sich die Unwahrheit der Behauptungen aufdrängt. Es ist auch nicht erforderlich, dass der Beteiligte selbst verlangt, dass die näheren Angaben zur Wohnanschrift nicht in die Urkunde aufgenommen werden. Ist der Betreffende mit der Angabe der Wohnung einverstanden, darf der Notar indes immer die volle Adresse angeben.

40 Nach Abs. 1 S. 4 kann von der Angabe der Anschrift (nicht aber des Wohnortes) abgesehen werden, wenn **die Urkunde zur Übermittlung an das Handelsregister oder ein ähnliches Register bestimmt ist** und Zweifel und Verwechslung ausgeschlossen ist. Von dieser Möglichkeit sollte der Notar im Rahmen der Voraussetzungen schon deshalb Gebrauch machen, weil andernfalls gem. § 5a DONot ggf. eine Pflicht zur Unkenntlichmachung der Wohnanschrift vor Übermittlung der Urkunde an das Registergericht besteht.

96 Dies gilt auch für das Handelsregisterverfahren: vgl. § 40 HRV.

97 Weingärtner/*Ulrich*, § 5 DONot Rn 20.

98 Vgl. hierzu nur BGH v. 24.11.2017 – NotSt (Brfg) 3/14, DNotI-Report 2015, 37; BGH v. 25.6.2015 – III ZR 292/14, DNotI-Report 2015, 107; *Weber*, NJW 2015, 2619; *Cramer*, DNotZ 2015, 725.

99 Vgl. Bamberger/Roth/*Litzenburger*, § 10 BeurkG Rn 1 (nach § 2233 BGB). Aktuellere Beispiele aus der höchstrichterlichen Rechtsprechung sind etwa BGH v. 20.6.2018 – XII ZB 84/17, NJW 2018, 2871; BGH v. 15.3.2017 – XII ZB 109/16, NJW 2017, 1883; BGH v. 17.1.2018 – XII ZB 20/17, NJW 2018, 1015; BGH v. 30.9.2015 – XII ZB 1/15, NJW 2015, 3715; BGH v. 8.10.2014 – XII ZB 318/11, NJW 2015, 52; BGH v. 29.1.2014 – XII ZB 303/13, NJW 2014, 1101; BGH v. 31.10.2012 – XII ZR 129/10, DNotZ 2013, 528; BGH v. 21.11.2012 – XII ZR 48/11, DNotZ 2013, 376.

100 Vgl. etwa das Gutachten in DNotI-Report 2017, 61.

101 Art. 21 der EU-ErbVO (Verordnung (EU) Nr. 650/2012 des Europäischen Parlaments und des Rates vom 4.7.2012 über die Zuständigkeit, das anzuwendende Recht, die Anerkennung und Vollstreckung von Entscheidungen und die Annahme und Vollstreckung öffentlicher Urkunden in Erbsachen sowie zur Einführung eines Europäischen Nachlasszeugnisses (ABl L 201, 107, berichtigt in L 344, 3; 2013 L 41, 16; L 60, 140; 2014 L 363, 186); vgl. hierzu nur *Steinmetz*, ZEV 2018, 317; *Weber/Francastel*, DNotZ 2018, 163; *Döbereiner*, MittBayNot 2013, 437; *Nordmeier*, ZEV 2012, 513; *Simon/Buschbaum*, NJW 2012, 2393; *Lehmann*, ZErb 2013, 25; *Dutta*, FamRZ 2013, 4; *Herzog*, ErbR 2013, 2; *Lechner*, NJW 2013, 26, 27.

102 Vgl. Soergel/*J. Mayer*, § 10 BeurkG Rn 2 (nach § 2264 BGB).

103 DONot-Begr. 2023, S. 4.

104 Für eine extensive Anwendung: *Lerch*, ZNotP 2001, 210, 216; zurückhaltend BeckOK-BNotO/*Salzmann*, § 5 DONot Rn 4.

1. „Zur Übermittlung an das Handelsregister oder ein ähnliches Register bestimmt" (Abs. 1 S. 4)

Nach der Intention der Justizverwaltungen der Länder sind von Abs. 1 S. 4 neben dem Handelsregister solche inländischen Register erfasst, die wie das Handelsregister dazu bestimmt sind, mit besonderer Beweiswirkung über die Rechtsverhältnisse von Kaufleuten, Handelsgesellschaften oder juristischen Personen Auskunft zu geben.[105] Die nichtamtliche Begründung knüpft in der Auslegung ausdrücklich an § 21 BNotO an. Hintergrund der Ausweitung des Abs. 1 S. 4 war die Befürchtung, dass durch die jederzeit voraussetzungslos mögliche Online-Einsicht in das Handelsregister personenbezogene Daten dem Missbrauch ausgesetzt sein könnten. „Ähnliche Register" im Sinne der Norm sind daher **das Genossenschaftsregister, das Gesellschaftsregister, das Partnerschaftsregister, das (künftige) Stiftungsregister und das Vereinsregister**. Urkunden, die zur Übermittlung an das **Grundbuchamt** bestimmt sind, sind von Abs. 1 S. 4 hingegen nicht erfasst. 41

Die Urkunde muss für die Übermittlung an das Register „bestimmt" sein. Die Urkunde muss daher **für den Zweck errichtet werden**, an eines der vorgenannten Register übermittelt zu werden. Die bloße Tatsache, dass eine Urkunde neben zahlreichen anderen Anwendungsbereichen eventuell auch einmal an das Handelsregister übermittelt wird, genügt hingegen nicht. Jedenfalls erfasst sind Registeranmeldungen, sowie Urkunden über die zugrundeliegenden Beschlüsse. Gründungs- oder Registervollmachten und andere spezifische Vollmachten, die in einem direkten Zusammenhang mit dem anmeldungspflichtigen Vorgang stehen, sind ebenfalls erfasst. Da im Bereich des Gesellschaftsrechts die Registergerichte im Wege der Amtsermittlung ggf. auch die Übermittlung solcher Urkunden anfordern, die nicht auf Grundlage besonderer gesetzlicher Bestimmung übermittelt werden müssen, wird man Abs. 1 S. 4 im Bereich des Gesellschaftsrechts großzügig auslegen. Auch Personengesellschaftsverträge, die ein Notar ausnahmsweise beurkundet oder beglaubigt, werden daher unter Abs. 1 S. 4 zu fassen sein. Dasselbe gilt für GmbH-Anteilsabtretungen.[106] Generalvollmachten regeln hingegen eine Vielzahl von Anwendungsfällen. Die Tatsache, dass eine Generalvollmacht bspw. auch für die Gründung einer Kapitalgesellschaft genutzt werden kann, genügt nicht, um den Anwendungsbereich von Abs. 1 S. 4 zu eröffnen. 42

Die als Grundfall vorgesehene Aufnahme der Wohnanschrift in die Urkunde dient auch weiterhin der Dokumentation der eindeutigen Identifizierung der Beteiligten. Abs. 1 S. 4 gilt daher nur, wenn **Zweifel und Verwechslungen ausgeschlossen** sind. Sind bei bloßer Angabe des Wohnortes Zweifel und Verwechslungen zu befürchten, bspw. weil am Wohnort mehrere namensgleiche Personen existieren, dürfte in den meisten Fällen die Angabe der Geschäftsanschrift nach Abs. 1 S. 5 genügen, um die eindeutige Identifizierung der Beteiligten zu gewährleisten. 43

2. Natürliche Personen, die geschäftlich oder dienstlich auftreten (Abs. 1 S. 5)

Handeln natürliche Personen geschäftlich oder dienstlich, kann anstelle von deren Wohnort der Geschäfts- oder Dienstort und anstelle der Wohnanschrift die Geschäfts- oder Wohnanschrift angegeben werden. Die Vorgängerregelung hatte diese Möglichkeit bereits beim Auftreten von Vertretern von juristischen Personen zugelassen. Hiervon war bspw. ein Bürgermeister erfasst, der für seine Gemeinde handelte. Die Neufassung des Abs. 1 S. 5 erfasst auch diese Fälle und geht darüber hinaus. Unter Abs. 1 S. 5 fallen demnach nun auch die Vertretung einer rechtsfähigen Personengesellschaft, das Handeln einer natürlichen Person in geschäftlicher Funktion (etwa als Einzelkaufmann) oder einer Partei kraft Amtes. Entsprechend des Zwecks von Abs. 1 S. 5 dürfte die Angabe einer Geschäftsanschrift und eines Geschäftsortes auch dann möglich sein, wenn der Geschäftsort durch die Registeranmeldung erst begründet wird. Somit kann auf Abs. 1 S. 5 bspw. auch bei der Gründung einer GmbH zurückgegriffen werden, sodass die Gründungsgesellschafter im Urkundeneingang mit „geschäftsansässig:..." identifiziert werden können. 44

III. Weigerung eines Beteiligten

Sollte sich **ein Beteiligter ausdrücklich dagegen wehren, dass eine bestimmte Angabe in die Urkunde aufgenommen wird**, ist der Notar nicht dazu berechtigt, personenbezogene Daten gegen den aus- 45

105 DONot-Begr. 2023, S. 5.

106 *Strauß*, DNotZ 2023, 496, 501; BeckOK-BNotO/*Salzmann*, § 5 DONot Rn 8.

drücklich erklärten Willen des Betroffenen in die Urkunde aufzunehmen.[107] Dennoch darf er in einem solchen Fall die Beurkundung nur ausnahmsweise ablehnen.[108] Hat der Notar Zweifel, ob der Beteiligte aufgrund der unvollständigen Angaben noch zweifels- und verwechslungsfrei bezeichnet ist, so muss er dies in der Urkunde deutlich machen (§ 10 Abs. 3 S. 2 BeurkG).[109]

D. In die Urkunde aufzunehmenden Angaben sonstiger Beteiligter (Abs. 2)

46 Abs. 2 regelt die aufzunehmenden Angaben von juristischen Personen, rechtsfähigen Personengesellschaften und sonstigen Beteiligten, die nicht natürliche Personen sind. Die Regelung erfasst – außer in den Fällen von Untervertretung – nur materiell Beteiligte. Durch die Einführung der Regelung in Abs. 2 ist auch für die Vorgaben zur Bezeichnung natürlicher Personen in Abs. 1 zum Ausdruck gebracht, dass formell und materiell Beteiligte fortan gleichermaßen vom Anwendungsbereich der Dienstvorschrift erfasst sind. Dies ist grundsätzlich zu begrüßen, da auch rein materiell Beteiligte möglichst genau in der Urkunde bezeichnet werden müssen.[110]

Anzugeben sind Name oder Firma, die Rechtsform (wobei der Rechtsformzusatz der Firma in der Regel genügt), die Dienst- oder Geschäftsanschrift sowie gegebenenfalls ein davon abweichender Sitz. Sind Beteiligte in ein Register eingetragen, sind auch die registerführende Stelle und die Registernummer aufzunehmen. Nach dem Telos der Norm sind insoweit nur öffentlich-rechtliche Register erfasst, die mit Publizität ausgestattet sind.

E. Exkurs: Nachträgliche Identitätsfeststellung

47 Beurkundungen können und müssen vorgenommen werden, auch wenn einer der Beteiligten sich nicht legitimieren kann. Das ist immer dann der Fall, wenn die Beteiligten dennoch die Aufnahme der Niederschrift verlangen.[111] **Das Verfahren regelt § 10 Abs. 3 S. 2 BeurkG**. Er legt auch fest, dass die fehlende Identitätsfeststellung in der Urkunde zu vermerken ist. Bei Unterschriftsbeglaubigungen ist der Notar dagegen nicht berechtigt, die Beglaubigung ohne Identitätsfeststellung vorzunehmen. Das ergibt sich zwingend aus der fehlenden Verweisung auf § 10 Abs. 3 S. 2 BeurkG in § 40 Abs. 4 BeurkG. Dieses Fehlen erklärt sich mit dem Sinn und Zweck der Beglaubigung einer Unterschrift: Vorrangig geht es um die Feststellung der Identität der Person, die unterschrieben hat. Ist dieser Zweck nicht erfüllbar, weil die Identität nicht festgestellt werden kann, kann und darf keine Unterschriftsbeglaubigung erfolgen.[112]

48 Kann ein Beteiligter sich damit im Rahmen einer Beurkundung nicht ausweisen, wünschen alle Erschienenen aber dennoch die Beurkundung, so wird der Notar diese Tatsache in der Urkunde festhalten und vermerken, dass der nicht identifizierte Beteiligte verspricht, einen Lichtbildausweis nachzureichen (vgl. eingehend § 10 BeurkG Rdn 16). Erscheint er dann später und weist sich persönlich gegenüber dem Notar aus, fügt der Notar der Urkunde eine Seite bei (oder vermerkt dies unmittelbar auf der Urkunde),[113] in der er das nachträgliche Erscheinen und die Identitätsfeststellung festhält. In beiden Fällen handelt es sich um einen Vermerk gem. § 39 BeurkG.[114] Dieser ist zu unterschreiben, das Siegel ist beizufügen.[115]

107 Vgl. Weingärtner/*Ulrich*, § 5 DONot Rn 13; DNotI-Report 2013, 30, 32; *Heinemann*, § 10 BeurkG Rn 11.
108 DNotI-Report 2013, 30, 32.
109 So nun auch DNotI-Report 2013, 30, 32.
110 Heinemann/Trautrims/*Strauß*, § 5 DONot Rn 7.
111 Vgl. Soergel/*J. Mayer*, § 10 BeurkG Rn 8 (nach § 2264 BGB).
112 Vgl. *Rohs/Heinemann*, Rn 197.
113 Für dieses Vorgehen: BeckOK-BeurkG/*Bremkamp*, § 10 Rn 82.
114 Vgl. LG Würzburg MittBayNot 1975, 34.
115 Vgl. den Formulierungsvorschlag bei BeckOK-BeurkG/*Bremkamp*, § 10 Rn 83; *Rohs/Heinemann*, Rn 153; Bamberger/Roth/*Litzenburger*, § 10 BeurkG Rn 3 (nach § 2233 BGB); vgl. auch Soergel/*J. Mayer*, § 10 BeurkG Rn 9 (nach § 2264 BGB).

§ 5a Elektronische Übermittlung in Registersachen

Werden Dokumente elektronisch in öffentlich beglaubigter Form an das Handelsregister oder ein ähnliches Register übermittelt, sollen folgende Angaben nicht aufgenommen oder unkenntlich gemacht werden:

1. Wohnanschriften,

2. Seriennummern von Ausweisdokumenten sowie

3. Kontoverbindungen

Satz 1 gilt nicht, wenn die übermittelnde Stelle den Entwurf des Dokuments nicht gefertigt hat.

Literatur *Strauß*, Die Neufassung der DONot zum Datenschutz im Handelsregister, DNotZ 2023. 496.

A. Allgemeines

1 Der zum 1.6.2023 neu eingeführte § 5a DONot regelt den Inhalt von öffentlich beglaubigten Dokumenten, die in elektronischer Form an das Handelsregister oder ein ähnliches Register übermittelt werden.[1] Die in § 5a DONot abschließend aufgezählten Angaben sollen nicht an das Register übermittelt werden. Sie müssen entweder – sofern dies etwa nach § 5 DONot zulässig ist – bereits bei der Errichtung der Urkunde außenvorgelassen werden. Sind sie in der Urkunde enthalten, so sind sie von der Urkundsperson vor der Übermittlung an das Handelsregister zu schwärzen.

B. Erfasste Dokumente

2 Erfasst werden nur Daten, die sich in Urkunden befinden, die in öffentlich beglaubigter Form an das Handelsregister oder ein vergleichbares Register übermittelt werden.[2] Entsprechend dem Zweck der Regelung sind neben dem Handelsregister solche inländischen Register erfasst, die wie das Handelsregister dazu bestimmt sind, mit besonderer Beweiswirkung über die Rechtsverhältnisse von Kaufleuten, Handelsgesellschaften oder juristischen Personen Auskunft zu geben.[3] Zur Auslegung desselben Begriffes bei § 5 DONot knüpft die nichtamtliche Begründung ausdrücklich an § 21 BNotO an. Die kleinere DONot-Reform im Juni 2023, im Zuge dessen auch § 5a DONot eingeführt wurde, sollte verhindern, dass durch die jederzeit voraussetzungslos mögliche Online-Einsicht in das Handelsregister personenbezogene Daten dem Missbrauch ausgesetzt sein könnten. „Ähnliche Register" im Sinne der Norm sind daher **das Genossenschaftsregister, das Gesellschaftsregister, das Partnerschaftsregister, das (künftige) Stiftungsregister und das Vereinsregister**.[4] Urkunden, die an das Grundbuchtamt übermittelt werden, sind hingegen nicht umfasst.

3 Zu schwärzen sind nur Dokumente, die in öffentlich beglaubigter Form an das Register übermittelt werden. Unterlagen, die hingegen nach § 12 Abs. 2 S. 2 HGB lediglich als elektronische Aufzeichnungen an das Register übermittelt werden, sind hingegen nicht von § 5a DONot erfasst. Hierunter fallen z.B. sämtliche Anlagen zu Registeranmeldungen, die ihrerseits nicht besonders formbedürftig sind, wie Bilanzen, formfreie Gesellschafterbeschlüsse oder Gesellschafterlisten, die nicht vom Notar bescheinigt sind.

4 Eine weitere Ausnahme enthält **S. 2**. Danach sind Fremdentwürfe, also Entwürfe, die ein Notar beglaubigt, aber nicht selbst erstellt hat, nicht zu schwärzen. Als Dienstordnung kann die DONot nur die Notarinnen und Notare selbst adressieren. Bei der Beglaubigung von Fremdentwürfen macht sich der Amtsträger den Inhalt des Fremdentwurfes nicht zu eigen. Die nichtamtliche Begründung der DONot weist daher darauf hin, dass es in solchen Fällen den Beteiligten selbst obliegt, ggf. eine ge-

1 Hierzu grundsätzlich kritisch Weingärtner/*Ulrich*, § 5a DONot Rn 6f.
2 Vgl. Weingärtner/*Ulrich*, § 5a DONot Rn 1.
3 Vgl. zum gleichen Begriff bei § 5 DONot-Begr. 2023, S. 5.
4 Vgl. *Strauß*, DNotZ 2023, 496, 499.

schwärzte Fassung des Fremdentwurfes vorzulegen, wenn sie die Veröffentlichung der Daten im Register vermeiden wollen.[5] Bei dem Beglaubigungsvermerk, den der beglaubigende Notar unter dem Fremdentwurf anbringt, handelt es sich hingegen natürlich um eine Urkunde des Notars. Auf den Beglaubigungsvermerk ist daher § 5a DONot anzuwenden, auch wenn er unter einem Fremdentwurf angebracht wird. Dies kann bspw. für die Schwärzung von Wohnanschriften maßgeblich sein. Beurkundet ein Notar einen Fremdentwurf, so macht er sich den Inhalt des Entwurfs vollständig zu eigen. In diesem Fall ist daher S. 1 anzuwenden. Vorsicht ist etwa bei Fremdentwürfen geboten, die durch Verweisung Bestandteil der eigenen Urkunde werden.[6]

C. Zu schwärzende Daten

5 **S. 1 Nr. 1** erfasst Wohnanschriften. Der Wortlaut lässt zweierlei erkennen: Zum einen ist nur die Wohnanschrift, nicht der Wohnort zu schwärzen. Der reine Wohnort ist für sich genommen nicht derart personenbezogen, dass eine Schwärzung erforderlich wäre. Zum anderen ist die Angabe einer Geschäfts- oder Dienstanschrift nicht zu schwärzen. Dies gilt auch dann, wenn die Geschäfts- oder Dienstanschrift mit einer Wohnanschrift übereinstimmt. Soweit nach § 5 DONot auf die Aufnahme der Wohnanschrift verzichtet, oder diese durch die Angabe der Geschäfts- oder Dienstanschrift ersetzt werden kann, ist ein Schwärzen also nicht nötig. Es erscheint für eine Vereinfachung des Büroablaufes vorteilhaft, im Bereich des Gesellschaftsrechts von den Möglichkeiten des § 5 DONot soweit zulässig auch Gebrauch zu machen.

6 **S. 1 Nr. 2** erfasst Seriennummern von Ausweisdokumenten. Die Seriennummer des Ausweises, mit dem eine Identifizierung durchgeführt wurde, muss nicht in der notariellen Urkunde wiedergegeben werden, auch wenn dies in manchen Notariaten noch Praxis ist. Spätestens durch Einführung von **S. 1 Nr. 2** sollte hiervon abgesehen werden. Unter „Kontoverbindungen" (**S. 1 Nr. 2**) fallen der Name des Kreditinstituts, die IBAN sowie die BIC.[7] Nach Ansicht der Bundesnotarkammer sollen Kontoverbindungen ausnahmsweise nicht geschwärzt werden müssen, wenn diese allgemein bekannt sind und etwa in geschäftlichen Briefköpfen oder Fußzeilen geführt werden.[8] Dies wird teleologisch damit begründet, dass die Schwärzungspflicht der besonderen Sensibilität von Bankdaten Rechnung tragen soll.[9] Dem ist zuzustimmen. Schützenswerte Bankdaten von nicht-kaufmännischen Privatpersonen können bspw. in Geschäftsanteilsabtretungsverträgen enthalten sein. Sollten diese an das Handelsregister übermittelt werden, weil sie bspw. auch einen anmeldepflichtigen Beschluss enthalten, so bietet sich im Büroablauf die Anfertigung einer auszugsweisen beglaubigten Abschrift an, die nur den Beschluss enthält.

7 *Ulrich*, der **S. 1** generell kritisch bewertet, merkt an, dass es durchaus Situationen geben kann, in denen bestimmte Daten zwingend in Urkunden aufgenommen und an das Registergericht übermittelt werden müssen.[10] Wegen der wichtigen Funktion des Vier-Augen-Prinzips darf die Prüfkompetenz des Registergerichts keineswegs durch eine übermäßige Schwärzung der übermittelten Urkunden geschwächt werden. Wenn das Datum für die gerichtliche Überprüfung der Wirksamkeit der eingereichten Urkunde erforderlich ist, ist von einer Schwärzung ausnahmsweise abzusehen. Dies kann bspw. bei umwandlungsrechtlichen Verträgen der Fall sein, wenn die Angabe von Bankdaten erforderlich ist, um dem sachenrechtlichen Bestimmtheitsgrundsatz zu genügen.[11] Aus diesem Grund wurde auch die Unterschrift der Beteiligten nicht in **S. 1** aufgenommen. Bildliche Abbildungen der Unterschriftszüge ermöglichen den Registergerichten die Überprüfung der Eintragungsvoraussetzungen im Rahmen ihrer Amtsermittlung.[12]

5 Vgl. DONot-Begr. 2023, S. 10.
6 Vgl. *Strauß*, DNotZ 2023, 496, 498.
7 Vgl. DONot-Begr. 2023, S. 9.
8 Vgl. Rundschreiben Nr. 3/2023 der Bundesnotarkammer vom 25.5.2023, S. 8.
9 Vgl. DONot-Begr. 2023, S. 8.
10 Vgl. Weingärtner/*Ulrich*, § 5a DONot Rn 6 f.
11 Vgl. DONot-Begr. 2023, S. 9.
12 Vgl. Rundschreiben Nr. 3/2023 der Bundesnotarkammer vom 25.5.2023, S. 10.

§ 6 Einhaltung von Mitwirkungsverboten[1]

(1) [1]Die Vorkehrungen zur Einhaltung der Mitwirkungsverbote nach § 3 Absatz 1 Satz 1 Nummer 7 und 8 erste Alternative, Absatz 2 BeurkG genügen § 28 BNotO und den Richtlinien für die Amtspflichten und sonstigen Pflichten der Notarkammer nach § 67 Absatz 2 Satz 3 Nummer 6 BNotO, wenn sie zumindest die Identität der Personen,

1. für welche die Notarin oder der Notar oder eine Person im Sinne des § 3 Absatz 1 Satz 1 Nummer 4 BeurkG außerhalb ihrer oder seiner Amtstätigkeit bereits tätig war oder ist und

2. welche die Notarin oder den Notar oder eine Person im Sinne des § 3 Absatz 1 Satz 1 Nummer 4 BeurkG bevollmächtigt haben,

zweifelsfrei erkennen lassen und den Gegenstand der Tätigkeit in ausreichend kennzeichnender Weise angeben. [2]Die Angaben müssen einen Abgleich mit dem Urkundenverzeichnis und der Übersicht nach § 17 Absatz 3 Satz 1 Nummer 2 im Hinblick auf die Einhaltung der Mitwirkungsverbote ermöglichen. [3]Soweit die Notarin oder der Notar Vorkehrungen, die diese Voraussetzungen erfüllen, zur Einhaltung anderer gesetzlicher Regelungen trifft, sind zusätzliche Vorkehrungen nicht erforderlich.

(2) [1]Die Vorkehrungen zur Einhaltung der in Absatz 1 Satz 1 genannten Mitwirkungsverbote genügen § 28 BNotO und den Richtlinien nach Absatz 1 Satz 1 auch, wenn

1. ein System zur Konflikterkennung es ermöglicht, vor Übernahme eines Amtsgeschäfts verlässlich festzustellen, ob

a) die Notarin oder der Notar oder eine Person im Sinne des § 3 Absatz 1 Satz 1 Nummer 4 BeurkG

aa) außerhalb ihrer oder seiner Amtstätigkeit bereits für Beteiligte tätig war oder ist oder

bb) von Beteiligten bevollmächtigt wurde, sowie

b) sich die Tätigkeit oder Bevollmächtigung auf dieselbe Angelegenheit bezog oder bezieht, und

2. das Ergebnis der Prüfungen in der zu dem Amtsgeschäft geführten Nebenakte festgehalten wird.

[2]Die Notarin oder der Notar hat durch eine Bescheinigung der Herstellerin, des Herstellers, der Vertreiberin oder des Vertreibers des Systems zur Konflikterkennung zu belegen, dass das System zur Prüfung der in Satz 1 Nummer 1 genannten Voraussetzungen geeignet ist. [3]Bei einem Wechsel des Systems oder des Anbieters hat die Notarin oder der Notar die weitere Verwendbarkeit der vorhandenen Dokumente sicherzustellen. [4]Der Aufsichtsbehörde ist auf Anforderung im Einzelfall Einblick in die Gesamtheit der vom System zur Prüfung herangezogenen Informationen zu gewähren.

Literatur *Armbrüster/Greis*, Mitwirkungsverbot des als Schiedsrichter vorbefassten Notars bei der Vollstreckbarerklärung eines Schiedsspruchs, DNotZ 2016, 818; *Armbrüster/Leske*, Die Mitwirkungsverbote des § 3 BeurkG – eine kritische Analyse (Teil 2), ZNotP 2002, 46; *Harboth/Lau*, Die Mitwirkungsverbote des § 3 BeurkG und das Instrumentarium zur Kontrolle ihrer Einhaltung, DNotZ 2002, 412; *Heller/Vollrath*, „Vorbefassung" des hauptberuflichen Notars?, MittBayNot 1998, 322; *Hensseler*, Das Verbot der Vertretung widerstreitender Interessen, NJW 2001, 1521; *Hermann*, Die Frage- und Vermerkpflicht des § 3 Abs. 1 S. 2 BeurkG, MittBayNot 1998, 359; *Kilian*, Conflicts of Interest und Berufsrecht – Lösungen des Auslands, Anwaltsblatt Online 2018, 219; *Lerch*, Das Verzeichnis der Beteiligten nach § 28 BNotO, ZNotP 2002, 166; *Lerch*, Änderungen des Beurkundungsrechts und des Berufsrechts für Notare im Zuge des Rechtsdienstleistungsgesetzes, NotBZ 2008, 222; *Leske*, Die notarielle Unparteilichkeit und ihre Sicherung durch die Mitwirkungsverbote des § 3 Abs. 1 BeurkG (2004); *Maaß*, Berufsrichtlinien und DONot – ein neues Spannungsfeld?, ZNotP 2001, 330; *Maaß*, Nochmals: Berufsrichtlinien und DONot – ein neues Spannungsfeld?, ZNotP 2002, 217; *Maaß*, Erneut: Berufsrechtsrichtlinien der Notarkammern und DONot – (weiterhin) ein neues Spannungsfeld, ZNotP 2002, 335; *Mihm*, Die Mitwirkungsverbote gem. § 3 BeurkG nach der Novellierung des notariellen Berufsrechts, DNotZ 1999, 8; *Vaasen/Starke*, Zur Reform des notariellen Berufsrechts, DNotZ 1998, 661; *Weingärtner/Wöstmann*, Richtlinienempfehlungen der BNotK (2004), Abschnitt D.VI.; *Wöstmann*, Die Führung eines Beteiligtenverzeichnisses oder einer sonstigen zweckentsprechenden Dokumentation, ZNotP 2002, 96.

1 § 6 DONot ist in einigen Bundesländern redaktionell abweichend gefasst, ohne dass damit eine inhaltliche Änderung verbunden wäre. § 6 Abs. 2 Satz 2–4 DONot sind in Bremen gefasst als § 6 Abs. 2 Nr. 3 DONot, in Sachsen als § 6 Abs. 3 DONot.

A. Einleitung

1 Abs. 1 entspricht inhaltlich § 15 Abs. 1 DONot a.F. mit wenigen redaktionellen Anpassungen. Abs. 2 wurde im Zuge der DONot-Reform 2022 neu eingefügt und gestattet als ausdrückliche Alternative zu den Beteiligtenverzeichnissen das Führen eines technisch gestützten Kollisionsprüfungssystems.

Die Norm steht ausdrücklich im Zusammenhang mit höherrangigen Vorschriften des Beurkundungsrechts und der Kammerrichtlinien und nimmt insoweit Präzisierungen vor. Nach § 28 BNotO hat der Notar durch geeignete Vorkehrungen insbesondere die Einhaltung der Mitwirkungsverbote sicherzustellen. Im Rahmen der Neufassung der BNotO im Jahre 1998 wurden die Mitwirkungsverbote erheblich verschärft (vgl. § 3 BeurkG Rdn 1).[2] Der Gesetzgeber reagierte hiermit u.a. auf die erweiterten Soziierungsmöglichkeiten von (Anwalts-)Notaren und die hiermit einhergehenden Herausforderungen für das notarielle Berufsrecht.[3] Ausdrücklich ist nunmehr vor allem geregelt, dass der Notar an Beurkundungen nicht mitwirken darf in Angelegenheiten von Personen, für die er in derselben Angelegenheit außerhalb seiner notariellen Amtstätigkeit bereits tätig war.[4] Dieses Mitwirkungsverbot greift auch dann, wenn die „Vorbefassung" nicht beim Notar selbst, sondern bei demjenigen besteht, der sich mit dem Notar zur gemeinsamen Berufsausübung verbunden oder mit dem er gemeinsame Geschäftsräume hat (§ 3 Abs. 1 S. 1 Nr. 7 BeurkG). Im Zuge der Neuregelung des Rechtsberatungsgesetzes[5] wurde § 3 Abs. 1 Nr. 7 BeurkG ergänzt: Das Mitwirkungsverbot erfasst nunmehr auch das Tätigwerden einer „in einem verbundenen Unternehmen (§ 15 AktG) verbundene(n) Person"; Hintergrund dieser Änderung ist die Zulassung von sogenannten „Sternsozietäten" (vgl. § 3 BeurkG Rdn 82).[6] Ein Mitwirkungsverbot gibt es weiterhin in Angelegenheiten einer Person, die den Notar in derselben Angelegenheit bevollmächtigt hat (§ 3 Abs. 1 S. 1 Nr. 8 BeurkG). Kein Beurkundungsverbot, aber eine besondere Belehrungs- und Befragungspflicht besteht in Angelegenheiten mehrerer Personen, wenn der Notar früher in dieser Angelegenheit als gesetzlicher Vertreter oder Bevollmächtigter tätig gewesen oder noch in anderer Sache als Bevollmächtigter tätig ist (§ 3 Abs. 2 S. 1 BeurkG).

2 Gemeinsam ist allen vorgenannten Fällen zunächst, dass **Verstöße für die Dienstaufsicht in der Praxis ohne eingehende Recherche kaum festzustellen sind**. In den Fallsituationen des § 3 Abs. 1 S. 1 Nr. 7 BeurkG kommt hinzu, dass **die Beachtung auch für den Notar schwierig** sein kann, vor allem wenn es

2 Vgl. auch *Harborth/Lau*, DNotZ 2002, 412 ff.

3 Während das anwaltliche Berufs- und Sozietätsrecht in jüngerer Vergangenheit weitere Liberalisierungen erfahren hat, blieb die seinerzeit in § 9 Abs. 2 BNotO geregelte Sozietätsfähigkeit der Anwaltsnotare aus guten Gründen unberührt, vgl. Heinemann/Trautrims/*Strauß*, § 6 DONot Rn 4.

4 Allgemein zu dem Verbot der Vertretung widerstreitender Interessen: *Hensseler*, NJW 2001, 1521.

5 Art. 5 des Gesetzes zur Neuregelung des Rechtsberatungsgesetzes vom 12.12.2007 (BGBl I 2007, 2840, 2849).

6 Vgl. *Lerch*, NotBZ 2008, 222; Im Gesetzgebungsverfahren zur Neuregelung des Rechtsberatungsrechts (siehe auch BNotK-Bericht 2006, DNotZ 2007, 563) hatte die Bundesnotarkammer in mehreren Stellungnahmen gegenüber dem Gesetzgeber auf die Möglichkeit einer Umgehung der Mitwirkungsverbote durch den Wegfall des Verbots der anwaltlichen Sternsozietät hingewiesen und eine Einbeziehung auch der Fälle in das Mitwirkungsverbot des § 3 Abs. 1 S. 1 Nr. 7 BeurkG gefordert, in denen die berufliche Verbindung zum Notar nur mittelbar über eine Kette von Sozien hergestellt wird. Die Anregung der Bundesnotarkammer wurde in die am 11.10.2007 vom Deutschen Bundestag verabschiedete Fassung eingefügt (vgl. BNotK-Bericht 2007, DNotZ 2008, 561, 562).

um Partner in der Sozietät oder Bürogemeinschaft geht. Noch viel schwieriger wird es im Rahmen internationaler beruflicher Zusammenschlüsse – auch hier gelten jedoch die Bestimmungen über Mitwirkungsverbote gemäß § 3 Abs. 1 S. 1 Nr. 4 und Nr. 7 BeurkG.[7]

Vor diesem Hintergrund macht § 28 BNotO dem Notar zur Pflicht, durch **geeignete Vorkehrungen** die **Einhaltung der Mitwirkungsverbote** sicherzustellen. Zu den Aufgaben der Notarkammern gehört es gem. § 67 Abs. 2 S. 3 Nr. 6 BNotO, durch Richtlinien nähere Regelungen über die Art der nach § 28 BNotO zu treffenden Vorkehrungen zu schaffen. Für eine bundeseinheitliche Regelung sah der Gesetzgeber keinen Bedarf. Es herrschte die Auffassung vor, die Kammern könnten das regional geprägte Verständnis, gewachsene Handhabungen und die Bedürfnisse der unterschiedlichen Notariatsverfassungen besser berücksichtigen.[8] Die in den meisten Kammerbezirken insoweit weitgehend unverändert übernommenen Richtlinienempfehlungen der BNotK[9] betonen zunächst (Nr. VI.1.1.), dass sich der Notar vor Übernahme der notariellen Amtstätigkeit in zumutbarer Weise vergewissern muss, dass kein Kollisionsfall i.S. des § 3 Abs. 1 BeurkG besteht. Sie führen weiter aus, dass der Notar als Vorkehrung i.S. des § 28 BNotO **Beteiligtenverzeichnisse** oder **sonstige zweckentsprechende Dokumentationen** zu führen hat, die eine Identifizierung der in Betracht kommenden Personen ermöglichen (Nr. VI.1. 2.). In Sozietätsverträgen muss den Mitwirkungsverboten des § 3 Abs. 1 BeurkG Rechnung getragen werden (Nr. VI.2). Die konkreten Anforderungen, die an das Beteiligtenverzeichnis zu stellen sind, werden sodann durch § 6 DONot präzisiert. 3

Der Gesetzgeber ging, wie gesehen, davon aus, dass neben den Beteiligtenverzeichnissen weitere geeignete Vorkehrungen existieren.[10] Denkbar sind etwa das konkrete Erinnerungsvermögen des Notars, Nachfragen im internen Bürobetrieb, das Heraussuchen von Informationen aus den Handakten und – über den Rahmen des § 3 Abs. 1 S. 2 BeurkG hinausgehende – Nachfragen bei den Beteiligten.[11] Letztlich handelt es sich dabei jedoch nur um subsidiäre Hilfsmittel, um Mitwirkungsverbote festzustellen. Überdies sind sie in den komplexen und häufig vielschichtigen Sozietätsstrukturen auch nicht geeignet, den denkbaren Verstößen in ausreichendem Maße vorzubeugen bzw. potentielle Konflikte im Vorfeld der konkreten Untersuchungen erkennbar zu machen. Die Diskussion beschränkt sich daher auf die Führung von Beteiligtenverzeichnissen, den Einsatz von technisch gestützten Kollisionsprüfungssystemen bzw. von sonstigen zweckentsprechenden Dokumentationen. 4

Die Dokumentationspflicht hat einen mehrfach **präventiven Charakter**: Der Notar soll zunächst selbst in die Lage versetzt werden, Mitwirkungsverbote festzustellen; gleichzeitig soll verhindert werden, dass der Notar sich später darauf berufen kann, er habe das bestehende Mitwirkungsverbot nicht erkannt und/oder nicht erkennen können. Im Übrigen versetzen die Dokumentationspflichten die Dienstaufsicht in die Lage, die Einhaltung der Mitwirkungsverbote zu überprüfen.[12] 5

Die Einhaltung der Mitwirkungsverbote will der Gesetzgeber auf zwei Wegen sicherstellen: Einerseits ist die Frage- und Vermerkpflicht nach § 3 Abs. 1 S. 2 BeurkG eine Vorkehrung i.S.v. § 28 BNotO.[13] Wegen der praktischen Umsetzungsschwierigkeiten ist eine umfassende Einhaltung und Beachtung der Mitwirkungsverbote auf diesem Weg indes kaum zu erreichen. Es bedurfte daher einer weitergehenden Absicherung. Diesem Zweck dienen die Dokumentationspflichten nach § 6 DONot. 6

Der Regelungsbereich des § 6 DONot deckt sich nur zum Teil mit dem der Richtlinien. Einerseits bezieht sich § 6 DONot nur auf die Mitwirkungsverbote, die in § 3 Abs. 1 S. 1 Nr. 7 BeurkG (Vorbefassung außerhalb der Amtstätigkeit) und Nr. 8 erste Alternative (Bevollmächtigung in derselben Angelegenheit) aufgeführt sind.[14] Andererseits werden auch die Fälle des § 3 Abs. 2 BeurkG (frühere Tätigkeit in derselben 7

7 BNotK-Bericht 2001, DNotZ 2002, 481, 484; vgl. *Winkler*, § 3 Rn 101a.
8 BT-Drucks 13/4184, 31.
9 DNotZ 1999, 258, 259.
10 Vgl. Arndt/Lerch/Sandkühler/*Sandkühler*, § 28 Rn 8 f.
11 Vgl. *Wöstmann*, ZNotP 2002, 96, 100.
12 Kritisch: *Lerch*, ZNotP 2001, 210; vgl. *Jaeger*, ZNotP 2001, 2, 3; zu den vielfältigen Kooperationsmöglichkeiten vgl. auch Rundschreiben der BNotK 20/2000; kritisch: *Frenz*, ZNotP 2000, 383 ff.
13 Vgl. hierzu allgemein: *Hermanns*, MittBayNot 1998, 359.
14 Vgl. OLG Frankfurt a.M. v. 6.12.2017 – 4 U 178/16, NJOZ 2018, 1305: „Der Anwaltsnotar verletzt seine Amtspflichten, wenn ihm im Zeitpunkt der Beurkundung in seinem Büro vorhandene Informationen aus dem Bereich der anwaltlichen Tätigkeit über das Bestehen der Betreuung eines Urkundsbeteiligten mit Einwilligungsvorbehalt mangels ordnungsgemäßer Organisation (hier: Vorbefassungskontrolle) nicht bekannt sind“; vgl. auch jüngst BGH v. 13.11.2017 – NotSt(Brfg) 3/17, NVwZ-RR 2018, 274 (Disziplinarverfahren gegen Notar wegen Amtshandlung zugunsten des eigenen Personals); hierzu *Geaske*, notar 2018, 175.

Sache oder gegenwärtige Bevollmächtigung in anderer Angelegenheit) miteinbezogen, in denen zwar kein Mitwirkungsverbot, aber eine Hinweispflicht besteht.

B. Vereinbarkeit von § 6 DONot mit höherrangigem Recht

I. Ausgangspunkt

8 Schon an anderer Stelle (vgl. Vor §§ 1–21 DONot Rdn 24 ff.) wurde das Verhältnis zwischen der BNotO, den Richtlinien und der DONot als bundeseinheitlicher Verwaltungsvorschrift dargestellt: Die BNotO und die Richtlinien der Notarkammern sind „höherrangiges" Recht. Soweit Gesetz und Richtlinien keine Regelung treffen, bestehen Gestaltungsspielräume für die DONot. Soweit die Richtlinien demgegenüber „bewusst" und erkennbar keine Regelungen enthalten, weil sie dem Notar Gestaltungsspielräume lassen wollen, ist es der Landesjustizverwaltung versagt, mit Hilfe der DONot nur scheinbare Lücken zu schließen.[15] In der Literatur wird sogar vertreten, der den Notarkammern nach § 67 Abs. 2 BNotO zugewiesene Regelungsbereich sei der Ausgestaltung durch die DONot insgesamt verschlossen.[16] Im Mittelpunkt der Diskussion stand dabei vor allem die Vorgängernorm von § 6 DONot, § 15 DONot a.F. Es war umstritten, ob und inwieweit es sich um eine zulässige Regelung handelt. Die vorgebrachten Bedenken ließen sich zwar auch gegen die Nachfolgeregelung des § 6 DONot ins Feld führen. Die Literatur hat indes weitgehend anerkannt, dass die besseren Argumente für eine Verfassungskonformität von § 6 DONot (bzw. § 15 DONot a.F.) sprechen.[17]

II. Argumente gegen die Zulässigkeit von § 15 DONot a.F.

9 Sehr deutlich und mit ausführlicher Begründung – technisch aber spätestens seit Ergänzung von § 6 Abs. 2 DONot überholt – hat sich *Maaß*[18] gegen die Regelung des § 15 DONot a.F. ausgesprochen. Er verweist – wie auch andere Autoren[19] – zunächst auf die fehlende Regelungszuständigkeit der Landesjustizverwaltungen. Weit mehr Raum nehmen jedoch seine Bedenken gegen den Inhalt von § 15 DONot a.F. ein. Die wichtigsten Argumente von *Maaß* sind:

- § 15 DONot a.F. stelle einen nicht von Art. 12 Abs. 1 GG gedeckten Eingriff in die Berufsfreiheit dar.[20] Es fehle an einer gesetzlichen Ermächtigung (zu der Grundrechtsrelevanz der Regelungen der DONot eingehend Vor §§ 1–21 DONot Rdn 30 ff.).
- Praktisch alle Kammerrichtlinien verlangten, dass die Beteiligtenverzeichnisse bzw. Dokumentationen eine „Identifizierung der in Betracht kommenden Personen ermöglichen" müssten. Nicht erwähnt werde dagegen, dass auch der Gegenstand der Tätigkeit erkennbar sein müsse. Ebendies verlange jedoch § 15 DONot a.F.: Danach müsse der Gegenstand der Tätigkeit in ausreichend kennzeichnender Weise angegeben werden. Dies ist nach Auffassung von *Maaß*[21] unzulässig. Die Richtlinien enthielten eine abschließende Regelung.[22] Der Notar sei „nur" zu den darin ausdrücklich erwähnten Angaben verpflichtet. Die weitergehenden Dokumentationspflichten der DONot seien deshalb unbeachtlich. Der Notar müsse in das Verzeichnis keine Angaben zum Gegenstand der Tätigkeit aufnehmen.[23]
- Die Anforderungen des § 15 DONot a.F. seien zudem unverhältnismäßig und in der Praxis kaum erfüllbar. So sei die Erfassung der Tätigkeitsgegenstände mit der handelsüblichen Computersoftware nur schwer möglich.[24] Da § 15 S. 2 DONot a.F. auf § 8 Abs. 2 S. 2 DONot a.F. verweise, müsse in

15 Vgl. *Mihm/Bettendorf*, DNotZ 2001, 22, 39; *Starke*, in: FS Bezzenberger, 2000, S. 611, 625.
16 So Arndt/Lerch/Sandkühler/*Sandkühler*, § 14 Rn 23; ebenso *Maaß*, ZNotP 2001, 330, 332; vgl. auch Frenz/Miermeister/*Hartmann*, § 67 BNotO Rn 39; vgl. auch *Lerch*, NotBZ 2008, 222, 223 (ohne Festlegung).
17 Weingärtner/*Ulrich*, § 6 DONot Rn 5; Heinemann/Trautrims/*Strauß*, § 6 DONot Rn 5; Begründung DONot 2022, S. 7 f.
18 *Maaß*, ZNotP 2001, 330; *Maaß*, ZNotP 2002, 217; *Maaß*, ZNotP 2002, 335.
19 Vgl. Arndt/Lerch/Sandkühler/*Sandkühler*, § 28 Rn 15a; Frenz/Miermeister/*Frenz/de Buhr*, 5. Aufl., § 15 DONot Rn 2 ff. (ausführlich).
20 Vgl. *Maaß*, ZNotP 2001, 330, 333; vorsichtiger: *Lerch*, ZNotP 2001, 210, 214.
21 *Maaß*, ZNotP 2001, 330, 332.
22 So auch Frenz/Miermeister/*Miermeister/de Buhr*, 4. Aufl., § 15 DONot Rn 5: „Ihr Schweigen zur Angabe des Gegenstandes war beredt".
23 So wohl im Ergebnis auch *Mihm/Bettendorf*, DNotZ 2001, 22, 39.
24 Vgl. *Maaß*, ZNotP 2001, 330, 332.

das Beteiligtenverzeichnis auch ein abweichender Geburtsname und – bei häufig vorkommenden Familiennamen – eine weitere unterscheidungsfähige Angabe, in der Praxis das Geburtsdatum, aufgenommen werden. Insbesondere bei größeren überörtlichen Sozietäten und internationalen Kooperationen führe die Notwendigkeit solcher Angaben zu einem „Szenario", das den kooperierenden Partnern nicht mehr verständlich gemacht werden kann.[25]

III. Argumente für die Zulässigkeit von § 15 DONot a.F.

Die Gegenmeinung betont demgegenüber, dass weder der Entstehungsgeschichte noch dem Wortlaut der Richtlinienempfehlung zu entnehmen ist, dass eine abschließende Regelung geschaffen werden sollte, die jedes Tätigwerden der Justizverwaltungen verbietet.[26] Insbesondere wird auf Folgendes verwiesen: 10

- Ein nicht auf einer gesetzlichen Ermächtigungsgrundlage beruhender Eingriff in die Berufsfreiheit liege nicht vor. § 6 DONot enthalte eine reine Dokumentationspflicht und berühre lediglich den laufenden Geschäftsbetrieb im Notariat. Entsprechende Regelungen dürfe die Exekutive aufgrund ihrer Organisationsgewalt treffen (vgl. auch Vor §§ 1–21 DONot Rdn 30 ff.).[27] Sie fänden ihre gesetzliche Grundlage in §§ 28, 93 BNotO.[28] Diese Bestimmungen stellten auch die erforderliche gesetzliche Grundlage für den etwaigen Eingriff in Art. 12 GG dar.
- Weder aus der Entstehungsgeschichte der Richtlinien noch aus der Geschichte ihrer Umsetzung in das „Kammerrecht" lasse sich nachweisen, dass die Generalversammlung der BNotK oder die Kammerversammlungen es bewusst der Freiheit des einzelnen Notars habe überlassen wollen, welche Angaben er zur Person der Beteiligten oder zum Gegenstand mache. Hätten die Richtlinien tatsächlich die „Entscheidungsfreiheit" des Notars festschreiben wollen, hätte es einer ausdrücklichen Aussage bedurft.
- Die DONot treffe keine Vorschriften, die im Widerspruch zur BNotO oder zu einer Kammersatzung stünden.[29] Es würde vielmehr lediglich gefordert, dass der Notar Angaben mache, die die Aufsicht zur Erfüllung der ihr obliegenden Aufgaben benötige.
- Genaue und den Vorgaben im Urkundenverzeichnis entsprechende Angaben zur Person und zum Geschäftsgegenstand seien zweckdienlich und praktisch erforderlich zur Feststellung von Mitwirkungsverboten. Dies gelte sowohl für den Notar selbst wie auch für die Dienstaufsicht. Es handle sich zumindest um eine sachgerechte Konkretisierung der zwingenden Vorgaben nach § 28 BNotO. Dabei könne insoweit offen bleiben, ob die Richtlinien der Notarkammern den gesetzlichen Vorgaben „in nur unzureichender Weise" nachgekommen seien.[30] § 6 DONot beschreibe jedenfalls die Mindestanforderungen an eine geeignete Dokumentation, aufgrund deren die Justizverwaltung die Einhaltung der Mitwirkungsverbote in angemessener Zeit prüfen könne.[31] Durch den „lückenfüllenden"[32] § 6 DONot könne ein Rückgriff auf (möglicherweise bereits vernichtete) Hand- und Nebenakten vermieden werden. Das Problem, wie die Prüfung nach Ablauf der Aufbewahrungsfristen erfolgen solle, stelle sich dann nicht (mehr). § 6 DONot formuliere im Ergebnis also nur die „sowieso schon geltenden Mindestanforderungen" an ein Beteiligtenverzeichnis aus.[33]
- Die Kammern dürften keine Richtlinie beschließen, die den Notar von der Angabe des Gegenstandes seiner Tätigkeit im Beteiligtenverhältnis ausdrücklich befreiten, da hierdurch die Aufsichtstätigkeit der Landesjustizverwaltung erschwert werde und die Landesjustizverwaltung deshalb die für eine solche Satzungsrichtlinie erforderliche Genehmigung mit Recht verweigern würde.[34]

Das Bundesverfassungsgericht hat 2012 noch einmal klargestellt, dass sich auch der Notar im Grundsatz auf die Berufsfreiheit berufen könne. Allerdings müsse hier auch berücksichtigt werden, dass der Notar als selbstständiger Berufsträger Aufgaben ausübe, die der Gesetzgeber auch dem eigenen Verwaltungs-

25 Vgl. *Maaß*, ZNotP 2002, 217, 220.
26 So *Lerch*, ZNotP 2001, 210, 214; *Lerch*, NotBZ 2005, 175, 176 Fn 7; Weingärtner/*Ulrich*, § 6 DONot Rn 5; Heinemann/Trautrims/*Strauß*, § 6 DONot Rn 5; Begründung DONot 2022, S. 7 f.; vgl. *Blaeschke*, Rn 137.
27 Vgl. *Harborth/Lau*, DNotZ 2002, 412, 428 ff.
28 So etwa BeckOK-BNotO/*Bracker*, (5. Edition), § 15 DONot Rn 4.
29 So BeckOK-BNotO/*Bracker*, (5. Edition), § 15 DONot Rn 2.
30 So *Lerch*, ZNotP 2002, 166, 167.
31 Vgl. BeckOK-BNotO/*Bracker*, (5. Edition), § 15 DONot Rn 2.
32 Vgl. *Blaeschke*, Rn 137.
33 Vgl. *Wöstmann*, ZNotP 2002, 96, 99.
34 BeckOK-BNotO/*Bracker* (5. Edition), § 15 DONot Rn 2

apparat vorbehalten könne.[35] In Anlehnung an Art. 33 Abs. 5 GG müssten die Notare es daher hinnehmen, dass für sie die Wirkungen der Berufsfreiheit zurückgedrängt würden.

11 Der konkret zulässige Umfang der Zurückdrängung hängt hierbei vom Grad der **Annäherung an den öffentlichen Dienst** ab. In solchen Bereichen, bei denen das Notaramt eine besonders große Distanz zum öffentlichen Dienst besitze, müsse der Berufsfreiheit besondere Bedeutung zuerkannt werden. Dies gelte insbesondere für alle Regelungen, die unmittelbar in die wirtschaftliche Selbstständigkeit des Notars (der schließlich nicht vom Dienstherrn alimentiert werde) eingreifen bzw. zumindest mittelbar wirtschaftliche Auswirkungen besitzen (etwa durch entsprechende organisatorische Rahmenbedingungen). Je näher der in Rede stehende Tätigkeit andererseits dem öffentlichen Dienst stehe, desto stärker könnten diese Sonderregelungen in den grundsätzlich grundrechtlich geschützten Bereich eingreifen (detailliert zu diesem Beschluss vgl. Vor §§ 1–21 DONot Rdn 30 ff.).[36]

12 Vor dem Hintergrund dieser Kriterien sollte auch die in § 6 DONot normierte Dokumentationspflicht beurteilt werden. Die Dokumentationspflichten betreffen den dem Notar übertragenen Bereich der Wahrnehmung öffentlicher Aufgaben und erlegen dem Notar hierfür organisatorische Vorgaben auf. Diese haben indes keine erheblichen ökonomischen Auswirkungen und sind für die wirtschaftliche Grundlage der selbstständigen notariellen Tätigkeit ohne spürbare Bedeutung. Es handelt sich mithin um Tätigkeiten, die eine besondere Nähe zum öffentlichen Dienst besitzen und daher in besonderem Maße Sonderregelungen in Anlehnung an Art. 33 Abs. 5 GG zugänglich sind. Die in § 6 DONot normierten Anforderungen sollen die Kontrolle der Amtsgeschäfte durch die Dienstaufsichtsbehörde im Allgemeinen und der Mitwirkungsverbote im Speziellen ermöglichen. Sie verfolgen damit ein legitimes, im allgemeinen Interesse liegendes Ziel und stehen damit **generell mit höherrangigem Recht im Einklang**.

13 Zu Recht verlangt *Maaß* gleichwohl, dass die **konkreten Anforderungen** an den Notar nicht überspannt werden dürfen. Die Beteiligtenverzeichnisse oder sonstigen Dokumentationen dürfen schließlich nicht zum Selbstzweck werden. Andererseits ist aber zu beachten, dass der Gesetzgeber den Mitwirkungsverboten einen hohen Stellenwert eingeräumt hat. Wiederholte und grobe Verstöße können sogar zu einer Amtsenthebung führen (§ 50 Abs. 1 Nr. 9 BNotO). Die Beachtung der Mitwirkungsverbote ist in der Praxis indes nur dann effektiv möglich, wenn aussagekräftige Verzeichnisse geführt werden. Es ist nicht vermeidbar, dass hiermit ein für den betroffenen Notar nicht gänzlich unerheblicher Aufwand verbunden ist. Bei den hauptsächlich betroffenen Anwaltsnotaren bleibt der erforderliche Aufwand im Ergebnis aber im Rahmen dessen, was als verhältnismäßig angesehen werden kann. So führen Anwaltsnotare ohnehin regelmäßig Prozessregister und Mandantenverzeichnisse.[37] Auch *Maaß* nennt keine Argumente, die grundsätzlich dagegensprechen, in den Verzeichnissen genaue Angaben zur Person zu machen und den Gegenstand zu bezeichnen. Seine Beispiele richten sich immer nur gegen „überzogene" Anforderungen. Solchen Anforderungen wird außerdem durch Abs. 2 entgegengewirkt, der seit der DONot-Reform 2022 die Führung eines technischen Kollisionsprüfungssystems ausdrücklich als Alternative zu den Beteiligtenverzeichnissen ermöglicht. Diese nehmen einen Abgleich automatisiert vor und führen so gerade in großen Anwaltskanzleien zu einer praktischen Erleichterung.

14 In den Richtlinien aller Kammern heißt es praktisch wörtlich, dass sich der Notar „**in zumutbarer Weise**" vergewissern muss, dass keine Mitwirkungsverbote vorliegen. Der Gedanke der Zumutbarkeit – und damit der vorgenannte Gesichtspunkt der **Verhältnismäßigkeit** – gilt auch und in besonderem Maße für die konkreten Anforderungen, die an die Erstellung des Beteiligtenverzeichnisses zu stellen sind. Der Notar darf also zu nichts Unzumutbarem verpflichtet werden. Insofern ist auch § 6 DONot in seiner konkreten Handhabe restriktiv auszulegen: Soweit es dem Notar im Einzelfall nicht zugemutet werden kann, bestimmte Angaben zu erfassen, ist er dazu auch nicht verpflichtet. Zur Begründung kann man insoweit auf den Vorrang der Richtlinien verweisen. Das gleiche Ergebnis leitet sich aber auch aus den Grenzen der Organisationsgewalt der Exekutive ab (vgl. Rdn 10). Ist es etwa im Ausland unüblich, Beteiligte mit Namen, Geburtsnamen, Geburtstag und Wohnort festzustellen, so kann von dem deut-

35 BVerfG v. 19.6.2012 – 1 BvR 3017/09, NJW 2012, 2640; ergänzend: BVerfG v. 24.5.1995 – 2 BvF 1/92, NJW 1996, 2149 zu den verfassungsrechtlichen Grenzen der Personalvertretung.

36 BVerfG v. 19.6.2012 – 1 BvR 3017/09, NJW 2012, 2641; vgl. *Eickelberg*, NotBZ 2012, 338.

37 Vgl. *Weingärtner/Wöstmann*, D.VI. Rn 70.

schen Anwaltsnotar, der mit einem ausländischen Partner kooperiert, nicht verlangt werden, dass diese Angaben erfasst werden, nur damit der deutsche Anwaltsnotar sein Beteiligtenverzeichnis erstellen kann. Dabei muss auch berücksichtigt werden, dass die statistische Wahrscheinlichkeit eines zu beachtenden Mitwirkungsverbots in solchen Fällen sehr überschaubar ist. In der anwaltlichen Praxis ist es überdies vielfach nicht üblich, bei Parteien auch die Geburtsnamen und den Geburtstag zu erfragen. Das kann dazu führen, dass der nach Abs. 1 S. 2 geforderte Abgleich erschwert wird. Sind die in Sozietät verbundenen Rechtsanwälte oder kooperierenden Partner nicht bereit, die nach § 9 NotAktVV verlangten Angaben zu machen, so können sie in das Beteiligtenverzeichnis auch nicht aufgenommen werden. Von dem betroffenen Anwaltsnotar in letzter Konsequenz zu verlangen, dass er die Sozietät kündigt, ist unzumutbar und unverhältnismäßig. Davon unberührt bleibt jedoch die Pflicht des Notars, durch entsprechende Vereinbarungen die Partner der Sozietät zu verpflichten, die von der DONot geforderten Angaben zu machen (vgl. Rdn 21 ff.).[38]

Für die Praxis gilt damit: Beteiligtenverzeichnisse dürfen einerseits nicht ungenau, unvollständig und nachlässig geführt werden. Andererseits darf der damit verbundene Arbeitsaufwand im Ergebnis nicht derart unverhältnismäßig groß sein, dass Anwaltsnotare in hohem Maße mit der Vorbereitung, Abstimmung, Überprüfung, Änderung und Nacharbeitung einer nicht mehr zu beherrschenden Dokumentation beschäftigt sind. Es ist zu wünschen, dass die Dienstaufsicht § 6 DONot in einer Weise anwendet, die sich nicht allein am Wortlaut, sondern auch am Sinn und Zweck der Bestimmungen und am Machbaren orientiert. Die bemerkenswerte publizistische Ruhe in den letzten Jahren deutet darauf hin, dass § 6 DONot in der Praxis weniger Probleme bereitet als nach dem Inkrafttreten der Vorgängernorm befürchtet wurde.

Die Höherrangigkeit der Richtlinien im Verhältnis zur DONot hat im Übrigen den jetzigen Inhalt von § 6 **15**
DONot maßgeblich beeinflusst.[39] In § 15 DONot a.F. war zunächst vorgesehen, Notare zur Führung eines detaillierten Mandantenregisters zu verpflichten, um die Einhaltung der Mitwirkungsverbote zu sichern. Das niedersächsische Justizministerium hat davon später mit der Begründung abgesehen, dass die DONot zwar im Regelungsbereich der Richtlinien grundsätzlich Bestimmungen treffen dürfe, den durch die Richtlinien eingeräumten Spielraum aber zu beachten habe. Deshalb wird in § 6 DONot weder vorgeschrieben, in welcher Form und mit welchen technischen Mitteln die Dokumentationen zu führen sind, noch werden Muster, Name oder sonstige Einzelheiten der Dokumentationen festgelegt. Soweit die Richtlinien dem Notar ein Wahlrecht einräumen, darf die DONot dieses nicht auf null reduzieren, indem sie ein ganz bestimmtes Register vorschreibt. Folgerichtig hatte das bei der Ausarbeitung der DONot-Novelle 2000/2001 (vgl. Vor §§ 1–21 DONot Rdn 8 ff.) federführende Niedersächsische Justizministerium bei der Übersendung der Endfassung im Oktober 2000 an die Landesjustizverwaltungen auch betont, dass es Sache einer jeden Justizverwaltung sei, die Vereinbarkeit der DONot mit den jeweils geltenden Kammerrichtlinien zu prüfen und die DONot bei etwaigen Satzungsänderungen ggf. anzupassen.

Den Kammern steht es frei, ihre Richtlinien in Zukunft zu ändern. Daran ist die Justizverwaltung gebun- **16**
den und muss erforderliche Anpassungen der DONot vornehmen. Dies gilt es im Hinblick auf die Beurteilung von § 6 DONot zu berücksichtigen.

C. Persönlicher Anwendungsbereich der Dokumentationspflichten

I. Nicht verpflichtete Notare

Die **Richtlinienempfehlungen** der BNotK vermitteln in Nr. VI.1.2 den Eindruck, jeder Notar müsse Betei- **17**
ligungsverzeichnisse oder sonstige zweckentsprechende Dokumentationen führen. Die Notarkammern haben die vorgeschlagenen Formulierungen größtenteils wörtlich in ihr **Satzungsrecht** übernommen. Vorsichtigere Formulierungen finden sich lediglich in den Richtlinien der Notarkammern Brandenburg und Bremen,

38 Vgl. OLG Schleswig v. 31.5.2010 – Not 5/09, MDR 2010, 960. Das Gericht stellte hier zunächst fest, dass das Mitwirkungsverbot gemäß § 3 Abs. 1 Nr. 7 BeurkG nicht mandatsbezogen, sondern mandantenbezogen sei. Dabei dürfe es nicht nur um mittelbare, reflexhafte Auswirkungen des Beurkundungsgeschäfts auf das Geschäft (bzw. den Sachverhalt) gehen, das (bzw. der) Gegenstand der anwaltlichen Vorbefassung war. Bestünden aber unmittelbare rechtliche und wirtschaftliche Zusammenhänge, komme es auf die subjektive Kenntnis des beurkundenden Notars nicht an, wenn sein Sozius zuvor anwaltlich tätig war. § 15 würde leerlaufen, wenn der Notar in einer Sozietät sich stets auf seine Unkenntnis berufen könnte.

39 Vgl. *Harborth/Lau*, DNotZ 2002, 421, 437.

der Westfälischen Notarkammer (fast wortgleich: „Als Vorkehrungen i.S.d. § 28 BNotO kommen insbesondere ein Beteiligtenverzeichnis oder eine sonstige zweckentsprechende Dokumentation in Betracht") sowie in Thüringen („Dazu hat er erforderlichenfalls Beteiligtenverzeichnisse oder sonstige zweckentsprechende Dokumentationen zu führen, die eine Identifizierung der in Betracht kommenden Personen ermöglichen."). Die Notarkammern Koblenz, Pfalz und Mecklenburg-Vorpommern haben auf nähere Bestimmungen ganz verzichtet. Die Notarkammer Sachsen legt salomonisch fest: „Der Notar bestimmt geeignete Vorkehrungen i.S.d. § 28 BNotO nach seinem pflichtgemäßen Ermessen".[40]

18 Die Anlegung von Beteiligtenverzeichnissen von **jedem Notar** zu fordern, verbietet bereits der Zweck der Regelung.[41] Sie kann nur dort Pflicht sein, wo der Notar selbst, sein Sozius oder der mit ihm in Bürogemeinschaft Verbundene tatsächlich in einem erfassbaren Umfang außerhalb der notariellen Amtstätigkeit tätig werden.[42] Insbesondere bei Notaren im Hauptberuf wird dies oft nicht der Fall sein.[43] Die Regelungen zur Dokumentationspflicht sind daher teleologisch zu reduzieren. Sie greifen nur dort ein, wo die Anlegung von Beteiligungsverzeichnissen praktisch möglich und sinnvoll ist. § 6 DONot gilt also nur insoweit, wie den Notar überhaupt eine Dokumentationspflicht trifft. Da der zur hauptberuflichen Amtsausübung bestellte Notar keinen weiteren Beruf ausüben darf (§ 8 Abs. 2 BNotO), wird ein Mitwirkungsverbot nach § 3 Abs. 1 Nr. 7 BeurkG für ihn praktisch nur in den sehr seltenen Fällen bestehen können, in denen er für einen der Beurkundungsbeteiligten in derselben Angelegenheit im Rahmen einer Nebenbeschäftigung nach § 8 Abs. 3 S. 1 und Abs. 4 BNotO[44] tätig war oder ist.[45] In den übrigen Fällen ein „Leerverzeichnis" ohne Eintragungen zu verlangen, erscheint unverhältnismäßig.[46]

Die Pflicht zur Anlegung von Beteiligtenverzeichnissen ist nicht auf Sozietäten beschränkt.[47] Auch der Einzelnotar, im Grundsatz unabhängig davon, ob er Anwaltsnotar oder Notar im Hauptberuf ist, kann und darf sich nicht allein auf sein Gedächtnis verlassen, wenn er außerhalb der notariellen Amtstätigkeit Tätigkeiten ausübt. Auch sein Vertreter muss die Möglichkeit haben, mögliche Mitwirkungsverbote festzustellen, die sich aus der Person des vertretenen Notars ergeben.[48]

II. Keine Dokumentationspflichten für die Vergangenheit

19 **Erst den bestellten Notar trifft die Pflicht** zur Anlegung von Dokumentationen. Der angehende Anwaltsnotar, der sich auf den Notarberuf vorbereitet, ist noch nicht verpflichtet, eine eigene Dokumentation zu führen.[49] Aus der durch Nr. VI.1.2 der Richtlinien begründeten Pflicht, „Beteiligungsverzeichnisse oder sonstige zweckentsprechende Dokumentationen zu führen", leitet sich weiterhin ab, dass der Notar solche Verzeichnisse **nicht nachträglich für die Vergangenheit** zu erstellen hat.[50] Die Pflicht wurde erst mit der Änderung der BNotO im Jahre 1998 bzw. ihrer Umsetzung in die Richtlinien in den einzelnen Kammerbezirken begründet. Dem Gesetz ist nicht zu entnehmen, dass noch nachträglich Verzeichnisse zu erstellen sind. Dies ist nicht zumutbar. Das ändert natürlich nichts daran, dass die Mitwirkungsverbote auch für bereits abgeschlossene Vorgänge gelten.

20 Eine Vorbefassung setzt übrigens nicht voraus, dass ein Anwaltsnotar in der Angelegenheit unmittelbar das Mandat ausgeübt hat. Es genügt, wenn er die Sache – auch rein vorbereitend und ohne „Außenwirkung" – bearbeitet oder mitbearbeitet hat. Nicht ausgelöst wird die eigene Vorbefassung jedoch durch die Tatsache, dass in Sozietäten Mandate zumeist der gesamten Sozietät erteilt werden.[51]

40 Vgl. dazu *Harborth/Lau*, DNotZ 2002, 412, 426; vgl. auch die Übersicht bei *Weingärtner/Wöstmann*, D.VI. Rn 47 ff.

41 So auch Weingärtner/*Ulrich*, § 6 Rn 16; *Blaeschke*, Rn 138; *Bettendorf*, RNotZ-Sonderheft zu 10/2001, 18; EDV-Empfehlungen der BNotK, DNotZ 2005, 497, 507.

42 Erfasst ist wohl nur ein berufliches und kein privates Tätigwerden (so *Waldner*, Rn 165).

43 Vgl. eingehend zu dieser Problematik: *Heller/Vollrath*, MittBayNot 1998, 322.

44 Die wissenschaftliche, künstlerische oder Vortragstätigkeit scheidet als Anknüpfungspunkt für das Mitwirkungsverbot von vornherein aus, da sie nicht i.S.v. § 3 Abs. 1 S. 1 Nr. 7 BeurkG „für" einen Dritten ausgeübt wird.

45 *Vaasen/Starke*, DNotZ 1998, 661, 670; vgl. hierzu eingehend: *Heller/Vollrath*, MittBayNot 1998, 322; *Hermann*, MittBayNot 1998, 359.

46 Vgl. *Harborth/Lau*, DNotZ 2002, 412, 437; BeckOK-BNotO/*Salzmann*, § 6 DONot Rn 2.

47 A.A. evtl. Frenz/Miermeister/*Frenz*, § 28 BNotO Rn 10.

48 Vgl. *Wöstmann*, ZNotP 2002, 96, 97.

49 Vgl. Tätigkeitsbericht der BNotK 2001, DNotZ 2002, 481, 484.

50 So auch *von Campe*, NotBZ 2000, 366, 368; ähnlich Frenz/Miermeister/*Frenz*, § 28 BNotO Rn 8; a.A. wohl *Maaß*, ZNotP 2002, 217, 218 Fn 6.

51 Vgl. Rundschreiben der BNotK 22/2001.

III. Der Sonderfall des Sozietätswechslers

Besondere Fragen ergeben sich für den **Notar, der die Sozietät wechselt**. Die BNotK[52] hat sich ausführlich mit der Problematik befasst. Diese Überlegungen liegen – jedenfalls ausweislich der nichtamtlichen Begründung – ausdrücklich auch der Fassung des § 6 DONot in der derzeit gültigen Fassung zugrunde.[53] Einerseits geht es darum, wie weit in diesen Fällen die Mitwirkungsverbote reichen. Andererseits ist überdies zu klären, wie weit die Dokumentationspflichten auszugestalten sind. **21**

Schon im Rahmen der Kommentierung des BeurkG (vgl. § 3 BeurkG Rdn 81) wurde dargestellt, dass frühere Berufsverbindungen von dem Vorbefassungsausschluss nicht erfasst sind. Wechselt also ein Sozietätsmitglied, das selbst mit einem Vorgang befasst war, die Sozietät, werden die verbleibenden Sozien von dem Vorbefassungsausschluss frei. „Gefährlich" wird die Situation nur für die aufnehmende Sozietät. Der Vorbefassungsausschluss wird von dem Ausscheidenden als „Altlast" mitgeführt. Er erfasst nunmehr auch seine neuen Sozien. Die aufnehmende Sozietät wird von der früheren eigenen Vorbefassung des Wechslers betroffen, weil sich das Mitwirkungsverbot auch auf abgeschlossene Tätigkeiten bezieht und es nicht darauf ankommt, ob die Tätigkeit in der gleichen Sozietät ausgeübt wurde. Waren nur frühere Sozien des Wechselnden mit der Angelegenheit befasst, so wird dieser seinerseits mit dem Ausscheiden von dem Vorbefassungsausschluss frei. Für den Wechselnden gelten allerdings nun auch die Ausschlüsse, die vorher allein die aufnehmenden Sozien betrafen.[54] **22**

Vor diesem Hintergrund stellt sich die Frage, welche **Folgen** sich **für die angelegten Beteiligtenverzeichnisse im Falle eines Sozietätswechsels** ergeben. Insbesondere ist zu klären, inwieweit der Wechselnde das in der alten Sozietät geführte Verzeichnis in die neue Sozietät einbringen muss. An dieser Stelle muss jedoch auch die Verschwiegenheitsverpflichtung nach § 18 BNotO berücksichtigt werden. Je konkreter die Angaben in dem Verzeichnis – insbesondere zum Beratungsgegenstand – desto eher wird die Kollision mit der Verschwiegenheitspflicht virulent.[55] Im Ergebnis sollte hier eine Abwägung der verschiedenen, zum Teil widerstreitenden Interessen vorgenommen werden: Grundsätzlich findet die Verschwiegenheitspflicht ihre Grenze allein in gesetzlichen Offenbarungspflichten[56] (zu den datenschutzrechtlichen Dimensionen vgl. Vor §§ 1–21 DONot Rdn 50 ff.). § 28 BNotO, auf dem die Pflicht zur Führung von Beteiligtenverzeichnissen i.V.m. den Richtlinienbestimmungen letztlich beruht, stellt dabei einen gesetzlichen Erlaubnistatbestand zur Offenbarung der Daten dar. Die Verschwiegenheitspflicht, die eine Amtspflicht im Interesse der Beteiligten darstellt,[57] muss dahinter zurücktreten. Die Beachtung der Mitwirkungsverbote im Falle von Sozietätswechseln wäre praktisch weder für die Notare selbst noch die Dienstaufsicht zu kontrollieren, wenn die schutzwürdigen Belange der Beteiligten und der früheren Sozien die Mitnahme der Dokumentationen verbieten würden. Gleichzeitig ist der Wechsler aber wegen der vorgenannten Verschwiegenheitspflicht auch dazu verpflichtet, die Dokumentation möglichst sensibel zu behandeln. Die Dokumentation darf der neuen Sozietät nicht allgemein zur Verfügung gestellt werden. Sie darf nur der individuellen Prüfung im Einzelfall dienen, ob ein konkreter Kollisionsfall vorliegt. Da die aufnehmende Sozietät immer nur von der eigenen Vorbefassung des Wechselnden betroffen ist, empfiehlt sich zumindest dringend, dass der Notar innerhalb der Sozietät eine getrennte oder wenigstens trennbare Dokumentation über die eigene Vorbefassung führt.[58] **23**

IV. Internationale Sozietäten

Die Bestimmungen über die Mitwirkungsverbote gelten auch für internationale Sozietäten. Weder mit dem Wortlaut noch dem Gesetzeszweck lässt sich begründen, dass es sich um rein nationale Regelungen handelt, die an der Grenze Halt machen.[59] Für die Dokumentationspflichten gilt nichts anderes. Sie sind im Grundsatz unabhängig davon beachtlich, ob der kooperierende Partner in einer anderen Stadt oder einem anderen Land tätig ist (vgl. Rdn 25). Dass es hier zu praktischen und kulturellen Schwierigkeiten kommen kann, soll an dieser Stelle nicht unerwähnt bleiben. Hierauf ist im Rahmen der Aufsicht auch **24**

52 Vgl. Rundschreiben der BNotK 22/2001.
53 Begründung DONot 2022, S. 7.
54 Vgl. zum Ganzen: Rohs/Heinemann/*Heinemann*, Rn 353; Weingärtner/*Ulrich*, § 6 Rn 21; *Mihm*, DNotZ 1999, 8, 18; Arndt/Lerch/Sandkühler/*Sandkühler*, § 16 Rn 52a.
55 Vgl. *Rohs/Heinemann*, Rn 354.
56 Vgl. Frenz/Miermeister/*Bremkamp*, § 18 BNotO Rn 46.
57 Vgl. BeckOK-BNotO/*Sander*, § 18 BNotO Rn 2.
58 Zum Ganzen: Tätigkeitsbericht der BNotK 2001, DNotZ 2002, 481, 484; Rundschreiben der BNotK 21/2002.
59 Vgl. Tätigkeitsbericht der BNotK 2001, DNotZ 2002, 481, 484.

Rücksicht zu nehmen (siehe Rdn 14). Grundsätzlich sind allerdings Verbote der Vertretung widerstreitender Interessen auch im ausländischen Berufsrecht der Rechtsanwälte durchaus bekannt und geläufig.[60]

25 Zu berücksichtigen ist jedoch auch, dass gerade international tätige Wirtschaftskanzleien bei der Annahme neuer Mandate häufig technisch ausgereifte und verlässliche, zumeist datenbankorientierte **conflict checks** vornehmen, um zu verhindern, dass sozietätsinterne Konflikte unentdeckt bleiben (etwa: die Beratung von zwei Unternehmen durch zwei Büros derselben internationalen Sozietät, wenn die Unternehmen in einer hiermit in Verbindung stehenden Frage einen Rechtsstreit führen oder sonstige widerstreitende Interessen haben). Früher bestehende praktische Probleme bei der Umsetzung von Kollisionsprüfungen dürften durch entsprechende Entwicklungen am Softwaremarkt mittlerweile nicht mehr gelten.[61] Die Verwendung der für solche conflict checks in vielen Fällen genutzten automatisierten Kollisionsprüfungssysteme zur Erfüllung der notariellen Berufspflichten ordnet Abs. 2 nun ausdrücklich an, so dass der Anwaltsnotar die bestehenden Systeme ggf. für die Einhaltung seiner Berufspflichten fruchtbar machen kann.

D. Form der Dokumentationen

26 Soweit der Notar Beteiligtenverzeichnisse führen muss, war dies bereits nach der Vorgängernorm (§ 15 Abs. 2 DONot a.F.) in rein **elektronischer Form** möglich.[62] Der Notar kann somit frei entscheiden, ob er das Verzeichnis papiergebunden oder elektronisch führt. In der Praxis wird zumeist die elektronische Führung gewählt. Sie ist schneller und liefert die sichereren Ergebnisse.[63] Abs. 2 erweitert die Möglichkeiten zur Einhaltung der Mitwirkungsverbote und den Einsatz elektronischer Systeme, die eine Kollisionsprüfung automatisiert vornehmen.

E. Inhaltliche Anforderungen an die Dokumentationspflicht i.S.v. § 6 DONot

I. Besonderheiten bei beruflichen Zusammenschlüssen

27 Die Dokumentationspflicht erfasst nicht nur Fälle des eigenen Tätigwerdens, sondern gewinnt besondere praktische Bedeutung im Hinblick auf eine „Person, mit der sich der Notar zur gemeinsamen Berufsausübung verbunden oder mit der er gemeinsame Geschäftsräume hat" (§ 3 Abs. 1 S. 1 Nr. 4 BeurkG).[64] Diese Formulierungen sind weit zu verstehen.[65] Sie erfassen zunächst alle Sozietäten, also nicht allein die mit anderen Anwälten bzw. Anwaltsnotaren, sondern auch die mit Steuerberatern oder Wirtschaftsprüfern. Darunter fallen aber auch alle Bürogemeinschaften, unabhängig davon, ob Personal, Geschäftsräume und Sachmittel ganz oder nur teilweise gemeinschaftlich genutzt werden. Es ist hierbei maßgeblich auf eine Gesamtschau der Umstände des Einzelfalles abzustellen, wobei die „Außenwahrnehmung" besonders zu berücksichtigen ist. Sobald etwa Dritten gegenüber „gemeinsam" aufgetreten wird (z.B. bei gewerblichen Anzeigen, Broschüren, Geschäftspapieren) kann von einem ausreichenden beruflichen Zu-

60 Vgl. etwa *Kilian*, Anwaltsblatt Online 2018, 219, abrufbar unter https://anwaltsblatt.anwaltverein.de/files/anwaltsblatt.de/Archiv/2018/anwbl_2018_04_heft.pdf, zuletzt abgerufen im August 2025.

61 Begründung DONot 2022, S. 8.

62 Vgl. *Lerch*, NotBZ 2005, 175, 176.

63 EDV-Empfehlungen des BMJV, DNotZ 2005, 497, 507 (EDV-Empfehlungen).

64 Zu den jüngsten Entwicklungen vgl. Dokumentationszentrum für Europäisches Anwalts- und Notarrecht an der Universität zu Köln, AnwBl 2017, 840. Allgemein gilt: Anwaltsnotare dürfen sowohl Sozietäten bilden als auch sich zur Ausübung ihrer anwaltlichen Tätigkeit an einer Partnerschaft sowie einer Rechtsanwaltsgesellschaft mbH beteiligen (Münchener Handbuch des Gesellschaftsrechts/*Schmid*, Bd. 1, § 24 Rn 13). Die Anwaltsnotare unterfallen somit nunmehr auch dem § 59a Abs. 1 BRAO. Für den Rechtsanwalt sind die möglichen Formen der beruflichen Zusammenarbeit ebenfalls in § 59a BRAO geregelt. Danach dürfen sich Rechtsanwälte generell mit Mitgliedern einer Rechtsanwaltskammer und der Patentkammer, mit Steuerberatern, Steuerbevollmächtigten, Wirtschaftsprüfern und vereidigten Buchprüfern in einer Sozietät zur gemeinschaftlichen Berufsausübung im Rahmen der eigenen beruflichen Befugnisse verbinden. Darüber hinaus dürfen Rechtsanwälte grundsätzlich auch eine Sozietät bilden mit Angehörigen von Rechtsanwaltsberufen aus Mitgliedstaaten der Europäischen Union oder anderen Staaten, die nach den Vorschriften des Gesetzes über die Tätigkeit europäischer Rechtsanwälte in Deutschland Gesetz über die Tätigkeit europäischer Rechtsanwälte in Deutschland (EuRAG) vom 9.3.2000 (BGBl I 2000, 182, berichtigt: 1349), zuletzt geändert durch Art. 6 G zur Neuregelung des Schutzes von Geheimnissen bei der Mitwirkung Dritter an der Berufsausübung schweigepflichtiger Personen vom 30.10.2017 (BGBl I 2017, 3618) berechtigt sind, sich im Geltungsbereich dieses Gesetzes niederzulassen und ihre Kanzlei im Ausland zu unterhalten. Die Regelungen gelten für Bürogemeinschaften entsprechend (§ 59a Abs. 4 BRAO).

65 Vgl. Weingärtner/*Ulrich*, § 6 Rn 18.

sammenschluss ausgegangen werden.[66] Vom Tatbestand erfasst werden auch alle „überörtlichen Zusammenschlüsse". Maßgeblich ist, dass gegenüber Dritten der Eindruck einer gewissen „Verbundenheit" bzw. „Kooperation" vermittelt wird.[67] Das Mitwirkungsverbot greift auch bei angestellten und bei als freien Mitarbeitern tätigen Rechtsanwälten.[68]

Es ist Aufgabe des Notars ggf. durch **vertragliche Vereinbarung sicherzustellen**, dass die mit ihm beruflich verbundenen Personen die vorgeschriebenen Verzeichnisse auch tatsächlich führen.[69] Die meisten Notarkammerrichtlinien schreiben das ausdrücklich vor. Sollten solche ausdrückliche Weisungen fehlen, folgt diese Verpflichtung unmittelbar aus § 28 BNotO.[70] Weigert sich ein Sozius, diese Verpflichtung einzugehen oder zu erfüllen, muss die Dienstaufsicht die Sozietät ggf. untersagen, da die Voraussetzungen von § 9 Abs. 3 BNotO nicht erfüllt sind. Öffentlich-rechtlich können die in Berufsausübungs- oder Bürogemeinschaft mit dem Notar verbundenen Personen dagegen nicht gezwungen werden, die Beteiligtenverzeichnisse zu führen.[71]

II. Feststellungen zur Identität der Person und zum Gegenstand der Tätigkeit

Die Mitwirkungsverbote orientieren sich sowohl am Gegenstand des Geschäfts als auch an der Person der 28
Beteiligten.[72] Im Rahmen der nach Abs. 1 anzulegenden Dokumentation hat der Notar daher zwei Dinge sicherzustellen. Einerseits muss die Identität der Person zweifelsfrei erkennbar sein. Andererseits muss der Gegenstand der Tätigkeit in ausreichender Weise gekennzeichnet sein.[73] Um die **Identität der Person** festzustellen, sollten grundsätzlich zumindest die gleichen Angaben in das Beteiligtenverzeichnis aufgenommen werden, die auch in das Urkundenverzeichnis (§ 9 NotAktVV) und die Beteiligtenübersicht des Verwahrungsverzeichnisses (§ 17 Abs. 3 S. 1 Nr. 2 DONot) Eingang finden.[74] Dies hat auch Vorteile (im Büroablauf) für den betroffenen Notar, kann dieser schließlich die (zumeist ohnehin elektronisch aufgenommenen) Daten mehrfach verwenden. Präzisere und weitergehende Angaben schaden selbstverständlich nicht. Angaben, die ein „Minus" im Vergleich zum Urkundenverzeichnis beinhalten, können ausnahmsweise ebenfalls ausreichen.

Auch die Anforderungen an die Feststellung des **Gegenstands der Tätigkeit** sind mit Augenmaß zu 29
bemessen. Die Angaben müssen also nicht derart vollständig und ins Einzelne gehend sein, dass allein aufgrund des Verzeichnisses entschieden werden kann, ob § 3 BeurkG einschlägig ist.[75] Insbesondere in komplexen und langwierigen immobilien- oder gesellschaftsrechtlichen Beratungen wird eine zufriedenstellende Feststellung ohnehin erst nach entsprechender Konsultation des damaligen Vorganges möglich sein. Das Beteiligtenverzeichnis stellt insoweit ein „Stoppschild" dar, das den Notar anhält, in zweifelhaften Konstellationen in Eigenregie Nachforschungen anzustellen.[76] Um eine derartige erhöhte berufsrechtliche Sensibilität zu erzeugen, wird es im wohlverstandenen Eigeninteresse des Notars liegen, möglichst detaillierte Angaben zum Gegenstand der Tätigkeit zu machen (etwa zu den konkreten Grundstücksangaben bei einer Immobilientransaktion).[77] Die von der Notarprüfung zu fordernden Angaben sollten jedoch nicht über dasjenige, was dem Notar bei der Führung des Urkundenverzeichnisses (§ 13 NotAktVV) abverlangt wird, hinausgehen.

Viele Einzelheiten zur Gegenstandsangabe sind indes noch ungeklärt. Insbesondere die Kammern des Anwaltsnotariats versuchen, den Notaren praktische Hilfestellungen zu geben.[78]

66 Vgl. *Mihm*, DNotZ 1999, 8, 14.
67 Vgl. *Wöstmann*, ZNotP 2002, 96, 98; Rundschreiben der BNotK 20/2000; kritisch dazu: *Frenz*, ZNotP 2000, 383.
68 Vgl. *Vaasen/Starke*, DNotZ 1998, 661, 669 f.; *Mihm*, DNotZ 1998, 8, 14.
69 Vgl. Weingärtner/*Ulrich*, § 6 Rn 16; *Wöstmann*, ZNotP 2002, 96, 98.
70 Vgl. BeckOK-BNotO/*Frisch*, § 28 DONot Rn 9; *Wöstmann*, ZNotP 2002, 96, 98.
71 Vgl. Arndt/Lerch/Sandkühler/*Sandkühler*, § 28 Rn 13.
72 Vgl. *Lerch*, ZNotP 2002, 166.
73 Vgl. Heinemann/Trautrims/*Strauß*, § 6 DONot Rn 8.
74 Vgl. Weingärtner/*Ulrich*, § 6 Rn 24.
75 BeckOK-BNotO/*Bracker* (5. Edition), § 15 DONot Rn 6
76 Daher darf die Angabe auch nicht gänzlich nichtssagend sein, wie z.B. „Rechtssache": OLG Celle Nds. Rpfl. 2004, 213.
77 Vgl. *Wöstmann*, ZNotP 2002, 96, 97; Arndt/Lerch/Sandkühler/*Sandkühler*, § 28 Rn 11.
78 Vgl. zu Nordrhein-Westfalen Weingärtner/*Ulrich*, § 6 Rn 28 (Abdruck der Grundsätze zur Auslegung des § 15 der DONot in der Fassung der AV des Justizministeriums von Nordrhein-Westfalen vom 23.3.2001 (3830 – I B. 54)).

III. Dauer der Aufbewahrung

30 Angesichts im Übrigen akribischer Regelungen legt die DONot überraschenderweise nicht fest, **wie lange die Dokumentationen aufzubewahren** sind.[79] Die Dokumentationen gewinnen ihre besondere Bedeutung, wenn es sich um weit zurückliegende Vorgänge handelt, die den Beteiligten sonst kaum noch im Gedächtnis wären. Da die Mitwirkungsverbote zeitlich nicht begrenzt sind, sondern den Notar „lebenslänglich" treffen, folgt daraus, dass die Dokumentationen zumindest während der gesamten Amtszeit aufzubewahren sind.[80] Für eine weitere Aufbewahrung auch nach dem Ausscheiden aus dem Amt besteht dagegen in der Regel kein Bedürfnis.

F. Erfüllung der Dokumentationspflicht durch die Führung anderer Register

31 Zur Vermeidung und Überprüfung anwaltlicher Tätigkeitsverbote (§§ 43a Abs. 4, 45 BRAO, § 3 BORA) müssen in Berufsausübungsgemeinschaften Mandatsregister geführt werden.[81] Ein **Rechtsanwalt**, der seinen Beruf im Verbund mit anderen Anwälten ausübt, ist verpflichtet, ein **Verzeichnis über die in § 45 Abs. 1 BRAO genannten Tätigkeiten** zu führen, wobei Mandant und Gegner aufzuführen sind. Es erscheint kaum zumutbar, dem Anwaltsnotar doppelte Dokumentationspflichten aufzuerlegen. Konsequenterweise regelt Abs. 1 S. 3 daher, dass der Notar keine weiteren Vorkehrungen zur Einhaltung der Mitwirkungsverbote zu treffen hat, wenn ihm entsprechende Pflichten schon aufgrund anderer gesetzlicher Regelungen obliegen. Diese Funktion erfüllen grundsätzlich die nach der BRAO errichteten Dokumentationen.[82] Unter welchem Namen das Register geführt wird, ist nicht maßgeblich. Es kommt darauf an, dass die in § 6 DONot geforderten Angaben darin enthalten sind, also beispielsweise auch reine Beratungsmandate erfasst werden.[83]

G. Einsatz von Kollisionsprüfungssystemen (Abs. 2)

32 Abs. 2 erweitert den Kreis der Möglichkeiten, die Einhaltung von § 28 BNotO und der dazugehörigen Richtlinienvorgaben jedenfalls zu erfüllen. Die Regelung lässt ausdrücklich zu, die Einhaltung des Mitwirkungsverbotes durch den Einsatz technischer Kollisionsprüfungssysteme zu erfüllen, die durch einen automatisierten Abgleich einen berufsrechtswidrigen Konflikt erkennen. In diesen Fällen tritt an die Stelle der Führung des Beteiligtenverzeichnisses die nach Abs. 2 S. 1 Nr. 2 vorgeschriebene Pflicht, das Ergebnis der Prüfungen in der Nebenakte zu dokumentieren. Gerade in großen und internationalen Anwaltssozietäten finden solche Systeme verbreitete Anwendung.[84] Die Entscheidung, den Gebrauch solcher Systeme zur Erfüllung auch der notariellen Amtspflichten zu kodifizieren, ist daher ausdrücklich zu begrüßen.

33 Das Kollisionsprüfungssystem muss eine Prüfung in zweifacher Hinsicht ermöglichen. Nach Abs. 2 S. 1 Nr. 1 lit. a) aa) und bb) muss die Überprüfung zum einen hinsichtlich der Person der Beteiligten stattfinden. Daneben muss der Abgleich auch hinsichtlich des Sachverhaltes der betroffenen Angelegenheiten hin erfolgen, Abs. 2 S. 1 Nr. 1 lit. b). Das Ergebnis beider Prüfungen ist nach Abs. 2 S. 1 Nr. 2 in der Nebenakte zu dokumentieren. Dabei ist eine separate Ausweisung der Prüfungsergebnisse nach dem eindeutigen Wortlaut von Abs. 2 S. 1 Nr. 2 auch dann erforderlich, wenn keine der beiden Prüfungen einen „Treffer" ergeben hat.[85]

34 Neben der vollständigen Ersetzung eines Beteiligtenverzeichnisses ist auch denkbar, die Führung von Beteiligtenverzeichnissen mit dem Einsatz von Kollisionsprüfungssystemen zu kombinieren.[86] Dies kommt

79 Vgl. *Maaß*, ZNotP 2002, 335, 340 f.

80 Vgl. *Wöstmann*, ZNotP 2002, 96, 98; *Blaeschke*, Rn 138; ähnlich: Arndt/Lerch/Sandkühler/*Sandkühler*, § 28 Rn 16; *Weingärtner/Wöstmann*, D.VI. Rn 14; *Armbrüster/Leske*, ZNotP 2002, 48.

81 Gaier/Wolf/Göcken/*Bormann/Strauß*, § 45 BRAO Rn 47; Zu den Problemen des Datenabgleichs: *Veth*, ANWALT 10/2003, 10 f.

82 Vgl. Weingärtner/*Ulrich*, § 6 Rn 19; Heinemann/Trautrims/*Strauß*, § 6 DONot Rn 13.

83 Vgl. auch Weingärtner/*Ulrich*, § 6 Rn 19.

84 Zur Rolle von conflict checks im ausländischen Berufsrecht der Rechtsanwälte etwa *Kilian*, Anwaltsblatt Online 2018, 219, abrufbar unter https://anwaltsblatt.anwaltverein.de/files/anwaltsblatt.de/Archiv/2018/anwbl_2018_04_heft.pdf, zuletzt abgerufen im August 2025.

85 Begründung DONot 2022, S. 8; Heinemann/Trautrims/*Strauß*, § 6 DONot Rn 16.

86 Begründung DONot 2022, S. 8; Heinemann/Trautrims/*Strauß*, § 6 DONot Rn 17.

in Betracht bei dem Wechsel von Sozietäten oder nach der erstmaligen Einführung eines automatisierten Konflikterkennungssystems (wobei sich aus organisatorischen Gründen hier die vollständige Überführung der bestehenden Beteiligtenverzeichnisse in die Software anbieten dürfte).

Nach Abs. 2 S. 2 hat der Notar durch eine Hersteller- oder Vertreiberbescheinigung zu belegen, dass das System zur Prüfung der in Abs. 2 S. 1 genannten Voraussetzungen geeignet ist. Bei den Bescheinigungen handelt es sich um Erklärungen der Anbieter und Vertreiber von Fachsoftware, mit der diese die Einhaltung gesetzlicher Vorgaben bestätigen.[87] Das Regelungsinstrument wurde in der Form als Herstellerbescheinigung als unbürokratische Alternative zu einem Lizensierungsverfahren bereits in § 5 Abs. 3 S. 3 DONot a.F. eingesetzt. Die Neufassung der DONot greift in Abs. 2 (Kollisionsprüfungssystem), § 11 Abs. 1 (Elektronische Nebenaktenführung), § 11 Abs. 2 (Schnittstelle der Notarsoftware) und § 13 DONot (Scangerät) auf das Gestaltungsmittel zurück. Mit der Änderung der Dienstordnung für Notarinnen und Notare zum 1.8.2022 wurde in § 6 Abs. 2, § 11 Abs. 1 und § 13 DONot alternativ die Möglichkeit eingeführt, eine Bescheinigung des Vertreibers des jeweiligen Systems vorzuhalten. Da es sich bei Herstellern häufig um internationale Großkonzerne handelt und die Beschaffung entsprechender Bescheinigungen oft umständlich und langwierig ist, ist diese Entscheidung aus Sicht der Praxis zu begrüßen. Vertreiber verfügen in der Regel ähnlich wie die Hersteller über die detaillierte Kenntnis der technischen Eigenheiten des Systems, die sie zur Erteilung der benötigten Bescheinigung befähigt. Die mit der Herstellerbescheinigung verfolgten Zwecke können daher in der Regel auch mit einer Vertreiberbescheinigung erreicht werden. 35

Die Bundesnotarkammer stellt jeweils Vordrucke zur Verfügung, die den Softwareherstellern zur Erteilung der notwendigen Bescheinigung übermittelt werden können.[88] Naturgemäß bescheinigt der Hersteller oder Vertreiber darin nicht, dass die Amtspflicht vom Notar eingehalten wird. Stattdessen wird darin nur eine Aussage über die abstrakte Eignung der Software getätigt.[89] Die Bescheinigungen sind in der Generalakte zu führen, § 46 Abs. 1 S. 2 Nr. 10 NotAktVV.

Bei einem Wechsel des Kollisionsprüfungssystems oder des Anbieters hat der Notar nach Abs. 2 S. 3 sicherzustellen, dass die vorhandenen Daten weiterhin nutzbar sind. Denkbar ist in diesen Fällen aber auch, die im alten System befindlichen Daten in ein Beteiligtenverzeichnis zu überführen.[90] 36

Für die Überprüfung der Einhaltung der Mitwirkungsverbote durch die Aufsicht dürfte in aller Regel die stichprobenartige Überprüfung konkreter Einzelfälle ausreichend und effektiv sein.[91] Darüber hinaus enthält Abs. 2 S. 4 aber auch die ausdrückliche Pflicht, der Aufsichtsbehörde auf Anforderung im Einzelfall Einblick zu gewähren in die Gesamtheit der Daten, die von dem System zur Prüfung der Kollision herangezogen werden. Dies entspricht der Einsicht in das klassische Beteiligtenverzeichnis[92] und kann etwa geeignet sein, grundlegende und systematische Versäumnisse aufzudecken. 37

§ 7 Übersicht über Urkundsgeschäfte

(1) Die Notarin oder der Notar hat nach Abschluss eines jeden Kalenderjahres eine Übersicht über Urkundsgeschäfte nach dem Muster 1 aufzustellen und der Präsidentin oder dem Präsidenten des Landgerichts sowie der Notarkammer bis zum 31. Januar zu übermitteln (§ 16).

(2) Bei der Aufstellung der Übersicht ist zu beachten:

1. **Es sind alle in das Urkundenverzeichnis eingetragenen Beurkundungen und Beschlüsse sowie die Wechsel- und Scheckproteste aufzunehmen; jede Urkunde ist nur einmal zu zählen.**
2. **Unter Nummer 1 sind alle in das Urkundenverzeichnis eingetragenen Beurkundungen und Beschlüsse aufzunehmen.**

87 Im Verhältnis zum jeweiligen Berufsträger dürften diese Bescheinigungen Beschaffenheitsvereinbarungen darstellen, vgl. auch Heinemann/Trautrims/*Strauß*, § 11 DONot Rn 1.

88 Vgl. https://www.bnotk.de/intern/dienstordnung-donot, zuletzt abgerufen im August 2025.

89 Begründung DONot 2022, S. 9.

90 Vgl. Heinemann/Trautrims/*Strauß*, § 6 DONot Rn 17.

91 Begründung DONot 2022, S. 9.

92 Heinemann/Trautrims/*Strauß*, § 6 DONot Rn 18.

3. Unter Nummer 1 Buchstabe a sind alle Beglaubigungen von Unterschriften, Handzeichen oder qualifizierten elektronischen Signaturen aufzunehmen, wobei in Beglaubigungen mit Anfertigung eines Urkundenentwurfs und ohne Anfertigung eines Urkundenentwurfs aufzugliedern ist; Urkundenentwürfe sind nur dann aufzunehmen, wenn die Notarin oder der Notar Unterschriften oder Handzeichen darunter oder qualifizierte elektronische Signaturen des Entwurfs beglaubigt hat.

4. Unter Nummer 1 Buchstabe b sind alle Verfügungen von Todes wegen aufzunehmen.

5. Unter Nummer 1 Buchstabe c sind alle vom Gericht überwiesenen Vermittlungen von Auseinandersetzungen (förmliche Vermittlungsverfahren) und die in das Urkundenverzeichnis eingetragenen Beurkundungen und Beschlüsse nach dem Sachenrechtsbereinigungsgesetz (§ 7 Absatz 1 Nummer 6 NotAktVV) aufzunehmen.

6. Unter Nummer 1 Buchstabe d sind sonstige Beurkundungen und Beschlüsse aufzunehmen; hierunter fällt auch die Beurkundung eines Auseinandersetzungsvertrages, dem kein förmliches Verfahren vorausgegangen ist.

7. Unter Nummer 1 Buchstabe d Doppelbuchstabe aa sind alle in den sonstigen Beurkundungen und Beschlüssen enthaltenen Anträge auf Erteilung eines Erbscheins oder eines Europäischen Nachlasszeugnisses aufzunehmen.

8. Unter Nummer 1 Buchstabe d Doppelbuchstabe bb sind alle in den sonstigen Beurkundungen und Beschlüssen enthaltenen Auflassungserklärungen aufzunehmen, die in einer vom Rechtsgrund getrennten Urkunde beurkundet wurden.

9. Sofern die Landesjustizverwaltung dies entsprechend bekanntgemacht hat, sind unter Nummer 1 Buchstabe d in einem weiteren Doppelbuchstaben cc alle in den sonstigen Beurkundungen und Beschlüssen enthaltenen Bescheinigungen der Notarin oder des Notars aufzunehmen.

10. Unter Nummer 2 sind Wechsel- und Scheckproteste aufzunehmen.

(3) [1]Ist eine Notarin oder ein Notar im Laufe des Jahres ausgeschieden oder ist der Amtssitz verlegt worden, so ist die Übersicht der Geschäfte von der Stelle (Notariatsverwalterin oder Notariatsverwalter, Notarkammer, Notarin oder Notar) aufzustellen, welche die Akten und Verzeichnisse in Verwahrung genommen hat. [2]Für Notariatsverwalterinnen und Notariatsverwalter ist die Übersicht besonders aufzustellen; Satz 1 gilt entsprechend.

A. Einleitung

1 § 7 DONot enthält den Regelungsgehalt des § 24 DONot a.F. und wurde im Zuge der Reform teilweise angepasst. In Abs. 1 wurde die zuständige Notarkammer als weiterer Adressat der Übersicht ergänzt. Die Frist zur Übermittlung der Übersicht wurde vom 15. Februar auf den 31. Januar verkürzt. Abs. 2 wurde an die Umstellung von Urkundenrolle auf Urkundenverzeichnis angepasst und um einige neu hinzugekommenen Gegenstände ergänzt. In Abs. 3 S. 1 wurde berücksichtigt, dass nach § 51 Abs. 1 BNotO anstelle der Amtsgerichte die Notarkammern für die Verwahrung von Akten und Verzeichnissen zuständig sein können.

Es existieren teilweise landesrechtliche Besonderheiten.[1]

2 Die Geschäftsübersichten vermitteln ein allgemeines Bild vom Umfang der notariellen Tätigkeit und ihren Schwerpunkten. Durch die Aufschlüsselung nach Urkundenarten und Geschäftsgegenständen geben sie dem Landgerichtspräsidenten Hinweise auf die Lage und Entwicklung in den Notarstellen des jewei-

1 Bayern (NotBek, JMBl. 2001, S. 32 i.d.F. vom 6.12.2021): „Der Notar hat zwei weitere Stücke der Übersicht über die Urkundsgeschäfte dem Präsidenten des Landgerichts einzureichen. Der Präsident des Landgerichts nimmt nach Prüfung und Erledigung etwaiger Ergänzungen oder Berichtigungen eine Ausfertigung zu seinen Akten, sendet eine weitere an die Landesnotarkammer und leitet die dritte dem Präsidenten des Oberlandesgerichts zu, der sie zu seinen Akten nimmt."

ligen Gerichtsbezirks. Sie vermitteln wichtige Anhaltspunkte bei der Frage der Wiederbesetzung oder Neuausschreibung von Notarstellen[2] und können Indizien für Unregelmäßigkeiten in einzelnen Notariaten enthalten. Die Notarkammern erhalten die Übersichten unter anderem, um ihre Rolle im Rahmen der Anhörung bei Ausschreibung oder Einziehung von Notarstellen wahrnehmen zu können.

Die in Muster 1 aufgenommene differenzierte Ausweisung von Beglaubigungen mit und ohne Entwurf ist 3
sachdienlich und lässt Aussagen über die Notariatsstruktur und den Tätigkeitsumfang zu. Nicht zu Unrecht werden die sog. „bereinigten" Urkundszahlen in den Gebieten des hauptberuflichen Notariats dergestalt ermittelt, dass Unterschriftsbeglaubigungen mit und ohne Entwurf und sonstige Beurkundungen mit einem unterschiedlichen Multiplikator in die Berechnung der Gesamturkundszahlen eingehen. Ein Mehraufwand ist für die Notare dadurch nicht verbunden. Nach § 14 Abs. 1 Nr. 1, Nr. 2 NotAktVV ist bei Eintragung in das Urkundenverzeichnis ohnehin anzugeben, ob es sich um eine Beglaubigung mit oder ohne Anfertigung eines Urkundenentwurfes handelt. Der Export der Übersicht über die Urkundengeschäfte ist dann vollautomatisch möglich.

Die Form der Übermittlung an den Präsidenten des Landgerichts und an die Notarkammer wird in § 16 4
DONot geregelt. Nach § 16 Abs. 3 DONot bedarf die Übermittlung grundsätzlich der Schriftform, kann aber im Einvernehmen mit der Aufsichtsbehörde auch in elektronischer Form erfolgen. Das zu verwendende Muster kann dabei im Format, nicht aber im Inhalt geändert werden.

B. Vorlagepflicht (Abs. 1)

Für die Übersicht über die Urkundsgeschäfte gibt es ein **amtliches Muster**, das der DONot als **Muster 1** bei- 5
gefügt ist. Für die Übersichten bis einschließlich des Kalenderjahres 2021 waren in Bayern und Rheinland-Pfalz aufgrund abweichender landesrechtlicher Vorschriften ein erweitertes Muster 7a zu verwenden,[3] in dem bei den sonstigen Beurkundungen (I Nr. 1 lit. d) getrennt auszuweisen sind, wie viele hiervon Bescheinigungen nach §§ 40 Abs. 2, 54 Abs. 1 S. 2 GmbHG, § 181 Abs. 1 S. 2 AktG sind. Nach der DONot-Reform 2022 kann nun in allen Bundesländern das einheitliche amtliche Muster 1 verwendet werden, ohne dass hierdurch die unterschiedliche Handhabung aufgehoben wäre.[4] Stattdessen sieht das Muster 1 in Nummer 1 lit. b) cc) die gesonderte Angabe der notariellen Bescheinigungen standardmäßig vor. Die Angabe ist in die Übersicht aber nur aufzunehmen, wenn die jeweilige Landesjustizverwaltung dies bekanntgemacht hat. Die Software des Elektronischen Urkundenarchivs sieht hierfür bei Export eine entsprechende optionale Funktion vor. Die notariellen Bescheinigungen sind dann also sowohl in der Zahl der „sonstigen Beurkundungen", als auch in der gesondert auszuweisenden Zahl „davon Bescheinigungen des Notars" enthalten. Sie werden bei der Entscheidung über den Bedarf an Notarstellen (§ 4 BNotO) wegen ihrer geringeren Bedeutung für die Arbeitsbelastung des Notars nicht wie andere Beurkundungen gewichtet.[5]

Das Muster ist vom Notar auszufüllen. Die Richtigkeit der Angaben hat er mit seiner Unterschrift zu be- 6
scheinigen. Im Hinblick auf die verwaltungsinterne Bedeutung dürfte der Notar seinen Pflichten genügen, wenn er nur ein Original unterschreibt und dieses mit einer Kopie an den Landgerichtspräsidenten weiterleitet.[6] Das Erfordernis der Unterschrift entfällt bei Ersetzung der Schriftform durch die elektronische Form, was nach § 16 Abs. 3 S. 2 DONot im Einvernehmen mit der Aufsichtsbehörde möglich ist. Dabei ist das Dokument vom Notar mit einer qualifizierten elektronischen Signatur zu versehen.[7] Die Einreichung sollte in diesem Fall mittels EGVP erfolgen, um eine Ende-zu-Ende-Verschlüsselung zu gewährleisten.[8]

Die **Nichtbefolgung** der Vorschrift ist ein Dienstvergehen. Die Übersichten des Vorjahres sind jeweils 7
zum 31. Januar eines jeden Jahres einzureichen.[9] Im Vergleich zur Vorgängerregelung (Stichtag:

2 Vgl. BGH v. 22.10.1979 – NotZ 3/79, DNotZ 1980, 177, 179; die aktuelle Statistik zu der Anzahl der Notarinnen und Notare in den Jahren 2020 bis 2022 (Stichtag: jeweils 1. Januar) findet sich in DNotZ 2022, 241.

3 BayJMBl 2010, 2; JBlRhPf 2010, 29.

4 Nach der Entwurfsbegründung der NotAktVV soll die unterschiedliche Handhabung ausdrücklich aufrechterhalten werden können, vgl. BR-Drucks 420/20, S. 37.

5 So BeckOK-BNotO/*Bracker*, (5. Edition), § 24 DONot Rn 1.

6 Vgl. BeckOK-BNotO/*Salzmann*, § 7 DONot Rn 2.

7 Begründung DONot 2022, S. 24.

8 Begründung DONot 2022, S. 24; Heinemann/Trautrims/*Strauß*, § 16 DONot Rn 4.

9 Diese Frist gilt einheitlich auch für die Übersichten über die Verwahrungstätigkeit: Frenz/Miermeister/*Blaeschke*, § 7 DONot Rn 6.

15. Februar) wurde die Übermittlungsfrist verkürzt. Da der nach Abs. 2 notwendige Inhalt nach § 14 NotAktVV ohnehin im Urkundenverzeichnis einzutragen ist und die Software des Elektronischen Urkundenarchivs einen Export ermöglicht, dürfte diese Fristverkürzung zu keinen Härten führen. Nach der Übergangsvorschrift des § 20 Abs. 1 DONot ist § 7 DONot erstmals auf Übersichten für das Kalenderjahr 2022 anzuwenden, die dann bis zum 31.1.2023 übermittelt werden müssen.

C. Inhalt der Übersicht (Abs. 2)

8 Der Inhalt der Übersicht ergibt sich grundsätzlich aus dem selbsterklärenden **Muster** 1. Das Ausfüllen macht nur wenige Schwierigkeiten. Abs. 2 enthält einige **Klarstellungen und ergänzende Hinweise** zum Ausfüllen:

– Abs. 2 Nr. 1 stellt klar, dass die anzugebende Gesamtzahl sich aus der Zahl der in das Urkundenverzeichnis vergebenen Urkundenverzeichnisnummer zuzüglich aller Wechsel- und Scheckproteste zusammensetzt. Jede Urkunde ist nur einmal zu zählen. Das hat z.B. Bedeutung, wenn eine Urkunde neben einer Verfügung von Todes wegen (im Muster einzutragen unter Nr. 1 lit. b) auch noch andere Erklärungen enthält (z.B.: Ehe- und Erbvertrag).[10] Erb- und Pflichtteilsverzichte sind keine Verfügungen von Todes wegen und deshalb nicht unter Nr. 1 lit. b) in der Übersicht einzutragen. Dies gilt e contrario auch für deren Aufhebung.[11] Die ausdrückliche Erwähnung von „Beschlüssen" resultiert aus der Einbeziehung von verfahrensbeendenden Beschlüssen nach dem SachenRBerG in die eintragungspflichtigen Vorgänge gem. § 7 Abs. 1 Nr. 5 NotAktVV.
– Abs. 2 Nr. 3 enthält eine Aussage, die bereits zwingend aus den Regelungen in Abs. 2 Nr. 1 folgt, nämlich den Hinweis, dass Urkundsentwürfe nicht anzugeben sind, soweit sie nicht (mindestens) zu einer Unterschrifts- oder Handzeichenbeglaubigung geführt haben.
– In Abs. 2 Nr. 5 wird ausgeführt, welche Urkunden im Muster 1 unter „Vermittlungen von Auseinandersetzungen" und „Sonstige Beurkundungen und Beschlüsse" aufzuführen sind. Andererseits fallen aber auch die in die Urkundenrolle eingetragenen Beurkundungen und verfahrensbeendenden Beschlüsse nach dem SachenRBerG.[12]
– Auseinandersetzungsverträge, denen kein förmliches Verfahren vorausgegangen ist (z.B.: Erbauseinandersetzungen), zählen zu den im Muster in Nr. 1 lit. d) einzutragenden „sonstigen Beurkundungen und Beschlüsse[n]". Zu Letzteren gehören entsprechend der Fußnote in Muster 1 auch die Vollstreckbarerklärungen nach § 796c Abs. 1 ZPO (Anwaltsvergleiche) und § 1053 Abs. 4 ZPO (Schiedssprüche).
– Innerhalb der Kategorie der sonstigen Beurkundungen und Beschlüsse wurden auf Wunsch der Landesjustizverwaltungen[13] weitere speziellere Kategorien aufgenommen. Hiermit korrespondieren die neu eingefügten Abs. 2 Nr. 7–9. In Nr. 1 lit. d) aa) des Musters sind danach Anträge auf Erteilung eines Erbscheins oder eines Europäischen Nachlasszeugnisses einzutragen, in Nr. 1 lit. d) bb) Auflassungserklärungen, die in einer vom Rechtsgrund getrennten Urkunde beurkundet werden. Dies betrifft vor allem Urkunden über die Messungsanerkennung und Auflassung nach Verkauf einer unvermessenen Teilfläche. In Nr. 1 lit. d) cc) sind Bescheinigungen des Notars einzutragen. Diese Spalte ist ausweislich der Fußnote des Musters und des Wortlauts von Abs. 2 Nr. 9 nur auszufüllen, wenn die Landesjustizverwaltung dies bekanntgemacht hat. Die bereits vor Inkrafttreten der NotAktVV gelebte Verwaltungspraxis in Bayern und Rheinland-Pfalz sollte hierdurch beibehalten werden.[14]
– Bei den Kategorien der Abs. 2 Nr. 7–9 handelt es sich um bestimmte Geschäftsgegenstände im Sinne des § 13 NotAktVV.[15] Diese sind in der Software des Elektronischen Urkundenverzeichnisses stichwortartig und hinreichend unterscheidungskräftig zu bezeichnen. Es erscheint sachgerecht, es für ausreichend zu halten, wenn in der Übersicht in den Nr. 1 lit. d) aa)–cc) des Musters lediglich die

10 Vgl. Frenz/Miermeister/*Blaeschke*, § 7 DONot Rn 15.
11 BeckOK-BNotO/*Salzmann*, § 7 DONot Rn 5.
12 Gesetz zur Sachenrechtsbereinigung im Beitrittsgebiet (Sachenrechtsbereinigungsgesetz – SachenRBerG) vom 21.9.1994 (BGBl I 1994, 2457), zuletzt geändert durch Art. 21 des 2. KostenrechtsmodernisierungsG vom 23.7.2013 (BGBl I 2013, 2586); zu den statistischen Erhebungen in den neuen Bundesländern zu dieser Frage vgl. *von Campe*, NotBZ 1997, 159.
13 Heinemann/Trautrims/*Strauß*, § 7 DONot Rn 5.
14 Vgl. BR-Drucks 420/20, S. 37.
15 Begründung DONot 2022, S. 10.

Urkunden aufgenommen werden, die in der Software des Elektronischen Urkundenarchivs entsprechend bezeichnet sind.[16]

Von der jährlich zu erstellenden Übersicht der Urkundsgeschäfte bleibt die Befugnis der Aufsichtsbehörde unberührt, nach § 17 Abs. 4 DONot im Einzelfall Auswertungen anzufordern, die von der Software des Urkundenverzeichnisses erstellt werden können. 9

D. Sonderfall: Ausscheiden eines Notars im Laufe des Jahres (Abs. 3)

Die Geschäftsübersichten zu Beginn des neuen Jahres kann nur derjenige aufstellen, der die Akten und Verzeichnisse in Verwahrung hat. Deshalb regelt Abs. 3 für ausgeschiedene Notarinnen und Notare, die ihren Amtssitz verlegt haben, dass die Übersicht vom Verwahrer der Akten vorzunehmen ist. Das können ein Notariatsverwalter, die Notarkammer oder ein amtsnachfolgender Notar sein. Weiterhin wird klargestellt, dass für Notariatsverwalter besondere Übersichten aufzustellen sind. Allgemein ist damit für jeden Verwahrer eine gesonderte Übersicht aufzustellen. 10

16 *Blaeschke*, Rn 416. Heinemann/Trautrims/*Strauß*, § 7 DONot Rn 5.

Abschnitt 2: Ergänzende Regelungen für Erbverträge

§ 8 Erbverträge

[1]Die Notarin oder der Notar sieht jährlich bis zum 15. Februar das Urkundenverzeichnis und, soweit vorhanden, das Erbvertragsverzeichnis oder die Erbvertragskartei nach in notarieller Verwahrung befindlichen Erbverträgen durch, die innerhalb des letzten Kalenderjahres der Ermittlungspflicht nach § 351 FamFG unterlagen, und bestätigt die Durchsicht und deren Ergebnis durch einen von ihr oder ihm zu unterzeichnenden Vermerk. [2]Für Erbverträge, bei denen eine Ablieferung noch nicht veranlasst war, ist das Verfahren nach § 351 FamFG alle fünf Jahre zu wiederholen; dies gilt nicht für solche Erbverträge, bei denen sich die Verwahrstelle davon überzeugt hat, dass die Verwahrangaben im Zentralen Testamentsregister zutreffen. [3]Eine Ablieferung teilt die Notarin oder der Notar der Registerbehörde elektronisch (§ 9 ZTRV) mit, wenn zu dem Erbvertrag Verwahrangaben im Zentralen Testamentsregister registriert sind.

Literatur *Bolkart*, Die Reform des Verfahrens in Familiensachen und in den Angelegenheiten der freiwilligen Gerichtsbarkeit, MittBayNot 2009, 268; *Bormann*, Das Zentrale Testamentsregister in der notariellen Praxis, ZEV 2011, 628; *BNotK-Rundschreiben*, Rücknahme von Erbverträgen aus der notariellen Verwahrung, ZNotP 2002, 427; *Dickhuth-Harrach*, Die Rückgabe des Erbvertrages aus der notariellen Verwahrung, RNotZ 2002, 384; *Diehn*, Das Zentrale Testamentsregister, NJW 2011, 481; *Diehn*, Das Zentrale Testamentsregister in der notariellen Praxis, DNotZ 2011, 676; *Diehn*, Testamentsverzeichnisüberführung und Benachrichtigungswesen in Nachlasssachen mit dem Zentralen Testamentsregister der Bundesnotarkammer, StAZ 2011, 70; *DNotI*, Rückgabemöglichkeit eines Erbvertrages aus der notariellen Verwahrung, wenn darin die Vermögenssorge der Eltern für das ihrem minderjährigen Kind Zugewandte beschränkt wird, DNotI-Report 2007, 100; *DNotI*, Verhinderung der Ablieferungspflicht und Eröffnung der Urschrift und der Abschriften eines durch Rückgabe aufgehobenen Erbvertrages, DNotI-Report 2007, 137; *DNotI*, Aufhebung eines Erbvertrages durch Rücknahme aus der notariellen Verwahrung; Erbeinsetzung, Pflichtteilsklausel und Anfechtungsverzicht als Verfügungen von Todes wegen, DNotI-Report 2003, 153; *Frank*, Erbrechtliche Regelungen des OLGVertrÄndG, NotBZ 2003, 8; *Fröhler*, Das Verfahren in Nachlass- und Teilungssachen nach dem neu geschaffenen FamFG, BWNotZ 2008, 183; *Heinemann*, Die Reform der freiwilligen Gerichtsbarkeit durch das FamFG und ihre Auswirkungen auf die notarielle Praxis, DNotZ 2009, 6; *Keim*, Die Aufhebung von Erbverträgen durch Rücknahme aus amtlicher oder notarieller Verwahrung, ZEV 2003, 55; *Kersten*, Unterstützung des Notars durch seine Mitarbeiter beim Urkundenvollzug (Teil 4), ZNotP 2003, 370; *Kordel*, Der Notar als Ermittler – Die Verkürzung der Prüfungsfrist für Erbverträge und der Umfang der Ermittlungspflicht, DNotZ 2009, 644; *Kroiß*, Das neue Nachlassverfahrensrecht, ZErb 2008, 300, *Lappe*, Die Rücknahme des Erbvertrages, NotBZ 2002, 414; *Rakete-Dombek/Türck-Brocker*, Das FamFG, NJW 2009, 2769; *Reimann*, Die Änderungen des Erbrechts durch das OLG-Vertretungsänderungsgesetz, FamRZ 2003, 1383; *Schmidt*, Kostenfolge bei der Rückgabe eines Erbvertrages aus der notariellen Verwahrung, RNotZ 2002, 503; *Zimmermann*, Das neue Nachlassverfahren nach dem FamFG, ZEV 2009, 53.

A. Einleitung

1 § 8 DONot entspricht inhaltlich § 20 Abs. 5 DONot a.F. mit Anpassungen zum Zeitpunkt der Durchsicht und zur Wiederholungsdurchsicht. Der Regelungsgehalt der § 20 Abs. 1–4 DONot a.F. wurde – inhaltlich ebenfalls überarbeitet – in die §§ 16, 31 Abs. 1 Nr. 1, 33 NotAktVV verlagert.

Die verschiedenen Formen der Errichtung notarieller letztwilliger Verfügungen sind im BGB geregelt. Das Beurkundungsverfahrensrecht für notarielle Urkunden findet sich wiederum im BeurkG, mit den Sonderbestimmungen für letztwillige Verfügungen in §§ 27 ff., 33 ff. BeurkG. Die §§ 78c–78g BNotO enthalten Regelungen für den Betrieb des Zentralen Testamentsregisters durch die Bundesnotarkammer, die ab dem 1.1.2012 das Benachrichtigungswesen in Nachlasssachen übernommen hat. Mit dem „Gesetz zur Modernisierung des Benachrichtigungswesens in Nachlasssachen durch Schaffung des Zentralen

Testamentsregisters bei der Notarkammer und zur Fristverlängerung nach der Hofraumverordnung"[1] wurde das Benachrichtigungswesen in Nachlasssachen grundlegend modernisiert:

Am 1.1.2012 ist an die Stelle der über 4.900 Testamentsverzeichnissen mit „gelben Karteikarten" bei den Standesämtern und eine Hauptkartei für Testamente beim Amtsgericht Schöneberg in Berlin das elektronische Zentrale Testamentsregister[2] bei der Bundesnotarkammer getreten.[3] Im Jahr 2016 konnte bereits die Testamentsverzeichnisüberführung planmäßig abgeschlossen werden. Neben der Hauptkartei für Testamente beim Amtsgericht Schöneberg wurden die Testamentsverzeichnisse aus den 16 Bundesländern vollständig in das Zentrale Testamentsregister überführt.[4] Das Testamentsverzeichnis-Überführungsgesetz trat am 27.12.2020 außer Kraft. Seit der Einführung des Zentralen Testamentsregisters entfallen die Mitteilungen an das Geburtsstandesamt. Stattdessen muss[5] der Notar die Errichtung und Änderung einer erbfolgerelevanten Urkunde (sowie die Rückgabe von Erbverträgen) unverzüglich elektronisch an das Zentrale Testamentsregister melden.[6]

Das so strukturierte Benachrichtigungswesen hat zur Folge, dass unterschiedliche Aspekte des Umgangs mit letztwilligen Verfügungen an verschiedenen Stellen des Berufs- und Beurkundungsrechts geregelt sind. Die Mitteilungspflichten des Notars bei der Errichtung und Änderung einer erbfolgerelevanten Urkunde ergeben sich unmittelbar aus § 34a Abs. 1 BeurkG. Eine weitere Mitteilungspflicht besteht überdies auch dann, wenn ein in die notarielle Verwahrung genommener Erbvertrag zurückgegeben wird, § 34a Abs. 2 BeurkG. § 34 BeurkG regelt die Verwahrung letztwilliger Verfügungen in besonderer amtlicher Verwahrung des Amtsgerichts oder in der Erbvertragssammlung des Notars. § 16 NotAktVV enthält besondere Vorschriften für die Eintragung von Verfügungen von Todes wegen in das Urkundenverzeichnis. Erbverträge, die in notarieller Verwahrung verbleiben, sind nach §§ 32, 33 NotAktVV in der Erbvertragssammlung verwahrt. Entsprechend ordnet § 31 Abs. 1 Nr. 1 NotAktVV an, dass in der Urkundensammlung von Verfügungen von Todes wegen lediglich eine beglaubigte Abschrift verwahrt wird, wenn die Beteiligten dies wünschen. Entsprechend können in der elektronischen Urkundensammlung nur elektronisch beglaubigte Abschriften verwahrt werden, § 34 Abs. 2 Nr. 2 NotAktVV. Die Urschrift einer Verfügung von Todes wegen darf nach § 34 Abs. 4 BeurkG nicht nach § 56 BeurkG in die elektronische Form übertragen werden. § 351 FamFG regelt die Pflicht verwahrender Stellen, nach Ablauf von 30 Jahren zu ermitteln, ob der Erblasser noch lebt. § 8 DONot konkretisiert diese Pflicht, soweit Sie für Notare gilt und ergänzt sie um die Pflicht, die Durchsicht alle fünf Jahre zu wiederholen. 2

B. Behandlung von Erbverträgen nach 30-jähriger Verwahrung (S. 1)

Wenn sich ein Erbvertrag längere Zeit in notarieller Verwahrung befindet, ist die Wahrscheinlichkeit nicht von der Hand zu weisen, dass die Eröffnung – aus welchen Gründen auch immer – zu Unrecht unter- 3

1 BGBl I 2010, 2255.

2 Nach BNotK-Bericht 2017, DNotZ 2018, 562, 568 lag die Zahl der Neuregistrierungen erbfolgerelevanter Urkunden im Jahr 2017 bei rund 512.000 und damit auf Vorjahresniveau (2016: 522.000). Das Zentrale Testamentsregister (ZTR) verarbeitete im gleichen Zeitraum etwa 944.000 Sterbefallmitteilungen. Im Jahresdurchschnitt konnte bei über der Hälfte der Sterbefälle (56 %) mindestens eine im ZTR gespeicherte Registrierung zugeordnet und die Verwahrstelle zur Ablieferung aufgefordert werden („Treffer").

3 Vgl. eingehend: *Diehn*, NJW 2011, 481. Die Bundesnotarkammer hat hierzu zahlreiche Rundschreiben verfasst: Nr. 01/2011 vom 4.1.2011, Nr. 08/2011 vom 25.5.2011 und Nr. 10/2011 vom 15.7.2011. Hinsichtlich der gesetzlichen Grundlagen vgl. insbesondere das Gesetz zur Modernisierung des Benachrichtigungswesens in Nachlasssachen durch Schaffung eines Zentralen Testamentsregisters bei der Bundesnotarkammer (ZTR-G) vom 22.12.2010, BGBl I 2010, 2255 und die Verordnung zur Errichtung und Führung des Zentralen Testamentsregisters (Testamentsregister-Verordnung – ZTRV) vom 11.7.2011 (BGBl I 2011, 1386). Zu den Auswirkungen bereits zuvor BeckOK-BNotO/*Bracker*, (5. Edition), § 20 DONot Rn 6, der zu Recht vor allem den Aspekt betont, dass das Benachrichtigungswesen nach der Einführung des Zentralen Testamentsregisters auch den Anforderungen internationaler Erbfälle gewachsen sein wird.

4 https://www.testamentsregister.de/testamentsregister/testamentsverzeichnis-ueberfuehrung (zuletzt abgerufen im August 2025).

5 Die Meldung ist zwingend. Hierauf kann weder der Notar noch der betroffene Erblasser verzichten, *Diehn*, DNotZ 2011, 676, 676.

6 *Diehn*, DNotZ 2011, 676. Zur Klarstellung: Das Zentrale Testamentsregister erfasst nach § 78d Abs. 3 BNotO nur solche erbfolgerelevante Urkunden, die öffentlich beurkundet sind (Nr. 1) oder in amtliche Verwahrung genommen sind (Nr. 2, dann erfolgt die Registrierung durch die Amtsgerichte bzw. das Konsulat (§ 10 Abs. 3 KonsG i.V.m. § 34a Abs. 1 BeurkG). Nicht registrierfähig sind privat verwahrte eigenhändige Testamente (BT-Drucks 17/2583, 18).

blieben ist. Der Gesetzgeber sieht daher in § 351 FamFG vor, dass der **Notar** unter bestimmten Voraussetzungen **Ermittlungen** anzustellen hat, ob der Erblasser, dessen Erbvertrag er verwahrt, noch lebt.

4 Bis zum Inkrafttreten des FamFG sah § 20 Abs. 5 DONot a.F. hierfür eine Frist von 50 Jahren seit dem Verbringen der Urkunde in die notarielle Verwahrung vor. Die Verkürzung der **Ermittlungsfrist** von 50 auf **30 Jahre** ist dem Wegfall der Unterscheidung zwischen den Eröffnungsfristen in § 2263a und § 2300a BGB geschuldet. Hiernach gilt seit dem 1.9.2009 einheitlich § 351 FamFG, der besagte Fristverkürzung mit sich brachte.[7] Sachlich überzeugender wäre jedoch eine Regelung, die nicht an die Dauer der Verwahrung, sondern an das Lebensalter der Beteiligten anknüpft. Wenn jemand etwa mit 20 Jahren einen Erbvertrag errichtet, ist nicht einzusehen, aus welchen Gründen mit 50 Jahren bereits ein Erfordernis bestehen sollte, Ermittlungen über ein etwaiges Ableben des Erblassers zu machen, während dies 25 Jahre nach der Testamentserrichtung eines 85-Jährigen nach den gesetzlichen Bestimmungen nicht notwendig ist.

5 Dem Notar, der Erbverträge in den Akten führt, die seit mehr als 30 Jahre in Verwahrung sind, muss, um seiner Pflicht nach § 351 FamFG zu genügen, zunächst das **Urkundenverzeichnis und, soweit vorhanden, das Erbvertragsverzeichnis oder die Erbvertragskartei** auf solche Erbverträge hin **durchsehen**, die innerhalb des letzten Kalenderjahres der Ermittlungspflicht nach § 351 FamFG unterlagen. Die Durchsicht muss dabei bis zum 15. Februar des Folgejahres erfolgen. Nach § 25 Abs. 5 DONot a.F. war die Durchsicht noch zum jeweiligen Jahresende durchzuführen. Die im Zuge der DONot-Reform 2022 erfolgte Verlängerung der Frist liegt praxisnah darin begründet, dass der Arbeitsanfall in den Notarbüros zum Jahresende erfahrungsgemäß sehr hoch ist.[8] Die sachgerechte, moderate Verlängerung ist zu begrüßen. § 20 Abs. 2 DONot regelt, dass § 8 Abs. 1 S. 1 DONot erst ab dem 1.1.2023 anzuwenden ist. Hierdurch wird verhindert, dass die nach § 25 Abs. 5 DONot a.F. zum Jahresende notwendige Durchsicht der ermittlungspflichtigen Erbverträge 2021 nach Inkrafttreten der reformierten DONot bis zum 15.2.2022 erneut durchgeführt werden müsste.

6 Die Durchsicht soll verhindern, dass Erbverträge für immer uneröffnet bleiben. Findet der Notar solche Erbverträge, muss er nach § 351 S. 1 FamFG[9] zunächst „von Amts wegen" ermitteln, ob der Erblasser noch lebt. Die Ermittlungspflicht betrifft dabei nur diejenigen Erbverträge, die im vergangenen Kalenderjahr den 30-jährigen Verwahrungszeitraum erstmals erreicht haben.[10] Die Anforderungen an die Ermittlungspflicht des Notars darf man nicht allzu hoch ansetzen.[11] Dem Notar stehen hier schließlich nicht dieselben Möglichkeiten wie etwa Gerichten zur Verfügung. Die Nachforschungspflichten umfassen im Wesentlichen Anfragen an die Meldebehörden,[12] ob und wo der Verfügende als lebend gemeldet ist. Diese arbeitsintensive und nicht mehr kostenfreie Tätigkeit des Notars stellt, je nach Bestand an Erbverträgen, eine erhebliche Belastung des Notars dar. *Bracker* ist zu Recht der Ansicht, dass die Gebührenerhebung der Meldebehörden für Ihre Auskünfte gegen den Gleichbehandlungsgrundsatz verstoße, da der Notar hier Aufgaben des Nachlassgerichts wahrnehme.[13]

7 Kann der Notar demnach nicht positiv feststellen, dass der Erblasser noch lebt, hat er den Erbvertrag an das Nachlassgericht zur Eröffnung abzuliefern, § 351 S. 2 FamFG. Lehnt das Gericht die Übernahme des Erbvertrages ab, kann der Notar nach §§ 58, 59 FamFG Beschwerde einlegen. Die Ablieferung ist nach § 9 ZTRV dem Zentralen Testamentsregister elektronisch mitzuteilen. Der Notar muss die Ablieferung an das Amtsgericht unter Angabe des Datums im Urkundenverzeichnis nach § 16 Abs. 3 Nr. 3 NotAktVV vermerken.[14] § 16 Abs. 3 Nr. 3 NotAktVV spricht zwar nur von der „Ablieferung (...) nach Eintritt des Erbfalls". Die Norm ist aber entsprechend anzuwenden, wenn die Ablieferung nach § 351 S. 2 FamFG erfolgt, weil nicht positiv festgestellt werden kann, ob der Erblasser noch lebt. Der Verordnungsgeber wollte insoweit ersichtlich nicht von § 20 Abs. 1 S. 1 DONot a.F. abweichen; es soll gerade in sämtlichen Fällen der Ablieferung gewährleistet sein, dass das Urkundenverzeichnis dokumentiert, warum sich ein Erbvertrag nicht mehr in der Verwahrung des Notars befindet.[15]

7 Vgl. umfassend zum FamFG: *Heinemann*, DNotZ 2009, 6.
8 Begründung DONot 2022, S. 11.
9 Die Vorschrift gilt unmittelbar. Verwahrung durch den Notar ist „amtliche Verwahrung" i.S.d. Vorschrift: Frenz/Miermeister/*Ellefret*, § 8 DONot Rn 5.
10 Vgl. Heinemann/Trautrims/*Strauß*, § 8 DONot Rn 7.
11 Vgl. hierzu im Einzelnen *Kordel*, DNotZ 2009, 644, 645.
12 Und ggf. dem Geburtsstandesamt: vgl. BeckOK-BNotO/*Bracker*, (5. Edition), § 20 DONot Rn 11.
13 BeckOK-BNotO/*Bracker*, (5. Edition), § 20 DONot Rn 11. Derselben Meinung ist Heinemann/Trautrims/*Strauß*, § 8 DONot Rn 8.
14 Weingärtner/*Ulrich*, § 16 NotAktVV Rn 6.
15 Vgl. Heinemann/Trautrims/*Strauß*, § 16 NotAktVV Rn 5.

Stellt der Notar im Rahmen seiner Ermittlungen fest, dass der Erblasser noch lebt, behält er den Erbvertrag weiterhin in seiner Verwahrung. In diesen Fällen gilt § 8 S. 2: Die vorgenannte Überprüfung ist spätestens alle fünf Jahre zu wiederholen (vgl. hierzu Rdn 10). 8

Die jährliche Durchsicht und ihr Ergebnis sind spätestens bis zum 15. Februar des Folgejahres durch einen vom Notar zu unterzeichnenden und sinnvollerweise auch zu datierenden **Vermerk** zu bestätigen. Der Vermerk ist in der Generalakte aufzubewahren. Der Vermerk muss lediglich „die Durchsicht und deren Ergebnis" enthalten. Als Ergebnis der Durchsicht ist dabei nur die Anzahl der aufgefundenen noch nicht abgelieferten Erbverträge zu nennen. Es müssen weder die hinsichtlich der Erbverträge getroffenen Maßnahmen, noch das Ergebnis der Nachforschungen oder die Tatsache der Ablieferung enthalten. Sein Sinn erschöpft sich in der Selbstkontrolle, dass Nachforschungsvorhaben angestoßen werden.[16] Verwahrt der Notar überhaupt keine Erbverträge oder sind diese noch nicht 30 Jahre in seiner Verwahrung, bedarf es *a priori* weder der Durchsicht noch des Vermerks.[17] 9

C. Wiederholung der Ermittlung alle fünf Jahre (S. 2)

Stellt der Notar bei seiner erstmaligen Überprüfung nach 30-jähriger Verwahrung positiv fest, dass der Erblasser noch lebt, verbleibt die Urkunde in seiner Verwahrung. Die Ermittlung nach § 351 FamFG ist nun alle fünf Jahre erneut durchzuführen. Ein Vermerk über die Überprüfung ist – anders als bei der erstmaligen Durchsicht – nicht anzufertigen. Aus Gründen der Dokumentation und der Selbstkontrolle erscheint dies aber ratsam. 10

Eine erhebliche Erleichterung bringt S. 2 Hs. 2. Der Notar kann von der erneuten Ermittlung absehen, wenn er sich davon überzeugt hat, dass die Verwahrangaben im Zentralen Testamentsregister zutreffen. Nach § 78e S. 3 Nr. 3 BNotO wird der Notar von der Registerbehörde über den Sterbefall informiert. Sofern sichergestellt ist, dass die Verwahrangaben im Zentralen Testamentsregister korrekt angegeben sind, ist damit garantiert, dass bei Eintritt des Sterbefalls die notariell verwahrten Verfügungen von Todes wegen an das Nachlassgericht abgeliefert werden. Die Sicherstellung über eine wiederkehrende Nachforschung kann dann unterbleiben. 11

S. 2 Hs. 2 bezieht sich explizit nur auf die fünfjährige Wiederholung der Ermittlung. Die Pflicht zur erstmaligen Durchsicht und Ermittlung nach 30-jähriger Verwahrungsdauer ergibt sich aus dem einfachgesetzlichen § 351 S. 1 FamFG, sodass durch die Anordnung in einer Verwaltungsvorschrift hiervon auch nicht abgewichen werden könnte. Vor dem in Rdn 11 geschilderten Hintergrund erscheint es aber durchaus bedenkenswert, auf gesetzgeberischer Ebene von der Anordnung einer pauschalen Pflicht zur Durchsicht gänzlich Abstand zu nehmen und den § 351 FamFG zu streichen. Die im Zentralen Testamentsregister aufgenommenen Verwahrangaben zu notariellen Verfügungen von Todes wegen werden nach § 34a BeurkG, § 78d Abs. 1 S. 1 Nr. 1 BNotO vom Notar selbst an die Registerbehörde übermittelt. Somit wird eine hohe Qualität der Verwahrangaben sichergestellt, was über das Mittel der Sterbefallmitteilung die rechtzeitige Ablieferung der notariell verwahrten Verfügungen von Todes wegen garantiert. Die Durchsicht und die Pflicht zur Durchführung aufwändiger Ermittlungen in Fällen, in denen der Notar noch nicht über den Sterbefall benachrichtigt wurde, gerät nach Abschluss der Überführung der Testamentsverzeichnisse in das Zentrale Testamentsregister zur bloßen Förmelei. 12

Die Überprüfung der Verwahrangaben erfolgt typischerweise durch einen Abgleich der notariellen Urkunde mit den Eintragungen im Zentralen Testamentsregister.[18] Falls dem Notar eine Personenstandsurkunde des Erblassers vorliegt, sollte der Abgleich vorzugsweise damit erfolgen. Denn die Sterbefallmitteilung orientiert sich an den in der Personenstandsurkunde enthaltenen Daten. Sodass eine korrekte Zuordnung mit hoher Wahrscheinlichkeit sichergestellt ist. 13

Stellt sich bei dem Abgleich heraus, dass eine Eintragung im Zentralen Testamentsregister fehlt oder unkorrekt ist, hat der Notar der Registerbehörde die Korrektur mitzuteilen bzw. die Meldung der Verwahrangaben nachzuholen. 14

16 BeckOK-BNotO/*Salzmann*, § 8 DONot Rn 2.
17 So auch *Blaeschke*, Rn 371 f.
18 Begründung DONot 2022, S. 12.

Abschnitt 3: Ergänzende Regelungen für Verwahrungsgeschäfte

§ 9 Übersicht über die Verwahrungsgeschäfte

(1) Die Notarin oder der Notar hat nach Abschluss eines jeden Kalenderjahres der Präsidentin oder dem Präsidenten des Landgerichts bis zum 31. Januar eine Übersicht über den Stand ihrer oder seiner Verwahrungsgeschäfte nach dem Muster 2 zu übermitteln (§ 16).

(2) [1]In der Übersicht sind anzugeben:

1. **in Abschnitt I die Geldverwahrungen;**
2. **in Abschnitt I Nummer 1 der Gesamtbestand der am Jahresschluss verwahrten Geldbeträge, wie er sich aus den Kontoauszügen ergibt;**
3. **in Abschnitt I Nummer 2 der Gesamtbestand der am Jahresschluss verwahrten Geldbeträge, wie er sich aus dem Verwahrungsverzeichnis ergibt;**
4. **in Abschnitt I Nummer 3 der Bestand der am Jahresschluss verwahrten Geldbeträge, nach den einzelnen Massen gegliedert;**
5. **in Abschnitt II der Bestand der am Jahresschluss bestehenden Sachverwahrungen, nach Massen gegliedert;**
6. **in Abschnitt III der Bestand der am Jahresschluss bestehenden Zahlungsmittelverwahrungen, nach Massen gegliedert.**

[2]In Abschnitt I Nummer 3 und in den Abschnitten II und III ist in der Spalte „Bemerkung/letzte Eintragung" die Art der Verwahrung genau anzugeben (Bezeichnung des Kreditinstituts, Nummer des Anderkontos, Datum der letzten Eintragung im Verwahrungsverzeichnis).

(3) Die Notarin oder der Notar hat auf der Übersicht zu versichern, dass diese vollständig und richtig ist und dass die aufgeführten Geldbeträge mit den Guthaben übereinstimmen, die in den Kontoauszügen oder elektronischen Umsatzmitteilungen der Kreditinstitute, in den Sparbüchern oder auf den Schecks angegeben sind.

(4) Sind am Jahresschluss keine Wertgegenstände in Verwahrung, so erstattet die Notarin oder der Notar Fehlanzeige.

(5) [1]Wird eine Notarin oder ein Notar nicht nur vorübergehend für die Verwahrung bereits bestehender Verwahrungsmassen zuständig, so hat sie oder er innerhalb von vier Wochen nach Erlangung der Zuständigkeit ebenfalls eine Übersicht nach Absatz 1 oder eine Fehlanzeige nach Absatz 4 zu übermitteln. [2]Eine Übersicht ist mit den Wertstellungen vom Tag der Erlangung der Verwahrzuständigkeit zu erstellen.

A. Einleitung

1 § 9 DONot entspricht nach seinem Regelungsgehalt dem § 25 DONot a.F. und wurde im Zuge der Reform teilweise angepasst. In Abs. 1 wurde – gleichlaufend mit § 7 Abs. 1 DONot – die Frist zur Übermittlung der Übersicht angepasst. Das zu verwendende Muster (nun Muster 2 statt Muster 8) wurde wie auch der dazugehörige Abs. 2 an die neuen Begrifflichkeiten der NotAktVV angepasst („Verwahrungsverzeichnis" anstatt „Masse- und Verwahrungsbuch") und zum Teil neu konzeptioniert. Anders als bislang § 25 Abs. 5 DONot a.F. verlagert Abs. 5 die Zuständigkeit für die Übermittlung einer Übersicht bei unterjährigem Übergang der Verwahrungszuständigkeit auf den Amtsnachfolger.

Zu beachten sind die Übergangsvorschriften in § 20 Abs. 1 und Abs. 3 DONot.

Die in der Vorschrift deutlich werdende „Regelungsdichte“ ist Ausdruck der besonderen Bedeutung, die die Justizverwaltungen der Verwahrung beimessen. Die Mitteilungspflichten geben der Dienstaufsicht die Möglichkeit, ihre Kontrollaufgaben besser wahrzunehmen. Noch wichtiger ist vielleicht, dass sie den Notar zur Eigenkontrolle zwingen: Er muss auf diese Weise seine Bücher wenigstens einmal jährlich zu Beginn des neuen Kalenderjahres prüfen und kann so eventuelle Differenzen erkennen.[1] 2

Die Form der Übermittlung an den Präsidenten des Landgerichts und an die Notarkammer wird in § 16 DONot geregelt. Nach § 16 Abs. 3 DONot bedarf die Übermittlung grundsätzlich der Schriftform, kann aber im Einvernehmen mit der Aufsichtsbehörde auch in elektronischer Form erfolgen. Das zu verwendende Muster kann dabei im Format, nicht aber im Inhalt geändert werden. Erfolgt die Übermittlung in elektronischer Form, so entfällt ausweislich der Fußnote ***) des Musters 2 das Erfordernis der Unterschrift. Die Anbringung einer qualifizierten elektronischen Signatur kann von der Aufsichtsbehörde nicht verlangt werden, kann aber sachdienlich sein. Bei einer Einreichung in elektronischer Form ist jedenfalls § 18 BNotO anzuwenden, sodass sich eine Übermittlung mittels EGVP anbietet, das über eine Ende-zu-Ende-Verschlüsselung verfügt.[2] 3

B. Vorlagepflicht (Abs. 1)

Wie für die Übersichten über die Urkundsgeschäfte (vgl. § 7 DONot) gibt es für die Verwahrungsgeschäfte ein **amtliches Muster**, das der DONot als **Anlage 2** beigefügt ist. Es ist beim Landgerichtspräsidenten **bis zum 31.1.** des Folgejahres einzureichen. Die zuständige Notarkammer ist anders als bei der Übersicht über die Urkundsgeschäfte nicht als zwingender Übermittlungsadressat genannt. Die zusätzliche informatorische Übermittlung an die Notarkammer mag aber zweckmäßig sein.[3] 4

Zu beachten sind die Übergangsvorschriften der § 20 Abs. 1 und Abs. 3 DONot. Nach § 20 Abs. 1 DONot ist § 9 DONot erstmals anwendbar auf Übersichten über Verwahrungsgeschäfte des Kalenderjahres 2022. Nach § 76 Abs. 3 S. 1 und 2 BeurkG kann der Notar für Verwahrungsmassen, die er vor dem 1.1.2022 entgegengenommen hat, die Verwahrungsbücher, Massenbücher, Namensverzeichnisse und Anderkontenlisten nach den vor dem 1.1.2022 geltenden Bestimmungen fortführen. Für Verwahrungsmassen, die nach diesen Bestimmungen geführt werden, kann nach § 20 Abs. 3 DONot die bisherige Übersicht über die Verwahrungsgeschäfte (Muster 8 der DONot a.F.) verwendet werden. In diesen Fällen sind der Aufsichtsbehörde zwei separate Übersichten zu übermitteln. 5

C. Inhalt der Übersicht (Abs. 2)

In Abs. 2 wird dargestellt, welche Angaben die dem Landgerichtspräsidenten zu überreichende Übersicht zu enthalten hat. Das **Muster 2** differenziert zwischen „Geld“ (I.), „Sachverwahrung“ (II., vormals: „Wertpapiere und Kostbarkeiten“) und „Zahlungsmittelverwahrung“ (III.). 6

Unter **Ziffer I.1.** ist der Bestand der ausweislich der Kontoauszüge am Jahresschluss verwahrten Geldbeträge anzugeben. Während hierbei nach § 25 Abs. 2 DONot a.F. **der Wissensstand des Notars** über den Stand des Kontos zum Jahresabschluss aufgrund der bis dahin zugegangenen Kontoauszüge maßgeblich war,[4] sind die Beträge nun nach ihrem **Wertstellungsdatum** anzugeben.[5] Diese Entscheidung ist zu begrüßen. Das Abstellen auf den Wissensstand des Notars ließ sich aus dem Wortlaut von § 25 DONot a.F. nur schwer ableiten und wurde in der Literatur zu Recht kritisiert.[6] Da nach § 25 Abs. 2 S. 4 NotAktVV auch das Datum der Wertstellung in der Software zum Elektronischen Verwahrungsverzeichnis erfasst ist, geht der veränderte Anknüpfungspunkt auch nicht mit einem erhöhten Verwaltungsaufwand einher. Nach § 20 Abs. 3 S. 2 DONot kann auch bei der Verwendung des alten Musters für die Übersicht über Altbestände auf das Wertstellungsdatum abgestellt werden. 7

1 Im Vorfeld der DONot-Novelle aus den Jahren 2000/2001 war allerdings von einigen Notarkammern bezweifelt worden, ob die Erstellung der Übersichten über Verwahrungsgeschäfte tatsächlich erforderlich ist, vgl. Rundschreiben der BNotK 50/1998.

2 Begründung DONot 2022, S. 34; Heinemann/Trautrims/*Strauß*, § 16 DONot Rn 4.

3 Heinemann/Trautrims/*Strauß*, § 9 DONot Rn 5.

4 Vgl. *Mihm/Bettendorf*, DNotZ 2001, 22, 43; *Bettendorf*, ZNotP 2001, 42, 47.

5 Begründung DONot 2022, S. 14; Heinemann/Trautrims/*Strauß*, § 9 DONot Rn 7.

6 Vgl. etwa Armbrüster/Preuß/Renner/*Renner*, 8. Aufl., § 25 DONot Rn 5.

Ausweislich der Formulierung im Muster 2 ist nun ausdrücklich klargestellt, dass die Angabe von Fremdwährungsbestand zulässig ist.[7]

8 Unter **Ziffer I.2.** ist der Bestand der verwahrten Geldbeträge anzugeben, wie er sich aus dem Verwahrungsverzeichnis ergibt. Dieser wird von der Software des Elektronischen Verwahrungsverzeichnisses automatisch ausgegeben. Der sich aus den Kontoauszügen ergebende Gesamtbestand in Ziffer I.1. ist hingegen händisch einzutragen. Beide Werte müssen sich entsprechen. Der hierdurch ermöglichte Abgleich soll für eine Selbstkontrolle des Notars sorgen.[8] Der im alten Muster 8 in I.2 anzugebende Überschuss der Einnahmen ist ersatzlos entfallen, weil dieser Betrag in der Neukonzeptionierung der NotAktVV keine Entsprechung mehr hat.

9 Unter **Ziffer I.3.** ist der Bestand der verwahrten Geldbeträge, gegliedert nach Massen, anzugeben. Die Addition der unter I.3. angegebenen Beträge führt zu der unter I.1. vermerkten Gesamtsumme, die wiederum dem unter I.2. angegebenen Betrag entsprechen muss.[9] In der sich rechts anschließenden **Spalte „Bemerkungen"** sind gem. Abs. 2 S. 2 zu jeder der aufgeführten Massen genaue Angaben zur „Art der Verwahrung" zu machen. Diese Beschreibung erscheint nicht ganz glücklich: Aus dem Klammerzusatz und den Beispielen im amtlichen Muster ist erkennbar, dass es um eine exakte Beschreibung der Hinterlegungsmasse geht. Insoweit ist das Kreditinstitut zu benennen, die Nummer des Anderkontos anzugeben und das Datum der letzten Eintragung im Verwahrungsverzeichnis zu vermerken.

10 Unter **Ziffer II.** sind alle verwahrten Wertpapiere und Kostbarkeiten aufzuführen. Anders als bisher wird insoweit von „Sachverwahrung" gesprochen (vormals: „Wertpapiere und Kostbarkeiten", um eine Abgrenzung zur Zahlungsmittelvereinbarung in Ziffer III. zu ermöglichen).[10] Auch hier ist – wie unter I. – nach Massen zu gliedern. Wertpapiere sind unter Angabe der Gattung, des Nennbetrags, der Stückzahl, der Serien und der Nummern einzutragen, Zinsgutscheine und dergleichen mehr sind durch Angabe der Fälligkeitstermine oder der Nummern zu bezeichnen, Kostbarkeiten sind aussagekräftig zu bezeichnen und mit einem Schätzwert einzutragen. Diese Detailregelungen finden sich nun in § 26 NotAktVV. Die entsprechenden Angaben werden beim Export aus der Software des Elektronischen Verwahrungsverzeichnisses automatisch in die Übersicht über Verwahrungsgeschäfte übernommen.

11 Unter **Ziffer III.** wird die neue Kategorie der Zahlungsmittel eingeführt. Hierunter fallen Schecks und Sparbücher, die zur Einlösung entgegengenommen wurden (§ 25 Abs. 1 Nr. 2 NotAktVV) und Schecks, die zur Auszahlung ausgestellt wurden (§ 25 Abs. 1 Nr. 3 NotAktVV). Sparbücher oder Schecks, die hingegen schlicht verwahrt werden sollen, fallen unter Ziffer II.[11]

D. Versicherung des Notars (Abs. 3)

12 Die Übersicht über die Verwahrungsgeschäfte ist vom Notar mit einer ausdrücklichen Versicherung über die Richtigkeit der Erklärung abzuschließen und zu unterschreiben. Die Unterschrift auf dem Begleitschreiben, mit dem die Übersicht an das Landgericht versandt wird, genügt nicht.[12] Der Wortlaut der Erklärung wird in Abs. 3 bzw. im Text von Muster 2 vorgegeben.

E. Pflicht zur Fehlanzeige (Abs. 4)

13 Dem Notar, der am Jahresende keine Wertgegenstände in Verwahrung hat, wird die Abgabe einer Erklärung über den Stand seiner Verwahrungsgeschäfte nicht erlassen. Die DONot verpflichtet ihn zu einer Negativerklärung, die als „Fehlanzeige" bezeichnet wird.

F. Verfahren bei Übergang der Verwahrungszuständigkeit (Abs. 5)

14 Abs. 5 betrifft den Fall, dass ein Notar nicht nur vorübergehend für die Verwahrung bereits bestehender Verwahrungsmassen zuständig wird. Erfasst sind daher die Fälle des § 51 Abs. 1 S. 2 und Abs. 3 S. 1

7 Heinemann/Trautrims/*Strauß*, § 9 DONot Rn 7.
8 Begründung DONot 2022, S. 13.
9 Vgl. z.B.: Frenz/Miermeister/*Hertel*, § 9 DONot Rn 10.
10 Begründung DONot 2022, S. 13.
11 Begründung DONot 2022, S. 13.
12 So auch Weingärtner/*Ulrich*, § 9 Rn 32; Frenz/Miermeister/*Hertel*, § 9 DONot Rn 17; *Lerch*, § 25 DONot Rn 4.

BNotO, nicht hingegen die des (ohnehin selten einschlägigen) § 45 BNotO.[13] Notariatsverwalter sind gem. § 19 Abs. 1 DONot bzw. über § 58 Abs. 1 BNotO von der Regelung erfasst.

Ist das Amt eines Notars unterjährig erloschen oder ändert sich aufgrund der Verlegung seines Amtssitzes sein Amtsbereich, so wechselt auch die Zuständigkeit für die Verwahrung der jeweiligen Akten und Verzeichnisse. In diesen Fällen soll eine Übersicht mit den Wertstellungen auf den Tag der Erlangung der Verwahrzuständigkeit erstellt werden, um insbesondere bei Amtsenthebungen die Prüfung zu erleichtern.[14] Nach Abs. 5 ist nunmehr der Nachfolger in der Verwahrungszuständigkeit zur Übermittlung der Übersicht verpflichtet. Zuvor stellte § 25 Abs. 5 DONot a.F. auf den aus der Zuständigkeit ausscheidenden Notar ab, was praktisch zu erheblichen Schwierigkeiten führte und entsprechend kritisiert wurde.[15] 15

Die Übersicht ist innerhalb von vier Wochen nach Erlangung der Zuständigkeit zu übermitteln. Die Software des Elektronischen Urkundenarchivs ermöglicht bei Übergang der Verwahrzuständigkeit eine unproblematische Übernahme des entsprechenden Verwahrungsverzeichnisses. Trotz der grundsätzlich vierwöchigen Frist bietet es sich an, die Übersicht noch am Tag der Übernahme der Verwahrmasse aus dem System zu exportieren, um eine händische Nacherstellung zu vermeiden.[16] 16

§ 10 Durchführung der Verwahrungsgeschäfte

(1) Werden Wertpapiere und Kostbarkeiten verwahrt (§ 62 BeurkG), so ist die Massenummer auf dem Verwahrungsgut oder auf Hüllen und Ähnlichem anzugeben.

(2) Notaranderkonten (§ 58 Absatz 1 Satz 1, Absatz 2 BeurkG) müssen entsprechend den von der Generalversammlung der Bundesnotarkammer beschlossenen Bedingungen eingerichtet und geführt werden.

(3) [1]Werden Notaranderkonten mittels Datenfernübertragung geführt (elektronische Notaranderkontenführung), müssen diese entsprechend den von der Generalversammlung der Bundesnotarkammer beschlossenen ergänzenden Sonderbedingungen für die elektronische Notaranderkontenführung eingerichtet und geführt werden. [2]Diese ergänzenden Sonderbedingungen müssen angemessene Vorkehrungen zur Gewährleistung der Vertraulichkeit, Integrität und Authentizität der Datenübermittlung zwischen der Notarin oder dem Notar und dem Kreditinstitut vorsehen und dabei die zulässigen Sicherheitsverfahren zur Autorisierung des Zahlungsvorgangs nennen.

(4) [1]Die Ausgaben müssen durch Belege nachgewiesen werden. [2]Eigenbelege der Notarin oder des Notars einschließlich nicht bestätigter Durchschriften des Überweisungsträgers sind auch in Verbindung mit sonstigen Nachweisen nicht ausreichend. [3]Bei Ausgaben durch Überweisung von einem Notaranderkonto ist die in Schriftform oder in elektronischer Form zu erteilende Bestätigung des beauftragten Kreditinstituts erforderlich, dass es den Überweisungsauftrag jedenfalls in seinem Geschäftsbereich ausgeführt hat (Ausführungsbestätigung); die Ausführungsbestätigung muss allein oder bei Verbindung mit anderen Belegen den Inhalt des Überweisungsauftrages vollständig erkennen lassen. [4]Satz 3 gilt nicht, wenn das beauftragte Kreditinstitut vor erstmaliger Einrichtung eines elektronisch geführten Notaranderkontos in Schriftform oder in elektronischer Form und unwiderruflich erklärt hat, dass es mit jeder elektronischen Bereitstellung der Umsatzdaten über die Ausführung einer Überweisung gleichzeitig bestätigt, den Überweisungsauftrag mit den in den Umsatzdaten enthaltenen Informationen in seinem Geschäftsbereich ausgeführt zu haben. [5]Hinsichtlich der Belege bei Auszahlungen in bar oder mittels Bar- oder Verrechnungsschecks wird auf § 58 Absatz 3 Satz 6 BeurkG hingewiesen.

(5) [1]Ist ein Verwahrungsgeschäft abgeschlossen (§ 22 Nummer 6 NotAktVV), ist den Auftraggeberinnen und Auftraggebern eine Abrechnung über die Abwicklung des jeweils erteilten Auftrags

13 Begründung DONot 2022, S. 15.
14 So bereits *Huhn/von Schuckmann*, 3. Aufl., § 24 DONot Rn 2; Vgl. BeckOK-BNotO/*Salzmann*, § 9 DONot Rn 8.
15 Armbrüster/Preuß/Renner/*Renner*, 8. Aufl., § 25 DONot Rn 11; Heinemann/Trautrims/*Strauß*, § 9 DONot Rn 12
16 Begründung DONot 2022, S. 16.

zu erteilen. [2]Beim Vollzug von Grundstückskaufverträgen und vergleichbaren Rechtsgeschäften muss den beteiligten Kreditinstituten nur auf Verlangen eine Abrechnung erteilt werden.

A. Einleitung

1 § 10 DONot entspricht § 27 DONot a.F. und wurde im Wesentlichen nur redaktionell an die aktuelle Terminologie angepasst. Substanzielle Änderungen hat § 10 Abs. 3 DONot erfahren, der nun auch die Notaranderkontenführung über reguläre Online-Banking-Software erlaubt.

Die Grundlagen der Verwahrung sind heute in den §§ 57 ff. BeurkG geregelt. Vorgaben zur Führung des Verwahrungsverzeichnisses finden sich seit der DONot-Reform 2022 in den §§ 21 ff. NotAktVV. Die DONot enthält neben der Pflicht zur jährlichen Übermittlung einer Übersicht der Verwahrungsgeschäft in § 9 DONot in § 10 DONot noch **Vorgaben zur praktischen Durchführung der Verwahrungsgeschäfte**.

B. Kennzeichnungspflicht (Abs. 1)

2 Nimmt der Notar die Verwahrung von Wertpapieren oder Kostbarkeiten vor, so hat er die in Verwahrung genommenen Gegenstände **deutlich zu kennzeichnen**. Das gilt unabhängig davon, wo der Notar den Gegenstand verwahrt (im Büro; im Tresor der Bank).[1] Nur so können Verwechslungen vermieden werden. Auch im Fall des überraschenden Ausscheidens eines Notars aus dem Amt, z.B. durch Tod, ist es wichtig, die verwahrten Gegenstände problemlos identifizieren zu können. Daher verpflichtet die DONot den Notar, **die Massenummer (§§ 22 Nr. 1, 23 Abs. 1 NotAktVV) auf dem Verwahrungsgut selbst** oder beispielsweise auf **Hüllen** anzugeben. Eine feste Verbindung zum Verwahrungsgut, z.B. durch unmittelbares Beschriften oder Ankleben eines Papiers mit den geforderten Angaben, wird zu Recht nicht gefordert. Die Funktion der Markierung ist eine andere als z.B. das Aufkleben des „Kuckucks" durch den Gerichtsvollzieher: Es geht um eine klare Zuordnung,[2] nicht um den Schutz vor Manipulationen oder Zerstörungen.

3 Die ergänzende Angabe des Hinterlegers zusätzlich zur Massenummer ist nicht erforderlich. Die Massenummer erlaubt über das elektronisch geführte Verwahrungsverzeichnis eine eindeutige Zuordnung des Verwahrungsguts zur Person des Hinterlegers (§ 22 Nr. 3 NotAktVV).[3]

C. Bedingungen für Notaranderkonten (Abs. 2)

I. Frühere Zuständigkeit

4 Die DONot in ihrer Fassung bis zur Novelle 2000/2001 legte fest: Notaranderkonten waren bei einem der deutschen Bankenaufsicht unterliegenden Kreditinstitut gemäß den „Bedingungen für Anderkonten und Anderdepots der Notare" des deutschen Bankgewerbes bzw. bei der Deutschen Bundesbank zu deren ent-

1 Vgl. BeckOK-BNotO/*Salzmann*, § 10 DONot Rn 2.
2 Vgl. Weingärtner/*Ulrich*, § 10 Rn 2; Grziwotz/Heinemann/*Grziwotz*, § 62 Rn 14; Heinemann/Trautrims/*Strauß*, § 10 DONot Rn 2.
3 So nun auch Weingärtner/*Ulrich*, § 10 Rn 3.

sprechenden Bedingungen oder bei der Deutschen Bundespost gemäß den „Bedingungen der Deutschen Bundespost für Anderkonten von Notaren" einzurichten und zu führen. Eine ähnliche Regelung sollte zunächst auch in die neu zu fassende DONot aufgenommen werden. Dagegen wurden europarechtliche Bedenken geltend gemacht, denn Anderkonten können nach § 58 Abs. 2 S. 1 BeurkG grundsätzlich bei jedem im Inland zum Geschäftsbetrieb befugten Kreditinstitut oder der Deutschen Bundesbank eingerichtet werden. Ein ausländisches Kreditinstitut, das im Inland zum Geschäftsbetrieb berechtigt ist, kann und muss sich nicht Bestimmungen unterwerfen, die das Deutsche Bankgewerbe oder die Deutsche Bundesbank aufstellt. Auch erschien demokratietheoretisch problematisch, bei der Ausgestaltung der Verwahrung verbindlich auf die Empfehlungen eines außerhalb von Justiz und Notariat angesiedelten Wirtschaftsverbandes zu verweisen.[4]

II. Heute: Zuständigkeit der Bundesnotarkammer

Damit ergab sich die Frage, von wem die **„Bedingungen für Notaranderkonten"** ausgearbeitet und 5
wie sie für verbindlich erklärt werden sollen. Eine Initiative der Bundesnotarkammer, insoweit die **Generalversammlung der Bundesnotarkammer** (vormals: Vertreterversammlung) beschließen zu lassen, wurde von den Landesjustizverwaltungen einvernehmlich begrüßt. Für diese Zuständigkeitsverlagerung auf der Grundlage der Verweisung in der DONot sprachen und sprechen gute Gründe:

- In der Generalversammlung sind alle deutschen Notarkammern durch ihre gewählten Präsidenten vertreten. Damit wurde die Zuständigkeit eines demokratisch legitimierten Gremiums geschaffen, dessen Vertreter den Sachverstand des Berufsstandes unmittelbar einzubringen vermögen. Die Generalversammlung ist im Übrigen ein Organ, das bei Bedarf schnell und flexibel reagieren kann.
- Haftpflichtfälle und Vertrauensschadensfälle standen wenigstens früher sehr oft im Zusammenhang mit Treuhandkonten. Es bestand und besteht die Chance, durch die Ausgestaltung der NotAndKont zur Vermeidung von Schadensfällen beizutragen.
- Die DONot ist nur deshalb „Bundesrecht", weil sie in allen Bundesländern fast gleichlautend erlassen wurde. Durch das Abstellen auf die Beschlussfassung der Generalversammlung wird auch insoweit die Bundeseinheitlichkeit erreicht.
- § 58 BeurkG regelt die Verwahrung detailliert. Die Grundsätze der Notaranderkontenführung gehören also zu den Kernbereichen des notariellen Berufsrechts. Die Notarkammern sind gem. § 67 Abs. 2 Nr. 3 BNotO zuständig, durch Satzung verbindliche Regelungen zur Wahrung fremder Vermögensinteressen zu erlassen. Es ist von daher konsequent, wenn die DONot an einen Beschluss der Generalversammlung anknüpft.
- Zwischen der Kreditwirtschaft einerseits und der Bundesnotarkammer, insbesondere ihrem „Zentralen Kreditausschuss", bestehen langjährige vertrauensvolle Beziehungen. Das stellt sicher, dass die Interessen der Kreditwirtschaft nicht unberücksichtigt bleiben und kooperativ einvernehmliche Lösungen gefunden werden.[5] Die Bedenken des Zentralen Kreditausschusses gegen die gefundene Lösung erscheinen daher nicht berechtigt.[6]

Am 2.4.2004 hat die Vertreterversammlung der BNotK einen entsprechenden Beschluss gefasst 6
(vgl. NotAndKont Rdn 4).[7] Um Irritationen bei der Kreditwirtschaft zu vermeiden, hat sie die Anderkontenbedingungen zunächst in ihrer bisherigen Form unverändert beschlossen. Maßgeblich war daher über einige Jahre die bereits im Jahre 2000 veröffentliche „Neufassung der Empfehlung von Bedingungen für Anderkonten und Anderdepots für Notare".[8] Gesetzliche Änderungen vor allem im Bereich des Geldwäscherechts machten weitere Anpassungen in den Jahren 2011[9] und 2019[10] erforderlich.

4 Vgl. Rdschr. der BNotK 8/2001 (unveröffentlicht).
5 Heinemann/Trautrims/*Strauß*, § 10 DONot Rn 3.
6 Vgl. Rdschr. der BNotK 4/2001 (unveröffentlicht).
7 DNotZ 2004, 401 ff.
8 DNotZ 2000, 561 ff.
9 DNotZ 2011, 481 f.
10 DNotZ 2019, 801 ff.

7 In der Literatur wird – in Bezug auf die entsprechenden Vorgängernormen – teilweise geltend gemacht, die in Abs. 2 enthaltene „dynamische Verweisung" sei mit höherrangigem Recht nicht zu vereinbaren:[11]

- Aus dem Schweigen des Gesetzes soll sich ableiten, dass Regelungen zur Gestaltung der Vertragsbedingungen nicht getroffen werden können. In § 58 Abs. 2 S. 1 BeurkG habe der Gesetzgeber gerade keine Vorgaben zur inhaltlichen Gestaltung der NotAndKont gemacht.[12] Dem ist nicht zu folgen: Die frühere Fassung der DONot war sowohl dem Gesetzgeber bei späteren Reformen der BNotO als auch den Justizverwaltungen bei den Neufassungen der DONot bekannt. Bedenken gegen die Verweisung der DONot auf die „Bedingungen für Anderkonten und Anderdepots des deutschen Bankgewerbes" wurden nie geäußert; die Bestimmungen haben nur „Ordnungs"-, aber keinen „Eingriffscharakter". Von daher bleibt unklar, warum es nunmehr an einer Ermächtigungsgrundlage fehlen soll; die Regelungen betreffen allein die praktisch-technische Abwicklung von Treuhandkonten.
- Bedenken werden gegen die demokratische Legitimation der Generalversammlung der BNotK erhoben.[13] Auch das überzeugt nicht: Die Stimmberechtigten in der Vertreterversammlung sind gewählte Repräsentanten der Notarkammern. Mit Sicherheit ist dieses Gremium demokratisch besser legitimiert als der Zentrale Kreditausschuss, der die bisher maßgeblichen Empfehlungen der Spitzenverbände der deutschen Kreditwirtschaft verabschiedete.
- Es wird geltend gemacht, dass nur die Notarkammern gem. § 67 Abs. 2 Nr. 3 BNotO berechtigt sind, durch Satzung Regelungen zur Wahrung fremder Vermögensinteressen zu treffen.[14] Im Ausgangspunkt ist das zutreffend: Soweit die Notarkammern von ihrem Recht Gebrauch machen und ein Widerspruch zu den NotAndKont gem. § 10 Abs. 2 auftritt, sind die Satzungsbestimmungen tatsächlich höherrangig (siehe Vor §§ 1–21 DONot Rdn 29 f.) und allein verbindlich. Soweit Regelungen fehlen, ohne dass bewusst Freiräume belassen werden sollen, bleiben allerdings ausfüllungsfähige „Spielräume". Diese können durch die Justizverwaltung gefüllt werden. Bislang haben die Notarkammern weder nähere Bestimmungen zur Führung von Anderkonten erlassen noch gibt es Hinweise, dass dem Notar insoweit „Freiräume" eingeräumt werden sollten.
- Auch aus anderen Gründen sollen die Landesjustizverwaltungen ihre Kompetenzen überschritten haben:[15] Einerseits handele es sich um keine Anordnung im Zusammenhang mit der Durchführung der Aufsicht; andererseits dürften die Landesjustizverwaltungen eine von ihnen in Anspruch genommene Zuständigkeit nicht dadurch aufgeben, dass sie diese auf die Bundesnotarkammer übertragen. Auch das überzeugt nicht: Einheitliche Bedingungen für Anderkonten stehen in ganz unmittelbaren Zusammenhang mit der Durchführung der Aufsicht. Im Übrigen steht es den Landesjustizverwaltungen jederzeit frei, die Verweisung zu ändern oder abzuschaffen; von der „Aufgabe" eines Rechts kann daher nicht die Rede sein.
- Nicht zuletzt wird darauf verwiesen, dass § 78 Abs. 1 Nr. 5 BNotO der Bundesnotarkammer nur eine „Empfehlungskompetenz" einräume.[16] Das trifft zwar zu, verbietet den Landesjustizverwaltungen aber nicht, in Bereichen, in denen die Notarkammern keine satzungsmäßigen Regelungen getroffen haben, Beschlüsse der Generalversammlung der Bundesnotarkammer für maßgeblich zu erklären. Die Landesjustizverwaltungen füllen damit den ihnen verbliebenen Entscheidungsspielraum.

Es bestehen daher keine durchgreifenden Bedenken gegen die Regelung in der DONot.

D. Die elektronische Notaranderkontenführung (Abs. 3)

8 Die berufsrechtlichen Vorgaben zur Führung elektronischer Notaranderkonten haben angesichts einer raschen Adaption hoher Sicherheitsstandards im Online-Banking-Bereich in den vergangenen Jahren mehrere Umbrüche erfahren. Bis 2017 untersagte § 27 Abs. 2 S. 2 DONot a.F. die „Führung eines Notaranderkontos mittels Datenfernübertragung" grundsätzlich. Mit der DONot-Reform 2017 wurde die elektronische Notaranderkontenführung in § 27 Abs. 3 DONot a.F. erstmals unter bestimmten Voraussetzungen zugelas-

11 So *Blaeschke*, Rn 1794; *Lerch*, § 27 DONot Rn 3; ausf.: Arndt/Lerch/Sandkühler/*Sandkühler*, 6. Aufl., § 23 Rn 104; dagegen Frenz/Miermeister/*Hertel*, § 10 DONot Rn 5.
12 Vgl. *Blaeschke*, Rn 1794.
13 Vgl. *Blaeschke*, Rn 1794.
14 Vgl. Arndt/Lerch/Sandkühler/*Sandkühler*, 6. Aufl., § 23 Rn 104.
15 Vgl. Arndt/Lerch/Sandkühler/*Sandkühler*, 6. Aufl., § 23 Rn 104.
16 Vgl. Arndt/Lerch/Sandkühler/*Sandkühler*, 6. Aufl., § 23 Rn 104; *Blaeschke*, Rn 1794.

sen. Hiernach war die Führung eines elektronischen Anderkontos nur über informationstechnische Netze der Bundesnotarkammer bzw. durch gesonderte zugelassene Zugangswege möglich. In der nun geltenden Fassung der DONot fand eine weitere Liberalisierung statt. Da sich die im Geschäftsverkehr eingesetzten Online-Banking-Verfahren hinsichtlich Transaktionssicherheit, Vertraulichkeit und Authentizitätsprüfung fortentwickelt und bewährt haben,[17] erlauben die Landesjustizverwaltungen in Abs. 3 nun grundsätzlich die elektronische Führung von Notaranderkonten, sofern die Einrichtung und Führung der Anderkonten den von der Generalversammlung der Bundesnotarkammer noch zu beschließenden Sonderbedingungen für die elektronische Notaranderkonten entsprechen.

Die nach Abs. 3 von der Generalversammlung der Bundesnotarkammer zu beschließenden Sonderbedingungen haben explizit Regelungen zu den Sicherheitszielen Vertraulichkeit, Integrität und Authentizität der Datenübermittlung zwischen Notar und dem Kreditinstitut zu enthalten. Die zulässigen Sicherheitsverfahren zur Autorisierung des Zahlungsvorganges sind zu benennen. Der Mindestinhalt der von der Generalversammlung der Bundesnotarkammer zu beschließenden Sonderbedingungen ist damit in doppelter Hinsicht festgelegt. Zum einen werden die Sonderbedingungen sich äußern müssen zu der zwingenden Notwendigkeit einer Verschlüsselung und ggf. den dabei einzuhaltenden Standard der Verschlüsselung.[18] Zum anderen müssen die Sonderbedingungen Vorgaben zu den zulässigen Sicherheitsverfahren enthalten, mit denen die Autorisierung der einzelnen Zahlungsvorgänge erfolgt. Zugelassen werden können dabei nur solche Authentifizierungsinstrumente, die auf Grundlage aktueller Erkenntnisse allgemein praktisch bei ordnungsgemäßer Anwendung als unüberwindbar angesehen werden und daher zivilrechtlich den Anscheinsbeweis der Autorisierung für sich in Anspruch nehmen können.[19] Diesen Ansprüchen genügen die praktisch erprobten Verfahren mittels PIN und TAN, das mTAN-Verfahren, App-basierte Verfahren oder solche mit kryptographischen Hardware-Elementen. Die letztgenannte Kategorie dürfte das höchste Maß an Authentifizierungs- und Manipulationssicherheit aufweisen und für Notare, die die Verwaltung von elektronischen Anderkonten in der Regel von ihrer Geschäftsstelle aus vornehmen werden mit geringem Mehraufwand verbunden sein. Es erscheint daher folgerichtig, dass die Begründung der DONot 2022 die Identifizierungsverfahren mit kryptographischen Hardware-Elementen als besonders geeignet bezeichnen.[20] 9

E. Einzelheiten der Belegführung (Abs. 4)

I. Belegpflicht

In Abs. 4 ist die „technische" Seite der Verfügung vom Anderkonto geregelt. Ziel ist es, maximale „Publizität" und somit Nachprüfbarkeit zu erreichen. Jede Verfügung muss im Detail dokumentiert werden. Nur so kann der Dienstaufsicht eine effektive Kontrolle ermöglicht werden. Manipulationen und Ungenauigkeiten sind leichter erkennbar. Jede Ausgabe muss zunächst durch einen **Beleg** nachgewiesen werden (S. 1). Grundsätzlich müssen Ausgaben im bargeldlosen Zahlungsverkehr erfolgen, nur ausnahmsweise kommt die Aushändigung eines Schecks oder gar die Barauszahlung in Betracht (vgl. § 58 Abs. 3 S. 4 BeurkG). 10

II. Verbot des Eigenbelegs

Die DONot lässt nicht jedes Schriftstück als Beleg ausreichen, sondern stellt erhöhte Anforderungen an den Beleg. So stellt S. 2 zunächst i.S. einer negativen Abgrenzung ausdrücklich klar, dass **Eigenbelege des Notars nicht ausreichen**. Auch nicht bestätigte Durchschriften des Überweisungsträgers genügen nicht. Das gilt selbst dann, wenn sie i.V.m. anderen Nachweisen vorgelegt werden. 11

III. Anforderungen an die Ausführungsbestätigung

Gem. S. 3 ist bei Ausgaben durch Überweisung von einem Notaranderkonto die schriftliche oder elektronische Bestätigung des beauftragten Kreditinstituts erforderlich, dass es den Überweisungsauftrag jedenfalls in 12

17 Begründung DONot 2022, S. 17.
18 Begründung DONot 2022, S. 17; Heinemann/Trautrims/*Strauß*, § 10 DONot Rn 6.
19 Die Begründung der DONot 2022, S. 18 nimmt hier explizit Bezug auf die Rechtsprechung des Bundesgerichtshofs zum Nachweis der Identifizierung im Recht der Zahlungsdienste, BGH NJW 2016, 2024.
20 Begründung DONot 2022, S. 18; Heinemann/Trautrims/*Strauß*, § 10 DONot Rn 6.

seinem Geschäftsbereich ausgeführt hat. Die DONot ist heute bewusst strenger als § 13 Abs. 4 S. 3 in der bis 2000/2001 gültigen Fassung, in dem diese Anforderungen nur „grundsätzlich" gestellt wurden. Die sog. **Ausführungsbestätigung** muss nicht nur dem konkreten Vorgang zugeordnet werden können. Sie muss auch – zumindest i.V.m. anderen Belegen – den Inhalt des Überweisungsauftrags vollständig erkennen lassen. In diesem Zusammenhang fragt sich insbesondere, ob es genügt, wenn der Notar zu seinen Unterlagen eine (elektronische) Kopie des Überweisungsauftrags mit Eingangsstempel nimmt und die Bank ihm lediglich bestätigt, den Überweisungsauftrag ausgeführt zu haben. Aus einer solchen Ausführungsbestätigung ergibt sich nämlich nicht, welche Überweisung durchgeführt wurde. Man könnte allerdings daran denken, dass der in der Akte befindliche Überweisungsauftrag einen ausreichenden „anderen Beleg" darstellt, sodass die Anforderungen der DONot erfüllt sind. Das ist jedoch nicht der Fall: „Anderer Beleg" i.S.v. S. 3 kann gerade nicht der Überweisungsauftrag selbst sein; im Übrigen gilt es zu berücksichtigen, dass auch ein Überweisungsauftrag, der bereits einen Eingangsstempel der Bank erhalten hat, vor seiner Ausführung noch geändert oder zurückgenommen werden kann. Aus der Bestätigung einer Bank, den „Überweisungsauftrag vom … zu UR.-Nr. …" ausgeführt zu haben, kann also niemals sicher abgeleitet werden, welche Überweisung tatsächlich durchgeführt wurde. Als „andere Belege" i.V.m. der Ausführungsbestätigung kommen u.U. Kontoauszüge in Betracht. Auch dabei ist allerdings Vorsicht geboten, da Kontoauszüge nur eingeschränkt sichere Aussagen zum Zahlungsempfänger und zum Empfängerkonto zulassen.

Die Ausführungsbestätigung muss in elektronischer oder schriftlicher Form vorliegen. Die Zulassung der elektronischen Form dürfte in Kombination mit der elektronischen Notaranderkontenführung zu erheblichen Erleichterungen führen. Die elektronische Form setzt nach § 126a Abs. 1 BGB, § 3a VwVfG voraus, dass das Dokument mit einer qualifizierten elektronischen Signatur versehen sein muss, die die Integrität und Authentizität der Ausführungsbestätigung garantiert. Darüber hinaus ist fraglich, welche formalen Anforderungen an die Bestätigung des beauftragten Kreditinstituts zu stellen sind. Bei der Ausarbeitung der vorhergehenden Fassung der DONot war die **Schriftlichkeit der Ausführungsbestätigung** lange Zeit umstritten. Insbesondere die Bundesnotarkammer hatte sich für eine „strenge" Regelung ausgesprochen. Nach § 126 Abs. 1 BGB muss eine Urkunde vom Aussteller eigenhändig unterschrieben sein, wenn das Gesetz schriftliche Form vorschreibt. An anderer Stelle wurde jedoch gezeigt, dass im Zusammenhang mit der öffentlich-rechtlichen Verwahrung nicht die Schriftformgrundsätze des BGB gelten, sondern ein verfahrensrechtlicher Begriff zugrunde zu legen ist (siehe § 57 BeurkG Rdn 102 ff.). Dennoch ist es wünschenswert, wenn die Ausführungsbestätigung, soweit sie in Papierform erfolgt, von Bankverantwortlichen unterschrieben wird. Die Unterzeichnung durch Bankangestellte erschwert Fälschungen und die Gefahr kollusiven Zusammenwirkens. Bankintern ist vielfach festgelegt, dass die Bestätigungen von zwei Angestellten zu unterschreiben bzw. wenigstens zu paraphieren sind. In Fällen, in denen nur ein Bankbediensteter unterschreibt, eine schriftliche Bestätigung des Bankvorstands zu fordern, dass die Unterschrift durch einen einzigen Mitarbeiter genügt, geht allerdings zu weit.[21] Auf keinen Fall ist der Notar zu einer Prüfung der Vertretungsverhältnisse verpflichtet. Bei einer Übersendung durch Fax sollte darauf geachtet werden, dass das Original der Bestätigung nachgereicht wird. Trotz erhöhter Manipulationsgefahren reicht, wenn die in den Ausführungen zu § 57 BeurkG näher beschriebenen Voraussetzungen (vgl. oben § 57 BeurkG Rdn 102 ff.) erfüllt sind, auch eine per E-Mail übersandte Ausführungsbestätigung aus.[22] Für die in Papierform zu führende Belegsammlung ist sie auf jeden Fall auszudrucken.

13 Aus dem soeben Geschilderten folgt, dass ein Kontoauszug allein regelmäßig nicht den Nachweis erbringt, dass der Auftrag im Geschäftsbereich des Kreditinstituts ausgeführt wurde. Kontoauszüge sind zumeist inhaltlich unzureichend: Der Zahlungsempfänger und das Empfängerkonto sind regelmäßig nicht mit Sicherheit feststellbar; mögliche Rückbuchungen und nachträgliche Rückgängigmachungen der Überweisung werden nicht erfasst. Ein Kontoauszug, der alle genannten Angaben enthält, sowie eine (auch allgemeine) Bestätigung der Bank, dass die aus den Auszügen ersichtlichen Buchungen auch durchgeführt wurden, genügen dagegen als Ausführungsbestätigung.[23]

21 Vgl. Frenz/Miermeister/*Hertel*, § 10 DONot Rn 38; s. aber *Kersten*, ZNotP 2001, 470, 474.

22 A.A. *Mihm/Bettendorf*, DNotZ 2001, 22, 44.

23 Vgl. auch: *Lerch*, vor § 54a Rn 44; *Blaeschke*, Rn 1771; Frenz/Miermeister/*Hertel*, § 10 DONot Rn 41. Vgl. insoweit auch den „Sonderweg" in Schleswig-Holstein: Weingärtner/*Weingärtner/Ulrich*, § 27 Rn 34; Weingärtner/Ulrich/Löffler/*Weingärtner*, Fehler, Rn 466; *Blaeschke*, Rn 1772; Frenz/Miermeister/*Hertel*, § 10 DONot Rn 41.

In der Praxis sind folgende Formen der „Ausführungsbestätigung" üblich und zulässig:[24] 14

a) Durchschlag des Überweisungsträgers mit unterschriebenem Stempel der Bank, der aussagt, dass der Auftrag ausgeführt ist,
b) Durchschrift eines besonderen, die banküblichen Formulare auslassenden Auftragsschreibens des Notars mit Ausführungsbestätigung der Bank,
c) Schreiben der Bank, in dem die durchgeführte Überweisung mit Angabe des Kontos und des Betrags bestätigt wird und gleichzeitig Empfänger und Empfängerkonto angegeben werden.

Der Notar sollte darauf achten, dass die Ausführungsbestätigungen nicht mit unzulässigen Einschränkungen oder gar einem Widerrufsvorbehalt versehen sind. Den Anforderungen der DONot werden derartige Bestätigungen nicht gerecht.[25] 15

Nicht immer ist es einfach, bei Banken Verständnis für die dienstordnungsrechtlichen Bedürfnisse und Notwendigkeiten zu finden. Wenn Banken jedoch Notaranderkonten führen, woran sie meist ein wirtschaftliches Eigeninteresse haben, müssen sie bereit sein, die insoweit bestehenden rechtlichen Bestimmungen zu beachten. Die Erfahrungen des Notarversicherungsfonds lehren, wie wichtig eine exakt dokumentierte und damit für die Dienstaufsicht kontrollierbare Notaranderkontenführung ist. Es waren ja nicht zuletzt die Banken, die in vielen Fällen die „Opfer" von Vertrauensschadenfällen wurden. So überrascht es auch nicht, dass kein erheblicher Widerstand der Kreditwirtschaft gegen die Aufrechterhaltung des Erfordernisses der „Ausführungsbestätigung" bei der Neufassung der DONot zu beobachten war. 16

IV. Ausnahme bei elektronisch geführten Notaranderkonten

Abs. 3 S. 4 enthält eine sehr wichtige Ausnahme vom Gebot der Auftragsbestätigung. Sie gilt allein für elektronisch geführte Notaranderkonten. Elektronisch geführte Anderkonten sind in besonderer Weise „gläsern", die Vorgänge sind ausnahmslos transparent.[26] Vom Schreibtisch aus kann der Notar Zahlungsflüsse verfolgen und kontrollieren. Das Verlangen einer Ausführungsbestätigung wirkt hier wie ein Anachronismus. Sie würde kaum mehr Kenntnisse vermitteln als die elektronische Einsichtnahme es ohnehin schon tut. Es verbleibt im Wesentlichen das Problem, dass Überweisungen rückgängig gemacht werden können, wenn nichts anderes vereinbart wurde. Die DONot löst das Problem pragmatisch: Bestätigt das beauftragte Kreditinstitut vor der erstmaligen Einrichtung eines elektronisch geführten Notaranderkontos schriftlich oder elektronisch und unwiderruflich, dass es mit der elektronischen Bereitstellung der Umsatzdaten über die Ausführung einer Überweisung den Überweisungsauftrag in seinem Geschäftsbereich tatsächlich ausgeführt hat, so genügt das. Einer besonderen Ausführungsbestätigung bedarf es nicht mehr. Zwei Gedanken erscheinen wichtig: Auch wenn S. 4 davon spricht, dass die Bankenerklärung vor erstmaliger Einrichtung eines elektronischen Notaranderkontos abgegeben worden sein muss, schließt das nicht aus, dass die Erklärung erst während der Anderkontenabwicklung des Notars zugeht. Das „heilt" nicht etwa Verfahrensfehler aus der Vergangenheit, wirkt aber nunmehr „ex nunc". Keinesfalls muss für jedes elektronisch geführte Notaranderkonto eine solche Erklärung erneut abgegeben werden – es genügt, wenn die jeweilige Bank die Verfahrensweise allgemein bestätigt. 17

V. Besonderheiten bei Bar- und Scheckauszahlungen

S. 5 verweist für Bar- und Scheckauszahlungen auf § 58 Abs. 3 S. 6 BeurkG: Bar- und Scheckauszahlungen sind gem. § 58 Abs. 3 S. 4 BeurkG nur dann ausnahmsweise zulässig, wenn sie durch besondere berechtigte Interessen der Beteiligten geboten sind. Dabei genügt kein subjektives Interesse des Empfängers, sondern es ist ein strenger objektiver Maßstab anzulegen. Die Gründe für die Bar- oder Scheckauszahlung hat der Notar zu vermerken, also schriftlich niederzulegen, § 58 Abs. 3 S. 5 BeurkG. Der Empfang ist durch den berechtigten Empfänger oder einen von ihm schriftlich Beauftragten nach Feststellung der Person zu quittieren. Nur so kann ein Beleg geschaffen werden, der den Erfordernissen der DONot entspricht. Die Person des Quittieren- 18

24 Vgl. *Kersten*, ZNotP 2001, 470, 474; Frenz/Miermeister/*Hertel*, § 10 DONot Rn 38; Kilian/Sandkühler/vom Stein/*Elsing*, § 13 Rn 33; Weingärtner/Ulrich/Löffler/*Weingärtner*, Fehler, Rn 465.

25 So auch *Blaeschke*, Rn 1768; Frenz/Miermeister/*Hertel*, § 10 DONot Rn 38.

26 Weingärtner/*Weingärtner/Ulrich*, Elektronischer Rechtsverkehr, Rn 29.2.

den hat der Notar nach den Maßstäben des § 5 i.V.m. § 10 BeurkG festzustellen, obwohl auf diese Vorschriften in der aktuellen Fassung der DONot nicht (mehr) verwiesen wird. Der Notar hat also i. Erg. ein Empfangsbekenntnis nach § 368 BGB aufzunehmen. Obwohl es aus Beweisgründen sicherlich nützlich ist, fordert die DONot nicht, dass der Notar seine Feststellungen zur Person in einem schriftlichen Vermerk festhält. Besondere Dokumentationspflichten können sich allerdings aus den Anforderungen des verschärften GwG (vgl. oben § 10 BeurkG Rdn 17 ff.) ergeben. So wie Überweisungen vom Treuhandkonto nur durch den Notar persönlich vorgenommen werden dürfen, treffen die Pflichten aus § 58 Abs. 3 S. 6 BeurkG bzw. § 6 Abs. 3 S. 4 DONot den Notar persönlich. Er muss also die Feststellung zur Person selbst treffen. An vorgelegte Vollmachten sollte der Notar strenge Maßstäbe anlegen. Zwar sind auch privatschriftliche Vollmachten wirksam; doch schon geringste Zweifel an der Wirksamkeit der Vollmacht berechtigen den Notar zu Nachfragen beim Vollmachtgeber und können das Verlangen nach Vorlage einer öffentlich beglaubigten Vollmacht rechtfertigen.

VI. Kennzeichnung und Ordnung der Belege

19 Die Behandlung der Belege ist nun in § 41 NotAktVV geregelt. Sie sind nach § 41 Abs. 2 Nr. 5 NotAktVV zur Nebenakte zu nehmen und nach § 41 Abs. 4 S. 2 NotAktVV mit der Massenummer und der Buchungsnummer zu versehen.

F. Abrechnungspflicht (Abs. 5)

I. Grundsatz – Abgrenzung zur Rechenschaftspflicht

20 Abs. 5 enthält das ausdrückliche Gebot, den Auftraggebern nach der Erledigung der Masse eine **Abrechnung über die Abwicklung** des jeweils erteilten Auftrags zu erteilen. Die Abrechnung ist dann vorzunehmen, wenn alle Auszahlungen einschließlich Zinsen und Spesen vom Anderkonto erfolgt sind und die Eintragungen im Massenbuch gerötet werden.

21 Die Pflicht zur Erteilung der Abrechnungsbescheinigung darf nicht mit der zivilrechtlichen Rechenschaftspflicht verwechselt werden. Dazu fehlt der DONot die Regelungsmacht. Die Verpflichtung zur Rechenschaftslegung ergibt sich aber aus dem Charakter des notariellen Verwahrungsgeschäfts. Sowohl die Abrechnungspflicht als auch die Rechenschaftspflicht sind öffentlich-rechtlicher Natur. Zivilrechtliche Vorschriften (z.B. § 666 i.V.m. §§ 259 ff. BGB) sind nicht einmal entsprechend anwendbar. Zur Versicherung über die Vollständigkeit und Richtigkeit der Abrechnung gem. § 259 Abs. 2 BGB kann der Notar daher auch von der Dienstaufsichtsbehörde nicht angehalten werden.[27]

22 Die Rechenschaftspflicht umfasst die Abrechnungspflicht und die Pflicht, Einsicht in die Unterlagen zu gewähren. Sie beginnt nicht erst nach Auflösung des Treuhandkontos. Bereits vorher haben die Beteiligten das Recht, Auskunft zu verlangen und Einsicht in die Belegsammlung zu nehmen.[28] Von der Abrechnungspflicht und dem Einsichtsrecht können die Beteiligten den Notar nicht freistellen, weil die Beteiligten über den Inhalt öffentlich-rechtlicher Pflichten nicht disponieren können. In der notarrechtlichen Literatur wurde diskutiert, dass sich Einschränkungen der inhaltsgleichen Abrechnungen für alle Beteiligten z.B. aus der notariellen Verschwiegenheitspflicht ergeben könnten.[29] Angesichts der notariellen Pflicht zur Unparteilichkeit[30] bzw. der Wertungen des Geldwäscherechts[31] geht die herrschende Meinung nunmehr davon aus, dass der Notar grundsätzlich allen Urkundsbeteiligten sämtliche Ein- und Auszahlung inklusive Zahlungsempfänger bzw. Überweiser anzugeben hat.[32]

II. Inhalt der Abrechnung

23 Nähere Regelungen, wie die „Abrechnung über die Abwicklung des jeweils erteilten Auftrages" erfolgt, enthält die DONot nicht. Der Notar hat nach pflichtgemäßem Ermessen eine nachvollziehbare Abrechnung an-

27 Vgl. *Weingärtner*, Verwahrungsgeschäft, Rn 178.
28 Vgl. LG Frankfurt a.M. v. 20.9.1990 – 2/9 T 743/90, DNotZ 1991, 765 ff.; Frenz/Miermeister/*Hertel*, § 10 DONot Rn 48.
29 Vgl. die Darstellung bei Weingärtner/*Weingärtner/Ulrich*, 14. Aufl. § 27 Rn 41, die Hinweise bei Frenz/Miermeister/*Hertel*, § 10 DONot Rn 48, sowie Armbrüster/Preuß/*Eickelberg/Schmitt*, 9. Aufl., § 10 DONot Rn 23.
30 Vgl. Weingärtner/*Ulrich*, § 10 Rn 109.
31 Vgl. Frenz/Miermeister/*Hertel*, § 10 DONot Rn 49.
32 Vgl. Frenz/Miermeister/*Hertel*, § 10 DONot Rn 49; Weingärtner//*Ulrich*, § 10 Rn 121.

zufertigen. Inwieweit dabei ein schützenswertes Geheimhaltungsinteresse der Beteiligten zu berücksichtigen ist, wurde in der notarrechtlichen Literatur in der Vergangenheit unterschiedlich beantwortet.[33] Es mag nicht per se ausgeschlossen werden können, dass in speziell geregelten Einzelfällen ein schützenswertes Interesse einer Vertragspartei überwiegen kann. In aller Regel wird der Notar aber gegenüber allen Beteiligten sämtliche Ein- und Auszahlungen inklusive Zahlungsherkunft und Zahlungsempfänger vollständig angeben.[34]

Bei Verwahrungsmassen, die vor dem 1.1.2022 angenommen wurden und die freiwillig wie bisher geführt werden, stellt sich die Frage, ob **als Abrechnung eine Kopie des Massenbuchs bzw. der Massenkartei** genügt. Teilweise[35] wird dies – wenigstens im Ausgangspunkt – in Frage gestellt, weil die Buchungen im Massenbuch nicht unter dem Wertstellungsdatum erfolgen, sondern unter dem Tag des Belegeingangs. Das erschwere die Nachvollziehbarkeit von Buchungen, insbesondere die Prüfung der Rechtzeitigkeit von Zahlungen und die Prüfung der Richtigkeit von Zinsgutschriften. Dem kann nicht gefolgt werden.[36] Auch Buchungen unter dem Datum des Belegeingangs sind in sich schlüssig; das Massenbuch gibt einen vollständigen und ausreichenden Überblick über die Kontenbewegungen. Es empfiehlt sich allerdings dringend, dass der Notar im Begleitschreiben an die Beteiligten auf diese Besonderheit der Buchführung hinweist.[37] So kann er Irritationen und Nachfragen vermeiden. Es ist nicht erforderlich, dass der Notar zusätzlich Kopien der Kontoauszüge und der zu den Buchungsvorgängen im Übrigen gehörenden Belege übersendet. Verlangen Beteiligte dies jedoch (z.B. um Verzugszinsen geltend zu machen), ergibt sich eine entsprechende Pflicht aus dem Recht auf Einsicht in die Belegsammlung, soweit keine Geheimhaltungsinteressen vorgehen. Sind Geheimhaltungsinteressen eines Beteiligten zu beachten, hat der Notar die Abrechnung gegenüber dem anderen Beteiligten so zu gestalten, dass die Geheimhaltung sichergestellt ist. In Grenzfällen muss der Notar die Dienstaufsicht oder die Notarkammer bitten, die korrekte Abrechnung zu prüfen und zu bestätigen.[38] 24

Jedenfalls bei Verwahrungsmassen, die im Verwahrungsverzeichnis nach §§ 21 ff. NotAktVV geführt werden, genügt als **Abrechnung ein Auszug aus dem Verwahrungsverzeichnis**.[39] Dort ist nach § 25 Abs. 1 S. 4 NotAktVV auch das Datum der Wertstellung zu vermerken, sodass die oben genannten Bedenken nicht mehr bestehen. Der Auszug aus dem Verwahrungsverzeichnis kann über die Software des Elektronischen Urkundenarchivs automatisiert erstellt werden. 25

III. Empfänger der Abrechnung

Die **Abrechnungspflicht besteht grundsätzlich gegenüber den Auftraggebern**, also zunächst denjenigen, die als unmittelbar Beteiligte Verwahrungsanweisung und Verwahrungsantrag erteilen. Bei Kaufverträgen, die über Treuhandkonto abgewickelt werden, sind dies Käufer und Verkäufer. Sie haben ein Interesse an der Überprüfung der Erfüllungswirkung ihrer Zahlungen. **Nicht zu den Auftraggebern i.S.v. Abs. 4 gehören Banken**, die dem Notar Treuhandaufträge im Zusammenhang mit dem Vollzug des der Verwahrung zugrunde liegenden Geschäfts erteilen.[40] Diesen muss nach Satz 2 beim Vollzug von Grundstückskaufverträgen und vergleichbaren Rechtsgeschäften nur auf Verlangen eine Abrechnung erteilt werden. Das entspricht zunächst praktischen Bedürfnissen: Kreditinstitute haben i.d.R. kein Interesse an den Abrechnungen. Im Übrigen wurde durch diese Regelung den Bedenken von Datenschützern Rechnung getragen.[41] Aus „Datensparsamkeitsgründen“ soll Banken nur auf Verlangen eine Abrechnung erteilt werden. Wird sie allerdings verlangt, so ist das berechtigte Interesse der Gläubigerin zu unterstellen; der Notar kann die Abrechnung nur verweigern, wenn das Verlangen offensichtlich rechtsmissbräuchlich ist. Er ist allerdings berechtigt, die Abrechnung um die Angaben zu „kürzen“, an denen Käufer bzw. Verkäufer ein Geheimhaltungsinteresse haben. 26

Mit der Abrechnung sollte der Notar auch (soweit sie ihm bereits vorliegen) die Steuerbescheinigungen über die aus den Zinserträgnissen abgeführte Kapitalertragssteuer übersenden (vgl. hierzu oben § 58 BeurkG Rdn 13 ff.). 27

33 Vgl. Armbrüster/Preuß/*Eickelberg/Schmitt*, 9. Aufl., § 10 DONot Rn 25.
34 Vgl. Frenz/Miermeister/*Hertel*, § 10 DONot Rn 49; Weingärtner/*Ulrich*, § 10 Rn 121.
35 Vgl. Weingärtner/*Weingärtner/Ulrich*, § 27 DONot a.F. Rn 41; grds. abl.: *Lerch*, ZNotP 2001, 210, 215.
36 Frenz/Miermeister/*Hertel*, 5. Aufl., § 27 DONot Rn 26.
37 Vgl. Frenz/Miermeister/*Hertel*, 5. Aufl., § 27 DONot Rn 26.
38 Vgl. Weingärtner/*Weingärtner/Ulrich*, § 27 Rn 39; Frenz/Miermeister/*Hertel*, 5. Aufl., § 27 DONot Rn 27 Fn 35.
39 Begründung DONot 2022 S. 18.
40 Vgl. dazu Frenz/Miermeister/*Hertel*, § 10 Rn 46.
41 Vgl. *Bettendorf*, RNotZ Sonderheft zu Heft 10/2001 S. 17.

§ 11 Software-Herstellerbescheinigungen

(1) Werden die Nebenakten elektronisch geführt, ist durch eine Bescheinigung der Herstellerin, des Herstellers, der Vertreiberin oder des Vertreibers der eingesetzten Software zu belegen, dass die nach § 43 Absatz 1 NotAktVV erforderlichen Voraussetzungen eingehalten sind und die Möglichkeit zur Herstellung eines Repräsentats nach § 43 Absatz 2 NotAktVV jederzeit gegeben ist.

(2) Wird die Führung des Urkundenverzeichnisses, des Verwahrungsverzeichnisses oder der elektronischen Urkundensammlung durch eine nicht von der Bundesnotarkammer oder in deren Auftrag bereitgestellte Software unterstützt, ist durch eine Bescheinigung der Herstellerin oder des Herstellers der eingesetzten Software zu belegen, dass nur die von der Bundesnotarkammer zur Datenübernahme bereitgestellten Schnittstellen verwendet werden und deren Anbindung entsprechend den Vorgaben der Bundesnotarkammer umgesetzt ist.

Literatur *Berthold/Siegel*, Elektronische Nebenakten im Notariat, DNotZ 2023, 645; *Strauß*, Die Neufassung der Dienstordnung für Notarinnen und Notare zum 1.1. und zum 1.8.2022, DNotZ 2022. 805.

A. Einleitung

1 § 11 DONot regelt die Pflicht zur Einholung von Hersteller- oder Vertreiberbescheinigungen bei der elektronischen Nebenaktenführung (Abs. 1) und von Herstellerbescheinigungen bei der Verwendung von Notarsoftware zur Unterstützung der Führung des Urkundenverzeichnisses, des Verwahrungsverzeichnisses oder der elektronischen Urkundensammlung (Abs. 2). Die Regelung des § 11 DONot wurde im Zuge der DONot-Reform 2022 neu eingeführt und ist bislang ohne Vorbild. Allein das regelungstechnische Instrument der Software-Herstellerbescheinigung wurde in § 5 Abs. 3 S. 3 DONot a.F. bereits genutzt und hatte sich als pragmatische und interessensgerechte Alternative zu einem Lizensierungsverfahren bewährt. Die Landesjustizverwaltungen greifen in der aktuellen Fassung der DONot daher vermehrt auf das Regelungsinstrument zurück. Neben **Abs. 1, Abs. 2** sind Software-Herstellerbescheinigungen auch in § 6 Abs. 2 (Kollisionsprüfungssystem) und § 13 DONot (Scangerät) vorgesehen. In den Fällen der §§ 6 Abs. 2, 11 Abs. 1 und 13 DONot ist außerdem alternativ die Einholung einer Bescheinigung des Vertreibers des jeweiligen Systems ausreichend (zu den Hintergründen dieser Entscheidung vgl. § 6 DONot Rdn 36). Bei den Bescheinigungen handelt es sich um Erklärungen der Anbieter bzw. Vertreiber von Fachsoftware, mit der diese die Einhaltung gesetzlicher Vorgaben bestätigen.[1] Die Bundesnotarkammer stellt jeweils Vordrucke zur Verfügung, die den Softwareherstellern bzw. Vertreibern zur Erteilung der notwendigen Bescheinigung übermittelt werden können.[2] Inhalt der Bescheinigung ist eine abstrakte Aussage über die abstrakte Eignung der angegebenen Softwareversion verbunden mit der Verpflichtung, die Eigenschaften auch bei künftigen Updates zu erfüllen. Die Hersteller- und Vertreiberbescheinigungen sind in der Generalakte zu führen, § 46 Abs. 1 S. 2 Nr. 10 NotAktVV.

B. Elektronische Nebenaktenführung (Abs. 1)

2 Nach § 35 Abs. 2 BNotO können Nebenakten fortan sowohl in Papierform als auch elektronisch geführt werden. Für die elektronische Nebenaktenführung gelten sodann weitere spezielle Anforderungen. Da es

1 Im Verhältnis zum jeweiligen Berufsträger dürften diese Bescheinigungen Beschaffenheitsvereinbarungen darstellen, vgl. auch Heinemann/Trautrims/*Strauß*, § 11 DONot Rn 1.

2 Vgl. https://www.bnotk.de/intern/dienstordnung-donot, zuletzt abgerufen am 10.8.2025.

sich bei den Nebenakten um Akten im Sinne des § 35 Abs. 4 BNotO handelt (vgl. § 2 Nr. 6 NotAktVV), dürfen diese nur innerhalb der Geschäftsstelle oder im Elektronischen Notariatsaktenspeicher geführt werden.[3] § 5 NotAktVV macht Vorgaben zur Sicherheit der elektronischen Aufzeichnung, § 4 NotAktVV hinsichtlich des Dateiformats.[4] Die Anforderungen an das Dateiformat und die Dateistruktur wird speziell für die elektronisch geführte Nebenakte in § 43 NotAktVV weiter konkretisiert. Die elektronische Nebenakten sowie die darin aufgenommenen Dokumente müssen in einem strukturierten Datensatz beschrieben sein, wobei die Bundesnotarkammer in der Deutschen Notar-Zeitschrift nähere Angaben zu dem strukturierten Datensatz sowie zu den zu verwendenden Dateiformaten machen kann, § 43 Abs. 1 NotAktVV.[5] Nach § 43 Abs. 2 NotAktVV müssen die elektronisch geführten Nebenakten jederzeit in das Dateiformat PDF/A-1b überführt werden können, das für Dokumente in der elektronischen Urkundensammlung vorgesehen ist.[6]

Die von **Abs. 1** geforderte Bescheinigung des Herstellers oder Vertreibers muss belegen, dass die eingesetzte Software diese Vorgaben des § 43 NotAktVV erfüllt. Die Bundesnotarkammer stellt ein Muster einer Herstellerbescheinigung zur Verfügung, das den Vorgaben genügt.[7] Dessen Gebrauch ist nicht zwingend, mag sich aber empfehlen, um der Notaraufsicht die Überprüfung der Einhaltung der berufsrechtlichen Vorgaben zu erleichtern.[8] Eine spezielle Form der Bescheinigung ist nicht nötig.[9] Da § 46 Abs. 1 S. 2 Nr. 10 NotAktVV aber die Aufbewahrung der Bescheinigung in der Generalakte vorschreibt, muss es sich jedenfalls um eine (schriftlich, textlich oder elektronisch) fixierte Erklärung handeln. 3

C. Schnittstellen des Elektronischen Urkundenarchivs (Abs. 2)

Die Bundesnotarkammer ist nach § 78h Abs. 1 S. 1 BeurkG als Urkundenarchivbehörde die Betreiberin des Elektronischen Urkundenarchivs. Nach § 55 Abs. 1, Abs. 2 BeurkG müssen die Notare das von der Bundesnotarkammer betriebene System nutzen. Hierzu gehören insbesondere die entsprechenden Software-Module, die in der Basisanwendung XNP bereitgestellt werden. 4

Praktisch wird die Abwicklung von Urkundsgeschäften in den Notarbüros häufig durch Notarsoftware von privaten Drittherstellern unterstützt, die die Vorbereitung und den Vollzug der Urkunden elektronisch abbilden. Hieraus entsteht ein praktisches Bedürfnis, die Führung des Elektronischen Urkundenarchivs durch die etablierte Notarsoftware zu unterstützen. Die Software des Elektronischen Urkundenarchivs enthält daher (rechtlich gesehen überobligatorische) Schnittstellen zur Datenübernahme, mit denen private Notarsoftwareprodukte an das Urkundenarchivsystem angebunden werden können. 5

Das Elektronische Urkundenarchiv muss auf Dauer gewährleisten, dass die rechtliche Gleichstellung der elektronischen Fassung der Urschrift mit der Papierurschrift gerechtfertigt ist. Angesichts der überragenden Bedeutung der notariellen Verschwiegenheitspflicht muss auch die Vertraulichkeit der verwahrten Daten mit größtmöglicher Sicherheit gewährleistet sein.[10] Diese Überlegungen liegen der rechtlichen Ausgestaltung des Elektronischen Urkundenarchivs und dem begleitenden Verfahrensrecht zugrunde. Damit diese strengen Vorgaben bei der Bedienung der Software des Elektronischen Urkundenarchivs nicht umgangen werden können, ist es notwendig, dass die Software privater Drittanbieter diese einzig über die hierfür bereitgestellten Schnittstellen ansteuert.[11] Die hieraus faktisch resultierenden Beschränkungen für die Gestaltung privater Software-Angebote sind aufgrund der überragenden Bedeutung des Elektronischen Urkundenarchivs für die Gewährleistung staatlicher Kernfunktionen ohne Weiteres gerechtfertigt. 6

3 Damit scheidet insbesondere eine Führung der elektronischen Nebenakte in einer Daten-Cloud aus, vgl. § 4 DONot Rdn 8; *Siegel/Berthold*, DNotZ 2023, 645, 655.
4 Vgl. zu den technischen und organisatorischen Maßnahmen im Hinblick auf die elektronische Führung von Akten und Verzeichnissen auch die aufgrund von § 6 NotAktVV, Art. 40 Abs. 2 lit. h) DSGVO erarbeiteten Verhaltensregeln der Bundesnotarkammer, DNotZ 2022, 413.
5 Vgl. die Nebenakten-Datensatz-Bekanntmachung in DNotZ 2020, 881.
6 Vgl. § 35 Abs. 4 NotAktVV in Verbindung mit der Urkundenarchiv-Dateiformat-Bekanntmachung-2022 der Bundesnotarkammer in DNotZ 2022, 916.
7 Vgl. https://www.bnotk.de/intern/dienstordnung-donot zuletzt abgerufen im am 10.3.2025.
8 *Siegel/Berthold*, DNotZ 2023, 645, 655.
9 Vgl. Begründung DONot 2022, S. 19.
10 *Berthold*, RNotZ 2023, 73, 74.
11 Begründung DONot 2022, S. 19; Heinemann/Trautrims/*Strauß*, § 11 DONot Rn 4.

7 **Abs. 2** verlangt deshalb, dass Notare die Führung des Elektronischen Urkundenarchivs nur dann durch private Notarsoftware unterstützen dürfen, wenn der Hersteller der Software bescheinigt, dass einzig die von der Bundesnotarkammer zur Verfügung gestellten Schnittstellen verwendet werden und dass die Anbindung nach den Vorgaben der Bundesnotarkammer umgesetzt wird. Anders als bei §§ 6 Abs. 2, 11 Abs. 1 und 13 DONot lässt der Wortlaut von **Abs. 2** die Einholung einer Bescheinigung des Vertreibers von Notarsoftware nicht genügen. Die (nichtamtliche) Begründung gibt zu dieser Differenzierung keine ausdrückliche Begründung. Die unterbliebene Erweiterung des **Abs. 2** mag damit zusammenhängen, dass die Herstellerbescheinigungen der Softwareanbieter bislang ohne Probleme erlangt werden konnten. Das bei der Kollisionssoftware (§ 6 Abs. 1 DONot) und bei Scannern (**Abs. 1**) beobachtete Problem,[12] Herstellerbescheinigungen bei den Rechtsabteilungen internationaler Großkonzerne nur unter großer Mühe einholen zu können, dürfte bei den spezialisierten Anbietern von Notarsoftware nicht bestanden haben.[13] Die Notarsoftware wird in der Praxis außerdem in den meisten Fällen vom Hersteller selbst vertrieben, sodass ein Praxisbedarf für die Erweiterung auf Vertreiberbescheinigungen nicht besteht. Sollten sich wider Erwarten praktische Probleme bei der Beschaffung der Herstellerbescheinigungen nach § 11 Abs. 2 DONot zeigen, dürften keine zwingende Gründe bestehen, auch bei Bescheinigungen nach § 11 Abs. 2 DONot eine Vertreiberbescheinigung genügen zu lassen, sofern sichergestellt ist, dass der Vertreiber die erforderlichen Informationen zur Funktion der Software auch besitzt.

12 Begründung zur Änderung der DONot mit Wirkung zum 1.8.2022, S. 3.

13 *Strauß*, DNotZ 2022, 805, 807.

Abschnitt 5: Herstellung der notariellen Urkunden und Dokumente

§ 12 Herstellung der Urschriften, Ausfertigungen und beglaubigten Abschriften

(1) [1]Bei der Herstellung der Urschriften, Ausfertigungen und beglaubigten Abschriften von Papierurkunden ist festes weißes oder gelbliches Papier zu verwenden, das den Anforderungen nach DIN EN ISO 9706 entspricht. [2]Es dürfen ferner nur verwendet werden:

1. blaue oder schwarze Tinte und Farbbänder, sofern sie handelsüblich als urkunden- oder dokumentenecht bezeichnet sind,

2. blaue oder schwarze Schreibstifte, sofern Minen benutzt werden, die eine Herkunftsbezeichnung und eine Aufschrift tragen, die auf die ISO 12757–2 (Pasten-Kugelschreiber), ISO 14145–2 (Tinten-Roller) oder ISO 27668–2 (Gel-Roller) hinweist,

3. in klassischen Verfahren und in schwarzer oder dunkelblauer Druckfarbe hergestellte Drucke des Buch- und Offsetdruckverfahrens,

4. in anderen (zum Beispiel elektrografischen oder elektrofotografischen) Verfahren hergestellte Drucke oder Kopien, sofern die zur Herstellung benutzte Anlage (zum Beispiel Kopiergeräte, Laserdrucker, Tintenstrahldrucker) nach einem Prüfzeugnis der Papiertechnischen Stiftung (PTS) in Heidenau zur Herstellung von Urschriften von Urkunden geeignet ist, und soweit Tinten- oder Tonerzubehör verwendet wird, das im Prüfzeugnis aufgeführt ist,

5. Formblätter, die in den genannten Druck- oder Kopierverfahren hergestellt worden sind.

(2) Der Gebrauch von Stempeln ist unter Verwendung von schwarzer oder dunkelblauer Stempelfarbe zulässig, die den Prüfanforderungen in Anlehnung an ISO 12757–2 oder ISO 14145–2 entspricht.

(3) [1]Vordrucke, die der Notarin oder dem Notar von Beteiligten zur Verfügung gestellt werden, müssen den Anforderungen der NotAktVV und dieser Dienstordnung an die Herstellung von Urschriften genügen. [2]Insbesondere dürfen sie keine auf Urheberinnen oder Urheber des Vordrucks hinweisenden individuellen Gestaltungsmerkmale (Namensschriftzug, Firmenlogo, Signet, Fußzeile mit Firmendaten und Ähnliches) aufweisen. [3]Urheberinnen oder Urheber sollen am Rand des Vordruckes angegeben werden. [4]Dies gilt nicht bei Beglaubigungen ohne Entwurf.

Literatur *Böhringer*, Formelle „Spitzfindigkeiten" im Grundstücksverkehr, BWNotZ 2017, 30; *Ehlers*, Das Verlesen von der Niederschrift, NotBZ 1997, 109; *Kanzleiter*, Das Vorlesen der Niederschrift, DNotZ 1997, 261; *Limmer*, Beurkundungsrecht im digitalen Zeitalter, DNotZ 2020, 419; *Mihm*, Pflicht zur Verlesung notarieller Urkunden bei EDV-Einsatz, NJW 1997, 3121..

A. Einleitung

§ 12 DONot betrifft die Herstellung von Urschriften, Ausfertigungen und beglaubigten Abschriften als Papierurkunden.[1] Die Regelung entspricht den § 29 Abs. 2–4 DONot a.F. unter Berücksichtigung technischer Veränderungen und ergänzt § 3 NotAktVV, der die Regelung des § 29 Abs. 1 DONot a.F. übernimmt. **1**

Es existieren erläuternde, abweichende bzw. ergänzende landesrechtliche Vorschriften.[2]

1 Hinsichtlich der Herstellung elektronischer Urkunden (vgl. §§ 16b, 16e, 39a BeurkG) enthält § 12 DONot grundsätzlich keine besonderen Vorgaben. Entsprechend anwendbar dürfte Abs. 3 sein.

2 Bayern (NotBek, JMBl. 2001, S. 32 i.d.F. vom 24.3.2025): „§ 12 Abs. 1 S. 2 Nrn. 1 und 2 DONot gelten für die Unterschrift der Beteiligten und des Notars entsprechend."

2 Die Ausführlichkeit der Regelungen in Abs. 1 steht in einem gewissen Widerspruch zu ihrer praktischen Relevanz. Die Echtheit und die grundsätzliche Beweiskraft von Urkunden werden durch Verstöße hiergegen ohnehin nicht berührt.[3]

3 Im Einzelfall kann allerdings der Beweiswert einer Urkunde beeinträchtigt sein.

B. Lesbarkeit, Dauerhaftigkeit und Fälschungssicherheit

I. Grundsätze

4 Abs. 1, Abs. 2 ergänzen § 3 NotAktVV. Nach dessen Abs. 1 sind Urkunden so herzustellen, dass sie gut lesbar, dauerhaft und fälschungssicher sind.[4] Die Anforderungen gelten für die Niederschrift und grundsätzlich auch für die der Urkunde beigefügten Anlagen.[5] Vor allem bei Anlagen ergeben sich jedoch in der Praxis Einschränkungen. So ist dem Notar nicht zuzumuten, die Papierqualität von Anlagen zu prüfen, die die Beteiligten selbst zur Beurkundung mitbringen. § 9 Abs. 1 S. 2 BeurkG und die hiermit eröffnete Möglichkeit, solche nicht textgebundene Anlagen zum Gegenstand der Beurkundung zu machen, verdrängt insoweit die Anforderungen des Abs. 1.

5 Wann Dokumente im Sinne des § 3 Abs. 1 NotAktVV **dauerhaft und fälschungssicher** sind, ist in Abs. 1 und 2 näher geregelt. Dabei war den Verfassern der DONot bewusst, dass absolute Dauerhaftigkeit und Fälschungssicherheit nicht zu erreichen sind. Papierurkunden können angesichts moderner Techniken leichter als früher gefälscht werden. Papier hat zudem nur eine begrenzte Lebenszeit.[6] Unter anderem hierauf hat der Gesetzgeber mit Einführung des Elektronische Urkundenarchivs reagiert. Die Aufbewahrungsfrist von Papierurkunden wurde damit in der Regel auf 30 Jahre reduziert (§ 50 Abs. 1 Nr. 3 NotAktVV). Diese Entscheidung kann indes nicht zum Anlass genommen werden, den Anspruch an die Lesbarkeit, Dauerhaftigkeit und Fälschungssicherheit von Papierurkunden zu senken.[7]

6 Wann eine Urkunde **gut lesbar** ist, wird nicht weiter präzisiert. § 3 Abs. 2 NotAktVV enthält für Streichungen die Vorgabe, dass im Schriftbild der Urschrift der Urkunde nichts unleserlich gemacht werden darf. Streichungen sind daher derart durchzuführen, dass die entfallenden Passagen rekonstruiert werden können. Auf keinen Fall wird die Lesbarkeit durch handschriftliche Einfügungen, Berichtigungen oder sonstige Veränderungen durch den beurkundenden Notar beeinträchtigt. Die „gute Lesbarkeit" ist erst in Frage gestellt, wenn die Handschrift des Notars sich nur mit Schwierigkeiten und viel Geduld oder langer „Einarbeitungszeit" entziffern lässt. Ein Dritter, der mit der Handschrift nicht vertraut ist, muss diese so lesen können, dass inhaltliche Unsicherheiten ausgeschlossen sind.[8] Dabei kann der Notar sich auch nicht darauf berufen, er fertige nach Beurkundung regelmäßig Leseabschriften an, die sodann Grundlage der den Beteiligten übersandten beglaubigten Abschriften und Ausfertigungen sei. Dem Notarprüfer und den Beteiligten, die nach dem Vorlesen den Text der Niederschrift noch einmal durchlesen wollen, muss es ohne Probleme möglich sein, die Urschrift einer Urkunde selbst zu lesen.[9] Der Notar kann mithin allgemein verständliche Abkürzungen (usw., z.B.) verwenden, aber keine Kurzschrift.[10] In Zweifelfällen empfiehlt es sich, zusätzlich zu dem Original der Urkunde eine (beglaubigte) (Lese-)Abschrift in die Urkundensammlung aufzunehmen.[11]

II. Sonderproblem: „Neuausdruck" bei Beurkundung und „Bildschirmbeurkundung"

7 Das Erfordernis der „Lesbarkeit" und die modernen technischen Möglichkeiten sind Gründe dafür, warum Notare bei Beurkundungen vielfach dazu neigen, **den geänderten Text während der Beurkundung neu auszudrucken und diesen zur Urschrift zu machen**. Die dogmatischen Grundlagen zur beurkundungsrechtlichen Zulässigkeit dieses Vorgehens – an dem heutzutage in der notarrechtlichen Literatur

3 Vgl. Weingärtner/*Weingärtner/Ulrich*, § 29 Rn 13.
4 Vgl. *Böhringer*, BWNotZ 2017, 30.
5 Vgl. DNotI-Gutachten, DNotI-Report 2007, 60.
6 Vgl. *Bettendorf*, S. 93.
7 Insoweit auch vorsichtig Begründung DONot 2022, S. 19.
8 Frenz/Miermeister/*Rabiya*, § 3 NotAktVV Rn 6.
9 Vgl. auch BeckOK-BNotO/*Bracker*, § 29 DONot Rn 3.
10 Frenz/Miermeister/*Rabiya*, § 3 NotAktVV Rn 7.
11 BeckOK-BNotO/*Sauer*, § 3 NotAktVV Rn 6.

kaum noch Zweifel zu bestehen scheinen[12] – knüpfen an die Frage an, inwieweit aus § 13 Abs. 1 S. 1 BeurkG (noch) das Gebot einer körperlichen Identität zwischen der verlesenen und der genehmigten Niederschrift entnommen werden kann und welche rechtlichen Folgen hieran anknüpfen.[13] Dieselbe rechtliche Grundlagenfrage ist für die Bewertung entscheidend, inwieweit man das Verlesen des Inhaltes der Niederschrift vom Bildschirm für beurkundungsrechtlich zulässig erachtet.[14] Das Dogma der körperlichen Identität wurde mit der Einführung der originär elektronischen Niederschrift bei Umsetzung der Digitalisierungsrichtlinie (§§ 16a ff. BeurkG) jedenfalls für diese Gruppe der Niederschriften – naturgemäß – aufgegeben. Mit Inkrafttreten des Gesetzes zur Einführung einer elektronischen Präsenzbeurkundung ist spätestens auch im Gesetzeswortlaut klargestellt, dass die Verlesung des Inhaltes der Niederschrift entscheidend ist. Auf eine körperliche Identität der verlesenen mit der unterschriebenen Niederschrift kommt es dann nicht mehr an. Sowohl die rechtshistorische Frage nach dem Neuausdruck der Niederschrift wie auch die nach der Zulässigkeit des Verlesens vom Bildschirm aus, sind dann im Sinne einer beurkundungsrechtlichen Zulässigkeit beantwortet.

Unzulässig ist auch nach dieser gesetzgeberischen Anpassung der Fall, in dem ein Notar nach der Beurkundung, also nachdem die Beteiligten die Urkunde unterschrieben haben, eine oder mehrere Seiten (nicht jedoch die letzte Seite mit den Originalunterschriften) neu ausdruckt und diese neuen Seiten zum Teil der Urschrift macht.[15] Dies ist eine grobe Pflichtverletzung des Notars, die den Beweiswert der Urkunde schmälert. Dennoch ist die Urkunde wirksam errichtet. Der Fehler betrifft das spätere Verfahren des Notars.[16] Dieses kann sogar eine Strafbarkeit begründen (etwa: Verwahrungsbruch (§ 133 StGB), Urkundenunterdrückung (§ 274 StGB) und Falschbeurkundung im Amt (§ 348 StGB)).[17] 8

C. Anforderungen an Papier, Schreibmaterial und Drucktechniken (Abs. 1)

In Abs. 1 wird geregelt, welches **Papier**, welches **Schreibmaterial** und welche **Druckverfahren** verwendet werden dürfen. Auch wenn Abs. 1 sich unmittelbar nur auf die Herstellung von Urschriften, Ausfertigungen und beglaubigten Abschriften von notariellen Urkunden bezieht, sind die Grundaussagen auf alle in Papier geführten Bücher und Verzeichnisse übertragbar. 9

Im Einzelnen gilt Folgendes: 10

- Es ist festes weißes oder gelbliches Papier zu verwenden, das den Anforderungen nach DIN EN ISO 9706 entspricht. Die Vorgabe in § 29 Abs. 2 S. 1 DONot a.F. noch enthaltene Vorgabe, holzfreies Papier zu verwenden, ist in Abs. 1 S. 1 bewusst nicht mehr enthalten, sodass künftig auch die Verwendung von Recyclingpapier zulässig ist, sofern es den in Bezug genommenen DIN-Vorgaben zur Altersbeständigkeit entspricht.[18]
- Zum Format des zu verwendenden Papiers macht Abs. 1 keine Vorgaben. Die in § 29 Abs. 2 S. 1 DONot a.F. noch enthaltene Vorgabe, Papier in DIN-Format zu verwenden, war zu Recht kritisiert worden, da sie keinen logischen Bezug zur Lesbarkeit, Dauerhaftigkeit und Fälschungssicherheit der Dokumente aufwies.[19] Aus Gründen der Zweckmäßigkeit ist dennoch davon auszugehen, dass Notare überwiegend Urkunden im DIN-Format erstellen werden.
- Nur blaue oder schwarze Tinte darf Verwendung finden, die handelsüblich als urkunden- oder dokumentenecht bezeichnet wird.[20] Urkunden- und dokumentenecht ist nicht gleichbedeutend. Die Quali-

12 Vgl. BeckOGK/*Seebach/Rachlitz*, § 13 BeurkG Rn 66 mit umfassenden Nachweisen; ablehnend etwa noch *Ehlers*, NotBZ 1997, 109.

13 Vgl. zum Grundsatz der Identität *Bettendorf*, RNotZ-Sonderheft zu Heft 10/2001, 24 f.; OLG Frankfurt a.M. v. 30.8.1999 – 1 Not 1/98, DNotZ 2000, 513; *Rohs/Heinemann*, Rn 179.

14 Ablehnend OLG Frankfurt a.M. v. 30.8.1999 – 1 Not 1/98, DNotZ 2000, 513; *Kanzleiter*, DNotZ 1997, 261, i.E. auch BeckOGK BeurkG/*Seebach/Rachlitz*, § 13 Rn 52; Bejahend: *Limmer*, DNotZ 2020, 419, 422; BeckOK-BeurkG/*Bremkamp*, § 13 Rn 32f.

15 Vgl. BGH v. 10.3.2003 – NotSt (Brfg) 3/02, NJW 2003, 2764.

16 Vgl. aber OLG Hamm v. 13.7.2000 – 15 W 107/00, DNotZ 2001, 129 m. zutreffender kritischer Anm. *Reithmann*.

17 Vgl. OLG Zweibrücken v. 21.9.2009 – 1 Ws 347/99, NStZ 2000, 201; vgl. auch OLG Hamm v. 13.7.2000 – 15 W 107/00, DNotZ 2001, 129.

18 Vgl. Begründung DONot 2022, S. 20; hierfür bereits *Krebs*, MittBayNot 2005, 363.

19 So etwa Armbrüster/Preuß/Renner/*Eickelberg*, 8. Aufl. § 29 DONot Rn 14; Frenz/Miermeister/*Blaeschke*, 5. Aufl., § 29 DONot Rn 15.

20 Zur geschichtlichen Entwicklung vgl. eingehend: *Bettendorf*, DNotZ 2011, 331, 336.

tätsbezeichnung „urkundenecht" behält der Handel üblicherweise der sog. Eisengallus-Tinte vor; sie lässt die Alterserkennung zu. Dokumentenecht ist z.B. die Farbstofftinte „Permanentblau". Ihre Verwendung reicht also aus. In der Praxis wird der Notar häufig mit blauer Tine bzw. einem blau schreibenden Kugelschreiber (unter)schreiben, um die Unterscheidbarkeit der Urschrift von Kopien zu gewährleisten. Angesichts des Umstandes, dass der technische Fortschritt zu der Fertigung von Schwarzweiß-Kopien geführt hat, die sich kaum mehr von dem Original unterscheiden lassen (was bei Farbkopien häufig nicht – in diesem Umfang – der Fall ist), erscheint dieses Vorgehen sinnvoll.

– Für Farbbänder gelten die gleichen Anforderungen wie für Tinte. Sie müssen handelsüblich urkunden- oder dokumentenecht sein. Die Farbbänder sollen schwarz oder blau sein. Unzulässig ist mithin die Verwendung eines zweifarbigen Farbbandes und die Hervorhebung einzelner Stellen der Urkunde in roter Farbe.
– Blaue oder schwarze Schreibstifte dürfen Verwendung finden, sofern Minen bestimmter Qualität benutzt werden. Für die Minen verlangt die DONot, dass sie eine Herkunftsbezeichnung oder eine Aufschrift tragen, die auf die ISO 12757–2 (Pasten-Kugelschreiber), ISO 14145–2 (Tinten-Roller) oder ISO 27668–2 (Gel-Roller) hinweisen.[21] Insoweit brachte die DONot-Reform 2022 auch hinsichtlich der zulässigen Tinten eine Liberalisierung. Zuvor waren lediglich zertifizierte Kugelschreiber mit Pastentinte zugelassen.[22] Filzschreiber oder ähnliche Schreibgeräte sind weiterhin unzulässig.
– Nur noch wenige Urkundstexte entstehen heute „mit der Hand" oder als Ergebnis der Arbeit an der Schreibmaschine. Urkundstexte werden zumeist gedruckt. Zulässig sind zunächst die in klassischen Verfahren hergestellten Drucke des Buch- und Offsetdruckverfahrens. Bei ihnen werden die einzelnen Buchstaben angedruckt. Drucke oder Kopien können aber auch in anderen Verfahren hergestellt werden, z.B. elektrografische und elektrofotografische. Die zur Herstellung benutzten Anlagen, beispielsweise Kopiergeräte, Laserdrucker, Tintenstrahldrucker, müssen dann aber nach einem Prüfzeugnis der Papiertechnischen Stiftung (PTS) in Heidenau[23] zur Herstellung von Urschriften von Urkunden geeignet sein.[24] Die in der Vorgängerregelung noch enthaltene Bezugnahme auf die Vorgängerinstitution der Papiertechnischen Stiftung Heidenau, der Bundesanstalt für Materialforschung und -prüfung in Berlin wurde im Zuge der DONot-Reform 2022 mangels Praxisrelevanz gestrichen. Sollte dennoch ein Prüfungszeugnis dieser Institution für ein verwendetes Gerät relevant sein, bleibt dies statthaft.[25]
– Kopiergeräte, Laser- und Tintenstrahldrucker müssen mit Tinten- und Tonerzubehör genutzt werden, das im jeweiligen Prüfungszeugnis der PTS Heidenau aufgeführt ist. Die Stiftung nutzt in der Regel das von den Geräteherstellern vorgesehene Original-Zubehör, sodass auch in den Notarbüros in der Regel Original-Patronen eingesetzt werden müssen.[26] Dem liegt die Einschätzung zugrunde, dass abweichendes Zubehör eine deutliche Verschlechterung der Fälschungssicherheit mit sich bringt.
– Der Notar muss sich nicht in jedem Fall ein Prüfzeugnis vorlegen lassen. Kauft er das Gerät bei einem zuverlässigen Händler und sichert dieser ihm die geforderten technischen Eigenschaften zu, so sollte dies als Nachweis für die Erfüllung seiner diesbezüglichen Amtspflichten ausreichend sein.[27] Ein vorhandenes Prüfzeugnis ist zu den Generalakten zu nehmen.
– Die sonstigen Vorgaben des Prüfungszeugnisses, insbesondere hinsichtlich des verwendeten Papiers, sind nach S. 2 Nr. 4 hingegen nicht verbindlich.[28] Eine solche Regelung war rechtshistorisch in einem früheren Entwurf der DONot ausdrücklich vorgesehen, ist dann aber nicht Teil der Dienstordnung geworden.[29] In der Regel benennen die Prüfzeugnisse nur eine (extrem teure) Papiersorte, ohne dass sich daraus schließen lässt, dass alle anderen Papiersorten ungeeignet sind.[30] Wird eine Urkunde

21 Der Verweis auf die veraltete DIN-Norm 16554 ist im Zuge der DONot-Reform 2022 entfallen, vgl. *Vollhardt*, MittBayNot 2001, 245, 246.

22 Der Vorteil von Kugelschreibertinten liegt in der größeren Widerstandsfähigkeit gegen Wasser. So überrascht es nicht, dass die Landesjustizverwaltungen ihre Bedenken gegen Pastentinten erst nach den Erfahrungen bei der Flutkatastrophe in Hamburg und Schleswig-Holstein im Februar 1962 aufgaben. Im Gegensatz zu herkömmlichen Tinten überstanden Pastentinten die tagelange Wassereinwirkung unversehrt, vgl. *Dumoulin*, DNotZ 1966, 70, 77 Fn 21.

23 Weitergehende Informationen dazu: Homepage: www.ptspaper.de (letzter Abruf am 10.8.2025).

24 Manche Hersteller halten diese Prüfzeugnisse auf ihren Internetseiten bereit.

25 Vgl. Begründung DONot 2022, S. 21.

26 Vgl. Begründung DONot 2022, S. 21.

27 A.A. *Blaeschke*, Rn 404, 407.

28 So ausdrücklich die Begründung DONot 2022, S. 21.

29 Vgl. Armbrüster/Preuß/Renner/*Eickelberg*, 8. Aufl., § 29 DONot Rn 14.

30 Vgl. Frenz/Miermeister/*Blaeschke*, § 12 DONot Rn 24.

mit der Schreibmaschine hergestellt, muss auch nicht erst das Papier geprüft werden, um festzustellen, ob es für die Schreibmaschine geeignet ist.[31] Die Dienstaufsicht kann daher nicht verlangen, dass nur das im Prüfzeugnis benannte Papier benutzt wird.[32]

– Es versteht sich von selbst, dass auch Formblätter, die in den genannten Druck- oder Kopierverfahren hergestellt worden sind, Verwendung finden dürfen. Dies wird in Abs. 1 S. 2 Nr. 5 noch einmal klargestellt.
– Die Angelegenheiten der PTS Heidenau wurden zuletzt im Jahr 2024 durch eine umwandlungsrechtliche Ausgliederung neu geordnet. Soweit die Dienstordnung auf die PTS Heidenau verweist, sind – ggf. bis zur Anpassung des Vorschriftentextes – hierunter auch die jeweiligen Rechtsnachfolger zu verstehen.

Nicht ausdrücklich wird in der DONot ausgeführt, ob die Vorgaben in Abs. 1 sich auch auf die **Schreibgeräte** beziehen, **mit denen Notar und Beteiligte die Urkunde unterschreiben**.[33] Die angestrebten Zwecke, nämlich Dauerhaftigkeit und Fälschungssicherheit, sprechen indes dafür, an dieser Stelle keine anderen Maßstäbe anzulegen. Schließlich wird die Urkunde erst mit den Unterschriften des/der Beteiligten und des Notars „hergestellt".[34] Dieser Auffassung schließt sich die (nicht verbindliche) Begründung der DONot 2022 an, ohne dass dies einer Klarstellung im Wortlaut der Vorschrift bedürfe.[35] Unterschrieben werden soll daher regelmäßig nur mit schwarzer oder blauer Tinte nach näherer Maßgabe der DONot. In Bayern wird dies wie oben erläutert ausdrücklich klargestellt.[36] 11

Möchte ein Beteiligter jedoch die Urkunde gerne mit seinem eigenen Kugelschreiber unterschreiben, so kann der Notar dies, sofern sich nicht besondere Verdachtsmomente aufdrängen, regelmäßig akzeptieren. Es wäre überspannt, hier zunächst die ISO-Norm zu überprüfen.[37] Ebenso überspannt wäre es, wenn der Notar die Beurkundung eines Testaments eines Schwerstkranken unter Hinweis auf den ausschließlich zur Verfügung stehenden Bleistift verweigerte.[38]

D. Verwendung von Stempeln (Abs. 2)

Die Verwendung von Stempeln ist nach Abs. 2 zulässig, sofern dabei schwarze oder dunkelblaue Stempelfarbe verwendet wird, die den Prüfanforderungen in Anlehnung an ISO 12757–2 oder ISO 14145–2 entspricht. Abs. 2 erlaubt den Einsatz von Stempeln in seinem jetzigen Wortlaut ausdrücklich ohne Einschränkungen. Bis zur Änderung der Dienstordnung für Notarinnen und Notare mit Wirkung zum 1.8.2022 enthielt die Norm – wie auch ihre Vorgängervorschriften – einen Katalog an Vermerken, die mittels eines Stempels aufgebracht werden konnten. In der Literatur wurde hieraus zum Teil geschlossen, die Verwendung von Stempeln sei in sonstigen Fällen unzulässig.[39] Nachvollziehbare Gründe, warum der Katalog abschließend sein sollte, waren bereits nach dem früheren Wortlaut der Norm nicht zu erkennen. Denn Lesbarkeit, Dauerhaftigkeit und Fälschungssicherheit werden durch die Benutzung von Stempeln nicht beeinträchtigt. Daher konnte es nicht verboten sein, auch in anderen Fällen, z.B. bei Änderungsvermerken nach § 44a BeurkG oder bei Vorbefassungsvermerken (§ 3 Abs. 1 S. 2 BeurkG), Stempel zu verwenden.[40] Die im Zuge der Änderung der Dienstordnung für Notarinnen und Notare mit Wirkung zum 1.8.2022 erfolgte Klarstellung ist daher zu begrüßen. 12

E. Besonderheiten bei Urkundsvordrucken (Abs. 3)

Häufig werden dem Notar in der Praxis **Urkundsvordrucke** zur Verfügung gestellt. Es versteht sich von selbst, dass diese den in den vorangehenden Absätzen im Wesentlichen geregelten technischen Anforde- 13

31 Vgl. *Bettendorf*, RNotZ-Sonderheft zu Heft 10/2001, 25; *Bettendorf*, S. 143.
32 A.A. noch zur alten Rechtslage möglicherweise *Bettendorf*, S. 92.
33 Verneinend: *Kanzleiter*, DNotZ 1970, 581, 587 (Fn 25); bejahend: Frenz/Miermeister/*Blaeschke*, § 12 DONot Rn 12.
34 Vgl. Frenz/Miermeister/*Blaeschke*, § 12 DONot Rn 12.
35 Begründung DONot 2022, S. 20.
36 BayJMBl 2001, 32, 40.
37 So auch *Blaeschke*, Rn 490; *Kanzleiter*, DNotZ 1970, 581, 587.
38 Hierauf weist *Bracker*, MittBayNot 2014, 231, 233 zu Recht hin. Aus diesem Grund wäre auch eine Regelung dieser Details im Gesetz selbst verfehlt.
39 *Lerch*, ZNotP 2001, 210, 216; Weingärtner/*Weingärtner/Ulrich*, 14. Aufl., § 29 Rn 17; Frenz/Miermeister/*Blaeschke*, 5. Aufl., § 29 DONot Rn 31.
40 So auch BeckOK-BNotO/*Salzmann*, § 12 DONot Rn 3.

rungen an die Herstellung von Urschriften genügen müssen. Dies stellt Abs. 3 S. 1 Hs. 1 klar. In Zweifelsfällen kann der Notar, indem er den Vordruck kopiert, die Einhaltung der technischen Druckvorgaben sicherstellen.

Der zweite Halbsatz von Abs. 3 S. 1 betrifft – die sprachliche Anknüpfung „insbesondere" ist verfehlt – einen ganz anderen Aspekt: Es geht um das äußere Erscheinungsbild von Urkunden, für die ein Vordruck verwendet wird.

14 Urkundsvordrucke, die den Urheber des Formulars durch farbliche und graphische Gestaltung „werbewirksam" in den Vordergrund rücken und den notariellen Charakter der Urkunde zurücktreten lassen, waren gelegentlich Gegenstand von Auseinandersetzungen in der Praxis. Das Problem trat meist bei Grundpfandrechtsbestellungsformularen auf. Es wurde verstärkt durch die oft fehlende Bereitschaft oder den Unwillen von Kreditinstituten, Urkunden anzuerkennen, die nicht unter Verwendung der vorgegebenen Formularvordrucke entstanden sind. Hier versucht die DONot regelnd einzugreifen. Sie legt fest, dass Vordrucke, die von einem der Urkundsbeteiligten zur Verfügung gestellt werden, **keine auf den Urheber des Vordrucks hinweisenden individuellen Gestaltungsmerkmale aufweisen dürfen**. Beispielhaft führt die DONot insoweit Namensschriftzüge, Firmenlogos, Signets und Fußzeilen mit Firmendaten auf.[41] Zumindest sprachlich erscheint die Regelung etwas verunglückt: Wie sich im Umkehrschluss aus S. 4 a.E. ergibt, geht es nicht darum, dass der Urheber des Formulartextes möglichst unerkannt bleibt (das Gegenteil ist der Fall). Im Vordergrund stehen vielmehr die von der DONot unerwünschten „individuellen Gestaltungsmerkmale" des Vordrucks. Die Regelung ist daher restriktiv so auszulegen, dass es immer auf eine Gesamtbetrachtung ankommt. Das äußere Erscheinungsbild der Vordrucke darf keinen werbenden, die notarielle Urkunde in den Hintergrund drängenden Eindruck vermitteln. Urschrift und spätere Abschriften müssen sich schon vom Erscheinungsbild her als Urkunden eines unabhängigen Trägers eines öffentlichen Amtes darstellen.[42] Das „notarielle Element" darf nicht nur untergeordneten Charakter haben. Der Eindruck einer unzulässigen Verbindung von Kreditinstitut und Notar muss vermieden werden. Kommt der Notar in der Beurkundung seinen Belehrungs- und Beratungspflichten nach, wird ohnehin kein Beteiligter auf die Idee kommen, aus der Gestaltung des Vordrucks auf eine einseitige Interessenwahrnehmung zu schließen. Nicht unberücksichtigt bleiben darf auch, dass der Notar „Herr der Urkunde" und somit grundsätzlich frei bei der Gestaltung der Urkunde ist. Banken können ihm einerseits nicht vorschreiben, den vorgelegten Vordruck zu verwenden. Die Dienstaufsicht wird ihm aber andererseits auch nicht auferlegen können, von der Verwendung bestimmter Formulartexte gänzlich abzusehen. Zumindest die auf vielen Bankformularen angegebenen Geschäftszeichen und die Angaben zu Name und Anschrift von Bank oder Filialbetrieb im Kopf des Urkundsformulars stellen daher – soweit sie drucktechnisch nicht in ganz besonderer Weise hervorgehoben sind – keinen Verstoß gegen die DONot dar. Gleiches gilt auch für sonstige unauffällige Hinweise oder Angaben auf dem Formular. Sollte ein Formular ausnahmsweise eine unzulässige Gestaltung aufweisen, kann durch „Überkleben" unzulässiger Formularteile und anschließendes Fotokopieren des Musters oder durch Eingabe des Textes in den Computer Abhilfe geschaffen werden. In der Praxis ist ohnehin zumeist nur die erste Seite des Vordrucks betroffen.

15 Wenn Vordrucke verwendet werden, soll gem. Abs. 3 S. 3 der **Urheber am Rand des Vordrucks angegeben** werden; mit dieser Regelung wird Rechtsklarheit angestrebt. Weitreichende Bedeutung kommt dem rein äußeren Erscheinungsbild der Urkunde aber nicht zu. Übernimmt der Notar schließlich den Text des Vordrucks in sein eigenes Textverarbeitungsprogramm, so liegt kein Fall von Abs. 3 S. 1. vor; die Urheberangabe kann dann nicht verlangt werden, obwohl materiell kein Unterschied zwischen dieser Konstellation und der „ungefilterten" Verwendung des fremden Musters gegeben ist. Eine erweiterte Anwendung von Abs. 3 S. 3. dahingehend, dass der Notar auch in ersterem Fall verpflichtet sein soll, in seinem eigenen Urkundstext die Urheberangabe mit aufzunehmen, ist weder möglich noch sinnvoll.

41 Ob hierzu auch Strichcodes (konkret am linken Seitenrand einer Grundschuldbestellungsurkunde) gehören, wurde vom OLG Hamm (v. 17.4.2012 – 15 W 110/12, NJOZ 2012, 1434) ausdrücklich offengelassen, dürfte aber angesichts der ratio der Norm zu bejahen sein.

42 Vgl. *Bücker/Viefhues*, ZNotP 2004, 311, 312.

Die vorstehend geschilderten Regelungen zur Verwendung von Vordrucken gelten im Übrigen, wie in S. 4 klargestellt wird, **nicht bei Beglaubigungen ohne Entwurf**.[43] Hier können also beliebige Vordrucke verwendet werden. Die anderen Anforderungen des § 12 DONot gelten auch für Beglaubigungen ohne Entwurf.[44] Nur für die Dauerhaftigkeit, Lesbarkeit und Fälschungssicherheit von Texten, die dem Notar vorgelegt werden, ist er nicht verantwortlich.[45] **16**

Vor der Novelle 2000/2001 war in der DONot die Regelung enthalten, dass die Aufsichtsbehörden die Verwendung nach dem „Inhalt ungeeigneter Formblätter" untersagen können. Diese Aussage wurde dann zu Recht nicht übernommen. Dagegen waren erhebliche rechtliche Bedenken geltend gemacht worden. Dies stellte einen (zu) weitgehenden Eingriff der Dienstaufsicht in die Unabhängigkeit des Notars dar. Schließlich bestimmt der Notar eigenverantwortlich den Inhalt der Urkunde. Die Dienstaufsicht darf ihm daher bestimmte Urkundstexte weder vorschreiben noch verbieten. Unabhängig davon ist es wünschenswert und sinnvoll, wenn die Notarkammern sich bei Urkundsformularen, die im Widerspruch zu Abs. 3 stehen, unmittelbar mit den Kreditinstituten in Verbindung setzen, um eine Veränderung des Vordrucks zu erreichen.[46] **17**

§ 13 Übertragung der Papierdokumente in die elektronische Form

Die Notarin oder der Notar hat zu belegen, dass bei der Übertragung der Papierdokumente in die elektronische Form zur Einstellung in das Elektronische Urkundenarchiv geeignete Vorkehrungen im Sinne des § 56 Absatz 1 Satz 1 BeurkG getroffen werden. Soll durch Verwendung der Muster-Verfahrensdokumentation der Bundesnotarkammer nachgewiesen werden, dass geeignete Vorkehrungen nach dem Stand der Technik im Sinne des § 56 Absatz 1 Satz 1 BeurkG getroffen wurden, muss die Notarin oder der Notar durch eine Bescheinigung der Herstellerin, des Herstellers, der Vertreiberin oder des Vertreibers des Scangeräts belegen, dass die eingesetzte Hard- und Software den im Rahmen der Muster-Verfahrensdokumentation gestellten Anforderungen genügt.

A. Einleitung

§ 13 DONot ergänzt **§ 56 BeurkG**, der wiederum das Herzstück[1] des Elektronischen Urkundenarchivs regelt: Bei der Überführung eines Papierdokuments in die elektronische Form zur Einstellung in das Elektronische Urkundenarchiv ist durch geeignete Vorkehrungen nach dem Stand der Technik sicherzustellen, dass die elektronischen Dokumente mit den in Papierform vorhandenen Schriftstücken inhaltlich und bildlich übereinstimmen. Wie der Notar diesen Anforderungen technisch genügt, gibt die Norm nicht vor.[2] Sie sind insbesondere durch die organisatorische Gestaltung des Scanprozesses, aber auch durch die eingesetzten Scanner und die verwendete Software zu erfüllen.[3] **1**

§ 13 orientiert sich dabei am Regelungsvorbild des bisherigen § 5 Abs. 3 S. 3 DONot (2001), wonach der Notar eine Bescheinigung seines Systembetreibers darüber einzuholen hatte, dass es sich bei dem von ihm eingesetzten System um ein solches i.S.d. § 27 Abs. 3 DONot (2001) handelt und welche Verfahrensabläufe hierbei zur Anwendung kommen.

43 Zu dem an dieser Stelle ggf. relevanten Prüfvermerk nach § 378 Abs. 3 FamFG bzw. § 15 Abs. 3 GBO vgl. *Herrler*, NJW 2017, 3605, 3607; DNotI-Gutachten 2017, 89; *Weber*, RNotZ 2017, 427, 428; *Diehn/Rachlitz*, DNotZ 2017, 487; *Eickelberg/Böttcher*, IPrax 2017, 145; *Attenberger*, MittBayNot 2017, 335; aus der Rechtsprechung etwa OLG Schleswig v. 28.7.2017 – 2 Wx 50/17, FGPrax 2017, 210 und OLG Celle v. 6.11.2017 – 18 W 57/17, FGPrax 2018, 8 m. Anm. *Eickelberg*; BT-Drucks 18/10607, 109, 111 = BR-Drucks 602/16 (B), 15, 1; kritisch: *Zimmer*, NJW 2017, 1909, 1912.
44 Vgl. Weingärtner/*Ulrich* § 12 DONot Rn 17.
45 Vgl. Frenz/Miermeister/*Blaeschke*, § 12 DONot Rn 42.
46 Vgl. *Bettendorf*, RNotZ-Sonderheft zu Heft 10/2001, 26.
1 So sehr treffend Frenz/Miermeister/*Löffler*, § 56 BeurkG Rn 1.
2 Vgl. die Ausführungen von *Gaul*, DNotZ-Sonderheft 2016, 130 ff. zum künftigen möglichen Büroablauf.
3 So die nichtamtliche Begründung zur neuen DONot.

B. Musterverfahrensdokumentation

2 Die Bundesnotarkammer hat hierzu das Muster einer „Verfahrensdokumentation für die Umsetzung des Scanverfahrens nach dem Stand der Technik im Sinne von **§ 56 Abs. 1 BeurkG" (Musterverfahrensdokumentation)** herausgegeben, die ihrerseits auf der **Technischen Richtlinie RESISCAN** des Bundesamts für Sicherheit in der Informationstechnik (BSI)[4] basiert, die bereits in der öffentlichen Verwaltung und in der Justiz zum Einsatz kommt.

3 Die Musterverfahrensdokumentation steht jedem Notar zur Nutzung zur Verfügung.
Macht er davon Gebrauch, muss der Notar gem. **§ 13 S. 2 DONot** durch eine Bescheinigung des Herstellers oder des Vertreibers des Scangeräts belegen, dass die bei ihm eingesetzte Hard- und Software den im Rahmen der Musterverfahrensdokumentation gestellten Anforderungen genügt. Eingesetzte Hard- und Software im Sinne der Vorschrift ist nur das Scan-System im engeren Sinne, also Scanner und Firmware sowie etwaige zusätzlich eingesetzte Scan-Software.[5]

4 Hierbei handelt es sich um ein Selbstzertifizierungsverfahren der Hersteller von Scantechnik und Notarsoftware, d.h. weder die Bundesnotarkammer oder eine andere Stelle prüfen, ob die eingesetzten Geräte tatsächlich den selbstbescheinigten Anforderungen entsprechen. Auch der Notar ist nicht gehalten, die Richtigkeit der Herstellerbescheinigung – also die Konformität der von ihm eingesetzten Geräte – zu verifizieren. Er darf auf die Richtigkeit der Herstellerbescheinigung grundsätzlich vertrauen, solange an ihr keine begründeten Zweifel bestehen.[6]

5 Nutzt der Notar die Musterverfahrensdokumentation, hält er die sich aus dieser ergebenden Anforderungen ein, ist die ihn treffende Verpflichtung aus **§ 56 Abs. 1 S. 1 BeurkG** erfüllt.[7]

6 Zwingend ist die Verwendung der Musterverfahrensdokumentation indes nicht: Alternativ kann die Erfüllung der von **§ 56 Abs. 1 S. 1 BeurkG** gestellten Anforderungen auch auf sonstige Weise nachgewiesen werden, etwa durch ein Sachverständigengutachten oder eine individuelle Zertifizierung des Notarbüros. Die Praxis dürfte von dieser Möglichkeit aufgrund des damit verbundenen Aufwands jedoch nur in seltenen Fällen Gebrauch machen. Auch der Amtsvorgänger, der selbst einen entsprechenden Nachweis eingeholt hat, dürfte seinem Amtsnachfolger eine (neue) Bescheinigung ausstellen können, sofern dieser der von ihm selbst eingeholte Nachweis beigefügt ist.[8]

7 Für den Fall eines alternativen Nachweises sieht **§ 13 DONot** keine Verpflichtung zur Vorlage einer Herstellerbescheinigung vor. Da allerdings anzunehmen ist, dass der alternative Nachweis ohnehin nur unter Mitwirkung der Hard- und Software-Hersteller erstellt werden kann, dürfte dies in der Praxis keine große Erleichterung darstellen.

8 Die Bescheinigung bedarf keiner speziellen Form.

C. Generalakte

9 Ergänzend zu **§ 13 DONot** ordnet **§ 46 Abs. 1 S. 2 Nr. 10 NotAktVV** an, dass die Bescheinigung in die Generalakte aufzunehmen ist. Die Bescheinigung unterliegt keinem „Verfallsdatum". Zu erneuern ist sie daher nur, wenn sich die in ihr beschriebenen Abläufe ändern.

§ 14 Verbinden, Beifügen und Siegeln

(1) Beim Verbinden mehrerer Blätter zu einer Urkunde (§ 44 BeurkG) soll eine Schnur in Landesfarben verwendet werden.
(2) [1]Unterlagen, die der Urkunde nur beigefügt und mit dieser verwahrt werden, aber nicht nach § 44 BeurkG verbunden werden müssen, können auch angeklebt werden. [2]Mit Urkunden, die in Papier-

4 BSI Technische Richtlinie 03138 Ersetzendes Scannen, abrufbar unter https://www.bsi.bund.de/DE/Publikationen/TechnischeRichtlinien/tr03138/index_htm.html.
5 BeckOK-DONot/*Eble*, § 13 Rn 3.
6 Ebenso Frenz/Miermeister/*Sudhoff*, § 13 DONot Rn 6.
7 Ebenso Eschwey/*Salzmann*, § 13 DONot Rn 4.
8 Ebenso Eschwey/*Salzmann*, § 13 DONot Rn 2.

form nicht länger als 30 Jahre aufbewahrt werden müssen, können Unterlagen im Sinne des Satzes 1 auch durch Heftklammern verbunden werden. [3]Unterlagen im Sinne des Satzes 1 können in die Ausfertigungen und Abschriften der Haupturkunde aufgenommen werden.

(3) [1]Siegel müssen dauerhaft mit dem Papier oder mit dem Papier und der Schnur verbunden sein und den Abdruck oder die Prägung deutlich erkennen lassen. [2]Eine Entfernung des Siegels ohne sichtbare Spuren der Zerstörung darf nicht möglich sein. [3]Bei herkömmlichen Siegeln (Farbdrucksiegel, Prägesiegel in Lack oder unter Verwendung einer Mehloblate) ist davon auszugehen, dass die Anforderungen nach Satz 1 und 2 erfüllt sind. [4]Neue Siegelungstechniken dürfen verwendet werden, sofern sie nach einem Prüfzeugnis der PTS in Heidenau die Anforderungen erfüllen. [5]Die Verwendung eines lediglich drucktechnisch erzeugten Siegels ist unzulässig.

Literatur *Bettendorf*, Notariat und Technik, DNotZ 2011, 331; *Frohn*, Anmerkung zu BGH, Beschl. v. 14.12.2016 – V ZB 88/16, DNotZ 2017, 463; *Kersten*, Unterstützung des Notars durch seine Mitarbeiter beim Urkundenvollzug, ZNotP 2003, 370; *Schmidt-Thomé*, Vom Notarsignet zum Notarsiegel – ein Beitrag zur Geschichte des Notariats und der Notarurkunde, DNotZ 1964, 455; *Schwerin*, Die Behandlung der Urschrift einer Handelsregisteranmeldung nach Einführung des elektronischen Registerverkehrs durch das EHUG, RNotZ 2007, 27; *Wörner*, Prägesiegel und Farbdrucksiegel in der notariellen Praxis, JurBüro 1981, 327.

A. Einleitung

§ 14 DONot betrifft das Heften und Siegeln von Urkunden. Abs. 1 entspricht dem Regelungsgehalt des § 30 DONot a.F., wobei auf die inhaltliche Wiederholung von § 44 BeurkG verzichtet wurde. Abs. 2 greift § 18 Abs. 2 DONot a.F. auf Regelung entspricht inhaltlich den §§ 30, 31 DONot a.F. § 14 Abs. 2 DONot ist § 18 Abs. 2, Abs. 3 DONot a.F. nachgebildet und erlaubt nun die Verbindung durch Heftklammern, sofern die Urkunde in Papierform nicht länger als 30 Jahre aufbewahrt werden muss. Abs. 3 entspricht § 31 DONot a.F. und wurde mit S. 4 um die Klarstellung ergänzt, dass ein lediglich bildlich aufgedrucktes Siegel unzulässig ist. Mit der Änderung der Dienstordnung für Notarinnen und Notare mit Wirkung zum 1.8.2022 wurden die Überschrift der Norm und der Wortlaut von Abs. 1 angepasst, ohne dass hiermit inhaltliche Änderungen verbunden wären.[1] **1**

B. Heften von Urkunden (Abs. 1)

I. Allgemeines

Besteht eine Urkunde[2] aus mehreren Blättern, so sollen diese nach § 44 BeurkG mit Schnur und Prägesiegel verbunden werden. Abs. 1 ergänzt diese Regelung und ordnet an, dass Heftfäden **in den Landesfarben**[3] verwendet werden sollen. Hierzu existieren erläuternde, abweichende bzw. ergänzende landesrechtliche Vorschriften.[4] **2**

1 Vgl. Begründung zur DONot-Änderung mit Wirkung zum 1.8.2022, S. 4.

2 Der Begriff der „Urkunde" in § 44 S. 1 BeurkG erfasst gleichermaßen Urschriften, Ausfertigungen und Abschriften, vgl. BeckOGK/*Regler*, § 44 BeurkG Rn 7. Die ausdrückliche Erstreckung auf diese drei Unterfälle der Urkunde, die in der Vorgängernorm § 30 Abs. 1 S. 1 DONot a.F. noch enthalten war, war daher nicht erforderlich und konnte in § 14 Abs. 1 DONot entfallen, vgl. Begründung DONot 2022, S. 22.

3 Soweit Konsularbeamte notariell tätig werden, verwenden diese dementsprechend die Landesfarben, vgl. eingehend *Eickelberg*, DNotZ 2018, 332.

4 *Nordrhein-Westfalen*: „Soweit es vorgeschrieben oder üblich ist, Urkunden, Ausfertigungen usw. mit Garn oder Schnur zu heften, haben die Notarinnen und Notare diese in den Landesfarben Grün-Weiß-Rot zu verwenden. Die Urkunden, Ausfertigungen usw. sollen im oberen Drittel des Seitenrandes so geheftet werden, dass eine Beschädigung der Heftschnur beim Lochen und Abheften der Urkunden vermieden wird."; vgl. ferner Weingärtner/*Ulrich*, § 14 Rn 22.

3 **Sinn der Heftung** ist es, dass mehrere Seiten dauerhaft und für Dritte erkennbar als zusammengehörig angesehen werden können. Hierdurch wird überdies der Beweiswert der Gesamturkunde erhalten. Es handelt sich bei dem maßgeblichen § 44 BeurkG zwar nur um eine Soll-Bestimmung mit der Folge, dass ein Verstoß gegen die ordnungsgemäße Heftung die Wirksamkeit nicht berührt. Eine fehlerhafte Bindung kann jedoch den Beweiswert der Gesamturkunde beeinträchtigen.[5]

4 In der Praxis kann sich die Frage stellen, wie **Fotografien**, die nach § 9 Abs. 1 S. 3 BeurkG als Anlage zu einer notariellen Niederschrift genommen werden,[6] mit Schnur und Prägesiegel nach § 44 S. 2 BeurkG verbunden werden können.[7] Sofern die Fotos eine hinreichende Größe haben, können sie unmittelbar wie weitere Seiten der Urkunde mitgeheftet werden. Problematisch sind indes solche Fotos, die zu klein sind, um sie insgesamt zu heften. Eine bloße Verbindung durch Aufkleben der Öse, verbunden mit einem Farbdrucksiegel oder Prägesiegel, genügt nicht.[8] Ebenfalls unzulässig ist es, die verschiedenen Fotografien in einem verschlossenen Umschlag zur Urkunde zu heften. Dies ergibt sich daraus, dass Anlagen nach § 9 Abs. 1 S. 2, 3 BeurkG „unmittelbar" mit der Niederschrift selbst eingesehen werden können müssen.[9] Ob es zulässig ist, in diesem speziell Fall die zu kleinen Fotos jeweils getrennt auf ein Blatt mit Schnur und Prägesiegel zu heften, um dann diese Seite ihrerseits wieder als Anlagen mit den übrigen Blättern der Niederschrift zu heften, ist noch nicht geklärt. Hiergegen könnte sprechen, dass nach einigen Literaturstimmen der Heftfaden aus einem einzelnen Stück bestehen muss.[10] Den sichersten Weg wählt der Notar, wenn er die Fotos jeweils auf ein größeres Blatt druckt oder kopiert und dieses mit beurkundet und heftet.[11]

5 Der BGH hat klargestellt, dass der Notar nicht verpflichtet ist, eine aus mehreren Teilen bestehende Urkunde so zu heften, dass die Fotokopierfähigkeit der verbundenen Schriftstücke erhalten bleibt. Sind Teile der Urkunde lesbar, aber aufgrund der Heftung nicht kopierfähig, muss er die Urkunde nicht neu heften (vgl. auch § 44 BeurkG Rdn 5).[12] Eine „nicht-kopierbare" Heftung sei schließlich nicht fehlerhaft. § 44 BeurkG setze nicht voraus, dass die Urkunde auch fotokopiert werden könne. Die dauerhafte Zusammenfügung habe Vorrang vor der Kopierfähigkeit einzelner Teile, weil der Beweiswert der Gesamturkunde erhalten bleiben müsse. Der Entscheidung ist zuzustimmen; sie berücksichtigt insbesondere den Sinn und Zweck der Heftung und sorgt für den Notar in dieser Hinsicht für Rechtssicherheit.

II. Art und Weise der Verbindung

6 In den Fällen von § 44 BeurkG muss die Verbindung der einzelnen Seiten durch Schnur und Prägesiegel erfolgen. Das bedeutet im Umkehrschluss: Ein reines Ankleben oder ein Zusammenschweißen mit einem besonderen Gerät ist gerade nicht statthaft.[13]

7 Der Notar kann grundsätzlich frei entscheiden, auf welcher von mehreren Seiten er den Heftfaden mit seinem Prägesiegel anbringt.[14] Handelt es sich jedoch um ein Zeugnis nach § 39 BeurkG und will der Notar ein „doppeltes" Siegeln vermeiden, so muss der räumliche Zusammenhang zwischen Zeugnis, Unterschrift und Siegel gewahrt sein.[15] Dem Notar ist vor dem Hintergrund, dass der Faden so zu führen ist, dass er beim Lochen des Schriftstücks nicht zerstört wird, dazu zu raten, das Schriftstück im oberen Drittel des Seitenrandes mit dem Faden zu heften.[16]

8 Dem Notar ist es nicht verboten, bei einer fehlerhaft gebundenen Urkunde die Verbindung von Siegel und Schnur zu lösen und anschließend neu zu verbinden, er ist hierzu aber auch nicht (etwa zum Zwecke der Erstellung einer (elektronischen) beglaubigten Abschrift) verpflichtet.[17] Eine Entheftung kann etwa dann

5 Vgl. *Kanzleiter*, DNotZ 1972, 519, 523 und OLG Schleswig v. 1.9.1970 – 2 W 68/70, DNotZ 1972, 556.

6 *Arnold*, DNotZ 2008, 262, 270; *Brambring*, DNotZ 1980, 291, 302; *Lichtenberger*, NJW 1980, 864, 870.

7 Hierzu: DNotI-Gutachten, DNotI-Report 2007, 60.

8 Siehe DNotI-Gutachten, DNotI-Report 2007, 60.

9 Die Beifügung in einem verschlossenen Umschlag wäre damit nur dann möglich, wenn das Beifügen nur zu Beweiszwecken erfolgt und es sich damit gerade nicht um eine Anlage i.S.d. § 9 Abs. 1 S. 2, 3 BeurkG handelt.

10 Vgl. etwa Frenz/Miermeister/*Blaeschke*, § 14 DONot Rn 12: „Die Schnur muss grundsätzlich aus einem Stück bestehen"; Weingärtner/*Ulrich*, § 14 DONot Rn 20.

11 DNotI-Gutachten, DNotI-Report 2007, 60.

12 BGH v. 11.11.2010 – V ZB 143/10, DNotZ 2011, 543.

13 Vgl. Weingärtner/*Ulrich*, § 14 Rn 21; vgl. auch Kersten/Bühling/*Eickelberg*, § 13 Rn 26.

14 BeckOK-BeurkG/*Winnen*, § 44 Rn 14.

15 Vgl. Frenz/Miermeister/*Blaeschke*, § 14 DONot Rn 13.

16 Vgl. zu NRW oben Fn 1.

17 BGH v. 11.11.2010 – V ZB 143/10, NJW-RR 2011, 641: „Der Notar ist nicht verpflichtet, eine aus mehreren Teilen bestehende Urkunde so zu heften, dass die Fotokopierfähigkeit der verbundenen Schriftstücke erhalten bleibt. Sind Teile der Urkunde lesbar, aber aufgrund der Heftung nicht kopierfähig, muss er die Urkunde nicht neu heften."

angezeigt sein, wenn die Blätter in einer unzutreffenden Reihenfolge gebunden wurden oder der Urkunde Anlagen beigefügt wurden, die nachträglich dringend benötigt werden (z.B.: Erbschein, Testamentsvollstreckerzeugnis).[18]

III. Zeitpunkt des Verbindens

Nicht geregelt ist, wann der Notar Urkunden zu „binden" hat. Darüber entscheiden im Wesentlichen Zweckmäßigkeitsgesichtspunkte. Solange beispielsweise noch Genehmigungen von Vertragsbeteiligten fehlen, die der Urkunde beizufügen sind, ergibt es wenig Sinn, die Urkunde zu heften und zu siegeln. Oft wird das späte „Binden" damit begründet, dass möglicherweise noch weitere Urkundskopien gefertigt werden müssen. Das fällt bei einer bereits gebundenen Urkunde sicherlich schwerer (vgl. auch die Erwägungen unter Rdn 5). Alternativ können jedoch auch Lesekopien als Kopiervorlage gefertigt werden. Im Hinblick auf mögliche Verlustrisiken ist es nicht unproblematisch, die Urschrift lange Zeit ungebunden in der Akte zu belassen. Dennoch hat der Notar hier einen weiten Ermessenspielraum, der von der Dienstaufsicht nur eingeschränkt überprüft werden kann. 9

Für den Büroablauf maßgeblich relevant ist der Zeitpunkt des Verbindens im Hinblick auf die Einstellung der Urkunde in die elektronische Urkundensammlung. Zwar verlangt § 56 Abs. 1 S. 1 BeurkG, dass die zu erstellenden elektronischen Dokumente mit den in Papierform vorhandenen Schriftstücken **inhaltlich und bildlich übereinstimmen**. Hierunter könnte bei strengem Wortlautverständnis auch eine Bindung der Urkunde fallen, was einen automatischen Stapeleinzug beim Scannen verhindern würde. 10

Aus Praktikabilitätsgründen empfiehlt die vom Bundesamt für Sicherheit in der Informationstechnik (BSI) zertifizierte Muster-Verfahrensdokumentation, die Urkunde vor der Ausfertigung mit Schnur und Siegel zu scannen und lässt damit eine Ausnahme vom Grundsatz der bildlichen Übereinstimmung zu.[19] Dies ist konsequent, da der Zweck der Bindung nach § 44 BeurkG im digitalen Kontext durch die Signatur des Notars erfüllt wird. Der Notar hat die Übereinstimmung des elektronischen Dokuments mit dem in Papierform vorliegenden Schriftstück in einem Vermerk zu bestätigen (§ 56 Abs. 1 S. 2 BeurkG) und das elektronische Dokument und den Vermerk mit einer qualifizierten elektronischen Signatur nach Maßgabe der § 39a Abs. 1 S. 3–5, Abs. 2 BeurkG zu versehen. Die qualifizierte elektronische Signatur entsteht durch ein kryptographisches Verfahren und garantiert, dass die Urkunde, auf die sie sich bezieht, seit Vornahme der Signatur inhaltlich nicht verändert wurde. Der Zweck, der der Verbindung mit Schnur und Prägesiegel nach § 44 S. 1 BeurkG zukommt, wird damit bereits durch die qualifizierte elektronische Signatur erreicht. 11

Vgl. zum Zeitpunkt des Siegelns bei Einstellungen in die Elektronische Urkundensammlung auch § 2 DONot Rdn 26.

IV. Anwendungsbereich von § 44 BeurkG

Eine Verbindung mittels Schnur und Prägesiegel ist gem. § 44 S. 1 BeurkG für jede mehrseitige Urkunde erforderlich. Gem. § 44 S. 2 BeurkG sind aber auch Schriftstücke, Karten, Zeichnungen und Abbildungen, die nach §§ 9 Abs. 1 S. 2, 3, 14, 37 Abs. 1 S. 2, 3 BeurkG beigefügt werden, mit Schnur und Prägesiegel zu verbinden. An dieser Stelle soll Folgendes klargestellt werden: Besteht ein Text, an dessen Ende eine Unterschrift beglaubigt wird, aus mehreren Blättern oder wird der Beglaubigungsvermerk auf einer zusätzlichen Seite formuliert, so sind alle Blätter mittels Schnur und Prägesiegel zu verbinden.[20] Dies gilt mithin auch dann, wenn eine aus mehreren Blättern bestehende Privaturkunde mit einem Beglaubigungsvermerk versehen wird.[21] 12

Es gibt auch Schriftstücke, die zwar nach den Vorschriften des BeurkG der Niederschrift beizufügen sind, aber nicht mit Siegel und Schnur verbunden werden müssen. So schreibt § 16 Abs. 2 S. 2 BeurkG a.E. vor, 13

18 Vgl. *Waldner*, Rn 211; *Winkler*, § 44 Rn 11.
19 Muster-Verfahrensdokumentation für das Scannen von Urkunden (Version 1.0), S. 11.
20 Vgl. BeckOK-BeurkG/*Winnen*, § 44 Rn 4; Frenz/Miermeister/*Blaeschke*, § 14 DONot Rn 3.
21 Frenz/Miermeister/*Blaeschke*, § 14 DONot Rn 3; BayObLG v. 20.7.1973 – BReg 2 Z 34/73, DNotZ 1974, 49.

dass Übersetzungen in eine Fremdsprache der Niederschrift beigefügt werden sollen;[22] im Katalog von § 44 BeurkG ist dieser Fall jedoch nicht aufgeführt (vgl. oben § 16 BeurkG Rdn 23). Gleichwohl empfiehlt sich auch in diesen Fällen eine Verbindung mit Schnur und Siegel.

14 Der Umgang mit Unterlagen, die der Urkunde nur beigefügt und mit dieser verwahrt werden, aber nicht nach § 44 BeurkG verbunden werden müssen, ist in § 14 Abs. 2 DONot geregelt.

C. Beizufügende Unterlagen (Abs. 2)

15 Abs. 2 bezieht sich auf Unterlagen, die der Urkunde beigefügt und mit dieser verwahrt werden, ohne aber nach § 44 BeurkG zwingend mit Schnur und Siegel verbunden zu werden. Hierunter fallen etwa:[23]

- Registrierungsbestätigung(en) des Zentralen Testamentsregisters, § 31 Abs. 1 Nr. 1 lit. b) NotAktVV.
- Nachweise für die Vertretungsberechtigung, § 31 Abs. 3 NotAktVV, § 12 BeurkG.
- Dokumente, die mit dem verwahrten Dokument inhaltlich derart zusammenhängen, dass das verwahrte Dokument ohne eine Beifügung nicht in zweckdienlicher Weise verwendet werden kann, § 31 Abs. 4 Nr. 1 NotAktVV. Hiervon erfasst sind etwa Vertragsannahmen, Auflassungen und Genehmigungserklärungen.
- Dokumente, die für die Rechtswirksamkeit oder die Durchführung des beurkundeten Rechtsvorgangs bedeutsam sind, § 31 Abs. 4 Nr. 2 NotAktVV. Hierunter fallen etwa **Genehmigungen, behördliche Beschlüsse und Bescheinigungen, Erbscheine und Eintragungsmitteilungen**. Auch Belege über die Einzahlung des Stammkapitals einer gegründeten GmbH können beigefügt werden.[24] Es ist zulässig, sie mit der Hauptturkunde zu verbinden. Früher war es in vielen Notariaten üblich, Nebenakten gar nicht oder erst sehr viel später als nach Ablauf der vorgeschriebenen Aufbewahrungsfristen zu vernichten. Heute ordnet § 50 Abs. 1 S. 1 Nr. 7 NotAktVV für Nebenakten eine Aufbewahrungsfrist von sieben Jahren an, an deren Ende die Nebenakte nach § 35 Abs. 6 S. 2 BNotO zu vernichten ist.[25] Dies kann zu einem erhöhten Bedürfnis führen, der Hauptturkunde weitere Unterlagen beizufügen. Die Dienstaufsicht hat insoweit einen großzügigen Maßstab anzulegen. Eine „Überfrachtung“ der Urkundensammlung durch beigefügte Dokumente darf allerdings nicht erfolgen. Die Urkundensammlung ist keine „kleine Blattsammlung“. Umgekehrt gilt: Das konkrete Vorgehen steht im pflichtgenäßen Ermessen des Notars, es gibt also auch keine Pflicht des Notars, den Urkunden weitere Schriftstücke beizufügen.
- Kostenberechnungen nach § 19 Abs. 6 GNotKG.
- Übersetzungen nach § 16 Abs. 2 S. 2 BeurkG.

16 Die genannten Dokumente müssen nach § 44 BeurkG nicht zwingend mit Schnur und Siegel mit der Urkunde verbunden werden. Der Notar kann dies aber freiwillig tun, was in vielen Notarbüros bewährte Praxis ist. Die Beifügung kann aber genauso durch die anderen in Abs. 2 S. 1 und 2 genannten Mittel erfolgen. Nach Abs. 2 S. 1 müssen die Urkunden bzw. anderen Unterlagen dann **angeklebt** werden. Was „ankleben“ bedeutet, führt die DONot nicht näher aus. Maßgeblich ist nach dem Zweck aber, dass keine „fliegenden Blätter“ verbleiben. Unter dem „ankleben“ ist daher im natürlichen Sinne des Wortes ein dauerhaftes Verbinden mittels eines Klebstoffes zu verstehen. Dabei muss es sich nicht um einen flüssigen Klebstoff handeln.

17 Bislang stets unzulässig war das bloße Anheften mittels einer Heftklammer aus Metall. Dies war nachvollziehbar, da Metallklammern rosten können, wodurch das Papier beschädigt oder zerstört wird.[26] Muss die Hauptturkunde in Papierform nur 30 Jahre aufbewahrt werden, so erlaubt Abs. 2 S. 2 nun auch die Verbindung mit Heftklammern. Hiervon erfasst sind nach § 50 Abs. 1 Nr. 3 NotAktVV sämtliche in der Urkundensammlung verwahrten Dokumente. Es ist zuzugeben, dass bei einer Verkürzung der Auf-

22 Zu der Handhabung des sog. Memorandum of association vgl. OLG Frankfurt v. 8.8.2017 – 20 W 229/14, NZG 2017, 1431 (Verpflichtung der Vorlage mit einer beglaubigten Übersetzung).

23 Vgl. auch Begründung DONot 2022, S. 22 f.; Heinemann/Trautrims/*Strauß*, § 14 DONot Rn 5.

24 Zu den anzuheftenden Dokumenten im Gesellschaftsrecht (etwa: Abschriften von Zahlungsbelegen für die Stammeinlage) vgl. eingehend *Leitzen*, RNotZ 2012, 254, 257.

25 Zu beachten ist, dass die regelmäßige Aufbewahrungsfrist von sieben Jahren für Nebenakten von dem Notar verlängert werden kann, § 52 NotAktVV.

26 Vgl. BeckOK-BNotO/*Bracker*, § 18 DONot Rn 4.

bewahrungsdauer von 100 auf nunmehr 30 Jahre die Gefahr von Rostschäden vermindert, wenn auch nicht ausgeschlossen wird. Gleichwohl dürfte die Gefahr eines versehentlichen Ablösens beim Gebrauch von Heftklammern deutlich höher sein als beim Einsatz von Klebern oder Siegel und Schnur. Vor dem Hintergrund, dass die Urkunde in der Elektronischen Urkundensammlung ein zweites Mal gespeichert ist, die Zulassung von Heftklammern im Büroablauf erheblich praktikabler ist und auch im Falle des Anklebens über Dauer eine Beeinträchtigung der Klebkraft zu erwarten ist, sind diese geringen Einbußen aber zu verkraften.

Erteilt der Notar Ausfertigungen oder Abschriften der Hauptunkunde, so **kann** er die verbundenen Urkunden in sie „aufnehmen“, Abs. 2 S. 3. Der Notar hat insoweit ein Wahlrecht, das der Kontrolle der Dienstaufsicht nicht unterliegt. 18

D. Siegel (Abs. 3)

I. Allgemeines

In der Vergangenheit bestand kein Bedürfnis, den Vorgang des Siegelns näher zu regeln. Die Bestimmung des § 2 Abs. 1 DONot, wonach Amtssiegel als Farbdrucksiegel und als Prägesiegel in Form der Siegelpresse und des Petschafts für Lacksiegel geführt werden, reichte aus. Während es in § 2 DONot um das Aussehen der Amtssiegel und die Berechtigung zu ihrer Führung als Hoheitszeichen geht, betrifft Abs. 3 die technischen Anforderungen an ihre Unzerstörbarkeit und Dauerhaftigkeit. Erst mit der **Entwicklung neuer Siegelungstechniken**, die das Prägesiegel in Form der Siegelpresse betreffen, ergab sich das Bedürfnis nach einer detaillierteren Regelung. 19

In Abs. 3 S. 1 und 2 werden die allgemeinen Anforderungen an ein Siegel dargestellt. Sinn und Zweck des Siegelns ist es, möglichst fälschungssichere Dokumente mit entsprechend hohem Beweiswert zu schaffen, die den Notar als Aussteller erkennen lassen. Dies kann nur erreicht werden, wenn die Siegel dauerhaft mit dem Papier oder mit dem Papier und der Schnur verbunden sind. Eine Entfernung des Siegels muss daher erkennbare Spuren der Zerstörung sowohl bei der Urkunde wie auch beim Siegel hinterlassen.[27] Weiterhin müssen der Siegelabdruck bzw. die Prägung deutlich zu erkennen sein. Auch dies erschwert Fälschungen. 20

II. Herkömmliche Siegelungstechniken

Die traditionellen Siegelungstechniken will die DONot nicht in Frage stellen. Sie sollen unbeanstandet weiterhin verwendet werden können. Daher führt Abs. 3 S. 3 im ersten Halbsatz aus, dass bei herkömmlichen Siegeln davon auszugehen ist, dass die vorstehend beschriebenen Anforderungen erfüllt sind. Zu den herkömmlichen Siegeln gehören das Farbdrucksiegel, das Prägesiegel in Lack und das Prägesiegel unter Verwendung einer Mehloblate. „Herkömmlich“ i.S.d. DONot sind auch selbstklebende Siegelsterne, soweit sie weiterhin mit Oblaten verwendet werden. Dasselbe gilt für im Handel angebotene selbstklebende Siegelsterne, die bereits mit einer Mehloblate verbunden sind. Bei ihnen kommt keine neue Siegelungstechnik zum Einsatz. Die Neuerung besteht lediglich darin, dass der verwendete Klebstoff nicht durch Anfeuchten „aktiviert“ wird, sondern durch einfaches Lösen der Schutzfolie. 21

III. Neue Siegelungstechniken

Neue Siegelungstechniken sind alle Techniken, die nicht in Abs. 3 S. 3 genannt werden. Bei diesen sprechen noch keine Erfahrungswerte dafür, dass sie die Voraussetzungen der Abs. 3 S. 1 und 2 erfüllen. Sie dürfen daher nur verwendet werden, wenn sie nach Abs. 3 S. 4 nach einem Prüfzeugnis der Papiertechnischen Stiftung (PTS) in Heidenau den Anforderungen genügen.[28] Durch dieses Zertifizierungsverfahren soll der Rechtsverkehr vor möglicherweise nicht ordnungsgemäßen Siegeln geschützt und Notar sowie Amtsprüfer nicht mit der Notwendigkeit eigener Ermittlungen überfordert werden.[29] Ein Prüfzeugnis 22

27 Vgl. Frenz/Miermeister/*Blaeschke*, § 14 DONot Rn 30; Weingärtner/*Ulrich*, § 14 DONot Rn 31.

28 Anschrift: Pirnaer Straße 37, D-01809 Heidenau, www.ptspaper.de (zuletzt abgerufen August 2025).

29 Vgl. BeckOK-BNotO/*Bracker*, § 31 DONot Rn 2.

der PTS sollte der Notar, der die neuartige Siegelungstechnik verwendet, zu der Generalakte nehmen (vgl. § 46 Abs. 1 S. 2 Nr. 10 NotAktVV).

23 Da selbstklebende Siegelsterne ohne Mehloblate keine herkömmliche Siegelungstechnik im Sinne des Abs. 3 S. 4 sind, wären sie nur bei Vorliegen eines entsprechenden Prüfungszeugnisses zulässig. Dies ist momentan nicht der Fall. Die Verwendung sog. **„selbstklebender Siegelsterne"** ist ohnehin nicht unproblematisch.[30] Bei ihnen wird auf die Oblate verzichtet. Sie werden vielmehr unmittelbar auf das Papier aufgeklebt. Die Oblate wird durch eine Kunststoffmasse als Prägeeinlage ersetzt. Bei derartigen „selbstklebenden Siegelsternen" muss indes insbesondere gewährleistet sein, dass diese bei einer Loslösung von dem Papier nicht unbeschädigt bleiben können. Sonst könnten diese „abgenommenen" Siegel ohne weiteres für Fälschungen verwendet werden.

24 Im Zuge der DONot-Reform 2022 wurde in Abs. 3 S. 5 klargestellt, dass ein lediglich drucktechnisch erzeugtes Siegel nicht den beurkundungsrechtlichen Anforderungen entspricht und daher unzulässig ist. Die Klarstellung erfolgt vor dem Hintergrund verfehlter Regelungen im Verfahrens- und Registerrecht, die zum Teil lediglich drucktechnisch erzeugte Siegel von Behörden genügen lassen. Die Regelungen sind auf Notare ohnehin nicht anwendbar, sodass es sich bei Abs. 3 S. 5 lediglich um eine selbstverständliche Klarstellung handelt.

Eine ausführliche Auseinandersetzung mit der fehlenden Authentifizierungsfunktion bei drucktechnisch erzeugten Siegeln findet sich bei § 2 DONot Rdn 10 ff.

25 Mit der Einführung originär elektronischer Urkunden ist das praktische Bedürfnis entstanden, Urkunden, die unmittelbar elektronisch errichtet werden, mit einer (rechtlich unverbindlichen) **Abbildung des Siegels** zu versehen. Solche Urkunden werden vom Notar qualifiziert elektronisch signiert. Die elektronische Signatur enthält dabei das spezifische Amtsattribut, das die hoheitliche Legitimation des Notars ausweist. Die Funktion des analogen Siegels wird in diesen Fällen durch eine – visuell nicht sichtbare – technische Verschlüsselungsfunktion erbracht. Der Wunsch, ein visuelles Abbild auf der elektronischen Urkunde anzubringen, soll der aus der analogen Welt herstammenden Sehgewohnheit Rechnung tragen und die Akzeptanz rein elektronischer Urkunden im Rechtsverkehr zu erhöhen. Gegen eine solche Beifügung eines Abbildes des Siegels in einer elektronischen Urkunde ist grundsätzlich nichts einzuwenden. Dabei muss darauf geachtet werden, dass der Rechtsverkehr dem bloßen Abbild des Siegels keine Rechtswirkung zuweist. Dies kann bspw. erreicht werden, wenn unter dem Siegelabdruck ein **entsprechender Hinweis** angebracht wird. Um den Integritätsschutz elektronsicher Urkunden nicht zu verwässern, muss für den elektronischen Rechtsverkehr erkennbar sein, dass nur die qualifizierte elektronische Signatur für die Legitimation der Urkundsperson maßgeblich ist. Diese Vorkehrungen sind überdies notwendig, um das zulässige, aber unverbindliche Siegelabbild von einem unzulässigen automatisch erzeugten Siegel abzugrenzen.

§ 14a Elektronische Urkunden

Auf elektronischen Urkunden kann eine grafische Wiedergabe des Amtssiegels abgebildet werden. In diesem Fall ist bei der grafischen Wiedergabe des Amtssiegels darauf hinzuweisen, dass allein die qualifizierte elektronische Signatur der Notarin oder des Notars maßgeblich ist.

30 Vgl. *Rohs/Heinemann*, Rn 241; *von Campe*, NotBZ 2000, 370; *Mihm/Bettendorf*, DNotZ 2001, 22, 46.

Vorbemerkung zu §§ 15–18

Prüfung der Amtsführung

§ 15 DONot entspricht, abgesehen von der Überschrift, § 32 DONot in der bis zum 31.12.2001 geltenden Fassung (fortan DONot (2001)), der die „**Prüfung der Amtsführung**" regelte. § 32 DONot war die einzige Vorschrift im gleichnamigen siebten Abschnitt der DONot (2001) „**Prüfung der Amtsführung.**" Demgegenüber regelt die Neufassung der DONot die „**Prüfung der Amtsführung**" im sechsten Abschnitt nicht nur in einer Norm, sondern in den §§ 15–18 DONot. Insoweit gestalten § 15 DONot und insbesondere § 18 DONot die gesetzliche Regelung in § 93 Abs. 1 S. 1 BNotO aus. Dabei ist zu beachten, dass unter dem Begriff der Amtsführung nicht mehr nur ausschließlich die turnusmäßig stattfindende Geschäftsprüfung gemeint ist, sondern auch weitere Pflichten des Notars, die gegenüber der Dienstaufsicht bestehen. So regelt § 16 DONot nunmehr welche Dokumente turnusgemäß an die Aufsichtsbehörden zu übermitteln sind. Die in § 16 DONot genannten Übermittlungspflichten bestehen unabhängig von der Geschäftsprüfung. Die ***systematische Stellung*** von § 16 DONot nach § 15 DONot, der das Verfahren der Geschäftsprüfung regelt, und vor den §§ 17, 18 DONot, die einerseits Mitwirkungspflichten des Notars im Zusammenhang mit der Geschäftsprüfung (§ 17 DONot) und andererseits detailliert die Prüfungsgegenstände der Geschäftsprüfung konkretisieren (§ 18 DONot), ist vor diesem Hintergrund nicht schlüssig. 1

Mit Blick darauf, dass § 32 DONot (2001) keine detaillierten inhaltlichen Konkretisierungen enthielt, sondern lediglich – wie nunmehr wortgleich § 15 DONot – das Verfahren der Geschäftsprüfung beschrieb, kann § 18 DONot als das eigentliche Herzstück der Neufassung bezeichnet werden. 2

§ 15 Verfahren

(1) Die regelmäßige Prüfung der Amtsführung der Notarin oder des Notars (§ 93 Absatz 1 Satz 1 BNotO) erfolgt in der Regel in Abständen von vier Jahren.

(2) [1]Die Prüfung wird von der Präsidentin oder dem Präsidenten des Landgerichts (§ 92 Absatz 1 Nummer 1 BNotO) oder von ihr oder ihm mit der Prüfung beauftragten Richterinnen und Richtern auf Lebenszeit durchgeführt. [2]Nach Maßgabe des § 93 Absatz 3 Satz 2 und 3 BNotO können auch Notarinnen und Notare sowie Beamtinnen und Beamten der Justizverwaltung hinzu- oder herangezogen werden. [3]Die Präsidentin oder der Präsident des Oberlandesgerichts kann eine Richterin, einen Richter oder mehrere Richterinnen oder Richter auf Lebenszeit bestellen, die im Auftrag der Präsidentinnen und Präsidenten der Landgerichte die Notarinnen und Notare im gesamten Oberlandesgerichtsbezirk prüfen.

(3) [1]Prüfungsbeauftragte, hinzugezogene Notarinnen und Notare sowie herangezogene Justizbeamtinnen und -beamte berichten der Präsidentin oder dem Präsidenten des Landgerichts über das Ergebnis der Prüfung. [2]Soweit der Bericht Beanstandungen enthält, trifft die Präsidentin oder der Präsident des Landgerichts die erforderlichen Anordnungen.

A. Die regelmäßige Prüfung

I. Prüfungsrhythmus

1 Die Geschäftsprüfung besteht aus einem „richterlichen Teil" (§ 18 Abs. 1 bis 3 DONot) und der Kostenprüfung (§ 18 Abs. 4 DONot). Idealerweise sollten beide Prüfungsteile in zeitlichem Zusammenhang erfolgen, weil es sich um eine einheitliche Geschäftsprüfung handelt.

Die regelmäßige Prüfung erfolgt nach dem Wortlaut der Vorschrift in der Regel alle **vier Jahre**. Damit wird durch die Vorschrift § 93 Abs. 1 S. 1 BNotO konkretisiert, der bestimmt, dass den Aufsichtsbehörden die regelmäßige Prüfung und Überwachung der Amtsführung der Notare obliegt. Abweichend hiervon gilt in **Bayern** weiterhin eine Allgemeinverfügung, dass die Amtsführung der Notare in der Regel in Abständen von **höchstens sechs Jahren** zu prüfen ist (Regelung Nummer 11.1.2.).

Demgegenüber ist seitens der Dienstaufsicht zu beachten, dass bei einem neu bestellten Notar die erste Prüfung innerhalb der ersten **zwei Jahre** seiner Tätigkeit vorzunehmen ist, § 93 Abs. 1 S. 3 BNotO.

2 Der Wortlaut der Norm „**in der Regel**" ermöglicht der Dienstaufsicht einen gewissen und erforderlichen **Ermessensspielraum** bei Planung der Geschäftsprüfungen. Auch wenn aus Gleichbehandlungsgründen darauf geachtet werden sollte, dass die Prüfungen grundsätzlich bei allen Notaren in den gleichen Abständen erfolgen, so gibt es doch regelmäßig bei einzelnen Notaren sachliche Gründe dafür, von dieser Praxis abzuweichen. In besonders gelagerten Einzelfällen, etwa wenn im Rahmen der letzten Geschäftsprüfung Verstöße gegen notarielle Kernpflichten festgestellt worden sein sollten, kann das der Dienstaufsicht eingeräumte Ermessen sogar dahingehend reduziert sein, dass neben disziplinarrechtlichen Maßnahmen eine engmaschige Überprüfung des Notars im Interesse der vorbeugenden Rechtspflege erfolgen muss. In diesem Zusammenhang ist zwar darauf hinzuweisen, dass Amtshaftungsansprüche gegen das Land nach der Rechtsprechung des Bundesgerichtshofs in der Regel ausscheiden, weil die allgemeine Dienstaufsicht über Notare keine Amtspflichten gegenüber Dritten begründet.[1] Dies gilt aber dann nicht, wenn sich die Aufsichtspflicht zu einem Schutz eines Beteiligten bereits konkret verdichtet hat.[2] So kann der Fall etwa dann liegen, wenn dem Notarprüfer im Rahmen der Geschäftsprüfung Unregelmäßigkeiten bei Führung der Anderkonten auffallen bzw. auffallen müssten und es in der Folgezeit zu weiteren Veruntreuungen durch den Notar kommt. Hier muss sich die Dienstaufsicht das Verschulden des Notarprüfers als die eigene zurechnen lassen.[3] Aus dieser Rechtsprechung folgt, dass der Notarprüfer sich gegebenenfalls gegenüber dem Land regeresspflichtig macht, was unterstreicht, dass die Notarprüfung auch im eigenen Interesse des Notarprüfers sorgfältig durchgeführt werden muss.

II. Prüfungsort

3 Die Geschäftsprüfung hat grundsätzlich in den Geschäftsräumen des Notars stattzufinden. Eine andere Handhabung erscheint schon praktisch kaum denkbar, weil es dem Notarprüfer in jedem Fall obliegt, die Bücher, Akten und Verzeichnisse des Notars, die Einrichtung der Geschäftsstelle sowie eine große Anzahl von Urkunden und Nebenakten zu prüfen, § 93 Abs. 2 S. 2 BNotO. Dass die Prüfung grundsätzlich in der Geschäftsstelle zu erfolgen hat, folgt im Umkehrschluss auch aus § 17 Abs. 2 S. 1 DONot, der den Notar verpflichtet, auf Verlangen der Dienstaufsicht „einzelne Bestandteile von Akten und Verzeichnissen **außerhalb der Geschäftsstelle** in geeigneter Form zur Verfügung zu stellen."

III. Mitwirkungspflichten des Notars und Prüfungsvorbereitung

4 Die Dienstaufsicht ist zur ordnungsgemäßen Erfüllung ihrer Verpflichtung aus § 93 Abs. 1 S. 1 BNotO darauf angewiesen, dass der Notar aktiv im Rahmen der Geschäftsprüfung mitwirkt. Dementsprechend regelt § 93 Abs. 4 S. 1 BNotO die Verpflichtung des Notars, den Aufsichtsbehörden oder den von diesen

1 BGH DNotZ 1961, 436.

2 Armbrüster/Preuß/Renner/*Eickelberg*, 8. Aufl., DONot, § 32 Rn 18.

3 BGH DNotZ 1999, 337.

mit der Prüfung beauftragten Personen Einsicht in die Akten und Verzeichnisse sowie die in seiner Verwahrung befindlichen Urkunden zu gewähren und ihnen diese auszuhändigen. Die Erfüllung dieser Pflicht liegt dabei oftmals auch im eigenen Interesse des Notars. Vielfach lassen sich Fragen des Notarprüfers nämlich unmittelbar durch Rückfrage bei dem Notar bzw. dessen Bürovorsteher klären. Zu denken ist etwa daran, dass der Notarprüfer den Nachweis über die Zahlung der zuletzt fälligen Versicherungsprämie nicht in der Generalakte findet. In aller Regel stellt sich insoweit (glücklicherweise) heraus, dass es lediglich verabsäumt wurde, den Nachweis zur Generalakte zu nehmen. Dies würde zwar auch eine Beanstandung im Prüfungsbericht rechtfertigen, stünde aber freilich in keiner Relation zu dem Fall, dass der Notar die Versicherungssumme tatsächlich nicht gezahlt hätte, vgl. § 18 Abs. 2 Nr. 16 DONot (s. § 18 DONot Rdn 66).

Zu den Mitwirkungspflichten zählt es auch, dem Notarprüfer auf Verlangen Einsicht in den Terminkalender zu gewähren.[4] Der Notarprüfer ist überdies berechtigt, Urschriften der Urkunden mit zur Dienststelle mitzunehmen, sollte dies aber grundsätzlich nicht tun, da diese grundsätzlich in der Verwahrung des Notars zu verbleiben haben.[5] Nicht überzeugend ist indes, wenn insoweit ein Vergleich zum strafprozessualen Beschlagnahmeverbot gezogen wird.[6] Richtig ist zwar, dass Urschriften nicht einfach beschlagnahmt werden können, §§ 97 Abs. 1 i.V.m. § 53 Abs. 1 Nr. 3 StPO. Die Vorschrift dient aber dem Schutz der Berufsgeheimnisträger. Gegenüber der Dienstaufsicht besteht dagegen keine Pflicht zur Verschwiegenheit, § 18 Abs. 4 BNotO. Sollte der Notarprüfer die Urschrift einer Urkunde benötigen, sollte er gleichwohl um die Anfertigung einer Ablichtung bitten.

Aktive Mitwirkungspflichten bestehen nicht nur während der Notarprüfung, sondern auch im Vorfeld und Nachgang hierzu. Zur Vorbereitung der Prüfung sollte der Notar in jedem Fall dazu angehalten werden, eine Aufstellung der zum Prüfungstermin noch offenen Massen anzufertigen (hinsichtlich der einzelnen Massen sortiert nach: Massen-Nr., Summe der Einnahmen, Summe der Ausgaben, Saldo). Zudem muss der Notar zu den offenen Massen Saldenbestätigungen der kontoführenden Kreditinstitute vorlegen, die im Prüfungstermin nicht älter als zehn Tage sein sollten, worauf er ebenfalls zeitnah vor der Prüfung hinzuweisen ist. Zum Prüfungstermin muss zudem das Verwahrungsbuch, das Massenbuch bzw. die Massenkartei nebst Belegsammlung (offene und geschlossene Massen), die Generalakten, das Erbvertragsverzeichnis sowie die Urkundenrolle für den Prüfungszeitraum bereitgehalten werden. Zudem muss die Einsichtnahme in das Verwahrungsverzeichnis und Urkundenverzeichnis gewährleistet sein. Darüber hinaus sollte der Notar vor Beginn der Prüfung gebeten werden, eine Liste seiner Mitarbeiter (jeweils mit Angabe der wahrgenommenen Funktion sowie ggf. einer zwischenzeitlich erfolgten Namensänderung) vorzulegen. 5

Um eine zügige Prüfung sicherzustellen, empfiehlt es sich darüber hinaus im Vorfeld der Geschäftsprüfung den Notar um die Kennzeichnung 6

- der Verpflichtungserklärungen der Mitarbeiter
- der Unterlagen über die Zahlung der Haftpflichtversicherungsprämie
- des Erstellerzeugnisses gemäß § 17 Abs. 1 DONot (2001)
- des Prüfungszeugnisses gemäß § 29 Abs. 2 DONot (2001)

in der Generalakte zu bitten. Auch wenn diese Kennzeichnung nicht ausdrücklich erbeten wird, kann ein Notar unmittelbar einen positiven Eindruck bei dem Notarprüfer vermitteln, wenn er von sich aus diese Kennzeichnung durch einen seiner Mitarbeiter vornehmen lässt. Der Notarprüfer wird – insbesondere bei Führung der Generalakte in chronologischer Form – dankbar sein, diese formalen Prüfungspunkte zügig abhandeln zu können. Von der Zeitersparnis profitiert im Ergebnis auch der Notar selbst.

Die Mitwirkungspflichten erlöschen im Übrigen nicht unmittelbar nach Durchführung des Abschlussgesprächs, sondern bestehen bis zur förmlichen Erledigung der (richterlichen) Geschäftsprüfung fort. Sollte der Notarprüfer folglich erst im Nachgang zur Geschäftsprüfung feststellen, dass er etwa zur Überprüfung einer Beanstandung, die Ablichtung einer Urkunde benötigt, kann er deren Aushändigung mithin auch noch nach dem Prüfungstermin verlangen. 7

4 BGH v. 9.1.1995 – NotZ 32/93.
5 *Blaeschke*, § 1 Rn 34.
6 So etwa *Blaeschke*, § 1 Rn 34.

IV. Die Prüfer

8 Aus Abs. 2 S. 1 folgt die Festlegung der Landesjustizverwaltung, dass dem Präsidenten oder der Präsidentin des Landgerichts als unterster Aufsichtsbehörde die Durchführung der Geschäftsprüfung obliegt. Nach dem Wortlaut der Vorschrift kann er/sie die Prüfung selbst durchführen, was allerdings schon aus § 93 Abs. 1 S. 1 BNotO folgt. In der Praxis wird der Präsident/die Präsidentin diese Aufgabe indes im Regelfall auf einen oder mehrere Richter übertragen, die wiederum nach dem eindeutigen Wortlaut des Abs. 2 S. 1 „auf Lebenszeit" ernannt sein müssen. Dem ist entgegenzuhalten, dass allein der Umstand der Verplanung auf Lebenszeit nicht dazu führt, eine kompetente Notarprüfung sicherzustellen. Allein die Durchführung der Notarprüfer durch fachlich qualifizierte Prüfer trägt der Achtung des Notaramts Rechnung. Die Einschränkung, wonach lediglich ein Richter auf Lebenszeit Notarprüfer sein darf, suggeriert Respekt und Ernsthaftigkeit vor dem Notar und dem Akt der Geschäftsprüfung, ohne dass damit etwas über die fachliche Qualifikation der Prüfer ausgesagt ist. Die Notarprüfung gehört aber in die Hände erfahrener Prüfer.[7] Insoweit ist es durchaus problematisch, dass die Aufgabe vielfach dem jeweiligen Notardezernenten übertragen wird, der diese Aufgabe in der Regel nicht länger als zwei bis vier Jahre ausübt. Die Präsidentinnen und Präsidenten der Landgerichte sollten daher verstärkt in Erwägung ziehen, ehemalige Präsidialrichter, die mit der Notarprüfung befasst waren, auch weiterhin mit dieser Aufgabe, ggf. im geringeren Umfang, zu betrauen. Die Präsidenten und Präsidentinnen der Oberlandesgerichte sollten zudem prüfen, ob es nicht sinnvoll sein kann, einen bezirksweiten „Prüferpool" einzurichten. Abs. 2 S. 2 räumt diese Möglichkeit ausdrücklich ein. Auf diese Weise könnte eine kompetente Kontrolle sowie eine Gleichbehandlung sämtlicher Notare des OLG-Bezirks sichergestellt werden.

9 Die Kostenprüfung kann und wird regelmäßig von Bezirksrevisoren als Beamten der Justizverwaltung durchgeführt. Diese Möglichkeit sieht § 93 Abs. 3 S. 3 BNotO ausdrücklich vor.

V. Abschlussgespräch und Prüfungsbericht

10 Die Geschäftsprüfung sollte mit einem Abschlussgespräch beendet werden. In diesem Gespräch sollte der Notarprüfer die Dinge offen ansprechen, die positiv wie negativ aufgefallen sind. Das Abschlussgespräch bietet zudem Gelegenheit dazu, etwaige noch offene Fragen anzusprechen. Oftmals lassen sich auf diese Weise etwaige Unklarheiten beseitigen, die andernfalls Anlass zu einer förmlichen Beanstandung gegeben hätten. Es ist im Rahmen des Gesprächs darauf zu achten, sämtliche relevanten Punkte anzusprechen, die im Prüfungsbericht später voraussichtlich niedergelegt werden. Werden relevante Punkte nicht angesprochen, die im Prüfungsbericht Niederschlag finden, ist dies zwar insoweit unschädlich, als der Notar ohnehin mit Übersendung des Prüfungsberichts Gelegenheit erhält, hinsichtlich der getroffenen Beanstandungen Stellung zu nehmen. Es macht freilich aber keinen guten Eindruck und widerspricht den Grundsätzen einer auf Kooperation bedachten Dienstaufsicht, den Notar erst im Prüfungsbericht mit unausgesprochen gebliebenen Beanstandungen zu „überraschen."

11 Nach Beendigung der Geschäftsprüfung sollte der Prüfungsbericht **zeitnah** erstellt werden und dem Präsidenten/der Präsidentin des Landgerichts vorgelegt werden. Es liegt dabei auf der Hand, dass eine besonders zügige Erstellung des Prüfungsberichts und Rücksprache mit dem Präsidenten bzw. der Präsidentin des Landgerichts dann erforderlich ist, wenn die festgestellten Beanstandungen keine marginalen Förmlichkeiten betreffen, sondern in der Sache schwer wiegen, weil etwa die Verletzung notarieller Kernpflichten zu besorgen ist. Auch insoweit zeigt sich, dass der Notarprüfer unbedingt die Fähigkeit haben muss, wesentliche von weniger relevanten Pflichtverletzungen zu unterscheiden, was eine hinreichende fachliche Kompetenz voraussetzt.

Der Prüfungsbericht wird **schriftlich** abgefasst, weil der Notar diesen – wie ausgeführt – mit Gelegenheit zur Stellungnahme erhält. Üblicherweise enthält der Notar zugleich die Aufforderung, die Beanstandungen zu beheben bzw. für den Fall, dass dies nicht möglich sein sollte, im Rahmen der künftigen Amtsgeschäfte den Beanstandungen Rechnung zu tragen.

7 Frenz/Miermeister/*Blaeschke*, DONot, § 32 Rn 16.

Grundsätzlich ist der Präsident/die Präsidentin des Landgerichts in der Gestaltung des Prüfungsberichts frei, wenn nicht entsprechende Vorgaben seitens der Landesjustizverwaltungen bestehen.[8] Der Bericht muss einerseits sämtliche Beanstandungen aufzeigen, darf aber andererseits natürlich – wie § 15 Abs. 3 S. 2 DONot zeigt („soweit") – festhalten, wenn sich keine Beanstandungen ergeben haben. Auch wenn dies nicht unbedingt erforderlich erscheinen mag, ist gegen diese verbreitete Praxis nichts einzuwenden. Ein Prüfungsbericht, der „gnadenlos" einzig die (vermeintlichen) Fehler in der Amtsführung aufzeigt, wirkt unnötig hart und ist nicht geeignet, das Vertrauen in die Dienstaufsicht zu stärken. Aus meiner praktischen Erfahrung heraus dürften derart einseitig negative Prüfungsberichte dementsprechend auch nicht auf die Zustimmung des Präsidenten/der Präsidentin des Landgerichts stoßen. 12

Nicht zu folgen ist der Auffassung, dass der Prüfungsbericht nicht mit einem **abschließenden Vermerk** über den Gesamteindruck schließen sollte.[9] Soweit zur Begründung darauf verwiesen wird, der Staat sichere durch die Aufsicht schlicht die ordnungsgemäße Erledigung von Amtsgeschäften, greift dies zu kurz, weil die Aufsicht gerade aufgrund des Prüfungsberichts entsprechende Anordnungen treffen kann und muss. Insoweit kommen auch weitreichende disziplinarrechtliche Maßnahmen in Betracht, wenn im Rahmen der Prüfung etwa erhebliche Verstöße gegen notarielle Kernpflichten festgestellt werden. Schon allein deshalb, aber auch im Interesse des Notarprüfers selbst, sollte abschließend zusammenfassend vermerkt werden, ob das Ergebnis der Prüfung (im Wesentlichen) nach vorläufiger Würdigung beanstandungsfrei ist oder, ob dies, und wenn ja, aufgrund welcher im Prüfungsbericht konkret dargelegten Beanstandungen dies nicht der Fall ist. Insoweit empfiehlt sich jedoch deutlich zu machen, dass es sich um eine **vorläufige Einschätzung** handelt. Dem Notar wird durch den abschließenden Vermerk so deutlich vor Augen geführt, dass es mit der typischen, floskelhaft anmutenden Stellungnahme, er werde die Mängel künftig abstellen, möglicherweise nicht sein Bewenden haben wird. Der Vermerk kann aber auch den umgekehrten Zweck erfüllen, zu verdeutlichen, dass die in dem Bericht aufgezeigten Beanstandungen aus aufsichtsrechtlichen Gesichtspunkten grundsätzlich keinen Zweifel an der ordnungsgemäßen Erfüllung der Amtsgeschäfte des Notars begründen. Denn oftmals wirken die im Prüfungsbericht aufgezeigten Beanstandungen aus Sicht des Notars nachvollziehbar etwas „kleinlich". Mit einer Benotung oder einem gedanklichen Ranking der Notare hat der abschließende Vermerk nichts zu tun.[10]

VI. Der Abschluss der Geschäftsprüfung

Nachdem der Notar Stellung genommen hat, muss der Präsident oder die Präsidentin des Landgerichts entscheiden, ob der (richterliche) Teil der Geschäftsprüfung erledigt ist. Je nach Prüfungsergebnis wird er auch zu entscheiden haben, ob weitere Maßnahmen zu treffen sind. Denkbar ist etwa, bei besonders vielen Beanstandungen eine Sondergeschäftsprüfung nach einiger Zeit anzusetzen. Für den Fall, dass sich herausgestellt hat, dass Beanstandungen, die im letzten Prüfungsbericht festgestellt wurden, trotz gegenteiliger Behauptung des Notars nicht abgestellt wurden, ist eine **schriftliche Missbilligung** nach § 94 BNotO im Regelfall geboten. Dabei ist darauf zu achten, vor Erlass eines entsprechenden Bescheids den Notar gemäß § 28 VwVfG (erneut) anzuhören. Zudem sollte aus den Ermessenserwägungen deutlich werden, dass nicht nur das Entschließungsermessen, sondern auch das Auswahlermessen ausgeübt wurde. Der Bescheid muss also erkennen lassen, dass der Präsident/die Präsidentin andere Möglichkeiten der Einflussnahme, wie etwa die Durchführung eines Kritikgesprächs, gesehen hat, aber nicht mehr für ausreichend erachtet, um auf den Notar einzuwirken.[11] Insoweit dürften die gleichen Grundsätze wie für den Fall einer beamtenrechtlichen Missbilligung gelten, weil § 94 BNotO an die Regelung des § 6 Abs. 2 BDO zu missbilligenden Äußerungen (Zurechtweisungen, Rügen, Ermahnungen) angelehnt ist.[12] 13

Für den Fall, dass nach dem Prüfungsbericht Dienstpflichtverletzungen in Betracht kommen, die als Dienstvergehen zu werten sind und die nicht „leichterer Art" sind, muss zwingend ein **Disziplinarverfahren** nach § 95 BNotO i.V.m. § 17 Abs. 1 S. 1 BDG eingeleitet werden.

8 Vgl. in Bayern etwa die Anhänge 5 (Musteranschreiben zur Vorbereitung der Amtsprüfung der Notare), 6 (Merkblatt zur Prüfung) und 7 (Checkliste) in der bayerischen Notarbekanntmachung.
9 So aber nunmehr Weingärtner/*Ulrich*, NotAktVV/DONot-Kommentar, 15. Aufl., § 15 Rn 54.
10 So aber wohl Weingärtner/*Ulrich*, NotAktVV/DONot-Kommentar, 15. Aufl., § 15 Rn 54.
11 VG Aachen v. 2.3.2015 – 1 K 2369/13, juris.
12 Arndt/Lerch/Sandkühler/*Lerch*, § 94 Rn 2.

§ 16 An die Aufsichtsbehörden zu übermittelnde Dokumente

(1) Die Notarin oder der Notar hat der Präsidentin oder dem Präsidenten des Landgerichts turnusmäßig insbesondere folgende Dokumente zu übermitteln:

1. die jährliche Übersicht über Urkundsgeschäfte (§ 7);

2. die jährliche Übersicht über Verwahrungsgeschäfte oder die Fehlanzeige (§ 9 Absatz 1 und 4);

3. gegebenenfalls die vierteljährliche Übersicht über die ständige Vertretung (§ 19 Absatz 5 Satz 1).

(2) Die Notarin oder der Notar hat der Präsidentin oder dem Präsidenten des Landgerichts anlassbezogen insbesondere folgende Dokumente zu übermitteln:

1. die Übersicht über Verwahrungsgeschäfte bei Erlangung einer Verwahrungszuständigkeit (§ 9 Absatz 5);

2. die Anzeige über die vorzeitige Beendigung der Vertretung (§ 19 Absatz 5 Satz 2).

(3) [1]Die Übermittlung bedarf der Schriftform. [2]Diese kann im Einvernehmen mit der Aufsichtsbehörde durch die elektronische Form ersetzt werden. [3]Ist ein Muster zu verwenden, darf dieses im Format (zum Beispiel Hoch- oder Querformat, Breite der Spalten) geändert werden. [4]Abweichungen von der inhaltlichen Gestaltung bedürfen der Genehmigung der Aufsichtsbehörde.

A. Vorbemerkung

1 Die Norm hat in der DONot (2001) kein Vorbild und regelt, welche Dokumente und welche Übersichten an die Aufsichtsbehörde zu bestimmten Zeitpunkten zu übermitteln sind. Die Vorschrift ist von ihrer systematischen Stellung her verunglückt. Zwar geht es hinsichtlich dieser Übermittlungspflichten auch um das Verhältnis bzw. um Pflichten gegenüber der Aufsichtsbehörde. Die Verortung im Abschnitt 6 der DONot „Amtsführung" ist insoweit sachgerecht. Die in § 16 DONot normierten Pflichten stehen indes nicht in konkretem Zusammenhang zur Geschäftsprüfung, während §§ 15, 17 und 18 DONot ausdrücklich das Verfahren der Geschäftsprüfung (§ 15), die insoweit bestehenden Mitwirkungspflichten (§ 17 DONot) und die Prüfungsgegenstände (§ 18 DONot) betreffen.

2 In praktischer Hinsicht ist in diesem Zusammenhang auch darauf hinzuweisen, dass die von § 16 DONot genannten Dokumente dementsprechend gerade keine solchen sind, von denen der Notarprüfer zwingend Kenntnis hat. Die Dokumente werden von dem jeweiligen Sachbearbeiter bzw. der jeweiligen Sachbearbeiterin der Verwaltung im Regelfall selbstständig entgegengenommen bzw. für den Fall angefordert, dass eine rechtzeitige Übermittlung versehentlich unterblieben ist. Insoweit legt der Sachbearbeiter diese allenfalls dem Notardezernenten vor, so etwa die jährlich übermittelte Übersicht über die Urkundsgeschäfte, die beispielsweise zur Prüfung benötigt wird, ob die vorhandenen Notarstellen im Geschäftsbereich des Präsidenten/der Präsidentin des Landgerichts ausreichend sind.

3 Der **Wortlaut** der Vorschrift **„insbesondere"** macht deutlich, dass es sich um keine abschließende Regelung handelt. Die Klammerzusätze verdeutlichen, dass lediglich eine Regelung hinsichtlich der nach der DONot zu übermittelnden Dokumente geschaffen werden sollte. Nur insoweit ist die Regelung abschließend. Übermittlungspflichten, die nach anderen gesetzlichen Vorschriften, wie § 34 BNotO bestehen, bleiben unberührt.

Die Vorschrift differenziert zwischen **turnusgemäß** zu übermittelnden Dokumenten (**Abs. 1**) und **anlassbezogen** zu übermittelnden Dokumenten (**Abs. 2**).

B. Übermittlungspflichten

I. Turnusgemäße Übermittlungspflichten (Abs. 1)

1. Abs. 1 Nr. 1

Notarinnen und Notare haben dem Präsidenten oder der Präsidentin des Landgerichts turnusgemäß eine **jährliche Übersicht über die Urkundsgeschäfte** zu übermitteln (§ 7 DONot). Danach hat die Notarin oder der Notar nach Abschluss eines jeden Kalenderjahres eine Übersicht über Urkundsgeschäfte nach dem Muster 1 aufzustellen und der Präsidentin oder dem Präsidenten des Landgerichts sowie der Notarkammer bis zum 31. Januar zu übermitteln. 4

Ausweislich der nicht amtlichen Begründung hat Abs. 1 Nr. 1 ebenfalls nur deklaratorischen Charakter und nimmt durch den Klammerzusatz auf die jeweiligen Einzelregelungen Bezug. Zur Vermeidung von Wiederholungen wird dementsprechend auch insoweit auf die Ausführungen zu § 7 DONot Rdn 4 Bezug genommen.

2. Abs. 1 Nr. 2

Notarinnen und Notare haben dem Präsidenten oder der Präsidentin des Landgerichts turnusgemäß auch eine **jährliche Übersicht über Verwahrgeschäfte** oder die **Fehlanzeige** (§ 9 Abs. 1 und 4 DONot) zu übermitteln. Nach § 9 Abs. 1 DONot hat der Notar oder die Notarin nach Abschluss eines jeden Kalenderjahres der Präsidentin oder dem Präsidenten des Landgerichts bis zum 31. Januar eine Übersicht über den Stand ihrer oder seiner Verwahrungsgeschäfte nach dem Muster zu übermitteln. Eine Fehlanzeige ist nach § 9 Abs. 4 DONot für den Fall zu erstatten, dass am Jahresschluss keine Wertgegenstände in Verwahrung genommen waren. 5

Ausweislich der nicht amtlichen Begründung hat Abs. 1 Nr. 2 ebenfalls nur deklaratorischen Charakter und nimmt daher durch den Klammerzusatz auf die jeweiligen Einzelregelungen Bezug. Zur Vermeidung von Wiederholungen wird dementsprechend auch insoweit auf die Ausführungen zu § 9 DONot Rdn 3 ff. Bezug genommen.

3. Abs. 1 Nr. 3

Ebenfalls der Übermittlung unterliegt – freilich nur sofern eine ständige Vertretung für den Notar bestellt ist – die vierteljährliche Übersicht hierüber (§ 19 Abs. 5 DONot). Die Vorschrift bestimmt, dass der Präsidentin oder dem Präsidenten des Landgerichts in der vierteljährlichen Zusammenstellung Beginn, Anlass und Beendigung der einzelnen Vertretungen mitzuteilen sind. Die Vorschrift ist ebenfalls rein deklaratorisch, so dass auf die Ausführungen zu § 19 DONot Rdn 8 Bezug genommen wird. 6

II. Anlassbezogene Übermittlungspflichten (Abs. 2)

1. Abs. 2 Nr. 1

Anlassbezogen zu übermitteln ist die Übersicht über **Verwahrungsgeschäfte bei Erlangung einer Verwahrungszuständigkeit** (§ 9 Abs. 5 DONot). § 9 Abs. 5 DONot regelt den besonderen Fall, dass eine Notarin oder einen Notar nicht nur vorübergehend für die Verwahrung bereits bestehender Verwahrungsmassen zuständig wird und bestimmt insoweit, dass er oder sie in diesem Fall innerhalb von vier Wochen nach Erlangung der Zuständigkeit ebenfalls eine Übersicht nach § 9 Abs. 1 DONot oder eine Fehlanzeige nach § 9 Abs. 4 DONot zu übermitteln hat. § 9 Abs. 5 S. 2 DONot ordnet ergänzend an, dass eine Übersicht mit den Wertstellungen vom Tag der Erlangung der Verwahrungszuständigkeit zu erstellen ist. 7

Wie bei den in Abs. 1 geregelten turnusgemäßen Übermittlungspflichten stellt die nicht amtliche Begründung klar, dass die Aufzählungen rein deklaratorisch sind und durch den Klammerzusatz auf die Einzelregelung Bezug genommen wird. Es wird dementsprechend auf die Ausführungen zu § 9 DONot Rdn 14 verwiesen.

2. Abs. 2 Nr. 2

Für den Fall, dass eine ständige Vertretung nach § 19 Abs. 5 S. 1 DONot vorzeitig endet, muss eine entsprechende Anzeige erfolgen. Dies ordnet Abs. 2 Nr. 2 ausdrücklich an und verweist hierzu auf § 19 Abs. 5 S. 2 DONot. Auf die dortigen Ausführungen wird Bezug genommen. 8

III. Schriftformerfordernis

9 Abs. 3 ordnet für die nach Abs. 1 und Abs. 2 zu übermittelnden Dokumente die **Schriftform** an. Dies sah schon die DONot (2001) überwiegend so vor. Nach § 25 Abs. 3 DONot (2001) war die zu übermittelnde Übersicht über die Verwahrungsgeschäfte zu unterschreiben. Die eigentliche Neuerung liegt vielmehr darin begründet, dass Abs. 3 S. 2 die Möglichkeit eröffnet, das Schriftformerfordernis im Einvernehmen mit der Aufsichtsbehörde durch die **elektronische Form** zu ersetzen. Die Regelung trägt damit konsequent der Digitalisierung Rechnung. Es erscheint in der Tat nicht zeitgemäß, wenn einerseits ein elektronisches Verwahrungs- und Urkundenverzeichnis eingeführt wird, andererseits die an die Aufsichtsbehörde zu übermittelnden Dokumente nicht digital versandt werden könnten. In Anlehnung an § 126a BGB, § 3a VwVfG kann die Unterschrift ausweislich der nichtamtlichen Begründung dementsprechend durch die **qualifizierte elektronische Signatur des Notars** ersetzt werden. Zu Recht weist die nichtamtliche Begründung darüber hinaus darauf hin, dass die aus § 18 BNotO ergebenden besonderen Verpflichtungen an die Vertraulichkeit auf allen Stufen der Übermittlung zu beachten ist. Eine Übermittlung über EGVP ist daher denkbar, nicht aber über eine ungeschützte E-Mail, vgl. § 17 DONot Rdn 15.

10 Abs. 3 S. 3 und S. 4 regeln die Verwendung von Mustern und stellen eine Zusammenfassung von § 6 Abs. 3 DONot (2001) dar. Während § 6 Abs. 3 S. 2 DONot (2001) noch regelte, dass Abweichungen von der Gestaltung der Genehmigung der Aufsichtsbehörde bedürfen, ist nunmehr einschränkend geregelt worden, dass dies nur hinsichtlich Abweichungen von der inhaltlichen Gestaltung gilt. Das „Layout", wie etwa die Breite der einzelnen Spalten, kann der Notar dementsprechend ohne Genehmigung frei gestalten.

§ 17 Zugang der Aufsichtsbehörde zu den Akten und Verzeichnissen der Notarin oder des Notars

(1) [1]Die Notarin oder der Notar hat der Aufsichtsbehörde sämtliche der Prüfung unterliegenden Akten und Verzeichnisse zur Durchsicht in der Geschäftsstelle zur Verfügung zu stellen. [2]Insbesondere ist der Aufsichtsbehörde für die Dauer der Prüfung von einem Computer in der Geschäftsstelle aus ein uneingeschränkter Lesezugriff auf sämtliche Dateien einzuräumen, zu denen sie nach pflichtgemäßem Ermessen Zugang verlangt. [3]Die Notarin oder der Notar hat der Aufsichtsbehörde die hierfür erforderliche technische Ausstattung zur Verfügung zu stellen und ihr die erforderlichen Hilfestellungen zu geben. [4]Ein unmittelbarer Zugang von einem externen Arbeitsplatz der mit der Prüfung beauftragten Person scheidet aus.

(2) [1]Auf Verlangen der Aufsichtsbehörde hat die Notarin oder der Notar einzelne Bestandteile von Akten und Verzeichnissen auch zur Prüfung außerhalb der Geschäftsstelle in geeigneter Form zur Verfügung zu stellen. [2]Die Möglichkeit der Aufsichtsbehörde, Ausdrucke oder elektronische Aufzeichnungen des Urkunden- oder Verwahrungsverzeichnisses, auch hinsichtlich mehrerer Jahre, anzufordern, bleibt unberührt.

(3) [1]Die Notarin oder der Notar hat der Aufsichtsbehörde auf deren Anforderung unverzüglich folgende Dokumente zur Verfügung zu stellen:

1. eine Übersicht über Beteiligte im Urkundenverzeichnis des jeweils betroffenen Jahres;

2. eine Übersicht über Beteiligte im Verwahrungsverzeichnis des jeweils betroffenen Jahres.

[2]Die Möglichkeit der Aufsichtsbehörde, Ausdrucke oder elektronische Aufzeichnungen von Beteiligtenübersichten, auch hinsichtlich mehrerer Jahre, anzufordern, bleibt unberührt.

(4) Die Notarin oder der Notar hat der Aufsichtsbehörde auf deren Anforderung im Einzelfall Auswertungen nach von der Aufsichtsbehörde näher benannten Kriterien zur Verfügung zu stellen, die von der Software des Urkundenverzeichnisses oder des Verwahrungsverzeichnisses erstellt werden können.

(5) Die Notarin oder der Notar hat der Aufsichtsbehörde auf deren Anforderung im Einzelfall eine Saldenbestätigung der kontenführenden Bank für Notaranderkonten zu einem bestimmten Stichtag zur Verfügung zu stellen.

(6) Elektronische Aufzeichnungen sind in dem für die elektronische Urkundensammlung vorgeschriebenen Format und auf einem allgemein gebräuchlichen Datenträger oder sonst über einen besonders abgesicherten elektronischen Übermittlungsweg zur Verfügung zu stellen.

A. Vorbemerkung

Die Vorschrift ist vor dem Hintergrund der **Einführung des elektronischen Urkundenarchivs** neu in die DONot aufgenommen worden. Im Kern werden durch § 17 DONot weitere, bislang nicht bestehende **aktive Mitwirkungspflichten** des Notars geschaffen, die aufgrund der **Digitalisierung** erforderlich sind, um auch weiterhin eine **effektive Geschäftsprüfung** sicherzustellen. 1

B. Mitwirkungspflichten

I. Abs. 1

Bereits aus § 93 Abs. 4 S. 1 BNotO folgt, dass sich die Geschäftsprüfung inhaltlich auf die Führung der Akten, Verzeichnisse und Bücher sowie die in der Verwahrung des Notars befindlichen Urkunden zu erstrecken hat. Dies setzt voraus, dass der Notarprüfer auch weiterhin Akten, Verzeichnisse, Bücher und Urkunden zur Einsicht vorgelegt und auf Verlangen ausgehändigt bekommt. Abs. 1 konkretisiert deshalb § 93 Abs. 4 S. 1 BNotO, indem klargestellt wird, dass der Notar der Aufsichtsbehörde **sämtliche** der Prüfung unterliegenden **Akten und Verzeichnisse** zur Durchsicht **in der Geschäftsstelle** zur Verfügung zu stellen hat. 2

1. Akten und Verzeichnisse im Sinne des Abs. 1

Die Vorschrift knüpft an §§ 1, 2 NotAktVV an, die regeln, welche Akten und Verzeichnisse der Notar führt. 3

Nach § 1 NotAktVV führt der Notar zum einen das Urkundenverzeichnis (Nr. 1) und zum anderen das Verwahrungsverzeichnis (Nr. 2). Gemäß § 2 NotAktVV führt der Notar zudem folgende Akten:
- die Urkundensammlung (Nr. 1),
- die Erbvertragssammlung (Nr. 2),
- die elektronische Urkundensammlung (Nr. 3),
- die Sondersammlung (Nr. 4),
- die Nebenakten (Nr. 5),
- die Sammelakte für Wechsel- und Scheckproteste und
- die Generalakte (Nr. 7).

2. Prüfung in der Geschäftsstelle

Eine Einschränkung, dass die Geschäftsprüfung in der Geschäftsstelle des Notars stattzufinden hat, enthält § 93 Abs. 4 BNotO zwar nicht ausdrücklich. Im Hinblick auf die bislang in Papierform geführten Akten- und Verzeichnisse ist dies aber schon in praktischer Hinsicht nicht anders möglich. Die nichtamtliche Begründung der Vorschrift geht indes zutreffend davon aus, dass sich die Einführung der NotAktVV daran nichts geändert hat und folgert dies zutreffend aus § 93 Abs. 4 S. 3 BNotO, wonach **§ 78i BNotO unberührt bleibt**. Nach dieser Vorschrift steht der Zugang zum Urkundenverzeichnis, zum Verwahrungsverzeichnis und zu den im Elektronischen Urkundenarchiv verwahrten elektronischen Dokumenten **ausschließlich der für die Verwahrung zuständigen Stelle** zu. Dabei handelt es sich um den Notar. Bereits aus § 78i BNotO folgt dementsprechend, dass – wie Abs. 1 S. 4 klarstellt – ein unmittelbarer Zugang von einem externen Arbeitsplatz der mit der Prüfung beauftragten Person ausscheidet. 4

3. Auswirkungen auf die Geschäftsprüfung

5 Die Landesjustizverwaltungen haben erkannt, dass es vor dem Hintergrund der Tatsache, dass einerseits allein der Notar nach § 78i BNotO den **ausschließlichen Zugang** zu den elektronisch geführten Akten und Verzeichnissen hat, anderseits aber deren Prüfung schon nach § 93 Abs. 1 BNotO zum Pflichtprogramm der Geschäftsprüfung gehört, Regelungen erforderlich sind, um auch künftig eine effektive Geschäftsprüfung sicherzustellen. Abs. 1 S. 2 ordnet deshalb an, dass der Aufsichtsbehörde für die **Dauer der Prüfung** von einem **Computer in der Geschäftsstelle** aus ein **uneingeschränkter Lesezugriff** auf **sämtliche Dateien** einzuräumen ist, zu denen sie nach pflichtgemäßem Ermessen Zugang verlangt. Abs. 1 S. 3 bestimmt ergänzend, dass der Aufsichtsbehörde hierfür die erforderliche technische Ausstattung zur Verfügung zu stellen und ihr die erforderlichen Hilfestellungen zu geben sind. Die nichtamtliche Begründung zeigt, dass während der Beratungen zur Neufassung der DONot in den Blick genommen worden ist, dass die Einsicht durch Notarprüfer ohne Hilfe des Notars bzw. seiner Mitarbeiter jedenfalls erheblich erschwert ist, weil es ca. 20 verschiedene Notarsoftwareprogramme gibt. Diese Einschätzung erscheint noch recht euphemistisch zu sein. Tatsächlich dürfte kaum ein Notarprüfer in der Lage sein, sich eigenständig und sicher durch die jeweilige Kanzleisoftware zu navigieren.[1] Hinzu tritt, dass § 78i S. 2 BNotO besonders hohe Sicherheitsanforderungen normiert. Zu den Maßnahmen, die ergriffen werden, um diesen Sicherheitsanforderungen zu genügen, werden nach der nicht amtlichen Begründung unter anderem der Einsatz kryptographischer Hardwarekomponenten (Verschlüsselungskarten), ein besonders gesichertes Netz und spezielle organisatorische Konzepte gehören.

6 Es liegt auf der Hand, dass die Navigation durch die Kanzleisoftware durch Mitarbeiter der Notare auf Geheiß des Notarprüfers wirtschaftlich besonders belastend ist.[2] Vorzugswürdig erscheint es deshalb auf den ersten Blick, die Mitarbeiter des Notars um einen gezielten Export von Dateien im PDF-Format zu bitten.[3] Ob aus IT-Sicherheitsgründen eine Speicherung auf einem USB-Stick zulässig ist, wäre jedoch unabhängig davon zu prüfen. Die IT-Sicherheitsrichtlinien der Gerichte dürften jedenfalls regelmäßig der Nutzung von anderen als denen vom Gericht zugelassenen dienstlichen USB-Sticks entgegenstehen. Die Notare ihrerseits werden indes auch ein Interesse daran haben, keine anderen als ihre eigenen USB-Sticks zu verwenden. Dementsprechend verbliebe als Möglichkeit der Ausdruck der exportierten Dateien. Problematisch ist bei dieser Vorgehensweise jedoch – worauf *Blaeschke* zu Recht hinweist –, dass der Notarprüfer ohne Einblick in die Verzeichnisse kaum in der Lage ist, zu bestimmen, welche Dateien jeweils sinnvollerweise exportiert werden sollen.[4]

7 Ungeklärt ist zudem, ob und wie Prüfvermerke bei elektronischer Aktenführung durch den Notarprüfer zu setzen ist. Bislang entspricht es vielfach der gelebten Praxis, dass der Notarprüfer unter die zuletzt eingetragene Beurkundung in der Urkundenrolle sowie unter den letzten Eintrag im aktuellen Verwahrungsbuch den Vermerk setzt, dass ihm die Urkundenrolle bzw. das Verwahrungsbuch zur Geschäftsprüfung vorgelegen hat.

II. Abs. 2

8 Die Regelung knüpft ebenfalls an § 93 Abs. 4 S. 1 BNotO an und stellt klar, dass der Notar auf Verlangen der Aufsichtsbehörde einzelne Bestandteile von Akten und Verzeichnissen auch zur Prüfung **außerhalb der Geschäftsstelle** in geeigneter Form zur Verfügung stellen muss. Insoweit hat sich zur alten Rechtslage nichts geändert. Eine solche Notwendigkeit kann sich ergeben, wenn der Notarprüfer in der Kürze der Zeit nicht zu einem abschließenden Ergebnis kommt, ob eine Beanstandung zu erfolgen hat und er sich deshalb etwa eine Urkunde oder Nebenakte im Nachgang zum Prüfungstermin intensiv anschauen möchte. Denkbar ist freilich auch, dass der Notarprüfer im Zuge der Geschäftsprüfung Umstände feststellt, die in jedem Fall beanstandungswürdig sind, etwa wenn erhebliche Verstöße gegen Verbraucherschutzvorschriften, wie etwa § 17 Abs. 2a BeurkG, vorliegen und der Notarprüfer deshalb im Nachgang eine Vielzahl weiterer Verbraucherverträge prüfen möchte.

1 So zu Recht: *Blaeschke*, § 1 Rn 37.
2 *Blaeschke*, § 1 Rn 38.
3 *Blaeschke*, § 1 Rn 38.
4 *Blaeschke*, § 1 Rn 38.

Der Wortlaut „einzelne Bestandteile" kann zu dem Missverständnis führen, die Pflicht zur Vorlage zu Prüfungszwecken außerhalb der Geschäftsstelle sei eingeschränkt. Dies ist freilich nicht der Fall, wie auch die nicht amtliche Begründung zu Abs. 2 hervorhebt. Der Hintergrund der Formulierung ist schlicht darin begründet, dass die Systematik der NotAktVV unter einem Verzeichnis oder einer Akte den jeweiligen Verzeichnis- oder Aktentyp versteht, wie § 2 Nr. 5 NotAktVV zeigt. Danach ist die Gesamtheit der Nebenakten eine „Akte". Davon sollen nach dem Willen Landesjustizverwaltungen aus Praktikabilitäts-, Sicherheits- und Datenschutzgründen nur einzelne Bestandteile zur Prüfung außerhalb der Geschäftsstelle mitgenommen werden. 9

Abs. 2 S. 2 stellt klar, dass der Dienstaufsicht das Recht zusteht, Ausdrucke oder elektronische Aufzeichnungen des Urkunden- oder Verwahrungsverzeichnisses auch hinsichtlich mehrerer Jahre anzufordern, unberührt bleibt. Dies muss schon mit Blick darauf möglich sein, dass im Rahmen der Geschäftsprüfung die gesamte Amtsführung seit der letzten Geschäftsprüfung geprüft wird. 10

III. Abs. 3

Die Vorschrift normiert weitere Mitwirkungspflichten des Notars, die während der Geschäftsprüfung bestehen, indem sie den Notar dazu verpflichtet, auf Anforderung der Aufsichtsbehörde unverzüglich eine **Übersicht über Beteiligte im Urkundenverzeichnis** des jeweils betroffenen Jahres (Nr. 1) bzw. eine **Übersicht über Beteiligte im Verwahrungsverzeichnis** des jeweils betroffenen Jahres (Nr. 2) zur Verfügung zu stellen. 11

Unter dieser Übersicht ist jeweils das Namensverzeichnis zu verstehen, das in § 13 DONot (2001) geregelt war und nunmehr aufgrund der Einführung des elektronischen Urkundenarchivs nicht mehr existiert.

Das Tatbestandsmerkmal **„unverzüglich"** ist verunglückt, weil sämtliche Mitwirkungspflichten ohne schuldhaftes Zögern (§ 121 BGB) zu erfüllen sind, damit eine effektive Überprüfung im Rahmen der Geschäftsprüfung ermöglicht wird. Dementsprechend kann aus dem Tatbestandsmerkmal nicht im Umkehrschluss geschlossen werden, der in Abs. 2 normierten Mitwirkungspflicht sei nicht **„unverzüglich"** nachzukommen.

Abs. 3 S. 2 stellt – wie schon Abs. 2 S. 2 – klar, dass das Recht der Dienstaufsicht, Ausdrucke oder elektronische Aufzeichnungen des Urkunden- oder Verwahrungsverzeichnisses auch hinsichtlich mehrerer Jahre anzufordern, unberührt bleibt.

IV. Abs. 4

Die Software des Urkundenverzeichnisses sowie des Verwahrungsverzeichnisses ermöglicht eine **Filterung** nach bestimmten Kategorien. Abs. 4 gewährleistet der Aufsichtsbehörde – im Interesse einer effektiven Geschäftsführung – die Möglichkeit, von diesen Möglichkeiten zu profitieren, um die Prüfung noch zielgerichteter ausrichten zu können. Die Vorschrift legt dem Notar zu diesem Zweck eine **Mitwirkungspflicht** dahingehend auf, der Aufsichtsbehörde im Einzelfall nach den von ihr benannten Kriterien Auswertungen zur Verfügung zu stellen, die von der Software des Urkundenverzeichnisses oder des Verwahrungsverzeichnisses erstellt werden können. Insoweit kann es beispielsweise für den Notarprüfer – wie auch die nicht amtliche Begründung zutreffend erkannt hat – von Interesse sein, alle **Urkundsgeschäfte unter Beteiligung einer bestimmten Person** näher in den Blick zu nehmen. Eine solche Filterung ist nach den Software-Programmen ohne weiteres möglich und kann von den zuständigen Mitarbeitern ohne größere Schwierigkeiten und zeitnah während der Geschäftsprüfung erstellt werden. Dem **Wortlaut** der Vorschrift findet die Mitwirkungspflicht zur individuellen Auswertung ihre Grenze jedoch in den Filterungsmöglichkeiten, die das Softwareprogramm bietet Die Erstellung weitergehender individueller Auswertungen, etwa durch Mitarbeiter des Notars, kann seitens der Aufsichtsbehörde dementsprechend nicht verlangt werden. 12

V. Abs. 5

Wie bereits den Ausführungen zu § 15 DONot (vgl. Rdn 5) entnommen werden kann, muss der Notar im Rahmen der Geschäftsprüfung **Saldenbestätigungen** der kontoführenden Bank für Notaranderkonten zu 13 einem bestimmten Stichtag zur Verfügung stellen. Dies ist deshalb erforderlich, weil der Notarprüfer hinsichtlich der im Prüfungszeitpunkt offenen Massen prüfen muss, ob der sich hiernach ergebende Bestand mit dem sich aus dem Verwahrungsbuch bzw. Verwahrungsverzeichnis ergebenen Bestand übereinstimmt. Das setzt voraus, dass der Notar Saldenbestätigungen sämtlicher Banken beibringt, bei denen Notaranderkonten geführt werden.

Die **Saldenbestätigungen** sollten dem Geschäftsprüfungsbericht als **Anlage** beigefügt werden.

In der Literatur ist die Regelung teilweise auf Kritik gestoßen, weil damit hinsichtlich der Saldenbestätigungen eine Beschaffungspflicht des Notars statuiert werde, die die Grenze von § 93 BNotO überschreite, weil die Vorschrift lediglich Zugangsgewähr-, Vorlage-, Auskunfts- und Berichtspflichten des zu prüfenden Notars begründe.[5] Dem kann nicht gefolgt werden. Nach Ansicht des BGH gehört es auch zu den Amtspflichten des Notars, der Aufsichtsbehörde bei der Prüfung und Überwachung der Amtsführung Amtshilfe zu leisten und „über § 93 BNotO hinaus" die erforderlichen Auskünfte zu geben.[6] Bei der Anordnung im Zusammenhang mit der Geschäftsprüfung eine Saldenbestätigung zu beschaffen, handelt es sich im Ergebnis um eine solche Auskunft. Die Anordnung bewegt sich im Rahmen des pflichtgemäßen Ermessens der Aufsichtsbehörde. Es ist auch nicht ersichtlich, dass die Beschaffung den Notar in irgendeiner Form, insbesondere nicht in seiner notariellen Unabhängigkeit, beeinträchtigen könnte.

VI. Abs. 6

14 Die Vorschrift trägt dem Bedürfnis der Aufsichtsbehörden Rechnung, die elektronisch geführten Aufzeichnungen ebenfalls in digitaler Form zur Verfügung gestellt zu bekommen, und zwar in dem für die elektronische Urkundensammlung vorgeschriebenen Format auf einem allgemein gebräuchlichen Datenträger. Dabei dürfte insbesondere an einen USB-Stick zu denken sein, wobei der Notarprüfer insoweit selbstverständlich nicht die IT-Sicherheitsrichtlinien der Aufsichtsbehörde außer Acht lassen darf. Dementsprechend dürfte nur die Speicherung auf einem von der Aufsichtsbehörde zur Verfügung gestellten USB-Stick in Betracht kommen.

15 Abs. 6 lässt darüber hinaus die Möglichkeit zu, die gewünschten Aufzeichnungen über einen **besonders gesicherten** elektronischen Übermittlungsweg zur Verfügung zu stellen. Eine Übermittlung **per E-Mail** scheidet damit aus, weil dieser Übertragungsweg nicht sicher ist. Auf keinen Fall darf sich der Notarprüfer – etwa aus Bequemlichkeit – darauf einlassen, dass ihm die Aufzeichnungen ungeschützt an seine dienstliche Email-Adresse übersandt werden. Eine solche Vorgehensweise könnte nämlich den Eindruck vermitteln, dass die Aufsichtsbehörde die Kernpflicht des Notars zur Verschwiegenheit (§ 18 BNotO) nicht hinreichend ernst nimmt. Allein den Anschein einer solchen Sichtweise muss unbedingt vermieden werden, weil der Notarprüfer seinerseits gemäß § 18 Abs. 3 Nr. 19 BNotO prüfen muss, ob der Notar diese Amtspflicht beachtet hat.

Als besonders gesicherter Übertragungsweg kommt deshalb nur ein besonderes elektronisches Postfach in Betracht.

§ 18 Gegenstand der regelmäßigen Prüfung

(1) [1]Gegenstand der regelmäßigen Prüfung ist die ordnungsgemäße Erledigung der Amtsgeschäfte der Notarin oder des Notars. [2]Überprüft wird die Übereinstimmung der Amtsführung mit den Amtspflichten aus den anwendbaren Vorschriften, insbesondere der Bundesnotarordnung, dem Beurkundungsgesetz, dem Geldwäschegesetz und der Geldwäschegesetzmeldepflichtverordnung-Immobilien, der Verordnung über die Führung notarieller Akten und Verzeichnisse, den Richtlinien der Notarkammer nach § 67 Absatz 2 BNotO, dieser Dienstordnung sowie anderer landesrechtlicher Regelungen. [3]Die sachliche, personelle und organisatorische Unabhängigkeit der Notarin oder des Notars ist zu berücksichtigen.

5 Vgl. BeckOK-BNotO/*Salzmann*, DONot, § 17 Rn 4.

6 DNotZ 1987, 438; Frenz/Miermeister/*Kindler*, Stand: 1.2.2025, § 93 Rn 18.

(2) Überprüft werden insbesondere folgende Gegenstände:
1. Beanstandungen der letzten Prüfung;
2. Führung der Akten und Verzeichnisse (§ 35 BNotO) einschließlich der Aktenvernichtung;
3. Vorkehrungen zur Einhaltung der Mitwirkungsverbote (§ 28 BNotO; § 6);
4. Amtssiegel und Signaturkarte (§§ 33, 34 BNotO; §§ 2, 14);
5. Grundsatz der persönlichen Amtsausübung;
6. Verpflichtung von Mitarbeiterinnen und Mitarbeitern und von Dienstleisterinnen und Dienstleistern (§§ 26, 26a BNotO, § 4);
7. Beschäftigung juristischer Mitarbeiterinnen und Mitarbeiter (§ 25 BNotO);
8. Verwahrung von Wertpapieren und Kostbarkeiten;
9. Verwahrung von Geld;
10. Auftreten in der Öffentlichkeit und Werbung (§ 29 BNotO; § 3; Richtlinie der Notarkammer);
11. Fortbildung (§ 14 Absatz 6 BNotO);
12. Maßnahmen nach dem Datenschutzrecht;
13. Maßnahmen nach dem Geldwäscherecht;
14. Nebentätigkeiten und Gesellschaftsbeteiligungen der Notarin oder des Notars (§§ 8, 14 Absatz 5 BNotO);
15. gemeinsame Berufsausübung oder gemeinsame Geschäftsräume (§ 9 BNotO);
16. Bestehen einer Haftpflichtversicherung (§ 19a BNotO);
17. Anzeige von Vertretungen (§ 19 Absatz 5).

(3) Weiter werden in Form von Stichproben insbesondere folgende Gegenstände überprüft:
1. Beachtung von Mitwirkungsverboten und Ausschließungsgründen (§§ 3, 6, 7 BeurkG);
2. Feststellung der Beteiligten (§ 10 BeurkG);
3. Feststellungen über die Geschäftsfähigkeit (§ 11 BeurkG);
4. Nachweise für die Vertretungsberechtigung (§ 12 BeurkG);
5. Beurkundungen außerhalb des Amtsbereichs oder Amtsbezirks (§§ 10a, 11 BNotO) einschließlich der Beachtung der örtlichen Beschränkung der Urkundstätigkeiten mittels Videokommunikation;
6. Beachtung des § 17 Absatz 2a BeurkG;
7. Beachtung der Makler- und Bauträgerverordnung;
8. Verwendung von Maklerklauseln;
9. Beachtung des Rechts der Allgemeinen Geschäftsbedingungen (§§ 305 ff. BGB);
10. Vorlesen der Urkunde (§ 13 BeurkG);
11. Urkundenvollzug (§ 53 BeurkG);
12. Umgang mit bei der Notarin oder dem Notar verwahrten Erbverträgen (§ 351 FamFG; § 8);
13. Belehrungspflichten und Belehrungsvermerke;
14. Abwicklung von Treuhandaufträgen;
15. Mitteilungspflichten der Notarin oder des Notars an Gerichte und Behörden;
16. Wahrung der Unabhängigkeit und Unparteilichkeit, redliches Verhalten, Vermeidung des Anscheins der Abhängigkeit oder Parteilichkeit (§ 14 Absatz 1 bis 3 BNotO);
17. Beachtung der Vermittlungs- und Gewährleistungsverbote (§ 14 Absatz 4 BNotO);
18. Einhaltung der Urkundsgewährungspflicht (§ 15 Absatz 1 Satz 1 BNotO) einschließlich der Amtspflicht zur Vornahme von Urkundstätigkeiten mittels Videokommunikation;
19. Einhaltung der Verschwiegenheitspflicht (§ 18 BNotO);
20. Enthaltung von der Amtsausübung während Vertretungen (§ 44 Absatz 1 Satz 2 BNotO);
21. berechtigtes Interesse beim Abruf von Grundbuchauszügen (§ 133a GBO).

(4) Soweit keine Prüfung durch eine Kasse erfolgt, werden Kostenberechnung und Kosteneinzug geprüft.

Literatur *BeckOK*, BNotO, 6. Ed. 1.8.2022, *Keller/Schümmer*, Digitale GmbH-Gründung, NZG 2021, 573.

A. Vorbemerkung

1 Die neu eingeführte Regelung soll den Gegenstand der regelmäßigen Amtsführung, wie er in § 93 Abs. 2 BNotO dargestellt ist, **vereinheitlichen** und **konkretisieren**. Zu diesem Zweck soll ausweislich der nichtamtlichen Begründung eine **„best practice**" für eine **kooperative Prüfung** festgelegt werden, die **gründlich** und **umfassend** sein soll. Dieses Ansinnen ist einerseits nachvollziehbar, aber andererseits mit der gewählten Regelungstechnik nicht erreichbar. Denn der Versuch, die im Notariat zu prüfenden Rechtsgeschäfte auch nur zu umreißen, muss wegen der Vielgestaltigkeit der notariellen Amtstätigkeit scheitern. Die Aufzählung ist geeignet, bestimmte Gegenstände nicht zu prüfen, weil sie ja nicht aufgezählt sind. Das wäre grundlegend falsch.[1]

Zu konzidieren ist immerhin, dass die geschaffene Regelung umfassend ist. Sie führt deutlich vor Augen, dass die Geschäftsprüfung eine wichtige Angelegenheit ist, die breiter Kenntnisse in allen Bereichen des Notarrechts bedarf. Dabei handelt es sich um einen Aspekt, der möglicherweise einigen Präsidentinnen und Präsidenten der Landgerichte Anlass dafür gibt, den Ablauf der Geschäftsprüfung, insbesondere auch die Frage, welche Personen mit der Geschäftsprüfung betraut werden können, neu zu überdenken. Insoweit ist die Regelung trotz ihres Umfangs zu begrüßen.

2 Ob das Ziel der Vorschrift eine „best practice" zu entwickeln, gelungen ist, darf indes bezweifelt werden.[2] In der Prüfungspraxis bereitet der gewissenhafte Notarprüfer bzw. die gewissenhafte Notarprüferin die Notarprüfung so vor, dass vor allem die im Rahmen der letzten Geschäftsprüfung getroffenen Beanstandungen besonders gründlich geprüft werden. Diese Vorgehensweise ist kein Selbstzweck, sondern von dem Gedanken getragen, dass die Notarprüfung nach der Rechtsprechung nicht nur den Interessen der rechtssuchenden Bevölkerung dient, sondern ebenso dem **Ansehen** und dem **Vertrauen**, das die **Rechtssuchenden dem Notarstand im Interesse einer funktionierenden Rechtspflege entgegenbringen müssen**, und nicht zuletzt auch den einzelnen Notaren.[3] Es liegt insoweit auf der Hand, dass es der Dienstaufsicht in besonderem Maße darauf ankommt, dass im Rahmen der letzten Geschäftsprüfungen festgestellte Mängel behoben worden sind, weil wiederholende Verstöße gegen gesetzliche Bestimmungen, jedenfalls in bestimmten Fällen, besonders geeignet sind, das Ansehen und das Vertrauen in den Notarstand zu schädigen. Es ist vor diesem Hintergrund aus praktischer Hinsicht darauf hinzuweisen, dass auch künftig ein Schwerpunkt der Geschäftsprüfung darauf liegen wird, zu prüfen, ob die zuletzt erhobenen Beanstandungen behoben worden sind. Dass dies Gegenstand der Geschäftsprüfung ist, stellt Abs. 2 Nr. 1 zwar klar. Unklar bleibt mit Blick auf den Umfang der Norm aber, ob es sich dabei um einen Prüfungsgegenstand handelt, der priorisiert zu prüfen ist. Der nichtamtlichen Begründung lässt sich dieses Verständnis jedenfalls nicht entnehmen. Ein Vergleich mit den weiteren Prüfungsgegenständen legt ebenfalls nahe, dass mit der Reihenfolge der genannten Prüfungsgegenstände nichts über deren Wichtigkeit ausgesagt werden sollte. Das kann etwa daran festgemacht werden, dass das Bestehen einer Haftpflichtversicherung erst in Abs. 2 Nr. 16 genannt wird, während die Prüfung der „Fortbildung" bereits in Abs. 2 Nr. 11 genannt wird.

3 Ist nach alledem eine **Priorisierung der Prüfungsgegenstände nicht beabsichtigt**, ist aber zweifelhaft, dass gerade einem nicht erfahrenen Notarprüfer mit der Neufassung eine **„best practice**" für die Geschäftsprüfung an die Hand gegeben wird und damit das genannte Ziel der Vorschrift erreicht wird. Zu besorgen ist insbesondere, dass gerade ein unerfahrener Notarprüfer sogar irrig davon ausgehen könnte, eine Priorisierung der Prüfungsgegenstände sei in der Nummerierung der Prüfungsgegenstände zu sehen. Dies könnte dazu führen, dass bei Zeitnot möglicherweise in der Nummerierung weiter hinten genannte

1 So insbesondere zu Abs. 3: Weingärtner/*Weingärtner*, NotAktVV/DONot, 15. Aufl. 2024, § 18 DONot Rn 16.

2 Zustimmend: Weingärtner/*Weingärtner*, NotAktVV/DONot, 15. Aufl. 2024, § 18 DONot Rn 14.

3 BVerfG v. 8.5.2008 – 1 BvR 645/08 –, DNotZ 2009,306.

Prüfungsgegenstände nicht oder jedenfalls nicht so gründlich geprüft werden, obwohl sie – wie das Beispiel der Haftpflichtversicherung anschaulich zeigt – mit Blick auf die drohenden Konsequenzen deutlich wichtiger sind, als etwa eine Vernachlässigung der Pflicht zur Fortbildung. Hat der Notar keine Haftpflichtversicherung ist er seines Amtes zu entheben, § 50 Abs. 1 Nr. 2 BNotO. Hat ein Notar sich in unzureichendem Maße fortgebildet, wird eine auf Kooperation bedachte Dienstaufsicht hingegen den Notar lediglich dazu anhalten, dieses Versäumnis nachzuholen und künftig auf die Verpflichtung zur regelmäßigen Fortbildung zu achten.

Das Risiko, dass in der Nummerierung fälschlicherweise eine Priorisierung gesehen werden kann, besteht spiegelbildlich auf Seite der geprüften Notare. Insbesondere dienstjunge Notare, die sich gewissenhaft auf die Prüfung vorbereiten wollen, können dem gleichen Trugschluss erliegen. Es ist daher dringend anzuraten, dass Notare den ihnen zur Ausbildung zugewiesenen Notarassessoren Gelegenheit geben, an dem sich der Geschäftsprüfung anschließenden Abschlussgespräch mit dem Notarprüfer teilzunehmen, um ihnen ein Gefühl dafür zu vermitteln, welche Prüfungsgegenstände besonders im Fokus stehen. 4

Ein Vergleich der Absätze 2 und 3 legt dem Wortlaut nach nahe, dass die in Abs. 2 aufgeführten Prüfungsgegenstände nicht lediglich „**in Form von Stichpunkten**" überprüft werden, sondern einer eingehenderen Prüfung unterliegen. Dass dies der Vorstellung der Landesjustizverwaltungen entsprach, ist mit Blick auf die nicht amtliche Begründung zweifelhaft, wonach ein unterschiedlicher Prüfungsumfang oder eine unterschiedliche Prüfungstiefe im jeweiligen Prüfungsgegenstand durch die Differenzierung zwischen Absatz 2 und Absatz 3 nicht zum Ausdruck kommen soll. Es ist danach davon auszugehen, dass der maßgebliche Unterschied zwischen Absatz 2 und Absatz 3 sich darauf beschränkt, eher **formelle Aspekte der Amtsführung in Absatz 2 von materiellen Aspekten der Amtsführung, wie die Urkundstätigkeit selbst, zu trennen**. Von diesem Verständnis geht auch die nichtamtliche Begründung der Vorschrift aus. Eine trennscharfe Unterscheidung zwischen formellen und materiellen Aspekten der Amtsführung ist freilich nicht durchgängig möglich. So können die in Abs. 2 Nr. 1 erwähnten „Beanstandungen der letzten Prüfung" theoretisch ausschließlich die Urkundstätigkeit des Notars oder der Notarin betreffen. 5

Aufgrund der Tatsache, dass seit dem 1.8.2022 in begrenztem Umfang Beurkundungen mittels Videokommunikation möglich sind, ist auch die DONot noch einmal nachjustiert worden. Abs. 3 Nr. 5 und Abs. 3 Nr. 18 greifen nunmehr den Fall einer Beurkundung mittels Videoverhandlung ausdrücklich auf, wobei die Anpassungen lediglich klarstellenden Charakter haben, weil sich bereits aus dem Gesetz ergibt, dass auch für solche Beurkundungen die Grenzen des § 10a BNotO bzw. § 11 BNotO gelten und auch in diesen Fällen ein Anspruch auf Beurkundung mittels Videokommunikation besteht, vgl. §§ 10a Abs. 3, 11 Abs. 2 BNotO § 16a Abs. 2 BeurkG.

Die Auswirkungen für die Notarprüfung sind allerdings weitreichender als die Nachjustierung der DONot vermuten lässt. Sie betreffen insbesondere die Einhaltung der formalen Anforderungen in § 16b BeurkG (Aufnahme einer elektronischen Niederschrift), § 16c BeurkG (Feststellung der Beteiligten mittels Videokommunikation), § 16d BeurkG (Nachweise für die Vertretungsberechtigung bei elektronischen Dokumenten) und § 16e BeurkG (gemischte Beurkundung). Die Einhaltung dieser Vorschriften muss der Notarprüfer im Blick behalten. Auf die jeweils dortigen Ausführungen wird verwiesen.

Zu ergänzen ist im Übrigen, dass der Notarprüfer § 78p BNotO im Blick behalten sollte, wonach die Wahrnehmung des Vorgangs über das von der BNotK nach § 78p BNotO betriebene Videokommunikationssystem erfolgen muss.

Insgesamt ist zu besorgen, dass – wie bereits zum 1.8.2022 im Hinblick auf die Online-Beurkundungen – die Vorschrift ständig ausgeweitet wird, damit nicht der Eindruck entsteht, mögliche Prüfungsinhalte könnten bewusst nicht aufgezählt worden sein.[4]

4 Weingärtner/*Weingärtner*, NotAktVV/DONot, 15. Aufl. 2024, § 18 DONot Rn 18.

B. Abs. 1

I. Vorbemerkung

6 Abs. 1 knüpft an § 93 Abs. 2 S. 1 BNotO an und wiederholt in S. 1 lediglich, dass Gegenstand der regelmäßigen Prüfung die ordnungsgemäße Erledigung der Amtsgeschäfte des Notars ist. Abs. 1 S. 2 konkretisiert dies insoweit, als ausgeführt wird, was der Prüfung unterliegt, nämlich die Übereinstimmung der Amtsführung mit den Amtspflichten aus den anwendbaren Vorschriften, insbesondere

- der Bundesnotarordnung,
- dem Beurkundungsgesetz,
- dem Geldwäschegesetz,
- der Geldwäschegesetzmeldepflichtverordnung-Immobilien,
- der Verordnung über die Führung notarieller Akten und Verzeichnisse,
- den Richtlinien der Notarkammer nach § 67 Abs. 2 BNotO,
- die DONot sowie andere landesrechtliche Regelungen.

Vergegenwärtigt man sich dies, offenbart sich für denjenigen, der einen Blick auf die Prüfungsgegenstände des Abs. 2, 3 wirft, dass etwa die Aufnahme des Prüfungspunktes „Führung der Akten und Verzeichnisse" in Abs. 2 Nr. 2 letztlich einen Aspekt betrifft, der schon nach Abs. 1 und im Übrigen schon nach § 93 Abs. 2 S. 2 BNotO zu prüfen ist.

Aufgrund der Tatsache, dass in den Absätzen Abs. 2 und Abs. 3 die einzelnen Prüfungsgegenstände, teilweise unter Bezugnahme auf die jeweilige Vorschrift, einzeln aufgeführt werden, erfolgt die Kommentierung jeweils dort.

II. Wahrung der notariellen Unabhängigkeit

7 Abs. 1 S. 3 stellt klar, dass die **sachliche, personelle und organisatorische Unabhängigkeit des Notars** zu berücksichtigen ist. Dies liegt auf der Hand, weil Notare nach § 1 BNotO unabhängige Träger eines öffentlichen Amtes sind. Weil Unabhängigkeit nicht mit Unangreifbarkeit zu verwechseln ist, liegt es indes ebenso auf der Hand, dass die Dienstaufsicht prüfen muss, ob der Notar seiner Aufgabe der vorsorgenden Rechtspflege durch ordnungsgemäße Erledigung seiner Amtsgeschäfte nachkommt. Daher steht die Aufsicht den Präsidenten der Oberlandesgerichte, den Präsidenten der Landgerichte und der Justizverwaltung zu.[5] Im Rahmen der Geschäftsprüfung spielt insbesondere die sachliche Unabhängigkeit der Notare eine Rolle, die insbesondere bei den inhaltlichen Prüfungsgegenständen des Abs. 3 besonders zu beachten ist. Dies wird vor allem anhand von Abs. 3 Nr. 9 deutlich. Danach obliegt dem Notarprüfer auch die Prüfung des Rechts der allgemeinen Geschäftsbedingungen. Mit Blick auf die **sachliche Unabhängigkeit des Notars** kann es insoweit indes allein darum gehen, ob der Notar eine Regelung getroffen hat, die offensichtlich einer Inhaltskontrolle nicht standhält, etwa weil sie auf den ersten Blick mit wesentlichen Grundgedanken des Gesetzes nicht vereinbar oder evident intransparent ist. Der Bundesgerichtshof[6] sieht in inhaltlicher Hinsicht eine Prüfungskompetenz der Dienstaufsicht in Fällen, in denen der Notar **„gegen den klaren, bestimmten und völlig eindeutigen Wortlaut eines Gesetzes verstößt"**.[7]

C. Die formellen Prüfungsgegenstände (Abs. 2)

8 Die in Abs. 2 genannten Prüfungsgegenstände betreffen überwiegend **formelle Aspekte der Amtsführung**, das heißt solche, die nicht die Urkundstätigkeit als solche betreffen. Wie unter A. (Rdn 5) ausgeführt, passt der in Abs. 2 Nr. 1 genannte Prüfungsgegenstand „Beanstandungen der letzten Geschäftsprüfung" nach der Systematik der Vorschrift nicht eindeutig hierher. Grundsätzlich kann man allerdings festhalten, dass die in Abs. 2 aufgeführten Prüfungsgegenstände die Führung der Bücher sowie die Einhaltung der gesetzlichen Vorschriften, insbesondere der BNotO bzw. der Richtlinien der Notarkammer, betreffen.

5 Armbrüster/Preuß/Renner/*Eickelberg*, BeurkG, 8. Aufl., DONot § 32 Rn 1.

6 Armbrüster/Preuß/Renner/*Eickelberg*, BeurkG, 8. Aufl., DONot § 32 Rn 3.

7 BGH v. 13.12.1971 – NJW 1972, 541.

I. Abs. 2 Nr. 1

In der Prüfungspraxis bereitet der gewissenhafte Notarprüfer die Notarprüfung so vor, dass vor allem die im Rahmen der letzten Geschäftsprüfung getroffenen Beanstandungen besonders gründlich geprüft werden. Diese Vorgehensweise ist kein Selbstzweck, sondern ist von dem Gedanken getragen, dass die Notarprüfung nach der Rechtsprechung nicht nur den Interessen der rechtssuchenden Bevölkerung dient, sondern ebenso dem Ansehen und dem Vertrauen, das die Rechtssuchenden dem Notarstand im Interesse einer funktionierenden Rechtspflege entgegenbringen müssen und nicht zuletzt auch den einzelnen Notaren.[8] Es liegt insoweit auf der Hand, dass es der Dienstaufsicht in besonderem Maße darauf ankommt, dass im Rahmen der letzten Geschäftsprüfungen festgestellte Mängel behoben worden sind, weil wiederholende Verstöße gegen gesetzliche Bestimmungen jedenfalls in bestimmten Fällen besonders geeignet sind, das Ansehen und das Vertrauen in den Notarstand zu schädigen, vgl. schon Rdn 2. Es ist vor diesem Hintergrund aus praktischer Hinsicht darauf hinzuweisen, dass weiterhin ein Schwerpunkt der Geschäftsprüfung darin liegen wird, zu prüfen, ob die zuletzt erhobenen Beanstandungen behoben worden sind. 9

II. Abs. 2 Nr. 2

1. Allgemeines

Die Vorschrift legt fest, dass der Notarprüfer die **Führung der Akten und Verzeichnisse** (§ 35 BNotO) einschließlich der **Aktenvernichtung** zu prüfen hat. Welche Akten und Verzeichnisse der Notar führt, ergibt sich aus §§ 1, 2 NotAktVV, vgl. schon § 17 DONot Rdn 3. 10

Der Notarprüfer muss wissen, dass § 76 BeurkG eine **Übergangsvorschrift** zur **Einführung des elektronischen Urkundenarchivs** enthält, die unbedingt zu beachten ist. Für **Verwahrungsgeschäfte** regelt § 76 Abs. 3 S. 1, 2 BeurkG, dass für Verwahrungsmassen, die **vor dem 1.1.2022 angelegt** worden sind, die Verwahrungsbücher, die Massenbücher, die Namensverzeichnisse zum Massenbuch und die Anderkontenlisten nach den **vor dem 1.1.2022 geltenden Bestimmungen geführt und verwahrt werden**. § 76 Abs. 4 BeurkG bestimmt, dass auch die **Urkundenrollen, die Erbvertragsverzeichnisse und die Namensverzeichnisse zur Urkundenrolle für Urkunden, die vor dem 1.1.2022 errichtet wurden**, vom Notar nach Maßgabe **der vor dem 1.1.2022 geltenden Vorschriften geführt und verwahrt werden.**

Das bedeutet, dass der Notarprüfer jedenfalls in den nächsten Jahren bei Überprüfung der Akten- und Verzeichnisse sowohl die maßgeblichen Vorschriften der NotAktVV als auch die Vorschriften der DONot (2001) **beachten muss.**

2. Die Prüfung des Urkundenverzeichnisses bzw. der Urkundenrolle

a) Einzutragende Amtsgeschäfte

Die Überprüfung der Urkundenrolle war auch unter Geltung der DONot (2001) die Pflicht eines jeden Notarprüfers. Die Einführung des Urkundenverzeichnisses hat daran nichts geändert. 11

Wie schon § 8 Abs. 1 DONot (2001) regelte, bestimmt nunmehr **§ 7 Abs. 1 NotAktVV** durch einen **Positivkatalog**, welche Amtsgeschäfte in das Urkundenverzeichnis einzutragen sind. **§ 7 Abs. 2 NotAktVV** normiert spiegelbildlich einen **Negativkatalog**, mithin Amtsgeschäfte, die nicht in das Urkundenverzeichnis eingetragen werden müssen, vgl. § 7 NotAktVV Rdn 8 ff.

b) Häufige Fehler im Zusammenhang mit der Urkundenrolle/dem Urkundenverzeichnis

Im Rahmen der Geschäftsprüfungen fallen insbesondere **drei vermeidbare Fehler** auf, die regelmäßig Gegenstand von Beanstandungen sind: 12

aa) Keine hinreichende Bezeichnung des Beurkundungsgegenstands. Nach § 13 S. 1 NotAktVV ist der Geschäftsgegenstand stichwortartig und hinreichend entscheidungskräftig zu bezeichnen. § 13 Abs. 1 S. 2 NotAktVV normiert, dass für den Fall, dass die Bundesnotarkammer für den Geschäftsgegenstand 13

8 BVerfG v. 8.5.2008 – 1 BvR 645/08, DNotZ 2009, 306.

eine bestimmte Formulierung vorgesehen hat, diese zu verwenden ist. Im Vergleich zur Vorgängerregelung sind die Anforderungen an die Bezeichnung des Geschäftsgegenstandes einerseits herabgesetzt worden. Während § 8 Abs. 6 S. 1 DONot (2001) noch eine Bezeichnung verlangte, die den Gegenstand des Geschäfts **„deutlich unterscheidbar“** beschreibt, genügt nunmehr eine Beschreibung, die den Geschäftsgegenstand **„hinreichend entscheidungskräftig“** unterscheidet. Andererseits verpflichtet § 13 Abs. 1 S. 2 NotAktVV nunmehr gegebenenfalls zur Verwendung eines bestimmten Begriffs. Jedenfalls wenn der Notar einen von der Bundesnotarkammer vorgegebenen Begriff nicht zur Bezeichnung des Geschäfts bezeichnet, ist diese Verfahrensweise zu beanstanden.

14 Die Frage, ob die Bezeichnung des Geschäftsgegenstandes hinreichend unterscheidungskräftig ist, wird insbesondere bei der Frage diskutiert, ob die Bezeichnung des Rechtsgeschäfts als **„Kaufvertrag“** ausreichend ist. Insoweit teilweise vertreten wird, die Frage der genauen Bezeichnung des Geschäftsgegenstandes spiele praktisch nur für die Dienstaufsicht eine Rolle, um dieser eine schnelle Orientierungsmöglichkeit zu bieten,[9] mag dies zwar zutreffen, übersieht aber, dass eine effektive und zügige Durchführung der Geschäftsprüfung gerade davon abhängt, ob der Gegenstand des Geschäfts genau bezeichnet ist. Es liegt auf der Hand, dass etwa Bauträgerkaufverträge, die als solche auch bezeichnet werden, vom Notarprüfer sofort erkannt werden. Dies ermöglicht eine zielgerichtete Prüfung, in dem der Notarprüfer ohne weitere Nachforschungen betreiben zu müssen, sich die entsprechenden Urkunden zur Prüfung vorlegen lassen kann.

Eine pauschale Sichtweise verbietet sich jedenfalls. Nach hiesiger Auffassung kommt es auf die Umstände des Einzelfalls an. So kann die Bezeichnung eines Grundstückskaufvertrages als „Kaufvertrag“ dann ausreichend sein, wenn dafür die anderen Kaufverträge ihrerseits hinreichend deutlich bezeichnet werden. In der Praxis am häufigsten zu beobachten ist indes, dass Notare Grundstückskaufverträge teilweise als solche bezeichnen, aber teilweise die Eintragungen als „Kaufvertrag“ vornehmen. Diese inkonsistente Vorgehensweise ist in jedem Fall zu beanstanden. Dies hat auch nichts mit einer kleinlichen Prüfungspraxis zu tun, sondern trägt dem Umstand Rechnung, dass § 13 S. 1 NotAktVV eine hinreichende Unterscheidung verlangt. Ließe man eine derartige Handhabung zu, würde dies faktisch zu einer Nichtanwendung von § 13 S. 1 NotAktVV führen.

15 **bb) Keine gegenseitigen Wechselvermerke.** § 17 Abs. 1 NotAktVV legt fest, dass für den Fall, dass durch eine Urkunde der Inhalt einer anderen Urkunde berichtigt, geändert, ergänzt oder aufgehoben wird, bei den Eintragungen zu diesen Urkunden auf die jeweils andere Eintragung zu verweisen ist. Auch wenn der Wortlaut im Vergleich zu § 8 Abs. 7 S. 1 DONot (2001) geringfügig geändert wurde, ist eine inhaltliche Änderung damit nicht verbunden. In der Prüfungspraxis ist bei einer Vielzahl von Geschäftsprüfung zu beanstanden, dass der erforderliche Vermerk entgegen dem klaren Wortlaut der Urkunde nur bei einer Eintragung, aber nicht wechselseitig erfolgt.

16 **cc) Keine zeitnahe Eintragung in das Urkundenverzeichnis.** Nach § 18 S. 1 NotAktVV sind Eintragungen in das Urkundenverzeichnis zeitnah, spätestens 14 Tage nach der Beurkundung oder der sonstigen Amtshandlung, vorzunehmen. Dies entspricht im Kern der Regelung in § 8 Abs. 3 DONot (2001). In der Prüfungspraxis ist oft zu beobachten, dass die Eintragungen nicht innerhalb von 14 Tagen erfolgt sind.

3. Die Prüfung von Verwahrungsbuch, Massenbuch/Massenkartei und Anderkontenliste

a) Das Massenbuch/die Massenkartei

17 Bei Überprüfung des Massenbuchs bzw. der Massenkartei sollte der Notarprüfer insbesondere auf folgende Punkte achten:

18 **aa) Formale Gestaltung.** Die DONot (2001) räumte dem Notar eine Wahlmöglichkeit ein, ob er das Massenbuch als **Buch mit festem Einband** oder als **Massenkartei** führen möchte, § 14 Abs. 1 S. 2 DONot (2001).

9 Armbrüster/Preuß/Renner/*Eickelberg*, BeurkG, 8. Aufl., DONot § 8 Rn 36.

Führte der Notar das Massenbuch als Buch mit festem Einband, so musste er sich an die Vorgaben des § 7 Abs. 1 S. 2 DONot (2001) halten, das heißt dem Massenbuch ist ein **Titelblatt** voranzustellen, das den Namen des Notars und dessen Amtssitz angibt. Zudem musste bei dieser Art der Führung darauf geachtet werden, dass die Seiten entsprechend dem **Muster 5 zur DONot (2001)** entsprechen, § 12 Abs. 1 DONot (2001).

Führte der Notar demgegenüber – wie in der Praxis üblich – das Massenbuch als **Massenkartei**, war in formaler Hinsicht darauf zu achten, dass für die Karteiblätter gemäß § 6 Abs. 1 DONot (2001) **dauerhaftes Papier** verwendet wird. Nach § 14 Abs. 2 S. 2 DONot (2001) war der Notar in diesem Fall verpflichtet, das Massenbuch nach dem **Muster 6** zu führen.

bb) Häufige Fehler bei der Führung des Massenbuchs. Es ist drauf zu achten, ob der Notar für den Fall, 19
dass er das Massenbuch als Massenkartei führte, **jede Masse** mit einer **Nummer** versehen hat, § 12 Abs. 1 S. 1 Hs. 1 DONot (2001). Insoweit § 14 Abs. 2 S. 3 DONot (2001) bestimmte, dass zusätzlich zur Nummer die Karteiblätter mit Seitenzahlen zu versehen sind, war dies entgegen dem Wortlaut der Vorschrift nur dann erforderlich, wenn ein Karteiblatt mehrere Seiten hat.[10]

Nicht selten war/ist festzustellen, dass der Notar die Karteiblätter jahrgangsweise ablegte. Dies ist unzulässig und ist in jedem Fall zu beanstanden.[11]

Noch häufiger kommt es vor, dass der Notar die Karteiblätter **nicht getrennt** nach **offenen** und **erledigten Massen** aufbewahrte, was **§ 14 Abs. 2 S. 4 DONot (2001)** indes **zwingend vorschrieb** und dementsprechend ebenfalls zu beanstanden ist.

Es kommt mitunter vor, dass in der nach dem jeweiligen Muster vorgesehenen Spalte 3 der Hinterleger und/oder der Empfänger **nicht hinreichend bezeichnet** worden ist.

Nicht übersehen werden darf zudem **§ 10 Abs. 2 DONot (2001)**. Nach dieser Vorschrift musste jede Einnahme und jede Ausgabe sowohl im Verwahrungsbuch als auch im Massenbuch noch am **Tag der Einnahme oder der Ausgabe unter diesem Datum** eingetragen werden. Der Notar kann sich nicht zur Entschuldigung verspäteter Eintragungen auf Personalschwierigkeiten berufen.[12] Dies gilt auch bei automationsgestützter Führung der Bücher, da der Ausdruck **taggerecht** erfolgen musste, § 17 Abs. 1 S. 3 DONot (2001).[13]

Ein weiterer häufiger Fehler in der Praxis ist es, wenn Notare bei **bargeldlosem Zahlungsverkehr** am 20
Tag des Wertstellungsdatums und nicht unter dem **Datum des Eingangs des Kontoauszuges** die Buchung vornahm. Dass insoweit auf das **Datum unter dem der Kontoauszug eingegangen ist**, abzustellen ist, folgte aus § 10 Abs. 3 S. 1 DONot (2001).

Es ist überdies immer wieder festzustellen, dass sobald eine **Masse abgewickelt** ist, die zu ihr gehörenden Eintragungen im Massenbuch und der Anderkontenliste nicht gemäß § 12 Abs. 6 DONot (2001) **gerötet** oder auf andere **eindeutig** als abgewickelt **gekennzeichnet** wurden

Schließlich sollte im Rahmen der Geschäftsprüfung überprüft werden, ob der Notar seiner Verpflichtung 21
nach § 13 DONot (2001) **zur Führung eines Namensverzeichnisses zum Massenbuch** nachgekommen ist und die insoweit geltenden Anforderungen nach § 13 Abs. 2, 4 DONot (2001) beachtet hat. Während ein Namensverzeichnis zur Urkundenrolle üblicherweise geführt wird, war dies hinsichtlich des Massenbuchs nicht immer der Fall.

b) Das Verwahrungsbuch

Bei Überprüfung des Verwahrungsbuchs bzw. der Verwahrungskartei sollte der Notarprüfer insbeson- 22
dere auf folgende Punkte achten:

aa) Formale Gestaltung. Wie beim Massenbuch hatte der Notar auch bei der Führung des Verwahrungs- 23
buches bis zum 31.12.2021 nach § 14 Abs. 1 S. 1 DONot (2001) die Möglichkeit, das Verwahrungsbuch als **Buch mit festem Einband** oder in **Loseblattform**, auch **Verwahrungskartei** genannt, zu führen.

10 *Blaeschke*, § 12 Rn 11.
11 *Blaeschke*, § 12 Rn 12.
12 Weingärtner/Gassen/Sommerfeldt/*Weingärtner*, E. Rn 186
13 Weingärtner/Gassen/Sommerfeldt/*Weingärtner*, E. Rn 186

Führte er das Verwahrungsbuch als Buch mit festem Einband, so musste er sich an die Vorgaben des § 7 Abs. 1 S. 2, 3 DONot (2001) halten.

Führte der Notar dagegen – wie in der Praxis üblich war – das Verwahrungsbuch als Verwahrungskartei, war in formaler Hinsicht darauf zu achten, dass für die Karteiblätter gemäß § 6 Abs. 1 DONot (2001) dauerhaftes Papier verwendet wird. Darüber hinaus bestimmte § 14 Abs. 1 S. 2 DONot (2001), dass das Verwahrungsbuch bei dieser Art der Buchführung nach dem **Muster 4** zu führen ist. Die **Einlagenblätter** mussten **fortlaufend nummeriert** werden und voll beschriebene Einlagenblätter waren in **Schnellheftern** oder **Aktenordnern** abzulegen, § 14 Abs. 1 S. 3, 4 DONot (2001). Wurden diese Vorgaben in aller Regel beachtet, kam es mit einer gewissen Häufigkeit vor, dass der Notarprüfer feststellte, dass das dem Jahr der Geschäftsprüfung vorangegangene Verwahrungsbuch noch nicht geheftet und gesiegelt war. Dabei schrieb § 14 Abs. 1 S. 5 DONot (2001) ausdrücklich vor, dass dies nach Ablauf eines Kalenderjahres „**unverzüglich**“ erfolgen muss. Ob dies zu beanstanden ist, ist nicht pauschal zu beantworten und dürfte dem pflichtgemäßen Ermessen der Dienstaufsicht unterliegen. Findet die Geschäftsprüfung im Januar oder Februar statt, genügt nach meinem Dafürhalten regelmäßig ein freundlicher Hinweis, dass davon ausgegangen wird, dass die Heftung und Siegelung alsbald erfolgen wird. Spätestens ab März dürfte in zeitlicher Hinsicht die Grenze zur Erfüllung der Pflicht nach § 14 Abs. 1 S. 5 DONot (2001) überschritten sein.

24 **bb) Häufige Fehler bei der Führung des Verwahrungsbuchs.** Es kommt in der Prüfungspraxis regelmäßig vor, dass der Notar die Vorschrift des § 12 Abs. 4 DONot (2001) vollständig oder teilweise nicht beachtet hat. Danach musste der Notar am **Schluss des Kalenderjahres** für jede **nicht erledigte Masse den Saldo von Einnahmen und Ausgaben** bilden, die **Summe der Salden dem Abschluss im Verwahrungsbuch gegenüberstellen** und entsprechend § 11 Abs. 5 S. 1 DONot (2001) **unterschreiben**. Dementsprechend war auch die Angabe von Ort, Tag und Amtsbezeichnung erforderlich, nicht aber das Beidrücken des Amtssiegels.[14]

Ebenso wie in das Massenbuch musste jede Einzahlung und jede Ausgabe auch am Tage des Eingangs oder der Ausgabe gemäß § 10 Abs. 2 DONot (2001) **tagegenau** in das Verwahrungsbuch eingetragen werden. Insoweit war auch hier der **Tag des Eingangs des Kontoauszuges maßgeblich**, § 10 Abs. 3 DONot (2001). Auf die vorstehenden Ausführungen zum Massenbuch wird insoweit verwiesen.

4. Anderkontenliste nach DONot (2001)

25 § 12 Abs. 5 S. 1 DONot (2001) bestimmte, dass Notarinnen und Notare ein Verzeichnis der Kreditinstitute zu führen haben, bei denen Anderkonten und Anderdepots eingerichtet sind (Anderkontenliste). Angegeben werden musste:

1. Anschrift und Name des Kreditinstituts,
2. Nummer des Anderkontos bzw. Anderkontendepots,
3. Nummer der Masse
4. der Zeitpunkt des Beginns des Verwahrungsgeschäfts
5. der Zeitpunkt der Beendigung des Verwahrungsgeschäfts
6. ggf. die Nummern eines Festgeldanderkontos.

In der Prüfungspraxis kam/kommt es häufig vor, dass der Prüfer auf mehrere Anderkontenlisten vergangener Jahre stößt. Die Anderkontenliste ist indes als sogenannte „**ewige Liste**“ zu führen. Dementsprechend sah § 17 Abs. 2 S. 3 DONot (2001) auch vor, dass nach Ausdruck einer aktualisierten Anderkontenliste die **inhaltlich überholte Liste zu vernichten** ist.

Bei Überprüfung der Anderkontenliste muss zudem darauf geachtet werden, dass **abgewickelte Massen** auch in der Anderkontenliste **gerötet** wurden oder die Abwicklung durch andere eindeutige Weise kenntlich gemacht worden ist, § 12 Abs. 6 DONot. Dies wurde seitens der Notare nicht immer konsequent gehandhabt.

14 Weingärtner/Gassen/Sommerfeld/*Weingärtner/Ulrich*, § 11 Rn 13.

5. Das Verwahrungsverzeichnis

Für Verwahrungsgeschäfte, **die ab dem 1.1.2022** begründet worden sind, sind für die Geschäftsprüfung – soweit es um die Führung des Verwahrungsverzeichnisses geht – die Vorschriften im 3. Abschnitt der NotAktVV maßgebend. 26

Insoweit sind mehrere Regelungen neu aufgenommen worden. Besonders auf folgende Neuerungen muss geachtet werden:

- Die Pflicht auch das Datum des Tages der **Annahme der Verwahrungsanweisung** bzw. den **Abschluss des Verwahrungsgeschäfts** in das Verwahrungsverzeichnis einzutragen, § 22 Nr. 4, 6 NotAktVV.
- Nach § 25 Abs. 2 S. 1, 3 NotAktVV müssen die Buchungen **unverzüglich** unter dem Datum ihrer Vornahme erfolgen. Dies ermöglicht dem Notar im Vergleich zur Regelung in § 10 Abs. 2, 3 DONot (2001), der die Pflicht zur taggenauen Buchung vorsah, etwas mehr **Flexibilität**.[15] Unverzüglich bedeutet jedoch, **ohne schuldhaftes Zögern**, sodass auch weiterhin – von begründeten Ausnahmefällen abgesehen – die Buchung am Tag des Eingangs des Kontoauszuges bzw. am Tag des Empfangs des Schecks oder der Kostbarkeit erfolgen muss.[16]
- Als **Buchungsdatum** ist nunmehr das Datum der tatsächlichen Vornahme der Buchung zu nehmen, § 25 Abs. 3 NotAktVV. Dies stellt ebenfalls eine relevante Abweichung im Vergleich zu § 10 Abs. 2 S. 1, Abs. 3 S. 1 DONot (2001) dar.
- § 25 Abs. 2 S. 2 NotAktVV bestimmt, dass jede Einnahme **ein positives Vorzeichen** und jede Ausgabe ein **negatives Vorzeichen** erhält.
- Von **besonderer Relevanz für die Geschäftsprüfung** ist zudem § 29 NotAktVV. Nach dessen Absatz 1 sind nach Abschluss jedes Kalenderjahres alle Eintragungen im Verwahrungsverzeichnis, die sich auf ein Verwahrungsgeschäft beziehen, das nicht bereits vor Beginn dieses Kalenderjahres abgeschlossen war, **zeitnah in eine Datei zu exportieren**. Die Datei ist mit der **qualifizierten Signatur des Notars** zu versehen. Diese Regelung überträgt demnach die nach §§ 12 Abs. 4, 11 Abs. 5 S. 1 DONot (2001) bestehenden Pflichten in die Welt der digitalen Aktenführung.
- § 28 NotAktVV enthält – wie § 12 Abs. 5 DONot (2001) – Regelungen zu den Angaben zu den Notaranderkonten.
- In Bezug auf die **Notaranderkonten** ist zudem zu ergänzen, dass für den Fall, dass diese **elektronisch** geführt werden, diese nach den von der Bundesnotarkammer beschlossenen **ergänzenden Sonderbedingungen für die elektronische Notaranderkontenführung** eingerichtet und geführt werden müssen.

6. Das Erbvertragsverzeichnis

Hinsichtlich des Erbvertragsverzeichnisses hat sich die Rechtslage zum 1.1.2022 ebenfalls geändert. Eine **Registrierung der Erbverträge** findet nur noch unmittelbar **im Urkundenverzeichnis** statt, vgl. § 16 Abs. 2, 3 NotAktVV. 27

Aufgrund der Tatsache, dass im Zuge der Geschäftsprüfungen auch in naher Zukunft noch die ordnungsgemäße Erledigung der Amtsgeschäfte nach den bis zum 31.12.2021 geltenden Regelungen zu prüfen sein wird, sei auf folgende Punkte hinsichtlich der Führung des Erbvertragsverzeichnisses besonders hingewiesen:

Dem Notar standen **zwei Alternativen** offen. Zum einen konnte er ein Erbvertragsverzeichnis in **gebundener** oder in **Loseblattform** führen, wobei dauerhaftes Papier zu verwenden war, § 6 DONot (2001). Nach § 9 Abs. 2 DONot (2001) bestand zudem die Möglichkeit, anstelle des Verzeichnisses Ausdrucke der Registerbehörde über die Registrierungen der Erbverträge im Zentralen Testamentsregister in einer Kartei in zeitlicher Reihenfolge geordnet und mit laufenden Nummern versehen, aufzubewahren. § 20 Abs. 2 DONot (2001) regelte in diesem Zusammenhang, dass ein Ausdruck der Bestätigung der Registerbehörde über jede Registrierung zu einer erbfolgenrelevanten Urkunde im Sinne von § 78b Abs. 2 S. 1 BNotO im Zentralen Testamentsregister in der Urkundensammlung bei der Urkunde, deren beglaubigte Abschrift oder dem Vermerkblatt (§ 18 Abs. 4 S. 2, § 20 Abs. 1 S. 1, 2 DONot (2001)) aufzubewahren ist.

15 *Blaeschke*, § 13 Rn 37.

16 *Blaeschke*, § 13 Rn 37.

28 Geprüft werden sollte im Rahmen der Geschäftsprüfung, ob die Eintragungen jahrgangsweise mit **laufender Nummer** versehen worden sind und ob dies spätestens **14 Tage** nach der Beurkundung geschehen ist, § 9 Abs. 1 S. 2 DONot (2001). Wird das Erbvertragsverzeichnis ausgedruckt, ist sicherzustellen, dass **frühere Ausdrucke** gemäß § 17 Abs. 2 S. 3 DONot (2001) **vernichtet** werden.

Übersehen werden sollte zudem nicht die Regelung in § 20 Abs. 3 S. 5 DONot (2001), der regelte, dass ein Ausdruck der Bestätigung der Registerbehörde über die Rückgabe im Zentralen Testamentsregister in der Urkundensammlung bei dem Vermerkblatt oder der beglaubigten Abschrift oder bei der Urkunde nach § 20 Abs. 3 S. 3 (DONot 2001) aufzubewahren ist.

29 Schließlich muss geprüft werden, ob die Vorschrift des § 20 Abs. 5 S. 3 DONot (2001) beachtet worden ist, wonach der Notar durch einen **Vermerk** deutlich machen muss, dass er seiner nach § 351 FamFG bestehende Pflicht jährlich nachgekommen ist. Nach dieser Vorschrift soll die verwahrende Stelle für den Fall, dass sich u.a. ein Erbvertrag seit mehr als **30 Jahren in amtlicher Verwahrung** befindet, vom Amts wegen ermitteln, ob der Erblasser noch lebt. Eine entsprechende Verpflichtung schreibt § 8 DONot fort, vgl. § 8 DONot Rdn 3 ff.

7. Die Urkundensammlung (§ 31 NotAktVV) und die elektronische Urkundensammlung (§ 34 NotAktVV)

30 Die Bestimmungen zur **Urkundensammlung** sind in **§ 31 NotAktVV** geregelt. Die Regelungen zur **elektronischen Urkundensammlung** finden sich in § 34 NotAktVV. Auf die dortigen Ausführungen wird insoweit Bezug genommen. Für die Geschäftsprüfung sei ergänzend Folgendes angemerkt:

Im Zuge jeder Geschäftsprüfung ist eine **größere Anzahl von Urkunden** durchzusehen. Dies schreibt § 93 Abs. 2 S. 3 BNotO ausdrücklich vor. Dabei kann man als groben Richtwert von etwa **100 Urkunden** ausgehen. Dies ist deshalb erforderlich, um sich einen zuverlässigen Eindruck von der Arbeitsweise des Notars zu verschaffen. Es ist darauf zu achten, dass die Urkunden nicht willkürlich bestimmt werden, sondern verschiedene Beurkundungsvorgänge betreffen. Es macht – was leider vorkommt – überhaupt keinen Sinn, wenn der Notarprüfer wahllos irgendwelche Urkunden aus der Urkundenrolle/dem Urkundenverzeichnis auflistet, die er sich näher anschauen möchte. Der Notarprüfer sollte sich vielmehr jeweils am **Prüfungskatalog des Abs. 2, 3** orientieren.

31 Aus hiesiger Sicht sollte insbesondere darauf geachtet werden, einige **Verbraucherverträge** im Sinne des § 310 Abs. 3 BGB zu prüfen. Insoweit bieten sich insbesondere – wenn vorhanden – **Bauträgerkaufverträge** an. Bei Grundstückskaufverträgen sollte zudem ein Blick darauf geworfen werden, ob **Maklerklauseln** verwendet werden und ob diese zulässig sind. Zudem ist dringend anzuraten, diverse **Verfügungen von Todes** wegen zu prüfen, um festzustellen, ob der Notar die erforderlichen Feststellungen zur Geschäftsfähigkeit getroffen hat.

Bei der inhaltlichen Überprüfung der Urkunden muss Abs. 1 S. 3, das heißt die **sachliche, personelle und organisatorische Unabhängigkeit** des Notars besonders berücksichtigt werden, vgl. Rdn 7.

8. Die Erbvertragssammlung

32 Die Urschrift eines Erbvertrages, der ab dem 1.1.2022 beurkundet wird, und die der Notar auf Wunsch der Beteiligten nicht in besondere amtliche Verwahrung gibt, sondern gemäß § 34 Abs. 3 BeurkG selbst aufbewahrt, muss er zukünftig in einer gesonderten Erbvertragssammlung aufbewahren, vgl. Ausführungen zu § 32 NotAktVV Rdn 3.[17]

Der Notarprüfer sollte insbesondere darauf achten, dass die gesonderte Sammlung als solche gekennzeichnet ist, damit sie zügig und sicher aufgefunden werden kann.[18]

33 Für den Fall, dass die Übertragung eines elektronischen Dokuments aufgrund der Beschaffenheit des Dokuments unmöglich oder unzumutbar ist, unterbleibt die Eintragung in die elektronische Urkundensammlung, § 37 Abs. 1 NotAktVV. Solche Dokumente sind nach § 37 Abs. 3 NotAktVV nach der Reihenfolge

17 *Blaeschke*, § 8 Rn 2.

18 *Blaeschke*, § 8 Rn 9.

ihrer Eintragung im Urkundenverzeichnis in einer gesonderten Sammlung zu verwahren (Sondersammlung), vgl. § 37 NotAktVV.

9. Die Nebenakten

a) Die „klassische" Nebenakte

Die Nebenakten können nach Inkrafttreten der NotAktVV nunmehr auch **elektronisch** geführt werden, § 43 Abs. 1 NotAktVV. Diese Möglichkeit sah § 22 Abs. 1 DONot (2001) nicht vor. § 40 Abs. 1 S. 2 NotAktVV stellt nunmehr ausdrücklich klar, dass eine Nebenakte nur dann geführt werden muss, wenn dies zur Vornahme eines Amtsgeschäfts geboten ist. 34

Neben der inhaltlichen Prüfung einer größeren Anzahl von Urkunden muss im Zuge der Geschäftsprüfung auch die **Führung der Nebenakten** geprüft werden, § 93 Abs. 2 S. 3 BNotO. Während es sich empfiehlt, **etwa 100 Urkunden** zu prüfen, genügt in der Regel die gründliche Durchsicht von etwa **20 Nebenakten**, die dem Beurkundungsvorgang zugrunde liegen. Die Nebenakten geben vielfach Aufschluss über den Umgang des Notars mit den Beteiligten. Ein Auge sollte insbesondere darauf liegen, ob der Notar den Beteiligten bei Fragen **zeitnah und angemessen** antwortet und die Angelegenheit auch im Übrigen zügig bearbeitet. Insoweit muss darauf geachtet werden, ob der Notar etwaige **Anträge bzw. Genehmigungen** alsbald nach Abschluss des Geschäfts eingereicht bzw. eingeholt hat. Stellt der Notarprüfer hier erhebliche Verzögerungen fest, kann dies gegebenenfalls auch ein Anhaltspunkt dafür sein, dass die Anzahl der vorgenommenen Beurkundungen insgesamt zu hoch ist. Zudem geben die Nebenakten Aufschluss darüber, ob der Notar seinen **Mitteilungspflichten** – insbesondere gegenüber Finanzämtern – nachgekommen ist, so dass der Notarprüfer auch insoweit die Nebenakten zu prüfen hat. Schließlich kann anhand der Nebenakten festgestellt werden, ob der Notar seinen **geldwäscherechtlichen Verpflichtungen** hinreichend nachgekommen ist. Für geldwäscherechtlich relevante Vorgänge sollten sich folgende Dokumente standardisiert in der Nebenakte befinden: 35

- beidseitige Ausweiskopien,
- ggf. Registerauszüge und sonstige Dokumente zur Identifizierung des wirtschaftlich Berechtigten,
- Ergebnis der konkreten Risikobewertung des Vorgangs.[19]

b) Die Nebenakte zum Verwahrungsgeschäft

Abgesehen von jenen Nebenakten, die zu jedem Beurkundungsvorgang – soweit geboten – anzulegen sind, muss der Notar für **jedes Verwahrungsgeschäft eine gesonderte Nebenakte** anlegen. Dies sah bereits § 22 Abs. 2 DONot (2001) so vor und wird nunmehr ausdrücklich in § 41 Abs. 1 S. 1 NotAktVV geregelt. Diese Nebenakte wird bei Prüfung der Abwicklung der Verwahrungsgeschäfte relevant. Der Notarprüfer muss insoweit prüfen, ob die jeweilige Nebenakte zum Verwahrungsgeschäft den nach § 41 Abs. 2 NotAktVV vorgeschriebenen Inhalt aufweist, vgl. § 18 Abs. 3 Nr. 14 (s. § 18 DONot Rdn 120). Im Übrigen wird auf die Ausführungen zu § 41 NotAktVV verwiesen. 36

10. Die Sammelakte für Wechsel- und Scheckproteste

§ 2 Nr. 6 NotAktVV stellt klar, dass der Notar (weiterhin) eine Akte hinsichtlich der angefallenen Wechsel- und Scheckproteste führt. Wechsel- und Scheckproteste spielen indes für die Geschäftsprüfung faktisch keine Rolle mehr. Zur Sicherheit sollte im Rahmen des Abschlussgesprächs bei dem Notar nachgefragt werden, ob im Prüfungszeitraum Wechsel- und Scheckproteste angefallen sind. 37

11. Die Generalakte

Im Rahmen jeder Geschäftsprüfung ist zu prüfen, ob der Notar die Generalakte beanstandungsfrei führt. Der Notar hat die Möglichkeit, die Generalakte entweder **chronologisch** oder nach **Sachgebieten** zu gliedern, § 46 Abs. 2 NotAktVV. Aus Sicht der Dienstaufsicht kann insoweit nur empfohlen werden, die Generalakte nach Sachgebieten zu gliedern, weil diese Handhabung deutlich strukturierter und dementsprechend weniger fehleranfällig ist. 38

19 Armbrüster/Preuß/Renner/*Eickelberg*, BeurkG, 8. Aufl., DONot § 22 Rn 4.

Welche Schriftstücke zur Generalakte zu nehmen sind, regelt § 46 Abs. 1 NotAktVV. Auf die dortigen Ausführungen wird deshalb verwiesen. Im Übrigen wird im Rahmen der Kommentierung der einzelnen Prüfungsgegenstände in Abs. 2 und Abs. 3 DONot ein Bezug zur Generalakte hergestellt, soweit dies angezeigt ist.

Anzumerken ist, dass Notaren nunmehr die Möglichkeit offensteht, die Generalakte insgesamt oder hinsichtlich einzelner Sachgebiete **elektronisch** zu führen, § 47 NotAktVV.

12. Aktenvernichtung

39 Abs. 2 Nr. 2 besagt überdies, dass auch die Aktenvernichtung zu prüfen ist. Die Regelung ist vor dem Hintergrund der Vorschrift in § 35 Abs. 6 BNotO zu sehen. Nach dessen Satz 1 bietet die verwahrende Stelle zum Ablauf der jeweiligen Aufbewahrungsfrist die Einträge im Urkundeverzeichnis sowie die in der elektronischen Urkundensammlung und in der Sondersammlung verwahrten Dokumente dem öffentlichen Archiv nach den jeweiligen archivrechtlichen Vorschriften zur Übernahme an. § 35 Abs. 6 S. 2 BNotO sieht vor, dass im Übrigen die verwahrende Stelle, verpflichtet ist, nach **Ablauf der Aufbewahrungsfristen** die in **Papierform geführten Akten und Verzeichnisse zu vernichten und die elektronisch geführten Akten und Verzeichnisse zu löschen**. Die konkret geltenden **Aufbewahrungsfristen** richten sich nach § 50 NotAktVV hinsichtlich solcher Unterlagen, die ab dem 1.1.2022 erstellt werden sowie für Unterlagen, die zwischen dem 1.1.1950 und 31.12.2021 erstellt wurden, nach § 51 NotAktVV.

III. Abs. 2 Nr. 3

40 Im Zuge der Geschäftsprüfung soll geprüft werden, ob der Notar Vorkehrungen zur **Einhaltung der Mitwirkungsverbote** getroffen hat. Nach § 28 BNotO ist der Notar nämlich dazu verpflichtet, durch geeignete Vorkehrungen die Wahrung der Unabhängigkeit und Unparteilichkeit seiner Amtsführung, insbesondere die Einhaltung der Mitwirkungsverbote sicherzustellen, vgl. hierzu § 6 DONot Rdn 24 ff.

IV. Abs. 2 Nr. 4

41 Im Rahmen der Geschäftsprüfung sollen auch das Amtssiegel sowie die Signaturkarte des Notars geprüft werden. Die Anforderungen an das Amtssiegel normiert § 2 DONot. Auf die dortigen Ausführungen wird Bezug genommen. Der Hinweis auf § 14 DONot – soweit er die Signaturkarte betrifft – erschließt sich nicht, weil es dort um das Heften und Siegeln von Urkunden geht. Der Notarprüfer sollte sich vergewissern, dass der Notar über eine Signaturkarte verfügt (wovon selbstverständlich auszugehen ist) und darauf achten, dass das Passwort nicht – wie bisweilen zu beobachten ist – in der Generalakte notiert worden ist.

V. Abs. 2 Nr. 5

42 Der Grundsatz der persönlichen Amtsausführung betrifft in erster Linie die Urkundstätigkeit selbst.

Der Notar darf die Urkundstätigkeit weder allgemein noch im Einzelfall auf einen anderen übertragen. Dies gilt insbesondere auch für den zu Ausbildungszwecken zugewiesenen Notarassessor, der ebenfalls nicht anstelle des Notars Beglaubigungen oder Beurkundungen vornehmen darf.[20] Beachten muss der Notarprüfer jedoch, dass der Notar dem Notarassessor die in §§ 23 und 24 BNotO genannten Geschäfte zur selbstständigen Erledigung übertragen kann.[21] Von dieser Möglichkeit wird in der Praxis zu Ausbildungszwecken auch umfangreich Gebrauch gemacht. Dementsprechend bereitet häufig der Notarassessor die Urkundsentwürfe gemäß § 24 Abs. 1 S. 1 BNotO vor. Dies ändert freilich nichts daran, dass der Notar die Verantwortung hierfür trägt.[22]

43 Nicht nur hinsichtlich der Urkundstätigkeit selbst, sondern auch bei den nicht zur Urkundstätigkeit gehörenden Amtsgeschäften (Anfertigung von Entwürfen, Raterteilung, Vertretung vor Gericht usw.) ist eine Übertragung auf Hilfskräfte zur selbstständigen Erledigung unzulässig.[23] Demgegenüber können dem Notarassessor auch diese Aufgaben teilweise übertragen werden. So ist der Notarassessor etwa berechtigt, in vielen Fällen, in denen kein Anwaltszwang besteht, die Vertretung des Notars vor Gericht zu übernehmen.[24]

20 BeckOK-BNotO/*Frisch*, § 39 Rn 1.
21 BeckOK-BNotO/*Frisch*, § 39 Rn 3.
22 BeckOK-BNotO/*Frisch*, § 39 Rn 1.
23 BeckOK-BNotO/*Frisch*, § 39 Rn 1.
24 BeckOK-BNotO/*Frisch*, § 39 Rn 4.

Die Prüfung, ob der Notar sich an den Grundsatz der persönlichen Amtsausführung gehalten hat, ist in Zusammenhang mit Abs. 2 Nr. 17 zu sehen, der die Anzeige von Vertretungen regelt. In systematischer Hinsicht ist nicht nachvollziehbar, dass die Prüfung der Einhaltung des Grundsatzes der persönlichen Amtsausübung einerseits und die Anzeige von Vertretungen andererseits nicht im Zusammenhang geregelt worden sind. 44

Insoweit ein Notarassessor die Vertretung vorübergehend übernommen hat, übernimmt er freilich auch das Amt anstelle des Notars und kann dementsprechend Beurkundungen vornehmen. Insoweit muss im Rahmen der Geschäftsprüfung seitens des Notarprüfers nicht nur geprüft werden, ob die Übernahme und das Ende der Vertretung in das Urkundenverzeichnis eingetragen worden sind, sondern auch, ob der Notar sich während dieses Zeitraums tatsächlich der Amtsausübung enthalten hat, § 44 Abs. 1 S. 2 BNotO.

Aus praktischer Sicht kann im Übrigen nur konstatiert werden, dass der Grundsatz der persönlichen Amtsausübung überaus ernst genommen wird. Anlass zu Rückfragen im Rahmen der Geschäftsprüfung oder gar förmliche Beanstandungen erfolgen äußerst selten.

VI. Abs. 2 Nr. 6

Überprüft wird im Rahmen der Geschäftsprüfung auch, ob die bei dem Notar beschäftigten Personen gemäß § 26 BNotO i.V.m. § 1 VerpflG bei Einstellung **förmlich verpflichtet** worden sind. Zudem liegt ein Augenmerk darauf, ob der Notar die **externen Dienstleister**, wie etwa Reinigungspersonal, entsprechend den Anforderungen des § 26a Abs. 3 BNotO **vertraglich verpflichtet** hat. Nicht übersehen darf der Notar, dass die vertragliche Verpflichtung zur Verschwiegenheit der externen Dienstleister lediglich unter den Voraussetzungen des § 26a Abs. 6 BNotO unterbleiben darf. 45

Die erforderlichen Nachweise sind gemäß § 46 Abs. 1 S. 2 Nr. 7, 8 NotAktVV zur **Generalakte** zu nehmen. In diesem Zusammenhang ist darauf hinzuweisen, dass eine sorgfältige Vorbereitung der Geschäftsprüfung voraussetzt, dass die Verpflichtungserklärungen der aktuell noch beschäftigten Mitarbeiter bzw. die Nachweise hinsichtlich der aktuell tätigen externen Dienstleiter deutlich gekennzeichnet werden. Andernfalls ist es – insbesondere bei Führung der Generalakte in chronologischer Form – für den Notarprüfer ein unnötiges zeitaufwendiges Unterfangen, sämtliche Verpflichtungserklärungen bzw. Verträge zu überprüfen. Zeit, die angesichts des Prüfungsumfangs nicht vorhanden ist und die Geschäftsprüfung auch zu Lasten des Notars unnötig in die Länge zieht. 46

VII. Abs. 2 Nr. 7

Nach § 25 Abs. 1 BNotO darf der Notar Mitarbeiter mit Befähigung zum Richteramt, Laufbahnprüfung für das Amt des Bezirksnotars oder Abschluss als Diplom-Jurist nur beschäftigen, soweit seine persönliche Amtsführung nicht beeinträchtigt. Nach § 25 Abs. 2 BNotO sind die Landesregierungen ermächtigt, durch Rechtsverordnung zu bestimmen, dass der Notar solche Personen nur beschäftigen darf, wenn die Aufsichtsbehörde dies nach Anhörung der Notarkammer genehmigt hat. Von dieser Ermächtigung haben einige Bundesländer, so etwa Nordrhein-Westfalen durch Verordnung vom 23.7.1999 (GV NRW S. 484) Gebrauch gemacht. Dementsprechend ist im Rahmen der Geschäftsprüfung zu prüfen, ob diese Genehmigung vorliegt. Um der Dienstaufsicht diese Prüfung zu ermöglichen, muss der Notar auf der von ihm vorzulegenden Mitarbeiterliste kennzeichnen, wenn ein Beschäftigter zu dem in § 25 Abs. 1 BNotO genannten Personenkreis zählt. 47

VIII. Abs. 2 Nr. 8, 9

1. Allgemeines

§ 23 BNotO regelt, dass Notare auch zuständig sind Geld, Wertpapiere und Kostbarkeiten, die ihnen von den Beteiligten übergeben sind, zur Aufbewahrung oder zur Ablieferung an Dritte zu übernehmen. 48

a) Geld

49 Unter Geld ist sowohl Bargeld als Buchgeld zu verstehen. Verwahrungsfähig sind nur gesetzliche und gesetzlich zugelassene Zahlungsmittel.[25]

b) Wertpapiere

50 Wertpapiere sind nicht nur diejenigen Papiere, die das verbriefte Recht verkörpern, wie insbesondere Aktien und Inhaberschuldverschreibungen, sondern alle Papiere von Wert, wie Legitimationspapiere, Schuldscheine, Schecks, Sparbücher, Dispositions- oder Traditionspapiere.[26]

c) Kostbarkeiten

51 Kostbarkeiten sind Sachen, deren Wert im Verhältnis zu ihrem Umfang besonders hoch ist und die nach allgemeiner Verkehrsanschauung als kostbar angesehen werden, wie z.B. Gold- und Silbersachen, Kunstwerke, Antiquitäten, Sammlungen, Autogramme, Manuskripte.[27] Als Kostbarkeit kann auch ein Datenträger angesehen werden, etwa wenn dadurch bewiesen werden soll, dass ein bestimmtes geistiges Werk zu einem bestimmten Zeitpunkt existiert hat.[28]

2. Die Verwahrung in der Geschäftsprüfung

52 Im Zuge der Geschäftsprüfung obliegt dem Notarprüfer zum einen die Prüfung, ob der Notar das Verwahrungsbuch/Massenbuch bzw. das Verwahrungsverzeichnis beanstandungsfrei führte bzw. führt. Dabei handelt es sich im Kern um die nach Abs. 1, 2 Nr. 2 vorgeschriebene Prüfung der notariellen Bücher bzw. Verzeichnisse.

Zum anderen muss geprüft werden, ob die Voraussetzungen für eine Verwahrung vorlagen, was insbesondere die Bejahung eines **berechtigten Sicherungsinteresses voraussetzt** (§ 57 Abs. 1 Nr. 1 BeurkG) und ob der Notar die im Prüfungszeitraum angefallenen Verwahrungsgeschäfte **ordnungsgemäß abgewickelt** hat. Mit Blick darauf, dass § 18 Abs. 3 Nr. 14 DONot die Prüfung der Abwicklung von Treuhandaufträgen vorschreibt, sollen diese, ohnehin eher materiellen Fragen, im Rahmen der dortigen Ausführungen behandelt werden.

IX. Abs. 2 Nr. 10

53 Die Prüfung, ob ein Notar in der Öffentlichkeit amtsangemessen auftritt und keine mit seiner Stellung unzulässige Werbung im Sinne des § 29 BNotO, der durch VII. der Richtline der Bundesnotarkammer konkretisiert wird, betreibt, spielt in der Prüfungspraxis keine Rolle. Eher in der Theorie denkbar erscheint es, dass unzulässige werbende Anpreisungen vor dem Notariat am Tag der Geschäftsprüfung auffallen. Solche Fälle teilen aufmerksame Kolleginnen und Kollegen des Notars der Dienstaufsicht und der Notarkammer indes in der Regel derart unverzüglich mit, dass es höchst unwahrscheinlich sein dürfte, dass eine solche Werbung erstmals im Rahmen der Geschäftsprüfung auffällt. Zudem dürfte es naheliegen, dass ein Notar eine derartige Werbung vor der Geschäftsprüfung kurzerhand entfernt. Lohnenswert dürfte es dagegen sein, wenn der Notarprüfer im Zuge der Vorbereitung der Geschäftsprüfung einen Blick auf den **Internetauftritt des Notars** wirft, auf dem sich gelegentlich Formulierungen finden, die einen derart **anpreisenden Charakter** aufweisen, die mit der öffentlichen Stellung des Notars unvereinbar sein können.

X. Abs. 2 Nr. 11

54 Im Rahmen der Geschäftsprüfung soll auch geprüft werden, ob der Notar sich in dem für seine Amtstätigkeit erforderlichen Umfang fortbildet, wie der Verweis auf § 14 Abs. 6 BNotO zeigt. Diese allgemeine Berufspflicht wird in Abschnitt X der Richtlinien der Notarkammern näher konkretisiert, wobei etwa die Richtlinie der Bundesnotarkammer hierzu verdeutlicht, dass der Notar dieser Pflicht in **eigener Verantwortlichkeit** nachzukommen hat. Die zurückhaltende Formulierung in den Richtlinien trägt dem Um-

25 Arndt/Lerch/Sandkühler/*Sandkühler*, § 23 Rn 37.
26 Arndt/Lerch/Sandkühler/*Sandkühler*, § 23 Rn 41.
27 Arndt/Lerch/Sandkühler/*Sandkühler*, § 23 Rn 44.
28 Arndt/Lerch/Sandkühler/*Sandkühler*, § 23 Rn 45.

stand Rechnung, dass die Berufspflichten des Notars nicht durch Richtlinien der Notarkammern weiter gefasst werden können, als dies die Bundesnotarordnung vorsieht. Für den Notarprüfer wird danach – auch weil die Unabhängigkeit der Notare betroffen ist – lediglich in Extremfällen, etwa wenn der Notar über den gesamten Prüfungszeitraum keinerlei Fortbildungsmaßnahmen ergriffen hat, Anlass bestehen, die Hintergründe hierfür kritisch zu hinterfragen. Kann der Notar hierzu eine plausible Erklärung geben, sollte eine förmliche Beanstandung im Rahmen des Geschäftsprüfungsberichts nicht erfolgen.

Die Prüfung beschränkt sich – wie aufgezeigt – darauf, zu überprüfen, ob der Notar seit der letzten Geschäftsprüfung, die im Regelfall vier Jahre zurückliegt, Fortbildungsmaßnahmen ergriffen hat, wobei zu berücksichtigen ist, dass der Notar seiner Fortbildungspflicht auch auf andere Weise nachkommen kann, etwa durch intensive Lektüre verschiedener Fachzeitschriften.[29] Die Nachweise hinsichtlich der ergriffenen **Fortbildungsmaßnahmen sind in der Generalakte** aufzubewahren.[30]

XI. Abs. 2 Nr. 12

Mit Inkrafttreten der DSGVO sind weitreichende Pflichten auch für Notare begründet worden, was allerdings in der Praxis vielfach noch nicht erkannt worden ist. Die Geschäftsprüfungen zeigen, dass die **Generalakte** teilweise keine entsprechende Rubrik enthält, obwohl bereits § 23 Abs. 1 DONot (2001) die Pflicht enthielt, dass der Notar den **Schriftverkehr mit dem Datenschutzbeauftragten und sonstige Unterlagen zum Datenschutz zur Generalakte** zu nehmen haben. **§ 46 Abs. 1 S. 2 Nr. 4 NotAktVV** bestimmt nunmehr, dass der Notar **Unterlagen über die Einhaltung der datenschutzrechtlichen Vorgaben zur Generalakte zu nehmen hat**. Die Formulierung „Einhaltung" zeigt deutlich auf, dass der Notar „Verantwortlicher" für das Schutzgut „personenbezogene Daten" ist. Diese Pflicht bringt es mit sich, dass der Notar den Betroffenen nach Art. 13 Abs. 1 DSGVO schon „im Zeitpunkt der Erhebung" und damit im Zeitpunkt der ersten Kontaktaufnahme die Informationen nach Art. 13 Abs. 1, 2 DSGVO erteilen muss.[31] 55

Aus dienstaufsichtsrechtlicher Hinsicht sollte der Notarprüfer das Augenmerk in erster Linie darauf richten, ob der Notar überhaupt den Mandanten die erforderlichen Hinweise erteilt. Es erscheint mit Blick darauf, dass die Art und Weise der Kontaktaufnahme per Email, telefonisch oder auch postalisch erfolgen kann, jedenfalls nachvollziehbar, wenn der Notar die erforderlichen Hinweise erst im ersten Besprechungstermin auf die Datenverarbeitung hinweist.[32] Mit Blick darauf, dass die Bundesnotarkammer es für ausreichend erachtet, dass der Notar die nach Art. 13 Abs. 1, 2 DSGVO relevanten Informationen auf der **Internetpräsenz** mitteilt, stellt sich die Frage, ob es überhaupt beanstandungswürdig ist, wenn der Notar diese Hinweise nicht noch einmal schriftlich erteilt. Dafür spricht, dass die Sichtweise der Notarkammer übersieht, dass gerade hochbetagte Menschen nach wie vor keinen Internetzugang haben. Zudem ist die Internetpräsenz zumeist nicht barrierefrei, sodass auch insoweit nicht alle Menschen erreicht werden. Die Handhabung steht mit der Zielsetzung der DSGVO daher nicht in Einklang. Berücksichtigt werden muss aber, dass die Meinung der Bundesnotarkammer gelebte Praxis sein dürfte. Es erscheint daher angemessen, die Notare zunächst bezirksweit zu informieren, dass entsprechende Hinweise auf der Internetpräsenz nach Auffassung der Dienstaufsicht nicht ausreichend sind, um die Pflichten nach der DSGVO zu erfüllen, bevor eine förmliche Beanstandung im Rahmen der Geschäftsprüfung erfolgt. 56

Darüber hinaus wird der Notarprüfer zu prüfen haben, ob der Notar gemäß Art. 37 DGSVO einen **Datenschutzbeauftragten** benannt hat, wobei der Notar insoweit die Möglichkeit hat, auch einen **externen Datenschutzbeauftragten** zu bestimmen. Der Notarprüfer sollte hierzu wissen, dass Art. 37 Abs. 5 DSGVO bestimmt, dass der Datenschutzbeauftragte aufgrund seiner beruflichen Qualifikation uns insbesondere des Fachwissens benannt wird, das er auf dem Gebiet des Datenschutzrechts und der Datenschutzpraxis besitzt. Nach dem Wortlaut der Regelung muss der Datenschutzbeauftragte daher bereits zum Zeitpunkt seiner Benennung über dieses besondere Wissen verfügen.[33] Der Notarprüfer sollte im Rahmen der Prüfung jedoch unterstellen, dass dieses Wissen bereits bei Bestellung vorhanden war, solange er feststellen 57

29 *Blaeschke*, § 3 Rn 236 unter Hinweis auf OLG Celle v. 30.11.2011 – Not 15/11, juris.

30 So auch *Blaeschke*, § 3 Rn 236.

31 Armbrüster/Preuß/Renner/*Eickelberg*, BeurkG, 8. Aufl., Vor DONot Rn 56.

32 So wohl auch *Blaeschke*, § 3 Rn 181.

33 *Blaeschke*, § 3 Rn 176.

kann, dass die benannte Person sich auf dem Gebiet des Datenschutzes fortgebildet hat. Allein diese Sichtweise trägt dem Umstand Rechnung, dass es insbesondere in kleineren Notariaten häufig vorkommen dürfte, dass keine der dort angestellten Personen über Kenntnisse im Datenschutzrecht verfügt. Solche Notariate können nicht gezwungen sein, in jedem Fall auf einen externen Datenschutzbeauftragten zurückgreifen zu müssen.

58 Unbedingt zu beachten hat der Notar jedoch, dass er seine Mitarbeiter nach Art. 29 und Art. 32 Abs. 4 DSGVO nicht nur zur Verschwiegenheit, sondern auch zur **Einhaltung des Datengeheimnisses** verpflichten muss. Spiegelbildlich zu § 26a BNotO muss der Notar zudem **externe Dritte hierzu verpflichten**. Ob derartige Verpflichtungserklärungen zur Generalakte genommen worden sind, sollte der Notarprüfer in jedem Fall prüfen.

59 Anlassbezogen sollte im Rahmen der Geschäftsprüfung nur geprüft werden, ob der Notar auf Verlangen die nach § 15 DSGVO erbetenen Auskünfte über die gespeicherten Daten erteilt hat bzw. etwaige Berichtigungen unverzüglich vorgenommen hat, wenn unrichtige personenbezogene Daten erhoben wurden, Art. 16 DSGVO.

XII. Abs. 2 Nr. 13

60 Nach § 50 Nr. 5 GwG ist ausschließlich der Präsident des Landgerichts zuständige Aufsichtsbehörde im Sinne des Geldwäschegesetzes. Ein besonderes Augenmerk wird seitens der Dienstaufsicht künftig zunehmend darauf gerichtet sein, ob der Notar die erforderlichen geldwäscherechtlichen Maßnahmen ergriffen hat, was auf den allgemeinen politischen Trend zurückzuführen ist, der diese Problematik verstärkt bei den Notarinnen und Notaren zu verorten scheint.

Der Notar sollte vor diesem Hintergrund bei Vorbereitung der Geschäftsprüfung diesem Prüfungspunkt eine eingehende Vorbereitung widmen. Dabei sollte zunächst überprüft werden, dass die Unterlagen über die Einhaltung der geldwäscherechtlichen Vorgaben in der Generalakte geführt worden sind, § 46 Abs. 1 S. 2 Nr. 5 NotAktVV. Führt der Notar die Generalakte chronologisch, was grundsätzlich eher die Gefahr birgt, einen unstrukturierten Eindruck zu hinterlassen, bietet es sich an, sämtliche Unterlagen, die den Bereich „Geldwäsche" betreffen, zu markieren. Auf diese Weise kann der Notar zeigen, dass ihm die Wichtigkeit dieses Themas bewusst ist.

61 Nach der nicht amtlichen Begründung zur DONot soll insbesondere überprüft werden, ob der Notar die nach § 5 GwG erforderliche Risikoanalyse, die nach § 6 GwG angemessenen Sicherungsmaßnahmen, die Aufzeichnungs- und Aufbewahrungspflichten nach § 8 GwG, die Sorgfaltspflichten nach §§ 10 ff. GwG sowie die Meldepflichten nach §§ 23a, 43 GwG eingehalten hat. § 18 Abs. 1 DONot nennt überdies die GwGMeldV-Immobilien. Hier ist insbesondere zu prüfen, ob der Notar seinen Meldepflichten nach § 43 Abs. 6 GwG i.V.m. §§ 3–6 GwGMeldV-Immobilien nachgekommen ist, vgl. auch Abs. 3 Nr. 18.

Für die Geschäftsprüfung ist insbesondere darauf hinzuweisen, dass es sich anbietet, wenn der Notar hinsichtlich der nach § 5 Abs. 1 GwG erforderlichen **Risikoanalyse** auf das hierzu entwickelte **Muster der Bundesnotarkammer** zurückgreift.[34] Die von ihm aufgrund der erstellten Risikoanalyse getroffenen internen Sicherungsmaßnahmen sollte der Notar unbedingt dokumentieren, obwohl eine gesetzliche Pflicht hierzu nicht besteht, weil er die Erfüllung seiner Pflichten gegenüber der Dienstaufsicht im Zweifel belegen muss.[35] Der Notar sollte sich durchaus bewusst sein, dass die Dienstaufsicht durchaus **Verdachtsmeldungen** erhält und angehalten wird, bestimmte Beurkundungsvorgänge zu überprüfen. Wird dementsprechend eine Überprüfung des Beurkundungsvorgangs erforderlich, wird ein gewissenhafter Notarprüfer diese Prüfung zum Anlass nehmen, sich die getroffene **Risikoanalyse** erläutern zu lassen.

Da Notare seit dem 1.1.2020 verpflichtet sind, sich bei der **Zentralstelle für Finanztransaktionsuntersuchungen** einmalig **elektronisch zu registrieren**, sollte der Nachweis darüber ebenso in der Generalakte abgeheftet werden wie der Nachweis über die Anmeldung beim Transparenzregisters.

34 *Blaeschke*, § 3 Rn 202.

35 *Blaeschke*, § 3 Rn 204.

XIII. Abs. 2 Nr. 14

Die ausdrückliche Aufnahme dieses Prüfungspunktes in den Prüfungskatalog des Abs. 2 ist ein Beispiel dafür, dass die mit den Prüfungskatalogen der Abs. 2, 3 einhergehende Konkretisierung durchaus auch sinnvoll sein kann. Zwar ist die Aufnahme des Prüfungspunktes grundsätzlich nicht nötig, weil bereits Abs. 1 festlegt, dass der Notarprüfer die Übereinstimmung der Amtsführung mit den Amtspflichten aus den anwendbaren Vorschriften zu prüfen hat, wozu auch die Verordnung über die Führung notarieller Akten und Verzeichnisse zählt. Schon daraus folgt, dass der Notarprüfer bei Prüfung der Generalakte prüft, ob die für die Nebentätigkeit erforderliche Genehmigung vorliegt. Die Frage, ob der Notar an Gesellschaften beteiligt ist, ist aber durchaus ein Prüfungspunkt, der im Eifer der Prüfungssituation möglicherweise übersehen werden kann, so dass die ausdrückliche Benennung dieses Prüfungspunktes 62

Die Frage, ob der Notar eine Gesellschaftsbeteiligung übernommen hat, die mit § 14 Abs. 5 BNotO unvereinbar ist, ist in der Regel nicht im Rahmen der Geschäftsprüfung abschließend zu klären. Sollte dem Notarprüfer insoweit eine Beteiligung auffallen, sollte er dies im Abschlussgespräch mit Zurückhaltung anzusprechen und die Angelegenheit im Nachgang der Geschäftsprüfung eingehend prüfen, ob die Gesellschaftsbeteiligung tatsächlich mit der notariellen Tätigkeit unvereinbar ist. Keinesfalls sollte der Notarprüfer eine Gesellschaftsbeteiligung vorschnell beanstanden, weil § 14 Abs. 5 BNotO dem Notar gerade nicht jede Gesellschaftsbeteiligung verbietet, sondern nur eine solche, die mit seinem **Amt „unvereinbar“** ist. Dies wäre etwa dann anzunehmen, wenn die Beteiligung die Arbeitskraft und Einsatzbereitschaft des Notars in einem solchen Maße bindet, dass er nicht mehr in der Lage wäre, sein Amt im gebotenen Umfang auszuüben.[36] Darüber hinaus ist eine Gesellschaftsbeteiligung unzulässig, wenn sie die **Unabhängigkeit und Unparteilichkeit des Notars** gefährdet oder den Anschein der Abhängigkeit oder Parteilichkeit erweckt, wobei sich solche Gefährdungen insbesondere aus dem Gesellschaftszweck ergeben können.[37] Schließlich ist eine Gesellschaftsbeteiligung auch dann unzulässig, wenn sie geeignet ist, das Ansehen des Notariats als Einrichtung der vorsorgenden Rechtspflege und/oder des einzelnen Notars als Rechtspflegeorgan zu beeinträchtigen.[38] 63

Dabei handelt es sich um Rechtsfragen, die eingehender rechtlicher Prüfung bedürfen. Dem Notarprüfer muss insoweit bewusst sein, dass der Vorwurf, der Notar habe gegen § 14 Abs. 5 BNotO verstoßen, weitreichende disziplinarische Konsequenzen haben kann, da insoweit die Verletzung von notariellen Kernpflichten in Rede steht.

XIV. Abs. 2 Nr. 15

Bei einem flüchtigen Blick könnten Notarprüfer und Notar denken, es gehe hier um die Prüfung etwaiger Mitwirkungsverbote nach § 3 BeurkG. Ein Vergleich zu § 18 Abs. 3 Nr. 1 BeurkG zeigt jedoch, dass es hier nicht um die Prüfung etwaiger Mitwirkungsverbote geht, weil der Notar etwa in einer Angelegenheit beurkundet hat, die eine Person betrifft, mit der er sich zur gemeinsamen Berufsausübung verbunden hat bzw. mit der er gemeinsame Geschäftsräume unterhält. Dafür spricht weiter, dass die Vorschrift nur auf § 9 BNotO verweist sowie die Tatsache, dass – wie aufgezeigt – Abs. 2 im Unterschied zu Abs. 3 jedenfalls weit überwiegend formelle und nicht materielle Prüfungsgegenstände regelt. 64

§ 9 BNotO regelt unter welchen Voraussetzungen sich hauptberuflich tätige Notare (§ 9 Abs. 1 BNotO) und Anwaltsnotare (§ 9 Abs. 2 BNotO) zur gemeinsamen Berufsausübung verbinden dürfen oder gemeinsame Geschäftsräume unterhalten dürfen.

Die Thematik dürfte – anders als die Prüfung der Mitwirkungsverbote nach § 3 BeurkG – im Rahmen der Geschäftsprüfung tatsächlich keine große Rolle spielen, weil etwaige Verstöße äußerst selten vorkommen dürften und im Regelfall außerhalb der Geschäftsprüfung aufgrund von Meldungen Dritter bekannt werden. 65

In Ländern, die von der Ermächtigung nach § 9 Abs. 1 S. 2 Nr. 1 BNotO Gebrauch gemacht haben, kann davon ausgegangen werden, dass die hauptamtlich tätigen Notare die **erforderliche Genehmigung der**

36 Arndt/Lerch/Sandkühler/*Sandkühler*, BNotO § 14 Rn 337.
37 Arndt/Lerch/Sandkühler/*Sandkühler*, BNotO § 14 Rn 338.
38 Arndt/Lerch/Sandkühler/*Sandkühler*, BNotO § 14 Rn 339.

Dienstaufsicht zur gemeinsamen Berufsausübung bzw. Unterhaltung gemeinsamer Geschäftsräume eingeholt haben. Die Vorstellung, hautamtlich tätige Notare würden sich in diesen Ländern ohne Wissen der zuständigen Notarkammer und Dienstaufsicht ohne die erforderliche Genehmigung zur gemeinsamen Berufsausübung bzw. Unterhaltung gemeinsamer Geschäftsräume verbinden, ist eher theoretischer Natur.

XV. Abs. 2 Nr. 16

66 Im Rahmen der Geschäftsprüfung unbedingt zu prüfen ist, ob der Notar eine **Berufshaftpflichtversicherung** unterhält und die **fälligen Prämien rechtzeitig gezahlt hat**. Die insoweit maßgeblichen Unterlagen müssen nach § 46 Abs. 1 S. 2 Nr. 6 NotAktVV in der Generalakte aufbewahrt werden, vgl. § 46 NotAktVV. Zu prüfen ist insbesondere, ob die nach § 19a BNotO erforderliche **Mindestversicherungssumme** vereinbart wurde und ob die Versicherungsprämie im Prüfungszeitraum jeweils zum vereinbarten Fälligkeitszeitpunkt geleistet worden ist.

In der Praxis ist zu beobachten, dass sich insbesondere der aktuellste Kontoauszug, mit dem der Notarprüfer die Prämienzahlung nachvollziehen kann, nicht in der Generalakte befindet. Dieses Problem lässt sich zwar in aller Regel auf Nachfrage noch während der Geschäftsprüfung klären. Eine Beanstandung seitens des Notarprüfers dürfte jedoch auch in diesem Fall erfolgen, weil – wie bereits aufgezeigt – dieser Prüfungspunkt von enormer Wichtigkeit ist. Dies hängt damit zusammen, dass Notare nach § 19 Abs. 1 S. 1, 4 BNotO persönlich für durch Verletzung ihrer Amtspflichten verursachten Schäden haften; und zwar nach dem Grundsatz der Totalreparation, mithin ohne Rücksicht auf ihre finanzielle Leistungsfähigkeit und wirtschaftlichen Verhältnisse der Höhe nach unbegrenzt.[39] Es geht danach darum, zu prüfen, ob das Interesse der rechtssuchenden Bevölkerung ausreichend abgesichert ist.[40] Prüft der Notarprüfer hier nachlässig droht ihm für den Fall, dass ein Notar der keinen Versicherungsschutz mehr genießt und einen Haftungsfall produziert, selbst der Regress nach den Grundsätzen der Amtshaftung.

67 Sollte der Notarprüfer tatsächlich feststellen, dass der Notar keine Versicherung (mehr) unterhält, müssen unverzüglich die erforderlichen Disziplinarmaßnahmen ergriffen werden. Der Notar muss in diesem Fall gemäß § 50 Abs. 1 Nr. 2 BNotO seines Amtes enthoben werden.

XVI. Abs. 2 Nr. 17

68 Nach § 46 Abs. 1 S. 2 Nr. 1 NotAktVV enthält die Generalakte den Schriftverkehr mit den Aufsichtsbehörden, insbesondere zu Nebentätigkeiten, Verhinderungsfällen und Vertretungsbestellungen. Entgegen dem missverständlichen Wortlaut in § 19 Abs. 5 DONot hat der Notar selbstverständlich auch für den Fall, dass eine ständige Vertretung nicht bestellt ist, nicht nur die vorzeitige Beendigung der Vertretung, sondern auch deren Beginn unverzüglich anzuzeigen.

69 Im Rahmen der Geschäftsprüfung hat es sich bewährt, wenn der Notarprüfer bei Prüfung der Generalakte stichprobenartig die Anzeige einiger Vertretungsfälle bzw. deren angezeigte Beendigung notiert, um bei der Prüfung der Führung der Urkundenrolle/des Urkundenverzeichnisses abzugleichen, ob die Vertretervermerke ordnungsgemäß eingetragen worden sind. Die Vertretervermerke müssen nicht mit Datum und Unterschrift versehen werden.[41]

70 Da sich ein Vertretungsfall auch kurzfristig ergeben kann, muss der Notar beachten, dass es sich bei der Vertreterbestellung um einen Verwaltungsakt handelt, der erst mit Bekanntgabe an den Vertreter wirksam wird. Um nicht eine unwirksame Beurkundung zu riskieren, empfiehlt es sich dringend in diesen Fällen telefonisch mit der Dienstaufsicht Rücksprache zu halten, damit diese unverzüglich die Vertreterbestellung per Telefax oder EGVP auf den Weg bringen kann.[42]

39 Arndt/Lerch/Sandkühler/*Sandkühler*, BNotO § 19a Rn 6.
40 Arndt/Lerch/Sandkühler/*Sandkühler*, BNotO § 19a Rn 6 unter Hinweis auf BGHZ, 61, 312.
41 Weingärtner/Gassen/Sommerfeldt/*Weingärtner*, Rn 163.
42 Weingärtner/Gassen/Sommerfeldt/*Weingärtner*, Rn 163.

D. Abs. 3

I. Abs. 3 Nr. 1

1. Allgemeines

Nach dieser Vorschrift ist zu prüfen, ob der Notar die bestehenden Mitwirkungsverbote und Ausschließungsgründe nach den (§§ 3, 6, 7 BeurkG) beachtet hat. 71

a) Mitwirkungsverbote

§ 3 Abs. 1 S. 1 BeurkG regelt bestimmte **Näheverhältnisse**, die der Mitwirkung des Notars an einer Beurkundung entgegenstehen. Die Einhaltung dieser Mitwirkungsverbote ist unbedingt zu beachten, weil – jedenfalls mehrere grobe Verstöße dagegen – nach § 50 Abs. 1 Nr. 9a) BNotO zwingend zur **Amtsenthebung** führen. Diese Rechtsfolge sollte sich der Notarprüfer vergegenwärtigen, weil die wörtliche Ausgestaltung von § 3 Abs. 1 BeurkG als Soll-Vorschrift den unzutreffenden Eindruck erwecken könnte, Verstöße gegen § 3 BeurkG seien nicht schwerwiegend, so dass auf deren Einhaltung kein allzu großes Augenmerk gerichtet werden müsste. § 3 BeurkG begründet, wie die Regelung in § 50 Abs. 1 Nr. 9a) BNotO zeigt, eine **unbedingte Amtspflicht**.[43] 72

b) Besonders relevante Mitwirkungsverbote aus Sicht des Notarprüfers

aa) Mitwirkungsverbote aufgrund eines beruflichen Näheverhältnisses. Aus praktischer Sicht sind für die Geschäftsprüfung insbesondere jene Mitwirkungsverbote von besonderer Bedeutung, die aufgrund einer **beruflichen Nähe** bestehen. Hierzu zählt zunächst § 3 Abs. S. 1 Nr. 4 BeurkG, der die Mitwirkung des Notars bei einem beruflichen Näheverhältnis untersagt. Der Notarprüfer sollte sich insoweit bewusst machen, dass freilich nicht jedes berufliche Näheverhältnis hierunter fällt. So kommt es mitunter vor, dass dem Notarprüfer infolge der Überprüfung der Verpflichtungserklärungen der Mitarbeiter des Notars auffällt, dass der Notar eine Beurkundung vorgenommen hat, an der dieser Mitarbeiter beteiligt war. Dabei handelt es sich schon dem Wortlaut nach um keinen Fall, der ein Mitwirkungsverbot auslöst. Erfasst sind allein Anstellungsverhältnisse und freie Mitarbeiter, die zu den in § 9 Abs. 2 BNotO genannten Berufsgruppen gehören. Volljuristische Mitarbeiter, die nicht zu den unter § 9 Abs. 2 BNotO genannten Berufsgruppen zählen, Rechtsreferendare und der Bürovorsteher fallen nicht unter § 3 Abs. 1 S. 1 Nr. 4 BeurkG, vgl. § 3 BeurkG Rdn 66. Gleichwohl sollte der Notarprüfer insoweit nicht übersehen, dass die Beurkundung in Angelegenheiten eines Mitarbeiters zwar keinen Verstoß gegen § 3 Abs. 1 S. 1 Nr. 4 BeurkG begründet, aber gleichwohl ein Pflichtenverstoß aus § 14 Abs. 1 S. 2, Abs. 3 S. 2 BNotO vorliegen kann, wenn der Notar eine Amtshandlung vornimmt, durch die unmittelbar oder mittelbar wirtschaftliche Vorteile für bei ihm beschäftigtes Personal begründet wird.[44] 73

bb) Mitwirkungsverbote, die in erster Linie das Anwaltsnotariat betreffen. Von besonderer praktischer Relevanz ist überdies § 3 Abs. 1 S. 1 Nr. 7 BeurkG. Die Vorschrift betrifft nicht nur (wenn auch in erster Linie) das Anwaltsnotariat.[45] Die Vorschrift setzt zunächst voraus, dass der Notar, sein Sozius, Bürogemeinschafter oder Kollege, mit denen er gemeinsame Geschäftsräume unterhält, berufliche Leistungen außerhalb der (notariellen) Amtstätigkeit erbringt oder erbracht hat.[46] Erfasst werden auch sogenannte Sternsozietäten. Ein Mitwirkungsverbot besteht also auch dann, wenn ein Anwaltsnotar mit einem der Anwälte einer bestehenden Kanzlei seinerseits eine Sozietät oder Bürogemeinschaft bildet. 74

Darüber hinaus werden auch Anwaltsunternehmen erfasst, die mit der Anwaltskanzlei des Notars ein verbundenes Unternehmen im Sinne des § 15 AktG bilden, wobei derartige Verflechtungen vom Notarprüfer relaistischerweise im Rahmen einer Geschäftsprüfung nicht aufgespürt werden können.[47]

Problematisch und im Rahmen der Notarprüfung mitunter nicht abschließend zu prüfen, ist das Tatbestandsmerkmal „derselben Angelegenheit“. Zur Vermeidung von Wiederholungen sei insoweit auf die Ausführungen zu § 3 BeurkG Rdn 87 verwiesen.

43 Frenz/*Miermeister/de Buhr*, BeurkG, § 3 Rn 2.
44 *Blaeschke*, § 9 Rn 26.
45 *Blaeschke*, § 9 Rn 37.
46 *Blaeschke*, § 3 Rn 39.
47 *Blaeschke*, § 3 Rn 40.

75 **cc) Mitwirkungsverbote des Notars bei Eigenbeteiligung an Gesellschaften.** Von praktischer Relevanz für die Geschäftsprüfung ist mit Blick darauf, dass Notare nicht selten Anteile an Gesellschaften halten, dass in § 3 Abs. 1 S. 1 Nr. 9 BeurkG verankerte Mitwirkungsverbot. Der Notar darf unter den danach näher geregelten Voraussetzungen, nicht an Beurkundungen von Gesellschaften mitwirken, an denen er selbst beteiligt ist. Insoweit wird der Notarprüfer nachzufragen haben, ob und in welchem Umfang der Notar an Gesellschaften beteiligt ist, weil die Einhaltung des Mitwirkungsverbots nicht kontrolliert werden kann.[48]

c) Hinweispflichten

76 Von den Mitwirkungsverboten des § 3 Abs. 1 S. 1 BeurkG ist die Konstellation des § 3 Abs. 2 BeurkG zu unterscheiden, wonach den Notar in Fällen, in denen er als Vertreter, Mitglied bestimmter Organe oder Bevollmächtigter in einem Näheverhältnis zu einem Beteiligten steht, eine Hinweispflicht trifft. Im Unterschied zu § 3 Abs. 1 S. 1 BeurkG ist der Notar – worauf der Notarprüfer achten muss – nicht gehindert, die Beurkundung vorzunehmen, wenn dies dem Willen der Beteiligten entspricht. Der Notar hat dies zu vermerken.[49]

2. Ausschließungsgründe nach den §§ 6, 7 BeurkG

77 Abs. 3 Nr. 1 verweist überdies auf §§ 6, 7 BeurkG. § 6 BeurkG regelt **Ausschließungsgründe** und ahndet besonders schwerwiegende Verstöße gegen die in § 3 Abs. 1 S. 1 BeurkG geregelten Mitwirkungsverbote mit der Konsequenz der **Unwirksamkeit der Beurkundung**, vgl. § 6 BeurkG Rdn 24.[50] Anders als § 6 BeurkG stellt § 7 BeurkG auf bestimmte Fälle materieller Beteiligung ab. Eine Verletzung des § 7 BeurkG hat wie bei § 6 BeurkG die **Unwirksamkeit des Beurkundungsaktes** zur Folge. Die Unwirksamkeit erstreckt sich aber nur auf die von § 7 BeurkG betroffenen Beurkundungen. Teilnichtigkeit des Beurkundungsaktes führt nur dann zur Teilnichtigkeit des Rechtsgeschäftes, wenn für das Rechtsgeschäft öffentliche Beurkundung vorgeschrieben ist, vgl. § 7 BeurkG Rdn 9.

3. Sonstiges

78 Aufgrund der unter a) aufgezeigten Bedeutung der Mitwirkungsverbote sollte der Notarprüfer in jedem Fall – auch im eigenen Interesse – den Notar dazu befragen, welche organisatorischen Maßnahmen bzw. Vorkehrungen er ergriffen hat, um einen Verstoß gegen die Mitwirkungsverbote zu verhindern, vgl. auch Abs. 2 Nr. 4 und § 6 DONot.

Zu beachten ist vom Notarprüfer überdies § 41 Abs. 2 BNotO, der normiert, dass sich der Notarvertreter der Ausübung des Amtes zu enthalten hat, wenn für den Notar ein Mitwirkungsverbot besteht.

Im Zusammenhang mit dem Mitwirkungsverbot nach § 3 Abs. 1 S. 1 Nr. 7 BeurkG sollte der Notarprüfer auch darauf achten, ob der Notar gemäß § 3 Abs. 1 S. 2 BeurkG darauf geachtet hat, nach einer Vorbefassung zu fragen und dies in der Urkunde zu vermerken.[51]

II. Abs. 3 Nr. 2

79 Im Rahmen der Geschäftsprüfung muss zumindest stichprobenartig geprüft werden, ob der Notar die Beteiligten gemäß § 10 BeurkG ordnungsgemäß festgestellt hat. Auf die dortigen Ausführungen wird insoweit Bezug genommen, wobei auch an dieser Stelle noch einmal festzuhalten ist, dass den Notar weitere Identifizierungspflichten nach dem GwG treffen. Insoweit wäre es sinnvoll, dass auch diese Vorschrift einen Klammerzusatz mit Verweis auf § 18 Abs. 2 Nr. 13 DONot erhält. Überdies fehlt ein Verweis auf § 5 DONot, der wie schon § 26 Abs. 2 DONot (2001) die Vorschrift des § 10 BeurkG ergänzt und dem Notar eine besondere Sorgfalt bei der Identitätsfeststellung auferlegt. Diese Vorschrift ist in den Prüfungsbericht daher unbedingt ebenfalls aufzunehmen. Hinsichtlich der besonderen Sorgfaltsanforderungen vgl. § 5 DONot. Für den Fall, dass die Beurkundung mittels Videokommunikation erfolgt, muss geprüft werden, ob der Notar die insoweit geltenden Anforderungen nach § 16c BeurkG beachtet hat. Auf die dortigen Ausführungen wird Bezug genommen.

48 *Blaeschke*, § 3 Rn 56.
49 *Blaeschke*, § 3 Rn 57.
50 Frenz/*Miermeister/de Buhr*, § 6 Rn 2.
51 *Blaeschke*, § 9 Rn 48.

III. Abs. 3 Nr. 3

Wichtig und stets zu prüfen ist, ob der Notar sich von der **Geschäftsfähigkeit der Beteiligten** überzeugt hat. Diese Frage erlangt im Rahmen der beurkundeten letztwilligen Verfügungen Bedeutung. Der Notarprüfer sollte sich nämlich bei Überprüfung der Urkundenrolle bzw. des Urkundenverzeichnisses bewusst einige Urkunden, in denen letztwillige Verfügungen beurkundet worden sind, notieren und sich diese vorlegen lassen. Denn in diesen Fällen soll der Notar nach § 28 BeurkG seine Wahrnehmungen über die erforderliche Geschäftsfähigkeit des Erblassers in der Niederschrift **vermerken**, also die **Geschäftsfähigkeit** auch **feststellen**, wenn daran **keine Zweifel bestehen**.[52] Damit geht § 28 BeurkG weiter als § 11 Abs. 1 BeurkG, der den Notar nur dazu anhält, Zweifel an der erforderlichen Geschäftsfähigkeit eines Beteiligten in der Niederschrift festzustellen. Der Notarprüfer wird dementsprechend allein in Bezug auf § 28 BeurkG, aber nicht in Bezug auf § 11 BeurkG eine gezielte Prüfung durchführen können. Der Verweis in § 18 Abs. 3 DONot allein auf § 11 DONot greift daher zu kurz. Dementsprechend sollte bei Überarbeitung der Vorschrift in jedem Fall auch ein Verweis auf § 28 BeurkG erfolgen, weil leicht übersehen werden kann, dass es sich dabei um eine Ergänzung zu § 11 BeurkG handelt.[53] 80

IV. Abs. 3 Nr. 4

Nach dieser Vorschrift sollen auch die **Nachweise über die Vertretungsberechtigung** Gegenstand der Geschäftsprüfung sein. Nach dem Wortlaut der Vorschrift, die an die amtliche Überschrift von § 12 BeurkG anknüpft, liegt ein Verständnis dahingehend nahe, es gehe insoweit allein um eine formelle Prüfung, ob vorgelegte Vollmachten und Ausweise über die Berechtigung eines gesetzlichen Vertreters der Niederschrift in Urschrift und beglaubigter Abschrift beigefügt worden sind. Dagegen spricht allerdings, dass nach der **Systematik des § 18 DONot** – wie eingangs aufgezeigt – in **Absatz 3 die materiellen Prüfungspunkte** normiert worden sind. Zudem wird § 12 BeurkG von der h.M. entgegen seinem Wortlaut auch so verstanden, dass der Notar **die Vertretungs- und Verfügungsbefugnis prüfen** muss, vgl. § 12 BeurkG Rdn 3. Dies liegt daran, dass § 12 BeurkG im **engen systematischen Zusammenhang mit § 17 BeurkG** steht: Der Notar muss über die **rechtliche Tragweite eines Geschäfts** belehren und damit auch darüber, ob der Rechtserfolg eintreten kann. Wird ein Beteiligter bei der Beurkundung eines Rechtsgeschäfts vertreten, so ist der Notar deshalb nach § 17 BeurkG verpflichtet, die Vertretungsmacht zu prüfen, vgl. auch § 12 BeurkG Rdn 6). Nach den vorstehenden Ausführungen muss sich der Notar darauf einrichten, dass überprüft werden wird, ob er bei Beurkundungen, bei denen ein Vertreter der Beteiligten in deren Namen gehandelt hat, die Vertretungsmacht geprüft hat. 81

Der Notarprüfer sollte sich insbesondere Fälle der rechtsgeschäftlichen Vertretung näher anzuschauen und dabei auf die Frage konzentrieren, ob die Vertretungsmacht dem Umfang nach das vorzunehmende Rechtsgeschäft deckt, weil diese Prüfung durch die Notare nicht immer sorgfältig erfolgt. 82

Darüber hinaus muss im Rahmen der Geschäftsprüfung freilich auch geprüft werden, ob der Notar seiner **Dokumentationspflicht** nach § 12 BeurkG nachgekommen ist. Hierzu muss der Notarprüfer sich die Vorschrift des § 31 Abs. 3 NotAktVV vergegenwärtigen, wonach Nachweise für die Vertretungsberechtigung, die nach § 12 BeurkG der Niederschrift beigefügt werden sollen, der Urschrift beigefügt und mit ihr in der Urkundensammlung verwahrt werden, vgl. § 31 NotAktVV Rdn 15. Ist die Beurkundung dagegen vor dem 1.1.2022 erfolgt, ist in formeller Hinsicht zu prüfen, ob der Notar Abs. 2 S. 2 (2001) beachtet hat, wonach diese Nachweise der Niederschrift anzukleben bzw. anzuheften (§ 30 DONot (2001)) sowie mit ihr aufzubewahren waren.

Hinsichtlich der erforderlichen Nachweise für den Fall einer Beurkundung mittels Videokommunikation ist § 16d BeurkG zu beachten. Danach sollen vorgelegte Vollmachten und Ausweise über die Berechtigung eines gesetzlichen Vertreters der elektronischen Niederschrift in elektronisch beglaubigter Abschrift beigefügt werden. Wegen der Einzelheiten wird auf die Ausführungen zu § 16d BeurkG Bezug genommen.

52 Frenz/Miermeister/*Baumann*, § 28 Rn 3.

53 Frenz/Miermeister/*Baumann*, § 28 Rn 2.

V. Abs. 3 Nr. 5

83 Nach dieser Vorschrift ist zu prüfen, ob der Notar Beurkundungen **außerhalb des Amtsbereichs** oder **Amtsbezirks** vorgenommen hat. Im Rahmen der Geschäftsprüfung kommt es danach vor allem darauf an, ob die hierfür **erforderliche Mitteilung des Notars nach § 10a Abs. 4 BNotO** bzw. **Genehmigung nach § 11 Abs. 2 BNotO eingeholt** worden ist. Dabei ist insbesondere darauf zu achten, ob der Notar für den Fall einer Beurkundung außerhalb des Amtsbezirks, die erforderliche Genehmigung **vorab** eingeholt hat. Andernfalls wäre die Vornahme der Beurkundung nur zulässig, wenn Gefahr im Verzug bestand. Es muss demnach eine unabwendbare Eilbedürftigkeit für die Amtshandlung bestanden haben. Das ist der Fall, wenn die Beurkundung durch einen örtlichen ansässigen Notar nicht vorgenommen werden kann, ohne dass ihr Zweck gefährdet wäre.[54] In diesem Zusammenhang ist darauf hinzuweisen, dass vielfach landesrechtliche Regelungen bestehen, die den Notar verpflichten, nachträglich der Dienstaufsicht und der Notarkammer eine Mitteilung zu machen, dass er wegen Gefahr in Verzug eine Beurkundung außerhalb des Amtsbezirks vorgenommen hat.[55] Insoweit muss geprüft werden, ob der Notar diese Mitteilung getätigt hat.[56]

Hinsichtlich der **Überschreitungen des Amtsbereichs** nach § 10a BNotO muss demgegenüber nach Absatz 2 ein **besonderes berechtigtes Interesse** der Rechtssuchenden bestanden haben. Insoweit haben die Notarkammern von ihrer Befugnis nach § 67 Abs. 2 S. 2 BNotO Gebrauch gemacht, den Notaren bestimmte Leitlinien an die Hand zu geben (jeweils Abschnitt IX. der Kammerrichtlinien).[57] Der Notarprüfer sollte sich für den Fall, dass ihm Beurkundungen außerhalb des Amtsbereichs auffallen, vom Notar erläutern lassen, worin das besondere berechtigte Interesse für die Beurkundung außerhalb des Amtsbereichs bestanden hat.

Künftig wird überdies ein besonderes Augenmerk darauf zu liegen haben, ob der Notar für den Fall einer Beurkundung mittels Videokommunikation die in den §§ 10a Abs. 3 BNotO und § 11 Abs. 3 BNotO bestehen Beschränkungen eingehalten hat. Eine Aufweichung des Prinzips des Amtsbereichs bzw. des Amtsbezirks ist mit der Einführung der Möglichkeit, Urkundstätigkeiten, die nach den §§ 16a bis 16e BeurkG mittels Videokommunikation vorgenommen werden, nicht verbunden. Dem Notarprüfer sollte bewusst sein, dass die Neuregelungen insbesondere großstädtische Sozietäten dazu verleiten könnten, sich auf Gründungen im Online-Verfahren zu spezialisieren und die Grenzen des Amtsbereichs bzw. des Amtsbezirks zu überschreiten, was zum einen zu nicht hinnehmbaren Wettbewerbsnachteilen kleiner, ländlich gelegener Notariate führen würde.[58]

VI. Abs. 3 Nr. 6

1. Allgemeines

84 Die dem Notar nach § 17 Abs. 1 S. 1 BeurkG obliegende Pflicht zur Rechtsbelehrung soll in erster Linie die Errichtung der rechtswirksamen Urkunde nach dem wahren Willen der Beteiligten gewährleisten. Die Belehrungspflicht bezieht sich dagegen in der Regel nicht auf die wirtschaftliche Tragweite des Rechtsgeschäfts, um dessen wirtschaftliche Zweckmäßigkeit sich der Notar grundsätzlich nicht zu kümmern braucht.[59] Als eine wichtige Ausnahme von diesem Grundsatz ist der Fall zu nennen, dass der Notar feststellt, dass bei einem Bauträgervertrag ein **Zwangsversteigerungsvermerk** ins Grundbuch eingetragen ist, siehe Abs. 3 Nr. 7 Rdn 96.

Die Prüfungs- und Belehrungspflichten des § 17 BeurkG bestehen nur gegenüber den **formell Beteiligten** im Sinne des § 6 Abs. 2 BeurkG. Diese Beschränkung kann dazu führen, dass Personen, die durch das der Beurkundung zugrundeliegende Rechtsgeschäft berechtigt oder verpflichtet werden, durch bestimmte Gestaltungen des Beurkundungsverfahrens von der Belehrung ausgeschlossen sind, siehe § 17 BeurkG Rdn 158. Betroffen sind insbesondere Gestaltungen, in denen ein Beteiligter vollmachtlos wird und das Rechtsgeschäft anschließend genehmigt, siehe auch § 17 BeurkG a.a.O. Der Zweck der Regelung

54 *Blaeschke*, § 9 Rn 3.
55 So etwa in NRW AV. d. JM v. 8.3.2002 (3830 – I B.44)- JMBL. NRW S. 69.
56 *Blaeschke*, § 9 Rn 12.
57 *Blaeschke*, § 9 Rn 8.
58 *Keller/Schümmer*, Digitale GmbH-Gründung, NZG 2021, 573, 578 [allerdings eher auf eine insoweit vermeintliche Gefährdung der flächendeckenden Versorgung der Bevölkerung abstellend].
59 BGH, Urt. v. 22.7.2010 – III ZR 293/09.

lässt sich dahin zusammenfassen, dass insbesondere dem Verbraucher eine effektive Interessenwahrnehmung gegenüber dem Unternehmer ermöglicht werden soll. Zudem soll die notarielle Belehrung generell tatsächlich diejenigen Personen erreichen, deren Schutz sie dient, siehe auch § 17 BeurkG Rdn 160.

Der Notarprüfer sollte sich diesen Zweck vor Augen führen und sich dementsprechend vorrangig einige beurkundete Grundstückskaufverträge zur Prüfung vorlegen lassen, die als **Verbraucherverträge** im Sinne des § 310 Abs. 3 BGB zu qualifizieren sind.

2. § 17 BeurkG in der Notarprüfung

Stellt der Notarprüfer fest, dass der Verbraucher bei Abschluss des als Verbrauchervertrages zu qualifizierenden Grundstückskaufvertrages nicht persönlich anwesend war, sondern vertreten worden ist, so ist dies ein konkreter Anhaltspunkt für ihn genau hinzuschauen, weil diese Vorgehensweise nur unter bestimmten Voraussetzungen zulässig ist. Es entspricht nämlich **dem Willen des Gesetzgebers**, dass der **Verbraucher** grundsätzlich **persönlich** den Beurkundungstermin wahrnehmen soll und sich für den Fall seiner Verhinderung von einer Vertrauensperson vertreten lassen soll.[60] 85

a) Sachlicher Grund

An das Erfordernis eines sachlichen Grundes sind keine hohen Anforderungen zu stellen, weil es lediglich darum geht, **Missbrauchsfälle** zu verhindern, siehe § 17 BeurkG Rdn 202. Dementsprechend genügt bereits der bloße Wunsch des Verbrauchers, siehe § 17 BeurkG Rdn 171. Der Notarprüfer findet allerdings regelmäßig schon in der Nebenakte Gründe dafür, weshalb der materiell Beteiligte den Termin nicht wahrnehmen kann, weil dies zumeist im Vorfeld der Beurkundung mitgeteilt wird. 86

b) Vertrauensperson

Die Vertretung muss durch eine **Vertrauensperson** erfolgen. Das setzt voraus, dass es sich um eine Person handelt, die im Lager des Verbrauchers steht und dessen Interessen einseitig parteilich wahrnimmt, sodass stets kritisch zu hinterfragen ist, ob **Mitarbeiter des Notars** als Vertretungsperson in Betracht kommen, siehe § 17 BeurkG Rdn 178 ff. Darauf sollte der Notarprüfer unbedingt achten, weil in der Praxis durchaus zu beobachten ist, dass Mitarbeiter des Notars als Vertreter des Verbrauchers auftreten. 87

c) Die Bedenkfrist des § 17 Abs. 2a) S. 2 BeurkG

Bei einem Verbrauchervertrag nach § 311b Abs. 1 S. 1 und Abs. 3 BGB soll dem Verbraucher der beabsichtigte Text des Rechtsgeschäfts im Regelfall **zwei Wochen** vor der Beurkundung zur Verfügung gestellt werden. Die Regelung **bezweckt** einen **Überlegungs- und Übereilungsschutz des Verbrauchers**. Dem Verbraucher soll damit die Möglichkeit gegeben werden, sich mit dem Gegenstand der Beurkundung vertraut zu machen und ggf. ergänzenden Rat einzuholen, siehe § 17 BeurkG Rdn 242. 88

Es empfiehlt sich, dass der Notar die Versendung des Entwurfs in der Nebenakte dokumentiert. Der Notar sollte zudem schon aus Eigeninteresse in die Urkunde aufnehmen, dass der Verbraucher den rechtzeitigen Erhalt bestätigt.[61]

Die Zwei-Wochen-Frist berechnet sich analog §§ 187 Abs. 1, 188 Abs. 2 BGB, wobei § 193 BGB keine analoge Anwendung findet, weil weder „eine Willenserklärung abzugeben" noch „eine Leistung zu bewirken" oder eine vergleichbare Handlung auszuführen ist, siehe § 17 BeurkG Rdn 243. Jedenfalls wenn – wie mittlerweile üblich – der Entwurf per E-Mail übersandt wird, kann von einem Zugang am auf die Versendung folgenden Werktag ausgegangen werden (vgl. § 3 Abs. 2 BUrlG). Soweit der auf den Versand folgende Tag ein Werktag ist, sollte der Entwurf folglich spätestens 15 Tage vor dem Beurkundungstermin versendet werden (siehe § 17 BeurkG a.a.O.).

d) Unterschreiten der Zwei-Wochen-Frist

Sollte der Notarprüfer feststellen, dass die Zwei-Wochen-Frist unterschritten wurde, muss er prüfen, ob es hierfür ausnahmsweise einen nachvollziehbaren Grund gab. Mit Blick auf den Schutzzweck der Vorschrift ist hier ein strenger Maßstab anzulegen. Die Gründe für die Verkürzung der Frist müssen daher 89

60 BT-Drucks 14/9266, 50.

61 *Blaeschke*, § 9 Rn 284.

vom Verbraucher ausgehen, siehe § 17 BeurkG Rdn 247. Ein Ausnahmefall kann etwa dann vorliegen, wenn das Geschäft aufgrund eines steuerlich bedeutsamen Stichtages (z.B. für die Inanspruchnahme einer Steuervergünstigung) eilbedürftig ist, siehe § 17 BeurkG a.a.O.

Im Übrigen gilt, dass der Notarprüfer für den Fall, dass er eine Unterschreitung der Zwei-Wochen-Frist feststellt, systematisch und zielgerichtet weitere Grundstückskaufverträge im Sinne des § 310 Abs. 3 BGB prüfen sollte, um auszuschließen, dass der Notar grundsätzlich die Vorschrift des § 17a Abs. 2 S. 2 BGB missachtet. Insoweit muss dem Notarprüfer die Bedeutung der Einhaltung der Vorschrift unbedingt bewusst sein. Wiederholte grobe Verstöße gegen § 17a Abs. 2 S. 2 BeurkG führen nach § 50 Abs. 1 Nr. 9b dazu, dass der Notar seines Amtes zu entheben ist.

e) Dokumentationspflicht bei Unterschreiten der Zwei-Wochen-Frist

90 Wird die Zwei-Wochen-Frist unterschritten, soll der Notar die Gründe hierfür in der Niederschrift angeben. Es muss dementsprechend bei diesen Verbraucherverträgen geprüft werden, ob der Notar diese **Dokumentationspflicht** beachtet hat. Der Vermerk gehört nach dem eindeutigen Wortlaut und nicht – wie bisweilen festzustellen – in die Nebenakten, weil dem Verbraucher nur in diesem Fall im Zuge der Verlesung der Urkunde deutlich gemacht wird, dass von der Regelfrist abgewichen wird.[62] Überdies muss der Notarprüfer darauf achten, ob der Notar den vom Verbraucher geschilderten konkreten Sachverhalt in die Urkunde aufgenommen hat. Andernfalls erweckt der Notar nämlich leicht den Eindruck, lediglich floskelhaft Gründe für eine Abweichung von der Regelfrist vorzuschieben, vgl. auch § 17 BeurkG Rdn 252.

VII. Abs. 3 Nr. 7

1. Allgemeines

91 Der Geschäftsprüfung unterliegen auch die vom Notar im Prüfungszeitraum beurkundeten **Bauträgerverträge**. Dabei handelt sich nach § 650u Abs. 1 S. 1 BGB um solche Verträge, die Errichtung oder den Umbau eines Hauses oder vergleichbaren Bauwerks zum Gegenstand haben und zugleich die Verpflichtung des Unternehmers enthalten, dem Besteller das Eigentum an dem Grundstück zu übertragen oder ein Erbbaurecht zu bestellen oder zu übertragen. Der Notarprüfer sollte sich bewusst machen, dass Bauträgerverträge für den Verbraucher erhebliche wirtschaftliche Folgen haben können. Der Erwerber ist gehalten, bereits während der Bauphase Abschlagszahlungen zu leisten, ohne jedoch zunächst das Eigentum an dem Grundstück, der Wohnung oder der bereits bezahlten Baumasse zu haben. Der Erwerber trägt dementsprechend das **Insolvenzrisiko** des Bauträgers. Abs. 3 Nr. 7 bestimmt daher zu Recht, dass geprüft werden soll, ob der Notar die Vorschriften der **MaBV** beachtet hat, die zum Schutz des Bestellers **öffentlich-rechtliche Vorschriften** enthält.[63] Vor diesem Hintergrund ist eine stichprobenartige Prüfung, ob der Notar die wesentlichen Vorschriften beachtet hat, unumgänglich. Insoweit kann indes nicht – anders als Abs. 3 Nr. 7 nahelegt – allein auf die MaBV abgestellt werden. Wesentliche Verpflichtungen ergeben sich auch aus anderen Vorschriften, wie § 675m, § 675u und § 675v BGB. Zudem erlangen auch die Belehrungspflichten nach § 17 BeurkG besondere Bedeutung. Mit Blick darauf, dass der Bauträgervertrag ein Verbrauchervertrag im Sinne des § 310 Abs. 3 BGB ist, gibt es zu dem eine enge inhaltliche Verknüpfung zum in § 18 Abs. 3 Nr. 6 DONot geregelten Prüfungsgegenstand, wonach der Notarprüfer zu prüfen hat, ob der Notar die Vorschrift des § 17 Abs. 2a BeurkG eingehalten hat. Überschneidungen ergeben sich zudem mit Abs. 3 Nr. 9, wonach auch das Recht der allgemeinen Geschäftsbedingungen zu prüfen ist. Schließlich kann bei eklatanten und wiederholten Abweichungen von den wesentlichen Vorschriften ein Anhaltspunkt dafür bestehen, dass der Notar entgegen seinen Kernpflichten nach § 14 BNotO parteilich agiert, was nach Abs. 3 Nr. 16 ebenfalls Prüfungsgegenstand ist.

2. Wesentliche Vorschriften

a) § 12 MaBV

92 Aufgrund der enormen wirtschaftlichen Konsequenzen für den Verbraucher ordnet – dies sollten Notar und Notarprüfer stets berücksichtigen – § 12 MaBV an, dass abweichende Vereinbarungen unzulässig

62 BT-Drucks 17/12035,8.

63 Grüneberg/*Retzlaff*, § 650u Rn 5.

sind. **§ 12 MaBV ist gesetzliches Verbot** im Sinne des § 134 BGB. Ein Verstoß führt zur **Nichtigkeit des Abschlagszahlungsplans.**[64]

b) § 3 MaBV

Zum Schutz des Bestellers regelt § 3 Abs. 1 MaBV, dass der Bauträger Zahlungen des Bestellers erst dann entgegennehmen darf, wenn 93

- eine Baugenehmigung erteilt ist,
- die Auflassungsvormerkung eingetragen ist,
- die lastenfreie Eigentumsumschreibung sichergestellt ist und
- der Notar die Rechtswirksamkeit des Vertrages und das Vorliegen der erforderlichen Genehmigungen bestätigt.

Weiterhin gilt zum Schutz des Bestellers eine sich am tatsächlichen Baufortschritt orientierende Ratenregelung, § 3 Abs. 2 MaBV.

Der Notarprüfer muss dementsprechend darauf achten, ob zu Lasten des Bestellers von diesen Regelungen abgewichen wird. Insoweit prüft der Notarprüfer zugleich, ob der Notar das Recht der allgemeinen Geschäftsprüfungen beachtet hat, was nach § 18 Abs. 3 Nr. 9 DONot ohnehin auch Prüfungsgegenstand ist. Der Notarprüfer kann dementsprechend auf diese Weise diesen Prüfungsgegenstand gleichzeitig mit abhandeln. Die Verknüpfung bietet sich auch deshalb an, weil Abweichungen von § 3 Abs. 1, 2 MaBV im Regelfall einen evidenten Verstoß gegen § 307 Abs. 2 Nr. 1 BGB darstellen dürften (siehe auch Abs. 3 Nr. 9 Rdn 104), wobei § 7 MaBV freilich zu beachten ist, der Ausnahmen für den Fall der Sicherheitsleistung des Bauträgers ermöglicht.

c) Baubeschreibungspflicht

Den Bauträger trifft gegenüber dem Erwerber eine **gewerberechtliche Informationspflicht** über das Baugrundstück und das Bauvorhaben gemäß § 11 i.V.m. § 10 Abs. 4 Nr. 1 MaBV. Die für den Bauträgervertrag mit einem Verbraucher in § 650j BGB eingeführte **Baubeschreibungspflicht** geht jedoch weiter und gilt über den Verweis auf Untertitel 1 in § 650u Abs. 1 S. 2 BGB auch für den Bauträger.[65] Da die Baubeschreibung eine geschäftswesentliche Vereinbarung darf der Notar diese nicht in sogenannte Grundlagenurkunden auslagern.[66] 94

d) Beachtung des § 650m BGB

Der Notar muss zudem dafür Sorge tragen, dass die Vorschrift des § 650m Abs. 2 S. 1 BGB eingehalten wird. Danach ist dem Verbraucher bei der ersten Abschlagszahlung eine **Sicherheit** für die rechtzeitige Herstellung des Werks ohne wesentliche Mängel in Höhe von 5 Prozent der vereinbarten Gesamtvergütung zu leisten. In dem Bauträgervertrag muss dementsprechend geregelt sein, dass entweder der Erwerber aus der zuerst fälligen Rate einen Betrag von 5 Prozent der Vertragssumme bis zur vollständigen und im Wesentlichen mangelfreien Fertigstellung einbehalten kann oder dass ihm stattdessen ein Zahlungsversprechen eines Kreditinstituts i.S.v. § 650m Abs. 3 BGB gestellt wird.[67] 95

Der Notarprüfer sollte dementsprechend den Bauträgervertrag auch darauf hin prüfen, ob dieser die gesetzliche Verpflichtung nach § 650m Abs. 2 BGB enthält. Andernfalls dürfte die entsprechende Klausel einer Inhaltskontrolle nicht standhalten, § 307 Abs. 2 Nr. 1 BGB.[68]

e) Doppelte Belehrungspflichten beim Bauträgervertrag

aa) Zwangsversteigerungsvermerke. Der Bundesgerichtshof betont zu Recht, dass der Notar nicht ohne weiteres davon ausgehen kann, dass dem Verbraucher die wirtschaftliche Dimension der Eintragung eines Zwangsversteigerungsvermerkes bewusst ist und folgert daraus zu Recht, eine **doppelte Belehrungspflicht** des Notars. Die Belehrungspflicht des Notars erschöpft sich demnach nicht darin, auf die Existenz 96

64 BGH v. 22.12.2000 – VII ZR 310/99.
65 *Karczewski*, Der neue alte Bauträgervertrag, NZBau 2018, 328.
66 *Blaeschke*, § 10 Rn 126.
67 *Blaeschke*, § 10 Rn 142.
68 Zutreffend *Blaeschke*, § 10 Rn 142.

eines Zwangsversteigerungsvermerks hinzuweisen. Vielmehr ist der Notar darüber hinaus auch gehalten, auf die „faktische Warnfunktion" eines Zwangsversteigerungsvermerks hinzuweisen.[69] Damit besteht für den Notar bei einem Bauträgervertrag für den Fall, dass ein Zwangsversteigerungsvermerk zu Lasten des Bauträgers in das Grundbuch eingetragen ist, ausnahmsweise die Verpflichtung auch auf die für die wirtschaftliche Durchführbarkeit des Vertrages bestehenden Gefahren hinzuweisen.

97 **bb) Vorleistungspflicht bezüglich der Erschließungs- und Anschlusskosten.** Der Bundesgerichtshof betont regelmäßig, dass die Vorschriften der MaBV lediglich einen Mindestschutz des Bauherrn bezwecken, der gerade in Bezug auf die Erschließungskosten unzureichend sei.[70] Wenn der Bauträger die Erschließungs- und Anschlusskosten übernimmt, sind sie selbst dann Bestandteil der ersten Rate, wenn die Gemeindeverwaltung sie erst später festsetzt und einfordert. Dies führt dazu, dass der Besteller, wenn er die erste Rate zahlt, eine **ungesicherte Vorleistung** erbringt.[71] Vor diesem Hintergrund nimmt der Bundesgerichtshof auch in dieser Situation eine **doppelte Belehrungspflicht** an. Der Notar muss zum einen über die Folgen aufklären, was passiert, wenn der Bauträger absprachewidrig die Erschließungs- und Anschlusskosten nicht an die Gemeinde zahlt und Wege aufzeigen, wie dieses Risiko vermieden werden kann.[72] Ausdrücklich für zulässig hält es der Bundesgerichtshof, wenn der Notar insoweit auf die Möglichkeit einer Bankbürgschaft hinweist. Dem stehe § 7 MaBV nicht entgegen. § 7 MaBV regele zwar den Fall, dass eine Bürgschaft die gesamte vom Erwerber im Voraus zu leistende Summe abdecken muss, erfasse aber nur die Fallgestaltung, dass sich der Bauträger vom tatsächlichen Bauablauf völlig losgelöste Abschlagszahlungen versprechen lassen will. Für den Fall, dass die Parteien sich im Rahmen des § 3 Abs. 2 MaBV bewegen, sei es ihnen unbenommen, in welcher Weise und in welchem Umfang sie darüber hinaus gehende Sicherheiten vereinbaren.[73]

f) Unterwerfung in die sofortige Zwangsvollstreckung

98 Unterwirft sich ein Erwerber in einem Bauträgervertrag der Zwangsvollstreckung in sein gesamtes Vermögen, so ist diese Erklärung nach §§ 3, 12 MaBV i.V.m. § 134 BGB nichtig, wenn der Notar ermächtigt ist, die Vollstreckungsklausel ohne besonderen Nachweis zu verlangen.[74] Davon zu unterscheiden sind Fälle, in denen die Klausel vom Nachweis eines bestimmten Bautenstandes abhängig gemacht wird. Derartige Klauseln sind zulässig, es sei denn, dass die Klausel allein auf die Bestätigung des Bauleiters oder bauleitenden Architekten abgestellt wird.[75]

VIII. Abs. 3 Nr. 8

1. Allgemeines

99 Bei den meisten Geschäftsprüfungen dürfte die Prüfung von Maklerklauseln nicht im Mittelpunkt stehen. Gleichwohl muss der Notarprüfer bei Durchsicht, der ihm zur Durchsicht vorgelegten Grundstückskaufverträge, zumindest stichprobenartig prüfen, ob die vom Notar verwendeten Maklerklauseln rechtlich zulässig sind. Der Notarprüfer muss sich nämlich darüber bewusst sein, dass die Notare ein durchaus erhebliches wirtschaftliches Interesse daran haben, einen Makler zufriedenzustellen, damit dieser auch künftig das Notariat zwecks Beurkundung von Grundstückskaufverträgen aufsucht. Damit soll nicht gesagt werden, dass im Rahmen der Geschäftsprüfung besonders häufig zu beobachten wäre, dass unzulässige Maklerklauseln verwendet würden. Es soll lediglich dafür sensibilisiert werden, dass der Notar durch die Verwendung bestimmter Maklerklauseln leicht den Anschein der Parteilichkeit erwecken kann, § 14 Abs. 3 S. 2 BNotO, was einen schweren Verstoß gegen notarielle Kernpflichten begründet.[76]

2. Anspruchsbegründende Maklerprovisionsklauseln

100 Für **konstitutive Maklerklauseln**, durch die ein neuer, selbstständiger Schuldgrund geschaffen wird, besteht in aller Regel kein praktisches Bedürfnis, sodass sie **unzulässig** sind. Nimmt der Notar

69 BGH v. 22.7.2010 – III ZR 293/09.
70 BGH v. 17.1.2008 – III ZR 136/07.
71 *Blaeschke*, § 10 Rn 146.
72 *Blaeschke*, § 10 Rn 147.
73 BGH v. 17.1.2008 – III ZR 136/07, Rn 13, juris.
74 BGH v. 12.10.1998 – VII ZR 99/97.
75 *Blaeschke*, § 10 Rn 144.
76 Vgl. hierzu auch Ausführungen zu § 18 Abs. 3 Nr. 16.

derartige Klauseln auf einseitigen Wunsch des Maklers auf, kommt grundsätzlich ein Verstoß gegen seine Neutralitätspflicht aus § 14 Abs. 1 S. 2 Abs. 3 S. 2 BNotO in Betracht. Unterlässt er darüber hinaus die Belehrung der Beteiligten über Bedeutung und Tragweite der Klausel, verstößt er auch gegen seine Pflicht zur Erforschung des Willens der Beteiligten, § 17 Abs. 1 BeurkG.[77] Etwas anderes gilt nur ausnahmsweise dann, wenn es konkrete Anhaltspunkte für die Ausübung eines gesetzlichen oder vertraglichen Vorkaufsrechts durch einen Dritten gibt.[78] Mit Recht kann man freilich die Frage aufwerfen, wie der Notarprüfer feststellen soll, dass die Aufnahme auf einseitigen Wunsch des Maklers in den Vertrag mit aufgenommen worden ist, weil der Vertrag nach § 13 BeurkG insgesamt, also mit der Maklerklausel, vorgelesen wird. Eine starke Vermutung dafür, dass die konstitutive Maklerklausel auf Wunsch des Maklers in den Vertrag aufgenommen worden ist, dürfte dann vorliegen, wenn sie mit einer Erklärung zur sofortigen Unterwerfung in die Zwangsvollstreckung verbunden wird, weil daran allein der Makler ein Interesse haben kann. Der Makler ist kein Urkundsbeteiligter und müsste ohne die Unterwerfungserklärung seinen vermeintlichen Anspruch zunächst gerichtlich durchsetzen. Die Verknüpfung eines in der notariellen Urkunde geschaffenen, selbstständigen Schuldgrundes mit einer Unterwerfungserklärung nährt den Verdacht, dass der Notar sich zum Vollstreckungsorgan für den Berufsstand der Makler macht.[79]

3. Beachtung der neuen Rechtslage

Zudem muss der Notarprüfer darauf achten, wann der Grundstückskaufvertrag beurkundet worden ist, weil mit Wirkung zum 23.12.2020 die §§ 656a–656d BGB neu eingefügt worden sind.[80] Es sind danach zwei Konstellationen zu unterscheiden. **101**

Zum einen können – was in der Praxis den Regelfall ausmachen dürfte – beide Parteien nacheinander den Makler beauftragt haben, sodass zwei Maklerverträge bestehen, § 656c BGB. Für diesen Fall regelt § 656c Abs. 1 S. 1 BGB, dass das Versprechen der Parteien einen Maklerlohn zu leisten, nur in der Form erfolgen kann, dass sich beide Parteien in gleicher Höhe verpflichten.

Zum anderen – aus praktischer Hinsicht weniger relevant – ist es denkbar, dass nur eine Partei den Notar beauftragt, § 656d BGB. Insoweit ordnet § 656d Abs. 1 S. 1 BGB an, dass eine Vereinbarung, die die andere Partei, also jene die den Maklervertrag nicht abgeschlossen hat, zur Zahlung oder Erstattung von Maklerlohn verpflichtet, nur wirksam ist, wenn die Partei, die den Maklervertrag abgeschlossen hat, mindestens in gleicher Höhe verpflichtet bleibt.

a) Beauftragung des Maklers durch beide Parteien

Für den Fall, dass beide Parteien den Makler beauftragt haben, kommt eine **Abwälzung der Kostentragungspflicht** nicht in Betracht, sodass sich auch eine Maklerklausel im Grundstückskaufvertrag nicht finden lassen sollte. Die **Bundesnotarkammer** rät allerdings ausdrücklich dazu, auf die neue Rechtslage sowie die Beurkundungsbedürftigkeit einer Abwälzungsvereinbarung hinzuweisen.[81] **102**

Hinsichtlich der Beurkundung von deklaratorischen Klauseln, die nicht mit der Abgabe eines deklaratorischen Schuldanerkenntnisses zu verwechseln sind, weil sie lediglich der Beweissicherung dienen, muss der Notar darauf achten, dass er die Beteiligten umfassend belehrt. Die Aufnahme einer solchen Klausel kann nämlich dazu führen, dass der Nachweis des Vorkenntniseinwandes für den Vertragspartner des Maklers deutlich erschwert wird. Soweit für diesen Fall vertreten wird, der Einwand der Vorkenntnis sei sogar ausgeschlossen,[82] ist dies allerdings abzulehnen, weil eine deklaratorische Klausel nur beweissichernde Funktion hat. Zutreffend ist jedoch freilich, dass der Vertragspartner in dieser Situation aufgrund der beweissichernden Wirkung im Regelfall mit dem Einwand der Vorkenntnis nicht mehr wird durchdringen können.

77 *Blaeschke*, § 10 Rn 84 unter Hinweis auf RdSchr BNotK Nr. 5/2015 v. 2.6.2015; RdSchr BNotK Nr. 16/2003 v. 15.4.2003.

78 *Blaeschke*, § 10 Rn 106 unter Hinweis auf RdSchr BNotK Nr. 5/2020 v. 4.12.2020.

79 *Lerch*, Maklerklauseln in notariell beurkundeten Verträgen, ZfIR 2015, S. 823.

80 Gesetz zur Verteilung der Maklerkosten bei der Vermittlung von Kaufverträgen über Wohnungen und Einfamilienhäusern v. 12.6.2020, BGBl I, S. 1245.

81 BNotK, RdSchr Nr. 5/2020, v. 4.12.2020.

82 So aber: *Blaeschke*, § 10 Rn 102.

b) Einseitige Beauftragung des Maklers

103 Hat dagegen nur eine Partei den Makler beauftragt, ist darauf zu achten, dass lediglich eine **Abwälzung der Maklerkosten** im Wege der **Erfüllungsübernahme** gemäß § 329 BGB sachgerecht sein dürfte, weil ihre Wirkung sich auf das Innenverhältnis der Parteien beschränkt, indem z.B. der Käufer dem Verkäufer Freistellung bzw. Ersatz in der vereinbarten Höhe zusagt, ohne dass der Makler daraus eigene Ansprüche gegen den Käufer herleiten kann.[83]

IX. Abs. 3 Nr. 9

104 Die ausdrückliche Aufnahme dieses Prüfungspunktes hat unter vielen Notarprüfern, die seitens der Landesjustizverwaltung dazu aufgefordert waren, aus praktischer Sicht zu der Neufassung der DONot zu berichten, für erhebliche Kritik gesorgt. Dem ist einerseits zuzustimmen, weil es unmöglich sein dürfte im Rahmen der zur Verfügung stehenden Zeit, zu prüfen, ob bestimmte Klauseln einer Inhaltskontrolle nach §§ 307 ff. BGB standhalten. Dies gilt auch dann, wenn die Prüfung nur „stichprobenartig" erfolgen muss. Anderseits ist darauf hinzuweisen, dass der nicht amtlichen Begründung entnommen werden kann, dass diese Problematik bekannt war. Insoweit ist darin ausdrücklich festgehalten, dass zu berücksichtigen ist, dass das Recht der allgemeinen Geschäftsbedingungen in besonderem Maße von **unbestimmten, wertungsoffenen Rechtsbegriffen** geprägt ist. Zudem wird zutreffend darauf hingewiesen, dass auch die Auslegung gesetzlicher Vorschriften von der Unabhängigkeit des Amtes geschützt ist und die Aufsichtsbehörde dem Notar die Wahl zwischen verschiedenen Auslegungsmöglichkeiten zu überlassen hat, sodass dem Notar eine **weite Einschätzungsprärogative** zuzubilligen ist.[84] Der Notarprüfer muss deshalb – auch dies hält die nicht amtliche Begründung ausdrücklich fest – beachten, dass die Frage, ob eine Klausel einer Inhaltskontrolle standhält, maßgeblich von dem zugrundeliegenden Sachverhalt im Einzelfall abhängt, zu dessen Ermittlung der Notar gemäß § 17 Abs. 1 BeurkG verpflichtet ist. Mit Blick darauf, dass sich der vollständige Sachverhalt durch die Aufsichtsbehörde im Rahmen der Geschäftsprüfung nicht (mehr) ermitteln lässt, ist die Kontrolle nach § 18 Abs. 3 Nr. 9 DONot damit auf **Evidenzfälle** beschränkt.[85] Damit ist dem Notarprüfer freilich nur bedingt geholfen, denn im Dickicht des Rechts der allgemeinen Geschäftsbedingungen auch evidente Fälle zu finden, kann mitunter – gerade in der Kürze der Zeit – schwierig sein. Es empfiehlt sich daher vorab einige klassische Konstellationen, in denen die Rechtsprechung allgemeine Geschäftsbedingungen beanstandet hat, anzueignen und insoweit eine gezielte Prüfung vorzunehmen. Ein Beispiel hierfür wären konstitutive Maklerklauseln, vgl. Abs. 3 Nr. 8 Rdn 100. Im Übrigen erscheint es auch mit Blick auf die nichtamtliche Begründung vertretbar, wenn der Notarprüfer anderen Prüfungsgegenständen mehr Gewicht einräumt. Es liegt auf der Hand, dass nach diesen strengen Maßstäben selten Grund zu Beanstandungen bestehen dürfte.

X. Abs. 3 Nr. 10

105 Nach § 13 Abs. 1 S. 1 BeurkG muss die Niederschrift in Gegenwart des Notars den Beteiligten vorgelesen, von ihnen genehmigt und eigenhändig unterschreiben werden; soweit die Niederschrift auf Karten, Zeichnungen oder Abbildungen verweist, müssen diese anstelle des Vorlesens zur Durchsicht vorgelegt werden.

Die Verlesung der notariellen Urkunde nach § 13 ist **Kernstück der notariellen Belehrungspflichten**. Das Fehlen der Verlesung macht die Niederschrift formnichtig.[86]

So wichtig die Einhaltung der Verlesungspflicht mit Blick auf diese Rechtsfolge auch ist, so wenig steht sie im Rahmen der Geschäftsprüfung im Mittelpunkt. Dies liegt daran, dass der Notarprüfer nicht prüfen kann, ob die Urkunde tatsächlich verlesen wurde. Seine Prüfung kann nur darauf gerichtet sein, ob die Urkunde von allen Beteiligten unterschrieben worden ist, was die Vermutung zur Folge hat, dass den genannten Anforderungen Genüge getan wurde, § 13 Abs. 1 S. 3 BeurkG. Zudem sollte der Notarprüfer darauf achten, ob der Notar in der Niederschrift festgestellt hat, dass die Urkunde verlesen, genehmigt und unterschreiben geworden ist, § 13 Abs. 1 S. 2 BeurkG.

83 So zu Recht: *Blaeschke*, § 10 Rn 94.
84 So auch BGH DNotZ 1972, 549.
85 Vgl. nichtamtliche Begründung zum Entwurf einer Dienstordnung für Notarinnen und Notare, Stand: Endabgestimmter Entwurf vom 24.11.2021, zu § 18 DONot.
86 Eylmann/Vaasen/*Limmer*, § 13 Rn 3.

XI. Abs. 3 Nr. 11

§ 53 BeurkG regelt die Einreichung beim Grundbuchamt oder Registergericht. Für den Fall, dass Willenserklärungen beurkundet worden sind, die beim Grundbuchamt oder Registergericht einzureichen sind, soll der Notar dies veranlassen, sobald die Urkunde eingereicht werden kann, es denn, dass die Beteiligten gemeinsam etwas anderes verlangen; auf die mit einer Verzögerung verbundenen Gefahren soll der Notar hinweisen. 106

Von praktischer Relevanz für die Geschäftsprüfung ist vor allem § 53 Hs. 2 BeurkG, weil hier konkret geprüft werden kann, ob der Notar den Weisungen der Parteien entsprechend die einzelnen Verfahrensschritte überwacht und den gewünschten Urkundenvollzug sichergestellt hat. Die Einhaltung dieser Vorschrift prüft der Notarprüfer bei Durchsicht der Handakten des Notars. Der Notarprüfer sollte sich hierzu insbesondere mehrere Handakten zu Grundstückskaufverträgen vorlegen lassen, weil in diesen Fällen häufig eine übereinstimmende Weisung im Sinne des § 53 Hs. 2 BeurkG der Beteiligten vorliegen wird, um zu verhindern, dass nicht vorzeitig die Eigentumseintragung im Grundbuch erfolgt. Insoweit stehen den Parteien mehrere Möglichkeiten offen, vgl. § 53 BeurkG Rdn 33 ff. In der Praxis am häufigsten dürfte mittlerweile der sog. **beurkundungsrechtliche Weg** sein. Dabei weisen die Parteien den Notar im Rahmen eines besonderen Treuhandauftrags an, die Auflassungsurkunde dem Grundbuchamt erst dann vorzulegen, wenn der Verkäufer dem Notar die Kaufpreiszahlung mitgeteilt oder die Kaufpreiszahlung in sonstiger Weise nachgewiesen worden ist.

Unabhängig davon welches Modell die Beteiligten gewählt haben, ist es die Aufgabe des Notarprüfers zu überprüfen, ob der Notar die Weisungen der Beteiligten penibel befolgt hat. Insoweit muss der Notar sich an den exakten Wortlaut der Weisung halten.[87]

XII. Abs. 3 Nr. 12

Der Notarprüfer muss sich vergegenwärtigen, dass sich die Rechtslage seit dem 1.1.2022 dahingehend geändert hat, als der Notar nicht mehr verpflichtet ist, zu den von ihm verwahrten Urschriften von Erbverträgen ein gesondertes Erbvertragsverzeichnis zu führen. Vielmehr werden die bisher im Erbvertragsverzeichnis festgehaltenen Informationen in dem ab dann zu führenden elektronischen Urkundenverzeichnis zu vermerken sein, § 16 Abs. 2, 3 NotAktVV, wobei zu beachten ist, dass Urschriften von Erbverträgen auch in Zukunft in Papierform für 100 Jahre aufzubewahren sind, § 50 Abs. 1 Nr. 4 NotAktVV.[88] 107

Unbedingt muss der Notarprüfer darauf achten, dass sich die Eintragungen hinsichtlich der bis zum 31.12.2021 angelegten Erbvertragsverzeichnisse auch nach altem Recht richten. Dies folgt aus § 76 Abs. 4 BeurkG. Danach verpflichtete § 9 Abs. 1 S. 2 DONot (2001) den Notar unter anderem dazu, alle Erbverträge, die er nach § 34 Abs. 3 BeurkG in eigener Verwahrung zurückbehielt, spätestens 14 Tage nach der Beurkundung ins Erbvertragsverzeichnis einzutragen. Nach § 20 Abs. 3 S. 5 DONot (2001) musste der Notar insbesondere auch die Rückgabe von ihm verwahrter Erbverträge an die Beteiligten in das Erbvertragsverzeichnis eintragen. Zudem musste der Notar auch nach altem Recht gemäß § 5 Abs. 4 S. 1 DONot a.F. sicherstellen, dass die Erbvertragsverzeichnisse 100 Jahre aufbewahrt werden und nach Ablauf dieser Frist gelöscht werden, § 35 Abs. 6 BNotO.

Hinsichtlich der Erbverträge, die ab dem 1.1.2022 in amtliche Verwahrung genommen worden sind, muss der Notar insbesondere § 8 DONot beachten, der allerdings im Wesentlichen den bisherigen Verpflichtungen des § 20 Abs. 5 DONot (2001) entspricht. Der Notar muss folglich das Erbvertragsverzeichnis jährlich dahingehend überprüfen, ob der Erblasser noch lebt, wenn der Erbvertrag vor mehr als 30 Jahren in notarielle Verwahrung genommen wurde. Wegen der Einzelheiten wird insoweit auf die Ausführungen zu § 18 Abs. 2 Nr. 2 sowie § 8 DONot verwiesen.

XIII. Abs. 3 Nr. 13

1. Allgemeines

Dem Notar obliegt eine Vielzahl an Belehrungspflichten, die regelmäßig mit der weiteren Verpflichtung einhergehen, über die erfolgte Verpflichtung einen **Belehrungsvermerk** in die Urkunde aufzunehmen. 108

87 So richtig *Blaeschke*, § 10 Rn 26.

88 *Blaeschke*, § 6 Rn 2 f.

Der nicht amtlichen Gesetzesbegründung zur DONot kann entnommen werden, dass Gegenstand der Geschäftsprüfung vorrangig die wichtigsten Belehrungspflichten und Belehrungspflichten sein sollen, was darin zum Ausdruck kommt, dass „insbesondere" auf §§ 16 Abs. 2, 3, 17 Abs. 2, 2a, 3, § 20, § 20a, § 21 Abs. 1, § 22 Abs. 1, § 23, § 24 Abs. 1, § 25, § 32 BeurkG verwiesen wird.

Der Notarprüfer sollte sich vergegenwärtigen, dass es eine zentrale Vorschrift gibt, die die Grundnorm notarieller Belehrungspflichten ist und die der Bundesgerichtshof zu einer „**Kernregelung des Beurkundungsgesetzes**" erklärt hat. Dabei handelt es sich um § 17 BeurkG, der unter anderem durch die §§ 18–21 BeurkG konkretisiert wird, siehe *Armbrüster*, § 17 BeurkG Rdn 1.

2. Die Kernregelung des § 17 BeurkG

a) Bedeutung in der Notarprüfung

109 **aa) § 17 Abs. 1 BeurkG.** Nach § 17 Abs. 1 S. 1 BeurkG soll der Notar den wahren Willen der Beteiligten erforschen, den Sachverhalt klären, die Beteiligten über die rechtliche Tragweite des Geschäfts zu belehren und ihre Erklärungen klar und unzweideutig in der Niederschrift wiedergeben. Auch wenn § 17 BeurkG die Grundnorm der Belehrungspflichten darstellt, ist im Rahmen der Geschäftsprüfung eine Überprüfung dahingehend, ob der Notar diesen Anforderungen genügt hat, nur insoweit überprüfbar, als der Notarprüfer einen Blick darauf haben kann, ob die **Erklärungen** der Beteiligten **klar** und **unzweideutig** wiedergegeben sind. Irrtümer und Zweifel soll der Notar auch nach § 17 Abs. 1 S. 2 BeurkG vermeiden. Sollte der Notarprüfer zu dem Ergebnis gelangen, dass eine Regelung tatsächlich unklar gefasst ist und diese Unklarheit sogar zu Lasten eines Beteiligten geht, kann dies ein konkreter Anhaltspunkt dafür sein, dass die getroffene Regelung nicht dem Willen dieses Beteiligten entsprochen haben könnte. Insoweit kommt auch ein Verstoß gegen die Neutralitätspflicht des Notars aus § 14 Abs. 1 BNotO in Betracht.

110 **bb) Die Belehrung und der Vermerk nach § 17 Abs. 2 S. 2 BeurkG.** § 17 Abs. 2 S. 2 BeurkG verpflichtet den Notar dazu, für den Fall, dass er an der Wirksamkeit des Geschäfts zweifelt, aber die Beteiligten gleichwohl auf dessen Beurkundung bestehen, einen **Vermerk** über die Belehrung und die Erklärungen der Beteiligten hierzu in die Niederschrift aufzunehmen. Diese Vermerkpflicht setzt folglich voraus, dass der Notar Zweifel an der Wirksamkeit des Geschäfts hat. Hält er das Geschäft dagegen für wirksam, so muss er auch keinen Vermerk aufnehmen. Dies gilt selbst dann, wenn in Literatur und Rechtsprechung Bedenken geäußert wurden.[89] Für die Geschäftsprüfung folgt daraus, dass selbst wenn der Notarprüfer ein beurkundetes Geschäft für unwirksam hält, ein Verstoß gegen § 17 Abs. 2 S. 2 BeurkG sich in der Regel nicht wird feststellen lassen, weil der Notar sich auf den Standpunkt stellen wird, er sei von der Wirksamkeit des Geschäfts ausgegangen. In diesem Fall muss der Notarprüfer freilich daran denken, dass ein Verstoß gegen § 14 Abs. 2 BNotO im Raum steht.

111 **cc) Der Vermerk nach § 17 Abs. 2a S. 2 Nr. 2 BeurkG.** Bei einem **Verbrauchervertrag** im Sinne des § 311b Abs. 1 S. 1 und Abs. 3 BGB soll dem Verbraucher der beabsichtigte Text des Rechtsgeschäfts im Regelfall zwei Wochen vor der Beurkundung zur Verfügung gestellt werden, siehe Ausführungen zu Abs. 3 Nr. 6 Rdn 88.

112 **dd) Die Belehrung und der Belehrungsvermerk nach § 17 Abs. 3 S. 1 BeurkG.** Einen weiteren **Belehrungsvermerk** schreibt § 17 Abs. 3 S. 1 BeurkG für den Fall vor, das ausländisches Recht zur Anwendung kommt oder darüber Zweifel bestehen. Insoweit gilt analog zu den Ausführungen hinsichtlich der Zweifel über die Wirksamkeit des Geschäfts nach § 17 Abs. 2 S. 2 BeurkG, dass für den Fall, dass Zweifel zwar objektiv angezeigt sind, der Notar diese Zweifel aber nicht teilt, ein Vermerk nicht aufzunehmen ist. Für die Geschäftsprüfung folgt daraus, dass sich Beanstandungen insoweit kaum ergeben werden.

b) Der Belehrungsvermerk nach § 20 BeurkG

113 Nach § 20 BeurkG soll der Notar, der die Veräußerung eines Grundstücks beurkundet für den Fall, dass ein gesetzliches Vorkaufsrecht in Betracht kommt, auf ein solches hinweisen und dies in der Niederschrift

89 *Ganter*, DNotZ 998, 851, 854 f.

vermerken. Da gesetzliche Vorkaufsrechte aus dem Grundbuch nicht ersichtlich sind und die Pflicht des Notars zur Aufklärung des Sachverhalts insoweit keine Ermittlungspflicht begründet, bezieht sich § 20 BeurkG allein auf die abstrakte rechtliche Möglichkeit eines solchen Rechts, siehe *Forschner*, § 20 BeurkG Rdn 1. Das für die Geschäftsprüfung relevanteste gesetzliche Vorkaufsrecht stellt das Vorkaufsrecht nach § 577 BGB dar. Daneben sind insbesondere die gemeindlichen Vorkaufsrechte nach den §§ 24, 25 BauGB erwähnenswert. Wegen der Einzelheiten hierzu wird auf die Ausführungen zu § 20 BeurkG Bezug genommen.

c) Die Belehrung nach § 20a BeurkG

§ 20a BeurkG regelt eine **Hinweispflicht** für den Fall, dass der Notar eine Vorsorgevollmacht beurkundet. **114**
In diesem Fall soll er auf die Möglichkeit der Registrierung bei dem Zentralen Vorsorgeregister hinweisen. Eine Pflicht dies zu vermerken, besteht dagegen nicht, auch wenn viele Notare die Erteilung des Hinweises gleichwohl dokumentieren, was mit Blick darauf, dass die Erteilung des Hinweises eine Dienstpflicht darstellt, auch gründlicher Amtsführung entspricht.[90] Das Fehlen einer solchen Dokumentation darf der Notarprüfer indes nicht zum Anlass für eine Beanstandung nehmen, weil das Gesetz dies ausdrücklich nicht verlangt.

d) Die Belehrung- und der Belehrungsvermerk nach § 21 Abs. 1 S. 2 BeurkG

§ 21 Abs. 1 S. 2 BeurkG regelt die Möglichkeit, ohne (rechtzeitige) Grundbucheinsicht ein entsprechen- **115**
des Rechtsgeschäft zu beurkunden. Ist der Notar nicht über den Grundbuchinhalt unterrichtet oder erfolgte die Grundbucheinsicht nicht zeitnah, muss er die Beteiligten darauf hinweisen, dass er an sich zu einer ordnungsgemäßen Grundbucheinsicht verpflichtet ist, wodurch die Beurkundung zwar verzögert werden kann, die Beurkundung allerdings im Interesse der Beteiligten erfolgt, siehe *Forschner*, § 21 BeurkG Rdn 19. **Der Hinweis** muss angesichts der Tatsache, dass die rechtlichen Konsequenzen für die Beteiligten weit reichend sein können, **unmissverständlich** sein, was sich unbedingt auch in dem darüber aufzunehmenden **Vermerk** widerspiegeln muss.

e) Die Feststellungsvermerke nach den §§ 22 Abs. 1, 23, 24 Abs. 1, 25 BeurkG

Bei den §§ 22 Abs. 1, 23, 24 Abs. 1 BeurkG handelt es sich um Vorschriften, die im Rahmen der Ge- **116**
schäftsprüfung allenfalls zufällig Bedeutung erlangen können, nämlich dann, wenn im Rahmen der Urkundendurchsicht auffällt, dass ein Beteiligter an einer Seh-, Sprach- oder Hörbehinderung leidet. Um zu verhindern, dass der Notar den wahren Willen solcher Beteiligten nicht richtig versteht, legen die Vorschriften eine besondere Verfahrensweise fest, deren **Einhaltung in der Niederschrift festzustellen ist**. Beispielhaft sei insoweit § 23 Abs. 1 BeurkG erwähnt, der für den Fall, dass ein Beteiligter ausweislich einer Niederschrift nach § 22 Abs. 1 BeurkG nicht hinreichend zu hören vermag, anordnet, dass ihm die Niederschrift anstelle des Vorlesens zur Durchsicht vorgelegt werden muss.

§ 25 BeurkG regelt demgegenüber die Konstellation, in der einer der Beteiligten schreibunfähig ist. Die Vorschrift nimmt eine Sonderstellung insoweit ein, als er als einzige Verfahrensvorschrift die Hinzuziehung eines zweiten Notars oder zweiten Zeugen zwingend vorschreibt, siehe *Preuß*, § 25 BeurkG Rdn 1.

f) Die Belehrungen und Feststellungsvermerke nach §§ 16, 32 BeurkG

aa) Der Vermerk nach § 16 BeurkG. § 16 BeurkG behandelt den Fall, dass einer der Beteiligten nach sei- **117**
nen Angaben oder zur Überzeugung des Notars sprachunkundig ist. § 16 BeurkG verlangt eine Reihe von **Feststellungsvermerken**. Der Notarprüfer muss das darauf achten, dass der Notar folgende Feststellungen getroffen hat: (*Piegsa*, § 16 BeurkG Rdn 40)

- Erklärung der Beteiligten oder Überzeugung des Notars über fehlende Sprachkundigkeit (§ 16 Abs. 1 BeurkG);
- Hinweis, dass der Beteiligte eine schriftliche Übersetzung verlangen kann (§ 16 Abs. 2 S. 3 BeurkG);
- bei schriftlicher Übersetzung, Anfertigung der schriftlichen Übersetzung und Vorlage zur Durchsicht (§ 16 Abs. 2 S. 2, 3 BeurkG);

90 *Bücker/Viefhues*, ZNOtP 2007, 126, 130.

– Vereidigung des Dolmetschers bzw. Bezugnahme auf den allgemeinen Eid bzw. Verzicht der Beteiligten sowie Angaben über die Identität des Dolmetschers (§ 16 Abs. 3 S. 3 BeurkG).

Aus den Erfahrungen der Notarprüfungen heraus kann insbesondere darauf hingewiesen werden, dass vielfach seitens der Notare vergessen wird, den **sprachunkundigen Beteiligten** auf sein **Recht zur Übersetzung hinzuweisen**. Hierauf sollte der Notarprüfer demnach einen kritischen Blick haben.

118 **bb) Der Vermerk nach § 32 BeurkG.** § 32 BeurkG regelt den Fall, dass eine sprachunkundige Person durch mündliche Erklärung eine Verfügung von Todes wegen errichtet. Die Norm schreibt als Regel vor, dass eine schriftliche Übersetzung anzufertigen ist, wenn die mangelnde Sprachkunde in der Niederschrift festgestellt wird, während nach § 16 BeurkG grundsätzlich die mündliche Übersetzung in der Niederschrift genügt und nur auf Verlangen eines Beteiligten eine schriftliche Übersetzung angefertigt werden muss.[91]

g) Sonstige Belehrungsvermerke

119 Wie unter 1. ausgeführt, nennt die nichtamtliche Begründung nur einige Belehrungsvermerke, die es „insbesondere" zu prüfen gilt. Wichtig erscheinen darüber hinaus die **Vermerke** über die **Feststellung der Beteiligten** nach § 10 Abs. 2 BeurkG, **der Geschäftsfähigkeit** nach § 11 Abs. 1 S. 2, Abs. 2 BeurkG, **der Vertretungsbescheinigung** nach § 12 BeurkG. Darüber hinaus bestehen Hinweis- und Vermerkpflichten hinsichtlich erforderlicher **behördlicher gerichtlicher Genehmigungen oder Bestätigungen** nach § 18 BeurkG sowie für den Fall, dass nach dem Grunderwerbssteuerrecht eine Eintragung erst vorgenommen werden soll, wenn die **Unbedenklichkeitsbescheinigung des Finanzamts** vorliegt, § 19 BeurkG.

XIV. Abs. 3 Nr. 14

1. Allgemeines

120 Die Notare sind nach § 23 BNotO auch dafür zuständig, Wertpapiere und Kostbarkeiten, die ihnen von den Beteiligten übergeben sind, zur Aufbewahrung oder zur Ablieferung an Dritte zu übernehmen. Die Verwaltung von Treuhandgeldern (§ 23 BNotO) ist ein besonders sensibler Bereich notarieller Tätigkeit, weil die Beteiligten, aber auch der Gesetzgeber dem Notar ein außerordentliches Vertrauen entgegenbringt.[92] Dies darf und soll die Dienstaufsicht nicht davon abhalten, diesen Bereich besonders streng zu kontrollieren, weshalb es in diesem Bereich ein eng gespanntes Netz zu beachtender Verfahrensvorschriften gibt.[93] Hierzu zählen § 41 NotAktVV bzw. dessen Vorgängerregelung in § 22 Abs. 2 DONot (2001). Regelungen zur Durchführung der Verwahrungsgeschäfte enthält darüber hinaus § 10 DONot.

2. Die Verwahrung in der Geschäftsprüfung

121 Im Zuge der Geschäftsprüfung ist zu prüfen, ob die Verwahrungsgeschäfte ordnungsgemäß abgewickelt wurden. In materieller Hinsicht maßgeblich ist die Vorschrift des § 57 BeurkG und insoweit insbesondere dessen Absatz 2. Danach darf der Notar Geld zur Verwahrung nur entgegennehmen, wenn

- hierfür ein **berechtigtes Sicherungsinteresse** der am Verwahrungsgeschäft beteiligten Personen besteht,
- ihm ein **Antrag auf Verwahrung** verbunden mit einer **Verwahrungsanweisung** vorliegt, in der hinsichtlich der Masse und ihrer Erträge der Anweisende, der Empfangsberechtigte sowie die zeitlichen und sachlichen Bedingungen der Verwahrung und die Auszahlungsvoraussetzungen bestimmt sind,
- er den Verwahrungsantrag und die Verwahrungsanweisung **angenommen** hat.

a) Vorliegen eines berechtigten Sicherungsinteresses

122 Im Rahmen der Prüfung der Verwahrungsgeschäfte wird regelmäßig ein **Schwerpunkt** darauf liegen, ob für die Einrichtung des Notaranderkontos ein **berechtigtes Sicherungsinteresse** vorliegt, § 57 Abs. 2

91 Eylmann/Vaasen/*Baumann*, § 32 BeurkG Rn 1.
92 Armbrüster/Preuß/Renner/*Eickelberg*, BeurkG 8. Aufl., DONot § 22 Rn 17.
93 Armbrüster/Preuß/Renner/*Eickelberg*, BeurkG 8. Aufl., DONot § 22 Rn 17.

Nr. 1 BeurkG, wobei der Notarprüfer und der Notar nicht übersehen dürfen, dass nicht nur die Verwahrung von Geld, sondern auch die Verwahrung von Wertpapieren und Kostbarkeiten ein berechtigtes Sicherungsinteresse voraussetzt. Liegt ein berechtigtes Sicherungsinteresse nicht vor, so ist der Notar verpflichtet den Auftrag über eine **Direktzahlung** abzuwickeln.[94] Es liegt auf der Hand, dass die Frage, ob die Abwicklung des Auftrages durch ein berechtigtes Sicherungsinteresse gedeckt ist, in besonderem Maße zu Diskussionen zwischen der Dienstaufsicht und dem Notar führen kann, denn bei dem Begriff des berechtigten Sicherungsinteresses handelt es sich um einen **unbestimmten Rechtsbegriff**, der dem Notar einen Beurteilungsspielraum lässt.[95] Dies hat der Bundesgerichtshof in einer jüngeren Entscheidung bekräftigt und hervorgehoben, dass ein berechtigtes Sicherungsinteresse **objektiv** zu bestimmen ist und dann anzunehmen ist, wenn eine Absicherung der Beteiligten allein durch die notarielle Verwahrung gewährleistet ist oder diese gegenüber der Direktzahlung zumindest deutlich erleichtert, die Verwahrung mithin ein „Plus" an Sicherheit bietet. Dies sei etwa dann der Fall, wenn bei einer direkten Abwicklung eine Absicherung der Beteiligten nur durch Gewährung von Sicherheiten außerhalb des Vertragsobjekts oder durch Einschaltung eines anderen Treuhänders möglich wäre. Das Sicherungsinteresse fehle demnach, wenn das Geschäft ebenso gut ohne die Einschaltung eines Notars im Wege der Direktzahlung erfolgen könne.[96] Aus dem danach anzulegenden **objektiven Maßstab** folgt, dass die von den Notaren vielfach im Abschlussgespräch der Geschäftsprüfung vorgebrachte Begründung, die Mandanten hätten sich nach gründlicher Beratung bewusst für die Abwicklung über ein Notaranderkonto entschieden, nicht trägt. Insoweit hierzu, teilweise auch in der Kommentarliteratur, die Mindermeinung vertreten wurde, in einer solchen Situation sei die Einrichtung eines Notaranderkontos jedenfalls in Ausnahmefällen nicht zu beanstanden,[97] ist dies abzulehnen. Insoweit die Entscheidung des Bundesgerichtshofs seitens der Notare mitunter dahingehend interpretiert wird, danach sei mit Blick auf den zugebilligten Beurteilungsspielraum die Überprüfung des Vorliegens eines berechtigten Sicherungsinteresses nicht möglich, trifft dies tatsächlich nicht zu. Richtig ist zwar, dass der Bundesgerichthof deutlich gemacht hat, ein Einschreiten der Dienstaufsicht komme lediglich in eindeutigen Fällen in Betracht. Allerdings hat der Bundesgerichtshof klargestellt, dass es durchaus Umstände gibt, die nahelegen, ein Notar habe von dem ihm auszuübenden Beurteilungsermessen keinen Gebrauch gemacht, etwa wenn – was in der Praxis nicht selten zu beobachten ist – Anzeichen für eine formularmäßig systematische Vorgehensweise wegen einer atypisch häufig vorkommenden Verwahrungstätigkeit ergeben oder es sich um eine sonstige Fallgestaltung handelt, in der eine Verwahrung keine bessere Absicherung der Beteiligten bedeutet.[98] Dementsprechend ist im Rahmen der Geschäftsprüfung bei Prüfung der Verwahrungsgeschäfte weiterhin die Annahme eines berechtigten Sicherungsinteresses zu prüfen, damit das gesetzgeberische Ziel das Notaranderkonto nur ausnahmsweise zu verwenden, erreicht werden kann.[99]

Eine Übersicht, in welchen Fällen ein berechtigtes Sicherungsinteresse anzunehmen ist, findet sich unter den Ausführungen zu § 57 BeurkG, vgl. dort Rdn 22.

Aus der Sicht eines Praktikers heraus sei insbesondere der noch unerfahrene Notarprüfer auf die Sensibilität der Thematik ausdrücklich hingewiesen, weil die Frage, ob der Notar von einem berechtigten Sicherungsinteresse ausgehen durfte, in engem Zusammenhang zu seiner **notariellen Unabhängigkeit** steht. Es empfiehlt sich daher dringend, keine voreiligen Schlüsse zu ziehen, sondern gegebenenfalls im Nachgang zur Geschäftsprüfung gründlich zu prüfen, ob tatsächlich eine Beanstandung erfolgen sollte. Im Abschlussgespräch mit dem Notar sollte der Punkt zwar offen, aber ohne konkrete Festlegung, ob dies als förmliche Beanstandung in den Prüfungsbericht aufgenommen wird, angesprochen werden. Dies erscheint selbst dann sinnvoll, wenn der Notarprüfer die geprüften Fälle für eindeutig hält, weil er insoweit unbedingt vorher mit seinem Dienstherrn Rücksprache halten sollte, der letztlich zu entscheiden haben wird, ob eine Beanstandung erfolgen soll. Insoweit schadet es sicher nicht, wenn der Notarprüfer zu erkennen gibt, dass der Dienstaufsicht bewusst ist, dass dem Notar mit Blick auf seine Unabhängigkeit ein Beurteilungsspielraum zusteht und die Sache im Nachgang noch einmal gründlich geprüft wird. Der 123

94 *Weingärtner/Ulrich/Löffler*, § 27 Rn 343.
95 *Weingärtner/Ulrich/Löffler*, § 27 Rn 343.
96 BGH v. 16.11.2020 – NotSt (Brfg) 2/19, Rn 28 f., juris m.w.N.
97 So *Weingärtner/Ulrich/Löffler*, § 27 Rn 343.
98 BGH v. 16.11.2020 – NotSt (Brfg) 2/19, Rn 34, juris m.w.N.
99 *Zimmer*, Urt. Mit Anmerkung: Zum „berechtigten Sicherungsinteresse" bei vom Notar zur Verwahrung angenommenen Geld, ZfiR, 172 ff.

Notarprüfer, der zumeist ein vom Präsidenten des Landgerichts mit der Durchführung der Notarprüfung beauftragter Richter auf Lebenszeit ist, sollte sich bewusst machen, dass auch er selbst möglicherweise sensibel reagierte, würde man ihm vorhalten, im Rahmen seiner Entscheidungsfindung einen falschen Maßstab angelegt zu haben.

b) Verwahrungsantrag, Verwahrungsanweisung und Verwahrungsvereinbarung

124 Ob der Notar die Voraussetzungen des § 57 Abs. 2 Nr. 2 und 3 BeurkG eingehalten hat, ist anhand der Nebenakte zum jeweiligen Verwahrungsgeschäft zu prüfen. Nach § 41 Abs. 2 NotAktVV sind zu den Nebenakten insbesondere zu nehmen:

– sämtliche Verwahrungsanträge und -anweisungen (§ 57 Abs. 2 bis 4 BeurkG),
– die **Treuhandaufträge und die Verwahrungsanweisungen**, die dem Notar im Zusammenhang mit dem Vollzug desjenigen Geschäfts erteilt worden sind, das der Verwahrung zugrunde liegt,
– **Änderungen und Ergänzungen** der Verwahrungsanweisungen und der Treuhandaufträge,
– **Annahmeerklärungen** (§ 57 Abs. 3 und Abs. 5 BeurkG) und
– Belege, Kontoauszüge und Abschriften von Abrechnungen und Kostenberechnungen, die die Verwahrung betreffen.

125 Wegen der Einzelheiten wird auf die Kommentierung zu § 41 NotAktVV verwiesen. Für die Geschäftsprüfung sei auf Folgendes in besonderem Maße hingewiesen:

Zwingend zu prüfen ist, ob der **erforderliche Verwahrungsantrag** vorliegt, § 57 Abs. 2 BeurkG. Damit wird der Notar ersucht, das Verwahrungsgeschäft zu übernehmen. Für den Fall, dass der Notar den Antrag annimmt, ergibt sich die inhaltliche Ausgestaltung des Verwahrungsgeschäfts aus der Verwahrungsanweisung.[100]

Verwahrungsanweisungen regeln die Bedingungen der Verwahrung, siehe *Mayer*, § 57 BeurkG Rdn 48 ff. Sie müssen mindestens Regelungen enthalten über:

– die Person des Empfangsberechtigten,
– die Person des Anweisenden,
– die zeitlichen und sachlichen Bedingungen der Verwahrung,
– die Auszahlungsvoraussetzungen.[101]

Die Verwahrungsanweisungen und in diesem Zusammenhang erteilte Treuhandaufträge (§ 57 Abs. 6 BeurkG) sind „**peinlich genau**" und regelmäßig wörtlich auszuführen, siehe *Mayer*, § 57 BeurkG Rdn 52. Der Notar muss darauf hinwirken, dass der Treuhandauftrag **eindeutig** und **unmissverständlich** formuliert wird.

Der Notar hat sich an die ihm erteilte Weisung strikt zu halten. Dem Notarprüfer muss dabei bewusst sein, dass die **peinliche Genauigkeit bei Durchführung der Verwahrungsgeschäfte** eine grundlegende Pflicht darstellt, weil bereits nur der Hauch des Anscheins, Treuhandgelder könnten gefährdet seien bzw. die Beachtung von Treuhandbedingungen werde nicht gewährleistet, das Vertrauen in die Integrität des gesamten Berufsstandes gefährden können. Eine solche **Pflichtverletzung** wiegt derart **schwer**, dass der Notar nach § 50 Abs. 1 N. 8 Alt. 3 BNotO **zwingend seines Amtes zu entheben wäre**.

c) Annahmeerklärung

126 § 57 Abs. Nr. 3 BeurkG regelt im Grunde eine Selbstverständlichkeit, siehe *Mayer*, § 57 BeurkG Rdn 91. Da der Notar nicht verpflichtet ist, Hinterlegungen vorzunehmen, darf der Notar Gelder auf ein Notaranderkonto nur dann annehmen, wenn er Verwahrungsantrag und Verwahrungsanweisung angenommen hat, bevor er das Geld zur Verwahrung entgegennimmt, siehe *Mayer*, § 57 BeurkG Rdn 91. Erfolgt die Verwahrungsanweisung nicht in der vom Notar errichteten Urkunde, sondern – zum Beispiel bei einem Treuhandauftrag der finanzierenden Bank – durch ein gesondertes Schreiben, muss er die Annahme ausdrücklich auf dem Original des Treuhandauftrags vermerken, § 57 Abs. 5 BeurkG.

100 *Blaeschke*, § 14 Rn 11.

101 Arndt/Lerch/Sandkühler/*Sandkühler*, § 23 Rn 62.

d) Schriftform

§ 57 Abs. 4 BeurkG bestimmt, dass die Verwahrungsanweisung sowie deren Änderung, Ergänzung und Widerruf der Schriftform bedürfen. In Bezug darauf ist klarzustellen, dass insoweit nicht Schriftform im Sinne des § 126 BGB gemeint ist. Es genügt die **„prozessrechtliche Schriftform"**. Die Schriftform ist danach etwa bei einem Treuhandauftrag auch gewahrt, wenn dieser als sog. Computerfax mit eingescannter Unterschrift erteilt wird.[102] 127

e) Zusendung einer Abrechnung nach Auftragsabwicklung

Auffällig ist, dass in Abs. 2 Nr. 8, 9 und auch in Abs. 3 Nr. 14 ein Verweis auf die Vorschrift des § 10 DONot, der die Durchführung der Verwahrungsgeschäfte regelt, fehlt. Dies könnte den unzutreffenden Eindruck erwecken, die Einhaltung der in § 10 geregelten Bestimmungen sei für die Geschäftsprüfung gänzlich nicht relevant. Das ist nicht der Fall. Insbesondere gehört es zur Prüfung der Abwicklung eines Verwahrungsgeschäfts dazu, festzustellen, ob der Notar nach § 10 Abs. 5 S. 1 DONot den Auftraggebern **nach Abschluss eines Verwahrungsgeschäfts** (§ 22 Nr. 6 NotAktVV) eine **Abrechnung** über die Abwicklung des Auftrags zugesandt hat. Insoweit hat sich zur alten Rechtslage nichts geändert. § 27 Abs. 4 S. 1 DONot (2001) sah eine entsprechende Verpflichtung vor. Dabei wurde teilweise vertreten, dass die Übersendung einer Kopie aus dem Massenbuch nicht ausreicht, weil dort nicht unter dem Wertstellungsdatum, sondern unter dem Eingangsdatum der Kontoauszüge gebucht worden ist.[103] Diese Sichtweise war bereits unter Geltung der DONot (2001) streng und ist nunmehr mit Blick auf § 25 Abs. 2 NotAktVV überholt. 128

f) Abwicklung von Treuhandaufträgen nach § 57 Abs. 6 BeurkG

Für den Fall, dass Grundpfandrechte abzulösen sind und der Erwerber den Kaufpreis über seine Bank finanziert, sind auch Kreditinstitute in die Vertragsabwicklung insoweit einbezogen, als einerseits die Bank des Verkäufers dem Notar Löschungsbewilligungen hinsichtlich der zu ihren Gunsten eingetragenen Grundpfandrechte zu „treuen Händen" übersendet und andererseits die finanzierende Bank den Kaufpreis „treuhänderisch" überweist, siehe *Mayer*, § 57 BeurkG Rdn 119 ff. 129

Der Notar muss den Treuhandauftrag vor der Annahme besonders gründlich prüfen, weil es häufig passieren kann, dass sich Verwahrungsvereinbarung und Treuhandauftrag des Dritten derart widersprechen, dass ihre gleichzeitige Beachtung nicht möglich ist, siehe *Mayer*, § 57 BeurkG Rdn 119 ff. Auch wenn bei Treuhandaufträgen Dritter Personen nicht auf § 57 Abs. 2 Nr. 2 BeurkG Bezug genommen wird, muss der Notar dementsprechend auch bei ihnen unbedingt darauf achten, dass klar umschrieben wird, welches Handeln von ihm unter welchen Voraussetzungen erwartet wird.[104]

Der Notar muss insbesondere auch darauf achten, dass eine im Treuhandauftrag ausgesprochene **Befristung des Kreditinstituts** nicht vor Abwicklung des Verwahrungsgeschäfts abgelaufen ist und muss daher seine Büroorganisation so ausrichten, dass gegebenenfalls rechtzeitig ein Antrag auf Fristverlängerung gestellt werden kann, siehe *Mayer*, § 57 BeurkG Rdn 119 ff.

XV. Abs. 3 Nr. 15

Die Vorschrift bestimmt, dass im Zuge der Geschäftsprüfung die Einhaltung der Mitteilungspflichten zu prüfen ist. Mitteilungspflichten bestehen gegenüber Behörden und Gerichten. 130

1. Behördliche Mitteilungspflichten

Hervorzuheben sind insoweit vor allem **Mitteilungspflichten**, die gegenüber dem **Finanzamt** und der **FIU** bestehen. Zur gewissenhaften Vorbereitung der Notarprüfung empfiehlt sich die Lektüre des Merkblatts über die steuerlichen Beistandspflichten der Notare auf den Rechtsgebieten Grunderwerbsteuer, Erbschaftssteuer und Ertragssteuern der Oberfinanzdirektion des Landes Nordrhein-Westfalen, das einen guten Überblick über die steuerlichen Beistands- bzw. Anzeigepflichten der Notare gegenüber der Fi- 131

102 *Blaeschke*, § 14 Rn 14.
103 Weingärtner/Gassen/Sommerfeldt/*Weingärtner*, § 27 Rn 39.
104 *Blaeschke*, § 14 Rn 26.

nanzverwaltung enthält. Sowohl der Notarprüfer als auch der Notar kann beispielsweise – was in der Praxis oft übersehen wird – an dem Merkblatt leicht erkennen, dass es Rechtsvorgänge gibt, die mehrfache Anzeigepflichten begründen. In diesen Fall muss der Notar demnach gegenüber jedem zuständigen Finanzamt eine separate Anzeige erstatten.[105] Derartige Merkblätter haben auch die Oberfinanzdirektionen anderer Bundesländer herausgegeben.

a) Grunderwerbssteuer

132 Steuerliche Anzeigepflichten bestehen hier nach den §§ 18, 20, 21 und 22a GrEStG sowie nach § 102 Abs. 4 AO. Die Anzeigepflicht betrifft alle Rechtsvorgänge, die unmittelbar oder mittelbar das Eigentum an einem inländischen Grundstück im Sinne des § 2 Abs. 1 GrEStG betreffen, wobei gemäß § 2 Abs. 2 GrEStG Erbbaurechte, Gebäude auf fremden Boden sowie dinglich gesicherte Sondernutzungsrechte im Sinne des § 15 WEG und § 1010 BGB den Grundstücken gleichstehen.

Der Notarprüfer muss einen Blick darauf richten, dass die Urkunde, Ausfertigungen oder beglaubigte Abschriften erst ausgehändigt werden können, wenn die Anzeigen (§ 18 und 20 GrEStG) in allen Teilen vollständig an das Finanzamt abgesandt worden sind.

b) Erbschaftssteuer (Schenkungssteuer)

133 Nach § 34 ErbStG haben Notare dem für die Verwaltung der Erbschaftssteuer zuständigen Finanzamt diejenigen Beurkundungen, Zeugnisse und Anordnungen anzuzeigen, die für die Festsetzung einer Erbschaftsteuer (Schenkungsteuer) von Bedeutung sein können. Danach sind insbesondere, aber nicht ausschließlich **Schenkungen und Schenkungsversprechen anzeigepflichtig**. Praktisch relevant sind überdies Grundstücksüberlassungsverträge zwischen Eheleuten/eingetragenen Lebenspartnern, Eltern und Kindern oder sonstigen Angehörigen, wenn das Entgelt unter dem Verkehrswert des Grundstücks liegt oder als Gegenleistung ein Wohn- oder Verpflegungsrecht eingeräumt wird.[106]

Weitere **anzeigepflichtigen Vorgänge** ergeben sich insbesondere **aus §§ 7, 8 ErbStDV**.

Hinsichtlich der Frist zur Einreichung der Anzeige muss der Notarprüfer darauf achten, dass diese **unverzüglich** nach der Beurkundung oder der Unterschriftsbeglaubigung erstattet worden ist.

c) Ertragsteuern

134 Nach § 54 Abs. 1 S. 1 EStDV haben deutsche Notare gegenüber dem zuständigen Finanzamt die Pflicht, beglaubigte Abschriften aller von ihnen aufgenommenen Urkunden, die Verfügungen über Geschäftsanteile enthalten, zu übersenden. In der Notarprüfung kann insoweit die Frage auftreten, ob ein Notar, der lediglich das Verpflichtungsgeschäft beurkundet hat, eine Meldung nach § 54 Abs. 1 S. 1 EStDV abgeben darf. Der Wortlaut der Vorschrift „Verfügung" legt dies zwar nicht unbedingt nahe. Gleichwohl muss der Notarprüfer aber beachten, dass jedenfalls nach der Rechtsauffassung der Oberfinanzdirektionen auch in diesem Fall eine Anzeigepflicht besteht.[107]

Der Notarprüfer musss darauf achten, dass die Anzeige nach § 54 Abs. 2 S. 1 EStDV binnen **zwei Wochen**, von der Aufnahme oder Beglaubigung der Urkunde angerechnet, zu erstatten ist. Zudem darf den Beteiligten die Urschrift, eine Ausfertigung oder beglaubigte Abschrift der Urkunde erst ausgehändigt werden, wenn die Abschrift der Urkunde an das Finanzamt abgesandt ist, § 54 Abs. 3 EStDV.

d) Meldepflichten nach GwG und §§ 3–6 GwGMeldeV-Immobilien

135 Von zunehmender Relevanz sind überdies Mitteilungspflichten nach den § 43 GwG und §§ 3–6 GwGMeldeV-Immobilien. Da sich Anfragen der Notare nach § 18 Abs. 3 BNotO insoweit häufen, wird auf die Ausführungen zu § 18 Abs. 3 Nr. 18 DONot verwiesen.

105 Merkblatt über die steuerlichen Beistandspflichten der Notare auf den Rechtsgebieten Grunderwerbssteuer Erbschaftssteuer (Schenkungssteuer) Ertragssteuern der Oberfinanzdirektion Nordrhein-Westfalen, Stand: September 2021.

106 Merkblatt über die steuerlichen Beistandspflichten der Notare auf den Rechtsgebieten Grunderwerbssteuer Erbschaftssteuer (Schenkungssteuer) Ertragssteuern der Oberfinanzdirektion Nordrhein-Westfalen, Stand: September 2021, S. 12.

107 Vgl. etwa Oberfinanzdirektion Frankfurt am Main, Merkblatt über die steuerlichen Beistandspflichten der Notare auf den Gebieten Grunderwerbsteuer, Erbschaftsteuer (Schenkungsteuer), Ertragsteuern, Anhang II.

2. Sonstige behördliche Mitteilungspflichten

Sonstige Mitteilungspflichten bestehen – soweit für die Geschäftsprüfung von Interesse – vor allem aufgrund familienrechtlicher Bestimmungen. Nach § 1597 Abs. 2 BGB sind etwa für den Fall einer Vaterschaftsanerkennung eine beglaubigte Abschrift der Anerkennung und aller Erklärungen, die für die Wirksamkeit der Anerkennung bedeutsam sind, auch dem Standesbeamten zu übermitteln. Weitere Mitteilungspflichten gegenüber dem Standesamt ergeben sich aus § 56 Abs. 5 PStV sowie § 44 Abs. 3 PStV. § 1626d BGB bestimmt, dass Sorgeerklärungen nach § 1626a Abs. 1 Nr. 1 BGB dem für den Geburtsort des Kindes zuständigen Jugendamt zu übermitteln sind. Für den Bereich des Gesellschaftsrechts ist die Mitteilungspflicht an das Handelsregister nach § 40 Abs. 2 GmbHG von Bedeutung. 136

3. Mitteilungspflichten gegenüber den Gerichten

Mitteilungspflichten bestehen insoweit gegenüber dem Registergericht nach § 379 Abs. 1 FamFG und gegenüber dem Nachlassgericht nach § 34a BeurkG, vgl. hierzu die Ausführungen zu § 51 BeurkG Rdn 30 und § 34a BeurkG. 137

XVI. Abs. 3 Nr. 16

Gegenstand der Geschäftsprüfung ist auch die Einhaltung der in § 14 Abs. 1–3 BNotO geregelten **allgemeinen Berufspflichten** des Notars. 138

1. Allgemeines

§ 14 BNotO bündelt die Pflichten der Notare in den Grundsätzen der Unabhängigkeit, Unparteilichkeit, Redlichkeit sowie Achtungs- und Vertrauenswürdigkeit. Daran anknüpfend hat die Rechtsprechung den Gesamtinhalt der Amtspflicht dahin zusammengefasst, dass der Notar sein Amt **sachlich, unparteiisch und im Einklang mit den Forderungen von Treu und Glauben sowie guter Sitte auszuüben und sich jeden Missbrauch seines Amtes zu enthalten hat.**[108] 139

Anders als bei den meisten anderen Prüfungsgegenständen ist eine zielgerichtete Prüfung für den Notarprüfer schwierig, weil Verstöße allenfalls zufällig im Rahmen der Prüfung der einzelnen Urkunden auffallen können. Dies ist misslich angesichts der Tatsache, dass die Geschäftsprüfung, abgesehen von Hinweisen Dritter, die einzige Möglichkeit darstellt, zu prüfen, ob der Notar sich an die in § 14 BNotO normierten notarielle Kernpflichten hält.

2. § 14 Abs. 1 BNotO

§ 14 Abs. 1 BNotO verpflichtet den Notar zu unparteilicher und unabhängiger Amtsführung. Dabei kann insbesondere das Gebot der Unparteilichkeit Schwierigkeiten bereiten. Im Rahmen der Beurkundung kann es zu schwierigen Abgrenzungsfragen zwischen **Belehrungspflicht** einerseits und **Neutralitätspflicht** andererseits kommen.[109] Für die Geschäftsprüfung ist die Vorschrift von untergeordneter Bedeutung. 140

3. § 14 Abs. 2 BNotO

Von besonderer Bedeutung ist § 14 Abs. 2 BNotO, wonach der Notar die Amtstätigkeit zu versagen hat, wenn sie mit seinen Amtspflichten nicht vereinbar wäre, insbesondere, wenn seine Mitwirkungen bei Handlungen verlangt wird, mit denen erkennbar **unerlaubte** oder **unredliche Zwecke** verfolgt werden. Daraus folgt zum einen, dass der Notar keine nichtigen Rechtsgeschäfte beurkunden darf. Beispielhaft seien insoweit Verstöße gegen § 134 BGB und § 138 BGB sowie die Beurkundung von Scheingeschäften genannt, wie etwa die Beurkundung eines erkennbar unzutreffenden Kaufpreises.[110] Zum anderen muss der Notar seine Amtstätigkeit auch dann versagen, wenn seine Mitwirkung erkennbar dazu dient, den Anschein der Seriosität zu erwecken, tatsächlich, aber unredliche Zwecke verfolgt werden, insbesondere Sicherheiten vorzutäuschen.[111] 141

108 Arndt/Lerch/Sandkühler/*Sandkühler*, § 14 Rn 15.
109 Frenz/Miermeister/*Frenz*, § 14 Rn 10.
110 Frenz/Miermeister/*Frenz*, § 14 Rn 33.
111 Frenz/Miermeister/*Frenz*, § 14 Rn 33.

142 Aus der praktischen Erfahrung heraus ist insbesondere eine Fallgestaltung relevant, die der Notarprüfer im Blick haben muss, nämlich die der sog. „Kettenkaufverträge", bei denen der Notar geringwertige Immobilien angekauft und kurze Zeit danach mit erheblichen Preisaufschlägen wieder verkauft hat.[112] Schon bei Überprüfung des Urkundenverzeichnisses sollte daher darauf geachtet werden, ob ein Beteiligter auffällt, der besonders häufig und in engem zeitlichen Zusammenhang Grundstückskaufverträge beurkunden lässt. In diesem Fall sollte der Notarprüfer sich die betroffenen Urkunden notieren und vorlegen lassen, um auszuschließen, dass der Notar sog. Kettenkaufverträge beurkundet hat. Sollte im Rahmen der Geschäftsprüfung ein solcher Verdacht ergeben, ist sich zu vergegenwärtigen, dass – sollte der Verdacht zutreffen – ein derart **schweres Dienstvergehen** im Raum steht, dass die **Amtsenthebung** zur Folge haben kann.[113]

4. § 14 Abs. 3 BNotO

143 § 14 Abs. 3 BNotO normiert das sogenannte Anscheinsverbot und Redlichkeitsgebot. Aus letzterem wird – was im Rahmen der Geschäftsprüfung zu prüfen ist – gefolgert, dass der Notar seine Amtsgeschäfte ohne schuldhafte Verzögerung (vgl. § 53 BeurkG, § 121 BGB) vorzunehmen hat, wobei die zulässige Erledigungsdauer sich insbesondere nach der Schwierigkeit des Amtsgeschäfts und dessen Dringlichkeit richtet.[114] Können danach allgemein gültige Aussagen nicht getroffen werden, sollte der Notarprüfer auch lediglich in **offensichtlichen Fällen** eine Beanstandung in seinen Prüfungsbericht aufnehmen. Insbesondere die Frage, ob ein Amtsgeschäft schwierig ist, kann im Übrigen nicht allein am Beurkundungsgegenstand festgemacht werden, sondern hängt auch von den Gestaltungswünschen der Parteien ab. Der Notarprüfer muss sich dementsprechend vergegenwärtigen, dass er nicht vorschnell seine Meinung zur Schwierigkeit des Amtsgeschäfts an die Stelle des Notars setzt. Dies gilt umso mehr, als er nach Abs. 1 S. 3 dazu angehalten ist, unter anderem die sachliche Unabhängigkeit des Notars zu berücksichtigen.

144 Das Anscheinsverbot, das aus § 14 Abs. 3 S. 2 BNotO folgt und den Notar verpflichtet, jedes Verhalten zu vermeiden, das den Anschein eines Verstoßes gegen die ihm gesetzlich auferlegten Pflichten erzeugt, spielt in der Prüfungspraxis eine eher untergeordnete Rolle, weil Verstöße insoweit eher zufällig entdeckt werden können.

XVII. Abs. 3 Nr. 17

145 Dem Notar ist es nach § 14 Abs. 4 S. 1 BNotO, abgesehen von den ihm durch Gesetz zugewiesenen Vermittlungstätigkeiten, verboten, Darlehen sowie Grundstücksgeschäfte zu vermitteln, sich an jeder Art der Vermittlung von Urkundsgeschäften zu beteiligen oder im Zusammenhang mit einer Amtshandlung eine Bürgschaft oder eine sonstige Gewährleistung zu übernehmen. Nach § 14 Abs. 4 S. 2 BNotO hat er zudem Sorge dafür zu tragen, dass sich auch die bei ihm beschäftigten Personen nicht mit derartigen Geschäften befassen.

Die Regelung bezweckt, die **unabhängige und unparteiische Amtsführung** des Notars und das **Ansehen des Notaramts** als solches zu sichern.[115] Damit ist die Einhaltung der Vorschrift – ebenso wie die Beachtung der § 14 Abs. 1–3 BNOtO – einerseits elementar wichtig, weil Verstöße insoweit geeignet sind, den ganzen Berufsstand in Verruf zu bringen und das Vertrauen der Bevölkerung in das Notaramt schwer zu erschüttern. Andererseits muss konstatiert werden, dass im Rahmen der Notarprüfung die in § 14 Abs. 4 BNotO genannten Vermittlungstätigkeiten bzw. Gewährleistungen kaum auffallen werden. Es kann realistischerweise nicht davon ausgegangen werden, dass ein Notar, der gegen die Vermittlungs- und Gewährleistungspflicht verstößt, dies aktenkundig macht. Die Vorschrift hat daher für die Geschäftsprüfung kaum praktische Relevanz. Der Notarprüfer sollte allerdings mit Blick auf § 14 Abs. 4 S. 2 BNotO prüfen, ob die Mitarbeiter des Notars im Rahmen der von ihnen bei der Einstellung unterschriebenen Verpflichtungserklärungen auf die Vorschrift hingewiesen worden sind.[116]

112 Arndt/Lerch/Sandkühler/*Sandkühler*, § 14 Rn 97.
113 BGH Senat für Notarsachen v. 8.11.2013 – NotSt (B) 1/13, juris.
114 Frenz/Miermeister/*Frenz*, § 14 Rn 33.
115 Schippel/Bracker/*Kanzleiter*, § 14 Rn 62.
116 Arndt/Lerch/Sandkühler/*Sandkühler*, § 14 Rn 331.

XVIII. Abs. 3 Nr. 18

Die in § 15 BNotO geregelte **Urkundsgewährungspflicht** des Notars betrifft die Frage, unter welchen Voraussetzungen er seine Urkundstätigkeit verweigern darf. Ob er sie verweigern muss, ergibt sich dagegen aus § 14 Abs. 2 BNotO, wonach er jegliche Amtstätigkeit zu versagen hat, die mit seinen Amtspflichten nicht vereinbar wäre, vgl. Abs. 3 Nr. 16.[117] So elementar wichtig die Einhaltung dieses Grundsatzes ist, weil die Notare auf dem Gebiet des Beurkundungswesens eine Monopolstellung innehaben,[118] so wenig Beachtung wird ihm häufig im Rahmen der Geschäftsprüfung gewidmet. Dies hängt freilich damit zusammen, dass der Notarprüfer wissen muss, in welchen Fällen im Prüfungszeitraum eine Urkundstätigkeit überhaupt verweigert worden ist. Dies sollte der Notarprüfer rechtzeitig vor der Notarprüfung ausdrücklich nachfragen und sich den Sachverhalt im Rahmen der Geschäftsprüfung sodann daraufhin anschauen, ob ein „ausreichender Grund" im Sinne des § 15 Abs. 1 S. 1 BNotO anzuerkennen ist und dieser dem Antragsteller mitgeteilt worden ist, damit dieser prüfen kann, ob er gegen die Entscheidung Beschwerde nach § 15 Abs. 1 BNotO einlegen kann. Sollte der Notarprüfer feststellen, dass tatsächlich eine Beschwerde rechtshängig ist, sollte er sich jedoch einer Bewertung zunächst enthalten und den Ausgang des Beschwerdeverfahrens zuwarten. 146

Die Nachfrage, in welchen Fällen die Urkundstätigkeit versagt worden ist, ist auch in Bezug auf die **Corona-Pandemie** von besonderer Bedeutung und könnte künftig Notarprüfer verstärkt beschäftigen. Es stellt sich nämlich insoweit die Frage, inwieweit sich der Notar Gefahren aussetzen muss, um dem Urkundsgewährungsanspruch nachzukommen. Weigert sich etwa ein Beteiligter während der Beurkundung eine Maske zutragen, so stellt dies nach Auffassung der Geschäftsführung der Rheinischen Notarkammer jedenfalls dann einen ausreichenden Grund dar, wenn das Infektionsrisiko aufgrund einer hohen Inzidenz erhöht ist und der Beteiligte dem Notar nicht ausreichend glaubhaft machen kann, dass er aus medizinischen Gründen daran gehindert ist, eine Maske zu tragen.[119] 147

Wie §§ 16a Abs. 2, 40a Abs. 5 BeurkG zeigen, gewährt Abs. 1 einen Anspruch auf die Beurkundung mittels Videokommunikation, so dass der Notar eine solche Beurkundung nicht ohne Grund verweigern darf.[120]

XIX. Abs. 3 Nr. 19

Der Notar kann seine hoheitliche Amtstätigkeit im Rahmen der vorsorgenden Rechtspflege nur erfüllen, wenn er Vertrauen genießt. Vertrauen kann der Notar nur erwarten, wenn er über das ihm Anvertraute schweigt. **Die Wahrung der Vertraulichkeit** ist daher eine seiner **wichtigsten Amtspflichten**. Ein Verstoß hiergegen zieht in der Regel schwere Sanktionen nach sich.[121] Folgerichtig ist die Einhaltung der Verschwiegenheitsverpflichtung (§ 18 BNotO) in den Prüfungskatalog aufgenommen worden. 148

Bedeutung erlangt die Vorschrift in dienstaufsichtsrechtlicher Hinsicht vor allem dann, wenn ein Beteiligter verstorben ist. In diesem Fall tritt gemäß § 18 Abs. 2 Hs. 2 BNotO die Aufsichtsbehörde an die Stelle des verstobenen Beteiligten. Der Notar hat etwaige an ihn herangetragene Ersuchen an die Aufsichtsbehörde zu übermitteln. Den diesbezüglichen Schriftverkehr hat er gemäß § 46 Abs. 1 Nr. 1 NotAktVV in der Generalakte zu führen. Insoweit hat auch dieser Prüfungsgegenstand nicht nur einen materiellen, sondern auch formellen Aspekt. Skeptisch sollte der Notarprüfer werden, wenn er in der Generalakte keinen entsprechenden Schriftverkehr findet, weil es beispielsweise regelmäßig vorkommt, dass Verwandte eines Erblassers, der bei einem Notar ein Testament errichtet hat, die Geschäftsfähigkeit des Erblassers in Zweifel ziehen und insoweit den Notar um Auskunft ersuchen. Findet der Notarprüfer in der Akte über einen sehr langen Zeitraum keine Korrespondenz mit der Dienstaufsicht, die die Frage seiner Amtspflicht zur Verschwiegenheit betrifft, spricht viel dafür, dass die Generalakte insoweit nicht ordnungsgemäß geführt wird. Zudem besteht in diesem Fall auch Anhalt dafür, dass der Notar möglicherweise seine Amtspflicht zur Verschwiegenheit nicht hinreichend beachtet, weil die meisten Notare regelmäßig aus Unsicherheit darüber, ob sie einen be-

117 Arndt/Lerch/Sandkühler/*Sandkühler*, § 15 Rn 3.
118 Arndt/Lerch/Sandkühler/*Sandkühler*, § 15 Rn 6.
119 FAQ der Bundesnotarkammer zur Berufs- und beurkundungsrechtlichen Zulässigkeit bestimmter Maßnahmen aufgrund der Corona-Pandemie vom 26.11.2020.
120 BeckOK-BNotO/*Sander*, § 15 Rn 10.
121 Miermeister/Frenz/*Bremkamp*, § 18 Rn 1.

stimmten Sachverhalt preisgeben dürfen, von sich heraus gemäß § 18 Abs. 3 S. 1 BNotO der Dienstaufsicht mitteilen und um deren Entscheidung nachsuchen.

149 Aus der Sicht eines Praktikers heraus ist festzuhalten, dass die Notare die Amtspflicht zur Verschwiegenheit in aller Regel sehr ernst nehmen, was sich insbesondere daran zeigt, dass bei Zweifeln die Dienstaufsicht nach § 18 Abs. 3 S. 1 BNotO eingeschaltet wird. Dies geschieht sogar dann, wenn eine gesetzliche Offenbarungspflicht offensichtlich besteht, wie etwa nach § 93 Abs. 1 S. 1 AO gegenüber dem Finanzamt. Vermehrt beschäftigen die Dienstaufsicht zudem Anfragen nach § 18 Abs. 3 S. 1 BNotO in Fällen, in denen es um Mitteilungspflichten nach § 43 Abs. 6 GwG i.V.m. §§ 3–6 GwGMeldV-Immobilien geht, was einerseits zwar für eine gewisse Unsicherheit der Notare hinsichtlich des Themenkomplexes „Geldwäsche" zeugt, andererseits aber wiederum zeigt, dass die Amtspflicht zur Verschwiegenheit im Bewusstsein der Notare fest verankert ist. Aus diesem Grunde spielt der Prüfungsgegenstand trotz seiner besonderen Bedeutung keine herausgehobene Rolle im Rahmen der Geschäftsprüfung.

XX. Abs. 3 Nr. 20

150 Wie bereits im Rahmen der Ausführungen zu § 18 Abs. 2 Nr. 5 DONot ausgeführt, muss – wie § 18 Abs. 3 Nr. 20 DONot ausdrücklich vorschreibt – im Rahmen der Geschäftsprüfung seitens des Notarprüfers nicht nur geprüft werden, ob die Übernahme und das Ende der Vertretung in das Urkundenverzeichnis eingetragen worden sind, sondern auch, ob der Notar sich während dieses Zeitraums tatsächlich der Amtsausübung enthalten hat, § 44 Abs. 1 S. 2 BNotO. Hintergrund dieser Vorschrift ist, dass das Amt des Notars nur in einer Person ausgeübt werden kann. Ein Verstoß gegen § 44 Abs. 1 S. 2 BNotO würde damit zu einer unzulässigen Verdopplung des Amtes führen.[122]

XXI. Abs. 3 Nr. 21

151 Die meisten Notare machen von der Möglichkeit der **Online-Grundbucheinsicht** Gebrauch. Dem Notarprüfer obliegt deshalb auch die Überprüfung, ob hinsichtlich der angerufenen Grundbuchauszüge ein **berechtigtes Interesse** vorlag. Die geprüften Notare fragen sich hierzu häufig, wie dem Notarprüfer diese Prüfung überhaupt möglich ist. Hierzu ist auszuführen, dass die Dienstaufsicht einmal im Jahr bei der jeweiligen Zulassungsstelle die entsprechenden Abrufprotokolle anfordert. Vor der Geschäftsprüfung wird der Notarprüfer das **Abrufprotokoll** des zu prüfenden Notars einer Überprüfung unterziehen. Dabei achtet er darauf, ob die angegebenen **Aktenzeichen** eine **eindeutige Zuordnung** zu einer **konkreten notariellen Amtstätigkeit** ermöglichen. Dies ist häufig nicht der Fall. Insoweit ist insbesondere regelmäßig zu beanstanden, dass statt eines aussagekräftigen Aktenzeichens das Namenskürzel des Mitarbeiters des Notars angegeben worden ist, was eine Zuordnung zu der entsprechenden Handakte bzw. zu dem entsprechenden Vorgang nicht ermöglicht. Teilweise ist seitens der Notare hierzu eingewandt worden, eine Pflicht hierzu ergebe sich weder aus der DONot noch aus anderen Vorschriften. Dieser Einwand ist nunmehr, durch auf die ausdrückliche Aufnahme als Prüfungsgegenstand, nicht mehr vertretbar, war aber schon zur alten Rechtslage im Ergebnis nicht durchgreifend. Dass ein aussagekräftiges Aktenzeichen zu verwenden ist, ergibt sich jedenfalls mittelbar nämlich auch aus § 83 Abs. 1 S. 3 GBV i.V.m. § 133 Abs. 2 Nr. 2 GBO. Aus diesen Vorschriften folgt unter anderem, dass Notaren die Nutzung des elektronischen Grundbuchabrufverfahrens eröffnet wurde, weil die ordnungsgemäße Datenverarbeitung bei ihnen auch durch die Prüfung im Rahmen der Dienstaufsicht sichergestellt wird.[123] Eine solche Prüfung ist indes nur dann möglich, wenn ein aussagekräftiges Aktenzeichen verwendet wird. Im Übrigen liegt es auch im Interesse der Notare selbst, die Rechtmäßigkeit der Nutzung des elektronischen Abrufverfahrens in ihrem Notariat überprüfen zu können.

E. Aspekte der Kostenprüfung (Abs. 4)

I. Grundlagen

152 Gem. § 93 Abs. 1 S. 1 BNotO obliegt den Aufsichtsbehörden (§ 92 BNotO) die regelmäßige Prüfung und Überwachung der Amtsführung der Notare und des Dienstes der Notarassessoren. Gegenstand dieser Prü-

122 Arndt/Lerch/Sandkühler/*Lerch*, § 44 Rn 6.

123 *Winkler*, § 21 Rn 17.

fung ist dabei nach § 93 Abs. 2 S. 1 BNotO die ordnungsgemäße Erledigung der Amtsgeschäfte des Notars. Gem. § 93 Abs. 2 S. 3 BNotO ist in jedem Fall eine größere Anzahl von Urkunden und Nebenakten durchzusehen und dabei auch die Kostenberechnung zu prüfen. Mit der in §§ 92, 93 BNotO geregelten Dienstaufsicht nimmt der Staat seine Verantwortung für die ordnungsgemäße Aufgabenerfüllung im Bereich der vorsorgenden Rechtspflege wahr.[124]

Abs. 4 wiederholt die bereits materiell in § 93 Abs. 2 S. 3 und Abs. 3 S. 3 BNotO aufgestellten Grundsätze, dass die Aufsichtsbehörde (§ 92 BNotO, § 15 Abs. 2 DONot) die Kostenberechnung und den Kosteneinzug prüft, soweit keine Prüfung durch eine Kasse erfolgt. Abs. 4 bezieht sich daher in Ergänzung der in Abs. 2 und 3 enthaltenen Kataloge auf die Kostenprüfung, soweit sie nicht bereits von der Notarkasse in München (§ 113 Abs. 1 BNotO) oder der Ländernotarkasse in Leipzig (§ 113 Abs. 2 BNotO) übernommen wird (vgl. § 113 Abs. 17 S. 9, § 93 Abs. 3 S. 4 BNotO). Hierdurch wird eine Prüfungskonkurrenz bei der Kostenprüfung vermieden.[125] Die Kostenprüfungen durch die Kassen sind wie auch durch die Aufsichtsbehörden als intensive regelmäßige Prüfung im gleichen Turnus ausgestaltet, die eine sehr enge Überwachung gewährleistet und dadurch auch im Interesse der Bürgerinnen und Bürger die Einheitlichkeit der Gebührenerhebung sicherstellt. 153

II. Zuständigkeiten bei der Kostenprüfung

1. DONot

Die Zuständigkeiten bei der Geschäftsprüfung einschließlich der Kostenprüfung sind in § 93 Abs. 3 BNotO geregelt. Danach richtet sich die Zuständigkeit zur Durchführung der Prüfung nach den hierzu erlassenen Bestimmungen der Landesjustizverwaltung. Maßgebend ist insoweit die Dienstordnung für Notare (DONot) als bundeseinheitliche Verwaltungsverfügung der Landesjustizverwaltungen.[126] 154

2. Beamte der Justizverwaltung

Zur Prüfung der Kostenberechnungen und Abrechnungen über Gebührenabgaben einschließlich deren Einzugs dürfen auch Beamte der Justizverwaltung – dies sind i.d.R. Beamte des gehobenen Dienstes bzw. in NRW der Laufbahngruppe 2.1 (§ 5 LBG NRW) –, insbesondere Bezirksrevisoren[127] und andere Kostenbeamte[128] herangezogen werden (§ 15 Abs. 2 S. 2 DONot); eine Aufsichtsbefugnis steht diesen Beamten nicht zu. Das bedeutet zwar, dass diese Beamten nicht selbstständig mit der Notarprüfung beauftragt werden dürfen. Sie können aber selbstständig neben dem richterlichen Prüfungsbeauftragten tätig werden,[129] insbesondere ist ein gemeinsamer Prüfungstermin mit dem richterlichen Prüfungsbeauftragten zwar wünschenswert, aber nicht verpflichtend. Häufig wird einem gemeinsamen Prüfungstermin bereits das mangelnde Platzangebot im Notariat entgegenstehen.[130] Die fehlende Aufsichtsbefugnis der zugezogenen Beamten der Justizverwaltung bedeutet daher insbesondere, dass sie im Streitfall keine Vorlage von Unterlagen des Notars anweisen können. Diese Kompetenz steht allein der Aufsichtsbehörde zu (vgl. § 92 BNotO, § 15 DONot). 155

124 BVerfG v. 19.6.2012 – 1 BvR 3017/09 – BVerfGE 131, 130–152; BGH v. 18.11.2019 – NotSt (Brfg) 4/18 – ZNotP 2020, 180; BGH NJW 2005, 2693.

125 *Blaeschke*, Praxishandbuch Notarprüfung, 3. Aufl., § 1 Rn 22.

126 Zum Erlass und Verkündungsstand vgl. https://www.notar.de/der-notar/berufsrecht/dienstordnung.

127 **Für NRW**: Geschäftsordnung für Bezirksrevisorinnen und Bezirksrevisoren, RV d. JM vom 19.12.2003 (2332 – Z. 1) in der Fassung vom 25.5.2022: Die Bezirksrevisorinnen und Bezirksrevisoren und mitwirkend die ihnen zugewiesenen Beamtinnen und Beamten sind zuständig für die ihnen übertragene Mitwirkung bei der Prüfung und Überwachung der Amtsführung der Notarinnen und Notare gemäß § 93 BNotO.

128 **Für NRW**: Allgemeinverfügung des Ministeriums der Justiz des Landes Nordrhein-Westfalen vom 14.12.2021 (3830 – Z. 54), Justizministerialblatt für das Land Nordrhein-Westfalen 2022, S. 7, in der Fassung vom 13.12.2025, Justizministerialblatt für das Land Nordrhein-Westfalen 2025, S. 238: ergänzende Bestimmungen zu §§ 17, 18 DONot: Bei der Prüfung der Amtsführung der Notarinnen und Notare ist zu beachten: „Unbeschadet der örtlichen Prüfungspraxis soll die Geschäftsprüfung eines Notariats durch eine Richterin oder einen Richter **und** eine Kostenbeamtin/Bezirksrevisorin oder einen Kostenbeamten/Bezirksrevisor durchgeführt werden."

129 *Blaeschke*, Praxishandbuch Notarprüfung, 3. Aufl., § 1 Rn 22.

130 Vgl. dazu auch BGH v. 17.3.2014 – NotZ (Brfg) 18/13 – ZNotP 2014. 114.

156 Es ist nicht ausgeschlossen, dass die Kostenprüfung von mehreren Beamten der Justizverwaltung durchgeführt wird.[131]

3. Auswahl der Prüfer

157 Auf die Auswahl der Kostenprüfer kann der Notar keinen Einfluss nehmen.[132] Der in § 93 Abs. 2 BNotO vorgesehene Auftrag des die Notaraufsicht nach § 92 Nr. 1 BNotO wahrnehmenden Landgerichtspräsidenten an einen Beamten der Justizverwaltung, ihn bei der Prüfung und Überwachung der Amtsführung zu unterstützen, ist ein innerdienstlicher Vorgang. Als Verwaltungsakt anfechtbar ist erst die Anordnung der Aufsichtsbehörde, die Geschäfte eines bestimmten Notars zu überprüfen.[133] Der Antrag des Notars auf Verpflichtung der Aufsichtsbehörde, nur einen Prüfungsbeauftragten (§ 15 Abs. 2 DONot) heranzuziehen, der über Erfahrung im (Berufs- und) Kostenrecht der Notare verfügt, ist daher unstatthaft.[134]

158 In NRW ist für die Anforderungen an die Prüfer in den Ergänzungsbestimmungen zu §§ 17, 18 DONot Folgendes geregelt.[135]

Bei der Prüfung der Amtsführung der Notarinnen und Notare ist zu beachten:

1. Unbeschadet der örtlichen Prüfungspraxis soll die Geschäftsprüfung eines Notariats durch eine Richterin oder einen Richter und eine Kostenbeamtin/Bezirksrevisorin oder einen Kostenbeamten/Bezirksrevisor durchgeführt werden.
2. Jede Prüferin und jeder Prüfer soll mehrere Notariate über einen längeren Zeitraum betreuen.
3. Erstmalig Prüfende sind von erfahrenen Prüferinnen und Prüfern in die Prüfungsgeschäfte einzuweisen.
4. Die Präsidentinnen und Präsidenten der Landgerichte sollen jährlich einen Erfahrungsaustausch zwischen sämtlichen in Notariatsgeschäftsprüfungen tätigen Prüferinnen und Prüfern – gegebenenfalls unter Beteiligung der örtlichen Vertrauensnotarin oder des örtlichen Vertrauensnotars – herbeiführen.

4. Notarkassen

159 Im Bereich der Notarkassen[136] haben diese bzw. ihre Beauftragten die Erfüllung der Abgabepflicht der Notare gegenüber der Notarkasse einschließlich der zugrundeliegenden Kostenberechnungen zu prüfen. Der Gesetzgeber sieht diese Prüfung des gesamten Kostenwesens als ausreichend an, weil § 93 Abs. 3 S. 4 BNotO bestimmt, dass in diesem Fall keine (weitere) Prüfung erforderlich ist. Soweit bei dem Notar die Kostenberechnung und der Kosteneinzug bereits von der Notarkasse oder der Ländernotarkasse geprüft werden, ist eine Prüfung durch die Aufsichtsbehörde (§ 92 BNotO) nicht erforderlich. Hierdurch wird eine Prüfungskonkurrenz bei der Kostenprüfung vermieden.[137]

III. Inhalt der Kostenprüfung

1. § 17 Abs. 1 BNotO (Gebührenerhebung)

a) Grundsätze

160 Für notarielle Amtstätigkeiten fallen grundsätzlich die gesetzlich vorgeschriebenen Kosten in Form von Gebühren und Auslagen an, vgl. § 1 Abs. 1 GNotKG. Der Notar ist gem. § 17 Abs. 1 S. 1 BNotO verpflichtet, für seine Tätigkeit die gesetzlich vorgeschriebenen Gebühren zu erheben. Hierbei handelt es sich um eine notarielle Amtspflicht. Soweit nicht gesetzliche Vorschriften eine Gebührenbefreiung, eine Gebüh-

131 Vgl. BGH v. 24.11.2014 – NotSt [Brfg] 1/14 – DNotZ 2015, 461, 465; BGH v. 17.3.2014 – NotZ (Brfg) 18/13 – ZNotP 2014, 114; *Blaeschke*, Praxishandbuch Notarprüfung, 3. Aufl., § 1 Rn 22.

132 Vgl. BGH v. 9.1.1995 – NotZ 32/93 – NJW-RR 1995, 886; *Blaeschke*, Praxishandbuch Notarprüfung, 3. Aufl., § 1 Rn 33.

133 BGH v. 9.1.1995 – NotZ 32/93 – NJW-RR 1995, 886; BGH v. 26.3.1973 – NotZ 1/73 – DnotZ 1974, 372.

134 BGH v. 9.1.1995 – NotZ 32/93 – NJW-RR 1995, 886.

135 Allgemeinverfügung des Ministeriums der Justiz des Landes Nordrhein-Westfalen vom 14.12.2021 (3830 – Z. 54), Justizministerialblatt für das Land Nordrhein-Westfalen 2022, S. 7, in der Fassung vom 17.4.2023, Justizministerialblatt für das Land Nordrhein-Westfalen 2023, S. 536: ergänzende Bestimmungen zu §§ 17, 18 DONot.

136 Notarkasse in München (Freistaat Bayern und den Bezirk des Pfälzischen Oberlandesgerichts Zweibrücken): § 113 Abs. 1 BNotO, Ländernotarkasse in Leipzig (Bezirke der Notarkammern Brandenburg, Mecklenburg-Vorpommern, Sachsen, Sachsen-Anhalt und Thüringen): § 113 Abs. 2 BNotO.

137 *Blaeschke*, Praxishandbuch Notarprüfung, 3. Aufl., § 1 Rn 22.

renermäßigung oder eine Nichterhebung von Kosten wegen unrichtiger Sachbehandlung vorsehen, sind ein Gebührenerlass oder eine Gebührenermäßigung gem. § 17 Abs. 1 S. 2 BNotO nur zulässig, soweit die Gebührenerhebung aufgrund außergewöhnlicher Umstände des Falls unbillig wäre und die Notarkammer dem Gebührenerlass oder der Gebührenermäßigung zugestimmt hat. Das Versprechen und Gewähren von Vorteilen im Zusammenhang mit einem Amtsgeschäft sowie jede Beteiligung Dritter an den Gebühren ist unzulässig.

Aus § 93 Abs. 2 S. 3, Abs. 3 S. 3, 4 und § 18 Abs. 4 DONot ergibt sich, dass die Kostenberechnung und der Kosteneinzug zu prüfen sind. Die Prüfung dient dazu, die in § 17 Abs. 1 BNotO geregelte Verpflichtung des Notars zur Erhebung der gesetzlich vorgeschriebenen Kosten (Gebühren und Auslagen) zu überprüfen.[138] § 17 Abs. 1 BNotO ist damit ausreichend eindeutig zu entnehmen, dass die Pflicht des Notars zur Gebührenerhebung diejenige zur Durchsetzung der Gebührenforderung beinhaltet.[139] Der BGH hat ausdrücklich festgestellt, dass es nicht im Ermessen des Notars liegt, ob er Gebühren überhaupt erhebt oder deren gesetzlich vorgeschriebene Höhe ermäßigt.[140] Die Pflicht zur Kostenerhebung ist deshalb nicht mit der Ausstellung der Kostenrechnung erfüllt (§ 19 GNotKG), sondern umfasst auch die ggf. erforderliche Beitreibung nicht gezahlter Kosten.[141] Der Notar ist daher einem dreifachen Pflichtenkanon[142] ausgesetzt: 161

1. gesetzeskonforme Kostenberechnung,
2. Kostenbeitreibung und
3. zeitnaher Kosteneinzug.

b) Gebührenbegriff

Gebühr i.S.v. § 17 BNotO sind alle Notarkosten, also auch die nach dem GNotKG von den Gebühren zu unterscheidenden Auslagen einschließlich der Umsatzsteuer auf die Notarkosten (vgl. § 1 Abs. 1 GNotKG).[143] Der Begriff der Gebühr in § 17 BNotO meint damit nicht nur die Gebühr i.S.d. GNotKG, sondern Gebühr im Rahmen des öffentlich-rechtlichen Gebührenbegriffs.[144] 162

c) Sinn und Zweck der Amtspflicht

Der Notar ist – verfassungs- und europarechtskonform[145] – gemäß § 17 Abs. 1 S. 1 BNotO zur Erhebung der gesetzlichen Gebühren amtlich verpflichtet.[146] Durch diese Amtspflicht soll verhindert werden, dass es zu einem Verdrängungswettbewerb bzw. einem Preiswettbewerb unter den Notaren kommt; die Vorschrift bezweckt die Sicherung einer funktionsfähigen Rechtspflege, indem leistungsfähige Notariate und die Versorgung der Bevölkerung mit notariellen Dienstleistungen gesichert werden. Sie dient damit einem wichtigen Gemeinwohlbelang.[147] 163

d) Strafbarkeit

Ein Notar nimmt mit der Erhebung von Gebühren nach § 17 Abs. 1 S. 1 BNotO eine Diensthandlung im Sinne von §§ 332, 334 StGB vor. Wird er im Gegenzug für eine pflichtwidrige Gebührenunterschreitung mit einer Beurkundung beauftragt, ohne dass er hierauf einen Anspruch hat, stellt dies einen Vorteil im Sinn der §§ 331 ff. StGB dar.[148] 164

138 Näher Diehn/*Diehn*, BNotO, § 17 Rn 1 ff.; BGH v. 24.11.2014 – NotSt (Brfg) 1/14 – DNotZ 2015, 461.
139 BGH v. 24.11.2014 – NotSt (Brfg) 1/14 – DNotZ 2015, 461; BGH v. 3.11.2003 – NotZ 13/03 – ZNotP 2004, 68.
140 BGH v. 24.11.2014 – NotSt (Brfg) 1/14 – DNotZ 2015, 461.
141 OLG Köln 11.10.2023 – 36 Not 6/23.
142 So zutr. Schönenberg-Wessel/Plottek/Sikora/*Sikora*, BNotO, 1. Aufl. 2023, § 17 BNotO Rn 12.
143 OLG Celle DNotZ 2018, 942; BeckOK-BNotO/*Sander*, § 17 Rn 4 m.w.N.
144 Diehn/*Diehn*, BNotO, § 17 Rn 20.
145 Vgl. BVerfG 9.4.2015 – 1 BvR 574/15 – NJW 2015, 2642, m. Anm. *Terner*; EuGH NJW 2011, 2941.
146 BGH v. 24.11.2014 – NotSt [Brfg] 1/14 – DNotZ 2015, 461, 465; BGH v. 22.3.2018 – 5 StR 566/17 – BGHSt 63, 107–111 = NJW 2018, 1767.
147 Vgl. BVerfG 1.12.2020 – 1 BvR 1747/10 – NJW-RR 2011, 855, zur Verschaffung von Wettbewerbsvorteilen durch systematische Vereitelung der Erhebung von Zusatzgebühren bei Auswärtsbeurkundungen, Nr. 26002 f. KV GNotKG; BGH v. 22.3.2018 – 5 StR 566/17 – BGHSt 63, 107–111 = NJW 2018 1767.
148 BGH v. 22.3.2018 – 5 StR 566/17 – BGHSt 63, 107–111 = NJW 2018, 1767.

e) Vereinbarungen über die Kosten (§ 125 GNotKG)

165 § 17 Abs. 1 S. 1 BNotO wird im GNotKG ergänzt und präzisiert durch § 125 GNotKG. Gem. § 125 GNotKG sind Vereinbarungen über die Höhe der Kosten stets unwirksam. Lediglich § 126 GNotKG macht hiervon in engem Rahmen eine Ausnahme. Der Notar kann ausnahmsweise für seine Tätigkeit als Mediator oder Schlichter durch öffentlich-rechtlichen Vertrag eine Gegenleistung in Geld vereinbaren. Gleiches gilt für notarielle Amtstätigkeiten, für die im GNotKG keine Gebühr bestimmt ist. Dies gilt aber nur, wenn diese Tätigkeit nicht im Zusammenhang mit einer anderen gebührenpflichtigen Tätigkeit steht (z.B. isolierte Inverwahrnahme anderer Dinge als Geld, Wertpapiere oder Kostbarkeiten).[149]

166 Der Anspruch des Notars ist gemäß § 17 Abs. 1 BNotO öffentlich-rechtlicher Natur. Deswegen sind die Gebühren des Notars – von hier nicht vorliegenden Ausnahmen abgesehen – jeglicher Vereinbarung entzogen, die sich auf ihre Höhe auswirkt.[150] Gleichwohl getroffene Vereinbarungen sind nichtig und befreien den Notar nicht von der Pflicht zur Erhebung der gesetzlich vorgesehenen Gebühren.[151] Diese Pflicht ist gleichermaßen verletzt, wenn der Notar Gebührenrechnungen nur zum Schein in voller Höhe ausstellt, dem Kostenschuldner aber von vornherein zusichert, nur einen Teil davon tatsächlich geltend zu machen.[152]

167 § 125 GNotKG findet unabhängig davon Anwendung, ob sich die Vereinbarung auf die Entstehung von Kosten, den Gebührensatz oder den Geschäftswert bezieht oder ob höhere oder geringere als die im GNotKG gesetzlich bestimmten Kosten vereinbart werden. Das Verbot erfasst damit alle Vereinbarungen, die sich unmittelbar oder mittelbar auf die Höhe der Kosten (Gebühren und Auslagen) auswirken.[153]
Angesichts der gesetzlichen Ausnahmen von der Gebührenerhebungspflicht in § 17 Abs. 1 S. 2 BNotO lässt sich unter Berücksichtigung des Regelungszwecks der Vorschrift erkennen, dass eine Pflichtverletzung jedenfalls dann eintritt, wenn der Verzicht auf die Durchsetzung der Gebührenforderung oder deren verzögerte Art und Weise im tatsächlichen Ergebnis auf einen Gebührenerlass oder eine Gebührenermäßigung hinauslaufen.[154]

168 Bei der Prüfung ist insbesondere festzustellen, ob zu hohe oder zu niedrige Gebühren erhoben worden sind. Die Erhebung zu hoher Gebühren kann sich dabei nach § 17 Abs. 1 S. 1 BNotO i.V.m. § 352 Abs. 1 StGB als Gebührenüberhebung darstellen.[155]
Unterschreitet der Notar die gesetzlichen Gebühren, verletzt er grundsätzlich seine Pflicht aus § 17 Abs. 1 S. 1 BNotO.[156]

169 Die Inanspruchnahme nur des persönlich Gebührenbegünstigten durch den Notar,[157] der Verzicht auf die Einforderung durch den Notar verauslagter Kosten[158] oder der Ausschluss der gesamtschuldnerischen Mithaftung einer Partei für die Kosten, die eine andere Partei übernommen hat,[159] unterfallen dem Verbot.

f) Verwirkung

170 Aus § 17 BNotO folgt, dass eine Verwirkung des notariellen Kostenanspruchs ausgeschlossen ist. Die Annahme einer Verwirkung der Gebührenforderung scheidet wegen ihres öffentlich-rechtlichen Charakters ebenfalls aus, weil damit die gesetzliche Verpflichtung des Notars zur Erhebung der gesetzlichen Gebühren konterkariert würde.[160]

149 Vgl. zur Verwahrung eines Datenraumdatenträgers LG Düsseldorf v. 4.2.2020 – 25 OH 80/18 – RNotZ 2020, 304; OLG Düsseldorf v. 3.11.2020 – I-10 W 71/20, n.v.

150 Vgl. BGH v. 18.11.2019 – NotSt (Brfg) 4/18 – ZNotP 2020, 180; BGH v. 22.3.2018 – 5 StR 566/17 – BGHSt 63, 107–111 = NJW 2018, 1767; BGH v. 24.11.2014 – NotSt [Brfg] 1/14 – DNotZ 2015, 461, 466; OLG Celle NJOZ 2012, 1071.

151 Vgl. BGH v. 18.11.2019 – NotSt (Brfg) 4/18 – ZNotP 2020, 180; BGH v. 22.3.2018 – 5 StR 566/17 – BGHSt 63, 107–111 = NJW 2018, 1767; BGH v. 24.11.2014 – NotSt [Brfg] 1/14 – DNotZ 2015, 461, 466.

152 BGH v. 22.3.2018 – 5 StR 566/17 – BGHSt 63, 107–111 = NJW 2018, 1767.

153 BGH v. 22.3.2018 – 5 StR 566/17 – BGHSt 63, 107–111 = NJW 2018, 1767.

154 BGH v. 24.11.2014 – NotSt [Brfg] 1/14 – DNotZ 2015, 461, 466.

155 Vgl. BGH v. 18.11.2019 – NotSt (Brfg) 4/18 – ZNotP 2020, 180; Diehn/*Diehn*, BNotO, § 17 Rn 32.

156 Vgl. BGH v. 22.3.2018 – 5 StR 566/17 – BGHSt 63, 107–111 = NJW 2018, 1767; BGH v. 24.7.2017 – NotSt [Brfg] 2/17 Rn 24.

157 Vgl. BayObLG MittBayNot 1984, 149.

158 Vgl. OLG Celle DNotZ 2018, 942 Rn 84.

159 OLG Frankfurt a.M. MittBayNot 1970, 65.

160 OLG Celle v. 24.2.2011 – 2 W 19/11, ZNotP 2012, 158.

2. Ausnahmen von der Gebührenerhebungspflicht (§ 17 Abs. 1 S. 2 BNotO)

a) Überblick

Gem. § 17 Abs. 1 S. 2 BNotO sind ein Gebührenerlass oder eine Gebührenermäßigung nur zulässig, wenn gesetzliche Vorschriften 171

- eine Gebührenbefreiung,
- eine Gebührenermäßigung oder
- eine Nichterhebung von Kosten wegen unrichtiger Sachbehandlung vorsehen, oder wenn
- die Gebührenerhebung aufgrund außergewöhnlicher Umstände des Falls unbillig wäre und die Notarkammer dem Gebührenerlass oder der Gebührenermäßigung zugestimmt hat.

b) Gebührenbefreiung und Gebührenermäßigung

aa) Ausschließliche Gebührenbefreiung (Vorbemerkung 2 Abs. 2 KV GNotKG). Gebührenbefreiungen für Notargebühren sind in Vorbemerkung 2 Abs. 2 KV GNotKG geregelt. Nach Vorbemerkung 2 Abs. 2 S. 1 KV GNotKG finden bundes- oder landesrechtliche Vorschriften, die Gebühren- oder Auslagenbefreiung gewähren, auf Notare keine Anwendung. Die gesetzlich vorgesehenen Gebühren fallen für eine notarielle Tätigkeit damit grundsätzlich auch dann an, wenn eine entsprechende behördliche Tätigkeit gebührenfrei wäre, vgl. Vorbemerkung 2 Abs. 2 S. 1 KV GNotKG.[161] 172

Ausschließlich in den Fällen der Vorbemerkung 2 Abs. 2 S. 2 KV GNotKG ist die Tätigkeit des Notars gebührenfrei. Danach gilt außer in den Fällen der Kostenerstattung zwischen den Trägern der Sozialhilfe die in § 64 Abs. 2 S. 3 Nr. 2 SGB X bestimmte Gebührenfreiheit auch für den Notar, Vorbemerkung 2 Abs. 2 S. 2 KV GNotKG. Gebührenfrei ist danach beispielsweise die Beurkundung einer Grundschuld, die der Absicherung der darlehensweisen Gewährung von Sozialhilfe am Grundstück des Hilfeempfängers dient.[162] Aus dem Wortlaut des § 64 Abs. 2 S. 3 Nr. 2 SGB X ergibt sich, dass nur die Beurkundungsverfahrensgebühr nach Nr. 21100 ff. KV GNotKG sowie Beglaubigungen nach Nr. 25100 ff. KV GNotKG unter der Gebührenbefreiung fallen.[163] 173

Nach Vorbemerkung 2 Abs. 3 KV GNotKG sind ferner **Beurkundungen nach** § 67 Abs. 1 BeurkG und die Bezifferung dynamisierter Unterhaltstitel zur Zwangsvollstreckung im Ausland gebührenfrei. 174

Erfasst ist die Beurkundung von

1. Erklärungen über die Anerkennung der Vaterschaft,
2. Verpflichtungen zur Erfüllung von Unterhaltsansprüchen eines Kindes,
3. Verpflichtungen zur Erfüllung von Unterhaltsansprüchen nach § 1615l BGB.

bb) Gebührenermäßigung (§ 91 GNotKG). Eine Ermäßigung von Notargebühren ist unter den in § 91 GNotKG geregelten Voraussetzungen zugunsten öffentlich-rechtlicher Kostenschuldner möglich. Die Ermäßigung gilt nur für Beurkundungsverfahrens-, Entwurfs- und Beratungsgebühren (Nr. 21100–21304 KV GNotKG, Nr. 24100–24203 KV GNotKG). 175

c) Unrichtige Sachbehandlung des Notars (§ 21 GNotKG)

aa) Die einzelnen Fälle. Aus § 17 Abs. 1 S. 2 BNotO ergibt sich, dass der Notar von der Kostenerhebung bei unrichtiger Sachbehandlung absehen darf. Die Kostenprüfung dient deshalb auch dazu festzustellen, ob der Notar § 21 GNotKG richtig angewandt hat. Eine unrichtige Sachbehandlung des Notars im Sinne von § 21 Abs. 1 S. 1 GNotKG liegt nur vor[164] 176

161 OLG Hamm v. 30.6.2017 – 15 W 54/17, RNotZ 2017, 695.
162 OLG Hamm v. 30.6.2017 – 15 W 54/17, RNotZ 2017, 695.
163 Bormann/Diehn/Sommerfeldt/*Diehn*, GNotKG, 5. Aufl., Vorb. 2 KV Rn 17 ff.
164 BGH v. 1.10.2020 – V ZB 67/19 – RNotZ 2021, 51 = ZNotP 2021, 90; BGH v. 23.5.2022 – V ZB 9/21, RNotZ 2022, 511; BGH v. 19.4.2023 – XII ZB 234/22, NJW-RR 2023, 1100.

- bei einem offen zutage tretenden Verstoß gegen eindeutige gesetzliche Normen materiell- oder verfahrensrechtlicher Art,
- bei einem offensichtlichen Versehen des Notars sowie dann vor,
- wenn der Notar von mehreren gleich sicheren Gestaltungsmöglichkeiten die teurere wählt.

Es muss sich um einen offensichtlichen und schweren Verfahrensfehler oder um eine offensichtliche, eindeutige Verkennung des materiellen Rechts handeln. Die bloße irrige Beurteilung einer Rechtsfrage ist keine unrichtige Sachbehandlung.[165] Die unrichtige Beurteilung schwieriger, höchstrichterlich nicht abschließend entschiedener Rechtsfragen durch den Notar stellt ebenfalls grundsätzlich keine unrichtige Sachbehandlung dar.[166] Die Voraussetzungen für eine unrichtige Sachbehandlung liegen ebenfalls nicht vor, wenn die vom Notar gewählte Vertragsgestaltung z.B. Schwierigkeiten bei der Abgrenzung von Privat- und Betriebsvermögen vermeidet.[167]

177 **bb) Belehrungspflicht über verschiedene Gestaltungsmöglichkeiten.** Der Notar hat in allen Phasen seiner Tätigkeit den sichersten Weg zu gehen, das heißt den Beteiligten zur sichersten Gestaltung zu raten. Nur wenn zur Erreichung des angestrebten Erfolgs mehrere in jeder Hinsicht gleich sichere und zweckmäßige Wege zur Verfügung stehen, hat er die Pflicht, unter diesen Wegen den kostengünstigsten zu wählen. Die Entscheidung darüber, welche der verschiedenen Gestaltungsmöglichkeiten der am besten geeignete Weg zur Wahrung der Interessen der Beteiligten ist, obliegt dem Notar, dem aufgrund seiner gesetzlich gewährleisteten Unabhängigkeit (§ 1 BNotO) hierbei ein weiter Beurteilungs- und Gestaltungsspielraum einzuräumen ist.[168]

Dies gilt auch für die Beurteilung, ob die verschiedenen Gestaltungsmöglichkeiten im Hinblick auf die Interessen der Beteiligten gleich sicher und zweckmäßig sind.

178 Den Notar trifft grundsätzlich keine Belehrungspflicht über die Kostenfolge seiner Urkundstätigkeit, da allgemein bekannt ist, dass die Inanspruchnahme eines Notars die gesetzliche Gebührenpflicht auslöst. Etwas anderes gilt nur dann, wenn die Beteiligten den Notar auf die Kosten ansprechen.[169] Es gibt auch keine Belehrungspflicht in Bezug auf verschiedene Gestaltungsmöglichkeiten. Welche im konkreten Fall am geeignetsten erscheint, hängt von einer Vielzahl von Faktoren ab; aus diesem Grund ist dem Notar bei seiner Entscheidung für den einen oder anderen Weg ein weiter Beurteilungs- und Gestaltungsspielraum zuzubilligen. Die Kosten stellen dabei regelmäßig nur einen Aspekt dar, der – angesichts der Risiken, die es bei der Abwicklung zu bedenken und zu vermeiden bzw. verringern gilt – meist auch nicht der ausschlaggebende sein wird. Die Belehrungspflicht des Notars im Hinblick auf die Kostenbelastung würde deshalb überspannt und das Beurkundungsverfahren mit Kostenfragen überfrachtet, wenn dem Notar auch die Verpflichtung auferlegt würde, die – oftmals rechtsunkundigen – Beteiligten über andere Gestaltungsmöglichkeiten zu belehren, die gegenüber der von ihm gewählten Art der Vertragsgestaltung zwar nicht in jeder Hinsicht gleichwertig, aber kostengünstiger sind.[170] Bestehen aus der maßgebenden Sicht des Notars keine gleich sicheren Gestaltungsmöglichkeiten, liegt keine unrichtige Sachbehandlung durch den Notar i.S.d. § 21 GNotKG vor, wenn er über die zu erwartenden Kosten bei der aus seiner Sicht sichersten Gestaltungsvariante nicht aufklärt.[171]

179 Fragen über die Höhe der Kosten muss der Notar zutreffend beantworten und erbetene Auskünfte erteilen. Erteilt der Notar aber daraufhin eine unzutreffende oder falsche Kostenauskunft, ist § 21 GNotKG nicht einschlägig. Denn der Notar hat dann nicht die „Sache" i.S.v. § 21 Abs. 1 S. 1 GNotKG, also das Verfahren bzw. Geschäft unrichtig behandelt, sondern lediglich die Frage nach den Kosten falsch beantwortet. § 21 Abs. 1 S. 1 GNotKG ist daher hier bereits vom Wortlaut her nicht anwendbar.[172] Würde man das anders

165 BeckOK-KostR/*Diehn*, GNotKG § 21 Rn 40.
166 OLG Dresden v. 17.5.2021 – 17 W 265/21, NotBZ 2022, 50; OLG Düsseldorf v. 26.11.2015 – I-10 W 120/15, RNotZ 2016, 129.
167 BGH v. 19.4.2023 – XII ZB 234/22, juris Tz. 14 = NJW-RR 2023, 1100 = NotBZ 2023, 298.
168 BGH v. 1.10.2020 – V ZB 67/19 – RNotZ 2021, 51 = ZNotP 2021, 90.
169 BGH v. 1.10.2020 – V ZB 67/19 – RNotZ 2021, 51 = ZNotP 2021, 90; Thüringer OLG v. 23.2.2021 – 9 W 401/20, NotBZ 2021, 349.
170 BGH v. 1.10.2020 – V ZB 67/19 – RNotZ 2021, 51 = ZNotP 2021, 90.
171 Zutr. OLG Karlsruhe v. 14.5.2024 – 19 W 76/23 (Wx), NotBZ 2024, 432 = JurBüro 2024, 304; vgl. auch Brandenburgisches OLG v. 1.8.2023 – 7 W 36/23, NotBZ 2023, 383.
172 LG Düsseldorf v. 10.2.2025 – 19 OH 15/22; Arndt/Lerch/Sandkühler/*Sandkühler*, BNotO, § 14 Rn 202.

sehen, könnte durch eine unzutreffende Auskunft über die Kosten deren Erhebungspflicht gem. § 17 Abs. 1 BNotO außer Kraft gesetzt werden.[173] Wird auf Nachfrage der Beteiligten eine falsche Auskunft über die Kosten abgegeben, liegt ggf. eine durch die Dienstaufsichtsbehörde zu verfolgende Amtspflichtverletzung vor. Außerdem kann die falsche Kostenauskunft Schadenersatzansprüche (§ 19 BNotO) begründen, die aber nur dann im Verfahren gem. §§ 127 ff. geltend gemacht werden können, wenn der Anspruch unstreitig oder rechtskräftig festgestellt ist.[174] Ansonsten sind Schadensersatzansprüche (§ 19 BNotO) im streitigen Verfahren geltend zu machen.

cc) Abraten von der Amtstätigkeit. Der Notar ist nicht verpflichtet, sich selbst von der kostenpflichtigen Amts- oder Urkundstätigkeit auszuschließen. Das folgt schon daraus, dass es als allgemein bekannt zu unterstellen ist, dass die Inanspruchnahme eines Notars die gesetzliche Gebührenpflicht auslöst. Das gilt insbesondere auch dann, wenn keine gesetzliche Pflicht zur Beurkundung besteht, weil der Notar einen allgemeinen rechtspflegerischen Auftrag zur kundigen Betreuung der rechtssuchenden Bevölkerung im Bereich der vorsorgenden Rechtspflege erfüllt, § 24 Abs. 1 BNotO. Diesen darf er auch in den Fällen erfüllen, in denen eine Beurkundung aufgrund Fehlens einer gesetzlichen Regelung nicht erforderlich ist.[175] Der Notar muss sich also nicht selbst von einer Beurkundung ausschließen. Bittet ein Beteiligter daher z.B. um die Beurkundung eines Testaments, muss der Notar nicht darauf hinweisen, dass die Beurkundung nicht zwingend, aber unter den Voraussetzungen des § 2247 BGB auch eine private Errichtung als eigenhändiges Testament möglich ist. **180**

dd) Vorgabe der Urkundsgestaltung durch die Beteiligten. Werden dem Notar von fachkundig oder anwaltlich vertretenen Beteiligten Entwürfe mit der Bitte um Beurkundung vorgelegt, muss der Notar nicht über die damit verbundenen Kosten belehren, auch dann nicht wenn die vorgegebene Variante zu Mehrkosten führt und nach Auffassung des Notars eine kostengünstigere und gleich sichere Variante zur Verfügung steht.[176] Bei Entwurfsfertigung durch die Beteiligten ist die rechtliche Tragweite des Geschäfts offensichtlich bekannt, so dass der Notar in diesem Fall nicht verpflichtet ist, über die beim gewollten Verfahren entstehenden höheren Kosten zu belehren, es sei denn, er wird hierüber befragt.[177] **181**

ee) Neuere Rechtsprechung. In der neueren obergerichtlichen und höchstrichterlichen Rechtsprechung sind zur Frage der unrichtigen Sachbehandlung i.S.v. § 21 GNotKG exemplarisch folgende Entscheidungen ergangen: **182**

- Die getrennte Beurkundung von Grundstückskaufvertrag und Auflassung stellt keine unrichtige Sachbehandlung im Sinne des § 21 Abs. 1 S. 1 GNotKG dar; dies gilt auch, wenn der Notar die Beteiligten nicht über kostengünstigere andere Gestaltungsmöglichkeiten belehrt.[178]
- Die Änderung des Gesellschaftsvertrages einer GmbH mit einem Gesellschafter vor deren Eintragung im Handelsregister kann durch Gesellschafterbeschluss oder in Form eines Änderungsvertrages durch übereinstimmende Erklärung aller Gesellschafter vereinbart werden. Die Änderungsvereinbarung ist dabei genauso so sicher, aber kostengünstiger als der Gesellschafterbeschluss. Die Beurkundung der Änderungsvereinbarung löst nur eine 1,0 Gebühr Nr. 21200 KV GNotKG aus einem Teilwert von 20 % der Gründungsurkunde (30.000 EUR) i.H.v. 6.000 EUR über 60 EUR aus, während die Beurkundung des Beschlusses zu einer 2,0 Gebühr Nr. 21100 KV GNotKG aus einem Geschäftswert i.H.v. 30.000 EUR mit 250 EUR führt. Die Differenz i.H.v. 190 EUR kann vom Notar wegen unrichtiger Sachbehandlung nicht erhoben werden.[179]

173 Zutr. daher BeckOK-KostR/*Diehn*, GNotKG, § 21 Rn 34; Diehn/Volpert/*Volpert*, Praxis des Notarkostenrechts, 4. Aufl., Rn 2610.

174 BGH v. 23.5.2022 – V ZB 9/21, RNotZ 2022, 511.

175 Zutr. Brandenburgisches OLG v. 30.3.2020 – 7 W 17/20, RNotZ 2021, 220; BeckOK-KostR/*Diehn*, GNotKG, § 21 Rn 39; Diehn/Volpert/*Volpert*, Praxis des Notarkostenrechts, 4. Aufl., Rn 2609.

176 So auch BeckOK-KostR/*Diehn*, GNotKG, § 21 Rn 39; Diehn/Volpert/*Volpert*, Praxis des Notarkostenrechts, 4. Aufl., Rn 2608.

177 LG Düsseldorf v. 20.6.2025 – 19 OH 19/23; LG Düsseldorf v. 23.7.2003 –19 T 73/03, RNotZ 2004, 276 = JurBüro 2004,98.

178 BGH v. 1.10.2020 – V ZB 67/19 – RNotZ 2021, 51 = ZNotP 2021, 90.

179 Brandenburgisches OLG v. 1.8.2023 – 7 W 36/23, NotBZ 2023, 383.

- Ein Urkundsbeteiligter, der dem Notar keine Möglichkeit gibt, einen Mangel der Beurkundung durch eine neue Beurkundung oder auch eine Nachbeurkundung zu beheben, kann keine Kostenniederschlagung nach § 21 Abs. 1 S. 1 GNotKG verlangen.[180] Keine unrichtige Sachbehandlung liegt vor, wenn der Notar nicht weiß, dass die Beteiligten der Auffassung sind, Notarkosten entstünden erst mit der Genehmigung einer notariellen Urkunde.[181]
- Bei der notariellen Beurkundung einer auch formfrei gültigen Patientenverfügung muss der Notar nicht darauf hinweisen, dass diese Erklärung grundsätzlich keiner Beurkundung bedarf, denn die Beurkundung entfaltet Vorteile gegenüber der formfreien Erklärung: Die Verfügung wird in Inhalt und Umfang sicher verständlich formuliert und die Urheberschaft der Erklärung ist durch die Identitätsprüfung und Beurkundung gesichert.[182]

d) Unbilligkeit der Gebührenerhebung

183 § 17 Abs. 1 S. 2 BNotO erklärte Gebührenerlass und Gebührenermäßigung bis zum 31.7.2021 auch dann für zulässig, wenn sie durch eine sittliche Pflicht oder durch eine auf den Anstand zu nehmende Rücksicht geboten sind und die Notarkammer allgemein oder im Einzelfall zugestimmt hat. Durch das Gesetz zur Modernisierung des notariellen Berufsrechts und zur Änderung weiterer Vorschriften[183] ist § 17 Abs. 1 S. 2 BNotO zum 1.8.2021 geändert worden. Gebührenerlass oder eine Gebührenermäßigung sind (neben den in Rdn 171 ff. genannten Fällen) nur zulässig,

- soweit die Gebührenerhebung aufgrund außergewöhnlicher Umstände des Falls unbillig wäre und
- die Notarkammer dem Gebührenerlass oder der Gebührenermäßigung zugestimmt hat.

184 § 17 Abs. 1 S. 2 BNotO stellt klar, dass besondere Näheverhältnisse nicht geeignet sind, einen Gebührenerlass oder eine Gebührenermäßigung zu rechtfertigen. Auf der Grundlage des § 17 Abs. 1 S. 1 BNotO a.F. hatten die meisten Ländernotarkammern Regelungen etabliert, die unter Notarinnen und Notaren und deren Mitarbeitern einen Verzicht auf die Gebührenerhebung bei bestimmten Beurkundungen erlaubte.[184] „Außergewöhnliche Umstände" eines Falls können deshalb nur noch dann angenommen werden, wenn dem Vorgang ein besonderer Sachverhalt zugrunde liegt, wie dies zum Beispiel bei Naturkatastrophen der Fall sein kann. Der Begriff der „Unbilligkeit" wird auch in § 227 AO verwendet, das heißt einer Vorschrift, bei der es in vergleichbarer Weise um Ausnahmen von einer Pflicht zur Leistung öffentlicher Abgaben geht. In den Fällen, in denen noch ein Erlass oder eine Befreiung in Betracht kommt, wird in aller Regel eine Einzelfallgenehmigung durch die Notarkammern (beziehungsweise der Notarkasse oder der Ländernotarkasse) erforderlich sein, es sei denn, dass beispielsweise im vorgenannten Fall einer Naturkatastrophe eine allgemeine Zustimmung für bestimmte Kategorien von Fällen erteilt wird.[185]

185 § 17 Abs. 1 S. 2 BNotO begründet keinen Rechtsanspruch des Kostenschuldners auf den Erlass oder die Ermäßigung von Gebühren aufgrund außergewöhnlicher Umstände bei Unbilligkeit unter den dort genannten Voraussetzungen, sondern gestattet dem Notar lediglich den Erlass oder die Ermäßigung nach vorheriger Zustimmung der Notarkammer.[186]

3. Prüfung der Kostenberechnung

a) Kostenberechnung

186 **aa) Inhaltliche Anforderungen.** § 19 GNotKG regelt die Anforderungen an die vom Notar für seine Amtstätigkeit aufzustellende Kostenberechnung. Diese Kostenberechnung ist Gegenstand bzw. Grundlage der Prüfung. Hat der Notar (noch) keine Kostenberechnung aufgestellt, ist das selbstverständlich auch Prü-

180 OLG Karlsruhe v. 22.2.2023 – 19 W 108/21 (Wx), NotBZ 2023, 309 = JurBüro 2023, 209.
181 Thüringer OLG v. 23.2.2021 – 9 W 401/20, NotBZ 2021, 349.
182 Brandenburgisches OLG v. 30.3.2020 – 7 W 17/20, RNotZ 2021, 220.
183 Vom 25.6.2021 – BGBl I S. 2154.
184 Vgl. z.B. Rundschreiben der Rheinischen Notarkammer Nr. 7/2001 vom 12.10.2001 und Nr. 9/2004 vom 16.12.2004.
185 BT-Drucks 19/26828, S. 124; Frenz/Miermeister/*Frenz*, 6. Aufl. 2024, BNotO § 17 Rn 11a.
186 OLG Celle v. 24.2.2011 – 2 W 19/11 – ZNotP 2012, 158, noch zu § 17 BNotO aF; Frenz/Miermeister/*Frenz*, 6. Aufl. 2024, BNotO § 17 Rn 11a.

fungsgegenstand, weil § 17 Abs. 1 BNotO ausreichend eindeutig zu entnehmen ist, dass die Pflicht des Notars zur Gebührenerhebung diejenige zur Durchsetzung der Gebührenforderung beinhaltet.[187]

bb) Aufbewahrung. Gem. § 19 Abs. 6 GNotKG hat der Notar eine Kopie oder einen Ausdruck der Kostenberechnung zu seinen Akten zu nehmen oder die Berechnung elektronisch aufzubewahren. § 19 Abs. 6 GNotKG dient dazu, der Dienstaufsicht die Überprüfung der Kostenberechnung zu ermöglichen. Mit der Akte i.S.v. § 19 Abs. 6 GNotKG ist dabei die Nebenakte des Notars i.S.v. §§ 40 ff. NotAktVV und nicht die Urkundensammlung gemeint.[188] **187**

Der Notar hat ein Wahlrecht hinsichtlich der Aufbewahrung seiner Kostenberechnungen.[189]

cc) Zugriff des Kostenprüfers. § 93 Abs. 4 BNotO verpflichtet den Notar, dem von der Aufsichtsbehörde beauftragten Kostenprüfer Einsicht in die Akten und Verzeichnisse sowie die in seiner Verwahrung befindlichen Urkunden zu gewähren und ihnen diese auszuhändigen. Der Notar hat ihnen zudem den Zugang zu den Anlagen zu gewähren, mit denen personenbezogene Daten automatisiert verarbeitet werden, sowie ihnen die für die Zwecke der Aufsicht notwendigen Auskünfte zu erteilen. **188**

Die Notarin oder der Notar hat die in Papierform geführten Akten und Verzeichnisse und die in Verwahrung befindlichen Urkunden ebenso vorzulegen, wie sie oder er auch Zugang zum Urkundenverzeichnis, zum Verwahrungsverzeichnis und zu den im Elektronischen Urkundenarchiv verwahrten elektronischen Dokumenten sowie zu anderen elektronisch geführten Akten und Verzeichnissen vermitteln muss.[190] **189**

§ 17 DONot konkretisiert diese in § 93 Abs. 4 BNotO verankerte Verpflichtung auch für die Kostenprüfung: **190**

- Der Aufsichtsbehörde sind sämtliche der (Kost-)Prüfung unterliegenden Akten und Verzeichnisse zur Durchsicht in der Geschäftsstelle des Notars zur Verfügung zu stellen
- Insbesondere ist der Aufsichtsbehörde für die Dauer der Prüfung von einem Computer in der Geschäftsstelle aus ein uneingeschränkter Lesezugriff auf sämtliche Dateien einzuräumen, zu denen sie nach pflichtgemäßem Ermessen Zugang verlangt. Die Notarin oder der Notar hat der Aufsichtsbehörde die hierfür erforderliche technische Ausstattung zur Verfügung zu stellen und ihr die erforderlichen Hilfestellungen zu geben. Ein unmittelbarer Zugang von einem externen Arbeitsplatz des Kostenprüfers scheidet aus.
- Auf Verlangen der Aufsichtsbehörde hat die Notarin oder der Notar einzelne Bestandteile von Akten und Verzeichnissen auch zur Prüfung außerhalb der Geschäftsstelle in geeigneter Form zur Verfügung zu stellen. Die Möglichkeit der Aufsichtsbehörde, Ausdrucke oder elektronische Aufzeichnungen des Urkunden- oder Verwahrungsverzeichnisses, auch hinsichtlich mehrerer Jahre, anzufordern, bleibt unberührt.
- Die Notarin oder der Notar hat der Aufsichtsbehörde auf deren Anforderung unverzüglich u.a. eine Übersicht über Beteiligte im Urkundenverzeichnis des jeweils betroffenen Jahres zur Verfügung zu stellen. Die Möglichkeit der Aufsichtsbehörde, Ausdrucke oder elektronische Aufzeichnungen von Beteiligtenübersichten, auch hinsichtlich mehrerer Jahre, anzufordern, bleibt unberührt. Die Möglichkeit der Mitnahme von Kopien oder Ausdrucken aus den Akten und Verzeichnissen der Notarin oder des Notars durch den Notarprüfer in begründeten Einzelfällen soll durch die Regelung aber nicht grundsätzlich ausgeschlossen werden.[191]

b) Prüfungsmaßstäbe

Wie bei der richterlichen Geschäftsprüfung der Notare geht es auch bei der Kostenprüfung nicht darum, irgendwelche bzw. jeden Fehler festzustellen.[192] Es handelt sich nicht um eine mit der Prüfung des Gerichtskostenansatzes entsprechend §§ 34 ff. Kostenverfügung vergleichbare Prüfung, bei der insbeson- **191**

187 BGH v. 24.11.2014 – NotSt [Brfg] 1/14 – DNotZ 2015, 461, 465; OLG Köln v. 11.10.2023 – 36 Not 6/23.
188 Bormann/Diehn/Sommerfeldt/*Neie*, GNotKG, 5. Aufl., § 19 Rn 45.
189 Vgl. BT-Drucks 17/11471, 160; BeckOK-KostR/*Richter/Szalai*, GNotKG § 19 Rn 32.
190 BT-Drucks 18/10607, S. 80.
191 BT-Drucks 18/10607, S. 81.
192 *Blaeschke*, Praxishandbuch Notarprüfung, 3. Aufl., § 1 Rn 15.

dere festzustellen ist, ob die (Gerichts-)Kosten rechtzeitig, richtig und vollständig angesetzt sind (§ 41 Abs. 1 Nr. 1 KostVfg). Die Kostenprüfung sollte deshalb in der Gesamtschau die Feststellung grundsätzlicher kostenrechtlicher Problemfälle in den Blick nehmen, die nicht in einem gegnerischen, sondern eher partnerschaftlichen Austausch besprochen werden.[193] Das schließt es natürlich nicht aus, dass auch zunächst vordergründig nur nebensächlichen erscheinenden Fehlern nachgegangen wird, nämlich dann, wenn sich der Verdacht von Unregelmäßigkeiten oder fortgesetzten Nachlässigkeiten ergibt (vgl. für die Prüfung des Gerichtskostenansatzes § 40 Abs. 1 S. 2 KostVfg).

c) Prüfungsgegenstand

192 Gem. Abs. 2 werden bei der Kostenprüfung Kostenberechnung und Kosteneinzug geprüft. Zur Prüfung der Kostenberechnung gehören insbesondere (zur Prüfung des Kosteneinzugs Rdn 197 ff.):

193 **aa) Erledigung von Beanstandungen.** Aus Abs. 2 Nr. 1 ergibt sich, dass sich die Prüfung der Amtsführung auch mit der Erledigung von Beanstandungen der letzten Prüfung befassen kann. Das gilt auch für Prüfungsbemerkungen im Rahmen der Kostenprüfung.

194 **bb) Richtige Anwendung des GNotKG und anderer Kostenvorschriften.** Die Prüfung der Kostenberechnungen umfasst die richtige Anwendung sämtlicher Kostenvorschriften des GNotKG und in Bezug genommener Kostengesetze.[194] Der Prüfung der Aufsichtsbehörde unterliegt der gesetzliche Ansatz der Notarkosten.[195] Die Gebühren- und Auslagentatbestände sind im Kostenverzeichnis des GNotKG aufgeführt, das diese abschließend regelt, § 1 Abs. 1 GNotKG. Analogien sind im Kostenrecht grundsätzlich ausgeschlossen.

Erfasst ist beispielsweise die Prüfung

- der Einhaltung des **Zitiergebots**: § 19 GNotKG regelt, unter welchen Voraussetzungen der Notar die Kosten einfordern darf. Grundlage hierfür ist eine dem Kostenschuldner mitgeteilte und vom Notar unterschriebene oder mit seiner qualifizierten elektronischen Signatur versehenene Kosten**berechnung**, deren Inhalt sich nach § 19 Abs. 2 und 3 GNotKG zu richten hat. Diese inhaltlichen Anforderungen beruhen darauf, dass der Notar sich aus der Kostenberechnung einen vollstreckbaren Titel schaffen kann (§ 89 GNotKG). Das in § 19 GNotKG geregelte Zitiergebot soll Notarkostenberechnungen transparent machen, um den Kostenschuldner in die Lage zu versetzen, die erhobenen Kosten nachzuvollziehen und überprüfen zu können. An die Kostenberechnung dürfen aber keine zu hohen Anforderungen gestellt werden, die eine formal korrekte Abrechnung ohne erkennbaren Mehrwert für den Kostenschuldner übermäßig erschweren. Deshalb unterscheidet § 19 GNotKG zwischen dem in Abs. 2 geregelten Muss-Inhalt und dem in Abs. 3 geregelten Soll-Inhalt sowie deren unterschiedlicher **Sanktionierung** in Abs. 4 und 5;[196]
- der **Fälligkeit** der erhobenen Notarkosten (§ 10 GNotKG) bzw. der Frage, ob ein Vorschuss erhoben werden durfte (§ 15 GNotKG);
- der Inanspruchnahme des richtigen und sich aus den Vorschriften des GNotKG (§§ 29–31 GNotKG) ergebenden gesetzlichen **Kostenschuldners**: Erfasst ist beispielsweise die Prüfung, ob die Übernahmefiktion in § 30 Abs. 3 GNotKG nur für die dort genannten Kosten angewandt worden ist,[197] ob der Notar die Verwahrgebühr Nr. 25300 KV GNotKG bei der Ablieferung an den Auftraggeber entnommen hat, ob insbesondere im Gesellschaftsrecht als Kostenschuldner die richtigen Urkundsbeteiligten in Anspruch genommen worden sind,[198] ob beim Ausfall eines gesamtschuldnerisch haftenden Kostenschuldners (§ 32 GNotKG) der gesamtschuldnerisch Mithaftende in Anspruch genommen wird

193 *Blaeschke*, Praxishandbuch Notarprüfung, 3. Aufl., § 1 Rn 15.

194 BeckOK-BNotO/*Herrmann*, § 93 Rn 45.

195 BGH v. 3.11.2003 – NotZ 13/03 – ZNotP 2004, 68.

196 Vgl. Bormann/Diehn/Sommerfeldt/*Neie*, GNotKG, 4. Aufl., § 19 Rn 1; vgl. auch BGH v. 13.5.2015 – V ZB 196/13 – NJW-RR 2015, 1207 und BGH v. 3.4.2008 – V ZB 115/07 – ZNotP 2008, 293, jeweils noch zu § 154 KostO; OLG Karlsruhe v. 7.4.2025 – 19 W 51/24 (Wx).

197 Vgl. BGH v. 10.9.2020 – V ZB 141/18 – RNotZ 2021, 47, zum Umfang der Haftung eines Kostenübernahmeschuldners bei der Verwalterzustimmung.

198 Vgl. Bormann/Diehn/Sommerfeldt/*Neie*, GNotKG, 4. Aufl., § 30 Rn 5; OLG Köln v. 18.9.2017 – I-2 Wx 204/17, RNotZ 2017, 685; LG Düsseldorf v. 18.5.2022 – 19 OH 10/20, JurBüro 2022, 646.

und ob für die Kosten einer Teilungserklärung der teilende Eigentümer (§§ 29 Nr. 1, 30 GNotKG) und nicht erst die späteren Erwerber der Einheiten (ohne ausdrückliche Kostenübernahmeerklärung gegenüber dem Notar gem. § 29 Nr. 2 GNotKG) in Anspruch genommen werden;
- des den Gebühren zugrunde gelegten **Geschäftswerts** (§§ 35–45, 97 ff. GNotKG) und der richtigen Anwendung der Bewertungsvorschriften (§§ 46 ff. GNotKG);
- der richtigen Erhebung der Entwurfsgebühren bei Entwurfsfertigung (Nr. 24100 ff. KV GNotKG) sowie bei vorzeitiger Beendigung des Beurkundungsverfahrens (Nr. 21300 ff. KV GNotKG), vgl. auch § 92 GNotKG;
- der einmaligen Erhebung der Gebühr für ein Verfahren sowie der Vollzugs- und der Betreuungsgebühr nach § 93 Abs. 1 GNotKG;
- der Zusammenfassung mehrerer Beurkundungsgegenstände in einem Beurkundungsverfahren ohne sachlichen Grund nach § 93 Abs. 2 GNotKG;[199]
- der Antragstellung durch den Notar gem. § 127 Abs. 1 S. 2 GNotKG, wenn der Kostenschuldner dem Notar gegenüber die Kostenberechnung beanstandet hat;
- der Wahrnehmung der in § 39 Abs. 1 GNotKG geregelten Auskunftsplichten gegenüber dem Gericht;
- der Mitwirkung der Beteiligten an der Wertermittlung gem. § 95 GNotKG;[200]
- der unrichtigen Sachbehandlung gem. § 21 GNotKG (Rdn 176 ff.);
- der Gewährung einer Gebührenbefreiung oder Gebührenermäßigung (Rdn 172 ff.);
- ob entgegen § 125 GNotKG eine Gebührenvereinbarung getroffen worden ist (Rdn 165 ff.);
- der Beachtung von Vorbem. 2 Abs. 3 KV GNotKG, insbesondere bei sozietätsverbundenen Notaren.

d) Beachtung der Rechtsprechung und Kommentarliteratur

Der Notar hat bei der Aufstellung der Kostenberechnung die vorhandene Rechtsprechung (LG, OLG und BGH) sowie ggf. die vorhandene Kommentarliteratur zu berücksichtigen. Das Interesse an einer geordneten vorsorgenden Rechtspflege (§ 4 BNotO) setzt der Unabhängigkeit des Notars bei der Bemessung seiner Gebühren Grenzen und verbietet eine Gebührenpraxis, die einer gefestigten Rechtsprechung offensichtlich zuwiderläuft.[201] Der Notar entscheidet zwar in sachlicher Unabhängigkeit (§ 1 BNotO) auch über die Berechnung der ihm zustehenden Kosten. Das Interesse an einer geordneten vorsorgenden Rechtspflege (§ 4 BNotO) setzt dem aber Grenzen. Das Ansehen des Amts leidet Schaden, wenn der Notar eine Gebührenpraxis betreibt, die vor den zuständigen Gerichten keinen Bestand hat. Die Kostenbelastung der Urkundsbeteiligten hängt dann davon ab, ob diese, sachkundig beraten, auf die Abweichung aufmerksam werden und ein Rechtsmittel einlegen. Die damit verbundene tatsächliche Ungleichbelastung widerspricht dem mit dem Notaramt verbundenen Fürsorgegedanken.[202] Verstößt der Notar dagegen, liegt darin ein Dienstvergehen.[203] 195

Die Einhaltung dieser Dienstpflicht ist deshalb ebenfalls Gegenstand der Kostenprüfung.

e) Einheitlichkeit der Kostenberechnung

Gegenstand der Kostenprüfung ist auch die Feststellung, ob die im Prüfungsbereich (§ 92 BNotO) eine Notarin oder einen Notar aufsuchenden Beteiligten eine gleichmäßige Belastung mit Notarkosten erwarten können. 196

4. Prüfung des Kosteneinzugs

a) Grundlagen

Aus § 93 Abs. 2 S. 3, Abs. 3 S. 3, 4 und § 18 Abs. 4 DONot ergibt sich, dass die Kostenberechnung und der Kosteneinzug zu prüfen sind. Die Prüfung dient dazu, die in § 17 Abs. 1 BNotO geregelte Verpflichtung 197

199 Vgl. BGH v. 26.9.2017 – II ZB 27/16 – ZNotP 2018, 37; OLG Düsseldorf v. 3.1.2022 – I-10 W 107/20.

200 Vgl. auch OLG Düsseldorf v. 11.9.2023 – I-10 W 70/23, NotBZ 2024, 394; OLG Düsseldorf v. 14.6.2018 – I-10 W 29/18, NotBZ 2019, 219.

201 BGH v. 25.11.1996 – NotZ 48/95, BGHZ 134, 137; BGH v. 18.11.2019 – NotSt (Brfg) 4/18 – ZNotP 2020, 180 und OLG Stuttgart v. 9.3.2018 – 1 Not 2/17 –, zum schematischen Ansatz des vollen Kaufpreises als Gegenstandswert gem. § 30 Abs. 2 KostO der Betreuungsgebühren gem. § 147 Abs. 2 KostO, der damit in offenkundigem Widerspruch zum damals eindeutigen Standpunkt der Rechtsprechung und der Kommentarliteratur stand und deshalb rechtswidrig war.

202 BGH v. 25.11.1996 – NotZ 48/95, BGHZ 134, 137.

203 OLG Stuttgart v. 9.3.2018 – 1 Not 2/17 –; OLG Köln v 21.6.2000 – 2 X (Not) 8/99 –.

des Notars zur Erhebung der gesetzlich vorgeschriebenen Kosten (Gebühren und Auslagen) zu überprüfen.[204] § 17 Abs. 1 BNotO ist damit ausreichend eindeutig zu entnehmen, dass die Pflicht des Notars zur Gebührenerhebung diejenige zur Durchsetzung der Gebührenforderung beinhaltet.[205] Der BGH hat ausdrücklich festgestellt, dass es nicht im Ermessen des Notars liegt, ob er Gebühren überhaupt erhebt oder deren gesetzlich vorgeschriebene Höhe ermäßigt.[206] Die Pflicht zur Kostenerhebung ist deshalb nicht mit der Ausstellung der Kostenrechnung erfüllt (§ 19 GNotKG), sondern umfasst auch die ggf. erforderliche Beitreibung nicht gezahlter Kosten.[207]

198 In NRW ist ferner in Ziffer 6 der Ergänzungsbestimmungen zu §§ 17, 18 DONot ausdrücklich geregelt, dass bei den Geschäftsprüfungen ferner die Erfüllung der Gebührenerhebungspflicht zu kontrollieren ist.[208]

199 Die Gebührenerhebungspflicht ist auch in den Richtlinienempfehlungen der Bundesnotarkammer[209] sowie dem folgend in denen der Ländernotarkammern[210] geregelt. Nach Nr. VI Nr. 3.1 hat der Notar Gebühren in angemessener Frist einzufordern und sie bei Nichtzahlung im Regelfall beizutreiben.

Nach Nr. VI Nr. 3.2 ist das Versprechen und Gewähren von Vorteilen im Zusammenhang mit einem Amtsgeschäft sowie jede Beteiligung Dritter an den Gebühren unzulässig. Insbesondere ist es dem Notar verboten,

a) ihm zustehende Gebühren zurückzuerstatten;
b) Vermittlungsentgelte für Urkundsgeschäfte oder
c) Entgelte für Urkundsentwürfe zu leisten;
d) zur Kompensation von Notargebühren Entgelte für Gutachten oder sonstige Leistungen Dritter zu gewähren oder auf ihm aus anderer Tätigkeit zustehende Gebühren zu verzichten.

b) Entfallen der Einzugspflicht

200 Die Einzugspflicht des Notars entfällt allenfalls dann, wenn der Notar zuverlässige Hinweise darauf hat, dass eine Zwangsvollstreckung nicht erfolgreich sein würde bzw. offensichtlich sinnlos wäre oder die damit verbundenen Kosten in keinem Verhältnis zur Kostenforderung stehen.[211] Allerdings wird sich die Feststellung nur nach einem Vollstreckungsversuch treffen lassen.[212]

c) Zahlungsnachweise

201 Der Einzug der Kostenberechnungen erfolgt durch Einsicht in die Geschäftskonten und Kassenbücher des Notars. Ihre Heranziehung durch die Aufsichtsbehörde ist daher ermessensfehlerfrei. Dass die Buchführung des Notars (auch) betriebswirtschaftlichen und steuerlichen Zwecken dient, ändert daran nichts.[213]

202 Der Nachweis, dass erhobene Notarkosten tatsächlich gezahlt worden sind, kann am einfachsten durch die Vorlage des entsprechenden Kontoauszugs geführt werden.[214] Dabei kann es ausreichen, dass nur eine Kopie des einschlägigen Kontoauszugs, ggf. unter Schwärzung der nicht einschlägigen Buchungen, vorgelegt wird. Bei der Vorlage können die Teile abgedeckt bzw. bei der Vorlage von Kopien die Teile geschwärzt werden, deren Kenntnis für die Prüfung nicht erforderlich ist. Allerdings muss der Beweiswert der Unterlagen gewährleistet werden und muss dem Prüfer ggf. auf andere Weise der Eingang der Kosten nachgewiesen werden.[215]

204 Näher Diehn/*Diehn*, BNotO, § 17 Rn 1 ff.; BGH v. 24.11.2014 – NotSt (Brfg) 1/14 – DNotZ 2015, 461.
205 BGH v. 24.11.2014 – NotSt (Brfg) 1/14 – DNotZ 2015, 461; BGH v. 3.11.2003 – NotZ 13/03 – ZNotP 2004, 68.
206 BGH v. 24.11.2014 – NotSt (Brfg) 1/14 – DNotZ 2015, 461.
207 OLG Köln v. 11.10.2023 – 36 Not 6/23.
208 Allgemeinverfügung des Ministeriums der Justiz des Landes Nordrhein-Westfalen vom 14.12.2021 (3830 – Z. 54), Justizministerialblatt für das Land Nordrhein-Westfalen 2022, S. 7, in der Fassung vom 17.4.2023, Justizministerialblatt für das Land Nordrhein-Westfalen 2023, S. 536: ergänzende Bestimmungen zu §§ 17, 18 DONot.
209 https://www.bnotk.de/aufgaben-und-taetigkeiten/richtlinien/richtlinienempfehlungen.
210 https://www.bnotk.de/aufgaben-und-taetigkeiten/richtlinien/richtlinien-der-notarkammern.
211 OLG Köln v. 6.1.2014 – 2 X (Not) 4/13 –; *Blaeschke*, Praxishandbuch Notarprüfung, 3. Aufl., § 11 Rn 109; Frenz/Miermeister/*Frenz*, BNotO, 6. Aufl. 2024, § 17 BNotO Rn 7; Diehn/*Diehn*, § 17 BNotO Rn 61; BeckOK-BNotO /*Sander*, § 17 Rn 11.
212 Diehn/*Diehn*, § 17 BNotO Rn 61.
213 BGH v. 24.11.2014 – NotSt (Brfg) 1/14 – DNotZ 2015, 461; BGH v. 3.11.2003 – NotZ 13/03 – ZNotP 2004, 68.
214 Diehn/*Zimmer*, BNotO, 3. Aufl., § 93 Rn 28.
215 Vgl. für NRW den Erlass des JM vom 22.12.1994 – 3831 – I. B. 12.

Was als Zahlungsnachweis vorzulegen ist, legt der Kostenprüfer fest. Will der Notar dem nicht folgen, besteht für den Kostenprüfer kein Weisungsrecht, sondern nur für die Aufsichtsbehörde, § 17 DONot.

Erfolgen Barzahlungen auf Kostenberechnungen, kann der Zahlungsnachweis durch Vorlage oder Einsicht in das Kassenbuch geführt werden.[216]

d) Übersicht über offene Kostenforderungen (Offene-Posten-Liste)

Im Rahmen der Prüfung des Kosteneinzugs kann der Kostenprüfer auch eine Übersicht der noch nicht gezahlten Kostenforderungen verlangen. Hier wird ebenfalls Einsicht in die Geschäftskonten und Kassenbücher des Notars verlangt.[217] Sofern das vom Notar verwendete Buchhaltungsprogramm des Notars automatisiert keine Liste mit den Kostenforderungen erzeugen kann, die noch nicht gezahlt sind, kann keine automatisiert erzeugte Offene-Posten-Liste vorgelegt werden. Allerdings ergibt sich aus § 93 Abs. 4 S. 1 BNotO die Verpflichtung des Notars, der Aufsichtsbehörde oder den von diesen mit der Prüfung Beauftragten Zugang zu den Anlagen zu gewähren, mit denen personenbezogene Daten automatisiert verarbeitet werden, sowie die notwendigen Aufschlüsse zu geben. Hierzu kann gehören anzugeben, ob und welche Kostenforderungen noch nicht gezahlt sind bzw. dem Prüfer Zugang zu dem verwendeten Buchhaltungsprogramm zu gewähren (vgl. auch § 17 DONot). 203

e) Rechtzeitigkeit der Kostenerhebung und des Kosteneinzugs

Zu der Prüfung des Kosteneinzugs gehört auch die Prüfung, ob Kosten binnen angemessener Frist vom Notar eingezogen werden.[218] Auch in den Richtlinienempfehlungen der Bundesnotarkammer[219] sowie dem folgend in denen der Ländernotarkammern[220] ist in Nr. VI Nr. 3.1 angeordnet, dass der Notar die Gebühren in angemessener Frist einzufordern und sie bei Nichtzahlung im Regelfall beizutreiben hat. 204

Der BGH[221] hat hinsichtlich etwaiger Fristen für den Kosteneinzug darauf hingewiesen, dass sich § 17 Abs. 1 BNotO nicht unmittelbar entnehmen lasse, innerhalb welcher Fristen der Notar seine Pflicht zur Erhebung der Gebühren zu erfüllen habe.[222] Angesichts der gesetzlichen Regelung der Ausnahmen von der Erhebungspflicht in § 17 Abs. 1 S. 2 BNotO lasse sich aber unter Berücksichtigung des Regelungszwecks der Vorschrift erkennen, dass eine Pflichtverletzung jedenfalls dann eintrete, wenn der Verzicht auf die Durchsetzung der Gebührenforderung oder deren verzögerte Art und Weise im tatsächlichen Ergebnis auf einen Gebührenerlass oder eine Gebührenermäßigung hinausliefen. Dieser Erwägung entsprechend sähen die Richtlinienempfehlungen der Bundesnotarkammer vor, dass der Notar die Gebühren in angemessener Frist einzufordern und sie bei Nichtzahlung im Regelfall beizutreiben habe. Insgesamt sei § 17 Abs. 1 BNotO ausreichend eindeutig zu entnehmen, dass die Pflicht des Notars zur Gebührenerhebung diejenige zur Durchsetzung der Gebührenforderung beinhalte.[223] Aus dem grundsätzlich bestehenden Verbot von Vereinbarungen über den Gebührenerlass und die -ermäßigung lasse sich ein Verbot von Verhaltensweisen ableiten, die zu einer Umgehung der genannten ausdrücklichen Verbote führten. Eine lediglich „mittelbare" Verletzung von § 17 Abs. 1 BNotO als eine Disziplinarmaßnahme begründende Amtspflichtverletzung sei verfassungsrechtlich nicht zu beanstanden. Angesichts des Fehlens ausdrücklicher Regelungen über die Art und Weise der Durchsetzung der gesetzlich vorgeschriebenen Gebühren sei zwar dem Notar sowohl hinsichtlich des Zeitraums der Gebührenerhebung als auch des Ergreifens von Zwangsvollstreckungsmaßnahmen bei ausbleibender freiwilliger Erfüllung ein Beurteilungsspielraum einzuräumen. Dem trügen die Empfehlungen der Bundesnotarkammer (und die gleichlautenden Richtlinien der Rheinischen Notarkammer) mit dem Hinweis auf die „angemessene Frist" und die „im Regelfall" erfolgende Beitreibung bei Nichtzahlung Rechnung. 205

Das OLG Köln hatte in seinem dem Urteil des BGH vorhergehenden Urteil[224] u.a. festgestellt, dass eine Frist von sechs Monaten (ab Erstellung der Kostenberechnung) für die Beitreibung regelmäßig sachge- 206

216 BGH v. 3.11.2003 – NotZ 13/03 – ZNotP 2004, 68.
217 Vgl. BGH v. 24.11.2014 – NotSt (Brfg) 1/14 – DNotZ 2015, 461; BGH v. 3.11.2003 – NotZ 13/03 – ZNotP 2004, 68.
218 Diehn/*Diehn*, BNotO, 3. Aufl. 2025, § 17 Rn 34.
219 https://www.bnotk.de/aufgaben-und-taetigkeiten/richtlinien/richtlinienempfehlungen.
220 https://www.bnotk.de/aufgaben-und-taetigkeiten/richtlinien/richtlinien-der-notarkammern.
221 BGH v. 24.11.2014 – NotSt (Brfg) 1/14 – DNotZ 2015, 461.
222 So auch OLG v. Köln 11.10.2023 – 36 Not 6/23.
223 So auch OLG v. Köln 11.10.2023 – 36 Not 6/23.
224 OLG Köln v. 6.1.2014 – 2 X (Not) 4/13 –.

recht ist.[225] Ausnahmen werden hierdurch nicht ausgeschlossen, wenn etwa der Notar aufgrund konkreter Anhaltspunkte davon ausgehen kann und darf, dass (z.B. aufgrund kurzfristiger Zahlungsengpässe) eine „freiwillige" Zahlung alsbald erfolgt.[226] Wird mit dem OLG Köln davon ausgegangen, dass der Notar gehalten ist, seine Kosten binnen sechs Monaten ab Aufstellung der Kostenberechnung beizutreiben, kann für den Zeitpunkt der Aufstellung der Kostenberechnung grds. kein längerer Zeitraum in Frage kommen. Insbesondere darf mit der Einforderung nicht regelmäßig bis zum Eintritt der Verjährung gewartet werden. In einer neueren Entscheidung erscheint dem OLG Köln für die Einforderung ein Zeitraum von drei Monaten. angemessen.[227] *Diehn* geht im Regelfall von einer Aufstellung der Kostenrechnung binnen Monatsfrist und mit einer Vereinnahmung bzw. weiteren Mahnung binnen drei Monaten aus.[228]

207 Die angemessene Frist zur Einforderung der Kosten beginnt frühestens mit der Fälligkeit der Kosten (§ 10 GNotKG).[229] Denn mit der Fälligkeit werden die Kosten einforderbar, so dass die Fälligkeit damit den Zeitpunkt bestimmt, von dem ab der Notar den Kostenanspruch geltend machen kann. Notargebühren werden gem. § 10 GNotKG mit der Beendigung des Verfahrens oder des Geschäfts, Auslagen des Notars und die Gebühren nach Nr. 25300 und 25301 KV GNotKG sofort nach ihrer Entstehung fällig. § 85 Abs. 1 GNotKG definiert, wie der Begriff des Verfahrens in § 10 GNotKG zu verstehen ist. Danach ist das Beurkundungsverfahren (Teil 2 Hauptabschnitt 1 des Kostenverzeichnisses) ein notarielles Verfahren im Sinne des GNotKG. Gem. § 85 Abs. 2 GNotKG ist das Beurkundungsverfahren auf die Errichtung einer Niederschrift (§§ 8 und 36 BeurkG) gerichtet. Das Beurkundungsverfahren ist mit Errichtung der Niederschrift beendet (§ 13 BeurkG). Die Niederschrift ist mit der Unterzeichnung der Urkunde durch den Notar errichtet. Zu diesem Zeitpunkt wird damit die Gebühr für das Beurkundungsverfahren fällig. Die Fälligkeit der (zum Beurkundungsverfahren gehörenden) Vollzugs- und Betreuungsgebühr kann nicht vor deren Entstehung eintreten, die sich nach Vorbem. 2.2.1.1 KV GNotKG bzw. Nr. 22200 KV GNotKG richtet. Deshalb können die Fälligkeiten der in einem Beurkundungsverfahren anfallenden Gebühren zeitlich auseinanderfallen.[230]

208 Der Auffassung, dass die Frist zur Einforderung der Kosten bei der Entstehung einer Beurkundungsverfahrensgebühr, einer Vollzugs- und/oder einer Betreuungsgebühr für eine Urkunde erst einheitlich mit der letzten Gebührenfälligkeit eintritt und es nicht zu beanstanden ist, dass die Abrechnung der entstandenen Kosten erst mit dem Vollzug der Urkunde im Grundbuch oder im Register erfolgt,[231] kann in dieser Allgemeinheit nicht gefolgt werden:

- Die Frist für die angemessene Einforderung von Gebühren ist für jede Gebühr gesondert zu beurteilen. Denn die Verjährungsfristen für die Gebühren beginnen bei deren Fälligkeit in verschiedenen Kalenderjahren unabhängig voneinander zu laufen.[232]
- Der unterbleibende Ansatz einer fälligen Gebühr unterfällt als nicht zulässige Stundung ab einem bestimmten Zeitpunkt dem Anwendungsbereich des § 17 Abs. 2 BNotO.
- Statt die Kosten erst mit der letzten Fälligkeit einer Vollzugs- oder Betreuungstätigkeit oder mit grundbuchlich oder registerrechtlich korrektem Vollzug zu erheben, können Vollzugs- und Betreuungstätigkeiten sogleich zusammen mit der Beurkundungs- Verfahrensgebühr im Vorschusswege gem. § 15 GNotKG erhoben werden.[233] Der Notar dürfte zwar nicht verpflichtet sein, einen Vorschuss zu erheben.[234] Allerdings ermöglicht es das Vorschussrecht dem Notar, alle Gebühren, aus denen sich der von ihm betreute wirtschaftliche Vorgang zusammensetzt, ohne Rücksicht auf ihre jeweilige Fälligkeit zu einem früheren Zeitpunkt einheitlich in einer Kostenrechnung anzufordern.[235]

225 So auch OLG Köln v. 11.10.2023 – 36 Not 6/23.
226 OLG Köln v. 6.1.2014 – 2 X (Not) 4/13 –.
227 OLG Köln v. 11.10.2023 – 36 Not 6/23; so auch BeckOK-BNotO/*Sander*, § 17 Rn 11; Frenz/Miermeister/*Frenz*, 6. Aufl. 2024, RLEmBNotK VI Rn 7; *Diehn*, BNotO, 2. Aufl., § 17 Rn 33: Vereinnahmung binnen drei Monaten; BeckOK-BNotO/*Strauß*, RLEmBNotK VI Rn 19.
228 Diehn/*Diehn*, BNotO, 3. Aufl. 2025, § 17 BNotO Rn 35.
229 Vgl. Diehn/*Diehn*, BNotO, 3. Aufl., § 17 Rn 34: Fristbeginn mit der Fälligkeit der einzelnen Gebühr.
230 Vgl. Bormann/Diehn/Sommerfeldt/*Diehn*, GNotKG, 4. Aufl., § 10 Rn 9 ff.
231 So Diehn/*Diehn*, BNotO, 3. Aufl., § 17 Rn 36.
232 Leipziger-GNotKG/*Klingsch*, 3. Aufl., § 6 Rn 4.
233 Vgl. Korintenberg/*Hey'l*, GNotKG, 22. Aufl., § 10 Rn 6.
234 Korintenberg/*Hey'l*, GNotKG, 22. Aufl., § 15 Rn 2; Leipziger-GNotKG/*Klingsch*, 3. Aufl., § 15 Rn 7; a.A., noch zu § 8 Abs. 2 S. 1 KostO BGH v. 13.7.1989 – III ZR 64/88; BGH v. 7.7.2004 – V ZB 61/03.
235 Korintenberg/*Hey'l*, GNotKG, 22. Aufl., § 15 Rn 2.

f) Stundung von Kostenforderungen

Vereinbarungen zur Fälligkeit der Gebühren sind, vom Sonderfall in Vorbem. 2.4.1 Abs. 7 KV GNotKG zur Stundung der Gebühren bei Fertigung eines Serienentwurfs abgesehen, gem. § 17 Abs. 2 BNotO unzulässig. Gem. § 17 Abs. 2 BNotO hat der Notar nämlich einem Beteiligten, dem nach den Vorschriften der Zivilprozessordnung die Verfahrenskostenhilfe zu bewilligen wäre, seine Urkundstätigkeit in sinngemäßer Anwendung der Vorschriften der Zivilprozessordnung vorläufig gebührenfrei oder gegen Zahlung der Gebühren in Monatsraten zu gewähren. Außerhalb des Anwendungsbereichs des § 17 Abs. 2 BNotO kommt eine Stundung von Kosten, z.B. durch Ratenzahlungsvereinbarungen, nicht in Betracht.[236] 209

Weil in § 17 Abs. 2 BNotO nur von der Urkundstätigkeit die Rede ist, kann die Frage aufgeworfen werden, ob Notare ihre sonstige Amtstätigkeit i.S.v. §§ 23, 24 BNotO (z.B. isolierte Verwahrungen, sonstige Betreuung auf dem Gebiet der vorsorgenden Rechtspflege, etwa durch isolierte Beratungen oder isolierte Entwürfe) ebenfalls unter den Voraussetzungen des § 17 Abs. 2 BNotO vorläufig gebührenfrei oder gegen Zahlung der Gebühren in Monatsraten gewähren dürfen.[237] Nur wenn Betreuungsleistungen i.S.v. §§ 23, 24 BNotO in einem untrennbaren Zusammenhang mit Urkundstätigkeiten stehen, erstreckt sich die in § 17 Abs. 2 BNotO geregelte Gebührenhilfe auch auf diese Tätigkeiten. Das bedeutet beispielsweise, dass bei der Beurkundung eines Grundstückskaufvertrages nebst Auflassung auch die erforderlichen Betreuungs- und Vollzugstätigkeiten sowie Verwahrungen von der Bewilligung der Gebührenhilfe durch den Notar erfasst werden.[238] 210

§ 17 Abs. 2 BNotO erfasst nicht nur die Gebühren des GNotKG (Teil 2 KV GNotKG), sondern auch die Auslagen des Notars (Teil 3 Abschnitt 2 KV GNotKG). Der Begriff der Gebühr in § 17 BNotO meint damit nicht nur die Gebühr i.S.d. GNotKG, sondern einen öffentlich-rechtlichen Gebührenbegriff.[239] 211

Eine Stundung von Kosten ist deshalb grds. nur möglich, wenn der Kostenschuldner Anspruch auf Verfahrenskostenhilfe hätte. Die Gewährung von Verfahrenskostenhilfe setzt eine Erklärung über die persönlichen und wirtschaftlichen Verhältnisse des Kostenschuldners voraus, § 117 Abs. 2 ZPO.[240] Die Abgabe einer mündlichen Erklärung kann angesichts des durch § 117 Abs. 2 ZPO vorgeschriebenen Inhalts der Erklärung grds. nicht als ausreichend angesehen werden.[241] Der Notar darf wegen der in § 17 Abs. 1 BNotO geregelten Erhebungspflicht auf die Offenlegung der persönlichen und wirtschaftlichen Verhältnisse des Kostenschuldners nicht verzichten.[242] 212

Die Prüfung dieser Voraussetzungen sowie eine etwaige Vereinbarung mit dem Kostenschuldner ist in jedem Fall in der Nebenakte zu dokumentieren.

Zahlt der Kostenschuldner von sich aus den geforderten Kostenbetrag durch Ratenzahlungen, ohne dass eine Prüfung durch den Notar entsprechend § 17 Abs. 2 BNotO stattgefunden hat, ist der Notar gehalten, diese Prüfung nachzuholen. 213

IV. Bericht über die Kostenprüfung (§ 15 Abs. 3 DONot)

1. Grundsätze

Die für die Kostenprüfung herangezogenen Justizbeamtinnen und -beamte berichten dem Landgerichtspräsidenten gem. § 15 Abs. 3 S. 1 DONot über das Ergebnis der Kostenprüfung. Der Kostenprüfer hat deshalb die Aufgabe, Feststellungen zur Art und Weise der notariellen Amtsausübung im Bereich der 214

236 Vgl. BGH v. 24.11.2014 – NotSt (Brfg) 1/14 – DNotZ 2015, 461; OLG Köln v. 6.1.2014 – 2 X (Not) 4/13 –; *Sandkühler* in: Arndt/Lerch/Sandkühler, BNotO, 8. Aufl., § 17 Rn 55; vgl. auch Bormann/Diehn/Sommerfeldt/*Diehn*, GNotKG, 4. Aufl., § 125 Rn 6.

237 Abl. Diehn/*Diehn*, BNotO 3. Aufl., § 17 Rn 75; BeckOK-BNotO/*Sander*, § 17 Rn 62; Schönenberg-Wessel/Plottek/Sikora/*Sikora*, BNotO, § 17 BNotO Rn 23; Frenz/Miermeister/*Frenz*, 6. Aufl. 2024, BNotO § 17 Rn 14.

238 Diehn/*Diehn*, BNotO 3. Aufl., § 17 Rn 75; BeckOK-BNotO/*Sander*, § 17 Rn 62; Schönenberg-Wessel/Plottek/Sikora/*Sikora*, BNotO, 1. Aufl. 2023, § 17 BNotO Rn 23; wohl auch Frenz/Miermeister/*Frenz*, 6. Aufl. 2024, BNotO § 17 Rn 14.

239 Diehn/*Diehn*, BNotO, 3. Aufl. 2025, § 17 Rn 20; a.A. Schönenberg-Wessel/Plottek/Sikora/*Sikora*, BNotO, § 17 BNotO Rn 23.

240 Diehn/*Diehn*, BNotO, 3. Aufl., § 17 Rn 79.

241 I.d.S. wohl Diehn/*Diehn*, BNotO, 3. Aufl., § 17 Rn 79; Schönenberg-Wessel/Plottek/Sikora/*Sikora*, BNotO, § 17 BNotO Rn 23; a.A. BeckOK-BNotO/*Sander*, § 17 Rn 66; Frenz/Miermeister/*Frenz*, 6. Aufl. 2024, BNotO § 17 Rn 14; Arndt/Lerch/Sandkühler/*Sandkühler*, BNotO, 8. Aufl., § 17 Rn 113.

242 Diehn/*Diehn*, BNotO, 3. Aufl., § 17 Rn 79.

Kostenberechnung und des Kosteneinzugs zu treffen. Enthält der Bericht Beanstandungen, entscheidet der Präsident über die erforderlichen Anordnungen, § 15 Abs. 3 S. 2 DONot. Über die Umsetzung des Berichts über die Kostenprüfung entscheidet nur die Dienstaufsicht.

215 Der Prüfungsbericht muss nicht einheitlich mit dem Bericht der anderen Prüfungsbeauftragten erfolgen. Der Prüfungsbericht erfolgt schriftlich. Dem Notar ist der Prüfungsbericht zu übersenden bzw. der Notar hat ein Recht auf Einsicht in den Prüfbericht. Er ist berechtigt und – auf Verlangen der Dienstaufsicht – auch verpflichtet, zu dem Prüfbericht Stellung nehmen.[243] Einen Anspruch auf Berichtigung oder Ergänzung hat er dagegen nicht.[244] Der Prüfbericht wird dem Notar regelmäßig schon deshalb übersandt, damit er beanstandete Mängel beheben kann.

2. Maßnahmen bei Beanstandungen

216 Soweit der Bericht Beanstandungen enthält, trifft der Landgerichtspräsident nach § 15 Abs. 3 S. 2 DONot die erforderlichen Anordnungen. Aufsichtsbefugnisse über die Notare stehen also, wie sich bereits aus § 92 Nr. 1 BNotO ergibt, nur ihm als Aufsichtsbehörde, nicht aber den Beamten der Justizverwaltung (Bezirksrevisoren oder Kostenbeamten) zu (§ 93 Abs. 3 S. 3 BNotO).[245]

217 Bei geringfügigen, aber offenkundigen Mängeln wird der Landgerichtspräsident den Notar lediglich anweisen, sie in Zukunft zu vermeiden bzw. abzustellen. Eine vorherige Anhörung erübrigt sich in solchen offensichtlichen „Bagatellfällen“. Im Einzelfall bleibt es dem Notar unbenommen, sich gegen die Anordnung zu wenden. Im Übrigen darf eine Anweisung bereits aus verfassungsrechtlichen Gründen erst nach Anhörung des Notars ergehen. In „Grenzfällen“ wird der Landgerichtspräsident auf jeden Fall zunächst eine Anhörung des Notars vornehmen.

218 Weist der Landgerichtspräsident einen Notar an, bestimmte Mängel zu beseitigen, so muss die Zusicherung des Notars, entsprechend zu verfahren („ist abgestellt“/„wird in Zukunft beachtet“), richtig und ernsthaft sein. Anderenfalls ist bereits die Äußerung des Notars eine Dienstpflichtverletzung.[246]

3. Rechtsweg

a) Anweisung gem. § 130 Abs. 2 S. 1 GNotKG

219 Findet die Aufsichtsbehörde aufgrund des Berichts über die Kostenprüfung Anlass, eine notarielle Kostenberechnung für unrichtig zu halten, kann der Notar seine Kostenberechnung entsprechend abändern und die Prüfungsbemerkung findet dadurch ihre Erledigung. Ist der Notar aber anderer Auffassung als der Kostenprüfer und die Aufsichtsbehörde, kann die dem Notar vorgesetzte Dienstbehörde diesen gem. § 130 Abs. 2 S. 1 GNotKG nur anweisen, die Entscheidung des Landgerichts herbeizuführen, Beschwerde oder Rechtsbeschwerde zu erheben.[247] Gegenstand der Anweisung können nur Gesichtspunkte sein, die sich **unmittelbar aus dem Kostenrecht** ergeben.[248]

220 § 48 Abs. 1 der bundeseinheitlich geltenden Kostenverfügung regelt die von der Aufsichtsbehörde zu beachtenden Grundsätze. Gibt der Kostenansatz eines Notars, dem die Kosten selbst zufließen, der Dienstaufsichtsbehörde zu Beanstandungen Anlass, fordert sie den Notar auf, den Ansatz zu berichtigen, gegebenenfalls zu viel erhobene Beträge zu erstatten oder zu wenig erhobene Beträge nachzufordern und, falls er die Beanstandungen nicht als berechtigt anerkennt, die Entscheidung des Landgerichts herbeizuführen. Die Aufforderung soll unterbleiben, wenn es sich um Kleinbeträge handelt, von deren Erstattung oder Nachforderung nach den für Gerichtskosten im Verkehr mit Privatpersonen getroffenen Bestimmungen abgesehen werden darf. Die Dienstaufsichtsbehörde kann es darüber hinaus dem Notar im Einzelfall gestatten, von der Nachforderung eines Betrages bis zu 25 EUR abzusehen.

221 Der Notar selbst ist grundsätzlich nicht befugt, in dem Verfahren vor dem Landgericht aus eigenem Recht seine eigene Kostenberechnung zur Überprüfung zu stellen. Eine Antragsbefugnis des Notars gemäß

243 Vgl. Arndt/Lerch/Sandkühler/*Lerch*, § 93 BNotO Rn 15.
244 Siehe BGH v. 13.10.1980 – NotZ 11/80, DNotZ 1981, 195, 199 f.
245 BeckOK-BNotO/*Herrmann*, § 93 Rn 48.
246 *Carstensen*, ZNotP 2003, 46, 48.
247 BGH v. 10.8.1987 – NotZ 1/87; LG Düsseldorf v. 7.6.2021 – 25 OH 9/19 –.
248 Bormann/Diehn/Sommerfeldt/*Neie*, 5. Aufl., GNotKG § 130 Rn 16.

§ 127 Abs. 1 S. 2 GNotKG besteht nur dann, wenn der Kostenschuldner dem Notar gegenüber die Kostenberechnung beanstandet hat.[249]

In der Weisung an den Notar, eine gerichtliche Entscheidung herbeizuführen, Beschwerde oder Rechtsbeschwerde einzulegen, liegt zwar ein Eingriff in seine Unabhängigkeit; dieser ist aber durch das Gesetz (§§ 130 Abs. 2 S. 1, 127 GNotKG) ausdrücklich zugelassen.[250] Der Staatskasse kommt die Befugnis zu einer solchen Anweisung ebenso wenig zu wie der Notarkasse und der Ländernotarkasse; sie können eine entsprechende Anweisung lediglich bei der Aufsichtsbehörde anregen.[251] **222**

Der Notar muss in dem Verfahren gem. §§ 127 ff. GNotKG die Auffassung der Dienstaufsichtsbehörde nicht folgen. Er kann daher grundsätzlich eine von jener seiner Dienstaufsicht abweichende Rechtsauffassung vertreten und wird in der Regel die von ihm gestellte von seiner Dienstaufsicht beanstandete Kostenberechnung als zutreffend verteidigen. Da er aber kein eigenes Antragsrecht in dem Verfahren nach § 127 Abs. 1 S. 1 GNotKG hat, kann er den Verfahrensgegenstand durch sein Vorbringen oder eigene Anträge nicht verändern, also weder begrenzen noch erweitern.[252] Er hat lediglich der Anweisung Folge zu leisten, also die Entscheidung des Landgerichts zu beantragen und dem Landgericht den Inhalt der Anweisung mitzuteilen, aus dem sich die Auffassung der Dienstaufsichtsbehörde ergibt. Hierzu kann er auch im Dienstaufsichtsweg angehalten werden.[253] Im Anweisungsverfahren (§ 130 Abs. 1 S. 1, § 127 Abs. 1 S. 1 GNotKG) bestimmt die Anweisung der dem Notar vorgesetzten Dienstbehörde den Verfahrensgegenstand und damit den Umfang der gerichtlichen Überprüfung der Notarkostenberechnung.[254] **223**

Hat der Kostenschuldner gem. § 127 GNotKG bereits einen Antrag auf gerichtliche Entscheidung über die Kostenberechnung gestellt, kann die Dienstbehörde den Notar nach § 130 Abs. 2 S. 1 GNotKG anweisen, sich diesem Antrag anzuschließen.[255] § 48 Abs. 1 der bundeseinheitlich geltenden Kostenverfügung bestimmt insoweit, dass die Aufsichtsbehörde, wenn sie den Kostenansatz des Notars für zu niedrig hält, den Notar anweisen kann, sich dem bereits vom Kostenschuldner gestellten Antrag mit dem Ziel der Erhöhung des Kostenansatzes anzuschließen. **224**

Gegenstand eines jeden Nachprüfungsverfahrens ist nicht der Lebenssachverhalt, aufgrund dessen die Kostenberechnung gestellt wurde, sondern die dem Antrag zu entnehmende Beanstandung gegen die aufgrund dieses Sachverhalts gestellte Kostenberechnung. Im Falle eines Anweisungsantrags ergibt sich der Verfahrensgegenstand demnach aus den Beanstandungen der Dienstaufsicht. Eine weitergehende gerichtliche Überprüfung findet dann nicht statt.[256] **225**

Gem. § 48 Abs. 3 der bundeseinheitlich geltenden Kostenverfügung hat der Kostenbeamte des Landgerichts Entscheidungen des Landgerichts und Beschwerdeentscheidungen des Oberlandesgerichts, gegen die die Rechtsbeschwerde zulässig ist, mit den Akten alsbald der Dienstaufsichtsbehörde des Notars zur Prüfung vorzulegen, ob der Notar angewiesen werden soll, Beschwerde oder Rechtsbeschwerde zu erheben. **226**

b) Ziel der Anweisung

Die Aufsichtsbehörde hat auf die Erhebung der nach dem GNotKG bzw. **gesetzmäßiger Kosten** hinzuwirken (Rdn 160 ff.). Deshalb kann die gerichtliche Entscheidung bei einer Anweisung durch die vorgesetzte Dienstbehörde – anders als bei der Entscheidung auf einen Antrag des Kostenschuldners hin – auch auf eine Erhöhung der Kostenberechnung lauten. Die Aufsichtsbehörde kann den Notar daher anweisen, gerichtliche Entscheidung zu beantragen, wenn sie die Kostenberechnung für zu hoch oder zu niedrig hält und wenn sie der Auffassung ist, der Notar hätte infolge unrichtiger Sachbehandlung (§ 21 GNotKG) keine Kosten erheben dürfen.[257] **227**

249 OLG Frankfurt v. 5.10.2021 – 20 W 134/17 –.
250 BGH v. 1.4.1974 – NotZ 8/73 = DNotZ 1975, 50, noch zu § 156 KostO.
251 Bormann/Diehn/Sommerfeldt/*Neie*, 5. Aufl., GNotKG § 130 Rn 14.
252 OLG Frankfurt v. 5.10.2021 – 20 W 134/17 –.
253 Bormann/Diehn/Sommerfeldt/*Neie*, 5. Aufl., GNotKG § 130 Rn 20.
254 OLG Frankfurt v. 5.10.2021 – 20 W 134/17 –; LG Düsseldorf v. 7.6.2021 – 25 OH 9/19 –.
255 Korintenberg/*Sikora*, GNotKG, 22. Aufl., § 130 Rn 11; BeckOK-KostR/*Schmidt-Räntsch*, GNotKG § 130 Rn 16
256 OLG Frankfurt v. 5.10.2021 – 20 W 134/17 –.
257 Bormann/Diehn/Sommerfeldt/*Neie*, 5. Aufl., GNotKG § 130 Rn 15.

c) Ausgeschlossene Anweisung

228 Der Anweisung nach § 130 Abs. 2 S. 1 GNotKG fehlt nur dann die rechtliche Grundlage, wenn der kostenrechtliche Gesichtspunkt, der zu ihr Anlass gab, unhaltbar ist, oder wenn das Vorgehen in keinem angemessenen Verhältnis zu dem Zweck der Aufsicht steht und den Notar unzumutbar belastet.[258] Das Aufsichtsrecht besteht damit nicht unbegrenzt.

Die Aufsicht über die Notare hat im wesentlichen vorbeugenden Charakter. Sie soll gewährleisten, dass die Notare ihre amtliche Tätigkeit im Einklang mit den bestehenden Vorschriften ausüben, und soll verhindern, dass durch Pflichtwidrigkeiten des einzelnen Notars das Ansehen des Notaramts und die reibungslose Erledigung der Geschäfte gefährdet werden. Damit ist die Aufsicht zwar nicht auf die vorbeugende Verhinderung von Missständen für die Zukunft beschränkt. Ergibt sich, sei es bei einer Geschäftsprüfung oder auf andere Weise, dass ein Notar bei seiner Amtsausübung Fehler begangen hat, so kann ihm die Aufsichtsbehörde aufgeben, diese Fehler nach Möglichkeit rückgängig zu machen. Wenn dazu Anlass besteht, muss sie jedoch auch prüfen, ob ihr Vorgehen zu den Zwecken der Überwachung und Aufsicht in einem angemessenen Verhältnis steht und den Notar nicht unzumutbar belastet.[259]

229 Von besonderer Bedeutung kann dabei der Gedanke des Vertrauensschutzes sein. Haben die Aufsichtsbehörden eine bestimmte Praxis beanstandungsfrei hingenommen, oder wurde diese sonst als rechtens betrachtet, so kann das Verlangen ihrer nachträglichen Abänderung unangemessen sein.[260]

258 BGH v. 9.1.1995 – NotZ 32/93 – NJW-RR 1995, 886; BGH v. 6.2.1984 – Notz 15/83; BGH v. 10.8.1987 – NotZ 1/87 – DNotZ 1988, 254 = BGHR BNotO § 93 Abs. 1, Aufsicht 2.

259 BGH v. 6.2.1984 – NotZ 15/83; BGH v. 1.4.1974 – NotZ 8/73 = DNotZ 1975, 50, noch zu § 156 KostO; LG Düsseldorf v. 6.12.2021 – 19 OH 2/20 –.

260 BGH v. 1.4.1974 – NotZ 8/73 = DNotZ 1975, 50, noch zu § 156 KostO; BGH v. 26.3.1973 – NotZ 1/73 – DNotZ 1974, 372; LG Düsseldorf v. 6.12.2021 – 19 OH 2/20.

Abschnitt 7: Notariatsverwaltung und Notariatsvertretung

§ 19 Notariatsverwaltung und Notarvertretung

(1) Die Bestimmungen dieser Dienstordnung gelten mit Ausnahme des § 3 auch für Notariatsverwalterinnen und Notariatsverwalter und mit Ausnahme der §§ 2 und 3 auch für Notarvertretungen.

(2) [1]Abweichend von § 2 Absatz 1 Satz 2 führen Notariatsverwalterinnen und Notariatsverwalter das Amtssiegel (§ 2) mit der Umschrift „Notariatsverwalterin in … (Ort)" oder „Notariatsverwalter in … (Ort)". [2]Notariatsverwalterinnen und Notariatsverwalter sollen ihrer Unterschrift einen sie kennzeichnenden Zusatz beifügen.

(3) Die weibliche Notarvertretung kann den die Notarvertretung kennzeichnenden Zusatz (§ 41 Absatz 1 Satz 2 BNotO) in der Form „Notarvertreterin", die männliche Notarvertretung in der Form „Notarvertreter" führen.

(4) [1]Soweit der Nachweis der Stellung als Notarvertretung bei der Erstellung elektronischer Urkunden den Namen der vertretenen Notarin oder des vertretenen Notars, den Amtssitz oder das Land, in dem das Notaramt ausgeübt wird, nicht enthält, müssen die entsprechenden Angaben in die Urkunde aufgenommen werden. [2]Der Nachweis der Stellung als Notarvertretung kann auch durch eine mit einer qualifizierten elektronischen Signatur der zuständigen Aufsichtsbehörde versehene Abschrift der Bestellungsurkunde oder eine elektronisch beglaubigte Abschrift der Bestellungsurkunde geführt werden. [3]Im Fall des Satzes 2 ist die jeweilige Abschrift mit dem zu signierenden Dokument zu verbinden.

(5) [1]Eine Notarin oder ein Notar, für die oder für den eine ständige Vertretung bestellt ist, hat der Präsidentin oder dem Präsidenten des Landgerichts in vierteljährlichen Zusammenstellungen Anlass, Beginn und Beendigung der einzelnen Vertretungen anzuzeigen. [2]In sonstigen Vertretungsfällen ist die vorzeitige Beendigung der Vertretung unverzüglich anzuzeigen.

A. Allgemeines

§ 19 DONot entspricht – mit einigen inhaltlichen Anpassungen – den § 33 Abs. 1–4 und Abs. 6 DONot a.F. **1**

Es existieren erläuternde, abweichende bzw. ergänzende landesrechtliche Vorschriften.[1]

Abs. 1 erstreckt den Anwendungsbereich der für Notare geltenden Bestimmungen auf Notariatsverwalter (§§ 56 ff. BNotO[2]) und Notarvertreter (§§ 39 ff. BNotO),[3] mittelbar auch (modifiziert) auf die in Baden-

1 Vgl. die Sonderbestimmungen in *Hamburg:* „§ 19 Absatz 2 der nachstehenden Dienstordnung für Notarinnen und Notare ist mit der Maßgabe anzuwenden, dass im unteren Teil der Umschrift das Amtssiegel mit einer von der Justizbehörde zu bestimmenden Zahl zu versehen ist."

2 Beachte: Ein Verstoß gegen die Vorschrift des § 56 Abs. 2 S. 3 BNotO hat nicht zur Rechtsfolge, dass das betreffende Geschäft unwirksam ist (OLG Celle v. 9.5.2016 – 4 W 63/16, RNotZ 2016, 547). Nachhaltige, vorsätzliche und eigennützige Verstöße gegen die zwingende berufsrechtliche Regelung des § 56 Abs. 2 S. 3 BNotO durch Beurkundungen unter Überschreitung der Drei-Monats-Frist können jedoch Zweifel an der persönlichen Eignung des Bewerbers für das Notaramt begründen: BGH v. 25.11.2013 – NotZ(Brfg) 10/13, DNotZ 2014, 311.

3 Zu dem Fall einer falschen Amtsbezeichnung (Notar statt Notariatsverwalter; versehentliche Verwendung einer Signaturkarte mit Notarattribut): DNotI-Report 2019, 13.

Württemberg anzutreffenden Notariatsabwickler.[4] Der Notarvertreter vertritt den nur vorübergehend verhinderten Notar,[5] während der Notariatsverwalter anstelle des Notars bestellt wird.[6] Er vertritt mithin keinen Notar, sondern verwaltet die Notarstelle. Das Amt des Notariatsverwalters ist kein abgeleitetes, sondern ein selbstständiges Amt.[7] Die Funktion des Notariatsverwalters unterscheidet hierbei in der Praxis deutlich zwischen Anwalts- und Nur-Notariat. Während im Anwaltsnotariat die Verwaltung lediglich den Zweck besitzt, noch etwaige anhängige Verfahren abzuschließen (sog. Abwicklungsverwaltung), dient sie im Nur-Notariat in aller Regel – sofern nicht ausnahmsweise eine Stelle eingezogen wird und auch hier eine Abwicklungsverwaltung vonnöten wird – dazu, den Zeitraum bis zur Übernahme der Notarstelle durch einen neuen Inhaber zu überbrücken (Fortführungsverwaltung).[8] Auch eine Fortführungsverwaltung kann indes längere Zeit in Anspruch nehmen, etwa, wenn die neue Besetzung aufgrund eines Konkurrentenstreitverfahrens nicht erfolgen kann. § 19 DONot enthält im Wesentlichen technische Detailregelungen, die bei der Notariatsverwaltung und bei der Vertretung zu beachten sind.

B. Entsprechende Anwendung auf Notariatsverwalter und Notarvertreter (Abs. 1)

2 In Abs. 1 wird lediglich klargestellt, dass die **DONot auch für Notariatsverwalter und Notarvertreter** gilt. Insoweit ergänzt die Regelung § 39 Abs. 4 BNotO (Notarvertreter) bzw. § 57 Abs. 1 BNotO (Notariatsverwalter).

C. Siegel und Unterschrift des Notariatsverwalters (Abs. 2)

3 Der Notarvertreter verfügt über kein eigenes **Siegel**. Die Situation des Notariatsverwalters, der nicht im Namen eines Notars handelt, sondern eine vorübergehend nicht mit einem Notar besetzte Amtsstelle verwaltet, stellt sich anders dar. Er verfügt über ein eigenes Amtssiegel, von welchem dem Präsidenten des Landgerichts die nach § 2 Abs. 2 DONot vorgeschriebenen Siegelproben einzureichen sind. Der Wortlaut der Umschrift ist in Abs. 2 S. 1 vorgegeben: „(…) Notariatsverwalterin in (…)" bzw. „(…). Werden an einem Ort gleichzeitig mehrere Siegel von Notariatsverwaltern verwendet, weil mehrere Notariatsverwaltungen parallel geführt werden, so wird dem Siegel regelmäßig eine Zahl oder ein ähnlicher Zusatz beigefügt, um Verwechslungen auszuschließen. Für den Übergangszeitraum – insbesondere bis das neue Siegel eingetroffen ist – kann der Notariatsverwalter auch das Siegel des ausgeschiedenen Notars weiterführen, wenn er neben das Siegel jeweils einen Hinweis auf das Verwalteramt setzt.

4 An den Stellen, an denen Notare ihrer Unterschrift[9] die Bezeichnung „Notar" beizufügen haben, müssen Notariatsverwalter ergänzend „Notariatsverwalter" bzw. „Notariatsverwalterin" vermerken. Das ergibt sich aus Abs. 2 S. 2. Aus Praktikabilitäts- und Kostengründen, aber auch um die „Vorläufigkeit" der Rechtsstellung zu betonen, wird der konkrete Name des Notariatsverwalters im Siegel nicht angegeben. So kann das Siegel durch einen anderen Notariatsverwalter wiederverwendet werden.

4 Vgl. VwV Notarwesen Baden-Württemberg: „8.2.2 Notariatsabwicklerinnen und Notariatsabwickler betreffend 8.2.2.1 Zu § 2 (in Verbindung mit § 33 Absatz 2 Sätze 1 und 2) DONot: Die Notariatsabwicklerin und der Notariatsabwickler führen das Amtssiegel des aufgehobenen staatlichen Notariats, dessen Abteilung oder Referat sie abwickeln. Die Notariatsabwicklerinnen und die Notariatsabwickler sollen ihrer Unterschrift einen sie kennzeichnenden Zusatz beifügen. 8.2.2.2 Zu § 3 (in Verbindung mit § 33 Absatz 1) DONot: Notariatsabwicklerinnen und Notariatsabwickler sind von der Pflicht zur Anbringung eines Amts- oder Namensschildes befreit. 8.2.2.3 Zu § 33 Absatz 1 DONot: Im Übrigen gelten die Bestimmungen der Dienstordnung entsprechend auch für Notariatsabwicklerinnen und Notariatsabwickler. 8.2.2.4 Zu § 33 Absatz 5 DONot: Beginn und Beendigung der Notariatsabwicklung sind in der Urkundenrolle zu vermerken; der Zeitpunkt des Beginns und der Beendigung sind anzugeben. Dies gilt auch dann, wenn während der Notariatsabwicklung keine Beurkundungen vorgenommen worden sind."

5 Was jedoch zur Folge haben kann, dass – wenn die Notarvertretung zum Jahreswechsel stattfindet – der Notarvertreter auch die „Jahresabschlusspflichten" des Notars treffen.

6 Vgl. beispielhaft zu den Amtspflichten des Notariatsverwalters bei einem durch den Notar eingerichteten Notaranderkontos: BGH v. 16.2.2017 – V ZB 181/15, DNotZ 2017, 788.

7 Zu der Frage, ob § 56 Abs. 2 BNotO für sich genommen ein subjektives Recht des Bewerbers auf Bestellung zum Notariatsverwalter begründet siehe BGH 19.11.2018 – NotZ(Brfg) 5/17, MDR 2019, 319.

8 Frenz/Miermeister/*Wilke*, § 56 BNotO Rn 3.

9 Zu den Anforderungen an die Unterschrift vgl. OLG Düsseldorf v. 10.5.2017 – I-3 Wx 315/15, FGPrax 2017, 267.

D. Bezeichnung der Notarvertretung (Abs. 3)

Die Bundesnotarordnung verwendet in der Fassung des Gesetzes zur Modernisierung des notariellen Berufsrechts und zur Änderung anderer Vorschriften[10] die geschlechtsneutrale Form der „Notarvertretung", um Notarvertreterinnen und Notarvertreter zu bezeichnen. Abs. 3 stellt klar, dass der nach § 41 Abs. 1 S. 2 BNotO beizufügende Zusatz zur Unterschrift, der die Vertretung kennzeichnet, nicht notwendig „Notarvertretung" lauten muss, sondern wie bisher auch „Notarvertreter" bzw. „Notarvertreterin" lauten kann. 5

E. Notarvertreter und elektronische Urkunden (Abs. 4)

Das Beurkundungsrecht sieht die Möglichkeit vor, elektronische Urkunden zu errichten. Es handelt sich um die einfachen elektronischen Zeugnisse nach § 39a BeurkG und die originär elektronischen Urkunden nach § 16b BeurkG, die infolge einer Beurkundung im notariellen Online-Verfahren entstehen. Anders als analoge Urkunden können elektronische Urkunden nicht mittels Heftung, Siegel und notarieller Unterschrift legitimiert werden. An deren Stelle tritt bei elektronischen Urkunden die qualifizierte elektronische Signatur der Amtsperson, vgl. § 16b Abs. 4 S. 1, § 39a Abs. 1 S. 2 BeurkG. Teil der qualifizierten elektronischen Signatur ist der Nachweis der Notareigenschaft, der über ein sogenanntes Notarattribut erbracht wird. 6

Bis zum 1.8.2021 war das Attribut, das die Eigenschaft der Amtsperson belegt, stets auf einer Signaturkarte gespeichert, die sich im Besitz der jeweiligen Amtsperson befindet. Notarvertreter konnten sich daher nicht mithilfe eines Attributs legitimieren, da bei wechselnden Vertreterbestellungen stets die Neuausstellung einer Signaturkarte erforderlich gewesen wäre.[11] In diesen Fällen muss die Stellung als Notarvertreter daher nachgewiesen werden, indem eine elektronisch beglaubigte Abschrift der Bestellungsurkunde mit der zu signierenden Urkunde in einer zip-Datei zusammengefasst wird, die dann mittels einer qualifizierten elektronischen Urkunde signiert wird. Dieses Vorgehen lässt Abs. 4 S. 2 und 3 ausdrücklich zu.

Seit dem 1.8.2021 erlaubt § 33 Abs. 3 S. 2 BNotO auch das sog. Fernsignatur-Verfahren.[12] Bei Einsatz dieser Technik ist das Attribut, das die Legitimation als Amtsperson ausweist, nicht auf der Signaturkarte selbst gespeichert. Das Attribut wird stattdessen zentral von der Bundesnotarkammer verwaltet und von der Amtsperson lediglich mithilfe der Signaturkarte ausgelöst. Indem die Notarkammern die Daten der Notarvertretung auch kurzfristig in das Notarverzeichnis eintragen, können sich so auch Notarvertretungen über ein Attribut ausweisen, ohne dass ein ständiger Austausch der Signaturkarte erforderlich wäre. Da die Stellung als Amtsperson in diesen Fällen über das Attribut nachgewiesen ist, entfällt die Notwendigkeit, eine elektronisch beglaubigte Abschrift der Bestellungsurkunde zu übersenden. Ergeben sich die in Abs. 4 S. 1 genannten Daten nicht bereits aus dem Signaturattribut, sind sie zur Klarstellung in die Urkunde aufzunehmen. Dies wird in der Regel ohnehin im Urkundeneingang geschehen. 7

F. Anzeige der Vertretung beim Landgerichtspräsidenten (Abs. 5)

Gemäß § 39 Abs. 1 S. 2 BNotO kann eine Vertreterbestellung von vornherein für alle während eines bestimmten Zeitraums eintretenden Behinderungsfälle ausgesprochen werden. Die Bestellung eines ständigen Vertreters darf jedoch nicht dazu führen, dass die persönliche Amtsausübung gefährdet wird oder sich die Arbeitskraft des Notars gar – unzulässigerweise – „verdoppelt". Abs. 5 S. 1 soll der Dienstaufsicht an dieser Stelle eine Kontrollmöglichkeit geben, indem der Notar, für den ein ständiger Vertreter bestellt wurde, verpflichtet wird, dem Präsidenten des Landgerichts in vierteljährlichen Zusammenstellungen Anlass,[13] Beginn und Beendigung der einzelnen Vertretungen anzuzeigen. Die Form der Übermittlung richtet sich nach § 16 Abs. 1 Nr. 3 DONot. Die Angaben müssen alle Vertretungen, auch kurzfristige, erfassen. Auf die Angabe von Uhrzeiten wird dagegen aus Praktikabilitätsgründen regelmäßig verzichtet werden können. Werden sie vom Landgerichtspräsidenten allerdings verlangt, sind die Anga- 8

10 BGBl 2021 I, S. 2154.
11 Vgl. BeckOGK/*Theilig*, § 19a BeurkG Rn 27.
12 Vgl. BT-Drucks 19/26828, S. 135.
13 Dies ist eine Besonderheit der ständigen Vertretung, denn beim Antrag auf Bestellung eines zeitweiligen Vertreters ist ansonsten nicht anzugeben, weshalb der Notar an der Amtsausübung gehindert ist.

ben nachzureichen. Die Dienstaufsicht **kann dagegen nicht verlangen, dass die Gründe für die Abwesenheit im Detail angegeben werden**. Schon aus datenschutzrechtlichen Aspekten folgt, dass allgemeine Angaben, wie „Urlaub", „Krankheit" oder „Standesarbeit" ausreichend sein müssen. Sollte die Aufsichtsbehörde einen begründeten Verdacht des nicht ordnungsgemäßen Umgangs mit der ständigen Vertretung haben, können im Einzelfall weitergehende Ausführungen erforderlich werden. Nach einer Entscheidung des BGH kann die Landesjustizverwaltung die Bestellung eines Notarvertreters lediglich für einen Tag davon abhängig machen, dass der Notar die Gründe für die Notwendigkeit dieser Art der Vertreterbestellung darlegt.[14] Die DONot sieht im Übrigen nicht vor, dass dem Landgerichtspräsidenten mitzuteilen ist, wie viele Beurkundungen der Vertreter vorgenommen hat. Diese Angabe hätte allerdings u.U. mehr Aussagekraft als die geforderten Übersichten.

Insgesamt bleibt festzuhalten: Die Erfüllung dieser Verpflichtung ist mit verhältnismäßig viel Arbeitsaufwand verbunden. Ob der o.g. Zweck hiermit erreicht werden kann, darf indes bezweifelt werden.

9 Mit Ausnahme der ständigen Vertretung musste früher jede Beendigung einer Vertretung dem Landgerichtspräsidenten angezeigt werden. Diese umständliche und vielfach ohnehin nicht beachtete Regelung ist nun seit längerer Zeit entfallen. Nur noch **die vorzeitige Beendigung der Vertretung ist** nach Abs. 5 S. 2 unverzüglich **anzuzeigen**. Diese Bestimmung wird man entsprechend auf Fälle anzuwenden haben, in denen ein Vertreter bestellt wird, es aber aus unvorhergesehenen Gründen überhaupt nicht zur Vertretung kommt. Erreicht wird durch die Regelung in Abs. 5 S. 2 – zumindest teilweise – ein „Gleichlauf" des Kenntnisstandes des Landgerichtspräsidenten mit den Fällen der ständigen Vertretung. Sonstige überzeugende Gründe, warum jede vorzeitig beendete oder überhaupt nicht erfolgte Vertretung angezeigt werden muss, sind schwer zu finden.[15] Es ist nicht erkennbar, welches Interesse der Landgerichtspräsidenten daran haben soll, zu erfahren, ob ein Notar einen Tag früher aus dem Urlaub zurückgekehrt ist oder früher genesen ist und seine Amtsgeschäfte wieder aufgenommen hat.[16]

14 BGH v. 24.11.2014 – NotZ (Brfg) 4/14, DNotZ 2015, 395.
15 Kritisch auch Weingärtner/*Ulrich*, § 20 DONot Rn 24.
16 Vgl. auch Frenz/Miermeister/*Wilke*, § 19 Rn 8.

Abschnitt 8: Übergangs- und Schlussvorschriften

§ 20 Übergangsvorschriften

(1) [1]Die §§ 7 und 9 sind erstmals auf Übersichten über Urkunds- und Verwahrungsgeschäfte des Kalenderjahres 2022 anzuwenden. [2]Für Übersichten über die Urkunds- und die Verwahrungsgeschäfte des Kalenderjahres 2021 gelten die §§ 24 und 25 der Dienstordnung für Notarinnen und Notare in der bis zum 31. Dezember 2021 geltenden Fassung fort.
(2) § 8 Satz 1 und 2 ist erst ab dem 1. Januar 2023 anzuwenden.
(3) [1]Für Verwahrungsmassen, die nach den vor dem 1. Januar 2022 geltenden Bestimmungen geführt werden (§ 75 Absatz 3 Satz 1 und 2 BeurkG), kann abweichend von § 9 eine eigenständige Übersicht über die Verwahrungsgeschäfte eingereicht werden, die sich nach § 25 Absatz 2 und 3 sowie dem Muster 8 der Dienstordnung für Notarinnen und Notare in der bis zum 31. Dezember 2021 geltenden Fassung richtet. [2]Als maßgeblicher Zeitpunkt der dort aufzuführenden Beträge kann auch die Wertstellung zum 31. Dezember des betreffenden Kalenderjahres zugrunde gelegt werden, wenn dies in der Übersicht kenntlich gemacht ist.

§ 20 DONot regelt Übergangsvorschriften, die im Zuge der DONot-Reform 2022 in einigen Bereichen notwendig waren. Die Kommentierung erfolgt an den jeweils einschlägigen Stellen. 1

§ 21 Inkrafttreten, Außerkrafttreten[1]

[1]Diese Dienstordnung tritt am 1. Januar 2022 in Kraft. [2]Gleichzeitig tritt die Dienstordnung für Notarinnen und Notare vom [...], [Verkündungsstelle], die zuletzt durch [...] geändert worden ist, außer Kraft.

1 Der Befehl des Außerkrafttretens der alten Dienstordnung wurde im Bereich mancher Landesjustizverwaltungen außerhalb des Wortlauts der neuen Dienstordnung normiert. Satz 2 entfällt dort.

Anlage: Muster zur DONot

A. Muster 1 (zu § 7)

1 An die/den
Frau Präsidentin/Herrn Präsidenten des Landgerichts
in ____________________

Übersicht über Urkundsgeschäfte

der Notarin/des Notars ____________________
Amtsgerichtsbezirk ____________________
Amtssitz ____________________

Im Kalenderjahr ____
- in der Zeit vom ________ bis ________ - *)

	Zahl
1. Summe aller Beurkundungen und Beschlüsse nach dem Urkundenverzeichnis	
Davon:	
a) Beglaubigungen von Unterschriften, Handzeichen oder qualifizierten elektronischen Signaturen:	
aa) mit Anfertigung eines Urkundenentwurfs	
bb) ohne Anfertigung eines Urkundenentwurfs	
b) Verfügungen von Todes wegen	
c) Vermittlungen von Auseinandersetzungen **)	
d) Sonstige Beurkundungen und Beschlüsse ***)	
Davon:	
aa) Anträge auf Erteilung eines Erbscheins oder eines Europäischen Nachlasszeugnisses	
bb) In getrennter Urkunde beurkundete Auflassungserklärungen	
cc) Bescheinigungen der Notarin oder des Notars ****)	
2. Wechsel- und Scheckproteste	
Zusammen	

Die Richtigkeit bescheinigt

____________________, den ____________________

____________________ *****)

Notarin/Notar

*) Entfällt, falls die Notarin oder der Notar während des ganzen Kalenderjahres im Amt war.

**) Einschließlich der in das Urkundenverzeichnis eingetragenen Beurkundungen und Beschlüsse nach dem Sachenrechtsbereinigungsgesetz (§ 7 Absatz 1 Nummer 6 NotAktVV).

***) Einschließlich der in das Urkundenverzeichnis eingetragenen Vollstreckbarerklärungen nach der Zivilprozessordnung (§ 7 Absatz 1 Nummer 5 NotAktVV).

****) Ist nur aufzunehmen, wenn die Landesjustizverwaltung dies bekanntgemacht hat (§ 7 Absatz 2 Nummer 9).

*****) Entfällt bei Ersetzung durch elektronische Form (§ 16 Absatz 3 Satz 2).

B. Muster 2 (zu § 9)

Justizministerialblatt NRW 2022 Nr. 1

Muster 2 (zu § 9)

An die/den
Frau Präsidentin/Herrn Präsidenten des Landgerichts
in ______________________________

Übersicht
über Verwahrungsgeschäfte der Notarin/des Notars
__________ in __________
nach dem Stand der Wertstellungen vom 31. 12. *) ____
(Seite 1)

	Betrag		Bemerkung/letzte Eintragung
I. Geldverwahrung			
1. Der sich aus den Kontoauszügen ergebende Gesamtbestand der verwahrten Geldbeträge	**450,00**	**DKK**	
	12.200,00	**USD**	
	42.050,00	**EUR**	
2. Der sich aus dem Verwahrungsverzeichnis ergebende Gesamtbestand der verwahrten Geldbeträge	**450,00**	**DKK**	
	12.200,00	**USD**	
	42.050,00	**EUR**	
3. Bestand nach einzelnen Massen gegliedert			
a) Amtstätigkeit: …, Notarin/Notar in … **)			
Massenummer 2022/16 (UVZ-Nr. 3750/2022)	1.050,00	EUR	Müller/Meier, Anderkonto: DE38702738492673829336 (Z-Bank eG in Meerwiese), Letzte Eintragung: 12.12.2022
Massenummer 2022/15 (UVZ-Nr. 1579/2022)	100,00	USD	Huber/Fischer, Anderkonto: DE49700104836729347398293364 (X-Bank GmbH in Weiherflur), Letzte Eintragung: 18.12.2022

18

(Seite 2)

Massenummer 2022/13 (UVZ-Nr. 1060/2022)	28.000,00	EUR	Schmidt GmbH/Schmitt AG, Anderkonto: DE33104102838567382933 (Sparkasse in Seefeld A.d.ö.R.), Letzte Eintragung: 23.12.2022
Massenummer 2022/11 (UVZ-Nr. 920/2022)	450,00	DKK	Bauer/Schröder, Anderkonto: DE94104102836553642840 (Sparkasse in Seefeld A.d.ö.R.), Letzte Eintragung: 21.11.2022
Massenummer 2022/2 (UVZ-Nr. 446/2022)	12.000,00	USD	Schneider KG/Weber, Anderkonto: DE72700104833456743837 (X-Bank GmbH in Weiherflur), Letzte Eintragung: 01.08.2022
b) Amtstätigkeit: …, Notarin/Notar in … **)			
Massenummer 2022/13 (UVZ-Nr. 142/2022)	13.000,00	EUR	Wagner/Becker, Anderkonto: DE85927189394729023040 (Sparkasse in Ozeanrasen A.d.ö.R.), Letzte Eintragung: 23.12.2022
Massenummer 2022/10 (UVZ-Nr. 135/2022)	100,00	USD	Hoffmann gGmbH/Schulz/Hartmann, Anderkonto: DE85700104837398293364 (X-Bank GmbH in Weiherflur), Letzte Eintragung: 02.01.2023
Summe in DKK:	**450,00**	**DKK**	
Summe in USD:	**12.200,00**	**USD**	
Summe in EUR:	**42.050,00**	**EUR**	

(Seite 3)

II. Sachverwahrung	Betrag		Bemerkung/letzte Eintragung
Bestand nach einzelnen Massen gegliedert			
a) Amtstätigkeit: …, Notarin/Notar in … **)			
Massenummer 2022/17 (UVZ-Nr. 433/2022)	10.000,00	USD	4 v.H. Pfandbriefe (F-Bank AG in Seefeld), Serie V, Nr. 201, 207 zu je 5.000,00 USD mit Zins- und Erneuerungsscheinen zu diesen Nummern, Letzte Eintragung: 05.05.2022
Massenummer 2022/4 (UVZ-Nr. 427/2022)	5.000,00	EUR	Goldbarren, 100 g gegossen, Feinheit 0,9999, Letzte Eintragung: 25.02.2022
Massenummer 2022/2	15.000,00	EUR	Armbanduhr, Marke „Luxus 2000“, Gold, Durchmesser des Ziffernblatts 4,3 cm, Letzte Eintragung: 13.01.2022
b) Amtstätigkeit: …, Notarin/Notar in … **)			
Massenummer 2022/7	2.346,85	EUR	Sparbuch Nummer 158438573945 (X-Bank KG in Tümpelaue), Letzte Eintragung: 23.12.2022
Summe in EUR:	**22.346,85**	**EUR**	
Summe in USD:	**10.000,00**	**USD**	

20

(Seite 4)

III. Zahlungsmittelverwahrung	Betrag		Bemerkung/letzte Eintragung
Bestand nach einzelnen Massen gegliedert			
Massenummer 2022/36 (UVZ-Nr. 3.225/2022),	14.293,38	EUR	Sparbuch Nummer 20391820934 (N-Kreditanstalt in Seefeld A.d.ö.R.) Letzte Eintragung: 28.11.2022
Massenummer 2022/34 (UVZ-Nr. 3.102/2022),	2.385,57	EUR	Scheck Nummer 2039812839403 (X-Bank GmbH in Weiherflur), Letzte Eintragung: 03.12.2022
Summe in EUR:	**16.678,95**	**EUR**	

Ich versichere hiermit, dass die vorstehende Übersicht vollständig und richtig ist und dass die aufgeführten Geldbeträge mit den Guthaben übereinstimmen, die in den Kontoauszügen oder elektronischen Umsatzmitteilungen der Kreditinstitute, in den Sparbüchern oder auf den Schecks angegeben sind.

_______________, den_______________

_______________________________***)

Notarin/Notar

*) Ist im Fall des § 9 Absatz 5 durch den Tag der Erlangung der neuen Verwahrzuständigkeit zu ersetzen.

**) Die einzelnen Verwahrungsmassen sind nach Amtstätigkeiten zu untergliedern. Diese Untergliederung entfällt, sofern nur eine Amtstätigkeit betroffen ist.

***) Entfällt bei Ersetzung durch die elektronische Form (§ 16 Absatz 3 Satz 2)

IV. Bedingungen für Anderkonten und Anderdepots von Notaren

beschlossen durch die Vertreterversammlung der BNotK am 2.4.2004 aufgrund Ermächtigung in § 27 Abs. 2 S. 1 DONot a.F. (ohne inhaltlich Änderung der Fassung von Oktober 2000), abgedruckt in DNotZ 2004, 401 ff., geändert durch die Vertreterversammlung der BNotK am 24.9.2010, abgedruckt in DNotZ 2011, 48 f., geändert durch die Vertreterversammlung der BNotK am 27.9.2019, abgedr. in DNotZ 2019, 801 ff.

I. Bedingungen für Anderkonten und Anderdepots von Notaren

Begriffsbestimmungen

1. Für Notare werden Anderkonten und Anderdepots (beide im Folgenden „Anderkonten" genannt) als Sonderkonten für fremde Gelder und Wertpapiere, die ihnen als Notare anvertraut wurden, eingerichtet. Der Bank gegenüber ist nur der Notar berechtigt und verpflichtet.

Kontoeröffnung

2. Auf Verlangen der Bank ist der Notar verpflichtet, der Bank unverzüglich den Namen und – soweit dies in Ansehung des im Einzelfall bestehenden Risikos der Geldwäsche oder der Terrorismusfinanzierung angemessen ist – weitere von ihm erhobene Identifizierungsmerkmale desjenigen mitzuteilen, auf dessen Veranlassung er handelt (wirtschaftlich Berechtigter).

Auf Wunsch des Notars kann die Bank weitere Anderkonten auch ohne schriftlichen Kontoeröffnungsantrag einrichten.

3. Ist der Notar auch Rechtsanwalt (Anwaltsnotar), so führt die Bank das Anderkonto als Rechtsanwaltsanderkonto, sofern er nicht beantragt hat, das Anderkonto als Notaranderkonto zu führen.

Kontoführung

4. Der Notar darf Werte, die ihm nicht als Notar anvertraut wurden, nicht einem Anderkonto zuführen oder auf einem Anderkonto belassen. Auf ein Anderkonto darf weder durch den Notar noch durch einen Dritten Bargeld eingezahlt werden.

5. Die Eigenschaft eines Kontos als Anderkonto kann nicht aufgehoben werden. Ist der Notar auch Rechtsanwalt (Anwaltsnotar), so kann er bestimmen, dass ein Anderkonto in Zukunft als Rechtsanwaltsanderkonto zu führen ist.

6. Die Bank nimmt unbeschadet der Regelung in Nr. 2 S. 1 keine Kenntnis davon, wer bei einem Anderkonto Rechte gegen den Notar geltend zu machen befugt ist. Rechte Dritter auf Leistung aus einem Anderkonto oder auf Auskunft über ein Anderkonto bestehen der Bank gegenüber nicht; die Bank ist demgemäß nicht berechtigt, einem Dritten Verfügungen über ein Anderkonto zu gestatten oder Auskunft über das Anderkonto zu erteilen, selbst wenn nachgewiesen wird, dass das Konto im Interesse des Dritten errichtet worden ist.

7. Die Bank prüft die Rechtmäßigkeit der Verfügungen des Notars in seinem Verhältnis zu Dritten nicht, auch wenn es sich um Überweisungen von einem Anderkonto auf ein Eigenkonto handelt.

8. Ansprüche gegen die Bank aus Anderkonten sind nicht abtretbar und nicht verpfändbar.

9. Im Falle der Pfändung wird die Bank den pfändenden Gläubiger im Rahmen der Drittschuldnererklärung auf die Eigenschaft als Anderkonto hinweisen.

10. Die Bank wird bei einem Anderkonto weder das Recht der Aufrechnung noch ein Pfand- oder Zurückbehaltungsrecht geltend machen, es sei denn wegen Forderungen, die in Bezug auf das Anderkonto selbst entstanden sind.

Verfügungsbefugnisse und Rechtsnachfolge

11. Über das Notaranderkonto darf nur der Notar persönlich, dessen amtlich bestellter Vertreter oder der Notariatsverwalter oder eine sonstige nach § 58 Abs. 3 BeurkG berechtigte Person verfügen.

Wenn der Notar oder Notariatsverwalter aus rechtlichen Gründen (z.B. Erlöschen des Amtes, Verlegung des Amtssitzes, vorläufige Amtsenthebung) an der Amtsausübung gehindert ist, endet seine Verfügungsbefugnis.

Nach einer vorläufigen Amtsenthebung steht die Verfügungsbefugnis dem von der Landesjustizverwaltung wegen der Amtsenthebung bestellten Vertreter oder Notariatsverwalter zu, vor dessen Bestellung der zuständigen Notarkammer. Bis zur Bestellung eines Vertreters oder Notariatsverwalters bleibt der Notar Kontoinhaber ohne Verfügungsbefugnis (§ 55 Abs. 2 S. 3 BNotO). Mit der Bestellung wird der Notariatsverwalter Kontoinhaber (§ 58 Abs. 1 BNotO). In den übrigen Fällen wird die zuständige Notarkammer Kontoinhaber, bis die Landesjustizverwaltung einen Notariatsverwalter bestellt oder einem anderen Notar oder im Land Baden-Württemberg einem Notariatsabwickler die Verfügungsbefugnis übertragen hat (§ 58 Abs. 3 S. 2 BeurkG).

Einzelverwahrung von fremden Wertpapieren und Kostbarkeiten

12. Für die Einzelverwahrung von fremden Wertpapieren und Kostbarkeiten, die nicht unter Verwendung eines Anderkontos erfolgt, gelten auf Antrag des Notars die vorstehenden Bedingungen mit Ausnahme von Nr. 2 sinngemäß.

II. Ergänzende Sonderbedingungen für elektronisch geführte Anderkonten und Anderdepots von Notaren

beschlossen durch die Generalversammlung der BNotK am 30.9.2022 aufgrund Ermächtigung in § 10 Abs. 3 der DONot, abgedr. in DNotZ 2022, 802 f.

Anwendungsbereich

1. Für elektronisch geführte Anderkonten und Anderdepots (beide im Folgenden „Anderkonten" genannt) von Notaren gelten die nachfolgenden ergänzenden Bedingungen. Der Abschluss weiterer Vereinbarungen zwischen dem Notar und dem Kreditinstitut bleibt vorbehalten.

Zulässige Authentifizierungsverfahren

2. Der Notar verwendet für die Autorisierung eines Zahlungsauftrags nur ein solches Sicherheitsverfahren, das den nachfolgenden Anforderungen entspricht:

2.1. Die Autorisierung erfolgt unter Heranziehung von mindestens zwei Elementen der Kategorien Wissen (etwas, das nur der Nutzer weiß), Besitz (etwas, das nur der Nutzer besitzt) oder Inhärenz (etwas, das der Nutzer ist), die insofern voneinander unabhängig sind, als die Nichterfüllung eines Kriteriums die Zuverlässigkeit der anderen nicht in Frage stellt, und ist so konzipiert, dass die Vertraulichkeit der Authentifizierungsdaten geschützt ist (starke Kundenauthentifizierung).

2.2. Die Kommunikation im Rahmen der Autorisierung erfolgt verschlüsselt.

Sorgfaltspflichten

3. Der Notar hat vor Autorisierung die Übereinstimmung der ihm angezeigten Auftragsdaten mit den für den Auftrag vorgesehenen Daten mit besonderer Sorgfalt zu prüfen.

4. Ein Besitzelement, das der Notar für die elektronische Führung von Anderkonten verwendet, ist sicher zu verwahren. Es darf keiner anderen Person, insbesondere auch nicht einer sonstigen nach § 58 Abs. 3 BeurkG verfügungsberechtigten Person, überlassen werden.

5. Der Notar darf ein Wissenselement, das er für die elektronische Führung von Anderkonten benutzt, keiner anderen Person, insbesondere auch nicht einer sonstigen nach § 58 Abs. 3 BeurkG verfügungsberechtigten Person, preisgeben.

Sonstiges

6. Die Vereinbarung über die elektronische Führung von Anderkonten lässt die Möglichkeit unberührt, Zahlungsaufträge jederzeit auch auf nicht elektronischem Wege zu erteilen.

Literatur *Dumoulin*, Die neuen Geschäftsbedingungen für Anderkonten von Notaren, DNotZ 1963, 103; *Eichel*, Vom Einzel- zum Anderkonto, MittRhNotK 1975, 613; *Gößmann*, Kein Reformbedarf: Das Anderkonto ist ein Erfolgsmodell, DNotZ 2008, 803; *Gößmann*, Der untreue Notar: Hat die das Anderkonto führende Bank drittbegünstigende Sorgfaltspflichten? FS Gero Fischer (2008), 159; *Klugmann*, Das Gesetz zur Optimierung der Geldwäscheprävention und seine Auswirkungen auf die anwaltliche Praxis, NJW 2012, 641; *Rack*, Das Sicherungsinteresse für eine Verwahrung auf Notaranderkonten, ZNotP 208, 474; *Sommer*, GwG 2017 aus notarieller Sicht, DAI – 16. Jahresarbeitstagung des Notariats (4.–6.10.2018), 501; *Steuer*, Die neuen Anderkontobedingungen, DNotZ 1979, 208; *Woschnak*, Die (österreichische) Notartreuhandbank, ZNotP 1997, 24; *Zimmermann*, Der beteiligtenorientierte Anderkontenservice – ein Durchbruch!, DNotZ 2008, 91; *Zimmermann*, Kein Reformbedarf bei Anderkonten? – Eine Frage der Perspektive!, DNotZ 2008, 807.

A. Vorbemerkungen

I. Rechtsnatur

1 Nach § 23 BNotO sind Notare auch zuständig Geld, Wertpapiere und Kostbarkeiten zur Aufbewahrung oder zur Ablieferung an Dritte zu übernehmen. Die Art und Weise der Abwicklung des notariellen Verwahrungsgeschäfts wird im Wesentlichen im BeurkG, in der NotAktVV und in der DONot geregelt. Das Verhältnis zwischen Notar und Bank betreffen diese Regelungen nur mittelbar.

2 Das Notaranderkonto ist eine Unterart des offenen Treuhandkontos. Die Bedingungen für Anderkonten und Anderdepots von Notaren (**NotAndKont**) sowie die Ergänzenden Sonderbedingungen für elektronisch geführte Anderkonten und Anderkontendepots von Notaren (**eNotAndKont**) sind Sonderbedingungen zu den AGB der Banken. Sie gewinnen ihre unmittelbare rechtliche Bedeutung durch den Vertrag des Notars mit dem Kreditinstitut, bei dem der Notar das jeweilige Anderkonto einrichtet. Das Vertragsverhältnis zwischen Kreditinstitut und Notar ist zivilrechtlicher Natur. Es handelt sich um einen entgeltlichen Geschäftsbesorgungsvertrag (§ 675 Abs. 1 BGB), der als Zahlungsdiensterahmenvertrag gemäß § 675 f. Abs. 2 S. 1 BGB ein Giroverhältnis begründet.[1] Die Anderkontenbedingungen (sowohl NotAndKont als auch eNotAndKont) werden bei Kontoeröffnung in das Vertragsverhältnis durch ausdrücklichen Hinweis einbezogen (vgl. § 305 BGB). Wegen der Verkehrsüblichkeit der Bedingungen für notarielle Anderkonten und der Kenntnis ihrer Existenz im Berufsstand darf das Kreditinstitut davon ausgehen, dass der Notar auch ohne ausdrücklichen Hinweis im Antrag mit der Anwendbarkeit der Bestimmungen einverstanden ist.[2]

Die Gestaltungsspielräume für Anderkontenbedingungen sind eng. Sie können nur den Rahmen ausfüllen, den das BeurkG und die DONot belassen. Die Anderkontenbedingungen gelten nicht nur für

1 Ellenberger/Bunte/*Hadding/Häuser*, Bankrechts-Handbuch, § 22 Rn 4.

2 Ellenberger/Bunte/*Hadding/Häuser*, Bankrechts-Handbuch, § 22 Rn 4.

das Giroanderkonto, sondern auch – bei einer Festgeldanlage – für das Festgeldanderkonto, das für dieselbe Verwahrungsmasse eingerichtet wurde.[3]

3 Auf Grundlage von § 10 Abs. 3 DONot, der erstmals die Möglichkeit der elektronischen Anderkontenführung klarstellte, machen die am 30.9.2022 von der Generalversammlung der BNotK beschlossenen **eNotAndKont** besondere technische Mindestvorgaben für zulässige Authentifizierungsverfahren sowie die bei elektronischer Anderkontenführung einzuhaltenden Sorgfaltspflichten, die ausdrücklich durch weitergehende Vereinbarungen zwischen Notar und Kreditinstitut ergänzt werden können (vgl. Nr. 1 eNotAndKont).

II. Zuständigkeit

4 Zuständig für den Erlass von Bedingungen für Anderkonten ist seit der Neufassung der DONot 2000/2001 (vgl. § 27 Abs. 2 a.F. DONot) die Bundesnotarkammer (nachfolgend **BNotK**). Gem. § 10 Abs. 2 DONot sind Notaranderkonten entsprechend den von der Generalversammlung (früher Vertreterversammlung) der BNotK beschlossenen Bedingungen einzurichten und zu führen. Gemäß § 10 Abs. 3 DONot ist die BNotK ebenfalls zuständig für den Erlass von ergänzenden Sonderbedingungen für den Fall, dass die Anderkonten mittels Datenfernübertragung elektronisch geführt werden. Bis zur Neufassung der DONot 2000/2001[4] galt die Übergangsbestimmung des § 34 S. 5 DONot a.F., wonach Anderkonten und Anderdepots bis zum Vorliegen entsprechender Beschlüsse der Vertreterversammlung der BNotK weiterhin nach den früheren Empfehlungen der Spitzenverbände der Deutschen Kreditwirtschaft zu den Bedingungen für Anderkonten und Anderdepots einzurichten und zu führen waren. Die Empfehlungen waren bereits Jahre vorher zwischen den im Zentralen Kreditausschuss vertretenen Verbänden des Kreditgewerbes und der BNotK abgestimmt worden.[5] Aus unterschiedlichen Gründen wollte die Vertreterversammlung daran keine Änderungen vornehmen, so dass sie zunächst die bereits vorher maßgeblichen Regelungen bestätigte (vgl. ausführlich dazu § 10 DONot Rdn 5 f.).

III. Geschichte

5 Die NotAndKont gehören zu den beständigsten AGB im deutschen Rechtskreis. Sie wurden bereits 1931 nach Verhandlungen der Anwaltskammer Berlin mit dem Generalverband des Deutschen Bank- und Bankier-Gewerbes sowie den übrigen Spitzenorganisationen der Kreditwirtschaft eingeführt.[6] Überarbeitungen und Neufassungen waren selten. Die Neufassung von 1962[7] war veranlasst durch die Reform der Berufsordnungsgesetze für die Berufe, die Anderkonten einrichten dürfen (darunter neben der BRAO, der Wirtschaftsprüferordnung, dem Steuerberatungsgesetz auch die BNotO von 1961). Die Änderung von 1978[8] stellt sich als Reaktion auf das AGBG dar, das am 1.4.1977 in Kraft trat. Veränderungen im Kernbereich der Anderkontenbedingungen haben sich durch dieses Gesetz allerdings nicht ergeben.[9]

6 Die Neufassung aus dem Jahre 2000, die im Wesentlichen am 1.10.2000 wirksam wurde, war im Notarbereich vor allem erforderlich durch das 3. ÄndG, das die Verwahrung umfassend in den §§ 54a ff. BeurkG a.F. (heute §§ 57 ff. BeurkG) geregelt hat. Aktualisiert wurden gleichzeitig die „Geschäftsbedingungen für Anderkonten und Anderdepots von Rechtsanwälten und Gesellschaften von Rechtsanwälten", die „Geschäftsbedingungen für Anderkonten und Anderdepots von Patentanwälten und Gesellschaften von Patentanwälten" und die „Geschäftsbedingungen für Anderkonten und Anderdepots von Angehörigen der öffentlich bestellten wirtschaftsprüfenden und wirtschafts- und steuerberatenden Berufe". Grund für die Umgestaltung waren in allen Bereichen Änderungen im Standesrecht und die Anforderungen des GwG an alle Berufsträger, die Anderkonten führen dürfen. Bei den Anwälten gaben darüber hinaus die neuen Formen der Zusammenarbeit, namentlich der Partnerschafts-Gesellschaften und der Anwalts-GmbH Anlass für Änderungen. Im Übrigen sollte der mit den Jahren gewachsene Bestand an Klauseln gestrafft und verschlankt werden. Die von der Generalversammlung (früher Vertreterversammlung) in

3 Vgl. *Weingärtner*, Verwahrungsgeschäft, Rn 131.
4 Veröffentlicht in DNotZ 2004, 401 ff.
5 Vgl. die älteren Fassungen: DNotZ 2000, 561 ff. und DNotZ 1999, 540 ff.
6 Vgl. *Steuer*, DNotZ 1979, 208.
7 Vgl. DNotZ 1963, 66 ff.; dazu *Dumoulin*, DNotZ 1963, 103 ff.
8 DNotZ 1979, 193 ff.
9 Vgl. *Steuer*, DNotZ 1979, 208, 209.

den Jahren 2010 und 2019 beschlossenen geringfügigen Änderungen der NotAndKont wurden ganz überwiegend durch Änderungen im GwG erforderlich (vgl. unten Rdn 18; siehe auch § 58 BeurkG Rdn 58 f.).[10] Daneben wurde im Jahr 2019 ein Hinweis auf den Notariatsabwickler in Baden-Württemberg aufgenommen. Am 30.9.2022 beschloss die 126. Generalversammlung im Hinblick auf § 10 Abs. 3 DONot die Ergänzenden Sonderbedingungen für elektronisch geführte Anderkonten und Anderdepots von Notaren, um die notwendige Verschlüsselung und das zulässige Sicherheitsverfahren zum verpflichtenden Inhalt des Zahlungsrahmendienstevertrages des Notars mit dem Kreditinstitut zu machen.

B. Begriffsbestimmungen (Nr. 1)

I. Definition des Notaranderkontos

Nr. 1 enthält eine Kurzdefinition des Begriffs Notaranderkonto aus Bankenperspektive. Ein Notaranderkonto ist danach ein Konto, für das durch den Bankvertrag zwischen Notar und kontoführender Bank bestimmt ist, dass es nicht eigenen wirtschaftlichen Zwecken des Notars dienen darf. Gleichwohl ist allein der Notar verfügungsbefugt. Nr. 1 setzt damit die durch § 58 BeurkG an den Notar gestellten dienstrechtlichen Anforderungen in das Vertragsverhältnis mit der Bank um. Benutzt der Notar ein Anderkonto für eigene Zwecke, so liegt darin nicht nur eine Dienstpflichtverletzung, sondern auch eine Vertragsverletzung gegenüber der Bank (vgl. Nr. 4 NotAndKont; vgl. unten Rdn 29) Schadensersatzrechtliche Sanktionen dieser Vertragsverletzung sind allerdings (selbst bei Insolvenz des Notars) kaum denkbar. Im Verhältnis zwischen Bank und Notar liegt im Übrigen ein Girovertragsverhältnis vor, das rein zivilrechtlich zu beurteilen ist.[11] 7

II. Abgrenzung zu anderen Sonderkonten

Der Notar darf ein Notaranderkonto nur für Verwahrungsgeschäfte gem. § 23 BNotO einrichten. Fremdgelder, die er in seiner Eigenschaft als Rechtsanwalt (vgl. Nr. 3 NotAndKont, unten Rdn 25 ff.), als Vormund, Betreuer, Pfleger, Testamentsvollstrecker, Nachlassverwalter oder Insolvenzverwalter erhält, darf er nicht nach den NotAndKont anlegen.[12] Für Rechtsanwälte gelten die Rechtsanwaltsanderkontobedingungen. Sie entsprechen weitgehend den NotAndKont; die Verwahrung erfolgt jedoch privatrechtlich durch Geschäftsbesorgungsvertrag. Bei den anderen genannten Sonderkonten gilt Folgendes: Handelt der Notar als gesetzlicher Treuhänder, also in einer Rechtsstellung, die im Zivilprozessrecht als „Partei kraft Amtes" bezeichnet wird (Testamentsvollstrecker, Nachlassverwalter, Insolvenzverwalter), dann hat er ein Konto auf seinen Namen mit der zusätzlichen Bezeichnung als Sonderkonto einzurichten. Handelt er als Vormund, Betreuer oder Pfleger, dann hat er das Konto auf den Namen des Mündels, also ein reines Eigenkonto des Mündels, anzulegen. Über dieses kann er nach allgemeinen Grundsätzen verfügen. 8

III. Notaranderkonto als Unterart des Treuhandkontos

Das Notaranderkonto ist durch Nr. 1 bankrechtlich als eine Unterart des Treuhandkontos beschrieben. Anderkonten sind offene Treuhandkonten,[13] die von den Banken zum Schutz der Treugeber nur bestimmten Berufsgruppen zur Verfügung gestellt werden. Sie erfahren durch besondere AGB eine der jeweiligen Berufsgruppe entsprechende Ausgestaltung. Auf sie finden die von Rechtsprechung und Literatur entwickelten Grundsätze über die uneigennützige Treuhand Anwendung. Daraus folgt vor allem, dass ein Notaranderkonto für Gläubiger des Notars praktisch unpfändbar und insolvenzfest ist. Den Beteiligten stehen regelmäßig die Rechte aus § 771 ZPO bzw. § 47 InsO zu (vgl. oben § 58 BeurkG Rdn 88, 105). Der Zweck der Anderkontenbedingungen ist es also, den Notaren die Durchführung von Amtsgeschäften (Verwahrungsgeschäften) durch vertragliche Abmachungen (Bankverträge) zu ermöglichen, ohne damit gegen das Dienstrecht (BNotO, BeurkG, NotAktVV, DONot) zu verstoßen. Dieser Zweck bindet auch die Geschäftspraxis der Banken. Er war eines der Motive für die Zuständigkeitsregelung in § 10 Abs. 2 9

10 Veröffentlicht in DNotZ 2011, 481 ff. (die darin enthaltenen Verweise auf GwG und BeurkG sind zwischenzeitlich veraltet) und DNotZ 2019, 801 ff.

11 Vgl. Haug/Zimmermann/*Zimmermann*, Rn 690.

12 Vgl. *Dumoulin*, DNotZ 1963, 103, 105.

13 Vgl. Ellenberger/Bunte/*Hadding/Häuser*, § 22 Rn 1; Arndt/Lerch/Sandkühler/*Sandkühler*, § 23 Rn 17.

DONot (§ 27 Abs. 2 DONot a.F). Eine Bank darf daher zur Vermeidung von Schadensersatzansprüchen ein Notaranderkonto nicht zu anderen Bedingungen einrichten als sie in den Anderkontenbedingungen festgelegt sind.

IV. Verbot von Sammel- und Gemeinschaftskonten

10 In § 58 Abs. 2 S. 3 und 4 BeurkG ist ausdrücklich geregelt, dass für jede Verwahrungsmasse ein gesondertes Anderkonto geführt werden muss und Sammelanderkonten unzulässig sind. Vor diesem Hintergrund wurde es nicht mehr für notwendig erachtet, in die NotAndKont die frühere Nr. 4 zu übernehmen.[14] Darin hieß es in S. 1: „Mehrere Anderkonten für denselben Kontoinhaber führt die Bank getrennt." Sachlich hat sich dadurch nichts geändert. Der Zweck von Notaranderkonten und die banktechnischen Vorgaben zu ihrer Führung im BeurkG sind den Banken bekannt. Werden sie von der Bank nicht beachtet, verstößt sie – mit der möglichen Folge der Schadensersatzpflicht – gegen ihre vertraglichen Pflichten, wenn sie verschiedene Massen auf einem Anderkonto führt.

11 Ein Notaranderkonto darf kein Gemeinschaftskonto, also weder ein sog. „Oder-Konto" noch ein „Und-Konto" sein. Das ergibt sich heute insbesondere aus § 58 Abs. 3 S. 1 BeurkG. Früher war dies ausdrücklich in den NotAndKont festgehalten. Legt der Notar dennoch ein solches Konto an, so ist es kein Notaranderkonto. Die Bank ist verpflichtet, alles ihrerseits Mögliche zu tun, damit ein falscher Rechtsschein vermieden wird. Bei einem Gemeinschaftskonto dürfen also die NotAndKont nicht zugrunde gelegt werden. Die Bank ist ggf. schadensersatzpflichtig, wenn sie ein Notaranderkonto als Gemeinschaftskonto einrichtet. Ein Notarvertreter darf über das Anderkonto kraft seiner amtlichen Stellung verfügen. Er benötigt keinesfalls eine Vollmacht des vertretenen Notars. Der Notar ist nicht berechtigt, eine solche Vollmacht zu erteilen (vgl. unten Rdn 14; vgl. oben § 58 BeurkG Rdn 23 f.). Zum Nachweis der Verfügungsbefugnis kann die Bank die Vorlage der Bestallungsurkunde verlangen. Das gilt sowohl für den Notar wie seinen Vertreter.[15]

V. Unzulässigkeit des debitorischen Anderkontos

12 Der Zweck eines Treuhandkontos liegt darin, ein Guthaben treuhänderisch zu verwalten. Ein debitorisches Anderkonto darf es von daher grundsätzlich nicht geben.[16] So sehen auch die Berufsregeln der Rechtsanwälte der Europäischen Union in Nr. 3. 8 (1. 3) vor, dass ein Anderkonto immer ein Guthaben aufweisen muss. Der Charakter des Anderkontos steht einer Überziehung entgegen.[17] Anderkonten dienen nicht der Kreditgewährung. Andererseits wird ein Notaranderkonto technisch als Girokonto geführt. Ein Girokonto kann grundsätzlich auch ein Debet ausweisen.[18] Daraus ergibt sich folgende in der Praxis zu beachtende Differenzierung (vgl. auch oben § 58 BeurkG Rdn 2):

– Mit der Vereinbarung der NotAndKont übernimmt die kontoführende Bank die Verpflichtung, das Konto seinem in Nr. 1 festgelegten Zweck entsprechend zu führen. Auszahlungsanweisungen, die das Konto debitorisch machen, darf die Bank nicht oder allenfalls in der Höhe vornehmen, die noch aus dem Konto gedeckt sind.[19] Die Bank sollte also nicht nur im eigenen Interesse Überziehungen von Notaranderkonten vermeiden,[20] sondern sie hat bei Treuhandkonten die vertragliche Pflicht, das Konto durch Auszahlungen bzw. Überweisungen nicht ins Minus zu führen. Sie darf nicht „sehenden Auges" mitwirken, wenn der Notar als Kontoinhaber gegen seine Pflichten verstößt. Für eine das Notaranderkonto debitorisch machende Auszahlung kann die Bank sich daher auch nicht bei dem Notar schadlos halten.[21]

14 Vgl. *Bunte*, SB Ander Notar, Rn 3.
15 Vgl. *Bunte*, SB Ander Notar, Rn 2.
16 Vgl. *Blaeschke*, § 14 Rn 118; strenger: Grziwotz/Sauer/Heinemann/*Grziwotz*, § 58 Rn 19 (ein Minus ist nicht möglich).
17 A.A. Bundesverband des privaten Bankgewerbes e.V. in WM 1962, 1334, 1336.
18 Vgl. Ellenberger/Bunte/*Hadding/Häuser*, § 22 Rn 5.
19 Vgl. OLG München v. 16.1.1973 – 5 U 3294/71, DNotZ 1974, 54 f.
20 So bereits Bundesverband des privaten Bankgewerbes e.V. in WM 1962, 1334, 1336.
21 So bereits *Huhn/von Schuckmann*, 3. Aufl., NotAndKont Rn 14.

- In der Praxis geraten Notaranderkonten ins „Soll“, wenn Bankspesen (z.B. für die Zuleitung von Kontoauszügen) bereits zu einer Zeit abgebucht werden, zu der noch kein Zahlungseingang erfolgt ist.[22] Wird das Konto durch einen solchen Vorgang, bei dem es i.d.R. um geringfügige Beträge geht, debitorisch, ist allein die technische Seite des Girokontos betroffen. Regelmäßiger Bestandteil des Kontoführungsvertrages ist eine Verrechnungsabrede mit der Bank, die solche kontobezogenen Abbuchungen erlaubt. Die Überziehung steht dem Charakter des Anderkontos nicht entgegen. Hier lässt sich aus der Überziehung kein Grund für Beanstandungen durch die Dienstaufsicht ableiten. Es besteht in einem derartigen Fall keine Veranlassung, dass der Notar für den Ausgleich Sorge zu tragen hat.[23] Das Problem kann vermieden werden, wenn der Notar die spesenfreie Führung des Treuhandkontos mit der Bank vereinbart.
- Kreditinstitute haben in der sog. „Negativzinsphase“ im Euroraum (Juni 2014 – Juli 2022)[24] auch auf Einlagen auf Notaranderkonten Verwahrentgelte (sog. „Negativzinsen“ oder auch „Strafzinsen“) erhoben. Die Kreditinstitute haben diese Beträge regelmäßig unmittelbar vom Notaranderkonto abgebucht, wobei es sich technisch um eine Aufrechnung mit der Gebührenforderung handelte.[25] Die Erhebung von Verwahrentgelten/„Negativzinsen“ ist nach Nr. 10 NotAndKont grundsätzlich zulässig (s.u. Rdn 56). Die Verminderung des verwahrten Betrags kann jedoch zu Abwicklungsschwierigkeiten führen. Der Notar ist berechtigt, aber nicht verpflichtet, das Notaranderkonto aufzufüllen; ggf. hat er einen Anspruch auf Ersatz seiner Auslagen gegen die Beteiligten.[26] Zur Vermeidung von Weiterungen empfiehlt es sich, bereits im Vertrag zu regeln, dass die Auszahlung eines um das Verwahrentgelt reduzierten Betrags eine vertragsgemäße Erfüllung des Kaufpreiszahlungsanspruchs in voller Höhe darstellt und dass das Verwahrentgelt vom Auszahlungsberechtigten zu tragen und nicht von der anderen Partei nachträglich auszugleichen ist.[27]
- Bei „älteren“ Anderkonten fehlen Regelungen zu den Negativzinsen im Bankvertrag („Verwahrentgelten“). Grundsätzlich muss für die nachträgliche Einführung durch AGB eine Vereinbarung zwischen Notar und Bank hierzu getroffen werden. Lehnt der Notar die Einführung ab, kann die Bank allerdings kündigen.[28]

VI. Ausgabe von Schecks

Die Ausgabe von Schecks für ein Notaranderkonto ist weder durch das BeurkG (vgl. § 58 Abs. 3 S. 5 **13**
BeurkG) noch die NotAndKont grundsätzlich ausgeschlossen. In der Regel geben die Banken aber aus praktischen Gründen keine Schecks für solche Konten aus.

VII. Inhaberschaft

Der Notar ist alleiniger Inhaber des Notaranderkontos. Der Anspruch gegen die Bank auf Auszahlung des **14**
Guthabens steht daher rechtlich allein dem Notar zu (Nr. 1 S. 2). Nur der Notar ist der Bank gegenüber zu Verfügungen über diese Forderung berechtigt. Dritte können gegenüber der Bank Ansprüche auf Leistungen aus dem Konto in keinem Falle geltend machen (vgl. Nr. 6 S. 2). Die Bank ist dem Notar gegenüber durch den Bankvertrag verpflichtet, nur seine eigenen Verfügungen bzw. nur die Verfügungen seines amtlich bestellten Vertreters oder des Notariatsverwalters auszuführen (vgl. § 58 Abs. 2 S. 1 BeurkG). In den Fällen des § 58 Abs. 3 S. 2 BeurkG ist der mit der Aktenverwahrung betraute Notar verfügungsbefugt. Ausnahmsweise kann auch die Notarkammer verfügungsbefugt sein (vgl. unten Rdn 65). Aus § 58 Abs. 3 S. 1 BeurkG ergibt sich weiterhin, dass rechtsgeschäftliche Kontovollmachten unzulässig sind (vgl. ausführlich oben § 58 BeurkG Rdn 23). Die NotAndKont in ihrer Fassung vom Dezember 1978 sahen noch vor, dass die Erteilung von Kontovollmachten mit ausdrücklicher Gestattung der Aufsichtsbehörde zulässig war (Nr. 11 S. 2 a.E. a.F.). In den späteren Fassungen der NotAndKont war diese Ausnahme folgerichtig nicht mehr enthalten. Seitdem sind rechtgeschäftliche Vollmachten ausnahmslos

22 Vgl. *Blaeschke*, § 14 Rn 118.
23 So aber *Blaeschke*, § 14 Rn 119.
24 Zu dieser Zeit mussten Geschäftsbanken Strafzinsen zahlen, wenn sie liquide Gelder über Nacht bei der Zentralbank anlegten (negative Einlagefazilität). Die Banken gaben diese negativen Gelder über „Negativzinsen“ an die Kunden weiter.
25 DNotI-Gutachten Nr. 183800 v. 21.6.2021, S. 4.
26 DNotI-Gutachten Nr. 183800 v. 21.6.2021, S. 5.
27 DNotI-Gutachten Nr. 183800 v. 21.6.2021, S. 8.
28 DNotI-Gutachten Nr. 183800 v. 21.6.2021, S. 8.

unzulässig. Werden sie dennoch erteilt, sind sie unwirksam (vgl. oben § 58 BeurkG Rdn 23 f.). Auf Unkenntnis kann sich die Bank nicht berufen. Eine Ausnahme gilt lediglich für Hamburg. Der Verordnungsgeber hat dort von der Befugnis in § 58 Abs. 3 S. 3 BeurkG Gebrauch gemacht:[29] Verfügungen über das Anderkonto eines Notars dürfen in Hamburg auch durch einen entsprechend bevollmächtigten anderen Notar erfolgen (vgl. oben § 58 BeurkG Rdn 26).

VIII. Keine Weisungsbefugnis der Dienstaufsicht

15 Die alleinige Verfügungsbefugnis des Notars über das Notaranderkonto hat auch zur Folge, dass die Dienstaufsicht keine Weisungsbefugnisse gegenüber dem Kreditinstitut hat. Sie kann und darf das Alleinverfügungsrecht des Notars über Anderkonten nicht einschränken. Anweisungen der Dienstaufsicht an die Bank sind daher nicht zulässig und ggf. unbeachtlich; diese hat nicht einmal ein Einsichts- oder Auskunftsrecht (vgl. Vor §§ 57–62 BeurkG Rdn 38).

Die Dienstaufsicht kann das alleinige Verfügungsrecht des Notars, z.B. beim Verdacht von Straftaten, auch nicht dahingehend einschränken, dass er nur mit Zustimmung der Dienstaufsicht oder einer von ihr benannten Person über Anderkonten verfügen darf (vgl. oben § 58 BeurkG Rdn 22; dort wird auch auf die Argumente der Gegenmeinung eingegangen). Ihr bleibt nur der Weg der vorläufigen Amtsenthebung.

IX. Einlagensicherung

16 Sicherungseinrichtungen für den Insolvenzfall der Bank unterhalten die Entschädigungseinrichtungen deutscher Banken (EdB), die Entschädigungseinrichtung öffentlicher Banken (EdÖ), das Sicherungssystem der Sparkassenfinanzgruppe und die Institutssicherung der deutschen Genossenschaftsbanken (BVR).[30] Es wurde bereits an anderer Stelle dargestellt (vgl. oben § 58 BeurkG Rdn 9), dass der Notar den Umfang der Sicherungseinrichtungen bei der Auswahl des Kreditinstituts zu beachten hat. Obwohl zwischen dem Kreditinstitut und den Beteiligten des Verwahrverhältnisses keine vertraglichen Beziehungen bestehen, stellt die Kreditwirtschaft für die Beantwortung der Frage, wer geschützte Person der Einlagensicherung ist, bei Anderkonten auf die Person des Treugebers ab.[31] Damit gewinnt es praktische Bedeutung, dass die zum 1.1.2023 in Kraft tretende Reform der freiwilligen, über 100.000 EUR hinausgehenden Einlagensicherung bei Privatbanken den Kreis der geschützten Einleger und – Schritt für Schritt bis zum Jahr 2030 – auch den Umfang der Einlagensicherung reduzieren wird. Zwar fielen Kreditinstitute als Einleger schon bisher nicht unter die freiwillige Einlagensicherung. Handelt es sich beim Treugeber aber um eine Privatperson und geht die Einlage über 100.000 EUR hinaus, kann es sich für den Notar empfehlen, die Reduzierung des freiwilligen Schutzumfangs durch die Privatbanken bei der Auswahl des kontoführenden Kreditinstituts zu berücksichtigen oder Beteiligte darauf hinzuweisen.

X. Keine Rechtsbeziehungen zu den Beteiligten am Verwahrungsgeschäft

17 Die in Nr. 2 NotAndKont verankerten Pflichten zur Identifizierung des wirtschaftlich Berechtigten (vgl. Rdn 18 ff.) führen nicht dazu, dass zwischen der Bank und den Beteiligten am notariellen Verwahrungsgeschäft vertragliche Beziehungen entstehen. Das hat zur Konsequenz, dass die Bank grundsätzlich nicht für abredewidrige Verfügungen des Notars haftet (vgl. aber unten Rdn 87).[32] Der vertragliche Charakter der Rechtsbeziehungen zwischen Bank und Notar ändert nichts daran, dass der Notar bei dem Verwahrungsgeschäft in Ausübung seines öffentlichen Amtes handelt. Bei der Führung von Notaranderkonten sind die Kreditinstitute Gehilfen des verwahrenden Notars i.S.v. §§ 97 Abs. 4, 53a StPO. Das hat insbesondere Konsequenzen für die Beschlagnahmemöglichkeiten (vgl. Vor §§ 57–62 BeurkG Rdn 41).

29 GVBl I 1998, 209.

30 Vgl. Arndt/Lerch/Sandkühler/*Sandkühler*, § 23 Rn 99; vgl. Gutachten DNotI-Report 2008, 169 ff.; Grziwotz/Sauer/Heinemann/*Grziwotz*, § 58 Rn 8 Fn 11, vgl. im Internet: www.bankenverband.de/Einlagensicherung.

31 Statut des Einlagensicherungsfonds deutscher Banken, § 6 Ziff. 10.

32 Vgl. *Eichel*, MittRhNotK 1975, 619, 647; vgl. auch *Zimmermann*, DNotZ 2008, 91, 92 f.; Ellenberger/Bunte/*Hadding/Häuser*, § 22 Rn 5 f.

C. Kontoeröffnung

I. Allgemeines (Nr. 2)

Die Regelungen in Nr. 2 hatten in den älteren Fassungen der NotAndKont keinen Vorläufer. In ihnen werden die Bestimmungen des GwG umgesetzt, das erstmals 1993 in Kraft trat und 2008 grundlegend geändert wurde. Dieses wurde in den letzten Jahren ebenfalls immer wieder geändert. Sein Zweck ist nicht allein die Bekämpfung der Geldwäsche im klassischen Sinne, sondern auch die Verhinderung der Terrorismusfinanzierung. Eine vollständige Neufassung des GwG erfolgte im Rahmen des „Gesetzes über das Aufspüren von Gewinnen aus schweren Straftaten";[33] es trat am 25.6.2017 in Kraft, wurde zwischenzeitlich aber erneut geändert.[34] Eigentlich ging es 2017 „nur" um die Anpassung an die 4. EU-Geldwäscherichtlinie. Letztlich wurden jedoch viele Einzelregeln überarbeitet und der Gesamttext verlängert. Die Neuregelung soll den risikobasierten Ansatz besser ausdrücken. Die entsprechende Regelung findet sich heute in dem (was das hier behandelte Thema betrifft) weitgehend inhaltsgleichen § 11 Abs. 5 GwG (vgl. bereits oben § 58 BeurkG Rdn 58 f.). 18

In der ersten Fassung des GwG i.V.m. den Regelungen der NotAndKont war der Notar verpflichtet, in allen Verwahrungsfällen den Namen und die Anschrift derjenigen mitzuteilen, für deren Rechnung er handelt. Bereits im Jahre 2008 wurde der Kreis der wirtschaftlich Berechtigten einerseits erweitert; andererseits wurden bei den Banken vereinfachte Sorgfaltspflichten eingefügt. Der risikobasierte Ansatz setzte sich zunehmend durch. Dies ist auch der Hintergrund der in den Jahren 2010 und 2019 beschlossenen Änderungen der NotAndKont (vgl. oben § 58 BeurkG Rdn 58): Lediglich auf Verlangen der Bank muss der Notar dieser unverzüglich den Namen und – soweit ihm dies bei Bewertung des im Einzelfall bestehenden Geldwäscherisikos angemessen erscheint – weitere von ihm erhobene Identifizierungsmerkmale des wirtschaftlich Berechtigten mitteilen. Die Feststellungspflichten des Notars nach dem heutigen § 11 Abs. 5 GwG machen keine Änderung der NotAndKont erforderlich. 19

Die Entstehungsgeschichte der NotAndKont lässt deutlich erkennen, dass sich aus den Regelungen nicht ableiten lässt, dass zwischen der Bank und den Beteiligten am notariellen Verwahrungsgeschäft vertragliche Beziehungen entstehen. Darauf wurde bereits hingewiesen (oben Rdn 17). Dies bedeutet auch, dass direkte Anweisungen der Beteiligten an die Bank oder einstweilige Verfügungen gegen sie unzulässig und unbeachtlich sind (vgl. unten Rdn 34 ff.). 20

Die im Jahre 2010 von der Vertreterversammlung beschlossene Änderung der NotAndKont hat eine Regelung gestrichen, ohne damit eine inhaltliche Änderung herbeiführen zu wollen. Aus Nr. 2 S. 2 a.F. ergab sich nämlich im Umkehrschluss, dass Notaranderkonten wiederverwendet werden dürfen. Dies könnte jedoch im Widerspruch zu § 58 Abs. 2 S. 3 BeurkG stehen, wonach für jede Verwahrungsmasse ein gesondertes Anderkonto geführt werden muss. Die Streichung könnte zu dem Umkehrschluss verleiten, dass keine Wiederverwendungsmöglichkeit mehr zulässig ist. Das ist aber nicht der Fall, denn es geht um zwei unterschiedliche Situationen: Das BeurkG verbietet ausschließlich die gleichzeitige Abwicklung mehrerer Massen über ein einziges Anderkonto; nicht verboten ist dagegen, dass nach Abwicklung einer Masse das Anderkonto mit der gleichen Kontonummer später noch einmal Verwendung findet. Dagegen bestehen keine Bedenken, solange keine „Verwirrung" zu besorgen ist (siehe dazu auch § 58 BeurkG Rdn 11). 21

Kommt es zur Wiederverwendung eines Notaranderkontos, muss der Notar auf Verlangen der Bank dieser die neuen wirtschaftlich Berechtigten mitteilen. 22

In der Praxis kommt es immer wieder vor, dass Notaranderkonten kurzfristig eingerichtet werden müssen. Wäre die vereinbarte Schriftform zwingend, könnte es zu unerwünschten Verzögerungen kommen. Daher sieht S. 3 vor, dass weitere Anderkonten auch ohne schriftlichen Kontoeröffnungsantrag angelegt werden können. Das macht insbesondere den telefonischen Antrag möglich. Das entspricht der Praxis: Vielfach wird lediglich bei der ersten Eröffnung eines Anderkontos der entsprechende Kontoeröffnungsantrag verwendet und dem Notar vom Kreditinstitut eine Anderkontenstammnummer zugeteilt. Weitere Anderkonten werden dann auf telefonische Weisung eingerichtet. Es handelt sich jedoch um eine 23

33 BGBl 2017 I 1822; vgl. dazu ausführlich *Sommer*, GwG 2017 aus notarieller Sicht, S. 501 ff.

34 Zuletzt geändert durch Art. 8 Finanzmarktdigitalisierungsgesetz vom 27.12.2024, BGBl 2024 I Nr. 438.

„kann"-Regelung: Die Bank ist daher in Zweifelsfällen immer berechtigt, auf einem schriftlichen Antrag zu bestehen.[35] Zur Vermeidung von späteren Unklarheiten, Beweisproblemen und aus Beschleunigungsgründen empfiehlt es sich, auch bei der Einrichtung weiterer Notaranderkonten den Eröffnungsantrag unter Mitteilung des wirtschaftlich Berechtigten möglichst nicht nur telefonisch, sondern z.B. per Telefax zu übermitteln.

24 Aus Nr. 2 S. 2 und S. 3 muss gefolgert werden: Legt der Notar erstmalig ein Anderkonto bei einer Bank an, so bedarf es sowohl für den Antrag als auch für die Mitteilung der wirtschaftlich Berechtigten der Schriftform. Ersteres ergibt sich im Umkehrschluss aus S. 3, Letzteres im „erst-recht"-Schluss aus S. 2. Da es sich um eine gewillkürte Schriftform handelt, reicht hierfür die Mitteilung per Telefax oder E-Mail.

II. Besonderheiten bei Rechtsanwaltsnotaren (Nr. 3)

25 Nr. 3 enthält im Interesse der Banken eine vertragliche Auslegungsregelung für die Anderkonten von Notaren, die gleichzeitig Rechtsanwälte sind.

26 Der Notar darf ein Notaranderkonto nur für Verwahrungsgeschäfte nach § 23 BNotO einrichten. Wird ein Verwahrungsgeschäft von einem Notar verlangt, der zugleich Rechtsanwalt ist, verlangt, so muss er prüfen, ob er als Notar oder als Rechtsanwalt tätig werden soll und darf. Die Klarstellung ist wegen der unterschiedlichen Haftungsregelungen und wegen der Gebühren (vor allem: Verbot der Gebührenvereinbarung für den Notar) von Bedeutung (vgl. Vor §§ 57–62 BeurkG Rdn 18). Verwahrungsgeschäfte, die zur Vorbereitung oder Ausführung einer Urkundstätigkeit vorgenommen werden, sind i.d.R. als notarielle Verwahrungsgeschäfte zu führen (vgl. § 24 Abs. 2 S. 1 BNotO), Verwahrungsgeschäfte, die sich auf Prozesssachen beziehen, dagegen als anwaltliche. Ist bei dem Verwahrungsgeschäft ein Zusammenhang mit einem notariellen Amtsgeschäft (§§ 20–23 BNotO) nicht gegeben, so liegt im Zweifel ein rechtsanwaltliches Verwahrungsgeschäft vor (§ 24 Abs. 2 S. 2 BNotO).[36] Bei der Abgrenzung ist von entscheidender Bedeutung, wie der Anwaltsnotar aufgetreten ist.[37]

27 Nr. 3 befreit die Banken von der Prüfung, ob ein anwaltliches oder ein notarielles Verwahrungsgeschäft vorliegt und daher ein Rechtsanwalts- oder ein Notaranderkonto einzurichten ist. Die Banken könnten die Feststellung auch gar nicht zuverlässig treffen, so dass sie sich durch die Auffangregelung nicht eines „lästigen Risikos" entledigen. Es ist Pflicht des Anwaltsnotars, das passende Anderkonto zu eröffnen. Beantragt der Anwaltsnotar nicht ausdrücklich ein Notaranderkonto, sondern nur allgemein ein „Anderkonto", so ist ein Rechtsanwaltsanderkonto einzurichten. Das gilt unabhängig davon, ob bei der betreffenden Bank bereits ein Rechtsanwaltsanderkonto besteht oder nicht. Der Bank ist allerdings dringend anzuraten, in Zweifelsfällen bei dem Anwaltsnotar Rückfrage zu halten. Für Rechtsanwaltsanderkonten gelten die besonderen „Bedingungen für Anderkonten und Anderdepots von Rechtsanwälten und Gesellschaften von Rechtsanwälten".[38] Bei Schweigen des Notars über die Eigenart des begehrten Anderkontos werden also diese Bedingungen Vertragsinhalt.

28 Die Bedingungen für Rechtsanwaltsanderkonten entsprechen nicht den dienstrechtlichen Anforderungen an ein notarielles Verwahrungsgeschäft. Hat die Bank daher nach Nr. 3 wegen unvollständiger Bezeichnung durch den Notar ein Rechtsanwaltsanderkonto angelegt, dann muss der Notar das Konto umgehend in ein Notaranderkonto umwandeln lassen. Die Sonderbedingungen für Rechtsanwaltsanderkonten lassen diese Umwandlung in Nr. 6 ausdrücklich zu.[39] Erst recht gilt das, wenn ein Eigenkonto des Notars eingerichtet wurde.

D. Kontoführung

I. Notaranderkonto nur bei notarieller Verwahrung (Nr. 4)

29 Der Notar darf Werte, die ihm nicht als Notar anvertraut wurden, nicht auf ein Notaranderkonto einzahlen oder auf ihm belassen. Dies folgt bereits aus Nr. 1. Aus Nr. 4 wird deutlich, dass es sich nicht

35 Vgl. bereits *Steuer*, DNotZ 1979, 208, 210.
36 Vgl. Frenz/Miermeister/*Hertel*, § 10 DONot Rn 12.
37 Vgl. Handbuch Notarhaftung/*Wöstmann*, Kap. 2 Rn 21 ff.; Handbuch Notarhaftung/*Hertel*, Kap. 4 Rn 16.
38 Abgedr. in Ellenberger/Bunte/*Hadding/Häuser*, Anhang 1 zu § 22.
39 Vgl. *Bunte*, SB Ander Notar, Rn 6.

allein um eine Dienstpflicht des Notars, sondern auch um eine vertragliche Pflicht im Verhältnis zur kontoführenden Bank handelt. Die ausschließliche Bestimmung des Notaranderkontos für fremde Werte ist die Voraussetzung für die Sicherheit dieser Werte vor vollstreckungsrechtlichem Zugriff gegen den Notar (vgl. oben Rdn 9).

Die Neufassung der NotAndKont vom 27.9.2019 hat klargestellt, dass eine Einzahlung von Bargeld auf das Notaranderkonto weder dem Notar noch Dritten gestattet ist. Das damit korrespondierende Verbot, Bargeld entgegenzunehmen, ist für den Notar in § 57 Abs. 1 BeurkG geregelt. Nach der amtlichen Begründung ist damit auch die Entgegennahme von Bargeld zur Einzahlung auf ein Notaranderkonto gemeint.[40] Grund für die Regelungen ist neben den Risiken eines Verlusts oder einer Fälschung der Zahlungsmittel insbesondere die bei Bargeldzahlungen generell erhöhte Gefahr, dass Notar und Kreditinstitut in Geldwäschegeschäfte hineingezogen werden.[41] 30

II. Unveränderlichkeit des Notaranderkontos (Nr. 5)

Einem Treuhandkonto dürfen nur Treugelder zugeführt werden. Der Notar muss die Sphären der von ihm treuhänderisch verwalteten Gelder und seine eigene private Sphäre streng voneinander trennen. Dies dient einerseits dem Schutz der Treugeber, die z.B. bei Vollstreckungsmaßnahmen gegen den Notar weitestgehend gesichert sind. Die Klausel dient andererseits aber auch dem Schutz der Bank, die nur in Bezug auf die Fremdwerte auf ihr eigenes Pfand- und Aufrechnungsrecht verzichtet. Nr. 5 S. 1 ist eine Konsequenz der strikten Trennung der beiden Sphären: Danach ist die Umwandlung eines Anderkontos grundsätzlich ausgeschlossen. Das gilt auch dann, wenn auf dem Konto nur noch ein dem Notar selbst zustehender Gebührenbetrag verblieben ist.[42] Den Betrag muss der Notar unter Beachtung von § 58 Abs. 3 S. 8 BeurkG auf ein Eigenkonto überweisen und das Notaranderkonto auflösen. Dadurch wird Rechtsklarheit erreicht und die Dienstaufsicht erleichtert. Könnte der Notar das Anderkonto problemlos umwandeln, ließe sich das Konto der dienstrechtlichen Kontrolle allzu leicht entziehen. 31

Eine Ausnahme gilt nach S. 2 für Anwaltsnotare. Nr. 3 befreit die Bank von der im Einzelfall schwierigen Prüfung, ob ein anwaltliches oder ein notarielles Verwahrungsgeschäft vorliegt: Anderkonten eines Anwaltsnotars werden im Zweifel als Rechtsanwaltsanderkonten geführt. Der Notar ist jedoch dienstrechtlich verpflichtet, bei einem notariellen Verwahrungsgeschäft unverzüglich für die Umwandlung eines fälschlicherweise angelegten Rechtsanwaltsanderkontos in ein Notaranderkonto zu sorgen. Rechtsanwaltsanderkontobedingungen lassen dies problemlos zu (siehe Rdn 28). Nr. 5 S. 2 betrifft nunmehr den umgekehrten Fall, dass dem Notar nach Errichtung eines Notaranderkontos der anwaltliche Charakter der Verwahrung bewusst wird. In diesem Fall ist der Anwaltsnotar zunächst dienstrechtlich zur unverzüglichen Kontoumwandlung verpflichtet. Aus Nr. 1 i.V.m. Nr. 4 leitet sich darüber hinaus auch die vertragliche Pflicht des Notars gegenüber der Bank zu einer solchen Kontoumwandlung ab. Die Bank hat das Kontoumwandlungsverlangen des Notars inhaltlich nicht zu prüfen. Dem entsprechenden Begehren ist vielmehr unverzüglich stattzugeben. Es hat zur Folge, dass für das Konto nunmehr die Rechtsanwaltsanderkontobedingungen gelten. 32

Nr. 5 S. 2 ist restriktiv auszulegen. So erlaubt die Regelung keinen Wechsel in der Inhaberschaft des Kontos. Der Notar darf ein eigenes Notaranderkonto nicht in ein Rechtsanwaltsanderkonto für seinen Anwaltssozius umwandeln. Ebenso wenig zulässig ist die Unterstellung des Kontos z.B. unter die „Bedingungen für Anderkonten und Anderdepots von Angehörigen der öffentlich bestellten wirtschaftsprüfenden und wirtschafts- und steuerberatenden Berufe (Treuhänder)". 33

III. Rechtsbeziehungen nur zum Notar (Nr. 6)

Über Anderkonten ist allein der Notar verfügungsbefugt (vgl. § 57 Abs. 1 S. 1 BeurkG); Anderkonten sind entsprechend einzurichten. Diese dienstrechtliche Verpflichtung wird durch Nr. 6 auch vertragsrechtlich abgesichert. Nr. 6 ist insoweit eine Konsequenz aus der Alleininhaberschaft des Notars über das Notaranderkonto. Dies gilt, obwohl der Notar der Bank auf Verlangen mitzuteilen hat, für wessen Rechnung er 34

40 BT-Drucks 13/4184, S. 37.
41 Vgl. *Winkler*, § 57 Rn 7.
42 Vgl. *Dumoulin*, DNotZ 1963, 103, 104.

handelt. Nr. 2 ist jedoch eine Konsequenz des GwG. Die Mitteilungspflicht erfolgt nur im Hinblick auf die spezifischen Anforderungen des GwG. Eine Einbeziehung des wirtschaftlich Berechtigten in den Kontovertrag ist nicht beabsichtigt (vgl. aber unten Rdn 87).

35 Nr. 6 verbietet zunächst Leistungen der Bank aus dem Anderkonto, die durch einen Dritten veranlasst werden. Einem Dritten können Verfügungen über das Anderkonto auch dann nicht gestattet werden, wenn dieser nachweist, dass das Konto in seinem Interesse errichtet wurde. Aus Bankenperspektive kann man formulieren: Die Bank hält sich so aus allen Streitigkeiten über die materielle Berechtigung heraus.[43]

36 Nr. 6 regelt weiterhin ausdrücklich, dass Dritte keinen Auskunftsanspruch über ein Anderkonto haben. Die Bank ist auch nicht berechtigt, Auskunft zu erteilen. Insofern gilt für Notaranderkonten das Bankgeheimnis uneingeschränkt.[44] Die Bank darf daher auch Behörden, insbesondere Finanzbehörden, keine Einsicht in die Anderkontenunterlagen gestatten (zur Beschlagnahme vgl. Vor §§ 57–62 BeurkG Rdn 41).

37 Das gilt nach gegenwärtiger Rechtslage auch gegenüber den Dienstaufsichtsbehörden des Notars: Banken sind ohne Einverständnis des Notars weder auskunftsberechtigt noch auskunftsverpflichtet. Zwar wird die Bank bei Notaranderkonten als Treuhänder des treugebenden Notars tätig. Es gibt aber keinen Grundsatz, dass die Dienstaufsicht Rechte, die sie gegenüber dem Notar als Treugeber hat, automatisch auch gegenüber dem Treuhänder geltend machen könnte. Die Rechte des Notars gegenüber der Bank beruhen auf vertraglicher Vereinbarung. Dass der Notar als Träger eines öffentlichen Amtes unter Dienstaufsicht steht, bedeutet keinesfalls, dass neben dem Notar auch die Dienstaufsichtsbehörde Inhaber der von ihm begründeten Vertragsrechte wäre. Schon oben (Rdn 15) wurde ausgeführt, dass die Dienstaufsicht keine Weisungsbefugnisse gegenüber dem Kreditinstitut hat.

38 Ein gegen Nr. 6 verstoßendes Verhalten der Bank verpflichtet sie gegenüber dem Notar zum Schadensersatz. Nr. 6 entspricht i.Ü. weitgehend Nr. 8 der Sonderbedingungen für Rechtsanwaltsanderkonten.[45]

IV. Keine Prüfung der Verfügungen des Notars durch die Bank (Nr. 7)

39 Zwischen der Bank und den Beteiligten des notariellen Verwahrungsgeschäfts bestehen keine Rechtsbeziehungen (vgl. Rdn 14, 17). Der als Geschäftsbesorgungsvertrag zu qualifizierende Vertrag zwischen Notar und Bank ist nach h.M. grundsätzlich kein Vertrag mit Schutzwirkung zugunsten Dritter.[46] Vertragliche Ansprüche der Beteiligten des Verwahrungsverhältnisses (Treugeber) kommen daher im Regelfall nicht in Betracht (vgl. aber auch unten Rdn 43).[47] Anders kann es allerdings dann aussehen, wenn der „beteiligtenorientierte Anderkontenservice" gewählt wird (vgl. unten Rdn 87).[48]

40 Nr. 7, nach der die Bank die Rechtmäßigkeit der Verfügungen des Notars im Verhältnis zu Dritten nicht prüft, ist die praktische Konsequenz des soeben Dargestellten. Die Regelung stellt keine in Allgemeinen Geschäftsbedingungen unzulässige Haftungsbeschränkung dar, sondern drückt nur aus, was für die materielle Rechtslage beim Anderkonto ohnehin gilt.[49] Bis zur Neufassung der NotAndKont im Jahre 2000 hieß es zur Haftung der Bank ergänzend in S. 2: „Sie haftet daher nicht für den einem Dritten aus einer unrechtmäßigen Verfügung des Kontoinhabers entstehenden Schaden." Diese Regelung wurde gestrichen, um dem Missverständnis vorzubeugen, bei Nr. 7 handele es sich um einen unzulässigen Haftungsausschluss. Materiellrechtlich hat die Streichung keine Konsequenzen. Auch für weisungswidrige und selbst für strafbare Verfügungen des Notars haftet die Bank daher gegenüber den Beteiligten (Treugebern) grundsätzlich nicht. Der Bank ist im Regelfall auch keine Prüfung möglich, da sie die konkreten Absprachen zwischen dem Kontoinhaber und den Treugebern nicht kennt. Sie kann deshalb die Rechtmäßigkeit der Verfügung nicht beurteilen.[50]

43 So *Bunte/Zahrte/Zahrte*, SB Ander Notar, XII. Rn 7.
44 Vgl. *Zimmermann*, DNotZ 2008, 91, 92 f.; vgl. bereits *Dumoulin*, DNotZ 1963, 103, 106.
45 Vgl. *Bunte/Zahrte/Zahrte*, SB Ander Notar, XII. Rn 7.
46 Vgl. Frenz/Miermeister/*Hertel*, § 10 DONot Rn 14; Haug/Zimmermann/*Zimmermann*, Rn 690; *Gößmann*, DNotZ 2008, 803, 805 f.; *Gößmann*, FS Fischer (2008), 159 ff.
47 Vgl. Frenz/Miermeister/*Hertel*, § 10 DONot Rn 14; vgl. Ellenberger/Bunte/*Hadding/Häuser*, § 22 Rn 6.
48 So auch Haug/Zimmermann/*Zimmermann*, Rn 690.
49 Vgl. bereits *Steuer*, DNotZ 1979, 208, 210.
50 Vgl. *Gößmann*, DNotZ 2008, 803, 805 f.

Etwas anderes könnte gelten, wenn der Notar über ein Anderkonto zugunsten eines Eigenkontos verfügt. Denn gem. § 58 Abs. 3 S. 4 BeurkG sollen Verfügungen nur erfolgen, um Beträge unverzüglich dem Empfangsberechtigten oder einem von ihm schriftlich benannten Dritten zuzuführen. Daraus ließe sich ableiten, dass die Bank bei Verfügungen zugunsten von Eigenkonten nicht mitwirken darf. Die Bank muss wissen, dass selbst die vorübergehende Verwendung von Treuhandgeldern für eigene Zwecke des Notars als Unterschlagung bzw. Untreue strafbar ist. Dennoch ist nicht jede Verfügung des Notars über ein Anderkonto zugunsten eines Eigenkontos unzulässig. Dazu müssen allerdings die strengen Voraussetzungen des § 58 Abs. 3 S. 8 BeurkG erfüllt sein: Es muss um die Verwahrungsgebühr gehen oder es muss eine ausdrückliche schriftliche Einverständniserklärung des Empfangsberechtigten vorliegen (vgl. oben § 58 BeurkG Rdn 46 ff.). Der Bank ist insoweit regelmäßig keine Prüfung möglich. Sie hat daher auch nicht das Recht oder gar die Pflicht, die Ausführung eines solchen Überweisungsauftrags zu verweigern. Dies stellt Nr. 7 a.E. klar. 41

Man könnte auch daran denken, dass es der Bank verboten ist, bei Barabhebungen vom Anderkonto mitzuwirken. Gemäß § 58 Abs. 3 S. 5 BeurkG sind Verfügungen nämlich grundsätzlich im bargeldlosen Zahlungsverkehr durchzuführen. Dabei handelt es sich jedoch um eine Sollvorschrift. Für die Bank ist es regelmäßig nicht möglich zu prüfen, ob ausnahmsweise die Voraussetzungen für eine zulässige Barauszahlung vorliegen. Sie darf Barabhebungen daher nicht verweigern und haftet regelmäßig auch nicht, wenn sich die Treuwidrigkeit der Barabhebung herausstellt. 42

Auf Nr. 7 kann sich die Bank nicht berufen, wenn sie positiv weiß, dass der Notar eine weisungswidrige, unzulässige oder gar strafbare Verfügung vornimmt. Dem „positiven Wissen" sind Fallsituationen gleichzustellen, in denen sich Verdachtsmomente aufdrängen, die eine ordnungsgemäße Verfügung äußerst unwahrscheinlich erscheinen lassen, ohne dass damit schon sicher die „Schwelle" des § 826 BGB überschritten sein muss. Mit Nr. 7 ist diese Betrachtungsweise vereinbar: Nr. 7 befreit die Bank von einer positiven Prüfungspflicht über die Rechtmäßigkeit der Verfügung; sie ist aber kein „Freibrief" dafür, Verfügungen immer „blind" auszuführen. Im Einzelfall kann sich dies bis zu einer „Schutzpflicht" für die Beteiligten des Verwahrungsverhältnisses verdichten. Die Einbeziehung der Treugeber in den Schutzbereich des Kontovertrages ist aufgrund der NotAndKont zwar nicht gewollt, sie ist bei einem offenen Treuhandkonto aber auch nicht grundsätzlich ausgeschlossen. 43

Wie hat sich die Bank zu verhalten, wenn ihr aufgrund der besonderen Fallumstände die beabsichtigte Verfügung des Kontoinhabers treuwidrig erscheint? Lehnt sie die Überweisung einfach nur ab, läuft sie Gefahr, sich gegenüber dem Notar ersatzpflichtig zu machen; nimmt sie die Zahlung vor, drohen Ersatzansprüche des geschädigten Treugebers. Neben der gebotenen Rücksprache mit dem Kontoinhaber muss es der Bank in solchen Fällen gestattet sein, auch mit den ihr bekannten Treugebern Kontakt aufzunehmen. Das Bankgeheimnis und Nr. 6 S. 2 Hs. 2 stellen das schwächere Rechtsgut im Vergleich zu den schutzwürdigen Interessen der am Verwahrungsgeschäft Beteiligten dar. Für das Bankgeheimnis muss dasselbe gelten wie für das Notargeheimnis: Die Pflicht, Unrecht zu verhindern, geht vor.[51] Je nach Fallumständen kann auch eine Benachrichtigung der zuständigen Notarkammer oder der Dienstaufsicht in Betracht kommen. 44

V. Ausschluss von Abtretung und Verpfändung (Nr. 8)

Das Verwahrungsgeschäft ist ein Amtsgeschäft des Notars, das von ihm höchstpersönlich zu führen ist. Die Verfügungsmacht über das der Durchführung des Verwahrungsgeschäfts dienende Anderkonto darf daher vom Amt des Notars nicht getrennt werden. Mit dem Grundsatz der Alleininhaberschaft (vgl. oben Rdn 14 f.) wird dieses dienstrechtliche Erfordernis auch vertragsrechtlich umgesetzt. Nr. 8 ist eine konsequente Folge aus diesem Grundsatz,[52] denn Abtretungen und Verpfändungen würden dazu führen, dass andere Personen als der Notar in eigenem Namen über das Anderkonto verfügen könnten. 45

Abgesehen davon ist der allgemeine zivilrechtliche Grundsatz der Abtretbarkeit von Forderungen (§ 398 BGB) für Forderungen auf zweckgebundene Leistungen ohnehin nach § 399 BGB eingeschränkt:[53] Die 46

51 Vgl. *Weingärtner*, Verwahrungsgeschäft, Rn 220; *Winkler*, § 61 Rn 8; *Schröder*, DNotZ 2005, 596, 601 ff.

52 Vgl. *Eichel*, MittRhNotK 1975, 619, 645.

53 Vgl. Grüneberg/*Grüneberg*, § 399 Rn 5.

Forderungen des Notars gegen die Bank aus einem Anderkonto sind durch den Zweck des notariellen Verwahrungsgeschäfts gebunden; die Abtretung würde zu einer Änderung des Inhalts führen. Damit ist die Abtretbarkeit gem. § 399 BGB ausgeschlossen;[54] Nr. 8 hat daher deklaratorischen Charakter.

47 Der Ausschluss der Verpfändbarkeit folgt aus dem Abtretungsausschluss (§ 1274 Abs. 2 BGB).

48 Nr. 8 schließt auch die Abtretung an den wirtschaftlich Berechtigten, also die Abtretung zum Zwecke der Auszahlung an den Empfangsberechtigten aus.[55] Auszahlungen an den Empfangsberechtigten erfolgen nur nach näherer Maßgabe von § 58 Abs. 3 S. 5 bis 7 BeurkG.

VI. Verhalten der Bank bei Pfändungen (Nr. 9)

49 Die bis zum Jahre 2000 gültige Fassung der NotAndKont enthielt ausführliche Regelungen mit dem Zweck, die Anderkonten als Konten für fremde Werte vor dem Zugriff von Gläubigern des nur formal Berechtigten, also des Notars, zu schützen.[56] Diese haben sich als weitgehend überflüssig erwiesen. Der Schutz von treuhänderisch verwahrten Geldern erfolgt nicht über das Instrument der NotAndKont. In der Neufassung wurde daher auf umfangreiche Aussagen und Vereinbarungen verzichtet (zu Pfändungen ins Notaranderkonto vgl. oben § 58 BeurkG Rdn 61 ff.).

50 Im Hintergrund steht Folgendes: Bei Notaranderkonten nimmt die Bank – von den Vorgaben der Nr. 2 abgesehen – keine Kenntnis von der Person der Berechtigten und vom Umfang ihrer Rechte gegenüber dem Notar; Verfügungen über das Konto darf nur der Notar vornehmen. Der Notar darf dem Konto keine eigenen Werte zuführen. Konsequenz dieser Tatsache ist, dass die Bank das Anderkonto nur dann durch Pfändungen gegen den Notar als betroffen ansieht, wenn der Pfändungstitel dies ausdrücklich anordnet. Gegen eine solche Pfändung kann der Notar mit der Erinnerung nach § 766 ZPO vorgehen, der betroffene Beteiligte mit der Vollstreckungsgegenklage.

51 Gegenstand der Zwangsvollstreckung kann immer nur das Vermögen des sich aus dem Titel ergebenden Vollstreckungsschuldners sein. Notaranderkonten können daher aufgrund eines Titels gegen den Treugeber (den materiell Beteiligten am notariellen Verwahrungsgeschäft) nicht gepfändet werden. Die Bank schuldet nur dem Notar, nicht aber den Beteiligten eine Leistung (vgl. Nr. 6). Eine Pfändung gegen die Bank durch Gläubiger der Beteiligten geht also ins Leere. Gläubiger der Beteiligten können allenfalls den Auszahlungsanspruch gegen den Notar pfänden. Die Frage, wie solche Gläubiger im Einzelnen vorzugehen haben, wenn sie auf das „Treugut" zugreifen wollen, wird an anderer Stelle behandelt (vgl. oben § 58 BeurkG Rdn 61 ff.).

52 Wenn ein Gläubiger des Notars die Zwangsvollstreckung in das Verwahrungsgut betreibt – insbesondere durch Pfändung der Guthabenforderung aus dem Notaranderkonto – so hat der Treugeber das Widerspruchsrecht nach § 771 ZPO, denn das Verwahrungsgut ist wirtschaftlich ein Sondervermögen des Treugebers.[57] Das gilt sogar, soweit der Notar berechtigt wäre, seine Kosten nach § 58 Abs. 8 BeurkG einzubehalten.[58] Der Notar ist in solchen Fällen allerdings verpflichtet, die Beteiligten unverzüglich von der Vollstreckungsmaßnahme zu unterrichten, damit sie sich gegen die eingeleitete Vollstreckung wenden können (vgl. auch § 58 BeurkG Rdn 88).[59]

53 Nr. 9 hält die Verpflichtung der Bank fest, bei einer Pfändung, unabhängig davon ob im Titel das Notaranderkonto ausdrücklich bezeichnet ist oder ob die Bankkonten des Notars allgemein gepfändet worden sind, den pfändenden Gläubiger im Rahmen der Drittschuldnererklärung nach § 840 ZPO auf die Eigenschaft als Notaranderkonto hinzuweisen. Alles andere sind Fragen des Vollstreckungsrechts, die in den NotAndKont nicht geregelt werden können. Die Bank soll im Übrigen regelmäßig nicht verpflichtet sein, auch den Treugeber von der Pfändung zu benachrichtigen, damit dieser die Drittwiderspruchsklage erheben kann. Auch wenn die Bank die wirtschaftlich Berechtigten kennt, sollen sich daraus noch keine

54 Vgl. Arndt/Lerch/Sandkühler/*Sandkühler*, § 23 Rn 183.

55 Vgl. Arndt/Lerch/Sandkühler/*Sandkühler*, § 23 Rn 183; *Gößmann*, WM 2000, 857, 862.

56 Vgl. *Huhn/von Schuckmann*, 3. Aufl., NotAndKont, Rn 72 ff.

57 Vgl. Arndt/Lerch/Sandkühler/*Sandkühler*, § 23 Rn 184; *Bräu*, Verwahrungstätigkeit, Rn 223.

58 BGH v. 8.2.1996 – IX ZR 151/95, NJW 1996, 1543 f.; *Hertel*, ZNotP-Beilage 3/98 S. 12 Fn 136; Arndt/Lerch/Sandkühler/*Sandkühler*, § 23 Rn 184.

59 Vgl. Arndt/Lerch/Sandkühler/*Sandkühler*, § 23 Rn 184.

vertraglichen Beziehungen ergeben, die eine solche Pflicht begründen könnten. Dennoch ist es aus meiner Sicht der Bank in diesem Ausnahmefall auch nicht verboten, die Gläubiger zu benachrichtigen.

In den Fällen der Insolvenz eines Notars ergeben sich die Lösungen außerhalb der NotAndKont. Das eingeleitete Insolvenzverfahren verzögert zwar u.U. die Anderkontenabwicklung, schließt sie aber keinesfalls aus. Das Verwahrungsgut ist nicht Gegenstand der Insolvenzmasse; der Treugeber kann es nach § 47 InsO aussondern (vgl. oben § 58 BeurkG Rdn 105).[60] **54**

VII. Ausschluss von Aufrechnung sowie Pfand- und Zurückbehaltungsrechten (Nr. 10)

Nach Nr. 10 ist die Bank zu Aufrechnungen nicht befugt. Gleichzeitig wird auf das der Bank sonst durch ihre AGB zustehende umfassende Pfand- und Zurückbehaltungsrecht verzichtet. Die Klausel ist eine weitere Konsequenz aus der bereits durch Nr. 1 vertraglich festgelegten Tatsache, dass der Notar das Anderkonto in fremdem Interesse und getrennt von eigenem und anderem fremden Vermögen führt. Sie hat somit keine konstitutive Bedeutung, sondern folgt aus der Natur des Kontos. Das Aufrechnungsverbot hat eine doppelte Bedeutung: Es gilt für alle Forderungen, die der Bank sonst gegen den Notar zustehen; es erfasst aber auch Forderungen der Bank gegen den Treugeber selbst. **55**

Nr. 10 sieht eine Ausnahme vor: Das Pfand-, Zurückbehaltungs- und Aufrechnungsrecht besteht für solche Forderungen, die gerade in Bezug auf das konkrete Anderkonto entstanden sind. Dies können Kontoführungsgebühren, Verwahrentgelte (sog. „Negativzinsen"),[61] Überweisungsgebühren, insbesondere für Blitz- und Auslandsüberweisungen, und die Abführung von Kapitalertragssteuer und Solidaritätszuschlag sein. **56**

Das Notaranderkonto wird damit weitgehend aus den sonstigen Rechtsbeziehungen zwischen dem Notar und der Bank herausgehalten.[62] **57**

E. Verfügungsbefugnisse und Rechtsnachfolge (Nr. 11)

Die Verwahrung ist ein Amtsgeschäft des Notars. Das „Dürfen" des Notars im Zusammenhang mit der Führung von Treuhandkonten ergibt sich daher im Wesentlichen aus den Vorschriften der BNotO und des BeurkG. **58**

Dagegen hat der Kontovertrag zwischen Bank und Notar privatrechtlichen Charakter. Kontoinhaberschaft und Verfügungsbefugnis können sich deshalb privatrechtlich anders darstellen als nach den öffentlich-rechtlichen Zuständigkeitsregelungen für die Verwahrung. **59**

Soweit wie möglich müssen jedoch die privatrechtliche Inhaberschaft und die Verfügungsbefugnis parallel zu den öffentlich-rechtlichen Regelungen ausgestaltet werden. Die NotAndKont sollen den „Gleichlauf" möglichst gewährleisten. Die Regelungen in BNotO und BeurkG einerseits und Kontovertrag andererseits müssen „zusammenpassen", indem die Verfügungsbefugnis des Kontoinhabers parallel zu den Regeln des Notarrechts ausgestaltet ist.[63] **60**

I. Verfügungsbefugnis

In § 58 Abs. 3 S. 1 BeurkG ist festgelegt, dass nur der Notar persönlich, die Notarvertretung oder der Notariatsverwalter über Anderkonten verfügen dürfen. Zwei Erweiterungen sind zu beachten: Verfügungsbefugt ist einerseits gem. § 58 Abs. 3 S. 2 BeurkG auch der mit der Aktenverwahrung gem. § 51 Abs. 1 S. 2 BNotO betraute Notar, soweit ihm durch die Landesjustizverwaltung die Verfügungsbefugnis über Anderkonten übertragen worden ist. Durch Rechtsverordnung kann andererseits gem. § 58 BeurkG Abs. 3 S. 3 bestimmt werden, dass Verfügungen auch durch einen entsprechend bevollmächtigten anderen Notar erfolgen dürfen. Dies ist jedoch nur in Hamburg geschehen (vgl. oben Rdn 14; vgl. auch oben § 58 BeurkG Rdn 26). **61**

60 Vgl. Arndt/Lerch/Sandkühler/*Sandkühler*, § 23 Rn 185.
61 DNotI-Gutachten Nr. 1183800 v. 21.6.2021, S. 4.
62 Vgl. *Eichel*, MittRhNotK 1975, 619, 647.
63 Vgl. Frenz/Miermeister/*Hertel*, § 10 DONot Rn 16 (*Hertel* spricht von „bankrechtlicher Umsetzung").

Diese im BeurkG geregelten Fälle der Verfügungsbefugnis werden auch in Nr. 11 S. 1 genannt; im Ausgangspunkt wird also ein Gleichlauf hergestellt. So verbietet § 58 Abs. 3 S. 1 BeurkG grundsätzlich das Erteilen einer Vollmacht. Die NotAndKont bestätigen dieses Verbot. Auf den guten Glauben an das Bestehen einer Vollmacht kommt es daher – mit Ausnahme des Sonderfalls des § 58 Abs. 3 S. 3 BeurkG – nicht an.

62 Verfügt ein ehemaliger Notarvertreter oder Notariatsverwalter, so ist die Verfügung unwirksam. Die Verfügungsmacht erlischt mit der Beendigung des Vertreter- oder Verwalteramtes. Es ist Aufgabe der Bank, sich die Vertretungsbefugnis nachweisen zu lassen. In seinem guten Glauben auf eine fortbestehende Vertretungsbefugnis ist das Kreditinstitut nicht geschützt.

63 Die NotAndKont legen in Nr. 11 S. 2 fest, dass die Verfügungsbefugnis des Notars endet, wenn er aus rechtlichen Gründen an der Amtsausübung gehindert ist. Nr. 11 nennt beispielhaft drei Fälle: Erlöschen des Amtes, Verlegung des Amtssitzes und vorläufige Amtsenthebung. Wichtig ist diese klare Aussage insbesondere für den Fall der vorläufigen Amtsenthebung. § 55 Abs. 2 S. 1 BNotO regelt, dass sich der des Amtes vorläufig enthobene Notar während der Dauer der Amtsenthebung der Amtsausübung zu enthalten hat; nach S. 2 berührt dies jedoch grundsätzlich die Gültigkeit der Amtshandlung nicht. S. 3 ergänzt allerdings, dass der Notar Amtsgeschäfte nach § 23 BNotO, also vor allem Verwahrungsgeschäfte, nicht mehr vornehmen kann. Darunter fallen auch Verfügungen über Anderkonten, weil solche Verfügungen nur als Bestandteile von Verwahrungsgeschäften aufzufassen und nur als solche zulässig sind. § 55 Abs. 2 S. 3 BNotO beinhaltet ein absolutes Verfügungsverbot i.S.v. § 134 BGB; § 135 BGB findet keine Anwendung. Das hat der BGH[64] – nicht zuletzt unter Verweis auf Nr. 11 S. 2 – im Jahre 2005 ausdrücklich entschieden (vgl. ausführlich oben § 58 BeurkG Rdn 21): Verfügungen des vorläufig amtsenthobenen Notars über ein Anderkonto sind unwirksam, der gute Glaube der Bank an die Verfügungsbefugnis wird nicht geschützt. Es kommt nicht darauf an, ob die Bank von der vorläufigen Amtsenthebung weiß.

64 Die Kreditinstitute befürchten, in manchen Fällen nicht rechtzeitig von Amtsenthebungen zu erfahren und in der Folge bei unrechtmäßigen Verfügungen Schäden zu erleiden. Deshalb wurde eine allgemeine Meldepflicht über Amtsenthebungen (durch Kammer oder Dienstaufsicht) an die Kreditwirtschaft angeregt. Dagegen sprechen allerdings datenschutzrechtliche Aspekte und der damit verbundene bürokratische Aufwand. Im Übrigen ist die Dienstaufsicht bereits aus dem allgemeinen Gedanken der Schadensminderungspflicht gehalten, von vorläufigen Amtsenthebungen den betroffenen Banken unverzüglich Mitteilung zu machen, wenn Anhaltspunkte bestehen, dass der Notar das Verfügungsverbot nicht beachtet. In der Praxis ergibt sich das Problem, dass erfahrungsgemäß gerade später amtsenthobene Notare ihren Dokumentationspflichten (früher Anderkontenliste, jetzt Verwahrverzeichnis) nicht oder nur unzureichend nachkommen. Es kann daher sehr aufwändig sein, die betroffenen Banken zu ermitteln. In den Vorauflagen ist als Möglichkeit erwogen worden, dass die Banken selbst den Kammern oder der Aufsichtsbehörde in anonymisierter Form mitteilen, wenn Anderkonten angelegt worden sind. Damit ließen sich die betroffenen Banken im Falle einer Amtsenthebung zwar schnell und zuverlässig benachrichtigen. Letztlich würde dies jedoch zu einem überproportionalen bürokratischen Dokumentations- und Erfassungsaufwand sowohl seitens der Bank als auch der Notarkammer führen, der nur in extremen Ausnahmefällen einen Nutzen entfalten würde. Den Notar selbst zu einer solchen Mitteilung anzuhalten, wäre wohl zulässig und möglich, dürfte sich aber in den problematischen Fällen als „stumpfe Waffe" erweisen.[65] Die Problematik hat sich praktisch dadurch gelöst, dass Fälle, in denen vorläufige Amtsenthebung und der Vorwurf der Veruntreuung im Zusammenhang auftreten, in der Praxis keine Rolle mehr spielen. Zudem dürften ggf. die elektronische Führung der Verwahrungsverzeichnisse und auch elektronisch geführte Anderkonten dazu führen, dass betroffene Banken schneller ermittelt werden können.

65 In Nr. 11 S. 3 wird ausgeführt, wem die Verfügungsbefugnis über das Notaranderkonto im Fall der vorläufigen Amtsenthebung zusteht. Mit der vorläufigen Amtsenthebung hat der Notar seine Verfügungsbefugnis nach § 55 Abs. 2 S. 3 BNotO verloren. Sobald ein Vertreter oder Notariatsverwalter bestellt ist, ist dieser verfügungsbefugt. Das notarielle Berufsrecht geht davon aus, dass zur Weiterführung von

64 V. 11.10.2005 – XI ZR 85/04, DNotZ 2006, 201 ff.

65 Vgl. Tätigkeitsbericht der BNotK 2001, DNotZ 2002, 481, 504.

Amtsgeschäften umgehend ein Vertreter oder Notariatsverwalter bestellt wird. Deshalb enthält es keine Regelung für den Fall, dass es zu einer zeitlichen Lücke zwischen dem Ausscheiden des Notars und der Bestellung einer der genannten Personen kommt. In der Praxis treten solche Situationen jedoch immer wieder auf. Es fragt sich, wer dann handlungsbefugt ist. Zur Ausfüllung dieser gesetzlich nicht geregelten Zuständigkeitslücke kommen die Landesjustizverwaltungen und die Notarkammern in Betracht.

Die NotAndKont sehen vor, dass die Notarkammern die Verfügungsbefugnis erlangen. Damit wird an die NotAndKont a.F. angeknüpft, in denen diese Lösung – allerdings nicht für den Fall der vorläufigen Amtsenthebung – bereits vorgesehen war und in der praktischen Handhabung nie Probleme bereitet hat. Das erscheint sachgerecht: Die Notarkammern verfügen über praktische Erfahrungen mit der Abwicklung von Treuhandkonten. Unproblematisch ist die Bestimmung dennoch nicht. Sie unterstellt, dass § 58 Abs. 3 BeurkG – systemwidrig – keine abschließende Regelung enthält. In der Literatur[66] wird daher vertreten, dass die mit der Verwahrung verbundenen öffentlich-rechtlichen Rechte und Pflichten zunächst ruhen; die Notarkammer könne keine hoheitlichen Funktionen im Zusammenhang mit dem Anderkonto ausüben. Nr. 11 S. 3 NotAndKont ordne das Konto lediglich bankrechtlich der Notarkammer zu; die Bestimmung schaffe keine Befugnis darüber auch verfügen zu dürfen. Geht man dagegen von der Verfügungsbefugnis der Notarkammer aus,[67] fragt sich weiterhin, ob die Notarkammer die Verfügungsbefugnis auf dritte Personen übertragen kann. Da die Verfügungsbefugnis bei der Notarkammer als öffentlich-rechtliche Körperschaft und nicht etwa bei ihrem organschaftlichen Vertreter, dem Präsidenten, liegt, stößt zumindest eine Delegation innerhalb der Organisation der Notarkammer nicht auf Bedenken. Auf jeden Fall sollte die Notarkammer von der Verfügungsbefugnis nur äußerst zurückhaltend Gebrauch machen und alles ihrerseits Mögliche tun, damit schnell ein Vertreter oder Notariatsverwalter bestellt wird.

Nr. 11 S. 3, 4 und 5 betreffen allein die vorläufige Amtsenthebung. Nr. 11 S. 6 bezieht sich auf alle anderen Fälle, die gem. S. 2 zum Verlust der Verfügungsbefugnis führen. Bis zur Bestellung eines Notariatsverwalters oder der Übertragung der Verfügungsbefugnis auf einen anderen Notar, wird die Notarkammer Kontoinhaber und erlangt damit bankrechtlich auch – selbst wenn der Wortlaut es nicht ausdrücklich sagt – Verfügungsbefugnis. Die soeben (vgl. Rdn 65) geschilderten Bedenken gegenüber einem hoheitlichen Tätigwerden gelten natürlich auch insoweit.[68] 66

II. Wechsel der Kontoinhaberschaft

Von der Frage der Verfügungsbefugnis ist die Frage der Kontoinhaberschaft zu trennen. Vorrangig regeln die NotAndKont den Fall der vorläufigen Amtsenthebung. Diese führt noch nicht zu einem Wechsel der Kontoinhaberschaft. Nr. 11 S. 4 stellt klar, dass auch der vorläufig amtsenthobene Notar zunächst Kontoinhaber (wenn auch ohne Verfügungsbefugnis) bleibt. Erst die Bestellung eines Notariatsverwalters führt zu einem Wechsel der Kontoinhaberschaft (S. 5). Wird ein Vertreter bestellt, so bleibt es bei der Inhaberschaft des amtsenthobenen Notars, obwohl der Wortlaut von Nr. 11 S. 4 etwas missverständlich ist. 67

In Nr. 11 S. 6 sind alle anderen Fälle angesprochen, in denen der Notar i.S.v. S. 2 an der Amtsausübung gehindert ist. In der Praxis spielt das Erlöschen des Amtes, z.B. durch Tod, Erreichen der Altersgrenze oder Amtsenthebung (vgl. § 47 BNotO), die wichtigste Rolle. Die NotAndKont legen insoweit im Rahmen einer „Auffangzuständigkeit" fest, dass die zuständige Notarkammer Kontoinhaber wird. 68

Der Wechsel der Kontoinhaberschaft ergibt sich nicht aus den gesetzlichen Regelungen. Er wird im Bankvertrag vereinbart, dessen Inhalt in den NotAndKont vorgegeben ist. In der früheren Fassung der NotAndKont war ausdrücklich vereinbart, dass der Wechsel „kraft Vertrages zugunsten eines Dritten" erfolgt. Daran hat sich im Ergebnis nichts geändert. Mit Abschluss des Kontoerrichtungsvertrages über ein Notaranderkonto wird, aufschiebend bedingt, auch ein Vertrag zugunsten Dritter, nämlich der Notarkammer, des Notariatsverwalters bzw. des mit der Aktenverwahrung betrauten Notars geschlossen. Diese werden ggf. unmittelbare Inhaber der aus dem Bankvertrag fließenden Rechte 69

66 So Arndt/Lerch/Sandkühler/*Sandkühler*, § 23 Rn 199 f., 202.
67 I.d.S. Frenz/Miermeister/*Hertel*, § 58 BeurkG Rn 24; nunmehr auch Weingärtner/*Ulrich*, DONot § 10 Rn 30.
68 Vgl. Arndt/Lerch/Sandkühler/*Sandkühler*, § 23 Rn 203.

(§ 328 Abs. 2 BGB), soweit sich nicht Beschränkungen aus dem Gesetz ergeben.[69] Da der Übergang aufgrund eines Vertrages zugunsten Dritter und nicht durch Vertragsübernahme erfolgt, handelt es sich weder um einen Fall der Gesamtrechtsnachfolge noch haftet der neue Inhaber für ein eventuelles Minus auf dem Notaranderkonto.[70]

70 Ohne die Regelung in den NotAndKont fiele ein Treuhandkonto nach dem Grundsatz der Universalsukzession beim Tod des Notars in den Nachlass. Die Erben würden Kontoinhaber. Diese unerwünschte Konsequenz vermeiden die NotAndKont.[71]

71 Ein Ausschluss dieser Rechtsfolgen durch besondere vertragliche Vereinbarung zwischen dem kontoerrichtenden Notar und der Bank nimmt dem Konto die Qualität als Notaranderkonto. Eine solche Vereinbarung ist daher für den Notar dienstrechtlich unzulässig und begründet gegenüber der Bank eine Haftung für alle daraus entstehenden Schäden ohne Entlastungsmöglichkeit.

F. Einzelverwahrung von fremden Wertpapieren und Kostbarkeiten (Nr. 12)

72 Bei Banken können nicht nur Anderkonten geführt werden. Der Notar ist auch berechtigt, Wertpapiere und Kostbarkeiten bei ihnen in Verwahrung zu geben. Dies regelt § 62 Abs. 2 BeurkG ausdrücklich.

73 In Nr. 12 wird klargestellt, dass für die Verwahrung von fremdem Wertpapieren und Kostbarkeiten die NotAndKont entsprechend gelten. Eine Ausnahme wird lediglich für Nr. 2 gemacht. Diese Regelung ist Ausfluss des GwG, das nicht für Wertpapiere und Kostbarkeiten gilt.

74 Für die Bankverwahrung von Wertpapieren gilt im Übrigen das DepotG. Dieses Gesetz unterscheidet drei Verwahrungsformen: die Sonderverwahrung als Grundform (§ 2 DepotG), die Sammelverwahrung (§§ 5 ff. DepotG) und die Tauschverwahrung (§§ 10 ff. DepotG). Für die Sammel- und Tauschverwahrung bedarf der Notar einer ausdrücklichen, schriftlichen Einzelermächtigung, denn bei der Sammelverwahrung entsteht Miteigentum der mehreren Miteigentümer am Sammeldepot (§ 6 DepotG). Bei der Tauschverwahrung ist der Verwahrer ermächtigt, statt der hingegebenen andere gleichartige Wertpapiere zurückzugeben (§ 10 DepotG).

G. Elektronische Anderkontenführung (eNotAndKont)

I. Allgemeines (Nr. 1, Nr. 6)

75 Im Zuge zunehmender Digitalisierung bietet es sich an, Anderkonten aus Gründen der Zeitersparnis und Bequemlichkeit elektronisch zu führen. Die ausschließlich papiergebundene Form der Anderkontenführung dürfte in Zeiten des weit verbreiteten Online-Banking ein „Auslaufmodell“ sein. Nachdem die Führung eines Notaranderkontos mittels Datenfernübertragung nach § 27 Abs. 2 S. 2 DONot a.F. lange unzulässig war, ermöglicht § 10 Abs. 3 DONot die elektronische Notaranderkontenführung unter der Voraussetzung, dass die Konten auf der Grundlage von ergänzenden Sonderbedingungen für die elektronische Notaranderkontenführung eingerichtet und geführt werden. Diese eNotAndKont hat die BNotK am 30.9.2022 beschlossen. Die technischen Fragen der elektronischen Notaranderkontenführung hatte die BNotK zuvor unter Mitwirkung einiger Notare und der Deutschen Bank in einem Pilotprojekt untersucht. Aufgrund der dort gewonnenen Erfahrungen wird das elektronische Notaranderkonto nicht über ein spezielles Computerprogramm, sondern mittels einer Standard-Banking-Software betrieben, um die Anschlussfähigkeit an das elektronische Urkundenarchiv zu gewährleisten. Die Führung des elektronischen Anderkontos ist nur mittels solcher informationstechnischer Netze möglich, die durch die BNotK oder in ihrem Auftrag betrieben werden und mit den Systemen der im Inland zum Geschäftsbetrieb befugten Kreditinstitute gesichert verbunden sind.[72] Die Führung des elektronischen Anderkontos (EWA) verknüpft das Online-Banking mit der elektronischen Führung des Verwahrverzeichnisses sowie der Nebenakten für Verwahrungsgeschäfte.[73]

69 Vgl. Arndt/Lerch/Sandkühler/*Sandkühler*, § 23 Rn 200, 204, 206; Ellenberger/Bunte/*Hadding/Häuser*, § 22 Rn 11 (mit Ableitung aus dem Standesrecht).
70 Vgl. Arndt/Lerch/Sandkühler/*Sandkühler*, § 23 Rn 204.
71 Vgl. Frenz/Miermeister/*Hertel*, § 10 DONot Rn 17.
72 Grziwotz/Sauer/Heinemann/*Grziwotz*, Vorbem. vor § 57 Rn 3.
73 Grziwotz/Sauer/Heinemann/*Grziwotz*, Vorbem. vor § 57 Rn 3.

Nutzt der Notar Verfahren der Datenfernübertragung (DFÜ) oder ganz spezifisch Online-Banking zur Führung von Anderkonten oder Anderkontendepots (beides im Folgenden als „Anderkonten" bezeichnet), darf dies jeweils nur auf Grundlage der eNotAndKont erfolgen. Diese machen allgemeine technische Vorgaben hinsichtlich zulässiger Authentifizierungsverfahren und legen die vom Notar einzuhaltenden Sorgfaltspflichten fest. Die eNotAndKont werden auch wie die übrigen Anderkontenbedingungen mit Kontoeröffnung in das Vertragsverhältnis mit dem Kreditinstitut einbezogen (vgl. Rdn 2). Nr. 1 eNotAndKont stellt vorsorglich fest, dass daneben auch weitere Vereinbarungen mit dem Kreditinstitut, das üblicherweise daneben noch die eigenen Standardbedingungen (u.a. Bedingungen für den Überweisungsverkehr und Bedingungen für das Online-Banking) in den Vertrag miteinbezieht[74] getroffen werden können. **76**

Ggf. besteht im Hinblick auf Haftungsrisiken in der Praxis eine gewisse Zurückhaltung, Beträge vom Anderkonto im Rahmen des Online-Bankings selbst freizugeben (vgl. Tippfehler, richtige Beträge). Bei Einhaltung der Sorgfaltspflichten insbes. hinsichtlich der Betrags- und Auftragsdatenkontrolle – die gleichermaßen für die nicht elektronische Führung von Anderkonten bestehen – ist das Haftungsrisiko einer elektronischen Erteilung von Zahlungsaufträgen ggü. der papiergebundenen Erteilung nicht erhöht. Im Übrigen unterfällt die Freigabe von Zahlungsaufträgen vom Anderkonto als Bestandteil der Amtstätigkeit nach § 23 BNotO dem Deckungsbereich der beruflichen (Pflicht-)Haftpflichtversicherung des Notars (§ 19a BNotO). Diese hat zwingend dem Grunde nach alle Ansprüche wegen Amtspflichtverletzung nach § 19 BNotO zu decken, so dass (nicht wissentliche) Fehlverfügungen mitversichert sind. Zudem bietet die elektronische Anderkontenführung den Vorteil, dass neue spezielle Angebote für elektronische Anderkonten am Markt zugleich das Geldwäscherisiko (Sanktionslisten, Risikostaaten) automatisiert prüfen und die Prüfung dokumentieren können. **77**

Im Übrigen ist die elektronische Führung des Anderkontos nur eine zusätzliche Option. Es steht dem Notar ungeachtet der Vereinbarung der elektronischen Anderkontenführung und etwaig verursachter Mehrkosten frei, Zahlungsaufträge jederzeit auch auf nicht elektronischem Weg durchzuführen. Es besteht kein Zwang zur elektronischen Führung. Im Fall von technischen Problemen oder im Fall, dass ein Notarvertreter (oder sonstige verfügungsberechtigte Personen, vgl. § 58 Abs. 3 BeurkG) Zahlungen freizugeben hat, muss ohnehin auf nicht elektronische Mittel zurückgegriffen werden

II. Zulässige Authentifizierungsverfahren (Nr. 2)

Nr. 2 legt die Mindeststandards des bei der Autorisierung von Zahlungsaufträgen einzuhaltenden Sicherheitsverfahrens fest und fordert eine starke Kundenauthentifizierung (Nr. 2.1), die aus mindestens zwei Elementen der Kategorie Wissen (etwas, das nur der Nutzer weiß), Besitz (etwas, das nur der Nutzer besitzt) oder Inhärenz (etwas, das der Nutzer ist) besteht. **78**

Die Autorisierung muss so gestaltet sein, dass diese Kategorien voneinander unabhängig sind, so dass die Nichterfüllung eines Kriteriums die Zuverlässigkeit der anderen nicht in Frage stellt. Die Autorisierung im Rahmen der elektronischen Anderkontenführung muss zudem so konzipiert sein, dass die Vertraulichkeit der Authentifizierungsdaten geschützt ist. Die Vorschrift ist sehr abstrakt gehalten und zunächst schwierig zu verstehen. Im Ergebnis fordern die eNotAndKont eine sog. **Zwei-Faktor-Authentifizierung** ein, bspw. durch Eingabe einer persönlichen Identifikationsnummer (PIN) als Wissenselement und einer durch ein Besitzelement generierten Transaktionsnummer (TAN).[75] Um die höchstmögliche Sicherheit gegen Hacking zu ermöglichen, sollte sichergestellt sein, dass die zwei Faktoren auch zwei getrennte Übertragungskanäle nutzen, d.h. dass diese nicht am selben Ort gespeichert sind (bspw. E-Banking-App und App zur Zwei-Faktor-Authentisierung per Einmalkennwort im selben Endgerät).[76]

Die technischen Vorgaben sind in Abstimmung mit dem Bundesministerium der Justiz notwendigerweise produktneutral gestaltet,[77] um die notwendige Verfahrensoffenheit zu gewährleisten, und entsprechen den gesetzlichen Vorgaben zur starken Kundenauthentifizierung nach §§ 1 Abs. 24, 55 Zahlungsdiensteaufsichtsgesetz (ZAG). Insoweit handelt es sich bei Nr. 2.1 lediglich um eine Klarstellung, da die Vor-

74 BNotK Rundschreiben Nr. 9/2022 S. 2.
75 BNotK Rundschreiben Nr. 9/2022 S. 2.
76 Vgl. zu den Sicherheitsaspekten https://de.wikipedia.org/wiki/Zwei-Faktor-Authentisierung (Abruf am 16.7.2025).
77 BNotK Rundschreiben Nr. 9/2022 S. 2.

gaben des ZAG bei der elektronischen Kontoführung ohnehin von jedem inländischen Kreditinstitut einzuhalten sind. Der Notar kann daher berufsrechtlich alle Authentifizierungsverfahren nutzen, die von inländischen Kreditinstituten angeboten werden, bspw. smartphonebasiert (mobileTAN oder das photo-TAN-Verfahren) oder das chipTAN-Verfahren.

79 Die Kommunikation im Rahmen der Autorisierung muss nach Nr. 2.2 verschlüsselt erfolgen. Diese Vorgabe ist ebenfalls eine (selbstverständliche) Klarstellung, da diese Anforderung von inländischen Kreditinstituten ohnehin einzuhalten ist (vgl. § 55 Abs. 5 ZAG i.V.m. Art. 22 der Delegierten Verordnung (EU) 2018/389 der Kommission vom 27.11.2017, ABl EU L 69/23).[78]

III. Einzuhaltende Sorgfaltspflichten

80 In Umsetzung von § 10 Abs. 3 DONot legen die Nr. 3–5 eNotAndKont Sorgfaltspflichten fest, die die Vertraulichkeit, Integrität und Authentizität der Datenübermittlung zwischen der Notarin oder dem Notar und dem Kreditinstitut gewährleisten sollen.

81 Nr. 3 regelt die **Prüfpflichten** des Notars hinsichtlich der **Auftragsdaten**. Der Notar hat die Übereinstimmung der auf dem verwendeten Gerät (bspw. Smartphone oder Kartenlesegerät) angezeigten Auftragsdaten (insbesondere IBAN des Empfängers und Betrag) mit den vorgesehenen Auftragsdaten mit besonderer Sorgfalt zu prüfen. Diese besondere sorgfältige Prüfung erfordert den genauesten Abgleich der Daten. Eine Beschränkung der Kontrolle nur auf die Auftragshöhe ist nicht ausreichend, da so der Gefahr unberechtigter Zahlungsaufträge an Dritte im Fall einer (unbemerkten) Cyberattacke nicht begegnet wird. Hier kommen vor allem sogenannte Man-in-the-Middle- bzw. Machine-in-the-Middle-Angriffe (MITM-Angriffe) in Betracht, bei denen der Kommunikationsweg zwischen Notar und dem Kreditinstitut gehackt wird. Dem Grunde nach ist die Zwei-Faktor-Authentifizierung bereits eine Reaktion auf MITM-Angriffe, da Auftragsdaten (Empfängerdaten, Zeitstempel) so genau definiert sind, dass das Kreditinstitut die Gültigkeit der TAN in Zusammenhang mit den am Gerät eingegebenen Empfängerinformationen und dem Zeitpunkt der Übermittlung prüfen kann. Dies gilt jedoch nur bei Verwendung von zwei getrennten Endgeräten für die Online-Banking-App und der Authentifizierungs-App (vgl. oben Rdn 78).

82 Gemäß Nr. 4 hat der Notar das Besitzelement (**Chipgerät oder -karte, Smart-Phone**) für die elektronische Anderkontenführung **sicher zu verwahren** und darf es **keiner anderen Person überlassen**. Es gilt somit die gleiche Regelung wie für die Signaturkarte (vgl. § 33 Abs. 4 S. 1 BNotO). Dies schließt die Verwendung privater Smartphones für die elektronische Anderkontenführung aus, da ein Zugriff Dritter nicht auszuschließen ist.[79] Am sinnvollsten dürfte daher wohl die Verwendung eines Chiptan-Gerätes sein, soweit nicht extra ein berufliches Smartphone, das sicher aufbewahrt wird, hierfür angeschafft werden soll. Das benutzte Gerät darf auch dem Notarvertreter oder sonstigen nach § 58 Abs. 3 BNotO verfügungsberechtigten Personen nicht überlassen werden.

83 Nr. 5 sieht schließlich vor, dass der Notar die für die elektronische Anderkontenführung verwendeten **Zugangsdaten geheim zu halten** hat. Dies betrifft die Log-In-Daten, insbesondere die PIN. Die dürften auch nicht dem Vertreter oder sonstigen Personen im Sinne von § 58 Abs. 3 BNotO preisgegeben werden. Diese Regelung ist ebenfalls bereits von der Signatur-Karte (vgl. § 58 Abs. 3 BeurkG) her bekannt.

H. Ausblick

84 Nach den Erfahrungen des Notarversicherungsfonds waren Notaranderkonten immer wieder Gegenstand von Veruntreuungen, auch wenn es sich angesichts der Urkundenzahlen immer um absolute Ausnahmefälle gehandelt hat. Untreuefälle sind seit Beginn der 2000er Jahre klar rückläufig und spielen in der Praxis keine relevante Rolle mehr. Es war und ist aber noch heute ein besonderes Anliegen des Berufsstandes, missbräuchliche Verfügungen über Anderkonten so weit wie möglich zu verhindern. Mit dem Notaranderkonto verbindet sich dabei ein Dilemma: Einerseits bietet es bei bestimmten Vertragsabwicklungen ein perfektes Instrumentarium des Schutzes und der wechselseitigen Interessensicherung der Beteiligten.

78 BNotK Rundschreiben Nr. 9/2022 S. 3.

79 Ebenso BNotK Rundschreiben Nr. 9/2023 S. 3 f.

Andererseits ist nicht zu verkennen, dass Anderkonten Gegenstand von Veruntreuungen werden können. Auch wenn es sich schon früher um äußerst seltene Fälle handelte, so waren die verursachten Schäden groß. Die in Österreich gefundene Lösung des Problems durch Gründung einer Notartreuhandbank ist in Deutschland wohl nicht zu verwirklichen. Das ist bedauerlich, schließen doch die dort eingeführten Kontrollmechanismen Missbrauchsmöglichkeiten weitgehend aus.[80] Die Bemühungen in Deutschland konzentrieren sich darauf, die Führung von Notaranderkonten so auszugestalten, dass missbräuchliche Verfügungen zumindest erschwert werden.

Die Vertreterversammlung der BNotK hat bereits in ihrer Sitzung am 11.5.2001 unter dem Vorbehalt der banktechnischen Umsetzbarkeit einige Vorschläge gemacht: So wurde angeregt, bestimmte die Überweisung betreffende nähere Angaben zwingend in die Überweisungsaufträge von Anderkonten aufzunehmen. Dazu gehört die Angabe, dass die Zahlung „aus Anderkonto" erfolgt, die Angabe des Empfängers der Leistung und die Angabe des konkreten Verwendungszwecks. Zurzeit bestehen noch immer erhebliche Spielräume für Überweisungen vom Anderkonto auf – oft debitorische – Eigenkonten des Notars bei einer anderen Bank. Würde die Empfängerbank über alle vorgenannten Informationen verfügen, bestünde eine hohe Wahrscheinlichkeit (und für den Notar das hohe Risiko), dass die missbräuchliche Zahlung auf das Eigenkonto nicht unentdeckt bleibt. Angeregt wurde in diesem Zusammenhang auch, Anderkonten deutschlandweit einheitlich zu kennzeichnen. Damit wäre zumindest für alle erfahrenen Beteiligten sofort erkennbar, ob die Zahlungen tatsächlich auf ein Anderkonto erfolgen bzw. von einem Anderkonto stammen. **85**

Die Vertreterversammlung (heute Generalversammlung) hat weiterhin angeregt, ggf. bestimmte Informationen über Anderkontenbewegungen an die Notarkammern weiterzugeben. Die Auswahl könnte programmgesteuert erfolgen, z.B. bei Überweisungen auf Eigenkonten des Notars, die den Betrag von 3 % der Verwahrungsmasse übersteigen. Hintergrund dieses Vorschlags ist die Tatsache, dass einerseits eine Mitteilung aller Anderkontenbewegungen an die Notarkammern organisatorisch-technisch nicht zu bewältigen wäre, andererseits aber gerade Kontenbewegungen von einem Anderkonto des Notars auf ein anderes Konto des Notars missbräuchlich sein können. Die Meldepflicht sollte erst ab einer gewissen „Größenordnung" einsetzen, da im Verhältnis zur hinterlegten Masse kleinere Überweisungen regelmäßig im Zusammenhang mit der Begleichung von Gebührenforderungen stehen. Im Hinblick auf § 58 Abs. 3 S. 8 BeurkG geht die BNotK allerdings davon aus, dass nur eine Meldepflicht zulässigerweise eingeführt werden könnte, nicht dagegen ein Aufschub oder eine Verweigerung derartiger Verfügungen. Bekannt ist, dass Mechanismen bestehen, mit denen Banken missbräuchliche Verfügungen ihrer Mitarbeiter zugunsten eigener Konten aufdecken. Es wäre wünschenswert, diese Methoden ggf. auch im Zusammenhang mit dem Missbrauch von Notaranderkonten nutzbar zu machen. **86**

Neu belebt wurde die Diskussion durch den von der Deutschen Bank angebotenen „beteiligtenorientierten Anderkontenservice", den *Zimmermann*[81] als „Paradigmenwechsel" charakterisiert. Die Deutsche Bank bietet dieses Modell – als reine „Option" für den Notar bzw. die Beteiligten – seit mehreren Jahren an. Ohne das langjährige und intensive Engagement des Kölner Notars *Zimmermann* wäre es dazu sicher nicht gekommen. Im Rahmen dieses Angebots[82] **87**

- erhält das Treuhandkonto eine besondere Kennzeichnung mit Angabe der wirtschaftlich Berechtigten,
- erfolgen weit reichende Angaben zu den Berechtigten auf jedem Kontoauszug,
- wird die Kontoeröffnung den Beteiligten bestätigt,
- kann eine Information des Berufsstandes über die Abwicklungsvorgänge bei Anderkonten erfolgen,
- werden Zweitschriften der Kontoauszüge den Berechtigten übersandt,
- werden unverzüglich schriftliche Ausführungsbestätigungen bei allen Zahlungsausgängen versandt,
- wird der Notar bei Zahlungseingängen ab einer bestimmten Höhe vorab telefonisch oder elektronisch benachrichtigt,
- kann auf Wunsch des Notars ein Zinssplit zwischen mehreren Beteiligten ausgewiesen werden.

80 Vgl. *Zimmermann*, DNotZ 2008, 91, 93; *Woschnak*, ZNotP 1997, 24 ff.

81 DNotZ 2008, 91, 94.

82 Zu den Einzelheiten vgl. *Zimmermann*, DNotZ 2008, 91, 93 f.

Das Angebot, das sich leider in der Praxis nicht durchgesetzt hat, trägt maßgeblich dazu bei, die Transparenz des Anderkontos für Außenstehende zu erhöhen und Missbrauchsmöglichkeiten einzuschränken. Es führt wohl gleichzeitig dazu, dass die am Anderkonto wirtschaftlich Berechtigten in den Schutzbereich des Vertrages zwischen Bank und Notar einbezogen werden. Eine Mitverantwortung (und damit auch Haftung) der Bank kann sich daraus in Ausnahmefällen ableiten. In der Literatur[83] sind deshalb – von Bankenseite aus – das Angebot der Deutschen Bank und die darauf bezogenen Überlegungen von *Zimmermann* auf erhebliche Kritik gestoßen: Vordergründig werden die Verschwiegenheitspflichten und die zu schützende Unabhängigkeit des Notars bemüht, im Hintergrund steht die Angst der Banken, bei möglichen Veruntreuungen durch Notare in die Haftung einbezogen zu werden.[84] Zu Recht verweist *Zimmermann*[85] jedoch darauf, dass ein Haftungsrisiko für die Bank ausschließlich dann besteht, wenn diese die mit dem Angebot verbundenen Informationspflichten gegenüber den Beteiligten nicht erfüllt oder wenn sie „sehenden Auges“ an erkennbaren Fehlverfügungen mitwirkt.

88 Hätte sich das von der Deutschen Bank angebotene Verfahren bundesweit durchgesetzt,[86] wären im Hinblick auf die „systemimmanenten“ Kontrollmechanismen Missbräuche und Veruntreuungen weitgehend ausgeschlossen.[87] Solange es allerdings keine – wenigstens im Standesrecht verankerte – Pflicht für den Notar gibt, Notaranderkonten nur bei Banken einzurichten, die einen solchen Service bieten, und die Notare nicht gleichzeitig verpflichtet werden, eine entsprechende Kontoführung mit der Bank zu vereinbaren, kann nicht erwartet werden, dass sich das Modell durchsetzt oder größere Verbreitung findet. Welcher Notar möchte seine eigenen Mandanten denn in besonderer Weise darauf hinweisen, dass dieses Modell ihn vor der eigenen Veruntreuung schützt?

83 Vgl. *Gößmann*, DNotZ 2008, 803 ff.
84 Vgl. Ellenberger/Bunte/*Hadding/Häuser*, § 22 Rn 6.
85 DNotZ 2008, 807, 809.
86 Das ist jedoch nicht geschehen; so Ellenberger/Bunte/*Hadding/Häuser*, § 22 Rn 6.
87 Vgl. *Rack*, ZNotP 2008, 474, 480.

V. Testamentsregister

A. Allgemeines

Damit erbfolgerelevante Urkunden nach dem Tode eines Menschen auch bekannt und berücksichtigt werden, hatte man in Deutschland ein recht komplexes System der Benachrichtigungspflichten in Nachlasssachen entwickelt (zur bis zum 31.12.2011 geltenden Rechtslage vgl. die Kommentierung zu Teil IV der 5. Auflage). Mit dem Gesetz zur Errichtung des **Zentralen Testamentsregisters (ZTR)** bei der Bundesnotarkammer wurde dieses Benachrichtigungswesen grundlegend reformiert. Die in der 5. Auflage an dieser Stelle[1] noch beklagten „Schwachstellen" des alten Systems, seine komplizierten Meldewege und der mit ihm verbundene hohe Zeit- und Arbeitsaufwand wurden durch die Reform weitestgehend beseitigt. 1

Während das Benachrichtigungswesen selbst vereinfacht wurde, gilt dies für die Übersichtlichkeit der ihm zugrunde liegenden Rechtsgrundlagen nach dem Außerkrafttreten der Allgemeinen Verfügung über die Benachrichtigung in Nachlasssachen (AVBenachNachlass) nur bedingt; diese finden sich nach wie vor verteilt auf verschiedene Gesetze und Verordnungen. Nachfolgend werden daher zunächst die wesentlichsten Rechtsgrundlagen benannt bzw. abgedr. (siehe Rdn 2 ff.), im Anschluss daran folgen einige Anmerkungen unter besonderer Berücksichtigung der die Notare betreffenden Regelungen (siehe Rdn 6 ff.).

B. Rechtsgrundlagen

Die Rechtsgrundlagen, auf denen das Benachrichtigungswesen in Nachlassachen seit Inkrafttreten des ZTR basiert, finden sich vor allem in den §§ 78c–78g BNotO, §§ 34 und 34a BeurkG, §§ 346, 347, 351 FamFG, § 8 DONot und der auf Grundlage der Ermächtigung in § 78c Abs. 2 BNotO erlassenen Verordnung zur Einrichtung und Führung des Zentralen Testamentsregisters (Testamentsregister-Verordnung – ZTRV). Darüber hinaus erlassen die Länder Verwaltungsvorschriften für Benachrichtigungen im Nachlasswesen. Die vor dem Start des ZTR noch an die Standesämter und das Amtsgericht Schöneberg gesandten (gelben) Verwahrungsnachrichten über erbfolgerelevante Urkunden wurden zwischenzeitlich vollständig in das ZTR überführt. 2

I. Verordnung zur Einrichtung und Führung des Zentralen Testamentsregisters (Testamentsregister-Verordnung – ZTRV)

§ 1 Inhalt des Registers 3

Die Registerbehörde nimmt folgende Verwahrangaben in das Zentrale Testamentsregister auf:

1. Daten des Erblassers
   a) Familienname, Geburtsname, Vornamen und Geschlecht,
   b) Tag und Ort der Geburt,

1 Armbrüster/Preuß/Renner/*Renner*, 5. Aufl., AVBenachNachlass Rn 25 ff.

c) Geburtsstandesamt und Geburtenregisternummer, wenn die Geburt im Inland beurkundet wurde,

d) Staat der Geburt, wenn der Erblasser im Ausland geboren wurde,

2. Bezeichnung und Anschrift der Verwahrstelle,
3. Verwahrnummer, Verwahrbuchnummer oder Aktenzeichen des Verfahrens der Verwahrstelle,
4. Art und Datum der Errichtung der erbfolgerelevanten Urkunde und
5. Name, Amtssitz und Urkundenrollen-Nummer des Notars bei notariellen Urkunden.

Die Registerbehörde kann zusätzliche Angaben aufnehmen, die für das Auffinden der erbfolgerelevanten Urkunde erforderlich sind.

§ 2 Meldung zum Register

(1) Notare und Gerichte (Melder) übermitteln nach § 34a Absatz 1 und 2 des Beurkundungsgesetzes, nach § 347 des Gesetzes über das Verfahren in Familiensachen und in den Angelegenheiten der freiwilligen Gerichtsbarkeit und nach § 78d Absatz 4 der Bundesnotarordnung die Verwahrangaben an die Registerbehörde. Betrifft eine erbfolgerelevante Urkunde mehrere Erblasser, sind die Verwahrangaben für jeden Erblasser zu übermitteln.

(2) Jede Übermittlung muss alle Verwahrangaben nach § 1 Satz 1 enthalten, mit Ausnahme der Geburtenregisternummer, die nachträglich übermittelt werden kann. Im Fall der besonderen amtlichen Verwahrung der Urkunde übermittelt das Gericht eine Verwahrbuchnummer nur, wenn die Urkunde unter der Verwahrnummer nach § 3 Absatz 1 Satz 1 bei dem Verwahrgericht nicht aufgefunden werden kann.

(3) Der Melder übermittelt die erforderlichen Daten, wie sie ihm vom Erblasser mitgeteilt wurden.

§ 3 Registrierungsverfahren

(1) Die Registerbehörde fasst die übermittelten Verwahrangaben für jeden Erblasser unter einer Registernummer zu einem Datensatz (Verwahrdatensatz) zusammen und ordnet jeder erbfolgerelevanten Urkunde, die in die besondere amtliche Verwahrung zu nehmen ist, eine Verwahrnummer zu. Die Verwahrnummern werden bezogen auf jedes Verwahrgericht vergeben. Die Registerbehörde speichert diesen Verwahrdatensatz in einem elektronischen System (Registrierung).

(2) Die Registerbehörde bestätigt dem Melder jede erfolgreiche Registrierung und übermittelt diesem für den Erblasser die Angaben des Verwahrdatensatzes. Im Fall der besonderen amtlichen Verwahrung teilt die Registerbehörde zusätzlich die nach Absatz 1 Satz 1 vergebene Verwahrnummer mit. Konnte die Registrierung nicht durchgeführt werden, teilt die Registerbehörde dies dem Melder unter Angabe der Gründe mit.

(3) Ist eine notarielle erbfolgerelevante Urkunde in besondere amtliche Verwahrung zu nehmen, teilt der Notar dem Verwahrgericht die Verwahrnummer mit, die ihm von der Registerbehörde mitgeteilt wurde. Das Verwahrgericht bestätigt der Registerbehörde die Inverwahrnahme der erbfolgerelevanten Urkunde und übermittelt ihr eine Verwahrbuchnummer, wenn die Urkunde unter der Verwahrnummer nach § 3 Absatz 1 Satz 1 bei dem Verwahrgericht nicht aufgefunden werden kann.

§ 4 Verfahren bei Änderungen der Verwahrstelle oder Rücknahme aus der amtlichen Verwahrung

(1) Die erneute besondere amtliche Verwahrung oder die Änderung der Verwahrstelle einer erbfolgerelevanten Urkunde auf Wunsch des Erblassers ist der Registerbehörde zu melden. Die Registerbehörde ergänzt die Angaben im Verwahrdatensatz und ordnet der erbfolgerelevanten Urkunde eine neue Verwahrnummer zu. § 3 Absatz 2 und 3 gilt in diesen Fällen entsprechend.

(2) Die Rücknahme einer erbfolgerelevanten Urkunde aus der notariellen oder der besonderen amtlichen Verwahrung ist der Registerbehörde unter Angabe des Datums der Rückgabe zu melden. Die Registerbehörde vermerkt die Rücknahme in den betroffenen Verwahrdatensätzen. § 3 Absatz 2 gilt entsprechend.

§ 5 Löschung, Berichtigung und Ergänzung

Ein Verwahrdatensatz wird von der Registerbehörde

1. gelöscht, wenn die Registerfähigkeit der Urkunde irrtümlich angenommen wurde oder die Registrierung bereits erfolgt ist,
2. berichtigt, wenn die registrierten Verwahrangaben fehlerhaft sind,
3. ergänzt, wenn die registrierten Verwahrangaben unvollständig sind.

Ein Notar kann die Löschung eines Verwahrdatensatzes einer in die besondere amtliche Verwahrung zu verbringenden erbfolgerelevanten Urkunde oder die Berichtigung der Angabe des Verwahrgerichts nur herbeiführen, solange deren Eingang nicht nach § 3 Absatz 3 Satz 2 bestätigt ist. § 3 Absatz 2 gilt entsprechend.

§ 6 Inhalt der Sterbefallmitteilungen

(1) Die Sterbefallmitteilung nach § 78e Satz 1 der Bundesnotarordnung enthält folgende Daten:

1. Registrierungsdaten des übermittelnden Standesamts,
2. Familienname, Geburtsname, Vornamen und Geschlecht des Verstorbenen,
3. Tag und Ort der Geburt des Verstorbenen,
4. Geburtsstandesamt und Geburtenregisternummer, wenn die Geburt im Inland beurkundet wurde,
5. Staat der Geburt, wenn der Verstorbene im Ausland geboren worden ist,
6. Todestag oder Todeszeitraum,
7. Sterbeort, bei Sterbefall im Ausland mit Angabe des Staates,
8. Staatsangehörigkeit des Verstorbenen,
9. Angaben darüber, dass der Verstorbene für tot erklärt worden ist oder seine Todeszeit gerichtlich festgestellt worden ist,
10. letzter Wohnsitz des Verstorbenen,
11. Beurkundungsdatum des Sterbefalls.

(2) Die Sterbefallmitteilung nach § 78e Satz 1 der Bundesnotarordnung enthält außerdem sonstige Angaben, die zur Erfüllung gesetzlicher Aufgaben des Nachlassgerichts erforderlich sind. Sonstige Angaben können insbesondere sein:

1. Familienstand des Verstorbenen,
2. Familienname, Geburtsname und Vornamen des Ehegatten oder Lebenspartners des Verstorbenen,
3. Tag, Ort und Registrierungsdaten der Geburt des Ehegatten oder Lebenspartners des Verstorbenen und im Falle des Vorversterbens des Ehegatten oder Lebenspartners zusätzlich Tag, Ort und Registrierungsdaten von dessen Tod,
4. Familienname, Vornamen und Anschrift von Kindern des Erblassers,
5. Familienname, Vornamen und Anschrift von nahen Angehörigen und anderen möglichen Auskunftgebern,
6. Angaben über vorhandenes Nachlassvermögen,
7. etwaige Anhaltspunkte für die Erforderlichkeit von Maßnahmen zur Nachlasssicherung.

Sonstige Angaben nach den Sätzen 1 und 2, die der Registerbehörde elektronisch übermittelt werden, löscht diese unverzüglich, nachdem das Verfahren nach § 7 abgeschlossen ist.

(3) Die Daten nach den Absätzen 1 und 2 werden der Registerbehörde von dem zuständigen Standesamt nur mitgeteilt, soweit sie diesem bekannt sind.

§ 7 Benachrichtigungen im Sterbefall

(1) Erhält die Registerbehörde von dem zuständigen Standesamt eine Sterbefallmitteilung zu einer Person, für die im Zentralen Testamentsregister Verwahrangaben registriert sind, teilt sie der Verwahrstelle unter Übermittlung der Daten nach § 6 Absatz 1 unverzüglich mit, welche erbfolgerelevante Urkunde betroffen ist und welches Nachlassgericht nach Absatz 3 Satz 1 benachrichtigt wird. Liegen Verwahrangaben verschiedener Stellen vor, so ist jede dieser Stellen entsprechend zu benachrichtigen. Verwahrdatensätze, zu denen eine Rücknahme nach § 4 Absatz 2 registriert wurde, bleiben unberücksichtigt.

(2) Ist oder wird bekannt, dass die Zuständigkeit für die Verwahrung einer erbfolgerelevanten Urkunde von den Verwahrangaben im Zentralen Testamentsregister abweicht, etwa weil das Gericht aufgelöst oder der Notar aus dem Amt geschieden ist, sendet die Registerbehörde die Benachrichtigung nach Absatz 1 an die nun zuständige Stelle. Hilfsweise ist das Amtsgericht zu benachrichtigen, in dessen Bezirk die aufgehobene Verwahrstelle lag.

(3) Sind im Zentralen Testamentsregister Verwahrangaben registriert, teilt die Registerbehörde dem nach § 343 des Gesetzes über das Verfahren in Familiensachen und in den Angelegenheiten der freiwilligen Gerichtsbarkeit zuständigen Nachlassgericht mit, welche Verwahrangaben im Zentralen Testamentsregister enthalten sind und welche Verwahrstelle sie benachrichtigt hat, und übersendet die Sterbefallmitteilung. Lässt sich das zuständige Nachlassgericht mithilfe der Sterbefallmitteilung (§ 6) nicht eindeutig bestimmen, wird vermutet, dass das zu benachrichtigende Nachlassgericht dasjenige ist, das für den letzten inländischen Wohnsitz des Erblassers örtlich zuständig ist. Wenn die Sterbefallmitteilung keinen inländischen Wohnsitz nennt, wird als zu benachrichtigendes Nachlassgericht das Amtsgericht Schöneberg in Berlin vermutet. Ist im Zentralen Testamentsregister neben einer Verwahrangabe eine Mitteilung nach § 78d Absatz 1 Satz 2 Nummer 2 der Bundesnotarordnung gespeichert, teilt die Registerbehörde auch diese Daten mit. Sind im Zentralen Testamentsregister Verwahrangaben nicht registriert, übersendet die Registerbehörde die Sterbefallmitteilung oder vorhandene Mitteilungen nach § 78d Absatz 1 Satz 2 Nummer 2 der Bundesnotarordnung nur auf Antrag. Die Landesjustizverwaltungen können gegenüber der Registerbehörde erklären, dass eine Benachrichtigung und Übermittlung nach Satz 5 in jedem Sterbefall erfolgen soll.

(4) Das Nachlassgericht bestätigt der Registerbehörde den Eingang einer erbfolgerelevanten Urkunde unter Angabe des Datums des Eingangs der Urkunde und des Aktenzeichens des Nachlassverfahrens. Die Registerbehörde ergänzt den Ort der Verwahrung der erbfolgerelevanten Urkunde in den betroffenen Verwahrdatensätzen.

§ 8 Registerauskünfte

(1) Die Registerbehörde erteilt Auskunft aus dem Zentralen Testamentsregister nach § 78f Absatz 1 der Bundesnotarordnung, wenn die ersuchende Stelle

1. ihr Geschäftszeichen und zur Person des Erblassers mindestens seinen Geburtsnamen, sein Geburtsdatum und seinen Geburtsort angibt und
2. erklärt, dass die in § 78f Absatz 1 der Bundesnotarordnung genannten Voraussetzungen vorliegen.

Das Vorliegen der Voraussetzungen des § 78f Absatz 1 Satz 2 und 3 der Bundesnotarordnung prüft die Registerbehörde nur, wenn sie dazu nach den Umständen des Einzelfalls Anlass hat.

(1a) Die Registerbehörde erteilt nach § 78f Absatz 1a der Bundesnotarordnung Auskunft aus dem Zentralen Testamentsregister, wenn die ersuchende Stelle

1. ihr Geschäftszeichen und zur Person des Erblassers mindestens seinen Geburtsnamen, sein Geburtsdatum und seinen Geburtsort angibt,
2. das Sterbedatum und den Sterbeort des Erblassers angibt oder die Einwilligung des Erblassers nach § 78f Absatz 1 Satz 3 der Bundesnotarordnung vorliegt und
3. erklärt, dass die in § 78f Absatz 1a der Bundesnotarordnung genannten Voraussetzungen vorliegen.

   Absatz 1 Satz 2 gilt entsprechend.

(2) Für die Kontrolle der Zulässigkeit der Ersuchen und für die Sicherstellung der ordnungsgemäßen Datenverarbeitung protokolliert die Registerbehörde bei allen nach Absatz 1 erteilten Auskünften elektronisch die ersuchende Stelle, deren Angaben nach Absatz 1 Satz 1, den Zeitpunkt des Ersuchens, die betroffenen Registereinträge sowie die übermittelten Daten. Die ein Auskunftsverfahren nach Absatz 1a betreffenden Dokumente hat die Registerbehörde in Papierform aufzubewahren oder elektronisch zu speichern.

(3) Die Protokolldaten und die nach Absatz 2 Satz 2 aufbewahrten Dokumente dürfen nur für die Sicherstellung eines ordnungsgemäßen Registerbetriebs, einschließlich der Datenschutzkontrolle und der Datensicherheit, verwendet werden. Sie sind gegen zweckfremde Verwendung besonders zu schützen. Fünf Jahre nach Ablauf des Kalenderjahres der Auskunftserteilung oder der anderweitigen Erledigung der Angelegenheit sind die Protokolldaten und die nach Absatz 2 Satz 2 elektronisch gespeicherten Dokumente zu löschen sowie die nach Absatz 2 Satz 2 in Papierform aufbewahrten Dokumente zu vernichten.

(4) Die Befugnis der Gerichte, Notare und Notarkammern zur Einsicht in Registrierungen, die von ihnen verwahrte erbfolgerelevante Urkunden betreffen (§ 78f Absatz 2 der Bundesnotarordnung), und das Recht des Erblassers auf Auskunft nach den datenschutzrechtlichen Vorschriften bleiben unberührt.

§ 9 Elektronische Kommunikation

(1) Meldungen, Bestätigungen, Benachrichtigungen, Registerabfragen und -auskünfte erfolgen grundsätzlich elektronisch.

(2) Die Registerbehörde stellt zur elektronischen Kommunikation mit Notaren, Gerichten und Standesämtern geeignete bundeseinheitliche Schnittstellen zur Verfügung. Die elektronische Übermittlung der Daten erfolgt durch geeignete bundeseinheitliche Transportprotokolle sowie in einheitlich strukturierten Datensätzen.

(3) Abweichend von Absatz 1 kann die Kommunikation auch schriftlich nach Maßgabe der von der Registerbehörde getroffenen Festlegungen erfolgen, insbesondere

1. im Zusammenhang mit nach § 78d Absatz 4 der Bundesnotarordnung zu registrierenden Vergleichen und mit von Konsularbeamten aufgenommenen erbfolgerelevanten Urkunden,
2. bei Benachrichtigungen nach § 7, außer nach § 7 Absatz 3 für den Fall, dass keine Verwahrangaben registriert sind,
3. bei Auskünften an Stellen nach § 78f Absatz 1a der Bundesnotarordnung oder
4. bei technischen Störungen.

(4) § 63 Absatz 1 und 3 der Personenstandsverordnung bleibt unberührt.

§ 10 Elektronische Aufbewahrung und Löschung

(1) Die Registerbehörde bewahrt die Verwahrangaben betreffenden Dokumente und Sterbefallmitteilungen nur in elektronischer Form auf.

(2) Daten zu Sterbefallmitteilungen, die nicht nach § 6 Absatz 2 Satz 3 gelöscht werden, sind sechs Monate nach Eingang bei der Registerbehörde zu löschen, wenn keine die Sterbefallmitteilung betreffenden Verwahrangaben

im Zentralen Testamentsregister registriert sind. In allen übrigen Fällen gilt für die Löschung von Sterbefallmitteilungen und der Daten, die Verwahrangaben gemäß § 1 betreffen, § 78d Absatz 1 Satz 3 der Bundesnotarordnung entsprechend. § 8 Absatz 3 Satz 2 bleibt unberührt.

§ 11 Nacherfassungen

Wird festgestellt, dass eine verwahrte erbfolgerelevante Urkunde nicht im Zentralen Testamentsregister registriert ist, obwohl dies nach dem Testamentsverzeichnis-Überführungsgesetz vorgesehen war, ist die entsprechende Meldung von der Verwahrstelle nachzuholen.

§ 12 Datenschutz und Datensicherheit

(1) Das Register ist nur durch solche informationstechnische Netze zugänglich, die durch eine staatliche Stelle oder im Auftrag einer staatlichen Stelle oder einer juristischen Person des öffentlichen Rechts betrieben werden und mit dem Zentralen Testamentsregister gesichert verbunden sind. Die Registerbehörde soll durch Verfügung, die im Verkündungsblatt der Bundesnotarkammer bekannt zu machen ist, weitere Zugangswege nur zulassen, sofern diese den datenschutzrechtlichen Anforderungen entsprechen.

(2) Die Registerbehörde erstellt ein Sicherheitskonzept, in welchem die einzelnen technischen und organisatorischen Maßnahmen festgelegt werden, die den Datenschutz und die Datensicherheit sowie die Umsetzung der Vorgaben dieser Verordnung gewährleisten.

§ 13 Inkrafttreten

Diese Verordnung tritt am 1.1.2012 in Kraft.

II. Testamentsregister-Gebührensatzung (ZTR-GebS)

Auf Grundlage der Verordnungsermächtigung in § 78g BNotO hat die Vertreterversammlung der Bundesnotarkammer die Gebührensatzung für das Zentrale Testamentsregister wie folgt beschlossen. 4

§ 1 Gebühren

(1) Die Bundesnotarkammer erhebt als Registerbehörde Gebühren für die Aufnahme von Verwahrangaben in das Zentrale Testamentsregister nach § 34a Absatz 1 Satz 1 und Satz 2 BeurkG, § 347 Absatz 1 Satz 1 FamFG und § 78d Absatz 4 Satz 1 BNotO.

(2) Je Registrierung (§ 3 Absatz 1 Satz 3 ZTRV) beträgt die Gebühr 12,50 EUR. Wird die Gebühr unmittelbar durch die Registerbehörde vom Kostenschuldner erhoben, beträgt sie 15,50 EUR je Registrierung. Keine Gebühr wird erhoben, wenn ein Verwahrdatensatz innerhalb von sieben Tagen nach der Registrierung gemäß § 5 Satz 1 Nr. 1 ZTRV gelöscht wird.

(3) Zahlt der Kostenschuldner die Gebühr nach Absatz 2 Satz 2 nicht innerhalb von zwei Monaten nach der Registrierung, erhöht die Registerbehörde die Gebühr um 5 EUR, wenn sie trotz Androhung der Erhöhung nicht innerhalb von zehn Tagen vollständig bezahlt wird.

§ 2 Kostenschuldner, Fälligkeit und Vorschuss

(1) Kostenschuldner ist der jeweilige Erblasser (§ 78g Absatz 2 Satz 1 Nr. 1 BNotO). Der Melder übermittelt mit jeder Registrierung eine ladungsfähige Anschrift des Kostenschuldners an die Registerbehörde, soweit diese nicht darauf verzichtet.

(2) Die Gebühr ist mit der Registrierung der Verwahrangaben für den jeweiligen Erblasser nach § 3 Absatz 1 Satz 3 ZTRV sofort fällig.

(3) Wird die Gebühr durch den Melder entgegengenommen (§ 78g Absatz 2 Satz 3 BNotO), kann er vom Kostenschuldner die Zahlung eines die Eintragungsgebühr deckenden Vorschusses verlangen.

§ 3 Art der Gebührenerhebung durch Notare

(1) Gebühren für die Registrierung von Verwahrangaben, die durch notarielle Melder übermitteltet werden, nimmt der jeweilige Notar für die Registerbehörde entgegen (§ 78g Absatz 2 Satz 3 BNotO). Die Registerbehörde zieht die nach Satz 1 entgegenzunehmenden Gebühren vom notariellen Melder auf der Grundlage einer Sammelabrechnung frühestens am zehnten Tag des Folgemonats ein. Der Notar erteilt der Registerbehörde eine entsprechende Einzugsermächtigung für ein inländisches Bankkonto. Die Registerbehörde kann einen Melder von dem Entgegennahme- und Abrechnungsverfahren nach diesem Absatz ganz oder teilweise freistellen und die Gebühren unmittelbar vom Kostenschuldner erheben.

(2) Kann der Notar eine von der Registerbehörde abgerechnete und eingezogene Gebühr nicht erlangen, obwohl er deren Zahlung vom Kostenschuldner verlangt und mindestens einmal angemahnt hat, wird ihm diese auf

Antrag zurückerstattet. Die Gebühr wird sodann nach § 1 Absatz 2 Satz 2 neu festgesetzt und unmittelbar durch die Registerbehörde vom Kostenschuldner erhoben.

§ 4 Art der Gebührenerhebung bei Gerichten und Konsulaten

(1) Einzelheiten des Entgegennahme- und Abrechnungsverfahrens bei gerichtlichen und konsularischen Meldern werden in Verwaltungsvereinbarungen mit der Registerbehörde getroffen.

(2) Nimmt ein Konsulat oder ein Gericht für die Registerbehörde Gebühren entgegen, ohne dass eine entsprechende Vereinbarung nach Absatz 1 besteht, gilt § 3 entsprechend. Die Entgegennahme ist der Registerbehörde zuvor anzuzeigen.

§ 5 Unrichtige Sachbehandlung, Ermäßigung und Absehen von der Gebührenerhebung

(1) Eine Gebühr, die bei richtiger Behandlung der Sache nicht entstanden wäre, wird nicht erhoben.

(2) Die Registerbehörde kann Gebühren ermäßigen oder von der Erhebung von Gebühren absehen, wenn ihr dies durch besondere Umstände des Einzelfalls geboten erscheint, insbesondere wenn und soweit die Gebührenerhebung eine unzumutbare Härte für den Kostenschuldner darstellen würde oder wenn der mit der Erhebung der Gebühr verbundene Verwaltungsaufwand außer Verhältnis zur Höhe der zu erhebenden Gebühr stünde.

§ 6 Inkrafttreten

Diese Satzung tritt am 1.1.2012 in Kraft.

III. Verwaltungsvorschriften für Benachrichtigungen in Nachlasssachen (Vorschlag für Musterfassung)

5 **I. Testamentsumschlag und gegenstandslose Verwahrungsnachrichten**

1.1

Die Notarin oder der Notar, vor der bzw. dem ein Testament errichtet wird, vermerkt auf dem Umschlag, in dem das Testament gemäß § 34 des Beurkundungsgesetzes zu verschließen ist, die folgenden Angaben:

1.1.1

den Geburtsnamen, die Vornamen und den Familiennamen der Erblasserin oder des Erblassers,

1.1.2

den Geburtstag und den Geburtsort; zusätzlich – soweit nach Befragen möglich – die Postleitzahl des Geburtsortes, die Gemeinde und den Kreis, das für den Geburtsort zuständige Standesamt und die Geburtenregisternummer,

1.1.3

die Art der Verfügung von Todes wegen, das Datum der Urkunde und die Urkundenrollennummer sowie den Namen des Notars oder der Notarin nebst Amtssitz,

1.1.4

das verwahrende Nachlassgericht und die ZTR-Verwahrnummer nach § 3 Absatz 1 Satz 1 und Satz 2 der Testamentsregister-Verordnung (ZTRV).

Satz 1 gilt entsprechend, wenn vor der Notarin oder dem Notar ein Erbvertrag geschlossen wird (§ 2276 BGB), es sei denn, die Vertragsschließenden haben die besondere amtliche Verwahrung ausgeschlossen (§ 34 Absatz 2 des Beurkundungsgesetzes).

1.2

Wird ein eigenhändiges Testament in besondere amtliche Verwahrung genommen (§ 2248 BGB), verfährt die Rechtspflegerin oder der Rechtspfleger bzw. ggf. die Urkundsbeamtin oder der Urkundsbeamte der Geschäftsstelle entsprechend 1.1 mit der Maßgabe, dass bezüglich 1.1.3 die Angabe der Urkundenrollennummer entfällt.

1.3

Für den Umschlag soll ein Vordruck nach Anlage 1 verwendet werden. Von der Verwendung des amtlichen Vordrucks in Anlage 1 kann abgesehen werden, wenn ein Umschlag (Format DIN C5) mit dem von der Registerbehörde zur Verfügung gestellten Aufdruck für den Testamentsumschlag versehen wird; Nummer IV Satz 3 gilt entsprechend.

1.4

Wird ein Erbvertrag zwischen Personen, die nicht Ehegatten oder Lebenspartner sind, in Verwahrung genommen, sind die auf die Ehegatten- oder Lebenspartnereigenschaft hinweisenden Textteile des Vordrucks entsprechend zu ändern.

Sofern an einer Verfügung von Todes wegen mehr als zwei Personen als Erblasserinnen oder Erblasser beteiligt sind, ist für die dritte und jede weitere Person ein besonderer Umschlag zu verwenden. Die Umschläge werden mindestens an drei Stellen des unteren Randes durch Heftung oder in anderer Weise dauerhaft miteinander verbunden. Um zu verhüten, dass die Verfügung von Todes wegen hierbei beschädigt wird, sollen die Umschläge vor dem Einlegen der Verfügung zusammengeheftet werden. Die Verfügung von Todes wegen ist in den obersten Umschlag zu legen; dieser ist zu versiegeln. Anstelle der weiteren Umschläge können auch die von der Registerbehörde zur Verfügung gestellten weiteren Aufdrucke für Testamentsumschläge verwendet werden.

1.5

Die Verwahrstelle, die ein Testament oder einen Erbvertrag in die besondere amtliche Verwahrung nimmt, ergänzt die Angaben auf dem Umschlag um die Verwahrbuchnummer bzw. das Geschäftszeichen, wenn die Urkunde unter der ZTR-Verwahrnummer nicht aufgefunden werden kann.

2

Wird dem Standesamt mitgeteilt, dass eine Verwahrungsnachricht gegenstandslos ist, so ist die Verwahrungsnachricht besonders abzulegen. Der Vermerk im Geburtseintrag ist zu streichen bzw. zu löschen, wenn keine weiteren Verwahrungsnachrichten vorliegen.

II. Benachrichtigung des Gerichts oder der Notarin bzw. des Notars vom Tode der Erblasserin oder des Erblassers

1

1.1

Wäre die Mitteilung über den Sterbefall (§ 42 Absatz 2 der Verordnung zur Ausführung des Personenstandsgesetzes (PStV)) an ein inzwischen aufgehobenes Gericht oder Staatliches Notariat oder an eine namentlich bezeichnete Notarin bzw. einen namentlich bezeichneten Notar zu senden und ist bekannt, dass diese Dienststelle aufgehoben ist oder die Notarin oder der Notar aus dem Amt geschieden ist, oder kommt die an die Dienststelle oder das Notariat gerichtete Sterbefallnachricht als unzustellbar zurück, so ist sie an das Amtsgericht zu richten, in dessen Bezirk der Sitz der aufgehobenen Dienststelle (Gericht, Staatliches Notariat) oder der Amtssitz der Notarin oder des Notars gelegen war.

1.2

Ist das Testamentsverzeichnis vernichtet, sind die Geburtenregister aber erhalten geblieben, ist die Mitteilung über den Sterbefall dem für den letzten Wohnsitz der verstorbenen Person zuständigen Nachlassgericht zu übersenden.

1.3

Für die Benachrichtigung soll grundsätzlich ein Vordruck nach Anlage 3 verwendet werden; die persönlichen Daten können auch durch einen auf der Vordruckrückseite abgelichteten Auszug aus dem Sterbeeintrag übermittelt werden. Die Benachrichtigung ist zu unterschreiben. Das Standesamt vermerkt auf der Verwahrungsnachricht den Tag des Abgangs der Mitteilung über den Sterbefall; bei erneuter Absendung einer als unzustellbar zurückgekommenen Nachricht ist der Vermerk zu ändern.

1.4

Sofern die Möglichkeit besteht, kann die Hauptkartei für Testamente bei dem Amtsgericht Schöneberg in Berlin die Benachrichtigung im Wege der automatisierten Datenverarbeitung erstellen und per Fernkopie weiterleiten. In diesen Fällen ist die Benachrichtigung mit dem Gerichtssiegel zu versehen; einer Unterschrift bedarf es dann nicht. Die Mitteilung über den Sterbefall wird im Falle der automatisierten Erfassung der Daten vernichtet. Gleiches gilt für die Sterbefallmitteilungen, bei denen sich bei Überprüfung des Datensatzes keine Eintragung ergibt.

2

2.1

Die benachrichtigte Stelle verfährt nach den Vorschriften der §§ 2259, 2300 Absatz 1 BGB, 348, 350 FamFG.

2.2

Geht bei einem Gericht, das nicht Nachlassgericht ist (beispielsweise bei dem Amtsgericht, bei dem sich eine Verfügung von Todes wegen in besonderer amtlicher Verwahrung oder gemäß § 349 Absatz 2 FamFG, § 2300

Absatz 1 BGB bei den Nachlassakten eines vorverstorbenen Ehegatten oder Lebenspartners befindet, oder bei dem Gericht, in dessen Akten eine Erklärung enthalten ist, nach deren Inhalt die Erbfolge geändert wird), eine Sterbefallnachricht ein, so benachrichtigt es unverzüglich das Nachlassgericht vom Eingang der Mitteilung über den Sterbefall und vom Vorhandensein einer Verfügung von Todes wegen, sofern die Verfügung von Todes wegen oder die Erklärung, nach deren Inhalt die Erbfolge geändert wird, dem Nachlassgericht nicht sofort übersandt werden können.

2.3

Erhält ein Amtsgericht eine Nachricht nach der vorstehenden Nr. 1.1 und werden die in Betracht kommenden Akten der aufgehobenen Dienststelle oder der Notarin oder des Notars nicht von diesem Amtsgericht verwahrt, so leitet es die Nachricht an das aktenverwahrende Gericht oder an diejenige Stelle weiter, bei der die Akten verwahrt werden.

3

Das Amtsgericht Schöneberg in Berlin gibt in entsprechender Anwendung der vorstehenden Nr. 1 der verwahrenden Stelle von dem Sterbefall Nachricht.

III.

Die Notarin oder der Notar, bei der bzw. dem die Sterbefallnachricht eines Standesamts oder der Hauptkartei für Testamente beim Amtsgericht Schöneberg in Berlin eingeht, hat diese unverzüglich an das Nachlassgericht weiterzuleiten, ohne Rücksicht darauf, ob eine Verfügung von Todes wegen bereits an das Nachlassgericht abgeliefert oder in die besondere amtliche Verwahrung gebracht worden ist. Ist den Angaben des Standesamts oder der Hauptkartei für Testamente beim Amtsgericht Schöneberg in Berlin nicht zu entnehmen, welches Gericht als Nachlassgericht zuständig ist, so ist die Stelle zu benachrichtigen, bei der die Verfügung von Todes wegen verwahrt wird.

IV.

Werden amtliche Vordrucke eingeführt, die eine maschinelle Beleglesung ermöglichen, so sind diese Vordrucke zu verwenden. Werden Textverarbeitungsgeräte eingesetzt, kann von der Verwendung der amtlichen Vordrucke in den Anlagen 1 und 3 abgesehen werden. Der Inhalt der Benachrichtigungen oder des Umschlags muss in jedem Fall dem Inhalt der durch den Einsatz der Textverarbeitung ersetzten Anlagen 1 und 3 entsprechen.

V.

Diese Anordnung tritt am 1.1.2012 in Kraft.

C. Hinweise

I. Allgemeines

6 Gemäß § 78c BNotO werden seit dem 1.1.2012 in das ZTR Verwahrangaben über alle erbfolgerelevanten Urkunden aufgenommen, die notariell beurkundet und/oder in amtliche Verwahrung genommen worden sind. Der Notar ist gem. § 34a Abs. 1 S. 1 BeurkG **meldepflichtig** für alle erbfolgerelevanten Urkunden, die er beurkundet. Die Registrierung ist zwingend, weder Erblasser noch Notar können auf sie verzichten.[2]

7 Nichts geändert hat sich durch die Einführung des ZTR daran, welche **erbfolgerelevanten Urkunden** in die besondere amtliche Verwahrung bei den Nachlassgerichten zu übergeben sind und welche in der amtlichen Verwahrung beim Notar verbleiben. Unverändert sind notarielle Testamente vom Notar unmittelbar nach deren Beurkundung zwingend an das örtlich zuständige Nachlassgericht zu übersenden (§ 34 Abs. 1 S. 4 BeurkG), während für **Erbverträge** nach wie vor ein **Wahlrecht** besteht, ob der Erbvertrag in der amtlichen Verwahrung des Notars verbleiben oder in die besondere amtliche Verwahrung des Nachlassgerichts übergeben werden soll (§ 34 Abs. 2 BeurkG). Alle weiteren erbfolgerelevanten Urkunden werden ebenfalls durch den Notar verwahrt.

8 Registrierungen im ZTR sind grundsätzlich ausschließlich **elektronisch** möglich (§ 9 Abs. 1 ZTRV). Notarrelevante Ausnahmen von diesem Grundsatz bestehen nur bei technischen Störungen (§ 9 Abs. 3 Nr. 3 ZTRV). Neben der Dateneingabe über die ZTR-Webanwendung werden Schnittstellen in Form sog. **Webservices** bereitgestellt, um Registrierungen unmittelbar aus einer Notarsoftware heraus zu ermögli-

2 Vgl. *Diehn*, DNotZ 2011, 676, 677; *Seebach*, notar 2015, 373, 374.

chen. Auch Mitteilungen des ZTR an einen Notar (z.B. Sterbefallmitteilungen) werden ausschließlich elektronisch über die Infrastruktur des **Elektronischen Gerichts- und Verwaltungspostfachs (EGVP)** an das **besondere elektronische Notarpostfach (beN)** übersandt.

Aufgrund der besonderen Vertraulichkeit der im ZTR gespeicherten Daten wurde dem **Datenschutz** von Anfang an höchste Priorität beigemessen. Als Konsequenz aus diesen Überlegungen wurde entschieden, das ZTR trotz des Grundsatzes der elektronischen Kommunikation vollständig vom „normalen Internet" abzuschirmen, um potentielle Gefahrenquellen aus diesem Bereich von vornherein auszuschließen. Die elektronische Registerkommunikation erfolgt daher gem. § 12 Abs. 2 S. 1 ZTRV ausschließlich **innerhalb von informationstechnischen Netzen**, die durch eine staatliche Stelle oder im Auftrag einer staatlichen Stelle oder einer juristischen Person des öffentlichen Rechts betrieben werden und mit dem Zentralen Testamentsregister gesichert verbunden sind. Diese Voraussetzungen erfüllen unter anderem das der Verbindung der informationstechnischen Netze des Bundes und der Länder dienende sog. **Verbindungsnetz** (§ 1 Abs. 1 S. 1 IT-NetzG) und das **Notarnetz**. Allen Notaren, die nicht bereits an das Notarnetz angeschlossen waren, wurde vom ZTR eine sog. Registerbox zugewiesen, die den Aufbau eines im Auftrag der Bundesnotarkammer betriebenen virtuellen privaten Netzwerkes (VPN) und damit die gesicherte elektronische Kommunikation mit dem ZTR ermöglicht. 9

Das ZTR wurde von einer Reihe von IT-Systemen begleitet, die jeweils wichtige Funktionen auch für das ZTR übernehmen, u.a. das Notarverzeichnis, das Standesamtsverzeichnis und das Gerichtsverzeichnis. 10

Im **Notarverzeichnis** sind sämtliche deutschen Notare erfasst. Wird ein neuer Notar bestellt, oder wechselt ein Notar seinen Amtssitz, vollziehen die Notarkammern dies auf der Grundlage der entsprechenden Mitteilungen der Justizverwaltungen nach. Das Notarverzeichnis ist zugleich Grundlage für die für die notarielle Nutzung des ZTR erforderliche Nutzersteuerung: nur, wer im Notarverzeichnis als Notar erfasst ist, erhält Zugang zum ZTR. Darüber hinaus enthält das Notarverzeichnis auch alle Notare, deren Amt bereits erloschen ist und gibt Auskunft darüber, wo deren Urkundensammlung heute verwahrt wird. Im **Standesamtsverzeichnis** werden die zulässigen Geburtsorte und Geburtsstandesämter einschließlich der Zuständigkeiten gepflegt. Im **Gerichtsverzeichnis** werden die Amtsgerichte mit ihren jeweiligen Zuständigkeiten für alle Orte in Deutschland geführt. Auf dieser Grundlage wird das zuständige Nachlassgericht aus der letzten Anschrift des Erblassers ermittelt. In das Gerichtsverzeichnis werden zudem fortlaufend die Daten der Orts- und Gerichtsdatei übernommen, die eine automatisierte Ermittlung der nachlassgerichtlichen Zuständigkeit und des aktuellen Verwahrorts letztwilliger Verfügungen in gerichtlicher Verwahrung ermöglichen.

Die meisten der vorbenannten Verzeichnisse stehen nicht nur dem ZTR, sondern auch der Öffentlichkeit zur Verfügung und werden über die Webseite **www.notar.de** und **www.testamentsregister.de** beauskunftet.

II. Erbfolgerelevanz einer notariellen Urkunde

Erbfolgerelevant sind nach § 78d Abs. 2 BNotO Testamente, Erbverträge und alle Urkunden mit Erklärungen, welche die Erbfolge beeinflussen können, insbesondere Aufhebungsverträge, Rücktritts- und Anfechtungserklärungen, Erb- und Zuwendungsverzichtsverträge, Ehe- und Lebenspartnerschaftsverträge und Rechtswahlen. 11

Erbfolgerelevant sind zunächst alle notariell beurkundeten **Testamente** und **Erbverträge**, und zwar unabhängig von ihrem Inhalt, also auch wenn sie eine Erbeinsetzung nicht enthalten **(formale Registerpflicht)**. Betrifft eine erbfolgerelevante Urkunde mehrere Erblasser, wird sie gem. §§ 2 Abs. 1 S. 2, 3 Abs. 1 S. 1 und 3 ZTRV für jeden Erblasser gesondert registriert. Erbverträge müssen für jeden Vertragsschließenden registriert werden, der in der Urkunde mindestens eine eigene letztwillige Verfügung getroffen hat, unabhängig davon, ob diese Verfügung vertragsgemäß erfolgt oder ob es sich um eine Erbeinsetzung handelte. Wer lediglich die Erklärungen des Erblassers in vertraglicher Form annimmt, ohne eigene einseitige (§ 2299 Abs. 1 BGB) oder vertragliche Verfügungen zu treffen, wird nicht in das ZTR aufgenommen.[3] 12

3 Vgl. *Diehn*, DNotZ 2011, 676, 677.

13 Auch jede **Änderung einer Verfügung von Todes wegen** ist unabhängig vom Inhalt erbfolgerelevant und damit gesondert registerpflichtig, wenn sie beurkundet wird, vgl. § 34a Abs. 1 S. 2 BeurkG. Das gilt beispielsweise für beurkundete Widerrufstestamente (§ 2254 BGB), Aufhebungsverträge von Erbverträgen (§ 2290 BGB) und Rücktrittserklärungen von Erbverträgen nach § 2297 BGB. Die **Richtigstellung offensichtlicher Unrichtigkeiten** nach § 44a Abs. 2 BeurkG ist demgegenüber **nicht gesondert zu registrieren**, kann aber Anlass für eine Berichtigung eines bestehenden Verwahrdatensatzes nach § 5 S. 1 Nr. 2 ZTRV im ZTR geben.

14 Andere Urkunden als Verfügungen von Todes wegen sind erbfolgerelevant (§ 78d Abs. 2 S. 1, Fall 3 BNotO), wenn sie Erklärungen enthalten, welche die Erbfolge „beeinflussen können" (**materielle Registerpflicht**). Es genügt die abstrakte Möglichkeit, für die – gesetzliche oder gewillkürte – Erbfolge von Relevanz sein zu können. Erbfolgerelevanz besteht bereits, wenn – abstrakt – nicht ausgeschlossen werden kann, dass die Erklärung die künftige Erbfolge beeinflusst.[4] Hieraus folgt für die notarielle Praxis, dass von einer Registrierungspflicht (und damit korrespondierend einer späteren Ablieferungspflicht) ausgegangen werden sollte, sofern nicht sicher ausgeschlossen werden kann, dass die Erbfolge beeinflusst wird. Im Vergleich zur bisherigen Rechtslage (§ 347 Abs. 3 FamFG a.F.: „… nach denen die Erbfolge *geändert worden* ist") ist die Feststellung bestehender Mitteilungs- und Ablieferungspflichten damit wesentlich erleichtert worden.

15 Die Aufzählung in § 78d Abs. 2 S. 1 BNotO ist **nur beispielhaft**, enthält aber die wichtigsten Fälle: Erbverzichts- (§ 2346 Abs. 1 BGB) und Zuwendungsverzichtsverträge (§ 2352 BGB) sind generell erbfolgerelevant. Erbfolgerelevant und damit registerpflichtig sind ferner der **Rücktritt** von einem Erbvertrag gemäß §§ 2293–2296 BGB und jede **Anfechtung** einer Verfügung von Todes wegen durch den Erblasser zu notarieller Urkunde. Anfechtungserklärungen werden jedoch nur registriert, wenn sie vom Erblasser selbst stammen, nicht dagegen bei einer Anfechtung nach dessen Tod durch Dritte.[5]

16 **Ehe- und Lebenspartnerschaftsverträge** sind registerpflichtig, wenn Gütertrennung vereinbart oder aufgehoben wird (§§ 1414, 1931 Abs. 4 BGB). **Güterstandsschaukeln** sind dann nicht registerpflichtig, wenn sie in einer Urkunde erfolgen, weil vor und nach der Urkunde der gesetzliche Güterstand gilt. Erfolgen die Wechsel allerdings in verschiedenen Urkunden, sind vier (je zwei pro Vertragsschließendem) Registrierungen vorzunehmen. Auch **Modifikationen der Zugewinngemeinschaft** können erbfolgerelevant sein, so z.B. der ehevertragliche Ausschluss der Erhöhung des gesetzlichen Erbteils des Ehegatten nach § 1371 Abs. 1 BGB, nicht jedoch solche, die sich auf den Scheidungsfall beschränken.[6]

17 **Rechtswahlen** sind erbfolgerelevant, wenn sie das Erb- oder Güterrechtsstatut betreffen.[7]

18 **Erklärungen nach Eintritt des Erbfalls** wie beispielsweise Ausschlagungserklärungen sind nicht registerfähig, weil es sich nicht um Erklärungen des Erblassers handelt. **Rechtsgeschäfte unter Lebenden**, insbesondere Regelungen zur vorweggenommenen Erbfolge sowie **statusrechtliche Vorgänge**, die wie die Vaterschaftsanerkennung oder die Adoption Verwandtschaftsbeziehungen neu regeln, sind ebenfalls nicht registerfähig.[8]

19 Mittlerweile wohl unstrittig dürfte sein, dass für **Pflichtteilsrechtsverzichtsverträge** (§ 2346 Abs. 2 BGB) keine Registrierungs**pflicht** besteht.[9] Erwogen wird jedoch, derartige Verträge freiwillig im ZTR zu registrieren, wenn alle vertragsschließenden Parteien (nicht nur der Erblasser) den Notar übereinstimmend damit beauftragen.[10] In der Praxis ist eine Registrierung problemlos möglich.[11] Bei entsprechender Zustimmung aller Urkundsbeteiligten dürften auch im Hinblick auf § 18 BNotO keine Bedenken bestehen.[12]

4 *Diehn*, NJW 2011, 481.
5 NK-Nachfolgerecht/*Gutfried*, § 78b BNotO Rn 14.
6 NK-Nachfolgerecht/*Gutfried*, § 78b BNotO Rn 16.
7 NK-Nachfolgerecht/*Gutfried*, § 78b BNotO Rn 17.
8 So auch *Seebach*, notar 2015, 373, 374 und NK-Nachfolgerecht/*Gutfried*, § 78b BNotO Rn 18.
9 Auch Haußleiter/*Schemmann*, § 347 Rn 6, der dies in der Vorauflage noch so vertrat, ist von dieser Ansicht in der Neuauflage abgerückt.
10 So etwa Zimmermann/*Diehn*, § 78b BNotO Rn 13; ablehnend z.B. Eylmann/Vaasen/*Litzenburger*, 4. Aufl., § 78b Rn 6; offen gelassen bei *Seebach*, notar 2015, 373, 374 und NK-Nachfolgerecht/*Gutfried*, § 78b BNotO Rn 15.
11 *Seebach*, notar 2015, 373, 374 weist in diesem Zusammenhang zutreffend darauf hin, dass das ZTR keine Möglichkeit habe, solche Registrierungen zu filtern und sie daher ohne weiteres entgegennehme.
12 Ebenso Frenz/Miermeister/*Limmer*, § 78d BNotO Rn 15; anders aber Schlitt/Müller-Engels/*Müller-Engels*, § 10 Rn 89, und BeckOK-BGB/*Litzenburger*, § 34a BeurkG Rn 2, die jedoch nicht weiter differenzieren, ob alle Urkundsbeteiligten der Registrierung zugestimmt haben oder nicht.

Wird ein sich in notarieller Verwahrung befindlicher **Erbvertrag** gem. §§ 2300 Abs. 2, 2256 Abs. 1 BGB **zurückgegeben**, ist dies dem ZTR gem. § 34a Abs. 2 BeurkG, § 4 Abs. 2 ZTRV nunmehr ebenfalls mitzuteilen. Ob ein Erbvertrag aus der notariellen Verwahrung zurückgegeben werden kann, ist dagegen nach wie vor ausschließlich eine Frage des materiellen Rechts. 20

Exkurs: Da im ZTR nach § 78d Abs. 3 BNotO nur solche erbfolgerelevanten Urkunden registriert werden können, die öffentlich beurkundet (Nr. 1) und/oder in amtliche Verwahrung genommen (Nr. 2) worden sind, sind **eigenhändige Testamente**, die nicht in die amtliche Verwahrung des Nachlassgerichts gegeben werden, nicht registerfähig. Sie bleiben wie bisher außerhalb des staatlichen Benachrichtigungswesens in Nachlasssachen. Für privat verwahrte Testamente verbleibt es bei der bürgerlich-rechtlichen Ablieferungspflicht nach § 2259 Abs. 1 BGB. Ob dies für ausreichend erachtet wird, muss jeder Erblasser selbst entscheiden. Das Drei-Zeugen-Testament (§ 2250 BGB), das Seetestament (§ 2251 BGB) und das Bürgermeistertestament (§ 2249 BGB) sind wegen der kurzen Gültigkeitsdauer (§ 2252 BGB) nicht registerfähig.[13] 21

III. Verwahrangaben

Verwahrangaben sind nach § 78d Abs. 2 S. 2 BNotO die Daten, die zum Auffinden erbfolgerelevanter Urkunden erforderlich sind; diese sind in § 1 ZTRV aufgezählt. Nicht zu den Verwahrangaben zählt insbesondere der Inhalt einer erbfolgerelevanten Urkunde, auch nicht – wie beim Zentralen Vorsorgeregister[14] – in typisierter Form. Es liegt nach § 2 Abs. 3 ZTRV im Verantwortungsbereich des Erblassers, dem Notar die erforderlichen Angaben zu machen. 22

Grundsätzlich ist eine Meldung gem. § 2 Abs. 2 ZTRV an das ZTR nur möglich, wenn alle Verwahrangaben nach § 1 S. 1 ZTRV vorliegen. Eine Ausnahme gilt nur für die **Geburtenregisternummer**, die nachträglich übermittelt werden kann. Die nachträgliche Übermittlung ist jedoch zwingend, unterbleibt sie, kann die gesamte Registrierung gem. § 5 S. 1 Nr. 3 ZTRV vom ZTR wegen unvollständiger Angaben wieder gelöscht werden. Die vor dem Start des ZTR weitverbreitete Praxis, auf die Nacharbeit der Verwahrangaben durch das Geburtsstandesamt zu setzen, hat mit Schaffung des ZTR ein Ende, da die Bundesnotarkammer als registerführende Behörde keinen Zugriff auf Geburtenbücher bzw. Geburtenregister hat. 23

Vor allem mit Blick auf Geburtsort, Geburtsstandesamt und Geburtenregisternummer wird die Einsichtnahme in die **Geburtsurkunde** des Erblassers durch den Notar regelmäßig sinnvoll bzw. geboten sein. Eine weitergehende Ermittlungspflicht für den Notar besteht jedoch nicht, auch nicht zur Überprüfung der Richtigkeit vom Erblasser gemachter Angaben.[15] Geburtsstandesamt und Geburtenregisternummer müssen nicht angegeben werden, wenn die Geburt im **Ausland** erfolgte, wobei maßgeblich für die Beurteilung, ob es sich um eine inländische oder eine ausländische Geburt handelt, das **heutige Staatsgebiet** ist. Auch in Auslandsfällen ist freilich eine freiwillige Angabe von Geburtsstandesamt und Geburtenregisternummer möglich.[16] 24

IV. Verfahren bei Meldung an das ZTR

Errichten Notare erbfolgerelevante Urkunden, muss **unverzüglich nach der Beurkundung**, also ohne schuldhaftes Zögern (§ 121 Abs. 1 S. 1 BGB), eine Registrierung aller beteiligten Erblasser unter Angabe der unter Abschnitt III genannten Verwahrangaben im ZTR erfolgen.[17] Insbesondere muss die Registrie- 25

13 Ebenso Eylmann/Vaasen/*Litzenburger*, 4. Aufl., § 78b Rn 4.

14 Näheres unter www.vorsorgeregister.de.

15 Ebenso *Diehn*, DNotZ 2011, 676, 680; sowie kürzlich OLG Karlsruhe, FGPrax 2024, 242 ff., welches klarstellt, dass es im Verantwortungsbereich des Erblassers liegt, dem beurkundenden Notar die erforderlichen Angaben zu machen, dass den Notar selbst aber keine über die Befragung der Beteiligten hinausgehende Ermittlungs- oder Nachforschungspflichten hinsichtlich Vollständigkeit und Richtigkeit der Angaben des Erblassers treffen.

16 Vgl. auch *Seebach*, notar 2015, 373, 374: mit weiteren Ausführungen zur Abgrenzung von inländischen und ausländischen Geburten.

17 Arndt/Lerch/Sandkühler/*Sandkühler*, § 78b BNotO Rn 21 spricht sich insofern für eine Registrierung innerhalb von drei bis sieben Tagen aus. Diehn/*Diehn*, § 78d BNotO Rn 14 weist in diesem Zusammenhang zu Recht darauf hin, dass der unter Geltung des alten Benachrichtigungswesens noch bestehende Zeitdruck heute nicht mehr existiere. Da im ZTR jede Neuregistrierung automatisch auch mit zurückliegenden Sterbefällen abgeglichen werde, greife das Benachrichtigungswesen nunmehr selbst dann, wenn ein Erblasser unmittelbar nach der Beurkundung versterbe und die Registrierung erst im Anschluss daran erfolge.

rung erfolgen, bevor die Urkunde in die Verwahrung gelangt. Die Registrierung ist keine Amtshandlung, die der Notar höchstpersönlich vornehmen muss; vielmehr erfolgt sie regelmäßig durch einen Mitarbeiter.[18]

26 Betrifft eine erbfolgerelevante Urkunde mehrere Erblasser, so sind gem. § 2 Abs. 1 S. 2 ZTRV die Verwahrangaben für jeden Erblasser zu übermitteln. Dabei ist für Zwecke des Registerbetriebs nur derjenige als Erblasser zu behandeln, der in der registrierungspflichtigen Urkunde eine eigene letztwillige Verfügung angeordnet bzw. eine erbrechtliche Erklärung abgibt. Ein Urkundsbeteiligter, der lediglich die Erklärungen seines Vertragspartners annimmt, ist dagegen nicht zu erfassen. Gleiches gilt für den Verzichtenden beim Erbverzichtsvertrag. Auch bei Vor- und Nacherbschaft ist nur für den Erblasser, nicht aber auch für den künftigen Vorerben eine Registrierung vorzunehmen, da dieser keine letztwillige Verfügung trifft; auch der Eintritt des Nacherbfalls löst keine (Folge-)Registrierung aus.

27 Hängt die Wirksamkeit einer erbfolgerelevanten Urkunde von einer **Genehmigung** ab, ist die Urkunde unabhängig von der Erteilung der Genehmigung zu registrieren. Das gilt auch in Fällen des Rücktritts oder Widerrufs für den Zugang. Maßgeblich für die Registrierungspflicht ist nur die **Errichtung der Urkunde**, nicht deren Wirksamkeit. Wird die Genehmigung später tatsächlich erteilt oder ist die Urkunde zugegangen, kann dieser Umstand als Bemerkung bei der Registrierung – gebührenfrei – nachgetragen werden. Erforderlich ist der Nachtrag allerdings nicht.[19]

28 Verstöße gegen die Mitteilungs- und Ablieferungspflichten oder die Pflicht zur Ermittlung nach § 351 FamFG (vgl. dazu nachfolgende Rdn 49 ff.) stellen eine Amtspflichtverletzung dar, die entsprechend sanktioniert werden kann. Die schuldhafte Verletzung einer solchen Pflicht kann darüber hinaus zu Schadensersatzansprüchen gegen den Notar führen, so etwa, wenn eine erbfolgerelevante Urkunde infolge der Pflichtverletzung nicht oder nicht rechtzeitig aufgefunden und deshalb die Erbfolge nicht richtig festgestellt werden konnte.[20]

29 Alle übermittelten Verwahrangaben werden in einer **Eintragungsbestätigung** nach § 3 Abs. 2 S. 1 ZTRV zusammengefasst, die unmittelbar nach der Registrierung zur Verfügung steht. Unabhängig davon, um welche Art von erbfolgerelevanter Urkunde es sich handelt, wird je Erblasser eine Eintragungsbestätigung erzeugt, die zur Übergabe an den Erblasser vorgesehen ist. Es dürfte sich empfehlen, sie zusammen mit den für den Erblasser bestimmten Ausfertigungen/Abschriften der Urkunde zu versenden. Darüber hinaus besteht die Möglichkeit, für jeden Erblasser einen **Registerauszug** abzurufen (vgl. Rdn 37 ff.). Sofern es sich bei der registrierten Urkunde um ein Testament oder um einen in die besondere amtliche Verwahrung zu verbringenden Erbvertrag handelt, werden zusätzlich ein **Vermerkblatt** entsprechend dem vormaligen **§ 20 Abs. 1 DONot**, ein **Ablieferungsschreiben an das Nachlassgericht** sowie der Aufdruck für den **Testamentsumschlag** bereit gestellt, um dem Notar die weitere Abwicklung so einfach wie möglich zu machen.

30 Die Aufschrift sollte **unmittelbar auf den Umschlag gedruckt** werden. Der Druck von **Aufklebern** ist nur zulässig, wenn diese in der Weise mit dem Testamentsumschlag verbunden werden, dass die feste Verbindung während der gesamten Dauer der Aufbewahrung gewährleistet ist. Aufgrund der damit verbundenen Unsicherheiten ist der unmittelbare Aufdruck vorzuziehen. Hilfsweise sollte eine dauerhafte mechanische Verbindung zwischen Etikett und Umschlag hergestellt werden, etwa durch Tackerung.[21] Der Umschlag ist von der Amtsperson zu unterschreiben, die den Verschluss des Umschlags und dessen Beschriftung sowie die konkrete Inverwahrgabe verantwortet. Dies muss nicht der Notar selbst sein, dürfte sich aber schon wegen § 35 BeurkG empfehlen.[22]

31 Haben **mehr als zwei Erblasser** testiert, wird vom ZTR ein Beiblatt zur Verfügung gestellt, das an den verschlossenen Umschlag zu heften (tackern) ist. Hilfsweise kann auch die entsprechende Eintragungsbestätigung verwendet werden. Bloß annehmende Vertragsschließende werden auf dem Testamentsumschlag nicht kenntlich gemacht, obwohl auch diese einen Hinterlegungsschein erhalten.

18 So ausdrücklich auch Zimmermann/*Diehn*, § 34a BeurkG Rn 4; hierbei dürfte es sich indes um eine unstreitige Auffassung handeln.
19 Ebenso Zimmermann/*Diehn*, § 34a BeurkG Rn 8.
20 MüKo-BGB/*Stichterling*, § 34a BeurkG Rn 28.
21 Zimmermann/*Diehn*, § 34 BeurkG Rn 19.
22 Vgl. auch Zimmermann/*Diehn*, § 34 BeurkG Rn 21, der schon länger für eine entsprechende Anpassung der Dienstordnung plädiert hatte.

Die Verbringung eines notariellen Testaments oder Erbvertrags in die besondere amtliche Verwahrung ist gem. **§ 16 Abs. 1 und 2 NotAktVV** im Urkundenverzeichnis zu vermerken. Ein **Vermerkblatt** i.S.d. vormaligen **§ 20 Abs. 1 S. 1 DONot** ist dagegen nicht mehr zur Urkundensammlung zu nehmen. § 8 DONot hat diese Bestimmung aus dem vormaligen § 20 Abs. 1 S. 1 DONot nicht übernommen. Da dem Vermerkblatt im Verhältnis zur Eintragungs- und Empfangsbestätigung des ZTR ein Mehrwert ohnehin nicht mehr zukam, war es bereits mit Inkrafttreten des ZTR überflüssig geworden.[23] Das Vermerkblatt wird vom ZTR gegenwärtig noch automatisch generiert, so lange dies der Fall ist, schadet es freilich auch nicht, es wie bisher zur Urkundensammlung zu nehmen. 32

V. Benachrichtigungsverfahren nach dem Tod des Erblassers

Über jeden Sterbefall in Deutschland wird gem. § 78e BNotO von dem örtlich zuständigen Standesamt eine sog. **Sterbefallmitteilung** an das ZTR übermittelt; dies gilt entsprechend, wenn eine Person durch ein Gericht für tot erklärt wird. Der Inhalt der Sterbefallmitteilungen ergibt sich aus § 6 ZTRV. Das ZTR prüft, ob hinsichtlich des Verstorbenen Verwahrangaben vorliegen, ermittelt gem. § 8 ZTRV im Fundfall die verwahrende Stelle, informiert und **fordert diese zur Ablieferung** der Urkunde an das örtlich zuständige Nachlassgericht auf, wobei gem. § 34a Abs. 3 BeurkG in den notarrelevanten Fällen Erbverträge in Urschrift und alle sonstigen erbfolgerelevanten Urkunden in beglaubigter Abschrift abzuliefern sind. Um dem Notar die Ablieferung zu erleichtern, ist der Aufforderung der Entwurf eines entsprechenden **Ablieferungsschreibens** beigefügt. Da das ZTR u.a. Zugriff auf die im Notarverzeichnis erfassten Daten über die Verwahrung der Urkunden aus dem Amt geschiedener Notare hat, kann es auf diese Weise auch ermitteln, welcher Notar oder welches Amtsgericht die von einem ausgeschiedenen Notar errichtete erbfolgerelevante Urkunde heute verwahrt (§ 7 Abs. 2 ZTRV). 33

Die Ablieferung selbst muss durch den Notar **nicht** im ZTR erfasst werden. Kann er die Urkunde trotz Sterbefallbenachrichtigung durch das Testamentsregister hingegen nicht abliefern, weil sich die Urkunde – aus welchen Gründen auch immer – nicht mehr in seiner Sammlung befindet, muss dies übermittelt werden. Das Testamentsregister informiert daraufhin das Nachlassgericht, dass die Urkunde vom Notar nicht eingereicht werden wird.[24] 34

VI. Registerauskunft und Testamentsregisterauszug

Neu geschaffen wurde mit § 78f Abs. 1 S. 2 BNotO und § 8 ZTRV eine Möglichkeit, das ZTR unabhängig von einem Sterbefall **nach Verwahrangaben zu durchsuchen**. Im alten, papiergebundenen Benachrichtigungswesen bestand eine vergleichbare Möglichkeit nicht. 35

Für Notare sind dabei insbesondere Fälle relevant, in denen Verfügungen von Todes wegen errichtet werden sollen und nicht eindeutig feststeht, ob der Erblasser noch uneingeschränkt testierfähig ist, oder ob seine Testierfähigkeit möglicherweise durch frühere gemeinschaftliche Testamente oder Erbverträge eingeschränkt ist. Ferner kann im Vorfeld der Aufnahme von Erbscheinsanträgen bei Notaren und Gerichten das Bedürfnis bestehen, erbfolgerelevante Urkunden zu recherchieren. Aus diesem Grund besteht für Notare und Gerichte die Möglichkeit, das ZTR nach dort erfassten Verwahrangaben zu durchsuchen. 36

Darüber hinaus kann im Zuge jeder Neuregistrierung auch ein vollständiger **Testamentsregisterauszug** für den Erblasser abgerufen werden. Dieser enthält über die aktuelle Registrierung hinaus auch sämtliche Verwahrangaben zu früheren erbfolgerelevanten Urkunden, die für den betroffenen Erblasser gespeichert sind. Diesbezüglich dürfte es sich anbieten, den Abruf eines Testamentsregisterauszugs zum Standard der notariellen Praxis zu machen, um dem Erblasser Gelegenheit zu geben, die Vollständigkeit und Richtigkeit der Verwahrangaben zu seiner Person im Register zu überprüfen. 37

Auskünfte aus dem ZTR dürfen zu Lebzeiten des Erblassers allerdings nur mit dessen **Einwilligung** eingeholt werden (§ 78f Abs. 1 S. 3 BNotO). Betrifft eine Urkunde **mehrere Beteiligte**, wird man die Zustimmung des Veranlassers der Auskunft als ausreichend ansehen müssen. Andernfalls bestünde ein Widerspruch zu § 51 BeurkG, der das Recht auf Ausfertigungen, Abschriften und Einsichten regelt 38

23 Ebenso Zimmermann/*Diehn*, § 34 BeurkG Rn 25.

24 Ebenso Zimmermann/*Diehn*, § 34a BeurkG Rn 18.

und der dieses Recht jeder Person, die eine Erklärung im eigenen Namen abgegeben hat, einzeln zugesteht. Wer aber sogar eine Urkunde einsehen darf, muss erst recht das Recht haben, in die seine Person betreffenden Verwahrangaben im ZTR Einsicht zu nehmen.[25] Hinsichtlich der **Form** der Einwilligung bestehen keine gesetzlichen Vorgaben, so dass diese auch mündlich wirksam ist.

39 Ein Auskunftsersuchen kann dem ZTR nur elektronisch über die bereitgestellte Webanwendung unter Angabe des notariellen oder gerichtlichen **Akten- bzw. Geschäftszeichens** sowie der weiteren in § 8 Abs. 1 S. 1 Nr. 1 ZTRV aufgeführten **Suchkriterien** zur Person des Erblassers übermittelt werden.

40 Da Auskunftsersuchen stets nur über Notare und Nachlassgerichte gestellt werden können, obliegt es Letzteren, die Berechtigung eines Auskunftsersuchens an das ZTR zu prüfen. Das ZTR selbst prüft das Vorliegen der Voraussetzungen des § 78f Abs. 1 S. 2 und 3 BNotO gem. § 8 Abs. 1 S. 2 ZTRV dagegen grundsätzlich nicht. Gemäß § 8 Abs. 1 Nr. 2 ZTRV muss die ersuchende Stelle lediglich bestätigen, dass die in § 78f Abs. 1 BNotO genannten Voraussetzungen vorliegen, wenn ein Testamentsregisterauszug abgerufen wird und der betroffene Erblasser im ZTR nicht als verstorben registriert ist. Um diesbezüglich Missbräuche zu verhindern, werden gem. § 8 Abs. 2 und 3 ZTRV sämtliche Auskunftsersuchen **protokolliert**, um eine nachträgliche Kontrolle im Rahmen der Dienstaufsicht bzw. von Geschäftsprüfungen zu ermöglichen. Eine Dokumentation der Einwilligung des Veranlassers in die Registerabfrage durch den Notar erscheint daher sinnvoll und geboten.

41 Offen ist, ob eine Stellvertretung bei der Einwilligung in die Registerabfrage zulässig ist. Jedenfalls im Hinblick auf **Generalvollmachten** erscheint dies fraglich. Vielmehr spricht aufgrund der Vertraulichkeit der Registerdaten einiges dafür, eine ausdrückliche Erstreckung einer Generalvollmacht auch auf die Registereinsicht zu verlangen.[26] Denkbar erscheint auch, die Einwilligung als höchstpersönlich zu qualifizieren, so dass Stellvertretung ebenso wie bei der Errichtung von Verfügungen von Todes hier grundsätzlich ausscheiden würde. Ob das Ersuchen um Auskunft zu Verwahrangaben im ZTR und die Errichtung von letztwilligen Verfügungen die für eine Analogie zu § 2064 BGB erforderliche Vergleichbarkeit aufweisen, erscheint indes äußerst fraglich und dürfte zu verneinen sein.

42 Auch nach Abschluss der Testamentsverzeichnisüberführung sind Auskünfte und Testamentsregisterauszüge nicht in jeder Hinsicht verlässlich. Zwar sind mittlerweile alle (gelben) Karteikarten aus dem alten Benachrichtigungswesen in Nachlasssachen nacherfasst, sodass die Registerabfrage durchaus ein sinnvolles Element der notariellen Amtsermittlung darstellt. Der ehemalige Leiter des ZTR *Seebach* weist jedoch einschränkend auf den Einfluss möglicher Störfaktoren hin, die den Aussagegehalt einer Registerauskunft einschränken könnten, insbesondere auf die Datenqualität der nacherfassten Karteikarten, gerade bei älteren Urkunden.[27]

VII. Gebühren

43 Für Registrierungen im ZTR werden **Gebühren** erhoben, deren Höhe von der Vertreterversammlung der Bundesnotarkammer in einer **ZTR-Gebührensatzung** festgelegt wird (§ 78g Abs. 4 S. 1 BNotO).

44 Die Registrierungsgebühr beträgt für den Fall, dass die Gebührenerhebung durch den Melder selbst erfolgt gem. § 1 Abs. 2 S. 1 ZTR-GebS seit 2022 **12,50 EUR je Registrierung** (nach vormals 15,00 EUR). Bei Gebührenerhebung unmittelbar durch das ZTR selbst beträgt die Gebühr § 1 Abs. 2 S. 2 ZTRGebS seit 2022 **15,50 EUR** (nach vormals 18,00 EUR). Wird ein Verwahrdatensatz innerhalb kurzer Zeit (sieben Tage) nach der Eintragung wieder gelöscht, wird die entstandene Gebühr für die gelöschte Registrierung nicht erhoben. Jede Änderungs- und Nachtragsurkunde führt zu einer neuen gebührenpflichtigen Registrierung (§ 34a Abs. 1 S. 2 BeurkG). Die Registrierungsgebühr entsteht für jeden an der Urkunde beteiligten und registrierten Erblasser gesondert. Bei einem Erbvertrag oder einem gemeinschaftlichen Testament, bei dem die Registrierungsgebühren von dem registrierenden Notar selbst erhoben wird, fallen demnach insgesamt Gebühren von **25 EUR** an.

45 Alle nicht gebührenpflichtigen Registervorgänge sind mit den Registrierungsgebühren abgegolten bzw. erfolgen gebührenfrei. Registerabfragen nach § 8 ZTRV sind ebenso kostenfrei wie Berichtigungen,

25 Ebenso Zimmermann/*Diehn*, § 78d BNotO Rn 10.
26 Ebenso Zimmermann/*Diehn*, § 78d BNotO Rn 9.
27 *Seebach*, notar 2015, 373, 379.

Ergänzungen und sonstige Folgeregistrierungen. Die Berichtigung **offensichtlicher Unrichtigkeiten** nach § 44a Abs. 2 BeurkG ist im Gegensatz zur „echten" Nachtragsurkunde, für die § 34a Abs. 1 S. 2 BeurkG gilt, ebenfalls nicht gesondert gebührenpflichtig. Auch die **Registrierung von Rückgaben** ist gebührenfrei. Keine Gebühren werden schließlich erhoben für die Verarbeitung der Sterbefallmitteilungen der Standesämter und die daraus folgende Benachrichtigung der verwahrenden Stellen sowie des Nachlassgerichts über einen Sterbefall.

Die Registrierungsgebühr ist **sofort fällig**, wenn die übermittelten Verwahrangaben in das elektronische Registersystem eingetragen werden; dies geschieht in der Regel unmittelbar nach der Übermittlung (§ 3 Abs. 1 S. 3 ZTRV). Kommt der Kostenschuldner seiner Pflicht zur Zahlung der Registrierungsgebühr mehr als zwei Monate nach Fälligkeit nicht nach, erhöht sich die Gebühr aufgrund des damit verbundenen außerordentlichen Verwaltungsaufwands um **5 EUR** an. Die **Vollstreckung** erfolgt ggf. nach dem Verwaltungsvollstreckungsgesetz. Vollstreckungsbehörde ist das Hauptzollamt. 46

Die ZTR-Gebühren unterliegen nicht der **Umsatzsteuer**. Auch der Notar erbringt durch die Weiterberechnung der ZTR-Gebühr nach § 78g Abs. 2 S. 3 BNotO keine umsatzsteuerpflichtige Leistung an den Kostenschuldner, da die Registergebühr gem. § 78g Abs. 2 S. 1 Nr. 1 BNotO ausschließlich vom Erblasser geschuldet wird. Die Leistungserbringung findet daher unmittelbar vom ZTR an den Kostenschuldner statt, so dass die ZTR-Gebühr dem Kostenschuldner vom Notar netto weiter zu berechnen ist. Dies kann als durchlaufender Posten zusammen mit der Kostenberechnung für die Beurkundung geschehen.[28] 47

Für die Registrierung erbfolgerelevanter Urkunden im ZTR erhält der Notar keine gesonderte Gebühr, da gem. KV vor 2.1 Abs. 2 Nr. 1 GNotKG die Registrierung mit der Hauptgebühr abgegolten ist.[29] Da eine dem alten § 147 Abs. 2 KostO vergleichbare Auffangnorm nicht in das GNotKG übernommen wurde, kann auch für die Einholung einer Geburtsurkunde im Auftrag der Beteiligten keine gesonderte Gebühr mehr erhoben werden. Gleiches gilt für isolierte Registerabfragen ohne Bezug zu einer Beurkundung im Auftrag eines Beteiligten. KV Nr. 25209 ist insofern nicht einschlägig, da eine Recherche im ZTR keine schlichte „Einsicht" darstellt und das ZTR zudem kein öffentliches Register darstellt. 48

VIII. Ermittlungen nach § 351 FamFG

Unverändert hat ein Notar nach §§ 351 FamFG, 8 DONot von Amts wegen zu ermitteln, ob der Erblasser noch lebt, wenn sich ein Erbvertrag seit mehr als 30 Jahren in seiner Verwahrung befindet. Kann das Überleben nicht festgestellt werden, ist der Erbvertrag an das zuständige Nachlassgericht abzuliefern, wo er eröffnet wird. Neu ist dagegen, dass der Notar diese Prüfung gem. § 8 S. 1 DONot nun jeweils bis zum 15. Februar eines jeden Jahres durchzuführen hat. 49

Welche der registrierten und beim Notar verwahrten Urkunden zu dieser Überprüfung anstehen, wird im ZTR in einer gesonderten Liste dargestellt. 50

Wird der zur Überprüfung anstehende Erbvertrag bereits mit mindestens einer Registrierung im ZTR geführt, wird er in der dafür vorgesehenen Liste angezeigt. Der Erbvertrag kann aus der Liste gestrichen werden, indem mitgeteilt wird, dass das Überleben aller Erblasser festgestellt wurde. Ist dies nicht der Fall, muss der Erbvertrag an das zuständige Nachlassgericht abgeliefert werden. Im ZTR ist zu registrieren, wessen Überleben nicht festgestellt werden konnte. Soweit zur Urkunde einzelne Registrierungen noch fehlen, weil das Testamentsverzeichnis eines beteiligten Erblassers noch nicht überführt wurde, findet eine Nacherfassung durch den Notar statt. 51

Ist der zur Überprüfung anstehende Erbvertrag noch gar nicht oder falsch im ZTR erfasst, kann er naturgemäß in der für § 351 FamFG vorgesehenen Liste noch nicht angezeigt werden. Kann das Überleben aller Erblasser in diesem Fall nicht festgestellt werden, muss der Erbvertrag demnach abgeliefert werden und ist die Ablieferung einschließlich der Personen, deren Überleben nicht festgestellt wurde, im ZTR durch den Notar zu registrieren. 52

28 Näher Zimmermann/*Diehn*, § 78e BNotO Rn 6.

29 Bormann/Diehn/Sommerfeldt/*Diehn*, vor 2.1 KV Rn 14.

53 Bedauerlicherweise wurden ursprüngliche Planungen, Überprüfungen nach § 351 FamFG vollständig zu **automatisieren**, so dass das ZTR diese eigenständig durchführen kann und der Notar hierdurch entsprechend entlastet wird, vorerst aufgegeben, da die technischen Voraussetzungen (u.a. technischer Anschluss aller Standesämter an das ZTR und die (softwaretechnische) Schaffung einer entsprechenden Abfragemöglichkeit) auf absehbare Zeit nicht gegeben sein werden. Aus notarieller Sicht bleibt zu hoffen, dass diese Planung zu einem späteren Zeitpunkt wieder aufgegriffen wird.

Stichwortverzeichnis

Der Zusatz **B** bezeichnet die Paragraphen des Beurkundungsgesetzes, **D** die Paragraphen der Dienstordnung für Notarinnen und Notare (DONot), **A** meint die Bedingungen für Anderkonten und Anderdepots von Notaren (NotAndKont), der Zusatz **T** wird für Fundstellen des Testamentsregisters verwendet und **N** für Verweise auf die Verordnung über die Führung notarieller Akten und Verzeichnisse (NotAktVV). Der Zusatz **E** wird für Fundstellen in der Einleitung benutzt. Fettgedruckte Ziffern verweisen auf Paragraphen, Ziffern in Grundschrift beziehen sich auf die Randnummern der Kommentierung.